Langenscheidt

Taschenwörterbuch Portugiesisch

Portugiesisch – Deutsch
Deutsch – Portugiesisch

Herausgegeben von der
Langenscheidt-Redaktion

D1919258

Langenscheidt

Berlin · München · Wien · Zürich · New York

Bearbeitet von:

Redigido por:

Lutz Hoepner
Ana Maria Cortes Kollert
Antje Weber

In der neuen deutschen Rechtschreibung

Als Marken geschützte Wörter werden in diesem Wörterbuch in der Regel durch das Zeichen ® kenntlich gemacht. Das Fehlen eines solchen Hinweises begründet jedoch nicht die Annahme, eine nicht gekennzeichnete Ware oder eine Dienstleistung sei frei.

Ergänzende Hinweise, für die wir jederzeit dankbar sind, bitten wir zu richten an:
Langenscheidt Verlag, Postfach 40 11 20, 80711 München

© 2001 Langenscheidt KG, Berlin und München
Druck: Graph. Betriebe Langenscheidt, Berchtesgaden/Obb.
Printed in Germany · ISBN 3-468-11273-4

Langenscheidt

Dicionário de Bolso Português

Português – Alemão
Alemão – Português

Elaborado pela Redacção da
Editora Langenscheidt

Langenscheidt

Berlim · Munique · Viena · Zurique · Nova Iorque

Langenscheidt Taschenwörterbuch Portugiesisch

Langenscheidt Dicionário de Bolso Português

Blick schweifen lassen (***sobre*** über *ac*); **~-se** sich verbreiten; *fig* sich ergehen (***em*** in *dat*, ***sobre*** über *ac*); sich bemühen (***em*** *inf* zu)

espreguiç|adeira [iʃprəgisɐ'dɐjrɐ] *f* Ruhebett *n*; Liegestuhl *m*; **~ar-se** [-'sarsə] (1p) sich rekeln; faulenzen

espreit|a [iʃ'prɐjtɐ] *f* Beobachtung *f*; **à ~** auf der Lauer; **~ar** [-'tar] (1a) beobachten; *j-n* belauern; spähen nach; *Gelegenheit* abpassen

esprem|edor [iʃprəmə'dor] *m* (Zitrus)Presse *f*; **~er** [-'mer] (2c) auspressen (*a fig*); *Wäsche* (aus)wringen; *Thema* erschöpfend behandeln; F *j-n* ausquetschen

espum|a [iʃ'pumɐ] *f* Schaum *m*; **~ de barbear** Rasierschaum *m*; **~ de polietileno** PE-Folie *f*; **~adeira** [-'dɐjrɐ] *f* Schaumlöffel *m*; **~ante** [-'mẽtə] **1.** *adj* schäumend; **2.** *m* (**vinho** *m*) **~** Schaumwein *m*, Sekt *m*; **~(ej)ar** [-'mar, (-mə'ʒar)] (1a, 1d) Schaum bilden; schäumen (*a fig*); **~oso** [-'mozu] schaumig; schäumend; mit Kohlensäure versetzt (*Getränk*)

espúrio [iʃ'purju] unehelich (*Kind*); falsch

esq. ***esquerdo***, ***-a*** links

esquadr|a [iʃ'kwadrɐ] *f* Polizeirevier *n*; NAV, AV Geschwader *n*; MIL Zug *m*; **~ão** [-kwɐ'drɐ̃w] *m* Schwadron *f*; **~ejar** [-drə'ʒar] (1d) rechtwinklig behauen (*od* zuschneiden); **~ia** [-'driɐ] *f* rechte(r) Winkel *m*; **~ilha** [-'driʎɐ] *f* NAV Flottille *f*; AV Staffel *f*

esquadrinhar [iʃkwɐdri'ɲar] (1a) beobachten; *Zimmer* durchstöbern; *Leben anderer* ausforschen

esquadro [iʃ'kwadru] *m* (*Zeichen-*, *Geo*) Dreieck *n*; TÉCN Winkeleisen *n*; Anschlagwinkel *m*

esquálido [iʃ'kwalidu] **a)** schmutzig; **b)** bleich (*Gesicht*)

esquartejar [iʃkwɐrtə'ʒar] (1d) vierteilen, vierteln; zerstückeln

esquec|ediço [iʃkɛsə'disu] vergesslich; **~er** [-'ser] (2g; *Stv* 2a) **1.** *v/t* vergessen; nicht denken an (*ac*); **2.** *v/i* vergessen werden; **~ *a alg*** *j-m* entfallen; *j-m* einschlafen (*Arm*, *Bein*); **~-se de** *et*, *j-n* vergessen; *et* verlernen; **~ido** [-'sidu] *adj* vergesslich; in Gedanken versunken;

Angabe der korrekten Präposition

Die Tilde ersetzt den Teil des Stichwortes vor dem senkrechten Strich ...

... oder das ganze Stichwort ...

... oder ein Stichwort, das selbst schon mithilfe der Tilde gebildet wurde

Angabe der Stilebene

Stichwortvarianten

Angabe des Fachgebietes

Bedeutungserklärung in Kursivschrift

Trennung von stark unterschiedlichen Bedeutungen durch Buchstaben

Arabische Ziffern bei unterschiedlichen Wortarten

Inhaltsverzeichnis
Índice

Vorwort 6

Prefácio 7

Abkürzungen und Zeichen –
Abreviaturas e símbolos 8

Hinweise für den Benutzer –
Indicações para a utilização do dicionario 10

Die Aussprache des Portugiesischen 15

Die brasilianische Aussprache 18

A pronuncia alemã 19

Lista dos prefixos e das desinências frequentes 21

Terminações regulares dos substantivos alemães.... 22

Wörterverzeichnis Portugiesisch-Deutsch –
Vocabulário português-alemão 23

Wörterverzeichnis Deutsch-Portugiesisch –
Vocabulário alemão-português 633

Bemerkungen zur Pluralform der portugiesischen
Substantive und Adjektive 1227

Die Konjugation der portugiesischen Verben 1228

Lista dos Verbos fortes e irregulares alemães 1243

Zahlwörter – Numerais 1246

Maße und Gewichte – Medidas e pesos............1248

Vorwort

Das neue Langenscheidt ***Taschenwörterbuch Portugiesisch*** bietet mit seinen rund 100.000 Stichwörtern und Wendungen nicht nur den aktuellen Wortschatz der portugiesischen und der deutschen Allgemeinsprache, sondern auch den Kernwortschatz wichtiger Fachgebiete wie Wirtschaft und Politik, Technik, Wissenschaft, Touristik und Verkehr sowie zahlreiche Ausdrücke der Umgangssprache.

Besonderes Augenmerk galt dem brasilianischen Sprachgebrauch, der vom europäischen Portugiesisch abweicht. Die wichtigsten Varianten des brasilianischen Wortschatzes stehen im portugiesisch-deutschen Teil an alphabetischer Stelle; im deutsch-portugiesischen Teil sind sie direkt beim zugehörigen deutschen Stichwort zu finden: vgl. etwa **geladeira** *bras* »Kühlschrank« im ersten, **Kühlschrank** »frigorífico«, *bras* »geladeira« im zweiten Teil. Soweit der zur Verfügung stehende Raum und die Übersichtlichkeit der Einträge es zuließen, wurden die Angaben zum Brasilianischen systematisch erweitert, sodass hier ein Wörterbuch zur Verfügung steht, das auch bei Reisen nach und im Verkehr mit Brasilien zuverlässige Hilfe bietet. Jedem Stichwort ist die Lautschrift der Association Phonétique Internationale beigegeben. Hierbei wurden die in Portugal gültigen Aussprachenormen zugrunde gelegt. Die Besonderheiten der brasilianischen Aussprache sind in einem eigenen Kapitel zu Beginn des Wörterbuchs (S. 18) beschrieben. Ausführliche Tabellen zur Konjugation der portugiesischen Verben sowie Angaben zur Pluralbildung der portugiesischen Substantive und Adjektive finden sich im Anhang. Weitere nützliche Anhänge zur deutschen Grammatik, zu Zahlwörtern, Maßen und Gewichten stehen am Schluss des Wörterbuchs.

LANGENSCHEIDT VERLAG

Prefácio

O novo ***Dicionário de Bolso Português*** da Editora Langenscheidt oferece, com os seus cerca de 100.000 vocábulos e expressões, não só o vocabulário geral da língua portuguesa e da língua alemã dos nossos dias, mas também a terminologia básica de importantes campos da Economia e da Política, da Técnica e das Ciências, do Turismo e do Trânsito, bem como numerosas locuções da linguagem coloquial e familiar.

Deu-se especial atenção às variantes lexicais brasileiras que se afastam do uso do português europeu. As mais importantes estão ordenadas alfabeticamente no volume português-alemão; no volume alemão-português, encontram-se directamente junto da palavra alemã correspondente: compare-se, por exemplo, **geladeira** *bras* »Kühlschrank« na primeira parte, **Kühlschrank** »frigorífico«, *bras* »geladeira« na segunda parte.

Na medida em que o espaço disponível e a clareza dos registos o permitiram, foram sistematicamente ampliadas as indicações sobre o português do Brasil, de tal modo que o dicionário que aqui se encontra à disposição representa uma verdadeira ajuda em viagens para o Brasil e nos contactos com este país.

Cada vocábulo é acompanhado da transcrição fonética segundo as normas da Association Phonétique Internationale. Para tal foi tomada como base a pronúncia oficial portuguesa.

Particularidades da pronúncia brasileira são descritas num capítulo especial, no início do dicionário (ver pág. 18). Em apêndice encontram-se pormenorizados paradigmas de conjugação dos verbos portugueses, assim como indicações sobre a formação do plural dos substantivos e adjectivos. Vários outros úteis apêndices de gramática alemã, numerais, pesos e medidas encontram-se no fim do dicionário.

LANGENSCHEIDT VERLAG

Abkürzungen und Zeichen
Abreviaturas e símbolos

a	auch, *também*
a/c	etwas, *alguma coisa*
Abk	Abkürzung, *abreviatura*
ac	Akkusativ, 4. Fall, *acusativo*
adj	Adjektiv, *adjectivo*
adv	Adverb, *advérbio*
AGR	Landwirtschaft, *agricultura*
alg	jemand, *alguém*
allg	allgemein(er), *significado (mais) geral*
ANAT	Anatomie, *anatomia*
angl	Anglizismus, *anglicismo*
ARQUIT	Architektur, Bauwesen, *arquitectura*
art	Artikel, *artigo*
AST	Astronomie, *astronomia*
atr	attributiv, *atributivo*
AUTO	Kraftfahrwesen, *automobilismo*
AV	Luftfahrt, *aviação*
BGB	Bergbau, *minas*
BIOL	Biologie, *biologia*
BOT	Botanik, *botânica*
bras	brasilianisch, *brasileiro*
bsd	besonders, *especialmente*
bzw	beziehungsweise, *respe(c)tivamente, ou seja ...*
CAM. DE F	Eisenbahn, *caminhos-de-ferro*
CIENC	Wissenschaft, *ciência*
CIR	Chirurgie, *cirurgia*
cj	Konjunktion, *conjunção*
comp	Komparativ, *comparativo*
conj	Konjunktiv, *conjuntivo*
CORR	Postwesen, *correios*
CUL	Kochkunst, *culinária*
dat	Dativ, 3. Fall, *dativo*
depr	verächtlich, *depreciativo*
dim	Verkleinerungsform, *diminutivo*
dtsch	deutsch, (*em*) *alemão*
ECON	Wirtschaft, Handel, *economia e comércio*
e-e	eine, *uma*
eigtl	eigentlich, *sentido próprio*
EL	Elektrotechnik, Elektronik, *electrotécnica, electrónica*
e-m	einem, *a um*
e-n	einen, *um*
e-r	einer, *a uma, de uma*
e-s	eines, *de um*
et	etwas, *alguma coisa*
etc	und so weiter, *etcétera*
f	feminin, *feminino*
F	familiär, Umgangssprache, *familiar, linguagem corrente*
FARM	Arzneikunde und Apothekerkunst, *farmácia e farmacologia*
fig	übertragen, figürlich, *em sentido figurado*
FIL	Philosophie, *filosofia*
FIN	Finanzwesen, *finanças*
FIS	Physik, *física*
FOT	Fotografie, *fotografia*
f/pl	feminin in der Mehrzahl, *plural feminino*
fut	Futurum, Zukunft, *futuro*
gal	Gallizismus, *galicismo*
gen	Genitiv, 2. Fall, *genitivo*
GEOGR	Erdkunde, *geografia*
GEOL	Geologie, *geologia*
ger	Gerundium, *gerúndio*
Ggs	Gegensatz, *antónimo*
GRAM	Grammatik, *gramática*
h	haben, *ter*
HIST	geschichtlich, *histórico*
imp	Imperativ, *imperativo*
impf	Imperfekt, *pretérito imperfeito*
ind	Indikativ, *indicativo*
inf	Infinitiv, *infinito*
infan	Kindersprache, *linguagem infantil*
INFORM	Informatik, *informática*
insep	untrennbar, *inseparável*
int	Ausruf, *interjeição*
interr	Fragewort, *interrogativo*
inv	unveränderlich, *invariável*
iron	ironisch, scherzhaft, *irónico*
irr	unregelmäßig, *irregular*
j	jemand, *alguém*
j-m	jemandem, *a alguém*
j-n	jemanden, *alguém* (*ac*)
j-s	jemandes, *de alguém*
JUR	Recht, *jurisprudência*
LING	Sprachwissenschaft, *linguística*
LIT	Literaturwissenschaft, *ciências literárias*
m	maskulin, *masculino*
MAT	Mathematik, *matemática*
MED	Medizin, *medicina*
METÉO	Meteorologie, *meteorologia*

MIL	Militär, *militar*
MIN	Bergbau, Mineralogie, *indústria mineira*, *mineralogia*
m/pl	maskulin in der Mehrzahl, *plural masculino*
mst	meistens, *em geral*
MÚS	Musik, *música*
n	sächlich, *neutro*
NAV	Schifffahrt, *navegação*
neg!	kann als abwertend, beleidigend empfunden werden, *pode ser ofensivo*
nom	Nominativ, 1. Fall, *nominativo*
n/pl	sächlich in der Mehrzahl, *plural neutro*
od	oder, *ou*
OPT	Optik, *óptica*
örtl	örtlich, *referente ao lugar*
österr	österreichisch, *termo austríaco*
P	populär, derb, *popular*
PARL	parlamentarischer Ausdruck, *termo parlamentar*
part	Partizip, *particípio*
perf	Perfekt, *pretérito*, *perfeito*
PINT	Malerei, *pintura*
pl	Plural, Mehrzahl, *plural*
poét	poetisch, *termo poético*
POL	Politik, *política*
port	portugiesisch, *português*
p/p	Partizip Perfekt, *participio passado*
pred	prädikativ, *predicativo*
pron	Pronomen, *pronome*
prov	Provinzialismus, *provincialismo*
prp	Präposition, Verhältniswort, *preposição*
prs	Präsens, *presente*
PSIC	Psychologie, *psicologia*
pt	Perfekt, *pretérito perfeito*
QUÍM	Chemie, *química*
räuml	räumlich, *referente ao espaço*
refl	reflexiv, *reflexivo*
REL	Religion, *religião*
s	siehe, *veja*
S.	Seite, *página*
sdd	süddeutsch, *regionalismo da Alemanha do Sul*
s-e	seine, *sua(s)*, *seus*
sg	Singular, Einzahl, *singular*
s-m	seinem, *ao seu*
sn	sein, *ser*, *estar*
s-n	seinen, *seu (ac)*, *aos seus*, *às suas*
s-r	seiner, *da(s) sua(s)*, *dos seus*
s-s	seines, *do seu*
Stv	Stammveränderung, *modificação da raiz*
su	Substantiv feminin und maskulin, *substantivo feminino e masculino*
subj	Subjunktiv, Konjunktiv, *subjuntivo*, *conjuntivo*
sup	Superlativ, *superlativo*
taur	Stierkampf, *tauromaquia*
TEA	Theater, *teatro*
TÉCN	Technik, *técnica*
TEL	Telefon, Fernmeldetechnik, *telegrafia e telefonia*
TIP	Buchdruck, *tipografia*
TV	Fernsehen, *televisão*
u	und, *e*
UNIV	Hochschulwesen, *universidade*
unpers	unpersönlich, *impessoal*
usw.	und so weiter, *etcétera*
v	von, *de*
V	vulgär, *indecente*
vb	Verb, *verbo*
vgl	vergleiche, *compare*
v/i	intransitives Verb, *verbo intransitivo*
v/r	reflexives Verb, *verbo reflexivo*
v/t	transitives Verb, *verbo transitivo*
w	werden, *ser*, *ficar*, *tornar-se*
z. B.	zum Beispiel, *por exemplo*
zeitl	zeitlich, *referente ao tempo*
ZO	Zoologie, *zoologia*
zs-, *Zs*	zusammen, *juntos*
Zssg(n)	Zusammensetzung(en), *palavra(s) composta(s)*
*	in Brasilien, *no Brasil*
=	gleich, *igual a*
→	siehe, *veja*
~, ♀	siehe S. 10, *veja página 10*
®	Markenzeichen, *logomarca*

Hinweise für den Benutzer
Indicações para a utilização do dicionário

1. Die portugiesischen **Stichwörter** sind in alphabetischer Reihenfolge angegeben, dabei reihen sich auch die unregelmäßigen Verbformen sowie Brasilianismen ein.

1. Os vocábulos portugueses estão ordenados alfabeticamente, o mesmo acontecendo com os verbos irregulares e os brasileirismos.

2. Die Aussprache der Stichwörter wird innerhalb von eckigen Klammern ([ ]) durch die Zeichen der Association Phonétique Internationale (API) angegeben (siehe S. 15).

Aus Gründen der Platzersparnis wird dabei oft der Strich (-) verwendet. Er ersetzt den Teil der Lautschrift, der sich gegenüber der vorhergehenden Vollumschrift nicht verändert:

2. A pronúncia dos vocábulos é indicada em parênteses rectos ([ ]), segundo as normas da Association Phonétique Internationale (API) (ver págs. 15 e seguidas).

Por falta de espaço o traço curto (-) é usado frequentemente e substitui a parte da transcrição fonética que se mantém inalterada em relação à transcrição fonética completa anterior:

'Sachbearbeiter ['zax-] → **be-** *und* **Arbeiter**
'über ['yːbər] ...; **'ƻdruss** ['-drus]

Die Betonung wird durch das Zeichen ' vor der zu betonenden Silbe angegeben. Bei Gruppenartikeln ist in vielen Fällen auf den Tonwechsel zu achten:

A acentuação é indicada pelo sinal ' antes da sílaba tónica. Para grupos de palavras, deve observar-se a mudança de entoação:

atravess|adiço [ɐtrɐvəsɐ'disu] ... **~ado** [-'sadu] (= ɐtrɐvə'sadu)
'Un|tiefe ... **'ƻ'tragbar** (= 'untiːfə, 'untraːgbaːr / un'traːgbaːr)

Bei zusammengesetzten oder abgeleiteten Wörtern, deren Bestandteile in ihrer Grundform im Wörterverzeichnis zu finden sind, ist die Lautschrift bei der Grundform und/oder in der Liste der häufigsten Vorsilben und Endungen (siehe S. 21–22) nachzuschlagen:

Em caso de palavras compostas ou derivadas, para saber a transcrição fonética é preciso consultar dentro do vocabulário as formas simples dos componentes e/ou a lista dos prefixos e sufixos alemães frequentes (ver pág. 21–22):

Briefkasten → **Brief** und **Kasten**
Vorsicht → **vor** und **Sicht**
bearbeiten → **be-** und **arbeiten**

3. Die Tilde (~) und der senkrechte **Strich** (|) werden angewendet, um abgeleitete oder zusammengesetzte Wörter in Gruppen zu vereinigen.

Der senkrechte Strich im ersten Stichwort einer solchen Gruppe trennt den Teil ab, der allen folgenden Wörtern dieser Gruppe gemeinsam ist.

3. O til (~) e **o traço** vertical (|) são usados para reunir em grupos as palavras derivadas e compostas.

O traço vertical separa do primeiro vocábulo a parte comum a todos os outros reunidos no mesmo grupo.

Die Tilde vertritt dabei entweder das ganze erste Stichwort oder den vor dem senkrechten Strich stehenden Teil dieses Stichwortes. Sie vertritt außerdem in den Beispielen innerhalb der Gruppe das unmittelbar voraufgegangene Stichwort, das selbst schon mittels der Tilde gebildet sein kann.

Wenn sich der Anfangsbuchstabe ändert (von groß auf klein oder umgekehrt), steht die Tilde mit dem Kreis (≈):

O til substitui por inteiro o primeiro vocábulo de um parágrafo ou representa a primeira parte desse vocábulo, separada pelo traço vertical. Além disso, substitui, por inteiro, o vocábulo imediatamente anterior e que, ele próprio, pode ser formado por meio do til.

A transformação de maiúscula em minúscula ou vice-versa é indicada pelo sinal ≈:

abjudica|ção ... ~ar (= abjudicar)
abandon|ado ... ~ar ... *~ o campo* (= abandonar o campo)
padre ... *o Santo* ≈ (= o Santo Padre)
Sprach|fehler ... ≈los ... *~ sein*, *~ dastehen* (= Sprachfehler, sprachlos, sprachlos sein, sprachlos dastehen)

4. Der Bindestrich (-) ersetzt einen durch Auswechseln der Endung ergänzten Wortteil. Er steht sowohl bei der Angabe der Femininform als auch der Pluralform portugiesischer Substantive und Adjektive. Außerdem ersetzt er auch bei Synonymen den gleich bleibenden Wortteil:

4. O traço curto (-) substitui uma parte da palavra quando é alterada a terminação. Encontra-se não só quando é indicada a forma feminina, mas também quando é indicado o plural dos substantivos e adjectivos. Além disso, substitui também, nos sinónimos, a parte inalterada da palavra:

aluno *m*, **-a** *f* ... Schüler(in *f*) *m* (= **aluno** *m* Schüler *m*; **aluna** *f* Schülerin *f*)
caloiro, **-ouro** (= caloiro, calouro)

5. Wörter gleicher Schreibung
Gleich geschriebene, aber verschieden ausgesprochene Wörter sind getrennt aufgeführt und mit [1], [2] usw. bezeichnet:

5. Homógrafos
Os homógrafos de pronúncia diferente encontram-se separados e marcados com os números [1], [2], etc.:

'Tenor[1]
Te'nor[2]

6. Klammern ( ) < >
a) Stehen innerhalb eines Wortes einzelne Buchstaben in runden Klammern, so handelt es sich um zwei unterschiedslos gebräuchliche Formen ein und derselben Bedeutung:

6. Parênteses ( ) < >
a) Os parênteses que abrangem algumas letras dentro de uma palavra significam que as duas formas podem ser usadas sem distinção:

pent(e)eiro (= penteiro / penteeiro)

b) Sind jeweils in Ausgangs- und Zielsprache runde Klammern gesetzt, so kennzeichnen sie einander entsprechende Wortbestandteile:

b) Se em ambas as línguas se encontrarem parênteses, estes indicam partes correspondentes de palavras:

colher[2] **... *~ de sopa* (*café*)** Suppen-(Kaffee-)löffel (= ***colher de sopa*** Suppenlöffel; ***colher de café*** Kaffeelöffel)

c) Bei jedem portugiesischen Verb weisen die in runden Klammern stehenden Angaben auf das entsprechende Konjugationsmuster hin (siehe S. 1228).

c) As indicações entre parênteses, junto de cada verbo português, remetem para os respectivos paradigmas verbais (ver pág. 1228).

d) bei deutschen Wörtern die weibliche Form oder/und zwei verschiedene männliche Formen anzugeben:

d) para indicar a forma feminina de palavras alemãs ou/e duas formas masculinas diferentes:

Abonnent(in *f*) *m* (= der Abonnent *m*, die Abonnentin *f*)
Abgeordnete(r *m*) *su* (= der Abgeordnete *m*, ein Abgeordneter *m*, die Abgeordnete *f*)

e) bei flektierbaren Wörtern Hinweise zur Deklination oder Konjugation zu geben:

(1a, 1b *usw.*), (2a, 2b *usw.*), (3a, 3b *usw.*): siehe entsprechendes Konjugationsmuster ab Seite 1228

(***-s***); (***-es***); (***-ães***); (***-ais***); (***-ões***); (***-ns***); (***-ins***) *usw.*: Endungen der Mehrzahl

e) no caso de palavras variáveis, para fornecer indicações sobre a declinação ou a conjugação:

-(e)s; *-es*; *-s*; *-en*; *-ns*; *-n*; -: desinências do genitivo

-e; *¨e*; *-er*; *¨er*; *-en*; *-(e)n*; *-n*; *-es*; *-s*; -; ¨: desinências do plural, ¨ significa trema (Umlaut); *sem pl*: não tem plural
<->: o perfeito não se forma com „-ge-“
<*-e-*>: o pretérito imperfeito se forma com „-et-“
<*-t*>: desinência da segunda pessoa do singular no tempo presente
<*-le*>; <*-re*>: desinências da primeira pessoa do singular no tempo presente

Beispiele:

Exemplos:

Buch *n* <*-(e)s*; *¨er*> = *gen* Buches / Buchs; *pl* Bücher
abbezahlen <-> = *perf* abbezahlt
abriegeln <*-le*> = *1. Person prs* ich riegle ab
bremsen <*-t*> = *2. Person prs* du bremst
arbeiten <*-e-*> = *impf* arbeitete

brocar (1n; *Stv* 1e) = Konjugationsmuster ist Tabelle 1n + Stammveränderung wie Tabelle 1e
guardião (**-ães, -ões**) = Pluralformen sind **guardiães** bzw. **guardiões**

7. Die Rektion ist angegeben, wenn sie in beiden Sprachen verschieden ist. Bei den deutschen Präpositionen wird der Kasus nur für diejenigen bezeichnet, die zwei Fälle regieren können, z. B. ***lembrar-se de*** sich erinnern an (*ac*).

7. A regência está indicada sempre que seja diferente nos dois idiomas. Das preposições alemãs só levam a indicação do caso as que podem reger dois casos diferentes, p. ex., ***lembrar-se de*** sich erinnern an (*ac*).

8. Reflexive Verben werden nur dann aufgeführt, wenn ihr Gebrauch im Deutschen und Portugiesischen voneinander abweicht.

8. Os verbos reflexivos só são indicados nos casos em que a sua utilização difere em alemão e em português.

Das reflexive deutsche **sich** ohne Bezeichnung ist Akkusativ, andernfalls ist (*dat*) angegeben.

O **sich** reflexivo alemão sem indicação é acusativo no caso contrário é acrescentado (*dat*).

9. Übersetzung und Bedeutung

Die Bedeutungsunterschiede zwischen den Übersetzungen sind gekennzeichnet

a) durch kursiv erscheinende Synonyme in runden Klammern;

b) durch portugiesische bzw. deutsche Ergänzungen oder Erklärungen in *Kursivschrift.*

Dabei bezeichnen vorangestellte Wörter ohne Klammern bei Substantiven und Adjektiven den jeweiligen Anwendungsbereich, bei Verben die Objekte, auf die sie sich beziehen können. Der Übersetzung nachgestellte kursive Wörter nennen bei Substantiven und Adjektiven sprachliche Kombinationsmöglichkieiten, bei Verben die Subjekte, von denen die Tätigkeiten ausgeübt werden können.

Das Semikolon trennt eine gegebene Bedeutung von einer neuen, verschiedenen; zwischen verwandten Begriffen steht ein Komma.

Wesentliche Bedeutungsunterschiede bzw. verschiedene Wortarten werden durch Zahlen (**1.** ...; **2.** ...) oder auch durch Buchstaben (**a**) ...; **b**) ...) gekennzeichnet.

9. Tradução e significado

As diferenças de significado entre as traduções são assinaladas

a) através de sinónimos em itálico entre parênteses;

b) através de complementos ou explicações em alemão ou português em *itálico.*

As palavras antepostas sem parênteses a substantivos e adjectivos indicam o campo de aplicação; antepostas a verbos, indicam os objectos, aos quais se podem aplicar. Palavras em itálico após a tradução de substantivos e adjectivos indicam possibilidades linguísticas de combinação; após verbos, indicam os sujeitos, pelos quais as actividades podem ser exercidas.

O ponto e vírgula separa uma tradução de outra, distinta; a vírgula distingue termos análogos.

Números (**1.** ...; **2.** ...) ou também letras (**a**) ...; **b**) ...) assinalam diferenças essenciais de significado ou várias espécies de palavra.

10. Grammatische Angaben

Geschlecht (*m*, *f*, *n*) und gegebenenfalls Zahl (*pl*) der Substantive sind stets bei der Ausgangs- und bei der Zielsprache angegeben.

Die Bezeichnung *su* (= *substantivo*) bedeutet, dass das betreffende Wort sowohl weiblich als auch männlich gebraucht wird.

Die Bezeichnungen *adj*, *adv*, *v/t*, *v/i*, *prp* usw. erscheinen nur dort, wo beide Sprachen nicht übereinstimen.

Bei den portugiesischen Substantiven und Adjektiven werden in runden Klammern Pluralformen angegeben, wenn sie orthographische Besonderheiten aufweisen. Ebenso wird ange-

10. Indicações gramaticais

Género (*m*, *f*, *n*) e, eventualmente, número (*pl*) dos substantivos são sempre indicados nas duas línguas.

A indicação *su* (= *substantivo*) junto de vocábulos quer dizer que a respectiva palavra é usada em ambos os géneros.

As indicações *adj*, *adv*, *v/t*, *v/i*, *prp* etc surgem unicamente caso que as duas línguas não concordem.

As formas do plural dos substantivos e adjectivos portugueses são indicadas em parênteses, caso apresentem qualquer especificidade ortográfica. A abreviatura (*unv*) denota as palá-

geben, wenn ein Wort im Plural unveränderlich (*unv*) ist.

vras invariáveis no plural.

Die Angabe *sn* zu einem Verb bedeutet, dass die Perfektform statt mit *haben* mit *sein* gebildet wird. Der Hinweis *h* erscheint nur dann, wenn im Perfekt neben *haben* auch *sein* verwendet werden kann.

A indicação *sn* junto do verbo significa que o perfeito se forma com *sein* em vez de *haben*. A indicação *h* só aparece quando além de *haben* também se pode usar *sein*.

11. Die Abgrenzung der **brasilianischen** von der in Portugal gültigen Sprachvariante erfolgt durch die Abkürzung *bras*, durch eingeklammerte Buchstaben innerhalb eines portugiesischen Wortes oder durch Klammerausdrücke mit *.

11. A separação da **variante brasileira**, em relação à que se usa em Portugal, é feita com a abreviatura *bras*, por letras entre parênteses dentro de uma palavra portuguesa ou por letras entre parenteses com o sinal *.

a) Vor nur in Brasilien gebräuchlichem Wortgut steht die Abkürzung *bras*, und zwar für einzelne Wörter nach einem Komma oder für Teile einer Wortgruppe direkt nach dem auszutauschenden Wort in runden Klammern:

a) Antes de variantes lexicais usadas exclusivamente no Brasil, encontra-se a abreviatura *bras*, a saber: para palavras, depois de vírgula; para partes de um grupo de palavras, entre parênteses imediatamente depois de palavras a substituir:

fato *m*, *bras* terno *m*
mergulhador *m* desportivo (*bras* amador) (= *port* mergulhador desportivo, *bras* mergulhador amador)

b) Fallen in der brasilianischen Schreibweise bestimmte Buchstaben weg, so stehen sie im portugiesischen Wort in runden Klammern:

b) Letras inexistentes na ortografia brasileira encontram-se entre parênteses na palavra com a grafia portuguesa:

a(c)tor (= *port* actor, *bras* ator)
inde(m)nizar (= *port* indemnizar, *bras* indenizar)

c) Werden bei einem Wort in Brasilien andere Zeichen gesetzt als in Portugal, so wird der betreffende Buchstabe nach dem Wort in einem Klammerausdruck mit * wiederholt.

c) Quando, no Brasil, se usam acentos diferentes dos usados em Portugal, repete-se, entre parênteses, a letra em questão com o sinal *.

anónimo (*ô) (= *port* anónimo, *bras* anônimo)
abstémio (*ê) (= *port* abstémio, *bras* abstêmio)
ideia (*é) (= *port* ideia, *bras* idéia)

Die Aussprache des Portugiesischen

Die Lautschrift folgt dem Alphabet Phonétique Internationale (API) und wird in eckigen Klammern wiedergegeben. Die Konsonanten **b, d, f, g, l, m, n, p, t** werden nicht näher beschrieben, da ihr Lautwert im Deutschen sehr ähnlich ist. Allerdings werden **p, t** nicht gehaucht (aspiriert). Die Buchstaben **k** ['kapɐ], **w** [vedu'bradu *bzw.* 'dablju] und **y** [i'gregu] kommen nur in Fremdwörtern vor.

Symbol	Merkmale	Beispiele
	Vokale	
[a]	**a** offen – betont wie in *Hase* – unbetont vor verstummtem **c** – unbetont vor **l** [ɫ] und **u** [w]	**cá** [ka]; **casa** ['kazɐ] **actor** [a'tor] **palmeira** [paɫ'mɐjrɐ] **mauzinho** [maw'ziɲu]
[ɐ]	**a** geschlossen, ähnlich wie im englischen *a* – meist vor **-m, -n, -nh**	**câmara** ['kɐmɐrɐ] **sanha** ['sɐɲɐ]
[ɛ]	**e** offen – betont, ähnlich wie im deutschen **ä** in *Väter* – unbetont vor verstummtem **c, p** – unbetont vor **l** [ɫ]	**pé** [pɛ]; **pedra** ['pɛdrɐ] **director** [dirɛ'tor] **recepção** [ʀəsɛ'sɐ̃w] **móvel** ['mɔcɛɫ]
[e]	**e** geschlossen, wie in *See*; in Endung **-ez, -ês** – meist vor **-m, -n, -nh**	**pena** ['penɐ]; **vez** [veʃ] **tema** ['temɐ]
[ə]	**e** unbetont, geschlossen wie im deutschen Auslaut-e **i** unbetont vor weiterem, nachfolgenden **i**	**de** [də] **ministro** [mə'niʃtru]
[i]	**i** lang, wie in *sie*; dunkler vor **l** [ɫ], **u** [w] **e** kurz, unbetont, am Wortanfang	**fita** ['fitɐ], **viu** [viw] **exacto** [i'zatu]
[ɔ]	**o** betont, wie im deutschen *offen* – unbetont vor stummem **p**	**porta** ['pɔrtɐ], **po** [pɔ] **optimista** [ɔti'miʃtɐ]
[o]	**o** betont, geschlossen, wie in *Ofen* – in der Wortendung auf **-or** – im Diphthong **-ou-** – meist vor **-m, -n, -nh**	**avô** [ɐ'vo] **senhor** [sə'ɲor] **rouco** ['ʀoku] **sono** ['sonu]
[u]	**u** **o** unbetont	**urubu** [uru'bu] **óbolo** ['ɔbulu]
	Halbvokale	
[j]	**i** als schwacher Vokal in Diphthongen	**pátio** ['patju]
[w]	**u** siehe oben, wie im englischen *well*	**quando** ['kwɐ̃du]
	Diphthonge (fallend; betont)	
[aj]	**-ai** offen	**pai** [paj], **saia** ['sajɐ]
[ɐj]	**-ei** besonders in Lissabon	**feito** ['fɐjtu]
[ej]	**-ei** geschlossen	**feito** ['fejtu]

Symbol	Merkmale	Beispiele
[ɛj]	**-éi** offen, besonders als Plural der Wörter auf **-el**	**anéis** [ɐ'nɛjʃ]
[oj]	**-oi** geschlossen	**oito** ['ojtu], **boi** [boj]
[ɔj]	**-ói** offen	**herói** [i'rɔj]
[uj]	**-ui** (u betont)	**circuito** [sir'kujtu]
[aw]	**-au**, **ao** offen	**pau** [paw], **ao** [aw]
[ew]	**-eu** geschlossen	**europeu** [ewru'pew]
[ɛw]	**-éu** offen	**céu** [sɛw]
[iw]	**-iu** (i betont)	**riu** [ʀiw]
	Diphthonge (steigend; unbetont)	
[jɐ]	**-ea** **-ia**	**gávea** ['gavjɐ] **farmácia** [fɐr'masjɐ]
[ju]	**-eo** **-io**	**vídeo** ['vidju] **sério** ['sɛrju]
[jə]	**-ie**	**série** ['sɛrjə]
[wɐ]	**-oa** **-ua**	**amêndoa** [ɐ'mẽdwɐ] **língua** ['lĩgwɐ]
[wə]	**-ue**	**ténue** ['tɛnwə]
[wu]	**-uo**	**oblíquo** [ob'likwu]
	Nasalvokale (geschlossen)	
[ɐ̃]	**-ã** **-am**, **-an** vor weiterem Konsonanten	**irmã** [ir'mɐ̃] **âmbar** ['ɐ̃bar] **branco** ['brɐ̃ku]
[ẽ]	**-em**, **-en** vor weiterem Konsonanten	**lenço** ['lẽsu] **sempre** ['sẽprə]
[ĩ]	**-im**, **-in** vor weiterem Konsonanten **-im** am Wortende	**imposto** [ĩ'poʃtu] **jardim** [ʒɐr'dĩ]
[õ]	**-om**, **-on** vor weiterem Konsonanten **-om** am Wortende	**monstro** ['mõʃtru] **som** [sõ]
[ũ]	**-um**, **-un** vor weiterem Konsonanten **-um** am Wortende	**assunto** [ɐ'sũtu] **algum** [aɫ'gũ]
	Nasale Diphthonge (geschlossen, kein Verschlusslaut [ŋ])	
[ɐ̃j]	**-ãe** beide Vokale bilden einen Nasallaut **-ãi** **-em**, **-ém** am Wortende (besonders in Lissabon)	**mãe** [mɐ̃j] **cãibra** ['kɐ̃jbrɐ] **alguém** [aɫ'gɐ̃j]
[ɐ̃w]	**-ão**, **-am** am Wortende	**são** [sɐ̃w] **falam** ['falɐ̃w]
[ẽj]	**-em**, **-ém** am Wortende	**alguém** [aɫ'gẽj]
[õj]	**-õe**	**põe** [põj]
[ũj]	**-ui**	**muito** ['mũjtu]

Symbol	Merkmale	Beispiele
Konsonanten		
[gw]	**gua** **gue** bei wenigen Ausnahmen	**água** ['agwɐ] **aguentar** [ɐgwẽ'tar]
[k]	**ca-**, **co-**, **cu-** **que-**, **qui-**	**café** [kɐ'fɛ] **quilo** ['kilu]
[ks]	**-x-** besonders bei Lehnwörtern	**fixo** ['fiksu]
[kw]	**qua-**, **quo-** **que-** bei wenigen Ausnahmen	**quando** ['kwɐ̃du] **frequente** [frə'kwẽtə]
[ɫ]	velares oder Gaumen-**l**, vor Konsonant oder am Wortende; ähnlich wie im englischen *hall*	**sul** [suɫ] **salto** ['saɫtu]
[ʎ]	**-lh-**: l+j gleichzeitig seitlich (lateral) gebildet, ähnlich wie im italienischen **-gl-** in *consiglio*	**filho** ['fiʎu]
[m]	nasalierender Konsonant, intervokalisch	**muito** ['mũjtu]
[ɲ]	**-nh-**: n+j gleichzeitig gebildet, ähnlich wie im französischen **-gn-**	**ranho** ['ʀɐɲu]
[r]	**-r-**: einfach gerolltes **r**, intervokalisch – vor Konsonant	**caro** ['karu] **certo** ['sɛrtu]
[ʀ]	scharfes, mehrfach gerolltes Zungenspitzen-**r** oder Rachen-**r** am Wort- oder Silbenanfang **-rr-** intervokalisch	**rua** ['ʀuɐ] **melro** ['mɛɫʀu] **carro** ['kaʀu]
[s]	**s-**, **-ss-** scharf, stimmlos, wie im deutschen **ß** **c-**, **-c-** vor **i** oder **e** **-ç-** vor **a, o, u** **-x-** intervokalisch	**sal** [saɫ], **isso** ['isu] **cem** ['sẽj], **cio** [siw] **graças** ['grasɐ] **auxílio** [aw'silju]
[z]	**-s-** intervokalisch; stimmhaft wie im deutschen *Rose* **-x-** intervokalisch **z-**, **-z-**	**casa** ['kazɐ] **exame** [i'zɐmə] **zunzum** [zũ'zũ]
[ʃ]	scharfer, stimmloser **sch**-Laut: **ch-**, **-ch-** **s-** am Wortende; vor stimmlosen Konsonanten **x-**, **-x-** am Wortanfang und intervokalisch **-z** am Wortende	 **chá** [ʃa], **acha** ['aʃɐ] **vês** [veʃ], **esta** [ɛʃtɐ] **xá** [ʃa], **lixo** ['liʃu] **fiz** [fiʃ]
[ʒ]	stimmhafter Reibelaut, wie in *Genie* **g-**, **-g-** vor **e** oder **i** **-s**, **-s-** im Silben- oder Wortauslaut vor stimmhaftem Konsonanten	 **gengibre** [ʒẽ'ʒibrə] **Lisboa** [liʒ'boɐ] **estás bom** [iʃtaʒ'bõ]
	-x- vor stimmhaftem Konsonanten **-z**, **-z-** wie **-s**, **-s-**	**ex-mulher** [ɐjʒmu'ʎer] **faz bem** [faʒ'bẽj]

Die brasilianische Aussprache

Die Abweichungen zum europäischen Portugiesisch äußern sich im Wesentlichen in folgenden Punkten:

1. Der Vokalismus im brasilianischen Portugiesisch ist teilweise nicht so ausgeprägt. Unbetontes **a** [ɐ] und **e** [ə] werden anders realisiert; unbetontes **o** [u] ist meist geschlossen:

a wird entweder offen gesprochen: *abacaxi* [abaka'ʃi], *capa* ['kapa]
oder vor **m, n, nh** nasaliert: *cama* ['kɐ̃ma], *banha* ['bɐ̃ɲa].

e wird entweder geschlossen gesprochen: *telegrama* [tele'grɐ̃ma]
oder im Auslaut bzw. Präfix als **i**: *estação* [ista'sɐ̃w], *noite* ['nojtʃi]
oder vor **m, n, nh** nasaliert: *convênio* [kõ'vẽnju].

o wird geschlossen gesprochen: *orelha* [o'reʎa], *fato* ['fato] seltener ['fatu]
oder vor **m, n, nh** nasaliert: *sonho* ['sõɲo].

2. Akzent tragende Vokale **a, e, o** haben vor **m, n, nh** einen Zirkumflex (^) statt Akut (´): *port antónimo* [ɐ̃'tɔnimu], *bras antônimo* [ɐ̃'tonimo].

3. Der geschlossene Diphthong **ei** (*port* [ɐj] *bzw.* [ej]) wird fast nur noch [e] gesprochen: *brasileiro* [brazi'lero *oder* brazi'leru].
Der in Portugal nasale Diphthong **-em** [ɐ̃j] *bzw.* [ẽj] ist in Brasilien nasaler Vokal [ẽ]: *garagem* [ga'raʒẽ].

4. s, z im Silben- bzw. Wortlaut wird im Großraum Rio, São Paulo wie in Portugal [ʃ] *bzw.* [ʒ] gesprochen, sonst meist [s] *bzw.* [z]: *bastante* [bas'tɐ̃tʃi], *desde* ['dezdʒi].

5. l im Silben- bzw. Wortauslaut (*port* [ɫ]) wird meist zu Halbvokal [w]: *Brasil* [bra'ziw], *falso* ['fawso].

6. scharfes **r** [ʀ], aber auch **r** vor Konsonant und als Auslaut wird in Brasilien meist als stimmloses Zäpfchen-**r** gesprochen; es klingt dabei etwa wie im deutschen **ch** in *Buch* oder gar wie **h**: *rosa* ['ʀɔza], *porta* ['pɔʀta], *dever* [de've(ʀ)], wobei Auslaut-**r** durchaus völlig verstummen kann.

7. d, t vor **i** bzw. unbetontem **e** im Auslaut oder wenn **e** wie [i] gesprochen wird, führen in weiten Teilen Brasiliens, besonders aber in Rio-São Paulo, zur Palatalisierung der beiden Konsonanten, d. h. das stimmlose **t** erweitert sich um den stimmlosen Zischlaut [ʃ] und das stimmhafte **d** um den stimmhaften Zischlaut [ʒ]: *bonde* ['bõdʒi], *noite* ['nojtʃi], *teatro* ['tʃjatru].

Beachte: Diese Besonderheiten der Aussprache des Portugiesischen in Brasilien werden im Wörterbuch nur dort vermerkt, wo es sich um Brasilianismen handelt.

A pronúncia alemã

As transcrições fonéticas inserem-se somente depois das palavras simples ou quando é preciso marcar, dentro de um grupo de palavras reunidas em parágrafo, determinadas diferenças de pronúncia, p. ex. **Glas** [glaːs], **'~er** ['-zər], **'~ig** ['-ziç]. Nas palavras compostas, a pronúncia é fácil de reconstruir através dos elementos simples da sua composição.

A seguir da tabela fonética insere-se outra da pronúncia dos prefixos, das desinências e dos sufixos mais frequentes em alemão.

Explicação das transcrições fonéticas

Transcrição	Pronúncia	Exemplos
	Vogais	
[aː] [a]	longa como em m**ar** breve como em **a**rmar	**kam** [kaːm] **Kamm** [kam]
[ɛː] [ɛ]	aberta, longa como em s**é**rio aberta, breve como em p**e**sca	**'Käse** ['kʀːzə] **'Teller** ['tɛlər]
[eː] [e] [ə]	fechada, longa como em l**ê** fechada, breve como em d**e**bilmente átono, breve, muito superficial como em rud**e**	**'nehmen** ['neˑmən] **De'batte** [de'batə] **'Tinte** ['tintə]
[iː] [i]	fechada, longa como em ru**í**do fechada, breve como em bo**i**	**Dieb** [diːp], **ihn** [iːn] **in** [in], **Wind** [vint]
[oː] [o] [ɔ]	fechada, longa como em av**ô** fechada, breve como em t**o**davia aberto, breve como em av**ó**	**'oben** ['oːbən] **To'mate** [to'maːtə] **Form** [fɔrm]
[øː]	fechada, longa; desconhecida em Português, produz-se tentando-se pronunciar [eː] com a boca disposta para pronunciar [oː], e sem modificar a posição indicada da boca	**'Öse** ['øːzə] **'Töne** ['tøːnə] **'Goethe** ['gøːtə]
[œ]	fechada, breve; desconhecida em Português, produz-se tentando-se pronunciar [ɛ] com a boca disposta para pronunciar [o], e sem modificar a posição indicada da boca	**'öffnen** ['œfnən] **'Löffel** ['lœfəl]
[uː] [u]	fechada, longa como em cr**u** aberta, breve como em língu**a**	**Mut** [muːt], **Uhr** [uːr] **und** [unt]
[yː]	fechada, longa; desconhecida em Português, produz-se tentando-se pronunciar [iː] com a boca disposta para pronunciar [uː], e sem modificar a disposição indicada da boca	**Tür** [tyːr] **'Übel** ['yːbəl] **'Mühle** ['myːlə]
[y]	fechada, breve; desconhecida em Português, produz-se tentando-se pronunciar [i] com a boca disposta para pronunciar [u], e sem modificar a disposição indicada da boca	**'Müller** ['mylər] **'dünn** ['dyn] **'Rücken** ['rykən]

Transcrição	Pronúncia	Exemplos
	Ditongos	
[aɪ]	aberto, breve como em r**ai**va	**Mai** [maɪ], **'Reise** ['raɪzə]
[aʊ]	aberto, breve como em **ao**	**'Aufbau** ['aʊfbaʊ]
[ɔy]	aberto, breve como em destr**ói**	**'Beute** ['bɔytə]
	Consoantes	
[-p]	como em a**p**tidão	**ab** [ap], **Abt** [apt]
[ts]	como em **cz**ar	**kurz** [kurts]
[ç]	desconhecida em Português; produz-se aproximando a língua do palato, com a ponta da língua a encostar-se contra os dentes inferiores. Aparece ao começo das palavras, seguida por **e** ou **i**, precedida por **e**, **i**, **ei**, **äu**, **eu**, **ä**, **ö**, **ü**, e pelas consoantes	**Che'mie** [çe'miː], **'China** ['çiːna], **ich** [iç], **'rechnen** ['rɛçnən], **Teich** [taɪç], **'leuchten** ['lɔyçtən], **'Milch** [milç], **mancher** ['mançər]
[x]	desconhecida em Português, som gutural semelhante ao **j** ou **x** espanhol; obtém-se procurando-se pronunciar um **r** gutural com a ponta da língua encostada contra a gengiva inferior. Encontra-se precedida por **a**, **u**, **au**, **o**	**Dach** [dax], **Loch** [lɔx], **Buch** [buːx], **auch** [aʊx], **'machen** ['maxən], **acht** [axt]
[ks]	como o **x** em ma**x**ila	**'Achse** ['aksə], **maxi'mal** [maksi'maːl]
[-t]	como em a**t**ar	**Kind** [kint]
[g]	como em **g**ordo, **gu**erra	**'geben** ['geːbən]
[ʒ] [ŋ]	como em **g**énio como o **m** em be**m**	**Re'gie** [re'ʒiː] **lang** [laŋ]
[h]	som fortemente aspirado	**'haben** ['haːbən]
sem	não se pronunciam os -h- e -h	**'sehen** ['zeːən]
[j]	como o **i** em Ma**i**o	**'jeder** ['jeːdər], **ja** [jaː]
[l]	como em e**l**iminar	**hell** [hɛl], **'alle** ['alə]
[m]	como em a**m**or	**Kamm** [kam]
[n]	como em **n**ada, a**n**o	**Sohn** [zoːn], **und** [unt]
[kv] [z] [s]	 como em **z**elo como em a**ss**ar	**Qual** [kvaːl] **'Hose** ['hoːzə] **Haus** [haʊs]
[ʃ]	como em **ch**á, a**ch**ar	**Schein** [ʃaɪn]
[ʃp] [ʃt]	como em bi**sp**o como em de**st**e	**Spiel** [ʃpiːl], **ge'stehen** [gə'ʃteːən]

Trans-crição	Pronúncia	Exemplos
[f] [v]	como em **f**orte como em **v**ale	**'Vater** ['fa:tər] **No'vember** [no'vɛm-bər], **Wahl** [va:l]

b- e **-b-**, **d-** e **-d-**, **f**, **k**, **l-**, **p**, **r**, **t** como em português, mas pronunciados com mais força.

O alfabeto alemão

a [a:], b [be:], c [tse:], d [de:], e [e:], f [ɛf], g [ge:], h [ha:], i [i:], j [jɔt], k [ka:], l [ɛl], m [ɛm], n [ɛn], o [o:], p [pe:], q [ku:], r [ɛr], s [ɛs], t [te:], u [u:], v [faʊ], w [ve:], x [iks], y ['ypsilɔn], z [tsɛt]

Lista dos prefixos e das desinências frequentes

'ab-	['ap-]	'-ig(keit)	['-iç(kaɪt)]
be-	[bə-]	'-igen, '-iger	['-igən, '-igər]
'ein-	['aɪn-]	'-igt, '-igung	['-içt, '-iguŋ]
ent-	[ɛnt-]	'-in	['-in]
er-	[ɛr-]	'-isch	['-iʃ]
ge-	[gə-]	-'ismus	['-ismus]
'un-	['un-]	-'ist(isch)	[-'ist(iʃ)]
ver-	[fɛr-]	-iv	[-i:f]
zer-	[tsɛr-]	'-keit(s)	['-kaɪt(s-)]
-'abel	[-'a:bəl]	'-lich	['-liç]
'-bar	['-ba:r]	'-ling	['-liŋ]
'-e	['-ə]	'-los, '-losigkeit	['-lo:s, '-lo:ziçkaɪt]
-'ei	[-'aɪ]	'-nis	['-nis]
'-eln(d)	['-əln(t)]	'-sal	['-za:l]
'-en, '-end	['-ən, '-ənt]	'-sam	['-za:m]
'-ens	['-əns]	'-schaft(s-)	['-ʃaft(s-)]
'-er(n)	['-ər(n)]	'-sel	['-zəl]
'-haft(s-)	['-haft(s-)]	'-ste(l), '-stens	['-stə(l), '-stəns]
'-heit(s-)	['-haɪt(s-)]	-ti'on	['-tsi'o:n]
-'ieren	[-'i:rən]	'-tum	['-tu:m]
'-ich	['-iç]	'-ung(s-)	['-uŋ(s-)]

Terminações regulares dos substantivos alemães

Endung	Nominativ Singular	Genitiv Singular	Nominativ Plural
-ade *f*	Marmelade	-ade	-aden
-and *m*	Konfirmand	-anden	-anden
-ant *m*	Lieferant	-anten	-anten
-anz *f*	Distanz	-anz	-anzen
-ar *m*	Notar	-ars	-are
-är *m*	Aktionär	-ärs	-äre
-at *n*	Mandat	-at(e)s	-ate
-chen *n*	Mädchen	-chens	-chen
-e *f*	Weite	-e	-en
-ei *f*	Tischlerei	-ei	-eien
-ent *m*	Referent	-enten	-enten
-enz *f*	Potenz	-enz	-enzen
-er *m*	Lehrer	-ers	-er
-eur *m*	Dekorateur	-eurs	-eure
-eurin *f*	Redakteurin	-eurin	-eurinnen
-euse *f*	Souffleuse	-euse	-eusen
-heit *f*	Krankheit	-heit	-heiten
-ie *f*	Fotografie	-ie	-ien
-ik *f*	Grafik	-ik	-iken
-in *f*	Sekretärin	-in	-innen
-in *n*	Vitamin	-ins	-ine
-ion *f*	Region	-ion	-ionen
-ismus *m*	Egoismus	-ismus	-ismen
-ist *m*	Optimist	-isten	-isten
-ität *f*	Spezialität	-ität	-itäten
-ium *n*	Ministerium	-iums	-ien
-iv *n, m*	Kollektiv	-ivs	-ive
-ive *f*	Initiative	-ive	-iven
-keit *f*	Genauigkeit	-keit	-keiten
-lein *n*	Fräulein	-leins	-lein
-ler *m*	Pendler	-lers	-ler
-ling *m*	Bückling	-lings	-linge
-loge *m*	Archäologe	-logen	-logen
-logie *f*	Philologie	-logie	-logien
-ment *n*	Fundament	-ment(e)s	-mente
-nis *f*	Finsternis	-nis	-nisse
-nis *n*	Wagnis	-nisses	-nisse
-or *m*	Lektor	-ors	-oren
-orin *f*	Autorin	-orin	-orinnen
-sal *n*	Schicksal	-sals	-sale
-schaft *f*	Mutterschaft	-schaft	-schaften
-sel *n*	Anhängsel	-sels	-sel
-stel *n*	Hundertstel	-stels	-stel
-tion *f*	Innovation	-ation	-ationen
-tum *n*	Herzogtum	-tums	-tümer
-ung *f*	Hoffnung	-ung	-ungen
-ur *f*	Kandidatur	-ur	-uren
-us *m*	Bonus	-us, -usses	-usse

Wörterverzeichnis Portugiesisch-Deutsch

A

A, a [a] *m* A, a *n*

a¹ [ɐ] **1.** *art f* die, der, das; **2.** *pron f* **a)** *Person*: sie (ihr); *Höflichkeitsform* Sie (Ihnen); ***conheço-a*** ich kenne sie (*od* Sie); ***ajudo-a*** ich helfe ihr (*od* Ihnen); **b)** *Dinge*: sie, es, ihn; **c)** *Relativpronomen*: die-, der-, dasjenige

a² [ɐ] *prp* **a)** *örtl*, *Nähe*: an (*dat*); bei; *Richtung*, *Ziel*: nach *Lissabon*, *Spanien*, *Hause*; zu (*z.B. zum Arzt*, *zur Post*); in (*z.B. ins Konzert*, *in den Garten*); an (*ac*) (*z.B. ans Fenster*, *an die Wand*); *Entfernung*: ***a poucos passos*** (***de aqui***) wenige Schritte von hier; ***aos 50 metros*** nach 50 Metern; ***a norte de*** nördlich von; **b)** *zeitl*: ***aos doze minutos*** nach zwölf Minuten; ***à noite*** (***a três de Março***, ***aos trinta dias***) am Abend (am dritten März, nach dreißig Tagen); ***às três*** um drei (Uhr); ***às quartas-feiras*** mittwochs; ***aos trinta anos*** mit dreißig Jahren; ***de hoje a oito*** (***dias***) heute in acht Tagen; ***de quinta-feira ~ domingo*** von Donnerstag bis Sonntag; **c)** *Art und Weise*: ***à*** (***maneira***) ***inglesa*** auf englische Art; ***a pé*** (***cavalo***) zu Fuß (Pferd); ***ao entrar*** beim Eintreten; ***a rir*** lachend; **d)** *Aufeinanderfolge*: ***folha a folha*** Blatt für Blatt; ***três a três*** jeweils drei; ***ser o primeiro*** (***segundo*** *etc*) ***a fazer a/c*** als Erster (Zweiter *etc*) et tun; **e)** *Mittel*, *Werkzeug*: mit; ***feito à mão*** handgefertigt; **f)** *Preis*: ***a 20 escudos*** zu (*od* für) 20 Escudos; **g)** *Gegenüberstellung*: ***dois a um*** zwei gegen einen; *Sport*: zwei zu eins; **h)** *Vergleich*: ***saber*** (***cheirar***) ***a vinho*** nach Wein schmecken (riechen); **i)** *begleitender Umstand*: ***ao sol*** in (an) der Sonne; **j)** *vertritt deutschen dat od ac*: ***dizer a/c a alg*** j-m et sagen; ***telefonar a*** *j-n* anrufen; **k)** *vor inf*: zu; ***a ser assim*** wenn das so ist; ***estar a fazer*** gerade *et* tun

(a) ***assinado*** gezeichnet (gez.)

A (*pl* **AA**) ***autor***(***es***) *m*(*pl*) Verfasser (Verf.) *m*(*pl*)

à [a] *Zssg der prp* **a** *mit dem art f* (*od pron f*) **a**

aba ['abɐ] *f* (Hut)Krempe *f*; Klappe *f* (*an Tisch*); Rand *m*, Saum *m* (*an Kleidung*); (Fluss)Ufer *n*; (Dach-)Kante *f*; *TÉCN* Flansch *m* (*an Winkelstück*); *CUL* Rippenstück *n*

abacate [ɐbɐ'katə] *m* Avocado *f*

abacaxi [abaka'ʃi] *m bras* (süße) Ananas *f*; *fig* F Mist *m*; Schund *m*; ***descascar um ~*** *bras* F sich aus der Affäre ziehen

abad|e [ɐb'adə] *m* Abt *m*; *allg a* Pfarrer *m*; **~essa** [ɐbɐ'desɐ] *f* Äbtissin *f*; F Weibsstück *n*; **~ia** [ɐbɐ'diɐ] *f* Abtei *f*

abaf|adiço [ɐbɐfɐ'disu] stickig (*Luft*); kurzatmig (*Person*); *fig* aufbrausend; **~ado** [-'fadu] dumpf (*Ton*); schwül (*Wetter*; *a fig*); eingehüllt (***em*** in *ac*); *fig* bedrückt (*Person*); totgeschwiegen (*Skandal*); ***morrer*** (***de***) ~ ersticken; ***vinho*** *m* ~ Süßwein *m*; **~ador** [-fɐ'dor] *m* Kaffee- (*od* Tee)wärmer *m*; *TÉCN* Dämpfer *m*; *MÚS* Schalldämpfer *m*; **~adura** *f*, **~amento** *m* [-fɐ'durɐ, -fɐ'mẽtu] Erstickung *f* (*Person*); *Wetter* Schwüle *f*; *TÉCN* Dämpfung *f*; **~ar** [-'far] (1b) **1.** *v/t Person*, *Flammen* ersticken; *Gefühl* unterdrücken; *Speisen* warm halten; zudecken; *Skandal* totschweigen; *Aufstand* niederschlagen; *j-n* zum Schweigen bringen; *NAV Segel* reffen; *bras* F verschwinden *od* mitgehen lassen; **2.** *v/i* stickig sein; ersticken (*Person*); **~-se** sich (gut) zudecken; sich warm anziehen

abafo [ɐ'bafu] *m*: ***um ~*** ein warmes Plätzchen *n*; *Kleidung*: warmes Zeug *n*; **~*s maternos*** mütterliche Liebe *f*

abainhar [ɐbɐi'ɲar] *Stoff* ein-, umsäumen

abaix|amento [ɐbajʃɐ'mẽtu] *m* Absinken *n*; *Preis*, *Temperatur*: Rückgang *m*; **~ar** [-'ʃar] (1a) **1.** *v/t* senken (*a fig*); *Rollladen* hinunterlassen; *Wert* sinken lassen; *Augen* niederschlagen; *fig* erniedrigen; **2.** *v/i Pegel* (ab)sinken; **~-se** sich bücken

abaixo [ɐ'bajʃu] **1.** *adv* unten; *Richtung*: her-, hinunter; ***as escadas ~*** die Treppe hinunter, herunter; ***rio ~*** flussabwärts; *fig* F den Bach runter; ***deitar ~*** niederreißen; *Regierung* stürzen; ***ir(-se) ~*** herunterkommen (*a fig*); F schlappmachen; verrecken (*Motor*); ab-, zurücktreten (*Regierung*); **2.** *int* nieder!; **3.** *prp*: ***~ de*** unter(halb *gen*); *qualitativ* schlechter als; *quantitativ* geringer als; **~-assinado** [-ɐsi'nadu] *m* Unterschriftensammlung *f*; Gesuch *n*

abajur [ɐbɐ'ʒur] *m* Lampenschirm *m*; *bras* Leuchte *f*, Lampe *f*

abal|ada [ɐbɐ'ladɐ] *f* Aufbruch *m*; Flucht *f*; (Vogel)Zug *m*; ***de ~*** hastig; ***estar de ~*** im Aufbruch begriffen sein; **~ado** [-'ladu] locker, wackelig; *fig* niedergeschlagen; **~ador** [-lɐ'dor] erschütternd

abalançar [ɐbɐlẽ'sar] (1p) **a)** *auf e-r Waage* wiegen; *fig* abwägen; **b)** führen, treiben (***a*** zu); **~-se** (hin- und her)schwanken; sich stürzen (***a*** auf *od* in *ac*); sich wagen (***a*** an *ac*)

abal|ar [ɐbɐ'lar] (1b) **1.** *v/t* schütteln; zum Wanken bringen (*a fig*); erschüttern (*a fig*); *fig* verunsichern; ***~ a*** bewegen *od* treiben zu; **2.** *v/i* wackeln (*Wand*); unsicher werden; *fig* aufbrechen; sich davonmachen (*fliehen*); ***~ contra*** angreifen (*ac*); **~-se** verzweifeln, niedergeschlagen sein; **~ável** [-'lavɛɫ] leicht zu erschüttern; *fig a* rührselig

abaliz|ado [ɐbɐli'zadu] hervorragend, maßgebend; **~ador** [-zɐ'dor] *m* Messlatte *f*; **~ar** [-'zar] (1a) *Gebiet* abstecken; markieren; *fig e-r Sache* Grenzen setzen; **~-se** sich hervortun

abalo [ɐ'balu] *m* **a)** Erschütterung *f*, Stoß *m*; *fig* Anstoß *m*; *fig* Schock *m* (***com*** wegen); ***~ sísmico*** Erdstoß *m*; ***dar ~ a*** *od* ***em*** e-n Stoß versetzen; **b)** Aufbruch *m*

abaloar [ɐbɐ'lwar] (1f) **1.** *v/t* (auf)blähen; bauschen; **2.** *v/i* sich (auf)blähen (*Leib*)

abalof|ado [ɐbɐlu'fadu] *fig* eingebildet, affektiert; **~ar** [-'far] (1e) (auf)lockern; *fig j-m* zu Kopf steigen; **~-se** locker werden; (auf)quellen; *fig* hochmütig werden

abalro|ação *f*, **~amento** *m* [ɐbaɫʀwɐ'sɐ̃w, -'mẽtu] *NAV* Kollision *f*, Zusammenstoß *m*; **~ar** [-'ʀwar] (1f) **1.** *v/t* zusammenstoßen mit (*dat*); *fig* anrempeln; **2.** *v/i u* **~-se** zusammenstoßen

aban|ação [ɐbɐnɐ'sɐ̃w] *f* Fächeln *n* (*zur Kühlung*); *stärker*: Wedeln *n*; Schütteln *n*; **~adela** [-'dɛlɐ] *f* Stoß *m*, Ruck *m*; Schütteln *n*; ***dar uma ~ a*** → **~ar**; **~ador** [-'dor] *m* Wedel *m*; F Löffel *m* (*großes Ohr*); **~a-moscas** (*pl inv*) [-'moʃkɐʃ] *m* Fliegenwedel *m*; *fig* Lappalie *f*

abanan|ado [ɐbɐnɐ'nadu] fassungslos; **~ar-se** [-'narsə] (1a) *fig* aus der Fassung geraten

aban|ão [ɐbɐ'nɐ̃w] *m* F Gerüttel *n*; **~ar** [-'nar] (1a) **1.** *v/t zur Kühlung* fächeln; wedeln (mit); *Kopf, j-n* schütteln; *Tür* rütteln an (*dat*); *Fliegen* verscheuchen; *fig* abbringen; ***~ as orelhas*** abwinken; **2.** *v/i* wackeln; zittern (*Erde*); schwanken (*Schiff*)

abancar(-se) [ɐbɐ̃'kar(sə)] (1n) sich setzen; sich niederlassen (*Anwalt*)

abandalhar-se [ɐbɐ̃dɐ'ʎarsə] (1b) F verkommen, verlottern

abandon|ado [ɐbɐ̃du'nadu] verlassen; **~ar** [-'nar] (1f) verlassen; im Stich lassen; *Plan etc* aufgeben; ***~ o campo*** den Kampf aufgeben; ***~-se ao vício*** verwahrlosen, sich dem Laster ergeben

abandono [ɐbɐ̃'donu] *m* Aufgabe *f*, Verzicht *m* (***de*** auf *ac*) (*Projekt, Idee*); Vernachlässigung *f* (*Person*); Verlassenheit *f*; ***ao ~*** schutzlos; ***deixar ao ~*** vernachlässigen

aban|icar [ɐbɐni'kar] (1n) fächeln; **~ico, ~o** [-'niku, ɐ'bɐnu] *m kleiner* Fächer *m*, Wedel *m*

abarb|ado [ɐbɐr'badu] *mit Arbeit* überlastet; **~ar** [-'bar] (1b) überlasten; *mit Problemen etc* belasten, plagen; = **~(-se)** ***com*** *j-m* ebenbürtig sein; gleich hoch sein

abarcar [ɐbɐr'kar] (1n, *Stv* 1b) → ***abranger***; *fig* begreifen; ***querer ~ o céu com as pernas*** hoch hinaus wollen

abarrac|amento [ɐbɐʀɐkɐ'mẽtu] *m*

Barackensiedlung *f*; **~ar** [-'kar] (1n; *Stv* 1b) **1.** *v/t auf Gelände* Baracken aufschlagen in *od* auf (*dat*); **2.** *v/i u* **~-se** in Baracken kampieren
abarrancar [ɐbɐʀɐ̃'kar] (1n) **1.** *v/t fig* Hindernisse auftürmen vor; *j-n* behindern; **2.** *v/i GEOL* Schluchten aufreißen
abarregar-se [ɐbɐʀə'garsə] (1o *Stv* 1c) F in wilder Ehe leben
abarrotar [ɐbɐʀu'tar] (1e) **1.** *v/t* voll stopfen (**de** mit); **2.** *v/i* überquellen; **~-se** *Essen* sich voll stopfen (**de** mit)
abast|ado [ɐbɐʃ'tadu] wohlhabend (*Person*); versorgt (**de** mit), ausgestattet (**de** mit) (*Gebäude*); **~amento** *m*, **~ança** *f* [-tɐ'mẽtu, -'tɐ̃sɐ] Vorräte *m/pl*; Wohlstand *m*; Überfluss *m* (**em** an *dat*); **~ar** [-'tar] (1b) versorgen (**de** mit)
abastardar [ɐbɐʃtɐr'dar] (1b) **1.** *v/t* verfälschen; *Qualität* verderben (lassen); **2.** *v/i u* **~-se** entarten
abastec|edor [ɐbɐʃtəsə'dor] **1.** *adj* Liefer..., Versorgungs...; **2.** *m* Lieferant *m*; **~edora** [-'dɔrɐ] *f* Zulieferer *m*; **~er** [-'ser] (2g) versorgen, beliefern; *Tank* auffüllen; **~-se** sich eindecken; **~imento** [-si'mẽtu] *m* Versorgung *f*; Verpflegung *f*; **~ de água** Wasserversorgung *f*; **posto** *m* **de ~** Tankstelle *f*
abate [ɐ'batə] *m* (*Vieh*) Schlachtung *f*; (*Holz*) Einschlag *m*
abat|edor [ɐbɐtə'dor] *m*: **~** (**de gado**) Schlachter *m*; **~edouro** [-'doru] *m bras* Schlachthof *m*; **~er** [-'ter] (2b) **1.** *v/t* niederschlagen (*a fig*); (herab)fallen (lassen); *Baum* fällen; *die Fahne* senken (*als Ehrenbezeugung*); *Haus* ein-, niederreißen; *j-n* niederstrecken; *Kräfte* lähmen; *Namen* streichen; *Preis* herabsetzen; *Stolz* demütigen; angreifen (*Krankheit*); *Vieh* schlachten; *Wild* abschießen; **2.** *v/i u* **~-se** sich senken (*Boden*); einstürzen (*Gewölbe*); *fig* hereinbrechen (**sobre** über *ac*); *NAV* vom Kurs abkommen; nachlassen (*Wille*, *Wind*); sich reduzieren (*Preis*); **~ido** [-'tidu] *physisch* abgespannt; *PSIC* niedergeschlagen (**com**, **por** von, durch); **carne -a** Frischfleisch *n*; **~imento** [-ti'mẽtu] *m* Rabatt *m*; (Preis)Ermäßigung *f*; Einsturz *m* (*Gebäude*); *PSIC* Niedergeschlagenheit *f*; *physisch* Abgespanntheit *f*; *NAV* Abtrift *f*; → **abate**; **~is** [aba'tis] *m bras CUL* Geflügelklein *n*
abaul|amento [ɐbawlɐ'mẽtu] *m* Wölbung *f*; **~ar** [-'lar] (1q) wölben; ausbauchen
abcesso [ɐb'sɛsu] *m MED* Abszess *m*
abdic|ação [ɐbdikɐ'sɐ̃w] *f POL* Abdankung *f*, Amtsniederlegung *f*; **~ar** [-'kar] (1n) **1.** *v/t* verzichten auf (*ac*); *Amt* niederlegen; *Recht* aufgeben; **2.** *v/i* abdanken; verzichten (**de** auf *ac*)
abd|ome, ~ómen [ɐb'dɔmə, -'dɔmən] *m* Unterleib *m*, Bauch *m*; **~ominal** [-dumi'nał] Bauch...
abeberar [ɐbəbə'rar] (1c) *Vieh*, *Material* tränken; einweichen; **~-se** sich voll saugen
abébia [ɐ'bɛbjɐ] *f* F Typ *m*, Kerl *m*; Tipp *m* (*Hinweis*); **dar uma ~** e-e Zwischenbemerkung machen; e-n Tipp geben
a-bê-cê(s) [abe'se] *m*(*pl*) Abc *n*, Alphabet *n*; = **abecedário** [ɐbəsə'darju] *m* Fibel *f*
abegoaria [ɐbəgwɐ'riɐ] *f* Stallung *f*; Geräteschuppen *m*
abeirar(-se) [ɐbɐj'rar(sə)] (1a) sich nähern (**de** *dat*)
abelha [ɐ'beʎɐ] *f* Biene *f*; *fig* schlaue Person *f*; **~-mestra** *f* Bienenkönigin *f*; F Puffmutter *f*
abelh|ão [ɐbə'ʎɐ̃w] *m* Drohne *f*; Hummel *f*; Wespe *f*; **~eira** [-'ʎɐjrɐ] *f* Bienenkorb *m*; **~eiro** [-'ʎɐjru] *m* Imker *m*; **~udo** [-'ʎudu] F vorlaut
abemolado [ɐbəmu'ladu] *MÚS* um einen Halbton erniedrigt; *fig* sanft, weich; F tuntig
aben|çoadeira [ɐbẽswɐ'dɐjrɐ] *f* Gesundbeterin *f*; **~çoador** [-swɐ'dor] *adj* segensreich; **~(di)çoar** [-(di)'swar] (1f) segnen
aberr|ação [ɐbəʀɐ'sɐ̃w] *f* Abweichung *f*; Aberration *f*; *fig* Verirrung *f*; (Sinnes)Täuschung *f*; **~ante** [-'ʀɐ̃tə] abweichend (*von der Norm*); abwegig (*Idee*, *Vorschlag*); **~ar** [-'ʀar] (1c) *von der Norm* abweichen
aberta [ɐ'bɛrtɐ] *f* Öffnung *f*; (Wald)Lichtung *f*; *METÉO* Aufheiterung *f*; Aufklaren *n*; Unterbrechung

f; **apanhar uma ~** e-e Gelegenheit beim Schopfe packen; **dar uma ~ a** *j-m* eine Gelegenheit bieten
abert|o [ɐ'bɛrtu] **1.** *p/p von* **abrir**; **2.** *adj* offen; **em ~** offen, ungelöst; **ficar (em) ~** offen bleiben (*Tür, Frage*); **estar ~** offen stehen, F auf sein; **~ura** [ɐbər'turɐ] *f* Öffnung *f*, Lücke *f*, Spalt *m*; Eröffnung *f* (*Ausstellung, Museum*); *TÉCN* Spannweite *f*; *fig* Offenheit *f*; *MÚS* Ouverture *f*; **~ da temporada** *Sport*: Eröffnung *f* der Spielzeit; *Radio*: Sendebeginn *m*
abespinhar-se [ɐbəʃpi'ɲarsə] (1a) in Wut geraten, sich aufregen
abeto [ɐ'betu] *m* Tanne *f*
abetumar [ɐbətu'mar] (1a) betumieren; *NAV* kalfatern
abibe [ɐ'bibə] *m ZO* Kiebitz *m*
abichar [ɐbi'ʃar] (1a) *Vorteil* erreichen, erlangen
abicharar [abiʃa'rar] *bras* P schwul werden
abigodado [ɐbigu'dadu] schnauzbärtig
abism|ado [ɐbiʒ'madu] *fig* versunken (**em** in *ac*); verwundert (**com** über *ac*); **~al** [-'mał] abgründig; **~ar-se** [-'marsə] (1a) *in Gedanken* versinken; **~o** [ɐ'biʒmu] *m* Abgrund *m*; (Meeres)Tiefe *f*; *fig* Elend *n*
abissal [ɐbi'sał] Tiefen...; *fig* großartig
abje(c)|ção [ɐbʒɛ'sɐ̃w] *f* Abscheulichkeit *f*; Niedertracht *f*; **~to** [-'ʒɛtu] abscheulich, niederträchtig
abjudic|ação [ɐbʒudikɐ'sɐ̃w] *f JUR* Aberkennung *f*; **~ar** [-'kar] (1n) aberkennen
abjur|ação [ɐbʒurɐ'sɐ̃w] *f* Widerruf *m* (*e-r These*); Abkehr *f* (**de** von); **~ar** [-'rar] (1a) widerrufen; *e-m Glauben, Laster* abschwören, sich lossagen von; *Tat* (ab)leugnen
ablação [ɐblɐ'sɐ̃w] *f MED* Entfernung *f*; *GEOL* Abtragung *f*
ablact|ação [ɐblaktɐ'sɐ̃w] *f* Abstillen *n*, Entwöhnung *f*; **~ar** [-'tar] (1a) abstillen, entwöhnen
ablução [ɐblu'sɐ̃w] *f REL* Waschung *f*
abneg|ação [ɐbnəgɐ'sɐ̃w] *f* Entsagung *f*, Aufopferung *f* (*für andere*); Abneigung *f* (**de** gegen); **~ado** [-'gadu] aufopfernd; **~ar** [-'gar] (1o; *Stv* 1c) verzichten auf (*ac*); entsagen (*dat*); **~-se** sich aufopfern
abóbada [ɐ'bɔbɐdɐ] *f ARQUIT* Gewölbe *n*; **~ craniana** *ANAT* Schädeldecke *f*
abobad|ar [ɐbubɐ'dar] (1b) *Dach* wölben; *Saal* überwölben; **~ilha** [-'diʎɐ] *f ARQUIT* (Kappen)Gewölbe *n*
abob|ado, **~alhado** [abo'badu, -ba'ʎadu] *bras* närrisch, dumm; **~ar** [-'bar] (1e) närrisch machen; **~-se** närrisch werden; sich dumm stellen
abóbora [ɐ'bɔbɐrɐ] *f* Kürbis *m* (F *a Kopf*); *fig* Schwächling *m*
abobor|al [ɐbubu'rał] *m* Kürbisfeld *n*; **~ar** [-'rar] (1e) einweichen; *Plan* reifen lassen; **~eira** [-'rɐjrɐ] *f* Kürbispflanze *f*
abocado [ɐbu'kadu] **a)** firn (*Wein*); schmackhaft (*Speise*); **b)** *örtl* nahe
abocadura [ɐbukɐ'durɐ] *f* Schießscharte *f*
aboc|anhar [ɐbukɐ'ɲar] (1a) ab-, zerbeißen; verschlingen; *j-n* verleumden; *bras* ergattern; **~ar** [-'kar] (1n; *Stv* 1e) an (*od* in) den Mund nehmen; *NAV* einlaufen in (*ac*)
aboiz [ɐ'bwiʃ] *f* (Vogel)Schlinge *f*
aboleimado [ɐbulɐj'madu] platt; F dämlich
abolet|amento [ɐbulətɐ'mẽtu] *m* Einquartierung *f*; **~ar** [-'tar] (1c) Quartier geben (*dat*); einquartieren
abol|ição [ɐbuli'sɐ̃w] *f* Abschaffung *f*, Aufhebung *f*; **~icionista** [-lisju'niʃtɐ] **1.** *adj* gegen die Sklaverei; gegen die Todesstrafe; **2.** *su* Abolitionist(in *f*) *m*; **~ir** [-'lir] (3f) abschaffen, aufheben
abolorecer [ɐbulurə'ser] (2g) (ver)schimmeln
abolsado [ɐboł'sadu] beutelförmig
abombar [abõ'bar] (1a) *bras* **1.** *v/t* überanstrengen; **2.** *v/i* nicht weiterkönnen
abomin|ação [ɐbuminɐ'sɐ̃w] *f* Abscheu *m*; Gräuel *m*; **~ar** [-'nar] (1a) verabscheuen; hassen; **~ável**, **~oso** [-'navɛł, -'nozu] abscheulich
abon|ação [ɐbunɐ'sɐ̃w] *f* **a)** Bürgschaft *f*; Beleg *m* (*Textstelle*); Bestätigung *f*; Glaubwürdigkeit *f* (*Zeuge*); **b)** Vorschuss *m* (*Geld*); Vergütung *f*; **~ado** [-'nadu] **a)** vertrauenswürdig; **b)** wohlhabend; **~ador** [-'dor] *m* Bürge *m*; **~ançar** [-nẽ'sar] (1p) (sich) aufheitern (*Wetter*); sich be-

ruhigen (*Meer*); sich legen (*Sturm*); **~ar** [-'nar] (1f) bürgen für; garantieren; *Sachverhalt* beweisen; *Geld* vorstrecken; *Vergünstigung* gewähren; **~-se de** sich rühmen (*gen*); sich berufen auf (*ac*); **~atório** [-'tɔrju] verbürgend; rühmlich

abonecado [ɐbunə'kadu] puppenhaft; herausgeputzt; F aufgedonnert

abono [ɐ'bonu] *m* Bürgschaft *f*; Vorschuss *m* (*Geld*); *finanzielle* Beihilfe *f*; **~ de família** Kindergeld *n*; **~ de Natal** Weihnachtsgeld *n*; **~ de trabalhos penosos** Erschwerniszulage *f*; **em ~ de** zugunsten (*gen*)

abord|agem [ɐbur'daʒɐ̃j] *f* Erörterung *f*, Besprechung *f*; **~ar** [-'dar] (1e) **1.** *v/t* NAV entern; *j-n* ansprechen; *Frage* erörtern; *bras* F *Frau* anmachen; **2.** *v/i* NAV anlegen, landen; **~ável** [-'davɛɫ] zugänglich; NAV Anlege...; **~o** [ɐ'bordu] *m* Landung *f*; **de fácil ~** leicht zugänglich

aborígene [ɐbu'riʒənə] **1.** *adj* einheimisch; **2. ~s** *m/pl* Ureinwohner *m/pl*

aborrascar-se [ɐbuʀɐʃ'karsə] stürmisch werden (*Wetter*); *fig* wütend werden

aborrec|er [ɐbuʀə'ser] (2g) verabscheuen (*Person*); ärgern, verdrießen (*Taten*); langweilen (*Buch*, *Person*); **~-se com** (*od* **de**) sich ärgern über (*ac*); genug haben von; keine Lust haben zu; **~ido** [-'sidu] langweilig (*Buch*, *Person*); ärgerlich; (*Arbeit*); ungehalten (**com** über *ac*); **~ com a** (*od* **da**) **vida** lebensmüde; **~imento** [-si'mẽtu] *m* **a)** Widerwille *m* (**a, de** gegen), Abscheu *m* (**de** vor *dat*); **b)** Unannehmlichkeit *f*; Ärger *m*; **c)** Langeweile *f*; **~ível** [-'sivɛɫ] abscheulich

abort|adeira [ɐburtɐ'dɐjrɐ] *f* Kurpfuscherin *f*; **~amento** [-'mẽtu] *m* → **aborto**; **~ar** [-'tar] (1e) **1.** *v/t* MED abtreiben; *fig* (**fazer**) **~** zum Scheitern bringen; INFORM *Bearbeitung* abbrechen; **2.** *v/i* MED eine Fehlgeburt haben; *Tier*: verwerfen; *fig* scheitern, fehlschlagen; **~ivo** [-'tivu] **1.** *adj* Abtreibungs...; **2.** *m* Abtreibungsmittel *n*

aborto [ɐ'bortu] *m* Fehlgeburt *f*; *fig* Ausgeburt *f*; **~ provocado** Abtreibung *f*

abotoar [ɐbu'twar] (1f) zuknöpfen; BOT knospen; **~-se** sich bereichern (**com** an *dat*)

abra ['abrɐ] *f kleine* Bucht *f*

abraç|adeira [ɐbrɐsɐ'dɐjrɐ] *f* Klammer *f*; Schelle *f*; **~ado** [-'sadu] in den Armen (**a** von); **~ar** [-'sar] (1p; *Stv* 1b) *Person* umarmen; *Gegenstand* umfassen, -schlingen; *Beruf* ergreifen; *Aufgabe* in Angriff nehmen; sich *Ideen* zu eigen machen; sich *e-r Partei* anschließen; **~-se com** (*od* **em, a**) sich halten an (*ac*); → **abraçar**

abraço [ɐ'brasu] *m* Umarmung *f*; BOT Ranke *f*; ARQUIT Rankenwerk *n*; **dar um ~ a** *j-n* umarmen; *Briefschluss*: **~(s)**, **um ~ de** es umarmt dich (*od* euch)

abrand|amento [ɐbrɐ̃dɐ'mẽtu] *m* Abschwächung *f*; Nachlassen *n* (*Schmerz*, *Wind*); Verringerung *f* (*Geschwindigkeit*); **~ar** [-'dar] (1a) **1.** *v/t* abschwächen; *Wut* besänftigen; *Schmerz* lindern; *Ton* dämpfen; *Fahrt etc* verringern; *Wasser* enthärten; **2.** *v/i u* **~-se** sich beruhigen

abrang|ente [ɐbrɐ̃'ʒẽtə] umgreifend, -fassend; **~er** [-'ʒer] (2h) er-, umfassen (*a mit dem Blick*); enthalten; begreifen

abras|ado [ɐbrɐ'zadu] glühend (**de** vor *dat*), erhitzt (**por** von); glutrot (*Farbe*); **~ador** [-zɐ'dor] glühend, sengend (*Hitze*); verheerend (*Katastrophe*); *fig* verzehrend; **~ão** [-'zɐ̃w] *f* Abrieb *m*, Verschleiß *m*; TÉCN Schleifen *n*; **~ar** [-'zar] (1b) zum Glühen bringen; in Brand setzen; *fig* entflammen

abrasileir|ado [ɐbrɐzilɐj'radu] brasilianisch, auf brasilianische Art

abrasivo [ɐbrɐ'zivu] *m* Schleif-, Poliermittel *n*; **pó ~** Scheuerpulver *n*

abre-cartas (**-latas**) (*pl inv*) [abrə'kartɐʃ, (-'latɐʃ)] *m* Brief-, (Büchsen- *od* Dosen)öffner *m*

abrenhar-se [ɐbrə'ɲarsə] sich *im Dickicht* verbergen

abren|unciar [ɐbrənũ'sjar] (1g) *heftig* zurückweisen; verachten; **~úncio!** [abrə'nũsju] (Gott) bewahre!

abre-portas (*pl inv*) [abrə'pɔrtɐʃ] *m* Türöffner *m*

abrevi|ação [ɐbrəvjɐ'sɐ̃w] *f* Abkürzung *f*; **~adamente** [-vjadɐ'mẽtə]

in gekürzter Form; **~ar** [-'vjar] (1g) (ab-, ver)kürzen; **~ razões** sich kurz fassen; **~atura** [-vjɐ'turɐ] *f* Abkürzung *f*, Kürzel *n*
abrição [ɐbri'sɐ̃w] *f* Urbarmachung *f*
abric|ó, ~ote [abri'kɔ, -'kɔtʃi] *bras m* Aprikose *f*; **~oteiro** [-kɔ'tejru] *bras m* Aprikosenbaum *m*
abrid|eira [abri'dejra] *bras f* Aperitif *m*; **~ela** [ɐbri'dɛlɐ] *f* Gähnen *n*; **~or** [-'dor] *m* Öffner *m*; *TÉCN Textil:* Wolf *m*; Graveur *m*
abrig|ada *f*, **~adouro** *m* [ɐbri'gadɐ, -gɐ'doru] → **~o**; **~ar** [-'gar] (1o) Obdach gewähren (*dat*); schützen; *Gefühle* hegen; **~-se** Zuflucht suchen (**de** vor *dat*); Unterschlupf finden
abrigo [ɐ'brigu] *m* Unterschlupf *m* (**a** für), Zuflucht *f* (**a** für); Schutz *m* (**contra**, **de** gegen, vor); Schutzhütte *f*; *MIL* Unterstand *m*; **~ antiaéreo** Luftschutzkeller *m*, -bunker *m*; **~ nocturno** Nachtasyl *n*; **sem ~** obdachlos
Abril [ɐ'briɫ] *m* April *m*; **~ada** [-'ladɐ] *f* Aprilscherz *m*
abrilhantar [ɐbriʎɐ̃'tar] (1a) Glanz verleihen (*dat*); *fig* verschönen; erhellen
abrir [ɐ'brir] (3b; *p/p von* **aberto**) **1.** *v/t* öffnen, aufmachen; *TÉCN* **a** aufbohren; *mit Gewalt* aufbrechen; *mit Schlüssel* aufschließen; *mit Messer* aufschneiden; *Flaschenverschluss* aufdrehen; *Buch*, *Bett* aufschlagen; *Appetit* anregen; *Konto*, *Konkurs* eröffnen; *Weg* bahnen; *Straße*, *Hafen* anlegen; *Tunnel*, *Brunnen* bohren; *Graben* ausheben; *Land* pflügen; *Wettbewerb* ausschreiben; *Gewinde* schneiden; **~ a boca** gähnen; **~ ao público** eröffnen; **~ passagem** den Weg freigeben; **~ mão de** aufgeben (*ac*); **num ~ e fechar de olhos** im Nu; **2.** *v/i* sich öffnen; aufblühen (*Blume*); sich aufhellen (*Wetter*); **~-se com** sich *j-m* anvertrauen
abrochar [ɐbru'ʃar] (1e) *Jacke* zuknöpfen; *Bündel* zusammenpressen
abrog|ação [ɐdrɔgɐ'sɐ̃w] *f JUR* Aufhebung *f* (*Gesetz*); **~ar** [-'gar] (1o; *Stv* 1e) *JUR* aufheben, außer Kraft setzen
abrolho [ɐ'broʎu] *m* Stachel *m*; *BOT* Sterndistel *f*; **~s** *pl fig* Klippen *f/pl*
abrum|ado [ɐbru'madu] neblig, trübe; **~ar** [-'mar] (1a) trüben; verfinstern; *fig* bedrücken
abrunh|eiro [ɐbru'ɲɐjru] *m* Zwetschgenbaum *m*; **~o** [ɐ'bruɲu] *m* Schlehe *f* (*Frucht*)
abrupto [ɐb'ʀuptu] steil, abschüssig (*Gelände*); abrupt, plötzlich (*Frage*, *Auftauchen*); rau (*Charakter*)
absc|esso, ~issa *bras* → **abcesso, -issa**
absconso [ɐbʃ'kõsu] verborgen
abside [ɐb'sidə] *f* Apsis *f*
absíntio, absinto [ɐb'sĩtju, ɐb'sĩtu] *m* Absinth *m*, Wermut *m*
absolto [ɐb'soɫtu] *p/p irr von* **absolver**
absolut|amente [ɐbsulutɐ'mẽtə] unbedingt; *bras* ganz und gar nicht; **~ nada** gar nichts
absolut|o [ɐbsu'luto] absolut; unumschränkt (*Gewalt*); unbedingt (*Gehorsam*); **em ~** durchaus; ganz und gar; **~ório** [-'tɔrju]: **sentença** *f* **-a** Freispruch *m*
absolv|er [ɐbsoɫ'ver] (2e) freisprechen (**de** von); *fig* entbinden (**de** von); *REL j-n* lossprechen; *Sünde* vergeben; **~ição** [-vi'sɐ̃w] *f* Freispruch *m*; *REL* Lossprechung *f*, Absolution *f*
absor|ção [ɐbsur'sɐ̃w] *f* Absorption *f*, Aufnahme *f*; **~ do poder aquisitivo** Kaufkraftabschöpfung *f*; **~to** [ɐb'sortu] *p/p irr von* **absorver**; in Gedanken versunken (*od* vertieft)
absorv|edor [ɐbsurvə'dor] *m* Absorber *m*; **~ente** [-'vẽtə] **1.** *adj* saugfähig; *fig* Aufmerksamkeit erweckend; zeitaufwändig; **2.** *m* Absorptionsmittel *n*; **~er** [-'ver] (2e) absorbieren; *Flüssigkeit* aufsaugen; *Ideen* aufnehmen; *fig* ganz in Anspruch nehmen; *Problem* ganz erfassen; **~-se em** *fig* sich versenken in (*ac*); **~ibilidade** [-vibəli'dadə] *f* Aufnahmefähigkeit *f*
abstémio (*ê) [ɐbʃ'tɛmju] **1.** *adj* enthaltsam; **2.** *m* Abstinenzler *m*
absten|ção [ɐbʃtẽ'sɪw] *f POL* Enthaltung *f*; Enthaltsamkeit *f* (*Essen*, *Trinken*); Verzicht *m*; **~ eleitoral** = **~cionismo** [-sju'niʒmu] *m* Wahlmüdigkeit *f*; **~cionista** [-sju'niʃtɐ] *su* Nichtwähler(in *f*) *m*
abster [ɐbʃ'ter] (2zb): **~ de** abhalten

von, hindern an (*dat*); **~-se de** sich enthalten (*gen*); Abstand nehmen von

abstin|ência [ɐbʃti'nẽsjɐ] *f* Enthaltsamkeit *f*; *REL* Abstinenz *f*; **dia** *m* **de ~** Fasttag *m*; **~ente** [-'nẽtə] **1.** *adj* enthaltsam, abstinent; **2.** *su* Abstinenzler(in *f*) *m*

abstr|a(c)ção [ɐbʃtrɐ'sɐ̃w] *f* Abstraktion *f*; *fig* Zerstreutheit *f*; **~a(c)to** [-'tratu] *adj* abstrakt; *fig* geistesabwesend; **em ~** abstrakt; **~aído** [-trɐ'idu] *fig* gefangen (**em** in *dat*); **~air** [-trɐ'ir] (3l) isoliert betrachten; loslösen von; **~ de** absehen von; **~-se** sich entziehen (*dat*); in Gedanken versinken

abstruso [ɐbʃ'truzu] verworren, abstrus

absurdo [ɐb'surdu] **1.** *adj* absurd; **2.** *m* Unsinn *m*; Absurde(s) *n*

ab|ulia [ɐbu'liɐ] *f* Willensschwäche *f*, Entschlussunfähigkeit *f*; **~úlico** [-'buliko] **1.** *adj* willenlos, entschlussunfähig; **2.** *m* willenlose(r) Mensch *m*

abund|ância [ɐbũ'dɐ̃sjɐ] *f* Fülle *f* (**de**, **em** an *dat*), Überfluss *m* (**de**, **em** an *dat*); **em ~** reichlich; **~ante** [-'dẽtə] reichlich; reich (**de**, **em** an *dat*); **~ar** [-'dar] (1a) reichlich vorhanden sein; **~ em** reich sein an (*dat*); überquellen von; *fig e-e Ansicht* teilen

aburgues|ado [ɐburgə'zadu] (spieß)bürgerlich; **~ar** [-'zar] (1e) verbürgerlichen

abus|ado [ɐbu'zadu] übertrieben; **~ar** [-'zar] (1a): **~ de** missbrauchen (*a sexuell*); übertreiben (mit); **usar e ~ de** *et* in Unmengen verbrauchen; **~ivo** [-'zivu] missbräuchlich

abuso [ɐ'buzu] *m JUR* Missbrauch *m*; Übergriff *m*; **~ de confiança** Vertrauensmissbrauch *m*; **~ de poder** Machtmissbrauch *m*; **~ sexual** sexuelle(r) Missbrauch *m*

abutre [ɐ'butrə] *m ZO* Geier *m*

a. C. ***antes de Cristo*** vor Christus (v. Chr.)

a/c. ***ao cuidado de*** bei (b.), per Adresse (p. Adr.)

acab|adiço [ɐkɐbɐ'disu] P (völlig) fertig; kränklich; **~ado** [-'badu] **1.** *adj* be-, vollendet, fertig (*Arbeit*); tadellos (*Ausführung*); *fig* erledigt; verbraucht; **~ de chegar** (**imprimir**) soeben angekommen (gedruckt); **~ de fazer** nagelneu; **produto** *m* **~** Fertigware *f*; **2.** *m* Ausführung *f*, Qualität *f*; **~adote** [-bɐ'dɔtə] F klapperig; ältlich; **~amento** [-bɐ'mẽtu] *m* Abschluss *m*, Beendigung *f*, Fertigstellung *f*; Ausführung *f* (*Modell, Version*); Nachbearbeitung *f*; *Textil*: Appretur *f*

acabar [ɐkɐ'bar] (1b) **1.** *v/t* beenden; fertig stellen, vollenden; *Material* verarbeiten; *Textilien* appretieren; *Mensch u Material* verbrauchen, erschöpfen; **2.** *v/i* enden, aufhören; **estar a ~** zu Ende gehen; fast fertig sein (mit); **~ com** abschaffen; ein Ende machen (*dat*); Schluss machen mit; *bsd fig j-n* erledigen, fertig machen; **~ de fazer** aufhören *et* zu tun; fertig sein mit; → **~ por** (*od* **em**) **fazer**, **~ fazendo** schließlich *et* tun; **~ em bem** gut ausgehen; **~ em mal** ein böses Ende nehmen; **é coisa de nunca ~** das nimmt kein Ende; **um nunca ~ de** nicht enden wollend; **~-se** zu Ende sein; *Frist* ablaufen; **acabou-se!** jetzt ist's genug!; aus!

acabrunh|ado [ɐkɐbru'ɲadu] bedrückt (**de**, **por** wegen), niedergeschlagen (**de**, **por** wegen); **~amento** [-ɲɐ'mẽtu] *m* Niedergeschlagenheit *f*, Trübsinn *m*; **~ar** [-'ɲar] (1a) bedrücken, quälen

aca|çapar, **~chapar**, **~char** [ɐkɐsɐ'par, -ʃɐ'par, -'ʃar] (1b) demütigen; *fig* verbergen; **~chapado** [-ʃɐ'padu] niedrig, platt

acácia [ɐ'kasjɐ] *f BOT* Akazie *f*

acacifar [ɐkɐsi'far] (1a) ein-, verschließen, sicher verwahren

acad|emia [ɐkɐdə'miɐ] *f* **a)** Akademie *f*; *Tanz-, Näh-, Karate- etc* Schule *f*; **b)** Studentenschaft *f*; **~émico** (*ê) [-'dɛmiku] **1.** *adj* akademisch; **2.** *m* Akademiker *m*; Student *m*

açafate [ɐsɐ'fatə] *m* (Weiden)Korb *m*

acafelar [ɐkɐfə'lar] (1c) verputzen

acafetado [ɐkɐfə'tadu] kaffeefarben

açafr|ão [ɐsɐ'frɐ̃w] *m* Safran *m* (*Gewürz*); *BOT* Krokus *m*; **~oado** [-'frwadu] safrangelb

acagaçar [ɐkɐgɐ'sar] (1p, *Stv* 1b) F Schiss einjagen (*ängstigen*)

açaim|ar [ɐsaj'mar] (1a) e-n Maulkorb anlegen (*a fig*); **~e, ~o** [ɐ'sajmə, -'sajmu] *m* Maulkorb *m*
acajadar [ɐkɐʒɐ'dar] (1b) *mit dem Stock* durch-, verprügeln
acaju [aka'ʒu] *m* → **caju**; *bras Art*: Mahagoni *n*
acalcanhar [ɐkałkɐ'ɲar] (1a) *mit Füßen* (zer)stampfen; *Absätze* schief treten
acalent|ado [ɐkɐlẽ'tadu] eingehüllt (**com**, **por** in *ac*); **~ador** [-tɐ'dor] beruhigend; **~ar** [-'tar] (1a) erwärmen; *Kind in den Schlaf* wiegen; *allg* beschwichtigen; *Hoffnung* hegen; **canção** *f* **de ~** Schlaf-, Wiegenlied *n*
acalm|ar [ɐkał'mar] (1a) **1.** *v/t* beruhigen; besänftigen; *Schmerz* lindern; **2.** *v/i* sich beruhigen; **~ia** [-'miɐ] *f* Ruhe(phase) *f*
acalor|ado [ɐkɐlu'radu] hitzig, heftig; erhitzt; **~ar** [-'rar] (1e) erhitzen; *fig Stimmung* aufheizen; begeistern
acam|ado [ɐkɐ'madu] bettlägerig; ausgebreitet (**sobre** auf *dat*, über *dat*); **~ar** [-'mar] (1a) **1.** *v/t Person* ins Bett bringen; *Gegenstände* aufeinander legen; **2.** *v/i* bettlägerig werden; sich legen; sich biegen
açamar [ɐsɐ'mar] (1a) → **açaimar**
acamaradar-se [ɐkɐmɐrɐ'darsə] (1b) sich zusammentun
açambarc|ador [ɐsẽbɐrkɐ'dor] *m* F Hamsterer *m*, Schieber *m*; **~amento** [-kɐ'mẽtu] *m* Aufkauf *m*; Hamstern *n*; **~ar** [-'kar] (1n; *Stv* 1b) aufkaufen; *Vorräte* hamstern
açam|e, ~o [ɐ'samə, -'samu] → **açaime**
acamp|amento [ɐkẽpɐ'mẽtu] *m* (Zelt)Lager *n*; **levantar ~** *sn* Lager abbrechen (*a fig*); **fazer ~** = **~ar** [-'par] (1a) lagern; zelten
acanal|adura [ɐkɐnɐlɐ'durɐ] *f* Auskehlung *f*; *ARQUIT* Kannelierung *f*; **~ar** [-'lar] (1b) (aus)kehlen
acanalhado [ɐkɐnɐ'ʎadu] verdorben, heruntergekommen
acanaveado [ɐkɐnɐ'vjadu] *fig* gequält, gepeinigt
acanh|ado [ɐkɐ'ɲadu] *räumlich* beengt; zu klein (**com**, **de** durch); linkisch, schüchtern (*Auftreten*); kleinlich, engherzig (*Charakter*); beschränkt (*Intelligenz*); **~amento** [-ɲɐ'mẽtu] *m* Enge *f*; Verlegenheit *f*; Kleinlichkeit *f*; **~ar** [-'ɲar] (1a) be-, einengen; *Person* ein-, verschüchtern; beschämen; **~-se** verlegen werden, Angst bekommen
acanto [ɐ'kẽtu] *m BOT* Bärenklau *m*
acantoar [ɐkẽ'twar] (1f) in die Ecke stellen; **~-se** sich absondern
acanton|amento [ɐkẽtunɐ'mẽtu] *m* (Truppen)Unterkunft *f*, Standort *m*; *räumliche* Einteilung *f*; **~ar** [-'nar] (1f) **1.** *v/t* verteilen (**em**, **por** auf *ac*); verlegen nach; **2.** *v/i* Quartier beziehen
ação [a'sɐ̃w] *bras* → **acção**
acapachar [ɐkɐpɐ'ʃar] (1b) *fig* erniedrigen, zum Fußabtreter machen
acarar [ɐkɐ'rar] (1b) F *Geheimnis* ausplaudern, singen
acare|ação [ɐkɐrjɐ'sɐ̃w] *f* Gegenüberstellung *f*; **~ar** [-'rjar] (1l) *Zeugen* gegenüberstellen
acaric|iador [-sjɐ'dor] schmeichlerisch; **~iar** [-'sjar] (1g) streicheln; schmeicheln; liebäugeln mit
acarinhar [ɐkɐri'ɲar] (1a) streicheln; schmeicheln (*dat*)
ácaro ['akɐru] *m* Milbe *f*
acarretar [ɐkɐʀə'tar] (1c) anfahren; zusammentragen; *fig* mit sich bringen
acasalar [ɐkɐzɐ'lar] (1b) sich paaren; **~-se** *unverheiratet* zusammenleben
acaso [ɐ'kazu] **1.** *m* Zufall *m*; **ao ~** aufs Geratewohl; **por ~** zufällig; **2.** *adv* zufällig; etwa, vielleicht
acastanhado [ɐkɐʃtɐ'ɲadu] bräunlich
acat|adamente [ɐkɐtadɐ'mẽtə] ehrerbietig; folgsam; **~amento** [-tɐ'mẽtu] *m* Respekt *m* (**a** vor *dat*); Verehrung *f* (**a** für); **~ar** [-'tar] (1b) *Person* (ver)ehren, achten; *Rat* befolgen
acaudilhar [ɐkawdi'ʎar] (1a) (an)führen, befehligen
acautel|ado [ɐkawtə'ladu] vorsichtig; **~ar** [-'lar] (1c) **1.** *v/t* warnen (**de** vor *dat*); schützen (**de** vor *dat*); **2.** *v/i u* **~-se** sich vorsehen *od* in Acht nehmen (**com** vor *dat*)
acaval|ar [ɐkɐvɐ'lar] (1b) bespringen (lassen); *fig* aufeinander *od* übereinander packen; **~-se** sich überlagern
a(c)ção [a'sɐ̃w] *f* **a)** Handlung *f*, Tat

f; Leistung *f*; Eingreifen *n*; Vorgehen *n*; *TÉCN* Wirkung *f*; **~ sobre** Einfluss auf (*ac*); Wirkung auf (*ac*); **~ de graças** *REL* Dankfeier *f*; **esfera** *f* **de ~** Wirkungskreis *m*; **homem** *m* (*od* **mulher** *f*) **de ~** tatkräftige(r) Mensch *m*; **liberdade** *f* **de ~** Handlungs-, Bewegungsfreiheit *f*; **não ter ~ de** keine Freiheit haben zu; **pôr em ~** zu Werke gehen; **entrar em ~** in Aktion treten; **em ~ resultante de** aufgrund von (*dat*); **b)** *MIL* Unternehmen *n*; Gefecht *n*; **de ~ retardada** mit Spätzündung; **c)** *JUR* Klage *f*, Verfahren *n*; **~ acessória** Nebenklage *f*; **~ civil** Zivilklage *f*; **~ de despejo** Räumungsklage *f*; **~ penal** Strafverfahren *n*; **pôr** (*od* **instaurar**) **uma ~** ein Verfahren anstrengen; **d)** *ECON* Aktie *f*; **~ de prioridade** Vorzugsaktie *f*; **~ de fundador** Gründeraktie *f*; **~ nominativa** Namensaktie *f*; **~ ao portador** Inhaberaktie *f*

a(c)cion|ador [asjunɐ'dor] *m INFORM*: **~ de disquetes** Diskettenlaufwerk *n*; **~amento** [-'mẽtu] *m* Antrieb *m*; **~ar** [-'nar] (1f) *JUR* verklagen; *TÉCN* betätigen; *beim Sprechen* gestikulieren; **~ista** [-'niʃtɐ] *su* Aktionär(in *f*) *m*

acearia [asja'ria] *f bras* Stahlwerk *n*

acebolado [ɐsəbu'ladu] mit Zwiebeln

aced|ência [ɐsə'dẽsjɐ] *f* Einverständnis *n*; Entgegenkommen *n*; **~er** [-'der] (2c) **1.** *v/t*: **~ a** beistimmen (*dat*); hinzukommen zu; hinzufügen zu; *e-e Einladung* annehmen; *e-n Wunsch* erfüllen; *INFORM* zugreifen auf (*ac*); **2.** *v/i* zustimmen (*dat*), beipflichten (*dat*)

acefalia [asəfɐ'liɐ] *f MED* Azephalie *f*, *fig* Führungsschwäche *f*

acéfalo [a'sɛfɐlu] *MED* kopflos; *fig* führerlos

aceirar [ɐsɐj'rar] (1a) → **acerar**

aceit|abilidade [ɐsɐjtɐbəli'dadə] *f* Akzeptanz *f*; **~ação** [-'sɐ̃w] *f* Annahme *f*; Anerkennung *f* (*Leistung*); Hinnahme *f* (*Schicksal*); **ter ~** angenommen werden; **~amento** [-'mẽtu] *m* → **aceitação**; **~ante** [-'tẽtə] *m ECON* Akzeptant *m*; **~ar** [-'tar] (1a) annehmen; *fig* anerkennen; zulassen; *ECON* akzeptieren; *INFORM* kompatibel sein; **~ável** [-'tavɛɫ] annehmbar

aceit|e [ɐ'sɐjtə] **1.** *adj* angenehm, willkommen; anerkannt; **2.** *m* Akzept *n*; **3.** *p/p irr von* **aceitar**

aceler|ação [-lərɐ'sɐ̃w] *f* Beschleunigung *f*; **~ado** [-lə'radu] **1.** *adj* schnell; **marcha** *f* **-a** = **2.** *m* Laufschritt *m*; **~ador** [-lərɐ'dor] *m AUTO* Gaspedal *n*; *Film*: Zeitraffer *m*; *QUÍM* Katalysator *m*; **carregar o ~** F aufs Gas treten; **~ando** [-lə'rẽdu] *MÚS* schneller werdend; **~ar** [-lə'rar] (1c) beschleunigen; *AUTO* Gas geben; **~-se** sich beeilen

acelga [ɐ'sɛlgɐ] *f BOT* Mangold *m*

acém [ɐ'sɐ̃j] *m*: (**carne** *f* **do**) **~** Kamm(stück *n*) *m*

acenar [ɐsə'nar] (1d) **1.** *v/i mit der Hand* winken; nicken; **2.** *v/t* andeuten

acend|alha [ɐsẽ'daʎɐ] *f* Feueranzünder *m*; *fig* Zündstoff *m*; **~edor** [-də'dor] *m* (Zigarren-, Gas)Anzünder *m*; Feuerzeug *n*; **~er** [-'der] (2a) **1.** *v/t Feuer, Kerze* anzünden; *Licht, Radio* anschalten; *fig* entzünden; anstiften; **2.** *v/i AUTO* zünden; → **~-se** sich entzünden, brennen; *fig* entbrennen; ausbrechen (*Krieg*); erwachen (*Wunsch*); *vor Scham* erglühen; **~ido** [-'didu] glühend; flammend (*Farbe*); *fig* hingerissen

acendr|ado [ɐsẽ'dradu] lauter, rein; **~ar** [-'drar] (1a) läutern

aceno [ɐ'senu] *m* Wink *m*, Zeichen *n*; Nicken *n*; **fazer um ~ a** (zu)winken

acento [ɐ'sẽtu] *m* (*beim Sprechen*) Akzent *m*, Tonfall *m*; (*e-s Wortes*) Betonung *f*; Klang *m*; **~ agudo** *GRAM* Akut *m*; **~ circumflexo** *GRAM* Zirkumflex *m*; **~ grave** *GRAM* Gravis *m*; **~ tónico** Hauptton *m*; **~ secundário** Nebenton *m*

acentu|ação [ɐsẽtwɐ'sɐ̃w] *f* (*Wort*) Betonung *f*; (*Lage*) Verschärfung *f*; **~adamente** [-twadɐ'mẽtə] akzentuiert; **~ado** [-'twadu] betont; **~ar** [-'twar] (1g) betonen (*a fig*); *fig* verstärken; verschärfen

acepção [ɐsɛ'sɐ̃w] *f* Sinn *m*, Bedeutung *f*; **~ original** ursprüngliche Bedeutung *f*, Grundbedeutung *f*; **na ~ da palavra** wörtlich; **sem ~ de pessoas** ohne Ansehen der Person

acepilh|adora [ɐsəpiʎɐ'dorɐ] *f* Hobelmaschine *f*; **~ar** [-'ʎar] (1a) (ab)hobeln; *Stil* glätten, polieren
acepipe [ɐsə'pipə] *m* Vorspeise *f*; Leckerbissen *m*; Süßigkeit *f*; **~s** *m/pl* Appetithappen *m/pl*
acéquia [ɐ'sɛkjɐ] *f* Wehr *n*; Wassergraben *m*; Bewässerungskanal *m*
acer|ado [ɐsə'radu] stählern; scharf, schneidend (*a fig*); **~ar** [-'rar] (1c) stählen; schärfen; *fig* verschärfen
acerb|ar [ɐsər'bar] (1c) verbittern; verschärfen; bedrücken, beängstigen; **~idade** [-bi'dadə] *f* Bitterkeit *f* (*Geschmack*); *fig* Härte *f*; **~o** [ɐ'serbu] herb, bitter, hart
acerca [a'serkɐ]: **~ de** über (*ac*), in Bezug auf (*ac*)
acerc|amento [ɐsərkɐ'mẽtu] *m* Annäherung *f* (**a**, **de** an *ac*); **~ar(-se)** [-'kar(sə)] (1n; *Stv* 1c): **~ de** (sich) nähern (*dat*)
aceroso [ɐsə'rozu] spitz; **folha** *f* **-a** *BOT* Nadel *f*
acérrimo [ɐ'sɛʀimu] **1.** *sup von* **acre**; **2.** *adj* hartnäckig; eigensinnig
acert|ado [ɐsər'tadu] richtig; angemessen (*Reaktion*); (zu)treffend (*Antwort*); *fig a* getroffen; **~ar** [-'tar] (1c) **1.** *v/t* treffen (*a fig*); *Weg, Lösung* finden; *Rätsel* lösen; *Uhr* stellen; *Gegenstand* zurechtrücken; *Schlag* versetzen; **~ um encontro** e-e Verabredung bestätigen; **2.** *v/i* treffen; *zufällig* geschehen; **~ com** (heraus-, vor)finden (*ac*); Glück haben mit; **~ de** *inf* zufällig (*geschehen od tun*); **~ no alvo** ins Schwarze treffen; **~-se** *zufällig* zugegen sein; **~o** [ɐ'sertu] *m* Treffer *m*; Zufall *m*, Glück *n*; *fig* Scharfsinn *m*; Geschick *n*; *TÉCN* Korrektur *f*; **com ~** geschickt; **de ~**, **por ~** zufällig
acerv|ar [ɐsər'var] (1c) (auf)häufen; **~o** [ɐ'servu] *m* Haufen *m*; Bestand *m*
aceso [ɐ'sezu] **1.** *p/p irr von* **acender**; **2.** *adj* brennend; *fig* erregt; **estar ~** brennen; **~ de**, **~ em** begierig auf (*ac*)
acess|ão [ɐsə'sɐ̃w] *f* Zustimmung *f*; *berufliche* Beförderung *f*; Zuwachs *m*; **~ar** [-'sar] (1b) gelingen, zuwege bringen; **~ibilidade** [-ibəli'dadə] *f* Erreichbarkeit *f*; **~ível** [-'sivɛɫ] zugänglich; erschwinglich (*Preis*)
acess|o [ɐ'sɛsu] *m* Zugang *m* (**a** zu), Zufahrt *f* (**a** zu); Zutritt *m* (**a** zu); Zulassung *f* (**a** zu); *MED* Anfall *m*; **~ autorizado** *INFORM* erlaubte(r) Zugriff *m*; **~ de choro** Weinkrampf *m*; **~ directo** *INFORM* Direktzugriff *m*; **~ rodoviário** (Autobahn)Zubringer *m*; **tempo** *m* **de ~** *INFORM* Zugriffszeit *f*; **de fácil ~** leicht zugänglich; **dar ~ a** *j-n* zulassen; führen zu; **ter ~ a** Zugang haben zu; **~ório** [ɐsə'sɔrju] **1.** *adj* zusätzlich; Ersatz...; Neben...; **2.** *m* Zusatz *m*; Hilfsmittel *n*; *fig* Winzigkeit *f*; *TÉCN* Ersatzteil *n*; *GRAM* Attribut *n*; **~s** *pl* Zubehör *n*; Beiwerk *n*; *TEA* Requisiten *pl*
acetato [ɐsə'tatu] *m* Azetat *n*; Folie *f* für Overheadprojektoren; **~ de alumínio** essigsaure Tonerde *f*
acetinado [ɐsəti'nadu] satiniert; glänzend, Glanz...
acetona [ɐsə'tonɐ] *f* Azeton *n*
acevadar [ɐsəwɐ'dar] (1a) mit Gerste füttern (*od* mästen)
acha ['aʃɐ] *f* (Holz)Scheit *n*
achaboucado [ɐʃɐbu'kadu] grob; roh; ungeschickt (*Verhalten*)
achac|adiço [ɐʃɐkɐ'disu] kränklich, anfällig; **~ado** [-'kadu] kränkelnd; **~ar** [-'kar] (1n; *Stv* 1b) anfällig machen; *bras* Geld ergaunern
achádego [ɐ'ʃadəgu] *m* Finderlohn *m*
acha|do [ɐ'ʃadu] **1.** *adj* gefunden; **não se dar por ~** sich dumm stellen; **2.** *m* Auffinden *n*; Fund *m*; *fig guter* Einfall *m*; **perdidos e ~s** Fundsachen *f/pl*; **ser um ~** F ein guter Fang sein
achamboado [ɐʃẽ'bwadu] grob(-schlächtig); heruntergekommen
achaparrado [ɐʃɐpɐ'ʀadu] untersetzt (*Körperbau*); plump (*Verhalten*)
achaque [ɐ'ʃakə] *m* Unpässlichkeit *f*; *fig* üble Angewohnheit *f*; unlautere(s) Mittel *n*; **~s** *pl MED* Beschwerden *f/pl*; *allg* Unannehmlichkeiten *f/pl*
achar [ɐ'ʃar] **1.** *v/t* (1b) finden; meinen; **~-se** *örtl* sich befinden; sich halten für; **2.** *m CUL* Chutney *n*
achat|adela [ɐʃɐtɐ'dɛlɐ] *f* Beule *f*; Abflachung *f*; *fig* F Ärger *m*; **~ado** [-'tadu] platt; *fig* geknickt; **~amento** [-tɐ'mẽtu] *m* Abflachung *f*; **~ar**

[-'tar] (1b) platt drücken; *fig* einschüchtern; erniedrigen; **~-se** platt werden
achavascado [ɐʃɐvɐʃ'kadu] unförmig
acheg|a [ɐ'ʃegɐ] *f* Beitrag *m*; Gewinn *m*; Zutat *f*; **~ado** [ɐʃə'gadu] **1.** *adj* nahe (stehend); eng (verwandt); **2.** *m* Verwandte(r) *m*; Verbündete(r) *m*; **~amento** [ɐʃəgɐ'mẽtu] *m* Annäherung (**a** an *ac*); **~ar** [ɐʃə'gar] (1o; *Stv* 1d) (an)nähern; **~o** [a'ʃegu] *m bras* → **achega**
achincalh|ação [ɐʃĩkɐʎɐ'sɐ̃w] *f* Spott *m*, Hänselei *f*; **~ar** [-'ʎar] (1b) verspotten, hänseln; **~e** [-'kaʎə] *m* → **achincalhação**
achocolatado [ɐʃukulɐ'tadu] schokoladenbraun; Schokoladen...
acicat|ar [ɐsikɐ'tar] (1b) anspornen; *fig* **a** an-, aufstacheln; **~e** [-'katə] *m* Sporn *m*; *fig* Ansporn *m*
acíclico [ɐ'sikliku] azyklisch; *BOT* spiralförmig
acidência [ɐsi'dẽsjɐ] *f* Zufälligkeit *f*
acident|ado [ɐsidẽ'tadu] hügelig (*Gelände*); uneben (*Boden*); holprig (*Straße*); bewegt (*Leben*); verunglückt (*Mensch*); Unfall...; *MÚS* mit Vorzeichen versehen; **~al** [-'tał] zufällig; nebensächlich
acidente [ɐsi'dẽtə] *m* Zufall *m*; Unglück *n*; (Verkehrs)Unfall *m*; Unebenheit *f* (*Gelände*); *MÚS* Vorzeichen *n*; F Anfall *m*; **~ de trabalho** Arbeitsunfall *m*; **~ de viação** (*bras* **de trânsito**) Verkehrsunfall *m*; **~ doméstico** Unfall *m* im Haushalt; **~ máximo previsível** größter anzunehmender Unfall *m*; **por ~** zufällig
acid|ez [ɐsi'deʃ] *f* Säure(gehalt *m*) *f*; **~ificação** [-dəfikɐ'sɐ̃w] *f* Säurebildung *f*; **~ificar** [-dəfi'kar] (1n) *QUÍM* (an)säuern, sauer machen; **~-se** sauer werden
ácido ['asidu] **1.** *adj* sauer; *fig* bissig; **2.** *m* Säure *f*; **~ acético** Essigsäure *f*; **~ benzóico** Benzolsäure *f*; **~ silício** Kieselsäure *f*; **~ sulfúrico** Schwefelsäure *f*; **~ úrico** Harnsäure *f*
acídulo [ɐ'sidulu] säuerlich
acima [ɐ'simɐ] **1.** *adv* herauf, hinauf; nach oben; aufwärts; **escadas ~, escadas abaixo** treppauf, treppab; **~ mencionado** oben erwähnt (*od* genannt); **os nomes ~** die obigen Namen; **2.** *prp*: **~ de** über (*ac u dat*), oberhalb (*gen*); **3.** *int* hoch!; auf, auf!
acint|e [ɐ'sĩtə] *m* (böse) Absicht *f*; Bosheit *f*; **com ~** um jeden Preis; **de ~** absichtlich; **~oso** [-'tozu] absichtlich; boshaft
acinzent|ado [ɐsĩzẽ'tadu] aschfarben, gräulich; **~ar** [-'tar] (1a) **1.** *v/i* grau färben; **2.** *v/i* grau werden
acion|... *bras*, → **accion|...**
acirr|ado [ɐsi'ʀadu] aufgebracht; **~ar** [-'ʀar] (1a) reizen, anstacheln; anregen; **~-se** gereizt werden
aclam|ação [ɐklɐmɐ'sɐ̃w] *f* Zuruf *m*; *POL* Wahl *f durch Akklamation*; Beifall *m*; Jubel *m*; **dar** (*od* **fazer**) **-ões a** zujubeln (*dat*); **~ar** [-'mar] (1a) zujubeln (*dat*); *durch Zuruf* wählen zu; **~ativo** [-mɐ'tivu] zustimmend
aclar|ação [ɐklɐrɐ'sɐ̃w] *f* Aufklärung *f*, Erklärung *f* (*Frage*); Aufhellung *f*; **~ar** [-'rar] (1b) **1.** *v/t* erhellen; *Frage* auf-, erklären; *TÉCN* klären; **2.** *v/i u* **~-se** klar (*od* hell) werden, aufhellen
aclim|a(ta)ção [ɐklimɐ(tɐ)'sɐ̃w] *f* (Ein)Gewöhnung *f*; **~a(ta)r** [-'mar, (-mɐ'tar)] (1a, 1b) akklimatisieren; gewöhnen; **~-se** sich eingewöhnen; **~atável** [-'tavɛł] anpassungsfähig
aclive [ɐ'klivə] **1.** *adj* steil (ansteigend); **2.** *m* Steigung *f*, Hang *m*; **em ~** ansteigend
acne ['aknə] *f MED* Akne *f*
aço ['asu] *m* Stahl *m*; **~s** *m/pl* Stahlwaren *f/pl*; **~ inoxidável** rostfreie(r) Stahl *m*; **~ laminado** Walzstahl *m*; **~ perfilado** Profilstahl *m*; **de ~** stählern; *fig* stahlhart; **ser duro como o ~** hart wie Stahl sein
acobard|ado [ɐkubɐr'dadu] verzagt; verängstigt; **~ar** [-'dar] (1b) Angst einjagen (*dat*); **~-se** sich fürchten (**com** vor *dat*)
acobertar [ɐkubər'tar] (1c) be-, zudecken; *et* verschleiern; **~-se com** (*od* **em**) sich verstecken hinter (*dat*)
acocor|ado [ɐkuku'radu] in der Hocke, hockend; **~ar-se** [-'rarsə] (1e) sich (hin-, nieder)hocken, kauern; *fig* sich ducken (**diante** vor *dat*)
açod|ado [ɐsu'dadu] eilig, hastig; **~ar** [-'dar] (1e) (auf)hetzen; antreiben; **~-se** sich beeilen

acoelhar-se [akwe'ʎarsi] (1b) *bras* ängstlich (*od* schüchtern) werden
acogular [ɐkugu'lar] (1a) voll packen; (an-, auf)häufen
acoimar [ɐkoj'mar] (1a) **1.** *v/t* tadeln; e-e Geldstrafe verhängen gegen; **2.** *v/i* sich rächen
acoitar [ɐkoj'tar] (1a) **a)** beherbergen; aufnehmen; **b)** verbergen; schützen; **~-se** Zuflucht suchen
açoit|ar [ɐsoj'tar] (1a) (aus)peitschen; schlagen; **~e** [ɐ'sojtə] *m* Peitsche *f*
acolá [ɐku'la] da, dort
acolchetar [ɐkoɫʃə'tar] (1c) ein-, zu-, festhaken
acolcho|ado [ɐkoɫ'ʃwadu] **1.** *adj* gesteppt, Stepp...; **2.** *m* Polsterstoff *m*; Steppdecke *f*; **~ar** [-'ʃwar] (1f) *Möbel* polstern; *Kleidung* wattieren; (ab)steppen
acolh|edor [ɐkuʎə'dor] gastlich, einladend; **~er** [-'ʎer] (2d) *Gast* aufnehmen; empfangen; Gehör schenken (*dat*); **~-se** Schutz suchen (**a** bei, **em** in *dat*); sich flüchten (**a** zu); **~ida** *f*, **~imento** *m* [-'ʎidɐ, -i'mẽtu] **a)** Zuflucht *f*; **b)** Aufnahme *f*; Gastfreundschaft *f*
acomet|er [ɐkumə'ter] (2c) *Person* anfallen, angreifen; in Angriff nehmen; zusammenstoßen mit; befallen (*Krankheit*); **~ida** [-'tidɐ] *f* → ***acometimento***; **~ido** [-'tidu] befallen (***de***, ***por*** von); **~imento** [-'mẽtu] *m* Angriff *m*; Inangriffnahme *f*
acomod|ação [ɐkumudɐ'sɐ̃w] *f* Anpassung *f*; Bequemlichkeit *f*; Unterbringungsmöglichkeit *f* (*Hotel etc*); **~adiço** [-'disu] anpassungsfähig; **~ado** [-'dadu] bequem; geeignet; genügsam, ruhig; in Übereinstimmung (**a**, **com** mit); gemäßigt (*Preis*); **~amento** [-dɐ'mẽtu] *m* → ***acomodação***; **~ar** [-'dar] (1e) **1.** *v/t Gast* unterbringen; *Bücher* aufräumen, ordnen; *Mitarbeiter* einstellen; *Haus etc* (bequem) einrichten; *Dinge* vergleichen; anpassen; gewöhnen (**a** an *ac*); **2.** *v/i* sich aussöhnen; **~-se** es sich bequem machen; **~-se a** sich anpassen (*dat*); sich fügen in (*ac*); **~atício** [-dɐ'tisju] → ***acomodadiço***; **~ável** [-'davɛɫ] brauchbar
acompanh|amento [ɐkõpɐɲɐ'mẽtu] *m* Betreuung *f*, Begleitung *f* (*a MÚS*); *CUL* Beilage *f*; **~ (fúnebre)** Leichenzug *m*; **~ante** [-'ɲɐ̃tə] *su* Begleiter(in *f*) *m*; **~ do condutor** *AUTO* Beifahrer(in *f*) *m*; **~ar** [-'ɲar] (1a) *Person* begleiten; *Ereignisse* verfolgen; *Dinge*, *Unterlagen* beilegen; *MÚS* begleiten (**a** auf *dat*)
aconcheg|ado [ɐkõʃə'gadu] gemütlich, anheimelnd; **~ar** [-'gar] (1o; *Stv* 1d) schmiegen (**a** an, in *ac*), drücken (**a** an, in *ac*)
aconchego [ɐkõ'ʃegu] *m* **a)** Gemütlichkeit *f*; **b)** Unterschlupf *m*
acondicion|amento [ɐkõdisjunɐ'mẽtu] *m* Verpackung *f*; Verstauung *f*; **~ar** [-'nar] (1f) *Raum* ausstatten; *Dinge* verwahren; *Waren* verpacken; verstauen
aconselh|ado [ɐkõsə'ʎadu] besonnen; gut beraten; **~ar** [-'ʎar] (1d) **1.** *v/t j-n* beraten; *j-m et* raten; **2.** *v/i* Ratschläge erteilen; **~-se com** sich beraten mit; **~ável** [-'ʎavɛɫ] empfehlenswert
acontec|er [ɐkõtə'ser] (2g) sich ereignen, geschehen (**a**, **com** mit); vorkommen; ***acontece*** das kommt vor; ***o que é que aconteceu?*** was ist los?; **~ido** [-'sidu] *m* Geschehnis *n*; **~imento** [-si'mẽtu] *m* Ereignis *n*; Vorfall *m*, Erlebnis *n*
acopl|ador [ɐkuplɐ'dor] *m*: **~ *acústico*** *INFORM* Akustikkoppler *m*; **~amento** [-'mẽtu] *m* *TÉCN* Kupplung *f*; *EL*, *INFORM* Kopplung *f*; *Raumfahrt*: Ankopplung *f*; **~ar** [-'plar] (1e) kuppeln; (an)koppeln; **~-se** *bras* F sich zusammentun (*Mann u Frau*)
açor [ɐ'sor] *m ZO* Habicht *m*
açorar [ɐsu'rar] (1e) Begierden wecken bei
açorda [ɐ'sordɐ] *f port* Brotsuppe *f*
acord|ado [ɐkur'dadu] wach; *fig* wachsam, hellwach; ***estar*** **~** wach sein; **~ante** [-'dɐ̃tə] übereinstimmend
acórdão(s) [ɐ'kɔrdɐ̃w] *m(pl)* *JUR* Grundsatzurteil *n*
acord|ar [ɐkur'dar] (1e) **1.** *v/t* **a)** (auf)wecken; *Gefühle* erwecken; *fig* erinnern an (*ac*); **b)** vereinbaren, beschließen; in Einklang bringen; **c)** *MÚS* stimmen; **2.** *v/i* auf-, erwachen; ***não*** **~ *a horas*** verschlafen; **~ *em*** beschließen (*ac*); **~-se** sich einigen

acorde [ɐ'kɔrdə] **1.** *adj*: **~ em** (*od* **acerca de**) einig in (*dat*), übereinstimmend mit; **2.** *m MÚS* Akkord *m*
acordeão [ɐkur'djɐ̃w] *m* Akkordeon *n*; Ziehharmonika *f*
acordo [ɐ'kordu] *m* Übereinstimmung *f*; Einverständnis *n*; (gemeinsame) Übereinkunft *f*; *POL, JUR* Abkommen *n*, Vertrag *m*; *fig* Verstand *m*, die fünf Sinne *m/pl*; **~ amigável** gütliche Einigung *f*; **~ extra-judicial** außergerichtliche Einigung *f*; **de ~** einverstanden; **de ~ com** im Einverständnis mit; gemäß (*dat*); **de comum ~** einmütig; **chegar a** (**um**) **~** zu einer Einigung kommen; **não dar ~** (**de si**) kein Lebenszeichen von sich geben; **estar de ~ com** übereinstimmen mit; **estar no seu ~** bei sich sein; **pôr-se de ~** übereinkommen (**em** in *dat*), sich einigen (**em** in *dat*); **ter pronto ~** geistesgegenwärtig (*od* schlagfertig) sein
Açores [ɐ'sorəʃ]: **os ~** die Azoren *pl*
açoriano [ɐsu'rjɐnu] **1.** *adj* von den Azoren; **2.** *m*, **-a** *f* Azorianer(in *f*) *m*
acoroço|ado [ɐkuru'swadu] beherzt; hoffnungsvoll; **~amento** [-swɐ'mẽtu] *m* Ermutigung *f*; **~ar** [-'swar] (1f) ermutigen, anregen
acorrentar [ɐkuʀẽ'tar] (1a) anketten (**a** an *ac*); *fig* unterwerfen
acorrer [ɐku'ʀer] (2d) (herbei)eilen; zu Hilfe eilen (*od* kommen); **~ em socorro de alg** j-m zu Hilfe eilen
acossar [ɐku'sar] (1e) **a**) *Wild* hetzen; *Flüchtige* verfolgen; (vor sich her) treiben; **b**) quälen, peinigen
acost|agem [ɐkuʃ'taʒɐ̃j] *f NAV* Landung *f*, Anlegen *n*; **~amento** [-tɐ'mẽtu] *m* → **~agem**; *bras* Straßenrand *m*, Randstreifen *m*; **~ar** [-'tar] (1e) *NAV* anlegen (an, in *dat*)
acostum|ado [ɐkuʃtu'madu] gewohnt, üblich; **mal ~** ungewohnt; **~ar** [-'mar] (1a) gewöhnen (**a** an *ac*); *bras* sich gewöhnen (**com** an *ac*)
acotovel|amento [ɐkutuvəlɐ'mẽtu] *m fig* Gedränge *n*; *TÉCN* Kröpfung *f*; **~ar** [-'lar] (1c) *mit den Ellbogen* (an)stoßen; *TÉCN* kröpfen; **~-se** *fig* sich anstoßen
açougu|e [ɐ'sogə] *m* Metzgerei *f*; Schlachthof *m*; *fig* Blutbad *n*; *bras* P Puff *m*; **~eiro** [-'gɐjru] *m* Metzger *m*
acoutar [ɐko'tar] (1a) → **acoitar**
açoutar [ɐso'tar] (1a) → **açoitar**
acovardar [ɐkuvɐr'dar] (1b) → **acobardar**
acre ['akrə] *adj* beißend; sauer (*Geschmack*); herb (*Wein*); *fig* scharf, schroff
Acre ['akri]: **o ~** *bras Bundesstaat*
acredit|ado [ɐkrədi'tadu] angesehen; glaubwürdig; akkreditiert; **~ador** [-tɐ'dor] *m* Kreditgeber *m*; **~ar** [-'tar] (1a) *j-m* glauben, *j-m* Glauben schenken; *j-n* halten für; *j-m* Ansehen verleihen; *POL* akkreditieren; **~ em** an (*ac*) *od j-m* glauben; **~ em Deus** an Gott glauben; **~-se** sich Ansehen verschaffen; **~ável** [-'tavɛɫ] glaubhaft
acresc|entamento [ɐkrəʃsẽtɐ'mẽtu] *m* Zusatz *m*; **~entar** [-sẽ'tar] (1a) *Meinung etc* hinzufügen, -setzen; *Anzahl* vermehren; anbauen, erweitern; **~-se** zunehmen, wachsen; **~er** [-'ser] (2g) **1.** *v/t Anzahl* vermehren; *Stück* hinzufügen; **2.** *v/i* (an)wachsen; hinzukommen (**a** zu); **~ido** [-'sidu]: **~ de** (*od* **por**) vermehrt um; zuzüglich (*gen*)
acréscimo [ɐ'krɛʃsimu] *m a TÉCN* Steigerung *f*, Erhöhung *f*; Zunahme *f*; Zuwachs *m*
acriançado [ɐkrjɐ̃'sadu] kindisch
acrídeos [ɐ'kridjuʃ] *m/pl ZO* Heuschrecken *f/pl* (*Gattung*)
acrim|ónia (*ô) [ɐkri'mɔnjɐ] *f* Herbheit *f*; *fig* Heftigkeit *f*; **~onioso** [-mu'njozu] herb; *fig* scharf, heftig
acrioulado [akrjo'ladu] *bras* kreolisch
acrítico [ɐ'kritiku] unkritisch
acro ['akru] spröde, brüchig
acrob|acia [ɐkrubɐ'siɐ] *f* Akrobatik *f*; **~s** akrobatische Kunststücke *n/pl*; **~ata** [-'batɐ] *su* Akrobat(in *f*) *m*; *AV* Kunstflieger(in *f*) *m*; **~ático** [-'batiku] akrobatisch; **voo** *m* **~** Kunstflug *m*
a(c)ta ['atɐ] *f* (Sitzungs)Protokoll *n*; **~s** *pl* Akten *f/pl*; Bericht *m*
a(c)tiva [a'tivɐ] *f GRAM* Aktiv *n*
a(c)tiv|ação [ativɐ'sɐ̃w] *f* Aktivierung *f*; **~ar** [-'var] (1a) in Gang setzen; aktivieren; *fig* anschüren; **~idade** [atəvi'dadə] *f* Aktivität *f*, (Berufs)Tätigkeit *f*; *e-s Mittels* Wirksamkeit *f*; Tatkraft *f*; **~ comercial** Handel *m*; **~ industrial** produzie-

rende(s) Gewerbe *n*; **~ intelectual** geistige Betätigung *f*; **entrar em ~** in Betrieb genommen werden (*Maschine*); ausbrechen (*Vulkan*); **estar em plena ~** florieren

a(c)tivo [a'tivu] **1.** *adj* aktiv; tätig; tatkräftig; wirksam (*Mittel*); **2.** *m* ECON Guthaben *n*, Aktivsaldo *m*; **no ~** MIL im (aktiven) Dienst

a(c)to ['atu] *m a feierlicher* Akt *m*; Tat *f*, Handlung *f*; TEA Aufzug *m*, Akt *m*; **~ de caridade** Akt *m* der Nächstenliebe; **~ de desespero** Verzweiflungstat *f*; **~ de presença** persönliche(s) Erscheinen *n*; **~ de violência** Gewalttat *f*; **&s dos Apóstolos** REL Apostelgeschichte *f*; **~ heróico** Heldentat *f*; **~ ilícito** JUR strafbare Handlung *f*; **~ instintivo** Instinkthandlung *f*; **~ jurídico** Rechtsgeschäft *n*; **~ sexual** Geschlechtsakt *m*; **& Único (Europeu)** POL Einheitliche (Europäische) Akte *f*; **~ contínuo** sofort; **em ~** FIL in Wirklichkeit; **passar aos ~s** zur Tat schreiten

a(c)|tor [a'tor] *m* Schauspieler *m*; *allg* Akteur *m*, Beteiligte(r) *m*; **~triz** [a'triʃ] *f* Schauspielerin *f*

a(c)tu|ação [atwɐ'sɐ̃w] *f bei Arbeit* Betätigung *f*, Beteiligung *f*; *e-s Mittels* Wirksamkeit *f*; (Ein-, Mit)Wirkung *f*; Rolle *f*; **~al** [a'twaɫ] aktuell; gegenwärtig, derzeitig; **~alidade** [-twɐli'dadə] *f* Gegenwart *f* (*Epoche*); Aktualität *f*; **~s** *pl* Neuigkeiten *f/pl*; **~alização** [-lizɐ'sɐ̃w] *f* Aktualisierung *f*; INFORM Update *n*, Upgrade *n* (*Software*); **~alizar** [-li'zar] (1a) aktualisieren; **estar actualizado** auf dem Laufenden sein; **~almente** [atwaɫ'mẽtə] gegenwärtig, zurzeit; **~ante** [a'twɐ̃tə] wirksam; handelnd, tätig; Dienst tuend; **~ar** [a'twar] (1g) **1.** *v/t* in Gang setzen; **2.** *v/i* wirken, einwirken (**sobre** auf *ac*) (*Mittel*); mitwirken (**em** bei) (*Schauspieler*); wirksam werden (**em** in *dat*); *in e-r Angelegenheit* tätig werden, vorgehen (**contra** gegen)

açu [a'su] *bras* groß, mächtig

acuar [ɐ'kwar] (1g) **1.** *v/t Wild, Feind* stellen, einkreisen; **2.** *v/i* zurückweichen; zum Sprung ansetzen (*Tier*); bocken (*Pferd*); *fig* sich ducken, nachgeben

açúcar [ɐ'sukar] *m* Zucker *m*; **~ areado** feine(r) (*od* Streu)Zucker *m*; **~ branco** weiße(r) Zucker *m*; **~ de beterraba** Rübenzucker *m*; **~ de cana** Rohrzucker *m*; **~ em cubos** Würfelzucker *m*; **~ mascavado** Rohzucker *m*; **~ em pó** Puderzucker *m*; **pão** *m* **de ~** Zuckerhut *m*; **sem ~** ungesüßt

açucar|ado [ɐsukɐ'radu] süß, gesüßt; **~ar** [-'rar] (1b) süßen, zuckern; *fig* versüßen; **~eiro** [-'rɐjru] **1.** *adj* Zucker...; **2.** *m* Zuckerdose *f*

açucena [ɐsu'senɐ] *f* Lilie *f*

açud|ar [ɐsu'dar] (1a) *Wasser* stauen; **~e** [ɐ'sudə] *m* Wehr *n*, Damm *m*

acudir [ɐku'dir] (3h) **1.** *v/t* erwidern; *j-n* zufrieden stellen; **2.** *v/i* helfen (**em** bei); hinzukommen; sich einsetzen (**por** für); **acudam!** zu Hilfe!

acuidade [ɐkui'dadə] *f* Schärfe *f*; Empfindlichkeit *f*; Scharfsinn *m*

aculeado [ɐku'ljadu] stachelig

acumul|ação [ɐkumulɐ'sɐ̃w] *f* Speicherung *f*; (An)Häufung *f*; Ansammlung *f*; Zuwachs *m*; **~ador** [-lɐ'dor] *m* FIS Speicher *m*; **~ eléctrico** Akkumulator *m*, F Akku *m*; **~ar** [-'lar] (1a) (an)häufen; akkumulieren; *Energie* speichern; *Erfahrung* sammeln; *Ämter* anhäufen; **~-se** sich ansammeln (*Schulden*); zusammenlaufen (*Menschen*)

acu|pressão [ɐkuprə'sɐ̃w] *f* Akupressur *f*; **~pun(c)tura** [-pũ'turɐ] *f* Akupunktur *f*

acur|ácia [ɐku'rasjɐ] *f* Sorgfalt *f*; **~ado** [-'radu] sorgfältig

acus|ação [ɐkuzɐ'sɐ̃w] *f* JUR Anklageschrift *f*, Anklage *f* (**a** gegen); Beschuldigung *f*; Vorwurf *m* (**sobre** gegen); (Empfangs)Bestätigung *f* (*e-s offiziellen Briefes*); **advogado** *m* **da ~** Anklagevertreter *m*; **formulação** *f* **da ~** Anklageerhebung *f*; **~ado** [-'zadu] *m* Angeklagte(r) *m*; **~ador** [-zɐ'dor] *m* Ankläger *m*; Kläger *m*; **~ público** Staatsanwalt *m*; **~ar** [-'zar] (1a) JUR anklagen, beschuldigen (**de** *gen*); Vorwürfe machen; *Empfang* bestätigen; *Sachverhalt* (auf)zeigen, enthüllen; **~ alc em alg** j-m et nachsagen

acústic|a [ɐ'kuʃtikɐ] *f* Akustik *f*; **~o** [-ku] akustisch; Schall...; Hör...; **barreira** *f* **-a** Lärmschutzwand *f*; **sinal**

m ~ akustische(s) Zeichen *n*; Signalton *m* (*Anrufbeantworter*)

acutil|ador [ɐkutilɐ'dor] *m* Messerstecher *m*; **~ância** [-'lẽsjɐ] *f fig* Schärfe *f*; **~ar** [-'lar] (1a) *mit e-m Messer* (er)stechen; verletzen

adágio [ɐ'daʒju] *m* **a)** Sprichwort *n*, Spruch *m*; **b)** *MÚS* Adagio *n*

adamado [ɐdɐ'madu] P weibisch; ***vinho*** *m* ~ Süßwein *m*

adapt|abilidade [ɐdaptɐbəli'dadə] *f* Anpassungsfähigkeit *f*; **~ação** [-tɐ'sɐ̃w] *f* Anpassung *f*; Umarbeitung *f* (*Text*); Umstellung *f* (*auf et Neues*); *CIENC* Adaptation *f*; *Film*: Bearbeitung *f*; ***capacidade*** *f* ***de*** ~ Anpassungsfähigkeit *f*; ***fase*** *f* ***de*** ~ Eingewöhnungszeit *f*; **~ador** [-tɐ'dor] *m TÉCN* Adapter *m*; **~ar** [-'tar] (1a) anpassen; umarbeiten (***a*** für); *für den Film* bearbeiten; adaptieren; *fig* harmonisieren, in Einklang bringen; ***~-se a*** sich anpassen an (*ac*); sich umstellen auf (*ac*); **~ável** [-'tavɛɫ] brauchbar; anpassungsfähig

adeg|a [ɐ'dɛgɐ] *f* Weinkeller *m*; *bras* Flaschenständer *m*; **~ar** [ɐdɛ'gar] (1o; *Stv* 1c) **1.** *v/t* einkellern; **2.** *v/i* sich voll laufen lassen; **~ueiro** [ɐdɛ'gɐjru] *m* Kellermeister *m*

adej|ar [ɐdə'ʒar] (1d) flattern; *fig* schweben; **~o** [ɐ'deʒu] *m* Geflatter *n*

adelaide [ɐdə'lajdə] *f* P Tunte *f*

adeleiro [ɐdə'lɐjru] *m* → ***adelo***

adelgaç|amento [ɐdɛɫgɐsɐ'mẽtu] *m* Schlankwerden *n*; Abmagern *n*; **~ar** [-'sar] (1p; *Stv* 1b) **1.** *v/t* dünn (*od* schlank) machen; *Gewicht* verringern; **2.** *v/i u* ***~-se*** dünn (*od* schlank) werden (*Person*); zurückgehen

adelo [ɐ'dɛlu] *m* Trödler *m*

adenda [ɐ'dẽdɐ] *f* Anhang *m*

adensar [ɐdẽ'sar] (1a) verdichten; *Flüssigkeit* eindicken; *fig* sättigen; *bras Beton* verdichten

adentro [ɐ'dẽtru] *Richtung*: hinein; drinnen; ***terra*** ~ landeinwärts

adepto [ɐ'dɛptu] *m* Fan *m*

adequ|ação [ɐdəkwɐ'sɐ̃w] *f* Anpassung *f* (***a*** an *ac*), Angleichung *f*; Übereinstimmung *f* (***com*** mit); **~ado** [-'kwadu] angemessen; **~ar** [-'kwar] (1m) anpassen; anwenden

adereç|ar [ɐdərə'sar] (1p; *Stv* 1c) (her)richten; (aus)schmücken; **~o** [-'resu] *m* Zierde *f* (*a fig*); Schmuck *m*; **~s** *pl* Zierrat *m*, Putz *m*; (Pferde)Geschirr *n*; *TEA* Requisiten *n/pl*

ader|ência [ɐdə'rẽsjɐ] *f* Haftfestigkeit *f*; *TÉCN* Haftung(svermögen *n*) *f*, Haftkraft *f*; (Aneinander)Haften *n*; *fig* Anhängerschaft *f*; Mitgliederschaft *f*; ~ ***a*** Festhalten an (*dat*); ~ ***em piso*** *AUTO* Straßenhaftung *f* (*e-s Autos*); **~s** *pl MED* Verwachsungen *f/pl*; **~ente** [-'rẽtə] **1.** *adj* (fest)haftend; teilnehmend (*an Kampagne*); **2.** *su* Anhänger(in *f*) *m*; **~ir** [-'rir] (3c): ~ ***a*** haften, kleben an (*dat*); *fig an Bewegung* sich anschließen an (*dat*); *Klub*, *Pakt* beitreten (*dat*), eintreten in (*ac*)

ades|ão [ɐdə'zɐ̃w] *f* Haftkraft *f*; *POL* Anschluss *m*; Beitritt *m*; (Partei) Zugehörigkeit *f*; Bekenntnis *n*; *fig* Zustimmung (***a***, ***com*** zu); *FIS* Adhäsion *f*; ~ ***à União Europeia*** Beitritt *m* zur Europäischen Union; **~ivo** [-'zivu] **1.** *adj* Klebe...; klebrig; **2.** *m* Heftpflaster *n*; *bras* Aufkleber *m*

adestr|amento [ɐdəʃtrɐ'mẽtu] *m* Schulung *f*; Dressur *f* (*Tier*); Übung *f* (***em*** in *dat*); **~ar** [-'trar] (1c) *j-n* schulen; *Tier* abrichten, dressieren

adeus [ɐ'dewʃ] **1.** *int* F tschüs!, Wiedersehen!; **2.** *m* Abschied *m*; ***o último*** ~ das letzte Lebewohl; *fig e-e Sache* für verloren erklären; **~inho** [ɐdew'ziɲu] *int* F tschüschen!

adiamento [ɐdjɐ'mẽtu] *m* Aufschub *m*; Verschiebung *f*, Vertagung *f*

adiant|adamente [ɐdjɐ̃tadɐ'mẽtə] im Voraus; vorzeitig; **~ado** [-'tadu] **1.** *adj* fortschrittlich; fortgeschritten (*Zeit*, *Alter*, *Entwicklung*); frühreif (*Kind*); *bras* aufdringlich; **2.** *adv* → ***~adamente***; ***dinheiro*** *m* ~ Vorschuss *m*; ***estar*** ~ zu früh (gekommen) sein; → ***andar*** ~ vorgehen (*Uhr*); **~amento** [-tɐ'mẽtu] *m* Fortgang *m*, Fortschritt *m* (*e-r Arbeit etc*); Vorwegnahme *f* (*e-s Ereignisses*); (*Geld*) Vorschuss *m*; Vorrücken *n* (*der Uhr*); **~ar** [-'tar] (1a) **1.** *v/t* voranbringen; *Tätigkeit* fortführen; *Uhr* vorstellen, -rücken; *Geld*, *Hand* vorstrecken; *Meinung* äußern; *Nachricht* (vorweg) melden; **2.** *v/i* fortfahren; Fortschritte machen; vorgehen (*Uhr*); ***não*** ~ (***nada***) nichts nützen; ***~-se*** vortreten; vo-

rangehen; vorschnell *et* tun; zu weit gehen; *Sport*: in Führung gehen
adi|ante [ɐ'djẽtə] *örtl* vorn(e); *Richtung*: voran, vorwärts, weiter; **~ de** vor; **mais ~** weiter vorn; (*in Büchern*) weiter unten; **pelo tempo ~** im Laufe der Zeit; **passar ~** weitergehen; *Sport*: vorstoßen; **passar ~ de** überholen; **~!** weiter!; **~ar** [ɐ-'djar] (1g) verschieben; vertagen
adição [ɐdi'sɐ̃w] *f* Zusatz *m*; Beigabe *f*; *MAT* Addition *f*; *bras* Rechnung *f* (*Restaurant*)
adicion|al [ɐdisju'nał] **1.** *adj* zusätzlich, Zusatz...; Zuschlag...; **rendimento** *m* **~** Nebeneinkommen *n*; **2.** *m* Zusatz *m*; Zuwachs *m*; **~amento** [-nɐ'mẽtu] *m* Zusatz *m*; **~ar** [-'nar] (1f) *Zutaten*, *Worte* bei-, hinzufügen; *Bemerkung* hinzusetzen; *Zahlen* zusammenzählen, addieren; *TÉCN* zuschlagen
adido [ɐ'didu] **1.** *adj* Hilfs...; Neben...; außerplanmäßig; **2.** *m* Attaché *m*; **~ comercial** Handelsattaché *m*; **~ de imprensa** Presseattaché *m*; **~ militar** Militärattaché *m*
adinheirado [ɐdiɲɐj'radu] reich
adipos|idade [-zi'dadə] *f* Verfettung *f*; Fettablagerung *f*; **~o** [-'pozu] adipös
adit|amento [ɐditɐ'mẽtu] *m* Zusatz(erklärung *f*) *m*; Anhang *m*; *POL* Zusatzantrag *m*; **~ar** [-'tar] (1a) **a)** → **adicionar**; **b)** beglücken; **~ivo** [-'tivu] **1.** *adj* zusätzlich, Zusatz...; **sinal** *m* **~** Pluszeichen *n*; **2.** *m* *ARQUIT* Zusatzstoff *m*; *QUÍM* Additiv *n*
adivinh|a [ɐdə'viɲɐ] *f* **a)** Rätsel *n*; **b)** Wahrsagerin *f*; **~ação** [-ɲɐ'sɐ̃w] *f* Wahrsagung *f*; Vorhersage *f*; Rätsel *n*; **~ar** [-'ɲar] (1a) wahrsagen; vorhersehen; voraussagen; *Gedanken* erraten; tippen; *Rätsel* lösen; *Geheimnis* enträtseln; **~o** [-'viɲu] *m* Wahrsager *m*
adjac|ência [ɐdʒɐ'sẽsjɐ] *f* Nachbarschaft *f*; **~s** *pl* Umgebung *f*; **~ente** [-'sẽtə] angrenzend
adje(c)tivo [ɐdʒɛ'tivu] *m* Adjektiv *n*
adjudic|ação [ɐdʒudikɐ'sɐ̃w] *f* Zuerkennung *f*; (*Ausschreibung*, *Versteigerung*) Zuschlag *m* (**de** zu); (Auftrags)Vergabe *f*; **~ar** [-'kar] (1n) zuerkennen, -sprechen; den Zuschlag geben; *Auftrag* vergeben
adjun|ção [ɐdʒũ'sɐ̃w] *f* Zuordnung *f*, -teilung *f* (*e-s Beamten*, *Assistenten*); **~to** [-'ʒũtu] **1.** *adj* beigeordnet; stellvertretend; **2.** *m* Stellvertreter *m*; Gehilfe *m*; Assistent *m*; *GRAM* Beifügung *f*; **médico** *m* **~** Assistenzarzt *m*
admin. **administrador** *m* Verwalter *m*
administr|ação [ɐdmənistrɐ'sɐ̃w] *f* Verwaltung *f*; Administration *f*; *MED* Verabreichung *f*; **~ da justiça** Rechtspflege *f*; **~ de empresas** Betriebswirtschaft(slehre) *f*; **~ pública** öffentliche Verwaltung *f*; **~ador** [-'dor] *m* Verwalter *m*; **~ de empresa** Geschäftsführer *m*; **~ de casa** Hausverwalter *m*; **~ar** [-'trar] (1a) verwalten; *Amt* bekleiden; *Arznei* verabreichen; *Sakramente* spenden; *fig* verabreichen; **~ justiça** Recht sprechen; **~ativo** [-trɐ'tivu] administrativ, Verwaltungs...
admir|ação [ɐdmirɐ'sɐ̃w] *f* Bewunderung *f* (**a**, **por** für); Verwunderung *f* (**por** über *ac*); **ponto** *m* **de ~** Ausrufezeichen *n*; **~ador** [-'dor] *m* Bewunderer *m*, Verehrer *m*; **~ar** [-'rar] bewundern (**a/c a alg** et an j-m); (ver)wundern, erstaunen; **não admira!** kein Wunder!; **~-se** sich wundern (**de**, **com**, **por** über *ac*); **~ável** [-'ravɛł] bewundernswert; erstaunlich
admiss|ão [ɐdmi'sɐ̃w] *f* Zulassung *f* (*zum Studium*); Annahme *f*; Einstellung *f* (**a**, **em** in *dat*, bei) (*Personal*); Aufnahme *f* (**a**, **em** in *ac*) (*in Verein etc*); *TÉCN* Zuführung *f* (*Treibstoff*); Aufnahme *f*; **~ de culpa** Schuldbekenntnis *n*; **~ível** [-mi'sivɛł] zulässig; annehmbar
admitir [ɐdmi'tir] (3a) annehmen, akzeptieren; *Personal* einstellen; *Person* aufnehmen; *Gedanken* übernehmen; *Wahrheit* zugeben; *Schuld* bekennen; *Handlung* hinnehmen
admoest|ação [ɐdmwəʃtɐ'sɐ̃w] *f* Ermahnung *f*, Warnung *f*, Verweis *m*; **~ar** [-'tar] (1c) ermahnen, rügen
adoçante [ɐdu'sɐ̃tə] **1.** *adj* süßend; Süß...; **poder ~** Süßkraft *f*; **2.** *m* Süßstoff *m*
adoção *bras* [adɔ'sɐ̃w] → **adopção**
ado|çar [ɐdu'sar] (1p; *Stv* 1e) süßen; *fig* versüßen; abschwächen; *TÉCN*

schärfen; *Unebenheiten* glätten; **~cicado** [-si'kadu] süßlich; *fig* lieblich; **~cicar** [-si'kar] (1n) leicht süßen; **~ as palavras** *fig* flöten

adoecer [ɐdwə'ser] (2g) krank werden; erkranken (**com**, **de** an *dat*)

adoent|ado [ɐdwẽ'tadu] unpässlich, kränkelnd; **estar** (*od* **andar**) **~** kränkeln; **~ar** [-'tar] (1a) gesundheitlich anschlagen

adolesc|ência [ɐduləʃ'sẽsjɐ] *f* Jugend *f*; **~ente** [-'sẽtə] **1.** *adj* jugendlich; **2.** *su* Jugendliche(r) *su*; **~er** [-'ser] (2g) **a)** heranwachsen; **b)** sich verjüngen

ado(p)|ção [ɐdɔ'sɐ̃w] *f* Übernahme *f*; Anwendung *f*; Adoption *f* (*Kind*); **~tar** [-'tar] (1a) *Methode* an-, übernehmen; *Kind* adoptieren; *Maßnahme* ergreifen; **~ como base** zugrunde legen; **~tável** [-'tavɛł] annehmbar; **~tivo** [-'tivu] Adoptiv...

ador|ação [ɐdurɐ'sɐ̃w] *f* REL Anbetung *f*; **ter ~ por** anbeten, verehren (*ac*); **~ador** [-'dor] *m* Verehrer *m*; Bewunderer *m*; **~ar** [-'rar] (1e) anbeten (*a fig*); verehren; abgöttisch lieben; *bsd* CUL schwelgen in (*dat*); schwören auf (*ac*)

adorm|ecedor [ɐdurməsə'dor] **1.** *adj* einschläfernd; **2.** *m* Betäubungsmittel *n*; Schlafmittel *n*; **~ecer** [-'ser] (2g) **1.** *v/t* einschläfern; in den Schlaf wiegen; **2.** *v/i* einschlafen (*a fig u Glieder*); **~entar** [-mẽ'tar] (1a) einschläfern; ermüden; *Schmerz* betäuben

adorn|ar [ɐdur'nar] (1e) (aus)schmücken, verzieren; **~o** [ɐ'dornu] *m* Verzierung *f*; Schmuck *m*

ado|t... *bras* → **adop|t...**

adquir|ente, **~idor** [ɐdki'rẽtə, -kəri'dor] *m* Erwerber *m*, Käufer *m*; **~ir** [-kə'rir] (3a) erwerben; *fig* erlangen; *für sich* gewinnen; **~ível** [-kə'rivɛł] erhältlich

adriático [ɐ'drjatiku] adriatisch; **o** (**mar**) **Ձ** die Adria

adriç|a [ɐ'drisɐ] *f* NAV Hisstau *n*; **a meia ~** auf halbmast; F betrunken; **~ar** [-'sar] (1p) NAV hissen

adro ['adru] *m* Kirchplatz *m*

adstring|ente [ɐdʃtrĩ'ʒẽtə] *m* MED Adstringens *n*; **~ir** [-'ʒir] (3n) zusammenziehen

adstrito [ɐd'ʃtritu] **1.** *p/p von* **adstringir**; **2.** *adj*: **~ a** gebunden an (*ac*); abhängig von

aduan|a [ɐ'dwɐnɐ] *f* Zoll *m*; **~eiro** [-'nɐjru] **1.** *adj* Zoll...; **2.** *m* Zöllner *m*, Zollbeamte(r) *m*

adub|ação [ɐdubɐ'sɐ̃w] *f* Düngung *f*; **~ verde** Gründüngung *f*; **~ar** [-'bar] (1a) *Feld* düngen; *Speisen* würzen; *Leder* gerben; **~o** [ɐ'dubu] *m* Dünger *m*, Düngemittel *n*; CUL Würze *f*; **~ químico** Kunstdünger *m*

adução [ɐdu'sɐ̃w] *f* TÉCN Zufuhr *f*

aduela [ɐ'dwɛlɐ] *f* Daube *f*; ARQUIT Gewölbestein *m*; **ter uma ~ a** (*od* **de**) **menos** F e-e Schraube locker haben

adufa [ɐ'dufɐ] *f* Fensterladen *m*; TÉCN Wehr *n*; *Art* Lärmschutzwand *f*

adul|ação [ɐdulɐ'sɐ̃w] *f* Lobhudelei *f*; **~ador** [-lɐ'dor] **1.** *adj* kriecherisch; **2.** *m* Lobhudler *m*, Kriecher *m*; **~ar** [-'lar] (1a) lobhudeln; umschmeicheln

adúltera [ɐ'dułtərɐ] *f* Ehebrecherin *f*

adulter|ação [ɐdułtərɐ'sɐ̃w] *f* (Ver)Fälschung *f*; **~ar** [-'rar] (1c) **1.** *v/t* (ver)fälschen; verderben; *Wein* panschen; *Text*, *Absicht* entstellen; **2.** *v/i* die Ehe brechen; **~-se** verderben; **~ino** [-'rinu] ehebrecherisch; **filho** *m* **~** außereheliche(s) Kind *n*

adultério [ɐduł'tɛrju] *m* Ehebruch *m*

adúltero [ɐ'dułtəru] **1.** *adj* ehebrecherisch; **2.** *m* Ehebrecher *m*

adulto [ɐ'dułtu] **1.** *adj* erwachsen; **2.** *m* Erwachsene(r) *m*

adunar [ɐdu'nar] (1a) zusammenfügen

adurente [ɐdu'rẽtə] MED **1.** *adj* ätzend; brennend; **2.** *m* Ätzmittel *n*

adu|tor [ɐdu'tor]: **conduta** *f* **-a** Zuleitung *f*; **~zir** [-'zir] (3m) *Beweis*, *Zeugen* beibringen; *Gründe* anführen; *Wasser*, *Strom* zuführen, -leiten

adv.º **advogado** *m* (Rechts)Anwalt *m*

advento [ɐd'vẽtu] *m fig* (Auf)Kommen *n*, (Heran)Nahen *n*; Ankunft *f*; Beginn *m*; **Ձ** REL Advent *m*

advérbio [ɐd'vɛrbju] *m* Adverb *n*

advers|ão [ɐdvər'sɐ̃w] *f* Gegnerschaft *f*; **~ário** [-'sarju] **1.** *adj* gegnerisch; **2.** *m* Gegner *m*; **~ativo** [-sɐ-

'tivu] *GRAM* adversativ; **~idade** [-si-'dadə] *f* Widrigkeit *f*; Rückschlag *m*
adverso [ɐd'vɛrsu] widrig; nachteilig; **~ a** gegen, wider
advert|ência [ɐdvər'tẽsjɐ] *f* Hinweis *m*; Benachrichtigung *f*; Warnung *f*; **~ sujeita a taxa** gebührenpflichtige Verwarnung *f*; **~ido** [-'tidu] aufmerksam; vorsichtig, klug; **mal ~** unklug, unbedacht; **~ir** [-'tir] (3c): **~ (de)** aufmerksam machen (auf *ac*); warnen (vor *dat*); in Kenntnis setzen (*od* benachrichtigen) (von)
adv|indo [ɐd'vĩdu] *p/p von* **~ir** [-'vir] (3x) **1.** *v/t* geschehen; **2.** *v/i* herrühren (**de** von), sich ergeben (**de** aus)
advog|ado [ɐdvu'gadu] *m* Anwalt *m*; *JUR* Rechtsanwalt *m*; **~ de defesa** Verteidiger *m*; **~ar** [-'gar] (1o; *Stv* 1r) **1.** *v/t* verfechten, vertreten; eintreten für; **2.** *v/i* den Anwaltsberuf ausüben; **~ a causa de** plädieren für; **~ que** den Standpunkt vertreten (*od* dafür eintreten), dass
aer|ação, *bras a* **~agem** [ɐɛrɐ'sɐ̃w, aɛ'raʒẽj] *f* (Be)Lüftung *f*
aéreo [ɐ'ɛrju] Luft...; luftig; *fig* zerstreut; leichtsinnig; **base** *f* **-a** *MIL* Luftstützpunkt *m*; **força** *f* **-a** *MIL* Luftwaffe *f*; **por via -a** per Luftpost
aeri|ficar [ɐɛrifi'kar] vergasen; **~forme** [-'fɔrmə] luftförmig
aero|barco [ɐɛrɔ'barku] *m bras*, **~deslizador** [-dəʒlizɐ'dor] *m* Luftkissenboot *n*; **~dinâmico** [-di'nɐmiku] aerodynamisch; stromlinienförmig
aeródromo [-drumu] *m* Flugplatz *m*
aero|fobia [ɐɛrɔfu'biɐ] *f MED* Aerophobie *f*; **~gare** [-'garə] *f* Flughafengebäude *n*; Terminal *n*
aerólito [ɐɛ'rɔlitu] *m* Meteorit *m*
aeromoça [-'mosa] *f bras* Stewardess *f*
aero|modelo [ɐɛrɔmu'delu] *m* Modellflugzeug *n*; **~nauta** [-'nawtɐ] *su* Ballonfahrer(in *f*) *m*; **~nave** [-'navə] *f* Flugzeug *n*; **~porto** [-'portu] *m* Flughafen *m*; **~postal** [-puʃ'tał] Luftpost...; **~spacial** [-ʃpɐ'sjał] Luftfahrt...; Raumfahrt...; **indústria** *f* **~** Luft- und Raumfahrtindustrie *f*
aeros(s)ol [ɐɛrɔ'sɔł] *m* Aerosol *n*; Spray *m od n*
aeróstat|a [ɐɛ'rɔʃtɐtɐ] *su* Ballonfahrer(in *f*) *m*; **~o** [-'rɔʃtɐtu] *m* (Luft)Ballon *m*
aero|transportado [ɐɛrɔtrẽʃpur'tadu] *MIL* Luftlande...; **tropas** *f/pl* **-as** Luftlandetruppen *pl*; **~via** [aɛrɔ-'via] *f bras* Luftweg *m*, -korridor *m*
afã [ɐ'fɐ̃] *m* Anstrengung *f*, Mühe *f*; Eifer *m*; **com ~** angestrengt; eifrig
afabilidade [ɐfɐbəli'dadə] *f* Freundlichkeit *f*; Wohlwollen *n*
afadig|ar [ɐfɐdi'gar] (1o) ermüden, anstrengen; **~-se** sich abmühen; **~oso** [-'gozu] anstrengend
afag|ar [ɐfɐ'gar] (1o; *Stv* 1b) streicheln, liebkosen; sich *die Arme etc* tätscheln; *fig* schmeicheln (*dat*); *Hoffnung* hegen, nähren; *TÉCN* glätten; **~o** [ɐ'fagu] *m* Liebkosung *f*
afam|ado [ɐfɐ'madu] berühmt; **mal ~** berüchtigt; **~ar** [-'mar] (1a) berühmt machen; rühmen; **~-se** berühmt werden, sich e-n Namen machen
afan|ado [ɐfɐ'nadu] beschäftigt; P knapp bei Kasse; **~ar** [-'nar] (1a) **1.** *v/t* anstreben; sich bemühen um; **2.** *v/i u* **~-se** sich abmühen; **~oso** [-'nozu] mühsam
afast|ado [ɐfɐʃ'tadu] abgelegen, entlegen (*Ort*); entfernt (*Verwandter*); **~ador** [-tɐ'dor] *m TÉCN* Abstandhalter *m*; **~amento** [-tɐ'mẽtu] *m* Entfernung *f*, Wegnahme *f*; (Amts)Enthebung *f*; *TÉCN* Abstand *m*; Distanz *f*; **~ar** [-'tar] (1b) entfernen; beiseite schieben; *Hindernis* beseitigen; *Blick* abwenden; *j-n* fernhalten von; *fig* entzweien; **~-se** weggehen; abweichen (*vom Weg etc*); *fig* sich zurückziehen
afatiar [ɐfɐ'tjar] (1g) in Scheiben schneiden; *fig* zerstückeln
afável [ɐ'favɛł] freundlich
afazer [ɐfɐ'zer] (2v) gewöhnen (**a** an *ac*); **~es** [-'zerəʃ] *m/pl* Geschäfte *n/pl*, Verpflichtungen *f/pl*; **ter muitos ~** viel zu tun haben
afecção [ɐfɛ(k)'sɐ̃w] *f MED* Erkrankung *f*
afe(c)t|ação [ɐfɛtɐ'sɐ̃w] *f* Affektiertheit *f*, Geziertheit *f*; **~ado** [-'tadu] **a)** betroffen; **b)** affektiert, gekünstelt; **c)** *bras* schwindsüchtig; **~ de** behaftet mit; **~ar** [-'tar] (1a) **a)** betreffen; beeinflussen; **b)** *Gefühle*

vorgeben, heucheln; **c)** *MED* angreifen, befallen; **~ivo** [-'tivu] gefühl-, liebevoll; Gefühls...; schöngeistig (*Literatur*); **~o** [ɐ'fɛtu] **1.** *adj* nahe stehend; **~ *de*** befallen von; **2.** *m* **a)** Zuneigung *f*, Liebe *f*; **b)** Affekt *m*; **~uosidade** [-twuzi'dadə] *f* Anhänglichkeit *f*; Zärtlichkeit *f*; **~uoso** [-'twozu] herzlich; Lieblings...

afeg|ã [ɐfə'gɐ̃] **1.** *adj* afghanisch; **2.** *su* Afghane *m*, Afghanin *f*

afeiç|ão [ɐfɐj'sɐ̃w] *f* Zuneigung *f* (***a***, ***por*** zu), Sympathie *f* (***a***, ***por*** für); Freundschaft *f*; Liebe (***a*** zu; ***por*** für); *fig* Verbindung *f* (***a***, ***por*** zu); Zusammenhang *f*; **~oado** [-'swadu] **a)** zugetan; **b)** passend; wohlgeformt; **~oar** [-'swar] (1f) **a)** einnehmen *od* gewinnen (***a*** für); **b)** formen; anpassen; vervollkommnen; ***~-se a*** zugeneigt sein; lieb gewinnen

afer|ição [ɐfəri'sɐ̃w] *f* Eichung *f*; **~idor** [-'dor] *m* Eichmaß *n*; *TÉCN* Stellvorrichtung *f*; **~ir** [-'rir] (3c) *Gewichte*, *Maße* eichen; vergleichen

aferr|ado [ɐfə'ʀadu] hartnäckig, verbissen; ***~ a*** verrannt in (*ac*); **~ar** [-'ʀar] (1c) **1.** *v/t mit Eisen* festmachen; verankern; festhalten, packen; *allg* angreifen, anfallen; **2.** *v/i NAV* ankern; ***~-se a*** sich klammern an (*ac*); festhalten an (*dat*); *Thema etc* sich verbeißen in (*ac*); **~etoar** [-ʀə'twar] (1f) stechen, F piken; *fig* belästigen; sticheln

aferr|o [ɐ'feʀu] *m* Hartnäckigkeit *f* (***em*** bei, in *dat*), Beharrlichkeit *f* (***em*** bei, in *dat*); Anhänglichkeit *f*; Festhalten *n* (***a*** an *dat*); **~oar** [-'ʀwar] (1f) → ***aferretoar***; **~olhar** [-ʀu'ʎar] (1e) *Tür* verriegeln; *Geld* ein-, wegschließen; *fig* hinter Gitter bringen

aferv|entar [ɐfərvẽ'tar] (1a) abkochen; aufkochen (lassen); *fig* = **~orar** [-vu'rar] (1e) in Wallung bringen; anfeuern; ***~-se*** sich ereifern (***com*** über *ac*)

afe|t... *bras* → ***afe(c)|t...***

afi|ação [ɐfjɐ'sɐ̃w] *f* (*Messer*) Schleifen *n*, Schärfen *n*; (*Bleistift*) (An-)Spitzen *n*; **~adeira** [-'dɐjrɐ] *f* Bleistiftspitzer *m*; *Handwerk*: Schleifstein *m*; **~ado** [ɐ'fjadu] scharf (*Messer*); spitz (*Bleistift*); ***~ contra*** aufgebracht gegen; **~ador** [ɐfjɐ'dor] *m* Schleifer *m*; *bras* Bleistiftspitzer *m*

afiambrado [ɐfjẽ'bradu] *wie Schinken* gekocht; *fig* geschniegelt

afianç|ado [ɐfjẽ'sadu]: ***estar ~ em*** verbürgt sein durch; **~ador** [-sɐ'dor] *m* Bürge *m*; **~ar** [-'sar] (1p) *e-e* Bürgschaft leisten für, bürgen für; *fig* sich verbürgen für, versichern; ***~-se*** Sicherheiten leisten, e-e Kaution hinterlegen; ***~ em alg*** auf j-n vertrauen

afiar [ɐ'fjar] (1g) *Messer* schleifen; schärfen (*a fig*); *Bleistift* spitzen

aficionado [-sju'nadu] *m* Liebhaber *m*

afigurar [ɐfigu'rar] (1a) *gedanklich* vorstellen; darstellen; *Material* formen; ***~-se*** (zu sein) scheinen; sich darstellen (***a alg*** j-m)

afil|ado [ɐfi'ladu] schmal, zart; spitz (*Nase*); **~ar** [-'lar] (1a) **a)** *Bleistift* anspitzen; *Messer* schärfen; dünner machen; **b)** *Hunde* hetzen

afilhado [ɐfi'ʎadu] *m*, **-a** *f* Patenkind *n*

afim [ɐ'fĩ] **1.** *adj* verwandt (***com***, ***de*** mit); ähnlich; **2.** *su* Verwandte(r) *su*

afin|ação [ɐfinɐ'sɐ̃w] *f* Feinheit *f*; letzte Hand *f*; *MÚS* Stimmen *n* (*Instrument*); Abstimmung *f*; *TÉCN* (Fein)Einstellung *f*; F Verstimmung *f*; ***estar na ~*** verärgert sein; **~adinho** [-'diɲu] P prima, verlässlich; **~ador** [-'dor] *m MÚS* **a)** Stimmschlüssel *m*; **b)** (Klavier)Stimmer *m*

afinal [ɐfi'nał] schließlich, letztendlich; also, nun

afinar [ɐfi'nar] (1a) **1.** *v/t* verfeinern; letzte Hand legen an (*ac*); *Sinne* schärfen; *TÉCN* ein-, nachstellen; *Radio* einstellen; *MÚS* stimmen; *fig* in Einklang bringen (***por*** mit); **2.** *v/i* F sich ärgern (***com*** über *ac*); F sich verabreden (***com*** mit)

afinc|ado [ɐfĩ'kadu] nachdrücklich, hartnäckig; **~ar-se** [-'karsə] (1n): ***~ a*** (*od* ***em***) mit Nachdruck betreiben (*ac*); bestehen auf (*dat*); **~o** [ɐ'fĩku] *m* Beharrlichkeit *f*, Hartnäckigkeit *f*

afinidade [ɐfəni'dadə] *f* Ähnlichkeit *f* (***com*** mit); *allg* Verwandtschaft *f*, Affinität *f* (***com*** mit)

afirm|ação [ɐfirmɐ'sɐ̃w] *f* Behauptung *f* (*Aussage*); Bestätigung *f* (*von et Gesagtem*); Bekräftigung *f*, Versicherung *f*; **~ar** [-'mar] (1a) *Frage* bejahen, bestätigen; *These* behaupten; bekräftigen; **~-se** sich erweisen, sich zeigen; auftreten; sich durchsetzen (**como** als); sich vergewissern, sich versichern (**de** *e-r Sache*); **~-se em** sich halten an (*ac*); sich behaupten in (*dat*); **~ativa** [-mɐ'tivɐ] *f* Behauptung *f*; GRAM Bejahung *f*; **~ativamente** [-tivɐ'mẽtə]: **responder ~** zustimmen, zusagen; **~ativo** [-'tivu] bejahend, zustimmend

afix|ação [ɐfiksɐ'sɐ̃w] *f* Anschlag *m*, Aushang *m*; **~ar** [-'ksar] (1a) befestigen; *Plakat* anschlagen, -kleben, aushängen; **~o** [ɐ'fiksu] *m* GRAM Affix *n*

afleumar [ɐflew'mar] (1a) **1.** *v/t* träge machen; **2.** *v/i bras* sich entzünden

afli|ção [ɐfli'sɐ̃w] *f* Kummer *m*, Schmerz *m*; Not *f*; **causar ~** zu schaffen machen; = **~gir** [-'ʒir] (3n) bedrücken, bekümmern; **~tivo** [-'tivu] schmerzlich; beängstigend; **~to** [ɐ'flitu] **1.** *p/p irr von* **afligir**; **2.** *adj* angstvoll; betrübt (**com**, **por** über *ac*, wegen); schwindelig, übel (**com**, **por** wegen); **estar ~** sich in e-r Notlage befinden

aflor|ação [ɐflurɐ'sɐ̃w] *f* = **~amento** [-'mẽtu] *m* Auftauchen *n* (*an der Oberfläche*); BGB Aufschluss *m*; **~ar** [-'rar] (1e) **1.** *v/t* (leicht) berühren, streifen; *Thema* anreißen; auf gleiche Höhe bringen; **~ com** TÉCN bündig machen; **2.** *v/i* auftauchen; *fig* sich andeuten

aflu|ência [ɐ'flwẽsjɐ] *f* Zufluss *m*; *fig* Zustrom *m*, Andrang *m*; Besuch *m*; **~ente** [ɐ'flwẽtə] **1.** *adj fig* überströmend, reich; **2.** *m* Zu-, Nebenfluss *m*; **~ir** [ɐ'flwir] (3i) **1.** *v/t* zuströmen, -fließen; **~ a** fließen in (*ac*); *fig* strömen zu; **2.** *v/i fig* herbei-, zusammenströmen; **~xo** [ɐ'fluksu] *m* Zustrom *m* (**a** zu), Andrang *m* (**a** bei); MED (Blut)Andrang *m*

afob|ação [afoba'sɐ̃w] *f bras* F Aufregung *f*, Hetze *f*; **~ar** [-'bar] (1e) *bras* Aufregung (*od* Hektik) verursachen

afocinhar [ɐfusi'ɲar] (1a) **1.** *v/t* schnappen nach; *mit der Schnauze* aufwühlen, wühlen in (*dat*); gegenüberstellen (*dat*); **2.** *v/i* auf die Nase fallen; zusammenstoßen

afofar [ɐfu'far] (1e) (auf)lockern; *Kissen* aufschütteln; **~-se** *fig* sich aufspielen, sich aufplustern

afog|adiço [ɐfugɐ'disu] stickig, drückend (*Luft*); ungelüftet (*Zimmer*); **~adilho** [-'diʎu] *m* Hast *f*, Eile *f*; **de ~** hastig; **~ado** [-'gadu] **1.** *adj* hochgeschlossen (*Kleid*); **~ em lágrimas** tränenerstickt; **~ com** (*od* **em**, **de**) *fig* versunken in (*ac*); **morrer ~** ertrinken; **2.** *m bras* Schiffbrüchige(r) *m*; **~ador** [-'gɐdor] *m* TÉCN Drosselklappe *f*; *bras* Choke *m*; **~amento** [-'mẽtu] *m Tod durch* Ertrinken *n*; *fig* Beklemmung *f*; **~ar** [-'gar] (1o; *Stv* 1e) **1.** *v/t j-n* ersticken (*a fig*); erdrosseln; ertränken; *Gefühle* verbergen, unterdrücken; *Leben* auslöschen; *Brot* einweichen, -tunken; *Motor* abwürgen; **2.** *v/i u* **~-se** ersticken; ertrinken; versinken (*in Schlaf*); verrecken (*Motor*); sich ertränken; **~o** [ɐ'fogu] *m* Beklemmung *f*; Bedrängnis *f*; *fig* Hitze *f*

afogue|ado [ɐfu'gjadu] glühend; *fig* hitzig; **~ar** [-'gjar] (1l) entflammen; erhitzen; *fig* **a** begeistern; **~-se** erglühen; *fig* **a** sich erhitzen

afoit|ar [ɐfojtar] (1a) ermutigen; **~-se** sich getrauen (**a** zu); **~eza** [-'tezɐ] *f* Kühnheit *f*, Mut *m*; **~o** [ɐ'fojtu, ɐ'fotu] mutig

afonia [ɐfu'niɐ] *f* MED Stimmlosigkeit *f*

áfono ['afunu] stimmlos; heiser

afora [ɐ'fɔrɐ] **1.** *prp* außer, abgesehen von; **2.** *adv örtl* draußen; hinaus

aforar [-'rar] (1e) in (Erb)Pacht geben (*od* nehmen), (ver)pachten; *Neues* einführen; **~-se de** (*od* **em**) sich als *et* aufspielen

aforquilhar [-'ʎar] (1a) *mit e-r Gabel* abstützen; **~-se** sich gabeln

aforr|ado [ɐfu'ʀadu] (schulden)frei; ungehindert; **~ar** [-'ʀar] (1e) **a)** *Geld* sparen; **b)** *mit Stoff* füttern; **~-se** *die Oberbekleidung* ablegen; **~o** [ɐ'foʀu] *m* Ersparnisse *f/pl*; **certificado** *m* **de ~** Sparbrief *m*

afortun|ado [ɐfurtu'nadu] vom Glück begünstigt; **mal ~** vom Pech verfolgt; **homem** *m* **~** Glückspilz *m*; **~ar** [-'nar] (1a) glücklich machen

afout... → **afoit...**

afregues|ado [ɐfrɛgə'zadu] gut gehend (*Geschäft*); gut besucht; **estar**

~ com (*od* **em**) Kunde sein bei; **~ar** [-'zar] (1c) Kunden werben für; *j-n* als Kunden werben; **~-se** Kunde werden (**em** bei); *in e-r Gemeinde* ansässig werden
afrescalhado [-'ʎadu] *bras* P tuntig
afretamento [ɐfrətɐ'mẽtu] *m* Charter *m*, Frachtvertrag *m*
África ['afrikɐ]: **a ~** Afrika *n*; **a ~ do Sul** Südafrika *n*; **meter uma lança em** ♀ Großes leisten; ♀ *fig* Heldentat *f*
afric|ân(d)er [ɐfri'kɐnər, (-'kẽdər)] *m LING* Afrikaans *n*; **~ano** [-'kɐnu] **1.** *adj* afrikanisch; **2.** *m* Afrikaner *m*
afro-... ['afrɔ...] *in Zssgn* afro...; **~-brasileiro** afro-brasilianisch
afroi... → **afrou...**
afront|a [ɐ'frõtɐ] *f* Beleidigung *f* (**a, para** für); Affront *m* (**a, para** für); **~amento** [-tɐ'mẽtu] *m* Beleidigung *f*; *MED* Unpässlichkeit *f*; Magenbeschwerden *f/pl*; **~ar** [-'tar] (1a) beschimpfen, beleidigen; *Problemen* die Stirn bieten; sich auseinander setzen mit; *Widrigkeiten* ertragen; *MED* quälen; **~-se** sich unpässlich fühlen; **~oso** [-'tozu] beleidigend
afroix|amento, **afrouxamento** [ɐfrojʃɐ'mẽtu, ɐfroʃɐmento] *m* Erschlaffen *n*, Erschlaffung *f*; Schwäche *f*; Lockerung *f*; Nachlassen *n* (*Gefühle, Kraft*); **~ar** [-'ʃar] (1a) **1.** *v/t Gürtel* lockern; entlasten; verringern; *Schmerz* vermindern; *Geschwindigkeit* verlangsamen; *fig* schwächen; **2.** *v/i u* **~-se** schwach werden; erschlaffen; nachlassen
afrouxelado [ɐfroʃə'ladu] flaumweich; mit Flaum bedeckt
aft|a ['aftɐ] *f MED* Mundfäule *f*
afugentar [ɐfuʒẽ'tar] (1a) verjagen, verscheuchen; *Feinde* in die Flucht schlagen
afumar [ɐfu'mar] (1a) *CUL* räuchern; verräuchern; schwärzen; **~-se** angeben, prahlen
afund|ado [ɐfũ'dadu] versunken (*Boot*); tief liegend (*Augen*); missmutig; **~amento** [-dɐ'mẽtu] *m* Versenkung *f*; Untergang *m*; Vertiefung *f* (*a fig*); Versinken *n*; **~ar** [-'dar] (1a) **1.** *v/t* (ver)senken; vertiefen; *Problem* ergründen; **2.** *v/i u* **~-se** untergehen, versinken; *NAV* auf Grund laufen; *fig* verschwinden
agá [ɐ'ga] *m Name des Buchstabens* **h**
agachar-se [ɐgɐ'ʃarsə] (1b) sich ducken; *bras* anfangen, beginnen
agadanhar [ɐgɐdɐ'ɲar] (1a) packen, ergreifen; (zer)kratzen; F klauen
agaiatado [ɐgɐjɐ'tadu]: **rapaz** *m* **~** Bengel *m*, Lausbub *m*
agalinhar-se [agali'ɲarsi] *bras* P e-n Rückzieher machen; mannstoll sein (*Frau*)
agaload|o [ɐgɐ'lwadu] betresst; **~ura** [-lwɐ'durɐ] *f* Tressen *f/pl*
ágape ['agɐpə] *su* Festessen *n*
agárico [ɐ'gariku] *m BOT* Egerling *m*, Blätterpilz *m*
agarr|adiço [ɐgɐʀɐ'disu] anhänglich; zudringlich; **~ado** [-'ʀadu] knauserig; **estar** (*od* **ficar**) **~** F (drogen)süchtig sein (*od* werden); **ser ~ a** (*od* **com**) sehr hängen an (*dat*); **~ às suas opiniões** rechthaberisch; **~amento** [-ʀa'mẽtu] *m bras* **a)** Knauserei *f*; **b)** enges Verhältnis *n* (*mehrerer Personen*); **~ar** [-'ʀar] (1b) **1.** *v/t* packen, ergreifen; (um)fassen; **2.** *v/i* greifen (**em** zu); *bras* e-e Entscheidung treffen; **agarra!** halt fest!; **agarra que é ladrão!** haltet den Dieb!; **~-se** festhalten *od* sich klammern (**a** an *ac*); **~-se com unhas e dentes a** sich verbeißen in
agasalh|ador [ɐgɐzɐʎɐ'dɐjru, -'dor] gastfreundlich; **~ar** [-'ʎar] (1b) **a)** *Gast* (freundlich) aufnehmen; bewirten; **b)** warm anziehen; *vor Kälte* schützen; einhüllen; **~-se a)** e-e Unterkunft suchen; Wohnung nehmen; **b)** sich warm anziehen
agasalho [ɐgɐ'zaʎu] *m* **a)** (freundliche) Aufnahme *f* (*e-s Gastes*); Unterkunft *f*; Schutz *m*; Gastfreundschaft *f*; **b)** warme Kleidung *f*; **dar ~ a** → **agasalhar**
agast|adiço [ɐgɐʃtɐ'disu] reiz-, streitbar; **~ado** [-'tadu] ärgerlich; verhärmt; **~ar** [-'tar] (1b) reizen; ärgern; **~-se** wütend werden (**com** über *ac*), sich erzürnen (**com** über *ac*); **~ura** [-'turɐ] *f* Hungerschwäche *f*
ágata ['agɐtɐ] *f* Achat *m*
agatanh|ar [-'ɲar] (1a) **1.** *v/t* (zer)kratzen; **2.** *v/i* klettern; **~-se** sich die Haare raufen

agaturrar [-'ʀar] (1a) *bras* packen
agauchado [agau'ʃadu] *bras* Gaucho...
agave [ɐ'gavə] *f BOT* Agave *f*
agência [ɐ'ʒẽsjɐ] *f* Agentur *f*, Büro *n*; Vertretung *f*; Filiale *f*; **~ de casas para alugar** Wohnungsvermittlung *f*, Maklerbüro *n*; **~ de colocações** Stellenvermittlungsbüro *n*; **~ de correios** Postamt *n*; **~ de informações** Informationsbüro *n*; **~ de publicidade** Werbeagentur *f*; **~ de trabalho temporário** Agentur *f* für Zeitarbeit; **~ de transportes** Spedition *f*; **~ de Turismo** Fremdenverkehrsverein *m*; **~ de viagens** Reisebüro *n*; **~ funerária** Beerdigungsinstitut *n*; **~ noticiosa** Nachrichtenagentur *f*
agenci|ador [ɐʒẽsjɐ'dor] geschäftig, betriebsam; unternehmerisch; **~ar** [-'sjar] (1g, *bras* 1h) sich rühren; *Geschäfte* (be)treiben; sich bemühen um; *j-m et* besorgen (*od* vermitteln); **~oso** [-'sjozu] → **agenciador**
agend|a [ɐ'ʒẽdɐ] *f* Terminkalender *m*; **~** (**de bolso**) Taschenkalender *m*; **~ de argolas** Ringbuch *n*; **~ de trabalhos** Tages-, Geschäftsordnung *f*; **~ar** [-'dar] (1a) vormerken
agente [ɐ'ʒẽtə] **1.** *adj* wirkend, wirksam; **2.** *m* wirkende (*od* treibende) Kraft *f*; Mittel *n*; *MED* (Krankheits)Erreger *m*; *ECON* Agent *m*, Vertreiber *m*; *CIENC* Agens *n*; **~** (**de polícia**) Polizeibeamte(r) *m*, Polizist *m*; **~ de seguro** Versicherungsvertreter *m*; **~ de transportes** Spediteur *m*; **~ de venda** Verkäufer *m*, Vertreter *m*; **~ imobiliário** Immobilienmakler *m*; **~ marítimo** Schiffsmakler *m*
agigant|ado [ɐʒigɐ̃'tadu] riesig, gewaltig; **~ar** [-'tar] (1a) ins Gigantische vergrößern; *fig* übertreiben; **~-se** über sich hinauswachsen
ágil ['aʒił] gewandt, flink; geschickt (**em** bei, in *dat*); **~ de mãos** fingerfertig
agilidade [ɐʒəli'dadə] *f* Gewandtheit *f*
ágio ['aʒju] *m ECON* Agio *n*, Aufgeld *n*
agiot|a [ɐ'ʒjɔtɐ] *m* Börsenspekulant *m*; Wucherer *m*; **~agem** [ɐʒju'taʒɐ̃j] *f ECON* Agiotage *f*, Arbitrage *f*; Börsenspekulation *f*; *allg* Wucher *m*; **~ar** [-'tar] (1e) spekulieren
agir [ɐ'ʒir] (3n) handeln; wirken; eingreifen; vorgehen
agit|ação [ɐʒitɐ'sɐ̃w] *f* Unruhe *f*; Auf-, Erregung *f*; *POL* Agitation *f*; Aufruhr *m*; **~ do mar** Seegang *m*; **~ado** [-'tadu] unruhig (*Meer*); beunruhigt (**com** über *ac*) (*Person*); bewegt (**por** mittels, durch); **~ador** [-tɐ'dor] *m POL* Agitator *m*; Aufrührer *m*; *TÉCN* Rührwerk *n*; **~ar** [-'tar] (1a) bewegen; *Fahne* schwenken; *Gefäß* schütteln; *fig* auf-, erregen; beunruhigen; *Problem* aufwerfen; *POL* agitieren; aufwiegeln; **~ as mãos** mit den Händen fuchteln; **~ável** [-'tavɛł] beweglich; *fig* erregbar
aglomer|ação [ɐglumərɐ'sɐ̃w] *f* Anhäufung *f*, Ansammlung *f*; Zusammenballung *f*; (Menschen)Auflauf *m*; Zentrum *n* (*Industrie- etc*); **~ado** [-'radu] **1.** *adj*: **cortiça** *f* **-a** Presskork *m*; **2.** *m* Ansammlung *f*; *GEOL* Agglomerat *n*; *ARQUIT* Spanplatte *f*; künstliche(r) Marmor *m*; Kunststein *m*; **~** (**de casas**) Weiler *m*; **~** (**urbano**) Ballungsgebiet *n*; **~ar** [-'rar] (1c) zusammenballen; anhäufen; **~-se** sich ansammeln
aglutin|ação [ɐglutinɐ'sɐ̃w] *f* (Zusammen)Ballung *f*; *GRAM* Agglutination *f*; **~ante** [-'nẽtə] *m TÉCN* Bindemittel *n*, Klebstoff *m*; **~ar** [-'nar] (1a) zusammenschließen; (zusammen)kleben; *GRAM* agglutinieren
agoir... → **agour...**
agon|ia [ɐgu'niɐ] *f* Todeskampf *m*, Agonie *f*; *fig* Angst *f*, Not *f*; Übelkeit *f*; **~iado** [-'njadu] angeekelt; verängstigt; **estou ~** mir ist übel; **~iar** [-'njar](1g) **a)** Übelkeit verursachen (*dat*); **b)** quälen; zu Tode ängstigen; **~-se a)** Übelkeit verspüren; **b)** sich ängstigen
agónico (*ô) [ɐ'gɔniku]: **estado** *m* **~** Todeskampf *m*; **morte** *f* **-a** langsame(r) Tod *m*
agoniz|ante [ɐguni'zẽtə] **1.** *adj* sterbend; **2.** *su* im Sterben Liegende(r) *su*; **~ar** [-'zar] (1a) **1.** *v/i* im Sterben liegen; *fig* erlöschen, ersterben; **2.** *v/t* quälen; ängstigen
agor|a [ɐ'gɔrɐ] **1.** *adv* jetzt, nun; **de ~ em diante** von nun an, in Zukunft;

~ **mesmo** (so)eben; **ainda** ~ eben erst; *interr* jetzt erst?; **por** ~ fürs Erste, vorläufig; **de** ~ von heute; **essa** ~**!** nein, so was!; **já** ~ aber jetzt; **2.** *cj* jedoch, aber; ~ **que** jetzt da, jetzt wo; **~inha** [-'riɲɐ] F gerade eben

Agosto [ɐ'goʃtu] *m* August *m*

agour|ado [ɐgo'radu]: **bem** (**mal**) ~ Glück verheißend (unheilvoll); **~ar** [-'rar] (1a) verkünden, verheißen; **~eiro** [-'rɐjru] **1.** *adj* prophetisch; Unheil verkündend, Unglücks...; **2.** *m* Wahrsager *m*; **~entar** [-rẽ'tar] (1a) Unheil verkünden; unken; **~ento** [-'rẽtu] unheilvoll; **~o** [ɐ'goru, ɐ'gojru] *m* Vorzeichen *n*; **ser de bom** (**mau**) ~ ein (kein) gutes Omen sein; → **agourado**

agr.º agradecido dankbar

agraciar [ɐgrɐ'sjar] (1g) Gnade erweisen (*dat*)

agrad|ado [ɐgrɐ'dadu] angetan; **~ar** [-'dar] (1b) gefallen (*dat*); angenehm sein (*dat*); **~ável** [-'davɛɫ] angenehm; behaglich (*Umgebung*)

agradec|er [ɐgrɐdə'ser] (2g) danken (*dat*); sich bedanken für (**a** bei); **~ido** [-'sidu] dankbar; **muito** ~**!** herzlichen Dank!; **ser** ~ *j-s* Dank finden; dankbar aufgenommen werden; **~imento** [-si'mẽtu] *m* Dank *m* (**dar** sagen); Dankbarkeit *f*

agrado [ɐ'gradu] *m* Wohlgefallen *n*; Zustimmung *f*, Beifall *m*; Freundlichkeit *f*; **ser do** ~ **de alg** j-s Zustimmung finden

agraf|ador [ɐgrɐfɐ'dor] *m* Hefter *m*, F Tacker *m*; **~ar** [-'far] (1b) *Papier* zusammenheften; **~e, ~o** [-fə, -fu] *m* Heftklammer *f*; (Wund)Klammer *f*; *bras* Haarklammer *f*

agrário [ɐ'grarju] **1.** *adj* agrarisch; Agrar...; **2.** *m* Grundbesitzer *m*

agrav|ação *f*, **~amento** *m* [ɐgrɐvɐ'sɐ̃w, -'mẽtu] Erschwernis *f*; Verschärfung *f*; MED *u allg* Verschlechterung *f*; **~ante** [-'vɐ̃tə] **1.** *adj*: ~ (**de pena**) strafverschärfend; **2.** *su* Belastungszeuge *m*, -zeugin *f*; **3.** *f* Zuspitzung *f* (*der Lage*); erschwerende(r) Umstand *m*; **~ar** [-'var] (1b) erschweren; be-, überlasten; *Zustand* verschlimmern; *Strafe* verschärfen; *j-n* beleidigen; JUR Einspruch erheben (**de** gegen); **~-se** sich zuspitzen (*Lage*); sich beklagen (**de** über *ac*); **~o** [ɐ'gravu] *m* Beleidigung *f* (**a** *gen*); Verschlimmerung *f*; Schaden *m*; JUR Einspruch *m*

agre ['agrə] sauer; herb

agredir [ɐgrə'dir] (3d) *tätlich* angreifen; überfallen; beleidigen

agreg|ação [ɐgrəgɐ'sɐ̃w] *f* Zusammenschluss *m*, Vereinigung *f*; Ansammlung *f*; **~ado** [-'gadu] **1.** *adj* angeschlossen; beigeordnet; UNIV **professor** *m* ~ *etwa* Akademischer Rat *m*; **2.** *m* Zusammenballung *f*; GEOL Aggregat *n*; ARQUIT Zuschlagstoff *m*; *bras* Lebenspartner *m*; **ser** ~ zur Familie gehören; **~ar** [-'gar] (1o; *Stv* 1c) zusammenschließen; hinzufügen; anschließen; *Beamten* zuteilen

agress|ão [ɐgrə'sɐ̃w] *f* Aggression *f* (**a, contra** gegen); Angriff *m* (**a, contra** auf *ac*), Überfall *m* (**a, contra** auf *ac*); **~ividade** [-səvi'dadə] *f* Aggressivität *f*; ~ **física** Handgreiflichkeit *f*; **~ivo** [-'sivu] aggressiv; Angriffs...; **~or** [-'sor] *m* Angreifer *m*, Aggressor *m*

agreste [ɐ'grɛʃtə] ländlich; rau, wild; **flor** *f* ~ Feldblume *f*

agrião [ɐ'grjɐ̃w] *m* BOT Brunnenkresse *f*

agrícola [ɐ'grikulɐ] landwirtschaftlich; Agrar..., Landwirtschafts...; **trabalho** *m* ~ Feldarbeit *f*

agricult|or [ɐgrikuɫ'tor] *m* Landwirt *m*; **~ura** [-'turɐ] *f* Landwirtschaft *f*, Ackerbau *m*

agridoce [ɐgri'dosə] CUL süßsauer

agrimens|or [ɐgrimẽ'sor] *m* Vermessungsingenieur *m*; **cadeia** *f* **de** ~ Messlatte *f*

agro ['agru] sauer, bitter (*Geschmack, a fig*); rau, wild

agro|alimentar [ɐgrɔɐlimẽ'tar] Lebensmittel..., Nahrungsmittel...; **~indústria** [-ĩ'duʃtrjɐ] *f* landwirtschaftliche Industrie *f*; **~nomia** [ɐgrunu'miɐ] *f* Agronomie *f*, Agrarwissenschaft *f*

agrónomo (*ô) [ɐ'grɔnumu] *m* Agronom *m*, Diplomlandwirt *m*

agropecuár|ia [ɐgrɔpə'kwarjɐ] *f* Land- und Viehwirtschaft *f*, Ackerbau und Viehzucht; **~io** [-'kwarju] land- und viehwirtschaftlich

agroturismo [ɐgrutu'riʒmu] *m* Ferien *pl* auf dem Bauernhof
agrup|amento [ɐgrupɐ'mẽtu] *m* Gruppierung *f*; Vereinigung *f*; **~ar** [-'par] (1a) *Dinge* gruppieren; vereinigen; umfassen
agrura [ɐ'grurɐ] *f Geschmack* Säure *f*; Bitterkeit *f* (*a fig*); Rauheit *f*
água ['agwɐ] **1.** *f* Wasser *n*; Regenwasser *n*; NAV **~ (aberta)** Leck *n*; **~ da torneira** Leitungswasser *n*; **~ de despejos** Schmutzwasser *n*; **~ de sabão** Seifenwasser *n*, -lauge *f*; **~ de subsolo** Grundwasser *n*; **~ doce** Süßwasser *n*; **~ mineral (com/sem gás)** Mineralwasser *n* (mit/ohne Kohlensäure); **~ oxigenada** Wasserstoffperoxid *n*; **~ pesada** schwere(s) Wasser *n*; **~ (não) potável** (kein) Trinkwasser *n*; **~ refrigerante** Kühlwasser *n*; **~ salgada** Salzwasser *n*; **carga** *f* **d'~** Regenguss *m*; **claro como ~** glas-, sonnenklar; **fazer crescer ~ na boca** F *j-m* das Wasser im Munde zusammenlaufen lassen; **levar a ~ ao seu moinho** die Dinge in s-m Sinn steuern; **meter ~** NAV leck sein, lecken; *fig* Unsinn erzählen; Dummheiten machen; **por ~** zu Wasser; **2. ~s** *pl* Gewässer *n/pl*; Heilquellen *f/pl*, Bad *n*; NAV Kielwasser *n*; MED Fruchtwasser *n*; P Urin *m*; *fig* Anzeichen *n/pl*, Absichten *f/pl*; **~ negras** Fäkalien *pl*; **~ passadas** F Schnee von gestern; **~ residuais** Abwässer *n/pl*; **~ termais** Thermal-, Heilquellen *f/pl*; **~ territoriais** Hoheitsgewässer *n/pl*; **~ vivas** Springflut *f*; **ficar em ~ de bacalhau** zu nichts führen; **navegar em ~ turvas** im Trüben fischen; **verter ~** P pinkeln
agua|çal [agwɐ'sał] *m* Pfuhl *m*; **~ceiro** [-'sɐjru] *m* (Regen)Schauer *m*; *fig* Gewitter *n*; **~da** [ɐ'gwadɐ] *f* NAV Wasservorrat *m*; Wasserentnahmestelle *f*; PINT Wasserfarbe *f*; TIP Buchbinderleim *m*
aguad|eiro *m* [agwɐ'dɐjru] Wasserträger *m*; **~ilha** [-'diʎɐ] *f* (Pflanzen)Saft *m*; Sekret *n*; **~o** [ɐ'gwadu] wässrig; **ficar ~** ins Wasser fallen (*Projekt*); **~or** [-'dor] *m* Gießkanne *f*
água|(s)-forte(s) [agwɐ(ʃ)'fɔrtə(ʃ)] *f(pl)* PINT Radierung *f*; Kupferstich *m*; **~mãe** [-'mẽj] Mutterlauge *f*; **~marinha(s)** [-mɐ'riɲɐ] *f(pl)* Aquamarin *m*; **~pé** [-'pɛ] *f* Tresterwein *m*; Haustrunk *m*
aguar [a'gwar] (1m, *bras* 1t) **1.** *v/t* wässern; *Wein* verwässern; *fig* verderben; **2.** *v/i* F Appetit bekommen; **~ por** sich verzehren nach
aguardar [ɐgwɐr'dar] (1b) erwarten; *et* abwarten; warten auf (*ac*); **aguardando a sua resposta** *Brief*: in Erwartung Ihrer Antwort
aguardente [agwɐr'dẽtə] *f* Branntwein *m*, Schnaps *m*; **~ de bagaço** Tresterschnaps *m*; **~ de cereja** Kirschwasser *n*; **~ ordinária** Fusel *m*
aguarel|a [agwɐ'rɛlɐ] *f* Aquarell *n*; Wasserfarbe *f*; **~ar** [-rə'lar] (1c) mit Wasserfarben malen
água|s-furtadas [agwɐʃfur'tadɐʃ] *f/pl* Mansarde *f*, Dachgeschoss *n*; **~(s)-viva(s)** [-'vivɐ(ʃ)] *f(pl)* Springflut *f*; *bras a* Feuerqualle *f*
aguç|adeira [ɐgusɐ'dɐjrɐ] *f* Schleif-, Wetzstein *m*; *fig* Anregung *f*, Anstoß *m*; **~ado** [-'sadu] scharf; spitz; **~adura** [-sɐ'durɐ] *f*, **~amento** [-sɐ'mẽtu] *m* Anspitzen *n* (*Stock etc*); Schärfen *n* (*a Blick, Verstand*); Wetzen *n* (*Messer*); Schliff *m*; **~ar** [-'sar] (1p) *Stock etc* anspitzen; schärfen (*a Verstand, Blick*); *Messer* wetzen; *Sense* dengeln; *fig* reizen, anstacheln; *Lage* zuspitzen; *fig a Ohren* spitzen; **~ os dentes** *fig* die Krallen wetzen; **~o** [ɐ'gusu] *m* spitze(r) Gegenstand *m*; Spieß *m*
agud|eza [ɐgu'dezɐ] *f* Schärfe *f* (*a fig*); Spitze *f*; (Messer)Schneide *f*; *fig* Scharfsinn *m*; Anspannung *f* (*Lage*); **~ização** [-dizɐ'sɐ̃w] *f* Verschärfung *f*, Zuspitzung *f*; **~izar** [-di'zar] (1a) *Lage etc* verschärfen, zuspitzen
agudo [ɐ'gudu] **1.** *adj* scharf (*a fig*), schneidend; spitz; MÚS schrill; MED akut; GRAM auf der letzten Silbe betont; **acento** *m* **~** Akut *m*; **ângulo** *m* **~** spitze(r) Winkel *m*; **inteligência** *f* **-a** Scharfsinn *m*; **vista** *f* **-a** Scharfblick *m*; **tornar(-se) ~** (sich) verschärfen; **2.** *m* Hochton *m*; MÚS **os ~s** die hohen Töne *m/pl* (*od* Lagen *f/pl*)
agueiro [ɐ'gwɐjru] *m* Abflussrinne *f*
aguentar (*ü) [ɐgwẽ'tar] (1a) *Last* halten, tragen, stützen; *Schwierig-*

keiten aus-, durchhalten; *Menge* vertragen; ~ ***com*** aushalten; ertragen; ~***-se*** durchhalten

aguerr|ido [ɐgə'ʀidu] kriegerisch

águia ['agjɐ] *f ZO* Adler *m*; *fig* Genie *n*; Held *m*; *bras a* Gauner *m*

aguieiro [ɐ'gjɐjru] *m* Dachbalken *m*

aguilh|ão [ɐgi'ʎɐ̃w] *m* Stachel *m* (*Metall, Insekt*) (*a fig*); ***respingar*** (*od* ***dar couces***) ***contra o*** ~ wider den Stachel löcken; ~***oada*** [-'ʎwadɐ] *f* Stich *m*; ~***oar*** [-'ʎwar] (1f) stechen, pieken; *fig* an-, aufstacheln

agulha [ɐ'guʎɐ] *f* (Näh)Nadel *f*; *CAM. DE F* Weiche *f*; (*Wein etc*) Prickeln *n*; *ARQUIT* (Turm)Spitze *f*; *TÉCN* Zeiger *m*; *GEOGR* spitzer (Berg)Gipfel *m*; ~ ***de marear*** (*od* ***magnética***) *NAV* Kompass *m*; ~ ***de tricotar***, *bras* ~ ***de tricô*** Stricknadel *f*; ~ ***ferrugenta*** F Schandmaul *n*; ***trabalho*** *m* ***de*** ~ Handarbeit *f*

agulh|ada [ɐgu'ʎadɐ] *f* Nadelstich *m*; ~***ão*** [-'ʎɐ̃w] *m NAV* (Steuer)Kompass *m*; ~***eiro*** [-'ʎɐjru] *m* Nadelkissen *n*; *ARQUIT* Öffnung *f*; *CAM. DE F* Weichensteller *m*; ~***s*** *pl* Abflusslöcher *n/pl*; ~***eta*** [-'ʎetɐ] *f* Durchziehnadel *f*; Metallspitze *f* (*an Waffen*); *Schlauch*: Düse *f*

ai ['aj] *m* Ach *n*; ~***s*** *pl* Ach und Weh *n*; ***num*** ~ im Nu; ~ ***de*** wehe (*dat*); ~ ***de mim!*** wehe mir!, ich armer Mensch!

aí[1] [a'i] *m bras* Faultier *n*

aí[2] [ɐ'i] *adv* da, dort; ***daí que*** (*conj*) von daher kommt es, dass; ***até*** ~ bis dahin (*a fig*); ***eis*** ~ da sehen Sie (siehst du, seht ihr), da haben Sie (hast du, habt ihr); (***eis***) ~ ***está*** das ist's eben; ***por*** ~ *örtl* hier (herum *od* irgendwo); etwa, (so) ungefähr (*Menge, Preis*); ***e por*** ~ ***fora*** u. (immer) so weiter; ***que tal por*** ~***?*** P wie geht's denn so?; ***a/c não é por*** ~ ***além*** et ist nicht so toll; ***espere*** ~***!*** Moment mal!

ai|-ai ['ajaj] **1.** *int* au, autsch; **2.** *m* Weinen *n*; Klage *f*; ~***ar*** [a'jar] wehklagen, jammern

aiatolá [ɐjɐtɔ'la] *m REL* Ajatollah *m*

aidético [aj'dɛtiku] **1.** *adj* aidskrank; **2.** *m* Aidskranke(r) *m*

ai-jesus [ajʒɛ'zuʃ] **1.** *int* oh Gott; **2.** *su* Liebling *m*

ainda [ɐ'ĩdɐ] noch; ~ ***agora*** soeben, gerade; ~ ***agora?*** erst jetzt?; ~ ***assim*** trotzdem; ~ ***bem*** zum Glück; ~ ***bem que*** (*conj*) gut, dass; ~ ***por cima*** obendrein, noch dazu; ~ ***quando*** selbst wenn; ~ ***que*** (*conj*) wenn auch, obgleich

aipim [aj'pĩ] *m bras* Maniok *m*

aipo ['ajpu] *m* (Stangen)Sellerie *m*; ~***(s)-rábano*** [-'ʀabɐnu] *m(pl)* Sellerie *m* (*Knolle*)

airado [aj'radu] leichtsinnig; ausschweifend, zügellos (*leben*); ***vida*** *f* ***-a*** lockere(s) Leben *n*

airbag [ɐr'bagə] *m AUTO* Airbag *m*

airoso [aj'rozu] anmutig; elegant

ajanotado [ɐʒɐnu'tadu] eitel

ajantarado [ɐʒɐ̃tɐ'radu]: ***almoço*** *m* ~ üppiges Festmahl *n*

ajardin|ado [ɐʒɐrdi'nadu] gartenartig; ~***ar*** [-'nar] (1a) bepflanzen

ajeit|ado [ɐʒɐj'tadu] passend; ordentlich; geeignet; geschickt; *fig* zierlich; ~***ar*** [-'tar] (1a) zurechtlegen, -machen, -rücken; besorgen, arrangieren; *Bilanzen* frisieren; ~***-se a*** sich richten nach, sich fügen in (*ac*); ~***-se com*** zurechtkommen (*od* sich abfinden) mit

ajoelh|ado [ɐʒwe'ʎadu] kniend, auf den Knien; ~***ar*** [-'ʎar] (1d) **1.** *v/t* in die Knie zwingen; **2.** *v/i* niederknien, sich hinknien

ajornalar [ɐʒurnɐ'lar] (1b) tageweise einstellen (*od* bezahlen); ~***-se*** sich verdingen

ajuda [ɐ'ʒudɐ] *f* Hilfe *f* (***prestar*** leisten); Unterstützung *f*, Beistand *m*, Stütze *f*; ~ ***administrativa*** Amtshilfe *f*; ~***(s*** *pl*) ***de custo*** Spesen *pl*; ~ ***de desenvolvimento*** Entwicklungshilfe *f*; ***para mais*** ~ *fig* zu allem Überfluss; ***dar uma*** ~ ***a*** *j-m* helfen; (***v***)***ir em*** ~ *j-m* zu Hilfe kommen

ajud|ância [aʒu'dɐ̃sja] *bras f* Gehilfen-, Assistentenstelle *f*; ~***anta*** [ɐʒu'dɐ̃tɐ] *f port* Helferin *f*, Assistentin *f*; ~***ante*** [ɐʒu'dɐ̃tə] *su* Helfer(in *f*) *m*; Assistent(in *f*) *m*; *Handwerk*: Gehilfe *m*, Gehilfin *f*; *REL* Messdiener(in *f*) *m*; ~***ar*** [-'dar] (1a) helfen (*dat*), behilflich sein; unterstützen, beistehen (*dat*); ~***-se com*** sich (be)helfen mit

ajuiz|ado [ɐʒuj'zadu] vernünftig; verständig; ~***ar*** [-'zar] (1q) **1.** *v/t* beurteilen, einschätzen; halten für; *JUR* vor Gericht bringen; *fig* zur Vernunft bringen; **2.** *v/i* Vernunft annehmen; nachdenken (***de***, ***sobre*** über *ac*); urteilen (***de***, ***sobre*** über *ac*)

ajunt|amento [ɐʒũtɐ'mẽtu] *m* An-, Versammlung *f*; (Menschen)Auflauf *m*; Zusatz *m*; **~ *ilícito*** Zusammenrottung *f*; **~ar** [-'tar] (1a) **1.** *v/t Teile* verbinden; zusammenbringen, -fügen; *Zutaten* hinzufügen; **2.** *v/i* sparen; ***~ ao carro*** vor den Wagen spannen

ajurament|ação [ɐʒurɐmẽtɐ'sɐ̃w] *f* Vereidigung *f* (*bei Gericht*); **~ar** [-'tar] (1a) *JUR j-n* vereidigen; *et* beschwören; ***~-se*** sich unter Schwur verpflichten (***a*** zu)

ajust|ado [ɐʒuʃ'tadu] **1.** *adj* passend; *TÉCN* eingepasst; *fig a* angemessen; schlank (*Produktion*, *Management*); ***~ ao corpo*** (eng) anliegend; ***estar bem ~*** richtig sitzen (*od* eingepasst sein); **2.** *m* Abmachung *f*; ***ir pelo ~*** sich an die Abmachung halten; ***não faltar ao ~*** Wort halten; **~agem** [-'taʒẽj] *f TÉCN* Justierung *f*; Einpassung *f*; *bras* = **~amento** [-tɐ'mẽtu] *m* Anpassung *f* (***a*** an *ac*); Vereinbarung *f*; Abmachung *f*, Vergleich *m* (*Verhandlungen*); *ECON* Abrechnung *f*; *TÉCN* → ***ajustagem***; ***~ apertado*** *TÉCN* Presspassung *f*; **~ar** [-'tar] (1a) **1.** *v/t* ausrichten; anpassen (***a*** an *ac*); *TÉCN* justieren; einstellen, regulieren; *Kleidung* enger machen; *Hand*, *Ohr* legen an (*ac*); *ECON* aushandeln; *Preis etc* ab-, ausmachen, vereinbaren; *Arbeiter* einstellen; **2.** *v/i* (zueinander *od* zusammen)passen; ***~-se*** sich einigen (***a*** auf *ac*); sich abfinden (***a*** mit); passen (***a*** zu); **~ável** [-'tavɛɫ] einstellbar, regulierbar

ajuste [ɐ'ʒuʃtə] *m* → ***ajustamento***; ***~ de contas*** Rechnungsausgleich *m*, Abrechnung *f* (*a fig*); ***de ~*** *TÉCN* Einstell...; ***salário*** *m* ***por ~*** Akkordlohn *m*; ***estar pelos ~s*** (mit allem) einverstanden sein, nachgeben; P es satt haben

ala ['alɐ] *f* Reihe *f*; *POL*, *ARQUIT* Flügel *m*; *MIL* Glied *n*; ***abrir*** (*od* ***fazer***, ***formar***) ***~s*** Spalier bilden

alabastro [ɐlɐ'baʃtru] *m* Alabaster *m*

alactar [ɐlɐk'tar] säugen; *Kind* stillen

alado [ɐ'ladu] geflügelt; *fig* beflügelt

alag|ação [alaga'sɐ̃w] *f bras* Überschwemmung *f*; **~adiço** [ɐlɐgɐ'disu] sumpfig; **~ado** [ɐlɐ'gadu] überschwemmt (*Gebiet*); (trief)nass (*Person*, *Kleidung*); **~amento** [-gɐ'mẽtu] *m* Überschwemmung *f*; **~ar** [-'gar] (1o; *Stv* 1b) unter Wasser setzen; überschwemmen, überfluten; *fig* verschwenden; ruinieren; ***~-se*** überschwemmt werden; sich in e-n See verwandeln (*Gebiet*); untergehen

Alagoas [ala'goas]: ***o ~*** *bras Bundesstaat*

alambi|car [ɐlẽbi'kar] (1n) destillieren; *fig* ausklügeln; **~que** [-'bikə] *m QUÍM* Destillierapparat *m*

alambrado [alẽ'bradu] *m bras* Zaun *m*

alambuzado [ɐlẽbu'zadu] ekelhaft, schweinisch; gefräßig

alameda [ɐlɐ'medɐ] *f* (Pappel)Allee *f*, Wäldchen *n*; Park *m*

álamo ['alɐmu] *m* Pappel *f*

alanhar [ɐlɐ'ɲar] (1a) auf-, einschneiden; zerfetzen; *fig* quälen

alão(s, -ães, -ões) [ɐ'lɐ̃w] *m*(*pl*) **a)** Hatzhund *m*; **b)** *ARQUIT* Deckstein *m*

alap(ard)ar-se [ɐlɐ'parsə (ɐlɐpɐr'darsə)] (1b) sich (nieder)ducken; sich verstecken

alar [ɐ'lar] (1b) **a)** *Fahne* hissen; erheben; hochziehen; **b)** mit Flügeln versehen; *fig* beflügeln; ***~-se*** aufsteigen, davonfliegen

alaranjado [ɐlɐrẽ'ʒadu] orange(farben); orangenförmig

alard|e [ɐ'lardə] *m* Prahlerei *f*; ***fazer ~ de*** großtun mit; **~ear** [ɐlɐr'djar] (1l) **a)** prahlen (mit); **b)** *CUL* spicken

alarg|ador [ɐlɐrgɐ'dor] *m TÉCN* Reibahle *f*; **~amento** [-'mẽtu] *m* Erweiterung *f*; Verbreiterung *f*; Ausdehnung *f*; Lockerung *f* (*Regeln*); **~ar** [-'gar] (1o; *Stv* 1b) *v/t Enges* erweitern, dehnen; *Schmales* verbreitern; *Kleidung* weiter machen; *Spannung*, *Regeln* lockern; *örtl*, *zeitl* ausdehnen; ***~ a mão*** übertreiben, zu weit gehen; *MIL* ***~ passo!*** ohne Tritt!; ***~-se*** sich (aus)dehnen, sich ausbreiten; *fig* sich verbreiten; sich entfernen; **~-se em despesas** sich in Unkosten stürzen; viel Geld ausgeben

alarido [ɐlɐ'ridu] *m* Geschrei *n*, Lärm *m*; Geheul *n*

alarife [-'rifi] *bras* **1.** *adj* gerissen, durchtrieben; **2.** *m* Gauner *m*

alarm|ado [ɐlɐr'madu] beunruhigt (**com** über *ac*); **~ante** [-'mẽtə] alarmierend, erschreckend; **~ar** [-'mar] (1b) alarmieren; *fig* beunruhigen, in Aufregung versetzen; **~-se** in Aufregung geraten

alarm|e [ɐ'larmə] *m* **a)** Alarm(vorrichtung *f*) *m*; *INFORM akustische* Fehlermeldung *f*; *akustisches* Systemsignal *n*; **falso ~** blinder Alarm *m*; *AUTO* **~ para automóvel** Alarmanlage *f*; *CAM. DE F* **sinal** *m* **de ~** Notbremse *f*; **dar** (**o sinal de**) **~** Alarm geben (*od* auslösen); *fig* Lärm schlagen; **b)** Unruhe *f*, Aufregung *f*; **~ismo** [-'miʒmu] *m* Panikmache *f*; **~ista** [-'miʃtɐ] **1.** *adj* beängstigend; **2.** *su* Gerüchtemacher(in *f*) *m*

alarve [ɐ'larvə] **1.** *adj* grobschlächtig, ungehobelt; **2.** *m* **a)** Flegel *m*, Grobian *m*; **b)** Vielfraß *m*; **comer como um ~** F wie ein Scheunendrescher fressen

Alasca [ɐ'laʃkɐ]: **o ~** Alaska *n*

alastr|adeira [ɐlɐʃtrɐ'dɐjrɐ] *f*: (**planta** *f*) **~** Kriechpflanze *f*; **~ador** [-'dor], *bras* **~ante** [alas'trẽti] um sich greifend; **~amento** [-'mẽtu] *m* Ausbreitung *f*; **~ar** [-'trar] (1b) **1.** *v/t* → **lastrar**; verbreiten, ausdehnen; **2.** *v/i u* **~-se** sich ausbreiten (**por** in *dat*), um sich greifen (**por** in *dat*); **~ a** übergreifen auf (*ac*)

alaúde [ɐlɐ'udə] *m* Laute *f*

alavanca [ɐlɐ'vẽkɐ] *f* Hebel *m*; **~ de comando** *TÉCN* Stellhebel *m*; **~ de controlo** Steuerknüppel *m*; *INFORM* Joystick *m*; **~ de ferro** Brecheisen *n*; **~** (**de velocidades**), *bras* **~ de câmbio** *AUTO* Schaltknüppel *m*

albanês [ałbɐ'neʃ] **1.** *adj* albanisch; **2.** *m*, **-esa** *f* Albaner(in *f*) *m*

Albânia [ał'bɐnjɐ]: **a ~** Albanien *n*

albarda [ał'bardɐ] *f* Regenumhang *m*; Jacke *f* (*od* Mantel *m*) (*schlechter Qualität*)

albardada [-'dadɐ] *f* arme(r) Ritter *m*

albard|ão [ałbɐr'dɐ̃w] *m* Saumsattel *m*; *bras* Bergkette *f*; **~ar** [-'dar] (1b) **a)** *e-m Pferd* den Packsattel auflegen, satteln; P unmöglich anziehen, kleiden; P *Arbeit* hinpfuschen; **b)** *CUL* in Ei wälzen; **~eira** [-'dɐjrɐ] *f* Sattlernadel *f*

albatroz [ałbɐ'trɔʃ] *m ZO* Albatros *m*

alberg|amento [ałbərgɐ'mẽtu] *m* Beherbergung *f*, Unterbringung *f*; **~ar** [-'gar] (1o; *Stv* 1c) **1.** *v/t* beherbergen; **2.** *v/i u* **~-se** absteigen (*für die Nacht*); **~aria** [-gɐ'riɐ] *f* Herberge *f*

albergu|e [ał'bɛrgə] *m* Herberge *f*; Asyl *n* (*für Bedürftige*); **~ nocturno** Nachtasyl *n*

albufeira [ałbu'fɐjrɐ] *f* **a)** Lagune *f*; *TÉCN* Stausee *m*; **b)** Olivenwasser *n*

álbum ['ałbũ] *m* Album *n*

albumin|a [ałbu'minɐ] *f QUÍM* Eiweiß *n*; **~ífero** [-mə'nifəru] eiweißhaltig

alça ['ałsɐ] *f* Träger *m* (*Kleidung*); (Halte)Griff *m*, Schlaufe *f*; Henkel *m*; *NAV* Stagring *m*; *bras* Öse *f*; **~ de mira** Visier *n*; Kimme *f*

alcácer [ał'kasər] *m maurisches* Burgschloss *n*, Alkazar *m*

alcachofra [ałkɐ'ʃɔfrɐ] *f* Artischocke *f*

alcáçova [ał'kasuvɐ] *f* Festung *f*

alcaçuz [ałkɐ'suʃ] *m* Süßholz *n*; Lakritze *f*

alçada [ał'sadɐ] *f* Wirkungsbereich *m*; *JUR* Zuständigkeit(sbereich *m*) *f*; **não é da minha ~** dafür bin ich nicht zuständig

alcagüet|ar [awkagwɛ'tar] (1c) *bras* P *der Polizei Informationen* zuspielen, zutragen; **~e** [-'gwetʃi] *su bras* P Spitzel *m*, Informant(in *f*) *m*

alcal|in(iz)ar [ałkɐli'nar, (-ni'zar)] (1a) *QUÍM* alkalisieren; **~ino** [-'linu] *QUÍM* alkalisch; **sal** *m* **~** Laugensalz *n*

alcanç|adiço [ałkẽsɐ'disu] leicht erreichbar; *fig* dümmlich; **~ado** [-'sadu] ertappt (*bei Verbotenem*); verschuldet; betroffen (**de**, **por** von) (*von Regelung, Maßnahme*); **~ em meios** verarmt; **~ar** [-'sar] (1p) *Ziel, mit den Händen* erreichen; *vorne Gehenden, Fahrenden* einholen; *Stelle, Erfolg* erlangen, bekommen; *örtl* reichen bis; *j-m et* verschaffen;

fig erfassen; treffen; *Geld* unterschlagen; ***tudo quanto a vista alcança*** so weit das Auge reicht
alcance [aɫ'kẽsə] *m* Reichweite *f*; Tragweite *f* (*a fig*); Bereich *m*; *ECON* Fehlbetrag *m*; Unterschlagung *f*; **~ *dos efeitos*** Wirkungsbereich *m*; **~ *visual*** Sichtweite *f*; ***ao ~ de*** erreichbar für, zugänglich (*dat*); ***ao ~ de todos*** erschwinglich (*Ware*); leicht verständlich (*Text*); ***ao ~ da bala*** in Schussweite; ***de (grande) ~*** weit tragend (*Reform*); Fern...; ***fora do ~*** unfassbar; unerreichbar (***de*** für); unerschwinglich (***de*** für); ***pôr ao ~ de*** zugänglich machen (*dat*); ***ir no(s) ~(s) de*** (auf dem Fuße) folgen (*dat*)
alcandor [aɫkẽ'dor], *bras* **alcândor** *m* Gipfel *m*; höchste(r) Punkt *m*; **~ado** [-du'radu] hoch (liegend); *fig* hochtrabend, schwülstig; **~ *em*** oben auf (*dat*); **~ar-se** [-'rarsə] (1e) sich erheben
alcantil [aɫkẽ'tiɫ] *m* Steilufer *n*; Steilhang *m*; Fels *m*; **~ado, ~oso** [-ti'ladu, -'lozu] steil (aufragend *od* abfallend) (*örtl*); schroff (*Fels, Berg*); tief eingeschnitten (*Tal*); felsig (*Gebiet*)
alcaparra [aɫkɐ'paʀɐ] *f* **a)** Kaper *f*; Kapernstaude *f*; **b)** *entkernte* Olive *f*
alça|-pé(s) [aɫsɐ'pɛ(ʃ)] *m(pl)*, **~-perna(s)** [-'pɛrnɐ(ʃ)] *f(pl)* Fußangel *f*; Vogelschlinge *f*; *fig* Fallstrick *m*; **~prema** [-'premɐ] *f* Brecheisen *n*, Hebel *m*; **~premar** [-prə'mar] (1d) hebeln; heben; *fig* quälen
alçar [aɫ'sar] (1p) (hoch)heben; *Gebäude*: errichten; *ARQUIT* erhöhen; *fig* loben; *Gesetz etc zeitweilig* aufheben; **~ *a voz*** *fig* sich auflehnen; **~-se** sich auflehnen; *fig* sich überschätzen; *bras* durchgehen (*Vieh*)
alcaravia [aɫkɐrɐ'viɐ] *f* *BOT* Feldkümmel *m*; *Gewürz* Kümmel *m*
alcat|ear [aɫkɐ'tjar] (1l) sich zusammenrotten; **~eia** (*é) [-'tɐjɐ] *f* *ZO* Rudel *n*; *fig* Bande *f*, Trupp *m*; ***estar de ~*** P auf der Hut sein
alcatif|a [aɫkɐ'tifɐ] *f* Teppichboden *m*; **~ar** [-'far] (1a) mit Teppichboden auslegen
alcatra [aɫ'katrɐ] *f* *Rind*: Schwanzstück *n*; P Arsch *m*
alcatrão [aɫkɐ'trɐ̃w] *m* Teer *m*; **~ *de hulha*** Steinkohlenteer *m*
alcatraz [aɫkɐ'traʃ] *m* *ZO* Mantelmöwe *f*; **~-pardo** *m* Sturmmöwe *f*
alcatr|oado [aɫkɐ'trwadu] geteert, Teer...; ***papelão*** *m* **~** Dachpappe *f*; **~oar** [-'trwar] (1f) teeren; asphaltieren
alcatruz [aɫkɐ'truʃ] *m* Schaufel *f*; Schöpfeimer *m* (*Brunnen*)
alce ['aɫsə] *m* Elch *m*
alcear [aɫ'sjar] (1l) zusammentragen
alcofa [aɫ'kofɐ] **1.** *f* *flacher* Henkelkorb *m*; **2.** *su* Kuppler(in *f*) *m*
álcool ['aɫkwɔɫ] *m* Alkohol *m*; **~ (*desnaturado*)** (Brenn)Spiritus *m*; **~ *etílico*** Äthylalkohol
alco|ólatra [aɫ'kwɔlɐtrɐ] **1.** *adj* alkoholabhängig; **2.** *su* Trinker(in *f*) *m*; **~olemia** [-kwɔlə'miɐ] *f* Blutalkohol *m*; ***taxa f de ~*** Alkoholspiegel *m*; **~ólico** [-'kwɔliku] **1.** *adj* alkoholisch; alkoholhaltig; **2.** *m*, **-a** *f* Alkoholiker(in *f*) *m*
alcool|ismo [aɫkwɔ'liʒmu] *m* Alkoholismus *m*, Trunksucht *f*; **~izado** [-li'zadu] betrunken; ***não ~*** nüchtern; ***um tanto ~*** angetrunken; **~izar** [-li'zar] (1a) alkoholisieren; mit Alkohol versetzen; *fig* unter Alkohol setzen; **~-se** *fig* sich betrinken
alcorão [aɫku'rɐ̃w] *m* Koran *m*
alcorça [aɫ'korsɐ] *f* Zuckerguss *m*
alcoteste [aɫkɔ'tɛsti] *m* *bras* Blutalkoholtest *m*
alcovit|ar [aɫkuvi'tar] (1a) **1.** *v/t* verführen; *Paare* verkuppeln; **2.** *v/i* Kuppelei treiben; *allg* intrigieren; klatschen; **~aria** [-tɐ'riɐ] *f* Kuppelei *f*; Zuhälterei *f*; **~(eir)ice** [-'tisə (-tɐj'risə)] *f* Kuppelei *f*; Klatscherei *f*; Intrige *f*; **~eiro** [-'tɐjru] *m*, **-a** *f* Kuppler(in *f*) *m*; Zuhälter *m*; *fig* Klatschbase *f*; Intrigant(in *f*) *m*
alcunh|a [aɫ'kuɲɐ] *f* Spitzname *m*; **~ar** [-'ɲar] (1a): **~ *alg de ...*** j-m den Spitznamen ... geben, j-n ... nennen
aldeamento [aɫdjɐ'mẽtu] *m* Wohnanlage *f*, Wohnsiedlung *f*; Ferienanlage *f*, -siedlung *f*
ald|eão(s, -ões, -ães) [aɫ'djɐ̃w] **1.** *adj* dörflich, ländlich; bäuerlich; *fig depr* bäurisch; **2.** *m(pl)*, **-eã** *f* Dorfbewohner(in *f*) *m*; *AGR* Bauer *m*, Bäuerin *f*; **~eia** [-'dɐjɐ] *f* Dorf *n*; **~ *piscatória*** Fischerdorf *n*
aldeído [aɫdə'idu] *m* *QUÍM* Aldehyd *m*; **~ *fórmico*** Formaldehyd *m*

aldeota [ał'djɔtɐ] *f* Dörfchen *n*
aldra|ba, -va [ał'drabɐ, -vɐ] *f* (Tür)Drücker *m*; Klopfer *m*; **~bada, -vada** [ałdrɐ'badɐ, -'vadɐ] *f* Schlag *m* (mit dem Klopfer); **~bão, -vão** [-'bɐ̃w, -'vɐ̃w] *m*, **~bona, -vona** [-'bonɐ, -'vonɐ] *f* P Pfuscher(in *f*) *m*; Schwindler(in *f*) *m*; **~bar, -var** [-'bar, -'var] (1b) **1.** *v/t* **a)** verriegeln; **b)** *fig* (ver)fälschen; P hinpfuschen; **2.** *v/i* **a)** (an)klopfen (***a, em*** an *ac*); **b)** daherreden, quasseln; **~bice, -vice** [-'bisə, -'visə] *f* P Schwindel *m*; Gequassel *n*; Pfusch(erei *f*) *m*
aleatório [ɐljɐ'tɔrju] vom Zufall abhängig; zufällig; *INFORM* aleatorisch; ***acesso*** *m* **~** *INFORM* wahlfreier Zugriff *m*; ***contrato*** *m* **~** Vertrag *m* mit Zufallsklausel
alecrim [ɐlə'krĩ] *m* *BOT* Rosmarin *m*
aleg|ação [ɐləgɐ'sɐ̃w] *f* Anführung *f* (*von Gründen*); Behauptung *f*; Darlegung *f*; Begründung *f* (*a JUR*); **-ões** *pl* ***finais*** *JUR* (Schluss)Plädoyer *n*; **~ado** [-'gadu] *m* Einlassung *f*; **~ante** [-'gɐ̃tə]: ***partes*** *f/pl* **~s** *JUR* streitende(n) Parteien *f/pl*; **~ar** [-'gar] (1o; *Stv* 1c) **1.** *v/t Stelle, Tatsache* anführen, sich berufen auf (*ac*); *Beweisgründe* vorbringen; *Sachverhalt* darlegen; **2.** *v/i* behaupten; argumentieren
aleg|oria [ɐləgu'riɐ] *f* Allegorie *f*, Sinnbild *n*; **~órico** [-'gɔriku] allegorisch
alegr|ão [ɐlə'grɐ̃w] *m* F Heidenspaß *m*; **~ar** [-'grar] (1c) *j-n* (er)freuen; auf-, erheitern; *Zimmer* verschönern; erfrischen (*Regen, Tau*); **~-se** sich freuen (***com*** über *ac*); F sich e-n antrinken
alegr|e [ɐ'lɛgrə] froh (***com*** über *ac*), zufrieden (***com*** über *ac*); fröhlich, heiter, lustig (*Stimmung, Person*); angeheitert (*von Alkohol*); frei, locker (*Lebenswandel*); **~ete** [ɐlə'gretə] **1.** *adj* fröhlich, lustig; F angeheitert (*von Alkohol*); **2.** *m* (Blumen)Rabatte *f*; **~eto** [-'grɛtu] *m MÚS* Allegretto *n*; **~ia** [-'griɐ] *f* **a)** Freude *f*, Fröhlichkeit *f*, Heiterkeit *f*; **b)** *BOT* Sesam *m*; **~ote** [ɐlə'grɔtə] F angeheitert
aleia (*é) [ɐ'lɐjɐ] *f* Allee *f*, Baumreihe *f*
aleij|ado [ɐlɐj'ʒadu] **1.** *adj* verkrüppelt; **2.** *m* Krüppel *m*; **~amento, ~ão** [-ʒɐ'mẽtu, -'ʒɐ̃w] *m* Gebrechen *n*; Fehler *m*; *MED* Verkrüppelung *f*; **~ar** [-'ʒar] (1a) verletzen; *fig* verstümmeln
aleiloar [ɐlɐj'lwar] (1f) versteigern
aleit|ação *f*, **~amento** *m* [ɐlɐjtɐ'sɐ̃w, -'mẽtu] Stillen *n*; **~ar** [-'tar] (1a) *Tier* mit Milch aufziehen; *Baby* stillen
além [a'lɐ̃j] **1.** *adv* (da) drüben, dahinten; auf der anderen Seite; weit (weg); ***de por aí*** **~** P hervor-, herausragend; **2.** *prp*: **~** ***de*** *örtl* jenseits (*gen*); außer (*dat*); **~** ***disso***, **~** ***do mais*** außerdem; ***para*** **~** ***de*** über *et* hinaus; abgesehen von; ***ir*** **~** weiter- (*od* hinaus)gehen (***de*** über *ac*); ***passar*** **~** darüber hinweggehen; ***isso está*** **~** ***das minhas forças*** das geht über meine Kräfte
Alemanha [ɐlə'mɐɲɐ]: ***a*** **~** Deutschland *n*
alemão **(-ães)** [ɐlə'mɐ̃w] **1.** *adj* deutsch; **~*-ocidental*** westdeutsch; **~*-oriental*** ostdeutsch; **2.** *m*(*pl*), **-ã** *f* Deutsche(r) *su*; **3.** *m* Deutsch *n*; ***alto*** **~** (***moderno***) (Neu)Hochdeutsch *n*; ***baixo*** **~** Nieder-, Plattdeutsch *n*
alent|ado [ɐlẽ'tadu] stark; mutig; korpulent (*Körperbau*); **~ar** [-'tar] (1a) **1.** *v/t* stärken, ermutigen; **2.** *v/i* Atem holen; **~-se** Mut fassen
alentejano [ɐlẽtə'ʒɐnu] **1.** *adj* aus dem Alentejo; **2.** *m* Alentejaner *m*
Alentejo [ɐlẽ'tɛʒu]: ***o*** **~** *port HIST Provinz*
alento [ɐ'lẽtu] *m* **a)** Hauch *m*, Atem *m*; **~s** *pl* Nüstern *f/pl*; ***o último*** **~** der letzte Hauch (*od* Atemzug); **b)** Kraft *f*, Stärke *f*; Mut *m*, Tüchtigkeit *f*; *fig* Stärkung *f*; ***cobrar*** (*od* ***tomar***) **~** Mut schöpfen
alequeado [ɐlɛ'kjadu] fächerförmig (*bsd BOT*)
alerg|énio (*ê) [ɐlər'ʒɛnju] *m*, **~eno** [-'ʒenu] *m* Allergen *n*; **~ia** [-'ʒiɐ] *f* Allergie *f*, Überempfindlichkeit *f*; **~** ***ao pólen*** Pollenallergie *f*
alérgico [ɐ'lɛrʒiku] **1.** *adj* allergisch (***contra*** gegen, auf *ac*); **2.** *m* Allergiker *m*
alert|a [ɐ'lɛrtɐ] **1.** *adv* wachsam, aufmerksam; **~!** Achtung!; ***andar*** **~**

wachsam sein; **2.** *m* Alarmsignal *n*; Alarm *m* (***tocar*** geben); **~ar** [ɐlər'tar] (1c) **1.** *v/t* alarmieren; aufschrecken; **2.** *v/i* Alarm schlagen; warnen (***contra***, ***de*** vor (*dat*); (warnend) hinweisen (***para*** auf *ac*)
aleta [ɐ'letɐ] *f* TÉCN Rippe *f*; AV Klappe *f*; Flügel *m* (*Rakete*); ANAT Nasenflügel *m*
aletria [ɐlə'triɐ] *f* Fadennudeln *f/pl*
aléu [ɐ'lɛw] *m* Stock *m*, Rute *f*; *Sport*: (Eishockey)Schläger *m*
alevim [ɐlə'vĩ] *m* Setzling *m* (*Fisch*)
alfabet|ação [ałfɐbətɐ'sɐ̃w] *f* alphabetische Ordnung *f*; **~ar** [-'tar] (1c) *Liste* alphabetisch ordnen
alfabético [ałfɐ'bɛtiku] alphabetisch
alfabet|ismo [ałfabe'tizmu] *m bras* Grundschulausbildung *f*; **~izar** [-'zar] (1a) alphabetisieren; **~o** [-'bɛtu] *m* Alphabet *n*; Abc *n* (*a fig*); **~ *fonético*** (***internacional***) (internationale) Lautschrift *f*, phonetische Umschrift *f*
alfac|e [ał'fasə] *f* (Kopf)Salat *m*; **~inha** [-fɐ'siɲɐ] **1.** *adj* Lissabonner; **2.** *su* P Lissabonner(in *f*) *m*
alfafa [ał'fafɐ] *f* BOT Luzerne *f*
alfai|a [ał'fajɐ] *f* Gerät *n*; AGR Ackergerät *n*; *fig* **~s** *pl* Schmuck *m*; **~ar** [-fɐ'jar] (1b) ausstatten; *fig* schmücken
alfaiataria [ałfɐjɐtɐ'riɐ] *f* Schneiderei *f*
alfaiate [ałfɐ'jatə] *m* (Herren-) Schneider *m*
alfândega [ał'fɐ̃dəgɐ] *f* Zoll(amt *n*) *m*
alfandeg|agem [ałfɐ̃də'gaʒɐ̃j] *f* Zollabfertigung *f*; **~ar** [-'gar] (1o; *Stv* 1c) verzollen; zollamtlich abfertigen (*od* einlagern); **~ário** [-'garju] Zoll...; ***direitos*** *m/pl* **~s** Zoll *m*
alfarr|ábio [ałfɐ'ʀabju] *m* Schmöker *m*; **~abista** [-ʀɐ'biʃtɐ] *m* (Buch)Antiquar *m*; (***loja*** *f* ***de***) **~** Antiquariat *n*
alfarrob|a [ałfɐ'ʀobɐ] *f* BOT Johannisbrot *n*; **~eira** [-ʀu'bɐjrɐ] *f* Johannisbrotbaum *m*
alfavaca [ałfɐ'vakɐ] *f* Basilikum *n*
alfazema [ałfɐ'zemɐ] *f* Lavendel *m*
alféloa [ał'fɛlwɐ] *f* Zuckerguss *m*
alfénico (*ê) [ał'fɛniku] *m* Kandiszucker *m*
alfenide [ałfə'nidə] *m* Neusilber *n*
alfenim [ałfə'nĩ] *m* (weißes) Zuckerwerk *n*; *fig* Zimperling *m*
alfil [ał'fił] *m* Läufer *m* (*Schach*)
alfinet|ada [ałfinə'tadɐ] *f* Nadelstich *m* (*a fig*); stechende(r) Schmerz *m*; **~ar** [-'tar] (1c) *mit e-r Nadel* stechen; *mit Nadeln* abstecken; *fig* sticheln
alfinet|e [ałfi'netə] *m* Stecknadel *f*; (*Schmuck*) Anstecknadel *f*, Brosche *f*; Krawattennadel *f*; **~s** *pl* kleinere Ausgaben *f/pl*; BOT Feldsalat *m*; **~ *de segurança*** Sicherheitsnadel *f*; ***fechar*** (*od* ***prender***) ***com*** **~** fest-, zusammenstecken; **~e(s)-de-ama** [-'djɐmɐ] *m*(*pl*) Sicherheitsnadel *f*; **~eira** [-nə'tɐjrɐ] *f* Nadelkissen *n*
alfombr|a [ał'fõbrɐ] *f* **a)** Teppich *m*; **b)** Rasen(teppich) *m*; **~ar** [-'brar] (1a) mit Teppichen auslegen
alfor|ge [ał'fɔrʒə] *f* Ranzen *m*; Satteltasche *f*; **~jada** [-fur'ʒadɐ] *f* Sack *m* voll; **~jar** [-fur'ʒar] (1e) einsacken; verstauen
alforreca [ałfu'ʀɛkɐ] *f* Feuerqualle *f*
alfurja [ał'furʒɐ] *f* **a)** Spelunke *f*; Hinterhof *m*; **b)** Misthaufen *m*
alga ['ałgɐ] *f* Alge *f*; **~s** *pl* Tang *m*
algar [ał'gar] *m* Grotte *f*, Höhle *f*
algarav|ia [ałgɐrɐ'viɐ] *f* arabische Sprache *f*; *fig* Kauderwelsch *n*; **~iada** [-'vjadɐ] *f* Stimmengewirr *n*; Geschrei *n*; **~iar** [-'vjar] (1g) radebrechen, Kauderwelsch reden
algarismo [ałgɐ'riʒmu] *m* Ziffer *f*; Zahl *f*; **~ *árabe*** (*od* ***arábico***) arabische Ziffer *f*
Algarve [ał'garvə]: ***o*** **~** *port Provinz*
algarvio [ałgɐr'viw] aus dem Algarve
algazarra [ałgɐ'zaʀɐ] *f* Lärm *m*
álgebra ['ałʒəbrɐ] *f* Algebra *f*
algébrico [ał'ʒɛbriku] algebraisch
algem|a [ał'ʒemɐ] *f* Handschelle *f*; Fessel *f* (*a fig*); **~ar** [ałʒə'mar] (1d) Handschellen anlegen (*dat*); *fig* unter Druck setzen
algeroz [ałʒə'rɔʃ] *m* Wasserrinne *f*
algibebe [-'bɛbə] *m* Kleiderhändler *m*
algibeira [ałʒi'bɐjrɐ] *f* (Hosen-, Jacken)Tasche *f*; **~ *rota*** P Verschwender *m*; ***pergunta*** *f* ***de*** **~** P Fangfrage *f*; ***ciência*** *f* ***de*** **~** Halbwissen *n*; ***andar de mãos na*** **~** in den

Tag hinein leben, faulenzen; ***pôr da sua ~*** aus eigener Tasche bezahlen
algidez [ał3i'deʃ] *f* Eiseskälte *f*; *MED* Unterkühlung *f*
algo ['ałgu] **1.** *pron* etwas; ***~ de belo*** etwas Schönes; **2.** *adv* ein wenig, etwas
algod|ão [ałgu'dɐ̃w] *m* Baumwolle *f*; ***~ doce*** Zuckerwatte *f*; ***~ em rama*** Rohbaumwolle *f*; *MED* Watte *f*; ***~ hidrófilo*** Verbandwatte *f*; (***tecido*** *m* ***de***) ***~ cru*** Nesseltuch *n*; ***~-de-vidro*** *m* Glaswolle *f*; ***~-pólvora*** Schießbaumwolle *f*; **~oado** [-'dwadu] baumwollen; watteartig; **~oar** [-'dwar] (1f) wattieren; **~oeiro** [-'dwɐjru] **1.** *adj* Baumwoll...; **2.** *m* Baumwollstrauch *m*
algo|rítmico [ałgu'ritmiku] algorithmisch; **~ritmo** [-'ritmu] *m* Algorithmus *m*
algoz [ał'goʃ] *m* Henker *m*; *fig* Unmensch *m*; **~ar** [-gu'zar] (1e) *j-n* hängen; *fig* quälen
alguém [ał'gɐ̃j] jemand
alguergue [ał'gɛrgə] *m* Mosaikstein *m*
alguidar [ałgi'dar] *m* (Knet)Schüssel *f*
algum, ~a [ał'gũ, -'gumɐ] **1.** *pron* (irgend)eine(r, -s); **2.** *adj* (irgend)ein(e); ein wenig, etwas; ***-a coisa*** etwas; ***~ dia*** eines Tages; ***~ tempo*** einige Zeit; ***-a vez*** einmal; *in negativen Sätzen*: kein(e), keinerlei; ***de maneira*** (*od* ***forma***) ***-a, de modo ~*** keineswegs; ***alguns*** *m/pl*, ***algumas*** *f/pl* einige, manche; ***-as vezes*** manchmal; ***alguns quinhentos*** etwa fünfhundert; **3.** **~a** *f* F Blödsinn *m*
algures [ał'gurəʃ] irgendwo; ***de ~*** irgendwoher
alhada [ɐ'ʎadɐ] *f* Knoblauchgericht *n*; *fig* dumme Geschichte *f*
alhe|ação *f*, **~amento** *m* [ɐʎjɐ'sɐ̃w, -'mẽtu] Geistesabwesenheit *f*, Zerstreutheit *f*; Vergesslichkeit *f*; → ***alienação***; **~ar** [ɐ'ʎjar] (1l) entfremden; entfernen; abwenden; *j-m ein Recht* entziehen; ***~-se*** (in Gedanken) versinken; sich freimachen (***de*** von); ***~-se*** (***de si***) außer sich geraten; **~ável** [ɐ'ʎjavɛł] → ***alienável***
alheio [ɐ'ʎɐju] **1.** *adj* fremd; ***~ a, de*** entfernt (*od* fern) von; unvereinbar mit; ***~ ao mundo*** weltfremd; ***~ de si*** geistesgestört; ***pessoa -a aos serviços*** Betriebsfremde(r) *m*; ***estar ~ a*** nichts zu tun haben mit; nicht Acht geben auf (*ac*); ***meter-se com a vida -a*** sich in fremde Angelegenheiten mischen; **2.** *m* fremde(s) Eigentum *n*; ***amigo*** *m* ***do ~*** Dieb *m*
alheira [ɐ'ʎɐjrɐ] *f* Knoblauchwurst *f*
alheta [ɐ'ʎetɐ] *f* *NAV* Kielwasser *n*; ***ir na ~ de*** P *j-s* Spur folgen; ***pôr-se na ~*** P abhauen, verduften
alho ['aʎu] *m* Knoblauch *m*; ***dente*** *m* ***de ~*** Knoblauchzehe *f*; ***~ francês*** Porree *m*; ***cabeça*** *f* ***de ~ chocho*** F zerstreute(r) Professor *m*; ***memória*** *f* ***de ~*** F Gedächtnis *n* wie ein Sieb; ***misturar ~s com bugalhos*** alles durcheinander werfen; ***ser um ~*** schlau sein; **~(s)-porro(s)** [-'poʀu] *m*(*pl*) Lauch *m*
alhures [ɐ'ʎurəʃ] anderswo
ali [ɐ'li] dort, da; *Richtung*: dorthin, dahin; ***por ~*** da herum, dort (in der Gegend); ***para ~*** dahin; ***de ~*** → ***dali***
ali|ado [ɐ'ljadu] *m* Verbündete(r) *m*, Alliierte(r) *m*; **~ança** [ɐ'ljɐ̃sɐ] *f* Allianz *f*, Bündnis *n* (***contrair*** schließen); Bund *m*; ***~*** (***de casamento***) Trauring *m*; ***fazer ~ com*** sich verbünden mit; **~ar** [ɐ'ljar] (1g) verbinden (***a*** mit); *POL* verbünden; *TÉCN* legieren; ***~-se*** sich verbünden; sich zusammenschließen; sich verbinden
aliás [ɐ'ljaʃ] *adv* übrigens, jedoch; beziehungsweise
aliável [ɐ'ljavɛł] verbindbar; vereinbar
alicate [ɐli'katə] *m* (Draht)Zange *f*; ***~ ajustável*** Rohrzange *f*; ***~ de corte*** Kneifzange *f*; ***~ universal*** Kombizange *f*
alicer|çar [ɐlisər'sar] (1p; *Stv* 1c) (be)gründen; fundamentieren; **~ce(s)** [-'sɛrsə] *m*(*pl*) Grundlage *f*; *ARQUIT* Fundament *n*, Unterbau *m*
alici|ação [ɐlisjɐ'sɐ̃w] *f* Verlockung *f*, Verführung *f*; Abwerbung *f* (*Personal*); ***tentativa*** *f* ***de ~*** Abwerbungsversuch *m*; **~ador, ~ante** [-sjɐ'dor, -'sjẽtə] verführerisch; **~ar** [-'sjar] (1g) anlocken; ***~ a, ~ para*** überreden zu; verführen (*od* verlocken) zu; **~ente** [-'sjẽtə] **1.** *adj* verlockend; **2.** *m* Versuchung *f*
alien|abilidade [ɐljənɐbəli'dadə] *f*

JUR Veräußerungsrecht *n*; Veräußerbarkeit *f*; Übertragbarkeit *f*; **~ação** [-'sɐ̃w] *f JUR* Veräußerung *f*; Überlassung *f*; *FIL* Entfremdung *f*; Verwirrung *f*; **~ *cultural*** kulturelle Entfremdung *f*; **~ *mental*** geistige Umnachtung *f*; **~ado** [-'nadu] **1.** *adj* verwirrt, geisteskrank; **2.** *m* Irre(r) *m*; **~amento** [-nɐ'mẽtu] *m* → **~*ação***; **~ante** [-'nẽtə] *su* Veräußerer *m*; **~ar** [-'nar] (1d) *JUR* veräußern; *Recht*, *Besitz* abtreten, übertragen; verfremden; verstimmen; *Geist* verwirren; **~-se** den Verstand verlieren, wahnsinnig werden; **~atário** [-nɐ'tarju] *m* Erwerber *m*, Empfänger *m*; **~ável** [-'navɛɫ] *JUR* veräußerlich; übertragbar; **~ígena** [-'niʒənɐ] **1.** *adj* ausländisch; fremd; **2.** *su* Ausländer(in *f*) *m*; Fremde(r) *su*

aligátor [ɐli'gator] *m* Alligator *m*

aligeirar [ɐliʒɐj'rar] (1a) leichter machen; erleichtern; beschleunigen

alígero [ɐ'liʒəru] beflügelt; rasch

alij|ação *f*, **~amento** *m* [ɐliʒɐ'sɐ̃w, -'mẽtu] Erleichterung *f*; *NAV* Leichtern *n*; **~ar** [-'ʒar] (1a) erleichtern; *NAV* leichtern; *Last* abwerfen; *Gefahr* verkennen; **~-se** sich freimachen; **~o** [ɐ'liʒu] *m NAV* Leichter *m*

alimária [ɐli'marjɐ] *f* F Hornochse *m*

aliment|ação [ɐlimẽtɐ'sɐ̃w] *f* Ernährung *f*; Verpflegung *f*; *TÉCN*, *QUÍM* Speisung *f*; Zuführung *f*; *AUTO* Gemischaufbereitung *f*; **~ *integral*** Vollwertkost *f*; **~ado** [-'tadu] unterstützt (**a**, **com**, **de** durch, von); **~ *a bateria*** batteriebetrieben; **~ador** [-tɐ'dor] **1.** *adj* Speise...; **2.** *m* *EL* Speisekabel *n*; **~ *automático de papel*** automatische(r) Papiereinzug *m*; **~ando** [-'tẽdu] *m JUR* Unterhaltsempfänger *m*; **~ar** [-'tar] **1.** *adj* → ***alimentício***; ***produtos*** *m/pl* **~*es*** Nahrungsmittel *n/pl*; **2.** *v/t* (1a) ernähren; *fig* hegen; *TÉCN* einspeisen, zuführen; **~ário** [-'tarju] **1.** *m* → ***alimentando***; **2.** *adj* = **~ício** [-'tisju] nahrhaft; Nahrungs...; ***gêneros*** *m/pl* **~*s*** Lebens-, Nahrungsmittel *n/pl*; ***indústria*** *f* **-*a*** Nahrungsmittelindustrie *f*; ***matéria*** *f* **-*a*** Nährstoff *m*; ***pensão*** *f* **-*a*** Kostgeld *n*

alimento [ɐli'mẽtu] *m* Nahrung(smittel *n*) *f*; **~*s*** *pl JUR* Alimente *n/pl*

alimpa [ɐ'lĩpɐ] *f* Ausputzen *n*; *AGR* Jäten *n*; **~dura** [-pɐ'durɐ] *f* Säuberung *f*; **~*s*** *pl* Spreu *f*

alind|amento [ɐlĩdɐ'mẽtu] *m* Verschönerung *f*; **~ar** [-'dar] (1a) verschönern; putzen

alínea [ɐ'liɲɐ] *f TIP* Absatz *m*

alinh|ado [ɐli'ɲadu] gerade (ausgerichtet); *fig* tadellos; **~amento** [-ɲɐ'mẽtu] *m* Ausrichtung *f*; Aufstellung *f*, Formierung *f* (*in Reihen*); Begradigung *f*; Regulierung *f*; *ARQUIT* Fluchtlinie *f*; ***fio*** *m* ***de*** **~** Richtschnur *f*; ***fazer o*** **~** ***de*** = **~ar** [-'ɲar] (1a) **1.** *v/t* aufstellen; (in Reihen) anordnen; ausrichten; *Straße* begradigen; *fig* an-, ausgleichen; schmücken; *Stil* feilen an (*dat*); *Haar* glätten; **~ *à esquerda*** linksbündig ausrichten; **2.** *v/i* antreten; *fig* den rechten Weg einschlagen; **~ *com*** gleichziehen mit; auf der gleichen Linie liegen mit; P mitmachen, dabei sein; P mit *e-m Mädchen/Jungen* gehen; **~-*se*** antreten; sich formieren; *fig* sich (heraus)putzen (***por*** nach); **~-*se a*** sich messen an (*ac*); **~-*se ao lado de*** auf *j-s* Seite treten

alinhav|ar [ɐliɲɐ'var] (1b) *Naht*, *Saum* heften; *Plan* entwerfen, umreißen; sich ausdenken; *Arbeit* hinpfuschen; **~o** [-'ɲavu] *m* (*Nähen*) Heften *n*; Heftstich *m*; (*Plan*) (Roh)Entwurf *m*; **~*s*** *pl fig* Geschreibsel *n*

alinho [ɐ'liɲu] *m* Aufstellung *f*; Richtschnur *f*; *fig* Sorgfalt *f*; Anstand *m*; Schmuck *m*

alíquota [a'likwotɐ] *f* Satz *m*; **~ *do imposto*** Steuersatz *m* (***sobre*** für)

alis|ado [ɐli'zadu] **a**) glatt, geglättet; eben; **b**) ***ventos*** *m/pl* **~*s*** Passatwinde *m/pl*; **~amento** [-zɐ'mẽtu] *m* Glätten *n*; Einebnen *n*; **~ar** [-'zar] (1a) glätten, schleifen; *ARQUIT* nivellieren; *fig* beschwichtigen

aliseu, **alísio** [ɐli'zew, ɐ'lizju]: (***ventos*** *m/pl*) **~*s*** Passat(winde *pl*) *m*

alist|amento [ɐliʃtɐ'mẽtu] *m* Einschreibung *f*; Aufstellung *f*; *MIL* Einberufung *f*; **~ar** [-'tar] (1a) *in e-e Liste* einschreiben; *e-e Liste* aufstellen von; *MIL* einberufen; **~-*se*** sich zum Militär melden; eintreten (***em*** in *ac*)

aliviar [ɐli'vjar] (1g) **1.** *v/t* erleichtern, befreien; *Schweres* leichter machen, entlasten; *Schmerz* lindern;

fig trösten; **~ *a roupa*** sich leichter anziehen; **2.** *v/i* sich abschwächen; *fig* Erleichterung bringen
alívio [ɐ'livju] *m* Erleichterung *f*; Entlastung *f* (*Gewicht*); Linderung *f* (*Schmerz*); Trost *m* (*Trauer*)
aljôfar, **aljofre** [aɫ'ʒofar, -'ʒofrə] *m* *kleine* Perle *f*; *poét* (Morgen)Tau *m*
aljube [aɫ'ʒubə] *m* Kerker *m*; *bsd* Untersuchungsgefängnis *n*
alma ['aɫmɐ] *f* Seele *f* (*a MÚS u Seil*); Herz *n*, Gemüt *n*; Geist *m*; *MÚS* Stimmstock *m*; Steg *m* (*an T-Eisen*); ***~ de Deus!*** Menschenskind!; ***aperto** m **de ~*** F Seelendruck *m*; ***~ danada*** *m* böse(r) Geist *m*; ***~ gémea*** *poét* Seelenverwandte(r) *su*; ***minha ~!*** mein Herzchen!; ***com ~*** herzlich, lebhaft; ***sem ~*** herzlos; ***nem viva ~*** keine Menschenseele; ***dia** m **das ~s*** Allerseelen(tag *m*) *n*; ***abrir a ~ a*** sein Herz ausschütten (*dat*); ***dar ~ a*** Leben verleihen (*dat*); ***dar a ~ a Deus*** s-n Geist aufgeben
almaço [aɫ'masu] *m*: ***papel** m **~*** Kanzleipapier *n*
almanaque [aɫmɐ'nakə] *m* Almanach *m*; Kalender *m*; P Schwätzer *m*
almarg|e, **~em** [aɫ'marʒə, -ʒɐ̃j] *m* Weide(land *n*) *f*; Futtergras *n*; **~eal** [-'ʒjaɫ] *m* Weideland *n*
almece [aɫ'mɛsə] *m* Molke *f*
almécega [aɫ'mɛsəgɐ] *f* Mastix *m*
almeida [aɫ'mɐjdɐ] *m* P Straßenfeger *m*
almej|ar [aɫmə'ʒar] (1d) **1.** *v/t* herbeisehnen; **2.** *v/i* mit dem Tode ringen; **~o** [-'meʒu] *m* sehnliche(r) Wunsch *m*
almirant|a [aɫmi'rɐ̃tɐ] *f* Admiralschiff *n*; **~e** [-'rɐ̃tə] *m* Admiral *m*; (***navio** m*) **~** Flaggschiff *n*
almiscar|ado [aɫmiʃkɐ'radu] nach Moschus duftend; **~eiro** [-'rɐjru] *m* Moschustier *n*
almoçad|eira [aɫmusɐ'dɐjrɐ] *f große* Frühstückstasse *f*; **~o** [-'sadu]: ***depois de ~*** nach dem Mittagessen (*od prov* Frühstück); ***venho ~*** ich habe bereits gegessen; ***ser ~ em*** *bras* versiert sein in (*dat*)
almoçar [aɫmu'sar] (1p; *Stv* 1e) zu Mittag essen; *prov a* frühstücken
almoço [aɫ'mosu] *m* Mittagessen *n*; ***pequeno ~*** Frühstück *n*; ***tomar o pequeno ~*** frühstücken
almocreve [aɫmu'krɛvə] *m* Esel-, Lasttiertreiber *m*
almoed|a [aɫ'mwɛdɐ] *f* öffentliche Versteigerung *f*; ***pôr em ~*** = **~ar** [-wə'dar] (1a) öffentlich versteigern, zur Versteigerung bringen; **~eiro** [-'dɐjru] *m* Auktionator *m*
almofaç|a [aɫmu'fasɐ] *f* Striegel *m*; **~ar** [-fɐ'sar] (1p; *Stv* 1b) striegeln
almofada [aɫmu'fadɐ] *f* (Kopf-, Sitz-, Sofa-, Stempel)Kissen *n*; Polster *n*; Unterlage *f*; (Tür)Füllung *f*; ***~ de ar*** *AUTO* Airbag *m*; ***~ térmica*** Heizkissen *n*
almofad|ado [aɫmufɐ'dadu] gepolstert; **~agem** [-'daʒɐ̃j] *f* Polsterung *f*; **~ão** [-'dɐ̃w] *m* große(s) Kissen *n*; Zierkissen(bezug *m*) *n*; **~ar** [-'dar] (1b) mit Kissen (*od* Füllungen) versehen; (aus)polstern; in Felder einteilen
almofariz [aɫmufɐ'riʃ] *m* Mörser *m*; ***mão** f **de ~*** Stößel *m*
almôndega [aɫ'mõdəgɐ] *f* (Fleisch)Klößchen *n*, Klops *m*
almoxarif|ado [aɫmuʃari'fadu] *m* *bras* (Material)Lager *n*; **~e** [aɫmuʃɐ'rifə] *m* Lagerverwalter *m*
almude [aɫ'mudə] *m* Almude *f* (*Maß, port = 25 l, bras = 32 l*)
alô [a'lo] *bras* **~!** hallo!
alocução [aluku'sɐ̃w] *f* Ansprache *f*, *kurze* Rede *f*
aloés [a'lwɛʃ] *m* *BOT* Aloe *f*
aloir|ado [ɐloj'radu] blond (*Haar*); leicht gebräunt (*Haut*); **~ar** [-'rar] (1a) **1.** *v/t* *CUL* anbraten; bräunen; *Haar* blondieren, aufhellen; *fig* vergolden; **2.** *v/i* blond werden (*Haar*); *CUL* bräunen; gelb werden, reifen (*Obst*)
alois... → ***alous...***
aloj|amento [ɐluʒɐ'mẽtu] *m* Quartier *n*, Unterkunft *f*, Unterbringung *f*; Wohnung *f*; **~ar** [-'ʒar] (1e) **1.** *v/t* unterbringen; *j-n bei sich* aufnehmen; *MIL* einquartieren; **2.** *v/i u* **~-se** absteigen (***em casa de*** bei); Wohnung nehmen; kampieren
alomb|ado [ɐlõ'badu] krumm; *bras* faul; **~ar** [-'bar] (1a) biegen, krümmen
along|a [ɐ'lõgɐ] *f* Passrohr *n* (*Labor*); **~ado** [-'gadu] länglich; **~amento** [-gɐ'mẽtu] *m* Verlängerung *f*; (Aus)Dehnung *f*; **~ar** [-'gar]

(1o) *Frist* verlängern; *zeitl* in die Länge ziehen; entfernen, trennen; *Hand etc* ausstrecken; *Hals* recken; *s-e Augen* schweifen lassen; *MÚS* dehnen; **~ o passo** e-n Schritt zulegen; **~-se** sich strecken; sich erstrecken (**a** auf *ac*); sich entfernen (**de** von); *fig* sich verlieren (**em** in *dat*)

alor [ɐ'lɔr] *m* **a)** Allüre *f*, Angewohnheit *f*; **b)** Gangart *f*; *fig* Eifer *m*

alour... → **aloir...**

alous|ado [ɐlo'zadu] schiefergedeckt; **~ar** [-'zar] (1a) mit Schiefer decken

alpaca [aɫ'pakɐ] *f ZO* Alpaka *n*; Alpaka(wolle *f*; -silber *n*) *n*; **manga** *f* **de ~** Ärmelschoner *m*; *fig* Schreiberseele *f*

alpar|ca(ta) [aɫ'parkɐ, (-pɐr'katɐ)] *f*, **~gata** [-pɐr'gatɐ] *f* → **alpercata**

alpendr|ada [aɫpẽ'dradɐ] *f* offene (Lager)Halle *f*; **~ado** [-'dradu] mit Vordach versehen

alpendre [aɫ'pẽdrə] *m* Vordach *n*

alpercata [aɫpər'katɐ] *f* Leinenschuh *m* (mit geflochtener Sohle)

alper|ce, ~che [aɫ'pɛrsə, -ʃə] *m* Aprikose *f*

Alpes ['aɫpəʃ]: **os ~** die Alpen

alp|estre [aɫ'pɛʃtrə] Hochgebirgs...; *GEOGR* alpin; felsig, bergig; rau; **~inismo** [-pə'niʒmu] *m* Bergsport *m*, -steigen *n*; **~inista** [-pə'niʃtɐ] *su* Bergsteiger(in *f*) *m*; **~ino** [-'pinu] **1.** *adj* Hochgebirgs...; *GEOGR* Alpen..., alpin; **2.** *m* Gebirgsjäger *m*

alpista, -e [aɫ'piʃtɐ, -tə] *f BOT* Kanariengras *n*; Vogelfutter *n*

alpor|ca [aɫ'pɔrkɐ] *MED* Skrofel *f*; *AGR* → **alporque**; **~car** [-pur'kar] (1n; *Stv* 1e) absenken; **~que** [-'pɔrkə] *m AGR* Absenker *m*

alq. **alqueire** *ca 20 l*; *2,5 bis 4,8 ha*

alquebr|ado [aɫkə'bradu] geschwächt; *fig* gebrochen, gebeugt; **~amento** [-brɐ'mẽtu] *m fig* Ermüdung *f*, Erschöpfung *f*; **~ar** [-'brar] (1c) **1.** *v/t* schwächen; *fig* zermürben; **2.** *v/i* sich krümmen (*Rückgrat*); *fig* zusammenbrechen

alqueire [aɫ'kɐjrə] *m* Scheffel *m* (*Trockenmaß mst 20 l*; *bras Flächenmaß 2,5–4,8 ha*); **não ter os cinco ~s bem aferidos** P nicht alle fünf Sinne beieinander haben

alqueiv|ar [aɫkɐj'var] (1a) brachliegen lassen; **~e** [-'kɐjvə] *m* Brache *f*, Brachland *n*

alquim|ia [aɫkə'miɐ] *f* Alchimie *f*; **~ista** [-'miʃtɐ] *su* Alchimist(in *f*) *m*

Alsácia [aɫ'sasjɐ]: **a ~** Elsass *n*

alsaciano [aɫsɐ'sjɐnu] **1.** *adj* elsässisch; **2.** *m* Elsässer *m*

alta ['aɫtɐ] *f* **a)** *ECON* (Preis- *etc*)Anstieg *m*; Höhe *f* (*der Preise*); *Börse*: Hausse *f*; *fig* vornehme Gesellschaft *f*; **a ~ do custo da vida** die hohen Lebenshaltungskosten; **para (a) ~** nach oben; steigend; **estar em ~** *fig* im Aufwind sein; **sofrer uma ~ de** (an)steigen um; **b)** Oberstadt *f*; **c)** Entlassungsschein *m* (*Krankenhaus*); *MIL* Rückmeldung *f* (zum Dienst); Rückmeldeschein *m*; **dar ~ a** *j-n aus dem Krankenhaus* entlassen; **receber** (*od* **ter**) **~** entlassen werden; **d)** *METÉO* Hoch *n*

alta-fidelidade [aɫtɐfidəli'dadə] *f EL* High Fidelity *f*

altamado [aɫtɐ'madu] gemischt

altamente [aɫtɐ'mẽtə] in hohem Maße, höchst, hochgradig

altan|aria [aɫtɐnɐ'riɐ] *f* **a)** Hochmut *m*; **b)** Greifvogeljagd *f*; **~eiro** [-'nɐjru] hoch fliegend (*Vögel*); hochfliegend (*Pläne*); hoch ragend (*Baum, Turm*); *fig* hochmütig

altar [aɫ'tar] *m* Altar *m*; **~-mor** [-'mɔr] *m* Hochaltar *m*

alta-roda [aɫtɐ'ʀɔdɐ] *f* vornehme Gesellschaft *f*

alte|amento [aɫtjɐ'mẽtu] *m* Erhöhung *f*, Anhebung *f*, Aufstockung *f* (*Gebäude, Etat*); **~ar** [-'tjar] (1l) **1.** *v/t* erheben; höher machen; *Gebäude, Etat* aufstocken; *Stimme* anheben; **2.** *v/i u* **~-se** höher werden

alter|abilidade [aɫtərɐbəli'dadə] *f* Veränderlichkeit *f*, (*Speisen*) Verderblichkeit *f*; *fig* Reizbarkeit *f*; **~ação** [-rɐ'sɐ̃w] *f* (Ver)Änderung *f*; Umstellung *f*; Fälschung *f* (*Wahrheit*); Verderben *n* (*Speisen*); Verfall *m* (*der Sitten etc*); (Ruhe)Störung *f*; *fig* Aufregung *f*; Empörung *f*; *GEOL* Verwitterung *f*; *TÉCN* Umwandlung *f*; **sem ~** unverändert; **~ar** [-'rar] (1c) (ver)ändern; *Betrieb* umstellen; *Ruhe etc* stören, durcheinander bringen; *fig* aufregen; empören; ärgern; **~-se** verderben; wütend werden

alterc|ação [aɫtərkɐ'sɐ̃w] *f* Wortwechsel *m*, Polemik *f*; Streit *m*; **~ado** [-'kadu] umstritten (*Frage*); heftig (*Diskussion*); **~ar** [-'kar] (1n; *Stv* 1c) (sich) streiten (über *ac*); e-n Wortwechsel auslösen

alter-ego [aɫtər'ɛgu] *m* Alter ego *n*, andere(s) Ich *n*; *fig* treue(r) Freund *m*

altern|ação [aɫtərnɐ'sɐ̃w] *f* Abwechseln *n*; Wechsel *m*; **~ado** [-'nadu] abwechselnd; wechselweise; ***corrente*** *f* ***-a*** *EL* Wechselstrom *m*; ***rima*** *f* ***-a*** Kreuzreim *m*; **~ador** [-nɐ'dor] *m EL* Wechselstromgenerator *m*; **~ância** [-'nɐ̃sjɐ] *f* (regelmäßiger) Wechsel *m*; ***~ de culturas*** *AGR* Wechselwirtschaft *f*; **~ante** [-'nɐ̃tə] alternierend, (ab)wechselnd; unregelmäßig (*Puls*); **~ar** [-'nar] (1c) **1.** *v/t* abwechseln; *Reihenfolge* umkehren; **2.** *v/i u* **~-se** aufeinander folgen; sich ablösen; **~ativa** [-nɐ'tivɐ] *f* Alternative *f*; Ablösung *f*, Wechsel *m*; *Stierkampf*: erste(r) Auftritt *m*; **~ativo** [-'tivu] alternativ; (ab)wechselnd, wechselweise; Wechsel...; **~o** [-'tɛrnu] abwechselnd; *BOT* wechselständig; Wechsel... (*a EL, MAT*)

alteroso [aɫtə'rozu] hoch (aufragend, gelegen); hochgehend, stürmisch (*See*); *fig* hoch (gestellt); stolz

alteza [aɫ'tezɐ] *f* Höhe *f*; *fig* Größe *f*; Hoheit *f* (*Titel*)

altibaixo [aɫti'bajʃu] **1.** *adj* uneben; holperig; **2.** *m mst*: **~s** *pl* unebene(s) Gelände *n*; Unebenheiten *f/pl*; *fig* Auf und Ab *n*, Hin und Her *n*

alti|falante [aɫtifɐ'lɐ̃tə] *m* Lautsprecher *m*; ***~ de graves*** Tieftonlautsprecher *m*; **~loquência** [-lu'kwẽsjɐ] *f* erhabene Ausdrucksweise *f*; Schwung *m*

alt|imetria [aɫtimə'triɐ] *f* Höhenmessung *f*; **~ímetro** [aɫ'timətru] *m* Höhenmesser *m*

altiplano [aɫti'plɐnu] *m* Hochplateau *n*

alt|issonante, ~íssono [aɫtisu'nɐ̃tə, aɫ'tisunu] laut; *fig* hochtrabend

altista [aɫ'tiʃtɐ] **1.** *adj ECON* haussierend; **2.** *su MÚS* Bratschist(in *f*) *m*; *ECON* Haussier *m*

altitude [aɫti'tudə] *f* Höhe *f* (*über dem Meeresspiegel*); ***~ de voo*** Flughöhe *f*

altiv|ez [aɫti'veʃ] *f* Stolz *m*; Hochmut *m*; **~o** [-'tivu] selbstbewusst; stolz

alto ['aɫtu] **1.** *adj* hoch (*Berg, Ton*); groß (*Mensch*); laut (*Geräusch*); tief (*Stille, Nacht*); ***~ dia, ~ sol*** heller (*od* am helllichten) Tag; (***a***) ***-as horas da manhã*** am späten Vormittag; ***-a finança*** *f* Hochfinanz *f*; ***-a sociedade*** *f* High Society *f*; ***~ e bom som*** laut und deutlich; **2.** *adv* hoch, oben (*Lage*); laut (*Lautstärke*); rundheraus; ***fazer as contas por ~*** überschlagen; ***ler*** (*od* ***ver***) ***por ~*** *Text* überfliegen; **3.** *m* **a)** Höhe *f*; Anhöhe *f*; *NAV* hohe See *f*, offene(s) Meer *n*; ***os ~s da casa*** die oberen Stockwerke des Hauses; ***no ~ de*** oben auf *od* an (*dat*); ***no ~ da noite*** mitten in der Nacht; ***ao*** (***do***) ***~*** in die (aus der) Höhe, nach (von) oben; ***mãos*** (***coração***) ***ao ~!*** Hände (Kopf) hoch!; **b)** Halt *m*; ***fazer ~*** Halt machen; ***~!*** halt!; ***~ lá!*** halt mal!

alto|-alemão [aɫtuɐlə'mɐ̃w] *m* Hochdeutsch *n*; **~-falante(s)** [awtufa'lẽtʃi] *m(pl) bras* Lautsprecher *m(pl)*; **~(s)-forno(s)** [-'fornu] *m(pl)* Hochofen *m*; **~-mar** [-'mar] *m* hohe See *f*; **~(s)-relevo(s)** [-ʀə'levu] *m(pl)* Hochrelief *n*

altruís|mo [aɫ'trwiʒmu] *m* Selbstlosigkeit *f*; **~ta** [aɫ'trwiʃtɐ] **1.** *adj* selbstlos; **2.** *su* Altruist(in *f*) *m*

altura [aɫ'turɐ] *f* Höhe *f*; Größe *f* (*Person*); *GEOGR* Anhöhe *f*; Gipfel *m*; geistige(s) Niveau *n*; Zeit(punkt *m*) *f*; ***à ~*** ordentlich, erwartungsgemäß; ***a*** (*od* ***em***) ***que ~*** wann; ***a certa ~*** zu e-m bestimmten Zeitpunkt; auf einmal; ***na ~*** seinerzeit, damals; → ***nesta ~*** im Augenblick, jetzt; ***na ~ em que*** (zu der Zeit,) als *od* wenn; ***na ~ de*** zur Zeit (*gen*); ***nessa ~*** zu jener Zeit, damals; da; ***nas ~s*** in der Höhe, im Himmel; ***~ livre*** *TÉCN* lichte Höhe *f*; ***regulável em ~*** *TÉCN* höhenverstellbar; ***cair das ~s*** F aus allen Wolken fallen; ***estar à ~ de*** *j-m od e-r Sache* gewachsen sein

aluado [ɐ'lwadu] brünstig; *fig* launisch

alucin|ação [ɐlusinɐ'sɐ̃w] *f* Halluzination *f*, Sinnestäuschung *f*, Wahn(-vorstellung *f*) *m*; **~ado** [-'nadu] verblendet, besessen (***de*** von); wahnsinnig; **~ador, ~ante** [-nɐ'dor,

-'nẽtə] betörend, hinreißend; **~ar** [-'nar] (1a) **1.** *v/t* um den Verstand bringen; blenden; betören; **2.** *v/i u* **~-se** in Wahn verfallen; Halluzinationen haben
alude [ɐ'ludə] *m* Lawine *f*
alud|ido [ɐlu'didu] (oben) erwähnt; ***o ~*** der Vorerwähnte; ***dar-se por ~*** sich ertappt fühlen; **~ir** [-'dir] (3a): ***~ a*** anspielen auf (*ac*), andeuten (*ac*)
alugar [ɐlu'gar] (1o) vermieten, verleihen; mieten; ***aluga-se*** zu vermieten
alugu|el, ~er [ɐlu'gɛɫ, -'ger] *m* Vermietung *f*, Verleih *m*; Miete *f*; ***~ de automóveis*** Autoverleih *m*; ***carro*** *m* ***de ~*** Mietwagen *m*; ***casa*** *f* ***de ~*** Mietshaus *n*; ***tomar (dar) de ~*** (ver)mieten
alu|imento [ɐluj'mẽtu] *m* Zusammenbruch *m*; (Ein)Sturz *m*; Bergrutsch *m*; **~ir** [-'ir] (3i) **1.** *v/t* rütteln an (*dat*); zum Wanken bringen, erschüttern (*a fig*); *Erde* lockern, aufwühlen; *Gebäude* zum Einsturz bringen, ein-, niederreißen; **2.** *v/i u* **~-se** unsicher werden; wanken; ein-, zusammenstürzen
alumagem [ɐɫu'maʒẽj] *f* Zündung *f*
alúmen(es) [ɐ'lumən] *m(pl)* Alaun *m*
alumiar [ɐlu'mjar] (1g) **1.** *v/t* beleuchten; *j-m* leuchten; *Licht* anzünden; *fig* aufklären, bilden; **2.** *v/i* leuchten
alum|ina [ɐlu'minɐ] *f* reine Tonerde *f*; **~inífero** [-mə'nifəru] alaunhaltig; **~ínio** [-'minju] *m* Aluminium *n*
alun(iss)|agem [ɐlu'naʒẽj, (*bras*: aluni'saʒẽj)] *f* Mondlandung *f*; **~ar** [-'nar, (-ni'sar)] (1a) auf dem Mond landen
aluno [ɐ'lunu] *m*, **-a** *f* Schüler(in *f*) *m*; ***~ (-a) universitário (-a)*** Student(in *f*) *m*; ***~ (-a) ouvinte*** Gasthörer(in *f*) *m*
alus|ão [ɐlu'zɐ̃w] *f* Anspielung *f* (***a*** auf *ac*); Hinweis *m* (***a*** auf *ac*), Andeutung *f*; ***fazer -ões*** → ***aludir***; **~ivo** [-'zivu]: ***~ a*** betreffend (*ac*); gewidmet (*dat*); ***cartaz*** *m* ***~*** Spruchband *n*
aluvi|al, ~ano [ɐlu'vjaɫ, -'vjɐnu] Schwemm...; alluvial; ***terreno*** *m* ***~*** Schwemmland *n*; **~ão** [-'vjɐ̃w] *f u m* angeschwemmte(s) Erdreich *n*; *fig* Ansammlung *f*; ***terra*** *f* ***de ~*** Schwemmgebiet *n*
alva ['aɫvɐ] *f* Morgengrauen *n*; *REL* Messhemd *n*, Albe *f*; Weiße(s) *n* (*im Auge*); ***estrela*** *f* ***de ~*** Morgenstern *m*
alvaiade [aɫvɐ'jadə] *m* Bleiweiß *n*
alvar [aɫ'var] weißlich; *fig* F dümmlich, töricht
alvará [aɫvɐ'ra] *m* Erlaubnis(schein *m*) *f*, Konzession *f*; *ARQUIT* Baugenehmigung *f*; ***~ comercial*** Gewerbeerlaubnis *f* (*Handel*); ***~ de serviço de bar*** Schankkonzession *f*; ***~ profissional*** Gewerbeschein *m* (*Freiberufler*); ***conceder ~*** *e-e* Konzession (*od* Gewerbeerlaubnis) erteilen
alvarenga [aɫva'rẽga] *bras* Leichter *m*
alvedrio [aɫvə'driw] *m* freie(r) Wille *m*
alveiro [aɫ'vɐjru] weiß; ***moinho*** *m* ***~*** Weizenmühle *f*
alveitar [aɫvɐj'tar] *m* Viehdoktor *m*
alvej|ante [aɫvə'ʒẽtə] weißlich (aussehend); **~ar** [-'ʒar] (1d) **1.** *v/t* **a)** weiß machen, bleichen; **b)** zielen auf (*ac*); *fig a* bezwecken; **2.** *v/i* bleichen (*Substanz*); weißlich schimmern
alvenaria [aɫvənɐ'riɐ] *f* Mauerwerk *n*
álveo ['aɫvju] *m* (Fluss)Bett *n*; Rinne *f*
alvéola|(-branca) [aɫ'vɛwlɐ('brẽkɐ)] *f ZO* Bachstelze *f*
alvéolo [aɫ'vɛwlu] *m* (Waben)Zelle *f*; *ANAT* Alveole *f*, Zahndamm *m*; Lungenbläschen *n*
alvissarar [aɫvisɐ'rar] (1b) *Nachricht* überbringen; *Neuigkeit* herausfinden
alvíssaras [aɫ'visɐrɐʃ] *f/pl* Finderlohn *m*
alvissareiro [aɫvisɐ'rɐjru] viel versprechend
alvitr|ar [aɫvi'trar] (1a) vorschlagen; raten zu; erinnern an (*ac*); **~e** [aɫ'vitrə] *m* Vorschlag *m*; Meinung *f*; Rat *m*
alvo ['aɫvu] **1.** *adj* hell; weiß; rein; **2.** *m* **a)** Weiße *f*; ***o ~*** das Weiße (*im Auge*); **b)** Ziel(scheibe *f*) *n*; ***grupo*** *m* ***~*** Zielgruppe *f*; ***tiro*** *m* ***ao ~*** Scheibenschießen *n*; ***acertar*** (*od* ***dar***) ***no***

~ treffen; *fig* ins Schwarze treffen; ***errar o ~*** *fig* übers Ziel hinausschießen

alvor [aɫ'vor] *m* Morgengrauen *n*

alvor|ada [aɫvu'radɐ] *f* Morgendämmerung *f*; Morgengesang *m* (*der Vögel*); *fig* Beginn *m*; Frühling *m* (*des Lebens*); **~ecer** [-rə'ser] (2g) Tag werden, tagen; *fig* erwachen

alvoroçar [aɫvuru'sar] (1p; *Stv* 1e) **a)** aufregen, aufwühlen; aufschrecken; *zur Revolte* aufwiegeln; **b)** freudig erregen, begeistern; ***~-se*** sich freuen (**com** über *ac*)

alvoro|ço [aɫvu'rosu] *m* **a)** Auf-, Erregung *f*, Aufruhr *m*; Schreck *m*; **b)** Freude *f*, Begeisterung *f*; **c)** Eile *f*, Hast *f*; **~tar** [-ru'tar] (1e) → ***alvoroçar***; **~to** [-'rotu] *m* → ***alvoroço***

alvura [aɫ'vurɐ] *f* Weiße *f*; *fig* Reinheit *f*, Unschuld *f*

ama ['ɐmɐ] *f* Tagesmutter *f*; Kinderpflegerin *f*; ***~ de leite*** Amme *f*

amabil|idade [ɐmɐbəli'dadə] *f* Liebenswürdigkeit *f* (***a, para, com*** gegenüber); ***falta*** *f* ***de ~*** Unfreundlichkeit *f*

amachuc|adela [ɐmɐʃukɐ'dɛlɐ] *f* P Tracht *f* Prügel; **~ado** [-'kadu] knautschig; *fig* (nieder)gedrückt; unpässlich; ***ficar ~ com*** sich *et* zu Herzen nehmen; **~ar** [-'kar] (1n) *Stoff* (zer)knittern, (zer)knautschen; *Papier* zusammenknüllen; *fig* bedrücken, zusetzen (*dat*)

amaci|ador [ɐmɐsjɐ'dor] *m* Weichspüler *m*; **~amento** [-'mẽtu] *m* AUTO Einfahren *n*; **~ar** [-'sjar] (1g) weich (*od* geschmeidig) machen; glätten; mildern; besänftigen; AUTO einfahren

amador [ɐmɐ'dor] *m* Amateur *m*, Laie *m*; (Kunst)Liebhaber *m*; **~ismo** [-du'riʒmu] *m* Liebhaberei *f*

amadur|ar [ɐmɐdu'rar] (1a) = **~ecer** [-rə'ser] (2g) **1.** *v/t* zur Reife bringen; (aus)reifen lassen; **2.** *v/i* reifen (*a fig*); **~ecido** [-rə'sidu] reif (*Frucht*); **~ecimento** [-rəsi'mẽtu] *m* Reifen *n*; Reife *f*

âmago ['ɐmɐgu] *m* BOT Mark *n*; *fig* Kern *m*; Wesen *n*; Innere(s) *n*

amainar [ɐmaj'nar] (1a) **1.** *v/t* NAV *Segel* reffen, einziehen; *fig* beschwichtigen; **2.** *v/i* nachlassen, abflauen

amaldiçoar [ɐmaɫdi'swar] (1f) verfluchen, verwünschen

amálgama [ɐ'maɫgɐmɐ] *m* Amalgam *n*

amalgam|ar [ɐmaɫgɐ'mar] (1a) vermengen; *fig* verquicken; verbinden

amaluc|ado [ɐmɐlu'kadu] leicht verrückt; **~ar** [-'kar] (1n) **1.** *v/t* verrückt machen; **2.** *v/i* verrückt werden

amamentar [ɐmɐmẽ'tar] (1a) nähren; *Kind* säugen, stillen

amanceb|ado [ɐmẽsə'badu] in wilder Ehe lebend; **~amento** [-bɐ'mẽtu] *m* wilde Ehe *f*; **~ar-se** [-'barsə] (1d): ***~ com*** *unverheiratet* zusammenleben mit (*dat*), in Lebensgemeinschaft leben mit

amandar [ɐmẽ'dar] (1a) P schmeißen

amaneir|ado [ɐmɐnɐj'radu] gekünstelt, affektiert; **~ar-se** [-'rarsə] (1a) affektiert tun

amanhã [ɐmɐ'ɲẽ] morgen; ***~ de manhã*** morgen früh; ***de hoje para ~*** von heute auf morgen; ***depois de ~*** übermorgen; ***o (dia de) ~*** der morgige Tag; das Morgen (*Zukunft*); ***guardar para ~*** aufschieben

amanhar [ɐmɐ'ɲar] (1a) *Feld* bestellen; *Boden* bearbeiten; vorbereiten; *et* (her)richten; ***~-se*** sich zurechtmachen; sich anschicken

amanhecer [ɐmɐɲə'ser] (2g) **1.** *v/i* tagen, Tag werden; anbrechen (*Tag*); aufgehen (*Sonne*); am Morgen erwachen; **2.** *m* Tagesanbruch *m* (**ao** bei)

amanita [ɐmɐ'nitɐ] *f* BOT Fliegenpilz *m*

amans|adela [ɐmẽsɐ'dɛlɐ] *f* F Denkzettel *m*, Rüffel *m*; **~amento** [-'mẽtu] *m* Beruhigung *f*, Nachlassen *n*; **~ar** [-'sar] (1a) **1.** *v/t* *Tier* bändigen, zähmen; *Wut* besänftigen; *Pflanzen* veredeln; *Durst, Schmerz* stillen; *Schuhe* einlaufen; **2.** *v/i* *u* ***~-se*** zahm werden; sich beruhigen; sich legen

amansardado [ɐmẽsɐr'dadu] *m* Dachgeschosswohnung *f*

amante [ɐ'mẽtə] **1.** *adj* liebend; ***~ da paz*** friedliebend; ***ser ~ de*** gern haben, lieben (*ac*); **2.** *su* Liebhaber(in *f*) *m*, Geliebte(r) *su*; ***~s*** *pl* Liebende(n) *pl*, Liebespaar *n*

Amapá [ẽma'pa]: ***o*** **~** *bras Bundesterritorium*
amar [ɐ'mar] (1a) lieben; verliebt sein (in *ac*); ***fazer-se*** **~** sich beliebt machen
amar|ado [ɐmɐ'radu] voller Wasser; *mit Wasser* voll gelaufen; **~agem** [-'raʒẽj] *f AV* Wasserlandung *f*
amarar [ɐmɐ'rar] (1b) *AV* wassern; **~-se** mit Wasser voll laufen
amarel|ado [ɐmɐrə'ladu] gelblich; blass (*Gesicht*); **~ão** [-'lɐ̃w] *m* **a)** *ZO* Grünling *m*; **b)** Gelb *n*; **~ar** [-'lar] (1c), **~ecer** [-lə'ser] (2g) **1.** *v/t* gelb färben; **2.** *v/i* gelb werden; vergilben (*Papier*); **~ejar** [-lə'ʒar] (1d) gelb(-lich) schimmern; **~ento** [-'lẽtu] **1.** *adj* gelblich; fahl, blass (*Gesicht*); **2.** *m bras* Gelbfieberkranke(r) *m*; **~idão** [-li'dɐ̃w] *f* Gelb *n*; F Blässe *f*
amarelinha [ẽmare'liɲa] *f bras* Hopse(spiel *n*) *f*
amarelo [ɐmɐ'rɛlu] **1.** *adj* gelb; blass (*Gesicht*); gezwungen (*Lächeln*); ***febre*** *f* **-a** Gelbfieber *n*; **2.** *m* Gelb(e) *n*, gelbe Farbe *f*; **~s** *pl* Gegenstände *m/pl* aus Kupfer (*od* Messing)
amargar [ɐmɐr'gar] (1o; *Stv* 1b) **1.** *v/t* bitter machen; *fig* verbittern; *Lebenswandel* bitter büßen; **2.** *v/i* bitter schmecken; ***ser de*** **~** schwer zu ertragen sein
amarg|o [ɐ'margu] **1.** *adj* bitter (*Geschmack*); *fig* hart; **2.** *m* Bitterkeit *f*; *bras ungesüßter* Mate *m*; **~s** *pl* bittere Medizin *f*; **~s** *pl* ***de boca*** *fig* Verdruss *m*, Ärger *m*; **~or** [ɐmɐr'gor] *m* → ***~ura***; **~oso** [-'gozu] bitter; **~ura** [-'gurɐ] *f* bittere(r) Geschmack *m*; *fig* Bitterkeit *f*; Verbitterung *f*; ***de*** **~**, ***da*** **~** Leidens...; **~s** *pl* Leiden *n/pl*, Verdruss *m*; ***andar pelas ruas da*** **~** F durch das Tal der Leiden gehen; **~urado** [-gu'radu] bitter; verbittert; **~urar** [-gu'rar] (1a) bitter machen; *j-n* er-, verbittern; **~-se** sich grämen
amaricado [ɐmɐri'kadu] P weibisch; schwul
amarílis [ɐmɐ'riliʃ] *f BOT* Amaryllis *f*
amaro [ɐ'maru] → ***amargo***
amarr|ação [ɐmɐʀɐ'sɐ̃w] *f* Vertäuung *f*; Verankerung *f* (*a ARQUIT*); *fig bras* zärtliche Bande *n/pl*; **~adouro** [-'doru] *m* Ankerplatz *m*; **~adura** [-'durɐ] *f* Trosse *f*; Vertäuung *f*; **~ar** [-'ʀar] (1b) **1.** *v/t* an-, festbinden (***a***, ***em*** an *ac*), ketten (***a***, ***em*** an *ac*); *NAV* verankern, -täuen; *Paket etc* ver-, zusammenschnüren; behindern; *bras* P anbandeln mit; **~ *a cara*** ein finsteres Gesicht machen; **2.** *v/i* festmachen (*Schiff*); *fig* halten, stehen bleiben; **~-se** sich binden (***a*** an *ac*), sich klammern (***a*** an *ac*); *bras* P sich verknallen (***em*** in *ac*)
amarrotar [ɐmɐʀu'tar] (1e) *Stoff, Papier* zerknittern, zusammenknüllen; F verdreschen; **~-se** knittern, knautschen
amaru|jar [ɐmɐru'ʒar] (1a) **1.** *v/t Schiff* bemannen; **2.** *v/i* leicht bitter schmecken; bitter werden; **~lento** [-'lẽtu] sehr bitter
ama(s)-seca(s) [ɐmɐ'sekɐ] *f(pl)* Kindermädchen *n*, Pflegemutter *f*
amasi|ar-se [ɐmɐ'zjarsə] (1g) in Lebensgemeinschaft leben; ein Verhältnis beginnen; **~o** [-'ziw] *m* wilde Ehe *f*
amásio [ɐ'mazju] *m*, **-a** *f* Geliebte(r) *su*
amass|adeira [ɐmɐsɐ'dɐjrɐ] *f* Knet-, Mischmaschine *f*; Backtrog *m*; **~adela** [-'dɛlɐ] *f fig* Beule *f*; F Abreibung *f*; ***dar uma*** **~** ***a*** (durch)kneten; *fig* F zusammenstauchen; **~adura** [-'durɐ] *f* Teig *m*; Mischung *f* (*Zement*); Speise *f* (*Maurer*); **~ar** [-'sar] (1b) **1.** *v/t Teig* kneten; *Zement etc* mischen, anmachen; *Blech* zerbeulen; *Gesicht* platt drücken; *Papier* einstampfen; vermischen; *fig* zusammentun; *j-n* zusammenstauchen; verhauen; **2.** *v/i* verbeulen, e-e Beule abbekommen; **~aria** [-'riɐ] *f* **a)** Backstube *f*; **b)** Mischung *f*
amatividade [ɐmɐtəvi'dadə] *f* Liebesfähigkeit *f*
amável [ɐ'mavɛɫ] liebenswürdig (***com***, ***para*** zu); nett (***com***, ***para*** zu); ***pouco*** **~** unfreundlich
amavioso [ɐmɐ'vjozu] verführerisch; liebenswürdig; rücksichtsvoll
amaz|ona [ɐmɐ'zonɐ] *f MIL* Amazone *f*; (Kunst)Reiterin *f*; Reitkleid *n*
Amaz|onas [ẽma'zonas]: ***o*** **~** Amazonas *m* (*a bras Bundesstaat*); **≈onense** [-zu'nẽsə] **1.** *adj* aus Amazonas; **2.** *su* Bewohner(in *f*) *m* des Bundesstaates Amazonas; **≈ónico** (*ô) [-'zɔniku] *MIL* Amazo-

nen...; *GEOGR* Amazonas...; **≈ónio** (*ô) [-'zɔnju] Amazonas...
âmbar ['ɐ̃bɐr] *m* **a)** Bernstein *m*; **b)** Ambra *su* (*Duftstoff*)
ambi|ção [ɐ̃bi'sɐ̃w] *f* Ambition *f*; Ehrgeiz *m*, Streben *n*; Verlangen *n*, *heftiger* Wunsch *m*; **~cionar** [-sju'nar] (1f) erstreben, streben nach; verlangen nach; **~cioso** [-'sjozu] ambitioniert; ehrgeizig
ambidestro [ɐ̃bi'dɛʃtru] beidhändig
ambiência [ɐ̃'bjẽsjɐ] *f* Umwelt *f*; Atmosphäre *f*
ambient|al [ɐ̃bjẽ'taɫ] Umwelt...; ***protecção*** *f* **~** Umweltschutz *m*; **~alista** [-tɐ'liʃtɐ] **1.** *adj* Umweltschutz...; **2.** *su* Umweltschützer(in *f*) *m*; **~ar** [-'tar] (1a) e-e Atmosphäre schaffen für; **~-se** sich eingewöhnen; sich einarbeiten
ambiente [ɐ̃'bjẽtə] **1.** *adj* umgebend; ***meio*** *m* **~** Umwelt *f*; ***música*** *f* **~** Hintergrundmusik *f*; **2.** *m* Umwelt *f*; Atmosphäre *f*; Stimmung *f*; *INFORM* (Benutzer)Oberfläche *f*; **~ *de cortar à faca*** F dicke Luft *f*
amb|iguidade (*ü) [ɐ̃bəgwi'dadə] *f* Zweideutigkeit *f*; **~íguo** [-'bigwu] zweideutig; zweifelhaft
âmbito ['ɐ̃bitu] *m* Umfang *m*; Bereich *m*; **~ *de acção*** Wirkungsbereich *m*; **~ *de competência*** Zuständigkeitsbereich *m*; **~ *de responsabilidade*** Verantwortungsbereich *m*; ***no* ~ *de*** auf dem Gebiet (*gen*); im Rahmen (*gen*) (*e-r Veranstaltung etc*)
ambivalência [ɐ̃bivɐ'lẽsjɐ] *f* Zwiespältigkeit *f*, Ambivalenz *f*
ambos, -as ['ɐ̃buʃ, 'ɐ̃mbɐʃ] beide
âmbula ['ɐ̃bulɐ] *f* Phiole *f*; *REL* Ölfläschchen *n* (*für geweihtes Öl*)
ambul|ância [ɐ̃bu'lẽsjɐ] *f* Krankenwagen *m*; Sanitätsdienst *m*; *MIL* Feldlazarett *n*; **~ *postal*** *CAM. DE F* Postwagen *m*; **~ante** [-'lẽtə] ambulant; fahrend; Wander...; ***vendedor*** *m* **~** Straßenverkäufer *m*; **~atório** [-lɐ'tɔrju] **1.** *adj* unstet; *MED* ambulant; **2.** *m bras MED* Ambulanz *f*; **~atriz** [-la'tris] *f bras* P Straßenmädchen *n*
ameaç|a [ɐ'mjasɐ] *f* Bedrohung *f* (***a*** für); Drohung *f* (***a*** gegen); bedrohliche(s) Anzeichen *n*; **~ *de morte*** Morddrohung *f*; **~ *de ruína*** Baufälligkeit *f*; Einsturzgefahr *f*; ***fazer* ~ *de*** beabsichtigen; **~ador** [ɐmjɐsɐ'dor] drohend, bedrohlich; **~ar** [ɐmjɐ'sar] (1p; *Stv* 1b) bedrohen; **~ *de*, *com*** *j-m* drohen mit; *j-m et* androhen; **~o** [ɐ'mjasu] *m* Anzeichen *n* (*Krankheit*, *Unwetter*)
amealh|anço [ɐmjɐ'ʎɐ̃su] *m irón* Sparstrumpf *m*; **~ar** [-'ʎar] (1b) (zusammen)sparen
ameb|a [ɐ'mɛbɐ] *f* Amöbe *f*
amedront|ador [ɐmədrõtɐ'dor] erschreckend, schrecklich; **~ar** [-'tar] (1a) (er-, auf)schrecken; (ver)ängstigen; **~-se** erschrecken (***com***, ***de*** vor *dat*)
ameigar [ɐmɐj'gar] (1o) streicheln
amêijo|a [ɐ'mɐjʒwɐ] *f* Venusmuschel *f*; **~-*branca*** *f* Trogmuschel *f*; **~ada** [-'ʒwadɐ] *f CUL* Muschelgericht *n*; *bras* durchwachte Nacht *f*
ameix|a [ɐ'mɐjʃɐ] *f* Pflaume *f*
ameloado [ɐmə'lwadu] Melonen...
amém, ámen [a'mɐ̃j, 'amen] *m* Amen *n*; ***dar os ámens a*, *dizer* ~ *a*** F Ja und Amen sagen zu; ***num*** (*od* ***em menos de um***) **~** im Nu
amêndoa [ɐ'mẽdwɐ] *f* Mandel *f*; (Obst)Kern *m*; **~ *amarga*** Bittermandel *f*; **~ *de caju*** Cashewnuss *f*; **~ *pelada*** geschälte Mandel *f*; **~ *torrada*** gebrannte Mandel *f*; ***confeito*** *m* ***de* ~** Zuckermandel *f*
amendo|ada [ɐmẽ'dwadɐ] *f* Mandelmilch *f*; Mandelkuchen *m*; Mandelpudding *m*; **~ado** [-'dwadu] mandelförmig; **~eira** [-'dwɐjrɐ] *f* Mandelbaum *m*; **~im** [-du'ĩ] *m* Erdnuss *f*
amenidade [ɐməni'dadə] *f* Lieblichkeit *f* (*der Landschaft*); Anmut *f*; Heiterkeit *f*; Milde *f*
amen|izador [ɐmənizɐ'dor] mildernd; **~izar** [-'zar] (1a) **1.** *v/t* verschönen; ausschmücken; *Unangenehmes* abschwächen, mildern; aufheitern; **2.** *v/i u* **~-se** sich beruhigen; verfliegen (*Wut*), milder werden (*Kälte*); **~o** [ɐ'menu] lieblich (*Landschaft*), heiter (*Tag*, *Wetter*); anmutig; mild (*Klima*)
amental [amẽ'taw] *bras* geistesgestört
ament|ilho, ~o [ɐmẽ'tiʎu, ɐ'mẽtu] *m BOT* Kätzchen *n*
amercear [ɐmər'sjar] (1l) *Gefallen*

erweisen; *Schuld* vergeben; *Strafe* erlassen; **~-se** sich erbarmen

América [a'mɛrika]: ***a ~*** Amerika *n*; ***a ~ Central*** Zentral-, Mittelamerika *n*; ***a ~ do Norte*** Nordamerika *n*; ***a ~ Latina*** Lateinamerika *n*; ♀ *f fig bras* großartige Sache *f*; gute(s) Geschäft *n*

american|ice [ɐmərikɐ'nisə] *f*: ***é uma ~*** das ist typisch amerikanisch; **~ista** [-'niʃtɐ] *su* Amerikanist(in *f*) *m*

americano [ɐməri'kɐnu] **1.** *adj* amerikanisch; **2.** *m*, **-a** *f* Amerikaner(in *f*) *m*

ameríndio [ɐmə'rĩdju] **1.** *adj* indianisch; **2.** *m*, **-a** *f* Indianer(in *f*) *m*, Indio(frau *f*) *m*

ameriss|agem [ameri'saʒẽj] *f bras* → ***amaragem***; **~ar** [-'sar] (1a) *bras* → ***amarar***

amesendar(-se) [ɐməzẽ'dar(sə)] (1a) sich (an den Tisch) setzen; es sich bequem machen

amesquinh|ador [ɐməʃkiɲɐ'dor] kleinlich; **~ar** [-'ɲar] (1a) abschätzig behandeln; verächtlich (*od* herunter)machen; **~-se** sich demütigen

amestr|ador [ɐməʃtrɐ'dor] *m* Dresseur *m*; **~amento** [-'mẽtu] *m* Dressur *f*; **~ar** [-'trar] (1c) dressieren; *j-n* unterweisen; **~-se** sich üben (in *dat*), trainieren

ametista [ɐmə'tiʃtɐ] *f* Amethyst *m*

amial [ɐ'mjał] *m BOT* Erlenbusch *m*

amianto [ɐ'mjẽtu] *m* Asbest *m*

amib|a [ɐ'mibɐ] *f* Amöbe *f*; **~iano** [-'bjɐnu] Amöben...

amic|al [ɐmə'kał] freundschaftlich; Freundschafts...; **~íssimo** [-'sisimu] **1.** *sup irr von* ***amigo***; **2.** *adj*: ***~ de*** sehr zugetan (*dat*); eng befreundet mit

amido [ɐ'midu] *m* Stärke(mehl *n*) *f*

amieiro [ɐ'mjɐjru] *m* Erle *f*

amig|a [ɐ'migɐ] *f* Freundin *f*; **~ação** [amiga'sɐ̃w] *f bras* P wilde Ehe *f*; **~ado** [ɐmi'gadu] → ***amancebado***; **~alhaço** *m*, **~alhão** *m*, **~ão** *m* [-gɐ'ʎasu, -gɐ'ʎɐ̃w, -'gɐ̃w] enge(r) (echter) Freund *m*; **~ar-se** [-'garsə] (1o) zusammenleben (***com*** mit); **~ável** [-'gavɛł] freundschaftlich

amígdala [ɐ'migdɐlɐ] *f ANAT* Mandel *f*

amigdalite [ɐmigdɐ'litə] *f MED* Mandelentzündung *f*

amigo [ɐ'migu] **1.** *adj* freundschaftlich; Freundes...; ***pessoa*** *f* ***-a*** gute(r) Bekannte(r) *su*; ***ser*** (***muito***) ***~ de*** (eng) befreundet sein mit (*Person*); (sehr) lieben (*ac*) (*a fig*); ***~ de música*** Musik liebend; ***tornar-se ~ de*** sich anfreunden mit; lieb gewinnen (*ac*); ***~-da-onça*** *bras irón* falsche(r) Freund *m*; **2.** *m* Freund *m*; ***~ fixe***, *bras* ***~ do peito*** F verlässliche(r) Freund *m*; ***~ leitor*** geneigte(r) Leser *m*; ***~ para o inverno*** P falsche(r) Freund *m*; ***cara*** *f* ***de poucos ~s*** mürrische(s) Gesicht *n*

amigu|ete [ɐ̃mi'gɛtʃi] *su bras iron* Freundchen *n*; **~ismo** [ɐmə'giʒmu] *m* Vetternwirtschaft *f*

amim|alhar [ɐmimɐ'ʎar] (1b) verziehen; **~ar** [-'mar] verwöhnen

aminoácido [ɐminu'asidu] *m* Aminosäure *f*

amistoso [ɐmiʃ'tozu] freundschaftlich

amiud|ado [ɐmiu'dadu] häufig, wiederholt; ***-as vezes*** oft; **~ar** [-'dar] (1q) **1.** *v/t* häufig wiederholen; häufig aufeinander folgen lassen; **2.** *v/i* sich häufen; krähen (*Hahn*)

amiúde [ɐ'mjudə] häufig

amizade [ɐmi'zadə] *f* Freundschaft *f* (***para com***, ***por*** zu); befreundete Person *f*; ***fazer ~s*** Freundschaften schließen; ***ter ~ por*** ein freundschaftliches Verhältnis zu *j-m* haben; ***travar ~*** Freundschaft schließen

amnésia [ɐm'nɛzjɐ] *f* Gedächtnisschwund *m*, Amnesie *f*

amniótico [ɐm'njɔtiku]: ***líquido*** *m* ***~*** Fruchtwasser *n*

a(m)nist|ia [ɐ(m)nəʃ'tiɐ] *f* Amnestie *f*, Straferlass *m*; **~iar** [-'tjar] (1g) amnestieren; begnadigen

am.º ***amigo*** *m* Freund *m*

amo ['ɐmu] *m* Herr *m*; Besitzer *m*; Herrchen *n* (*Hund*)

amochar-se [ɐmu'ʃarsə] (1e) **a)** sich zurückziehen; in sich gehen; **b)** sich verbergen

amodorr|ado [ɐmudu'ʀadu] schläfrig; schlaftrunken; **~ar** [-'ʀar] (1e) einschläfern; einlullen

amoedar [ɐmwə'dar] (1c) münzen; *fig* zu Geld machen; *Worte* prägen

amofin|ado [ɐmufi'nadu] verdrießlich; verärgert; gelangweilt; **~ar**

[-'nar] (1a) verdrießen; ärgern; langweilen

amoitar [ɐmoj'tar(sə)] (1a) verbergen

amol|ação [ɐmulɐ'sɐ̃w] *f* Schleifen *n*, Schärfen *n*; *fig bras* Ärgernis *n*; Widrigkeit *f*, lästige Angelegenheit *f*; **~adeira** [-'dɐjrɐ] *f* Schleifstein *m*, -maschine *f*; **~adela** [-'dɛlɐ] *f* → ***amolação***; *fig a* Denkzettel *m*; **~ado** [-'ladu] scharf; *fig* erstklassig; *bras* verärgert, P sauer; **~ador** [-lɐ'dor] *m* Schleifer *m*; *fig bras* aufdringliche(r) Kerl *m*, Ekel *n*; **~adura** [-'durɐ] *f* Schleifen *n*, Schliff *m*; **~ante** [ẽmo'lẽtʃi] *bras* aufdringlich; lästig, langweilig; **~ar** [ɐmu'lar] (1e) **1.** *v/t* schleifen; schärfen (*a fig*); *Blech* verbeulen; *bras Person* belästigen; nachdenken (**em** über *ac*); **2.** *v/i* nachdenken; *bras* lästig sein; **~-se** *bras* sich ärgern (**com** über *ac*); in Schwierigkeiten stecken

amoldar [ɐmoɫ'dar] (1a) formen; gestalten; *an Vorhandenes* anpassen; **~-se** sich anpassen; sich fügen

amolecar [ẽmolɛ'kar] (1n) *bras* lächerlich machen

amolec|er [ɐmulə'ser] (2g) **1.** *v/t* aufweichen; *Wasser* enthärten; *fig* erweichen; rühren; schwächen; **2.** *v/i u* **~-se** erschlaffen; aufweichen, weich werden (*a fig*); *fig* schwach werden; verweichlichen; **~ido** [-'sidu] geschwächt (**com**, **por** durch, von); **~imento** [-si'mẽtu] *m* Schwächung *f*; *fig* Erschlaffung *f*

amolentar [ɐmulẽ'tar] (1a) → ***amolecer***; abschwächen, dämpfen

amolg|adela [ɐmoɫgɐ'dɛlɐ] *f* → ***~adura***; **~ado** [-'gadu] verbeult; **~adura** [-gɐ'durɐ] *f* Beule *f*; **~ar** [-'gar] (1o) **1.** *v/t* verformen; verbeulen; zerstoßen, zerquetschen; *fig* zusammenschlagen; **2.** *v/i u* **~-se** Beulen bekommen; *fig* nachgeben

amoníaco [-'niɐku] *m* Ammoniak *n*

amónio (*ô) [ɐ'mɔnju] *m* Ammonium *n*; ***carbonato*** *m* ***de*** **~** Hirschhornsalz *n*

amont|oação [ɐmõtwɐ'sɐ̃w] *f* Aufhäufung *f*; Haufen *m*; **~oado** [-'twadu] *m* Haufen *m*; **~ *de escórias*** BGB Schlackenhalde *f*; **~oador** [-twɐ'dor] *m* AGR Häufelpflug *m*; **~oamento** [-twɐ'mẽtu] *m* → ***amontoação***; **~oar** [-'twar] (1f) **1.** *v/t* (an-, auf)häufen; auf e-n Haufen werfen; AGR häufeln; **2.** *v/i Reichtümer* anhäufen (*od* beiseite schaffen); **~-se** sich ansammeln; anwachsen

amoque [ɐ'mɔkə] *m* Übellaunigkeit *f*; blinde Wut *f*, Amok *m*; ***estar com*** **~** in e-r Depression stecken

amor [ɐ'mor] **1.** *m* Liebe *f* (**a**, **para com**, **por** zu); Liebste(r) *su*, Liebling *m* (*Person, Anrede*); Amor *m* (*Gott*); **~ *ao próximo*** Nächstenliebe *f*; **~ *à primeira vista*** Liebe auf den ersten Blick; **~ *físico*** körperliche Liebe *f*; **~ *materno*** Mutterliebe *f*; **~ *venal*** käufliche Liebe *f*; ***com*** **~** liebend gern; ***meu*** **~** F mein Schatz; ***pelo*** (*od* ***por***) **~ *de Deus*** um Gottes willen; ***por ~ de*** wegen (*gen*); ***por ~ de mim*** (***de ti***) mir (dir) zuliebe; ***fazer*** **~** Liebe machen; ***ser*** (***estar***) ***um*** **~** reizend sein (aussehen); ***ter ~ à pele*** P s-e Haut retten wollen; sehr vorsichtig sein; ***viver de ~ e brisas*** P von Luft und Liebe leben; **2.** **~es** *m/pl* Liebschaften *f/pl*

amora [ɐ'mɔrɐ] *f* Maulbeere *f*; Brombeere *f*

amorável [ɐmu'ravɛɫ] zärtlich; liebenswert

amoreira [ɐmu'rɐjrɐ] *f* Maulbeerbaum *m*; Brombeerstrauch *m*

amorfo [ɐ'mɔrfu] form-, gestaltlos; CIENC amorph

amornar [ɐmur'nar] (1e) warm werden

amoros|a [ẽmo'rɔza] *f bras* Faulheit *f*; **~o** [ɐmu'rozu] **1.** *adj* liebevoll; liebenswürdig; **2.** *m* TEA Liebhaber *m*

amor|(es)-perfeito(s) [ɐmorpər'fɐjtu] *m(pl)* BOT Stiefmütterchen *n*; **~-próprio** [-'prɔprju] *m* Selbstachtung *f*

amortalh|ador *m*, **-adeira** *f* [ɐmurtɐʎɐ'dor, -'dɐjrɐ] Leichenwäscher(in *f*) *m*; **~ar** [-tɐ'ʎar] (1b) **a)** einhüllen; ins Leichentuch hüllen; einsargen; **b)** *Zigarette* drehen

amortec|edor [ɐmurtəsə'dor] *m* AUTO Stoßdämpfer *m*; Prellvorrichtung *f*; CAM. DE F Puffer *m*; **~ *a gás*** Gasstoßdämpfer *m*; **~ *de som*** Schalldämpfer *m*; **~er** [-'ser] (2g) **1.** *v/t Hass, Schlag* abschwächen, dämpfen; abtöten; *Schlag* abfangen; *Licht* abblenden; *Fußball* stoppen;

2. *v/i* schwächer werden; einschlafen, absterben (*Gefühle*, *Gliedmaßen*); erlöschen (*Licht*); verblassen (*Farbe*); **~ido** [-'sidu] abgestorben; abgeschwächt; **~imento** [-si'mẽtu] *m* Abschwächung *f*, Dämpfung *f*; Schwäche *f*

amortiçado [ɐmurti'sadu] abgestumpft, ausgelöscht

amortiz|ação [ɐmurtizɐ'sɐ̃w] *f* ECON Tilgung *f*; Amortisation *f*; Abschreibung *f*; **~ador** [-'dor]: ***prestação f -ora*** Tilgungsrate *f*; **~ar** [-'zar] (1a) ECON tilgen; amortisieren; *Schuld* abtragen, abbezahlen

amossar [ɐmɔ'sar] (1e) verbeulen

amostra [ɐ'mɔʃtrɐ] *f* Muster *n*; Probe *f*; ***~ grátis*** Gratisprobe *f*; ***pano m de ~*** F Beweis *m*; ***de ~*** als Muster, zur Probe; ***recolher ~*** e-e Probe nehmen (*od* ziehen); **~gem** [ɐmuʃ'traʒɐ̃j] *f* Probennahme *f*; *allg* Auswahl *f*

amotin|ação [ɐmutinɐ'sɐ̃w] *f* Aufwiegelung *f*; Aufstand *m*, Aufruhr *m*; NAV, MIL Meuterei *f*; **~ador** [-'dor] **1.** *adj* aufständisch; meuternd; **2.** *m* Aufrührer *m*; Meuterer *m*; **~ar** [-'nar] (1a) aufhetzen, -wiegeln; ***~-se*** sich empören; meutern

amoucado [ɐmo'kadu] schwerhörig

amov|er [ɐmu'ver] (2d) abnehmen, entfernen; *Angestellte* versetzen; *von der Steuer* absetzen; **~ibilidade** [-vibəli'dadə] *f* Absetzbarkeit *f*; **~ível** [-'vivɛɫ] versetzbar (*Angestellte*); entfernbar; *steuerlich* absetzbar; *Amt* befristet; TÉCN ab-, herausnehmbar

ampar|ar [ɐ̃pɐ'rar] (1b) (be)schützen (***de*** vor *dat*); *Familie* unterstützen; *Mauer* stützen; ***~-se a*** (*od* ***em***) sich stützen auf (*ac*); sich halten an (*ac*); Zuflucht suchen in

amparo [ɐ̃'paru] *m* Schutz *m* (***a*** für, ***contra*** gegen, vor *dat*); Hilfe *f*, Stütze *f* (*a fig*); Unterstützung *f*

amper|agem [ɐ̃pə'raʒɐ̃j] *f* FIS Stromstärke *f*; **~e** [ɐ̃'pɛrə] *m* Ampere *n*

ampli|ação [ɐ̃pljɐ'sɐ̃w] *f* Erweiterung *f*; ARQUIT Ausbau *m*, Erweiterungsbau *m*; Vergrößerung *f* (*a* FOT); **~ador** [-'dor] *m* Vergrößerungsapparat *m*; **~ar** [ɐ̃'pljar] (1g) ausdehnen; erweitern; FOT vergrößern; **~dão** [ɐ̃pli'dɐ̃w] *f* Weite *f*, Ausdehnung *f*

amplific|ação [ɐ̃pləfikɐ'sɐ̃w] *f* Vergrößerung *f*; Verstärkung *f* (*bsd* EL); **~ador** [-'dor] *m* EL Verstärker *m*; **~ar** [-'kar] (1n) erweitern; vergrößern; EL verstärken; *fig* übertreiben

amplitude [ɐ̃pli'tudə] *f räumliche* Weite *f*, Ausdehnung *f*; Umfang *m*; FIS Amplitude *f*; Ausschlag *m*; *Radio*: Frequenz *f*

amplo ['ɐ̃plu] weit, weitläufig (*Gebiet*); geräumig (*Haus*, *Raum*); weitgehend (*Kompetenzen*); umfassend (*Kenntnisse etc*); ***informações f/pl mais -as*** nähere Auskunft *f*

ampola [ɐ̃'polɐ] *f* → ***empola***

ampulheta [ɐ̃pu'ʎetɐ] *f* Sand-, Eieruhr *f*

amput|ação [ɐ̃putɐ'sɐ̃w] *f* MED Amputation *f*, Abnahme *f*; **~ar** [-'tar] (1a) MED amputieren; abnehmen

Am(e)sterdão [ɐməʃtər'dɐ̃w] Amsterdam *n*

amu|ado [ɐ'mwadu] F beleidigt (***com***, ***por*** wegen), eingeschnappt (***com***, ***por*** wegen); tot (*Kapital*); **~ar** [ɐ'mwar] (1g) **1.** *v/t* (ver)ärgern; *zeitl* dränge(l)n (***em*** zu); **2.** *v/i* F maulen; einschnappen; ***fazer ~*** beleidigen; verärgern

amuleto [ɐmu'letu] *m* Amulett *n*

amuo [ɐ'muw] *m* Zank *m*

amurada [ɐmu'radɐ] *f* NAV Reling *f*

ana|bólicos, **~bolizantes** [ɐnɐ'bɔlikuʃ, -buli'zẽtəʃ] *m/pl* Anabolika *n/pl*

ana|crónico (*ô) [ɐnɐ'krɔniku] anachronistisch; **~cronismo** [-kru'niʒmu] *m* Anachronismus *m*

anafado [ɐnɐ'fadu] dick

anágua [ɐ'nagwɐ] *f* Unterrock *m*

anais [ɐ'najʃ] *m/pl* Jahrbücher *n/pl*; Annalen *pl*

anal [ɐ'naɫ] **a)** ANAT anal; After...; **b)** einjährig

analéptico [ɐnɐ'lɛptiku] **1.** MED stärkend; **2.** *m* MED Analeptikum *n*, Stärkungsmittel *n*

analfab|etismo [ɐnaɫfɐbə'tiʒmu] *m* Analphabetentum *n*; **~eto** [-'bɛtu] *m*, **-a** *f* Analphabet(in *f*) *m*

analg|(es)ia [ɐnaɫ'ʒiɐ, (-ʒə'ziɐ)] *f* Schmerzlosigkeit *f*; Unempfindlichkeit *f* gegen Schmerz; **~ésico** [-'ʒɛziku] **1.** *adj* schmerzstillend; **2.** *m* Analgetikum *n*, Schmerzmittel *n*

analis|ador [ɐnɐlizɐ'dor] **1.** *adj* kritisch; Prüf...; Analyse...; **2.** *m* Prüfgerät *n*, Prüfer *m*; *FIS* Abtaster *m*; **~ar** [-'zar] (1a) analysieren, untersuchen; zergliedern, zerlegen
análise [ɐ'nalizə] *f* Analyse *f*, Untersuchung *f*; Bestimmung *f*; ***em última ~*** letzten Endes; ***~s clínicas*** Laboruntersuchungen *f/pl*; ***~ ao sangue*** Blutuntersuchung *f*; ***~ do mercado*** Marktanalyse *f*
anal|ista [ɐnɐ'liʃtɐ] *su* **a)** Analytiker(in *f*) *m*; *ECON* Analyst(in *f*) *m*; *MED* Laborant(in *f*) *m*; *bras* Psychoanalytiker(in *f*) *m*; ***~ de sistema*** *INFORM* Systemanalytiker(in *f*) *m*; **b)** Chronist(in *f*) *m*; **~ítico** [-'litiku] analytisch
analogia [ɐnɐlu'ʒiɐ] *f* Analogie *f*, Entsprechung *f*; Ähnlichkeit *f*; ***por ~ com*** in Anlehnung an (*ac*)
analógico, análogo [ɐnɐ'lɔʒiku, ɐ'nalugu] analog (***a*** zu); entsprechend; *INFORM* Analog...
anam|nese, ~nesia [ɐnɐm'nɛzə, -nə'ziɐ] *f* Anamnese *f*
anan|ás (-ases) [ɐnɐ'naʃ] *m(pl)* Ananas *f*; **~aseiro** [-nɐ'zɐjru] *m* Ananaspflanze *f*
an|ão (-s, -ães) [ɐ'nɐ̃w] *m(pl)*, **-ã** *f* Zwerg(in *f*) *m*
anarquia [ɐnɐr'kiɐ] *f* Anarchie *f*
anárquico [ɐ'narkiku] anarchisch
anarqui|sta [ɐnɐr'kiʃtɐ] **1.** *adj* anarchistisch; **2.** *su* Anarchist(in *f*) *m*; **~zação** [-zɐ'sɐ̃w] *f* Zerrüttung *f*, Zerfall *m*; **~zar** [-'zar] (1a) in Anarchie stürzen; aufwiegeln
anátema [ɐ'natəmɐ] *m* Kirchenbann *m*
anat|omia [ɐnɐtu'miɐ] *f* Anatomie *f*; **~ómico** (*ô) [-'tɔmiku] anatomisch; **~omista** [-'miʃtɐ] *su* Anatom(in *f*) *m*; **~omizar** [-mi'zar] (1a) sezieren
anavalh|ado [ɐnɐvɐ'ʎadu] messerscharf; **~ar** [-'ʎar] *mit e-m Taschenmesser* angreifen, zustechen
anca ['ɐ̃kɐ] *f* Hüfte *f*; **~s** *pl* Gesäß *n*
Ancara [ɐ̃karɐ] Ankara *n*
ancestr|ais [ɐ̃səʃ'trajʃ] *m/pl* Vorfahren *m/pl*; **~al** [-'trał] (ur)alt
ancho ['ɐ̃ʃu] breit; weit (*Ausdehnung*); geräumig (*Haus, Raum*); *fig* aufgeblasen; stolz
anchora [ɐ̃'ʃɔrɐ] *f* Blaufisch *m*
anchova [ɐ̃'ʃovɐ] *f* Sardelle *f*, Anschovis *f*
anci|anidade [ɐ̃sjɐni'dadə] *f* hohe(s) Alter *n*; Dienstalter *n*; **~ão(s, -ães, -ões)** [ɐ̃'sjɐ̃w] **1.** *adj* alt, hochbetagt; **2.** *m(pl)*, **-ã** *f* Greis(in *f*) *m*
ancilose [ɐ̃si'lɔzə] *f* Gelenksteife *f*
âncora ['ɐ̃kurɐ] *f* Anker *m*; ***levantar ~*** den Anker lichten
ancor|adoiro, -ouro [ɐ̃kurɐ'dojru, -'doru] *m* Ankerplatz *m*; Reede *f*; **~agem** [-'raʒɐ̃j] *f* Ankern *n*; Verankerung *f* (*a EL, ARQUIT*); Liegegebühren *f/pl* (*im Hafen*); **~ar** [-'rar] (1e) ankern, vor Anker gehen (*od* liegen); verankern (*a fig*); ***~ em*** *fig* begründen mit; gründen auf (*ac*)
andaço [ɐ̃'dasu] *m* leichte Krankheit *f*; *bras* P Durchfall *m*
andad|eiras [ɐ̃dɐ'dɐjrɐʃ] *f/pl* Gängelband *n*; **~eiro** [-'dɐjru] gangbar (*Weg*); gut zu Fuß; bequem (*Schuh*); robust (*Kleidung*); flüchtig; **~or** [-'dor] **1.** *adj* → **~eiro**; **2.** *m* Bote *m*; Laufstuhl *m* (*für Babys*); ***~ das almas*** Almosensammler *m*; **~ura** [-'durɐ] *f* Gang *m*; Gangart *f* (*Pferd*)
andaim|ada, ~aria [ɐ̃daj'madɐ, -mɐ'riɐ] *f* Baugerüst *n*; **~ar** [-'mar] (1a) einrüsten
andamento [ɐ̃dɐ'mẽtu] *m* Gang *m*; Fortgang *m*, Verlauf *m*; *MÚS* Taktart *f*, Tempo *n*; *MÚS* Satz *m*; ***com o comboio em ~*** während der Fahrt; ***dar ~ a*** *fig* abfertigen, auf den Weg bringen; ***estar em ~*** laufen (*Prozess, Maschine, fig*); ***pôr em ~*** in Gang setzen (*od fig* bringen); anlaufen lassen; ***seguir o ~ de*** dem Gang *der Ereignisse* folgen
andan|ça [ɐ̃'dẽsɐ] *f* (Fort)Gang *m*; F Schererei *f*, Plackerei *f*; **~s** *pl* Abenteuer *n*; **~te** [ɐ̃'dẽtə] **1.** *adj* wandernd; Wander...; reisend; **2.** *m* **a)** *MÚS* Andante *n*; **b)** *port a* Briefträger *m*
andar [ɐ̃'dar] (1a) **1.** *v/i* gehen (*Tier, Mensch*); fahren (*Auto, Zug*); laufen (*Maschine, Mensch*); fliegen (*Vogel, Flugzeug*); fließen (*Fluss*); *auf dem Wasser* schwimmen; ~ + *adj* sein, sich befinden; ***~ desesperado (triste)*** verzweifelt (traurig) sein; ***~ a fazer alc***, *bras* ***~ fazendo alc*** damit beschäftigt sein, et zu tun; et tun; ~

aos saltos umherspringen; ~ ***à pancada*** sich herumprügeln; ~ ***aos encontrões*** herumgestoßen werden; ~ ***com*** *Krankheit, Problem* haben; Umgang haben mit; befreundet sein mit; gehen mit; ~ ***de*** (***automóvel*** *etc*) fahren mit (dem Auto *etc*); ~ ***de avião*** fliegen; ~ ***de luto*** Trauer tragen; ~ ***bem*** (***mal***) gut (schlecht) gehen (*Vorhaben, Geschäfte*); gut (schlecht) sein (**de**, **em** in *dat*); (nicht) gut daran tun (**em** zu); (nicht) auf der Höhe sein (**de** mit) (*Arbeit*); ~ ***mal de dinheiro*** nicht bei Kasse sein; ~ ***por***, ~ ***em*** stehen auf etwa ... (*Preis etc*); ~ ***nos copos*** P auf Sauftour gehen; ~ ***nos seus quarenta*** in den Vierzigern sein; ***anda!***, ***anda lá!*** geh!, na los!, weiter! ***anda cá!*** komm her!; ***como anda?*** wie läuft's?; ***ando bem*** (***mal***) es geht mir gut (schlecht); ***vai andando*** es geht so; es läuft normal; ***pôr a*** ~ in Gang setzen (*od* bringen); ***não saber a quantas anda*** nicht wissen, wo e-m der Kopf steht; **2.** *v/t* *Gebiet* durchqueren, -wandern; **3.** *m* **a)** Gang *m*, Lauf *m* (*der Dinge*); Gangart *f*; Fahrt *f*; Geschwindigkeit *f*; ***a todo o*** ~ *NAV* mit Volldampf (*a fig* F); ***com o*** ~ ***dos tempos*** im Laufe der Zeit; **b)** Stock(werk *n*) *m* (*e-s Hauses*); Etagenwohnung *f*; **c)** *GEOL* Schicht *f*

andarilh|ar [ɐ̃dɐri'ʎar] (1a) umherschweifen, -wandern; **~o** [-'riʎu] **1.** *adj* wanderlustig; **2.** *m* Laufstuhl *m* (*für Babys*)

andável [ɐ̃'davəɫ] gangbar

andebol [ɐ̃də'bɔɫ] *m* Handball *m*

andej|ar [ɐ̃də'ʒar] (1d) umherlaufen, -irren; sich herumtreiben; **~o** [ɐ̃'deʒu] unstet; umtriebig; ***homem*** (***mulher***) ~ (***-a***) Herumtreiber(in *f*) *m*

Andes ['ɐ̃dəʃ]: ***os*** ~ die Anden *pl*

andino [ɐ̃'dinu] andin, Anden...

ândito ['ɐ̃ditu] *m* Gehweg *m*; Steg *m*

andorinha [ɐ̃du'riɲɐ] *f* Schwalbe *f*; *bras* Möbelwagen *m*; P *bras* leichte(s) Mädchen *n*

andraj|os [ɐ̃'draʒuʃ] *m/pl* Lumpen *m/pl*

androginóide [ɐ̃drɔʒi'nɔjdə] **1.** *adj* zwitterig; **2.** *su* Zwitter(wesen *n*) *m*

andurrial [ɐ̃du'ʀjaɫ] *m* unwegsame(r) Weg *m*; verkommene(r) Ort *m*

anediar [ɐnə'djar] (1g) glänzend machen; glätten

aned|ota [ɐnə'dɔtɐ] *f* Anekdote *f*; Witz *m*; **~ótico** [-'dɔtiku] anekdotisch

aneiro [ɐ'nɐjru] mal so, mal so; unbeständig; ungewiss

anel [ɐ'nɛɫ] *m* Ring *m*; (Ketten)Glied *n*; *BOT* ~ ***anual*** Jahresring *m*; ***mãos f/pl de anéis*** F zarte Hände *f/pl*

anel|ação [ɐnəlɐ'sɐ̃w] *f* Atemnot *f*; **~ado** [-'ladu] geringelt; ringförmig; **~ante** [-'lɐ̃tə] keuchend; lechzend; **~ar** [-'lar] **1.** *adj* ringförmig; **2.** (1c) **a)** *v/t* *Haare, Band* ringeln, kräuseln; **b)** *v/i* keuchen, schwer atmen; ~ ***por*** lechzen (*od* sich sehnen) nach; ersehnen (*ac*)

anelídeos [ɐnə'lidjuʃ] *m/pl* *ZO* Ringelwürmer *m/pl*

anélito [ɐ'nɛlitu] *m* Hauch *m*

anemia [ɐnə'miɐ] *f* Blutarmut *f*

anémico (*ê) [ɐ'nɛmiku] anämisch, blutarm; *fig* blutleer, farblos

anémona (*ê) [ɐ'nɛmunɐ] *f* Anemone *f*; **~-do-mar** [-'mar] *f* Seeanemone *f*

anequim [ɐnə'kĩ] *m* *ZO* Heringshai *m*

anest|esia [ɐnəʃtə'ziɐ] *f* Anästhesie *f*, Betäubung *f*; **~esiante** [-'zjẽtə] **1.** *adj* Betäubungs...; **2.** *m* Anästhetikum *n*, Betäubungsmittel *n*; **~esiar** [-'zjar] (1g) betäuben, anästhesieren; **~ésico** [-'tɛziku] → **~esiante**; **~esista** [-'ziʃtɐ] *su* Anästhesist(in *f*) *m*

aneto [ɐ'nɛtu] *m* *BOT* Dill *m*

anex|ação [ɐnɛksɐ'sɐ̃w] *f* *POL* Annexion *f*; Angliederung *f* (**a** an *ac*); **~ar** [-'ksar] (1a) *POL* annektieren; an-, eingliedern; *Dokument* beifügen (*im Brief*)

anexim [ɐnə'ʃĩ] *m* Spruch *m*, Sprichwort *n*

anexo [ɐ'nɛksu] **1.** *adj*: ~ **a** angeschlossen (*dat*); beiliegend (*dat*) (*im Brief*); ***edifício*** *m* ~ Anbau *m*; Nebengebäude *n*; **2.** *m* Zubehör *n*; Anlage *f* (*im Brief*); Anhang *m* (*im Buch*); Zusatz *m*; *ARQUIT* Anbau *m*

anfíbio [ɐ̃'fibju] **1.** *adj* amphibisch; Amphibien...; ***avião*** *m* ~ Amphibienflugzeug *n*; ***carro*** *m* ~ Amphibienfahrzeug *n*; **2.** *m* Amphibie *f*

anfiteatro [ɐ̃fi'tjatru] *m* Amphi-

theater *n*; *UNIV* Hörsaal *m*; **~ *anatómico*** Seziersaal *m*
anfitri|ão [ɐ̃fi'trjɐ̃w] *m*, **-ã** *f*, **-oa** *f* Gastgeber(in *f*) *m*
ânfora ['ɐ̃furɐ] *f* Amphore *f*
anfractu|osidade [ɐ̃fraktwuzi'dadə] *f* Krümmung *f*, Windung *f*; (Boden)Senke *f*; Ausbuchtung *f*; Unregelmäßigkeit *f*; **~oso** [-'twozu] krumm, gewunden; rau, felsig (*Landschaft*); uneben (*Boden*); unregelmäßig (*Wunde*, *Bruch*)
angari|ação [ɐ̃gɐrjɐ'sɐ̃w] *f* Beschaffung *f* (*Material*); (An)Werbung *f* (*Personal*, *Mitglieder*); **~ar** [-'rjar] (1g) *Material* beschaffen; erlangen, erzielen; *Personal*, *Mitglieder* (an-)werben
angarilha [ɐ̃gɐ'riʎɐ] *f* Flechtwerk *n*
angélico [ɐ̃'ʒɛliku] engelhaft
angina [ɐ̃'ʒinɐ] *f* (eitrige) Mandelentzündung *f*, Angina *f*; **~ *de peito*** *MED* Angina *f* pectoris
angli|cano [ɐ̃gli'kɐnu] **1.** *adj* anglikanisch; **2.** *m* Anglikaner *m*; **~cismo** [-'siʒmu] *m* Anglizismus *m*
anglística [ɐ̃gliʃtikɐ] *f* Anglistik *f*
anglό|filo [ɐ̃'glɔfilu] anglophil, englandfreundlich; **~fono** [ɐ̃'glɔfunu] anglophon, englischsprachig (*Person*)
anglo-|saxão (**-ões**) [ɐ̃glɔsɐ'ksɐ̃w] **1.** *m(pl)* Angelsachse *m*; **2.** *adj* = **~saxónico** (*ô) [-sɐ'ksɔniku] angelsächsisch
Angola [ɐ̃'gɔlɐ] *f* Angola *n*
angol|ano [ɐ̃gu'lɐnu] **1.** *adj* angolanisch; **2.** *m*, **-a** *f* Angolaner(in *f*) *m*
angor|a, *bras* **~á** [ɐ̃'gɔrɐ, ɐ̃go'ra] **1.** *su* Angorakater *m*, -katze *f*; **2.** *m* Angorawolle *f*
angra ['ɐ̃grɐ] *f* Bucht *f*
angu [ɐ̃'gu] *m bras* Mais-, Maniokbrei *m*; *fig* F Schlamassel *m*; Gerücht *n*
angul|ado [ɐ̃gu'ladu] → **~*ar 1.***; **~ar** [-'lar] **1.** *adj* wink(e)lig, Winkel...; eckig; ***pedra*** *f* **~** Eckstein *m*; **2.** *v/i* (1a) abbiegen
ângulo ['ɐ̃gulu] *m* Ecke *f*, Kante *f*; Knick *m*; *MAT* Winkel *m* (***agudo***, ***obtuso***, ***recto*** spitzer, stumpfer, rechter); *fig* Blickwinkel *m*, Gesichtspunkt *m*; **~ *de viragem*** *AUTO* Wendekreis *m*, -radius *m*
anguloso [ɐ̃gu'lozu] eckig, kantig; *MAT* (spitz)winkelig; *fig* knochig
angústia [ɐ̃'guʃtjɐ] *f* *räumliche* Enge *f*, Begrenztheit *f*; *seelische* Beklemmung *f*; Angst *f*; **~ *de peito*** *MED* Angina *f* pectoris; **~ *existencial*** Existenzangst *f*; ***com*** **~** angstvoll; voller Trauer
angusti|ado [ɐ̃guʃ'tjadu] beklommen, angstvoll; **~ador**, **~ante** [-tjɐ'dor, -'tjɐ̃tə] beklemmend, beängstigend; **~ar** [-'tjar] (1g) ängstigen; quälen
anho ['ɐɲu] *m* Lamm *n*
aniagem [ɐ'njaʒɐ̃j] *f* Sackleinen *n*
anichar [ɐni'ʃar] (1a) *an e-n beengten Ort* stellen; *fig* einnisten; F *durch Beziehungen* gut unterbringen; **~-*se*** sich ducken, sich verbergen
anidr|ido [ɐnə'dridu] *m* Anhydrid *n*
anil|ado [ɐni'ladu] (dunkel)blau (gefärbt)
anilh|a [ɐ'niʎɐ] *f* Ring *m*; Öse *f*; *TÉCN* Unterlegscheibe *f*; **~ *dentada*** Zahnrad *n*; **~o** [-ʎu] *m* (Gardinen)Ring *m*; Öse *f*
anilina [ɐnə'linɐ] *f* Anilin *n*
anim|ação [ɐnimɐ'sɐ̃w] *f* Belebung *f*; Aufmunterung *f*; Lebhaftigkeit *f* (*e-r Unterhaltung*); F Betrieb *m* (*auf e-r Straße*); (angeregte) Stimmung *f* (*e-s Festes*); **~ *doida*** Übermut *m*; **~ado** [-'madu] lebhaft (*Unterhaltung*); rege (*Nachtleben*); angeregt (*Stimmung*, *Unterhaltung*); belebt (*Stadtviertel*); hoffnungsvoll; mutig; ***desenhos*** *m/pl* **~s** (Zeichen)Trickfilm *m*; **~ador** [-mɐ'dor] **1.** *adj* belebend; aufmunternd; **2.** *m* Förderer *m*; **~ *cultural*** Animateur *m*; **~** (***de programa***) Quizmaster *m*
animadvertir [-'tir] (3c) rügen, missbilligen; warnen (***de*** vor *dat*)
animal [ɐni'maɫ] **1.** *adj* tierisch, Tier...; ***reino*** *m* **~** Tierreich *n*; **2.** *m* Tier *n*; *bras* Pferd *n*; *fig* Rindvieh *n*; **~ *doméstico*** Haustier *n*
animal|aço, **~ão** [ɐnimɐ'lasu, -'lɐ̃w] *m* Riesentier *n*; *fig* F Hornochse *m*; **~ejo** [-'leʒu] *m* Kleintier *n*; *fig* F Esel *m*, Hammel *m*; **~esco** [-'leʃku] tierisch (*a fig*); **~izar-se** [-li'zarsə] (1a) zum Tier werden
anim|ante [ɐni'mɐ̃tə] aufmunternd; ermutigend; **~ar** [-'mar] (1a) animieren; beleben, anregen (*Getränk*); *j-n* aufmuntern; ermuntern

(**a** zu); **~-se** lebhaft werden; Mut (*od* sich ein Herz) fassen (**a** zu); in Stimmung kommen; sich e-n antrinken; **~ato** [-'matu] *MÚS* lebhaft
ânimo ['ɐnimu] *m* Geist *m*; Gemüt *n*; Gesinnung *f*; Mut *m*; Lust *f* (**de, para** zu); Absicht *f* (**de, para** zu); **~!** nur Mut!, auf!, los!; **de ~ leve** leichten Herzens; leichthin; **(re)cobrar (o) ~** (neuen) Mut fassen
animos|idade [ɐnimuzi'dadə] *f* Abneigung *f*, Aversion *f*; Groll *m*; **~o** [-'mozu] beherzt, mutig
aninar [ani'nar] (1a) *bras* einschläfern, einlullen (*a fig*); täuschen
aninhar [ɐni'ɲar] (1a) **1.** *v/t* ins Nest legen; *fig* aufnehmen; verbergen; **2.** *v/i* nisten; F hausen; **~-se** sich (nieder)hocken; sich kauern; *fig* zu Bett gehen
aníon *m*, **ânion** *m* [a'nion, 'ɐ̃njon] *bras FIS, QUÍM* Anion *n*
aniquil|ação *f*, **~amento** *m* [ɐnəkilɐ'sɐ̃w, -'mẽtu] Vernichtung *f*; *JUR* Annullierung *f*; **~ar** [-ki'lar] (1a) vernichten; *fig* zunichte machen; **~-se** zugrunde gehen; zusammenbrechen
anis [ɐ'niʃ] *m*, *bras f* Anis *m* (*a Schnaps*); **~ar** [ɐni'zar] (1a) mit Anis würzen; **~-estrelado** *m BOT* Sternanis *m*
anistia [ẽnis'tia] *f bras* → **amnistia**
aniversari|ante [ɐnivərsɐ'rjẽtə] **1.** *adj* Jubiläums...; Geburtstags...; **2.** *su* Jubilar(in *f*) *m*; Geburtstagskind *n*; **~ar** [-'rjar] (1g) *bras* Geburtstag haben (*bzw* feiern)
aniversário [ɐnivər'sarju] **1.** *adj* Jubiläums...; Geburts...; **2.** *m* Jahrestag *m*, Jubiläum *n* (*e-s Ereignisses*); Geburtstag *m* (*e-r Person*)
anj|inho [ɐ̃'ʒiɲu] *m* Engelchen *n*; *fig* Unschuldsengel *m*; **fazer-se de ~** P den Ahnungslosen spielen; **ser um ~** P völlig unbeleckt sein
anjo ['ɐ̃ʒu] *m* Engel *m*; **pé** *m* **de ~** F Riesenfuß *m*; **~-custódio, ~-da-guarda** Schutzengel *m*
ano ['ɐnu] **1.** *m* Jahr *n*; **~ académico** Studienjahr *n*; **~ bissexto** Schaltjahr *n*; **o ~ corrente** das laufende Jahr; **~ económico** Geschäftsjahr *n*; **~ lectivo** Schuljahr *n*; **♀ Novo** Neujahr *n*; **~ sim, ~ não** alle zwei Jahre; **~ transacto** vergangene(s) (*od* abgelaufenes) Jahr *n*; **votos** *m/pl* **de ♀ Novo** Glückwünsche *m/pl* zum Neuen Jahr; **~s a fio** viele Jahre lang; **~s de serviço** Dienstjahre *n/pl*; **de há muitos ~s** langjährig; **os ~s (cinquenta)** die (fünfziger) Jahre; **dar** (*od* **desejar**) **bons ~s** ein gutes Neues Jahr wünschen; **2. ~s** *m/pl* Lebensjahre *n/pl*; **carregado de ~s** hochbetagt; **dia** *m* **de ~s** Geburtstag *m*; **no verdor dos ~s** in fortgeschrittenem Alter; **fazer ~s** Geburtstag haben; **fazer (ter) trinta ~s** 30 Jahre alt werden (sein); **quantos ~s tem?** wie alt sind Sie?
anoa [ɐ'noɐ] *f* Zwergin *f*
anódino [ɐ'nɔdinu] **1.** *adj* schmerzstillend; *fig* unschädlich; **2.** *m* Schmerzmittel *n*
anódio [ɐ'nɔdju] *m FIS, QUÍM* Anode *f*
anoitecer [ɐnojtə'ser] **1.** *v/i* (2g) dunkel werden; **~ em** sich bei Einbruch der Dunkelheit befinden in (*dat*); bei Einbruch der Dunkelheit ankommen in (*dat*); **anoitece** es wird dunkel; **2.** *m* Einbruch *m* der Dunkelheit
anoj|adiço [ɐnuʒɐ'disu] aufbrausend, reizbar; **~ar** [ɐnu'ʒar] (1e) anwidern, anekeln; Schmerz (*od* Trauer) auslösen bei; **~-se** trauern; Trauer anlegen; aufbrausen (**por** wegen)
ano(s)-luz [ɐnu'luʃ] *m(pl)* Lichtjahr *n*
anomalia [ɐnumɐ'liɐ] *f* Abweichung *f*, Anomalie *f*; Unregelmäßigkeit *f*
anómalo (*ô) [ɐ'nɔmɐlu] unnatürlich; abartig, abnorm (*Verhalten*); abweichend, fehlerhaft (*Ergebnis*)
anónimo (*ô) [ɐ'nɔnimu] **1.** *adj* anonym; **sociedade** *f* **-a** Aktiengesellschaft *f*; **2.** Unbekannte(r) *m*; Anonymus *m* (*Autor*)
ANOP [ɐ'nɔp(e)] *f*: **Agência** *f* **Noticiosa Portuguesa** Portugiesische Nachrichtenagentur *f*
anoraque [ɐnu'rakə] *m* Anorak *m*
anorexia [ɐnɔrɛ'ksiɐ] *f* Anorexie *f*
anorgánico (*â) [ɐnur'gɐniku] → **inorg...**
anormal [ɐnur'maɫ] ungewöhnlich; → **anómalo**; **~idade** [-mɐli'dadə] *f* Abnormität *f*, Ungewöhnlichkeit *f*
anot|ação [ɐnutɐ'sɐ̃w] *f* Anmerkung *f*; Vermerk *m*; **caderno** *m* **de**

-ões Notizbuch *n*; **~ar** [-'tar] (1e) *Text* mit Anmerkungen versehen; *Gedanken etc* notieren, vermerken

anseio [ɐ̃'sɐju] *m* **a)** Unruhe *f*, Sorge *f* (**de** um); **b)** Sehnsucht *f* (**de, por** nach); Streben *n* (**de, por** nach)

ânsia ['ɐ̃sjɐ] *f* (sehnlicher) Wunsch *m* (**de, por** nach), Drang (**de, por** nach); → ***ansiedade***; **~ *de vómito*** Brechreiz *m*; **~s** *pl* Übelkeit *f*

ansi|ado [ɐ̃'sjadu] **a)** ersehnt; **b)** übel; ***ele está ~*** ihm ist übel; **~ar** [-'sjar] (1h) **1.** *v/t* ängstigen, quälen; **~** (**por**) herbeisehnen, sich sehnen nach; brennen auf (*ac*); **2.** *v/i* keuchen; → **~-se** Angst (*od* Übelkeit) verspüren; **~edade** [ɐ̃sjə'dadə] *f* **a)** *MED* Atemnot *f*, Sorge *f*, Angst *f*; innere Unruhe *f*; **b)** Sehnsucht *f*; Begierde *f*; ***com ~*** begierig; **~oso** [ɐ̃'sjozu] unruhig, angstvoll; sehnsüchtig

ant. ***antigamente*** früher; ***antigo*** alt, ehemalig

anta ['ɐ̃tɐ] *f* **a)** Megalithgrab *n*; **b)** *ZO* Tapir *m*

antag|ónico (*ô) [ɐ̃tɐ'gɔniku] gegensätzlich, widerstreitend; **~onismo** [-gu'niʒmu] *m* Gegensatz *m*, Antagonismus *m*; **~onista** [-gu'niʃtɐ] Gegner(in *f*) *m*

antár(c)tico [ɐ̃'tartiku] **1.** *adj* antarktisch; ***pólo*** *m* **~** Südpol *m*; **2.** *m*: **o** ♀ die Antarktis

ante ['ɐ̃tə] vor (*ac u dat*), angesichts

ante|a(c)to [ɐ̃'tjatu] *m TEA* Vorspiel *n*; **~braço** [ɐ̃tə'brasu] *m* Unterarm *m*; **~câmara** [ɐ̃tə'kɐmɐrɐ] *f* Vorzimmer *n*

antece|dência [ɐ̃təsə'dẽsjɐ] *f zeitliches* Vorangehen *n*; **~s** *pl* Vorgeschichte *f*; ***com ~*** im Voraus; **~dente** [-'dẽtə] **1.** *adj* vorhergehend, vorig; **2.** *m* Präzedenzfall *m*; **~s** *pl* **a)** Vorfahren *m/pl*; **b)** Vorleben *n* (*e-r Person*); Vorgeschichte *f* (*e-r Sache*); ***~s penais*** Vorstrafen *f/pl*; ***atestado m de bons ~s*** polizeiliche(s) Führungszeugnis *n*; ***de maus ~s*** vorbelastet; **~der** [-sə'der] (2c) vorausgehen (***a*** *dat*); *zeitlich* vorziehen; → **~-se** zuvorkommen; **~ssor** [-sə'sor] *m*, **-a** *f* Vorgänger(in *f*) *m*; **~es** *m/pl* Vorfahren *m/pl*

antecip|ação [ɐ̃təsipɐ'sɐ̃w] *f* Vorwegnahme *f*; *ECON* Vorauszahlung *f*; ***com ~*** = **~adamente** [-padɐ'mẽtə] im Voraus; **~ado** [-'padu] vorherig; vorzeitig; ***pagamento*** *m* **~** Vorauszahlung *f*; ***venda*** *f* **-a** Vorverkauf *m*; **~ar** [-'par] (1a) **1.** *v/t* vorwegnehmen; *Veranstaltung* vorverlegen; *j-m* zuvorkommen (**em** bei, in *dat*); **~ *os agradecimentos*** im Voraus danken; **2.** *v/i* vorzeitig geschehen; **~-se *a*** vorhergehen (*dat*); zuvorkommen (*dat*); früher kommen als; vorgreifen (*dat*); **~o** [-'sipu] *m bras* Vorschuss *m*

antedat|a [ɐ̃tə'datɐ] *f* Vordatierung *f*; ***pôr ~ em*** = **~ar** [-dɐ'tar] (1b) vordatieren

ante|diluviano [ɐ̃tədilu'vjɐnu] vorsintflutlich (*a fig*); **~dizer** [-di'zer] vorhersagen; **~face** [-'fasə] *m* Gesichtsschleier *m*, Larve *f*

antefirma [ɐ̃tə'firmɐ] *f* Schlussformel *f*

ante|gosto [ɐ̃tə'goʃtu] *m*, **~gozo** [-'gozu] *m* Vorgeschmack *m*; Vorfreude *f*

ante|manhã [ɐ̃təmɐ'ɲɐ̃] *f* (im) Morgengrauen *n*; **~mão** [-'mɐ̃w]: ***de ~*** im Voraus

ant|ena [ɐ̃'tenɐ] *f Radio etc*: Antenne *f*; *NAV* Rahe *f*; *ZO* Fühlhorn *n*, Fühler *m*; **~ *interior*** Zimmerantenne *f*; **~ *parabólica*** Parabolantenne *f*

ante|nupcial [ɐ̃tənup'sjaɫ] vorehelich; **~ontem** [ɐ̃'tjõtɐ̃j] vorgestern; ***olhar para ~*** gedankenverloren sein; **~pagar** [-pɐ'gar] (1o; *Stv* 1b) voraus(be)zahlen

antepar|a [ɐ̃tə'parɐ] *f NAV* Schott *n*; → **~o**; **~ar** [-pɐ'rar] (1b) schützen; *e-r Gefahr* vorbeugen (*dat*); *Gelände* absperren; *Lücke* schließen; **~-se** sich vorsehen; **~o** [-'paru] *m* Schutz *m*

ante|passado [ɐ̃təpɐ'sadu] *m* Vorfahr *m*; **~pasto** [-'paʃtu] *m* Vorspeise *f*; **~penúltimo** [-pə'nuɫtimu] vorvorletzt, drittletzt; **~por** [-'por] (2zd) bevorzugen; voranstellen (***a*** *e-r Sache*); *örtl* vorsetzen; *Argumente* entgegenhalten, -stellen; **~porto** [-'portu] *m* Außenhafen *m*; **~posição** [-puzi'sɐ̃w] *f* Voranstellung *f*; **~posto** [-'poʃtu] **1.** *p/p von* **~por**; **2.** *adj zeitlich* vorangestellt; **~programa** [-pru'grɐmɐ] *m* Vorprogramm *n*

antera [ɐ̃'tɛrɐ] *f BOT* Staubbeutel *m*

anterior [ẽtə'rjor] vorhergehend, vorig; früher; **~idade** [-rjuri'dadə] *f zeitl* Vorzeitigkeit *f*; *fig* Vorzug *m*, Vorrang *m*; **~mente** [-rjor'mẽtə] vorher; früher (**a** als), vor (**a** *dat*)

anterrosto [ẽtə'ʀoʃtu] *m TIP* Schmutztitel *m*

antes ['ẽtəʃ] **1.** *prp*: **~ de** vor (*dat*); **~ de mais nada** vor allen Dingen, vor allem; **~ de eu partir** vor meiner Abreise, bevor ich abreis(t)e; **~ de terminado o espectáculo** vor Schluss der Vorstellung; **2.** *cj*: **~ que** + *conj* bevor, ehe; **3.** *adv* (**em**) **~** *zeitl* vorher; eher, früher; (*Vorliebe*) lieber, besser; **~ (pelo contrário)** vielmehr; **de ~** → **dantes**; **ou ~** vielmehr; **quanto ~** so bald wie möglich; **quanto ~ melhor** je eher, desto besser

ante|ssala [ẽtə'salɐ] *f* Vorzimmer *n*; **~ssentir** [-sẽ'tir] (3e) ahnen; fühlen; **~streia** [ẽtəʃ'trɐjɐ] *f TEA* Voraufführung *f*; **~ver** [-'ver] (2m) vorhersehen; **~visão** [-vi'zɐ̃w] *f* Voraussicht *f*; Vorahnung *f*

anti... [ẽti] *in Zssgn* **1.** *mit su* Anti..., Gegen..., ...gegner *m*; **2.** *mit adj* anti..., ...feindlich; (gut) gegen ...

anti|ácido [ẽ'tjasidu] säurebeständig; **~aéreo** [-ɐ'ɛrju] Luftabwehr..., Flugzeugabwehr...; **defesa** *f* **-a** Luftabwehr *f*; **~alcoólico** [-ał'kwɔliku] **1.** *adj* antialkoholisch; **2.** *m* Antialkoholiker *m*; **~alcoolismo** [-ałkwɔ'liʒmu] *m* Antialkoholismus *m*; **~alérgico** [-ɐ'lɛrʒiku] **1.** *adj* antiallergisch; **2.** *m* Antiallergikum *n*; **~biótico** [ẽti'bjɔtiku] *m* Antibiotikum *n*; **~canceroso** [-kẽsə'rozu] Krebs bekämpfend; **~carro** [-'kaʀu] Panzerabwehr...; **~cefalálgico** [-səfɐ'lałʒiku]: (**medicamento**) **~** *m* Kopfschmerzmittel *n*; **~ciclone** [-si'klɔnə] *m METÉO* Hoch(druckgebiet) *n*; **~coagulante** [-kwɐgu'lẽtə] *m* Antigerinnungsmittel *n*; **~comunismo** [-kumu'niʒmu] *m* Antikommunismus *m*; **~comunista** [-kumu'niʃtɐ] antikommunistisch; **~concepcional** [-kõsɛsju'nał] empfängnisverhütend; **~conceptivo** [-kõsɛ'tivo] **1.** *adj* empfängnisverhütend; **2.** *m* Empfängnisverhütungsmittel *n*; **~congelante** [-kõʒə'lẽtə] *m* Frostschutzmittel *n*; **~constitucional** [-kõʃtitusju'nał] verfassungswidrig; **~corpo** [-'korpu] *m MED* Antikörper *m*; **~corrosivo** [-kuʀu'zivu] *m* Rostschutzmittel *n*

anti|democrático [ẽtidəmu'kratiku] undemokratisch; **~derrapante** [-dəʀɐ'pẽtə], **~deslizante** [-dəʒli'zẽtə] rutschfest; **~detonante** [-dətu'nẽtə] **1.** *adj* klopffest (*Benzin*); **2.** *m* Antiklopfmittel *n*

antídoto [ẽ'tidutu] *m* Gegengift *n* (**a** gegen); Gegenmittel *n*

anti|económico [ẽtiku'nɔmiku] unwirtschaftlich; **~(e)spasmódico** [-ʃpɐʒ'mɔdiku] **1.** *adj* krampflösend; **2.** *m* Krampflösungsmittel *n*; **~espumante** [ẽtjəʃpu'mẽtə] schaumgebremst; **~estético** [ẽtjəʃ'tɛtiku] unästhetisch, unschön; **~fascista** [-fɐ'ʃiʃtɐ] antifaschistisch; **~febril** [-fɛ'briɫ] fiebersenkend; **~fúngico** [-'fũʒiku] fungizid; **~-gás** [-'gaʃ]: **máscara** *f* **~** Gasmaske *f*

antig|amente [ẽtigɐ'mẽtə] früher; **~o** [ẽ'tigu] **1.** *adj* alt; früher, ehemalig (*Minister etc*); antik (*Möbel*); **à -a** nach altem Brauch; **2.** *m*: **os ~s** *fig* die Alten *m/pl*

antig|ualhas [ẽti'gwaʎɐʃ] *f/pl* Gerümpel *n*; **~uidade** [-gwi'dadə] *f HIST* Altertum *n*; Antike *f*; (Dienst)Alter *n* (*Berufstätige*); **~s** *pl* Antiquitäten *f/pl*

anti|-higiénico (*ê) [ẽti'ʒjɛniku] unhygienisch; **~jurídico** [-ʒu'ridiku] rechtswidrig

Antilhas [ẽ'tiʎɐʃ]: **as ~** Antillen *pl* (**Maiores** Große, **Menores** Kleine)

antílope [ẽ'tilupə] *m* Antilope *f*

anti|magnético [ẽtimɐg'nɛtiku] antimagnetisch; **~malárico** [-mɐ'lariku] *m* Malariatabletten *f/pl*

antip|atia [ẽtipɐ'tiɐ] *f* Antipathie *f*, Abneigung *f* (**a**, **contra** gegen); Widerwille *m* (**a**, **contra** gegen); **~ático** [-'patiku] unsympathisch; unausstehlich (*durch schlechte Laune*)

antiqu|ado [ẽti'kwadu] veraltet, antiquiert; **~alha** [-'kwaʎɐ] *f* P alte Schwarte *f* (*Buch*); *allg* P alte Klamotte *f*; **~s** *pl* P Plunder *m*; *fig* alte(r) Zopf *m*; **~ário** [-'kwarju] *m* Antiquar *m*; Antiquitätenhändler *m*; **~íssimo** [-'kwisimu] uralt

anti-semit|a [ẽtisə'mitɐ] **1.** *adj* antisemitisch; **2.** *su* Antisemit(in *f*) *m*; **~ismo** [-'tiʒmu] *m* Antisemitismus *m*
anti-|séptico [ẽti'sɛptiku] **1.** *adj* keimtötend, antiseptisch; **2.** *m* Antiseptikum *n*; **~social** [-su'sjał] asozial; unsozial
anti|tabagista [ẽtitɐbɐ'ʒiʃtɐ] Antiraucher...; **~tanque** [-'tẽkə] Panzerabwehr...; **~terrorista** [-təʀu'riʃtɐ] Antiterror...
antítese [ẽ'titɛzə] *f FIL* Antithese *f*; Gegenteil *n*
anti|tóxico [ẽti'tɔksiku] **1.** *adj* entgiftend; **2.** *m* Gegengift *n*
anto|jadiço [ẽtuʒɐ'disu] launisch; **~jar** [-tu'ʒar] (1e) sich vorstellen; wünschen; Lust haben auf (*ac*); **~jo** [ẽ'toʒu] *m* **a)** Gelüst *n*; Laune *f*; **b)** Widerwille *m*, Ekel *m*; **~lhar** [-'ʎar] (1e) → **~jar**; **~lhos** [ẽ'toʎuʃ] *m/pl* Scheuklappen *f/pl* (*a fig*)
antologia [ẽtulu'ʒiɐ] *f LIT* Sammelband *m*, Anthologie *f*
antracite *f*, *bras* **-o** *m* [ẽtrɐ'sitə, -'situ] Anthrazit *m*
antro ['ẽtru] *m* Grotte *f*, Höhle *f*
antrop|ófago [ẽtru'pɔfɐgu] *m* Menschenfresser *m*; **~óide** [-'pɔjdə] **1.** *adj* menschenähnlich; **2.** *m* Menschenaffe *m*; **~ologia** [-pulu'ʒiɐ] *f* Anthropologie *f*; **~ólogo** *m* [-'pɔlugu] Anthropologe *m*
Antuérpia [ẽ'twɛrpjɐ] *f* Antwerpen *n*
anual [ɐ'nwał] jährlich; Jahres...; **~idade** [ɐnwɐli'dadə] *f* Jahresbeitrag *m*; Jahresrate *f*
anuário [ɐ'nwarju] *m* Jahrbuch *n*; **~ comercial** Adressbuch *n*
anu|ência [ɐ'nwẽsjɐ] *f* Zustimmung *f*
anuidade [ɐnui'dadə] *f* Jahresbetrag *m*; *ECON* Annuität *f*
anuir [ɐnu'ir] (3i): **~ a** zustimmen zu; einwilligen in
anul|ação [ɐnulɐ'sɐ̃w] *f* Annullierung *f*, Aufhebung *f*; Nichtigkeitserklärung *f*; **~ar** [-'lar] **1.** *v/t* (1a) *Absprache* rückgängig machen; *Gesetz* außer Kraft setzen, aufheben; *Vertrag* auflösen; *Ehe* annullieren; **2.** *adj* ringförmig; **dedo** *m* **~** Ringfinger *m*
anunci|ação [ɐnũsjɐ'sɐ̃w] *f* Ankündigung *f*; *REL* (Mariä) Verkündigung *f*; **~ador** [-sjɐ'dor] *adj* = **~ante** [-'sjẽtə] **1.** *adj* anzeigend; verkündend; **2.** *su* Inserent(in *f*) *m*; **~ar** [-'sjar] (1g) *Besuch*, *Ereignis* ankündigen; *Nachricht* verkünden, bekannt machen; *in Zeitung* annoncieren, inserieren; *Radio*: ansagen
anúncio [ɐ'nũsju] *m* Bekanntmachung *f*, Ankündigung *f*; Zeitungsanzeige *f*, Inserat *n*; *Radio*: Ansage *f*; **~ de desaparecimento** Vermisstenanzeige *f*; **~ luminoso** Leuchtreklame *f*; **pôr (um) ~** inserieren; **~s** *pl* **classificados** (Klein)Anzeigen *f/pl*
ânus ['ɐnuʃ] *m* After *m*
anuviar [ɐnu'vjar] (1g) verdüstern
anverso [ẽ'vɛrsu] *m* Vorderseite *f*
anzol [ẽ'zɔł] *m* Angelhaken *m*; *fig* Fallstrick *m*; **cair no ~ de** *j-m* ins Netz gehen; **morder** (*od* **tragar**) **o ~** anbeißen (*a fig*)
ao [aw] *Zssg der prp* **a** *mit art* **o**
aonde [ɐ'õdə] wohin
aorta [ɐ'ɔrtɐ] *f* Aorta *f*, Hauptschlagader *f*
A.P. ***a protestar*** zu Protest
apadrinh|amento [ɐpɐdriɲɐ'mẽtu] *m* Patenschaft *f*; *depr* Vetternwirtschaft *f*; **~ar** [-'ɲar] (1a) Pate sein bei; die Patenschaft übernehmen von; *fig* begünstigen
apag|ado [ɐpɐ'gadu] dumpf (*Ton*, *a fig*); erloschen (*Licht*); *fig* bescheiden; still; **~ador** [-gɐ'dor] *m* Löschhütchen *n* (*für Kerzen*); Tafelreiniger *m*; **~amento** [-gɐ'mẽtu] *m* (Aus-, Ver)Löschen *n*; **~ar** [-'gar] (1o; *Stv* 1b) auslöschen; *Feuer*, *INFORM* löschen; *Geschriebenes* ausradieren; *Licht* ausschalten; *Farbe* bleichen; *Wandtafel* abwischen; *fig a* besänftigen; vermindern; *Spur* verwischen; **~-se** erlöschen (*Licht*); verklingen (*Ton*); **~ável** [-'gavɛł]: **não ~** *INFORM* schreibgeschützt
apainel|ado [ɐpajnə'ladu] *m* Deckenpaneel *n*; **~ar** [-'lar] (1c) täfeln
apaixon|ado [ɐpajʃu'nadu] leidenschaftlich; verliebt (**por** in *ac*); hingerissen (**por** von); **~ante** [-'nẽtə] erregend; hinreißend (*Person*); spannend (*Buch*, *Film*); **~ar** [-'nar] (1e); begeistern, hinreißen; Leidenschaft wecken bei (*od* in *dat*); zutiefst bewegen (*Ereignis*); **~-se por**

sich verlieben in (*ac*); sich begeistern für
apaladar [ɐpɐlɐ'dar] (1a) würzen
apalavr|ado [ɐpɐlɐ'vradu]: ***estar ~*** verabredet (*od* versprochen) sein; **~ar** [-'vrar] (1b) *Angelegenheit* besprechen; *Termin* ausmachen, verabreden; *j-n* verpflichten; *et* versprechen; *mündlich* ver-, zusichern; ***~-se*** übereinkommen
apalear [ɐpɐ'ljar] (1l) verprügeln
apalermado [ɐpɐlər'madu] einfältig
apalp|ação [ɐpałpɐ'sɐ̃w] *f* Abtasten *n*; *MED* Abklopfen *n*; **~adela** [-'dɛlɐ] *f* Abtasten *n*; **às ~s** tastend; *fig* blindlings; ***andar às ~s*** umhertasten; sich vorwärts tasten; **~ador** [-'dor] *m TÉCN* Fühler *m*; **~ar** [-'par] (1a) *Dinge* (ab-, be)tasten (nach); *Person* belästigen; P befummeln; ***~ as costelas a*** *j-m* e-e Tracht Prügel verabreichen
apanágio [ɐpɐ'naʒju] *m* Merkmal *n*
apanha [ɐ'pɐɲɐ] *f* (Oliven)Ernte *f* (*a Beerenobst*); (Trauben)Lese *f*
apanh|ação [apaɲa'sɐ̃w] *f bras* → ***apanha***; **~ada** [ɐpɐ'ɲadɐ] *f*: ***brincar*** (*od* ***jogar***) ***à ~*** Fangen spielen; **~adeira** [ɐpɐɲɐ'dɐjrɐ] *f* (Obst)Pflückerin *f*; *bras* Kehrblech *n*; **~ado** [-'ɲadu] **1.** *adj* ertappt; P vom Wahnsinn befallen, verrückt; P *von e-r Krankheit* erwischt; ***bem ~*** gut gesagt; **2.** *m* Zusammenfassung *f*; Übersicht *f*; *Kleidung*: Falte(n-wurf *m*) *f*; **~ador** [-ɲɐ'dor] *m* **a)** Pflücker *m* (*bsd Kaffee*); Sammler *m* (*bsd Kautschuk*); **b)** Kehrschaufel *f*; **~a-gotas** (*pl inv*) [-'gɔtɐʃ] *m* Tropfenfänger *m*; *TÉCN* Auffangschale *f*; **~a-moscas** (*pl inv*) [-'moʃkɐʃ] *m* Fliegenfänger *m*; *BOT* Sonnentau *m*; **~ar** [-'ɲar] (1a) **1.** *v/t vom Boden* aufheben; *Person, Gegenstand* (er)greifen, fassen, packen; *Obst* pflücken, ernten; *Trauben* lesen; *Kleid* raffen; *Maschen* aufnehmen; *Ball, Fisch* fangen; *j-n bei et* ertappen, P erwischen; *Verbrecher* gefangen nehmen; *Regen* abbekommen; *in den Stau* geraten; *Fieber, Zug* bekommen, F kriegen; *j-n* einholen, treffen; *Bestelltes* abholen; F abstauben; ***~ um chumbo*** P sitzen bleiben (*Schule*); **2.** *v/i* geschlagen werden (*a fig*); **~o** [ɐ'pɐɲu] *m* → ***apanha***
apaniguado [ɐpɐni'gwadu] *m* Schützling *m*
apara [ɐ'parɐ] *f* Schnitzel *m* (*Papier*); Span *m* (*Holz*); **~s** *pl* Späne *m/pl*; Abfall *m*; *CUL* (Fleisch)Reste *m/pl*; **~-charutos** (*pl inv*) [-ʃɐ'rutuʃ] *m* Zigarrenabschneider *m*
aparador [ɐpɐrɐ'dor] *m* Anrichte *f*
aparafusar [-fu'zar] (1a) anschrauben
apara-lápis (*pl inv*) [ɐparɐ'lapiʃ] *m* Bleistiftspitzer *m*
aparar [ɐpɐ'rar] (1b) *Ball, Hieb* auffangen; *Stein* behauen; *Bleistift* spitzen; *Bart* stutzen; *Holz* abhobeln, glätten; *Stil* (aus)feilen; *fig Zumutung* dulden
aparat|o [ɐpɐ'ratu] *m* Aufwand *m*; Pracht *f*; (Polizei)Aufgebot *n*; ***com grande ~*** mit großem Aufwand (*od* Aufgebot); **~oso** [-'tozu] aufwändig; pompös (*Feier*); spektakulär, Aufsehen erregend (*Ereignis*)
aparc|amento [ɐpɐrkɐ'mẽtu] *m* Parken *n*; **~ar** [-'kar] (1n, *Stv* 1b) parken
aparceirar [ɐpɐrsɐj'rar] (1a) zum (Geschäfts)Partner nehmen; ***~ com*** sich mit *j-m* einlassen
aparec|er [ɐpɐrə'ser] (2g) erscheinen; kommen (*Person*); auftreten (*Krankheit*); zutage treten, zum Vorschein kommen (*Wahrheit etc*); **~imento** [-si'mẽtu] *m* Erscheinen *n*
aparelh|ador [ɐpɐrəʎɐ'dor] *m ARQUIT* Polier *m*; **~agem** [-'ʎaʒɐ̃j] *f* Gerätschaften *f/pl*; Apparatur *f*; *fig* Apparat *m*; ***~ de som*** Stereoanlage *f*; **~amento** [-ʎɐ'mẽtu] *m* Bestückung *f*; → ***~agem***; **~ar** [-'ʎar] (1d) ausrüsten, ausstatten; vorbereiten; *Steine, Holz* behauen, bearbeiten; *Pferd* anschirren; *NAV* auftakeln
aparelho [ɐpɐ'reʎu] *m* **a)** Apparat *m*, Gerät *n*; Vorrichtung *f*; Geschirr *n*; Besteck *n*; *MED* (Gips)Verband *m*; Zahnspange *f*; *ARQUIT* Mauerverband *m*; **~ auditivo** Hörgerät *n*; **~ circulatório** Kreislauf *m*; ***~ de leitura*** Lesegerät *n*; ***~ digestivo*** Verdauungsapparat *m*; ***~ fotográfico*** Fotoapparat *m*; ***~ respiratório*** Atmungsorgane *n/pl*; **b)** Vorbereitung *f*; Grundanstrich *m*
aparência [ɐpɐ'rẽsjɐ] *f* Schein *m*; Anschein *m*; Äußere(s) *n*; ***salvar as ~s*** den Schein wahren

aparent|ado [ɐpɐrẽ'tadu] verwandt; **~ar** [-'tar] (1a) vortäuschen; scheinen, aussehen wie; **~ (calma)** sich (ruhig) geben; **~-se com** ähneln (*dat*); sich verschwägern mit; **~e** [-'rẽtə] scheinbar, Schein...
aparição [ɐpɐri'sɐ̃w] *f* Erscheinung *f*
aparo [ɐ'paru] *m* Beschneiden *n*; *Bleistift* Spitzen *n*; *bsd* Schreibfeder *f*
apart|ação [ɐpɐrtɐ'sɐ̃w] *f* Trennung *f* (*Streitende*); *örtl* Entfernung *f*; *Stierkampf*: Aussuchen *n* (*der Kampfstiere*); **~ado** [-'tadu] **1.** *adj* abgelegen; einsam; **2.** *m* Postfach *n*; **~amento** [-tɐ'mẽtu] *m* **a)** Trennung *f* (*Streitende*); Absonderung *f* (*Kranke*); *örtl* Entfernung *f*; Zurückgezogenheit *f*; **b)** Appartement *n*, Wohnung *f*; **~ar** [-'tar] (1b) *Dinge* beiseite legen, setzen, stellen; *Menschen*, *Tiere* trennen, absondern; *Augen* abwenden; **~ de** abbringen von; **~-se** sich zurückziehen, sich abwenden; *vom Weg* abweichen
aparte [ɐ'partə] *m* Zwischenbemerkung *f*; *TEA* Monolog *m*, Selbstgespräch *n*; **~ar** [ɐpɐr'tjar] (1l) dazwischenrufen; *j-n* unterbrechen
apartid|ário [ɐpɐrti'darju] unabhängig; *POL* parteilos; **~arismo** [-dɐ'riʒmu] *m* Unparteilichkeit *f*; *politische* Unabhängigkeit *f*
aparv|alhado, **~oado** [ɐpɐrvɐ'ʎadu, -'vwadu] verdutzt, verwirrt (*vor Überraschung*); dumm, blöde; **~alhar** [-'ʎar] (1b) = **~oar** [-'vwar] (1f) verwirren, F verdattern; verdummen; **~-se** P verblöden
apascentar [ɐpɐʃsẽ'tar] (1a) füttern; zur Weide führen; hüten (*a fig*)
apatacado [apata'kadu] *bras* reich
apatetar-se [-'tarsə] (1c) verblöden
apatia [ɐpɐ'tiɐ] *f* Apathie *f*, Teilnahmslosigkeit *f*, Gleichgültigkeit *f*
apático [ɐ'patiku] teilnahmslos
apavonar [ɐpɐvu'nar] (1f) einherstolzieren (*wie ein Pfau*); sich aufblasen
apavorar [ɐpɐvu'rar] (1e) erschrecken, entsetzen
apazigu|ador [ɐpɐzigwɐ'dor] Frieden stiftend; **~amento** [-'mẽtu] *m* Befriedung *f* (*Land*); Beruhigung *f*; **~ar** [-'gwar] (1m) *Land* befrieden; *Gegner* versöhnen; beruhigen
ape|adeiro [ɐpjɐ'dɐjru] *m CAM. DE F* Haltepunkt *m*; **~ar** [ɐ'pjar] (1l) **1.** *v/t j-m* herunterhelfen; *j-n* aussteigen lassen; herunternehmen; abwerfen; *j-n s-s Amtes* entheben, absetzen; niederreißen; *fig* stürzen; **2.** *v/i u* **~-se** *von Pferd*, *Fahrrad* absitzen; *aus Auto*, *Zug* aussteigen (**de** aus); absteigen (**em** in *dat*)
apedido [ape'didu] *m bras* Leserzuschrift *f*
apedrej|ador [ɐpədrəʒɐ'dor] *m* Steinewerfer *m*; **~amento** [-'mẽtu] *m* Steinigung *f*; **~ar** [-'ʒar] (1d) (mit Steinen) bewerfen; mit Steinwürfen vertreiben; steinigen
apeg|adiço [ɐpəgɐ'disu] klebrig, zäh (*Substanz*); ansteckend (*Krankheit*); **~ado** [-'gadu] anhänglich, zugetan (*dat*); **~ar-se** [-'garsə] (1o; *Stv* 1c): **~ a** Zuneigung fassen zu; sich klammern (*od* halten) an (*ac*); hängen an (*dat*); **~o** [ɐ'pegu] *m* (*Ausdauer*) Zähigkeit *f*, Beharrlichkeit *f*; (*Interesse*) Hang *m* (**a** zu), Neigung *f* (**a** zu); *fig* Anhänglichkeit *f*, Zuneigung *f*
apeiro [ɐ'pɐjru] *m* Gerätschaft *f*; Werkzeug *n*; *AGR* Zuggeschirr *n*
apel|ação [ɐpəlɐ'sɐ̃w] *f JUR* Berufung *f*; *fig* Ausweg *m*; **sem ~ nem agravo** ohne Revisionsmöglichkeit; *fig* unwiderruflich; **~ante** [-'lẽtə] *su* Berufungskläger(in *f*) *m*; **~ar** [-'lar] (1c) **1.** *v/t*: **~ para** appellieren an (*ac*); *um Hilfe* anrufen (*ac*); *JUR* Berufung einlegen bei (**de** gegen); **2.** *v/i* Berufung einlegen; **~atório** [-lɐ'tɔrju] Berufungs...; **~ável** [-'lavɛɫ] revisionsfähig
apelid|ado [ɐpəli'dadu]: **~ de ... ...** genannt; **~ar** [-'dar] (1a): **~ de** nennen (*ac*); *für Amt* benennen als; **~o** [-'lidu] *m* Zu-, Familienname *m*
apelo [ɐ'pelu] *m* Aufruf *m* (**a** an *ac*), Appell *m* (**a** an *ac*); *JUR* Berufung *f*; **sem ~** unwiderruflich; **fazer ~ ao serviço de** *j-s* Hilfe in Anspruch nehmen
apenas [ɐ'penɐʃ] **1.** *adv* nur, lediglich; *zeitl* erst; **2.** *cj* kaum; sobald
apêndice [ɐ'pẽdisə] *m* Anhang *m* (**a**, **de** zu); Zusatz *m* (**a**, **de** zu); *ANAT* Blinddarm *m*
apendicite [ɐpẽdə'sitə] *f* Blinddarmentzündung *f*
apens|ar [ɐpẽ'sar] (1a) hinzufügen

(**a** zu), anhängen (**a** an *ac*); **~o** [ɐ'pẽsu] **1.** *adj* beigefügt; **2.** *m* Anlage *f*; Zusatz *m*
apepinar [ɐpəpi'nar] (1a) F veralbern
apequenar [ɐpəkə'nar] (1d) verkleinern; klein(er) machen
aperalt|ado [ɐpəraɫ'tadu] eitel; geziert; **~ar-se** [-'tarsə] (1a) eitel werden; sich zieren
aperce|ber [ɐpərsə'ber] (2c) **a)** wahrnehmen; *j-n* verständigen; *j-m* Mitteilung machen; **b)** vorbereiten; *j-n* ausrüsten (**de** mit), versehen (**de** mit); **~-se** (be)merken (**de** *et*); (sich) rüsten (**para** für); sich versehen (*bei Gefahr*); **~bimento** [-bi'mẽtu] *m* Vorbereitung *f*, Ausrüstung *f*
aperfeiço|amento [ɐpərfɐjswɐ'mẽtu] *m* Vervollkommnung *f*, Vollendung *f*; *berufliche* Weiterbildung *f*; **curso** *m* **de ~** Fortbildungskurs *m*; **~ar** [-'swar] (1f) vervollkommnen, verbessern; **~-se** sich weiterbilden
aperitivo [ɐpərə'tivu] **1.** *adj* appetitanregend; **2.** *m* Aperitif *m*
aperrar [ɐpə'ʀar] (1c) entsichern
aperrear [ɐpə'ʀjar] (1l) hetzen; *fig* belästigen; peinigen; P *j-n* kurz halten
apert|adela [ɐpərtɐ'dɛlɐ] *f kurzer, heftiger* Druck *m*; *fig* Zwangslage *f*, F Zwickmühle *f*; **dar uma ~ a** zwicken (*ac*); *fig* sich *j-n* vornehmen; **~ado** [-'tadu] **1.** *adj* eng (*a Kurve*); schmal, knapp (*Budget*); *räumlich* beengt; fest (*zusammengepresst*); streng; *fig* verängstigt; **estar ~** F drängen, eilig sein (*bsd Stuhlgang*); **2.** *m bras* Engpass *m*; **~ador** [-tɐ'dor] *m* Klammer *f*; (Haar)Spange *f*; Schnalle *f*; **~a-livros** (*pl inv*) [ɐpɛrtɐ'livruʃ] *m* Bücherstütze *f*; **~ão** [-'tɐ̃w] *m* heftige(r) Druck *m*; Gedränge *n*; **dar um ~ em** drängen; **~a-papéis** (*pl inv*) [ɐpɛrtɐpɐ'pɛjʃ] *m* Papierclip *m*; **~ar** [-'tar] (1c) **1.** *v/t* (zusammen)drücken, (zusammen-)pressen; *mit Band, Schnur* (zusammen)schnüren; fest umklammern; *Schwamm* ausdrücken; *Kleid* enger machen; *Rock* zuknöpfen; *Schraube* an-, *Knoten* zu-, *Schlinge* zusammenziehen; *Hand* drücken, schütteln; *Schritt* beschleunigen; *Herz* bedrücken, zusammenschnüren; *Disziplin* verschärfen; *fig* **~ alg** j-m (hart) zusetzen, *bsd* j-n ausfragen; **~ o cinto** *fig* den Gürtel enger schnallen; **~ o cinto (de segurança)** den Sicherheitsgurt anlegen; **~ nas despesas** (*od* **a bolsa**, *od* **os cordões à bolsa**) sparen, Ausgaben verringern; **~ as mãos na cabeça** *fig* die Hände ringen (*vor Verzweiflung*); **2.** *v/i* drücken; zusammenrücken, sich zusammenschließen; drängen (*Zeit, Bedürfnis*); stärker (*od* schlimmer) werden (*Hitze etc*); sich zusammenziehen (*Gewitter*); **~ com** *j-n* bedrängen, *j-m* zusetzen mit; **~-se a** sich drängen (*od* hängen) an (*ac*)
apert|o [ɐ'pertu] *m* Druck *m*; Gedränge *n* (*Menschenmenge*); *räumliche* Enge *f*; *fig* Bedrängnis *f*, Not *f*; Verlegenheit *f*, F Klemme *f*; Dringlichkeit *f* (*der Geschäfte etc*); Strenge *f* (*e-s Befehls*); Knauserei *f*; TÉCN Verspannung *f*; Festsitz *m* (*e-s Teils*); **~ de mãos** Händedruck *m*, Handschlag *m*; **parafuso** *m* **de ~** Klemm-, Spannschraube *f*; **meter-se** (*od* **ver-se**) **em ~s** in Schwierigkeiten stecken; **~ura** [ɐpər'turɐ] *f* Bedrängnis *f*, Not *f*
apesar [ɐpə'zar]: **~ de** trotz, ungeachtet; **~ disso** trotzdem; **~ de que** + *conj* obgleich
apessoado [ɐpə'swadu]: (**bem**) **~** von angenehmem Äußeren; gut aussehend
apetec|er [ɐpətə'ser] (2g) **1.** *v/t* begehren, streben nach; *Speisen* Appetit haben auf (*ac*); *Freizeitvergnügen etc* Lust haben auf (*ac*), Gefallen finden an (*dat*), zusagen; **2.** *v/i* Appetit machen; **apetece-me** + *inf* ich habe Lust auf (*ac*) *od* zu; **~ível** [-'sivɛɫ] begehrenswert; appetitlich (*Speise*)
apetência [ɐpə'tẽsjɐ] *f* Lust *f* (**por** auf *ac*); *stärker*: Begierde *f* (**por** nach)
apetit|e [ɐpə'titə] *m* Appetit *m* (**de, para, por** auf *ac*); Gefallen *m* (**de, para, por** an *dat*); *stärker*: Begierde *f* (**de, para, por** nach); **~ivo** [-tə'tivu], **~oso** [-'tozu] appetitlich; begehrenswert (*Objekt*)
apetrech|amento [ɐpətrəʃɐ'mẽtu]

m Ausstattung *f*, Ausrüstung *f*; **~ar** [-'ʃar] (1d) ausstatten, -rüsten
apiário [ɐ'pjarju] *m* Bienenzucht *f*
ápice ['apisə] *m* Gipfel *m* (*a fig*); Spitze *f*; **~s** *pl* Trema *n*; ***num*** **~** im Nu; ***por um*** **~** um ein Haar
apícola [ɐ'pikulɐ] Bienen...
apicult|or [ɐpikuɫ'tor] *m* Imker *m*; **~ura** [-'turɐ] *f* Bienenzucht *f*
apied|ado [ɐpjə'dadu] mitleidig, mitfühlend; ***ser*** **~** ***com*** (*od* ***de***) Mitleid haben mit; **~ar** [-'dar] (1c) *j-s* Mitleid erregen; **~-se** Mitleid empfinden (***de*** für)
apiment|ado [ɐpimẽ'tadu] scharf, gepfeffert (*a fig*); **~ar** [-'tar] (1a) pfeffern (*a fig*); *Speisen* würzen
apinh|ado [ɐpi'ɲadu] dicht besetzt, überfüllt (*Raum*); **~ar** [-'ɲar] (1a) = **~oar** [-'ɲwar] (1f) *Raum* (über)füllen; *Holz*, *Steine* (auf)häufen; *Menschen*, *Tiere* (zusammen)drängen
ápiro ['apiru] feuerfest
apisoar [-'zwar] (1f) walken; stampfen
apist|eiro [ɐpiʃ'tɐjru] *m* Schnabeltasse *f*; **~o** [ɐ'piʃtu] *m* Kraftbrühe *f*
apit|adela [ɐpitɐ'dɛlɐ] *f* Pfiff *m*; **~** ***inicial*** *Sport*: Anpfiff *m*; *fig* Startschuss *m*; ***dar uma*** **~** ***a*** P *j-n* kurz anrufen; **~ar** [-'tar] (1a) pfeifen; ***andar a*** **~** P (völlig) blank sein; ***ficar a*** **~** P zu kurz kommen; **~o** [-'pitu] *m* Pfeife *f*, Pfiff *m*
aplacar [ɐplɐ'kar] (1n; *Stv* 1b) besänftigen, beruhigen; *Hunger* stillen; *Feuer* eindämmen; **~-se** sich legen (*Wind*)
aplain|amento [ɐplajnɐ'mẽtu] *m* Hobeln *n*, Glätten *n*; **~ar** [-'nar] (1a) *Holz* (ab)hobeln; *Streit* schlichten; *fig* → ***aplanar***
aplan|ação [ɐplɐnɐ'sɐ̃w] *f* Ebnen *n*; Einebnung *f*, Nivellierung *f*; **~ado** [-'nadu] eben; flach, platt; **~ar** [-'nar] (1a) ebnen (*a fig*); *Unterschiede* einebnen; beheben
aplau|dir [ɐplaw'dir] (3a) **1.** *v/t* feiern, bejubeln; loben; *Leistung* anerkennen; **2.** *v/i* applaudieren, Beifall klatschen; **~so(s)** [ɐ'plawzu(ʃ)] *m*(*pl*) Beifall *m*
aplic|abilidade [ɐplikɐbəli'dadɐ] *f* Anwendbarkeit *f*; **~ação** [-'sɐ̃w] *f* Verwendung *f*, Gebrauch *m*; Verabreichung *f* (*Medikament*); Auftragen *n* (*Farbe*); Besatz *m*, Applikation *f* (*Kleidung*); Fleiß *m* (***a***, ***em*** bei); *port* INFORM Anwenderprogramm *n*; **-ões** *pl* ***multitarefa*** INFORM Multitasking(anwendung *f*) *n*; **~** ***de raios X*** Röntgenbestrahlung *f*; ***ter*** **~** sich anwenden lassen; **~ado** [-'kadu] fleißig; CIENC angewandt; **~ar** [-'kar] (1n) anwenden (***a*** auf *ac*, ***em*** bei); verwenden; anpassen (***a*** an *ac*); *Pflaster* auflegen; *Marke* aufkleben; *Geld* investieren; *Farbe* auftragen; *Arznei* verabreichen, geben; *Schlag* verpassen, versetzen; *j-n zu e-r Strafe* verurteilen; **~-se** ***a*** sich widmen (*dat*); passen (*od* gehören) zu; **~ativo** [aplika'tivu] *m bras* INFORM Anwenderprogramm *n*
aplique [ɐ'plikə] *m* Wandleuchte *f*
aplomb [ɐ'plõ] *m* Selbstsicherheit *f*; Unverfrorenheit *f*
apneia (*é) [ɐ'pnɐjɐ] *f* Atemstillstand *m*
apoca|lipse [ɐpukɐ'lipsə] *m* Weltuntergang *m*
apodar [ɐpu'dar] (1e) aufziehen, hänseln; **~** ***com*** vergleichen mit; **~** ***de*** nennen (*ac*)
apoder|ado [ɐpudə'radu] *m Stierkampf*: Manager *m*; **~ar-se** [-'rarsə] (1c): **~** ***de*** sich bemächtigen (*gen*); ergreifen (*ac*)
apodo [ɐ'podu] *m* **a)** Spott *m*; Beschimpfung *f*; **b)** Spitzname *m*
apodrec|er [ɐpudrə'ser] (2g) **1.** *v/t* verderben lassen; **2.** *v/i* (ver)faulen, verderben (*Lebensmittel*); verwesen (*Leiche*)
apogeu [ɐpu'ʒew] *m fig* Höhepunkt *m*, Gipfel *m*
apoi|ado [ɐpu'jadu] **1.** *int*: **~!** bravo!, sehr richtig!; **2.** *m* Beifall *m*; **~a-pé(s)** [ɐpojɐ'pɛ] *m*(*pl*) Fußstütze *f*; **~ar** [ɐpu'jar] (1l, *bras* 1k) *Person* (unter)stützen, helfen; *an die Wand* (an)lehnen; TÉCN lagern; abstützen; **~-se** ***em*** sich stützen (*od* berufen) auf (*ac*) (*Person*); (be)ruhen auf (*dat*) (*These*); Nachdruck legen auf (*ac*); **~-se** ***a*** (*od* ***contra***) sich lehnen an (*ac*) (*od* gegen)
apoio [ɐ'poju] *m* Stütze *f*, Halt *m*; Unterstützung *f*, Hilfe *f* (*in Not*); TÉCN Lager *n*, Lagerung *f*; Stütze *f*; **~** ***ao sistema*** INFORM Systemunterstützung *f*

apólice [ɐ'pɔlisə] *f* Police *f*; *ECON* Anteilschein *m*; **~ *aberta*** Pauschalpolice *f*; **~ *de carga*** Frachtschein *m*; **~ *de seguro*** Versicherungspolice *f*
apolog|ético [ɐpulu'ʒɛtiku] **a)** Rechtfertigungs..., Verteidigungs...; **b)** Lob...; **~ia** [-'ʒiɐ] *f* **a)** Rechtfertigungs-, Verteidigungsrede *f*, Apologie *f*; **b)** Lobrede *f*, -schrift *f*; Verherrlichung *f*; ***fazer a ~ de*** → **~*izar***; **~ista** [-'ʒiʃtɐ] *su* **a)** Verteidiger(in *f*) *m*; Verfechter(in *f*) *m*; **b)** Lobredner(in *f*) *m*; **~izar** [-ʒi'zar] (1a) **a)** rechtfertigen, verteidigen; *Meinung* verfechten; **b)** loben
apont|ado [ɐpõ'tadu] spitz (zulaufend); ***ele é ~ a dedo*** man zeigt mit dem Finger auf ihn; **~ador** [-tɐ'dor] *m* Zeiger *m* (*a Uhr*); *Gefängnis*: Aufseher *m*; Schließer *m*; Kontrollbuch *n*; *TEA* Souffleur *m*; **~amento** [-tɐ'mẽtu] *m* Hinweis *m*; *schriftlich* Notiz *f*, Vermerk *m*; Eintragung *f*; Aufzeichnung *f* (*von Gesagtem*); ***tomar ~s*** sich Notizen machen; **~ar** [-'tar] (1a) **1.** *v/t* zeigen auf (*ac*), (hin)weisen auf (*ac*); *Stunde* anzeigen; *Zeugen* benennen; *Gründe* darlegen; *Termin* festsetzen; *Ohren* spitzen; *Spitze*, *Gewehr* richten (***para*** auf *ac*); (sich) *et* auf-, mitschreiben, notieren; festhalten; *Wechsel* eintragen; *Sachverhalt* aufzeichnen; (an-, zu)spitzen; *fig a* schärfen; **2.** *v/i* auftauchen; anbrechen (*Tag*); durchstoßen (*Zahn*); sprießen (*Bart*, *Knospe*); herausstehen (*Knochen*); *allg* hervortreten; *TEA* soufflieren; **~ *para*** zeigen auf
apontoar [ɐpõ'twar] (1f) (zusammen)heften; *fig* erwähnen; *ARQUIT* versteifen; verstreben
apoplexia [ɐpuplɛ'ksiɐ] *f* (Hirn-)Schlag *m*
apoquent|ação [ɐpukẽtɐ'sɐ̃w] *f* Verdruss *m*, Sorge *f*; **~ado** [-'tadu]: bekümmert (***com***, ***por*** über *ac*); besorgt (***com***, ***por*** um *od* wegen); **~ador** [-tɐ'dor] lästig; beschwerlich; **~ar** [-'tar] (1a) bedrücken, belästigen; quälen; **~-*se*** sich ärgern
apor [ɐ'por] (2zd) bei-, hinzufügen; auflegen, -setzen; anbringen; *Zettel* anschlagen; *Unterschrift* leisten
aporrinhar [ɐpuʀi'ɲar] (1a) P **a)** auf die Nerven gehen; **b)** verdreschen
aportar [ɐpur'tar] (1e): **~ *a*** *Hafen* anlaufen; **~ *em*** einlaufen in (*ac*); *örtl* geraten nach
aportugues|amento [ɐpurtugezɐ'mẽtu] *m* Portugiesierung *f*, portugiesische Form *f*; **~ar** [-'zar] (1c) *Worte* portugiesieren; *j-n* zum Portugiesen machen (**~-*se*** werden)
após [ɐ'pɔʃ] **1.** *prp* nach (*dat*); hinter (*dat*); (***ano***) **~** (***ano***) (Jahr) für (Jahr); **2.** *adv* danach, hinterher
aposent|ação [ɐpuzẽtɐ'sɐ̃w] *f* Pensionierung *f*, (Versetzung *f od* Eintritt *m* in den) Ruhestand *m*; *UNIV* Emeritierung *f*; ***Caixa*** *f* ***de*** ♀ Pensionskasse *f*; **~ado** [-'tadu] im Ruhestand; *Notar* niedergelassen; **~adoria** [-tɐdu'riɐ] *f* Altersversorgung *f*; Ruhegeld *n*; → ***aposentação***; ***direito*** *m* ***a ~*** Pensionsberechtigung *f*; **~ *provisória*** einstweilige(r) Ruhestand *m*; **~ar** [-'tar] (1a) **a)** in den Ruhestand versetzen; *UNIV* emeritieren; **b)** beherbergen; **~-*se*** **a)** in den Ruhestand treten; **b)** unterkommen, absteigen; **~o** [-'zẽtu] *m* Wohnraum *m*; Unterkunft *f*
aposição [ɐpuzi'sɐ̃w] *f* Beifügung *f*
aposs|ar [ɐpu'sar] (1e) in Besitz nehmen; **~ *alg de*** j-n einsetzen in (*ac*); **~-*se de*** in Besitz nehmen (*ac*)
apost|a [ɐ'pɔʃtɐ] *f* Wette *f* (***fazer*** abschließen); ***de ~*** um die Wette; **~ado** [-'tadu] entschlossen (***em*** zu); **~ar** [ɐpuʃ'tar] (1e) verwetten; wetten (***em*** um); setzen (***em*** auf *ac*)
apóstata [ɐ'pɔʃtɐtɐ] abtrünnig
apostil|a, ~lha [ɐpuʃ'tilɐ, -'tiʎɐ] *f* Randbemerkung *f*, Nachtrag *m*
aposto [ɐ'poʃtu] **1.** *p. p. von* ***apor***; **2.** *adj* beiliegend; *fig* von angenehmem Äußeren; wohlgeformt; **3.** *m* *GRAM* Beisatz *m*, Apposition *f*
apostolar [-'lar] (1e) (das Evangelium) verkündigen; predigen
apóstolo [ɐ'pɔʃtulu] *m* Apostel *m*
apostrofar [ɐpuʃtru'far] (1e) **a)** Verwünschungen ausstoßen gegen; beschimpfen; **b)** feierlich anreden, apostrophieren (***de*** als); **c)** *Wort* mit Apostroph versehen
apóstrof|e [ɐ'pɔʃtrufə] *f* *Rhetorik*: Apostrophe *f*, Zwischenruf *m*; Beschimpfung *f*; **~o** [-fu] *m* *GRAM* Apostroph *m*
apouc|ado [ɐpo'kadu] gering;

klein(lich); *geistig* zurückgeblieben; **~amento** [-kɐ'mẽtu] *m* Verminderung *f*; *fig* Verächtlichmachung *f*; Erniedrigung *f*; Niedergeschlagenheit *f*; **~ar** [-'kar] (1n) verringern; *fig* herabsetzen; **~-se** sich erniedrigen; sich klein machen

apr. ***aprovado*** genehmigt (gen.)

apraz|amento [ɐprɐzɐ'mẽtu] *m* Befristung *f* (*Vertrag*); Frist *f*; Anberaumung *f*, Festsetzung *f* (*Termin*); **~ar** [-'zar] (1b) befristen; *Sitzung* anberaumen; *Datum* festsetzen; *j-n* vorladen, bestellen

apraz|er [ɐprɐ'zer] (2s) *j-m* gefallen, *j-n* erfreuen, *j-m* angenehm sein; **~imento** [-zi'mẽtu] *m* Gefallen *n*, Vergnügen *n*; Zustimmung *f*

apre! ['aprə]: **~!** pfui!

apreçar [ɐprə'sar] (1p; *Stv* 1c) den Preis festsetzen (*od* erfragen); einschätzen; *fig* wertschätzen

apreci|ação [ɐprəsjɐ'sɐ̃w] *f* Beurteilung *f*, Einschätzung *f*, (Über-)Prüfung *f*; **~ador** [-'dor] *m* *Kunst etc*: Liebhaber *m*; ***ser ~ de*** = **~ar** [-'sjar] (1g) bewerten, würdigen; *Gutes* (wert)schätzen, zu würdigen wissen; beurteilen (***por*** nach); betrachten, überprüfen; **~ativo** [-sjɐ'tivu]: ***juízo*** *m* **~** Werturteil *n*; **~ável** [-'sjavɛɫ] (ab)schätzbar; beachtlich (*Menge*); wesentlich **apreço** [ɐ'presu] *m* Wertschätzung *f* (***para com, por*** *gen*), Achtung *f* (***para com, por*** vor *dat*); Wert *m*; ***dar ~ a*** Wert legen auf (*ac*)

apreen|der [ɐprjẽ'der] (2a) **1.** *v/t* ergreifen; *j-n* festnehmen; *et* beschlagnahmen, MIL erbeuten; *Sachverhalt* begreifen, erfassen; *Tod* fürchten; **2.** *v/i* (nach)grübeln (***em*** über *ac*); **~são** [-'sɐ̃w] *f* Festnahme *f* (*Person*); Beschlagnahme *f* (*Ware*); MIL Erbeutung *f*; Befürchtung *f*, Sorge *f* (***de, por*** wegen); Einbildung *f*; ***~ da carta*** Führerscheinentzug *m*; ***de fácil ~*** leicht verständlich; **~sível** [-'sivɛɫ] verständlich; **~sivo** [-'sivu] besorgt, ängstlich; nachdenklich

aprego|ador [ɐprəgwɐ'dor] *m* (öffentlicher) Ausrufer *m*; Marktschreier *m*; **~ar** [-'gwar] (1f) *Nachricht* ausrufen, bekannt machen; *Ware* anpreisen; *j-n* aufbieten; **~-se** sich erklären (***por*** für *ac*); prahlen (***de*** mit), sich rühmen (***de*** *gen*)

aprend|er [ɐprẽ'der] (2a) lernen; erfahren; *Lehre* beherzigen; ***~ a ler*** lesen lernen; **~iz** [-'diʃ] *m*, **-a** *f* Lehrling *m*, Auszubildende(r) *su*; **~izado** [-di'zadu] *m* Lernen *n*; Lehre *f*, Lehrzeit *f*; *bras* Lehrwerkstatt *f*; **~izagem** [-di'zaʒɐ̃j] *f* Lehre *f*; ***certificado*** *m* ***de ~*** Lehrbrief *m*

apresar [-'zar] (1c) packen; fangen; MIL erbeuten; NAV aufbringen

apresent|ação [ɐprəzẽtɐ'sɐ̃w] *f* Vorstellung *f*; Auftreten *n* (*in der Öffentlichkeit*); Einführung *f* (*in ein Thema*); Empfehlungsschreiben *n*; Einreichung *f* (*Antrag*); Meldung *f*; Vorlage *f*, Vorzeigen *n* (*e-s Dokuments*); Vorführung *f* (*Produkt*); Aussehen *n*, Äußere(s) *n* (*e-r Person*); ECON Aufmachung *f*, (Buch-)Ausstattung *f*; ♀ REL Mariä Opferung *f* (*21. Nov.*); ***fazer a ~ de*** → **~ar**; **~ado** [-'tadu] **1.** *adj*: ***bem (mal) ~*** gut (schlecht) aufgemacht (*Ware*); gut (schlecht) aussehend (*Person*); **2.** *m* vorgestellte Person *f*; **~ador** [-tɐ'dor] *m* Ansager *m*; Moderator *m*; **~ar** [-'tar] (1a) vorstellen; *Redner* einführen; darbieten; *Beileid* aussprechen; *Frage* stellen, *Behauptung* aufstellen; *Lösung* vorschlagen; POL *Gesetzesvorschlag* einbringen; *Beschwerde* einreichen; *Bitte, Vorschlag* unterbreiten; *Bericht, Papiere* vorlegen; *Beweis, Bürgen* beibringen; *Ausweis* vorzeigen; *Modell* vorführen; *Wechsel* präsentieren; *Beglaubigung* überreichen; *Grüße* ausrichten; *Entschuldigung* aussprechen; *Waren* auslegen; *Schwierigkeit, Spuren* aufweisen, aufzeigen; MIL ***~ armas*** das Gewehr präsentieren; **~-se** erscheinen; *bei Behörde*: sich melden; *der Polizei*: sich stellen; *als Kandidat*: antreten; kommen (***por*** von); ***apresénta-se-me*** es scheint mir; **~ável** [-'tavɛɫ] gut aussehend

apresilhar [ɐprəzi'ʎar] (1a) zubinden

apress|ado [ɐprə'sadu] eilig, schnell; flüchtig (*Blick*); hastig; **~ar** [-'sar] (1c) beschleunigen; *zeitl* abkürzen; *j-n* drängen, (an)treiben (***a*** zu); **~-se** (sich be)eilen

apressur|ado [ɐprəsu'radu] eilig;

hastig; **~amento** [-rɐ'mẽtu] *m* **a)** Eile *f*; **b)** Eifer *m*; **~ar** [-'rar] (1a) hetzen; beschleunigen; **~-se** hasten; sich beeilen

aprest|amento [ɐprəʃtɐ'mẽtu] *m* Ausrüstung *f*; Vor-, Zubereitung *f*; **~ar** [-'tar] (1c) *Proviant etc* vorbereiten, herrichten; *Expedition* ausrüsten; fertig machen; **~-se a, para** sich bereitmachen für; **~s** *pl* NAV Ausrüstung *f*; **~s da viagem** Reisevorbereitungen *f/pl*

aprimor|ado [ɐprimu'radu] vollkommen; hervorragend

aprisco [ɐ'priʃku] *m* (Schaf)Stall *m*; *fig* Schoß *m* (der Kirche)

aprision|ado [ɐprizju'nadu] gefangen; **~amento** [-nɐ'mẽtu] *m* Gefangennahme *f*; NAV Aufbringung *f*; **~ar** [-'nar] (1f) gefangen nehmen; gefangen halten; NAV aufbringen

aproar [ɐ'prwar] (1f) **1.** *v/t Schiff* drehen; auf Kurs bringen; **2.** *v/i* landen; zusteuern (**para, a** auf *ac*)

aprofund|amento [ɐprufũdɐ'mẽtu] *m* Vertiefung *f*; vertiefte(s) Studium *n*; **~ar** [-'dar] (1a) vertiefen (*fig a Thema*); versenken; *fig* ergründen; **~-se em** eindringen in (*ac*); *fig* sich versenken in (*ac*)

apront|amento [ɐprõtɐ'mẽtu] *m* Ausrüstung *f*; Vor-, Zubereitung *f*; **~ar** [-'tar] (1a) (her)richten

apropositadamente [ɐprupuzitadɐ'mẽtə] *zeitl* im rechten Augenblick; *örtl* an der rechten Stelle; **~ado** [-'tadu] geeignet, passend; angemessen; **mal ~** *zeitl* ungelegen; unpassend; **~ar** [-'tar] (1a) anpassen (**a** an *ac*); *e-e Sache* einrichten

a-propósito [ɐpru'pɔzitu] *m* (Zwischen)Bemerkung *f*; **não ter ~** unangebracht sein

apropri|ação [ɐpruprjɐ'sɐ̃w] *f* Aneignung *f* (*Besitz*); Anpassung *f*; Umwandlung *f*; **~ado** [-'prjadu] geeignet (**a, para** für); richtig (**a, para** für), angemessen (**a, para** für); zweckmäßig (**a, para** für); **~ar** [-'prjar] (1g) *Besitz* aneignen; unter Gewahrsam (*od* Obhut) nehmen; anpassen (**a** an *ac*); herrichten (**a** für); anwenden (**a** auf *ac*); **~-se de** sich aneignen (*ac*)

aprov|ação [ɐpruvɐ'sɐ̃w] *f* Billigung *f*, Genehmigung *f* (*Antrag*); Beifall *m*; Zustimmung *f* (**a, de** zu); Bestehen(lassen) *n* (*im Examen*); **~ado** [-'vadu]: **ser** (*od* **ficar**) **~ no exame** die Prüfung bestehen; **~ar** [-'var] (1e) **1.** *v/t* gutheißen, billigen; *Vorschlag* zustimmen; *Antrag* genehmigen; *Gesetz* annehmen; *im Examen*: bestehen lassen; **2.** *v/i* bestehen (**no exame** die Prüfung)

aproveit|abilidade [ɐpruvɐjtɐbəli'dadə] *f* Nutzbarkeit *f*; **~ador** [-'dor] *m* P Schmarotzer *m*; **~amento** [-'mẽtu] *m* Benutzung *f*, (Aus)Nutzung *f*, Verwertung *f* (*Material*); Nutzbarmachung *f* (*Land*); Nutzen *m*; Vorankommen *n*, Fortschritt *m*; *Schule*: Leistung *f*; **~ de despojos e refugo** Abfallverwertung *f*; **~ar** [-'tar] (1a) **1.** *v/t* benutzen, gebrauchen; ausnutzen; *Material, Abfall* verwerten; *Land* nutzbar machen; *Gelegenheit* wahrnehmen; **2.** *v/i* Nutzen ziehen aus (*dat*); vorwärts kommen; **~ com** Vorteil haben von, F profitieren von *od* bei; **~-se de** sich zunutze machen; **~ável** [-'tavɛɫ] brauchbar; ECON verwertbar

aprovision|amento [ɐpruvizjunɐ'mẽtu] *m* Versorgung *f* (*mit Proviant*); **~ar** [-'nar] (1f) versorgen, ausstatten

aproxim|ação [ɐprɔsimɐ'sɐ̃w] *f* Annäherung *f* (**a, de** an *ac*); Heranziehung *f*; *ungefähre* Schätzung *f*, Überschlag *m*; AV Anflug *m*; Trostpreis *m* (*Lotterie*); **~adamente** [-madɐ'mẽtə] annähernd; **~ado** [-'madu] Näherungs...; → **~ativo**; **~ar** [-'mar] (1a) (an)nähern; näher bringen; *et zum Vergleich* heranziehen; in Verbindung bringen mit; *fig* näher bringen; **~-se de** sich nähern (*dat*), herangehen an (*ac*); *fig* sich näher kommen; **~ativo** [-mɐ'tivu] annähernd, ungefähr

aprum|ado [ɐpru'madu] senkrecht; im Lot (*a fig*); *fig* korrekt; aufrecht; **~ar** [-'mar] (1a) senkrecht stellen; ins Lot bringen (*a fig*); gerade richten, aufrichten; *fig* stolz machen; **~-se** aufstehen; Haltung annehmen; *bras* sich herausputzen

apti|dão [apti'dɐ̃w] *f* Eignung *f*, Begabung *f*; Fähigkeit *f*; UNIV Hochschulreife *f*; **~ marítima** Seetüchtigkeit *f*; **~ para línguas** Sprachbega-

bung *f*; ~ ***profissional*** Berufsbefähigung *f*; ***ter -ões para*** begabt sein für; **~ficar** [-fi'kar] (1n) befähigen; **~tude** [-'tudə] *f* → ***aptidão***
apto ['aptu] fähig; tauglich
apunhalar [ɐpuɲɐ'lar] (1a) erdolchen, erstechen; mit e-m Dolch verletzen; *fig* verletzen; quälen
apup|ada [ɐpu'padɐ] *f* Gezisch *n*, Gepfeife *n*; Geschrei *n*; **~ar** [-'par] (1a) auspfeifen, -zischen; laut verhöhnen; **~o** [ɐ'pupu] *m* Schrei *m* (***dar*** ausstoßen); **~s** *pl* → ***apupada***
apur|ação [ɐpurɐ'sɐ̃w] *f* → ***~amento***; **~ado** [-'radu] **1.** *adj* sorgfältig, tadellos; gut, edel (*Geschmack*, *Benehmen*); klar (*Tatbestand*); schwierig (*Lage*); *bras* ungeduldig; dick, sämig (*Suppe*); ***dinheiro*** *m* ~ Einnahme *f*; ***ter*** (*od* ***estar com***) ***a paciência -a*** am Ende s-r Geduld sein; ***ser ~ para o serviço militar*** tauglich geschrieben werden; **2.** *m* (Tages)Einnahme *f*; **~amento** [-rɐ'mẽtu] *m* Klärung *f*, Reinigung *f* (*Substanz*); Verfeinerung *f*; Ermittlung *f* (*e-r Ursache*); Klarstellung *f*; *Statistik*: Auswertung *f*; (Stimmen-)Auszählung *f*; (Rechnungs)Abschluss *m*; **~ar** [-'rar] (1a) säubern, reinigen; *Stil* verfeinern; vervollkommnen; *Problem* (auf)klären, auf den Grund gehen; *Wahrheit* ermitteln; *Stimmen* (aus)zählen; *Kandidaten* wählen; *Geld* einnehmen; *Schulden* eintreiben; *Betrag* aus-, berechnen; *Geist*, *Gehör* schärfen; *Suppe* abschmecken; *Abwasser* klären; **~-se** sich aufregen
apuro [ɐ'puru] *m* Vollkommenheit *f*; Gewähltheit *f* (***de***, ***em*** in *dat*); Schliff *m*; Sorgfalt *f* (***de***, ***em*** bei); *TEA* ***ensaio*** *m* ***de*** ~ Kostümprobe *f*; **~(s)** (*pl*) *finanzielle* Verlegenheit *f*; ***ver-se em ~s*** F in der Klemme sitzen
aquando [ɐ'kwɐ̃du]: ~ ***de*** zur Zeit (*gen*); anlässlich (*gen*); während (*gen*)
aquaplanagem [akwɐplɐ'naʒɐ̃j] *f* Aquaplaning *n*
aquário [ɐ'kwarju] *m* Aquarium *n*; ♒ *ASTR* Wassermann *m*
aquartel|ado [ɐkwɐrtə'ladu]: ***estar*** ~ in Garnison liegen; **~amento** [-lɐ'mẽtu] *m* *MIL* Kasernierung *f*; Einquartierung *f*; **~ar** [-'lar] (1c) einquartieren; stationieren
aquático [ɐ'kwatiku] Wasser...; ***esqui*** *m* ~ Wasserski *n*
aquec|edela [ɐkɛsə'dɛlɐ] *f leichte* Erwärmung *f*; P Tracht *f* Prügel; **~edor** [-'dor] **1.** *adj* Heiz...; **2.** *m* Heizgerät *n*; ~ ***de ar*** Heizlüfter *m*; ~ ***de imersão*** Tauchsieder *m*; **~er** [-'ser] (2g; *Stv* 2a) **1.** *v/t* (er)wärmen; erhitzen; *Wohnung* heizen; *Kaffee etc* aufwärmen; *fig* erregen; ~ ***o ânimo a*** *j-n* aufbringen; ~ ***no forno*** aufbacken; **2.** *v/i* wärmen (*a fig*); warm werden; warm laufen (*Maschine*); **~-se** *Sport*: sich warm machen, warm laufen; **~imento** [-si'mẽtu] *m* Erwärmung *f*; Heizung *f* (*Wohnung*); *fig* Erregung *f*; **~ível** [-'sivɛɫ] beheizbar; *fig* erregbar
aquedar [ɐkɛ'dar] (1a) **1.** *v/t* beruhigen, beschwichtigen; **2.** *v/i* ruhig werden; **~-se** sich beruhigen
aqueduto [ɐkə'dutu] *m* Aquädukt *m*
aquela [ɐ'kɛlɐ] **1.** *pron* → ***aquele***; F die da; **2.** *f* P Getue *n*; Fimmel *m*; fixe Idee *f*; Riecher *m*; ***sem mais ~(s)*** mir nichts, dir nichts; einfach so
àquela [a'kɛlɐ] *Zssg von prp* ***a*** *u* ***aquela***
aquele [ɐ'kelə] jene(r, -s); der, die, das (da); der-, die-, dasjenige; F der da; ***quem é ~?*** wer ist der da?
àquele [a'kelə] *Zssg von prp* ***a*** *u* ***aquele***
aqueloutro, -a [ɐkə'lotru, -trɐ] der (die, das) andere (da)
aquém [ɐ'kɐ̃j] diesseits (***de*** *gen*); unterhalb (***de*** *gen*); ***ser*** (*od* ***ficar***) ~ ***de*** zurückbleiben hinter (*dat*); **~-fronteiras** [-frõ'tɐjrɐʃ] diesseits der Grenze; **~-mar** [-'mar] hier in Europa; ***de*** ~ europäisch
aquentar [ɐkẽ'tar] (1a) → ***aquecer***
aqui [ɐ'ki] *örtl* hier; *Richtung*: hierher; *zeitl* jetzt; ~ ***há oito dias*** vor (etwa) acht Tagen; ***por*** ~ hier (herum); ***para*** ~ hierher; ***posto*** ~ *ECON* ab hier
aquiesc|ência [ɐkjəʃ'sẽsjɐ] *f* Zustimmung *f* (***a*** zu); Bewilligung *f*; ~ ***a um pedido*** Erfüllung *f* e-r Bitte; **~er** [-'ser] (2g) zustimmen (***a*** *dat*)
aquietar [ɐkjə'tar] (1a) (sich) beruhigen
aquífero (*ü) [ɐ'kwifəru] **1.** *adj*

Wasser führend; **2.** *m* Grundwasserbrunnen *m*
aquilatar [ɐkilɐ'tar] (1b) die Karatzahl bestimmen von; den Wert bestimmen von; *fig* wertschätzen; abwägen; *Eigenschaft* hervorheben
aquilino [ɐkə'linu] Adler...
aquilo [ɐ'kilu] das (da), jenes
aquinho|amento [ɐkiɲwɐ'mẽtu] *m* (Auf-, Ver)Teilung *f*; **~ar** ['ɲwar] (1f) (auf-, ver-, zu)teilen; *fig* beschenken, ausstatten (**de** mit); **~-se** teilhaben (**de** an *dat*)
Aquisgrana [ɐkiʒ'grɐnɐ] Aachen *n*
aquisi|ção [ɐkəzi'sɐ̃w] *f* Erwerb(ung *f*) *m*; Anschaffung *f*; **~ *de dados*** *INFORM* Datenerfassung *f*; **~tivo** [-'tivu] Erwerbs...; ***poder*** *m* **~** Kaufkraft *f*
aqu|ista [ɐ'kwiʃtɐ] *su* Badegast *m*; **~oso** [ɐ'kwozu] wässrig; Wasser...
A.R. ***Assembleia*** *f* ***da República*** *port Parlament*
ar [ar] *m* **a)** Luft *f*, Wind *m*; *AV* Luftraum *m*; ***~es*** *pl* Luft *f*, Klima *n*; ***corrente*** *f* ***de* ~** Durchzug *m*, Zugluft *f*; ***~ condicionado*** *TÉCN* Klimaanlage *f*; ***botão*** *m* ***do* ~** *AUTO* Choke *m*; ***~ evacuado*** *TÉCN* Abluft *f*; ***castelos*** *m/pl* ***no* ~** Luftschlösser *n/pl*; ***falta*** *f* ***de* ~** Atemnot *f*; ***golpe*** *m* ***de* ~** (heftiger) Durchzug *m*; ***uma lufada de* ~ *fresco*** *fig* ein frischer Wind; ***mudança*** *f* ***de ~es*** Klimawechsel *m*; ***ao ~ livre*** ins Freie, im Freien; ***no* ~** ins Blaue hinein, unüberlegt; in der Schwebe, ungewiss; ***andar com a cabeça*** (*od* ***estar***) ***no* ~** zerstreut sein; ***andar no* ~** in der Luft liegen; ***apanhar* ~** F frische Luft schnappen (gehen); ***apanhar no* ~** *fig* aufschnappen; ***dar* ~, *pôr ao* ~** lüften; ***fazer pelos ~es*** flugs *et* tun; ***ir aos ~es*** F in die Luft gehen, platzen (*vor Wut*); ***ir pelos ~es*** explodieren; **b)** Anschein *m*; Gestalt *f*, Haltung *f*; ***dar-se ~es de*** sich aufspielen als
árabe ['arɐbə] **1.** *adj* arabisch; **2.** *su* Araber(in *f*) *m*
arabesco [ɐrɐ'beʃku] *m* Arabeske *f*
Arábia [ɐ'rabjɐ]: ***a* ~** Arabien *n*; ***a* ~ *Saudita*** Saudi-Arabien *n*
aráb|ias [ɐ'rabjɐʃ] *f/pl* F: ***homem*** *m* ***das* ~** tolle(r) Kerl *m*; ***coisa*** *f* ***das* ~** Dummheit *f*; **~ico, ~igo, ~io** [-biku, -bigu, -bju] arabisch
arabutã [arabu'tẽ] *f bras* Brasilholz(baum *m*) *n*
araca [ɐ'rakɐ] *f* Arrak *m*
Aracaju [ara'kaʒu] *bras Hauptstadt von Sergipe*
aracnídeos [ɐrɐk'nidjuʃ] *m/pl* *ZO* Spinnentiere *n/pl*
arad|a [ɐ'radɐ] *f* Ackerland *n*; → **~ura**; **~o** [a'radu] **1.** *adj bras* hungrig; **2.** *m* Pflug *m*; **~ura** [ɐrɐ'durɐ] *f* Pflügen *n*
aragem [ɐ'raʒɐ̃j] *f* Lufthauch *m*, kühle(s) Lüftchen *n*, Brise *f*
aram|ado [ɐrɐ'madu] *m* Maschendraht *m*; Drahtgeflecht *n*; **~ar** [-'mar] (1a) (mit Draht) umzäunen
arame [ɐ'rɐmə] *m* Draht *m*; *fig* P Moos *n*; ***~ farpado*** Stacheldraht *m*; ***andar por ~s*** P *fig* auf schwankendem Boden gehen; ***ir aos ~s*** P (vor Wut) platzen
aranha [ɐ'rɐɲɐ] *f* **a)** *ZO* Spinne *f*; ***~ cruzeira*** Kreuzspinne *f*; ***teia*** *f* ***de* ~** Spinnengewebe *n*, Spinnennetz *n*; *fig* P Hirngespinst *n*; ***andar às ~s*** völlig durcheinander sein (**com** wegen); ***ter teias de* ~ *na cabeça*** P Hirngespinste (*od* Illusionen) haben; ***ver-se em papos*** (*od* ***palpos***) ***de* ~** F in der Klemme sitzen; ***~-do-mar*** *m ZO* Seespinne *f*; Dreieckskrabbe *f*; **b)** Kronleuchter *m*
aranh|ão [ɐrɐ'ɲɐ̃w] *m* Riesenspinne *f*; *fig* Tolpatsch *m*; **~eira** [-'ɲɐjrɐ] *f* Spinnennetz *n*; **~ento** [-'ɲẽtu] voller Spinnen; Spinnen...; **~iço** [-'ɲisu] *m fig* spindeldürre Person *f*
aranzel [ɐrɐ̃'zɛɫ] *m* dumme(s) Geschwätz *n*
arapuca [ara'puka] *f bras* Vogelfalle *f*; *fig* P Bruchbude *f*; Gaunerei *f*
araque [a'raki] *m bras* Zufall *m*
aráquide [ɐ'rakidə] *f* Erdnuss *f*
arar [ɐ'rar] (1b) (durch-, um)pflügen; *Wellen* durchfurchen
arara [a'rara] *f ZO bras* Ara *m*
aravia [ɐrɐ'viɐ] *f* Kauderwelsch *n*
arbitr|agem [ɐrbi'traʒɐ̃j] *f* Vermittlung *f*; *JUR* Schiedsspruch *m*; *ECON* (Wechsel)Arbitrage *f*; ***comissão*** *f* ***de* ~** Schlichtungsausschuss *m*; **~al** [-'traɫ] willkürlich; *JUR*, *Sport*: schiedsrichterlich; **~amento** [-trɐ'mẽtu] *m* → ***arbitragem***; ***por* ~** schiedsgerichtlich; **~ar** [-'trar] (1a) willkürlich entscheiden; *JUR* e-n

Schiedsspruch fällen; *j-m* (richterlich) zusprechen; *Sport*: Schiedsrichter sein in; **~ariedade** [-trɐrjə'dadə] *f* Willkür *f*; willkürliche(s) Vorgehen *n*; **~ário** [-'trarju] willkürlich
arbítrio [ɐr'bitrju] *m* **a)** Gutdünken *n*; Willkür *f*; ***livre*** **~** Willensfreiheit *f*; **b)** *JUR*, *Sport*: Schiedsspruch *m*; Gutachten *n*, Meinung *f*
árbitro ['arbitru] *m* Vermittler *m*, Schlichter *m*; *Sport*: Schiedsrichter *m*; *fig* oberste(r) Richter *m*
arbóreo [ɐr'bɔrju] baumartig; ***vegetação*** *f* ***-a*** Baumbestand *m*
arborescência [ɐrburəʃ'sẽsjɐ] *f* Baumstruktur *f* (*grafische Darstellung*)
arbori|cultura [ɐrburikuɫ'turɐ] *f* Baumzucht *f*; **~zação** [-zɐ'sɐ̃w] *f* Aufforstung *f*; **~zar** [-'zar] (1a) mit Bäumen bepflanzen; aufforsten
arbust|áceo, **arbústeo** [ɐrbuʃ'tasju, ɐ'rbuʃtju] strauchartig; Strauch...; **~s** *m/pl BOT* Sträucher *m/pl*; **~iforme** [-ti'fɔrmə] strauchförmig; **~o** [-tu] *m* Strauch *m*
arca ['arkɐ] *f* Truhe *f*, Kasten *m*; **~** ***congeladora*** Kühltruhe *f*; **~** ***da aliança***, **~** ***santa*** *REL* Bundeslade *f*; **~** ***de Noé*** Arche *f* Noah; P Pfandhaus *n*
arcaboiço, **-ouço** [ɐrkɐ'bojsu, -'bosu] *m ANAT* Brustkorb *m*; Skelett *n*; *TÉCN* Gerippe *n*; (Holz)Konstruktion *f*
arcad|a [ɐr'kadɐ] *f* **a)** Säulengang *m*; (Gewölbe)Bogen *m*; **b)** *MÚS* Bogenführung *f*, (Bogen)Strich *m*; **~o** [-'kadu] gebogen
arcaico [ɐr'kajku] altertümlich
arcanjo [ɐr'kɐ̃ʒu] *m* Erzengel *m*
arcano [ɐr'kɐnu] **1.** *adj* geheim(nisvoll); **2.** *m* Geheimnis *n*
arcar [ɐr'kar] (1n; *Stv* 1b) **1.** *v/t* wölben; biegen; *Fass* bereifen; **2.** *v/i* **~** ***com*** ringen mit; (er)tragen
arca|ria [ɐrkɐ'riɐ] *f* Bogengang *m*; **~tura** [-'turɐ] *f* Blendbögen *m/pl*
arcebisp|ado [ɐrsəbiʃ'padu] *m* Erzbistum *n*; **~o** [-'biʃpu] *m* Erzbischof *m*
arcete [ɐr'setə] *m* Steinsäge *f*
archot|ada [ɐrʃu'tadɐ] *f* Fackelzug *m*; **~e** [-'ʃɔtə] *m* (Pech)Fackel *f*; P Viertel *n* Wein
arco ['arku] *m* Bogen *m* (*a ARQUIT*, *MÚS u Waffe*); Reifen *m*; Ring *m*; *bras Sport*: Tor *n*; *TÉCN a* Bügel *m*; **~** ***de protecção*** *AUTO* Überrollbügel *m*
arco|botante [ɐrkubu'tɐ̃tə] *m ARQUIT* Strebe-, Bogenpfeiler *m*; **~(s)-da-velha** [arkudɐ'vɛʎɐ] *m(pl)* Regenbogen *m*; ***coisas*** *f/pl* ***do*** **~** Ammenmärchen *n/pl*; **~-íris** (*pl inv*) [arku'iriʃ] *m* Regenbogen *m*
árctico ['artiku]: **1.** *adj* arktisch; nördlich, Nord...; ***pólo*** **~** Nordpol *m*; **2.** ***o*** ♀ die Arktis
ard|ência [ɐr'dẽsjɐ] *f* Glut *f*, Feuer *n*; Schärfe *f* (*Geschmack*); *MED* Brennen *n* (*im Hals, auf der Haut*); **~ente** [-'dẽtə] brennend (*Sonne etc*); feurig (*Temperament*); scharf (*Geschmack*); ***espelho*** *m* **~** Brennspiegel *m*; ***capela*** *f* **~** Totenkapelle *f*; **~entia** [-dẽ'tiɐ] *f* Meeresleuchten *n*; **~entoso** [-dẽ'tozu] brennend (*Brennnessel etc*); **~er** [-'der] (2b) **1.** *v/i* (ver)brennen; (er)glühen (*a fig*); leuchten, blitzen; *auf der Haut, Zunge* beißen, brennen; zerrinnen, verfliegen (*Reichtum*); wüten, grassieren (*Krieg etc*); **~** ***por*** *inf* darauf brennen zu (*inf*); **2.** *v/t* verbrennen; *fig* herbeisehnen; ***deixar*** **~** P *e-e Sache* (einfach) laufen lassen
ardiloso [-'lozu] (hinter)listig
ardimento [ɐrdi'mẽtu] *m* Kühnheit *f*
ardina [ɐr'dinɐ] *m* Zeitungsjunge *m*
ardor [ɐr'dor] *m* Glut *f*, Hitze *f*; *fig* Feuereifer *m* (**em** bei); Begierde *f*; *MED* **~(es)** (*pl*) Brennen *n* (*auf der Haut etc*); **~oso** [-du'rozu] brennend, glühend; feurig, hitzig (*Temperament*)
ard|ósia [ɐr'dɔzjɐ] *f* Schiefer *m*
arduidade [ɐrdui'dadə] *f* Schwierigkeit *f*
árduo ['ardwu] steil (*Aufstieg*); schwierig, mühevoll, hart (*Arbeit*)
are ['arə] *m AGR* Ar *n*
área ['arjɐ] *f* Gelände *n*; Fläche *f*; Gegend *f*; *fig* Gebiet *n*; *MAT* Flächeninhalt *m*; *bras ARQUIT* Lichthof *m*; **~** ***crítica*** *POL* Unruhegebiet *n*; **~** ***de cultivo*** *AGR* Anbaufläche *f*; **~** ***de descanso*** Rastplatz *m*; **~** ***de serviço*** Autobahnraststätte *f*; **~** ***de trabalho*** *INFORM* Arbeitsplatz *m*; ***grande*** **~** *Sport*: Strafraum *m*; **~** ***habitacional*** *ARQUIT* Wohnfläche *f*; **~** ***residencial*** Wohngebiet *n*

are|al [ɐ'rjał] *m* Sandboden *m*, -fläche *f*; (Sand)Strand *m*; **~ar** [ɐ'rjar] (1l) **1.** *v/t* mit Sand bedecken (*od* bestreuen); *Boden* scheuern; *Zucker* raffinieren; **2.** *v/i* sich trüben (*Sicht*); versanden; **~-se** sich verlieren; **~eiro** [ɐ'rjɐjru] *m* Sandgrube *f*; **~ento** [ɐ'rjẽtu] sandig
areia [ɐ'rɐjɐ] *f* Sand *m*; *MED* Blasengrieß *m*; *fig* Unsinn *m*; **~ cega**, **~ movediça** Flug-, Treibsand *m*; **enterrar a cabeça na ~** *fig* den Kopf in den Sand stecken; **jogar ~ nos olhos de alg** *fig* j-m Sand in die Augen streuen; **ter ~ (na cabeça)** P e-n Vogel haben
arej|ado [ɐrə'ʒadu] luftig; belüftet; *fig* aufgeweckt (*Person*); **~amento** [-ʒɐ'mẽtu] *m* (Be)Lüftung *f*; Durchlüften *n*; **~ar** [-'ʒar] (1d) **1.** *v/t* (aus-, be)lüften; **2.** *v/i* Luft schöpfen; *AGR* (ver)trocknen; **~o** [ɐ'rɛʒu] *m* (Be)Lüftung *f*; Luftzug *m*; *fig* böse(r) Blick *m*
arena [ɐ'renɐ] *f* Arena *f* (*Stierkampf*); Manege *f* (*Zirkus*); *Sport*: Boxring *m*
areng|a [ɐ'rẽgɐ] *f feierliche* Ansprache *f*; *öffentliche* Rede *f*; *depr* Geschwafel *n*, Gewäsch *n*; **~ar** [ɐrẽ'gar] (1o) eine Ansprache (*od* Rede) halten; P sich (herum)zanken; **~ueiro** [-'gɐjru] streitsüchtig
aren|ífero [ɐrə'nifəru] sandhaltig, -führend (*Fluss*); **~ito** [-'nitu] *m* Sandstein *m*; **~oso** [-'nozu] sandig, Sand...
arenqu|e [ɐ'rẽkə] *m* Hering *m*
aréola [ɐ'rɛwlɐ] *f ASTR* Hof *m*; *MED* ringförmige(r) Entzündung(sherd *m*) *f*; *ANAT* Brustwarzenring *m*, Warzenhof *m*; *AGR* (Rund)Beet *n*; *ringförmiger* Lichtschein *m*; *REL*, *fig* Heiligenschein *m*
arest|a [ɐ'rɛʃtɐ] *f* Kante *f*, Rand *m*; (Berg)Grat *m*; *BOT* Granne *f*; Faser *f*; *TÉCN* Stift(nagel) *m*; **~ado** [ɐrəʃ'tadu] eckig; kantig
aresto [ɐ'rɛʃtu] *m JUR* Grundsatzentscheidung *f*; Rechtsfall *m*; *fig* Lösung *f*; **~so** [ɐrəʃ'tozu] kantig
arf|ada, **~agem** [ɐr'fadɐ -'faʒɐ̃j] *f NAV* Stampfen *n*; **~ar** [-'far] (1b) keuchen (*Person*); klopfen (*Herz*); sich heben (*Brust*); schwanken; sich biegen; *NAV* stampfen
argamass|a [ɐrgɐ'masɐ] *f ARQUIT* Mörtel *m*; **~ auto-alisante** *ARQUIT* Ausgleichmasse *f*, Feinestrich *m*; **~ar** [argama'sar] (1b) *bras* anmengen
arganaz [-gɐ'naʃ] *m* Siebenschläfer *m*
Arg|el [ɐr'ʒɛł] Algier *n*; **~élia** [-'ʒɛljɐ]: **a ~** Algerien *n*
argelino [ɐrʒə'linu] **1.** *adj* algerisch; **2.** *m*, **-a** *f* Algerier(in *f*) *m*
argent|ão [ɐrʒẽ'tɐ̃w] *m* Neusilber *n*, Alpaka *n*; **~ar** [-'tar] (1a) versilbern; **~aria** [-tɐ'riɐ] *f* Silberbesatz *m*, -geschirr *n*
argent|ífero [ɐrʒẽ'tifəru] silberhaltig
Argentina [ɐrʒẽ'tinɐ]: **a ~** Argentinien *n*
argent|ino [ɐrʒẽ'tinu] **1.** *adj* **a)** → **argênteo**; **b)** argentinisch; **2.** *m*, **-a** *f* Argentinier(in *f*) *m*; **~ite**, *bras* **-a** [-'titə, -'tita] *f MIN* Silberglanz *m*
argil|a [ɐr'ʒilɐ] *f* Ton *m*; Lehm *m*; **~ branca**, **~ pura** Porzellanerde *f*; **~ figulina** Ziegelerde *f*, -lehm *m*; **~ gorda** Töpferton *m*; **~ de moldagem**, **~ para moldes** Formlehm *m*; **~eira** [-'lɐjrɐ] *f* Tongrube *f*; **~oso** [-'lozu] tonhaltig
argol|a [ɐr'gɔlɐ] *f* Ring *m*; Ohrring *m* (*Schmuck*); Türklopfer *m*; **meter o pé na ~** e-n Fehltritt begehen; **~ar** [-gu'lar] (1a) beringen; mit Ringen versehen; **~s** *pl Sport*: Ringe *m/pl*; **~inha** [-'liɲɐ] *f* Ringlein *n*; *CUL* Suppennudel *f*; *ringförmiger* Keks *m*, Kringel *m*
arg|úcia [ɐr'gusjɐ] *f* Scharfsinn *m*; Spitzfindigkeit *f*; **~ucioso** [-'sjozu] scharfsinnig; spitzfindig
argueiro [ɐr'gɐjru] *m* Splitter *m*; Staubkorn *n*; *fig* Nichtigkeit *f*; **de um ~ fazer um cavaleiro** *fig* aus e-r Mücke e-n Elefanten machen
argu|ente (*ü) [ɐr'gwẽtə] *su* Redner(in *f*) *m*; Beweisführer(in *f*) *m*; **~ição** [-gwi'sɐ̃w] *f* Beschuldigung *f*; *JUR* Darlegung *f*, Beweisführung *f*; Befragung *f*; **~ido** [-'gwidu] *m* Beschuldigte(r) *m*; **~idor** [-gwi'dor] *m* Ankläger *m*; Beweisführer *m*; **~ir** [-'gwir] (3p) **1.** *v/t j-m et* vorwerfen; *j-n* tadeln; *JUR* beschuldigen, verurteilen; *bras mündlich* prüfen; *vorwurfsvoll* bezeichnen (**de** als); **2.** *v/i*

argumentieren; **~itivo** [-gwi'tivu] beweisführend; *fig* schlagkräftig
argument|ação [ɐrgumẽtɐ'sɐ̃w] *f* Beweisführung *f*; Argumentation *f*; **~ador** [-'dor] *m* Redner *m* (*im Streitgespräch*); **~ar** [-'tar] (1a) **1.** *v/t* mit Beweisen stützen; diskutieren; *Meinung* verfechten; begründen; *für od gegen j-n* sprechen; **2.** *v/i* argumentieren (***com*** mit); **~ativo** [-tɐ'tivu] argumentativ; beweisführend; **~ista** [-'tiʃtɐ] *su* Drehbuchautor(in *f*) *m*; **~o** [-'mẽtu] *m* Argument *n*; Beweis *m*; Thema *n*; *TEA* Handlung *f*; *Film*: Drehbuch *n*
arguto [ɐr'gutu] scharfsinnig; witzig; hell (*Stimme, Ton*)
ária ['arjɐ] *f Oper*: Arie *f*; Lied *n*
aridez [ɐri'deʃ] *f* Dürre *f*, Trockenheit *f*
árido ['aridu] dürr, trocken (*a fig*)
Áries ['arjəʃ] *m ASTR* Widder *m*
arisco [ɐ'riʃku] sandig; spröde; scheu; rau; misstrauisch
arista [ɐ'riʃtɐ] **1.** *f BOT* Granne *f*; **2.** *su* Kurgast *m* (*in Luftkurort*)
aristocr|acia [ɐriʃtukrɐ'siɐ] *f* Aristokratie *f*; **~ata** [-'kratɐ] **1.** *adj* aristokratisch; **2.** *su* Aristokrat(in *f*) *m*; **~ático** [-'kratiku] aristokratisch
aritmétic|a [ɐrit'mɛtikɐ] *f* Arithmetik *f*; **~o** [-ku] **1.** *adj* arithmetisch; Rechen...; **2.** *m* Arithmetiker *m*
arma ['armɐ] *f* **a**) Waffe *f* (*a fig*); *bsd* Gewehr *n*; Waffengattung *f*; **~ *branca*** Stichwaffe *f*; **~ *de fogo*** Schusswaffe *f*; **~s *nucleares*** Kernwaffen *f/pl*; ***sob* ~s** unter Waffen; ***às* ~s!** zu den Waffen!; ***descansar* (*ombro*) ~s!** Gewehr ab (über)!; ***tomar* (*as*) ~s** zu den Waffen greifen; **b**) **~s** *pl* Wappen *n*; (Stier)Hörner *n/pl*; Krallen *f/pl* (*od* Zähne *m/pl*) (*Raubtier*)
arm|ação [ɐrmɐ'sɐ̃w] *f* Ausrüstung *f*; Ausstattung *f*; *MIL* Bewaffnung *f*; *ARQUIT* Fachwerk *n*; Dachstuhl *m*; (Brillen)Fassung *f*; *TÉCN* Gestell *n*, Rahmen *m*; *TÉCN* Armatur *f*; *NAV* Takelung *f*; Navigationsgeräte *n/pl*; (Schiffs)Ausrüstung *f*; Netz *n* (*Sardinenfang*); (Zelt)Gestänge *n*; Geweih *n*; **-ões** *pl* Beschläge *m/pl*; **~ada** [-'madɐ] *f* (Kriegs)Flotte *f*
arm|adilha [ɐrmɐ'diʎɐ] *f* Falle *f* (***a*** für); Schlinge *f*; **~ado** [-'madu] bewaffnet; *fig* gewappnet; *mit Geräten* ausgestattet; **~ador** [-mɐ'dor] *m NAV* Reeder *m*; *bsd* Leichenbestatter *m*; **~adura** [-'durɐ] *f* (Ritter-) Rüstung *f*; *ZO* Geweih *n*; *ARQUIT* Balkenwerk *n*; Armierung *f* (*im Beton*); *AV* Gestell *n*; *TÉCN* Armierung *f*; Armatur *f*; *EL* Belag *m*; *ZO* Panzer *m* (*Gürteltier etc*); **~amentismo** [-mẽ'tiʒmu] *m* Wettrüsten *n*, Aufrüstung *f*; **~amento** [-'mẽtu] *m MIL* Bewaffnung *f*; (Auf-, Aus)Rüstung *f*; *NAV* Bestückung *f*; **~ar** [-'mar] (1b) *Truppen* bewaffnen; *NAV* bestücken; *Baustelle* einrichten; *Zelt* aufschlagen; *Gerüst* aufbauen; *Bett* aufstellen; *Falle* stellen; *Feder* spannen; *Tat* aushecken; *Plan* schmieden; *Streit* anfangen; **~ *a*** haschen nach; **~-*se*** (sich) rüsten; *fig* sich wappnen; im Anzug sein (*Sturm*)
arm|aria [ɐrmɐ'riɐ] *f* Waffenkammer *f*; **~arinho** [arma'rĩɲu] *m bras*: (***loja f de***) **~** Kurzwarenhandlung *f*; **~ário** [ɐr'marju] *m* Schrank *m*; **~ *embutido*** Einbauschrank *m*
armaz|ém (**-éns**) [ɐrmɐ'zɐ̃j] *m*(*pl*) Lager *n*; Lagerhaus *n*, -raum *m*; Magazin *n* (*Bibliothek, Museum*); *bsd bras* Waren-, Kaufhaus *n*; **~enagem** [-zə'naʒɐ̃j] *f* Lagerung *f*, Lagern *n*; Lagergebühr *f*, -zeit *f*; **~enamento** [-zənɐ'mẽtu] *m* Lagerung *f*, *INFORM* Speicherung *f*; **~enar** [-zə'nar] (1d) (ein)lagern, speichern (*a INFORM*); **~enista** [-zə'niʃtɐ] *su* Großhändler *m*; *bras* Lagerverwalter *m*
armeiro [ɐr'mɐjru] *m* Waffenhändler *m*; Waffenschrank *m*
Arménia [ɐr'mɛnjɐ]: ***a* ~** Armenien *n*
arménio (*ê) [ɐr'mɛnju] **1.** *adj* armenisch; **2.** *m*, **-a** *f* Armenier(in *f*) *m*
arminho [ɐr'miɲu] *m* Hermelin *m* (*n*)
armistício [ɐrməʃ'tisju] *m* Waffenstillstand *m*
aro ['aru] *m* Reif(en) *m*; Ring *m*; *runde* Halterung *f*; Brillengestell *n*; *AUTO* (Rad)Kranz *m*; Felge *f*; Träger *m* (*Hemd etc*); **~ *decorativo*** Zier-, Dekorblende *f*
arom|a [ɐ'romɐ] *m* Aroma *n*; Duft *m*; Bukett *n* (*Wein*); **~ático** [ɐru'matiku] aromatisch; wohlriechend, Duft...; **~atizar** [-mɐti'zar] (1a) aromatisieren; *CUL* würzen

arp|ado [ɐr'padu] gezahnt, gezackt; **~ão** [-'pɐ̃w] *m* Harpune *f*; *NAV* Bootshaken *m*; **~ar** [-'par] (1b) = **~ear** [-'pjar] (1l) harpunieren; **~éu** [-'pɛw] *m* Enterhaken *m*; Boots-, Fischhaken *m*; **~oar** [-'pwar] (1f) harpunieren; *mit Haken* packen; *fig* verführen

arque|ação [ɐrkjɐ'sɐ̃w] *f* **a)** Krümmung *f*; **b)** Eichung *f*; *NAV* Tonnage *f*; **~ado** [-'kjadu] gewölbt, bauchig (*Gefäß*); bogenförmig, geschwungen (*Linie*); **~adura** [-kjɐ'durɐ] *f* = **~amento** [-'mẽtu] *m* Krümmung *f*, Wölbung *f*; **~ar** [-'kjar] (1l) **a)** krümmen, wölben; *Augenbrauen* hochziehen; **b)** ausmessen, eichen

arqueiro [ar'kejru] *m bras* Torwart *m*

arquej|ante [ɐrkə'ʒẽtə] keuchend, außer Atem; **~ar** [-'ʒar] (1d) keuchen; *fig* sich sehnen (***por*** nach), lechzen

arque|ologia [ɐrkjulu'ʒiɐ] *f* Archäologie *f*; **~ológico** [-kjɔ'lɔʒiku] archäologisch; **~ólogo** [-'kjɔlugu] *m* Archäologe *m*

arqueta [ɐr'ketɐ] *f* Kästchen *n*; Sparbüchse *f*; *Kirche*: Opferstock *m*

arquétipo [ɐr'kɛtipu] *m* Urform *f*, Muster *n*, Schablone *f*

arqui|... [ɐrki...] Erz...; **~bancada** [-bɐ̃'kada] *f bras* Tribüne *f*; **~ducado** [-du'kadu] *m* Erzherzogtum *n*; **~episcopal** [-əpiʃku'pał] erzbischöflich; **~pélago** [-'pɛlɐgu] *m* Inselgruppe *f*

arquite(c)t|ar [ɐrkitɛ'tar] (1a) entwerfen, projektieren; *Bauwerk* errichten; *fig* erdenken, (sich) ausdenken; **~o** [-'tɛtu] *m* Architekt *m*; *HIST* Baumeister *m*; *fig* Urheber *m*; **~o(s)-paisagista(s)** [-tɛtupajzɐ'ʒiʃtɐ] *su(pl)* Landschaftsarchitekt(in *f*) *m*; **~ura** [-'turɐ] *f* Architektur *f*; **~ *de interiores*** Innenarchitektur *f*; **~ *de rede*** *INFORM* Netzwerkarchitektur *f*

arquiv|ar [ɐrki'var] (1a) archivieren; aufbewahren; *Unterlagen* ablegen; *Tatsachen* festhalten; *Prozess etc* niederschlagen; ad acta legen (*a fig*); *INFORM* (ab)speichern

arquivo [ɐr'kivu] *m* Archiv *n*, Ablage *f*; Aktenschrank *m*; *INFORM elektronisches* Archiv *n*; ***ser um ~*** *fig* ein wandelndes Lexikon sein

arrabald|e [ɐʀɐ'bałdə] *m* Vorort *m*; **~s** *pl* Umgebung *f*

arraia [ɐ'ʀɐjɐ] *f* → ***raia***

arraial [ɐʀɐ'jał] *m* Militärcamp *n*; Fest-, Rummelplatz *m*; Straßen-, Volksfest *n*; *bras* Flecken *m*, Siedlung *f*; ***assentar -ais*** F sich niederlassen

arraia(s)-miúda(s) [ɐʀaja'mjudɐ] *f(pl)* Abschaum *m*, Pöbel *m*

arraig|ada [ɐʀaj'gadɐ] *f* (Zungen-)Wurzel *f*; → ***arreigada***; **~ado** [-'gadu] ansässig; eingesessen; *fig* verwurzelt, verhaftet (***a***, ***em*** in *dat*); **~ar** [-'gar] (1o) **1.** *v/t* einpflanzen; **2.** *v/i* wurzeln (*a fig*); **~-se** *fig* ansässig werden; sich einleben

arrais [ɐ'ʀajʃ] *m* Bootsführer *m*

arralentar [ɐʀɐlẽ'tar] (1a) **1.** *v/t* ausdünnen; ausholzen; **2.** *v/i* spärlich (*od* karg) werden

arranc|ada [ɐʀɐ̃'kadɐ] *f* Ruck *m*; Sprung *m*, Satz *m*; *Sport*: Start *m*; *MIL* Ausfall *m*, Vorstoß *m* (***contra***, ***sobre*** gegen); ***duma ~*** mit e-m Schlag; ***de ~*** plötzlich; **~adeira** [-kɐ'dɐjrɐ] *f* (Rode)Hacke *f*; **~a-dentes** [-kɐ'dẽntəʃ] *m depr* Zahnklempner *m*; **~ador** [-kɐ'dor] *m* Anlasser(motor) *m*; **~amento** [-kɐ'mẽtu] *m* → ***arrancada***; **~ão** [-'kɐ̃w] *m* (gewaltiger) Ruck *m*; **~ar** [-'kar] (1n) **1.** *v/t Blatt Papier* abreißen; *Pflanze*, *Haar* aus-, herausreißen; *j-m et* ent-, wegreißen; losreißen (*Sturm*); *Baum* entwurzeln; *Zahn* ziehen; *fig Information* entlocken; *INFORM Programm* starten; **2.** *v/i* ausbrechen (*Krieg*); losstürmen (*Sportler*); beginnen (*Ereignisse*); zustürmen (***para*** auf *ac*); aufgehen (*Saat*); anspringen (*Motor*); anfahren, starten (*Fahrzeug*); anlaufen (*Maschine*); ausgehen

arranchar [ɐʀɐ̃'ʃar] (1a) **1.** *v/t* in Gruppen einteilen; *in Unterkünften* zusammenlegen; beherbergen; **2.** *v/i* zusammen essen; → **~-se** sich zusammentun; sich zusammensetzen

arranco [ɐ'ʀɐ̃ku] *m* Ruck *m*; Satz *m*, Sprung *m*; Ungestüm *n*; *fig* Anwandlung *f*, Ausbruch *m*

arranh|a-céus (*pl inv*) [ɐʀɐɲɐ'sɛwʃ] *m* Wolkenkratzer *m*; **~adela, ~adura** *f*, [-ɲɐ'dɛlɐ, -ɲɐ'durɐ] Kratzer *m*, Schramme *f*; **~ão**

[-'ɲẽw] *m* tiefe Kratzwunde *f* (*od* Schramme *f*); **~ar** [-'ɲar] (1a) **1.** *v/t* zerkratzen, schrammen; F *Sprache* radebrechen; **~ *um instrumento*** *MÚS* auf e-m Instrument herumklimpern; **2.** *v/i* kratzen; *AUTO* knirschen (*Getriebe*); P pfuschen, schludern

arranj|adeiro [ɐʀɐ̃ʒɐ'dɐjru] ordnungsliebend; **~adela** [-'dɛlɐ] *f* kleine Reparatur *f*; ***dar uma ~ a*** F zurechtbiegen; **~ado** [-'ʒadu] ordentlich (aussehend); ***estar ~*** in Ordnung gehen (*od* sein); ***estar bem ~*** *irón* F aufgeschmissen sein; **~amento** [-ʒɐ'mẽtu] *m* → ***arranjo***; *MÚS* Bearbeitung *f*, Arrangement *n*; **~ *para piano*** Klavierauszug *m*; **~ar** [-'ʒar] (1a) herrichten, *schön* zurechtmachen; (an)ordnen, arrangieren; *Unstimmigkeit* in Ordnung bringen; *Kaputtes* instand setzen; *j-m et* besorgen; bekommen; *Stellung* finden; *Zeit* erübrigen; *Krankheit etc* sich zuziehen; *Unangenehmes* sich einbrocken; **~-se** in Ordnung kommen; sich machen lassen; sich zurechtmachen (*kleiden, schminken*); e-e Stelle finden; sich verheiraten; zurechtkommen (*mit dem, was man hat*); **~-se com** sich einrichten mit, *finanziell* auskommen mit; sich einigen mit *j-m*; ***isso arranja-se!*** das geht schon in Ordnung!

arranjo [ɐ'ʀɐ̃ʒu] *m* (An)Ordnung *f*; Instandsetzung *f*, Reparatur *f*; Verschönerung *f*; Aufmachung *f* (*Produkt*); Einrichtung *f* (*Haus, Wohnung*); Abmachung *f*, Einigung *f*; Arrangement *n* (*a MÚS*); *bras* krumme(s) Geschäft *n*; **~ *da casa*** Hausarbeit *f*; **~s** *pl* Vorkehrungen *f/pl*; ***fazer ~*** gerade recht kommen

arranque [ɐ'ʀɐ̃kə] *m* → ***arranco***; *TÉCN* Anspringen *n* (*Motor*); Anlaufen *n* (*Maschine*); Anfahren *n* (*Fahrzeug*); *Sport*: Anlauf *m*; Start *m* (*a fig*); *Stierkampf*: Ausfall *m*; *ARQUIT* Gewölbeansatz *m*; **~ *a frio*** *TÉCN* Kaltstart *m*; (***motor*** *m* ***de***) **~** *AUTO* Anlasser *m*; **~ *final*** Endspurt *m*

arraposado [ɐʀɐpu'zadu] ausgefuchst

arras|ado [ɐʀɐ'zadu] randvoll; *fig* deprimiert, niedergeschlagen; versunken (***em*** in *dat*); heimgesucht (***de*** von); **~ *de água*** randvoll, überlaufend; **~ *de lágrimas*** tränenüberströmt; **~amento** [-zɐ'mẽtu] *m* Glätten *n*; Einebnung *f*; Zerstörung *f*; Abtragen *n*, Einreißen *n* (*Gebäude*); **~ar** [-'zar] (1b) (ein)ebnen; *bsd* dem Erdboden gleichmachen; *Festung* schleifen; *Gebäude* abtragen; *Gefäß* (bis zum Rande) füllen; *fig* niederschmettern

arrast|adeira [ɐʀɐʃtɐ'dɐjrɐ] *f MED* Bettpfanne *f*; **~adiço** [-'disu] (leicht) beeinflussbar; **~ado** [-'tadu] schleppend (*a Gang, Stimme*); mühsam, langwierig (*Prozess*); armselig (*Leben*); **~ão** [-'tɐ̃w] *m* Ruck *m*; *NAV* Schleppnetz *n*; ***ir no ~*** (***de***) sich beeinflussen lassen (von); **~ar** [-'tar] (1b) **1.** *v/t* schleppen; *Probleme* ertragen; (mit)reißen (***para*** in *ac*) (*Fluss*); *fig* hinreißen (***a*** zu), verführen (***a*** zu); **2.** *v/i u* **~-se** kriechen; s-n gewohnten Gang gehen

arrazo|ado [ɐʀɐ'zwadu] **1.** *adj* vernünftig, angemessen; richtig; **2.** *m* Argumentation *f*, Darlegung *f*; Überlegung *f*; *depr* F Geschwafel *n*; **~ador** [-zwɐ'dor] *m* Redner *m*; **~ar** [-'zwar] (1f) **1.** *v/t* darlegen; erörtern; *mit Worten* verteidigen; *j-n* zurechtweisen; **2.** *v/i* reden; diskutieren; F schwafeln

arre|amento [ɐʀjɐ'mẽtu] *m* Hausrat *m*; *bras* Zaumzeug *n*; **~ar** [ɐ'ʀjar] (1l) **1.** *v/t Pferd* zäumen; *Haus* einrichten (***com, de*** mit); schmücken (***com, de*** mit); **2.** *v/i fig* aufgeben; zurückschrecken

arrebanhar [ɐʀəbɐ'ɲar] (1a) *Vieh* zusammentreiben; *Habe* zusammenraffen; **~-se** zusammenströmen, sich ansammeln (*Menschen*)

arrebat|ado [ɐʀəbɐ'tadu] ungestüm, unbedacht (*Äußerung*); jähzornig (*Mensch*); *fig* hingerissen (***com, por*** von); ***pessoa*** *f* **-a** Hitzkopf *m*; **~ador** [-tɐ'dor] hinreißend; **~amento** [-tɐ'mẽtu] *m* Ungestüm *n*; Jähzorn *m*; *fig* Entzücken *n*; Begeisterung *f*; *bras* Rausch *m*; **~ar** [-'tar] (1b) entreißen; rauben; *fig* begeistern; **~-se** wütend werden

arrebent|ação [ɐʀəbẽtɐ'sɐ̃w] *f*: **~ *das ondas*** Brandung *f*; **~amento** [-tɐ'mẽtu] *m* Krachen *n*, Bersten *n*;

Knall *m*; **~ar** [-'tar] (1a) → ***rebentar***
arrebicar [ɐʀəbi'kar] (1n) herausputzen, schmücken (***com***, ***de*** mit); ***~-se*** sich (stark) schminken; sich herausputzen
arrebique [ɐʀə'bikə] *m* Schminke *f*
arrebit|ado [ɐʀəbi'tadu] *fig* hochnäsig; ***nariz*** *m* **~** Stupsnase *f*; **~ar** [-'tar] (1a) hochstülpen, -biegen; aufwärts bewegen; *Ohren* spitzen; ***~-se*** auftrumpfen, sich brüsten
arrebol [ɐʀə'bɔł] *m* Morgenröte *f*
arrecada [ɐʀə'kadɐ] *f* Ohrring *m*; **~s** *pl fig* Schmuck *m*
arrecad|ação [ɐʀəkɐdɐ'sɐ̃w] *f* Abstellraum *m*, -kammer *f* (*in Wohnung*); Gewahrsam *m* (*Gefängnis*); Sicherstellung *f*; Aufbewahrung *f*; *ECON* Einnahme *f*, Eintreibung *f*; Steuereinnahmen *f/pl*; **~ar** [-'dar] (1b) **1.** *v/t* aufbewahren; abstellen; *Beute* sicherstellen; *Vermögen* in Besitz nehmen; *Steuern* einfordern; *Gelder* einnehmen; **2.** *v/i fig* gelingen
arrecife [aʀe'sifi] *m bras* → ***recife***
arrecuas [ɐʀə'kuɐʃ] *f/pl*: ***às*** **~** zurück
arreda [ɐ'ʀɛdɐ]: **~!** zurück!; weg da!
arred|ado [ɐʀə'dadu] abgelegen, weit entfernt; **~ar** [-'dar] (1c) **1.** *v/t* zurückdrängen; entfernen, fortschaffen; beiseite stellen; *fig* abbringen (***de*** von), abhalten (***de*** von); **2.** *v/i u* ***~-se*** sich zurückziehen; zurückweichen; **~io** [-'diw] zurückgezogen, fern
arredond|ado [ɐʀədõ'dadu] rundlich; ***canto*** *m* **~** stumpfe (*od* abgerundete) Kante *f*; **~ar** [-'dar] (1a) **1.** *v/t* runden; *e-e Sache* abrunden; **~** (***por defeito***) *MAT* abrunden; **~** (***por excesso***) *MAT* aufrunden; **2.** *v/i* rund(lich) werden
arredores [ɐʀə'dɔrəʃ] *m/pl* Umgebung *f*
arrefec|edor [ɐʀəfɛsə'dor] **1.** *adj* Kühl...; **2.** *m TÉCN* Kühler *m*; *QUÍM* Kühlmittel *n*; **~er** [-'ser] (2g; *Stv* 2a) **1.** *v/t* (ab)kühlen; *Eier*, *fig* abschrecken; **2.** *v/i* (sich) abkühlen (*Wetter*), kalt werden, erkalten (*Speise*); *fig* erlahmen, nachlassen (*Eifer*); **~ido** [-'sidu] kühl, kalt; **~imento** [-si'mẽtu] *m* Abkühlung *f*

arregaç|ado [ɐʀəgɐ'sadu] um-, hochgekrempelt (*Kleidungsstück*); **~ar** [-'sar] (1p; Stv. 1b) auf-, umschlagen; *Rock*, *Lippen* schürzen; *Ärmel*, *Hose* hoch-, umkrempeln
arreganh|ar [ɐʀəgɐ'ɲar] (1a): **~** ***os dentes*** die Zähne fletschen (*fig* zeigen); **~** ***os lábios*** den Mund verziehen; **~o** [-'gɐɲu] *m* Zähnefletschen *n*; **~s** *pl fig* Drohgebärden *f/pl*
arreig|ada [ɐʀɐj'gadɐ] *f ZO*, *ANAT* Ansatzstelle *f* (*für Gliedmaßen*); **~ar** [-'gar] (1o) Wurzeln schlagen
arreio(s) [ɐ'ʀɐju] *m(pl)* Zaumzeug *n*
arreitar [ɐʀɐj'tar] (1a) sexuell erregen
arreli|a [ɐʀə'liɐ] *f* **a)** Ärger *m*, Verdruss *m*; **b)** Ungeduld *f*; **~ação** [-ljɐ'sɐ̃w] *f* → ***arrelia***; P Wut *f*; **~ado** [-'ljadu] ärgerlich, P sauer; **~ar** [-'ljar] (1g) (ver)ärgern; lästig fallen (*dat*), P auf den Geist gehen
arremat|ação [ɐʀəmɐtɐ'sɐ̃w] *f* Versteigerung *f*, Auktion *f*; Zuschlag *m*; **~** ***judicial*** Zwangsversteigerung *f*; **~ante** [-'tɐ̃tə] *su* Meistbietende(r) *su*; Auktionator(in *f*) *m*; **~ar** [-'tar] (1b) **a)** versteigern (*Auktionator*); den Zuschlag geben; ersteigern (*Kunde*); **b)** *Arbeit* abschließen, beenden; zum Abschluss bringen; abschließend sagen; *Fußball*: (aufs Tor) schießen
arremed|ar [ɐʀəmə'dar] (1c) nachäffen; ähneln
arremess|ar [ɐʀəmə'sar] (1c) (weg)schleudern; (weit weg) werfen; (fort)stoßen; ***~-se sobre*** sich stürzen auf (*ac*); **~o** [-'mesu] *m* Wurf *m*; Stoß *m*; Schwung *m*; *fig* Verwegenheit *f*; Drohung *f*; Überfall *m*; Vorstoß *m*; *Sport*: Freiwurf *m*; **~s** *pl* Anschein *m*
arremet|er [ɐʀəmə'ter] (2c) vorstoßen, losstürmen (***a***, ***contra***, ***sobre*** auf *ac*); **~ida** [-'tidɐ] *f* Vorstoß *m*; Attacke *f*, Angriff *m* (*a MIL*); ***de*** **~** urplötzlich
arreminar-se [ɐʀəmi'narsə] (1a) P in Wut ausbrechen
arrend|ador [ɐʀẽdɐ'dor] *m* Vermieter *m*; **~amento** [-'mẽtu] *m* Verpachtung *f* (*Land*, *Geschäft*); Vermietung *f* (*Wohnung*, *Haus*); Pacht *f*, Miete *f* (*Geldbetrag*); ***dar de*** (*od* ***em***) **~** *Land*, *Geschäft* verpachten;

Wohnung, Haus vermieten; ***tomar de*** (*od* ***em***) ~ *Land, Geschäft* pachten; *Wohnung, Haus* mieten; **~ar** [-'dar] (1a) **a)** *Land, Geschäft* (ver-)pachten; *Haus* (ver)mieten; ***arrenda-se*** zu verpachten; **b)** mit (Klöppel)Spitzen besetzen; **~atário** [-dɐ'tarju] *m* Pächter *m* (*Land, Geschäft*); Mieter *m* (*Wohnung, Haus*)
arrentar [ɐʀẽ'tar] (1a) P rumprotzen
arrepanhar [ɐʀəpɐ'ɲar] (1a) zerknittern; zerzausen; *Kleidungsstück* schürzen; geizen mit; stehlen; entreißen; *fig* hinreißen
arrepel|ão [ɐʀəpə'lɐ̃w] *m* Haare(aus)raufen *n*; Zerren *n*; **~ar** [-'lar] (1c) ziehen an (*dat*); ***~-se*** verzweifeln
arrepend|er-se [ɐʀəpẽ'dersə] (2a) s-e Meinung ändern; bereuen (***de*** *ac*); **~ido** [-'didu] **1.** *adj* reuig; zerknirscht; **2.** *m*, **-a** *f* reuige(r) Sünder(in *f*) *m*
arrepi|a-cabelo(s) [ɐʀəpiɐkɐ'belu] **1.** *adv*: ***a*** ~ gegen den Strich (*a fig*); **2.** *m*(*pl*) Querkopf *m*; **~ado** [-'pjadu] stachelig, borstig; *fig* erschaudert; verängstigt; ***está com o cabelo*** ~ ihm (*od* ihr) stehen die Haare zu Berge; **~amento** [-pjɐ'mẽtu] *m* Schauder *m*; **~ar** [-'pjar] (1g) **1.** *v/t* (er)schaudern lassen; entsetzen; *Haar* gegen den Strich kämmen; *Fisch* schuppen; **2.** *v/i* haarsträubend sein; unfreundlich werden (*Wetter*); ***~-se*** e-e Gänsehaut kriegen; erschaudern (***de***, ***com*** vor *dat*)
arrepio [ɐʀə'piw] *m* Schauder *m*; Kälteschauer *m*; ***ter*** (*od* ***estar com***) ***~s*** schaudern; frösteln; ***ao*** ~ gegen den Strich; *fig* gegen den Strom; ***ao ~ de*** wider (*ac*), entgegen (*dat*)
arrest|ar [ɐʀəʃ'tar] (1c) *Verbrecher* festnehmen; blockieren; **~o** [ɐ'ʀɛʃtu] *m* Arrest *m*; Beschlagnahme *f* (*Beute*); Pfändung *f*
arretado [aʀe'tadu] *bras* P toll, super
arreves|ado [ɐʀəvə'zadu] verzwickt, vertrackt (*Wort, Stil*); **~ar** [-'zar] (1c) umkehren; *Sinn, Worte* verdrehen; verwirren
arriar [ɐ'ʀjar] (1g) **1.** *v/t* einholen; herunterlassen; **2.** *v/i unter der Last* zusammenbrechen; *bras vor Leidenschaft* dahinschmelzen
arriba [ɐ'ʀibɐ] **1.** *adv* aufwärts, nach oben, hoch; **2.** *int*: ***~!*** auf!; vorwärts!
arrib|ação [ɐʀibɐ'sɐ̃w] *f* Ankunft *f* (*Schiff*); Landung *f* (*Vögel*); ***ave de*** ~ Zugvogel *m* (*a fig*); **~ada** [-'badɐ] *f* Landung *f*; F Genesung *f*; Wohlbefinden *n*; **~adiço** [-bɐ'disu] unstet; umherziehend; **~ar** [-'bar] (1a) **a)** ablegen (***de*** von), abfahren; **b)** landen (***a*** in *dat*), ankommen (***a*** in *dat*); **c)** verschlagen werden (***a*** nach), gelangen (***a*** nach); *fig* sich verdrücken; genesen, (wieder) hochkommen
arrim|ar [ɐʀi'mar] (1a) (ab-, unter)stützen; *Familie* unterhalten; ***~-se*** F sich lehnen (***a***, ***em***, ***contra*** an *ac*, gegen); sich stützen (***a***, ***em***, ***sobre*** auf *ac*); **~o** [ɐ'ʀimu] *m* Stütze *f*; Schutz *m*, Halt *m*; ***o ~ da família*** der Ernährer
arriosca [ɐ'ʀjɔʃkɐ] *f* P Patsche *f*
arrisc|ado [ɐʀiʃ'kadu] gewagt, riskant (*Sache*); waghalsig (*Person*); **~ar** [-'kar] (1n) wagen, aufs Spiel setzen; ***~-se a*** wagen zu; Gefahr laufen zu
arritmia [ɐʀit'miɐ] *f*: ~ ***cardíaca*** *MED* Herzrhythmusstörung *f*
arrivis|mo [ɐʀə'viʒmu] *m* Strebertum *n*, *krankhafter* Ehrgeiz *m*; **~ta** [-'viʃtɐ] *su* Emporkömmling *m*
arroba [ɐ'ʀobɐ] *f* Arroba *f* (*15 kg*)
arrobe [ɐ'ʀobə] *m* Traubensirup *m*
arrochar [ɐʀu'ʃar] (1e) (eng) zusammenschnüren, -pressen; ~ ***com*** *fig* ausquetschen
arrocho [ɐ'ʀoʃu] *m* Knebel *m*
arrog|ância [ɐʀu'gɐ̃sjɐ] *f* Arroganz *f*, Anmaßung *f*; Dünkel *m*; **~ante** [-'gɐ̃tə] arrogant (***com***, ***para com*** gegenüber), anmaßend (***com***, ***para com*** gegenüber), überheblich (***com***, ***para com*** gegenüber); **~ar** [-'gar] (1o; *Stv* 1e) *Rechte, Privilegien* an sich reißen; ***~-se*** sich anmaßen (***de*** zu)
arroio [ɐ'ʀoju] *m* Bächlein *n*; Wasserlauf *m*
arroj|adiço, ~ado [ɐʀuʒɐ'disu, -'ʒadu] kühn, wagemutig; entschlossen; **~ar** [-'ʒar] (1e) (ab-, weg)werfen; schleudern; ***~ de si*** von sich stoßen; ***~-se*** sich erdreisten; sich stürzen
arrojo [ɐ'ʀoʒu] *m* Wagemut *m*
arrol|amento [ɐʀulɐ'mẽtu] *m* Ein-

tragung *f*; Aufstellung *f*; **~ar** [-'lar] (1e) **a**) (in Listen) eintragen, aufnehmen; e-e Aufstellung machen von; inventarisieren; **b**) (ein)rollen; *fig* P umschmeicheln; einlullen

arrolhar [ɐʀu'ʎar] (1e) **1.** *v/t Flasche* ver-, zukorken; *fig* zum Schweigen bringen; **2.** *v/i* den Mund halten

arromba [ɐ'ʀõbɐ] *f*: ***de ~*** P fabelhaft; rauschend (*Fest*)

arromb|amento [ɐʀõbɐ'mẽtu] *m* (Damm)Bruch *m*; *JUR* Einbruch *m*; **~ar** [-'bar] (1a) (auf-, durch)brechen; *JUR* einbrechen in (*ac*); *fig* zerknirschen, deprimieren; P *j-n* aufs Kreuz legen; *bras* P entjungfern

arrostar [ɐʀuʃ'tar] (1e) die Stirn bieten (*dat*), gegenübertreten (*dat*); **~-se** sich stellen (**a**, **com**, **contra** *dat*), ins Antlitz blicken (**a**, **com**, **contra** *dat*) (*Feind, Gefahr*)

arrot|ador [ɐʀutɐ'dor] *m* Maulheld *m*, Aufschneider *m*; **~ar** [-'tar] (1e) aufstoßen, rülpsen; *Sprüche, Weisheiten* von sich geben, ausspucken; platzen (**de** vor *dat*)

arrotear [ɐʀu'tjar] (1l) *Land* urbar machen, kultivieren; *fig* lehren, bilden

arroto [ɐ'ʀotu] *m* Rülpser *m*

arroz [ɐ'ʀoʃ] *m* Reis(pflanze *f*) *m*; ***~-doce*** Milchreis *m*; **~al** [ɐʀu'zał] *m* Reisfeld *n*, Reispflanzung *f*

arrua|ça [ɐ'ʀwasɐ] *f* Menschenauflauf *m*, Tumult *m*; **~ceiro** [ɐʀwɐ'sɐjru] *m* Aufrührer *m*; Rädelsführer *m*; **~deira** [-'dɐjrɐ] *f* P Straßenmädchen *n*

arru|amento [ɐʀwɐ'mẽtu] *m* Straßenzug *m*; Straßennetz *n*; *ARQUIT* Straßentrassierung *f*; **~ar** [ɐ'ʀwar] (1g) **1.** *v/t* trassieren; Straßen (*od* Wege) anlegen in (*dat*); **2.** *v/i* sich herumtreiben; *durch die Straßen* vagabundieren

arruela [ɐ'ʀwɛlɐ] *f* Unterlegscheibe *f*

arruf|ar [ɐʀu'far] (1a) verstimmen; **~-se** sich aufplustern (*Vogel*); überkochen (*Milch*); sich entzweien (*Freunde*); *fig* sich ärgern (**com**, **de** über *ac*), schmollen; **~o** [ɐ'ʀufu] *m* *fig* Verstimmung *f*, Zwist *m*

arruin|ador [ɐʀu-inɐ'dor] ruinös; **~amento** [-'mẽtu] *m* (*Gebäude*) Ver-, Zerfall *m*; *finanzieller* Ruin *m*; **~ar** [-'nar] (1q) *Gebäude* zerstören; *allg* ruinieren; **~-se** verfallen, zerfallen (*Gebäude*); verderben (*Sitten*); *MED bras* Wundbrand auftreten

arrum|ação [ɐʀumɐ'sɐ̃w] *f* Aufräumen *n*; Unterbringung *f*; Verstauung *f*, Verladung *f* (*Waren*); (An-, Ein)Ordnung *f*; *saubere* Buchführung *f*; Abstellraum *m* (*Wohnung*); Stauraum *m* (*Auto*); geographische Lage *f*; *METÉO* (Wolken)Ansammlung *f*; **~adeira** [-'dɐjrɐ] **1.** *adj* ordnungsliebend; **2.** *f TEA* Platzanweiserin *f*; *bras* Zimmermädchen *n*; **~adela** [-'dɛlɐ] *f*: ***dar*** (*od* ***fazer***) ***uma ~*** (**a**) (flüchtig) aufräumen; rasch *et* in Ordnung bringen; **~ado** [-'madu]: ***ficar ~*** F in der Patsche sitzen; **~ador** [-mɐ'dor] *m TEA* Platzanweiser *m*; *port* (illegaler) Parkeinweiser *m*; **~ar** [-'mar] (1a) verstauen; unterbringen (*a j-n*); aufräumen; *Akten* ordnen; *Möbel etc* anordnen, aufstellen; *Speise* anrichten; *Unangenehmes* aufgeben; *Stelle* verschaffen; *AUTO* einparken; F *Tritt, Schlag* versetzen (**em** *dat*); P *fig* in e-e Zwickmühle bringen; ***~ um assunto*** e-e Angelegenheit in Ordnung bringen; **~-se** sich zurechtmachen; *im Leben* zurechtkommen; e-e Stelle finden; heiraten; **~os** [ɐ'ʀumuʃ] *m/pl* Abstellkammer *f*

arsenal [ɐrsə'nał] *m* Arsenal *n*

arsén|ico (*ê) [ɐr'sɛniku] *m* Arsenik *n*; **~io** [-'sɛnju] *m* Arsen *n*

arte ['artə] *f* **a**) Kunst *f*; ♀ ***Nova*** Jugendstil *m*; ***obra f de ~*** Kunstwerk *n*; ***sétima ~*** Filmkunst *f*; ***~s** pl **aplicadas*** Kunstgewerbe *n*; ***belas ~s** pl* die schönen Künste *f/pl*; ***~s** pl **mecânicas*** Handwerk *n*; ***~s** pl **plásticas*** bildende Kunst *f*; **b**) (Finger)Fertigkeit *f*; Fähigkeit *f*, Vermögen *n*; List *f*

arteir|ice [ɐrtɐj'risə] *f* Hinterlist *f*, Tücke *f*; *bras* Streich *m*; **~o** [ɐr'tɐjru] (hinter)listig

artelho [ɐr'tɐʎu] *m* Fußknöchel *m*

artemísia [ɐrtə'mizjɐ] *f BOT* Beifuß *m*

artéria [ɐr'tɛrjɐ] *f* Schlagader *f*, Arterie *f*; *fig* Hauptstraße *f*; ***~ aorta*** Aorta *f*; ***~ carótida*** Halsschlagader *f*

arteri|al [ɐrtə'rjał] Arterien...; ***pressão f ~*** Blutdruck *m*; **~osclerose**

[ɐrtɛrjɔʃklə'rɔzə] *f* Arterienverkalkung *f*
artes|anal [ɐrtəzɐ'nał] handwerklich; kunstgewerblich, -handwerklich; **~anato** [-'natu] *m* Handwerk *n*; Kunstgewerbe *n*, -handwerk *n*; **~ão(s)** [-'zɐ̃w] *m(pl)*, **-ã** *f* (Kunst)Handwerker(in *f*) *m*
ártico *bras* → **árctico**
articul|ação [ɐrtikulɐ'sɐ̃w] *f* ANAT Gelenk *n*; TÉCN Scharnier *n*; Gliederung *f*; LING Artikulation *f*; *bras* Diskussion *f*, Polemik *f*; Verbindung *f* (**de**, **entre** zwischen); **~ esférica** ANAT Kugelgelenk *n*; **em ~ com** im Zusammenhang mit; **~ado** [-'ladu] **1.** *adj* gegliedert; Glieder...; zusammenklappbar, Klapp... (*Möbel*); artikuliert (*Aussprache*); **2.** *m* JUR Darlegung *f*, Darstellung *f* (*e-s Sachverhalts*); **~ados** [-'laduʃ] *m/pl* ZO Gliedertiere *n/pl*; **~ar** [-'lar] **1.** *adj* ANAT Gelenk...; **2.** *v/t* (1a) *Teile durch Gelenke* aneinander fügen; gliedern; *Wunsch* aussprechen; *Satz*, *Text* formulieren; *Rede* vortragen; *Fakten* darlegen; *Kontakt* herstellen; **~ista** [-'liʃtɐ] *su* Artikelschreiber(in *f*) *m*
artífice [ɐr'tifisə] *su* Handwerker(in *f*) *m*; *fig* Künstler(in *f*) *m*; Urheber(in *f*) *m*
artifici|al [ɐrtəfi'sjał] künstlich, Kunst...; gekünstelt (*Lachen*); **~alidade** *f*, **~alismo** *m* [-sjɐli'dadə, -sjɐ'liʒmu] Künstlichkeit *f*
artif|ício [ɐrtə'fisju] *m* Kunstfertigkeit *f*; Kunstgriff *m*, Kniff *m*; Künstlichkeit *f*; **fogo** *m* **de ~** Feuerwerk *n*; **~icioso** [-fi'sjozu] kunstfertig; findig; *depr* falsch, (arg)listig
artigo [ɐr'tigu] *m* ECON, *Presse*: Artikel *m*; Abschnitt *m*, Absatz *m* (*im Text*); **~ de fundo** Leitartikel *m*; **~ de grande consumo** Massenartikel *m*; **~ de primeira necessidade** Grundbedarfsartikel *m*; **~ semimanufacturado** Halbfabrikat *n*; **~s** *pl* **em segunda mão** Gebrauchtwaren *pl*
artilh|aria [ɐrtiʎɐ'riɐ] *f* Artillerie *f*
artimanha [ɐrti'mɐɲɐ] *f* List *f*; Kniff *m*
art|ista [ɐr'tiʃtɐ] **1.** *adj* künstlerisch begabt; F durchtrieben; **2.** *su* Künstler(in *f*) *m*; Handwerker(in *f*) *m*; **~ístico** [-'tiʃtiku] künstlerisch; kunstvoll
artola [ɐr'tɔlɐ] **1.** *adj* eingebildet; **2.** *su* P Dummkopf *m*
artrite [ɐr'tritə] *f* Arthritis *f*
artrose [ɐr'trɔzə] *f* MED Arthrose *f*
arvorar [ɐrvu'rar] (1e) **1.** *v/i Mast* aufrichten, setzen; *Fahne* hissen; **~ em** umwandeln in (*ac*); **2.** *v/i* sich davonmachen; **~-se** sich aufspielen (**em** als)
árvore ['arvurə] *f* **a)** BOT Baum *m*; **~ de folha caduca** Laubbaum *m*; **~ de folha persistente** immergrüne(r) Baum *m*; **~ de fruto** Obstbaum *m*; **~ de Natal** Weihnachtsbaum *m*; **~ genealógica** Stammbaum *m*; *fig* Bohnenstange *f* (*Person*); **b)** NAV Mast *m*; TÉCN Welle *f*; Achse *f*; Spindel *f*
arvoredo [ɐrvu'redu] *m* **a)** Wäldchen *n*; **b)** NAV Bemastung *f*
as [ɐʃ] *pl von* → **a**¹ (*art u pron*)
a.s. ***a saber*** das heißt (d. h.)
ás (**ases**) [aʃ] *m(pl)* As *n*; *fig* Beste(r) *m*, Könner *m*; **ser um ~** P ein As sein (**em** in *dat*)
às [aʃ] *Zssg der prp* → **a**² *mit art od pron pl* → **as**
asa ['azɐ] *f* ZO, AV Flügel *m*; (Korb)Henkel *m*; (Koffer-, Topf-) Griff *m*; ANAT (Nasen)Flügel *m*; **debaixo da ~ de** *fig* unter den Fittichen von; **aparar as ~s de** *fig j-m* die Flügel stutzen; **arrastar a ~ a alg** j-m den Hof machen; **bater a ~** P ausreißen; **ter um grão(zinho) na ~** P e-n in der Krone haben; **~-delta** *f* Drachenflieger *m*; Drachenfliegen *n*; **~do** [ɐ'zadu] Henkel...
asbesto [ɐʒ'bɛʃtu] *m* Asbest *m*
asc|aricida [ɐʃkɐrə'sidɐ] *m* FARM Wurmmittel *n*; **~áridas** [-'karidɐʃ] *f/pl* Spulwürmer *m/pl*
ascend|ência [ɐʃsẽ'dẽsjɐ] *f* Vorfahren *m/pl*, Ahnen *m/pl*; *fig* Überlegenheit *f*; Einfluss *m*; **de ~ portuguesa** portugiesischer Abstammung *f*; **~ente** [-'dẽtə] **1.** *adj* aufsteigend; CAM. DE F ankommend; **2.** *su* Vorfahr(in *f*) *m*; **3.** *m fig* Überlegenheit *f*; **~er** [-'der] (2a) aufsteigen (**a** zu); (an)steigen (*Preise*); sich belaufen (*Rechnung*); an die Macht kommen (*Herrscher*)
ascens|ão [ɐʃsẽ'sɐ̃w] *f* Aufstieg *m*

(**a** auf *ac*, zu); (Thron)Besteigung *f*; (Macht)Ergreifung *f*; *REL* ♀ Christi Himmelfahrt *f*; **~ional** [-sju'nał] Aufstiegs...; Aufwärts...; *TÉCN* Auftriebs...; ***força*** *f* ~ Auftrieb *m*; **~or** [-'sor] *m* Aufzug *m*, Fahrstuhl *m*

asc|eta [ɐʃ'sɛtɐ] *su* Asket(in *f*) *m*; **~ético** [-'sɛtiku] asketisch; **~etismo** [-sə'tiʒmu] *m* Askese *f*

asc|o ['aʃku] *m* Ekel *m* (**a**, **de**, **por** vor *dat*), Abscheu *m* (**a**, **de**, **por** vor *dat*); ***dar*** (*od* ***fazer***) ~ *j-n* ekeln, *j-s* Ekel erregen; ***que*** **~!** ekelhaft!; **~oroso** [ɐʃku'rozu] ekelhaft

aselh|a [ɐ'zɐʎɐ] *f* Öse *f*, Schlaufe *f* (*a zum Aufhängen von Kleidungsstücken*); P *depr* Null *f*, Flasche *f*; **~ice** [ɐsə'ʎisə] *f* P Ungeschicklichkeit *f*

asfalt|ador [ɐʃfałtɐ'dor] *m* Straßenarbeiter *m*; **~agem** [-'taʒɐ̃j] *f* Asphaltierung *f*; **~ar** [-'tar] (1a) teeren, asphaltieren; **~o** [ɐʃ'fałtu] *m* Asphalt *m*

asfix|ia [ɐsfi'ksiɐ] *f* Erstickung(stod *m*) *f*; ***matar por*** ~ *j-n* ersticken; **~iado** [-'ksjadu]: ***morrer*** ~ ersticken; **~iante** [-'ksjɐ̃tə] erstickend; giftig; ***ar*** *m* ~ stickige Luft *f*; ***gás*** *m* ~ Giftgas *n*; **~iar(-se)** [-'ksjar(sə)] (1g) ersticken

Ásia ['azjɐ]: ***a*** ~ Asien *n*; ***a*** ~ ***Menor*** Kleinasien *n*

asiático [ɐ'zjatiku] **1.** *adj* asiatisch; **2.** *m*, **-a** *f* Asiat(in *f*) *m*

asil|ado [ɐzi'ladu] **1.** *adj*: ***estar*** ~ in e-m Asyl leben; **2.** *m* (Asyl)Insasse *m*; *POL* Asylant *m*; **~ar** [-'lar] (1a) *POL j-m* Asyl gewähren; **~o** [ɐ'zilu] *m* Asyl *n*; *fig* Zuflucht *f* (***contra***, ***de*** vor *dat*); ***direito*** *m* ***de*** ~ Asylrecht *n*; ***pedido*** *m* ***de*** ~ Asylantrag *m*

asm|a ['aʒmɐ] *f* Asthma *n*; ~ ***brônquica*** Bronchialasthma *n*; **~ático** [ɐʒ'matiku] **1.** *adj* asthmatisch; **2.** *m* Asthmatiker *m*

asn|a ['aʒnɐ] *f ZO* Eselin *f*; *ARQUIT* Dachgerüst *n*; **~aria** [-nɐ'riɐ] *f ARQUIT* Sparrengerüst *n*; **~ear** [-'njar] (1l) Blödsinn reden (*od* machen); **~eira** [-'nɐjrɐ] *f* Blödsinn *m*, Dummheit *f*; **~s** *pl* dummes Zeug *n*; ***chorrilho de*** **~s** P ein Haufen Blödsinn *m*; **~eirão** [-nɐj'rɐ̃w] *m*, **-ona** *f* P Hornochse *m*; dumme Kuh *f*

asno ['aʒnu] *m* Esel *m*

asp|a ['aʃpɐ] *f HIST* Marterkreuz *n*; **~s** *pl* Anführungszeichen *n/pl* (***entre*** in *ac*), F Gänsefüßchen *n/pl*; **~ar** [ɐʃ'par] (1b) **a)** in Anführungszeichen setzen; **b)** *HIST* martern; *fig* quälen

aspecto [ɐʃ'pɛtu, *bras* as'pɛktu] *m* Anblick *m*, Aussehen *n*; Ansicht *f*; Gesichtspunkt *m*, Aspekt *m* (*e-s Sachverhaltes*); ***sob todos os*** **~s** in jeder Hinsicht; ***ter bom*** (***mau***) ~ gut (schlecht) aussehen

aspereza [ɐʃpə'rezɐ] *f* Rauheit *f*, Schroffheit *f*; Herbheit *f*; *fig* Härte *f*

aspergir [ɐʃpər'ʒir] (3n; *Stv* 3c) besprengen; besprühen

áspero ['aʃpəru] rau, schroff; herb (*Wein*, *Frucht*); *fig* hart (**a** für)

aspers|ão [ɐʃpər'sɐ̃w] *f* Besprengung *f*; **~or** [-'sor] *m* (Rasen)Sprenger *m*

aspir|ação [ɐʃpirɐ'sɐ̃w] *f* Einatmung *f*; Atemzug *m*; *fig* Anliegen *n*; *TÉCN* Ein-, An-, Absaugen *n*; *GRAM* Aspirieren *n*; *fig* Streben *n* (**a** nach); Bestrebung *f*; ***tubo*** *m* ***de*** ~ Saugrohr *n*; ***ter -ões a*** streben nach; **~ador** [-'dor] **1.** *adj* Saug...; **2.** *m* Saugvorrichtung *f*; Staubsauger *m*; **~ante** [-'rɐ̃tə] **1.** *adj* Saug...; ***oficial*** *m* ~ *MIL* Offiziersanwärter *m*; **2.** *su* Anwärter(in *f*) *m* (**a** auf *ac*); **~ar** [-'rar] (1a) *TÉCN* an-, ein-, absaugen; *GRAM* aspirieren; ~ ***a*** (*a* ***por***) streben nach; herbeisehnen (*ac*); begehren (*ac*); **~atório** [-rɐ'tɔrju] Atem...

asqueroso [ɐʃkə'rozu] ekelhaft; widerlich

assacanado [ɐsɐkɐ'nadu] P schweinisch; schlüpfrig

assacar [ɐsɐ'kar] (1n; *Stv* 1b) *j-n* beschuldigen; *Schuld* zuschieben

assadeira [ɐsɐ'dɐjrɐ] *f* Röstpfanne *f*

assad|o [ɐ'sadu] *m* Braten *m*; P Zwangslage *f*, Bredouille *f*; ***assim ou*** ~ P so oder so; **~or** [ɐsɐ'dor] *m* Schmortopf *m*; Bratspieß *m*; Bratrost *m*; **~ura** [-'durɐ] *f CUL* Bratenstück *n*; *MED* F Wolf *m*

assalari|ado [ɐsɐlɐ'rjadu] *m* Lohn- und Gehaltsempfänger *m*, Arbeitnehmer *m*; ***trabalho*** *m* ~ nicht selbstständige Arbeit *f*; **~ar** [-'rjar] (1g) *gegen Lohn* einstellen, beschäftigen; *j-n* bestechen

assalt|ante [ɐsał'tɐ̃tə] *su* Angreifer *m*; (Bank-, Straßen)Räuber *m*; **~ar**

[-'tar] (1a) *j-n*, *Bank* überfallen; *j-n* angreifen; *Festung* (er)stürmen; *Haus* einbrechen in (*ac*); herfallen über (*ac*) (*a fig*); heimsuchen, bestürmen (*Gedanken*, *Zweifel*); befallen (*Krankheit*)

assalto [ɐ'saɫtu] *m* (Bank)Überfall *m* (**a**, **contra** auf *ac*); (Haus)Einbruch *m* (**a**, **contra** in *ac*); Angriff *m* (**a**, **contra** auf *ac*); *Fechten*: Ausfall *m*; *fig* Anwandlung *f*; Anfall *m*; **~ à mão armada** bewaffnete(r) Überfall *m*; **~ com** (*od* **por**) **arrombamento** *JUR* Raubüberfall *m*

assanh|adiço [ɐsɐɲɐ'disu] reizbar, empfindlich; **~ado** [-'ɲadu] wütend, zornig; hochrot (*Kopf*); zerwühlt (*Haar*); **~amento** [-ɲɐ'mẽtu] *m* Wutanfall *m*, -ausbruch *m*; **~ar** [-'ɲar] (1a) reizen; verärgern; *Meer* aufwühlen; *Übel* zuspitzen, verschlimmern; **~-se** sich aufregen

assar [ɐ'sar] (1b) braten, schmoren, rösten; P wund laufen

assarapantado [ɐsɐrɐpɐ̃'tadu] P durcheinander, perplex

assass|inar [ɐsɐsi'nar] (1a) ermorden; **~inato, ~ínio** [-si'natu, -'sinju] *m* Mord *m*; **~ino** [-'sinu] **1.** *adj* mörderisch; Mörder...; **2.** *m* Mörder *m*

assaz [ɐ'saʃ] ziemlich; ausreichend

assazonar [-zu'nar] (1f) reifen

asse|ado [ɐ'sjadu] sauber; stubenrein; *fig* tadellos; **~ar(-se)** [ɐ'sjar(sə)] (1l) (sich) säubern; *et* sauber halten; (sich) ordentlich kleiden

assedi|ador [ɐsədjɐ'dor] *m* Belagerer *m* (*a fig*); **~ar** [-'djar] (1g) belagern; *fig* bestürmen; belästigen

assédio [ɐ'sɛdju] *m* Belagerung *f* (*a fig*); Belästigung *f*; **~ no trabalho** Mobbing *n*; **~ sexual** sexuelle Belästigung *f*

assegur|ado [ɐsəgu'radu] garantiert, sicher; versichert (*Auto etc*) **~ador** [-rɐ'dor] *m* Bürge *m*; **~ar** [-'rar] (1a) *j-m et* ver-, zusichern; sichern, sicherstellen; *Hausrat*, *Auto* versichern (**contra** gegen); **~-se de** sich *e-r Sache* versichern (*od* vergewissern)

asseio [ɐ'sɐju] *m* Reinlichkeit *f*; Sauberkeit *f*; Sorgfalt *f*; Gepflegtheit *f* (*Kleidung*); **com ~** reinlich, sauber; sorgfältig (*Arbeit*); adrett, gepflegt (*Kleidung*)

assemblagem [ɐsẽ'blaʒẽj] *f* *INFORM* Assemblieren *n*

assembleia (*é) [ɐsẽ'blɐjɐ] *f* Versammlung *f*; Rat *m*; Klub *m*; **♀ da República** *port* Parlament *n*; **~ de voto** Wahllokal *n*; **~ geral** Vollversammlung *f*; **~ municipal** Gemeinderat *m*

assemelhar [ɐsəmə'ʎar] (1d) ähneln (**a** *dat*), Ähnlichkeit haben (**a** mit); ähnlich machen (**a** *dat*); vergleichen (**a** mit); **~-se** (**um ao outro**) einander ähneln

assenhorear-se [ɐsəɲu'rjarsə] (1l) sich bemächtigen (**de** *gen*)

assent|ada [ɐsẽ'tadɐ] *f*: P **de uma ~** auf einmal; **~ado** [-'tadu] fundiert; festgelegt, beschlossen (*Plan*); (ab)gesetzt; **~ador** [-tɐ'dor] *m* Fliesenleger *m*; *CAM. DE F* Streckenarbeiter *m*; *TÉCN* Flach-, Setzhammer *m*; **~amento** [-tɐ'mẽtu] *m* Ansiedlung *f*; *JUR* Niederschrift *f*, *schriftliche* Aufzeichnung *f*; **~ar** [-'tar] (1a) **1.** *v/t* (auf-, hin)setzen; (auf)stellen; *fig* festigen; *These* (be)gründen; *Frage* entscheiden; *Regeln* festsetzen; *Vorhaben* beschließen; *Fundament* legen; *Schienen* verlegen; *Volk* ansiedeln; *Lager*, *Wohnsitz* aufschlagen; *Farben* auftragen; *Erdreich etc* festklopfen, -stampfen; *Schlag* versetzen; *Vernunft* annehmen; *TÉCN* einbetten, lagern; *Betrag* (ver)buchen; **~ praça** *MIL* einrücken; **2.** *v/i* sich (hin)setzen; sich senken; gesetzt werden (*Mensch*); basieren (*Theorie*); sich einigen (**em** auf *ac*); beschließen (**de**, **em**, **a** zu); passen (*Kleid*); **~ bem** (**a**) gut passen; *j-m* gut stehen; **~-se** sich einschreiben

assente [ɐ'sẽtə] **1.** *p/p irr von* **assentar**; **2.** *adj* sicher; entschieden; **ficar ~ em** beruhen auf (*dat*); **ficar ~ sobre** liegen auf (*dat*)

assent|imento [ɐsẽti'mẽtu] *m* Zustimmung *f*; **~ir** [-'tir] (3e) beipflichten, zustimmen

assento [ɐ'sẽtu] *m* Sitz *m*; Sitzplatz *m*, -gelegenheit *f*; F Hosenboden *m* (*Person*); WC-Sitz *m*, Klosettdeckel *m* (*Toilette*); Unterkunft *f*; Bodensatz *m* (*Wein*); *schriftliche* Aufzeichnung *f*; *TÉCN* Fuß *m*; Unterlage *f*; *ECON* Buchung *f*, Posten *m*; *ANAT*

Gesäß *n*; *fig* Beschluss *m*; **de ~** gesetzt, ruhig (*Person*); **~ de abater** Klappsitz *m*; **~ de deitar** *AUTO* Liegesitz *m*
asséptico [ɐ'sɛptiku] *MED* keimfrei
asser|ção [ɐsər'sɐ̃w] *f* Behauptung *f*; **~tivo** [-'tivu] bestimmt
assertoado [ɐsər'twadu] zweireihig
assessor [ɐsə'sor] *m*, **-a** *f* Berater(in *f*) *m*; Beisitzer(in *f*) *m* (*Prüfung*); Beirat *m*; **~ de empresas** Unternehmensberater *m*; **~amento** [-surɐ'mətu] *m* Beratung *f*; Consulting *n*; **~ia** [-su'riɐ] *f* Beraterstab *m*; Beratung *f*
assever|ação [ɐsəvərɐ'sɐ̃w] *f* Behauptung *f*; Versicherung *f*, Bekräftigung *f*; **~ar** [-'rar] (1c) behaupten; versichern, bekräftigen
assexual [ɐsɛk'swał] *BIOL* ungeschlechtlich; geschlechtslos
assiduidade [ɐsidui'dadə] *f* regelmäßige Anwesenheit *f*; Pünktlichkeit *f*
assíduo [ɐ'sidwu] immer anwesend; eifrig (**em** bei); beständig
assim [ɐ'sĩ] so; daher; also; **~-~** mehr oder weniger, F soso; **~ como** so wie; **ainda ~**, **mesmo ~** trotzdem; immerhin; **~ mesmo** genau so; **e ~ por diante** und so weiter; **por ~ dizer** sozusagen; **~ que** *cj* sowie, sobald; **tanto ~ que ...** und zwar so sehr, dass ...
assim|etria [ɐsimə'triɐ] *f* Asymmetrie *f*
assimil|ação [ɐsəmilɐ'sɐ̃w] *f* Annäherung *f*; Anpassung *f*, Assimilierung *f*; **~ar** [-'lar] (1a) anpassen, assimilieren; vergleichen (**a** mit)
assin|ação [ɐsinɐ'sɐ̃w] *f* Unterzeichnung *f*; Benachrichtigung *f*; *JUR* Vorladung *f*; Anberaumung *f* (*Termin*); **~ado** [-'nadu] **1.** *adj* unterschrieben, -zeichnet; **2.** *m* (offizielle) Bescheinigung *f*
assinal|ação [ɐsinɐlɐ'sɐ̃w] *f* → **~amento**; **~ado** [-'ladu] markiert (*Text*); herausragend, bedeutend (*Leistung*, *Person*), hochberühmt (*Person*); **~amento** [-lɐ'mẽtu] *m* Kennzeichnung *f* (*Ware*); Kennzeichen *n*; Auszeichnung *f* (*Person*); **~ar** [-'lar] (1b) (kenn)zeichnen; markieren; *j-n* aus-, bezeichnen (**de**, **como** als); *Leistung* hervorheben; **~-se** zu verzeichnen sein, sichtbar (*od* spürbar) werden (*Änderung*)
assin|ante [ɐsi'nẽtə] *su* Unterzeichner(in *f*) *m*; Abonnent(in *f*) *m* (*Zeitung*); *TEL* Fernsprechteilnehmer(in *f*) *m*; **~ar** [-'nar] (1a) *Dokument* unterschreiben, -zeichnen; *Frist* festlegen; vereinbaren; *Geldbetrag* an-, zuweisen; *Zeitung etc* abonnieren; **~-se** unterschreiben; **~atura** [-nɐ'turɐ] *f* Unterschrift *f*, Subskription *f*, Abonnement *n*; **~ mensal** *TEL* Grundgebühr *f*
assist|ência [ɐsiʃ'tẽsjɐ] *f* Anwesenheit *f* (**a** bei); Anwesende *pl*; Publikum *n*, Zuschauer *m/pl*; Beistand *m*, Unterstützung *f* (**a** bei); Mitwirkung *f* (**a** an *dat*, bei); (*Alte*, *Kranke*) Betreuung *f*, Fürsorge *f* (**a** für); **~ a países em desenvolvimento** Entwicklungshilfe *f*; **~ hospitalar** Krankenhausbehandlung *f*; **~ médica** ärztliche Hilfe *f*; **~ pós-venda** *TÉCN* Service *m*, Kundendienst *m*; **~ social** Sozialhilfe *f*; **~ técnica** *TÉCN* Wartung *f*; **~encialismo** [-tẽsjɐ'liʒmu] *m depr* Besitzstandsdenken *n*; **~ente** [-'tẽtə] **1.** *adj* anwesend (*Teilnehmer*); behandelnd (*Arzt*); **2.** *su* Assistent(in *f*) *m*; **~ de terceira idade** Altenpfleger(in *f*) *m*; **~ social** Sozialarbeiter(in *f*) *m*; **~ido** [-'tidu]: **~ em computador** *INFORM* computergestützt; **direcção** *f* **-a** *AUTO* Servolenkung *f*; **ser ~** unterstützt werden; **~ir** [-'tir] (3a) **1.** *v/t* P *Kranke* pflegen; auf *j-s* Seite sein (*Recht*); **2.** *v/i j-m* beistehen, helfen; **~ a** *Kurs* teilnehmen an (*dat*); *allg* besuchen; zusehen (*od* zuhören) bei
assoalh|ada [ɐswɐ'ʎadɐ] *f* (Wohn-)Raum *m*, Zimmer *n*; **~amento** [-ʎɐ'mẽtu] *m* Fußbodenbelag *m*; **~ar** [-'ʎar] (1b) **a)** *Fußboden* dielen; **b)** der Sonne aussetzen; *fig* bekannt werden (*od* machen); (sich) zeigen
assoar [ɐ'swar] (1f) schnäuzen; **~-se** (sich) die Nase putzen
assoberb|ado [ɐsubər'badu] **a)** hochmütig; **b)** überlastet (**de**, **com** mit); **~ar** [-'bar] (1c) **a)** beherrschen; **b)** überbürden, -lasten; lasten auf (*dat*); **~-se a)** hochmütig werden (**com** durch); **b)** sich übernehmen

assob|iada [ɐsu'bjadɐ] *f* Gepfeife *n*; **~iar** [-'bjar] (1g) pfeifen; *j-n* auspfeifen; **~io** [-'biw] *m* Pfiff *m*
associ|abilidade [ɐsusjɐbəli'dadə] *f* Geselligkeit *f*; Aufgeschlossenheit *f*; **~ação** [-sjɐ'sɐ̃w] *f* Vereinigung *f*; Zusammenschluss *m*; Verknüpfung *f* (*einzelner Teile*); Verein *m*; Verband *m*; Klub *m*; **~ de estudantes** Studentenverband *m*; **~ado** [-'sjadu] *m* Mitglied *n*; *ECON* Gesellschafter *m*, Teilhaber *m*; **~ar** [-'sjar] (1g) verbinden (**a** mit); *Gedanken* verknüpfen; *zu e-r Gesellschaft* zusammenschließen; *ECON* zum Teilhaber machen; anschließen (**a, em** an *ac*); **~-se** sich verbünden, sich zusammentun; sich vereinen (**em** in *dat*); **~-se a** sich gesellen zu; *ECON* teilhaben an (*dat*); *fig* Anteil nehmen an (*dat*); **~ativo** [-sjɐ'tivu]: **vida** *f* **-a** Vereinswesen *n*
assol|ação *f*, **~amento** *m* [ɐsulɐ'sɐ̃w, -'mẽtu] Verwüstung *f*; *fig* Heimsuchung *f*; **~ador** [-'dor] verheerend; **~ar** [-'lar] (1e) heimsuchen; verheeren
assomar [ɐsu'mar] (1f) **1.** *v/t j-n* aufbringen; *Hund* (auf)hetzen; **2.** *v/i* aufsteigen (*Sonne*); *Gipfel* gelangen (**a** zu); *Alter* erreichen; sich zeigen (**a** an *dat*, bei), erscheinen (**a** an *dat*, bei); **~-se** zornig werden; sich beduseln (*mit Alkohol*)
assombr|ação [asõbra'sɐ̃w] *f bras* Spuk *m*; Gespenst *n*; **~adiço** [ɐsõbrɐ'disu] furchtsam, schreckhaft; **~ado** [-'bradu] **a)** schattig (*Ort*); **b)** bestürzt (*Person*); **mal ~** übellaunig; **~amento** [-brɐ'mẽtu] *m* Schrecken *m*; Grauen *n*; Verblüffung *f*; **~ar** [-'brar] (1a) **a)** *Ort* schattig machen, abdunkeln; **b)** *j-n* in Angst (*od* Erstaunen) versetzen (**ante, de, com, por** angesichts *gen*); verblüffen; bewundern
assombroso [-'brozu] verblüffend; fabelhaft
assomo [ɐ'somu] *m* Anzeichen *n*; *fig* Einfall *m*; Gedankenblitz *m*
assopr|ar [ɐsu'prar] (1e) P *j-n* verpfeifen; *Antwort* vorsagen; blasen (**a** in *ac*), pusten (**a** in *ac*); **~o** [ɐ'sopru] *m* P *heißer* Tipp *m*
assorear [-'rjar] (1l) versanden
assossego [ɐsu'segu] *m* Ruhe *f*
assuada [ɐ'swadɐ] *f* Auflauf *m*; Zusammenrottung *f*; Bande *f*
assum|ido [ɐsu'midu] überzeugt; ausgemacht; **~ir** [-'mir] (3a) **1.** *v/t Verantwortung, Schuld* übernehmen; *Herausforderung* annehmen; *Amt* antreten; *Entscheidung* treffen; **2.** *v/i* ein Amt antreten; **~-se** sich zu erkennen geben; P sich outen
assunção [ɐsũ'sɐ̃w] *f fig* Erhebung *f*; Beförderung *f* (*auf e-n Posten*); *REL* ♀ Mariä Himmelfahrt *f*
assuntar [as'ũtar] *bras* (1a) aufpassen; beobachten, betrachten; nachdenken
assunto [ɐ'sũtu] *m* Angelegenheit *f*, Thema *n*; *fig* Stoff *m*, Gegenstand *m*, Sache *f*; *PINT* Motiv *n*
assust|adiço [ɐsuʃtɐ'disu] schreckhaft; **~ador** [-'dor] erschreckend; **~ar** [-'tar] (1a) erschrecken; überraschen; **~-se** (sich) erschrecken (**com, por** über *ac*)
asteca [ɐʃ'tɛkɐ] aztekisch
aster|isco [ɐʃtə'riʃku] *m TIP* Sternchen *n*; **~óide** [-'rɔjdə] *m ASTR* Asteroid *m*
astro ['aʃtru] *m* Gestirn *n*; Stern *m* (*a fig*); **~logia** [-lu'ʒiɐ] *f* Astrologie *f*
astrólogo [ɐʃ'trɔlugu] *m* Astrologe *m*
astron|auta [ɐʃtru'nawtɐ] *su* Astronaut(in *f*) *m*; **~áutica** [-'nawtikɐ] *f* Raumfahrt *f*; **~omia** [-nu'miɐ] *f* Astronomie *f*; **~ómico** (*ô) [-'nɔmiku] astronomisch; *fig* riesig
astrónomo (*ô) [ɐʃ'trɔnumu] *m* Astronom *m*
astúcia [ɐʃ'tusjɐ] *f* List *f*
astucioso, astuto [ɐʃtu'sjozu, ɐʃ'tutu] verschlagen; schlau; listig
ata ['ata] *bras* → **acta**
atabalhoar [ɐtɐbɐ'ʎwar] (1f) *Arbeit* hinschludern; *unüberlegt* daherreden
ataca [ɐ'takɐ] *f* → **atacador**
atacado [-'kadu]: **comércio** *m* **por ~** Großhandel *m*
atac|ador [ɐtɐkɐ'dor] *m* Schnürriemen *m*, -senkel *m*; **~ante** [-'kẽtə] *m* Angreifer *m*; *Fußball*: Stürmer *m*; **~ar** [-'kar] (1n; *Stv* 1b) **1.** *v/t* **a)** *Bündel* ver-, zuschnüren; *Tasche* voll stopfen (**de, com** mit); *bras* (zu)knöpfen; **b)** *j-n* angreifen; packen (**por** bei); *Lied* anstimmen; be-

fallen (*Schlaf, Krankheit*); **2.** *v/i* *TÉCN* ansetzen an
atadilho [ɐtɐ'diʎu] *m* Saitenhalter *m*
atad|o [ɐ'tadu] **1.** *adj* verlegen; **ser ~** (*od* **-inho**) schüchtern sein; **2.** *m* Bündel *n*; **~ura** [ɐtɐ'dura] *f* Band *n*, Schnur *f*; *MED* Binde *f*, Verband *m*
atafulhar [ɐtɐfu'ʎar] (1a) P *Dinge* hineinstopfen; *Koffer* voll stopfen
atalaia [ɐtɐ'lajɐ] *f* Ausguck *m*; Wachturm *m*; **de ~** *fig* auf der Hut
atalh|ada [ɐtɐ'ʎadɐ] *f* (Brand-)Schneise *f* (*im Wald*); **~ar** [-'ʎar] (1b) **1.** *v/t* den Weg versperren (*a fig*); aufhalten; *j-m* Einhalt gebieten bei; *fig* den Weg weisen; *Arbeit* ab-, verkürzen; unterbrechen; **2.** *v/i* e-e Abkürzung nehmen; erwidern (auf e-e Aussage); **~-se** stecken bleiben; verlegen werden
atalho [ɐ'taʎu] *m* **a)** Seitenweg *m*; Abkürzung *f*; *INFORM* Pfad *m*; **andar por ~s** Ausflüchte suchen; **b)** Hindernis *n*; **pôr ~ a** ein Ende setzen (*dat*)
atamancar [ɐtɐmɐ̃'kar] (1n) zusammenpfuschen; hinsudeln
atapetar [ɐtɐpə'tar] (1c) *Raum* auslegen; *Möbel* überziehen; *Boden* bedecken (**com**, **de** mit)
ataqu|e [ɐ'takə] *m* Angriff *m* (**a**, **contra** auf *ac*, gegen) (*a Sport*); *MED* Anfall *m*; *bras* Pfropfen *m*; *TÉCN* Eingriff *m*; **deu-lhe um ~** er bekam e-n Anfall; **~eiras** [ɐtɐ'kɐjrɐʃ] *f/pl*: **ver-se nas ~** P in der Klemme sitzen
atar [ɐ'tar] (1b) *Hund etc* anbinden (**a**, **em** an *ac*); *Schuhe* zuschnüren; *Bündel* zusammenbinden; *Einzelteile* verknüpfen; **~ as mãos à** (*od* **na**) **cabeça** sich an den Kopf fassen; **não ~ nem desatar** sich nicht entschließen können
atarant|amento [ɐtɐrɐ̃tɐ'mẽtu] *m* Durcheinander *n*, Verwirrung *f*; **~ar** [-'tar] (1a) P durcheinander bringen, verwirren
atard|ado [ɐtɐr'dadu] (geistig) zurückgeblieben (*Kind*); **~ar** [-'dar] (1b) verzögern; **~-se** sich verspäten; verweilen (**em** bei, in *dat*)
ataref|ado [ɐtɐrɛ'fadu] sehr beschäftigt; geschäftig; **andar ~** viel zu tun haben; **~ar** [-'far] (1c) *j-m* e-e Arbeit aufladen; *j-n* mit Arbeit überlasten; **~-se** sich sputen
ataroucado [ɐtɐro'kadu] verblödet
atarracado [ɐtɐʀɐ'kadu] untersetzt
atarraxar [ɐtɐʀɐ'ʃar] (1b) festschrauben; *fig* in die Enge treiben
atascar-se [ɐtɐʃ'karsə] (1b) versinken (*fig* **no vício** im Laster)
ataúde [ɐtɐ'udə] *m* Sarg *m*; Grab *n*
atav|iar [ɐtɐ'vjar] (1g) schmücken; **~io** [-'viw] *m* Schmuck *m*
até [ɐ'tɛ] **1.** *prp* bis; **~ a** bis an (auf, nach, zu); **2.** *cj*: **~ que** bis (dass) *conj*; **~ que enfim!** na endlich!; **3.** *adv* sogar; selbst; **~ já!** bis gleich!
atear [ɐ'tjar] (1l) *Ofen* anfeuern, -heizen; schüren (*a fig*); *Feuer* entfachen, anzünden; **~-se** sich entzünden; *fig* entbrennen
ateia (*é) [ɐ'tɐjɐ] *adj u f* → **ateu**
ateís|mo [ɐtə'iʒmu] *m* Atheismus *m*; **~ta** [-'iʃtɐ] *su* → **ateu**
ateliê [atɛ'lje] *m bras* Atelier *n*
atemorizador [ɐtəmurizɐ'dor] fürchterlich; *fig* riesig; **~ar** [-'zar] (1a) erschrecken
atempado [ɐtẽ'padu] befristet; termingerecht; gelegen
Atenas [ɐ'tenɐʃ] Athen *n*
atenazar [ɐtənɐ'zar] (1b) quälen
atenção [ɐtẽ'sɐ̃w] *f* Aufmerksamkeit *f* (**chamar** erregen); Gefälligkeit *f*; Rücksicht *f*; Höflichkeit *f*; **~ com**, **para com** Wertschätzung für; **em ~ a** mit Rücksicht auf (*ac*); **falta** *f* **de ~** Unhöflichkeit *f*; **dar ~ a** achten auf (*ac*); **prestar ~** aufpassen; **ter em ~** berücksichtigen; **~!** Achtung!
atenci|osamente [ɐtẽsjɔzɐ'mẽtə] *in Briefen*: hochachtungsvoll; **~oso** [-'sjozu] aufmerksam; rücksichtsvoll
atendar [ɐtẽ'dar] (1a) zelten
atend|edor [ɐtẽdə'dor] *m*: **~ (automático) de chamadas** (automatischer) Anrufbeantworter *m*; **~ente** [atẽ'dẽtʃi] *su bras* Krankenpfleger(in *f*) *m*; **~er** [-'der] (2a): **~ (a)** *j-m* zuhören; *Umstand* berücksichtigen; *Ereignisse* verfolgen; *Rat* befolgen; *Patienten* behandeln, betreuen; *Kunden* bedienen; *Besuch* empfangen; *Anfrage* erledigen; *Gesuch* positiv bescheiden; *TEL Hörer* abnehmen; *Gespräch* annehmen; **~ pelo nome de ...** auf den Namen ...

hören; ***atendendo a*** unter Berücksichtigung (*gen*); **~imento** [-di'mẽtu] *m* Beachtung *f*; Abfertigung *f*; → ***atenção***; ***horário*** *m* ***de*** ~ Geschäfts-, Schalterstunden *f/pl*; **~ível** [-'divɛɫ] beachtenswert

atent|ado [ɐtẽ'tadu] *m* Anschlag *m* (***a*** auf *ac*), Attentat *n* (***a*** auf *ac*); ***autor*** *m* ***de*** ~ Attentäter *m*; ~ ***bombista*** Bombenattentat *n*; **~ar** [-'tar] (1a) **a)** beachten, berücksichtigen; achten (***a***, ***em***, ***para*** auf *ac*) **b)** vorgehen (***a***, ***contra*** gegen); ein Attentat verüben (***a***, ***contra*** auf *ac*); ~ ***contra a vida de*** nach *j-s* Leben trachten; **c)** P versuchen, in Versuchung führen; **~atório** [-tɐ'tɔrju] frevelhaft; verletzend; ***ser*** ~ ***de*** verstoßen gegen

atento [ɐ'tẽtu] aufmerksam; ***estar*** ~ ***a*** (*od* ***em***, ***para***) bedacht sein auf (*ac*)

atenu|ação [ɐtənwɐ'sɐ̃w] *f* (Ab)Schwächung *f*; Abnahme *f*; FIS Dämpfung *f*; QUÍM Verdünnung *f*; **~ador** [-'dor] *m* Schwingungsdämpfer *m*; **~ante** [-'nwɐ̃tə] **1.** *adj* abschwächend; mildernd; JUR strafmildernd; **2.** *f* strafmildernde(r) Umstand *m*; **~ar** [-'nwar] (1g) abschwächen, mildern (*a Strafe*)

aterrador [ɐtəʀɐ'dor] grauenhaft

aterr|agem [ɐtə'ʀaʒɐ̃j] *f* AV Landung *f*; ~ ***forçada*** Notlandung *f*; ***campo*** *m* ***de*** ~ Rollfeld *n*; **~amento** [-ʀɐ'mẽtu] *m* EL Erdung *f*; **~ar** [-'ʀar] (1e) **1.** *v/t* **a)** *j-n* entsetzen; *j-n* niederschmettern; **b)** *Fläche* mit Erde bedecken; *Haufen* aufschütten; *Loch* auffüllen; **2.** *v/i* AV landen; **~issagem** [ateʀi'saʒẽj] *bras f* → ***aterragem***; **~issar** [-ʀi'sar] *bras* (1a) → ***aterrar***

aterro [ɐ'teʀu] *m* (Boden)Aufschüttung *f*; Auffüllung *f*; (Straßen-)Damm *m*; Schuttberg *m*; BGB Halde *f*; ~ ***controlado*** Mülldeponie *f*

aterrorizar [ɐtəʀuri'zar] (1a) in Schrecken versetzen; terrorisieren

atest|ado [ɐtəʃ'tadu] **1.** *adj* randvoll; **2.** *m* Zeugnis *n*; Bescheinigung *f*; MED Attest *n*; ~ ***de saúde*** Gesundheitszeugnis *n*; ~ ***médico*** Krankenschein *m*; **~ar** [-'tar] (1c) **a)** *bis zum Rand* füllen; *bis zum Eichstrich* auffüllen; **b)** JUR bezeugen; bescheinigen; beweisen; ~ ***de*** zeugen von; **~atório** [-tɐ'tɔrju] beweiskräftig

atesto [ɐ'teʃtu] *m* Tankfüllung *f*

ateu [ɐ'tew] atheistisch; gottlos

atiç|ador [ɐtisɐ'dor] *m* Schüreisen *n*, Feuerhaken *m*; *fig* Unruhestifter *m*; Anstifter *m*; **~ar** [-'sar] (1p) *Feuer*, *Hass* schüren; *Ofen* anfeuern; *fig* an-, aufstacheln (***a***, ***contra*** gegen)

atilado [ɐti'ladu] tadellos; fein

atilho [ɐ'tiʎu] *m* Band *n*, Schnur *f*

átimo ['atimu] *m* Moment *m*, Augenblick *m*; ***num*** ~ im Nu

atin|ado [ɐti'nadu] treffend (*Bemerkung*); vernünftig; **~ar** [-'nar] (1a): ~ ***com*** *Lösung* treffen; entdecken; bemerken; ~ ***em*** sich erinnern an (*ac*); **~ente** [-'nẽtə]: ~ ***a*** betreffend (*ac*), in Bezug auf (*ac*)

ating|ir [ɐtĩ'ʒir] (3n) erreichen, erlangen; berühren (*a fig*); *fig* betreffen, angehen; *Ziel* treffen; **~ível** [-'ʒivɛɫ] erreichbar; greifbar

atípico [ɐ'tipiku] atypisch, untypisch

atir|adeira [ɐtirɐ'dɐjrɐ] *f* Zwille *f*, Katapult *n*; **~adiço** [-'disu] unternehmungslustig; F draufgängerisch; **~ador** [-'dor] *m* Schütze *m*; *Sport*: Torschütze *m*; ***franco*** ~ Freischärler *m*; **~ar** [-'rar] (1a) **1.** *v/t Stein*, *Ball* schleudern, werfen; *Sport*: schießen (***a*** auf *ac*); *j-m et* zuwerfen; *Tritt* versetzen; *Beine* übereinander schlagen; **2.** *v/i* ausschlagen (*Pferd*); schießen (***a***, ***contra***, ***sobre*** auf *ac*) (*Jäger*, *Soldat*); *fig* abzielen (***a***, ***contra***, ***sobre*** auf *ac*); ~ ***a*** *alg* nach *j-m* geraten; ~ ***para*** e-n Hang haben zu; spielen in (*ac*) (*Farbton*); ~ ***com a porta*** die Tür zuschlagen; ~ ***com a/c a*** (*od* ***em***, ***para***) et (blindlings) irgendwohin werfen; **~-se** sich stürzen (***a***, ***sobre*** auf *ac*)

atitude [ɐti'tudə] *f* Haltung *f*, Einstellung *f*; Gesinnung *f*

ativ... *bras* → ***activ...***

Atlântico [ɐ'tlɐ̃tiku]: ***o*** (***oceano***) ~ der Atlantik

atlântico [ɐt'lɐ̃tiku] atlantisch

atlas ['atlɐʃ] *m* Atlas *m*

atl|eta [ɐt'lɛtɐ] *su* Athlet(in *f*) *m*; **~ético** [-'lɛtiku] athletisch; **~etismo** [-lə'tiʒmu] *m* Leichtathletik *f*

at.mo ***atentíssimo*** ergeben (erg.), hochachtungsvoll

atmos|fera [ɐtmuʃ'fɛrɐ] *f* Atmosphäre *f*; ~ **carregada** Gewitterluft *f*; ~ **terrestre** Erdatmosphäre *f*; **~férico** [-'fɛriku] atmosphärisch; **pressão** *f* **-a** Luftdruck *m*
ato ['atu] *bras* → **acto**; **~-show** [atu'ʃo] *m bras* Show *f*
à-toa [a'toɐ] unbedacht (*Bemerkung*); unnütz, wertlos (*Gegenstand*); → **toa**
atoar [ɐ'twar] (1f) umherschlendern
atoarda [ɐ'twardɐ] *f* Gerücht *n*
atocaiar [atoka'jar] (1i) *bras* auflauern (*dat*); bespitzeln
atochar [ɐtu'ʃar] (1e) einkeilen; feststopfen; *Flasche* zupfropfen; *Wagen* überladen; *Raum* überfüllen
atolar [ɐtu'lar] (1e) **1.** *v/t* festfahren (*im Schlamm*); versenken; *fig* in Schwierigkeiten bringen; **2.** *v/i u* **~-se a)** im Morast versinken; *allg* stecken bleiben; sich festfahren; verfahren sein (*Angelegenheit*); ~ **em escândalos** sich in Skandale verstricken; **b)** P verblöden
atoleimado [ɐtulɐj'madu] albern
atoleiro [ɐtu'lɐjru] *m* Morast *m*; Sumpf *m*; *fig* Verlegenheit *f*; F Patsche *f*, Klemme *f*
atómico (*ô) [ɐ'tɔmiku] Atom...
atomiz|ador [ɐtumizɐ'dor] *m* Zerstäuber *m*; **~ar** [-'zar] (1a) *allg* vernichten; zerreiben; *Flüssigkeit* zerstäuben; *Gestein* zertrümmern
átomo ['atumu] *m* Atom *n*; *fig* Spur *f*
atónito (*ô) [ɐ'tɔnitu] verblüfft
átono ['atunu] GRAM tonlos, unbetont
atopetar [atope'tar] (1c) *bras* (bis obenhin) voll stopfen mit
ator [a'tor] *bras* → **actor**
atordo|ador [ɐturdwɐ'dor] betäubend; verwirrend; **~ar** [-'dwar] (1f) betäuben, benebeln; verwirren
atorment|ação [ɐturmẽtɐ'sɐ̃w] *f* Aufregung *f*, Qual *f*, Sorge *f*; **~ado** [-'tadu] unruhig, sorgenvoll; **~ar** [-'tar] (1a) foltern, quälen (*a fig*)
atóxico [ɐ'tɔksiku] ungiftig
atrac|ação [ɐtrɐkɐ'sɐ̃w] *f* NAV Festmachen *n* (*des Schiffes*); Landung *f*; Anlegen *n*; **~adouro** [-'doru] *m* NAV Liegeplatz *m*; **~ar** [-'kar] (1n; *Stv* 1b) **1.** *v/t* NAV festmachen; *j-n* festhalten; fest umarmen; F anrempeln; P *Frau* anmachen; **2.** *v/i* NAV anlegen, landen; **~-se com** raufen mit
atra(c)|ção [ɐtrɐ'sɐ̃w] *f* Anziehung(skraft) *f* (*a* FIS); Hang *m* (**a**, **para**, **por** zu), Neigung *f* (**a**, **para**, **por** zu); Glanznummer *f*, Attraktion *f* (*Zirkus etc*); **~tivo** [-'tivu] **1.** *adj* attraktiv, anziehend (*Person*); zugkräftig (*Film*); **2.** *m* Verlockung *f*, Reiz *m*
atraente [ɐtrɐ'ẽtə] anziehend, einnehmend; bezaubernd
atraiço|adamente [ɐtrajswadɐ'mẽtə] hinterrücks; **~ado** [-'swadu] treulos; **~ar** [-'swar] (1f) verraten; täuschen; *Sinn* entstellen; im Stich lassen
atrair [ɐtrɐ'ir] (3l) anziehen; *Blicke* auf sich ziehen; *j-n* an sich (heran)ziehen; *für sich* einnehmen
atrapalh|ação [ɐtrɐpɐʎɐ'sɐ̃w] *f* Durcheinander *n*; Ratlosigkeit *f*; Hilflosigkeit *f*; **~ado** [-'ʎadu] ratlos; verwirrt; **estar ~ com** F in der Bredouille stecken wegen; **~ar** [-'ʎar] (1b) **1.** *v/t* durcheinander bringen; verwirren; **2.** *v/i* Verwirrung stiften; **~-se** durcheinander geraten; *beim Sprechen* sich verhaspeln (**com** bei)
atrás [ɐ'traʃ] **a)** *räuml* zurück; hinten, dahinter; NAV achtern; ~ **de** hinter (*ac u dat*), nach (*dat*); **para ~** nach hinten, zurück; rückwärts; **por ~** von hinten; **correr ~ de** *j-m* hinterherlaufen; **deixar ~** *fig* links liegen lassen; **estar de pé ~ com** *j-m* nicht trauen; **fazer pé ~** zurückweichen; **ficar ~ de** hinter *j-m* zurückstehen; **b)** *zeitl* danach, später; **anos ~** vor Jahren
atras|ado [ɐtrɐ'zadu] **1.** *adj* rückständig (*Land*); *zeitl* verzögert; ausstehend (*Zahlungen*); (geistig) behindert *od* zurückgeblieben; **chegar ~** zu spät (*od* mit Verspätung) kommen; **estar ~ em** im Rückstand sein mit; **ir ~**, **estar ~** nachgehen (*Uhr*); **2.** *m*: **~ mental** geistig Behinderte(r) *m*; ~ar [-'zar] (1b) **1.** *v/t* zurückstellen; *Brief* zurückdatieren; *Angelegenheit* verschieben; *j-n* aufhalten; zurückbringen; TÉCN hemmen, verlangsamen; **2.** *v/i u* **~-se** zurückbleiben; in Rückstand geraten (**a**, **em** bei, in *dat*); nachgehen (*Uhr*); sich verspäten

atraso [ɐ'trazu] *m* Rückgang *m*; *zeitl* Verspätung *f*, Verzögerung *f*; *ECON* Zahlungsrückstand *m*, Verzug *m*; *fig* Rückständigkeit *f*

atravanc|ar [ɐtrɐvɐ̃'kar] (1n) *Tür, Weg* versperren; *Koffer* voll packen (**de** mit); **~-se** sich quer stellen

através [ɐtrɐ'vɛʃ] (quer) durch (*a räuml*); anhand (*gen*); **~ de** durch

atravess|adiço [ɐtrɐvəsɐ'disu] hinderlich; widerspenstig; **~ado** [-'sadu] seitlich; über Kreuz; *fig* verquer; falsch; **ter um olho ~** auf e-m Auge schielen; **~amento** [-sɐ'mẽtu] *m* Überquerung *f*; **~ar** [-'sar] (1c) *et* quer legen; *Gebiet* durchfahren, -queren; *Berg* überqueren; *Krise etc* durchmachen; *Pläne* durchkreuzen; *Arten* kreuzen; *bras* Schwarzhandel treiben mit; **~ a nado** durchschwimmen; **~-se a** in die Quere kommen; sich einmischen in (*ac*); sich widersetzen (*dat*); *j-m* widersprechen

atreito [ɐ'trɐjtu]: **~ a** mit e-m Hang zu; empfänglich für; gewöhnt an (*ac*)

atrel|ado [ɐtrə'ladu] *m AUTO* (An-)Hänger *m*; **~agem** [-'laʒɐ̃j] *f* Anspannen *n*; Anhängen *n*; Kupplung *f*; **~ar** [-'lar] (1c) *Hund* an die Leine nehmen; anbinden; *Pferd* anspannen; *Hänger* anhängen

atrev|er-se [ɐtrə'versə] (2c) sich erdreisten, wagen (**a** zu); sich heranwagen (**a** an *ac*); **~ido** [-'vidu] verwegen; unverschämt; anzüglich (*Worte*); **~imento** [-vi'mẽtu] *m* Kühnheit *f*, Mut *m*; Unverschämtheit *f*; *sexuelle* Anzüglichkeit *f*

atribu|ição [ɐtribu-i'sɐ̃w] *f* (Preis-)Verleihung *f*; Ermächtigung *f*; (Aufgaben)Zuteilung *f*; (Schuld)Zuweisung *f*; **-ões** *pl* Befugnisse *f/pl*, Aufgaben *f/pl*; **~ir** [-'bwir] (3i) *Amt, Preis* verleihen; *Befugnisse* erteilen; *Recht* zuerkennen; *Urheberschaft* zuordnen; *Aufgabe* zuteilen; *Eigenschaft* zuschreiben; *Schuld* zuschieben, zur Last legen; **~-se** für sich reklamieren

atribul|ação [ɐtribulɐ'sɐ̃w] *f* Kummer *m*, Qual *f*, Not *f*; **~ar(-se)** [-'lar(sə)] (1a) Kummer verursachen (haben); (sich) ängstigen; (sich) quälen

atribut|ivo [ɐtribu'tivu] *GRAM* attributiv; **~o** [-'butu] *m* Merkmal *n*; Abzeichen *n*; *GRAM, fig* Attribut *n*

atrição [ɐtri'sɐ̃w] *f TÉCN* Abnutzung *f*, Verschleiß *m*; *REL* Reue *f*

átrio ['atrju] *m* Vorraum *m*, Eingang(sbereich) *m*; Innenhof *m*

atrito [ɐ'tritu] *m TÉCN* Reibung *f*; **~ de rolamento** Rollreibung *f*; *fig* **~s** *pl* Schwierigkeiten *f/pl*; Reibereien *f/pl*

atriz [a'triʃ] *bras* → **actriz**

atro|ada [ɐ'trwadɐ] *f* Getöse *n*, Gepolter *n*; **~ado** [atro'adu] *bras* verwirrt; kopflos; F geschwätzig; **~ador** [ɐtrwɐ'dor] (ohren)betäubend; **~amento** [-'mẽtu] *m* Benommenheit *f*; **~ar** [ɐ'trwar] (1f) **1.** *v/t* erschüttern; betäuben (*Lärm*); **2.** *v/i* donnern

atroc|idade [ɐtrusi'dadə] *f* Grausamkeit *f*, Gräuel *m*

atroçoar [ɐtru'swar] zermahlen

atrofi|a [ɐtru'fiɐ] *f MED* Atrophie *f*, Schwund *m*; *fig* Zerfall *m*; **~ar** [-'fjar] (1g) **1.** *v/t* verkümmern lassen; **2.** *v/i u* **~-se** verkümmern, schrumpfen

atropel|amento [ɐtrupəlɐ'mẽtu] *m* Zusammenstoß *m*; Verkehrsunfall *m*, Überfahren *n* (*e-s Fußgängers*); *JUR* Gesetzesübertretung *f*; **~ar** [-'lar] (1c) über- (*od* an)fahren (*mit e-m Auto*); umrennen; anrempeln; *Hindernisse* überwinden, sich hinwegsetzen über (*ac*); *Fakten* durcheinander bringen; *fig* in Angst versetzen, bedrängen; **~-se** sich drängeln; durcheinander geraten

atropelo [ɐtru'pelu] *m* → **atropelamento**; Gedränge *n*; **aos ~s** wild durcheinander; **de ~** hastig

atroz [ɐ'trɔʃ] scheußlich; grausam

atu|a... *bras* → **actu|a...**

atufar [ɐtu'far] (1a) (auf)blähen; **~-se** eintauchen in (*ac*)

atulhar [ɐtu'ʎar] (1a) *Vorrat* speichern; *Gefäß* voll stopfen; *fig* ver-, zustopfen

atum [ɐ'tũ] *m* Thunfisch *m*

atur|ado [ɐtu'radu] beharrlich; **~ar** [-'rar] (1a) *Leid* ertragen; *Zeit, Prozess* aus-, durchhalten; *Arbeit* sich abgeben (*od* herumschlagen) mit; **~ável** [-'ravɛł] erträglich

aturd|ido [ɐtur'didu] kopflos, verwirrt; verblüfft; **~imento** [-'mẽtu] *m* Verwirrung *f*; Verblüffung *f*; Durcheinander *n*; **~ir** [-'dir] (3a) betäuben; verwirren; verblüffen; ***~-se*** den Kopf verlieren

aud|ácia [aw'dasjɐ] *f* Kühnheit *f*; **~acioso** [-dɐ'sjozu] → ***audaz***; **~az** [-'daʃ] kühn; verwegen

audi|bilidade [awdibəlidadə] *f* Hörbarkeit *f*, Wahrnehmbarkeit *f*; **~ção** [-'sɐ̃w] *f* Hören *n*; *ANAT* Gehör *n*; *JUR* Anhörung *f*; *MÚS* Aufführung *f*, Vorspiel *n*; *Radio*: Empfang *m*; ~ (***musical***) Konzert *n*

audiência [aw'djẽsjɐ] *f* Audienz *f*, Empfang *m*; *TV* Zuschauer *m/pl*; *Radio*: Zuhörer(schaft *f*) *m/pl*; *TV*, *Radio* Einschaltquote *f*; *JUR* (Gerichts)Verhandlung *f*

audio|fone [awdju'fɔnə] *m* Hörgerät *n*; **~visual** [-vi'zwaɫ] **1.** *adj* audiovisuell; **2.** *m* Rundfunk und Fernsehen; *bras* Multimediavortrag *m*

audit|ivo [awdə'tivu] Gehör..., Hör...; ***aparelho*** *m* ~ *ANAT* Gehör *n*; *TÉCN* Hörgerät *n*; **~or** [-di'tor] *m* Beisitzer *m*; *ECON* Wirtschaftsprüfer *f*; **~oria** [-tu'riɐ] *f* *ECON* Wirtschaftsprüfung *f*; **~ório** [-di'tɔrju] *m* *UNIV* Auditorium *n*, Hörsaal *m*; Zuhörerschaft *f*

auferir [awfə'rir] (3c) erhalten; erringen; *Vorteil* nutzen; *Gewinn* erzielen; *Steuer* einnehmen

auge ['awʒə] *m fig* Gipfel *m*

aula ['awlɐ] *f* (Unterrichts)Stunde *f*; ~ ***de inglês*** Englischstunde *f*, -unterricht *m*; *UNIV* ***≗ Magna*** Auditorium *n* Maximum, F Audimax *n*; ~ ***particular*** Privatstunde *f*; *bras* Nachhilfestunde *f*; ***~s*** *pl* Unterricht *m*; ***sala*** *f* ***de ~s*** Klassenzimmer *n*; *UNIV* Hörsaal *m*; ***dar a alg ~s de*** j-n unterrichten in (*dat*)

aumentar [awmẽ'tar] (1a) **1.** *v/t Anzahl* vermehren; *Fläche* vergrößern (***de***, ***em*** um, ***a*** auf *ac*); *Temperatur*, *Preise* erhöhen; **2.** *v/i* zunehmen; steigen (*Preise*)

aumento [aw'mẽtu] *m* Vermehrung *f* (*Anzahl*); Zuwachs *m*; Erhöhung *f*, Anstieg *m*, Steigerung *f* (*Produktion*, *Preise*); ***ir em*** ~ im Wachsen (*od* Steigen) begriffen sein

áureo ['awrju] golden; Blüte...

auréola [aw'rɛwlɐ] *f* Heiligenschein *m*; *fig* Ruhm *m*

aurícula [aw'rikulɐ] *f* *ANAT* Vorhof *m*; *BOT* Aurikel *f*

auricular [awriku'lar] Ohren...; Hör...

aur|ífero [aw'rifəru] goldhaltig; **~ificação** [-rəfikɐ'sɐ̃w] *f* Goldfüllung *f* (*Zahn*); **~ífice** [-'rifisə] *su* Goldschmied(in *f*) *m*

aurora [aw'rɔrɐ] *f* Morgenröte *f*; ~ ***boreal*** Nordlicht *n*; ***ao romper da ~*** bei Tagesanbruch

auscult|ação [awʃkuɫtɐ'sɐ̃w] *f* *MED* Abhorchen *n*; ~ ***da opinião pública*** Meinungsumfrage *f*; **~ador** [-'dor] *m* *MED* Stethoskop *n*, Abhörgerät *n*; *Radio*: Kopfhörer *m*; *TEL* Hörer *m*; **~ar** [-'tar] (1a) *MED* abhören, -horchen; befragen

aus|ência [aw'zẽsjɐ] *f* Abwesenheit *f*; ~ ***de*** Fehlen *n* von, Mangel *m* an (*dat*); **~entar-se** [-zẽ'tarsə] (1a) sich entfernen; sich zurückziehen; verreisen; **~ente** [-'zẽtə] abwesend

ausp|iciar [awʃpi'sjar] (1g) vorhersagen; **~ício** [-'pisju] *m* Vorbedeutung *f*; Vorzeichen *n*; ***sob os ~s de*** unter der Schirmherrschaft von; **~icioso** [-'sjozu] aussichtsreich

austeridade [awʃtəri'dadə] *f* Strenge *f*; *finanziell* Sparsamkeit *f*; Genügsamkeit *f*; Zurückhaltung *f*; *ECON* Sparkurs *m*; ***política*** *f* ***de ~*** Sparpolitik *f*

austero [awʃ'tɛru] streng; sparsam

austral [awʃ'traɫ] südlich, Süd...

Austrália [awʃ'traljɐ]: ***a ~*** Australien *n*

australiano [awʃtrɐ'ljɐnu] **1.** *adj* australisch; **2.** *m*, **-a** *f* Australier(in *f*) *m*

Áustria ['awʃtrjɐ]: ***a ~*** Österreich *n*

austríaco [awʃ'triɐku] **1.** *adj* österreichisch; **2.** *m*, **-a** *f* Österreicher(in *f*) *m*

aut. ***autoria*** Urheberschaft

aut|arcia [awtɐr'siɐ] *f* *ECON* Autarkie *f*; **~arquia** [-'kiɐ] *f port* Kommune *f*, Gemeinde *f*; Körperschaft *f* des öffentlichen Rechts; **~árquico** [-'tarkiku] autark; *port*: ***eleições*** *f/pl* **-as** Kommunalwahlen *f/pl*

autentic|ação [awtẽtikɐ'sɐ̃w] *f* Beurkundung *f*; Beglaubigung *f*; **~ar** [-'kar] (1n) beurkunden; verbürgen;

Fotokopie beglaubigen; **~idade** [-təsi'dadə] *f* Echtheit *f*
autêntico [aw'tẽtiku] authentisch, echt; glaubwürdig (*Aussage*)
auto ['awtu] *m* **a)** Urkunde *f*; *JUR a* Protokoll *n*; **~s** *pl* Prozessakten *f/pl*; *HIST* (Mysterien)Spiel *n*; ***estar pelos ~s*** P dafür sein; **b)** *bras* Augenblick *m*
auto|... [awtu..., awtɔ...] *in Zssgn* Auto...; Selbst...; selbst..., eigen...; **~biografia** [-bjugrɐ'fiɐ] *f* Autobiographie *f*; **~biográfico** [-bju'grafiku] autobiographisch; **~bus** [-'buʃ] *m* (Auto-, Omni)Bus *m*; **~caravana** [awtɔkɐrɐ'vɐnɐ] *f AUTO* Caravan *m*; **~carro** [awtɔ'kaʀu] *m* (Auto)Bus *m*; ***~ de turismo*** Reisebus *m*; **~clismo** [-'kliʒmu] *m* (WC-, F Klo)Spülung *f*; **~colante** [-ku'lẽtə] **1.** *adj* selbstklebend, -haftend; **2.** *m* Aufkleber *m*, Sticker *m*; **~combustão** [-kõbuʃ'tɐ̃w] *f*; **~confiança** [-kõ'fjɐ̃sɐ] *f* Selbstbewusstsein *n*; Selbstvertrauen *n*; **~consciência** [-kõ'ʃsjẽsjɐ] *f* Selbsteinschätzung *f*; **~crata** [-'kratɐ] **1.** *adj* unabhängig; **2.** *su* Autokrat(in *f*) *m*, Alleinherrscher(in *f*) *m*; **~crítica** [-'kritikɐ] *f* Selbstkritik *f*
autóctone [aw'tɔktunə] Ureinwohner(in *f*) *m*
autodefesa [awtudə'fezɐ] *f* Selbstverteidigung *f*
autodeterminação [awtudətərminɐ'sɐ̃w] *f* Selbstbestimmung *f*
autodid|a(c)ta [awtudi'datɐ] *su* Autodidakt(in *f*) *m*
autódromo [aw'tɔdrumu] *m* Autorennbahn *f*, Motodrom *n*
auto-|escola(s) [awtɔiʃ'kɔla] *f(pl)* *bras* Fahrschule *f*; **~estrada(s)** [-iʃ'tradɐ] *f(pl)* Autobahn *f*
autogénio (*ê) [awtu'ʒɛnju] autogen
autogest|ão [awtuʒəʃ'tɐ̃w] *f* Selbstverwaltung *f*
autogolo [awtu'golu] *m* Eigentor *n*
autógrafo [aw'tɔgrɐfu] **1.** *adj* eigenhändig; **2.** *m* Autogramm *n*
autolotação [awtolota'sɐ̃w] *m bras* *Art*: Gemeinschaftstaxi *n*
auto|mação [awtumɐ'sɐ̃w] *f* Automatisierung *f*; **~mático** [-'matiku] automatisch; **~matismo** [-mɐ'tiʒmu] *m* Automatismus *m*; **~matizar** [-ti'zar] (1a) automatisieren
autómato [aw'tɔmɐtu] *m* Automat *m*
automedicação [awtumədikɐ'sɐ̃w] *f* Selbstmedikation *f*
automobil|ismo [awtumubi'liʒmu] *m* Kraftverkehr *m*; Motorsport *m*; **~ista** [-'liʃtɐ] *su* Kraftfahrer(in *f*) *m*; **~ístico** [-'liʃtiku] Auto...; Kraftfahrzeug...
automo|tora [awtumu'tɔrɐ] *f* = *bras* **~triz** [-mo'tris] *f* Schienenbus *m*
automóvel [awtu'mɔvɛɫ] **1.** *adj* selbstfahrend; ***veículo*** *m* **~** Kraftfahrzeug n; **2.** *m* Kraftwagen *m*, -fahrzeug *n*, P Auto *n*; ***~ de classe média*** Mittelklassewagen *m*; ***~ de praça*** Taxi *n*; ***~ ligeiro*** Personen(kraft)wagen *m*, Pkw *m*; ***~ misto*** Kombi *m*; ***~ pesado*** Last(kraft)wagen *m*, Lkw *m*
autonom|ia [awtunu'miɐ] *f* Autonomie *f*, Selbstständigkeit *f*; *POL* Selbstverwaltung *f*; *AV*, *AUTO* Reichweite *f*; *INFORM*, *EL* Netzunabhängigkeit *f*; **~izar** [-'zar] (1a) unabhängig machen (***de*** von)
autónomo (*ô) [aw'tɔnumu] selbstständig; unabhängig; *INFORM* offline
auto|peça [awto'pɛsa] *f bras* Autoersatzteil *n*; **~polinização** [-pɔlənizɐ'sɐ̃w] *f* Selbstbestäubung *f*
autoproclamar-se [awtupruklɐ'marsə] (1a) sich selbst ernennen zu; *fig* sich aufspielen als
autópsia [aw'tɔpsjɐ] *f* Autopsie *f*
autor [aw'tor] *m*, **-a** *f* Autor(in *f*) *m*; Urheber(in *f*) *m*; Verfasser(in *f*) *m*; *JUR* Täter(in *f*) *m*; Kläger(in *f*) *m*
auto-rádio [-'ʀadju] *m* Autoradio *n*
auto-retrato [awtuʀə'tratu] *m* Selbstporträt *n*
autoria [awtu'riɐ] *f* Autorenschaft *f*; ***~ de um delito*** Täterschaft *f*
autori|dade [awturi'dadə] *f* Ansehen *n*, Autorität *f*; Macht *f* (***sobre*** über *ac*), (Amts)Gewalt *f* (***sobre*** über *ac*); Behörde *f* (***competente*** zuständig); ***as ~s*** *pl* die Staatsgewalt, die Obrigkeit; ***fazer valer a sua ~*** F ein Machtwort sprechen; **~tário** [-'tarju] autoritär; selbstherrlich; **~tarismo** [-tɐ'riʒmu] *m* Gewaltherrschaft *f*
autoriz|ação [awturizɐ'sɐ̃w] *f* Er-

mächtigung *f*; Berechtigung *f*; Genehmigung *f*; **~ de residência** Aufenthaltsberechtigung *f*; **sem ~** unberechtigterweise; **~ado** [-'zadu] bevollmächtigt; angesehen; glaubwürdig; **~ar** [-'zar] (1a) ermächtigen; berechtigen; genehmigen; **~-se em** sich berufen auf (*ac*)

auto-|serviço [awtusər'visu] *m* Selbstbedienung *f*; **~silo** [-'silu] *m* Parkhaus *n*

auto-|suficiência [awtusufi'sjẽsjɐ] *f* Selbstversorgung *f*; **~suficiente** [-sufi'sjẽtə] selbstgenügsam; **ser ~** Selbstversorger sein; **~sugestão (-ões)** [-suʒəʃ'tɐ̃w] *f(pl)* Selbsttäuschung *f*, Autosuggestion *f*

auto-|tanque(s) [awtu'tɐ̃kə] *m(pl)* Löschfahrzeug *n*; **~telefone(s)** [-tələ'fɔnə] *m(pl)* Autotelefon *n*

autu|ação [awtwɐ'sɐ̃w] *f* JUR Ermittlung *f*; Protokollierung *f*; **~ar** [-'twar] (1g) JUR ermitteln (gegen); protokollieren

aux|iliar [awsi'ljar] **1.** *v/i* (1g) helfen (*dat*) (**em** bei), beistehen (*dat*) (**em** bei); unterstützen (**em** bei); **2.** *adj* (Aus)Hilfs...; **pessoal** *m* **~** Aushilfskräfte *pl*, -personal *n*; **verbo** *m* **~** GRAM Hilfsverb *n*; **3.** *su* Hilfskraft *f*; **~ílio** [aw'silju] *m* Hilfe *f* (**em** bei), Beistand *m* (**em** bei); Unterstützung *f* (**em** bei)

Av. Avenida *f* Allee *f*

avacalh|ado [avaka'ʎadu] *bras* lächerlich; schlampig; **~ar** [-'ʎar] (1a) *bras* lächerlich machen; verkommen lassen; *et* nachlässig machen

aval (avales, *avais) [ɐ'vaɫ] *m(pl)* Bankbürgschaft *f*, Aval *m*; JUR Bürgschaft *f*; *allg* Unterstützung *f*

avalancha [ɐvɐ'lɐ̃ʃɐ] *f* Lawine *f* (*a fig*); **~ seca** Steinschlag *m*

avali|ação [ɐvɐljɐ'sɐ̃w] *f* (Ab-, Ein)Schätzung *f*; Bewertung *f*; Beurteilung *f*; UNIV Evaluierung *f*; **~ pericial** Expertise *f*; **~ado** [-'ljadu]: **estar bem (mal) ~** hoch (niedrig) im Kurs stehen; **~ador** [-ljɐ'dor] *m* Schätzer *m*, Taxator *m*; **~ar** [-'ljar] (1g) *Wert* (ab-, ein)schätzen, taxieren (**em** auf *ac*); *Leistung* (be)werten; veranschlagen; sich ein Urteil bilden (**de** über *ac*); halten (**por** für)

avali|sta [ɐvɐ'liʃtɐ] *su* ECON Wechselbürge *m*, -bürgin *f*; **~zar** [-'zar] (1a) avalieren; *allg* bürgen für

avanç|a [a'vẽsa] *f bras irón* Schlacht *f* am kalten Büfett; **~ada** [ɐvɐ̃'sadɐ] *f* Vorstoß *m*; Vormarsch *m*; *fig* Anzeichen *n*; **~ado** [-'sadu] **1.** *adj* fortgeschritten (*Technik*, *Kurs*); fortschrittlich (*Ideen*); vorgeschoben (*Posten*); vorgerückt (*Alter*); **posto** *m* **~** Vorposten *m*; **2.** *m Fußball*: Stürmer *m*; **~ado-centro** *m* Mittelstürmer *m*; **~amento** [-sɐ'mẽtu] *m* → **avanço**; (Gebäude)Vorsprung *m*; **~ar** [-'sar] (1p) **1.** *v/t Truppen* vorrücken lassen; *Uhr* vorstellen; *Arbeit*, *Schüler* vorwärts bringen; *Entwicklung* vorantreiben; *Kopf*, *Geld* vorstrecken; *Behauptung* vorbringen; TÉCN vortreiben; **2.** *v/i* fortschreiten, vorankommen (**em** bei, in *dat*); vorrücken, -dringen, -stoßen (**a**, **contra**, **sobre** gegen) (*Truppen*); vergehen (*Zeit*); vorspringen (*Gebäudeteil*); näher (*od* vorwärts) kommen (*Person*); gehen, zeigen (**sobre** auf *ac*) (*Fenster*); **~-se** näher treten; vordringen (**em** in *ac*)

avanço [ɐ'vɐ̃su] *m* MIL Vorrücken *n*, Vormarsch *m*; *technischer* Fortschritt *m*; Verbesserung *f*; (Geld-)Vorschuss *m*; Vorteil *m*; Vorsprung *m* (*a Spiel*); TÉCN Vorschub *m*; **~ de papel** INFORM Papiervorschub *m* (*Drucker*); **~ imagem a imagem** Bild-für-Bild-Vorlauf *m* (*Video*); **~ rápido** Schnellvorlauf *m* (*Rekorder*)

avantaj|ado [ɐvɐ̃tɐ'ʒadu] überlegen; begabt (*Schüler*); korpulent (*Statur*); **~ar** [-'ʒar] (1b) übertreffen (**em** in *dat*); begünstigen, fördern; **~-se a** sich hervortun vor (*dat*); im Vorteil sein vor (*dat*); **~-se em** sich auszeichnen in (*dat*); überflügeln in (*dat*); zunehmen an (*dat*)

avante [a'vɐ̃tə] vorn; (*Richtung*) voran, vorwärts; **de ora ~** von nun an, in Zukunft

avar|ento [ɐvɐ'rẽtu] **1.** *adj* geizig; **2.** *m* Geizhals *m*; **~eza** [-'rezɐ] *f* Geiz *m*, Habgier *f*

avar|ia [ɐvɐ'riɐ] *f* Schaden *m*; (Auto)Panne *f*; Betriebsstörung *f*; NAV Havarie *f*; **~iado** [-'rjadu] defekt, P entzwei; **~iar** [-'rjar] (1g) **1.** *v/t* beschädigen; **2.** *v/i u* **~-se** aussetzen, ausfallen; e-e Panne haben; *allg* Schaden nehmen

avaro [ɐ'varu] → ***avarento***
avassal|ador [ɐvɐsɐlɐ'dor] erdrückend; **~ar** [-'lar] (1b) unterwerfen; beherrschen
ave ['avə] *f* ZO Vogel *m*; *fig bras* schlaue(s) Kerlchen *n*; **~s** *pl* Geflügel *n*; **~ *de arribação***, **~ *migratória*** Zugvogel *m*; ***~-do-paraíso*** *f* Paradiesvogel *m*
av|eal [ɐ'vjał] *m* Haferfeld *n*; **~eia** [ɐ'vɐjɐ] *f* Hafer *m*; ***flocos*** *m/pl* ***de* ~** Haferflocken *f/pl*
Aveiro [ɐ'vɐjru] *port Distrikt(hauptstadt)*
avel|ã [evə'lɐ̃] *f* Haselnuss *f*; ***cabeça*** *f* ***de* ~** F Hohlkopf *m*; **~eira** [-'lɐjrɐ] *f* Haselnussstrauch *m*
avelh|ado [ɐvɛ'ʎadu] gealtert; ältlich; **~ar** [-'ʎar] (1d), **~entar** [ɐvəʎẽ'tar] (1a) (frühzeitig) altern lassen; **~-se** (rasch) altern
avelórios [ɐvə'lɔrjuʃ] *m/pl* Glasperlen *f/pl*; *fig* Kinkerlitzchen *n/pl*
aveludado [ɐvəlu'dadu] samtig, weich
avenca [ɐ'vẽkɐ] *f* Frauenhaar *n*
avenç|a [ɐ'vẽsɐ] *f* Pauschalvertrag *m*; Pauschale *f*; ***por* ~** pauschal; **~ar** [-'sar] (1p; *Stv* 1c) pauschalieren
avenida [ɐvə'nidɐ] *f* Allee *f*, Avenida *f*; ***fazer* ~** P flanieren, bummeln
avental [ɐvẽ'tał] *m* Schürze *f*
aventar [ɐvẽ'tar] (1a) *Raum* lüften; *Ball* werfen; *Frage* aufwerfen; *Ansicht* äußern; *These* aufstellen
aventura [ɐvẽ'turɐ] *f* **a)** Abenteuer *n*; **b)** Zufall *m*
aventur|ado [ɐvẽtu'radu] gefährlich; waghalsig; REL selig; **~ar** [-'rar] (1a) wagen; aufs Spiel setzen; *These* zu äußern wagen; *Leben* dem Glück (*od* Schicksal) anvertrauen; **~-se** *Gedanken* hervorzubringen wagen; ***~-se a*** sich heranwagen an (*ac*); sich einlassen auf (*ac*); **~eirismo** [-rɐj'riʒmu] *m* Abenteuerlust *f*; Abenteurertum *n*; **~eiro** [-'rɐjru] **1.** *adj* abenteuerlich, verwegen; **2.** *m* Abenteurer *m*; **~ista** [-'riʃtɐ] *su* Abenteurer(in *f*) *m*; **~oso** [-'rozu] abenteuerlich; gefährlich
averb|amento [ɐvərbɐ'mẽtu] *m* Eintragung *f*; Überschreibung *f* (*Eigentum*); **~ar** [-'bar] (1c) eintragen; *schriftlich* vermerken; *Eigentum* überschreiben
averigu|ação [ɐvərigwɐ'sɐ̃w] *f* Ermittlung *f*; Feststellung *f*; **~adamente** [-gwadɐ'mẽtə] erwiesenermaßen; **~ar** [-'gwar] (1m) **1.** *v/t* (nach)prüfen; feststellen; ermitteln; **2.** *v/i*: **~ *sobre*** sich erkundigen bei (*od* nach); **~-se** sich erkundigen
avermelh|ado [ɐvərmə'ʎadu] rötlich; **~ar** [-'ʎar] (1d) (sich) röten
aversão [ɐvər'sɐ̃w] *f* Abneigung *f* (***a*** gegen), Widerwille *m* (***a*** gegen)
avess|as [ɐ'vɛsɐʃ]: ***às* ~** umgekehrt; verkehrt herum; im Gegenteil; ***pôr às* ~** umkehren, auf den Kopf stellen; ***sair às* ~** fehlschlagen
avesso [ɐ'vesu] **1.** *adj* umgekehrt; verkehrt; widrig (*Umstand*); **2.** *m* Kehrseite *f* (*a fig*)
avestruz [ɐvəʃ'truʃ] *f*, *bras m* ZO Strauß *m*; ***bancar* ~** *bras* den Kopf in den Sand stecken
aviação [ɐvjɐ'sɐ̃w] *f* Luftfahrt *f*, Flugwesen *n*; **~ *militar*** Luftwaffe *f*; ***campo*** *m* ***de* ~** Flugfeld *n*
aviado [ɐ'vjadu] flink, eilfertig (*Person*); erledigt (*Arbeit*); ***estar bem* ~** *irón* in der Patsche sitzen
aviador [ɐvjɐ'dor] *m* Flieger *m*
aviamento [ɐvjɐ'mẽtu] *m* Ausführung *f*; *rasche* Erledigung *f*; Anfertigung *f*; Fertigstellung *f* (*Rezept*); Ausstellung *f*, Ausfertigung *f* (*Bescheinigung*); Gang *m*; **~s** *pl* Zutaten *f/pl*, Materialien *n/pl*; Einkäufe *m/pl*, Besorgungen *f/pl*; ***dar* ~ *a*** vorwärts bringen
avião [ɐ'vjɐ̃w] *m* Flugzeug *n*; **~ *anfíbio*** Wasserflugzeug, **~ *a jacto***, **~ *de reacção*** Düsenflugzeug, **~ *charter*** Charterflugzeug, **~ *de bombardeio*** Bombenflugzeug, **~ *de carreira*** Linienflugzeug, **~ *de carga*** Frachtflugzeug *n*; **~ *supersónico*** Überschallflugzeug *n*
aviar [ɐ'vjar] (1g) **1.** *v/t* auf den Weg bringen; *Person* losschicken; *Kunden* bedienen; *Bestellung* ausführen; *Auftrag* erledigen; *Rezept* ausstellen; **2.** *v/i u* **~-se** sich beeilen
avicult|or [ɐvikuł'tor] *m* Geflügelzüchter *m*; **~ura** [-'turɐ] *f* Geflügelzucht *f*
avidez [ɐvi'deʃ] *f* Gier *f*
ávido ['avidu] (be)gierig; lüstern
avigorar [ɐvigu'rar] (1e) kräftigen
avilt|amento [ɐviłtɐ'mẽtu] *m* Er-

niedrigung *f*, Entwertung *f* (*Geld*); **~ar** [-'tar] (1a) entwürdigen; erniedrigen; *Preis* senken
avindo [ɐ'vĩdu] **1.** *p/p von* **avir**; **2.** *adj* vereinbart, abgemacht
avindor [ɐvĩ'dor] **1.** *adj* Schlichtungs...; **2.** *m* Schlichter *m*
avinhado [ɐvi'ɲadu] mit Wein vermischt; weingetränkt; angetrunken
avio|miniatura [ɐvjuminjɐ'turɐ] *f* Modellflugzeug(bau *m*) *n*; **~neta** [-'netɐ] *f* Sportflugzeug *n*
avios [ɐ'viwʃ] *m/pl* Ausrüstung *f*, Utensilien *pl*; Einkäufe *m/pl*, F Besorgungen *f/pl*
avir [ɐ'vir] (3x) versöhnen (**com** mit)
avis|ado [ɐvi'zadu] klug; vorsichtig; **mal ~** unklug; **~ador** [-zɐ'dor] Warn..., Signal...; **~ luminoso** AUTO Leuchtanzeige *f*; **~ar** [-'zar] (1a) benachrichtigen; **~ de** informieren über (*ac*); aufmerksam machen auf (*ac*); *Gefahr* warnen vor (*dat*)
aviso [ɐ'vizu] *m* Nachricht *f*, Bescheid *m*; Mitteilung *f*; Hinweis *m* (**de** auf *ac*); (Ver)Warnung *f*; **de ~** vorsorglich; **sobre ~** gewarnt, auf der Hut; **~ de multa** Strafmandat *n*; **~ de recepção** Empfangsbestätigung *f*; **greve** *f* **de ~** Warnstreik *m*; **~ prévio** Vorwarnung *f*, Vorankündigung *f*; *fristgemäßes* Kündigungsschreiben *n*; **sinal** *m* **de ~** (Vor)Ankündigung *f*; **salvo ~ em contrário** Widerruf vorbehalten
avistar [ɐviʃ'tar] (1a) sichten; erblicken; **~se com** zusammenkommen mit, sich treffen mit
avitaminose [ɐvitɐmi'nɔzə] *f* Vitaminmangel(krankheit *f*) *m*
aviv|amento [ɐvivɐ'mẽtu] *m* Belebung *f*; **~ar** [ɐvi'var] (1a) beleben; auffrischen; *Hass*, *Schmerzen* verstärken; **~-se** munter werden
avizinhar [ɐvəzi'ɲar] (1a) in die Nähe bringen, nähern; *Gebiet* grenzen (**com** an *ac*); liegen (**com**, **de** neben *dat*); **~-se** sich nähern
avo ['avu] *m* MAT (*in Brüchen über 10*): **três doze ~s** drei Zwölftel
avô [ɐ'vo] *m* Großvater *m*; **~s** *pl* Großeltern *pl*
avó [ɐ'vɔ] **1.** *f* Großmutter *f*; **2. ~s** *m/pl* Vorfahren *m/pl*
avoado [a'vwadu] *bras* leichtsinnig
avoc|ação [ɐvukɐ'sɐ̃w] *f* JUR Überweisung *f*; **~ar** [-'kar](1n; *Stv* 1e): **~ a**, **para** an sich ziehen; verweisen
avoengo [ɐ'vwẽgu] **1.** *adj* von den Vorfahren, uralt; **2. ~s** *m/pl* Vorfahren *m/pl*
avolumar [ɐvulu'mar] (1a) **1.** *v/t Tasche* voll packen; *Menge* vermehren; *Fluss* anschwellen lassen; **2.** *v/i u* **~-se** anwachsen, zunehmen; anschwellen (*Fluss*)
à-vontade [avõ'tadə] *m* Lässigkeit *f*, Unbefangenheit *f*; **esteja ~** fühlen Sie sich wie zu Hause
avulso [ɐ'vułsu] lose; einzeln; Einzel...
avult|ado [ɐvuł'tadu] groß, beträchtlich (*Menge*); umfangreich, dick; **~ar** [-'tar] (1a) **1.** *v/t Menge*, *Anzahl* vergrößern, vermehren; erweitern; *fig* hervorheben; **2.** *v/i* anwachsen (**a** auf *ac*), zunehmen (*Menge*); sich belaufen (**a** auf *ac*) (*Summe*); größer werden; hervorstechen (*Talent*)
axadrezado [ɐʃɐdrə'zadu] kariert
axial [ɐ'ksjał] Achsen..., axial
axila [ɐ'ksilɐ] *f* Achselhöhle *f*
axioma [ɐ'ksjomɐ] *m* Grundsatz *m*
azado [ɐ'zadu] günstig; geeignet
azáfama [ɐ'zafɐmɐ] *f* Eile *f*, Hast *f*; Hektik *f*; Hochbetrieb *m* (*Verkehr*); (Menschen)Gewühl *n*
azafam|ado [ɐzɐfɐ'madu] eilig, hastig; hektisch; geschäftig, betriebsam; **~ar-se** [-'marsə] (1a) sich abhetzen (**com** mit, bei), sich beeilen (**com** mit, bei)
azálea [ɐ'zaljɐ] *f* BOT Azalee *f*
azambo|ado [ɐzɐ̃'bwadu] verwirrt, durcheinander; **~ar** [-'bwar] (1f) verwirren, durcheinander bringen
azambujo [ɐzɐ̃'buʒu] *m* Ölbaum *m*
azar [ɐ'zar] *m* **a)** Schicksalsschlag *m*; Unglück *n*, F Pech *n*; Verhängnis *n*; *Spiel*: Unglückskarte *f*, -zahl *f*; **dar ~** Unglück bringen; **estar com ~**, **ter ~** Pech haben; **ter ~ a** *j-m* böse sein, grollen; **b)** Zufall *m*; **jogo** *m* **de ~** Glücksspiel *n*; **~ado** [aza'radu] *bras* **1.** *adj* Pech...; **2.** *m* Pechvogel *m*; **~ar** [aza'rar] (1b) *bras* Unglück bringen; **~ento** [ɐzɐ'rẽtu] Unglücks...
azebre [ɐ'zebrə] *m* Grünspan *m*
azeda [ɐ'zedɐ] *f* BOT Sauerampfer *m*
azed|ado [ɐzə'dadu] säuerlich; **~ar** [-'dar] (1c) **1.** *v/t* CUL sauer werden lassen; **2.** *v/i u* **~-se** sauer werden;

fig gereizt (*od* böse) werden (***por*** wegen); **~eira** [-'dɐjrɐ] *f BOT* Sauerampfer *m*; **~o** [ɐ'zedu] säuerlich; *fig* sauertöpfisch; gereizt, wütend; **~ume** [ɐzə'dumə] *m* Säure *f*; saure(r) Geschmack *m*; *MED* Sodbrennen *n*; Missmut *m*
azeitar [ɐzɐj'tar] (1a) ölen; fetten
azeit|e [ɐ'zɐjtə] *m* Olivenöl *n*; *allg* Öl *n*; ***~ virgem*** kaltgepresste(s) Olivenöl *n*; ***~ de primeira pressão*** Olivenöl *n* der ersten Pressung; **~eira** [-'tɐjrɐ] *f* Ölkanne *f*; **~eiro** [-'tɐjru] *m* Ölhändler *m*; P Zuhälter *m*; **~ona** [-'tonɐ] *f* Olive *f*; **~onado** [-tu'nadu] olivgrün; **~oneira** [-tu'nɐjrɐ] *f* **a)** Olivenfass *n*, -glas *n*; **b)** Olivenpflückerin *f*; **~oneiro** [-tu'nɐjru] *m* Olivenhändler *m*; Olivenpflücker *m*
azenha [ɐ'zeɲɐ] *f* Wassermühle *f*
Azerbaijão [ɐzəbaj'ʒɐ̃w]: ***o ~*** Aserbaidschan *n*
azevia [ɐzə'viɐ] *f ZO* Seezunge *f*
aze|vim [aze'vĩ] *bras*, **~inho** [ɐzə'vĩɲu] *m BOT* Stechpalme *f*
azia [ɐ'ziɐ] *f MED* Sodbrennen *n*
aziago [ɐ'zjagu] Unglück bringend, unheilvoll; ***dia*** *m* ***~*** Unglückstag *m*
ázimo ['azimu] ungesäuert (*Brot*)
azinhaga [ɐzi'ɲagɐ] *f* Hohlweg *m*; Pfad *m*
azinhavre [ɐzi'ɲavrə] *m* Grünspan *m*
azo ['azu] *m* Gelegenheit *f*; Grund *m*; Vorwand *m*; ***por ~ de*** dank (*gen od dat*); ***dar ~ a*** ermöglichen
azo|ado [ɐ'zwadu] benommen; **~ar** [ɐ'zwar] (1f) schwindelig machen, schwindeln lassen; (ver)ärgern
azorr|agar [ɐzuʀɐ'gar] (1o; *Stv* 1b) peitschen; strafen; *fig durch Reden* aufpeitschen, anstacheln
azot|ado [ɐzu'tadu] stickstoffhaltig; **~o** [ɐ'zotu] *m QUÍM* Stickstoff *m*
azougue [ɐ'zogə] *m fig* Schlitzohr *n*, durchtriebene(r) Bursche *m*
azucr|im [azu'krĩ] *m bras* lästige Person *f*, F Klette *f*
azul [ɐ'zuɫ] **1.** *adj* blau; ***~-celeste*** (***-claro***, ***-escuro***, ***-marinho***) himmel-, (hell-, dunkel-, marine)blau; ***tudo ~*** *bras* alles bestens; **2.** *m* Blau *n*; **~áceo**, **~ado** [ɐzu'lasju, -'ladu] bläulich; **2.** *v/i* blau werden; → ***~-se*** *bras* F sich dünn machen
azulej|ador [ɐzuləʒɐ'dor] *m* Fliesenleger *m*; **~ar** [-lə'ʒar] (1d) fliesen; **~o** [-'leʒu] *m* Kachel *f*, Fliese *f*

B

B, b [be] *m* B, b *n*
baba ['babɐ] *f* **a)** Geifer *m*; **b)** *bras* Zungenfertigkeit *m*; F Geschwätz *n*
babá [ba'ba] *f bras* Kinderfrau *f*
babaça [ba'basa] *su bras* Zwillingsbruder *m*, -schwester *f*; ***~s*** *pl* Zwillinge *pl*
bab|adinho [bɐbɐ'diɲu] **a)** F wild (***de***, ***por*** auf *ac*); **b)** rührselig; zärtlich; **~ado** [-'badu] **1.** *adj* vernarrt; ***andar ~ por*** *fig* lechzen nach; **2.** *m bras* **a)** Rüsche *f* (*zur Verzierung*); **b)** F Geschwätz *n*, Gewäsch *n*; **~adoiro, -ouro** [-'dojru, -'doru] *m* Lätzchen *n*; ***usar ~*** *fig* noch grün hinter den Ohren sein; **~ador** [baba'dor] *m bras* Lätzchen *n*; **~ão** [bɐ'bɐ̃w] *m* F Dummkopf *m*; (verliebter) Narr *m*; **~ar** [-'bar] (1b) sabbern; *fig* schäumen (***de*** vor); ***~-se*** **a)** sabbern; **b)** F versessen sein (***por*** auf *ac*); **~atar** [baba'tar] (1a) *bras* herumtappen
babau! [bɐ'baw] aus!, vorbei!
babel [bɐ'bɛɫ] *m* Gewirr *n*; Lärm *m*
babete [bɐ'bɛtə] *f* Sabberlätzchen *n*
bab|osa [bɐ'bɔzɐ] *f* Aloe *f*; **~oseira**, **~osice** [-bu'zɐjrɐ, -bu'zisə] *f* Unsinn *m*; Gewäsch *n*; Schund *m*; **~oso** [-'bozu] sabbernd; schmachtend (*Liebhaber*); F verknallt
babucha [bɐ'buʃɐ] *f* Pantoffel *m*
babugem [bɐ'buʒɐ̃j] *f* → ***baba***;

B

Schaum(krone *f*) *m*; F (Speise)Reste *m/pl*; **andar à ~** F schmarotzen
babuíno [bɐ'bwinu] *m* Hundskopfpavian *m*; *fig* Dummkopf *m*
babujar [bɐbu'ʒar] (1a) besabbern; *fig* lobhudeln (*dat*); **~-se** sich besabbern; **~ia** [-ʒɐ'riɐ] *f* Schmeichelei *f*, Lobhudelei *f*
bacalh|au [bɐkɐ'ʎaw] *m* Klipp-, Stockfisch *m*; P Flosse *f* (*Hand*); **bolinho** *m* (*od* **pastel** *m*) **de ~** CUL Stockfischbällchen *n*; **~ fresco** Kabeljau *m*, Dorsch *m*; **ficar** (*od* **dar**) **em água**(**s**) **de ~** F schief gehen, ins Wasser fallen; **magro como ~** spindeldürr; **meter o ~ em** P *j-n* zur Sau machen; **óleo** *m* **de fígado de ~** Lebertran *m*; **~auzada** [-ʎaw'zadɐ] *f*: **dar uma ~ a** P *j-m* die Flosse reichen (*begrüßen*); **~oada** [-'ʎwadɐ] *f* Stockfischgericht *n*, -essen *n*; **~oeiro** [-'ʎwɐjru] *m* NAV Kabeljaufänger *m*; Kabeljauhändler *m*
bacamarte [-'martə] *m* Knurrhahn *m*
bacana [ba'kɐ̃na] *bras* **1.** *adj* P toll, super; **2.** *su* P tolle(r) Typ *m*
bacelo [bɐ'selu] *m* Rebling *m*
bacharel [bɐʃɐ'rɛɫ] *m*, **-a** *f* UNIV *unterster akadem. Grad, etwa nach dem Grundstudium*; Bakkalaureus *m*; *fig* Schwätzer *m*; **~ar-se** [-rə'larsə] (1c) den Abschluss als *bacharel* machen (**em** in *dat*); **~ato** [-'latu] *m* UNIV Abschluss *m* als *bacharel*; Bakkalaureat *n*
bacia [bɐ'siɐ] *f* Becken *n*; Schüssel *f*; **~ de captação** Auffangbecken *n*; **~ de decantação** Klärbecken *n*; **~ de retrete** Klosettschüssel *f*; **~ do Ruhr** Ruhrgebiet *n*
bacil|ar [bɐsi'lar] Bazillen...; stabförmig; **~o** [-'silu] *m* Bazillus *m*
bac|inete [bɐsi'netə] *m* ANAT Nierenbecken *n*; **~io** [-'siw] *m* Nachttopf *m*
baço ['basu] **1.** *adj* matt, glanzlos, trüb; dunkel(haarig, -häutig) (*Person*); **ficar ~** F blass werden; **2.** *m* ANAT Milz *f*; Leberfleck *m*
bacoco [bɐ'koku] **1.** *adj* dämlich; **2.** *m* P Dummkopf *m*, Depp *m*
bacorada [bɐku'radɐ] *f* Blödsinn *m*; Ungezogenheit *f*
bacorejar [bɐkurə'ʒar] (1d) **1.** *v/t* vorhersehen; scheinen; **2.** *v/i* quieken
bácoro ['bakuru] *m* Ferkel *n*
bact|éria [bak'tɛrjɐ] *f* Bakterie *f*; **~s** *pl* **coliformes** Kolibakterien *pl*; **~ericida** [-tərə'sidɐ] keimtötend; **~ericidina** [-tərisə'dinɐ] *f* Bakterizid *n*; **~eriologia** [-tərjulu'ʒiɐ] *f* Bakteriologie *f*
báculo ['bakulu] *m* Bischofsstab *m*; *fig* Halt *m*, Schutz *m*
badagaio [bɐdɐ'gaju] *m* (Ohnmachts)Anfall *m*; **dar o ~ a** *alg* P kurz (geistig) wegtreten
badal|ada [bɐdɐ'ladɐ] *f* Glockenschlag *m*; **~ar** [-'lar] (1b) **1.** *v/t Glocke* läuten; *fig* ausplaudern; **2.** *v/i* läuten (*Glocke*); schwatzen (*Person*); *bras*: **~ em** erscheinen bei; gehen zu
badalhoc|a [bɐdɐ'ʎɔkɐ] *f* Schlampe *f*; **~o** [-'ʎoku] schmuddelig; widerwärtig
badalo [bɐ'dalu] *m* Glockenschwengel *m*, Klöppel *m*; **dar ao ~** P schwatzen; *et* an die große Glocke hängen
badame [bɐ'damə] *m* Meißel *m*; Beitel *m*
badameco [bɐdɐ'mɛku] *m* Snob *m*, Geck *m*; P Taugenichts *m*; Bengel *m*
badana [bɐ'dɐnɐ] **1.** *su* P Trottel *m*, Nichtsnutz *m*; **2.** *f* Halbfranzband *m* (*Buch*); P (Fisch)Flosse *f*; dünne(s) Schafleder *n*; magere(s) Schaf *n*
badan|al [bɐdɐ'naɫ] *m* Tumult *m*, Durcheinander *n*; **~ar** [-'nar] (1b) wackeln, zittern
badejo [bɐ'dɛʒu] *m* Dorsch *m*, *Art* Kabeljau *m*
baderna [bɐ'dɛrnɐ] *f* *menschliches* Wrack *n*
Bade-Vurtemberga [badəvurtẽ'bɛrgɐ]: **a ~** Baden-Württemberg *n*
badminton [bad'mĩtən] *m* Federball(spiel *n*) *m*, Badminton *n*
badulaque [bɐdu'lakə] *m* CUL Leberragout *n*; **~s** [badu'lakəs] *pl bras* Lappalie *f*
baf|agem [bɐ'faʒɐ̃j] *f* (Wind)Hauch *m*; **~ejar** [-fə'ʒar] (1d) **1.** *v/t* (an)hauchen; umwehen; *fig* umsäuseln; **2.** *v/i* hauchen; wehen (*Wind*); Mundgeruch haben; **~ejo** [-'feʒu] *m* Hauch *m*, Atem *m*; *fig* Glückssträhne *f*; **~iento** [-'fjẽtu] muffig; **~io** [-'fiw] *m* muffige(r) Geruch *m*; **ter ~** muffig riechen

bafo ['bafu] *m* (Atem)Hauch *m*; Ausdünstung *f*; *fig* Gunst *f*; (menschliche) Wärme *f*; Eingebung *f*; *bras fig* Geschwätz *n*, heiße Luft *f*; **~rada** [-fu'radɐ] *f* Dunst-, Rauchwolke *f*; Windstoß *m*; (*Atem*) Fahne *f*; *fig* Prahlerei *f*; **~rar** [-fu'rar] (1e) ausatmen; (*nach dem Essen, Trinken*) aufstoßen; *fig* prahlen

baga ['bagɐ] *f* Beere *f*; (Schweiß-)Tropfen *m*; **~ceira** [bɐgɐ'sɐjrɐ] *f* Trester *m*; *bras* Plunder *m*; Brennholzstapel *m*; Geschwätz *n*; **~ço** [bɐ'gasu] *m* Trester(schnaps) *m*; Bagasse *f*; P *fig* Moos *n* (*Geld*)

bagag|eira [bɐgɐ'ʒɐjrɐ] *f* Kofferraum *m*; Gepäckgebühr *f*; **~eiro** [-'ʒɐjru] **1.** *adj* Gepäck...; **2.** *m* Gepäckträger *m*; **~ *de tejadilho*** (*bras* ***de teto***) Dachgepäckträger *m*; **~em** [bɐ'gaʒɐ̃j] *f* Gepäck *n* (***despachar*** aufgeben); *bras depr* Gesindel *n*; ***depósito*** *m* ***de -ens*** Gepäckaufbewahrung *f*

bagalh|oça [bɐgɐ'ʎɔsɐ] *f* P Moos *n*, Kohle *f* (*Geld*); **~udo** [-'ʎudu] steinreich

bagana [ba'gɐ̃na] *f bras* Kippe *f*

baganha [bɐ'gɐɲɐ] *f* BOT Samenhülle *f*, Samenkapsel *f*

bagatel|a [bɐgɐ'tɛlɐ] *f* Nichtigkeit *f*, Bagatelle *f*

bag|o ['bagu] *m* Beere *f*; Schrotkorn *n*; P Kies *m* (*Geld*); **~ulho** [bɐ'guʎu] *m* (Trauben)Kern *m*; *bras* Krimskrams *m*; Joint *m*; Haufen *m* Geld

bagunç|a [ba'gũsa] *f bras* Chaos *n*, Durcheinander *n*; F dicke Luft *f*; Radau *m*, Krach *m*; **~ar** [-'sar] (1l) *bras* P **1.** *v/t* durcheinander bringen, aufmischen; **2.** *v/i* Chaos verursachen

Bahia [ba'ia]: ***a*** **~** *bras Bundesstaat*

baia ['bajɐ] *f* (*Pferdestall*) Box *f*; Brünette *f*

baía [bɐ'iɐ] *f* Bai *f*, Bucht *f*

bai|ano [bɐ'jɐnu] **1.** *adj* aus Bahia; **2.** *m*, **-a** *f* Bahianer(in *f*) *m*; **~ão** [bɐ'jɐ̃w] *m* Baião *m* (*bras Tanz*); **~ar** [-'jar] (1a) *bras* tanzen

baila ['bajlɐ]: *f* ***andar*** (*od* ***estar***) ***na*** **~** in aller Munde sein; Schlagzeilen machen; ***chamar*** (*od* ***trazer***) ***à*** **~** zur Sprache bringen; ***vir à*** **~** zur Sprache (*od* aufs Tapet) kommen

bail|ado [baj'ladu] *m* Ballett *n*; Tanz *m*; **~ar** [-'lar] (1a) tanzen; **~arico** [-lɐ'riku] *m* Tanz(veranstaltung *f*) *m*; **~arino** [-lɐ'rinu] *m*, **-a** *f* (Ballett)Tänzer(in *f*) *m*, Ballerina *f*

baile ['bajlə] *m* Ball *m* (*Veranstaltung*); Tanz *m*; ***dar*** **~** P *fig* Ärger geben; *Fußball*: ausdribbeln (***em*** *den Gegner*); ***dar um*** **~** ***em*** P *j-m* e-e Abreibung verpassen

bailique [baj'likə] *m* Pritsche *f*, (Gefängnis)Zelle *f*

bainh|a [bɐ'iɲɐ] *f* (Degen- *etc*)Scheide *f*; Rocksaum *m*; (Erbsen)Schote *f*; **~ar** [bɐi'ɲar] (1b) *Kleid* umsäumen

baio ['baju] **1.** *adj* rotbraun; **2.** *m* (***cavalo***) **~** Fuchs *m*

baioneta [bɐju'netɐ] *f* Bajonett *n*

Bair. ***Bairro*** *m* Bezirk *m*, (Stadt-)Viertel *n*

bairris|mo [baj'ʀiʒmu] *m* Lokalpatriotismus *m*; **~ta** [-'ʀiʃtɐ] *su* Bewohner(in *f*) *m* (*e-s Stadtviertels*); Lokalpatriot(in *f*) *m*

bairro ['bajʀu] *m* Stadtviertel *n*; Wohnsiedlung *f*; **~ *de lata*** Slum *m*; **~ *degradado*** sanierungsbedürfte(s) Viertel *n*; **~ *económico*** Siedlung *f* (*im Sozialwohnungsbau*); **~ *residencial*** Wohngebiet *n*

baita ['bajta] *bras* fabelhaft

baiuca [bɐ'jukɐ] *f* Kneipe *f*, Spelunke *f*

baixa ['bajʃɐ] *f* (Preis)Rückgang *m*; (Börsen)Baisse *f*; (Boden)Senke *f*; (Meeres)Untiefe *f*; Niedergang *m*, Verfall *m*; Einlieferung *f* (*ins Hospital*); MIL Entlassung *f*; MIL Verlust *m*; ♀ Stadtzentrum *n*; ***a*** **~** ***dos preços*** (***salários***) die niedrigen Preise (Löhne); ***dar*** (*od* ***ter***) **~** MIL ausmustern; ***dar*** **~** ***a*** abschreiben; ***estar de*** **~** krankgeschrieben sein

baixa|da [baj'ʃadɐ] *f* GEOGR Tiefebene *f*, Niederung *f*; EL Zuleitungskabel *n*; **~-mar(es)** [bajʃɐ'mar] *f*(*pl*) Ebbe *f*

baixar [baj'ʃar] (1a) **1.** *v/t Preise, Temperatur, Stimme* senken; *Dinge* herunter-, hinunterbringen, -geben; *Sitz* herunterklappen; *Rollladen* herunterlassen; *Zinssatz* herabsetzen; *Verordnung, Gesetz* erlassen; JUR *Rechtssache* verweisen (***a*** an *ac*) **~ *a grimpa*** sich unterwerfen, sich fügen; **2.** *v/i* sinken (***para*** auf *ac*), sich senken; fallen (***para*** auf *ac*)

(*Preise etc*); *Krankenhaus* sich begeben (***a*** in); abfallen (*Gelände*); niedergehen; **~ *à sepultura*** beerdigt werden; ***~-se*** sich bücken; *fig* sich erniedrigen

Baixa-Saxónia ['bajʃɐsɐ'ksɔnjɐ]: ***a ~*** Niedersachsen *n*

baixel [baj'ʃɛɫ] *m* Kahn *m*, Boot *n*

baix|eza [baj'ʃezɐ] *f* Niedrigkeit *f*, *fig* Niedertracht *f*, Erbärmlichkeit *f*, Unterlegenheit *f*; **~inho** [-'ʃiɲu] ganz leise (*Geräusch*); heimlich; **~io** [-'ʃiw] *m* Sandbank *f*, Untiefe *f*, *fig* Klippe *f*; **~ista** [-'ʃiʃtɐ] *su* Baissier *m*

baixo ['bajʃu] **1.** *adj* niedrig (*Preis*, *Erhebung*); klein (*Mensch*); seicht (*Fluss*); niedergeschlagen (*Augen*); gesenkt (*Kopf etc*); leise (*Stimme*); tief (*Ton*); *fig* gemein; platt (*Stil*); ***de alto a ~*** von oben bis unten; ***parte f -a***, ***parte de ~*** untere(r) Teil *m*; ***dar para ~*** erbarmungslos zuschlagen; **2.** *m MÚS* Bass(stimme *f*, -saite *f*) *m*; *GEOGR* Sandbank *f*, Niederung *f*, untere(r) Teil *m*; **~s** *pl* (***da casa***) Erdgeschoss *n*; ***altos e ~*** *die* Höhen und Tiefen (*des Lebens*); **3.** *adv* leise; tief, niedrig; ***de ~*** → ***debaixo***; ***em ~*** unten; ***em ~ de*** unter; ***para ~*** her-, hinunter; ***estar em ~*** F in schlechter Verfassung sein; ***falar ~*** leise sprechen; ***tratar de cima para ~*** *j-n* von oben herab behandeln; **~-alemão** [-ɐlə'mɐ̃w] *m* Nieder-, Plattdeutsch *n*; **~(s)-relevo(s)** [-ʀə'lɛvu] *m*(*pl*) Bas-, Flachrelief *n*; **~te** [-'ʃɔtə] **1.** *adj* untersetzt; **2.** *m* Basset *m* (*Hund*)

bajouj|ar [bɐʒo'ʒar] (1a) umschmeicheln; **~ice** [-'ʒisə] *f* Kriecherei *f*, Liebedienerei *f*

bajul|ação [bɐʒulɐ'sɐ̃w] *f* Lobhudelei *f*, **~ador** [-'dor] *m* Schmeichler *m*; **~ar** [-'lar] (1a) lobhudeln (*dat*), schmeicheln (*dat*)

bala ['balɐ] *f* Kugel *f*, Geschoss *n*; *ECON* Ballen *m* (*Stoff*); *bras* Bonbon *n*; **~ *de borracha*** Gummigeschoss *n*; ***à prova de ~*** kugel-, schusssicher

balada [bɐ'ladɐ] *f* Ballade *f*

balaieiro [bala'jejru] *m bras* **a)** Gemüse-, Obsthändler *m*; **b)** Walfänger *m* (*Person*)

balaio [bɐ'laju] *m ovaler* Korb *m*; *bras* Wegzehrung *f*, Proviant *m*

balança [bɐ'lɐ̃sɐ] *f* Waage *f*; *fig* Gleichgewicht *n*; **~ *comercial*** (***de pagamentos***) Handels- (Zahlungs)bilanz *f* (*e-s Landes*)

balan|çar [bɐlɐ̃'sar] (1p) ausgleichen; *ECON* ausbalancieren; bilanzieren; *Kind* schaukeln, wiegen; *Arme*, *Beine* schlenkern; schwanken (*fig* ***entre*** zwischen *dat*); *NAV* schlingern; **~ceamento** [-sjɐ'mẽtu] *m AUTO*: ***fazer o ~ das rodas*** die Radspur einstellen; **~cear** [-'sjar] (1l) → ***balançar***; **~ceiro** [-'sɐjru] *m TÉCN* Kipp-, Schwinghebel *m*; Pendel *n* (*Uhr*); Unruh *f* (*Uhr*); **~cete** [-'setə] *m* Zwischenbilanz *f*, **~cista** [balɐ̃'sista] *m bras* Eichmeister *m*; **~ço** [bɐ'lɐ̃su] *m* Schaukeln *n*; Stoß *m*; *NAV* Schlingerbewegung *f*, Schlingern *n*; *Sport*: Anlauf *m*; *ECON* Bilanz *f*; ***dar ~ a*** *ECON* prüfen; bilanzieren

balancé [bɐlɐ̃'se] *m* **a)** *TÉCN* Prägepresse *f*; **b)** Tanzschritt *m*; Tanzveranstaltung *f*; Schaukel *f*

balão [bɐ'lɐ̃w] *m* (Luft)Ballon *m*; *Fußball*: Schuss *m*; *QUÍM* Kolben *m*; Sprechblase *f*; *bras* (Kohlen)Meiler *m*; *fig* Ente *f*; **~ *cativo*** Fesselballon *m*; **~ *de ar quente*** Heißluftballon *m*; **~ *de ensaio*** *fig* Versuchsballon *m*; **~ *de oxigénio*** Sauerstoffflasche *f*; **~-sonda** *m METÉO* Versuchsballon *m*; ***saia f de ~*** Reifrock *m*; ***andar de ~*** P schwanger sein; ***ir no ~*** P sich täuschen lassen

balastro [bɐ'laʃtru] *m* Schotter *m*

balaustrada [bɐlawʃ'tradɐ] *f* Geländer *n*; Balustrade *f*

balb|uciante [bałbu'sjẽtə] stammelnd; **~uciar** [-'sjar] (1g) stammeln, stottern; **~úcie** [-'busjə] *f* Gestammel *n*; **~uciente** [-'sjẽtə] → ***~uciante***

balb|úrdia [bał'burdjɐ] *f* Wirrwarr *m*; Lärm *m*; **~urdiar** [-bur'djar] (1g) durcheinander bringen, verwirren

balça ['bałsɐ] *f* Gestrüpp *n*; Hecke *f*; *AGR* Brachland *n*

balcânico [bał'kɐniku] Balkan...

balcão [bał'kɐ̃w] *m TEA* Rang *m*; *ARQUIT* Laubengang *m*; Theke *f*, Tresen *m*; Laden-, Verkaufstisch *m*; ***empregado m de ~*** Verkäufer *m*

balconista [bałko'nista] *su bras* Verkäufer(in *f*) *m*

Balcãs [baɫ'kɐ̃ʃ]: ***os ~*** Balkan *m*
bald|a ['baɫdɐ] *f* Fehler *m*; Schwäche *f*; *Spiel*: Fehlfarbe *f*; ***à ~*** rücksichtslos; ***dar na ~ de*** *j-s* schwache Stelle treffen; ***ter a ~ de*** die Schwäche haben zu; **~ada** [-'dadɐ] *f*: ***uma ~*** ein Eimer voll; **~ado** [-'dadu] vergeblich; **~ão** [-'dɐ̃w] *m* **a)** Widrigkeit *f*, Missgeschick *n*; ***de ~*** F chaotisch, wirr; ***andar aos -ões*** F vom Pech verfolgt sein; **b)** F *m*, **-ona** *f* Pechvogel *m*
baldar [baɫ'dar] (1a) *Hoffnung*, *Plan* vereiteln, zunichte machen; *Kräfte* vergeuden; vergeblich versuchen; **~-se** scheitern; P *fig* sich drücken (***a*** vor *dat*); P ignorieren; pfeifen
balde ['baɫdə] *m* (Wasser)Eimer *m*; ***~ de água fria*** *fig* kalte Dusche *f*; ***~ de gelo*** Eiskübel *m*; ***~ do lixo*** Mülleimer *m*; ***de*** (*od* ***em***) ***~*** umsonst, vergebens; **~ação** [-djɐ'sɐ̃w] *f* Umladen *n* (*von Waren*); ***fazer ~*** *bras* umsteigen; **~ar** [-'djar] (1l) **1.** *v/t Wasser mit dem Eimer* schöpfen; *Flüssigkeit* umgießen; *Gegenstand* von Hand zu Hand gehen lassen; *Waren*, *Gepäck* umladen; **2.** *v/i* herunterkommen, scheitern; die Arbeit verlieren; **~-se** schaukeln, schwanken; *bras* umsteigen (*Reisende*)
baldio [baɫ'diw] **1.** *adj* vergeblich, unnütz (*Anstrengung*); herrenlos (*Eigentum*); unbebaut (*Land*); **2.** *m* Brache *f*, Brachland *n*
baldo ['baɫdu] fehlerhaft; vergeblich; bedürftig, arm (***de*** an *dat*); ***estar ~*** *im Kartenspiel* nicht bedienen können; **~so** [-'dozu] vergeblich
baldroc|a [baɫ'drɔkɐ] *f* Schwindel *m*; Betrug *m*; ***fazer trocas e ~s*** P schachern; ***fazer ~s a*** = **~ar** [-dru'kar] (1n; *Stv* 1e) betrügen; an-, beschwindeln
balear [bɐ'ljar] (1l) anschießen; treffen, verletzen
bale|eira [bɐ'ljɐjrɐ] *f* NAV Walfänger *m*; ***~*** (***salva-vidas***) Rettungsboot *n*; **~eiro** [-'ljɐjru] *m* Walfänger *m* (*Person*); **~ia** [bɐ'lɐjɐ] *f* Wal *m*
balela [-'lɛlɐ] *f* Schwindel *m*; Gerücht *n*
balético [bɐ'lɛtiku] Ballett...
balido [bɐ'lidu] *m* Blöken *n*
balir [bɐ'lir] (3b) blöken
balístico [bɐ'liʃtiku] ballistisch
baliz|a [bɐ'lizɐ] **1.** *f* NAV (Grenz-) Pfahl *m*; Grenzstein *m*; NAV Boje *f*; Verkehrszeichen *n*; Tor *n* (*Sportplatz*); *fig* Grundsatz *m*; **2.** *su bras* Tambourmajor(in *f*) *m*; **~ar** [-'zar] (1a) *Grenze* markieren; *Gebiet* abstecken; begrenzen; *fig* festlegen
ballet [bɐ'lɛ] *m* Ballett *n*
balne|ar [baɫ'njar] *adj* Bade...; **~ário** [-'njarju] *m* **a)** Badeanstalt *f*; Badeort *m*; **b)** Umkleidekabine *f*
balofo [bɐ'lofu] ungestalt; (auf)gedunsen; locker, weich
baloiç|ar [bɐloj'sar] (1p) schaukeln; schütteln; **~o** [-'lojsu, -'losu] *m* Schaukel *f* (*für Kinder*); Schaukeln *n* (*Bewegung*); Stoß *m*
balote [bɐ'lɔtə] *m* **a)** Kleinkaliberkugel *f*; **b)** Stoffballen *m*
balouç... → ***baloiç...***
balsa ['baɫsɐ] *f* **a)** Floß *n*; Fähre *f*; ***~ pneumática*** Schlauchboot *n*; ***~ salva-vidas*** Rettungsfloß *n*; **b)** Trester *m*, Hefe *f*; **c)** Bottich *m*
bals|amar [baɫsɐ'mar] (1a) mit Duft erfüllen, aromatisieren; **~âmico** [-'sɐmiku] balsamisch
bálsamo ['baɫsɐmu] *m* Balsam *m*
balsedo [baɫ'sedo] *m* (sumpfiges) Dickicht *n*
Báltico ['baɫtiku]: ***o*** (***mar***) ***~*** die Ostsee
báltico ['baɫtiku] baltisch; Ostsee...
balúrdio [bɐ'ɫurdju] *m* Unmenge *f*
bamba ['bɐ̃bɐ] *f* **a)** Glücks-, Zufallstreffer *m*; ***ser um ~ em*** P ein Fuchs sein in; **b)** Wirrwarr *m*; **c)** = **bambá** [bɐ̃'ba] *m bras* Bamba *m*
bamb|alear [bɐ̃bɐ'ljar] (1l) *hin u her* wiegen; **~alhão** [-bɐ'ʎɐ̃w], **-ona** *f* P stinkfaul; schlampig; **~ão** [-'bɐ̃w] *m* Schleppseil *n*; ***a ~*** P im Übermaß
bamb|ear [bɐ̃'bjar] (1l) (sich) lockern; schlapp werden; *fig* schwach werden, zögern; **~o** ['bɐ̃bu] schlaff; *fig* schwankend
bambol|ear [bɐ̃bu'ljar] (1l) **1.** *v/t* schwenken; *Fuß* wippen mit; wiegen; **2.** *v/i* schaukeln; *beim Gehen* wanken; sich in den Hüften wiegen; **~eio** [-'lɐju] *m* Schwanken *n*; Schaukeln *n*; wiegende Bewegung *f*
bambu [bɐ̃'bu] *m* Bambus(rohr *n*) *m*
bamb|úrrio [bɐ̃'buʀju] *m* F Glückstreffer *m*; glückliche(r) Zufall *m*;

B

~urrista [-'ʀiʃtɐ] *su* Glückspilz *m*
bambuzal [bɐ̃bu'zał] *m* Bambushain *m*
banal [bɐ'nał] banal, alltäglich; abgedroschen, platt (*Redewendung*); **~idade** [-nɐli'dadə] *f* Banalität *f*; abgedroschene(s) Zeug *n*; **~izar-se** [-li'zarsə] (1a) banal (*od* inhaltslos) werden; abgedroschen klingen (*od* sein)
banan|a [bɐ'nɐnɐ] **1.** *f* Banane *f*; ***pelo preço da ~*** P spottbillig; **2.** *m* F Schwächling *m*; Trottel *m*; Angsthase *m*; **~ada** [-'nadɐ] *f* CUL Bananenspeise *f*; **~al** [-'nał] *m* Bananenplantage *f*; **~eira** [-'nɐjrɐ] *f* Bananenstaude *f*; P Stumpfsinn *m*, Idiotie *f*; ***dormir à sombra da ~*** P sich auf s-n Lorbeeren ausruhen; ***plantar ~*** *bras* Kopfstand machen; **~eiro** [-'nɐjru] Bananen...; **~ice** [-'nisə] *f* P Schwach-, Blödsinn *m*
banca ['bɐ̃kɐ] *f* **a)** *einfacher* Tisch *m*; Abwaschtisch *m* (*Küche*); **b)** (Anwalts)Büro *n*; Spielbank *f*; ECON Bankwesen *n*, die Banken; *bras* (Prüfungs)Ausschuss *m*; ***jogo m da ~*** Glücksspiel *n*; ***~ de jornais***, ***~ dos ardinas*** Zeitungsstand *m*; ***~ telefónica*** Telefon-Banking *n*; *fig* den Vogel abschießen; auffallen
banc|ada [bɐ̃'kadɐ] *f* Bank(reihe) *f*; Tribüne *f*; POL Fraktion *f*; Werk-, Hobelbank *f* (*in Betrieben*); **~ar** [-'kar] (1a) *bras* Banker sein; *fig* sich aufspielen als; **~ário** [-'karju] **1.** *adj* Bank...; **2.** *m* Bankangestellte(r) *su*; **~arrota** [-kɐ'ʀotɐ] *f* Bankrott *m*
banco ['bɐ̃ku] *m* **a)** (Sitz)Bank *f*; Hocker *m*; (*in Betrieben*)Werkbank *f*; Ladentisch *m*; NAV Untiefe *f*; GEOL Schicht *f*; MED Ambulanz *f*; *Sport*: Reservebank *f*; ***~ anatómico*** AUTO körpergerechte(r) Sitz *m*; ***~ antimergulho*** AUTO durchrutschsichere(r) Sitz *m*; ***~ de areia*** Sandbank *f*; ***~ de urgência*** Unfallstation *f*; ***~ do condutor*** AUTO Fahrersitz *m*; ***~ dos réus*** Anklagebank *f*; ***~ para criança*** AUTO Autokindersitz *m*; ***~ traseiro*** AUTO Rücksitz *m*, -bank *f*; ***estar de ~*** auf der Intensivstation liegen; **b)** ECON Bank *f*; ***~ de dados*** INFORM Datenbank *f*; ***~ de sangue*** Blutbank *f*
banda ['bɐ̃dɐ] *f* **a)** Seite *f*; (Fluss-)Ufer *n*; Streifen *m*, Einfassung *f*; Binde *f*; Schärpe *f*; F *Angola* Angola *n*; ***~ de rodagem*** AUTO Lauffläche *f* (*Reifen*); ***~ desenhada*** Comic *m*; ***cabo m de ~ larga*** EL, INFORM Breitbandkabel *n*; ***~ magnética*** EL Magnetstreifen *m*; ***~ sonora*** Soundtrack *m*; ***à*** (*od* ***de***) ***~*** schräg, von der Seite; ***mandar à outra ~*** P *depr* zum Teufel jagen; ***pôr à ~*** beiseite legen; *Plan* aufgeben; **b)** Trupp *m*, Schar *f*; MÚS (Musik)Kapelle *f*; POL Gruppierung *f*; Partei *f*; ***ficar a ver a ~ passar*** *fig et* abschreiben können
bandagem [bɐ̃'daʒɐ̃j] *f* Bandage *f*
bandalh|ice [bɐ̃dɐ'ʎisə] *f* Gemeinheit *f*; **~o** [-'daʎu] *m*; Schurke *m*
bandear [bɐ̃'djar] (1l) **1.** *v/t* zusammenscharen; *Fahne* (hin und her) schwenken; **2.** *v/i u* **~-se** sich zusammentun (***com*** mit); die Seite (*od* das Lager) wechseln; ***~ a*** (*od* ***para***) sich auf *j-s* Seite schlagen
bandeir|a [bɐ̃'dɐjrɐ] *f* **a)** Fahne *f*; Wetterfahne *f*; (National)Flagge *f*; ***~ a meia haste*** halbmast (geflaggt); ***enrolar a ~*** *fig* die Arme hochreißen, aufgeben; ***rir a ~s despregadas*** sich vor Lachen biegen; **b)** Oberlicht *n* (*an Tür u Fenster*); Fahrzielanzeige *f* (*Bus, Straßenbahn*); **c)** *bras* HIST «Bandeira» *f* (*Expedition ins Landesinnere*); ***dar uma ~*** P *irón* abhauen; **d)** BOT Maisrispe *f*; **~ada** [-'radɐ] *f* Grundgebühr *f* (*im Taxi*); **~ante** [-dej'rɐ̃tʃi] *m bras* HIST «Bandeirante» *m* (*Expeditionsmitglied*); **~inha** [-'rĩɲɐ] *m bras Sport*: Linienrichter *m*; **~ista** [-'rista] *m bras* Streckenwärter *m*; **~o** [-'dɐjru] parteiisch; **~ola** [-'rɔlɐ] *f* Wimpel *m*; Signalfähnchen *n*
bandej|a [bɐ̃'deʒɐ] *f* Tablett *n*; ***dar de ~*** *fig et* auf dem Tablett servieren; **~a(s)-d'água** [-'dagwɐ] *f(pl)* BOT Seerose *f*; **~ão** [-de'ʒɐ̃w] *m bras* (Kantinen)Menü *n* (*auf e-m Tablett*)
bandi|do [bɐ̃'didu] *m* Bandit *m*; **~tismo** [-'tiʒmu] *m* Banditenstreich *m*; Bandenunwesen *n*
bando ['bɐ̃du] *m* Bande *f*; (Vogel)Schwarm *m*; (Wolfs)Rudel *n*; Parteigänger *m/pl*; Trupp *m* (*Ausrufer*); ***lançar ~*** ausrufen; ***tomar ~ por*** Partei ergreifen für

bandoleir|a [bɐ̃du'lɐjrɐ] *f* Schulterriemen *m*; **~ismo** [-'riʒmu] *m* Bandenunwesen *n*; Räuberleben *n*; **~o** [-'lɐjru] *m* Bandit *m*

band|olim [bɐ̃du'lĩ] *m* MÚS Mandoline *f*; **~ónio(n)** [-'dɔnjɔn] *m* Bandoneon *n*

bandulho [bɐ̃'duʎu] *m* F Wanst *m*

bangaló (*ô) [bɐ̃gɐ'lɔ] *m* Bungalow *m*

bangue-bangue [bɐ̃gi'bɐ̃gi] *m bras* Western *m*

banha ['bɐɲɐ] *f* Schmalz *n*, Fett *n*; **~ de porco** Schweineschmalz *n*

banh|ada [bɐ'ɲadɐ] *f* P Reinfall *m*; **~ar** [-'ɲar] (1a) baden; *in Wasser etc* (ein)tauchen; ab-, überspülen; be-, umspülen (*Fluss, Meer*); bescheinen (*Sonne*); **~-se** baden, ein Bad nehmen (*od fig* schwimmen) in (*dat*); **~eira** [-'ɲɐjrɐ] *f* **a)** Badewanne *f*; P (große) Tasse *f* Kaffee; **b)** Badefrau *f*; **~eiro** [-'ɲɐjru] *m* Bademeister *m*; *bras* Bad(ezimmer) *n*; **~ista** [-'ɲiʃtɐ] *su* Badegast *m*; *bras* Rettungsschwimmer(in *f*) *m*

banho ['bɐɲu] *m* **a)** Bad *n*; **~s** *pl* Heilbäder *n/pl*; ***casa*** *f* ***de ~*** Bad(ezimmer) *n*, *in öffentlichen Gebäuden* Toilette *f*; ***~ de chuveiro*** Duschbad *n*; ***~ de loja*** *bras* P Kaufrausch *m*; ***~ de sangue*** *fig* Blutbad *n*; ***~ de sol*** Sonnenbad *n*; ***tomar ~*** baden, ein Bad nehmen; **b)** **~s** *pl* Heiratsaufgebot *n*; ***afixar*** (*od* ***publicar***) ***os ~s*** das Aufgebot bestellen; **~ca** [-'ɲɔkɐ] *f* F kurze(s) Bad *n*, Sprung *m* ins Wasser; **~(s)-maria** [-mɐ'riɐ] *m(pl)* CUL Wasserbad *n*

ban|imento [bɐni'mẽtu] *m* Verbannung *f*; **~ir** [-'nir] (3a) verbannen; ausweisen

banjo ['bɐ̃ʒu] *m* MÚS Banjo *n*

banqu|eiro [bɐ̃'kɐjru] *m* Bankkaufmann *m*; Bankier *m* (*Eigentümer*); *Spiel*: Bankhalter *m*; **~eta** [-'ketɐ] *f* Bänkchen *n*, Schemel *m*; Fensterbrett *n*, -bank *f*; CAM. DE F Bahndamm *m*; **~ete** [-'ketə] *m* Bankett *n*; ***o ~ sagrado*** das heilige Abendmahl; **~etear** [-kə'tjar] (1l) ein Bankett geben; **~-se** prassen; **~inho** [-'kiɲu] *m* Hocker *m*; Fußbank *f*

banto ['bɐ̃tu] *m* **a)** Bantu *m*; **b)** Bantusprache *f*

banzar [bɐ̃'zar] (1a) **1.** *v/t* verblüffen; erschrecken; **2.** *v/i* sprachlos sein; grübeln

banzé [bɐ̃'zɛ] *m* laute Fete *f*; Krach *m*

banz|eiro [bɐ̃'zɐjru] leicht bewegt (*Meer*); ausgeglichen (*Spiel*); *fig* leicht angetrunken; **~o** ['bɐ̃zu] **1.** *adj bras* traurig, niedergeschlagen; **2.** *m* **a)** Heimweh *n*; **b)** Wange *f* (*Treppe*); Schenkel *m* (*Leiter*)

baobá [baw'ba] *m* Baobab *m*, Affenbrotbaum *m*

ba(p)t|ismal [batiʒ'mał] Tauf...; **~ismo** [-'tiʒmu] *m* Taufe *f*; ***~ de caloiros*** UNIV Mutprobe *f* (*als Aufnahmeritual*); ***~ de fogo*** *fig* Feuertaufe *f*; ***certidão*** *f* ***de ~*** Taufschein *m*; ***nome*** *m* ***de ~*** Taufname *m*; **~ista** [-'tiʃtɐ] *m* REL Täufer *m*; Baptist *m*; **~izado** [-'zadu] *m* Taufe *f*; **~izando** [-'zɐ̃du] *m* Täufling *m*; **~izar** [-'zar] (1a) taufen; P *Wein mit Wasser* verdünnen, panschen

baqu|e ['bakə] *m* **a)** (dumpfer) Knall *m*; Aufprall *m*; Fall *m*, Sturz *m*; **b)** (Vor)Ahnung *f*; Schicksalsschlag *m*; **~ear** [bɐ'kjar] (1l) an-, aufprallen; fallen, stürzen (**em, por** auf *ac*); **~eta** [-'ketɐ] *f* MÚS Schlägel *m* (*Schlagzeug*)

bar [bar] *m* Bar *f*; Hausbar *f* (*Möbel*)

baraço [bɐ'rasu] *m* Strick *m*

barafunda [bɐrɐ'fũdɐ] *f* Gedränge *n*; Wirrwarr *m*; Geschrei *n*, Lärm *m*

barafustar [bɐrɐfuʃ'tar] (1a) P sich streiten; sich mit Händen und Füßen wehren; schimpfen

baralh|a [bɐ'raʎɐ] *f* Stock *m* (*Kartenspiel*); Lärm *m*; Zank *m*; Durcheinander *n*; **~s** *pl* Verwicklungen *f/pl*; **~ada** [-'ʎadɐ] *f* Chaos *n*, Durcheinander *n*; **~ar** [-'ʎar] (1b) **1.** *v/t Karten* mischen; *Dinge* durcheinander bringen; -werfen; **2.** *v/i* sich zanken; **~o** [-'raʎu] *m* Spiel *n* Karten; ***cortar o ~*** abheben

barão [bɐ'rɐ̃w] *m* Baron *m*, Freiherr *m*

barata [bɐ'ratɐ] *f* Küchenschabe *f*, Kakerlak *m*

barat|eamento [bɐrɐtjɐ'mẽtu] *m* Verbilligung *f*; **~ear** [-'tjar] (1l) billig verkaufen; verbilligen; verschleudern (*a fig*); *Kosten* verringern; **~eiro** [-'tɐjru] **1.** *adj* Billig...; Schleuder...; **2.** *m* Billiganbieter *m*;

~eza [-'tezɐ] *f* Billigpreis *m*, billige(s) Angebot *n*
barat|o [bɐ'ratu] **1.** *adj* billig, preiswert (*Ware*); leicht (*Aufgabe*); **2.** *m* Gewinnanteil *m* (*im Spiel*); Gefallen *m*, Zugeständnis *n*; Vorteil *m*; ***dar de ~*** zubilligen, gern zugeben; **3.** *adv*: ***custar ~*** F preiswert sein; **~ucho** [-'tuʃu] P (spott)billig; schäbig
barba ['barbɐ] *f* **a)** Bart *m*; *ANAT* Kinn *n*; Granne *f* (*Getreide*); ***~ a ~*** Auge in Auge; ***~ cerrada*** Vollbart *m*; ***dar água pela ~ a*** *j-m* zu schaffen machen; ***fazer a ~*** (sich) rasieren; ***ter a ~ tesa*** e-n Dickkopf haben; ***~-azul*** *m* P Blaubart *m*; ***~-rija*** *m* P Macho *m*; Tyrann *m*; **b)** ***~s*** *pl* Bart *m*; Barthaare *n/pl*; ***nas ~s de*** *j-m* ins Gesicht; ***pôr as ~s de molho*** F s-e Vorkehrungen treffen; ***rir-se nas ~s*** sich ins Fäustchen lachen
barba|ças (*pl inv*) [bɐr'basɐʃ] *m* Bärtige(r) *m*; **~çudo** [-bɐ'sudu] vollbärtig; **~ado** [-'badu] bärtig
barbante [bɐr'bẽtə] *m* Bindfaden *m*
barbar|ia [bɐrbɐ'riɐ] *f* Barbarei *f*; Roheit *f*; **~ice** [-'risə] *f* Untat *f*; **~idade** [-'dadə] *f* Barbarei *f*; Ungeheuerlichkeit *f*; ***que ~!*** so ein Unsinn!
barbárie [bɐr'barjə] *f* → ***barbaria***
barbar|ismo [bɐrbɐ'riʒmu] *m* Regelverstoß *m*
bárbaro ['barbɐru] **1.** *adj* barbarisch; grausam, wild, roh; ungebildet; verunstaltet; **2.** *m* Barbar *m*
barbatana [bɐrbɐ'tɐnɐ] *f* Flosse *f*; ***~s*** *pl* Schwimmflossen *pl*
barbe|ar [bɐr'bjar] (1l) rasieren; ***máquina f de ~*** Rasierapparat *m*; **~aria** [-bjɐ'riɐ] *f* (Herren)Frisörgeschäft *n*
barbeir|agem [bɐrbɐj'raʒẽj] *f* Stümperei *f*; **~o** [-'bɐjru] *m* (Herren)Frisör(geschäft *n*) *m*; *irón* Sonntagsfahrer *m*; Stümper *m*; **~ola** [-'rɔlɐ] *m* P Nichtskönner *m*; Kurpfuscher *m*, Quaksalber *m*
barbela [bɐr'bɛlɐ] *f* Wamme *f* (*Rind*); P Doppelkinn *n*; Widerhaken *m*
barbi|cacho [bɐrbi'kaʃu] *m* Halfter *n*, Kappzaum *m*; Sturmband *n*, -riemen *m*; *fig* verzwickte Lage *f*; Knackpunkt *m*; **~cha** [-'biʃɐ] *f* Bärtchen *n*; Spitzbart *m*; **~lhão** [-'ʎɐ̃w] *m* Kehllappen *m* (*Hahn*); **~lho** [-'biʎu] *m* Maulkorb *m* (*a fig*)
barbitúrico [bɐrbi'turiku] *m* Barbiturat *n*
barbo ['barbu] *m* Barbe *f* (*Fisch*)
barbudo [bɐr'budu] bärtig
barça ['barsɐ] *f* Korbgeflecht *n*
barca ['barkɐ] *f* Barke *f*, Kahn *m*; ***~ (de passagem)*** Fähre *f*; **~ça** [bɐr'kasɐ] *f* Barkasse *f*; Leichter *m*; ***~ de desembarque*** Landungsboot *n*; **~da** [-'kadɐ] *f* Bootsladung *f*; **~gem** [-'kaʒẽj] *f* Fährgeld *n*
barco ['barku] *m* Schiff *n*; Boot *n*; ***~ a remos*** Ruderboot, ***~ à vela*** Segelboot *n*; ***~ de cabotagem*** Küstenmotorschiff *n*; ***~ desmontável*** Faltboot, ***~ pneumático*** Schlauchboot *n*; ***deixar ~ e redes*** P das Boot verlassen; ***governar o ~*** F das Schiff lenken
bard|a ['bardɐ] *f* (Dornen)Hecke *f*; (Bretter)Wand *f*; Stützbalken *m*; ***em ~*** in Mengen, im Überfluss; **~amerda(s)** [bɐrdɐ'mɛrdɐ] *su* P Schweinehund *m*; *int* Scheiße *f*; ***mandar à ~*** zum Teufel jagen; **~ana** [-'dɐnɐ] *f* Klette *f*; **~ar** [-'dar] (1b) einzäunen; **~o** ['bardu] *m* **a)** → ***barda***; **b)** Barde *m*
barganh|a [bɐr'gɐɲɐ] *f* Tausch(handel) *m*; *depr* Schacher *m*; **~ar** [-'ɲar] (1a) Tauschhandel treiben; schachern, betrügen
bargante [-'gɐ̃tə] *su* Schuft *m*
baril [bɐ'riɫ] P toll, super
barista [ba'riʃtɐ] *su* Barmann *m*, Barkeeper(in *f*) *m*
barítono [bɐ'ritunu] *m* *MÚS* Bariton *m*
barjuleta [bɐrʒu'letɐ] *f* (Leder)Ranzen *m*
barlavent|ear [bɐrlɐvẽ'tjar] (1l) *NAV* lavieren; **~ejar** [-tə'ʒar] (1d) *NAV* vor dem Wind segeln
baró|grafo [bɐ'rɔgrɐfu] *m* Barograph *m*; **~metro** [-'rɔmətru] *m* Barometer *n*
baronesa [bɐru'nezɐ] *f* Baronin *f*
barqu|eiro [bɐr'kɐjru] *m* Schiffer *m*; Fährmann *m*; **~ilheiro** [-ki'ʎɐjru] *m* Waffelverkäufer *m*; **~ilho** [-'kiʎu] *m* (gewölbte) Waffel *f*; **~inha** [-'kiɲɐ] *f* Ballonkorb *m*, Gondel *f*; **~inho** [-'kiɲu] *m* (kleines) Boot *n*

barra ['baʀɐ] **1.** *f* **a)** Barre *f*; Hafeneinfahrt *f*; Mole *f*; ***ir de ~ fora*** verbannt werden; **b)** (Eisen)Stange *f*; (Gold)Barren *m*; *TÉCN* Hebebaum *m*; Holm *m*; Stoß *m* (*in Kleidung*); Einfassung *f*; *MÚS* Taktstrich *m*; ***~ de chocolate*** Tafel *f* Schokolade; ***~ de estado*** *INFORM* Statuszeile *f*; ***~ de menus*** *INFORM* Menüzeile *f*; ***~ de salvação*** *fig* rettende(r) Strohhalm *m*; ***~ do leme*** Ruderpinne *f*; ***~ do tribunal*** Zeugenstand *m*; ***~ estabilizadora*** Stabilisator *m*; ***~ fixa*** Reck *n*; ***~ lateral*** Seitenaufprallschutz *m*; ***~ nuclear*** Kernbrennstab *m*; *Sport*: ***~s** pl **paralelas*** Barren *m*; **2.** *m* Experte *m*

barrac|a [bɐ'ʀakɐ] *f* Baracke *f*; Zelt *n*; Kiosk *m*; (Markt)Bude *f*; ***armar ~*** P großes Durcheinander verursachen; ***armar uma ~*** ein Zelt aufbauen; ***dar ~*** P Stunk geben; **~ada** [-ʀɐ'kadɐ] *f* P Konfusion *f*, Chaos *n*; **~ão** [-'kɐ̃w] *m* Schuppen *m*; *bras* Laden *m* (*auf dem Land*)

barragem [bɐ'ʀaʒɐ̃j] *f* **a)** Sperre *f*; Absperrung *f*; **b)** Wehr *n*; Staudamm *m*; Talsperre *f*

barramento [bɐʀɐ'mẽtu] *m INFORM* Bus *m*, Bussystem *n*

barranc|a [ba'ʀɐ̃ka] *f bras* = **barranco** [bɐ'ʀɐ̃ku] *m* Schlucht *f*, Klamm *f*; Steilhang *m*; **~oso** [-'kozu] zerfurcht; zerklüftet; *fig* voller Hindernisse

barraqueiro [bɐʀɐ'kɐjru] *m* Standbesitzer *m*, -inhaber *m*

barrar [bɐ'ʀar] (1b) **a)** mit Lehm verschmieren; *Wand* verputzen; *Scheck* sperren; *Brot* bestreichen (**de** mit); *CUL mit Sahne, Zuckerguß* überziehen; **b)** *Metall* in Barren schmelzen; *bras* hindern; *Weg* sperren

barregão [bɐʀə'gɐ̃w] *m*, **-ã** *f* Liebhaber(in *f*) *m*

barreir|a [bɐ'ʀɐjrɐ] *f* **a)** Schranke *f*; Sperre *f*; Schlagbaum *m*; *Sport*: Hürde *f*; Block *m* (*Volleyball*); ***corrida** f **de ~s*** Hindernislauf *m*; Hürdenlauf *m*; ***~ de protecção acústica***, ***~ anti-ruído*** Lärmschutzwand *f*; ***~ de segurança*** Leitplanke *f*; ***~ do som*** Schallmauer *f*; ***~s** pl **de comércio*** Handelsschranken *f/pl*; **b)** = **~o** [-'ʀɐjru] *m* Tongrube *f*

barrela [bɐ'ʀɛlɐ] *f* Lauge *f*; Bleiche *f*; F Säuberung *f*; *fig* Betrug *m*

barret|e [bɐ'ʀetə] *m* Mütze *f*; Kappe *f*; ***enfiar um ~ a*** P *j-m* e-n Streich spielen; *j-n* hereinlegen

barric|a [bɐ'ʀikɐ] *f* Fass *n*; **~ada** [-'kadɐ] *f* Barrikade *f*; **~ão** [-'kɐ̃w] *m*: ***ficar no ~*** F keine(n) abkriegen (*nicht heiraten*); **~ar** [-'kar] (1a) verbarrikadieren, F verrammeln

barrig|a [bɐ'ʀigɐ] *f ANAT* Bauch *m*; Ausbuchtung *f*; ***~ da perna*** Wade *f*; ***dor** f **de ~*** Bauchschmerzen *m/pl*; ***encher a ~*** sich satt essen; ***tirar a ~ de misérias*** sich den Bauch voll schlagen; ***estar de ~*** F guter Hoffnung sein (*Schwangerschaft*); ***ter*** (*od* ***estar com***) ***a ~ a dar horas*** F Kohldampf schieben; ***ter*** (*od* ***trazer***) ***o rei na ~*** F stolzieren; **~ada** [-'gadɐ] *f* Klaps *m* auf den Bauch; Wurf *m* (*Tiere*); **~ão** [-'gɐ̃w] *m* F Schmerbauch *m*; **~uda** [baʀi'guda] *bras* **1.** *adj* schwanger; **2.** *f* **a)** Schwangere *f*; **b)** *BOT* Wollbaum *m*; **~udo** [-'gudu] **1.** *adj* dickbäuchig; **2.** *m* Fettwanst *m*; *bras ZO* Wollaffe *m*

barril [bɐ'ʀiɫ] *m* Fass *n*; ***~ de pólvora*** *fig* Pulverfass *n*; **~ada** [-'ladɐ] *f* Fass *n* voll; **~ete** [-'letə] *m* **a)** Fässchen *n*; **b)** Zwinge *f* (*Tischler*)

barrir [bɐ'ʀir] (3b) trompeten (*Elefant*)

barrista [bɐ'ʀiʃtɐ] *su* **a)** Reckturner(in *f*) *m*; **b)** Töpfer(in *f*) *m*

barro ['baʀu] *m* Lehm *m*; Ton *m* (*zum Töpfern*); *fig* Lappalie *f*; **~s** *pl MED* Pickel *m/pl*; ***~ cozido*** Steingut *n*

barroca [bɐ'ʀɔkɐ] *f* Schlucht *f*, Abgrund *m*; Ausspülung *f* (*im Erdreich*); Lehmkuhle *f*

barroco [bɐ'ʀoku] **1.** *adj* barock; *fig* bizarr; **2.** *m*; **a)** Barock *n od m*; **b)** Einsiedlerfels *m*

barroso [bɐ'ʀozu] lehmig; tonhaltig, Ton...; *AGR* buntscheckig

barrot|ar [bɐʀu'tar] (1e) mit Stützbalken versehen; **~e** [-'ʀɔtə] *m* **a)** *ARQUIT* Sparren *m*; Stützbalken *m*, Ständer *m*; Querträger *m*; **b)** Eber *m*

barulh|ada [bɐru'ʎadɐ] *f* Krach *m*; Radau *m*; Geschrei *n*; Durcheinander *n*; ***há grande ~*** es geht laut zu (*od* hoch her); **~ar** [-'ʎar] (1a) Krach machen; Durcheinander stif-

ten; **~eira** [-'ʎɐjrɐ] *f* → ***barulhada***; **~ento** [-'ʎẽtu] laut
barulh|o [bɐ'ruʎu] *m* Lärm *m*, Krach *m*; *lautes* Geräusch *n*; Durcheinander *n*; *fig* Wirbel *m*, Aufsehen *n*; ***armar*** (***um***) **~** Krach schlagen; ***comprar*** **~** Streit suchen; ***fazer*** **~** lärmen; **~oso** [-'ʎozu] turbulent, lautstark
bas|áltico [bɐ'załtiku] basalten, Basalt...; **~alto** [bɐ'załtu] *m* Basalt *m*
basar [bɐ'zar] *Angola* P gehen
basbaque [bɐʒ'bakə] *m* Tölpel *m*, Dummkopf *m*
basco ['baʃku] **1.** *adj* baskisch; **2.** *m*, **-a** *f* Baske *m*, Baskin *f*; **3.** *m* Baskisch *n*
báscula ['baʃkulɐ] *f* Dezimalwaage *f*; ***carrinho*** *m* ***de*** **~** BGB Kippwagen *m*; **~ *para vagões*** Gleiswaage *f*
basculante [-'lẽtə] kippbar; Kipp...
basculh... → ***vasculh...***
base ['bazə] *f* Grundlage *f*, Basis *f*; Grundfläche *f* (*e-s Körpers*); ARQUIT, TÉCN Unterbau *m*, Fundament *n*; Grundierung *f*; (Zahn)Wurzel *f*; ANAT Nagelbett *n*; Fuß *m* (*Säule, Weinglas*); TÉCN (Lager)Bock *m*; Sockel *m* (*a* EL); (*Geometrie*) Grundlinie *f*; MAT Grundzahl *f*; QUÍM Base *f*; Ausgangs-, Grundstoff *m*; MIL Stützpunkt *m*, Basis *f*; **~ *aérea*** Luftstützpunkt *m*; **~ *de dados*** INFORM Datenbank *f*; **~ *do crânio*** ANAT Schädelbasis *f*; ***formação*** *f* ***de*** **~** Grundausbildung *f*; ***na*** **~ *de, com*** **~ *em*** aufgrund von; auf der Grundlage (*gen*); ***não ter*** **~** unbegründet sein
base|ado [bɐ'zjadu] **1.** *adj* begründet (**em** auf *dat*), basierend (**em** auf *dat*); **2.** *m bras* P Joint *m*; **~amento** [-zjɐ'mẽtu] *m* ARQUIT Sockel *m*; **~ar** [-'zjar] (1l): **~ *em*** gründen auf (*dat*), aufbauen auf (*dat*); stützen auf (*dat*); **~*-se em*** sich berufen auf (*ac*); beruhen auf (*dat*)
basebol [bejzə'bɔł] *m* Baseball *m*
basi... [bɐzi...] Grund...; Stütz...
BASIC [bɐ'zik] *m* INFORM BASIC *n*
básico ['baziku] grundlegend; Grund..., Basis...; QUÍM basisch
Basileia [bɐzi'lɐjɐ] Basel *n*
basilar [bɐzi'lar] grundlegend
basílica [bɐ'zilikɐ] *f* Basilika *f*
basílico [bɐ'ziliku] *m* Basilikum *m*
básquete, basquetebol ['baʃkɛt(ə), bɐʃkɛtə'bɔł] *m* Basketball *m*; **~ista** [-bɔ'liʃtɐ] *su* Basketballer(in *f*) *m*
bassê [bɐ'se] *m* Dackel *m*
basta ['baʃtɐ] **1.** *int*: **~!** genug!; ***dar o*** **~** P Schluss machen; **2.** *f* Steppnaht *f*
bastante [bɐʃ'tẽtə] **1.** *adj* genügend, genug; **2.** *adv* genug, reichlich; ***ser o*** **~** völlig ausreichend sein
bastão [bɐʃ'tɐ̃w] **1.** *adj* dicht; dick; **2.** *m* Stab *m*
bastar [bɐʃ'tar] (1b) genügen; genug sein; ***basta e sobra!*** das ist mehr als genug!; **~*-se*** sich selbst genügen
bastard|ia [bɐʃtɐr'diɐ] *f fig* Niedergang *m*, Dekadenz *f*; **~o** [-'tardu] **1.** *adj* unehelich (*Kind*); unecht; entartet; CIENC hybrid; ***filho*** *m* **~** uneheliche(r) Sohn *m*, uneheliche(s) Kind *n*; **2.** *m* Bastard *m*
bastião [bɐʃ'tjɐ̃w] *m*(*pl*) Bastion *f*; *fig* Bollwerk *n*
bastidão [bɐʃti'dɐ̃w] *f* Dichte *f*; Dicke *f*; Häufung *f*
bastidor [bɐʃti'dor] *m* Stickrahmen *m*; TEA Bühnen-, Schiebewand *f*; **~es** *pl* Kulissen *f*/*pl*
basto ['baʃtu] dicht; dick; gedrängt; häufig; ***-as vezes*** oft, häufig
bastonada [bɐʃtu'nadɐ] *f* Stockschlag *m*
bastonário [bɐʃtu'narju] *m* Präsident *m*
bastonete [bɐʃtu'netə] *m* Stäbchen *n*; BIOL Stäbchenbakterie *f*
bata ['batɐ] *f* Kittel *m*
batalha [bɐ'taʎɐ] *f* MIL Schlacht *f*, Kampf *m*; Wortgefecht *n*; ***cavalo*** *m* ***de*** **~** Streitross *n*; *fig* Zankapfel *m*; ***aceitar*** **~** den Kampf aufnehmen (*a fig*); ***fazer cavalo de*** **~ *de*** *fig* herumreiten auf (*dat*); **~*-naval*** Schiffeversenken *n* (*Spiel*)
batalh|ador [bɐtɐʎɐ'dor] *m* Kämpfer *m*; **~ão** [-'ʎɐ̃w] *m* Bataillon *n*; **~ar** [-'ʎar] (1b) kämpfen (miteinander) streiten
bataria [bɐtɐ'riɐ] *f* → ***bateria***
batata [bɐ'tatɐ] *f* Kartoffel *f*; *bras* Süßkartoffel *f*; **~ *inglesa*** *bras* Kartoffel *f*; **~ *quente*** *fig* heiße(s) Eisen *n*; **~s** *pl* ***assadas*** Backkartoffeln *pl*; **~s** *pl* ***cozidas*** gekochte Kartoffeln *pl*, Salzkartoffeln *pl*; ***puré*** *m* ***de*** **~s** Kartoffelbrei *m*, -püree *n*; **~s** *pl* ***fri-***

tas Pommes frites *pl*; **~*s pl inglesas*** Chips *pl*; **~da** [-dɐ] *f* Kartoffeln *pl*; Kartoffelsüßspeise *f*; **~-doce** Süßkartoffel *f*
batat|al [bɐtɐ'taɫ] *m* Kartoffelfeld *n*; **~inha** [-'tiɲɐ] *f*: ***pedir ~s*** P winselnd um Vergebung betteln
bate-|bate(s) [batə'batə] *m(pl)* Vogelscheuche *f*; **~boca(s)** [bati'boka] *m(pl) bras* Auseinandersetzung *f*, Diskussion *f*; **~bola(s)** [bati'bɔla] *m(pl) bras* Kicken *n* (*Fußball*); Jonglieren *n* (*des Balls*); Dribbeln *n*; **~chapa(s)** [batə'ʃapɐ] *m(pl)* Karosseriebauer *m*; Karosseriewerkstatt *f*; **~chapas** (*pl inv*) [-'ʃapɐʃ] *m* Straßenfotograf *m*
bate|deira [bɐtə'dɐjrɐ] *f*: ~ (***eléctrica***) Rührgerät *n*; Knetmaschine *f*; **~doiro** [-'dojru] *m* → ***~douro***; **~dor** [bɐtə'dor] *m* Türklopfer *m*; *MONT* Treiber *m*; *MIL* Aufklärer *m*; *bras* Leibwächter *m*; **~douro** [-'doru] *m* Waschstein *m*; **~dura** [-'durɐ] *f* (Hammer)Schlag *m*
bate-|enxuga (*pl inv*) [batjẽ'ʃuga] *m bras* F Lieblingsklamotten *pl*; **~estacas** (*pl inv*) [bɐtəʃ'takɐʃ] *m* *TÉCN* Ramme *f*
bátega ['batəgɐ] *f* Regenguss *m*; *HIST* Metallschüssel *f*
bateira [bɐ'tɐjrɐ] *f* Fischerboot *n*
batel [bɐ'tɛɫ] *m* Kahn *m*, Boot *n*; **~ada** [-tə'ladɐ] *f* Bootsladung *f*; **~ão** [-tə'lɐ̃w] *m* Last-, Schleppkahn *m*
batente [bɐ'tẽtə] *m* (Tür-, Fenster)Flügel *m*; Pfosten *m*, Anschlag *m*; Wellenbrecher *m*; *bras* P Broterwerb *m*
bate-|orelha(s) [bɐtju'reʎɐ] *m(pl)* F Esel *m* (*a Person*); **~papo(s)** [bati'papu] *m(pl) bras* Schwätzchen *n*; Chat *n*; ***ter um ~*** e-n Schwatz halten
bater [bɐ'ter] (2b) **1.** *v/t* schlagen (*a Tür*); *Person* verprügeln; *Teppich* (aus)klopfen; *Eisen etc* hämmern; bearbeiten; *Münzen* prägen; *Küste etc* peitschen an (*ac*), bespülen (*Wellen*); *Text* tippen, schreiben (***à máquina*** in die Maschine); *Feld*, *Wald* durchstreifen; *bras* P *Essen* verschlingen; *bras Kleidungsstück* alle Tage anziehen; ***~ a asa*** P abhauen; ***~ a bota***, ***~ o pé*** P abkratzen; ***~ palmas*** Beifall klatschen; ***~ 3 a 2*** *Sport*: 3 zu 2 schlagen; **2.** *v/i* läuten (*Wecker*, *Glocken*); schlagen (*Herz*, *Uhr*, *mit den Flügeln*, *mit der Tür*); klappern (*Zähne*); ***~ contra*** sich stoßen an (*dat*); stoßen gegen (*Auto*); ***~ em*** *j-n* schlagen, verprügeln; zusammenstoßen mit; scheinen auf (*ac*) (*Sonne*); aufschlagen auf (*ac*) (*Herunterfallendes*); gelangen nach, landen in (*dat*); ***~ à porta de*** anklopfen bei; ***estão a ~*** es klopft; ***~-se*** sich schlagen
bater|ia [bɐtə'riɐ] *f EL* Batterie *f*; *MÚS* Schlagzeug *n*; Geschirr *n*; ***~ recarregável*** aufladbare Batterie *f*; **~ista** [bati'rista] *su* Schlagzeuger *m*
bati|da [bɐ'tidɐ] *f* **a)** Schlag *m*; *fig* Verweis *m*, Zurechtweisung *f*; *bras* Zusammenstoß *m* (*Autos*); ***de ~*** hastig; **b)** *intensive* Suche *f*; Streife *f*, Razzia *f*; *MONT* Treibjagd *f*; **c)** *schmaler* Pfad *m*; **d)** *bras* «Batida» *f* (*Mixgetränk u a aus Zuckerrohrschnaps*); **~do** [-'tidu] **1.** *adj* festgestampft (*Erde*); ausgetreten (*Schuh*, *Weg*); ausgefahren (*Gleis*, *Weg*); abgetragen (*Anzug*); *fig* abgedroschen; ***dar-se por ~*** sich geschlagen geben; **2.** *m* Mixgetränk *n*; ***~ de leite*** Milchshake *m*; **~mento** [-'mẽtu] *m* (Zusammen)Stoß *m*; Schlagen *n*, Klopfen *n* (*Herz*)
batina [bɐ'tinɐ] *f* Soutane *f*; Talar *m*
batis..., **batiz...** *bras* → ***baptis...***, ***baptiz...***
batiscafo [bɐ'tiʃkɐfu] *m* Tiefseetauchboot *n*
batom *bras*, **baton(s)** [ba'tõ] *m(pl)* Lippenstift *m*; *Sport*: Skistock *m*
batoque [bɐ'tɔkə] *m* Spund(loch *n*) *m*; *fig* Dickwanst *m*
batot|a [bɐ'tɔtɐ] *f* Falschspiel *n*, Mogelei *f*; ***casa f de ~*** Spielhölle *f*; ***fazer ~*** falsch spielen, mogeln; **~eiro** [-'tɐjru] *m* (Falsch)Spieler *m*
batráquios [bɐ'trakjuʃ] *m/pl* Lurche *m/pl*
batuc|ada [batu'kadɐ] *f* Trommeln *n*, Getrommel *n*; **~ar** [-'kar] (1a) trommeln; *zum Trommelklang* tanzen
batuda [bɐ'tudɐ] *f* Kunstsprung *m*
batu|que [bɐ'tukə] *m* Trommel *f*; Trommeln *n* (*Handlung*); *Batuque*-Tanz *m*; **~queiro** [-'kɐjru] *m* Trommler *m*; *Batuque*-Tänzer *m*

B

batut|a [bɐ'tutɐ] **1.** *adj* fix, tüchtig; **2. a)** *f* Taktstock *m*; **b)** *m* Könner *m*, Spezialist *m*; P Anführer *m*
bau [baw] *m* ZO Büffel *m* (*aus Angola*); makadamisierte Straße *f*
baú [bɐ'u] *m* Schrankkoffer *m*; (Holz)Truhe *f*; *bras* P Geldsack *m*
bau-bau [baw'baw] *m* schick gekleideter junger Mann *m*
baunilha [baw'niʎɐ] *f* Vanille *f*
bauxita *bras*, **bauxite** [baw'ksita, -'ksitə] *f* Bauxit *m*
bávaro ['bavɐru] **1.** *adj* bayrisch; **2.** *m* Bayer *m*
Baviera [bɐ'vjɛrɐ]: ***a ~*** Bayern *n*
bazar [bɐ'zar] *m* Bazar *m*; Kaufhaus *n*
baz|ófia [bɐ'zɔfjɐ] *f* Prahlerei *f*; **~ofiar** [-zu'fjar] (1g) prahlen, angeben
bazuca [bɐ'zukɐ] *f* MIL Bazooka *f*, Panzerabwehrrakete *f*
bazulaque [bɐzu'lakə] *m* Dickwanst *m*; Lungenhaschee *n*; Kokoshonig *m*
BB ***Banco*** *m* ***do Brasil*** Bank *f* von Brasilien
BD ***banda*** *f* ***desenhada*** Comic *m*
bê [be] *m Name des Buchstabens* **b**
bê-á-bá [be-a-'ba] *m* Buchstabieren *n*; *fig* Abc *n*
beat|a ['bjatɐ] *f* Betschwester *f*; P Frömmlerin *f*; P (Zigaretten)Kippe *f*; **~eiro** [bjɐ'tɐjru] *m* Kippensammler *m*; **~ice** [-'tisə] *f* Frömmelei *f*; **~ificação** [-təfikɐ'sɐ̃w] *f* REL Seligsprechung *f*; **~ificar** [-təfi'kar] (1n) REL selig sprechen; **~itude** [bjɐti'tudə] *f* Glückseligkeit *f*; **~o** ['bjatu] **1.** *adj* REL selig (gesprochen); frömmlerisch, scheinheilig; **2.** *m* REL Seliggesprochene(r) *m*; Frömmler *m*, Heuchler *m*
bêbado ['bebɐdu] betrunken
bebé (*ê) [bɛ'bɛ] *m* Baby *n*, Säugling *m*; ***~-proveta***, *bras* ***~ de proveta*** Retortenbaby *n*
bebedeira [bəbə'dɐjrɐ] *f* Rausch *m*, Trunkenheit *f*; Trinkgelage *n*
bêbedo ['bebədu] **1.** *adj* betrunken; **2.** *m* Trinker *m*
beber [bə'ber] (2c) trinken; saufen (*Tier, Trinker*); *fig* hinunterschlucken; *Geld* vertrinken; ***~ a*** trinken auf (*ac*); ***~ à saúde de alg*** auf j-s Wohl trinken; ***~ azeite*** F schlau sein; ***~ de*** trinken aus (*dat*); ***~ do fino*** gut informiert sein; ***~ os ares por*** sich in *j-n* (*od et*) vernarren; **~agem** [bəbə'raʒɐ̃j] *f* (Heil)Trank *m*, Aufguss *m*; *fig* Gebräu *n*; **~es** [bə'berəʃ] *m/pl* Getränke *n/pl*; **~ete** [bəbə'retə] *m* Trunk *m*, Cocktail *m*; **~icar** [-ri'kar] (1n) nippen (an *dat*)
beberr|ão, ~az [bəbə'ʀɐ̃w, -'ʀaʃ] **1.** *adj* trunksüchtig, F versoffen; **2.** *m* Säufer *m*; **~icar** [-ʀi'kar] (1n) nippen; **~olas** (*pl inv*) [-'ʀɔlɐʃ] *su* Säufer(in *f*) *m*; **~ona** [-'ʀonɐ] *f* Säuferin *f*; **~onia** [-ʀu'niɐ] *f* Zecherei *f*
bebes ['bɛbəʃ] *m/pl* Getränke *n/pl*; ***comes e ~*** Essen und Trinken *n*
beb|ida [bə'bidɐ] *f* Getränk *n*; ***~ alcoólica*** alkoholische(s) Getränk *n*; ***~ branca*** (*od* ***seca***) harte(s) Getränk *n*; ***dado à ~*** trunksüchtig; ***ir na ~*** *auf j-n od et* hereinfallen; ***levar alg à ~*** P j-n herumkriegen; ***meter-se na ~*** sich dem Suff ergeben, dem Suff verfallen; **~ível** [-'bivɛɫ] trinkbar
beça ['bɛsa] *bras*: ***à ~*** F in rauen Mengen
bechamel [-'məɫ] *m* Béchamelsoße *f*
beco ['beku] *m* Gasse *f*; ***~ sem saída*** Sackgasse *f*; ***desocupar o ~*** P abkratzen
bedel [bə'dɛɫ] *m* Pedell *m*
bedelh|ar [bədə'ʎar] (1d) *fig* sich einmischen; **~o** [bə'deʎu] *m* Sperrhebel *m* (*an Türen*)
beduíno [bə'dwinu] *m* Beduine *m*
bege ['bɛʒə] **1.** *adj* beige; **2.** *m* Beige *n*
begónia (*ô) [bə'gɔnjɐ] *f* Begonie *f*
bei|ça ['bɐjsɐ] *f* Unterlippe *f*; Lefze *f* (*Tier*); P Schnute *f*; ***andar de ~ caída*** ein langes Gesicht machen; ***estar de ~*** niedergeschlagen sein; **~cinha** *f*, **-o** *m* [-'siɲɐ, -'siɲu] F Schnütchen *n*; ***andar de ~ por*** F verliebt sein in (*ac*); ***fazer ~*** F eine Schnute ziehen (*od* machen); **~ço** ['bɐjsu] *m* Lippe *f*, Lefze *f* (*Tier*); (Wund)Rand *m*; Vorsprung *m*; ***~ rachado*** gespaltene (Ober)Lippe *f*, Hasenscharte *f*; ***de ~ caído*** F niedergeschlagen; eingeschnappt; ***fazer ~*** schmollen, maulen; ***lamber os ~s*** sich die Lippen ablecken; ***levar*** (*od* ***trazer***) ***pelo ~*** *j-n* um den Finger wickeln (können); ***morder os ~s*** sich auf die Lippen beißen

B

beij|ado [bɐj'ʒadu]: **~ *com*** dicht an (*dat*); ***de mão -a*** gratis; unerwartet; **~a-flor(es)** [-ʒɐ'flor] *m(pl)* Kolibri *m*; **~a-mão(s)** [-ʒɐ'mɐ̃w] *m(pl)* Handkuss *m*; ***ir ao ~ de*** *fig* Männchen machen (*Hund*); in die Knie gehen (*Person*); **~ar** [-'ʒar] (1a) küssen; *fig* anhauchen, berühren; **~inho** [-'ʒiɲu] *m* Küsschen *n* (*a Schlussformel in persönlichen Briefen*); *fig* die Creme, das Feinste; **~o** ['bɐjʒu] *m* Kuss *n*; **~ *de Judas*** Judaskuss *m*; **~oca** [-'ʒɔkɐ] P Schmatz *m*; **~ocar** [-ʒu'kar] (1n; *Stv* 1e) abküssen, F abknutschen

beijoim [bɐjʒu'ĩ] *m* → ***benjoim***

beiju [bej'ʒu] *m bras* Maniokkuchen *m*

Beira ['bɐjrɐ]: ***a ~ Alta, a ~ Baixa, a ~ Litoral*** *port Provinzen*

beira ['bɐjrɐ] *f* Rand *m*; Ufer *n*; Nähe *f*; **~ *da estrada*** Straßenrand *m*; ***à ~ de*** nahe (*dat*); an (*ac u dat*), bei

beir|ada [bej'rada] *f bras* Umgebung *f*, Nachbarschaft *f*; → ***~ado***; **~adear** [bejra'djar] (1l) *bras* entlanglaufen, -fahren an (*dat*); **~ado** [bɐj'radu] *m* Rand *m*; *ARQUIT* Traufe *f*, Dachvorsprung *m*; (Fluss)Ufer *n*; **~a-estrada(s)** [bɐjrɐʃ'trada] *f(pl)* Straßenrand *m*; **~al** [bɐj'raɫ] *m* → ***~ado***; **~a-mar(es)** [bɐjrɐ'mar] *f(pl)* Küste(ngebiet *n*) *f*; ***à ~*** an der (*od* die) Küste, am (*od* ans) Meer; **~ão** [bɐj'rɐ̃w] **1.** *adj* (aus) der Beira; **2.** *m*, **-ã, -oa** *f* Beiraner(in *f*) *m*; **~ar** [-'rar] (1a) entlanggehen, -fahren an (*dat*); grenzen (***a, com*** an *ac*); ***~ os 50 anos*** sich den 50 (Jahren) nähern; **~ense** [-'rẽsə] → ***~ão***; **~inha** [-'riɲɐ] *f* F: ***à ~ de*** ganz dicht an (*ac u dat*)

beisebol [bejzi'bɔw] *m bras* Baseball *m*

Beja ['bɛʒɐ] *port Distrikt(hauptstadt)*

bela ['bɛlɐ] *f* Schöne *f*

beladona [bɛlɐ'donɐ] *f* Tollkirsche *f*

belas-|artes [bɛlɐ'zartəʃ] *f/pl* bildende Künste *f/pl*; **~letras** [bɛlɐʒ'letrɐʃ] *f/pl* schöngeistige Literatur *f*, Belletristik *f*

belchior [bɛɫ'ʃjor] *m bras* Antiquar *m*

beldade [bɛɫ'dadə] *f* Schönheit *f*

beleléu [bɛlɛ'lɛw] *m bras* P: ***ir para o ~*** *fig* den Bach runtergehen (*scheitern*)

Belém [bə'lɐ̃j] *Stadtviertel in Lissabon*; [be'lẽ] *bras Hauptstadt von Pará*

beletrístico [-'triʃtiku] belletristisch

beleza [bə'lezɐ] *f* Schönheit *f*; ***ser uma ~*** herrlich (*od* wunderbar) sein

belf|as ['bɛɫfɐʃ] *f/pl* P Pausbacken *f/pl*; *depr* Visage *f*; **~o** ['bɛɫfu] dicklippig

belga ['bɛɫgɐ] **1.** *adj* belgisch; **2.** *su* Belgier(in *f*) *m*

Bélgica ['bɛɫʒikɐ]: ***a ~*** Belgien *n*

beliche [bə'liʃə] *m* Stockbett *n*

belicis|mo [bələ'siʒmu] *m* Kriegstreiberei *f*; **~ta** [-'siʃtɐ] kriegslüstern, kriegstreiberisch

bélico ['bɛliku] kriegerisch, Kriegs...

beli|coso [bəli'kozu] kriegerisch; streitlustig; **~gerância** [-ʒə'rẽsjɐ] *f* Kriegführung *f*; ***estado*** *m* ***de ~*** Kriegszustand *m*; **~gerante** [-ʒə'rẽtə] Krieg führend

belindre [bə'lĩdrə] *m* Murmel *f*

belisc|ada [belis'kada] *f bras* P klapperige(r) Bus *m* (*umgebauter Lkw*); **~ado** [-'kadu] *bras* P sauer, beleidigt; **~adura** *f*, **~ão** *m* [bəliʃkɐ'durɐ, -'kɐ̃w] Kniff *m*; blaue(r) Fleck *m* (*vom Kneifen*); *fig* Stichelei *f*, Bosheit *f*; **~ar** [-'kar] (1n) kneifen, zwicken; *fig* sticheln; *bras im Essen* stochern; **~o** [-'liʃku] → ***~adura***

belo ['bɛlu] (wunder)schön

Belo Horizonte [bɛlori'zõtʃi] *bras Hauptstadt von Minas Gerais*

belonave [bɛlu'navi] *f bras* Kriegsschiff *n*

bel-prazer [-prɐ'zer] *m* Gutdünken *n*

beluária [bɛɫ'warjɐ] *f* Dressur *f*

belzebútico [-'butiku] teuflisch

bem [bɐ̃j, bẽj] **1.** *m* **a)** Gut *n*; ***soberano ~*** höchste(s) Gut *n*; ***~ de raiz*** Grundbesitz *m*, Liegenschaft *f*; **b)** *das* Gute; Wohl *n*, Nutzen *m*; ***~ comum*** allgemeine(s) Wohlbefinden *n*; ***meu ~*** *fig* mein Schatz *m*; ***homem*** *m* ***de ~*** Ehrenmann *m*; anständige(r) Mensch *m*; ***fazer ~*** Gutes tun; ***~ haja!*** F schönen Dank!; ***~ haja quem ...!*** wohl dem, der ...!; **2.** *adv* gut, wohl (*sich fühlen*); sehr; recht; gern (*mögen*); ordentlich, richtig (*arbeiten*); aber; ***a ~*** zum (*od* im) Guten; ***levar a ~*** gut aufnehmen, genehmigen; ***ainda ~*** glücklicherweise, Gott sei Dank; ***ainda ~ que*** (*conj*) gut, dass; ***~ como*** ebenso wie, so wie; ***de ~*** auf freundschaftlichem Fuß; ***acabar em ~*** gut ausgehen; sich in Wohlgefallen auflösen; ***por ~*** in guter Absicht; ***haver*** (*od* ***ter***) ***por ~*** für gut befinden; ***assentar*** (*od* ***estar, ficar***) ***~ a*** *j-m* (gut) stehen (*od* passen); ***calhar ~*** F gelegen (*od* zupass) kommen; ***dar-se ~ com*** F gut auskommen mit; ***estou ~*** mir geht es gut, ich fühle mich wohl; ***está ~!*** ist in Ordnung!; ***estar ~ com*** (sich) gut stehen mit; ***fazer ~*** gut tun (*dat*), bekommen (*dat*); ***~ feito!*** *irón* gut gemacht!; geschieht ihm (ihr *etc*) recht!; ***ficar ~*** *Prüfung* bestehen; ***passar ~*** es sich gut ergehen lassen; ***querer ~ a*** gern (*od* lieb) haben (*ac*), mögen; ***não regular ~*** F nicht richtig im Kopf sein; ***saber ~ a*** *j-m* gut schmecken; *fig* gefallen; ***sair ~*** gut ausgehen; **3.** *pl* → ***bens***

bem-|afamado [bẽjɐfɐ'madu]: ***ser ~*** e-n guten Ruf haben; **~amado** [-ɐ'madu] *m* F (jedermanns) Liebling *m*

bem-aventur|ado [bẽjɐvẽtu'radu] (glück)selig, glücklich; **~ança** [-'rẽsɐ] *f* (Glück)Seligkeit *f*; **~ar** [-'rar] (1a) glücklich (*od* selig) machen

bem-|bom [bẽj'bõ] *m bras* Gemütlichkeit *f*; Wohlbefinden *n*; Wohlstand *m*; **~criado** [bẽj'krjadu] wohlerzogen; **~disposto** [-diʃ'poʃtu] gut gelaunt, gut aufgelegt; **~dizer** [-di'zer] (2x) loben (***de*** *ac*); ***a ~*** sozusagen; → ***bendizer***; **~educado** [-idu'kadu] wohlerzogen; **~empregado** [-ẽprə'gadu] sinnvoll eingesetzt; **~estar** [-əʃ'tar] *m* Wohlergehen *n*; Wohlstand *m*; **~fadado** [-fɐ'dadu] glücklich; Glücks...; **~humorado** [-umu'radu] gut gelaunt; **~intencionado** [-ĩtẽsju'nadu] wohlmeinend; aufrichtig; **~mandado** [-mẽ'dadu] F unterwürfig; **~me-quer(es)** [-mə'ker] *m(pl)* Gänseblümchen *n*

bemol [bə'mɔɫ] *m* Moll(tonart *f*) *n*

bem-|parecido [bẽjpɐrə'sidu] gut aussehend; **~posto** [-'poʃtu] gut gekleidet; **~querente** [-kə'rẽtə] wohlmeinend; zugetan; **~sucedido** [-susə'didu] erfolgreich; **~vindo** [-'vĩdu] willkommen; **~visto** [-'viʃtu] gern gesehen

bênção(s) ['bẽjsɐ̃w] *f(pl)* Segen *m*, Segnung *f* (*a* REL); Gefallen *m*

ben|dito [bẽj'ditu] *p/p von* **~dizer** [-di'zer] (2x) segnen (*a* REL), preisen

benefic|ência [bənəfi'sẽsjɐ] *f* Wohltätigkeit *f*; **~ente** [-'sẽtə] wohltätig; **~iação** [-sjɐ'sɐ̃w] *f* ARQUIT Erhaltungs-, Verschönerungsarbeiten *f/pl*; BGB Aufbereitung *f*; ***obras*** *f/pl* ***de ~*** *z.B.* Fahrbahnarbeiten *f/pl* (*Straßenbau*); **~iador** [-sjɐ'dor] **1.** *adj* wohltätig; **2.** *m* Wohltäter *m*; **~iamento** *m* [-sjɐ'mẽtu] *m* Aus-, Verbesserung *f*; TÉCN Veredelung *f*; **~iar** [-'sjar] (1g) begünstigen; eine Wohltat erweisen (*dat*); *j-n* mit *et* bedenken (*od* versehen); aus-, verbessern, verschönern; TÉCN veredeln; ARQUIT sanieren; **~iário** [-'sjarju] *m* Nutznießer *m*; Begünstigte(r) *m*

benefício [bənə'fisju] *m* Wohltat *f*; Geschenk *n*; Nutzen *m*, Vorteil *m*; *soziale* Beihilfe *f*; Benefiz-, Wohltätigkeitsveranstaltung *f*; ***~ fiscal*** Steuervorteil *m*; ***em*** (*od* ***a***) ***~ de*** zum Wohl (*od* Nutzen) von

benéfico [bə'nɛfiku] wohltätig; gutmütig; günstig, vorteilhaft

benemérito [-'mɛritu] lobenswert

benesse [bə'nɛsə] *f* Wohltat *f*, Almosen *n*; Pfründe *f* (*Einkünfte*)

bene|volência [bənəvu'lẽsjɐ] *f* Wohlwollen *n*; Güte *f*; **~volente** [-vu'lẽtə] = ***benévolo***

benévolo [bə'nɛvulu] wohlwollend

ben|fazejo [bẽfɐ'zeʒu] wohltätig; **~feitor** [-fɐj'tor] *m*, **-a** *f* Wohltäter(in *f*) *m*; **~feitoria** [-fɐjtu'riɐ] *f* Aus-, Verbesserung *f*; Verschönerung *f*

bengal|a [bẽ'galɐ] *f* (Spazier)Stock *m*; ***~ branca*** Blindenstock *m*; **~ada** [-gɐ'ladɐ] *f* Stockhieb *m*; **~eiro** [-'lɐjru] *m* Schirmständer *m*; *allg* Garderobe *f*; **~ês** [-gɐ'leʃ] *adj* bengalisch; **~i** [-gɐ'li] *su* **a)** Bengale *m*, Bengalin *f*; **b)** Bengali *n* (*Sprache*)

benign|idade [bənəgni'dadə] *f* Güte *f*, Gutherzigkeit *f*; Milde *f*; MED Gutartigkeit *f*; **~o** [bə'nignu] gütig, gutherzig; mild; MED gutartig

benjamim [bẽʒɐ'mĩm] *m* F Nesthäkchen *n*, Benjamin *m* (*der Familie*)
benjoim [bẽ'ʒwĩ] *m* Benzoe(harz *n*) *f*
benqu|erença [bẽkə'rẽsɐ] *f* Zuneigung *f*; Wertschätzung *f*; **~isto** [-'kiʃtu] beliebt
bens [bẽʃ] *m/pl* Vermögen *n*, Besitz *m*; Habe *f*; **~ de consumo** Konsumgüter *n/pl*; **~ duradouros** langlebige Konsumgüter *n/pl*; **~ intermédios** ECON Zwischenerzeugnisse *n/pl*
bento ['bẽtu] geweiht, Weih...; **São ♀** *Sitz des port Parlaments*
benz|edeiro [bẽzə'dɐjru] *m* Wunderheiler *m*, Gesundbeter *m*; **~er** [-'zer] (2a) weihen; segnen; **~-se** sich bekreuzigen; *fig* staunen
benz|ina [bẽ'zinɐ] *f* Leicht-, Waschbenzin *n*; **~ol** [-'zɔɫ] *m* Benzol *n*
bequadro [be'kwadru] *m* MÚS Auflösungszeichen *n*
bera ['bɛrɐ] **1.** *adj* nichtsnutzig; schlampig; **estar muito ~** nicht gut drauf sein; **ficar ~** stinksauer werden; P **2.** *su* Nichtsnutz *m*, Flasche *f*, Niete *f*
berbequim [bərbə'kĩ] *m* Drillbohrer *m*; **~ com percussão** Schlagbohrmaschine *f*; **~ eléctrico** elektrische (Hand)Bohrmaschine *f*
berbere [bər'bɛrə] berberisch
berbigão [bərbi'gɐ̃w] *m* Herzmuschel *f*
berç|ário [ber'sarju] *bras* Entbindungsstation *f*; **~as** ['bersɐʃ] *f/pl* P Provinz *f*, Hinterland *n*; **~o** ['bersu] *m* Wiege *f* (*a fig*); NAV Stapel *m*; TÉCN Schlitten *m*; *bras* Stempelkissen *n*
bergantim [bərgɐ̃'tĩ] *m* Zweimaster *m*
berimbau [bərĩ'baw] *m* Maultrommel *f*; *einsaitige* Kalebassenfidel *f*
beringela [bərĩ'ʒɛlɐ] *f* Aubergine *f*
Berlim [bər'lĩ] Berlin *n*
berlin|da [bər'lĩdɐ] *f* Berline *f*; **estar na ~** F Tagesgespräch sein; **~de** [-'lĩdə] *m* Murmel *f*; **~ense** [-li'nẽsə] **1.** *adj* berlinisch, Berliner; **2.** *su* Berliner(in *f*) *m*
berl|iques [bər'likəʃ] *m/pl*: (**por artes de**) **~ e berloques** P (mit) Taschenspielertricks *m/pl* (*od* Hokuspokus *m*); **~oque** [-'lɔkə] *m* HIST (Schmuck)Anhänger *m*
berma ['bɛrmɐ] *f* Fußweg *m* (*für Fußgänger*); Straßenrand *m*, Randstreifen *m*; Gosse *f*; **~ baixa** tief liegende(r) Randstreifen *m*
bermuda [bər'mudɐ] *f* Bermuda *f* (*Hose*)
Berna ['bɛrnɐ] Bern *n*
berra ['bɛʀɐ] *f* Brunst *f*; **andar** (*od* **estar**) **na ~** P in (Mode) sein
berr|ante [bə'ʀɐ̃tə] schreiend, grell (*Farbe*); **~ão** [-'ʀɐ̃w] *m* F Schreihals *m* (*Kind*); **~ar** [-'ʀar] (1c) brüllen; schreien (**por** nach); blöken (*Schaf*); röhren (*Hirsch*); *fig* zetern; **~aria** [-ʀɐ'riɐ] *f* Gebrüll *n*; **~egar** [-ʀə'gar] (1o; *Stv* 1c) (herum)brüllen; blöken (*Schaf*); **~eiro** [-'ʀɐjru] *m* Gebrüll *n*, Geheul *n*; Gezeter *n*
berro ['bɛʀu] *m* Schrei *m*; Brüllen *n*; Geblöke *n* (*Schaf*); *fig* (*bsd* **~s** *pl*) Gezeter *n*; **aos ~s** schreiend; **dar o ~** P den Geist aufgeben (*kaputtgehen*); den Abgang machen (*sterben*)
besoiro, -ouro [bə'zojru, -'zoru] *m* (Mist)Käfer *m*
besta[1] ['bɛʃtɐ] *f* Armbrust *f*
besta[2] ['beʃtɐ] **1.** *adj* P blöde, doof; **ficar** (**meio**) **~** P außer sich sein, zum Tier werden (*vor Zorn*); **2.** *f* Vierfüßler *m*, Vieh *n*; *fig* F Hornochse *m*; **~ de carga** (**tiro**) Last-(Zug)Tier *n*; *fig* F Arbeitstier *n*; **~(s)-fera(s)** [-'fɛrɐ] *f(pl)* wilde(s) Tier *n*; Bestie *f* (*a fig*); **~(s)-quadrada(s)** [-kwɐ'dradɐ] *f(pl)* P Blödmann *m*
best|alhão [besta'ʎɐ̃w] *m*, **-ona** *f* *bras* P **1.** *adj* blöde; **2.** *su* Dummkopf *m*; **~ar** [-'tar] (1c) *bras* Blödsinn machen; herumlungern; **~eira** [-'tejra] *f bras* P Dummheit *f*, Klacks *m*
béstia ['bɛʃtjɐ] *f* Vieh *n*, Tier *n*
bestiaga [bəʃ'tjagɐ] *f* *depr* Trottel *m*
bestial [bəʃ'tjaɫ] bestialisch, grausam; P toll, irre, tierisch (gut); **~idade** [-tjɐli'dadə] *f* Bestialität *f*
bestificar(-se) [bəʃtəfi'kar(sə)] (1n) verrohen; verblöden
bestunto [bəʃ'tũtu] *m* P Schwachkopf *m*
besugo [bə'sugu] *m* Meerbrassen *m*
besunt|ado [bəzũ'tadu] fettig, ölig; schmierig; **~ão** [-'tɐ̃w] *m*, **-ona** *f* P Schmutzfink *m*, Dreckferkel *n*; **~ar** [-'tar] (1a) beschmieren
beta[1] ['bɛtɐ] *f* Beta *n*; **ondas** *f/pl* **~**

Betawellen *f/pl* (*Hirnaktionsströme*); ***partícula*** *f* ~ Betateilchen *n*; ***raios*** *m/pl* ~ Betastrahlen *m/pl*

beta² ['betɐ] *f* Streifen *m*, Fleck *m*

betado ['bətadu] streifig; gestreift

betão [bə'tɐ̃w] *m* Beton *m*; ~ ***armado*** Stahlbeton *m*; ~ ***batido*** Stampfbeton *m*; ~ ***pré-esforçado*** Spannbeton *m*; ~ ***vibrado*** Rüttelbeton *m*

bétele ['bɛtələ] *m* Betel(nuss *f*) *m*

beterraba [bətə'ʀabɐ] *f* Rübe *f*; Rote Beete *f*; ~ ***forrageira*** Futterrübe *f*; ~ ***sacarina*** Zuckerrübe *f*

betesga [bə'teʒgɐ] *f* **a)** (Sack)Gasse *f*; **b)** Spelunke *f*

beton|agem [bətu'naʒɐ̃j] *f* Betonieren *n*; **~ar** [-'nar] (1f) betonieren

bétula ['bɛtulɐ] *f* BOT Birke *f*

betum|ado [bətu'madu] Teer...; Bitumen...; ***cartão*** *m* ~ Dachpappe *f*; **~ar** [-'mar] (1a) *Straße* teeren; *Glas, Fenster* (ver)kitten

betum|e [bə'tumə] *m* Bitumen *n*; (Glaser)Kitt *m*; Spachtelmasse *f*; ~ ***de juntas*** Fugenmörtel *m*; **~inoso** [-mi'nozu] teerhaltig, bituminös

bexig|a [bə'ʃigɐ] *f* ANAT Harnblase *f*; (Schwimm)Blase *f* (*Fisch*); **~s** *pl* MED Blattern *pl*, Pocken *pl*; ***~s doidas, ~s loucas*** MED Windpocken *pl*; ***pedir*** ~ *fig* P den Schwanz einziehen; ***picado das ~s*** F kratzbürstig; **~ar** [-'gar] (1o) P hänseln

bezerr|a [bə'zeʀɐ] *f* ZO Färse *f*; ***estar a pensar na morte da*** ~ zerstreut sein, in Gedanken (versunken) sein; **~o** [-'zeʀu] *m* ZO Kalb *n*; Kalbsleder *n*; ***pé*** *m* ***de*** ~ BOT Löwenmaul *n*; ***botar*** ~ *bras* P alles von sich geben (*erbrechen*)

B.F. ***boas festas*** *f/pl* Frohes Fest *n*

BI ***bilhete*** *m* ***de identidade*** Personalausweis *m* (PA)

bia ['biɐ] *f* P Kippe *f*, Stummel *m* (*Zigarette*)

bibe ['bibə] *m* Kittelschürze *f* (*für Kinder*), Spielkittel *m*

biberão [bibə'rɐ̃w] *m* (Saug)Flasche *f*

Bíblia ['bibljɐ] *f* Bibel *f*

bíblico ['bibliku] biblisch

bibli|ofilia [bibljufə'liɐ] *f* Bücherliebhaberei *f*, Bibliophilie *f*; **~ófilo** [-'bljɔfilu] *m* Bibliophile(r) *m*, Bücherfreund *m*; **~ografia** [-bljugrɐ'fiɐ] *f* Bibliographie *f*, Literaturverzeichnis *n*; **~ográfico** [-'grafiku] bibliographisch; **~ómano** (*ô) [bi'bljɔmɐnu] *m* Büchernarr *m*; **~oteca** [-blju'tɛkɐ] *f* Bibliothek *f*, Bücherei *f*; **~otecário** [-tə'karju] *m* Bibliothekar *m*; **~oteconomia** [-tɛkunu'miɐ] *f* Bibliothekswesen *n*

bica ['bikɐ] *f* **a)** Brunnenröhre *f*; (Wasser)Strahl *m*; Wasserspender *m*; ***estar à*** (*od* ***na***) ~ an der Reihe sein; bevorstehen **b)** P *in Südportugal* Espresso *m*; ~ ***cheia*** P Espresso *m*; ~ ***curta*** P kleine(r) Espresso *m*

bicada [bi'kadɐ] *f* **a)** Schnabelhieb *m*; *fig* Zug *m* (*Schluck*); **b)** Saum *m* (*e-s Waldes*), Waldrand *m*; Ausläufer *m* (*Gebirge*); ***~s*** *pl* Reisig *n*

bicampeão [bikɐ̃'pjɐ̃w] *m*, **-ã** *f* *Sport*: zweifache(r) Meister(in *f*) *m*

bicar [bi'kar] (1n) *Getränk* nippen; picken (*Vogel*)

bicarbonato [bikɐrbu'natu] *m* doppeltkohlensaure(s) Salz *n*; ~ ***de sódio*** Natron *n*

bicentenário [bisẽtə'narju] *m* Zweihundertjahrfeier *f*

bíceps (*pl inv*) ['bisəps] *m* Oberarmmuskel *m*, Bizeps *m*

bicha ['biʃɐ] *f* Kriechtier *n*; Schlange *f* (*a fig*); Wurm *m*; P Schwule(r) *m*; ~ ***solitária*** Bandwurm *m*; ***estar com uma*** ~ F wütend sein; ***fazer*** ~ anstehen; **~(s)-cadela** [-kɐ'dɛlɐ] *f(pl)* Ohrwurm *m*; **~(s)-de-rabear** [-dəʀɐ'bjar] *f(pl)* Knallfrosch *m*

bich|ado [bi'ʃadu] *bras* madig; **~anar** [-ʃɐ'nar] (1a) wispern, flüstern; *Geheimnis* anvertrauen; **~ano** [-'ʃɐnu] *m* Kätzchen *n*; **~ão** [-'ʃɐ̃w] *m bras* Mordskerl *m*; **~ar** [-'ʃar] (1d) Maden (*od* Würmer) bekommen; **~arada** [biʃɐ'radɐ] *f* = **~aredo** [-ʃa'redu] *m bras* = **~aria** [-ʃɐ'riɐ] *f* Viehzeug *n*; Ungeziefer *n*; *fig* Gewimmel *n*; **~aroca** [-ʃa'rɔka] *m bras* P Schwuchtel *f* (*Homosexueller*); **~aroco** [-ʃɐ'roku] *m* Untier *n*; **~eiro** [-'ʃɐjru] **1.** *adj fig* kleinlich; **2.** *m* Bootshaken *m*; *bras* P Könner *m*, Fachmann *m*; **~inho** [-'ʃiɲu] *m* F Tierchen *n*; Würmchen *n*

bicho ['biʃu] *m allg* Tier *n*; Wurm *m*; Made *f*; Laus *f*; F Kerl *m*; ~ ***do monte*** (*od* ***do mato***) Raubein *n*, Eigenbrötler *m*; ***de criar*** ~ F ein Haufen...; Riesen...; ***andar com o*** ~ ***no ouvido*** misstrauisch sein; ***matar o*** ~ F *frühmorgens* e-n trinken; ***matar o ~ do ouvido a*** F *j-m* auf die Nerven gehen; ***ser um ~*** *bras* P ein Fuchs sein; ***virar ~*** *bras* P stinksauer werden

bicho|ca [bi'ʃɔkɐ] *f* P Regenwurm *m*; MED *kleiner* Furunkel *m*; *bras infan* Pimmel(chen *n*) *m* (*Penis*); **~(s)-careta(s)** [biʃukɐ'retɐ] *m(pl)* **a)** F Niemand *m*; **b)** jedermann, jeder x-Beliebige; **~(s)-carpinteiro(s)** [-kɐrpĩ'tɐjru] *m(pl)* Holzwurm *m*; ***ter ~*** zappelig sein; **~(s)-da-seda** [-dɐ'sedɐ] *m(pl)* Seidenraupe *f*; **~(s)-do-mato** [-du-'matu] *m(pl)* Sonderling *m*; **~so** [bi'ʃozu] madig

bicicleta [bisi'klɛtɐ] *f* Fahrrad *n*; ***~ a motor*** Mofa *n*; ***~ de montanha*** Mountainbike *n*; ***ir*** (*od* ***andar***) ***de ~*** Rad fahren, radeln

bico ['biku] *m* ZO Schnabel *m*; Spitze *f*; Ende *n*; Tülle *f*, Ausguss *m* (*e-r Kanne*); TÉCN Düse *f*; Brenner *m*; MÚS Mundstück *n*; ***~ de gás*** Gasbrenner *m*; ***~ do peito*** Brustwarze *f*; ***melro*** *m* ***de ~ amarelo*** Schlauberger *m*; ***em ~s dos pés*** auf Zehenspitzen; ***abrir o ~*** F den Schnabel aufmachen, reden; ***calar o ~*** F den Schnabel halten; ***~ calado!*** F Ruhe!; ***meter o ~*** F sich einmischen

bicolor [biku'lor] zweifarbig

bicudo [bi'kudu] mit spitzem Schnabel (*Vogel*); spitz (zulaufend); F heikel (*Angelegenheit*); kratzbürstig (*Person*)

bidão [bi'dɐ̃w] *m* Kanister *m*

bidé (*ê) [bi'dɛ] *m* Bidet *n*; P *depr* hässliche(s) Weib *n*

bidon [bi'dõ] *m* Kanister *m*

biela ['bjɛlɐ] *f* TÉCN Kupplungs-, Kolben-, Pleuelstange *f*

Bielorrússia [bjɛlɔ'ʀusjɐ]: ***a ~*** Weißrussland *n*

bienal [bjɛ'nał] **1.** *adj* zweijährig; zweijährlich, biennal; **2.** *f* Biennale *f*

biénio (*ê) ['bjɛnju] *m* Zeitraum *m* von zwei Jahren

bifana [bi'fɐnɐ] *f* Schweinesteak *n* in Brot

bifar [bi'far] (1a) F stibitzen, mausen

bife ['bifə] *m* CUL Steak *n*; P *irón* Engländer *m*; P *irón* Popo *m*, Hinterteil *n*; ***~ bem*** (***mal***) ***passado*** durchgebratenes (halb durchgebratenes) Steak *n*; ***~ de carne moída*** Hacksteak *n*; ***~ de lombo*** Filetsteak *n*; ***~ de vaca*** (Rinder)Steak *n*; ***~ enrolado*** Roulade *f*; ***dar um ~ a*** P *j-m* e-e knallen; **~steque** [-'ʃtɛkə] *m* Beefsteak *n*

bifurc|ação [bifurkɐ'sɐ̃w] *f* Gabelung *f*, Abzweigung *f*; **~ar** [-'kar] (1n) teilen; aufteilen (***em*** in *ac*); *Beine* spreizen; **~-se** sich teilen, sich gabeln (*Weg*); sich rittlings setzen

bigamia [bigɐ'miɐ] *f* Bigamie *f*

bígamo ['bigɐmu] *m* Bigamist *m*

bigod|aça [bigu'dasɐ] *f* *großer* Schnauzbart *m*; **~e** [bi'gɔdə] *m* Schnauzer *m*, Schnurrbart *m*; ***dar um ~ a*** P *j-m* eins auswischen; **~ear** [-gu'djar] (1l) hintergehen, täuschen

bigodi [bigɔ'di] *m* Lockenwickler *m*

bigorna [bi'gɔrnɐ] *f* Amboss *m*

bigorrilha(s) [bigu'ʀiʎɐ(ʃ)] *m* Taugenichts *m*

bigotismo [bigu'tiʒmu] *m* Bigotterie *f*

biguá [bi'gwa] *m bras* Kormoran *m*

bijutaria, *bras* **bijuteria** [biʒutɐ'riɐ, biʒute'ria] *f* (Mode) Schmuck *m*

bilabial [biłɐ'bjał] **1.** *adj* bilabial; **2.** *f* bilabiale(r) Laut *m*

bilateral [biłɐtə'rał] POL bilateral

bilha ['biʎɐ] *f* Tonkrug *m*

bilhão [bi'ʎɐ̃w] *m bras* Milliarde *f*

bilhar [bi'ʎar] *m* Billard *n*; ***calvo como uma bola de ~*** P glatzköpfig; **~ista** [-'riʃtɐ] *su* Billardspieler(in *f*) *m*

bilh.e ***bilhete*** *m* Schein *m*

bilhete [bi'ʎetə] *m* Eintrittskarte *f*; CAM. DE F Fahrkarte *f*, -schein *m*; AV (Flug)Ticket *n*; Briefchen *n*; Zettel *m*; (Geld)Schein *m*; Los *n* (*Lotterie*); ***~ azul*** P blaue(r) Brief *m* (*Entlassung*); ***~ de identidade*** Personalausweis *m*; ***~ de ida e volta*** Rückfahrkarte *f*; **~(s)-de-visita** [-dəvə-'zitɐ] *m(pl)* Visitenkarte *f*

bilhet|eira [biʎə'tɐjrɐ] *f* **a)** (Fahr-karten)Schalter *m*; TEA Kasse *f*; ***êxito*** *m* ***de ~*** Kassenerfolg *m*; **b)** (Fahr)Kartenverkäuferin *f*; **~eiro** [-'tɐjru] *m* Kartenverkäufer *m*; **~eria** [-ʎete'ria] *f bras* → ***~eira***; ***~ vespertina*** TEA Abendkasse *f*

bilhete(s)-postal (**-ais**) [biʎetə-puʃ'tał] *m(pl)* Postkarte *f*

bilhostre [bi'ʎɔʃtrə] *m depr* Zugereiste(r) *m*; Lump *m*
bilião [bi'ljɐ̃w] *m port* Billion *f*
bili|ar, -ário [bi'ljar, -'ljarju] Gallen…
bi|lingue, *bras* **~língüe** [bi'lĩgə, bi'lĩgwi] zweisprachig; *fig* doppelzüngig; **~linguismo** (*ü) [-lĩ'gwiʒmu] *m* Zweisprachigkeit *f*
bilionário [biljo'narju] *m bras* Multimillionär *m*
bilioso [bi'ljozu] gallig
bílis ['biliʃ] *f* Galle *f*
bilontra [bi'lõtrɐ] *m* Schuft *m*
bilr|ar [biɫ'ʀar] (1a) klöppeln; **~o** ['biɫʀu] *m* Klöppel *m* (*Handarbeiten*); Schläger *m* (*Ballspiele*); *fig* Knirps *m*
biltre ['biɫtrə] *m*, **-a** *f* P Lump *m*, ordinäre(s) Weib *n*
bimbalh|ada [bĩbɐ'ʎadɐ] *f* Gebimmel *n*; **~ar** [-'ʎar] (1b) bimmeln
bimbo ['bĩbu] *m* P Hinterwäldler *m*
bi|mensal [bimẽ'saɫ] vierzehntägig, zweimal monatlich (*Erscheinungsweise*); zweimonatig (*Dauer*); **~mestral** [-məʃ'traɫ] zweimonatlich, Zweimonats…; **~mo** ['bimu] zweijährig; **~motor** [-mu'tor] *m* zweimotorige(s) Flugzeug *n*
binário [bi'narju] **1.** *adj* binär; **2.** *m* TÉCN Drehmoment *n*
bingo ['bĩgu] *m bras* Bingo *n*
binóculo [bi'nɔkulu] *m* Fernglas *n*, Feldstecher *m*; TEA Opernglas *n*
binómi|o (*ô) [bi'nɔmju] *m* Binom *n*
bínubo ['binubu] wieder verheiratet
bio… [biw] *in Zssgn* bio…, Bio…
bio|acumulável [biwɐkumu'lavɛɫ] biologisch nicht abbaubar; **~bibliografia** [-bibljugrɐ'fiɐ] *f* Biobibliographie *f*; **~ciclo** [-'siklu] *m* Biozyklus *m*, biologische(r) Kreislauf *m*; **~degradabilidade** [-dəgrɐdɐbəli'dadə] *f* biologische Abbaubarkeit *f*; **~degradável** [-dəgrɐ'davɛɫ] biologisch abbaubar; **~gás** [-'gaʃ] *m* Biogas *n*
biofísica [biw'fizikɐ] *f* Biophysik *f*
bio|génese *f* = **~genia** *f* [biw'ʒɛnəzə, -ʒə'niɐ] Biogenese *f*; **~genésico** = **~genético** [-ʒənɛziku, -ʒə'nɛtiku] biogenetisch; ***lei*** *f* **-a** biogenetische Grundregel *f*; **~geografia** [-ʒiɔgrɐ'fiɐ] *f* Biogeographie *f*
biografar [biwgrɐ'far] (1b) *j-s* Biographie schreiben; **~grafia** [-grɐ'fiɐ] *f* Biographie *f*
bio|logia [biwlu'ʒiɐ] *f* Biologie *f*; **~lógico** [-'lɔʒiku] biologisch; **~logista** *su* = **biólogo** *m* [-lu'ʒiʃtɐ, 'bjɔlugu] Biologe *m*, Biologin *f*; **~ma** ['bjɔmɐ] *m* Biom *n*
biombo ['bjõbu] *m* spanische Wand *f*
bio|metria [biwmə'triɐ] *f* Biometrie *f*; **~psia** [-'psiɐ] *f* Biopsie *f*; **~química** [-'kimikɐ] *f* Biochemie *f*; **~rritmo** [-'ʀitmu] *m* Biorhythmus *m*; **~sfera** [bjuʃ'fɛrɐ] *f* Biosphäre *f*; **~tecnologia** [biwtɛknulu'ʒiɐ] *f* Biotechnologie *f*
biótopo ['bjɔtupu] *m* Biotop *m u n*
bipartidarismo [bipɐrtidɐ'riʒmu] *m* Zweiparteiensystem *n*
bipartir [bipɐr'tir] (3b) zweiteilen; **~-se** sich teilen, sich gabeln (*Weg*)
bípede ['bipədə] *m* Zweifüßer *m*
biplano [bi'plɐnu] *m* AV Doppeldecker *m*
bipolar [bipu'ɫar] bipolar, zweipolig; **~idade** [-puɫɐri'dadə] *f* Bipolarität *f*, Zweipoligkeit *f*
biqueira [bi'kɐjrɐ] *f* Spitze *f*; Ausguss *m*; Wasserspeier *m*; Fallrohr *n*; Schuhspitze *f*; (Metall)Beschlag *m*; *bras* Zigarren-, Zigarettenspitze *f*
biquinh|a [bi'kiɲɐ] *f* F *kleiner* Espresso *m*; **~o** [-'kiɲu] *m*: ***fazer ~*** F schmollen, eingeschnappt sein
biquíni [bi'kini] *m* Bikini *m*
birbante [bir'bẽtə] *m* Schurke *m*
birr|a ['biʀɐ] *f* Starrsinn *m*; Halsstarrigkeit *f*; Abneigung *f*; ***fazer ~*** F bockig sein (*Kind*); **~ar** [-'ʀar] (1a) bocken, störrisch sein; **~ento** [-'ʀẽtu] halsstarrig; ungezogen, bockig (*Kind*)
bis [biʃ] **1.** *m* Wiederholung *f*; **2.** *adv* zweimal; MÚS da capo; ***1 ~*** 1A (*Hausnummer*); **3.** *int* Zugabe!
bisagra [bi'zagrɐ] *f* (Tür)Angel *f*
bisão [bi'zɐ̃w] *m* ZO Bison *m*
bisar [bi'zar] (1a) noch einmal verlangen; Zugabe rufen
bisarma [bi'zarmɐ] *f* P Riesending *n*, Koloss *m* (*Sache*, *Person*)
bis|avô *m*, **-ó** *f* [bizɐ'vo, -'vɔ] Urgroßvater *m*, -mutter *f*; **~avôs** *m/pl* Urgroßeltern *pl*
bisbilh|ar [bizbi'ʎar] (1a) *bras* murmeln; **~o** [-'biʎu] *m bras* Murmeln *n*

(*Wind, Wasser*); **~otar** [biʒbiʎu'tar] (1e) intrigieren; klatschen (**de** über *ac*); herumschnüffeln; **~oteiro** [-'tɐjru] *m*, **-a** *f* Klatschmaul *n*, -base *f*; Intrigant(in *f*) *m*; Schnüffler(in *f*) *m*; **~otice** [-'tisə] Intrige *f*; Klatscherei *f*; Schnüffelei *f*
bisbórria(s) [biʒ'bɔʀjɐ(ʃ)] *m* lächerliche(r) Kerl *m*; *f* Kleinigkeit *f*
bisca ['biʃkɐ] *f Art Kartenspiel*; Anzüglichkeit *f*, Anspielung *f*; ***uma boa ~*** P *depr* ein toller Halunke; **~ar** [-'kar] (1a) e-e Karte ziehen
Biscaia [biʃ'kajɐ]: ***a ~*** Biskaya *f*
biscat|e, -o [bis'katə, -tu] *m* P Gelegenheitsjob *m*, Nebenverdienst *m*; **~ear** [-kɐ'tjar] (1l) e-n Nebenverdienst haben; von Gelegenheitsarbeiten leben; **~eiro** [-'tɐjru] *m* Gelegenheitsarbeiter *m*
biscoito, -outo [biʃ'kojtu, -'kotu] *m* **a)** *CUL* Keks *m*; Zwieback *m*; **b)** Biskuitporzellan *n*; *fig* Ohrfeige *f*
bisel [bi'zɛɫ] *m TÉCN* Fase *f*, *stumpfe* Kante *f*; Schliff *m*; Schneidkante *f* (*Werkzeug*); **~ar** [-zə'lar] (1c) abkanten, abschrägen; schleifen
bismuto [biʃ'mutu] *m* Wismut *n*
bisnag|a [biʒ'nagɐ] *f* Tube *f*; (Wasser)Spritze *f*; **~ar** [-nɐ'gar] (1o; *Stv* 1b) bespritzen
bisnau [biʒ'naw] tückisch; ***pássaro m ~*** *fig* Fuchs *m*, Gauner *m*
bisneto [biʒ'netu] *m*, **-a** *f* Urenkel(in *f*) *m*
bisonh|aria, ~ice [bizuɲɐ'riɐ, -'ɲisə] *f* Unerfahrenheit *f*; Verlegenheit *f*; **~o** [-'zoɲu] **1.** *adj* unerfahren; linkisch, ungeschickt; schüchtern; **2.** *m MIL* Spritzer *m* (*Rekrut*)
bisonte [bi'zõtə] *m* Bison *m*
bispar [biʃ'par] (1a) F **a)** wahrnehmen; mustern; beobachten; **b)** P klauen; **~-se** sich davonstehlen
bispo ['biʃpu] *m* Bischof *m*; *Schach*: Läufer *m*; ***cheirar a ~*** F angebrannt sein; ***trabalhar para o ~*** F für die Katz sein; **~te** [-'pɔtə] *m* P Pisspott *m*
bisse(c)|ção [bisɛ(k)'sɐ̃w] *f* Halbierung *f*; **~tar** [-'tar] (1c) halbieren; **~tor** [-'tor] halbierend; **~triz** [-'triʃ] *f* Halbierungslinie *f*; Winkelhalbierende *f*
bissemanal [bisəmɐ'naɫ] zweimal wöchentlich
bissexto [bi'sɐjʃtu] **1.** *adj* Schalt...; ***ano n ~*** Schaltjahr *n*; **2.** *m* Schalttag *m*
bissexual [bisɛ'kswaɫ] bisexuell; **~idade** [-kswɐɫi'dadə] *f* Bisexualität *f*
bissílabo [bi'siɫɐbu] **1.** *adj* zweisilbig; **2.** *m* zweisilbige(s) Wort *n*
bistrô [bis'tro] *m bras* Bistro *n*, *kleines* Restaurant *n*
bisturi [biʃtu'ri] *m* Skalpell *n*
bit [bit] *m INFORM* Bit *n*
bitácula [bi'takulɐ] *f NAV* Kompassgehäuse *n*; P Visage *f*; **~s** *pl* F Nasenlöcher *m/pl*; ***apanhar*** (*od* ***levar***) ***nas ~s*** P eins auf die Nase bekommen
bitate [bi'tatə] *m* P faule Ausrede *f*, Ausflucht *f*
bitola [bi'tɔlɐ] *f* Maß(stab *m*) *n*; Norm *f*; Muster *n*; *TÉCN* Kaliber *n*, Stärke *f*; *CAM. DE F* Spurweite *f*; *NAV* (Tau)Dicke *f*; *fig* Richtschnur *f*; Eintracht *f*; ***~ dupla*** Doppelgleis *n*; ***de ~ estreita*** schmal-, ***de ~ larga*** breit-, ***de ~ simples***, ***de uma só ~*** einspurig; ***medir tudo pela mesma ~*** alles über e-n Kamm scheren
bitributação [bitributɐ'sɐ̃w] *f* Doppelbesteuerung *f*
bival|ência [bivɐ'ɫẽsjɐ] *f* Bivalenz *f*, Zweiwertigkeit *f*
bivalve [bi'vaɫvə] zweischalig; **~s** *m/pl* Muscheln *f/pl*
bivaque [bi'vakə] *m* **a)** Biwak *n*; **b)** Feldmütze *f*
bizantin|ice [bizẽtə'nisə] *f* Marotte *f*; = **~ismo** [-'niʒmu] *m* schlüpfrige(s) Gerede *n*; **~o** [-'tinu] **1.** *adj* byzantinisch; **2.** *m HIST* Byzantiner *m*
bizarr|ia [bizɐ'ʀiɐ] *f* Eleganz *f*; Höflichkeit *f*; Überspanntheit *f*, Verschrobenheit *f*; Mut *m*, Schneid *m*; ***como vai essa ~?*** F was macht die Kunst?; **~ice** [-'ʀisə] *f* Eitelkeit *f*, Prahlsucht *f*; **~o** [-'zaʀu] bizarr; elegant; zuvorkommend; *depr* überspannt, verschroben
black-tie [blɛk'taj] *m bras* Smoking *m*
blague ['blagə] *m* Scherz *m*, Ulk *m*
blan|dícia [blẽ'disjɐ] *f* Schmeichelei *f*, Kompliment *n*; **~diciar** [-di'sjar] (1g) schmeicheln; liebkosen
blasf|emar [blɐʃfə'mar] (1d) **1.** *v/t* verhöhnen; **2.** *v/i* lästern; fluchen

B

(**de**, **contra** auf *ac*); **~émia** (*ê) [-'fɛmjɐ] *f* Blasphemie *f*, (Gottes)Lästerung *f*; Fluch *m*, Schimpfwort *n*; **~emo** [-'femu] **1.** *adj* blasphemisch, (gottes)lästernd; **2.** *m* (Gottes)Lästerer *m*
blasonar [blɐzu'nar] (1f) prahlen; sich aufspielen; sich ausgeben
blecaute [blɛ'kawtʃi] *m bras* Black-out *m u n*
blefar [blɛ'far] (1a) bluffen
blind|ado [blĩ'dadu] **1.** *adj* gepanzert; Panzer...; *EL* abgeschirmt; ***carro** m* **~** Panzerfahrzeug *n*; **2.** *m* Panzerfahrzeug *n*, gepanzerte(s) Fahrzeug *n*; **~ar** [-'dar] (1a) panzern; verkleiden (**com**, **de** mit)
bloco ['blɔku] *m* Block *m*; Klotz *m*; **~ de notas** *INFORM* Notebook *n*; **em ~** im Ganzen; **~(s)-diagrama(s)** [-diɐ'gremɐ] *m*(*pl*) Blockdiagramm *n*
bloqu|eado [blu'kjadu] blockiert; gesperrt; *TÉCN* festgefahren; **~eador** [-kjɐ'dor] Blockier...; **~ear** [-'kjar] (1l) blockieren; sperren, abriegeln; **~eio** [-'kɐju] *m* Blockade *f*, (Ab)Sperrung *f*; *TÉCN* Blockierung *f*, Sperre *f*; **~ das portas de trás** *AUTO* Kindersicherung *f*; **~ do volante** *AUTO* Lenkradsperre *f*; **~ista** [-'kiʃtɐ] *su* Angehörige(r) *su* e-s politischen Blocks
bluff [blɛf] *m* Bluff *m*
blus|a ['bluzɐ] *f* Bluse *f*; **~ão** [blu'zɐ̃w] *m* Blouson *m*, (Wind)Jacke *f*
B.º ***Beco*** *m* Gasse *f*
boa ['boɐ] **1.** *adj* (*f von* **bom**); ***estar numa* ~** P gut drauf sein; **(essa) é ~** das ist (ja) gut!, das ist ja heiter!; **às ~s** im Guten, gütlich; **2.** *f ZO* Boa *f*
boá [bwa] *f* Boa *f* (*Pelzumhang*)
boa(s)-boca(s) [boɐ'bokɐ] *su*(*pl*) gute(r) Esser(in *f*) *m*
boa(s)-noite(s) [boɐ'nojtə] *f*(*pl*), *bras m*(*pl*) Gutenabendgruß *m*
boa(s)-|pinta(s) [boa'pĩta] *bras* P **1.** *adj* elegant, beeindruckend; **2.** *su*(*pl*) Schönheit *f*, Schöne(r) *su*; **~praça(s)** [-'prasa] P *bras su*(*pl*) tolle(r) Bursche *m*, tolle Frau *f*
boas-|entradas [boɐzẽ'tradɐʃ] *f/pl* Guten Rutsch! (*Silvester*); **~festas** [boɐʃ'fɛʃtɐʃ] *f/pl* Frohes Fest!; ***telegrama*** *m* **de ~** Glückwunschtelegramm *n*; ***votos*** *m/pl* **de ~** Festtagswünsche *m/pl*; ***dar as*** **~** ein frohes Fest wünschen; **~novas** [boɐʒ'nɔvɐʃ] *f/pl* gute Nachrichten *f/pl*, erfreuliche Neuigkeiten *f/pl*; **~vindas** [-'vĩdɐʃ] *f/pl* Willkommen *n*
boatar [bwɐ'tar] (1b) Gerüchte ausstreuen
boate ['bwatə] *f* Tanzlokal *n*
boat|eiro [bwɐ'tɐjru] *m* Klatschweib *n*; **~o** ['bwatu] *m* Gerücht *n*
boa|-vai-ela [boɐvaj'ɛlɐ] *f* P tolle(s) Leben *n*; ***andar na*** **~** in den Tag hinein leben; **~(s)-vida(s)** [-'vidɐ] *su*(*pl*) Schmarotzer(in *f*) *m*
boaz|inha [boɐ'ziɲɐ] *f fig* gute Seele *f*; **~ona** [-'zɔnɐ] **1.** *adj f* gut(mütig); **2.** *f sehr* attraktive Frau *f*
bob|a ['boba] *f bras* P dumme Gans *f*; **~agem** [bo'baʒẽj] *f bras* Quatsch *m*, Blödsinn *m*; Dummheit *f*; **~alhão** [-ba'ʎɐ̃w] *m*, **-ona** *f bras* F Dussel *m*; **~ar** [-'bar] (1e) *bras* = **~ear** [bu'bjar] (1l) Dummheiten machen; sich blöd anstellen; **~eira** [bo'bejra] *f bras* dumme(s) Zeug *n*; **~ice** [bu'bisə] *f* → **~agem**
bobin|a [bu'binɐ] *f* Spule *f* (*Faden*, *a EL*); Rolle *f* (*Film*, *Papier*); **~ de indução** *EL* Induktionsspule *f*; **~agem** [-'naʒẽj] *f EL* (Auf-, Um-)Spulen *n*; (Vor-, Zurück)Spulen *n*; **~ar** [-'nar] (1a) (auf-, um)spulen; Kassetten (vor-, zurück)spulen; *EL* wickeln; **~e** [bɔ'binə] *f* (Film)Rolle *f*; **~ete** [bobi'netʃi] *m bras* Tüll *m*
bobo ['bobu] albern; dumm; *bras* sinnlos, unbedeutend
boca ['bokɐ] *f* Mund *m*; P Schnauze *f*, Maul *n*; Maul *n* (*des Tieres*); (Tunnel-, Fluss)Einfahrt *f*; (Flaschen-*etc*)Öffnung *f*; Eingang *m* (*U-Bahn*); *TÉCN*, *MIL* Mündung *f*; Anbruch *m* (*Winter*); Einbruch *m* (*Nacht*); **~s** *pl fig spöttische*, *zynische* Bemerkung *f*; **~ de fogo** Geschütz *n*; **~ de incêndio** Hydrant *m*; **à ~ pequena** (*od* **miúda**) insgeheim, heimlich; leise (*et mitteilen*); **de ~** mündlich; **de ~ em ~** von Mund zu Mund; **na ~ de** laut, nach Meinung von; **abrir a ~** gähnen; **abrir muito a ~** *et* überteuert verkaufen; **andar na(s) ~(s) do mundo** in aller Munde sein; **calar a ~** F das Maul halten; **estar de ~ aberta** sprachlos sein; **fazer a ~ doce a** *j-m* Honig ums Maul

schmieren; ***fazer crescer água na ~ a*** *j-m* das Wasser im Munde zusammenlaufen lassen; ***fechar a ~ a*** *j-n* zum Schweigen bringen; ***ter a ~ cheia*** F den Mund voll nehmen; **~(s)-aberta(s)** [boka'bɛrtɐ] *su(pl)* Einfaltspinsel *m*, Unschuldslamm *n*; **~(s)-de-fogo** [-də'fogu] *f(pl)* Geschütz *n*, Kanone *f*; **~(s)-de-incêndio** [-dəĩ'sẽdju] *f(pl)* Hydrant *m*; **~(s)-de-leão** [-də'ljɐ̃w] *f(pl)* *BOT* Löwenmaul *n*

boca|dinho [bokɐ'diɲu] F *dim von* ***bocado***: ***um ~*** ein bisschen; ***há ~*** vor kurzem; **~do** [-'kadu] *m* **a)** Bissen *m*, Happen *m*; ***tirar os ~s da boca*** sich den Bissen vom Munde absparen **b)** Bisschen *n*; (*zeitl*) Weilchen *n*; ***um ~*** ein bisschen; ***há ~*** vor kurzem, soeben; ***passar um mau ~*** Schweres (*od* e-e schwere Zeit) durchmachen

bocal [bu'kał] *m* Tülle *f* (*e-r Kanne*); Ansatz *m*; (Gefäß)Öffnung *f*; *TÉCN* Stutzen *m*; Düse *f*; *MÚS* Mundstück *n*

boçal [bu'sał] grob, ungeschliffen; dumm (*Person*); **~idade** [-sɐli'dadə] *f* Grobheit *f*; Dummheit *f*

bocej|ar [busə'ʒar] (1d) gähnen (***de*** vor *dat*); **~o** [-'seʒu] *m* Gähnen *n*

boceta [bu'setɐ] *f* Dose *f*; ***~ de Pandora*** Büchse *f* der Pandora; *bras* P Muschi *f* (*Vagina*)

bochech|a [bu'ʃeʃɐ] *f* Backe *f*; ***atirar às ~s de*** *j-m* *Worte* ins Gesicht schleudern; ***entrar de ~*** P *Kino etc* sich hineinmogeln; ***estalar as ~s*** schnalzen; **~ão** [-ʃə'ʃɐ̃w] *m* Backpfeife *f*; **~ar** [-'ʃar] (1d) (den Mund) ausspülen mit; **~o** [-'ʃeʃu] *m* Mund *m* voll, Schluck *m*; ***aos ~s*** Stück für Stück; **~udo** [-ʃə'ʃudu] pausbäckig

bochor|nal [buʃur'nał] schwül, stickig; **~o** [-'ʃornu] *m* Schwüle *f*

bócio ['bɔsju] *m* *MED* Kropf *m*

boda(s) ['bodɐ] *f(pl)* Hochzeit(sfest *n*) *f*; (Familien)Fest *n*; ***~ de prata*** (***ouro***) silberne (goldene) Hochzeit *f*; silberne(s) (goldenes) Dienst-, Geschäftsjubiläum *n*

bodar [bo'dar] (1e) *bras* P bekifft sein

bode ['bɔdə] *m* Ziegenbock *m*; ***~ expiatório*** Sündenbock *m*; ***comer sopa de ~*** e-e Abfuhr bekommen

bodeg|a [bu'dɛgɐ] *f* P Spelunke *f*, Kneipe *f*; P Fraß *m*; **~ão, ~ueiro** [-də'gɐ̃w, -'gɐjru] *m* (Kneipen)Wirt *m*; F Schmutzfink *m*

bodelha [bu'dɐʎɐ] *f* Braunalge *f*

bodo ['bodu] *m* Armenspeisung *f*

bodum [bu'dũ] *m* (Bocks)Gestank *m*

boémi|a (*ê) ['bwɛmjɐ] *f* Boheme *f* (*Lebensart*); Böhmin *f*; Zigeunerin *f*; **~o** ['bwɛmju] **1.** *adj* böhmisch; **2.** *m* Bohemien *m*; Böhme *m*; Zigeuner *m*

bóer (*ô) ['bɔər] *su* Bure *m*, Burin *f*

bof|ar [bu'far] (1e) **1.** *v/t* ausstoßen; **2.** *v/i* (hervor)sprudeln; *fig* großtun; **~es** ['bɔfəʃ] *m/pl* Lunge *f*; ***deitar*** (*od* ***lançar***) ***os ~*** *vor Anstrengung* japsen, keuchen; ***ser de ~ lavados*** P e-e Seele von Mensch sein

bofet|ada [bufə'tadɐ] *f* Ohrfeige *f*; **~ão** [-'tɐ̃w] *m* Backpfeife *f*; **~e** [-'fetə] *m* Klaps *m*

boi [boj] *m* Ochse *m*; Rind *n*; ***a passo de ~*** im Schneckentempo

bóia ['bɔjɐ] *f* *NAV* Boje *f*; Schwimmer *m*; *fig* leichte Mahlzeit *f*; ***não ver ~*** F (immer) nur Bahnhof verstehen; ***~ salva-vidas*** Rettungsboje *f*; ***~ sonora*** Heulboje *f*; **~(s)-de-braço** [-də'brasu] *f(pl)* Schwimmflügel *m*; **~(s)-de-cintura** [-dəsĩ'turɐ] *f(pl)* Schwimmring *m*

boião [bu'jɐ̃w] *m* Einmachglas *n*

boiar [bɔ'jar] (1k) **a)** (auf dem Wasser) schwimmen, treiben; *fig* schwanken; P liegen bleiben; **b)** *bras* (zu Mittag *od* zu Abend) essen

boiça ['bojsɐ] *f* → ***bouça***

boicot|agem [bojku'taʒɐ̃j] *f* Boykott *m*; **~ar** [-'tar] (1e) = **~ear** [-'tjar] (1l) boykottieren

boina ['bojnɐ] *f* Baskenmütze *f*; *MIL* Barett *n*

boiz ['bwiʃ] *f* Vogelfalle *f*; *fig* Falle *f*

boj|adura [buʒɐ'durɐ] *f* Schwellung *f*; **~ar** [-'ʒar] (1e) ausbauchen, wölben; *Metall* treiben; **~o** ['boʒu] *m* Bauch *m*; Fassungsvermögen *n*

bola[1] ['bɔlɐ] *f* Kugel *f*; Ball *m* (*zum Spielen*); (Seifen)Blase *f*; *bsd* Fußball *m*; Beule *f*; F Rübe *f* (*Kopf*); ***jogo*** *m* ***da ~*** Kegelspiel *n*; **~s** *pl* Eierbriketts *n/pl*; ***~ inflável*** Wasserball *m* (*Spielzeug*); ***comer ~*** P geschmiert werden (*Bestechung*); ***jogar*** (***à***) ***~*** Ball spielen

B

bola² ['bolɐ] *f gefüllter, flacher* Kuchen *m (aus Brotteig)*
bola(s)-ao-cesto [bɔlaw'sɛstu] *m(pl) bras* Basketball *m*
bolach|a [bu'laʃɐ] *f* Keks *m*; F Klaps *m (den ein Kind bekommt)*; **~udo** [-'ʃudu] F pausbäckig
bolada [bu'ladɐ] *f* Wurf *m*, Schlag *m (Tennis)*; ***boa ~*** *fig* große(s) Los *n*
bola(s)-de-berlim [bɔlɐdəbər'lĩ] *f(pl)* CUL Krapfen *m*, Berliner *(Pfannkuchen) m*
bolandas [bu'lɐ̃dɐʃ] *f/pl* Schwierigkeiten *f/pl*; ***andar em ~*** große Hektik haben; ***meter-se em ~*** sich in die Nesseln setzen
bolar [bu'lar] (1e) **a)** *Ball* servieren; e-e Angabe machen; *Kugel* stoßen; **b)** *bras* P aushecken, planen
bolas ['bɔlɐʃ] **1.** *su* Nichtsnutz *m*, Taugenichts *m*; **2.** *int*: ***ora ~s!*** F verflixt noch mal!; von wegen!
bolb|o ['bołbu] *m* Knolle *f*, (Blumen)Zwiebel *f*; **~oso** [-'bozu] zwiebelförmig, Zwiebel...; Knollen...
bolear [bu'ljar] (1l) (ab)runden *(a fig)*; ***~-se*** sich in den Hüften wiegen
boleia (*é) [bu'lɐjɐ] *f* Mitfahrgelegenheit *f*; *bras* Fahrerhaus *n*; ***dar ~ a*** *j-n* im Auto mitnehmen; ***andar*** *(od* ***viajar)*** ***à ~*** per Anhalter fahren, trampen; ***pedir ~*** trampen
bolero [bu'lɛru] *m* Bolero *m (Tanz)*; Bolerojäckchen *n*
boleti|m [bulə'tĩ] *m* amtliche Mitteilung *f*; Bericht *m*; Vordruck *m (zum Ausfüllen)*; Mitteilungsblatt *n*; ***~ clínico*** MED Krankenakte *f*; ***~ de alojamento*** Anmeldeformular *n*; ***~ de expedição*** Auslieferungsschein *m*; ***~ de saúde*** Impfpass *m*; ***~ de inscrição*** Einschreibformular *n*; ***~ meteorológico*** Wetterbericht *m*
boleto [bu'letu] *m* BOT Röhrenpilz *m*
boléu [bu'lɛw] *m* Fall *m*; Stoß *m*; Auf-, Zusammenprall *m*
bolh|a ['boʎɐ] *f* Blase *f (a Haut)*; ***ter ~*** F e-n Vogel haben; ***estar com a ~*** F e-n Rappel haben; **~ão** [bu'ʎɐ̃w] *m* (Wasser)Strahl *m*; **~elho** [-'ʎeʎu] *m* CUL *länglicher* Zuckerkuchen *m*; **~oso** [-'ʎozu] blasig, voller Blasen
boliche [bu'liʃə] *m* Bowling *n*; Kegeln *n*; Kegelbahn *f*
bólide ['bɔlidə] *f* **a)** ASTR Bolid *m*, Meteor *m*; **b)** AUTO Bolide *m*, Rennwagen *m (Formel 1)*
bolinete [buli'netə] *m* NAV Winde *f*; Haspel *f*
bolinh|a [bo'liɲa] *f bras* P Aufputschmittel *n (Pillen)*; **~o** [-'liɲu] *m bras* CUL *Art* Frikadelle *f*; ***~ de bacalhau*** Stockfischbällchen *n*
Bolívia [bu'livjɐ]: ***a ~*** Bolivien *n*
boliviano [buli'vjɐnu] **1.** *adj* bolivianisch; **2.** *m*, **-a** *f* Bolivianer(in *f*) *m*
bolo ['bolu] *m* **a)** Kuchen *m*; F Schlag *m (auf die Hand)*; ***~ de anos*** Geburtstagskuchen *m*; **b)** (Spiel)Kasse *f*; ***dar o ~ a*** *j-n* versetzen; ***levar o ~*** F e-n Korb kriegen
bolor [bu'lor] *m* Schimmel *m*; ***~ azul*** Blauschimmel *m*; ***criar ~*** = **~ecer** [-lurə'ser] (2g) verschimmeln
bolo-rei *m port* Weihnachtskuchen *m*
bolorento [-'rẽtu] schimmelig
bolota [bu'lɔtɐ] *f* **a)** BOT Eichel *f*; **b)** Quaste *f (Troddel)*
bolsa ['bołsɐ] *f* **a)** (Geld)Beutel *m*; Handtasche *f*; ***~ de ar*** Luftsack *m*; ***~ (de estudos)*** Stipendium *n*; ***~ dos cosméticos*** Kosmetikbeutel *m*; ***~ térmica*** Kühltasche *f*; ***~s sob os olhos*** Tränensäcke *m/pl*; ***puxar os cordões da ~*** P die Brieftasche zücken; **b)** ECON Börse *f*; ***~ de fundos públicos*** Effektenbörse *f*, ***~ de câmbios*** Devisenbörse *f*, ***~ de mercadorias*** Warenbörse *f*, ***~ de valores*** Wertpapierbörse *f*
bols|eiro [boł'sɐjru] *m* Stipendiat *m*; = **~ista** [-'siʃtɐ] **1.** *adj* Börsen... **2.** *su* Börsenspekulant(in *f*) *m*, Börsianer(in *f*) *m*; *bras* Stipendiat(in *f*) *m*
bolso ['bołsu] *m* (Hosen-, Rock)Tasche *f*; ***~ falso*** (versteckte) Innentasche *f*; ***dicionário*** *m* ***de ~*** Taschenwörterbuch *n*; ***do ~ do colete*** F aus der hohlen Hand
bom [bõ] gut; tüchtig *(Schüler)*; schön; gesund; ***Ano*** *m* ***2*** Neujahr *n*; ***o ~ e o bonito*** das Allerschlimmste; ***estou ~*** es geht mir gut
bomba ['bõbɐ] *f* **a)** Pumpe *f*; Saugrohr *n*; ***~ de gasolina*** Tankstelle *f*; ***~ de incêndio*** Feuerspritze *f*; ***~ de injecção*** AUTO Einspritzpumpe *f*; ***~ submersível*** Tauchpumpe *f*; ***dar à ~*** pumpen; **b)** MIL Bombe *f*; ***~ atómica*** Atombombe *f*; ***~ falhada***

Blindgänger *m*; **~ incendiária** Brandbombe *f*

bombard|eamento [bõbɐrdjɐ'mẽtu] *m* Bombardement *n*; Beschießung *f*; **~ear** [-'djar] (1l) beschießen, bombardieren; **~eio** [-'dɐju] *m* Bombardierung *f*; **avião** *m* **de ~** = **~eiro** [-'dɐjru] *m* MIL Bombenflugzeug *n*, Bomber *m*

bomba(s)-relógio [bõbɐʀə'lɔʒju] *f(pl)* Zeitbombe *f*

bombástico [bõ'baʃtiku] schwülstig, hochtrabend (*Stil*)

bombazina [bõbɐ'zinɐ] *f* Kord *m*

bomb|eador [bõbjɐ'dor] (An-) Saug...; **~ear** [-'bjar] (1l) pumpen; *bras* auskundschaften; **~eiro** [-'bɐjru] *m* Feuerwehrmann *m*; *bras* **a)** Klempner *m*; **b)** Kundschafter *m*; **c)** Trommler *m*; **corpo** *m* **de ~s**, **os ~s** *pl* die Feuerwehr; **~ista** [-'biʃtɐ] **1.** *adj* Bomben...; **atentado** *m* **~** Bombenattentat *n*; **2.** *su* Bombenattentäter(in *f*) *m*

bombo ['bõbu] *m* große Trommel *f*; *fig* F Prügelknabe *m*; **andar de ~** P e-n dicken Bauch haben (*schwanger sein*)

bom|bocado [bõbu'kadu] *m* Süßigkeit *f* (*aus Mandeln, Eigelb, Kokos*); **~bom** [bõ'bõ] *m*: **~** (**de chocolate**) Praline *f*

bombordo [bõ'bordu] *m* Backbord *n*

bombril [bõ'briɫ] *m* Haarteil *n* (*für e-n Dutt*)

bom-serás (*pl inv*) [bõsə'raʃ] *su* → **bonachão**

bom-tom [bõ'tõ] *m fig* gute(r) Ton *m*

Bona ['bɔnɐ] Bonn *n*

bonach|ão, **~eirão** [bunɐ'ʃɐ̃w, -ʃɐj'rɐ̃w] **1.** *adj* gutmütig; **2.** *m*, **-ona**, **-eirona** *f* gute Seele *f*; **~eirice** [-ʃɐj'risə] *f* Gutmütigkeit *f*

bonanç|a [bu'nɐ̃sɐ] *f* günstige(s) Wetter *n* (*auf See*); Ruhe *f*; *fig* Glück *n*; **~oso** [-'sozu] ruhig, heiter; frisch (*Wind*)

bondade [bõ'dadə] *f* Güte *f*; **tenha a ~ de** *inf* seien Sie so gut und ...

bonde ['bõdʒi] *m bras* Straßenbahn *f*; **comprar ~** P die Katze im Sack kaufen; **tomar ~ errado** P aufs falsche Pferd gesetzt haben

bondoso [bõ'dozu] gütig

boné [bu'nɛ] *m* (Schirm)Mütze *f*; **~ escocês** Schottenhaube *f* (*Muschel*); **apanhar ~s** F keine blasse Ahnung haben; **botar ~ em** *bras* P Hörner aufsetzen (*dat*) (*fremdgehen*)

bonec|a [bu'nɛkɐ] *f* Puppe *f*; **~o** [-'nɛku] *m* Puppe *f*; *fig* Marionette *f*; **~ articulado**, *bras* **~ de engonços** Hampelmann *m*; **~ de peluche** Plüschtier *n*; (**ser**) **para o ~** F für die Katz (sein)

bonific|ação [bunəfikɐ'sɐ̃w] *f* Vergünstigung *f*, Prämie *f*; **~ar** [-'kar] (1n) *j-m* e-e Vergünstigung (*od* Prämie) gewähren

bonifrate [buni'fratə] *m* Marionette *f*

bonina [bu'ninɐ] *f* Gänseblümchen *n*

boníssimo [bu'nisimu] *sup von* **bom**

bonit|ão [buni'tɐ̃w], **-ona** F unheimlich hübsch; **~eza** [-'tezɐ] *f* Schönheit *f*; **~inho** [-'tiɲu] F niedlich; **~o** [-'nitu] hübsch, schön; **fê-la -a!** da haben Sie sich was geleistet!

bónus (*ô) (*pl inv*) ['bɔnuʃ] *m* Bonus *m*; Prämie *f*; Gutschein *m*; (Fahrpreis)Ermäßigung *f*

bonzão [bõ'zɐ̃w], **-ona** P toll (*Person*)

bonzo ['bõzu] *m* Bonze *m* (*a fig*)

boqu|ear [bu'kjar] (1l) nach Luft schnappen; → **~ejar**; **~eira** [-'kɐjrɐ] *f* Ausschlag *m* am Mundwinkel; **~eirão** [-kɐj'rɐ̃w] *m* weite Öffnung *f*; (Kanal)Mündung *f*; **~ejar** [-kə'ʒar] (1d) gähnen; *Worte* murmeln, tuscheln, meckern (**de**, **em**, **sobre** über *ac*); **~ejo** [-'keʒu] *m* Gähnen *n*

boqui|aberto [bokjɐ'bɛrtu] mit offenem Mund; *fig* verdutzt, F baff; **ficar ~** Mund und Nase aufsperren, baff sein; **~abrir** [-kja'brir] (3b) *bras* verblüffen

boqu|ilha [bu'kiʎɐ] *f* (Zigarren-, Zigaretten)Spitze *f*; MÚS = **~im** [-'kĩ] *m* Mundstück *n*; **~inha** [-'kiɲɐ] *f* F Schnute *f*; Grimasse *f*; *infan* Küsschen *n*; **~irroto** [-'ʀotu] geschwätzig

borbol|eta [burbu'letɐ] *f* ZO Schmetterling *m*; TÉCN Drosselklappe *f*; *bras* Drehkreuz *n*; *fig* unstete(r) Mensch *m*; **~etear** [-lə'tjar] (1l) (herum)flattern (**entre** zwischen); umherziehen; *fig* die Gedanken schweifen lassen

B

borborejar [burburə'ʒar] (1d) brodeln

borbori|gmo, **~smo** [burbu'rigmu, -'riʒmu] *m* Darmknurren *n*; **~s** *pl* Blähungen *f/pl*

borbot|ão [burbu'tɐ̃w] *m* (Wasser-)Strahl *m*; Windstoß *m*; **a** (*od* **em**) **-ões** sprudelnd (*Wasser*); stoßweise; **sair em -ões** = **~ar** [-'tar] (1e) (hervor)sprudeln; **~o** [bur'botu] *m* *BOT* Auge *n*; Spross *m*; Fussel *f od m* (*auf Kleidung*)

borbulha [bur'buʎa] *f* (Haut)Bläschen *n*, (Eiter)Pickel *m*; (Luft)Blase *f*; *AGR* Pfröpfling *m*; *fig* Schwäche *f*

borbulh|ão [burbu'ʎɐ̃w] *m* → **borbotão**; **~ar** [-'ʎar] (1a) brodeln; (hervor)sprudeln (*Flüssigkeit*); sprießen (*Pflanze*); *fig* hervorbrechen; **~oso** [-'ʎozu] sprudelnd

borco ['borku]: **de ~** bäuchlings

borda ['bɔrdɐ] *f* Rand *m*; Saum *m* (*Kleidung*); Borte *f*, Einfassung *f* (*zur Verzierung*); Kante *f* (*Tisch*); *TÉCN* Fase *f*; Ufer *n* (*Fluss*, *See*); **à ~ do mar** am Ufer des Meeres; **atirar pela ~ fora** über Bord werfen (*a fig*)

borda|da [bur'dadɐ] *f* *NAV* Kreuzen *n*; **~ (de artilharia)** Breitseite *f*; **~(s)-d'água** [bɔrdɐ'dagwɐ] *f(pl)* Ufer *n*; (Meeres)Küste *f*; **~deira** [-dɐ'dɐjrɐ] *f* Stickerin *f*; **~do** [bur'dadu] *m* Stickerei *f*; **~dura** [-dɐ'durɐ] *f* Einfassung *f*, Rand *m* (*Beet*, *Stoff*); **~gem** [-'daʒɐ̃j] *f* *NAV* Beplankung *f*

bordão [bur'dɐ̃w] *m* (Wander)Stab *m*; *MED* Krückstock *m*; *fig* Halt *m*

bord|ar [bur'dar] (1e) sticken (*Handarbeit*); einfassen; *fig* (aus)schmücken; **~ejar** [-də'ʒar] (1d) *NAV* kreuzen, lavieren; *fig* schwanken

bordel [bur'dɛɫ] *m* Bordell *n*

bordo[1] ['bɔrdu] *m* *NAV* Bord *m*; Kurs *m*; *allg* Rand *m*; **a ~** an Bord; **de alto ~** *fig* riesig; hochrangig (*berufliche Stellung*); **diário** *m* **de ~** Bordtagebuch *n*; **andar aos ~s** P (hin und her) schwanken, torkeln; **virar de ~** s-e Meinung ändern

bordo[2] ['bordu] *m* *BOT* Ahorn *m*

bordoada [bur'dwadɐ] *f* Schlag *m*; **carga** *f* **de ~** P Tracht *f* Prügel

boreal [bu'rjaɫ] nördlich, Nord...

borg|a ['bɔrgɐ] *f* P Zechtour *f*, Trinkgelage *n*

borgonha [bur'goɲɐ] *m* Burgunder(wein) *m*

borl|a ['bɔrlɐ] *f* Quaste *f*, Troddel *f*; *UNIV* Doktorhut *m*; Freikarte *f* (*Kino*, *Konzert etc*); **tomar a ~** sich habilitieren; **à** (*od* **de**) **~** P umsonst; **~ista** [bur'liʃtɐ] *su* P Trittbrettfahrer(in *f*) *m*

borne ['bɔrnə] *m* *EL* (Pol)Klemme *f*; Anschluss *m*

boro ['bɔru] *m* *QUÍM* Bor *n*

boroa [bu'roɐ] *f* → **broa**

borra[1] ['boʀɐ] *f* Bodensatz *m*, Rückstand *m*; *fig* Abschaum *m*; P unnütze(s) Zeug *n*; **~ de café** Kaffeesatz *m*

borra[2] ['bɔʀɐ] *f* P Dünnschiss *m*

borra|çal [buʀɐ'saɫ] *m* Sumpfwiese *f*; **~ceiro** [-'sɐjru] *m* Sprühregen *m*

borracha [bu'ʀaʃɐ] *f* Gummi *m* (*Material*); Radiergummi *m*; Weinschlauch *m*; **~ sintética** künstliche(r) Kautschuk *m*

borrach|ão [buʀɐ'ʃɐ̃w] *m*, **-ona** *f* P Säufer(in *f*) *m*; **~eira** [-'ʃɐjrɐ] *f* Rausch *m*, Suff *m*; Saufgelage *n*; *fig* Pfusch *m*, Mist *m*; **apanhar uma ~** sich e-n antrinken; **~eiro** [boʀa'ʃejru] *m* *bras* *AUTO* Reifendienst *m*

borracho [bu'ʀaʃu] **1.** *adj* P besoffen; **2.** *m* Säufer *m*

borrad|a [bu'ʀadɐ] *f* Schmiererei *f*, Sudelei *f*; **~ela** [-ʀɐ'dɛlɐ] *f* Klecks *m*; Fliegendreck *m*; *nachlässiger* Anstrich *m*; *fig* Geschmiere *n*; **~or** [-'dor] *m* Kladde *f*, Konzept *n* (*Geschriebenes*); *PINT* Skizzenbuch *n*; *fig* Federfuchser *m*, Kleckser *m*; **~ura** [-'durɐ] *f* **a)** Klecks *m*; **b)** Streichung *f*; radierte Stelle *f*

borragem [bu'ʀaʒɐ̃j] *f* Borretsch *m*

borralh|eira [buʀɐ'ʎɐjrɐ] *f* Aschenkasten *m*; **~o** [bu'ʀaʎu] *m* glühende Asche *f*; Glut *f*

borr|ão [bu'ʀɐ̃w] *m* (Tinten)Klecks *m*; Konzept *n*, Entwurf *m* (*Text*); *PINT* Skizze *f*; *fig* Schande *f*, Makel *m*; **~ar** [-'ʀar] (1e) beklecksen, beschmieren; *Fehler*, *Wort* durchstreichen; ausradieren; *fig* kritzeln; **~-se** P sich in die Hosen machen (*vor Angst*)

borrasc|a [bu'ʀaʃkɐ] *f* Unwetter *n*; *fig* Wutausbruch *m*; **~oso** [-ʀɐʃ'kozu] stürmisch

borrego [bu'ʀegu] *m*, **-a** *f* einjährige(s) Lamm *n*

borrelho [bu'ʀeʎu] *m ZO* **a)** Regenpfeifer *m*; **b)** Strand-, Leistenschnecke *f*

borrif|ador [buʀifɐ'dor] *m* Rasen-, Wäschesprenger *m*; **~ar** [-'far] (1a) **1.** *v/t* anfeuchten; *Rasen* sprengen; **2.** *v/i* tröpfeln (*Flüssigkeit*); rieseln (*Sand*); **~-se** (*e-r Sache*) keine Bedeutung schenken; **~o** [-'ʀifu] *m* Tröpfchen *n*; Sprühregen *m*

Bósnia ['bɔʒnjɐ]: ***a ~*** Bosnien *n*

bósnio ['bɔʒnju] **1.** *adj* bosnisch; **2.** *m*, **-a** *f* Bosnier(in *f*) *m*

bosque ['bɔʃkə] *m* Wald *m* (*a fig*)

bosquej|ar [buʃkə'ʒar] (1d) entwerfen, skizzieren; **~o** [-'keʒu] *m* (*Text*) Entwurf *m*; *PINT* Skizze *f*

bosquete [buʃ'ketə] *f* Wäldchen *n*

bosquímano [buʃ'kimɐnu] *m* Buschmann *m*

bossa ['bɔsɐ] *f AUTO* Beule *f*, Delle *f*, Auswuchs *m*; Höcker *m*; Huckel *m* (*auf der Straße*); *fig* Eignung *f*, Talent *n*; ***~ nova*** *MÚS* Bossa Nova *m*; *fig bras* P letzte(r) Schrei *m*; **~gem** [bu'saʒɐ̃j] *f ARQUIT* Bossenwerk *n*

bost|a ['bɔʃtɐ] *f* Kuhfladen *m*, -mist *m*; *int* P Scheiße!; **~eira** [buʃ'tɐjrɐ] *f* Misthaufen *m*; **~eiro** [buʃ'tɐjru] *m* Mistkäfer *m*

bostel|a [buʃ'tɛlɐ] *f* Pustel *f*, Pocke *f*; *kleine* verschorfte Wunde *f*; **~ento** [-tə'lẽtu] mit Pusteln übersät; pockig

bota ['bɔtɐ] *f* Stiefel *m*; ***~ alta*** Schaftstiefel *m*; ***~ curta*** Stiefelette *f*; ***~ de borracha*** Gummistiefel *m*; ***~ de meio cano*** Halbschäfter *m*; ***~ de montar*** Reitstiefel *m*; ***arranjar um par de ~s a*** P *j-m* etwas einbrocken; ***bater a ~*** P den Löffel abgeben (*sterben*); ***dar ~*** P in die Hose gehen, schief gehen; ***descalçar a ~*** P sich aus der Affäre ziehen; ***ser uma ~ de elástico*** F hinter dem Mond leben

bota|(s)-de-elástico [bɔtɐdjə'laʃtiku] **1.** *adj* hinterwäldlerisch, provinziell; **2.** *su(pl) fig* Hinterwäldler(in *f*) *m*; **~-fogo(s)** [bɔta'fogu] *m(pl) bras* Luntenstock *m*; *fig* Aufrührer *m*; **~-fora(s)** [-'fɔra] *m(pl) bras NAV* Stapellauf *m*; *allg* Abschiedsfeier *f*

botânic|a [bu'tɐnikɐ] *f* Botanik *f*; **~o** [-'tɐniku] **1.** *adj* botanisch; **2.** *m* Botaniker *m*

botão [bu'tɐ̃w] *m* Knopf *m* (*a TÉCN*); Knauf *m* (*e-s Stockes*); *INFORM* Schaltfläche *f* (*Benutzeroberfläche*); *BOT* Knospe *f*; *MED* Pickel *m*; ***~ de ajuste*** *TÉCN* Einstellknopf *m*; ***~ do ar*** *AUTO* Choke *m*; ***com os seus -ões*** zu (*od* mit) sich selbst

botar [bo'tar] (1e) *bras* **1.** *v/t* setzen, stellen, legen; ausstoßen; überziehen, -streifen; zurechtmachen; (hinein-, weg)stecken; *Flüssigkeit* (ein-, weg)schütten; *Kleidung* tragen; *Geschäft* einrichten, aufmachen; *Geld* investieren; ***~ família*** e-e Familie gründen; **2.** *v/i* Eier legen; *BOT* blühen, Blüten treiben; ***~ em alemão*** ins Deutsche übersetzen ***~ fora*** F wegschmeißen; *Zunge* rausstrecken; *Speise etc* ausspucken; *j-n* rausschmeißen; *mit Geld* um sich schmeißen; ***~-se a*** reisen nach; sich stürzen auf (*ac*); ***~-se a fugir*** sich dünnmachen

botaréu [butɐ'rɛw] *m ARQUIT* Widerlager *n*; Strebebogen *m*

bote ['bɔtə] *m* Boot *n*; P Kiste *f* (*Auto*); ***~ de borracha*** Gummi-, Schlauchboot *n*

botelha [bu'teʎɐ] *f* Flasche *f*; ***uma ~ de vinho*** e-e Flasche Wein

botequim [butə'kĩ] *m* Schenke *f*, F Kneipe *f*

botic|a [bu'tikɐ] *f* Apotheke *f*; Drogerie *f*; **~ário** [-'karju] *m* Apotheker *m*; Drogist *m*

botija [bu'tiʒɐ] *f großer* (Ton)Krug *m*; Wärmflasche *f*; ***~ de gás*** Gasflasche *f*; *fig* Fettwanst *m*; ***apanhar alg com a boca na ~*** F j-n auf frischer Tat ertappen

botim [bu'tĩ] *m* Schnürstiefel *m*

boto ['botu] **1.** *adj* stumpf; *fig* stumpfsinnig; **2.** *m ZO* Thunfisch *m*

boto|cudo [boto'kudu] *m bras* Botokude *m* (*Indianerstamm*); **~que** [bu'tɔkə] *m* Lippen-, Nasen-, Ohrenpflock *m*, -scheibe *f* (*Schmuck der Botokuden*)

bouba ['bobɐ] *f MED* Frambösie *f*

bouç|a ['bosɐ] *f* Gestrüpp *n*; Baumschule *f*; **~ar** [-'sar] (1e) Brandrodung betreiben (*zur Landgewinnung*)

bov|ídeos [bu'vidjuʃ] *m/pl* Horn-

B

vieh *n*; **~ino** [-'vinu] **1.** *adj* Rinder..., Rinds...; ***gado*** *m* **~** = **2. ~s** *m/pl* Rinder *n/pl*; **~inocultor** [-vinukuɫ'tor] *m* Rinderzüchter *m*

box|ador [bɔksɐ'dor] *m* Boxer *m*; **~e** ['bɔksə] **1.** *m* **a**) Boxsport *m*, Boxen *n*; Schlagring *m* (*Waffe*); ***jogar*** **~** boxen; **b**) *bras* (Markt)Stand *m*; Duschecke *f* (*in Wohnung*); **2.** *f* Box *f* (*Formel 1*); **~(e)ador**, *bras* **~ista** [bɔks(j)ɐ'dor, -'ksista] *m* Boxer *m*

bóxer ['bɔksər] *m* Boxer *m* (*Hund*)

BP ***Banco de Portugal*** Bank von Portugal

braçada [brɐ'sadɐ] *f* Arm *m* voll; Zug *m* (*beim Schwimmen*); ***às*** **~s** F haufenweise

braç|adeira [brɐsɐ'dɐjrɐ] *f* MED (Arm)Schlinge *f*; Armbinde *f*; (Halte)Schlaufe *f* (*in Autos etc*); Pulsschützer *m*; TÉCN Schelle *f*, Klemme *f*; **~** ***para mangueiras*** Schlauchklemme *f*; **~ado** [-'sadu] *m* Arm *m* voll; große Menge *f*; **~al** [-'saɫ]: ***trabalho*** *m* **~** körperliche Arbeit *f*

brac|ejamento [brɐsəʒɐ'mẽtu] *m* Schlenkern *n*, Herumfuchteln *n* (*mit den Armen*); **~ejar** [-sə'ʒar] (1d) mit den Armen schlenkern (*od* herumfuchteln); BOT treiben; **~ejo** [-'seʒu] *m* → ***bracejamento***; **~elete** [-sə'letə] *m* Armreifen *m*, -band *n*; **~** ***de relógio*** Uhrarmband *n*

braço ['brasu] *m* Arm *m* (*Mensch*); Oberarm *m*; Vorderbein *n* (*Tier*); BOT Ast *m*; GEOGR Meeres-, Flussarm *m*; Armlehne *f* (*Sessel*); TÉCN Hebelarm *m*, Waagebalken *m*; Pumpenschwengel *m*; Hals *m* (*Musikinstrument*); *fig* **a**) Arbeitskraft *f*; **b**) Mut *m*; **c**) Gewalt *f*; ***cadeira*** *f* ***de*** **~s** Lehnstuhl *m*; ***o*** **~** ***secular*** der lange Arm (*der Justiz*); ***de*** **~** ***dado*** Arm in Arm; ***de*** **~s** ***abertos*** herzlich, freundlich; ***de*** **~s** ***cruzados*** mit verschränkten Armen; *fig* gleichgültig; ***abrir os*** **~s** ***a*** *j-n* mit offenen Armen empfangen; ***dar o*** **~** ***a torcer*** *fig* nachgeben, das Handtuch werfen; ***dar-se os*** **~s** sich unterhaken; ***deixar cair os*** **~s** die Arme sinken lassen; *fig* mutlos werden; ***deixar a*** **~s** ***com*** *j-n* allein lassen mit; *j-m et* aufbürden; ***meter o*** **~** *bras* F draufschlagen, reinschlagen; ***viver dos seus*** **~s** von seiner Hände Arbeit leben; **~(s)-de-ferro** [-də'fɛʀu] *m*(*pl*) herrschsüchtige(r) Mensch *m*; **~(s)-direito(s)** [-di'rɐjtu] *m* (*pl*) *fig* rechte Hand *f*

bráctea ['braktjɐ] *f* BOT Deckblatt *n*

brad|ar [brɐ'dar] (1b) schreien, brüllen; anbrüllen (***a*** *j-n*); **~** ***por socorro*** um Hilfe rufen; **~o** ['bradu] *m* Schrei *m*; Geschrei *n*; ***dar*** **~** *fig* Aufsehen erregen

Braga ['bragɐ] *port Distrikt*(*hauptstadt*)

bragal [brɐ'gaɫ] *m* Weißwäsche *f*

Bragança [brɐ'gẽsɐ] *port Distrikt*(*hauptstadt*)

bragu|eiro [brɐ'gɐjru] *m* MED Bruchband *n*; **~ilha** [-'giʎɐ] *f* Hosenschlitz *m*; ***largar a*** **~** P es aufgeben

bram|a ['brɐmɐ] *f* Brunst *f*; **~ar** [brɐ'mar] (1a) röhren (*Hirsch*); in der Brunst sein (*Hochwild*); brüllen; *allg* toben; **~ido** [-'midu] *m* Gebrüll *n* (*der Raubtiere*); *lauter* Knall *m*, Lärm *m*; *fig* Toben *n*; **~ir** [-'mir] (3a) brüllen; *fig* toben; **~oso** [-'mozu] brüllend; *fig* tobend

branca ['brẽkɐ] *f* weiße(s) Haar *n*; ♀ ***de Neve*** Schneewittchen *n*

branco ['brẽku] **1.** *adj* (*Farbe*) weiß; blank; hell; blass (*Haut*); ***crédito*** (***cheque***) *m* ***em*** **~** Blankokredit *m* (-scheck *m*); ***de ponto em*** **~** tadellos *od* F tipptopp (angezogen); ***página*** *f* ***em*** **~** leere Seite *f*; ***pão*** *m* **~** Weißbrot *n*; ***verso*** *m* **~** Blankvers *m*; ***assinar em*** **~** *fig* vorbehaltlos unterschreiben, *e-e* Blankovollmacht erteilen; ***deixar em*** **~** unausgefüllt (leer *od* frei) lassen; ***estar em*** **~** **a**) blank sein (*finanziell*); **b**) nüchtern sein; **c**) ahnungslos (*od* ungebildet) sein; ***passar a noite em*** **~** e-e schlaflose Nacht verbringen, kein Auge zutun; ***pôr o preto no*** **~** *j-m et* schwarz auf weiß geben; ***sair*** **~** eine Niete ziehen; **~** ***é, galinha o põe*** F kinderleicht; **2.** *m* Weiß *n* (*a Ei*); Weiße(r) *m* (*Person*); das Weiße (*im Auge*)

brancura [brẽ'kurɐ] *f* Weiße *f*

brandão [brẽ'dɐ̃w] *m* (Wachs)Fackel *f*; *große* (Altar)Kerze *f*

brande ['brẽdə] *m* Brandy *m*, Weinbrand *m*

Brandenburgo [brẽdə'burgu] *m* Brandenburg *n*
brandir [brẽ'dir] (3a) *Waffe* schwingen
brand|o ['brẽdu] weich (*Stoff*); mild (*Wetter*); sanft (*Wind*); schwach, klein (*Feuer*, *Flamme*); nachgiebig, sanft (*Charakter*); schwächlich (*Person*); **~ura** [-'durɐ] *f* Weichheit *f* (*Stoff*); Milde *f* (*Wetter*); Nachgiebigkeit *f*; **~s** *pl* zärtliche Worte *n/pl*; Zärtlichkeiten *f/pl*
branqu|eador [brẽkjɐ'dor] *m*: **~ de dinheiro** Geldwäscher *m*; **~eamento** [-'mẽtu] *m* Bleichen *n* (*Wäsche*); Kalken *n*, Tünchen *n* (*Wand*); *fig* Geldwäsche *f*; **~ear** [-'kjar] (1l) *Wäsche* bleichen; *Wand* weißen, tünchen; *Geld* waschen; **~ejar** [-kə'ʒar] (1d) bleichen, weiß werden; weiß schimmern
brânquias ['brẽkjɐʃ] *f/pl ZO* Kiemen *f/pl*
braquial [brɐ'kjaɫ] Arm...
bras. ***brasileiro*** brasilianisch
brasa ['brazɐ] *f* (Kohlen)Glut *f*; glühende Asche *f*; ***em ~*** glühend; *fig* wütend; ***estar*** (*od* ***andar***) ***sobre ~s*** auf Kohlen sitzen; ***passar pelas ~s*** **a**) schlummern; **b**) halbfertig lassen
brasão [brɐ'zɐ̃w] *m* Wappen *n*
bras|eira [brɐ'zɐjrɐ] *f* Kohlenbecken *n*; Glut *f*; **~eiro** [-'zɐjru] *m* → ***~eira***; **~ido** [-'zidu] *m* Glut *f*
Brasil [brɐ'ziɫ, *bras* bra'ziw]: ***o ~*** Brasilien *n*; ♀ *m* Brasilholz *n*
brasil|eira [brɐzi'lɐjrɐ] *f* klare(r) Schnaps *m*; **~eirismo** [-lɐj'riʒmu] *m* Brasilianismus *m*; **~eiro** [-'lɐjru] **1.** *adj* brasilianisch; **2.** *m*, **-a** *f* Brasilianer(in *f*) *m*; **~eiridade** [-lɐjri'dadə] *f* brasilianische Wesensart *f*; **~iense** [-'ljẽsə] aus Brasília
brassagem [brɐ'saʒɐ̃j] *f* Sud *m* (*Brauerei*); Sudhaus *n*
brasuca [brɐ'zukɐ] *su port irón* Brasilianer(in *f*) *m*
brav|a ['bravɐ] *f*: ***à ~*** P wie toll, verrückt; **~ata** [brɐ'vatɐ] *f* Drohung *f*; Prahlerei *f*; **~atear** [-vɐ'tjar] (1l) prahlen; sich aufspielen (***de*** als); ***~ de valente*** großtun; **~eza** [-'vezɐ] *f* Kühnheit *f*; Grobheit *f*; *fig* Ungestüm *n*; **~io** [-'viw] **1.** *adj* wild, ungezähmt (*Tier*); ungestüm, grob (*Person*); rau, unwirtlich (*Klima*); unbebaut (*Land*); **2.** *m* Ödland *n*
brav|o ['bravu] **1.** *adj* tapfer; mutig, unerschrocken; tüchtig, großartig (*a irón*) (*Leistung*); wild (*Tier*); ungestüm; unwirtlich (*Land*); ***o mar está ~*** das Meer geht hoch; ***~!*** bravo!; **2.** *m* Bravoruf *m*; Draufgänger *m* (*Person*); **~ura** [brɐ'vurɐ] *f* Mut *m*, Tapferkeit *f*; Ungestüm *n*; Wildheit *f* (*der Tiere*); *fig* Bravour *f*
breca ['brɛkɐ] *f* Muskelkrampf *m*; ***com a ~!*** zum Donnerwetter!; ***ir-se com a ~*** F abhauen; ***ser levado da ~*** P es faustdick hinter den Ohren haben
brec|ada [brɛ'kada] *f bras* Bremsung *f*, Bremsen *n*; **~ar** [-'kar] (1n) *bras* bremsen
brech|a ['brɛʃɐ] *f* Bresche *f* (***abrir, fazer*** schlagen); Riss *m*; Lücke *f*; **~ar** [bre'ʃar] (1a) *bras* P ausspähen; begaffen
brejeir|ice [brɛʒɐj'risə] *f* Flegelei *f*; **~o** [-'ʒɐjru] **1.** *adj* flegelhaft, ordinär; mies; **2.** *m* Flegel *m*
brejo ['brɛʒu] *m* Sumpf(land *n*) *m*; Ödland *n*; **~so** [brə'ʒozu] öd; unfruchtbar (*Land*)
brema ['bremɐ] *f ZO* Brasse *f*
brenh|a ['breɲɐ] *f* Dickicht *n*, Gestrüpp *n* (*a fig*); **~s** *pl* Wildnis *f*; **~oso** [brə'ɲozu] buschig, dicht; undurchdringlich (*a fig*)
breque ['brɛkə] *m* **a**) *bras* Bremse *f*; **b**) P Furz *m*; **c**) P Hieb *m*
Bretanha [brə'tɐɲɐ] *f* Bretagne *f*
bretão [brə'tɐ̃w] **1.** *adj* bretonisch; **2.** *m*, **-ã** *f* Bretone *m*, Bretonin *f*
breu [brew] *m* Pech *n*, Teer *m*; ***escuro como ~*** pechschwarz; stockfinster (*Nacht*)
breve ['brɛvə] **1.** *adv* bald; **2.** *adj* kurz; (*zeitl*) baldig; ***em ~s anos*** in wenigen Jahren; ***uma resposta ~*** eine baldige Antwort; ***o mais ~ possível*** so kurz (*od* so bald) wie möglich; (***dentro***) ***em ~*** bald, in Kürze; ***ser ~*** sich beeilen
brevet|ar-se [brəvə'tarsə] (1c) den Flugschein machen; **~e** [-'vɛtə] *m* Flugschein *m*, Pilotenschein *m*
brevi|ário [brə'vjarju] *m* Brevier *n*; Auszug *m*, Abriss *m*; ***ler pelo mesmo ~*** im selben Fahrwasser segeln; **~dade** [-vi'dadə] *f* Kürze *f*

bricabraqu|e [brikɐ'brakə] *m* Antiquitäten(geschäft *n*) *f/pl*; *depr* Trödel *m*; **~ista** [-brɐ'kiʃtɐ] *su* Antiquitätenhändler(in *f*) *m*; Trödler(in *f*) *m*
bricol|agem [briku'laʒɐ̃j] *f* Heimwerken *n*, Basteln *n*; **~eur** [brikɔ'lœr] *m* Heimwerker *m*
brida ['bridɐ] *f* Zaumzeug *n*, Zügel *m*; ***a toda a ~*** in größter Eile, (sehr) schnell
briga ['brigɐ] *f* Streit *m*; Schlägerei *f*; ***dar ~*** Ärger geben
brigad|a [bri'gadɐ] *f* Brigade *f*; Trupp *m*; **~eiro** [-gɐ'dɐjru] *m* Brigadegeneral *m*, Generalmajor *m*
brig|ador [brigɐ'dor] = **~alhão** [-ga'ʎɐ̃w] *bras m*, **-ona** *f* = **~ão** [-'gɐ̃w] **1.** *adj* streitsüchtig; **2.** *m*, **-ona** *f* Streithahn *m*, Raufbold *m*; **~ar** [-'gar] (1o) streiten; kämpfen; raufen; ***~ com*** nicht zueinander passen (*Kleidung*, *Farben*)
brilhant|e [bri'ʎɐ̃tə] **1.** *adj* glänzend; **2.** *m* Brillant *m*; **~ina** [-'tinɐ] *f* Pomade *f*, Frisiercreme *f*
brilh|ar [bri'ʎar] (1a) glänzen (*a fig*); schimmern, funkeln (*Sterne*); **~arete** [-ʎɐ'rɛtə] *m* F Erfolg *m*, Glanz *m* (*bsd fig*); Angeberei *f*, Wichtigtuerei *f*; **~o** ['briʎu] *m* Glanz *m*, Schimmer *m*; Schein *m*
brim [brĩ] *m* Plane *f*, Segeltuch *n*
brinc|adeira [brĩkɐ'dɐjrɐ] *f* Scherz *m*, Spaß *m*; Spielerei *f*; ***fora de ~*** Spaß beiseite; ***não estar para ~s*** nicht zum Scherzen aufgelegt sein; ***não gostar de ~s*** k-n Spaß verstehen; **~alhão** [-'ʎɐ̃w] **1.** *adj* lustig; verspielt; **2.** *m*, **-ona** *f* P Spaßvogel *m*, Scherzkeks *m*
brincar [brĩ'kar] (1n) spielen (*Kind*); hüpfen, tanzen (*Bewegung*); scherzen, spaßen; ***a ~*** zum Spaß; ***a ~, a ~*** nach und nach; ***~ a*** *et* spielen; ***~ à cabra-cega*** Blindekuh spielen; ***~ com o fogo*** *fig* mit dem Feuer spielen; ***estar a ~ com*** *irón j-n* auf den Arm nehmen wollen
brinco ['brĩku] *m* Scherz *m*, Spaß *m*; *fig* hübsche Sache *f*; Schmuck *m*; **~s** *pl* Ohrringe *m/pl*; ***ficar um ~*** entzückend aussehen; **~s-de-princesa** [brĩkuʒdəprĩ'sezɐ] *m/pl* BOT Fuchsie *f*
brindar [brĩ'dar] (1a) beschenken (***com*** mit), schenken (***alg com*** j-m *et*); trinken auf (*ac*); ***~ à saúde de*** auf *j-s* Gesundheit anstoßen (*od* trinken)
brinde ['brĩdə] *m* Trinkspruch *m*, Toast *m*; *allg* Geschenk *n*; ***fazer um ~ a*** trinken auf (*ac*)
brinquedo [brĩ'kedu] *m* Spielzeug *n*
bri|o [briw] *m* Ehr-, Selbstwertgefühl *n*; Mut *m*; Einfühlungsvermögen *n*; *fig* Feuer *n*; ***sem ~*** niedergeschlagen; glanzlos; ***abater os ~s a*** F *j-m* eins auf den Deckel geben; ***encher-se de ~s*** sich bei der Ehre gepackt fühlen; ***meter em ~s*** *j-n* bei der Ehre packen; **~oso** ['brjozu] stolz, selbstbewusst; mutig; großherzig; *fig* feurig
briquet|agem [brikə'taʒɐ̃j] *f* Brikettierung *f*; **~e** [-'ketə] *m* (Eier)Brikett *n*
bris|a ['brizɐ] *f* Brise *f*; **~ante** [-'zɐ̃tə] brisant
brita ['britɐ] *f* Schotter *m*; **~deira** *f*, **~dor** *m* [-tɐ'dɐjrɐ, -'dor] TÉCN Erz-, Steinbrecher *m*
britânico [bri'tɐniku] britisch
britar [bri'tar] (1a) *Steine* klopfen; *allg* zerkleinern; zerstoßen; *Nüsse* knacken; *Knochen etc* brechen
broa ['broɐ] *f* Maisbrot *n*; ***na ~*** in aller Eile
broca ['brɔkɐ] *f* Bohrer *m*; *bras a* Bohrloch *n*; *bras* Schlüsselloch *n*
brocado [bru'kadu] *m* Brokat *m*
brocar [bru'kar] (1n; *Stv* 1e) (durch)bohren (*a Zahn*); *bras Kaffeebohnen* sieben
brocardo [bru'kardu] *m* Rechtsspruch *m*, Rechtsgrundsatz *m*
brocha ['brɔʃɐ] *f* Zwecke *f*, *kleiner* Nagel *m*; TÉCN Splint *m*; ***estar*** (*od* ***ver-se***) ***à ~*** P in der Klemme sitzen; ***estar à ~*** ganz scharf sein auf (*ac*)
broch|adora [bruʃɐ'dɔrɐ] *f* TIP Heftmaschine *f*; **~ar** [-'ʃar] (1e) **a)** (an)heften, (fest)nageln; **b)** *Buchwesen*: broschieren
broche ['brɔʃə] *m* Brosche *f*; Spange *f*; Schnalle *f*
brochura [bru'ʃurɐ] *f* Broschüre *f*; *Buchwesen*: Paperback *n*
brócolos ['brɔkuluʃ] *m/pl* Brokkoli *pl*
bródio ['brɔdju] *m* Gelage *n*
brom|a ['bromɐ] **1.** *adj* ordinär; min-

derwertig; **2.** *f* *ZO* Holzwurm *m*; Scherz *m*; **3.** *su* Dumm-, Schafskopf *m*; **~ar** [bru'mar] (1f) zernagen; *bras* verderben; *fig* schlecht ausgehen

bromo ['bromu] *m* *QUÍM* Brom *n*

bronca ['brõkɐ] *f* P Stunk *m*, Ärger *m*; ***dar ~*** Ärger geben

bronco ['brõku] roh, unbearbeitet (*Material*); rau (*Gelände, Stimme*); ungehobelt (*Wesen*); grob (*Arbeit*); stumpf (*geistig*)

bronco|dilatador [brõkɔdilɐtɐ'dor] bronchienerweiternd (*Medikament*); **~scopia** [-ʃku'piɐ] *f* Luftröhrenspiegelung *f*

bronquial [brõ'kjał] bronchial

brónquios (*ô) ['brõkjuʃ] *m/pl* Bronchien *f/pl*

bronquite [brõ'kitə] *f* Bronchitis *f*

bronze ['brõzə] *m* Bronze *f*; *fig* Schönheit *f* (*Frau*); ***de ~*** bronzen; ***medalha*** *f* ***de ~*** Bronzemedaille *f*; ***ter coração de ~*** hartherzig sein; **~ado** [-'zjadu] **a)** bronzefarben; **b)** braun gebrannt (*Person*); **~ador** [-zjɐ'dor] **1.** *adj* Bräunungs...; **2.** *m* Bräunungsmittel *n*; **~ar** [-'zjar] (1l) **a)** bronzieren; **b)** bräunen

brônzeo ['brõzju] bronzen; *fig* ehern

broquear [bru'kjar] (1l) → ***brocar***

brossa ['brɔsɐ] *f* Striegel *m*; *TIP* Andruckbürste *f*

brotar [bru'tar] (1e) **1.** *v/t* sprießen lassen; hervorbringen; *Klagen etc* ausstoßen; *Unsinn* reden; **2.** *v/i* keimen, sprießen, treiben (*Pflanze*); ausschlagen (*Baum*); (hervor)quellen (*Wasser*); entspringen (*Fluss*); zum Vorschein kommen

brote ['brɔtʃi] *m* *bras* *Art* Zwieback *m*

brot|inho [bro'tĩɲu] *m* *bras* P Backfisch *m*; **~o** ['brotu] *m* Spross *m*, Knospe *f*

brox|a ['brɔʃɐ] *f* Quast *m*; Anstreicherpinsel *m*; *bras* P Schlappschwanz *m*; **~ante** [bru'ʃɐ̃tə] *m* Anstreichergeselle *m*; **~ar** [-'ʃar] (1e) (an-, über)streichen; *bras* P erschlaffen; impotent werden

brucelose [brusə'łɔzə] *f* Maltafieber *n*

bruços ['brusuʃ] *m/pl* Brustschwimmen *n*; ***de ~*** bäuchlings

brum|a ['brumɐ] *f* Dunst *m*; (See-, Boden)Nebel *m*; **~al** [-'mał] Dunst...; Nebel...; *fig* düster; **~oso** [-'mozu] nebelig, diesig; *fig* vage

brun|ideira [bruni'dɐjrɐ] *f* Plätterin *f*; **~idor** [-ni'dor] *m* **a)** Polierer *m*; **b)** Polierstahl *m*, -stein *m*; **~ir** [-'nir] (3a) glätten, polieren; *Wäsche* bügeln, plätten; *TÉCN* brünieren

bruno ['brunu] düster; trübselig

brus|co ['bruʃku] plötzlich, jäh (*Bewegung*); brüsk, schroff, heftig (*Antwort*); **~quidão, ~quidez** [-ki'dɐ̃w, -ki'deʃ] *f* Heftigkeit *f*; Schroffheit *f*; ***com ~*** barsch

brut|a ['brutɐ]: ***à ~*** P mit Karacho; **~al** [-'tał] brutal, gewalttätig; roh; **~alidade** [-tɐli'dadə] *f* Brutalität *f*; Rohheit *f*; Rücksichtslosigkeit *f*; **~alizar** [-tɐli'zar] (1a) verrohen (lassen); Gewalt antun (***alg*** j-m); **~amontes** [-tɐ'mõtəʃ] *m* Grobian *m*, Flegel *m*

bruto ['brutu] **1.** *adj* roh; unbearbeitet; *fig* *a* ungeschliffen; ***em ~*** im Rohzustand, Roh...; ***peso*** *m* (***rendimento*** *m*) **~** Bruttogewicht *n* (-gewinn *m*); **2.** *m* Tier *n*; *fig* Grobian *m*

brux|a ['bruʃɐ] *f* Hexe *f*; ***caça às ~s*** *fig* Hexenjagd *f*; **~ar** [-'ʃar] (1a) hexen; **~aria** *f*, **~edo** *m* [-ʃɐ'riɐ, -'ʃedu] Hexerei *f*; **~o** [-ʃu] *m* Hexer *m*, Zauberer *m*; Wunderheiler *m*

Bruxelas [bru'ʃɛlɐʃ] Brüssel *n*

bruxul|eante [bruʃu'ljɐ̃tə] flackernd; **~ear** [-'ljar] (1l) flackern (*Licht*); glimmen (*Kohle*); verglimmen (*a fig*); **~eio** [-'lɐju] *m* Flackern *n* (*Licht*); Glimmen *n* (*Kohle*)

BTT *f* ***bicicleta todo-o-terreno*** Mountainbike *n*

bucal [bu'kał] Mund...; ***bolsa*** *f* **~** Backentasche *f*

Bucareste [bukɐ'rɛʃtə] Bukarest *n*

bucéfalo [bu'sɛfɐlu] *m* *HIST* Schlachtross *n*; P Gaul *m*

bucha ['buʃɐ] **1.** *f* **a)** Pfropf(en) *m*; *TÉCN* (Lager)Buchse *f*; **b)** (Appetit)Happen *m*, Bissen *m*; **c)** *fig* Unannehmlichkeit *f*; Ekel *n* (*Person*); **2.** *su* Fettwanst *m*; **♀ *e Estica*** Dick und Doof

bucho ['buʃu] *m* (Tier)Magen *m*, Pansen *m*; P Wampe *f*; ***de ~*** P aufgeblasen (*schwanger*); ***despejar o ~*** sein Herz ausschütten; ***meter no ~*** P einfahren (*essen*)

buço ['busu] *m* Flaum *m*

B

bucólic|a [bu'kɔlikɐ] *f* Bukolik *f*, Hirtendichtung *f*; **~o** [bu'kɔɫiku] bukolisch; ländlich, einfach (*Leben*)
Budapeste [budɐ'pɛʃtə] Budapest *n*
budis|mo [bu'diʒmu] *m* Buddhismus *m*; **~ta** [-'diʃtɐ] **1.** *adj* buddhistisch; **2.** *su* Buddhist(in *f*) *m*
bué [bwɛ] *Angola* viel; sehr
bueiro ['bwɐjru] *m* Gully *m*
buena-dicha [bwɛnɐ'diʃɐ] *f* Schicksal *n*, Los *n*; Glück *n*
bufa ['bufɐ] *f* Windstoß *m*; P Furz *m*; **~s** *pl* Koteletten *pl*
búfalo ['bufɐlu] *m* Büffel *m*
buf|ão [bu'fɐ̃w] *m* Narr *m*; Angeber *m*; **~ar** [-'far] (1a) pusten; schnauben, fauchen; P ausplaudern; *fig a* große Töne spucken; *bras* P furzen; **~ ao lume** in die Glut blasen; **~ de raiva** vor Wut schnauben
bufarinh|a(s) [bufɐ'riɲɐ] *f(pl)* Krimskrams *m*; **~ar** [-'ɲar] (1a) hausieren mit; **~eiro** [-'ɲɐjru] *m* Hausierer *m*
bufê *bras*, **bufete** [bu'fe, bu'fetə] *m* Büfett *n*; Anrichte *f*; Serviertisch *m*; **~ frio** kalte(s) Büfett *n*
bufo ['bufu] **1.** *adj* possierlich, komisch; **2.** *m* **a)** ZO: **~(-real)** Uhu *m*; **b)** *fig* Eigenbrötler *m*; Geizhals *m*; P Spitzel *m*, Informant *m*; **c)** Atemzug *m*, F Schnaufer *m*; **d)** *TEA* Buffo *m*; **~naria** [bufunɐ'riɐ] *f* Clownerie *f*; Prahlerei *f*
bugalho [bu'gaʎu] *m* Gallapfel *m*; P Glotzauge *n*; ***misturar alhos com ~s*** F Äpfel und Birnen zusammenzählen
buganvília [bugɐ̃'viljɐ] *f* BOT Bougainvillea *f*
bug|ia [bu'ʒiɐ] *f* **a)** Affenweibchen *n*; **b)** *kleine* Kerze *f*; **~iar** [-'ʒjar] (1g): ***mandar ~*** F fortjagen, zum Teufel schicken; **~iaria** [-ʒjɐ'riɐ] *f* = **~igangas** [buʒi'gɐ̃gɐʃ] *f/pl* F Affentheater *n*; *bsd* Kleinkram *m*, Plunder *m*; ***loja** f **de ~*** Kramladen *m*; **~io** [-'ʒiw] *m* ZO Brüllaffe *m*; *allg* Affe *m* (*a fig*); ***ter sangue de ~*** *fig* ein Hasenfuß sein
bugre ['bugri] *m bras depr* Wilde(r) *m*, Hinterwäldler *m*
buir [bwir] (3i) reiben; *Stein* schleifen; *Oberfläche* glätten
bujão [bu'ʒɐ̃w] *m* Pfropfen *m*, Stopfen *m*, Stöpsel *m*; *bras* Gasflasche *f*; ***~ de drenagem*** TÉCN Ablassschraube *f*
bujarrona [buʒɐ'ʀɔnɐ] *f* NAV Klüver *m*; *fig* Beleidigung *f*, *bras* (Papier-) Drachen *m*
bula ['bulɐ] *f* (päpstliche) Bulle *f*; *bras* MED Beipackzettel *m*; ***contar ~s*** P Märchen erzählen
bulb|o ['bułbu] *m* (Blumen)Zwiebel *f*; **~oso** [-'bozu] Zwiebel...
bulcão [bul'kɐ̃w] *m* Gewitter-, Rauchwolke *f*; Wirbel *m* (*Wind*); *fig* große Aufregung *f*, Wirbel *m*
bul|dogue [buł'dɔgə] *m* Bulldogge *f*; **~dôzer** [-'dozər] *m* Bulldozer *m*
bule ['bulə] *m* (Tee)Kanne *f*; P Wampe *f* (*Bauch*)
bulevar [bulə'var] *m* Boulevard *m*
Bulgária [buł'garjɐ]: ***a ~*** Bulgarien *n*
búlgaro ['bułgɐru] **1.** *adj* bulgarisch; **2.** *m*, **-a** *f* Bulgare *m*, Bulgarin *f*
bulh|a ['buʎɐ] *f* Krach *m*; Streit *m*; Durcheinander *n*; Rauferei *f*; ***meter à ~*** *j-n* in e-n Streit verwickeln; aufhetzen; ***andar às ~s*** → **~ar**; **~ão** [-'ʎɐ̃w] *m*, **-ona** *f* Unruhestifter(in *f*) *m*, P Streithammel *m*; **~ar** [-'ʎar] (1a) Unruhe stiften; Streit suchen; **~ento** [-'ʎẽtu] streitsüchtig
bulício [bu'lisju] *m* Unruhe *f*; Gedränge *n*; Gewirr *n*; Gemurmel *n* (*Stimmen*)
buliçoso [buli'sozu] unruhig; schwankend; zappelig; gewitzt
bulimia [bulə'miɐ] *f* Heißhunger *m*; MED Bulimie *f*
bulir [bu'lir] (3h) **1.** *v/t* beunruhigen; belästigen; **~ (com)** bewegen; **2.** *v/i* sich rühren, sich regen; ***~ em*** anfassen, berühren
bum [bũ]: ***~!*** peng!; **~ba** ['bũbɐ]: ***~!*** bums!, bum!
bumerangue [bumə'rɐ̃gə] *m* Bumerang *m*
bunda ['bũda] *f bras* F Hintern *m*; **~(s)-mole(s)** [bũda'mɔli] *su(pl)* *bras* P Schlaffi *m*; ***nascer com a ~ para a Lua*** *bras* P unter e-m Glücksstern geboren werden
buque ['bukə] *m* NAV Leichter *m*
buquê [bu'ke] *m bras* Bukett *n* (*Blumen, Duft*)
buraco [bu'raku] *m* Loch *n*; ***~ de ozono*** Ozonloch *n*; ***tapar ~s*** *finanzielle* Löcher stopfen
burburinho [burbu'riɲu] *m* Gemur-

mel *n* (*Stimmen*); Geräusch *n*, Lärm *m*; F Wirbel *m* (*Aufregung*)
bureta [bu'retɐ] *f QUÍM* Bürette *f*
burgo ['burgu] *m kleiner* Ort *m*, Dorf *n*; Kleinstadt *f*; Vorstadt *f*; *fig* Zentrum *n*, Metropole *f*; *HIST* Burg *f*; **~mestre** [-'mɛʃtrə] *m* Bürgermeister *m*
burgu|ês [bur'geʃ] **1.** *adj* (spießbürgerlich; **2.** *m*, **-esa** *f* Bürger(in *f*) *m*; F Spießer(in *f*) *m*; **~esada** [-gə'zadɐ] *f depr* Spießertum *n*; **~esia** [-gə'ziɐ] *f* Bürgertum *n*; Bourgeoisie *f*; ***pequena ~*** Kleinbürgertum *n*
buril [bu'riɫ] *m* (Grab)Stichel *m*; Radiernadel *f*; **~ador** [-lɐ'dor] *m* (Kupfer)Stecher *m*; **~ar** [-'lar] (1a) *in Kupfer etc* stechen, (ein)gravieren; (*in*) *Stein* (ein-, aus)meißeln; *fig* (sich) einprägen; *Stil* ausfeilen
burl|a ['burlɐ] *f* Betrug *m*; Täuschung *f*; Spott *m*; **~ador, ~ão** [-lɐ'dor, -'lɐ̃w] **1.** *adj* betrügerisch; **2.** *m*, **-ona** *f* Betrüger(in *f*) *m*; Schwindler(in *f*) *m*; **~ar** [-'lar] (1a) betrügen; (ver)spotten
burlesco [bur'leʃku] komisch; lächerlich, grotesk
burlista [bur'liʃtɐ] → ***burlador***
burocr|acia [burukrɐ'siɐ] *f* Bürokratie *f*; **~ata** [-'kratɐ] *su* Bürokrat(in *f*) *m*; **~ático** [-'kratiku] bürokratisch; **~atismo** [-krɐ'tiʒmu] *m* Bürokratismus *m*; **~atizar** [-krɐti'zar] (1a) bürokratisieren
burra ['buʀɐ] *f* **a)** *ZO* Eselin *f*; F Drahtesel *m*; ***do alto da ~*** *fig* von oben herab; **b)** Geldkasten *m*; **c)** Sägebock *m*; Winde *f* (*Brunnen*)
burr|ada [bu'ʀadɐ] *f* Eselherde *f*; *fig* Blödsinn *m*, Quatsch *m*; **~agem** [-'ʀaʒɐ̃j] *f* → ***~ice***; **~ão** [-'ʀɐ̃w] *m* große(r) Esel *m*; P Trottel *m*; **~icada** [-ʀi'kadɐ] *f* Ausritt *m* (*auf e-m Esel*); = **~ice** [-'ʀisə] *f* Blöd-, Schwachsinn *m*; Dummheit *f*; Störrigkeit *f*; **~ico** [-'ʀiku] *m* Eselfohlen *n*
burrié [bu'ʀjɛ] *m ZO* Kreiselschnecke *f*; P Rotz *m*
burri|nho [bu'ʀiɲu] *m AUTO* Benzinpumpe *f*; *bras* Hydraulikpumpe *f*; **~queiro** [-'kɐjru] *m* Eseltreiber *m*
burro ['buʀu] **1.** *adj* dumm; **2.** *m* **a)** *ZO* Esel *m* (*a fig*); ***como ~***, P ***para ~*** *bras* wie verrückt (*viel*); ***cabeça f de ~*** Dummkopf *m*; ***~ de carga*** *fig* Arbeitstier *n*; ***~ de sorte*** Glückspilz *m*; **b)** (Säge)Bock *m*; Kartenspiel *n*; *Schule*: wortwörtliche Übersetzung *f*
bursa ['bursɐ] *f ANAT* (Schleim)Beutel *m*
busca ['buʃkɐ] *f* Suche *f*; Durchsuchung *f*; Nachforschung *f*; *fig* Spürhund *m*; ***em ~ de*** auf der Suche nach; ***~ domiciliária*** Hausdurchsuchung *f*; ***dar ~ a*** ab-, durchsuchen; **~-pé(s)** [-'pɛ] *m*(*pl*) Schwärmer *m*, Knallfrosch *m* (*Feuerwerk*)
buscar [buʃ'kar] (1n) suchen; *Haus etc* ab-, durchsuchen; *j-n* aufsuchen, sich an *j-n* wenden; ***ir ~*** *et* holen (gehen); *j-n* abholen (gehen); ***mandar ~*** holen lassen; ***vir ~*** (ab)holen (kommen)
busílis [bu'ziliʃ] *m* P Knackpunkt *m*; ***aí é que está o ~*** das ist der springende Punkt
bússola ['busulɐ] *f* Kompass *m*
busto ['buʃtu] *m* Büste *f*; *PINT*, *FOT* Brustbild *n*
butano [bu'tɐnu] *m* Butan(gas) *n*
bute ['butə] *m* Stiefel *m*; ***a ~s*** zu Fuß, auf Schusters Rappen; ***~s*** P irre, super
butique [bu'tikə] *f* Boutique *f*
bux(eir)o ['buʃu, bu'ʃɐjru] *m* Buchsbaum *m*
buzin|a [bu'zinɐ] *f* (Auto)Hupe *f*; Sprachrohr *n*, Megaphon *n*; (Jagd)Horn *n*; *ASTR* Kleine(r) Bär *m*; *ZO* Tritonshorn *n* (*Schnecke*); **~ada** *f* [-'nadɐ] Hupkonzert *n*; **~ar** [-'nar] (1a) *AUTO* hupen; (das Horn) blasen; trompeten (*a fig*)
búzio ['buzju] **1.** *adj* trüb, matt; **2.** *m* **a)** *ZO* Stachelschnecke *f*; Wellhornschnecke *f*; *bras* Helmschnecke *f*; ***~ assassino*** *m* Killerschnecke *f*; ***~ pente-de-vénus*** *m* Venuskamm *m*; **b)** Horn *n*; Hupe *f*; **c)** Perlenfischer *m*; ***~s*** *pl* P Löffel *pl* (*Ohren*)
buzo ['buzu] *m bras MÚS* Bratsche *f*
byte ['bajtə] *m INFORM* Byte *n*

C

C, c [se] *m* C, c *n*

c. ***capítulo*** *m* Kapitel *n*; ***cento*** hundert

c/ ***caixa*** *f* Kasse *f*; ***calçada*** *f* Straße *f*; ***com*** mit; ***conta*** *f* Rechnung *f*

°C ***grau centígrado*** Grad Celsius

ca [ka] F *für* ***porque***

cã [kẽ] *f* weiße(s) Haar *n*

cá [ka] *adv* hier; (hier)her; *Füllwort in Wendungen*: ***eu ~*** (***por mim***) ich für meine Person; ***nós ~, a gente ~*** unsereins; wir (hier); ***de ~*** von hier, hiesig; ***de ~ para lá*** von hier nach da; ***dá ~!*** gib her!; ***por ~, tudo bem!*** hier ist alles im Lot!; ***ficar meio ~, meio lá*** F angesäuselt sein

caatinga [kaːˈtʃĩga] *f bras* niedrige(r) Buschwald *m*

caba [ˈkaba] *f bras* Wespe *f*

cabaç|a [kɐˈbasɐ] **1.** *f* Flaschenkürbis *m*; Kürbisflasche *f* (*Gefäß*); **2.** *m bras* Zweitgeborene(s) *n* (*Zwilling*); **3.** *int*: ***qual ~!*** von wegen!; **~ada** [kɐbɐˈsadɐ] *f* **a)** Inhalt *m* e-r Kürbisflasche; **b)** *CUL* Kürbiskompott *n*; **~o** [-ˈbasu] *m* **a)** Flaschenkürbis *m*; *fig* P ***dar*** (***levar***) ***o ~*** e-n Korb geben (kriegen); **b)** P Jungfernhäutchen *n*

cabacinha [kɐbɐˈsiɲɐ] *f* Eisvogel *m*

cabal [kɐˈbaɫ] vollständig; erschöpfend (*Erklärung*); stichhaltig, schlagend

cabal|a [kɐˈbalɐ] *f* Kabbala *f*; Intrige *f*; **~ar** [kɐbɐˈlar] (1a) **1.** *v/t Wählerstimmen* ködern; **2.** *v/i* intrigieren (***contra*** gegen); **~ístico** [-ˈliʃtiku] geheimwissenschaftlich; *fig* geheimnisvoll

caban|a [kɐˈbɐnɐ] *f* (Stroh)Hütte *f*; *in Sachleistungen bezahlte(r) Arbeitslohnanteil m*; **Ꞩada** [kabẽˈnada] *f HIST Aufstand m in Brasilien* (*1832–1835*); **~eiro** [-ˈnɐjru] *m* **a)** *landloser* Dorfbewohner *m*; **b)** Weidenkorb *m*

cabanha [kaˈbẽɲa] *f bras* moderne Viehzuchtanlage *f*

cabaré [kɐbɐˈrɛ] *m* (Tanz)Bar *f*; *bras a* Cabaret *n*

cabaz [kɐˈbaʃ] *m* (Henkel-, Deckel)Korb *m*

cabe [ˈkabə] *m Sport*: Abstand *m* zwischen zwei Bällen; List *f*; Verschlagenheit *f*

cabeça [kɐˈbesɐ] **1.** *f* Kopf *m* (*a fig*), *poét* Haupt *n*; Verstand *m*, F Köpfchen *n*; (Kapitel)Überschrift *f* (*im Text*); Kopfstück *n*, Oberteil *n* (*e-s Gegenstandes*); Spitze *f*, Führung *f* (*e-s Unternehmens etc*); *wichtigste* Stadt *f* (*e-s Distrikts*); Stück *n* (*Vieh*); ***~ de apagamento*** *INFORM* Löschkopf *m*; ***~ de casal*** *JUR* Erbschaftspfleger *m*; ***~ de cilindro*** *AUTO* Zylinderkopf *m*; ***~ de escrita*** *EL* Schreibkopf *m*; ***~ de impressão*** *INFORM* Druckkopf *m*; ***~ de leitura*** *EL* Lesekopf *m*; ***~ dura*** Dickschädel *m*; ***~ leve*** F Leichtfuß *m*, Luftikus *m*; ***~ magnética*** Magnetkopf *m*; ***uma grande ~*** ein kluger Kopf; ***de ~*** aus dem Kopf; ***dos pés à ~*** von Kopf bis Fuß; ***abanar a ~*** den Kopf schütteln; ***andar a ~ à roda a*** *j-m* schwindelig sein; nicht wissen, wo *e-m* der Kopf steht; ***andar de ~ baixa*** den Kopf hängen lassen; ***atirar-se de ~ a*** sich kopfüber stürzen auf (*od* in *ac*); ***não caber na ~ de ninguém*** niemandem einleuchten; ***deu-lhe na ~ de*** er hat es sich in den Kopf gesetzt zu; ***estar à ~*** an der Spitze stehen (***de*** von); ***não estar bom da ~*** F nicht ganz richtig im Kopf sein; ***fazer a ~ em água a*** *j-m* den Kopf verdrehen; *j-n* verrückt machen; ***fazer perder a ~ a*** *j-n* aus der Fassung bringen, *j-m* den Kopf verdrehen; ***levar à ~*** auf dem Kopf tragen; ***meter a/c na ~ a alg*** j-m et einreden; ***meter-se na ~*** sich *et* in den Kopf setzen; ***ser uma ~ de alho chocho*** ein Gedächtnis wie ein Sieb haben; ***ser uma ~ de burro*** ein Esel sein; ***subir à ~ a*** j-m zu Kopfe (*od* in den Kopf) steigen; ***ter ~*** F Köpfchen haben; ***ter a ~ no lugar*** (*od* ***sítio***) vernünftig sein; ***alg não tem ~ para a/c*** j-m steht der Kopf nicht nach et; ***não ter pés nem ~*** weder Hand noch Fuß haben; ***tirar a/c da ~ a*** *j-m* et ausreden; **2.** *su* (Familien)Oberhaupt *n*; Leiter(in *f*) *m* (*e-r Abteilung*); (Rädels)Führer(in *f*) *m*, An-

führer(in *f*) *m* (*e-r Bewegung*); **~ no ar** Träumer(in *f*) *m*
cabeçada [kɐbə'sadɐ] *f* Stoß *m* mit dem Kopf; *Sport*: Kopfstoß *m*, -ball *m*; *fig* Dummheit *f*
cabeça(s)-de-|lista [kɐbesɐdə-'liʃtɐ] *su*(*pl*) *POL* Spitzenkandidat(in *f*) *m*; **~ponte** [-'põtə] *f* Brückenkopf *m*; **~vento** [-'vẽtu] *su fig* F Leichtfuß *m*
cabeç|alha [kɐbə'saʎɐ] *f* Deichsel *f*; **~alho** [-'saʎu] *m* Titel *m*; Überschrift *f*; Schlagzeile *f* (*Zeitung*); *INFORM* Kopfzeile *f*; **~ão** [-'sɐ̃w] *m* (Umlege)Kragen *m*; **~a(s)-rapada(s)** [kɐbesɐʀɐ'padɐ] *m*(*pl*) Skinhead *m*; *bras depr* Pfaffe *m*
cabec|ear [kɐbə'sjar] (1l) **1.** *v/t e-n Kopfball* stoßen; *e-n Gruß* nicken; **2.** *v/i* mit dem Kopf hin und her wackeln (**de sono** vor Müdigkeit); nicken; *NAV* stampfen; **~eira** [-'sɐjrɐ] *f* Kopfende *n* (*Bett*); Kopfkissen *n*; Stirnseite *f* (*Tisch*); Ehrenplatz *m* (*bei Tisch*); Oberlauf *m* (*Fluss*); **à ~** am Kopfende; an der Stirnseite; ***mesa*** *f* ***de ~*** Nachttisch *m*; **~ilha** [-'siʎɐ] *su* (An)Führer(in *f*) *m*
cabeço [kɐ'besu] *m* Gipfel *m*; Hügel *m*; ***~ de amarração*** *NAV* Poller *m*
cabeç|orra [kɐbə'soʀɐ] *f* P Dickkopf *m*; **~ote** [-'sɔtə] *m* *TÉCN* Spindel-, Reitstock *m*; *CAM. DE F* Vorderteil *n*; **~udo** [-'sudu] *fig* stur; dickköpfig
cabedal [kɐbə'daɫ] *m* **a**) Vermögen *n*; Macht *f*; **b**) Leder *n*
cabedelo [kɐbə'delu] *m* Sandbank *f*
cabeleir|a [kɐbə'lɐjrɐ] *f* (Haupt-) Haar *n*; Haarschopf *m*; ***~ postiça*** Perücke *f*; **~eiro** [-'ʀɐjru] *m*, **-a** *f* (Damen)Friseur *m*, Friseurin *f*
cabelo [kɐ'belu] *m* **a**) (Kopf)Haar *n*; ***~ à escovinha*** Bürstenschnitt *m*; ***queda*** *f* ***de ~*** Haarausfall *m*; ***agarrar pelos ~s*** beim Schopf packen; ***arranjar o ~*** das Haar zurechtmachen; ***de arrepiar os ~s*** haarsträubend; ***em ~*** ohne Kopfbedeckung; ***estar farto até à ponta dos ~s*** F *et* total satt haben; ***pôr-se os ~s em pé a*** *j-m* stehen die Haare zu Berge; ***ter ~s no coração*** hartherzig sein; **b**) (Uhr)Feder *f*
cabeludo [kɐbə'ludu] behaart; haarig; *fig* verworren, verzwickt
caber [kɐ'ber] (2q) Platz haben (*od* finden) (**em** in *ac*); (hinein)gehen, passen (**em** in *ac*); angebracht (*od* zulässig) sein (*Möglichkeit*); möglich (*od* denkbar) sein; kommen auf (*ac*) (*Anteil*); ***~ a*** *j-s* Sache sein, *j-m* obliegen, zufallen (*Aufgabe*); *j-m* zustehen (*Anteil*); ***não ~ em si de*** außer sich sein vor (*dat*); ***não me cabe na cabeça*** das will mir nicht einleuchten
cabide [kɐ'bidə] *m* (Kleider)Bügel *m*; Kleiderhaken *m*, -ständer *m*; Handtuchhaken *m*; ***~ ambulante*** F wandelnde(s) Skelett *n*
cabidela [kɐbi'dɛlɐ] *f* Geflügelklein *n*
cabimento [kɐbi'mẽtu] *m* *ausreichend* Platz *m*; Rückhalt *m*; *fig* Berechtigung *f*, Zulässigkeit *f*; ***não ter ~*** fehl am Platz sein; ***ter ~*** → ***caber***
cabina, -e [kɐ'binɐ, -nə] *f* Kabine *f*; *NAV* Kajüte *f*; *CAM. DE F* Abteil *n*; ***-a de duche*** Duschkabine *f*; ***-e telefónica*** Telefonzelle *f*
cabisbaixo [kɐbiʒ'bajʃu] niedergeschlagen, F geknickt
cabo ['kabu] *m* **a**) Ende *n*; (Besen- *etc*)Stiel *m*; (Messer- *etc*)Griff *m*; ***ao ~ de*** am Ende (*gen*), nach (Ablauf von); ***ao fim e ao ~*** zu guter Letzt; ***de ~ a rabo*** von A bis Z; ***dar ~ de*** F kaputtmachen; *Vermögen* durchbringen; *Geduld* erschöpfen; ***dar ~ do canastro*** P verdreschen; *j-n* umlegen; ***ir às do ~*** F ausrasten; ***levar a ~*** durchführen; **b**) Kap *n*, Vorgebirge *n*; **c**) *NAV* Seil *n*; *EL* Kabel *n*; ***~ de reboque*** Abschleppseil *n*; ***~ elástico*** Gummiseil *n*; ***~ submarino*** Überseekabel *n*; ***~s*** *pl* ***SOS*** Starthilfekabel *n*; **d**) *MIL* Gefreite(r) *m*; Patrouillenführer *m*; *allg* Anführer *m*; *bsd* Vorarbeiter *m*; ***~ da polícia*** (Polizei)Wachtmeister *m*
Cabo Verde ['kabu 'vɛrdə]: ***o ~*** Kapverden *pl*
caboclo [ka'boklu] *bras m* Halbblutindianer *m*; Mischling *m*; *allg* arme(r) Teufel *m*
cabo-de-guerra [kɐbudi'gɛʀɐ] *m* *MIL* Kriegsoffizier *m*; *bras* Tauziehen *n*
cabotagem [kɐbu'taʒɐ̃j] *f* Küstenschifffahrt *f*, Kabotage *f*
cabotino [kɐbu'tinu] *m* Komödiant *m*

C

cabou|car [kɐbo'kar] (1n) *e-n* Graben ausheben; **~co** [-'boku] *m* Baugrube *f*; **~queiro** [-'kɐjru] *m* Bauarbeiter *m*; *BGB* Minenarbeiter *m*
cabo-verdiano(s) [kɐbuvər'djɐnu] (*pl*) kapverdisch
cabra ['kabrɐ] **1.** *f* **a)** Ziege *f* (*a fig depr*); Knurrhahn *m* (*Fisch*); *fig* P Kater *m*; **b)** Kran *m*; *NAV* Ladebaum *m*; Universitätsglocke *f* (*in Coimbra*); **2.** *m bras* P Mischling *m*; *allg* F Typ *m*, Kerl *m*; **~-cega** [kabrɐ'sɛgɐ] *f* Blindekuh(spiel *n*) *f*; **~da** [kɐb'radɐ] *f* Ziegenherde *f*
cabrão [kɐ'brɐ̃w] *m* Ziegenbock *m*; *fig* P Gehörnte(r) *m*; Scheißkerl *m*
cábrea ['kabrjɐ] *f* Kran *m*
cabrear [kɐ'brjar] (1l) P sich aufbäumen
cabreiro [kɐ'brɐjru] **1.** *adj* aus Ziegenmilch; **2.** *m* Ziegenhirt *m*
cabrestante [kɐbrəʃ'tɐ̃tə] *m* *NAV* Winde *f*, Spill *n*
cabrest|eiro [kɐbrəʃ'tɐjru] **1.** *adj* lammfromm, zahm; **2.** *m* Halftermacher *m*; **~ear** [-'tjar] (1l) *bras* am Halfter führen; **~o** [kɐ'breʃtu] *m* Geschirr *n*, Zaumzeug *n*; Leitochse *m*; ***dor f de ~*** P dicke(r) Schädel *m* (*vom Rausch*)
cabrião [kɐ'brjɐ̃w] *m* Quälgeist *m*
cabril [kɐ'briɫ] *m* Ziegenstall *m*; Trampelpfad *m*
cabrim [kɐ'brĩ] *m* Ziegenleder *n*
cabriol|a [kɐ'brjɔlɐ] *f* Bocksprung *m*; *fig* Kapriole *f*, Schwanken *n*; **~ar** [-brju'lar] (1e) Kapriolen machen
cabriolé [kɐbrju'lɛ] *m* Kabrio(lett) *n*
cabr|ita [kɐ'britɐ] *f* Zicklein *n*; ***às ~s*** huckepack; **~ito** [-'britu] *m* Zicklein *n*; *CUL* Ziege(nbraten *m*) *f*; ***deitar o ~ fora*** (*od* ***os ~s ao mar***) P reihern (*erbrechen*); **~um** [-'brũ] Ziegen...
cabucho [kɐ'buʃu] *m* Zuckerhut *m*; *kuppelförmig geschliffener* Edelstein *m*
cábula ['kabulɐ] **1.** *adj* faul; **2.** *f* (Schule)Schwänzen *n*; Schliche *m/pl*; (*Schule*) Spickzettel *m*; **3.** *su* Faulpelz *m*; (Schul)Schwänzer
cabul|ar [kɐbu'lar] (1a) (die Schule) schwänzen; mogeln, abschreiben; nicht arbeiten; sich drücken; **~ice** [-'lisə] *f* Nachlässigkeit *f*
caca ['kakɐ] *f* F *infan* Aa *n*
caça ['kasɐ] **1.** *f* Jagd *f*; Wild *n*; ***~ feliz*** Glücksgriff *m*; ***~ grossa*** (***miúda***) Hoch-, Groß- (Klein)wild *n*; ***~ à baleia*** Walfang *m*; ***dar ~ a*** Jagd machen auf (*ac*); ***ir à ~*** auf die Jagd gehen; **2.** *m MIL* Jäger *m*, Jagdflugzeug *n*
caçad|a [kɐ'sadɐ] *f* (Treib)Jagd *f*; Jagdpartie *f*; Jagdbeute *f*; Verfolgungsjagd *f*; **~eira** [-sɐ'dɐjrɐ] *f* Jagdgewehr *n*; Jägerrock *m*; **~eiro** [-'dɐjru] Jagd...; **~or** [-'dor] *m* Jäger *m* (*a MIL*); ***~ clandestino*** (*od* ***furtivo***) Wilddieb *m*, Wilderer *m*; ***~ de pechinchas*** P Schnäppchenjäger *m*; ***~ recolector*** Jäger und Sammler *m*
caçamba [ka'sɐ̃ba] *f bras* (Schöpf-) Eimer *m*; (Bagger)Schaufel *f*; Traggestell *n* (*für Pferde*)
caça-|minas (*pl inv*) [kasɐ'minɐʃ] *m* *MIL* Minensuchboot *n*; **~níqueis** (*pl inv*) [-'nikejʃ] *m bras* Groschengrab *n* (*Spielautomat*); **~torpedeiros** (*pl inv*) [-turpə'dɐjruʃ] *m MIL* Torpedoboot *n*
caçar [kɐ'sar] (1p; *Stv* 1b) **1.** *v/t* jagen; fangen; *fig* ergattern; erwischen; *bras a* suchen; **2.** *v/i* auf die Jagd gehen
cacar|acá [kakɐrɐ'ka] *m* Kikeriki *n*; ***de ~*** F unnütz, läppisch; **~ejar** [-rə'ʒar] (1d) gackern (*a fig*); **~ejo** [-'reʒu] *m* Gackern *n*; *fig* Gegacker *n*; Geschwätz *n*
caca|recos *bras*, **-réus** [kaka'rɛkus, kɐkɐ'rɛwʃ] *m/pl* Plunder *m*; **~ria** [-'riɐ] *f* Gerümpel *n*; *bras* Räuberversteck *n*
caçarola [kɐsɐ'rɔlɐ] *f* Kasserolle *f*
cacatua [kɐkɐ'tuɐ] *f* Kakadu *m*
cacau [kɐ'kaw] *m* Kakao *m*; F Knete *f* (*Geld*); **~al** [kɐkaw'aɫ] *m* Kakaopflanzung *f*; **~(z)eiro** [-'(z)ɐjru] *m* Kakaobaum *m*
cacetada [kɐsə'tadɐ] *f* Schlag *m*; *bras fig* Aufdringlichkeit *f*; ***dar uma ~ em*** *j-m* eins mit dem Knüppel überziehen
cacet|e [kɐ'setə] **1.** *adj bras* lästig; langweilig; **2.** *m* Knüppel *m*; Schlagstock *m*; längliche(s) Weißbrot *n*; *bras* lästige(r) Mensch *m*; *bras* P Schwengel *m* (*Penis*); ***~ francês*** Baguette *f*; ***do ~*** *bras* P irre, toll; **3.** *int bras* verdammt!; **~eação** [kasetja'sɐ̃w] *f bras* Schererei *f*, lästige Sache *f*, Langeweile *f*; **~ear** [kɐsə-

'tjar] (1l) *mit Knüppel* verprügeln; niederknüppeln; *bras* belästigen, F auf den Wecker gehen
cacha ['kaʃɐ] *f* Vortäuschung *f*
cacha|ça [ka'ʃasa] **1.** *f bras* (Zuckerrohr)Schnaps *m*; *fig große* Leidenschaft *f*; **2.** *su* Trunkenbold *m*; **~ceira** [kɐʃɐ'sɐjrɐ] *f* Rausch *m*; *bras a* Schnapsbrennerei *f*
cachaç|o [kɐ'ʃasu] *m* CUL Nacken(stück *n*) *m*; *bras* Zuchteber *m*; **~udo** [-ʃɐ'sudu] stiernackig; *fig* aufgeblasen
cacha|morra, **-porra** [kɐʃɐ'moʀɐ, -'poʀɐ] *f* Keule *f*, Knüppel *m*
cachão [kɐ'ʃɐ̃w] *m* Brodeln *n*, Aufwallen *n* (*des Wassers*)
cachapuz [kɐʃɐ'puʃ]: **~!** plumps!
cachar [kɐ'ʃar] (1b) **1.** *v/t* verbergen; bedecken; **2.** *v/i* betrügen
cacharolete [kɐʃɐru'letə] *m* Cocktail *m*
caché (*ê) [kɐ'ʃɛ] *m* Gage *f*
cachecol [kaʃə'kɔɫ] *m* Schal *m*; Halstuch *n*
cacheira [kɐ'ʃɐjrɐ] *f* Knüppel *m*
cachep|ot, **-ô** [kaʃə'po] *m* Übertopf *m*
cachimb|ada [kɐʃĩ'badɐ] *f* Zug *m* (*aus der Pfeife*); **~ar** [-'bar] (1a) (Pfeife) rauchen; *bras* nachgrübeln (**em** über *ac*); F sich nichts machen aus; missachten (**de** *ac*); **~o** [-'ʃĩbu] *m* (Tabaks)Pfeife *f*
cachimónia (ô) [kɐʃi'mɔnjɐ] *f* P Schädel *m*; *fig* Grips *m*
cachinar [-'nar] (1a) laut herauslachen
cacho ['kaʃu] *m* Traube *f*; Büschel *n*; (Haar)Locke *f*; ***estar como um ~*** F total voll sein (*betrunken*)
cacho|ar [kɐ'ʃwar] (1f) (auf)brodeln; **~eira** [ka'ʃwejra] *f bras* Wasserfall *m*
cachol|a [kɐ'ʃɔlɐ] *f* P Schädel *m*; CUL Leber *f*; ***ficar com uma grande ~*** ein langes Gesicht machen; **~ada** [-ʃu'ladɐ] *f* CUL *Gericht aus* Schweinsinnereien *f/pl*; **~eira** [-'lɐjrɐ] *f* CUL Fleischwurst *f*; **~eta** [-'letɐ] *f* Kopfnuss *f*; *fig* Dämpfer *m*
cachopo [kɐ'ʃopu] *m*, **-a** *f* Bursche *m*, Junge *m*, Mädchen *n* (*vom Lande*)
cachorro [kɐ'ʃoʀu] *m*, **-a** *f* junge(r) Hund *m*, junge Hündin *f*; *fig depr* gemeine(r) Kerl *m*, gemeine(s) Weib *n*; *bras* Hund *m*; Kragstein *m*; ***com a -a*** übellaunig; ***como gato e -o*** wie Hund und Katze; **~(s)-quente(s)** [-'kẽtə] *m(pl)* CUL Hotdog *m*
cacife, **-o** [kɐ'sifə, -fu] *m allg* Kasten *m*; (Schub)Lade *f*; *bsd* (Gepäck)Schließfach *n*; Tresor *m*; Garderobenschrank *m*
cacilheiro [kɐsi'ʎɐjru] *m* Fähre *f*
cacimb|a [kɐ'sĩbɐ] *f* feuchte(r) Nebel *m* (*in Afrika*); **~ar** [-'bar] (1a) nieseln
cacique [kɐ'sikə] *m* Häuptling *m*
caco ['kaku] *m* (Glas-, Ton)Scherbe *f*; Plunder *m*; *fig* F Grips *m*; F (Nasen)Popel *m*
caço|ada [kɐ'swadɐ] *f* Spöttelei *f*; Witz *m*; **~ar** [-'swar] (1f) **1.** *v/t* verspotten; **2.** *v/i* spötteln (**com**, **de** über *ac*); Witze machen (**com**, **de** über *ac*)
cacofonia [kakufu'niɐ] *f* Missklang *m*; Kakophonie *f*
caçoila, **-oula** [kɐ'sojlɐ, -'solɐ] *f flacher* Kochtopf *m*; Auflaufform *f*
caçoleta [kɐsu'letɐ] *f kleine* Bratpfanne *f*; (Schmelz)Tiegel *m*
cacto ['kaktu] *m* Kaktus *m*
cacunda [ka'kũda] *f bras* Buckel *m*; *fig* Schutz *m*
cada ['kɐdɐ] jede(r, -s); ***~ três dias*** alle drei Tage; ***~ um***, ***~ qual*** ein jeder; ***~ vez*** jedes Mal; ***~ vez mais*** immer mehr; ***~ vez melhor*** immer besser; ***~ vez que*** immer wenn; ***dizer ~ uma*** die tollsten Dinge sagen
cadafalso [kɐdɐ'faɫsu] *m* Schafott *n*
cadastr|ado [kɐdɐʃ'tradu] vorbestraft; **~ar** [-'trar] (1b) (ins Grundbuch) eintragen; registrieren (lassen)
cadastro [kɐ'daʃtru] *m allg* Register *n*; Kartei *f*; Kataster *m od n*; Grundbuch *n*; Personalakte *f* (*Firmen*); JUR Vorstrafenregister *n*; ***ter ~*** e-e Vorstrafe haben
cad|áver [kɐ'davər] *m* Leiche *f*, Leichnam *m*; Kadaver *m*; **~avérico** [-dɐ'vɛriku] leichenhaft
cadê [ka'de] *int bras* wo ist?
cad|eado [kɐ'djadu] *m* Vorhängeschloss *n*; ***~ moto*** Bügelschloss *n*; **~eia** [-'dɐjɐ] *f* **a)** Kette *f*; ***~ alimentar*** Nahrungskette *f*; ***em ~*** Ketten...;

colisão** f **em ~ Massenkarambolage *f*; **b)** Gefängnis *n*
cadeira [kɐ'dɐjrɐ] *f* Stuhl *m*; *UNIV* Lehrstuhl *m*; (Lehr)Fach *n*; ***~ de balouço*** (*bras* ***balanço***) Schaukelstuhl *m*; ***~ de praia*** Campingstuhl *m*; ***~ de rodas*** Rollstuhl *m*; ***~ dobradiça*** Klappstuhl *m*; ***~ giratória*** Drehstuhl *m*; ***~ de opção*** *UNIV* Wahlpflichtfach *n*; ***~ ejectável*** Schleudersitz *m*; ***~ teleférica*** Sessellift *m*; **~s** *pl* Hüften *f/pl*
cadeir|ado [kɐdɐj'radu] **1.** *adj* breithüftig; **2.** *m* Gestühl *n*; **~ão** [-'rɐ̃w] *m UNIV* schwierige(s) Fach *n*; ***~ de praia*** Strandkorb *m*; **~inha** [-'riɲɐ] *f* Sänfte *f*; Tragsessel *m*
cadel|a [kɐ'dɛlɐ] *f* Hündin *f*; P *depr* Dirne *f*; ***apanhar uma ~*** F sich e-n Affen kaufen (*sich betrinken*)
cadência [kɐ'dẽsjɐ] *f harmonischer* Tonfall *m*; Takt *m*; Rhythmus *m*; *EL* Impulsfolge *f*; *MÚS* Kadenz *f*; *fig* Talent *n*, Neigung *f*
cadenci|ado [kɐdẽ'sjadu] rhythmisch; gleichmäßig; **~ador** [-sjɐ'dor] *m EL* Intervallschalter *m*; **~ar** [-'sjar] (1g) den Rhythmus (*od* Takt) bestimmen; **~oso** [-'sjozu] → ***cadenciado***
cadente [kɐ'dẽtə] fallend; ***estrela** f **~*** Sternschnuppe *f*
caderneta [kɐdər'netɐ] *f* Notizbuch *n*; Sparbuch *n*; *Schule*: Klassenbuch *n*; *MIL* Wehrpass *m*; ***~ de bilhetes*** (*od Lissabon*: ***módulos***) Fahrkartenheft *n*; ***~ de trabalho*** Sozialversicherungsausweis *m*; ***~ predial*** Grundbuchauszug *m*
caderno [kɐ'dɛrnu] *m* Heft *n*; ***~ de encargos*** Vertragsbestimmungen *f/pl* (*bsd ARQUIT*); ***~ escolar*** Schulheft *n*
cadete [kɐ'detə] *m* Kadett *m*
cadexo [kɐ'deʃu] *m* Locke *f*; Strähne *f*
cadinho [kɐ'diɲu] *m* (Schmelz)Tiegel *m* (*a fig*)
caduc|ar [kɐdu'kar] (1n) in Verfall geraten; hinfällig werden (*a physisch*); außer Gebrauch kommen; *JUR* verfallen, ungültig werden; ***caducou*** ungültig (*Pass*); **~ário** [-'karju] Verfalls...; Ausschluss...; herrenlos (*Güter*); **~idade** [-si'dadə] *f* Baufälligkeit *f*; Gebrechlichkeit *f*; Haltbarkeit *f*; Gültigkeit *f*; ***~ de um direito*** Ausschluss *m* e-s Anspruchs; ***data** f **de ~*** Verfallsdatum *n*; ***prazo** m **de ~*** Verfallsfrist *f*
caduco [kɐ'duku] baufällig; senil; *JUR* verfallen (*Anspruch*); ungültig, abgelaufen (*Vertrag*); *fig* vergänglich
cafanga [ka'fɐ̃ga] *f bras* Zimperlichkeit *f*
café [kɐ'fɛ] *m* Kaffee *m*; Café *n* (*Ort*); ***~ coado*** Filterkaffee *m*; ***~ com leite*** Milchkaffee *m*; ***~ da manhã*** *bras* Frühstück *n*; ***~ descafeinado*** entkoffeinierte(r) Kaffee *m*; ***~ instantâneo*** Instantkaffee *m*; ***~ só*** schwarze(r) Kaffee *m*
cafedório [kɐfɛ'dɔrju] *m* F Lorke *f*
cafe|eiral [kɐfjɐj'rał] *m* Kaffeepflanzung *f*; **~eiro** [-'fjɐjru] *m* Kaffeestrauch *m*; **~icultor** [kɐfɛikuł'tor] *m* Kaffeepflanzer *m*; **~icultura** [kɐfɛikuł'turɐ] *f* Kaffeeanbau *m*; **~ína** [kɐfɛ'inɐ] *f* Koffein *n*; ***sem ~*** koffeinfrei
cafetaria [kɐfətɐ'riɐ] *f* Cafeteria *f*
cafeteir|a [kɐfə'tɐjrɐ] *f* Kaffeekanne *f*; ***~ eléctrica*** Kaffeemaschine *f*; **~o** [-'tɐjru] *m* Kaffeehausbesitzer *m*
cafez|al [kɐfɛ'zał] *m* Kaffeepflanzung *f*; **~eiro** [-'zɐjru] *m BOT* Kaffeestrauch *m*; Cafébesitzer *m*; **~inho** [kafɛ'zĩɲu] *m bras* Espresso *m*; **~ista** [-'ziʃtɐ] **1.** *m* Kaffeepflanzer *m*; **2.** *su* Kaffeegenießer(in *f*) *m*
cafif|a [ka'fifa] *su bras* Pechvogel *m*; **~e** [-'fifi] *m bras* Pech *n*
cáfila ['kafilɐ] *f* Karawane *f*; F Bande *f*
cáften *m*, **caftina** *f* ['kaften, kaf'tĩna] *bras* Zuhälter *m*, Kupplerin *f*
cafua [kɐ'fuɐ] *f* Höhle *f*; *fig* Loch *n*
cafuzo [ka'fuzu] *m bras* Mischling *m* (*aus Schwarzem u Indio*)
caga|ço [kɐ'gasu] *m* P Schiss *m* (*Angst*); ***pregar um ~ a*** P *j-m* Schiss einjagen; **~da** [-'gadɐ] *f* P Scheißen *n*; *bsd* Pferdeäpfel *m/pl*
cágado ['kagɐdu] **1.** *adj* durchtrieben; **2.** *m ZO* Schlangenhalsschildkröte *f*
ca|gaita [kɐ'gajtɐ] *f* F Popel *m*; **~galhão** [-gɐ'ʎɐ̃w] *m* P Scheißhaufen *m*; **~ga-lume(s)** [-gɐ'lumə] *m(pl)* F Glühwürmchen *n*; **~ganeira**

[-gɐ'nɐjrɐ] *f* P Scheißerei *f*; **~ganita** [kɐgɐ'nitɐ] *f* F Schafkot *m*; Mäusedreck *m*; **~gão** [kɐ'gɐ̃w] *m* P *depr* Schisshase *m*; Großkotz *m*; **~gar** [-'gar] (1o; *Stv* 1b) P scheißen (*fig* **em**, *bras* **para** auf *ac*); ***caga nisso!*** scheiß drauf!; **~garola(s)** [-gɐ'rɔlɐ(ʃ)] *su* P → ***~gão***; **~gativo** [-gɐ'tivu] P scheißegal; **~gatório** [-gɐ'tɔrju] *m* P Scheißhaus *n*; **~gueiro** [-'gɐjru] *m* P Arsch *m*; **~güete** [ka'gweti] *m bras* P (Polizei)Spitzel *m*; **~guinchas** [-'gĩʃɐʃ] *su* Angsthase *m*

caiação [kɐjɐ'sɐ̃w] *f* Tünchen *n*

caiaque [kɐ'jakə] *m* Kajak *m*

caiar [kɐ'jar] (1b) kalken, tünchen; *Gesicht* schminken; *fig* beschönigen

caiba ['kajbɐ] → ***caber***

caibo ['kajbu] → ***caber***

cãibra ['kɐ̃jbrɐ] *f* (Muskel)Krampf *m*

caibro ['kajbru] *m* (Dach)Sparren *m*

caíd|a [kɐ'idɐ] *f* → ***queda***; **~o** [-du] **1.** *adj* hängend; *fig* hinfällig; niedergeschlagen; *bras* verknallt; **2.** **~s** *m/pl* Rückstände *m/pl*; *ECON* Außenstände *pl*; *bras* Zärtlichkeiten *f/pl*

caim [kɐ'ĩ] *m* Bösewicht *m*, Übeltäter *m*; *klägliches* Bellen *n* (*Hund*)

caimão [kaj'mɐ̃w] *m* Kaiman *m*

caimento [kɐi'mẽtu] *m* (Ver)Fall *m*

cainhar [kɐi'ɲar] (1a) jaulen, winseln

caipira [kaj'pira] *su bras* Landei *n*; Geizhals *m*

caipirinha [kajpi'riɲɐ] *f* Caipirinha *f* (*Mixgetränk aus Zuckerrohrschnaps, Limetten und Zucker*)

caipora [kaj'pɔra] *bras* **1.** *m* Irrlicht *n*; **2.** *su* Pechvogel *m*

cair [kɐ'ir] (3l) (herunter-, um-, hin)fallen, -stürzen; sinken (*Sonne, Niveau*); nachlassen (*Leistung, Wind*); abstürzen (*Flugzeug*); (ab-)fallen (*Blätter*); ausfallen, -gehen (*Haar*); fallen (*Soldat, Haar, Währung*); ***~ ao chão*** zu Boden fallen; ***~ bem*** sich schicken; gelegen kommen; gut stehen (*Kleidung*); zusammenpassen; ***deixar ~*** fallen lassen (*a fig*); ***~ como a sopa no mel*** *fig* gerade recht kommen; ***~ de sono*** todmüde sein; ***caiu do céu*** (wie) vom Himmel gefallen; ***~ doente*** (plötzlich) krank werden; ***~ em*** auf *e-n Tag, Zeitpunkt* fallen; ***~ em casa de*** *fig* bei *j-m* hereinschneien (*od* einfallen); ***~ em cima de*** herfallen über (*ac*); ***~ em desuso*** aus der Mode kommen; ***~ em erro*** e-n Fehler begehen; ***~ em esquecimento*** in Vergessenheit geraten; ***~ em ruína*** zusammenfallen; ***~ em si*** s-n Fehler einsehen; ***~ em silêncio*** schweigen; ***~ na asneira de*** so dumm sein, *et zu tun*; ***~ na esparrela*** *auf et* hereinfallen; ***~ no ridículo*** sich lächerlich machen; ***~ pela escada abaixo*** die Treppe hinunterfallen; ***não ~ em cesto roto*** *Beleidigung* sich merken

cairel [kaj'rɛɫ] *m allg* Rand *m*; Borte *f*; Besatz *m*; Schutz-, Stoßkante *f*

cais (*inv*) [kajʃ] *m* Kai *m*; Bahnsteig *m*

caixa ['kajʃɐ] **1.** *f* Schachtel *f*; Büchse *f*; Kiste *f*; Kasten *m*; *ECON* Kasse *f*; *TÉCN a* Gehäuse *n*; Treppenhaus *n*; Fahrstuhlschacht *m*; ***~ aberta*** (***fechada***) *AUTO* Pritsche *f* (Kasten *m*); ***~ alta*** (***baixa***) Groß- (Klein-)buchstabe *m*; ***~ de correio*** Briefkasten *m*; *INFORM* Mailbox *f*; ***~ de crédito predial*** (***de depósitos, económica***) Bauspar-, (Depositen-, Spar)kasse *f*; ***~ de descarga*** Spülkasten *m* (*Klosett*); ***~ de junção*** *EL* Lüsterklemme *f*; ***~ de ressonância*** Resonanzkasten *m*; ***~ tipográfica*** *TIP* Setzkasten *m*; ***~ de (5) velocidades*** *AUTO* Schaltgetriebe (Fünfganggetriebe) *n*; ***~ forte*** Safe *m*; ***~ negra*** *AV* Flugschreiber *m*; ***~ postal*** Postfach *n*; ***~ torácica*** *ANAT* Brustkasten *m*; ***a toque de ~*** in aller Eile; ***calar a ~*** F den Mund halten; ***ter ~*** reich sein; **2.** *m* Kassierer *m*; Kassenbuch *n*; ***~ automático*** (*bras* ***eletrônico***) Geldautomat *m*, Bankomat *m*; **~(s)-d'água** [-'dagwɐ] *f(pl)* Wassertank *m*, -turm *m*; **~(s)--de-óculos** [-də'ɔkuluʃ] *su(pl)* F Brillenträger(in *f*) *m*; **~-dos-pirolitos** [-duʃpirɔ'lituʃ] *f* F Birne *f* (*Kopf*)

caix|ão [kaj'ʃɐ̃w] *m* (große) Kiste *f*; *bsd* Sarg *m*; **~ilho** [-'ʃiʎu] *m* (Bilder-, Fenster)Rahmen *m*; Zarge *f*; **~inha** [-'ʃiɲɐ] *f* (kleine) Schachtel *f*; ***fazer ~*** *et* geheim halten; **~otão**

C

[-ʃu'tɐ̃w] *m* (Decken)Kassette *f*; **~ote** [-'ʃɔtə] *m* Kiste *f*; **~ do lixo** Mülltonne *f*
cajad|ada [kɐʒɐ'dadɐ] *f* Stockhieb *m*; **~o** [kɐ'ʒadu] *m* Stock *m*; *fig* Halt *m*
caju [kɐ'ʒu] *m* Cashewnuss *f*; *bras fig* (Lebens)Jahr *n*; **~eiro** [-'ʒwɐjru] *m* Cashewbaum *m*
cal [kał] *f* Kalk *m*; **~ apagada** Löschkalk *m*; **branco como a ~** *fig* kalkweiß; **de pedra e ~** felsenfest
cala ['kalɐ] *f* **a)** Einschnitt *m*; **b)** (schmale) Felsenbucht *f*
calaboiço, -ouço [kɐlɐ'bojsu, -'bosu] *m* Verlies *n*; Gefängnis *n*
calad|a [kɐ'ladɐ] *f* (völlige) Stille *f*; Schweigen *n*; **às ~s, pela ~** F heimlich, unter der Hand; **~o** [-du] **1.** *adj* schweigend; schweigsam; **estar ~** schweigen; **2.** *m* NAV Tiefgang *m*
calafet|agem [kɐlɐfə'taʒɐ̃j] *f* Kalfaterung *f*; Abdichtung *f*; **~ar** [-'tar] (1c) kalfatern; abdichten; **~o** [-'fetu] *m* Dichtung *f*; → **calafetagem**
calafrio [kɐlɐ'friw] *m* (Kälte)Schauer *m*; Schüttelfrost *m*; *fig* Schauder *m*
calamar [kɐlɐ'mar] *m* Tintenfisch *m*
calami|dade [kɐlɐmi'dadə] *f* Unheil *n*
cálamo ['kalɐmu] *m* (Getreide-) Halm *m*; BOT Kalmus *m*
calandra [kɐ'lɐ̃drɐ] *f* Kalander *m*
calão [kɐ'lɐ̃w] *m* Jargon *m*
calar [kɐ'lar] (1b) **1.** *v/t* **a)** zum Schweigen (*od* Verstummen) bringen; verschweigen; **b)** durchdringen; anschneiden; *et* an s-n Platz bringen; **2.** *v/i* **a)** schweigen; **~-se** verstimmen; **cala-te!** halt den Mund!; **cala-te com isso!** hör auf damit!; **b)** (ein)dringen
calau [kɐ'law] *m* Nashornvogel *m*
calça ['kałsɐ] *f* Fußring *m* (*für Vögel*); **~s** *pl* Hose(n) *f(pl)*; **~s de fato de treino** Trainingshose *f*; **~s de ganga** Jeans *pl*; **~s de montar** Reithosen *pl*; **~s de pregas** Bundfaltenhose *f*; **~s «fuseau»** Keilhosen *pl*; **usar ~s** *fig* F die Hosen anhaben
calçad|a [kał'sadɐ] *f* Pflaster *n*; (Pflaster)Straße *f*; *bras* Bürgersteig *m*; **~ão** [-sa'dɐ̃w] *m bras* Fußgängerzone *f*; Boulevard *m*; **~eira** [-sɐ'dɐjrɐ] *f* Schuhanzieher *m*; **~o** [-'sadu] *m* Schuhwerk *n*
calcador [kałkɐ'dor] *m* Fuß *m* (*an Nähmaschinen*); TÉCN Stampfer *m*
calçamento [kałsa'mẽtu] *m bras* (Straßen)Belag *m*, Pflaster *n*
calcanhar [kałkɐ'ɲar] *m* Ferse *f*; Hacken *m*; **~ de Aquiles** Achillesferse *f*; **andar nos ~es de alg** j-m auf den Fersen sein
calção [kał'sɐ̃w] *m* kurze Hose *f*; Bermudas *pl*; **~ de banho** Badehose *f*; **~ de ciclista** Radlerhose *f*
calcar [kał'kar] (1n) treten (**com os pés** mit Füßen); zertreten; festtreten, -stampfen (*Erde*); andrücken, anklopfen (*mit Händen*)
calçar [kał'sar] (1p) *Schuhe, Strümpfe, Handschuhe* anziehen (*od* tragen); *Straße* pflastern; *Reifen* aufziehen; *Werkzeug* beschlagen; ver-, festkeilen; *j-n* mit Schuhwerk ausstatten; **que número calça?** welche (Schuh)Größe tragen Sie?
calcário [kał'karju] **1.** *adj* kalkhaltig, Kalk...; **2.** *m* Kalk(stein) *m*
calcetar [kałsə'tar] (1c) pflastern
calcificação [kałsəfikɐ'sɐ̃w] *f* Verkalkung *f*
calcin|ação [kałsinɐ'sɐ̃w] *f* (Aus-) Brennen *n*; Verkohlung *f*; **~ar** [-'nar] (1a) *Erz* ausglühen; aus-, verbrennen; *Holz* verkohlen
calcinhas [kał'siɲɐʃ] *f/pl* (Damen-) Slip *m*
cálcio ['kałsju] *m* Kalzium *n*
calço ['kałsu] *m* Unterlage *f*; Keil *m*; AUTO Bremsklotz *m*
calco ['kałku] *m* Pause *f*
calcul|ador [kałkulɐ'dor] *m* Rechenmaschine *f*; **~adora** [-'dɔrɐ] *f*: **~ de bolso** Taschenrechner *m*; **~ar** [-'lar] (1a) **1.** *v/t* berechnen; kalkulieren; veranschlagen (**em** auf *ac*); sich ausrechnen, sich vorstellen (können); **calculo!** kann ich mir denken!; **2.** *v/i* rechnen (können) (**com** mit); **~ável** [-'lavɛł] berechenbar; absehbar (*Entwicklung*); **~ista** [-'liʃtɐ] **1.** *adj* berechnend; **2.** *su* berechnende(r) Mensch *m*
cálculo ['kałkulu] *m* **a)** Rechnen *n*, Rechenkunst *f*, (Be)Rechnung *f*; *fig* Kalkül *n*; Plan *m*; **~ mental** Kopfrechnen *n*; **b)** MED Stein *m*; **~ biliar** Gallenstein *m*
calda ['kałdɐ] *f* **a)** Glühen *n* (*des Eisens*); **b)** (Zucker-, Frucht)Sirup *m*;

allg Brühe *f*; Sud *m*; **~s** *pl* Thermalquelle *f*; Thermalbad *n*
calde|amento [kałdjɐ'mẽtu] *m* Verschmelzung *f*, Mischung *f* (*der Rassen*); Härtung *f* (*Metall*); **~ar** [-'djar] (1l) zu Sirup verarbeiten; *Metalle* zum Glühen bringen; *Metallteile* (zusammen)schweißen; *Kalk* löschen; **~-se** verschmelzen, sich mischen (*Rassen*)
caldeira [kał'dɐjrɐ] *f* **a)** Kessel *m*; *TÉCN* (Dampf)Kessel *m*; **b)** *GEOGR* (Tal)Senke *f*
caldeir|ada [kałdɐj'radɐ] *f* Kessel *m* voll; *CUL Art* Eintopf *m* (*bsd mit Fisch*); **~ão** [-'rɐ̃w] *m großer* Kessel *m*; Pfütze *f*; *MÚS* Fermate *f*; **~inha** [-'riɲɐ] *f* Weihwasserkessel *m*
caldeiro [kał'dɐjru] *m* Schöpfeimer *m*; *großer* Kochtopf *m*
caldo ['kałdu] *m* Brühe *f*; Nährflüssigkeit *f*; ***~ de castanhas*** Blümchenkaffee *m*; ***~ de galinha*** Hühnerbrühe *f*; ***~ entornado*** *fig* Unannehmlichkeit *f*; ***~ requentado*** F kalte(r) Kaffee *m*; ***~ verde*** *Art* Kohlsuppe *f* (*port Nationalgericht*)
cale ['kalə] *f* (Wasser)Rinne *f*
calefa(c)ção [kɐləfa(k)'sɐ̃w] *f* Heizung *f*; Erhitzung *f*, Erwärmung *f*
caleira [kɐ'lɐjrɐ] *f* (Dach)Rinne *f*
calejado [kɐlə'ʒadu] schwielig; *fig* abgefeimt
calembur [kɐlẽ'bur] *m* Teekessel(chen *n*) *m* (*Wortspiel*); Kalauer *m*
calendário [kɐlẽ'darju] *m* Kalender *m*
calha ['kaʎɐ] *f* Rinne *f*; Schiene *f* (*a CAM. DE F*); Gardinenstange *f*
calhamaço [kɐʎɐ'masu] *m* P alte(r) Schinken *m* (*Buch*); alte Vettel *f* (*hässliche Frau*)
calhambeque [kɐʎɐ̃'bɛkə] *m* F Klapperkiste *f* (*Auto*); Plunder *m*
calhandro [kɐ'ʎɐ̃dru] *m* Urinal *n*
calhar [kɐ'ʎar] (1b) (sich ein-, an)passen; *fig* sich treffen, klappen; gelegen kommen (***a alg*** j-m); ***estar*** (*od* ***vir mesmo***) ***a ~*** sich gut treffen; wie gerufen kommen; ***se ~*** vielleicht; ***como calha***(***r***) wie es gerade kommt
calhau [kɐ'ʎaw] *m* Gesteinsbrocken *m*; (Kiesel)Stein *m*; **~s** *pl* Geröll *n*; ***estúpido como um ~*** F dumm wie Bohnenstroh
calibr|ador [kɐlibrɐ'dor] *m TÉCN* (Schub)Lehre *f*; *AGR* Sortiergerät *n*; ***~ de furos*** Lochlehre *f*; **~agem** [-'braʒɐ̃j] *f AGR* Klassierung *f*; *AUTO* Auswuchtung *f* (*von Reifen*); **~ar** [-'brar] (1a) kalibrieren; ausmessen; *Reifen* auswuchten; *bras Reifen* aufpumpen; **~e** [-'librə] *m* Größe *f*, Kaliber *n* (*a fig*); *TÉCN* Lehre *f*; *ARQUIT* Schablone *f*; ***de ~*** *fig* hochkarätig
caliça [kɐ'lisɐ] *f* Kalk(schutt) *m*
cálice ['kalisə] *m* (Wein)Glas *n*; *bsd* Portweinglas *n*; *REL*, *BOT* Kelch *m*
calicida [kɐlə'sidɐ] *m* Hühneraugenmittel *n*
calidez [kɐli'deʃ] *f* Hitze *f*
cálido ['kalidu] **a)** heiß; hitzig, feurig (*Temperament*); **b)** schlau, listig
califa [kɐ'lifɐ] *m* Kalif *m*
caligrafia [kɐligrɐ'fiɐ] *f* Kalligraphie *f*
calista [kɐ'liʃtɐ] *su* Fußpfleger(in *f*) *m*
calisto [kɐ'liʃtu] *m* Unglücksbringer *m*
calm|a ['kałmɐ] *f* Ruhe *f*; Windstille *f*; (Mittags)Hitze *f*; ***na ~*** ohne Hast; **~ante** [-'mɐ̃tə] **1.** *adj* Beruhigungs...; **2.** *m* Beruhigungsmittel *n*; **~ar** [-'mar] (1a) → ***acalmar***; **~aria** [-mɐ'riɐ] *f* Windstille *f*; **~eirão** [-mɐj'rɐ̃w] *m* F Gemütstier *n*; Faulenzer *m*; **~o** ['kałmu] ruhig, still; unbewegt; heiß
calo ['kalu] *m* Schwiele *f*, Hornhaut *f*; *MED* Hühnerauge *n*; ***criar ~*** F Erfahrungen sammeln
caloiro, -ouro [kɐ'lojru, -'loru] *m* Neuling *m*; *UNIV* Erstsemester *n*
calombo [ka'lõbu] *m bras* Geschwulst *f*; Gerinnsel *n*
calor [kɐ'lor] *m* Wärme *f* (*a FIS*); Hitze *f*; *fig* Feuer *n*, Lebhaftigkeit *f*; ***~ de rachar*** F Bullenhitze *f*; ***~ natural*** Körperwärme *f*; ***com ~*** *fig* lebhaft, eifrig; ***resistente ao ~*** wärmebeständig; ***está*** (*od* ***faz***) ***~*** es ist heiß; ***tenho ~*** mir ist warm; **~ama** *f*, **~ão** *m* [kalo'rẽma, -'rɐ̃w] *bras* große Hitze *f*; **~ia** [kɐlu'riɐ] *f* Kalorie *f*; **~ífero** [-'rifəru] *m* (Elektro-, Öl-, Gas)Heizkörper *m*, -Heizung *f*; **~ificação** [-rəfikɐ'sɐ̃w] *f* Erwärmung *f*; **~ífugo** [-'rifugu] nicht wärmeleitend; **~ímetro** [-'rimətru] *m* Kalorimeter *n*, Wärmemesser *m*; **~oso** [-'rozu] warm (*a fig*); herzlich

C

calosidade [kɐluzi'dadə] *f* Hornhaut *f*
calota [kɐ'lɔtɐ] *f MAT* (Kugel)Kappe *f*; Schädeldach *n*; *bras* Radkappe *f*; **~ polar** Polkappe *f* (*Polareis*)
calot|e [kɐ'lɔtə] *m* F Prellerei *f*; **ferrar um ~ a** = **~ear** [-lu'tjar] (1l) *j-n* prellen; betrügen
caluda [kɐ'ludɐ]: **~!** Ruhe!
calúnia [kɐ'lunjɐ] *f* Verleumdung *f*
caluni|ador [kɐlunjɐ'dor] **1.** *adj* Verleumdungs...; **2.** *m* Verleumder *m*; **~ar** [-'njar] (1g) verleumden
calv|a ['kałvɐ] *f* Glatze *f*; **agarrar a ocasião pela ~** F die Gelegenheit beim Schopfe packen; **pôr a ~ de alg à mostra** j-n entlarven; **~ário** [-'varju] *m* Kalvarienberg *m*; *fig* Leidensweg *m*, Qual *f*; **levar a sua cruz ao ~** sein Kreuz auf sich nehmen; **~ejar** [-və'ʒar] (1d) kahl werden; **~ície** [-'visjə] *f* Kahlköpfigkeit *f*; **~o** ['kałvu] **1.** *adj* kahl(köpfig); durchsichtig, offensichtlich (*Lüge, Ausrede*); **2.** *m* Glatzköpfige(r) *m*
cama ['kɐmɐ] *f* **a)** Bett *n*; Lager *n* (*Tiere*); **~ de campanha**, *bras* **~-de-vento** Campingbett *n*; **~ de casal** (**criança**, **solteiro**) Doppel- (Kinder-, Einzel)bett *n*; **comida e ~** Vollpension *f*; **roupa** *f* **de ~** Bettwäsche *f*; **cair à ~** bettlägerig werden; **estar de ~** das Bett hüten, bettlägerig sein; **fazer a ~ a** P *j-n* reinlegen; **ir para a ~** zu Bett gehen; **ir para a ~ com alg** mit j-m ins Bett gehen; **b)** Schicht *f*, *fig* Unterlage *f*
camada [kɐ'madɐ] *f* Schicht *f*, Lage *f*; Überzug *m*, Film *m* (*Öl, Farbe, Plastik*); **~ de inversão** *METÉO* Inversionsschicht *f*; **~ de ozono** Ozonschicht *f*; **~ sensível ao tacto** *INFORM* berührungssensitive Oberfläche *f* (*Monitor*); **~ social** soziale Schicht *f*; **dispor em ~s** (auf)schichten, übereinander schichten
camafeu [kɐmɐ'few] *m* Gemme *f*
camaleão [-'ljɐ̃w] *m* Chamäleon *n*
camandro [kɐ'mɐ̃dru] *m* P Pimmel *m*; **do ~** irre, Wahnsinns...
câmara ['kɐmɐrɐ] *f* Kammer *f* (*a JUR*); Patronenlager *n* (*Pistole*); *FOT* (Film-, Video)Kamera *f*; **~ escura** Dunkelkammer *f*; **~ fotográfica** Fotoapparat *m*; **~ lenta** Zeitlupe *f*; **♀ Municipal** Rathaus *n*; **♀ de Comércio** Handelskammer *f*; **♀ dos Deputados** Abgeordnetenhaus *n*, Parlament *n*; **Presidente** *m* **da ♀** Bürgermeister *m*
camarad|a [kɐmɐ'radɐ] *su* Gefährte *m*, Gefährtin *f*; (Partei)Genosse *m*, Genossin *f*; **~agem** [-rɐ'daʒɐ̃j] *f* Kameradschaft *f*
câmara(s)-de-ar [kɐmɐrɐ'djar] *f(pl)* Schlauch *m* (*Reifen*)
camarão [kɐmɐ'rɐ̃w] *m* **a)** *ZO* Garnele *f*, Granat *m*; **b)** *TÉCN* Schraubhaken *m*; Sturmhaken *m*
camarário [kɐmɐ'rarju] städtisch; Gemeinde...; **imposto** *m* **~** Gemeindesteuer *f*
camarata [kɐmɐ'ratɐ] *f* Schlafraum *m*, -saal *m*
camareiro [kɐ̃ma'rejru] *m*, **-a** *f bras* Zimmerservice *m*; Zimmermädchen *n*
camar|ilha [kɐmɐ'riʎɐ] *f* Kamarilla *f*; **~im** [-'rĩ] *m TEA* Künstlergarderobe *f*; **~ista** [kɐmɐ'riʃtɐ] *su* Stadtverordnete(r) *su*
Camarões [kɐmɐ'rõjʃ]: **os ~** Kamerun *n*
cama|rote [kɐmɐ'rɔtə] *m NAV* Kabine *f*, Kajüte *f*; *TEA* Loge *f*; **~oteiro** [-ru'tɐjru] *m NAV* Steward *m*; *TEA* Kartenverkäufer *m*
camba ['kɐ̃bɐ] *f* Felge *f*
cambada [kɐ̃'badɐ] *f* Schnur *f* (*mit aufgefädelten Dingen*); P Haufen *m*
camb|ado [kɐ̃'badu] schief (getreten); **~aio** [-'baju] krumm-, x-beinig
cambalacho [kɐ̃bɐ'laʃu] *m* Hinterlist *f*
cambalear [kɐ̃bɐ'ljar] (1l) schwanken, taumeln
cambalhota [kɐ̃bɐ'ʎɔtɐ] *f* Purzelbaum *m*
cambão [kɐ̃'bɐ̃w] *m* (Pumpen-) Schwengel *m*; (Insider)Absprache *f*
cambapé [kɐ̃bɐ'pɛ] *m* Fußangel *f* (*a fig*); **dar um ~ a** *j-m* ein Bein stellen
cambar [kɐ̃'bar] (1a) hinken, humpeln; (hin und her) wanken (*vor Trunkenheit*); neigen (**para** zu); **~etas** [-bɐ'retɐʃ] *f/pl*: **andar às ~** P umhertorkeln (*vor Trunkenheit*)
cambeta [kɐ̃'betɐ] krumm-, x-beinig
cambi|al [kɐ̃'bjał] Wechselkurs...; Devisen...; **política** *f* **~** Devisenpolitik *f*; **estabilidade** *f* **~** Wechselkursstabilität *f*; **~ante** [-'bjɐ̃tə] **1.** *adj*

changierend; **2.** *m* Farbton *m*; **~ar** [-'bjar] (1g) **1.** *v/t Geld* (um)tauschen; **~ de** *Meinung etc* ändern, wechseln; **2.** *v/i* changieren (*Farbe*); *fig* sich wandeln; **~ário** [-'bjarju] → ***cambial***

câmbio ['kɐ̃bju] *m* (Geld)Wechsel *m*, Umtausch *m*; Wechselgeschäft *n*; Kurs *m*; *Stierkampf*: Finte *f*; *bras* Gangschaltung *f*; **~ *do dia*** Tageskurs *m*; ***casa*** *f* ***de*** **~** Wechselstube *f*; ***letra*** *f* ***de*** **~** Wechsel *m* (*Wertpapier*)

cambista [kɐ̃'biʃtɐ] *su* Wechselstubeninhaber(in *f*) *m*; *bras a inoffizieller* Ticketverkäufer(in *f*) *m*

Camboja [kɐ̃'bɔʒɐ]: ***o*** **~** Kambodscha *n*

cambota [kɐ̃'bɔtɐ] *f AUTO* Kurbelwelle *f*; *bras* Radkranz *m*

cambraia [kɐ̃'brajɐ] *f* Batist *m*

cambulhada [kɐ̃bu'ʎadɐ] *f* → ***cambada***; *fig* Durcheinander *n*; ***de*** **~** Hals über Kopf

came ['kɐmə] *f TÉCN* Nocken *m*

camélia [kɐ'mɛljɐ] *f* Kamelie *f*

camel|ice [-'lisə] *f* P Blödheit *f*; **~o** [-'melu] *m* Kamel *n* (*a fig depr*)

camelô [kɐ̃me'lo] *m bras* Straßenhändler *m*

camião [kɐ'mjɐ̃w] *m* Last(kraft)wagen *m*, Laster *m*, Lkw *m*; **~ *basculante*** Kipper *m*; **~ *de longo curso*** Fernlaster *m*; **~ *de pesados*** Schwerlasttransporter *m*; **~ *de recolha*** Müllwagen *m*; **~(ões)-cisterna** [-siʃ'tɛrnɐ] *m(pl)* Tankwagen *m*

caminh|ada [kɐmi'ɲadɐ] *f* Wanderung *f*; weite(r) Weg *m*, lange(r) Marsch *m*; **~ador** [-ɲɐ'dor] **1.** *adj* gut zu Fuß; **2.** *m geübter* Fußgänger *m*; Wanderer *m*; **~ante** [-'ɲɐ̃tə] wandernd; Wander...

caminhão [kɐ̃mi'ɲɐ̃w] *m bras* → ***camião***; **~ *frigorífico*** Kühlwagen *m*; **~-tanque** [-'tɐ̃ki] *m* Tankwagen *m*

caminh|ar [kɐmi'ɲar] (1a) **1.** *v/i* laufen; wandern; sich fortbewegen (*zu Fuß*); *fig* dahingehen (*Zeit*); **~ *para*** *fig* zusteuern auf (*ac*); **~ *por*** durchwandern; bereisen; **2.** *v/t Strecke* zurücklegen; **~eiro** [-'ɲɐjru] **1.** *adj* gut zu Fuß; **2.** *m* Wanderer *m*

caminho [kɐ'miɲu] *m* (Wander-)Weg *m*; **~ *forestal*** Waldweg *m*; **~ *de pé posto*** Trampelpfad *m*; ***a meio*** **~ *andado*** auf halbem Wege (*a fig*); ***de*** **~** sofort; gleich; ***o*** **~ *de*** der Weg nach; ***pelo*** **~** unterwegs; ***ficar pelo*** **~** *fig* auf der Strecke bleiben; ***levar*** **~** abhanden kommen, verloren gehen; ***levar o seu*** **~** s-n Lauf nehmen; ***pôr-se*** (*od* ***meter-se***) ***a*** **~** sich auf den Weg machen; **~(s)-de-ferro** [-də'fɛʀu] *m(pl)* Eisenbahn *f*; **~neiro** [kamĩɲu'nejru] *m bras* Lkw-Fahrer *m*; **~nete** [kamĩɲu'netʃi] *f bras* Kleinbus *m*; Transporter *m*

camion|agem [kɐmju'naʒɐ̃j] *f* Güterfernverkehr *m*; Transport *m* (*per Lkw*); ***empresa*** *f* ***de*** **~** Transportunternehmen *n*; **~eta** [-'netɐ] *f* (Überland)Linienbus *m*; Lieferwagen *m*; **~ *de carga*** Kleinlaster *m*; **~ista** [-'niʃtɐ] *su* Transportunternehmer(in *f*) *m*; Lkw-Fahrer(in *f*) *m*

camisa [kɐ'mizɐ] *f* (Ober)Hemd *n*; *allg* Hülle *f*; Überzug *m*; *BOT* (Mais)Hülse *f*; *TÉCN* Buchse *f*; Mantel *m*; **~ *de dormir*** Nachthemd *n*; **~ *incandescente*** Glühstrumpf *m*; **~ *pólo*** *bras* Polohemd *n*; ***em fraldas de*** **~** F in Unterwäsche; **~(s)-de-forças** [-də'fɔrsɐʃ] *f(pl)* Zwangsjacke *f*; **~(s)-de-vénus** [-də'vɛnuʃ] *f(pl)* F Pariser *m* (*Kondom*)

camis|aria [kɐmizɐ'riɐ] *f* Hemden-, Wäschegeschäft *n*; **~eira** [-'zɐjrɐ] *f* Weißnäherin *f*; **~eiro** [-'zɐjru] *m* Hemdenfabrikant *m*; **~eta** [-'zetɐ] *f* Damenbluse *f*; *bras* Unterhemd *n*; T-Shirt *n*; **~ete** [-'zɛtə] *f* T-Shirt *n*; Polohemd *n*; **~inha** [-'ziɲɐ] *n* Hemdchen *n*; Hemdeinsatz *m*; F Präservativ *n*; **~ola** [-'zɔlɐ] *f* Unterhemd *n*; Pullover *m*; *bras* Nachthemd *n*; **~ *de gola alta*** (***lã***) Rollkragen-, (Woll)pullover *m*; **~olão** [-zu'lɐ̃w] *m großer* Wollpullover *m*; *bras* Nachthemd *n*

camoeca [kɐ'mwɛkɐ] *f* P Rausch *m*; kleine(s) Wehwehchen *n*

camomila [kɐmu'milɐ] *f* Kamille *f*

campa ['kɐ̃pɐ] *f* Grab(stein *m*) *n*; *kleine* Glocke *f*; **~inha** [kɐ̃pɐ'iɲɐ] *f* Glocke *f* (*a BOT*); *Tür*-Klingel *f*; F *ANAT* Zäpfchen *n*

campanário [kɐ̃pɐ'narju] *m* Glockenturm *m*; ***política*** *f* ***de*** **~** *irón* Lokalpolitik *f*

campanha [kã'pɐɲɐ] *f MIL* Schlacht *f*, Feldzug *m*; Feldlager *n*; *fig* Kam-

C

pagne *f*; **~ de caça** Jagdzeit *f*; **~ de pesca** Fangzeit *f*; **~ eleitoral** Wahlkampf *m*; **~ publicitária** (*od* **de propaganda**) Werbekampagne *f*
campânula [kɐ̃'pɐnulɐ] *f* Glas-, Käseglocke *f*; *BOT* Glockenblume *f*
campar [kɐ̃'par] (1a) sich aufspielen (**de** als); *bei et* glänzen; **~-se** *bras* P Glück haben; erringen, erreichen
campe|ão [kɐ̃'pjɐ̃w] *m*, **-ã** *f* Meister(in *f*) *m*, Champion *m*; **~ mundial** Weltmeister(in *f*) *m*; **Liga** *f* **dos Campeões** Champions League *f*; **armar em ~** P den dicken Max markieren
campear [kɐ̃'pjar] (1l) *MIL* lagern; *fig* herausstreichen; sich aufspielen (**de** als); herrschen (**por** über *ac*); sich erheben (**sobre** über *ac*), thronen (**sobre** über *ac*)
campeonato [kɐ̃pju'natu] *m* Meisterschaft(swettkampf *m*) *f*; **~ mundial** Weltmeisterschaft *f*
camp|estre [kɐ̃'pɛʃtrə] ländlich, Land...; *BOT* wild wachsend, Feld...; **vida** *f* **~** Landleben *n*; **~ina** [-'pinɐ] *f* Gefilde *n*; **~ismo** [-'piʒmu] *m* Camping *n*; **parque** *m* **de ~** Campingplatz *m*; **fazer ~** campen; **~ista** [-'piʃtɐ] *su* Camper(in *f*) *m*
campo ['kɐ̃pu] *m* Feld *n*, Acker *m*; Land *n* (*Ggs Stadt*); *MIL*, *POL* Lager *n*; (Arbeits-, Fach)Gebiet *n*; **~ desportivo** Sportplatz *m*; **~ de batalha** Schlachtfeld *n* (*a fig*); **~ de concentração** Konzentrationslager *n*; **~ de futebol** Fußballplatz *m*; **~ de jogos** Spielfeld *n*; **~ de minas** Minenfeld *n*; **~ de refugiados** Flüchtlingslager *n*; **conquistar ~** an Boden gewinnen; **entrar em ~** in Aktion treten; **ficar senhor do ~** das Feld behaupten; **pôr fora de ~** *fig* disqualifizieren; P aus dem Rennen werfen, ausschalten
Campo Grande [kɐ̃pu'grẽdʒi] *bras* *Hauptstadt von Mato Grosso do Sul*
campon|ês [kɐ̃pu'neʃ] **1.** *adj* ländlich; bäuerlich; **2.** *m*, **-esa** *f* Bauer *m*, Bäuerin *f*
camufl|ado [kɐmu'fladu] *m* Tarn-, Kampfanzug *m*; **~agem** [-'flaʒɐ̃j] *f* Tarnung *f*; **~ar** [-'flar] (1a) tarnen
camurça [kɐ'mursɐ] *f* *ZO* Gämse *f*; Wildleder *n* (*Material*); Fensterleder *n* (*zum Putzen*)
cana ['kɐnɐ] **1.** *f* *BOT* Schilf *n*, (Zucker-, Bambus)Rohr *n*; (Getreide-)Halm *m*; Rohrstock *m*; (Angel)Rute *f*, Gerte *f*; *bras* P Knast *m*; **~ do nariz** Nasenrücken *m*, -bein *n*; **~ da perna** Schienbein *n*; **meter em ~** *bras* P einlochen; **2.** *m* *bras* P Büttel *m* (*Polizist*); **~da** [-'nadɐ] *f* **a)** Gertenhieb *m*; **b)** Krug *m* voll (*Flüssigkeitsmaß ca 2 Liter*); **~(s)-da-Índia** [-dɐ'ĩdjɐ] *f*(*pl*) Bambusrohr *n*; **~(s)-de-açúcar** [-djɐ'sukɐr] *f*(*pl*) Zuckerrohr *n*
Canadá [kɐnɐ'da]: **o ~** Kanada *n*
canad|ense [kɐ̃na'dẽsi] *bras* **1.** *adj* kanadisch; **2.** *su* Kanadier(in *f*) *m*; **~iano** [kɐnɐ'djɐnu] *m*, **-a** *f* → **canadense**; **-a** *f* *MED* Krücke *f*
canal [kɐ'nał] *m* Kanal *m* (*a TV*, *Radio*); Röhre *f*; *ANAT* Gang *m*, Kanal *m*
canalha [kɐ'naʎɐ] **1.** *f* Gesindel *n*, Pack *n*; **2.** *m* Kanaille *f*, Lump *m*
canaliz|ação [kɐnɐlizɐ'sɐ̃w] *f* Kanalisation *f*; (Wasser-, Gas)Leitung *f*; **~ador** [-zɐ'dor] *m* Klempner *m*, Installateur *m*; **~ar** [-'zar] (1a) kanalisieren; Kanalisation erstellen in; *fig* (weiter)leiten
canana [kɐ'nɐnɐ] *f* Patronengurt *m*
canapé [kɐnɐ'pɛ] *m* Sofa *n*; *CUL* Kanapee *n*
Canárias [kɐ'narjɐʃ]: **as ~** Kanarische Inseln *f*/*pl*, Kanaren *pl*
canário [kɐ'narju] *m* Kanarienvogel *m*
canastr|a [kɐ'naʃtrɐ] *f* (Wäsche-)Korb *m* (*halbkugelförmig*); **como sardinha em ~** F *eng* wie die Sardinen in der Büchse; **~ada** [-nɐʃ'tradɐ] *f* Korb *m* voll; **às ~s** körbeweise; **~ão** [-nɐʃ'trɐ̃w] *m* große(r) Korb *m*; P *TEA* Schmierenkomödiant *m*; **~eiro** [-nɐʃ'trɐjru] *m* Korbflechter *m*
canastro [kɐ'naʃtru] *m* *hochwandiger* Tragkorb *m*; *fig* P Knochen *pl*, Skelett *n*; **dar cabo do ~** P (sich) die Gesundheit ruinieren; *j-m* die Knochen im Leibe zerschlagen
canção [kɐ̃'sɐ̃w] *f* Lied *n*
cancel|a [kɐ̃'sɛlɐ] *f* Gittertür *f*; (Garten)Tor *n*, -Tür *f*; *halbhohe* Schwingtür *f*; (Bahn)Schranke *f*; **~ado** [-sə'ladu] gestrichen; annulliert (*Flug etc*); **~amento** [-lɐ'mẽtu]

m Streichung *f*; Ungültigkeitserklärung *f*; Sperrung *f* (*Kredit etc*); *ECON* Stornierung *f*; *JUR* Niederschlagung *f*; **~ar** [-'lar] (1c) *allg* aufheben, rückgängig machen; *Eintragung* streichen, löschen; *ECON Auftrag* stornieren, annullieren; *Kredit etc* sperren; *INFORM* canceln, abbrechen; *Prozess* niederschlagen

câncer ['kɐ̃sɛr] *m bras MED* Krebs *m*; ♋ *ASTR* Krebs *m*

cancer|ígeno [kɐ̃sə'riʒənu] Krebs erregend, kanzerogen; **~ologia** [-rɔlu'ʒiɐ] *f* Krebsforschung *f*; **~oso** [-'rozu] Krebs...; krebskrank

cancha ['kɐ̃ʃɐ] *f bras* Sportplatz *m*; (Pferde)Rennbahn *f*

cancioneiro [kɐ̃sju'nɐjru] *m* Liedersammlung *f*, -buch *n* (*bsd HIST*)

cançonet|a [kɐ̃su'netɐ] *f* Lied(chen) *n*; Schlager *m*; **~ista** [-nə'tiʃtɐ] *su* Liedermacher(in *f*) *m*; Schlagersänger(in *f*) *m*

cancro ['kɐ̃kru] *m* Krebs(geschwür *n a fig*) *m*; Schanker *m*; **~ *da mama*** Brustkrebs *m*; **~ *da pele*** Hautkrebs *m*

candeeiro [kɐ̃'djɐjru] *m* Lampe *f*; (Straßen)Laterne *f*; *bras* (Öl-, Petroleum)Lampe *f*; **~ *de leitura* (*pé*, *tecto*)** Lese- (Steh-, Decken)lampe *f*

candeia [kɐ̃'dɐjɐ] **1.** *adj* graziös; elegant; **2.** *f* Öl-, Petroleumlampe *f*; *BOT* Kätzchen *n*; ***Festa*** *f* ***das ~s*** Lichtmess

candel|a [kã'dɛlɐ] *f FIS* Candela *f*; **~abro** [-də'labru] *m* Kandelaber *m*, Armleuchter *m*; **~ária** [-'larjɐ] *f* Lichtmess *f*; *BOT* Königskerze *f*

candente [kɐ̃'dẽtə] weiß glühend

cândi ['kɐ̃di] Kandis...

candid|atar-se [kɐ̃didɐ'tarsə] (1a) sich bewerben (***a*** für); *POL* kandidieren (***a*** als); **~ato** [-'datu] *m* Kandidat *m* (***a*** für); Bewerber *m* (***a*** für); Anwärter *n* (***a*** auf *ac*); **~ *a refugiado*** Asylbewerber *m*; **~atura** [-dɐ'turɐ] *f POL* Kandidatur *f* (***a*** für); Bewerbung *f* (***a*** um, für); Anwartschaft *f*

cândido ['kɐ̃didu] weiß; *fig* arglos; naiv

candil [kɐ̃'diɫ] *m* → ***candeia***; Lichtschimmer *m*

candomblé [kɐ̃dõ'blɛ] *m bras afro-brasilianischer Religionskult*

candong|a [kɐ̃'dõgɐ] **a**) (Lebensmittel)Schmuggel *m*; Schwarzhandel *m*; **b**) arglistige Schmeichelei *f*; **~ueiro** [-'gɐjru] *m* Schmuggler *m*; Schwarzhändler *m*

caneca [kɐ'nɛkɐ] *f kleiner* Krug *m*; (Bier)Humpen *m*, Seidel *n*; (Kaffee)Becher *m*; **~ *graduada*** Messbecher *m*; **~da** [-nə'kadɐ] *f* Krug *m* voll

caneco [kɐ'nɛku] *m* Bottich *m*

caneiro [kɐ'nɐjru] *m* Fahrwasser *n*

canela [kɐ'nɛlɐ] *f* Zimt *m*; *ANAT* Schienbein *n*; (Web-, Näh)Spule *f*; ***dar às ~s*** F ausreißen; ***esticar a ~*** P *bras* abkratzen (*sterben*); **~da** [-nə'ladɐ] *f* Tritt *m* gegen das Schienbein

canel|ado [kɐnə'ladu] gerippt; gewellt (*Pappe*); geriffelt (*Blech*, *Glas*); **~ão** [-'lɐ̃w] *m* kandierte Zimtstange *f*; ***a pulso e ~*** P mit aller Gewalt; **~ar** [-'lar] (1c) riefen; kannelieren; **~eira** [-'lɐjrɐ] *f* Zimtbaum *m*; Schienbeinschützer *m*; Spulmaschine *f*

canel|im [kɐnə'lĩ] *m* Zimtmandel *f*; **~ura** [-'lurɐ] *f* Rille *f*; *ARQUIT* Kannelierung *f*

caneta [kɐ'netɐ] *f* Füllfederhalter *m*, Füller *m*; F Stift *m*; **~ *de feltro*** Filzstift *m*; **~ (*de tinta*) *permanente*** Füller *m*; **~ *óptica*** Light-Pen *m*; **~(s)-tinteiro** [-tĩ'tɐjru] *f*(*pl*) Füllfederhalter *m*; F Füller *m*

cânfora ['kɐ̃furɐ] *f* Kampfer *m*

canga ['kɐ̃gɐ] *f* (Ochsen)Joch *n* (*a fig*); Tragstange *f*; *bras a* Strandtuch *n*

canga|ceiro [kɐ̃ga'sejru] *m bras* Bandit *m*; **~ço** [-'gasu] *m bras* Banditentum *n*

cangalh|as [kɐ̃'gaʎɐʃ] *f/pl* Traggestell *n* (*der Lasttiere*); F Brille *f*; ***de ~*** der Länge nach; **~eiro** [-gɐ'ʎɐjru] *m* Bestattungsunternehmer *m*

cangar [kɐ̃'gar] (1o) ins Joch spannen

canguinh|a(s) [kɐ̃'giɲɐ(ʃ)] *m* Knirps *m* (*kleinwüchsiger Mensch*); Geizhals *m*; **~ez** [-'ɲes] *f bras* Geiz *m*, Knickerigkeit *f*

canguru [kɐ̃gu'ru] *m* Känguru *n*

canha ['kɐɲɐ] *f* die Linke *f* (*Hand*); ***às ~s*** mit links, mit der linken Hand; verkehrt herum

canhamaço [kɐɲɐ'masu] *m* Rupfen *m*
cânhamo ['kɐɲɐmu] *m* Hanf *m*
canhão [kɐ'ɲɐ̃w] *m* **a)** *MIL* Kanone *f*; **~ antiaéreo** Flak *f*; **~ de água** Wasserwerfer *m*; **b)** Ärmelaufschlag *m*; (Stiefel)Schaft *m*; **c)** Cañon *m*
canhenho [kɐ'ɲeɲu] **1.** *adj* linkshändig; **2.** *m* Merk-, Notizblock *m*; *fig* Gedächtnis *n*
canhestro [kɐ'ɲeʃtru] linkshändig; *fig* linkisch, unbeholfen; P stümperhaft
canhonada *f* [kɐɲu'nadɐ] Kanonade
canhot|a [kɐ'ɲɔtɐ] *f* die linke Hand; **~o** [-'ɲotu] **1.** *adj* linkshändig; *fig* linkisch; **2.** *m* Linkshänder *m*; F Tollpatsch *m*; *bras* (Quittungs)Abschnitt *m*
canibal [kɐni'baɫ] **1.** *adj* kannibalisch; **2.** *su* Kannibale *m*, -lin *f*; **~ismo** [-bɐ'liʒmu] *m* Kannibalismus *m*
caniç|ada [kɐni'sadɐ] *f* Rohrgeflecht *n* (*Einzäunung*); **~al** [-'saɫ] *m* Ried *n*
canície [kɐ'nisjə] *f* Weißhaarigkeit *f*; Alter *n*
caniço [kɐ'nisu] *m BOT* Rohr *n*, Schilf *n*; Rohrgeflecht *n*; Angelrute *f*; *fig* dünne(s) Bein *n*
can|ícula [kɐ'nikulɐ] *f ASTR* Hundsstern *m*; Hundstage *m/pl*; **~icular** [-niku'lar] glühend (heiß); **época** *f* **~** Hundstage *m/pl*; **~icultor** [-nikuɫ'tor] *m* Hundezüchter *m*; **~il** [-'niɫ] *m* Hundehütte *f*, -zwinger *m*; **~ino** [-'ninu] Hunde...; **dente** *m* **~** Eckzahn *m*
canivet|ada *f*, *bras* **~aço** *m* [kɐnivə'tadɐ, kɐ̃nive'tasu] Messerstich *m*; **~e** [-'vetə] *m* (Taschen)Messer *n*; **nem que chovam ~s** unter allen Umständen
canja ['kɐ̃ʒɐ] *f* Hühnersuppe *f* (*mit Reis*); **que nem ~** F wie geschmiert; **dar uma ~ a** *bras* P *j-m* eine Tracht Prügel verabreichen
canjica [kɐ̃'ʒika] *f bras* **a)** *CUL* Maisbrei *m*; Schnaps *m*; *Art* Schnupftabak *m*; **b)** Kies *m*
cano ['kɐnu] *m* Rohr *n*, Röhre *f*; Gewehrlauf *m*; (Stiefel-, Säulen)Schaft *m*; Rauchabzug *m* (*Kamin*); **entrar pelo ~** P ein Rohrkrepierer sein, schief gehen
canoa [kɐ'noɐ] *f* Kanu *n*; Paddelboot *n*; Wanne *f*; *Kochutensil*: Fischpfanne *f*; **embarcar em ~ furada** P *fig* sich anschmieren (lassen)
cânon(e) ['kɐnun(ə)] *m* Regel *f*, Norm *f*, Richtschnur *f*; Kanon *m*
canon|ista [kɐnu'niʃtɐ] *su* Kirchenrechtler(in *f*) *m*; **~ização** [-nizɐ'sɐ̃w] *f* Heiligsprechung *f*; **~izar** [-ni'zar] (1a) heilig sprechen; *fig* verewigen; (übermäßig) loben
cans|aço [kɐ̃'sasu] *m* Erschöpfung *f*; Abspannung *f*; Überdruss *m* (**em** an *dat*) **~ político** Politikverdrossenheit *f*; **~ado** [-'sadu] müde, abgespannt; erschöpft (*a Boden*); abgenutzt (*Material*); **vista** *f* **-a** (Alters-) Weitsichtigkeit *f*; **estar ~ de** es müde sein zu *inf*; **~ar** [-'sar] (1a) ermüden; anstrengen; langweilen; **~-se** müde werden (**de** zu); sich abplagen (**de** mit); **não se ~ de** *fig* nicht müde werden zu, unermüdlich sein; **~ativo** [-sɐ'tivu] ermüdend; **~eira** [-'sɐjrɐ] *f* **a)** Anstrengung *f*; Stress *m*; Plackerei *f*; **b)** Sorgfalt *f*; **~eiroso** [-sɐj'rozu] mühselig, mühevoll; sorgfältig (*beim Arbeiten*)
canta|da [kɐ̃'tadɐ] *f* Gesang *m*; **dar uma ~ em** *fig* *j-n* bezirzen; **~deira** [-tɐ'dɐjrɐ] *f* (Volks)Sängerin *f*; **~dor** [-'dor] *m* (Volks)Sänger *m*; **~nte** [-'tɐ̃tə] singend
cantão [kɐ̃'tɐ̃w] *m* Kanton *m*
cantar [kɐ̃'tar] (1a) **1. a)** *v/i* singen (*Vogel*, *Mensch*); krähen (*Hahn*); schlagen (*Nachtigall*); quaken (*Frosch*); *in der Tasche* klimpern; **~ de galo** groß daherreden; stolzieren; **b)** *v/t* besingen, preisen; *Lied* singen; **2.** *m* Gesang *m*; **ao ~ do galo** beim ersten Hahnenschrei; **isto é outro ~** das ist etwas anderes
cantaria [kɐ̃tɐ'riɐ] *f* → **pedra** *f* **de ~** Baustein *m*, Quader *m*
cântaro ['kɐ̃tɐru] *m* *großer* (Ton)Krug *m*; Kanne *f*
canta|rola [kɐ̃tɐ'rɔlɐ] *f* Trällerliedchen *n*; Singsang *m*; **~rolar** [-ru'lar] (1e) (vor sich hin) trällern; *irón* krächzen
canteir|a [kɐ̃'tɐjrɐ] *f* Steinbruch *m*; **~o** [-'tɐjru] *m* **a)** Steinmetz *m*; **b)** (Garten)Beet *n*
cântico ['kɐ̃tiku] *m* Loblied *n*
cantiga [kɐ̃'tigɐ] *f* Lied *n*; *fig* Litanei

f, rührselige (*od* unglaubliche) Geschichte *f*; höfische(s) Lied *n*; ***deixe-se de ~s!*** reden Sie kein Blech!
cantil [kɐ̃'tiɫ] *m* Hobel *m*; Meißel *m*
cantina [kɐ̃'tinɐ] *f* Kantine *f*; Mensa *f*
canto ['kɐ̃tu] *m* **a)** Kante *f*; Ecke *f* (*innen*); Augen-, Mundwinkel *m*; *ARQUIT* Kantstein *m*; *fig* Winkel *m*, Ecke *f*; *Sport*: Eckball *m*; ***de ~*** übereck; hochkant; ***conhecer os ~s à casa*** F sich (überall) bestens auskennen; ***olhar pelo ~ do olho*** e-n heimlichen Blick werfen; ***todos os ~s do mundo*** aller Herren Länder; **b)** Gesang *m* (*a LIT*), Lied *n*
canton|al [kɐ̃tu'naɫ] Kantons...; **~eira** [-'nɐjrɐ] *f* Eckbord *n*, -regal *n*
cantor [kɐ̃'tor] *m*, **~a** *f* Sänger(in *f*) *m*
canudo [kɐ'nudu] *m* Röhre *f*, Rohr *n*; Papprröhre *f* (*zur Aufbewahrung von Plakaten*); Ringellocke *f* (*Haar*); Rüsche *f* (*Kleidung*); F *irón für Diplom*, *etwa*: Pappe *f*, Wisch *m*; *fig* Schwindel *m*
cânula ['kɐnulɐ] *f* Röhrchen *n*; *MED* Kanüle *f*
cão (cães) [kɐ̃w (kɐ̃jʃ)] *m*(*pl*) Hund *m* (*a fig*); ***~ de estimação*** (***gado***, ***guarda***, *bras* ***fila***) Schoß- (Hüte-, Wach)hund *m*; ***~ policial*** *bras* Polizeihund *m*; ***~ rafeiro*** P Köter *m*; ***vida*** *f* ***de ~*** Hundeleben *n*; ***entre ~ e lobo*** in der Abenddämmerung
caolho [ka'oʎu] *bras* schielend
caos (*pl inv*) ['ka-uʃ] *m* Chaos *n*; Durcheinander *n*
caótico [kɐ'ɔtiku] chaotisch; durcheinander, unordentlich
cão-tinhoso [kɐ̃wti'ɲozu] *m* P der Leibhaftige
cap. ***capital*** *f* Hauptstadt *f*; ***capítulo*** *m* Kapitel *n*
capa ['kapɐ] **1.** *f* Mantel *m*; Umhang *m*, Cape *n*; (Schutz)Hülle *f*, Umschlag *m* (*Buch*); Überzug *m*; *fig a* Deckmantel *m*, Vorwand *m*; Schutz(mantel) *m*; *Stierkampf*: Capa *f*; ***~ aérea*** Lufthülle *f*; ***~ dura*** Hardcover *n*; **2.** *m Name des Buchstabens* k
capacete [kɐpɐ'setə] *m* (Sturz-, Schutz)Helm *m*; *TÉCN* Haube *f*; Dunstglocke *f* (*Umweltverschmutzung*); ***~ de gelo*** Eisbeutel *m*; **~-azul (-s-azuis)** [-ɐ'zuɫ] *m*(*pl*) Blauhelm *m* (*UNO-Truppe*)
capacho [kɐ'paʃu] *m* Fußmatte *f*, -abtreter *m*; *fig* Kriecher *m*
capac|idade [kɐpɐsi'dadə] *f* Kapazität *f* (*a Person*); Fassungs-, Leistungsvermögen *n*, Aufnahmefähigkeit *f*; *allg* Fähigkeit *f*; *TÉCN a* Leistung *f*; *MAT* Inhalt *m*, Raum *m*; ***~ de armazenamento*** (*od* ***memória***) *INFORM* Speicherkapazität *f*; ***~ de compra*** Kaufkraft *f*; ***~ de ganho*** Erwerbsfähigkeit *f*; ***~ legal*** *JUR* Geschäftsfähigkeit *f*; ***~ de superação*** Durchsetzungsvermögen *n*; ***~ do depósito*** *AUTO* Tankinhalt *m*; ***medida*** *f* ***de ~*** Hohlmaß *n*; ***não ter ~ para*** nicht fähig (*od* imstande) sein zu; **~itação** [-sitɐ'sɐ̃w] *f* Befähigung *f* (***para*** zu); **~itar** [-si'tar] (1a) befähigen (***a***, ***para*** zu); ausbilden, schulen; **~-se** sich überzeugen (***de*** von *od* dass)
capanga [ka'pɐ̃ga] *bras* **1.** *f* Brotbeutel *m*; Handgelenktasche *f*; **2.** *m* Leibwächter *m*; Killer *m*
cap|ão [kɐ'pɐ̃w] *m* Kapaun *m* (*Hahn*); Wallach *m* (*Pferd*); *bras* Gehölz *n*, Waldstück *n*; **~ar** [-'par] (1b) *Tier* kastrieren; *BOT Pflanze* beschneiden
capataz [kɐpɐ'taʃ] *m* Aufseher *m*; Vorarbeiter *m*; *ARQUIT* Polier *m*; *BGB* Steiger *m*; *bras* Verwalter *m* (*e-r Fazenda*)
capaz [kɐ'paʃ] fähig (***de*** zu), imstande (***de*** zu); geeignet (***de*** für); *aufgrund e-r Erlaubnis* berechtigt (***de*** zu), befähigt (***de*** zu); ***ser ~ de*** fähig sein zu; ***não sou ~*** das kann ich nicht
capcioso [kɐp'sjozu] listig; verfänglich (*Situation*)
capear [kɐ'pjar] (1l) *Buch* mit Deckel versehen; *fig* vertuschen; *den Stier* (mit der Capa) reizen; *j-n* narren
capela [kɐ'pɛlɐ] *f REL*, *MÚS* Kapelle *f*; (Blumen)Gebinde *n*; (Backofen)Gewölbe *n*; **~(s)-mor(es)** [-'mɔr] *f*(*pl*) *ARQUIT* Chor *m*
capel|ão (-ães) [kɐpə'lɐ̃w] *m*(*pl*) Kaplan *m*; **~ista** [-'liʃtɐ] *su* Kurzwarenhändler(in *f*) *m*; **~o** [-'pelu] *m* (Mönchs)Kapuze *f*; Rauchfang *m*; (Thron-, Altar)Himmel *m*
capengar [-'gar] (1o) *bras* hinken (***de uma perna*** auf e-m Bein)

C

capicua [kɐpi'kuɐ] *f* symmetrische Zahl *f*; *Domino*: Pasch *m*
capilar [kɐpi'lar] Haar...; haarfein; ***vaso*** (***tubo***) *m* **~** Kapillargefäß *n*
capim [ka'pĩ] *m* **a)** *bras* Gras *n*; **b)** *ARQUIT* Verputz *m*
capin|a [ka'pĩna] *f bras* **a)** Tadel *m*; **b)** Mähen *n*, Mahd *f*; **~ar** [-'nar] (1a) *bras* jäten; P abhauen; **~zal** [-pĩ'zaw] *m bras* Wiese *f*
capiscar [kɐpiʃ'kar] (1n) *j-n* ertappen; *bras* ein bisschen Ahnung haben von
capital [kɐpi'tał] **1.** *adj* hauptsächlich, wesentlich, Haupt...; entscheidend (*wichtig*); Kapital... (*Fehler, Verbrechen*); ***pena*** *f* **~** Todesstrafe *f*; **2.** *f* Hauptstadt *f*; *TIP* Großbuchstabe *m*, Versal *m*; **3.** *m ECON* Kapital *n*; **~ *circulante***, **~ *flutuante*** bewegliche(s) Kapital *n*; **~ *líquido*** flüssige(s) (*od* verfügbares) Kapital *n*; **~ *nominal***, **~ *principal*** (***social***) Stamm- (Gesellschafts), **~ *de exploração*** Betriebskapital *n*; **~ *ocioso*** tote(s) Kapital *n*
capital|ismo [kɐpitɐ'liʒmu] *m* Kapitalismus *m*; **~ista** [-'liʃtɐ] **1.** *adj* kapitalistisch; **2.** *su* Kapitalist(in *f*) *m*; **~izar** [-li'zar] (1a) kapitalisieren; *Zinsen* anlegen
capitan|ear [kɐpitɐ'njar] (1l) befehligen, kommandieren; *fig* regieren; **~ia** [-'niɐ] *f* Kapitänsrang *m*; *NAV* Hafenamt *n*; Erblehen *n*
capitão (**-ães**) [kɐpi'tɐ̃w] *m(pl) MIL* Hauptmann *m*; *NAV*, *Sport*: Kapitän *m*; *fig* Anführer *m*; **~ *de indústria*** Wirtschaftsführer *m*
capitel [kɐpi'tɛł] *m* Kapitell *n*
capitul|ação [kɐpitulɐ'sɐ̃w] *f* Kapitulation *f*; **~ *incondicional*** bedingungslose Kapitulation *f*; **~ar** [-'lar] (1a) **1. a)** *v/i* kapitulieren (***ante*** vor, angesichts); *JUR* Anklagepunkte vortragen (*od* vorlegen); **~ *com*** sich abfinden mit; **b)** *v/t Kapitulation, Aufgabe* vereinbaren; *Gründe, Konsequenzen* aufführen, -listen; **~ *de*** *j-n e-r Sache* bezichtigen; *j-n* bezeichnen als; **2.** *adj* Kapitel..., Stifts...; ***letra*** *f* **~** Initiale *f*
capítulo [kɐ'pitulu] *m* Abschnitt *m*, Kapitel *n*; *JUR* (Anklage)Punkt *m*; *BOT* Korbblüte *f*; *REL* (Dom)Kapitel *n*
capivara [kɐpi'varɐ] *f* Wasserschwein *n*
capô [ka'po] *m bras AUTO* → ***capot***
capoeir|a [kɐ'pwɐjrɐ] **1.** *f* Geflügelhaltung *f*; Hühnerstall *m*; ***aves*** *f/pl* ***de*** **~** (Haus)Geflügel *n*; *bras a* Rodung *f*; (***jogo*** *m* ***da***) **~** „Hahnentanz" *m* (*Art getanzter Karatekampf*); **2.** *m* = **~ista** [kapoej'rista] *m bras* Capoeiratänzer *m*; **~o** [kɐ'pwɐjru] *m* Hühnerdieb *m*
capot [kɐ'pɔt] *m AUTO* (Wagen-) Verdeck *n*; **~ *do motor*** Motorhaube *f*
capot|a [kɐ'pɔtɐ] *f* Mützchen *n* (*für Kinder*); *AUTO* → ***capot***; **~ar** [-pu'tar] (1e) *AUTO* sich überschlagen; **~e** [-'pɔtə] *m* Umhang *m*, Cape *n*; Militärmantel *m*; *Stierkampf*: Capa *f*
caprich|ar [kɐpri'ʃar] (1a) Lust haben auf (*ac*); den Einfall haben zu; **~ *em*** sich Mühe geben zu, **~o** [kɐ'priʃu] *m* Laune *f*; F Grille *f*; Eigensinn *m*; *MÚS* Capriccio *n*; ***a*** **~** je nach Laune; sorgfältig; **~*s*** *pl* F Mucken *f/pl*; **~oso** [-'ʃozu] launisch; eigensinnig
capri|córnio [kɐpri'kɔrnju] *m ZO* Holzbock *m*; ♀ *ASTR* Steinbock *m*; ***trópico*** *m* ***de*** ♀ südliche(r) Wendekreis *m*; **~no** [-'prinu] Ziegen...; ***gado*** *m* **~** Ziegen *f/pl*
cápsula ['kapsulɐ] *f MED, BOT* Kapsel *f*; Kronkorken *m*
capt|ação [kaptɐ'sɐ̃w] *f* Auf-, Erfassen *n* (*geistig*); Entnahme *f*; Auffangen *n*; (Radio-, Fernseh)Empfang *m*; **~ *de votos*** *POL* Stimmenfang *m*; **~ar** [-'tar] (1b) *Vertrauen* gewinnen; *Sympathie* erwecken; *Bewunderung* auslösen; *Sender* empfangen; *Sinn, Daten* erfassen; *Wasser* entnehmen; **~ura** [-'turɐ] *f* Festnahme *f*; Fang *m*; ***mandado*** *m* ***de*** **~** Haftbefehl *m*; **~urar** [-tu'rar] (1a) festnehmen; (ein)fangen; *NAV* aufbringen; erobern
capuch|a [kɐ'puʃɐ] *f* Kapuze *f*; *REL* Kapuzinerorden *m*, -kloster *n*; ***à*** **~** heimlich, verdeckt; **~inho**, **~o** [-'ʃiɲu, -'puʃu] **1.** *adj* Kapuziner...; **2.** *m* Kapuziner(mönch) *m*; ♀ ***Vermelho*** Rotkäppchen *n*
capulana [kɐpu'lɐnɐ] *f Moçambique* Wickelrock *m* (*aus farbig bedrucktem Batist*)

capulho [kɐ'puʎu] *m* (Samen)Hülle *f*; Baumwollkapsel *f*
capuz [kɐ'puʃ] *m* Kapuze *f*
caquear [ka'kjar] (1l) *bras* umhertasten; *fig* grübeln
caqué(c)tico [kɐ'kɛtiku] ausgezehrt
caqui [kɐ'ki] **1.** *adj* khakifarben; **2.** *m* Khaki *n* (*a Stoff*); BOT *bras* Kaki *f*
cáqui ['kaki] *bras* → ***caqui***
cara ['karɐ] **1.** *f* Gesicht *n*; Miene *f*; Vorderseite *f* (*Münze etc*); ***~ a ~*** von Angesicht zu Angesicht; ***~ de caso*** (*od* ***circumstância***) sorgenvolle(s) Gesicht *n*; ***~ cheia*** runde(s) Gesicht *n*; ***~ ou coroa?*** Kopf oder Zahl?; ***à má ~*** gewaltsam, unter Drohungen; wütend; ***de ~s*** von vorn; gegenüber; *fig* geradeheraus; ***na ~ de*** *j-m* ins Gesicht; ***custar os olhos da ~*** ein Heidengeld kosten; ***dar de ~s com*** stoßen auf (*ac*); ***deitar à ~ de*** *j-m* unter die Nase reiben; ***estar com boa (má) ~*** gut (schlecht) aussehen; ***fazer ~ alegre*** e-e zufriedene Miene aufsetzen; ***fazer má ~*** F ein langes Gesicht machen; ***ter boa ~*** Vertrauen erweckend aussehen; appetitlich aussehen (*Speise*); ***ter ~ para*** sich zu *et* erdreisten; ***torcer a ~*** das Gesicht verziehen; **2.** *m bras* P Kerl *m*, Typ *m*
carabina [kɐrɐ'binɐ] *f* Karabiner *m*
caraça [kɐ'rasɐ] *f* (Karnevals)Maske *f*; **~s** [-'rasɐʃ] *m* P ***~!*** verdammt und zugenäht!; ***do ~*** irre, Wahnsinns...
caracol [kɐrɐ'kɔɫ] *m* ZO Schnecke *f*; (Haar)Locke *f*; Spirale *f*; ***escada f de ~*** Wendeltreppe *f*; ***a passo de ~*** im Schneckentempo; **~(e)ar** [-ku'l(j)ar] (1e, 1l) sich drehen
carácter (**caracteres**) [kɐ'ratɛr] *m(pl)* Charakter *m*, Wesen *n*; Eigenart *f*; BIOL Merkmal *n*; TIP Buchstabe *m*; *pl* TIP (Schrift)Zeichen *pl*; Lettern *pl*
caracter|ística [kɐraktə'riʃtikɐ] *f* Kennzeichen *n*, Merkmal *n*; Charakterzug *m*; Eigenart *f*; MAT Kennziffer *f*; **~ístico** [-'riʃtiku] **1.** *adj* kennzeichnend, charakteristisch; **2.** *m* Charakteristikum *n*, Kennzeichen *n*, Merkmal *n*; **~ização** [-rizɐ'sɐ̃w] *f* Kennzeichnung *f*, Charakterisierung *f*; TEA Darstellung *f*, Maske *f*; **~izar** [-ri'zar] (1a) charakterisieren, kennzeichnen; *Charakter* beschreiben; TEA maskieren; *Rolle* verkörpern, spielen
cara|(s)-direita(s) [karɐdi'rɐjtɐ] *su(pl)* P ehrliche Haut *f*; **~dura** [kara'dura] *su bras* unverschämte(r) Mensch *m*; **~durismo** [karadu'rizmu] *m bras* Unverschämtheit *f*
carago [kɐ'ragu] *int* P na so was!
caralho [kɐ'raʎu] *m* P Schwanz *m* (*Penis*); (***vai para o***) ***~!*** verfluchte Scheiße!
caramanch|ão, -el [kɐrɐmɐ̃'ʃɐ̃w, -'ʃɛɫ] *m* Laube *f*; Laubhütte *f*
caramba [kɐ'rɐ̃bɐ] *int* P (zum) Donnerwetter!; hol's der Teufel!
carambina [kɐrɐ̃'binɐ] *f* Eiszapfen *m*
carambol|a [kɐrɐ̃'bɔlɐ] *f* rote Billardkugel *f*, Karambole *f*; *Billard*: Karambolage *f*; BOT *bras* Sternfrucht *f*, Karambole *f*; *fig* Intrige *f*, Machenschaft *f*; **~ar** [-bu'lar] (1e) *Billard*: karambolieren; *fig* betrügen; intrigieren; P bumsen (*kopulieren*); **~eiro** [-'lɐjru] *m* Intrigant *m*
caramelo [kɐrɐ'mɛlu] *m* **a)** Karamell(zucker) *m*, -bonbon *n*; **b)** Eis *n* (*auf Straße*); Raureif *m*
caramunha [kɐrɐ'muɲɐ] *f* (Kinder-)Geplärre *n*
carango [kɐ'rɐ̃gu] *m* Laus *f*; MED Krebsgeschwür *n*; *bras* P fahrbare(r) Untersatz *m*
caranguej|a [kɐrɐ̃'geʒɐ] *f* NAV Gaffel *f*; **~ar** [-gə'ʒar] (1d) F sich im Krebsgang bewegen, kriechen; **~o** [-'geʒu] *m* (Fluss)Krebs *m*; Krabbe *f*; ***~ vulgar*** Strandkrabbe *f*; **~ola** [-gə'ʒɔlɐ] *f* Taschenkrebs *m*
carão [kɐ'rɐ̃w] *m* Grimasse *f*, Fratze *f*; ***passar um ~ a*** P *j-n* anschnauzen
carapaça [kɐrɐ'pasɐ] *f* ZO Panzer *m*; *fig* harte Schale *f*
carapau [kɐrɐ'paw] *m* Bastardmakrele *f*, *a* Stichling *m* (*Fisch*); *fig* P Klappergestell *n*
carapeta [kɐrɐ'petɐ] *f* Kreisel *m*; Knopf *m*, Griff *m* (*an Möbeln*)
carapinh|a [kɐrɐ'piɲɐ] *f* Kraushaar *n* (*der Afrikaner*); **~o** [-'piɲu] kraus
carapuç|a [kɐrɐ'pusɐ] *f* (Zipfel-)Mütze *f*; ***servir a ~ a*** *j-m* eins auswischen; ***qual ~!*** Quatsch!; **~o** [-'pusu] *m* Kaffeefilter *m*; → ***carapuça***
caraté (*ê) [kɐrɐ'tɛ] *m* Karate *n*

C

caráter [ka'ratɛr] *m bras* → ***carácter***
caravana [kɐrɐ'vɐnɐ] *f* Karawane *f*; (Auto)Kolonne *f*; Wohnwagen *m*
caravela [kɐrɐ'vɛlɐ] *f NAV* Karavelle *f*; Silbermünze *f*; *fig* Trinkgeld *n*
carb|ónico (*ô) [kɐr'bɔniku] **1.** *adj QUÍM* Kohlen...; **2.** *m GEOL* Karbon *n*; **~ónio** [-'bɔnju] *m* → ***carbono***; **~onífero** [-bu'nifəru] *QUÍM* Kohlen...; **~onizar** [-buni'zar] (1a) verkohlen; verbrennen; **~ono** [-'bonu] *m QUÍM* Kohlenstoff *m*
carbúnculo [-'bũkulu] *m* Karfunkel *m*
carbur|ação [kɐrburɐ'sɐ̃w] *f* Verbrennung *f*; **~ador** [-rɐ'dor] *m* Vergaser *m*; **~ante** [-'rɐ̃tə] *m* Kraftstoff *m*; **~ar** [-'rar] (1a) vergasen
carcaça [kɐr'kasɐ] *f* Gerippe *n*; Gehäuse *n*; *NAV* Wrack *n*; *kleines, rundliches* Weißbrot *n*, Brötchen *n*; P *depr* die (alten) Knochen
carcel [kɐr'sɛɫ] *m* Pendelleuchte *f*
cárcere ['karsərə] *m* Kerker *m*
carcereiro [kɐrsə'rɐjru] *m* Gefängniswärter *m*, Aufseher *m*
carcino|géneo [kɐrsinu'ʒɛnju] karzinogen; **~ma** [-'nomɐ] *m* Karzinom *n*
carcom|a [kɐr'komɐ] *m*, *bras f* Holzwurm *m*; Wurmfraß *m*; *fig nagender* Kummer *m*; **~er** [-ku'mer] (2d) zernagen, -fressen; *fig* untergraben, -höhlen; **~ido** [-'midu] wurmstichig
carda ['kardɐ] *f TÉCN* Krempel *f*
cardal ['kɐr'daɫ] *m* Distelfeld *n*; Friedhof *m*
cardamomo [kɐrdɐ'momu] *m* Kardamom *m od n*
cardan ['kardɐ̃] *m* Kardangelenk *n*
cardápio [kar'dapju] *m bras* Speisekarte *f*
cardar [kɐr'dar] (1b) *Tuch* kardieren; *Wolle* kämmen; krempeln
cardeal [kɐr'djaɫ] **1.** *adj* Haupt...; ***ponto*** *m* **~** Himmelsrichtung *f*; **2.** *m* Kardinal *m*; *ZO* (Grau)Kardinal *m*
cardíaco [kɐr'diɐku] **1.** *adj* Herz...; **2.** *m* Herzkranke(r) *su*
cardinal [kɐrdi'naɫ] Haupt...; ***número*** *m* **~** Kardinalzahl *f*
cardiolog|ia [kɐrdjulu'ʒiɐ] *f* Kardiologie *f*; **~ista** [-'ʒiʃtɐ] *su* Kardiologe *m*, Kardiologin *f*, Herzspezialist(in *f*) *m*
cardo ['kardu] *m* Distel *f*
cardume [kɐr'dumə] *m* Fischschwarm *m*; (Menschen)Menge *f*
careca [kɐ'rɛkɐ] **1.** *adj* kahl(köpfig); haarlos; *fig* durchsichtig (*Schwindel*); fadenscheinig (*Vorwand*); ***pêssego*** *m* **~** Nektarine *f*; **2.** *f* Glatze *f*; **3.** *su* Glatzkopf *m*
carec|er [kɐrə'ser] (2g): **~ *de*** *Perspektive, Geld* fehlen an (*dat*), mangeln an (*dat*); *Geld, Lebensmittel* knapp sein; *Unterstützung* brauchen; ***carece que*** + *conj* es ist nötig, dass; **~ido** [-'sidu]: **~ *de*** bedürftig (*gen*)
careiro [kɐ'rɐjru] (sündhaft) teuer
carência [kɐ'rẽsjɐ] *f* Entbehrung *f*; Mangel *m* (***de*** an *dat*), Knappheit *f* (***de*** an *dat*) (*Lebensmittel*); Karenzzeit *f*, *zeitlicher* Aufschub *m*
carenciado [kɐrẽ'sjadu] *adj* bedürftig
carestia [kɐrəʃ'tiɐ] *f* Teuerung *f*; ***taxa*** *f* ***de*** **~** Teuerungsrate *f*
caret|a [kɐ'retɐ] *f* Grimasse *f*, Fratze *f* (***fazer*** schneiden); **~eiro** [-rə'tɐjru] *m* Grimassenschneider *m*
carga ['kargɐ] *f* Last *f* (*a TÉCN, EL, fig*); *fig* Bürde *f*; Belastung *f*; Ladung *f* (*a EL, MIL u* F *große Menge*); *ECON* Fracht(gut *n*) *f*; Verladung *f*; Mine *f* (*Schreibgerät*); ***uma* ~ *de*** F ein Haufen ...; **~ *atómica*** *EL* Elementarladung *f*; **~ *de água*** Regenguss *m*; **~ *explosiva*** Sprengladung *f*; **~ *fiscal*** steuerliche Belastung *f*; **~ *de ossos*** F Haut und Knochen; **~ *útil*** Nutzlast *f*; ***besta*** *f* ***de*** **~** Lasttier *n*; ***burro*** *m* ***de*** **~** *fig* Packesel *m*; ***navio*** *m* ***de*** **~** Frachter *m*; ***voltar à*** **~** wieder damit anfangen
cargo ['kargu] *m* Amt *n*; Auftrag *m*; Verpflichtung *f*; ***a* ~ *de*** unter der Verantwortung von; zu Lasten (*gen*); ***ter a seu*** **~** verpflichtet sein zu; sorgen müssen für
cargueiro [kɐr'gɐjru] **1.** *adj* Fracht..., Last...; **2.** *m NAV* Frachter *m*
cari|ado [kɐ'rjadu] hohl (*Zahn*); **~ar** [-'rjar] (1g) Karies bilden
caribe [kɐ'ribe] **1.** *adj* karibisch; **2.** *su* Karibik *f*, karibische(r) Raum *m*
carica [kɐ'rikɐ] *f* F Kronkorken *m*
caricat|o [kɐri'katu] lachhaft, lächerlich; karikaturistisch; **~ura** [-kɐ-

'turɐ] *f* Karikatur *f*, Zerrbild *n*; **~urista** [-tu'riʃtɐ] *su* Karikaturist(in *f*) *m*
carícia [kɐ'risjɐ] *f* Liebkosung *f*; ***fazer ~s*** liebkosen
carid|ade [kɐri'dadə] *f* (Nächsten-) Liebe *f*; Wohltätigkeit *f*; ***casa f de ~*** Armenhaus *n*; Obdachlosenheim *n*; **~oso** [-'dozu] wohltätig, karitativ
cárie ['karjə] *f* MED Karies *f*
caril [kɐ'ril] *m* Curry *m*; ***~ de frango*** CUL Curryhühnchen *n*
carimb|ar [kɐrĩ'bar] (1a) (ab)stempeln; **~o** [-'rĩbu] *m* Stempel *m*
carinh|o [kɐ'riɲu] *m* Liebe *f*, Liebkosung *f*; ***com ~*** alles Liebe (*Briefschluss*); **~oso** [-'ɲozu] liebevoll (***com*** zu); zärtlich (***com*** zu)
carioca [kɐ'rjɔkɐ] **1.** *adj* aus Rio de Janeiro; **2.** *su* Einwohner(in *f*) *m* von Rio de Janeiro; **3.** *f*: ***~ de café*** Tasse *f* Kaffee (*mit e-m Schuss heißem Wasser*); ***~ de limão*** *Tasse* Zitronentee *m*
carisma [kɐ'riʒmɐ] *m* Charisma *n*
caritativo [kɐritɐ'tivu] wohltätig, karitativ; Wohltätigkeits...
cariz [kɐ'riʃ] *m* Aussehen *n*; Anschein *m*; P Fratze *f*
carlinga [kɐr'lĩgɐ] *f* AV Kabine *f*; NAV Kielschwein *n*
carmesim [kɐrmə'zĩ] *m* Karminrot *n*
carmona [kɐr'mɔnɐ] *f doppelter* Fensterriegel *m*
carn|adura [kɐrnɐ'durɐ] *f* Fleisch *n* (*des Körpers*); ***ter boa*** (***má***) ***~*** gut im Futter stehen (ausgemergelt sein); **~al** [-'nał] REL sinnlich; leiblich (*Kind*), *Verwandte* ersten Grades
carnaval [kɐrnɐ'vał] *m* Karneval *m*; ***armar ~*** P e-n Aufstand machen (*Ärger*); **~esco** [-vɐ'leʃku] karnevalistisch; Karnevals...
carne ['karnə] *f* Fleisch *n* (*a fig*); *bras bsd* Rindfleisch *n*; ***~ de fumeiro*** geräucherte(s) Fleisch *n*; ***~ de vaca*** Rindfleisch *n*; ***~ picada*** Hackfleisch *n*; ***~s*** *pl* ***frias*** CUL Aufschnitt *m*; ***em ~ e osso*** in Fleisch und Blut, leibhaftig; ***criar ~*** Fett ansetzen; ***não ser nem ~ nem peixe*** F weder Fisch noch Fleisch sein; ***ser um espinho na ~ de alg*** j-m ein Dorn im Auge sein; ***ser unha e ~ com*** mit *j-m* ein Herz und eine Seele sein; ***sofrer na própria ~*** *et* am eigenen Leib erfahren
carnê [kar'ne] *m bras* Notizbuch *n*
carneir|a [kɐr'nɐjrɐ] *f* Schafleder *n*; **~ada** [-'radɐ] *f* Hammelherde *f*; Schaumkronen *f/pl*; Malariaanfall *m*
carneiro [kɐr'nɐjru] *m* Hammel *m*; ♈ ASTR Widder *m*
cárneo ['karnju] fleischig; Fleisch...; fleischfarben
carn|iça [kɐr'nisɐ] *f* Schlachtung *f*; *fig* Gemetzel *n*; *bras* Aas *n*; **~içaria** [-nisɐ'riɐ] *f* Schlachthaus *n*; Metzelei *f*; **~iceiro** [-ni'sɐjru] **1.** *adj* Fleisch fressend; *fig* blutrünstig; **2.** *m* Fleischer *m*, Metzger *m*; **~s** *pl* ZO Fleischfresser *m/pl*; **~ificina** [-nəfi'sinɐ] *f* Gemetzel *n*, Blutbad *n*; **~ívoro** [-'nivuru] **1.** *adj* Fleisch fressend; **2.** **~s** *m/pl* ZO Fleischfresser *m/pl*; **~osidade** [-nuzi'dadə] *f* MED (Fleisch)Wucherung *f*; **~oso** [-'nozu] fleischig (*a* BOT); Fleisch...; **~udo** [-'nudu] fleischig (*a Frucht*); muskulös
caro ['karu] teuer; *fig* lieb, wert (*a Anrede*); ***sair ~*** (***a***) teuer werden
caroch|a [kɐ'rɔʃɐ] *f* ZO Hirschkäfer *m*; F Küchenschabe *f*; F (VW®-)Käfer *m*; **~inha** [-ru'ʃiɲɐ] *f*: ***histórias f/pl da ~*** Ammenmärchen *n/pl*; **~o** [-'roʃu] dunkelfarbig; brünett
caroço [kɐ'rosu] *m* (Frucht)Kern *m*, Stein *m*; P Kies *m* (*Geld*); *bras* Klümpchen *n* (*beim Kochen*); *bras* Griebe *f*
carol|a [kɐ'rɔlɐ] **1.** *adj* frömmelnd; fanatisch; **2.** *su* Frömmler(in *f*) *m*; *allg* P Fan *m*; **~ice** [-ru-'lisə] *f* Frömmelei *f*; Fanatismus *m*
carol|ina [kɐru'linɐ] *f* BOT Korallenholz *n*; **~o** [-'rolu] *m* Maisgrieß *m*; Maisbrei *m*; Beule *f* (*am Kopf*); *bras* Kopfnuss *f*
carona [ka'rõna] *bras* **1.** *f* Mitfahrgelegenheit *f*; Schwarzfahrt *f*; ***de ~*** mit fremder Hilfe; ***dar ~*** P Anhalter mitnehmen; ***ir de ~*** P per Anhalter fahren; **2.** *su bras* Anhalter(in *f*) *m*; Schwarzfahrer(in *f*) *m*
carótida [kɐ'rɔtidɐ] *f* Halsschlagader *f*
carpa ['karpɐ] *f* Karpfen *m*
carpet|ar [karpe'tar] (1a) *bras* mit Teppichboden auslegen; **~e** [kɐr-

'pɛtə] **1.** *f* Teppich *m*; **2.** *m bras* Teppichboden *m*

carpint|aria [kɐrpĩtɐ'riɐ] *f* Tischlerei(handwerk *n*) *f*; **~eiro** [-'tɐjru] *m* Tischler *m*; Zimmermann *m*; **~ *de limpo* (*tosco*)** Tischler *m* (Bautischler *m*, Zimmermann *m*); ***banco** m **de ~*** Hobelbank *f*; ***bicho** m ~* Holzbock *m*; **~eirar** [-tɐj'rar] = *bras* **~ejar** [-te'ʒar] (1a) tischlern; zimmern

carpir [kɐr'pir] (3b) **1.** *v/t Unkraut* jäten; *bras a Wald* roden; *fig* beweinen, -klagen; ***~-se*** jammern (***de, sobre*** über *ac*), wehklagen (***de, sobre*** über *ac*); **2.** *v/i* heulen (*Wind*)

carpo ['karpu] *m* **a)** *ANAT* Handwurzel *f*; **b)** *BOT* Frucht *f*

carquilha [kɐr'kiʎɐ] *f* Runzel *f*; Falte *f*

carraça [kɐ'ʀasɐ] *f* Zecke *f*; P Klette *f*

carrada [kɐ'ʀadɐ] *f* Fuhre *f*, (Wagen)Ladung *f*

carranc|a [kɐ'ʀɐ̃kɐ] *f* finstere(s) Gesicht *n*; verbissene Miene *f*

carrancudo [kɐʀɐ̃'kudu] übellaunig, brummig; verbissen

carrão [ka'ʀɐ̃w] *m bras* P Riesenschlitten *m* (*Auto*)

carrapat|a [kɐʀɐ'patɐ] *f* schwer heilende Wunde *f*; **~o** [-'patu] *m ZO* Zecke *f*; P Klette *f* (*lästiger Mensch*)

carrapicho [kɐʀɐ'piʃu] *m* Haarknoten *m*; *bras BOT* Klette *f*

carrasco [kɐ'ʀaʃku] *m* Henker *m*; *fig* Unmensch *m*; *BOT* Steineiche *f*

carraspana [kɐʀɐʃ'pɐnɐ] *f* Rausch *m*

carrear [kɐ'ʀjar] (1l) transportieren, herbei-, fortschaffen (*mit Wagen*); *fig* nach sich ziehen, mit sich bringen

carreg|ação [kɐʀəgɐ'sɐ̃w] *f* (Be-, Ver)Laden *n*; Ladung *f*; P Rotz *m*; ***de ~*** *bras* schlecht gemacht; P hingepfuscht; **~ado** [-'gadu] (voll) beladen (*Wagen*); *fig* überladen; drückend (*Wetter*); kräftig (*Farbe*); ***~ de electricidade*** elektrisch geladen; **~ador** [-gɐ'dor] *m* Packer *m*; Lastträger *m*; Ladearbeiter *m* (*im Hafen etc*); *CAM. DE F* Gepäckträger *m*; Magazin *n* (*e-r Waffe*); **~amento** [-gɐ'mẽtu] *m* (Be)Laden *n*; Ladung *f*; *MIL* Laden *n*; **~ar** [-'gar] (1o; *Stv* 1c) **1.** *v/t* beladen (***com, de*** mit); *Güter* ver-, einladen; verfrachten; *Lkw*, *Schiff* beladen sein mit; *Waffe*, *Batterie* laden; *Schuld* zur Last legen, aufladen; *Steuer*, *Preis* erhöhen; *Magen* voll schlagen; *fig j-n* belasten; *Feind* bedrängen; *Übel* vergrößern; *Ofen* beschicken; **2.** *v/i* sich aufladen (*Atmosphäre*); sich verfinstern (*Gemüt*, *Himmel*); ***~ com*** sich beladen (*od* belasten) mit; ***~ em*** lasten auf (*dat*); Druck ausüben auf (*ac*); sich stützen auf (*ac*); *Knopf* drücken; zu viel des Guten tun bei; **3. *~-se*** sich bewölken; sich verfinstern

carrego [kɐ'ʀegu] *m* Last *f*; *fig* (Gewissens)Last *f*

carreir|a [kɐ'ʀɐjrɐ] *f* Weg *m*; Strecke *f*, Route *f*; *Sport*: Lauf *m*, Fahrt *f*, Rennen *n*; Rennbahn *f*; (Baum-)Reihe *f*; *fig* Gang *m*; *bsd* Laufbahn *f*, Karriere *f*; Beruf *m*; ***~ de tiro*** Schießstand *m*; ***diplomata** m **de ~*** Berufsdiplomat *m*; **~ismo** [-'riʒmu] *m* Karrierismus *m*; **~ista** [-'riʃtɐ] *su* Karrierist(in *f*) *m*

carreiro [kɐ'ʀɐjru] *m* (Fahr)Weg *m*; Wildwechsel *m*; (Ameisen)Straße *f*; ***~ de São Tiago*** P Milchstraße *f*

carreta [kɐ'ʀetɐ] *f* Karren *m*

carret|agem [kɐʀə'taʒɐ̃j] *f* Beförderung(sentgelt *n*) *f*; Fracht *f*; **~e** [-'ʀetə] *m* Rolle *f* (*für Lager*); Ritzel *n*; **~eiro** [-'tɐjru] **1.** *adj*: ***barco** m ~* Leichter *m*; **2.** *m* Fuhrunternehmer *m*; **~el** [-'tɛɫ] *m* Rolle *f*, Spule *f*; **~ilha** [-'tiʎɐ] *f* Teigrädchen *n*; Holzbohrer *m*

carriça [kɐ'ʀisɐ] *f ZO* Zaunkönig *m*

carril [kɐ'ʀiɫ] *m* Fahrspur *f*; Schiene *f*

carrilhão [kɐʀi'ʎɐ̃w] *m* Glockenspiel *n*; Register *n* (*Orgel*); *Art* Xylophon *n*; *musikalisches* Schlagwerk *n*

carri|nha [kɐ'ʀiɲɐ] *f AUTO* (Klein-)Transporter *m*; Pick-up *m*; ***~ (mista)*** Kombi(wagen) *m*; **~nho** [-'ʀiɲu] *m kleiner* Karren *m*; (Garn)Rolle *f*; *TÉCN* Laufkatze *f*; ***~ de bagagem*** Kofferkuli *m*; ***~ de bebé*** Kinderwagen *m*; ***~ de compras*** Einkaufswagen *m*; ***~ de mão*** Schubkarre(n *m*) *f*; **~pana** [-'pɐnɐ] *f* P Klapperkiste *f*

carro ['kaʀu] *m* Wagen *m*; Auto *n*; *bras CAM. DE F* Wagen *m*, Waggon *m*; ***~ armadilhado*** Autobombe *f*; ~

blindado gepanzerte(s) Fahrzeug *n*; ~ ***citadino*** Stadtauto *n*; ~ ***de aluguer*** Mietwagen *m*; ~ ***de combate*** *MIL* (Schützen)Panzer *m*; ~ ***de praça*** Taxi *n*; ~ ***de reboque*** Abschleppfahrzeug *n*; ~ ***emissor*** *TV* Übertragungswagen *m*; ~ ***forte*** Geldtransporter *m*; ~ ***fúnebre*** Leichenwagen *m*; ~ ***usado*** Gebrauchtwagen *m*; ~ ***vassoura*** Straßenkehrmaschine *f*; ~ ***que curva para a esquerda*** Linksabbieger *m*; ***a quinta roda dum*** ~ *fig* das fünfte Rad am Wagen

carro(s)-|bomba [kaʀu'bõbɐ] *m(pl)* Autobombe *f*

carroç|a [kɐ'ʀɔsɐ] *f* Leiterwagen *m*; *einachsiger* Karren *m*; **~aria** [-ʀusɐ'riɐ] *f* Karosserie *f*

carro(s)-casa [kaʀu'kazɐ] *m(pl)* *bras* Wohnmobil *n*

carroc|eiro [kɐʀu'sɐjru] *m* Kutscher *m*

carro(s)-|guincho *bras*, **~grua** [kaʀu'gĩʃu, -'gruɐ] *m(pl)* Abschleppwagen *m*; **~leito(s)** [-'lejtu] *m(pl)* *bras* Schlafwagen *m*; **~patrulha** [-pɐ'truʎɐ] *m(pl)* Streifenwagen *m*; **~pipa**, **~tanque** [-'pipa, -'tɐ̃ki] *m(pl)* Tankwagen *m*

carrossel [kɐʀu'sɛɫ] *m* Karussell *n*

carruagem [kɐ'ʀwaʒɐ̃j] *f* Kutsche *f*; *CAM. DE F* Wagen *m*; ~ ***cama*** *CAM. DE F* Schlafwagen *m*; ~ ***directa*** Kurswagen *m*; **~-couchette** (*pl* **-gens-couchette**) [-ku'ʃɛtə] *f(pl)* Liegewagen *m*; **~-restaurante** [-rəʃtaw'rɐ̃tə] *f* Speisewagen *m*

carta ['kartɐ] *f* Brief *m*, Schreiben *n*; Spielkarte *f*; ~ ***aberta*** offene(r) Brief *m*; ~ ***branca*** Freibrief *m*; ~ ***de apresentação***, ~ ***de recomendação*** Empfehlungsschreiben *n*; ~ ***de chamada*** Arbeitserlaubnis *f* (*für Asylanten*); ~ ***de condução*** Führerschein *m*; ~ ***de curso*** (Abschluss-, Diplom)Zeugnis *n*; ~ ***de vinhos*** Weinkarte *f*; ~ ***registada*** Einschreibbrief *m*; ***castelo*** *m* ***de*** **~s** *fig* Kartenhaus *n*; ***por*** ~ brieflich; ***jogar a*** ~ e-e Karte ausspielen (*a fig*); ***jogar às*** **~s** Karten spielen; ***partir as*** **~s** die Karten abheben; ***tirar a*** ~ den Führerschein machen

cartada [kɐr'tadɐ] *f* Ausspielen *n*; (ausgespielte) Karte *f*

cartão [kɐr'tɐ̃w] *m* Pappe *f*, Karton *m*; Pappschachtel *f*; Mitgliedskarte *f*; ~ ***amarelo*** gelbe Karte *f* (*Sport u fig*); ~ ***bancário*** Bankkarte *f*; ~ ***composto*** Verbundstoff *m* (*Verpackung*); ~ ***credifone***® Telefonkarte *f*; ~ ***de crédito*** Kreditkarte *f*; ~ ***de contribuinte*** (***financeiro***) Lohnsteuerkarte *f*; ~ ***de embarque*** *AV* Bordkarte *f*; ~ ***de estudante*** Studentenausweis *m*; ~ ***festivo*** Grußkarte *f*; ~ ***magnético*** Magnetkarte *f*; ~ ***ondulado*** Wellpappe *f*; ~ ***verde*** grüne Versicherungskarte *f*; ~ ***vermelho*** rote Karte *f* (*Sport u fig*); **~-postal** (**cartões-postais**) [-pos'taw] *m(pl)* *bras* Post-, Ansichtskarte *f*

cartapácio [kɐrtɐ'pasju] *m* Aktenbündel *n*; dicke(r) Wälzer *m*

cartaxo(s)-comum [kɐr'taʃuku'mũ] *m* Schwarzkehlchen *n*

cartaz [kɐr'taʃ] *m* Plakat *n*; *bras* Berühmtheit *f*, Ruf *m*

carteir|a [kɐr'tɐjrɐ] *f* Brieftasche *f*; Aktenmappe *f*; (Damen)Handtasche *f*; Schreibpult *n* (*Möbel*); *bras bsd* Ausweis *m*; Abteilung *f* (*Bank, Sparkasse*); ~ ***a tiracolo*** Umhängetasche *f*; ~ ***de identidade*** *bras* Personalausweis *m*; ~ ***de habilitação*** *bras* Führerschein *m*; **~ista** [-tɐj'riʃtɐ] *su* Taschendieb(in *f*) *m*; **~o** [-'tɐjru] *m* Briefträger *m*

cartel [kɐr'tɛɫ] *m* **a)** *schriftliche* Provokation *f*, Herausforderung *f*; **b)** *ECON* Kartell *n*; **~ização** [-təlizɐ'sɐ̃w] *f* Kartellbildung *f*

cárter ['kartər] *m* Getriebegehäuse *n*

cartilag|em [kɐrti'laʒɐ̃j] *f* Knorpel *m*; **~inoso** [-lɐʒi'nozu] knorpelig

cartilha [kɐr'tiʎɐ] *f* Fibel *f*

cartografia [kɐrtugrɐ'fiɐ] *f* Kartographie *f*, Kartenkunde *f*

cartola [kɐr'tɔlɐ] **1.** *f* F Zylinder *m* (*Hut*); **2.** *m* P Bonze *m*

cartolina [kɐrtu'linɐ] *f* feine(s) Kartonpapier *n*, Zeichenkarton *m*

cartoman|cia [kɐrtumɐ̃'siɐ] *f* Kartenlegen *n*; **~te** [-'mɐ̃tə] *su* Kartenleger(in *f*) *m*

carton|ado [kɐrtu'nadu] kartoniert; **~agem** [-'naʒɐ̃j] *f* *TIP* Pappeinband *m*

cartório [kɐr'tɔrju] *m* Notariat *n*; (Anwalts)Büro *n*; Archiv *n*

C

cartuch|eira [kɐrtu'ʃɐjrɐ] *f* Patronentasche *f*, -gurt *m*; **~o** [-'tuʃu] *m* Patrone *f* (*a* MIL); Packung *f*, Schachtel *f* (*aus Pappe*); Filtereinsatz *m*
cartu|m [kar'tũ] *m bras* Cartoon *m*; **~nista** [-tu'nista] *su bras* Cartoonist(in *f*) *m*
caruma [kɐ'rumɐ] *f* Kiefernnadel *f*
carunch|ar [kɐrũ'ʃar] (1a) vom Wurm zerfressen werden; **~o** [-'rũʃu] *m* Holzwurm *m*; **~oso** [-'ʃozu] wurmstichig
carusma [kɐ'ruʒmɐ] *f sprühender* Funke *m*; herumfliegende Asche *f*
carvalh|al [kɐrvɐ'ʎaɫ] *m* Eichenwald *m*; **~o** [-'vaʎu] *m* Eiche *f*; ***de ~*** eichen
carvão [kɐr'vɐ̃w] *m* Kohle *f*; PINT Kohlezeichnung *f*; ***~ de pedra***, ***~ fóssil*** Steinkohle *f*; ***~ vegetal*** Holzkohle *f*; ***preto como ~*** F kohlrabenschwarz
casa ['kazɐ] *f* Haus *n*; *a* Wohnung *f*; *Brettspiel*: Feld *n*; *Kleidung*: Knopfloch *n*; (Regal)Boden *m*; *Tabelle*, *Formular*: Feld *n*; MAT (Dezimal)Stelle *f*; ***~ arrendada***, ***~ comercial*** Handelshaus *n*; ***~ de abrigo*** Schutzhütte *f*; ***~ de aluguer*** Mietshaus *n*; ***~ de banho*** Bad(ezimmer) *n*; ***~ de campo*** Landhaus *n*; ***~ de entrada*** F Diele *f*; ***♀ da Moeda*** Münze *f*; ***~ de passe***, ***~ de putas*** P Puff *m*; ***~ de pasto*** *bescheidene* Speisegaststätte *f*; ***~ de penhores*** Pfandhaus *n*; ***~ de produtos dietéticos*** Reformhaus *n*; ***~ de saúde*** Privatkrankenhaus *n*; ***~ editora*** Verlagshaus *n*; ***~ em série*** Reihenhaus *n*; ***~ geminada*** Doppelhaus *n*; ***~ grande*** *bras* Herrenhaus *n*; ***~ paterna*** Elternhaus *n*; ***~ prefabricada*** Fertighaus *n*; ***~ popular*** *bras* Sozialwohnungsbau *m*; ***a ~ de*** zu *j-m*; ***em*** (***para***) ***~*** zu (nach) Hause; ***em ~ de*** bei *j-m*; ***estar*** *od* ***andar na*** (***aproximar-se da***) ***~ dos cinquenta*** in den Fünfzigern sein; ***feito em ~*** hausgemacht; ***governar a ~*** F den Hausstand führen; ***mudar de ~*** umziehen; ***passar pela ~ de alg*** bei j-m vorbeigehen; ***pôr ~*** e-n Hausstand gründen
casa(s)-alugada(s) [kɐzɐlu'gadɐ] *m(pl)* ZO Einsiedlerkrebs *m*
casac|a [kɐ'zakɐ] *f* Frack *m*; ***cortar na ~ de*** F über *j-n* herziehen, lästern; ***virar a ~*** F sein Fähnchen nach dem Wind drehen; **~ão** [-zɐ'kɐ̃w] *m* Mantel *m*; F Parka *m*
casaco [kɐ'zaku] *m* Jacke *f*; Jackett *n*; ***~ a três quartos*** Dreivierteljacke *f*; ***~ acolchoado*** Steppjacke *f*; ***~ comprido*** Mantel *m*; ***~ de malha*** Strickjacke *f*; ***~ em cabedal***, *bras* ***~ de couro*** Lederjacke *f*
casad|eiro, **-oiro**, **-ouro** [kɐzɐ'dɐjru, -'dojru, -'doru] heiratsfähig; **~o** [-'zadu] verheiratet
casa(s)-forte(s) [kɐzɐ'fɔrtə] *f(pl)* Tresorraum *m*
casal [kɐ'zaɫ] *m* **a**) Gehöft *n*; *kleines* Gut *m*; **b**) (Ehe)Paar *n*; **~ejo** [-zɐ'leʒu] *m kleines* Anwesen *n*
casa(s)-mãe [kɐzɐ'mɐ̃j] *f(pl)* ECON Mutterhaus *n*
casament|eiro [kɐzɐmẽ'tɐjru] Heirats...; Ehevermittlungs...; **~o** [-'mẽtu] *m* Heirat *f*, Hochzeit *f*; *allg a* Ehe *f*; ***~ civil*** (***religioso***) standesamtliche (kirchliche) Trauung *f*; ***~ de conveniência*** Vernunftehe *f*; ***contrair ~ com*** die Ehe schließen mit, ehelichen (*ac*); ***pedir alg em ~*** um j-s Hand anhalten
casão [kɐ'zɐ̃w] *m* große(s) Haus *n*
casar [kɐ'zar] (1b) (sich) (ver)heiraten; ***~ com*** *j-n* heiraten
casar|ão [kɐzɐ'rɐ̃w] *m* große(s) Haus *n*; **~io** [-'riw] *m* Häuserzeile *f*
casca ['kaʃkɐ] *f* (*Obst*, *Ei*) Schale *f*; (Baum)Rinde *f*; *fig* Hülle *f*; Außenseite *f*; ***~ de banana*** P *fig* Fußangel *f*; ***em ~*** ungeschält (*Reis*); ***morrer na ~*** im Keim ersticken; **~(s)-de-noz** [-də'nɔʃ] *f(pl)* P Nussschale *f* (*kleines Boot*); **~(s)-grossa(s)** [-'grɔsɐ] *su(pl)* Raubein *n*, Grobian *m*
cascalh|eira [kɐʃkɐ'ʎɐjrɐ] *f* Kiesgrube *f*; Halde *f*; Anspülung *f* (*von Kies*); Rasseln *n* (*wie der Kies*); Röcheln *n* (*in der Brust*); **~o** [-'kaʎu] *m* Geröll *n*; Kies *m*; Schotter *m*; Eisenschlacke *f*; **~oso**, **~udo** [-'ʎozu, -'ʎudu] steinig
cascão [kɐʃ'kɐ̃w] *m* dicke Schale *f*; *fig* Dreck-, Schmutzschicht *f*
cascar [kɐʃ'kar] (1n; *Stv* 1b) *Obst*, *Ei* (ab)schälen; ***~ em*** P *j-n* verprügeln; zur Rede stellen; beschimpfen

cascata [kɐʃ'katɐ] *f* Kaskade *f*; Wasserfall *m*; *bras* Geflunker *n*
cascavel [kɐʃkɐ'vɛɫ] **1.** *adj* flatterhaft; **2.** *f* Klapperschlange *f*; **3.** *m* Rassel *f*
casc|o ['kaʃku] *m* Schädel *m*; Kopfhaut *f*; Schale *f* (*Obst*, *Ei*); *ZO* Huf *m*; (Wein)Fass *n*; *NAV* (Schiffs-)Rumpf *m*; *bras* Leergut *n*; *fig* Grips *m*; **~ histórico** Altstadt *f*; **em ~s de rolha** P wo sich Fuchs und Hase gute Nacht sagen; **~udo** [kɐʃ'kudu] **1.** *adj* dickschalig; dickhäutig; **2.** *m* Kopfnuss *f*
casebre [kɐ'zɛbrə] *m* elende Hütte *f*
caseificar [kɐzəifi'kar] (1n) zu Käse verarbeiten
caseir|a [kɐ'zɐjrɐ] *f* Haushälterin *f*; **~o** [-'zɐjru] **1.** *adj* Haus...; häuslich (*a fig*); hausgemacht; **2.** *m* Verwalter *m*; Pächter *m*
caserna [kɐ'zɛrnɐ] *f* Kaserne *f*
casimira [kɐzə'mirɐ] *f* Kaschmir *m*
casinh|a [kɐ'ziɲɐ] *f* Häuschen *n*; F Örtchen *n*; **~ola, ~ota** [-'ɲɔlɐ, -'ɲɔtɐ] *f* Häuschen *n*; Hütte *f*
casino [kɐ'zinu] *m* Casino *n*
casmurro [kɐʒ'muʀu] dickköpfig
caso ['kazu] *m* Fall *m* (*a LING*, *JUR*); Sache *f*; Umstand *m*; Vorfall *m*; **~ de consciência** Gewissensfrage *f*; **~ de urgência** Notfall *m*; **~ extremo** Härtefall *m*; **~ que** *conj*, **no ~ de** *inf* falls; **dado o ~ que** gesetzt den Fall, dass; **em ~ de necessidade** im Bedarfsfall; **em todo o ~** auf jeden Fall, jedenfalls; **em ~ algum** (*od* **nenhum**) auf keinen Fall, keinesfalls; (**no**) **~ contrário** anderenfalls; **no melhor** (**pior**) **dos ~s** bestenfalls (schlechtestenfalls); **em último ~** äußerstenfalls; **estar a par do ~** im Bilde sein; (**não**) **fazer ~ de** *et* (nicht) beachten; **não é ~ para ...** so schlimm ist es nun auch nicht!
casota [kɐ'zɔtɐ] *f* Hütte *f*
casp|a ['kaʃpɐ] *f* (Kopf)Schuppe *f*; **~oso** [kɐʃ'pozu] schuppig
Cáspio ['kaʃpju]: **o** (**mar**) **~** Kaspisches Meer *n*
casquet|a [kɐʃ'ketɐ] *f* (Schirm)Mütze *f*; **~e** [-'ketə] *m* Käppi *n*
casquilh|aria, ~ice [kɐʃkiʎɐ'riɐ, -'ʎisə] *f* Gefallsucht *f*; Schmuck *m*; **~o** [-'kiʎu] **1.** *adj* geckenhaft; **2.** *m* **a**) *depr* Dandy *m*, Lackaffe *m*; **b**) *TÉCN* Lagerbuchse *f*; *EL* Glühlampensockel *m*, Fassung *f*; **~ sobe e desce** höhenverstellbare(s) Lampenpendel *n*
casquinada [kɐʃki'nadɐ] *f* Gekicher *n*
casquinha [kɐʃ'kiɲɐ] *f* Rinde *f*; Furnier(holz) *n*; Auflage *f* (*Gold etc*); *bras* Eistüte *f*; **tirar ~** P schnorren
cass|ação [kɐsɐ'sɐ̃w] *f* Aufhebung *f*; Kassation *f*; **~ar** [-'sar] (1b) aufheben; *JUR* kassieren
cassete [kɐ'setə] **a**) *f* Kassette *f*; **~ de vídeo** Videokassette *f*; **b**) *m bras* Kassettenrekorder *m*
cassetete [kɐsə'tɛtə] *m* Schlagstock *m*
cassino [ka'sĩnu] *bras* Casino *n*
casta ['kaʃtɐ] *f* Art *f*; Rasse *f*; Geschlecht *n*; Kaste *f*; **de ~** pur, rein(rassig); hochwertig
castanha [kɐʃ'tɐɲɐ] *f* Kastanie *f*; (Kaschu)Nuss *f*; P Pferdeapfel *m*; **estalar a ~ na boca** e-e böse Überraschung erleben
castanh|al, ~edo [kɐʃtɐ'ɲaɫ, -'ɲedu] *m* Kastanienwald *m*; **~eira** [-'ɲɐjrɐ] *f* Kastanienverkäuferin *f*; **~eiro** [-'ɲɐjru] *m* Kastanienbaum *m*; **~o** [-'tɐɲu] **1.** *adj* (kastanien)braun; **2.** *m* Kastanie(nholz *n*) *f*
castanholas [kɐʃtɐ'ɲɔlɐʃ] *f/pl* Kastagnetten *f/pl*
castão [kɐʃ'tɐ̃w] *m* (Stock)Knauf *m*
Castela [kɐʃ'tɛlɐ] *f* Kastilien *n*
castelhano [kɐʃtə'ʎɐnu] kastilisch
castelo [kɐʃ'tɛlu] *m* Burg *f*; Schloss *n*; Festung *f*, Fort *n*; **~ no ar** *fig* Luftschloss *n*; **~ de cartas** Kartenhaus *n*
Castelo Branco [kɐʃ'tɛlu 'brɐ̃ku] *port Distrikt*(*hauptstadt*)
castiçal [kɐʃti'saɫ] *m* Leuchter *m*, Kerzenhalter *m*
casti|ço [kɐʃ'tisu] rein (*Sprache*); reinblütig, -rassig (*Pferd*); einwandfrei; P astrein, cool; **~dade** [-'dadə] *f* Keuschheit *f*
castig|ar [kɐʃti'gar] (1o) (be)strafen; *j-m* e-n Verweis erteilen; *fig* malträtieren, traktieren; *Stil*, *Fertigkeiten* verfeinern; **~o** [-'tigu] *m* Strafe *f*, Bestrafung *f*; Verweis *m*; **de ~** zur Strafe
casto ['kaʃtu] keusch; rein
castor [kɐʃ'tor] *m* Biber(pelz) *m*

C

castr|ação [kɐʃtrɐ'sɐ̃w] *f* Kastration *f*; **~ado** [-'tradu] **1.** *adj* kastriert; **2.** *m* Kastrat *m*; **~ar** [-'trar] (1b) kastrieren; *fig a* beschneiden
casual [kɐ'zwał] zufällig, Zufalls...; ***com ar ~*** wie zufällig; **~idade** [-zwɐli'dadə] *f* Zufälligkeit *f*, Zufall *m*; ***por ~*** zufällig
casulo [kɐ'zulu] *m ZO* Kokon *m*; *BOT* Samenkapsel *f*
cat. ***catálogo*** *m* Katalog *m*
cata ['katɐ] *f* Suche *f*; *bras* (Kaffee-) Lese *f*; ***andar à*** (*od* ***em***) ***~ de*** F suchen nach
cataclismo [kɐtɐ'kliʒmu] *m GEOL* Kataklysmus *m*; (Natur)Katastrophe *f*; *fig* Umsturz *m*
catacumbas [kɐtɐ'kũbɐʃ] *f/pl* Katakomben *f/pl*
catadupa [kɐtɐ'dupɐ] *f* Wasserfall *m*; ***em ~*** P in rauen Mengen
catadura [kɐtɐ'durɐ] *f* Miene *f*; Befinden *n*
catal|ão (**-ães**) [kɐtɐ'lɐ̃w] **1.** *adj* katalanisch; **2.** *m(pl)*, **-ã** *f* Katalane *m*, Katalanin *f*
catalis|ador [kɐtɐlizɐ'dor] **1.** *adj* Katalysator..; **2.** *m* Katalysator *m*; **~ar** [-'zar] (1a) katalysieren
catalogar [kɐtɐlu'gar] (1o; *Stv* 1e) katalogisieren
catálogo [kɐ'talugu] *m* Katalog *m*; Verzeichnis *n*; ***~ ideográfico*** Sachkatalog *m*, ***~ telefônico*** *bras* Telefonbuch *n*
Catalunha [kɐtɐ'luɲɐ]: ***a ~*** Katalonien *n*
catamarã [kɐtɐmɐ'rɐ̃] *m* Katamaran *m*
catan|a [kɐ'tɐnɐ] *f* Haumesser *n*, Machete *f*; **~o** [-'tɐ̃nu] **1.** *m bras* P Johannes *m* (*Penis*); **2.** *int* verdammt!
catapl|ana [kɐtɐ'plɐnɐ] *f* Kupferkessel *m*; ***~ de peixe*** *im Kupferkessel zubereitetes* Fischgericht *n*; **~asma** [-'plaʒmɐ] *f* Breiumschlag *m*
catapora(s) [kata'pɔra(s)] *f(pl) bras* Windpocken *pl*
catapult|a [kɐtɐ'pułtɐ] *f TÉCN* Katapult *m*; **~ar** [-'tar] (1a) katapultieren (*a fig*); ***~ à frente*** nach vorne bringen
catar [kɐ'tar] (1b) **1.** *v/t Gegenstand* suchen, forschen nach; *Gelände* ab-, durchsuchen; *Vorgang* untersuchen; aufmerksam beobachten; *Person* lausen; **2.** *m* Kamelherde *f*
catarata [kɐtɐ'ratɐ] *f* Wasserfall *m*; *MED* graue(r) Star *m*
catarinas [kɐtɐ'rinɐʃ] *f/pl* P *irón* Möpse *m/pl* (*weibliche Brüste*)
catarro [-'taʀu] *m* Katarr(h) *m*
catástrofe [kɐ'taʃtrufə] *f* Katastrophe *f*; ***~ climática*** Klimakatastrophe *f*; ***~ nuclear*** atomare Katastrophe *f*
catastrófico [kɐtɐʃ'trɔfiku] katastrophal
catatua [kɐtɐ'tuɐ] *f* Kakadu *m*
cata-vento(s) [kɐtɐ'vẽtu] *m(pl)* Wetterfahne *f*; *fig* Wendehals *m*
catecismo [kɐtə'siʒmu] *m* Katechismus *m*
cátedra ['katədrɐ] *f UNIV* Lehrstuhl *m*; *REL* der Heilige Stuhl
catedr|al [kɐtə'drał] **1.** *adj*: ***sé f ~*** Dom *m*, Münster *n*; **2.** *f* Kathedrale *f*; **~ático** [-'dratiku]: (***professor***) ***~*** *m* Lehrstuhlinhaber *m*, ordentliche(r) Professor *m*
categ|oria [kɐtəgu'riɐ] *f* Kategorie *f*; *soziale* Klasse *f*, Gruppe *f*; Rang *m*; *fig* Format *n*; ***de*** (***alta***) ***~*** von Rang (hochrangig); **~órico** [-'gɔriku] kategorisch, bestimmt; **~orizar** [-guri'zar] (1a) einstufen, -ordnen; kategorisieren
catenária [kɐtə'narjɐ] *f* Oberleitung *f*
catequese [kɐtə'kɛzə] *f* Katechese *f*, Religionsunterricht *m*
caterva [kɐ'tɛrvɐ] *f fig* P Haufen *m*
cateter [kɐtə'tɛr] *m MED* Katheter *m*; **~izar** [-təri'zar] (1a) *MED* kathetern
cateto [kɐ'tetu] *m MAT* Kathete *f*
catião [kɐ'tjɐ̃w] *m FIS* Kation *n*
catimplora [katĩ'plɔra] *f bras* Gießkanne *f*; Ölkanne *f*
catinga|a [kɐ'tĩgɐ] **1.** *f* starke(r) Körpergeruch *m*; *bras a* Geiz *m*; **2.** *m bras* Geizkragen *m*; **~ar** [-'gar] (1o) **a**) stinken; **b**) F knausern
catita [kɐ'titɐ] **1.** *adj* hübsch; fein, elegant; **2.** *su* gut gekleidete Person *f*; **3.** *int* herrlich!, wunderbar!
cativ|ante [kɐti'vẽtə] gewinnend; bezaubernd; **~ar** [-'var] (1a) gefangen nehmen; knechten; *fig* anziehen, fesseln; bezaubern; *j-n* für sich einnehmen; *Sympathie* erzeugen; **~eiro** [-'vɐjru] *m* Gefangenschaft *f*;

Gefängnis *n*; **~o** [-'tivu] **1.** *adj* gefangen; *fig* entzückt; **2.** *m* Gefangene(r) *m*; Sklave *m*

catoli|cão [kɐtuli'kɐ̃w] *m* Erzkatholik *m*; **~cismo** [-'siʒmu] *m* Katholizismus *m*

católico [kɐ'tɔliku] **1.** *adj* katholisch; ***não ser muito ~*** F etwas aus dem Rahmen fallen; ***não estar muito ~*** F kränkeln; **2.** *m*, **-a** *f* Katholik(in *f*) *m*

catombo [ka'tõbu] *m bras* Geschwulst *f*

catorze [kɐ'torzə] vierzehn

catrabucha [kɐtrɐ'buʃɐ] *f*: **~ (*de arame*)** *feine* Drahtbürste *f*

catrafilar [kɐtrɐfi'lar] (1a) P packen, schnappen

catrapiscar [kɐtrɐpiʃ'kar] (1n) P *j-n* anbaggern; P kapieren

catrapus [kɐtrɐ'puʃ] **1.** *m* Galopp *m*, Galoppieren *n*; **2.** *int* plauz!, plumps!

catre ['katrə] *m* Klappbett *n*; Pritsche *f*

caturr|a [kɐ'tuʀɐ] **1.** *adj* vorsintflutlich; bockbeinig; **2.** *su* altmodische(r) Mensch *m*; **~ice** [-'ʀisə] *f* Marotte *f*

caubói [kaw'bɔj] *m bras* Cowboy *m*

caução [kaw'sɐ̃w] *f JUR* Bürgschaft *f*, Kaution *f*; Sicherheit *f*

Cáucaso ['kawkɐzu]: ***o ~*** Kaukasus *m*

caucho ['kawʃu] *m* Rohgummi *m* (*od n*), Kautschuk *m*

caucion|ar [kawsju'nar] (1f) bürgen für; Sicherheit leisten für; *Vertrauen* erweisen; *Respekt* zollen; ***ser caucionado*** *JUR* e-e Kaution hinterlegen (müssen); **~ário** [-'narju] **1.** *adj* Kautions...; **2.** *m* Bürge *m*

caud|a ['kawdɐ] *f* Schwanz *m* (*a AV*); Schweif *m* (*a ASTR*); Schleppe *f* (*Kleid*); *MÚS* (Noten)Hals *m*; *fig* Gefolge *n*; ***na ~*** am Schluss; ***piano m de ~*** Flügel *m*; **~al** [-'dał] **1.** *adj* reißend, mächtig (*Strom*); *ZO* Schwanz...; **2.** *su* Strom *m*; Wasserflut *f*; Durchflussmenge *f*; ***~ de refugiados*** Flüchtlingsstrom *m*

caudilho [kaw'diʎu] *m* Führer *m*, Caudillo *m*; *MIL* Oberbefehlshaber *m*

caule ['kawlə] *m BOT* Stängel *m*; (Gras)Halm *m*

caulim [kaw'lĩ] *m* Porzellanerde *f*

causa ['kawzɐ] *f* Ursache *f*, Grund *m*; *JUR* Prozess *m*; *fig* Sache *f*; ***conhecimento m de ~*** Sachkenntnis *f*; ***em ~*** fraglich; ***por ~ de*** wegen; ***por minha ~*** meinetwegen; ***pôr em ~*** bezweifeln

caus|ador [kawzɐ'dor] **1.** *adj* verursachend; auslösend; **2.** *m* Verursacher *m*, Urheber *m*; **~al** [-'zał] **1.** *adj* kausal, ursächlich; Kausal... (*a LING*); **2.** *f* (Beweg)Grund *m*; Ursache *f*; **~alidade** [-zɐli'dadə] *f* Ursächlichkeit *f*, Kausalität *f*; **~ar** [-'zar] (1a) *Kosten*, *Verzögerung* verursachen; *Unheil* anrichten, stiften; *Freude*, *Schwierigkeiten* bereiten; *Eindruck* hinterlassen

cáustico ['kawʃtiku] **1.** *adj* ätzend (*a fig*); *fig* beißend; langweilig; **2.** *m* Ätzmittel *n*; Beize *f*; Zugpflaster *n*

cautel|a [kaw'tɛlɐ] *f* Vorsicht *f*; Vorbehalt *m*; *Lotterie*: Anteilsschein *m*; ***~ de penhor*** Pfandschein *m*; ***à ~*** vorsichtshalber; ***estar com ~*** auf der Hut sein; **~eiro** [-tə'lɐjru] *m* Losverkäufer *m*; **~oso** [-'lozu] vorsichtig

caut|ério [kaw'tɛrju] *m* Ätzmittel *n*; *MED* Kauter *m*; *fig* strenge Maßnahme *f* (*od* Strafe *f*); **~erização** [-tərizɐ'sɐ̃w] *f MED* Kauterisation *f*; **~erizar** [-təri'zar] (1a) (weg)ätzen; *MED* kauterisieren; *fig* ausmerzen

cauto ['kawtu] vorsichtig; schlau

cava ['kavɐ] *f* Aushub *m*; Grube *f*; (Hals-, Ärmel)Ausschnitt *m* (*Kleidung*); *bras* Keller(geschoss *n*) *m*

cavac|a [kɐ'vakɐ] *f* Scheit *n*; Stück *n* Holz; *CUL Art* Spritzkuchen *m*; ***ser como ~s*** kinderleicht sein; **~o** [-'vaku] *m* (Holz)Span *m*, Splitter *m*; Scheit *n*; F Schwatz *m*

cavad|ela [kɐvɐ'dɛlɐ] *f*: ***dar uma ~*** *ein wenig* umgraben, hacken; **~o** [-'vadu] **1.** *adj* hohl; bearbeitet (*Land*); tief liegend (*Augen*); ausgemergelt (*Gesicht*); **2.** *m* Grube *f*; **~or** [-vɐ'dor] *m* Erdarbeiter *m*; *bras* Hochstapler *m*

cavala [kɐ'valɐ] *f* Makrele *f* (*Fisch*)

cavalada [kɐvɐ'ladɐ] *f* Dummheit *f*

caval|aria [kɐvɐlɐ'riɐ] *f* Reitkunst *f*; *MIL* Kavallerie *f*; ***meter-se em altas ~s*** Rosinen im Kopf haben; **~ariça** [-lɐ'risɐ] *f* Pferdestall *m*;

~eira [-'lɐjrɐ] *f* Reiterin *f*; **às ~s** rittlings; huckepack; **~eiro** [-'lɐjru] **1.** *adj* beritten; Ritter...; **2.** *m* Reiter *m*; *HIST* Ritter *m*; Edelmann *m*; ***~ andante*** fahrende(r) Ritter *m*; ***ficar a ~*** überragen; **~ete** [-'letə] *m AUTO* Wagenheber *m*; *PINT* Staffelei *f*; *TIP* (Setz)Regal *n*; *MÚS* Steg *m* (*Instrument*); *ARQUIT* Sattel *m* (*Dach*); (Säge)Bock *m*; *allg* Gestell *n*; ***pôr sobre ~s*** *Auto etc* aufbocken

cavalg|ada [kɐvaɫ'gadɐ] *f* Reitertrupp *m*, -umzug *m*; (Aus)Ritt *m*; **~adura** [-gɐ'durɐ] *f* Reittier *n*; P *fig* Rindvieh *n*; **~ar** [-'gar] (1o) **1.** *v/i* reiten; rittlings sitzen (**em** auf *dat*); **2.** *v/t* reiten

cavalhadas [kɐvɐ'ʎadɐʃ] *f/pl* Reiterspiele *n/pl*; Reitturnier *n*

cavalheir|esco [kɐvɐʎɐj'reʃku] galant; zuvorkommend; *HIST* ritterlich; Ritter...; **~ismo** [-'riʒmu] *m* Anstand *f*; Zuvorkommenheit *f*; *HIST* Ritterlichkeit *f*; **~o** [-'ʎɐjru] *m* Kavalier *m*; *allg* Herr *m*; mein Herr

caval|icoque [kɐvɐli'kɔkə] *m* P Klepper *m*; **~inhas** [-'liɲɐʃ] *f/pl BOT* Schachtelhalme *m/pl*; **às ~** huckepack

cavalo [kɐ'valu] *m* Pferd *n* (*a Sportgerät*); Hengst *m*; *Schach*: Springer *m*; Feuerzange *f*; *AGR* Pfropfzweig *m*; ***~ m de batalha*** *fig* Schlachtross *n*; Steckenpferd *n*; ***dose f de ~*** P Rosskur *f*; ***~ de lavoura*** Ackergaul *m*; ***~ de montar*** Reitpferd *n*; ***a ~*** zu Pferde; rittlings; ***ir*** (*od* ***andar, montar***) ***a ~*** reiten; ***fugir a unhas de ~*** P sich auf und davon machen; ***a ~ dado não se olha o dente*** e-m geschenkten Gaul schaut man nicht ins Maul; **~(s)-marinho(s)** [-mɐ'riɲu] *m(pl)* Flusspferd *n*; **~(s)-vapor** [-vɐ'por] *m(pl)* (*Abk* **cv.** PS) Pferdestärke *f*

cavaqu|eador [kɐvɐkjɐ'dor] *m* Plaudertasche *f*; **~ear** [-'kjar] (1l) schwatzen, plaudern; **~eira** [-'kɐjrɐ] *f* Schwatz *m*; **~inho** [-'kiɲu] *m kleine* Gitarre *f*

cava|r [kɐ'var] (1b) *Erde*, *Beet* umgraben, (auf)hacken; *Loch* graben; *Gegenstand* ausgraben; *fig* durch-, erforschen; *bras* F *unter Mühen* beschaffen, organisieren; ***pôr-se a ~*** P sich davonmachen; **~-terra(s)** [kavɐ'tɛʀɐ] *f(pl)* Maulwurf *m*

cave ['kavə] *f* Keller(geschoss *n*) *m*

caveir|a [kɐ'vɐjrɐ] *f* Totenkopf *m*; ***encher a ~*** P *bras* sich den Kopf zuschütten (*betrinken*); **~oso** [-'rozu] eingefallen (*Gesicht*)

cavern|a [kɐ'vɛrnɐ] *f* Höhle *f*, Hohlraum *m*; *MED* Kaverne *f*; *NAV* Spant *n*; **~ame** [-vər'nɐmə] *m NAV* Spantenwerk *n*; **~ícola** [-'nikulɐ] **1.** *adj* Höhlen...; **2.** *su* Höhlenbewohner(in *f*) *m*; **~oso** [-'nozu] höhlenartig; voller Höhlen (*Gebiet*); hohl (*Ton, Stimme*); *MED* kavernös

cavidade [kɐvi'dadə] *f* Höhlung *f*; Vertiefung *f*; ***~ abdominal*** *ANAT* Bauchhöhle *f*

cavilha [kɐ'viʎɐ] *f* Bolzen *m*; Zapfen *m*; (Klinken)Stecker *m*

caviloso [kɐvi'lozu] arglistig

cavo ['kavu] hohl; tief; höhlenartig

caxemira [kɐʃə'mirɐ] *f* Kaschmir *m*

caxias [ka'ʃias] *su bras* P Pedant(in *f*) *m*; Amtsschimmel *m*

Cazaquistão [kɐzɐkiʃ'tɐ̃w]: ***o ~*** Kasachstan *n*

cc ***centímetros*** *m/pl* ***cúbicos*** Kubikzentimeter *m/pl* (cm³)

c/c ***conta*** *f* ***corrente*** (Giro)Konto *n*

CD [se'de] *m* CD *f*; ***leitor-~*** CD-Spieler *m*

cear [sjar] (1l) das Nachtmahl einnehmen, zu Abend essen

Ceará [sja'ra]: ***o ~*** *bras Bundesstaat*

cebol|a [sə'bolɐ] *f* Zwiebel *f* (*a Uhr*); **~ada** [-bu'ladɐ] *f* Zwiebelsoße *f*; **~inha** [-'liɲɐ] *f* Perlzwiebel *f*; ***~ francesa*** Schnittlauch *m*; **~ório** [-'lɔrju] *int* P Unsinn!, Quatsch!

cecear [sə'sjar] (1l) lispeln

cê-cedilha(do) [sesə'diʎɐ (-di'ʎadu)] *m Name des Buchstabens* **ç**

ceceio [sə'sɐju] *m* Lispeln *n*

ceco ['sɛku] *m ANAT* Blinddarm *m*

ced|ência [sə'dẽsjɐ] *f* Nachgeben *n*; Überlassung *f*; **~er** [-'der] (2c) **1.** *v/t* *Recht*, *Gebiet* abtreten, überlassen; **2.** *v/i* nachgeben (***a alg em*** j-m bei; ***a*** *e-r Sache*), sich beugen; absehen (**de** von); *Wind* nachlassen, aufhören

cedilha [sə'diʎɐ] *f* Häkchen *n* (*unter dem* **c**)

ced|inho [se'diɲu] recht früh; rasch; **~o** ['sedu] (zu) früh; bald, gleich; ***de manhã ~*** frühmorgens; ***mais ~ ou mais tarde*** früher oder später

cedro ['sɛdru] *m BOT* Zeder *f*
cédula ['sɛdulɐ] *f* Urkunde *f*, Dokument *n*; *ECON* Banknote *f*; **~ de identidade** *bras* Personalausweis *m*; **~ pessoal** Auszug *m*
cefálico [sə'faliku] Kopf...; Gehirn...
ceg|a ['sɛgɐ] *f* Blinde *f*; **às ~s** = **~amente** [-'mẽtə] blind(lings); **~ar** [sə'gar] (1o; *Stv* 1c) **1.** *v/t* blenden (*a fig*); *Loch* verstopfen; **2.** *v/i* erblinden; *bras* stumpf werden (*Messer etc*); **~-se** sich blenden lassen (**com** von); **~o** ['sɛgu] **1.** *adj* blind; *fig* verblendet; verstopft (*Rohr*); dunkel; stumpf (*Schneide*); **intestino** *m* **~** Blinddarm *m*; **nó** *m* **~** unlösbare(r) Knoten *m*; **2.** *m* Blinde(r) *m*
cegonha [sə'goɲɐ] *f* Storch *m*; *bras AUTO* Autotransporter *m*
cegu|eira [sə'gɐjrɐ] *f* Blindheit *f*; *fig* Verblendung *f*; **~ cromática** Farbenblindheit *f*; **~ nocturna** Nachtblindheit *f*; **~inho** [sɛ'giɲu] **1.** *adj*: **eu seja ~!** P erblinden will ich (wenn...)!; **2.** *m* blinde(r) Bettler *m*
ceia ['sɐjɐ] *f* Nacht-, Abendessen *n*; **Santa** (*od* **Última**) ♀ heilige(s) Abendmahl *n*
ceif|a ['sɐjfɐ] *f* Schnitt *m*, Mahd *f* (*Gras*, *Getreide*); Ernte *f* (*Getreide*); *fig* große(s) Sterben *n*; **~ar** [sɐj'far] (1a) *Gras*, *Getreide* mähen, schneiden; *Getreide* ernten; *fig* niedermähen; **~eira** [-'fɐjrɐ] *f* Mähmaschine *f*; **~eira(s)-debulhadora(s)** [-dəbuʎɐ'dorɐ] *f(pl)* Mähdrescher *m*
cela ['sɛlɐ] *f* Kammer *f*; (Mönchs-, Gefängnis)Zelle *f*
celebr|ação [sələbrɐ'sɐ̃w] *f* Feier *f*, feierliche Begehung *f*; Abschluss *m* (*Vertrag*); **~ar** [-'brar] (1c) *Fest*, *Geburtstag* feiern; *Vertrag* abschließen; *Unterschrift* vollziehen; *Messe* lesen; *j-n* rühmen; **~-se** stattfinden
célebre ['sɛləbrə] berühmt
celebri|dade [sələbri'dadə] *f* Berühmtheit *f*; **~zar(-se)** [-'zar(sə)] (1a) berühmt machen (werden)
celeiro [sə'lɐjru] *m* Scheune *f*, (Getreide)Speicher *m*; Lager *n*
celenterados [səlẽtə'raduʃ] *m/pl ZO* Nesseltiere *n/pl*
celerado [sələ'radu] **1.** *adj* bösartig, ruchlos; **2.** *m* Verbrecher *m*
célere ['sɛlərə] schnell; leicht(füßig)
celest|e, -ial [sə'lɛʃtə, -ləʃ'tjał] himmlisch, Himmels...
celeuma [sə'lewmɐ] *f* Lärm *m*; Stimmengewirr *n*; Aufregung *f*
celga ['sɛłgɐ] *f BOT* Mangold *m*
celha ['seʎɐ] *f* Wimper *f*; **carregar a ~** die Stirn runzeln
celibat|ário [səlibɐ'tarju] **1.** *adj* unverheiratet, ledig; **2.** *m* Junggeselle *m*; **~o** [-'batu] *m* Ehelosigkeit *f*; *REL* Zölibat *n od m*
celofane [səlu'fɐnə] *m* Zellophan *n*
celso ['sɛłsu] hoch; erhaben
celta ['sɛłtɐ] keltisch
célula ['sɛlulɐ] *f* Zelle *f* (*a MED*, *BIOL*); **~ fotoeléctrica** Fotozelle *f*; **~ indeformável** stabile Fahrgastzelle *f*
celul|ar [səlu'lar] *BIOL* zellig; zellular, Zell(en)...; **telefone** *m* **~** *bras* Handy *n*; **~ose** [-'lɔzə] *f* Zellulose *f*, Zellstoff *m*; **~oso** [-'lozu] Zell(en)...
cem [sɐ̃j] (ein)hundert; **~ por cento** hundert Prozent
cement|ar [səmẽ'tar] (1a) *Metall* härten; **~o** [-'mẽtu] *m* Zahnzement *m*
cemitério [səmi'tɛrju] *m* Friedhof *m*; Kirchhof *m*; **~ nuclear** Atommülllager *n*
cena ['senɐ] *f TEA* Szene *f*; Bühne *f*; Auftritt *m* (*a fig*); Schauplatz *m*; *fig a* Schauspiel *n*; **director** *m* **de ~** Regisseur *m*; **aparecer** (*od* **entrar**) **em ~** auftreten, die Szene betreten; *fig* in Erscheinung treten; **fazer uma ~ a** F *j-m* e-e Szene machen; **pôr em ~** inszenieren
cen|ário [sə'narju] *m TEA* Bühnenausstattung *f*, Bühnenbild *n*; Landschaft *f*; Schauplatz *m*; **~ de fundo** Hintergrund *m*; **~arista** [sena'rista] *su* Bühnenbildner(in *f*) *m*
cenho ['seɲu] *m* (düstere) Miene *f*; *strenges* Aussehen *n*
cenógrafo [sə'nɔgrɐfu] *m* Bühnenbildner *m*, -maler *m*
cenoura [sə'norɐ] *f* Möhre *f*
cens|o ['sẽsu] *m* Volkszählung *f*; **~or** [-'sor] *m* Zensor *m*; *fig* Krittler *m*; Tadler *m*; **~ura** [-'surɐ] *f* Tadel *m*; *POL* Zensur *f*; **voto** *m* **de ~** Misstrauensvotum *n*; **~urar** [-su'rar] (1a) zensieren; tadeln (**de**, **por** wegen *gen*); **~urável** [-su'ravɛł] tadelnswert

C

cent. ***centavo*** *m* Centavo *m*
centavo [sẽ'tavu] *m* Centavo *m* (*port Münze = 1/100 Escudo*); ***até ao último ~*** auf Heller und Pfennig; ***não valer um ~*** keinen Heller wert sein
cent|eal [sẽ'tjał] *m* Roggenfeld *n*; **~eio** [-'tɐju] **1.** *adj*: ***farinha** f **-a*** Roggenmehl *n*; **2.** *m* Roggen *m*; ***farinha** f **de ~*** Roggenmehl *n*
centelh|a [sẽ'tɐʎɐ] *f* Funke(n) *m* (*a fig*); **~ante** [-tə'ʎẽtə] Funken sprühend
centen|a [sẽ'tenɐ] *f* Hundert *n*; *MAT* Hunderter *m*; ***uma ~ de*** etwa hundert; ***em ~s*** zu Hunderten; **~ar** [-tə'nar] *m* Hundert *n*; **~ário** [-tə'narju] **1.** *adj* hundertjährig; **2.** *m* Hundertjahrfeier *f*; Hundertjährige(r) *m*; ***~ da morte*** hundertste(r) Todestag *m*; ***oitavo ~*** Achthundertjahrfeier *f*
cent|esimal [sẽtɛzi'mał] zentesimal; **~ésimo** [-'tɛzimu] **1.** *adj* hundertste; ***uma -a parte*** ein Hundertstel *n*; **2.** *m* Hundertste *m*; **~ígrado** [-'tigradu]: ***grau** m **~*** Grad *m* Celsius; **~ímetro** [-'timətru] *m* Zentimeter *m od n*; ***~ cúbico*** Kubikmeter *m od n*; ***~ quadrado*** Quadratzentimeter *m od n*; **~ola** [-'tɔlɐ] *f ZO* → ***santola***
cento ['sẽtu] **1.** *adj* (ein)hundert; **2.** *m* Hundert *n*; ***aos ~s*** zu Hunderten; ***cem por ~*** hundert Prozent; ***a cem ~*** hundertprozentig; **~peia** [-'pɐjɐ] *f ZO* Tausendfüßler *m*
centr|agem [sẽ'traʒẽj] *f* Zentrierung *f*; **~al** [-'trał] **1.** *adj* zentral; Haupt...; **2.** *f* Zentrale *f*; ***~ de aquecimento urbano*** Heizkraftwerk *n*; ***~ dos telefones*** Fernmeldeamt *n*; ***~ hidr(o)eléctrica*** Wasserkraftwerk *n*; ***~ nuclear*** Kernkraftwerk *n*; **~alismo** [-trɐ'liʒmu] *m POL* Zentralismus *m*; **~alização** [-trɐlizɐ'sɐ̃w] *f* Zentralisierung *f*; **~alizar** [-trɐli'zar] (1a) zusammenführen, zentralisieren; **~ar** [-'trar] (1a) *TÉCN* zentrieren; **~ífuga** *f*, **~ifugador** *m* [-'trifugɐ, -trifugɐ'dor] Zentrifuge *f*; **~ifugadora** [-trifugɐ'dorɐ] *f*: ***~ de roupa*** Wäscheschleuder *f*; **~ifugar** [-trifu'gar] (1o) zentrifugieren; *Wäsche, Salat* schleudern; *fig* verdrängen; **~ífugo** [-'trifugu] zentrifugal; ***força** f **-a*** Fliehkraft *f*
centro ['sẽtru] *m* Mittelpunkt *m*; Zentrum *n*, Mitte *f* (*a POL*); ***~ cívico*** Bürgerzentrum *n*; ***~ comercial*** Einkaufszentrum *n*; ***~ de acolhimento*** Auffanglager *n*; ***~ de gravidade*** Schwerpunkt *m*; ***~ de investigação*** Forschungsinstitut *n*; ***~ de processamento de dados*** Rechenzentrum *n*; ***~ de recolha*** Rücknahmestelle *f* (*Recycling*); **~avante** [-a'vẽtʃi] *m bras* Mittelstürmer *m*; **~médio** [-'mɛdju] *m bras Fußball*: Mittelfeldregisseur, Spielmacher *m*
centuplicar [sẽtupli'kar] (1n) verhundertfachen
CEP ['sɛpi] *m bras Abk für* ***Código** m **de Endereçamento Postal*** Postleitzahl *f*
cepa ['sepɐ] *f* Rebstock *m*; Baumstumpf *m*; Wurzelstock *m*
cepilho [sə'piʎu] *m* Hobel *m*
cepo ['sepu] *m* Klotz *m* (*a fig*); Baumstamm *m*; *NAV* Ankerstock *m*; Opferstock *m*
cepticismo [sɛtə'siʒmu] *m* Skepsis *f*; *FIL* Skeptizismus *m*
céptico ['sɛtiku] skeptisch
cera ['serɐ] *f* (Kerzen)Wachs *n*; Bohnerwachs *n*; Ohrenschmalz *n*; ***de ~*** aus Wachs; ***fazer ~*** bummeln
cerâmica [sə'rɐmikɐ] *f* Keramik *f*
ceramista [sərɐ'miʃtɐ] *su* Keramiker(in *f*) *m*
cerc|a ['serkɐ] **1.** *f* Zaun *m*; (Tier-) Gehege *n*; *bras Sport*: Reservebank *f*; ***~ viva*** Hecke *f*; **2.** *prp*: ***~ de*** ungefähr, etwa, zirka; nahe, nahe bei; **~ado** [sər'kadu] *m* Gehege *n*, Umzäunung *f*, Laufstall *m* (*für Kleinkinder*); **~adura** [-kɐ'durɐ] *f* Einfassung *f*; **~ania** [sərkɐ'niɐ] *f* Nachbarschaft *f*, Umgebung *f*; **~ar** [sər'kar] (1n; *Stv* 1c) *Grundstück etc* einzäunen (***de*** mit); *MIL* belagern; *Stadt* einschließen; *fig* umringen
cerce ['sɛrsə] ganz unten; dicht
cerce|amento [sərsjɐ'mẽtu] *m* Kürzung *f*, Senkung *f* (*Ausgaben*) **~ar** [-'sjar] (1l) *Pflanze* an der Wurzel abschneiden; *Kosten* senken, vermindern; *Hoffnung* zerstören
cerco ['serku] *m* Einfriedung *f* (*Mauer*); Umzingelung *f*, *MIL* Belagerung(sring *m*) *f*

cerd|as ['serdɐʃ] *f/pl* Borsten *f/pl*; **~o** ['sɛrdu] *m* Schwein *n*; **~oso** [sər'dozu] borstig; Borsten...
cereal [sə'rjał] **1.** *adj* Getreide...; **2.** *m* Getreide(art *f*) *n*; ***cereais*** *pl* Getreide *n*; **~ífero** [-rjɐ'lifəru] Getreide...
cere|belo [sərə'belu] *m* ANAT Kleinhirn *n*; **~bral** [-'brał] ANAT (Ge-)Hirn...; verstandesmäßig
cérebro ['sɛrəbru] *m* ANAT (Ge-)Hirn *n*; Großhirn *n*; *fig* Verstand *m*; ***~ electrónico*** INFORM Elektronenhirn *n*; ***lavagem** f* ***ao ~*** Gehirnwäsche *f*
cerefólio [sərə'fɔlju] *m* BOT Kerbel *m*
cerej|a [sə'rɐʒɐ] *f* Kirsche *f*; ***~ da noiva*** F Anstandshappen *m*; **~eira** [-rə'ʒɐjrɐ] *f* Kirschbaum *m* (*a Holz*)
cerim|ónia (*ô) [səri'mɔnjɐ] *f* Feierlichkeit *f*; *fig* Förmlichkeit *f*; **~s** *pl* Umstände *m/pl*; ***de ~s*** förmlich; ***sem ~(s)*** ungezwungen; ***traje** m* ***de ~*** Gesellschaftsanzug *m*; ***não fazer ~s*** keine Umstände machen; **~onial** [-mu'njał] **1.** *adj* zeremoniell; **2.** *m* Zeremoniell *n*; Etikette *f*; **~onioso** [-mu'njozu] förmlich
cern|e ['sɛrnə] *m* Kern(holz *n*) *m*; *fig* Härte *f*; ***estar no ~*** in s-n besten Jahren sein; **~eira** [sər'nɐjrɐ] *f* Kernholzbrett *n*
ceroilas, -oulas [sə'rojlɐʃ, -'rolɐʃ] *f/pl* lange (Herren)Unterhosen *f/pl*
cerqueiro [sər'kɐjru] umgebend
cerr|ação [səʀɐ'sɐ̃w] *f* dichte(r) Nebel *m*; Finsternis *f*; **~ado** [-'ʀadu] **1.** *adj* dicht (*Nebel*); geschlossen (*Wolkendecke*); finster, dunkel; schwer verständlich (*Aussprache*); **2.** *m* Gehege *n*; *bras* Buschsteppe *f*; **~a-livros** (*pl inv*) [sɛʀɐ'livruʃ] *m* Bücherhalter *m*; **~ar** [-'ʀar] (1c) **1.** *v/t* fest (ver-, zusammen)schließen; *Arbeit* abschließen; *Brief* beenden; *Gelände* einzäunen; *Zugang* versperren; *Fäuste* ballen; *Zähne* zusammenbeißen; ***~ nos braços*** in die Arme schließen; **2.** *v/i u* **~-se** sich zusammenziehen (*Wolken*); sich beziehen (*Himmel*); (her)einbrechen (*Nacht*); zu Ende gehen (*Jahr*)
cerro ['sɛʀu] *m felsiger* Hügel *m*
certa ['sɛrtɐ]: ***à*** (*od* ***na***) ***~*** gewiss, sicher; ***ir pela ~*** P auf Nummer Sicher gehen
certame [sər'tɐmə] *m* Wettbewerb *m*; Herausforderung *f*; Ausstellung *f*
cert|eiro [sər'tɐjru] (treff)sicher; (zu)treffend; **~eza** [-'tezɐ] *f* Gewissheit *f*; ***com ~*** sicherlich; ***ter a ~ de*** völlig sicher sein, dass; **~idão** [-ti'dɐ̃w] *f* Bescheinigung *f*; ***~ de baptismo*** Taufschein *m*; ***~ de nascimento*** (***casamento***) Geburts-(Heirats)urkunde *f*; ***~ de capacidade de casamento*** Ehefähigkeitszeugnis *n*
certific|ado [sərtəfi'kadu] *m* Bescheinigung *f*; Zeugnis *n*; Zertifikat *n*; ***~ de aptidão*** Befähigungsnachweis *m*; ***~ de habilitações*** Bescheinigung *f* (*über den Ausbildungsstand*), Zeugnis *n*; ***~ de incapacidade de trabalho*** Arbeitsunfähigkeitsbescheinigung *f*; ***~ de origem*** ECON Herkunftszeugnis *n*; ***~ médico*** ärztliche(s) Attest *n*; **~ar** [-'kar] (1n) bescheinigen; *Schriftstück* beglaubigen; versichern; *j-n* in Kenntnis setzen (***de*** von)
certo ['sɛrtu] **1.** *adj vorgestellt*: gewiss; *nachgestellt*: sicher; genau; bestimmt; ***~ homem*** ein gewisser Jemand *m*; ***homem*** *m* ***~*** zuverlässige(r) Mensch *m*; ***~ dia*** e-s Tages; ***de ~, por ~*** sicher, zweifellos; ***é ~*** (***que***) gewiss; (***está***) ***~!*** (das ist) richtig!, *fig* das ist recht!; ***andar*** (*od* ***estar***) ***~*** richtig gehen (*Uhr*); ***estar ~ de*** gewiss sein, dass; ***bater ~*** stimmen (*Sachverhalt*); aufgehen (*Rechnung*); Recht haben (*Person*); ***~ de que*** *förmlich*: in der Gewissheit, dass; **2.** *m*: ***o ~ é que*** sicher ist, dass ...; ***saber ao ~*** (ganz) genau wissen; **3.** *adv* sicher, gewiss
cerume [sə'rumə] *m* Ohrenschmalz *n*
cerv|a ['sɛrvɐ] *f* Hirschkuh *f*; **~al** [sər'vał] Hirsch...
cervej|a [sər'veʒɐ] *f* Bier *n* (***branca*** helles, ***preta*** dunkles, ***morta***, *bras* ***choca*** schales); **~aria** [-ʒɐ'riɐ] *f* Bierbrauerei *f*; -ausschank *m*; **~eiro** [-'ʒɐjru] **1.** *adj* Bier...; Brauerei...; **2.** *m* Bierbrauer *m*; Schankwirt *m*
cerv|ical [sərvi'kał] Nacken..., Genick...; **~iz** [-'viʃ] *f* Nacken *m*
cervo ['sɛrvu] *m* Hirsch *m*

C

cesariana [-'rjɐnɐ] *f* Kaiserschnitt *m*
césio ['sɛzju] *m* QUÍM Cäsium *n*
céspede ['sɛʃpədə] *m* Rasenstück *n*
cess|ação [səsɐ'sɐ̃w] *f* Aufhören *n*; Ende *n*; Unterbrechung *f*; **~ante** [-'sɐ̃tə] ausscheidend (*aus Amt*); nachlassend (*Regen, Wind*); **~ão** [-'sɐ̃w] *f* Abtretung *f* (*Rechte*); Überlassung *f*; Abgabe *f*; **~ar** [-'sar] (1c) **1.** *v/i* aufhören (**de** zu); *Idee, Plan* ablassen (**de** von), aufgeben; **sem ~** unaufhörlich; **2.** *v/t* beenden; unterbrechen; MIL Feuer einstellen; **~ar-fogo** (*pl inv*) [səsar'fogu] *m* MIL Waffenruhe *f*; **~ível** [-'sivɛɫ] veräußerlich, abtretbar
cest|a ['seʃtɐ] *f* Korb *m*; *bras* Basketballkorb *m*; **~ básica** *bras* Warenkorb *m* (*Statistik*); **~aria** [səʃtɐ'riɐ] *f* Korbflechterei *f*; **~a(s)-rota(s)** [-tɐ'ʀɔtɐ] *f(pl)* Klatschweib *n*; **~eiro** [səʃ'tɐjru] *m* Korbmacher *m*, -händler *m*; **~o** ['seʃtu] *m* kleiner Korb *m*; Basketballkorb *m*; **~ de papéis** Papierkorb *m*
cesura [sə'zurɐ] *f* Zäsur *f*; Einschnitt *m*
cetáceos [sə'tasjuʃ] *m/pl* Wale *m/pl*
cet..., cét... *bras* → **cept..., cépt...**
ceti|m [sə'tĩ] *m* Satin *m*, Atlas *m*; **~neta** [-ti'netɐ] *f* Baumwollsatin *m*; **~noso** [-'nozu] seidenweich; seidig
céu [sɛw] *m* Himmel *m*; **a ~ aberto** unter freiem Himmel; BGB im Tagebau; **bradar aos ~s** *fig* zum Himmel schreien; **cair dos ~** F aus allen Wolken fallen; **caído do ~** wie vom Himmel gefallen; **~(s)-da-boca** [-dɐ'bokɐ] *m(pl)* Gaumen *m*
ceva ['sɛvɐ] *f* Mast *f*, Mastfutter *n*
cevad|a [sə'vadɐ] *f* Gerste *f*; **~al** [-vɐ'daɫ] *m* Gerstenfeld *n*; **~eira** [-'dɐjrɐ] *f* Futtersack *m*; F Goldgrube *f* (*einträglicher Job*); **~eiro** [-'dɐjru] *m* Schweinekoben *m*; **~inha** [-'diɲɐ] *f* Graupen *f/pl*; **~o** [-'vadu] *m* Mastschwein *n*; *fig* P Fettkloß *m*, Fettwanst *m*; **~oiro, -ouro** [-'dojru, -'doru] *m* Mastanlage *f*; Gülle *f* (*zum Düngen*)
cev|agem [sə'vaʒɐ̃j] *f* → **ceva**; **~ar** [sə'var] (1c) aufziehen; mästen; *Hunger, Gier* stillen; **~o** ['sevu] *m* Futter *n*; Köder *m* (*a fig*)
cf. confira vergleiche (vgl.)
CF [se'ɛfə] **Caminhos-de-Ferro** *m(pl)* Eisenbahn *f*
CFC *m* FCKW *m*
chá [ʃa] *m* Tee *m*; **~ de limão** Zitronentee *m*; **~ preto** schwarze(r) Tee *m*; **falta de ~** F *fig* keine Kinderstube; **dar um ~ a** P *j-n* aufziehen, sticheln
chã [ʃɐ̃] **1.** *adj* → **chão**; **2.** *f* Flachland *n*, Ebene *f*; CUL Keule *f* (*Rind*)
chacal [ʃɐ'kaɫ] *m* Schakal *m*
chácara ['ʃakara] *f bras* Landhaus *n*, -sitz *m*
chach|a ['ʃaʃɐ] *f*: **de ~** P hohl, hirnlos; **conversa** *f* **de ~** sinnlose(s) Geschwätz *n*; **~ada** [ʃɐ'ʃadɐ] P schlampig; ekelhaft
chacin|a [ʃɐ'sinɐ] *f* Gemetzel *n*; CUL Schweinefleisch *n* (*in Scheiben*); **~ar** [-'nar] (1a) *Fleisch* in Stücke zerteilen, in Scheiben schneiden
chaço ['ʃasu] *m* (Holz)Dübel *m*; P Schnäppchen *n*
chacoalhar [ʃakwa'ʎar] (1b) *bras* P wackeln; *j-m* lästig fallen
chafar|ica [ʃɐfɐ'rikɐ] *f* P Kneipe *f*; Kramladen *m*; **~iz** [-'riʃ] *m* öffentlicher Brunnen *m*
chafurd|a [ʃɐ'furdɐ] *f* Suhle *f*; Pfuhl *m* (*a fig*); **~ar** [-'dar] (1a) sich im Schlamm wälzen; *fig* verkommen
chag|a ['ʃagɐ] *f* **a)** *offene* Wunde *f*; *fig* F Plage *f*; Quälgeist *m*; **~ viva** *fig* offene Wunde *f*; **~s de Cristo** Wundmale *n/pl* Christi; **pôr o dedo na ~** den Finger in die Wunde legen; **b) ~s** *pl* BOT Kapuzinerkresse *f*; **~ar** [ʃɐ'gar] (1o; *Stv* 1b) verwunden; P *j-m* auf den Geist gehen; **~uento** [-'gẽtu] wund, voller Wunden
chala|ça [ʃɐ'lasɐ] *f* schlechte(r) Witz *m*; bittere(r) Spott *m*; **~ceador** [-lɐsjɐ'dor] *m* Witzbold *m*; Spötter *m*; **~cear** [-'sjar] (1l) spotten (**com** über *ac*); lächerlich machen
chalado [ʃɐ'ladu] P fad, langweilig
chale ['ʃalə] *m* Schalfisch *m*; → **xale**
chalé [ʃa'lɛ] *m* Chalet *n*, Landhaus *n*
chaleir|a [ʃɐ'lɐjrɐ] *f* Wasserkessel *m*; **~ de chá** Teekessel *m*; **~ar** [ʃalej'rar] (1a) *bras j-m* schmeicheln, lobhudeln; **~ice** [-'risi] *f bras* Lobhudelei *f*
chalota [ʃɐ'lɔtɐ] *f* BOT Schalotte *f*
chalr|ar [ʃaɫ'ʀar] (1a) plappern (*Kinder*); zwitschern (*Vögel*); **~eada**

[-'ʀjadɐ] *f* (Kinder)Geplapper *n*, Geschnatter *n*; Gezwitscher *n*; **~ear** [-'ʀjar] (1l) → ***chalrar***
chalupa [ʃɐ'lupɐ] *f NAV* Schaluppe *f*
chama ['ʃɐmɐ] *f* Flamme *f*; *fig* Feuer *n*; Eifer *m*; ***em ~*** brennend; ***mar*** *m* ***de ~s*** Flammenmeer *n*; ***pasto*** *m* ***das ~s*** Raub *m* der Flammen
cham|ada [ʃɐ'madɐ] *f* Ruf *m*; Anruf *m* (*a TEL*); Aufruf(en *n*) *m* (*Feststellen der Anwesenheit*); *MIL* Appell *m*; *TIP* Randzeichen *n*; ***~ interurbana*** Ferngespräch *n*; ***~ local*** Ortsgespräch *n*; ***fazer a ~*** die Anwesenheit feststellen; ***fazer uma ~*** anrufen (***para*** bei); ***levar uma ~*** P angepfiffen werden (*Kritik*); **~amento** [-mɐ'mẽtu] *m* Aufruf *m* (***para*** zu); Einberufung *f*; **~ar** [-'mar] (1a) **1.** *v/t* rufen; *j-n* zu sich rufen; *Versammlung* einberufen; *auf e-n Posten* berufen; *namentlich* aufrufen; nennen; bezeichnen; *TEL* anrufen; ***~ nomes a*** *j-n* beschimpfen; ***~ a si*** *fig* an sich ziehen; **2.** *v/i* rufen (***por*** nach); läuten (*Telefon*); ***~-se*** heißen; (***a***) ***isto chama-se*** das nennt man
chamariz [ʃɐmɐ'riʃ] *m* Lockvogel *m* (*a fig*); Lockpfeife *f*, -ruf *m*
chá-mate [ʃa'matə] *m* Matetee *m*
chamej|ante [ʃɐmə'ʒẽtə] lodernd; sprühend (*Blick*); funkelnd (*Augen*); **~ar** [-'ʒar] (1d) (lichterloh) brennen; *Feuer* lodern; *Augen* funkeln
chamiço [ʃɐ'misu] *m* Brennholz *n*
chaminé [ʃɐmi'nɛ] *f* Schornstein *m*; Schlot *m*; Kamin *m*; Zylinder *m*
chamota [ʃɐ'mɔtɐ] *f* Schamotte *f*
champanha, -e [ʃɐ̃'pɐɲɐ, -'pɐɲə] *m* Champagner *m*
champô [ʃɐ̃'po] *m* Shampoo *n*
chamuça [ʃɐ'musɐ] *f CUL pikante dreieckige* Teigtasche *f*
chamusc|ado [ʃɐmuʃ'kadu] brenzlig (*Geruch*); **~ar** [-'kar] (1n) (an-, ver)sengen; anbrennen lassen; **~o** [-'muʃku] *m* Brandgeruch *m*; ***cheirar a ~*** angebrannt (*od* versengt) riechen; *fig* anrüchig sein
chanato [ʃɐ'natu] *m* P abgelatschte(r) Schuh *m*; *schlechter* Schuster *m*
chance ['ʃɐ̃sə] *f* Chance *f*
chancel|a [ʃɐ̃'sɛlɐ] *f* Siegel *n*; **~ar** [-sə'lar] (1c) (be)siegeln; **~aria** [-lɐ'riɐ] *f* Kanzlei *f*; *POL* Kanzleramt *n*; **~er** [-'lɛr] *m* Kanzler *m*; *bras* Außenminister *m*
chanfr|adura [ʃɐ̃frɐ'durɐ] *f* Abschrägung *f*; *TÉCN* Gehrung *f*; **~ado** [-'fradu] P *fig* bescheuert; **~ar** [-'frar] (1a) abschrägen; *TÉCN* auf Gehrung schneiden
chantag|em [ʃɐ̃'taʒɐ̃j] *f* Erpressung *f*; ***fazer ~ contra*** *j-n* erpressen; **~ear** [-tɐ'ʒjar] (1l) erpressen; **~ista** [-'ʒiʃtɐ] **1.** *adj* erpresserisch; **2.** *su* Erpresser(in *f*) *m*
chantilly [ʃɐ̃ti'li] *m* Schlagsahne *f*
chão(s) [ʃɐ̃w] **1.** *adj* (*f* **chã**) eben, flach; *fig* einfach, ungekünstelt; gerade(heraus); **2.** *m*(*pl*) (Erd-, Fuß-) Boden *m*; Grund *m*; (***v***)***ir ao ~*** P *fig* zu Bruch gehen; zu Boden gehen
chapa ['ʃapɐ] *f* (Holz-, Metall)Platte *f*; Blech *n*; dünne Schicht *f*; *AUTO* Nummernschild *n*; (Erkennungs-) Marke *f*; (Erinnerungs)Plakette *f*; *bras* Wahlschein *m*; Kandidatenliste *f*; *TIP* Klischee *n*; P Scheibe *f* (*Schallplatte*); P Knete (*Geld*); ***de ~*** auf einmal; voll und ganz; senkrecht (*Sonne*); der Länge nach (*Sturz*); ***~ ondulada*** Wellblech *n*; ***notícia*** *f* ***de ~*** gleich lautende Nachricht *f*; **~(s)-branca(s)** [ʃapa'brɐ̃ka] *m*(*pl*) *bras* Behördenfahrzeug *n*
chap|ada [ʃɐ'padɐ] *f* **a**) (Hoch)Ebene *f*; Fläche *f*; Lichtung *f* (*im Wald*); **b**) Schlag *m*; (Wasser)Schwall *m*; ***andar à ~*** geohrfeigt werden; *j-n* ohrfeigen; **~adinho, ~ado** [-pɐ'diɲu, -'padu] ganz genau (so); komplett, perfekt; **~ar** [-'par] (1b) *mit Metall* überziehen; *Material* prägen; *fig* F *Bemerkung* ins Gesicht schleudern; ***~-se*** stürzen (***no chão*** zu Boden); **~a(s)-testa(s)** [ʃapɐ'tɛʃtɐ] *f*(*pl*) Schließblech *n*
chape ['ʃapə] **1.** *m* Klatsch *m* (*Geräusch*); **2.** *int* klatsch!, platsch!
chapel|aria [ʃɐpəlɐ'riɐ] *f* Hutfabrik *f*, -geschäft *n*; **~eiro** [-'lɐjru] *m* Hutmacher *m*, -fabrikant *m*
chapeleta [ʃɐpə'letɐ] *f* **a**) Hütchen *n*; (Ventil)Klappe *f*; **b**) Wangenröte *f*
chapéu [ʃɐ'pɛw] *m* Hut *m*; ***~ de palhinha*** Strohhut *m*; ***~ de sol*** Sonnenschirm *m*; ***pôr*** (***tirar***) ***o ~*** den Hut aufsetzen (abnehmen); ***é de se lhe tirar o ~!*** F alle Achtung!;

C

C

~(s)-de-chuva [-dəˈʃuvɐ] *m(pl)* Regenschirm *m*; **~(s)-de-coco** [-dəˈkoku] *m(pl)* Melone *f* (*Hut*)
chapim [ʃɐˈpĩ] *m ZO* Meise *f*; ***~-azul*** *m* Blaumeise *f*; ***~-de-poupa*** *m* Haubenmeise *f*
chapinhar [ʃɐpiˈɲar] (1a) plätschern
chapuz [ʃɐˈpuʃ] *m* Holzpflock *m*
charada [ʃɐˈradɐ] *f* (Silben)Rätsel *n*; ***matar a ~*** das Rätsel lösen
charanga [ʃɐˈrɐ̃gɐ] *f* Blechblaskapelle *f*
charão [ʃɐˈrɐ̃w] *m* Glanzlack *m*
charc|o [ˈʃarku] *m* Pfütze *f*, Morast *m*, Sumpf *m*; **~oso** [ʃɐrˈkozu] morastig, sumpfig
charcut|aria [ʃɐrkutɐˈriɐ] *f* Delikatessengeschäft *f*; *bras* Fleischerei *f*; **~eiro** [-ˈtɐjru] *m* Delikatessenhändler *m*; *bras* Fleischer *m*
charlat|anaria, **~anice** [ʃɐrlɐtɐnɐˈriɐ, -tɐˈnisə] *f* Scharlatanerie *f*; **~ão** [-ˈtɐ̃w] *m*, **-ona** *f* Scharlatan(in *f*) *m*
charme [ˈʃarmə] *m* Charme *m*
charneca [ʃɐrˈnɛkɐ] *f* Heide *f*
charneira [ʃɐrˈnɐjrɐ] *f* Scharnier *n*; *fig* Bindeglied *f*; ***ano*** *m* ***~*** Entscheidungsjahr *n*
charola [ʃɐˈrɔlɐ] *f* Traggerüst *f* (*für Prozessionen*)
charpa [ˈʃarpɐ] *f* Schärpe *f*; *MED* Armschlinge *f*
charque [ˈʃarki] *m bras gesalzenes* Dörrfleisch *n*
charro [ˈʃaʀu] **1.** *adj* plump, grobschlächtig; **2.** *m* P Joint *m*
charrua [ʃɐˈʀuɐ] *f* Pflug *m*
charter [ˈʃartər] *m AV* Charterflugzeug *n*; ***voo*** *m* ***~*** Charterflug *m*
charut|aria [ʃarutaˈria] *f bras* Zigarrenladen *m*; **~eira** [ʃɐruˈtɐjrɐ] *f* Zigarrenetui *n*, -kiste *f*; **~eiro** [-ˈtɐjru] *m* Zigarrendreher *m*; *bras a* Zigarrenhändler *m*; **~o** [-ˈrutu] *m* Zigarre *f*
chas|co [ˈʃaʃku] *m* Spott *m*, Stichelei *f*; **~quear** [ʃɐʃˈkjar] (1l) **1.** *v/t* verspotten, aufziehen; **2.** *v/i* spotten
chassi [ʃɐˈsi] *m* Fahrgestell *n*; *AUTO* Chassis *n*; *FOT* Kassette *f*; *allg TÉCN* Rahmen *m*, Gestell *n*
chata [ˈʃatɐ] *f NAV* Prahm *m*; Schute *f*
chat|ear [ʃɐˈtjar] (1l) F nerven, anöden; *allg* (ver)ärgern; **~ice** [-ˈtisə] *f* F Mist *m*; Langeweile *f*; Stumpfsinn *m*; ***que ~!*** so was Blödes!

chato [ˈʃatu] **1.** *adj* platt (*a fig*), flach; F langweilig; blöd, idiotisch; **2.** *m* F Schwachkopf *m*, Idiot *m*; *ZO* Filzlaus *f*
chauvinista [-ˈniʃtɐ] chauvinistisch
chaval [ʃɐˈvał] *m*, **-a** *f* F Typ *m*, Mädel *n*
chavão [ʃɐˈvɐ̃w] *m* Kuchen-, Backform *f*; *fig* Muster *n*; *Rhetorik*: Gemeinplatz *m*; Schlagwort *n*
chavas|cal [ʃɐvɐʃˈkał] *m* Ödland *n*; *fig* Schweinestall *m*; ***armar um ~*** F e-e Szene machen; **~car** [-ˈkar] (1n; *Stv* 1b) *depr* zusammenschustern; *Text* (hin)sudeln; **~co** [-ˈvaʃku] grob (*bearbeitet*); **~quice** [-ˈkisə] *f* Pfuscherei *f*
chave [ˈʃavə] *f* Schlüssel *m*; (Wasser-, Gas)Hahn *m*; *EL* Schalter *m*; *ARQUIT* Schlussstein *m*; ***~ de boca*** Maulschlüssel *m*; ***~ de catraca*** Ratsche *f*; ***~ de estria*** Ringschlüssel *m*; ***~ de fenda*** Schraubenzieher *m*; ***~ de ignição*** Zündschlüssel *m*; ***~ de parafusos de roquete*** Schraubenschlüssel *m* mit Ratsche; ***~ em cruz*** Kreuzschraubenzieher *m*; ***~ geral*** Haupthahn *m*; ***~ inglesa*** Engländer *m* (*Werkzeug*); ***~ mestra*** Hauptschlüssel; ***~ falsa*** Nachschlüssel *m*
chaveiro [ʃɐˈvɐjru] *m* Schließer *m* (*Gefängnis*); Schlüsselmacher *m*; Schlüsselring *m*
chavelho [ʃɐˈvɐʎu] *m ZO* Horn *n*; Fühler *m*
chávena [ˈʃavənɐ] *f* Tasse *f*
chaveta [ʃɐˈvetɐ] *f TÉCN* Keil *m*
chavo [ˈʃavu] *m fig* Pfennig *m*
chec|agem [ʃɛˈkaʒẽj] *f bras* (Ab-)Checken *n*, Überprüfen *n*; **~ar** [-ˈkar] (1n) *bras* checken, überprüfen; vergleichen
checo [ˈʃɛku] **1.** *adj* tschechisch; **2.** *m*, **-a** *f* Tscheche *m*, Tschechin *f*
Checoslováquia [ʃɛkuʒluˈvakjɐ]: ***a ~*** *HIST* Tschechoslowakei *f*
chef|ão [ʃəˈfɐ̃w] *m* P Boss *m*; **~atura** [-fɐˈturɐ] *f* → ***chefia***
chef|e [ˈʃɛfə] *su* Chef(in *f*) *m*; (An)Führer(in *f*) *m*, Oberhaupt *n* (*e-r Bewegung*); Vorgesetzte(r) *su* (*im Beruf*); ***~ de Estado*** Staatschef(in *f*) *m*; ***~ de partido*** Parteichef(in *f*) *m*; ***~ de redacção*** Chefredakteur(in *f*) *m*; ***~ de secção*** Abteilungsleiter(in *f*) *m*; ***em ~*** leitend;

kommandierend; Ober...; **~ia** [ʃə'fiɐ] *f* Führung *f*, Leitung *f*; **~iar** [-'fjar] (1g) *Betrieb* führen, leiten; *Gremium* vorstehen (*dat*); *Bewegung* anführen

cheg|a ['ʃegɐ] *f* P Anranzer *m*, Anschnauzer *m*; **~ada** [ʃə'gadɐ] *f* Ankunft *f*; ***dar uma ~ a*** auf e-n Sprung zu *j-m* gehen; **~adela** [-gɐ'dɛlɐ] *f* Tracht *f* Prügel, Abreibung *f*; ***dar uma ~ a*** bei *j-m* vorbeischauen; **~adinha** [-gɐ'diɲɐ] *f* P Backpfeife *f*; **~ado** [-'gadu] nahe (***a*** bei); eng (*verwandt*); benachbart; **~ar** [-'gar] (1o; *Stv* 1d) **1.** *v/t* heran-, herbeibringen; (herüber)reichen; P schlagen; ***chega-lhe!*** gibs ihm!; **2.** *v/i örtl*, *zeitl* (an)kommen (***a***, *bras a* ***em*** in, an *dat*); (heran)nahen; *örtl* heranreichen (***a*** an *ac*), reichen (***para*** zu, für; ***até*** bis [zu]); gelangen (***a*** zu, nach); sich belaufen (***a*** auf *ac*) (*Kosten*); ***~ a*** werden, es bringen zu; ***~ a fazer*** dazu kommen, *et* zu tun; ***~ ao fim*** enden; ***~ a ser*** werden; ***chega!*** genug!, ***~-se*** herantreten

chei|a ['ʃɐjɐ] *f* Hochwasser *n*; Überschwemmung *f*; Flut *f* (*Meer*)

cheio ['ʃɐju] voll; gut genährt (*Person*); rund(lich) (*Gesicht*); trächtig (*Tier*); ***~ de*** voll von, voller; gefüllt mit; reich an (*dat*); ***~ de si*** stolz; ***~ de sono*** todmüde; ***~ de vida*** lebhaft; ***mal ~*** schlecht gefüllt; ***estar ~*** F es satt (*od* leid) sein; satt sein; ***em ~*** voll und ganz; (gut) ausgefüllt (*Tag*); gelungen (*Fest*)

cheir|a-cola (*pl inv*) [ʃɐjrɐ'kɔlɐ] *su* P Kleisterschnüffler(in *f*) *m*; **~ar** [-'rar] (1a) **1.** *v/t* riechen; F beriechen; schnüffeln (*fig* in); *fig Arbeitsgebiet* hineinriechen in (*ac*); *Vorgänge* (er)ahnen; **2.** *v/i* riechen (***a*** nach), duften (***a*** nach); stinken (***a*** nach); ***~ mal*** stinken; **~ete** [-'retə] *m* F Gestank *m*, Mief *m*; **~inho** [-'riɲu] *m* F Duft *m*

cheir|o ['ʃɐjru] *m* Geruch *m* (***a*** nach); Duft *m* (***a*** nach); *fig* (guter) Klang *m*; (guter) Ruf *m*; **~s** *pl* Gewürzkräuter *n/pl*; ***água*** *f* ***de ~*** Riechwasser *n*; ***dar*** (*od* ***deitar***) ***~*** riechen; ***vidrinho*** *m* ***de ~*** *fig* empfindliche(r) Mensch *m*; **~oso** [-'rozu] duftend; **~um** [-'rũ] *m* F Gestank *m*, Mief *m*

cheque ['ʃɛkə] *m* Scheck *m*; ***~ aberto*** Barscheck *m*; ***~ careca*** P ungedeckte(r) Scheck *m*; ***~ cruzado*** Verrechnungsscheck *m*; ***~ ao portador*** Inhaberscheck *m*; ***~ de viagem*** Reisescheck *m*; ***~ sem cobertura*** ungedeckte(r) Scheck *m*; ***livro*** *m* ***de ~s*** Scheckheft *n*; ***pagar em ~*** mit Scheck bezahlen; ***trocar um ~*** e-n Scheck einlösen

chi|ada ['ʃjadɐ] *f* Quietschen *n*; Zirpen *n* (*der Grillen*); **~ante** ['ʃjɐ̃tə] *m* P Karre *f* (*Auto*); **~ar** [ʃjar] (1g) quietschen; pfeifen (*Atem*); ***não adianta ~*** P da hilft kein Mosern

chibat|a [ʃi'batɐ] *f* Gerte *f*

chibo ['ʃibu] *m* Zicklein *n*

chica ['ʃika] *f bras* Maisschnaps *m*

chiça ['ʃisɐ] **1.** *int* P verflucht!, verdammt!; **2.** *f* P Scheiß *m*

chic|ana [ʃi'kɐnɐ] *f* Kniff *m*; Winkelzug *m*; Schikane *f*; ***fazer ~, usar de ~*** = **~anar**, *bras* **~anear** [-kɐ'nar, -kɐ̃'njar] (1a, 1l) Winkelzüge machen; Kniffe anwenden; schikanieren

chicarola [ʃikɐ'rɔlɐ] *f* Endivie *f*

chich|a ['ʃiʃɐ] *f* Anmerkung *f*; P Spickzettel *m*; F Fleisch *n*; P *Sport*: Pille *f* (*Fußball*); *bras* Maisbier *n*; **~ar** [-'ʃar] (1a) P Spickzettel schreiben

chícharo ['ʃiʃɐru] *m BOT* Linse *f*

chicharro [ʃi'ʃaʀu] *m* Stöcker *m*

chichi [ʃi'ʃi] *m infan* Pipi *n*

chiclete [ʃi'klɛtə] *f*, *m* Kaugummi *m*

Chico ['ʃiku] *m* F *Kurzform von Francisco*; ***armar em ~ esperto*** P den Größten mimen; ***estar de ♀*** P *bras* die Tage haben (*Menstruation*)

chicória [ʃi'kɔrjɐ] *f BOT* Zichorie *f*; Endivie *f* (*Salat*)

chicot|ada [ʃiku'tadɐ] *f* Peitschenhieb *m*; Knall *m*; **~e** [-'kɔtə] *m* Peitsche *f*; *NAV* Tauende *n*; **~ear** [-'tjar] (1l) (aus)peitschen

chifre ['ʃifrə] *m* Horn *n*; **~s** *pl* Gehörn *n*; Geweih *n*; ***pôr os ~s a*** *j-m* Hörner aufsetzen

chila ['ʃilɐ] *f BOT Art* Kürbis *m*

Chile ['ʃilə]: ***o ~*** Chile *n*

chileno [ʃi'lenu] **1.** *adj* chilenisch; **2.** *m*, **-a** *f* Chilene *m*, Chilenin *f*

chilr|ear [ʃiɫ'ʀjar] (1l) zwitschern; *fig* schwatzen, plappern; **~eio** [-'ʀɐju] *m* Gezwitscher *n*; **~o** ['ʃiɫʀu] geschmacklos, fad; dünn (*Suppe, Tee*); *fig* substanzlos, schwach

chim [ʃĩ] → ***chinês***

chimarrão [ʃima'ʀɐ̃w] **1.** *adj* streunend, umherziehend (*Vieh*); ungezuckert (*Speise*); **2.** *m bras* streunende(s) Vieh *n*

chimpanzé [ʃĩpɐ̃'zɛ] *m* Schimpanse *m*

china ['ʃinɐ] **1.** *su* Chinese *m*, Chinesin *f*; **2.** *f bras* Indio-, Mischlingsfrau *f*

China ['ʃinɐ]: ***a ~*** China *n*

chinchila [ʃĩ'ʃilɐ] *f* Chinchilla *f*

chinel|a [ʃi'nɛlɐ] *f* Pantoffel *m*; **~o** [-'nɛlu] *m* Hausschuh *m*; ***meter num ~*** F *j-n* in die Tasche stecken

chin|ês [ʃi'neʃ] **1.** *adj* chinesisch; **2.** *m*, **-esa** *f* Chinese *m*, Chinesin *f*; **~esice** [-nə'zisə] *f* ausgefallene Sache (*od* Idee) *f*; Marotte *f*; Chinoiserie *f* (*Kunst*)

chinfreiro [ʃĩ'frejru] *bras* P cool

chinfri|m *m*, **~neira** *f* [ʃĩ'frĩ, -fri'nɐjrɐ] P **1.** *adj* lärmend; gewöhnlich, ordinär; **2.** *su* Radau *m*, Krach *m*; **~neiro** [-fri'nɐjru] *m* Unruhestifter *m*

chino ['ʃinu] → ***chinês***

chinó [ʃi'nɔ] *m* Haarteil *n*, Perücke *f*

chio ['ʃiw] *m* schrille(r) Ton *m*; Quietschen *n* (*Räder*); Piepen *n* (*Vögel*)

chip [ʃip] *m* INFORM Chip *m*

Chipre ['ʃiprə] *m* Zypern *n*

chiqu|e ['ʃikə] **1.** *adj* schick; **2.** *m* Schick *m*; ***nem ~, nem mique*** P nichts; weder Fisch noch Fleisch; **~eiro** ['kɐjru] *m* Schweinestall *m* (*a fig* P); **~ismo** ['kiʒmu] *m* Eleganz *f*, Schick *m*

chisco ['ʃiʃku] *m* Häppchen *n*

chispa ['ʃiʃpɐ] *f* Funke(n) *m*; *fig* Geist(esblitz) *m*

chispalhada [ʃiʃpɐ'ʎadɐ] *f* CUL *Art* Eisbeingericht *n* (*mit weißen Bohnen*)

chispar [ʃiʃ'par] (1a) Funken sprühen (*a fig*); *fig vor Wut* kochen; (davon)flitzen (*Auto*)

chispe ['ʃiʃpə] *m* CUL Schweinshaxe *f*; Eisbein *n*

chist|e ['ʃiʃtə] *m* Scherz *m*, Witz *m*; **~oso** [-'tozu] geistreich, witzig

choca ['ʃɔkɐ] *f* Kuhglocke *f*; *Stierkampf*: Leittier *n*

choça ['ʃɔsɐ] *f* **a**) (Laub)Hütte *f*; P Knast *m*; **b**) Holzkohle *f*

chocadeira [ʃukɐ'dɐjrɐ] *f* Inkubator *m*

chocalh|ada [ʃukɐ'ʎadɐ] *f* (Kuhglocken)Geläut *n*; **~ar** [-'ʎar] (1b) läuten, bimmeln; *Schachtel, Flüssigkeit* schütteln; *fig* klatschen; *Geheimnis* ausplaudern; loslachen; **~eiro** [-'ʎɐjru] **1.** *adj* schwatzhaft; klatschsüchtig; **2.** *m*, **-a** *f* Plaudertasche *f*; **~ice** [-'ʎisə] *f* Klatschsucht *f*; Klatsch *m*; **~o** [-'kaʎu] *m* (Kuh)Glocke *f*; Rassel *f*; *fig* Klatschbase *f*; ***andar de ~*** P tratschen; Gerüchte verbreiten

choc|ante [ʃu'kɐ̃tə] **1.** *adj* anstößig; empörend; **2.** *int bras* P toll!, Wahnsinn!; **~ar** [-'kar] (1n; *Stv* 1e) **1.** *v/t* **a**) ausbrüten (*a Plan, Krankheit*); **b**) schockieren, empören; **2.** *v/i* **a**) brüten; **b**) schlecht werden (*Speisen*); schal werden (*Bier*); **c**) *bras* **~-se** prallen (*od* rennen) (***com, contra*** gegen); sich stoßen (***com, em*** an *dat*); zusammenstoßen (***com*** mit); aufeinander prallen

chocarr|ear [ʃukɐ'ʀjar] (1l) derbe Witze (*od* Zoten) reißen; **~ice** [-'ʀisə] *f* derbe(r) Witz *m*, Zote *f*

choch|a ['ʃoʃɐ] *f* P Muschi *f* (*Vulva*); **~o** ['ʃoʃu] **1.** *adj* saftlos, trocken (*Obst*); faul (*Ei*); taub (*Nuss*); kränklich, (alters)schwach (*Person*); ***andar ~*** F sich krank fühlen; **2.** *m* F Schmatz *m* (*Kuss*)

choco ['ʃoku] **1.** *adj* **a**) bebrütet (*Ei*); brütig (*Huhn*); ***galinha f -a*** Bruthenne *f*; **b**) schal (*Bier*); abgestanden (*Wasser*); *allg* faul, verdorben; **2.** *m* **a**) Brut(zeit) *f*; ***estar de ~*** krank im Bett liegen; ***estar no ~*** brüten; **b**) ZO Tintenfisch *m*

chocolat|e [ʃuku'latə] **1.** *adj* schokoladenbraun; **2.** *m* (Trink)Schokolade *f*; ***~ de leite*** (Voll)Milchschokolade *f*

chofer [ʃɔ'fɛr] *m* Chauffeur *m*; **~ar** [-fe'rar] (1a) *bras* Auto fahren

chofre ['ʃɔfrə] *m* Stoß *m*, Schlag *m*

choke ['ʃɔkə] *m* AUTO Choke *m*

choldra (*ô) ['ʃɔɫdrɐ] *f* P Pack *n*; Wirrwarr *m*; *port* Knast *m*; **~boldra** [-'bɔɫdrɐ] *f* P Chaos *n*, Durcheinander *n*

choné [ʃu'nɛ] *m* P Blödmann *m*

choninhas [ʃɔ'niɲɐʃ] *su* P Feigling *m*
chop|ada [ʃo'padɐ] *f bras* Umtrunk *m*; **~e** ['ʃopi] *m bras* Fassbier *n*; Glas *n* Bier
choque ['ʃɔkə] *m* Zusammenstoß *m* (***com*** mit), -prall *m* (***com*** mit); Stoß *m*; Schock *m* (*a fig*); Schlag *m* (*a fig*); ***~ em cadeia*** Massenkarambolage *f*; ***~ eléctrico*** Elektroschock *m*
choquinho [ʃu'kiɲu] *m kleiner* Tintenfisch *m*
chora|(deira) ['ʃɔrɐ (ʃurɐ'dɐjrɐ)] *f* Gejammer *n*; Geheule *n*; **~mingar** [ʃurɐmĩ'gar] (1o) quengeln; jammern; **~mingas** (*pl inv*) [ʃurɐ'mĩgɐʃ] *su* F Heulsuse *f*, Jammerlappen *m*
chor|ão [ʃu'rɐ̃w] **1.** *adj* weinerlich; **2. a)** *m BOT* Trauerweide *f*; Schmerling *f* (*Pilz*); **b)** *m*, **-ona** *f fig* → ***choramingas***; **~ar** [-'rar] (1e) **1.** *v/t* beweinen; beklagen; **2.** *v/i* weinen; **~o** ['ʃoru] *m* Weinen *n*; Tränen *f/pl*; **~oso** [-'rozu] weinend; weinerlich (*Stimme*); gekränkt; beklagenswert
chorrilho [ʃu'ʀiʎu] *m* Reihe *f*, Folge *f*
choru|do [ʃu'rudu] P fett; *fig* dick, einträglich, Bomben...; **~me** [-'rumə] *m* Fett(polster) *n*; *fig* Überfluss *m*; **~mento** [-'mẽtu] fett(ig)
choup|al [ʃo'pał] *m* Pappelwäldchen *n*; **~ana** [-'pɐnɐ] *f* (Stroh)Hütte *f*; **~o** ['ʃopu] *m BOT* Pappel *f*
chouriço [ʃo'risu] *m CUL* (Räucher)Wurst *f*; Stoffrolle *f* (*gegen Zug an Fenstern u Türen*); Haarteil *n*; ***~ de carne*** Fleischwurst *f*; ***~ de sangue*** Blutwurst *f*
chov|ediço [ʃuvə'disu] regnerisch; nieselig; Regen...; **~e-não-molha** (*pl inv*) [ʃɔvinẽw'mɔʎa] *m bras* Sackgasse *f*; **~er** [-'ver] (2d) regnen; ***~ a cântaros*** in Strömen regnen; **~ido** [-'vidu] verregnet; regennass
chuch|a ['ʃuʃɐ] *f* Saugen *n*, Nuckeln *n*; Nuckel *m*; ***à ~ calada*** unbemerkt, heimlich; **~adeira** [-'dɐjrɐ] *f* → ***chucha***; *fig* F lohnende Sache *f*; P Spott *m*, faule(r) Witz *m*; **~ado** [-'ʃadu] verdorrt; ausgemergelt (*Körper*); *fig* geizig; **~ar** [-'ʃar] (1a) saugen, lutschen; P kriegen; *fig Gewinn, Vorteile* einheimsen; **~urrear** [-ʃu'ʀjar] (1l) (aus)schlürfen
chuço ['ʃusu] *m* Spieß *m*; F Krücke *f*
chucrute [ʃu'krutə] *m* Sauerkraut *n*
chué(s) [ʃwɛ(ʃ)] schäbig; gewöhnlich
chuf|a ['ʃufɐ] *f* Scherz *m*; Spott *m*; **~ar** [-'far] (1a) spotten über (*ac*); **~ista** [-'fiʃtɐ] *su* Spötter(in *f*) *m*
chui(s) [ʃuj] *m(pl)* P Bulle *m*
chulé [ʃu'lɛ] *m* P Fußgeruch *m*; ***fazer*** (*od* ***armar***) ***~*** Krach machen
chulear [ʃu'ljar] (1l) *Stoffrand* heften
chulice [ʃu'lisə] *f* P Sauerei *f*
chulipa [ʃu'lipɐ] *f CAM. DE F* Schwelle *f*; Hausschuh *m*; P Arschtritt *m*
chulo ['ʃulu] **1.** *adj* ordinär; P schweinisch; **2.** *m* F Zuhälter *m*
chuma|ceira [ʃumɐ'sɐjrɐ] *f* Lager *n*; (Lager)Buchse *f*; (Ruder)Dolle *f*; **~ço** [-'masu] *m* Polsterwatte *f*
chumb|ada [ʃũ'badɐ] *f* Schrotschuss *m*, -ladung *f*; Anglerblei *n*; Bleigewicht *n*; *UNIV* Durchfallen *n*; ***ser uma ~*** P nervtötend sein; **~ado** [-'badu] plombiert (*Zahn*); ***ficar ~, ser ~*** *UNIV* durchfallen; **~agem** [-'baʒẽj] *f* Löten *n*; Plombieren *n*; **~ar** [-'bar] (1a) löten; *Zahn* plombieren; (mit Blei) beschweren; *mit Schrot* schießen; *fig* schwer wie Blei werden; F *im Examen* durchfallen (lassen); P besäuseln
chumbo ['ʃũbu] *m* Blei *n*; Plombe *f* (*a Zahn*); Schrot *m od n*; *Fischerei*: Bleigewicht *n*; *UNIV* F Durchfaller *m* (*im Examen*); *fig* F Grips *m*, Grütze *f*; ***com ~*** verbleit (*Benzin*); ***sono*** *m* ***de ~*** F bleierne(r) Schlaf *m*; ***apanhar*** (*bras* ***levar***) ***um ~*** F durchfallen; sitzen bleiben (*Schule*)
chung|a ['ʃũgɐ] Schund...; **~aria** [-gɐ'riɐ] *f* P Mist *m*, Schund *m*
chupa ['ʃupɐ] *m*, **~-chupa(s)** [-'ʃupɐ] *m(pl)* Lutscher *m*, Lolli *m*
chup|adeira [ʃupɐ'dɐjrɐ] *f* Nuckel *m*; **~adela** [-'dɛlɐ] *f* Zug *m* (*a an Zigarette*); ***dar uma ~*** saugen; e-n Zug machen; **~ador** [-pɐ'dor] *m TÉCN* Saugrohr *n*; *ZO* Saugrüssel *m*; **~a-flor(es)** [-'flor] *m(pl)* Kolibri *m*; **~ão** [ʃu'pɐ̃w] **1.** *adj m* **-ona** *f* Saug...; **2.** *m* P Schmatz *m*; Knutschfleck *m*; **~ar** [-'par] (1a) **a)** *Bonbon* lutschen; schmatzen; schlürfen; *an der Zigarre* ziehen; *Wasser* aufsaugen; **b)** *Vorteil* herausschlagen; *Ver-*

C

mögen verjubeln; **~eta** [-'petɐ] *f* Schnuller *m*; Trinkröhrchen *n*; P **de ~** lecker; prima; **~ista** [-'piʃtɐ] *su* Schmarotzer(in *f*) *m*

churras|caria [ʃuʀɐʃkɐ'riɐ] *f* Grillrestaurant *n*; **~co** [-'ʀasku] *m bras* Grillfleisch *n*, Grillspieß *m*; **~quear** [-'kjar] (1l) *bras* Churrasco essen; Churrasco zubereiten; **~queira** [-'kejra] *f bras* Fleischgrill *m*; **~quinho** [-'kiɲu] *m bras Art* Schaschlik *m*

churro ['ʃuʀu] *m längliches* Schmalzgebäck *n*

chusma ['ʃuʒmɐ] *f* Meute *f*, Haufen *m*

chuta ['ʃutɐ] *int* pscht!, still!

chut|ador [ʃuta'dor] *m bras* Torschütze *m*; *bras* große(r) Lügner *m*; **~ar** [-'tar] (1a) *Fußball* schießen; *Drogen* spritzen; **~e** ['ʃutə] *m* Schuss *m*; **~eira** [-'tɐjrɐ] *f* Fußballschuh *m*; **~o** ['ʃutu] *m* Schuss *m*

chuva ['ʃuvɐ] *f* Regen *m*; *bras* P Suff *m*; *fig* Menge *f*; **~ *ácida*** saure(r) Regen *m*; **~ *miúda*** Sprühregen *m*; **~ *torrencial*** Wolkenbruch *m*; ***ao preço da* ~** P spottbillig; **~*s*** *pl* Regenfälle *m/pl*; **~(s)-criadeira(s)** [-krja'dejra] *f(pl) bras* Nieselregen *m*; **~da** [-'vadɐ] *f* (Regen)Guss *m*

chuv|eiro [ʃu'vɐjru] *m* Brause(kopf *m*) *f*; Dusche *f*; Regenguss *m*; **~ *automático*** Sprinkler *m*; ***banho*** *m* ***de* ~** = **~etada** [-və'tadɐ] *f* Dusche *f*; **~iscar** [-viʃ'kar] (1n) nieseln; **~isco** [-'viʃku] *m* Nieselregen *m*; **~oso** [-'vozu] regnerisch

C.ia, **Cia.** ***Companhia*** *f* Gesellschaft *f*

cian|amida [sjɐnɐ'midɐ] *f*: **~ *cálcica*** Stickstoffdünger *m*; **~ídrico** [-'nidriku]: ***ácido*** *m* **~** *QUÍM* Blausäure *f*

ciátic|a ['sjatikɐ] *f ANAT*, *MED* Ischias *m*; **~o** ['sjatiku] Hüft...; ***nervo*** *m* **~** Ischiasnerv *m*; ***dor*** *f* **-a** Ischias *m*

ciber|espaço [sibəriʃ'pasu] *m INFORM* Cyberspace *m*; **~nética** [-'nɛtikɐ] *f* Kybernetik *f*

cicatriz [sikɐ'triʃ] *f* Narbe *f* (*a fig*); **~ação** [-zɐ'sɐ̃w] *f* Vernarbung *f*; **~ar** [-'zar] (1a) heilen; vernarben

cicerone [sisə'rɔnə] *m* Fremdenführer *m*

cic|iar [si'sjar] (1g) säuseln (*Wind*); flüstern; lispeln (*beim Sprechen*); **~io** [-'siw] *m* Säuseln *n*; Geflüster *n*

cíclame ['siklɐmə] *m BOT* Alpenveilchen *n*

ciclis|mo [si'kliʒmu] *m* Radsport *m*; **~ *de montanha*** Mountainbiking *n*; **~ta** [-'kliʃtɐ] *su* Radfahrer(in *f*) *m*

ciclo ['siklu] *m* Zyklus *m* (*a LIT*); Periode *f*; **~motor** [-mu'tor] *m* Mofa *n*; **~motorista** [-mutu'riʃtɐ] *su* Mofafahrer(in *f*) *m*

ciclone [si'klɔnə] *m* Zyklon *m*

ciclo|turismo [siklutu'riʒmu] *m* Radwandern *n*; **~turista** [-tu'riʃtɐ] *su* Radler(in *f*) *m*; Radwanderer *m*, -wanderin *f*; **~via** [-'viɐ] *f* Radweg *m*

cicuta [si'kutɐ] *f BOT* Schierling *m*

cid. ***cidade*** *f* Stadt *f*

cidad|ania [sidɐdɐ'niɐ] *f* Staatsangehörigkeit *f*, -bürgerschaft *f*; **~ão(s)** [-'dɐ̃w] *m(pl)*, **-ã** *f* Staatsangehörige(r) *su*; Bürger(in *f*) *m*; **~*-eleitor*** Wahlberechtigte(r) *m*

cidade [si'dadə] *f* Stadt *f*; **~*-dormitório*** Schlafstadt *f*; **~ *milionária*** Millionenstadt *f*; **~*-satélite*** Satellitenstadt *f*

cidadela [sidɐ'dɛlɐ] *f* Zitadelle *f*; *fig* Hochburg *f*

cidr|a ['sidrɐ] *f BOT* Zitronatzitrone *f*; **~ão** [-'drɐ̃w] *m* Zitronat *n*; *BOT* Zitronenstrauch *m*

cieiro ['sjɐjru] *m*: **~ *nos lábios*** aufgesprungene Lippen *f/pl*

ciência ['sjẽsjɐ] *f* Wissenschaft *f*; Kenntnisse *pl*; ***Faculdade*** *f* ***de* ♀*s*** *UNIV* Naturwissenschaftliche Fakultät *f*; **~*s*** *pl* ***humanas*** Geistes-

ciência-ficção ['sjẽsjɐ-fi'ksɐ̃w] *f* Sciencefiction *f*

cient|e ['sjẽtə] wissend; kenntnisreich; **~ *de*** unterrichtet von; erfahren in (*dat*), ausgebildet in (*dat*); ***fazer* ~ *de*** *j-n* in Kenntnis setzen von; ***ficar* ~ *de*** zur Kenntnis nehmen; **~ificar** [sjẽtəfi'kar] (1n) in Kenntnis setzen (***de*** von); **~ífico** [-'tifiku] wissenschaftlich; **~ista** [-'tiʃtɐ] *su* Wissenschaftler(in *f*) *m*

cifr|a ['sifrɐ] *f MAT* Ziffer *f*; Chiffre *f*; Schlüssel *m* (*zum Dechiffrieren*); ***em* ~** chiffriert, Chiffre...; **~ão** [si'frɐ̃w] *m* Währungszeichen *n* (*Escudo*, *Dollar*); **~ar** [-'frar] (1a) *Nachricht* chiffrieren; beschränken (***em*** auf *ac*), reduzieren (***em*** auf *ac*); beziffern (***a***, ***em*** auf *ac*)

cigan|a [si'gɐnɐ] *f* Zigeunerin *f*; **~ar** [-gɐ'nar] (1a), *bras* **~ear** [-gẽ'njar] (1l) herum-, umherziehen; **~o** [-'gɐnu] **1.** *adj* Zigeuner...; *fig* gerissen, verschlagen; **2.** *m* Zigeuner *m*
cigarra [si'gaʀɐ] *f* Zikade *f*, Baumgrille *f*; *bras a* (Tür)Summer *m*
cigarr|eira [sigɐ'ʀɐjrɐ] *f* Zigarettenetui *n*; **~eiro** [-'ʀɐjru] Zigaretten...; **~ilha** [-'ʀiʎɐ] *f* Zigarillo *m*
cigarro [si'gaʀu] *m* Zigarette *f*
cilada [si'ladɐ] *f* **a)** Hinterhalt *m*; *MONT* Anstand *m*; **b)** List *f*
cilha ['siʎɐ] *f* Sattel-, Bauchgurt *m*
cilício [sə'lisju] *m* Büßerhemd *n*
cilindr|ada [səlĩ'dradɐ] *f AUTO* Hubraum *m*; Hubvolumen *n*; **~ado** [-'dradu] platt gewalzt (*a fig*); **~agem** [-'draʒɐ̃j] *f* Walzen *n*; **~ar** [-'drar] (1a) *Straße* walzen; P *fig* platt machen, niederwalzen; *j-n* zur Schnecke machen
cilindro [sə'lĩdru] *m TÉCN*, *MAT* Zylinder *m*; Trommel *f*; Walze *f*, *bsd* Straßenwalze *f*
cílio ['silju] *m* Wimper *f*
cima ['simɐ] *f Spitze f*, höchste(r) Punkt *m*; ***de ~*** von oben (herab *a fig*); ***o andar de ~*** das obere Stockwerk; ***ao de ~*** oberflächlich; ganz nach oben; ***em ~*** oben(auf); ***em ~ de*** auf (*ac u dat*); ***para ~*** hin-, herauf, nach oben; aufwärts; ***para ~ de*** P über, mehr als; ***por ~*** oberhalb, darüber; ***por ~ de*** über (*ac u dat*); oberhalb; ***ainda por ~*** F obendrein, darüber hinaus; ***passar por ~*** *Vorschrift* missachten; *Vergehen* darüber hinwegsehen; ***vir ao de ~*** an die Oberfläche kommen
cimalha [si'maʎɐ] *f* Gesimsplatte *f*
cimbalino [sĩbɐ'linu] *m* Espresso *m*
cimeir|a [si'mɐjrɐ] *f* Gipfel *m*; *POL* Gipfelkonferenz *f*; **~o** [-'mɐjru] ober(st), höchst; *fig a* Spitzen...
ciment|ar [simẽ'tar] (1a) zementieren; *fig* untermauern; festigen; **~o** [-'mẽtu] *m* Zement *m*; *fig* Unterbau *m*, Grundlage *f*
cimo ['simu] *m* (Berg)Gipfel *m*; (Dach)First *m*; (Turm)Spitze *f*, (Baum)Wipfel *m*; ***no ~*** *fig* am Gipfel, am Scheitelpunkt
cinabre [si'nabrju] *m* Zinnober *m*
cinc|a ['sĩkɐ] *f* Schnitzer *m*, Fehler *m*; **~ar** [sĩ'kar] (1n) *fig* versagen; e-n Bock schießen (***em*** bei)
cinch|ar [sĩ'ʃar] (1a) *Käse* pressen; **~o** ['sĩʃu] *m* Käse(press)form *f*
cinco ['sĩku] **1.** *adj* fünf; **2.** *m* Fünf *f*; **~-réis** [-'ʀɛjʃ] *m alte* Münze *f*; *fig* Nichtigkeit *f*
cindir [sĩ'dir] (3a) trennen; spalten
cin|easta [si'njaʃtɐ] *su* Filmemacher(in *f*) *m*; **~eclube** [sine'klubə] *m* Filmklub *m*
cinegétic|a [sinə'ʒɛtikɐ] *f* Jägerei *f*; *allg* Jagd *f*; **~o** [-'ʒɛtiku] Jagd...
cinema [si'nemɐ] *m* Kino *n*; ***actor m de ~*** Filmschauspieler *m*; **~tografia** [-mɐtugrɐ'fiɐ] *f* Filmkunst *f*; **~tográfico** [-mɐtu'grafiku] Film...
ciner|ação [sinɛrɐ'sɐ̃w] *f* Einäscherung *f*; **~ar** [-'rar] einäschern; **~ário** [-'rarju] Aschen...; ***urna f -a*** Urne *f*
cinética [si'nɛtikɐ] *f FIS* Kinetik *f*
cingir [sĩ'ʒir] (3n) *Schmuckstück* anlegen; *Kopfbedeckung* aufsetzen; *räumlich* umgeben (***de*** mit), umschließen (***de*** mit); abschnüren; *fig* entzweien; **~-se** sich nähern (***com*** *dat*); sich halten (***a*** an *ac*); sich beschränken (***a*** auf *ac*)
cínico ['siniku] zynisch
cinquent|a [sĩ'kwẽtɐ] fünfzig; **~ão** [-'tɐ̃w] **1.** *adj* fünfzigjährig; in den Fünfzigern; **2.** *m*, **-ona** *f* Fünfziger(in *f*) *m*; **~enário** [-tə'narju] *m* fünfzigste(r) Jahrestag *m*
cint|a ['sĩtɐ] *f allg* Band *n*; Gurt *m*; Streifband *n* (*Postversand*); *ANAT* Taille *f*; Hüfthalter *m*; *ARQUIT* Kranzgesims *n*; *fig* Gürtel *m* (*Anordnung*); ***~ de aço*** *AUTO* Stahlgürtel *m* (*Reifen*); ***~ de ferro*** Bandeisen *n*; ***~ de ligas*** Strumpfhalter *m*, P Straps *m*; ***~ métrica*** Bandmaß *n*; **~ado** [-'tadu] tailliert; **~ar** [-'tar] (1a) binden; mit Streifband versehen; *Kleidung* taillieren; *Fass* bereifen; *fig* einfassen
cintilar [-'lar] (1a) funkeln, glitzern
cint|o ['sĩtu] *m* Gürtel *m* (*Kleidung*); Gurt *m*; (Rock-, Hosen)Bund *m*; ***~ de segurança*** *AUTO* Sicherheitsgurt *m* (***regulável em altura*** höhenverstellbarer); ***pôr o ~*** sich anschnallen; ***apertar os ~s*** *AV* den Sicherheitsgurt anlegen; **~ura** [sĩ'turɐ] *f* Gürtel *m* (*a fig*); *ANAT* Taille *f*; **~urão** [-tu'rɐ̃w] *m* Gurt *m*

C

cinz|a ['sĩzɐ] *f* Asche *f*; ***Quarta-Feira** f **de** ≈**s*** Aschermittwoch *m*; *fig* vernichten; **~eiro** [sĩ'zɐjru] *m* Aschenbecher *m*; Aschenkasten *m* (*Ofen*), -haufen *m*
cinzel [sĩ'zɛɫ] *m* Meißel *m*; **~ar** [-zə'lar] (1c) *Statue*, *Inschrift* (aus)meißeln (*Stein*); *Ornament* ziselieren (*Metall*); *fig Text* ausfeilen, feilen an (*dat*)
cinzento [sĩ'zẽtu] grau
ci|o [siw] *m* Brunst *f*, Balz *f* (*Vögel*); Läufigkeit *f* (*Hündin*); **~oso** ['sjozu] eifersüchtig; eifrig (**de** bei)
cipó [si'pɔ] *m* Liane *f*
cipreste [-'prɛʃtə] *m* Zypresse *f*
cipriota [si'prjɔtɐ] **1.** *adj* zypriotisch; **2.** *su* Zypriot(in *f*) *m*
cirand|a [si'rẽdɐ] *f* grobe(s) Sieb *n*, Kornsieb *n*; = **~inha** [-'diɲɐ] *f ein Volkstanz*
circo ['sirku] *m* Zirkus *m*
circuito [sir'kujtu] *m* Umkreis *m* (*Gebiet*); Kreislauf *m*; *Tourismus*: Rundfahrt *f*; *EL* Stromkreis *m*; Schaltkreis *m* (*a INFORM*); ***~ de manutenção*** Trimmpfad *m*; ***~ impresso*** gedruckte(r) Schaltkreis *m*
circulação [sirkulɐ'sɐ̃w] *f* Umlauf *m*, Kreislauf *m* (*a BIOL*); Strömung *f*, Strom *m*; Zirkulation *f*; (Straßen)Verkehr *m*; ***~ monetária*** Geldumlauf *m*; ***de grande ~*** weit verbreitet; verkehrsreich
circul|ar [sirku'lar] **1.** *adj* Kreis..., kreisförmig; Rund...; **2.** *f* Umgehungsstraße *f*; Rundschreiben *n*; **3. a)** *v/t* (1a) umgeben; umrunden; **b)** *v/i* zirkulieren; in Umlauf sein; fahren (*Auto*); **~atório** [-lɐ'tɔrju] Verkehrs...; *MED* Kreislauf...; ***colapso** m **~*** Kreislaufkollaps *m*; ***movimento** m **~*** Kreislauf *m*
círculo ['sirkulu] *m* Kreis *m* (*a MAT*); Bezirk *m*; *fig a* Zirkel *m*, Verein *m*; ***~ de leitores*** Buchklub *m*; ***~ eleitoral*** Wahlbezirk *m*; ***~ vicioso*** *fig* Teufelskreis *m*
circum-navegação [sirkũnɐvəgɐ'sɐ̃w] *f* Umsegelung *f*
circunci|dar [sirkũsi'dar] (1a) *REL* beschneiden; **~são** [-'zɐ̃w] *f REL* Beschneidung *f*; **~so** [-'sizu] **1.** *adj* beschnitten; **2.** *m* Beschnittene(r) *m*
circund|ante [sirkũ'dẽtə] umliegend; **~ar** [-'dar] (1a) umgeben (**de** mit), einfassen (**de** mit); umkreisen; herumgehen (*od* -fahren) um; herumführen um (*Straße*)
circun|ferência [sirkũfə'rẽsjɐ] *f* Kreis(umfang) *m*; Umkreis *m*; Peripherie *f*; **~flexo** [-'flɛksu] *GRAM*: (***acento***) ***~*** *m* Zirkumflex *m*; **~jacente** [-ʒɐ'sẽtə] umliegend; **~locução** [-luku'sɐ̃w] *f fig* Umschreibung *f*; **~navegação** [-kũnavega'sɐ̃w] *f bras* → ***circum-navegação***
circunscr|ever [sirkũʃkrə'ver] (2c) *Gebiet* ein-, begrenzen; beschränken (**a**, **em** auf *ac*); *MAT* umschreiben; *fig* um-, erfassen, einschließen; **~ição** [-kri'sɐ̃w] *f* Ein-, Begrenzung *f*; Beschränkung *f*; *MAT* Umschreibung *f*; *POL* Wahlkreis *m*; (Forst-) Bezirk *m*, Revier *n*; **~ito** [-'kritu] *p/p irr von* ***circuns-crever***; be-, eingegrenzt
circunspe(c)|ção [sirkũʃpɛ'sɐ̃w] *f* Umsicht *f*; ***com ~*** mit Bedacht; **~to** [-'pɛtu] umsichtig; bedächtig
circunst|ância [sirkũʃ'tɐ̃sjɐ] *f* Umstand *m*; Zusammenhang *m*; ***~s*** *pl* Verhältnisse *n/pl*, Lage *f*; ***~s atenuantes*** *JUR* mildernde Umstände *pl*; ***nestas ~s*** unter diesen Umständen; **~ancial** [-tɐ̃'sjaɫ] umstandsbedingt; ***ser ~*** sich ergeben (*Situation*); ***complemento** m **~*** *GRAM* Adverbialbestimmung *f*; **~anciar** [-tɐ̃'sjar] (1g) detailliert schildern; **~ante** [-'tɐ̃tə] **1.** *adj* umstehend; anwesend; **2.** *su* Umstehende(r) *su*; Anwesende(r) *su*; ***os ~s*** die Zuschauer *pl*; die Zuhörerschaft *f*
circunv|agar [sirkũvɐ'gar] (1o; *Stv* 1b) umherstreifen, -irren (***por*** in *dat*); *den Blick* streifen lassen; **~alação** [-vɐlɐ'sɐ̃w] *f* (Schutz)Wall *m*; Umgehungsstraße *f*
círio ['sirju] *m* Altarkerze *f*; *BOT* Königin *f* der Nacht
cirro ['siʀu] *m METÉO* Zirrus-, Federwolke *f*; *BOT* Ranke *f*
cirrose [si'ʀɔzə] *f MED* Zirrhose *f*
cirurg|ia [sirur'ʒiɐ] *f* Chirurgie *f*; ***~ estética*** (*od* ***plástica***) plastische Chirurgie *f*; **~ião** [-'ʒjɐ̃w] *m*, **-iã** *f* Chirurg(in *f*) *m*
cirúrgico [si'rurʒiku] chirurgisch
cisalha [si'zaʎɐ] *f TIP* Papierschere *f*; **~s** *pl* (Metall)Späne *m/pl*
cisão [si'zɐ̃w] *f* Spaltung *f*; ***~ nuclear*** Kernspaltung *f*

cisc|ador [siʃkɐ'dor] *m* Rechen *m*; **~alho** [-'kaʎu] *m* Kehricht *m*; Kohlenstaub *m*; **~ar** [-'kar] (1n) zusammenharken (*mit Rechen*), -kehren (*mit Besen*); scharren in (*dat*) (*Hühner*); **~o** ['siʃku] *m* → **~alho**

cism|a ['siʒmɐ] **1.** *m* Spaltung *f*; REL Schisma *n*; **2.** *f* Grübelei *f*; Angstlichkeit *f*; fixe Idee *f*, F Grille *f*; ***andar de ~ com*** misstrauen (*dat*); **~ar** [-'mar] (1a) **1.** *v/t* durchdenken, überlegen; grübeln über (*ac*); sich sorgen um; *j-m* misstrauen; **2.** *v/i* nachdenken (***em*** über *ac*)

cisne ['siʒnə] *m* Schwan *m*

cisqueiro [siʃ'kɐjru] *m* Kehricht *m*

cisterna [siʃ'tɛrnɐ] *f* Zisterne *f*

cist|ite [siʃ'titə] *f* Blasenentzündung *f*; **~o** ['siʃtu] *m* MED Zyste *f*

cit. ***citação*** *f* Zitat *n*

citação [sitɐ'sɐ̃w] *f* Zitat *n*; Erwähnung *f*; JUR Vorladung *f*

citadino [sitɐ'dinu] **1.** *adj* städtisch, Stadt...; **2.** *m* Städter *m*

citar [si'tar] (1a) zitieren (*a* JUR); *Stelle* anführen; *Autor* erwähnen; JUR vorladen

cítara ['sitɐrɐ] *f* Zither *f*

citologia [situlu'ʒiɐ] *f* MED Zytologie *f*

cítrico ['sitriku] Zitrus...

citri|cultura [sitrikuɫ'turɐ] *f* Anbau *m* von Zitrusfrüchten; **~no** [sə-'trinu]: **~s** *m/pl* Zitrusfrüchte *f/pl*

ciúme ['sjumə] *m* Eifersucht *f*; ***ter ~s de*** eifersüchtig sein auf (*ac*)

ciumento [sju'mẽtu] eifersüchtig

cív|el ['sivɛɫ] JUR **1.** *adj* zivil; **2.** *m* Zivilrecht *n*; Zivilkammer *f*; ***juiz m do ~*** Zivilrichter *m*; **~ico** ['siviku] **1.** *adj* (staats)bürgerlich; Bürger...; ***movimento*** *m* **~** Bürger(rechts)bewegung *f*; ***direitos*** *m/pl* **~s** Bürgerrechte *n/pl*; **2.** *m* Polizist *m*

civil [si'viɫ] **1.** *adj* **a)** zivil; bürgerlich; ***ano*** *m* **~** Kalenderjahr *n*; ***direitos*** *m/pl* ***civis*** Bürgerrechte *n/pl*; **b)** höflich; **2.** *su* Zivilist(in *f*) *m*; **~idade** [-vəli'dadə] *f* Anstand *m*; Höflichkeit *f*; Etikette *f*; **~ista** [-'liʃtɐ] *su* JUR Zivilrechtler(in *f*) *m*; **~ização** [-lizɐ-'sɐ̃w] *f* Zivilisation *f*; **~izado** [-li-'zadu] zivilisiert; höflich; **~izador** [-lizɐ'dor] **1.** *adj* zivilisatorisch; **2.** *m* Kulturträger *m*; Zivilisator *m*; **~izar** [-li'zar] (1a) zivilisieren; erziehen

clã [klɐ̃] *m* Klan *m* (*a fig*)

clam|ar [klɐ'mar] (1a) schreien, rufen; *j-n* anrufen; **~** (***por***) rufen nach, flehen um; **~or** [-'mor] *m* Geschrei *n*; (Weh)Klage *f*; **~ *público*** öffentliche(r) Protest *m*; **~oroso** [-mu'rozu] (weh)klagend; schreiend

clandest|inidade [klɐ̃dəʃtini'dadə] *f* Heimlichkeit *f*; POL Illegalität *f*, Untergrund *m*; **~ino** [-'tinu] heimlich; geheim; POL illegal; Schwarz...; blind (*Passagier*)

clangoroso [-gu'rozu] schmetternd

claqu|e ['klakə] *f* (Fußball)Fans *m/pl*, Anhänger *m/pl*; **~ista** [klɐ'kiʃtɐ] *su* (Fußball)Fan *m*

clara ['klarɐ] *f* Lichtung *f*; Öffnung *f*; **~** (***de ovo***) Eiweiß *n*; **~ *do olho*** *das* Weiße im Auge; ***às ~s*** öffentlich; **~bóia** [klɐrɐ'bɔjɐ] *f* Oberlicht *n*

clar|ão [klɐ'rɐ̃w] *m* helle(r) Schein *m*, Leuchten *n*; *fig* Gedankenblitz *m*; **~ear** [-'rjar] (1l) **1.** *v/t* erhellen; beleuchten; **2.** *v/i* aufhellen (*Himmel*), sich lichten (*Wolken*); lückenhaft werden; *fig* sich aufklären; **~eira** [-'rɐjrɐ] *f* Lichtung *f*; **~ete** [-'retə] **1.** *adj* blassrot (*Wein*); **2.** *m* Bleichert *m* (*Wein*); **~eza** [-'rezɐ] *f* Klarheit *f*; Deutlichkeit *f*; ***com ~*** klar; deutlich

clari|dade [klɐri'dadə] *f* Helle *f*, Helligkeit *f*; Licht *n*; **~ficador** [-rəfikɐ-'dor] *m* Klärmittel *n*, -anlage *f*; **~ficar** [-rəfi'kar] (1n) *Wasser* klären; *fig a* klarstellen

clarinete [klɐri'netə] *m* Klarinette *f*

clarivid|ência [klɐrəvi'dẽsjɐ] *f* Hellsichtigkeit *f*; **~ente** [-'dẽtə] hellsichtig

claro ['klaru] **1.** *adj* klar (*Wasser*, *Stimme*); hell (*Zimmer*, *Farbe*); strahlend (*Licht*, *Sonne*); deutlich (*Aussprache*); unleugbar (*Sachverhalt*); ***em ~*** F ohne zu schlafen; ***é ~, está ~*** selbstverständlich; **2.** *m* Leere *f*; Zwischenraum *m*; Lücke *f* (*im Text*); ***deixar em ~*** *Platz* frei lassen, *Frage* offen lassen; ***passar a/c em ~*** et auslassen; hinwegsehen über (*ac*); **~-escuro** [-əʃ'kuru] *m* Helldunkel *n*

classe ['klasə] *f* Klasse *f*; (Gesellschafts)Schicht *f*; (Berufs)Stand *m*; *Schule*: Klasse(nstufe) *f*; *fig* Ordnung *f*; Kategorie *f*; Rang *m*

classicismo [klɐsə'siʒmu] *m* Klassizismus *m*; *LIT* Klassik *f*
clássico ['klasiku] **1.** *adj* klassisch; mustergültig; **2.** *m* Klassiker *m*
classific|ação [klɐsəfikɐ'sɐ̃w] *f* Klassifizierung *f*; Einordnung *f*; Einstufung *f*; *Sport*: Platz *m*; Punktzahl *f*; *Schule*: Bewertung *f*, Note *f*; **~ado** [-'kadu] **1.** *adj*: **ficar ~** eingestuft werden; e-n Platz (e-e Punktzahl) erringen (*Sport*); **o primeiro ~** Erster; **o melhor ~** der Bestplatzierte; **2.** *m* Annonce *f*, Anzeige *f*; **~ador** [-kɐ'dor] *m* Aktenordner *m*; **~adora** [-kɐ'dɔrɐ] *f* Sortierer *m*, Sortiermaschine *f*; **~ar** [-'kar] (1n) einteilen (**em** in *ac*); klassifizieren (**por** nach); *TÉCN* klassieren; *Dokumente* einordnen, abheften; *in e-n Rang* einstufen; *Leistung* bewerten; **~ de** bezeichnen als; **~-se** *Sport*: sich platzieren; **~-se de** sich auszeichnen als; sich erweisen als; **~ativo**, *bras* **~atório** [-kɐ'tivu, -ka'tɔrju] Rang..., Platzierungs...
classista [klɐ'siʃtɐ] klassenbewusst
claudicar [klawdi'kar] (1n) hinken (**de um pé** auf e-m Bein); *fig* Schwächen zeigen (**em** bei); e-n Fehler begehen
claustr|o ['klawʃtru] *m* Kloster *n*; Kreuzgang *m*; **~ofobia** [-trufu'biɐ] *f* Klaustrophobie *f*
cláusula ['klawzulɐ] *f* Klausel *f*
clausura [klaw'zurɐ] *f* Klausur *f*
clava ['klavɐ] *f* Keule *f* (*Schlaginstrument*)
clav|e ['klavə] *f MÚS* Schlüssel *m*; **~ de fá** (**sol**) Bass- (Violin)schlüssel *m*; **~ícula** [klɐ'vikulɐ] *f ANAT* Schlüsselbein *n*
clem|ência [klə'mẽsjɐ] *f* Milde *f*; Gnade *f*; **~ente** [-'mẽtə] mild(e)
clementina [-mẽ'tinɐ] *f* Klementine *f*
cleptomaníaco [klɛptumɐ'niɐku] *m* Kleptomane *m*
clérigo ['klɛrigu] *m* Geistliche(r) *m*; **cantar de ~** prahlen, angeben
clero ['klɛru] *m* Klerus *m*
clicar [kli'kar] (1n) *INFORM* klicken (**o rato** mit der Maus), anklicken
cliché (*ê) [kli'ʃɛ] *m FOT* Negativ *n*; *fig* Klischee *n*
client|e ['kljẽtə] *su MED* Patient(in *f*) *m*; *JUR* Klient(in *f*) *m*; *ECON* Kunde *m*, Kundin *f*; *INFORM* Client *m*; **~ habitual** Stammkunde *m*, -kundin *f*; **~ela** [-'tɛlɐ] *f ECON* Kundschaft *f*; Klientel *f*; *MED* Patienten *m/pl*; **~elismo** [-tə'liʒmu] *m* Lobbyismus *m*
clima ['klimɐ] *m* Klima *n*
clim|a(c)térico [klima'tEriku]: **anos** *m/pl* **~s** = **~a(c)tério** [-ma'tɛrju] *m* Klimakterium *n*; **~atérico** [-mɐ'tɛriku] klimatisch; **~atizar** [-mɐti'zar] (1a) klimatisieren
clímax ['klimaks] *m* Höhepunkt *m*
clínic|a ['klinikɐ] *f* Klinik *f*, Praxis *f*; **fazer ~** den Arztberuf ausüben; **médico** *m* **de ~ geral** Allgemeinmediziner *m*; **~o** ['kliniku] **1.** *adj* klinisch; **2.** *m* praktische(r) Arzt *m*
clínquer ['klĩkər] *m ARQUIT* Klinker *m*
clipe ['klipə] *m* Heftklammer *f*; *MÚS* Videoclip *m*
clique ['klikə] *m* Klicken *n*; *INFORM* Klick *m*; **duplo ~** Doppelklick *m*
clister [kliʃ'ter] *m* Einlauf *m*
clítoris, *bras* **clitóris** ['klituriʃ, kli'tɔris] *m ANAT* Klitoris *f*
clivagem [kli'vaʒɐ̃j] *f MIN* schräge Schieferung *f*; *fig* Aufsplitterung *f*
cloaca ['klwakɐ] *f* Kloake *f*
clon|agem [klu'naʒɐ̃j] *f* Klonen *n*; **~ar** [-'nar] klonen; **~e** ['klɔnə] *m* Klon *m*
clor|agem [klu'raʒɐ̃j] *f* Chloren *n* (*des Wassers*); **~eto** [-'retu] *m* Chlorid *n*; **~ de sódio** Kochsalz *n*; **~o** ['klɔru] *m* Chlor *n*
cloro|fila [klɔrɔ'filɐ] *f BOT* Chlorophyll *n*; **~fluorocarbonetos** [-flwɔrukɐrbu'netuʃ] *m/pl* Fluorchlorkohlenwasserstoffe *m/pl* (**CFC** FCKW)
club|e ['klubə] *m* Klub *m*; **~ recreativo** Freizeitverein *m*; **~ista** [-'biʃtɐ] *su* Klubmitglied *n*
CM ***Câmara** f* ***Municipal*** Rathaus *n*
CME ***Conferência** f* ***Mundial de Energia*** Weltklimakonferenz *f*
co... *od* **co-...** *in Zssgn*: Mit...; Ko...; *z.B.* **co-autor** *m* Koautor *m*; **co-réu** *m* Mitangeklagte(r) *m*
coabit|ação [koɐbitɐ'sɐ̃w] *f* Zusammenleben *n*; *POL* Kohabitation *f*; **~ar** [-'tar] (1a) zusammenleben
coa(c)|ção [koa'sɐ̃w] *f* Druck *m*, Zwang *m*; Nötigung *f*; **~tivo** [-'tivu]

zwangsweise, Zwangs...; **~to** [ko'atu] genötigt, gezwungen

coador [kwɐ'dor] *m* Durchschlag *m*; (Tee)Sieb *n*

coadunar [kwɐdu'nar] (1a) verbinden; zusammenschließen; *Meinungen* in Einklang bringen

coagir [koɐ'ʒir] (3n) nötigen; zwingen

coagul|abilidade [kwɐgulɐbəli'dadə] *f* Gerinnbarkeit *f*, Gerinnungsvermögen *n*; **~ação** [-lɐ'sɐ̃w] *f* Gerinnung *f*; *QUÍM* Koagulation *f*; Ausflocken *n*; **~ador** [-lɐ'dor] *m* Labmagen *m*; **~ante** [-'lɐ̃tə] *m MED* Koagulans *n*; **~ar** [-'lar] (1a) zum Gerinnen bringen; *QUÍM* ausfällen; *Flüssigkeit* eindicken; **~-se** gerinnen; ausflocken

coágulo ['kwagulu] *m* Gerinnsel *n*

coalh|ada [kwɐ'ʎadɐ] *f Art* Dick-, Sauermilch *f*; **~ar** [-'ʎar] (1b) gerinnen; *fig* versperren; **~-se** sich (an)füllen (**de** mit); **~eira** [-'ʎɐjrɐ] *f* Labmagen *m*; *BIOL* Lab *n*; **~o** ['kwaʎu] *m* Gerinnsel *n*; ***fermento m do ~*** (Käse)Lab *n*

coaliz|ão [kɔali'zɐ̃w] *f bras POL* Koalition *f*; *ECON* Kartell *n*; Preisabsprache *f*; **~ar** [-'zar] (1a) *POL* koalieren; Absprachen treffen

coar [kwar] (1f) **1.** *v/t Flüssigkeit* durchseihen, filtern; *Licht* (hin-)durchlassen; *Kartoffeln*, *Gemüse* (durch)quetschen; *Metall* schmelzen; **2.** *v/i* ein-, durchdringen (*a fig*)

co-arrendar [koɐʀɐ̃'dar] (1a) gemeinsam mieten

co-autor [koaw'tor] *m* Koautor *m*, Mitverfasser *m*; *JUR* Mittäter *m*

coaxial [koɐ'ksjaɫ] *TÉCN* koaxial

cobaia [ku'bajɐ] *f* Meerschweinchen *n*; *fig* Versuchskaninchen *n*

cobalto [ku'baɫtu] *m* Kobalt *n*

cobard|e [ku'bardə] **1.** *adj* feig; niederträchtig; **2.** *su* Feigling *m*; **~ia** [-bɐr'diɐ] *f* Feigheit *f*, Niedertracht *f*

cobert|a [ku'bɛrtɐ] *f* (Bett)Überzug *m*; (Bett)Decke *f*; *AUTO* Verdeck *n*; *allg* Abdeckung *f*; *NAV* (Zwischen-)Deck *n*; *ECON* Deckung *f*; *fig* Schutz *m*, Deckung *f*

coberto[1] [ku'bɛrtu] **1.** *p/p von* ***cobrir***; **2.** *adj* bedeckt (*Himmel*); übersät (**de** mit) (*Fußboden etc*)

coberto[2] [ku'bertu] *m* Schutzdach *n*; *MIL* Schanze *f*; ***a ~*** geschützt

cobert|or [kubər'tor] *m* Bettdecke *f*; **~ura** [-'turɐ] *f* Decke *f*; Deckel *m* (*Gefäß*); Überzug *m* (*Gebäck*); *ECON*, *MIL* Deckung *f*; *fig* Schutz *m*; Tarnung *f*; *ARQUIT bras* Penthouse *n*

cobiç|a [ku'bisɐ] *f* Begierde *f*, Gier *f*; **~ar** [-'sar] (1p) begehren; begierig sein auf (*ac*); **~oso** [-'sozu] gierig

cob|ói [kɔ'bɔj] *m* Cowboy *m*; **~oiada** [-bɔ'jadɐ] *f* Western *m*; P Fete *f*

COBOL ***common business oriented language*** *INFORM* COBOL *n*

cobra ['kɔbrɐ] **1.** *f* Schlange *f*; Giftnatter *f*; ***ficar ~*** P sauwütend werden; ***dizer ~s e lagartos de*** P herziehen über *j-n*; ***ser pior que as ~s*** P e-e falsche Schlange sein; ***~-capelo*** *f* Brillenschlange *f*; ***~-coral*** *f bras* Korallen(roll)schlange *f*; **2.** *su bras* P Genie *n*

cobr|ador [kubrɐ'dor] *m* Gebühren-, Steuereintreiber *m*; (Fahrgeld)Kassierer *m*; **~ança** [-'brɐ̃sɐ] *f* (Gebühren)Einnahme *f*; Kassieren *n*; *ECON* Inkasso *n*; *Post* ***à ~*** per Nachnahme; **~ar** [-'brar] (1e) *Gebühren* erheben; *Schulden*, *Steuern* eintreiben, -ziehen (**a** bei); *Rechnung* kassieren; *Versprechen* erinnern an (*ac*), einfordern; *Kräfte*, *Ruf* erlangen; *Mut*, *Vertrauen* fassen

cobre ['kɔbrə] *m* Kupfer *n*

cobre-|junta [kɔbrə'ʒũtɐ] *f* Deckschiene *f*; Fugenleiste *f*; **~leito(s)** [kɔbri'lejtu] *m(pl) bras* Tagesdecke *f*

cobr|ição [kubri'sɐ̃w] *f* Begattung *f* (*Viehzucht*); ***de ~*** = **~idor** [-'dor] Zucht...; **~ir** [-'brir] (3f) be-, ver-, zudecken; *Verbrechen*, *MIL*, *ECON* decken; *Brot* bestreichen (**com**, **de** mit); *Sessel*, *Kuchen* überziehen (**com**, **de** mit); *fig* verbergen, überdecken; *Thema* abhandeln; *Entfernung* zurücklegen; begatten, decken (*Viehzucht*); **~-se** den Hut aufsetzen; bedeckt werden (**de** mit)

cobro ['kobru] F: ***pôr ~ a*** ein Ende bereiten (*dat*), abstellen (*ac*)

coca ['kɔkɐ] *f BOT* Koka *f*; ***estar à ~*** auf der Lauer liegen

coça ['kɔsɐ] *f* Tracht *f* Prügel

coçado [ku'sadu] verschlissen (*Kleidung*); schäbig (*Person*)

coca|ína [kɔkɐ'inɐ] *f* Kokain *n*;

C

~inómano (*ô) [kɔkɐ-i'nɔmɐnu] **1.** *adj* kokainsüchtig; **2.** *m* Kokainsüchtige(r) *m*
coçar [ku'sar] (1p, *Stv* 1e) (sich) kratzen; *fig* verdreschen
cocção [kɔk'sɐ̃w] *f* Sieden *n*, Kochen *n*
cóccix (*pl inv*) ['kɔksis] *m* Steißbein *n*
cócegas ['kɔsəgɐʃ] *f/pl* Kitzel *m*, *fig a* Reiz *m*; ***ter ~*** kitzlig sein; ***fazer ~*** *j-n* kitzeln; ***ter ~ na língua*** den Mund nicht halten können
coch|e ['koʃə] *m* Kutsche *f*; → ***cocho***; **~eira** [ku'ʃɐjrɐ] *f* Remise *f*; Wagenschuppen *m*; **~eiro** [-'ʃɐjru] *m* Kutscher *m*
cochich|ar [kuʃi'ʃar] (1a) flüstern, tuscheln; *j-m et* zuflüstern; **~o** [-'ʃiʃu] *m* **a)** Getuschel *n*, Gewisper *n*; *ZO* Feldlerche *f*; **b)** = **~olo** [-'ʃolu] *m* P Kabuff *n* (*Zimmer*); Bruchbude *f* (*armseliges Haus*)
cochil|ar [koʃi'lar] (1a) *bras* schlummern; *fig* schludern, schlampen; **~o** [-'ʃilu] *m bras* Schlummer *m*; *fig* Nachlässigkeit *f*, Schlampigkeit *f*; ***tirar um ~*** P ein Nickerchen machen
cochinilha [kuʃə'niʎɐ] *f* Koschenille *f*
cocho ['koʃu] *m* Mörteltrog *m*; *bras* Tränke *f*
coco ['koku] *m* Kokosnuss *f*, -schale *f*
cocó (*ô) [kɔ'kɔ] *m* **a)** *bras* Haarkranz *m*; **b)** *infan* Aa *n*
cócoras ['kɔkurɐʃ]: ***de ~*** hockend, in der Hocke; ***estar de ~*** hocken; ***pôr-se de ~*** sich niederhocken
cocorocó [kɔkɔrɔ'kɔ] *m* Kikeriki *n*
cocorote [koko'rɔti] *m* Kopfnuss *f*
cocota [ko'kɔta] *f bras* P Backfisch *m* (*junges Mädchen*)
cocuruto [kuku'rutu] *m* Scheitel *m*; *fig* Gipfel *m*
coda ['kɔdɐ] *f MÚS* Koda *f*
côdea ['kodjɐ] *f* Rinde *f*, Kruste *f*
codeína [kudə'inɐ] *f* Kodein *n*
cód|ex (*pl inv*), **-ice** ['kɔdɛks, 'kɔdisə] *m LIT* alte Handschrift *f*, Kodex *m*; ***1560 Lisboa CODEX*** *Sonderpostleitzahl für Großkunden der Post*
codificar [kudəfi'kar] (1n) *Dokumente, Gesetze* zusammenstellen, kodifizieren
código ['kɔdigu] *m JUR* Gesetzbuch *n*; (Geheim)Kode *m*; *allg* Regelwerk *n*; ***~ bancário*** Bankleitzahl *f*; ***~ binário*** Binärziffer *f*; ***♀ Comercial*** Handelsgesetzbuch *n*; ***♀ da Estrada*** Straßenverkehrsordnung *f*; ***~ de barras*** Strichkode *m*; ***~ de máquinas*** *INFORM* Maschinenkode *m*; ***♀ Penal*** Strafgesetzbuch *n*; ***~ postal*** Postleitzahl *f*; ***em ~*** kodiert; chiffriert
codorniz [kudur'niʃ] *f* Wachtel *f*
coeficiente [koɛfi'sjẽtə] *m MAT, FIS, TÉCN* Koeffizient *m*; Faktor *m*
coelh|eira [kwə'ʎɐjrɐ] *f* Kaninchenstall *m*; **~o** ['kweʎu] *m* Kaninchen *n*; ***tirar o ~ da cartola*** *fig* die Katze aus dem Sack lassen; ***matar dois ~s de uma cajadada*** *fig* zwei Fliegen mit e-r Klappe schlagen
coentro ['kwẽtru] *m BOT* Koriander *m*
coer|ência [koə'rẽsjɐ] *f* Zusammenhang *m*, Kohärenz *f*; **~ente** [-'rẽtə] zusammenhängend, kohärent; folgerichtig, schlüssig
coes|ão [koə'zɐ̃w] *f* Kohäsion *f*; *fig* Zusammenhalt *m*; *POL* Zusammenwachsen *n*; ***fundo*** *m* ***de ~*** Kohäsionsfonds *m* (*EU*); **~ivo** [-'zivu] zusammenhaltend; **~o** [ko'ɛzu] eng verbunden; schlüssig, logisch
coe|tâneo, ~vo [koə'tɐnju, ko'ɛvu] **1.** *adj* gleichaltrig; zeitgenössisch; **2.** *m* Alters-, Zeitgenosse *m*
coexist|ência [ko-eziʃ'tẽsjɐ] *f* Koexistenz *f*; **~ir** [-zəʃ'tir] (3a) koexistieren, gleichzeitig existieren
cofr|agem [ku'fraʒɐ̃j] *f ARQUIT* (Ver)Schalung *f*; **~e** ['kɔfrə] *m* Geldschrank *m*, Safe *m*
cogit|abundo [kuʒitɐ'bũdu] nachdenklich; **~ar** [-'tar] (1a) **1.** *v/t* denken an; ***~ de*** beabsichtigen; **2.** *v/i* nachdenken (***em*** über *ac*); überlegen
cognom|e [kog'nomə] *m* Bei-, Spitzname *m*; **~inar** [-numi'nar] (1a): ***~ (de) ...*** *j-n* mit Beinamen ... nennen
cogular [kugu'lar] (1a) überfüllen
cogumelo [kugu'mɛlu] *m* Pilz *m*
co-herdar [ko-ər'dar] (1c) gemeinsam erben
coibir [ko-i'bir] (3s): ***~ de*** einschreiten (gegen), *Protest* unterdrücken; *j-n* hindern an (*dat*); ***~-se*** sich zügeln

coice ['kojsə] *m* Rückstoß *m* (*Gewehr*); Huftritt *m* (*Pferd*)
coifa ['kojfɐ] *f* Haarnetz *n*
coima ['kojmɐ] *f* Bußgeld *n*; Fehler *m*
Coimbra ['kwĩbrɐ] *port Distrikt-(hauptstadt)*
coincid|ência [ko-ĩsi'dẽsjɐ] *f* Zusammentreffen *n*, Zusammenfall *m* (*Ereignisse*); Zufall *m*; **~ente** [-'dẽtə] übereinstimmend (**com** mit); **~ir** [-sə'dir] (3a) zusammenfallen, -treffen (*Ereignisse*); übereinstimmen (**com** mit, **em** in *dat*) (*Meinungen*); **~ em fazer** *a/c* übereinstimmend (*od* gleichzeitig) tun
coir... → **cour...**
coirmão(s) [ko-ir'mɐ̃w] *m(pl)*, **-ã** *f* Cousin(e *f*) *m*
coisa ['kojzɐ] *f* Sache *f*, Ding *n*; Gegenstand *m*, Angelegenheit *f*; **alguma ~** (irgend)etwas; **~ alguma** (*od* **nenhuma**) nichts; **~ de** F etwa, ungefähr; **~ de nada** F fast nichts; **estado** *m* **de ~s** Sachverhalt *m*, Tatbestand *m*; **~s e loisas** F dies und das; **~s da vida** F die Dinge, wie sie sind (*unvermeidlich*); **~ imóvel** *JUR* unbewegliche(s) (*od* liegendes) Gut *n*; **~ móvel** bewegliche(s) Gut *n*; **vistas bem as ~s** F bei Lichte betrachtet; **ser a mesma ~** aufs Gleiche hinauslaufen; **não ser lá grande ~** P nicht so toll sein; **aí há ~!** P da stimmt doch was nicht!
cois|a-feita(s) [kojza'fejta] *f(pl) bras* Hexerei *f*; **~ar** [koj'zar] (1a) sich kümmern (**de** um); P es treiben (*kopulieren*); **~ificar** [-zəfi'kar] (1a) *FIL* verdinglichen; **~íssima** [-'zisimɐ] *f*: **~ nenhuma** F absolut nichts
coiso ['kojzu] *m* P Dingsda *m od n* (*Person u Sache*); P das Ding (*Penis*)
coitad|inho, ~o [kojtɐ'diɲu, -'tadu] arm, unglücklich; **~ de mim!** ich Ärmster!
coito ['kojtu] *m* Beischlaf *m*; → **couto**; *Versteckspiel*: Anschlag *m*
cola ['kɔlɐ] *f* **a)** Leim *m*; Klebstoff *m*; *bras* P Spickzettel *m*; **~ branca** (Stärke)Kleister *m*; **~ forte**, **~ de madeira** Tischlerleim *m*; **~ para papel de parede** Tapetenkleister *m*; **fazer ~** abschreiben; **b)** Schwanz *m*; Spur *f*; **c)** Kolanuss *f*
colabor|ação [kulɐburɐ'sɐ̃w] *f* Mitarbeit *f* (**em** an *od* in *dat*), Zusammenarbeit *f* (**com** mit); Mitwirkung *f* (**em** bei *od* an *dat*); **~acionista** [-rɐsju'niʃtɐ] *su POL* Kollaborateur(in *f*) *m*; **~ador** [-rɐ'dor] **1.** *adj* hilfsbereit; **2.** *m*, **-ora** *f* Mitarbeiter(in *f*) *m*; Mitwirkende(r) *su*; **~ar** [-'rar] (1e) zusammenarbeiten (**com** mit); mitarbeiten (**em** an *od* in *dat*); mitwirken (**em** bei *od* an *dat*)
cola|ção [kulɐ'sɐ̃w] *f* **a)** *CUL* Imbiss *m*; **b)** Verleihung *f* (*e-r Würde*); **c)** Vergleichen *n* (*von Schriften*); *JUR* Erbenausgleich *m*; **~cionar** [-sju'nar] (1f) vergleichen, kollationieren
colaps|ar [kulɐp'sar] (1a) *MED* kollabieren; **~o** [-'lapsu] *m* Schwächeanfall *m*, Kollaps *m*
colar [ku'lar] **1.** *m* Halskette *f*; *TÉCN* Kragen *m*, Rand *m*; **2. a)** *v/t* (1e) zusammenleimen, kleben; pressen, drücken; *Wein* klären; *bras* P *Schule*: abschreiben; **b)** *v/i* kleben; *bras* P gerade richtig kommen, passen
colareja [kulɐ'reʒɐ] *f* P Marktweib *n*
colarinho [kulɐ'riɲu] *m* Kragen *m*
colateral [kolɐtə'rał] benachbart; Seiten...; entfernt (*Verwandter*)
colch|a ['kołʃɐ] *f* Tagesdecke *f*; **~ão** [-'ʃɐ̃w] *m* Matratze *f*; **~ pneumático** Luftmatratze *f*
colcheia [kol'ʃɐjɐ] *f* Achtel(note *f*) *n*
colchet|a [kol'ʃetɐ] *f* Öse *f*; **~e** [-'ʃetə] *m* Haken *m*; Klammer *f*; **~ de pressão** Karabinerhaken *m*; **~s** *pl TIP* eckige Klammern *f/pl*; **~ear** [-ʃə'tjar] (1l) ein-, festhaken
colcho|aria [kołʃwɐ'riɐ] *f* Matratzenfabrik *f*; **~nete** [-ʃu'netə] *m Camping*: Isomatte *f*
colear [ku'ljar] (1l) sich schlängeln (**entre** durch); **~-se** *fig* sich einschleichen
cole(c)|ção [kulɛ'sɐ̃w] *f* Sammlung *f*; **~cionador** [-sjunɐ'dor] *m* Sammler *m*; **~cionar** [-sju'nar] (1f) sammeln; **~ta** [-'lɛtɐ] *f* Spende *f*; *REL* Kollekte *f*; *ECON* Abgabe *f*; *bras* Leerung *f* (*Briefkästen*); **~tânea** [-'tɐnjɐ] *f LIT* Auswahl *f*, Anthologie *f*; **~tar** [-'tar] (1a) besteuern; mit Abgaben belegen
cole(c)tiv|idade [kulɛtəvi'dadə] *f*

C

Gesamtheit *f*; Gemeinschaft(sgeist *m*) *f*; **~ismo** [-'viʒmu] *m* Kollektivwirtschaft *f*; **~ização** [-vizɐ'sɐ̃w] *f* Kollektivierung *f*; **~o** [-'tivu] **1.** *adj* gemeinsam, kollektiv; ***contrato*** *m* **~** Tarifvertrag *m*; ***nome*** *m* **~** *GRAM* Sammelbegriff *m*; *Sport*: ***provas*** *f/pl* **-*as*** Mannschaftskämpfe *m/pl*; **2.** *m* Kollektiv *n*; *bras* öffentliche(s) Verkehrsmittel *n*

cole(c)tor [kulɛ'tor] **1.** *adj* Sammel...; **2.** *m* **a)** Sammler *m*; (*Gebühren, Steuern*) Einsammler *m*; Eintreiber *m*, Kassierer *m*; **b)** Sammelleitung *f*, -kanal *m* (*z.B. Abwasser*); *EL* Kollektor *m*; *TÉCN* (Auf)Fangvorrichtung *f*

cole|ga [ku'lɛgɐ] *su* Kollege *m*, Kollegin *f*; *UNIV* Kommilitone *m*, Kommilitonin *f*; *Schule*: Mitschüler(in *f*) *m*; **~gial** [-lə'ʒjał] **1.** *adj* kollegial; **2.** *su* (Ober)Schüler(in *f*) *m* e-r Privatschule; Gymnasiast(in *f*) *m*

colégio [ku'lɛʒju] *m* Kollegium *n*; Privatschule *f*; *bras* (Grund-, Ober-) Schule *f*; die Schüler; **~ *eleitoral*** Wahlversammlung *f*; **~ *infantil*** *privater* Kindergarten *m*

coleira [ku'lɐjrɐ] *f* Hundehalsband *n*

cólera ['kɔlərɐ] *f* **a)** Zorn *m*, Wut *f*; **b)** *MED* Cholera *f*

colérico [ku'lɛriku] **1.** *adj* **a)** zornig; cholerisch; **b)** *MED* cholerakrank; **2.** *m* **a)** Choleriker *m*; **b)** *MED* Cholerakranke(r) *m*

colesterol [kuləʃtə'rɔł] *m* *QUÍM* Cholesterin *n*

colete [ku'letə] *m* Weste *f*; Korsett *n* (*bsd fig*); **~ *anti-bala*** kugelsichere Weste *f*; **~ *de forças*** Zwangsjacke *f*; **~ *salva-vidas*** Rettungsweste *f*

colet... *bras* → ***cole(c)t...***

colheit|a [ku'ʎɐjtɐ] *f* Ernte *f*

colher[1] [ku'ʎer] (2d) *Obst* (ab)ernten; *Blumen* (ab)pflücken; *fig* erfassen, begreifen; *Lehre* ziehen; *Fußgänger* erfassen (*Auto*); auf die Hörner nehmen (*Stier*); *Daten* sammeln; (ent)nehmen (*aus e-m Behältnis*)

colher[2] [ku'ʎɛr] *f* Löffel *m*; (Maurer)Kelle *f*; Handschaufel *f*; **~ *de sopa*** (***café***, ***chá***, ***sobremesa***) Suppen- (Kaffee-, Tee-, Dessert)löffel *m*; ***de* ~** P *bras* kinderleicht; **~ada** [-ʎə'radɐ] *f* Löffel *m* voll; ***meter a sua* ~** F s-n Senf dazugeben

colhões [ku'ʎõjʃ] *m/pl* V Eier *n/pl* (*Hoden*)

colibri [kuli'bri] *m* Kolibri *m*

cólica ['kɔlikɐ] *f* *MED* Kolik *f*

colidir [kuli'dir] (3a) zusammenstoßen; verstoßen (***com*** gegen)

colig|ação [koligɐ'sɐ̃w] *f* *POL* Koalition *f*; Bündnis *n*; **~ar-se** [-'garsə] (1o) sich verbünden; *POL* koalieren (***a***, ***com*** mit)

coligir [kulə'ʒir] (3n) *Daten* sammeln, zusammentragen; folgern (***de*** aus)

colim|ador [kulimɐ'dor] *m* *ÓPT*, *FIS* Kollimator *m*; **~ar** [-'mar] (1a) anvisieren; *fig* bezwecken

colina [ku'linɐ] *f* Hügel *m*

colisão [kuli'zɐ̃w] *f* Kollision *f*, Zusammenstoß *m*; Widerstreit *m*; **~ *em cadeia*** *AUTO* Massenkarambolage *f*

coliseu [kuli'zew] *m* (Veranstaltungs)Halle *f*

collants [ko'lɐ̃ʃ] *m/pl* (Fein)Strumpfhose *f*

colm|ado [koł'madu] *m* Strohhütte *f*; **~ar** [-'mar] (1a) mit Stroh decken; bedecken; **~atar** [-mɐ'tar] (1b) *Gelände*, *Unebenheiten* auffüllen; *Haufen* aufschütten; *Loch* zuschütten; *Bresche* schließen

colm|eal [koł'mjał] *m* Bienenstand *m*; **~eeiro** [-'mjɐjru] *m* Bienenzüchter *m*; **~eia** [-'mɐjɐ] *f* Bienenkorb *m*, -stock *m*; **~eiro** [-'mɐjru] *m* Garbe *f* (*Stroh*)

colmo ['kołmu] *m* Halm *m*; (Schilf)Rohr *n*

col.º ***colégio*** *m* *bras* Schule *f*; Gymnasium *n*

colo ['kɔlu] *m* Hals *m*; *fig* Busen *m*, Schoß *m*; *ANAT* Hals *m* (*Zahn*, *Gebärmutter*); ***ao* ~** auf dem Arm (*od* Schoß); ***criança*** *f* ***de* ~** Kleinkind *n*, Säugling *m*

coloc|ação [kulukɐ'sɐ̃w] *f* Aufstellung *f*, Anordnung *f* (*in bestimmter Reihenfolge*); Präsentation *f* (*Waren*); Einbau *m* (*Ersatzteil*); *ECON* (Geld)Anlage *f*; *ECON* (Waren)Absatz *m*; Unterbringung *f*; Anstellung *f*, Stelle *f* (*Job*); ***de fácil*** (***difícil***) **~** leicht (schwer) absetzbar (*od* unterzubringen); **~ar** [-'kar] (1n; *Stv* 1e) *Bücher*, *Glas* (hin)stellen; *an j-s Stelle*, *an die Spitze* setzen; *Tischdecke* auflegen; *Buch, Hand* legen; *in bestimmter Reihenfolge* anordnen; *Bild* anbringen (**a** an *dat*), (*Ersatz-*) *Teil* einbauen (**a** in *dat*); *Waren* auf den Markt bringen; *Geld* anlegen; *j-n* unterbringen; *Arbeiter etc* einstellen; **~-se** e-e Stelle finden; *fig* s-n Platz finden

colocutor [koluku'tor] *m* Gesprächspartner *m*

Colômbia [ku'lõbjɐ]: ***a ~*** Kolumbien *n*

colombiano [kulõ'bjɐnu] **1.** *adj* kolumbianisch; **2.** *m*, **-a** *f* Kolumbianer(in *f*) *m*

cólon ['kɔlɔn] *m ANAT* Dickdarm *m*

Colónia [ku'lɔnjɐ] Köln *n*

colónia (*ô) [ku'lɔnjɐ] *f* Kolonie *f* (*a BOT, ZO*); Siedlung *f*; ***~ de férias*** Ferienkolonie *f*

colonial [kulu'njał] kolonial, Kolonial...; **~ismo** [-njɐ'liʒmu] *m* Kolonialismus *m*; **~ista** [-'liʃtɐ] **1.** *adj* kolonialistisch; **2.** *su* Kolonialist(in *f*) *m*

coloniz|ação [kulunizɐ'sɐ̃w] *f* Kolonisation *f*; **~ador** [-zɐ'dor] *m* Kolonisator *m*; **~ar** [-'zar] (1a) erschließen; kolonisieren

colono [ku'lonu] *m* Siedler *m*, Kolonist *m*

coloquial [kulu'kjał] **a)** umgangssprachlich; ***linguagem*** *f* **~** Umgangssprache *f*; **b)** Kolloquiums...

colóquio [ku'lɔkju] *m* Kolloquium *n*; Gespräch *n*

color|ação [kulurɐ'sɐ̃w] *f* Färbung *f*, Farbgebung *f*; **~ar** [-'rar] (1e) färben; beleben, auffrischen; **~au** [-'raw] *m* Paprika *m* (*Gewürz*); **~ear** [-'rjar] (1l) verschleiern, verbergen; **~ido** [-'ridu] **1.** *adj* farbig, bunt; **2.** *m* Farbgebung *f*, Farbigkeit *f*; *fig* Kolorit *n*; **~ir** [-'rir] (3f) färben (*a fig*); bemalen; *FOT* kolorieren; ***~-se de vermelho*** rot werden

coloss|al [kulu'sał] gewaltig, riesig; **~o** [-'losu] *m* Koloss *m*

coltar [koł'tar] *m* Steinkohlenteer *m*

colun|a [ku'lunɐ] *f ARQUIT* Säule *f*; Kolonne *f* (*a MIL*); *TIP* Spalte *f*; *ANAT* Wirbelsäule *f*; *EL* (Lautsprecher)Box *f*; ***~ de direcção*** *AUTO* Lenksäule *f* (***ajustável*** verstellbar); ***quinta ~*** fünfte Kolonne *f*; **~ata** [-'natɐ] *f* Kolonnade *f*, Säulengang *m*; **~ável** [kolu'navɛł] *su bras* Prominente(r) *su*; **~ista** ['nista] *su bras* Kolumnist(in *f*) *m*

colutório [kulu'tɔrju] *m* Mundwasser *n*

colza ['kołzɐ] *f* Raps *m*

com [kõ] mit (*dat*); **a)** *Nähe, Umstand*: bei (*dat*); ***~ este tempo*** bei dem Wetter; ***vive ~ os pais*** er lebt bei den Eltern; **b)** *Verhältnis*: ***para ~*** zu (*dat*); ***a amizade para ~ ...*** die Freundschaft zu; **c)** *konzessiv*: trotz (*dat, gen*); ***~ tudo isso*** trotz alledem; **d)** → ***estar***; ***estar ~ medo*** (***fome***, ***sono*** *etc*) Angst haben (hungrig, müde *etc* sein)

com..., com-... *in Zssgn* Mit...; *z.B.* ***com-aluno*** *m* Mitschüler *m*

coma ['komɐ] **1.** *f* Mähne *f*; (Kometen-, Ross)Schweif *m*; **2.** *m MED* Koma *n*; ***~s*** *pl* Anführungszeichen *n/pl*, -striche *m/pl*

comadre [ku'madrə] *f* (Tauf)Patin *f*; F Hebamme *f*; F Wärmflasche *f*; *bras* Bettpfanne *f*; ***negócio*** *m* ***de ~s*** F Weiberkram *m*; ***quinta-feira*** *f* ***de ~s*** Altweiberfastnacht *f*

comand|ante [kumɐ̃'dɐ̃tə] **1.** *adj* kommandierend (*Tonfall*); *MIL* befehlshabend; **2.** *m* Kommandant *m*, Befehlshaber *m*; **~ar** [-'dar] (1a) kommandieren, befehligen; **~ita** [-'ditɐ] *f ECON* Kommanditgesellschaft *f*; **~itário** [-di'tarju] *m ECON* Kommanditist *m*

comando [ku'mɐ̃du] *m* Kommando *n*, Befehl *m* (*a INFORM*); *fig* Führung *f*; *TÉCN* Steuerung *f*; Antrieb *m*; *MIL* Elitesoldat *m*; ***~ remoto*** *EL* Fernbedienung *f*; ***~ à distância de abertura das portas*** *AUTO* Infrarottüröffner *m*; ***~s*** *pl MIL* Kommandounternehmen *n*, -trupp *m*

comarca [ku'markɐ] *f* (Amts-, Verwaltungs)Bezirk *m*; ***tribunal*** *m* ***da ~*** Amtsgericht *n*

combalir [kõbɐ'lir] (3b) *j-s Gesundheit* schwächen, erschüttern; *fig j-m* zusetzen; *j-n* niederschmettern; *Obst etc* verderben

combat|e [kõ'batə] *m* Kampf *m*; *MIL* Gefecht *n*; Bekämpfung *f*; **~ente** [-bɐ'tẽtə] **1.** *adj* Kampf...; Streit...; **2.** *m* Kämpfer *m*; Kriegsteilnehmer *m*; *ZO* Kampfläufer *m* (*Vogel*); **~er** [-'ter] (2b) **1.** *v/t Feind, Krankheit*

C

bekämpfen; *Meinung* bestreiten; **2.** *v/i* MIL kämpfen (**por** für *od* um, **contra** gegen, **com** mit); streiten (**por** um, **com** mit); *fig* eintreten (**por** für); **~ividade** [-tɘvi'dadɘ] *f* Kampfkraft *f*, -geist *m*

combin|ação [kõbinɐ'sɐ̃w] *f* Kombination *f* (**de** aus); Anordnung *f*, Zusammenstellung *f*; Verbindung *f*; *fig* Verabredung *f*, Abmachung *f*; **~ar** [-'nar] (1a) *Farben, Kleidungsstücke* kombinieren; *Ideen* verbinden; (sich) verabreden; *Termin, Preis* ausmachen; **~-se** sich verbinden; sich verabreden; passen (**com** zu)

comboiar [kõbu'jar] (1k) geleiten, bringen; *bras* P *Frauen* nachstellen

comboio [kõ'bɔju] *m* Zug *m*; Konvoi *m*, Geleitzug *m*; Transport *m*; **~ de mercadorias** Güterzug *m*; **~ de alta velocidade** Hochgeschwindigkeitszug *m*; **~ directo** Eilzug *m*; **~ expresso** Fernschnellzug *m*; (**~**) **intercidades** Intercity, **~ rápido** Schnellzug *m*; **~ (sub)urbano** Nahverkehrszug *m*; **~ de levitação magnética** Magnetschwebebahn *f*

combust|ão [kõbuʃ'tɐ̃w] *f* Verbrennen *n*; Brand *m* (*a fig*); **~ível** [-'tivɛł] **1.** *adj* brennbar; **2.** *m* Brennmaterial *n* (*fest*); Brenn-, Treibstoff *m* (*flüssig*); **~ nuclear** Kernbrennstoff *m*; **~or** [-bus'tor] *m bras* Straßenlaterne *f*

começ|ar [kumɘ'sar] (1p; *Stv* 1c) anfangen; **~ a fazer** anfangen, *et* zu tun; **~ por fazer** zuerst *et* tun; **~o** [-'mesu] *m* Anfang *m*; **no ~** zu Beginn

comédia [ku'mɛdjɐ] *f* Lustspiel *n*, Komödie *f* (*a fig*)

comediante [kumɘ'djẽtɘ] *su* Komödiant(in *f*) *m* (*a fig*)

comed|ido [kumɘ'didu] mäßig, maßvoll (*Forderung, Lebensweise*); zurückhaltend (*Charakter*); **~imento** [-di'mẽtu] *m* Zurückhaltung *f*; Bescheidenheit *f*; **~ir** [-'dir] (3r) *Alternativen* abwägen; anpassen; *Ansprüche* mäßigen; **~-se** Maß halten, an sich halten; *fig* sich beugen

comed|oiro, -ouro [kumɘ'dojru, -'doru] **1.** *adj* essbar; **2.** *m* Futterplatz *m*; Fresstrog *m*; **~or** [-'dor] **1.** *adj* gefräßig; **2.** *m* (starker) Esser *m*; Verschwender *m*; Schmarotzer *m*; **~orias** [-du'riɐʃ] *f/pl* Unterhalt *m*; Essenszuschuss *m*

comemor|ação [kumɘmurɐ'sɐ̃w] *f* (Gedenk)Feier *f*; **em ~ de** zur Erinnerung an (*ac*); **~ar** [-'rar] (1e) gedenken (*gen*); **~ativo** [-rɐ'tivu] Gedenk...

comenos [ku'menuʃ] *m*: **neste ~** in diesem Augenblick; unterdessen

comensal [kumẽ'sał] **1.** *su* Tischgenosse *m*, -genossin *f*; **2.** *m* ZO Schmarotzer *m*

comensurável [-'ravɛł] messbar; *bsd* vergleichbar; MAT teilbar

coment|ador [kumẽtɐ'dor] *m* Kommentator *m*; Kritiker *m*; **~ar** [-'tar] (1a) erklären; kommentieren; *Text* mit Anmerkungen versehen; kritisieren; **~ário** [-'tarju] *m* Erklärung *f*; Bemerkung(en) *f*(*pl*); **~arista** [-tɐ'riʃtɐ] *su* Kommentator(in *f*) *m*

comer [ku'mer] **1.** *v/t od v/i* (2d) essen; fressen (*Tier*); anfressen (*Rost*); *Vermögen* aufzehren, durchbringen; *Wörter* verschlucken; *Stein* schlagen (*Brettspiel*); MED jucken; *fig* F *j-n* reinlegen; P *Frau* vernaschen; **~ de** *Speise* probieren; *Tier* füttern; **~-se de** vergehen vor (*dat*); **2.** *m* Essen *n*

comercial [kumɘr'sjał] **1.** *adj* kaufmännisch; Handels...; Geschäfts...; **centro** *m* **~** Einkaufszentrum *n*; **escola** *f* **~** Handelsschule *f*; **2.** *m* Werbespot *m*; **~ista** [-sjɐ'liʃtɐ] *su* Handelsrechtler(in *f*) *m*; **~ização** [-lizɐ'sɐ̃w] *f* Vermarktung *f*; **início** *m* **da ~** Markteinführung *f*; **~izar** [-li'zar] (1a) vermarkten; **~izável** [-li'zavɛł] absetzbar, vermarktbar

comerci|ante [kumɘr'sjẽtɘ] **1.** *adj* Handel treibend; Handels...; **2.** *su* Kaufmann *m*, -frau *f*; Geschäftsmann *m*, -frau *f*; **~ar** [-'sjar] (1g *u* 1h) Handel treiben (**com** mit), handeln (**com** mit); **~ário** [-'sjarju] *m bras* kaufmännische(r) Angestellte(r) *m*; **~ável** [-'sjavɛł] verkäuflich

comércio [ku'mɛrsju] *m* Handel *m*; Geschäft *n*; *fig* Verkehr *m*, Umgang *m* (*mit j-m*); **~ externo** (**interno**) Außen- (Binnen)handel *m*; **~ por atacado** Großhandel *m*; **~ a retalho** Einzelhandel *m*

comerete [kumɘ'rɛtɘ] *m* Zwischenmahlzeit *f*, Imbiss *m*

comes ['kɔmɐʃ] → ***bebes***
comestív|el [kumɐʃ'tivɛɫ] **1.** *adj* essbar; ***óleo*** *m* ~ Speiseöl *n*; **2. -eis** *m/pl* Essbare(s) *n*
cometa [ku'metɐ] *m* Komet *m*
comet|er [kumə'ter] (2c) vollbringen; *bsd Verbrechen etc* begehen; **~-se a** sich stürzen in (*ac*); **~ida** [-'tidɐ] *f* Angriff *m*; **~imento** [-ti'mẽtu] *m gewagtes* Unternehmen *n*
comezinho [-'ziɲu] essbar, gut zu essen; *fig* anspruchslos, schlicht
comich|ão [kumi'ʃɐ̃w] *f* Juckreiz *m*; *fig* Gelüst *n* (**de** auf *ac*); ***tenho* -ões** es juckt mich; ***causar* ~ a** *j-n* jucken; *fig j-n* in Versuchung führen; **~oso** [-'ʃozu] unzufrieden; nörgelig
comício [ku'misju] *m* Kundgebung *f*
cómico (*ô) ['kɔmiku] **1.** *adj* komisch; **2.** *m* Komiker *m*
comid|a [ku'midɐ] *f* Nahrung *f*; Speise *f*; Essen *n*; ~ ***caseira*** Hausmannskost *f*; ~ ***de urso*** P Dresche *f*; **~o** [-'midu]: ***estar*** ~ gegessen haben; ***ser*** (***ficar***) ~ F reingelegt werden (reinfallen)
comigo [ku'migu] mit (bei) mir; ***isso é cá*** ~ F das geht nur mich et an; *a* → ***com***; ***consigo***
comil|agem [kumi'laʒɐ̃j] *f* unsaubere(s) Geschäft *n*; **~ança** [-'lɐ̃sɐ] *f* Betrügerei *f*; *bras* Schlemmerei *f*; **~ão** [-'lɐ̃w] *m*, **-ona** *f* Vielfraß *m*
cominação [kuminɐ'sɐ̃w] *f* Strafandrohung *f*; Vorschrift *f*
cominho [ku'miɲu] *m* BOT Kreuzkümmel *m*
comiss|ão [kumi'sɐ̃w] *f* Kommission *f* (*a* ECON); Abordnung *f*; POL Ausschuss *m*; Auftrag *m*, Mission *f* (*a* MIL); ECON Provision *f*; ♀ ***da União Europeia*** Kommission *f* der Europäischen Union; **~ariado** [-sɐ'rjadu] *m* Kommissariat *n*; **~ário** [-'sarju] *m* Kommissar *m*; Beauftragte(r) *m*; ~ ***de bordo*** NAV Steward *m*; **~ionar** [-sju'nar] (1f) beauftragen; e-r Kommission übertragen; **~ionista** [-sju'niʃtɐ] *su* ECON Kommissionär(in *f*) *m*; Vertreter(in *f*) *m*; **~o** [-'misu] *m* JUR Konventionalstrafe *f*; **~ório** [-'sɔrju]: ***cláusula*** *f* **-a** Ungültigkeitsklausel *f*
comissura [kumi'surɐ] *f* **a**) Spalt *m*; **b**) Nahtstelle *f*; Fuge *f*
comité [kumi'tɛ] *m* Ausschuss *m*; Komitee *n*; ♀ ***das Regiões*** Ausschuss *m* der Regionen (*EU*); ♀ ***Económico e Social*** Wirtschafts- und Sozialausschuss *m* (*EU*)
comit|ente [kumi'tẽtə] *m* Auftraggeber *m*; **~iva** [-mə'tivɐ] *f* Gefolge *n*
comível [ku'mivɛɫ] essbar
com.º ***comércio*** *m* Handel *m*
como ['komu] **1.** *adv* wie (sehr); *in der Eigenschaft* als; ***assim*** ~ sowie; ***tanto ...*** ~ sowohl ... als auch; ~ ***quem diz*** sozusagen; **2.** *interr* wie?; wieso?; ***a ~?*** (zu) wie viel? (*Preis*); **3.** *cj* (*oft mit conj*) *kausal*: da, weil; *konzess*: ~ (**que**) *ger*, ~ **se** *conj* als ob
comoção [kumu'sɐ̃w] *f* Erschütterung *f*; Rührung *f*
cómoda (*ô) ['kɔmudɐ] *f* Kommode *f*
comod|idade [kumudi'dadə] *f* Bequemlichkeit *f*, Annehmlichkeit *f*; **~s** *pl* Komfort *m*; **~ismo** [-'diʒmu] *m* Selbstsüchtigkeit *f*, Egoismus *m*; **~ista** [-'diʃtɐ] **1.** *adj* selbstsüchtig; egoistisch; **2.** *su* Egoist(in *f*) *m*
cómodo (*ô) ['kɔmudu] **1.** *adj* bequem (*a fig*); angenehm; **2.** *m* Annehmlichkeit *f*; Raum *m*
cômoro ['komuru] *m* Hügel *m*
comov|edor, ~ente [kumuvə'dor, -'vẽtə] rührend, ergreifend; **~er** [-'ver] (2d) **1.** *v/t* bewegen (**a** zu); erschüttern (*Todesfall*); ergreifen, rühren (*Film*); **2.** *v/i* zu Herzen gehen; **~-se** gerührt sein (**com**, **por** wegen)
compact|ação [kõpaktɐ'sɐ̃w] *f* ARQUIT Verdichtung *f*; **~ador** [-tɐ'dor] *m* ARQUIT Verdichter *m* (*für Beton*); ~ ***vibratório*** Rüttelverdichter *m*; **~ar** [-'tar] (1b) verdichten; INFORM komprimieren, packen; **~o** [-'paktu] kompakt; dicht (gedrängt) (*Menge*); fest; ***disco*** *m* ~ CD *f*
compadecimento [-si'mẽtu] *m* Mitleid *n*
compadre [kõ'padrə] *m* (Tauf)Pate *m*; Freund *m*; ***negócio*** *m* ***de*** **~s** F Vetternwirtschaft *f*
compaginação [kõpɐʒinɐ'sɐ̃w] *f* TIP Umbruch *m*
compaixão [kõpaj'ʃɐ̃w] *f* Mitleid *n* (**de** mit), Erbarmen *n* (**de** mit)
companheir|a [kõpɐ'ɲɐjrɐ] *f* (Lebens)Gefährtin *f*; **~ismo** [-'riʒmu]

m Kameradschaftlichkeit *f*; **~o** [-'ɲɐjru] *m* (Lebens)Gefährte *m*; Kamerad *m*; **~ *de escola*** Mitschüler *m*

companhia [kõpɐ'ɲiɐ] *f* Gesellschaft *f* (***fazer*** leisten) (*a* ECON); Begleitung *f*; MIL Kompanie *f*; TEA Truppe *f*; **~ *aérea*** Fluggesellschaft *f*; **~ *construtora*** Bauunternehmen *n*; **~ *limitada*** Gesellschaft *f* mit beschränkter Haftung; **~ *de seguros*** Versicherungsgesellschaft *f*; **~ *de transporte*** Transportunternehmen *n*

compar|abilidade [kõpɐrɐbəli'dadə] *f* Vergleichbarkeit *f*; **~ação** [-'sɐ̃w] *f* Vergleich *m*; GRAM Steigerung *f*; ***em ~ com*** im Vergleich zu; ***sem ~*** unvergleichlich; ***não ter ~*** nicht zu vergleichen sein; **~ar** [-'rar] (1b) vergleichen (***a, com*** mit); gleichstellen (***a*** *dat*); **~ativo** [-rɐ'tivu] **1.** *adj* vergleichend; **2.** *m* Komparativ *m*; **~ável** [-'ravɛɫ] vergleichbar

compar|ecer [kõpɐrə'ser] (2g) *Gericht, Veranstaltung* erscheinen (***a, em*** bei, vor *dat*); sich (ein)stellen (***a, em*** bei, in *dat*); **~ecimento** *m bras*, **~ência** *f* [kõparesi'mẽtu, kõpɐ'rẽsjɐ] Erscheinen *n*, Auftreten *n*

comparsa [kõ'parsɐ] *su* Statist(in *f*) *m*

comparticip|ação [kõpɐrtəsipɐ'sɐ̃w] *f* Teilnahme *f*; *staatlicher* Zuschuss *m*; JUR Mittäterschaft *f*; MED Zuzahlung *f*; **~ar** [-'par] (1a): **~ *de*** teilnehmen an (*dat*); sich beteiligen an (*dat*); **~ *50%*** 50% zuzahlen

compartilhar [kõpɐrti'ʎar] (1a) *Freude* teilen; *Trauer* Anteil haben (***de, em*** an *dat*); teilnehmen (***de, em*** an *dat*)

compartiment|ar [kõpɐrtimẽ'tar] (1a) unterteilen; in Fächer *etc* einteilen; **~o** [-'mẽtu] *m* Fach *n* (*Möbelstück, Schublade*); Abteilung *f*; Raum *m* (*e-s Hauses*); CAM. DE F Abteil *n*

compass|ado [kõpɐ'sadu] (ab)gemessen (*Fläche*); rhythmisch, gleichmäßig (*Bewegung*); MÚS im Takt; **~ar** [-'sar] (1b) *Entfernung* abzirkeln; *Fläche* gleichmäßig einteilen; *Bewegung* verlangsamen; **~ividade** [-səvi'dadə] *f* Mitleid *n*, Mitgefühl *n*; **~ivo** [-'sivu] mitleidig, mitfühlend; **~o** [-'pasu] *m* Zirkel *m*; MÚS Takt *m*; *fig* Maß *n*; ***a ~*** im Takt; ***bater o ~*** den Takt schlagen

compat|ibilidade [kõpɐtibəli'dadə] *f* Kompatibilität *f* (*a* INFORM), Vereinbarkeit *f*; **~ibilizar** [-'zar] (1a) in Einklang bringen (***com*** mit), vereinbaren (***com*** mit); **~ível** [-'tivɛɫ] kompatibel (***com*** mit) (*a* INFORM); vereinbar (***com*** mit)

compatr|ício *m*, **-a** *f*, **-iota** *su* [kõpɐ'trisju, -'trjɔtɐ] Landsmann *m*, -männin *f*

compelir [kõpə'lir] (3c) zwingen (***a*** zu); nötigen (***a*** zu), drängen (***a*** zu)

compêndio [kõ'pẽdju] *m* Kompendium *n*, Abriss *m*; *Schule*: Lehrbuch *n*; Leitfaden *m*

compenetr|ação [kõpənətrɐ'sɐ̃w] *f* innere Überzeugung *f*; **~ar** [-'trar] (1c) überzeugen (***de*** von)

compens|ação [kõpẽsɐ'sɐ̃w] *f* ECON, PSIC Kompensation *f*; Ausgleich *m*; Ersatz *m* (*für Verlorenes*); *finanzielle* Entschädigung *f*; ***em ~*** (im Ausgleich) dafür; **~ado** [-'sadu] *m bras* Sperrholz *n*; **~ador** [-sɐ'dor] ausgleichend; Ersatz...; *fig* lohnend; **~ar** [-'sar] (1a) kompensieren; *Verlust* ausgleichen; *Schaden* ersetzen; entschädigen (***de*** für); **~-se** sich *an j-m* schadlos halten (***de*** für)

compet|ência [kõpə'tẽsjɐ] *f* **a)** Kompetenz *f* (*a* LING); Befugnis *f*; Zuständigkeit *f* (*im Amt*); ***não é da minha ~*** dafür bin ich nicht zuständig; **b)** Sachkenntnis *f*, (Urteils)Fähigkeit *f*; ***de ~*** maßgebend; **c)** ECON Konkurrenz *f*; **~ente** [-'tẽtə] kompetent; zuständig; maßgebend; ***órgãos*** *m/pl* **~s** zuständige Behörden *f/pl*; **~ição** [-ti'sɐ̃w] *f* Wettstreit *m*; ECON Wettbewerb *m*; *Sport*: Wettkampf *m*; **~idor** [-ti'dor] **1.** *adj* Wettbewerbs...; **2.** *m* Konkurrent *m*; **~ir** [-'tir] (3c) **a)** zustehen (***a*** *j-m*); **b)** konkurrieren (***com*** mit, ***em*** um); (an e-m Wettbewerb) teilnehmen; **~itividade** [-tətəvi'dadə] *f* Wettbewerbsfähigkeit *f*; **~itivo** [-tə'tivu] konkurrenzfähig

compil|ação [kõpilɐ'sɐ̃w] *f* Kompilation *f*, Zusammenstellung *f*; **~ador** [-lɐ'dor] *m* Kompilator *m*; INFORM Compiler *m*; **~ar** [-'lar] (1a) zusammentragen, kompilieren

compincha [kõ'pĩʃɐ] *su* F Kumpel *m*
complacência [kõplɐ'sẽsjɐ] *f* Zuvorkommenheit *f*; Nachsicht *f*
complei|ção [kõplɐj'sɐ̃w] *f* physische Beschaffenheit *f*, Konstitution *f*; Gemüt *n*, Naturell *n*; **~cionado, ~çoado** [-sju'nadu, -'swadu]: **bem (mal) ~** kräftig (schmächtig) gebaut
complement|ar [kõpləmẽ'tar] **1.** *adj* ergänzend, Ergänzungs...; zusätzlich; **2.** *v/t* vervollständigen; ergänzen; **~o** [-'mẽtu] *m* Ergänzung *f*, Vervollständigung *f*; Abschluss *m*; *MAT* Komplement *n*; *GRAM* Objekt *n*; **~ (in)directo** Akkusativ- (präpositionales *od* Dativ)objekt *n*
complet|ar [kõplə'tar] (1c) ergänzen; vervollständigen; *Arbeit* fertig stellen; vollenden; **~o** [-'plɛtu] komplett; ganz; (voll) besetzt
complex|ado [kõplɛ'ksadu] komplexbeladen; **~idade** [-ksi'dadə] *f* Vielschichtigkeit *f*, Komplexität *f*; **~o** [-'plɛksu] **1.** *adj* komplex; verwickelt; vielseitig; **2.** *m* Gesamtheit *f*; Komplex *m*; **~ de inferioridade** Minderwertigkeitskomplex *m*; **~ industrial** Industrieanlage *f*
complic|ação [kõplikɐ'sɐ̃w] *f* Komplikation *f*, Schwierigkeit *f*; Verwicklung *f*; **~ado** [-'kadu] kompliziert (*Frage*, *Krankheit*); schwierig (*Frage*); verwickelt (*Struktur*); **~ar** [-'kar] (1n) erschweren; (ver)komplizieren
complô [kõ'plo] *m* = **complot** [kõ'plɔt] *m bras* Komplott *n*
comp|onente [kõpu'nẽtə] **1.** *adj* Teil...; **2.** *m*, *f* Komponente *f*; Bestandteil *m*; **~ físico** *INFORM* Hardware *f*; **~or** [-'por] (2zd) *Bau-*, *Einzelteile* zusammensetzen; *Menü* zusammenstellen; *auf bestimmte Art* (an)ordnen; in Ordnung bringen; zurechtmachen; teilnehmen an (*dat*), (Bestand)Teil sein (*e-s Gremiums*, *e-r Kommission*); *TIP* setzen; *LIT* verfassen; *MÚS* komponieren; **~ o número** wählen; **~-se** sich versöhnen; bestehen (**de** aus)
comport|ado [kõpur'tadu]: **bem (mal) ~** (un)artig; gut (schlecht) erzogen; **~amento** [-tɐ'mẽtu] *m* Betragen *n*; Verhalten *n*; **~ em estrada** *AUTO* Straßenverhalten *n*; **~ar** [-tar] (1e) **a)** zulassen, dulden; **b)** beinhalten; *Inhalt* fassen; **~-se** sich benehmen
composi|ção [kõpuzi'sɐ̃w] *f* Zusammensetzung *f* (*a QUÍM*); Zusammenstellung *f*, Anordnung *f*; Aufbau *m*; Abfassung *f* (*e-s Textes*); *Schule*: Aufsatz *m*; *MÚS* Komposition *f*; *TIP* Satz *m*; Güterzug *m*; *AUTO* Lastzug *m*; *JUR* Vergleich *m*; **~tor** [-'tor] *m* Komponist *m*; *TIP* Setzer *m*
compost|agem [kõpuʃ'taʒɐ̃j] *f* Kompostierung *f*; **~as** [kõ'pɔʃtɐʃ] *f/pl BOT* Korbblütler *m/pl*; **~o** [-'poʃtu] **1.** *p/p von* **compor**; **2.** *adj* zusammengesetzt (**de** aus); *fig* ruhig; ernst; F satt; **3.** *m* Mischung *f*; Verbindung *f* (*a QUÍM*); *AGR* Kompost *m*; **~ura** [-puʃ'turɐ] *f* Zusammensetzung *f*; Anordnung *f*; *bsd* Anstand *m*, Haltung *f* (*e-r Person*); Reparatur *f* (*Kleidung*); (Ver)Fälschung *f*, Imitation *f*; **ter ~** ausgebessert werden können; **~s** *pl* Schminke *f*
compot|a [kõ'pɔtɐ] *f* Marmelade *f*; Kompott *n*, Eingemachte(s) *n*
compr|a ['kõprɐ] *f* (Ein)Kauf *m*; Erwerb *m*; *fig* Bestechung *f*; **ir às** (*od* **fazer**) **~s** einkaufen (gehen); **~adiço** [-prɐ'disu] käuflich (*Ware*, *Person*), bestechlich (*Person*); **~ador** [-prɐ'dor] *m*, **-a** *f* Käufer(in *f*) *m*; **~ar** [-'prar] (1a) kaufen (**a, de alg** von j-m); (ein)kaufen (**a crédito** auf Kredit, **a prazo** auf Raten); **~ável** [-'pravɛɫ] käuflich (*a fig*)
compraz|er [kõprɐ'zer] (2s; *Perfektstamm a* 2b) gefällig sein; nachgeben (**a alg** j-m, **com, em** bei, in *dat*); **~-se com** (*od* **de, em**) Vergnügen (*od* Gefallen) finden an (*dat*); **~imento** [-zi'mẽtu] *m* Wohlgefallen *n*, Vergnügen *n*
compreen|der [kõprjẽ'der] (2a) **a)** enthalten; umfassen; einschließen; **b)** *Sprache* verstehen; *Text* begreifen; **chegar a ~** dahinter kommen; **~são** [-'sɐ̃w] *f* Verständnis *n*; **capacidade** *f* **de ~** Auffassungsgabe *f*; **de fácil ~** leicht verständlich; **~ mútua** gegenseitige(s) Verständnis *n*; **~sibilidade** [-sibəli'dadə] *f* Verständlichkeit *f*; **~sível** [-'sivɛɫ] verständlich; **~sivo** [-'sivu] verständnisvoll
compress|a [kõ'prɛsɐ] *f* Kompresse *f*, Umschlag *m*; **~ão** [-prə'sɐ̃w] *f*

C

Verdichtung *f* (*a* AUTO); Druck *m* (*a fig*); **~ivo** [-prə'sivu] Druck ausübend; Druck..., Press...; **~or** [-prə'sor] **1.** *adj* Druck...; **2.** *m* TÉCN Verdichter *m*, Kompressor *m*

compr|ido [kõ'pridu] lang; **~imento** [-'mẽtu] *m* Länge *f*; ***ter dois metros de ~*** zwei Meter lang sein

comprim|ido [kõprə'midu] **1.** *adj* zusammengepresst; komprimiert; **2.** *m* Tablette *f*; ***~ de carvão*** Kohletablette *f*; ***~ mastigável*** Kautablette *f*; ***~ para dormir*** Schlaftablette *f*; **~ir** [-'mir] (3a) zusammendrücken; *Gas* verdichten; *fig* zurückhalten; unterdrücken

comprobatório [kõprubɐ'tɔrju] → ***comprovador***

compromet|edor [kõprumətə'dor] verdächtig; kompromittierend; **~er** [-'ter] (2c) **a)** garantieren, geradestehen (***em*** für); **b)** *Ruf* aufs Spiel setzen; in Gefahr bringen; bloßstellen; Schaden zufügen; ***~-se a*** sich verpflichten zu (***com*** bei, gegenüber); ***~-se com*** sich verloben mit; ***~-se em*** sich engagieren (*od* einbringen) in (*ac*); sich verwickeln in; **~ido** [-'tidu] kompromittiert; in der Pflicht; F verlegen; in der Zwickmühle; ***estar ~*** schon et vorhaben; **~imento** [-ti'mẽtu] *m* Verpflichtung *f*; Verantwortlichkeit *f*

compromisso [kõpru'misu] *m* **a)** Kompromiss *m*; JUR Vergleich *m*; **b)** Verpflichtung *f*; Verabredung *f*; ***~ entre gerações*** Generationenvertrag *m*; ***sem ~*** unverbindlich; ***tomar o ~ de*** sich verpflichten zu; ***~s*** *pl* ECON Verbindlichkeiten *f/pl*; ***ter ~s*** Verpflichtungen (*od* Termine) haben

comprov|ação [kõpruvɐ'sɐ̃w] *f* Bestätigung *f*, Beweis *m*; Nachweis *m*; **~ador, ~ante** [-vɐ'dor, -'vɐ̃tə] beweiskräftig; ***exemplar*** *m* ***~*** Belegexemplar *n*; ***documento*** *m* ***~*** Beweisstück *n*; ***força*** *f* ***-a*** Beweiskraft *f*; **~ar** [-'var] (1e) bestätigen; belegen, beweisen (***com*** mit, anhand); nachweisen; **~ativo** [-vɐ'tivu] → ***~ador***

compulsão [kõpuɫ'sɐ̃w] *f* Nötigung *f*

compungir [-'ʒir] (3n) schmerzen

comput|acional [kõputɐsju'naɫ] INFORM Computer...; **~ador** [-'dor] *m* Computer *m*; ***~ de bordo*** Bordcomputer *m*; ***~ de grande porte*** Großrechner *m*, Mainframe *m*; ***~ pessoal*** Personalcomputer *m*, PC *m*; ***~ portátil*** Laptop *m*; ***assistido em ~*** computergestützt; **~adorizar** [-duri'zar] (1a) computerisieren; mit Computern ausstatten; **~ar** [-'tar] (1a) aus-, berechnen; veranschlagen (*im Voraus*); aufrechnen

cômputo ['kõputu] *m* Berechnung *f*

comum [ku'mũ] **1.** *adj* allgemein; gemeinsam; Gemeinschafts...; gewöhnlich; ***de ~ acordo*** in gegenseitigem Einvernehmen; einmütig (*Beschluss*); ***em ~*** gemeinschaftlich, zusammen; ***senso*** *m* ***~*** gesunde(r) Menschenverstand *m*; ***voz*** *f* ***~*** Volksmeinung *f*; ***ter a/c em ~*** et teilen, gemeinsam haben; ***viver em ~*** zusammenleben; **2.** *m* die Allgemeinheit; ***Câmara*** *f* ***dos Comuns*** Unterhaus *n*; **~(m)ente** [kumũ'mẽtə] im Allgemeinen

comun|a [ku'munɐ] *f* Kommune *f*; Gemeinde *f*; **~al** [-'naɫ] Gemeinde..., kommunal

comunhão [kumu'ɲɐ̃w] *f* REL Kommunion *f* (*katholisch*); Abendmahl *n* (*protestantisch*); ***~ de bens*** Gütergemeinschaft *f*

comunic|abilidade [kumunikɐbəli'dadə] *f* Aufgeschlossenheit *f*, Mitteilsamkeit *f*; Aussagekraft *f*; **~ação** [-'sɐ̃w] *f* Kommunikation *f*; *schriftliche* Mitteilung *f*, Übermittlung *f*; Vortrag *m*; Umgang *m*; (Verkehrs)Verbindung *f*; ***~ oficiosa*** halbamtliche Mitteilung *f*; ***os meios de ~*** die Medien *pl*; ***vias de ~*** Verkehrswege *m/pl*; ***-ões*** *pl* Verkehrsmittel *n/pl*; Kommunikationsmittel *n/pl*; ***em ~*** *bras* TEL besetzt; ***dar ~ para*** die Verbindung herstellen zu; **~ado** [-'kadu] *m* amtliche Meldung *f*; ***~ da polícia*** Steckbrief *m*; **~ar** [-'kar] (1n) **1.** *v/t* mitteilen; verbreiten; verbinden; **2.** *v/i* in Verbindung stehen (*od* treten) (***entre si*** untereinander) (*Personen*); verbunden sein (*Raum*); e-n Vortrag halten; kommunizieren; ***~ com*** TEL *j-n* anrufen; ***~-se a*** sich übertragen auf (*ac*); **~icativo** [-kɐ'tivu] aufgeschlossen; gesellig; **~ável** [-'kavɛɫ] mitteilsam; mitteilbar

comun|idade [kumuni'dadə] *f* Gemeinschaft *f*; *JUR* Körperschaft *f*; Gemeinwesen *n*; ♀ ***Europeia*** *HIST* Europäische Gemeinschaft *f* (**CE** EG); **~ismo** [-'niʒmu] *m* Kommunismus *m*; **~ista** [-'niʃtɐ] **1.** *adj* kommunistisch; **2.** *su* Kommunist(in *f*) *m*; **~itário** [-'tarju] gemeinschaftlich; Gemeinschafts... (*bsd EU*); Gemeinde...

comut|ação [kumutɐ'sɐ̃w] *f* Umwandlung *f* (*a JUR*); *EL* Umschaltung *f*; Umtausch *m*, Tausch *m*; *TEL* Vermittlung *f*; **~ador** [-'dor] *m EL* (Um)Schalter *m*; Kommutator *m*; ***~ de relógio*** Zeitschaltuhr *f*; **~ar** [-'tar] (1a) *Strafe* umwandeln (***em, por*** in *ac*); *Strom* umschalten; *allg* um-, eintauschen

con... *in Zssgn* Mit...; *z.B.* ***concidadão*** *m* Mitbürger *m*

cona ['konɐ] *f* P Fotze *f* (*Vagina*)

concaten|ação [kõkɐtənɐ'sɐ̃w] *f* Verknüpfung *f*; Zusammenhang *m*; ***~ de ideias*** Gedankengang *m*; **~ar** [-'nar] (1d) verketten; verknüpfen

côncavo ['kõkɐvu] konkav; hohl

conceb|er [kõsə'ber] (2c) *BIOL* empfangen; *fig* erdenken; begreifen; *Idee* sich ausdenken; *Plan* entwerfen; *Buch* verfassen; **~ível** [-'bivɛɫ] denkbar; verständlich

conceder [kõsə'der] (2c) *Bitte* gewähren; *Recht* zugestehen; *Wort, Erlaubnis* erteilen; erlauben

concei|ção [kõsɐj'sɐ̃w] *f* Empfängnis *f*; ***Nossa Senhora da*** ♀ Unsere liebe Frau der Unbefleckten Empfängnis (*Schutzheilige Portugals*); **~to** [-'sɐjtu] *m* Begriff *m*; Idee *f*; Leitsatz *m*; *fig* Konzept *m*; ***no ~ de*** nach *j-s* Auffassung; ***ter em alto ~*** *j-n* hochachten; **~tuar** [-'twar] (1a) er-, auffassen (als); urteilen, e-e Meinung äußern; ***~ de*** *j-n* halten für

concelh|io [kõsə'ʎiw] Kreis...; **~o** [-'seʎu] *m* (Land)Kreis *m*

concentr|ação [kõsẽtrɐ'sɐ̃w] *f* Konzentration *f*; Ansammlung *f*; *QUÍM* Sättigung(sgrad *m*) *f*; Anreicherung *f*; *bras* Trainingslager *n*; **~ado** [-'tradu] **1.** *adj* konzentriert; *QUÍM* angereichert; **2.** *m* Konzentrat *n*; **~ar** [-'trar] (1a) konzentrieren; richten (***em*** auf *e-n Punkt*); *Kräfte* anspannen; **~-se** sich konzentrieren

concêntrico [kõ'sẽtriku] konzentrisch

concep|ção [kõsɛ'sɐ̃w] *f BIOL* Empfängnis *f*; Konzeption *f*, Entwurf *m* (*e-s Planes*); *fig* Auffassungsgabe *f*; Begriff *m*, Idee *f*, Ansicht *f*; ***~ do mundo*** Weltbild *n*; **~tual** [-'twaɫ] begrifflich, Begriffs...

concernente [kõsər'nẽtə]: ***~ a*** betreffend (*ac*)

concert|ado [kõsər'tadu] abgestimmt, konzertiert; **~ar** [-'tar] (1c) **1.** *v/t* vereinbaren, *Termine aufeinander* abstimmen; (*Streitigkeiten*) in Einklang bringen; *Plan* ausdenken; **2.** *v/i* übereinstimmen; *MÚS* harmonisch klingen; **~-se** übereinkommen (***em*** in *dat*); sich einig werden (***sobre*** über *ac*); **~ina** [-'tinɐ] *f* Konzertina *f*; **~ino** [-'tinu] *m* Konzertmeister *m*; die erste Geige; **~ista** [-'tiʃtɐ] *su* (Konzert)Solist(in *f*) *m*; **~o** [-'sertu] *m MÚS* Konzert *n*; *fig* Harmonie *f*; Übereinkunft *f*

concess|ão [kõsə'sɐ̃w] *f* Gewährung *f* (*e-r Bitte, e-s Stipendiums*); Bewilligung *f*; Erlaubnis *f*; Konzession *f*; **~ionário** [-sju'narju] **1.** *adj* Lizenz...; **2.** *m* Konzessionär *m*; *JUR* Lizenzträger *m*; *bsd* autorisierte(r) Fachhändler *m*; *AUTO* Vertragshändler *m*; **~ivo** [-'sivu] *GRAM* konzessiv

concha ['kõʃɐ] *f* **a)** *ZO* Muschel *f*; (Schnecken)Haus *n*; **b)** Waagschale *f*; (Suppen)Kelle *f*

conchav|ar [kõʃɐ'var] (1b) einfügen; *Treffen* verabreden; *bras* anstellen; **~-se** sich zusammentun (***em*** zu); **~o** [-'ʃavu] *m* Absprache *f*; *depr* Machenschaft *f*; F Mauschelei *f*

concheiro [kõ'ʃɐjru] *m* Muschelbank *f*

concho ['kõʃu] F aufgeblasen, eitel

concidadão [kõsidɐ'dɐ̃w] *m*, **-ã** *f* Mitbürger(in *f*) *m*

concili|ação [kõsiljɐ'sɐ̃w] *f* Versöhnung *f*; *JUR* Vergleich *m*; **~ar** [-'ljar] **1.** *adj* Konzil...; **2.** *v/t* (1g) *Streitende* versöhnen; *unterschiedliche Interessen, Meinungen* vereinigen, in Einklang bringen; *Sympathie etc* gewinnen; ***~ o sono*** einschlafen; **~ável** [-'ljavɛɫ] vereinbar; versöhnlich

concílio [kõ'silju] *m* Konzil *n*

C

concis|ão [kõsi'zɐ̃w] *f* Knappheit *f*; **~o** [-'sizu] kurz, knapp; präzis(e)
concitar [kõsi'tar] (1a) aufwiegeln (***a*** zu), anstacheln (***a*** zu); anregen
conclamar [kõklɐ'mar] (1a) **a)** *v/t j-n* ausrufen (zu); *POL* per Akklamation wählen; **b)** *v/i* rufen, schreien
conclu|dente [kõklu'dẽtə] schlüssig; überzeugend; **~ir** [-'klwir] (3i) *Arbeit, Vertrag* (ab)schließen; beenden, vollenden; ***~ de*** folgern aus; ***~ em*** beschließen, sich entscheiden für; **~são** [-'zɐ̃w] *f* Vollendung *f*, Abschluss *m*; Schluss *m*; Schlussfolgerung *f*; *JUR* Schlussantrag *m*; ***em ~*** kurz und gut; **~sivo** [-'zivu] abschließend; folgerichtig; Schluss...
concomit|ância [kõkumi'tẽsjɐ] *f* Zusammenwirken *n*; Gleichzeitigkeit *f*; **~ante** [-'tẽtə] Begleit...; gleichzeitig
concord|ância [kõkur'dẽsjɐ] *f* Übereinstimmung *f* (*Meinungen*); Einverständnis *n*; *CIENC* Konkordanz *f*; *LING* Kongruenz *f*; **~ar** [-'dar] (1e) **1.** *v/t* in Einklang bringen; vereinbaren; **2.** *v/i* übereinstimmen (***com*** mit, ***em*** in *dat*); einverstanden sein (***com***, ***em*** mit), zustimmen (***com***, ***em*** zu); sich bereit finden (***em*** zu); **~e** [-'kɔrdə] gleich gesinnt, einig; einverstanden; ***ser ~*** e-r Meinung sein
concórdia [kõ'kɔrdjɐ] *f* Eintracht *f*
concorr|ência [kõku'ʀẽsjɐ] *f* Bewerbung *f*; (Mit)Bewerber *m/pl* (*für Stelle*); Wettbewerb *m*; Zulauf *m*, Besuch *m* (*e-r Ausstellung*); Publikum *n*; *ECON* Konkurrenz *f*; ***~ vital*** Kampf *m* ums Dasein; ***abrir ~*** (e-n Wettbewerb) ausschreiben; ***fora de ~*** außer Konkurrenz; **~ente** [-'ʀẽtə] **1.** *adj* teilnehmend; *ECON* Konkurrenz..., konkurrierend; **2.** *su* (Mit-) Bewerber(in *f*) *m* (*für Stelle*); Teilnehmer(in *f*) *m* (*an Wettbewerb*); *ECON* Konkurrent(in *f*) *m*; **~er** [-'ʀer] (2d) zusammenkommen (***a***, ***em*** in *dat*); zusammentreffen (***a***, ***em*** in *dat*) (*Eigenschaften*); mitwirken (***em*** an *dat od* bei); ***~ a*** *Stelle, Stipendium* sich bewerben um; *Wettbewerb, -kampf* teilnehmen an (*dat*); beitragen zu; **~ido** [-'ʀidu] stark besucht; beliebt
concret|ização [kõkrətizɐ'sɐ̃w] *f* Konkretisierung *f*, Verwirklichung *f*; **~izar** [-ti'zar] (1a) konkretisieren, verwirklichen; **~o** [-'krɛtu] **1.** *adj* fest, hart; *fig* konkret; bestimmt; eindeutig; ***nada em ~*** nichts Bestimmtes; **2.** *m bras* Beton *m*; ***~ protendido*** Spannbeton *m*; ***~ vibrado*** Rüttelbeton *m*
concubinato [kõkubi'natu] *m* wilde Ehe *f*; *JUR* Konkubinat *n*
concunhado [kõku'ɲadu] *m* F Schwippschwager *m*
concurs|ista [kõkur'siʃtɐ] *su* Konkurrent(in *f*) *m*; **~o** [-'kursu] *m* Wettbewerb *m*; (öffentliche) Ausschreibung *f*; Mitwirkung *f*; *TV* Quiz *n*; Andrang *m*; ***~ hípico*** Reitturnier *n*; ***abrir ~*** ausschreiben; ***por ~*** durch Ausschreibung
concuss|ão [kõku'sɐ̃w] *f* **a)** Erschütterung *f*; **b)** Erpressung *f* (*durch e-n Beamten*); Veruntreuung *f* (*öffentlicher Gelder*); **~ionário** [-sju'narju] *m beamteter* Erpresser *m*
cond|ado [kõ'dadu] *m* Grafschaft *f*; **~ão** [-'dɐ̃w] *m* Begabung *f*; ***vara f de ~*** Zauberstab *m*; **~e** ['kõdə] *m* Graf *m*
condecor|ação [kõdəkura'sɐ̃w] *f* Auszeichnung *f*, Orden *m*, Ehrenzeichen *n*; **~ar** [-'rar] (1e) *j-m* e-n Orden verleihen
conden|ação [kõdənɐ'sɐ̃w] *f JUR* Verurteilung *f*; Tadel *m*; **~ado** [-'nadu] **1.** *adj* verurteilt; ***estar ~*** verurteilt sein (***a*** zu); **2.** *m JUR* Verurteilte(r) *m*; **~ar** [-'nar] (1d) verurteilen (***a*** zu); verdammen (*a fig*); **~ável** [-'navɛɫ] verwerflich; *JUR* strafbar
condens|ação [kõdẽsɐ'sɐ̃w] *f FIS., QUÍM* Kondensation *f*, Kondensierung *f*; Verdichtung *f*; Zusammendrängung *f*; *fig* Zusammenfassung *f*; ***cauda f de ~*** *AV* Kondensstreifen *m*; **~ador** [-'dor] *m TÉCN* Kondensator *m*; *ÓPT* Kondensor *m*; **~ar** [-'sar] (1a) verdichten; *Flüssigkeit* eindicken; *fig* zusammenfassen
condescend|ência [kõdəʃsẽ'dẽsjɐ] *f* Nachgiebigkeit *f*; Zustimmung *f*; Herablassung *f*; **~ente** [-'dẽtə] nachgiebig; herablassend; **~er** [-'der] (2a) eingehen (***a*** auf *ac*); einwilligen (***com***, ***em*** in *ac*); sich herablassen

condessa [kõ'desɐ] *f* **a)** Gräfin *f*; **b)** Deckelkorb *m*
condição [kõdi'sɐ̃w] *f* Bedingung *f*; Zustand *m*; Beschaffenheit *f*; *sozialer* Stand *m*, Rang *m*; ***sob a ~ de*** unter der Bedingung, dass; ***de baixa ~*** von niederer Herkunft; ***-ões*** *pl* Voraussetzungen *f/pl*; ***em -ões*** in Ordnung
condicente [kõdi'sẽtə] passend
condicion|al [kõdisju'nał] **1.** *adj* bedingt; *GRAM* Bedingungs...; **2.** *m GRAM* Konditional *m*; **~alismo** [-nɐ'liʒmu] *m* Bedingtheit *f*; Zwangsläufigkeit *f*; **~ar** [-'nar] (1f) bedingen; abhängig sein von; abhängig machen (***a*** von); *TÉCN* konditionieren; regulieren
condigno [kõ'dignu] angemessen
condiment|ar [kõdimẽ'tar] (1a) würzen; **~o** [-'mẽtu] *m* Gewürz *n*; Würze *f*
condiz|ente [kõdi'zẽtə] passend; harmonisch; **~er** [-'zer] (2x) zusammenpassen; ***~ com*** übereinstimmen mit
condo|er [kõ'dwer] (2f) Mitleid erregen; **~lência** [kõdu'lẽsjɐ] *f* Anteilnahme *f*; **~s** *pl* Beileid *n*
cond|omínio [kõdu'minju] *m* gemeinschaftliche(s) Eigentum *n* (*an e-r Immobilie*); *bras* (bewachte) Wohnanlage *f*; **~ómino** (*ô) [-'dɔminu] *m* Miteigentümer *m*
condu|ção [kõdu'sɐ̃w] *f* Führung *f*; Leitung *f* (*a EL*, *TÉCN*); *AUTO* Lenkung *f*; Steuerung *f* (*Schiff*, *Maschine*); Überführung *f* (*Waren*); Transport *m*; *bras* Verkehrsmittel *n*; öffentliche(r) Personenverkehr *m*; ***~ da água*** Wasserzuführung *f*, -zuleitung *f*; ***carta f de ~*** Führerschein *m*; ***escola f de ~*** Fahrschule *f*; ***~ dos negócios*** Geschäftsabwicklung *f*; ***~ sob efeito de álcool*** Fahren *n* unter Alkoholeinfluss; **~cente** [-'sẽtə]: ***~ a*** führend *od* bestimmt zu; **~ta** [-'dutɐ] *f* Führung *f*; Geleit *n*; (Wasser- *etc*)Leitung *f*; *fig* Verhalten *n*; ***~ de lixos*** Müllschlucker *m*; **~tância** [-'tɐ̃sjɐ] *f FIS* Leitwert *m*; **~tar** [-'tar] (1a) als Beilage (*od* Brotaufstrich) essen; **~tibilidade** [-tibəli'dadə] *f FIS* Leitfähigkeit *f*, -vermögen *n*; **~tividade** [-təvi'dadə] *f FIS* spezifische Leitfähigkeit *f*; **~to** [-'dutu] *m* **a)** Röhre *f*; Rinne *f*; (Wasser)Leitung *f*; Kanal *m*; *ANAT* (Speise)Röhre *f*; (Gehör-) Gang *m*; **b)** P Beilage *f*; Brotaufstrich *m*, -belag *m*; **~tor** [-'tor] **1.** *adj* leitend; Leitungs...; ***fio m ~*** Leitungsdraht *m*; *fig* rote(r) Faden *m*; **2.** *m* Leiter *m* (*a FIS*); Führer *m*; (Regenwasser)Fallrohr *n*; Zugführer *m*; *bras* Schaffner *m*; *AUTO* Fahrer *m*; ***~ neutro*** *EL* Nullleiter *m*; **~zir** [-'zir] (3m) führen; *Fahrzeug* fahren; transportieren (***a*** nach, zu)
cone ['kɔnə] *m* Kegel *m*; *TÉCN* Konus *m*, Zapfen *m*; F Eiswaffel *f*, -tüte *f*
conect|ar [kunɛ(k)'tar] (1a) *EL* anschließen; verbinden; (zusammen)schalten; **~or** [-'tor] *m EL* Stecker *m*; Buchse *f*; *allg* Verbindungsteil *n*; ***~-padrão*** *m INFORM* Masterport *m*
conex|ão [kunɛ'ksɐ̃w] *f* Verknüpfung *f*; Zusammenhang *m*; *INFORM* Verbindung *f*; **~o** [-'nɛksu] zusammengehörig
confec|ção [kõfɛ(k)'sɐ̃w] *f* Anfertigung *f*; Konfektion(skleidung) *f*; **~cionar** [-sju'nar] (1f) anfertigen; herstellen
confeder|ação [kõfədərɐ'sɐ̃w] *f POL* Konföderation *f*, Staatenbund *m*; Bund *m*, Verband *m* (*Sport*, *Gewerkschaft*); ***♀ Helvética*** Schweizerische Eidgenossenschaft *f*; **~ar-se** [-'rarsə] (1c) *POL* sich konföderieren; sich zusammenschließen; **~ativo** [-rɐ'tivu] Bundes...
confeiç|ão [kõfɐj'sɐ̃w] *f* **a)** Herstellung *f*; *FARM* Bereitung *f*; **b)** Süßigkeit *f*; *FARM* Präparat *n*; **~oar** [-'swar] (1f) anfertigen; herstellen
confeit|ado [kõfɐj'tadu] Zucker...; **~ar** [-'tar] (1a) mit Zuckerguss überziehen, glasieren; *Süßigkeiten* anfertigen; **~aria** [-tɐ'riɐ] *f* Süßwarenfabrik *f*; *bras* Konditorei *f*; **~eiro** [-'tɐjru] *m* Konditor *m*; Süßwarenhändler *m*; **~o** [-'fɐjtu] *m* kandierte Früchte *f/pl*
confer|ência [kõfə'rẽsjɐ] *f* Besprechung *f*, Konferenz *f* (***realizar*** abhalten); Tagung *f*; Vortrag *m*; *UNIV* Vorlesung *f* (***dar*** halten); ***~ cimeira*** (*bras* ***~ de cúpula***) Gipfelkonferenz *f*; ***~ com projecção de slides***

C

Diavortrag *m*; **~ de imprensa** Pressekonferenz *f*; **~enciar** [-rẽ'sjar] (1g) sich besprechen; beratschlagen; e-n Vortrag halten; **~encista** [kõferẽ'sista] *su bras*, **~ente** [-'rẽtə] *su* Vortragende(r) *su*, Redner(in *f*) *m*; Konferenzteilnehmer(in *f*) *m*

conferir [kõfə'rir] (3c) **1.** *v/t* vergleichen; *Wechselgeld* nachzählen; *Titel, Preis* verleihen; *Wort* erteilen; **2.** *v/i* stimmen; übereinstimmen

confess|ado [kõfə'sadu] **1.** *adj*: **estar ~** gebeichtet haben; **2.** *m* Beichtkind *n*; **~ar** [-'sar] (1c) *Verbrechen* gestehen; *Fehler* eingestehen, zugeben; *REL* beichten; **~ alg** j-m die Beichte abnehmen; **~-se** *REL* beichten; sich öffnen (**a** *j-m*); sich zu erkennen geben (**por** als); **~ionário** [-sju'narju] *m* Beichtstuhl *m*; **~o** [-'fɛsu] geständig; *REL* bekehrt; **~or** [-'sor] *m* Beichtvater *m*

confete [kõ'fɛti] *m bras* Konfetti *n*

confi|ado [kõ'fjadu] *adj* vertrauensvoll; zuversichtlich; P dreist; **~ança** [-'fjẽsɐ] *f* Vertrauen *n* (**em** zu); Vertraulichkeit *f*; **abuso** *m* **de ~** Vertrauensbruch *m*; **voto** *m* **de ~** *POL* Vertrauensfrage *f*; **~ em si** Selbstvertrauen *n*; **à ~** zuverlässig; **dar ~ a** *j-m* Vertrauen schenken; **tomar ~** F zutraulich werden; **~ar** [-'fjar] (1g) **1.** *v/t j-m et* anvertrauen; **2.** *v/i*: **~ em** vertrauen (*dat*); vertrauen auf (*ac*); **~-se a** sich verlassen auf (*ac*); setzen auf (*ac*); **~ável** [-'fjavɛɫ] vertrauenswürdig; F in Ordnung

confid|ência [kõfi'dẽsjɐ] *f* vertrauliche Mitteilung *f*; **em ~** heimlich; **~encial** [-dẽ'sjaɫ] vertraulich; **~enciar** [-dẽ'sjar] (1g) *j-m et* anvertrauen; vertraulich besprechen; **~ente** [-'dẽtə] *su* Vertraute(r) *su*; Gewährsmann *m*, -frau *f*

configur|ação [kõfigurɐ'sɐ̃w] *f* Gestalt *f*, Form *f*; Aussehen *n*; *INFORM* Konfiguration *f*; **~ar** [-'rar] (1a) abbilden, darstellen; gestalten; *INFORM* konfigurieren

confin|ante [kõfi'nẽtə] an-, begrenzend; Grenz...; **~ar** [-'nar] (1a): **~ com** grenzen an (*ac*)

confirm|ação [kõfirmɐ'sɐ̃w] *f* Bestätigung *f*; *REL* Firmung *f* (*katholisch*); Konfirmation *f* (*protestantisch*); **~ar** [-'mar] (1a) bestätigen (*a INFORM*; bekräftigen; *REL* firmen (*katholisch*); einsegnen, konfirmieren (*protestantisch*)

confisc|ação [kõfiʃkɐ'sɐ̃w] *f* Einziehung *f*, Beschlagnahme *f*; *JUR* Konfiskation *f*; **~ar** [-'kar] (1n) beschlagnahmen; *JUR* konfiszieren; **~o** [-'fiʃku] *m* → **confiscação**

confissão [kõfi'sɐ̃w] *f* (Ein)Geständnis *n*; Beichte *f* (*a REL*); *REL* Bekenntnis *n*, Konfession *f*

conflagr|ação [kõflɐgrɐ'sɐ̃w] *f* Brandkatastrophe *f*; *fig* (Kriegs-)Ausbruch *m*; **~ bélica** kriegerische Verwicklung *f*; **~ar** [-'grar] (1b) in Brand setzen; *Volk* aufstacheln; **~-se** sich entzünden

conflito [-'flitu] *m* Konflikt *m*, Auseinandersetzung *f*

conflu|ência [kõ'flwẽsjɐ] *f* Zusammenströmen *n* (*Menschen*); Zusammenfluss *m* (*Flüsse*); Schnitt-, Knotenpunkt *m* (*Verkehrswege*); **~ente** [-'flwẽtə] *m* Neben-, Zufluss *m*; **~ir** [-'flwir] (3i) zusammenfließen (*Flüsse*); zusammenströmen (**a, em** in *dat*, auf *dat*) (*Menschen*)

conform|ação [kõfurmɐ'sɐ̃w] *f* Bildung *f*, Gestalt(ung) *f*; *fig* Ergeben *n* (**com** in *ac*); Anpassung *f* (**com** an *ac*); **~ado** [-'madu] angepasst; resigniert; (schicksals)ergeben; **~ar** [-'mar] (1e) *Form etc* gestalten, formen; anpassen (**a** an *ac*); *Ansichten* in Einklang bringen (*od* stehen) (**com** mit); **~-se com** sich abfinden mit, sich ergeben in (*ac*); passen zu

conform|e [kõ'fɔrmə] **1.** *adj* übereinstimmend; gleich(artig), identisch (*Gegenstände*); richtig, angemessen (*Verhalten*); *fig* ergeben; **estar ~** (überein)stimmen; **2.** *prp* gemäß (*dat*), nach (*dat*); entsprechend (*dat*); **3.** *cj* wie; je nachdem, ob; **~!** je nachdem!, wie man's nimmt!; **~idade** [-mi'dadə] *f* Übereinstimmung *f*; *fig* Fügsamkeit *f*; **em ~ com** gemäß (*dat*); **~ismo** [-'miʒmu] *m* Konformismus *m*; Anpassung *f*; **~ista** [-'miʃtɐ] **1.** *adj* angepasst; **ser ~** alles mitmachen; **2.** *su* Konformist(in *f*) *m*

confort|ação [kõfurtɐ'sɐ̃w] *f* Stärkung *f*; *fig* Trost *m*; **~ar** [-'tar] (1e) stärken; *fig* trösten; **~ável** [-'tavɛɫ]

bequem; **~o** [-'fortu] *m* **a)** Stärkung *f*; Trost *m*; **b)** Bequemlichkeit *f*
confrang|edor [kõfrɐ̃ʒə'dor] herzzerreißend, quälend; beängstigend; **~er** [-'ʒer] (2h) quälen; ängstigen; ***~-se com*** (*od* ***de***) sich ängstigen über (*ac*); leiden unter (*dat*), sich quälen wegen; **~imento** [-ʒi'mẽtu] *m* Qual *f*; Angst *f*
confraria [kõfrɐ'riɐ] *f* Berufsverband *m*; *REL* Bruderschaft *f*
confratern|idade [kõfrɐtərni'dadə] *f* Kameradschaftlichkeit *f*, Freundschaft *f*; **~ização** [-zɐ'sɐ̃w] *f* Verbrüderung *f*; freundschaftliche(r) Verkehr *m*; Feier *f*; **~izar** [-'zar] (1a) **1.** *v/t* sich anfreunden mit; **2.** *v/i*: ***~ com*** kameradschaftlich verkehren mit; sich verbrüdern mit
confront|ação [kõfrõtɐ'sɐ̃w] *f* Konfrontation *f*; *JUR* Gegenüberstellung *f*; *MIL* Zusammenstoß *m*; ***-ões*** *pl* (Grundstücks)Grenzen *f/pl*; **~ar** [-'tar] (1a) **1.** *v/t* gegenüberstellen, vergleichen; **2.** *v/i*: ***~ com*** grenzen an (*ac*); ***~-se*** einander gegenübertreten; **~o** [-'frõtu] *m* Vergleich *m*; → ***confrontação***
confund|ido [kõfũ'didu] verwirrt, durcheinander; ***estar ~*** sich irren; **~ir** [-'dir] (3a) vermengen; *Personen*, *Ereignisse* durcheinander bringen, verwechseln; *j-n* verwirren; ***~-se*** sich (ver)mischen, ineinander übergehen; sich verhaspeln; verwirrt werden
confus|a [kõ'fuza] *f bras* P = **~ão** [-'zɐ̃w] *f* Verwirrung *f*, Durcheinander *n*, Konfusion *f*; Verwechslung *f*; ***em ~*** durcheinander; ***fazer ~ com*** durcheinander bringen, verwechseln; **~o** [-'fuzu] verwirrt
congel|ação [kõʒəlɐ'sɐ̃w] *f* Ge-, Einfrieren *n*; Tiefkühlung *f* (*Lebensmittel*); *MED* Erfrierung *f*; ***ponto m de ~*** Gefrierpunkt *m*; **~ado** [-'ladu] eisig, eiskalt; eingefroren (*a ECON*); (tief)gefroren (*Lebensmittel*); ***carne*** *f* ***-a*** Gefrierfleisch n; ***crédito*** *m* ***~*** Sperrguthaben *n*; **~ador** [-lɐ'dor] **1.** *adj* eisig; **2.** *m* Tiefkühlfach *n*; *bras* Tiefkühlschrank *m*; ***~ horizontal*** Tiefkühltruhe *f*; **~amento** [-'mẽtu] *m* Sperrung *f* (*Guthaben*); Einfrieren *f*, Stopp *m* (*Löhne*, *Preise*); **~ar** [-'lar] (1c) **1.** *v/t* zum Gefrieren (*od* Erstarren) bringen; tiefkühlen; einfrieren (*a Löhne*, *Preise*); *Guthaben* sperren; *Stimme* ersticken; **2.** *v/i* ein-, gefrieren; ***~-se*** gefrieren; erstarren
congeminar [kõʒəmi'nar] (1a) **1.** *v/t Anstrengungen etc* vermehren; **2.** *v/i* nachdenken; sich *et* ausdenken
con|génere (*ê) [kõ'ʒɛnərə] **1.** *adj* (art)verwandt; *allg* ähnlich; **2.** *su* Artverwandte(r) *su*
congenial [kõʒə'njał] geistesverwandt
congénito (*ê) [kõ'ʒɛnitu] angeboren
congest|ão [kõʒəʃ'tɐ̃w] *f* Stauung *f*; *MED* Blutandrang *m*; ***~ cerebral*** Gehirnschlag *m*; **~ionado** [-tju'nadu] verstopft; zähflüssig (*Verkehr*); geschwollen; zornrot (*Gesicht*); **~ionamento** [-tjunɐ'mẽtu] *m* Verkehrsstockung *f*, Stau *m*; Gedränge *n*; **~ionar** [-tju'nar] (1f) verstopfen; stauen; ***~-se*** sich stauen (*Blut*); stocken (*Verkehr*); sich drängen (*Menschen*); rot anlaufen (*vor Zorn*)
conglomer|ação [kõglumərɐ'sɐ̃w] *f* Ansammlung *f*; **~ado** [-'radu] *m* Konglomerat *n*; Zusammenballung *f*; **~ar** [-'rar] (1c) zusammenballen; binden; ***~-se*** sich verbinden
congosta [kõ'goʃtɐ] *f* enge Gasse *f*
congraçar [kõgrɐ'sar] (1p; *Stv* 1b) versöhnen; *Freundlichkeiten* erwidern; ***~-se*** sich (wieder) vertragen
congratul|ação [kõgrɐtulɐ'sɐ̃w] *f* Glückwunsch *m*; **~ar** [-'lar] (1a) *j-m* gratulieren (***por***, ***de*** zu); ***~-se*** sich freuen (***com*** über *ac*)
congreg|ação [kõgrəgɐ'sɐ̃w] *f* Kongregation *f*; **~ado**, **~anista** [-'gadu, -gɐ'niʃtɐ] *m* Kongregationsmitglied *n*
congresso [-'grɛsu] *m* Kongress *m*; *POL* Parteitag *m*
congro ['kõgru] *m ZO* Meeraal *m*
côngrua ['kõgrwɐ] *f* (Pfarrer)Gehalt *n*; Einnahmen *f/pl*
congru|ência [kõ'grwẽsjɐ] *f* Übereinstimmung *f*; Kongruenz *f* (*a MAT*); **~ente** [-'grwẽtə] angemessen, passend; kongruent
conhaque [kɔ'ɲakə] *m* Kognak *m*
conhec|edor [kuɲəsə'dor] **1.** *adj* Kenner...; sachverständig, versiert

(***de*** in *dat*); **2.** *m* Kenner *m*; Sachverständige(r) *m*; **~er** [-'ser] (2g) **1.** *v/t* kennen; *et Neues* kennen lernen; *Stadt* sich auskennen in (*dat*); *Fachgebiet* et verstehen von; *FIL u CIENC* erkennen; **2.** *v/i* Bescheid wissen (***de*** über *ac*); sich auskennen (***de*** in *dat*); ***~ de*** *et* erfahren über (*ac*); ***~ por*** erkennen an (*dat*); kennen als; ***dar a ~*** zur Kenntnis bringen; bekannt machen; ***chegar a ~*** kennen lernen; **~ido** [-'sidu] **1.** *adj* bekannt; **2.** *m* Bekannte(r) *m*; **~imento** [-si'mẽtu] *m* (Er)Kenntnis *f*; Bewusstsein *n*; Bekanntschaft *f* (***travar*** schließen); *ECON* Bescheinigung *f*; *NAV* Konnossement *n*; ***~ de causa*** Sachkenntnis *f*; ***dar*** (***tomar***) ***~ de*** in Kenntnis setzen von (zur Kenntnis nehmen); **~ível** [-'sivɛɫ] erkennbar

cónico (*ô) ['kɔniku] konisch, Kegel...

conífera [ku'nifərɐ] *f* Nadelbaum *m*

coniv|ência [kuni'vẽsjɐ] *f* Begünstigung *f* (*e-r Straftat*); Mittäterschaft *f*, Beihilfe *f*; **~ente** [-'vẽtə] mitschuldig

conje(c)tur|a [kõʒɛ'turɐ] *f* Vermutung *f*; **~al** [-'raɫ] mutmaßlich; **~ar** [-'rar] (1a) vermuten

conjug|ação [kõʒugɐ'sɐ̃w] *f* Verbindung *f*; Verknüpfung *f*; Konjugation *f*; ***a ~ dos esforços*** die Bündelung aller Anstrengungen; ***em ~ com*** zusammen mit; **~ado** [-'gadu] verbunden (*a TÉCN*); konjugiert (*Verb*); **~al** [-'gaɫ] ehelich; Ehe...; **~ar** [-'gar] (1o) vereinigen; verbinden; *Pläne etc* (aufeinander) abstimmen; *fig* bündeln; *GRAM* konjugieren

cônjuge ['kõʒuʒə] *su* Ehegatte *m*, -gattin *f*; **~s** *pl* Eheleute *pl*

conjun|ção [kõʒũ'sɐ̃w] *f* Vereinigung *f*; Verbindung *f*; Gelegenheit *f*; *GRAM*, *ASTR* Konjunktion *f*; **~tamente** [-tɐ'mẽtə] zusammen; gemeinsam, miteinander; **~tiva** [-'tivɐ] *f* *ANAT* Bindehaut *f*; **~tivite** [-tə'vitə] *f* *MED* Bindehautentzündung *f*; **~tivo** [-'tivu] **1.** *adj* verbindend; Binde...; ***tecido*** *m* **~** Bindegewebe *n*; **2.** *m* *GRAM* Konjunktiv *m*; **~to** [-'ʒũtu] **1.** *adj* verbunden; gemeinsam (*Erklärung etc*); anliegend (*Gebiet*); **2.** *m* Ganze(s) *n*, Gesamtheit *f*; Satz *m*, Set *n* (*Geschirr*); *TEA* Ensemble *n*; *Sport*: Mannschaft *f*; Gruppe *f* (*Musiker*); ***teoria f dos ~s*** Mengenlehre *f*; ***em ~*** zusammen; **~tura** [-'turɐ] *f* Zusammentreffen *n* (*Ereignisse*); Umstände *m/pl*; Augenblick *m*; *ECON* Konjunktur *f*; **~tural** [-tu'raɫ] *ECON* konjunkturell

conjur|a(ção) [kõ'ʒurɐ, (kõʒurɐ'sɐ̃w)] *f* **a**) Verschwörung *f*; **b**) Beschwörung *f*; (Teufels)Austreibung *f*; **~ado** [-'radu] *m* Verschwörer *m*; **~ar** [-'rar] (1a) **1.** *v/t* beschwören (*a fig*); *Verschwörung* anzetteln; *Pläne* aushecken; *j-n* anstiften (***a***, ***para*** zu), *j-n* aufhetzen (***contra*** gegen); **2.** *v/i* konspirieren (***contra*** gegen); **~-se** sich verschwören (***contra*** gegen); sich erheben (***contra*** gegen); **~o** [-'ʒuru] *m fig* Beschwörung *f*; Austreibung *f*

conlui|ar [kõlu'jar] (1i) *j-n* anstiften; *j-n* aufstacheln; *et* aushecken; *Tat* gemeinsam begehen

connosco, **conosco** *bras* [kõ'noʃku, kõ'nosku] mit (bei *od* zu) uns; *a* → ***com***; ***consigo***

conotação [kunutɐ'sɐ̃w] *f* Konnotation *f*; Nebenbedeutung *f*

conquanto [kõ'kwẽtu] obgleich

conquilha [-'kiʎɐ] *f* Dreiecksmuschel *f*

conquist|a [kõ'kiʃtɐ] *f* Eroberung *f* (*a fig*); Errungenschaft *f*; ***ser dado às ~s*** F hinter den Frauen her sein; **~ador** [-tɐ'dor] **1.** *adj* Eroberungs...; *fig* unwiderstehlich; **2.** *m* Eroberer *m*; F Don Juan *m*; **~ar** [-'tar] (1a) erobern (***a*** von *j-m*); erringen (***a*** für); **~ável** [-'tavɛɫ] einnehmbar; besiegbar

Cons. ***Conselho*** *m* Rat *m*

consagr|ação [kõsɐgrɐ'sɐ̃w] *f* *REL* (Priester-, Altar)Weihe *f*; Wandlung *f* (*Messe*); *fig* Verankerung *f*, Verfestigung *f* (*et Neues*); **~ado** [-'gradu] anerkannt; bedeutend; **~ar** [-'grar] (1b) *REL* (ein)weihen; heiligen; *Aufmerksamkeit* widmen; zollen; *fig* gewährleisten

consangu|íneo (*ü) [kõsẽ'gwinju] blutsverwandt

consciência [kõʃ'sjẽsjɐ] *f* Bewusstsein *n*; Gewissen *n*; Gewissenhaftigkeit *f*; ***com ~*** gewissenhaft; aufrichtig; ***caso*** *m* ***de ~*** Gewissensfrage *f*;

C

***liberdade** f **de** ~* Gewissensfreiheit *f*; ***objecção** f **de** ~* Wehrdienstverweigerung *f* aus Gewissensgründen; ***rebate** m **de** ~* Gewissensbisse *pl*

consciencializar [-'zar] (1a) bewusst machen (***alg para a/c*** j-m et); *j-n* überzeugen (***de*** von); *e-r Sache* gewahr werden; sich *e-e Sache* bewusst machen; ***~-se*** sich bewusst werden (***de*** *gen*); sich überzeugen

conscien|cioso [kõʃsjẽ'sjozu] gewissenhaft; **~te** [-'sjẽtə] (selbst)bewusst; **~tizar** [-ti'zar] (1a) *bras* → ***consciencializar***

cônscio ['kõʃsju] bewusst (***de*** *gen*)

consecu|ção [kõsəku'sɐ̃w] *f* Erlangung *f*, Erreichung *f*; **~tivo** [-'tivu] aufeinander folgend; hintereinander; konsekutiv (*a GRAM*)

consegu|imento [kõsəgi'mẽtu] *m* Erringen *n*, Erlangung *f*; Gelingen *n*; **~inte** [-'gĩtə] (aufeinander) folgend; ***por ~*** folglich; **~ir** [-'gir] (3o; *Stv* 3c) *Titel* erlangen; *Sieg* erringen; *Ziel* erreichen; *Erfolg* erzielen; bekommen; ***consigo*** es gelingt mir; **~ível** [-'givɛɫ] erreichbar; erhältlich

conselheiro [kõsə'ʎɐjru] *m* Berater *m*; Rat(geber) *m*

conselho [kõ'seʎu] *m* **a)** Rat(schlag) *m*; ***a ~ de*** auf Anraten von; ***tomar ~*** sich beraten lassen; **b)** *POL* Rat(sversammlung *f*) *m*; ***~ de administração*** Aufsichtsrat *m*; ***~ escolar*** Schulkonferenz *f*; ***♀ Europeu*** Europarat *m*; ***♀ de Ministros*** Ministerrat *m*; ***paços** m/pl **do** ~* Rathaus *n*; ***entrar*** (*od* ***reunir-se***) ***em ~*** zusammentreten

consens|o [kõ'sẽsu] *m* Einverständnis *n*, Konsens *m*; **~ualizar** [-swɐli'zar] (1a) übereinstimmen in (*dat*)

consent|âneo [kõsẽ'tɐnju] angemessen, geeignet (***a*** für); ***~ com*** gemäß (*dat*); ***não ser ~ a*** nicht passen zu; **~imento** [-ti'mẽtu] *m* Zustimmung *f*, Einwilligung *f* (***com***, ***em*** zu); ***declaração** f **de** ~* Einverständniserklärung *f*; **~ir** [-'tir] (3e) **1.** *v/t* gestatten; zulassen, dulden; **2.** *v/i*: ***~ em*** einwilligen in (*ac*), einverstanden sein mit

consequ|ência (*ü) [kõsə'kwẽsjɐ] *f* Konsequenz *f*, Folge *f*; Folgerichtigkeit *f*; ***em ~ de*** infolge, aufgrund; angesichts; ***por ~*** folglich; ***ter por ~*** zur Folge haben; ***ter ~s*** Konsequenzen haben; **~ente** (*ü) [-'kwẽtə] daraus folgend (*Ergebnis*); konsequent (*Vorgehen*); **~entemente** [-kwẽtə'mẽtə] folglich

consert|ar [kõsər'tar] (1c) *Dach*, *Kleidung* flicken, ausbessern; *Haus*, *Uhr* reparieren, instand setzen; **~o** [-'sertu] *m* Ausbesserung *f* (*Dach*, *Kleidung*); Reparatur *f*, Instandsetzung *f* (*Haus*, *Uhr*)

conserv|a [kõ'sɛrvɐ] *f* Konserve *f*, Eingemachte(s) *n*; ***de ~*** eingemacht; ***navio** m **de** ~* *NAV* Geleitschiff *n*; ***alimentos** m/pl **em** ~* Konserven *f/pl*; ***pôr de ~*** *CUL Obst* einmachen; *Gurken* einlegen; **~ação** [-sərvɐ'sɐ̃w] *f* Erhaltung *f*, Aufbewahrung *f* (*Lebensmittel*); Konservierung *f* (*a ARQUIT*); ***~ de monumentos*** Denkmalpflege *f*; **~ador** [-vɐ'dor] **1.** *adj* erhaltend; *POL* konservativ; **2.** *m* Beamte(r) *m*; Kustos *m* (*in Museum*); *POL* Konservative(r) *m*; ***~ do registo predial*** Katasterbeamte(r) *m*; ***~ do registo civil*** Standesbeamte(r) *m*; **~ar** [-sər'var] (1c) erhalten; *Tradition* bewahren, beibehalten; aufbewahren; ***~-se*** sich halten; bleiben (***em silêncio*** still); ***conserve-se frio!*** kühl aufbewahren!; **~ativo** [-vɐ'tivu] konservierend; **~atória** [-vɐ'tɔrjɐ] *f* Katasteramt *n*; Standesamt *n*; **~atório** [-vɐ'tɔrju] *m* Konservatorium *n*; Theater-, Ballettschule *f*

consider|ação [kõsidərɐ'sɐ̃w] *f* Überlegung *f*, Erwägung *f* (*Sachverhalt*); Berücksichtigung *f* (*Umstände*, *Gründe*); Rücksicht(nahme) *f*; Ansehen *n* (*e-r Person*); ***por -ões pessoais*** aus persönlichen Gründen; ***falta** f **de** ~* Rücksichtslosigkeit *f*; ***com toda a ~*** hochachtungsvoll (*Briefschluss*); ***com a máxima ~*** mit vorzüglicher Hochachtung; ***de ~*** beträchtlich; angesehen; ***em ~ a*** in Anbetracht (*gen*); ***ter em ~*** berücksichtigen; ***ter ~ por*** achten (*ac*); **~ado** [-'radu] angesehen; **~ando** [-'rɐ̃du] *m JUR* Begründung *f*, Argument *n*; **~ar** [-'rar] (1c) *Umstände* bedenken, berücksichtigen; *Möglichkeit* prüfen; *Alternative* erwägen, in Betracht ziehen; *j-n* hoch schätzen; ***~ como*** halten für; **~ável** [-'ravɛɫ] beträchtlich (*Ausgaben*); ansehnlich (*Erfolg*)

C

consign|ação [kõsignɐ'sɐ̃w] *f allg* Hinterlegung *f*; (Geld)Anweisung *f*; *JUR* Niederschrift *f*; *ECON* (Waren)Sendung; **~ar** [-'nar] (1a) *ECON* in Kommission geben, konsignieren; *JUR* hinterlegen; *schriftlich* festhalten; *Lob* erteilen; *Bewunderung* zollen; *Geld* anweisen; *in den Haushalt* einstellen; **~atário** [-nɐ'tarju] *m ECON* Kommissionär *m*; Konsignatär *m*; *allg* Verwahrer *m*

consigo [kõ'sigu] **1.** *prp* mit (bei *od* zu) sich (selbst); mit (bei *od* zu) Ihnen; ***de si para ~*** zu sich selbst; ***levar ~*** mitnehmen; ***ter*** (*od* ***trazer***) ***~*** bei sich haben; ***isso*** (***não***) ***é ~*** das geht Sie (nichts) an; das gilt (nicht) Ihnen; **2.** *v/t* → ***conseguir***

consist|ência [kõsiʃ'tẽsjɐ] *f* Konsistenz *f*; Haltbarkeit *f* (*Material*); Härte *f*; Beständigkeit *f* (*zeitlich*); ***ter ~*** von Bestand sein; **~ente** [-'tẽtə] fest, stark; haltbar (*Material*); beständig (*zeitlich*); dickflüssig (*Sirup*); **~ir** [-'tir] (3a): ***~ em*** bestehen aus (*dat*) *od* in (*dat*); beruhen auf (*dat*)

conso|ada [kõ'swadɐ] *f* Abendessen *n* (*an Fasttagen*); *bsd* Weihnachtsessen *n* (*Heiligabend*); Weihnachtsgeschenk *n*; **~ante** [-'swɐ̃tə] **1.** *adj* übereinstimmend; **2.** *prp* laut (*gen od dat*), gemäß (*dat*); je nach (*dat*); **3.** *f* Konsonant *m*; **~ar** [-'swar] (1f) **1.** *v/i* zusammenklingen; (sich) reimen; **2.** *v/t u v/i* zu Abend essen

consócio [kõ'sɔsju] *m* Geschäftspartner *m*

consola [kõ'sɔlɐ] *f* Konsole *f*

consol|ação [kõsulɐ'sɐ̃w] *f* Trost *m*; **~ador** [-'dor] **1.** *adj* tröstlich; **2.** *m* Trostspender *m*, Tröster *m*; **~ar** [-'lar] (1e) trösten; erfreuen; **~-se** sich hinwegtrösten; Trost finden

consolid|ação [kõsulidɐ'sɐ̃w] *f MED*, *ECON* Konsolidierung *f*; Festigung *f*; Sicherung *f*; **~ar** [-'dar] (1a) *ECON* konsolidieren; festigen, sichern; *schriftlich* festhalten; **~-se** sich festigen; heilen (*Bruch*)

consolo[1] [kõ'solu] *m* Trost *m*; Stärkung *f*

consolo[2] [kõ'sɔlu] *m bras* Konsole *f*

consomé (*ê) [kõsu'mɛ] *m CUL* klare Fleischbrühe *f*

consonância [kõsu'nɐ̃sjɐ] *f* Gleichklang *m*; *LIT* Reim *m*

con|sorciar [kõsur'sjar] (1g) **a)** zusammenschließen, verbinden; **b)** trauen, verheiraten; **~-se** heiraten (**com** *ac*); **~sórcio** [-'sɔrsju] *m* **a)** *ECON* Konsortium *n*; Interessengemeinschaft *f*; *ECON a* Konzern *m*; **b)** Ehe *f*; **~sorte** [-'sɔrtə] *su* Gatte *m*, Gattin *f*

conspir|ação [kõʃpirɐ'sɐ̃w] *f* Konspiration *f*, Verschwörung *f*; **~ador** [-'dor] *m* Verschwörer *m*; **~ar** [-'rar] (1a) Verschwörungen anzetteln; sich verschwören; ***~ a*** hinarbeiten (*od* abzielen) auf (*ac*)

conspurcar [kõʃpur'kar] (1n) beflecken; besudeln (*a fig*)

const|ância [kõʃ'tɐ̃sjɐ] *f* Beständigkeit *f* (*Gefühle*, *Freundschaft*); Ausdauer *f*, Beharrlichkeit *f*; **~ante** [-'tɐ̃tə] **1.** *adj* konstant (*a MAT*); beharrlich (*um et durchzusetzen*); beständig (*Freundschaft*); ständig (*Ärger*); fest(stehend) (*Tatsache*); einmütig (*Meinung*); ***~ de*** bestehend aus; **2.** *f* Konstante *f*, feste Größe *f*; **~ar** [-'tar] (1a) verlauten; ***~ de*** hervorgehen aus; erwähnt werden in (*dat*); bestehen aus; ***consta-me*** ich habe gehört; ***consta que*** es heißt, dass; ***segundo consta*** wie verlautet; **~atar** [-tɐ'tar] (1b) feststellen

constel|ação [kõʃtəlɐ'sɐ̃w] *f* Sternbild *n*, Konstellation *f* (*a fig*); **~ado** [-'ladu] sternenhell (*Himmel*); sternförmig; **~ar** [-'lar] (1c) *e-e Konstellation* (nach)bilden; *fig* (aus-) schmücken; *j-n* verherrlichen

constern|ação [kõʃtərnɐ'sɐ̃w] *f* tiefe(s) Leid *n*; Bestürzung *f*; **~ar** [-'nar] (1c) tief betrüben, bestürzen

constip|ação [kõʃtipɐ'sɐ̃w] *f* Schnupfen *m*, Erkältung *f*; Verstopfung *f*; **~ado** [-'padu] verschnupft, erkältet; **~ar** [-'par] (1a): **~-se** sich erkälten

constitucional [kõʃtitusju'naɫ] verfassungsmäßig, Verfassungs...; konstitutionell (*a MED*); **~idade** [-nɐli'dadə] *f* Verfassungsmäßigkeit *f*

constitu|ição [kõʃtitui'sɐ̃w] *f* Gründung *f*, Errichtung *f* (*e-r Institution*); Aufbau *m* (*e-s Systems*); Einsetzung *f* (*e-r Kommission*); Zusammensetzung *f*; *POL* Verfassung *f*; *MED* Konstitution *f*; **~inte** [-'ĩtə] **1.** *adj* Gründungs...; Ernennungs...; *POL* verfassunggebend; ***assembleia** f* **~** verfassunggebende Versammlung *f*; **2.** *su* Mandant(in *f*) *m*; **~uir** [-'twir] (3i) *Grundlage* bilden, sein; *Problem* darstellen; *Gruppe*, *Kommission* zusammensetzen, -stellen; *Verwalter* einsetzen; *Sprecher* ernennen zu; *Familie* gründen; *Niederlassung* errichten; ***~-se*** zusammentreten, sich konstituieren; **~tivo** [-'tivu] wesentlich; Haupt...

constrang|edor [kõʃtrẽʒə'dor] bedrückend; **~er** [-'ʒer] (2h) zwingen (***a*** zu), nötigen (***a*** zu); *Bewegungsfreiheit* einengen; *j-m* Zwang antun; *Freiheiten* beschneiden; *fig* bedrücken; ***~-se*** verlegen werden; **~imento** [-ʒi'mẽtu] *m* **a)** Zwang *m*; Gewalt *f*; **b)** Verlegenheit *f*, Gehemmtheit *f*; ***sem ~*** ungezwungen

constringir [kõʃtrĩ'ʒir] (3n; *p/p* ***constrito***) zusammenschnüren, -ziehen; *Freiheit* einengen

constru|ção [kõʃtru'sɐ̃w] *f* Bau *m*; Aufbau *m* (*Gebäude*, *System*); Bildung *f* (*System*); Gebäude *n*; *GRAM* Satzbau *m*; *allg a* Konstruktion *f*; ***~ civil*** Baugewerbe *n*, -wesen *n*; ***~ naval*** Schiffbau *m*; **~ir** [-'trwir] (3k) *Haus*, *Straße* bauen; *Sätze* bilden; *allg a* konstruieren; **~tivo** [-'tivu] aufbauend; konstruktiv; **~tor** [-'tor] **1.** *adj* Bau...; **2.** *m* Baumeister *m*; Erbauer *m*; *TÉCN* Konstrukteur *m*; **~tora** [-'torɐ] *f* Bauunternehmen *n*

consuetudinário [kõswətudi'narju] gewohnheitsmäßig; Gewohnheits...

cônsul(es) ['kõsuɫ] *m*(*pl*) Konsul *m*

consul|ado [kõsu'ladu] *m* Konsulat *n*; **~ar** [-'lar] Konsulats...; Konsular...; **~ente** [-'lẽtə] **1.** *adj* **a)** beratend; **b)** Rat suchend; **2.** *su* **a)** Rat Suchende(r) *su*; **b)** *JUR* Beistand *m*, Berater(in *f*) *m*; **~esa** [-'lezɐ] *f* Konsulin *f*

consult|a [kõ'suɫtɐ] *f* Anfrage *f*; Konsultation *f* (*e-s Arztes*); Besprechung *f* (*e-s Problems*); (***horas*** *f/pl* ***de***) **~** Sprechstunde *f*; ***obra** f **de** ~* Nachschlagewerk *n*; **~ante** [-'tẽtə] → ***consulente***; **~ar** [-'tar] (1a) **1.** *v/t* *Arzt*, *Wissenschaftler* befragen, zurate ziehen, konsultieren; *Plan* begutachten; *Vokabeln*, *Begriffe* nachschlagen bei; **2.** *v/i* sich beraten (***com*** mit); Rat geben (*anderen*); Sprechstunden abhalten (*Arzt*); ***~-se*** nachdenken; **~ivo** [-'tivu] beratend, konsultativ; **~or** [-'tor] *m* *ECON* Berater *m*; ***~ de impostos*** Steuerberater *m*; ***~ de investimentos*** Anlageberater *m*; ***~ jurídico*** Rechtsberater *m*; ***conselho** m* **~** Beirat *m*; **~ório** [-'tɔrju] *m* *MED* Sprechzimmer *n*; Praxis *f*

consum|ação [kõsumɐ'sɐ̃w] *f* **a)** Vollendung *f*; Ende *n*; **b)** *bras* Verzehr *m*; **~ado** [-'madu] vollendet (*Arbeit*); vollkommen; erfahren; **~ar** [-'mar] (1a) vollenden; vollbringen; *Verbrechen* begehen; *Plan* ausführen

consum|ição [kõsumi'sɐ̃w] *f* Beunruhigung *f*; Verärgerung *f*, Ärger *m*; Qual *f*, Tortur *f*; **~idor** [-'dor] *m* Verbraucher *m*; Abnehmer *m*; ***defesa** f **do** ~* Verbraucherschutz *m*; **~ir** [-'mir] (3h) verbrauchen; konsumieren; *Vorrat* aufbrauchen; *Material* abnutzen; vernichten (*Brand*); schwächen, verzehren (*Krankheit*); ***~-se*** *fig* sich aufreiben (***em*** bei), sich plagen (***em*** mit); sich verzehren (***de***, ***em*** vor *dat*); **~ismo** [-'miʒmu] *f* Konsum-, Kaufrausch *m*; **~o** [-'sumu] *m* Verbrauch *m*; Konsum *m*, Absatz *m*; ***bens** m/pl **de** ~* Konsumgüter *n/pl*

consumpção [-sũ'sɐ̃w] *f* Auszehrung *f*

conta ['kõtɐ] *f* Rechnung *f*; *MAT* Rechenoperation *f*; Konto *n*; Perle *f* (*Kette*, *Rosenkranz*); ***~ aberta*** offene Rechnung *f*; ***~ bancária*** Bankkonto *n*; ***~ à ordem***, *bras* ***corrente*** Girokonto *n*; *ECON* Kontokorrent *n*; ***~ a prazo*** Festgeldkonto *n*; ***~s do Porto*** getrennte Rechnung *f*; ***trabalhador** m **por ~ própria*** Freiberufler *m*; ***à ~ de*** auf Rechnung von; ***afinal de ~s*** schließlich und endlich; ***por ~*** auf Rechnung; ***por ~ própria*** (***de outrem***) (nicht) selbstständig (*Arbeit*); ***por sua ~ e risco*** auf eigenes Risiko; ***sem ~*** unzählbar; ***acertar ~s*** abrechnen (*a fig*); ***apanhar a sua ~*** verprügelt werden; ***chamar a***

C

~s zur Rechenschaft ziehen; **dar ~(s) de** abrechnen; Rechenschaft ablegen über (*ac*); **dar má ~ de si** F sich blamieren; **dar por ~** e-e Teilzahlung machen; **dar-se ~ de** bemerken; sich bewusst werden; **fazer ~s** (ab)rechnen; **fazer ~ a** *j-m* nützlich sein, *j-m* dienen; **fazer (de) ~ que** annehmen, dass; so tun, als ob; **incluir na ~** auf die Rechnung setzen; berücksichtigen; **saldar ~s** Schulden tilgen; Rechnungen begleichen (*a fig*); **ter em muita ~** viel halten von; **sem ter em ~ que** abgesehen davon, dass; **ter ~s a ajustar** F noch e-e Rechnung zu begleichen haben; **tomar ~ de** in Verwahrung nehmen (*ac*); sich *e-r Sache* annehmen; auf *j-n* aufpassen

contabil|idade [kõtɐbəli'dadə] *f* Rechnungswesen *n*; Berechnung *f*; *ECON* Buchführung *f*; **~ paralela** doppelte Buchführung *f*; **~ista** [-'liʃtɐ] *su* Buchhalter(in *f*) *m*; **~izar** [-li'zar] (1a) berechnen; die Buchführung machen von; *ECON* verbuchen

conta(c)tar [kõta(k)'tar] (1a) den Kontakt herstellen zwischen (*bsd EL*); **~** sich in Verbindung setzen mit

conta(c)t|o [kõ'tatu] *m* Berührung *f*; Verbindung *f*; Kontakt *m* (*a EL*); **~ frouxo** *EL* Wackelkontakt *m*; **lente** *f* **de ~** Kontaktlinse *f*; **~ de pino** *EL* Steckkontakt *m*; **pôr-se em ~ com** Kontakt aufnehmen mit; **ter ~** in Verbindung stehen; **~or** [-'tor] *m EL* Schalter *m*

cont|ado [kõ'tadu]: **de ~** sofort; **pagamento** *m* **de ~** Sofortzahlung *f*; **a dinheiro de ~** in bar; **tem os dias ~s** seine (*od* ihre) Tage sind gezählt; **~ador** [-tɐ'dor] *m* Rechnungsprüfer *m*; *bras* Buchhalter *m*; *TÉCN* Zähler *m*, Zählwerk *n*; (Gas-, Wasser)Uhr *f*; **~adoria** [-tɐdu'riɐ] *f* Rechnungsamt *n*; **~agem** [-'taʒẽj] *f* Zählung *f*; **~ regressiva** Countdown *m*

cont|agiar [kõtɐ'ʒjar] (1g) *Person* anstecken (**de, com** mit); *Krankheit* übertragen (**a** auf *ac*); **~ágio** [-'taʒju] *m* Ansteckung *f* (*e-r Person*); Übertragung *f* (*e-r Krankheit*); **~agioso, ~agiante** [-tɐ'ʒjozu, -tɐ'ʒjẽtə] ansteckend, übertragbar

conta-gotas (*pl inv*) [kõtɐ'gotɐʃ] *m* Tropfenzähler *m*; **a ~** tropfenweise

contamin|ação [kõtɐminɐ'sɐ̃w] *f* Verseuchung *f*, Verschmutzung *f* (*Luft, Wasser*); *MED* Ansteckung *f*; *LING, FIS* Kontamination *f*; **~ ambiental** Umweltverschmutzung *f*; **~ar** [-'nar] (1a) *Luft, Wasser* verseuchen; *MED* anstecken; *Sitten* verderben; kontaminieren

contanto [kõ'tɐ̃tu]: **~ que** *conj* sofern; falls; wenn ... nur

conta-quilómetros (*pl inv*) [kõtɐki'lɔmətruʃ] *m* Kilometerzähler *m*; **~ parcial** Tageskilometerzähler *m*

contar [kõ'tar] (1a) **1.** *v/t* zählen; aus-, berechnen; *Geschichte* erzählen; **~** *inf* beabsichtigen zu *inf*; **2.** *v/i* rechnen; zählen; **~ com** rechnen mit

conta-rotações (*pl inv*) [kõtɐʀutɐ'sõjʃ] *m* Drehzahlmesser *m*

contat... *bras* → **contact...**

contêiner(es) [kõ'tejner] *m(pl)* *bras* Container *m*

contempl|ação [kõtẽplɐ'sɐ̃w] *f* Betrachtung *f*; Rücksicht(nahme) *f*; **não estar para -ões** keinerlei Rücksichten (mehr) nehmen; **por ~** aus Rücksicht; **~ar** [-'plar] (1a) **1.** *v/t* *Bild* betrachten, anschauen; *Möglichkeit* erwägen; *fig* bedenken (**com, de** mit); *Bitte* berücksichtigen; **2.** *v/i* nachdenken, meditieren; **~ativo** [-plɐ'tivu] beschaulich; nachdenklich

contemporâneo [kõtẽpu'rɐnju] **1.** *adj* zeitgenössisch; **~ de** aus der Zeit (*gen*); **2.** *m* Zeitgenosse *m*

contemporiz|ação [kõtẽpurizɐ'sɐ̃w] *f* kluge Anpassung *f*, Rücksichtnahme *f*, Nachgiebigkeit *f*; **~ar** [-'zar] (1a) **1.** *v/t* hinhalten; **2.** *v/i*: **~ com** *j-m* nachgeben; sich gut stellen mit; sich anpassen an (*dat*)

conten|ção [kõtẽ'sɐ̃w] *f* **a)** Streit *m*; **b)** Stillstand *m*; Zurückhaltung *f*; **~ orçamental** *POL* Haushaltsdisziplin *f*; **~ salarial** *POL* Lohnmäßigung *f*; **~cioso** [-'sjozu] **1.** *adj* strittig; umstritten; *JUR* streitig; **2.** *m* Rechtsabteilung *f*, *JUR* Schiedsstelle *f*, -gericht *n*; **~da** [-'tẽdɐ] *f* **a)** Streit(fall) *m*; Kampf *m*; **b)** Anstrengung *f*; **~der** [-'der] (2a) **a)** (sich) streiten (**por** um, **com** mit); kämpfen (**por** um); wetteifern; **b)**

sich anstrengen; **~dor** [-'dor] **1.** *adj* streitend; **2.** *m* Gegner *m*; **~são** [-'sɐ̃w] *f* Anspannung *f*

content|amento [kõtẽtɐ'mẽtu] *m* Zufriedenheit *f*; Vergnügen *n*; **~ar** [-'tar] (1a) befriedigen, zufrieden stellen; **~-se** sich zufrieden geben (**com** mit), zufrieden sein (**com** mit); sich damit begnügen

content|e [kõ'tẽtə] zufrieden (**de** mit); vergnügt, froh; ***de ~*** vor Freude; **~o** [-'tẽtu]: ***a ~*** auf (*od* zur) Probe; ***a ~ de*** zu *j-s* Zufriedenheit

contentor [kõtẽ'tor] *m* Container *m*; ***~ de lixo*** Müllcontainer *m*

conter [kõ'ter] (2zb) *Menge* enthalten; *Atem* anhalten; *Wut* unterdrücken, zurückhalten; **~-se** an sich halten (**de** vor *dat*); sich zurückhalten

contérmino [kõ'tɛrminu] *m* Grenze *f*

conterrâneo [kõtə'ʀɐnju] *m* Landsmann *m*

contest|ação [kõtəʃtɐ'sɐ̃w] *f* Anfechtung *f*; Widerspruch *m*; Streit *m*; *allg* Protest *m*; **~ado** [-'tadu] strittig, umstritten; **~ar** [-'tar] (1c) **1.** *v/t* bestreiten; *Ergebnis* anfechten; *Anmaßung* bekämpfen; **2.** *v/i* protestieren; **~atário** [kõtesta'tarju] *bras* trotzig; Protest...; **~ável** [kõtəʃtɐ'tavɛɫ] anfechtbar

conteúdo [kõ'tjudu] *m* Inhalt *m*

context|o [kõ'tɐjʃtu] *m* Zusammenhang *m*; Kontext *m*; **~ura** [-'turɐ] *f* innere(r) Aufbau *m*

contigo [kõ'tigu] mit (bei *od* zu) dir; → ***consigo***

contíguo [kõ'tigwu] angrenzend

continência [kõti'nẽsjɐ] *f* Enthaltsamkeit *f* (*Trinken*); Beherrschung *f*; Zurückhaltung *f*; ***~ militar*** Ehrenbezeigung *f*

continent|al [kõtinẽ'taɫ] kontinental; **~e** [-'nẽtə] **1.** *adj* enthaltsam (*Trinken*); beherrscht; **2.** *m* Kontinent *m*; Festland *n*

conting|ência [kõtĩ'ʒẽsjɐ] *f* Zufälligkeit *f*; Möglichkeit *f*; **~ente** [-'ʒẽtə] **1.** *adj* zufällig; möglich; zweifelhaft; anteilig (*Menge*); **2.** *m* Quote *f*, Anteil *m*; Kontingent *n*

continua|ção [kõtinwɐ'sɐ̃w] *f* Fortsetzung *f* (*Reise*, *Weg*); Weiterführung *f* (*Begonnenes*); (Fort)Dauer *f*; **~ar** [-'nwar] (1g) **1.** *v/t Arbeit*, *Reise* fortsetzen; *Serie* weiterführen; **2.** *v/i* fortfahren (*mit Arbeit*, *Studium*); andauern (*Wetter*); bestehen bleiben (*Tradition*); ***~ a*** *inf* weiter *et* tun; ***~ com*** *et* fortsetzen; ***~ sem fazer*** immer noch nicht tun; ***~ doente*** *etc* (immer) noch krank *etc* sein; **~idade** [-nu-i'dadə] *f* Kontinuität *f*

contínuo [kõ'tinwu] **1.** *adj* unablässig, fortwährend; stetig; ***acto*** *m* ***~*** sofort; ***de ~*** unaufhörlich; **2.** *m* Bürogehilfe *m*; Aushilfe *f*

cont|ista [kõ'tiʃtɐ] *su* (Geschichten)Erzähler(in *f*) *m*; **~o** ['kõtu] *m* **a)** Erzählung *f*, Geschichte *f*; ***~ de fadas*** Märchen *n*; ***~ da carochinha*** Ammenmärchen *n*; **~s** *pl* Betrug *m*, Schwindel *m*; **b)** 1000 Escudos

contor|ção [kõtur'sɐ̃w] *f* Verrenkung *f*, Verzerrung *f*; **~cer** [-'ser] (2g; *Stv* 2d) verrenken; *Gesicht* verzerren; **~-se** sich winden; **~cionista** [-sju'niʃtɐ] *su* Schlangenmensch *m*

contorn|ar [kõtur'nar] (1e) herumgehen, -fahren um, umrunden; umgeben; umgehen; umreißen; **~o** [-'tornu] *m* Umriss *m*, Kontur *f* (*Figur*, *Statue*); Umfang *m* (*Kreis*); *bras* Umleitung *f*; LIT Eleganz *f*

contra ['kõtrɐ] **1.** *prp* gegen (*ac*); gegenüber (*dat*) (*Lage*); entgegen (*dat*) (*anders als erwartet*); **2.** *adv* dagegen; **3.** *m* Schwierigkeit *f*, Nachteil *m*; Ablehnung *f*; ***os prós e os ~s*** das Für und Wider; ***pesar*** (*od* ***ver***) ***os prós e os ~s*** die Vor- und Nachteile abwägen

contra... *in Zssgn* Gegen...; Wider...

contra|-almirante(s) [kõtraɫmi'rẽtə] *m*(*pl*) MIL Konteradmiral *m*; **~-atacar** [-atɐ'kar] (1n; *Stv* 1b) e-n Gegenangriff starten; **~-ataque(s)** [-a'takə] *m*(*pl*) Gegenangriff *m*; *Sport*: Konter *m*; **~baixo** [-'bajʃu] *m* Kontrabass *m*; **~balançar** [-bɐlẽ'sar] (1p) aufwiegen; ausgleichen

contraband|ear [kõtrɐbẽ'djar] (1l) schmuggeln; **~ista** [-'diʃtɐ] *su* Schmuggler(in *f*) *m*; **~o** [-'bẽdu] *m* Schmuggel *m*; Schmuggelware *f*

contra(c)ção [kõtra'sɐ̃w] *f* MED, LING, FIS Kontraktion *f*; Zuckung *f*

contracep|ção [kõtrɐsɛ(p)'sɐ̃w] *f* Empfängnisverhütung *f*; **~tivo** [-'tivu] **1.** *adj* empfängnisverhütend,

kontrazeptiv; **2.** *m* Empfängnisverhütungsmittel *n*
contracorrente [kõtrɐku'ʀẽtə] *f* Gegenstrom *m*, -strömung *f*
contra|dição [kõtrɐdi'sɐ̃w] *f* Widerspruch *m*; ***sem ~*** unstreitig; ***espírito m de ~*** Widerspruchsgeist *m*; **~dique** [-'dikə] *m* Vordeich *m*; **~ditória** [-'tɔrjɐ] *f* genaue(s) Gegenteil *n*; Widerspruch *m*; **~ditório** [-'tɔrju] widersprüchlich; sich widersprechend; **~dizer** [-di'zer] (2x) widersprechen (*dat*); bestreiten
contraente [kõtrɐ'ẽtə] **1.** *adj* vertragschließend; **2.** *su* Vertragspartner(in *f*) *m*; *fig* Kontrahent(in *f*) *m*
contra|fa(c)ção [kõtrɐfa'sɐ̃w] *f* Nachahmung *f*, Kopie *f*; Fälschung *f*; **~fa(c)tor** [-fa'tor] *m* Fälscher *m*; **~fazer** [-fɐ'zer] (2v) nachmachen, kopieren; fälschen; ***~-se*** sich verstellen; **~fé** [-'fɛ] *f JUR* Vorladung *f*; **~feito** [-'fɐjtu] **1.** *p/p von **~fazer***; **2.** *adj* gezwungen; **~forte** [-'fɔrtə] *m* Stützpfeiler *m*; ***~s*** *pl* Vorgebirge *n*; **~gosto** [-'goʃtu]: ***a ~*** widerwillig
contra-indic|ação (-ões) [kõtrɐ-ĩdikɐ'sɐ̃w] *f(pl) MED* Gegenanzeige *f*; **~ado** [-'kadu] unverträglich; **~ar** [-'kar] (1n) *Medikament* abraten von, verbieten
contrair [kõtrɐ'ir] (3l) zusammenziehen; verkürzen; sich *e-e Krankheit* sich anstecken mit; *Gewohnheit* annehmen; *Verpflichtung* eingehen; *Schulden* machen; *Anleihe* aufnehmen; *Vertrag*, *Ehe* schließen; ***~-se*** schrumpfen; zucken (*Muskeln*)
contralto [kõ'traɫtu] *m MÚS* Alt(stimme *f*) *m*
contra|luz [kõtrɐ'luʃ] *f* Gegenlicht *n*; **~mão** [-'mɐ̃w] *f bras* Gegenfahrbahn *f*, -spur *f*; **~maré** [-mɐ'rɛ] *f* Gegenstrom *m*; **~medida** [-mə'didɐ] *f* Gegenmaßnahme *f*; **~mestre** [-'mɛʃtrə] *m* Werkmeister *m*; **~minar** [-mi'nar] (1a) *fig* vereiteln; **~-ordem (-ens)** [-'ɔrdɐ̃j] *f(pl)* Gegenbefehl *m*; **~partida** [-pɐr'tidɐ] *f* Gegenstück *n*; *fig* Ausgleich *m*; **~pé** [-'pɛ] *m* Stütze *f*, Stützpfeiler *m*; **~pelo** [-'pelu]: ***a ~*** gegen den Strich; *fig* verkehrt; **~peso** [-'pezu] *m* Gegengewicht *n* (*a fig*); **~placado** [-plɐ'kadu] *m* Sperrholz *n*; **~ponto** [-'põtu] *m MÚS* Kontrapunkt *m*; **~por** [-'por] (2zd) (einander) gegenüberstellen; entgegenstellen; **~porca** [-'pɔrkɐ] *f* Kontermutter *f*; **~posição** [-puzi'sɐ̃w] *f* Gegenüberstellung *f*; Gegensatz *m*; ***em ~*** im Gegensatz dazu; **~producente** [-prudu'sẽtə] kontraproduktiv, das Gegenteil bewirkend; **~prova** [-'prɔvɐ] *f* Gegenprobe *f*; Gegenbeweis *m*; *TIP* zweite Korrektur *f*; **~-regra(s)** [-'ʀɛgrɐ] *m(pl) TEA* Inspizient *m*
contr|ariar [kõtrɐ'rjar] (1g) **a)** widerstreben (*dat*); ärgern, verdrießen; **b)** im Gegensatz stehen zu; widersprechen (*dat*); *Vorwürfe* zurückweisen; **~ariedade** [-rjə'dadə] *f* Widrigkeit *f*; Unannehmlichkeit *f*; **~ário** [-'trarju] **1.** *adj* Gegen...; entgegengesetzt, umgekehrt (*Richtung*); widrig (*Umstände*); schädlich (*dat*) (*für Gesundheit*); feindlich (*Truppe*); ***em sentido ~*** umgekehrt; **2.** *m* Gegenteil *n*; ***ao ~ de*** im Gegensatz zu; ***pelo ~*** im Gegenteil; ***de ~*** anderenfalls, sonst
contra-senha(s) [kõtrɐ'seɲɐ] *f(pl)* Losung(swort *n*) *f*; **~senso(s)** [-'sẽsu] *m(pl)* Wider-, Unsinn *m*
contrast|ar [kõtrɐʃ'tar] (1b) gegenüberstellen, konfrontieren; vergleichen; widersprechen; *Qualität* prüfen; *Gold etc* eichen; ***~ com*** im Widerspruch stehen zu; abstechen von; **~aria** [-tɐ'riɐ] *f* Eichamt *n*; **~e** [-'traʃtə] *m* **a)** Gegensatz *m*; Kontrast *m*; *MED* Kontrastmittel *n*; **b)** Eichung *f*; Eichmeister *m*; ***~s** pl **da fortuna*** Schicksalsschläge *m/pl*
contrat|ação [kõtrɐtɐ'sɐ̃w] *f* vertragliche Vereinbarung *f*; ***~ colectiva*** Tarifvertrag *m*; **~ador**, **~ante** [-'dor, -'tẽtə] **1.** *adj* vertragschließend; **2.** *su* Vertragschließende(r) *su*, vertragschließende Seite *f*; **~ar** [-'tar] (1b) vertraglich vereinbaren; e-n Kaufvertrag abschließen über (*ac*); *Arbeitnehmer* einstellen; *Künstler* engagieren, verpflichten; *Matrosen* heuern
contratempo [kõtrɐ'tẽpu] *m* Unannehmlichkeit *f*
contratista [kõtrɐ'tiʃtɐ] *su* Auftragnehmer(in *f*) *m*; Bau-, Fuhrunternehmer(in *f*) *m*
contrat|o [kõ'tratu] *m* Vertrag *m*; ~

a prazo Zeitvertrag *m*; **~ *colectivo de trabalho*** Tarifvertrag *m*; **~ *de arrendamento*** Miet-, Pachtvertrag *m*; **~ *permanente*** unbefristete(r) Vertrag *m*; **~ *social entre gerações*** Generationenvertrag *m*; **~ual** [-'twał] vertraglich; Vertrags...

contra|valor [kõtrɐvɐ'lor] *m* Gegenwert *m*; **~venção** [-vẽ'sɐ̃w] *f* Übertretung *f* (*Gesetz etc*); Verstoß *m* (*Regel*); **~veneno** [-və'nenu] *m* Gegengift *n*; **~vento** [-'vẽtu] *m* Gegenwind *m*; Windfang *m*; **~ventor** [-vẽ'tor] **1.** *adj* vertragsbrüchig; **2.** *m* Gesetzesbrecher *m*; Vertragsbrüchige(r) *m*; **~vir** [-'vir] (3x) **1.** *v/i* erwidern; **2.** *v/t Gesetz* verletzen

contribu|ição [kõtribu-i'sɐ̃w] *f* Beitrag *m*; Abgabe *f*; *bsd* Steuer *f*; **~ *camarária*** Gemeindesteuer *f*; **~ *industrial*** Gewerbesteuer *f*; **~ *predial*** Grund- und Gebäudesteuer *f*; **~ *patronal*** Arbeitgeberanteil (*zur Sozialversicherung*); **~ *para a Segurança Social*** Sozialversicherungsbeitrag *m*; **~inte** [-bu'ĩtə] **1.** *adj* steuerpflichtig; **2.** *m* Steuer-, Beitragszahler *m*; ***cartão*** *m* ***de*** **~** (Lohn)Steuerkarte *f*; **~ir** [-'bwir] (3i) *et* beitragen *od* beisteuern; sich beteiligen; (Steuern) zahlen; **~tivo** [-'tivu] steuerlich, Steuer...; Beitrags...; ***não*** **~** beitragsfrei; **~to** [-'butu] *m* Anteil *m*, Beitrag *m*

contri|ção [kõtri'sɐ̃w] *f* Zerknirschung *f*, Reue *f*; **~star** [-triʃ'tar] (1a) betrüben; **~to** [-'tritu] zerknirscht

control|ador [kõtrulɐ'dor] *m* Kontrolleur *m*; **~ *de impressora*** INFORM Druckertreiber *m*; **~ *de tráfego aéreo*** AV Fluglotse *m*; **~ar** [-'lar] (1e) kontrollieren; *Gebiet* beherrschen; EL steuern; **~e** *bras*, **~o** [-'trɔli, -'trolu] *m* Kontrolle *f*; EL Steuerung *f*; Steuervorrichtung *f*; **~ *de segurança*** Sicherheitskontrolle *f*; **~ *de vídeo*** Bildschirmüberwachung *f*; **~ *radar*** Radarüberwachung *f*, -kontrolle *f*; **~ *remoto*** Fernbedienung *f*; **~ *remoto de abertura das portas*** AUTO Infrarottüröffner *m*

contro|vérsia [kõtru'vɛrsjɐ] *f* Kontroverse *f*, Auseinandersetzung *f*; Meinungsverschiedenheit *f*; **~verso, ~vertido** [-'vɛrsu, -vər'tidu] umstritten, strittig, Streit...

contudo [kõ'tudu] jedoch; dennoch

contum|ácia [kõtu'masjɐ] *f* Halsstarrigkeit *f*, Eigensinn *m*; JUR Nichterscheinen *n* vor Gericht; **~az** [-'maʃ] eigensinnig; **~élia** [-'mɛljɐ] *f* Beleidigung *f*, Beschimpfung *f*; **~s** *pl* F übertriebene (*mst* heuchlerische) Begrüßung *f*, Verbeugung *f*

contundir [kõtũ'dir] (3a) quetschen

conturbar [-'bar] (1a) durcheinander bringen, verwirren; aufwiegeln

contus|ão [kõtu'zɐ̃w] *f* Quetschung *f*; **~o** [-'tuzu] gequetscht; Quetsch...

conúbio [ku'nubju] *m* Ehe *f*; *fig* Verbindung *f*

convalesc|ença [kõvɐləʃ'sẽsɐ] *f* Genesung *f*, Rekonvaleszenz *f*; **~ente** [-'sẽtə] *su* Genesende(r) *su*; **~er** [-'ser] (2g) genesen (**de** von)

convector [kõvɛ'tor] *m* Konvektor *m*

conven|ção [kõvẽ'sɐ̃w] *f* Übereinkunft *f*, Konvention *f*; **~cer** [-'ser] (2g; *Stv* 2a) überzeugen (**a** zu *inf*, **de** von); **~-se** sich überzeugen (**de** von); **~cido** [-'sidu] überzeugt (**de** von); *fig* eingebildet (**de** auf *ac*); **~cimento** [-si'mẽtu] *m* Überzeugung *f*; *bras* Eitelkeit *f*; Anmaßung *f*

convencion|al [kõvẽsju'nał] **a)** vertragsmäßig; Vertrags...; **b)** konventionell; förmlich; **~alismo** [-nɐ'liʒmu] *m* Förmlichkeit *f*; Brauch *m*, Konventionen *f/pl*; **~ar** [-'nar] (1f) festsetzen; vereinbaren, verabreden

conveni|ência [kõvə'njẽsjɐ] *f* Angemessenheit *f* (*Maßnahme*); Schicklichkeit *f* (*im Auftreten*); Vorteil *m*; Zweckmäßigkeit *f*; ***por*** **~** aus Zweckmäßigkeit; ***casamento*** *m* ***de*** **~** Vernunftehe *f*; ***as*** **~s** der Anstand; ***guardar as*** **~s** den Anstand wahren; ***olhar às*** **~s** auf s-n Vorteil bedacht sein; **~ente** [-'njẽtə] angemessen (*Maßnahme*); *schicklich* (*Benehmen*); vorteilhaft; ***é*** **~** es empfiehlt sich; ***não é*** **~** es ist nicht ratsam

conv|énio (*ê) [kõ'vɛnju] *m* Abkommen *n*; **~ento** [-'vẽtu] *m* Kloster *n*

converg|ência [kõvər'ʒẽsjɐ] *f* Konvergenz *f*; *fig* Übereinstimmung *f*; **~ente** [-'ʒẽtə] zusammenlaufend;

C

übereinstimmend; **~ir** [-'ʒir] (3n; *Stv* 3c) zusammenlaufen (*Menschen*); *MAT* konvergieren; sich richten (***sobre*** auf *ac*); hinauslaufen

convers|a [kõ'vɛrsɐ] *f* Unterhaltung *f*, Gespräch *n*; Besprechung *f* (*offiziell*); ***~ de chacha*** (*od bras* ***mole***) F Geschwätz *n*; ***meter*** (*bras* ***puxar***) ***~*** ein Gespräch anknüpfen; ***mudar de ~*** das Thema wechseln; **~ação** [-vərsɐ'sɐ̃w] *f* Konversation *f*; Unterhaltung *f*; **~ado** [-'sadu] *m*, **-a** *f* F Liebste(r) *su*; feste(r) Freund(in *f*) *m*; **~ador** [-sɐ'dor] *m* Plauderer *m*; **~ão** [-vər'sɐ̃w] *f* Umwandlung *f* (*in etwas anderes*); Umkehrung *f*; Konversion *f*; *REL* Bekehrung *f*; **~ar** [-'sar] (1c) **1.** *v/t j-n* aushorchen; F sich verknallen in (*ac*); **2.** *v/i* miteinander sprechen; sich besprechen

conver|sível [kõvər'sivɛɫ] **1.** *adj* umkehrbar, umwandelbar; *ECON* konvertibel; **2.** *m bras* Kabrio *n*; **~sor** [-'sor] *m TÉCN* Wandler *m*; *EL* Umformer *m*; *INFORM* Compiler *m*; ***~ catalítico*** *AUTO* Katalysator *m*; **~tedor** [-tə'dor] *m TÉCN* Bessemerbirne *f*; **~ter** [-'ter] (2c) um-, verwandeln (***em*** in *ac*); *Entwicklung* umkehren; *ECON* konvertieren; *REL*, *fig* bekehren (***a*** zu); *Strafstoß* verwandeln; ***~-se*** *POL a* umschwenken; **~tido** [-'tidu] *m* Konvertit *m*; **~tível** [-'tivɛɫ] → ***conversível***

convés [kõ'vɛʃ] *m* Deck *n*

convexo [kõ'vɛksu] konvex

convic|ção [kõvik'sɐ̃w] *f* Überzeugung *f*; Glauben *m*; ***-ões*** *pl* Anschauungen *f/pl*; ***prova*** *f* ***de ~*** Beweis(stück *n*) *m*; **~to** [-'viktu] überzeugt (***de*** von)

convid|ado [kõvi'dadu] *m* Gast *m*; **~ar** [-'dar] (1a) einladen (***a***, ***para*** zu); auffordern; reizen

convincente [kõvĩ'sẽtə] überzeugend

convir [kõ'vir] (3x) angemessen sein (*Verhalten*); passen (*Termin*); ***~ em*** übereinstimmen in (*dat*); sich einigen auf (*ac*); ***convém*** es schickt sich; es empfiehlt sich; ***convém notar que*** es ist zu beachten, dass

convite [kõ'vitə] *m* Einladung *f*

conviv|a [kõ'vivɐ] *su* Tischgast *m*, -herr *m*, -dame *f*; Mitfeiernde(r) *su*; **~ência** [-'vẽsjɐ] *f* Zusammenleben *n*; (vertraulicher) Umgang *m*; **~er** [-'ver] (2a) zusammenleben; verkehren

convívio [kõ'vivju] *m* Geselligkeit *f*, gesellige Veranstaltung *f*; Umgang *m*

convoc|ação [kõvukɐ'sɐ̃w] *f* Einberufung *f* (*a MIL*); Aufforderung *f*; **~ar** [-'kar] (1n; *Stv* 1e) *Versammlung* einberufen; *Menschen* zusammenrufen (***para*** zu); **~atória** [-kɐ'tɔrjɐ] *f offizielle* Einladung *f*; Aufruf *m*, Einberufung *f*; **~atório** [-'tɔrju] einberufend, einladend (*Organisation*); Einladungs... (*Brief*)

convosco [kõ'voʃku] mit (bei *od* zu) euch (*od* Ihnen *pl*); → ***com***; ***consigo***

convuls|ão [kõvuɫ'sɐ̃w] *f* (Muskel)Zuckung *f*; (Muskel)Krampf *m*; *fig* Umwälzung *f*; **~ionar** [-sju'nar] (1f) zusammenzucken, verkrampfen; *fig* aufwiegeln, aufhetzen; **~ivo** [-'sivu] krampfhaft, -artig; **~o** [-'vuɫsu] zuckend; verkrampft; Krampf...; ***tosse*** *f* ***-a*** Krampfhusten *m*

cooper|ação [koopərɐ'sɐ̃w] *f* Zusammenarbeit *f*; Zusammenwirken *n* (***de*** von); Mitarbeit *f* (***em*** an *dat*), -wirkung *f* (***em*** an *dat*, bei); Kooperation *f*; ***espírito*** *m* ***de ~*** Teamgeist *m*; **~ador** [-rɐ'dor] mitwirkend (***em*** bei, an *dat*); beteiligt (***em*** an *dat*, bei); **~ante** [-'rẽtə] *su* Kooperationspartner(in *f*) *m*; **~ar** [-'rar] (1c) zusammenarbeiten; ***~ em*** mitarbeiten an (*dat*); mitwirken bei; **~ativa** [-rɐ'tivɐ] *f* Genossenschaft *f*, Kooperative *f*; **~ativo** [-'tivu] Genossenschafts...; genossenschaftlich; kooperativ

coorden|ação [koɔrdənɐ'sɐ̃w] *f* Koordination *f* (*a LING*); Koordinierung *f*; **~adas** [-'nadɐʃ] *f/pl* Koordinaten *f/pl*; **~ador** [-nɐ'dor] **1.** *adj* koordinierend; **2.** *m* Koordinator *m*; **~ar** [-'nar] (1d) koordinieren, anleiten; **~ativo** [-nɐ'tivu] Koordinierungs...

cop|a ['kɔpɐ] *f* **a)** Wipfel *m*, Baumkrone *f*; **b)** Anrichte *f* (*Raum*); **c)** *Sport*: *Pokal m*, Cup *m*; **~s** *pl* Herz *n* (*Kartenspiel*); ***fechar-se em ~s*** sich in Stillschweigen hüllen; **~ada** [-'pada] *f bras* Glas *n* voll

C

copé [kɔ'pɛ] *m bras* (Stroh)Hütte *f*
Copenhaga [kopə'nagɐ] Kopenhagen *n*
cópia ['kɔpjɐ] *f* Kopie *f*; Durchschlag *m*; *TIP*, *FOT* Abzug *m*; *fig* Abbild *n*; ~ ***em papel*** *INFORM* Ausdruck *m*; ~ ***pirata*** Raubkopie *f*
copi|ador [kupjɐ'dor] *m* (Foto)Kopierer *m*; **~adora** [-'dorɐ] *f* Copyshop *m*; **~ar** [-'pjar] **1.** *v/t* (1g) kopieren; *Fotos* abziehen; *Schule*: abschreiben; *Umrisse* nachzeichnen; *Verhalten* nachahmen; **2.** *m bras* Vor-, Schutzdach *n*
copios|idade [kupjuzi'dadə] *f* Reichhaltigkeit *f*, Reichtum *m*; **~o** [-'pjozu] reichlich, reichhaltig (*Essen*); ausführlich (*Text*)
copista[1] [ku'piʃtɐ] *su* Abschreiber(in *f*) *m*; Nachahmer(in *f*) *m*; *MÚS*, *PINT* Kopist(in *f*) *m*
cop|ista[2] [kɔ'piʃtɐ] *su* F Zecher(in *f*) *m*; **~ito** [ku'pitu] *m* F Gläschen *n* (*Alkohol*); ***tomar um*** ~ ein Gläschen trinken
copla ['kɔplɐ] *f* *LIT* Strophe *f*; (Volks)Lied *n*
copo ['kɔpu] *m* (Wein-, Wasser)Glas *n*; Becher *m*; ***base*** *f* ***de*** ~ Fuß *m*; ***com uns ~s*** F angetrunken; ***andar nos ~s*** P ein Kneipengänger sein; ***estar com os ~s*** P voll sein; ***ser um bom ~*** P ein Schluckspecht sein; ***vai mais um ~!*** noch ein Glas!; ***um ~ de água*** ein Glas Wasser; **~(s)-d'água** [-'dagwɐ] *m*(*pl*) Imbiss *m*, kalte(s) Büfett *n*
copraol [kɔprɐ'ɔł] *m* Kokosfett *n*
cópula ['kɔpulɐ] *f* Beischlaf *m*; Begattung *f* (*Tier*); Kopula *f*
copulativo [-lɐ'tivu] verbindend
coque ['kɔkə] *m* **a)** Kopfnuss *f*; Klaps *m*; **b)** Koks *m*; **c)** *bras* Dutt *m*; **~ificação** [-kɔifikɐ'sɐ̃w] *f* *TÉCN* Verkokung *f*
coqueiro [ku'kɐjru] *m* Kokospalme *f*
coqueluche [kɔkə'luʃə] *f* Keuchhusten *m*; F Idol *n*
coquet|e [kɔ'kɛtə] kokett
coquetel [kɔkə'tɛł] *m* Cocktail *m*
cor[1] [kor] *f* Farbe *f*; *fig* Anstrich *m*; ~ ***complementar*** Komplementärfarbe *f*; ~ ***cru*** naturfarben; ~ ***digital*** Fingerfarbe *f* (*für Kinder*); ***de*** ~ farbig; ***pessoa*** *f* ***de*** ~ Farbige(r) *su*; ***perder a*** ~ F verblassen (*Farbe*); ***soltar a*** ~ abfärben
cor[2] [kɔr]: ***de*** ~ auswendig
cora ['kɔrɐ] *f* Bleiche *f*
coração[1] [kurɐ'sɐ̃w] *m* *ANAT*, *fig* Herz *n*; Mut *m*; Kern *m*, Innerste(s) *n* (*e-s Wesens*, *Dinges*); ~ ***de Jesus*** Herz *n* Jesu; ***do*** ~ von Herzen; herzlich gern; ***o ~ cai aos pés a alg*** j-m dreht sich das Herz im Leibe um; ***ler no*** ~ Gedanken lesen; ***meter no*** ~ in sein Herz schließen; ***não ter*** ~ herzlos sein; ***ter bom*** ~ ein gutes Herz haben; ***ter cabelos no*** ~ hartherzig sein
cor|ação[2] [kɔrɐ'sɐ̃w] *f* Färbung *f*; Bleiche *f*; **~adoiro, -ouro** [-'dojru, -'doru] *m* Bleiche *f*
cora|gem [ku'raʒɐ̃j] *f* Mut *m*; ~ ***cívica*** (*od* ***do indivíduo***) Zivilcourage *f*; **~joso** [-'ʒozu] mutig, tapfer
coral [ku'rał] **1.** *adj* Chor...; ***canto*** *m* ~ Chorgesang *m*; Choral *m*; **2.** *m* **a)** Koralle *f*; **b)** Chor(gesang) *m*
cor|ante [kɔ'rɐ̃tə] **1.** *adj* Farb..., Färbe...; **2.** *m* Farbstoff *m*; Bleichmittel *n*; **~ar** [-'rar] (1a) **1.** *v/t* *Stoff* färben; *Wäsche* bleichen; *allg* röten; *fig* beschönigen; **2.** *v/i* rot werden, erröten; sich schämen
corça ['korsɐ] *f* Reh *n*, Ricke *f*
corço ['korsu] *m* Rehbock *m*
corcov|a [kur'kɔvɐ] *f* Höcker *m*; Buckel *m*; **~ado** [-ku'vadu] bucklig; krumm; **~o** [-'kovu] *m* **a)** Sprung *m* (*Pferd*); **b)** Hügel *m*, Erhebung *f*
corcunda [kur'kũdɐ] **1.** *adj* buckelig; **2.** *f* Buckel *m*; **3.** *su* Buckelige(r) *su*
corda ['kɔrdɐ] *f* Schnur *f*, Strick *m*; (Wäsche)Leine *f*; *MAT*, *ANAT* Sehne *f*; *Uhr*: Feder *f*; Saite *f*; ***instrumento*** *m* ***de*** ~ Streichinstrument *n*; ~ ***de vento*** steife(r) Wind *m*; ~ ***sensível*** *j-s* Schwachstelle *f*; **~s** *pl* *MÚS* Streicher *m/pl*; ***~s vocais*** Stimmbänder *n/pl*; ***dançar na ~ bamba*** seiltanzen; *fig* in der Patsche sitzen; ***dar ~ a*** *Uhr* aufziehen; ***ter*** ~ P wie aufgezogen sein; **~-d'água** [-'dagwɐ] *f* Regenguss *m*
cord|ame [kur'dɐmə] *m* *NAV* Takelwerk *n*; **~ão** [-'dɐ̃w] *m* Schnur *f*, Kordel *f*, (Gold)Kette *f*; *bras* Schnürsenkel *m*; *EL* Litze *f*; ~ ***umbilical*** Nabelschnur *f*

C

cordato [kur'datu] klug; umsichtig
cordeiro [kur'dɐjru] *m* Lamm *n* (*a fig*)
cordel [kur'dɛɫ] *m* Bindfaden *m*, Schnur *f*; Zwirn *m*, Garn *n*; ***literatura** f **de** ~* Trivialliteratur *f*; **~inho** [-də'liɲu] *m*: ***os ~s** fig* die geheimen Fäden; ***mexer*** (*od* ***puxar***) ***os ~s*** die Fäden in der Hand halten; sich *für j-n od et* einsetzen
cor-de-rosa [kordə'ʀɔzɐ] rosa(farben)
cordial [kur'djaɫ] **1.** *adj* Herz...; herzlich; **2.** *m* Herzstärkungsmittel *n*; **~idade** [-djɐli'dadə] *f* Herzlichkeit *f*
cordilheira [kurdi'ʎɐjrɐ] *f* Gebirgskette *f*
coreano [ku'rjɐnu] **1.** *adj* koreanisch; **2.** *m*, **-a** *f* Koreaner(in *f*) *m*
Coreia [ku'rɐjɐ]: ***a** ~* Korea *n*
core|ografia [kurjugrɐ'fiɐ] *f* Choreographie *f*; **~ógrafo** [-'rjɔgrɐfu] *m* Choreograph *m*
coreto [ku'retu] *m* Musikpavillon *m*
coriáceo [ku'rjasju] lederartig; zäh wie Leder
corifeu [kuri'few] *m* Koryphäe *f*
corinto [ku'rĩtu] *m* Korinthe *f*
corisc|ada [kuriʃ'kadɐ] *f* Wetterleuchten *n*; **~ar** [-'kar] (1n) wetterleuchten, blitzen; **~o** [-'riʃku] *m* (elektrischer) Funken *m*; Blitz *m*; F Bewohner *m* von São Miguel (*Azoren*); ***dizer raios e ~s*** über j-n (*od* et) herziehen
corista [ku'riʃtɐ] *su* Chorsänger(in *f*) *m*
coriza [ku'rizɐ] *f* Schnupfen *m*
corja ['kɔrʒɐ] *f* P Pack *n*
corna|da [kur'nadɐ] *f* Hornstoß *m*; **~dura** [-nɐ'durɐ] *f* Gehörn *n*; **~lina** [-'linɐ] *f MIN* Karneol *m*; **~musa** [-'muzɐ] *m* Dudelsack *m*
córne|a ['kɔrnjɐ] *f ANAT* Hornhaut *f* (*Augen*); **~o** ['kɔrnju] Horn...; hornartig
córner ['kɔrnər] *m* Ecke *f* (*Fußball*)
cornet|a [kur'netɐ] **1.** *f MÚS* Horn *n*; Kornett *n*; P Zinken *m* (*Nase*); *~ **acústica*** Hörrohr *n*; **2.** *m* Hornist *m*; **~ada** [-nə'tadɐ] *f* Hornsignal *n*; **~eiro** [-'tɐjru] *m* Hornist *m*
cornicho [kur'niʃu] *m* Hörnchen *n*; Fühler *m* (*Schnecke*); Antenne *f* (*Insekt*)
cornija [kur'niʒɐ] *f* Sims *m*, Gesims *n*
corno ['kornu] *m* Horn *n*; P Hahnrei *m*; ***dor** f **de** ~* P Eifersucht *f*; ***pôr ~s a*** P *j-m* Hörner aufsetzen
corn|ucópia [kurnu'kɔpjɐ] *f fig* Füllhorn *n*; **~udo** [-'nudu] gehörnt
coro ['koru] *m MÚS* Chor *m* (*a ARQUIT*); ***em** ~* im Chor, einstimmig
coro|a [ku'roɐ] *f* Krone *f* (*a Zahn*); (Lorbeer- *etc*)Kranz *m*; *ASTR* Aureole *f*; Tonsur *f* (*Mönch*); *bras* Sandbank *f*; *bras* P alte(r) Knacker *m*; **~ação** *f*, **~amento** *m* [kurwɐ-'sɐ̃w, -'mẽtu] Krönung *f* (*a fig*); **~ar** [-'rwar] (1f) krönen; die Krone aufsetzen (*a fig*)
coroca [ko'rɔka] *bras* **1.** *adj* kränklich; **2.** *f* alte(s) Weib *n*
coronel [kuru'nɛɫ] *m MIL* Oberst *m*
coronh|a [ku'roɲɐ] *f* Gewehrkolben *m*; **~ada** [-ru'ɲadɐ] *f* Kolbenhieb *m*
corp|aço, **~anzil** [kur'pasu, -pɐ̃'ziɫ] *m* F stattliche(r) Körper *m*; **~ete, ~inho** [-'petə, -'piɲu] *m* Mieder *n*, Unterhemd *n*
corpo ['korpu] *m* Körper *m*, *ANAT a* Leib *m*; *bsd* Oberkörper *m*, Rumpf *m*; Leichnam *m*; *allg* Haupt(bestand)teil *m*; *MÚS* Schallkörper *m*; *fig* Körperschaft *f*, Verband *m*; *MIL* Truppenverband *m*, Korps *n*; *TIP* Schriftgröße *f*; *fig* Gewicht *n*; *~ **celeste*** Himmelskörper *m*; *~ **de bombeiros*** Feuerwehr(mannschaft) *f*; *~ **de delito*** *JUR* Beweisstück *n*, Corpus Delicti *n*; *♀ **de Deus*** Fronleichnam *m*; *~ **diplomático*** diplomatische(s) Korps *n*; *~ **discente*** Schüler-, Studentenschaft *f*; *~ **docente*** Lehrkörper *m*; ***retrato** m **de meio** ~* Halbporträt *n*; *~ **a** ~* Mann gegen Mann; ***dar de** ~* defäkieren; ***dar o** ~ **ao manifesto*** sich exponieren; *hart* schuften; ***de** ~ **bem feito*** nackt; ***de** ~ **e alma*** mit Leib und Seele; ***furtar o** ~ **a*** seinen Körper vor etwas schützen; ***tomar** ~* Gestalt annehmen; sich verdichten (*Gerücht*)
corpor|ação [kurpurɐ'sɐ̃w] *f* Körperschaft *f*, Verband *m*; Innung *f* (*Handwerker*); *HIST* Gilde *f*; Zunft *f*; *~ **profissional*** Berufsverband *m*; **~al** [-'raɫ] **1.** *adj* körperlich, Körper...; Leibes...; **2.** *m REL* Kelchtuch *n*; **~ativo** [-'tivu] korporativ

corpóreo [kur'pɔrju] körperlich; materiell
corp|ulência [kurpu'lẽsjɐ] *f* Beleibtheit *f*; **~ulento** [-pu'lẽtu] beleibt, korpulent; **~úsculo** [-'puʃkulu] *m* FIS Korpuskel *n*
corre(c)|ção [kuʀɛ'sɐ̃w] *f* Verbesserung *f*, Berichtigung *f*, Korrektur *f* (*Fehler*); Korrektheit *f* (*Text, Verhalten*); Verweis *m*, Strafe *f* (*für Ungehorsam*); **~ automática de erros** INFORM automatische Fehlerkorrektur *f*; **casa** *f* **de ~** Erziehungsheim *n*; **~cional** [-sju'nał] ausgleichend; Erziehungs...; **tribunal** *m* **~** Schnellgericht *n*; **juiz** *m* **~** Schnellrichter *m*
corre-corre [kɔʀi'kɔʀi] *m* (Hinundher)Gerenne *n*
corre(c)|tivo [kuʀɛ'tivu] **1.** *adj* berichtigend (*Fehler*); verbessernd; mildernd (*Schlimmes*); **2.** *m* Korrektiv *n*; Abmilderung *f* (*Schlimmes*); Verweis *m*, Strafe *f* (*für Ungehorsam*); **~to** [-'ʀɛtu] korrekt, richtig; **~tor** [-'tor] *m* Korrektor *m*; TÉCN Entzerrer *m*; **~ ortográfico** INFORM Rechtschreibprogramm *n*
corred|eira [koʀe'dejra] *f* *bras* Stromschnelle *f*; **~iça** [kuʀə'disɐ] *f* Gleit-, Laufschiene *f*; Rollo *n*; **~iço** [-'disu] glatt; Schiebe...; Roll...; **~io** [-'diw] gleitend (*Bewegung*); glatt (*Oberfläche*); **~or** [-'dor] **1.** *adj* laufend; schnell; Lauf...; **2.** *m* **a)** (Schnell)Läufer *m*; Rennfahrer *m*; *bras* Rennpferd *n*; **b)** (Haus)Flur *m*; Korridor *m*; (Durch)Gang *m*; Bahn *f* (*Schwimmbad*); **~ de entrada** AV Einflugschneise *f*; **~ora** [-'dɔrɐ] *f* *Sport*: Läuferin *f*; ZO Laufvogel *m*
córrego ['kɔʀəgu] *m* Abflussrinne *f*
correia [ku'ʀejɐ] *f* Riemen *m*; **~ de transmissão** Transmissionsriemen *m*; **~ transportadora** Transport-, Förderband *n*; **~ trapezoidal** AUTO Keilriemen *m*
correio [ku'ʀɐju] *m* Post *f*; (Post-)Bote *m*; Kurier *m*; **central** *f* **dos ~s** Hauptpost(amt *n*) *f*; **estação** *f* **dos ~s** Postamt *n*; **comboio** *m* **~** Postzug *m*; **pombo** *m* **~** Brieftaube *f*; **~ aéreo** Luftpost *f*; **na volta do ~** postwendend; **~-geral** [koʀejuʒe'raw] *m* *bras* Hauptpost *f*
correla|ção [kuʀəlɐ'sɐ̃w] *f* Wechselbeziehung *f*; **~ de forças** Kräfteverhältnis *n*; **~cionar** [-sju'nar] (1f) in Beziehung setzen (**com, a** mit, zu); miteinander in Beziehung bringen; **~-se** miteinander in Beziehung stehen (*od* treten); **~tivo** [-'tivu] wechselseitig bedingt; **~to** [-'latu] zusammenhängend
corrente [ku'ʀẽtə] **1.** *adj* laufend; fließend (*Wasser*); flüssig (*Stil*); geläufig (*Wort*); gebräuchlich, üblich (*Verfahren*); gültig (*Münze*); **conta** *f* **~** Girokonto *n*; **linguagem** *f* **~** Umgangssprache *f*; **preço** *m* **~** Marktpreis *m*; **2.** *m* laufende(r) Monat *m*; **estar** (*od* **andar**) **ao ~ de** auf dem Laufenden sein über (*ac*); **pôr ao ~** ins Bild setzen, unterrichten; **3.** *f* Strömung *f* (*a fig*); Strom *m*, Wasserlauf *m*; Lauf *m* (*zeitlich*); **~ de ar** Zug(luft *f*) *m*; Durchzug *m*; **~ alternada** Wechselstrom *m*; **~ contínua** Gleichstrom *m*; **~ marítima** Meeresströmung *f*; **ir ao sabor da ~** *fig* mit dem Strom schwimmen; **4.** *adv* = **~mente** [-'mẽtə] üblicherweise; gemeinhin; flüssig (*sprechen*)
corrent|eza [kuʀẽ'tezɐ] *f* Strömung *f*; Folge *f*, Serie *f*; (Häuser)Reihe *f*; *fig* Gebräuchlichkeit *f*; Leichtigkeit *f* (*im Umgang*); **~io** [-'tiw] laufend; dünnflüssig; üblich, gebräuchlich; **~oso** [-'tozu] strömend, reißend
correr [ku'ʀer] (2d) **1.** *v/i* laufen; rennen; fließen; wehen; verlaufen (*Veranstaltung, Straße*); vergehen (*Zeit*); im Umlauf sein (*Münze*); (um)gehen (*Gerüchte*); Mode sein; INFORM laufen (*Programm*); herfallen (**sobre** über *ac*); **~ atrás de** nachlaufen (*dat*); **~ com** lasten auf (*dat*); tragen (*ac*); **~ por** (**conta de**) zu *j-s* Lasten gehen; **deixar ~** es laufen lassen; **corre que** es heißt, dass; **o tempo corre chuvoso** das Wetter ist gerade regnerisch; **2.** *v/t* durchlaufen; *Land* bereisen; *Riegel* vorschieben; *Gardine* zuziehen; *Möbelstück* rücken; *Gefahr* laufen; *Geschäft* erledigen; *Wild* hetzen; sich *e-e Strafe* zuziehen; **~ alg** j-n verjagen; j-n hinauswerfen; **~ a casa** durchs Haus laufen; **~ a toque de caixa** Reißaus nehmen; **~ atrás de foguetes** Nichtigkeiten *f/pl* hinterherlaufen; **~ o mundo** in der

C

C

Welt herumkommen; **~ um pano sobre a mesa** mit e-m Tuch über den Tisch wischen; **~ toda a cidade** durch die ganze Stadt gehen (*Gerücht*)

correria [kuʀə'riɐ] *f* Rennerei *f*

correspond|ência [kuʀəʃpõ'dẽsjɐ] *f* Entsprechung *f*; Erwiderung *f* (*e-s Gefühls*); Verbindung *f*, CAM. DE F Anschluss *m*, Umsteigemöglichkeit *f*; *Post* Briefwechsel *m*; Korrespondenz *f*; Leserbriefe *m/pl*; **ter ~** erwidert werden (*Gefühle*); ECON Geschäftsverbindungen haben; **~ente** [-'dẽtə] **1.** *adj* entsprechend; **sócio** *m* **~** korrespondierende(s) Mitglied *n*; **2.** *su* Korrespondent(in *f*) *m*; Berichterstatter(in *f*) *m*; **~ em línguas estrangeiras** Fremdsprachenkorrespondent(in *f*) *m*; **~er** [-'der] (2a) **1.** *v/t Gefühl* erwidern; *Wohltat* vergelten; **~-se** im Briefwechsel stehen (**com** mit); **2.** *v/i* entsprechen (**a** *dat*)

corret|agem [kuʀə'taʒẽj] *f* Maklergeschäft *n*; Maklergebühr *f*; **~or** [-'tor] *m* (Immobilien-, Versicherungs)Makler *m*; ECON Börsenmakler *m*

corr|icar [kuʀi'kar] (1n) trippeln; (tänzelnden Schrittes) gehen; **~ida** [-'ʀidɐ] *f* Lauf *m*; Gelaufe *n*, Gerenne *n*; Hetze *f*; *Sport*: Wettlauf *m*; Rennen *n*; **~ aos armamentos** Wettrüsten *n*; **~ corta-mato** Querfeldeinlauf *m*, -rennen *n*; **~ de cavalos** Pferderennen *n*; **~ de estafetas** Staffellauf *m*; **~ de fórmula 1** Formel-1-Rennen *n*; **~ de touros** Stierkampf *m*; **de ~** eilig; hastig; nebenbei, beiläufig; **~ido** [-'ʀidu] verlegen; abgenutzt; vorgelegt (*Riegel*); **ser ~** F hinausgeworfen werden; verjagt werden (**de** von *od* aus)

corrig|enda [kuʀi'ʒẽdɐ] *f* Druckfehler *m/pl*; Druckfehlerverzeichnis *n*; **~ir** [-ʀə'ʒir] (3n) *Fehler* verbessern, berichtigen, korrigieren; *Ungehorsame* zurechtweisen; *Schärfe* mildern; *fig* kurieren (**de** von); **~-se** sich bessern; **~ível** [-ʀə'ʒivɛɫ] korrigierbar, verbesserungsfähig

corri|maça [kuʀi'masɐ] *f* Hatz *f*, Hetze *f* (*mit Geschrei*); Rennerei *f*; **~mão(s, -ões)** [-'mɐ̃w] *m(pl)* Handlauf *m*, Treppengeländer *n*; **~mento** [-'mẽtu] *m* Ausbruch *m* (*Gelächter*, *Humor*); Lauf *m*; MED (Aus)Fluss *m*; **~queirice** [-kɐj'risə] *f* Alltäglichkeit *f*, Trivialität *f*; **~queiro** [-'kɐjru] alltäglich, üblich; abgedroschen

corrobor|ante [-'rẽtə] (be)stärkend; Stärkungs...; **~ar** [-'rar] (1e) stärken; bekräftigen, bestätigen

corroer [ku'ʀwer] (2f) zernagen; an-, zerfressen (*Rost*, *Wurm*); zerstören (*Laster*); **~-se** verwittern

corromper [kuʀõ'per] (2a) *Lebensmittel* verderben; *Text* verunstalten; *Richter etc* bestechen; **~-se** verderben (*Lebensmittel*); verfaulen (*Obst*); verwesen (*Kadaver*)

corros|ão [kuʀu'zɐ̃w] *f* Verwitterung *f* (*Gebäude*); Korrosion *f*, Rost *m* (*Metall*); **~ibilidade** [-zibəli'dadə] *f* Korrodierbarkeit *f*; **~ivo** [-'zivu] **1.** *adj* ätzend; korrosiv; zerstörend; **2.** *m* Ätzmittel *n*

corrup|ção [kuʀup'sɐ̃w] *f* Verderben *n*; Fäulnis *f*; Verwesung *f* (*Kadaver*); Bestechung *f*, Korruption *f*

corrupião [koʀu'pjɐ̃w] *m* Trupial *m*

corrupio [kuʀu'piw] *m* Windrädchen *n*; *fig* Trubel *m*; Hektik *f*

corrup|tela [kuʀup'tɛlɐ] *f* Sprech-, Schreibfehler *m*; **~tível** [-'tivɛɫ] verderblich (*Ware*); verführbar (*Person*); **~to** [-'ʀuptu] verdorben (*Ware*); faul (*Obst*); verwest (*Kadaver*); korrupt, bestechlich; entstellt (*Wort*); *fig* verkommen

corsa ['korsɐ] *f Art* Schlitten *m*

corsário [kur'sarju] **1.** *adj* Piraten...; **2.** *m* Seeräuber *m*

Córsega ['kɔrsəgɐ]: **a ~** Korsika *n*

córsico ['kɔrsiku] **1.** *adj* korsisch; **2.** *m*, **-a** *f* Korse *m*, Korsin *f*

corso ['korsu] **1.** *adj* korsisch; **2.** *m* **a**) Seeräuberei *f*; Plünderung *f*; **b**) (Auto)Korso *m*; **c**) Sardinenschwarm *m*; **d**) Korse *m*

corta|-arame(s) [kɔrta'ʀɐmə] *m(pl)* Draht-, Bolzenschneider *m*; **~-charuto(s)** [-tɐʃɐ'rutu] *m(pl)* Zigarrenabschneider *m*; **~deira** [kurtɐ'dɐjrɐ] *f* Teigrädchen *n*; **~dor** [-'dor] *m* Fleischer(geselle) *m*; Schneidegerät *n*; **~ de relva** Rasenmäher *m*; **~ por abrasão** TÉCN Trennschleifer *m*; **~dura** [-'durɐ] *f* Schnitt *m*; Einschnitt *m*; **~-fios** (*pl* *inv*) [-'fiwʃ] *m* Kneifzange *f*; **~gem** [-'taʒɐ̃j] *f* Schnitt *m* (*mit Schneidwerkzeug*); **~-mato** [-tɐ'matu]: ***a ~*** querfeldein; geradewegs; **~nte** [kur'tɐ̃tə] Schneid(e)...; schneidend; verletzend (*Worte*); **~-palha(s)** [-tɐ'paʎɐ] *m(pl)* Häckselmaschine *f*

cortar [kur'tar] (1e) *Brot* schneiden; *Scheibe, Stück* abschneiden; *ein Ganzes* zer-, durchschneiden; *Holz* (durch-, zer)sägen; *Pläne* durchkreuzen; *Ausgaben* einschränken; *Weg* abkürzen; *Baum* absägen, fällen; *Fleisch* zerlegen; *Kleid* zuschneiden; *Zufuhr* versperren; *Lieferung* einstellen, stoppen; *Verbindung* unterbrechen; *Gas, Strom* abschalten; *Beziehung* abbrechen; *AUTO bras* P die Vorfahrt nehmen; **~ (a) *direito*** geradeaus gehen (*a fig*); ***~ à direita*** (nach) rechts ein-, abbiegen

corta-|relvas (*pl inv*) [kɔrtɐ'ʀɛɫvɐʃ] *m* Rasenmäher *m*; **~rio(s)** [-'ʀiw] *m(pl)* Stichkanal *m*; **~sebes** (*pl inv*) [-'sɛbəʃ] *m* Heckenschere *f* (*a EL*); **~vento(s)** [-'vẽtu] *m(pl)* *AUTO* Windabweiser *m*; **~vidro(s)** [-'vidru] *m(pl)* Glasschneider *m*

corte[1] ['kɔrtə] **1.** *m* (Ein)Schnitt *m*; *MED* Schnittwunde *f*; (Messer- *etc*)Schneide *f*; (Quer)Schnitt *m* (*e-s Modells etc*); Schlagen *n*, Fällen *n* (*von Bäumen*); Schlachtung *n*, Schlachten *n* (*Vieh*); (Ab)Sperrung *f* (*Straße*); Streichung *f*; Kürzung *f* (*finanziell*); Unterbrechung *f*, Abbruch *m* (*Verbindung, Beziehung etc*); (Zu)Schnitt *m* (*Schneiderei*); ***gado*** *m* ***para ~*** Schlachtvieh *n*; **2.** *f* Gatter *n*, Gehege *n*; Court *m* (*Tennis*)

corte[2] ['kortə] *f* Hof(staat) *m*; ***Ⓢs*** *pl HIST* (Reichs)Stände *m/pl*; ***fazer a ~ a*** *j-m* den Hof machen

cortej|ar [kurtə'ʒar] (1d) (höflich) begrüßen; *j-m* den Hof machen; **~o** [-'teʒu] *m* **a)** (höfliche) Begrüßung *f*; Gefolge *n* (*a fig*); **b)** Umzug *m*, (Fest)Zug *m*; ***~ fúnebre*** Leichenzug *m*; ***desfilar em ~*** vorbeiziehen

cortês [kur'teʃ] höflich

cortes|ã [kurtə'zɐ̃] *f* Kurtisane *f*; **~ão(s, -ões)** [-'zɐ̃w] **1.** *adj* höfisch, Hof...; **2.** *m(pl)* Höfling *m*; **~ia** [-'ziɐ] *f* Höflichkeit *f*; Gruß *m*; Verbeugung *f*; **~s** *pl Stierkampf*: Begrüßungsritual *n*

cortiça [kur'tisɐ] *f* Kork *m*; Rinde *f*; ***~ aglomerada*** Presskork *m*; ***medalha*** *f* ***de ~*** *irón* Trostpreis *m*

corti|cal [kurti'kaɫ] Kork...; Rinden...; ***camada*** *f* ***~ do cérebro*** Großhirnrinde *f*; **~ceiro** [-'sɐjru] **1.** *adj* Kork...; **2.** *m* Korkhändler *m*; **~cento** [-'sẽtu] korkartig; **~cite** [-tə'sitə] *f* Korkplatte *f*; **~ço** [-'tisu] *m* Bienenkorb *m* (*aus Kork*); *bras* Elendsquartier *n*

cortin|a [kur'tinɐ] *f* Gardine *f*; Vorhang *m* (**de ferro** eisern); *MIL* Schutzmauer *f*; ***~ de banho*** Duschvorhang *m*; ***~ de enrolar*** Springrollo *n*; ***~ em fitas*** Perlen-, Fliegenvorhang *m*; ***~ para duche*** (*klappbare*) Duschwand *f*; ***estar por trás da ~*** *fig* hinter e-r Sache stecken; **~ado** [-'nadu] *m* Gardinen *f/pl*; **~ar** [-'nar] (1a) Gardinen aufhängen (*od* anbringen) in (*dat*)

cortinha [kur'tiɲɐ] *f* Vorgarten *m*

cortisona [kurti'zɔnɐ] *f* Kortison *n*

coruchéu [kuru'ʃɛw] *m* Turmspitze *f*, Zinne *f*; Turm *m* (*an e-m Gebäude*)

coruj|a [ku'ruʒɐ] *f* Eule *f*; *fig* alte Hexe *f*; ***~-das-torres*** *f* Schleiereule *f*; ***~-do-mato*** *f ZO* Waldkauz *m*; **~ão** [-'ʒɐ̃w] *m* Uhu *m*

corusc|ar [kuruʃ'kar] (1n) (auf)blitzen

coruta *f* [ku'rutɐ] Spitze *f*

corv|eta [kur'vetɐ] *f* Korvette *f*; **~ina** [-'vinɐ] *f* Schattenfisch *m*; **~o** ['korvu] *m* Rabe *m*; ***~-comum*** Kolkrabe *m*; ***~-marinho*** *m Art* Kormoran *m*

cos [kuʃ] P → ***com + os***

cós [kɔʃ] *m* (Hosen-, Rock)Bund *m*; Manschette *f* (*Hemd*); F Sparbüchse *f*

coscorão [kuʃku'rɐ̃w] *m Krapfen m*

coscuvilh|ar [kuʃkuvi'ʎar] (1a) Gerüchte in Umlauf setzen; klatschen; intrigieren; **~eiro** [-'ʎɐjru] **1.** *adj* klatschsüchtig; **2.** *m*, **-a** *f* Intrigant(in *f*) *m*; Klatschbase *f*; **~ice** [-'ʎisə] *f* Klatsch *m*; Intrige *f*

cosedura [kuzə'durɐ] *f* Nähen *n*

co-seno [ko'senu] *m MAT* Kosinus *m*

coser [ku'zer] (2d) **1.** *v/i* nähen; **2.**

v/t (an-, zusammen)nähen; pressen (**a**, **com**, **contra** an *ac*, gegen); **~-se a** (*od* **contra**) sich schmiegen an (*ac*); **~-se com** *Wand* sich drücken an (*ac*); *Geheimnis* für sich behalten

cosmétic|a [kuʒ'mɛtikɐ] *f* Kosmetik *f*; **~o** [-'mɛtiku] **1.** *adj* kosmetisch; **2.** *m* **~s** *pl* Kosmetika *n/pl*

cosmo ['kɔʒmu] *m* Kosmos *m*; **~polita** [kuʒmupu'litɐ] kosmopolitisch; **~visão** [kozmovi'zɐ̃w] *f bras* Weltanschauung *f*

costa ['kɔʃtɐ] *f* **a**) Küste *f*; *bras a* Ufer *n* (*Fluss*); (Ab)Hang *m* (*Berg*); **andar mouro na ~** von j-m beobachtet werden; e-n Verdacht schöpfen; **de ~ arriba** (*od* **acima**) schwierig, heikel; **dar à ~** stranden (*a fig*); **b**) **~s** *pl* ANAT Rücken *m*; Rückseite *f*; Rückenlehne *f* (*e-s Stuhls*); **às ~s** auf dem Rücken; *fig* auf dem Halse; **de ~s** auf dem (*od* den) Rücken; von hinten; **nas ~s de** hinter *j-s* Rücken; **pelas ~s** von hinten; **pôr às ~s** (sich) beladen mit; (sich) *et* aufladen; **ter as ~s largas** et verkraften können; **ter as ~s quentes** Rückendeckung haben

cost|ado [kuʃ'tadu] *m* Seite *f*, Flanke *f*; ANAT F Rücken *m*; NAV Bordwand *f*; **dos quatro ~s** *fig* pur, echt; Erz...; **~al** [-'taɫ] **1.** *adj* Rücken...; **2.** *m* Last *f*, Ladung *f*

Costa do Marfim ['kɔʃtɐ du mɐr'fĩ]: **a ~** Elfenbeinküste *f*

costaneira [kuʃtɐ'nɐjrɐ] *f* Schmierpapier *n*; Kladde *f*

Costa Rica [kɔʃtɐ'ʀikɐ]: **a ~** Costa Rica *n*

costa-riqu|enho(s), **~ense** [kɔʃtɐʀi'keɲu, -'kẽsə] **1.** *adj* costa-ricanisch; **2.** *m(pl)* Costa-Ricaner *m*

cost|ear [kuʃ'tjar] (1l) **1.** *v/t* umfahren; herumgehen um (*ac*); **2.** *v/i* an der Küste entlangfahren; entlangfahren an (*dat*); **~eiro** [-'tɐjru] Küsten...; **~ela** [-'tɛlɐ] *f* Rippe *f*; BOT Blattnerv *m*; *fig* F bessere Hälfte *f*; **apalpar as ~s a alg** j-n verprügeln

costeleta [kuʃtə'letɐ] *f* Kotelett *n*

costilha [kuʃ'tiʎɐ] *f* Zarge *f*

costum|ado [kuʃtu'madu] üblich, gewohnt; **~ar** [-'mar] (1a): **~ fazer** zu tun pflegen; **~ário** [-'marju] üblich

costum|e [kuʃ'tumə] *m* **a**) (An)Gewohnheit *f*; Sitte *f*, Brauch *m*; **~s** *pl* Sitten und Bräuche *pl*; Benehmen *n*; **como de ~** wie üblich; **de bons ~s** wohlerzogen; **ter por ~** *inf* die Gewohnheit haben zu; **b**) *bras* (Damen)Kostüm *n*; (Herren)Kombination *f*; **~eira** [-'mɐjrɐ] *f* (schlechte) Angewohnheit *f*; Routine *f*; **~eiro** [-'mɐjru] üblich; hergebracht

costura [kuʃ'turɐ] *f* Nähen *n*; Naht *f*; MED Narbe *f*; ARQUIT Fuge *f*; **alta ~** Haute Couture *f*; **assentar as ~s a alg** j-m eine Tracht Prügel verabreichen; **rebentar pelas ~s** *fig* aus allen Nähten platzen

costur|agem [kostu'raʒẽj] *f bras* TIP Heftung *f*; **~ar** [kuʃtu'rar] (1a) schneidern, nähen; Näharbeiten machen; AUTO *bras* (den Weg ab-) schneiden; *bras Fußball*: dribbeln; **~eira** [-'rɐjrɐ] *f* Schneiderin *f*, Näherin *f*; **~eiro** [-'rɐjru] *m* (Damen)Schneider *m*

cota ['kɔtɐ] *f* **a**) Anteil *m*; Rate *f*; Quote *f*; (Mitglieds)Beitrag *m*; **b**) (Rand)Glosse *f*; JUR Aktenzeichen *n*; GEOL Höhenzahl *f*; Signatur (*Buch*); **c**) Messerrücken *m*; **~ção** [kutɐ'sɐ̃w] *f* (Börsen)Notierung *f*; Kurs *m*; Bewertung *f* (*im Wettstreit*); MAT Maße *n/pl*; *fig* (Wert)Schätzung *f*; **ter fraca ~** tief im Kurs stehen (*a fig*); **~mento** [-'mẽtu] *m* Kategorisierung *f*, Bewertung *f*

cotão [ku'tɐ̃w] *m* Flaum *m*; Staubflocken *f/pl*; Wollfusseln *f/pl*

cota(s)-parte(s) [kɔtɐ'partə] *f(pl)* (Mitglieds)Beitrag *m*; Anteil *m*

cot|ar [ku'tar] (1e) bewerten (**de** als); den Preis (*od* Kurs) festsetzen (**em** auf *ac*); *Buch* signieren; mit Aktenzeichen versehen; *Börsenkurse* notieren; **~ável** [-'tavɛɫ] zum Börsenhandel zugelassen

cote ['kɔtə] *m* Schleifstein *m*

cotejo [-'tɐʒu] *m* Vergleich *m*

cotiara [ko'tjara] *f bras* Lanzenotter *f*

cotidiano [koti'djẽnu] *bras* → **quotidiano**

cótilo ['kɔtilu] *m* ANAT Gelenkpfanne *f*

cotim [ku'tĩ] *m* Drillich *m*

cotiz|ação [kutizɐ'sɐ̃w] *f* Bewertung *f*; Besteuerung *f*; Anteil *m*; **~ar** [-'zar] (1a) *Beitrag* festsetzen; *Be-*

trag umlegen; **~-se para** sich beteiligen an (*dat*); s-n Anteil zahlen an (*dat*)
coto ['kotu] *m* Stumpf *m*; Stummel *m*
coton|aria [kutunɐ'riɐ] *f* Baumwollplantage *f*; Baumwollspinnerei *f*; **~ete** [-'nɛtə] *m* Wattestäbchen *n*; **~icultura** [-nikuł'turɐ] *f* Baumwollanbau *m*
cotovel|ada [kutuvə'ladɐ] *f* Rippenstoß *m*, **~s** *pl* Geschubse *n*
cotoveleira [kutuvə'lɐjrɐ] *f* Ellbogenschützer *m*
cotovelo [kutu'velu] *m* Ellbogen *m*; Knick *m*; Biegung *f*; *TÉCN* Kniestück, -rohr) *n*; **dor** *f* **de ~** F Eifersucht *f*
cotovia [kutu'viɐ] *f ZO* Lerche *f*; **~-de-poupa** *f* Haubenlerche *f*
coube ['kobə] → **caber**
couce ['kosə] *m* → **coice**; Huftritt *m*; Fußtritt *m*; Rückstoß *m*; **dar ~s** ausschlagen (*Pferd*); treten
couraç|a [ko'rasɐ] *f* Panzer(ung *f*) *m* (*a ZO*); **~ado** [-rɐ'sadu] **1.** *adj* gepanzert; **2.** *m MIL* (Panzer)Kreuzer *m*; **~ar** [-'sar] (1p; *Stv* 1b) panzern
coureiro [ko'rɐjru] *m* Lederhändler *m*
courela [ko'rɛlɐ] *f* Streifen *m* Land
couro ['koru] *m* Leder *n*; Haut *f*; **~ cabeludo** Kopfhaut *f*; **em ~** P nackt; **dar no ~** P voll ins Schwarze treffen
cout|ada [ko'tadɐ] *f* Gehege *n*; Jagdrevier *n*; **~o** ['kotu] *m* Wildpark *m*; Gehege *n*; Jagdrevier *n*; Schutzgebiet *n*; *fig* Zuflucht *f*
couve ['kovə] *f* Kohl *m*; **~ branca** Weißkohl *m*; **~-de-Bruxelas** Rosenkohl *m*; **~-flor** Blumenkohl *m*; **~-nabo** Kohlrübe *f*; **~ galega**, **~ portuguesa** Kohl *m* (*für* **caldo verde**); **~-sabóia** Wirsing *m*; **folha** *f* **de ~** P Käseblatt *n* (*Zeitung*)
cova ['kɔvɐ] *f* **a)** Grube *f*; Mulde *f*; *AUTO* Schlagloch *n*; **b)** Grab *n*; **descer à ~** in die Grube fahren (*sterben*); **estar com os pés para a ~** mit e-m Fuß im Grabe stehen
co-valente [kɔvɐ'lẽtə] zweiwertig
cov|eiro [kɔ'vɐjru] *m* Totengräber *m*; **~il** [ku'vił] *m* Höhle *f*; (Fuchs-) Bau *m*; *fig* Spelunke *f*; **~inha** [kɔ'viɲɐ] *f* F Grübchen *n*
cox|a ['koʃɐ] *f* (Ober)Schenkel *m*; **~ de frango** Hähnchenkeule *f*; **~al** [ku'ksał] *m ANAT* Beckenknochen *m*; **~ear** [ku'ʃjar] (1l) hinken (*Mensch*); lahmen (*Tier*); **~ do pé direito** auf dem rechten Bein hinken; **~eira** [-'ʃɐjrɐ] *f* Lahmen *n*; **~ia** [-'ʃiɐ] *f* (Mittel)Gang *m*; Klappsitz *m*; *NAV* Laufsteg *m*; **correr a ~** P umherstreifen; **~im** [-'ʃĩ] *m* (Sitz-) Kissen *n*, Polster *n*; Sattelsitz *m* (*beim Reiten*); Filzunterlage *f* (*Handwerk*); **~o** ['koʃu] **1.** *adj* hinkend; wackelig; **ser** (*momentan*: **estar**) **~** hinken (*Mensch*); lahmen (*Tier*); **2.** *m* Lahme(r) *m*
coz|edura [kuzə'durɐ] *f* Kochen *n* (*auf Herd*); Backen *n* (*im Backofen*); *CUL* Sud *m*; Einkochen *n*; *TÉCN* Brennen *n*, Brennvorgang *m*; **~er** [-'zer] (2d) *Kartoffeln* kochen; *Brot* backen; *Ziegel* brennen; *fig* verdauen; **carne** *f* **para ~** Suppenfleisch *n*; **~ uma bebedeira** s-n Rausch ausschlafen; **~ido** [-'zidu] *m*: **~ à portuguesa** *Gericht aus gekochtem Rindfleisch, Wurt, Reis u Gemüse*; **carne** *f* **para ~** Suppenfleisch *n*
cozinh|a [ku'ziɲɐ] *f* Küche *f*; **~ caseira** Hausmannskost *f*; **~ encastrada** Einbauküche *f*; **trem** *f* **de ~** Küchenutensilien *pl*; **~ado** [-'ɲadu] *m* Gericht *n*; **~ar** [-'ɲar] (1a) kochen; **~eiro** *m*, **~eira** *f* [-'ɲɐjru, -'ɲɐjrɐ] Koch *m*, Köchin *f*
craca ['krakɐ] *f ZO* Seepocke *f*
crachá [krɐ'ʃa] *m* Orden *m*; (Namens)Plakette *f*, Schild *n* (*zum Anstecken*); Teilnehmerausweis *m*
crânio ['krɐnju] *m* Schädel *m*; *fig* F Köpfchen *n*
crápula ['krapulɐ] *m* Taugenichts *m*
crapuloso [-'lozu] liederlich; lasterhaft
craque ['krakə] *m* **a)** *ECON* Crash *m*; **b)** *bras Sport*: Crack *m*, Kanone *f*
crasso ['krasu] dick, dicht; grob
cratera [krɐ'terɐ] *f* Krater *m*
cráude ['kraudʒi] *f bras* P (Menschen)Masse *f*, Menge *f*
craudeado [krau'djadu] *bras* überfüllt
crav|a ['kravɐ] *m* F Schnorrer *m*, Abstauber *m*; **~ação** [krɐvɐ'sɐ̃w] *f* (An)Nageln *n*; Einschlagen *n* (*e-s Nagels*); (Ein)Fassen *n* (*von Edel-*

C

steinen); *TÉCN* Nieten *n*; **~anço** [-'vẽsu] *m* F Schnorrerei *f*; **~ar** [-'var] (1b) (an)nageln; *Nagel* einschlagen; *Papier* (zusammen)heften; *Edelstein* (ein)fassen; *die Augen* heften (**em** auf *ac*); F abstauben (**a/c a** bei *j-m* et); **~-se em** eindringen in (*ac*); **~eira** [-'vɐjrɐ] *f* Messlatte *f*; *fig* Maßstab *m*; **~eiro** [-'vɐjru] *m BOT* Nelkenstock *m*; **~ejar** [-və'ʒar] (1d) annageln (**em** an *ac*); beschlagen; *Edelsteine* fassen

cravelh|a [krɐ'veʎɐ] *f* Wirbel *m*; **~ame** [-və'ʎɐmə] *m* Wirbelkasten *m*

crav|ete [krɐ'vetə] *m* Dorn *m* (*Gürtelschnalle*); **~ija** [-'viʒɐ] *f* Bolzen *m*; Zapfen *m*; **~inho** [-'viɲu] *m* (Gewürz)Nelke *f*; **~ista** [-'viʃtɐ] *su* Cembalist(in *f*) *m*

cravo ['kravu] *m* **a**) Nagel *m*; **dar uma no ~ e outra na ferradura** mal richtig, mal falsch antworten; nicht die ganze Wahrheit sagen; **b**) *MED* Warze *f*; Schwiele *f*; **c**) *MÚS* Cembalo *n*; **d**) *BOT* Nelke *f*; **~-da-índia**, **~-de-cabecinha** Gewürznelke *f*; **Revolução** *f* **dos ~s** *HIST* Nelkenrevolution *f*

cré [krɛ] *m* Kreide(stein *m*) *f*

creche ['krɛʃə] *f* Kinderkrippe *f*

cred|ência [krə'dẽsjɐ] *f* Anrichte *f*; **~encial** [-'sjał] **1.** *adj* **carta** *f* **~** = **2.** *f*: **-ais** *pl* Beglaubigungsschreiben *n*; *POL* Akkreditiv *n*; **~enciar** [kredẽ'sjar] (1g) *bras* beglaubigen, akkreditieren; ausweisen (**como** als); **~iário** [-'djarju] *m bras* (Ver)Kauf *m* mittels Finanzierungskredit; **~ibilidade** [krədibəli'dadə] *f* Glaubwürdigkeit *f*

credifone® [krədi'fɔnə] *m port* Kartentelefon *n*; **cartão** *m* **~** Telefonkarte *f*

creditar [krədi'tar] (1a) gutschreiben; verpfänden (*a fig*); **~-se** als Gläubiger auftreten

crédito ['krɛditu] *m* Vertrauen *n*; Glauben *m* (**dar** schenken); Glaubwürdigkeit *f*; gute(r) Ruf *m*, Ansehen *n*; *ECON* Kredit *m*; Guthaben *n*; *TV* Abspann *m*; **a ~** auf Kredit; **~ aberto** Blankokredit *m*; **~ à habitação** Wohnungsbaukredit *m*; **~ diplomático** Beglaubigung *f*, Akkreditiv *n*; **carta** *f* **de ~** Kreditbrief *m*, Akkreditiv *n*; **papéis** *m/pl* **de ~** Effekten *pl*, Wertpapiere *n/pl*; **~s** *pl* Außenstände *m/pl*; **de ~** angesehen, vertrauens-, kreditwürdig; **abrir um ~ a** *j-m* Kredit einräumen

cred|o ['krɛdu] **1.** *m* Glaubensbekenntnis *n*, Kredo *n* (*a fig*); **num ~** im Nu; **como Pilatos no ~** uninteressiert; unangebracht (*Bemerkung*); **2.** *int*: **~!** was?!; schrecklich!; **~or** [-'dor] *m* Gläubige(r) *m*; **ser ~ de** *fig* beanspruchen können (*ac*); **~ulidade** [krəduli'dadə] *f* Leichtgläubigkeit *f*

crédulo ['krɛdulu] leichtgläubig

crem|ação [krəmɐ'sɐ̃w] *f* Einäscherung *f*

cremalheira [krəmɐ'ʎɐjrɐ] *f* (Loch)Schiene *f*; *TÉCN* Zahnstange *f*

crem|ar [crə'mar] (1d) einäschern; **~atório** [-mɐ'tɔrju] *m* Krematorium *n*

crem|e ['krɛmə] **1.** *adj* cremefarben; **2.** *m* **a**) Rahm *m*, Sahne *f*; **~ de legumes** Gemüsecremesuppe *f*; **~ chantilly** Schlagsahne *f*; **leite** *m* **~** *Art* Pudding *m*; **b**) Creme *f* (*a fig*); **~ para a noite** Nachtcreme *f*; **~ protector do sol** Sonnenschutzcreme *f*; **~oso** [krə'mozu] cremig

crena ['krenɐ] *f TÉCN* Zahnabstand *m* (*Zahnrad*); *BOT* Zacke *f*, Zahn *m*

crença ['krẽsɐ] *f* Glaube(n) *m*; **carta** *f* **de ~** Ermächtigungsschreiben *n*

cren|deiro [krẽ'dɐjru] einfältig, leichtgläubig; abergläubisch; **~dice** [-'disə] *f* Einfalt *f*; Aberglaube *m*; **~te** ['krẽtə] *su* Gläubige(r) *su*

crepe ['krɛpə] *m* **a**) Krepp *m*; Trauerflor *m*; **b**) *CUL* Crêpe *f*

crepit|ação [krəpitɐ'sɐ̃w] *f* Knistern *n*, Prasseln *n* (*Feuer*); Knacken *n* (*Knochen*); **~ar** [-'tar] (1a) knistern, prasseln (*Feuer*); knacken (*Knochen*)

crep|uscular [krəpuʃku'lar] Dämmer...; dämmerig; **~úsculo** [-'puʃkulu] *m* Dämmerung *f*; *fig* Nieder-, Untergang *m*

crer [krer] (2k) glauben (**em** an *ac*); halten für; **fazer ~** glauben machen

cresc|endo [krəʃ'sẽdu] *m MÚS* Crescendo *n*; **~ente** [-'sẽtə] **1.** *adj* wachsend, zunehmend; **quarto** *m* **~** Halbmond *m*; **2.** *f* Flut *f* (*Gezeiten*); Hochwasser *n* (*Fluss*); **3.** *m* **a**) zunehmende(r) Mond *m*; Halbmond *m* (*als Symbol des Islam*); **b)** Haarteil *n*; **c)** Hefe *f*; **~er** [-'ser] (2g) wachsen; zunehmen (***em*** an *dat*), anwachsen; aufgehen (*Teig etc*); anschwellen (*Fluss*); steigen (*Meer*); **~ *para*** (***cima de***) über *j-n* herfallen; **~ido** [-'sidu] **1.** *adj* groß; erwachsen; reif (*Alter*); ***estar* ~** (schon) groß sein (*Kind*); **2.** *m* Rest *m*; **~idote** [-si'dɔtə] P halbwüchsig; **~imento** [-si'mẽtu] *m* Wachstum *n*; (An-)Wachsen *n*; Zunahme *f*

cresp|ão [krəʃ'pɐ̃w] *m* Krepon *m* (*Stoff*); **~ar** [-'par] (1c) kräuseln; **~idão** [-pi'dɐ̃w] *f* Kräuselung *f*; Rauheit *f*, Unebenheit *f*; **~o** ['kreʃpu] kraus (*Haar*); rau, uneben (*Oberfläche*); holprig (*Weg*); bewegt

crestar [-'tar] (1c) bräunen (*Sonne*); an-, versengen (*Feuer*)

cretáceo [krə'tasju] **1.** *adj* kreidig, Kreide...; **2.** *m* GEOL Kreidezeit *f*

cretino [krə'tinu] *m* Schwachkopf *m*

cri [kri] → ***crer***

cri|a ['kriɐ] *f* Junge(s) *n*; Wurf *m* (*Hunde*); Brut *f* (*Vögel*); ***gado*** *m* ***de* ~** Jungvieh *n*; **~ação** [krjɐ'sɐ̃w] *f* REL Schöpfung *f*; Einrichtung *f*, Schaffung *f* (*Institution*); Erziehung *f* (*der Kinder*); AGR (Vieh)Zucht *f*; **~ada** ['krjadɐ] *f depr* Dienstmädchen *n*; **~ *para todo o serviço*** *fig* Mädchen *n* für alles; **~ado** ['krjadu] **1.** *adj*: ***bem* ~** wohlerzogen; ***mal* ~** ungezogen; **2.** *m depr* Hausangestellte(r) *m*; AGR Knecht *m*; **~ado(s)-mudo(s)** [krjadu'mudu] *m*(*pl*) *bras* Nachttisch *m*; **~ador** [krjɐ'dor] **1.** *adj* schöpferisch, Schöpfer...; fruchtbar (*Talent*); **2.** *m* Schöpfer *m*; AGR (Vieh)Züchter *m*

crian|ça ['krjɐ̃sɐ] *f* Kind *n*; **~ *de peito*** Säugling *m*; **~çada** [-'sadɐ] *f* Kinderschar *f*; **~çalho** [-'saʎu] *m* Leichtfuß *m*; **~cice** [-'sisə] *f* Kinderei *f*; **~çola** [-'sɔlɐ] *m* Kindskopf *m*

criar [krjar] (1g) (er)schaffen; erzeugen; hervorbringen; *Bedingungen* verschaffen; *Fett* ansetzen; *Mut* schöpfen; *Kinder*, *Junge* nähren, säugen; *Kinder* großziehen; *Tiere* aufziehen; *Vieh* züchten; *Wurzeln* treiben; **~-*se*** aufwachsen

criat|ivo [krjɐ'tivu] kreativ, schöpferisch; **~ura** [-'turɐ] *f* Geschöpf *n*; Kreatur *f*; Wesen *n*

crica ['krikɐ] *f* P Pflaume *f* (*Vagina*)

cricrilar [krikri'lar] (1a) zirpen (*Grille*)

crime ['krimə] *m* Verbrechen *n*; **~ *capital*** Kapitalverbrechen *n*; **~ *do ambiente*** Umweltvergehen *n*; **~ *de lesa-pátria*** Hochverrat *m*

Crimeia [kri'mɐjɐ]: ***a* ~** Krim *f*

criminal [krəmi'nał] **1.** *adj* verbrecherisch, kriminell (*Person*); Straf...; ***processo*** *m* **~** Strafprozess *m*; **2.** *m* Strafsache *f*; Strafgericht(sbarkeit *f*) *n*; **~idade** [-nɐli'dadə] *f* Kriminalität *f*; **~ista** [-'liʃtɐ] *su* Strafrechtler(in *f*) *m*; **~izar** [-li'zar] (1a) kriminalisieren

criminoso [krəmi'nozu] **1.** *adj* verbrecherisch, kriminell; **2.** *m* Kriminelle(r) *m*, Verbrecher *m*

crina ['krinɐ] *f* (Pferde)Mähne *f*

crioulo ['krjolu] **1.** *adj* kreolisch; **2.** *m*, **-a** *f* Kreole *m*, Kreolin *f*

cripta ['kriptɐ] *f* Krypta *f*

criptónio [krip'tɔnju] *m* Krypton *n*

crisálida [kri'zalidɐ] *f* ZO Puppe *f*

crisântemo [kri'zɐ̃təmu] *m* BOT Chrysantheme *f*

crise ['krizə] *f* Krise *f*; MED Krisis *f*; **~ *de liderança*** Führungskrise *f*; ***vencer*** (*od* ***debelar***) ***uma* ~** e-e Krise meistern (*od* überwinden)

crisma ['kriʒmɐ] *f* REL (Sakrament *n* der) Firmung *f*; Salbung *f*

crispar [kriʃ'par] (1a) kräuseln; *Miene etc* verziehen; **~-*se*** zusammenzucken

crista ['kriʃtɐ] *f* (Hahnen-, Gebirgs)Kamm *m*; **~ *de onda*** Wellenkamm *m*; ***abaixar a* ~** klein beigeben; ***jogar as* ~*s*** sich schlagen; ***levanta a* ~** ihm schwillt der Kamm

cristal [kriʃ'tał] *m* MIN Kristall *m*; Kristall(glas) *n*; ***de* ~** kristallen (*Gefäß*); kristallklar (*Wasser*); **~ *de rocha*** Bergkristall *m*; **~eira** [-tɐ'lɐjrɐ] *f* Gläserschrank *m*; **~ino** [-'linu] **1.** *adj* kristallklar; *fig* rein; **2.** *m* ANAT (Augen)Linse *f*; **~ização** [-lizɐ'sɐ̃w] *f* Kristallbildung *f*, Kristallisierung *f*; **~izar** [-li'zar] (1a) **1.** *v/t* kristallisieren; **2.** *v/i u* **~-*se*** kristallisieren; *fig* sich festigen, stabilisieren

crist|andade [kriʃtɐ̃'dadə] *f* Christenheit *f*; **~ão(s)** [-'tɐ̃w] **1.** *adj*

christlich **2.** *m(pl)*, **-ã** *f* Christ(in *f*) *m*; **~ão-democrático** [-dəmu'kratiku] christdemokratisch; **~ianismo** [-'niʒmu] *m* Christentum *n*; **~ianização** [-'sɐ̃w] *f* Christianisierung *f*; **~ianizar** [-'zar] (1a) christianisieren
Cristo ['kriʃtu] *m* Christus *m*; ***antes de*** ♀ ***(a. C.)*** vor Christi Geburt (v. Chr.); ***pôr alg num*** ~ j-n foltern
crit|ério [kri'tɛrju] *m* Kriterium *n*; Maßstab *m*; Gesichtspunkt *m*; ***de*** ~ einsichtig, klug; ***deixar ao*** ~ ***de*** *j-m* anheim stellen; **~erioso** [-tə'rjozu] verständnisvoll; sorgfältig (*Arbeit*)
crítica ['kritikɐ] *f* Kritik *f*; Besprechung *f*, Rezension *f*
critic|ar [krəti'kar] (1n) kritisieren; *Buch, Film etc* besprechen; **~astro** [-'kaʃtru] *m* Kritikaster *m*, Nörgler *m*; **~ável** [-'kavɛɫ] angreifbar (*These*); tadelnswert (*Verhalten*)
crítico ['kritiku] **1.** *adj* kritisch; entscheidend (*Moment*); bedenklich (*Zustand*); ***espírito*** *m* ~ kritische(r) Geist *m*; **2.** *m* Kritiker *m*
crivar [kri'var] (1a) *Getreide* sieben; durchlöchern; *fig* bedecken (***de*** mit)
crível ['krivɛɫ] glaubhaft, -würdig
crivo ['krivu] *m* Sieb *n*; Durchschlag *m* (*Küchengerät*); Brause *f*
Croácia [krɔ'asjɐ]: ***a*** ~ Kroatien *n*
croata ['krwatɐ] **1.** *adj* kroatisch; **2.** *su* Kroate *m*, Kroatin *f*
crocante [kro'kẽtʃi] *bras* knusperig
croché (*ê) [krɔ'ʃɛ] *m* Häkelarbeit *f*; ***fazer*** ~ häkeln
crocodilo [kruku'dilu] *m* Krokodil *n*
croissant [krɔɐ̃'sɐ̃] *m* Hörnchen *n*
cromado [krɔ'madu] *m* Chromteil *n*
cromátic|a [kru'matikɐ] *f* Farbenlehre *f*; **~o** [-'matiku] *MÚS, FIS* chromatisch
crómio (*ô) ['krɔmju] *m* Chrom *n*
cromo ['kromu] *m* **a)** Chrom *n*; **b)** F Sammelbild *n*; Aufkleber *m*
cromossoma [krɔmɔ'somɐ] *m* Chromosom *n*
crónic|a (*ô) ['krɔnikɐ] *f* Chronik *f*; **~o** ['krɔniku] chronisch
cron|ista [kru'niʃtɐ] *su* Chronist(in *f*) *m*; **~ologia** [-nulu'ʒiɐ] *f* Chronologie *f*; **~ológico** [-nu'lɔʒiku] chronologisch; **~ometrar** [-numə'trar] Zeit nehmen, stoppen; **~ómetro** (*ô) [-'nɔmətru] *m* Chronometer *n*; Präzisionsuhr *f*; Stoppuhr *f*
croquete [-'kɛtə] *m CUL* Krokette *f*
crosta ['krɔʃtɐ] *f* Kruste *f*; Schale *f*; Schorf *m*; ~ ***terrestre*** Erdkruste *f*
crótalo ['krɔtɐlu] *m* Klapperschlange *f*
cru [kru] (***crua*** *f*) roh (*Essen*); rau, hart (*Ausdrucksweise*); ungeschminkt (*Wahrheit*); unbebaut (*Land*); naturfarben; ***coiro*** *m* ~ Rohleder *n*
cruc|ial [kru'sjaɫ] kreuzförmig, Kreuz...; *fig* entscheidend; ***ponto*** *m* ~ *fig* Kreuzweg *m*; **~íferas** [-'sifəɾɐʃ] *f/pl BOT* Kreuzblütler *m/pl*
cruci|ficação [krusəfikɐ'sɐ̃w] *f* Kreuzigung *f*; **~ficar** [-fi'kar] (1n) kreuzigen; **~fixo** [-'fiksu] *m* Kruzifix *n*; **~forme** [-'fɔrmə] kreuzförmig
crude ['krudə] *m* Rohöl *n*
cruel [krwɛɫ] grausam; **~dade** [-'dadə] *f* Grausamkeit *f*
crue|nto ['krwẽtu] blutig; *fig* blutrünstig; **~za** ['krwezɐ] *f* rohe(r) Zustand *m*; *fig* Grausamkeit *f*, Härte *f*
crupe ['krupə] *m MED* Krupp *m*
crust|a ['kruʃtɐ] *f* → ***crosta***; **~áceo** [-'tasju] *m ZO* Krebs(tier *n*) *m*; **~s** *pl* Schalentiere *n/pl*
cruz [kruʃ] *f* Kreuz *n*; Widerrist *m* (*Tier*); Kruppe *f* (*Pferd*); *fig* ***a*** Leid *n*; ♀ ***Vermelha*** Rote(s) Kreuz *n*; **~es *canhoto!*** Gott bewahre!; **~es *ou cunhos*** Kopf oder Zahl (*Spiel*); ***em*** ~ kreuzweise; ***carregar a sua*** ~ *fig* sein Kreuz zu tragen haben; ***estar entre a*** ~ ***e a caldeirinha*** sich in e-m Dilemma befinden; im Sterben liegen; ***fazer o sinal da*** ~ sich bekreuzigen
cruz|ada [kru'zadɐ] *f* Kreuzzug *m*; **~ado** [-'zadu] **1.** *adj* gekreuzt; Kreuz...; **2.** *m* Kreuzfahrer *m*; *HIST* Kreuzer *m* (*Münze*); **~ador** [-zɐ'dor] *m NAV* Kreuzer *m*; **~amento** [-zɐ'mẽtu] *m* Kreuzung *f* (*a BIOL*); Kreuzweg *m*; *Sport*: Flanke *f*; **~ar** [-'zar] (1a) **1.** *v/t Arme, Beine, Straße* kreuzen (*a BIOL*); *Straße* überqueren; *Meere* durchkreuzen, -queren; **2.** *v/i NAV* kreuzen; hin und her laufen (*od* fahren); → **~-se** sich kreuzen; sich schneiden (*Linien*); vorbeigehen, -fahren (***com*** an *dat*); **~eiro** [-'zɐjru] **1.** *adj* Kreuz...; **2.** *m großes* (Stein)Kreuz *n*; *NAV* Kreuzfahrt *f*; *ARQUIT* Vierung *f*; ♀ *ASTR*

Kreuz *n* des Südens; *bras* Cruzeiro *m* (*Währung*); **~eta** [-'zetɐ] *f* Kleiderbügel *m*
Cs ***Casal*** *m* Ehepaar *n*
c.te ***corrente*** laufend
CTT ***Correios, Telégrafos e Telefones*** *m/pl* Post- und Fernmeldewesen *n*
cu(s) [ku] *m(pl)* Nadelöhr *n*; P Arsch *m*; **~ de ferro** (**CDF**) *bras* P Streber *m*; **no ~ de Judas** P am Arsch der Welt; **cair de ~** P auf den Arsch fallen (*vor Schreck*); **meter no ~** P sich *et* in den Arsch stecken (können); **vai levar no ~!** P leck mich am Arsch!; **~ada** ['kwadɐ] *f* **a)** Zwickel *m*; Hosenboden *m*; **b)** P Schlag (*od* Fall) *m* auf den Hintern
Cuba ['kubɐ] *f* Kuba *n*
cub|a ['kubɐ] *f* **a)** Kübel *m*, Bottich *m*; **b)** *bras* F hohe(s) Tier *n*; **~agem** [-'baʒẽj] *f* Fassungsvermögen *n*
cubano [ku'bɐnu] **1.** *adj* kubanisch; **2.** *m*, **-a** *f* Kubaner(in *f*) *m*
cubata [ku'batɐ] *f* Strohhütte *f*
cúbico ['kubiku] kubisch, würfelförmig; Kubik...; **metro** *m* **~** Kubikmeter *m od n*; Festmeter *m* (*Holz*); **raiz** *f* **-a** *MAT* Kubikwurzel *f*
cubículo [ku'bikulu] *m* Kammer *f*
cúbito ['kubitu] *m ANAT* Elle *f*
cubo ['kubu] *m* Würfel *m*, Kubus *m*; *MAT* dritte Potenz *f*; *TÉCN* Nabe *f*
cubra ['kubrɐ] → **cobrir**
cuc|a ['kuka] *f bras* P Birne *f* (*Kopf*); Köpfchen *n* (*Verstand*); alte Schachtel *f* (*Frau*); **encher a ~** sich die Birne voll schütten (*betrinken*); **~ar** [-'kar] (1n) *bras* P sich den Kopf zerbrechen
cuco ['kuku] *m* Kuckuck *m*
cucúrbita [ku'kurbitɐ] *f BOT* Kürbis *m*
cue|cas ['kwɛkɐʃ] *f/pl* Unterhose *f*, Slip *m*; **~quinhas** [-'kiɲɐʃ] *f/pl* Damenslip *m*
cueiro ['kwɐjru] *m* Windel *f*
cuia ['kuja] *f bras* Kürbis(flasche *f*) *m*
Cuiabá [kuja'ba] *bras Hauptstadt von Mato Grosso*
cuid|ado [kuj'dadu] **1.** *adj* bedacht, (wohl) überlegt; **2.** *m* Sorge *f*; Sorgfalt *f*; Vorsicht *f* (*a int*); **ao ~ de** zu Händen von (*Briefaufschrift*); **com ~** vorsichtig; sorgfältig; **~ continuado** *MED* Dauerbehandlung *f*; **~s** *pl* **primários** *MED* Grundversorgung *f*; **deixar ao ~ de** *j-s* Ermessen überlassen; *j-m* anvertrauen; **estar em ~s** F besorgt sein, unruhig sein; **ter ~** vorsichtig sein (**com** mit); **~adoso** [-dɐ'dozu] vorsichtig; sorgfältig; **~ar** [-'dar] (1a) **1.** *v/t* beachten; bedenken; *Kranke* pflegen, versorgen; *fig a* glauben; **2.** *v/i*: **~ de** (*od* **em**) Acht geben, achten auf (*ac*); sorgen für; aufpassen, dass ...; **dar que ~** Sorgen bereiten; *viel* Arbeit machen; **~-se** auf sich Acht geben *od* achten; sich hüten (**de** vor *dat*)
cujo ['kuʒu] dessen, deren
culatra [ku'latrɐ] *f* Gewehrkolben *m*
culinári|a [kuli'narjɐ] *f* Kochkunst *f*; **livro** *m* **de ~** Koch-, Rezeptbuch *n*; **~o** [-'narju] kulinarisch; Koch...
culmin|ação [kułminɐ'sɐ̃w] *f* Höhepunkt *m*; *ASTR* Kulmination *f*; **~ância** [-'nɐ̃sjɐ] *f* höchste(r) Punkt *m*; *fig* Höhepunkt *m*; **~ante** [-'nɐ̃tə]: **ponto** *m* **~** *fig* Gipfel *m*, Höhepunkt *m*; *ASTR* Kulminationspunkt *m*; **época** *f* **~** Blütezeit *f*; **~ar** [-'nar] (1a) den Höhepunkt erreichen
culote [ku'lɔtʃi] *m bras* Reithose *f*
culpa ['kułpɐ] *f* Schuld *f* (*a REL*); Vergehen *n*; **~ formada** Tatverdacht *m*; **por ~ de** aufgrund von, wegen; **atirar as ~s sobre** *j-m* die Schuld geben; **a ~ é dele** er ist schuld
culp|abilidade [kułpɐbəli'dadə] *f* Schuld *f*; **~ado** [-'padu] **1.** *adj* schuldig (**de** an *dat*); **2.** *m* Schuldige(r) *m*; **~ar** [-'par] (1a) beschuldigen (**de** *gen*); **~ável** [-'pavɛł] strafbar; **~oso** [-'pozu] schuldhaft
cultiv|ador [kułtivɐ'dor] *m* Landwirt *m*; *AGR* Grubber *m*, Kultivator *m*; **~ar** [-'var] (1a) *Land* bestellen, bebauen; *Pflanze* anbauen; *Talent* herausbilden; pflegen; *allg* kultivieren; **~ável** [-'vavɛł] anbaufähig, kultivierbar; **~o** [-'tivu] *m* Bebauung *f* (*Land*); Anbau *m* (*Pflanze*); *fig* Pflege *f*
cult|o ['kułtu] **1.** *adj* gebildet (*Person*); gesittet (*Auftreten*); gepflegt (*Stil*); **2.** *m REL* Gottesdienst *m*; Verehrung *f*, Kult *m*; **liberdade** *f* **de ~s** Religionsfreiheit *f*; **~or** [-'tor] *m* Anhänger *m*; Liebhaber *m*; **~ura**

[-'turɐ] *f* Kultur *f* (*a AGR*); Bildung *f* (*e-s Menschen*); (Her)Ausbildung *f* (*e-s Talents*); *AGR* Bebauung *f* (*Land*); Anbau *m* (*Pflanze*); Zucht *f*; Pflege *f*; **~ dos campos** Ackerbau *m*; **~ e civilização** *f* (**alemãs**) (deutsche) Landeskunde *f*, (Deutschlandkunde *f*); **~ física** *Sport*: Leibeserziehung *f*; **~ geral** Allgemeinbildung *f*; **sem ~** ungebildet; **~ural** [-tu'rał] Kultur...; Bildungs...; kulturell; **~urismo** [-tu'riʒmu] *m* Kraftsport *m*, Bodybuilding *n*; **~urista** [-tu'riʃtɐ] *su* Kraftsportler(in *f*) *m*
cume ['kumə] *m* Gipfel *m*; höchste(r) Punkt *m*; Spitze *f*; **~ada** [-'mjadɐ] *f* Gebirgskamm *m*; Bergrücken *m*
cúmplice ['kũplisə] **1.** *adj* mitschuldig; komplizenhaft; **2.** *su* Komplize *m*, Komplizin *f*
cumplicidade [kũpləsi'dadə] *f* Komplizenschaft *f*, Mittäterschaft *f*
cumpr|idor [kũpri'dor] verlässlich, zuverlässig; **~imentar** [-mẽ'tar] (1a) (be)grüßen; Komplimente machen (*dat*); beglückwünschen (**por** für) (*bei Erfolg*); **~imenteiro** [-mẽ'tɐjru] übertrieben höflich; **~imento** [-'mẽtu] *m* **a**) Erfüllung *f*; Ausführung *f*; *JUR* Vollzug *m* (*e-r Strafe*); **b**) Gruß *m*; Begrüßung *f*; Glückwunsch *m*; **~s** *pl* Glückwunschadresse *f*, -ansprache *f*; **~ir** [-'prir] (3a) **1.** *v/t Bitte* erfüllen; *Befehl* ausführen; *Urteil* vollstrecken; *Wort* halten; *Strafe* verbüßen; **2.** *v/i* obliegen; *j-s* Pflicht sein; nötig sein; **~ os seus deveres** s-n Verpflichtungen nachkommen; **~-se** sich erfüllen
cúmulo ['kumulu] *m* Haufen *m*; *fig* Gipfel *m*; Inbegriff *m*; **~s** *pl* Haufenwolken *f/pl*; **é o ~!** das ist doch die Höhe!; **para ~** zu allem Überfluss
cuneiforme [kunɐj'fɔrmə] keilförmig
cunha ['kuɲɐ] *f* Keil *m*
cunhad|a [ku'ɲadɐ] *f* Schwägerin *f*; **~o** [-'ɲadu] *m* Schwager *m*
cunh|agem [ku'ɲaʒẽj] *f* Prägung *f*; **~ar** [-'ɲar] (1a) *Münze* prägen; *fig a* hervorheben; **~o** ['kuɲu] *m* Prägestempel *m*; *fig* Gepräge *n*
cupão [ku'pẽw] *m(pl)* Kupon *m*
cupé (*ê) [ku'pɛ] *m AUTO* Coupé *n*
cupidez [kupi'deʃ] *f* Gier *f*
cupido [ku'pidu] *m irón* Lackaffe *m*
cupim [ku'pĩ] *m bras* Termite *f*
cúpula ['kupulɐ] *f* Kuppel *f*; *BOT* Kelch *m*; *fig* Himmelsgewölbe *n*; *POL* (Regierungs-, Partei)Spitze *f*; **pela ~** von oben; **conferência** *f* **de ~** *bras* Gipfelkonferenz *f*
cura ['kurɐ] **1.** *f* Heilung *f*; **~ de cavalo** *fig* Rosskur *f*; **ter ~** heilbar sein; **2.** *m* Pfarrer *m*; **~ de almas** Seelsorger *m*; **~bilidade** [-bəli'dadə] *f* Heilbarkeit *f*
cur|ador [kurɐ'dor] *m* Pfleger *m*, Vormund *m*; Kurator *m*; **~adoria** [-du'riɐ] *f* Vormundschaft *f*; **~andeiro** [-rẽ'dɐjru] *m* (Natur)Heilkundige(r) *m*; *depr* Kurpfuscher *m*, Quacksalber *m*; **~andice** [-rẽ'disə] *f* Kurpfuscherei *f*; **~ar** [-'rar] (1a) **1.** *v/t Person* heilen (**de** von); *Krankheit* behandeln; *Wäsche* bleichen; *Lebensmittel* haltbar machen; **2.** *v/i* genesen (**de** von); **~-se** genesen; *fig* sich bessern; **~atela** [-rɐ'tɛlɐ] *f* Vormundschaft *f*; **~ativo** [-'tivu] **1.** *adj* heilkräftig, Heil...; **2.** *m* Heilmittel *n*; Verband *m*; **~ável** [-'ravɛł] heilbar
curcuma [kur'kumɐ] *f CUL* Kurkuma *f*
cúria ['kurjɐ] *f* Kurie *f*
curinga [ku'rĩga] *m bras* Joker *m*
curios|a [ku'rjɔzɐ] *f* F Kurpfuscherin *f* (*Gelegenheitshebamme*); **~idade** [-rjuzi'dadə] *f* **a**) Neugierde *f*; Wissbegier *f*; **estar com ~ de** neugierig (*od* gespannt) sein auf (*ac*); **rebentar de ~** P vor Neugier platzen; **b**) Sehenswürdigkeit *f*; Kuriosität *f*; **~o** [-'rjozu] **1.** *adj* neugierig (*Person*); merkwürdig (*Sache*); **estar ~ por** *inf* gespannt darauf sein zu (*inf*); **2.** *m* **a**) Neugierige(r) *m*; *depr* Gaffer *m*; **b**) Laie *m*
Curitiba [kuri'tiba] *bras Hauptstadt von Paraná*
curral [ku'ʀał] *m* Stall *m*; Gehege *n*
curr|ículo [ku'ʀikulu] *m* Laufbahn *f*; Lebenslauf *m*; **~iculum** [-'ʀikulũ] *m*: **~ vitae** Lebenslauf *m*
curs|ado [kur'sadu] geübt (**em** in *dat*), versiert (**em** in *dat*); **~ar** [-'sar] (1a) *Fach* studieren; *Kurs* absolvieren; *Universität* besuchen; **~ista** [-'siʃtɐ] *su* Kursteilnehmer(in *f*) *m*
curso ['kursu] *m* Lauf *m*, Gang *m*

(*der Dinge*); Lehrgang *m*; Kurs *m*; *UNIV* Studiengang *m*; (Geld)Umlauf *m*; *TÉCN* (Kolben)Hub *m*; **~ de iniciação** Anfänger-, Einsteigerkurs *m*; **~ de Medicina** Medizinstudium *n*; **~ de pós-graduação** Aufbaustudium *n*, Postgraduiertenstudiengang *m*; **~ de verão** Sommerkurs *m*; **~ intensivo** Intensivkurs *m*; **em ~** im Gange; laufend; **dar livre ~ a** freien Lauf lassen (*dat*); **fazer o ~ de Engenharia** Ingenieurwissenschaft studieren; **frequentar um ~** e-n Kurs (*od* Lehrgang) besuchen; **ter ~** im Umlauf sein; *fig* gebräuchlich sein; **ter um ~** studiert haben

cursor [kur'sor] *m TÉCN* Läufer *m*; *INFORM* Cursor *m*

curta-metragem [kurtɐmə'traʒẽj] *f* Kurzfilm *m*

curteza [kur'tezɐ] *f* Kürze *f*; Knappheit *f*

curt|ição [kurti'sɐ̃w] *f bras* F Trip *m* (*Rausch*); *allg* tolle Sache *f*; (Mode)Hit *m*; **estar numa boa ~** high sein; *allg* toll drauf sein; **~idor** [-'dor] *m* Gerber *m*; **~imento** [-'mẽtu] *m* Gerben *n*; **~ir** [-'tir] (3a) **1.** *v/t Leder* gerben; *Oliven* einlegen; *j-n* abhärten; *Krankheit*, *Unglück* erleiden; P voll abfahren auf (*ac*) (*begeistert sn*); **2.** *v/i* P high sein

curto ['kurtu] kurz; knapp; *fig* beschränkt; **~ de palavras** wortkarg; **a ~ prazo** kurzfristig; **ter vistas -as** *fig* beschränkt sein; **~(s)-circuito(s)** [-sir'kujtu] *m(pl) EL* Kurzschluss *m*

curtume [kur'tumə] *m* Gerbung *f*

curva ['kurvɐ] *f* Kurve *f*; Biegung *f*; Bogen *m*; *TÉCN* Knie *n* (*Rohr*); **~ muito apertada** Haarnadelkurve *f*; **~ da perna** Kniekehle *f*

curv|ado [kur'vadu] krumm; *fig* gebeugt; ergeben; **~ar** [-'var] (1a) krümmen, biegen; *Rücken u fig* beugen; *Kopf* senken; **~-se** sich bücken; sich verneigen (**a**, **perante** vor *dat*); sich unterwerfen (*od* beugen) (**a** *j-m*); **~atura** [-vɐ'turɐ] *f* Krümmung *f* (*a MAT*); *ARQUIT* Wölbung *f*; Biegung *f*; **~eta** [-'vetɐ] *f* leichte Kurve *f*; **~ilíneo** [-və'linju] krummlinig; gebogen; **~o** ['kurvu] krumm, gebogen

cúspide ['kuʃpidə] *f BOT*, *ZO* Stachel *m*

cusp|ido [kuʃ'pidu]: **ser ~** hinausgeschleudert werden; **sair ~ e escarrado a** F *j-m* aufs Haar gleichen; **~inhada**, **~inheira** [-'ɲadɐ, -'ɲɐjrɐ] *f* Spuckerei *f*; **~ir** [-'pir] (3h) (aus)spucken; *Beleidigung* ins Gesicht werfen; **~o** ['kuʃpu] *m* Speichel *m*; F Spucke *f*

custa ['kuʃtɐ] *f*: **~s** *JUR* Prozesskosten *pl*; **à(s) ~(s) de** auf Kosten von, zu Lasten von; **aprender à sua ~** *et* am eigenen Leibe erfahren

cust|ar [kuʃ'tar] (1a) *Preis*, *Mühe* kosten; *Arbeit* schwer fallen (**a** zu *inf*); **~ caro** teuer sein; *fig* teuer zu stehen kommen (*ac*); **~ a crer** schwer zu glauben sein; **~ os olhos da cara** ein Vermögen kosten; **~ a vida a** *j-n* das Leben kosten; **não ~ nada** überhaupt keine Mühe machen; ganz leicht sein; **~eamento** [-tjɐ'mẽtu] *m* Unkosten *pl*; Finanzierung *f*; Kostenaufstellung *f*; **~ear** [-'tjar] (1l) die Kosten tragen für; finanzieren; *Ausgaben* bestreiten; **~eio** [-'tɐju] *m* → **~eamento**

custo ['kuʃtu] *m* Kosten *pl*; Preis *m*; *fig* Mühe *f*; **a ~** mit Mühe, mühsam; **a todo o ~** unbedingt; **preço** *m* **de ~** Selbstkostenpreis *m*; **~ de viagem** Reisekosten *pl*; **~ de vida** Lebenshaltungskosten *pl*; **ajuda** *f* **de ~s** Unkostenbeitrag *m*; **~s** *pl* **de contabilidade** Kontoführungsgebühren *f/pl*; **~ de produção** Produktionskosten *pl*, **~s** *pl* **de transporte** Transportkosten *pl*; **factor** *m* **custo-proveito** Kosten-Nutzen-Faktor *m*

custódia [kuʃ'tɔdjɐ] *f* Gewahrsam *m*, Obhut *f*; Schutz *m*; *REL* Monstranz *f*

cust|odiar [kuʃtu'djar] (1g) in Obhut nehmen; **~ódio** [-'tɔdju] Schutz...; **anjo** *m* **~** Schutzengel *m*

custoso [kuʃ'tozu] kostspielig

cutâneo [ku'tɐnju] Haut...; **erupção** *f* **-a** Ausschlag *m*

cutel|a [ku'tɛlɐ] *f* Fleischer-, Hackmesser *n*; *Weinbau*: Rebmesser *n*; **~aria** [-təlɐ'riɐ] *f* Messerschmiede *f*; Messer- und Scherengeschäft *n*; **~eiro** [-'lɐjru] *m* Messerschmied *m*; **~o** [-'tɛlu] *m* Hackmesser *n*

cúter ['kutər] *m* Kutter *m*

cutícula [ku'tikulɐ] *f* (Nagel)Haut *f*

cutilada [kuti'ladɐ] *f* (Messer)Stich *m*; (Säbel)Hieb *m*
cútis ['kutiʃ] *f* (Gesichts)Haut *f*
c.v. ***cavalo-vapor*** *m* Pferdestärke *f* (PS); ***curriculum*** *m* ***vitae*** Lebenslauf *m*
cx. ***caixa*** *f* Kasse *f*
czar [kzar] *m*, **-ina** *f* Zar(in *f*) *m*

D

D

D, d [de] *m* D, d *n*
d. ***dia*** *m* Tag *m*
D ***Dona*** *mit Vorname, höfliche Anrede für Frauen*
da [dɐ] *Zssg von prp* **de** *u art* (*od pron*) **a**
dá [da] → **dar**
dacolá [dɐku'la] von dort (her), daher (*Richtung*); daraus
dactil|ógrafa [dakti'lɔgrɐfɐ] *f* Schreibkraft *f*; **~ografado** [-lugrɐ'fadu] maschinenschriftlich; **~ografar** [-lugrɐ'far] (1b) mit der Maschine schreiben, F tippen
dádiva ['dadivɐ] *f* Gabe *f*, Geschenk *n*; Spende *f*; **~ de sangue** Blutspende *f*
dado ['dadu] **1.** *p/p von* **dar**; *fig* ergeben (**a** *j-m*); anhänglich; **ser ~ a** *e-r Sache* sehr zugetan sein; **ser ~ a alg fazer alc** j-m vergönnt sein, et zu tun; **~** (**o facto de**), **dada** (**a circunstância de**) in Anbetracht, infolge; **~ que** in Anbetracht dessen, dass; da; **2.** *m* **a**) Würfel *m*; **jogar aos ~s** würfeln; **b**) Gegebenheit *f*; Tatsache *f*; **~s** *pl* Unterlagen *f/pl*; Daten *pl*; **processamento** *m* **de ~s** *INFORM* Datenverarbeitung *f*
dador [dɐ'dor] *m* Spender *m*; Stifter *m*
daí [dɐ'i] von da, von dort (*Richtung*); *fig* daraus; daher; F **e daí?** na und?; **~ que** *conj* von daher kommt es, dass
dalém [dɐ'lẽj] *Zssg von* **de** *u* **além**
dali [dɐ'li] von da, von dort (*Richtung*); da-, dorther; *fig* daraus; daher
dália ['dalјɐ] *f* Dahlie *f*
daltónico (*ô) [daɫ'tɔniku] farbenblind
dama ['dɐmɐ] *f* Dame *f*
damasco [dɐ'maʃku] *m* **a**) Damast *m*; **b**) *BOT* Aprikose *f*
dan|ação [dɐnɐ'sɐ̃w] *f REL* Verdammnis *f*; Verderben *n*; *fig* Fluch *m*; **~ado** [-'nadu] **1.** *adj* beschädigt (*Gegenstand*); verdammt (*a fig Glück etc*); wütend (**com** auf *ac*); verzwickt (*Lage*); verrucht (*Charakter*); schlimm; **ser ~ por** versessen sein auf (*ac*); **2.** *m* Verfluchte(r) *m*; **~ar** [-'nar] (1a) *j-m* schaden; *Charakter* verderben; zugrunde richten; **~-se** toll werden (*Hund*); F wütend werden (**com** über *ac*)
danç|a ['dɐ̃sɐ] *f* Tanz *m* (*a fig*); **meter-se em ~s** sich auf et einlassen; **~ar** [-'sar] (1p) tanzen; **~arino** [-sɐ'rinu] *m*, **-a** *f* (Ballett)Tänzer(in *f*) *m*
danific|ação [dɐnəfikɐ'sɐ̃w] *f* Beschädigung *f*, Schaden *m*; **~ado** [-'kadu]: **ficar ~** Schaden erleiden; **~ar** [-'kar] (1n) beschädigen; verderben; *j-m* Schaden zufügen
daninho [dɐ'niɲu] schädlich; gefährlich; *fig* böse
dano ['dɐnu] *m* Schaden *m*; Verlust *m*; **~ corporal** Personenschaden *m*; **~ material** Sachschaden *m*; **causar ~s a** *j-m* Schaden zufügen, schaden; **perdas** *f/pl* **e ~s** *pl* Schadensersatz *m*
dantes ['dɐ̃təʃ] einst, früher
Danúbio [dɐ'nubju] *m* Donau *f*
daqu|ele [dɐ'kelə] *Zssg von* **de** *u* **aquele**; **~ém** [dɐ'kɐ̃j] *Zssg von* **de** *u* **aquém**; **~i** [-'ki] von hier (aus); *fig* hieraus; **~ a oito dias** heute in acht Tagen; **~ a pouco** bald, in Kürze; **~ em diante** von jetzt an, in Zukunft; **~ilo** [-'kilu] *Zssg von* **de** *u* **aquilo**
dar [dar] (1r) **1.** *v/t* geben (*a Fest etc*); reichen; schenken; ab-, hergeben (**por** für); *Erlaubnis* gewähren; *Lehrstoff* durchnehmen; *Hausauf-*

gaben aufgeben; *Töne etc* von sich geben; *Resultat* ergeben; *Arbeit* machen; *Früchte* tragen; *Nutzen* (ein)bringen; *Film* auf-, vorführen; *Vortrag* halten; *Zeit, Geld* verwenden auf (*ac*), opfern (***para, por*** für); **2.** *v/i* ausreichen(d sein) (***para*** für); ***~ a*** *inf* anfangen zu *inf*; ***estar a ~*** P in sein; ***~ a alg*** *fig* es j-m geben; ***~ a entender*** zu verstehen geben; ***~ a saber a*** *j-m* bekannt geben; ***ir ~ a*** führen zu; ***~ certo*** klappen; ***~ com*** stoßen auf (*ac*), erblicken; *j-n* treffen; ***~ como*** halten für; ***~ de si*** sich dehnen (*Holz etc*); sich senken (*Dach*); nachgeben (*Material*); einschlagen (***em*** auf *ac*); ***~ em*** **a)** fallen auf (*od* in *ac*); **b)** werden (zu); dahin kommen zu *inf*; ***quem me dera*** *inf* könnte (*od* hätte) ich doch (auch); ***quem me dera ser*** wäre ich doch; ***~ em nada*** misslingen; ***~ em*** (*od* ***contra***) stoßen gegen (*od* auf *ac*); (an)rennen gegen; ***~ para*** **a)** reichen für; **b)** gelten für; **c)** (hinaus)gehen nach (*od* auf *ac*) (*Fenster, Tür*); **d)** hinauslaufen auf (*ac*); *gut, schlecht* ausgehen; ***dá-me para*** ich bekomme Lust auf (*ac od* zu); ***~ por*** halten für; achten auf (*ac*); (be)merken; ***~ pela coisa*** dahinter kommen; ***~ que falar*** Anlass zu Gerede geben; ***~ sobre*** herfallen über (*ac*); ***deu-lhe para*** er ist (*od* sie) darauf verfallen zu *inf*; ***isto não vai ~ para nada*** daraus wird nichts; **3.** ***~-se*** sich ereignen, geschehen; eintreten (*Ereignis*); ***~-se a*** sich ergeben (*dat*); sich widmen (*dat*); ***~-se com*** verkehren mit; ***~-se bem*** (***mal***) ***com*** sich (nicht) verstehen (*od* vertragen) mit; ***~-se como certo*** sich als sicher erweisen; ***~-se por*** sich halten (*od* erklären, ausgeben) für; ***não se ~ por achado*** (*od* ***entendido***) sich dumm stellen

dard|ejar [dɐrdə'ʒar] (1d) **1.** *v/t Blitze, Blicke* schleudern (***a, em, sobre*** auf *ac*); **2.** *v/i* Speere werfen (*od* schleudern); funkeln, glitzern (*Sonne, Augen*); **~o** ['dardu] *m* Speer *m* (*a Sport*); Stachel *m* (*Insekt, fig*); *fig* bissige Bemerkung *f*

das [dɐʃ] *Zssg v prp* ***de*** *u art* (*od pron*) ***as***

dat|a ['datɐ] *f* Datum *n*; ***uma ~ de*** F e-e Menge; ***de fresca ~*** neueren Datums; F frisch gebacken; ***de longa ~*** langjährig, alt; ***em ~ de*** mit Datum vom; **~ação** [dɐtɐ'sɐ̃w] *f* Datierung *f*; **~ado** [dɐ'tadu] veraltet; überholt; **~ar** [dɐ'tar] (1b) datieren; ***~ de*** *zeitl*: stammen aus; beginnen mit; **~ivo** [-'tivu] *m* Dativ *m*

d. C. ***depois de Cristo*** nach Christus (n. Chr.)

de [də] **a)** *vertritt deutschen Genitiv, häufig als Kompositum übersetzt*; ***cadeira*** *f* ***~ braços*** Armstuhl *m*; **b)** *Wesen, Stoff, Form etc*: aus; ***~ 20 anos*** zwanzigjährig; ***~ boa vontade*** gutmütig; ***a cidade ~ Lisboa*** die Stadt Lissabon; **c)** *nähere Bestimmung*: ***sala*** *f* ***~ jantar*** Esszimmer *n*; ***pobre ~ mim*** ich Ärmster; **d)** *Herkunft*: aus, von; ***sou do Porto*** (***dos Açores***) ich komme aus Porto (von den Azoren); ***~ onde é?*** woher kommen (*od* sind) Sie?; ***ser ~*** *alg j-m* gehören; ***~ ... a*** *örtl* von ... zu (*od* nach); *zeitl* von ... bis; ***~ um momento para o outro*** von e-m Moment zum anderen; **e)** *Ursache*: ***doente ~*** erkrankt an (*dat*); ***~ medo*** (***alegria*** *etc*) vor *od* aus Angst (Freude *etc*); **f)** *Umstand*: mit; ***~ fato*** (***óculos***) im Anzug (mit Brille); ***~ costas*** auf dem Rücken; ***~ entre*** unter (*dat*), zwischen; ***~ novo*** von neuem; ***~ todo*** ganz und gar; ***~ por si*** für sich allein; von sich aus; **g)** *zeitl*: ***~ manhã*** morgens, am Morgen; ***~ dia*** tagsüber, am Tage; ***~ ora em diante*** von nun an; **h)** *Maß*: ***um copo ~ água*** ein Glas Wasser; ***1 m ~ fazenda*** 1 Meter Stoff; ***algo*** (***nada***) ***~ novo*** et (nichts) Neues; **i)** *comp*: als

dê [de] **1.** *m Name des Buchstabens* ***d***; **2.** → ***dar***

deambul|ação [djɐ̃bulɐ'sɐ̃w] *f* Lustwandeln *n*; **~ar** [-'lar] (1a) lustwandeln (*Person*); umherschweifen (*Gedanken*)

debaixo [də'bajʃu] unten; darunter; ***~ de*** unter (*ac u dat*); unterhalb (*gen*); ***ficar ~*** unterliegen; ***meter ~*** unterkriegen

debalde [də'baɫdə] vergeblich

deband|ada [dəbɐ̃'dadɐ] *f* Auflösung *f*; (wilde) Flucht *f*; *fig* Abwanderung *f*; ***em ~*** auf der Flucht; Hals

D

über Kopf (*Aufbruch*); bunt durcheinander (*Dinge*); **pôr em ~** in die Flucht schlagen; **~ar** [-'dar] (1a) (auseinander) treiben, zerstreuen

debat|e [də'batə] *m* Auseinandersetzung *f*, Debatte *f*; Verhandlung *f*; *POL* Aussprache *f*; **em ~** zur Verhandlung (*od* zur Debatte) stehend; fraglich; *TV* Talkshow *f*; **~er** [-bɐ'ter] (2b) erörtern, debattieren; verhandeln; **~-se** sich sträuben; zappeln (*um sich zu befreien*); *fig* sich herumschlagen (**com, em** mit)

debelar [dəbə'lar] (1c) niederwerfen, bezwingen; *Übel* überwinden

debicar [dəbi'kar] (1n) **1.** *v/t* picken; naschen; **2.** *v/i* picken (**em** in *dat*); naschen (**em** von); *fig* herumsticheln (**com, de, em** auf *dat*)

débil (**-eis** *pl*) ['dɛbiɫ] schwach; hinfällig (*Kranke*); *psychisch*: debil

debil|idade [dəbəli'dadə] *f* Schwäche *f*; Hinfälligkeit *f*; *psychisch*: Debilität *f*; **~itação** *f*, **~itamento** *m* [-litɐ'sɐ̃w, -litɐ'mẽtu] Schwächung *f*; Entkräftung *f*; **~itar** [-li'tar] (1a) schwächen; entkräften

debitar [dəbi'tar] (1a) *ECON* belasten (**em** mit); *Wasser* fließen lassen (**em** in *ac*), leiten (**em** in *ac*); *EL*, *TÉCN* leisten; **~ a** *j-m* in Rechnung stellen; *j-s Konto* belasten mit; **~-se em** sich verschulden mit

débito ['dɛbitu] *m* Schuld *f*; *ECON* Soll *n*; *TÉCN* Leistungsvermögen *n* (*von Pumpe, Motor*); *EL* Leistung(sabgabe) *f*; **~ de transmissão de dados** *INFORM* Datendurchsatz *m*, -übertragungsrate *f*; **levar a ~ de** *j-s Konto* belasten mit

deboch|ado [dəbu'ʃadu] **1.** *adj* lasterhaft; *bras a* spöttisch; **2.** *m* lasterhafte(r) Mensch *m*; *bras a* Spötter *m*; **~ar** [-'ʃar] (1e) *moralisch* verderben; *bras a* verspotten

debruçar [dəbru'sar] (1p) (nieder-, herab)beugen; *fig* erniedrigen; **~-se** sich (hinaus)lehnen (**de** aus); sich (herab)beugen (**para** zu); *fig* sich hineinknien (**em, sobre** in *ac*); sich befassen (**sobre** mit)

debrum [də'brũ] *m* Einfassung *f*; *Kleidung*: Borte *f*; Saum *m*

debulh|a [də'buʎɐ] *f* Dreschen *n*; **~ar** [-'ʎar] (1a) enthülsen; *Getreide* dreschen; **~-se em** sich auflösen in (*ac*); **~o** [-'buʎu] *m* Spreu *f*

debux|ar [dəbu'ʃar] (1a) zeichnen; *Projekt* skizzieren, entwerfen; **~o** [-'buʃu] *m* Zeichnung *f*; Skizze *f*, Entwurf *m*; Projekt *n*; Druckstock *m* (*für Gewebedruck*)

década ['dɛkɐdɐ] *f* Jahrzehnt *n*

decad|ência [dəkɐ'dẽsjɐ] *f* Dekadenz *f*; Verfall *m*, Niedergang *m*; **estar em ~** verfallen; *kulturelles Leben* darniederliegen; **~ente** [-'dẽtə] dekadent

deca|ída [dəkɐ'idɐ] *f* Verfall *m*; **~ído** [-'idu] hinfällig; geschwächt; **~imento** [-kɐi'mẽtu] *m* Verfall *m*; Dekadenz *f*; *FIS* Zerfall *m*; **~ir** [-'ir] (3l) verfallen; nachlassen (*Leistung*); sinken (*Ansehen*); *Einfluss, Wirkung* verlieren (**de** an *ac*); herunterkommen; *fig* untergehen; **~ da graça** in Ungnade fallen

decalcar [dəkaɫ'kar] (1n) durchpausen; *fig* nachahmen

decalque [də'kaɫkə] *m* Pause *f*; *depr* Abklatsch *m*

decan|ado [dəkɐ'nadu] *m* Dekanat *n*; **~o** [-'kɐnu] *m* Dekan *m*

decant|ação [dəkẽtɐ'sɐ̃w] *f* *TÉCN* Klärung *f*, Reinigung *f*; **~ar** [-'tar] (1a) **a)** *Abwasser* klären; **b)** besingen

decap|ar [dəkɐ'par] (1a) den Rost (*od* die Schmutzschicht) entfernen von; **~itar** [-pi'tar] (1a) enthaupten (*a fig*); *Organisation* (der Führung) berauben

decatlo [dɛ'katlu] *m* *Sport*: Zehnkampf *m*

decen|al [dəsɛ'naɫ] zehnjährig; Zehnjahres...; **~ário**[-'narju] **1.** *adj* zehnteilig; **2.** *m* Jahrzehnt *n*

decência [də'sẽsjɐ] *f* Anstand *m*; *fig* (Zurück)Haltung *f*

decénio (*ê) [də'sɛnju] *m* Jahrzehnt *n*

decente [də'sẽtə] **a)** anständig; schicklich; **b)** zurückhaltend

decepar [dəsə'par] (1c) *allg* abhacken; durchtrennen; *Baum* fällen; *CIR* abnehmen; *fig* unterbrechen; *Freunde* entzweien; *Widerstand* brechen; **~ o coração** das Herz brechen

decep|ção [dəsɛ(p)'sɐ̃w] *f* Enttäuschung *f*; **~cionar** [-sju'nar] (1f) enttäuschen; **~-se com** enttäuscht sein über (*ac*)

decerto [də'sɛrtu] gewiss
decibel [dɛsi'bɛɫ] *m* Dezibel *n*
decid|ido [dəsə'didu] energisch; entschlossen; **~ir** [-'dir] (3a) entscheiden (**de** über *ac*, **por** zugunsten, für); *Zweifel* zerstreuen; *Tat* beschließen; **~-se** sich entschließen (**a** zu); **~-se por** sich wenden zugunsten (*Schicksal*)
decifrar [dəsi'frar] (1a) **1.** *v/t Text* entziffern; *Rätsel* lösen; **2.** *v/i MÚS* vom Blatt spielen
deci|grama [dəsi'grɐmɐ] *m* Dezigramm *n*; **~litro** [-'litru] *m* Deziliter *m*
décima ['dɛsimɐ] *f* zehnte(r) Teil *m*; *LIT* Zehnzeiler *m*, Dezime *f*
dec|imal [dəsi'maɫ] Dezimal...; **~ímetro** [-'simətru] *m* Dezimeter *m*
décimo ['dɛsimu] **1.** *adj* zehnt(e, -er, -es); **2.** *m* zehnte(r) Teil *m*; Zehntel *n*
decis|ão [dəsi'zɐ̃w] *f* Entscheidung *f* (**tomar** fällen); Beschluss *m*, Entschluss *m* (**tomar** fassen); Entschlossenheit *f*; **com ~** entschlossen, energisch; **~ivo** [-sə'zivu] entscheidend (*Faktor*); entschieden, klar (*Stellungnahme*); **~ório** [-'zɔrju] entscheidend
declam|ação [dəklɐmɐ'sɐ̃w] *f* Vortrag(skunst *f*) *m*; F Geschwätz *n*; **cair na ~** Phrasen dreschen; **~ar** [-'mar] (1a) deklamieren; feierlich reden; F ausfällig werden (über *ac*); *depr* Phrasen dreschen
declar|ação [dəklɐrɐ'sɐ̃w] *f* Erklärung *f* (**fazer** abgeben) (a. *Zoll etc*); *JUR* Aussage *f*; **~ de amor** Liebeserklärung *f*; **~ de impostos** Steuererklärung *f*; **~ado** [-'rado] offenkundig (*Missstand*); entschieden (*Gegner*); **~ante** [-'rɐ̃tə] *su JUR* Zeuge *m*, Zeugin *f*; **~ar** [-'rar] (1b) erklären; *Nachricht* kundgeben; deklarieren (*beim Zoll*), verzollen; *Inhalt* nennen; *JUR a* aussagen; *fig* ernennen zu; **~-se** auftreten (*Krankheit*); ausbrechen (*Feuer*); entstehen (*Aufregung etc*); sich aussprechen (**por** für); sich erklären (**a, com alg** j-m); **~-se culpado** sich schuldig bekennen
declin|ação [dəklinɐ'sɐ̃w] *f* Neigung *f*, Senkung *f*; *fig* Verfall *m*; Rückgang *m*; *GRAM* Deklination *f*; **~ar** [-'nar] (1a) **1.** *v/t Schuld* abwälzen (**sobre** auf *ac*); *Blick* abwenden; *GRAM* deklinieren; **~ de** ablehnen, zurückweisen; **2.** *v/i* sich neigen, senken (**a, para** zu); abweichen (**de** von); zurückgehen (*Fieber*); zu Ende gehen (*Leben*); *allg* verfallen
declínio [də'klinju] *m* Niedergang *m*, Verfall *m*; Ende *n*
decliv|ar [dəkli'var] (1a) abfallen (*Gelände*); **~e** [-'klivə] *m* Hang *m* (*a fig*); Gefälle *n*; abschüssige(s) Gelände *n*; **em ~** *fig* im Niedergang
DECO *Abk von* **Associação** *f* **Portuguesa para a Defesa do Consumidor** Verbraucherschutzbund *m*
decocção [dəkɔk'sɐ̃w] *f* Absud *m*
decol|agem [diko'laʒẽj] *f bras AV* Start *m*; **~ar** [-'lar] (1e) starten
decomp|onibilidade [dəkõpunibəli'dadə] *f* Abbaubarkeit *f*; **~onível** [-pu'nivɛɫ] abbaufähig; zersetzbar; **~or** [-'por] (2zd) zerlegen; zersetzen (*a fig*); *Gesichtszüge* entstellen; *MAT* kürzen; *Atom* zertrümmern; **~-se** zerfallen; verfaulen, verderben (*Lebensmittel*); **~osição** [-puzi'sɐ̃w] *f* Zerlegung *f*; Abbau *m*; Zerfall *m* (*a fig*); Verwesung *f* (*Kadaver*)
decor|ação [dəkurɐ'sɐ̃w] *f* **a)** Ausschmückung *f*; Dekoration *f*; *TEA* Bühnenausstattung *f*; **b)** Auswendiglernen *n*; **~ador** [-rɐ'dor] *m* Dekorateur *m*; *TEA* Bühnenbildner *m*; **~ar** [-'rar] (1e) **a)** (aus)schmücken, dekorieren; **b)** auswendig lernen; *Gelerntes* behalten; **~ativo** [-rɐ'tivu] dekorativ
decor|o [də'koru] *m* Anstand *m*; Würde *f*; **~oso** [-ku'rozu] anständig
decorr|ência [dəku'ʀẽsjɐ] *f* Verlauf *m*; Folge *f*; **~ente** [-'ʀẽtə] laufend; resultierend (*Ergebnis*); **~er** [-'ʀer] (2d) verlaufen (*Angelegenheit*); verstreichen (*Zeit*); stattfinden; geschehen (*Ereignis*); **~ de** folgen aus; **no ~ de** im Verlauf (*gen*); **~ido** [-'ʀidu] nach; abgelaufen
decot|ado [dəku'tadu] dekolletiert, ausgeschnitten; **~e** [-'kɔtə] *m* Ausschnitt *m*, Dekolleté *n*
decrépito [də'krɛpitu] gebrechlich
decresc|endo [dəkrəʃ'sẽdu] *m MÚS* Decrescendo *n*; **~er** [-'ser] (2g) abnehmen; fallen (*Wasserstand*); ab-

D

schwellen (*Geräusch*); **~imento** [-si-'mẽtu] *m* Abnahme *f*; Rückgang *m*
decréscimo [də'krɛʃsimu] *m* → ***decrescimento***
decret|ar [dəkrə'tar] (1c) verordnen, dekretieren; verfügen, bestimmen; **~o** [-'krɛtu] *m* Verordnung *f*; Dekret *n*
decúbito [də'kubitu] *m* Ruhelage *f*
decurso [də'kursu] *m* Verlauf *m*; *zeitl* Dauer *f*; ***no ~ de*** im Verlauf (*gen*)
ded|ada [də'dadɐ] *f* Fingerabdruck *m*; ***uma ~ de ...*** eine Fingerspitze ... **~al** [-'daɫ] *m* Fingerhut *m*
dedic|ação [dədikɐ'sɐ̃w] *f* Hingabe *f*, Hinwendung *f*; *Arbeit*: Fleiß *m*; Verwendung *f* (*finanzieller Mittel*); Widmung *f*; **~ado** [-'kadu] fleißig; **~ar** [-'kar] (1n) widmen; *Liebe* schenken; *Mittel* verwenden (***a*** auf *ac*, für); **~-se** sich *j-m* ergeben; **~atória** [-kɐ'tɔrjɐ] *f* *Buch*: Widmung *f*
dedilhar [dədi'ʎar] (1a) *MÚS Saiten* anschlagen; *Noten* mit Fingersatz versehen; mit den Fingern trommeln (***em*** auf *dat*)
dedo ['dedu] *m* Finger *m*; ***~ anular*** Ringfinger *m*; ***~ do pé*** Zehe *f*; ***~ indicador*** Zeigefinger *m*; ***~ médio*** Mittelfinger *m*; ***~ mínimo*** kleine(r) Finger *m*; ***nó** m **dos ~s*** Knöchel *m*; ***a ~*** mit Fingerspitzengefühl; ***por dois ~s*** *fig* um Haaresbreite; ***ficar a chupar no ~*** *fig* P in die Röhre sehen (*leer ausgehen*); ***pôr o ~ na ferida*** *fig* den Finger in die Wunde legen; ***ter ~*** geschickt sein; ***como os próprios ~s*** in- und auswendig; ***poder contar-se pelos ~s*** *et* an den Fingern abzählen können; **~-durar** [-du'rar] (1a) *bras* P verpfeifen; **~(s)-duro(s)** [-'duru] *m*(*pl*) *bras* Spitzel *m*, Informant *m*
dedu|ção [dədu'sɐ̃w] *f* Ableitung *f*, Folgerung *f*; (Steuer)Abzug *m*; ***~ feita de*** nach Abzug (*gen*); ***~ automática*** automatische(r) Abzug *m* (*Steuer*); **~tível** [-'tivɛɫ] *steuerlich* abzugsfähig, absetzbar; **~zir** [-'zir] (3m) ableiten (***de*** aus), folgern (***de*** aus); *Kosten etc* abziehen; *steuerlich* absetzen; ***a ~*** abzüglich
defasagem [dəfɐ'zaʒɐ̃j] *f* Phasendifferenz *f*, -verschiebung *f*
defec|ação [dəfəkɐ'sɐ̃w] *f* *MED* Stuhl(gang) *m*; **~ar** [-'kar] (1n; *Stv* 1c) **1.** *v/t TÉCN* klären, läutern; **2.** *v/i* Stuhlgang haben
defec|ção [dəfɛk'sɐ̃w] *f* *MIL* Fahnenflucht *f*; Austritt *m* (*aus e-r Partei*); **~tível** [-'tivɛɫ] fehlerhaft; fehlbar (*Person*)
defeit|o [də'fɐjtu] *m* Fehler *m*, Defekt *m*; *MED* Gebrechen *n*; Mangel *m*; **~uoso** [-'twozu] fehlerhaft (*Gerät*); unvollständig; mangelhaft
defender [dəfẽ'der] (2a) *Land*, *Meinung*, *Angeklagte* verteidigen; *vor Gefahr*, *Kälte* (be)schützen (***de*** vor *dat*); untersagen; **~-se** sich durchschlagen; sich verteidigen (*od* behaupten) (***de***, ***contra*** gegen)
defen|dível [dəfẽ'divɛɫ] = **~sável** [-'savɛɫ] verteidigungsfähig; haltbar, vertretbar (*Ansicht*); entschuldbar (*Benehmen*); **~siva** [-'sivɐ] *f* Defensive *f*; **~sivo** [-'sivu] defensiv; Verteidigungs...; **~sor** [-'sor] *m* Verteidiger *m* (*a JUR*); *fig* Fürsprecher *m*; ***~ da natureza*** Naturschützer *m*; ***~ dos direitos civis*** Bürgerrechtler *m*; ***~ oficioso*** *JUR* Pflichtverteidiger *m*
defer|ência [dəfə'rẽsjɐ] *f* Gefälligkeit *f*; Ehrerbietung *f*; **~imento** [-ri'mẽtu] *m* Bewilligung *f* (*e-s Gesuchs*); Erlaubnis *f*; Übertragung *f* (*Amt*); **~ir** [-'rir] (3c) **1.** *v/t Gesuch* bewilligen; *Amt* übertragen; *Würde* verleihen; **2.** *v/i* zustimmen (***a*** *dat*); sich richten (***a*** nach)
defes|a [də'fezɐ] **1.** *f* Verteidigung *f* (*a MIL*, *JUR*); Abwehr *f*; Schutz *m*; Verbot *n*; ***legítima ~*** *JUR* Notwehr *f*; **2.** *m* *Fußball*: Verteidiger *m*; **~o** [-'fezu] **1.** *adj* verboten (*Zutritt*); **2.** *m* Schonfrist *f*; *MONT* Schonzeit *f*
défice ['dɛfisə] *m* Fehlbetrag *m* (***cobrir*** ausgleichen), Defizit *n*; ***~ orçamental*** *ECON* Haushaltsdefizit *n*
defici|ência [dəfi'sjẽsjɐ] *f* Mangel *m*; Schwäche *f*; Fehler *m*; ***~ física*** Körperbehinderung *f*; **~ente** [-'sjẽtə] **1.** *adj* mangelhaft; fehlerhaft; *MED* (körper)behindert; **2.** *su* (Körper)Behinderte(r) *su*
déficit ['dɛfisit] *m* → ***défice***
deficitário [dəfəsi'tarju] defizitär
definh|ado [dəfi'ɲadu] abgezehrt (*Körper*, *Person*); hinfällig (*Per-

son); welk (*Pflanze*); **~ar** [-'ɲar] (1a) abmagern
defin|ição [dəfəni'sɐ̃w] *f* Erklärung *f*; Definition *f*; *INFORM* (Bildschirm)Auflösung *f*; **~ido** [-'nidu] *GRAM* bestimmt; **~ir** [-'nir] (3a) bestimmen, definieren; erklären; abgrenzen; **~-se** Stellung nehmen, sich entscheiden (***por, a favor de*** für, zugunsten); sich herausstellen (***como*** als); **~itivo** [-ni'tivu] endgültig, definitiv; ***em ~*** letzten Endes; **~ível** [-'nivɛɫ] bestimmbar, definierbar
deflação [dəflɐ'sɐ̃w] *f ECON* Deflation *f*; (Geld)Aufwertung *f*
deflagr|ação [dəflɐgrɐ'sɐ̃w] *f* Verpuffung *f*; Explosion *f* (*a fig*); Ausbruch *m* (*Krieg etc*); *POL* Ausrufung *f*; **~ar** [-'grar] (1b) **1.** *v/t* abbrennen, zur Explosion bringen; *fig* auslösen; **2.** *v/i* verpuffen; explodieren; auflodern (*Flamme*); *fig* ausbrechen
deflexão [dəflɛ'ksɐ̃w] *f* Abweichung *f*
deflor... → ***desflor...***
deform|ação [dəfurmɐ'sɐ̃w] *f* Entstellung *f*; Deformation *f*; *MED* Missbildung *f*; **~ar** [-'mar] (1e) entstellen; umbilden; deformieren; **~e** [-'fɔrmə] entstellt; unförmig (*Figur*); unansehnlich; **~idade** [-mi'dadə] *f* Unförmigkeit *f*; Verunstaltung *f*; *MED* Gebrechen *n*
defraud|ação [dəfrawdɐ'sɐ̃w] *f* Veruntreuung *f*; Steuerhinterziehung *f*; **~ador** [-dɐ'dor] *m* Betrüger *m*; **~ar** [-'dar] (1a) bringen (***alg de*** j-n um et); *Steuern* hinterziehen; *Gelder* unterschlagen; *Gesetz* umgehen; *Hoffnung* enttäuschen; *Gläubiger* hintergehen
defrontar [dəfrõ'tar] (1a) **1.** *v/t* gegenüberstehen, -treten; **2.** *v/i*: ***~ com*** gegenüberliegen, -sitzen, -stehen (*dat*); *fig* gegenüberstellen
defronte [də'frõtə] gegenüber(liegend, -sitzend, -stehend); ***~ a*** (*od* ***de***) gegenüber; vor (*dat*)
defum|ação [dəfumɐ'sɐ̃w] *f* (Aus)Räuchern *n*; **~ado** [-'madu]: ***carne*** *f* ***-a*** Rauchfleisch *n*; **~ar** [-'mar] (1a) räuchern; *Zimmer* verräuchern
defunto [də'fũtu] **1.** *adj* verstorben; *fig* ins Vergessen geraten; **2.** *m* Verstorbene(r) *m*
degas ['dɛgɐs] *m bras* P Angeber *m*
degel|ador [dəʒəlɐ'dor] *m* Enteiser *m*; **~ar** [-'lar] (1c) auftauen (*a fig*); **~o** [-'ʒelu] *m METEO* Tauwetter *n*; Auftauen *n* (*Speise*); Abtauen *n* (*Kühlschrank, Schnee*)
degener|ação [dəʒənərɐ'sɐ̃w] *f* Entartung *f*; Verkümmerung *f*; Degeneration *f*; **~ar** [-'rar] (1c) entarten; verkommen (***em*** zu), ausarten (***em*** in *ac*); degenerieren
degol|a(ção) [də'golɐ, (dəgulɐ'sɐ̃w)] *f* Enthauptung *f*; Schlachten *n* (*von Tieren durch Kehlschnitt*); **~ar** [-gu'lar] (1e) die Kehle durchschneiden; enthaupten
degrad|ação [dəgrɐdɐ'sɐ̃w] *f beruflich*: Degradierung *f*; Erniedrigung *f*; Verfall *m* (*Geschmack, Sitten*); *PINT* Abstufung *f*; *GEOL* Verwitterung *f*; ***~ de florestas*** Waldsterben *n*; **~ante** [-'dɐ̃tə] erniedrigend; **~ar** [-'dar] (1b) *beruflich* degradieren; erniedrigen; *Sitten* verderben; **~-se** *fig* herunterkommen
degrau [də'graw] *m* (Treppen)Stufe *f*; *beruflich*: Grad *m*, Rang *m*
degredar [dəgrə'dar] (1c) verbannen
degressivo [dəgrə'sivu] abnehmend; nachlassend, sinkend
degust|ação [dəguʃtɐ'sɐ̃w] *f Wein etc*: Probe *f*; **~ar** [-'tar] (1a) probieren
deit|a ['dɐjtɐ] *f* F Zubettgehen *n*; **~ado** [-'tadu] liegend; im Liegen; ***estar ~*** (im Bett) liegen; **~ar** [-'tar] (1a) **1.** *v/t Decke* ausbreiten; *Müll* wegwerfen; *j-n, Dinge auf den Boden* werfen; *Kind, Gegenstand* (hin-, nieder)legen; *Flüssigkeit* eingießen; *Geruch, Licht* verbreiten, -strömen; *Feuer, Blut* spucken; *Dampf, Fluch* ausstoßen; *Geschäft* anbahnen; *Flicken, Besatz* an-, aufnähen; *Schuld* zuschieben; *Brief* einwerfen; *Karten* legen; *Netz* auswerfen; *Schiff* zu Wasser lassen; *Knospen* treiben; ***~ a*** *inf* anfangen zu; ***~ a fugir*** ausreißen; ***~ abaixo*** ab-, ein-, niederreißen; *POL* stürzen; ***~ de fora*** herausstrecken; ***~ fora*** wegwerfen; *j-n* wegjagen; ***~ gritos a*** *j-n* anschreien; ***~ mão a*** anpacken; ***~ no chão*** niederwerfen; ***~ para*** gehen (*od* zeigen) auf (*ac*) (*Tür, Fenster*); ***~ por***

D

fora überlaufen; ~ ***sal à comida*** Salz an das Essen geben; ~ ***sangue*** bluten (*Wunde*); **2.** **~-se** schlafen gehen; **~-se a** sich verlegen auf (*ac*), sich darauf verlegen zu *inf*; sich stürzen auf (*od* in *ac*)

deixa ['dɐjʃɐ] *f TEA* Stichwort *n*; ***dar uma*** ~ ein Stichwort geben; e-e Andeutung machen; ***pegar na*** ~ die Gelegenheit beim Schopfe packen

deixá-lo [dɐj'ʃalu] *int* macht nichts

deixar [dɐj'ʃar] (1a) **1.** *v/t* lassen; *Ort*, *Person* verlassen; *Dinge* zurücklassen; stehen (*od* liegen) lassen; *den Nachfolgenden* hinter-, überlassen; *Schuld* erlassen; *Gewinn* abwerfen; ~ ***feito*** (*od* ***pronto***, ***acabado***) *Arbeit* beenden; ~ ***triste*** (***alegre***) traurig (froh) machen; ~ ***de a***) aufhören zu; **b**) vergessen (*od* es unterlassen) zu; **c**) sich hüten zu; ~ ***muito a*** (*od* ***que***) ***desejar*** viel zu wünschen übrig lassen; ~ ***de fora*** *fig* außen vor lassen; ***não*** ~ ***de*** *inf* auf jeden Fall *et* tun; ***não poder*** ~ ***de*** *inf et tun* müssen; ***ora deixe-me*** (***em paz***)***!*** lassen Sie mich doch zufrieden!; ***deixe estar!*** lassen Sie nur!; **2.** **~-se** sich trennen; (unter)lassen (***de*** *et*); ***~-se estar*** dableiben; sich nicht bemühen; ***~-se ir*** sich gehen lassen; ***~-se sentir*** spürbar werden

dela(s) ['dɛlɐ] *Zssg von* **de** *u pron* ***ela***(***s***)

delação [dəlɐ'sɐ̃w] *f JUR* Anzeige *f*

delambido [dəlɐ̃'bidu] aufgeblasen

delapidar [dəlɐpi'dar] verschwinden lassen; *Zweifel* zerstreuen

delatar [dəlɐ'tar] (1b) anzeigen

dele(s) ['delə] *Zssg von* **de** *u pron* ***ele***(***s***)

deleg|ação [dələgɐ'sɐ̃w] *f* Abordnung *f*; *POL* Delegation *f*; Übertragung *f* (*von Aufgaben*); Zweigstelle *f*; ~ ***escolar*** Schulamt *n*; **~acia** [-gɐ'siɐ] *f* Amt *n*; Vertretung *f*; *bras* Polizeikommissariat *n*; **~ado** [-'gadu] *m* zuständige Person *f*; Abgeordnete(r) *m*, Beauftragte(r) *m*; Vertreter *m* (*e-r Institution*); *bras* Polizeikommissar *m*; **~ar** [-'gar] (1o; *Stv* 1c) *j-n* abordnen; *j-n* mit etwas beauftragen; *j-m et* übertragen; *j-n* (als Vertreter) entsenden

deleit|ação [dəlɐjtɐ'sɐ̃w] *f* Erquickung *f*, Labsal *f*, Freude *f*; **~ar** [-'tar] (1a) erfreuen, ergötzen; **~e** [-'lɐjtə] *m* Wonne *f*, Vergnügen *n*

deletrear [dələ'trjɐr] (1l) buchstabieren

delével [də'lɛvɛł] entfernbar; (wasser)löslich

delfim [dəl'fĩ] *m Schach*: Läufer *m*

delgad|eza [dɛłgɐ'dezɐ] *f* Schlankheit *f*; **~o** [-'gadu] dünn; schlank

deliber|ação [dəlibərɐ'sɐ̃w] *f* Überlegung *f*, Abwägung *f*; Beratung *f*; Beschluss(fassung *f*) *m*; **~adamente** [-radɐ'mẽtə] mit Bedacht; absichtlich; vorsätzlich (*Gesetzesverstoß*); **~ar** [-'rar] (1c) **1.** *v/t* beschließen; **2.** *v/i* nachdenken (***sobre*** über *ac*)

delicad|eza [dəlikɐ'dezɐ] *f* Zartheit *f*; Empfindlichkeit *f*; Feingefühl *n*, Takt *m* (*Benehmen*); **~o** [-'kadu] zart; dünn, fein; empfindlich (*Gesundheit*); delikat (*Situation*); taktvoll (*Benehmen*); aufmerksam; köstlich, lecker (*Speise*)

delícia [də'lisjɐ] *f* Lust *f*, Wonne *f*; Entzücken *n*; Genuss *m* (*Speise*); ***ser uma*** ~ köstlich sein

delici|ar [dəli'sjar] (1g) entzücken, erfreuen; anregen; **~-se** sich (er-)freuen (***com*** an *dat*); genießen (***de*** zu); **~oso** [-'sjozu] köstlich (*Speise*); entzückend

delimit|ação [dəlimitɐ'sɐ̃w] *f* Be-, Abgrenzung *f*; Grenzziehung *f*; **~ar** [-'tar] (1a) ab-, begrenzen

deline|ação *f*, **~amento** *m* [dəlinjɐ'sɐ̃w, -njɐ'mẽtu] Entwurf *m*; **~ar** [-'njar] (1l) umreißen; in Umrissen festhalten; *fig* entwerfen; **~-se** sich abzeichnen

delinqu|ência (*ü) [dəlĩ'kwẽsjɐ] *f* Straffälligkeit *f*, Kriminalität *f*; ~ ***juvenil*** Jugendkriminalität *f*; **~ente** [-'kwẽtə] **1.** *adj* straffällig; **2.** *su* Straftäter(in *f*) *m*

delir|ante [dəli'rɐ̃tə] *MED* wahnsinnig, P verrückt; rauschend, tosend (*Fest*); **~ar** [-'rar] (1a) *MED* delirieren; fantasieren; faseln

delírio [də'lirju] *m MED* Wahnsinn *m*, Delirium *n*; *fig* Schwärmerei *f*; Begeisterung *f*; Trubel *m*; ***ser um*** ~ F der blanke Wahnsinn sein

delito [də'litu] *m* Delikt *n*, Straftat *f*; ***em flagrante*** ~ auf frischer Tat

delong|a [də'lõgɐ] *f* Verzögerung *f*;

Aufschub *m*; ***fazer ~s*** hinauszuschieben versuchen; **~ar** [-'gar] (1o) verzögern; ***~-se em*** sich aufhalten mit
delta ['dɛltɐ] *m* Delta *n*
demag|ogia [dəmɐgu'ʒiɐ] *f* Demagogie *f*; Hetze *f*; **~ógico** [-'gɔʒiku] demagogisch; **~ogo** [-'gogu] *m* Demagoge *m*
demais [də'majʃ] **1.** *adv* im Übrigen; außerdem; **2.** *pron*, *adj* übrig; ***o ~*** das Übrige; ***os*** (*od* ***as***) ***~*** die Übrigen
demand|a [də'mẽdɐ] *f JUR* Streitsache *f*, Klage *f*; *fig* Streit *m*; *ECON* Nachfrage *f*; Bedarf *m* (**de** an *dat*) (*a Strom*, *Wasser*); ***mover ~*** e-n Prozess anstrengen; ***em ~ de*** auf der Suche nach; **~ante** [-'dẽtə] *su* Kläger(in *f*) *m*; **~ar** [-'dar] (1a) nachsuchen um (*Verständnis*); verlangen; *NAV* ansteuern (*a fig*); *JUR* verklagen
demão(s) [də'mɐ̃w] *f*(*pl*) Anstrich *m*
demarc|ação [dəmɐrkɐ'sɐ̃w] *f* Abgrenzung *f*; ***linha*** *f* ***de ~*** Demarkationslinie *f*; **~ar** [-'kar] (1n; *Stv* 1b) abstecken; *Gebiet* ab-, begrenzen; *Frist*, *Aufgabenbereich* festlegen
demasia [dəmɐ'ziɐ] *f* Übermaß *n*; *ECON* Überschuss *m*; *fig* Übertreibung *f*; F Restgeld *n*; ***em ~*** im Übermaß, zu sehr
demasi|ado [dəmɐ'zjadu] **1.** *adj* zu viel (*Menge*); übermäßig; übertrieben; überflüssig; **2.** *adv* (all)zu; zu sehr (*od* viel); **~ar-se** [-'zjarsə] (1g) übertreiben; *Arbeit*: sich übernehmen; zu weit gehen
dem|ência [də'mẽsjɐ] *f MED* Irrsinn *m*; **~ente** [-'mẽtə] **1.** *adj* geisteskrank; **2.** *su* Geisteskranke(r) *su*
demiss|ão [dəmi'sɐ̃w] *f POL* Rücktritt *m*; Kündigung *f*, Entlassung *f*; ***pedir a ~*** s-e Kündigung einreichen; *POL* zurücktreten; **~ionário** [-sju'narju]: ***estar ~*** s-e Kündigung eingereicht (*od* erhalten) haben
demitir [dəmə'tir] (3a) *j-n* entlassen, *j-m* kündigen; *POL s-s Amtes* entheben, *j-n* absetzen; ***~ de si*** zurückweisen; ***~-se de*** zurücktreten von; *Amt* niederlegen; *Dienst* kündigen
Demo ['dɛmu] *m* F Teufel *m*
democr|acia [dəmukrɐ'siɐ] *f* Demokratie *f*; **~ata** [-'kratɐ] *su* Demokrat(in *f*) *m*; **~ático** [-'kratiku] demokratisch; **~atização** [-krɐtizɐ'sɐ̃w] *f* Demokratisierung *f*; **~atizar** [-krɐti'zar] (1a) demokratisieren
dem|ografia [dəmugrɐ'fiɐ] *f* Demographie *f*; **~ográfico** [-'grafiku] demographisch
demolhar [dəmu'ʎar] (1e) *CUL in Wasser* einweichen
demol|ição [dəmuli'sɐ̃w] *f* Zerstörung *f*; *ARQUIT* Abriss *m*, Abbruch *f*; Demolierung *f*; **~ir** [-'lir] (3f) zerstören; *Gebäude* abreißen; *Mauer* abtragen; *MIL* schleifen
dem|oníaco [dəmu'niɐku] teuflisch; **~ónio** (*ô) [-'mɔnju] *m* Teufel *m*; ***com os ~s!***, ***com mil ~s!*** P zum Teufel noch mal!; ***que ~*** was zum Teufel; ***fazer o ~*** F ein Teufel sein (*Kind*)
demonstr|ação [dəmõʃtrɐ'sɐ̃w] *f* Nachweis *m*; Darlegung *f* (*e-s Sachverhaltes*); Demonstration *f*, Vorführung *f*; *FIS* Versuch *m*; *MAT* Beweis *m*; *fig* Bekundung *f*; **~ar** [-'trar] (1a) demonstrieren; *Behauptung* beweisen; *Schuld* nachweisen; *Gedanken* veranschaulichen; *Sachverhalt* darlegen; *Gerät* vorführen; *Trauer* bekunden; **~ativo** [-trɐ'tivu] anschaulich; demonstrativ (*a GRAM*)
demor|a [də'mɔrɐ] *f* Verspätung *f*; ***sem mais ~s*** unverzüglich; **~ado** [-mu'radu] zeitraubend; langsam; **~ar** [-'rar] (1e) **1.** *v/t Anfang*, *Fertigstellung* hinauszögern; *j-n* aufhalten; warten lassen; *Blick* ruhen lassen (***em*** auf *dat*); **2.** *v/i zeitl* lange dauern; *örtl* liegen; wohnen; ***~ a chegar*** sich verspäten; ***~-se*** sich aufhalten; (stehen) bleiben; ***não se ~ a fazer*** *et* sofort tun
demover [dəmu'ver] (2d) wegräumen, entfernen; *j-n* abbringen (***de*** von); ***~-se a*** abkommen von
demudar [dəmu'dar] (1a) verändern; *depr* entstellen; ***~-se*** sich verfärben
dendê [dẽ'de] *m bras BOT* Ölpalme *f*; Palmöl *n*
deneg|ação [dənəgɐ'sɐ̃w] *f* Verweigerung *f*; **~ar** [-'gar] (1o; *Stv* 1c) infrage stellen; *Zusammenarbeit* verweigern; leugnen
denegrir [dənə'grir] (3d) verdun-

keln; *fig* verunglimpfen; *Ruf* beschmutzen
den|goso [dẽ'gozu] kokett; geziert; zimperlich; schmachtend (*Blick*); *bras* weinerlich; **~gue** ['dẽgə] **1.** *adj* zimperlich; **2.** *f MED* Dengue-, Dreitagefieber *n*; **3.** *m bras* Quengelei *f*; = **~guice** [-'gisə] *f* Koketterie *f*
denigrir [dənə'grir] → ***denegrir***
denod|ado [dənu'dadu] beherzt, wagemutig; ungestüm; **~o** [-'nodu] *m* Wagemut *m*; Ungestüm *n*
denomin|ação [dənuminɐ'sɐ̃w] *f* Bezeichnung *f*, Benennung *f*; **~ador** [-nɐ'dor] *m MAT* Nenner *m*; **~ar** [-'nar] (1a) (be)nennen (**de** als)
denot|ação [dənutɐ'sɐ̃w] *f* Be-, Kennzeichnung *f*; Zeichen *n*; **~ar** [-'tar] (1e) be-, kennzeichnen; zeigen
dens|idade [dẽsi'dadə] *f* Dichte *f* (*a FIS*); ***alta*** (***dupla***) **~** *INFORM* High (Double) Density *f*; **~ *populacional*** Bevölkerungsdichte *f*; **~o** ['dẽsu] dicht (*Nebel*, *Gestrüpp*); dick; undurchdringlich (*Wald*, *fig*)
dent|ada [dẽ'tadɐ] *f* Biss *m*; *fig* bissige Bemerkung *f*; **~ado** [-'tadu] gezahnt; gezackt; ***roda*** *f* **-*a*** Zahnrad *n*; **~adura** [-tɐ'durɐ] *f ANAT* Gebiss *n*; *TÉCN* Zahnkranz *m*; **~ *postiça*** Zahnersatz *m*; **~al** [-'tał] Zahn...; ***fio*** *m* **~** Zahnseide *f*; **2.** *v/i* zahnen (*Säugling*); **~ário** [-'tarju] Zahn...
dente ['dẽtə] *m ANAT* Zahn *m*; *BOT* (Knoblauch)Zehe *f*; Zacken *m*; **~ *canino*** Eckzahn *m*; **~ *de leite*** Milchzahn *m*; **~ *do siso*** Weisheitszahn *m*; **~ *molar*** Backenzahn *m*; **~ *por* ~** *fig* Zahn um Zahn; ***armado até aos* ~*s*** bis an die Zähne bewaffnet; ***com unhas e* ~*s*** *fig* mit aller Macht; ***arrancar um* ~** e-n Zahn ziehen; ***dar ao* ~** essen; ***bater os* ~*s*** mit den Zähnen klappern; ***custar os* ~*s da boca*** F ein Heidengeld kosten; ***lavar os* ~*s*** die Zähne putzen; ***trazer entre os* ~*s*** *j-n* nicht ausstehen können
dente(s)-de-leão [dẽtədə'ljɐ̃w] *m*(*pl*) Löwenzahn *m*
dent|ição [dẽti'sɐ̃w] *f* Zahnen *n* (*Kind*); Zahnstand *m* (*Tier*); **~ *de leite*** Milchgebiss *n*; **~ifrício** [-tə'frisju] *m* Zahncreme *f*; **~ífrico** [-'tifriku] **1.** *adj* Zahn...; ***água*** *f* **-*a*** Mundwasser *n*; ***pasta*** *f* **-*a*** Zahnpasta *f*; **2.** *m* Zahnpasta *f*; **~ista** [-'tiʃtɐ] *su* Zahnarzt *m*, -ärztin *f*
dentre ['dẽtrə] in (*dat*); inmitten (*gen*); (mitten) unter (*dat*)
dentro ['dẽtru] **1.** *adv* darin, drinnen; ***de* ~** von (dr)innen; ***para* ~** hinein; ***por* ~** drinnen; (von) innen; ***estar por* ~** *fig Thema* stecken in (*dat*); *Geschehen*: im Bilde sein; ***ir* ~** P in den Knast gehen; **2.** *prp zeitl*, *örtl* **~ *de*, ~ *em*** in (*dat u ac*); innerhalb; **~ *em breve*** bald
dentuça [dẽ'tusɐ] *f* F Pferdegebiss *n*
denudar [dənu'dar] (1a) entblößen
denúncia [də'nũsjɐ] *f polizeiliche* Anzeige *f*; Verrat *m*; Anzeichen *n*; Ankündigung *f*; (Ehe)Aufgebot *n*
denunci|ação [dənũsjɐ'sɐ̃w] *f* → ***denúncia***; **~ante** [-'sjẽtə] *su* Denunziant(in *f*) *m*; **~ar** [-'sjar] (1g) *Straftat* anzeigen; *j-n* verraten; *Geheimnis* enthüllen; ankündigen; *Waffenstillstand*, *Vertrag* aufkündigen
deparar [dəpɐ'rar] (1b) (dar)bieten; (auf)finden; **~ *com*** → **~*-se a*** stoßen auf (*ac*); konfrontiert sein mit
departament|al [dəpɐrtɐmẽ'tał] Abteilungs...; **~o** [-'mẽtu] *m POL* Bezirk *m*, Departement *n*; *bsd* Dienststelle *f*, Abteilung *f*; *UNIV* Fachbereich *m*; *bras* Behörde *f*; **♀ *de Estado*** Außenministerium *n* (*USA*); **♀ *federal do Trabalho*** Bundesanstalt *f* für Arbeit (*BRD*)
depauper|ação *f*, **~amento** *m* [dəpawpərɐ'sɐ̃w, -'mẽtu] Verelendung *f*; **~ar** [-'rar] (1c) *j-n* auslaugen; *Kräfte* schwächen; **~*-se*** verarmen
depenar [dəpə'nar) (1d) rupfen; ***andar depenado*** F völlig blank sein
depend|ência [dəpẽ'dẽsjɐ] *f* Abhängigkeit *f* (**de** von); *ARQUIT* Nebengebäude *n*; *ECON* Zweigstelle *f*, -niederlassung *f*; **~*s*** *pl POL* Besitzungen *f/pl*; *bras* Einliegerwohnung *f*; ***estar na* ~ *de*** → **~*er***; **~ente** [-'dẽtə] abhängig (**de** von); **~er** [-'der] (2a): abhängen (**de** von); angewiesen sein (**de** auf *ac*); *Verwaltung*: gehören (**de** zu); ***isso depende!*** das kommt drauf an!, je nachdem!; **~ura** [-'durɐ] *f*: ***estar à* ~** F auf dem letzten Loch pfeifen
depenicar [dəpəni'kar] (1n) (ein-

zeln) ausrupfen, -reißen; (zurecht-) zupfen; P (herum)knabbern (***em*** an *dat*)
deperecer [dəpərə'ser] (2g) dahinsiechen, *langsam* sterben; *poét* dahinwelken; verkümmern (*Pflanze*)
depil|ação [dəpilɐ'sɐ̃w] *f* Enthaarung *f*; **~ar** [-'lar] (1a) enthaaren; die Haare entfernen; **~atório** [-lɐ'tɔrju] *m* Enthaarungsmittel *n*
deplor|ar [dəplu'rar] (1e) beklagen; **~ável** [-'ravɛɫ] beklagenswert; kläglich, erbärmlich
dep|oente [də'pwẽtə] *su* Zeuge *m*, Zeugin *f*; **~oimento** [-poj'mẽtu] *m* *JUR* (Zeugen)Aussage *f*; *allg* Bekenntnis *n*; Erlebnisbericht *m*
depois [də'pojʃ] **1.** *adv* **a)** *zeitl* danach, darauf, dann; nachher, später; **b)** außerdem; **2.** *prp*: ***~ de*** nach; ***~ de*** *inf* (*od p/p*) nachdem (*od* als); **3.** *cj*: ***~ que*** nachdem
depor [də'por] (2zd) *Waffen*, *Amt* niederlegen; *Geld* hinterlegen; *JUR* bezeugen; aussagen; *Vertrauen* setzen (***em*** in *ac*); ***~ nas mãos de*** *j-m* zu treuen Händen übergeben
deport|ação [dəpurtɐ'sɐ̃w] *f* Deportation *f*; **~ar** [-'tar] (1e) deportieren
deposi|ção [dəpuzi'sɐ̃w] *f* Absetzung *f*; Amtsenthebung *f*; Amtsniederlegung *f*; *QUÍM* Ansetzen *n*; Abscheidung *f*; **~tante** [-'tẽtə] *su ECON* Einzahler(in *f*) *m*; **~tar** [-'tar] (1a) ab-, hinterlegen; anvertrauen (***em alg*** j-m); *Kranz* niederlegen; *Waren* deponieren, einlagern; *QUÍM Stoffe* ansetzen, -lagern; *Geld* einzahlen (***em*** auf *ac*); ***~-se*** sich absetzen (*Bodensatz*); **~tário** [-'tarju] *m* Verwahrer *m*; Treuhänder *m*
depósito [də'pɔzitu] *m* Hinterlegung *f*; *ECON* Bankeinlage *f*; (Bank)Konto *n*; Warenlager *n*, Depot *n*; *AUTO* Tank *m*; Wasserspeicher *m*; (Flaschen)Pfand *n*; Fundbüro *n*; *MED*, *GEOL* Ablagerung *f*; *QUÍM* Bodensatz *m*; *BGB* Halde *f*; *INFORM* (Daten)Puffer *m*; *bras* Abstellkammer *f*; *fig* Sammelbecken *n*; ***~ a prazo*** *ECON* Termineinlage *f*; ***~ bancário*** Spareinlage *f*; ***garrafa f sem ~*** Einwegflasche *f*; ***encher o ~*** voll tanken
deprav|ação [dəprɐvɐ'sɐ̃w] *f* Verfall *m*; **~ado** [-'vadu] verdorben (*a fig*); verkommen; **~ador** [-vɐ'dor] **1.** *adj* schändlich; **2.** *m* Schänder *m*; **~ar** [-'var] (1b) verderben (*a fig*); *Wahrheit* verfälschen; *Grab* schänden
deprec|ada [dəprə'kadɐ] *f* amtliche(s) Ersuchen *n*; **~ar** [-'kar] (1n; *Stv* 1c) anflehen; ersuchen um
depreci|ação [dəprəsjɐ'sɐ̃w] *f* Ab-, Entwertung *f*; *fig* Herabsetzung *f*; Geringschätzung *f*; **~ador** [-sjɐ'dor] *m* Verächter *m*; **~ar** [-'sjar] (1g) ab-, entwerten; *fig* herabsetzen; verachten; **~ativo** [-'tivu] abschätzig; abwertend
depred|ação [dəprədɐ'sɐ̃w] *f* Verwüstung *f*; Plünderung *f* (*Haus*); Vergeudung *f* (*Geld*); **~ar** [-'dar] (1c) *Gebiet* verwüsten; *Geld* vergeuden; *Haus* plündern; *Eigentum* rauben
depreen|der [dəprjẽ'der] (2a) erkennen, verstehen; ***~ de*** ableiten aus, schließen aus; **~são** [-'sɐ̃w] *f* Erkenntnis *f*, Schluss *m*
depressa [də'prɛsɐ] schnell, rasch; ***o mais ~ possível*** schnellstmöglich
depress|ão [dəprə'sɐ̃w] *f* Senkung *f*; *ECON* Rückgang *m*; Konjunkturtief *n*; *MED* Depression *f*; *GEOL* Senke *f*; *METÉO* Tief *n*; **~ nervosa** *MED* Nervenzusammenbruch *m*; **~ivo** [-'sivu] niederdrückend; *MED* depressiv
deprim|ente [dəpri'mẽtə] niederdrückend; deprimierend; **~ir** [-prə'mir] (3a) senken; niedrig halten; schwächen (*Krankheit*); *j-n* demütigen; *MED* deprimieren
depur|ação [dəpurɐ'sɐ̃w] *f* Reinigung *f*; Läuterung *f* (*Metall*); *POL* Säuberung *f*; **~ar** [-'rar] (1a) reinigen; *Metall* läutern; *POL* säubern
deput|ação [dəputɐ'sɐ̃w] *f* Abordnung *f* (*Personengruppe*); **~ado** [-'tadu] *m POL* Abgeordnete(r) *m*
der(a) ['dɛr(ɐ)] → ***dar***
deriv|a [də'rivɐ] *f AV*, *NAV* Abdrift *f*; *allg* Abweichung *f*; ***à ~*** aufs Geratewohl; sich selbst überlassen; **~ação** [-vɐ'sɐ̃w] *f* Ableitung *f*; Abstammung *f*; *TÉCN* Abzweigung *f*; Ableitungsrohr *n*; *EL* Nebenanschluss *m*; *TEL* Zweigleitung *f*; **~ado** [-'vadu] *m LING* Ableitung *n*; *ECON*, *QUÍM* Derivat *n*; *TÉCN* Nebenprodukt *n*; **~ar** [-'var] (1a) **1.** *v/t* ab-, umleiten;

D

abzweigen; *Wort* herleiten; *fig* ablenken von; **2.** *v/i* hervorgehen (**de** aus); herkommen *od* (ab)stammen (**de** von); dahingehen (*Zeit*); fließen (*Wasser*); *NAV* abtreiben

D

dermat|ologia [dɛrmɐtulu'ʒiɐ] *f* Dermatologie *f*; **~ologista** [-tulu'ʒiʃtɐ] *su* Hautarzt *m*, -ärztin *f*; **~ose** [-'tɔzə] *f* Hautkrankheit *f*

dérmico ['dɛrmiku] Haut...

derradeiro [dəʀɐ'dɐjru] letzt(e,-er, -es); ***por ~*** schließlich; zuletzt

derram|a [də'ʀɐmɐ] *f* (Kosten-, Steuer)Umlage *f* (*auf die Bewohner*); **~amento** [-mɐ'mẽtu] *m* Vergießen *n* (*Flüssigkeit*); Verbreitung *f*; Verschwendung *f* (*Geld*); Ausfließen *n* (*aus Behälter*); *MED* (Blut)Erguss *m*; **~ar** [-'mar] (1a) *Flüssigkeit* vergießen, -schütten; *Gerücht* ausstreuen; *Blumen* streuen; *Lehre* verbreiten; *Wohltat* erweisen; *Vermögen* verschwenden; *Ansammlung* zerstreuen; *Seufzer* ausstoßen; *Duft* ausströmen; ***~-se*** sich ergießen (***em, por*** über *ac*); ausfließen (*Flüssigkeit*); zerfließen (*Butter etc*)

derrame [də'ʀɐmə] *m* → ***derramento***; *fig bras* Erguss *m*; *GEOL* Lavafeld *f*

derrancar [dəʀɐ̃'kar] (1n) *Lebensmittel* verderben; *Butter* ranzig werden lassen; *fig* durcheinander bringen; ***~-se*** ranzig werden; verderben (*a fig*); *fig* durcheinander geraten

derrap|agem [dəʀɐ'paʒɐ̃j] *f* Schleudern *n* (*bsd AUTO*); **~ar** [-'par] (1b) *AUTO* schleudern

derre|ado [də'ʀjadu] kreuzlahm; **~amento** [-ʀjɐ'mẽtu] *m* Erschöpfung *f*; **~ar** [-'ʀjar] (1l) niederdrücken (*Gewicht, fig*); *Kopf* hängen lassen; *j-n* in Misskredit bringen (**de** wegen); ***~-se com*** scheitern an (*dat*); geschafft sein von

derredor [dəʀə'dɔr]: ***ao*** (*od* ***em***) ***~ de*** um ... herum

derret|e [də'ʀetə] *m* P Techtelmechtel *n*; **~er** [-ʀə'ter] (2c) *Eis, Butter* schmelzen; *Substanz* auflösen; *Geld* durchbringen; *fig* rühren; ärgern; ***~-se*** schmelzen; *fig* zerschmelzen; ***~-se em lágrimas*** hemmungslos weinen; **~imento** [-ʀəti'mẽtu] *m* Schmelzen *n*; *fig* Zerfließen *n*

derrib|amento [dəʀibɐ'mẽtu] *m* (Ein-, Zusammen)Sturz *m*; *POL* Umsturz *m*; **~ar** [-'bar] (1a) *j-n* zu Boden werfen; *Gebäude* zum Einsturz bringen; *Bäume* fällen; *Gegner* schlagen; *Opposition* unterdrücken; *Regierung* stürzen; ***~-se*** einstürzen (*Gebäude*); umstürzen (*Baum*)

derriç|ar [dəʀi'sar] (1p) **1.** *v/t* zerren an (*dat*); *j-n* reizen; **2.** *v/i* P schäkern; anbandeln; **~o** [-'ʀisu] *m* Belästigung *f*; Impertinenz *f*; P Veralberung *f*; Flirt *m*; Verhältnis *n* (*a Person*)

derris|ão [dəʀi'zɐ̃w] *f* Hohngelächter *n*; Hohn *m*; **~ório** [-'zɔrju] höhnisch

derroc|ada [dəʀu'kadɐ] *f* Einsturz *m*; *POL* Zusammenbruch *m*; Sturz *m*; *MIL* Niederlage *f*; **~ar** [-'kar] (1n; *Stv* 1e) niederreißen; umstürzen; *Regierung* zu Fall bringen; *Gegner* niederwerfen

derrog|ação [dəʀugɐ'sɐ̃w] *f JUR* Aufhebung *f*; *teilweise* Außerkraftsetzung *f*; **~ar** [-'gar] (1o; *Stv* 1e) aufheben; *Gesetz teilweise* außer Kraft setzen

derrot|a [də'ʀɔtɐ] *f* **a)** Weg *m*; Richtung *f*, Kurs *m*; **b)** Niederlage *f*; ***~ eleitoral*** Wahlniederlage *f*; **~ar** [-ʀu'tar] (1e) **a)** vom Kurs (*od* Weg) abbringen; **b)** (vernichtend) schlagen; besiegen (*a Spiel, Sport*); ***ser derrotado*** unterliegen

derrub|a, ~ada [de'ʀuba, -'bada] *f bras* Abholzung *f*; Massenentlassung *f* (*von Staatsbeamten nach Regierungswechsel*); **~ar** [dəʀu'bar] (1a) niederzwingen; *POL* stürzen; *Schwierigkeiten* überwinden; **~e** [də'ʀubə] *m POL* (Um)Sturz *m*

desabaf|ado [dəzɐbɐ'fadu] luftig (*Ort*); unbeschwert (*Leben*); unbehindert; offen(herzig); vorurteilsfrei; **~ar** [-'far] (1b) **1.** *v/t* freimachen; aufdecken, lüften; *Herz* erleichtern; *Leid* klagen (**com** *j-m*); **2.** *v/i* frei aufatmen; sich Luft machen (**com** gegenüber *dat*), F auspacken

desabafo [dəzɐ'bafu] *m* (Aus)Lüftung *f*; (Gefühls)Ausbruch *m*; Erleichterung *f*

desabal|ado [dəzɐbɐ'ladu] übermäßig; F wahnsinnig (*Schmerz, Zorn*); überstürzt (*Aufbruch*); **~ar** [-'lar] (1b) überstürzt fliehen

desab|amento [dəzɐbɐ'mẽtu] *m* Einsturz *m*; Zusammenbruch *m*; **~ de terra** Erdrutsch *m*; **~ar** [-'bar] (1b) **1.** *v/t* zum Einsturz bringen; **2.** *v/i* einstürzen; abrutschen (*Erdreich*); *fig* zusammenbrechen
desabit|ado [dəzɐbi'tadu] unbewohnt; **~ar** [-'tar] (1a) *Land* entvölkern; *Wohnung*: ausziehen aus
desabitu|ação [dəzɐbitwɐ'sɐ̃w] *f* Entwöhnung *f*; *Drogen*: Entzug *m*; **~ar** [-'twar] (1g) entwöhnen; **~ alg de** j-m *et* abgewöhnen
desabon|ar [dəzɐbu'nar] (1f) in Verruf bringen; **~-se** sein Ansehen verlieren; **~o** [-'bonu] *m* Misskredit *m*; Verruf *m*; **em ~ de** zuungunsten von
desabotoar [dəzɐbu'twar] (1f) **1.** *v/t* auf-, abknöpfen; *allg* öffnen; **2.** *v/i* aufblühen (*Blume*)
desabrido [dəzɐ'bridu] rau (*Wetter*); barsch; grob (*Beleidigung*)
desabrig|ado [dəzɐbri'gadu] obdachlos, schutzlos (*Person*); verlassen; offen (*Ort*); **~ar** [-'gar] (1o) preisgeben; des Schutzes berauben; **~o** [-'brigu] *m* Schutzlosigkeit *f*
desabro|char [dəzɐbru'ʃar] (1e) **1.** *v/t Kleidung* aufknöpfen; *mit Gewalt* aufbrechen; *Buch etc* öffnen; *Geheimnis* lüften; **2.** *v/i* = **~lhar** [-bru-'ʎar] (1e) auf-, erblühen (*Blume*)
desabus|ado [dəzɐbu'zadu] **a)** aufgeklärt; vorurteilsfrei; **b)** rücksichtslos; gewagt; **~ar** [-'zar] (1a) aufklären (**de** über *ac*); **~-se de** sich *et* aus dem Kopf schlagen
desaç|aimar, **~amar** [dəzɐsaj'mar, -sɐ'mar] (1a) den Maulkorb abnehmen (*dat*)
desacat|ar [dəzɐkɐ'tar] (1b) **1.** *v/t* *j-n* respektlos (*od* unhöflich) behandeln; *Regel* missachten; **2.** *v/i bras a* Aufsehen erregen; **~o** [-'katu] *m* Respektlosigkeit *f*
desacautel|ado [dəzɐkawtə'ladu] unvorsichtig; **~ar(-se)** [-'lar(sə)] (1c): **~ (de)** unvorsichtig sein (bei)
desacelerar [dəzɐsələ'rar] (1c) verlangsamen
desacert|ado [dəzɐsər'tadu] töricht; irrig, abwegig (*Idee*); **~ar** [-'tar] (1c) sich irren bei *od* in (*dat*); verfehlen; **~-se** fehlschlagen (*Plan*); in Unordnung geraten; nicht richtig funktionieren; **~o** [-'sertu] *m* Fehltritt *m*
desacolher [dəzɐku'ʎer] (2d) abweisen; nicht aufnehmen
desacomodar [dəzɐkumu'dar] (1e) *aus der Wohnung* werfen; *Dinge* wegräumen; *Arbeiter* entlassen
desacompanhar [dəzɐkõpɐ'ɲar] (1a) nicht mehr begleiten; im Stich lassen
desaconch... → ***desconch...***
desaconselhar [dəzɐkõsə'ʎar] (1d) abraten von (**a** *j-m*)
desacord|ado [dəzɐkur'dadu] uneinig; unbesonnen (*Äußerung*); P besinnungslos; **~ar** [-'dar] (1e) **1.** *v/t* durcheinander bringen; *MÚS* verstimmen; **2.** *v/i* (sich) uneinig sein (*Personen*); nicht zueinander passen (*Dinge*); durcheinander geraten; *MÚS* falsch spielen (*od* singen); P bewusstlos werden
desacordo [dəzɐ'kordu] *m* Uneinigkeit *f*, Meinungsverschiedeneit *f*; Unbesonnenheit *f*; Unachtsamkeit *f*; **estar em ~ com** widersprechen (*dat*)
desacostum|ado [dəzɐkuʃtu'madu] ungewöhnlich (*Verhalten etc*); aus der Übung; nicht mehr gewöhnt (**de** an *ac*); **~ar** [-'mar] (1a) *et* verlernen; *j-n* entwöhnen; **~-se de** sich *et* abgewöhnen
desacredit|ado [dəzɐkrədi'tadu] verrufen, diskreditiert; **~ar** [-'tar] (1a) in Misskredit bringen (**com** bei); *et* nicht glauben
desa(c)tiv|ação [dəzɐtivɐ'sɐ̃w] *f* Außerdienstsetzung *f*; *FIS*, *INFORM* Deaktivierung *f*; **~ar** [-'var] (1a) außer Dienst stellen; *Behörde* auflösen; *Bombe* entschärfen; *FIS*, *INFORM* deaktivieren
desactualizar [dəzɐtwɐli'zar] (1a) nicht (mehr) aktuell sein
desadorar [dəzɐdu'rar] (1e) *v/t* verabscheuen; missbilligen
desafe(c)t|ação [dəzɐfɛtɐ'sɐ̃w] *f* Ungezwungenheit *f*, Natürlichkeit *f*; **~o** [-'fɛtu] **1.** *adj* gegnerisch; **2.** *m* **a)** Abneigung *f*; **b)** Widersacher *m*
desafeiç|ão [dəzɐfɐj'sɐ̃w] *f* Abneigung *f*; **~oar** [-'swar] (1f) **a)** *Wahrheit* entstellen; **b)** *j-m* Abneigung einflößen (**de** gegen)
desa|feito [dəzɐ'fɐjtu] entwöhnt;

~ferrar [-fə'ʀar] (1c) *v/t* loslassen; *fig* abbringen (**de** von); **~-se** *fig* aufgeben; ablassen (**de** von)

desafet... *bras* → **desafect...**

desafiar [dəzɐ'fjar] (1g) **1.** *v/t* (heraus)fordern (**a** *inf* zu); *Gefahr* trotzen (*dat*); auffordern (**a** *inf* zu); **2.** *v/i* stumpf werden

D

desafin|ação [dəzɐfinɐ'sɐ̃w] *f* Verstimmtheit *f*; Unreinheit *f*; **~ado** [-'nadu] falsch; *MÚS* verstimmt; **~ar**(**-se**) [-'nar(sə)] (1a) verstimmt sein (*fig* **com** über *ac*) (*a Instrument*); falsch spielen (*od* singen) (*Musiker*)

desafio [dəzɐ'fiw] *m* Herausforderung *f* (*a Sport*); Wettstreit *m*; *bras* Wechselgesang *m*; **a ~** um die Wette

desafivelar [dəzɐfivə'lar] (1c) abschnallen

desafixar [dəzɐfi'ksar] (1a) *Aushang* abnehmen

desafog|ado [dəzɐfu'gadu] frei, ungehindert; geräumig (*Zimmer*); bequem; unbeschwert (*Leben*); **~ar** [-'gar] (1o; *Stv* 1e) **1.** *v/t* Erleichterung (*od* Luft) verschaffen (**de** von); *Gewissen* erleichtern; *Gefühlen* freien Lauf lassen; **2.** *v/i* sein Herz erleichtern (**com** bei); **~-se** es sich bequem machen; sich freimachen (**de** von)

desafogo [dəzɐ'fogu] *m* Erleichterung *f*; Erholung *f*; Zwanglosigkeit *f* (*Benehmen*)

desafoguear [dəzɐfu'gjar] (1l) abkühlen; erfrischen

desaforo [dəzɐ'foru] *m* Unverschämtheit *f*; Dreistigkeit *f*

desafortunado [dəzɐfurtu'nadu] unglücklich

desafront|a [dəzɐ'frõtɐ] *f* **a**) Genugtuung *f*; Rache *f*; **b**) Erleichterung *f*; **~ar-se** [-'tarsə] (1a) **a**) sich rächen (*od* revanchieren) (**de** für); **b**) sich befreien (**de** von)

desagasalh|ado [dəzɐgɐzɐ'ʎadu] obdachlos; unwirtlich (*Ort*); unzweckmäßig gekleidet (*Person*); **~o** [-'zaʎu] *m* Unwirtlichkeit *f*; Dürftigkeit *f*

desagastar [dəzɐgɐʃ'tar] (1b) beruhigen; beschwichtigen; **~-se** sich wieder beruhigen

deságio [də'zaʒju] *m ECON* Disagio *n*, Abschlag *m*

desagrad|ar [dəzɐgrɐ'dar] (1b) missfallen; lästig sein; **~-se de** sich ärgern über (*ac*); **~ável** [-'davɛł] unangenehm; **~ecimento** [-dəsi'mẽtu] *m* Undankbarkeit *f*; **~o** [-'gradu] *m* Missfallen *n*; **cair** (*od* **incorrer**) **no ~** Missfallen erregen

desagrav|ar [dəzɐgrɐ'var] (1b) *j-m* Genugtuung geben; rächen; *Konflikt* entschärfen; *Schuld* mildern; *Schmerz* lindern; *Urteil* aufheben; **~o** [-'gravu] *m* Sühne *f*; Entschädigung *f*; Aufhebung *f* (*e-s Urteils*)

desagreg|ação [dəzɐgrəgɐ'sɐ̃w] *f* (Ab)Trennung *f*; Loslösung *f*; Auflösung *f* (*durch Feuchtigkeit*); **~ar** [-'gar] (1o; *Stv* 1c) (ab)trennen; *von e-m Ganzen* ablösen; auflösen (*Feuchtigkeit*); **~-se** zerfallen

desagu|adoiro, -ouro [dəzɐgwɐ'dojru, -'doru] *m* Entwässerungsgraben *m*; **~amento** [-gwɐ'mẽtu] *m* **a**) Entwässerung *f*; **b**) Mündung *f*; **~ar** [-'gwar] (1m, *bras* 1t) **1.** *v/t* entwässern; trockenlegen; **2.** *v/i* münden (**em** in *ac*)

desaguisado [dəzɐgi'zadu] *m* Streit *m*

desair|e [də'zajrə] *m* Steifheit *f*; Ungeschicklichkeit *f*; Ungehörigkeit *f* (*Benehmen*); **~oso** [-'rozu] steif, hölzern; ungeschickt, linkisch; unglücklich; ungehörig (*Benehmen*)

desa|jeitado [dəzɐʒɐj'tadu] ungeschickt, unbeholfen, linkisch; **~juizado** [-ʒui'zadu] unvernünftig

desajust|ado [dəzɐʒuʃ'tadu] durcheinander; aus der Ordnung; *TÉCN* verstellt; **~ar** [-'tar] (1a) aus der Ordnung bringen; *Vertrag* rückgängig machen; **~-se** sich überwerfen; *TÉCN* sich verstellen; sich lösen

desajuste [dəzɐ'ʒuʃtə] *m Vertrag, Vereinbarung*: Aufkündigung *f*; Anpassungsschwierigkeit *f*

desalent|ar [dəzɐlẽ'tar] (1a) entmutigen; **~-se** den Mut (*od* die Lust) verlieren; **~o** [-'lẽtu] *m* Mutlosigkeit *f*

desalinh|ado [dəzɐli'ɲadu] unordentlich; verwahrlost (*Person*); **~ar** [-'ɲar] (1a) in Unordnung bringen; vernachlässigen (*Pflicht*); **~o** [-'liɲu] *m* Unordnung *f*; Nachlässigkeit *f*; *geistige* Verwirrung *f*

desalmado [dəzał'madu] herzlos

desaloj|ado [dəzɐlu'ʒadu] *m* *POL* Vertriebene(r) *m*; **~ar** [-'ʒar] (1e) *aus e-r Wohnung* hinaussetzen; *aus e-m Land etc* vertreiben
desalugado [dəzɐlu'gadu] frei (*Wohnung*)
desamabilidade [dəzɐmɐbəli'dadə] *f* Unhöflichkeit *f*
desamão [dəza'mɐ̃w]: ***à ~*** abgelegen
desamar [dəzɐ'mar] (1a) hassen
desamarr|ar [dəzɐmɐ'ʀar] (1b) **1.** *v/t* losmachen; lösen; *fig* F loseisen; **2.** *v/i* *NAV* die Anker lichten; **~otar** [-ʀu'tar] (1e) glatt streichen
desamável [dəzɐ'mavɛɫ] unhöflich
desambicioso [dəzɐ̃bi'sjozu] anspruchslos; bescheiden
desamor [dəzɐ'mor] *m* Lieblosigkeit *f*; *stärker*: Widerwille *m*; **~ável, ~oso** [-mu'ravɛɫ, -'rozu] lieblos; gefühllos, *stärker*: grob
desampar|ado [dəzɐ̃pɐ'radu] hilflos, verlassen; *fig* fertig, k. o.; ***criança*** *f* ***-a*** Findelkind *n*; **~ar** [-'rar] (1b) verlassen; sich nicht kümmern um; **~o** [-'paru] *m* Schutzlosigkeit *f*, Verlassenheit *f*; ***ao ~*** verlassen
desancar [dəzɐ̃'kar] (1n) verprügeln; *fig* verreißen
desand|a [də'zɐ̃dɐ] *f* P Anschnauzer *m*, Rüffel *m*; **~ador** [-dɐ'dor] *m* Schraubenzieher *m*; **~ar** [-'dar] (1a) **1.** *v/t* *Schraube* herausschrauben; *Weg* zurückgehen; **2.** *v/i* zurückgehen, -weichen; sich zurückziehen; scheitern (*Plan*); *bras* F schlecht werden (*Speise*); ***~ em*** enden mit
desanim|ação [dəzɐnimɐ'sɐ̃w] *f* → ***desânimo***; **~ado** [-'madu] mutlos; bedrückt; langweilig (*Veranstaltung*); leblos; **~ar** [-'mar] (1a) **1.** *v/t* entmutigen; die Lust (*od* die Freude) nehmen (***de*** an *dat*); **2.** *v/i* den Mut (*od* die Lust) verlieren
desânimo [də'zɐnimu] *m* Niedergeschlagenheit *f*
desanuvi|ado [dəzɐnu'vjadu] wolkenlos; *fig* sorglos; **~amento** [-vjɐ'mẽtu] *m* *POL* Entspannung *f*; **~ar** [-'vjar] (1g) aufhellen, -heitern; *fig* beruhigen; *POL* entspannen
desapacientar [dəzɐpɐsjẽ'tar] (1a) *j-n* ungeduldig werden lassen
desapaixonado [dəzɐpajʃu'nadu] leidenschaftslos, kühl
desaparafusar [dəzɐpɐrɐfu'zar] (1a) ab-, auf-, herausschrauben
desaparec|er [dəzɐpɐrə'ser] (2g) verschwinden; **~imento** [-si'mẽtu] *m* Verschwinden *n*
desapeg|ar-se [dəzɐpə'garsə] (1o; *Stv* 1c) gleichgültig werden; das Interesse (*od* die Lust) verlieren an (*dat*); **~o** [-'pegu] *m* Gleichgültigkeit *f*; Abneigung *f*
desapercebido [dəzɐpərsə'bidu] unvorbereitet; unvorsichtig; ***~ de*** ohne; → ***despercebido***
desapert|ar [dəzɐpər'tar] (1c) *Gürtel* lockern; *Mantel* aufmachen; *Festgebundenes* losmachen; *fig* erleichtern; ***~-se*** es sich bequem machen; sich freimachen (***de*** von); **~o** [-'pertu] *m* Lockerung *f*; Sorglosigkeit *f*
desapiedado [dəzɐpjə'dadu] herzlos
desaplicação [dəzɐplikɐ'sɐ̃w] *f* Nachlässigkeit *f*
desapoderar [dəzɐpudə'rar] (1c): ***~ de*** *j-m Besitz*, *Macht* entreißen; *j-m Amt*, *Vollmacht* entziehen
desapoiar [dəzɐpu'jar] (1k) die Unterstützung entziehen
desapont|amento [dəzɐpõtɐ'mẽtu] *m* Enttäuschung *f*; **~ar-se** [-'tarsə] (1a) enttäuscht sein (***com*** von)
desaposs|ado [dəzɐpu'sadu] besitzlos; kraftlos; **~ar** [-'sar] (1e) *POL* *j-n* entmachten; *j-m* wegnehmen (***de*** *ac*); ***~-se de*** verzichten auf (*ac*)
desapraz|er [dəzɐprɐ'zer] (2s) missfallen; unangenehm sein; **~ível** [-'zivɛɫ] unangenehm; lästig
desapre|ciar [dəzɐprə'sjar] (1g) gering schätzen; **~ço** [-'presu] *m* Verachtung *f*, Geringschätzung *f*
desaprender [dəzɐprẽ'der] (2a) verlernen
desapropriar [dəzɐpru'prjar] (1g) → ***desapossar***
desaprov|ação [dəzɐpruvɐ'sɐ̃w] *f* Missbilligung *f*; **~ar** [-'var] (1e) missbilligen
desaproveit|amento [dəzɐpruvɐjtɐ'mẽtu] *m* Vergeudung *f*; Nachlässigkeit *f*; *Schule*: Sitzenbleiben *n*; **~ar** [-'tar] (1a) nicht ausnutzen; *Chance* vertun; vernachlässigen; *Zeit* vergeuden
desaprumado [dəzɐpru'madu] aus dem Lot; geneigt; schief

D

desar [də'zar] *m* → ***desaire***
desarboriz|ado [dəzɐrburi'zadu] baumlos; **~ar** [-'zar] (1a) abholzen
desarm|amentismo [dəzɐrmɐmẽ'tiʒmu] *f POL* Bewegung *f* für Abrüstung; **~amento** [-mɐ'mẽtu] *m POL* Abrüstung *f*; Entwaffnung *f*; **~ar** [-'mar] (1b) *POL* abrüsten; entwaffnen (*a fig*); *Maschine etc* ab-, demontieren
desarm|onia [dəzɐrmu'niɐ] *f MÚS* Missklang *m*; *fig* Uneinigkeit *f*; **~ónico** (*ô), **~onioso** [-'mɔniku, -mu'njozu] *MÚS* disharmonisch; *fig* uneinig
desarraig... *bras* → ***desarreig...***
desarranj|ado [dəzɐʀɐ̃'ʒadu] unordentlich; **~ar** [-'ʒar] (1a) in Unordnung bringen; *Ordnung* stören; **~o** [-'ʀɐ̃ʒu] *m* Unordnung *f*; Durcheinander *n*; *MED* Darmverstimmung *f*; P Abtreibung *f*; ***causar* ~** stören
desarrazoado [dəzɐʀɐ'zwadu] **1.** *adj* unsinnig, ungereimt; unangebracht; **2.** *m* Widersinn *m*; Unvernunft *f*
desarreig|amento [dəzɐʀɐjgɐ'mẽtu] *m fig* Entwurzelung *f*; **~ar** [-'gar] (1o) entwurzeln (*a fig*); *fig* ausrotten
desarrimo [dəzɐ'ʀimu] *m* Hilflosigkeit *f*
desarrolhar [dəzɐʀu'ʎar] (1e) entkorken
desarrum|ação [dəzɐʀumɐ'sɐ̃w] *f* Unordnung *f*; Durcheinander *n*; **~ado** [-'madu] unaufgeräumt (*Zimmer*); durcheinander; verlegt (*Sache*); **~ar** [-'mar] (1a) in Unordnung bringen; *Zimmer* umräumen; *et* verlegen; **~o** [-'ʀumu] *m* Unordnung *f*
desarticul|ação [dəzɐrtikulɐ'sɐ̃w] *f* Ausrenkung *f*; *fig* Zerrüttung *f*; Niederschlagung *f* (*e-s Aufstandes*); **~ado** [-'ladu] unverständlich (*Aussprache*); **~ar** [-'lar] (1a) *Körperteil* auskugeln; verstauchen; *fig Ordnung* aus den Fugen bringen; *Ganzes* zerlegen; *Aufstand* niederschlagen
desarvorar [dəzɐrvu'rar] (1e) *Schiff* entmasten; *fig* überstürzt fliehen
desassazonado [dəzɐsɐzu'nadu] außerhalb der Saison; ungelegen
desasseio [dəzɐ'sɐju] *m* Unsauberkeit *f*; Dreck *m*
desassistido [dəzɐsiʃ'tidu] hilflos, im Stich gelassen; *MED* ohne ärztliche Hilfe (*od* Behandlung)
desassoci|ação [dəzɐsusjɐ'sɐ̃w] *f* Loslösung, -trennung *f*; Austritt *m*; **~ar** [-'sjar] (1g) trennen; auseinander bringen; **~-se** austreten
desassombr|ado [dəzɐsõ'bradu] offen (*Gelände*); *fig* offenherzig; *bsd* unerschrocken; dreist; **~o** [-'sõbru] *m* Unerschrockenheit *f*; Dreistigkeit *f*; Offenheit *f*
desassosseg|ado [dəzɐsusə'gadu] unruhig; **~ar** [-'gar] (1o; *Stv* 1c) beunruhigen; **~o** [-'segu] *m* Unruhe *f*; Ruhelosigkeit *f*
desastr|ado [dəzɐʃ'tradu] ungeschickt; tollpatschig (*Vorgehensweise*); unglücklich; jämmerlich (*Zustand*); misslich (*Lage*); **~e** [də'zaʃtrə] *m* Unglück *n*; Unfall *m*; **~ *de trânsito*** Verkehrsunfall *m*; **~oso** [-'trozu] unheilvoll; verhängnisvoll
desatar [dəzɐ'tar] (1b) aufknoten, -schnüren; *fig* lösen; befreien (***de*** von); **~ *a*** *inf plötzlich* anfangen zu; **~ *em*** ausbrechen in (*ac*); **~-se** sich losmachen; erblühen (*Blume*); sich entziehen (***de*** *e-r Sache*)
desatarraxar [dəzɐtɐʀɐ'ʃar] (1b) ab-, auf-, herausschrauben
desaten|ção [dəzɐtẽ'sɐ̃w] *f* Achtlosigkeit *f*; Unachtsamkeit *f*; **~cioso** [-'sjozu] achtlos; unhöflich; **~der** [-'der] (2a): **~ (*a*)** nicht beachten; nicht hören auf (*ac*); sich nicht kümmern um; **~tar** [-'tar] (1a) unaufmerksam sein; **~to** [-'tẽtu] zerstreut; unbedacht (*Äußerung*)
desaterrar [dəzɐtə'ʀar] (1c) *Gelände* einebnen; *Grube* ausschachten; *Erdaufschüttung* abtragen
desatin|ar [dəzɐti'nar] (1a) den Verstand verlieren, aus der Fassung geraten; **~o** [-'tinu] *m* Unsinn *m*
desautoriz|ação [dəzawturizɐ'sɐ̃w] *f* Entzug *m* (*e-r Befugnis, Würde*); **~ar** [-'zar] (1a) *et* untersagen, *j-m* die Befugnis entziehen; die Zuständigkeit absprechen; **~-se** sich um sein Ansehen bringen
desavença [dəzɐ'vẽsɐ] *f* Zwist *m*; Meinungsverschiedenheit *f*
desavergonhado [dəzɐvərgu'ɲadu] schamlos; unverschämt

desavergonhamento [dəzɐvərguɲɐ'mẽtu] *m* Schamlosigkeit *f*
desav|indo [dəzɐ'vĩdu] uneins; zerstritten; ***andar ~ com*** verfeindet sein mit; **~ir-se** [-'virsə] (3x) sich entzweien; sich anlegen (***com*** mit)
desavis|ado [dəzɐvi'zadu] unvernünftig; unklug; leichtfertig; **~ar** [-'zar] (1a) *Nachricht* widerrufen; *Anordnung* zurücknehmen; **~o** [-'vizu] *m* **a)** Gegenorder *f*; **b)** Unklugheit *f*; Leichtfertigkeit *f*
desavistar [dəzɐviʃ'tar] (1a) aus den Augen verlieren
desazado [dəzɐ'zadu] ungeschickt (*Verhalten*); missgestaltet (*Form*)
desbancar [dəʒbɐ̃'kar] (1n) überragen; *im Wettbewerb* ausstechen
desbarat|ar [dəʒbɐrɐ'tar] (1b) verschwenden; *Vermögen* durchbringen; *Kapital*, *Ware* verschleudern; *fig* zerstören; **~-se** verloren gehen; zugrunde gehen; **~e, ~o** [-bɐ'ratə, -'ratu] *m* Zerrüttung *f*; ECON Misswirtschaft *f*; Verlust(geschäft *n*) *m*; Verschwendung *f*; ***ao ~*** zu Schleuderpreisen; ***em ~*** blindlings
desbastar [dəʒbɐʃ'tar] (1b) *Holz* abhobeln; *Stein* behauen; *Wald* ausholzen, lichten; *Haar* ausdünnen
desbeiçado [dəʒbɐj'sadu] *an den Rändern* abgebröckelt
desbloqu|eamento [dəʒblukjɐ'mẽtu] *m* → ***~eio***; **~ear** [-'kjar] (1l) die Blockade aufheben; *Gesperrtes* freigeben; **~eio** [-'kɐju] *m* Aufhebung *f* der Blockade; Freigabe *f* (*Straße*); Herausgabe *f* (*Gelder*)
desbocado [dəʒbu'kadu] unbändig, zügellos (*a fig*); frech, schamlos
desbord|ante [dəʒbur'dẽtə] überschwänglich; überschäumend; **~ar** [-'dar] (1e) **1.** *v/t Fluss* über die Ufer treten lassen; *Gefäß* überlaufen lassen; **2.** *v/i* über die Ufer treten (*Fluss*); überlaufen (*Gefäß*); *fig* überquellen (***de*** vor)
desbot|ado [dəʒbu'tadu] *fig* matt; ausgeblichen (*Stoff*); **~ar** [-'tar] (1e) (aus)bleichen; die Farbe verlieren
desbragado [dəʒbrɐ'gadu] zügel-, hemmungslos, frech
desbravar [dəʒbrɐ'var] (1b) AGR urbar machen; *Pferd* bändigen; *Weg* bahnen; *fig* zähmen
desbund|ar [dizbũ'dar] (1a) *bras* P ausflippen; **~e** [-'bũdi] *m bras* P Rausch *m*; Ausstieg *m* (*aus bürgerlichem Leben*); ***ser um ~*** P irre gut sein
desc. ***desconto*** *m* Rabatt *m*
descabe|çado [dəʃkɐbə'sadu] kopf-, führerlos; **~lado** [-'ladu] zerzaust (*Haar*); kahl (*Kopf*); *fig* wild
descab|er [dəʃkɐ'ber] (2q) *räuml* nicht (hinein)passen; *zeitl* ungelegen kommen; **~ido** [-'bidu] unpassend; *zeitl* ungelegen; zwecklos (*Versuch*)
descafeinado [dəʃkɐfɛi'nadu] koffeinfrei
desca|ída [dəʃkɐ'idɐ] *f* Ausrutscher *m*, Versehen *n*; **~ir** [-kɐ'ir] (3l) **1.** *v/t* (herab)hängen, -fallen lassen; neigen; beugen; **2.** *v/i* herabfallen, (ab)sinken (***sobre*** auf *ac*); zurückgehen, nachlassen (*Hitze*, *Ruhm*); *vor Hunger* schwach werden; *Kurs* abweichen (***de*** von); NAV abdriften; ***~ em*** fallen in (*ac*); ausarten in (*ac*); ***~ para*** verfallen auf (*ac*); übergehen zu; ***ao ~ do dia*** gegen Abend
descalabro [dəʃkɐ'labru] *m* Verlust *m*; *allg* verheerende Lage *f*
descalç|adeira *f*, **~ador** *m* [dəʃkałsɐ'dɐjrɐ, -'dor] Schuhanzieher *m*, -löffel *m*; **~ar** [-'sar] (1p) *Schuhe*, *Strümpfe*, *Handschuhe* ausziehen; *Fahrzeug*: den Bremsklotz entfernen von; *Straße* aufreißen; ***~ a bota*** P sich aus der Affäre ziehen
descalcificação [dəʃkałsəfikɐ'sɐ̃w] *f* (Knochen)Erweichung *f*; (Wasser)Enthärtung *f*
descalço [dəʃ'kałsu] barfuß; ungepflastert (*Straße*); *fig* unvorbereitet; ***apanhar ~*** *fig j-n* auf dem falschen Bein erwischen; ***ficar ~*** F mittellos dastehen
descamb|ação, ~adela [dəʃkɐ̃bɐ'sɐ̃w, -'dɛlɐ] *f* (Ab)Hang *m fig* Entgleisung *f*; **~ar** [-'bar] (1a) hinunterfallen, -gleiten; sich fallen lassen; ***~ em*** ausarten in (*ac*); ***~ no ridículo*** lächerlich werden; ***~ para*** abweichen nach; sich wenden nach (*a* AUTO); *fig* abgleiten in (*ac*)
descaminh|ar [dəʃkɐmi'ɲar] (1a) → ***desencaminhar***; **~o** [-'miɲu] *m* Irrweg *m*; ECON Unterschlagung *m*; Schmuggel *m*; Verlust *m*; *fig* Entgleisung *f*; Irrtum *m*

D

descampado [dɐʃkɐ̃'padu] *m* offene(s) Feld *n*
descans|adão [dɐʃkɐ̃sɐ'dɐ̃w] *m* F Trantüte *f*, Schlafmütze *f*; **~ado** [-'sadu] ruhig; geruhsam, sorglos (*Leben*); **esteja ~!** keine Sorge!; **~ar** [-'sar] (1a) **1.** *v/t* (aus)ruhen lassen; *Arm*, *Bein* aufstützen, -legen (**em** auf *dat*); *Kopf* stützen; *Last* abstellen; *fig* beruhigen; **2.** *v/i* sich ausruhen (**de** von); *bei Wanderung* rasten; *im Urlaub* ausspannen; schlafen; sich beruhigen; **~ em** stehen auf (*dat*); *fig* sich verlassen auf (*ac*); vertrauen auf (*ac*); **~!** rührt euch!; **sem ~** unablässig, rastlos
descanso [dɐʃ'kɐ̃su] *m* **a)** Ruhe *f*; Rast *f* (*Wanderung*) Erholung *f* (*Urlaub*); Arbeitspause *f*; **dia** *m* **de ~** Ruhetag *m*; **b)** Stütze *f* (*a fig*); Unterlage *f*; Ablage *f*; Ständer *m*; (Treppen)Absatz *m*; *TEL* Gabel *f*; *bras* Fuß *m* (*von Glas*)
descapitaliz|ação [dɐʃkɐpitɐlizɐ'sɐ̃w] *f* *ECON* Unterfinanzierung *f*; Kapitalabwanderung *f*; **~ar** [-'zar] (1a) unterfinanzieren; *Kapital* entziehen
descapotável [dɐʃkɐpu'tavɛɫ] **1.** *adj* aufklappbar (*Autoverdeck*); **2.** *m AUTO* Kabrio(lett) *n*
descar|ado [dɐʃkɐ'radu] unverschämt; **~amento** [-rɐ'mẽtu] *m* Unverschämtheit *f*
descarga [dɐʃ'kargɐ] *f* Entladung *f* (*a EL*); **~ (da privada)** *bras* (WC-)Spülung *f*; **fazer a ~ de**, **proceder à ~ de** ausladen
descargo [dɐʃ'kargu] *m* Entlastung *f* (*von e-r Pflicht*); Entledigung *f*; **~ de consciência** Gewissensentlastung *f*
descar|idoso [dɐʃkɐri'dozu] hartherzig; **~inhoso** [-ri'ɲozu] lieblos
descarn|ado [dɐʃkɐr'nadu] *fig* abgezehrt; hager; **~ar** [-'nar] (1b) *Knochen* ausschälen; das Fleisch ablösen von; **~-se** abmagern
descaro [dɐʃ'karu] *m* → **descaramento**
descaroçador [dɐʃkɐrusɐ'dor] *m* Entkernmaschine *f*
descarreg|adoiro, **-ouro** [dɐʃkɐʀɐgɐ'dojru, -'doru] *m* Entladestelle *f*, Abladeplatz *m*; **~ar** [-'gar] (1o; *Stv* 1c) **1.** *v/t* *Fracht* ab-, aus-, entladen; *Waffe* entladen; *Schuss* abgeben; *Schlag* versetzen; *Darm* entleeren; *fig* erleichtern; *Gewissen* entlasten; befreien (**de** von); **~ em** (*od* **sobre**) *Pflichten* abladen auf (*ac*); *Zorn etc* auslassen an (*dat*); **2.** *v/i* sich entladen (*a EL*, *Batterie*)
descarril|amento [dɐʃkɐʀilɐ'mẽtu] *m* Entgleisung *f*; **~ar** [-'lar] (1a) **1.** *v/t* zum Entgleisen bringen; **2.** *v/i* entgleisen
descarrilh... *bras* → **descarril...**
descart|ar [dɐʃkɐr'tar] (1b) wegwerfen; beiseite tun; *fig Möglichkeit* ausschließen; **~-se de** *fig* sich *e-r Sache* entledigen; *Karten* abwerfen; **~ável** [-'tavɛɫ] Einweg...
descas|ca [dɐʃ'kaʃkɐ] *f* P Rüffel *m*, Anpfiff *m*; **~car** [-kɐʃ'kar] (1n; *Stv* 1b) **1.** *v/t Kartoffel*, *Orange* schälen; *Erbsen* enthülsen; *Baum* entrinden; **2.** *v/i* sich schälen; *fig* **~ em** F schimpfen mit (*od* über *ac*)
descend|ência [dɐʃsẽ'dẽsjɐ] *f* Nachkommenschaft *f*; Abstammung *f*; **~ente** [-'dẽtə] **1.** *adj* absteigend; *Herkunft*: abstammend; fallend (*Temperatur*); abwärts fahrend; **2.** *su* Nachkomme *m*; **~er** [-'der] (2a) abstammen (**de** von)
descentralizar [dɐʃsẽtrɐli'zar] (1a) dezentralisieren
descer [dɐʃ'ser] (2g) **1.** *v/t von der Wand etc* her-, hinunternehmen; *Last* hinunterbringen; hinunterlassen; *Gehalt*, *Preis* senken; *Instrument* tiefer stimmen; **2.** *v/i* her-, hinunterkommen; hin-, heruntergehen, -fahren, -fließen; sinken, fallen (*a fig*, *Preis*, *Temperatur*); sich senken (*Gelände*); niedergehen (*Flugzeug*); hinuntergehen, -reichen (**até** bis); stromabwärts fahren (*Schiff*); *Verkehrsmittel*: ab-, aussteigen (**de** von, aus); hinuntersteigen (**a**, **para** zu); *fig* nachlassen (*Leistung*, *Qualität*); sich herablassen (**a** zu); *beruflich* tiefer eingestuft werden
descida [dɐʃ'sidɐ] *f* Abstieg *m*; Ab-, Talfahrt *f*; *AV* Sinkflug *m*; Niedergehen *n*; Gefälle *n* (*e-r Straße*); (Preis)Senkung *f*; (Temperatur-)Rückgang *m*
descivilizar(-se) [dɐʃsivəli'zar(sə)] (1a) verrohen
desclassificar [dɐʃklɐsəfi'kar] (1n)

deklassieren; *Sport*: disqualifizieren
descobert|a [dəʃku'bɛrtɐ] *f* Entdeckung *f*; **~o** [-'bɛrtu] **1.** *p/p von* ***descobrir***; **2.** *adj* offen (*Gelände*); unbedeckt (*Gefäß*); nackt, bloß (*Kopf*); ***a ~*** *ECON* ungedeckt, offen; ***ao ~*** im Freien; schutzlos
descobr|idor [dəʃkubri'dor] *m* Entdecker *m*; **~imento** [-bri'mẽtu] *m* Entdeckung *f*; **~ir** [-'brir] (3f) aufdecken; *Brust*, *Kopf* entblößen; *Unbekanntes* entdecken, *Geheimnis* mitteilen; enthüllen; *Verbrechen* anzeigen; *Herz* ausschütten
descodific|ador [dəʃkudəfikɐ'dor] *m INFORM* Dekoder *m*; **~ar** [-'kar] (1a) dekodieren
descol|agem [dəʃku'laʒɐ̃j] *f AV* Start *m*, Abheben *n*; = **~amento** [-lɐ'mẽtu] *m* Ablösen *n*; **~ar** [-'lar] (1e) sich ablösen (*Geklebtes*); *AV* abheben, starten; *bras* P abstauben
descolor|ação [dəʃkulurɐ'sɐ̃w] *f* Entfärbung *f*; Bleichen *n*; **~ar** [-'rar] (1e) (aus)bleichen; **~ido** [-'ridu] blass, farblos; **~ir** [-'rir] (3f) → ***~ar***
descombinar [dəʃkõbi'nar] (1a) *Verabredung etc* absagen
descomed|ido [dəʃkumə'didu] maßlos; übermäßig; ungebührlich (*Verhalten*); **~imento** [-di'mẽtu] *m* Maßlosigkeit *f*; Übermaß *n*; Ungebührlichkeit *f* (*Verhalten*); **~ir-se** [-'dirsə] (3r) es zu weit (*od* über-)treiben (***em*** mit)
descomodidade [dəʃkumudi'dadə] *f* Unbequemlichkeit *f*
descompass|ar [dəʃkõpɐ'sar] (1b) *MÚS* aus dem Takt bringen; überspitzen, -treiben; ***~-se*** *fig* aus dem Ruder laufen; **~o** [-'pasu] *m* Unordnung *f*; Zwietracht *f*, Hader *m*
descom|por [dəʃkõ'por] (2zd) in Unordnung bringen; *Gesicht* entstellen; *Geist* verwirren; *Körperteil* entblößen; ausschimpfen (***de*** *ac*); *fig* maßregeln; *bsd* F abkanzeln; ***~-se*** in Unordnung (*od fig* außer sich) geraten; sich auflösen (***em*** in *ac*); **~posto** [-'poʃtu] **1.** *p/p von* ***descompor***; **2.** *adj* unordentlich, (*Zimmer etc*); *vor Wut* außer sich; unverschämt; **~postura** [-puʃ'turɐ] *f* Unordnung *f*; *Kleidung*: Nachlässigkeit *f*; Maßregelung *f*
descomprimir [dəʃkõprə'mir] (3a) *INFORM Daten* dekomprimieren, F entpacken
descomunal [dəʃkumu'naɫ] ungewöhnlich; F riesig, Riesen...
desconceit|o [dəʃkõ'sɐjtu] *m* schlechte(r) Leumund *m* (*od* Ruf *m*); **~uar** [-'twar] (1g) in Verruf bringen
desconcert|ado [dəʃkõsər'tadu] unordentlich; *vor Erstaunen* fassungslos; **~ante** [-'tẽtə] verwirrend; **~ar** [-'tar] (1c) **1.** *v/t j-n* verwirren, verunsichern; *Dinge* in Unordnung bringen; *Ablauf* stören; *Apparat* verstellen; *Menschen* entzweien; *fig* aus der Fassung bringen; **2.** *v/i* nicht einverstanden sein (***de*** mit); nicht übereinstimmen (***com*** mit)
desconchav|ar [dəʃkõʃɐ'var] (1b) demontieren; ***~-se*** *fig* sich entzweien; **~o** [-'ʃavu] *m* Unsinn *m*
desconcheg|ar [dəʃkõʃə'gar] (1o; *Stv* 1d) *Ganzes* trennen; fortnehmen; in Unordnung bringen; **~o** [-'ʃegu] *m* **a)** Ungemütlichkeit *f*; **b)** Schutz-, Hilflosigkeit *f*
desconcord|ância [dəʃkõkur'dɐ̃sjɐ] *f* Missverhältnis *n*; Unstimmigkeit *f*; **~ante, ~e** [-'dẽtə, -'kɔrdə] unstimmig; ungleich; widerstreitend; **~ar** [-'dar] (1e) **1.** *v/t* Widerspruch erregen bei; **2.** *v/i* nicht einverstanden sein (***de*** mit)
descondensar [dəʃkõdẽ'sar] (1a) *INFORM Daten* dekomprimieren
descone|ctar [dəʃkunɛk'tar] (1a) *TÉCN Verbindung* trennen; **~xão** [-'ksɐ̃w] *f* Zusammenhanglosigkeit *f*; *TÉCN* Trennung *f*; **~xo** [-'nɛksu] zusammenhanglos; lose
desconfi|ado [dəʃkõ'fjadu] misstrauisch (***de*** gegenüber); zweifelnd (***de*** an *dat*); ungläubig; **~ança** [-'fjɐ̃sɐ] *f* Misstrauen *n*; **~ar** [-'fjar] (1g): ***~ de*** misstrauen (*dat*); ***~ que*** vermuten, dass
desconform|e [dəʃkõ'fɔrmə] verschieden; unförmig (*Statur*); riesig; **~idade** [-furmi'dadə] *f* Verschiedenheit *f*; Unförmigkeit *f*
desconfort|ante [dəʃkõfur'tẽtə] trostlos; **~o** [-tu] *m* Trostlosigkeit *f*
descongel|ação [dəʃkõʒəlɐ'sɐ̃w] *f* Auftauen *n*; Freigabe *f* (*gesperrter Konten*); **~ador** [-lɐ'dor] *m* Enteiser *m*; **~ar** [-'lar] (1c) *Speisen* auftauen;

Fenster etc enteisen; *fig Gelder* freigeben; **~-se** schmelzen, tauen
descongestion|amento [dəʃkõʒəʃtjunɐ'mẽtu] *m MED* Abschwellung *f*; *fig* Entlastung *f*; Auflockerung *f*; Auflösung *f* (*e-s Verkehrsstaus*); **~ar** [-'nar] (1f) *MED* zum Abschwellen bringen; *Zugang* freimachen; *Straßen* entlasten
desconhec|er [dəʃkuɲə'ser] (2g) nicht kennen, nicht wissen; *Sprache* nicht sprechen (*od* können); keine Ahnung haben von; *j-n* nicht erkennen; *These* bestreiten; **~ido** [-'sidu] **1.** *adj* unbekannt; **2.** *m* Unbekannte(r) *m*; **~imento** [-si'mẽtu] *m* Unkenntnis *f*; Ignoranz *f* **desconjunt|amento** [dəʃkõʒũtɐ'mẽtu] *m MED* Verrenkung *f*; Riss *m* (*a fig*); **~ar** [-'tar] (1a) auseinander nehmen; *Arm* aus-, verrenken; **~-se** *fig* aus den Fugen geraten
desconsert|ar [dəʃkõsər'tar] (1c) entzwei- (*od* F kaputt)machen; *Arm* verrenken; *fig* verunsichern; **~o** [-'sertu] *m* Fehler *m*, Defekt *m*; *fig* Verunsicherung *f*
desconsider|ação [dəʃkõsidərɐ'sɐ̃w] *f* Rücksichtslosigkeit *f*; Unhöflichkeit *f*; **~ar** [-'rar] (1c) nicht beachten; *Regel* missachten; *j-n* rücksichtslos (*od* unhöflich) behandeln; in Misskredit bringen (**em** bei)
desconsol|ação [dəʃkõsulɐ'sɐ̃w] *f* Trostlosigkeit *f*; Kummer *m*; **~ado** [-'ladu] trostlos; untröstlich; langweilig, fad (*Geschehen*); **~ador** [-lɐ'dor] betrüblich; hoffnungslos (*Sache*); **~ar** [-'lar] (1e) aufs Tiefste betrüben (**de** zu); (grausam) enttäuschen; *fig* zur Verzweiflung bringen (**com** mit); **~o** [-'solu] *m* → ***desconsolação***; ***ser um ~*** schrecklich langweilig (*od* zum Verzweifeln) sein
descont|ar [dəʃkõ'tar] (1a) *Nachlass* gewähren; *Betrag* abziehen; *Scheck* einlösen; *fig* absehen von; **~ável** [-'tavɛɫ] abziehbar
descontent|adiço [dəʃkõtẽtɐ'disu] schwer zu befriedigen; **~amento** [-tɐ'mẽtu] *m* Unzufriedenheit *f*; **~ar** [-'tar] (1a) unzufrieden machen; missfallen (*dat*); **~-se de** unzufrieden sein mit; **~e** [-'tẽtə] unzufrieden
descont|inuar [dəʃkõti'nwar] (1g) *et* noch nicht wieder tun; ***sem ~*** ununterbrochen; **~inuidade** [-tinui'dadə] *f* Unstetigkeit *f*; Sprunghaftigkeit *f*; **~ínuo** [-'tinwu] unterbrochen; unstet (*Leben*)
desconto [dəʃ'kõtu] *m* (Preis)Ermäßigung *f*; Rabatt *m*; Abzug *m*; *Bankwesen*: Diskontgeschäft *n*; ***~ de quantidade*** Mengenrabatt *m*; ***~ para revenda*** Preisnachlass *m* (*od* Rabatt *m*) für Wiederverkäufer; ***dar ~*** *fig* nachsichtig sein
descontra|ído [dəʃkõtrɐ'idu] *fig* locker, entspannt; **~ir** [-trɐ'ir] (3l) entspannen (*a fig*)
descontrol|ado [dəʃkõtru'ladu] unkontrolliert, unbewacht; *fig* außer Rand und Band; **~ar-se** [diskõtro'larsi] (1e) *bras* leichtsinnig werden; aus dem Gleichgewicht geraten; **~e** *bras*, **~o** [-'troli, dəʃkõ'trolu] *m* Leichtsinn *m*
desconvencer [dəʃkõvẽ'ser] (2g) abbringen (**de** von)
desconversar [dəʃkõvər'sar] (1c) ausweichen; das Thema wechseln
descon|vidar [dəʃkõvi'dar] (1a) *j-n* ausladen; **~vidativo** [-vidɐ'tivu] wenig einladend; abstoßend; **~vir** [-'vir] (3x) ungelegen kommen; ***~ de*** dagegen sein; in Abrede stellen
descoordenadamente [dəʃkwordənadɐ'mẽtə] unkoordiniert; durcheinander
descor [dəʃ'kor] *f* Farblosigkeit *f*; Blässe *f*; **~ado** [-kɔ'radu] verblichen (*Farbe*); farblos
descorar[1] [-'rar] (1a) **1.** *v/t* (aus-) bleichen (lassen); **2.** *v/i* ausbleichen (*Farbe*, *Stoff*); sich verfärben; blass werden (**de** vor *dat*)
descorar[2] [dəʃku'rar] (1e) verlernen
descor(o)çoar [dəʃkur(u)'swar] (1f) **1.** *v/t* entmutigen; **2.** *v/i* den Mut verlieren, mutlos werden
descort|ês [dəʃkur'teʃ] unhöflich; grob; **~esia** [-tə'ziɐ] *f* Taktlosigkeit *f*
descortinar [dəʃkurti'nar] (1a) *Vorhang etc* öffnen; *fig* enthüllen; *Aussichten* eröffnen; erblicken
descoser [dəʃku'zer] (2d) *Naht etc* auf-, lostrennen; *fig* enthüllen; gestehen; **~-se** aufgehen, -platzen
descravar [dəʃkrɐ'var] (1b) abma-

chen; herauslösen; *fig Blick* abwenden; nicht mehr hinsehen

descrédito [dəʃ'krɛditu] *m* Misskredit *m*

descr|ença [dəʃ'krẽsɐ] *f* Unglaube(n) *m*; **~ente** [-'krẽtə] ungläubig; **~er** [-'krer] (2k) nicht glauben (***de*** an *ac*); das Vertrauen verlieren (***de, em*** in *ac*, zu)

descr|ever [dəʃkrə'ver] (2c; *p/p* ***descrito***) beschreiben, schildern; **~ição** [-kri'sɐ̃w] *f* Beschreibung *f*

descriminar [dəʃkrəmi'nar] (1a) *j-n* freisprechen

descritivo [dəʃkrə'tivu] beschreibend

descuid|ado [dəʃkui'dadu] nachlässig; fahrlässig; sorglos; **~ar** [-'dar] (1a) vernachlässigen; außer Acht lassen; ***~-se de*** nicht aufpassen auf (*ac*); nachlässig sein mit; unvorsichtig sein in (*dat*); **~o** [-'kujdu] *m* Nachlässigkeit *f*, Unachtsamkeit *f*; Versehen *n* (***por*** aus)

desculp|a [dəʃ'kułpɐ] *f* Entschuldigung *f* (***por*** als, zur); Vorwand *m*, Ausrede *f*; ***dar ~ a*** entschuldigen; ***pedir*** (***muitas, mil***) ***~(s) de a/c a*** *j-n* (vielmals, tausendmal) für et um Entschuldigung bitten; **~ar** [-kuł'par] (1a) entschuldigen; *von e-r Pflicht* entbinden (***a/c a*** *j-n* von et); ***~-se*** vorschützen (***com*** *et*); sich rechtfertigen (***de*** für); **~ável** [-'pavɛł] entschuldbar

descupinização [diskupiniza'sɐ̃w] *f bras* Schädlingsbekämpfung *f*

desde ['deʒdə] **a)** *zeitl* seit; von ... an, ab; von (***até ...*** bis); ***~ então*** seitdem, seither; ***~ há*** seit; ***~ há muito*** seit langem; ***~ já*** sogleich; schon jetzt; ***~ logo*** → ***logo***; ***~ que*** seitdem; ***~ que*** sofern; **b)** *örtl* ab; von (***até ...*** bis)

des|dém [dəʒ'dɐ̃j] *m* Geringschätzung *f*, Verachtung *f*; ***com ~*** verächtlich; ***ao ~*** nachlässig; **~denhar** [-də'ɲar] (1d) gering schätzen, verachten; *Angebot* verschmähen

desdentado [dəʒdẽ'tadu] zahnlos

desdit|a [dəʒ'ditɐ] *f* Pech *n*; **~oso** [-'tozu] vom Unglück verfolgt

desdizer [dəʒdi'zer] (2x) **1.** *v/t* bestreiten, in Abrede stellen; **2.** *v/i* nicht passen, im Widerspruch stehen (***de*** zu); ***~-se de*** widerrufen (*ac*); *These* zurücknehmen (*ac*)

desdobr|amento [dəʒdubrɐ'mẽtu] *m* Ausbreitung *f*, Entwicklung *f*, Darlegung *f* (*Sachverhalt*); (Ab-)Spaltung *f*; ***ter ~s*** Konsequenzen haben; **~ar** [-'brar] (1e) *Papier, Stoff* auf-, entfalten; *Sachverhalt* darlegen; *Aktivitäten* ausbreiten, ausdehnen (***em, sobre*** auf *ac*); *Gruppe* teilen, (ab)spalten; ***~ a*** (***os olhos de***) *j-m et* eröffnen, offenbaren; ***~-se*** sich erstrecken; sich entwickeln; ***~-se em*** sich aufteilen in (*ac*); *fig* sich hineinknien in (*ac*); **~ável** [-'bravɛł] **1.** *adj* aufklappbar, auseinander klappbar **2.** *m* Faltblatt *n*

desdoir|ar, -dour|ar [dəʒdoj'rar, -do'rar] (1a) *fig* beflecken **~o** [-'dojru, -'doru] *m* Schande *f*

deseducação [dəziduku'sɐ̃w] *f* Bildungsmangel *m*; Verdummung *f*

desej|ado [dəzə'ʒadu] erwünscht; **~ar** [-'ʒar] (1d) (sich) wünschen; begehren; ***deixar a ~*** zu wünschen übrig lassen; **~ável** [-'ʒavɛł] wünschenswert; **~o** [-'zɐʒu] *m* Wunsch *m* (***de*** nach), Verlangen *n* (***de*** nach); **~oso** [-'ʒozu] süchtig (***de*** nach), begierig (***de*** auf *ac*)

desembaci|ador [dəzẽbɐsjɐ'dor] *m* AUTO Heizung *f* (*Heckscheibe, Außenspiegel*); **~ar** [-'sjar] (1g) polieren; AUTO *Heckscheibe* enteisen; *Beschlag* abwischen

desembainhar [dəzẽbai'ɲar] (1a) den Saum auftrennen; *Schwert* ziehen

desembalar [dəzẽbɐ'lar] (1b) auspacken

desembaraç|ado [dəzẽbɐrɐ'sadu] zwanglos (*Unterhaltung*); geschickt; flink; **~ar** [-'sar] (1p; *Stv* 1b) beiseite räumen; *Hindernisse* beseitigen; *Weg* freimachen (***de*** von); ***~-se*** zurechtkommen; sich durchsetzen; ***~-se de*** sich *e-r Sache* entledigen; **~o** [-'rasu] *m* Ungezwungenheit *f*, Geschick *n*; Selbstsicherheit *f*

desembarc|adoiro, -douro [dəzẽbɐrkɐ'dojru, -'doru] *m* NAV Landungsplatz *m*; Anlegestelle *f*; **~ar** [-'kar] (1n, *Stv* 1b) **1.** *v/t Ladung* löschen, ausschiffen; *Waren* ausladen; **2.** *v/i* an Land gehen; AV auschecken

desembargar [dəzẽbɐr'gar] (1o, *Stv.* 1b) freigeben; das Embargo aufheben gegen

D

desembarque [dəzẽ'barkə] *m NAV* Landung *f*; Löschung *f*, Ausschiffung *f* (*Ladung*); *AV* Auschecken *n*
desembestar [dəzẽbəʃ'tar] (1c) **1.** *v/t* schleudern, werfen; *fig Flüche* ausstoßen; **2.** *v/i* losstürmen, -rasen; **~ de dentro** hinausstürmen
desemboc|adura [dəzẽbukɐ'durɐ] *f* (Fluss)Mündung *f*; **~ar** [-'kar] (1n, *Stv* 1e) münden (**em** in *ac*)
desembolsar [dəzẽboɫ'sar] (1a) *Geld* ausgeben; *Rechnung* bezahlen
desembrulhar [dəzẽbru'ʎar] (1a) auswickeln, -packen
desembuchar [dəzẽbu'ʃar] (1a) F ausspucken (*erzählen, gestehen*)
desempach|ar [dəzẽpɐ'ʃar] (1b) → **desembaraçar**; erleichtern; *Kunden* abfertigen; **~o** [-'paʃu] *m* Befreiung *f*; Beseitigung *f* (*e-s Hindernisses*)
desempacotar [dəzẽpɐku'tar] (1e) *Paket etc* auspacken
desempan|agem [dəzẽpɐ'naʒẽj] *f* Pannendienst *m*; **~ar** [-'nar] (1a) *Fenster* abwischen; *Silber etc* polieren; *AUTO* reparieren, die Panne beseitigen an (*dat*); *fig* (auf)klären
desempat|ar [dəzẽpɐ'tar] (1b) den Ausschlag geben; *Geschäft* zum Abschluss bringen; e-e Entscheidung herbeiführen bei (*od* in *dat*) (*Sport, Verhandlung*); **~ capitais** Geld flüssig machen
desempate [dəzẽ'patə] *m POL* Durchbruch *m*; Entscheidung *f* (*a Sport*)
desempe|çar [dəzẽpə'sar] (1p; *Stv* 1c) = **~cer** [-'ser] (2g) = **~cilhar** [-si'ʎar] (1a) *Weg* freimachen; befreien; *Hindernis* beseitigen; **~ço** [-'pesu] *m* Erleichterung *f*; Beseitigung *f* (*von Hindernissen*); Befreiung *f*
desempen|adeira [dəzẽpənɐ'dɐjrɐ] *f ARQUIT* Reibebrett *n*; **~ar** [-'nar] (1d) *Krummes* gerade richten; *Oberfläche* glätten; begradigen
desempenh|ar [dəzẽpə'ɲar] (1d) *Leistung* erbringen; *Pflicht* erfüllen; *Auftrag* ausführen; *Amt* ausüben; *Wort* halten; *j-s* Schulden bezahlen; *TEA Rolle* spielen; **~-se de** *s-n Verpflichtungen* nachkommen; **~o** [-'pɐɲu] *m* Leistung(sfähigkeit) *f*; Verhalten *n*; *Aufgaben*: Erfüllung *f*; *Amt*: Ausübung *f*; *Versprechen*: Einlösung *f*; *Schuld*: Befreiung *f*; *TEA* Darstellung *f*
desempeno [dəzẽ'penu] *m aufrechte* Haltung *f*; Gewandtheit *f*, Beweglichkeit *f*; *TÉCN* Richtplatte *f*
desemperrar [dəzẽpə'ʀar] (1c) lockern, lösen; in Gang bringen; *fig j-n* gefügig machen; *j-n* umstimmen
desempo|ado, ~eirado [dəzẽ'pwadu, -pwɐj'radu] staubfrei; *fig* vorbehaltlos; schlicht; bescheiden; **~ar** [-'pwar] (1f), **~eirar** [-pwɐj'rar] (1a) ab-, entstauben; *fig* von Vorurteilen befreien
desempreg|ado [dəzẽprə'gadu] **1.** *adj* arbeits-, erwerbslos; **2.** *m* Arbeitslose(r) *m*; **~ar** [-'gar] (1o; *Stv* 1c) entlassen
desemprego [dəzẽ'pregu] *m* Arbeitslosigkeit *f*; **~ de longa duração** Langzeitarbeitslosigkeit *f*; **~ parcial** Kurzarbeit *f*; **subsídio** *m* **de ~** Arbeitslosengeld *n*; **estar no ~** arbeitslos sein
desemproar [dəzẽ'prwar] (1f) aus der Fassung bringen; *j-s* Stolz brechen
desempunhar [dəzẽpu'ɲar] (1a) loslassen; aus der Hand legen
desencabeçar [dəzẽkɐbə'sar] (1p; *Stv* 1c) *j-n* abbringen (**de** von)
desencabrestar [dəzẽkɐbrəʃ'tar] (1c) abhalftern; **~-se** *fig* über die Stränge schlagen
desencade|amento [dəzẽkɐdjɐ'mẽtu] *m* Ausbruch *m*; *fig* Entfesselung *f*; **~ar** [-'djar] (1l) losmachen; *fig* auslösen; entfesseln; **~-se** aus-, losbrechen; *fig* sich entladen
desencaix|ar [dəzẽkaj'ʃar] (1a) *aus et* herausnehmen, *kräftig*: -reißen; *Ganzes* auseinander nehmen; *Dinge* auspacken; *Arm* ausrenken; *Tür* aus den Angeln heben; **~-se** herausspringen; **~otar** [-ʃu'tar] (1e) *aus Kisten* auspacken
desencalh|ar [dəzẽkɐ'ʎar] (1b) **1.** *v/t* (wieder) flottmachen (*a fig*); *Weg* freimachen; *Hindernis* beseitigen; **2.** *v/i* (wieder) flott werden; *fig* (wieder) in Ordnung kommen; **~e** [-'kaʎə] *m* Flottmachen *n*; Räumung *f* (*von Hindernissen*)
desencaminh|ado [dəzẽkɐmi'ɲa-

du] abwegig, irrig; ***andar*** ~ sich auf dem falschen Weg befinden; **~amento** [-ɲɐ'mẽtu] *m* Irreführung *f*; Fehlleitung *f*; → ***descaminho***; **~ar** [-'ɲar] (1a) irreführen; fehlleiten; *von s-n Pflichten* abbringen; auf Abwege bringen; *Dinge* verschwinden lassen; *Geld* unterschlagen; **~-se** abkommen (***de*** von), sich entfernen (***de*** von); *Dinge* verloren gehen

desencant|amento [dəzẽkɐ̃tɐ'mẽtu] *m* Ernüchterung *f*; *allg* Enttäuschung *f*; **~ar** [-'tar] (1a) **1.** *v/t j-n* enttäuschen; *Wahrheit* entdecken; *Verstecktes* aufstöbern; **2.** *v/i* die Augen öffnen (***de*** über *ac*); **~-se** sich von Illusionen befreien; **~o** [-'kɐ̃tu] *m* Enttäuschung *f*

desencarregar [dəzẽkɐʀə'gar] (1o; *Stv* 1c) entlasten; befreien (***de*** von); *des Amtes* entheben; ***~-se de*** sich *e-r Pflicht* entledigen

desencavar [dizẽka'var] (1b) *bras* herausfinden, entdecken

desencomendar [dəzẽkumẽ'dar] (1a) abbestellen

desencontr|ado [dəzẽkõ'tradu] entgegengesetzt; abweichend; **~ar** [-'trar] (1a) **1.** *v/t* einander verfehlen lassen; *j-n* verfehlen; **2.** *v/i* sich widersprechen; **~-se** sich verpassen; nicht mehr begegnen (***com alg*** einander); ***~-se de alg*** voneinander abweichen; aneinander vorbeireden; **~o** [-'kõtru] *m* verpasste Gelegenheit *f*; Missverständnis *n*; Gegensatz *m*

desencorajar [dəzẽkurɐ'ʒar] (1b) entmutigen

desencostar [dəzẽkuʃ'tar] (1e) aufrichten; frei (hin)stellen

desencravar [dəzẽkrɐ'var] (1b) (die Nägel) herausziehen aus; freilegen; *fig et* wieder in Gang bringen

desendividar [dəzẽdivi'dar] (1a) entschulden, schuldenfrei machen

desenfad|adiço [dəzẽfɐdɐ'disu] unterhaltsam; erholsam; **~ar** [-'dar] (1b) unterhalten, zerstreuen, ablenken; *Traurige* aufheitern; **~o** [-'fadu] *m* Unterhaltung *f*

desenfastiar [dəzẽfɐʃ'tjar] (1g) Lust (*od* Appetit) machen; *Traurige* aufheitern

desenferruj|ante [dəzẽfəʀu'ʒẽtə] *m* Entrostungsmittel *n*; **~ar** [-'ʒar] (1a) von Rost befreien; aufpolieren; sich *die Beine* vertreten; *Glieder*, *Zunge* lockern; *fig* F aufmöbeln; auf Vordermann bringen

desenfezar [dəzẽfɛ'zar] (1a) *fig nach Krankheit* hochpäppeln; *Traurige* aufmuntern

desenfre|ado [dəzẽ'frjadu] zügel-, hemmungslos; maßlos; **~ar** [-'frjar] (1l) abzäumen; *fig* freien Lauf lassen; entfesseln; **~-se** alle Fesseln sprengen; *Wut* ausbrechen (***em*** in *ac*)

desengan|ado [dəzẽgɐ'nadu] illusionslos; offen; aufgegeben (*Kranker*); überdrüssig; **~ar** [-'nar] (1a) ernüchtern; die Wahrheit sagen (***de*** über *ac*); enttäuschen; **~-se** s-n Irrtum einsehen; sich vergewissern (***de*** *gen*); ***desengane-se!*** lassen Sie sich e-s Besseren belehren!

desenganchar [dəzẽgɐ̃'ʃar] (1a) ab-, loshaken; lösen

desengano [dəzẽ'gɐnu] *m* Enttäuschung *f*, Offenheit *f*

desengarraf|amento [dəzẽgɐʀɐfɐ'mẽtu] *m* Stauauflösung *f*; **~ar** [-'far] (1b) *Verkehr* flüssig machen

desengat|ar [dəzẽgɐ'tar] (1b) aushaken, -klinken; *TÉCN Getriebe* auskuppeln; *CAM. DE F* abkuppeln; **~e** [-'gatə] *m* Auskuppeln *n*

desengodar [dəzẽgu'dar] (1e) *fig* ernüchtern

desengonç|ar [dəzẽgõ'sar] (1p) *Tür* ausheben; auseinander nehmen; *Schraube* lockern; *Arm* ausrenken; **~-se** aus den Fugen gehen; *Arm* baumeln lassen; **~o** [-'gõsu] *m* Verrenkung *f*

desengord|ar [dəzẽgur'dar] (1e) mager machen (*od* werden); **~urar** [-du'rar] (1a) entfetten

desengraxar [dəzẽgrɐ'ʃar] (1b) *TÉCN* entfetten; entölen

desengrossar [dəzẽgru'sar] (1e) verschlanken; dünner machen (*od* werden); *MED* abschwellen (lassen); *Holz* abhobeln

desenh|ador [dəzəɲɐ'dor] *m* Zeichner *m*; *bsd* Designer *m*; **~ar** [-'ɲar] (1d) (ab-, auf)zeichnen; **~-se** sich abzeichnen (***contra*** gegen); **~ista** [deze'ɲista] *su bras* → ***desenhador***; **~o** [də'zɐɲu] *m* Zeichnung *f*;

Zeichnen *n*; *bsd* Design *n*; **~ à mão livre** Freihandzeichnung *f*; **~ de produto** Produktdesign *n*; **~ geométrico** Planzeichnen *n*; **~ industrial** Industriedesign *n*; **~s** *pl* **animados** (Zeichen)Trickfilm *m*

D

desenjoar [dəzẽ'ʒwar] (1f) *j-m* die Übelkeit vertreiben; *Appetit* anregen

desenla|çar [dəzẽlɐ'sar] (1p; *Stv* 1b) losbinden; *Paket* aufschnüren; *fig* entwirren; (auf)lösen; **~ce** [-'lasə] *m* (Auf)Lösung *f*, Ausgang *m*, Ende *n* (*e-r Geschichte*); **~ feliz** Happy End *n*

desenl|ear [dəzẽ'ljar] (1l) entwirren; **~eio** [-'lɐju] *m* Entwirrung *f*, *Problem*: Lösung *f*

desenquadrar [dəzẽkwɐ'drar] (1b) herauslösen, -nehmen

desenraiz|ado [dəzẽʀai'zadu] entwurzelt; **~ar** [-'zar] (1q) entwurzeln

desenrascar [dəzẽʀɐʃ'kar] (1n; *Stv* 1b) entwirren; von Hindernissen befreien; *fig j-m* aus der Klemme helfen; **~-se** sich aus der Affäre ziehen

desenred|ar [dəzẽʀə'dar] (1c) *Angelegenheit*, *Knäuel* entwirren; *Problem* lösen; **~o** [-'ʀedu] *m* Entwirrung *f*, Lösung *f*

desenregelar [dəzẽʀəʒə'lar] (1c) auftauen (*a fig*); *Gliedmaßen* aufwärmen

desenrijar [dəzẽʀi'ʒar] (1a) enthärten

desenrol|amento [dəzẽʀulɐ'mẽtu] *m* Ab-, Verlauf *m*; *INFORM* Scrolling *n*, Bildschirmrollen *n*; **~ar** [-'lar] **1.** *v/t* (1e) ausrollen; *fig* darlegen; entwickeln; **~-se** sich entwickeln; ablaufen; stattfinden (*Veranstaltung*); **2.** *m* Ab-, Verlauf *m*

desenroscar [dəzẽʀuʃ'kar] (1n; *Stv* 1e) *Spule* abwickeln; ausrollen; *Verschluss* ab-, losschrauben

desenrugar [dəzẽʀu'gar] (1o) glätten

desentalar [dəzẽtɐ'lar] (1b) *fig* aus der Klemme ziehen

desentend|er [dəzẽtẽ'der] (2a) nicht verstehen (wollen); überhören; **fazer-se -ido** F sich dumm stellen; **~-se com** sich nicht (mehr) verstehen mit; **~imento** [-di'mẽtu] *m* Unverständnis *n*; Zwist *m*; Begriffsstutzigkeit *f*

desenterr|ado [dəzẽtə'ʀadu] ausgegraben, freigelegt; P leichenblass; **~ar** [-'ʀar] (1c) (wieder) ausgraben (*a fig*); herausziehen aus (*a fig*)

desento|ação [dəzẽtwɐ'sɐ̃w] *f* Misston *m*; **~ar** [-'twar] (1f) falsch klingen; *fig* Unsinn reden

desentonar [dəzẽtu'nar] (1f) demütigen

desentorpecer [dəzẽturpə'ser] (2g) wieder beleben; *j-n* aufmuntern; **~-se** aus der Erstarrung erwachen

desentortar [dəzẽtur'tar] (1e) gerade biegen

desentranhar [dəzẽtrɐ'ɲar] (1a) *Tier* ausnehmen; herausholen, *kräftig* -reißen; *Geheimnis*, *Vergessenes* ans Tageslicht bringen; herausrücken mit; **~-se** überschäumen (**em** vor *dat*), strotzen (**em** vor *dat*); sein Letztes hergeben (**por** für)

desentulh|ar [dəzẽtu'ʎar] (1a) *Gelände* (vom Schutt) säubern; Schutt wegräumen von; *Gegenstand* aus dem Schutt ziehen; freilegen; **~o** [-'tuʎu] *m* Abraum *m*, Schutt *m*; **trabalhos** *m/pl* **de ~** Aufräumungsarbeiten *f/pl*

desentup|imento [dəzẽtupi'mẽtu] *m* Freilegung *f*; Rohrreinigung *f*; **~ir** [-'pir] (3a *u* 3h) *Weg* freimachen; *Durchgang* öffnen; *Verstopfung* beseitigen

desenvencilhar [dəzẽvẽsi'ʎar] (1a) entwirren; **~-se** sich befreien (**de** von), losmachen (**de** von)

desenvolt|o [dəzẽ'vołtu] **a)** gewandt, sicher; **b)** ungeniert; dreist; *Sprache* grobschlächtig; **~ura** [-'turɐ] *f* **a)** Gewandtheit *f*; **b)** Dreistigkeit *f*

desenvolv|er [dəzẽvɔł'ver] (2e) entwickeln; *Tätigkeit* entfalten (**em** bei); *Sachverhalt* (ausführlich) darlegen, -stellen; *Plan* durchführen; **~-se** sich entwickeln; *räuml* sich erstrecken (**por** über *ac*), sich ausbreiten (**por** über *ac*); **~imento** [-vi'mẽtu] *m* Entwicklung *f*, Fortschritt *m*; *Plan*: Aus-, Durchführung *f*; *Sachverhalt*: Darstellung *f*; **país** *m* **em vias de ~** Entwicklungsland *n*

desenxabid|ez [dəzẽʃɐbi'deʃ] *f* Fadheit *f*; **~o** [-ʃɐ'bidu] abgeschmackt, fad

desenxovalhar [dəzẽʃuvɐ'ʎar] (1b) säubern; *Falte* glätten

desequil|ibrado [dəzikəli'bradu] unausgeglichen; unbedacht (*Vorschlag*); wackelig (*Stuhl etc*); F verrückt; **~ibrar** [-li'brar] (1a) aus dem Gleichgewicht bringen; **~-se** aus dem Gleichgewicht geraten; den Verstand verlieren (*Person*); **~íbrio** [-'librju] *m* Ungleichgewicht *n*; Unausgeglichenheit *f*, Missverhältnis *n*; geistige Verwirrung *f*

deserção [dəzər'sɐ̃w] *f MIL* Desertion *f*; *JUR* Verzicht *m*

deserd|ação [dəzərdɐ'sɐ̃w] *f* Enterbung *f*; **~ar** [-'dar] (1c) enterben

desert|ar [dəzər'tar] (1c) **1.** *v/t* entvölkern; verlassen; **2.** *v/i MIL* desertieren; fliehen; *fig* abfallen (**de** von); *JUR* Verzicht leisten, verzichten (**de** auf *ac*)

desértico [də'zɛrtiku] wüstenähnlich

desert|ificação [dəzərtəfikɐ'sɐ̃w] *f* Verwüstung *f*; **~o** [-'zɛrtu] **1.** *adj* wüst; öde, leer; verlassen; unbewohnt; ***estar ~ por a/c*** (*od* **de** *inf*) F scharf sein auf et (*ac*) (*od* darauf, dass); **2.** *m* Wüste *f*; Einöde *f*; ***pregar no ~*** *fig* tauben Ohren predigen; **~or** [-'tor] *m MIL* Deserteur *m*

desescalada [dəzəʃkɐ'ladɐ] *f POL* Deeskalation *f*

desesper|ação [dəzəʃpərɐ'sɐ̃w] *f* Verzweiflung *f*; Hoffnungslosigkeit *f*; **~ado** [-'radu] verzweifelt; erbittert; **~ança** [-'rɐ̃sɐ] *f* Hoffnungslosigkeit *f*; Aussichtslosigkeit *f*; **~ançar** [-rɐ̃'sar] (1o) *j-m* die Hoffnung rauben (**de** auf *ac*); **~-se** die Hoffnung verlieren; **~ante** [-'rɐ̃tə] hoffnungslos; **~ar** [-'rar] (1c) **1.** *v/t* alle Hoffnungen verlieren lassen; zur Verzweiflung bringen; **2.** *v/i* alle Hoffnungen aufgeben (*od* verlieren) (**de** zu); verzweifeln (**de** an *dat*); **~-se** verzeifeln (**com** an *dat*); wütend werden; **~o** [-'peru] *m* Verzweiflung *f*; ***que ~!*** wie grässlich!; ***deu-lhe o ~*** P er ist voll ausgerastet

desestabiliz|ação [dəzəʃtɐbəlizɐ'sɐ̃w] *f* Verunsicherung *f*; Destabilisierung *f* (*a POL*); **~ador** [-zɐ'dor] verunsichernd; destabilisierend; **~ar** [-'zar] (1a) verunsichern

desestim|a [dəzəʃ'timɐ] *f* Geringschätzung *f*; **~ar** [-'mar] (1a) verachten; *Bedeutung* unterschätzen

desfalcar [dəʃfał'kar] (1n) vermindern (**de** um); abziehen; *JUR* unterschlagen

desfalec|er [dəʃfɐlə'ser] (2g) **1.** *v/t* schwächen; **2.** *v/i* schwächer werden; *MED* in Ohnmacht fallen; **~ em** es fehlen lassen an (*dat*); aufhören mit; **~ido** [-'sidu] schwach (*Licht*); **~imento** [-si'mẽtu] *m* Schwäche *f*; *MED* Ohnmacht *f*; Nachlassen *n*

desfalque [dəʃ'fałkə] *m* Abzug *m*; Fehlbetrag *m*, Verlust *m*; *bsd* Unterschlagung *f*

desfas|agem *f*, **~amento** *m* [dəʃfɐ'zaʒɐ̃j, -zɐ'mẽtu] *zeitliche* Verschiebung *f*; Phasenverschiebung *f*; *fig* Abstand *m*, Kluft *f*

desfastio [dəʃfɐʃ'tiw] *m* **a)** Esslust *f*; **b)** Heiter-, Munterkeit *f*; ***por ~*** zur Unterhaltung

desfavor [dəʃfɐ'vor] *m* Ungunst *f*; Abneigung *f*; *fig* F Bärendienst *m*; **~ável** [-vu'ravɛł] ungünstig; nachteilig; **~ecer** [-rə'ser] (2g) *j-m* s-e Gunst entziehen; *bsd* benachteiligen; nachteilig sein für; **~ecido** [-rə'sidu] **1.** *adj* (sozial) schwach; **2.** *m* sozial Schwache(r) *m*; Benachteiligte(r) *m*

desfazer [dəʃfɐ'zer] (2v) *Motor etc* zerlegen (**em** in *ac*); *zu Pulver* zerreiben; zerstückeln; *in Stücke* zerteilen; zerbrechen; zerstören; *Hoffnung* zunichte machen; *Absprache* rückgängig machen; *Beleidigung* wieder gutmachen; *Koffer* auspacken; *j-m* zusetzen; *j-n* befreien (**de** von); *in Wasser* auflösen (**em** in *dat*); machen (**em** zu); **~-se** auseinander gehen; aufgehen (*Naht*, *Frisur*); sich auflösen (**em** in *ac*) (*Substanz*, *Menschenmenge*); *in Hitze* zergehen (**com** bei); sich ergehen (**em** in *dat*); sich alle Mühe geben (**por** zu); **~-se de** sich entledigen (*gen*); *fig* abstoßen (*ac*)

desfech|ar [dəʃfə'ʃar] (1d) **1.** *v/t* ab-, aufreißen; *Schuss* abfeuern (**a**, **em** auf *ac*), abgeben (**a**, **em** auf *ac*); *Blicke* schleudern; *Schrei* ausstoßen; *Schlag* versetzen; *FOT* knipsen; **2.** *v/i* plötzlich anfangen (**a** zu *inf*); *MIL* schießen (**em**, **contra**, **sobre** auf *ac*); *in Tränen*, *Wut* ausbrechen (**em** in *dat*); davonsausen; enden (**em** mit) (*Roman*); **~-se** losgehen

D

(*Waffe*); **~o** [dəʃ'fɐʃu] *m* Ausgang *m*, Ende *n*
desfeit|a [dəʃ'fɐjtɐ] *f* Beleidigung *f*; **~o** [-'fɐjtu] **1.** *p/p von* ***desfazer***; **2.** *adj* stürmisch, wild
desferir [dəʃfə'rir] (3c) *Saiten* anschlagen; *Lied* anstimmen; *Töne* ausstoßen; *Blick*, *Blitze*, *Speer* schleudern; *Licht* ausstrahlen; *Schlag* versetzen; *Versuch* unternehmen
desfiar [dəʃ'fjar] (1g) **1.** *v/t Stoff* ausfransen; *Naht* auftrennen; *Haar* ausdünnen; *Fisch*, *Fleisch* zerlegen; **2.** *v/i* rinnen (*Tränen*, *Wasser*)
desfigur|ação [dəʃfigurɐ'sɐ̃w] *f* Entstellung *f* (*a fig*); Verzerrung *f*; **~ar** [-'rar] (1a) entstellen (*a fig*); verzerren; unkenntlich machen
desfil|ada [dəʃfi'ladɐ] *f* (Ab)Folge *f*; ***à ~*** hastig, stürmisch; im Galopp (*Reiter*); **~adeiro** [-lɐ'dɐjru] *m* (Gebirgs)Pass *m*; Engpass *m* (*a fig*); **~ar** [-'lar] (1a) vorbeimarschieren; defilieren (*auf dem Laufsteg*); vorüberziehen (*Sambaschule*); **~e** [-'filə] *m* Vorbeimarsch *m*; *Karneval*: (Um-)Zug *m*
desfitar [dəʃfi'tar] (1a) *Blick* abwenden; nicht (mehr) ansehen
desflor|ação *f*, **~amento** *m* [dəʃflurɐ'sɐ̃w, -'mẽtu] Blütenfall *m*; MED Defloration *f*; **~ar** [-'rar] (1e) **1.** *v/t* die Blätter abpflücken von; MED deflorieren; *fig* erstmals benutzen (*od* tun); den Reiz des Neuen nehmen (*dat*); **2.** *v/i* die Blüten verlieren
desflorest|ação *f*, **~amento** *m* [dəʃfluraʃtɐ'sɐ̃w, -'mẽtu] Abholzung *f*, Rodung *f*; Kahlschlag *m*; **~ar** [-'tar] (1c) abholzen, roden
desfocar [dəʃfu'kar] (1n; *Stv* 1e) FOT unscharf einstellen; verschwimmen lassen
desfolh|a [dəʃ'foʎɐ] *f* Laubfall *m*; *fig* Herbst *m*; **~ar** [-'ʎar] (1e) *Baum* entlauben; *Mais* enthülsen; *Blumen* streuen; **~-se** das Laub abwerfen; *fig* vergehen (*Illusionen*, *Träume*)
desforçar-se [dəʃfur'sarsə] (1p; *Stv* 1e) sich rächen (***de*** an *dat*); sich Genugtuung verschaffen
desforr|a [dəʃ'foʀɐ] *f* Rache *f*, Vergeltung *f*; ***dar ~*** *Spiel*: Revanche geben; ***tirar ~ a*** sich rächen an *j-m*; **~ar** [-fu'ʀar] (1e) **a)** *Kleidungsstück*: das Futter heraustrennen aus; **b)** *j-n* rächen; Genugtuung verschaffen; ***~-se de*** sich rächen für (***em*** an *dat*)
desfraldar [dəʃfrał'dar] (1a) *Fahne* ausrollen; *allg* ausbreiten
desfranzir [dəʃfrɐ̃'zir] (3a) *Stirn*, *Falten* glätten
desfrut|ador [dəʃfrutɐ'dor] *m* Nutznießer *m*; **~ar** [-'tar] (1a) (aus)nutzen; ***~ de*** genießen; **~e** [-'frutə] *m* Nutznießung *f*, Ausnutzung *f*; Genuss *m*; ***dar-se ao ~*** sich lächerlich machen
desgarr|ado [dəʒgɐ'ʀadu] unbekümmert; dreist; **~ar** [-'ʀar] (1b) **1.** *v/t von* abbringen (***de*** von) (*Weg*, *Kurs*); *fig* irreleiten; **2.** *v/i u* ***~-se*** sich verirren; *fig* auf Abwege geraten; ***~ de*** abweichen von
desgast|ar [dəʒgɐʃ'tar] (1b) *Material* abnutzen, verschleißen; *Vorrat* aufbrauchen; zermürben (*Krieg*); zerfressen (*Rost*); **~e** [-'gaʃtə] *m* Abnutzung *f*, Verschleiß *m*; *fig* Zermürbung *f*; **~o** [-'gaʃtu] **1.** *p/p von* ***desgastar***; **2.** *adj* abgenutzt
desgost|ar [dəʒguʃ'tar] (1e) **1.** *v/t* verärgern, verstimmen; bekümmern; ***~ alg de*** *j-m et* verleiden; **2.** *v/i* nicht mögen (***de*** *ac*); ***não ~*** ganz gern mögen (*od* haben); ***~-se com*** (*od* ***de***, ***por***) sich ärgern über (*ac*); **~o** [-'goʃtu] *m* Ärger *m*, Verstimmung *f*; Kummer *m*; **~oso** [-'tozu] unwillig, verärgert; betrübt
desgovern|ado [dəʒguvər'nadu] unordentlich; leichtsinnig; **~ar** [-'nar] (1c) **1.** *v/t* POL schlecht regieren; in Unordnung bringen; **2.** *v/i u* ***~-se*** unvernünftig leben (*od* wirtschaften); POL Misswirtschaft betreiben; nicht regieren können; *fig* aus dem Ruder laufen; AUTO von der Fahrbahn abkommen; NAV vom Kurs abkommen; **~o** [-'vernu] *m* POL Misswirtschaft *f*, *fig* Leichtsinn *m*
desgraç|a [dəʒ'grasɐ] *f* Unglück *n*; *materielles* Elend *n*; Missgeschick *n*; F Unglücksrabe *m*; ***para maior ~*** *fig* zu allem Überfluss; ***por ~*** unglücklicherweise; ***cair em ~*** in Ungnade fallen; ***uma ~ nunca vem só*** F ein Unglück kommt selten allein; **~adamente** [-grɐsadɐ'mẽtə] unglücklicherweise; **~ado** [-grɐ'sadu]

1. *adj* unglücklich; unselig; **2.** *m* F Unglücksrabe *m*; **~ar** [-grɐ'sar] (1p; *Stv* 1b) ins Unglück stürzen

desgraceira [dəʒgrɐ'sɐjrɐ] *f*: ***a vida é uma ~*** F das Leben ist e-s der schwersten

desgrenh|ado [dəʒgrə'ɲadu] ungekämmt (*Haar, Person*); zerzaust; *fig* wirr; **~ar** [-'ɲar] (1d) zerzausen

desgrudar [dəʒgru'dar] (1a) *Geklebtes* ablösen; *Leim* auflösen; ***desgruda!*** P verzieh dich!

desguarnecer [dəʒgwɐrnə'ser] (2g) entziehen; den Schmuck abnehmen von; *Raum* ausräumen

deshumidificador [dəzumidəfikɐ'dor] *m* (Luft)Entfeuchter *m*

des|ídia [də'zidjɐ] *f* Nachlässigkeit *f*; **~idioso** [-zi'djozu] nachlässig; langwierig (*Prozess*); faul (*Person*)

desidratar [dəzidrɐ'tar] (1b) das Wasser entziehen (*dat*)

design [di'zẽj] *m* Design *n*

design|ação [dəzignɐ'sɐ̃w] *f* Bezeichnung *f*, Benennung *f*; Bedeutung *f*; Ernennung *f* (*für ein Amt*); **~adamente** [-nadɐ'mẽtə] insbesondere; **~ar** [-'nar] (1a) bezeichnen (***por*** als); *symbolisch* bedeuten; ernennen (***como*** zu); *POL* designieren (***para*** als)

designer [di'zajnər] *m* Designer *m*

desígnio [də'zignju] *m* Absicht *f*, Plan *m*; Ziel *n*

desigual [dəzi'gwał] ungleich(mäßig); uneben (*Gelände*); **~ar** [-gwɐ'lar] (1b) **1.** *v/t* unterscheiden; ungleich behandeln (*od* machen); **2.** *v/i* verschieden sein; **~dade** [-'dadə] *f* Ungleichheit *f*

desilu|dido [dəzilu'didu] ernüchtert, illusionslos; **~dir** [-'dir] (3a) enttäuschen; die Augen öffnen (*dat*); **~-se** e-e Enttäuschung erleben; alle Illusionen verlieren (***de*** über *ac*); **~são** [-'zɐ̃w] *f* Enttäuschung *f*, Ernüchterung *f*

desimpedir [dəzĩpə'dir] (3r) *Weg*, freimachen; *Hindernis* beseitigen

desincentivo [dəzĩsẽ'tivu] *m* Abschreckung(smittel *n*) *f*; Mangel *m* an Anreiz

desinchar [dəzĩ'ʃar] (1a) **1.** *v/t* zum Abschwellen bringen; *fig* demütigen; **2.** *v/i u* **~-se** abschwellen; *fig* bescheiden (*od* normal) werden

desincompatibilizar [dəzĩkũpɐtibəli'zar] (1a) kompatibel machen; *fig* harmonisieren

desincorporar [dəzĩkurpu'rar] (1e) *aus e-r Gruppe* ausgliedern

desincumbir-se [dəzĩkũ'birsə] (3a): **~ *de*** sich entledigen (*gen*); *Auftrag* ausführen; *Amt* ausüben

desinência [dəzi'nẽsjɐ] *f* *GRAM* (Wort)Endung *f*

desinfe(c)|ção [dəzĩfɛ'sɐ̃w] *f* Desinfektion *f*; **~tante** [-'tẽtə] *m* Desinfektionsmittel *n*; **~tar** [-'tar] (1a) desinfizieren; P *j-m* von der Pelle rücken; verschwinden (***de*** von)

desinfest|ação [dəzĩfɛʃtɐ'sɐ̃w] *f* Schädlingsbekämpfung *f*; **~ar** [-'tar] (1a) reinigen (***de*** von)

desinform|ação [dəzĩfurmɐ'sɐ̃w] *f* Fehlinformation *f*; **~ativo** [-mɐ'tivu] nicht informativ; irreführend

desinib|ido [dəzinə'bidu] enthemmt; ungeniert; **~ir** [-'bir] (3l) enthemmen

desinquiet|ar [dəzĩkjɛ'tar] (1a) aus der Ruhe bringen; P *j-n* anstiften (***para*** zu); *et* anzetteln; **~o** [-'kjɛtu] unruhig; F zappelig (*Kind*)

desintegr|ação [dəzĩtəgrɐ'sɐ̃w] *f* (Los)Trennung *f*; Zerfall *m* (*a Atom*); *CIENC* Spaltung *f*; **~ar** [-'grar] (1c) (los)trennen; *aus et* herausnehmen; *Atom* zertrümmern; *fig* auflösen; **~-se** sich auflösen (***em*** in *ac*); sich trennen (***de*** von)

desinteligência [dəzĩtəli'ʒẽsjɐ] *f* Meinungsverschiedenheit *f*; Zwist *m*

desintencional [dəzĩtẽsju'nał] unabsichtlich, versehentlich

desinteress|ado [dəzĩtərə'sadu] desinteressiert; unbeteiligt; uneigennützig (*Einsatz, Arbeit*); **~ante** [-'sẽtə] reizlos, uninteressant; **~ar** [-'sar] (1c) *j-m* gleichgültig sein; **~ *de*** *j-m et* verleiden; *j-n* abbringen von; **~-se *de*** das Interesse verlieren an (*dat*); *Vertrag*: zurücktreten von; **~e** [-'resə] *m* Gleichgültigkeit *f*

desintoxic|ação [dəzĩtɔksikɐ'sɐ̃w] *f* Entgiftung *f*; *bsd* Entziehung *f*; **~ar** [-'kar] (1n) entgiften; *bsd Rauschgift* entziehen; *j-n* entwöhnen

desintrincar [dəzĩtrĩ'kar] (1n) entwirren; auflösen; vereinfachen

desintumescer [dəzĩtuməʃ'ser]

D

(2g) **1.** *v/t* abschwellen lassen; **2.** *v/i u* **~-se** abschwellen; zurückgehen

desist|ência [dəziʃ'tẽsjɐ] *f* Verzicht *m*; *Plan*: Aufgabe *f*; Rücktritt *m*; **~ir** [-zəʃ'tir] (3a): **~ de** verzichten auf (*ac*); *Absicht* aufgeben; *Vertrag*: zurücktreten von; *Kurs*: sich abmelden von; ***fazer ~ de*** abbringen von

desjeito [dəz'ʒɐjtu] *m* Ungeschick(lichkeit *f*) *n*

deslanchar [dizlẽ'ʃar] (1a) *bras* P abhauen; funktionieren (*Schwieriges*)

deslassar [dəʒlɐ'sar] (1b) **a)** locker machen (*od* werden); (sich) auflösen; **b)** gerinnen (*Milch*); schlecht werden (*Essen*); umkippen (*Wein*)

deslav|ado [dəʒlɐ'vadu] verwaschen (*Stoff*); wässrig (*Wein*); *fig* unverschämt; **~ar** [-'var] (1b) *Stoff* verwaschen; ausbleichen; *Wein* verwässern; *fig* frech werden lassen

desleal [dəʒ'ljał] treulos; unlauter (*Angebot*); **~dade** [-'dadə] *f* Treulosigkeit *f*; *Angebot*: Unlauterkeit *f*

desleitar [dəʒlɐj'tar] (1a) melken; *Säugling* abstillen

desleix|ar [dəʒlɐj'ʃar] (1a) vernachlässigen; **~-se de** (*od* **com**, **em**) nachlässig werden in (*dat*); nicht aufpassen bei; **~o** [-'lɐjʃu] *m* Nachlässigkeit *f*

deslembr|ado [dəʒlẽ'bradu] vergesslich; **~ança** [-'brẽsɐ] *f* Vergesslichkeit *f*; **~ar** [-'brar] (1a) vergessen; nicht einfallen (**de** zu); **~-se de** vergessen (*ac od* zu)

deslig|ado [dəʒli'gadu] unverbunden, lose; *EL* ausgeschaltet; P abgehoben; *geistig* abwesend; **~amento** [-gɐ'mẽtu] *m EL* Ab-, Ausschalten *n*; *fig* Loslösung *f*; **~ar** [-'gar] (1o) lösen; *Schnur* aufbinden; *Wagen* abkuppeln; *EL* ab-, ausschalten, -stellen; *Stecker* herausziehen; *TEL Hörer* auflegen; *fig* entbinden; zeitweilig beurlauben; **~-se de** sich (los)lösen von

deslindamento [dəʒlĩdɐ'mẽtu] *m Gelände*: Vermessung *f*; *allg* Klarstellung *f*

deslinguado [dəʒlĩ'gwadu] gesprächig; schwatzhaft

desliz|adeiro [dəʒlizɐ'dɐjru] *m* rutschige(r) Weg *m*; Abhang *m*; *fig* heikle Angelegenheit *f*; **~amento** [-zɐ'mẽtu] *m* (Aus)Rutschen *n*; **~ante** [-'zẽtə] rutschig; **~ar** [-'zar] (1a) *v/i u* **~-se** (dahin-, vorüber-, hinunter)gleiten; fließen (*Wasser*); abrutschen (**de** von); ausgleiten (*a fig*); sich wegschleichen; *fig* sich herauswinden (**de** aus); **~ em** (*od* **sobre**) **o gelo** über das Eis gleiten; ***desliza!*** F hau ab!; **~e** [-'lizə] *m* Ausrutscher *m*; Abfahrt *f*

desloc|ação *f*, *bras* **~amento** *m* [dəʒlukɐ'sɐ̃w, dizloka'mẽtu] Ortsveränderung *f*; Übersiedlung *f*; Reise *f*, Fahrt *f*; *GEOL* Verschiebung *f*; Verlegung *f* (*der Aktivität*); (Luft-)Verdrängung *f*; (Erd)Bewegung *f*; *MED* Ausrenkung *f*; ***despesas*** *f/pl* **de ~** Reisekosten *pl*; Umzugskosten *pl*; **~ar** [-'kar] (1n; *Stv* 1e) verlegen, -setzen, -stellen; *Truppen etc* verschieben; *Industrie* verlagern; *Erdmassen* bewegen; *Luft*, *Wasser* verdrängen; *Arm* ausrenken; **~-se** reisen (**a**, ***para*** nach; in, an *ac*), fahren (**a**, ***para*** nach; in, an *ac*); sich fortpflanzen (*Schall*); sich bewegen; in Bewegung geraten (*Erdmassen*)

deslombar [dəʒlõ'bar] (1a) verprügeln

deslumbr|ador [dəʒlũbrɐ'dor] *m* Blender *m*; **~amento** [-brɐ'mẽtu] *m* Blendung *f*, *fig* Verblendung *f*; Begeisterung *f*; **~ante** [-'brẽtə] blendend; *fig* gewaltig; **~ar** [-'brar] (1a) blenden (*Licht*); *fig* verblenden; begeistern; **~-se com** sich blenden lassen von

deslustr|ar [dəʒluʃ'trar] (1a) den Glanz nehmen; *fig* beflecken; **~e**, **~o** [-'luʃtrə, -'luʃtru] *m* Glanzlosigkeit *f*; *fig* Schande *f*, Makel *m*; **~oso** [-'trozu] glanzlos, trübe; *fig* schändlich

desmagnetizar [dəʒmɐgnəti'zar] (1a) entmagnetisieren

desmai|ado [dəʒmɐ'jadu] schwach (*Farbe*, *Geräusch*); blass (*Farbe*, *Person*); *MED* ohnmächtig; **~ar** [-'jar] (1b) **1.** *v/t* erblassen lassen; *fig* niederschmettern; **2.** *v/i MED* ohnmächtig werden; verblassen (*Farbe*); blass werden (*Person*); (dahin)schwinden (*Vertrauen*); *AUTO* ausgehen; **~o** [-'maju] *m MED* Ohnmacht *f*; Verzagtheit *f*

desmam|a [dəʒ'mɐmɐ] *f* Abstillen

n, Entwöhnung *f*; **~ar** [-'mar] (1a) *Säugling* abstillen, entwöhnen

desmanch|adão [dəʒmɐ̃ʃɐ'dɐ̃w] *m*, **-ona** *f* schlampige(r) Mensch *m*; **~a-prazeres** (*pl inv*) [-prɐ'zerəʃ] *m* P Spiel-, Spaßverderber *m*; **~ar** [-'ʃar] (1a) auseinander nehmen; aufmachen, -trennen; *Plan* zunichte machen; *Freude* verderben; *Getanes* rückgängig machen; *Arm* ausrenken; P abtreiben; **~-se** entzweigehen; durcheinander geraten; sich zerschlagen (*Plan*); sich verrenken; *fig* sich gehen lassen

desmancho [dəʒ'mɐ̃ʃu] *m* Unordnung *f*, Verwirrung *f*; Störung *f*; Zerstörung *f*; P Abtreibung *f*

desmandar-se [dəʒmɐ̃'darsə] (1a) JUR zuwiderhandeln; zu weit gehen; sich gehen lassen; F über die Stränge schlagen

desmantel|amento [dəʒmɐ̃təlɐ'mẽtu] *m* ARQUIT Schleifung *f*; Abbruch *m*; Demontage *f*; *fig* Entlarvung *f*; Zerschlagung *f* (*e-r Vereinigung*); ECON Abwicklung *f*; **~ar** [-'lar] (1c) *Festung* schleifen; *Gebäude* abbrechen; *Werk* demontieren; *Monopol* brechen; *Organisation* zerschlagen; ECON abwickeln; *fig* entlarven

desmarc|ado [dəʒmɐr'kadu] maßlos, ungeheuer; **~ar** [-'kar] (1n; *Stv* 1b) unkenntlich machen; die Markierung(en) entfernen von; *Termin* absagen; *Patienten* abbestellen; **~-se** zu weit gehen

desmascar|amento [dəʒmɐʃkɐrɐ'mẽtu] *m* Entlarvung *f*; **~ar** [-'rar] (1n; *Stv* 1b) demaskieren; *fig* entlarven; enthüllen, aufdecken

desmaterializar [dəʒmɐtərjɐli'zar] (1a) vergeistigen

desmazel|ar-se [dəʒmɐzə'larsə] (1c) sich gehen lassen; verschlampen; **~o** [-mɐ'zelu] *m* Nachlässigkeit *f*; Schlamperei *f*; Schlendrian *m*

desmed|ida [dəʒmə'didɐ] *f* Maßlosigkeit *f*; **~ido** [-'didu] un-, übermäßig; ungeheuer(lich); **~ir-se** [-'dirsə] (3r) das Maß überschreiten (***em*** in *dat*)

desmembr|amento [dəʒmẽbrɐ'mẽtu] *m* Zerstückelung *f*; Zerfall *m*, Auflösung *f*; ARQUIT Parzellierung *f*; **~ar** [-'brar] (1a) zerstückeln, -teilen; (ab)trennen; **~-se** auseinander fallen, sich auflösen; sich loslösen

desmem|ória [dəʒmə'mɔrjɐ] *f* Vergesslichkeit *f*; **~oriado** [-mu'rjadu] vergesslich

desment|ido [dəʒmẽ'tidu] **1.** *adj* falsch; widersprüchlich; **2.** *m* Ableugnung *f*; Richtigstellung *f*; POL Dementi *n*; **~ir** [-'tir] (3e) *Nachricht* dementieren; *j-m* widersprechen; *Behauptung* richtig stellen; *Tatsachen* in Abrede stellen; verleugnen

desmerec|edor [dəʒmərəsə'dor] unwürdig; **~er** [-'ser] (2g) **1.** *v/t Lohn, Lob* nicht verdienen; *Leistung* gering schätzen; **2.** *v/i* an Wert(schätzung) einbüßen (***em*** bei, in *dat*); **~** (***de***) unwürdig sein (*gen*); **~imento** [-si'mẽtu] *m* Unwürdigkeit *f*

desmesur|a [dəʒmə'zurɐ] *f* Unhöflichkeit *f*; **~ar-se** [-'rarsə] (1a) übertreiben; **~ável** [-'ravɛɫ] unmessbar

desmilitariz|ação [dəʒməlitɐrizɐ'sɐ̃w] *f* Entmilitarisierung *f*; **~ar** [-'zar] (1a) entmilitarisieren

desminar [dəʒmi'nar] (1a) von Minen räumen

desmiolado [dəʒmju'ladu] F hirnverbrannt

desmobil|(i)ado [dəʒmubi'l(j)adu] unmöbliert; **~(i)ar** [-'l(j)ar] (1a *bzw* 1g) *Haus* ausräumen

desmoer [dəʒ'mwer] (2f) F verdauen

desmoitar [dəʒmoj'tar] (1a) roden; *fig* zurechtstutzen

desmont|agem [dəʒmõ'taʒɐ̃j] *f* Demontage *n*; Abbau *m*; **~ar** [-'tar] (1a) **1.** *v/t* auseinander nehmen; *Maschine* ab-, demontieren; *j-n* absitzen lassen; *Reiter* abwerfen; *fig* aufdecken; **2.** *v/i* absitzen; **~ável** [-'tavɛɫ] zerlegbar; abnehmbar

desmoraliz|ação [dəʒmurɐlizɐ'sɐ̃w] *f* Demoralisierung *f*; Sittenverfall *m*; **~ador**, **~ante** [-zɐ'dor, -'zɐ̃tə] demoralisierend; **~ar** [-'zar] (1a) *Truppen etc* demoralisieren; entmutigen; *moralisch* in Verruf bringen; abbringen (***de*** von); **~-se** in Verruf geraten

desmoron|adiço [dəʒmurunɐ'disu] bröckelig (*Mauer*); baufällig (*Haus*); **~amento** [-nɐ'mẽtu] *m* GEOL Erd-, Bergrutsch *m*; *Haus*: Einsturz *m*; Zerfall *m*; Zusammenbruch *m* (*a fig*); **~ar** [-'nar] (1f) **1.** *v/t Gebäude* ab-, einreißen; zum Einsturz bringen; umstürzen; *fig* untergraben; **2.** *v/i u* **~-se** einstürzen (*Haus*); zerbröckeln, zerfallen (*Mauer*); zusammenbrechen (*System*); abrutschen (*Erdmassen*)

D

desmotiv|ado [dəʒmuti'vadu] unmotiviert; **~ar** [-'var] (1a) abschrecken; demotivieren

desmultiplicação [dəzmuɫtiplikɐ'sɐ̃w] *f* TÉCN Untersetzung *f* (*e-s Getriebes*); Drehzahlverringerung *f*

desnacionaliz|ação [dəʒnɐsjunɐlizɐ'sɐ̃w] *f* ECON Reprivatisierung *f*; Ausbürgerung *f*

desnat|ação [dəʒnɐtɐ'sɐ̃w] *f* Entrahmung *f*; **~ar** [-'tar] (1b) *Milch* entrahmen; ***leite** m **desnatado*** Magermilch *f*

desnatur|ado [dəʒnɐtu'radu] **1.** *adj* widernatürlich; grausam; ***álcool** m* **~** Brennspiritus *m*; **2.** *m* Unmensch *m*; **~alizar** [-rɐli'zar] (1a) ausbürgern

desnecess|ariamente [dəʒnəsəsarjɐ'mẽtə] unnötigerweise; **~ário** [-'sarju] unnötig, überflüssig

desnegociar [dəʒnəgu'sjar] (1h) Vereinbarung widerrufen hinsichtlich

desnível [dəʒ'nivɛɫ] *m* (Höhen)Unterschied *m*; Absatz *m*; Unebenheit *f* (*im Gelände*); Gefälle *n*

desnivel|amento [dəʒnivəlɐ'mẽtu] *m* Verschiebung *f*; Ableiten *n*; **~ar** [-'lar] (1c) aus der Waagerechten (*fig* aus dem Gleichgewicht) bringen; uneben machen; *fig* unterscheiden

desnorte|ado [dəʒnur'tjadu] richtungs-, ziel-, orientierungslos; ratlos; **~amento** [-tjɐ'mẽtu] *m* Richtungs-, Orientierungslosigkeit *f*; Verwirrung *f*; Ratlosigkeit *f*; **~ar** [-'tjar] (1l) **1.** *v/t* vom Kurs abbringen; *fig* irreführen; verwirren; **2.** *v/i u* **~-se** die Orientierung verlieren; sich nicht mehr zurechtfinden; *fig* ratlos werden (**com** wegen)

desnublado [dəʒnu'bladu] wolkenlos

desnuclearizado [dəʒnukljɐri'zadu] kernwaffenfrei

desnud|amento [dəʒnudɐ'mẽtu] *m* Ablegen *n*, Ausziehen *n* (*der Kleidung*); Entblößung *f* (*e-s Körperteils*); **~ar** [-'dar] (1a) entblößen; bloßlegen; **~-se** sich ausziehen; **~o** [-'nudu] nackt

desnutr|ição [dəʒnutri'sɐ̃w] *f* Unterernährung *f*; **~iente** [-'trjẽtə] abmagernd, Abmagerungs...; **~ir** [-'trir] (3a) unzureichend ernähren

desobed|ecer [dəzobədə'ser] (2g) den Gehorsam verweigern (**a** *j-m*); nicht gehorchen; *Anordnung*: sich widersetzen; nicht beachten; zuwiderhandeln; **~iência** [-'djẽsjɐ] *f* Ungehorsam *m*; *Anordnung*: Nichtbeachtung *f*; JUR Zuwiderhandlung *f*; **~iente** [-'djẽtə] **1.** *adj* ungehorsam; widerspenstig; **2.** *su* Widerspenstige(r) *su*; JUR Zuwiderhandelnde(r) *su*

desobrig|ação [dəzobrigɐ'sɐ̃w] *f* Entlastung *f*, Befreiung *f* (*von e-r Pflicht*); **~ar** [-'gar] (1o) entlasten (*a* ECON); *allg* befreien (**de** von), entbinden (**de** von); **~-se** s-n Verpflichtungen nachkommen; sich entledigen (***de um compromisso*** e-r Verpflichtung)

desobstru|ção [dəzobʃtru'sɐ̃w] *f* Säuberung *f*; Befreiung *f* (*von Unrat*); Freilegung *f* (*von Verschüttetem*); Öffnung *f* (*e-s Durchgangs*); **~ir** [-'trwir] (3k) *Verstopfung* beheben; säubern (**de** von); *Verschüttetes* freilegen; *Durchgang* öffnen

desocasionado [dəzukazju'nadu] ungelegen, unpassend

desocup|ação [dəzokupɐ'sɐ̃w] *f* **a)** Beschäftigungslosigkeit *f*; **b)** (*Wohnungs*) Räumung *f*; **~ado** [-'padu] **a)** unbeschäftigt; arbeitslos; **b)** frei; leer stehend (*Wohnung*); **~ar** [-'par] (1a) *Wohnung* (aus)räumen; *Stelle* freimachen; *j-n* entlassen; **~-se** frei werden (*Wohnung etc*); sich entledigen (**de** *e-r Aufgabe*)

desodor(iz)ante [dəzodu'rẽtə, -ri'zẽtə] *m* Deodorant *n*

desofuscar [dəzofuʃ'kar] (1n) erhellen; aufhellen; **~-se** sich aufklären

desol|ação [dəzulɐ'sɐ̃w] *f* Untröstlichkeit *f*; *fig* Verheerung *f*; Ruin *m*; **~ado** [-'ladu] untröstlich (*Person*); trostlos, desolat (*Zustand*); **~ar** [-'lar] (1e) erschüttern, niederschmettern; verheeren (*Krieg*); **~-se** verzweifeln

desonest|idade [dəzunəʃti'dadə] *f* Unehrlichkeit *f*; Unanständigkeit *f*; **~o** [-'nɛʃtu] unehrlich; unanständig
desonr|a [də'zõʀɐ] *f* Ehrverlust *m*, Schande *f*; Ehrlosigkeit *f*; **~ar** [-'ʀar] (1a) **1.** *v/t* entehren; *j-m* Schande machen; in Misskredit bringen; **2.** *v/i* ehrenrührig sein; **~-se** s-e Ehre verlieren (**com** bei); **~oso** [-'ʀozu] entehrend; schändlich
desoprimir [dəzɔpri'mir] (3a) erleichtern; befreien (**de** von)
desoras [də'zɔrɐʃ] *f/pl*: **a ~** zur Unzeit
desord|eiro [dəzur'dɐjru] **1.** *adj* streitsüchtig; **2.** *m* Randalierer *m*, Unruhestifter *m*; **~em** [də'zɔrdɐ̃j] *f* Unordnung *f*, Durcheinander *n*; Verwirrung *f*; POL Unruhe *f*; **~enado** [-də'nadu] unordentlich; regellos; liederlich (*Leben*); ungezügelt (*Trieb*); wirr (*Geist*); wild (*Flucht*)
desorganiz|ação [dəzɔrgɐnizɐ'sɐ̃w] *f* Desorganisation *f*; **~ar** [-'zar] (1a) desorganisieren; **~-se** in Unordnung geraten
desorient|ação [dəzorjẽtɐ'sɐ̃w] *f* Richtungs-, Ziellosigkeit *f*; *örtl* Desorientierung *f*; *fig* Ratlosigkeit *f*, Verwirrung *f*; **~ar** [-'tar] (1a) irreführen; verwirren; **~-se** die Richtung verlieren; abkommen (**de** von) (*Weg*); *fig* ratlos werden; sich nicht mehr zurechtfinden (**com** mit)
desornado [dəzɔr'nadu] schmucklos
desossar [dəzɔ'sar] (1e) entbeinen
desova [də'zɔvɐ] *f* Laichen *n*; Laichzeit *f*
desoxi|dar [dəzɔksi'dar] (1a) Rost entfernen von; QUÍM desoxidieren; **~genar** [-ʒə'nar] (1d) desoxidieren
despach|ado [dəʃpɐ'ʃadu] flink, F fix, tüchtig; **~ante** [-'ʃɐ̃tə] *su* Zollexpedient(in *f*) *m*; Speditionskaufmann *m*, -frau *f*; **~ar** [-'ʃar] (1b) **1.** *v/t Auftrag, Aufgabe* erledigen; *Ware, Kunden* abfertigen; *Brief* absenden; *Telegramm* aufgeben; *Schriftstück* ausfertigen; *Gesuch* bewilligen; *j-n* ernennen; *Rechtsfall* entscheiden; F *j-m* Beine machen; *bras j-n* wegschicken; **2.** *v/i* die (laufenden) Geschäfte erledigen; **~-se** F sich sputen
despacho [dəʃ'paʃu] *m* Abfertigung *f*; *Auftrag*: Erledigung *f*; Ausfertigung *f*; *Gesuch*: Bewilligung *f*; *Güter*: Expedition *f*, Versand *m*; JUR Beschluss *m*; **dar ~ a** *Gesuch etc* e-e Entscheidung treffen über (*ac*), befinden über (*ac*); *Ware* abfertigen; **dar um ~ a** P *j-m* eins verpassen; **ir a ~** den Instanzenweg gehen
despautério [dəʃpaw'tɛrju] *m* F Blödsinn *m*, Quatsch *m*
despedaçar [dəʃpədɐ'sar] (1p; *Stv* 1b) zerstückeln; *mit Gewalt* zerschlagen
desped|ida [dəʃpə'didɐ] *f* Abschied *m*; Verabschiedung *f*; Ausklang *m* (*e-r Veranstaltung*); **dar as ~s** beenden, zu e-m Ende kommen; **~imento** [-di'mẽtu] *m* Entlassung *f*; **~ em massa** Massenentlassung *f*; **~ir** [-'dir] (3r) verabschieden; *Personal* entlassen; *Schuss* abgeben; *Schlag* versetzen; *Schrei, Fluch* ausstoßen; *Hitze, Duft* ausströmen; *allg a* schicken; **~-se** sich verabschieden (**de** von); *Stelle* kündigen; *Amt* niederlegen; **~-se à francesa** sich auf französische Art verabschieden (*grußlos gehen*)
despeg|ar [dəʃpə'gar] (1o; *Stv* 1c) ab-, loslösen; *fig* das Interesse verlieren an (*dat*); **~o** [-'pegu] *m* Desinteresse *n*
despeit|ar [dəʃpɐj'tar] (1a) ärgern, reizen; abschätzig behandeln; **~o** [-'pɐjtu] *m* Verachtung *f*, Abscheu *m*; Verdruss *m*; **a ~ de** trotz
despej|ado [dəʃpə'ʒadu] leer (*Flasche, Platz*); frei; klar; wolkenlos (*Himmel*); *fig* schamlos; **~ar** [-'ʒar] (1d) **1.** *v/t Glas* leeren; *Flüssigkeit* ausgießen; *Weg* freimachen; *Haus* räumen; *Getränk* kippen; **~ à bomba** auspumpen; **2.** *v/i* ausziehen; **~o** [-ʒu] *m Gefäß*: Entleerung *f*; *Wohnung*: Zwangsräumung *f*; Gerümpel *n*; *fig* Frechheit *f*; Lockerheit *f* (*der Sitten*); **~s** *pl* Abfall *m*; Dreck *m*
despelar [dəʃpə'lar] (1c) **1.** *v/t* häuten, schälen; **2.** *v/i* sich schälen (*Haut*)
despenalização [dəʃpənɐlizɐ'sɐ̃w] *f* Aufhebung *f* der Strafverfolgung
despencar [dispẽ'kar] (1n) *bras* (her)abstürzen
despender [dəʃpẽ'der] (2a) *Geld* ausgeben (**em** für); *Zeit, Mühe* auf-,

verwenden (**em** für); *fig* verschwenden; *j-n* überschütten mit
despenh|adeiro [dəʃpɲɐ'dɐjru] *m* Abgrund *m* (*a fig*); Steil-, Abhang *m*; **~ar**(**-se**) [-'ɲar(sə)] (1d) (her-, hin)abstürzen; *fig* stürzen
despensa [dəʃ'pẽsɐ] *f* Speisekammer *f*; → ***dispensa***
despentear [dəʃpẽ'tjar] (1l) *Haare* zerzausen; *Frisur* auflösen
desperceb|er [dəʃpərsə'ber] (2c) nicht bemerken; nicht beachten; **~ido** [-'bidu] unbeachtet; unvorsichtig; ***passar*** **~** unbemerkt bleiben
desperdiç|ado [dəʃpərdi'sadu] **1.** *adj* verschwenderisch; **2.** *m* = **~ador** [-sɐ'dor] *m* Verschwender *m*; **~ar** [-'sar] (1p) verschwenden, verschleudern, vergeuden (**em** für)
desperdício [dəʃpər'disju] *m* **a)** Verschwendung *f*; **b)** Abfall *m*; **~s** *pl* ***industriais*** Industrieabfälle *m/pl*
desperecer [dəʃpərə'ser] → ***deperecer***
despersonalizar [dəʃpərsunɐli'zar] (1a) der Persönlichkeit berauben
despersuadir [dəʃpərswɐ'dir] (3b) *j-n* abbringen (**de** von)
despert|ador [dəʃpərtɐ'dor] *m* Wecker *m*; **~ar** [-'tar] (1c) **1.** *v/t* wecken; *Gefühl* erwecken; *Erinnerung* wachrufen; *Neugier* erregen; *j-n* aufmuntern; **2.** *v/i* auf-, erwachen (**de** aus *dat*); **~o** [-'pɛrtu] hellwach; *fig* aufgeweckt
despesa [dəʃ'pezɐ] *f finanzielle* Ausgabe *f*; (Zeit)Aufwand *m*; **~s** *pl* (Un)Kosten *pl*; ***cortar*** (***n***)***as*** **~s** die Kosten reduzieren
despicar-se [dəʃpi'karsə] (1n) sich rächen (**de** für, ***com*** an *dat*)
despido [dəʃ'pidu] nackt, bloß; kahl (*Baum*); **~ *de*** bar (*gen*) ohne
despiedoso [dəʃpjə'dozu] mitleidlos
despique [dəʃ'pikə] *m* Genugtuung *f*; Herausforderung *f*; *Sport*: (End-)Spurt *m*; ***a*** **~** verstritten; ***ao*** **~** um die Wette
despir [dəʃ'pir] (3c) *j-n*, *et* ausziehen; *Hülle* abstreifen; *Fehler* ablegen
despist|ar [dəʃpiʃ'tar] (1a) irreführen; ablenken; **~-se** aus der Bahn geraten; *AUTO* von der Fahrbahn abkommen; **~e** [-'piʃtə] *m* Abweichen *n* von der Norm; Ausrutscher *m*
despoeirar [dəʃpwɐj'rar] (1a) ab-, entstauben
despoj|ar [dəʃpu'ʒar] (1e) berauben (**de** *gen*); ausplündern; **~-se de** *Kleidung* ablegen; **~o** [-'poʒu] *m* Beraubung *f*; (Kriegs)Beute *f*; Nachlass *m* (*Erbe*); Balg *m* (*Tier*); **~s** *pl* Überbleibsel *n/pl*; Reste *m/pl*
despolitização [dəʃpulətizɐ'sɐ̃w] *f* Entpolitisierung *f*, politische Gleichgültigkeit *f*
despolu|ente [dəʃpu'lwẽtə] Verschmutzung abbauend, reinigend; **~ição** [-lui'sɐ̃w] *f* Beseitigung *f* von Verschmutzung, Säuberung *f*; **~ído** [-'lwidu] sauber; **~ir** [-'lwir] (3i) reinigen, säubern
despontar [dəʃpõ'tar] **1.** (1a) **a)** *v/t Spitze* abstumpfen, abbrechen; *Klinge etc* abnutzen **b)** *v/i* anbrechen (*Tag*); aufsteigen (*Gestirn etc*); auftauchen; *fig* keimen; **2.** *m* Anbruch *m*
desport|ista [dəʃpur'tiʃtɐ] *su* Sportler(in *f*) *m*; **~ivo** [-'tivu] sportlich; Sport(s)...
desporto [dəʃ'portu] *m* Sport *m*; **~ *amador*** Amateursport *m*; **~ *de alta competição*** Hochleistungssport *m*; **~ *em pista coberta*** Hallensport *m*; **~s** *pl* Sport(arten *f/pl*) *m*; ***praticar*** **~** Sport treiben
desposar [dəʃpu'zar] (1e) (ver)heiraten
desp|ótico [dəʃ'pɔtiku] despotisch; **~otismo** [-pu'tiʒmu] *m* Despotismus *m*
despovo|ação *f*, **~amento** *m* [dəʃpuvwɐ'sɐ̃w, -'mẽtu] Entvölkerung *f*; **~ado** [-'vwadu] *m* unbewohnte Gegend *f*, Einöde *f*
despraz|er [dəʃprɐ'zer] **1.** *v/i* (2s) missfallen; **2.** *m* Missfallen *n*; **~ível** [-'zivɛɫ] unangenehm
desprecat|ado [dəʃprəkɐ'tadu] unvorsichtig; ahnungs-, arglos; **~ar-se** [-'tarsə] (1b) nicht aufpassen
desprecaver [dəʃprəkɐ'ver] (2b) unvorsichtig (*od* sorglos) machen
despregar [dəʃprə'gar] (1o; *Stv* 1c) **a)** ab-, herausreißen; losreißen (*a fig*); ab-, aufmachen; **b)** *Falte* glätten; **~-se** ab-, aufgehen
desprendado [dəʃprẽ'dadu] unbegabt

desprend|er [dəʃprẽ'der] (2a) ab-, losmachen; lösen; *Augen etc* abwenden; *Nägel* herausziehen; *Wort* ausstoßen; **~ido** [-'didu] lose; *fig* uneigennützig; gleichgültig (**de** gegen); **~imento** [-di'mẽtu] *m* Ab-, Loslösung *f*; GEOL Erdrutsch *m*; *fig* Uneigennützigkeit *f*; Gleichgültigkeit *f*

despreocup|ação [dəʃprjukupɐ'sɐ̃w] *f* Ahnungslosigkeit *f*; Sorglosigkeit *f*; **~ar** [-'par] (1a) beruhigen; sorglos machen (**de** gegenüber); **~-se de** vernachlässigen

desprest|igiar [dəʃprəʃti'ʒjar] (1g) in Misskredit bringen; um sein Ansehen bringen; **~ígio** [-'tiʒju] *m* Prestigeverlust *m*

despretens|ão [dəʃprətẽ'sɐ̃w] *f* Anspruchslosigkeit *f*; **~ioso** [-'sjozu] anspruchslos, bescheiden

despreven|ido [dəʃprəvə'nidu] unvorbereitet; ahnungslos; unbefangen; sorglos (*Person*); überraschend (*Ereignis*); **estar ~** F gerade kein Geld (dabei) haben; **~ir** [-'nir] (3d) sorglos machen; **~-se** keine Vorkehrungen treffen

desprez|ador [dəʃprəzɐ'dor] *m* Verächter *m*; **~ar** [-'zar] (1c) verachten; außer Acht lassen; **~-se** sich erniedrigen; sich schämen (**de** für); **~ável** [-'zavɛł] verächtlich; schändlich

desprezo [dəʃ'prezu] *m* Verachtung *f*; Vernachlässigung *f*; **dar** (*od* **votar**) **ao ~** verachten; **dar-se ao ~** sich erniedrigen (**de** zu)

desprivilegi|ado [dəʃprəvilə'ʒjadu] unterprivilegiert; **~ar** [-'ʒjar] (1g) der Vorrechte berauben; benachteiligen

despromo|ção [dəʃprumu'sɐ̃w] *f* Degradierung *f*; **~ver** [-'ver] (2d) zurückversetzen, degradieren

despron|úncia [dəʃpru'nũsjɐ] *f* Zurückziehung *f* der Anklage (**de** gegen); **~unciar** [-nũ'sjar] (1g) die Anklage gegen *j-n* zurückziehen

despropor|ção [dəʃprupur'sɐ̃w] *f* Missverhältnis *n*; **~cionado** [-sju'nadu] unverhältnismäßig (*groß, lang, hoch etc*); ungleich; unangemessen (*Strafe*); **~cionar** [-sju'nar] (1f) die Proportionen ändern von; ins Missverhältnis setzen; unverhältnismäßig *groß, lang etc* machen

desproposit|ado [dəʃprupuzi'tadu] unbeabsichtigt; *zeitl* ungelegen; unbegründet (*Verdacht*); unklug, unsinnig (*Äußerung*); **~ar** [-'tar] (1a) Unsinn reden (*od* machen)

despropósito [dəʃpru'pɔzitu] *m* Ungereimtheit *f*; Unsinn *m*; Versehen *n*

desprote|(c)ção [dəʃprutɛ'sɐ̃w] *f* Verlassenheit *f*; Schutzlosigkeit *f*; **~gido** [-tə'ʒidu] schutzlos, verlassen; ungeschützt (*Ort*)

desprov|eito [dəʃpru'vɐjtu] *m* Nachteil *m*, Schaden *m*; **~er** [-'ver] (2n) nicht versorgen (**de** mit); *j-n* berauben (**de** *gen*); *j-m* vorenthalten (**de** *ac*); **~ido** [-'vidu] unversorgt; unvorbereitet; hilflos; **~ de** ohne; **~ de recursos** mittellos

despudor [dəʃpu'dor] *m* Schamlosigkeit *f*

desqualific|ação [dəʃkwɐləfikɐ'sɐ̃w] *f* Untauglichkeit *f*; Unfähigkeit *f*; *Sport*: Disqualifizierung *f*; **~ar** [-'kar] (1n) für unfähig erklären; *Sport*: disqualifizieren (*a fig*)

desquit|ar [dəʃki'tar] (1a) *Ehepartner* trennen; F *Säugling* abstillen; **~-se de** sich trennen (*od* zurückziehen) von; **~e** [-'kitə] *m* JUR Trennung *f* (*von Tisch u Bett*); *Spiel*: Revanche *f*

desratização [dəʒʀɐtizɐ'sɐ̃w] *f* Rattenbekämpfung *f*

desregr|ado [dəʒʀə'gradu] ungeregelt; unmäßig; ausschweifend, zügellos (*Leben*); **~amento** [-grɐ'mẽtu] *m* Regellosigkeit *f*; Unmäßigkeit *f*; Ausschweifung *f*; **~ar** [-'grar] (1c) in Unordnung bringen; **~-se** sich gehen lassen; ausschweifen

desregulamentação [dəʒʀəgulɐmẽtɐ'sɐ̃w] *f* ECON Deregulierung *f*

desrespeit|ar [dəʒʀəʃpɐj'tar] (1a) *Regel* missachten; *j-n* unhöflich behandeln; **~o** [-'pɐjtu] *m* Missachtung *f* (*v Regeln*); Unhöflichkeit *f*; Respektlosigkeit *f*; **~ pela prioridade** Nichtbeachtung *f* der Vorfahrt; **~oso** [-'tozu] unhöflich; frech

dessa ['dɛsɐ] *Zssg von* **de** *u* **essa**

dessalgar [dəʃsał'gar] (1o) entsalzen; *fig* veröden

dessangrar [dəʃsẽ'grar] (1a) ausbluten lassen (*a fig*); *fig* schwächen; **~-se** verbluten

D

desse ['desə] **1.** *Zssg von* ***de*** *u* ***esse***; **2.** → ***dar***
dessec|ação [dəʃsəkɐ'sɐ̃w] *f* Trockenlegung *f*, Austrocknung *f* (*e-s Sumpfes*); Dörren *n* (*v Obst*); Verdorren *n* (*e-r Pflanze*); *TÉCN a* Entwässerung *f*; **~ar** [-'kar] (1n; *Stv* 1c) *Sumpf* trockenlegen; *Felder* austrocknen (*a fig*); *Pflanze* trocknen
dessensibilização [dəʃsẽsibəlizɐ'sɐ̃w] *f MED* Desensibilisierung *f*
desserviço [dəʃsər'visu] *m* schlechte(r) Dienst *m*, F Bärendienst *m*
dessoldar [dəʃsoɫ'dar] (1a) (ab)lösen; abtrennen; *TÉCN* abschweißen
dessoutro [dəʃ'sotru] *Zssg von* ***de*** *u* ***outro***
desta ['dɛʃtɐ] *Zssg von* ***de*** *u* ***esta***
destac|ado [dəʃtɐ'kadu] herausragend (*Leistung*, *Persönlichkeit*); führend; deutlich (*Anzeichen*); *MÚS* staccato; **~amento** [-kɐ'mẽtu] *m MIL* (Sonder)Kommando *n*; **~ar** [-'kar] (1n; *Stv* 1b) **1.** *v/t MIL* abkommandieren; entsenden; *fig* hervorheben; auszeichnen; **2.** *v/i u* **~-se** herausragen (***de*** aus); sich abheben; **~ável** [-'kavɛɫ] herausnehmbar
destampar [dəʃtɐ̃'par] (1a) den Deckel abheben von; ab-, aufdecken; **~ *a*** anfangen zu; **~ *em*** ausbrechen in (*ac*); führen zu
destapar [dəʃtɐ'par] (1b) aufdecken; **~-se** sich freistrampeln (*Kind*)
destaque [dəʃ'takə] *m* herausragende Persönlichkeit *f*; herausragende(s) Ereignis *n*; ***pôr em ~*** *fig* hervorheben; ***de ~*** herausragend; hochgestellt (*Person*); ***em ~*** gut sichtbar
destarte *bras* [dɛs'tarti] hierdurch
deste ['deʃtə] **1.** *Zssg von* ***de*** *u* ***este***; **2.** → ***dar***
destelhar [dəʃtə'ʎar] (1d) *Dach* abdecken
destem|idez [dəʃtəmi'deʃ] *f* Unerschrockenheit *f*; **~ido** [-'midu] furchtlos; kühn
destemper|adamente [dəʃtẽpərадɐ'mẽtə] unsinnigerweise; **~ado** [-'radu] unmäßig; heftig; rau; *MÚS*, *MED* verstimmt; wässrig (*Wein*, *Farbe*); **~ar** [-'rar] (1c) **1.** *v/t Temperatur* abschwächen; *Schnaps* wässern; *Geschmack* mildern; *MÚS*, *MED* verstimmen; *allg* stören; **2.** *v/i* Unsinn reden; **~-se** *fig* es zu weit treiben; **~o** [-'peru] *m* Durcheinander *n*; Störung *f*; *fig* Heftigkeit *f*; Ungehörigkeit *f*
desterr|ar [dəʃtə'ʀar] (1c) verbannen; ausweisen; *fig* verscheuchen; **~o** [-'teʀu] *m* Verbannung *f*
destil|ação [dəʃtilɐ'sɐ̃w] *f* Destillation *f*; **~ar** [-'lar] (1a) **1.** *v/t QUÍM* destillieren; *Schnaps* brennen; träufeln; **2.** *v/i* tropfen; *fig* triefen (***de*** vor); **~aria** [-lɐ'riɐ] *f* (Schnaps-)Brennerei *f*
destin|ação [dəʃtinɐ'sɐ̃w] *f* Bestimmung(sort *m*) *f*; Ziel *n*; **~ar** [-'nar] (1a) bestimmen (***a*** für); zuweisen; *Brief* richten (***a*** an *ac*); **~-se *a*** *od* ***para*** bestimmt sein für (*Mittel*, *Geld*); sich entscheiden für; sich widmen (*dat*); **~atário** [-nɐ'tarju] *m* Empfänger *m*
destino [dəʃ'tinu] *m* Schicksal *n*; *Reise*: Bestimmung(sort *m*) *f*; *Mittel*, *Geld*: Ziel *n*, Zweck *m*; ***com ~ a*** *Reise* nach ...; ***sem ~*** aufs Geratewohl; ***ironia*** *f* ***do ~*** Ironie *f* des Schicksals
destintagem [dəʃtĩ'taʒɐ̃j] *f* Entfärbung *f* (*bsd Papierrecycling*)
destitu|ição [dəʃtitui'sɐ̃w] *f* Absetzung *f*, Amtsenthebung *f*; Entlassung *f*; **~ído** [-'idu]: **~ *de*** entblößt (*gen*); bar; **~ *de bom senso*** unklug; **~ *de razão*** grundlos; **~ir** [-'twir] (3i) *des Amtes* entheben; *j-n* absetzen, entlassen (***de*** aus); **~ *alg de*** *Macht* j-m entziehen; *Information* j-m vorenthalten
desto|ante [dəʃ'twɐ̃tə] falsch (klingend); verschiedenartig; ungewöhnlich (*Verhalten*); **~ar** [-'twar] (1f) falsch singen (*od* spielen); aus der Reihe tanzen; **~ *de*** nicht passen zu; **~ *em*** verfallen in (*ac*)
destoldar [dəʃtoɫ'dar] (1e) *Plane*, *Sonnendach* entfernen; *Wein etc* klären; **~-se** sich aufheitern (*Himmel*)
destorcer [dəʃtur'ser] (2g) **1.** *v/t* gerade biegen; *MED* einrenken (*a fig*); **2.** *v/i* umkehren; kehrtmachen; abkehren (***de*** von)
destoutro [deʃ'totru] *Zssg von* ***deste*** *u* ***outro***
destra ['dɐjʃtrɐ] *f* → ***dextra***
destramar [dəʃtrɐ'mar] (1a) *fig* entwirren; *Intrige* aufdecken
destrambelh|ado [dəʃtrẽbə'ʎadu] P **1.** *adj* verrückt; **2.** *m* Schwachsin-

nige(r) *m*; **~ar** [-'ʎar] (1d) P konfus sein; Unsinn machen; **~o** [-'beʎu] *m* P Chaos *n*; Schwachsinn *m*

destrancar [dəʃtrɐ̃'kar] (1n) aufriegeln

destransar [dəʃtrɐ̃'zar] (1a) P verhunzen, ruinieren

destratar [dəʃtrɐ'tar] (1a) beschimpfen

destrav|ado [dəʃtrɐ'vadu] nicht abgebremst; halt-, zügellos; **~ar** [-'var] (1b) *Bremse* lösen; *Zügel* lockern

destrein|ado [dəʃtrej'nadu] aus der Übung; *Sport*: untrainiert; **~ar-se** [-'narsə] (1a) aus der Übung kommen

destreza [dəʃ'trezɐ] *f* Geschicklichkeit *f*; Kunstgriff *m*; F Kniff *m*

destribar-se [dəʃtri'barsə] (1a) *fig* den Halt verlieren

destrinç|a [dəʃ'trĩsɐ] *f* Zerlegung *f*; Entwirrung *f*; **~ar** [-'sar] (1p) auseinander nehmen, zerlegen (*a fig*); entwirren; *von weitem* erkennen

destro ['dɐjʃtru] geschickt; schlau

destrocar [dəʃtru'kar] (1n) P *Geld* wechseln

destroç|ar [dəʃtru'sar] (1o; *Stv* 1e) **1.** *v/t* zerschlagen, -trümmern, -stückeln; *Heer* vernichtend schlagen; *Geld*, *Vermögen* verschleudern; **2.** *v/i* auseinander laufen, sich zerstreuen; **~o** [-'trosu] *m* Vernichtung *f*; **~s** *pl* Trümmer *pl*

destronar [dəʃtru'nar] (1f) *vom Thron* absetzen

destroncar [dəʃtrõ'kar] (1n) verstümmeln; *Glied* abhauen

destru|ição [dəʃtrui'sɐ̃w] *f* Zerstörung *f*; Vernichtung *f*; **~idor** [-'dor] *m* Zerstörer *m* (*a* MIL); **~ir** [-'trwir] (3k) zerstören; **~tivo** [-'tivu] zerstörerisch; destruktiv; zersetzend

desumano [dəzu'mɐnu] unmenschlich

desumidific|ador [dəzumidəfikɐ'dor] *m* (Raum-, Luft)Entfeuchter *m*; **~ar** [-'kar] (1n) entfeuchten

desunhar-se [dəzu'ɲarsə] (1a) *fig* sich nach der Decke strecken; sich auf die Arbeit stürzen

desun|ião [dəzu'njɐ̃w] *f* Uneinigkeit *f*; Trennung *f*; **~ir** [-'nir] (3a) trennen; entzweien

desurdir [dəzur'dir] (3a) *fig* aufdecken

desuso [də'zuzu] *m* Nichtgebrauch *m*; ***cair em ~*** veralten

desvair|ado [dəʒvaj'radu] **1.** *adj* verwirrt, durcheinander; überspannt; kopflos; **2.** *m* Hektiker *m*, Chaot *m*; **~ar** [-'rar] (1a) **1.** *v/t* verblenden; verwirren; irreführen; **2.** *v/i* den Verstand verlieren; Unsinn reden (*od* machen)

desval|ido [dəʒvɐ'lidu] hilflos; schutzlos; **~or** [-'lor] *m* Wertlosigkeit *f*; *fig* Feigheit *f*

desvaloriz|ação [dəʒvɐlurizɐ'sɐ̃w] *f* Entwertung *f*; *Geld*: Abwertung *f*; **~ar** [-'zar] (1a) entwerten; *Währung* abwerten; ***~-se*** wertlos werden; im Wert sinken

desvanec|er [dəʒvɐnə'ser] (2g) verscheuchen; *Verdacht* zerstreuen; *Hoffnung* auslöschen; zunichte machen; *j-m* zu Kopfe steigen (*Ruhm*); ***~-se*** verfliegen (*Hoffnung*); sich verflüchtigen (*Nebel*); verschwinden; *fig* eitel werden; stolz sein (***de***, ***em*** auf *ac*); **~ido** [-'sidu] eitel (*Person*); flüchtig; verblasst (*Farbe*); **~imento** [-si'mẽtu] *m* Schwäche *f*, Niedergeschlagenheit *f*; *fig* Dünkel *m*; Stolz *m*

desvant|agem [dəʒvɐ̃'taʒɐ̃j] *f* Nachteil *m*; **~ajoso** [-tɐ'ʒozu] nachteilig; ungünstig

desvão(s) [dəʒ'vɐ̃w] *m*(*pl*) (Dach-)Boden *m*; (Schlupf)Winkel *m*

desvario [dəʒvɐ'riw] *m* (Fieber-)Wahn *m*; Wahnsinn *m*; Wahnvorstellung *f*

desvel|ado [dəʒvə'ladu] **a)** wachsam besorgt; liebevoll; **b)** unverhüllt; offenbar; **~ar** [-'lar] (1c) **a)** aufpassen; *nachts* wach sein; ***~-se em*** (*od* ***por***) sich bemühen um; sich Mühe geben mit; **b)** enthüllen (*a fig*); aufhellen; ***~-se*** offenbar werden; **~o** [-'velu] *m* Sorge *f* (*a fig*)

desvendar [dəʒvẽ'dar] (1a) *j-m* die Binde abnehmen; *fig j-m* die *Augen* öffnen; *Geheimnis* aufdecken

desventur|a [dəʒvẽ'turɐ] *f* Unglück *n*; **~ado**, **~oso** [-'radu, -'rozu] unglücklich

desvergonha [dəʒvər'goɲɐ] *f* Unverschämtheit *f*; Schamlosigkeit *f*

desvi|ado [dəʒ'vjadu] abgelegen; fern (stehend); **~ar** [-'vjar] (1g) **1.** *v/t* ablenken; *von der Fahrbahn* abdrängen; entfernen; *Augen* abwenden; *Kopf* zur Seite biegen; *Stuhl* beiseite rücken; *Sendung* fehlleiten; *Verkehr* umleiten; *Industrie etc* verlagern; *Zusammenstoß etc* vermeiden; *Schlag* parieren, abwehren; *Geld, Betrag* abzweigen; unterschlagen; **~ de** (weg)nehmen von; *Plan, rechter Weg*: abbringen von; abkommen von (*a fig*); **2.** *v/i u* **~-se** ausweichen (**para o lado** zur Seite); abbiegen (**para a esquerda** nach links); fehlgehen (*Schuss*); sich *e-r Sache* entziehen; abtreiben (*Schiff*); *vom Thema* abschweifen

desvincular [dəʒvĩku'lar] (1a) lösen

desvio [dəʒ'viw] *m* Ablenkung *f*; Abweichung *f* (*vom Üblichen, a* MAT); *Post*: Fehlleitung *f*; *Straße*: Umweg *m*; Abzweigung *f*; *Standort*: Verlagerung *f*; Verirrung *f*; *Geld*: Unterschlagung *f*; (Verkehrs)Umleitung *f*; Ausweichstelle *f*

desvirtu|ação *f*, **~amento** *m* [dəʒvirtwɐ'sɐ̃w, -'mẽtu] Entstellung *f*; **~ar** [-'twar] (1g) infrage stellen; *Wahrheit* entstellen; *Argument* entkräften; **~de** [-'tudə] *f* Untugend *f*; Fehler *m*; **~oso** [-'twozu] ungut, schlecht

desvitalizar [dəʒvitɐli'zar] (1a) die Vitalität nehmen

detalh|ar [dətɐ'ʎar] (1b) detaillieren, detailliert darstellen; **~e** [-'taʎə] *m* Detail *n*, Einzelheit *f*; **~ista** [-'ʎiʃtɐ] *su* Federfuchser(in *f*) *m*

detec|ção [dətɛ(k)'sɐ̃w] *f* Aufdeckung *f*; **~tar** [-'tar] (1a) feststellen, herausfinden; entdecken; *Verbrechen* aufdecken; TÉCN orten; **~tável** [-'tavɛɫ] feststellbar; **~tive** [-'tivə] *m* Detektiv *m*; **~tor** [-'tor] *m* Detektor *m*; Suchgerät *n*; TÉCN Fühler *m*

deten|ça [də'tẽsɐ] *f* Aufschub *m*; Verzögerung *f*; **sem ~** unverzüglich; **~ção** [-'sɐ̃w] *f* Verhaftung *f*; Haft *f*; *Beute*: Einbehaltung *f*; (**casa** *f* **de**) **~** Gefängnis *n*; **~ preventiva** Untersuchungshaft *f*; **~to** [-'tẽtu] *m bras* (Untersuchungs)Häftling *m*; **~tor** [-tẽ'tor] *m* Inhaber *m*; POL Machthaber *m*

deter [də'ter] (2zb) *j-n* zurückhalten, aufhalten; *Fahrzeug* zum Stillstand bringen; *Macht* innehaben; *Rekord* halten; *Verbrecher* festnehmen; **~-se** sich aufhalten (**em** bei, mit); stehen bleiben; *Tätigkeit*: innehalten; sich die Zeit nehmen (**a** zu)

detergente [dətər'ʒẽtə] *m* Reinigungs-, Wasch-, Spülmittel *n*; **~ em pó** Waschpulver *n*; **~ líquido** Flüssigwaschmittel *n*

deterior|ação [dətərjurɐ'sɐ̃w] *f Lebensmittel*: Verderben *n*; ARQUIT Verfall *m*; *Zustand*: Verschlechterung *f*; **~ar** [-'rar] (1e) *Lebensmittel, Sitten* verderben; beschädigen; *Zähne* angreifen; **~-se** verderben (*Lebensmittel*); zerfallen; verfallen (*Gebäude*); **~ável** [-'ravɛɫ] verderblich

determin|ação [dətərminɐ'sɐ̃w] *f* POL Bestimmung *f*, Anordnung *f*; Beschluss *m*; Entschlossenheit *f* (*im Auftreten*); Bestimmtheit *f*; **~ado** [-'nadu] bestimmt; ausdrücklich (*Wunsch*); entschlossen (**a** zu); **~ante** [-'nẽtə] *adj* entscheidend, bestimmend; schlagend (*Beweis*); **~ar** [-'nar] (1a) *Termin* bestimmen; *Frage* entscheiden; *Maßnahme* anordnen; nötig machen (*Umstände*); **~-se** sich entschließen (**a** zu)

detest|ar [dətəʃ'tar] (1c) verabscheuen; hassen; **~ável** [-'tavɛɫ] abscheulich; entsetzlich

detido [də'tidu] **1.** *p/p von* **deter**; **2.** *adj* eingehend; **3.** *m* Gefangene(r) *m*

deton|ação [dətunɐ'sɐ̃w] *f* Detonation *f*, Knall *m*; **~ador** [-nɐ'dor] *m* Sprengkapsel *f*; **~ar** [-'nar] (1f) explodieren (lassen)

detra(c)|ção [dətrɐ'sɐ̃w] *f* Verleumdung *f*; **~tivo** [-'tivu] verleumderisch; **~tor** [-'tor] *m* Verleumder *m*

detrair [dətrɐ'ir] (3l) verleumden

detrás [də'traʃ] **1.** *adv* hinten; hinterher; dahinter; **por ~** hinterrücks; hinter dem Rücken; **2.** *prp*: **~ de, por ~ de** hinter (*dat u ac*); nach

detrimento [dətri'mẽtu] *m* Nachteil *m*; **em ~ de** zum Nachteil von

detrito(s) [də'tritu] *m(pl)* Trümmer *pl*; Abfall *m*; Rückstand *m*; **~s industriais** Industrieabfälle *m/pl*; **aproveitamento** *m* **de ~s** Abfallverwertung *f*

deturp|ação [dəturpɐ'sɐ̃w] *f* Entstellung *f*, Verfälschung *f*; **~ar**

[-'par] (1a) entstellen; *fig* beflecken
deu [dew] → ***dar***
Deus [dewʃ] *m* Gott *m*; ***temente a ~*** gottesfürchtig; ***por amor de ~!*** um Gottes willen!; ***ao ~ dará*** auf gut Glück; in den Tag hinein; ***graças a ~!*** Gott sei Dank!; ***~ me livre!*** Gott bewahre!; ***~ lhe pague!*** vergelt's Gott!; ***se ~ quiser*** so Gott will; ***valha-me ~!*** Gott steh mir bei!
deusa ['dewzɐ] *f* Göttin *f*
dev. ***devedor*** *m* Schuldner *m*
devagar [dəvɐ'gar] langsam
devan|ear [dəvɐ'njar] (1l) **1.** *v/t* (sich) erträumen, sich vorstellen; **2.** *v/i* fantasieren; träumen (***em*** von); **~eio** [-'nɐju] *m* Träumerei *f*
devass|a [də'vasɐ] *f* JUR Untersuchung *f*; Zeugenbefragung *f*; ***tirar ~*** e-n Prozess anstrengen; **~ado** [-vɐ'sadu] offen, frei (zugänglich) (*Gelände*); JUR in Untersuchungen (*od* Prozesse) verwickelt; **~ar** [-'sar] (1b) *Information* öffentlich machen; verbreiten, bekannt machen; *Lebensumstände etc* auskundschaften; *Geheimnis* aufdecken; preisgeben; ***~-se*** bekannt werden; sich lockern; **~ável** [-'savɛł] zugänglich; **~idão** [-si'dɐ̃w] *f* Verderbtheit *f*; Liederlichkeit *f*; **~o** [-'vasu] liederlich
devast|ação [dəvɐʃtɐ'sɐ̃w] *f* Verwüstung *f*; **~ar** [-'tar] (1b) verwüsten, verheeren
deve ['dɛvə] *m* ECON Soll *n*; ***~-haver*** *m* Soll und Haben *n*
dev|edor [dəvə'dor] *m* Schuldner *m*; **~er** [-'ver] **1.** (2c) **a)** *v/t* ECON schulden; verdanken; ***~ a si (mesmo)*** sich *et* schuldig sein; ***~ os cabelos*** bis über die Ohren verschuldet sein; ***não ficar a ~ a*** *j-m* nichts schuldig bleiben; *fig j-m* in nichts nachstehen; **b)** *v/i*: ***~ (de)*** *inf* müssen, sollen (*a Vermutung*); ***não ~*** nicht dürfen (*od* sollen); **2.** *m* Pflicht *f*, Aufgabe *f*; ***fiel ao ~*** pflichttreu
deveras [də'vɛrɐʃ] wirklich
devid|amente [dəvidɐ'mẽtə] vorschriftsmäßig; ordentlich, richtig; **~o** [-'vidu] **1.** *adj* gehörig; richtig; ***~ a*** infolge; ***ser ~*** gebühren; sich gehören; **2.** *m* Schuldigkeit *f*
devoção [dəvu'sɐ̃w] *f* REL Andacht *f*; Frömmigkeit *f*; *fig* Hingabe *f*; Ergebenheit *f*; ***ser a ~ de*** *j-m* heilig sein; *j-s* Ein und Alles sein; ***ter ~ com*** eine besondere Vorliebe haben für
devol|ução [dəvulu'sɐ̃w] *f* Rückgabe *f*; ***~ de bagagens*** Gepäckausgabe *f*; **~uto** [-'lutu] unbewohnt, leer stehend (*Haus*); **~ver** [-voł'ver] (2e) zurückgeben; *Ausgaben* zurückerstatten; *Brief*, *Päckchen* zurückschicken; *Essen* zurückgehen lassen; *Besitz* rückübertragen; *Frechheit* erwidern
devor|ador [dəvurɐ'dor] verzehrend; unersättlich; **~ar** [-'rar] (1e) *Essen*, *Buch* verschlingen (*a Feuer*); *Essen* hinunterschlingen; *fig* verzehren
devot|ação *f*, **~amento** *m* [dəvutɐ'sɐ̃w, -mẽtu] Hingabe *f*; Aufopferung *f*; **~ar** [-'tar] (1e) REL weihen; schenken; zuwenden; *fig bsd* widmen; **~o** [-'vɔtu] **1.** *adj* REL andächtig; fromm; *j-m* ergeben, zugetan; *depr* devot; **2.** *m* Fromme(r) *m*; *depr* Frömmler *m*; *fig* Anhänger *m*
dext|eridade [dɐjʃtəri'dadə] *f* Fertigkeit *f*, Geschicklichkeit *f*; **~ra** ['dɐjʃtrɐ] *f* rechte Hand *f*; **~rímano** [-'trimɐnu] **1.** *adj* rechtshändig; **2.** *m* Rechtshänder *m*
dez [dɛʃ] **1.** *adj* zehn; **2.** *m* Zehn *f*; **~anove** [dəzɐ'nɔvə] neunzehn; **~asseis** [dəzɐ'sɐjʃ] sechzehn; **~assete** [dəzɐ'sɛtə] siebzehn
Dezembro [də'zẽbru] *m* Dezember *m*
dez|ena [də'zenɐ] *f* (etwa) zehn; ***uma ~ de pessoas*** zehn Leute *pl*; **~enove** [dizi'nɔvi] *bras* → ***dezanove***; **~esseis** [dizi'sejs] *bras* → ***dezasseis***; **~essete** [dizi'sɛti] *bras* → ***dezassete***; **~oito** [də'zojtu, -'zɔjtu] achtzehn
dia ['diɐ] **1.** *m* Tag *m*; ***~ de anos*** Geburtstag *m*; ***~ de folga*** (*od* ***descanso***) Ruhetag *m*; freie(r) Tag *m*; ***~ de festa*** Festtag *m*; ***~ de semana*** Wochentag *m*; ***~ de são nunca*** P Sankt-Nimmerleins-Tag *m*; ***~ do Juízo Final*** Tag *m* des Jüngsten Gerichts; ***~ feriado*** Feiertag *m*; ***~ santo***, ***~ santificado*** kirchliche(r) Feiertag *m*; ***~ útil*** Arbeits-, Werktag *m*; ***~ a ~***, ***~ após ~*** tagtäglich; ***o ~ a ~*** der Alltag; ***um belo ~*** e-s schönen Tages; ***algum ~*** e-s Tages, einmal;

D

com ~ bei Tage(slicht); **de ~** tagsüber; am (helllichten) Tage; **dum ~ para o outro** über Nacht; **no ~ anterior** (**imediato**) tags zuvor (darauf); **hoje em ~** heutzutage; **mais ~ menos ~** über kurz oder lang; **outro ~** neulich; **um ~ de juízo** ein schwarzer Tag; **um ~ destes** in den nächsten Tagen; **bom ~!** guten Morgen!; guten Tag!; **o** (**no**) **~ 2 de Maio** der (am) zweite(n) Mai; **~ sim, ~ não** jeden zweiten Tag, alle zwei Tage; *fig* mal so, mal so; **deixar para outro ~** liegen lassen; **estar** (*od* **andar**) **em ~** auf dem Laufenden sein; **fazer da noite ~** die Nacht zum Tage machen; **pôr em ~** aufarbeiten; aktualisieren; *Rechnungen etc* nachtragen; **pôr-se em ~ com** sich ins Bild setzen über (*ac*); **2. ~s** *m/pl* (Lebens)Tage *m/pl*; **mulher** *f* **a ~s** Putz-, Zugehfrau *f*; **de ~s** wenige Tage alt (*Kind*); **quinze ~s** vierzehn Tage; **~s a fio** über viele Tage hinweg; **dentro de ~s** in wenigen Tagen; **há ~s** kürzlich; **em meus ~s**, (**n**)**os ~s da minha vida** mein Leben lang; **nos ~s de hoje** heutzutage; **uns ~s por outros** dann und wann; **dar os bons ~s** guten Morgen wünschen; **não estar nos seus ~s** P nicht gut drauf sein; **ter os seus ~s contados** F nicht mehr viel Zeit haben; *j-s* Tage gezählt sein (*a sterben*); **trabalhar a ~s** tageweise arbeiten

diab|ete(s) [diɐ'bɛtə(ʃ)] *f* MED Diabetes *f*; **~ético** [-'bɛtiku] **1.** *adj* zuckerkrank; **2.** *m* Diabetiker *m*

diabo ['djabu] *m* Teufel *m*; *fig* Teufelskerl *m*; **obra** *f* **do ~** Teufelswerk *n*; **pobre ~** arme(r) Teufel *m*; **com o ~!, que ~!** zum Teufel!, Teufel noch mal!; **do(s) ~(s)** verteufelt, höllisch; Teufels...; Wahnsinns... (*Angst*); **andar o ~ à solta** der Teufel los sein; **dar ao ~** verwünschen; **dizer o ~** das unglaublichste Zeug reden; **mandar para o ~** zum Teufel schicken; **pintar o ~** den größten Unsinn machen; **vá para o ~!** scheren Sie sich zum Teufel!

diabólico [diɐ'bɔliku] teuflisch; verteufelt; diabolisch

diabr|ete [diɐ'bretə] *m fig* kleine(r) Teufel *m*; **~ura** [-'brurɐ] *f* dumme(r) Streich *m*; *fig* Druckfehler *m*

diacho ['djaʃu] *m* P Deibel *m*

diácono ['djakunu] *m* Diakon *m*

diacrónico (*ô) [diɐ'krɔniku] diachronisch

diadema [diɐ'demɐ] *m* Diadem *n*

diáfano ['djafɐnu] durchsichtig

diafragma [diɐ'fragmɐ] *m* Diaphragma *n*; Scheidewand *f*; FOT Blende *f*; ANAT Zwerchfell *n*; TÉCN Membrane *f*; **~ do ouvido** ANAT Trommelfell *n*

diagn|ose [diɐg'nɔzə] *f* Diagnose *f*; **~osticar** [-nuʃti'kar] (1n) feststellen; erkennen; MED diagnostizieren; **~óstico** [-'nɔʃtiku] *m* Diagnose *f*

diagonal [diɐgu'nał] **1.** *adj* diagonal; **2.** *f* Diagonale *f*

diagrama [diɐ'grɐmɐ] *m* Diagramm *n*; **~ de barras** Balkendiagramm *n*

dial [djał] (tag)täglich

dial|e(c)t|al [diɐlɛ'tał] mundartlich, dialektal; **~é(c)tica** [-'lɛtikɐ] *f* Dialektik *f*; **~e(c)to** [-'lɛtu] *m* Mundart *f*, Dialekt *m*

dialho ['djaʎu] *m* P → **diacho**

diálise ['djalizə] *f* MED Dialyse *f*

dialog|ado [diɐlu'gadu] in Gesprächsform; **~ar** [-'gar] (1o; *Stv* 1e) miteinander reden; sprechen (**com** mit, **sobre**, **acerca de** über *ac*)

diálogo ['djalugu] *m* Dialog *m*

diamant|e [diɐ'mɐ̃tə] *m* Diamant *m*

diamba ['djɐ̃bɐ] *f* P Haschisch *n*

diâmetro [-'ɐmətru] *m* Durchmesser *m*

dianho ['djɐɲu] *m* P → **diacho**

diante ['djɐ̃tə] **1.** *adv örtl* vorn; **de ... em** (*od* **por**) **~** *zeitl* von ... an, ab ...; **para ~** vorwärts; weiter; **e assim por ~** und so weiter; **ir por ~** fortfahren; weitergehen; **2.** *prp*: **~ de** vor (*ac u dat*); angesichts; *j-m* voran, vor *j-m* her

dianteira [djɐ̃'tɐjrɐ] *f Haus*: Vorderteil *m*, -seite *f*; MIL Vorhut *f*; Spitze *f*; *Fußball*: Sturm *m*; **dar a ~ a** *j-m* den Vortritt lassen; die Führung abgeben an (*ac*)

dianteiro [djɐ̃'tɐjru] **1.** *adj* vorder; Vorder...; **2.** *m Fußball*: Stürmer *m*; **~(s)-centro** [-'sẽtru] *m(pl)* *Fußball*: Mittelstürmer *m*

diapasão [diɐpɐ'zɐ̃w] *m* Ton-, Stimmumfang *m*; MÚS Stimmgabel *f*; MÚS Kammerton *m*; **afinar pelo**

mesmo ~ *fig* in dasselbe Horn blasen
diapo|rama [diɐpu'rɐmɐ] *m* Multimediashow *f*; **~sitivo** [-zi'tivu] *m* Diapositiv *n*
diária ['djarjɐ] *f* Tageslohn *m*; Tagesration *f* (*Essen*); Tagessatz *m*; Tagespreis *m* (*im Hotel*)
diário ['djarju] **1.** *adj* täglich; **2.** *m* Tagebuch *n*; (Tages)Zeitung *f*; *Schule*: Klassenbuch *n*
diarreia (*é) [diɐ'ʀɐjɐ] *f* MED Durchfall *m*, Diarrhöe *f*
dica ['dikɐ] *f* P (heißer) Tipp *m*; **à ~** auf der Lauer
dicção [dik'sɐ̃w] *f* Diktion *f*
dichote [di'ʃɔtə] *m* bissige Bemerkung *f*
dicionário [disju'narju] *m* Wörterbuch *n*; **~ ambulante** *irón* wandelnde(s) Wörterbuch *n*; **~ electrónico** elektronische(s) Wörterbuch *n*; **~ enciclopédico** enzyklopädische(s) Wörterbuch *n*; **~ especializado** Fachwörterbuch *n*; **~ visual** Bildwörterbuch *n*
dicotomia [dikutu'miɐ] *f* Dichotomie *f*
didá(c)tic|a [di'datikɐ] *f* Didaktik *f*; **~o** [-'datiku] didaktisch; Lehr...
diesel [di'zɛɫ] *m* Diesel *m*
dieta ['djɛtɐ] *f* **a)** Lebensweise *f*, Ernährungsweise *f*; *bsd* Diät *f*; MED Krankenkost *f*; **~ macrobiótica** Makrobiotik *f*; **~ zero** Nulldiät *f*; **estar de ~** Diät leben; **fazer ~** Diät halten; **pôr a ~** auf Diät setzen; **b)** POL *Art* Landtag *m*
dietétic|a [djɛ'tɛtikɐ] Diätetik *f*; **~o** [-'tɛtiku] diätetisch
dietista [djɛ'tiʃtɐ] *su* Ernährungsberater(in *f*) *m*
difam|ação [difɐmɐ'sɐ̃w] *f* Verleumdung *f*, Diffamierung *f*; **~ador** [-mɐ'dor] **1.** *m* Verleumder *m*; **2.** *adj* = **~ante** [-'mɐ̃tə] verleumderisch, diffamierend; **~ar** [-'mar] (1a) verleumden, in Verruf bringen, diffamieren (**de** als); **~atório** [-mɐ'tɔrju] verleumderisch
diferença [difə'rẽsɐ] *f* Unterschied *m*; Verschiedenheit *f*, *fig* Unstimmigkeit *f*, Meinungsverschiedenheit *f*; TÉCN Abweichung *f*; **fazer ~** sich unterscheiden (**em** in *dat*); et ausmachen (**a alg** j-m); **à ~ de** im Unterschied zu; **ter ~s com** Differenzen haben mit
diferen|çar [difərẽ'sar] (1p) unterscheiden; differenzieren; **~cial** [-'sjaɫ] **1.** *f* MAT Differential *n*; **2.** *m* TÉCN Differential(getriebe) *n*; **~ciar** [-'sjar] (1g) unterscheiden (**um do outro** voneinander); differenzieren; **~do** [-'rẽdu] *m* Meinungsverschiedenheit *f*
diferente [difə'rẽtə] verschieden(artig); ungleich; **~ de** anders als; **~s** *pl* mehrere, verschiedene; **isto é ~** das ist et anderes; **~mente** [-'mẽtə] anders
difer|ido [difə'ridu] aufgeschoben (*Termin*); verzögert, zeitversetzt (*Übertragung*); **transmissão** *f* **em ~** TV Aufzeichnung *f*; **~imento** [-ri'mẽtu] *m* Aufschub *m*; Verzögerung *f*; **~ir** [-'rir] (3c) **1.** *v/t* aufschieben; verzögern; **2.** *v/i* anders sein; sich unterscheiden (**em** in *dat*); auseinander gehen (*Meinungen*)
difícil [di'fisiɫ] schwierig, schwer; beschwerlich (*Weg*); peinlich (*Situation*); **bancar** (*od* **fazer-se**) **~** großtun; **ser ~ de fazer** schwer zu machen sein; **é ~ que ele faça isso** er wird das kaum tun
dific|ílimo [dəfi'silimu] äußerst schwierig; **~ilmente** [-siɫ'mẽtə] schwerlich; kaum
dificul|dade [dəfikuɫ'dadə] *f* Schwierigkeit *f*, Mühe *f* (**levantar, causar** bereiten); **ter ~(s) em** Mühe haben zu *inf*; **~tação** [-tɐ'sɐ̃w] *f* Erschwerung *f*; **~tar** [-'tar] (1a) erschweren; als schwierig hinstellen; **~-se** schwierig werden; **~toso** [-'tozu] schwierig
difteria [diftə'riɐ] *f* MED Diphtherie *f*
difu|ndir [difũ'dir] (3a) aus-, verbreiten; *Radio*, TV senden, ausstrahlen; **~são** [-fu'zɐ̃w] *f* Aus-, Verbreitung *f*; *Radio*, TV Sendung *f*; *Rede*: Weitschweifigkeit *f*; **~so** [-'fuzu] diffus; weitschweifig
diga ['digɐ] → **dizer**
dige|rir [diʒə'rir] (3c) verdauen (*a fig*); *Unglück* verschmerzen; **~rível** [-'rivɛɫ] verdaulich; **~stão** [-ʒəʃ'tɐ̃w] *f* Verdauung *f*; **fazer a ~** verdauen; **~stivo** [-ʒəʃ'tivu] **1.** *adj* Verdauungs...; verdauungsfördernd; **tubo** *m* **~** ANAT Magen-

D

Darm-Kanal *m*; **2.** *m* Verdauungsschnaps *m*
digit|ação [dəʒitɐ'sɐ̃w] *f* Fingerbewegung *f*; *MÚS* Fingerübung *f*; **~ado** [-'tadu] fingerförmig; **~al** [-'tał] **1.** *adj* Finger...; *INFORM* digital; ***impressões*** *f/pl* ***-ais*** Fingerabdrücke *m/pl*; **2.** *f BOT* Fingerhut *m*; **~alização** [-lizɐ'sɐ̃w] *f* Digitalisierung *f*; *INFORM a* Scannen *n*; **~ar** [-'tar] (1a) *INFORM* digitalisieren
dígito ['diʒitu] *m* Ziffer *f*, Zahl *f*; ~ ***binário*** Binärziffer *f*; ***de dois ~s*** zweistellig
dign|ar-se [dig'narsə] (1a): ~ *inf* (*od* ***a***, ***de***) sich herablassen zu, die Güte haben zu; **~idade** [-ni'dadə] *f* Würde *f*; Ansehen *n*; **~ificação** [-nəfikɐ'sɐ̃w] *f* Würdigung *f*; **~ificar** [-nəfi'kar] (1n) würdigen, ehren; aufwerten; **~o** ['dignu] würdig; angemessen
digo ['digu] → ***dizer***
digress|ão [digrə'sɐ̃w] *f* Ausflug *m* (***a*** nach); Fahrt *f* (***a*** nach); *bsd* Abstecher *m* (***a*** nach); Tournee *f* (*e-s Künstlers*); *fig* Ab-, Ausschweifung *f*; Ausflucht *f*; **~ionar** [-sju'nar] (1f) reisen; e-n Abstecher (*od* Ausflug) machen; *fig* abschweifen; ~ ***sobre*** (weitläufig) sprechen über (*ac*); **~ivo** [-'sivu] abschweifend (*Redner*); weitschweifig (*Redner*, *Rede*)
dilação [dilɐ'sɐ̃w] *f* Verzögerung *f*, Aufschub *m*; ***sem*** ~ unverzüglich
dilacer|ação *f*, **~amento** *m* [dilɐsərɐ'sɐ̃w, -'mẽtu] Zerstückelung *f*; *fig* Zerrissenheit *f*; **~ante** [-'rẽtə] *fig* herzzerreißend; **~ar** [-'rar] (1c) zerreißen, zerfetzen; *fig* quälen
dilapid|ação [dilɐpidɐ'sɐ̃w] *f* Vergeudung *f*; **~ar** [-'dar] (1a) ruinieren; *Geld* vergeuden
dilat|ação [dilɐtɐ'sɐ̃w] *f* (Aus)Dehnung *f*; Verlängerung *f*; *räumliche* Verbreit(er)ung *f*; **~ar** [-'tar] (1b) (aus)dehnen; erweitern; weiten; *Frist* verlängern; *Tat* hinauszögern; *Lehre* verbreiten; **~-se** sich aufhalten (***em*** bei); sich ausbreiten (***por*** über *ac*)
dile(c)|ção [dilɛ'sɐ̃w] *f* Hingabe *f*; (Vor)Liebe *f*; **~to** [-'lɛtu] (innig) geliebt, lieb
dilema [di'lemɐ] *m* Dilemma *n*
diletante [dilə'tẽtə] **1.** *adj* dilettantisch; **2.** *su* Dilettant(in *f*) *m*; *bsd* Musikliebhaber(in *f*) *m*
dilig|ência [dəli'ʒẽsjɐ] *f* **a)** Eifer *m*; Sorgfalt *f*; *zeitl* Eile *f*; ***~s*** *pl fig* Maßnahmen *f/pl*; *POL* Schritte *m/pl*; *polizeiliche* Ermittlungen *f/pl*; *JUR* Durchführung *f*, Vollstreckung *f*; ***oficial*** *m* ***de ~s*** Gerichtsvollzieher *m*; ***fazer ~s por*** *inf* sich bemühen zu *inf*; ***fazer ~s*** Maßnahmen ergreifen; Schritte unternehmen; Ermittlungen (*od* Erhebungen) anstellen; ***com*** ~ eifrig; **b)** *HIST* Postkutsche *f*; **~enciar** [-ʒẽ'sjar] (1g u. 1h) betreiben; sich bemühen (um *ac*); **~ente** [-'ʒẽtə] eifrig; sorgfältig; flink
dilu|ente [di'lwẽtə] **1.** *adj* verdünnend; zerfließend; **2.** *m QUÍM* Verdünner *m*; **~ir** [-'lwir] (3i) *in Flüssigkeit* (auf)lösen; verdünnen; *Butter* zerlassen; **~-se** zerfließen; verschwimmen (*Farben*)
diluvi|al, **~ano** [dilu'vjał, -'vjɐnu] sintflutartig; *GEOL* eiszeitlich
dilúvio [di'luvju] *m* Sintflut *f* (*a fig*)
dimens|ão [dimẽ'sɐ̃w] *f* Ausdehnung *f*, Dimension *f*, Ausmaß *n*; **~ional** [-sju'nał] dimensional; **~ionar** [-sju'nar] (1e) dimensionieren; bemessen
diminu|endo [dəmi'nwẽdu] *m MAT* Minuend *m*; **~ição** [-nui'sɐ̃w] *f* Verringerung *f*, (Gewichts)Abnahme *f*; (Personal)Abbau *m*; Rückgang *m*; **~ído** [-nu'idu] *m*: ~ ***físico*** Körperbehinderte(r) *m*; ~ ***mental*** geistig Behinderte(r) *m*; **~ir** [-'nwir] (3i) **1.** *v/t* vermindern; verkleinern; verringern; *Wirkung* abschwächen; *Ausgaben* einschränken; *Zeit* verkürzen; *Preis* herabsetzen; *Personal* abbauen; *Fahrt* verlangsamen; *MAT* abziehen (***de*** von); **2.** *v/i* geringer werden; einlaufen (*Kleidung*); sinken (*Preise*); ~ ***em*** schwächer werden; (sich) verringern (um); ~ ***de peso*** abnehmen (*Körpergewicht*); **~tivo** [-'tivu] *m* Diminutiv *n*; **~to** [-'nutu] winzig
Dinamarca [dinɐ'markɐ]: ***a*** ~ Dänemark *n*
dinamarquês [dinɐmɐr'keʃ] **1.** *adj* dänisch; **2.** *m*, **-esa** *f* Däne *m*, Dänin *f*
dinâmic|a [di'nɐmikɐ] *f* Dynamik *f*; *fig* Triebkraft *f*, Bewegung *f*, Ablauf

m; **~o** [-miku] dynamisch; schwungvoll
dinamismo [dinɐ'miʒmu] *m fig* Dynamik *f*, Schwung *m*; Tatkraft *f*
dinamit|ar [dinɐmi'tar] (1a) sprengen; **~e** [-'mitə] *f* Dynamit *n*
dinamiz|ação [dinɐmizɐ'sɐ̃w] *f* Aktivierung *f*; Ankurbelung *f*; **~ar** [-'zar] (1a) in Schwung bringen; aktivieren; *fig* ankurbeln; *Menschen* aufrütteln
dínamo ['dinɐmu] *m* Dynamo *m*
dinastia [dinɐʃ'tiɐ] *f* Dynastie *f*
dinheir|ada *f*, **~ame** *m*, **~ão** *m* [diɲɐj'radɐ, -'rɐmə, -'rɐ̃w] P Haufen *m* Geld; Unsumme *f*; ***custar um -ão*** ein Heidengeld kosten
dinheir|o [di'ɲɐjru] *m* Geld *n*; **~ *de contado***, **~ *vivo*** Bargeld *n*; **~ *miúdo***, **~ *trocado*** Kleingeld *n*; ***a* ~** gegen bar; in bar; **~oso** [-'rozu] reich
dinossauro [dinu'sawru] *m* Dinosaurier *m*
diocese [diw'sɛzə] *f* Diözese *f*
dióxido ['djɔksidu] *m* QUÍM Dioxid *n*; **~ *de carbono*** Kohlen-
dioxina [djɔ'ksinɐ] *f* QUÍM Dioxin *n*
diplom|a [di'plomɐ] *m* Diplom *n*; Zeugnis *n*; Urkunde *f*; **~acia** [-plumɐ'siɐ] *f* Diplomatie *f*; **~ado** [-'madu] gelernt; UNIV studiert; diplomiert; Diplom...; **~ata** [-'matɐ] *su* Diplomat(in *f*) *m*; **~ático** [-'matiku] diplomatisch; ***corpo*** *m* **~** diplomatische(s) Korps *n*
dique ['dikə] *m* Damm *m*, Deich *m*; *fig* Hindernis *n*
dirá [di'ra] → ***dizer***
dire(c)|ção [dirɛ'sɐ̃w] *f Firma*: Leitung *f*; Direktion *f*; POL Führung *f*; *örtl* Richtung *f*; Ausrichtung *f*; *Post*: Adresse *f*; TÉCN Lenkung *f*; Steuerung *f*; **~ *assistida*** AUTO Servolenkung *f*; **~ *desalinhada*** AUTO ausgeschlagene Lenkung *f*; **~ *geral*** Generaldirektion *f*; ***em* ~ *a*** (*od* ***de***) in Richtung (auf *ac*); **~ta** [-'rɛtɐ] *f* POL: **~s** *pl* Direktwahlen *f/pl*; ***fazer uma* ~** (die Nacht) durchmachen; **~tiva** [-'tivɐ] *f* Richtlinie *f*; **~tivo** [-'tivu] leitend; ***comissão*** *f* ***-a*** Vorstand *m*; ***conselho*** *m* **~** Verwaltungsrat *m*; UNIV Fakultätsrat *m*; **~to** [-'rɛtu] **1.** *adj* gerade; durchgehend (*Zug, Bus*); direkt (*Weg, Wahl*); ***comboio*** *m* **~** = **2.** *m* Eilzug *m*
dire(c)tor [dirɛ'tor] **1.** *adj* leitend; **2.** *m* Leiter *m*, Direktor *m*; MÚS Dirigent *m*; **~*-geral*** *m* Generaldirektor *m*; **~tora** [-'tɔrɐ] *f* Direktorin *f*; Leiterin *f*; **~toria** [-tu'riɐ] *f* Leitung *f*; ECON Vorstand *m*; **~tório** [-'tɔrju] *m* Direktorium *n*; **~triz** [-'triʃ] **1.** *adj* leitend; **2.** *f* Richtlinie *f*; Leitlinie *f*
direit|a [di'rɐjtɐ] *f* rechte Hand *f*, Rechte *f* (*a* POL); ***à* ~** rechts; zur Rechten; ***às* ~s** rechtschaffen; recht, richtig; ***seguir pela* ~** rechts gehen (*od* fahren); **~inho** [-rɐj'tiɲu] P gerade(wegs); genau; richtig
direito [di'rɐjtu] **1.** *adj* **a)** gerade; senkrecht; einreihig (*Anzug*); *fig* aufrecht, rechtschaffen; recht, wahr; **b)** recht (*Ggs link*); **2.** *adv* gerade(wegs); ***a* ~** geradeaus; **3.** *m* **a)** Recht *n*; Jura; **~ *administrativo*** Verwaltungsrecht *n*; **~ *constitucional*** Verfassungsrecht *n*; **~ *de sufrágio*** (*bras* ***de voto***) Wahlrecht *n*; **~ *penal*** Strafrecht *n*; **~ *à autodeterminação*** Selbstbestimmungsrecht *n*; **~ *canónico*** kanonische(s) Recht *n*; **~ *civil*** Zivilrecht *n*; ***Faculdade*** *f* ***de*** ♀ juristische Fakultät *f*; **~s** *pl* ***de autor*** Urheberrecht *n*, Copyright *n*; **~s** *pl* ***cívicos*** Bürgerrechte *n/pl*; **~s** *pl* ***humanos*** Menschenrechte *n/pl*; ***a torto e a* ~** F unbesehen; blind drauflos; ***ceder um* ~** ein Recht abtreten; ***de* ~** von Rechts wegen; **~ *em vigor*** gültige(s) Recht *n*; **~ *(in)alienável*** (un)übertragbares Recht *n*; **~ *vigente*** geltende(s) Recht *n*; ***em*** (***bom***) **~** billigerweise; ***dar* ~ *a*** berechtigen zu; ***estudar* ~** Jura studieren; ***invocar um* ~** sich auf ein Recht berufen; ***negar um* ~** ein Recht verweigern; ***violar um* ~** ein Recht verletzen; ***ter* ~ *a*** Anspruch haben auf (*ac*); ***ter*** (***o***) **~ *de*** das Recht haben zu; **b)**: **~s** *pl* (***alfandegários***) Zoll(gebühren *f/pl*) *m*; **~*s de importação***, **~*s de entrada*** Einfuhrzoll *m*; **~*s de exportação***, **~*s de saída*** Ausfuhrzoll *m*
direitura [dirɐj'turɐ] *f* Geradheit *f*; *fig* Rechtschaffenheit *f*; ***em* ~ *a*** geradewegs nach (*od* zu)
diret... *bras* → ***direct...***
dirig|ente [dəri'ʒẽtə] **1.** *adj* leitend (*Position*); POL führend; **2.** *m Firma*: Leiter *m*; POL Führer *m*; **~ido**

[dirə'ʒidu] zielgerichtet, gezielt; **~ir** [-'ʒir] (3n) *Firma* leiten; *Schritte* lenken; *Geschäfte, Heer* führen; *bras Wagen, Schiff* lenken, steuern; *Brief, Wort* richten (**a** an *ac*); **~-se a** sich wenden an (*ac*); gerichtet sein an (*ac*) (*Nachricht, Rede*); **~-se para** sich begeben (*od* fahren *etc*) nach; **~ível** [-'ʒivɛł] **1.** *adj* lenkbar; **2.** *m* Luftschiff *n*

dirim|ente [dəri'mẽtə] JUR aufhebend; annullierend; **~ir** [-'mir] (3a) unmöglich machen; JUR aufheben; *Zweifel* auslöschen; *Streit* schlichten; *Frage* entscheiden

disc|agem [dis'kaʒẽj] *f bras* TEL Wählen *n*; **~ar** [diʃ'kar] (1n) wählen

discern|imento [diʃsərni'mẽtu] *m* Unterscheidung(svermögen *n*) *f*; Überlegung *f*, Abwägung *f*; **sem ~** unterschiedslos; unüberlegt; **~ir** [-'nir] (3c) unterscheiden; abwägen (**entre** zwischen *dat*)

disciplin|a [dəʃsi'plinɐ] *f* Disziplin *f*; *Schule*: (Unterrichts)Fach *n*; **~ado** [-'nadu] ruhig, beherrscht; diszipliniert; **~ar** [-'nar] **1.** *v/t* (1a) disziplinieren; *in et* schulen; *wegen Ungehorsams* strafen; *Aufständische* unterwerfen; **2.** *adj* Disziplinar...; Straf...; disziplinarisch

discípulo [dəʃ'sipulu] *m* Schüler *m*

disco ['diʃku] *m* Scheibe *f*; MÚS Schallplatte *f*; TEL Wählscheibe *f*; *Sport*: Diskus *m*; **~ compacto** Compact Disk *f*, CD *f*; **~ de estacionamento** AUTO Parkscheibe *f*; **~ removível** INFORM Wechselplattenspeicher *m*; **~ rígido** INFORM Festplatte *f*; **mudar o ~ e tocar o mesmo** F *fig* immer dieselbe Platte auflegen

discord|ância [diʃkur'dẽsjɐ] *f* Unvereinbarkeit *f*, Widerspruch *m*; (Meinungs)Verschiedenheit *f*; MÚS Missklang *m*; **~ante** [-'dẽtə] unvereinbar; widersprechend; **~ar** [-'dar] (1e) nicht übereinstimmen (**de** mit); (voneinander) abweichen (**em** bei, in *dat*); sich widersprechen; anderer Meinung sein (**de** als); MÚS nicht zusammenklingen; **~e** [-'kɔrdə] uneinig; ungleich; MÚS disharmonisch, falsch; → **~ante**

discórdia [diʃ'kɔrdjɐ] *f* Zwietracht *f*, Streit *m*; **pomo** *m* **de ~** Zankapfel *m*

discorrer [diʃku'ʀer] (2d) *fig* streifen (**por** durch); nachdenken (**em** über *ac*); sich auslassen (*od* sprechen) (**sobre** über *ac*)

discoteca [diʃku'tɛkɐ] *f* Diskothek *f*

discrep|ância [diʃkrə'pẽsjɐ] *f* Widerspruch *m*; Unstimmigkeit *f*; (Meinungs)Verschiedenheit *f*; Diskrepanz *f*; **~ante** [-'pẽtə] widersprechend; ungleich; **~ar** [-'par] (1c) → **discordar**

discret|ear [diʃkrə'tjar] (1l) plaudern (**sobre** über *ac*); **~o** [-'krɛtu] zurückhaltend (*Verhalten*); unauffällig (*Handlung*); diskret

discri|ção [dəʃkri'sɐ̃w] *f Verhalten*: Zurückhaltung *f*, Takt *m*; *Handlung*: Unauffälligkeit *f*; Verschwiegenheit *f*; Bescheidenheit *f*; **à ~** nach Belieben; **~cional** [-sju'nał] Privat..., Spezial..., Sonder... (*Service*); → **~cionário**; **~cionário** [-sju'narju] unbeschränkt; willkürlich

discrimin|ação [dəʃkrəminɐ'sɐ̃w] *f* Unterscheidung *f*; Aufteilung *f*; Diskriminierung *f* (*e-r Personengruppe*); **~ador** [-nɐ'dor] diskriminierend; **~ar** [-'nar] (1a) unterscheiden; auseinander halten; *Vorgang* (näher) beschreiben; aussondern; *Personengruppen* diskriminieren; **~atório** [-nɐ'tɔrju] diskriminierend

discurs|ar [diʃkur'sar] (1a) e-e Rede (*od* e-n Vortrag) halten (**sobre** über *ac*); reden (*od* sprechen) (**sobre** über *ac*); **~ivo** [-'sivu] diskursiv; *depr* redselig; langatmig; **~o** [-'kursu] *m* Rede *f* (**fazer** halten); **~ (in)directo** GRAM (in)direkte Rede *f*

discu|ssão [diʃku'sɐ̃w] *f* Diskussion *f*; Erörterung *f*; Auseinandersetzung *f*; **puxar ~** e-e Diskussion vom Zaune brechen; **~tir** [-'tir] (3a) diskutieren (**de**, **sobre** über *ac*); *Thema* be-, durchsprechen, erörtern; verhandeln (**de**, **sobre** über *ac*); sich streiten (**de**, **sobre** über *ac*); **~tível** [-'tivɛł] fraglich, fragwürdig

disenteria [dizẽtə'riɐ] *f* MED Ruhr *f*

disfar|çado [diʃfɐr'sadu] *fig* verkappt, falsch; **~çar** [-'sar] (1p; *Stv* 1b) verkleiden; *Mängel, Tat* verbergen; *Wahrheit* verhehlen; *Stimme* verstellen; **~-se** *fig* sich verstellen; **~ce** [-'farsə] *m* Verkleidung *f*

disform|e [diʃ'fɔrmə] unförmig; scheußlich; **~idade** [-furmi'dadə] *f* Unförmigkeit *f*; Missbildung *f*
disfunção [diʃfũ'sɐ̃w] *f* Fehlfunktion *f*
disjun|ção [diʒʒũ'sɐ̃w] *f* (Zer)Trennung *f*; **~tivo** [-'tivu] trennend; einander ausschließend; **~to** [-'ʒũtu] getrennt; **~tor** [-'tor] *EL* Überlastschalter *m*
diskette [diʃ'kɛtə] *f* → ***disquete***
dislate [diʒ'latə] *m* Unsinn *m*
dislexia [diʒlɛ'ksiɐ] *f* Legasthenie *f*
díspar ['diʃpar] verschiedenartig
dispar|ada [dispa'rada] *f bras* Flucht *f*; ***em ~, à ~*** fluchtartig, Hals über Kopf; ***chegar*** (*od* ***vir***) ***em ~*** angesaust kommen; ***sair em ~*** davonfegen, -stürzen; **~ar** [-'rar] (1b) **1.** *v/t Geschoss* abschießen; schleudern; *Schrei* ausstoßen; *FOT* knipsen; **2.** *v/i mit Gewehr etc* schießen (***contra*** auf *ac*); davonrasen, losbrausen (*Person, Auto*); anspringen (*Motor*); blitzen (*Blitzlicht*); ***~ para casa*** nach Hause rasen
disparat|ado [diʃpɐrɐ'tadu] ungereimt; sinnlos; **~ar** [-'tar] (1b) Unsinn reden; Unfug machen; **~e** [-'ratə] *m* Unsinn *m*; **~!** Blödsinn!
disparidade [diʃpɐri'dadə] *f* Verschiedenartigkeit *f*; *bras* Unsinn *m*
disparo [diʃ'paru] *m* Schuss *m* (***contra*** auf *ac*); Knall *m*; Flucht *f*
disp|êndio [diʃ'pẽdju] *m Güter*: Verbrauch *m*; Verlust *m*; **~endioso** [-pẽ'djozu] kostspielig; aufwändig
dispens|a [diʃ'pẽsɐ] *f* Erlass *m*, Befreiung *f*; Erlaubnis *f*; **~ar** [-'sar] (1a) *j-n* entlassen; *j-m leihweise* überlassen; ***~ de*** *Pflicht*: befreien von; *Dinge*: verzichten (können) auf (*ac*); nicht benötigen; *Amt*: entheben von; *Strafe* erlassen; ***~-se de*** *et* nicht für nötig halten; sich *e-r Sache* entledigen; **~ário** [-'sarju] *m* ärztliche Beratungsstelle *f*; **~ável** [-'savɛɫ] entbehrlich; unnötig
dispers|ão [diʃpər'sɐ̃w] *f* Verbreitung *f*; *Menschenmenge*: Zerstreuung *f*; *Geld*: Verschwendung *f*; *FIS* Dispersion *f*; **~ar** [-'sar] (1c) (zer-) streuen; *Geld* verschwenden; *QUÍM* dispergieren; **~!** *MIL* wegtreten!; **~o** [-'pɛrsu] zerstreut (*Menschenmenge*); verstreut (*Dinge*)
displic|ência [dəʃpli'sẽsjɐ] *f* Missvergnügen *n*; Übellaunigkeit *f*; **~ente** [-'sẽtə] unangenehm; mürrisch, übellaunig (*Person*)
dispneia [diʃ'pnɐjɐ] *f* Atemnot *f*
dispon|ibilidade [diʃpunibəli'dadə] *f* Verfügbarkeit *f*, Disponibilität *f*; ***em ~*** verfügbar; **~s** *pl* Bestände *m/pl*, Vorräte *m/pl*; **~s** (***monetárias***) verfügbare Geldmittel *n/pl*; **~ível** [-'nivɛɫ] verfügbar; disponibel
dispor [diʃ'por] (2zd) **1.** *v/t in e-m Regal etc* (an)ordnen; anlegen; *Zimmer* (her)richten (***para*** für); *Truppen, Regeln* aufstellen; *Verhalten* vorschreiben; *j-m et* zur Verfügung stellen; *Plan etc* entwerfen; *Grundstein* legen; *Weg* bereiten; *Gruppen* einteilen (***por*** nach *od* in *ac*); ***~ alg a*** (*od* ***para***) *j-n* dazu bewegen (*od* bringen) zu; *j-n* vorbereiten auf (*ac*); *Änderung*: *j-n* gewöhnen an (*ac*); ***o homem põe e Deus dispõe*** der Mensch denkt und Gott lenkt; **2.** *v/i*: ***~ de*** *Geld, Möglichkeit*: verfügen über (*ac*); ***~ de si*** frei sein; ***~-se a*** sich anschicken zu; sich gefasst machen auf (*ac*); sich entschließen zu; **3.** *m* Verfügung *f*; ***deixar ao ~ de*** *j-m et* überlassen; ***estar ao ~ de*** *j-m* zur Verfügung stehen
disposi|ção [diʃpuzi'sɐ̃w] *f* Anordnung *f*; *GEOGR* Lage *f*; Auf-, Einteilung *f* (*in Gruppen*); *Lernen*: Veranlagung *f* (***para*** für); Gesinnung *f*; Gemütslage *f*, Stimmung *f*; (Gesetzes)Vorschrift *f*; *gesundheitliches* Befinden *n*; Bereitschaft *f*; ***estar*** *od* ***ficar*** (***pôr***) ***à ~ de*** *j-m* zur Verfügung stehen (stellen); **~tivo** [-'tivu] *m* Vorrichtung *f*; *TÉCN* Anlage *f*, Gerät *n*; ***~ de alarme*** Alarmanlage *f*; ***~ de entrada*** *INFORM* Eingabegerät *n*; ***~ de saída*** *INFORM* Ausgabegerät *n*; ***~ de visualização*** *INFORM* Display *n*; **~s** *pl* Vorkehrungen *f/pl*
disposto [diʃ'poʃtu] **1.** *p/p von* ***dispor***; **2.** *adj* bereit (***a*** zu); geneigt (***a*** zu); aufgelegt (***a*** zu); fähig (***a*** zu); ***estar bem*** (***mal***) ***~*** sich (nicht) wohl fühlen; gut (schlecht) aufgelegt sein; **3.** *m* Festgelegte(s) *n*; Vorschrift *f*
disput|a [diʃ'putɐ] *f* Wortwechsel *m*, Disput *m*; Streit *m*; Auseinandersetzung *f*; *Sport*: Austragung *f*; Wett-

streit *m* (**de** um); **~ar** [-'tar] (1a) **1.** *v/t* bestreiten; *Sport*: austragen; kämpfen um; **~ *a/c a alg*** mit j-m streiten um; **2.** *v/i* sich streiten (***sobre*** über *ac*); diskutieren (***sobre*** über *ac*); **~ável** [-'tavɛɫ] strittig

D

disquete [diʃ'kɛtə] *f* (*bras m*) *INFORM* Diskette *f* (***pré-formatada*** vorformatiert)

dissabor [disɐ'bor] *m* Verdruss *m*; Unannehmlichkeit *f*

disse ['disə] → ***dizer***

dissec|ação [disəkɐ'sɐ̃w] *f* Zergliederung *f*; *Sachverhalt*: Analyse *f*; *ANAT* Sektion *f*; **~ar** [-'kar] (1n; *Stv* 1c) zergliedern, zerlegen; *ANAT* sezieren; *CIR* herausschneiden

dissecção [disɛk'sɐ̃w] *f* → ***dissecação***

dissemelhança [disəmə'ʎɐ̃sɐ] *f* Ungleichheit *f*; Unähnlichkeit *f*

dissemin|ação [disəminɐ'sɐ̃w] *f* *Substanz*: Aus-, Verstreuung *f*; *Theorie*: Aus-, Verbreitung *f*; **~ar** [-'nar] (1a) *Substanz* aus-, umher-, verstreuen; *Theorie* aus-, verbreiten (***por*** über *ac*)

dissen|são [disẽ'sɐ̃w] *f* Gegensatz *m*; Meinungsverschiedenheit *f*; **~tir** [-'tir] (3e): **~ *de*** anderer Meinung sein als

dissert|ação [disərtɐ'sɐ̃w] *f* (wissenschaftliche) Abhandlung *f*; Vortrag *m*; **~ar** [-'tar] (1c): **~ *sobre*** *Text etc* behandeln; *Person*: sprechen (*od* schreiben) über (*ac*)

dissid|ência [dəsi'dẽsjɐ] *f* *POL* (Ab)Spaltung *f*; Abfall *m* (*von Lehre, Glauben*); Uneinigkeit *f*; **~ente** [-'dẽtə] **1.** *adj* anders denkend; **2.** *su POL* Dissident(in *f*) *m*; Abweichler(in *f*) *m*

dissídio [də'sidju] *m* Auseinandersetzung *f*; *bras JUR* Rechtsstreit *m* zu Lohnfragen

dissimul|ação [dəsimulɐ'sɐ̃w] *f* Verstellung *f*; Verheimlichung *f*; **~adamente** [-lɐdɐ'mẽtə] **~ado** [-'ladu] heimlich; hinterhältig; **~ar** [-'lar] (1a) **1.** *v/t* verheimlichen, verbergen; **2.** *v/i* sich verstellen; zurückhaltend sein

dissip|ação [dəsipɐ'sɐ̃w] *f* Auflösung *f*; Zerstreuung *f*; *fig* Verschwendung *f*; Ausschweifung *f*; **~ador** [-pɐ'dor] *m* Verschwender *m*; **~ar** [-'par] (1a) auflösen; *Zweifel etc* zerstreuen; *fig* verschwenden; *Gesundheit* ruinieren

disso ['disu] *Zssg von* ***de*** *u* ***isso***

dissoci|abilidade [disusjɐbəli'dadə] *f* Löslichkeit *f*; **~ação** [-sjɐ'sɐ̃w] *f* Trennung *f*; Absonderung *f*; Zerfall *m*; **~ar** [-'sjar] (1g) trennen; absondern, -spalten; *QUÍM* dissoziieren; **~-se** zerfallen (**em** in *ac*)

dissol|ução [disulu'sɐ̃w] *f* Auflösung *f*; *QUÍM* Lösung *f*; *fig* Ausschweifung *f*; **~uto** [-'lutu] zersetzt; *fig* liederlich (*Leben*); korrupt (*Person*); **~úvel** [-'luvɛɫ] löslich; **~vente** [-soɫ'vẽtə] **1.** *adj* lösend; *fig* zersetzend; **2.** *m QUÍM* Lösungsmittel *n*; **~ver** [-soɫ'ver] (2e) auflösen (*a fig*)

disson|ância [disu'nɐ̃sjɐ] *f* *MÚS* Missklang *m*, Dissonanz *f*; Uneinheitlichkeit *f*; **~ante** [-'nɐ̃tə] *MÚS* misstönend; gegensätzlich (*Meinung*); uneinheitlich; fehl am Platz (*Äußerung*); **~ar** [-'nar] (1f) *MÚS* falsch klingen; nicht zueinander passen (*Farben*); uneinheitlich wirken

dissua|dir [diswɐ'dir] (3b): **~ *de*** *Plan*: *j-m* abraten von; *j-m* ausreden (*ac*); *Meinung*: *j-n* abbringen von; **~-se** abkommen (**de** von); **~são** [-'zɐ̃w] *f* Abbringen *n* (**de** von); Ausreden *n*

distância [diʃ'tɐ̃sjɐ] *f* Entfernung *f*; Abstand *m* (*a fig*); Zwischenraum *m*; *fig* Unterschied *m*; ***a ~*** aus der Ferne, von weitem; ***à ~ de*** in e-r Entfernung (*od* e-m Abstand) von; ***a grande ~*** Langstrecken..., Fern...; ***de ~ em ~*** von Ort zu Ort; hier und da; von Zeit zu Zeit; ***conservar*** (*od* ***manter***) ***a ~*** *et* fern halten; ***tomar ~ de*** sich fern halten von

distanci|ador [diʃtɐ̃sjɐ'dor] *m TÉCN* Abstandhalter *m*; **~amento** [-sjɐ'mẽtu] *m* Distanz(ierung) *f*; Abrücken *n*; Entfremdung *f*; **~ar** [-'sjar] (1g) *räuml* (voneinander) entfernen; *zeitl* hinausschieben; *et* in Abständen tun; **~-se** *fig* sich entfremden (*Personen*); *Meinung*: abrücken (**de** von); *räuml* sich entfernen (**de** von)

dist|ante [diʃ'tɐ̃tə] (weit) entfernt, fern (*Ort, Land*); distanziert (*Verhalten*); **~ar** [-'tar] (1a) entfernt sein

disten|der [diʃtẽ'der] (2a) dehnen,

strecken; spannen; *MED* zerren; **~-se** sich ausdehnen; *fig* sich entspannen; **~são** [-'sɐ̃w] *f* Dehnung *f*; Spannung *f*; *MED* Zerrung *f*; *PSIC* Entspannung *f*

distin|ção [diʃtĩ'sɐ̃w] *f* Unterscheidung *f*; Unterschied *m*; Deutlichkeit *f*; Auszeichnung *f* (*Würdigung*); Vornehmheit *f*; ***à ~ de*** im Unterschied zu; ***com ~*** ausgezeichnet; vornehm; ***para ~*** zur Unterscheidung; ***sem ~*** ohne Unterschied; ***fazer (a) ~*** unterscheiden; ***ter ~*** vornehm sein; **~guir** [-'gir] (3o) unterscheiden; *Unterschied* wahrnehmen; *mit Orden* auszeichnen; **~-se** sich abheben (***de*** von), sich *durch Leistung* hervortun; herausragen (***de*** aus); sich unterscheiden (***de*** von); **~guível** [-'givɛɫ] unterscheidbar; **~tivo** [-'tivu] *m* Kennzeichen *n*; Abzeichen *n*; **~to** [-'tĩtu] verschieden; ausgezeichnet (*Leistung*, *Persönlichkeit*); vornehm, distingiert

disto ['diʃtu] *Zssg von* ***de*** *u* ***isto***

distor|ção [diʃtur'sɐ̃w] *f EL* Verzerrung *f*; **~cer** [-'ser] (2g; *Stv* 2d) verzerren

distra(c)|ção [diʃtra'sɐ̃w] *f* Unachtsamkeit *f*, Zerstreutheit *f*; Ablenkung *f*; ***por ~*** aus Versehen; ***parque m de -ões*** Vergnügungspark *m*; **-tivo** [-'tivu] unterhaltend

distra|idamente [diʃtrɐidɐ'mẽtə] aus Versehen; **~ído** [-trɐ'idu] zerstreut; ***apanhar alg ~ a*** j-n überraschen bei; **~ir** [-trɐ'ir] (3l) *j-n* unterhalten; *Aufmerksamkeit* ablenken; **~-se** sich ablenken lassen; nicht aufpassen

distrat|ar [diʃtrɐ'tar] (1b) rückgängig machen; **~e** [-'tratə] *m* Rücktritt *m* (*v e-m Vertrag*); Widerruf *m*

distribu|ição [diʃtribui'sɐ̃w] *f Güter*: Verteilung *f*; *Gruppen*: Einteilung *f*; Briefzustellung *f*; *TEA* Besetzung *f*; *Film*: Verleih *m*; (Gewinn)Ausschüttung *f*; (Karten)Ausgabe *f*; *ECON* Vertrieb *m*; *TÉCN* Steuerung *f*; **~idor** [-bui'dor] *m* Verteiler *m* (*a TÉCN*); Austeiler *m*, -träger *m*; *ECON* Vertragshändler *m* (***autorizado*** autorisierter); Vertreter *m*; **~idora** [-bui'dɔrɐ] *f*: ***~ automática*** (Zigaretten-, Fahrkarten)Automat *m*; **~ir** [-'bwir] (3i) verteilen (***por*** unter *ac u dat*); *Karten*, *Waren* austeilen; *Gruppen* einteilen; *Ration* zuteilen; *Post* austragen

distrit|al [dəʃtri'taɫ] Bezirks...; Distrikt...; **~o** [-'tritu] *m* (Regierungs-)Bezirk *m*; ***~ comunal*** Gemarkung *f*

Distrito Federal [dis'tritu fede'raw] *m bras* Bundesdistrikt *m* (*Brasília*)

distúrbio [diʃ'turbju] *m* Störung *f*; **~s** *pl POL* Unruhen *f/pl*; Randale *f*

dita ['ditɐ] *f* Glück(sfall *m*) *n*

dit|ado [di'tadu] *m Schule*, *Büro*: Diktat *n*; Sprichwort *n*; **~ador** [-tɐ'dor] *m* Diktator *m*; **~adura** [-tɐ'durɐ] *f* Diktatur *f*; **~ame** [-'tɐmə] *m* Ausspruch *m*; Regel *f*, Gesetz *n*; **~ar** [-'tar] (1a) *Text* diktieren; eingeben; befehlen; *Gesetz* erlassen; **~atorial** [-tɐtu'rjaɫ] diktatorisch; **~inho** [-'tiɲu] *m* Geschwätz *n*

dito ['ditu] **1.** *p/p von* ***dizer***; **2.** *adj* besagt; *irón* so genannt; ***~ e feito*** gesagt, getan; ***está ~!*** abgemacht!; es bleibt dabei!; **3.** *m* Ausspruch *m*; Sinnspruch *m*; ***dar o ~ por não ~*** nichts gesagt haben wollen

ditoso [di'tozu] glücklich

diurético [diu'rɛtiku] harntreibend

diurno [di'urnu] Tages...

diva ['divɐ] *f* Diva *f*

divã [di'vɐ̃] *m* Diwan *m*; Liege *f*

divag|ação [divɐgɐ'sɐ̃w] *f örtl* Umherstreifen *n*, -ziehen *n*; Streifzug *m*; *fig* Abschweifung *f*; Fantasterei *f*; **~ar** [-'gar] (1o; *Stv* 1b) umherstreifen; irren (***por*** durch); *fig* fantasieren; *Thema*: abschweifen (***de*** von); sich verbreiten (***sobre*** über *ac*)

diverg|ência [divər'ʒẽsjɐ] *f* Meinungsverschiedenheit *f*; Gegensatz *m*; Divergenz *f*; **~ente** [-'ʒẽtə] auseinander gehend; gegensätzlich; divergierend; **~ir** [-'ʒir] (3n; *Stv* 3c) auseinander gehen; nicht (miteinander) übereinstimmen; divergieren

divers|ão [divər'sɐ̃w] *f* Zeitvertreib *m*, Zerstreuung *f*; Ablenkung *f*; *MIL*, *POL* Ablenkungsmanöver *n*; ***parque m de -ões*** Freizeitpark *m*; **~idade** [-si'dadə] *f* Verschiedenartigkeit *f*; Mannigfaltigkeit *f*; **~ificação** [-səfikɐ'sɐ̃w] *f ECON*, *AGR* Diversifizierung *f*; **~ificar** [-səfi'kar] (1n) **1.** *v/t* Abwechslung hineinbringen in (*ac*); diversifizieren; **2.** *v/i* wechseln; sich unterscheiden (***de***

von); **~o** [-'vɛrsu] verschieden, divers; ander; verschiedenartig

divert|ido [divər'tidu] lustig; unterhaltsam; **~imento** [-ti'mẽtu] *m* Unterhaltung *f*, Vergnügen *n*; **~ir** [-'tir] (3c) unterhalten, vergnügen (*Film etc*); *Problem, Plan*: abbringen, -lenken (**de** von); **~-se com** sich lustig machen über (*ac*); sich erfreuen an (*dat*) (*Film etc*)

D

dívida ['dividɐ] *f* Schuld *f*; *ECON* Verschuldung *f*; **~ externa** *ECON* Auslandsschuld *f*, -verschuldung *f*; **~ pública** öffentliche Verschuldung *f*; **atolado em ~s** F bis über beide Ohren verschuldet; **contrair ~s** Schulden machen; **estar em ~ para com** in *j-s* Schuld stehen

divid|endo [dəvi'dẽdu] *m* Dividend *m*; *ECON* Dividende *f*; **~ir** [divə'dir] (3a) teilen; ab-, zerteilen (**em** in *ac*); *MAT* dividieren (**por** durch); *fig* entzweien

divin|atório [dəvinɐ'tɔrju] ahnungsvoll; **~dade** [-divĩ'dadə] *f* Gottheit *f*; Göttlichkeit *f*; **~o** [-də'vinu] göttlich (*a fig*); himmlisch (*a fig*)

divisa [də'vizɐ] *f* Wahlspruch *m*; Kennzeichen *n*; *MIL* Rangabzeichen *n*; **~s** *pl ECON* Devisen *pl*

divis|ão [dəvi'zɐ̃w] *f* Teilung *f*; *Gruppen*: Einteilung *f*, Unterteilung *f*; Abteilung *f*; *ARQUIT* Trennwand *f*; (Wohn)Raum *m*; *MAT, MIL* Division *f*; *Sport*: Liga *f*; **~ do trabalho** Arbeitsteilung *f*; **~ar** [-'zar] (1a) erblicken; *Gebiet, Parzelle* abstecken; **~ível** [-divə'zivɛɫ] teilbar; **~o** [-də'vizu] geteilt; getrennt; uneinig (*Personen*); **~or** [dəvi'zor] *m MAT* Divisor *m*; Nenner *m*; **~ória** [-'zɔrjɐ] *f* Trennlinie *f*; *ARQUIT* Trennwand *f*; **~ório** [-'zɔrju] Trenn...; Scheide...; Grenz...; **acção** *f* **-a** *JUR* Teilungsverfahren *n*

divorciar [divur'sjar] (1g) *Ehe* scheiden; *allg* entzweien; **~-se** sich scheiden lassen (**de** von)

divórcio [di'vɔrsju] *m* (Ehe)Scheidung *f*; *fig* Gegensatz *m*

divulg|ação [divuɫgɐ'sɐ̃w] *f* Verbreitung *f*; **~ar** [-'gar] (1o) verbreiten; bekannt machen

dizer [di'zer] (2x) **1. a)** *v/t* sagen; aussprechen; besagen (*Text*); *Zeugnis* ablegen; *Geheimnis* verraten; *Anzahl* nennen; *Witz* erzählen; *Gedicht* vortragen; *Meinung* äußern; *Rolle, Gebet* sprechen; *Messe* lesen; **~ consigo** zu sich (selbst) sagen; **mandar ~** ausrichten lassen; **ouvir ~** sagen hören; **b)** *v/i* sagen; Darlegungen machen; lauten (*Text*); passen (**com** zu) (*Farbe*); **~ que sim** (**não**) ja (nein) sagen; **dar que ~** Anlass zu Gerede geben; **querer ~** bedeuten, heißen; **quer ~** das heißt; **a bem ~** genau genommen; **por assim ~** sozusagen; **não há nada a ~** das hat nichts zu sagen; **diz-se** (*od* **dizem**) **que** es heißt, dass; **é o que dizem** so sagt man; **ele diz e faz** er tut, was er sagt; **há quem diga** es heißt, man sagt; **dir-se-ia** man könnte meinen; **é o que digo!** das will ich meinen!; **eu bem dizia!** das hab ich doch gleich gesagt!; **diga?** (wie) bitte?; **faz favor de ~!** ja, bitte?; was wünschen Sie? **não me diga!** was Sie nicht sagen!; **~-se** sich nennen; sein wollen; **3.** *m* Ausdruck(sweise *f*) *m*; Stil *m*; Gerede *n*; **no ~ de** nach Ansicht; **~es** *pl* Auf-, Inschrift *f*; Beschriftung *f*

dizim|ação [dəzimɐ'sɐ̃w] *f* Dezimierung *f*; **~ar** [-'mar] (1a) dezimieren; *Erbe* durchbringen; **~-se** zusammenschmelzen (*Vermögen*)

dizível [də'zivɛɫ] aussprechbar

diz-que-diz-que [diski'diski] *m bras* Gerede *n* (*Gerücht*)

dlim [dlĩ]: **~!** kling!

d.º *dito* besagt

do [du] *Zssg von prp* **de** *u art* (*od pron*) **o**

dó [dɔ] *m* **a)** Mitleid *n*; Schmerz *m*; **ter ~ de** Mitleid haben mit; **b)** *MÚS* C *n*

do|ação [dwɐ'sɐ̃w] *f* Schenkung *f*; **~ador** [-'dor] *m* Spender *m*; **~ar** [dwar] (1f) schenken; *j-n* mit *et* bedenken; **~-se a** sich widmen (*dat*)

dobra ['dɔbrɐ] *f Stoff*: Falte *f*; *Papier*: Falz *m*, Knick *m*

dobr|ada [du'bradɐ] *f* (Rinder)Gekröse *n*; **~adiça** [-brɐ'disɐ] *f* Türangel *f*; Scharnier *n*; *TEA* Klappsitz *m*; **~adiço** [-brɐ'disu] biegsam; zusammenklappbar (*Möbel*); Klapp...; **~ado** [-'bradu] *adj* gefaltet (*Papier*); gebogen (*Stab*); doppelt; hügelig (*Gelände*); gefüllt (*Blume*); Doppel...; **~adura** [-brɐ'durɐ] *f Stoff*: Falte *f*; *Straße*: Biegung *f*; **~agem** [-'braʒẽj] *f Film*: Untertitelung *f*; **~ar** [-'brar] (1e) **1.** *v/t Stoff, Papier, Hände* falten; *Stab* (um)biegen; *Summe* verdoppeln; mit zwei multiplizieren; *Stolz* beugen; *j-n* gefügig machen; *j-n* umstimmen; *Glocke* läuten; *Kap* umschiffen; *Film* synchronisieren; **~ a esquina** um die Ecke biegen; **~ a voz** trillern (*Vogel*); **2.** *v/i* zunehmen (**de** an *dat*); abbiegen (**a** nach) (*Auto*); läuten (*Glocken*); sich verdoppeln (*Anzahl*); **~-se** sich verneigen; *fig* nachgeben; **~ável** [-'bravɛɫ] zusammenklappbar (*Möbel*); biegsam (*Stab*); **~ez** [du'breʃ] *f fig* Doppelzüngigkeit *f*; Falschheit *f*; **~o** ['dobru] *m* Doppelte(s) *n*

doc. ***documento*** *m* Dokument *n*

doca ['dɔkɐ] *f* Dock *n*

doç|agem [du'saʒẽj] *f* Süßen *n*; **~aria** [-sɐ'riɐ] *f* Süßwaren *f/pl*

doce ['dosə] **1.** *adj* süß (*Speise*); lieblich, sanft (*Charakter*); weich (*Stahl*); **2.** *m* Süßspeise *f*; Süßigkeit *f*; **~ de fruta** Konfitüre *f*, Marmelade *f*; → **~ em calda** Kompott *n*; **~(s)-amargo(s)** [-ɐ'margu] bittersüß

doc|ência [du'sẽsjɐ] *f* Dozentur *f*; **~ente** [-'sẽtə] **1.** *adj* Lehr...; ***corpo*** *m* **~** Lehrkörper *m*; **2.** *su* Dozent(in *f*) *m*

dócil ['dɔsiɫ] gelehrig (*Schüler*); fügsam (*Untergebener*); weich (*Material*)

docilidade [dusəli'dadə] *f Schüler*: Gelehrigkeit *f*; *Untergebener*: Fügsamkeit *f*; Geschmeidigkeit *f* (*a Metalle*)

document|ação [dukumẽtɐ'sɐ̃w] *f* HIST Beurkundung *f*; Ausweispapiere *n/pl*; Beweise *m/pl*; Belege *m/pl*; **~al** [-'taɫ] urkundlich; schriftlich; **~alista** [-tɐ'liʃtɐ] *su* Dokumentar(in *f*) *m*; **~ar** [-'tar] (1a) beurkunden; *Aussage* beweisen; mit Belegen versehen; **~-se** sich ausweisen; *fig* sich vergewissern; **~ário** [-'tarju] *m* Dokumentarfilm *m*; **~ável** [-'tavɛɫ] beweisbar; **~o** [-'mẽtu] *m* Dokument *n* (*a* HIST); Urkunde *f*; Schriftstück *n*; JUR Beweis *m*; Beleg *m*; **~s** *pl* (Ausweis-, Fahrzeug)Papiere *n/pl*; Unterlagen *f/pl*

doçura [du'surɐ] *f* Süße *f* (*e-r Speise*); Süßigkeit *f*; *Geschmack*: Lieblichkeit *f*, Milde *f*; *Charakter*: Sanftmut *f*; **~s** *pl* Annehmlichkeiten *f/pl*

doen|ça ['dwẽsɐ] *f* Krankheit *f*; **~ *cardiovascular*** Herz-Kreislauf-Erkrankung *f*; **~ *das vacas loucas*** F Rinderwahnsinn *m*; **~te** ['dwẽtə] **1.** *adj* krank; ***estar* ~** krank sein; ***ser* ~ *por*** *bras* vernarrt sein in (*ac*); **2.** *su* Kranke(r) *su*; ***dar parte de* ~** sich krankmelden; **~tio** [-'tiw] MED kränklich; krankhaft; schädlich

doer [dwer] (2f) schmerzen; wehtun; **~-se** (2f) klagen (**de** über *ac*); *Vorfall* bedauern, bereuen

dogm|a ['dɔgmɐ] *m* Dogma *n*; Glaubenssatz *m*; **~ático** [-'matiku] dogmatisch

dogue ['dɔgə] *m* Dogge *f*

doid|ejar [dojdə'ʒar] (1d) wie verrückt umherspringen; (herum)albern; **~ice** [-'disə] *f* Verrücktheit *f*; **~inho** [-'diɲu] F meschugge; verschossen (***por*** in *ac*)

doido ['dojdu] **1.** *adj* verrückt; ausgelassen, toll; wahnsinnig (**de** vor *dat*); versessen (***para*** auf *ac*); ***à -a*** wie verrückt; ***andar* ~ *com*** sich wahnsinnig freuen über (*ac*); ***estar* ~ *de*** verrückt sein vor (*dat*); ***estar*** (*od* ***ser***) **~ *por*** verrückt sein nach; **2.** *m* Verrückte(r) *m*, Wahnsinnige(r) *m*; ***como um* ~** P wie ein Verrückter; ***dar com alg em* ~** F noch verrückt werden mit j-m; ***ver-se* ~** P weder ein noch aus wissen

doído ['dwidu] **1.** *p/p von* **doer**; **2.** *adj* MED schmerzend; betrübt (*Person*); schmerzlich (*Klage*)

doir... → ***dour...***

dois [dojʃ] **1.** *adj* zwei; ***os* ~** die beiden, beide; ***nós os* ~** wir beide; ***das duas uma*** entweder oder; **2.** *m* Zwei *f*

dólar ['dɔlɐr] *m* Dollar *m*

dolência [du'lẽsjɐ] *f* Schmerz *m*

dolo ['dɔlu] *m* JUR Betrug *m*; Arglist *f*; **~ *da guerra*** Kriegslist *f*; ***por* ~** mit betrügerischer Absicht

doloroso [dulu'rozu] MED schmerzhaft; schmerzlich (*Verlust*); kläglich (*Ergebnis, Entwicklung*)

doloso [du'lozu] JUR betrügerisch

dom [dõ] *m* **a)** Gabe *f*; Begabung *f*; ***ter o* ~ *de*** *et* beherrschen, gut sein in (*dat*); **b**) *Ehrentitel von Adligen u Ordensgeistlichen*: ♀ **Afonso IV** König Alfons IV.

dom|ador [dumɐ'dor] *m* Tierbändiger *m*, Dompteur *m*; **~ar** [-'mar] (1f) zähmen; *fig* bezwingen; **~ável** [-'mavɛł] zähmbar; *fig* bezwingbar

domesticar [dumǝʃti'kar] (1n) zähmen; domestizieren

doméstico [du'mɛʃtiku] **1.** *adj* häuslich, Haus...; *POL* einheimisch; inner; ***empregada*** *f* **-a** Hausangestellte *f*; ***vida*** *f* **-a** häusliche(s) Leben *n*; ***voo*** *m* ~ *AV* Inlandsflug *m*; **2.** *m*, **-a** *f* Hausangestellte(r) *su*; Hausfrau *f* (*als Berufsangabe*)

domicili|ação [dumǝsiljɐ'sɐ̃w] *f* Unterbringung *f*; Ansässigwerden *n*; ~ ***do trabalho*** Heimarbeit *f*; **~ado** [-'ljadu] wohnhaft; **~ar** [-'ljar] **1.** *v/t* (1g) *in e-r Gegend* ansiedeln; unterbringen; **~-se** sich niederlassen; **2.** *adj bras* Haus...; Wohnungs...; ***entrega*** *f* (*od* ***serviço*** *m*) ~ Lieferservice *m*, Zustellung *f* (*frei Haus*)

domicílio [dumǝ'silju] *m* Wohnung *f*; Wohnsitz *m*; *fig* Sitz *m*

domin|ação [duminɐ'sɐ̃w] *f* Herrschaft *f*; Beherrschung *f*; **~ador** [-nɐ'dor] herrisch; **~ância** [-'nɐ̃sjɐ] *f* Dominanz *f*; **~ante** [-'nɐ̃tǝ] (be-, vor)herrschend; dominant; **~ar** [-'nar] (1a) **1.** *v/t* beherrschen; *GEOGR* überragen; **2.** *v/i* (vor)herrschen; führend sein (***em*** in *dat*)

doming|a [du'mĩgɐ] *f* letzte(r) Sonntag *m* in der Fastenzeit; **~o** [-'mĩgu] *m* Sonntag *m*; ***aos ~s*** sonntags; ***no ~*** am Sonntag

dominic|al [dumǝni'kał]: ***dia*** *m* ~ Tag *m* des Herrn; **~ano** [-'kɐnu] *m* Dominikaner *m*

domínio [du'minju] *m* *POL* Herrschaft *f*; Macht *f*, *Ländereien*: Eigentum *n*; Besitzung *f*; ~ ***das línguas*** Fremdsprachenbeherrschung *f*; ~ ***directo*** Eigentumsrecht *n*; ~ ***útil*** Nutzungsrecht *n*; ~ ***de si*** (***próprio***) Selbstbeherrschung *f*; ***ser do ~ público*** allgemein bekannt sein

domo ['domu] *m* Kuppel *f*

dona ['donɐ] *f* Eigentümerin *f*; *höfliche Anredeform*: (***senhora***) ~ ***Maria***; ~ ***de*** (***da***) ***casa*** Hausfrau *f* (Hausherrin *f*)

donat|ário [dunɐ'tarju] *m* Beschenkte(r) *m*; Empfänger *m*; **~ivo** [-'tivu] *m* Schenkung *f*, Stiftung *f*

donde ['dõdǝ] *Zssg von* ***de*** *u* ***onde***; woher; woraus

doninha [du'niɲɐ] *f ZO* Iltis *m*

dono ['donu] *m* Eigentümer *m*, Besitzer *m*; Herr *m*; ~ ***da casa*** Hausherr *m*; ~ ***da taverna*** Wirt *m*

donzela [dõ'zɛlɐ] *f* (Hof)Fräulein *n*

dop|agem [du'paʒɐ̃j] *f* Doping *n*; **~ar** [-'par] (1e) dopen

doqueiro [do'kejru] *m bras* Dockarbeiter *m*

dor [dor] *f* Schmerz *m*; ~ ***de corno*** (*od* ***cotovelo***) P Eifersucht *f*; ~ ***dos músculos*** Muskelkater *m*; **~es** *pl* (***de parto***) Wehen *f/pl*; ***estar com as ~es*** in den Wehen liegen

doravante [dɔrɐ'vɐ̃tǝ] von nun an; in Zukunft, zukünftig

dorido [du'ridu] schmerzend, schmerzhaft (*Verletzung*); schmerzerfüllt; betrübt (*Person*)

dorm|ência [dur'mẽsjɐ] *f* Schläfrigkeit *f*; Lähmung *f* (*in den Gliedern*); Winterschlaf *m*; **~ente** [-'mẽtǝ] **1.** *adj* schlafend; schläfrig; regungslos; stehend (*Wasser*); eingeschlafen (*Fuß*); **2.** *m* Tragbalken *m*; *CAM. DE F* (Bahn)Schwelle *f*; **~ida** [-'midɐ] *f* Schlaf *m*; Übernachtung *f*; Nachtlager *n*; ***dar*** ~ Nachtquartier geben; **~ideira** [-mi'dɐjrɐ] *f BOT* Mohn *m*; *bras a* Mimose *f*; **~inhão**, **~inhoco** [-mi'ɲɐ̃w, -'ɲoku] **1.** *adj* verschlafen; **2.** *m* Langschläfer *m*; **~ir** [-'mir] (3f) **1.** *v/t Siesta* halten; **2.** *v/i* schlafen; ~ ***sobre*** *et* überschlafen; **~itar** [-mi'tar] (1a) schlummern; **~itório** [-mi'tɔrju] *m* Schlafsaal *m*; *bras* Schlafzimmer *n*

dors|al [dur'sał] *ANAT* Rücken...; ***espinha*** *f* ~ Rückgrat *n*; **~o** ['dorsu] *m ANAT* Rücken *m*; Rückseite *f*

dos|agem [du'zaʒɐ̃j] *f* Dosierung *f*; Menge(nverhältnis *n*) *f*; Mischung *f*; **~ar** [-'zar] (1e) dosieren; abmessen; *Arbeit* ein-, zuteilen; **~e** ['dɔzǝ] *f* Menge *f*; *Medikament*, *Rauschgift*: Dosis *f*; Teil *m*; *Essen*: Portion *f*; ***uma boa ~*** *fig* eine ziemliche Menge; **~eador** [-zjɐ'dor] *m* Dosierer *m*; **~ear** [-'zjar] (1l) → **~ar**

dossier [dɔ'sjɛr] *m* Aktenordner *m*; Akte *f*

dot|ação [dutɐ'sɐ̃w] *f* Stiftung *f*; Ausstattung *f*; *Braut*: Aussteuer *f*; **~ado** [-'tadu] begabt (**de** mit); begnadet; **~ador** [-tɐ'dor] *m* Stifter *m*; **~ar** [-'tar] (1e) ausstatten (**de**, **com** mit); **~e** ['dɔtə] *m* Mitgift *f*; Schenkung *f*; *geistige* Gabe *f*
dou [do] → **dar**
dour|ada [do'radɐ] *f* ZO Goldbrasse(n *m*) *f*; **~ado** [-'radu] **1.** *adj* golden, Gold...; **2.** *m* Vergoldung *f*; **~ar** [-'rar] (1a) vergolden; CUL anbraten, bräunen
Douro ['doru] *m port Fluss u* HIST *Provinz*
douto ['dotu] gelehrt
doutor [do'tor] *m* Doktor *m*; *irón* Schlaumeier *m*; *fig* F (Nacht)Topf *m*; **~ em direito** Doktor *m* der Rechte; **~a** [-'torɐ] *f* Frau *f* Doktor; **~ado** [-'radu] *m* Doktorwürde *f*; **fazer o ~** s-n Doktor machen; **~amento** [-rɐ'mẽtu] *m* UNIV Promotion *f*; Habilitation *f*; **~ando** [-'rɐ̃du] *m* Doktorand *m*; **~ar** [-'rar] (1e) UNIV zum Doktor promovieren; **~-se** promovieren (**em** in *dat*); sich habilitieren
doutrem ['dotrɐ̃j] *Zssg von* **de** *u* **outrem**
doutrin|a [do'trinɐ] *f* Lehre *f*; JUR Rechtsauffassung *f*; POL Doktrin *f*; REL Katechese *f*; **~ação** [-nɐ'sɐ̃w] *f* Unterweisung *f* (*in e-r Glaubenslehre*); Schulung *f*; **~al** [-'nał] belehrend; grundsätzlich; **~ar** [-'nar] (1a) *in e-r Lehre* unterweisen; lehren; **~ário** [-'narju] → **~al**
doutro ['dotru] *Zssg von* **de** *u* **outro**
doze ['dozə] **1.** *adj* zwölf; **2.** *m* Zwölf *f*
Dr., **Dr.ª** ***Doutor*** *m*, ***Doutora*** *f* Doktor *m*, Frau Doktor
draga ['dragɐ] *f* Bagger(schiff *n*) *m*; Nassbagger *m*; **~gem** [drɐ'gaʒɐ̃j] *f* *Flussbett*: Ausbaggerung *f*
dragão [drɐ'gɐ̃w] *m* Drachen *m*
dragar [drɐ'gar] (1o; 1b) ausbaggern
drágea ['draʒja] *f bras*, **drageia** [drɐ'ʒejɐ] *f* Dragee *n*
dram|a ['drɐmɐ] *m* Drama *n*; Schauspiel *n*; **~ática** [-'matikɐ] *f* Dramatik *f*; **~ático** [-'matiku] **1.** *adj* dramatisch; **2.** *m* Dramatiker *m*; **~atizar** [-mɐti'zar] (1a) TEA, *fig* dramatisieren; **~aturgia** [-tur'ʒiɐ] *f* Dramaturgie *f*; **~aturgo** [-mɐ'turgu] *m* Dramaturg *m*; Dramatiker *m*
drástico ['draʃtiku] drastisch
dren|agem [drə'naʒɐ̃j] *f* Entwässerung *f*; Dränage *f*; **~ar** [-'nar] (1d) entwässern; dränieren; **~o** ['drenu] *m* Abflussgraben *m*; Sickerrohr *n*
dribl|agem [dri'blaʒɐ̃j] *f Fußball*: Dribbeln *n*; **~ar** (1a) dribbeln
drinque ['drĩki] *m bras* Drink *m*
drive ['drajvə] *m* INFORM (Disketten)Laufwerk *n*
drog|a ['drɔgɐ] *f* Droge *f*, Rauschgift *n*; F Schund *m*; **~ leve** (**dura**) weiche (harte) Droge *f*; **dar em ~** schief gehen; **ser** (**uma**) **~** großer Schund sein; **~ado** [-dru'gadu] *m* Drogensüchtige(r) *su*; **~ar** [-'gar] *j-n* unter Drogen setzen; **~-se** Drogen nehmen; **~aria** [-gɐ'riɐ] *f* Drogerie *f*; **~uista** [-'giʃtɐ] *su* Drogist(in *f*) *m*
dromedário [-'darju] *m* Dromedar *n*
d.to ***direito*** rechts (r.)
dual [dwał] dual; **~idade** [dwɐli'dadə] *f* Dualität *f*; **~ismo** [-'liʒmu] *m* Dualismus *m*; Gegensätzlichkeit *f*; **~ista** [-'liʃtɐ] dualistisch; gegensätzlich
duas ['duɐʃ] *f/pl von* **dois**
dúbio ['dubju] zweifelhaft, unsicher (*Ergebnis*); unschlüssig (*Person*)
dubl|agem [du'blaʒɐ̃j] *f bras* → **dobragem**; **~ar** [-'blar] *bras* → **dobrar**
ducado [du'kadu] *m* Herzogtum *n*
duch|a ['duʃa] *f bras*, **duche** ['duʃə] *m* Dusche *f*; **tomar um**(**a**) **~** (sich) duschen; **~ar** [du'ʃar] (1a) duschen
dúctil ['duktił] dehnbar; geschmeidig (*Material*); gefügig (*Person*); TÉCN verformbar; schmiedbar (*Eisen*)
ductilidade [duktəli'dadə] *f* Dehnbarkeit *f*; *Material*: Geschmeidigkeit *f*; *Person*: Gefügigkeit *f*; *techn.* Verformbarkeit *f*; *Eisen*: Schmiedbarkeit *f*
duelo ['dwɛlu] *m* Duell *n* (*a fig*)
duende ['dwẽdə] *m* Kobold *m*
dueto ['dwetu] *m* Duett *n*
dulcificar [dułsəfi'kar] (1n) versüßen; *Auswirkung* mildern
dum(a) [dũ, 'dumɐ] *Zssg von prp* **de** *u art* **um**(**a**)
duna ['dunɐ] *f* Düne *f*
duo|décimo [duɔ'dɛsimu] **1.** *adj* zwölft; **2.** *m* Zwölftel *n*; **~deno** [-'denu] *m* ANAT Zwölffingerdarm *m*

D

dupla ['duplɐ] *f* Paar *n*; *Sport*: Doppel *n*; *bras* F Pärchen *n*
dúplex ['duplɛks] **1.** *adj* doppelt; Duplex...; ***em ~ TV*** in Konferenzschaltung; **2.** *m* Maisonette(nwohnung) *f*
duplic|ação [duplikɐ'sɐ̃w] *f* Verdoppelung *f*; **~ado** [-'kadu] **1.** *adj* doppelt; **2.** *m* Doppel *n*, Duplikat *n*; Abschrift *f*; ***em ~*** in doppelter Ausfertigung; **~ar** [-'kar] (1n) verdoppeln; **~ata** [-'katɐ] *f* → **~ado**; *ECON* Wechsel *m*; **~idade** [-pləsi'dadə] *f* Duplizität *f*; *fig* Doppelzüngigkeit *f*
duplo ['duplu] doppelt; ***de ~ sentido*** doppelsinnig
duqu|e ['dukə] *m* Herzog *m*; **~esa** [-'kezɐ] *f* Herzogin *f*
dur|a ['durɐ] *f* Dauer *f*; ***de muita (pouca) ~*** (wenig) dauerhaft, (nicht lange) haltbar; lang- (kurz)lebig; **~abilidade** [-rɐbəli'dadə] *f* Haltbarkeit *f*; Festigkeit *f*; **~ação** [-rɐ'sɐ̃w] *f* Dauer *f*; **~adoiro, -ouro** [-rɐ'dojru, -'doru] *zeitl* dauerhaft; haltbar; andauernd; langwierig
durante [du'rɐ̃tə] während; ***~ todo o ano*** das ganze Jahr hindurch; ***~ quatro anos*** vier Jahre lang
dur|ar [du'rar] (1a) *zeitl* (an)dauern; (sich) halten; reichen (*Vorrat*); **~ável** [-'ravɛɫ] dauerhaft; haltbar; **~eza** [-'rezɐ] *f* Härte *f*; *fig* Grausamkeit *f*
duriense [du'rjẽsə] *GEOGR* aus dem Dourogebiet, vom Douro
dur|o ['duru] **1.** *adj* hart (*Material*, *fig*); zäh (*Fleisch*); schwer, mühsam (*Arbeit*); rau, streng (*Winter*); grausam (*Vorgehen*); ***~ de ouvido*** schwerhörig; ***~ de roer*** *fig* kaum zu fassen; schwer zu ertragen; ***cabeça f -a*** Dickkopf *m*; ***no ~*** *bras* auf Biegen und Brechen; ***estar ~*** P blank sein (*ohne Geld*); **2.** *m* = *bras* **~ão** [-'rɐ̃w] *m* harte(r) Bursche *m*
dúvida ['duvidɐ] *f* Zweifel *m*; Bedenken *n*; ***estar em ~*** im Zweifel sein; Bedenken haben; ***pôr em ~*** in Zweifel ziehen; infrage stellen; ***na ~*** im Zweifelsfalle; ***sem ~*** zweifellos, sicher; ***não há ~*** zweifellos
duvid|ar [duvi'dar] (1a) s-e Zweifel haben; unschlüssig sein; ***~ de*** zweifeln an (*dat*), bezweifeln; **~oso** [-'dozu] zweifelhaft; verdächtig; unschlüssig
duzentos [du'zẽtuʃ] zweihundert
dúzia ['duzjɐ] *f* Dutzend *n*; ***às ~s*** dutzendweise, im Dutzend; *fig* massenhaft; ***das ~s*** mittelmäßig
dz. ***dúzia*** *f* Dutzend *n* (Dtzd.)

E

E, e [ɛ] *m* E, e *n*
e [i] und; aber; und zwar
E. ***Este*** *m* Osten *m* (O)
é [ɛ] → ***ser***
ebanista [ibɐ'niʃtɐ] *su* Möbel-, Kunsttischler(in *f*) *m*
ébano ['ɛbɐnu] *m* Ebenholz *n*
eborense [ibu'rẽsə] **1.** *adj die Stadt* Évora betreffend; aus Évora; **2.** *su* Einwohner(in *f*) *m* Évoras
ébrio ['ɛbrju] betrunken; ***~ (de)*** *poét* trunken vor (*dat*); lechzend (nach)
ebulição [ibuli'sɐ̃w] *f fig* (Auf)Wallung *f*; ***ponto*** *m* ***de ~*** Siedepunkt *m*; ***entrar em ~*** zu kochen (*od* sieden) beginnen; *fig* aufwallen; ***estar em ~*** kochen, sieden
écharpe [e'ʃarpə] *f* Schal *m*; Schärpe *f*
ecl|éctico [i'klɛtiku] **1.** *adj* eklektisch; **2.** *m* Eklektiker *m*; **~ectismu** [-klə'tiʒmu] *m* Eklektizismus *m*
eclesiástico [iklə'zjaʃtiku] **1.** *adj* geistlich; kirchlich, Kirchen...; **2.** *m* Geistliche(r) *m*
eclips|ar [əklip'sar] (1a) verfinstern; *fig* verbergen; in den Schatten stellen; ***~-se*** sich verbergen (*Mond*); P abhauen; **~e** [i'klipsə] *m* Finsternis *f*; ***~ mental*** Gedächtnislücke *f*
eclo|dir [iklu'dir] (3f) ausbrechen (*Unruhen*, *Krieg*); schlüpfen (*Tier*);

fig auftauchen; **~são** [-'zɐ̃w] *f Krieg, Krankheit*: Ausbruch *m*; *Knospe*: Aufbruch *m*; Schlüpfen *n*
eclusa [i'kluzɐ] *f* Schleuse *f*
eco ['ɛku] *m* Echo *n*, Widerhall *m*; **~ar** [i'kwar] (1f) (wider)hallen
ecocentro [ikɔ'sẽtru] *m* Sammelstelle *f* (*für Wertstoffe*)
ecol|ogia [ikulu'ʒiɐ] *f* Ökologie *f*; **~ógico** [-'lɔʒiku] ökologisch; **~ogista** [-lu'ʒiʃtɐ] *su* Umweltschützer(in *f*) *m*
ecólogo [i'kɔlugu] *m* Ökologe *m*
econom|ato [ikunu'matu] *m* Verwaltung *f*; **~ia** [-'miɐ] *f* Wirtschaft(lichkeit) *f*; Sparsamkeit *f*; Ersparnis *f*; **~ *doméstica*** Hauswirtschaft *f*; **~ *de mercado*** Marktwirtschaft *f*; **~ *de subsistência*** Subsistenzwirtschaft *f*; **~ *nacional*** Volkswirtschaft *f*; **~ *política*** Volkswirtschaft(slehre) *f*; **~ *liberal*** freie Marktwirtschaft *f*; **~ *planificada*** Planwirtschaft *f*; **~s** *pl* Ersparnisse *pl*; ***fazer ~s*** sparen; ***fazer ~s de palitos*** *fig* am falschen Ende sparen
econ|omicamente [ikunɔmikɐ'mẽtə] wirtschaftlich gesehen; **~ómico** (*ô) [-'nɔmiku] wirtschaftlich, Wirtschafts...; **~omista** [-nu'miʃtɐ] *su* Wirtschaftswissenschaftler(in *f*) *m*; **~omizar** [-numi'zar] (1a) sparsam umgehen mit; (ein-)sparen (***em*** bei), Einsparungen machen (***em*** bei)
ecónomo (*ô) [i'kɔnumu] *m* Verwalter *m*
eco|noscópio [ikɔnuʃ'kɔpju] *n* *TÉCN* Verbrauchsanzeige *f*; **~ssistema** [-siʃ'temɐ] *m* Ökosystem *n*
ecrã, écran [e'krɐ̃, 'ekrɐ̃] *m* Bildschirm *m*; *INFORM a* Display *n*; ***grande ~***, **~ *de projecção*** Leinwand *f*; ***diagonal f de ~*** Bildschirmdiagonale *f*; **~ *de 15"*** 15" -Monitor *m*; **~ *LCD*** *INFORM* LCD-Bildschirm *m*; **~ *sensível ao toque*** berührungssensitive(s) Display *n*
ecstasy ['ikstɐzi] *f* Ecstasy *f*
ecuménico (*ê) [iku'mɛniku] ökumenisch
eczema [ig'zemɐ] *m* *MED* (Haut-)Ausschlag *m*, Ekzem *n*
ed. ***edifício*** *m* Gebäude *n*
edema [i'demɐ] *m* Ödem *n*
edição [ədi'sɐ̃w] *f* *TIP* Herausgabe *f*; *Buch*: Ausgabe *f*; Auflage *f*; Edition *f*; **~ *de bolso*** Taschenbuchausgabe *f*; **~ *especial*** *Zeitung*: Sonderausgabe *f*; **~ *integral*** vollständige Ausgabe *f*; ***primeira ~*** Erstausgabe *f*
edicto [ə'ditu] *m* Verordnung *f*
edific|ação [idəfikɐ'sɐ̃w] *f* Erbauung *f* (*a fig*), Errichtung *f*; **~ante** [-'kɐ̃tə] erbaulich; aufbauend (*Bemerkung*); **~ar** [-'kar] (1n) bauen, errichten; *fig* erbauen
edifício [idə'fisju] *m* Gebäude *n*; Bau(werk *n*) *m*; **~ *pré-moldado*** Fertighaus *n*; **~(s)-garagem** [-ga'raʒɐ̃j] *m*(*pl*) *bras* Parkhaus *n*
edil [ə'diɫ] *m* Stadtrat *m*; **~idade** [idəli'dadə] *f* Stadtverwaltung *f*
edit|al [ədi'taɫ] *m* Bekanntmachung *f*; **~ar** [-'tar] (1a) herausgeben; *Buch* verlegen; *INFORM* editieren
édito ['ɛditu] *m* (öffentliche) Bekanntmachung *f*, Anschlag *m*
editor [ədi'tor] *m* Herausgeber *m*; Verleger *m*; **~ *de texto*** *INFORM* Texteditor *m*; **~a** [-'torɐ] *f* (***casa*** *f*) **~** Verlag *m*; **~ial** [-tu'rjaɫ] **1.** *adj* Herausgeber...; Verleger...; Verlags...; **2.** *m* Leitartikel *m*; Titelgeschichte *f*; **3.** *f* Verlag *m*
edredão [idrə'dɐ̃w] *m* Steppdecke *f*
educ|ação [idukɐ'sɐ̃w] *f* Erziehung *f*; *Schule*, *UNIV* Ausbildung *f*; (*Tier*) Zucht *f*, Dressur *f*; **~ *física*** Sport(unterricht) *m*, Turnen *n*; ***falta f de ~*** Ungezogenheit *f*; **~acional** [-kɐsju'naɫ] Erziehungs...; **~ador** [-kɐ'dor] *m*, **-a** *f* Erzieher(in *f*) *m*; **-a** *f* ***de infância*** Kindergärtnerin *f*; **~ando** [idu'kɐ̃du] *m*, **-a** *f* Zögling *m*, Schüler(in *f*) *m*; **~ar** [-'kar] (1n) *Kinder* erziehen; *UNIV* ausbilden (***a*** zu); *Tiere* dressieren; **~ativo** [-kɐ'tivu] erzieherisch; Erziehungs...
efe ['ɛfə] *m Name des Buchstabens* **f**; ***com todos os ~s e erres*** mit allem Drum und Dran
efe(c)tiv|ação [ifɛtivɐ'sɐ̃w] *f* Verwirklichung *f*; **~amente** [-vɐ'mẽtə] tatsächlich, wirklich; **~ar** [-'var] (1a) *Traum* verwirklichen; *Arbeit* zustande bringen; *Angestellte* verbeamten
efe(c)t|ível [ifɛ'tivɛɫ] aus-, durchführbar; **~ividade** [-təvi'dadə] *f* Wirksamkeit *f*; Effektivität *f*; **~ivo** [-'tivu] **1.** *adj* wirksam (*Mittel*); tat-

E

sächlich (*Ergebnis*); fest (*Stelle, Posten*); Effektiv...; **2.** *m* (Effektiv-, Personal)Bestand *m*; **~uar** [-'twar] (1g) durchführen; ausführen; **~-se** stattfinden; sich vollziehen

efeito [i'fɐjtu] *m* Wirkung *f*; Ergebnis *n*; Zweck *m*; (*Licht*) Effekt *m*; *ECON* Wertpapier *n*; **com ~** in der Tat; **de ~** wirkungsvoll; **para este** (*od* **tal**) **~** dazu; **~ (de) estufa** Treibhauseffekt *m*; **~ secundário** Nebenwirkung *f* (*bsd MED*); **armar ao ~** angeben; **causar um ~** e-e Wirkung haben; wirken; *fig* Eindruck machen; **fazer ~** wirken; **levar a ~, pôr em ~** → **efectuar**

efémero [i'fɛməru] *adj* kurzlebig; eintägig; Eintags...

efeminado [ifəmi'nadu] P weibisch; schwul

efervesc|ência [ifərvəʃ'sẽsjɐ] *f fig* (Gemüts)Wallung *f*, Erregung *f*; *POL* Aufruhr *m*; **~ente** [-'sẽtə] Brause...; *fig* aufbrausend; **~er** [-'ser] (2g) (auf)wallen (*a fig*)

efet... → **efect...**

efic|ácia [əfi'kasjɐ] *f* Wirksamkeit *f*; Erfolg *m*; Effektivität *f*; **~az** [-'kaʃ] wirksam (*a MED*); erfolgreich (*Arbeiter*); wirkungsvoll (*Rede*); **~iência** [-'sjẽsjɐ] *f* Effizienz *f*; → **eficácia**; **~iente** effizient; → **eficaz**

efluente [i'flwẽtə] **1.** *adj* ausströmend; abfließend; **2.** *m* abfließende(s) Wasser *n*

efus|ão [ifu'zɐ̃w] *f* Ausströmen *n*; Vergießen *n*; *MED* (Blut)Erguss *m*; *fig* (Herzens)Erguss *m*; Innigkeit *f*; **~ivo** [-'zivu] überströmend

égide ['ɛʒidə] *f* Ägide *f*; **sob a ~ de** unter der Schirmherrschaft von

egípcio [ə'ʒipsju] **1.** *adj* ägyptisch; **2.** *m*, **-a** *f* Ägypter(in *f*) *m*

Egipto [i'ʒitu]: **o ~** Ägypten *n*

ego|cêntrico [ɛgɔ'sẽtriku] ichbezogen, egozentrisch; **~centrismo** [-sẽ'triʒmu] *m* Egozentrik *f*; **~centrista** [-sẽ'triʃtɐ] **1.** *adj* → **~cêntrico**; **2.** *su* Egozentriker(in *f*) *m*; **~ísmo** [i'gwiʒmu] *m* Selbstsucht *f*, Egoismus *m*; **~ísta** [i'gwiʃtɐ] **1.** *adj* egoistisch; **2.** *su* Egoist(in *f*) *m*

égua ['ɛgwɐ] *f* Stute *f*

eh [ɛ]: **~!** eh!, hei!

eia ['ɐjɐ]: **~!** *Ansporn*: auf, auf!, los!; *Ende*: genug!

ei-lo(s), ei-la(s) ['ɐjlu, 'ɐjlɐ] → **eis**

eir|a ['ɐjrɐ] *f* Tenne *f*; **sem ~ nem beira** arm wie e-e Kirchenmaus; **~ado** [-'radu] *m* Terrasse *f*

eis [ɐjʃ]: **~ (aqui)** hier ist (*od* sind); **~-me (aqui)** da bin ich; **ei-lo** da ist er; **ei-la que chega** da kommt sie; **~ porque** und deshalb; **~ senão quando** unversehens

eito ['ɐjtu] *m* Aufeinanderfolge *f*; **a ~** der Reihe nach

eiv|a ['ɐjvɐ] *f* Sprung *m* (*in Glas, Geschirr*); Fleck *m* (*an Früchten*); *fig* Makel *m*; *körperliches* Gebrechen *n*; **~ado** [-'vadu] fleckig; **~ar** [-'var] (1a) beflecken; *fig* verderben

eixo ['ɐjʃu] *m* Achse *f*; *TÉCN* Welle *f*; **~ viário** Verkehrsachse *f*; **andar fora dos ~s** F über die Stränge schlagen; **estar fora dos ~s** F außer Rand und Band sein; **entrar (pôr) nos ~s** P (wieder) ins rechte Lot kommen (bringen)

ejacul|ação [iʒɐkulɐ'sɐ̃w] *f* Ejakulation *f*; **~ar** [-'lar] (1a) **1.** *v/t* ausstoßen; **2.** *v/i* ejakulieren

eje(c)|ção [iʒɛ'sɐ̃w] *f* Ausstoß *m*, -wurf *m*; **~tar** [-'tar] (1a) ausstoßen, -werfen; **~tor** [-'tor] *m* Ejektor *m*

ela ['ɛlɐ] *pron f* sie; **com ~** mit ihr; bei ihr; **para ~** für sie

elabor|ação [ilɐburɐ'sɐ̃w] *f Text, Programm*: Ausarbeitung *f*, *Produkt*: Anfertigung *f*; Verarbeitung *f*; **~ar** [-'rar] (1e) *Programm* ausarbeiten; *Produkt* anfertigen; *Ideen* hervorbringen

elasticidade [ilɐʃtəsi'dadə] *f* Elastizität *f* (*a fig*); *fig* Spannkraft *f*

elástico [i'laʃtiku] **1.** *adj* elastisch; dehnbar; **2.** *m* Gummiband *n*

Elba ['ɛlbɐ] *m* Elbe *f*

ele[1] ['ɛlə] *m Name des Buchstabens* **l**

ele[2] ['elə] *pron m* er; **é ~ mesmo** er ist es wirklich; **com ~** mit ihm; bei ihm

ele(c)tivo [ilɛ'tivu] Wahl...

electr|ão [ilɛ'trɐ̃w] *m FIS* Elektron *n*; **~icidade** [-trəsi'dadə] *f* Elektrizität *f*; **~icista** [-trə'siʃtɐ] *su* Elektriker(in *f*) *m*

eléctrico [i'lɛtriku] **1.** *adj* elektrisch; **cabo** *m* **~** elektrische Leitung *f*; **central** *f* **-a** Elektrizitätswerk *n*; **fio** *m* **~** Leitungsdraht *m*; **poste** *m* **~** Leitungsmast *m*; **rede** *f* **-a** Leitungsnetz *n*; ***carro*** *m* **~** = **2.** *m* Straßenbahn *f*

electri|ficação [ilɛtrəfikɐ'sɐ̃w] *f* Elektrifizierung *f*; **~ficar** [-fi'kar] (1n) mit Strom versorgen; **~zar** [-tri'zar] (1a) elektrisieren; *fig* begeistern

ele(c)tro|bomba [ilɛtrɔ'bõbɐ] *f* Elektropumpe *f*; **~cardiograma** [-kɐrdju'grɐmɐ] *m* Elektrokardiogramm *n*; **~choque** [-'ʃɔkə] *m* Elektroschock *m*; **~cussão** [-ku'sɐ̃w] *f* Hinrichtung *f* auf dem elektrischen Stuhl; **~cutado** [-ku'tadu]: ***morrer*** **~** durch elektrischen Schlag (*od* auf dem elektrischen Stuhl) sterben

electródio, **eléctrodo**, *bras* **eletrodo** [ilɛ'trɔdju, i'lɛtrudu, ilɛ'trodu] *m* FIS Elektrode *f*

ele(c)tro|doméstico [ilɛtrɔdu'mɛʃtico] **1.** *adj*: ***aparelho*** *m* **~** = **2.** *m* Haushaltsgerät *n*; **~encefalografia** [-ẽsɛfɐlugrɐ'fiɐ] *f* MED Elektroenzephalographie *f*

electr|ólise [ilɛ'trɔlizə] *f* FIS Elektrolyse *f*; **~ólito** [-'trɔlitu] *m* FIS Elektrolyt *m*

electro|magnético [ilɛtrɔmɐ'gnɛtiku] elektromagnetisch; **~magnetismo** [-mɐgnɛ'tiʒmu] *m* Elektromagnetismus *m*; **~mecânica** [-mə'kɐnikɐ] *f* Elektromechanik *f*; **~motor** [-mu'tor] *m* Elektromotor *m*; **~motriz** [-mu'triʃ] elektromotorisch

ele(c)trónic|a (*ô) [ilɛ'trɔnikɐ] *f* Elektronik *f*; **~o** [-'trɔniku] elektronisch

electro|sserra [elɛtrɔ'sɛʀɐ] *f* Elektrosäge *f*; elektrische Kettensäge *f*; **~ssoldadura** [-sołdɐ'durɐ] *f* Elektroschweißen *n*; **~stática** [-ʃ'tatikɐ] *f* Elektrostatik *f*; **~stático** [-ʃ'tatiku] elektrostatisch

ele(c)tro|tecnia [ilɛtrɔtɛk'niɐ] *f* Elektrotechnik *f*; **~técnico** [-'tɛkniku] **1.** *adj* elektrotechnisch; Elektro... **2.** *m* Elektrotechniker *m*

elefante [ilə'fɐ̃tə] *m*, **-a** *f* Elefant *m*, Elefantenkuh *f*

eleg|ância [ilə'gɐ̃sjɐ] *f* Eleganz *f*; Zierlichkeit *f*; Geschick *n* (*bei der Arbeit*); Gewähltheit *f* (*im Ausdruck*); ***perder a*** **~** dick werden; **~ante** [-'gɐ̃tə] elegant (*Kleidung, Person, fig*); zierlich, schlank (*Gestalt*); gewählt (*Ausdruck*); geschickt (*Durchführung*)

eleger [ilə'ʒer] (2h) auswählen; wählen (***para*** zu) (*a* POL)

eleg|ibilidade [iləʒibəli'dadə] *f* Wählbarkeit *f*; **~ível** [-'ʒivɛł] wählbar

elei|ção [ilɐj'sɐ̃w] *f* Wahl *f*; ***-ões*** *pl* POL Wahlen *pl*; **~ *de desempate*** Stichwahl *f*; ***-ões*** *pl* ***autárquicas*** Kommunalwahlen *pl*; ***-ões*** *pl* ***gerais*** allgemeine Wahlen *pl*; ***-ões*** *pl* ***legislativas*** Parlaments-, ***-ões presidenciais*** Präsidentschaftswahlen *pl*; ***fazer*** **~** ***de*** (aus)wählen (*ac*); **~tor** [-'tor] *m* Wähler *m*; (***príncipe***)**~** Kurfürst *m*; **~torado** [-tu'radu] *m* Wählerschaft *f*; **~toral** [-tu'rał] Wahl(rechts)...; ***campanha*** *f* **~** Wahlkampf *m*

element|ar [iləmẽ'tar] elementar, grundlegend; Anfänger...; ***ensino*** *m* **~** Grundschulunterricht *m*; ***curso*** *m* **~** Anfängerkurs *m*; **~o** [-'mẽtu] *m* Element *n* (*a* QUÍM); Grundstoff *m*; Bestandteil *m*; *fig* Mensch *m*; Mitglied *n*; **~s** *pl* Grundlagen *f/pl*; Unterlagen *f/pl*, Material *n*

elenco [i'lẽku] *m* Katalog *m*; Liste *f*; TEA Ensemble *n*

eles, **elas** ['eləʃ, 'ɛlɐʃ] *pron pl* → ***ele***, ***ela***

elet... *bras* → ***elect...***

elev|ação [iləvɐ'sɐ̃w] *f* An-, Erhebung *f*; GEOGR Erhöhung *f*; *berufliche* Beförderung *f*; ARQUIT Errichtung *f*; *Preis*: (An)Steigen *n*; Aufsteigen *n* (*in die Höhe*); **~ado** [-'vadu] hoch; GEOGR erhöht; **~ador** [-vɐ'dor] *m* Aufzug *m*, Fahrstuhl *m*; TÉCN Elevator *m*; **~ar** [-'var] (1c) (empor)heben (*a fig*); *Preis* erhöhen (***a*** auf *ac*); *Mauer* errichten; *j-n* befördern (***a*** zu); **~*-se*** (an)steigen (*Preis*); *in die Höhe* (auf)steigen; sich aufschwingen (***a*** zu); sich belaufen (***a*** auf *ac*) (*Summe*)

elimin|ação [iləminɐ'sɐ̃w] *f* Beseitigung *f*; *Übel*: Ausmerzung *f*; *Gelder*: Streichung *f*; Ausschluss *m* (*aus Gremium etc*); CIENC Elimination *f*; **~ *de resíduos*** (Schadstoff)Entsorgung *f*; **~ar** [-'nar] (1a) beseitigen; *Übel* ausmerzen; *Mitglied*, *Möglichkeit* ausschließen; *Posten* streichen;

MED, *Sport*: ausscheiden; **~atória** [-nɐ'tɔrjɐ] *f Sport*: Ausscheidungskampf *m*; **~atório** [-nɐ'tɔrju] Ausscheidungs...
elipse [ə'lipsə] *f* Ellipse *f*
elit|e [e'litə] *f* Elite *f*; **~ista** [əli'tiʃtɐ] elitär
elixir [ilə'ʃir] *m* Elixier *n*
elmo ['ɛɫmu] *m* Helm *m*
elo ['ɛlu] *m* (Ketten-, Binde)Glied *n*
eloendro [i'lwẽdru] *m* Oleander *m*
elog|iar [ilu'ʒjar] (1g) loben; rühmen, preisen; **~io** [-'ʒiw] *m* Lob *n*; Lobrede *f*; ***fazer o ~ de*** e-e Lobrede halten auf (*ac*); → ***fazer ~s a*** → ***elogiar***; ***digno de ~s*** lobenswert; **~ioso** [-'ʒjozu] schmeichelhaft
eloqu|ência [ilu'kwẽsjɐ] *f* Eloquenz *f*; **~ente** [-'kwẽtə] beredt
el-rei [ɛɫ'ʀɐj] *m HIST* der König; ***~ D. João I.*** König Johann I.
elucid|ação [iluside'sɐ̃w] *f* Aufklärung *f*; Erklärung *f*; **~ado** [-'dadu]: ***estar ~*** verstehen; **~ar** [-'dar] (1a) aufklären; erklären; *j-m* Aufschluss geben (***sobre*** über *ac*); **~ativo** [-dɐ'tivu] aufschlussreich; erklärend
EM [i'ɛmə] ***Estado-Maior*** *m* Generalstab *m*
em [ẽj] *örtl* in (*dat u ac*); an (*dat u ac*); auf (*dat u ac*); *zeitl* in (*dat*), an (*dat*); ***de*** (***ano***) ***~*** (***ano***) (Jahr) für (Jahr); ***~ 3 semanas*** in drei Wochen; ***~ 3%*** um 3%; ***~ 3 de Maio*** am 3. Mai; ***~ 1996*** (im Jahre) 1996; ***~ alemão*** auf Deutsch; ***~ sinal*** zum Zeichen; ***~ criança*** als Kind
ema ['emɐ] *f ZO* Nandu *m* (*Straußenvogel*)
emaciar [imɐ'sjar] (1g) abmagern
emadeir|amento [imɐdɐjrɐ'mẽtu] *m* Täfelung *f*; **~ar** [-'rar] (1a) (ver)täfeln
emagrec|er [imɐgrə'ser] (2g) abmagern; **~ido** [-'sidu] abgezehrt; **~imento** [-si'mẽtu] *m* Abmagerung *f*
e-mail ['imejl] *m* E-Mail *f*
emalar [imɐ'lar] (1b) einpacken
eman|ação [imɐnɐ'sɐ̃w] *f* Ausdünstung *f*; Dunst *m*; *Wärme*: Ausstrahlung *f*; *Flüssigkeit*: Ausfluss *m*; *Gas*: Verpuffung *f*; **~ar** [-'nar] (1a) (aus-)strömen; *fig* entspringen (***de*** *dat*)
emancip|ação [imẽsipɐ'sɐ̃w] *f* Emanzipation *f*; Befreiung *f*; *JUR* Mündigsprechung *f*; **~ado** [-'padu] emanzipiert; unabhängig; frei; **~alista** [-pɐ'liʃtɐ] Emanzipations...; **~ar** [-'par] (1a) emanzipieren; befreien; *JUR* mündig sprechen; **~atório** [-pɐ'tɔrju] → ***~alista***
emaranhar [imɐrɐɲ'ar] (1a) verwickeln; *Garn* verheddern
emba|çadela [ẽjbɐsɐ'dɛlɐ] *f* P Betrug *m*; Verblüffung *f*; **~çar** [-'sar] (1p; *Stv* 1b) **1.** *v/t* trüben; *fig j-n* verblüffen; **2.** *v/i* beschlagen (*Fenster*, *Brille*); erschrecken; sprachlos sein; stocken; sich schämen (***com*** wegen); **~ciar** [-'sjar] (1g) **1.** *v/t* trüben; anhauchen; *fig* verdunkeln; **2.** *v/i u **~-se*** verblassen (*Glanz*); trübe werden, beschlagen; sich eintrüben (*Wetter*)
embainhar [ẽjbai'ɲar] (1a) in die Scheide stecken; *Rock* einsäumen
embair [ẽjbɐ'ir] (31) täuschen
embaix|ada [ẽjbaj'ʃadɐ] *f* Botschaft *f*; **~ador** [-ʃɐ'dor] *m*, **-a** *f* Botschafter(in *f*) *m*; **~atriz** [-ʃɐ'triʃ] *f* Botschaftergattin *f*
embaixo [ẽ'bajʃu] *bras* unten
embal|ado [ẽjbɐ'ladu] verzückt; schwungvoll; **~agem** [-'laʒẽj] *f* Verpackung *f*; ***~ de cartão*** Pappkarton *m*; ***~ descartável*** Einwegpackung *f*; ***~ reutilizável*** Mehrwegverpackung *f*; **~ar** [-'lar] (1b) **1.** *v/t* **a)** einpacken; abfüllen; **b)** *in den Schlaf, in Hoffnungen* wiegen; *fig* einlullen; **2.** *v/i* beschleunigen
embalsamar [ẽjbaɫsɐ'mar] (1a) einbalsamieren; parfümieren
embananamento [ẽbɐ̃nɐ̃nɐ̃'mẽtu] *m bras* Verwicklung *f*
embaraç|ado [ẽjbɐrɐ'sadu] verlegen (*Person*); schwierig (*Situation*); **~ar** [-'sar] (1p; *Stv* 1b) *Weg* versperren; *Entwicklung* (be)hindern, hemmen; in Verlegenheit bringen; ***~-se com*** in Verlegenheit geraten wegen; sich überwerfen mit; ***~-se em*** sich verheddern in (*dat*); **~o** [-'rasu] *m* Hindernis *n*; Hemmnis *n*; Störung *f* (*des Ablaufs*); *Person*: Verlegenheit *f*; ***~ gástrico*** Verdauungsstörung *f*; **~oso** [-'sozu] hinderlich; misslich; peinlich (*Lage*); verlegen (*Person*)
embaralhar [ẽjbɐrɐ'ʎar] (1b) durcheinander bringen

embarc|ação [ẽjbɐrkɐ'sɐ̃w] *f* Wasserfahrzeug *n*, Schiff *n*; **~adoiro, -ouro** [-kɐ'dojru, -'doru] *m* Landungsplatz *m*; Ladekai *m*; *CAM. DE F* Bahnsteig *m*; **~ar** [-'kar] (1n; *Stv* 1b) **1.** *v/t* verschiffen; **2.** *v/i* an Bord gehen; einsteigen; *AV* einchecken; *fig* hereinfallen (**em** auf *ac*)

embarg|ado [ẽjbɐr'gadu] beschlagnahmt; blockiert; **~ de fala** sprachbehindert; **~ dos membros** gelähmt; **~ar** [-'gar] (1o; *Stv* 1b) *Ware* beschlagnahmen; *JUR* pfänden; zurückhalten; *Entwicklung* (be)hindern; *fig* unterdrücken; **~o** [-'bargu] *m Waren*: Beschlagnahme *f*; Hindernis *n*; Einstellung *f* (*von Amts wegen, a Verfahren*); *ECON* Embargo *n*; *JUR* Einspruch *m*; **pôr ~s a** Einwände erheben gegen; *j-m* Schwierigkeiten machen; **sem ~** jedoch; trotzdem; **sem ~ de** trotz

embarque [ẽj'barkə] *m* Verschiffung *f*; Verladung *f*; *AV* Einchecken *n*; **sala** *f* **de ~** Abflughalle *f*

embarrilar [ẽjbɐʀi'lar] (1a) in Fässer füllen; P *j-n* reinlegen

embasbac|ado [ẽjbɐʒbɐ'kadu] sprachlos; **~ar** [-'kar] (1n; *Stv* 1b) **1.** *v/t* verblüffen; **2.** *v/i* staunen

embat|e [ẽj'batə] *m* An-, Aufprall *m*; Zusammenprall *m* (*bsd AUTO*); *fig* Widrigkeit *f*; Angriff *m*; **~er** [-bɐ'ter] (2b) (auf)prallen (**em** auf *ac*, gegen); *AUTO* auffahren auf (**em** *ac*); **~ com** zusammenprallen mit

embatucar [ẽjbɐtu'kar] (1n) P **1.** *v/t* verstummen lassen; P das Maul stopfen; **2.** *v/i* verstummen

embeb|edar [ẽjbəbə'dar] (1c) berauschen; *fig a* betören; **~-se** sich betrinken; *fig* sich berauschen (**com** an *dat*); **~er** [-'ber] (2c) auf-, einsaugen; *Tränen* zurückdrängen; *Zeit, Geld* verschlingen; *Bild, Worte* einprägen; *allg* eintauchen; *Brot* eintunken, F stippen; **~ em** *Flüssigkeit*: (ein)tauchen in (*ac*), tränken mit; einlassen in (*ac*); *Blick* heften auf (*ac*); **~-se** versickern; versiegen (*Tränen*); sich voll saugen (**de, em** mit); *fig* eindringen (**em** in *ac*); *fig* sich versenken (**em** in *ac*); sich durchdringen lassen; **~ido** [-'bidu] *fig* durchdrungen (**de** von)

embeiç|ado [ẽjbɐj'sadu] F verliebt, verknallt; **~ar** [-'sar] (1p) betören; F den Kopf verdrehen (*dat*); **~-se por** sich verlieben in (*ac*)

embelecar [ẽjbələ'kar] (1n; *Stv* 1c) locken; betören, F beschwatzen

embele|cer [ẽjbələ'ser] (2g) verschöne(r)n; schmücken; **~co** [-'leku] *m* Trick *m*; **~zamento** [-zɐ'mẽtu] *m* Verschönerung *f*; Schmuck *m*; Entzücken *n*; **~zar** [-'zar] (1c) entzücken; → **embelecer**

embetesgar-se [ẽjbətəʒ'garsə] (1o) *fig* in e-e Sackgasse geraten

embevec|er [ẽjbəvə'ser] (2g) verzücken, hinreißen; betören; **~-se** in Verzückung geraten; sich vernarren (**de, em** in *ac*); **~imento** [-si'mẽtu] *m* Verzückung *f*

embezerrar(-se) [ẽjbəzə'ʀar(sə)] (1c) P maulen; einschnappen; bocken

embicar [ẽjbi'kar] (1n) stolpern (**com** über *ac*; *a fig*); stecken bleiben (*Auto*); *NAV* auflaufen; **~ com** sich stoßen an (*dat*); nörgeln über (*ac*); **~(-se) para** sich wenden nach

embiocar [ẽjbju'kar] (1n; *Stv* 1e) verhüllen; verschleiern; verbergen; **~-se** Ausflüchte machen

embirr|a(ção) [ẽj'biʀɐ(-'sɐ̃w)] *f* Eigensinn *m*; Marotte *f*; Widerwille(n) *m*; **~ar** [-'ʀar] (1a) halsstarrig sein; (herum)maulen; **~ com** nicht ausstehen können (*ac*); **~ento** [-'ʀẽtu] unausstehlich

emblema [ẽj'blemɐ] *m* Sinnbild *n*; Abzeichen *n*; Emblem *n*

embobinar [ẽjbubi'nar] (1e) aufspulen

emboc|adura [ẽjbukɐ'durɐ] *f* Mündung *f*; *MÚS* Mundstück *n*; (Pferde)Zaum *m*; *fig* Anlage *f* (**para** zu); **~ar** [-'kar] (1n; *Stv* 1e) ansetzen; *Glas* an den Mund führen; *e-m Pferd* das Zaumzeug anlegen; *Straße*: einbiegen, -fahren (**por** in *ac*)

embófia [ẽj'bɔfjɐ] **1.** *f* Hochmut *m*; **2.** *su* Aufschneider(in *f*) *m*

embolia [ẽjbu'liɐ] *f MED* Embolie *f*

êmbolo ['ẽjbulu] *m TÉCN* Kolben *m*

embolsar [ẽjboɫ'sar] (1e) *Geld* kassieren, F einstecken; *Schulden* bezahlen; *Gläubiger* befriedigen; *für e-n Schaden* entschädigen

embonecar [ẽjbunə'kar] (1n; *Stv* 1c) (heraus)putzen

E

embora [ẽj'bɔrɐ] **1.** *adv* weg; ***ir-se ~*** fort-, weggehen; ***mandar ~*** wegschicken; **2.** *cj + conj* obgleich, obwohl; wenn auch
emborcar [ẽjbur'kar] (1n; *Stv* 1e) *Behälter* umstülpen; (aus)leeren; ***~-se*** P sich zuschütten
embornal [ẽjbur'nał] *m* Futtersack *m*
emborrachar [ẽjbuʀɐ'ʃar] (1b) P betrunken machen, zuschütten; ***~-se*** sich besaufen
emborrascar [ẽjbuʀɐʃ'kar] (1n; *Stv* 1b) aufwühlen; aufbringen; ***~-se*** bedrohlich aussehen (*Himmel*, *Meer*)
emboscada [ẽjbuʃ'kadɐ] *f* Hinterhalt *m*
embot|ado [ẽjbu'tadu] stumpf; ***~amento*** [-tɐ'mẽtu] *m* Abstumpfung *f*; Stumpfheit *f*; *fig* Nachlassen *n*; ***~ar*** [-'tar] (1e) abstumpfen (*a fig*); stumpf machen; *Wirkung* abschwächen; *Augen etc* schwächen; ***~-se*** stumpf werden; *fig* nachlassen
embraiagem [ẽjbrɐ'jaʒẽj] *f* AUTO Kupplung *f*
embrandecer [ẽjbrẽdə'ser] (2g) **1.** *v/t Schmerzen* mildern; erweichen; *nach Wutanfall* besänftigen; **2.** *v/i* weich werden (*a fig*); nachlassen
embranquecer [ẽjbrẽkə'ser] (2g) **1.** *v/t* bleichen; **2.** *v/i* weiß werden
embravec|er [ẽjbrɐvə'ser] (2g) aufbringen, wütend machen; ***~imento*** [-si'mẽtu] *m* Wut *f*
embreagem [ẽ'brjaʒẽj] *f bras* → ***embraiagem***
embrenhar-se [ẽjbrə'ɲarsə] (1d) eindringen (***em***, ***por*** in *ac*); *fig* versinken (***em***, ***por*** in *dat*)
embriag|ar [ẽjbrjɐ'gar] (1o; *Stv* 1b) berauschen; *durch Alkohol* betrunken machen; *fig* begeistern; ***~-se*** sich betrinken; ***~uez*** [-'geʃ] *f* Trunkenheit *f*, Rausch *m*
embri|ão [ẽj'brjẽw] *m* Embryo *m*; ***~ologia*** [-brjulu'ʒiɐ] *f* Embryologie *f*
embrom|a(ção) [ẽ'broma(-'sẽw)] *f bras* Bummelei *f*; Schwindel *m*; ***~ar*** [-bro'mar] (1f) (absichtlich) hinauszögern; verbummeln; *j-n* (an-, be)schwindeln
embrulh|ada [ẽjbru'ʎadɐ] *f* Verwirrung *f*, Durcheinander *n*; F Patsche *f*; ***meter-se numa boa ~*** *irón* sich auf et Schönes einlassen; ***~ar*** [-'ʎar] (1a) einwickeln (*a fig*), einhüllen; *j-n* verwirren; ***~-se*** durcheinander geraten; trübe werden (*Wetter*); ***~o*** [-'bruʎu] *m* Paket *n*; Bündel *n*; ***ir no ~*** darauf hereinfallen
embrumado [ẽjbru'madu] neblig
embrutec|er [ẽjbrutə'ser] (2g) verdummen; verrohen; ***~imento*** [-si'mẽtu] *m* Verdummung *f*; Verrohung *f*
embuç|ado [ẽjbu'sadu] **1.** *adj* vermummt; **2.** *m* Vermummte(r) *m*; ***~ar*** [-'sar] (1p) vermummen
embuchar [ẽjbu'ʃar] (1a) P **1.** *v/t* hineinstopfen, voll stopfen; *Magen* voll schlagen; *j-m* das Maul stopfen; *fig* (hinunter)würgen; **2.** *v/i* ersticken; *fig* sich ausschweigen
embuço [ẽj'busu] *m* Verhüllung *f* (*des Gesichts*); Verstellung *f*
emburrado [ẽjbu'ʀadu] F verbiestert
embust|e [ẽj'buʃtə] *m* Betrügerei *f*; Schwindel *m*; ***~ear*** [-'tjar] (1l) betrügen; ***~eiro*** [-'tɐjru] **1.** *adj* falsch; **2.** *m* Schwindler *m*
embut|ido [ẽjbu'tidu] **1.** *adj* eingebaut (*Möbel*); integriert; ***armário*** *m* ***~*** Einbauschrank *m*; **2.** *m* Einlegearbeit *f*; ***~ir*** [-'tir] (3a) einlassen; *Möbel* einbauen; *in e-e Lücke* einpassen; *fig Streich* spielen; *Lüge* aufbinden
eme ['ɛmə] *m Name des Buchstabens* ***m***
emend|a [i'mẽdɐ] *f* Verbesserung *f*, (Druckfehler)Berichtigung *f*; *Kleidung*: Flicken *m*; Verlängerung *f*; POL Abänderungsvorschlag *m* (***a*** zu); *fig* Besserung *f*; ***não ter ~*** *fig* unverbesserlich sein; ***~ar*** [-'dar] (1a) *Fehler* verbessern; *Schaden* ausbessern; *Kleid* ändern; *Gesetz etc* abändern; *Fehlendes* ansetzen; *Übel* wieder gutmachen; ***~-se*** *fig* sich bessern, sich wandeln
ementa [i'mẽtɐ] *f* Liste *f*; *bsd* Speisekarte *f*; Speisenfolge *f*
emerg|ência [imər'ʒẽsjɐ] *f* Auftauchen *n*; *Wasser etc*: Austritt *m*; *fig* Notfall *m*; Notstand *m*; Dringlichkeit *f*; (gefährlicher) Augenblick *m*; ***estado*** *m* ***de ~*** Ausnahmezustand *m*, Notstand *m*; ***saída*** *f* ***de ~*** Notausgang *m*; ***em caso de ~*** im Not-

fall; **~ir** [-'ʒir] (3n; *Stv* 2c) auftauchen (***de*** aus); aus-, hervortreten (*Wasser etc*); hervorgehen (***de*** aus) (*Initiative*)
emérito [i'mɛritu] *UNIV* emeritiert
emers|ão [imər'sɐ̃w] *f* Auftauchen *n*; **~o** [i'mɛrsu] *p/p irr von* ***emergir***
emigr|ação [əmigrɐ'sɐ̃w] *f* Auswanderung *f*, Emigration *f*; *Zugvögel*: Migration *f*; **~ante** [-'grɐ̃tə] *su* Emigrant(in *f*) *m*, Auswanderer *m*, Auswanderin *f*; **~ar** [-'grar] (1a) auswandern; emigrieren
emin|ência [əmi'nẽsjɐ] *f* Erhebung *f*; *fig* Überlegenheit *f*; Eminenz *f* (***parda*** graue); **~ente** [-'nẽtə] *räuml* hervor-, überragend; bedeutsam, eminent (*Ereignis*)
emirato [əmi'ratu] *m* Emirat *n*
emiss|ão [əmi'sɐ̃w] *f Wärme*: Ausstrahlung *f*; *Gas*, *Wasser*: Ausströmen *n*; *TÉCN* Emission *f*; *Radio*, *TV* Sendung *f*; **~ *em directo*** Livesendung *f*; **~ *de gases de escape*** Abgasemission *f*; ***-ões*** *pl* ***nocivas*** Schadstoffemission *f*; **~ário** [-'sarju] *m* Abgesandte(r) *m*; **~or** [-'sor] **1.** *adj*: (***aparelho*** *m*) **~** Sendegerät *n*; ***banco*** *m* **~** Emissionsbank *f*; **2.** *m* Sender *m*; **~ora** [-'sorɐ] *f Radio*, *TV* Sendestation *f*, Sender *m*
emitir [əmi'tir] (3a) aussenden, -strahlen; *Banknoten* emittieren; *Ton* ausstoßen; *Meinung* äußern; *Stimme* abgeben; *Radio*: senden
emo|ção [imu'sɐ̃w] *f* Erregung *f*, Rührung *f*, Ergriffenheit *f*; Emotion *f*; *fig* Erlebnis *n*; ***causar -ões*** Gefühle hervorrufen; **~cional** [-sju'nał] erregend; emotional; **~cionante** [-sju'nɐ̃tə] ergreifend; auf-, erregend; **~cionar** [-sju'nar] (1f) erregen; *fig* ergreifen; ***~-se com*** ergriffen sein von
emoldurar [imołdu'rar] (1a) einrahmen; (aus)füllen (***de*** mit)
emolir [imu'lir] (3h) erweichen
emolumentos [imulu'mẽtuʃ] *m/pl* Gebühren *f/pl*; Nebeneinkünfte *f/pl*
emotiv|idade [imutəvi'dadə] *f* Erregbarkeit *f*; Gefühlsbewegung *f*; **~o** [-'tivu] erregend; Gefühls...
empacar [ẽjpɐ'kar] (1n) einpacken; *bras* bocken (*Tier*); stocken (*Verkehr*); scheitern (***em*** an *dat*)
empachar [ẽjpɐ'ʃar] (1b) überladen, -füllen; *Fortgang* behindern
empacot|adeira [ẽjpɐkutɐ'dɐjrɐ] *f AGR* (Garben)Binder *m*; **~ador** [-tɐ'dor] *m* Packer *m*; **~amento** [-tɐ'mẽtu] *m* (Ver)Packen *n*; **~ar** [-'tar] (1e) ein-, verpacken; bündeln
empad|a [ẽj'padɐ] *f CUL kleine* Pastete *f*; **~ão** [-pɐ'dɐ̃w] *m CUL* Hackbraten *m* in Brotteig
empáfia [ẽj'pafjɐ] *f* Hochnäsigkeit *f*
empalh|ar [ẽjpɐ'ʎar] (1b) in Stroh wickeln (*od* packen); auf Stroh lagern; *Vögel* ausstopfen; *fig* F hinhalten; **~eirar** [-ʎɐj'rar] (1a) *Getreide etc* einfahren; *Stuhl* mit Rohrgeflecht versehen
empalidecer [ẽjpɐlidə'ser] (2g) blass werden (***com, de*** vor *dat*)
empalmar [ẽjpał'mar] (1a) verbergen, verschwinden lassen; stehlen
empanada [ẽjpɐ'nadɐ] *f CUL* Pastete *f*
empanar [ẽjpɐ'nar] (1a) **1.** *v/t* in ein Tuch hüllen; verbergen; **2.** *v/i AUTO* e-e Panne haben
empan|car [ẽjpẽ'kar] (1n) (ab)dichten; **~que** [-'pẽkə] *m TÉCN* Dichtung *f*
empandeirar [ẽjpẽdɐj'rar] (1a) *Segel* blähen; anschwellen lassen; *fig* P prellen; *j-n* abschieben; wegschicken (***de*** von)
empanque [ẽj'pẽkə] *m* Dichtung *f*
empan|tufar [ẽjpẽtu'far] (1a) Pantoffeln überstreifen; ***~-se*** sich aufplustern, großtun; **~turrar** [-tu'ʀar] (1a) voll stopfen; ***~-se*** *fig* großtun; **~zinar** P [-zi'nar] (1a) (voll) stopfen; *fig j-m* e-n Schreck einjagen
empapar [ẽjpɐ'par] (1b) einweichen; tränken; eintauchen, -tunken
empapuçar [ẽjpɐpu'sar] (1p) anschwellen, dick werden
emparceirar [ẽjpɐrsɐj'rar] (1a) zum Partner machen; sich zusammentun (***com*** mit)
emparcel|amento [ẽjpɐrsəlɐ'mẽtu] *m* Parzellierung *f*; **~ar** [-'lar] (1c) parzellieren
emparedar [ẽjpɐrə'dar] (1c) ver-, zumauern; *j-n* einsperren
emparelhar [ẽjpɐrə'ʎar] (1d) **a)** zu Paaren zusammenstellen; zusammentun; **b)** gleichstellen; vergleichen; **~ *com*** *j-m* gleich sein
emparvoecer [ẽjpɐrvwə'ser] (2g)

1. *v/t* verblüffen; **2.** *v/i* verdummen
empast|ado [ẽjpɐʃ'tadu] zäh(flüssig); klebrig; teigig (*a fig*); *MED* verschleimt (*Hals*); **~ar** [-'tar] (1b) leimen; verkleben
empat|a [ẽj'patɐ] *su* P Klotz *m* am Bein (*Person*); **~ado** [-pɐ'tadu] unentschieden; *Schach*: remis, patt; festliegend (*Geld*); **~ar** [-'tar] (1b) **1.** *v/t Entwicklung, Geschäfte* hemmen, aufhalten; unentschieden lassen; **~ em** *Geld* (ungünstig) anlegen in (*dat*); **2.** *v/i POL* die gleiche Stimmenzahl erreichen; *Sport*: unentschieden enden (*od* spielen); **~ a 2 golos** 2 zu 2 spielen; **~e** [-'patə] *m POL* Stimmengleichheit *f*; *Sport*: Unentschieden *n*; Patt *n* (*a fig*)
empatia [ẽjpɐ'tiɐ] *f* Einfühlungsvermögen *n*; Einklang *m*
empavesar [ẽjpɐvə'zar] (1c) beflaggen; **~-se** *fig* sich aufspielen
empavonar [ẽjpɐvu'nar] (1f) *j-m* zu Kopf steigen; **~-se** sich brüsten
empe|çar [ẽjpə'sar] (1p; *Stv* 1c) **1.** *v/t* behindern; **2.** *v/i* stolpern (**em** über *ac*); **~cer** [-pɛ'ser] (2g) **1.** *v/t* (be-, ver)hindern; schaden (*dat*); **2.** *v/i* ein Hindernis bilden; **~cilho** [-'siʎu] *m* Hindernis *n*; Schwierigkeit *f*; **~cível** [-pɛ'sivɛł] hinderlich; schädlich
empedern|ido [ẽjpədər'nidu] hart(herzig, -gesotten); **~ir** [-'nir] (3c) versteinern; verhärten
empedr|ado [ẽjpə'dradu] *m* (Kopfstein)Pflaster *n*; **~ar** [-'drar] (1c) pflastern; **~-se** versteinern; steinhart werden; *fig* sich verhärten
empen|a [ẽj'penɐ] *f* Giebel(front *f*) *m*; **~ar** [-pə'nar] (1d) (sich) verziehen; sich werfen
empenh|amento [ẽjpəɲɐ'mẽtu] *m* Engagement *n* (**em** bei, in *dat*), Einsatz *m* (**em** bei); **~ar** [-'ɲar] (1d) *Schmuck* versetzen; *j-n* verpflichten; *Kraft* einsetzen; *Opfer* bringen; **~-se** sich in Schulden stürzen; **~-se em** sich engagieren in (*dat*); sich bemühen um; **~-se por** eintreten für
empenho [ẽj'peɲu] *m Schmuck*: Verpfändung *f*; *Arbeit*: Verpflichtung *f*; Bemühung *f*; Anliegen *n*; Interesse *n*; **~s** *pl bsd* persönliche Beziehungen *f/pl*; **carta** *f* **de ~** Empfehlungsbrief *m*; **meter ~s** s-e Verbindungen spielen lassen; **ter** (*od* **pôr**) **~ em** Wert legen auf (*ac*); **ter bons ~s** gute Beziehungen haben
emperiquitar-se [ẽperiki'tarsi] (1a) *bras* sich aufdonnern
emperr|amento [ẽjpəʀɐ'mẽtu] *m* Stocken *n*; *fig* Widerspenstigkeit *f*; **~ar** [-'ʀar] (1c) **1.** *v/t.* zum Stocken (*od* Stehen) bringen; ver-, behindern; *fig* störrisch machen; aufbringen; **2.** *v/i u* **~-se** stehen (*od* stekken) bleiben; stocken (*Verkehr*); klemmen (*Tür*); sich verkanten; *fig* bocken
empertigar [ẽjpərti'gar] (1o) steif machen; aufrichten; **~-se** sich (kerzengerade) aufrichten
empestar [ẽjpəʃ'tar] (1a) verpesten
empilh|adeira [ẽjpiʎɐ'dɐjrɐ] *f TÉCN* Gabelstapler *m*; **~ar** ['ʎar] (1a) (auf)stapeln; **~-se** sich drängen
empin|ado [ẽjpi'nadu] steil; hoch (aufgerichtet); *fig* hochnäsig; hochtrabend (*Stil*); **~ar** [-'nar] (1a) **a)** emporheben; steil aufrichten; *Glas* leeren; **~-se** sich (hoch)recken; sich bäumen (*Pferd*); emporsteigen; **b)** auswendig lernen; P büffeln
empinocar-se [ẽjpinu'karsə] (1n; *Stv* 1e) P sich aufdonnern
empírico [ẽj'piriku] **1.** *adj* empirisch; **2.** *m* Heilpraktiker *m*
emplast(r)|ar [ẽjplɐʃ't(r)ar] (1b) *MED* ein Pflaster auflegen auf (*ac*); *fig* verkleiden, -decken; **~o** [-'plaʃt(r)u] *m* Pflaster *n*; *fig* P Nichtsnutz *m*
emplumar [ẽjplu'mar] (1a) (be)fiedern; *fig* großtun
empoar [ẽj'pwar] (1f) (ein)pudern
empobrec|er [ẽjpubrə'ser] (2g) **1.** *v/t* arm machen; **2.** *v/i* verarmen; **~imento** [-si'mẽtu] *m* Verarmung *f*
empoeirar [ẽjpwɐj'rar] (1a) staubig machen; einstauben; **~-se** verstauben
empol|a [ẽj'polɐ] *f MED* Blase *f*; Ampulle *f* (*Behälter*); **~ado** [-pu'ladu] blasig; aufgewühlt (See); *GEOGR* gebirgig; *fig* schwülstig; **~amento** [-pulɐ'mẽtu] *m* Aufhäufung *f*; *fig* Übertreibung *f*; **~ar** [-pu'lar] (1e) **1.** *v/t* aufblähen (*a fig*); **2.** *v/i* (an)schwellen; hochgehen (*See*)
empoleir|ado [ẽjpulɐj'radu] (oben) auf (**em** *dat*); *fig* hoch gestellt; hochnäsig; **~ar** [-'rar] (1a) *j-n* voranbrin-

gen; *j-n* machen zu; an die Macht bringen; **~-se** sich auf die Stange setzen (*Vögel*); (sich hin)hocken; *fig* hochkommen

empolg|ante [ẽjpoɫ'gẽtə] packend; spannend; **~ar** [-'gar] (1o; *Stv* 1e) packen (*a fig*); *fig* anziehen; **~-se com** sich mitreißen lassen von

emporcalhar [ẽjpurkɐ'ʎar] (1b) beschmutzen

empório [ẽj'pɔrju] *m* Handelsplatz *m*; (internationales) Handelszentrum *n*; *bras* Lebensmittelgeschäft *n*

empós [ẽj'pɔʃ] hinten; zurück; **~ de** nach, hinter (... her)

empossar [ẽjpu'sar] (1e) einsetzen (**em** in *ac*); *POL* in ein Amt einsetzen; **~-se de** Besitz ergreifen von

empraz|amento [ẽjprɐzɐ'mẽtu] *m* Vorladung *f*; **~ar** [-'zar] (1b) (vor)laden (**para** zu); e-e Frist setzen (*dat*); *Wild* umstellen

empreend|edor [ẽjprjẽdə'dor] **1.** *adj* unternehmerisch; **2.** *m* Unternehmer *m*; **~er** [-'der] (2a) **1.** *v/t* *Reise* unternehmen; *Projekt* anfangen; sich vornehmen; **2.** *v/i* nachdenken (**em** über *ac*); **~imento** [-di'mẽtu] *m* Unternehmung *f*; Unternehmen *n*

empreg|ado [ẽjprə'gadu] **1.** *adj* beschäftigt; **2.** *m*, **-a** *f* Angestellte(r) *su*; **-a** *f* (**doméstica**) Hausangestellte *f*; **-a** *f* **a horas** Haushaltshilfe *f*; **~** (**-a** *f*) **de mesa** Kellner(in *f*) *m*; **~ador** [-gɐ'dor] *m* Arbeitgeber *m*; **~ar** [-'gar] (1o; *Stv* 1c) *j-n* anstellen; *Kenntnisse* gebrauchen; *Gerät, Zeit* benutzen (**em** für), verwenden (**em** für); **~-se em** e-e Stelle annehmen bei (*od* in *dat*)

emprego [ẽj'pregu] *m* Anstellung *f*, Stelle *f*, Arbeitsplatz *m*; *allg* Gebrauch *m*; An-, Verwendung *f*; (Kraft)Aufwand *m*; (Kapital)Anlage *f*; **~ a tempo parcial** Teilzeitarbeit *f*; **~ permanente** Dauerstelle *f*; **pleno ~** Vollbeschäftigung *f*

empreit|ada [ẽjprɐj'tadɐ] *f* (Bau-)Unternehmen *n*, Firma *f*; **de ~** im Akkord; **~ar** [-'tar] (1a) in Akkord nehmen (*od* geben); **~eiro** [-'tɐjru] *m* Bauunternehmer *m*

emprenhar [ẽjprə'ɲar] (1d) **1.** *v/t* schwängern; **2.** *v/i* schwanger werden

empresa [ẽj'prezɐ] *f* Unternehmen *n*, Betrieb *m*; **~ credenciada** alteingesessene Firma *f*; **~ de prestação de serviço** Dienstleistungsunternehmen *n*; **~ subsidiada** Zuschussbetrieb *m*; **pequenas e médias ~s** (**PME** *f/pl*) mittelständische Betriebe *m/pl*; **~-mãe** *f* Mutterunternehmen *n*

empres|ariado [ẽjprəzɐ'rjadu] *m* Unternehmerschaft *f*; **~arial** [-'rjaɫ] Unternehmens...; Unternehmer...; **~ário** [-'zarju] *m* Unternehmer *m*; *TEA* Konzertagent *m*

emprest|ado [ẽjprəʃ'tadu]: **pedir ~ a** *et* leihen von; **~ar** [-'tar] (1c) (aus-, ver)leihen

empréstimo [ẽj'prɛʃtimu] *m* Leihgabe *f*; *ECON* Anleihe *f*, Darlehen *n*; **de ~**, **por ~** leihweise; kurzzeitig

empro|ado [ẽj'prwadu] hochmütig; eitel; **~ar-se** [-'prwarsə] (1f) prahlen

empunhar [ẽjpu'ɲar] (1a) ergreifen, packen; halten, tragen

empurr|ão [ẽjpu'ʀẽw] *m* Stoß *m*, Puff *m*; **dar um ~ a** P *j-m* e-n Schubs geben (*bestärken*); **aos -ões** mit Geschubse; **~ar** [-'ʀar] (1a) schieben; (zurück-, weg)stoßen; *j-n* schubsen; P *j-m* unterjubeln

emputecer [ẽputi'ser] (2g) *bras* P stinkwütend sein

empux|ão [ẽjpu'ʃẽw] *m* Ruck *m*; Stoß *m*; **~ar** [-'ʃar] (1a) (zurück)stoßen; (weg)reißen; zerren

emudec|er [imudə'ser] (2g) **1.** *v/t* verstummen lassen; **2.** *v/i* verstummen; **~imento** [-si'mẽtu] *m* Verstummen *n*

emul|ação [imulɐ'sẽw] *f* Nacheifern *n*; Wetteifer *m*; Wettbewerb *m*, -streit *m*; *INFORM* Emulation *f*; **~ar** [-'lar] (1a) nacheifern (*dat*); wetteifern (**com** mit); *INFORM* emulieren

émulo (*ê) ['ɛmulu] *m* Gegenspieler *m*

emuls|ão [imuɫ'sẽw] *f* Emulsion *f*; **~ionante** [-sju'nẽtə] *m* Emulgator *m*

EN ***Estrada*** *f* ***Nacional*** Nationalstraße *f*, *entspricht*: *Bundesstraße*

enaltec|er [inaɫtə'ser] (2g) erheben; (lob)preisen; **~imento** [-si'mẽtu] *m* Erhebung *f*; Preisen *n*

enamorar [inɐmu'rar] (1e) verliebt machen; **~-se** sich verlieben

enc. ***encadernado*** gebunden

E

encabeçar [ẽjkɐbəˈsar] (1p; *Stv* 1c) *Partei etc* (an)führen; an erster Stelle stehen; *Finanzamt*: zur Steuer veranlagen; *Artikel etc* betiteln
encabritar-se [ẽjkɐbriˈtarsə] (1a) sich bäumen; steigen (**em** auf *ac*)
encabular [ẽkabuˈlar] (1a) *bras* F verdattern; verschüchtern
encachoeirado [ẽjkɐʃwejˈradu] reißend (*Fluss*)
encade|amento [ẽjkɐdjɐˈmẽtu] *m* Verkettung *f*; Verknüpfung *f*; **~ar** [-ˈdjar] (1l) *an et* anketten; *Einzelteile* verknüpfen; *fig* (aneinander, an sich) fesseln; aneinander reihen
encadern|ação [ẽjkɐdərnɐˈsɐ̃w] *f* (Buch)Binden *n*; Buchbinderei *f*; Einband *m*; **~ador** [-nɐˈdor] *m* Buchbinder *m*; **~ar** [-ˈnar] (1c) TIP (ein)binden; *fig* F neu einkleiden
encafifar [ẽkafiˈfar] (1a) *bras* verärgert sein; maulen; verlegen sein
encaf|uar (1g), **~urnar** (1a) [ẽjkɐˈfwar, -furˈnar] verbergen, verstecken; hineinstecken, -zwängen
encaix|amento [ẽjkajʃɐˈmẽtu] *m* **a)** Verpackung *f*; **b)** TÉCN Sitz *m*, Einpassung *f*; **~ar** [-ˈʃar] (1a) **1.** *v/t* in Kästen verpacken; verpacken; TÉCN einfügen, -passen; ineinander fügen; *Gedanken* einflechten; *Textstelle* einfügen; *fig j-n durch Beziehungen* unterbringen; in den Kopf setzen; **2.** *v/i* (ineinander) passen; **~ável** [-ˈʃavɛɫ] zusammensteckbar; **~e** [-ˈkajʃə] *m* Ein-, Ineinanderfügen *n*; TÉCN (Ein)Passung *f*; Schlitz *m*; (Zapfen)Loch *n*; Fuge *f*; Einsatz *m*; **~ de ouro** Goldreserve *f*; **~ilhar** [-ʃiˈʎar] (1a) einrahmen; **~otamento** [-ʃutɐˈmẽtu] *m* Verpackung *f* (*in Kisten*); **~otar** [-ʃuˈtar] (1e) in Kisten (ver)packen; P verscharren
encalacrar [ẽjkɐlɐˈkrar] (1b) P hereinlegen; **~-se com** in Schwierigkeiten kommen mit
encalç|ar [ẽjkaɫˈsar] (1p) *j-s* Spur (*od j-n*) verfolgen; **~o** [-ˈkaɫsu] *m* Verfolgung *f*; Spur *f*
encalh|ar [ẽjkɐˈʎar] (1b) stranden; *fig* sich festfahren; liegen bleiben; **~e** [-ˈkaʎə] *m* Strandung *f*; *fig* Stockung *f*; P Ladenhüter *m*
encalist(r)ar [ẽjkɐliʃˈt(r)ar] (1a) *j-m* Unglück bringen; *bras a* sich schämen
encalvecer [ẽjkaɫvəˈser] (2g) kahl werden; verbrennen (*Rasen*)
encaminh|ado [ẽjkɐmiˈɲadu]: **bem ~** auf gutem Wege; **~amento** [-ɲɐˈmẽtu] *m* Zu-, Weiterleitung *f*; Anbahnung *f* (*e-s Projekts*); **~ar** [-ˈɲar] (1a) **1.** *v/t* auf den Weg bringen; *et* in die Wege leiten; **~ a, ~ para** *fig* (hin)leiten zu; *Interesse* richten auf (*ac*); *Brief* zuleiten (*dat*); **2.** *v/i j-m* den Weg weisen; **~-se** sich auf den Weg machen; **~-se para** zusteuern auf (*ac*); **~-se bem** e-e gute Wendung nehmen
encampar [ẽjkɐ̃ˈpar] (1a) *Pachtvertrag* auflösen; *Firma* verstaatlichen; übernehmen
encan|ado [ẽjkɐˈnadu]: **água** *f* **-a** Leitungswasser *n*; **~ador** [ẽkɐ̃naˈdor] *m bras* Installateur *m*; **~amento** [ẽjkɐnɐˈmẽtu] *m* Kanalisierung *f*, Leitung(ssystem *n*) *f*
encandear [ẽjkɐ̃ˈdjar] (1l) blenden; **~-se com** geblendet werden von
encant|ador [ẽjkɐ̃tɐˈdor] **1.** *adj* bezaubernd; **2.** *m* Zauberer *m*; **~amento** [-ˈmẽtu] *m* Zauberei *f*; Verzauberung *f*; Zauber *m*; **~ar** [-ˈtar] (1a) verzaubern; *fig* bezaubern; **~-se com** entzückt sein über (*ac*)
encanto [ẽjˈkɐ̃tu] *m* Zauber *m*; *fig* Entzücken *n*; Wonne *f*; **como por ~** wie von Zauberhand; **ser um ~** reizend (*od* entzückend) sein
encant|oar (1f), **~onar** (1f) [ẽjkɐ̃ˈtwar, -tuˈnar] *zur Strafe* in die Ecke stellen; wegstellen; absondern
encanzinar-se [ẽjkɐ̃ziˈnarsə] (1a) sich erregen (**com** über *ac*)
encapar [ẽjkɐˈpar] (1b) *Buch* einschlagen; überziehen
encapelar [ẽjkɐpəˈlar] (1c) *Meer* aufwühlen; **~-se** hochgehen
encapotar(-se) [ẽjkɐpuˈtar(sə)] (1e) (sich) verhüllen; *fig* sich verstellen
encaprichar-se [ẽjkɐpriˈʃarsə] (1a): **~ de** (*od* **em**) sich in den Kopf setzen (*ac*); bestehen auf (*dat*)
encapu|çado *bras*, **~zado** [ẽkapuˈsadu, ẽjkɐpuˈzadu] **1.** *adj* vermummt; **2.** *m* Vermummte(r) *m*
encaracolar(-se) [ẽjkɐrɐkuˈlar(sə)] (1e) (sich) locken; (sich) ringeln
encarado [ẽjkɐˈradu]: **bem ~** gut

aussehend; gern gesehen; nett; ***mal ~*** hässlich; mürrisch; finster

encaramelar [ẽjkɐrɐmə'lar] (1c) fest werden; gelieren; gefrieren

encarangar [ẽjkɐrẽ'gar] (1o) lahm werden; steif werden

encarapinh|ado [ẽjkɐrɐpi'ɲadu] kraus; **~ar** [-'ɲar] (1a) kräuseln

encarar [ẽjkɐ'rar] (1b) *Projekt* ins Auge fassen; *j-n* ansehen; *Frage* erörtern; *e-r Gefahr* ins Auge sehen; ***~ de frente*** *fig* mutig entgegentreten (*dat*); ***~-se com*** sich gegenübersehen (*dat*); begegnen

encarcer|amento [ẽjkɐrsərɐ'mẽtu] *m* Einkerkerung *f*; **~ar** [-'rar] (1c) einkerkern

encardir [ẽjkɐr'dir] (3a) besudeln

encarec|er [ẽjkɐrə'ser] (2g) **1.** *v/t Waren* verteuern; *Gefahr* übertreiben; *fig* anpreisen; **2.** *v/i* teurer werden; **~idamente** [-sidɐ'mẽtə] eifrig; eindringlich (*Bitte*); **~imento** [-si'mẽtu] *m* ECON Verteuerung *f*; *fig* Übertreibung *f*; Anpreisung *f*; Nachdruck *m*

encargo [ẽj'kargu] *m* ECON Auftrag *m*; Verpflichtung *f*; Last *f*; ***~s*** *pl* Steuerlast *f*; ***caderno*** *m* ***de ~s*** Auflagen(heft *n*) *f/pl*; ***~s*** *pl* ***familiares*** Unterhaltspflichten *f/pl*; ***~s*** *pl* ***sociais*** Sozialabgaben *f/pl*

encarn|ação [ẽjkɐrnɐ'sɐ̃w] *f* Inkarnation *f*; Verkörperung *f*; **~ado** [-'nadu] **1.** *adj* (hoch)rot; **2.** *m* (leuchtendes) Rot *n*; **~ar** [-'nar] (1b) **1.** *v/t Rolle* darstellen; verinnerlichen; rot anmalen; **2.** *v/i* Fleisch werden; sich verkörpern (***em*** in *dat*); heilen (*Wunde*)

encarniç|ado [ẽjkɐrni'sadu] blutrünstig; erbittert (*Kampf*); hochrot (*Gesicht*); blutunterlaufen (*Auge*); **~amento** [-sɐ'mẽtu] *m* Wut *f*, Erbitterung *f*; **~ar** [-'sar] (1p) aufhetzen; *fig* erbittern; ***~-se*** wüten

encaroçar [ẽjkɐru'sar] (1e) Klumpen bilden (*Mehl*); MED Knoten bilden

encarquilhar [ẽjkɐrki'ʎar] (1a) verschrumpeln, runzlig werden

encarrapitar-se [ẽjkɐʀɐpi'tarsə] (1a) sich begeben (*od* setzen) (***em*** oben auf *ac*)

encarreg|ado [ẽjkɐʀə'gadu] *m* Beauftragte(r) *m*; ***~ de cursos*** UNIV Lehrbeauftragte(r) *m*; ***~ de negócios*** *Botschaft*: Geschäftsträger *m*; **~ar** [-'gar] (1o; *Stv* 1c) *j-m et* auftragen; *j-n* beauftragen (***de*** mit); *Verpflichtung* auferlegen; ***~-se de*** übernehmen (*ac*)

encarreirar [ẽjkɐʀɐj'rar] (1a) **1.** *v/t* voranbringen (***em*** bei); **2.** *v/i* auf den Weg helfen (*dat*); s-n Weg gehen

encarretar [ẽjkɐʀə'tar] (1c) *Garn* aufspulen

encarril(h)ar [ẽjkɐʀi'lar (-ʀi'ʎar)] (1a) **1.** *v/t* auf die Gleise setzen; *fig* in die Wege leiten; in Gang bringen; **2.** *v/i* den rechten Weg einschlagen

encart|ado [ẽjkɐr'tadu] zugelassen; im Besitz e-s Führerscheins; *fig* P gewieft; **~ar** [-'tar] (1b) **1.** *v/t* zulassen; **2.** *v/i Kartenspiel*: bedienen; ***~-se*** s-n Abschluss machen; ECON sich e-n Zulassungs- (*od* Gewerbe-) schein besorgen; sich eintragen lassen; **~e** [-'kartə] *m* Eintragung *f*; Zulassung(sgebühren *f/pl*) *f*

encartuchar [ẽjkɐrtu'ʃar] (1a) in e-e Hülse stecken; *Geld* einrollen

encasacado [ẽjkɐzɐ'kadu] befrackt; *fig* herausgeputzt

encas|car [ẽjkɐʃ'kar] (1n; *Stv* 1b) **1.** *v/t Wein* abfüllen; **2.** *v/i* hart werden; **~que** [-'kaʃkə] *m* Abfüllung *f*

encatarrar-se [ẽjkɐtɐ'ʀarsə] (1b) sich erkälten

encavacar [ẽjkɐvɐ'kar] (1n; *Stv* 1b) sich schämen; verärgert sein

encavalitar [ẽjkɐvɐli'tar] (1a) huckepack tragen (*od* nehmen)

encavilhar [ẽjkɐvi'ʎar] (1a) an-, festpflocken; TÉCN versplinten; mit Bolzen verbinden

enc|efalite [ẽjsəfɐ'litə] *f* MED Gehirnentzündung *f*, Enzephalitis *f*; **~éfalo** [-'sɛfɐlu] *m* ANAT Gehirn *n*

encen|ação [ẽjsənɐ'sɐ̃w] *f* Inszenierung *f*; Aufführung *f*; **~ador** [-nɐ'dor] *m* Regisseur *m*; **~ar** [-'nar] (1d) TEA inszenieren; aufführen

encer|adeira [ẽsera'dejra] *f bras* Bohnermaschine *f*; **~ado** [ẽjsə'radu] *m* (wasserdichte) Plane *f*; Wachs-, Öltuch *f*; **~adora** [-rɐ'dorɐ] *f* Bohnermaschine *f*; **~ar** [-'rar] (1c) (ein)wachsen; *Boden* bohnern

encerr|amento [ẽjsəʀɐ'mẽtu] *m* Schließung *f*; Abschluss *m* (*einer*

Veranstaltung); *ECON* Geschäftsschluss *m*; **~ do comércio** Ladenschluss(zeiten *f/pl*) *m*; **acto** *m* **de ~** Abschlussveranstaltung *f*; **sessão** *f* **de ~** Abschlusssitzung *f*; **~ar** [-'ʀar] (1c) *Geschäft etc* schließen; ein-, umschließen (*Mauer*); *Tür* ver-, abschließen; enthalten (*Buch*); **encerrado para férias** wegen Urlaubs geschlossen; **~o** [-'seʀu] *m* → **encerramento**

E

encestar [ẽjsɛʃ'tar] (1a) in e-n Korb legen; *Basketball*: e-n Korb werfen

encetar [ẽjsə'tar] (1c) beginnen; *Arbeit* aufnehmen; *Brot etc* anschneiden; *Packung* anbrechen; *Gegenstand* einweihen; *Sitzung* eröffnen; *Projekt* in Angriff nehmen

encharcar [ẽjʃɐr'kar] (1n; *Stv* 1b) überfluten; *Wäsche* einweichen; durchnässen; *Boden* aufweichen; **~-se** nass werden; verschlammen; *fig* ertrinken (*od* versinken) (**em** in *dat*); P sich voll laufen lassen

ench|e-mão [ẽʃə'mɐ̃w]: **de ~** tadellos, erstklassig; **~ente** [ẽj'ʃẽtə] *f* Flut *f* (*a fig*); Hochwasser *n*; *Gezeiten*: Steigen *n*; *Mond*: Zunehmen *n*; *TEA* ausverkaufte(s) Haus *n*; Andrang *m*; **~er** [-'ʃer] (2a) **1.** *v/t* (an-, aus-, er)füllen; *fig* überschütten (**de** mit); **~ o saco** *bras* P total auf den Geist gehen; **2.** *v/i* steigen (*Meeresspiegel*); zunehmen (*Mond*); **~ de ar** aufpumpen; **~-se de** F sich voll stopfen mit; *fig Hass etc* empfinden; *Hoffnung, Mut* fassen; sich mit *Geduld* wappnen; **~ido** [-'ʃidu] *m CUL* Wurst *f*; **~imento** [-ʃi'mẽtu] *m* Füllung *f*; *depr* Füllsel *n*

enchoçar [ẽjʃu'sar] (1p; *Stv* 1e) P einbuchten

enchouriçar [ẽjʃori'sar] (1p) **a)** rollen; **b)** ausstopfen, voll stopfen; **~-se** sich aufspielen

enchumbar [ẽjʃũ'bar] (1a) bleischwer werden

enciclopédi|a [ẽjsiklu'pɛdjɐ] *f* (Konversations)Lexikon *n*; Enzyklopädie *f*; **~co** [-'pɛdiku] enzyklopädisch; umfassend (gebildet)

encimar [ẽjsi'mar] (1a) (oben) anbringen; *Ereignis* krönen

enclaus|trar [ẽjklawʃ'trar] (1a) ins Kloster schicken; = **~urar** [ẽjklawzu'rar] (1a) einsperren; **~-se** sich absondern

enclave [ẽj'klavə] *m* Enklave *f*

encobert|a [ẽjku'bɛrtɐ] *f* Versteck *n*; *fig* Vorwand *m*; List *f*, Falle *f*; **~o** [-'bɛrtu] **1.** *p/p von* **encobrir**; **2.** *adj* verstohlen; F bedeckt (*Himmel*)

encobr|ideira [ẽjkubri'dɐjrɐ] *f* Hehlerin *f*; **~idor** [-bri'dor] **1.** *adj* hehlerisch; **2.** *m*, **-a** *f* Hehler(in *f*) *m*; **~imento** [-bri'mẽtu] *m* Hehlerei *f*; **~ir** [-'brir] (3f) verbergen, verhüllen; *Sonne* verdecken; **~-se** sich bedecken (*Himmel*)

encolerizar [ẽjkuləri'zar] (1a) erzürnen; **~-se** zornig werden

encolh|er [ẽjku'ʎer] (2d) **1.** *v/t Körperteil* einziehen; zusammenziehen; *Ausgaben* kürzen, verringern; *fig* einschüchtern; **~ os ombros** (gleichgültig) mit den Schultern zucken; **2.** *v/i u* **~-se** einlaufen (*Stoff*); schwinden; *fig* sich ducken; sich zurückhalten; **~ido** [-'ʎidu] schüchtern; **~imento** [-ʎi'mẽtu] *m Stoff*: Einlaufen *n*; Schwund *m*; *fig* Schüchternheit *f*

encomend|a [ẽjku'mẽdɐ] *f* Bestellung *f*, Auftrag *m*; **~ interna** *ECON* Binnennachfrage *f*; **~ postal** Päckchen *n*; Postpaket *n*; **de ~** auf Bestellung; nach Maß; nach Wunsch; **sair melhor que a ~** besser sein als erwartet; **~ar** [-'dar] (1a) *j-n mit et* beauftragen; *et bei j-m* bestellen; *Bewährtes* empfehlen; **~-se** sich anvertrauen

encomi|ar [ẽjku'mjar] (1g) loben; **~asta** [-'mjaʃtɐ] *su* Lobredner(in *f*) *m*; **~ástico** [-'mjaʃtiku] lobend

encómio (*ô) [ẽj'kɔmju] *m* Lob(rede *f*) *n*

encompridar [ẽjkõpri'dar] (1a) länger machen

encontr|adiço [ẽjkõtrɐ'disu] häufig anzufinden; **~ado** [-'tradu] zusammengewachsen (*Brauen*); entgegengesetzt; **~ão** [-'trɐ̃w] *m* Zusammenprall *m*; Stoß *m*; **~ar** [-'trar] (1a) *j-n* treffen, *j-m* begegnen; *et* (auf)finden; stoßen auf (*ac*); **~-se** sich befinden (*Restaurant etc*); sich treffen (**com** mit); **~o** [-'kõtru] *m* Treffen *n* (*a Sport*); Begegnung *f*, Zusammenstoß *m*; *fig* Hindernis *n*; **ir ao ~ de** *j-m* entgegengehen; **vir ao ~ de** *fig* entgegenkommen (*dat*); **ir de ~ a**

zusammenstoßen mit; stoßen gegen; *fig j-m* widersprechen
encorajar [ẽjkurɐ'ʒar] (1b) ermutigen, bestärken; anfeuern; **~-se** sich Mut machen (***para*** für); sich bestärken lassen (***com*** durch)
encorp|ado [ẽjkur'padu] beleibt; dick, stark (*Papier*); mit Körper (*Wein*); **~ar** [-'par] (1e) **1.** *v/t* verstärken; *CUL* eindicken; **2.** *v/i u* **~-se** zunehmen; wachsen
encóspias [ẽj'kɔʃpjɐʃ] *f/pl* Leisten *m*; ***meter-se nas ~*** *fig* bei s-m Leisten bleiben
encost|a [ẽj'kɔʃtɐ] *f* (Ab)Hang *m*; Steigung *f*; **~adela** [-kuʃtɐ'dɛlɐ] *f* Belästigung *f*, Nötigung *f*; **~ar** [-kuʃ'tar] (1e) **1.** *v/t* anlehnen (***em*** an *ac*); stützen (***em*** auf *ac*); *AUTO* abstellen; **2.** *v/i* *AUTO* anhalten; **~-se** sich lehnen (***a*** an *ac*); sich stützen (***em***, ***sobre*** auf *ac*); *bras* F faulenzen; **~es** [-'kɔʃtəʃ] *m/pl* Stützpfeiler *m/pl*; *fig* Schutz *m*
encosto [ẽj'koʃtu] *m* Lehne *f*; Stütze *f* (*a fig*)
encov|ado [ẽjku'vadu] hohl (*Wangen*); tief liegend (*Augen*); **~ar** [-'var] (1e) verstecken; *in der Erde* vergraben; *fig j-m* den Mund stopfen
encrav|amento [ẽjkrɐvɐ'mẽtu] *m* Annageln *n*; *fig* Klemme *f*; Unannehmlichkeit *f*; **~ar** [-'var] (1b) **1.** *v/t an Wand* (an-, fest)nageln; *Nagel* bohren (***em*** in *ac*); *Blick* fixieren; *fig* bloßstellen; **2.** *v/i* verstopfen; *AUTO* festfahren; **~-se** stecken bleiben (*a fig*); sich ein-, festklemmen (*Reißverschluss*); einwachsen (*Fingernagel*); *fig* sich festfahren
encren|ca [ẽj'krẽkɐ] *f* P Schlamassel *m*; Stunk *m*; **~cado** [-'kadu] *fig* verfahren; **~car** [-'kar] (1n) Ärger machen; Blödsinn anstellen
encrespar [ẽjkrəʃ'par] (1c) kräuseln; einrollen; *Lippen* schürzen; *Meer* aufwühlen; ***~ os nervos a*** *j-m* auf die Nerven fallen
encristar-se [ẽjkriʃ'tarsə] (1a) *fig* sich blähen, großtun
encruar [ẽj'krwar] (1g) **1.** *v/t* verhärten; *CUL* nicht gar kochen; *fig* aufbringen; **2.** *v/i* hart bleiben
encruz|amento [ẽjkruzɐ'mẽtu] *m* Kreuzung(spunkt *m*) *f*; **~ar** [-'zar] (1a) kreuzen; **~ilhada** [-zi'ʎadɐ] *f* Kreuzweg *m*; *fig* Scheideweg *m*; **~ilhar** [-zi'ʎar] (1a) kreuzen
encurralar [ẽjkuʀɐ'lar] (1b) einschließen; *Vieh* einpferchen
encurtar [ẽjkur'tar] (1a) *Strecke* (ab-, ver)kürzen; *Gebiet* begrenzen; **~-se** kürzer werden
encurvar [ẽjkur'var] (1a) krümmen; biegen; *fig* beugen
endefluxar-se [ẽjdəflu'ksarsə] (1a) sich erkälten
endémico (*ê) [ẽj'dɛmiku] endemisch
endemoninh|ado [ẽjdəmuni'ɲadu] (vom Teufel) besessen; dämonisch; *fig* wild; **~ar** [-'ɲar] (1a) *fig* zur Verzweiflung bringen; **~-se** toben
endereç|amento [ẽjdərəsɐ'mẽtu] *m* Adressierung *f*; **~ar** [-'sar] (1p; *Stv* 1c) richten (***a*** an *ac*), senden (***a*** an *ac*); *Brief*, *Nachricht* adressieren (***a*** an *ac*); **~-se** sich wenden; sich begeben; **~o** [-'resu] *m* Anschrift *f*; Adresse *f* (*a INFORM*); **~ável** [-'savɛɫ] adressierbar
endeusar [ẽjdew'zar] (1a) vergöttern; **~-se** *fig* sich erheben (***diante*** über *ac*)
endiabr|ado [ẽjdjɐ'bradu] verteufelt; wütend; wild (*Kind*); **~ar-se** [-'brarsə] (1b) wütend werden, P ausrasten
endinheirado [ẽjdiɲɐj'radu] reich
endireitar [ẽjdirɐj'tar] (1a) **1.** *v/t* begradigen; *Liegendes* aufrichten; gerade biegen; *fig* in Ordnung bringen; F zurechtbiegen, einrenken; *Schritte etc* lenken (***para*** nach, auf *ac*), richten (***para*** nach, auf *ac*); *TÉCN* richten; **2.** *v/i* geradewegs Kurs nehmen (***para*** auf *ac*); sich zurechtfinden (***com*** mit, in *dat*); P e-n Ständer kriegen (*Erektion*); **~-se** sich strecken; *fig* aufsässig werden
endívia [ẽj'divjɐ] *f BOT* Chicorée *m*
endivid|ado [ẽjdəvi'dadu] verschuldet; **~amento** [-dɐ'mẽtu] *m* Verschuldung *f* (***público*** öffentliche); ***~ externo*** Auslandsverschuldung *f*; **~ar** [-'dar] (1a) in Schulden stürzen; *sich j-n* verpflichten; **~-se** Schulden machen; (***com*** bei)
Endoenças [ẽj'dwẽsɐʃ] *f/pl* Passionsfeierlichkeiten *f/pl*; ***Quinta-feira*** *f* ***de ~*** Gründonnerstag *m*

endoidecer [ẽjdojdə'ser] (2g) verrückt machen (*od* werden)
endomingado [ẽjdumĩ'gadu] sonntäglich (*Kleidung*); F geschniegelt
endoscopia [ẽjduʃku'piɐ] *f* MED Endoskopie *f*
endoss|ado [ẽjdu'sadu] *m* *Bank*: Indossat *m*, Girat(ar) *m*; **~amento** [-sɐ'mẽtu] *m* → **~o**; **~ante** [-'sẽtə] *su* *Bank*: Indossant(in *f*) *m*, Girant(in *f*) *m*; **~ar** [-'sar] (1e) *Bank*: indossieren, girieren; *fig* *Last* aufbürden; *allg* übertragen; **~atário** [-sɐ'tarju] → ***endossado***; **~ável** [-'savɛɫ] übertragbar; **~o** [-'dosu] *m* Indossament *n*, Giro *n*
endoud... → ***endoid...***
endro ['ẽdru] *m* BOT Dill *m*
endurec|er [ẽjdurə'ser] (2g) **1.** *v/t* verhärten; *gegen Kälte* abhärten; **2.** *v/i.* erhärten; → **~-se** hart werden; *fig* sich verhärten (*Position*); verstockt werden (*Person*); **~imento** [-si'mẽtu] *m* Verhärtung *f*, Abhärtung *f* (*gegen Kälte*); *fig* Hartherzigkeit *f*, Verstocktheit *f*
ene ['ɛnə] *m* *Name des Buchstabens* ***n***
enegrecer [inəgrə'ser] (2g) **1.** *v/t* schwärzen; verdunkeln; *fig* diffamieren; **2.** *v/i* *u* **~-se** schwarz werden
energ|ético [inər'ʒɛtiku] energetisch; Energie...; **~ia** [-'ʒiɐ] *f* Tatkraft *f*, Nachdruck *m*; TÉCN Energie *f*; **~ *eléctrica*** Strom *m*; **~ *eólica*** Windenergie *f*; **~ *nuclear*** Kernenergie *f*; **~ *solar*** Sonnenenergie *f*; **~ *geotérmica*** Energie *f* aus Erdwärme
enérgico [i'nɛrʒiku] tatkräftig; nachdrücklich; energisch
enerv|ação *f*, **~amento** *m* [inərvɐ'sɐ̃w, -'mẽtu] Nervosität *f*; **~ante** [-'vẽtə] nervtötend; **~ar** [-'var] (1c) *j-n* nerven; **~-se** nervös werden; *wütend* aufbrausen
enevoado [inə'vwadu] neblig; trüb
enfad|adiço [ẽjfɐdɐ'disu] empfindlich; reizbar; **~ado** [-'dadu] ärgerlich; gelangweilt; **~ar** [-'dar] (1b) verstimmen; ärgern; langweilen (*Film etc*); **~o** [-'fadu] *m* Verstimmung *f*, Ärger *m*; *Film etc*: Langeweile *f*; ***encher-se de ~*** sich langweilen; **~onho** [-fɐ'doɲu] langweilig (*Film etc*); ärgerlich; lästig (*Person*)
enfaixar [ẽjfaj'ʃar] (1a) *Kind* wickeln; *Wunde* verbinden
enfard|adeira [ẽjfɐrdɐ'dɐjrɐ] *f* AGR Bindemaschine *f*; **~ador** [-dɐ'dor] *m* Packer *m*; **~amento** [-dɐ'mẽtu] *m* Binden *n* (*Bündel*, *Ballen*); **~ar** [-'dar] (1b) (in Ballen) verpacken; bündeln; *Getreide* binden; P wie ein Scheunendrescher essen; **~elar** [-də'lar] (1c) bündeln
enfarinhar [ẽjfɐri'ɲar] (1a) (mit Mehl) bestäuben; (ein)pudern; **~-se de** *fig* hineinriechen in (*ac*)
enfarruscar [ẽjfɐʀuʃ'kar] (1n) schwärzen; **~-se** sich schmutzig machen; sich eintrüben (*Wetter*)
enfart|amento [ẽjfɐrtɐ'mẽtu] *m* *f* *Magen*: Völle; (Blut)Stau *m*; **~ar** [-'tar] (1b) voll stopfen (**de**, **com** mit); *Rohr* verstopfen; **~e** [-'fartə] *m* → ***enfartamento***; MED Infarkt *m*; **~ *do miocárdio*** Herzinfarkt *m*
ênfase ['ẽjfɐzə] *f* Nachdruck *m*; Emphase *f*; *fig* Schwung *m*; ***sem ~*** schlaff, lasch; ***dar ~ a*** das Schwergewicht legen auf (*ac*)
enfasti|amento [ẽjfɐʃtjɐ'mẽtu] *m* Überdruss *m*; Langeweile *f*; Widerwille *m*; **~ante** [-'tjẽtə] langweilig; **~ar** [-'tjar] (1g) *j-n* anwidern; langweilen; **~-se** überdrüssig werden; **~oso** [-'tjozu] → ***~ante***
enfático [ẽj'fatiku] nachdrücklich
enfatu|ado [ẽjfɐ'twadu] arrogant; **~amento** [-twɐ'mẽtu] *m* Arroganz *f*; **~ar** [-'twar] (1g) zu Kopf steigen (*dat*); **~-se de**, **com** sich *et* einbilden auf (*ac*)
enfeit|ar [ẽjfɐj'tar] (1a) (aus)schmücken; verzieren; **~e** [-'fɐjtə] *m* Schmuck *m*; Zierrat *m*, Verzierung *f* (*an Objekt*)
enfeitiçar [ẽjfɐjti'sar] (1p) verzaubern, behexen; *fig* bezaubern
enferm|agem [ẽjfər'maʒẽj] *f* **a)** Krankenpflege *f*; **b)** Pflegepersonal *n*; **~ar** [-'mar] (1c) **1.** *v/t* *j-n* krank machen; *et* beschädigen; **2.** *v/i* erkranken; **~ de** kranken an (*dat*); **~aria** [-mɐ'riɐ] *f* Krankenstation *f*; **~eira** [-'mɐjrɐ] *f* Krankenschwester *f*; Pflegerin *f*; **~-*assistente*** *f* Sprechstundenhilfe *f*; **~eiro** [-'mɐjru] *m* Krankenpfleger *m*; **~idade**

[-mi'dadə] *f* Gebrechen *n*; Leiden *n*; Krankheit *f*; **~o** [-'fermu] krank; kränklich; schadhaft (*Gegenstand*)
enferruj|ado [ẽjfəʀu'ʒadu] verrostet; **~ar** [-'ʒar] (1a) **1.** *v/t* zum Rosten bringen; **2.** *v/i u* **~-se** (ein)rosten
enfest|a [ẽj'fɛʃtɐ] *f* Gipfel *m*; *fig* Höhepunkt *m*; **~o** [-'feʃtu] steil
enfeud|ação [ẽjfewdɐ'sɐ̃w] *f fig* Unterwerfung *f*; **~ar** [-'dar] (1a) *fig* unterwerfen; abhängig machen
enfez|ado [ẽjfɛ'zadu] schmächtig; unterentwickelt; **~ar** [-'zar] (1a) verkümmern lassen; zugrunde richten; *fig j-n* aufbringen
enfi|ada [ẽj'fjadɐ] *f* Reihe *f*, Kette *f*; **de ~** hintereinander; **~ado** [-'fjadu] eingefädelt (*Faden*); verbunden (*Teile*); *fig* angsterfüllt; blass; = **~amento** [-fjɐ'mẽtu] *m Faden, Verkehr*: Einfädeln *n*; Reihe *f*; *fig* Schreck *m*; Blässe *f*; **~ar** [-'fjar] (1g) **1.** *v/t* einfädeln (*a fig*); *Perlen* aufreihen; aneinander reihen; *Kleidungsstück* anziehen; *Ring* anstecken; *Gebiet* durchqueren; *Straße*: entlanggehen, -fahren; **2.** *v/i* erbleichen; **~(-se) por** (*od* **a**, **em**) *Straße*: einbiegen in (*ac*); *Raum*: (hinein)gehen in (*ac*); *Richtung*: sich wenden nach
enfileirar [ẽjfilɐj'rar] (1a) **1.** *v/t* (in Reihen) aufstellen; eingliedern; **2.** *v/i*: **~ com** sich gesellen zu *j-m*; **~-se** in die Reihe treten; in Reihen stehen; eintreten (*in e-e Partei*)
enfim [ẽj'fĩ] schließlich, endlich; *resümierend*: also, kurz und gut; **até que ~!** na endlich!
enfoque [ẽ'fɔki] *m bras* Sichtweise *f*
enforc|ado [ẽjfur'kadu] *m* Gehenkte(r) *m*; **~amento** [-kɐ'mẽtu] *m* Henken *n*, Erhängen *n*; **~ar** [-'kar] (1n; *Stv* 1e) (er)hängen; *fig Hoffnung etc* begraben; *Geld* verjubeln; *Waren* verschleudern; *bras* P schwänzen
enformar [ẽjfur'mar] (1e) **1.** *v/t* formen; **2.** *v/i* sich entwickeln; Form annehmen
enfornar [ẽjfur'nar] (1e) in den Ofen schieben
enfraquec|er [ẽjfrɐkə'ser] (2g) **1.** *v/t* schwächen; **2.** *v/i* schwach werden (**com** von, durch); **~imento** [-si'mẽtu] *m* Schwächung *f*
enfrascar [ẽjfrɐʃ'kar] (1n; *Stv* 1b) abfüllen; P voll stopfen; **~-se** P sich voll laufen lassen
enfrent|amento [ẽjfrẽtɐ'mẽtu] *m* Konfrontation *f*; Auseinandersetzung *f*; **~ar** [-'tar] (1a) entgegentreten; *fig* die Stirn bieten (*dat*), ins Auge sehen (*dat*); **~-se com** *j-m* gegenübertreten
enfriar [ẽj'frjar] (1g) abkühlen (lassen)
enfronh|ado [ẽjfru'ɲadu] bezogen (*Kissen*); beschlagen (**em** in *dat*), bewandert (**em** in *dat*); **~ar** [-'ɲar] (1f) be-, überziehen; **~-se em** sich vertiefen in (*ac*); studieren (*ac*)
enfuma|çar (1p; *Stv* 1b), **~rar** (1b) [ẽjfumɐ'sar, -'rar] verräuchern
enfunar [ẽjfu'nar] (1a) (auf)blähen; **~-se** (an)schwellen; *fig* großtun
enfurecer [ẽjfurə'ser] (2g) **1.** *v/t* wütend machen; **2.** *v/i u* **~-se** wütend werden (**com** über *ac*); wüten, toben (*Wind, Meer*)
enfurnar [ẽjfur'nar] (1a) verbergen; wegstecken; **~-se** sich zurückziehen
eng. ***engenheiro*** *m* Ingenieur *m* (Ing.)
engabelar [ẽjgɐbə'lar] (1c) in Garben legen; *bras* irreführen
engadanhar [ẽjgɐdɐ'ɲar] (1a) steif machen; **~-se** erstarren (*a fig*)
engaiolar [ẽjgɐju'lar] (1e) in e-n Käfig sperren, F *j-n* hinter Gitter bringen
engaj|ador [ẽjgɐʒɐ'dor] *m* Anwerber *m*; **~amento** [-ʒɐ'mẽtu] *m* Engagement *n* (*a fig*); **~ar** [-'ʒar] (1b) an-, einstellen; *Künstler* engagieren; anwerben; *Matrosen* anheuern; **~-se** e-e Stelle annehmen (**em** bei); *fig* sich einlassen (**em** auf *ac*); sich engagieren (**em** für *dat*)
engalinhado [ẽjgɐli'ɲadu] vom Pech verfolgt
engan|adiço [ẽjgɐnɐ'disu] leicht zu täuschen; **~ado** [-'nadu]: **estar ~** sich täuschen; **~ador** [-nɐ'dor] (be)trügerisch; **~ar** [-'nar] (1a) betrügen (**em** um); täuschen; *Zeit* totschlagen; *Hunger* betäuben; **deixar-se ~ por** sich täuschen lassen von; **~-se** sich irren (**com**, **em** in *dat*); sich vertun (**com**, **em** bei)
enganchar [ẽjgẽ'ʃar] (1a) *Öse etc* ein-, festhaken; *Bild* an-, aufhängen; **~-se** hängen bleiben (**em** an *dat*)

E

engan|o [ẽj'gɐnu] *m* Betrug *m*; Irrtum *m*; Täuschung *f*; **~oso** [-'nozu] (be)trügerisch; irrig
engarraf|adeira [ẽjgɐʀɐfɐ'dɐjrɐ] *f* Flaschenabfüllanlage *f*; **~amento** [-fɐ'mẽtu] *m* Flaschenabfüllung *f*; *fig* Verstopfung *f*; Verkehrsstau *m*; *ECON* Engpass *m*; **~ar** [-'far] (1b) in e-e Flasche (*od* Flaschen) füllen, abfüllen; *fig* verstopfen; e-n Stau verursachen in (*dat*)
engasgar [ẽjgɐʒ'gar] (1o; *Stv* 1b) *j-m* im Halse stecken bleiben; ***~-se*** sich verschlucken (***com*** an *dat*); *fig* stecken bleiben; den Faden verlieren
engat|ar [ẽjgɐ'tar] (1b) *Einzelteile* zusammenklammern; *an Haken etc* einhaken; *Pferd* anspannen; *TÉCN* einrasten; *CAM. DE F* ankuppeln; P *j-n* anmachen; anbandeln mit; **~e** [-'gatə] *m* (Anhänger)Kupplung *f*
engatilhar [ẽjgɐti'ʎar] (1a) *Gewehr* spannen; *fig Antwort etc* bereithalten
engatinhar [ẽjgɐti'ɲar] (1a) auf allen vieren kriechen; *fig* (erst) anfangen (***em*** in *dat*)
engavet|amento [ẽgaveta'mẽtu] *m* *bras* Auffahrunfall *m*; **~ar** [ẽjgɐvə'tar] (1c) in e-e Schublade tun; einschließen; P einbuchten; ***~-se*** *bras* ineinander fahren (*Autos etc*)
engelh|a [ẽj'ʒeʎɐ] *f* Runzel *f*; Falte *f*; **~ar** [-ʒə'ʎar] (1c) *Stoff* zerknittern; *Stirn* runzeln; ***~-se*** verschrumpeln
engendrar [ẽjʒẽ'drar] (1a) erzeugen, hervorbringen; *Plan* sich ausdenken; *Verschwörung* anzetteln
engenh|ar [ẽjʒə'ɲar] (1d) erfinden, F aushecken; **~aria** [-ɲɐ'riɐ] *f* Ingenieurwissenschaft *f*; ***~ civil*** Bauingenieurwesen *n*; ***~ genética*** Gentechnologie *f*; ***~ subterrânea*** *ARQUIT* Tiefbau *m*; **~eiro** [-'ɲɐjru] *m* (Diplom)Ingenieur *m*; ***~ agrónomo*** Diplomlandwirt *m*; ***~ civil*** Bauingenieur *m*; ***~ de sistemas*** *INFORM* Systemanalytiker *m*; ***~ químico*** Chemieingenieur *m*; **~o** [-'ʒeɲu] *m* **a)** Erfindungsgabe *f*; Geschick *n*; Genie *n*; Kunstgriff *m*; **b)** Maschine *f*; (Wasser)Schöpfwerk *n*; *bras* Mate-, Zuckermühle *f*; *bsd* Zuckersiederei *f*, -rohrfarm *f*; ***~ (explosivo)*** Sprengkörper *m*; ***senhor*** *m* ***de ~*** Zuckerbaron *m*; **~oca** [-'ɲɔkɐ] *f fig* F Kniff *m*; **~osidade** [-ɲuzi'dadə] *f* Erfindungsgabe *f*; **~oso** [-'ɲozu] erfinderisch; geistreich
engessar [ẽjʒə'sar] (1c) *Haus* verputzen; *Loch*, *MED* (ein)gipsen
englob|amento [ẽjglubɐ'mẽtu] *m* Erfassung *f*; *JUR* Zusammenveranlagung *f*; **~ar** [-glu'bar] (1e) zusammenfassen; umfassen; einbeziehen; *JUR* zusammen veranlagen; **~ável** [-'bavɛł] steuerpflichtig (*Einkünfte*)
eng.º ***engenheiro*** *m* (Diplom)Ingenieur *m* (Ing.)
engod|ar [ẽjgu'dar] (1e) ködern; **~o** [-'godu] *m* Köder *m*, Lockspeise *f*
engolfar [ẽjgoł'far] (1e) *NAV* (auf das offene Meer) treiben; *Abgrund*: (hinein)stürzen (***em*** in *ac*); *fig* verschlingen; ***~-se em*** versinken in (*dat*); sich hineinstürzen in (*ac*)
engolir [ẽjgu'lir] (3f) **1.** *v/t* verschlingen; (hinunter)schlucken (*a fig*); **2.** *v/i* still sein; ***~ em seco*** *fig* schlucken, einstecken
engom|adeira [ẽjgumɐ'dɐjrɐ] *f* Büglerin *f*; **~ar** [-'mar] (1f) **1.** *v/t* *Wäsche* stärken; *bsd* bügeln; *Papier etc* gummieren; *Stimme* erheben; *Wein* klären; **2.** *v/i* sprießen; ***ferro*** *m* ***de ~*** Bügeleisen *n*
engord|a [ẽj'gɔrdɐ] *f* Mast *f*; **~ar** [-gur'dar] (1e) **1.** *v/t* mästen; aufpäppeln; **2.** *v/i* dick werden (***com*** von), zunehmen (***com*** von); **~urar** [-ẽjgurdu'rar] (1a) fettig machen
engraç|ado [ẽjgrɐ'sadu] nett, niedlich (*Kind*); witzig (*Aussage*); ***fazer-se*** (***de***) ***~*** *fig* den Hampelmann spielen; **~ar**(**-se**) [-'sar(sə)] (1p; *Stv* 1b): ***~ com*** *j-n* nett finden
engrad|ado [ẽjgrɐ'dadu] *m* Lattenverschlag *m*; **~ar** [-'dar] (1b) einzäunen
engrandec|er [ẽjgrɐ̃də'ser] (2g) **1.** *v/t* *Anzahl* vergrößern; *j-n* rühmen; *Ereignis* übertreiben; **2.** *v/i u* ***~-se*** wachsen; *fig* aufsteigen; **~imento** [-si'mẽtu] *m* Vergrößerung *f*; *fig* Aufstieg *m*
engranzar [ẽjgrɐ̃'zar] (1a) *Perlen* auffädeln; verketten; P betrügen
engravat|ado [ẽjgrɐvɐ'tadu] mit Krawatte; *allg* schmuck; **~ar-se** [-'tarsə] (1b) e-n Schlips tragen; *allg* sich herausputzen

engravidar [ẽjgrɐvi'dar] (1a) **1.** *v/t* schwängern; **2.** *v/i* schwanger werden

engrax|adela [ẽjgrɐʃɐ'dɛlɐ] *f* Putzen *n*, Einfetten *n* (*der Schuhe*); **~ador** [-ʃɐ'dor] *m* Schuhputzer *m*; *fig* Speichellecker *m*; **~ar** [-'ʃar] (1b) *Schuhe* putzen; *Leder* einfetten; **~** (***as botas a***) ***alg*** *fig* j-m die Stiefel lecken; **~ate** [ẽgra'ʃatʃi] *m bras* Schuhputzer *m*

engren|agem [ẽjgrə'naʒẽj] *f* Getriebe *n*; Räderwerk *n* (*a fig*); Maschinerie *f*; **~ar** [-'nar] (1d) **1.** *v/t* verzahnen; einhaken; AUTO *Gang* einlegen; *fig* in Angriff nehmen; **2.** *v/i u* **~-se** ineinander greifen

engrenhar [ẽjgrə'ɲar] (1d) *Haar* ordnen, zurechtmachen

engrilar [ẽjgri'lar] (1a) aufrichten

engrinaldar [ẽjgrinał'dar] (1a) schmücken

engrip|ado [ẽjgri'padu] grippekrank; **~ar-se** [-'parsə] (1a) sich erkälten

engrolar [ẽjgru'lar] (1e) CUL kurz braten, anbraten; *Arbeit* hinpfuschen; *Zeichnung* hinsudeln; *Worte* (vor sich hin) murmeln, nuscheln

engross|ador [ẽgrosa'dor] *m bras* P Kriecher *m*; **~amento** [-ẽjgrusɐ'mẽtu] *m* Verdickung *f*; *bras* Kriecherei *f*; **~ar** [-'sar] (1e) **1.** *v/t* verdicken; verstärken (*a fig*); *Fluss* anschwellen lassen; *Anzahl* vergrößern; *j-n* rüde behandeln; CUL eindicken; **2.** *v/i* dick werden (***com*** von); anschwellen (***com*** von, durch) (*Fluss*); tiefer werden (*Stimme*)

enguia [ẽ'giɐ] *f* ZO Aal *m*

enguiç|amento [ẽjgisɐ'mẽtu] *m* Pech *n*, Unglück *n*; **~ar** [-'sar] (1p) **1.** *v/t* P verhexen; Unglück bringen; durcheinander bringen; **2.** *v/i* Pech haben (***com*** mit); **~o** [-'gisu] *m* Hexerei *f*; Unglück *n*, F Pech *n*; *fig* böse Ahnung *f*; Quälgeist *m* (*Kind*); ***deitar* ~ *a*** *j-n* verfluchen

engulh|ar [ẽjgu'ʎar] (1a) (sich) ekeln; **~o** [-'guʎu] *m* Ekel *m*; MED Brechreiz *m*

enigm|a [ə'nigmɐ] *m* Rätsel *n*; **~ático** [-'matiku] rätselhaft

enjaular [ẽjʒaw'lar] (1a) in e-n Käfig sperren; einsperren

enjeit|ado [ẽjʒɐj'tadu] *m* Findelkind *n*; *fig* Stiefkind *n*; **~ar** [-'tar] (1a) zurückweisen; verstoßen; *Kind* aussetzen; *Nest* aufgeben

enjo|ado [ẽj'ʒwadu] see-, reisekrank; *allg* unwohl; ***estou* ~** mir ist übel; **~ar** [-'ʒwar] (1f): **~** (***de***) nicht vertragen; *j-m* Übelkeit verursachen; → **~*-se de*** *j-m* übel werden von; **~ativo** [-ʒwɐ'tivu] schwer verdaulich (*Speisen*); *fig* eklig; Brechreiz erregend; **~o** (*ô) [-'ʒou] *m* Übelkeit *f*; See- (*od* Reise)krankheit *f*; *fig* Widerwille *m*

enla|çadura [ẽjlɐsɐ'durɐ] *f* Verkettung *f*; **~çar** [-'sar] (1p; *Stv* 1b) **1.** *v/t* festbinden (***por*** an *dat*); *Teile* verbinden; *fig* fesseln (***em*** mit); INFORM *Programme* koppeln; **2.** *v/i* sich anschließen (***com*** an *ac*); **~-se** sich verbinden; (sich ver)heiraten (*Paar*); **~ce** [-'lasə] *m* **a)** Verbindung *f*; Verschlingung *f*; **b)** Band *n*, Fessel *f*; **~ *matrimonial*** Vermählung *f*

enlambuzar [ẽjlẽbu'zar] (1a) beschmieren (***de, com*** mit)

enlamear [ẽjlɐ'mjar] (1l) verschlammen; besudeln

enlat|ado [ẽjlɐ'tadu] **1.** *adj* Büchsen...; **2.** *m* Konserve *f*; **~s** *pl* Eingemachte(s) *n*; **~ar** [-'tar] (1b) (in Büchsen) einmachen, konservieren

enle|ado [ẽj'ljadu] befangen; bestürzt; ***estar* ~ *com*** nicht wieder erkennen (*ac*); **~ar** [-'ljar] (1l) (an-, fest)binden; *fig* verwirren; *j-n in e-e Sache* verwickeln; *j-n* anziehen (***com*** mit); **~-se** sich verfangen (***em*** in *dat*); *fig* gefesselt werden (***com*** von)

enleio [ẽj'lɐju] *m* Schlinge *f*; BOT Schlingpflanze *f*; *fig* Verwicklung *f*; Verwirrung *f*; Reiz *m*, Zauber *m*

enlev|ar [ẽjlə'var] (1c) verzücken; betören; **~-se** in Verzückung geraten; versinken (***em*** in *ac u dat*); **~o** [-'levu] *m* **a)** Begeisterung *f*, Verzückung *f*; **b)** Zauber *m*; Wunder *n*

enliç|ar [ẽjli'sar] (1p) *Kettfäden* einziehen; *Gewebe* binden; *fig Plan* anzetteln, aushecken; *j-n in et* verstricken; täuschen; **~o** [-'lisu] *m* Täuschung *f*; Verstrickung *f*

enlodar [ẽjlu'dar] (1e) verschlammen

enlouquecer [ẽjlokə'ser] (2g) **1.** *v/t*

verrückt machen; **2.** *v/i* verrückt werden (**com**, **de** vor); verrückt sein (**por** nach)
enlut|ado [ẽjlu'tadu] in Trauer; trauernd; *fig* düster; **~ar** [-'tar] (1a) heimsuchen; *fig* verdüstern
enobrecer [inubrə'ser] (2g) adeln; *fig* veredeln; verschönern; **~-se** sich hervortun (**por**, **com** durch)

E

enodoar [inu'dwar] (1f) beflecken
enoj|adiço [inuʒɐ'disu] empfindlich, reizbar; **~ar** [-'ʒar] (1e) ekeln, anwidern; ärgern; **~-se** Ekel empfinden (**de** vor *dat*); sich ärgern (*od* aufregen) (**com** über *ac*)
enologia [inulu'ʒiɐ] *f* Önologie *f*, Weinbaukunde *f*
enorm|e [i'nɔrmə] enorm, ungeheuer (groß, lang *etc*), gewaltig; *fig* ungeheuerlich; **~idade** [inurmi'dadə] *f* gewaltige Größe *f* (*od* Zahl *f*); gewaltige(s) Ausmaß *n*; *fig* Ungeheuerlichkeit *f*
enovelar [inuvə'lar] (1c) aufrollen; *fig* verwirren; **~-se** durcheinander geraten; sich verknäueln (*Fäden*)
enquadr|amento [ẽjkwɐdrɐ'mẽtu] *m* Rahmen *m*; *fig* Integration *f*; **~ar** [-'drar] (1b) *Bild* einrahmen; *thematisch* einschließen; **~ em** *fig* einfügen in (*ac*); *thematisch* gehören zu
enquanto [ẽj'kwẽtu] **1.** *cj Eigenschaft*: als; *zeitl* solange; **~ (que)** während; **~ isto** unterdessen; **2.** *adv*: **por ~** vorläufig, bis auf weiteres
enrabichar [ẽjʀɐbi'ʃar] (1a) *Haar* zu e-m Pferdeschwanz binden
enraiv|ar (1a), **~ecer** (2g) [ẽjʀaj'var, -və'ser] **1.** *v/t* wütend machen (**com** auf *ac*); **2.** *v/i u* **~-se** wütend werden (**com** über *ac*, auf *ac*)
enraiz|amento [ẽjʀaizɐ'mẽtu] *m* Verwurzelung *f*; **~ar(-se)** [-'zar(sə)] (1q) Wurzeln schlagen, wurzeln
enranchar [ẽjʀẽ'ʃar] (1a) *Personen* zu e-r Gruppe zusammenstellen
enrarecer [ẽjʀɐrə'ser] (2g) rar (*od* selten) werden
enrasc|adela [ẽjʀɐʃkɐ'dɛlɐ] *f* P Patsche *f*, Reinfall *m*; **~ar** [-'kar] (1n; *Stv* 1b) in Schwierigkeiten bringen; P reinlegen; **~-se** reinfallen (**com** mit); **~ado** [-'kadu]: **estar** (*od* **ver-se**) **~** P geliefert sein; in der Klemme sitzen
enred|ar [ẽjʀə'dar] (1c) *Schnüre* verschlingen; *in Intrige* verwickeln (**em** in *ac*); *Geschichte* aushecken; **~o** [-'ʀedu] *m* Verwicklung *f* (*in Intrige*); *Situation*: Verwirrung *f*; missliche Lage *f*; Intrige *f*; Machenschaft *f*; *LIT* Handlung *f*, rote(r) Faden *m*; **~oso** [-'dozu] verwickelt; heikel
enregelar [ẽjʀəʒə'lar] (1c) **1.** *v/t* erstarren lassen; **2.** *v/i* erstarren (**de**, **com** vor *dat*)
enrij|ar (1a), **~ecer** (2g) [ẽjʀi'ʒar, -ʒə'ser] (sich) abhärten
enriquec|er [ẽjʀikə'ser] (2g) **1.** *v/t* reich machen, bereichern; *TÉCN Uran* anreichern; **2.** *v/i* reich werden (**com** durch); *depr* sich bereichern (**com** an *dat*); **~imento** [-si'mẽtu] *m* Reichwerden *n*; *depr* Bereicherung *f*; *TÉCN* Anreicherung *f*
enrodilhar [ẽjʀudi'ʎar] (1a) wickeln (**em** um); einwickeln (**em** in *ac*) (*a fig*)
enrol|ador [ẽjʀulɐ'dor] *m*: **~ para cabo** Kabeltrommel *f*; **~amento** [-lɐ'mẽtu] *m EL* Wicklung *f*; **~ar** [-'lar] (1e) auf-, ein-, zusammenrollen; *fig* verwickeln; verstecken; **~-se** hochgehen (*See*); *fig* sich verwickeln
enroscar [ẽjʀuʃ'kar] (1n; *Stv* 1e) zusammenrollen; *Schraube* einschrauben; schlingen (**a** um); **~-se** *fig* sich zusammenkauern
enroupar [ẽjʀo'par] (1a) ein-, ankleiden; warm anziehen
enrouquec|er [ẽjʀokə'ser] (2g) heiser machen (*od* werden); **~imento** [-si'mẽtu] *m* Heiserkeit *f*
enrubescer [ẽjʀubəʃ'ser] (2g) **1.** *v/t* röten; *j-n* erröten lassen; **2.** *v/i* erröten (**de**, **com** vor); erglühen (*Metall*)
enrug|ado [ẽjʀu'gadu] runzlig; **~ar** [-'gar] (1o) **1.** *v/t Papier*, *Stoff* zerknittern; (ver-, zer)knautschen; *Wasser* kräuseln; **2.** *v/i* faltig werden (*Haut*)
ensabo|adela [ẽjsɐbwɐ'dɛlɐ] *f* F Grundkenntnisse *f/pl*, Schnellkurs *m*; *fig* Abreibung *f*; **dar uma ~ a** *fig* P *j-m* den Kopf waschen; **dar uma ~ de** P e-n Einstieg geben in (*dat*); **~ar** [-'bwar] (1f) einseifen; *fig* F *j-m* den Kopf waschen
ensacar [ẽjsɐ'kar] (1n; *Stv* 1b) einsacken; *CUL* zu Wurst verarbeiten
ensaiar [ẽjsɐ'jar] (1b) ausprobieren;

Wert, *Gewicht* prüfen; *Auto* einfahren; *TEA* proben; **~-se** sich üben
ensa|io [ẽj'saju] *m* Probe *f* (*a TEA*); Versuch *m*; *Wert*, *Gewicht*: Prüfung *f*; *LIT* Essay *m*; **~ *geral*** *TEA* Generalprobe *f*; ***proveta*** *f* (*od* ***tubo*** *m*) ***de*** **~** Probierglas *n*; ***a título de*** **~** probehalber, versuchsweise; ***apanhar um*** **~** P zusammengestaucht werden; **~ísta** [-sɐ'iʃtɐ] *su* Essayist(in *f*) *m*
ensancha [ẽj'sẽʃɐ] breiter Saum *m* (*zum Auslassen*); ***dar ~s a*** *j-m* blind vertrauen
ensanduichado [ẽjsẽdwi'ʃadu] P dicht gedrängt, zusammengequetscht
ensanguent|ado (*ü) [ẽjsẽgwẽ'tadu] blutig, blutbefleckt; **~ar** [-'tar] (1a) mit Blut beflecken
ensardinhar [ẽjsɐrdi'ɲar] (1a) zusammenquetschen
enseada [ẽj'sjadɐ] *f kleine* Bucht *f*
enseb|ado [ẽjsə'badu] schmierig, fettig; **~ar¹** [-'bar] (1d) (ein)fetten, (ein)schmieren; **~ar²** [-sɛ'bar] (1d) mit e-r Hecke umgeben
ensej|ar [ẽjsə'ʒar] (1d) Gelegenheit geben (*dat*); *Gelegenheit* abwarten; ausprobieren; **~o** [-'seʒu] *m* Gelegenheit *f*; Augenblick *m*
ensimesmar-se [ẽjsiməʒ'marsə] (1c) in Gedanken versinken
ensin|adela [ẽjsinɐ'dɛlɐ] *f* P Denkzettel *m*; **~adiço** [-nɐ'disu] leicht zu vermitteln; **~ado** [-'nadu] sachverständig; ***bem*** (***mal***) **~** wohl- (un)erzogen; **~amento** [-nɐ'mẽtu] *m* Lehre *f* (*a fig*); **~ar** [-'nar] (1a) *in Schule*, *UNIV* unterrichten, lehren (***a*** zu) (*a fig*); *j-m et* zeigen; *Pferd* zureiten; *Hund* abrichten, dressieren; **~ *alemão*** Deutsch unterrichten
ensino [ẽj'sinu] *m Schule*, *UNIV* Unterricht *m*; Lehre *f*; *allg* Erziehungssystem *n*, Bildungswesen *n*; *fig* Erziehung *f*; **~ *pré-primário*** Vorschule *f*; **~ *primário*** Grundschulwesen *n*; **~ *secundário*** Sekundarschulwesen *n*; **~ *superior*** Hochschulwesen *n*
ensoado [ẽj'swadu] welk (*Pflanze*); trocken, ausgedörrt (*Boden*); heiß
ensoberbecer [ẽjsubərbə'ser] (2g) **1.** *v/t* stolz machen; **2.** *v/i* gierig werden; **~-se** hochmütig werden; sich brüsten (***de*** *e-r Sache*); hochgehen (*Wellen*)
ensolarado [ẽsola'radu] *bras* sonnig, sonnenbeschienen
ensombrar [ẽjsõ'brar] (1a) beschatten; verdüstern (*a fig*); *fig* in den Schatten stellen
ensonado [ẽjsu'nadu] schläfrig
ensop|ado [ẽjsu'padu] **1.** *adj* durch-, getränkt; ***estar*** **~ *em água*** völlig durchnässt sein; ***carne*** *f* **-*a*** = **2.** *m CUL mst* (Fisch-, Fleisch)Eintopf *m*; **~ar** [-'par] (1e) *CUL in Marinade* einlegen; *in Wasser* einweichen; *in Kaffee*, *Suppe* eintunken; *Brot* einbrocken; *von Regen* durchnässen; **~-se** nass werden (***de*** von)
ensurdec|edor [ẽjsurdəsə'dor] (ohren)betäubend; **~er** [-'ser] (2g) **1.** *v/t* (ab)dämpfen; **2.** *v/i* taub werden; *fig* sich taub stellen (***a*** *dat*); **~imento** [-dəsi'mẽtu] *m* Taubheit *f*
entabu|amento [ẽjtɐbwɐ'mẽtu] *m* (Holz)Fußboden *m*; Bohlen *f/pl*; *Wand*, *Raum*: Verschalung *f*; **~ar** [-'bwar] (1g) *Fußboden* dielen; mit Bohlen versehen; *Wand*, *Raum* verschalen; **~-se** sich verhärten; *fig* sich bewölken (*Himmel*)
entabul|amento [ẽjtɐbulɐ'mẽtu] *m* Gesims *n*; **~ar** [-'lar] (1a) **a)** verschalen; **b)** (an)ordnen; zurechtlegen; *Gespräch* anknüpfen
entaipar [ẽjtaj'par] (1a) absperren
ental|ação [ẽjtɐlɐ'sɐ̃w] *f fig* Bedrängnis *f*; Klemme *f*; **~adela** [-lɐ'dɛlɐ] *f* P *finanzielle* Klemme *f*; ***dar uma*** **~** *CUL* rasch zusammenkochen; **~ado** [-'ladu]: ***estar*** (*od* ***ver-se***) **~** in der Klemme sitzen; **~ão** [-'lɐ̃w] *m* → ***entalação***; ***dar um*** **~ *a*** *j-n* hereinlegen; **~ar** [-'lar] (1b) *Schraube* ein-, festschrauben; (ein-, dazwischen-) klemmen; *MED* (ein-) schienen; *CUL* kurz aufkochen; *fig* in die Enge treiben; F hereinlegen; **~-se** eingeklemmt werden; *fig* in Bedrängnis kommen; sich hereinlegen lassen
entalh|a [ẽj'taʎɐ] *f* Einschnitt *m*; Kerbe *f*; **~ador** [-tɐʎɐ'dor] *m* **a)** (Holz)Schnitzer *m*; **b)** Stechbeitel *m*; **~amento** [-ʎɐ'mẽtu] *m* Schnitzwerk *n*; *bsd* Spundung *f*; **~ar** [-'ʎar] (1b) (ein)schneiden; *Holz* schnitzen; in Stein hauen, (aus)meißeln; *Tischlerei*: spunden; *Vertiefung* (ein)kerben; **~e, ~o** [-'taʎə, -'taʎu]

m Schnitzen *n*; Holzschnitzerei *f*; *allg* Einschnitt *m*

entanguir-se [ẽjtẽ'girsə] (3o) starr werden (***de frio*** vor Kälte); *fig* verlegen werden

entanto [ẽj'tẽtu]: ***no ~*** indessen, jedoch

então [ẽj'tẽw] **1.** *adv* damals; da; dann; ***desde ~*** seitdem; seit damals; ***até ~*** bis dahin; **2.** *int*: ***~!*** los!, also!; dann woll'n wir mal!; ***e ~?*** und nun?; und dann?; na und?; ***pois ~!*** na also!; ***~ é possível?*** wie ist es nur möglich?

entardecer [ẽjtɐrdə'ser] (2g) Abend werden; dunkel werden; ***ao ~*** am Spätnachmittag

ente ['ẽtə] *m* Wesen *n*

enteado [ẽj'tjadu] *m*, **-a** *f* Stiefsohn *m*, -tochter *f*

entediar [ẽjtə'djar] (1g) anwidern; langweilen; *j-m et* verekeln; ***~-se de*** (*od* ***com***) sich langweilen bei

entend|edor [ẽjtẽdə'dor] verständig; **~er** [-'der] (2a) **1.** *v/t* verstehen; et verstehen von; *Fehler* erkennen, einsehen; *j-n* durchschauen; glauben, meinen; **2.** *v/i* verstehen; der Ansicht sein; ***~ com*** zusammenhängen mit; ***~ de*** sich verstehen auf (*ac*); etwas verstehen von; ***~ de lagares de azeite***, ***~ da poda*** s-e Sache verstehen; ***~ em*** *inf* sich darum kümmern zu; daran denken zu; ***dar a ~*** zu verstehen geben, andeuten; ***fazer-se ~*** sich verständlich machen; ***no meu ~*** meiner Meinung nach; ***~-se*** *sprachlich*: sich verständigen; *Fachgebiet*: sich auskennen (***de***, ***em*** in *dat*); sich ins Einvernehmen setzen (***com*** mit), sich einig sein (***com*** mit); ***eu cá me entendo*** ich weiß, woran ich bin; **~ido** [-'didu] **1.** *adj* sachverständig; klug, schlau; ***~!*** abgemacht!, einverstanden!; ***bem ~*** wohlverstanden; selbstverständlich; ***não se dar por ~*** sich dumm stellen; ***ser ~ em*** etwas verstehen von; **2.** *m* Kenner *m*; Fachmann *m*; **~imento** [-di'mẽtu] *m* Verstand *m*; Verständnis *n*; *Text*: Auslegung *f*; *POL* Verständigung *f*

entenebrecer [ẽjtənəbrə'ser] (2g) verfinstern; *fig* traurig stimmen

enterite [ẽjtə'ritə] *f* Darmentzündung *f*

enternec|edor [ẽjtərnəsə'dor] rührend; **~er** [-'ser] (2g) rühren; erweichen; ***~-se*** gerührt werden; sich rühren lassen (***de***, ***com*** von); **~imento** [-si'mẽtu] *m* Rührung *f*

enterr|amento [ẽjtəʀɐ'mẽtu] *m* Ein-, Vergraben *n*; Begräbnis *n*; **~ar** [-'ʀar] (1c) ein-, vergraben; *Tote* beerdigen; *fig* ins Grab bringen; unterkriegen; ***~-se*** *fig* aufgehen (***em*** in *dat*), sich versenken (***em*** in *dat*); F sich blamieren (***com*** mit)

enterro [ẽj'teʀu] *m* Beerdigung *f*; Beisetzung *f*; Leichenzug *m*

entesar [ẽjtə'zar] (1c) **1.** *v/t* straffen; versteifen; (ver)stärken; **2.** *v/i* P pleite sein; ***~-se*** sich hart zeigen (***com*** gegenüber)

entestar [ẽjtəʃ'tar] (1c): ***~ com*** grenzen an (*ac*), stoßen an (*ac*)

entibiar [ẽjti'bjar] (1g) abkühlen (*a fig*)

entidade [ẽjti'dadə] *f* Wesen *n*; Persönlichkeit *f*; Körperschaft *f*; *staatliche* Stelle *f*, Behörde *f*; ***~ empregadora***, ***~ patronal*** Arbeitgeber(verband) *m*

ento|ação [ẽjtwɐ'sɐ̃w] *f* Intonation *f*; Tonfall *m*; *PINT* Abstimmung *f*; **~ar** [-'twar] (1f) *Lied* anstimmen; singen; *fig* (ein)leiten; ***~ em falsete*** P (los)kreischen

entono [ẽj'tonu] *m* Dünkel *m*

entontec|er [ẽjtõtə'ser] (2g) schwindlig machen (*od* werden); verdummen; **~imento** [-si'mẽtu] *m* Verdummung *f*; Verblödung *f*

entornar [ẽjtur'nar] (1e) *Gefäß* umkippen; *Flüssigkeit* vergießen; *Ton*, *Licht* aussenden; vergeuden; ***~-se*** umfallen (*Gefäß*); ausfließen (*Flüssigkeit*); ausgehen (*Ton*, *Licht*); P sich zuschütten (*betrinken*)

entorpec|ente [ẽjturpə'sẽtə] *m* Rauschgift *n*; **~er** [-'ser] (2g) **1.** *v/t* lähmen; einschläfern; **2.** *v/i* erlahmen; einschlafen (*Körperteil*); **~imento** [-si'mẽtu] *m* Lähmung *f*; Erlahmen *n*; *Körperteil*: Gefühllosigkeit *f*

entorse [ẽj'tɔrsə] *f* *MED* Verrenkung *f*

entortar [ẽjtur'tar] (1e) **1.** *v/t* (ver)biegen; *Augen* verdrehen; *Kopf* wegdrehen; ***~ um negócio*** e-n Handel verderben; **2.** *v/i* *u* ***~-se***

krumm werden; *fig* schief gehen (*Aktion*); auf Abwege geraten (*Person*); P sich voll laufen lassen

entrada [ẽj'tradɐ] *f Gebäude*: Eingang(shalle *f*) *m*; Einfahrt *m* (*für Fahrzeuge*); *Bus, Zug*: Einstieg *m*; *Veranstaltung*: Eintritt *m*; (Eintritts)Karte *f*; Einreise *f* (*in ein Land*); *MIL* Einzug *m*; Ankunft *f* (*e-s Verkehrsmittels*); Einlieferung *f* (*ins Krankenhaus*); *Wörterbuch*: Eintrag *m*; *INFORM* Eingabe *f*; *CUL* Vorspeise *f*; *TEA* Auftritt *m*; *MÚS*, *Spiel*: Einsatz *m*; *ECON* Einzahlung *f*; Aufnahmegebühr *f*; Anzahlung *f*; Einnahme *f*; **~s** *pl* Geheimratsecken *f/pl*; **~ do ano** Jahresanfang *m*; **~ em força** Eindringen *n*; Einbrechen *n*; **~ em vigor** Inkrafttreten *n*; **~ proibida** Eintritt verboten; **de ~** eingangs; zu Anfang; **dar ~ a** einfahren (-fliegen) lassen; *Wasser etc* einlassen; *ins Krankenhaus* eingeliefert werden; **ter ~ em** Zutritt haben zu

entrad|o [ẽj'tradu] F angesäuselt; **~ em anos** im vorgerückten Alter; **~ote** [-trɐ'dɔtə] F **a)** ältlich; **b)** angesäuselt

entranç|ado [ẽjtrɐ̃'sadu] **1.** *adj* geflochten; **2.** *m* Geflecht *n*; **~ar** [-'sar] (1p) (zu Zöpfen) flechten; ineinander verflechten

entranh|ado [ẽjtrɐ'ɲadu] innig; (tief) verwurzelt (*Hass*); **~ar** [-'ɲar] (1a) (tief) hineinführen; bewahren, einschließen; **~-se** eindringen; sich verbergen; *fig* sich vertiefen (**de, em** in *ac*); **~as** [-'trɐɲɐʃ] *f/pl* Weichteile *pl*; Innereien *pl*; Innere(s) *n*; Gemüt *n*; **ter más ~** keinen guten Ruf haben; **~ável** [-'ɲavɛɫ] tief (empfunden)

entrar [ẽj'trar] (1d) **1.** *v/t Dinge* hereinschaffen; *ECON* einführen, importieren; buchen; *INFORM Daten* eingeben; **2.** *v/i* eintreten; hereinkommen; einziehen, einmarschieren (*Festzug etc*); einfahren, einlaufen (*Zug, Schiff*); ankommen; münden (*Fluss*); *mit Gewalt* eindringen; hineinkommen (*Ideen*); *in ein Land* einreisen; *zu e-m Gelände* Zutritt haben; *zur Arbeit etc* kommen; eingehen (*Post etc*); *MÚS* einsetzen; *TEA* auftreten; **~ a** *inf* beginnen zu *inf*; **~ bem, ~ com o pé direito** e-n guten Anfang (*od* Start) haben; **~ com a/c a)** hinter et kommen; **b)** *Betrag* beisteuern, (ein)zahlen; *Spiel*: setzen; **~ com alg** j-n auf den Arm nehmen; j-n verspotten; **~ de serviço** s-n Dienst antreten; **~ em** *a/c* **a)** mitmachen bei; sich beteiligen an (*dat*); sich einlassen auf (*ac*); **b)** gehören zu; **c)** *e-m Verein* beitreten; bei *od* in *e-r Firma* angestellt werden; **d)** übergehen *od* gelangen zu; beginnen mit; *Frage*: eingehen auf (*ac*); **~ em** *alg j-n* heimsuchen (*Gefühl, Gedanke*); **~ em si** in sich gehen; **~ para** beitreten (*e-m Orden etc*); *zur Universität, Armee etc* gehen; **~ por** *Straße*: einbiegen in (*ac*); **fazer ~** hineinbringen; **mandar ~** eintreten lassen; **entra!, entre!** herein!

entrav|ar [ẽjtrɐ'var] (1b) hemmen; (ver)hindern; **~e** [-'travə] *m* Hemmnis *n*; Hindernis *n*

entre ['ẽtrə] zwischen (*ac, dat*); unter (*mehreren*) (*ac, dat*); **cem homens ~ mortos e feridos** hundert Mann an Toten und Verwundeten; **~ ... e ...** halb ..., halb ...; **por ~** inmitten, mitten unter; *Richtung*: mittendurch; **~ si** bei sich selbst; unter sich (*sein*); unter-, mit-, zueinander; **~ os portugueses** bei (*od* unter) den Portugiesen; **~ outras coisas** unter anderem

entre|aberta [ẽtrjɐ'bɛrtɐ] *f METÉO* Auflockerung *f*; **~aberto** [ẽtrjɐ'bɛrtu] angelehnt (*Tür*); **~abrir** [ẽtrjɐ'brir] (3b) **1.** *v/t* (ein wenig *od* leise) öffnen; **2.** *v/i u* **~-se** (langsam) aufgehen (*Tür*); *METÉO* sich aufhellen; sich auflösen (**em** in *ac*)

entrea(c)to [ẽtrj'atu] *m TEA* Zwischenakt *m*

entreajud|a [ẽtrjɐ'ʒudɐ] *f* gegenseitige Hilfe *f*; **~ar-se** [-'darsə] (1a) sich gegenseitig helfen

entrecho [ẽ'treʃu] *m* (Film- *etc*)Handlung *f*

entrecho|car-se [ẽtrəʃu'karsə] (1n; *Stv* 1e) aufeinander prallen (*od* stoßen); **~que** [-'ʃɔkə] *m* Zusammenstoß *m*

entrecort|ado [ẽtrəkur'tadu] unregelmäßig; **~ar** [-'tar] (1e) zerteilen; *Rede* unterbrechen; **~-se** sich schneiden (*Linien*)

entre|costo [ẽtrə'koʃtu] *m CUL*

E

Rippenstück *n* (*von Schwein*); **~dizer** [-di'zer] (2x) murmeln; zueinander sagen; **~forro** [-'foʀu] *m* **1.** Stoffeinlage *f*; **2.** Dachstuhl *m*

entreg|a [ẽj'trɛgɐ] *f* Übergabe *f*; Aushändigung *f*; *Bestelltes*: Ab-, Auslieferung *f*; *Geld*: Zahlung *f*; **~ ao domicílio** Zustellung *f* (*ins Haus*); Anlieferung *f*; **~ (física)** *fig* Hingabe *f*; **contra ~** gegen Aushändigung; **~ador** [-trəgɐ'dor] *m* (Zeitungs)Austräger *m*; *bras* Ladengehilfe *m*; **~ar** [-'gar] (1o; *Stv* 1c) übergeben; aushändigen; abliefern, abgeben; *Post* zustellen; *bestellte Waren* ausliefern; *fremder Obhut* anvertrauen; *Geliehenes* zurückgeben; *Geld* (aus-, ein-, be)zahlen; *Geheimnis* verraten; **~-se a** sich ergeben (*dat*); sich widmen (*dat*); sich hingeben (*dat*); **~ue** [-'trɛgə] *p/p irr von* **~ar**; **~ a** *fig* ergeben; *depr* ausgeliefert; **deixar ~** aushändigen; abgeben; *Wertsachen* anvertrauen; **ficar** (*od* **estar**) **bem ~** gut aufgehoben sein

entrelaç|ado [ẽtrəlɐ'sadu] **1.** *adj* verflochten; **não ~** INFORM flimmerfrei (*Bildschirm*); **2.** *m* Flechtwerk *n*; **~amento** [-sɐ'mẽtu] *m* Verflechtung *f*; Geflecht *n*; **~ar** [-'sar] (1p; *Stv* 1b) verflechten; einweben; **~-se** sich verschlingen

entrelinh|a [ẽtrə'liɲɐ] *f* Zeilenzwischenraum *m*; TIP Durchschuss *m*; Zwischenzeile *f*; **~s** *pl* tiefere Bedeutung *f*; **ler nas ~s** zwischen den Zeilen lesen; **~ar** [-'ɲar] (1a) einschieben; mit Randbemerkungen versehen; TIP durchschießen

entreluzir [ẽtrəlu'zir] (3m) durchschimmern

entrem|ear [ẽtrə'mjar] (1l) *Teil* einschieben, -setzen; *Substanz* untermischen; *Fortgang* durchbrechen; **~eio** [-'mɐju] *m* Einschub *m*; Zwischenraum *m*, -zeit *f*; **neste ~** mittlerweile

entrementes [ẽtrə'mẽtəʃ] unterdessen; **neste ~** inzwischen; **~ que** derweil ...

entremeter [ẽtrəmə'ter] (2c) → **intrometer**

entre|olhar-se [ẽtrjo'ʎarsə] (1e) einander ansehen; **~ouvir** [-o'vir] (3u) (undeutlich) hören

entrepano [ẽtrə'pɐnu] *m* Einlegeboden *m*, Fach *n*

entreposto [ẽtrə'poʃtu] *m* Lagerplatz *m*; Zwischenlager *n*

entretanto [ẽtrə'tɐ̃tu] **1.** *adv* unterdessen; indessen; **2.** *m* Zwischenzeit *f*

entretela [ẽtrə'tɛlɐ] *f* ARQUIT Widerlager *n*

entret|ém P, **~enimento** [ẽtrə'tɐ̃j, -təni'mẽtu] *m* Unterhaltung *f*, Zeitvertreib *m*; **~er** [-'ter] (2zb) unterhalten; zerstreuen; *zeitl* auf-, hinhalten; *Schmerz* ertragen helfen, erträglich machen; **~-se** innehalten; sich zerstreuen (**com** mit); **~ido** [-'tidu] abgelenkt (*Person*); unterhaltsam (*Film*, *Buch*)

entretom [ẽtrə'tõ] *m* Zwischenton *m*

entrevado [ẽtrɛ'vadu] **1.** *adj* gelähmt; **2.** *m* Gelähmte(r) *m*

entrever [ẽtrə'ver] (2m) (undeutlich *od* flüchtig) sehen; ahnen

entrevist|a [ẽtrə'viʃtɐ] *f* *Presse*: Interview *n*; *Arbeitsstelle*: Vorstellungs-, Bewerbungsgespräch *n*; **~ado** [-'tadu] *m* Befragte(r) *m*; **~ador** [-tɐ'dor] *m* Interviewer *m*; **~ar** [-'tar] (1a) *Presse*: interviewen; befragen; JUR verhören; **~-se com** zusammentreffen mit

entristec|er [ẽjtriʃtə'ser] (2g) **1.** *v/t* traurig machen, betrüben; **2.** *v/i* traurig werden; **~imento** [-si'mẽtu] *m* Betrübnis *f*; Trauer *f*

entronc|ado [ẽjtrõ'kadu] untersetzt, stämmig; **~amento** [-kɐ'mẽtu] *m* Abzweigung *f*; (Bahn)Knotenpunkt *m*; **~ar** [-'kar] (1n) zusammenlaufen, -treffen (**em** in *dat*)

entroniz|ação [ẽjtrunizɐ'sɐ̃w] *f* Inthronisation *f*; *allg* Amtsantritt *m*; **~ar** [-'zar] (1a) (auf den Thron) erheben; *et* durchsetzen

entr|ós *m*, **~osa** *f* [ẽj'trɔʃ, -'trɔzɐ] Zahnrad *n*; **~osar** [-tru'zar] (1e) ineinander greifen; einrasten; **~ com** greifen in (*ac*); passen zu; übereinstimmen mit

Entrudo [ẽj'trudu] *m* Fasching *m*, Karneval *f*; *fig* Rummel *m*

entufar [ẽjtu'far] (1a) (auf)blähen

entulh|ar [ẽjtu'ʎar] (1a) ablagern; aufschütten; *Grube* auffüllen; *fig* voll stopfen; **~o** [-'tuʎu] *m* (Bau-)

Schutt *m*; Sperrmüll *m*; *BGB* Abraum *m*; ***remoção*** *f* ***de ~*** Sperrmüllentsorgung *f*

entumecer [ẽjtumə'ser] (2g) → ***intumescer***

entup|ido [ẽjtu'pidu] verstopft; ***estar ~*** *fig* schwer von Begriff sein; ***ficar ~*** wie vor den Kopf geschlagen sein; **~imento** [-pi'mẽtu] *m* (Rohr)Verstopfung *f*; *fig* Dummheit *f*; **~ir** [-'pir] (3a *u* 3h) (sich) verstopfen; *fig* sprachlos sein (***com*** vor)

enturvar [ẽjtur'var] (1a) *Freude*, *Glanz* trüben; *Fenster* beschlagen

entusi|asmar [ẽjtuzjɐʒ'mar] (1b) begeistern; anfeuern; **~asmo** [-'zjaʒmu] *m* Begeisterung *f*; **~asta** [-'zjaʃtɐ] **1.** *su* Enthusiast(in *f*) *m*; F Anhänger(in *f*) *m*; **2.** *adj* = **~ástico** [-'zjaʃtiku] begeistert

enublar-se [inu'blarsə] (1a) sich verdüstern (*Gesichtsausdruck etc*)

enumer|ação [inumərɐ'sɐ̃w] *f* Aufzählung *f*; **~ar** [-'rar] (1c) aufzählen

enunci|ação [inũsjɐ'sɐ̃w] *f* Nennung *f*; Darlegung *f*; *GRAM* Aussage *f*; = **~ado** [-'sjadu] *m* Äußerung *f*; *GRAM* Satz *m*; **~ar** [-'sjar] (1g) aussagen, -sprechen; *Gründe* nennen; *Meinung* ausdrücken

envaid|ar [ẽjvaj'dar] (1a) = **~ecer** [-də'ser] (2g) eitel machen (*od* werden); ***~-se com*** (*od* ***de***) stolz sein auf (*ac*); **~ecimento** [-dəsi'mẽtu] *m* Eitelkeit *f*; Einbildung *f*; Stolz *m*

envas|ar [ẽjvɐ'zar] (1b) **a)** eintopfen; **b)** = **~ilhar** (1a) [-zi'ʎar] in Gefäße (ab)füllen; einfüllen; ***-ilhar sob vácuo*** vakuumverpacken

envelhec|er [ẽjvəʎə'ser] (2g) **1.** *v/t* alt machen; altern lassen; **2.** *v/i* alt werden, altern; veralten *Maschine etc*): **~imento** [-si'mẽtu] *m* Altern *n*; *Maschine etc*: Veralten *n*

envelope [ẽjvə'lɔpə] *m* (Brief)Umschlag *m*

envencilhar [ẽjvẽsi'ʎar] (1a) (fest-, zusammen)binden; ***~-se em*** sich verwickeln in (*dat*)

envenen|ado [ẽjvənə'nadu] vergiftet; giftig (*a fig*); ***morrer ~*** an e-r Vergiftung sterben; **~amento** [-nɐ'mẽtu] *m* Vergiftung *f*; **~ar** [-'nar] (1d) vergiften; *Absicht* missdeuten; ***~-se*** *fig* bösartig (*od* gehässig) werden

enverdecer [ẽjvərdə'ser] (2g) **1.** *v/t* begrünen; **2.** *v/i* grünen, grün werden

enveredar [ẽjvərə'dar] (1c) den Weg einschlagen (***por*** nach), *in Richtung auf et* gehen; sich zuwenden; sich entscheiden (***por*** für)

enverg|adura [ẽjvərgɐ'durɐ] *f NAV* Segelbreite *f*; *ZO*, *AV* Flügel-, Spannweite *f*; *fig* Format *n*; Ausmaß *n*; ***de grande ~*** groß angelegt (*Plan*, *Unternehmung*); **~ar** [-'gar] (1c) *Segel* anschlagen; *Kleidung* überziehen

envergonh|ado [ẽjvərgu'ɲadu] verschämt; schamhaft; **~ar** [-'ɲar] (1f) beschämen; Schande machen (*dat*); ***~-se*** sich schämen (***de*** *e-r Sache*)

enverniz|ado [ẽjvərni'zadu] Lack...; **~ar** [-'zar] (1a) lackieren; polieren

envesgar [ẽjvəʒ'gar] (1c): ***~ os olhos*** schielen

envi|ado [ẽj'vjadu] *m* (Ab)Gesandte(r) *m*; ***~ especial*** Sonderbotschafter *m*; **~ar** [-'vjar] (1g) *Brief* (ab-, über)senden, (zu)schicken; *Korrespondenten* entsenden; ***~ ao destinatário*** *Post* nachsenden

envidar [ẽjvi'dar] (1a) *Kartenspiel*: reizen; *fig Kräfte* einsetzen; anspannen; *Anstrengung* machen

envidraç|ado [ẽjvidrɐ'sadu] verglast; Glas...; **~ar** [-'sar] (1p; *Stv* 1b) verglasen

envies|ado [ẽjvjɛ'zadu] schräg; schief; **~ar** [-'zar] (1a) **1.** *v/t* schräg stellen; *Kante* abschrägen; *j-n* von der Seite ansehen; **2.** *v/i* in die falsche Richtung gehen; ***~ para*** (ab)gehen nach

envilecer [ẽjvilə'ser] (2g) **1.** *v/t* herabwürdigen; entwerten; **2.** *v/i u* ***~-se*** an Wert (*od* Ansehen) verlieren; verkommen

envio [ẽj'viw] *m Post*: (Zu)Sendung *f*; Versand *m*; Entsendung *f* (*e-s Korrespondenten*)

enviuvar [ẽjviu'var] (1q) verwitwen

envolt|a [ẽj'vɔłtɐ] *f* **a)** Durcheinander *n*, Chaos *n*; **b)** Wickeltuch *n*; **~o** [-'vołtu] **1.** *p/p irr von* ***envolver***; **2.** *adj* verwickelt (*Lage*); trübe (*Wasser*); *fig* tränenerstickt; zornentbrannt; *im Laster* versunken; **~ório** [-'tɔrju] *m* Hülle *f*; Verpackung *f*

envolv|ência [ẽjvoł'vẽsjɐ] *f* Umstand *m*; **~ente** [-'vẽtə] umfassend;

örtl umliegend; *fig* anheimelnd; kuschelig; verführerisch; **~er** [-'ver] (2e) *in Papier* (ein)wickeln; *in Decken* einhüllen; umfassen (*Mauer*); *fig in Intrige* verstricken (**em** in *ac*); beteiligen (**em** an *dat*); *Konsequenzen* nach sich ziehen; ***~-se com*** *fig* sich einmischen in (*ac*); **~ido** [-'vidu]: ***ser*** (***estar***) ***~ em*** verwickelt werden (sein) in (*ac*); **~imento** [-vi'mẽtu] *m* Beteiligung *f*; *fig* Verwicklung *f*; Einmischung *f*

enxad|a [ẽj'ʃadɐ] *f* Hacke *f*; *fig* Broterwerb *m*; **~ada** [-ʃɐ'dadɐ] *f* Hieb *m* (*mit der Hacke*); **~ar** [-'dar] (1b) (auf-, um)hacken

enxagu|adela, **~adura** [ẽjʃɐgwɐ'dɛlɐ, -'durɐ] *f* (Ab)Spülen *n*; **~ar** [-'gwar] (1m) (ab-, aus)waschen, spülen

enxalmo [ẽj'ʃaɫmu] *m* Plane *f*; *fig* Taugenichts *m*

enxame [ẽj'ʃɐmə] *m* Bienenschwarm *m*; *fig* Schwarm *m*

enxaqueca [ẽjʃɐ'kekɐ] *f* Migräne *f*; ***sofrer de ~*** unter Migräne leiden

enxerga [ẽj'ʃergɐ] *f* Strohsack *m*; ärmliche(s) Lager *n*

enxergar [ẽjʃər'gar] (1o; *Stv* 1c) bemerken; sehen, erblicken

enxerido [ẽjʃə'ridu] *m* Draufgänger *m*

enxert|adeira [ẽjʃərtɐ'dɐjrɐ] *f* Okuliermesser *n*; **~ar** [-'tar] (1c) (auf)pfropfen, okulieren; *fig* einfügen; einschmuggeln; **~o** [-'ʃertu] *m* Pfröpfling *m*; P Abreibung *f*

enxofr|ar [ẽjʃu'frar] (1e) schwefeln; **~e** [-'ʃofrə] *m* Schwefel *m*

enxot|a-moscas (*pl inv*) [ẽjʃɔtɐ'moʃkɐʃ] *m* Fliegenklatsche *f*; **~ar** [-ʃu'tar] (1e) verjagen, -treiben

enxoval [ẽjʃu'vaɫ] *m* Aussteuer *f*; (Säuglings)Ausstattung *f*

enxovalh|ar [ẽjʃuvɐ'ʎar] (1b) beschmutzen; *Stoff* zerknittern; *fig* beschimpfen; **~o** [-'vaʎu] *m* Beschmutzung *f*; *fig* Verunglimpfung *f*; Demütigung *f*

enxug|adoiro, **-ouro** [ẽjʃugɐ'dojru, -'doru] *m* Trockenplatz *m*; **~ador** [-gɐ'dor] *m* Trockengestell *n*; Wäschetrockner *m*; **~ar** [-'gar] (1o) **1.** *v/t* (ab)trocknen (***a*** an *dat*); **2.** *v/i* (aus)trocknen

enxúndia [ẽj'ʃũdjɐ] *f* (Geflügel)Fett *n*; Schmalz *n*; P Fettpolster *n/pl* (*beim Menschen*)

enxurr|ada [ẽjʃu'ʀadɐ] *f* (Regen-)Guss *m*; Sturzbach *m*; (Wasser)Flut *f*; ***às ~s*** in Strömen; *fig* haufenweise; **~ar** [-'ʀar] (1a) **1.** *v/t* überschwemmen; **2.** *v/i* anschwellen; **~o** [-'ʃuʀu] *m* Flut *f*; *fig* Abschaum *m*

enxuto [ẽj'ʃutu] **1.** *p/p irr von* ***enxugar***; **2.** *adj* trocken

enzima [ẽj'zimɐ] *f* Enzym *n*

eólico ['jɔliku] Windkraft...

E.P. ***Empresa f Pública*** Unternehmen *n* der Öffentlichen Hand

epicentro [ipi'sẽtru] *m* Epizentrum *n*

épico ['ɛpiku] **1.** *adj* episch; ***género m ~*** Epik *f*; **2.** *m* Epiker *m*

epid|emia [ipidə'miɐ] *f* Epidemie *f*; **~émico** (*ê) [-'dɛmiku] epidemisch

epid|erme [ipi'dɛrmə] *f* Epidermis *f*, Oberhaut *f*; **~érmico** [-'dɛrmiku] epidermal, Oberhaut...

Epifania [ipi'fɐnjɐ] *f* REL Dreikönigsfest *n*

epig|ástrio, **~astro** [ipi'gaʃtrju, -'gaʃtru] *m* ANAT Magengrube *f*

epígrafe [i'pigrɐfə] *f* Inschrift *f*; Überschrift *f*; Motto *n*

epil|epsia [ipilɛp'siɐ] *f* Epilepsie *f*; **~éptico** [-'lɛtiku] **1.** *adj* epileptisch; **2.** *m* Epileptiker *m*

epílogo [i'pilugu] *m* Nachwort *n*; Schluss *m*; Epilog *m*

episcopado [ipiʃku'padu] *m* Bischofsamt *n*, -würde *f*; Episkopat *n*

episód|ico [ipi'zɔdiku] episodisch; nebensächlich; gelegentlich; **~io** [-'zɔdju] *m* Episode *f*; Folge *f* (*e-r TV-Serie*)

epístola [i'piʃtulɐ] *f* Brief *m*; REL Epistel *f*

epitáfio [ipi'tafju] *m* Grabinschrift *f*

epíteto [i'pitətu] *m* Beiwort *n*; Bei-, Spitzname *m*

época ['ɛpukɐ] *f* Epoche *f*, Zeit *f*; ***~ alta*** Hochsaison *f*; ***~ baixa*** Nachsaison *f*

epopei|a [ipu'pɐjɐ] *f* Epos *n*; **~co** (*é) [-'pɐjku] Helden...; glorreich

equa|ção [ikwɐ'sɐ̃w] *f* MAT Gleichung *f*; **~cionar** [-sju'nar] (1f) *fig Problem* (von allen Seiten) betrachten

Equador [ikwɐ'dor] POL: ***o ~*** Ecuador *n*; ♀ *m* GEOGR Äquator *m*

equalizador [ikwɐlizɐ'dor] *m EL* Equalizer *m*
equanimidade [ikwɐnəmi'dadə] *f* Gleichmut *m*
equatori|al [ikwɐtu'rjał] äquatorial; **~ano** [-'rjɐnu] **1.** *adj* ecuadorianisch; **2.** *m*, **-a** *f* Ecuadorianer(in *f*) *m*
equestre (*ü) [i'kwɛʃtrə] Reit(er)...
equidade (*ü) [ikwi'dadə] *f* Rechtsgefühl *n*; Gleichheit *f*
equi|distante (*ü) [ɛkwidiʃ'tɐ̃tə] gleich weit (entfernt)
equilibr|ação [ikəlibrɐ'sɐ̃w] *f* Ausgleich *m*; Ausbalancierung *f*; *AUTO* Auswuchten *n*; **~ado** [-'bradu] im Gleichgewicht, ausgeglichen; *fig* gerecht; **~ador** [-brɐ'dor] *m TÉCN* Stabilisator *m*; **~ar** [-'brar] (1a) ins Gleichgewicht bringen; ausgleichen; *Rad* auswuchten; **~-se** im Gleichgewicht bleiben; sich behaupten
equil|íbrio [ikə'librju] *m* Gleichgewicht *n*; *fig* Ausgeglichenheit *f*; Gerechtigkeit *f*; **perder o ~** das Gleichgewicht verlieren; **~ibrista** [-li'briʃtɐ] *su* Seiltänzer(in *f*) *m*
equimose [iki'mɔzə] *f* Bluterguss *m*
equino (*ü) [i'kwinu] Pferde...
equinócio [iki'nɔsju] *m* Tagundnachtgleiche *f*
equipa [i'kipɐ] *f* Team *n*, Arbeitsgruppe *f*; *Sport*: Mannschaft *f*; **trabalho** *m* **por** (*od* **de**) **~** Gruppenarbeit *f*
equip|agem [iki'paʒɐ̃j] *f NAV* Mannschaft *f*, Besatzung *f*; = **~amento** [-pɐ'mẽtu] *m Expedition etc*: Ausrüstung *f*; *Gebäude*, *Auto*: Ausstattung *f*; *TÉCN* Anlage *f*; *fig* Einrichtung *f*; **~ social** soziale Einrichtung *f*; **~ar** [-'par] (1a) ausrüsten (**com**, **de** mit), ausstatten (**com**, **de** mit); *NAV Schiff* bemannen
equipar|ação [ikipɐrɐ'sɐ̃w] *f* Gleichstellung *f*; **~ar** [-'rar] (1b) gleichstellen (**a**, **com** mit)
equipe [e'kipi] *f bras* → **equipa**
equitação [ikitɐ'sɐ̃w] *f* Reiten *n*
equitativo (*ü) [ikwitɐ'tivu] *JUR* gerecht; rechtschaffen (denkend)
equival|ência [ikivɐ'lẽsjɐ] *f* Gleichwertigkeit *f*; Entsprechung *f*; *ECON* Gegenwert *m*; **dar a ~ a** als gleichwertig anerkennen (*ac*); **~ente** [-'lẽtə] **1.** *adj* gleichwertig; entsprechend; gleichbedeutend (**a** mit) (*Wort*, *Aussage*); *MAT* gleich groß; **2.** *m* Gegenwert *m*; **~er** [-'ler] (2p) gleich(wertig) sein; entsprechen (**a** *dat*)
equivocar [ikivu'kar] (1n; *Stv* 1e) *j-n* täuschen, irreführen; *Dinge* verwechseln; **~-se** sich versprechen; sich täuschen (**com**, **em** in *dat*)
equívoco [i'kivuku] **1.** *adj* doppelsinnig; *fig* zweifelhaft; verdächtig; **2.** *m* Doppelsinn *m*; Irrtum *m*; Missverständnis *n*
E. R. ***espera resposta*** um Antwort wird gebeten (u.A.w.g.)
era ['ɛrɐ] **1.** *f* Zeitalter *n*; Zeitrechnung *f*; **2.** → ***ser***
erário [ɛ'rarju] *m* (Staats)Kasse *f*; **~ *público*** öffentliche Hand *f*
ere(c)|ção [irɛ'sɐ̃w] *f ARQUIT* Er-, Aufrichtung *f*; Steifheit *f*, Erektion *f*; **~to** [i'rɛtu] **1.** *p/p irr von* ***erigir***; **2.** *adj* aufrecht; steif
eremita [irə'mitɐ] *m* Einsiedler *m*
ergonomia [ergunu'miɐ] *f* Ergonomie *f*
ergoterapia [ergutəra'piɐ] *f* Ergotherapie *f*
ergu|er [ir'ger] (2i; *Stv* 2c) *ARQUIT* auf-, errichten; in die Höhe (*od* hoch)halten; *Hand*, *Stimme etc* erheben; **~-se** aufsteigen (**a** zu); **~ido** [-'gidu] hoch (aufgerichtet)
eriç|ado [iri'sadu] stachelig; struppig (*Haar*); **~ar** [-'sar] (1p) sträuben; aufrichten; *fig* spicken (**de** mit)
erigir [irə'ʒir] (3n) *ARQUIT* auf-, errichten; *fig* stiften; gründen; **~-se em** sich aufspielen als
erisipela [irəzi'pɛlɐ] *f MED* (Wund-)Rose *f*
erm|ar [ir'mar] (1c) entvölkern; veröden; **~ida** [-'midɐ] *f* Einsiedelei *f*; Wallfahrtskapelle *f*; P Kneipe *f*; **~o** ['ermu] **1.** *adj* abgelegen (*Ort*); verödet (*Land*); **2.** *m* Einöde *f*
eros|ão [iru'zɐ̃w] *f* Erosion *f*; *fig* Zersetzung *f*; **~ivo** [-'zivu] zersetzend; zerfressend
er|ótico [i'rɔtiku] erotisch; Liebes...; **~otismo** [iru'tiʒmu] *m* Erotik *f*
erra|bundo, **~dio** [iʀɐ'bũdu, -'diw] (umher)irrend, -schweifend; unstet
erradic|ação [iʀɐdikɐ'sɐ̃w] *f* Vernichtung *f*; Ausrottung *f* (*e-r Krankheit*); **~ar** [-'kar] (1n) *mit der Wurzel* (her)ausreißen; *fig* vernichten

err|ado [i'ʀadu] irrig; falsch; irrtümlich; *fig* verirrt; ***estar ~*** sich irren; **~ante** [-'ʀɐ̃tə] umherirrend; unstet; Wander...; fahrend; **~ar** [-'ʀar] (1c) **1.** *v/t* verfehlen; falsch machen; *Blick* schweifen lassen; **2.** *v/i örtl* umherirren; *fig* sich irren (***em*** in *dat*); *REL* sünden; **~ata** [-'ʀatɐ] *f* Druckfehler(verzeichnis *n*) *m/pl*

erre ['ɛʀə] *m Name des Buchstabens* ***r***; ***levar um ~*** *im Examen* durchfallen; ***por um ~*** um ein Haar

err|o ['eʀu] *m* Irrtum *m*; Fehler *m*; *fig* Fehltritt *m*; ***salvo ~*** Irrtum vorbehalten; **~óneo** (*ô) [i'ʀɔnju] irrtümlich; **~or** [i'ʀor] *m* Irrfahrt *f*

erud|ição [irudi'sɐ̃w] *f* Gelehrsamkeit *f*; **~ito** [-'ditu] **1.** *adj* gelehrt; **2.** *m* Gelehrte(r) *m*

erupção [irup'sɐ̃w] *f* Ausbruch *m*; *MED* (Haut)Ausschlag *m*

erva ['ɛrvɐ] *f* Kraut *n*; Gras *n* (P *a Marihuana*); F Knete *f* (*Geld*); ***~ daninha***, ***~ má***, ***~ ruim*** Unkraut *n*; **~s** *pl CUL Art* Gemüseauflauf *m*; **~s aromáticas** Gewürzkräuter *n/pl*; ***filho*** *m* ***das ~s*** Findelkind *n*

erv|açal [ərvɐ'saɫ] *m* Wiese *f*; (Vieh)Weide *f*; **~ado** [-'vadu] **a)** grasbewachsen; **b)** Gift...; vergiftet

ervilha [ir'viʎɐ] *f* Erbse *f*

és [ɛʃ] → ***ser***

esbafor|ido [iʒbɐfu'ridu] atemlos; **~ir** [-'rir] (3f) außer Atem kommen

esbandalhar [iʒbɐ̃dɐ'ʎar] (1b) zerreißen; *Feind* in die Flucht schlagen; *fig* durcheinander bringen; ***~-se*** auseinander stieben

esbanj|ador [iʒbɐ̃ʒɐ'dor] **1.** *adj* verschwenderisch; **2.** *m* Verschwender *m*; **~amento** [-ʒɐ'mẽtu] *m* Vergeudung *f*; **~ar** [-'ʒar] (1a) vergeuden

esbarr|ar [iʒbɐ'ʀar] (1b) (an)stoßen; ***~ com*** (*od* ***contra***) *AUTO* zusammenprallen mit; fahren gegen; sich stoßen an (*dat*) (*Person*); *Gesuchtes*: stoßen auf (*ac*); **~o** [-'baʀu] *m* Stoß *m*; *TÉCN* Anschlag *m*

esbater [iʒbɐ'ter] (2b) herausarbeiten, hervorheben (*a fig*); *PINT* abschatten

esbelt|eza [iʒbɛɫ'tezɐ] *f* Schlankheit *f*; **~o** [-'bɛɫtu] schlank, zierlich

esboç|ar [iʒbu'sar] (1p; *Stv* 1e) *Umrisse* skizzieren; *Plan* andeuten; **~o** [-'bosu] *m PINT* Skizze *f*, Entwurf *m*; Andeutung *f*

esbofar-se [iʒbu'farsə] (1e) sich abhetzen; außer Atem kommen

esbofetear [iʒbufə'tjar] (1l) ohrfeigen

esboro|amento [iʒburwɐ'mẽtu] *m* Zerfall *m*; Einsturz *m*; **~ar** [-'rwar] (1f) zerbröckeln

esborrachar [iʒbuʀɐ'ʃar] (1b) zerquetschen; platt drücken; ***~-se*** zerschellen; trommeln (*Regen*)

esborralhar [iʒbuʀɐ'ʎar] (1b) *Glut* zerstochern; *fig* zertrümmern, zerstören; ***~-se*** P sich verquatschen

esborrar-se [iʒbu'ʀarsə] (1a): ***~ em*** P *Klausur* verbocken, verpfuschen

esbracejar [iʒbrɐsə'ʒar] (1d) mit den Armen fuchteln

esbranquiçado [iʒbrɐ̃ki'sadu] weißlich

esbrasear [iʒbrɐ'zjar] (1l) zum Glühen bringen; ***~-se*** (er)glühen

esbravejar [iʒbrɐvə'ʒar] (1d) toben

esbugalhado [iʒbugɐ'ʎadu]: ***olhos*** *m/pl* **~s** Glotzaugen *n/pl*

esbulh|ar [iʒbu'ʎar] (1a) berauben; **~o** [-'buʎu] *m* Plünderung *f*; Raub *m*

esburacar [iʒburɐ'kar] (1n; *Stv* 1b) durch-, zerlöchern

esc. ***escudo*(s)** *m*(*pl*) Escudo(s) *m*(*pl*)

escabeche [iʃkɐ'bɛʃə] *m* **a)** *CUL* Marinade *f*; ***molho*** *m* ***de ~*** Essigtunke *f*; **b)** P Lärm *m*

escabichar [iʃkɐbi'ʃar] (1a) durchstöbern; stochern in (*dat*)

escabros|idade [iʃkɐbruzi'dadə] *f* Unebenheit *f*; Holprigkeit *f*; *fig* Anzüglichkeit *f*; **~o** [-'brozu] steil (*Hang*); holprig; rau (*Oberfläche*); heikel (*Situation*); *fig* schlüpfrig

escachar [iʃkɐ'ʃar] (1b) spalten; halbieren; *Beine* spreizen

escad|a [iʃ'kadɐ] *f* Treppe *f*; ***~ rolante*** Rolltreppe *f*; ***~*** (***móvel***) Leiter *f*; ***~ de salvação*** (*bras* ***incêndio***) Feuer-, Rettungsleiter *f*; **~aria** [-kɐdɐ'riɐ] *f* Treppenhaus *n*; **b)** **~ote** [-kɐ'dɔtə] *m* Stehleiter *f*

escafandro [-dru] *m* Taucheranzug *m*

escafonado [iʃkɐfu'nadu] P pieksauber

escala [iʃ'kalɐ] *f* Skala *f*; (Karten-)

Maßstab *m*; Reihe(nfolge) *f*; Rangliste *f*; *MÚS* Tonleiter *f*; *AV*, *NAV* (Zwischen)Station *f*; **porto** *m* **de ~** Anlaufhafen *m*; **em larga ~** in großem Ausmaß; umfang-, zahlreich (*Menge*); groß angelegt (*Projekt*); **por ~** der Reihe nach; schichtweise; **sem ~** ohne Zwischenlandung; **fazer ~ em**, **tocar de ~** *NAV* anlaufen; *AV* anfliegen; **rebentar a ~** alle Erwartungen übertreffen

escal|ada [iʃkɐ'ladɐ] *f* Aufstieg *m*; *fig* Eskalation *f*; **~ão** [-'lɐ̃w] *m* Stufe *f*; Rang *m*; *ECON* Anteil *m*, Satz *m*; (Leiter)Sprosse *f*; *MIL* Staffel *f*; **~ar** [-'lar] (1b) **1.** *v/t Berg*, *Fels* erklettern, -steigen; *Dienst* verteilen; *j-n* zum Dienst einteilen (*od* aufstellen); *JUR* einsteigen in (*ac*); *Festung* erstürmen; **2.** *v/i* die Reise unterbrechen (**em** in *dat*); Zwischenlandung machen (**em** in *dat*)

escalavr|adura *f*, **~amento** *m* [iʃkɐlɐvrɐ'durɐ, -'mẽtu] → **~o**; **~ar** [-'vrar] (1b) *Haut* abschürfen; *Kante* abstoßen; beschädigen; **~o** [-'lavru] *m* *MED* (Haut)Abschürfung *f*; Schramme *f*; *allg* Schaden *m*

escald|adela [iʃkaɫdɐ'dɛlɐ] *f* Verbrühung *f*; Brandwunde *f*; Sonnenbrand *m*; *fig* Denkzettel *m*; **~adura** [-dɐ'durɐ] *f* → **escaldadela**; **~ante** [-'dẽtə] glühend heiß; **~ão** [-'dɐ̃w] *m* Sonnenbrand *m*; P Rüffel *m*; **~ar** [-'dar] (1a) *MED* verbrennen; *CUL* abbrühen; P e-n Rüffel verpassen; **~a-rabo(s)** [-'ʀabu] *m*(*pl*) P Anschiss *m*; **passar um ~ a** P *j-m* Feuer unterm Hintern machen

escalfar [iʃkaɫ'far] (1a) *Wasser* heiß machen; *Eier* kochen; **ovo** *m* **escalfado** gekochte(s) Ei *n*

escalon|amento [iʃkɐlunɐ'mẽtu] *m* Staffelung *f*; **~ar** [-'nar] (1f) staffeln

escalope [iʃkɐ'lɔpə] *m* Schnitzel *n*

escalp|ar [iʃkaɫ'par] (1a) skalpieren; *fig* auseinander nehmen; **~elo** [-'pelu] *m* Skalpell *n*; **~o** [-'kaɫpu] *m* Skalp *m*

escalvado [iʃkaɫ'vadu] kahl, nackt

escam|a [iʃ'kɐmɐ] *f* Schuppe *f*; **~adiço** [-mɐ'disu] zänkisch; **~ado** [-'madu] geschuppt (*Fisch*); *fig* F sauer; beleidigt; **~ar** [-'mar] (1a) schuppen; *fig* ärgern; **~-se** *fig* wütend werden (**com** über *ac*); **~eado**, **~oso** [-'mjadu, -'mozu] schuppig

escamot(e)|ação [iʃkɐmut(j)ɐ'sɐ̃w] *f* Diebstahl *m*; **~ador** [-t(j)ɐ'dor] *m* F Langfinger *m*; **~ar** [-'t(j)ar] (1e, 1l) F stibitzen; *fig* verschleiern

escamp|ado [iʃkɐ̃'padu] öd (*Landstrich*); heiter (*Wetter*); **~ar** [-'par] (1a) sich aufheitern (*Himmel*)

escâncara [iʃ'kɐ̃kɐrɐ]: **às ~s** in aller Öffentlichkeit; unverhohlen

escancarar [iʃkɐ̃kɐ'rar] (1b) weit öffnen; (sperrangelweit) aufreißen

escanchar [iʃkɐ̃'ʃar] (1a) (auseinander) spreizen

escandalizar [iʃkɐ̃dɐli'zar] (1a) Anstoß erregen bei; empören; **~-se com** (*od* **de**) Anstoß nehmen an (*dat*), sich empören über (*ac*)

escândalo [iʃ'kɐ̃dɐlu] *m* Ärgernis *n*; Skandal *m*; Empörung *f*

escandaloso [iʃkɐ̃dɐ'lozu] skandalös

escandec|ência [iʃkɐ̃də'sẽsjɐ] *f* Rotglut *f*; *fig* Erregung *f*; **~er** [-'ser] (2g) aufglühen; *fig* sich erregen

Escandinávia [iʃɐ̃di'navjɐ]: **a ~** Skandinavien *n*

escandinavo [iʃkɐ̃di'navu] **1.** *adj* skandinavisch; **2.** *m*, **-a** *f* Skandinavier(in *f*) *m*

escangalh|ado [iʃkɐ̃gɐ'ʎadu] kaputt; **~ar** [-'ʎar] (1b) abbauen; F kaputt machen; **~-se** aus dem Leim gehen

escanhoar [iʃkɐ'ɲwar] (1f) glatt rasieren

escanifrado [iʃkɐni'fradu] spindeldürr

escan|inho [iʃkɐ'niɲu] *m* (Geheim-)Fach *n*; Versteck *n*; **~o** [-'kɐnu] *m* Schemel *m*; Sitzkiste *f*

escanteio [iskɐ̃'teju] *m bras Sport*: Eckball *m*, Ecke *f*

escantilhão [iʃkɐ̃ti'ʎɐ̃w] *m* Maßstab *m*; Eichmaß *n*; *TÉCN* Schablone *f*; **de ~** Hals über Kopf

escap|ada, **~adela** [iʃkɐ'padɐ, -pɐ'dɛlɐ] *f* Entwischen *n*; *Arbeit*: F Drückebergerei *f*; *Ehe*: Seitensprung *m*; Entgleisung *f*; *fig* Ausweg *m*; Ausflucht *f*; **~amento** [-pɐ'mẽtu] *m* **a)** undichte Stelle *f*, Loch *n*; *NAV* Leck *n*; **b)** Ausfluss *m*; **~ar** [-'par] (1b) ausströmen (*Gas*); ausfließen (*Flüssigkeit*); *dem Schicksal*

E

entrinnen; *ohne Strafe* davonkommen; vorbeikommen an (*dat*); *j-s Aufmerksamkeit* entgehen; herausrutschen (*Wort*); *Gesetz*: nicht fallen unter (*ac*); ausrutschen (*Hand, Fuß*); **deixar ~** *Gelegenheit* verpassen; *Tat* durchgehen lassen; **~-se** entwischen; entfallen (*Wort*); entweichen (*Gas*); *fig* sich drücken (**a** vor *dat*)

E

escaparate [iʃkɐpɐ'ratə] *m* Glasschrank *m*; Vitrine *f*; Glasglocke *f*; *ECON* Schaufenster *n*; Auslage *f*

escapatóri|a [iʃkɐpɐ'tɔrjɐ] *f* Ausflucht *f*; Ausrede *f*; **~o** [-'tɔrju] leidlich (gut); erträglich

escap|e [iʃ'kapə] *m* undichte Stelle *f*, Loch *n*; *NAV* Leck *n*; *AUTO* Auspuff *m*; *TÉCN* Ventil *n*; *AUTO* Auspuff *m*; **gás** *m* **de ~** Abgas *n*; **ter um ~** undicht sein; **~o** [-'kapu] **1.** *adj* außer Gefahr; **2.** *m* (Uhr)Hemmung *f*

escapulir-se [iʃkɐpu'lirsə] (3h) entwischen

escara [iʃ'karɐ] *f* Schorf *m*

escarafunchar [iʃkɐrɐfũ'ʃar] (1a) *Boden* aufwühlen

escaramuç|a [iʃkɐrɐ'musɐ] *f* Scharmützel *n*; *fig* (Wort)Geplänkel *n*; **~ar** [-'sar] (1p) sich herumzanken

escarcéu [iʃkɐr'sɛw] *m* Wellenschlag *m*; Sturzwelle *f*; **fazer grandes ~s de** P viel Tamtam machen um

escard|(e)ar [iʃkɐr'djar] (1l) = **~ilhar** [-di'ʎar] (1a) (aus)jäten; **~ilho** [-'diʎu] *m* Jäthacke *f*

escare|ador [iʃkɐrjɐ'dor] *m* *TÉCN* Reibahle *f*; Senker *m*; **~ar** [-'rjar] (1l) *Werkstück* ausbohren

escarlat|e [iʃkɐr'latə] **1.** *adj* scharlachrot; **2.** *m* Scharlach *m* (*Farbe*); **~ina** [-lɐ'tinɐ] *f* Scharlach *m*

escarment|a [iʃkɐr'mẽtɐ] *m* Lektion *f*; Strafe *f*; **~ar** ['tar] (1a) **1.** *v/t* (be)strafen; **2.** *v/i* durch Schaden klug werden; bestraft werden

escarnecer [iʃkɐrnə'ser] (2g) **1.** *v/t* verspotten; **2.** *v/i* spotten (**de** über *ac*); Spott treiben (**de** mit)

escárnio [iʃ'karnju] *m* Spott *m*, Hohn *m*; Verachtung *f*

escarp|a [iʃ'karpɐ] *f* Böschung *f*; (Fels)Wand *f*; Abhang *m*; **~ado** [-kɐr'padu] abschüssig, steil

escarrad|eira [iʃkɐʀɐ'dɐjrɐ] *f* Spucknapf *m*; **~o** [-'ʀadu] täuschend ähnlich; **escrito e ~** *fig* P wie aus dem Gesicht geschnitten

escarranch|ado [iʃkɐʀɐ̃'ʃadu] breitbeinig; **~ar** [-'ʃar] (1a) *die Beine* spreizen; **~-se** sich rittlings setzen (**em** auf *ac*)

escarr|ar [iʃkɐ'ʀar] (1b) (aus)spucken; **~o** [-'kaʀu] *m* Auswurf *m*

escass|ear [iʃkɐ'sjar] (1l) **1.** *v/t Lebensmittel* verknappen; *Menge* vermindern; **~ a/c a** mit et knausern bei; **2.** *v/i* knapp werden (*od* sein) (*Lebensmittel*); ausbleiben (*Lieferung*); **~ez** [-'seʃ] *f* Knappheit *f*; Mangel *m*; F Knauserei *f*; **~o** [-'kasu] knapp (*Lebensmittel*); selten (*Vorkommen*); *fig* knauserig

escav|ação [iʃkɐvɐ'sɐ̃w] *f* Ausschachtung *f*; Aushub *m*; Schacht *m*; **~acar** [-vɐ'kar] (1n; *Stv* 1b) zerbrechen; *Holz, Glas* zersplittern; *fig* herunterkommen lassen; **~adeira** *f*, **~ador(a** *f*) *m* [-vɐ'dɐjrɐ, -'dor(ɐ)] Bagger *m*; **~ar** [-'var] (1b) ausschachten; ausbaggern; *Straße* aufgraben; aushöhlen; *fig* durchackern

escaveirado [iʃkɐvɐj'radu] abgezehrt

esclarec|edor [iʃklɐrəsə'dor] erklärend; aufschlussreich; **~er** [-'ser] (2g) **1.** *v/t* (auf-, er)klären; erhellen; *j-m et* klarmachen; *j-n* berühmt machen; **2.** *v/i* sich aufheitern (*Himmel*); *morgens* hell werden; **~ido** [-'sidu] aufgeklärt; intelligent; berühmt; **~imento** [-si'mẽtu] *m* Aufklärung *f*; Erklärung *f*

escler|ose [iʃklə'rɔzə] *f* *MED* Sklerose *f*; **~ótica** [-'rɔtikɐ] *f* *ANAT* Lederhaut *f*

esco|adoiro, -adouro [iʃkwɐ'dojru, -'doru] *m* Ausguss *m*; Ablauf *m*, Abfluss(rohr *n*) *m*; *ECON* Absatzgebiet *n*; **~alha** [-'kwaʎɐ] *f* P Abschaum *m*; **~amento** [-kwɐ'mẽtu] *m* Ausfluss *m* (*a fig*); Abfluss *m*; Ableitung *f*; Entleerung *f* (*e-s Behälters*); *ECON* Absatz *m*; Abnahme *f*; **~ar** [-'kwar] (1f) (ab)fließen lassen; *Behälter* (ent)leeren; **~ «stocks»** *ECON* Lager(bestände abbauen) räumen; **~-se** abfließen (*Wasser*); verfließen (*Zeit*); strömen

escocês [iʃku'seʃ] **1.** *adj* schottisch; **2.** *m*, **-esa** *f* Schotte *m*, Schottin *f*

Escócia [iʃ'kɔsjɐ]: ***a*** ~ Schottland *n*
escoimar [iʃkoj'mar] (1a) *Schuld* tilgen; *j-n* von e-r Geldbuße befreien
escol [iʃ'kɔɫ] *m fig* Auslese *f*; Elite *f*
escola [iʃ'kɔlɐ] *f* Schule *f*; ~ ***de condução*** Fahrschule *f*; ~ ***de ensino unificado*** Gesamtschule *f*; ~ ***geral e básica*** allgemein bildende Grundschule *f*; ~ ***nocturna*** Abendschule *f*; ~ ***primária*** Grundschule *f*; ~ ***profissional*** Berufsschule *f*; ~ ***secundária*** Oberschule *f*; ***fazer*** ~ Schule machen
escolar [iʃku'lar] **1.** *adj* Schul...; **2.** *su* Schüler(in *f*) *m*; **~idade** [-lɐri'dadə] *f* Schulzeit *f*; Schulalter *n*
escolh|a [iʃ'koʎɐ] *f* Wahl *f*; Auswahl *f* (***à*** zur); ***múltipla*** ~ Multiple Choice *n*; ***sem*** ~ wahllos; **~er** [-ku'ʎer] (2d) (aus)wählen (***de, em*** aus, [***de***] ***entre*** unter *ac*, ***como*** als); sich *et* aussuchen; *j-n* ausersehen (***para*** zu); *Reis* verlesen; ~ ***por cruz*** ankreuzen; **~ido** [-'ʎidu] auserlesen, ausgewählt
escolho [iʃ'koʎu] *m* Riff *n*, Klippe *f*
escoliose [iʃku'ljɔzə] *f MED* Skoliose *f*
escolt|a [iʃ'kɔɫtɐ] *f* Eskorte *f*; Geleit *n* (*a MIL*); **~ar** [-koɫ'tar] (1e) geleiten
escombros [iʃ'kõbruʃ] *m/pl* Schutt *m*
escond|er [iʃkõ'der] (2a) *Gegenstand* verstecken; *Sachverhalt* verheimlichen (***de*** vor *dat*); **~erijo** [-də'riʒu] *m* Versteck *n*; **~idamente** [-didɐ'mẽtə] heimlich; **~idas** [-'didɐʃ] *f/pl*: ***às*** ~ unter der Hand
esconjur|ar [iʃkõʒu'rar] (1a) verfluchen; **~o** [-'ʒuru] *m* Fluch *m*
esconso [iʃ'kõsu] *m* Winkel *m*; Versteck *n*; ***de*** ~ schief (*a fig*)
escopo [iʃ'kopu] *m* Ziel(scheibe *f*) *n*; Absicht *f*
escor|a [iʃ'kɔrɐ] *f* Stütze *f* (*a fig*); *ARQUIT* Strebe *f*; *BGB* Stempel *m*; *bras a* Hinterhalt *m*; **~ar** [-ku'rar] (1e) (ab)stützen; auflauern (*dat*)
escorçar [iʃkur'sar] (1p; *Stv* 1e) *PINT* verkürzen; *Maßstab* verkleinern
escorchar [iʃkur'ʃar] (1e) *Frucht* schälen; *Haut* abziehen; *mit Kosten, Steuern* erdrücken; *Ware*: Wucher treiben mit; *j-n* (aus)plündern
escória [iʃ'kɔrjɐ] *f* Schlacke *f*; *fig* Abschaum *m*; Gesindel *n*, Pack *n*
escori|ação [iʃkurjɐ'sɐ̃w] *f* (Ab)Schürfung *f*; **~ar** [-'rjar] (1g) **a)** *Haut* (ab)schürfen; aufreiben; **b)** entschlacken, läutern
escorpião [iʃkur'pjɐ̃w] *m* Skorpion *m* (*a Sternzeichen*)
escorraçar [iʃkuʀɐ'sar] (1p; *Stv* 1b) hinauswerfen; verjagen
escorralh|as *f/pl*, **~o** *m* [iʃku'ʀaʎɐʃ, -'ʀaʎu] Bodensatz *m*
escorredor [iskoʀe'dor] *m bras* Sieb *n*, Durchschlag *m*
escorreg|a [iʃku'ʀɛgɐ] *f* Rutsche *f*; **~adela** [-ʀəgɐ'dɛlɐ] *f* Ausrutscher *m*; *fig* Entgleisung *f*, Fehltritt *m*; **~adiço** [-ʀəgɐ'disu] unsicher (*auf den Beinen*); *fig* schlüpfrig; = **~adio** [-gɐ'diw] glatt; **~ador** [iskoʀega'dor] *m bras* = **~ão** [iʃkuʀə'gɐ̃w] *m* Rutsche *f*; **~ar** [-'gar] (1o; *Stv* 1c) (ab-, aus)rutschen; *fig* straucheln; F sich verplappern
escorreito [iʃku'ʀɐjtu] wohlbehalten, gesund; gefällig (*Stil*)
escorr|ência [iʃku'ʀẽsjɐ] *f* Aus-, Abfließen *n*; **~er** [-'ʀer] (2d) **1.** *v/t* *Kartoffeln* abgießen; *Salat* abtropfen lassen; *Wäsche* ausdrücken; *Flüssigkeit* auslaufen lassen; *Träne* vergießen; ausströmen aus (*Blut*); entlang- (*od* vorbei)fahren an (*dat*) (*Fahrzeug*); **2.** *v/i* (ab)tropfen; ab-, ausfließen; triefen (***de*** vor); sich begeben (***para*** nach) (*Person*); **~ido** [-'ʀidu] glatt (*Haar*); anliegend (*Kleid*)
escorr|ipichar, ~opichar [iʃkuʀipə'ʃar, -ʀupi'ʃar] (1a) (herunter-) kippen
escot|a [iʃ'kɔtɐ] *f NAV* Schote *f*; **~e** [-'kɔtə] *m* Anteil *m*
escoteiro [isko'tejru] *m bsd bras* Pfadfinder *m*
escotilha [iʃku'tiʎɐ] *f* (Schiffs)Luke *f*
escov|a [iʃ'kovɐ] *f* Bürste *f* (*a EL*); P Lüge *f*; ~ ***de dentes*** Zahnbürste *f*; ~ ***de esfrega*** Schrubber *m*; ***meter uma*** ~ P *j-m* e-e Lüge auftischen; **~adela** [-kuvɐ'dɛlɐ] *f* Abbürsten *n*; *fig* Abreibung *f*; ***dar uma*** ~ → **~ar**; **~ado** [-'vadu] geschniegelt; *bras* ge-

E

rissen; **~ar** [-'var] (1e) (ab-, aus)bürsten; *Pferd* striegeln; *fig* abkanzeln

escrav|atura [iʃkrɐvɐ'turɐ] *f* Sklavenhandel *m*; = **~idão** [-vi'dɐ̃w] *f* Sklaverei *f*; **~izar** [-vi'zar] (1a) versklaven; **~o** [-'kravu] **1.** *adj* sklavisch; **2.** *m* Sklave *m*

escrev|edor [iʃkrəvə'dor] *m* F Schreiberling *m*; **~ente** [-'vẽtə] *su* Schreibkraft *f*; **~er** [-'ver] (2c, *p/p* ***escrito***) (auf)schreiben (***à mão*** mit der Hand, ***à máquina*** mit Maschine); **~inhador** [-viɲɐ'dor] *m depr* Kritzler *m*; **~inhar** [-vi'ɲar] (1a) *depr* (zusammen)kritzeln

escrita [iʃ'kritɐ] *f* Schrift *f*; ECON Buchführung *f*; ***fazer a ~*** Buch führen (***de*** über *ac*)

escrit|o [iʃ'kritu] **1.** *p/p irr von* ***escrever***; **2.** *adj* schriftlich; ***~ à mão*** handgeschrieben; ***prova*** *f* ***-a*** schriftliche Prüfung *f*; **3.** *m* Schrift(stück *n*) *f*; ***com ~s*** P (schon) vergeben (*Frau, Mädchen*); ***por ~*** schriftlich; ***pôr por ~*** schriftlich festhalten (*od* JUR niederlegen); ***pôr ~s*** Mietgesuche ankleben (***em*** an *ac*); *fig* P *et* loswerden wollen; **~or** [-'tor] *m*, **-a** *f* Schriftsteller(in *f*) *m*; **~ório** [-'tɔrju] *m* Büro *n*; *privat* Arbeitszimmer *n*; **~ura** [-'turɐ] *f* Dokument *n*; Niederschrift *f*; ***~ sagrada*** Heilige Schrift *f*; **~uração** [-turɐ'sɐ̃w] *f* Buchführung *f*; **~urar** [-tu'rar] (1a) Buch führen über (*ac*); eintragen; *vertraglich* verpflichten; **~urário** [-tu'rarju] *m* Sachbearbeiter *m*; Buchhalter *m*

escriv|aninha [iʃkrivɐ'niɲɐ] *f* Schreibtisch *m*; **~ão (-ães)** [-'vɐ̃w] *m(pl)* (Gerichts)Schreiber *m*; Protokollführer *m*; ***~ de pena grande*** P *irón* Straßenfeger *m*

escroto [iʃ'krotu] *m* ANAT Hodensack *m*

escrúpulo [iʃ'krupulu] *m* **a)** Skrupel *m*; ***sem ~s*** skrupellos; **b)** Gewissenhaftigkeit *f*; ***com ~s*** gewissenhaft

escrupuloso [iʃkrupu'lozu] gründlich

escrut|ar [iʃkru'tar] (1a) untersuchen; erforschen; **~inador** [-tinɐ'dor] *m* Wahlhelfer *m*; **~ínio** [-'tinju] *m* POL Wahlgang *m*; Abstimmung *f*; Stimmenauszählung *f*

escud|eiro [iʃku'dɐjru] *m* HIST Schildknappe *m*; **~ela** [-'dɛlɐ] *f* (Holz)Napf *m*; **~o** [-'kudu] *m* **a)** Schild *m*; Wappen(schild *m*) *n*; *fig* Schutz *m*; **b)** Escudo *m* (*port Währung*)

esculhamb|ação [iskuʎɐ̃ba'sɐ̃w] *f bras* P Anschiss *m*; Schlamperei *f*, Chaos *n*; Schweinerei *f*; **~ar** [-'bar] (1a) *bras* P *j-n* zusammenscheißen; versauen

escul|pir [iʃkuł'pir] (3a) **1.** *v/t* (in Stein) hauen; (in Holz) schnitzen; modellieren; **2.** *v/i* als Bildhauer arbeiten; **~tor** [-'tor] *m*, **-a** *f* Bildhauer(in *f*) *m*; **~tura** [-'turɐ] *f* **a)** Bildhauerkunst *f*; **b)** Skulptur *f*; **~tural** [-tu'rał] bildhauerisch; *fig* bildschön

escum|a [iʃ'kumɐ] *f* Schaum *m*; *fig* Abschaum *m*; **~adeira** [-mɐ'dɐjrɐ] *f* Schaumlöffel *m*; **~alha** [-'maʎɐ] *f* Schlacke *f*; *fig* F Abschaum *m*; **~ar** [-'mar] (1a) schäumen (***de*** vor *dat*); **~oso** [-'mozu] schaumig; schäumend

escuras [iʃ'kurɐʃ] *f/pl*: ***às ~*** im Dunkeln; *fig* blind(lings)

escur|ecer [iʃkurə'ser] (2g) **1.** *v/t* verdunkeln; dunkler machen; *fig* trüben; beeinträchtigen; **2.** *v/i* dunkel werden; ***ao ~*** bei Einbruch der Dunkelheit; **~ecimento** [-rəsi'mẽtu] *m* Dunkelwerden *n*; Verdunkelung *f*; **~entar** [-rẽ'tar] (1a) → ***escurecer***; **~idão** [-ri'dɐ̃w] *f* Dunkelheit *f*, Finsternis *f*; *fig* Blindheit *f*; Trübsinn *m*; **~o** [-'kuru] **1.** *adj* dunkel; *fig* finster; trüb; dumpf (*Ton*); **2.** *m* → ***escuridão***

escus|a [iʃ'kuzɐ] *f* Entschuldigung *f*; Ausrede *f*; **~ado** [-'zadu] überflüssig; zwecklos; ***ser ~*** sich erübrigen; **~ar** [-'zar] (1a) **1.** *v/t* entschuldigen; *j-m* (e-e Schuld) vergeben; *et* vermeiden; *j-n von et* verschonen; *et* überflüssig machen; **2.** *v/i* zwecklos sein; *j-m* erlassen (***de*** zu); ***~-se a*** (*od* ***de***) absehen von; darauf verzichten zu; sich weigern zu; **~ável** [-'zavɛł] entschuldbar; **~o** [-'kuzu] einsam (*Ort*); *fig* obskur

escut|a [iʃ'kutɐ] **1.** *m* → ***escuteiro***; **2.** *f* Hören *n*, Lauschen *n*; TEL Abhören *n*; Lauscher *m* (*Person*); Horchposten *m*; **~ar** [-'tar] (1a) **1.** *v/t* (an)hören; lauschen auf (*ac*); *Kranke* abhorchen; *Gespräch* belauschen; TEL abhören; *Bitte* erhören;

2. *v/i* lauschen; zuhören; **~eiro** [-'tɐjru] *m* Pfadfinder *m*
esdrúxulo [iʒ'druʃulu] *fig* F komisch
esfacelar [iʃfɐsə'lar] (1c) zerfetzen; zerstören
esfaim|ado, ~ar [iʃfaj'madu, -'mar] (1a) → ***esfomeado, esfomear***
esfalf|amento [iʃfaɫfɐ'mẽtu] *m* Erschöpfung *f*; Überanstrengung *f*; **~ar** [-'far] (1a) überanstrengen
esfanicar [iʃfɐni'kar] (1n) zerstückeln
esfaquear [iʃfɐ'kjar] (1l) mit e-m Messer stechen; erstechen
esfarel|ado [iʃfɐrə'ladu] brüchig, bröckelig; **~ar** [-'lar] (1c) zerreiben; *Brot etc* zerbröckeln; *fig* aufreiben; **~-se** zerfallen; sich auflösen
esfarpar [iʃfɐr'par] (1b) zersplittern
esfarrap|adeira [iʃfɐʀɐpɐ'dɐjrɐ] *f* *TÉCN* Wolf *m*; **~ado** [-'padu] zerlumpt; *fig* dürftig (*Ausrede*); **~ar** [-'par] (1b) zerfetzen
esfarrip|ado [iʃfɐʀi'padu] strähnig; **~ar** [-'par] (1a) ausfransen
esfatiar [iʃfɐ'tjar] (1g) in Scheiben schneiden
esfer|a [iʃ'fɛrɐ] *f MAT* Kugel *f*; *fig* Sphäre *f*; Lebensbereich *m*; ***~ de acção*** Wirkungsbereich *m*; ***~ de influência*** Einflussbereich *m*; ***~ rolante*** *INFORM* Trackball *m*
esférico [iʃ'fɛriku] **1.** *adj* Kugel...; kugelförmig; **2.** *m Fußball*: Ball *m*
esfero|gráfica [iʃfɛrɔ'grafikɐ] *f* Kugelschreiber *m*; **~vite** [-'vitə] *f* Styropor® *n*
esfi(amp)ar [iʃ'fjar, (iʃfjɐ̃'par)] (1g, 1a) ausfransen
esfol|a [iʃ'fɔlɐ] *m* P Friseur *m*; Wucherer *m*; **~adela** [-fulɐ'dɛlɐ] *f* Hautabschürfung *f*; wund geriebene Stelle *f*; Schramme *f*, Kratzer *m*; *fig* Betrug *m*; Ausbeutung *f*; **~adura** *f*, **~amento** *m* [-fulɐ'durɐ, -'mẽtu] Abhäuten *n*; *MED* Wundliegen *n*; → ***~adela***; **~ar** [-'lar] (1e) *Tier* (ab)häuten; *Haut* abschürfen; *Gesicht* zerkratzen; *fig j-n* schröpfen; *j-m* das Fell über die Ohren ziehen
esfolhar [iʃfu'ʎar] (1e) entblättern
esfoliar [iʃfu'ljar] (1g) *Buch*: blättern in (*dat*); *MED* abschälen
esfome|ado [iʃfɔ'mjadu] ausgehungert, (sehr) hungrig; **~ar** [-'mjar] (1l) aushungern; hungrig machen
esforç|ado [iʃfur'sadu] tapfer; stark; **~ar** [-'sar] (1p; *Stv* 1e) ermutigen; (be)stärken; **~-se** sich bemühen (***por*** zu *inf od* um); **~o** [-'forsu] *m* Anstrengung *f*; Mut *m*; Kraft *f*; *TÉCN* Beanspruchung *f*; ***fazer*** (*od* ***empregar***) **~s** Anstrengungen machen; Kräfte aufbieten; ***não poupar ~s*** keine Mühen scheuen
esfrangalhar [iʃfrɐ̃gɐ'ʎar] (1b) → ***esfarrapar***
esfreg|a [iʃ'frɛgɐ] *f* Scheuern *n*; P *fig* Abreibung *f*; **~adela** [-gɐ'dɛlɐ] *f* → ***esfrega***; **~alho, ~ão** [-frə'gaʎu, -'gɐ̃w] *m* Scheuerlappen *m*; Schrubber *m*; **~ar** [-frə'gar] (1o; *Stv* 1c) *Boden* scheuern; (ab)reiben; *Schuhe* abputzen; P *j-n* durchprügeln
esfri|amento [iʃfriɐ'mẽtu] *m* Abkühlung *f*; Erkaltung *f*; **~ar** [-'frjar] (1g) *bsd bras* **1.** *v/t* (ab)kühlen (*a fig*); abschrecken (*a fig*); *Eifer* dämpfen; **2.** *v/i u* **~-se** sich abkühlen; auffrischen (*Wetter*)
esfum|ado [iʃfu'madu] dunkel; verschwommen (*Umrisse*); *PINT* sfumato; **~ar** [-'mar] (1a) *PINT* verwischen; verschatten
esgalha [iʒ'gaʎɐ] *f*: ***na ~*** unter Druck; in aller Eile
esganado [iʒgɐ'nadu] begierig (***por*** nach); ***~ de fome*** ausgehungert
esganar [iʒgɐ'nar] (1a) erdrosseln, erwürgen; **~-se** sich erhängen; *fig* gieren (***por*** nach)
esganiç|ado [iʒgɐni'sadu] kreischend; **~ar-se** [-'sarsə] (1p) kreischen
esgar [iʒ'gar] *m* Grimasse *f*, Fratze *f*
esgaravanada [iʒgɐrɐvɐ'nadɐ] *f* Regenguss *m*
esgaravatar [iʒgɐrɐvɐ'tar] (1b) *mit e-m Gegenstand* (herum)stochern in (*dat*); *Ohren* (aus)putzen; *in der Nase* bohren; *fig* durchwühlen
esgarçar [iʒgɐr'sar] (1p; *Stv* 1b) **1.** *v/t* zerreißen; abreißen; **2.** *v/i* zerfasern
esgazear [iʒgɐ'zjar] (1l) *Augen* aufreißen; *Farben* verblassen lassen
esgot|ado [iʒgu'tadu] vergriffen (*Buch*); ausverkauft (*Ware, Vorstellung*); ausgebucht (*Reise, Hotel*); erschöpft; ausgebrannt (*Mensch*); **~adoiro, -ouro** [-tɐ'dojru, -'doru] *m* Abflussrohr *n*; **~amento** [-tɐ-

'mẽtu] *m Gefäß*: Entleerung *f*; *Rohstoffe etc*: Erschöpfung *f*; *Person*: Ermattung *f*; **~ante** [-'tẽtə] aufreibend; **~ar** [-'tar] (1e) *Gefäß* entleeren; *Person*, *Ressourcen* erschöpfen; *Vorräte* auf-, verbrauchen; *Waren* ausverkaufen; *Feind*, *Gesundheit* aufreiben; **~-se** abfließen (*Wasser etc*); ausgehen (*Vorräte*); sich verausgaben (**com** bei, **em** in *dat*); **~ável** [-'tavɛɫ] begrenzt

esgoto [iʒ'gotu] *m* Abfluss *m*, Ausguss *m*; *Abwasser*: Sickergrube *f*; **~s** *pl* Kanalisation *f*

esgravatar → ***esgaravatar***

esgrim|a [iʒ'grimɐ] *f* Fechten *n*; **~ir** [-'mir] (3a) fechten (*a fig*); **~ista** [-'miʃtɐ] *su* Fechter(in *f*) *m*

esgrouviado [iʒgro'vjadu] lang

esguedelhar [iʒgədə'ʎar] (1d) *Haar* zerzausen

esgueirar-se [iʒgɐj'rarsə] (1a) sich davonschleichen, -stehlen

esguelh|a [iʒ'geʎɐ] *f* Schräge *f*; **de ~** schief; von der Seite; **andar de ~ com** P *j-m* nicht über den Weg trauen; **~ar** [-gə'ʎar] (1d) abschrägen

esguich|adela [iʒgiʃɐ'dɛlɐ] *f* Spritzer *m*; **~ar** [-'ʃar] (1a) **1.** *v/t* verspritzen; **2.** *v/i* (hervor)spritzen, -sprudeln; **~o** [-'giʃu] *m* Strahl *m*; Spritzen *n*

esguio [iʒ'giw] schlank; schmal

eslaide [iʒ'lajdʒi] *m bras* Diapositiv *n*

eslavo [iʒ'lavu] **1.** *adj* slawisch; **2.** *m*, **-a** *f* Slawe *m*, Slawin *f*

Eslésvico-Holsácia [iʒ'lɛʒviku ɔɫ'sasjɐ]: ***o ~*** Schleswig-Holstein *n*

eslovaco [iʒlo'vaku] **1.** *adj* slowakisch; **2.** *m*, **-a** *f* Slowake *m*, Slowakin *f*

Eslováquia [iʒlu'vakjɐ]: ***a ~*** Slowakei *f*

Eslovénia [iʒlu'vɛnjɐ]: ***a ~*** Slowenien *f*

esmaecer [iʒmaj'ser] (2g) dahinwelken; verblassen (*Farbe*); *fig* ohnmächtig werden

esmag|ador [iʒmɐgɐ'dor] **1.** *adj* überwältigend (*Mehrheit*); niederschmetternd (*schlechtes Ergebnis*); erdrückend; **2.** *m* (Trauben)Presse *f*; **~amento** [-gɐ'mẽtu] *m fig* Klemme *f*; **~ar** [-'gar] (1o; *Stv* 1b) (zer)quetschen; erdrücken (*Steuerlast*); *Feind* vernichten; **~-se** zerquetscht werden

esmalt|ar [iʒmaɫ'tar] (1a) emaillieren; *Porzellan* glasieren; *Möbel* lackieren; *fig* schmücken; **~e** [-'maɫtə] *m* Email *n*; *Porzellan*: Glasur *f*; Nagellack *m*; ANAT Zahnschmelz *m*

esmar [iʒ'mar] (1c) (ab)schätzen

esmerado [iʒmə'radu] sorgfältig (ausgeführt); tadellos

esmeralda [iʒmə'raɫdɐ] *f* Smaragd *m*

esmerar [iʒmə'rar] (1c) vervollkommnen; pflegen; *fig* feilen (**em** an *dat*); **~-se** sich die größte Mühe geben

esmeril [iʒmə'riɫ] *m* Schmirgel *m*; **~(h)ar** [-ri'lar, (-'ʎar)] (1a) (ab-)schmirgeln; (ab)schleifen; *Metall* polieren; *fig stilistisch* ausfeilen; *Archiv* durchforschen

esmero [iʒ'meru, *bras* iz'mɛru] *m* Sorgfalt *f*; (Form)Vollendung *f*

esmifrar [iʒmi'frar] (1a) P *Geld* borgen; aufwenden; *depr* abzocken

esmigalhar [iʒmigɐ'ʎar] (1b) *Brot* zerkrümeln; *fig* zermalmen

esmi|uçar [iʒmiu'sar] (1p; *Stv* 1q), **~udar** [miu'dar] (1q) zerkleinern; *Pulver* zerstäuben; *fig* zerlegen; eingehend untersuchen (*od* erklären)

esmo ['eʒmu] *m* Schätzung *f*; ***a ~*** aufs Geratewohl

esmola [iʒ'mɔlɐ] *f* Almosen *n*; ***pedir ~*** (***a***) (*j-n* an)betteln

esmoncar [iʒmõ'kar] (1n) P sich schnäuzen

esmord|açar [iʒmurdɐ'sar] (1p) zerbeißen; **~icar** [-di'kar] (1n) anbeißen; anknabbern

esmorec|er [iʒmurə'ser] (2g) **1.** *v/t j-n* entmutigen; schwächen; *Enthusiasmus* dämpfen; **2.** *v/i körperlich* ermatten; dahinsiechen; *fig* den Mut verlieren (**de**, **com** über *dat*); verblassen (*Licht*); ersterben (*Ton*); *Eifer*: nachlassen (**em** bei); **~imento** [-si'mẽtu] *m psychisch*: Niedergeschlagenheit *f*; *körperlich*: Schwäche *f* (*a fig*); Abflauen *n*

esmurr(aç)ar [iʒmu'ʀar, (-rɐ'sar)] (1a [1p; *Stv* 1b]) mit den Fäusten bearbeiten; misshandeln

és-não-és [ɛʒnɐ̃w'ɛʃ]: ***por um ~*** um ein Haar

esnob|e [iz'nɔbi] *m bras* Snob *m*; **~ismo** [-'biʒmu] *m* Snobismus *m*

és-nordeste [ɛʒnɔr'dɛʃtə] *m* Ostnordost *m*
esófago (*ô) [i'zɔfɐgu] *m* ANAT Speiseröhre *f*
esot|érico [izu'tɛriku] esoterisch; **~erismo** [-tə'riʒmu] *m* Esoterik *f*
espaç|adamente [iʃpɐsadɐ'mẽtə] in Abständen; mit Unterbrechungen; **~ado** [-'sadu] gelegentlich; stockend, abgehackt (*Sprechweise*); langsam; *zeitl* lange (andauernd); **~amento** [-sɐ'mẽtu] *m örtl* Abstand *m*; Unterbrechung *f*; *zeitl* Aufschub *m*; **~ar** [-'sar] (1p; *Stv* 1b) Abstand lassen zwischen (*dat*); erweitern; *Frist* aufschieben; *fig* in die Länge ziehen
espacial [iʃpɐ'sjał] räumlich; Raum...; ***nave** f* **~** Raumschiff *n*
espaç|o [iʃ'pasu] *m* Raum *m*; *zeitl* Zeit(raum *m*) *f*; *örtl* Zwischenraum *m*; Abstand *m*; Platz *m*; TIP Leerzeichen *n*; AV Weltraum *m*; **~ *aéreo*** Luftraum *m*; ***de* ~ *a* ~** hier und da; ***a* ~*s*** von Zeit zu Zeit; **~oso** [-'sozu] geräumig; ausgedehnt
espada [iʃ'padɐ] **1.** *f* Degen *m*; Säbel *m*; Schwert *n* (*a fig*); *fig* P Kommiss *m*; ***estar entre a* ~ *e a parede*** zwischen zwei Stühlen sitzen; ***passar à* ~** über die Klinge springen lassen; ***ser uma* ~ *de dois gumes*** ein zweischneidiges Schwert sein; **~*s*** *pl Kartenspiel*: Pik *n*; **2.** *m* P Schlitten *m* (*schickes Auto*)
espad|achim [iʃpɐdɐ'ʃĩ] *m* Draufgänger *m*; Haudegen *m*; **~anar** [-dɐ'nar] (1a) (hervor)sprudeln
espadaúdo [iʃpɐdɐ'udu] breitschultrig
espadilha [iʃpɐ'diʎɐ] *f* Pikass *n*
espádua [iʃ'padwɐ] *f* Schulter *f*
espairec|er [iʃpajrə'ser] (2g) (sich) zerstreuen, (sich) ablenken; (sich) unterhalten; **~imento** [-si'mẽtu] *m* Unterhaltung *f*; Zerstreuung *f*
espald|a, ~ar [iʃ'pałdɐ, -'dar] *m* Rückwand *f*, -seite *f*; *Stuhl*: (Rücken)Lehne *f*
espalha|-brasas (*pl inv*) [iʃpaʎɐ'brazɐʃ] *su* P Aufschneider(in *f*) *m*; Angeber(in *f*) *m*; **~fato** [-pɐʎɐ'fatu] *m* Lärm *m*; Getue *n*; Aufwand *m*; **~fatoso** [-fɐ'tozu] lärmend; auffallend (*Kleidung*)
espalhar [iʃpɐ'ʎar] (1b) (aus-, ver-) streuen; *Nachricht etc* aus-, verbreiten; **~-*se*** sich ausbreiten (***por*** in *dat*, über *ac*); sich verziehen (*Gewitter*); sich zerstreuen (*Menge*); P voll danebenhauen (*im Examen*); hinschlagen (*fallen*)
espalm|ado [iʃpał'madu] flach, platt; breit gedrückt; **~ar** [-'mar] (1a) *mit der Hand* auseinander streichen; ausrollen; *Schiffsrumpf* reinigen
espampanante [iʃpẽpɐ'nẽtə] F großspurig; auffällig, protzig
espan|ador [iʃpɐnɐ'dor] *m* Staubtuch *n*; **~ar** [-'nar] (1a) abstauben
espancar [iʃpẽ'kar] (1n) verprügeln
Espanha [iʃ'pɐɲɐ]: (***a***) **~** Spanien *n*
espanhol [iʃpɐ'ɲɔł] **1.** *adj* spanisch; **2.** *m* **-a** *f* Spanier(in *f*) *m*
espant|adiço [iʃpẽtɐ'disu] schreckhaft; scheu; **~alho** [-'taʎu] *m* Vogelscheuche *f*; F Tölpel *m*; **~ar** [-'tar] (1a) erschrecken; verblüffen; *Wild* aufscheuchen; *Schlaf etc* verscheuchen; **~-*se*** erschrecken; sich wundern (***com*** über *ac*); scheuen (*Pferd*); **~o** [-'pẽtu] *m* Schrecken *m*; Erstaunen *n*, Verblüffung *f*; **~oso** [-'tozu] schrecklich (*Verbrechen*); erstaunlich; verblüffend, F toll
espapaçado [iʃpɐpɐ'sadu] breiig; *fig* niedergeschlagen
esparadrapo [ispara'drapu] *m bras* Heft-, Wundpflaster *n*
espargir [iʃpɐr'ʒir] (3n; *Stv* 3b) *Flüssigkeit* vergießen; *Rasen* besprengen mit; ausstreuen; *Licht* ausstrahlen; **~-*se*** sich ergießen; sich aus-, verbreiten (***sobre*** über *ac*)
espargo [iʃ'pargu] *m* BOT Spargel *m*
esparguete [iʃpɐr'getə] *m* CUL Spaghetti *pl*
esparram|ar [iʃpɐʀɐ'mar] (1a) durcheinander bringen; in Unordnung bringen; **~-*se*** hinschlagen (*fallen*); *bras a* F sich hinflätzen; ***fazer* ~** P auf den Putz hauen; Lärm schlagen
esparreg|ado [iʃpɐʀə'gadu] *m* CUL Gemüsepüree *n*; **~ar** [-'gar] (1o; *Stv* 1c) *Gemüse* pürieren
esparrela [iʃpɐ'ʀɛlɐ] *f* (Vogel-) Schlinge *f*; Falle *f* (*a fig*)
esparso [iʃ'parsu] **a)** verstreut; **b)** locker, lose
espartano [iʃpɐr'tɐnu] spartanisch

espartilh|ar [iʃpɐrti'ʎar] (1a) einschnüren; **~o** [-'tiʎu] *m* Korsett *n*
esparzir [iʃpɐr'zir] (3b) → ***espargir***
espasmo [iʃ'paʒmu] *m* Krampf *m*; *MED* Spasmus *m*
espatifar [iʃpɐti'far] (1a) *Papier, Stoff* zerfetzen; *Porzellan etc* zerschlagen, -trümmern; F kurz und klein schlagen
E
espátula [iʃ'patulɐ] *f* Spatel *m*, Spachtel *m*; Papiermesser *n*
espavent|ar [iʃpɐvẽ'tar] (1a) erschrecken; bestürzen; **~-se** (sich) erschrecken; bestürzt sein; P sich aufblasen; **~o** [-'vẽtu] *m* Schreck(en) *m*; P Geprahle *n*; Tamtam *n*; **~oso** [-'tozu] prunkvoll
espavor|ecer [iʃpɐvurə'ser] (2g), **~ir** [-'rir] (3f) erschrecken
espec|ado [iʃpɛ'kadu] (stock)steif; **~ar** [-'kar] (1n) **1.** *v/t* (ab)stützen; **2.** *v/i u* **~-se** stehen bleiben
especial [iʃpə'sjał] besonder; speziell; Sonder..., Spezial...; **em ~** insbesondere, besonders; **~idade** [-sjɐli'dadə] *f* Besonderheit *f*; Eigentümlichkeit *f*; *CIENC* Spezialgebiet *n*; (Haupt)Fach *n*; *CUL* Spezialität *f*; **~ista** [-'liʃtɐ] *su* Spezialist(in *f*) *m*; Experte *m*, Expertin *f*; Fachmann *m*, -frau *f* (**em** für); *MED* Facharzt *m*, -ärztin *f*; **~izado** [-li'zadu] Spezial..., Fach...; **~izar** [-li'zar] (1a) gesondert angeben (*od* behandeln); hervorheben; **~-se** sich spezialisieren (**em** in *dat*); **~mente** [-sjał'mẽtə] besonders
especiaria [iʃpəsjɐ'riɐ] *f* Gewürz(e) *n(pl)*
espécie [iʃ'pɛsjə] *f* Art *f*, Spezies *f*; Gattung *f*; (Menschen)Geschlecht *n*; *JUR* Sonderfall *m*; *ECON* Sorte *f*; ***da pior ~*** F übelster Art; ***fazer ~ a*** *j-n* wundern; ***toda a ~ de*** allerlei; **~s** *pl* Münzsorten *f/pl*
especific|ação [iʃpəsəfikɐ'sɐ̃w] *f* (genaue) Aufstellung *f*; Spezifizierung *f*; **~ado** [-'kadu] genau; einzeln (angeführt); **~ar** [-'kar] (1n) einzeln anführen; spezifizieren; **~idade** [-pəsifəsi'dadə] *f* Spezifik *f*, Besonderheit *f*
específico [iʃpə'sifiku] spezifisch
espécime(n) [iʃ'pɛsimə(n)] *m* Muster *n*, Probe *f*; Modell *n*
especioso [iʃpə'sjozu] spitzfindig; trügerisch; Schein...
espe(c)t|acular [iʃpɛtɐku'lar] spektakulär; **~áculo** [-'takulu] *m* Schauspiel *n*; *TEA* Vorstellung *f*; ***armar um ~*** F e-e Szene machen; **~aculoso** [-tɐku'lozu] auffallend
espectador(a) [iʃpɛtɐ'dor(ɐ)] *m(f)* Zuschauer(in *f*) *m*
espe(c)tativa [iʃpɛtɐ'tivɐ] *f* Erwartung *f*; ***na ~ de*** in Erwartung (*gen*)
espectr|al [iʃpɛ'trał] *FIS* Spektral...; **~o** [-'pɛtru] *m* Gespenst *n*; *FIS* Spektrum *n*
especul|ação [iʃpɛkulɐ'sɐ̃w] *f* Spekulation *f*; **~ador** [-lɐ'dor] *m* Spekulant *m*; **~ar** [-'lar] (1a) **1.** *v/t* nachsinnen (*od* spekulieren) über (*ac*); studieren; **2.** *v/i* spekulieren (**em** in *dat*; *fig* **com** auf *ac*); **~ativo** [-lɐ'tivu] spekulativ; theoretisch; ***preço m ~*** Spekulationspreis *m*
espelh|ar [iʃpə'ʎar] (1d) (wider)spiegeln (*Spiegel, Wasser*); polieren; **~-se** sich spiegeln; *fig* sich weiden (**em** an *dat*); **~o** [-'peʎu] *m* Spiegel *m*; *MÚS* Schallloch *n*; ***~ retrovisor*** *AUTO* Rückspiegel *m*
espelta [iʃ'pɛłtɐ] *f* *BOT* Dinkel *m*
espelunca [iʃ'plũkɐ] *f* *depr* Spelunke *f*
espeque [iʃ'pɛkə] *m* Stütze *f* (*a fig*)
esper|a [iʃ'pɛrɐ] *f* (Ab)Warten *n*; Erwartung *f*; *JUR* Frist *f*; *fig* Hinterhalt *m*; *MONT* Anstand *m*; *TÉCN* Anschlag *m*; Halter *m*; **estar** (*od* **ficar**) **à ~** (**de**) warten (auf *ac*); **~ança** [-pə'rɐ̃sɐ] *f* Hoffnung *f*; Erwartung *f*; ***~ de vida*** Lebenserwartung *f*; ***estar de ~s*** guter Hoffnung sein; ***nutrir ~s*** Hoffnungen nähren; **~ançar** [-rɐ̃'sar] (1p) Hoffnung machen; **~-se em** Hoffnungen haben auf (*ac*); **~ançoso** [-rɐ̃'sozu] hoffnungsvoll; **~ar** [-'sar] (1c) **1.** *v/t* erwarten; *fig* auflauern (*dat*); **2.** *v/i* warten (**por** auf *ac*); hoffen (**por** auf *ac*); sich *et* versprechen (**de** von)
esperma [iʃ'pɛrmɐ] *m* Sperma *n*, Samen *m*
esperne|ar [iʃpər'njar] (1l) strampeln; *fig* sich winden; **~gar** [-nə'gar] (1o, *Stv* 1c) → ***espernear***; **~-se** lang hinschlagen
espert|alhão [iʃpərtɐ'ʎɐ̃w] F **1.** *adj* schlau; **2.** *m*, **-ona** *f* Schlauberger *m*; **~ar** [-'tar] (1c) → ***despertar***; auf-,

ermuntern; **~eza** [-'tezɐ] *f* Schlauheit *f*; **~o** [-'pɛrtu] wach; *fig* gescheit; schlau

espess|ar [iʃpə'sar] (1c) *CUL* ein-, verdicken; *Material* verstärken; **~o** [-'pesu] dick(flüssig); dicht (gedrängt) (*Menschenmenge*); stark (*Material*); **~ura** [-'surɐ] *f* Dicke *f*; *Wald*: Dichte *f*

espet... *bras* → **espect...**

espet|a [iʃ'pɛtɐ] *f* P Aufprall *m*; *AUTO* Zusammenstoß *m*; **~ada** [-pə'tadɐ] *f CUL* Spießbraten *m*; **~adela** [-tɐ'dɛlɐ] *f* Stich *m*; F Pech *n* im Spiel; **~ar** [-'tar] (1c) stechen; *mit e-m Spieß* aufspießen; durchbohren; zusammenstoßen (**em** mit); *Finger* ausstrecken; *mit dem Finger* bohren (**em** in *dat*); *fig* F reinlegen; **~-se** *Splitter etc* sich einziehen; F reinfallen; **~inho** [ispe'tĩɲu] *m bras CUL* → **espetada**; **~o** [iʃ'petu] *m* (Brat-)Spieß *m*; *fig* Bohnenstange *f*

espevit|adeira [iʃpəvitɐ'dɐjrɐ] *f* Dochtschere *f*; **~ado** [-'tadu] vorlaut; aufgeweckt; **~ar** [-'tar] (1a) *fig* anfachen, aufstacheln

espezinhar [iʃpɛzi'ɲar] (1a) zertrampeln; *Trauben mit den Füßen* stampfen; *fig* mit Füßen treten

espi|a [iʃ'piɐ] **1.** *su* Spion(in *f*) *m*; **2.** *f NAV* Schlepptau *n*; Wurfleine *f*; **~ão** [-'pjɐ̃w] *m*, *bras* **-ã** *f* Spion(in *f*) *m*; **~ar** [-'pjar] (1g) *et* auskundschaften; *j-n* belauern; *POL* (aus)spionieren; *Tür*: lauschen (**a** an *dat*)

espicaçar [iʃpikɐ'sar] (1p; *Stv* 1b) anpicken (*Vogel*); *mit e-m Messer* stechen; *fig* an-, aufstacheln; sticheln; F piesaken

espich|ar [iʃpi'ʃar] (1a) durchbohren; *Fische zum Trocknen* auffädeln; *Fass* anstechen; *Leder* spannen; P abkratzen (*sterben*); **~-se** sich ausstrecken; **~e, ~o** [-'piʃə, -'piʃu] *m* Spund *m*; Pflock *m*; *fig* P Bohnenstange *f*; *bras UNIV* F Patzer *m*

espiga [iʃ'pigɐ] *f* Ähre *f*; (Mais)Kolben *m*; *TÉCN* Zapfen *m*; Mist *m*; **apanhar** (*od* **gramar**) **uma ~** P e-n Reinfall erleben; **ora ~s!** F von wegen!; **que ~!** so'n Mist!

espig|ado [iʃpi'gadu] aufgeschossen; **~adote** [-gɐ'dɔtə] halbwüchsig; **~ão** [-'gɐ̃w] *m* **a)** Pfahl *m*; Pflock *m*; **b)** Spitze *f*; *ARQUIT* First *m*; (Dach)Schräge *f*; **~ar** [-'gar] (1o) **1.** *v/t fig* P reinlegen; **2.** *v/i* Ähren ansetzen (*Getreide*); *fig* in die Höhe schießen; **~o** [-'pigu] *m* Stachel *m*

espilrar [iʃpił'ʀar] (1a) → **espirrar**

espinafre [iʃpi'nafrə] *m* Spinat *m*

espinal [iʃpi'nał] *MED* spinal

espingarda [iʃpĩ'gardɐ] *f* Gewehr *n*; *MONT* Flinte *f*

espinha [iʃ'piɲɐ] *f* (Fisch)Gräte *f*; *MED* Pickel *m*; Mitesser *m*; *fig* Schwierigkeit *f*; **~** (**dorsal**) Rückgrat *n*; **dobrar a ~** P *fig* den Schwanz einziehen; **ter ~** e-n Haken haben; **ter uma ~ com** P noch ein Hühnchen zu rupfen haben mit

espinh|aço [iʃpi'ɲasu] *m ANAT* Wirbelsäule *f*, Rückgrat *n*; *fig* Gebirgskette *f*; **~al** [-'ɲał] **1.** *adj* → **espinal**; **2.** *m* (Dornen)Gestrüpp *n*; **~ar** [-'ɲar] (1a) (mit Dornen) stechen; **~-se com** *fig* sich ärgern über (*ac*); **~o** [-'piɲu] *m* Dorn *m*; Stachel *m*; *fig* Schwierigkeit *f*; **~oso** [-'ɲozu] dornig; stachelig; *fig* schwierig

espiolh|a-cabeças (*pl inv*) [iʃpjoʎɐkɐ'besɐʃ] *m* P Untersuchung *f*; Sieben *n*; **~ar** [iʃpju'ʎar] (1e) lausen; *fig* unter die Lupe nehmen

espion|agem [iʃpju'naʒɐ̃j] *f* Spionage *f*; **~ar** [-'nar] (1f) (aus)spionieren

espir|a [iʃ'pirɐ] *f* Windung *f*; Rille *f* (*der Schallplatte*); = **~al** [-'rał] **1.** *adj* schneckenförmig; Spiral...; **2.** *f* Spirale *f*; *TÉCN* Spiralfeder *f*; **em ~** spiralförmig; gewunden, gedreht

espirar [iʃpi'rar] (1a) leben; atmen

espiritis|mo [iʃpirə'tiʒmu] *m* Spiritismus *m*; **~ta** [-'tiʃtɐ] **1.** *adj* spiritistisch; **2.** *su* Spiritist(in *f*) *m*

espírito [iʃ'piritu] *m* Geist *m*; Sinn *m* (**de** für); Witz *m*; **de ~** geistvoll; **~ associativo** Gemeinschaftssinn *m*; **~ de equipa** Teamgeist *m*; **~ de negócio** Geschäftssinn *m*; **presença *f* de ~** Geistesgegenwart *f*; **~ empresarial** (*od* **de empresa**) Unternehmergeist *m*; **~ engarrafado** F *irón* Tölpel *m*; **o ♀ Santo a)** Heilige(r) Geist *m*; **b)** *bras Bundesstaat*; **~ santo de orelha** F Petze *f*

espiritual [iʃpəri'twał] geistig; spirituell; **~idade** [-twɐli'dadə] *f* Geistigkeit *f*; geistige(s) Leben *n*; **~izar** [-twɐli'zar] (1a) vergeistigen; symbolisch deuten

E

espirituoso [iʃpəri'twozu] alkoholisch (*Getränk*); *fig* geistreich
espirr|a-canivetes (*pl inv*) [iʃpiʀɐkɐni'vɛtəʃ] *su* P Hitzkopf *m*; **~ar** [-pi'ʀar] (1a) **1.** *v/t* ver-, bespritzen; **2.** *v/i* niesen; spritzen; *fig* aufbrausen; ***fazer ~*** *j-n* aufbringen; **~o** [-'piʀu] *m* Niesen *n*; Nieser *m*; ***dar um ~*** niesen
esplanada [iʃplɐ'nadɐ] *f* Straßencafé *n*; Terrasse *f* (*e-s Cafés od Restaurants*)
esplend(ec)er [iʃplẽ'der, (-də'ser)] (2a, 2g) glänzen, strahlen
esplêndido [iʃ'plẽdidu] strahlend, glänzend; *fig* prächtig
esplendor [iʃplẽ'dor] *m* Glanz *m*; Pracht *f*; **~oso** [-du'rozu] → ***esplêndido***
espojar-se [iʃpɔ'ʒarsə] (1e) sich wälzen (***com riso*** vor Lachen); rollen (***no chão*** auf dem Boden)
espoleta [iʃpu'letɐ] *f* Zünder *m*; *bras* Zündplätzchen *n*
espoli|ação [iʃpuljɐ'sɐ̃w] *f* *Person*: Beraubung *f*; *Ort*: Plünderung *f*; *Gegenstand*: Raub *m*; **~ar** [-'ljar] (1g) *j-n* berauben; *et* plündern
espólio [iʃ'pɔlju] *m* Nachlass *m*; MIL (Kriegs)Beute *f*; Plünderung *f*
esponj|a [iʃ'põʒɐ] *f* Schwamm *m*; ***beber como uma ~*** P saufen wie ein Loch; **~oso** [-'ʒozu] schwammig
esponsais [iʃpõ'sajʃ] *m/pl* Verlobung *f*; Eheversprechen *n*
espontane|amente [iʃpõtɐnjɐ'mẽtə] von selbst; freiwillig (*Handlung*); **~idade** [-nɐj'dadə] *f* Spontaneität *f*
espontâneo [iʃpõ'tɐnju] spontan (*Handlung, Äußerung*); ursprünglich, urwüchsig (*Vegetation*)
espora [iʃ'pɔrɐ] *f* Sporn *m*; *fig* Ansporn *m*; **~s** *pl* BOT Rittersporn *m*
esporádico [iʃpu'radiku] sporadisch; vereinzelt, selten
esporte [is'pɔrti] *m bras* → ***desporto***
espórtula [iʃ'pɔrtulɐ] *f* Trinkgeld *n*
espos|a [iʃ'pozɐ] *f* Gattin *f*; **~ar** [-pu'zar] (1e) trauen, verheiraten; **~o** [-'pozu] *m* Gatte *m*; **~s** *pl* Ehegatten *pl*, -leute *pl*
espraiar [iʃprɐ'jar] (1b) an den Strand werfen (*Meer*); ausbreiten; *Strahl* (aus)senden; ***~ a vista*** den Blick schweifen lassen (***sobre*** über *ac*); **~-se** sich verbreiten; *fig* sich ergehen (***em*** in *dat*, ***sobre*** über *ac*); sich bemühen (***em*** *inf* zu)
espreguiç|adeira [iʃprəgisɐ'dɐjrɐ] *f* Ruhebett *n*; Liegestuhl *m*; **~ar-se** [-'sarsə] (1p) sich rekeln; faulenzen
espreit|a [iʃ'prɐjtɐ] *f* Beobachtung *f*; ***à ~*** auf der Lauer; **~ar** [-'tar] (1a) beobachten; *j-n* belauern; spähen nach; *Gelegenheit* abpassen
esprem|edor [iʃprəmə'dor] *m* (Zitrus)Presse *f*; **~er** [-'mer] (2c) auspressen (*a fig*); *Wäsche* (aus)wringen; *Thema* erschöpfend behandeln; F *j-n* ausquetschen
espum|a [iʃ'pumɐ] *f* Schaum *m*; ***~ de barbear*** Rasierschaum *m*; ***~ de polietileno*** PE-Folie *f*; **~adeira** [-'dɐjrɐ] *f* Schaumlöffel *m*; **~ante** [-'mẽtə] **1.** *adj* schäumend; **2.** *m* (***vinho*** *m*) **~** Schaumwein *m*, Sekt *m*; **~(ej)ar** [-'mar, (-mə'ʒar)] (1a, 1d) Schaum bilden; schäumen (*a fig*); **~oso** [-'mozu] schaumig; schäumend; mit Kohlensäure versetzt (*Getränk*)
espúrio [iʃ'purju] unehelich (*Kind*); falsch
esq. ***esquerdo*, -a** links
esquadr|a [iʃ'kwadrɐ] *f* Polizeirevier *n*; NAV, AV Geschwader *n*; MIL Zug *m*; **~ão** [-kwɐ'drɐ̃w] *m* Schwadron *f*; **~ejar** [-drə'ʒar] (1d) rechtwinklig behauen (*od* zuschneiden); **~ia** [-'driɐ] *f* rechte(r) Winkel *m*; **~ilha** [-'driʎɐ] *f* NAV Flottille *f*; AV Staffel *f*
esquadrinhar [iʃkwɐdri'ɲar] (1a) beobachten; *Zimmer* durchstöbern; *Leben anderer* ausforschen
esquadro [iʃ'kwadru] *m* (Zeichen-, Geo) Dreieck *n*; TÉCN Winkeleisen *n*; Anschlagwinkel *m*
esquálido [iʃ'kwalidu] **a)** schmutzig; **b)** bleich (*Gesicht*)
esquartejar [iʃkwɐrtə'ʒar] (1d) vierteilen, vierteln; zerstückeln
esquec|ediço [iʃkɛsə'disu] vergesslich; **~er** [-'ser] (2g; *Stv* 2a) **1.** *v/t* vergessen; nicht denken an (*ac*); **2.** *v/i* vergessen werden; ***~ a*** *alg j-m* entfallen; *j-m* einschlafen (*Arm, Bein*); **~-se de** *et*, *j-n* vergessen; *et* verlernen; **~ido** [-'sidu] *adj* vergesslich; in Gedanken versunken;

verlassen (*Ort*); ~ **de** entrückt (*dat*); **~imento** [-si'mẽtu] *m* Vergessen *n*; Vergesslichkeit *f*; *fig* Vergessenheit *f*; MED (Glieder)Lähmung *f*; ***cair no ~*** in Vergessenheit geraten

esquel|ético [iʃkə'lɛtiku] Skelett...; skelettartig; *fig* klapperdürr; **~eto** [-'letu] *m* Skelett *n*

esquem|a [iʃ'kemɐ] *m* Schema *n*; Entwurf *m*, Plan *m*; **~ático** [-kə'matiku] schematisch; **~atizar** [-mɐti'zar] (1a) schematisieren

esquent|ação [iʃkẽtɐ'sɐ̃w] *f* Erwärmung *f*; Hitze *f*; *fig* hitzige Auseinandersetzung *f*; **~ador** [-tɐ'dor] *m* Durchlauferhitzer *m* (***a gás*** Gas-, ***eléctrico*** Elektro); **~amento** [-tɐ'mẽtu] *m* P Tripper *m*; **~ar** [-'tar] (1a) **1.** *v/t bras* (an-, er)wärmen; *fig* aufbringen; **2.** *v/i u* **~-se** in Zorn geraten; P scharf werden (*sexuell*)

esquerd|a [iʃ'kerdɐ] *f* Linke *f* (*a* POL); ***à ~*** zur Linken, links; **~ino** [-kər'dinu] linkshändig; *fig* linkisch; **~ismo** [-'diʒmu] *m* linke Politik *f*; Linkstendenz *f*; **~ista** [-'diʃtɐ] **1.** *adj* POL linksgerichtet; Links...; **2.** *su* Linke(r) *su*, Anhänger(in *f*) *m* der Linken; **~o** [-'kerdu] link; Links...; *fig* verkehrt; verdreht; linkisch; ***fazer-se ~*** P sich zieren

esqui [iʃ'ki] *m* Schi *m*, Ski *m*; ***~ aquático*** Wasserski *m*; ***~ de fundo*** Skilanglauf *m*; **~ador** [-kjɐ'dor] *m* Schi-, Skiläufer *m*; **~ar** [-'kjar] (1g) Schi laufen

esquilo [iʃ'kilu] *m* Eichhörnchen *n*

esquimó [iʃki'mɔ] *su* Eskimo *m*

esquin|a [iʃ'kinɐ] *f* Ecke *f*; ***à ~*** an der Ecke; ***ao virar da ~*** P gleich um die Ecke; **~ado** [-'nadu] P angeheitert

esquip|ação [iʃkipɐ'sɐ̃w] *f* NAV Ausrüstung *f*; Satz *m* Kleidungsstücke; **~amento** [-pɐ'mẽtu] *m* (Schiffs)Ausrüstung *f*; **~ar** [-'par] (1a) ausrüsten; schmücken

esquisit|ão [iʃkəzi'tɐ̃w] *m*, **-ona** *f* (komischer) Kauz *m*; Eigenbrötler(in *f*) *m*; **~ice** [-kizə'tisə] *f* Überspanntheit *f*; Eigenbrötelei *f*; **~o** [-kə'zitu] ausgefallen (*Geschmack*); sonderbar (*Sachverhalt*); überspannt (*Person*); F komisch; eigenbrötlerisch

esquiv|ança [iʃki'vɐ̃sɐ] *f* Zurückhaltung *f*; Scheu *f*; Ungeselligkeit *f*; **~ar** [-'var] (1a) verschmähen; *j-m* ausweichen; *Kontakt*, *Treffen* vermeiden; **~-se** (sich) davonschleichen; *j-m* ausweichen (**a**, **de** *dat*); sich drücken (**a**, **de** vor *dat*); **~o** [-'kivu] scheu (*a Tier*); ungesellig; schwierig

esquizofrenia [iʃkizɔfrə'niɐ] *f* MED Schizophrenie *f*

essa ['ɛsɐ] **1.** *f* Katafalk *m*; ***pôr na ~*** aufbahren; **2.** *pron f*, → ***esse***[1]

esse[1] ['ɛsə] *m Name des Buchstabens* **s**

ess|e[2] ['esə] *pron* diese(r, -s); der, die, das (da); ***~ relógio*** die Uhr da; ***e -a saúde?*** und Ihre Gesundheit?, und wie geht's Ihnen?; ***~ tal*** der besagte ...; ***-a é boa!*** das ist ja gut!; *irón* das ist ja reizend!; ***ora -a!*** aber ich bitte Sie!; gern geschehen!; ***ainda mais -a!*** auch das noch!, nein, so was!; (***nem***) ***por -as e*** (***nem***) ***por outros*** aus diesen und anderen Gründen (auf gar keinen Fall)

essência [i'sẽsjɐ] *f* **a)** Wesen *n* (*e-r Sache*); Sinn *m*; Wesentliche(s) *n*; **b)** Essenz *f*

essencial [isẽ'sjaɫ] **1.** *adj* wesentlich; hauptsächlich, Haupt...; ***ser ~ a*** wesentlich sein für; **2.** *m* Hauptsache *f*; **~mente** [-'mẽtə] im Wesentlichen; besonders

essoutro, **-a** [e'sotru, ɛ'sotrɐ] der, die, das andere (da)

és-sueste [ɛʃ'swɛʃtə] *m* Ostsüdosten *m*

Est. ***Estado*** *m* Staat *m*; ***Estrada*** *f* Landstraße *f*

esta ['ɛʃtɐ] *pron f* → ***este***[1]

estabanado [iʃtɐbɐ'nadu] leichtsinnig; unbedacht

estabelec|er [iʃtɐbələ'ser] (2g) (be)gründen; *Staat*, *Gebäude* errichten; *Institution* einrichten, eröffnen; *per Gesetz* bestimmen; *Sachverhalt* feststellen; *Steuer*, *Brauch* einführen; *Verbindung* herstellen; *Gericht* einsetzen; *Rekord* aufstellen; *Beschluss* fassen; **~-se** sich durchsetzen (*Brauch*); sich gründen (**em** auf *dat*) (*Theorie*); *örtl* sich niederlassen; **~imento** [-si'mẽtu] *m* **a)** *Theorie*: Begründung *f*; *Geschäft*: Gründung *f*; *Gebäude*: Errichtung *f*; *Regeln*: Festsetzung *f*; Auf-, Feststellung *f*; **b)** Geschäft *n*; Einrichtung *f*; Niederlassung *f*; **~ comercial** Geschäft(shaus) *n*; **~ industrial** gewerbliche(r) Betrieb *m*; **~ público** öffentliche Einrichtung *f*

estabil|idade [iʃtɐbəli'dadə] *f* Stabilität *f*; (Stand)Festigkeit *f*; Beständigkeit *f*; **~izador** [-lizɐ'dor] *m* Stabilisator *m*; Leitwerk *n*; **~izar** [-li'zar] (1a) festigen, stabilisieren

E

estábulo [iʃ'tabulu] *m* Stall *m*

estaca [iʃ'takɐ] *f* Pfahl *m*; Stecken *m*; **~ zero** *fig* Ausgangspunkt *m*; **pegar de ~** Wurzeln schlagen

estação [iʃtɐ'sɐ̃w] *f* **a)** *Bus*: Station *f*; Haltestelle *f*; CAM. DE F Bahnhof *m*; *Verwaltung*: Dienststelle *f*; **~ balnear** Seebad *n*; **~ de serviço** AUTO Tankstelle *f*; **~ de trabalho** INFORM Workstation *f*; **~ espacial** Raumstation *f*; **~ termal** Thermalbad *n*; **b)** Jahreszeit *f*; Saison *f*; (Lebens)Alter *n*; **~ alta** (**baixa**) Hoch- (Neben)saison *f*

estacar [iʃtɐ'kar] (1n; *Stv* 1b) **1.** *v/t* (mit Pfählen) (ab)stützen; **2.** *v/i* (plötzlich) stehen bleiben; *fig* stocken; stutzen

estacion|al [iʃtɐsju'nał] jahreszeitlich; *örtl* stationär; **~amento** [-nɐ'mẽtu] *m* Stillstand *m*; Aufenthalt *m*; AUTO Parken *n*; MIL Stationierung *f*; (**parque** *m* **de**) **~** Parkplatz *m*; **~ar** [-'nar] (1f) **1.** *v/t* AUTO parken; MIL stationieren; **2.** *v/i* halten; stehen bleiben; parken (*Auto*); *fig* aufhören; **fazer ~** *Krankheit etc* zum Stillstand bringen; **~ário** [-'narju] unveränderlich; fest (*Preis etc*); **ficar ~, conservar-se ~** gleich bleiben; nicht zurückgehen

estad|a [iʃ'tadɐ] *f* Aufenthalt *m*; **~ão** [-tɐ'dɐ̃w] *m* Prunk *m*; **~ear** [-'djar] (1l) prunken mit; **~-se** großtun; **~ia** [-'diɐ] *f* NAV Liegezeit *f*; → **estada**; **direito** *m* **de ~** Aufenthaltsberechtigung *f*

estádi|a [iʃ'tadjɐ] *f* Entfernungsmesser *m*; **~o** [-'tadju] *m allg a* Stadium *n*

estadista [iʃtɐ'diʃtɐ] *m* Staatsmann *m*

estado [iʃ'tadu] *m* Stand *m*; Zustand *m*; *Wetter etc*: Lage *f*; ♀ Staat *m*; **~ civil** Familienstand *m*; **~ de alma** Stimmung *f*; **~ de espírito** Gemütszustand *m*; **~ de coisas** Lage *f* der Dinge; **golpe** *m* **de** ♀ Staatsstreich *m*; **razão** *f* **de** ♀ POL Staatsräson *f*; **~ de sítio** Belagerungszustand *m*; **~ federado** Bundesland *n*; **~ federal** *bras* Bundesstaat *m*; **~ interessante** gute Hoffnung *f* (*Schwangerschaft*); ♀ **membro** Mitgliedsstaat *m*; **~-unidense(s)** [-uni'dẽsə] (*pl*) der Vereinigten Staaten; **~s** *pl* POL Stände *m/pl*

Estados-Unidos [iʃ'taduzu'niduʃ]: **os ~** die Vereinigten Staaten *pl*

estadual [ista'dwaw] *bras* Staats..., Landes...

estaf|a [iʃ'tafɐ] *f* Schinderei *f*; Mühe *f*; **dar uma ~ a** P *j-n* völlig erschöpfen; *j-m* mächtig auf den Geist gehen; **~ado** [-tɐ'fadu] erschöpft (*Person*); abgedroschen (*Redensart*); abgetragen (*Kleidung*); **~ante** [-'fẽtə] anstrengend; **~ar** [-'far] (1b) herumhetzen; überanstrengen; *fig* herunterleiern; **~-se** sich abschinden (**com, de** mit, **em** bei); F sich abrackern (**com, de** mit, **em** bei)

estafeta [iʃtɐ'fetɐ] *f* Stafette *f*; Bote *m*; *Sport*: Staffellauf *m*

estagi|ar [iʃtɐ'ʒjar] (1g) ein Praktikum absolvieren; als Volontär arbeiten; **~ário** [-'ʒjarju] *m* Praktikant *m*; Volontär *m*; Referendar *m* (*Anwalt, Lehrer*)

estágio [iʃ'taʒju] *m* Praktikum *n*; praktische Ausbildung *f*; *Jurist, Lehrer*: Referendariat *n*; TÉCN (Entwicklungs-, Raketen)Stufe *f*; **fazer um ~** → **estagiar**

estagn|ação [iʃtɐgnɐ'sɐ̃w] *f* Stagnation *f*; Stockung *f*; **~ado** [-'nadu] stagnierend (*Prozess, Geschäfte*); stehend (*Wasser*); **~ante** [-'nẽtə] lähmend; **~ar** [-'nar] (1b) **1.** *v/t* stauen; *fig* lähmen; zum Stocken bringen; **2.** *v/i u* **~-se** *fig* stocken

estalactite [iʃtɐlɐk'titə] *f* Stalaktit *m*; **~ de gelo** Eiszapfen *m*

estalad|a [iʃtɐ'ladɐ] *f* Knall *m*; P Backpfeife *f*; **~iço** [-lɐ'disu] knusperig; knackig

estalagem [iʃtɐ'laʒẽj] *f* Hotel *n*

estalajadeiro [iʃtɐlɐʒɐ'dɐjru] *m* (Gast)Wirt *m*

estalão [iʃtɐ'lɐ̃w] *m* Maß *n*; Standard *m*

estalar [iʃtɐ'lar] (1b) **1.** *v/t* zerbrechen; *bras Eier* braten; **2.** *v/i* platzen (*a fig*, *Kopf*); (zer)springen (*Glas*); knistern (*Feuer*); *mit den Fingern* schnipsen; *mit der Zunge* schnalzen; knallen; knacken; ausbrechen (*Krieg*)

estaleiro [iʃtɐˈlɐjru] *m* Werft *f*

estal|ejante [iʃtɐləˈʒẽtə] krachend; **~ejar** [-ləˈʒar] (1d) knattern; krachen; **~ido** [-ˈlidu] *m* Geknatter *n*; Geknister *n*; Knall *m*; Schnalzer *m* (*mit der Zunge*); **~o** [-ˈtalu] *m* Knall *m*; Klatsch *m* (*auf Wasser etc*); P Maulschelle *f*; **de ~** P irre gut; **~s** *pl* Knallen *n*; *Geschirr*, *Schritte*: Geklapper *n*; *bras fig* Erleuchtung *f*

estaminé [iʃtɐmiˈnɛ] *m* kleine(r) Laden *m*; Bar *f*

estamp|a [iʃˈtẽpɐ] *f* Abbildung *f*; Stich *m*; Holzschnitt *m*; (Fuß) Abdruck *m*; *fig* Bild *n*; Aussehen *n*; **dar à ~** in Druck geben; **obrar de ~** nach Schema F arbeiten; **~ado** [-ˈpado] **1.** *adj* bedruckt (*Stoff*); **2.** *m* Aufdruck *m*; *Stoff*: Muster *n*; **~agem** [-ˈpaʒẽj] *f* Druck *m*; **~ar** [-ˈpar] (1a) *Stoff* bedrucken; *Muster* ein-, aufdrücken; *ins Gedächtnis* (ein)prägen; *TÉCN* (aus-, ein)stanzen; **~-se** sich abdrücken; zum Ausdruck kommen; P hinfallen; sich stürzen (**em** auf *ac*); stoßen (**contra** gegen); **~aria** [-pɐˈriɐ] *f* Stoffdruckerei *f*

estampido [iʃtẽˈpidu] *m* Knall *m*; Krach *m*, Getöse *n*; Dröhnen *n*

estampilha [iʃtẽˈpiʎɐ] *f* (Post)Stempel *m*; *bras* Steuermarke *f*

estanc|ado [iʃtẽˈkadu] stockend; aufgestaut; → **estanque**; **~amento** [-kɐˈmẽtu] *m Flüssigkeit*: Stauung *f*; *Behälter*: Abdichten *n*; *Moor*, *Gelände*: Trockenlegung *f*; *Quelle*: Versiegen *n*; **~ar** [-ˈkar] (1n) *Flüssigkeit* stauen; *Behälter* abdichten; *Blut*, *Durst* stillen; *Tränen* trocknen; *Wasser* auspumpen; ablassen; *fig* aussaugen; erschöpfen; *Fortgang* beenden; *j-m* die Lust nehmen; **~-se** sich stauen; stocken (*Prozess*, *Geschäfte*); versiegen (*Quelle*)

estância [iʃˈtẽsjɐ] *f* Aufenthalt(s-ort) *m*; Wohnsitz *m*; Rast(platz *m*) *f*; Erholungsort *m*; *NAV* Ankerplatz *m*; *ARQUIT* Holzhandlung *f*; *bras* Farm *f*; **~ balnear** Badeort *m*; **~ termal** Heilbad *n*

estanco [iʃˈtẽku] *m* → **estanque**

estandardiz|ação [iʃtẽdɐrdizɐˈsɐ̃w] *f* Standardisierung *f*; **~ar** [-ˈzar] (1a) vereinheitlichen, standardisieren

estandarte [iʃtẽˈdartə] *m* Standarte *f*

estande [isˈtẽdi] *m bras* (Schieß-, Messe)Stand *m*

estanh|ar [iʃtɐˈɲar] (1a) verzinnen; **~o** [-ˈtɐɲu] *m* Zinn *n*

estanque [iʃˈtẽkə] **1.** *adj* (wasser-) dicht (*Boot*); hermetisch verschlossen (*Behälter*); trocken (*Flussbett*); versiegt (*Quelle*); **~ ao ar** luftdicht; **2.** *m* Stillstand *m*; *ECON* Monopol *n*

estante [iʃˈtẽtə] *f* Regal *n*; **~ de música** Notenständer *m*

estar [iʃˈtar] (1s) *vorübergehend irgendwo od in e-m Zustand* sein; *irgendwo* liegen, stehen, sitzen *od* hängen; sich befinden; sich aufhalten; **~ a fazer**, **~ fazendo** gerade (eben) *et* tun; dabei sein *et* zu tun; **~ a** kosten (*Ware*); **~ (bem) a** *alg j-m* (gut) stehen; **~ com** *et* haben (*Hunger etc*); **~ com** *alg* zusammen sein mit *j-m*; liegen bei *j-m* (*Angelegenheit*); **~ com calor (frio)** *j-m* warm (kalt) sein; **~ de luto** in Trauer sein; **~ em** bestehen in (*dat*) (*Problem etc*); **~ em si** bei Sinnen sein; **~ para** aufgelegt sein (*od* Lust haben) zu; einverstanden sein mit; im Begriff sein zu *inf*; **~ por** für *et* sein; auf *j-s* Seite stehen; **~ por fazer** noch zu tun sein; **~ por pouco** kurz bevorstehen; **~ por tudo** für alles zu haben sein; **~ que** meinen (*od* glauben), dass; **está (lá)?** *TEL* hallo!; **deixa ~!** lass es gut sein!; *a* → **deixar**

estarrec|edor [iʃtɐʀəsəˈdor] entsetzlich; **~er** [-ˈser] (2g) **1.** *v/t* lähmen; ängstigen; **2.** *v/i* erstarren (**de**, **com** vor *dat*)

estatal [iʃtɐˈtaɫ] staatlich, Staats...

estatel|ado [iʃtɐtəˈladu] der Länge nach; **~ar** [-ˈlar] (1c) (auf den Boden, hin)werfen; *j-n* niederstrecken; (hin)fallen lassen; **~-se** der Länge nach (hin)fallen; (zu Boden) stürzen; prallen (**em**, **contra** gegen); *fig* F sich blamieren

estátic|a [iʃˈtatikɐ] *f* Statik *f*; **~o** [-ˈtatiku] statisch; *fig* unbeweglich

estatístic|a [iʃtɐˈtiʃtikɐ] *f* Statistik *f*;

E

~o [-'tiʃtiku] **1.** *adj* statistisch; **2.** *m* Statistiker *m*

estatiz|ação [istatiʒa'sɐ̃w] *f bras* Verstaatlichung *f*; **~ar** [-'zar] (1a) verstaatlichen

estátua [iʃ'tatwɐ] *f* Statue *f*

estatu|ária [iʃtɐ'twarjɐ] *f* Bildhauerkunst *f*; **~eta** [-'twetɐ] *f* Plastik *f*; **~ir** [-'twir] (3i) *durch Statuten* festsetzen; verordnen; *Regeln* aufstellen; *Exempel* statuieren; **~ra** [-'turɐ] *f* Statur *f*, Gestalt *f*, Größe *f*; **~to** [-'tutu] *m* Statut *n*; **~toriamente** [-tutɔrjɐ'mẽtə] satzungsgemäß

estável [iʃ'tavɛɫ] beständig; fest, stabil

este[1], **esta** ['eʃtə, 'ɛʃtɐ] diese(r, -s); der, die, das (hier); ***esta manhã*** (***noite***) heute Morgen (Abend *od* Nacht); ***nesta*** (***cidade***) hier (in dieser Stadt)

este[2] ['ɛʃtə] *m* Osten *m*

estear [iʃ'tjar] (1l) (unter)stützen

esteio [iʃ'tɐju] *m* Stütze *f* (*a fig*); Pfeiler *m*

esteir|a [iʃ'tɐjrɐ] *f* **a)** (Binsen)Matte *f*; *TÉCN* Raupe *f*, Kette *f*; **b)** *NAV* Kielwasser *n*; *fig* Spur *f*; ***ir na ~ de*** *fig j-m* folgen; **~o** [-'tɐjru] *m* Meeres- (*od* Fluss)arm *m*; Haff *n*

esteja [iʃ'teʒɐ] → ***estar***

estelionato [iʃtəlju'natu] *m* Betrug *m* (*beim Verkauf*)

estend|al [iʃtẽ'daɫ] *m* Wäsche-, Trockenplatz *m*; *fig* Angeberei *f*; ***fazer ~ de*** angeben mit; **~edoiro, -ouro** [-də'dojru, -'doru] *m* Trockenplatz *m*; **~er** [-'der] (2a) *Beine* (aus)strecken; *Decke*, *Arme* ausbreiten; *zeitl* in die Länge ziehen; *Schnur*, *Gummi* (aus)dehnen; *Wäsche etc* (zum Trocknen) aufhängen; *über e-e Fläche* verteilen; *Teig* ausrollen; *j-m et* (herüber)reichen; *Befugnisse* überschreiten; niederstrecken; ***~ os olhos***, ***~ a vista*** blicken, den Blick schweifen lassen (***por***, ***sobre*** über *ac*, ***para*** bis); ***~-se*** sich erstrecken (***até*** bis); sich ausstrecken (***em*** auf *dat*, über *ac*); *fig* F sich blamieren; durchfallen; ***~-se no chão***, ***~-se ao comprido*** der Länge nach hinfallen; **~erete** [-də'retə] *m* Reinfall *m*; ***dar um ~*** *fig* P e-n Bock schießen; **~ível** [-'divɛɫ] streckbar; ausziehbar (*Möbel*)

esten|ografar [iʃtənugrɐ'far] (1b) stenografieren; **~ografia** [-nugrɐ'fiɐ] *f* Stenografie *f*; **~ógrafo** [-'nɔgrɐfu] *m*, **-a** *f* Stenograf(in *f*) *m*

estepe [iʃ'tɛpə] **1.** *f* Steppe *f*; **2.** *m bras AUTO* Ersatzrad *n*

esterc|ada [iʃtər'kadɐ] *f* Düngung *f*; **~ar** [-'kar] (1n; *Stv* 1c) **1.** *v/t* düngen; **2.** *v/i* (aus)misten; **~o** [-'terku] *m* Mist *m*, Dünger *m*; *fig* Unrat *m*

estere, **estéreo** [iʃ'tɛrə, iʃ'tɛrju] *m* Festmeter *m* (*Holz*)

estereo|fonia [iʃtɛrjufu'niɐ] *f* Stereophonie *f*; **~fónico** (*ô) [-'fɔniku] stereo(phon); ***aparelhagem f -a*** Stereoanlage *f*; **~tipado** [-ti'padu] stereotyp

estereotípico [iʃtɛrju'tipiku] stereotyp; **~ótipo** [-'rjɔtipu] *m* Stereotyp *n*

estéril [iʃ'tɛriɫ] **1.** *adj* unfruchtbar (*a fig*); *MED* steril, keimfrei; *fig* fruchtlos; **2.** *m* taube(s) Gestein *n*

esterili|dade [iʃtərəli'dadə] *f* Unfruchtbarkeit *f*; **~zação** [-zɐ'sɐ̃w] *f* Sterilisierung *f*; **~zador** [-zɐ'dor] *m* Sterilisierapparat *m*; **~zar** [-'zar] (1a) sterilisieren; unfruchtbar machen; *fig* zunichte machen

esterlino [iʃtər'linu] **1.** *adj* ***libra*** *f* ***-a*** = **2.** *m* Pfund *n* Sterling

esterno [iʃ'tɛrnu] *m ANAT* Brustbein *n*

esterqueira *f*, **-o** *m* [iʃtər'kɐjrɐ, -'kɐjru] Misthaufen *m*; Mistgrube *f*; P Stinktier *n* (*unsaubere Person*)

estertor [iʃtər'tor] *m* Röcheln *n*; **~ar** [-tu'rar] (1e) röcheln; rasseln (*Atem*); **~oso** [-'rozu] röchelnd

est|eta [iʃ'tɛtɐ] *su* Ästhet(in *f*) *m*; **~ética** [-'tɛtikɐ] *f* Ästhetik *f*; **~eticista** [-təti'siʃtɐ] *su* Kosmetiker(in *f*) *m*; **~ético** [-'tɛtiku] ästhetisch

estetoscópio [iʃtɛtuʃ'kɔpju] *m* Stethoskop *n*, Hörrohr *n*

esteve [iʃ'tevə] → ***estar***

esti|agem [iʃ'tjaʒɐ̃j] *f* **a)** Sommerwetter *n*; trockene(s) Wetter *n*; **b)** Trockenzeit *f*, Dürre *f*; **~ar** [-'tjar] (1g) aufhören zu regnen

estibordo [iʃti'bɔrdu] *m* Steuerbord *n*

estic|a [iʃ'tikɐ] **1.** *f* Magerkeit *f*; *TÉCN* Ketten-, Seilspanner *m*; Spannschloss *n*; ***estar na ~*** spindeldürr sein; **2.** *su* spindeldürre Person *f*; **~ada** [-'kadɐ] *f* Schlag *m* (*mit dem Eishockeyschläger*); **~adela** [-kɐ-'dɛlɐ] *f* Ruck *m*; **~ador** [-kɐ'dor] *m* Spanngummi *m* (*zur Befestigung von Lasten*); Spannvorrichtung *f*, Spanner *m*; **~ar** [-'kar] (1n) *Schnur* straffen, spannen; *Beine* strecken; *Kopf* recken; ***~ a canela, ~ o pernil*** P verrecken

estigma [iʃ'tigmɐ] *m* Stigma *n*; Wundmal *n* Christi; *fig* (Brand)Mal *n*; *BOT* Narbe *f*

estilar [iʃti'lar] (1a) **a)** stilvoll schreiben; **b)** *et* träufeln; ***~-se*** sich verzehren

estilete [iʃti'letə] *m* Stilett *n*; *BOT* Griffel *m*; *MED* Sonde *f*; *AUTO* Schwimmernadel *f*

estilh|a [iʃ'tiʎɐ] *f* Span *m*, Splitter *m*; ***fazer em ~s*** = **~açar** [-ʎɐ'sar] (1p, *Stv* 1b) zersplittern; **~aço** [-'ʎasu] *m* Splitter *m*

estil|ística [iʃtə'liʃtikɐ] *f* Stilistik *f*; **~izar** [-li'zar] (1a) stilisieren; **~o** [-'tilu] *m* Stil *m*; *BOT* Griffel *m*

estim|a [iʃ'timɐ] *f* Wertschätzung *f*; ***conquistar a ~ de*** *j-s* Achtung erringen; ***ter ~ a*** *j-n* schätzen; **~ação** [-mɐ'sɐ̃w] *f* Schätzung *f*; *fig* Achtung *f*; ***animal*** *m* ***de ~*** Kuscheltier *n*; ***valor*** *m* ***de ~*** Liebhaberwert *m*; ***ter em ~*** (hoch) schätzen; **~ado** [-'madu] lieb, teuer; **~ador** [-mɐ'dor] *m* Liebhaber *m*; **~ar** [-'mar] (1a) **1.** *v/t* *Wert, Preis* schätzen (***em*** auf *ac*); *j-n* (wert)schätzen (***por*** aufgrund, wegen); *Andenken* in Ehren halten; **2.** *v/i* glauben, meinen; halten für; ***~ que*** *conj* hoffentlich; **~ativa** [-mɐ'tivɐ] *f* (Ab)Schätzung *f*; Veranschlagung *f*; **~ativo** [-mɐ'tivu] geschätzt; **~ável** [-'mavɛɫ] schätzbar (*Wert*); *fig* angenehm

estimul|ação [iʃtimulɐ'sɐ̃w] *f* Anregung *f*; Erregung *f*; *Spiel*: Anfeuerung *f*; **~ador** [-lɐ'dor] *m*: ***~ cardíaco*** Herzschrittmacher *m*; **~ante** [-'lɐ̃tə] **1.** *adj* anregend, stimulierend; **2.** *m* Reizmittel *n*; *fig a* → ***estímulo***; **~ar** [-'lar] (1a) *Tätigkeit* anregen; *Hass etc* erregen; *j-n* anspornen; reizen

estímulo [iʃ'timulu] *m* Stachel *m*; *fig* Anregung *f*; Anreiz *m*; Antrieb *m*; Ansporn *m*

Estio [iʃ'tiw] *m* Sommer *m*; Hitze(periode) *f*; *fig* reife(s) Alter *n*

estiol|amento [iʃtjulɐ'mẽtu] *m* Verkümmern *n*; **~ar(-se)** [-'lar(sə)] (1e) verkümmern; dahinsiechen

estipul|ação [iʃtipulɐ'sɐ̃w] *f* Festsetzung *f*; Abmachung *f*; *JUR* Bestimmung *f*; **~ado** [-'ladu]: ***ficar ~*** *vertraglich* vereinbart worden sein; **~ante** [-'lɐ̃tə]: ***partes*** *f/pl* ***~s*** vertragschließende(n) Parteien *f/pl*; **~ar** [-'lar] (1a) festsetzen; abmachen; zur Bedingung machen

estir|açar [iʃtirɐ'sar] (1p; *Stv* 1b) in die Länge ziehen; *Kopf* recken; ***~-se*** sich ausstrecken; sich aalen; **~ador** [-rɐ'dor] *m* Reißbrett *n*; Zeichentisch *m*; **~ão** [-'rɐ̃w] *m* Ruck *m*; F Plackerei *f*; **~ar** [-'rar] (1a) *Beine* (aus)strecken; *Kopf* recken; *räuml, zeitl* (aus)dehnen; *Schnur* ziehen; *Befugnis* überschreiten; *Draht* ziehen; *j-n* zu Boden werfen; ***~-se*** sich ausstrecken (***em***, ***por*** auf *ac u dat*)

estirpe [iʃ'tirpə] *f* Wurzelstock *m*; *fig* Geschlecht *n*; Abstammung *f*

estiv|a [iʃ'tivɐ] *f* Ballast *m*; *NAV*, *AV* Trimmladung *f*; (Lade)Rost *m*; **~ação** [-vɐ'sɐ̃w] *f* *NAV*, *AV* Trimmen *n*; *BOT* Blütenknospenstand *m*; *ZO* Sommerschlaf *m*; **~ador** [-vɐ'dor] *m* Stauer *m*; **~agem** [-'vaʒɐ̃j] *f* *NAV*, *AV* Trimmen *n*; Verstauen *n*; **~al** [-'vaɫ] Sommer...; sommerlich; **~ar** [-'var] (1a) **1.** *v/t* *NAV*, *AV* trimmen; *Ladung* (ver)stauen; abfertigen (*Zoll*); *Schiff* beladen; **2.** *v/i* (Sommer)Urlaub machen; *ZO* Sommerschlaf halten

estive [iʃ'tivə] → ***estar***

estocada [iʃtu'kadɐ] *f* Degenstich *m*

estoc|agem [isto'kaʒẽj] *f* *bras* (Ein)Lagerung *f*; Lagerbestand *m*; **~ar** [-'kar] (1n; *Stv* 1e) *bras* einlagern

Estocolmo [iʃtu'kɔɫmu] Stockholm *n*

estof|ador [iʃtufɐ'dor] *m* Polsterer *m*; **~ar** [-'far] (1e) *Möbel* beziehen; polstern; *Kleidung* wattieren; ausfüllen, -stopfen; **~o** [-'tofu] **1.** *adj* stehend (*Wasser*); **2.** *m* Bezugstoff *m*; Polster *n*; Füllung *f*; ***de baixo ~*** *fig* minderwertig; heruntergekommen; ***ter ~ para*** das Zeug haben zu; ***~s*** *pl* Polstermöbel *pl*

estóico [iʃ'tɔjku] **1.** *adj* stoisch; gleichmütig; **2.** *m* Stoiker *m*

E

estoir|ada [iʃto'radɐ] *f* Knallen *n*, Getöse *n*; **~ado** [-'radu] F todmüde; ***olhos*** *m/pl* **~s** Glotzaugen *n/pl*; **~ar** [-'rar] (1a) **1.** *v/t* zum Platzen bringen (*a fig*); in Nichts auflösen; zerschmettern; **2.** *v/i* platzen (*a fig*) (**de**, **com** vor *dat*); (zer)knallen, krachen; **~a-vergas** (*pl inv*) [-rɐ-'vɛrgɐʃ] *su* P *irón* Chaot(in *f*) *m*; Hitzkopf *m*; **~o** [-'tojru, -'toru] *m* Knall *m*, Krach *m*
estojo [iʃ'toʒu] *m* Futteral *n*; Etui *n*; CIR Besteck *n*; **~ *de ferramenta*** Werkzeugkiste *f*; **~ *de primeiros socorros*** Verbandskasten *m*
estola [iʃ'tɔlɐ] *f* Stola *f*
estoma|cal [iʃtumɐ'kał] ANAT Magen..., magenstärkend; **~gar** [-'gar] (1o; *Stv* 1b) beleidigen
estômago [iʃ'tomɐgu] *m* ANAT Magen *m*; *fig* Lust *f*; Kaltblütigkeit *f*; Mut *m*, F Mumm *m*; ***dar cabo do* ~** F (sich) den Magen verderben; ***dar volta ao* ~** *j-m* den Magen umdrehen; ***ter o* ~ *a dar horas*** P e-n knurrenden Magen haben
estomat|ite [iʃtumɐ'titə] *f* Mundfäule *f*; **~ologia** [-tulu'giɐ] *f* Stomatologie *f*; **~ologista** [-tulu'ʒiʃtɐ] *su* Kieferorthopäde *m*, -orthopädin *f*
Estónia [iʃ'tɔnjɐ]: ***a* ~** Estland *n*
est|oniano *bras*, **~ónio** [isto'njẽnu, iʃ'tɔnju] **1.** *adj* estnisch; **2.** *m*, **-a** *f* Este *m*, Estin *f*
estonte|ado [iʃtõ'tjadu] benommen; *fig* ratlos; **~amento** [-tjɐ-'mẽtu] *m* Verwirrung *f*; **~ante** [-'tjẽtə] verwirrend; **~ar** [-'tjar] (1l) verwirren
estop|a [iʃ'topɐ] *f* Werg *n*; ***não meter prego nem* ~ *para*** P nicht mitmachen bei; **~ada** [-tu'padɐ] *f* Büschel *n*; Bausch *m*; *fig* langweilige Sache *f*; Plackerei *f*; **~ar** [-'par] (1e) *Loch* zustopfen; *fig* langweilen; auf die Nerven fallen; **~ento** [-'pẽtu] faserig; *fig* langweilig; lästig; **~im** [-'pĩ] *m* Docht *m*; **~inha** [-'piɲɐ] *f feiner* Flachs *m*; ***falar as* ~s** P drauflos schwätzen; ***suar as* ~s** P malochen
estoque [iʃ'tɔkə] *m* **a)** ECON Vorrat *m*; (Waren)Lager *n*; Lagerbestand *m*; ***ter em* ~** vorrätig haben; **b)** Stoßdegen *m*; **~ar** [-tu'kjar] (1l) *mit Degen* verwunden
estorcer [iʃtur'ser] (2g; *Stv* 2d) **1.** *v/t* verdrehen, -renken; **2.** *v/i* abdrehen (**para** nach) (*Flugzeug*); abbiegen (**para** nach) (*Fahrzeug*); **~-se** sich winden (**com**, **de** vor *dat*)
estore [iʃ'tɔrə] *m* Rollo *n*; Jalousie *f*, Rollladen *m*
estória [iʃ'tɔrja] *f* LIT Geschichte *f*
estornar [iʃtur'nar] (1e) stornieren
estorninho [iʃtur'niɲu] *m* ZO Star *m*
estorno [iʃ'tornu] *m* Storno *m*, *n*
estorv|ar [iʃtur'var] (1e) stören (**em** bei); behindern (**em** bei); *fig* irremachen; **~o** [-'torvu] *m* Störung *f*; Hindernis *n*; ***fazer* ~** hinderlich sein; → ***estorvar***
estour... → ***estoir...***
estoutro, -a [eʃ'totru, ɛʃ'totrɐ] der, die, das andere (hier)
estouv|adice [iʃtovɐ'disə] *f* Leichtsinn *m*; **~ado** [-'vadu] leichtfertig; **~amento** [-vɐ'mẽtu] *m* Leichtfertigkeit *f*; Nachlässigkeit *f*
estr|ábico [iʃ'trabiku] schielend; **~abismo** [-trɐ'biʒmu] *m* Schielen *n*
estrad|a [iʃ'tradɐ] *f* (Land)Straße *f*; *fig* Weg *m*; **~ *com portagem*** Mautstraße *f*; **~ *nacional*** Nationalstraße *f*; Landstraße *f*; **~ *secundária*** Nebenstraße *f*; **♀ *de Santiago*** Milchstraße *f*; **~eiro** [-trɐ'dɐjru] gut zu Fuß; Wander...; *fig* gerissen; **~o** [-'tradu] *m* Podium *n*; Tribüne *f*; Erhöhung *f*
estrafeg|ar [iʃtrɐfə'gar] (1o; *Stv* 1c) *Material* verschleißen; *Geschäft* herunterwirtschaften; **~o** [-'fegu] *m* Verschleiß *m*, Dauerbelastung *f*
estragão [iʃtrɐ'gɐ̃w] *m* Estragon *m*
estrag|ar [iʃtrɐ'gar] (1o; *Stv* 1b) verderben; *Gesundheit* zerrütten; *Geld* verschwenden; F kaputtmachen (***alc a alg*** j-m et); **~-se** verderben; entzweigehen; *fig* sich (schier) umbringen (**com** vor *dat*); **~o** [-'tragu] *m* Schaden *m*; Zerstörung *f*; Verlust *m*
estrangalhar [iʃtrẽgɐ'ʎar] (1b) zerstören; auseinander nehmen
estrangeir|ado [iʃtrẽʒɐj'radu] fremdartig; **~ar**(**-se**) [-'rar(sə)] (1a) **1.** *v/t* verändern; verfremden; **2.** *v/i* sich verändern; fremd werden; **~inha** [-'riɲɐ] *f* P Trick *m*; **~ismo** [-'riʒmu] *m* Fremdwort *n*
estrangeiro [iʃtrẽ'ʒɐjru] **1.** *adj* ausländisch; ***Ministério*** *m* ***dos Negó-***

cios* ***2s*** Außenministerium *n*; ***país*** *m* ~ fremde(s) Land *n*; **2.** *m* **a)** Ausland *n*; **b)** *m* Ausländer *m*; ***lei*** *f* ***dos ~s*** Ausländerrecht *n*; ***serviço*** *m* ***de ~s*** Ausländerbehörde *f*

estrangul|ação [iʃtrẽgulɐ'sɐ̃w] *f* Verengung *f* (*a Straße*); Beklemmung *f*; Erdrosselung *f* (*Tötung*); *TÉCN* Drosselung *f*; *MED* Abschnürung *f*; **~ador** [-lɐ'dor] *m* *AUTO* Choke *m*; **~amento** [-lɐ'mẽtu] *m* → ***estrangulação***; *fig* Engpass *m*; **~ar** [-'lar] (1a) *j-n* erdrosseln; *Straße etc* verengen; ab-, einklemmen; *Stimme* ersticken; *Motor* abwürgen; *TÉCN* drosseln

estranh|ão [iʃtrɐ'ɲɐ̃w] **1.** *adj* ungesellig; (menschen)scheu; **2.** *m* Eigenbrötler *m*; **~ar** [-'ɲar] (1a) **1.** *v/t* befremdlich (*od* seltsam) finden; an-, bestaunen; *Klima* nicht gewohnt sein; *Unbekanntes*: Angst haben vor (*dat*); ~ ***que*** *conj* mit Befremden bemerken, dass; **2.** *v/i* sich fremd fühlen; **~eza** [-'ɲezɐ] *f* **a)** Befremden *n*, Verwunderung *f*; Scheu *f*; **b)** Fremdartigkeit *f*; **~o** [-'treɲu] **1.** *adj* fremd(artig) (*Sitte, Land*); seltsam; befremdend (*Sachverhalt*); scheu (*Person*); ~ ***a*** unbeteiligt an (*dat*); **2.** *m* Fremde(r) *m*; ~ ***ao serviço*** Betriebsfremde(r) *m*

Estrasburgo [iʃtrɐʒ'burgu] Straßburg *n*

estrat|agema [iʃtrɐtɐ'ʒemɐ] *m* (Kriegs)List *f*; **~égia** [-'tɛʒjɐ] *f* Strategie *f*; **~égico** [-'tɛʒiku] strategisch; **~egista** [-tə'ʒiʃtɐ] *su* Stratege *m*, Strategin *f*

estrat|ificação [iʃtrɐtəfikɐ'sɐ̃w] *f* *GEOL* Schichtung *f*; **~ificar** [-təfi'kar] (1a) *GEOL* schichten; (schichtweise) ablagern; **~o** [-'tratu] *m* *GEOL* Lage *f*; Schicht *f* (*a sozial*); *METÉO* Stratus-, Schichtwolke *f*; **~osfera** [-tuʃ'fɛrɐ] *f* Stratosphäre *f*

estre|ante [iʃ'trjẽtə] **1.** *adj* debütierend; **2.** *su* Anfänger(in *f*) *m*, Debütant(in *f*) *m*; **~ar** [-'trjar] (1l) **1.** *v/t* einweihen; *Kleidung* zum ersten Mal anziehen; *Gegenstand* zum ersten Mal benutzen; *TEA* ur-, erstaufführen; **2.** *v/i u* **~-se** zum ersten Mal auftreten (*od et* tun); debütieren; *allg* anfangen

estrebuchar [iʃtrəbu'ʃar] (1a) zappeln; *mit den Armen* gestikulieren; mit dem Kopf wackeln

estreia [iʃ'trɐjɐ] *f* Einweihung *f*; Anfang *m*; *TEA* Debüt *n*; Erstaufführung *f*, Premiere *f* (*e-s Stücks*)

estreit|amento [iʃtrɐjtɐ'mẽtu] *m* Verengung *f* (*a Straße*); *Freiheit*: Beschränkung *f*; *Regeln*: Verschärfung *f*; **~ar** [-'tar] (1a) *Weg* enger (*od* schmaler) machen; *Freiheit, räumlich* be-, einengen; *Rechte* beschränken; *Belagerung, Vorschrift* verschärfen; *Bündnis, in die Arme* schließen; *j-n* drücken (***a, em*** an *ac*); *Entfernung* verringern; **~-se** enger (*od* schmaler) werden; sich verringern; **~-se em** sich zusammenschließen in (*dat*); *Ausgaben*: sich einschränken in (*dat*); **~eza** [-'tezɐ] *f räuml* Enge *f*; Beschränktheit *f*; *materielle* Not *f*; *Geschäfte etc*: Dringlichkeit *f*; *Gesetz*: Strenge *f*; **~o** [-'trɐjtu] **1.** *adj* eng; schmal; beschränkt (*Freiheit*); innig (*Umarmung*); streng (*Gesetz*); (peinlich) genau; sparsam; **2.** *m* Meerenge *f*; *fig* Engpass *m*; Notlage *f*

estrel|a [iʃ'trelɐ] *f* Stern *m* (*a fig*); *TEA* Star *m*; **~a(s)-cadente(s)** [-kɐ'dẽtə] *f(pl)* Sternschnuppe *f*; *fig* Komet *m*; **~ado** [-trə'ladu] Sternen...; ***ovo*** *m* ~ Spiegelei *n*; **~a-do-mar** [-du'mar] *f* Seestern *m*; **~ar** [-trə'lar] (1c) **1.** *v/t* (mit Sternen) schmücken; *Spiegeleier* braten; **2.** *v/i* funkeln, glitzern; **~ato** [-'latu] *m* Kür *f* (*od* Auftritt *m*) der Stars; **~ejar** [-lə'ʒar] (1d) sich mit Sternen bedecken (*Himmel*); wie ein Stern glitzern

estrema [iʃ'tremɐ] *f* Feldrain *m*; Begrenzung *f*

Estremadura [iʃtremɐ'durɐ] *port HIST Provinz*

estremar [iʃtrə'mar] (1d) *Gebiet* ab-, begrenzen; *Grenzen* abstecken; *fig* abheben

estreme [iʃ'trɛmə] rein; unvermischt

estremec|er [iʃtrəmə'ser] (2g) **1.** *v/t* schütteln; rütteln (*Wind*); erschüttern (*Erdbeben*); erschrecken (*Lärm*); zärtlich lieben; **2.** *v/i* (er)zittern (lassen) (*Schreck, Erdbeben*); *vor Schreck* zusammenzucken (***com, de*** vor *dat*); dröhnen (*Ton*);

~imento [-si'mẽtu] *m* (Er)Zittern *n*; *Schreck*, *Angst*: Schauer *m*; *Erdbeben*: Erschütterung *f*; zärtliche Liebe *f*
estremunh|ado [iʃtrəmu'ɲadu] schlaftrunken; **~ar** [-'ɲar] (1a) (aus dem Schlaf) aufschrecken
estrénuo (*ê) [iʃ'trɛnwu] mutig
estrepitar [iʃtrəpi'tar] (1a) tosen; lärmen
estrépito [iʃ'trɛpitu] *m* Tosen *n*, Getöse *n*; Lärm *m*
estrepitoso [iʃtrəpi'tozu] tosend; lärmend; *fig* Aufsehen erregend
estri|a [iʃ'triɐ] *f* Rinne *f*; ARQUIT, GEOL Hohlkehle *f*; (Schallplatten-) Rille *f*; *Waffe*: Drall *m*; **~ar** [-'trjar] (1g) riefen; auskehlen
estrib|ar [iʃtri'bar] (1a) **1.** *v/t* stützen, halten; **2.** *v/i u* **~-se em** (*od* **sobre**) sich stützen auf (*ac*); fußen auf (*dat*), beruhen auf (*dat*); ARQUIT ruhen auf (*dat*); **~eira** [-'bɐjrɐ] *f* Steigbügel *m*; *Fahrzeug*: Trittbrett *n*; ***perder as ~s*** *fig* P platzen
estribilh|ar [iʃtrəbi'ʎar] (1a) F wiederkäuen, nachplappern; **~o** [-'biʎu] *m* Kehrreim *m*; Schlagwort *n*
estribo [iʃ'tribu] *m* Steigbügel *m* (*a* ANAT); *Fahrzeug*: Trittbrett *n*; TÉCN Bügel *m*; *fig* Stütze *f*; Basis *f*; ***dar ~ a*** *j-m* (blind) vertrauen
estricnina [iʃtrək'ninɐ] *f* Strychnin *n*
estrid|ente [iʃtri'dẽtə] schrill; gellend; **~or** [-'dor] *m* schrille(r) Ton (*od* Aufschrei) *m*; Kreischen *n*; **~ular** [-du'lar] (1a) surren; zirpen (*Grille*)
estrincar [iʃtrĩ'kar] (1n) knacken; *mit den Fingern* schnipsen
estrito [iʃ'tritu] streng; strikt; *fig* eng
estro ['ɛʃtru] *m* Talent *n*
estrofe [iʃ'trɔfə] *f* Strophe *f*
estroin|a (*ó) [iʃ'trojnɐ] *su* Leichtfuß *m*; Verschwender(in *f*) *m*; **~ice** [-'nisə] *f* Leichtsinn *m*
estrond|ear [iʃtrõ'djar] (1l) krachen; tosen; *fig* losbrechen; toben; *mit et* Aufsehen erregen; **~o** [-'trõdu] *m* Krach *m*; Knall *m*; Krachen *n*; Tosen *n*; *fig* Aufsehen *n* (***fazer*** erregen); Aufwand *m*; ***de ~*** P umwerfend, fabelhaft; **~s** *pl* F Freudengeschrei *n*; **~oso** [-'dozu] krachend; tosend; tobend; *fig* Aufsehen erregend
estropi|amento [iʃtrupjɐ'mẽtu] *m* Verstümmelung *f*; *fig* Entstellung *f*; **~ar** [-'pjar] (1g) *j-n* verstümmeln; *et* kaputtmachen; *Sinn* entstellen; TEA schmeißen; **~-se** entzweigehen
estrug|ido [iʃtru'ʒidu] *m* CUL (Zwiebel)Schwitze *f*; ***não cheirar bem o ~*** *fig* den Braten riechen; **~ir** [-'ʒir] (3n) **1.** *v/t* erzittern lassen; **2.** *v/i* dröhnen; quietschen; CUL Schwitze zubereiten
estrum|ar [iʃtru'mar] (1a) düngen; **~e** [-'trumə] *m* Dünger *m*
estrumela [iʃtru'mɛlɐ] *f* Dingsda *m* (*od n*, *f*)
estrupido [iʃtru'pidu] *m* Getöse *n*
estrutur|a [iʃtru'turɐ] *f* **a)** Gliederung *f*, Aufbau *m*; Struktur *f*; **b)** Gestell *n*; ***~ de deformação*** AUTO Knautsch-, Deformationszone *f*; **~al** [-'rał] strukturell; **~alismo** [-rɐ'liʒmu] *m* Strukturalismus *m*; **~ar** [-'rar] (1a) gliedern; strukturieren
estuário [iʃ'twarju] *m* Mündung(strichter *m*) *f*; Flussdelta *n*
estuc|ador [iʃtukɐ'dor] *m* Stuckateur *m*; **~agem** [-'kaʒɐ̃j] *f* Stuckarbeit *f*; **~ar** [-'kar] (1n) mit Stuck versehen
estucha [iʃ'tuʃɐ] *f* Zapfen *m*; ***que ~!*** P das ist ja nicht zum Aushalten!; ***é de ~!*** P das haut einen um!
estud|ado [iʃtu'dadu] einstudiert; gekünstelt (*Benehmen*); **~ante** [-'dɐ̃tə] *su* Schüler(in *f*) *m*; UNIV Student(in *f*) *m*; **~antil** [-dɐ̃'tił] Schüler...; UNIV Studenten...; studentisch; **~ar** [-'dar] (1a) UNIV studieren; *Lektion*, *Vokabeln* lernen; auswendig lernen; *zur Kontrolle* untersuchen, prüfen; *Rolle* einstudieren; (ein)üben
estúdio [iʃ'tudju] *m* Arbeitszimmer *n*; *Künstler*: Atelier *n*; *Radio etc*: Studio *n*
estudioso [iʃtu'djozu] **1.** *adj* lernbegierig; fleißig; **2.** *m* Kenner *m*; *Musik etc*: Liebhaber *m*
estudo [iʃ'tudu] *m* Studium *n*; CIENC Studie *f*; Untersuchung *f*; MÚS Etüde *f*; TÉCN Entwurf *m*, Plan *m*; ***bolsa*** *f* ***de ~*** Stipendium *n*; ***~ do mercado*** Marktanalyse *f*; ***de ~*** absichtlich; ***estar em ~*** geprüft werden (*Projekt etc*); ***andar nos ~s*** lernen; studieren; ***ter ~s*** studiert haben

estufa [iʃ'tufɐ] *f* Gewächs-, Treibhaus *n*; Ofen *m*; *TÉCN* Brutschrank *m*; Desinfektionsapparat *m*
estuf|adeira [iʃtufɐ'dɐjrɐ] *f* Schmortopf *m*; **~ado** [-'fadu] *m* *CUL* Schmorbraten *m*; **~agem** [-'faʒɐ̃j] *f* Trocknen *n*, Darren *n*; *CUL* Schmoren *n*; **~ar** [-'far] (1a) *Obst* trocknen, darren; *Ofen* heizen; erhitzen; *CUL* schmoren; dämpfen
estugar [iʃtu'gar] (1o): **~ o passo** den Schritt beschleunigen
Estugarda [iʃtu'gardɐ] Stuttgart *n*
estult|ícia [iʃtuɫ'tisjɐ] *f* Dummheit *f*; **~o** [-'tuɫtu] dumm, töricht
estupef|a(c)ção [iʃtupəfɐ'sɐ̃w] *f* Betäubung *f*; *fig* Verblüffung *f*; Bestürzung *f*; **~aciente** [-fɐ'sjẽtə] *m* Rauschgift *n*; **~a(c)to** [-'fatu] sprachlos, verblüfft; verwirrt
estupendo [iʃtu'pẽdu] wunderbar
estupid|amente [iʃtupidɐ'mẽtə] irrsinnig (*a fig*); **~ez** [-'deʃ] *f* Blödsinn *m*; Dummheit *f*; **~ificar** [-dəfi'kar] (1n) **1.** *v/t* betäuben; **2.** *v/i u* **~-se** verblöden
estúpido [iʃ'tupidu] **1.** *adj* dumm, beschränkt; stumpfsinnig; P idiotisch; **2.** *m* P Idiot *m*, Trottel *m*
estupor [iʃtu'por] *m* Erstarrung *f*; Sprachlosigkeit *f*; P dämliche(r) Hammel *m*; **~ar** [-pu'rar] (1e) verblüffen; **~-se com** sich überwerfen mit *j-m*; sich ärgern über (*ac*)
estupr|ar [iʃtu'prar] (1a) vergewaltigen; **~o** [-'tupru] *m* Vergewaltigung *f*
estuque [iʃ'tukə] *m* Stuck *m*
estúrdi|a [iʃ'turdjɐ] *f* Leichtsinn *m*; **andar na ~** sich gehen lassen; **~o** [-'turdju] *m* Taugenichts *m*
esturjão [iʃtur'ʒɐ̃w] *m* *ZO* Stör *m*
esturr|ado [iʃtu'ʀadu] **1.** *adj* angebrannt (*Speise*); *fig* fanatisch, verbohrt; halsstarrig; **cabeça** *f* **-a** Querkopf *m*; **2.** *m* Fanatiker *m*; **~ar** [-'ʀar] (1a) **1.** *v/t* *Kaffee* schwarz brennen; *Speisen* anbrennen lassen; **2.** *v/i u* **~-se** anbrennen; schwarz werden; *fig* sich begeistern (**por** für); sich aufregen
esturro [iʃ'tuʀu] *m* angebrannte(r) Zustand *m*; **cheirar a ~** angebrannt riechen; *fig* brenzlig sein; **criar ~** anbrennen; **ter** (**saber a**) **~** angebrannt sein (schmecken)
esvaec|er [iʒvɐə'ser] (2g) **1.** *v/t* (in Dunst) auflösen; vertreiben; *Hoffnung* zerstören; **2.** *v/i u* **~-se** vergehen (*Mut*); erlöschen; verklingen (*Ton*); *fig* dahinsiechen; schwindlig werden; **~imento** [-si'mẽtu] *m* *Nebel*: Auflösung *f*; Vergehen *n*; *fig* Schwäche *f*, Ohnmacht *f*
esva|ído [iʒvɐ'idu] siech; kraftlos; *MED* ohnmächtig; schwindlig; **~imento** [-vɐi'mẽtu] *m* Verflüchtigung *f*; (Ver)Schwinden *n*; *MED* Schwindel *m*, Schwäche *f*; **~ir-se** [-'irsə] (3l) verschwinden; **~ em sangue** verbluten; **~necer** [-nə'ser] (2g) → **esvaecer**
esvaziar [iʒvɐ'zjar] (1g) (aus-, ent)leeren; auspumpen
esventrar [iʒvẽ'trar] (1d) aufschlitzen, -schneiden; *Tier* ausnehmen
esverd|eado, **~ejado** [iʒvər'djadu, -də'ʒadu] grünlich (verfärbt)
esvoaçar [iʒvwɐ'sar] (1p; *Stv* 1b) (auf-, los)flattern
etan|o [i'tɐnu] *m* *QUÍM* Äthan *n*; **~ol** [-'nɔɫ] *m* *QUÍM* Äthanol *n*
etapa [i'tapɐ] *f* Etappe *f* (*a MIL*); Abschnitt *m*; Stufe *f*
etário [i'tarju] Alters...; **faixa** *f* **-a** Altersgruppe *f*
éter ['ɛtər] *m* Äther *m*
etéreo [i'tɛrju] ätherisch
etern|idade [itərni'dadə] *f* Ewigkeit *f*; **~izar** [-ni'zar] (1a) verewigen; **~-se** *fig* sich verewigen; **~o** [i'tɛrnu] ewig
étic|a ['ɛtikɐ] *f* Ethik *f*; **~o** ['ɛtiku] ethisch
etileno [iti'lenu] *m* *QUÍM* Äthylen
etílico [i'tiliku] *QUÍM* Äthyl...
etilo [i'tilu] *m* *QUÍM* Äthyl *n*
etimol|ogia [itimulu'ʒiɐ] *f* Etymologie *f*; **~ógico** [-'lɔʒiku] etymologisch
etíope [i'tiwpə] **1.** *adj* äthiopisch; **2.** *su* Äthiopier(in *f*) *m*
Etiópia [i'tjɔpjɐ]: **a ~** Äthiopien *n*
etiquet|a [iti'ketɐ] *f* **a**) Etikette *f* (**faltar à** verstoßen gegen); Förmlichkeit *f*; **de ~** Gala...; **b**) Etikett *n*; **~ gomada** Aufkleber *m*; **~ar** [-kə'tar] (1c) etikettieren
etnia [ɛt'niɐ] *f* Ethnie *f*, Volksstamm *m*
étnico ['ɛtniku] ethnisch
etno|centrismo [ɛtnɔsẽ'triʒmu] *m*

Ethnozentrismus *m*; **~grafia** [-nugrɐ'fiɐ] *f* Ethnographie *f*, (beschreibende) Völkerkunde *f*; **~gráfico** [-'grafiku] ethnographisch, völkerkundlich; **~logia** [-lu'ʒiɐ] *f* Ethnologie *f*, Völkerkunde *f*
etnólogo [ɛt'nɔlugu] *m* Ethnologe *m*, Völkerkundler *m*
eu ['ew] **1.** *pron* ich; **2.** *m* Ich *n*
EUA ***Estados*** *m/pl* ***Unidos da América*** USA *m/pl*
eucalipto [ewkɐ'liptu] *m* Eukalyptus *m*
eucaristia [ewkɐrəʃ'tiɐ] *f* heilige(s) Abendmahl *n*
euf|émico (*ê) [ew'fɛmiku] beschönigend, euphemistisch; **~emismo** [-fə'miʒmu] *m* Euphemismus *m*; **~onia** [-fu'niɐ] *f* Wohlklang *m*; **~ónico** (*ô) [-'fɔniku] wohlklingend; **~oria** [-fu'riɐ] *f* Euphorie *f*; **~órico** [-'fɔriku] euphorisch
eunuco [ew'nuku] *m* Eunuch *m*
euritmia [ewrit'miɐ] *f* Eurhythmie *f* (*a* MED)
euro|céptico [ewrɔ'sɛtiku] *m* POL Euroskeptiker *m*; **~cheque** [-'ʃɛkə] *m* Euroscheck *m*; **~conector** [-kunɛ'tor] *m* EL Eurostecker *m*; **~palete** [-pɐ'letə] *f* Europalette *f*
Europa [ew'rɔpɐ]: ***a ~*** Europa *n*
europ|eia (*é) [ewru'pɐjɐ] *f* → ***europeu***; **~eísmo** [-pe'iʒmu] *m* POL Europagedanke *m*; **~eísta** [-pe'iʃtɐ] **1.** *adj* POL Europa...; **2.** *su* POL Europäer(in *f*) *m*, Vertreter(in *f*) *m* des Europagedankens; **~eização** [-pejzɐ'sɐ̃w] *f* Europäisierung *f*; **~eizar** [-pej'zar] (1q) europäisieren; **~eu** [-'pew] **1.** *adj* europäisch; **2.** *m*, **-eia** *f* Europäer(in *f*) *m*
eutanásia [ewtɐ'nazjɐ] *f* Euthanasie *f*
evacu|ação [ivɐkwɐ'sɐ̃w] *f* *Ort*: Räumung *f*; MIL Abzug *m*; *Objekte*: Beseitigung *f*; Abtransport *m*; MED Stuhl(gang) *m*; **~ar** [-'kwar] (1g) **1.** *v/t* *Platz* räumen; *Truppen* zurückziehen; *Gefährdetes* wegschaffen; *Tank* ablassen; *Stoffe* ausscheiden; *Darm* entleeren; **2.** *v/i* Stuhlgang haben; **~-se** auslaufen; sich entleeren
evadir [ivɐ'dir] (3b) vermeiden; *Aufgabe*: sich herumdrücken um; **~-se** entweichen (*Gas*); ausbrechen (**de** aus) (*Gefangener*)
Evangelho [ivɐ̃'ʒɛʎu] *m* Evangelium *n*
evang|élico [ivɐ̃'ʒɛliku] evangelisch; **~elista** [-ʒə'liʃtɐ] *m* Evangelist *m*
evapor|ação [ivɐpurɐ'sɐ̃w] *f* *Wasser*: Verdunstung *f*; Ausdünstung *f* (*e-s Menschen*); Duft *m*; **~ar** [-'rar] (1e) zum Verdunsten (*od fig* zum Verschwinden) bringen; *Geruch* ausdünsten; *Duft* verströmen; *fig* vergeuden; **~-se** verdunsten (*Wasser*); verfliegen (*Duft*); *fig* sich in nichts auflösen
evas|ão [iva'zɐ̃w] *f* Flucht *f*; (Gefängnis)Ausbruch *m*; **~ *fiscal*** Steuerflucht *f*; **~iva** [-'zivɐ] *f* Ausflucht *f*; Ausrede *f*; **~ivo** [-'zivu] ausweichend
evento [i'vɐ̃tu] *m* Ereignis *n*
eventual [ivɐ̃'twaɫ] etwaig, eventuell; gelegentlich; ***trabalho*** *m* **~** Gelegenheitsarbeit *f*; **~idade** [-twɐli'dadə] *f* Eventualität *f*, *zufälliger* Umstand *m*; Möglichkeit *f*; Zufall *m*; ***na ~ de*** für den Fall, dass; **~mente** [-twaɫ'mẽtə] unter Umständen; möglicherweise
evid|ência [ivi'dẽsjɐ] *f* Offenkundigkeit *f*; *These*: Unbestreitbarkeit *f*; Evidenz *f*; ***ceder à ~*** sich geschlagen geben; ***pôr em ~*** klarstellen; hervorheben; **~enciar** [-dẽ'sjar] (1g) zeigen; **~-se** sich zeigen, sich erweisen (als); *durch Leistung* sich hervortun (***em*** in *dat*); **~ente** [-'dẽtə] offenkundig (*Sachverhalt*); unbestreitbar (*These*); überzeugend; deutlich; evident; *fig* greifbar; **~entemente** [-dẽtə'mẽtə] offensichtlich; selbstverständlich
evit|ar [ivi'tar] (1a) *Gefahr* (ver)meiden; ausweichen (*dat*); *Unglück* verhindern, verhüten; **~ável** [-'tavɛɫ] vermeidbar
eviterno [ivi'tɛrnu] ewig
evoc|ação [ivukɐ'sɐ̃w] *f* Beschwörung *f*; Erinnerung *f* (**de** an *ac*); **~ar** [-'kar] (1n; *Stv* 1e) hervorrufen; *Vergangenes* vergegenwärtigen; *Erinnerung* wachrufen; **~ativo, ~atório** [-kɐ'tivu, -'tɔrju] beschwörend; Erinnerungs...
evolu|ção [ivulu'sɐ̃w] *f* Entwicklung *f*, Fortgang *m*, -entwicklung *f*; CIENC Evolution *f*; **~cionar** [-sju'nar] (1f)

sich (weiter)entwickeln; **~cionismo** [-sju'niʒmu] *m* *CIENC* Entwicklungstheorie *f*; *BIOL* Evolutionstheorie *f*; **~ir** [-'lwir] (3i) sich entwickeln; Fortschritte machen; **~tivo** [-lu'tivu] Entwicklungs...

Évora ['ɛvurɐ] *f port Distrikt(hauptstadt)*

ex. ***exemplar*** *m* Exemplar *n*; ***exemplo*** *m* Beispiel *n*

ex-... [ɐjʃ-, ɐjz-, ɐjʒ-, iz-] ehemalig, Ex-...

Ex.ª ***Excelência*** *f* Exzellenz *f*

exacerb|ação [izɐsərbɐ'sɐ̃w] *f* Erbitterung *f*; Steigerung *f*; *Lage, Maßnahme*: Verschärfung *f*; *Krankheit*: Verschlimmerung *f*; **~ar** [-'bar] (1c) erbittern; *Hass* schüren; *Schmerz* steigern; *kritische Lage* verschärfen; **~-se** wütend werden

exa(c)t|amente [izatɐ'mẽtə] genau; **~!** sehr richtig!; eben!; **~idão** [-ti'dɐ̃w] *f* Genauigkeit *f*; *Rechnung etc*: Richtigkeit *f*; Sorgfalt *f* (*beim Arbeiten*); Pünktlichkeit *f*; **com ~** = **~o** [i'zatu] exakt, genau; richtig (*Rechnung etc*); sorgfältig

exager|ação [izɐʒərɐ'sɐ̃w] *f* → ***exagero***; **~ado** [-'radu] übertrieben; **~ar** [-'rar] (1c) übertreiben; *fig* es zu weit treiben (**em** mit); **~o** [-'ʒeru] *m* Übertreibung *f*

exal|ação [izɐlɐ'sɐ̃w] *f* Ausdünstung *f*; *angenehmer* Duft *m*; **~ar** [-'lar] (1b) ausdünsten; *Duft* ausströmen; *Seufzer, Klagen* ausstoßen; *Seele* aushauchen; *Zorn* auslassen; **~-se** entströmen (*Gas*); verfliegen (*Duft*)

exalt|ação [izaɫtɐ'sɐ̃w] *f* Erhöhung *f*; *Leistung, Eigenschaft*: Lobpreisung *f*; Ruhm *m*; *fig* Erregung *f* (*a durch Ärger*); Begeisterung *f*; **~ado** [-'tadu] begeistert; übersteigert (*Liebe*); überspannt (*Person*); **~ar** [-'tar] (1a) erhöhen; *Kräfte* steigern; *Leistung, Tat* rühmen; *fig* begeistern; erregen (*Provokation*); **~-se** aufbrausen

exame [i'zɐmə] *m* *UNIV* Prüfung *f*; Examen *n*; Untersuchung *f* (*bsd MED*); *Ort*: Besichtigung *f*; *Angelegenheit*: Kontrolle *f*; *JUR* Vernehmung *f*; **~ de admissão** Aufnahmeprüfung *f*; **~ final do 12° ano** Abitur *n*; **passar** (**chumbar**) **no ~** die Prüfung bestehen (P vermasseln)

examin|ador [izɐminɐ'dor] *m* Prüfer *m*; **~ando** [-'nɐ̃du] *m* Prüfling *m*; **~ar** [-'nar] (1a) *Schüler, Sachverhalt* prüfen; *Entwicklung* beobachten; untersuchen (*bsd MED*); *Aussage* überprüfen

exangue [i'zẽgə] blutleer; kraftlos

exânime [i'zɐnimə] leblos

exarar [izɐ'rar] (1b) eingraben; *fig* (nieder)schreiben; eintragen, vermerken; *Dekret* erlassen

exasper|ação [izɐʃpərɐ'sɐ̃w] *f* Erbitterung *f*; Erregung *f*; **~ar** [-'rar] (1c) aufbringen; erbittern; zur Verzweiflung bringen; *Übel* verschlimmern; **~-se** sich aufregen; **~o** [-'peru] *m* → ***exasperação***

exat... *bras* → ***exact...***

exau|rir [izaw'rir] (3a) erschöpfen; *Quelle* austrocknen; **~-se** versiegen (*Quelle, Ideen*); sich verausgaben (*Person*); **~rível** [-'rivɛɫ] erschöpfbar; **~stão** [-ʃ'tɐ̃w] *f* Erschöpfung *f* (*a Rohstoffe*); (völlige) Entleerung *f*; **~stivo** [-ʃ'tivu] erschöpfend; ausführlich, umfassend (*Behandlung*); ermüdend (*Tätigkeit*); **~sto** [i'zawʃtu] erschöpft (*Person*); verbraucht (*Rohstoff*); **~ de** bar (*gen*) ...los; **~stor** [-ʃ'tor] *m* Entlüfter *m*

exceç..., excec... *bras* → ***excepç..., excepc...***

exced|ente [ɐjʃsə'dẽtə] **1.** *adj* überzählig; restlich; **2.** *m* Überschuss *m*; Rest *m*; *Geld*: Mehrbetrag *m*; **~ de** (**receitas**) Mehr(einnahme *f*) *n*; **~er** [-'der] (2c) **3.** *v/t* **a)** überschreiten; = **b)** *v/i*: **~ a** *et, j-n* übertreffen (**em** in *dat*); **~-se** sich selbst übertreffen; **~-se em** zu weit gehen bei (*od* in *dat*)

excel|ência [ɐjʃsə'lẽsjɐ] *f* Vorzüglichkeit *f*; ℒ *Titel*: Exzellenz *f*; **Vossa** ℒ (*Abk* **V. Ex.ª**) *förmliche Anrede*: Sie; **por ~** par excellence, schlechthin; **~ente** [-'lẽtə] vortrefflich; exzellent; **~entíssimo** [-lẽ'tisimu]: ℒ **Senhor** (*Abk* **Ex.mo Sr.**) *Anschrift*: Herrn; *Anrede*: Sehr geehrter Herr; ***o ℒ Senhor Ministro*** Herr Minister; ***ℒentíssima Senhora Dona*** (*Abk* **Ex.ma Sr.ª D.**) *Anschrift*: Frau

excelso [ɐjʃ'sɛɫsu] hoch; *fig* erhaben

excentricidade [ɐjʃsẽtrəsi'dadə] *f* Exzentrizität *f*; *Reifen*: Rundlauffehler *m*

excêntrico [ɐjʃ'sẽtriku] **1.** *adj* exzentrisch; *fig* überspannt; sonderbar; **2.** *m* Sonderling *m*, Exzentriker *m*; *TEA* Clown *m*; *TÉCN* Exzenter *m*
excep|ção [ɐjʃsɛ'sɐ̃w] *f* Ausnahme *f*; *JUR* Einspruch *m*; ***à*** (*od* ***com***) **~ *de*** → ***excepto***; **~cional** [-sju'nał] außergewöhnlich; Ausnahme...; **~cionalmente** [-sjunał'mẽtə] ausnahmsweise; **~to** [-'sɛtu] außer, mit Ausnahme von; **~tuar** [-'twar] (1g) ausnehmen; ausschließen
excerto [ɐjʃ'sertu] *m* Auszug *m* (*a Konto*)
excess|ivo [ɐjʃsə'sivu] übertrieben; exzessiv; **~o** [-'sɛsu] *m* Rest *m*; Übermaß *n* (***de*** an *dat*); *fig* Ausschreitung *f*; Exzess *m*; **~ *de peso*** Übergewicht *n*; **~ *de velocidade*** Geschwindigkeitsüberschreitung *f*; ***em* ~** übermäßig; zu viel, zu sehr
exet... *bras* → ***exept...***
excit|ação [ɐjʃsitɐ'sɐ̃w] *f* Erregung *f*; Reizung *f* (*a MED*); Gereiztheit *f*; **~ado** [-'tadu] erregt; F aufgekratzt; **~ador** [-tɐ'dor] *m*: **~ *de desordens*** Unruhestifter *m*; **~amento** [-tɐ'mẽtu] *m* Erregung *f*; *fig* Belebung *f*; **~ante** [-'tẽtə] **1.** *adj* (auf)reizend; erregend; **2.** *m* Reizmittel *n*; **~ar** [-'tar] (1a) erregen; *durch Provokation* reizen; *Mannschaft* anfeuern; *fig* beleben, ankurbeln; **~-*se com*** sich auf-, erregen über (*ac*)
exclam|ação [ɐjʃklɐmɐ'sɐ̃w] *f* Ausruf *m*; (Auf)Schrei *m*; ***ponto m de* ~** Ausrufungszeichen *n*; **~ar** [-'mar] (1a) (aus)rufen; schreien
exclu|ir [ɐjʃ'klwir] (3i) ausschließen (***de*** aus); **~são** [-'zɐ̃w] *f* Ausschluss *m*; ***sem* ~ *de ninguém*** ohne Ausnahme; **~siva** [-'zivɐ] *f JUR* Ausschlussklausel *f*; **~sive** [-'zivɛ] ausschließlich; **~sividade** [-zəvi'dadə] *f* Exklusivität *f*; **~sivismo** [-zə'viʒmu] *m* Ausschließlichkeit(sanspruch *m*) *f*; Exklusivität *f*; **~sivo** [-'zivu] **1.** *adj* ausschließlich; Allein...; ausschließend; ***em* ~** exklusiv (*Rechte*); **2.** *m* Alleinberechtigung *f*; *ECON* Alleinverkauf *m*, -vertretung *f*
excom|ungado [ɐjʃkumũ'gadu] **1.** *adj fig* verflucht; **2.** *m*, **-a** *f* Kerl *m*, Weibsbild *n*; ***ter cara de* ~** wenig Vertrauen erweckend aussehen; **~ungar** [-mũ'gar] (1o) *REL* exkommunizieren; **~unhão** [-mu'ɲɐ̃w] *f* Exkommunikation *f*
excre|ção [ɐjʃkrə'sɐ̃w] *f* Ausscheidung *f*; **~mento** [-'mẽtu] *m* Kot *m*; **~scência** [-krəʃ'sẽsjɐ] *f fleischlicher* Auswuchs *m* (*a fig*); Gewächs *n*; **~tar** [-'tar] (1c) ausscheiden; **~to** [-'krɛtu] *m* Ausscheidung *f*
excurs|ão [ɐjʃkur'sɐ̃w] *f* Ausflug *m*; Exkursion *f*; **~ionista** [-sju'niʃtɐ] *su* Ausflügler(in *f*) *m*; **~o** [-'kursu] *m* Exkurs *m*
execr|ação [izəkrɐ'sɐ̃w] *f* Abscheu *m*; Aversion *f*; *REL* Entweihung *f*; **~ando** [-'krẽdu] verabscheuenswert; **~ar** [-'krar] (1c) verabscheuen; **~ável** [-'kravɛł] abscheulich
execu|ção [izəku'sɐ̃w] *f* Ausführung *f*, Durchführung *f*; *Amt*: Ausübung *f*; *MÚS*, *TEA* Spiel *n*; *JUR* Vollstreckung *f*; *bsd* Zwangsvollstreckung *f*; Hinrichtung *f*; ***de difícil* ~** schwer durchführbar; ***dar* ~ *a*, *pôr em* ~** → **~*tar***; **~tante** [-'tẽtə] *su* Ausführende(r) *su*; **~tar** [-'tar] (1a) ausführen; *Programm* durchführen; *Amt* ausüben; *Stück*, *Rolle* spielen; *Urteil* vollstrecken; *bei e-m Schuldner* pfänden; *Verbrecher* hinrichten; **~tável** [-'tavɛł] durchführbar; *JUR* vollstreckbar; **~tivo** [-'tivu] **1.** *adj* Aus-, Durchführungs...; ***comissão f -a*** Exekutivausschuss *m*; ***mandado m* ~** Vollstreckungsbefehl *m*; **2.** *m POL* Exekutive *f*, Regierung *f*; *ECON* Geschäftsmann *m*, Manager *m*; **~tor** [-'tor] *m* Vollstrecker *m*; **~ *judicial*** Gerichtsvollzieher *m*
exegese [izə'ʒɛzə] *f* Auslegung *f*, Lesart *f*; *REL* Exegese *f*
exempl|ar [izẽ'plar] **1.** *adj* mustergültig, Muster...; exemplarisch; **2.** *m* Muster *n*, Exemplar *n*; **~ *grátis*** Gratisexemplar *n*; **~ificação** [-pləfikɐ'sɐ̃w] *f* Veranschaulichung *f*; **~ificar** [-pləfi'kar] (3n) veranschaulichen; als Beispiel anführen
exemplo [i'zẽplu] *m* Beispiel *n* (*a GRAM*); Vorbild *n*; Exempel *n*; *LING* Sprichwort *n*; ***a* ~ *de*** nach *j-s* Vorbild; ***por* ~** zum Beispiel; ***dar o* ~** mit gutem Beispiel vorangehen; ***fazer em* ~** ein Exempel statuieren an (*dat*); ***tomar* ~ *em*** (*od* ***o* ~ *de***) sich ein Beispiel nehmen an (*dat*)

exéquias [i'zɛkjɐʃ] *f/pl* Trauerfeier *f*
exequível (*ü) [izə'kwivɛɫ] aus-, durchführbar
exerc|er [izər'ser] (2g) **1.** *v/t* ausüben; *Handel, Sport* treiben; *Geschäft* betreiben; *Platz* ausfüllen; *Fertigkeiten* üben; *Verbrechen* verüben, begehen; ~ ***acção sobre*** wirken auf (*ac*); beeinflussen (*ac*); **2.** *v/i* tätig sein; amtieren (*Politiker*); praktizieren (*Arzt*); **~ício** [-'sisju] *m* Übung *f* (*a Sport*); *Tätigkeit*: Ausübung *f*; *ECON* Geschäftsjahr *n*; ***em*** ~ amtierend; **~itar** [-si'tar] (1a) üben; *Geschäft, Handel* (be)treiben; *Tätigkeit* ausüben; *MIL* drillen
exército [i'zɛrsitu] *m* Heer *n*, Armee *f*
exib|ição [izəbi'sɐ̃w] *f Ausweis*: Vorlage *f*; (Film)Vorführung *f*; Zurschaustellung *f*; Ausstellung *f*; *TEA* Aufführung *f*; Auftreten *n*; **~icionismo** [-bisju'niʒmu] *m* Exhibitionismus *m*; **~ir** [-'bir] (3a) *Papiere* vorlegen; *Ausweis* vorweisen; *Gründe* vorbringen; *Kunststück* vorführen; *Waren* auslegen; *Bilder* ausstellen; *Film* aufführen; *Talent* zeigen; **~-se** sich zur Schau stellen; *TEA* auftreten (***em*** in *dat*)
exig|ência [izi'ʒẽsjɐ] *f* Forderung *f* (*a POL*); Erfordernis *n*; Bedarf *m*; *JUR* Vorschrift *f*; **~ente** [-'ʒẽtə] anspruchsvoll; fordernd; **~ir** [-'ʒir] (3n) *Rechte* fordern (***a***, ***de*** von); *Mühe, Ausdauer* erfordern
exiguidade (*ü) [izəgwi'dadə] *f* Geringfügigkeit *f*; Winzigkeit *f*
exíguo [i'zigwu] gering(fügig); wenig
exil|ado [izi'ladu] **1.** *adj* exiliert; **2.** *m* Exilant *m*; **~ar** [-'lar] (1a) verbannen, exilieren
exílio [i'zilju] *m* Exil *n*; Verbannung *f*
exímio [i'zimju] hervorragend
eximir [izə'mir] (3a) befreien (***de*** von); *Arbeit*: verschonen (***de*** mit); *Schuld*: freisprechen (***de*** von); **~-se** *Pflicht*: sich entziehen (***de*** *dat*); *Unfall*: entkommen (***de*** *dat*)
exist|ência [iziʃ'tẽsjɐ] *f menschliche* Existenz *f*; Dasein *n*; *Gegenstand*: Vorhandensein *n*; Vorkommen *n*; **~s** *pl* Vorräte *m/pl*; **~ente** [-'tẽtə] existent; bestehend; vorhanden; *ECON* vorrätig; **~ir** [izəʃ'tir] (3a) bestehen, existieren; vorhanden sein (*Gegenstand*); vorkommen (*seltene Tiere*); leben (*Mensch, Tier*)
êxito ['ezitu] *m* Erfolg *m*; Ausgang *m*
Ex.mo(s), **Ex.ma(s)** ***Excelentíssimo(s)***, ***Excelentíssima(s)*** sehr geehrte(r)
êxodo ['ezudu] *m* Exodus *m*
exoner|ação [izunərɐ'sɐ̃w] *f* Amtsenthebung *f*; Entlassung *f*; **~ar** [-'rar] (1c) entlasten; *von Verpflichtungen* befreien; *s-s Amtes* entheben; entlassen (***de*** aus)
exor|ar [izu'rar] (1e) anflehen; **~ável** [-'ravɛɫ] mitleidig, gütig
exorbit|ância [izurbi'tɐ̃sjɐ] *f* Übermaß *n*; Übertreibung *f*; *ECON* überhöhte(r) Preis *m*; Willkür *f*; **~ante** [-'tɐ̃tə] übermäßig; übertrieben; F unverschämt; **~ar** [-'tar] (1a) zu weit gehen; ~ ***de*** *Limit* überschreiten; *Befugnisse* missbrauchen
exorcism|ar [izursiʒ'mar] (1a) *j-m* den Teufel austreiben; *Geister* austreiben; **~o** [-'siʒmu] *m* Exorzismus *m*
exórdio [i'zɔrdju] *m* Einleitung *f*, Einführung *f*
exort|ação [izurtɐ'sɐ̃w] *f* **a)** Ermahnung *f*; **b)** Aufruf *m*; **~ar** [-'tar] (1e) **a)** (er)mahnen; **b)** aufmuntern; auffordern (***a*** zu)
exótico [i'zɔtiku] exotisch; fremdartig
exotismo [izu'tiʒmu] *m* Exotik *f*
expan|dibilidade [ɐjʃpẽdibəli'dadə] *f* Erweiterungsfähigkeit *f* (*bsd INFORM*); **~dir** [-'dir] (3a) ausbreiten; erweitern; *Gedanken* äußern; **~-se** expandieren (***para*** nach); **~são** [-'sɐ̃w] *f* Expansion *f* (*a HIST*); Aus-, Verbreitung *f*; Erweiterung *f* (*a INFORM*); *fig* Äußerung *f*; **~sionismo** [-sju'niʒmu] *m* Expansionismus *m*; **~sivo** [-'sivu] (sich) ausdehnend; *fig* aufgeschlossen
expatri|ação [ɐjʃpɐtrjɐ'sɐ̃w] *f* Ausbürgerung *f*; **~ar** [-'trjar] (1g) ausbürgern; **~-se** außer Landes gehen
expect|ar [ɐjʃpɛ'tar] (1a) abwarten; **~ativa** [-tɐ'tivɐ] *f* Erwartung *f*; Hoffnung *f* (***de*** auf *ac*); ***estar na*** ~ (ab)warten; ***manter-se na*** ~ sich abwartend verhalten; ***ter a*** ~ ***de*** Aussicht haben auf (*ac*)

E

expector|ação [ɐjʃpɛturɐ'sɐ̃w] *f* *MED* Auswurf *m*; **~ante** [-'rɐ̃tə] **1.** *adj* schleimlösend; **2.** *m FARM* Hustenmittel *n*; **~ar** [-'rar] (1e) aushusten, ausspucken; *fig* ausstoßen
exped|ição [ɐjʃpədi'sɐ̃w] *f* Abfertigung *f*, Erledigung *f*; *Post*: Beförderung *f*; (Waren)Versand *m*; (Telegramm)Aufgabe *f*; *CIENC* Forschungsreise *f*, Expedition *f*; *MIL* Feldzug *m*; *fig* Geschick *n*; **~icionário** [-disju'narju] **1.** *adj* Versand...; Expeditions...; **2.** *m* Expeditionsteilnehmer *m*; **~iente** [-'djẽtə] **1.** *adj* F findig; flink; **2.** *m* **a)** Geschäfts-, Schriftverkehr *m*; Schriftsachen *f/pl*; (***horas*** *f/pl* ***de***) **~** Dienst-, Geschäftszeit *f*; ***dia*** *m* ***de*** **~** Versandtag *m*; **b)** Hilfsmittel *n*; *depr* Notbehelf *m*; *bras* Handstreich *m*; *fig* Geschick *n*; ***fértil em ~s*** findig; ***viver de ~s*** sich (schlecht und recht) durchschlagen; **~ir** [-'dir] (3r) abfertigen; erledigen; *Waren etc* verschicken; *Boten* entsenden; *Post* befördern; *Telegramm* aufgeben; *Schrei* ausstoßen; **~itivo**, **~ito** [-də'tivu, -'ditu] rasch (*Erledigung*); flink; gewandt
expelir [ɐjʃpə'lir] (3c) austreiben; *Fluch*, *Rauch* ausstoßen; *Ball* weit (weg)werfen; **~ *de si*** von sich geben
expensas [ɐjʃ'pẽsɐʃ] *f/pl* Kosten *pl*; ***a ~ de*** auf *j-s* Kosten
experi|ência [ɐjʃpə'rjẽsjɐ] *f* **a)** Erfahrung *f*, Erlebnis *n*; **b)** Versuch *m*; Erprobung *f*, Experiment *n*; ***a título de ~*** probeweise; **~ente** [-'rjẽtə] erfahren
experiment|ação [ɐjʃpərimẽtɐsɐ̃w] *f* Erprobung *f*, Prüfung *f*, Experimentieren *n*; **~ado** [-'tadu] erfahren (*Person*); erprobt (*Material*); **~al** [-'taɫ] experimentell; **~ar** [-'tar] (1a) erproben (*a fig*); *Kleidung* anprobieren; prüfen; *Speisen* probieren; *Gefühle* erleben; **~-se** Erfahrungen sammeln (***com*** bei)
expet... *bras* → ***expect...***
expi|ação [ɐjʃpjɐ'sɐ̃w] *f* Buße *f*; **~ar** [-'pjar] (1g) *Schuld* büßen; *Strafe* abbüßen; **~atório** [-pjɐ'tɔrju] Buß...; Sünden...; ***bode*** *m* **~** Sündenbock *m*
expir|ação [ɐjʃpirɐ'sɐ̃w] *f* Ausatmung *f*, *fig* Ablauf *m* (*e-r Frist*); **~ar** [-'rar] (1a) **1.** *v/t* (aus)atmen; **2.** *v/i* *poét* verscheiden (*Person*); erlöschen, ersterben (*Ton*, *Stimme*); ablaufen (*Frist*); zu Ende gehen
explan|ação [ɐjʃplɐnɐ'sɐ̃w] *f* Erklärung *f*, Erläuterung *f*; **~ar** [-'nar] (1a) erklären; erläutern, darlegen
explic|ação [ɐjʃplikɐ'sɐ̃w] *f* Erklärung *f*; ***-ões*** *pl* Nachhilfestunden *f/pl*; ***dar -ões*** Nachhilfe erteilen; *fig* Erklärungen (*od* Rechtfertigungen) abgeben; **~adamente** [-kadɐ'mẽtə] eingehend; **~ador** [-kɐ'dor] *m* Nachhilfelehrer *m*; Repetitor *m*; **~ar** [-'kar] (1n) erklären; F *j-m et* klarmachen; Nachhilfestunden geben in (*dat*); **~-se *com*** mit *j-m et* verabreden; **~ativo** [-kɐ'tivu] erklärend; **~ável** [-'kavɛɫ] erklärlich
explicitar [ɐjʃpləsi'tar] (1a) explizit machen; verdeutlichen
explícito [ɐjʃ'plisitu] ausdrücklich; klar, deutlich; explizit
explodir [ɐjʃplu'dir] (3f) explodieren; zerspringen, zerplatzen
explor|ação [ɐjʃplurɐ'sɐ̃w] *f* Erforschung *f*, Erkundung *f*, Untersuchung *f*, *ECON* Bewirtschaftung *f*; *BGB* Abbau *m*; *fig* Ausbeutung *f*; **~ador** [-rɐ'dor] *m* Forscher *m*; *fig* Ausbeuter *m*; **~ar** [-'rar] (1e) erforschen; erkunden; untersuchen; *ECON* bewirtschaften; *Geschäft* betreiben; *BGB* abbauen; *fig Möglichkeiten* ausnutzen; *Ergebnisse* auswerten; *Menschen* ausbeuten
explos|ão [ɐjʃplu'zɐ̃w] *f* Explosion *f*, *fig* Ausbruch *m*; **~ivo** [-'zivu] **1.** *adj* explosiv; Spreng...; Knall...; *fig* Brisanz *f*; **2.** *m* Sprengstoff *m*, -körper *m*
expor [ɐjʃ'por] (2zd) *Waren*, *Kunst* ausstellen; *Gedanken* darlegen; *Ergebnisse* darstellen; *Kind* aussetzen; *dem Regen etc* aussetzen (**a** *dat*), *Leben* aufs Spiel setzen; *Geheimnis* aufdecken; *FOT* belichten; **~-se *a*** sich zeigen; *Gefahr*: sich aussetzen; *Examen*: sich unterziehen
export|ação [ɐjʃpurtɐ'sɐ̃w] *f* Export *m*; **~ador** [-tɐ'dor] *m* Exporteur *m*; **~adora** [-tɐ'dɔrɐ] *f* Exportunternehmen *n*; **~ar** [-'tar] (1e) exportieren; **~ável** [-'tavɛɫ] exportfähig
expos|ição [ɐjʃpuzi'sɐ̃w] *f* Ausstellung *f* (*a Kunst*); *Theorie*: Darlegung

f; *Ergebnis*: Darstellung *f*; Lage *f* (*e-s Hauses*); *Tier etc*: Aussetzung *f*; *LIT* Exposition *f*; *FOT* Belichtung(s-dauer) *f*; **~itor** [-zi'tor] *m* Aussteller *m*; **~to** [-'poʃtu] **1.** *p/p von* **expor**; **2.** *m* Darlegung *f*, -stellung *f*

express|ão [ɐjʃprə'sɐ̃w] *f* **a**) Ausdruck *m*; ***liberdade f de ~*** Redefreiheit *f*; ***~ idiomática*** idiomatische Wendung *f*; ***reduzir à ~ mais simples*** auf die einfachste Formel bringen; *fig j-n* blamieren; *j-n* ins Elend stürzen; **b**) *Obst*: Auspressen *n*; **~ar** [-'sar] (1c) → ***exprimir***; **~ionismo** [-sju'niʒmu] *m* Expressionismus *m*; **~ividade** [-səvi'dadə] *f* Ausdruckskraft *f*; **~ivo** [-'sivu] ausdrucksvoll; Ausdrucks...; nachdrücklich (*Aufforderung*); **~o** [-'prɛsu] **1.** *p/p irr von* ***exprimir***; **2.** *adj* **a**) ausdrücklich (*Aufforderung*); deutlich; **b**) Express...; ***comboio** m* (*bras* ***trem** m*) **~** Schnellzug *m*; **3.** *m* Eilbote *m*

exprimir [ɐjʃprə'mir] (3a) ausdrücken; ***~-se em português*** sich auf Portugiesisch ausdrücken

exprobr|ação [ɐjʃprubrɐ'sɐ̃w] *f* Vorwurf *m*; **~ar** [-'brar] (1e) *j-m et* vorhalten, vorwerfen; *et* anprangern

expropri|ação [ɐjʃpruprjɐ'sɐ̃w] *f* Enteignung *f*; **~ar** [-'prjar] (1g) enteignen

expugnar [ɐjʃpug'nar] (1a) *Stadt*, *Burg* erobern; *Feind* besiegen

expuls|ão [ɐjʃpuɫ'sɐ̃w] *f* *POL* Ausweisung *f*, Abschiebung *f*; *Volk*: Vertreibung *f*; Ausschluss *m* (*aus e-r Gemeinschaft*); **~ar** [-'sar] (1a) *unliebsame Personen* abschieben (***de*** aus); *Volk* vertreiben (***de*** aus); *Mitglied* ausstoßen (***de*** aus); ausschließen (***de*** aus); F hinauswerfen (***de*** aus); *MED* abführen; von sich geben; **~o** [-'puɫsu] *p/p irr von* ***~ar***

expurg|ar [ɐjʃpur'gar] (1o) reinigen (*a MED*, *fig*); *Fehler* korrigieren; *bras POL* säubern; **~atório** [-gɐ'tɔrju] *m* Index *m*

êxtase ['ɐjʃtɐzə] *m* Ekstase *f*

extasiar [ɐjʃtɐ'zjar] (1g) verzücken; begeistern; ***~-se*** in Verzückung geraten (***com*** über *ac*)

extemporâneo [ɐjʃtẽpu'rɐnju] ungelegen; unangebracht

extens|ão [ɐjʃtẽ'sɐ̃w] *f räuml* Ausdehnung *f*, (Über)Dehnung *f*; *zeitl* Länge *f*, Dauer *f*; Umfang *m*; *TEL* Apparat(nummer *f*) *m*; *EL* Verlängerungsschnur *f*; ***em menor (maior) ~*** in geringerem (höherem) Maße; ***por ~*** im weiteren Sinne; **~ível** [-'sivɛɫ] (aus)dehnbar; **~ivo** [-'sivu] extensiv; *fig* verallgemeinerbar; anwendbar (***a*** auf *ac*); ***ser ~ a*** gelten für; **~o** [-'tẽsu] *räuml* weit(läufig); *zeitl* lang; lang anhaltend (*Ton*); umfangreich (*Text*); ***por ~*** ausgeschrieben (*Zahl*)

extenu|ação [ɐjʃtənwɐ'sɐ̃w] *f* Schwäche *f*, Abschwächung *f*; **~ante** [-'nwẽtə] anstrengend; erschöpfend; schwächend; **~ar** [-'nwar] (1g) schwächen; *Drohung* abschwächen

exterior [ɐjʃtə'rjor] **1.** *adj* äußer, Außen...; äußerlich; **2.** *m* Äußere(s) *n*; Ausland *n*; ***do ~*** von außen

exterior|idade [ɐjʃtərjuri'dadə] *f* Äußerlichkeit *f*; **~ização** [-rizɐ'sɐ̃w] *f* Äußerung *f*; **~izar** [-ri'zar] (1a) zum Ausdruck bringen; **~mente** [-rjor'mẽtə] von außen (betrachtet)

extermin|ador [ɐjʃtərminɐ'dor] *m* Kammerjäger *m*; **~ar** [-'nar] (1a) ausrotten; vernichten

extermínio [ɐjʃtər'minju] *m* Ausrottung *f*, Vernichtung *f*

extern|ato [ɐjʃtər'natu] *m* Externat *m*; **~o** [-'tɛrnu] **1.** *adj* äußer; Außen...; äußerlich; ***uso** m **~*** *Medikament*: äußerliche Anwendung *f*; **2.** *m Schule*: Externe(r) *m*

extin|ção [ɐjʃtĩ'sɐ̃w] *f Feuer*: Löschung *f*, *Ungeziefer*: Ausrottung *f*, *Gesetz*: Abschaffung *f*, *Verein*: Auflösung *f*, *Schulden*: Tilgung *f*, *Stimme etc*: Verlust *m*; *Tierart*: Aussterben *n*; **~guir** [-'gir] (3o) *Feuer* löschen; *Ungeziefer*, *Tierart* ausrotten; *Gesetz*, *Armut* abschaffen; *Verein* auflösen; *Schuld* tilgen; *Kraft*, *Vermögen* vergeuden; ***~-se*** erlöschen (*Feuer*); aussterben (*Tierart*); **~guível** [-'givɛɫ] löschbar; **~to** [-'tĩtu] **1.** *p/p irr von* ***~guir***; **2.** *m* Verstorbene(r) *m*; **~tor** [-'tor] *m* Feuerlöscher *m*

extirp|ação [ɐjʃtirpɐ'sɐ̃w] *f* Ausrottung *f*; **~ar** [-'par] (1a) ausrotten (***pela raiz*** mit der Wurzel)

extor|quir [ɐjʃtur'kir] (3o) *Geld* erpressen; *Geständnis* abnötigen; *Ge-*

genstand entreißen; **~são** [-'sɐ̃w] *f* Erpressung *f*; Nötigung *f*

extra ['ɐjʃtrɐ] *m* Extra *n*; *TEA* Zugabe *f*

extra..., extra-... [ɐjʃtrɐ...] *in Zssgn* außer...; extra...

extra(c)ção [ɐjʃtra'sɐ̃w] *f MED* Extraktion *f*; Ziehen *n* (*e-s Zahnes*); *Lotterie*: Ziehung *f*; *QUÍM* Auslaugung *f*; *MIN* Förderung *f*; *ECON* Absatz *m*, Verkauf *m*

E

extraconjugal [ɐjʃtrɐkõʒu'gaɫ] außerehelich

extra(c)tar [ɐjʃtra'tar] (1a) e-n Auszug machen aus; *QUÍM* auslaugen; **~to** [-'tratu] *m* Auszug *m*; Extrakt *m*; ***~ de conta*** Kontoauszug *m*

extradi|ção [ɐjʃtrɐdi'sɐ̃w] *f* Auslieferung *f*; **~tar** [-'tar] (1a) ausliefern

extra|ir [ɐjʃtrɐ'ir] (31) (heraus)ziehen (**de** aus); *Zahn, Los, Wurzel* ziehen; *BGB* fördern, abbauen; → ***extractar***; **~ível** [-'ivɛɫ] ausziehbar; ausfahrbar

extra|ordinário [ɐjʃtrɐurdi'narju] **1.** *adj* außer-, ungewöhnlich; außerordentlich; Sonder...; **2. ~s** *m/pl* Extraausgaben *f/pl*; Sonstige(s) *n*; **~parlamentar** [-pɐrlɐmẽ'tar] außerparlamentarisch; **~terrestre** [-tə'ʀɛʃtrə] außerirdisch

extrat... *bras* → ***extract...***

extra|vagância [ɐjʃtrɐvɐ'gɐ̃sjɐ] *f* Extravaganz *f*; ***dizer ~s*** ungereimtes Zeug reden; **~vagante** [-vɐ'gẽtə] **1.** *adj* extravagant (*Kleidung*); unsinnig (*Idee*); leichtsinnig (*Person*); **2.** *su* extravagante Person *f*, F Spinner(in *f*) *m*; **~vagar** [-vɐ'gar] (1o; *Stv* 1b) überzählig sein (*Gegenstand*); *in e-m Ort* umherirren; sich verlieren (**em** in *dat*) (*Redner*); **~vasar** [-vɐ'zar] (1b) **1.** *v/t* überlaufen lassen; verschütten; **2.** *v/i* ausfließen; aus-, übertreten; **~viar** [-'vjar] (1g) vom Weg abbringen; *Gegenstand* verlegen; *absichtliches* verschwinden lassen; *Geld* hinterziehen; *fig* auf Abwege bringen; **~-se** sich verirren; abhanden kommen (*Post*); *fig* auf Abwege geraten; **~vio** [-'viw] *m* Irreführung *f*; Verlust *m*

extrema-|direita [ɐjʃtremɐdi'rɐjtɐ] *f POL* extreme Rechte *f*, Rechtsextreme(n) *m/pl*; **~esquerda** [-iʃ-'kerdɐ] *f POL* extreme Linke *f*, Linksextreme(n) *m/pl*

extrem|ado [ɐjʃtrə'madu] außergewöhnlich (*Talent*); vollkommen; ausgesucht (*Höflichkeit*); **~ar** [-'mar] (1d) *j-n* auszeichnen; *Einsatz* steigern; vervollkommnen; **~a(s)-unção (-ões)** [-tremɐũ'sɐ̃w] *f(pl) REL* Letzte Ölung *f*; **~idade** [-trəmi-'dadə] *f äußerstes, oberstes, unterstes* Ende *n*; Grenze *f*; *fig* Äußerste(s) *n*; ***levar à ~*** auf die Spitze treiben; **~s** *pl* Extremitäten *pl*; **~ismo** [-'miʒmu] *m* Extremismus *m*; **~ista** [-'miʃtɐ] *su* Extremist(in *f*) *m*; Fanatiker(in *f*) *m*

extremo [ɐjʃ'tremu] **1.** *adj* extrem, äußerst; letzt (*auf Tod bezogen*); **2.** *m äußerstes* Ende *n*; Extrem *n*, *großer* Gegensatz *m*; Äußerste(s) *n* (**de** an *dat*); **~s** *pl örtl* Ende *n*; Rand *m*; *fig* Übertreibungen *f/pl*; ***em ~, por ~*** außerordentlich; übermäßig; aufs Äußerste; **~so** [-trə'mozu] innig

extrínseco [ɐjʃ'trĩsəku] äußerlich (*Ursache*); unwesentlich; ***valor** m **~*** Nennwert *m*

extrovertido [ɐjʃtrɔvər'tidu] extravertiert, nach außen gerichtet

exuber|ância [izubə'rẽsjɐ] *f* Üppigkeit *f*; Reichtum *m*; **~ante** [-'rẽtə] üppig; *fig* überschwänglich; strotzend; **~ar** [-'rar] (1c) strotzen (**de** vor *dat*)

exult|ação [izuɫtɐ'sɐ̃w] *f* Jubel *m*; **~ante** [-'tẽtə] frohlockend; **~ar** [-'tar] (1a) jubeln, frohlocken

exum|ação [izumɐ'sɐ̃w] *f* Exhumierung *f*; **~ar** [-'mar] (1a) ausgraben, exhumieren

F

F, f ['ɛfə] *m* F, f *n*
f. *folha* *f* Blatt *n* (Bl.)
F *Freguesia* *f* Gemeinde *f*
fá [fa] *m MÚS* F *n*
fã [fɐ̃] *su* Fan *m*
fabiano [fɐ'bjɐnu] *m* P Typ *m*, Kerl *m*
fábrica ['fabrikɐ] *f* Fabrik *f*; Bau *m*; *fig* Herd *m*; ***preço*** *m* ***de ~*** Fabrikpreis *m*; ***de boa ~*** gut gearbeitet
fabric|ação [fɐbrikɐ'sɐ̃w] *f* Fabrikation *f*, Herstellung *f*; *fig* Machenschaft *f*; **~ante** [-'kɐ̃tə] *su* Fabrikant(in *f*) *m*; **~ar** [-'kar] (1n) herstellen; *fig Vorwürfe* hervorbringen; *Schicksal* schmieden; **~o** [-'briku] *m* Herstellung *f*, *Erzeugung f*
fabril [fɐ'briɫ] Fabrik...; fabrikmäßig
fábula ['fabulɐ] *f* Fabel *f*
fabul|ar [fɐbu'lar] (1a) **1.** *v/t* erdichten; **2.** *v/i* Fabeln erzählen (*od* schreiben); **~oso** [-'lozu] Fabel...; märchenhaft; erdichtet; *fig* fabelhaft
Fac. *Faculdade* *f* Fakultät *f*
faça ['fasɐ] → ***fazer***
faca ['fakɐ] *f* Messer *n*; ***~ de dois gumes*** *fig* zweischneidige(s) Schwert *n*; ***~ retráctil*** *TÉCN* Cutter *m*; ***pôr a ~ ao peito a*** *j-m* die Pistole auf die Brust setzen; ***ter a ~ e o queijo na mão*** P die Fäden in der Hand haben; **~da** [fɐ'kadɐ] *f* Messerstich *m*; *fig* schmerzliche Überraschung *f*; ***dar uma ~ em*** *bras* P *j-n* anpumpen; ***matar às ~s*** erstechen
façanh|a [fɐ'sɐɲɐ] *f* Heldentat *f*; **~oso** [-'ɲozu] heldenhaft
facão [fɐ'kɐ̃w] *m* Buschmesser *n*
fac|ção [fak'sɐ̃w] *f MIL* Kampf *m*; *POL* (politische) Partei *f*; Fraktion *f*; **~cionário** [-sju'narju] *m* Parteigänger *m*, -anhänger *m*
face ['fasə] *f* Gesicht *n*; *poét* Antlitz *n*; *bsd* Wange *f*; Stirn-, Vorderseite *f*; Fläche *f* (*e-s Körpers*); *Meer*, *Erde*: Oberfläche *f*; *Münze*: Bildseite *f fig* Aussehen *n*, Miene *f*; ***de dupla ~*** *INFORM* double sided (*Diskette*); ***à ~ de*** angesichts (*Umstand*); in Gegenwart von; ***à ~ da lei*** vor dem Gesetz; ***à ~ da letra*** buchstäblich; ***de ~*** von vorn; (***de***) ***~ a ~*** von Angesicht zu Angesicht; ***em ~ de*** infolge; angesichts; ***dar de ~ com*** (mit der Nase) stoßen auf (*ac*); ***fazer ~ a*** sich *j-m*, *et* stellen; *Ausgaben* bestreiten; *s-n Verpflichtungen* nachkommen; ***salvar a ~*** *fig* das Gesicht wahren
facear [fɐ'sjar] (1l) *TÉCN* abfasen
facécia [fɐ'sɛsjɐ] *f* Scherz *m*, Spaß *m*
faceir|ice [fɐsɐj'risə] *f* Koketterie *f*; **~o** [-'sɐjru] geschniegelt; geckenhaft
facet|a [fɐ'setɐ] *f* Facette *f*; Seite(nfläche) *f*; **~ar** [-sətar] (1c) facettieren; **~ear** [-sə'tjar] (1l) Witze reißen, Scherze machen
fachada [fɐ'ʃadɐ] *f* Fassade *f*; *Buch*: Titelblatt *n*; *fig* Äußere(s) *n*; Aussehen *n*; ***obra*** *f* ***de ~*** *fig* Fassadenkosmetik *f*
facho ['faʃu] *m* Fackel *f*; *NAV* Leuchtfeuer *n*, -turm *m*
facial [fɐ'sjaɫ] Gesichts...
fácil ['fasiɫ] leicht; mühelos (*Durchführung*); ungezwungen; (leicht) zugänglich (*Person*); ***é ~ de dizer*** das ist leicht gesagt
facilidade [fɐsəli'dadə] *f* Leichtigkeit *f*; *Person*: Ungezwungenheit *f*; Gefälligkeit *f*; Leichtfertigkeit *f*; **~s** *pl* (Zahlungs)Erleichterungen *f/pl*; Entgegenkommen *n*; ***ter ~ em*** e-e Veranlagung haben für; ***para ele tudo são ~s*** ihm geht alles leicht von der Hand; ***com ~*** leicht, mit Leichtigkeit
facílimo [fɐ'silimu] kinderleicht
facilitar [fɐsəli'tar] (1a) **1.** *v/t Arbeit* erleichtern; *Durchführung* ermöglichen; *Bücher etc* be-, verschaffen; *Entwicklung* unterstützen, begünstigen; **2.** *v/i* unvorsichtig sein; **~-se** sich bereit erklären (***para*** zu)
facilmente [fasiɫ'mẽtə] leicht, mit Leichtigkeit
facínora [fɐ'sinurɐ] *m* Übeltäter *m*, Bösewicht *m*
fã(s)-clube(s) [fɐ̃'klubi] *m*(*pl*) *bras* Fanklub *m*
fact|ício [fak'tisju] künstlich; **~ível** [-'tivɛɫ] machbar; möglich
fa(c)t|o ['fa(k)tu] *m* Tatsache *f*; ***~ consumado*** vollendete Tatsache *f*;

vias *f/pl* **de ~** Tätlichkeiten *f/pl*; **de ~** tatsächlich, in der Tat; **passar a vias de ~** handgreiflich werden; **pôr ao ~ de** unterrichten von; **reter o ~ de** auf die Tatsache verweisen, dass; **~or** [fa'tor] *m* Faktor *m*; Bedingung *f*; CAM. DE F *Warenumschlag*: Verwalter *m*; **~ de protecção solar** Lichtschutzfaktor *m*; **~ura** [-'turɐ] *f* Ausführung *f*, (Mach)Art *f*; ECON Rechnung *f*; **~urar** [-tu'rar] (1a) (e-e) Rechnung ausstellen über (*ac*); in Rechnung stellen; *Waren* ab-, umsetzen; *Geld* einnehmen

F

facul|dade [fɐkuł'dadə] *f* Fähigkeit *f*, Vermögen *n*; Berechtigung *f*; Befugnis *f*; UNIV Fakultät *f*; **~s** *pl* **mentais** Geistesgaben *f/pl*; **em perfeito uso das ~s** im Vollbesitz s-r Kräfte; **~tativo** [-tɐ'tivu] **1.** *adj* fakultativ; freiwillig (*Arbeit*); wahlfrei (*Unterrichtsfach*); **2.** *m* Arzt *m*

facundo [fɐ'kũdu] redegewandt

fada ['fadɐ] *f* Fee *f*; **conto** *m* **de ~s** Märchen *n*

fad|ado [fɐ'dadu] (vom Schicksal) vorherbestimmt; **bem** (**mal**) **~** (un-)glücklich; **~ar** [-'dar] (1b) vorherbestimmen (**para** für); *Zukunft* voraussagen; *mit Talent* ausstatten (**a alg** j-n mit); *j-n* begünstigen; beschützen; **~ário** [-'darju] *m* Schicksal *n*, Unvermeidliche(s) *n*

fadiga [fɐ'digɐ] *f* **a)** Müdigkeit *f*; **b)** Mühe *f*; Anstrengung *f*, Strapaze *f*

fad|inho [fɐ'diɲu] *m*: **fazer o ~** F um den heißen Brei reden; **~ista** [-'diʃtɐ] *su* Fadosänger(in *f*) *m*; F Könner(in *f*) *m*, Künstler(in *f*) *m*; HIST Zuhälter *m*; HIST Hure *f*; **~istagem** [-diʃ'taʒɐ̃j] *f* Gaunerleben *n*; **~istice** [-dəʃ'tisə] *f* Gaunerstreich *m*; **~o** ['fadu] *m* Los *n*, Schicksal *n*; Verhängnis *n*; MÚS Fado *m* (*port Volkslied*); **~s** *pl* Schicksal *n*; **viver no ~** P auf den Strich gehen

fagot|e [fɐ'gɔtə] *m* Fagott *n*

fagueiro [fa'gɐjru] liebevoll; heiter

fagulh|a [fɐ'guʎɐ] **1.** *f* Funke *m*; **2.** *su* Naseweis *m*, Besserwisser(in *f*) *m*; **~ar** [-'ʎar] (1a) Funken sprühen

faia ['fajɐ] *f* BOT Buche *f*

faiança [fɐ'jɐ̃sɐ] *f* Keramik *f*

faisão (**-ães, -ões**) [faj'zɐ̃w] *m*(*pl*) Fasan *m*

faísca [fɐ'iʃkɐ] *f* Funke *m*; Blitz *m*; *Licht*: Aufblitzen *n*; MIN Goldkorn *n*; **fazer ~** P Eindruck schinden

faiscar [fɐiʃ'kar] (1n; *Stv* 1q) **1.** *v/t* sprühen; **2.** *v/i* . Funken sprühen (*Feuer*); blitzen; funkeln (*Stern*)

faixa ['fajʃɐ] *f* Binde *f*, Band *n*; Schärpe *f* (*e-r Vereinigung*); *Straße*: Spur *f*; *fig a* Bereich *m*; **~ central** mittlere Spur *f*; **~ de emergência** (*od* **paragem**) Standspur *f*; **~ de rodagem** Fahrbahn *f*; **~ etária** Altersgruppe *f*; **~ para viaturas lentas** Kriechspur *f*; **~ para bicicletas** Radweg *m*

fala ['falɐ] *f* Rede *f*; Worte *n/pl*; Sprache *f*; **ficar sem ~** sprachlos sein (*vor Verblüffung*); **ser de poucas ~s** F einsilbig (*od* wortkarg) sein; **ter uma ~ com** e-e Aussprache haben mit

fal|a-barato (*pl inv*) [falɐbɐ'ratu] *su* P Schwätzer(in *f*) *m*, Schönredner(in *f*) *m*; **~ação** [fala'sɐ̃w] *f bras* Ansprache *f*; **deitar ~** e-e Rede halten; **~ácia** [fɐ'lasjɐ] *f* **a)** Stimmengewirr *n*; Geschwätz(igkeit *f*) *n*; **b)** Schwindel *m*; **~adeira** *f*, **~ador** *m* [fɐlɐ'dɐjrɐ, -'dor] **1.** *adj* schwatzhaft; **2.** *su* Schwätzer(in *f*) *m*

falange [fɐ'lɐ̃ʒə] *f* Trupp *m*, Schar *f*; ANAT Fingerglied *n*

fal|ante [fɐ'lɐ̃tə] sprechend; F schwatzhaft; **~ar** [-'lar] (1b) sprechen; sagen; **~ a** sprechen zu *j-m*; **~ com** sprechen mit *j-m*; **~ de**, **~ em**, **~ sobre** sprechen von (*od* über *ac*); **~ por ~** drauflosreden; **dar que ~**, **fazer ~ de si** Aufsehen erregen; **estar a ~** TEL besetzt sein; **~ a torto e direito** herumschwafeln; **~ por entre os dentes** nuscheln; **não falando em, sem ~ de** abgesehen von; **~atório** [-lɐ'tɔrju] *m* Geschwätz *n*; **~az** [-'laʃ] (be)trügerisch, falsch

falcão [fał'kɐ̃w] *m* Falke *m*

falcatru|a [fałkɐ'truɐ] *f* List *f*, Betrug *m*; **~ar** [-'trwar] (1g) betrügen

falec|er [fɐlə'ser] (2g) (ver)sterben, ableben (*Person*); *Ausstattung*: mangeln (**de** an *dat*); **~imento** [-si'mẽtu] *m* Tod *m*, *Ableben n*; *fig* Mangel *m*

falência [fɐ'lẽsjɐ] *f* Fehler *m*; Mangel *m*; ECON Konkurs *m*; **abrir ~** in Konkurs gehen, Konkurs machen

falésia [fɐ'lɛzjɐ] *f* Steilküste *f*
falh|a ['faʎɐ] *f* Fehler *m*; Mangel *m*; *Porzellan etc*: Riss *m*, Sprung *m*; *GEOL* Verwerfung *f*; **~s** *pl ECON* Fehlbetrag *m*; **~ado** [fɐ'ʎadu] *m* gescheiterte Existenz *f*; **~anço** ['ʎɐ̃su] *m* Misserfolg *m*; **~ar** ['ʎar] (1b) fehlschlagen, scheitern (*Projekt*); fehlgehen (*Wurf*); ausbleiben (*Lieferung*); versagen (**em** bei) (*Person*); ausfallen (*Maschine*); *Kartenspiel*: passen; **~ ao compromisso** sein Wort nicht halten; **~ ao encontro** e-e Verabredung verpassen; **~o** ['faʎu] fehler-, mangelhaft; **~ de tacto** taktlos; **~ em** arm an (*dat*)
fal|ido [fɐ'lidu] **1.** *adj ECON* zahlungsunfähig; ***massa** f* **-a** Konkursmasse *f*; **2.** *m* Bankrotteur *m*; **~ir** [-'lir] (3b) die Zahlungen einstellen; Bankrott machen; **~ível** [-'livɛɫ] fehlbar (*Person*); fehlerhaft (*Rechnung*); unsicher
falo ['falu] *m* Phallus *m*
fals|amente [faɫsɐ'mẽtə] fälschlich(erweise); **~ar** [-'sar] (1a) **1.** *v/t* fälschen; *j-n* hintergehen; **2.** *v/i* falsch sein, schwindeln (*Person*); sich (ver)biegen (*Holz*); fehlgehen (*Schuss*); **~ário** [-'sarju] *m* Schwindler *m*; Fälscher *m*; **~ear** [-'sjar] (1l) **1.** *v/t* (ver)fälschen; *Wahrheit* entstellen; *j-n* betrügen; irreführen; *Projekt* zum Scheitern bringen; **2.** *v/i* fehltreten; ausgleiten; *MÚS* falsch singen (*od* klingen)
falsete [faɫ'setə] *m MÚS* Falsett *n*, Fistel(stimme) *f*
falsi|dade [faɫsi'dadə] *f* Falschheit *f*; Lüge *f*; **~ficação** [-səfikɐ'sɐ̃w] *f* Fälschung *f*; **~ficar** [-fi'kar] (1n) fälschen
falso ['faɫsu] *adj u adv* falsch; ***soar* ~** falsch klingen; ***chave** f* **-a** Nachschlüssel *m*; ***juramento** m* **~** Meineid *m*; **em ~** falsch; nur zum Schein; ***passo** m* **em ~** Fehltritt *m*
falta ['faɫtɐ] *f* Fehler *m*; Mangel *m* (**de** an *dat*); *Schule*: Fehlen *n*; *Fußball*: Foul *n*; **~ de jeito** Ungeschicklichkeit *f*; **à** (*od* **na**, **por**) **~ de** aus Mangel an (*dat*), mangels; **sem ~** ganz bestimmt; *zeitl* umgehend; **dar ~** fernbleiben, fehlen; **em ~** fehlend, ausstehend; **estar em ~ com** im Rückstand sein bei *j-m*; **fazer ~** fehlen; **há ~ de** es mangelt an (*dat*)
faltar [faɫ'tar] (1a) fehlen; abwesend sein (*Schüler*); ausbleiben (*Lieferung*); zu Ende (*od* aus)gehen (*Vorräte*); versagen (*Kräfte*); sterben (*Person*); **~ a** verstoßen gegen; *Wort* nicht halten; *Vertrag* nicht einhalten; unterlassen; *Veranstaltung*: fehlen bei; *Unterricht* versäumen; *j-n* im Stich lassen; verlassen; ***falta fazer*** *et* nur noch tun müssen; ***não falta quem*** es gibt genug Menschen, die; ***falta pouco para*** es ist fast; ***era o que faltava*** das fehlte gerade noch
falt|o ['faɫtu] bedürftig (*Person*); fehlerhaft (*Apparat*); **~ de** arm an (*dat*); ***ele está* ~ de** ihm fehlt (*nom*); **~oso** [-'tozu] *JUR* schuldbeladen; pflichtvergessen; nachlässig
fama ['fɐmɐ] *f* Ruf *m*; Ruhm *m*; **ter ~** berühmt sein; **ter boa** (**má**) **~** e-n guten (schlechten) Ruf haben
fam|igerado, **~ígero** [fɐmiʒə'radu, -'miʒəru] berühmt; *depr* berüchtigt
família [fɐ'miljɐ] *f* Familie *f*; ***pessoa** f* **de ~** Angehörige(r) *su*, Verwandte(r) *su*; **de ~ humilde** aus einfachen Verhältnissen; **em ~** unter sich
familiar [fɐmi'ljar] **1.** *adj* familiär; Familien...; vertraut; ungezwungen (*Atmosphäre*); **2.** *m* Familienangehörige(r) *m*; **~idade** [-ljɐri'dadə] *f* Vertrautheit *f*; *Atmosphäre*: Ungezwungenheit *f*; **ter ~ com** befreundet sein mit; **~izar** [-ri'zar] (1a) vertraut machen; **~-se com** sich hineinfinden in (*ac*), vertraut werden mit
faminto [fɐ'mĩtu] hungrig; *fig* begierig (**de** auf *ac*)
famoso [fɐ'mozu] berühmt, angesehen
fanado [fɐ'nadu] knapp, eng; welk (*Pflanze*)
fanal [fɐ'naɫ] *m* Leuchtfeuer *n*; *fig* Fanal *n*
fanático [fɐ'natiku] **1.** *adj* fanatisch; **2.** *m* Fanatiker *m*
fanatismo [fɐnɐ'tiʒmu] *m* Fanatismus *m*
fancaria [fɐ̃kɐ'riɐ] *f* Stoffhandel *m*; ***obra** f* **de ~** Pfusch *m*
fanco ['fɐ̃ku]: **pôr-se a ~s** P sich in Acht nehmen (**com** bei)
faneca [fɐ'nɛkɐ] *f ZO Art* Dorsch *m*; **ao pintar da ~** P wie gerufen

F

faneco [fɐ'nɛku] **1.** *adj* verwelkt (*Pflanze*); F ausgelaugt (*Person*); **2.** *m* Stückchen *n*

fanfarr|ão [fɐ̃fɐ'ʀɐ̃w] **1.** *adj* großspurig; aufschneiderisch; **2.** *m*, **-ona** *f* Angeber *m*; Aufschneider *m*; **~ear** [-'ʀjar] (1l) großtun; aufschneiden; **~ de** sich aufspielen als; **~ice, ~onada** [-'ʀisə, -ʀu'nadɐ] *f* Prahlerei *f*; Aufschneiderei *f*; **~onar** [-ʀu'nar] (1a) → **~ear**; **~onice** [-ʀu'nisə] *f* → **~ice**

fanh|osmar [fɐɲu'zjar] (1l) näseln; **~oso** [-'ɲozu] näselnd

fanico [fɐ'niku] *m* Stück(chen) *n*; *fig* Gelegenheitseinnahme *f*; P (hysterischer) Anfall *m*

fanqueiro [fɐ̃'kɐjru] *m* Tuchhändler *m*

fantas|ia [fɐ̃tɐ'ziɐ] *f* Fantasie *f* (*a* MÚS); Einbildungskraft *f*; Einbildung *f*; *fig* Einfall *m*, Laune *f*; **de ~** Fantasie...; gemustert (*Stoff*); **deixar-se de ~s** F sich et aus dem Kopf schlagen; **~iar** [-'zjar] (1g) **1.** *v/t* sich ausdenken; sich vorstellen; **2.** *v/i* fantasieren; **~ioso** [-'zjozu] fantasievoll; **~ma** [-'taʒmɐ] *m* Trugbild *n*; Phantom *n*, Gespenst *n*; **~magoria** [-mɐgu'riɐ] *f* Trugbild *n*; **~magórico** [-mɐ'gɔriku] zauberhaft; gespenstisch

fantástico [fɐ̃'taʃtiku] fantastisch

fantoche [fɐ̃'tɔʃə] *m* Marionette *f* (*a* POL); Hampelmann *m*

faqueiro [fɐ'kɐjru] *m* **a)** Besteck(kasten *m*) *n*; **b)** Messerschmied *m*

fará [fɐ'ra] → **fazer**

farçola [fɐr'sɔlɐ] *su* P Schwätzer(in *f*) *m*, Schönredner(in *f*) *m*

fard|a ['fardɐ] *f* Uniform *f*; **~ado** [fɐr'dadu] in Uniform; **~amenta** [fɐrdɐ'mẽtɐ] *f* Montur *f*; Kleidung *f*; **~amento** [-dɐ'mẽtu] *m* Uniform(ierung) *f*; **~ar** [fɐr'dar] (1b) in Uniform stecken, uniformieren

fard|el [fɐr'dɛɫ] *m* Reiseproviant *m*; **~o** ['fardu] *m* Bündel *n*; Ballen *m*; *fig* Last *f*

farej|ar [fɐrə'ʒar] (1d) **1.** *v/t* wittern, riechen; *j-n* aufspüren; *Haus* durchschnüffeln; **2.** *v/i* die Witterung aufnehmen; **~o** [-'reʒu] *m* Witterung *f*

farel|o [fɐ'rɛlu] *m* Spreu *f*; Kleie *f*; **~s** *pl* Krimskram *m*; Lappalie *f*; **~ório** [-rə'lɔrju] *m* F Humbug *m*

farfalh|ada [fɐrfɐ'ʎadɐ] *f* Rabatz *m*; Getöse *n*; **~ador, ~ão** [-ʎɐ'dor, -'ʎɐ̃w] *m* Schwätzer *m*; **~ar** [-'ʎar] (1b) rascheln; *fig* plappern; lärmen; **~eira** [-'ʎɐjrɐ] *f* Rascheln *n*; *Atmung*: Rasseln *n*; *fig* Geschwätz *n*; Prahlerei *f*; **~s** *pl* Tand *m*; **~o** [-'faʎu] *m* Heiserkeit *f*; Pfeifen *n* (*der Bronchien*)

farináceo [fɐri'nasju] **1.** *adj* mehlig, mehlhaltig; Mehl...; **2. ~s** *m/pl* Mehlprodukte *n/pl*

faring|e [fɐ'rĩʒə] *f* Rachen *m*; Schlund *m*; **~ite** [-'ʒitə] *f* Rachenkatarr(h) *m*

farinh|a [fɐ'riɲɐ] *f* Mehl *n*; **~ de pau** Maniokmehl *n*; **~-flor** *f* (Weizen-) Auszugmehl *n*; **da mesma ~** vom gleichen Schlag; **fazer ~ com** gut auskommen mit *j-m*; **~eira** [-'ɲɐjrɐ] *f Mehl enthaltende* Wurst *f*; **~ento** [-'ɲẽtu] mehlig (*Obst*); **~oso, ~udo** [-'ɲozu, -'ɲudu] mehlig

farm. ***farmácia*** *f* Apotheke *f*

farm|acêutico [fɐrmɐ'sewtiku] **1.** *adj* pharmazeutisch; Arznei...; Heil...; Apotheker...; **2.** *m* Apotheker *m*; **~ácia** [-'masjɐ] *f* Apotheke *f*; **~ portátil** Verbandkasten *m*; **~acologia** [-kulu'ʒiɐ] *f* Pharmakologie *f*

fármacos ['farmɐkuʃ] *m/pl* Arzneimittel *n/pl*

farnel [fɐr'nɛɫ] *m* Imbiss *m*; Reiseproviant *m*

Faro ['faru] *m port Distrikt*(*hauptstadt*); **♀** *m* Witterung *f*; Geruch(ssinn) *m*; Spürsinn *m*

far|ofa [fa'rɔfa] *f bras* geröstete(s) Maniokmehl *n*; **~ófia** [fɐ'rɔfjɐ] *f* CUL Süßspeise *f* (*aus Eiweiß*)

farol [fɐ'rɔɫ] *m* Leuchtturm *m*; NAV Positionslicht *n*; Topplaterne *f*; AUTO Scheinwerfer *m*; *fig* Leuchte *f*; **~ de nevoeiro** Nebelscheinwerfer *m*; **~ dianteiro** Frontscheinwerfer *m*; **~eiro** [-ru'lɐjru] *m* Leuchtturmwärter *m*; **~ete** [-'letə] *m* AUTO Begrenzungsleuchte *f*; **~im** [-'lĩ] *m* Blinkfeuer *n*; AUTO Leuchte *f*; **~ traseiro** Rücklicht *n*

farp|a ['farpɐ] *f* (Pfeil- *etc*)Spitze *f*; Widerhaken *m*; Riss *m* (*im Kleid*); Splitter *m* (*in der Haut*); (Tuch-) Fetzen *m*; *Stierkampf*: Banderilla *f*; **espetar ~s** *Stierkampf*: Banderillas aufsetzen; **~ado** [fɐr'padu] spitz; stachelig; ***arame*** *m* **~** Stacheldraht *m*; ***papel*** *m* **~** Büttenpapier *n*; **~ão** [-'pɐ̃w] *m fig* Schicksalsschlag *m*; **~ar** [-'par] (1b) mit Spitzen (*od* Stacheln) versehen; *Stoff etc* aufreißen; zerfetzen; **~ear** [-'pjar] (1l) durchbohren; **~ela** [-'pɛlɐ] *f* **a)** Widerhaken *m*; **b)** F Kluft *f* (*Kleidung*); Tracht *f*

farra ['faʀɐ] *f* **a)** Äsche *f* (*Lachsart*); **b)** Feier *f*, F Schwof *m*; Orgie *f*

farrapo [fɐ'ʀapu] *m* Lumpen *m*; Fetzen *m*; *fig* Lump *m*

farr|ar, *bras* **~ear** [fɐ'ʀar, fa'ʀjar] (1a, 1l) schwofen; feiern

farripas [fɐ'ʀipɐʃ] *f/pl* Strähnen *f/pl*

farronca [fɐ'ʀõkɐ] **1.** *f* Prahlerei *f*, Angeberei *f*; **2.** *su* Angeber(in *f*) *m*

farroupilha [fɐʀo'piʎɐ] *su* zerlumpte(r) Mensch *m*; *fig* Lump *m*

farrusco [fɐ'ʀuʃku] rußig; schwarz

fars|a ['farsɐ] *f* Farce *f*; Narrenstreich *m*; *TEA* Schwank *m*; **~ista** [fɐr'siʃtɐ] *su* Hanswurst *m*, Narr *m*, Närrin *f*; **~ola** [fɐr'sɔlɐ] *su* Witzbold *m*

fart|a ['fartɐ] *f*: ***à*** **~** in Hülle und Fülle; **~adela** [fɐrtɐ'dɛlɐ] *f* Völlerei *f*; **~ar** [-'tar] (1b) sättigen; *Hunger*, *Durst* stillen; *Bedürfnis* befriedigen; *j-n mit Essen* voll stopfen; *fig* lästig fallen (*dat*); *Geduld* erschöpfen; ***à*** **~** (über)reichlich; **~-*se*** genug bekommen, satt werden; **~-*se de*** *inf et* satt haben; **~-*se de rir*** sich totlachen; ***não se*** **~** ***de*** *inf* nicht müde werden zu *inf*

fart|o ['fartu] satt; üppig (*Essen*); *fig* überdrüssig; ***estar*** **~** ***de*** genug haben von; **~ura** [fɐr'turɐ] *f* Sättigung *f*; Überfluss *m*; *CUL Art* Krapfen *m*

fascículo [fɐʃ'sikulu] *m* **a)** Broschüre *f*, Heft *n*; **b)** *Kräuter etc*: Bündel *n*

fascin|ação [fɐʃsinɐ'sɐ̃w] *f* Faszination *f*; **~ador**, **~ante** [-nɐ'dor, -'nɐ̃tə] faszinierend; **~ar** [-'nar] (1a) faszinieren

fascínio [fɐʃ'sinju] *m* → ***fascinação***

fascis|mo [fɐ'ʃiʒmu] *m* Faschismus *m*; **~ta** [-'ʃiʃtɐ] **1.** *adj* faschistisch; **2.** *su* Faschist(in *f*) *m*

fase ['fazə] *f* Phase *f* (*a EL*); Entwicklungsstufe *f*; **~ado** [fɐ'zjadu] etappenweise; (zeitlich) versetzt

fasquia [fɐʃ'kiɐ] *f* Latte *f*

fast|idioso [fɐʃti'djozu] unangenehm; ärgerlich; lästig; **~io** [-'tiw] *m* Überdruss *m*; Widerwillen *m*; *MED* Appetitlosigkeit *f*

fat... *bras a* → ***fact...***

fatal [fɐ'tał] fatal, verhängnisvoll (*Ereignis*); unabwendbar (*Folge*); tödlich (*Unfall*); **~idade** [-tɐli'dadə] *f* Verhängnis *n*; Unglück *n*; Missgeschick *n*

fateixa [fɐ'tɐjʃɐ] *f NAV* Draggen *m*; Kanthaken *m*; Fleischerhaken *m*

fatia [fɐ'tiɐ] *f* Scheibe *f*, Schnitte *f*

fatídico [fɐ'tidiku] verhängnisvoll; unheilvoll, unheimlich

fatig|ante [fɐti'gɐ̃tə] beschwerlich; ermüdend; **~ar** [-'gar] (1o) ermüden; (über)anstrengen; lästig sein

fatiota [fɐ'tjɔtɐ] *f* F Robe *f*, Kluft *f* (*Kleidung*)

fato ['fatu] *m* Anzug *m*; Kleidung *f*; **~ *de banho*** Badeanzug *m*; **~ *de treino*** Trainingsanzug *m*; **~ *saja-e-casaco*** Kostüm *n*; **~(s)-*macaco*** [-mɐ'kaku] *m*(*pl*) Overall *m*

fat|o, -or, -ura *bras* → ***fact...***

fátuo ['fatwu] eingebildet (*Person*); albern (*Angelegenheit*)

fauce ['fawsə] *f* Schlund *m*

faúlha [fɐ'uʎɐ] *f* **a)** Funke *m*; **b)** Mehlstaub *m*; **~*s*** *pl* Bagatelle *f*

faulhento [fɐu'ʎẽtu] **a)** Funken sprühend; **b)** stäubend; *fig* nichtig

fauna ['fawnɐ] *f* Tierwelt *f*, Fauna *f*

faust|o ['fawʃtu] **1.** *adj* Glück bringend (*od* verheißend); günstig; **2.** *m* Pracht *f*; Prunk *m*; **~(u)oso** [-'t(w)ozu] prunkvoll, prächtig

fautor [faw'tor] *m* Anstifter *m*

fava ['favɐ] *f BOT* (Sau)Bohne *f*; **~*s contadas*** todsichere Sache *f*; ***mandar às*** **~*s*** P zum Teufel schicken; ***pagar as*** **~*s*** P *fig* die Zeche bezahlen (müssen); ***que vá plantar*** **~*s*** P er kann mir gestohlen bleiben

favela [fa'vɛla] *f bras* Slum *m*

favo ['favu] *m* (Bienen)Wabe *f*

favor [fɐ'vor] *m* Gefälligkeit *f*; Gefallen *m*; Nachsicht *f*; *im Brief*: ***o seu*** **~**, ***o*** **~** ***de V. Ex.ª*** Ihr geschätztes Schreiben; ***entrada*** *f* ***de*** **~** freie(r) Eintritt *m*; ***a*** (*od* ***em***) **~** ***de*** zugunsten von; ***a*** (*od* ***em***) ***meu*** **~** zu meinen Gunsten; ***ao*** (*od* ***com o***) **~** ***de*** mit Hilfe (*gen*); ***por*** **~** bitte; ***não abonar a*** **~** ***de*** *j-m* nicht zum Vorteil

F

gereichen; ***é** ~ inf* bitte + *inf*; ***faz*** (*od* ***faça***) ***~ de** inf* bitte + *imp*; ***faça-me o ~*** tun Sie mir den Gefallen
favor|ável [fɐvu'ravɛɫ] günstig, vorteilhaft; positiv (*Entscheidung*); **~ecer** [-rə'ser] (2g) *Entwicklung, Flucht* begünstigen; günstig sein für; *j-n* fördern; *j-m* gut (zu Gesicht) stehen (*Kleidung*); ***~ alg com*** j-n bedenken mit; ***~-se com*** (*od* ***de***) sich zunutze machen (*ac*), sich bedienen (*gen*); **~itismo** [-rə'tiʒmu] *m* Vetternwirtschaft *f*; **~ito** [-'ritu] **1.** *adj* begünstigt; Lieblings...; **2.** *m*, **-a** *f* Favorit(in *f*) *m*; *depr* Günstling *m*
fax(es) [faks] *m*(*pl*) Fax *n* (***mandar*** schicken)
faxina [fɐ'ʃinɐ] *f* Reisigbündel *n*; *TÉCN* Faschine *f*; ***estar de ~*** *MIL* P Stubendienst haben
fazedor [fɐzə'dor] *m* Schöpfer *m*; Urheber *m*; *fig* (Ränke)Schmied *m*; ***~ de opinião*** Meinungsmacher *m*
fazend|a [fɐ'zẽdɐ] *f* (Land)Gut *n*; *AGR* Farm *f*, Plantage *f*; *ECON* Vermögen *n*; Stoff *m*; *allg* Ware *f*; ***≈*** (***pública***) Finanzwesen *n*; Finanzamt *n*; **~eiro** [-'dɐjru] *m* Farmer *m*
fazer [fɐ'zer] (2v) machen, tun; *j-m et* antun; *Ehre* erweisen; *Arbeit* verrichten; *Sport* treiben; *Gewerbe* betreiben; *Haus* bauen; *Fieber, Wunder* verursachen, bewirken; ***~** + inf* veranlassen, machen lassen; ***~ bem a*** *j-m* gut tun, bekommen; *j-m et* Gutes tun; ***~ bem em** inf* richtig daran tun zu *inf*; ***~ ver*** zeigen, hinweisen auf (*ac*); ***~ com que** conj* dazu führen, dass; ***~ de*** sich aufspielen als; ***~ de intérprete*** *etc* den Dolmetscher *etc* machen; ***~ de surdo*** sich taub stellen; ***~ que*** so tun, als ob; ***~ em** + su* machen zu; ***~ por*** sich bemühen um; ***~ tudo por*** sein Möglichstes tun um zu *inf*; ***~ por onde*** sein Möglichstes tun; Anlass geben zu; ***dar que ~*** Arbeit machen; ***~** + Zeitangabe*: ***faz agora 20 anos*** es ist jetzt 20 Jahre her; ***~ as vezes de*** *j-n* vertreten; ***quanto faz?*** wie viel macht's?; ***não faz mal*** das macht nichts; ***tanto*** (***me***) ***faz*** (das) ist (mir) egal; ***~ cruzes na boca*** leer ausgehen; ***~ figura de urso*** sich danebenbenehmen; ***~-se*** zu machen sein, sich machen lassen; ***~-se tarde*** (***velho***) spät (alt) werden; ***~-se rogar*** sich bitten lassen; ***~-se por*** sich ausgeben als
fé [fɛ] *f* Glaube *m* (*a REL*) (***dar*** schenken); Vertrauen *n* (***de*** auf *ac*, ***em*** zu); *JUR* Beglaubigung *f*; ***boa ~*** Ehrlichkeit *f*; ***de boa ~*** ehrlich; ***má ~*** Böswilligkeit *f*, Unredlichkeit *f*; ***à ~*** wahrhaftig; ***à falsa ~*** heimtückisch, treulos; ***dar ~ de*** *JUR* beglaubigen; (be)merken; ***dar por ~*** für richtig (*od* gültig) erklären; ***fazer ~, ter ~*** glaubwürdig sein; gültig sein (*Vertrag*); ***fazer ~ de*** zeugen von; ***fazer ~ em, ter ~ em*** Glauben schenken (*dat*); ***fazer uma ~*** P wetten, e-n Einsatz machen (*od* wagen)
fê [fe] *m Name des Buchstabens* ***f***
febra ['febrɐ] *f* magere(s) Fleisch *n*, Steakfleisch *n*; *fig* Energie *f*; ***ter*** (***boa***) ***~*** e-n eisernen Willen haben; ***de ~*** willensstark
febr|e ['fɛbrə] *f* Fieber *n*; ***~ amarela*** Gelbfieber *n*; ***~ dos fenos*** Heuschnupfen *m*; ***ponta*** *f* ***de ~*** F erhöhte Temperatur *f*; **~ífugo** [fə'brifugu] *m FARM* fiebersenkende(s) Mittel *n*; **~il** [fə'briɫ] fiebrig, Fieber...; *fig* fieberhaft
fecal [fə'kaɫ] fäkal
fech|adura [fəʃɐ'durɐ] *f* (Tür-) Schloss *n*; ***~ de segurança*** Sicherheitsschloss *n*; **~amento** [-ʃɐ'mẽtu] *m* (Ver)Schließen *n*; *Geschäft*: Schließung *f*, Abschluss *m* (*a ARQUIT*); **~ar** [-'ʃar] (1d) **1.** *v/t* schließen; *Tür etc* zumachen; *Raum, Arbeit, Vertrag* ab-, *j-n* ein-, *Geld* einwegschließen; ***~ à chave*** ab-, ver-, zuschließen; **2.** *v/i* schließen, zugehen; *Wunde* verheilen; ***~-se** fig* sich verschließen; sich einschließen (***em*** in *dat*); ***~ com alg*** sich mit j-m zusammenschließen
fecho ['feʃu] *m* Verschluss *m*; (Tür-) Riegel *m*; *Arbeit, Text*: (Ab)Schluss *m*; ***~ de correr, ~ «éclair»*** Reißverschluss *m*; ***~*** (***de portas***) ***centralizado*** *AUTO* Zentralverriegelung *f*; ***~ de fita aderente*** Klettverschluss *m*
fécula ['fɛkulɐ] *f* Stärke(mehl *n*) *f*
feculento [fəku'lẽtu] **a**) stärkehaltig; **b**) Niederschlag bildend, trüb
fecund|ação [fəkũdɐ'sɐ̃w] *f* Befruchtung *f*; ***~ artificial*** künstliche Befruchtung *f*; **~ar** [-'dar] (1a) **1.** *v/t*

befruchten; **2.** *v/i* befruchtet werden; **~idade** [-di'dadə] *f* Fruchtbarkeit *f*; Produktivität *f*; **~o** [-'kũdu] fruchtbar

fed|elhice [fədə'ʎisə] *f* Lausbubenstreich *m*; **~elho** [-'dɛʎu] *m* Rotznase *f*, Grünschnabel *m*; **~entina** [-dẽ'tinɐ] *f* Gestank *m*; **~er** [-'der] (2c) stinken

feder|ação [fədərɐ'sɐ̃w] *f* Bund *m*; Verband *m*; *POL* Föderation *f*; **~al** [-'rał] föderal; Bundes...; **~alismo** [-rɐ'liʒmu] *m* Föderalismus *m*; **~ar** [-'rar] (1c) vereinen

fedor [fə'dor] *m* Gestank *m*; **~ento** [-du'rẽtu] stinkend

feição [fɐj'sɐ̃w] *f* Form *f*, Gestalt *f*, Aussehen *n*; *Person*: Gesichtszug *m*; *fig* Laune *f*; ***à ~*** nach Wunsch, nach Belieben; ***à ~ de*** nach Art (*gen*); ***desta ~*** auf diese Weise; ***falar à ~ de*** *j-m* nach dem Munde reden

feijão [fɐj'ʒɐ̃w] *m* Bohne *f*; ***~ verde*** grüne Bohne *f*; ***jogar a -ões*** P nichts aufs Spiel setzen; ***trabalhar a -ões*** P umsonst arbeiten; **~-frade** [-'fradə] *m Art* weiße Bohne *f*; ***ser como o ~*** P ein Heuchler sein; **~-preto** [-'pretu] *m* schwarze Bohne *f*

feijoada [fɐj'ʒwadɐ] *f CUL* Bohnengericht *n*

feio ['feju] hässlich; böse (*Gesicht*); ***~ de doer*** P hässlich wie die Nacht; ***estar ~*** *fig* schlecht (*od* übel) aussehen (*Situation*); ***fazer ~*** *bras* e-n schlechten Eindruck machen

feir|a ['fɐjrɐ] *f* Markt *m*; *ECON* (Handels)Messe *f*; ***~ da ladra*** Flohmarkt *m*; ***~ popular*** Jahrmarkt *m*; **~ante** [-'rẽtə] *su* Schausteller(in *f*) *m*; *ECON* (Messe)Aussteller(in *f*) *m*; Besucher(in *f*) *m*

feita ['fɐjtɐ] *f* Tat *f*; ***desta ~*** diesmal

feiti|çaria [fɐjtisɐ'riɐ] *f* Zauberei *f*; **~ceiro** [-'sɐjru] *m* Zauberer *m*, **-a** *f* Zauberin *f*, Hexe *f*; **~ço** [-'tisu] **1.** *adj* künstlich, falsch; **2.** *m* Zauber *m*; Fetisch *m*

feitio [fɐj'tiw] *m* Form *f*, Gestalt *f*; Charakter *m*, (Mach)Art *f*; Schnitt *m* (*e-s Kleides*); ***de bom ~*** auf nette Art; ***perder o tempo e o ~*** F s-e Zeit und Mühe nur verschwenden; ***está fora do meu ~*** das liegt mir nicht

feito ['fɐjtu] **1.** *p.p von* ***fazer***; ***estar ~*** fertig sein; *fig* unter e-r Decke stecken; ***estar ~ com*** F *et* mit *j-m* abgesprochen haben; ***~ à mão*** handgefertigt; ***o que está ~, ~ está*** das ist nun einmal nicht zu ändern; ***dito e ~*** gesagt, getan; ***bem ~!*** recht so!; ***que é ~ dele?*** was ist aus ihm geworden?; **2.** *adj* vollendet, fertig (*Arbeit*); reif (*Obst*); beschlossen (*Angelegenheit*); abgeschlossen (*Geschäft*); ***~!*** abgemacht!; ***~ de*** (hergestellt) aus; ***homem m ~*** erwachsene(r) Mann *m*; **3.** *m* Tat *f*; Unternehmung *f*; ***de ~*** tatsächlich

feit|or [fɐj'tor] *m* Verwalter *m*; Pächter *m*; *Fabrik*: Vorarbeiter *m*; **~oria** [-tu'riɐ] *f* Verwaltung *f*; *ECON* (Handels)Niederlassung *f*; **~ura** [-'turɐ] *f* Herstellung *f*; Machart *f* (*e-s Produktes*)

feixe ['fɐjʃə] *m* Bündel *n*; *Schlüssel etc*: Bund *m*

fel [fɛł] *m* Galle *f*; *fig* Bitterkeit *f*

felicidade [fələsi'dadə] *f* Glück(seligkeit *f*) *n*; Zufriedenheit *f*; ***por ~*** zum Glück; ***não caber em si de ~*** vor Glück überschäumen; ***muitas ~s!*** herzliche Glückwünsche!

felicíssimo [fələ'sisimu] *sup von* ***feliz***

felici|tação [fələsitɐ'sɐ̃w] *f* Glückwunsch *m*; **~tar** [-'tar] (1a) beglückwünschen (***por*** zu), gratulieren (***por*** zu)

felino [fə'linu] **1.** *adj* Katzen...; *fig* hinterhältig; **2. ~s** *m/pl ZO* Katzen *f/pl*

feliz [fə'liʃ] glücklich; ***~ da vida*** überglücklich; **~ão** (**~ardo**) [-'zɐ̃w (-'zardu)] *m*, **-ona** *f* Glückspilz *m*; **~mente** [-liʒ'mẽtə] glücklicherweise, zum Glück

felp|a *f*, **-o** *m* ['fełpɐ, 'fełpu] Plüsch *m*; *bsd* Frottee *n*; *Tier*: Flaum *m*; **~udo** [-'pudu] Plüsch... (*Stofftier*); Frottee... (*Handtuch*); samtig

feltr|ado [feł'tradu] filzbespannt; **~o** [-tru] *m* Filz *m*; *Möbel*: Filzgleiter *m*

fêmea ['femjɐ] *f ZO* Weibchen *n*; *depr* Weib *n*; *TÉCN* Öse *f*

fêmeo ['femju] weiblich; ***ficha f -a*** *EL* Steckdose *f*

femin|idade [fəməni'dadə] *f* Weiblichkeit *f*; **~ilidade** [-minəli'dadə] *f* = ***~idade***; **~ino** [-mə'ninu] feminin, weiblich; Frauen...; für Frauen (*Ein-*

richtung); **~ismo** [-'niʒmu] *m* Feminismus *m*; **~ista** [-'niʃtɐ] **1.** *adj* feministisch; **2.** *f* Feministin *f*
fémur (*ê) ['fɛmur] *m* Schenkelknochen *m*
fend|a ['fẽdɐ] *f* Spalte *f*; (Tür)Schlitz *m*; Riss *m* (*in Wand, Porzellan*); **~er** [-'der] (2a) *Holz* spalten; *mit Messer* aufreißen; *Wellen etc* durchqueren; **~-se** bersten; rissig werden
fenecer [fənə'ser] (2g) enden; sterben
feno ['fenu] *m* Heu *n*
fenomenal [fənumə'nał] phänomenal; *fig* fabelhaft; wunderbar
fenómeno (*ô) [fə'nɔmənu] *m* Phänomen *n* (*a fig*); Naturerscheinung *f*
fera ['fɛrɐ] *f* Raubtier *n*; *fig* P Biest *n*
féretro ['fɛrətru] *m* Sarg *m*
féria ['fɛrjɐ] *f* Wochentag *m*; ECON Tage-, Wochenlohn *m*; Lohnzettel *m*; Ruhetag *m* (*e-r Institution*); **~s** *pl* Urlaub *m*; Ferien *pl*; ***encerrado para ~s*** wegen Urlaub geschlossen; ***passar as ~s em ...*** den Urlaub in ... verbringen; ***ter ~s*** Urlaub haben; ***ter direito a ~s*** Urlaubsanspruch haben
feriado [fə'rjadu] **1.** *adj* Ruhe..., Erholungs...; ***dia m ~*** = **2.** *m* Feiertag *m* (***nacional*** National...)
feri|da [fə'ridɐ] *f* Wunde *f*; Verletzung *f* (*a fig*); ***pôr o dedo na ~*** *fig* den Finger in die Wunde legen; **~mento** [-'mẽtu] *m* Verwundung *f*
ferino [fə'rinu] raubtierhaft; tierisch; *fig* bösartig
ferir [fə'rir] (3c) MED verwunden, verletzen; *fig* beleidigen, kränken; *Saiten* anschlagen; streichen; *Sinnesorgane* beleidigen
ferment|ação [fərmẽtɐ'sɐ̃w] *f* Gärung *f*, Fermentation *f*; **~ar** [-'tar] (1a) **1.** *v/t* gären lassen, fermentieren; *Teig* gehen lassen; *fig* aufwühlen; aufhetzen; **2.** *v/i* gären (*a fig*); aufgehen (*Teig*); **~o** [-'mẽtu] *m* Ferment *n*; Gärstoff *m*; CUL Sauerteig *m*; Hefe *f*; *fig* Keim *m*; ***~ em pó*** CUL Backpulver *n*
fero ['fɛru] wild (*Tier*); grausam (*Mensch*); gesund; **~cidade** [fərusi'dadə] *f* *Tier*: Wildheit *f*; *Mensch*: Grausamkeit *f*; **~z** [-'rɔʃ] wild (*Tier*); gewalttätig; heftig (*Sturm*)
ferra|dela [fəʀɐ'dɛlɐ] *f* Biss *m*; **~do** [-'ʀadu] **1.** *adj* eisenbeschlagen (*Stiefel*); eisenhaltig (*Wasser*); **2.** *m* Melkeimer *m*; MED Kindspech *n*; **~dor** [-'dor] *m* Hufschmied *m*; **~dura** [-'durɐ] *f* Hufeisen *n*; ***deitar a ~*** beschlagen; ***mostrar as ~s*** P Fersengeld geben; **~gem** [-'ʀaʒɐ̃j] *f* (Eisen-, Huf) Beschlag *m*; Eisenteile *n/pl*; **-ns** *pl* Eisenwaren(handlung *f*) *f/pl*; **~menta** [fərɐ'mẽtɐ] *f* Werkzeug *n*; INFORM Tool *n*; ***máquina-~*** *f* Werkzeugmaschine *f*; ***saco*** *m* ***de ~*** Werkzeugtasche *f*
ferr|ão [fə'ʀɐ̃w] *m* Stachel *m*; **~ar** [-'ʀar] (1c) **1.** *v/t Pferd* beschlagen; *Vieh* zeichnen; P *Schlag* versetzen (**a**, **em** *j-m*); P *et* aufs Auge drücken (**a** *j-m*); ; **2.** *v/i* NAV Segel einholen; Anker werfen; beißen (**a** *j-n*); **~ com alc** (**alg**) **em** et (j-n) werfen an (*ac*) (*od* in *ac*, gegen); packen (**de** an *dat*); **~-se** *bras* P *bei e-r Prüfung* durchfallen; **~(-se) no sono** einschlafen; **~aria** [-ʀɐ'riɐ] *f* Schmiede *f*; **~eiro** [-'ʀɐjru] *m* Schmied *m*; **~enho** [-'ʀeɲu] eisenfarbig; eisenhart (*a fig*)
férreo ['fɛʀju] eisern (*a fig*); Eisen...; hart, starr (*Material*); ***via*** *f* **-a** Eisenbahnnetz *n*
ferret|a [fə'ʀetɐ] *f* Eisenspitze *f*; **~e** [-'ʀetə] *m* Brandeisen *n*; **~ear** [-ʀə'tjar] (1l) brandmarken (*a fig*); **~oar** [-'twar] (1f) stechen; *fig* F bissige Bemerkungen machen
ferrinhos [fə'ʀiɲuʃ] *m/pl* Triangel *m*
ferro ['fɛʀu] *m Material*: Eisen *n*; *Vieh*: Brandmal *n*; NAV Anker *m*; *fig* Waffe *f*; **~s** *pl* Werkzeug *n*; Ketten *f/pl*; ***~ fundido*** Gusseisen *n*; ***~ batido***, ***~ forjado*** Schmiedeeisen *n*; **~** (***de engomar***) Bügeleisen *n*; ***~ a vapor*** Dampfbügeleisen *n*; ***a ~ e fogo*** mit Feuer und Schwert; ***de ~*** eisern (*a fig*); ***com mão de ~*** mit eiserner Hand; ***levar ~*** P *bei e-r Prüfung* durchrauschen; ***passar a ~*** *Wäsche* bügeln; P überfahren
ferro|ada, **~adela** [fə'ʀwadɐ, -ʀwɐ'dɛlɐ] *f* Stich *m*; *fig* Stichelei *f*; **~ar** [-'ʀwar] (1f) → ***ferretoar***; **~lho** [-'ʀoʎu] *m* Riegel *m* (***correr*** vorschieben); **~(s)-velho(s)** [-'vɛʎu] *m*(*pl*); Schrott *m*; Trödel *m*; ***pronto para o ~*** schrottreif
ferro|via [fəʀu'viɐ] *f* Eisenbahnnetz

n; **~viário** [-'vjarju] **1.** *adj* Eisenbahn...; **2.** *m* Eisenbahner *m*, Bahnangestellte(r) *m*

ferrug|em [fə'ʀuʒẽj] *f* Rost *m*; *AGR* Mehltau *m*; ***criar ~*** ver-, einrosten (*a fig*); **~ento** [-'ʒẽtu] rostig, verrostet

fértil ['fɛrtił] fruchtbar; ergiebig (*Thema*)

fertili|dade [fərtəli'dadə] *f* Fruchtbarkeit *f*; *Thema*: Ergiebigkeit *f*; **~zação** [-zɐ'sɐ̃w] *f* Befruchtung *f* (***artificial*** künstliche, ***in vitro*** in vitro); **~zante** [-'zɐ̃tə] *m* Dünger *m*; **~zar** [-'zar] (1a) *Boden* düngen; *Land* fruchtbar machen; *Ei* befruchten

ferv|edoiro, -ouro [fərvə'dojru, -'doru] *m* Gewimmel *n*; Menschenauflauf *m*; **~edor** [və'dor] *m* Wasserkocher *m*; **~ente** [-'vẽtə] kochend (*Flüssigkeit*); *fig* inbrünstig; **~er** [-'ver] (2c) kochen (*Flüssigkeit*); aufbrausen (*Meer*); wimmeln; ***~ em pouca água*** *fig* leicht aufbrausen

férvido ['fɛrvidu] siedend, kochend (*Flüssigkeit*); wild (bewegt) (*Meer*); heftig; glühend (*Anhänger*)

ferv|ilhar [fərvi'ʎar] (1a) (vor sich hin) brodeln (*Flüssigkeit*); wimmeln (*Menschenmenge*); **~or** [-'vor] *m* Glut *f*, Feuer *n* (*der Sonne*); *fig* Inbrunst *f*; Ungestüm *n*; Eifer *m*; ***com ~*** = **~oroso** [-vu'rozu] glühend, feurig (*Anhänger*); inbrünstig (*Glaube*); heftig, ungestüm; **~ura** [-'vurɐ] *f* Sieden *n*; Sprudeln *n*; *fig* Aufwallung *f*; Glut *f*; ***deitar água na ~*** Öl auf die Wogen gießen

festa ['fɛʃtɐ] *f* Fest *n*; ***dia*** *m* ***de ~*** Festtag *m*; ***~ rija*** F Rummel *m*; ***haver ~ rija*** hoch hergehen; ***uma ~ para os olhos*** ein Augenschmaus; ***fazer ~s a*** *j-n* streicheln; ***desejar as boas ~s a*** *j-m* ein frohes Fest wünschen; → ***boas-festas***

fest|ança [fəʃ'tɐ̃sɐ] *f* Festivität *f*, F Riesenfete *f*, Rummel *m*; **~ão** [-'tɐ̃w] *m* **a)** *ARQUIT* Feston *n*; *allg* Girlande *f*; **b)** *bras* Riesenfete *f*; **~arola** [-tɐ'rɔlɐ] *f* F Fete *f*, Schwof *m*; **~ejar** [-tə'ʒar] (1d) feiern; **~ejo** [-'teʒu] *m* Feier(lichkeit) *f f*; ***~ popular*** Volksfest *n*; **~im** [-'tĩ] *m* (Familien)Fest *n*; Festschmaus *m*; **~ival** [-ti'vał] *m* Festival *n*, Festspiel *n*; **~ividade** [-təvi'dadə] *f* Festivität *f*, Festlichkeit *f*; **~ivo** [-'tivu] festlich; Fest...; fröhlich; ***dia*** *m* ***~*** Feiertag *m*, Festtag *m*

festo ['feʃtu] *m* (Stoff)Breite *f*; Kniff *m*; ***a ~*** steil aufwärts

fetal [fə'tał] fetal, fötal

fetich|e [fə'tiʃə] *m* Fetisch *m*; **~ismo** [fətə'ʃiʒmu] *m* Fetischismus *m*; **~ista** [-'ʃiʒtɐ] **1.** *adj* fetischistisch; **2.** *su* Fetischist(in *f*) *m*

fétido ['fɛtidu] stinkend

feto ['fɛtu] *m MED* Fetus *m*, Fötus *m*; *fig* Keim *m*

feud|al [few'dał] feudal; **~alismo** [-dɐ'liʒmu] *m* Feudalismus *m*; **~o** ['fewdu] *m* Lehen *n*

Fevereiro [fəvə'rɐjru] *m* Februar *m*

fez [feʃ] → ***fazer***

fezes ['fɛzəʃ] *f/pl* Fäkalien *pl*; Bodensatz *m*; *BGB* (Metall)Schlacke *f*; *fig* Abschaum *m*; ***dar ~*** F Kopfzerbrechen bereiten

fiabilidade [fjɐbəli'dadə] *f* Zuverlässigkeit *f* (*a TÉCN*)

fia|ção [fiɐ'sɐ̃w] *f* Spinnen *n*; (***fábrica*** *f* ***de***) ***~*** Spinnerei *f*; **~da** ['fjadɐ] *f* Lage (*od* Schicht) *f* Mauersteine; Reihe *f*; **~do** ['fjadu] **1.** *adj* vertrauensvoll, im Vertrauen (***em*** auf *ac*); **2.** *adv* auf Kredit; ***comprar ~*** anschreiben lassen; **3.** *m gesponnener* Faden *m*; **~dor** [-'dor] *m* Bürge *m*

fiambre ['fjɐ̃brə] *m* gekochte(r) Schinken *m*

fiança ['fjɐ̃sɐ] *f* Bürgschaft *f*; Kaution *f* (***prestar*** zahlen); *fig* Gewähr *f*

fiapo ['fjapu] *m* Fädchen *n*; ***tirar um ~*** P e-n Blick werfen

fiar ['fjar] (1g) **1.** *v/t* spinnen; *Draht* ziehen; *zu Brettern* sägen; *Geheimnis* anvertrauen; *Geld* verleihen, verborgen; bürgen für; **2.** *v/i* anschreiben, auf Kredit verkaufen; **~(-*se*)** ***de*** (*od* ***em***) vertrauen (*dat*), bauen auf (*ac*); sich *j-m* anvertrauen

fiasco ['fjaʃku] *m* Misserfolg *m*

fibra ['fibrɐ] *f* Faser *f*, Fiber *f*; ***~ de vidro*** Glasfaser *f*; ***~ muscular*** Muskelfaser *f*; ***~ sintética*** Kunstfaser *f*; **~s** *pl* (***vegetais***) Ballaststoffe *m/pl*

fibr|ilação [fəbrilɐ'sɐ̃w] *f* Zucken *n*; (Herz)Flattern *n*; **~ino** [-'brinu] Faser...; **~oso** [fi'brozu] faserig

ficar [fi'kar] (1n) *örtl* bleiben; übrig

F

bleiben, zurückbleiben (*Rest*); anhalten, stehen bleiben (*Fahrzeug*); sich befinden, liegen, sein (*Stadt, Gebiet*); *oft* → **estar**; ~ *mit p/p, adj od su* werden; ~ **contente** zufrieden (*od* froh) sein; ~ **bem** (**mal**) gut (schlecht) abschneiden; e-n guten (schlechten) Eindruck machen; gut (schlecht) stehen (**a** *j-m*) (*Kleidung*); ~ **a fazer** noch zu tun sein; ~ **a apitar** *fig* leer ausgehen; ~ **com** bei *j-m* bleiben (*Person*); *Gegenstand* behalten; *Kleid* an-, *Hut* aufbehalten; ~ **de** bleiben als; werden; versprechen zu; ~ **de fora** draußen sein (*bsd fig*); ~ **em** *Termin* bleiben bei; vereinbaren; sich belaufen auf (*ac*) (*Summe*); *Schwierigkeiten*: geraten in (*ac*); nur noch sein (*nom*) (*Anzahl*); ~ **na mesma** auf dasselbe hinauslaufen; F genauso schlau sein wie vorher; ~ **na sua** dabei bleiben; auf s-r Meinung (*od* s-m Willen) beharren; ~ **para** bleiben (*od* sein) für; *fig* sich erweisen als; ~ **para ali**, ~ **para um canto** vergessen (*od* vernachlässigt) werden; ~ **por** kommen auf (*ac*), kosten; es bewenden lassen (**aqui** dabei); einstehen für *j-n*; ~ **por fazer** liegen bleiben; noch nicht getan (*od* noch zu tun) sein; ~ (**por**) **que** garantieren, dass; ~ **por conta de** auf *j-s* Rechnung gehen; ~ **sem** loswerden, los sein; verlieren; *Erhofftes* nicht bekommen; ~ **sem se fazer** nicht getan werden; **~-se** *örtl* bleiben; *bei e-r Handlung* innehalten, stecken bleiben; stehen bleiben, zurückbleiben; aufhören; **~-se em** bleiben bei; beharren auf (*dat*)

fic|ção [fik'sɐ̃w] *f* bloße Annahme *f*, Fiktion *f*; Vorspiegelung *f*; **de** ~ fiktional; ~ **científica** Science-Fiction *f*; **~cionista** [-sju'niʃtɐ] *su* Literat(in *f*) *m*, Schriftsteller(in *f*) *m*

fich|a ['fiʃɐ] *f* (Garderoben-, Spiel-) Marke *f*; *Bibliothek*: Karteikarte *f*; Formblatt *n*; *Hotel*: Anmeldezettel *m*; ~ **dupla** EL Doppelstecker *m*; ~ **eléctrica** Stecker *m*; ~ **fêmea** Steckdose *f* (*bsd Verlängerungsschnur*); **ter** ~ **limpa** *bras* e-e saubere Weste haben; **~ar** [-'ʃar] (1a) registrieren; katalogisieren; *bras* bei der Polizei registrieren; **~ário** *bras* [-'ʃarju] *m* = **~eiro** [-'ʃɐjru] *m* Kartei *f*; Kartei-, Zettelkasten *m*; INFORM Datei *f* (**abrir** öffnen); ~ **de segurança** Sicherheitskopie *f*; ~ **executável** Exe-Datei *f*

fictício [fik'tisju] fiktiv; angeblich, angenommen; Schein...

fidalg|a [fi'dałgɐ] *f* HIST Edelfrau *f*; **~o** [-'dałgu] **1.** *adj* adelig; edel; edelmütig; vornehm; *irón* fein; **2.** *m* HIST Edelmann *m*; Junker *m*; *irón* feine(r) Mann *m*; **~uia** [-'giɐ] *f* Adel *m*; Edelmut *m*

fide|dignidade [fidədəgni'dadə] *f* Glaubwürdigkeit *f*; **~digno** [-'dignu] glaubwürdig; **~lidade** [-li'dadə] *f* Treue *f*; Genauigkeit *f* (*bei der Wiedergabe*); Wahrhaftigkeit *f* (*e-r Aussage*)

fid|úcia [fi'dusjɐ] *f* (Selbst)Vertrauen *n*, Zuversicht *f*; P Dreistigkeit *f*, Frechheit *f*; **~uciário** [-du'sjarju] **1.** *adj* treuhänderisch; **sociedade** *f* **-a** Treuhandgesellschaft *f*; **2.** *m* Treuhänder *m*

fiel [fjɛł] **1.** *adj* treu; zuverlässig; (wort)getreu, genau (*Wiedergabe*); ~ **amigo** *m irón* Stockfisch *m*; **2.** *m* Vertrauensmann *m*; Sachverwalter *m*; **os fiéis** *pl* REL die Gläubigen *pl*

fig. **figura** *f* Abbildung *f* (Abb.)

figa ['figɐ] *f* Amulett *n in Faustform*; **de uma** ~ Super...; P Mist...; **fazer** (*od* **dar**) **~s a** P *j-n* abblitzen lassen; **~s!** zieh Leine!; hau ab!

figadal [figɐ'dał] ANAT Leber...; *fig* vertraut, intim; **inimigo** *m* ~ Todfeind *m*

fígado ['figɐdu] *m* ANAT Leber *f*; *fig* Charakter *m*; Mut *m*; **ter maus ~s** bösartig sein

figo ['figu] *m* BOT Feige *f*; *fig* Leckerei *f*; F Klumpen *m*; **chamar um ~ a** *fig* P lobpreisen; *Speise* lecker finden

figueira [fi'gɐjrɐ] *f* Feigenbaum *m*

figura [fi'gurɐ] *f* Figur *f*, Gestalt *f*; Abbildung *f* (*in e-m Buch*); **fraca** ~ F Jammergestalt *f*; **fazer** (**boa**) ~ (e-n guten) Eindruck machen; **fazer** ~ **de urso** e-e schlechte Figur abgeben

figur|ação [figurɐ'sɐ̃w] *f* (bildliche) Darstellung *f*, Gestaltung *f*; Aussehen *n*; **~adamente** [-radɐ'mẽtə] in übertragener Bedeutung; **~ado** [-'radu] bildlich, übertragen; **~ante** [-'rẽtə] *su* Statist(in *f*) *m*; *fig* Lückenbüßer(in *f*) *m*; **~ão** [-'rẽw] *m*, **-ona** *f* P hohe(s) Tier *n*; **~ar** [-'rar] (1a) darstellen; **~ *de*** zu sein scheinen; auftreten als; **~ *em*** gehören zu; *TEA* auftreten in (*dat*); **~-*se*** scheinen; **~ativo** [-rɐ'tivu] bildlich; figurativ; **~ino** [-'rinu] *m* Modepuppe *f* (*a fig*); Modezeitschrift *f*; *TEA* Kostüm *n*; ***como manda o ~*** wie es sich gehört; ***pelo mesmo ~*** nach demselben Strickmuster

fila ['filɐ] *f* Reihe *f*; (Menschen-)Schlange *f*; ***à má ~*** heimtückisch, hinterhältig; ***em ~ indiana*** im Gänsemarsch; ***fazer ~*** Schlange stehen

fil|aça [fi'lasɐ] *f* grobe(r) Zwirn *m*; **~amento** [-lɐ'mẽtu] *m* Faser *f*; (dünner) Faden *m*; *EL* Glühfaden *m*

filantr|opia [filẽtru'piɐ] *f* Philanthropie *f*; **~ópico** [-'trɔpiku] philanthropisch; **~opo** [-'tropu] *m* Philanthrop *m*

filão [fi'lẽw] *m BGB* Erzader *f*, -gang *m*; ***explorar o ~*** die Gelegenheit nutzen

filar [fi'lar] (1a) packen (*Hund*); die Zähne schlagen in (*ac*); festhalten; *Kartenspiel*: kiebitzen; abschreiben

filarmónica (*ô) [filɐr'mɔnikɐ] *f* Philharmonie *f*

filateli|a [filɐtə'liɐ] *f* Philatelie *f*; **~sta** [-'liʃtɐ] *su* Philatelist(in *f*) *m*

filáucia [fi'lawsjɐ] *f* Hochnäsigkeit *f*, Großtuerei *f*

filé [fi'lɛ] *m* Filetarbeit *f*, -deckchen *n*; *bras CUL* Filet *n*

fileira [fi'lɐjrɐ] *f* (Stuhl- *etc*)Reihe *f*; ***abrir ~s*** sich e-n Weg bahnen (***por entre*** durch)

filet|ar [filə'tar] (1a) mit Leisten versehen; *TÉCN* Gewinde schneiden in (*ac*); **~e** [-'lɛtə] *m CUL* Filet *n*; *fig* Filetstück *n*; *TÉCN* Gewinde(gang *m*) *n*; *TIP* Linie *f*; *ANAT* Nervenfaser *f*

filh|a ['fiʎɐ] *f* Tochter *f*; **~arada** [-'radɐ] *f* Kinderschar *f*; **~o** ['fiʎu] *m* Sohn *m*; **~*s*** *pl die eigenen* Kinder *n/pl*; ***~ bastardo*** uneheliche(s) Kind *n*; ***~ da mãe*** P → ***~ da puta*** P Hurensohn *m*, Schweinehund *m*; ***~ pródigo*** *REL* verlorene(r) Sohn *m*; ***~ varão*** männliche(r) Nachwuchs *m*

filhó [fi'ʎɔ] *f CUL Art* Krapfen *m*

filho|-família [fiʎufɐ'miljɐ] *m* Adoptivkind *n*; **~te** [-'ʎɔtə] *m ZO* Junge(s) *n*; F Nachwuchs *m*

fili|ação [filjɐ'sẽw] *f* Abstammung *f*, Herkunft *f*; *POL* (Partei)Zugehörigkeit *f*; (Partei)Beitritt *m*; **~al** [-'ljaɫ] **1.** *adj* Kindes...; *ECON* Zweig...; **2.** *f* Zweigstelle *f*, Filiale *f*; **~ar** [-'ljar] (1g) adoptieren; *Mitglied* aufnehmen (***em*** in *ac*, bei); **~-*se*** abstammen (***de*** von); *e-r Organisation* beitreten (***a*** *dat*), eintreten (***em*** in *ac*)

Filipinas [filə'pinɐʃ]: ***as ~*** Philippinen *pl*

filipino [filə'pinu] **1.** *adj* philippinisch; **2.** *m*, **-*a*** *f* Filipino *m*, Filipina *f*

film|agem [fiɫ'maʒẽj] *f* Verfilmung *f* (*e-s Buches*); Filmaufnahme *f*; **~ar** [-'mar] (1a) (ver)filmen; **~e** ['fiɫmə] *m* (Spiel-, Fernseh)Film *m*; ***~ de longa metragem*** Spielfilm *m*; ***~ didáctico*** Lehrfilm *m*; ***~ legendado*** Film *m* mit Untertiteln; ***~ mudo*** Stummfilm, ***~ policial*** Kriminalfilm *m*; ***~ sincronizado*** synchronisierte(r) Film *m*

filmoteca [fiɫmu'tɛkɐ] *f* Filmothek *f*

fil|ologia [filulu'ʒiɐ] *f* Philologie *f*; **~ológico** [-'lɔʒiku] philologisch; **~ólogo** [-'lɔlugu] *m* Philologe *m*

filosof|al [filuzu'faɫ]: ***pedra f ~*** Stein *m* der Weisen; **~ar** [-'far] (1e) philosophieren; **~ia** [-'fiɐ] *f* Philosophie *f*

fil|osófico [filu'zɔfiku] philosophisch; **~ósofo** [-'lɔzufu] *m* Philosoph *m*

filtr|ação [fiɫtrɐ'sẽw] *f* Filtern *n*; *QUÍM* Filtrieren *n*; **~ado** [-'tradu] *m* Filtrat *n*; **~ar** [-'trar] (1a) filtern, durchseihen; *QUÍM* filtrieren; *fig* abschwächen, dämpfen; *j-m et* einreden; **~o** [-fiɫ'tru] *m* Filter *m*; ***~ de ar*** Luftfilter *m*; ***~ intercambiável*** Filtereinsatz *m*

fim [fĩ] *m* Ende *n*, Schluss *m* (*e-s Buches, Films etc*); Zweck *m*, Absicht *f* (*e-s Vorhabens etc*); Ziel *n*; ***~ de temporada*** Nachsaison *f*; ***o ~ do mundo*** P das Ende der Welt; ***a ~ de*** um zu; ***a ~ de que*** *conj* damit; ***ao ~ e ao cabo*** schließlich, letztendlich; ***com o ~ de*** in der Absicht zu; ***no ~ de, em fins de*** gegen Ende (*des Monats etc*); ***por ~*** schließlich, endlich; ***levar bom ~*** F gut laufen; ***pôr ~ a*** abschließen; *Mensch* töten; ***ser o ~*** *depr* das Letzte sein

fim-de-semana (**fins**) [fĩdəsə'mɐnɐ] *m*(*pl*) Wochenende *n*

F

fin|ado [fi'nadu] *m* Verstorbene(r) *m*; ***Dia** m **de** ♀s* Allerseelen(tag *m*) *n*; **~al** [-'nał] **1.** *adj* endgültig; End..., Schluss...; letzt; ***exame** m* **~** Abschlussprüfung *f*; ***juízo** m* **~** *das* Jüngste Gericht; ***ponto** m* **~** (Schluss)Punkt *m*; **2.** *m* Ende *n*, Schluss *m*; ***no* ~ *das contas*** schließlich, letzten Endes; **3.** *f Sport*: Endspiel *n*, -runde *f*; **~alidade** [-nɐli'dadə] *f* Zweck *m*; Zielsetzung *f*; **~alista** [-nɐ'liʃtɐ] *su* Schulabgänger(in *f*) *m*; UNIV Student(in *f*) *m* des letzten Studienjahres; *Sport*: Finalist(in *f*) *m*; **~alizar** [-nɐli'zar] (1a) **1.** *v/t* abschließen, beenden; **2.** *v/i* enden, zu Ende gehen (*od* sein); schließen (***com*** mit); *Fußball*: ein Tor schießen; **~almente** [-nał'mẽtə] endlich, schließlich; letzten Endes

finança [fi'nɐ̃sɐ] *f* Finanz *f*; ***alta* ~** Hochfinanz *f*; Großkapital *n*; **~s** *pl* Finanzen *pl*; Finanzwesen *n*; ***Ministério** m **das** ♀s* Finanzministerium *n*; ***Repartição** f **das** ♀s* Finanzamt *n*

financ|eiro [finɐ̃'sɐjru] **1.** *adj* finanziell; Finanz...; **2.** *m* Finanzier *m*; Geldgeber *m*; **~iamento** [-sjɐ'mẽtu] *m* Finanzierung *f*; **~iar** [-'sjar] (1g) finanzieren; **~ista** [-'siʃtɐ] *su* Finanzfachmann *m*, -frau *f*

finc|a ['fĩkɐ] *f* Stütze *f*; *fig* Schutz *m*; ***às* ~s** nachdrücklich; *fig* Nachdruck *m*; ***fazer* ~ *em*** sich stemmen (*od* stützen) auf (*ac*); *fig* bestehen auf (*dat*); **~ar** [-'kar] (1n) *Pflock* einschlagen; *Pflanze* einpflanzen; *Ellbogen*, *Fuß* aufstützen; **~-se *em*** sich festsetzen in (*dat*); *Idee*, *Projekt*: sich fixieren auf (*ac*); bestehen auf (*dat*)

find|ar [fĩ'dar] (1a) enden, ein Ende nehmen; ablaufen (*Frist*); **~ável** [-'davɛł] vergänglich; **~o** ['fĩdu] **1.** *p/p irr von* ***findar***; nach (*dat*); ***~ o prazo*** nach Ablauf der Frist; **2.** *adj* abgelaufen (*Frist*); verflossen (*Liebe*)

fineza [fi'nezɐ] *f Material*: Feinheit *f*, Zartheit *f*; *Person*: Nachsicht *f*; Liebenswürdigkeit *f*; ***ter a* ~ *de*** so freundlich sein zu

fing|ido [fĩ'ʒidu] falsch, künstlich; Schein...; fingiert; **~imento** [-ʒi'mẽtu] *m* Verstellung *f*; Falschheit *f*; **~ir** [-'ʒir] (3n) **1.** *v/t* erfinden; *Gefühle*, *Krankheit* vortäuschen, vorgeben, fingieren; **2.** *v/i u* **~-se** sich verstellen; **~** *inf* so tun, als ob; ***~-se de doente*** sich krank stellen

fininho [fə'niɲu] *m kleines* Glas *n* Bier; ***de* ~** ganz unauffällig

finit|o [fə'nitu] begrenzt, endlich; **~ude** [-ni'tudə] *f* Endlichkeit *f*

finlandês [fĩlɐ̃'deʃ] **1.** *adj* finnisch; **2.** *m*, **-esa** *f* Finne *m*, Finnin *f*

Finlândia [fĩ'lɐ̃djɐ]: ***a* ~** Finnland *n*

fin|o ['finu] **1.** *adj* fein (*Beschaffenheit*, *Gehör*, *Qualität*); dünn (*Faden*, *Stoff*, *Stimme*); ausgewählt, erlesen (*Geschmack*, *Speise*); elegant (*Auftreten*, *Kleidung*); scharf (*Schneide*); schlau (*Person*); ***ouro** m* **~** Feingold *n*; ***vinho** m* **~** Süß-, Dessertwein *m*; ***armar ao* ~** P den feinen Pinkel spielen; ***beber do* ~** P genau Bescheid wissen; ***fazer-se* ~** frech werden (*od* sein); **2.** *m* **a)** Glas *n* Bier; **b)** → ***finlandês***; **~ório** [-'nɔrju] **1.** *adj* durchtrieben; **2.** *m* P Trickser *m*, Schlawiner *m*

fint|a ['fĩtɐ] *f* **a)** Steuersatz *m*; **b)** List *f*, Finte *f* (*bras a Fußball*); ***fazer* ~ *a*** *j-n* täuschen; **~ar** [-'tar] (1a) **a)** besteuern; *Steuer* umlegen; **~-se** *Geld* zusammenlegen; **b)** überlisten

finura [fi'nurɐ] *f* Feinheit *f*, Schlauheit *f*, Verschlagenheit *f*

fio ['fiw] *m* Faden *m*, Garn *n* (*zum Nähen*); *dünne* Schnur *f*, Bindfaden *m*; Draht *m*; (Messer)Schneide *f*; *fig* Kette *f*; ***~ condutor*** Leitungsdraht *m*; *fig* rote(r) Faden *m*; ***~ de água*** Rinnsal *n*; ***~ dental*** Zahnseide *f*; *bras irón* Minitanga *m*; ***~ de terra*** EL Erdung *f*; ***~ retorcido*** Zwirn *m*; ***a* ~, ~ *a* ~** ununterbrochen; ***de* ~ *a pavio*** von Anfang bis Ende; ***por um* ~** haarscharf; beinahe; ***dar* ~** schleifen (*ac*); ***estar por um* ~** an e-m Faden hängen; ***perder o* ~ *à meada*** F den Faden verlieren; ***ter* ~** scharf sein, *gut* schneiden

firma ['firmɐ] *f* **a)** Unterschrift *f*; **b)** ECON (Handels)Firma *f*; ***~ de vendas por correspondência*** Versandhaus *n*

firmamento [firmɐ'mẽtu] *m* Himmelszelt *n*, Firmament *n*

firm|ar [fir'mar] (1a) *Gegenstand* befestigen; *Einfluss* festigen; bestätigen; anerkennen; *Urkunde* beglaubigen; *Brief, Vertrag* unterzeichnen; **~ em** stellen (*od* stützen) auf (*ac*); **~ os pés em** treten (*od* sich stellen) auf (*ac*); **~-se** unterschreiben; *fig* Fuß fassen; sich stützen (*od* sich berufen) (**em** auf *ac*)

firm|e ['firmə] fest (*Boden, Glaube*); sicher (*Stand, Stimme, Auftreten*); standhaft (*in s-n Handlungen*); endgültig (*Entschluss*); beständig (*Wetter*); steif (*Sahne*); ***terra*** *f* **~** Festland *n*; **a pé ~** festen Fußes; **~eza** [-'mezɐ] *f* Festigkeit *f*; Sicherheit *f* (*im Auftreten*); Kraft *f*

fiscal [fiʃ'kał] **1.** *adj* Steuer...; ***nota*** *f* **~** Lieferschein *m*; **2.** *su* Steuerprüfer(in *f*) *m*; Zollinspektor(in *f*) *m*, Kontrolleur(in *f*) *m*; **~ização** [-kɐlizɐ'sɐ̃w] *f* Aufsicht *f*; Kontrolle *f*; **~izador** [-lizɐ'dor] **1.** *adj* Aufsichts...; Überwachungs...; **2.** *m* Aufseher *m*; Kontrolleur *m*; **~izar** [-li'zar] (1a) *Personal* überwachen; *Ergebnis* überprüfen

fisco ['fiʃku] *m* Fiskus *m*; Finanzbehörden *pl*

fisg|a ['fiʒgɐ] *f* dreizackige Harpune *f*; *bsd* Zwille *f*; **~ada** [fiʒ'gadɐ] *f* stechende(r) Schmerz *m*, Stich *m*; **~ar** [-'gar] (1o) *Fische* stechen, angeln; *Fliehende* knapp erwischen; *fig* schnell auffassen; *bras a* betören

físic|a ['fizikɐ] *f* Physik *f*; **~o** ['fiziku] **1.** *adj* **a)** physikalisch; **b)** körperlich, physisch; **2.** *m* **a)** Physiker *m*; **b)** Äußere(s) *n*; Aussehen *n*

fisio|logia [fizjulu'ʒiɐ] *f* Physiologie *f*; **~lógico** [-'lɔʒiku] physiologisch; **~logista** [-lu'ʒiʃtɐ] *su* Physiologe *m*, Physiologin *f*; **~nomia** [-nu'miɐ] *f* Gesichtsausdruck *m*; Physiognomie *f*; **~terapeuta** [-tərɐ'pewtɐ] *su* Physiotherapeut(in *f*) *m*; **~terapia** [-tərɐ'piɐ] *f* Physiotherapie *f*

fissão [fi'sɐ̃w] *f* Spaltung *f*; ***~ nuclear*** Kernspaltung *f*; ***~ em cadeia*** *FIS* Kettenreaktion *f*

fissura [fi'surɐ] *f* Riss *m*; *MED* Fissur *f*

fita ['fitɐ] *n* Band *n*; (Papier-, Stoff-) Streifen *m*; Ordensband *n*; *MIL* Patronengurt *m*; ***~ adesiva***, ***~ colante*** Klebeband *n*; ***~ contínua*** Fließband *n*; Montageband *n*; ***~ isoladora*** Isolierband *n*; ***~ métrica*** Maßband *n*; ***~ para máquina de escrever*** Farbband *n*, ***~ transportadora*** Transportband *n*; ***fazer ~s*** F Theater machen; ***ir nessa ~*** darauf hereinfallen

fit|ar [fi'tar] (1a) *j-n* (starr) ansehen; *Blick* heften (**em** auf *ac*); aufpassen; *Aufmerksamheit* richten (**em** auf *ac*); **~o** ['fitu] **1.** *adj* starr (*Blick*); **a** (*od* **de**) **~** starr, fest, direkt; **2.** *m* Ziel *n*; Absicht *f*

fivela [fi'vɛlɐ] *f* Schnalle *f*

fixa ['fiksɐ] *f* Messlatte *f*

fix|ação [fiksɐ'sɐ̃w] *f* Befestigung *f* (*von Einzelteilen*); *Tarif*: Festsetzung *f*; *TÉCN* Fixierung *f*; **~ador** [-ksɐ'dor] **1.** *adj* Fixier...; **2.** *m* Haarfestiger *m*; *TÉCN* Feststeller *m*; Sicherung *f*; *PINT* Fixativ *n*; *FOT* Fixierbad *n*; **~ar** [fi'ksar] (1a) fixieren (*a Blick*), befestigen; *Termin* festmachen; festlegen; sich merken; *Fuß* setzen (**em** auf *ac*); *Aufmerksamkeit* fesseln, richten (**em** auf *ac*); **~-se** sich niederlassen; sich festsetzen (*Material*); **~-se em** sich konzentrieren auf (*ac*); *PSIC* sich klammern an (*ac*)

fixe ['fiʃə] F unverwüstlich; toll, super; ***sempre ~*** immer obenauf; nicht kleinzukriegen

fix|idez [fiksi'deʃ] *f* Festigkeit *f*; Beständigkeit *f*; **~o** ['fiksu] fest (*Preis*); starr (*Blick*); beständig (*Farbe*); bestimmt (*Frist*); pauschal (*Zulage*); ***ideia*** *f* **-a** fixe Idee *f*; (***ordenado*** *m*) **~** Fixum *n*

fiz [fiʃ] → ***fazer***

flacidez [flɐsi'deʃ] *f* Schlaffheit *f*

flácido ['flasidu] schlaff, welk

flagel|ar [flɐʒə'lar] (1c) geißeln, peitschen; *fig* bedrängen, *j-m* zusetzen; **~o** [-'ʒɛlu] *m* Geißel *f*; *fig* Katastrophe *f*

flagr|ância [flɐ'grɐ̃sjɐ] *f* Moment *m* des Verbrechens; **~ante** [-'grɐ̃tə] **1.** *adj* offenkundig, flagrant; **2.** *m* Augenblick *m*; günstige Gelegenheit *f*; ***em (delito) ~*** auf frischer Tat

flamej|ante [flɐmə'ʒɐ̃tə] flammend; ***gótico*** *m* **~** Spätgotik *f*; **~ar** [-'ʒar] (1d) aufflammen; leuchten

flamengo [flɐ'mẽgu] **1.** *adj* flämisch; **2.** *m*, **-a** *f* Flame *m*, Flämin *f*

flamingo [flɐ'mĩgu] *m* Flamingo *m*

flâmula ['flɐmulɐ] *f* kleine Flamme *f*; Wimpel *m* (*bsd NAV*)

flanar [flɐ'nar] (1a) flanieren
flanco ['flẽku] *m* Flanke *f*; Seite *f*
Flandres ['flẽdrəʃ] Flandern *n*
flanela [flɐ'nɛlɐ] *f* Flanell *m*
flange ['flẽʒə] *m* TÉCN Flansch *m*; ***junta** f **de** ~**s*** Flanschverbindung *f*
flanquear [flẽ'kjar] (1l) flankieren
flash [flɐʃ] *m* Blitzlicht *n*; **~-back** [-'bɐk] *m* Rückblende *f*
flat|o *m*, **~ulência** *f* ['flatu, flɐtu-'lẽsjɐ] Blähung *f* (*mst pl*); **~ulento** [flɐtu'lẽtu] blähend
flaut|a ['flawtɐ] *f* Flöte *f*; ***~ recta*** Blockflöte *f*; ***~ travessa*** Querflöte *f*; ***levar tudo na ~*** P alles auf die leichte Schulter nehmen; ***pôr-se nas ~s*** P abhauen; **~ar** [-'tar] (1a) flöten (*a fig*); **~ear** [-'tjar] (1l) Flöte spielen; P vagabundieren; spotten; **~im** [-'tĩ] *m* Pikkoloflöte *f*; **~ista** [-'tiʃtɐ] *su* Flötist(in *f*) *m*
flebite [flə'bitə] *f* Venenentzündung *f*
flech|a ['flɛʃɐ] *f* Pfeil *m*; ARQUIT Turmspitze *f*; ***em ~*** steil (***subir*** ansteigen); **~ar** [flə'ʃar] (1d) **1.** *v/t* mit Pfeilen beschießen; *fig* Pfeile abschießen auf (*ac*); **2.** *v/i* sich pfeilschnell bewegen
flectir [flɛ'tir] (3c) **1.** *v/t* beugen; **2.** *v/i fig* nachgeben; abbiegen (***para*** nach)
flert|ar [flər'tar] (1c) flirten; **~e** ['flertə] *m* P Flirt *m*
flex|ão [flɛ'ksẽw] *f* Beugung *f*; GRAM Flexion *f*; TÉCN Biegung *f*; **~ibilidade** [-ksibəli'dadə] *f* Flexibilität *f*; Biegsamkeit *f*; **~ibilização** [-ksibəlizɐ'sẽw] *f* Flexibilisierung *f*; ***~ do horário de trabalho*** Flexibilisierung *f* der Arbeitszeit; **~ível** [-'ksivɛɫ] biegsam (*Material*); flexibel (*Person*); nachgiebig; GRAM flektierbar
flipar [fli'par] (1a) P ausflippen
flirt [flərt] *m* Flirt *m*
floc|ado [flɔ'kadu] flockig; **~o** ['flɔku] *m* Flocke *f*; Büschel *n*; ***~s** pl **de aveia*** Haferflocken *f/pl*; ***~s** pl **de cereais*** Cornflakes *pl*
flor [flor] *f* Blüte *f* (*a fig*); BOT Blume *f*, Schimmel *m*; Flaum *m auf Obst*; Narben *m* (*des Leders*); ***fina ~*** Elite *f*; ***à ~ de*** an (*od* auf) der Oberfläche; dicht an (*dat*); ***ter os nervos à ~ da pele*** *fig* die Nerven blank liegen haben; ***em ~*** blühend; ***na ~ da idade*** im besten Alter; ***dar ~, estar em ~*** blühen *f*; **~a** ['flɔrɐ] *f* Flora *f*
flor|ação [flurɐ'sẽw] *f* Blütenstand *m*; Blüte(zeit) *f*; **~al** [-'raɫ] Blumen...; Blüten...; **~ar** [-'rar] (1e) aufblühen; Blüten treiben; **~eado** [-'rjadu] **1.** *adj* geblümt (*Stoff*); **2.** *m* Verzierung *f*; **~ear** [-'rjar] (1l) **1.** *v/t* (mit Blumen) schmücken; *Pflanze* erblühen lassen; *fig* verzieren; *Degen* führen; **2.** *v/i* blühen; *fig* glänzen; **~eio** [-'rɐju] *m* Verzierung *f*; Gewandtheit *f* (*im Ausdruck*); **~s** *pl* Blumenornament *n*; *fig* Floskeln *f/pl*; **~eira** [-'rɐjrɐ] *f* Blumenkasten *m*; → ***florista***; **~escer** [-rəʃ'ser] (2g) **1.** *v/t* mit Blumen schmücken; **2.** *v/i* (auf-, er)blühen; *fig* aufleben
florest|a [flu'rɛʃtɐ] *f* Wald *m*; *poét* Forst *m*; ***~ de chuvas*** Regenwald *m*; ***~ virgem*** Urwald *m*; **~al** [-rəʃ'taɫ] waldig; Forst...; Wald...; ***guarda** m **~*** Förster *m*; ***horto** m **~*** Baumschule *f*
florete [flu'retə] *m* Florett *n*
Florianópolis [flɔrja'nɔpolis] *bras Hauptstadt von Santa Catarina*
floricult|or [flurikuɫ'tor] *m* Blumenzüchter *m*; **~ura** [-'turɐ] *f* Blumenzucht *f*
flórido ['flɔridu] glänzend; = **florido** [flu'ridu] blühend; blumig (*Stil*)
flor|ir [flu'rir] (3f) (auf)blühen (*a fig*); **~ista** [-'riʃtɐ] *su* Florist(in *f*) *m*
flu|ência ['flwẽsjɐ] *f* Flüssigkeit *f*, Leichtigkeit *f* (*im Ausdruck*); **~ente** ['flwẽtə] flüssig (*Stoff*), fließend (*Gewässer*, *Ausdruck*); **~idez** [flui-'deʃ] *f* → ***fluência***; **~ido** ['flujdu] **1.** *adj* (dünn)flüssig; **2.** *m* Flüssigkeit *f*, Fluidum *n*; **~ir** ['flwir] (3i) fließen; entspringen; *fig* hervorgehen
fluminense [flumi'nẽsə] **1.** *adj* aus Rio de Janeiro; **2.** *su* Einwohner(in *f*) *m* von Rio de Janeiro
flúor ['fluɔr] *m* Fluor *n*
fluoresc|ência [flwurəʃ'sẽsjɐ] *f* Leuchtkraft *f*; Fluoreszenz *f*; **~ente** [-'sẽtə] Leucht(stoff)...; ***lâmpada** f **~*** Leuchtstofflampe *f*
flutu|ação [flutwɐ'sẽw] *f* Schwanken *n* (*a fig*); Fluktuation *f*, (Preis-) Schwankung *f*, Wogen *n* (*des Meeres*); **~ador** [-twɐ'dor] *m* TÉCN Schwimmer *m*; **~ante** [-'twẽtə]

schwimmend; Schwimm...; **~ar** [-'twar] (1g) *auf dem Wasser* treiben; *in der Luft* schweben

fluvial [flu'vjaɫ] Fluss...; **porto** *m* **~** Binnenhafen *m*

fluxo ['fluksu] *m* Fließen *n*, Fluss *m*; Flut *f*; *MED* Ausfluss *m*; Schnupfen *m*; *Tierkrankheit*: Rotz *m*; *fig* (Wort)Schwall *m*; **~ e refluxo** *fig* Hin und Her *n*

FMI ***Fundo*** *m* ***Monetário Internacional*** Internationale(r) Währungsfonds *m* (IWF)

F.º ***Filho*** *m* Sohn *m*; Junior *m*

fobia [fu'biɐ] *f* Phobie *f*

foca ['fɔkɐ] **1.** *f* Robbe *f*, Seehund *m*; **2.** *su* Fettwanst *m*; **3.** *m bras* Anfänger *m*, Neuling *m*

foc|agem [fu'kagɐ̃j] *f FOT* Einstellung *f*; **~alizar** [-kɐli'zar] (1a), **~ar** [-'kar] (1n; *Stv* 1c) *fig Thema* zur Sprache bringen, behandeln; *Ziel* anvisieren; *FOT* **~ bem** (**mal**) (un)scharf einstellen

foçar [fu'sar] (1o; *Stv* 1e) (mit der Schnauze auf)wühlen

focinh|eira [fusi'ɲɐjrɐ] *f* (Schweine)Rüssel *m*; **~o** [-'siɲu] *m* Schnauze *f* (*a* P); **levar no ~** P eins auf die Schnauze kriegen

foco ['fɔku] *m* Brennpunkt *m*; Lichtquelle *f*; *fig* Herd *m*; **profundidade** *f* **de ~** *FOT* Tiefenschärfe *f*; **estar em ~** im Brenn- (*od* Mittel)punkt stehen; **pôr em ~** *et* hervorheben

fod|a ['fɔdɐ] *f* P: **dar uma ~** e-e Nummer schieben (*kopulieren*); **ser ~** beschissen sein; **~er** [fu'der] (2d) P ficken; *j-n* bescheißen; **ser fodido** P großer Scheißdreck sein; **~-se** P sich verpissen

fof|ice [fu'fisə] *f* Weichheit *f*; **~o** ['fofu] bauschig; weich (*Brot*, *Sessel*)

fofoca [fo'fɔka] *f bras* P Gerücht *n*; Klatsch *m*, Tratsch *m*

fogaça [fu'gasɐ] *f Art* Kuchenbrot *n*

fog|acho [fu'gaʃu] *m* Flämmchen *n*; Lichtlein *n*; *fig* Wutausbruch *m*; Hitzewallung *f*; **~ão** [-'gɐ̃w] *m* (Küchen)Herd *m*; **~ a gás** Gasherd *m*; **~ de petróleo** Petroleumkocher *m*; **~ de sala** Kamin *m*

fogo ['fogu] *m* Feuer *n* (*a fig*); Brand *m*; *Gerät*: Herd *m*; *Statistik*: Haushalt *m*, Wohnung *f*; **~ cruzado** *MIL* Kreuzfeuer *n*; **~ posto** Brandstiftung *f*; **com ~** feurig (*Blick*, *Liebhaber*); mit Feuereifer; **em ~** brennend; **abrir** (**cessar**) **~** das Feuer eröffnen (einstellen); **acender o ~** *fig* das Feuer entfachen; **atiçar o ~** *fig* Hass schüren, Missgunst anstacheln; **pegar ~** Feuer fangen; **pôr ~ a** in Brand stecken (*ac*); **~!** Feuer!; **~(s)-de-artifício** [-djɐrtə'fisju] *m*(*pl*) Feuerwerk *n*

fogos|idade [fuguzi'dadə] *f* Feuer *n*; *fig* Heftigkeit *f*; **~o** [-'gozu] feurig; *fig* heftig

fogu|eira [fu'gɐjrɐ] *f* Glut *f*; Kamin-, Herdfeuer *n*; Lagerfeuer *n*; **~etada** [-gə'tadɐ] *f* Knallerei *f* (*von Feuerwerk*); **~etão** [-gə'tɐ̃w] *m* Rakete(ngeschoss *n*) *f*; **~ete** [-'getə] *m* (Feuerwerks)Rakete *f* (**deitar** steigen lassen); *bras* Rakete(ngeschoss *n*) *f*; **como um ~** blitzschnell; **deitar ~s antes da festa** sich zu früh freuen

foi [foj] → **ir**, **ser**

foice *etc* → **fouce** *etc*

fol. ***folha*** *f*, ***folhas*** *pl* Blatt *n*(*pl*) (Bl.)

folcl|ore [fołk'lɔrə] *m* Folklore *f*; **~órico** [-'lɔriku] folkloristisch

fole ['fɔlə] *m* Blasebalg *m*; Gebläse *n*; *TÉCN* Gummimanschette *f*; *fig* F Wanst *m*; **ir no ~** F auf et reinfallen

fôlego ['foləgu] *m* Atem *m* (**tomar** schöpfen; **sem** außer); Atmung *f*; *fig* Atempause *f*; **perder o ~** außer Puste geraten

foleiro [fu'lɐjru] kitschig; gepfuscht (*Arbeit*)

folg|a ['fɔłgɐ] *f* Ruhepause *f*; Muße *f*; *TÉCN* Spiel *n*; *fig* Spielraum *m*; **dia** *m* **de ~** Ruhetag *m*; **~ das válvulas** *TÉCN* Ventilspiel *n*; **dar ~ a** *j-m* Spielraum lassen; **estar de ~** dienstfrei haben; **ter ~** weit sein (*Kleid*); **~ado** [-'gadu] bequem; weit (*Kleid*); geruhsam; fröhlich, unbeschwert (*Leben*); Reserve...; *bras fig* P ausgeschlafen, dreist; **levar vida -a** sorglos leben; **~ar** [-'gar] (1o; *Stv* 1e) **1.** *v/t Kleidung* weit(er) machen; auflockern; freimachen (**de** von); **2.** *v/i* (dienst)frei haben (*od* machen); sich Ruhe (*od* Erholung) gönnen; sich ausruhen; *auf e-m Fest* sich vergnügen; angenehm verlaufen (*Feier etc*); sich freuen (**com** über *ac*, **em**, **por** zu *inf*); **~azão** [-gɐ'zɐ̃w] **1.** *adj*

F

(lebens)lustig; **2.** *m* Genießer *m*; Schelm *m*; **~uedo** [-'gedu] *m* Spiel *n*; Spaß *m*; Zeitvertreib *m*

folha ['foʎɐ] *f* Blatt *n* (*a* BOT); Briefbogen *m*; (Messer)Klinge *f*; Blech *n*; *Verwaltung*: Verzeichnis *n*, Liste *f*; **~ contínua** INFORM Endlospapier *n*; **~ de alumínio** Alufolie *f*; **~ de cálculo** INFORM Tabellenkalkulationsprogramm *n*; **~ de féria** Lohnliste *f*; **~ de serviço** Personalakte *f*; **novinho em ~** (funkel)nagelneu; **ter ~ corrida limpa** e-e blütenreine Akte haben; **virar a ~** F das Thema wechseln

folh|ado [fu'ʎadu] **1.** *adj* blätterig; **massa** *f* **-a** = **2.** *m* Blätterteig *m*; **~ de maçã** Apfelstrudel *m*; **~agem** [-'ʎaʒɐ̃j] *f* Laub *n*; Blattwerk *n*; **~eado** [-'ʎjadu] *m* Furnier *n*; **~ear** [-'ʎjar] (1l) *Buch, Zeitung*: blättern in (*dat*), durchblättern; *Möbel* furnieren; **~edo** [-'ʎedu] *m* (abgefallenes) Laub *n*

folhet|im [fuʎə'tĩ] *m* Feuilleton *n* (*e-r Zeitung*); **~o** [-'ʎetu] *m* Flugblatt *n*, -schrift *f*; Heft *n*, Broschüre *f*; Prospekt *m*; **~ informativo** Informationsbroschüre *f*; **~ televisivo** Fernsehzeitschrift *f*

folhinha [fu'ʎiɲɐ] *f* Kalenderblatt *n*

foli|a [fu'liɐ] *f* F Rummel *m*, Schwof *m*; **~ão** [-'ljɐ̃w] *m* Witzbold *m*; Schwerenöter *m*; **~ar** [-'ljar] (1g) (ausgelassen) tanzen; sich amüsieren

fólio ['fɔlju] *m* (Buch)Blatt *n*; Foliant *m*, Folio *n*

fome ['fɔmə] *f* Hunger *m*; Hungersnot *f*; **~ canina, ~ de rabo** Mords-, Riesenhunger *m*; **estar com ~, ter ~** Hunger haben, hungrig sein; **morrer de ~** vor Hunger sterben; **passar ~** hungern

foment|ação [fumẽtɐ'sɐ̃w] *f* MED Einreibung *f*; warme(r) Wickel *m*; ECON Förderung *f*, Ankurbelung *f*; **~ador** [-tɐ'dor] *m* Förderer *m*; Promotor *m*; *Krieg etc*: Verursacher *m*; **~ar** [-'tar] (1a) MED einreiben; *fig* fördern; *Wirtschaft* beleben; *Hass* schüren; *Verschwörung* anzetteln; **~o** [-'mẽtu] *m* Einreibung(smittel *n*) *f*; ECON Förderung *f*, Belebung *f*

fondue [fõ'du] *m* Fondue *n*

fone ['fɔni] *m bras* Telefon(hörer *m*) *n*

fon|ema [fu'nemɐ] *m* LING Phonem *n*; **~ética** [-'nɛtikɐ] *f* Phonetik *f*, Lautlehre *f*; **~ologia** [-nulu'ʒiɐ] *f* Phonologie *f*; **~oteca** [-nu'tɛkɐ] *f* Tonarchiv *n*

fonte ['fõtə] *f* Quelle *f* (*a* EL, *fig*); Brunnen *m*; INFORM (Schrift)Font *m*, Schriftart *f*; **saber de ~ segura** aus sicherer Quelle wissen

fora[1] ['forɐ] → **ir, ser**

fora[2] ['fɔrɐ] **1.** *adv* draußen; auswärts, außerhalb; außer Haus; **lá ~** da draußen; im Ausland; **de ~** von (dr)außen; von auswärts; **por ~** (von) außen; nebenher, im Nebenberuf; **por aí ~** immer (so) weiter; **dar o ~** P abhauen; sich aus der Affäre ziehen; **dar um ~ em** *j-m* e-n Korb geben, e-e Abfuhr erteilen; **deitar** (*od bras* **botar**) **~** wegwerfen; **deitar por ~** aus-, überlaufen; **deixar de ~** draußen (*od* aus)lassen; ausklammern; **estar para ~** verreist sein; **ficar de ~** außen vor bleiben; vergessen werden (*Gesichtspunkt*); sich heraushalten (*Person*); **ir para ~** verreisen; **pôr ~ de** hinauswerfen aus; **2.** *prp* außer (*dat*); ausgenommen; abgesehen von; **~ de** außerhalb (*gen*); außer (*dat*); **~ de serviço** außer Betrieb; **3.** *int* hinaus!, raus!; **~-de-jogo** [-də'ʒogu] *m* *Sport*: Abseits *n*; **~-de-lei** [-də'lɐj] *su* Außenseiter(in *f*) *m*

fora|gido [furɐ'ʒidu] **1.** *adj* flüchtig; entflohen (**de** aus); **2.** *m* Flüchtige(r) *m*; **~steiro** [-rɐʃ'tɐjru] **1.** *adj* fremd; auswärtig; **2.** *m* Fremde(r) *m*

forca ['forkɐ] *f* Galgen *m*

força ['forsɐ] *f* Kraft *f*, Gewalt *f*; POL Macht *f*; Stärke *f*; **~ centrífuga** Zentrifugalkraft *f*; **~ motriz** Triebkraft *f*; **~ pública** paramilitärische Polizeitruppe *f*; **~s** *pl* **armadas** Streitkräfte *f/pl*; **as ~s** *pl* **vivas** POL die Entscheidungsträger *m/pl*; ECON das freie Unternehmertum *n*; **~ de vontade** Willenskraft *f*, -stärke *f*; (**caso de**) **~ maior** höhere Gewalt *f*; **é ~ que** es ist nötig, dass; **a toda a ~** mit aller Kraft (*od* Macht); **à** (**viva**) **~** mit Gewalt, gewaltsam; **à ~ de** mit Hilfe von; **de ~** tüchtig, bedeutend; schwerwiegend (*Grund*); **em ~** in großer Zahl; mit Macht; **na ~ de** *fig* auf der Höhe (*gen*); mitten in (*dat*);

por ~ unbedingt; notgedrungen; ***por ~ de*** kraft (*gen*), wegen; ***adquirir ~*** erstarken; ***dar ~ a*** *j-m* Mut machen; ***fazer ~*** sich anstrengen; drängen; ***ter ~ de lei*** Gesetzeskraft haben

forcado [fur'kadu] *m* Heu-, Mistgabel *f*; ***um ~ de*** e-e Gabel voll

forç|ado [fur'sadu] **1.** *adj* gewaltsam; notgedrungen; ***trabalhos*** *m/pl* ***~s*** Zwangsarbeit *f*; **2.** *m* Sträfling *m*; **~amento** [-sɐ'mẽtu] *m* Gewaltanwendung *f*; ***por ~*** → ***à força***; **~ar** [-'sar] (1p; *Stv* 1e) zwingen, (be-)drängen (***a*** zu); Gewalt antun (*dat*); überanstrengen (*Marsch*); *in Behälter* (hinein)pressen, -zwängen; *Zutritt etc* (sich) erzwingen; *Widerstand* bezwingen; *Tür etc* aufbrechen

forcejar [fursə'ʒar] (1d) kämpfen; sich bemühen (***por*** zu *inf*)

forçoso [fur'sozu] notgedrungen, unbedingt; zwingend; heftig (*Sturm*); ***ser ~*** zwingend sein

for|eiro [fu'rɐjru] **1.** *adj* zinspflichtig; **2.** *m* Erbpächter *m*; **~ense** [-'rẽsə] gerichtlich, Gerichts...

forj|a ['fɔrʒɐ] *f* Schmiede(herd *m*) *f*; Schmelzofen *m*; ***estar na ~*** in Vorbereitung sein; **~ador** [furʒɐ'dor] *m* Urheber *m*; **~ar** [-'ʒar] (1e) schmieden; *fig a* aushecken; erfinden

forma[1] ['fɔrmɐ] *f* Form *f*; Gestalt *f*; Art und Weise *f*; ***pública ~*** beglaubigte Abschrift *f*; ***de*** (*od* ***por***) ***esta ~*** auf diese Weise; ***de*** (*od* ***por***) ***~ alguma*** keineswegs; ***de outra ~*** anderenfalls, sonst; ***de*** (***tal***) ***~ que*** + *conj od imp*, ***de*** (*od* ***por***) ***~ a*** + *inf* dergestalt, dass; so, dass; ***em ~ de*** in der Art eines (*od* einer); ...förmig; ***em*** (***devida***) ***~*** ordnungsgemäß, vorschriftsmäßig; richtig; ***em toda a ~*** regelrecht; gebührend; ***dar ~ a*** gestalten (*ac*), ausführen (*ac*); ***estar em boa*** (***baixo de***) ***~*** in guter (schlechter) Form sein; ***ganhar*** (*od* ***tomar***) ***~*** sich abzeichnen; Form annehmen; ***não há ~ de*** es gibt keinen Weg zu

forma[2] (*ô) ['formɐ] *f* TÉCN Form *f*; *Küche*: Kuchen-, Backform *f*; (Schuh)Leisten *m*; TIP Satzform *f*; ***letra*** *f* ***de ~*** Druckschrift *f*, -buchstabe *m*; ***pão*** *m* ***de ~*** Kastenbrot *n*

form|ação [furmɐ'sɐ̃w] *f* Bildung *f*; Entstehung *f*; Formation *f* (*bsd* GEOL); Aufstellung *f*; ***em ~*** im Entstehen begriffen; ***~ profissional*** (***contínua***) Berufsausbildung *f*, (berufliche Fortbildung *f*); **~ado** [-'madu]: ***ser ~ em Medicina*** Mediziner sein; **~ador** [-mɐ'dor] **1.** *adj* gestaltend; (die Grundlage) bildend; **2.** *m* Schöpfer *m*, Gestalter *m*; *beruflich*: Ausbilder *m*; **~al** [-'mał] Form..., formal; förmlich; regelrecht; ausdrücklich; **~alidade** [-mɐli'dadə] *f* Förmlichkeit *f*; Formalität *f*; ***por ~*** der Form halber; **~alizar** [-mɐli'zar] (1a) formalisieren; *et* vorschriftsmäßig tun; *Vertrag* ausfertigen; *Gesuch* einreichen (***em*** bei); **~-se** sich entrüsten (***com*** über *ac*); **~almente** [-mał'mẽtə] der Form nach; **~ando** [-'mɐ̃du] *m* Auszubildende(r) *m*, Lehrling *m*; **~ão** [-'mɐ̃w] *m* Stechbeitel *m*; **~ar** [-'mar] (1e) **1.** *v/t* bilden; aufstellen; *Plan* fassen; *j-n* studieren lassen; **2.** *v/i* MIL antreten (***a*** zu); **~-se** entstehen; sich (aus-, heraus)bilden; e-n Universitätsgrad erwerben (***em*** in *dat*), studieren; **~atação** [-mɐtɐ'sɐ̃w] *f* INFORM Formatierung *f*; **~atar** [-mɐ'tar] (1b) formatieren; **~ativo** [-mɐ'tivu] Bildungs...; erzieherisch; **~ato** [-'matu] *m* Format *n*; **~atura** [-mɐ'turɐ] *f* UNIV Abschlussprüfung *f*; Studienabschluss *m*; Studium *n*

formicida [furmə'sidɐ] *m* Ameisengift *n*

formidável [furmi'davɛł] furchtbar; beeindruckend, fantastisch

formig|a [fur'migɐ] *f* Ameise *f*; ***à ~*** P e-r nach dem anderen; unbemerkt; ***como as ~s*** P wie im Ameisenhaufen; ***~-branca*** *f* Termite *f*; **~ar** [-'gar] (1o) *auf der Haut* kribbeln; wimmeln (***de*** vor *dat*); *fig* sich abplagen; **~ueiro** [-mi'gɐjru] *m* Ameisenhaufen *m*; *fig* Gewimmel *n*; Kribbeln *n*

formos|o [fur'mozu] schön, lieblich; anmutig; **~ura** [-mu'zurɐ] *f* Schönheit *f*; Anmut *f*

fórmula ['fɔrmulɐ] *f* Formel *f*

formul|ar [furmu'lar] (1a) formulieren; *Medikament* verschreiben; *Bitte* zum Ausdruck bringen; **~ário** [-'larju] *m* Formular *n*; Regelwerk *n*; FARM Arzneibuch *n*; ***~ contínuo*** INFORM Endlospapier *n*

F

forn|ada [fur'nadɐ] *f* Schub *m*, Ofenfüllung *f*; **~alha** [-'naʎɐ] *f* Backofen *m* (*a fig*); TÉCN Brennkammer *f*; Ofenloch *n*
fornec|edor [furnəsə'dor] *m* Lieferant *m*; **~er** [-'ser] (2g) *Ware* liefern (*a fig*); *Geschäft*, *Institution* beliefern, versorgen (**de** mit); ausstatten mit; **~imento** [-si'mẽtu] *m* Lieferung *f*; Versorgung *f* (**de** mit); **~ de serviços** Dienstleistung(swesen *n*) *f*
fornicar [furni'kar] (1n) kopulieren; *fig* P belästigen
fornido [fur'nidu] stark; stämmig
forno ['fornu] *m* Backofen *m* (*a fig*); Bratröhre *f*; TÉCN Ofen *m*; **~ com circulação de ar quente** Umluftherd *m*; **~ de auto-limpeza** selbstreinigende(r) Herd *m*; (**~ de**) **microondas** *m* Mikrowelle(nherd *m*) *f*
foro[1] ['fɔru] *m* Forum *n*
foro[2] ['foru] *m* (Pacht)Zins *m*; Nutzung(srecht *n*) *f*; JUR Gerichtshof *m*; Rechtsprechung *f*; **~s** *pl* JUR (Gewohnheits-, Sonder-, Vor)Recht(e) *n*(*pl*)
forqu|eta [fur'ketɐ] *f* TÉCN Gabel *f*; **~ilha** [-'kiʎɐ] *f dreizinkige* Heugabel *f*; *Gabelstapler*, *Fahrrad*: Gabel *f*
forrador [furʀɐ'dor] *m* Tapezierer *m*
forrag|ear [furʀɐ'ʒjar] (1l) **1.** *v/t Wiese* mähen; *fig* kiebitzen; *Ideen anderer* abschreiben; **2.** *v/i* Futter schneiden; Heu machen; **~em** [-'ʀaʒẽj] *f* Viehfutter *n*, Futter(mittel) *n*
forr|ar [fu'ʀar] (1e) **a**) *Kleid etc* füttern; *Raum* auskleiden, -legen; *mit Metall etc* überziehen; *mit Holz* verkleiden, -schalen; *Wand* tapezieren; **b**) *Geld* sparen; **~-se de** sich *et* ersparen; **~eta** [-'ʀetɐ] *su* Geizhals *m*; **~o** ['foʀu] *m* (Kleider)Futter *n*; (Holz)Verkleidung *f*, Verschalung *f*; (Holz)Decke *f*; Überzug *m*; ARQUIT Dachboden *m*
fortal|ecer [furtɐlə'ser] (2g) (be-)stärken; *j-n* ermutigen; *Aussage* bekräftigen; **~-se** erstarken; sich erholen; **~ecimento** [-ləsi'mẽtu] *m* Stärkung *f*; Erstarken *n*
Fortaleza [forta'leza] *bras Hauptstadt von Ceará*; ♀ *f* Stärke *f*, Festigkeit *f*; Kraft *f*; MIL, ARQUIT Festung *f*
forte ['fɔrtə] **1.** *adj* stark (*Mensch*, *Wind*, *Hitze*, *Währung*, *Kaffee*); kräftig (*Mensch*, *Wind*, *Stimme*); dick (*Wand*, *Baum*); schlagkräftig (*Armee*); gut (*in Fachgebiet*); steif (*Brise*); **casa** *f* **~** feuersichere(r) Raum *m*; **estar ~ de si** selbstsicher sein; **fazer-se ~** F sich aufspielen; **ser ~ em** *fig* groß sein in (*dat*); **2.** *adv* kräftig, laut(stark); MÚS forte; **3.** *m* starke Seite *f*; MIL Fort *n*
fortific|ação [furtəfikɐ'sɐ̃w] *f* Befestigung(sanlage) *f*; Festung *f*; **~ante** [-'kɐ̃tə] *m* Stärkungsmittel *n*; **~ar** [-'kar] (1n) stärken, kräftigen; *fig* bestärken; MIL befestigen
fortuito [fur'tujtu] zufällig
fortuna [fur'tunɐ] *f* Glück *n*; Erfolg *m*; Schicksal *n*; Los *n*, Geschick *n*; Vermögen *n* (*Geld*); **fazer ~** ein Vermögen erwerben; es zu etwas bringen
fórum ['fɔrũ] *m* Forum *n*
fosc|ar [fuʃ'kar] (1n; *Stv* 1e) mattieren; **~o** ['foʃku] matt; stumpf
fosfat|ado [fuʃfɐ'tadu] phosphathaltig; **~o** [-'fatu] *m* Phosphat *n*
fosforeira [fuʃfu'rɐjrɐ] *f* Streichholzschachtel *f*
fosforesc|ência [fuʃfurəʃ'sẽsjɐ] *f* Phosphoreszenz *f*; Leuchtkraft *f*; **~er** [-'ser] (2g) phosphoreszieren; leuchten (*a fig*)
fósforo ['fɔʃfuru] *m* QUÍM Phosphor *m*; Streich-, Zündholz *n*; *fig* F Grips *m*; **em menos de um ~** im Handumdrehen
fossa ['fɔsɐ] *f* Senke *f*; (Abfall)Grube *f*; Grübchen *n* (*im Gesicht*); **~ comum** Massengrab *n*; **~ séptica** Klärgrube *f*; **na ~** *fig* P down, völlig am Boden; **~s** *pl* **nasais** Nasenhöhlen *f*/*pl*
foss|ado [fu'sadu] *m* (Festungs-)Graben *m*; **~ar** [-'sar] (1e) **1.** *v/t Boden* aufwühlen; *Grube*, *Graben* ausheben; **2.** *v/i* F sich abrackern
fosse ['fosə] → **ir**, **ser**
fóssil ['fɔsiɫ] **1.** *adj* versteinert, fossil; **2.** *m* Versteinerung *f*
fosso ['fosu] *m* Graben *m*; Grube *f*
foto ['fɔtu] *f* Foto *n*; **~composição** [fɔtokõpuzi'sɐ̃w] *f* TIP Lichtsatz *m*; **~cópia** [-'kɔpjɐ] *f* Fotokopie *f*; **tirar uma ~ de** fotokopieren (*ac*); **~copiador(a)** [-kupjɐ'dor, (-'dɔrɐ)] *m*(*f*) Fotokopierer *m*; **~copiar** [-ku'pjar] (1g) fotokopieren; **~génico**

(*ê) [-'ʒɛniku] fotogen; **~grafar** [futugrɐ'far] (1b) fotografieren, aufnehmen; **~grafia** [-grɐ'fiɐ] *f* Fotografie *f* (***a cores*** Farb...); Lichtbild *n*, Aufnahme *f*; ***tirar uma ~*** e-e Aufnahme machen (***a*** von); **~gráfico** [-'grafiku] fotografisch; ***máquina*** *f* ***-a*** Fotoapparat *m*, Kamera *f*

fotógrafo [fu'tɔgrɐfu] *m* Fotograf *m*

foto|montagem [fɔtomõ'taʒɐ̃j] *f* Fotomontage *f*; **~novela** [-nu'vɛlɐ] *f* Fotoroman *m*; **~rrepórter** [-ʀə-'pɔrtər] *su* Foto-, Bildreporter(in *f*) *m*; **~ssíntese** [-'sĩtəzə] *f* BIOL Photosynthese *f*; **~telegrafia** [-tələgrɐ-'fiɐ] *f* Bildübertragung *f*; **~terapia** [-tərɐ'piɐ] *f* MED Bestrahlung *f*

fou|çada [fo'sadɐ] *f* Sensenhieb *m*; **~çar** [-'sar] (1p) (ab-) mähen, sensen; **~ce** ['fo-, 'fojsə] *f* Sense *f*; Hippe *f* (*a fig*); ***vir a talho de ~*** (sehr) gelegen kommen; **~cinha** [-'siɲɐ] *f* Sichel *f*

foz [fɔʃ] *f* Flussmündung *f*; ***de ~ em fora*** aufs weite Meer hinaus

fracalhão [frɐkɐ'ʎɐ̃w] **1.** *adj* schwächlich; **2.** *m*, **-ona** *f* Schwächling *m*

fracass|ar [frɐkɐ'sar] (1b) scheitern (***em*** bei) (*Mensch*); misslingen (*Unternehmen*); TEA durchfallen; ***fazer ~*** scheitern lassen; zum Scheitern verurteilen; **~o** [-'kasu] *m* Fehlschlag *m*; Misserfolg *m*; *Explosion*: Knall *m*; Krach *m*

fra(c)|ção [fra'sɐ̃w] *f* (Bruch)Teil *m*; Bruchstück *n*; MAT Bruch *m*; ***às -ões*** stück-, teilweise; ***numa ~ de segundos*** im Bruchteil von Sekunden; **~cionar** [-sju'nar] (1f) zerstückeln, -teilen; *Holz*, *Partei* zersplittern; ***~-se em*** sich aufteilen, (sich) zersplittern in (*ac*); **~cionário** [-sju'narju] Bruch...

frac|o ['fraku] **1.** *adj* schwach (*Körperbau*, *Leistung*, *Währung*, *Charakter*, *Licht*, *Stimme*); dünn (*Kaffee*, *Stoff*, *Mensch*); feig; **2.** *m* schwache Seite *f*; Schwäche *f*; ***ter um ~ por*** e-e Schwäche haben für; **~ote** [frɐ'kɔtə] schwächlich; anfällig

fra(c)tur|a [fra'turɐ] *f* MED Bruch *m*; GEOL (Erd)Einbruch *m*, Riss *m*; ***~ exposta*** offene(r) Bruch *m*; **~ar(-se)** [-tu'rar(sə)] (1a) (zer)brechen

frad|alhão [frɐdɐ'ʎɐ̃w] *m depr* Pfaffe *m*; **~e** ['fradə] *m* REL Mönch *m*; Steinpfosten *m* (*an Haus od Straße*)

fraga ['fragɐ] *f* (steiler) Felsen *m*

frágil ['fraʒiɫ] zerbrechlich (*Glas*); brüchig, spröd (*Material*); gebrechlich (*Mensch*); schwach (*Gesundheit*); vergänglich

fragilidade [frɐʒəli'dadə] *f Glas*: Zerbrechlichkeit *f*; *bsd Metalle*: Sprödigkeit *f*; *Mensch*: Schwäche *f*; Vergänglichkeit *f*

fragment|ação [frɐgmẽtɐ'sɐ̃w] *f* Zerstückelung *f*; **~ar** [-'tar] (1a) *Text* zerstückeln; *Gegenstand* zerschlagen; ***~-se*** (zer)splittern; **~ário** [-'tarju] bruchstückhaft, fragmentarisch; Stück...; **~o** [-'mẽtu] *m* Bruchstück *n*, Fragment *n*

fragor [frɐ'gor] *m* Krachen *n*; Getöse *n*; Tosen *n* (*Meer*)

fragoso [frɐ'gozu] steil (*Weg*); unwegsam (*Gebiet*); rau, wild

fragr|ância [frɐ'grɐ̃sjɐ] *f* Duft *m*; **~ante** [-'grɐ̃tə] duftend

frald|a ['frałdɐ] *f* (Baby)Windel *f*; Saum *m* (*an Kleidung*); GEOGR (Berg)Fuß *m*; ***~ descartável*** Wegwerfwindel *f*; ***~ do mar*** Küste *f*; **~ar** [-'dar] (1a) windeln; **~ário** [-'darju] *m* Wickelraum *m*

frald|ilha [frał'diʎɐ] *f* Lederschürze *f* (*der Schmiede*); **~iqueiro** [-di'kɐj-ru] *m depr* Weiberheld *m*; Schoßhund *m*; **~oso** [-'dozu] lang(schößig); *fig* weitschweifig

framboes|a [frɐ̃'bwezɐ] *f* Himbeere *f*; **~eiro** [-bwə'zɐjru] *m* Himbeerstrauch *m*

França ['frɐ̃sɐ]: (***a***) **~** Frankreich *n*

francamente [frɐ̃kɐ'mẽtə] offen gestanden; ***~!*** also wirklich!

franc|ês [frɐ̃'seʃ] **1.** *adj* französisch; **2.** *m*, **-esa** *f* Franzose *m*, Französin *f*; ***à -esa*** auf französische Art

franchis|ado [frɐ̃ʃi'zadu] *m* ECON Franchise-Nehmer *m*; **~ador** [-zɐ-'dor] *m* Franchise-Geber *m*; **~ar** [-'zar] (1a) in Franchise nehmen (*od* verkaufen)

franciscano [frɐ̃siʃ'kɐnu] *m* Franziskaner *m*

franco ['frɐ̃ku] **1.** *adj* **a)** frei(mütig); offen(herzig); großzügig; ungehemmt (*Ausdrucksweise*); ***porto*** *m* **~** Freihafen *m*; **b)** GEOGR fränkisch

F

2. *m* Franken *m* (*Münze*); ~ ***suíço*** Schweizer Franken *m*; ***os ~s*** die Franken *m/pl* (*Volksstamm*)

franco-...[1] [frɐ̃kɔ] *in Zssgn* französisch; ***~alemão*** deutsch-französisch

franco-...[2] ['frɐ̃ku] *in Zssgn* Frei...; **~atirador(es)** [-kwɐtirɐ'dor] *m* Freischärler *m(pl)*; **~maçāo (-ões)** [-kumɐ'sɐ̃w] *m(pl)* Freimaurer *m*

Francoforte [frɐ̃ku'fɔrtə] Frankfurt *n*; ~ ***sobre o Meno*** Frankfurt am Main

franga ['frɐ̃gɐ] *f* Huhn *n*

frangalh|o [frɐ̃'gaʎu] *m* Lumpen *m*; Fetzen *m*; ***fazer em ~s*** zerfetzen; **~ona** [-gɐ'ʎɔnɐ] *f* F Schlampe *f*

frang|alhote [frɐ̃gɐ'ʎɔtə] *m junger* Hahn *m*; *fig* junge(r) Gockel *m*; **~anito** [-gɐ'nitu] *m junger* Hahn *m*; *fig* Gernegroß *m*; **~o** ['frɐ̃gu] *m* CUL Hähnchen *n*; *fig* Grünschnabel *m*

franj|a ['frɐ̃ʒɐ] *f* Franse *f*; **~s** *pl* P Gefolgschaft *f*, Fußvolk *n* (*e-r Partei*); ~ ***de cabelo*** Haarsträhne *f*; ***estar com os nervos em ~*** P die Nerven blank liegen haben; **~ar** [-'ʒar] (1a) mit Fransen (*od* Spitzen) besetzen; *fig* verzieren

franqu|ear [frɐ̃'kjar] (1l) freigeben; *Zugang* öffnen; ermöglichen; *Wohnung* zur Verfügung stellen; *Schwierigkeit* überwinden; NAV zum Freihafen erklären; *bras Post* frankieren; **~eza** [-'kezɐ] *f* Freiheit *f*; Offenheit *f*; Großzügigkeit *f*; ***com ~*** → ***francamente***; ***usar de ~*** ohne Umschweife zur Sache kommen; **~ia** [-'kiɐ] *f Post*: Postgebühr *f*, Porto *n*; Freiheit *f*, Vorrecht *n*; **~iar** [-'kjar] (1g) *Post* freimachen, frankieren

franz|ido [frɐ̃'zidu] **1.** *adj* Falten...; faltig; kraus; **2.** *m* Plissee *n*; **~ino** [-'zinu] dünn (*a Stoff*); zart; schwächlich; **~ir** [-'zir] (3a) fälteln; *fig* kräuseln; ***~ as sobrancelhas***, ***~ o sobrolho***, ***~ a testa*** die Stirn runzeln (*od* in Falten legen)

fraque ['frakə] *m* Frack *m*

fraqu|ejar [frɐkə'ʒar] (1d) schwach werden; wanken; *in s-n Leistungen* nachlassen; **~eza** [-'kezɐ] *f* Schwäche *f*, Schwachheit *f*; ***~ no sangue*** F Blutarmut *f*; ***cair na ~ de*** + *inf* so schwach sein, dass; **~inho** [-'kiɲu] *f fig* F kleine Schwäche *f* (***por*** für)

frasco ['fraʃku] *m* Fläschchen *n*; *Parfüm*: Flakon *m*, *n*; *Babynahrung*: Gläschen *n*; *Senf*, *Marmelade etc*: (Schraub)Glas *n*; P *depr* alte Schachtel *f* (*unansehnliche Frau*); ***~ de veneno*** P Giftspritze *f* (*scharfzüngige Person*)

frase ['frazə] *f* Satz *m*; Phrase *f* (*a* MÚS); ***fazer ~s*** GRAM Sätze bilden; *fig* Phrasen dreschen; **~ado** [frɐ'zjadu] *m* Rede- (*od* Schreib-)weise *f*; MÚS Phrasierung *f*; **~(s)-feita(s)** [-'fɐjtɐ] *f(pl)* Redensart *f*

fratern|a [frɐ'tɛrnɐ] *f* freundschaftliche(r) Wink *m*; **~al** [-tər'nał] brüderlich; **~idade** [-tərni'dadə] *f* Brüderlichkeit *f*; **~izar** [-tərni'zar] (1a) sich verbrüdern (***com*** mit) → ***confraternizar***; **~o** [-'tɛrnu] Bruder..., brüderlich

fratur... *bras* → ***fractur...***

fraud|ador [frawdɐ'dor] *m* Betrüger *m*; **~ar** [-'dar] (1a) betrügen (***de*** um); **~e** ['frawdə] *f* Betrug *m*; ***~ fiscal*** Steuerhinterziehung *f*; **~ulento** [-du'lẽtu] betrügerisch; *fig* hinterlistig

fre|ada ['frjada] *f bras* Bremsung *f*; **~ar** ['frjar] (1l) *bras* bremsen

frech... → ***flech...***

fregona [frə'gɔnɐ] *f* Putzfrau *f*

fregu|ês [frɛ'geʃ] *m*, **-esa** *f* Kunde *m*, Kundin *f*; *Restaurant*: (Stamm-)Gast *m*; Einwohner(in *f*) *m* (*e-r Gemeinde*); Gemeindemitglied *n*; **~esia** [frɛgə'ziɐ] *f* ECON Kundschaft *f*; Gemeinde *f*

frei [frɐj] *m* Bruder *m* (*Mönchstitel*)

freio ['frɐju] *m* TÉCN Bremse *f* (*bras bsd* AUTO); Zügel *m*, Zaum *m* (*a fig*); ***~ de emergência*** Notbremse *f*; ***pôr ~ em*** *fig* zügeln; ***não ter ~ na língua*** kein Blatt vor den Mund nehmen

freir|a ['frɐjrɐ] *f* Nonne *f*; **~e** ['frɐjrə] *m* Mönch *m*

freixo ['frɐjʃu] *m* BOT Esche *f*

frémito (*ê) ['frɛmitu] *m Meer*: Brausen *n*, Tosen *n*; *Löwe*: Gebrüll *n*; Zittern *n* (*vor Angst*)

fren|ação [frənɐ'sɐ̃w] *f*: (***aparelho*** *m* ***de***) ~ Bremsvorrichtung *f*; **~ar** [-'nar] (1d) bremsen; *fig* zügeln

fren|esi(m) [frənə'zi, (-'zĩ)] *m* Tobsucht *f*, Raserei *f*; ***com ~*** wie verrückt; **~ético** [-'nɛtiku] rasend, toll; frenetisch

frent|e ['frẽtə] *f* Vorderseite *f* (*a ARQUIT*); Spitze *f*; *MIL* Front *f*; **~ fria (quente)** *METÉO* Kalt-, (Warm-)front *f*; **~ a ~** einander gegenüber; **à ~** vorn; **estar à ~** an der Spitze stehen; **(largamente) à ~ de** (weit) vor (*ac u dat*); **da ~** vorder, Vorder...; **de ~** von vorn; entschlossen (*Vorgehensweise*); **em ~ a** (direkt) vor (*dat*); **em ~ de** vor (*ac u dat*), gegenüber; **sempre em ~** immer geradeaus; **para a ~** vorwärts; nach vorn; **fazer ~ a** entgegentreten (*dat*); *e-r Sache* Einhalt gebieten; **ter** *alg* **pela ~** *j-n* vor sich haben; **~ista** [frẽ'tista] *m bras* Tankwart *m*

frequ|ência (*ü) [frə'kwẽsjɐ] *f* Häufigkeit *f*; *Veranstaltung*: Zulauf *m*; *Schule*: Besuch *m*; *UNIV* (Semester)Prüfung *f*, Klausur *f*; *EL* Frequenz *f*; **(alta** Hoch...); **~ de relógio** *INFORM* Taktfrequenz *f*; **~ modulada (FM)** Ultrakurzwelle *f* (UKW); **com ~** häufig; **ter ~** gut besucht sein, Zulauf haben; **ter boa ~** nicht oft gefehlt haben; **~entador** [-kwẽtɐ'dor] *m* (regelmäßiger) Besucher *m*; **~entar** [-kwẽ'tar] (1a) (regelmäßig) besuchen; verkehren mit (*od* in *dat*); *Weg* begehen; **~ente** [-'kwẽtə] häufig; beschleunigt (*Puls*); eifrig; **~entemente** [-kwẽtə'mẽtə] häufig

fresadora [-'dɔrɐ] *f* Fräsmaschine *f*

fresca ['frɛʃkɐ] *f* Abendkühle *f* (**pela** in der); **à ~** leicht, luftig (gekleidet); **tomar ~** frische Luft schöpfen

frescalh|ão [frəʃkɐ'ʎɐ̃w], **-ona, -ota** F (sehr) frisch; jugendlich; P flegelhaft

fresc|o ['freʃku] **1.** *adj* frisch; kühl (*Temperatur*); leicht (*Stoff, Kleidung*); P frech; anzüglich; *irón* reizend, heiter; *bras* sentimental; *depr* P warm (*schwul*); **de ~** kürzlich; **pintado de ~** frisch gestrichen; **2.** *m* frische Brise *f*; *PINT* Fresko *n*; *bras depr* P Schwuchtel *f* (*Homosexueller*); **~s** *pl* Proviant *m*; **pôr-se ao ~** P sich verdrücken; **tomar o ~** frische Luft schöpfen; **~or** [-'kor] *m* (*bsd bras*) Frische *f*; Kühle *f*; **~ura** [-'kurɐ] *f* Frische *f*; *Temperatur*: Kühle *f*; *bras* Sentimentalität *f*

frese ['frɛzə] *m* Fräse *f*

fresqu|idão [frəʃki'dɐ̃w] *f* → **frescor**; **~inho** [-'kiɲu] F schön kühl (*od* frisch); knackig (*Obst*)

fressur|a [frə'surɐ] *f* Geschlinge *n*; **~eira** [-'rɐjrɐ] *f* P Lesbe *f*

frest|a ['frɛʃtɐ] *f* (Mauer)Lücke *f*, Spalt *m*, Ritze *f*; (Dach)Luke *f*

fret|ador [frətɐ'dor] *m* Transportunternehmer *m*; **~agem** [-'taʒɐ̃j] *f* Chartergebühr *f*; Fracht *f*; **~amento** [-tɐ'mẽtu] *m* Charter *m*; Frachtvertrag *m*; **~ar** [-'tar] (1c) *Schiff* chartern; *Transportmittel* mieten; **~e** ['frɛtə] *m* Fracht *f*; Transport *m*; Chartern *n*; *fig* P äußerst lästige Sache *f*; Mist *m*; **fazer ~** P extrem ungern tun

fri|a ['fria] *f bras* P kitzlige Situation *f*; **~agem** ['frjaʒɐ̃j] *f* Frost *m*; Frostschaden *m*; **~aldade** [frjaɫ'dadə] *f* Gefühlskälte *f*, Gleichgültigkeit *f*

fric|ção [frik'sɐ̃w] *f FIS* Reibung *f*; Einreiben *n* (*mit Creme etc*) **~cionar** [-sju'nar] (1f) reiben; *Körperteil* einreiben

fri|eira ['frjɐjrɐ] *f* Frostbeule *f*; **~eza** ['frjezɐ] *f* (Gefühls)Kälte *f*; Frostigkeit *f*; **~ de ânimo** Kaltblütigkeit *f*

frigideira [frəʒi'dɐjrɐ] *f* Bratpfanne *f*

frígido ['friʒidu] kalt, eisig; *MED* frigid

frigir [frə'ʒir] (3q) *in Öl* braten; *fig* sich aufspielen

frigorífico [frigu'rifiku] **1.** *adj* Kühl...; Eis...; Kälte erzeugend; **armazém** *m* **~** Kühlhalle *f*; **2.** *m* Kühlschrank *m*; *bras* Kühlhaus *n*

frincha ['frĩʃɐ] *f* Spalte *f*

frio ['friw] **1.** *adj* kalt; *fig a* frostig; ausdruckslos; **carnes** *f/pl* **-as** *CUL* Aufschnitt *m*; **~ de pedra** eiskalt; **2.** *m* Kälte *f*, Frost *m*; Frostigkeit *f*; **~s** *pl bras* kalte Platten *f/pl*; Aufschnitt *m*; **~ de rachar** schneidende Kälte *f*; **apanhar ~** sich erkälten; **estar ~, fazer ~** kalt sein; **ter** (*od* **sentir**) **~** frieren

friorento [friw'rẽtu] verfroren

fris|ado [fri'zadu] **1.** *adj* gekräuselt; **2.** *m* gekräuselte(s) Haar *n*; **~ante** [-'zɐ̃tə] passend, zutreffend (*Antwort*); bezeichnend; überzeugend (*Beispiel*); **~ar** [-'zar] (1a) **a)** *Haar* kräuseln; *Stirn* runzeln; **b)** hervorheben; unterstreichen; **~ com** ähneln; übereinstimmen mit

frit|a ['fritɐ] *f TÉCN* Schmelze *f*; **~s** *pl*

bras Pommes frites *pl*; **~ada** [-'tadɐ] *f* CUL Gebratene(s) *n*; **~ de ovos** gebratene Eier *n/pl*; **~adeira** [-tɐ'dɐjrɐ] *f* Friteuse *f*; **~ar** [-'tar] (1a) (in Fett) backen, braten; **~o** ['fritu] **1.** *p/p irr von* **frigir** *u* **fritar**; **batatas** *f/pl* **-as** Pommes frites *pl*; **estar ~** *fig* P angeschmiert sein; **2.** *m* = **~ura** [-'turɐ] *f* (in Fett) Gebackene(s) *n*

frívolo ['frivulu] leichtfertig; frivol (*Person*); nichtig (*Grund*)

froco ['frɔku] *m* Troddel *f*, Quaste *f*; (Schnee)Flocke *f*

F

froix... → **froux...**

frond|ear (1l), **~ejar** (1d) [frõ'djar, -də'ʒar] (sich) belauben; (Blätter) treiben; **~oso** [-'dozu] dicht belaubt

fronha ['froɲɐ] *f* (Kissen)Bezug *m*

front|ada [frõ'tadɐ] *f* ARQUIT Eckstein *m*; **~al** [frõ'taɫ] **1.** *adj* Vorder...; Stirn...; ARQUIT Front...; *fig* frontal; krass, schroff; **2.** *m* (Fenster-, Tür)Aufsatz *m*; ANAT Stirnbein *n*; **~ão** [-'tɐ̃w] *m* ARQUIT Giebel *m*; Aufsatz *m*; **~aria** [-tɐ'riɐ] *f* Fassade *f*; **~e** ['frõtə] *f* ANAT Stirn *f*, Front-, Vorderseite *f*; **~ a ~** von Angesicht zu Angesicht; frontal; **~eira** [-'tɐjrɐ] *f* Grenze *f* (**com** zu); **~eiriço** [-tɐj'risu] Grenz...; angrenzend; **~eiro** [-'tɐjru] gegenüberliegend; angrenzend; Grenz...

frota ['frɔtɐ] *f* Flotte *f*

froux|el [fro'ʃɛɫ] *m* Flaum(federn *f/pl*) *m*; **~idão** [-ʃi'dɐ̃w] *f* Schlaffheit *f*, Schlappheit *f*, Lässigkeit *f*; **~o** ['froʃu, 'frojʃu] **1.** *adj* schlaff, matt (*Person*); schlapp; lässig; **2.** *m* Schlappschwanz *m*

frugal [fru'gaɫ] einfach, bescheiden, genügsam (*Essen*, *Leben*); karg

fru|ição [frui'sɐ̃w] *f* Genuss *m*; **~ir** [frwir] (3i) genießen (**de** *ac*)

frumento [fru'mẽtu] *m* Getreide *n*; *bsd* Weizen *m*

frust|e ['fruʃtə] minderwertig (*Qualität*); gewöhnlich; abgenutzt (*Kleidung*); veraltet (*Technik*); MED unspezifisch; **~o** ['fruʃtu] verblichen, verblasst (*Inschrift*)

frustr|ação [fruʃtrɐ'sɐ̃w] *f* Vereitelung *f*, Scheitern *n*; PSIC Frustration *f*; **~ado** [-'tradu] gescheitert (*Plan*); verhindert (*Künstler*); zurückgeblieben; vergeblich (*Bemühungen*); PSIC frustriert; **~ante** [-'trɐ̃tə] frustrierend; **~ar** [-'trar] (1a) *j-s Hoffnung* täuschen; *j-n* bringen um; *Plan* vereiteln, zum Scheitern bringen; frustrieren; **~-se** scheitern

fruta ['frutɐ] **1.** *f* Obst *n*; Frucht *f*; **~ da época** Früchte *pl* der Saison; **~ fresca** Frischobst *n*; **~ seca** Dörrobst *n*; **uma ~** ein Stück Obst; **ser ~ do tempo** *fig* jahreszeitlich (*od* zeit)bedingt sein; **2.** *m bras* P Schwuchtel *f*

frut|a-pão (**-s-pães**) [fruta'pɐ̃w] *f(pl) bras* BOT Brotfrucht(baum *m*) *f*; **~aria** [-tɐ'riɐ] *f* Obstgeschäft *n*; **~eira** [-'tɐjrɐ] *f* BOT Obstbaum *m*; Obstkorb *m*, -schale *f*; **~icultor** [-tikuɫ'tor] *m* Obst(an)bauer *m*; **~icultura** [-tikuɫ'turɐ] *f* Obst(an-)bau *m*; **~ífero** [-'tifəru] fruchttragend; Obst...; *fig* ergiebig; nützlich; fruchtbar; **~ificar** [-təfi'kar] (1n) Frucht bringen; *fig* ergiebig sein; fruchtbar werden; **~o** ['frutu] *m allg* Frucht *f* (*e-r Pflanze*); Ergebnis *n* (*der Arbeit*); Nutzen *m*; Folge *f*; **dar ~** (Früchte) tragen (*Pflanze*); Nutzen bringen; ein Ergebnis vorweisen (können); **~ose** [-'tɔzə] *f* Fruchtzucker *m*

fub|a ['fuba] *f Afrika* Maniokmehl *n*; **~á** [fu'ba] *m bras* Mais-, Reismehl *n*

fuça ['fusɐ] *f* P Fresse *f*, Visage *f* (*Gesicht*); **levar nas ~s** P eins auf die Schnauze kriegen

fúcsia ['fuksjɐ] *f* BOT Fuchsie *f*

fufa ['fufɐ] **1.** *adj* lesbisch; **2.** *f* P Lesbe *f*

fug|a ['fugɐ] *f* Flucht *f* (*v Gefangenen*); *Behälter*: Luftloch *n*; Leck *n*, undichte Stelle *f*; MÚS Fuge *f*; *fig* Ausflucht *f*; Anwandlung *f*; (**lance** *m* **de**) **~** *Sport*: Vorstoß *m*; **~ aos impostos** Steuerflucht *f*; **em ~** flüchtig, auf der Flucht; **pôr em ~** in die Flucht schlagen; **pôr-se em ~** die Flucht ergreifen; **ter ~** leck (*od* undicht) sein; **~az** [-'gaʃ] flüchtig

fug|ida [fu'ʒidɐ] *f* Flucht *f*; Ausflucht *f*; Ausweg *m*; **de ~** flüchtig; vorübergehend; **dar uma ~ até** (*od* **para**) auf e-n Sprung gehen (*od* kommen) zu **~ir** [-'ʒir] (3n; *Stv* 3h) fliehen (**a**, **de** aus, vor *dat*), flüchten (**a**, **de** vor *dat*); AUTO ausbrechen; *Sport*: vorstoßen; **~ a** *aus dem Gedächtnis* verschwinden; *e-r Frage* ausweichen;

***deixar* ~** *j-n* entkommen lassen; sich *et* entgehen lassen; *et* aus der Hand gleiten lassen; **~itivo** [-ʒə'tivu] **1.** *adj* flüchtig (*a fig*); **2.** *m* Flüchtling *m*

fui [fuj] → ***ir, ser***

fuinha [fu'iɲɐ] **1.** *f* (Stein)Marder *m*; **2.** *su fig* Hänfling *m*; Geizhals *m*; Klatschtante *f*

fula ['fulɐ] *f* Eile *f*; Haufen *m*, Menge *f*; *TÉCN Textilindustrie*: Walke *f*; ***à* ~** überstürzt

fulano [fu'lɐnu] *m* Dingsda *m*; **~ (*de tal*)** (ein) Herr Soundso *m*; ♀ Herr X; **~ *e sicrano*** Hinz und Kunz

fulcr|al [fuł'krał] einschneidend; **~o** ['fułkru] *m* Stütze *f*; Stütz-, Drehpunkt *m*; *fig* Rückhalt *m*; Schwergewicht *n*, Betonung *f*

fulg|ente, fúlgido [fuł'ʒẽtə, 'fułʒidu] leuchtend, strahlend; **~ir** [-'ʒir] (3n) → ***fulgurar***; **~or** [-'gor] *m* Glanz *m*, (heller) Schein *m*

fulgur|ação [fułgurɐ'sɐ̃w] *f* Aufblitzen *n*; **~ar** [-'rar] (1a) blitzen; zucken (*Blitze*); leuchten; *fig* überragen

fulig|em [fu'liʒɐ̃j] *f* Ruß *m*; **~inoso** [-ləʒi'nozu] rußig; rußbedeckt; belegt (*Zunge*)

fulmin|ante [fułmi'nɐ̃tə] **1.** *adj* blitzartig; drohend (*Blick*); vernichtend (*Urteil*); *MED* tödlich; *QUÍM* Knall..., Spreng...; Zünd...; *fig* niederschmetternd; **2.** *m* Zündhütchen *n*; Sprengsatz *m*; **~ar** [-'nar] (1a) **1.** *v/t* treffen, erschlagen (*Blitz*); hinraffen (*Krankheit*); zerschmettern; erstarren lassen; *fig* niederschmettern; *Drohung* ausstoßen; *Strafe* verhängen (**contra** über *ac*); *mit Blicken* durchbohren; **2.** *v/i* Blitze schleudern; blitzen; *fig* toben, wettern

fulo ['fulu] *fig* gelb, bleich (*vor Zorn*)

fulvo ['fułvu] goldblond

fum|aça [fu'masɐ] *f* Rauch(wolke *f*) *m*; Qualm *m*; *fig* Dünkel *m*; **~aceira** [-mɐ'sɐjrɐ] *f* Qualm *m*; **~ada** [-'madɐ] *f* Zug *m* (*beim Rauchen*); Rauch(wolke *f*) *m*; **~ador** [-mɐ'dor] *m*, **-a** *f*, *bras* **~ante** [-'mẽti] *su* Raucher(in *f*) *m*; **~ar** [-'mar] (1a) *Tabak* rauchen; *Wurst* räuchern; **~ *de raiva*** schäumen vor Wut; **~ear** [-'mjar] (1l), **~egar** [-mə'gar] (1o; *Stv* 1c) rauchen, qualmen; dampfen (*Speise*); schäumen (*Getränk*); **~eiro** [-'mɐjru] *m* Rauchfang *m*; **~ífero** [-'mifəru]: ***bomba* *f* -*a*** Rauchbombe *f*; **~igação** [-migɐ'sɐ̃w] *f* Ausräucherung *f*; **~igar** [-mi'gar] (1o) ausräuchern; **~ista** [-'miʃtɐ] *su* Raucher(in *f*) *m*

fum|o ['fumu] *m* Rauch *m*; Dampf *m*; Dunst *m*; *bras* Tabak(pflanze *f*) *m*; *fig* Dünkel *m*, Eitelkeit *f*; (Trauer-)Flor *m*; ***negro* *m* *de* ~** Ruß *m*; **~ *de palha*** *fig* Strohfeuer *n*; ***deitar*** (*od* ***fazer***) **~** rauchen, qualmen; ***ter* ~*s de*** sich aufspielen als; **~oso** [-'mozu] rauchig; rauchend, dampfend; *fig* eitel; eingebildet

funâmbulo [fu'nɐ̃bulu] *m* Seiltänzer *m*

função [fũ'sɐ̃w] *f* Funktion *f*; Amt *n*; Aufgabe *f*; Zweck *m*; *bras* Fest *n*; *TEA* Aufführung *f*, Vorstellung *f*; **~ *pública*** öffentliche(r) Dienst *m*; ***em* ~** in Betrieb; ***em* ~ *de*** im Verhältnis zu; im Hinblick auf (*ac*)

Funchal [fũ'ʃał] *port Hauptstadt von Madeira*

funcho ['fũʃu] *m* Fenchel *m*

funcion|al [fũsju'nał] funktionell, funktional; Funktions...; **~alismo** [-nɐ'liʒmu] *m*: **~ (*público*)** Beamtenschaft *f*, Beamtentum *n*; **~amento** [-nɐ'mẽtu] *m* Funktionstüchtigkeit *f*; Gang *m* (*e-r Maschine etc*); Betrieb *m*; ***entrar em* ~** anlaufen (*Maschine*); ***entrada* *f* *em* ~** Inbetriebnahme *f*; **~ar** [-'nar] (1f) funktionieren; in Betrieb sein; laufen; F klappen; **~ário** [-'narju] *m* Angestellte(r) *m*; **~ *equiparado*** gleichgestellte(r) Angestellte(r) *m*; **~ *público*** Funktionär *m*; Beamte(r) *m*

fund|ação [fũdɐ'sɐ̃w] *f* Gründung *f*; Einrichtung *f*; *wohltätige* Stiftung *f*; *TÉCN* Träger *m*; Stütze *f*; *ARQUIT* Fundament *n*; **~ado** [-'dadu] begründet, fundiert; **~ador** [-dɐ'dor] **1.** *adj* Gründungs...; **2.** *m* Gründer *m*; Stifter *m*; **~amentação** [-dɐmẽtɐ'sɐ̃w] *f* Begründung *f*; **~amental** [-dɐmẽ'tał] fundamental, grundlegend; Grund...; Haupt...; ***é* ~ *que*** *conj* es ist unabdingbar, dass; **~amentalismo** [-dɐmẽtɐ'liʒmu] *m* Fundamentalismus *m*; **~amentalista** [-mẽtɐ'liʃtɐ] **1.** *adj* fundamentalistisch; **2.** *su* Fundamentalist(in *f*)

F

m; **~amentalmente** [-dɐmẽtaɫ'mẽtə] hauptsächlich; im Grunde; **~amentar** [-dɐmẽ'tar] (1a) den Grundstein legen zu; *Ansicht* begründen; stützen (**em** auf *dat*); **~amento** [-dɐ'mẽtu] *m* Grundlage *f*; Fundament *n*; Begründung *f*; *TÉCN* Fundierung *f*, Unterbau *m*; **não ter ~** der Grundlage entbehren; nicht stichhaltig sein; **~ar** [-'dar] (1a) *Institution* gründen; einrichten; *Preis* stiften; **~ em** stützen auf (*ac*); vertrauen auf (*ac*); **~eado** [-'djadu] vor Anker liegend; **~eadoiro, -ouro** [-djɐ'dojru, -'doru] *m* Ankerplatz *m*; **~ear** [-'djar] (1l) vor Anker gehen; **~eiro** [-'dɐjru] unterst, tief; **~iário** [-'djarju] Grund...; Boden...; **capital** *m* **~** Grundvermögen *n*

fund|ição [fũdi'sɐ̃w] *f* Guss *m* (*a fig*); Roheisen *n*; Verhüttung *f*; (**fábrica** *f* **de**) **~** Gießerei *f*; Hütte(nwerk *n*) *f*; **~ido** [-'didu] Guss...

fund|ir [fũ'dir] (3a) *Metall* schmelzen; *Statue, Metall* gießen; *Erze* verhütten; *fig* (miteinander) verschmelzen; zusammenlegen; **~-se** schmelzen; durchbrennen (*Sicherung*); *fig* dahin-, zusammenschmelzen; miteinander verschmelzen, zusammenwachsen

fund|o ['fũdu] **1.** *adj* tief; tief liegend; **de olhos ~s** hohläugig; **2.** *m* Grund *m*; (Gefäß)Boden *m*; *GEOGR* (Tal-)Sohle *f*; Tiefe *f*; Hintergrund *m* (*e-r Angelegenheit*); *fig* Grundlage *f*; Gehalt *m*; Kern *m* (*e-r Sache*); Nadelöhr *n*; *ECON* Fonds *m*; **~ de amortização** Tilgungsfonds *m*; **~ de investimento** Investmentfonds *m*; **~ de pensões** Rentenfonds *m*; **~ de reserva** Reservefonds *m*; **corrida** *f* **de fundo** *Sport*: Langstreckenlauf *m*; **~ falso** doppelte(r) Boden *m*; **pano** *m* **de ~** *fig* Hintergrund *m*; **Ձ Monetário Internacional** Internationale(r) Währungsfonds *m*; **~ perdido** *ECON* ohne Aussicht auf Rückerstattung; *sozialer Wohnungsbau*: verlorene(r) Zuschuss *m*; **~s** *pl* Kapital *n*, Geldmittel *pl*; **~s** *pl* **públicos** Staatspapiere *n/pl*; **a ~** gründlich; ausgiebig; **de ~** tiefgründig; wesentlich; **no ~** im Grunde (genommen); **ir ao ~** (ver)sinken; **meter ao** (*od* **no**) **~** versenken; **ser ~** tief sein; **prometer mundos e ~s** den Himmel auf Erden versprechen; **~ura** [-'durɐ] *f* Tiefe *f*

fúnebre ['funəbrə] Leichen...; Trauer...; Grab...; *fig* traurig; düster

funer|al [funə'raɫ] **1.** *adj* Begräbnis...; **2.** *m* Beerdigung *f*; **~ário** [-'rarju] Begräbnis...; Grab...

funesto [fu'nɛʃtu] verhängnisvoll

fung|ão [fũ'gɐ̃w] *m* **a)** *BOT* Morchel *f*; Mutterkorn *n* (*Getreideparasit*); **b)** P Schnupfer *m*; P Zinken *m* (*Nase*); P Heulsuse *f*; **~o** ['fũgu] *m BOT, MED* Pilz *m*; Schwamm *m*

funicular [funiku'lar] **1.** *adj* Seil...; **2.** *m* Drahtseilbahn *f*

funil [fu'niɫ] *m* Trichter *m*; **~eiro** [-ni'lɐjru] *m* Klempner *m*

funje, fúnji ['fũʒi] *m Angola CUL* Maniokbreigericht *n*

fura-|barreira(s) [furaba'ʀejra] *m(pl) bras* Jakamar *m* (*Vogel*); **~bolo(s)** [-'bolu] *m(pl)* F Zeigefinger *m*

furacão [furɐ'kɐ̃w] *m* Orkan *m*

fura|do [fu'radu]: **sair ~** schief gehen; **~dor** [-rɐ'dor] *m* Pfriem *m*; Locher *m*; **~-greves** (*pl inv*) [-'grɛvəʃ] *su* Streikbrecher(in *f*) *m*; **~-neve** (*pl inv*) [-'nɛvə] *f BOT* Schneeglöckchen *n*

furão [fu'rɐ̃w] *m ZO* Frettchen *n*; *fig* Schnüffler *m*; F Schlaukopf *m*

fura|r [fu'rar] (1a) **1.** *v/t* lochen; durchlöchern, -bohren; *fig* vereiteln, verderben; **~ paredes** P mit allen Wassern gewaschen sein; **2.** *v/i* bohren; ein Loch bekommen (*Reifen, Ball*); sich ein-, durchschmuggeln; sich durchsetzen (**pela vida** im Leben); **~-vidas** (*pl inv*) [furɐ'vidɐʃ] *su* Erfolgsmensch *m*

furg|ão [fur'gɐ̃w] *m CAM. DE F* Gepäckwagen *m*; **~oneta** [-gu'netɐ] *f AUTO* Lieferwagen *m*; Kleinbus *m*

fúria ['furjɐ] *f* Wut *f*; Raserei *f*

furi|bundo [furi'bũdu] zornig, grimmig; **~oso** [-'rjozu] wütend; tobsüchtig; rasend

furna ['furnɐ] *f* Grotte *f*, Höhle *f*

furo ['furu] *m* Loch *n* (**abrir** bohren); *fig* Ausweg *m*; *bras* Durchfahrt *f*; **aproveitar o ~** P die Gelegenheit beim Schopfe packen; **espreitar o ~** e-e günstige Gelegenheit suchen; **subir um ~ no conceito de** in *j-s*

Achtung steigen; ***ter um ~*** *AUTO* e-n Platten haben

furor [fu'ror] *m* **a**) Raserei *f*; Wut *f*; Tobsucht *f*; **b**) Begeisterung *f*; ***fazer ~*** P Furore machen

furt|a-cor(es) [furtɐ'kor] **1.** *adj* schillernd; **2.** *m(pl)* Changeant *m*; **~adela** [-tɐ'dɛlɐ] *f* Dieberei *f*; ***às ~s*** verstohlen; **~ar** [-'tar] (1a) stehlen; *Geld* unterschlagen; *Augen* abwenden; *Unterschrift* fälschen; ***~ o corpo*** → ***~-se a*** ausweichen (*dat*); sich entziehen (*dat*); sich drücken vor (*dat*); **~ivo** [-'tivu] flüchtig (*Blick*); heimlich; **~o** ['furtu] *m* Diebstahl *m*; Diebesgut *n*

furúnculo [fu'rũkulu] *m MED* Furunkel *m*

fusa ['fuzɐ] *f MÚS* Zweiunddreißigstelnote *f*

fusão [fu'zɐ̃w] *f* Fusion *f*; Schmelze *f*; Verhüttung *f*; *fig* Verschmelzung *f*; Zusammenschluss *m*; ***ponto*** *m* ***de ~*** Schmelzpunkt *m*; ***~ nuclear*** Kernfusion *f*

fusc|a ['fuska] *m bras* VW®-Käfer *m*; **~ão** [fus'kɐ̃w] *m* VW®-1500 *m*

fusco ['fuʃku] dunkel, düster

fus|ionar [fuzju'nar] (1f) verschmelzen; zusammenlegen, -schließen; fusionieren (*a ECON*); **~ível** [-'zivɛɫ] **1.** *adj* schmelzbar; **2.** *m EL* (Schmelz-) Sicherung *f*

fuso ['fuzu] *m* Spindel *f*; ***~ horário*** *GEOGR* Zeitzone *f*; ***direito como um ~*** kerzengerade; geradewegs

fusquinha [fus'kiɲa] *m bras* → ***fusca***

fustigar [fuʃti'gar] (1o) (aus)peitschen; *fig* anregen, stimulieren

futebol [futə'bɔɫ] *m* Fußball(spiel *n*) *m*; ***jogar (ao) ~*** Fußball spielen; **~ista** [-'liʃtɐ] *su* Fußballspieler(in *f*) *m*, F Fußballer(in *f*) *m*

fútil ['futiɫ] nichtig, belanglos

futilidade [futəli'dadə] *f* Nichtigkeit *f*, Belanglosigkeit *f*

futric|a [fu'trikɐ] *f* **a**) Kram *m*, Plunder *m*; **b**) Kneipe *f*; Kramladen *m*; **c**) Gemeinheit *f*; gemeine(r) Kerl *m*; **d**) *UNIV Coimbra* Nicht-Student *m*; **~ar** [-'kar] (1n) intrigieren, hetzen; *Plan* hintertreiben

futur|ar [futu'rar] (1a) voraussagen; vermuten; **~ista** [-'riʃtɐ] **1.** *adj* futuristisch; **2.** *su* Futurist(in *f*) *m*; **~o** [-'turu] **1.** *adj* (zu)künftig; **2.** *m* Zukunft *f*; *GRAM* Futur *n*; ***de ~, para o ~*** in Zukunft, künftig; ***ter ~*** Zukunft haben; **~oso** [-'rozu] hoffnungsvoll

fuzil [fu'ziɫ] *m* Kettenglied *n*, -ring *m*; Blitz *m*; *bras* Karabiner *m*, Gewehr *n*; **~amento** [-lɐ'mẽtu] *m* (standrechtliche) Erschießung *f*; **~ar** [-'lar] (1a) **1.** *v/t* (standrechtlich) erschießen; *j-n* anfunkeln; **2.** *v/i* blitzen, funkeln; **~eiro** [-'lɐjru] *m MIL* Infanterist *m*

G

G, g [ge] *m* G, g *n*

g. ***grama*** *m* Gramm *n*; ***grau*** *m* Grad *m*

Gabão [gɐ'bɐ̃w] ***o ~*** Gabun *n*; ♀ *m* Kapuzenmantel *m*

gabar [gɐ'bar] (1b) rühmen, preisen; *j-m* schmeicheln (***por*** wegen); ***~-se de*** stolz sein auf (*ac*); prahlen mit

gabardina [gɐbɐr'dinɐ] *f* Regenmantel *m*; Gabardine *m* (*Stoff*)

gabari(to *bras*) [gɐbɐ'ri(tu)] *m* Vorlage *f*, Schablone *f*; Modell *n*; *CAM. DE F* Spurweite *f*; *NAV* Ladelinie *f*; Freibord-, Lademarke *f*; *bras a* Bauhöhe *f*; Lösungsschablone *f* (*von Multiple-Choice*); *fig* intellektuelle Leistung *f*; Größe *f*

gabarol|a [gɐbɐ'rɔlɐ] *su* F Aufschneider(in *f*) *m*, Angeber(in *f*) *m*; **~ice** [-ru'lisə] *f* F Angeberei *f*

gabinete [gɐbi'netə] *m* (Arbeits-, Lese)Zimmer *n*; Büro *n*; Kabinett *n* (*a POL*); Regierung *f*; ***~ de provas*** Ankleidekabine *f*; ***~ federal*** Bundesamt *n*

gabiru [gɐbi'ru] *m* P Nichtsnutz *m*;

Schlitzohr *n*; *bras* Anmacher *m*
gadanh|a [gɐ'dɐɲɐ] *f* Sense *f*; Schöpflöffel *m*; **~ar** [-'ɲar] (1a) sensen; **~o** [-'dɐɲu] *m* Kralle *f* (*a fig*); Eisenharke *f*; Forke *f*; ***ter ~s*** F sehr geschickt sein (*mit den Händen*)
gado ['gadu] *m* Vieh *n*; **~ *grosso*** (***miúdo***, ***bovino***) Groß- (Klein-, Rind)vieh *n*
gafanhoto [gɐfɐ'ɲotu] *m* Heuschrecke *f*
gafe ['gafə] *f* Entgleisung *f*; Schnitzer *m*, Patzer *m*; ***cometer uma ~*** e-n Bock schießen
gafeira [gɐ'fɐjrɐ] *f* Räude *f*
gagá [gɐ'ga] verkalkt; F nicht ganz richtig im Kopf
gagau [gɐ'gaw] *m*: ***levar ~*** P *fig* e-n Korb kriegen
gage ['gaʒə] *m* Gage *f*
gago ['gagu] **1.** *adj* stotternd; **2.** *m* Stotterer *m*
gaguejar [gɐgə'ʒar] (1d) stottern
gaiat|ice [gɐjɐ'tisə] *f* Lausbubenstreich *m*; **~o** [-'jatu] **1.** *adj* lausbubenhaft; **2.** *m* Bengel *m*
gaio ['gaju] *adj* lustig, fröhlich
gaiola [gɐ'jɔlɐ] *f* Käfig *m*; Lattenverschlag *m*; *BGB* Förderkorb *m*; ***estar na ~*** P im Knast sitzen
gait|a ['gajtɐ] *f* Mundharmonika *f*; F Dingsda *n*; P Scheiß *m*; P Ding *n* (*Penis*); ***~ galega***, ***~ de foles*** Dudelsack *m*; ***ir-se à ~*** F in die Hose gehen; ***saber a ~s***, ***saber que nem ~s*** wunderbar schmecken; ***uma ~!*** P von wegen!, Quatsch!
gaiv|ão [gaj'vɐ̃w] *m* *ZO* Segler *m*; **~ota** [-'vɔtɐ] *f* Möwe *f*
gaj|a ['gaʒɐ] *f* F Frau *f*; *depr* Weibsbild *n*, Alte *f*; **~o** [-ʒu] *m* F Typ *m*, Kerl *m*
gala ['galɐ] *f* Gala(anzug *m*, -kleid *n*) *f*; (Fest)Schmuck *m*; *fig* Anmut *f*; ***dia m de ~*** (Staats)Feiertag *m*; ***de ~*** in Gala; Gala...; ***fazer ~*** F angeben (***de*** mit)
galã [gɐ'lɐ̃] *m* Galan *m*; Liebhaber *m*
galaico [gɐ'lajku] galicisch (*bsd HIST*)
galalau [gala'law] *m* *bras* Riese *m*
galant|aria [gɐlɐ̃tɐ'riɐ] *f* Höflichkeit *f*, Nettigkeit *f*; **~e** [-'lɐ̃tə] anmutig; galant; höflich, fein; **~ear** [-'tjar] (1l) umwerben; den Hof machen (*dat*); **~eio** [-'tɐju] *m* Galanterie *f*
galão [gɐ'lɐ̃w] *m* **a)** F Glas *n* Milchkaffee; **b)** *MIL* Tresse *f*; Litze *f*; **c)** (englische) Gallone *f*
galardão [gɐlɐr'dɐ̃w] *m* Lohn *m*; Ehre *f*, Ruhm *m*
galáxia [gɐ'laksjɐ] *f* Galaxie *f*, Sternsystem n; **1** Galaxis *f*, Milchstraße *f*
galdéri|a [gał'dɛrjɐ] *f* Schlampe *f*; **~o** [-rju] *m* Herumtreiber *m*, Penner *m*
gal|é [gɐ'lɛ] **1.** *f* **a)** Galeere *f*; **~s** *pl* Zwangsarbeit *f*; **b)** *TIP* Setzschiff *n*; **2.** *m* Galeerensträfling *m*; **~eão** [-'ljɐ̃w] *m* *NAV* Galeone *f*
galego [gɐ'legu] **1.** *adj* galicisch; **2.** *m*, **-a** *f* Galicier(in *f*) *m*; *bras* P *Spitzname für die Portugiesen*
galera [gɐ'lɛrɐ] *f* **a)** *NAV* Dreimaster *m*; Galeere *f*; **b)** Feuerwehrwagen *m*; Möbelwagen *m*
galeria [gɐlə'riɐ] *f* Galerie *f* (*a TEA*); (überdachter) Gang *m*; *MIN* Stollen *m*; *NAV* Promenadendeck *n*; ***falar para a ~*** F Eindruck schinden wollen
Gales ['galəʃ]: ***o País de ~*** Wales *n*
galês [gɐ'leʃ] walisisch
galg|a ['gałgɐ] *f* *ZO* Windhündin *f*; *NAV* kleine(r) Anker *m*; *Ölmühle*: Mahlstein *m*; ***pregar uma ~*** F Lügen auftischen; ***ter uma ~ de fome*** F e-n Mordshunger haben; **~ar** [gał'gar] (1o) **1.** *v/t* durch-, überschreiten; hinaufspringen auf (*ac*); springen über (*ac*); *Weg* zurücklegen; *Schule etc* durchlaufen; **2.** *v/i* springen; (dahin)eilen; *fig* aufsteigen; **~o** ['gałgu] *m* Windhund *m*
galhada [gɐ'ʎadɐ] *f* *Rind*: Hörner *n/pl*; *Wild*: Geweih *n*; ***ferrar uma ~*** F ein Nickerchen machen
galhard|ear [gɐʎɐr'djar] (1l) schneidig auftreten; prunken (mit); **~ete** [-'detə] *m* Wimpel *m*; **~ia** [-'diɐ] *f* Schneid *m*; Stattlichkeit *f*; **~o** [-'ʎardu] schneidig; stattlich
galhet|a [gɐ'ʎetɐ] *f* Öl-, Essigfläschchen *n*; ***um par de ~s*** F *irón* ein unzertrennliches Paar; *fig* ein paar Backpfeifen; **~eiro** [-ʎə'tɐjru] *m* Öl- und Essigständer *m*, Menage *f*
galho ['gaʎu] *m* Zweig *m*, Schössling *m*; *Tier*: Horn *n*; **~s** *pl* Hirschgeweih *n*; Gehörn *n*
galhof|a [gɐ'ʎɔfɐ] *f* Spaß *m*; Scherz *m*; Karikatur *f*; lärmende(s) Gelage *n*; ***fazer ~ de*** lachen (*od* spotten)

über (*ac*); **~ar** [-ʎu'far] (1e) sich amüsieren; **~eiro** [-ʎu'fɐjru] **1.** *adj* lustig; **2.** *m* Spaßvogel *m*

galicismo [gɐlə'siʒmu] *m LING* Gallizismus *m*

galinh|a [gɐ'liɲɐ] *f* Henne *f*, Huhn *n*; *fig* Memme *f*; ***pele f de ~*** Gänsehaut *f*; ***pés m/pl de ~*** Krähenfüße *m/pl* (*Falten*); ***cercar ~s*** P (betrunken) herumtaumeln; ***deitar-se com as ~s*** mit den Hühnern zu Bett gehen; ***ser canja de ~*** F kinderleicht sein; ***ter ~*** F Pech haben; **~aço** [-'ɲasu] *m* Hühnerhof *m*

galinh|eiro [gɐli'ɲɐjru] *m* Hühnerstall *m*; F *TEA* billige Plätze *m/pl*; **~ola** [-'ɲɔlɐ] *f* (Wald)Schnepfe *f*

Galiza [gɐ'lizɐ]: ***a ~*** Galicien *n* (*span. Provinz*)

galo ['galu] *m* Hahn *m*; Stachelmakrele *f* (*Fisch*); P Beule *f* (*am Kopf*); ***~ de briga*** Kampfhahn *m*; ***ao cantar do ~*** beim ersten Hahnenschrei

galocha [gɐ'lɔʃɐ] *f* Gummischuh *m*

galop|ante [gɐlu'pɐ̃tə] galoppierend (*Inflation*); **~ar** [-'par] (1e) galoppieren; *fig* schaukeln; **~e** [-'lɔpə] *m* Galopp *m* (***a*** im); ***a todo ~*** in gestrecktem Galopp (*a fig*); **~im** [-'pĩ] *m* Laufbursche *m*; Gassenjunge *m*; ***~ eleitoral*** Stimmenfänger *m*; **~inagem** [-pi'naʒɐ̃j] *f POL* Stimmenfang *m*

galpão [gaw'pɐ̃w] *m bras* Schuppen *m*

galr|ar [gaɫ'ʀar] (1a) plappern, schwätzen; angeben; **~ear** [-'ʀjar] (1l) plappern (*Kind*)

galvanizar [gaɫvɐni'zar] (1a) *QUÍM* galvanisieren; verzinken; *fig* beleben; erregen

gama ['gɐmɐ] **1.** *f* **a)** Skala *f*, Palette *f*; *MÚS* Tonleiter *f*; **b)** *ZO* Damhirschkuh *f*; **2.** *m* Gamma *n* (*Buchstabe*)

gam|ação [gɐ̃ma'sɐ̃w] *f bras* Leidenschaft *f*; **~anço** [gɐ'mɐ̃su] *m* P Klauen *n*; ***andar no ~*** P vom Klauen leben; **~ar** [gɐ'mar] (1a) **1.** *v/t* P stehlen, abzocken; **2.** *v/i bras* verschossen sein, sich verknallen (***por, em*** in *ac*)

gamba ['gɐ̃bɐ] *f* **a)** *ZO große* Garnele *f*, Krevette *f*; **b)** *MÚS* Gambe *f*

gâmbia ['gɐ̃bjɐ] *f* F Stelze *f* (*Bein*); ***dar às ~s*** F abhauen, ausreißen

gamboa [gɐ̃'boɐ] *f* Quitte *f*

gamel|a [gɐ'mɛlɐ] *f* (Futter)Kübel *m*, Trog *m*; Holznapf *m*; ***comer da mesma ~*** ein Herz und eine Seele sein; **~o** [-'melu] *m* Futtertrog *m*

gamo ['gɐmu] *m* Damhirsch *m*

gan|a ['gɐnɐ] *f* Verlangen *n*; Heißhunger *m*; ***dar na ~ de*** *j-m* einfallen; *j-m* gelüsten nach; ***ter ~s de*** Lust haben zu; **~ância** [-'nɐ̃sjɐ] *f* Habsucht *f*; Gier *f*; Wucher(zins) *m*; **~ancioso** [-nɐ̃'sjozu] habsüchtig; Wucher…; einträglich (*Geschäft*)

gancho ['gɐ̃ʃu] *m* Haken *m*; Haarnadel *f*; *Handarbeit*: Häkelnadel *f*; *bras* (Telefon)Gabel *f*; ***~ de suspensão*** Lasthaken *m*; **~s** *pl* Nebenbeschäftigung *f*, -verdienst *m*; ***ir a ~s*** P in den Knast kommen; ***prender*** (*od* ***segurar***) ***com ~*** ein-, festhaken; ***alg é de ~*** mit j-m ist nicht gut Kirschen essen

ganda ['gɐ̃dɐ] P riesig, groß

gândara ['gɐ̃dɐrɐ] *f* Heide(landschaft) *f*

gandul|a [gɐ̃'dula] *m bras* Balljunge *m*; **~ar** [-'lar] (1a) umherstreunen; **~o** [-'dulu] *m* Landstreicher *m*

gânglio ['gɐ̃glju] *m MED* Ganglion *n*

gangorra [gɐ̃'goʀa] *f bras* Wippe *f* (*für Kinder*)

gangren|a [gɐ̃'grenɐ] *f MED* Brand *m*; *fig* Verderben *n*; **~ar** [-grə'nar] (1d) **1.** *v/t fig* verderben; **2.** *v/i MED* brandig werden; **~oso** [-grə'nozu] *MED* brandig

gângster ['gɐ̃gister] *m bras* → ***gânguester***

gangue ['gɐ̃gi] *f bras* Bande *f*

gânguester ['gɐ̃gəʃtər] *m* Gangster *m*

ganh|adeiro [gɐɲɐ'dɐjru] **1.** *adj* (für Geld) arbeitend; auf Geld versessen; **2.** *m* Verdiener *m*; **~a-dinheiro(s)** [-di'ɲɐjru] *m(pl)* (Gelegenheits)Arbeiter *m*; **~ão** [-'ɲɐ̃w] *m AGR* Landarbeiter *m*; Saisonarbeiter *m*; Aufseher *m*; **~a-pão (-pães)** [-'pɐ̃w] *m(pl)* Broterwerb *m*; **~ar** [-'ɲar] (1a) **1.** *v/t Preis*, *Achtung* gewinnen; *durch Arbeit* verdienen; bekommen; *Erfolg* erzielen; *j-m et* einbringen; *Gewohnheit* annehmen; *Ziel* erreichen; *Verlorenes* aufholen; *Mut* fassen; ***~ a vida*** s-n Lebensunterhalt verdienen; ***~ juízo*** Vernunft

G

annehmen; **2.** *v/i Achtung* sich verschaffen (**a** bei); *Schaden* sich zuziehen; **~ a/c de alg** j-m et abgewinnen; **~ a alg** gegen j-n gewinnen (**em** bei); **~ com** gewinnen durch, *et* haben von; **~ em** *inf* gewinnen, indem ...; **não ~ para o susto** F e-n Heidenschreck kriegen

ganh|o ['gɐɲu] *m* Gewinn *m*; Erwerb *m*; Vorteil *m*, Nutzen *m*; **~s** *pl* **e perdas** *f/pl* ECON Gewinn *m* und Verlust *m*; **~oso** [gɐ'ɲozu] gewinnsüchtig

gan|içar [gẽni'sar] (1p) *bras* → **~ir**; **~ido** [gɐ'nidu] *m* Geheul *n*, Gewinsel *n*; **~ir** [gɐ'nir] (3a) heulen, winseln

G

ganso ['gẽsu] *m* Gans *f* (*Gattung*); Gänserich *m*; F Kater *m* (*von Trunkenheit*); **passo** *m* **de ~** *irón* Stechschritt *m*; **afogar o ~** P *bras* vögeln

garagem [gɐ'raʒẽj] *f* Garage *f*; Autowerkstatt *f*; *bras a* Autoverleih *m*; **~ subterrânea** Tiefgarage *f*

garajau [gɐrɐ'ʒaw] *m* ZO (Brand-, Lach)Schwalbe *f*

garanhão [gɐrɐ'ɲẽw] *m* Zuchthengst *m*; *fig* geile(r) Bock *m*

garant|e [gɐ'rẽtə] *su* Bürge *m*, Bürgin *f*; Gewährsmann *m*, -frau *f*; *fig* Garant *m*; **~ia** [-rẽ'tiɐ] *f* Garantie *f*; Bürgschaft *f*; **~ir** [-'tir] (3a) garantieren; bürgen für; *Geräte*: Garantie geben auf (*ac*); *Gesagtes* bekräftigen; **~-se contra** sich absichern gegen

garapa [ga'rapa] *f bras* Erfrischungsgetränk *n*; Limonade *f*

garatuj|a [gɐrɐ'tuʒɐ] *f* Gekritzel *n*, Geschmiere *n*; *Gesicht*: Grimasse *f*; **~ar** [-'ʒar] (1a) (be)kritzeln

garav|anço [gɐrɐ'vẽsu] *m* AGR Getreideschwinge *f*; **~eto** [-'vetu] *m* Holzspan *m*; **~s** *pl* Kleinholz *n*

garb|o ['garbu] *m* Anstand *m*; Anmut *f*; **~oso** [gɐr'bozu] anmutig; elegant

garça ['garsɐ] *f* ZO Reiher *m*; **~-branca** *f* Silberreiher *m*

garço ['garsu] grünlich; blaugrün

garçom [gar'sõ] *m bras* Kellner *m*

gardénia (*ê) [gɐr'dɛnjɐ] *f* Gardenie *f*

gare ['garə] *f* Bahnsteig *m*

garf|ada [gɐr'fadɐ] *f* eine Gabel voll; *bras* P Klauen *n*; **~o** ['garfu] *m* TÉCN, CUL, AGR Gabel *f*; BOT (Pfropf)Reis *n*; **bom ~** F gute(r) Esser *m*

gargalh|ada [gɐrgɐ'ʎadɐ] *f* Gelächter *n*; **soltar** (*od* **dar**) **~s**, **rir às ~s** = **~ar** [-'ʎar] (1b) laut herauslachen; losprusten; **~o** [-'gaʎu] *m eiteriger* Auswurf *m*

gargalo [gɐr'galu] *m* Flaschenhals *m*; P Schlund *m*

gargant|a [gɐr'gẽtɐ] *f* Kehle *f*; Hals *m*; Engpass *m* (*a fig*); GEOGR Schlucht *f*; TÉCN Ausladung *f*; F *fig* Angeberei *f*; **ficar atravessado na ~** *fig* im Halse stecken bleiben; **ter muita ~** F dicke Töne spucken; angeben; **sentir um nó na ~** e-n Kloß im Halse sitzen haben; **~ão** [-'tẽw] *m* Vielfraß *m*; **~ear** [gɐrgẽ'tjar] (1l) trillern; trällern

gargarej|ar [gɐrgɐrə'ʒar] (1d) gurgeln; **~o** [-'rɛʒu] *m* Gurgeln *n*

gárgula ['gargulɐ] *f* Ausfluss(loch *n*, -rohr *n*) *m*; Traufe *f*; ARQUIT Wasserspeier *m*

gari [ga'ri] *m bras* Straßenkehrer *m*

garimp|agem [garĩ'paʒẽj] *f bras* Gold-, Diamantenschürfen *n*; **~ar** [-'par] (1a) (nach) Gold (*od* Diamanten) schürfen, graben; **~eiro** [-'pejru] *m* Gold-, Diamantensucher *m*; **~o** [-'rĩpu] *m* Gold-, Diamantenmine *f*

garlopa [gɐr'lɔpɐ] *f* TÉCN Schlichthobel *m*, Raubank *f*

garo|a [ga'roa] *f bras* Sprühregen *m*; **~ar** [-'ar] (1f) nieseln

garot|a [ga'rota] *f bras* F Göre *f*; *junges* Mädchen *n*; **~ada** [gɐru'tadɐ] *f* Straßenkinder *n/pl*; Gören *n/pl*; **~o** [-'rotu] **1.** *adj* F rotzfrech, (laus)bubenhaft; **2.** *m* F Bursche *m*, Bengel *m*, Göre *f*; *bras* Junge *m*; F CUL *kleiner* Milchkaffee *m*

garoupa [gɐ'ropɐ] *f* ZO Zackenbarsch *m*

garra ['gaʀɐ] *f* Klaue *f*, Kralle *f*; TÉCN *a* Greifer *m*; **~ de bloqueio das rodas** AUTO Parkkralle *f*; **~s** *pl* Fänge *m/pl*; **ter ~ para** F ein Naturtalent sein in (*dat*)

garraf|a [gɐ'ʀafɐ] *f* Flasche *f*; **~ com depósito** Pfand-, Mehrwegflasche *f*; **~-termo** *f*, **~ térmica** Warmhalteflasche *f*; **~ão** [-ʀɐ'fẽw] *m* Korbflasche *f*; *bsd* Fünfliterflasche *f*; **~eira**

[-ʀɐ'fɐjrɐ] *f* Weinkellerei *f*; Flaschenkeller *m*, -regal *m*
garr|idice [gɐʀi'disə] *f* Schick *m*; Eleganz *f*; Koketterie *f*; **~ido** [-'ʀidu] fesch, schick (*Kleidung*); kokett; munter; fröhlich; grell (*Farbe*); **~ir** [-'ʀir] (3b) sich schick kleiden; klingen (*Glocke*); zwitschern (*Vogel*); schwätzen; sich aufführen
garrot|ar [gɐʀu'tar] (1e) erdrosseln; *Arm, Bein* abschnüren; **~e** [-'ʀɔtə] *m* **a)** Knebel *m*; *MED* Abbindtuch *n*; **b)** *bras* Jungstier *m*
garunfa [gɐ'rũfɐ] *f* F Mähne *f* (*Haar*)
garupa [gɐ'rupɐ] *f* Kruppe *f*; *HIST* Mantelsack *m*
gás [gaʃ] *m* Gas *n*; **~ de combate** Kampfgas *n*; **~ de escape** Auspuff-, Abgas *n*; **~ lacrimogéneo** Tränengas *n*; **~ natural** Erdgas *n*; **~ em bilha** Flaschengas *n*; **com ~** mit Kohlensäure (*Getränk*); **ir a todo o ~** mit Vollgas fahren
gasei|ficação [gɐzɐjfikɐ'sɐ̃w] *f* Vergasung *f*; **~ficar** [-fi'kar] (1n) vergasen; Gas zusetzen (*dat*); **~forme** [-'fɔrmə] gasförmig
gasganete [gɐʒgɐ'netə] *m* Gurgel *f*, Hals *m*; **torcer o ~ a** F *j-m* den Hals umdrehen
gas|oduto [gɐzu'dutu] *m* Gasfernleitung *f*; **~óleo** [-'zɔlju] *m* Diesel(öl *n*) *m*; **~olina** [-zu'linɐ] **1.** *f* Benzin *n*; **posto** *m* **de ~** Tankstelle *f*; **~ super** Superbenzin *n*; **~ sem chumbo** bleifreie(s) Benzin *n*; **meter** (*bras* **botar**) **~** tanken; **2.** *m kleines* Motorboot *n*; Gaskessel *m*; **~osa** [-'zɔzɐ] *f* (Zitronen)Sprudel *m*; **~oso** [-'zozu] kohlensäurehaltig; **água** *f* **-a** Sprudel *m*; Sodawasser *n*
gaspacho [gɐʃ'paʃu] *m CUL* kalte Gemüsesuppe *f*, Gazpacho *m*
gáspea ['gaʃpjɐ] *f HIST* Riester *m*; F Fußtritt *m*; **na ~** F in aller Eile
gastalho [gɐʃ'taʎu] *m TÉCN* Zwinge *f*, Klammer *f*
gast|ar [gɐʃ'tar] (1b) *Geld* ausgeben (**em** für, **com** bei); *Mittel* aufwenden; *Vorrat* aufbrauchen; *Vermögen* vergeuden; *Kleider* abnutzen, abtragen; *Maschine* verschleißen; *Schuhe* durch-, ablaufen; **~ a** *inf Zeit etc* damit verbringen, zu *inf*; **~ largo** auf großem Fuße leben; **~-se** sich verbrauchen (*Vorrat*); F draufgehen; sich verausgaben; verschleißen (*Material*); **~o** ['gaʃtu] **1.** *p/p irr von* **gastar**; **2.** *m* Ausgabe *f*; Kosten *pl*; Verbrauch *m* (*Vorrat*); Abnutzung *f* (*Maschine*); Verschleiß *m*; **~s** *pl* Spesen *f/pl*; Unkosten *pl*
gástrico ['gaʃtriku] Magen...
gastr|ite [gɐʃ'tritə] *f* Gastritis *f*, Magenschleimhautentzündung *f*; **~o...** ['gaʃtrɔ] Magen...; **~-intestinal** Magen- und Darm...; **~onomia** [-trunu'miɐ] *f* Kochkunst *f*, Gastronomie *f*; **~ónomo** (*ô) [-'trɔnumu] *m* Feinschmecker *m*; Gastronom *m*; **~oscopia** [-truʃku'piɐ] *f MED* Magenspiegelung *f*
gata ['gatɐ] *f* Katze *f* (*weibliches Tier*); *NAV* Besanrahe *f*; P Rausch *m*; **~ borralheira** *irón* Hausfrau *f*; **de ~s** auf allen vieren
gatafunh|ar [gɐtɐfu'ɲar] (1a) kritzeln; **~os** [-'fuɲuʃ] *m/pl* Gekritzel *n*
gat|ear [gɐ'tjar] (1l) **1.** *v/t* verklammern, -nieten; **2.** *v/i* klettern (*wie Katzen*); **~eira** [-'tɐjrɐ] *f* Katzentür *f*, Schlupfloch *n*; (Dach)Luke *f*; **~ilho** [-'tiʎu] *m Gewehr*: Hahn *m*, Abzug *m*; **~inha** [-'tiɲɐ] *f*: **andar de ~s** = **~inhar** [-ti'ɲar] (1a) auf allen vieren krabbeln (*od* kriechen)
gato ['gatu] *m* Katze *f* (*Gattungsname*); Kater *m* (*männliches Tier*); *TÉCN* Klammer *f*, Krampe *f*; P *fig* Versehen *n*; **~ bravo**, **~ montês** Wildkatze *f*; **~ escaldado de água fria tem medo** gebranntes Kind scheut das Feuer; **aí há ~!** F da stimmt was nicht!; **comprar ~ por lebre** *fig* die Katze im Sack kaufen; sich anführen lassen; **de noite todos os ~s são pardos** nachts sind alle Katzen grau; **lavar-se como um ~** Katzenwäsche machen; **~(s)-pingado(s)** [-pĩ'gadu] *m(pl)* P Leichenträger *m*; *fig* Niemand *m*; **~(s)-sapato(s)** [-sɐ'patu] *m(pl)* Abscheulichkeit *f*
gatun|ice [gɐtu'nisə] *f* Gaunerei *f*; Diebstahl *m*; **~o** [-'tunu] *m* Gauner *m*; Spitzbube *m*
gaúcho [ga'uʃu] **1.** *adj* Gaucho...; aus Rio Grande do Sul; **2.** *m bras* Gaucho *m*
gáudio ['gawdju] *m* Riesenspaß *m*
gaulês [gaw'leʃ] **1.** *adj* gallisch; **2.** *m* Gallier *m*

G

gávea ['gavjɐ] *f NAV* Mastkorb *m*
gavela [gɐ'vɛlɐ] *f* Garbe *f*; Bündel *n*; Arm *m* voll
gavet|a [gɐ'vetɐ] *f* Schublade *f*, -fach *n*; *TÉCN* Schieber *m*; **~o** [-'vetu] *m*: ***prédio*** *m* (***loja*** *f*) ***de ~*** Eckhaus *n* (-laden *m*)
gavião [gɐ'vjɐ̃w] *m* Sperber *m*
gaxeta [gɐ'ʃetɐ] *f* Dichtung *f*
gaz|a, **~e** ['gazɐ, -zə] *f* Gaze *f*, Mull *m*
gazão [gɐ'zɐ̃w] *m* Rasen *m*
gazear [gɐ'zjar] (1l) **a)** F die Schule schwänzen; **b)** zwitschern (*Vögel*); plappern (*Kind*)
gazela [gɐ'zɛlɐ] *f* Gazelle *f*
gazet|a [gɐ'zetɐ] *f* Zeitung *f*; ***fazer ~*** F (die Schule) schwänzen; *allg* blaumachen; **~eiro** [-zə'tɐjru] *m* Zeitungsmann *m*; *depr* Zeitungsfritze *m*; **~ilha** [-zə'tiʎɐ] *f* Feuilleton *n*
gazil [gɐ'ziɫ] luftig, leicht; elegant
gazua [gɐ'zuɐ] *f* Nachschlüssel *m*
gê [ʒe] *m Name des Buchstabens* **g**
ge|ada ['ʒjadɐ] *f* Reif *m*; Frost *m*; **~ar** ['ʒjar] (1l) reifen; (ge)frieren
gebo ['ʒebu] **1.** *adj* abgerissen, schäbig; buckelig; **2.** *m* Lump *m*, Vagabund *m*; *ZO* Zebu *n*
gel [ʒɛɫ] *m* Gel *n*
gelad|aria [ʒəlɐdɐ'riɐ] *f* Eisdiele *f*; **~eira** [-'dɐjrɐ] *f bras* Kühlschrank *m*; ***~ de praia*** Kühlbox *f*; **~o** [-'ladu] **1.** *adj* eisig (*a fig*), eiskalt; gefroren (*Wasser*); durchgefroren (*Person*); **2.** *m* (Speise)Eis *n*; ***~ de palito*** Eis *n* am Stiel; ***~ de bola*** Kugeleis *n*
gel|ar [ʒə'lar] (1c) **1.** *v/t* zum Gefrieren bringen, vereisen; *fig* lähmen; **2.** *v/i u* ***~-se*** gefrieren; erstarren (*a fig*); einfrieren (*Rohr*); vereisen (*Straße*); **~atina** [-lɐ'tinɐ] *f* Gelatine *f*; Gallert *n*; **~atinoso** [-lɐti'nozu] gallertartig; **~eia** [-'lɐjɐ] *f* Gelee *n*; ***~ de carne*** Sülze *f*; **~eira** [-'lɐjrɐ] *f GEOGR* Gletscher *m*; Eiskeller *m*
gélido ['ʒɛlidu] eisig
gelo ['ʒelu] *m* Eis *n*; *fig* Frost *m*; Eiseskälte *f*; ***de ~*** eiskalt, eisig; ***cubo*** *m* ***de ~*** Eiswürfel *m*; ***dar um ~ em*** F *j-m* die kalte Schulter zeigen; ***estar no ~*** F pleite sein; ***quebrar o ~*** *fig* das Eis brechen
gelosia [ʒəlu'ziɐ] *f* (Fenster)Gitter *n*; Fensterladen *m*
gem|a ['ʒemɐ] *f BOT* Auge *n*, Knospe *f*; Keim *m*; *MIN* Gemme *f*; *fig* Kern *m*; Innere(s) *n*; ***~ de ovo*** Eidotter *m*, -gelb *n*; ***de ~*** F (wasch)echt; astrein; **~ada** [-'madɐ] *f* Süßspeise *f* (*aus Eigelb u Zucker*)
gémeo (*ê) ['ʒɛmju] **1.** *adj* Zwillings...; **2.** *m* Zwilling *m*; ***~s*** *pl* Zwillinge *m/pl* (*a ASTR*) (***idênticos*** eineiige); ***três ~s*** *pl* Drillinge *m/pl*
gem|er [ʒə'mer] (2c) **1.** *v/t* beklagen, bejammern; **2.** *v/i* ächzen, stöhnen; *vor Schmerz* wimmern; jammern; winseln (*Hund*); knarren (*Tür etc*); **~ido** [-'midu] *m* Ächzen *n*; Wimmern *n* (*vor Schmerz*); Winseln *n* (*Hund*)
geminado [-'nadu] Doppel...; *BOT* paarig; ***casa*** *f* ***-a*** Doppelhaus *n*
genciana [ʒẽ'sjɐnɐ] *f BOT* Enzian *m*
gene ['ʒenə] *m* Gen *n*; ***banco*** *m* ***de ~s*** Genbank f
geneal|ogia [ʒənjɐlu'ʒiɐ] *f* Genealogie *f*; Ahnenreihe *f*; Herkunft *f*; **~ógico** [-'lɔʒiku] genealogisch; ***árvore*** *f* ***-a*** Stammbaum *m*
Genebra [ʒə'nɛbrɐ] Genf *n*; ♀ *f* Gin *m*
general [ʒənə'raɫ] *m* General *m*; **~idade** [-rɐli'dadə] *f* Allgemeinheit *f*; Gesamtheit *f*; ***a ~*** die meisten; der größte Teil; ***~s*** *pl* Allgemeine(s) *n*; ***na ~*** im Allgemeinen; **~izar** [-rɐli'zar] (1a) verallgemeinern; *Nachricht* verbreiten; ***~-se*** allgemein (*od* zum Allgemeingut) werden
genera|tivo [ʒənərɐ'tivu] generativ; **~triz** [-'triʃ] → ***geratriz***
genérico [ʒə'nɛriku] **1.** *adj* generisch, Gattungs...; allgemein; **2.** *m TV* Nach-, Vorspann *m*
género (*ê) ['ʒɛnəru] *m* Gattung *f* (*a LIT*); Art (und Weise) *f*; Stil *m*; *GRAM* Genus *n*; ***~ de vida*** Lebensart *f*; ***~s*** *pl* Waren *f/pl*; ***~s*** *pl* (***alimentícios***) Lebensmittel *n/pl*
generos|idade [ʒənəruzi'dadə] *f* Großzügigkeit *f*; edle Tat *f*; **~o** [-'rozu] großzügig, freigebig; edel; großmütig; ***vinho*** *m* ***~*** Süßwein *m*
génese (*ê) ['ʒɛnəzə] *f* Entstehung *f*
Génesis (*ê) ['ʒɛnəsiʃ] *m* Genesis *f*
genética [ʒə'nɛtikɐ] *f* Genetik *f*
gengibre [ʒẽ'ʒibrə] *m* Ingwer *m*
gengiv|a [ʒẽ'ʒivɐ] *f* Zahnfleisch *n*; **~ite** [-'vitə] *f* Zahnfleischentzündung *f*

genial [ʒə'njaɫ] genial; F toll, super
genica [ʒə'nikɐ] *f* F Power *f*, Biss *m*
génio (*ê) ['ʒɛnju] *m* Genius *m*, Geist *m*; *Person*: Genie *n*; Anlage *f*, Neigung *f*, (Charakter)Veranlagung *f*; ***de ~*** genial; ***por ~*** aus Neigung (*od* Veranlagung); ***ter bom ~*** gutmütig (*od* freundlich) sein; ***ter mau ~*** böse (*od* jähzornig) sein
genit|al [ʒəni'taɫ] Genital...; ***órgãos*** *m/pl* ***-ais*** Genitalien *n/pl*; **~ivo** [-'tivu] *m* GRAM Genitiv *m*; **~or** [-'tor] *m* Erzeuger *m*; Vater *m*
genocídio [ʒənu'sidju] *m* Genozid *n*
genro ['ʒẽʀu] *m* Schwiegersohn *m*
gent|aça, **~alha** [ʒẽ'tasɐ, -'taʎɐ] *f* Pack *n*, Pöbel *m*
gente ['ʒẽtə] *f* Leute *pl*; Menschen *m/pl*; ***a ~*** wir, man; unsereiner; ***~ de paz*** ruhige, anständige Leute; ***~ fina*** F Schickeria *f*; ***minha ~*** meine Angehörigen; ***a ~ nova*** die jungen Leute; ***toda a ~*** alle Welt; ***direito*** *m* ***das ~s*** Völkerrecht *n*; ***fazer-se ~*** F heranwachsen; etwas werden
gent|il [ʒẽ'tiɫ] höflich, liebenswürdig; reizend, nett; **~ileza** [-ti'lezɐ] *f* Höflichkeit *f*; Liebenswürdigkeit *f*; Anmut *f*; **~inha** [-'tiɲɐ] *f* Pack *n*, Gesindel *n*; die kleinen Leute; **~io** [-'tiw] **1.** *adj* heidnisch; *fig* primitiv; **2.** *m* Heide *m*; F Menschenmenge *f*, Gedränge *n*
genuflexão [ʒənuflɛ'ksɐ̃w] *f* *Sport*: Kniebeuge *f*; Kniefall *m*
genu|inidade [ʒənu-ini'dadə] *f* Echtheit *f*; **~íno** [-'inu] echt; unverkennbar; ursprünglich
geo|cêntrico [ʒju'sẽtriku] geozentrisch; **~dinâmica** [-di'nɐmikɐ] *f* Geodynamik *f*; **~física** [-'fizikɐ] *f* Geophysik *f*; **~grafia** [-grɐ'fiɐ] *f* Geographie *f*; **~gráfico** [-'grafiku] geographisch
geógrafo ['ʒjɔgrɐfu] *m* Geograph *m*
geologia [ʒjulu'ʒiɐ] *f* Geologie *f*
geólogo ['ʒjɔlugu] *m* Geologe *m*
geo|magnetismo [ʒjumɐgnə'tiʒmu] *m* Erdmagnetismus *m*; **~metria** [-mə'triɐ] *f* Geometrie *f*
Geórgia ['ʒjɔrʒjɐ]: ***a ~*** Georgien *n*
gera|ção [ʒərɐ'sɐ̃w] *f* BIOL Zeugung *f*, Geschlecht *n*; Generation *f*; *fig* Erzeugung *f*, Entstehung *f*; ***~ de calor*** Wärmeerzeugung *f*; **~cional** [-sju'naɫ] Generations...; **~dor** [-'dor] **1.** *adj* erzeugend, Erzeuger...; Ursprungs...; EL Generator(en)...: **2.** *m* Erzeuger *m*; Generator *m*; ***~ eólico*** Windgenerator *m*
geral [ʒə'raɫ] **1.** *adj* allgemein; generell; General...; ***duma maneira ~*** insgesamt; → ***em ~*** im Allgemeinen; meistens; sonst; **2.** *m* Allgemeinheit *f*; **3.** *f* TEA Galerie *f*; **~mente** [-'mẽtə] → ***em geral***
gerânio [ʒə'rɐnju] *m* Geranie *f*
ger|ar [ʒə'rar] (1c) BIOL zeugen; *fig* schaffen; hervorbringen; *Energie* erzeugen; INFORM *Zeichen* generieren; **~-se** entstehen; **~atriz** [-rɐ'triʃ] **1.** *adj f von* ***gerador***; **2.** *f* Erzeugerin *f*; Mutter *f*; **~ência** [-'rẽsjɐ] *f* Geschäftsführung *f*, -leitung *f*; **~enciador** [-rẽsja'dor] *m*: ***~ de arquivos (programas)*** *bras* INFORM Dateimanager (Programmmanager) *m*; **~enciamento** [-rẽsja'mẽtu] *m* *bras* Verwaltung *f* (*bsd* INFORM); **~enciar** [-rẽ'sjar] (1g) verwalten, leiten, führen; **~ente** [-'rẽtə] **1.** *adj* geschäftsführend, leitend; **2.** *su* Geschäftsführer(in *f*) *m*; Betriebsleiter(in *f*) *m*
gergelim [ʒərʒə'lĩ] *m* Sesam *m*
geriatria [ʒərjɐ'triɐ] *f* Geriatrie *f*
geringonça [ʒərĩ'gõsɐ] *f* Kauderwelsch *n*; Plunder *m*
gerir [ʒə'rir] (3c) *Unternehmen* leiten; verwalten
germânic|as [ʒər'mɐnikɐʃ] *f/pl* UNIV Germanistik *f* und Anglistik *f*; **~o** [-ku] deutsch; HIST germanisch
german|ismo [ʒərmɐ'niʒmu] *m* LING Germanismus *m*; **~ista** [-'niʃtɐ] *su* Germanist(in *f*) *m*; **~ística** [-'niʃtikɐ] *f* Germanistik *f*; **~o** [-'mɐnu] **1.** *adj* **a)** richtig; echt; leiblich (*Verwandter*); **b)** deutsch; HIST germanisch; **2. ℒs** *m/pl* Germanen *m/pl*
germe, **gérmen** ['gɛrmə, -men] *m* Keim *m*
germ|icida [ʒərmə'sidɐ] **1.** *adj* keimtötend; **2.** *m* Desinfektionsmittel *n*; **~inação** [-minɐ'sɐ̃w] *f* Keimen *n*; *fig* Entstehung *f*; **~inar** [-'nar] (1a) keimen (*a fig*)
gerontologia [-rõtulu'ʒiɐ] *f* Gerontologie *f*
gerúndio [ʒə'rũdju] *m* LING Gerundium *n*

G

gess|ado [ʒə'sadu] Gips...; **~ar** [-'sar] (1c) (ein-, ver)gipsen; **~o** ['ʒesu] *m* Gips(abdruck) *m*; ***aparelho*** *m* ***de ~*** Gipsverband *m*

gest|ação [ʒəʃtɐ'sɐ̃w] *f* Tragezeit *f* (*der Tiere*); Schwangerschaft *f*; *fig* Entwurfsphase *f*; **~ão** [ʒəʃ'tɐ̃w] *m* Amtsführung *f*; (Geschäfts- *od* Betriebs)Leitung *f*; Management *n*; ***~ de documentos*** INFORM Dokumentenverwaltung *f*; ***~ de empresas*** Betriebswirtschaft *f*

gesticul|ação [ʒəʃtikulɐ'sɐ̃w] *f* Gestikulation *f*, Gebärdenspiel *n*; **~ado** [-'ladu] **1.** *adj* Gebärden..., Zeichen...; **2.** *m* Gebärde *f*; **~ar** [-'lar] (1a) gestikulieren

gesto ['ʒɛʃtu] *m* Gebärde *f*, Geste *f*; Zeichen *n*

gestor [ʒəʃ'tor] *m* (Betriebs)Leiter *m*; Manager *m*, Führungskraft *f*; ***~ de topo*** Topmanager *m*; ***~ de ficheiro (programas)*** INFORM Dateimanager (Programmmanager) *m*

gestual [ʒes'twaw] *bras* gestisch

GF ***Guarda*** *f* ***Fiscal*** Steuerfahndung *f*

giba ['ʒibɐ] *f* Höcker *m*, Buckel *m*

gibis [ʒi'bis] *m/pl bras* Comics *m/pl*

giesta ['ʒjɛʃtɐ] *f* Ginster *m*

giga ['ʒigɐ] *f* flache(r) Korb *m*

gigant|e [ʒi'gɐ̃tə] **1.** *adj* gewaltig, riesig; Riesen...; **2.** *m*, **-a** *f* Riese *m*, Riesin *f*; **3.** *m* BOT Malve *f*; **~esco** [-'teʃku] gigantisch, riesenhaft

gilet|ada [ʒilə'tadɐ] *f* Schnitt *m* (*mit e-r Rasierklinge*); **~e** [-'lɛtə] *f* Rasierklinge *f*; *mechanischer* Rasierapparat *m*; P Bi(sexuelle) *su*

gim [ʒĩ] *m* Gin *m*

gimnodesportivo [ʒĩnɔdəʃpur'tivu] **1.** *adj* Gymnastik und Sport betreffend; **2.** *m* Sport-, Turnhalle *f*

gim-tónica (*ô) [ʒĩ'tɔnikɐ] *f* Gin Tonic *m*

gin|asial [ʒĩna'zjaw] *bras* **1.** *adj* gymnasial; **2.** *m* gymnasiale Oberstufe *f*; **~asiano** [-'zjɐ̃nu] *bras* **1.** *adj* gymnasial; **2.** *m* Gymnasiast *m*; **~ásio** [-'nazju] *m* Sport-, Turnhalle *f*; *bras* Gymnasium *n*, gymnasiale Oberstufe *f*; ***~ de body-building*** Fitnesscenter *n*; **~asta** [ʒi'naʃtɐ] *su* Turner(in *f*) *m*; **~ástica** [ʒi'naʃtikɐ] *f* Gymnastik *f*, Turnen *n*; ***~ de manutenção*** Fitnesstraining *n*; ***~ rítmica*** rhythmische Gymnastik *f*; ***fazer ~*** turnen; *fig* Verrenkungen machen (*um et zu erreichen*); **~asticado** [ʒinɐʃti'kadu] durchtrainiert

gincana [ʒĩ'kɐnɐ] *f* Geschicklichkeitsübung *f*; AUTO Ralley *f*; *Sport*: Wettkampf *m*

gindungo [ʒĩ'dũgu] *m Afrika* BOT Piripiri *n*, scharfe(r) Pfeffer *m*

ginecolog|ia [ʒinəkulu'ʒiɐ] *f* Gynäkologie *f*; **~ista** [-'ʒiʃtɐ] *su* Frauenarzt *m*, -ärztin *f*

gingar [ʒĩ'gar] (1o) watscheln; sich (hin- und her)wiegen

gingiarão [ʒĩʒjɐ'rɐ̃w] *m* Schaukel *f*

ginguba [ʒĩ'gubɐ] *f Angola* Erdnuss *f*

ginj|a ['ʒĩʒɐ] *f* Sauerkirsche *f*; ***calhar como ~s*** F wie die Faust aufs Auge passen; **~eira** [-'ʒɐjrɐ] *f* Sauerkirschbaum *m*; ***conhecer de ~*** durch und durch kennen; **~inha** [-'ʒiɲɐ] *f* Kirschlikör *m*

gira ['ʒirɐ] P dämlich, bescheuert; **~-discos** (*pl inv*) [-'diʃkuʃ] *m* Plattenspieler *m*

girafa [ʒi'rafɐ] *f* ZO Giraffe *f*; Einliterkrug *m* (*für Bier*)

giraldina [ʒirał'dinɐ] *f* Hin und Her *n*

gir|ar [ʒi'rar] (1a) **1.** *v/t* drehen; *Kreis* beschreiben, ziehen; durcheilen; ***gira (daqui para fora)!*** P verschwinde!, verzieh dich!; **2.** *v/i* sich drehen (***para*** nach), kreisen (***em torno de, à volta de*** um); umlaufen; umgehen; *in e-r Stadt etc* herumirren; sich umdrehen; *fig* sich rühren; ***fazer ~*** drehen; *Gerücht* in Umlauf bringen; **~assol** [-rɐ'sɔł] *m* Sonnenblume *f*; **~atório** [-rɐ'tɔrju] Dreh...; Kreis..., kreisend; drehbar; ***ponte*** *f* ***-a*** Drehbrücke *f*

gíria ['ʒirjɐ] *f* Jargon *m*; Slang *m*

girino [ʒə'rinu] *m* ZO Kaulquappe *f*

giro ['ʒiru] **1.** *adj* F niedlich, süß; nett (*Person*); toll (*Film, Buch*); ulkig; **2.** *m* Kreisen *n*, Kreislauf *m*; Drehung *f*, Umlauf *m*; Runde *f*; Schicht *f* (*beim Arbeiten*); ECON Umsatz *m*; Giro *n*; *fig* Haken *m*; Umschweife *m/pl*; ***polícia*** *m* ***de ~*** Streifenpolizist *m*; ***dar um ~*** F eine Runde drehen

giz [giʃ] *m* Kreide *f*; ***~ de cera*** Wachsstift *m*; **~ar** [-'zar] (1a) skizzieren; *Plan* entwerfen

glaci|al [glɐ'sjaɫ] eisig; Eis...; **~ar** [-'sjar] *m* Gletscher *m*; **~ário** [-'sjarju] eiszeitlich; Gletscher...
gladíolo [glɐ'diwlu] *m* Schwertlilie *f*
glande ['glɐ̃də] *f ANAT* Eichel *f*
glândula ['glɐ̃dulɐ] *f* Drüse *f*; **~ lacrimal** Tränendrüse *f*; **~ mamária** Milchdrüse *f*; **~ tiróide** Schilddrüse *f*
glandular [glɐ̃du'lar] Drüsen...
glauco ['glawku] meergrün; **~ma** [-'komɐ] *m MED* grüne(r) Star *m*
glic|erina [glisə'rinɐ] *f* Glyzerin *n*; **~ínia** [-'sinjɐ] *f BOT* Glyzin(i)e *f*; **~ol** [-'kɔɫ] *m* Glykol *n*; **~ose** [-'kɔzə] *f* Traubenzucker *m*; *QUÍM* Glukose *f*
glob|al [glu'baɫ] Gesamt...; Pauschal...; global; **~o** ['globu] *m* Erdball *m*; Globus *m*; **~ ocular**, **~ do olho** Augapfel *m*; **em ~** insgesamt; **~ular** [-bu'lar] kugelförmig; Kugel...
glóbulo ['glɔbulu] *m* Kügelchen *n*; **~ sanguíneo** Blutkörperchen *n*
glória ['glɔrjɐ] *f* Ruhm *m*; Ruhmestat *f*; *REL* Seligkeit *f*; Heiligenschein *m*; **dar ~ a** *j-m* die Ehre geben; **ir à ~** F verschwinden; Pleite gehen
glor|ificação [glurəfikɐ'sɐ̃w] *f* Verherrlichung *f*; *REL* Seligsprechung *f*; **~ificar** [-rəfi'kar] (1n) verherrlichen; rühmen; *REL* selig sprechen; **~ioso** [-'rjozu] glorreich; berühmt
glos|a ['glɔzɐ] *f* Glosse *f*; Erklärung *f*; Randbemerkung *f*; **~ar** [glu'zar] (1e) mit Anmerkungen versehen
glossário [glu'sarju] *m* Glossar *n*
glucose [glu'kɔzə] *f* Traubenzucker *m*; *QUÍM* Glukose *f*
glutão [glu'tɐ̃w] **1.** *adj* gefräßig; **2.** *m*, **-ona** *f* Vielfraß *m* (*a ZO*)
glúten ['glutən] *m* Gluten *n*
glutinoso [gluti'nozu] glutenhaltig; klebrig
gnomo ['gnomu] *m* Gnom *m*
GNR ***Guarda** f* ***Nacional Republicana*** Nationalgarde *f* (*Polizeieinheit*)
gnu [gnu] *m ZO* Gnu *n*
gobo ['gobu] *m* Pflasterstein *m*
goela ['gwɛlɐ] *f* Schlund *m*, Kehle *f*; ***molhar a ~*** die Kehle anfeuchten
goense, **goês** ['gwẽsə, gweʃ] **1.** *adj* aus Goa; **2.** *m*, **-esa** *f* Goenser(in *f*) *m*
goiab|a [go'jabɐ] *f* Guajave *f*; **~ada** [-jɐ'badɐ] *f* Guajavenpaste *f*; **~eira** [-jɐ'bɐjrɐ] *f* Guajavenbaum *m*
Goiânia [go'jɐ̃nja] *bras Hauptstadt von Goiás*
Goiás [gɔ'jas]: ***o ~*** *bras Bundesstaat*
gol [gow] *m bras* (Fußball)Tor *n*, Treffer *m*; ***~ contra*** Eigentor *n*
gol|a ['gɔlɐ] *f* Kragen *m*; *ARQUIT* Karnies *n*; ***~ alta*** Rollkragen *m*; **~ada** [gu'ladɐ] *f NAV* Fahrrinne *f*; F Schluck *m*; **~e** ['gɔlə] *m* Schluck *m*; ***de um ~*** auf einmal
gol|eador [golja'dor] *m bras* Torschütze *m*; **~ear** [-'ljar] (1l) *bras* ein Tor schießen; **~eiro** [-'lejru] *m bras* Torwart *m*
golf|ada [goɫ'fadɐ] *f* (Wasser)Strahl *m*; Schwung *m*; **~ar** [-'far] (1e) **1.** *v/t* ausstoßen; auswerfen; verströmen; ausstrahlen; **2.** *v/i* (hervor-, heraus)sprudeln, strömen; strahlen; **~e** ['gɔɫfə] *m* Golf *n*; **~inho** [-'fiɲu] *m* **a)** *ZO* Delphin *m*, Tümmler *m*; **b)** Minigolf *n*; **~o** ['goɫfu] *m* Meerbusen *m*, Golf *m*
golo ['golu] *m* (Fußball)Tor *n*, Treffer *m*; ***marcar*** (***invalidar***) ***um ~*** ein Tor schießen (für ungültig erklären)
golp|ada *f*, **~ázio** *m* [goɫ'padɐ, -'pazju] heftige(r) Schlag *m*, Hieb *m*
golpe ['gɔɫpə] *m* Schlag *m* (*a fig*), Hieb *m*; Stoß *m*; Schnitt *m* (*mit Messer*); Schuss *m* (*e-r Flüssigkeit*); ***de ~*** auf einmal; (ur)plötzlich; ***de um ~*** auf e-n Zug (*od* Streich); ***~ baixo*** Tiefschlag *m* (*a fig*); ***~ de ar*** Luftzug *m*; ***~ de canto*** Eckball *m* (*Fußball*); ***~ de Estado*** Staatsstreich *m*, Putsch *m*; ***~ de mar*** Brecher *m*, Sturzsee *f*; ***~ de mestre*** *fig* Meisterstück *n*; ***~ de morte*** Todesstoß *m*; ***~ de vista*** rasche(r) Blick *m*; ***errar o ~*** das Ziel verfehlen
golp|ear [goɫ'pjar] (1l) zerschlagen; zerstechen; *Polster* aufschlitzen; *fig* verletzen; **~ista** [-'piʃtɐ] **1.** *adj* Putsch...; **2.** *su* Putschist(in *f*) *m*
goma ['gɔmɐ] *f* Gummi *n*; Klebstoff *m*; Stärke *f*; Klärmittel *n* (*für Wein*); *bras* Tapioka *f*; ***~ de mascar*** *bras* Kaugummi *n*; **~(s)-elástica(s)** [-i'laʃtikɐ] *f*(*pl*) Kautschuk *m*
gomo ['gomu] *m BOT* Auge *n*, Spross *m*; Fruchtfleisch *n*
gôndola ['gõdulɐ] *f* Gondel *f*
goniómetro (*ô) [gu'njɔmətru] *m* Winkelmesser *m*, Goniometer *n*
gonorreia [gunu'ʀɐjɐ] *f* Tripper *m*

gonzo ['gõzu] *m* (Tür)Angel *f*; Scharnier *n*; *ARQUIT* Haspe *f*; ***sair dos ~s*** *fig* aus den Fugen geraten
gorar [gu'rar] (1e) **1.** *v/t* zum Scheitern bringen, vereiteln; **2.** *v/i u* ***~-se*** faul werden (*Ei*); *fig* scheitern
goraz [gu'raʃ] *m* Brachse *f*, Brasse *f* (*Fisch*); ***olhos*** *m/pl* ***de ~*** F Glubschaugen *n/pl*
gordo ['gordu] fett (*a CUL*); dick, beleibt; ***Domingo*** *m* ***~*** Fastnachtssonntag *m*
gord|ucho [gur'duʃu] rundlich; ***~ura*** [-'durɐ] *f* Fett *n*; Schmiere *f*; ***~urento*** [-'rẽtu] schmierig; fleckig, verschmiert; ölig; ***~uroso*** [-'rozu] fettig, Fett...; ölig
gorgolejar [gurgulə'ʒar] (1d) **1.** *v/t* schlürfen; **2.** *v/i* glucksen, gluckern
gorgolh|ão [gurgu'ʎɐ̃w] *m* (Wasser)Strahl *m*; ***~ar*** [-'ʎar] (1e) (hervor)sprudeln
gorgomil(o) [gurgu'miɫ, (-'milu)] *m* P Kehle *f*, Hals *m*
goril(h)a [gu'rilɐ, (-'riʎɐ)] *m* Gorilla *m* (*a fig*); F Leibwächter *m*; Rausschmeißer *m*
gorj|ear [gur'ʒjar] (1l) zwitschern; trillern; ***~eio*** [-'ʒɐju] *m* Zwitschern *n*; Trillern *n*
gorjeta [gur'ʒetɐ] *f* Trinkgeld *n*
goro ['goru] faul, verdorben (*Ei*)
gorr|a ['goʀɐ] *f* Kappe *f*, Mütze *f*; ***~o*** ['goʀu] *m* Kappe *f*; Studentenmütze *f*
gost|ar [guʃ'tar] (1e) **1.** v/t. kosten, probieren; **2.** *v/i*: ***~ de*** gern haben, mögen (*ac*); gern essen (*od* trinken); *et*, *j-n* lieben; ***~ de fazer*** *et* gern tun; ***gosto de ti*** ich mag dich; ***gostou?*** *Essen*: hat es Ihnen geschmeckt?; ***~inho*** [-'tiɲu] *m* F Gefallen *m*; ***fazer ~ ao dedo*** *et* nur so zum Spaß machen
gost|o ['goʃtu] *m* Geschmack *m* (***a*** nach); Gefallen *m*; Freude *f*; Lust *f*; ***a ~*** nach Gusto, nach Belieben; ***ao ~ de*** nach *j-s* Belieben; ***muito ~*** (***em conhecê-lo***) sehr erfreut (Sie kennen zu lernen); ***com muito ~*** sehr gern; ***de*** (***bom***) ***~*** geschmackvoll; ***por ~*** freiwillig; zum Spaß; ***dar*** (*od* ***fazer***) ***~*** Spaß (*od* Freude) machen; ***ter muito ~ em fazer*** *et* gern tun; sich freuen, *et* zu tun; ***tomar o ~ a*** *Speisen* probieren; ***~s não se discutem*** über Geschmack lässt sich nicht streiten; ***são ~s!*** das ist Geschmackssache!; ***~osamente*** [-tɔzɐ'mẽtə] gern; ***~oso*** [-'tozu] schmackhaft (*Speise*); angenehm
gota ['gotɐ] *f* Tropfen *m*; *MED* Gicht *f*; ***~ a ~*** tropfenweise
got|eira [gu'tɐjrɐ] *f* Dachtraufe *f*; Loch *n* (*im Dach*); ***~ejante*** [-tə'ʒɐ̃tə] tröpfelnd; ***~ejar*** [-tə'ʒar] (1d) tröpfeln, tropfen
gótico ['gɔtiku] **1.** *adj* gotisch; ***caractéres*** *m/pl* ***~s*** *TIP* Fraktur(schrift) *f*; **2.** *m ARQUIT* Gotik *f*; *TIP* Fraktur *f*
goto ['gotu] *m* Schlund *m*; ***dar*** (*od* ***cair***) ***no ~ de*** Gefallen finden bei, auf Interesse stoßen bei
Gov. ***Governo*** *m* Regierung *f*
govern|ação [guvərnɐ'sɐ̃w] *f* Verwaltung *f*; Regierung *f*; ***~adeira*** [-'dɐjrɐ] *f* (Haus)Wirtschafterin *f*; ***~ado*** [-'nadu] sparsam; ***~ador*** [-'dor] *m* Gouverneur *m*; ***~ civil*** Regierungspräsident *m*, Gouverneur *m* e-s Distrikts; ***~ militar*** Militärgouverneur *m*; ***~amental*** [-mẽ'taɫ] Regierungs...; ***~anta*** [-'nɐ̃tɐ] *f* Haushälterin *f*; Gouvernante *f*; ***~ante*** [-'nɐ̃tə] *su* Machthaber(in *f*) *m*; ***~ar*** [-'nar] (1c) **1.** *v/t* *Land* regieren; leiten; *Haushalt* führen; *Wagen etc* steuern; *fig Leben* meistern; *Geschicke* lenken; **2.** *v/i* regieren; die Macht ausüben; funktionieren; ***~-se*** s-e Interessen wahrnehmen; *mit Geld* wirtschaften; zurechtkommen (***com*** mit); ***~ativo*** [-'tivu] Regierungs...; ***~ável*** [-'navɛɫ] regierbar (*Land*); lenkbar (*Person*, *Wagen*); ***~ista*** [-'nista] *bras* Regierungs...
governo [gu'vernu] *m* Regierung *f*; Verwaltung *f*; Regierungsbezirk *m*; *NAV* Steuer(ruder) *n*; *AUTO* Steuerung *f*; Lenkung *f*; (Haushalts)Führung *f*; *fig* Richtschnur *f*; ♀ ***Civil*** Regierungspräsidium *n*; ***~ sombra*** Schattenkabinett *n*; ***não ter ~*** nicht zu regieren (*od* lenken) sein
goz|ação [goza'sɐ̃w] *f bras* Veralberung *f*, Frotzelei *f*; ***~ado*** [-'zadu] *bras* komisch; nett; ***~ador*** *bras*, ***~ão*** [-za'dor, gu'zɐ̃w] *m* F Genießer *m*; Scherzkeks *m*; ***~ar*** [gu'zar] (1e) **1.** *v/t* genießen; *Urlaub etc* haben; *Geld* Anspruch haben auf (*ac*); **2.** *v/i* ge-

nießen; Scherze machen; sich lustig machen (**com** über *ac*); *bras* e-n Orgasmus haben; **~ de** sich erfreuen (*gen*); sich amüsieren über (*ac*); *j-n* veralbern

goz|o ['gozu] *m* **a)** Genuss *m*; Vergnügen *n*; **b)** *depr* Köter *m*; **~oso** [gu'zozu] genussvoll; fröhlich

G/P ***ganhos*** *m/pl* ***e perdas*** *f/pl* Gewinne *m/pl* und Verluste *m/pl*

gr. ***grátis*** gratis

grã [grɐ̃] *adj f* → ***grande***

Grã-Bretanha [grɐ̃brə'tɐɲɐ]: ***a ~*** Großbritannien *n*

graça ['grasɐ] **1.** *f* Gnade *f*; *JUR* Begnadigung *f*; Gunst *f*; Grazie *f*, Anmut *f* (*e-r Person*); *bsd* Witz *m*; ***de ~*** umsonst, gratis; ***de boa ~*** gutwillig, freudig; ***golpe*** *m* ***de ~*** Gnadenstoß *m*; ***nem de ~!*** nicht geschenkt!; ***achar ~ a*** Gefallen finden an (*dat*); *et* lustig finden; ***cair em ~*** gut aufgenommen werden; ***dizer por ~*** *et* im Scherz sagen; ***não estar*** (*od* ***ser***) ***para ~s*** keinen Spaß verstehen; ***ser uma ~*** (*od* ***gracinha***) F goldig sein; ***ter ~*** witzig (*od* komisch) sein; **2. ~s** *f/pl* Dank *m*; ***~ a*** dank (*gen od dat*); ***~ a Deus!*** Gott sei Dank!; ***dar ~ a*** danken (*dat*)

gracej|ar [grɐsə'ʒar] (1d) scherzen, Witze machen (**com**, **de** über *ac*); **~o** [-'sɐʒu] *m* Scherz *m*, Spaß *m*

grácil ['grasiɫ] zart, graziös

gracios|idade [grɐsjuzi'dadə] *f* Anmut *f*; **~o** [-'sjozu] **1.** *adj* graziös; anmutig; reizend; witzig (*Geschichte*); gratis (*Produkt*); **2.** *m* Witzbold *m*

graçola [grɐ'sɔlɐ] **1.** *f* schlechte(r) Scherz *m*; **2.** *m* Witzbold *m*

grad|ação [grɐdɐ'sɐ̃w] *f* Abstufung *f*; schrittweise Veränderung *f*; Steigerung *f* (*in e-r Rede*); **~ar** [-'dar] (1b) **1.** *v/t* eggen; **2.** *v/i* wachsen; **~aria** [-'riɐ] *f* Gitter(werk) *n*; **~ativo** [-'tivu] → ***gradual***

grad|e ['gradə] *f* Gitter *n*; Lattenverschlag *m*; (Obst)Spalier *n*; (Bier-)Kasten *m*; *AGR* Egge *f*; *PINT* Staffelei *f*; ***ir para as ~s*** ins Gefängnis kommen; **~eado** [grɐ'djadu] **1.** *adj* vergittert (*Fenster*); eingezäunt (*Gebiet*); **2.** *m* Gitter *n*; **~ear** [grɐ'djar] (1l) vergittern; einzäunen

gradil [grɐ'diɫ] *m* Einfassung *f*

grado ['gradu] **1.** *adj* dick(körnig); *fig* höchst; herausragend; **2.** *m* gute(r) Wille *m*; ***de bom*** (***mau***) ***~*** (un)gern; ***mau ~*** trotz (*gen*); ***mau ~ meu*** gegen meinen Willen

gradu|ação [grɐdwɐ'sɐ̃w] *f* Gradeinteilung *f*; *MIL* Rang(ordnung *f*) *m*; Alkoholgehalt *m* (*Flüssigkeit*); *fig* Abstufung *f*; **~ado** [-'dwadu] **1.** *adj* Grad...; Mess...; *UNIV* graduiert; alkoholhaltig (*Flüssigkeit*); *fig* angesehen; **2.** *m UNIV* Graduierte(r) *m*; **~al** [-'dwaɫ] graduell; allmählich; **~ar** [-'dwar] (1g) (in Grad) einteilen; e-n Rang (*od* eine Würde) verleihen (*dat*); abstufen; *in Kategorien* einstufen; **~-se** *UNIV* e-n akademischen Titel erwerben (**em** in *dat*)

graf|ar [grɐ'far] (1b) schreiben; **~ia** [-'fiɐ] *f* Graphie *f*, Schreibung *f*

gráfic|a ['grafikɐ] *f* Graphik *f*; **~o** [-ku] **1.** *adj* Schrift...; graphisch; **2.** *m* graphische Darstellung *f*, Graphik *f*; ***~ de barras*** Balkendiagramm *n*

grafit|a *bras*, **-e** [gra'fita, grɐ'fitə] *f* Graphit *m*; **~ar** [-fi'tar] (1a) Graffiti sprühen (auf *ac*); **~o** [-'fitu] *m* Graffiti *n/pl*, Graffito *n*

grafólogo [grɐ'fɔlugu] *m* Graphologe *m*

gralh|a ['graʎɐ] *f* Krähe *f*; *TIP* Druckfehler *m*; *fig* Klatschbase *f*; **~ar** [grɐ'ʎar] (1b) krächzen; *fig* schnattern, schwätzen

gram|a ['grɐmɐ] **1.** *f BOT* Quecke *f*; *bras a* Gras *n*; **2.** *m* Gramm *n*; **~ado** [grɐ̃'madu] *m bras* Wiese *f*, Fußballfeld *n*; **~ar** [-'mar] (1a) F *Essen* hinunterwürgen; *Flachs* brechen; F *fig* aushalten; *Beleidigung* schlucken; *port* F toll finden; ***~ a pastilha*** *fig* die bittere Pille schlucken

gram|ática [grɐ'matikɐ] *f* Grammatik *f*; **~atical** [-mɐti'kaɫ] grammat(ikal)isch; **~ático** [-'matiku] **1.** *adj* grammatisch; **2.** *m* Grammatiker *m*

gramíne|as [grɐ'minjɐʃ] *f/pl* Gräser *n/pl*; **~o** [-'minju] grasartig, Gras...

graminha [grɐ̃'mĩɲa] *f bras* Gras *n*

gramp|eador [grɐ̃pja'dor] *m bras* Heftmaschine *f*, F Klammeraffe *m*; **~ear** [-'pjar] (1l) zusammenklammern, -heften; **~o** ['grɐ̃pu] *m* Krampe *f*; (Heft)Klammer *f*; (Draht-)Schlaufe *f*; *bras* Haarnadel *f*

grana ['grɐ̃na] *f bras* F Knete *f* (*Geld*)

G

granada [grɐ'nadɐ] *f MIL* Granate *f*; *MIN* Granat *m*
grande ['grẽdə] groß (*a fig*); lang (*Zeit*); *fig* mächtig; bedeutend; hoch (*Ehre*); **~ área** *f* Strafraum *m* (*Fußball*); **~ cidade** (**potência**) *f* Großstadt (-macht) *f*; **à ~**, **de ~** großartig; mit vollen Händen; auf großem Fuß (*Lebensstil*); **em ~** im Großen (und Ganzen); **~mente** [-'mẽtə] über Gebühr; außerordentlich; großartig
grand|essíssimo [grẽdə'sisimu] F *sup von* **grande**; **~eza** [-'dezɐ] *f* Größe *f* (*a FIS*); Erhabenheit *f*; **~s** *pl* Titel *m/pl* und Würden *f/pl*; Pracht *f*; **~iosidade** [-djuzi'dadə] *f* Großartigkeit *f*, Herrlichkeit *f*, Pracht *f*; **~ioso** [-'djozu] großartig; grandios
granel [grɐ'nɛɫ] *m* Kornspeicher *m*; *TIP* Fahne *f*; **a ~** lose, unverpackt (*Waren*); *ECON* im Ramsch
gran|ir [grɐ'nir] (3a) *Zeichnung* punktieren; **~ito** [-'nitu] *m* Granit *m*; *Art* Anisschnaps *m*; **~izar** [-ni'zar] (1a) hageln; **~izo** [-'nizu] *m* Hagel *m*
granj|a ['grẽʒɐ] *f* Bauernhof *m*; Scheune *f*; **~ear** [-'ʒjar] (1l) *Boden* bearbeiten; *fig* sich *et* erarbeiten; **~ alg** j-n für sich gewinnen; **~eio** [-'ʒɐju] *m* Anbau *m* (*Pflanze*); Bewirtschaftung *f* (*Gut*); Ertrag *m*; *fig* Gewinn *m*; **~eiro** [-'ʒɐjru] *m* Landwirt *m*; Pächter *m*
granul|ação [grɐnulɐ'sɐ̃w] *f* Granulation *f*; **~ado** [-'ladu] *m* Granulat *n*; **~ar** [-'lar] **1.** *adj* körnig; **2.** *v/t* (1a) körnen; aufrauen
grânulo ['grɐnulu] *m* Körnchen *n*; *MED* Pustel *f*
granuloso [grɐnu'lozu] körnig
grão(s) [grɐ̃w] **1.** *m(pl)* Korn *n*; Körnchen *n*; (Kaffee)Bohne *f*; *MED* Pustel *f*; **2.** *adj* **grã** *f* → **grande**; *in Zssgn* Groß...; **~(s)-de-bico** [-də-'biku] *m(pl)* Kichererbse *f*; **~zinho** [-'ziɲu] *m*: **estar com um ~ na asa** F einen in der Krone haben (*betrunken sein*)
grasnar [grɐʒ'nar] (1b) schnattern (*Ente*); krächzen (*Rabe*); quaken (*Frosch*); *fig* keifen
grassar [grɐ'sar] (1b) umgehen, grassieren (*Krankheit*); um sich greifen (*Gewohnheit*)
grat|idão [grɐti'dɐ̃w] *f* Dankbarkeit *f*; **~ificação** [-təfikɐ'sɐ̃w] *f* Gratifikation *f*, Vergütung *f*; **~ificar** [-təfi-'kar] (1n) belohnen; beschenken, erfreuen; *Überstunden* vergüten; *j-m* ein Trinkgeld geben
gratinar [grɐti'nar] (1a) überbacken
grátis ['gratiʃ] unentgeltlich, gratis
grato ['gratu] angenehm; dankbar
gratui|(ti)dade [grɐtwi(ti)'dadə] *f* Unentgeltlichkeit *f*; *fig* Vergeblichkeit *f*; **~to** [-'twitu] unentgeltlich, gratis; frei (*Eintritt*); *fig* grundlos, unbegründet (*Verdacht*)
gratul|ação [grɐtulɐ'sɐ̃w] *f* Gratulation *f*, Glückwunsch *m*; **~ar** [-'lar] (1a) beglückwünschen
grau [graw] *m* Grad *m*; *fig* Stufe *f*; Rang *m*; *akademische* Würde *f*; **1º (2º) ~** *bras* Grundschule (Sekundarstufe) *f*; **~ centígrado** Grad Celsius; **em alto ~** hochgradig; **por ~s** stückweise, graduell
graúdo [grɐ'udu] *adj* groß; kräftig; grobkörnig (*Sand*); *fig* angesehen
grav|ação [grɐvɐ'sɐ̃w] *f* Gravierung *f*; *MÚS* (Platten-, Band)Aufnahme *f*; **~ador** [-'dor] *m Beruf*: Graveur *m*; (Kupfer)Stecher *m*; *EL* Aufnahmegerät *n*, Recorder *m*; **~ de cassetes** Kassettenrekorder *m*; **~ de chamadas** Anrufbeantworter *m*
gravame [grɐ'vɐmə] *m* Last *f*; Belastung *f*; Beleidigung *f*
gravanço [grɐ'vɐ̃su] *m* Kichererbse *f*
gravar [grɐ'var] (1b) *in Metall* stechen; *in Holz* (ein)schneiden; *fig* ein-, aufdrücken; *ins Gedächtnis* einprägen; *Tonband* bespielen; *INFORM* speichern (**em** auf *dat*); *Musik*, *Film* aufnehmen (**em** auf *ac*)
gravata [grɐ'vatɐ] *f* Krawatte *f*
gravável [grɐ'vavɛɫ] bespielbar
grave ['gravə] schwer (*Gewicht*, *Krankheit*); ernst (*Lage*); wichtig; gefährlich; tief (*Ton*); auf der vorletzten Silbe betont (*Wort*); **acento** *m* **~** Gravis *m*; **doente** *su* **~** Schwerkranke(r) *su*; **de passo ~** gemessenen Schrittes
gravela [grɐ'vɛlɐ] *f* Trester *m*; Weinstein *m*; *MED* Blasen- (*od* Nieren-) steine *m/pl*
grávida ['gravidɐ] schwanger (*Frau*); trächtig (*Tier*, *a fig*)
gravid|ade [grɐvi'dadə] *f* Schwere *f*

(*Gewicht, Krankheit*); Ernst *m* (*Lage*); Wichtigkeit *f*; Gefährlichkeit *f*; *FIS* Schwerkraft *f*; ***centro*** *m* ***de ~*** Schwerpunkt *m*; ***sem ~*** leicht; unproblematisch; **~ez** [-'deʃ] *f* Schwangerschaft *f*

gravilha [grɐ'viʎɐ] *f* Kies *m*

gravit|ação [grɐvitɐ'sɐ̃w] *f* Anziehungskraft *f*; Gravitation *f*; **~acional** [-tɐsju'nał] Gravitations...; **~ar** [-'tar] (1a) *FIS* gravitieren; kreisen (***em volta de*** um) (*a fig*)

gravoso [grɐ'vozu] belastend

gravura [grɐ'vurɐ] *f* Gravierung *f*; Illustration *f*, Abbildung *f* (*in Buch*)

grax|a ['graʃɐ] *f*: ***~*** (***de calçado***) Schuhcreme *f*; (Schmier)Fett *n*; ***dar ~ a*** F *j-m* Honig ums Maul schmieren; sich anbiedern; **~ista** [-'ʃiʃtɐ] *su* P Kriecher *m*

Grécia ['grɛsjɐ]: ***a ~*** Griechenland *n*

grego ['gregu] **1.** *adj* griechisch; ***sentir-se ~ em*** F sich überhaupt nicht auskennen in (*dat*); ***ser ~ para*** *j-m* spanisch vorkommen; **2.** *m*, **-a** *f* Grieche *m*, Griechin *f*

gregório [grə'gɔrju] *m*: ***chamar pelo ~*** P reihern, kotzen

grelar [grə'lar] (1c) keimen; sprießen

grelh|a ['greʎɐ] *f* Rost *m*, Grill *m* (*a AUTO*); *EL* Gitter *n*; *TV* (Programm)Übersicht *f*; Abstreichsieb *n* (*für Farbe*); **~ador** [grəʎɐ'dor] *m* Grill(gerät *n*) *m*; **~ados** [grə'ʎaduʃ] *m/pl* Gegrillte(s) *n*; **~ar** [grə'ʎar] (1c) grillen

grelo ['grelu] *m* *BOT* Spross *m*; ***~s*** *CUL* Steckrübenblätter *n/pl*

grémio (*ê) ['grɛmju] *m* Gremium *n*; (Handwerker)Innung *f*; Verein *m*; Schoß *m* (*der Kirche*)

grenha ['greɲɐ] *f* Mähne *f*; *BOT* Busch(wald) *m*

grés [grɛʃ] *m* Sandstein *m*

gret|a ['gretɐ] *f* Spalte *f*; Riss *m*; **~ar(-se)** [grə'tar(sə)] (1c) rissig werden; *fig* schief gehen

grev|e ['grɛvə] *f* Streik *m*; ***~ de braços caídos*** Sitzstreik *m*; ***~ de zelo*** Dienst *m* nach Vorschrift; ***~ geral*** Generalstreik *m*; ***vaga f de ~s*** Streikwelle *f*; ***declarar-se em ~, ir para a ~*** in Streik treten; ***fazer ~*** streiken; ***furar a ~*** den Streik brechen; **~ista** [grə'viʃtɐ] **1.** *adj* streikend, Streik...; **2.** *su* Streikende(r) *su*

grif|a ['grifɐ] *f* Kralle *f*; **~ado** [-'fadu] kursiv; **~ar** [-'far] (1a) *Haar* ondulieren; *TIP* kursiv drucken; **~o** ['grifu] *m* **a)** *ZO* Gänsegeier *m*; *MIT* (Vogel) Greif *m*; **b)** Rätsel(wort) *n*; Haarlocke *f*; **c)** *TIP* Kursivschrift *f*

gril|a ['grilɐ] *f* P Notlüge *f*; **~ado** [-'ladu]: ***estar ~*** *bras* P sich in den Haaren liegen (***com*** mit); mäklig sein

grilhão [gri'ʎɐ̃w] *m* (Eisen)Kette *f*; *massive* Goldkette *f*; *fig* Fessel *f*

grilo ['grilu] *m* Grille *f* (*a fig*); *bras* F Ärger *m*; fixe Idee *f*; ***memória f de ~*** Gedächtnis *n* wie ein Sieb; ***andar aos ~s*** F Däumchen drehen

grimp|a ['grĩpɐ] *f* Wetterfahne *f*; First *m*; *fig* Höhepunkt *m*; ***levantar a ~*** P das Maul aufreißen; ***baixar a ~*** P den Schwanz einziehen (*resignieren*); **~ar** [-'par] (1a) frech werden; sich anlegen (***com*** mit); ***~ por*** erklimmen; ***~ contra*** herfallen über (*ac*)

grinalda [gri'nałdɐ] *f* Girlande *f*; Kranz *m*; *LIT* Anthologie *f*

gringo ['grĩgu] *m bras depr hellhäutiger* Ausländer *m*

grip|al [gri'pał] grippal, grippeartig; **~ar** [-'par] (1a) *v/i AUTO* sich festfressen (*Motor*); festsitzen; **~-se** die Grippe bekommen; sich erkälten; **~e** ['gripə] *f* Grippe *f*; *allg* Erkältung *f*

gris [griʃ] blaugrau; **~alho** [-'zaʎu] grau(meliert) (*Haar*); **~ão** [-'zɐ̃w] *m* Graubündner *m*

grit|ador [gritɐ'dor] *m*, **-eira** *f* = **~alhão** [-'ʎɐ̃w] *m*, **-ona** *f* Schreihals *m*; **~ar** [-'tar] (1a) schreien; *Wort etc* ausrufen; *j-m et* zurufen; zetern; ***~ a*** (*bras* ***~ com***) *j-n* anfahren, -schreien; ***~ por auxílio*** um Hilfe rufen; **~aria** [-'riɐ] *f* Geschrei *n*; **~o** ['gritu] *m* Schrei *m*; Ruf *m*; ***~s*** *pl* Geschrei *n*; ***aos ~s*** schreiend; ***de ~s*** F entzückend, wunderbar; ***dar*** (***soltar***) ***~s*** (los)schreien

grogue ['grɔgə] *m* Grog *m*

gronelandês [grunəlɐ̃'deʃ] **1.** *adj* grönländisch; **2.** *m*, **-esa** *f* Grönländer(in *f*) *m*

Gronelândia [gronə'lɐ̃djɐ]: ***a ~*** Grönland *n*

G

grosa ['grɔzɐ] *f* Raspel *f*
groselh|a [gru'zɐʎɐ] *f* Johannisbeere *f*; -beersaft *m*; **~-negra** *f* schwarze Johannisbeere *f*; **~-espim** *f* Stachelbeere *f*
gross|aria [grusɐ'riɐ] *f* Grobheit *f*; Ungehörigkeit *f*; **~eirão** [-sɐj'rɐ̃w] **1.** *adj* ungeschliffen, flegelhaft; **2.** *m* Flegel *m*, Lümmel *m*; **~eiro** [-'sɐjru] grob (*a fig*); plump; *fig* ungeschliffen; roh; gemein; **~eria** [-sə'riɐ] *f* → ***grossaria***; **~ista** [-'siʃtɐ] **1.** *adj* Groß(handels)...; **2.** *m* Großhändler *m*; **~o** ['grosu] **1.** *adj* dick (*Umfang*, *Baumstamm*); umfangreich; groß, stark (*Heer*); grob (*Stoff*, *Charakter*); tief (*Stimme*); aufgewühlt (*Meer*); schwer; hoch (*Spiel*); ***estar ~*** P blau sein (*betrunken*); **2.** *adv* sehr; stark; ***falar ~*** F Krach schlagen; ***jogar ~*** hoch spielen; **3.** *m* Gros *n*; Hauptteil *m*, -macht *f*; ***em ~*** in großen Zügen; unbesehen; ***por ~*** en gros; ***preço*** *m* (***venda*** *f*) ***por ~*** Engrospreis (-verkauf) *m*; ***comércio*** *m* ***por ~*** Großhandel *m*; **~ura** [-'surɐ] *f* Dicke *f*, Stärke *f*; P Rausch *m*
grotesco [gru'teʃku] grotesk
grou [gro] *m* Kranich *m*
grua ['gruɐ] *f* Kran *m*
grud|ar [gru'dar] (1a) **1.** *v/t* ver-, zusammenleimen, verkleben; **2.** *v/i* (zusammen)kleben; *fig* zusammenpassen; übereinstimmen; klappen; ***não gruda!*** F das läuft nicht!; ***~-se*** sich klammern (***a*** an *ac*); sich schmiegen (***com*** gegen); *fig* aneinander geraten; **~e** ['grudə] *m* (Tischler)Leim *m*; Kleister *m*
grulhar [gru'ʎar] (1a) schwätzen
grumar [gru'mar] (1a) klumpen
grum|o ['grumu] *m* Klümpchen *n*; **~oso** [-'mozu] klumpig
grunh|ido [gru'ɲidu] *m* Grunzen *n*; **~ir** [-'ɲir] (3a) grunzen; *fig* murren
grup|elho [gru'pɛʎu] *m* Grüppchen *n*
grupo ['grupu] *m* Gruppe *f*; (Freundes)Kreis *m*; ***~ alvo*** Zielgruppe *f*; ***~ de risco*** Risikogruppe *f*; ***~ etário*** Altersgruppe *f*; ***~ marginal*** Randgruppe *f*; ***~ sanguíneo*** MED Blutgruppe *f*; ***~ gerador (eléctrico)*** EL Stromaggregat *n*; ***terapia f de ~*** Gruppentherapie *f*
gruta ['grutɐ] *f* Grotte *f*; Höhle *f*
guache ['gwaʃə] *m* PINT Guasch *f*
guap|ear [gwa'pjar] (1l) *bras* schneidig auftreten; schöntun; **~etão** [-pi'tɐ̃w] *m bras* schneidige(r) Kerl *m*; Aufschneider *m*; **~eza** [-'peza] *f bras* = **~ice** [gwɐ'pisə] *f* Schneid *m*; Schick *m*; **~o** ['gwapu] tapfer, schneidig; F schick; fesch
guaraná [gwara'na] *m bras* **a)** Guaranagetränk *n* (*mit Kohlensäure*); **b)** *Lianenart* (*im Amazonasgebiet*)
Guarda ['gwardɐ] *port Distrikt(hauptstadt)*
guarda ['gwardɐ] **1.** *m* Wächter *m*; Aufseher *m*; Polizist *m*; **2.** *f* Aufbewahrung *f* (*von Gegenständen*); Wache *f*; Bewachung *f*, Schutz *m* (*e-s Gebäudes*); *Fechten*: Deckung *f*; Vorsatz(papier *n*) *m* (*Buch*); Wächterin *f*, Wärterin *f* (*Person*); ***~s*** *pl* Brüstung *f*; ***~ avançada*** MIL Vorhut *f*; ***~ da alfândega*** Oberzollinspektor *m*; ***~ de honra*** Ehrengarde *f*; ***~ dos filhos*** JUR Sorgerecht *n*; ***℘ Nacional Republicana*** (*Abk* ***GNR***) *port* Nationalgarde *f* (*Polizeitruppe*); ***cão*** *m* ***de ~*** Wachhund *m*; ***ó da ~!*** zu Hilfe!
guarda|-barreira(s) [gwardɐbɐ'ʀɐjrɐ] *m(pl)* Grenzbeamte(r) *m*; CAM. DE F Schrankenwärter *m*; **~-cancela(s)** [-kɐ̃'sɛla] *m(pl) bras* Schrankenwärter *m*; **~-chuva(s)** [-'ʃuvɐ] *m(pl)* Regenschirm *m*; **~-costas** [-'kɔʃtɐʃ] *m(pl inv)* Küstenschutz *m*; Leibwächter *m* (*Person*); **~-fatos** (*pl inv*) [-'fatuʃ] *m* Kleiderschrank *m*; **~-fiscal (-ais)** [-fiʃ'kał] *m(pl)* Steuerfahnder *m*; **~-florestal (-ais)** [-flurəʃ'tał] *m(pl)* Förster *m*; **~-jóias** (*pl inv*) [-'ʒɔjɐʃ] *m* Schmuckkasten *m*; **~-lama(s)** [-'lɐmɐ] *m(pl)* AUTO Kotflügel *m*; *Fahrrad*: Schutzblech *n*; **~-livros** (*pl inv*) [-'livruʃ] *su* Buchhalter(in *f*) *m*; **~-loiça(s)** [-'lojsɐ] *m(pl)* Geschirrschrank *m*; **~napo** [-'napu] *m* Serviette *f*; **~-nocturno(s)** [-nɔ'turnu] *m(pl)* Nachtwächter *m*; **~-pó(s)** [-'pɔ] *m(pl)* Staubmantel *m*; **~-portão (-ões)** [-pur'tɐ̃w] *su(pl)* Pförtner(in *f*) *m*
guardar [gwɐr'dar] (1b) *Gebäude* bewachen; *Kinder*, *Schafe* hüten, beaufsichtigen; *vor Gefahr* (be-)

schützen; *Gegenstand* (auf)bewahren; *Brieftasche, Geld* einstecken; (zurück)behalten; (in sich) bergen; aufsparen; *j-m et* vorbehalten; *Distanz* (ein)halten; *Prinzip* aufrechterhalten; *Gesetz* beachten; **~-se** sich hüten (**de** vor *dat*), sich schützen (**de** vor *dat*); für sich behalten (**com** *et*)

guarda|-redes (*pl inv*) [gwardɐ'ʀedəʃ] *m* Torwart *m*; **~-roupa(s)** [-'ʀopɐ] **1.** *m(pl)* Kleiderschrank *m*; Kostümverleih *m*; *TEA* Garderobe *f*; Kleiderkammer *f*, **2.** *su* Garderobenfrau *f*; **~-sol** (**-sóis**) [-'sɔɫ] *m(pl)* Sonnenschirm *m*

guardião (**-ães, -ões**) [gwɐr'djɐ̃w] *m Sport*: Torwart *m*

guari|da [gwɐ'ridɐ] *f* Bau *m*; *fig* Schlupfwinkel *m*; **dar ~ a** *j-n* aufnehmen; **~ta** [-'ritɐ] *f* Schilderhaus *n*

guarn|ecer [gwɐrnə'ser] (2g) ausrüsten (**com**, **de** mit), ausstatten (**com**, **de** mit); *mit Material* versehen; *mit Truppen* belegen; *Kleid* einfassen; *Wand* verputzen; *Raum* ausschmücken; verzieren; *bsd CUL* garnieren; **~ição** [-ni'sɐ̃w] *f* (Ein-)Fassung *f*; Garnierung *f* (*a CUL*); Garnitur *f*; *MIL* Garnison *f*; Schiffsbesatzung *f*; (Kleider)Besatz *m*; (Pferde)Geschirr *n*; Reitzeug *n*; Beschlag *m*, Verzierung *f* (*an Möbeln*); Ausrüstung *f*; *TÉCN a* Dichtung *f*

guê [ge] *m Name des Buchstabens* **g** *vor a, o, u od Konsonant*

guedelh|a [gə'dɛʎɐ] *f* (Haar)Mähne *f*; **~udo** [-də'ʎudu] langhaarig

guerr|a ['gɛʀɐ] *f* Krieg *m*; **~ atómica** Atomkrieg *m*; **~ civil** Bürgerkrieg *m*; **~ fria** kalte(r) Krieg *m*; **a Grande ♀**, **a ♀ Mundial** der Weltkrieg *m*; **dar ~ a** *j-m* das Leben sauer machen; **fazer ~ a** Krieg führen gegen; = **~ear** [gə'ʀjar] (1l) **1.** *v/t* bekriegen; **2.** *v/i* Krieg führen; **~eiro** [gə'ʀɐjru] **1.** *adj* kriegerisch; **2.** *m* Krieger *m*; **~ilha** [gə'ʀiʎɐ] **1.** *f* Guerilla *f*, **2.** *m* = **~ilheiro** [gəʀi'ʎɐjru] *m* Partisan *m*, Guerillero *m*

gueto ['getu] *m* G(h)etto *n*

guia ['giɐ] **1.** *f* Führung *f*, Steuerung *f* (*bsd TÉCN*); Leitfaden *m*, Führer *m*; Einführung *f* (*zu e-m Thema*); Richtschnur *f*; *ECON* Begleit-, Fracht-, Zollschein *m*; *Post*: Paket-, Zahlkarte *f*; Schwungfeder *f*; *MED* Überweisung *f*; **passar uma ~** *MED* eine Überweisung ausstellen; **2.** *m* Führer *m*; *CAM. DE F* Kursbuch *n*; (Autobus)Fahrplan *m*; Postbestimmungen *f/pl*; Sprachführer *m*; *Sport*: Führende(r) *m*; Leittier *n* (*e-r Herde*); Register *n* (*in Büchern*); **~ turístico** Reiseleiter *m*; Reiseführer *m* (*Buch*)

gui|ador [giɐ'dor] *m* Führer *m*; *Buchhaltung*: Register *n*; (Fahrrad-)Lenker *m*

Guiana [gi'ɐnɐ]: **a ~** Guyana *n*

guião (**-ães, -ões**) [gjɐ̃w] *m(pl)* (Film)Drehbuch *n*; *REL* Prozessionsfahne *f*; **~ar** [gjar] (1g) führen (**para** zu, nach); *Pferd* lenken; *Auto* fahren; **~-se por** sich richten nach

guiché (*ê) [gi'ʃɛ] *m* (Post-, Bank-)Schalter *m*; Durchreiche *f*; **~ de informações** Informationsschalter *m*

guid|ão, *bras a* **~om** [gi'dɐ̃w, -'dõ] *m* Lenkstange *f*, Lenker *m*

guilherme [gi'ʎɛrmə] *m* Hobel *m*

guilhotina [giʎu'tinɐ] *f* Fallbeil *n*; Papierschneidemaschine *f*

guin|ada [gi'nadɐ] *f* Kurswechsel *m* (*a POL*); Seitensprung *m* (*des Pferdes*); P stechende(r) Schmerz *m*; Anfall *m*; **~ à direita** *POL* Rechtsruck *m*; **~ar** [-'nar] (1a) im Zickzack fahren; ausweichen; abbiegen (**para** nach)

guinch|ar [gĩ'ʃar] (1a) kreischen (**de** vor *dat*); quietschen; **~o** ['gĩʃu] *m* **a)** Aufschrei *m*; **b)** *TÉCN* Winde *f*; *bras a* Abschleppwagen *m*

guind|ado [gĩ'dadu] geschraubt (*Stil*); **~ar** [-'dar] (1a) (hoch)heben; hochbringen; *Sätze* drechseln, kunstvoll formulieren; **~-se** hochkommen; steigen; **~aste** [-'daʃtə] *m* Kran *m*

Guiné [gi'nɛ]: **a ~** Guinea *n*; **a ~-Bissau** Guinea-Bissau *n*

guineense [gi'njẽsə] **1.** *adj* guineisch; **2.** *su* Guineer(in *f*) *m*

guionista [giw'niʃtɐ] *su* Drehbuchautor(in *f*) *m*

guisa ['gizɐ] *f* Art *f*, Weise *f*; Brauch *m*; **à ~ de** nach Art (*gen*)

guis|ado [gi'zadu] *m CUL Art* Gulasch *m*; **~ar** [-'zar] (1a) *CUL* schmoren; *Intrige* anstiften; *Ränke* schmieden

G

guita ['gitɐ] *f* Bindfaden *m*, Schnur *f*; P Zaster *m* (*Geld*); ***com toda a ~*** in aller Eile; ***dar ~ a*** *fig j-m* die Zügel lockern
guitarr|a [gi'taʀɐ] *f 12saitige* portugiesische Gitarre *f*; **~ista** [-'ʀiʃtɐ] *su* Gitarrist(in *f*) *m*
guiz|alhar [gizɐ'ʎar] (1b) bimmeln; **~o** ['gizu] *m* Glöckchen *n*, Schelle *f*
gula ['gulɐ] *f* Gefräßigkeit *f*, Völlerei *f*
gulo|dice, **~seima**, **~sice** [gulu'disə, -'zɐjmɐ, -'zisə] *f* Naschhaftigkeit *f* (*e-r Person*); *CUL* Leckerbissen *m*; Leckerei *f*; **~so** [-'lozu] **1.** *adj* naschhaft; *depr* gefräßig; ***ser ~ por*** *fig* erpicht sein auf (*ac*); **2.** *m* Naschkatze *f*, Vielfraß *m*
gume ['gumə] *m* (Messer)Schneide *f*; *fig* Scharfsinn *m*; ***de dois ~s*** zweischneidig; ***estar no ~*** *fig* auf des Messers Schneide stehen
guri [gu'ri] *m*, **-a** *f bras* Kind *n*; Göre *f*
guru [gu'ru] *m* Guru *m*
gusa ['guzɐ] *f* Eisenguss *m*
gusano [gu'zɐnu] *m* Wurm *m*; Made *f*
gusta|ção [guʃtɐ'sɐ̃w] *f* (Ver)Kosten *n*, Probe *f*; **~tivo** [-'tivu] Geschmacks...
gutural [gutu'rał] Kehl...; guttural

H

H

H, h [ɐ'ga] *m* H, h *n*
h. ***hora***(***s***) *f*(*pl*) Uhr *f*, Stunde(n) *f*(*pl*)
ha. ***hectare***(***s***) *m*(*pl*) Hektar (ha) *n*
há [a] → ***haver***; *bras*: ***há*** (***que***) *inf* man muss *inf*; ***não há*** (***que***) *inf* man braucht nicht zu *inf*, man muss nicht *inf*
hábil ['abił] **a**) geschickt; gewandt; **b**) fähig; *JUR* berechtigt
habili|dade [ɐbəli'dadə] *f* **a**) Geschicklichkeit *f*, Gewandtheit *f*; ***ter ~ para*** Geschick haben für; **b**) Fähigkeit *f*; ***~s*** *pl* Kunststücke *n*/*pl*; **~doso** [-'dozu] geschickt; **~tação** [-tɐ'sɐ̃w] *f* Befähigung *f*, Berechtigung *f*; *JUR* Rechtsfähigkeit(serklärung) *f*; ***-ões*** *pl* **a**) Befähigungs-, Berechtigungsnachweis *m*; **b**) Fähigkeiten *f*/*pl*; Kenntnisse *f*/*pl*; **~tado** [-'tadu] mit Berufserfahrung; **~tar** [-'tar] (1a) befähigen; *Lehrling* ausbilden; *Gebäude* ausstatten; berechtigen (***a*** zu); *JUR* für (rechts)fähig erklären; ***~-se*** sich üben; sich vorbereiten (***a*** für); s-e Berechtigung (*od* Befähigung) nachweisen; ***~-se para professor*** die Lehrbefähigung erwerben
habit|abilidade [ɐbitɐbəli'dadə] *f AUTO* Innenkomfort *m*; **~ação** [ɐbitɐ'sɐ̃w] *f* Wohnung *f*, Wohnungswesen *n*; ***~ social*** Sozialwohnung *f*; ***~ própria*** Eigentumswohnung *f*; **~acional** [-tɐsju'nał] Wohn(ungs)...; **~ante** [-'tɐ̃tə] *su* Bewohner(in *f*) *m*; Einwohner(in *f*) *m* (*Stadt*, *Land*); ***registo m de ~s*** Einwohnermeldeamt *n*; **~ar** [-'tar] (1a) **1.** *v/t* bewohnen; **2.** *v/i* wohnen (***em*** in *dat*); **~at** [-'tat] *m BIOL* natürliche(r) Lebensraum *m*; **~ável** [-'tavɛł] bewohnbar
hábito ['abitu] *m* **a**) Gewohnheit *f*; ***mau ~*** Unsitte *f*; ***por ~*** aus Gewohnheit; ***cair no ~ de*** *inf* sich angewöhnen zu *inf*; **b**) äußere Erscheinung *f*, Auftreten *n*; *REL* Ordenskleid *n*; *allg a* Amtstracht *f*; ***~s*** *pl* ***menores*** Unterwäsche *f*/*pl*; leichte Kleidung *f* (*für daheim*)
habitu|ação [ɐbitwɐ'sɐ̃w] *f* Gewöhnung *f*, Angewöhnen *n*; **~al** [-'twał] **a**) gewöhnlich; **b**) gewohnt; Gewohnheits...; **~almente** [-twał'mẽtə] für gewöhnlich; **~ar** [-'twar] (1g) gewöhnen (***a*** an *ac*)
há-de-haver [adjɐ'ver] *m ECON* Haben *n*; Kredit *m*
Haia ['ajɐ]: ***a ~*** Den Haag *n*
haitiano [aj'tjɐnu] **1.** *adj* haitianisch; **2.** *m*, **-a** *f* Haitianer(in *f*) *m*

haja ['aʒɐ] → ***haver***
hálito ['alitu] *m* Hauch *m*; Atem *m*
hall [ɔɫ] *m* Eingangshalle *f*
halog|éneo [hɐlu'ʒɛnju] Halogen...
halter|e ['aɫtərə] *m* Hantel *f*; **~ofilia** [-rufə'liɐ] *f* Gewichtheben *n*
hamburgu|er *m*, **~esa** *f* [ẽ'burgər, ẽbur'gezɐ] *CUL* Hamburger *m*
hámster ['amʃtər] *m* Hamster *m*
handebol [ẽdə'bɔɫ] *m* Handball *m*
hangar [ẽ'gar] *m* Hangar *m*, (Flugzeug)Halle *f*
hanseático [ẽ'sjatiku] Hanse..., hanseatisch
hardware [ad'wɛrə] *m INFORM* Hardware *f*
harém [ɐ'rẽj] *m* Harem *m*
harmonia [ɐrmu'niɐ] *f* **a)** Harmonie(lehre) *f*; Wohl-, Zusammenklang *m*; **b)** Eintracht *f*; ***de*** (*od* ***em***) **~ *com*** im Einklang mit
harmón|ica (*ô) [ɐr'mɔnikɐ] *f MÚS* Harmonika *f*; **~ico** [-'mɔniku] harmonisch
harmon|ioso [ɐrmu'njozu] harmonisch; ausgeglichen; einträchtig; **~izar** [-ni'zar] (1a) **1.** *v/t* in Einklang bringen (***com*** mit); *MÚS* harmonisieren (*a fig*); **2.** *v/i* in Einklang stehen, harmonieren
harp|a ['arpɐ] *f* Harfe *f*; F Liebesbrief *m*; **~ear** [ɐr'pjar] (1l) = **~ejar** [ɐrpə'ʒar] (1d) Harfe spielen; **~ista** [-'piʃtɐ] *su* Harfenist(in *f*) *m*
hasta ['aʃtɐ] *f* Speer *m*, Lanze *f*; **~ *pública*** öffentliche Versteigerung *f*
hast|e ['aʃtə] *f* Schaft *m*; (Fahnen-)Stange *f*; Stängel *m* (*Pflanze*); ***a meia*** **~** auf halbmast; **~ear** [ɐʃ'tjar] (1l) *Fahne* hissen; (auf)stecken; befestigen; **~-se** flattern
haver [ɐ'ver] (2z) **1.** *v/t* haben, besitzen; bekommen; *a Hilfsverb neben* ***ter***; **~ *de*** *inf* (*mit Bindestrich*: ***hei-de***, ***hás-de***, ***há-de***, ***hão-de***) sollen, sicher(lich) werden; **~ *por*** halten für, ansehen als (*ac*); **~ *por bem*** für gut befinden; ***que Deus haja!*** Gott hab ihn selig!; ***bem haja*** wohl ihm; wohl dem, (der); **2.** *unpersönlich*: ***há*** es gibt; es ist (*od* sind) (da); es findet (*od* finden) statt; es kommt vor; ***há que*** *inf* man muss *inf*; ***não há de quê!*** keine Ursache!; ***não há como*** es geht nichts über (*ac*); *zeitl* her sein; ***há 3 dias*** (***que***) vor (*od* seit) 3 Tagen; es ist 3 Tage her(, dass); ***há muito*** (***pouco***) (***que***) vor (*od* seit) langer (kurzer) Zeit; (kürzlich); **3. ~-se** sich benehmen; es zu tun bekommen (***com*** mit); **4.** *m ECON* Haben *n*; **~es** *pl* Habe *f*; Vermögen *n*
hax(ix)e ['aʃə (ɐ'ʃiʃə)] *m* Hasch(isch) *n*
hebdomadário [ɛbdumɐ'darju] *m* Wochenblatt *n*
hebr|aico, **~eu** [i'brajku, i'brew] **1.** *adj* hebräisch; **2.** *m*, **-eia** *f* Hebräer(in *f*) *m*; **3.** *m* Hebräisch *n* (*Sprache*)
hectare [ɛk'tarə] *m* Hektar *n*
hediondo [i'djõdu] scheußlich
hegem|onia [iʒəmu'niɐ] *f* Hegemonie *f*, Vorherrschaft *f*; **~ónico** (*ô) [-'mɔniku] hegemonisch
hei [ej] → ***haver***
hélice ['ɛlisə] *f* Spirale *f*; (Schiffs-)Schraube *f*; *AV* Propeller *m*; *TÉCN* Schnecke *f*
heli|coidal [ɛlikoj'daɫ] schraubenförmig; **~cóptero** [-'kɔptəru] *m* Hubschrauber *m*
hélio ['ɛlju] *m* Helium *n*
heliporto [ɛli'portu] *m* Hubschrauberlandeplatz *m*
Helsínquia [ɛl'sĩkjɐ] Helsinki *n*
helvético [ɛɫ'vɛtiku] schweizerisch, helvetisch
hem [ẽj] *int*: **~!** was!?; na!?
hema|(to)... [ɛmɐ(tu)...] *in Zssgn* Blut...; **~tológico** [-tu'lɔʒiku]: ***boletim*** *m* **~** Blutbild *n*; **~toma** [-'tɔmɐ] *m* Hämatom *n*, Bluterguss *m*
hemi|ciclo [ɛmi'siklu] *m* Halbkreis *m*; Halbrund *n* (*Saal, Stadion*); **~sfério** [ɛmiʃ'fɛrju] *m* Halbkugel *f*, Hemisphäre *f* (*bsd Erde*)
hemo|dialisado [ɛmɔdjɐli'zadu] *m* Dialysepatient *m*; **~dialisador** [-zɐ'dor] *m MED* Dialysegerät *n*, künstliche Niere *f*; **~filia** [-fi'liɐ] *f MED* Hämophilie *f*, Bluterkrankheit *f*; **~fílico** [-'filiku] *m* Bluter *m*; **~plástico** [-'plaʃtiku] blutbildend; **~rragia** [-ʀɐ'giɐ] *f* Bluterguss *m*; **~rróidas**, **-es** [-'ʀɔjdɐʃ, -dəʃ] *f/pl MED* Hämorrhoiden *f/pl*; **~stático** [-məʃ'tatiku] **1.** *adj* blutstillend; **2.** *m* blutstillende(s) Mittel *n*
hep|ático [ɛ'patiku] Leber...; *MED*

leberkrank; **~atite** [-pɐ'titə] *f MED* Hepatitis *f*
hera ['ɛrɐ] *f BOT* Efeu *m*
heráldica [i'rałdikɐ] *f* Heraldik *f*, Wappenkunde *f*
herança [i'rẽsɐ] *f* Erbschaft *f*, Erbe *n*; *BIOL genetische* Vererbung *f*; ***deixar em ~*** hinterlassen; vermachen
herb|áceo [ir'basju] Kraut...; **~ário** [-'barju] *m* Pflanzensammlung *f*, Herbarium *n*; **~icida** [-bə'sidɐ] *m* Herbizid *n*; **~ívoro** [-'bivuru] Pflanzen fressend; **~orizar** [-buri'zar] (1a) botanisieren
herd|ade [ir'dadə] *f großer* (Bauern-)Hof *m*, Landgut *n*; **~ar** [-'dar] (1c) erben; vererben, hinterlassen; **~eiro** [-'dɐjru] *m*, **-a** *f* Erbe *m*, Erbin *f*
heredit|ariedade [irəditɐrjə'dadə] *f* Vererbbarkeit *f*; *BIOL* Erblichkeit *f*; **~ário** [-'tarju] erblich, Erb...
here|ge [i'rɛʒə] **1.** *adj* ketzerisch; **2.** *su* Ketzer(in *f*) *m*; **~sia** [irə'ziɐ] *f* Ketzerei *f*; Irrlehre *f*
herético [i'rɛtiku] **1.** *adj* ketzerisch; **2.** *m* Ketzer *m*
hermafrodita [ɛrmɐfru'ditɐ] **1.** *adj* zwittrig, zweigeschlechtig; **2.** *su* Zwitter *m*
hermético [ir'mɛtiku] luftdicht, hermetisch; *fig* undurchdringlich
hérnia ['ɛrnjɐ] *f MED* Bruch *m*
her|ói [i'rɔj] *m* Held *m*; **~óico** [i'rɔjku] heldenmütig; heroisch, heldenhaft, Helden...; **~oína** [i'rwinɐ] *f* **a)** Heldin *f*; **b)** Heroin *n*; **~oísmo** [i'rwiʒmu] *m* Heldenmut *m*, -tum *n*
hesit|ação [əzitɐ'sɐ̃w] *f* Zögern *n*, Unschlüssigkeit *f*; **~ante** [-'tɐ̃tə] unschlüssig; zögernd; **~ar** [-'tar] (1a) zögern, schwanken; ***~ em*** *inf* zögern zu *inf*; davor zurückschrecken zu *inf*
Hesse ['ɛsə]: ***o ~*** Hessen *n*
hetero|doxo [ɛtɛrɔ'dɔksu] **1.** *adj* heterodox; anders gesinnt (*od* gläubig); **2.** *m* Andersdenkende(r) *m*; **~géneo** (*ê) [-'ʒɛnju] heterogen; **~ssexual** [-sɛ'kswał] heterosexuell
hex|aedro [ɛksɐ'ɛdru] *m* Hexaeder *m*, Würfel *m*; **~agonal** [-gu'nał] hexagonal, sechseckig; **~ágono** [ɛ'ksagunu] *m* Sechseck *n*
hibern|ação [ibərnɐ'sɐ̃w] *f* Winterschlaf *m*; **~al** [-'nał] winterlich, Winter...; **~ar** [-'nar] (1c) Winterschlaf halten; überwintern

híbrido ['ibridu] **1.** *adj* Hybrid..., hybrid; **2.** *m* Hybride *f od m*
hidr|atante [idrɐ'tɐ̃tə] Feuchtigkeits...; ***creme*** *m* **~** Feuchtigkeitscreme *f*; **~atar** [-'tar] (1b) *QUÍM* hydr(atis)ieren; **~ato** [i'dratu] *m QUÍM* Hydrat *n*; **~áulica** [i'drawlikɐ] *f* Hydraulik *f*; **~áulico** [i'drawliku] hydraulisch; Wasser...; **~avião** [idrɐ'vjɐ̃w] *m* Wasserflugzeug *n*; **~elétrica** [idri'lɛtrika] *f bras* Wasserkraftwerk *n*
hidr|ocarboneto [idrɔkɐrbu'nɛtu] *m QUÍM* Kohlenwasserstoff *m*; **~(o)elé(c)trico** [idr(ɔ)i'lɛtriku] hydroelektrisch; Wasserkraft...; ***central*** *f* **-a** Wasserkraftwerk *n*; **~ofobia** [-fu'biɐ] *f* Wasserscheu *f*; F Tollwut *f*; **~ogénio** (*ê) [-'ʒɛnju] *m* Wasserstoff *m*; **~ografia** [-grɐ'fiɐ] *f* Hydrographie *f*; **~omecânica** [-mə'kɐnikɐ] *f* Hydromechanik *f*; **~omel** [-'mɛł] *m* Honigwasser *n*; **~ *vinoso*** Met *m*; **~ometeoro** [-mə'tjoru] *m* Hydrometeore *m/pl*; **~ometria** [-mə'triɐ] *f* Hydrometrie *f*; **~ómetro** (*ô) [i'drɔmətru] *m* Hydrometer *n*; **~opatia** [-pɐ'tiɐ] *f MED* Hydrotherapie *f*; **~oplanador** [-plɐnɐ'dor] *m* Wassersegelflugzeug *n*; **~oplano** [-'plɐnu] *m* Wasserflugzeug *n*; **~osfera** [-idrɔʃ'fɛrɐ] *f GEOL* Hydrosphäre *f*; **~oterapia** [-tərɐ'piɐ] *f MED* Hydrotherapie *f*; **~otórax** [-'tɔraks] *m MED* Hydrothorax *m*, Brustwassersucht *f*; **~óxido** [i'drɔksidu] *m QUÍM* Hydroxid *n*; **~ozoários** [-'zwarjuʃ] *m/pl ZO* Hohltiere *n/pl*
hiena ['jɛnɐ] *f* Hyäne *f*
hier|arquia [jərɐr'kiɐ] *f* Hierarchie *f*, Rangordnung *f*; **~árquico** [-'rarkiku] hierarchisch; Rang...; **~arquizar** [-ki'zar] (1a) hierarchisch gliedern
hieróglifo [jə'rɔglifu] *m* Hieroglyphe *f*
hífen ['ifən] *m* Bindestrich *m*
hi-fi ***alta fidelidade*** *f* Hi-Fi
higi|ene [i'ʒjɛnə] *f* Hygiene *f*; **~énico** (*ê) [i'ʒjɛniku] hygienisch; ***papel*** *m* **~** Toilettenpapier *n*; ***penso*** *m* **~** (Damen)Binde *f*
hilariante [ilɐ'rjɐ̃tə] erheiternd; ***gás*** *m* **~** Lachgas *n*
hímen ['imən] *m ANAT* Jungfernhäutchen *n*, Hymen *n*

hindu [ĩ'du] **1.** *adj* hinduistisch; **2.** *su* Hindu(frau *f*) *m*; **~ísmo** [ĩ'dwiʒmu] *m* Hinduismus *m*
hino ['inu] *m* Hymne *f*; **~ *nacional*** Nationalhymne *f*
hiper... ['ipɛr] *in Zssgn* Über..., übermäßig, hyper...
hipérbole [i'pɛrbulə] *f* MAT, LING Hyperbel *f*; *fig* Übertreibung *f*
hiper|bóreo [ipɛr'bɔrju] Nord...; des hohen Nordens; **~mercado** [-mər'kadu] *m großer* Supermarkt *m*; **~sensibilidade** [-sẽsibəli'dadə] *f* Überempfindlichkeit *f*; **~tensão** [-tẽ'sɐ̃w] *f* hohe(r) Blutdruck *m*; **~texto** [-'tɐjʃtu] *m* INFORM Hypertext *m*; **~trofia** [-tru'fiɐ] *f* MED *krankhafte* Vergrößerung *f*, Hypertrophie *f*; **~trofiado** [-tru'fjadu] MED hypertroph
hípico ['ipiku] Pferde...; Reit...
hipismo [i'piʒmu] *m* Reitsport *m*; ***campo*** *m* ***de*** **~** Reitplatz *m*, -bahn *f*
hipn|ose [ip'nɔzə] *f* Hypnose *f*; **~ótico** [-'nɔtiku] **1.** *adj* hypnotisch; einschläfernd; **2.** *m* Betäubungsmittel *n*; **~otizador** [-nutizɐ'dor] *m* Hypnotiseur *m*; **~otizar** [-nuti'zar] (1a) hypnotisieren; lähmen
hipocentro [ipu'sẽtru] *m* Hypozentrum *n*, Erdbebenherd *m*
hipocondr|ia [ipukõ'driɐ] *f* Hypochondrie *f*; **~íaco** [-'driɐku] **1.** *adj* hypochondrisch; **2.** *m* Hypochonder *m*
hip|ocrisia [ipukrə'ziɐ] *f* Heuchelei *f*; Scheinheiligkeit *f*; **~ócrita** [i'pɔkritɐ] **1.** *adj* heuchlerisch; scheinheilig; **2.** *su* Heuchler(in *f*) *m*
hipo|derme [ipu'dɛrmə] *f* Hypoderm *n*, Unterhaut *f*; **~dérmico** [ipu'dɛrmiku] MED subkutan
hipódromo [i'pɔdrumu] *m* Reit-, Rennbahn *f*
hipófise [i'pɔfizə] *f* ANAT Hirnanhangsdrüse *f*
hipopótamo [ipu'pɔtɐmu] *m* Fluss-, Nilpferd *n*; F *fig* Trampeltier *n*
hipotec|a [ipu'tɛkɐ] *f* Hypothek *f*; **~ado** [-tə'kadu] verschuldet; ***estar* ~ *a*** *fig j-m* verpflichtet sein; **~ar** [-tə'kar] (1n; *Stv* 1c) verpfänden; eine Hypothek aufnehmen auf (*ac*); mit e-r Hypothek belasten; **~ário** [-'karju]: ***direito*** *m* **~** Pfandrecht *n*; **~ável** [-'kavɛɫ] verpfändbar
hipótese [i'pɔtəzə] *f* **a)** Gelegenheit *f*, Chance *f*; ***na melhor das ~s*** bestenfalls; **b)** Voraussetzung *f*; Annahme *f*, Hypothese *f*; ***em qualquer*** **~** in jedem Falle; ***na ~ de*** *inf* falls
hipot|ético [ipu'tɛtiku] hypothetisch; mutmaßlich; **~onia** [-tu'niɐ] *f* MED niedrige(r) Blutdruck *m*
hirsuto [ir'sutu] struppig, zottig
hirto ['irtu] steif, starr; straff, stramm; *fig* wie versteinert
hisp|ânico [iʃ'pɐniku] (hi)spanisch; **~ano** [-'pɐnɔ] *in Zssgn* hispano...
hist|eria [iʃtə'riɐ] *f* Hysterie *f*; **~érico** [-'tɛriku] hysterisch
histologia [iʃtulu'ʒiɐ] *f* Histologie *f*
história [iʃ'tɔrjɐ] *f* Geschichte *f*; **~ *contemporânea*** Zeitgeschichte *f*; **~ *sagrada*** biblische Geschichte *f*; **~ *universal*** Weltgeschichte *f*; **~s** *pl* ***da carochinha*** Ammenmärchen *n/pl*; ***qual ~!*** F Quatsch!; ***deixa-te de ~s!*** F red keinen Blödsinn!
histori|ado [iʃtu'rjadu] geschichtenreich; *fig* reich verziert; **~ador** [-rjɐ'dor] *m* Historiker *m*; Erzähler *m*; **~ar** [-'rjar] (1g) (die Geschichte *e-s Vorganges*) erzählen; *fig* verzieren
histórico [iʃ'tɔriku] historisch
hobby ['ɔbi] *m* Hobby *n*
hodierno [u'djɛrnu] heutig
hoje ['oʒə] heute; ***de ~*** heutig; **~ *em dia*** heutzutage; ***de ~ a 8 dias*** heute in 8 Tagen
Holanda [u'lɐ̃dɐ]: ***a ~*** Holland *n*
holandês [ulɐ̃'deʃ] **1.** *adj* holländisch; **2.** *m*, **-esa** *f* Holländer(in *f*) *m*
holo|causto [ulu'kawʃtu] *m* Holocaust *m*; **~fote** [olo'fɔtə] *m* Scheinwerfer *m*; **~grama** [-'grɐmɐ] *m* Hologramm *n*
homem ['ɔmɐ̃j] *m* Mensch *m*; Mann *m*; **~ *da rua*** F *fig* Mann *m* auf der Straße; **~ *de bem*** Ehrenmann *m*; **~ *de confiança*** Vertrauensmann *m*; V-Mann *m*; **~ *de negócios*** Geschäftsmann *m*; **~!** Mensch!, Mann!
homenag|ear [umənɐ'ʒjar] (1l) ehren; **~em** [-'naʒɐ̃j] *f* Ehrung *f*; CIENC Festschrift *f* (***a*** für); ***prestar ~ a*** ehren (*ac*); ***em ~ a*** zu Ehren (*gen*); in Anerkennung (*gen*)
homenz|arrão [ɔmẽzɐ'ʀɐ̃w] *m* Riese *m*, (Riesen)Kerl *m*; **~inho** [-'ziɲu] *m* Knirps *m*; *depr* Männchen *n*

H

homeopat|a [omjo'patɐ] *su* Homöopath(in *f*) *m*; **~ia** [-pɐ'tiɐ] *f* Homoöpathie *f*
homic|ida [umi'sidɐ] *su* Totschläger(in *f*) *m*, Mörder(in *f*) *m*; **~ídio** [-'sidju] *m* Totschlag *m*; **~ *por negligência*** fahrlässige Tötung *f*; **~ *premeditado*** vorsätzliche Tötung *f*
homiz|iar [umi'zjar] (1g) *j-n* verbergen (*vor der Justiz*); **~-se** flüchtig werden; **~io** [-'ziw] *m* Flucht *f*; Versteck *n*
homog|eneidade [ɔmɔʒənɐj'dadə] *f* Homogenität *f*, Gleichartigkeit *f*; **~eneizar** [-nɐj'zar] (1a) vereinheitlichen; homogenisieren; **~éneo** (*ê) [-'ʒɛnju] homogen
hom|ologar [ɔmulu'gar] (1o; *Stv* 1e) anerkennen; *JUR* rechtskräftig machen; **~ólogo** [ɔ'mɔlugu] **1.** *adj* *MAT*, *QUÍM* homolog; **2.** *m* Kollege *m*; *POL* Amtskollege *m*
homónimo (*ô) [ɔ'mɔnimu] **1.** *adj* gleich lautend; **2.** *m* Namensvetter *m*
homossexual [ɔmɔsɛ'kswaɫ] **1.** *adj* homosexuell; **2.** *su* Homosexuelle(r) *su*; **~ *assumido*** geoutete(r) Homosexuelle(r) *m*; **~idade** [-sɛkswɐli'dadə] *f* Homosexualität *f*
Honduras [õ'durɐʃ] *m* Honduras *n*
hondurenho [õdu'reɲu] **1.** *adj* honduranisch; **2.** *m*, **-a** *f* Honduraner(in *f*) *m*
honest|idade [unəʃti'dadə] *f* Ehrlichkeit *f*, Aufrichtigkeit *f*; **~o** [u'nɛʃtu] ehrlich; anständig
honor|abilidade [unurɐbəli'dadə] *f* Ehrenhaftigkeit *f*; Redlichkeit *f*, Rechtschaffenheit *f*; **~ário** [-'rarju] **1.** *adj* ehrenamtlich; Ehren...; Honorar...; **2. ~s** *m/pl* Honorar *n*
honra ['õʀɐ] *f* Ehre *f*; **~s** *pl* Ehren(titel, -beweise *m/pl*) *f/pl*; ***palavra** m **de** ~* Ehrenwort *n*; ***as ~s** pl **fúnebres***, ***as ~s** pl **supremas*** die letzte Ehre; **~s** *pl* ***militares*** militärische Ehren *f/pl*; ***com ~*** ehrenvoll; ***em ~ de*** zu Ehren (*gen*); ***dar*** (*od* ***fazer***) ***~ a*** *j-m* Ehre machen; ***ter a ~ de*** *inf* die Ehre haben, zu *inf*; ***~ lhe seja feita!*** Ehre, wem Ehre gebührt!
honr|adez [õʀɐ'deʃ] *f* Ehrbarkeit *f*, Rechtschaffenheit *f*; **~ado** [õ'ʀadu] ehrenhaft; ehrlich; rechtschaffen; anständig; **~ar** [õ'ʀar] (1a) ehren; ***~-se de*** *j-m* eine Ehre sein zu; **~aria** [õʀɐ'riɐ] *f* Würde *f*, Ehrung *f*; **~oso** [õ'ʀozu] ehrenvoll; ehrenwert
hóquei ['ɔkɐj] *m* Hockey *n*
hora ['ɔrɐ] *f* Stunde *f*; Zeit *f*; ***alteração** f **da ~*** Zeitumstellung *f* (*Sommer/Winter*); ***~ da Europa central*** mitteleuropäische Zeit *f*; ***~ da verdade*** Stunde *f* der Wahrheit; ***~ de chegada*** Ankunftszeit *f*; ***~ de ponta*** Hauptverkehrszeit *f*, Rushhour *f*; ***~ de verão*** Sommerzeit *f*; ***~ legal***, ***~oficial*** amtliche Uhrzeit *f*; ***~ marcada*** Termin *m* (*Arzt etc*); ***meia ~*** eine halbe Stunde *f*; ***~ para entrar*** Einlasszeit *f*; **~s** *pl* ***extra(ordinária)s*** Überstunden *f/pl*; ***~s a fio*** stundenlang; ***à ~*** pünktlich; stundenweise, pro Stunde (*Bezahlung etc*); ***a ~s*** zur rechten Zeit; ***a altas ~s da noite*** mitten in der Nacht; ***a qualquer ~*** irgendwann; ***a toda a ~*** jederzeit; ***à ~ que quiser*** wann Sie wollen; ***a que ~s?*** wann?, um wie viel Uhr?; ***às duas*** (***~s***) um zwei (Uhr); ***em boa ~*** sehr gelegen; ***em má ~*** zur Unzeit, ungelegen; ***à última*** (***da***) ***~***, ***em cima da ~*** in letzter Minute; ***de ~ em ~*** stündlich; ***fora de ~s*** zur Unzeit; ***na ~*** sofort; ***na ~ H*** in letzter Minute; ***por ~*** pro Stunde; ***dar ~s*** schlagen (*Uhr*); knurren (*Magen*); ***dizer as ~s a*** *j-m* sagen, wie spät es ist; ***fazer ~s*** die Zeit totschlagen; ***ser*** (***mais que***) ***~s*** (höchste) Zeit sein; ***ter ~ marcada em*** e-n Termin haben bei; bestellt sein zu; ***quando a ~ toca*** wenn die Stunde schlägt
horário [ɔ'rarju] **1.** *adj* stündlich; Stunden...; ***quilómetros** m/pl **~s*** Stundenkilometer *m/pl*; ***sinal** m **~*** Zeitzeichen *n*; **2.** *m* Stundenplan *m*; *CAM. DE F* Fahrplan *m*; *AV* Flugplan *m*; ***~ de trabalho*** Arbeitszeit *f*; ***~ flexível*** flexible Arbeitszeit *f*
horda ['ɔrdɐ] *f* Horde *f*, Bande *f*
horizont|al [urizõ'taɫ] **1.** *adj* waagerecht; **2.** *f* Waagerechte *f*; **~e** [-'zõtə] *m* Horizont *m*; *fig* Weite *f*, Weitblick *m*; Aussicht *f*; ***ter ~s curtos*** (***largos***) e-n beschränkten (weiten) Horizont haben
horm|ona *f*, **~ônio** *m bras* [ɔr'monɐ, -'mõnju] Hormon *n*
horoscópio, **horóscopo** [uruʃ-

'kɔpju, u'rɔʃkupu] *m* Horoskop *n*
horr|endo, **~ífico** [u'ʀẽdu, u'ʀifiku] horrend; grässlich, grausig; **~ipilante** [uʀipi'lẽtə] haarsträubend; grausig; **~ipilar** [uʀipi'lar] (1a) entsetzen (***a*** *j-n*); **~-se** (er)schaudern (***com*** bei); sich grausen (***com*** vor *dat*); **~ível** [u'ʀivɛɫ] schrecklich; grauenhaft; **~or** [u'ʀor] *m* Entsetzen *n*; Horror *m*, Abscheu *m*; Greuel *m*; ***um ~ de*** P haufenweise; ***dizer ~es de*** die übelsten Dinge über *j-n* sagen; ***ter ~ a*** *et* nicht ausstehen können; ***que ~!*** (wie) entsetzlich!; **~orizar** [uʀuri'zar] (1a) erschrecken, mit Entsetzen erfüllen; **~-se** sich entsetzen (***com***, ***de*** über *ac*); **~oroso** [uʀu'rozu] grauenvoll
horta ['ɔrtɐ] *f* Gemüsegarten *m*; ***não perceber da ~*** F *fig* keine Ahnung vom Geschäft haben
hort|aliça [urtɐ'lisɐ] *f* Gemüse *n*; **~elã** [-tə'lẽ] *f* Minze *f*; **~elã(s)-pimenta(s)** [-təlẽpi'mẽtɐ] *f(pl)* Pfefferminze *f*; **~ênsia** [ur'tẽsjɐ] *f* Hortensie *f*; **~icultor** [-tikuɫ'tor] Gärtner *m*; **~icultura** [-tikuɫ'turɐ] *f* Gartenbau *m*
horto ['ortu] *m* Kleingarten *m*; Gärtnerei *f*; ***~ florestal*** Baumschule *f*; ***♀ das Oliveiras*** Ölberg *m*; **~mercado** [-mer'kadu] *m bras* Gemüsemarkt *m*
Hosp. ***hospital*** *m* Krankenhaus *n*
hosped|agem [uʃpə'daʒẽj] *f* Beherbergung *f*, Unterbringung *f*; ***dar ~ a*** *j-n* beherbergen; **~ado** [-'dadu]: ***estar ~*** wohnen, logieren; **~ar** [-'dar] (1c) beherbergen, unterbringen; aufnehmen; **~-se** absteigen; sich einquartieren (***em*** bei) **~aria** [-dɐ'riɐ] *f* Gasthaus *n*
hóspede ['ɔʃpədə] *su* Gast *m*; ***casa f de ~s*** Pension *f*
hospedeir|a [uʃpə'dɐjrɐ] *f* Hostess *f*; ***~ de bordo*** Stewardess *f*; **~o** [-'dɐjru] **1.** *adj* gastlich, gastfreundlich; Gast...; **2.** *m* Wirt *m*; *AV* Steward *m*
hospício [uʃ'pisju] *m* Hospiz *n*; Asyl *n*
hospital [uʃpi'taɫ] *m* Krankenhaus *n*; ***baixar ao ~***, ***dar entrada ao ~*** ins Krankenhaus gehen (*od* eingeliefert werden); **~ar** [-tɐ'lar] Krankenhaus...; **~eiro** [-tɐ'lɐjru] gastlich; **~idade** [-tɐli'dadə] *f* Gastfreundschaft *f*; **~ização** [-tɐlizɐ'sɐ̃w] *f* Aufnahme *f* (*od* Einlieferung *f*) ins Krankenhaus; Krankenhausaufenthalt *m*; **~izado** [-tɐli'zadu] im Krankenhaus (befindlich); ***ser*** (*od* ***ficar***) **~** ins Krankenhaus kommen; **~izar** [-tɐli'zar] (1a) ins Krankenhaus einliefern
hóstia ['ɔʃtjɐ] *f* *REL* Hostie *f*, *CUL* Oblate *f*
hostil [uʃ'tiɫ] feindlich; feindselig; **~idade** [-təli'dadə] *f* Feindseligkeit *f*; **~ização** [-təlizɐ'sɐ̃w] *f* Anfeindung *f*; **~izar** [-təli'zar] (1a) anfeinden; feindselig behandeln
hotel [ɔ'tɛɫ] *m* Hotel *n*; ***~ de cinco estrelas*** Fünfsternehotel *n*; **~aria** [ɔtəlɐ'riɐ] *f* Hotel- und Gaststättengewerbe *n*; **~eiro** [ɔtə'lɐjru] **1.** *adj*: ***indústria*** *f* ***-a*** → ***hotelaria***; **2.** *m* Hotelbesitzer *m*, Hotelier *m*
houve ['ovə] → ***haver***
hulh|a ['uʎɐ] *f* Steinkohle *f*; **~eira** [u'ʎɐjrɐ] *f* Steinkohlengrube *f*
hum [ũ] *int*: ***~!*** hm!
human|amente [umɐnɐ'mẽtə] menschlich; ***~ possível*** menschenmöglich; **~idade** [-ni'dadə] *f* Menschheit *f*, Menschlichkeit *f*; **~s** *pl bras* Geisteswissenschaften *f/pl*; **~itário** [-ni'tarju] menschlich; humanitär; ***ajuda*** *f* ***-a*** humanitäre Hilfe *f*; **~itarismo** [-nitɐ'riʒmu] *m* Menschlichkeit *f*; **~izar** [-ni'zar] (1a) humanisieren; menschlich machen; **~o** [u'mɐnu] **1.** *adj* menschlich; zwischenmenschlich (*Beziehungen*); ***direitos*** *m/pl* **~s** Menschenrechte *n/pl*; **2.** **~s** *m/pl die* Menschen *m/pl*
hum|edecer [umədə'ser] (2g) an-, befeuchten; **~-se** feucht werden; **~idade** [umi'dadə] *f* Feuchtigkeit *f*; **~idificação** [umidəfikɐ'sɐ̃w] *f* Befeuchtung *f*; **~idificar** [umidəfi'kar] (1n) an-, befeuchten
húmido ['umidu] feucht
humild|ade [umiɫ'dadə] *f* Demut *f*; Bescheidenheit *f*, Ärmlichkeit *f*; **~e** [u'miɫdə] demütig; bescheiden; ärmlich; ***de condição ~*** aus ärmlichen Verhältnissen
humilh|ação [umiʎɐ'sɐ̃w] *f* Demütigung *f*; Erniedrigung *f*; **~ante** [-'ʎẽtə] erniedrigend; demütigend;

~ar [-'ʎar] (1a) demütigen; erniedrigen
humílimo [u'milimu] *sup von* ***humilde***
humo ['umu] *m* Humus *m*
humor [u'mor] *m* Laune *f*; Humor *m*; ***~ negro*** schwarze(r) Humor *m*; ***estar de bom*** (***mau***) ~ gut (schlecht) gelaunt sein; ***ter sentido de ~*** Sinn für Humor haben; **~ado** [umu'radu]: ***bem*** (***mal***) ~ gut (schlecht) gelaunt; **~ista** [umu'riʃtɐ] *su* Humorist(in *f*) *m*; **~ístico** [umu'riʃtiku] humoristisch; Witz...
húmus ['umuʃ] *m* Humus *m*
húngaro ['ũgɐru] **1.** *adj* ungarisch; **2.** *m*, **-a** *f* Ungar(in *f*) *m*
Hungria [ũ'griɐ]: ***a ~*** Ungarn *n*

I

I, i (**-i** *od* **-s**) [i] *m* (*pl*) I, i *n*; ***~ grego*** Ypsilon *n*
IA ***Imposto*** *m* ***Automóvel*** Kraftfahrzeugsteuer *f* (Kfz-Steuer)
ia ['iɐ] → ***ir***
ianque ['jɐ̃kə] **1.** *adj* (nord)amerikanisch; **2.** *m* Nordamerikaner *m*; *depr* Yankee *m*
ião [jɐ̃w] *m* Ion *n*
iaque ['jakə] *m* ZO Jak *m*
iate ['jatə] *m* Jacht *f*
ibérico [i'bɛriku] iberisch; ***Península*** *f* ***℞a*** Iberische Halbinsel *f*
ibero... [i'bɛrɔ] *in Zssgn* ibero...
íbis ['ibiʃ] *f* ZO Ibis *m*
iç|amento [isɐ'mẽtu] *m* Hissen *n*; **~ar** [i'sar] (1p) hissen; *Anker* hochwinden
icebergue [ajsə'bɛrgə] *m* Eisberg *m*
ícone ['ikunə] *m* REL Ikone *f*; INFORM Icon *n*, (Schaltflächen)Symbol *n*
icterícia [iktə'risjɐ] *f* Gelbsucht *f*
ida ['idɐ] *f* Gang *m*; (Hin)Reise *f* (***a*** nach); (Hin)Fahrt *f* (*Auto, Zug*); AV (Hin)Flug *m* (***a*** nach); CAM. DE F einfache Fahrt (*od* Fahrkarte) *f*; Weggang *m*, Abreise *f*; ***~ às urnas*** POL Urnengang *m*; ***~ e volta*** Hin- und Rückfahrt *f*, -reise *f*; ***bilhete*** *m* ***de ~ e volta*** Rückfahrkarte *f*
idade [i'dadə] *f* Alter *n* (*e-r Person*); Zeitalter *n*; ***~ de admissão*** (***à pensão***) Eintritts-, (Pensionierungs)alter *n*; ***meia ~*** mittlere(s) Alter *n*; ***℞ Média*** Mittelalter *n*; ***pouca ~*** Jugend *f*; ***terceira ~*** Alter *n*, die Alten *pl*, Senioren *pl*; ***de ~*** alt; ***de maior*** (***menor***) ~ volljährig (minderjährig); ***que ~ tem?*** wie alt sind Sie?; ***tenho 20 anos de ~*** ich bin 20 Jahre alt; ***sobre ~*** in vorgerücktem Alter
ide|ação [idjɐ'sɐ̃w] *f* Erdenken *n*; Vorstellung *f*; **~al** [i'djał] **1.** *adj* ideal; erdacht; **2.** *m* Ideal *n*; **~alidade** [idjɐli'dadə] *f* Idealität *f*; Traum *m*; **~alismo** [idjɐ'liʒmu] *m* Idealismus *m*; **~alista** [idjɐ'liʃtɐ] **1.** *adj* idealistisch; **2.** *su* Idealist(in *f*) *m*; **~alização** [idjɐlizɐ'sɐ̃w] *f* Idealisierung *f*; → ***ideação***; **~alizar** [idjɐli'zar] (1a) idealisieren; = **~ar** [i'djar] (1l) erdenken; entwerfen; sich vorstellen; **~ário** [i'djarju] *m* Ideen-, Vorstellungswelt *f*
ideia (*é) [i'dɐjɐ] *f* Idee *f*, Gedanke *m*; Einfall *m*; Vorstellung *f*, Begriff *m*; ***~ fixa*** fixe Idee *f*; ***fazer ~ de*** sich *et* vorstellen können; ***não fazer*** (***a mínima***) ***~ de*** keine (nicht die geringste) Ahnung haben von; ***meter na ~*** (sich) *et* in den Kopf setzen; ***tirar*** (*od* ***varrer***) ***da ~*** sich *et* aus dem Kopf schlagen; ***vir à ~ a*** *j-m* zu Bewusstsein (*od* in den Sinn) kommen
identicamente [idẽtikɐ'mẽtə] ebenso; gleichermaßen
idêntico [i'dẽtiku] identisch; gleich
identi|dade [idẽti'dadə] *f* Identität *f*; ***bilhete*** *m* ***de ~*** Personalausweis *m*; **~ficar** [-təfi'kar] (1n) identifizieren; ***~-se com*** sich identifizieren mit; **~ficável** [-təfi'kavɛł] identifizierbar, erkennbar
ideol|ogia [idjulu'ʒiɐ] *f* Ideologie *f*,

Weltanschauung *f*; **~ógico** [-'lɔʒiku] ideologisch, weltanschaulich
ideólogo [i'djɔlugu] *m* Ideologe *m*
idíl|ico [i'diliku] idyllisch; **~io** [i'dilju] *m* Idyll *n*
idiom|a [i'djomɐ] *m* Sprache *f*; **~ático** [idju'matiku] idiomatisch; **~atismo** [idjumɐ'tiʒmu] *m* Idiom *n*, idiomatische Wendung *f*
idiossincrasia [idjusĩkrɐ'ziɐ] *f MED* Idiosynkrasie *f*, Überempfindlichkeit *f*; Charakter *m*, Wesen *n*
idiot|a [i'djɔtɐ] **1.** *adj MED*, *fig* schwachsinnig; **2.** *su MED*, *fig* Idiot(in *f*) *m*; **~ia** [idju'tiɐ] *f MED*, *fig* Idiotie *f*; = **~ice** [idju'tisə] *f* F Blödsinn *m*
idiótico [i'djɔtiku] *MED*, *fig* idiotisch
idiotismo [idju'tiʒmu] *m MED* Idiotismus *m*; *LING* Spracheigenheit *f*
idólatra [i'dɔlɐtrɐ] *su* Götzendiener(in *f*) *m*
idolatr|ar [idulɐ'trar] (1b) Götzendienst treiben mit; *fig* abgöttisch lieben; **~ia** [-'triɐ] *f* Götzendienst *m*; *fig* Vergötterung *f*
ídolo ['idulu] *m* Idol *n*; *fig* Abgott *m*
id|oneidade [idunɐj'dadə] *f* Eignung *f*; **~óneo** (*ô) [i'dɔnju] tauglich
idoso [i'dozu] **1.** *adj* betagt, alt; **2.** *m* Alte(r) *m*; ***lar*** *m* ***de ~s*** Seniorenheim *n*
Iémen ['jɛmẽj]: ***o ~*** Jemen *m*
iene ['jɛnə] *m* Yen *m*
ignaro [ig'naru] unwissend; F dumm
ignavo [ig'navu] träge; schwach
ígneo ['ignju] feurig; Feuer...
ign|escente [ignəʃ'sẽtə] brennend; glühend; **~ição** [-ni'sɐ̃w] *f* Verbrennung *f*; *AUTO* Zündung *f*; **~ífugo** [ig'nifugu] feuersicher; flammenhemmend; **~izar-se** [-ni'zarsə] (1a) Feuer fangen
ignóbil [ig'nɔbił] niedrig, gemein
ignom|ínia [ignu'minjɐ] *f* Schmach *f*, Schande *f*; Gemeinheit *f*; **~inioso** [-min'jozu] schmählich, schändlich
ignor|ado [ignu'radu] unbekannt; vergessen; **~ância** [-'rɐ̃sjɐ] *f* Unwissenheit *f*; Unkenntnis *f*; **~ante** [-'rɐ̃tə] **1.** *adj* unwissend, ignorant; dumm; **2.** *su* Ignorant(in *f*) *m*; F Dummkopf *m*; **~ar** [-'rar] (1e) nicht wissen; nicht kennen; *Regel* ignorieren, nicht beachten; ***não ignoro*** ich weiß sehr wohl; ***ninguém ignora*** jedermann weiß
ignoto [i'gnɔtu] unbekannt
Igr. ***Igreja*** *f* Kirche *f*
igrej|a [i'grɛʒɐ] *f* Kirche *f*; **~inha** [igrə'ʒiɲɐ] *f* F Falle *f*, Hinterhalt *m*
igual [i'gwał] gleich; gleich bleibend, gleichförmig, -mäßig (*Entwicklung*); eben (*Fläche*); ***os meus*** (***teus***) ***iguais*** meines- (deines)gleichen; ***~ a*** wie; ***de ~ a*** (*od* ***para***) ***~*** unter seinesgleichen; ***sem ~*** ohnegleichen; ***não ter ~*** nicht seinesgleichen haben; **~ar** [igwɐ'lar] (1b) **1.** *v/t* gleichmachen; *Unterschiede* ausgleichen; gleichstellen, -setzen (***a***, ***com*** mit); *Löhne* angleichen (***com*** an *ac*); *Gelände* ebnen; ***~ alg em*** j-m gleichkommen in (*dat*); **2.** *v/i* gleich (groß *etc*) sein; gleichen (*dat*); ***~-se*** sich gleichen (***em*** in *dat*); so groß (*od* hoch *etc*) sein (***com*** wie); **~dade** [igwał'dadə] *f* Gleichheit *f*; Gleichmäßigkeit *f*; Ebenheit *f*; ***~ de direitos*** Gleichberechtigung *f*; ***com ~*** gleichmäßig
igualha [i'gwaʎɐ] *f*: ***cada qual com os da sua ~*** F jeder mit seinesgleichen; ***gente*** *f* ***da minha ~*** Leute *pl* wie ich
igual|itário [igwɐli'tarju] egalitär; *depr* gleichmacherisch; **~itarismo** [-tɐ'riʒmu] *m* Egalitarismus *m*; *depr* Gleichmacherei *f*; **~mente** [igwał'mẽtə] gleichfalls; gleichermaßen; **~zinho** [igwał'ziɲu] F genau gleich
iguana [i'gwɐnɐ] *f ZO* Leguan *m*
iguaria [igwɐ'riɐ] *f* Leckerbissen *m*; Gericht *n*, Speise *f*
ilação [ilɐ'sɐ̃w] *f* (Schluss)Folgerung *f*
ilaquear [ilɐ'kjar] (1l) ins Netz locken; *fig* umgarnen; ***~-se*** ins Netz gehen
ilegal [ilə'gał] ungesetzlich, illegal; unrechtmäßig; **~idade** [-gɐli'dadə] *f* Illegalität *f*; Gesetzwidrigkeit *f*; **~izar** [-gɐli'zar] (1a) verbieten
ilegibilidade [iləʒibəli'dadə] *f* Unleserlichkeit *f*
ilegítimo [ilə'ʒitimu] illegitim, unrechtmäßig; unehelich (*Kind*)
ilegível [ilə'ʒivɛł] unleserlich
ileso [i'lezu] *MED* unverletzt; heil; unberührt; ***sair ~*** davonkommen
iletrado [ilə'tradu] ungebildet

I

ilha ['iʎɐ] *f* Insel *f*; *fig* Häusergruppe *f*
ilhal [i'ʎaɫ] *m* Flanke *f* (*Tier*)
ilhar [i'ʎar] (1a) isolieren, absondern
ilharga [i'ʎargɐ] *f ANAT* Seite *f*, Hüfte *f*; Weiche *f*; **~s** *pl fig* Stütze *f*; **às ~s** zur Seite; **de ~** von der Seite; **ter alg à ~** P unter j-s Fuchtel stehen
ilh|éu [i'ʎɛw] **1.** *m* Felseninsel *f*, Eiland *n*; **2.** *m*, **-oa** *f* Insulaner(in *f*) *m*
ilhó [i'ʎɔ] *su* Öse *f*, Öhr *n*
ilhota [i'ʎɔtɐ] *f* kleine Insel *f*
ilibar [ili'bar] (1a) rein waschen; *Ansehen* wiederherstellen
iliberal [ilibə'raɫ] kleinlich; geizig
ilícito [i'lisitu] unerlaubt
ilimitado [iləmi'tadu] unbeschränkt
Il.mo(s), **Il.**ma(s) ***Ilustríssimo*(*s*), *Ilustríssima*(*s*)** Sehr verehrte(r)
ilógico [i'lɔʒiku] unlogisch
iludir [ilu'dir] (3a) täuschen; umgehen
ilumin|ação [iluminɐ'sɐ̃w] *f* Beleuchtung *f*; *fig* Erleuchtung *f*; Aufklärung *f*; *AV*, *NAV* Befeuerung *f*; **~ante** [-'nẽtə] aufklärend, erleuchtend, aufschlussreich; **~ar** [-'nar] (1a) *EL* beleuchten; anstrahlen; erhellen (*a fig*); aufklären; ausschmücken; *Buch* kolorieren; **~ativo** [-nɐ'tivu] → ***~ante***; **~ismo** [-'niʒmu] *m FIL* Aufklärung *f*; **~ura** [-'nurɐ] *f* Buchmalerei *f*
ilus|ão [ilu'zɐ̃w] *f* Täuschung *f*; Illusion *f*; Wahn(vorstellung *f*) *m*; **~ionismo** [-zju'niʒmu] *m* Zauberei *f*; Täuschung *f*; **~ionista** [-zju'niʃtɐ] *su* Zauberkünstler(in *f*) *m*; **~o** [i'luzu] getäuscht; betrogen; **~or** [-'zor] *m* Betrüger *m*; **~ório** [-'zɔrju] illusorisch, trügerisch; vergeblich
ilustr|ação [iluʃtrɐ'sɐ̃w] *f* Verdeutlichung *f*; *fig* Erleuchtung *f*; Bildung *f*; Berühmtheit *f*; Illustration *f*; **~ado** [-'tradu] gebildet; belesen; illustriert (*Buch*); **~ar** [-'trar] (1a) *Sachverhalt* veranschaulichen; zeigen; *j-n* bilden; auszeichnen; *Buch* illustrieren; **~e** [i'luʃtrə] berühmt; vornehm; **~íssimo** [-'trisimu] *höfliche Anrede in Briefen, bsd Professor etc*: Hochverehrter
ilutação [ilutɐ'sɐ̃w] *f MED* Schlammpackung *f*, -bad *n*
ímã ['imɐ̃] *m bras* → ***íman***
imaculado [imɐku'ladu] unbefleckt; *fig* tadellos; **Ⓢa Conceição** *f REL* Unbefleckte Empfängnis *f*
imagem [i'maʒɐ̃j] *f* (Ab)Bild *n*; Ebenbild *n*; *REL* Heiligenbild *n*; *fig* Image *n*; **~ de empresa** Firmenimage *n*; **~ inimiga** Feindbild *n*
imagin|ação [imɐʒinɐ'sɐ̃w] *f* Vorstellung *f*, Einbildung(skraft) *f*, Fantasie *f*; **~ar** [-'nar] (1a) sich einbilden; sich vorstellen; ***imagino!*** das kann ich mir denken!; **~-se** sich halten für; sich einbilden (***a fazer alc*** et zu tun); **~ário** [-'narju] **1.** *adj* eingebildet; imaginär; **2.** *m* Vorstellungswelt *f*; **~ativa** [-nɐ'tivɐ] *f* Einbildungskraft *f*; **~ativo** [-nɐ'tivu] erfinderisch; fantasievoll; **~oso** [-'nozu] fantasievoll; fantastisch
imaleável [imɐ'ljavɛɫ] nicht biegsam
íman ['imɐ̃] *m* Magnet *m*
imanente [imɐ'nẽtə] immanent
imaterial [imɐtə'rjaɫ] immateriell, unkörperlich; geistig
imatur|idade [imɐturi'dadə] *f* Unreife *f*; **~o** [-'turu] unreif
imbatível [ĩbɐ'tivɛɫ] unschlagbar
imbecil [ĩbə'siɫ] **1.** *adj* schwachsinnig; **2.** *m* Schwachkopf *m*; **~idade** [-sili'dadə] *f* Schwachsinn *m*
imberbe [ĩ'bɛrbə] bartlos; F (noch) grün hinter den Ohren
imbondeiro [ĩbõ'dejru] *m BOT* Affenbrotbaum *m*, Baobab *m*
imbricado [ĩbri'kadu] schuppenförmig (übereinander liegend)
imbuir [ĩbu'ir] (3i) eintauchen (***em*** in *ac*); tränken; *fig* durchdringen (***de*** mit); *j-m et* eintrichtern
imedi|ação [imədjɐ'sɐ̃w] *f* Unmittelbarkeit *f*; **-ões** *pl* Nähe *f*, Nachbarschaft *f*; **~atamente** [-djatɐ'mẽtə] unmittelbar, sofort; **~ato** [-'djatu] **1.** *adj* augenblicklich; (aufeinander) folgend; *örtl* angrenzend; ***dia** m* **~** nächste(r) Tag *m*; **de ~** sofort; **2.** *m* Stellvertreter *m*; *NAV* Erste(r) Offizier *m*
imedicável [imədi'kavɛɫ] nicht medikamentös behandelbar
imemor|ável, **~ial** [iməmu'ravɛɫ, -'rjaɫ] weit zurückliegend; uralt; ***de tempos -áveis*** seit grauen Vorzeiten
imens|idade, **~idão** [imẽsi'dadə, -'dɐ̃w] *f* Unermesslichkeit *f*; Weite *f*; Unerschöpflichkeit *f* (*e-s Vorrats*); **~o** [i'mẽsu] unermesslich; unge-

heuer; unerschöpflich; **-a gente** *f* F unheimlich viele Leute *pl*; **~urável** [-su'ravɛɫ] unermesslich

imerecido [imərə'sidu] unverdient

imergir [imər'ʒir] (3n; *Stv* 2c) **1.** *v/t* eintauchen (**em** in *ac*); versenken (**em** in *dat*); **2.** *v/i* eindringen (**em** in *ac*); versinken (**em** in *dat*); eintreten (**em** in *ac*); → **~-se** untertauchen; sich versenken (**em** in *ac*)

imérito [i'mɛritu] unverdient

imers|ão [imər'sɐ̃w] *f* Ein-, Untertauchen *n*; *TÉCN* Versenkung *f*; Einfall *m* (*Licht*); **banho** *m* **de ~** Wannenbad *n*; **~ivo** [-'sivu] Tauch...; **~o** [i'mɛrsu] **1.** *p/p irr von* **imergir**; **2.** *adj* versunken

imigr|ação [imigrɐ'sɐ̃w] *f* Einwanderung *f*; **~ante** [-'grɐ̃tə] *su* Einwanderer *m*, Einwanderin *f*; **~ar** [-'grar] (1a) einwandern

imin|ência [imi'nẽsjɐ] *f* Nähe *f*, nahe(s) Bevorstehen *n*; **estar na ~** kurz bevorstehen; **~ente** [-'nẽtə] bevorstehend; drohend; im Verzug (*Gefahr*); **estar ~** nahe bevorstehen; drohen

imis|ção [imiʃ'sɐ̃w] *f* (Ver)Mischung *f*; Einmischung *f*; **~cível** [-'sivɛɫ] nicht (ver)mischbar; **~cuir-se** [-'kwirsə] (3i) sich einmischen (**em** in *ac*)

imit|ação [imitɐ'sɐ̃w] *f* Imitation *f*, Nachahmung *f*; *MÚS* Wiederholung *f*; **à ~ de** nach dem Vorbild (*gen*); **~ador** [-'dor] *m* Imitator *m*; **~ar** [-'tar] (1a) imitieren; nachmachen; *e-m Vorbild* nacheifern; **~ativo** [-'tivu] nachahmend; Nachahmungs...

imitir [imə'tir] (3a) *in Amt* einsetzen (**em** in *ac*)

imobil|iário [imubi'ljarju] **1.** *adj* unbeweglich; **agência** *f* **-a** Makler(büro *n*) *m*; **bens** *m/pl* **~s** Immobilien *f/pl*; **2.** *m* Grundstück *n*; Immobilie *f*; **~idade** [-li'dadə] *f* Unbeweglichkeit *f*; Stillstand *m*; Starre *f*; **~ismo** [-'liʒmu] *m* Beharren *n*; Starrsinn *m*; **~ização** [-lizɐ'sɐ̃w] *f* Stilllegung *f*; Stillstand *m* (*Entwicklung*); Lähmung *f*; Festsitzen *n*; **~izado** [-li'zadu]: **estar ~** stillstehen; stecken bleiben; festliegen (*Geld*); **~izar** [-li'zar] (1a) stilllegen; zum Stillstand bringen; lähmen; *Geld* festlegen; konsolidieren; **~-se** stocken; stecken bleiben (*Zug*); erstarren (**com**, **de** vor); *ECON* einfrieren

imoder|ação [imudərɐ'sɐ̃w] *f* Maßlosigkeit *f*; Dreistigkeit *f*; **~ado** [-'radu] un-, übermäßig; maßlos

imod|éstia [imu'dɛʃtjɐ] *f* Unbescheidenheit *f*; Schamlosigkeit *f*; **~esto** [-'dɛʃtu] unbescheiden

im|ódico [i'mɔdiku] übertrieben; **~odificável** [imudəfi'kavɛɫ] unveränderbar

imol|ação [imulɐ'sɐ̃w] *f* Opferung *f*; Ermordung *f*; **~ar** [-'lar] (1e) opfern; töten; (hin)schlachten

imoral [imu'raɫ] unmoralisch, unanständig; **~idade** [-rɐli'dadə] *f* Unsittlichkeit *f*; Sittenlosigkeit *f*

imorredoiro, **-ouro** [imuʀə'dojru, -'doru] unvergänglich

imortal [imur'taɫ] unsterblich; **~idade** [-tɐli'dadə] *f* Unsterblichkeit *f*; **~izar** [-tɐli'zar] (1a) verewigen

imóvel [i'mɔvɛɫ] unbeweglich; (**bens** *m/pl*) **-eis** *m/pl* Immobilien *f/pl*

impaci|ência [ĩpɐ'sjẽsjɐ] *f* Ungeduld *f* (**para**, **com** *j-m* gegenüber); **~entar** [-sjẽ'tar] (1a) nervös machen; **~-se** die Geduld verlieren (**com** mit); **~ente** [-'sjẽtə] ungeduldig

impacte, **-o** [ĩ'paktə, -tu] *m* Aufschlag *m*; Aufprall *m*; (Zusammen)Stoß *m*; *MIL* Einschlag *m*; *fig* Widerhall *m*; **~ ambiental** Umwelteinflüsse *m/pl*; **avaliação** *f* **de ~ ambiental** Umweltverträglichkeitsprüfung *f*; **de grande ~** mit großen Auswirkungen (**sobre** auf *ac*)

im|pagável [ĩpɐ'gavɛɫ] unbezahlbar; *fig* köstlich; **~palpável** [ĩpaɫ'pavɛɫ] nicht greif-, fassbar; **~par** [ĩ'par] (1a) seufzen; *fig* platzen (**de** vor *dat*)

ímpar(es *pl*) ['ĩpar] *MAT* ungerade; ungleich; einseitig (*Organ*)

imparável [ĩpɐ'ravɛɫ] unaufhaltsam

imparcial [ĩpɐr'sjaɫ] unparteiisch; **~idade** [-sjɐli'dadə] *f* Unparteilichkeit *f*

impartível [ĩpɐr'tivɛɫ] unteilbar

impasse [ĩ'pasə] *m fig* Engpass *m*, Sackgasse *f*; F Klemme *f*

impass|ibilidade [ĩpɐsibəli'dadə] *f* Gleichmut *m*; **~ível** [-'sivɛɫ] unempfindlich; gleichmütig, geduldig

imp|avidez [ĩpɐvi'deʃ] *f* Unerschro-

ckenheit *f*; **~ávido** [ĩ'pavidu] unerschrocken
impecável [ĩpə'kavɛɫ] *fig* tadellos
imped|ido [ĩpə'didu] **1.** *adj* gesperrt; besetzt (*Telefon*); verhindert; **2.** *m* MIL Rekrut *m* (*im Innendienst*); **~imento** [-'mẽtu] *m* Hindernis *n*; *fig* Hinderungsgrund *m*; POL Amtsenthebung *f*; *bras* Abseits *n* (*Fußball*); **~ir** [-'dir] (3r) *Aktion* verhindern; *Entwicklung* hemmen; *j-n* abhalten (**de** von); *Durchfahrt* (ver-)sperren; verwehren; verbieten; **~ *alg de fazer*** j-n daran hindern, *et* zu tun; **~ *alc a alg*** j-n an et hindern
impelir [ĩpə'lir] (3c) (an-, vorwärts) treiben (**a** zu); stoßen
impend|ente [ĩpẽ'dẽtə] (über)hängend; lastend (***sobre*** auf *dat*); *fig* → ***iminente***; **~er** [-'der] (2a) bevorstehen, drohen; **~ *a*** abhängen von; obliegen (*dat*); **~ *sobre*** hängen über (*dat*); lasten auf (*dat*)
impenetr|ado [ĩpənə'tradu] unerforscht (*Gebiet*); unbegangen, -befahren (*Weg*); **~ável** [-'travɛɫ] undurchdringlich; unergründlich
impenhor|abilidade [ĩpəɲurɐbəli'dadə] *f* Unpfändbarkeit *f*; **~ável** [-'ravɛɫ] unpfändbar
impens|ado [ĩpẽ'sadu] unbedacht; unvermutet; **~ável** [-'savɛɫ] undenkbar
imper|ador [ĩpərɐ'dor] *m* Herrscher *m*; Kaiser *m*; **~ar** [-'rar] (1c) **1.** *v/t* beherrschen; **2.** *v/i* herrschen (***sobre*** über *ac*); **~ativo** [-'tivu] **1.** *adj* gebieterisch; Zwangs...; **2.** *m* Gebot *n*; GRAM Befehlsform *f*, Imperativ *m*; **~atório** [-'tɔrju] Herrscher...; gebieterisch; **~atriz** [-'triʃ] *f* Kaiserin *f*; Herrscherin *f*
imperce(p)tível [ĩpərsɛ'tivɛɫ] unmerklich; nicht wahrnehmbar
imperdoável [ĩpər'dwavɛɫ] unverzeihlich
imperecível [ĩpərə'sivɛɫ] unvergänglich
imper|fectível [ĩpərfɛk'tivɛɫ] unverbesserlich; **~feição** [-fɐj'sɐ̃w] *f* Unvollkommenheit *f*; **~feito** [-'fɐjtu] **1.** *adj* unvollkommen; unvollständig; ***pretérito*** *m* **~** = **2.** *m* Imperfekt *n*
imperial [ĩpə'rjaɫ] **1.** *adj* kaiserlich; Kaiser...; F frech, anmaßend; **2.** *f* Glas *n* Bier; **~ismo** [-rjɐ'liʒmu] *m* Imperialismus *m*; **~ista** [-rjɐ'liʃtɐ] **1.** *adj* imperialistisch; **2.** *su* Imperialist(in *f*) *m*
imperícia [ĩpə'risjɐ] *f* Unerfahrenheit *f*
império [ĩ'pɛrju] *m* Herrschaft *f*; Reich *n*; ***estilo*** *m* **~** Empirestil *m*
imperioso [ĩpə'rjozu] hoheitsvoll, herrisch; zwingend
imperito [ĩpə'ritu] unerfahren
imperme|abilizar [ĩpərmjɐbəli'zar] (1a) abdichten; imprägnieren; **~ável** [-'mjavɛɫ] **1.** *adj* undurchlässig; wasserdicht; **~ *ao ar*** luftdicht; **2.** *m* Regenmantel *m*
imper|mutável [ĩpərmu'tavɛɫ] nicht übertragbar (*Recht*); unverkäuflich; nicht umwandelbar (*Strafe*); **~scrutável** [-ʃkru'tavɛɫ] unergründlich; **~sistente** [-siʃ'tẽtə] unbeständig
impertin|ência [ĩpərti'nẽsjɐ] *f* Aufdringlichkeit *f*, Frechheit *f*; **~ente** [-'nẽtə] ungehörig; aufdringlich; frech
imperturbável [ĩpərtur'bavɛɫ] unerschütterlich
impessoal [ĩpə'swaɫ] unpersönlich; **~idade** [-swɐli'dadə] *f* Unpersönlichkeit *f*
ímpeto ['ĩpətu] *m* Impuls *m*, Impetus *m*; Ungestüm *n*; Schwung *m*
impetrar [ĩpə'trar] (1c) erbitten; erflehen; erwirken, erlangen
impetuos|idade [ĩpətwuzi'dadə] *f* Ungestüm *n*; **~o** [-'twozu] ungestüm
impied|ade [ĩpjə'dadə] *f* Erbarmungslosigkeit *f*; **~oso** [-'dozu] herzlos
impigem [ĩ'piʒẽj] *f* MED Hautflechte *f*
impingir [ĩpĩ'ʒir] (3n) aufdrängen; F andrehen; *Schlag* versetzen
ímpio ['ĩpju] gottlos; ungläubig
implacável [ĩplɐ'kavɛɫ] unerbittlich
implant|ação [ĩplẽtɐ'sɐ̃w] *f* Einführung *f*, Errichtung *f*; MED Implantation *f*; **~ar** [-'tar] (1a) MED implantieren; einpflanzen; *fig* einrichten; einführen; verwurzeln; **~-se** sich festsetzen; sich einnisten
implausível [ĩplaw'zivɛɫ] unglaubwürdig
implement|ação [ĩpləmẽtɐ'sɐ̃w] *f* Implementierung *f* (*bsd* INFORM);

Einführung *f*; Umsetzung *f*; **~ar** [-'tar] (1a) implementieren; einführen; umsetzen; durchsetzen; **~o** [-'mẽtu] *m* Zubehör *n*; Werkzeug *n*

implic|ação [ĩplikɐ'sɐ̃w] *f* Einbeziehung *f*; **-ões** *pl* Verwicklungen *f/pl*; **~ar** [-'kar] (1n) **1.** *v/t* verwickeln (**em** in *ac*); hineinziehen (**em** in *ac*); implizieren; bedeuten; voraussetzen; ***isso implica que*** *conj* das heißt (*od* bedeutet), dass; **2.** *v/i* in Streit geraten (**com** mit); ***~ com*** im Widerspruch stehen zu; ***~ em*** bedeuten; sich einlassen auf (*ac*)

impl|icitamente [ĩplisitɐ'mẽtə] indirekt; **~ícito** [ĩ'plisitu] implizit; unausgesprochen; stillschweigend

implor|ação [ĩplurɐ'sɐ̃w] *f* Anrufung *f*; Flehen *n*; **~ar** [-'rar] (1e) anflehen um; flehen um

implosão [ĩplu'zɐ̃w] *f* Implosion *f*

implume [ĩ'plumə] ungefiedert

impolid|ez [ĩpuli'deʃ] *f* Grobheit *f*; Unhöflichkeit *f*; **~ido** [-'lidu] roh, ungeschliffen (*Diamant*); *fig* grob

impolítico [ĩpu'litiku] unpolitisch

impoluto [ĩpu'lutu] makellos, rein

imponder|abilidade [ĩpõdərɐbəli'dadə] *f* Unwägbarkeit *f*; **~ável** [-'ravɛɫ] unwägbar; unberechenbar (*Entwicklung*); nicht ins Gewicht fallend (*Menge*)

impon|ência [ĩpu'nẽsjɐ] *f* Erhabenheit *f*; Pracht *f*; **~ente** [-'nẽtə] imposant

impopular [ĩpupu'lar] unbeliebt (**entre** bei); unpopulär (**entre** bei); **~idade** [-lɐri'dadə] *f* Unbeliebtheit *f*

impor [ĩ'por] (2zd) **1.** *v/t Willen* durchsetzen; *Respekt* einflößen; auferlegen; aufbürden (**a** *j-m*); *Gesetz* aufzwingen; vorschreiben; *Entschluss* erfordern; *Schuld* zuweisen; ***~ o tom*** den Ton angeben; ***~ silêncio a*** *j-m* Schweigen gebieten; **2.** *v/i* bestimmen; unerlässlich sein; *fig* unterstellen; ***~-se*** sich durchsetzen (**a** bei, **por** wegen); sich *et* auferlegen; imponieren; sich aufdrängen; unvermeidlich sein

import|ação [ĩpurtɐ'sɐ̃w] *f* ECON Import *m*; Einschleppung *f* (*e-r Krankheit*); Einführung *f*; **~ador** [-'dor] **1.** *adj* Einfuhr...; **2.** *m* Importeur *m*; **~adora** [-ta'dora] *f bras* Importunternehmen *n*; **~ância** [-'tɐ̃sjɐ] *f* Wichtigkeit *f*; ECON Betrag *m*; ***na ~ de*** in Höhe von; ***atribuir*** (*od* ***dar***, ***ligar***) ***~ a*** Bedeutung beimessen (*dat*); wichtig nehmen (*ac*); Wert legen auf (*ac*); ***dar-se ~*** sich wichtig nehmen (*od* machen); ***não ter ~*** keine Rolle spielen; **~ante** [-'tɐ̃tə] wichtig; wesentlich; **~ar** [-'tar] (1e) **1.** *v/t Waren* importieren; *Krankheit* einschleppen; mit sich bringen; **2.** *v/i* wichtig sein (**a** für *j-n*); ***~ em*** sich belaufen auf (*ac*); *fig* hinauslaufen auf (*ac*); ***não importa*** das macht nichts; ***pouco importa*** das ist nicht weiter schlimm; ***que importa?*** was macht das schon?; ***~-se com*** sich *et* machen aus; sich kümmern um; ***se não se importa*** wenn es Ihnen nichts ausmacht; **~ável** [-'tavɛɫ] importfähig; **~e** [ĩ'pɔrtə] *m* Betrag *m*; Kosten *pl*

importun|ação [ĩpurtunɐ'sɐ̃w] *f* Belästigung *f*; **~ar** [-'nar] (1a) belästigen; bedrängen; **~o** [-'tunu] lästig; zudringlich; unangebracht

imposi|ção [ĩpuzi'sɐ̃w] *f* Durchsetzung *f*; Auflage *f*; Verpflichtung *f*; Nötigung *f*; gewaltsame Einführung *f*; *fig* Machtwort *n*; REL Handauflegen *n*; **~tivo** [-zə'tivo] Zwangs...

impossibil|idade [ĩpusibəli'dadə] *f* Unmöglichkeit *f*; **~itado** [-'tadu] verhindert; ***~ de*** außerstande zu; ***~ de trabalhar*** arbeitsunfähig; **~itar** [-'tar] (1a) unmöglich machen (**a** *j-m*), verhindern; als unmöglich hinstellen; *j-n* außerstande setzen

impossível [ĩpu'sivɛɫ] unmöglich; ***fazer os impossíveis*** das Menschenmögliche tun

imposto [ĩ'poʃtu] **1.** *p/p v* ***impor***; **2.** *m* Steuer *f*; Abgabe *f*; *fig* Last *f*; ***~ apurado*** bereinigte Steuer *f*; ***~ sobre o rendimento de pessoas singulares*** (*Abk.*: ***IRS*** ESt) (*bras* ***~ de renda***) Einkommenssteuer *f*; ***~ sobre o valor acrescentado*** (*Abk.*: ***IVA*** MWSt) Mehrwertsteuer *f*; ***~ sobre veículos*** Kraftfahrzeugsteuer *f*; ***~ sucessório*** (*bras* ***~ de transmissão***) Erbschaftssteuer *f*; ***declaração*** *f* ***de ~s*** Steuererklärung *f*

impost|or [ĩpuʃ'tor] *m* Betrüger *m*; **~ura** [-'turɐ] *f* Schwindel *m*

impotável [ĩpu'tavɛɫ] nicht trinkbar; ***água ~!*** kein Trinkwasser!
impot|ência [ĩpu'tẽsjɐ] *f* Unvermögen *n*; Machtlosigkeit *f*; *MED* Impotenz *f*; ***reduzir à ~*** entmachten; **~ente** [-'tẽtə] machtlos; ohnmächtig; *MED* impotent
impraticável [ĩprɐti'kavɛɫ] undurchführbar; nicht durchsetzbar; unwegsam; unbefahrbar, -gehbar
imprec|ação [ĩprəkɐ'sɐ̃w] *f* Verwünschung *f*; **~ar** [-'kar] (1n; *Stv* 1c) **1.** *v/t* verwünschen; **2.** *v/i* fluchen
imprecis|ão [ĩprəsi'zɐ̃w] *f* Ungenauigkeit *f*; **~o** [-'sizu] ungenau
impregn|ação [ĩprəgnɐ'sɐ̃w] *f* Durchtränkung *f*; *QUÍM* Sättigung *f*; **~ar** [-'nar] (1c) durchsetzen (**de** mit); *QUÍM* sättigen; *fig* durchdringen; ***~-se*** sich voll saugen (**de** mit)
impremeditado [ĩprəmədi'tadu] unüberlegt; instinktiv
imprens|a [ĩ'prẽsɐ] *f* Presse *f*; Buchdruck *m*; Druck(er)presse *f*; ***letra f de ~*** Druckschrift *f*; ***~ amarela*** (*bras* ***~ marrom***) Regenbogenpresse *f*; **~ar** [-'sar] (1a) (zusammen-)pressen; (be)drucken
impres|cindível [ĩprəʃsĩ'divɛɫ] unerlässlich; unentbehrlich; **~critível** [-krə'tivɛɫ] unumstößlich
impress|ão [ĩprə'sɐ̃w] *f TIP* Druck *m*; Abdruck *m*; *INFORM* Ausdruck *m*; *fig* Eindruck *m*; ***troca f de -ões*** Meinungsaustausch *m*; ***causar má ~*** e-n schlechten Eindruck hinterlassen; ***fazer ~*** erschütternd sein; **~ionante** [-sju'nẽtə] beeindruckend; erschütternd; **~ionar** [-sju'nar] (1i) beeindrucken; erschüttern; *FOT* belichten; ***~-se com*** sich beeindrucken lassen von; **~ionável** [-sju'navɛɫ] leicht zu beeindrucken; **~ionismo** [-sju'niʒmu] *m* Impressionismus *m*
impress|o [ĩ'prɛsu] **1.** *p/p irr v* ***imprimir***; **2.** *adj* gedruckt; Druck...; **3.** *m* Drucksache *f*; Formular *n*, Vordruck *m*; Flugblatt *n*; ***~ de telegrama*** Telegrammformular *n*; **~or** [-'sor] *m* Drucker *m* (*Person*); **~ora** [-'sorɐ] *f* Drucker *m* (*Apparat*); ***~ a cores*** Farbdrucker *m*; ***~ de agulhas*** Nadeldrucker *m*; ***~ de jacto de tinta*** Tintenstrahldrucker *m*; ***~ laser*** Laserdrucker *m*
imprestável [ĩprəʃ'tavɛɫ] unnütz
impreterível [ĩprətə'rivɛɫ] dringlich
imprev|idência [iprəvi'dẽsjɐ] *f* Unvorsichtigkeit *f*; **~idente** [-'dẽtə] unvorsichtig; leichtsinnig; **~isão** [-'zɐ̃w] *f* Unvorsichtigkeit *f*; **~isível** [-'zivɛɫ] unvorhersehbar; **~isto** [-'viʃtu] **1.** *adj* unvorhergesehen; **2.** *m* Zwischenfall *m*
imprimir [ĩprə'mir] (3a) auf-, eindrücken; sich *j-m* einprägen; *Furcht* einflößen; *TIP* drucken
improb|abilidade [ĩprubɐbəli'dadə] *f* Unwahrscheinlichkeit *f* (*Ereignis*); Unglaubwürdigkeit *f* (*Person*); **~idade** [-bi'dadə] *f* Unredlichkeit *f*
ímprobo ['ĩprubu] mühevoll
impro|cedente [ĩprusə'dẽtə] unzulässig; grundlos (*Verdacht*); **~dutivo** [-du'tivu] unfruchtbar; unnütz; **~ficiente** [-fi'sjẽtə] unprofessionell; unfähig; **~fícuo** [-'fikwu] unergiebig; vergeblich
impropério [ĩpru'pɛrju] *m* Beleidigung *f*
impr|oporcionado [ĩprupursju'nadu] unproportioniert; **~opriamente** [-prɔprjɐ'mẽtə] unangemessen; fälschlich; **~próprio** [ĩ'prɔprju] ungeeignet; unpassend; ungünstig
improrrogável [ĩpruʀu'gavɛɫ] unaufschiebbar; nicht verlängerbar
improvável [ĩpru'vavɛɫ] unwahrscheinlich; unglaubwürdig
improvis|ação [ĩpruvizɐ'sɐ̃w] *f* Improvisation *f*; **~ar** [-'zar] (1a) **1.** *v/t* improvisieren; **2.** *v/i* schwindeln; **~o** [-'vizu] **1.** *adj* unvorbereitet; unvorhergesehen; **2.** *m* Improvisation *f*; ***de ~*** unerwartet; aus dem Stegreif
imprud|ência [ĩpru'dẽsjɐ] *f* Unklugheit *f*, Unvorsichtigkeit *f*; **~ente** [-'dẽtə] unklug, unvorsichtig
impúbere [ĩ'pubərə] unreif
impud|ente [ĩpu'dẽtə] schamlos; unverfroren; **~ico** [-'diku] (*port a* ***impúdico***) unzüchtig, schamlos; **~or** [-'dor] *m* Schamlosigkeit *f*
impugn|ação [ĩpugnɐ'sɐ̃w] *f* Infragestellung *f*; Zurückweisung *f*; *JUR* Anfechtung *f*; **~ar** [-'nar] (1a) *Urteil* anfechten; bestreiten; widerlegen; **~ável** [-'navɛɫ] anfechtbar
impuls|ão [ĩpuɫ'sɐ̃w] *f* impulsive(s) Handeln *n*; *TÉCN* Auftrieb *m*; **~ionar** [-sju'nar] (1f) (an)treiben; *fig*

anregen; **~ionador** [-sjunɐ'dor] **1.** *m* treibende Kraft *f*; **2.** *adj* = **~ivo** [-'sivu] *TÉCN* treibend; impulsiv
impuls|o [ĩ'pułsu] *m* Stoß *m*; Antrieb *m*, Impuls *m* (*a fig*); Trieb *m*; Anregung *f*; *TEL* Gebühreneinheit *f*; **~ inicial** Anstoß *m*; Schwung *m*; Anfangsgeschwindigkeit *f*; **dar ~ a** anstoßen, -treiben; *fig* ankurbeln; Auftrieb geben (*dat*); **~or** [-'sor] **1.** *m* Trägerrakete *f*; **2.** *adj* → ***impulsivo***
impun|e [ĩ'punə] ungestraft; straflos; **~idade** [-ni'dadə] *f* Straflosigkeit *f*; **~ível** [-'nivɛł] nicht strafbar
impur|eza [ĩpu'rezɐ] *f* Unreinheit *f*; Schmutz *m*; **~o** [ĩ'puru] unrein
imput|ação [ĩputɐ'sɐ̃w] *f* Beschuldigung *f*; Straffähigkeit *f*; Strafantrag *m*; **~ar** [-'tar] (1a) zur Last legen (**a** *j-m*); *ECON auf e-e Schuld* anrechnen; **~ável** [-'tavɛł] strafbar; straffähig; anrechenbar
imputrescível [ĩputrəʃ'sivɛł] unbegrenzt haltbar
imund|ície [imũ'disjə] *f* Unsauberkeit *f*; Dreck *m*; **~o** [i'mũdu] schmutzig
imun|e [i'munə] *MED*, *POL* immun; **~ de** frei von; **~idade** [-ni'dadə] *f* *MED*, *POL* Immunität *f*; (Steuer-) Freiheit *f*; Befreiung *f*; **~izar** [-ni'zar] (1a) immunisieren (**de**, **contra** gegen); **~odeficiência** [-nɔdəfi'sjẽsjɐ] *f* *MED* Immunschwäche *f*; ***síndrome*** *f* ***de ~ adquirida*** erworbene(s) Immundefektsyndrom *n*, Immunschwächekrankheit *f* (*Abk* **SIDA**, **AIDS** AIDS); **~ologia** [-nulu'ʒiɐ] *f* Immunologie *f*; **~orrea(c)ção** [-nɔʀja'sɐ̃w] *f* *MED* Immunreaktion *f*
imutável [imu'tavɛł] unveränderlich
inabalável [inɐbɐ'lavɛł] unerschütterlich
inábil [in'abił] unfähig; untauglich
inabili|dade [inɐbəli'dadə] *f* Unfähigkeit *f*; Untauglichkeit *f*; **~tação** [-tɐ'sɐ̃w] *f* *JUR* Aberkennung *f*; Unfähigkeitserklärung *f*; **~tar** [-'tar] (1a) für unfähig erklären; *j-m* das Recht entziehen (**de** zu)
inabit|ado [inɐbi'tadu] unbewohnt; **~ável** [-'tavɛł] unbewohnbar
inacabável [inɐkɐ'bavɛł] endlos
ina(c)ção [ina'sɐ̃w] *f* Untätigkeit *f*
ina|ceitável [inɐsɐj'tavɛł] unannehmbar; unzulässig; **~cessível** [-sə'sivɛł] unerreichbar; unzugänglich (*a fig*); unerschwinglich; **~costumado** [-kustu'madu] ungewohnt; **~creditável** [-krədi'tavɛł] unglaubwürdig; unglaublich
ina(c)tiv|idade [inatəvi'dadə] *f* Untätigkeit *f*; Stillstand *m*; Ruhestand *m*; **~o** [-'tivu] untätig; stillstehend; tot (*Kapital*); unwirksam
inadapt|ação [inɐdaptɐ'sɐ̃w] *f* Anpassungsschwierigkeiten *f/pl*; **~ável** [-'tavɛł] nicht anpassungsfähig
inad|equado [inɐdə'kwadu] unangemessen; **~iável** [-'djavɛł] unaufschiebbar; **~missível** [-mə'sivɛł] unzulässig
inadvert|ência [inɐdvər'tẽsjɐ] *f* Unachtsamkeit *f*; **~ido** [-'tidu] unachtsam; unbemerkt
inal|ação [inɐlɐ'sɐ̃w] *f* Einatmung *f*, Inhalation *f*; **~ador** [-lɐ'dor] *m* Inhalationsapparat *m*, Inhalator *m*; **~ar** [-'lar] (1b) einatmen; inhalieren
inalienável [inɐljə'navɛł] unveräußerlich
inalterável [inałtə'ravɛł] unveränderlich; unwiderruflich
inamovível [inɐmu'vivɛł] unverrückbar; nicht abberufbar
in|ane [in'ɐnə] leer; hohl; nichtig; **~ânia** [i'nɐnjɐ] *f* Nichtigkeit *f*
inanimado, **inânime** [inɐni'madu, i'nɐnimə] leblos
inaplicável [inɐpli'kavɛł] nicht anwendbar; unbrauchbar
inapreciável [inɐprə'sjavɛł] unschätzbar; unbestimmbar
inapt|idão [inapti'dɐ̃w] *f* Unfähigkeit *f*; **~o** [in'aptu] nicht geeignet; unfähig
inarmónico (*ô) [inɐr'mɔniku] unharmonisch
inarticul|ado [inɐrtiku'ladu] unausgesprochen; **~ável** [-'lavɛł] unaussprechbar
inatacável [inɐtɐ'kavɛł] unangreifbar; **~ a ...** *TÉCN* ...fest
inatingível [inɐtĩ'ʒivɛł] unerreichbar
inativo [ina'tivu] *bras* → ***inactivo***
inato [i'natu] angeboren; ungeboren
inaud|ito [inaw'ditu] unerhört; **~ível** [-'divɛł] unhörbar
inaugur|ação [inawgurɐ'sɐ̃w] *f* Eröffnung *f*; Einweihung *f*; Enthüllung *f* (*Denkmal*); **~al** [-'rał] Eröff-

nungs...; Antritts...; **~ar** [-'rar] (1a) eröffnen; einweihen; *Denkmal* enthüllen; **~-se** beginnen; eröffnet werden

inavegável [inɐvə'gavɛɫ] nicht schiffbar

incalculável [ĩkaɫku'lavɛɫ] unberechenbar; unermesslich

incandesc|ência [ĩkẽdəʃ'sẽsjɐ] *f* Weißglut *f*; Glühen *n*; ***camisa** f **de** ~* Glühstrumpf *m*; **~ente** [-'sẽtə] weiß glühend; ***luz** f* ~ Glühlicht *n*; **~er** [-'ser] (2g) **1.** *v/t* zur Weißglut bringen; **2.** *v/i* (auf-, er)glühen

incansável [ĩkɐ̃'savɛɫ] unermüdlich

incap|acidade [ĩkɐpɐsi'dadə] *f* Unfähigkeit *f*; JUR Rechtsunfähigkeit *f*; MIL Wehruntauglichkeit *f*; **~acitar** [-si'tar] (1a) außerstand setzen; JUR entmündigen; **~az** [-'paʃ] unfähig; unbrauchbar

inçar [ĩ'sar] (1p) verseuchen; ***estar inçado de*** wimmeln von

incauto [ĩ'kawtu] unvorsichtig; unbedacht; leichtgläubig

incend|iar [ĩsẽ'djar] (1g; *Stv* 1h) in Brand setzen (*od* stecken); niederbrennen; *fig* entzünden; **~-se** in Brand geraten; *fig* entbrennen; **~iário** [-'djarju] **1.** *adj* Brand...; *fig* Hetz...; **2.** *m* Brandstifter *m*

incêndio [ĩ'sẽdju] *m* Brand *m*; *fig* Glut *f*; ***boca** f **de** ~* Hydrant *m*; *~ **florestal*** Waldbrand *m*; ***protecção** f **contra** ~s* Brandschutz *m*

incens|ação [ĩsẽsɐ'sɐ̃w] *f* Beweihräucherung *f*; *fig* Lobhudelei *f*; **~ar** [-'sar] (1a) Weihrauch abbrennen in (*dat*); *fig j-n* beweihräuchern; **~o** [ĩ'sẽsu] *m* Weihrauch *m*; *fig* Schmeichelei *f*

incentiv|ar [ĩsẽti'var] (1a) ermuntern; Anlass geben (**a** zu); **~o** [-'tivu] *m* Ansporn *m*; *~ **fiscal*** steuerliche(r) Anreiz *m*

incert|eza [ĩsər'tezɐ] *f* Ungewissheit *f*, Unsicherheit *f*; **~o** [ĩ'sertu] ungewiss

incessante [ĩsə'sɐ̃tə] unablässig

incessível [ĩsə'sivɛɫ] unveräußerlich

incest|o [ĩ'sɛʃtu] *m* Inzest *m*; **~uoso** [ĩsəʃ'twozu] inzestuös

inch|ação *f*, P **~aço** *m* [ĩʃɐ'sɐ̃w, ĩ'ʃasu] Schwellung *f*; Geschwulst *f*; *fig* Dünkel *m*; **~ado** [ĩ'ʃadu] (auf)gedunsen; geschwollen (*a fig*); ***ficar todo** ~* F sich aufblasen; **~ar** [ĩ'ʃar] (1a) **1.** *v/t* (an)schwellen lassen; (auf)blähen; *Meer* aufwühlen; **2.** *v/i u* **~-se** (an)schwellen (**de** vor *dat*, **com** von); (auf)quellen (*Holz*); *fig* sich blähen

incid|ência [ĩsi'dẽsjɐ] *f* Auftreten *n*, Auswirkung *f*; *Statistik*: Rate *f*; ***ângulo** m **de** ~* FIS Einfallswinkel *m*; **~ente** [-'dẽtə] **1.** *adj* beiläufig; Zwischen...; Neben...; FIS einfallend, Einfalls...; **2.** *m* Vorfall *m*; JUR Nebenumstand *m*; **~ir** [-'dir] (3a): *~ **em*** auftreten; treffen auf (*ac*); *~ **sobre*** fallen auf (*ac*); zusammenfallen mit; *fig* betreffen (*ac*)

inciner|ação [ĩsinərɐ'sɐ̃w] *f* Einäscherung *f*; Verbrennung *f*; **~adora** [-'dɔrɐ] *f* Müllverbrennungsanlage *f*; **~ar** [-'rar] (1c) *Leichnam* einäschern; verbrennen

incipiente [ĩsi'pjẽtə] beginnend

incis|ão [ĩsi'zɐ̃w] *f* (Ein)Schnitt *m*; **~ivo** [ĩsə'zivu] **1.** *adj* einschneidend; scharf (*Kritik*); **2.** *m* Schneidezahn *m*; **~o** [ĩ'sizu] **1.** *adj* eingeschnitten; Schnitt...; knapp (*Stil*); **2.** *m* Einschiebsel *n*

incit|ação [ĩsitɐ'sɐ̃w] *f* Reizung *f*; Reiz *m*; → **~amento**; **~ador** [-'dor] **1.** *adj* Reiz...; Hetz...; **2.** *m* Anstifter *m*; **~amento** [-'mẽtu] *m* Anstachelung *f*; Anstiftung *f*; Antrieb *m*; → ***incitação***; **~ante** [-'tẽtə] provozierend (*Verhalten*); aufhetzend; ***causa** f* ~ *fig* Antrieb *m*; **~ar** [-'tar] (1a) reizen; anstacheln (**a**, ***para*** zu); aufhetzen (**a**, ***para*** zu); **~ativo** [-'tivu] *m* Anreiz *m*; Lockmittel *n*

incivil [ĩsə'viɫ] unhöflich; **~izado** [ĩsivəli'zadu] unzivilisiert

inclem|ência [ĩklə'mẽsjɐ] *f* Härte *f*, Grausamkeit *f*; *~ **da sorte*** Härte *f* des Schicksals; **~s** *pl* Unbilden *pl* (*der Witterung*); **~ente** [-'mẽtə] hart; unbarmherzig

inclin|ação [ĩklinɐ'sɐ̃w] *f* Neigung *f*; Gefälle *n*; *fig* Talent *n*; Zuneigung *f*; Verbeugung *f*; ***ângulo** m **de** ~* Neigungswinkel *m*; **~ado** [-'nadu] geneigt, schief; ***plano** m* ~ schiefe Ebene *f*; **~ar** [-'nar] (1a) **1.** *v/t* neigen; *Körper* beugen; *Kopf* senken; *in e-e Richtung* lenken; *j-n* bewegen (**a** zu); **2.** *v/i* neigen (**a**, ***para*** zu); → **~-se** abfallen (*Gelände*); sich abfinden; sich beugen (***para a frente*** nach vorn); sich bücken; *fig* sich wenden (***a***, ***para*** zu); sich entscheiden (***por*** für)

inclu|ído [ĩ'klwidu] inbegriffen; **~indo** [ĩ'klwĩdu] einschließlich (*gen*); inbegriffen; sogar; **~ir** [ĩ'klwir] (3i) einschließen; zählen (***em***, ***entre*** zu); beifügen; **~são** [ĩklu'zɐ̃w] *f* Einschluss *m*; **~sivamente**, **~sive** [ĩkluzivɐ'mẽtə, -'zivɛ] einschließlich; **~so** [ĩ'kluzu] beiliegend; enthalten

incobrável [ĩku'bravɛɫ] nicht eintreibbar (*Schuld*)

incoer|ência [ĩkwə'rẽsjɐ] *f* Zusammenhanglosigkeit *f*; Sprunghaftigkeit *f*; **~ente** [-'rẽtə] unzusammenhängend; sprunghaft

incogitável [ĩkuʒi'tavɛɫ] undenkbar

incógnit|a [ĩ'kɔgnitɐ] *f* Unbekannte *f*; **~o** [-nitu] **1.** *adj* unbekannt; **2.** *m* Unbekannte(r) *m*; Inkognito *n*

incolor [ĩku'lor] farblos

incólume [ĩ'kɔlumə] unversehrt, heil

incombustível [ĩkõbuʃ'tivɛɫ] feuerfest

incomensurável [ĩkumẽsu'ravɛɫ] unvergleichbar; unermesslich

incomod|ado [ĩkumu'dadu] *MED* unpässlich, unwohl; belästigt; aufgebracht; ***estar ~ com*** verärgert sein über (*ac*); **~ar** [-'dar] (1e) stören; belästigen; lästig fallen (*dat*); aufregen; **~-se** sich bemühen (***com*** mit, um *j-n*); sich die Mühe machen (***a***, ***em*** zu); **~ativo** [-dɐ'tivu] beschwerlich; **~idade** [-di'dadə] *f* Unbequemlichkeit *f*; Mühe *f*

incómodo (*ô) [ĩ'kɔmudu] **1.** *adj* unbequem; unbehaglich; lästig; **2.** *m* Mühe *f*; Unpässlichkeit *f*; → ***incomodidade***; ***causar*** (*od* ***dar***) **~** Mühe machen; ***dar-se ao ~ de*** *inf* sich die Mühe machen zu *inf*

incomparável [ĩkõpɐ'ravɛɫ] unvergleichbar; unvergleichlich

incompat|ibilidade [ĩkõpɐtibəli'dadə] *f* Unvereinbarkeit *f*; *CIENC* Inkompatibilität *f*; **~ibilizar-se** [-'zarsə] (1a) im Streit auseinander gehen; sich nicht mehr verstehen (***com*** mit); **~ível** [-'tivɛɫ] unverträglich; *INFORM* nicht kompatibel

incompet|ência [ĩkõpə'tẽsjɐ] *f* Inkompetenz *f*; **~ente** [-'tẽtə] nicht zuständig; unbefugt; inkompetent

incompleto [ĩkõ'plɛtu] unvollendet; unvollständig; unfertig (*Produkt*)

incomportável [ĩkõpur'tavɛɫ] unerträglich; unverträglich

incompreen|dido [ĩkõprjẽ'didu] unverstanden; **~são** [-'sɐ̃w] *f* Unverständnis *n*; **~sível** [-'sivɛɫ] unverständlich, unbegreiflich

incomum [ĩku'mũ] ungewöhnlich

incomunic|abilidade [ĩkumunikɐbəli'dadə] *f* Unerreichbarkeit *f*; *JUR* Einzelhaft *f*; **~ável** [-'kavɛɫ] unübertragbar; *TEL* nicht erreichbar; abgeschnitten (***com*** von); *JUR* in Einzelhaft; unerreichbar; ungesellig

incomutável [ĩkumu'tavɛɫ] nicht umwandelbar; unveränderlich

incon|cebível [ĩkõsə'bivɛɫ] unvorstellbar; **~ciliável** [-si'ljavɛɫ] unversöhnlich; unvereinbar; **~clusivo** [-klu'zivo] unvollständig; **~cusso** [-'kusu] unerschütterlich; unbestreitbar; *fig* streng

incondicion|ado [ĩkõdisju'nadu] unbedingt; **~al** [-'naɫ] bedingungslos

inconfess|ado [ĩkõfə'sadu] uneingestanden; **~ável** [-'savɛɫ] unsagbar; beschämend; **~o** [-'fɛsu] ungeständig; verstockt

inconfid|ência [ĩkõfi'dẽsjɐ] *f* Verrat *m*; **~ente** [-'dẽtə] treulos; unzuverlässig

inconform|ado [ĩkõfur'madu] aufsässig, trotzig; **~ismo** [-'miʒmu] *m* Nonkonformismus *m*; **~ista** [-'miʃtɐ] *su* Nonkonformist(in *f*) *m*

inconfundível [ikõfũ'divɛɫ] unverwechselbar

incongelável [ĩkõʒə'lavɛɫ] frostbeständig

incongru|ência [ĩkõ'grwẽsjɐ] *f* Unvereinbarkeit *f*; Ungehörigkeit *f*; **~ente** [-'grwẽtə] unvereinbar; *CIENC* inkongruent; unpassend

inconsci|ência [ĩkõ'ʃsjẽsjɐ] *f* fehlende(s) Bewusstsein *n*; Ahnungslosigkeit *f*; Gewissenlosigkeit *f*; **~encioso** [-'sjozu] gewissenlos; **~ente** [-'ʃsjẽtə] **1.** *adj* unbewusst; unverantwortlich; **2.** *m* Unbewusste(s) *n*

inconsequ|ência (*ü) [ĩkõsə'kwẽsjɐ] *f* Inkonsequenz *f*; Widerspruch *m*; **~ente** [-'kwẽtə] inkonsequent

inconsider|ação [ĩkõsidərɐ'sɐ̃w] *f* Rücksichtslosigkeit *f*; Unvorsichtig-

keit *f*; Unbedachtsamkeit *f*; **~ado** [-'radu] rücksichtslos; übereilt
inconsist|ência [ĩkõsiʃ'tẽsjɐ] *f* Unbeständigkeit *f*; Haltlosigkeit *f*; Unsicherheit *f*; **~ente** [-'tẽtə] nicht stichhaltig; unbeständig; haltlos (*Beschuldigung*); unsicher
inconsolável [ĩkõsu'lavɛɫ] untröstlich
inconst|ância [ĩkõʃ'tɐ̃sjɐ] *f* Unbeständigkeit *f*, Wankelmut *m*; **~ante** [-'tɐ̃tə] unbeständig
inconstitucional [ĩkõʃtitusju'naɫ] verfassungswidrig; **~idade** [-nɐli'dadə] *f* Verfassungswidrigkeit *f*
incontaminado [ĩkõtɐmi'nadu] unbelastet, nicht kontaminiert
incontável [ĩkõ'tavɛɫ] unzählbar
incontest|ado [ĩkõtəʃ'tadu] unbestritten; **~ável** [-'tavɛɫ] unbestreitbar
inconti|do [ĩkõ'tidu] hemmungslos; **~nência** [-'nẽsjɐ] *f* Unmäßigkeit *f*; Hemmungslosigkeit *f*; MED Inkontinenz *f*; **~ de língua** Schwatzhaftigkeit *f*; **~nente** [-'nẽtə] unmäßig; hemmungslos
incontínuo [ĩkõ'tinwu] unzusammenhängend; unstetig
incontornável [ĩkõtur'navəɫ] unvermeidlich; unumgänglich
incontrastável [ĩkõtrɐʃ'tavɛɫ] unumstößlich; unwiderlegbar
incontroverso [ĩkõtru'vɛrsu] unstrittig
inconveni|ência [ĩkõvə'njẽsjɐ] *f* Unannehmlichkeit *f*; Ärgernis *n*; Unschicklichkeit *f*; **~ente** [-'njẽtə] **1.** *adj* ungebührlich; unzweckmäßig; ungelegen; **2.** *m* Missstand *m*; Nachteil *m*; Widrigkeit *f*
inconver|sível, **~tível** [ĩkõvər'sivɛɫ, -'tivɛɫ] unumkehrbar; ECON nicht konvertierbar
incorpor|ação [ĩkurpurɐ'sɐ̃w] *f* Aufnahme *f*; Einverleibung *f*; TÉCN Einbau *m*; **~ado** [-'radu] Einbau...; **~ar** [-'rar] (1e) **1.** *v/t* einbinden; anschließen; aufnehmen (*in Organisation*); TÉCN einbauen; **2.** *v/i u* **~-se** sich (heraus)bilden; eintreten (**em** in *ac*)
incorr|e(c)ção [ĩkurɛ'sɐ̃w] *f* Fehler *m*; Unhöflichkeit *f*; Taktlosigkeit *f*; **~e(c)to** [-'rɛtu] unrichtig; unhöflich, taktlos; **~er** [-'rer] (2d): **~ em** *Hass etc* sich zuziehen (*ac*); hineingezogen werden in (*ac*); *Gesetz* unterliegen (*dat*); *Idee* verfallen auf (*ac*); *Fehler* begehen; **~igível** [-rə'ʒivɛɫ] unverbesserlich; **~uptível** [-rup'tivɛɫ] unauflöslich; unzerstörbar; *fig* unbestechlich; **~upto** [-'ruptu] unversehrt; *fig* unbescholten; unbestechlich
incred|ibilidade [ĩkrədibəli'dadə] *f* Unglaubwürdigkeit *f*; **~ulidade** [-duli'dadə] *f* Ungläubigkeit *f*
incrédulo [ĩ'krɛdulu] ungläubig
increment|ar [ĩkrəmẽ'tar] (1a) fördern; vermehren; *Wirtschaft* ankurbeln; **~o** [-'mẽtu] *m* Zuwachs *m*; Förderung *f*; Aufschwung *m*
increp|ação [ĩkrəpɐ'sɐ̃w] *f* Tadel *m*; Beschuldigung *f*; **~ar** [-'par] (1c) scharf tadeln; **~ de** *j-n* beschuldigen (*gen*)
incrimin|ação [ĩkrəminɐ'sɐ̃w] *f* Beschuldigung *f*; **~ar** [-'nar] (1a) beschuldigen (**de**, **por** *gen*)
incrível [ĩ'krivɛɫ] unglaublich
incruento [ĩ'krwẽtu] unblutig
incrust|ação [ĩkruʃtɐ'sɐ̃w] *f* Überzug *m*; Verkrustung *f*; Einlegearbeit *f*; TÉCN Kalkablagerung *f*; GEOL Einschluss *m*; **~ar** [-'tar] (1a) *Oberfläche* auslegen; *Muster* einlegen; überziehen mit; **~-se** verkrusten; verkalken; sich einprägen
incub|ação [ĩkubɐ'sɐ̃w] *f* Brut(zeit) *f*; MED Inkubation *f*; *fig* Ausarbeitung *f*; **~ador** [-'dor] Brut...; Inkubations...; **~adora** [-'dorɐ] *f* Brutkasten *m*; **~ar** [-'bar] (1a) brüten; aushecken
inculcar [ĩkuɫ'kar] (1n) zu sein scheinen; zu verstehen geben; empfehlen; anpreisen; einschärfen
inculp|ar [ĩkuɫ'par] (1a) beschuldigen (**de** als); **~ável** [-'pavɛɫ] schuldlos
inculto [ĩ'kuɫtu] ungepflegt; ungebildet; AGR unbebaut
incumb|ência [ĩkũ'bẽsjɐ] *f* Auftrag *m*; Pflicht *f*; **~ir** [-'bir] (3a) *j-n* beauftragen (**de** mit); *j-s* Aufgabe sein; ***incumbe-lhes*** sie müssen
incumprimento [ĩkũpri'mẽtu] *m* Nichteinhaltung *f*; Nichterfüllung *f*
incurável [ĩku'ravɛɫ] unheilbar
incúria [ĩ'kurjɐ] *f* Fahrlässigkeit *f*; Sorglosigkeit *f*; Nachlässigkeit *f*

incurs|ão [ĩkur'sɐ̃w] *f MIL* Überfall *m*; Ausfall *m*; **~o** [ĩ'kursu]: **~ *em*** verwickelt in (*ac*); verfallen (*dat*); schuldig nach (*e-m Paragraphen*)
incutir [ĩku'tir] (3a) einflößen; *Leidenschaft* wecken (**em** bei)
índ. ***índice*** *m* Index *m*
inda ['ĩdɐ] → ***ainda***
indag|ação [ĩdɐgɐ'sɐ̃w] *f* Erkundigung *f*; Nachforschung *f*; Befragung *f*; **~ar** [-'gar] (1o; *Stv* 1b) **1.** *v/t* erforschen; ermitteln; **2.** *v/i* nachfragen; **~ *acerca de*** (*od* ***sobre***) Nachforschungen anstellen über (*ac*)
indébito [ĩ'dɛbitu] unrechtmäßig; unverdient; freiwillig (*Zahlung*)
indec|ência [ĩdə'sẽsjɐ] *f* Unschicklichkeit *f*; Schamlosigkeit *f*; **~ente** [-'sẽtə] unanständig; unschicklich; anstößig; gemein
indecifrável [ĩdəsi'fravɛɫ] unleserlich (*Schrift*); unverständlich (*Text*)
indecis|ão [ĩdəsi'zɐ̃w] *f* Unentschlossenheit *f*; **~o** [-'sizu] unentschlossen; unentschieden
indeclinável [ĩdəkli'navɛɫ] unabweisbar; unübertragbar; *GRAM* undeklinierbar
indecor|o [ĩdə'koru] *m* Anstandslosigkeit *f*; **~oso** [-ku'rozu] unanständig; anstößig; empörend
inde|fectível [ĩdəfɛk'tivɛɫ] unfehlbar; unvergänglich; **~fensável, -ível** [-fẽ'savɛɫ, -'sivɛɫ] unhaltbar; *fig* unentschuldbar; **~ferimento** [-fəri'mẽtu] *m amtliche* Ablehnung *f*; **~ *ao pedido de asilo*** Ablehnung *f* des Asylantrags; **~ferir** [-fə'rir] (3c) ablehnen; **~feso** [-'fezu] wehrlos
indefin|ição [ĩdəfəni'sɐ̃w] *f* Unklarheit *f*; Unentschiedenheit *f*; **~idamente** [-dɐ'mẽtə] auf unbestimmte Art (od Zeit); **~ido, ~ito** [-'nidu, -'nitu] unbestimmt (*a GRAM*); unbegrenzt, grenzenlos; **~ível** [-'nivɛɫ] undefinierbar
indeformável [ĩdəfur'mavɛɫ] formbeständig; unverformbar
indel|ével [ĩdə'lɛvɛɫ] unauslöschlich; **~iberado** [-libə'radu] unüberlegt; **~icadeza** [-likɐ'dezɐ] *f* Taktlosigkeit *f*; **~icado** [-li'kadu] taktlos
inde(m)n|e [ĩ'dɛ(m)nə] unbeschädigt; heil; **~idade** [-ni'dadə] *f* Straflosigkeit *f*; **~ização** [-nizɐ'sɐ̃w] *f* Entschädigung *f*; Schadenersatz *m*; Abfindung *f*; **~izar** [-ni'zar] (1a) entschädigen (**com** mit); **~ *alg de*** (*od* **por**) j-n entschädigen für
indemonstrável [ĩdəmõʃ'travɛɫ] unbeweisbar
inden... [ĩden...] *bras* → ***indemn...***
independ|ência [ĩdəpẽ'dẽsjɐ] *f* Unabhängigkeit *f* (**de** von); **~ente** [-'dẽtə] unabhängig (**de** von), frei; freiberuflich (*Tätigkeit*)
indes|critível [ĩdəʃkrə'tivɛɫ] unbeschreiblich; **~culpável** [-kuɫ'pavɛɫ] unentschuldbar
indesejável [ĩdəzə'ʒavɛɫ] **1.** *adj* unerwünscht; **2.** *su* unerwünschte Person *f*; Persona *f* ingrata
indes|mentível [ĩdəʒmẽ'tivɛɫ] unleugbar; **~trutível** [ĩdəʃtru'tivɛɫ] unzerstörbar; **~viável** [ĩdəʒ'vjavɛɫ] unausweichlich
indetermin|ado [ĩdətərmi'nadu] unbestimmt; unschlüssig (*Person*); **~ável** [-'navɛɫ] unbestimmbar
indevid|amente [ĩdəvidɐ'mẽtə] zu Unrecht; **~o** [-'vidu] unsachgemäß; fälschlich; unverdient
índex (*pl inv*) ['ĩdɛks] *m* → ***índice***
indexar [ĩdɛ'ksar] (1a) indizieren
Índia ['ĩdjɐ]: ***a* ~** Indien *n*
indiano [ĩ'djɐnu] **1.** *adj* indisch; **2.** *m*, **-a** *f* Inder(in *f*) *m*
indic|ação [ĩdikɐ'sɐ̃w] *f* Anzeige *f*; Hinweis *m*; Anzeichen *n*; Angabe *f*; *MED* Indikation *f*; **~ado** [-'kadu] zweckmäßig; passend; ***não estar* ~** nicht infrage kommen; **~ador** [-'dor] **1.** *adj* Zeige...; Mess...; ***placa*** *f* **-a** Hinweisschild *n*; **2.** *m ANAT* Zeigefinger *m*; *TÉCN* Zeiger *m*; Messgerät *n*; (Straßen)Verzeichnis *n*; Wegweiser *m*; **~ar** [-'kar] (1n) (an)zeigen; *j-n* hinweisen auf (*ac*); angeben; **~ativo** [-'tivu] **1.** *adj* Anzeige...; **2.** *m GRAM* Indikativ *m*; *fig* Anzeichen *n*; *TEL* Vorwahl *f*
índice ['ĩdisə] *m* (Inhalts)Verzeichnis *n*; Register *n*; *CIENC* Index *m*; **~ *das matérias*** Sachregister *n*; **~ *onomástico*** Namensregister *n*
indici|ar [ĩdi'sjar] (1g) anzeigen; Indiz sein für; hinweisen auf (*ac*); **~ário** [-'sjarju] Indizien...
indício [ĩ'disju] *m* Indiz *n*
indiferen|ça [ĩdifə'rẽsɐ] *f* Gleichgültigkeit *f*; Indifferenz *f*; **~te** [-'rẽtə]

gleichgültig; teilnahmslos; **~temente** [-rẽtə'mẽtə] unabhängig (**de** von); gleichermaßen
indígena [ĩ'diʒənɐ] **1.** *adj* eingeboren; einheimisch; **2.** *su* Eingeborene(r) *su*; Einheimische(r) *su*
indig|ência [ĩdi'ʒẽsjɐ] *f* Armut *f*, Not *f*; **~ente** [-'ʒẽtə] bedürftig, arm
indige|rível [ĩdiʒə'rivɛɫ] unverdaulich; **~stão** [-ʒəʃ'tɐ̃w] *f* Verdauungsstörung *f*; Magenverstimmung *f*; **~sto** [-'ʒɛʃtu] unverdaulich; *fig* unausstehlich
indigit|ado [ĩdəʒi'tadu] (allgemein) bekannt (*od* anerkannt); berufen (**para** für); **~ar** [-'tar] (1a) zeigen (auf *ac*); bezeichnen; *j-n* vorschlagen
indign|ação [ĩdignɐ'sɐ̃w] *f* Entrüstung *f*, Empörung *f*; Zorn *m*; **~ar** [-'nar] (1a) empören; erzürnen; **~-se** zornig werden (**com** über *ac*); **~o** [ĩ'dignu] unwürdig
índigo ['ĩdigu] *m* Indigo *n*
índio ['ĩdju] *m*, **-a** *f* Indio(frau *f*) *m*; Indianer(in *f*) *m*
indire(c)t|a [ĩdi'rɛtɐ] *f* Anspielung *f*; Seitenhieb *m*; **dar** (*od* **dizer**) **~s** anzüglich werden; **~o** [-'rɛtu] indirekt; mittelbar; anzüglich; **discurso** *m* **~** *GRAM* indirekte Rede *f*
indiscernível [ĩdiʃsər'nivɛɫ] ununterscheidbar
indisciplin|a [ĩdiʃsə'plinɐ] *f* Undiszipliniertheit *f*; **~ado** [-'nadu] undiszipliniert; **~ar-se** [-'narsə] (1a) aufsässig werden
indiscr|eto [ĩdiʃ'krɛtu] indiskret; taktlos; zudringlich; **~ição** [-kri'sɐ̃w] *f* Indiskretion *f*; Taktlosigkeit *f*
indiscrimin|ado [ĩdiʃkrəmi'nadu] unterschiedslos; **~ável** [-'navɛɫ] ununterscheidbar
indiscutível [ĩdiʃku'tivɛɫ] fraglos, unbestreitbar; indiskutabel
indisp|ensável [ĩdiʃpẽ'savɛɫ] unerlässlich; unentbehrlich; **~onível** [-pu'nivɛɫ] nicht verfügbar; **~or** [-'por] (2zd) verderben; schlecht bekommen (*dat*); **~-se com** sich überwerfen mit; **~osição** [-puzi'sɐ̃w] *f* *MED* Unwohlsein *n*; Unlust *f*; Verstimmung *f*; **~osto** [-'poʃtu] *MED* unwohl; übellaunig, zänkisch
indissociável [ĩdisu'sjavɛɫ] untrennbar (verbunden)
indissolúvel [ĩdisu'luvɛɫ] un(auf-)löslich
indistin|guível [ĩdiʃtĩ'givɛɫ] ununterscheidbar; **~tamente** [-tĩtɐ'mẽtə] ohne Unterschied; **~to** [-'tĩtu] undeutlich; vage
individual [ĩdəvi'dwaɫ] individuell; Sonder..., Einzel...; Individual...; **lições** *f/pl* **-ais** Einzelunterricht *m*; **~idade** [-dwɐli'dadə] *f* Individualität *f*, Persönlichkeit *f*, Eigenart *f*; *JUR* Person *f*; **alta ~** hoch gestellte Persönlichkeit *f*; **~ismo** [-dwɐ'liʒmu] *m* Individualismus *m*; **~ista** [-dwɐ'liʃtɐ] **1.** *adj* individualistisch; eigen; **2.** *su* Individualist(in *f*) *m*; Einzelgänger(in *f*) *m*; **~izar** [-dwɐli'zar] (1a) individualisieren; (einzeln) kennzeichnen; **~almente** [-dwɐɫ'mẽtə] einzeln; jeder für sich
indivíduo [ĩdə'vidwu] *m* Individuum *n* (*a BIOL*, *depr*); Einzelwesen *n*
indivis|ível [ĩdivə'zivɛɫ] unteilbar; **~o** [ĩdə'vizu] ungeteilt; gemeinsam
indizível [ĩdə'zivɛɫ] unaussprechlich
indobrável [ĩdu'bravɛɫ] unbiegsam; *fig* unbeugsam
indócil [ĩ'dɔsiɫ] unfolgsam; unbelehrbar
indocumentado [ĩdukumẽ'tadu] ohne Papiere; **estar ~** keine Papiere haben
índole ['ĩdulə] *f* Art *f*, Wesen *n*; Eigenart *f*; **estar na ~ de** *j-m* eigen sein; **ter boa ~** gutartig sein
indol|ência [ĩdu'lẽsjɐ] *f* (Nach)Lässigkeit *f*, Trägheit *f*, Unempfindlichkeit *f*; **~ente** [-'lẽtə] (nach)lässig; träge; (schmerz)unempfindlich; **~or** [-'lor] schmerzlos
indom|ável [ĩdu'mavɛɫ] unbezwinglich; unbeugsam; **~esticado** [-məʃti'kadu] ungezähmt
indómito (*ô) [ĩ'dɔmitu] unbezwungen; widerspenstig
Indonésia [ĩdu'nɛzjɐ]: **a ~** Indonesien *n*
indonésio [ĩdu'nɛzju] **1.** *adj* indonesisch; **2.** *m*, **-a** *f* Indonesier(in *f*) *m*
indubitável [ĩdubi'tavɛɫ] unzweifelhaft
ind|ução [ĩdu'sɐ̃w] *f* Überredung *f*; Verführung *f*, *FIL*, *EL* Induktion *f*; **~úctil** [ĩ'duktiɫ] starr; spröde (*a TÉCN*)
indul|gência [ĩduɫ'ʒẽsjɐ] *f* Nachsicht

f, Milde *f*; **~s** *pl REL* Ablass *m*; **~gente** [-'ʒẽtə] nachsichtig, milde; **~tar** [-'tar] (1a) begnadigen; freisprechen von; **~to** [ĩ'dułtu] *m* Begnadigung *f*; Straferlass *m*

indument|ária [ĩdumẽ'tarjɐ] *f* Trachtenkunde *f*; Tracht *f*; Kostüm *n*; **~ário** [-'tarju] Trachten...; **~o** [-'mẽtu] *m* Kleidung *f*; Tracht *f*

indústria [ĩ'duʃtrjɐ] *f ECON* Industrie *f*; Gewerbe *n*; **~ *automobilística*** Automobilindustrie *f*; **~ *básica*** Grundstoffindustrie *f*; ***cavalheiro*** *m* ***de ~*** Hochstapler *m*; **~ *de consumo*** Konsumgüterindustrie *f*; **~ *dos transportes*** Transportwesen *n*; **~ *hoteleira*** Hotelgewerbe *n*; **~ *pesada*** Schwerindustrie *f*; **~ *transformadora*** verarbeitende Industrie *f*

industri|al [ĩduʃ'trjał] **1.** *adj* industriell, Industrie...; gewerblich, Gewerbe...; **2.** *su* Industrielle(r) *su*; Gewerbetreibende(r) *su*; **~alização** [-trjɐlizɐ'sɐ̃w] *f* Industrialisierung *f*; **~alizar** [-trjɐli'zar] (1a) industrialisieren; **~ar** [-'trjar] (1g) unterrichten (***em*** in *dat*); **~oso** [-'trjozu] fleißig; geschickt

indu|tância [ĩdu'tẽsjɐ] *f EL* Induktanz *f*; **~tivo** [-'tivu] induktiv; **~tor** [-'tor] **1.** *adj* Induktions...; **2.** *m EL* Induktor *m*; **~zido** [-'zidu] *m EL* Anker *m*, Rotor *m*; **~zir** [-'zir] (3m) folgern; *EL* induzieren; *Furcht* erwecken; *j-n* mitreißen; **~ *a*** anregen zu; **~ *em*** verleiten zu

inebriar [inə'brjar] (1g): **~ *com*** betrunken machen mit

inédito [i'nɛditu] **1.** *adj* unveröffentlicht; unbekannt; originell; **2.** *m* ungedruckte(s) Werk *n*

inefável [inə'favɛł] unaussprechlich

inefic|ácia [inəfi'kasjɐ] *f* Unwirksamkeit *f*, Wirkungslosigkeit *f*; **~az** [-'kaʃ] unwirksam, wirkungslos; **~iência** [-'sjẽsjɐ] *f* Ineffizienz *f*, Unwirtschaftlichkeit *f*; **~iente** [-'sjẽtə] unwirtschaftlich

ineg|ável [inə'gavɛł] unleugbar; **~ociável** [-gu'sjavɛł] unverkäuflich

in|épcia [i'nɛpsjɐ] *f* Unfähigkeit *f*; Dummheit *f*; Schwachsinn *m*; **~epto** [i'nɛptu] unfähig; tölpelhaft

inequívoco [inə'kivuku] eindeutig

inércia [i'nɛrsjɐ] *f* Trägheit *f* (*a FIS*)

iner|ência [inə'rẽsjɐ] *f* Zugehörigkeit *f*; Verbundenheit *f*; **~ente** [-'rẽtə] innewohnend; verbunden (***a*** mit)

inerte [i'nɛrtə] träge; regungslos

inescrutável [inəʃkru'tavɛł] unerforschlich

inês-d'orta [ineʒ'dɔrtɐ] *su* F Dummkopf *m*

inesgotável [inəʒgu'tavɛł] unerschöpflich

ines|perado [inəʃpə'radu] unerwartet; unverhofft; **~quecível** [-kə'sivɛł] unvergesslich; **~tético** [-'tɛtiku] unästhetisch; **~timável** [-ti'mavɛł] unschätzbar

inevitável [inəvi'tavɛł] unvermeidlich

inexa(c)t|idão [inizati'dɐ̃w] *f* Ungenauigkeit *f*; **~o** [-'zatu] ungenau; unrichtig; unpünktlich

inex|aurível [inizaw'rivɛł] unausschöpfbar; unversiegbar; **~cedível** [inɐjʃsə'divɛł] unübertrefflich; **~ecutável** [inizəku'tavɛł], **~equível** (*ü) [inizə'kwivɛł] unausführbar

inexist|ência [iniziʃ'tẽsjɐ] *f* Nichtvorhandensein *n*; Fehlen *n*; Mangel *m* (***de*** an *dat*); **~ente** [-'tẽtə] nicht vorhanden; **~ir** [-'tir] (3a) nicht vorkommen; fehlen

inexorável [inizu'ravɛł] unerbittlich

inex|periência [inɐjʃpə'rjẽsjɐ] *f* Unerfahrenheit *f*; **~periente** [-pə'rjẽtə] unerfahren; **~plicável** [-pli'kavɛł] unerklärlich; **~plorado** [-plu'radu] unerforscht; ungenutzt (*Rohstoffe*); **~plorável** [-plu'ravɛł] unerforschbar; *BGB* nicht abbauwürdig; **~pressivo** [-prə'sivu] ausdruckslos; **~primível** [-prə'mivɛł] unaussprechlich; **~terminável** [-tərmi'navɛł] unausrottbar; **~tinguível** [-tĩ'givɛł] unauslöschlich

infal|ibilidade [ĩfɐlibəli'dadə] *f* Unfehlbarkeit *f*; **~ível** [-'livɛł] unfehlbar; unausbleiblich (*Ereignis*); **~sificável** [-səfi'kavɛł] unfälschbar

infam|ante [ĩfɐ'mẽtə] entehrend; ehrenrührig; **~ar** [-'mar] (1a) entehren; verleumden; **~e** [ĩ'fɐmə] **1.** *adj* infam; ehrlos; niederträchtig; **2.** *su* Schurke *m*, Schurkin *f*

infâmia [ĩ'fɐmjɐ] *f* Niedertracht *f*; Schändlichkeit *f*

infância [ĩ'fẽsjɐ] *f* Kindheit *f*

infant|aria [ĩfɐ̃tɐ'riɐ] *f MIL* Infanterie *f*; **~ário** [-'tarju] *m* Kinderkrippe *f*; **~e** [ĩ'fɐ̃tə] **1.** *m MIL* Infanterist *m*; **2.** *m*, **-a** *f* Infant(in *f*) *m*; **~icida** [-tə'sidɐ] *su* Kindermörder(in *f*) *m*; **~icídio** [-tə'sidju] *m* Kindesmord *m*; **~il** [-'tił] kindlich; Kinder...; *depr* kindisch

infarto [ĩ'fartu] *m bras* Infarkt *m*

infatigável [ĩfɐti'gavɛł] unermüdlich

infausto [ĩ'fawʃtu] unglücklich

infe(c)|ção [ĩfɛ(k)'sɐ̃w] *f* Infektion *f*, Ansteckung *f*; Entzündung *f*; **~cionar** [-sju'nar] (1f) eine Infektion verursachen bei; *mit e-r Krankheit* infizieren; **~cioso** [-'sjozu] ansteckend; entzündlich; **~tar** [-'tar] (1a) anstecken; entzünden; **~to** [ĩ'fɛ(k)tu] verpestet; stinkend

infecundo [ĩfə'kũdu] unfruchtbar

infel|icidade [ĩfələsi'dadə] *f* Unglück *n*; **~iz** [-'liʃ] **1.** *adj* unglücklich; **2.** *su* Pechvogel *m*; **~izmente** [-liʒ'mẽtə] leider

I

inferência [ĩfə'rẽsjɐ] *f* Folgerung *f*

inferior [ĩfə'rjor] **1.** *adj* unter; unterlegen; untergeordnet; minderwertig; Unter...; Nieder...; *comp*: **~ a** niedriger (*od* geringer) als; **2.** *su* Untergebene(r) *su*; **~idade** [-rjuri'dadə] *f* Unterlegenheit *f*; Minderwertigkeit *f*; ***complexo*** *m* **de ~** Minderwertigkeitskomplex *m*; **~izar** [-rjuri'zar] (1a) erniedrigen

inferir [ĩfə'rir] (3c) folgern (**de** aus)

infern|al [ĩfər'nał] höllisch; teuflisch; **~o** [ĩ'fɛrnu] *m* Hölle *f*; **~ *verde*** *fig* grüne Hölle *f* (*Dschungel*); ***dar voltas ao* ~** F Himmel und Hölle in Bewegung setzen

ínfero ['ĩfəru] → ***inferior***

in|fértil [ĩ'fɛrtił] unfruchtbar; **~fertilidade** [ĩfərtəli'dadə] *f* Unfruchtbarkeit *f*

infest|ação [ĩfəʃtɐ'sɐ̃w] *f* Verheerung *f*; Heimsuchung *f*; Befall *m*; **~ar** [-'tar] (1c) heimsuchen (*Krieg, Dürre*); *Gebiet* verheeren; befallen; **~o** [ĩ'fɛʃtu] feindlich; lästig; schädlich

infidel|idade [ĩfidəli'dadə] *f* Untreue *f*, Treulosigkeit *f*; Verrat *m*; **~ *conjugal*** eheliche Untreue *f*; **~íssimo** [-də'lisimu] *sup v* ***infiel***

infiel [ĩ'fjɛł] untreu; *REL* ungläubig

infiltr|ação [ĩfiłtrɐ'sɐ̃w] *f* Infiltration *f*, Einsickern *n*; Eindringen *n*; *GEOL* Einschluss *m*; **~ar** [-'trar] (1a) einsickern in (*ac*); *fig* einflößen (**em** *j-m*); *Organisation* infiltrieren; **~-se** eindringen (**em** in *ac*); durchsickern

ínfimo ['ĩfimu] **1.** *sup irr von* ***baixo***; **2.** *adj* unterst, niedrigst

infin|dável [ĩfĩ'davɛł] endlos; **~do** [ĩ'fĩdu] → ***infinito***; **~idade** [ĩfəni'dadə] *f* Unendlichkeit *f*; ***uma* ~ *de*** zahllose; ***uma* ~ *de tempo*** endlos lange; **~itesimal** [ĩfənitəzi'mał] unendlich klein; *MAT* Infinitesimal...; **~itivo** [ĩfinə'tivu] *m* Infinitiv *m*; **~ *pessoal*** *GRAM* persönliche(r) Infinitiv *m*; **~ito** [ĩfə'nitu] **1.** *adj* unendlich (*Raum*); grenzenlos; zahllos; **2.** *m* Unendliche(s) *n*

infirm|ar [ĩfir'mar] (1a) entkräften; *Vertrag* rückgängig machen; **~e** [ĩ'firmə] unsicher; schwach

infixo [ĩ'fiksu] unstet, unbeständig

infla|ção [ĩflɐ'sɐ̃w] *f* Füllung *f*; Schwellung *f*; *fig* Dünkel *m*; *ECON* Inflation *f*; ***taxa*** *f* **de ~** Inflationsrate *f*; **~cionista** [-sju'niʃtɐ] Inflations..., inflationistisch; **~do** [ĩ'fladu] aufgebläht (*a fig*)

inflam|abilidade [ĩflɐmɐbəli'dadə] *f* Entzündbarkeit *f*; Entflammbarkeit *f*; **~ação** [-'sɐ̃w] *f* Entzündung *f*; *fig* Glut *f*; **~ado** [-'madu] entzündet; entflammt; **~ar** [-'mar] (1a) entzünden (*a MED*); entflammen (*a fig*); **~-se** sich entzünden; *fig* entbrennen; erröten; **~atório** [-'tɔrju] zündend; Entzündungs...; **~ável** [-'mavɛł] entzündlich

infl|ar [ĩ'flar] (1a) aufblasen, -pumpen; aufblähen (*a fig*); **~-se** (an-)schwellen; **~ável** [ĩ'flavɛł] aufblasbar

infle(c)tir [ĩflɛ(k)'tir] (3c) **1.** *v/t* (ab)biegen; *nach unten* beugen; ablenken; *GRAM* flektieren; **2.** *v/i* sich senken; sich brechen (*Licht*)

inflex|ão [ĩflɛ'ksɐ̃w] *f* Biegung *f*; Krümmung *f*; *MAT* Brechung *f*; *GRAM* Flexion *f*; **~ível** [-'ksivɛł] unbiegsam; unbeugsam; *GRAM* nicht flektierbar

infligir [ĩflə'ʒir] (3n) *Strafe* auferlegen; *Niederlage* bereiten, zufügen

influ|ência [ĩ'flwẽsjɐ] *f* Einfluss *m*; *EL* Influenz *f*; ***exercer* ~ *sobre*** Einfluss ausüben auf (*ac*); **~enciação**

[-sjɐ'sɐ̃w] *f* Einflussnahme *f*, Beeinflussung *f*; **~enciar** [-'sjar] (1g) beeinflussen; **~-se com** sich beeinflussen lassen von; **~enciável** [-'sjavɛɫ] beeinflussbar; **~ente** [ĩ'flwẽtə] einflussreich; **~enza** [ĩ'flwẽzɐ] *f* MED Influenza *f*, Virusgrippe *f*; **~ir** [ĩ'flwir] (3i) **1.** *v/t Mut etc* einflößen; *j-n* beeinflussen; **2.** *v/i* Einfluss haben (**em** auf *ac*)

influxo [ĩ'fluksu] *m* Einfluss *m*; Zustrom *m*; Flut *f* (*Gezeiten*)

in-fólio [ĩ'fɔlju] **1.** *adj* Folio...; **2.** *m* Foliant *m*

inform|ação [ĩfurmɐ'sɐ̃w] *f* Information *f*; Mitteilung *f*; Nachricht *f*; Auskunft *f* (**dar** erteilen, **colher** einholen); **pedido** *m* **de ~** Anfrage *f*; **~ado** [-'madu]: **estar ~** Bescheid wissen; **ser** (*od* **ficar**) **~** Kenntnis erhalten; **~ador** [-'dor] *m* Informant *m*; **~al** [-'maɫ] ungezwungen, locker; **~ante** [-'mẽtə] *su* → **~ador**; **~ar** [-'mar] (1e) informieren (**de** über *ac*); **~-se** sich erkundigen (**de**, **sobre** nach); **~ática** [-'matikɐ] *f* Informatik *f*; **~ático** [-'matiku] Informatik...; **~ativo** [-mɐ'tivu] Informations...; Nachrichten...; informativ; **~atização** [-tizɐ'sɐ̃w] *f* Computerisierung *f*; Umstellung *f* auf EDV; **~atizado** [-ti'zadu] computergestützt

informe [ĩ'fɔrmə] **1.** *m* Information *f*; Bericht *m*; **2.** *adj* formlos; unförmig

infort|unado [ĩfurtu'nadu] unglücklich; vom Unglück verfolgt; **~único** [-'tunju] *m* Unglück *n*

infra(c)|ção [ĩfra'sɐ̃w] *f* Vergehen *n*; Zuwiderhandlung *f*; (Vertrags-)Bruch *m*; **~ disciplinar** Dienstvergehen *n*; **~tor** [-'tor] *m* Zuwiderhandelnde(r) *m*; Vertragsbrüchige(r) *m*

infra|-estrutura(s) [ĩfrɐiʃtru'turɐ] *f(pl)* Infrastruktur *f*; **~vermelho** [-vər'mɛʎu] infrarot

infring|ência [ĩfrĩ'ʒẽsjɐ] *f* Übertretung *f*; **~ir** [-'ʒir] (3n) *Gesetz* übertreten; *Vertrag*, *Wort* brechen

infrutífero [ĩfru'tifəru] unfruchtbar

infunda|do, **~mentado** [ĩfũ'dadu, -dɐmẽ'tadu] unbegründet; grundlos

infu|ndir [ĩfũ'dir] (3a) aufgießen; einweichen; vergießen; einflößen; **~sa** [ĩ'fuzɐ] *f* Henkeltasse *f*; **~são** [ĩfu'zɐ̃w] *f* Aufguss *m*; Kräutertee *m*; Infusion *f*; **~sível** [-'zivɛɫ] unschmelzbar; **~so** [ĩ'fuzu] **1.** *p/p irr von* **infundir**; **2.** *m* Aufguss *m*

ingénito (*ê) [ĩ'ʒɛnitu] angeboren

ingente [ĩ'ʒẽtə] riesig, ungeheuer

ing|enuidade [ĩʒənwi'dadə] *f* Naivität *f*; Einfalt *f*; Arglosigkeit *f*; **~énuo** (*ê) [ĩ'ʒɛnwu] **1.** *adj* naiv; arglos; harmlos; **2.** *m* arglose(r) Mensch *m*; F Dummerchen *n*

ing|erência [ĩʒə'rẽsjɐ] *f* Einmischung *f*; **~erir** [-'rir] (3c) **1.** *v/t Medikament* einnehmen; *Speisen* verzehren; verschlingen; **2.** *v/i u* **~-se** sich einmischen (**em** in *ac*); **~estão** [ĩʒəʃ'tɐ̃w] *f* Einnahme *f* (*bsd* MED); Verzehr *m*; Verschlingen *n*

Inglaterra [ĩglɐ'tɛʀɐ]: **a ~** England *n*

inglês [ĩ'gleʃ] **1.** *adj* englisch; **2.** *m*, **-esa** *f* Engländer(in *f*) *m*

inglório [ĩ'glɔrju] unrühmlich, ruhmlos

ingovernável [ĩguvər'navɛɫ] unlenkbar (*Fahrzeug*); POL nicht regierbar

ingrat|idão [ĩgrɐti'dɐ̃w] *f* Undank(barkeit *f*) *m*; **~o** [ĩ'gratu] **1.** *adj* undankbar; unangenehm; **2.** *m* undankbare(r) Mensch *m*

ingrediente [ĩgrə'djẽtə] *m* Bestandteil *m*; Zutat *f*

íngreme ['ĩgrəmə] abschüssig; steil

ingress|ar [ĩgrə'sar] (1c) *Organisation*: eintreten (**em** in *ac*); aufgenommen werden (**em** in *ac*); *Krankenhaus*: eingeliefert werden (**em** in *ac*); **~o** [ĩ'grɛsu] *m* Eintritt *m* (**em** in *ac*); Einlieferung *f* (**em** in *ac*); Eintrittskarte *f*; **~s** *pl* Einnahmen *f/pl*

íngua ['ĩgwɐ] *f* MED Lymphdrüsenschwellung *f*

inguinal [ĩgi'naɫ] ANAT Leisten...

ingurgit|amento [ĩgurʒitɐ'mẽtu] *m* Verstopfung *f*, Überfüllung *f*; **~ar** [-'tar] (1a) verschlingen; verstopfen; **~-se em** versinken in (*dat*)

inha|ca [i'ɲakɐ] *m Afrika* (Stammes)Chef *m*; *bras* Gestank *m*; **~me** [i'ɲɐmə] *m* BOT Yamswurzel *f*; Taro *m*; **~pa** [i'ɲapa] *f bras* Zugabe *f*

inib|ição [inəbi'sɐ̃w] *f* Verhinderung *f*; Verbot *n*; Hemmung *f* (*a* TÉCN); MED Lähmung *f*; *fig* Verklemmtheit *f*; **~ de conduzir** Fahrverbot *n*; **~ir** [-'bir] (3a) verhindern; untersagen

(**de** zu); *QUÍM* hemmen; **~itivo, ~itório** [-'tivu, -'tɔrju] hinderlich
inici|ação [inisjɐ'sɐ̃w] *f* Einführung *f* (**em** in *ac*); *bsd a* Aufklärung *f*; **~ado** [-'sjadu] **1.** *adj* eingeweiht; *sexuell* aufgeklärt; **2.** *m* Eingeweihte(r) *m*; **~ador** [-'dor] *m* Bahnbrecher *m*; **~al** [-'sjał] **1.** *adj* anfänglich; Ausgangs...; **2.** *f* Anfangsbuchstabe *m*; **~alização** [-sjɐlizɐ'sɐ̃w] *f INFORM* Initialisierung *f*; **~alizar** [-sjɐli'zar] (1a) initialisieren; **~ar** [-sjar] (1g) beginnen; in die Wege leiten; einweihen (**em** in *ac*); *Thema* einführen (**em** in *ac*); **~-se em** beginnen mit; sich üben in (*dat*); **~ativa** [-'tivɐ] *f* Initiative *f*; **por ~ de** auf Anregung von; **por ~ própria** aus eigenem Antrieb; **tomar a ~** die Initiative ergreifen
início [i'nisju] *m* Beginn *m*; **de ~** anfänglich; **dar ~ a** eröffnen; **ter ~** beginnen
ini|gualável [inigwɐ'lavɛł] unvergleichlich; **~ludível** [inilu'divɛł] unzweifelhaft; **~maginável** [inimɐʒi'navɛł] unvorstellbar
inimi|císsimo [inimə'sisimu] **1.** *adj* (tödlich) verfeindet; **2.** *sup von* **~go** [-inə'migu] **1.** *adj* feindlich; verfeindet; schädlich; **2.** *m* Feind *m*
inimitável [inəmi'tavɛł] unnachahmlich
inimiz|ade [inəmi'zadə] *f* Feindschaft *f*; **~ar** [-'zar] (1a) verfeinden
ininte|ligível [inĩtələ'ʒivɛł] unverständlich; unerklärlich; **~rrupto** [-'ʀuptu] ununterbrochen
ininvestigável [inĩvəʃti'gavɛł] unerforschbar, unergründlich
in|iquidade (*ü) [inəkwi'dadə] *f* Unrecht *n*; **~íquo** [i'nikwu] ungerecht
inje(c)|ção [ĩʒɛ'sɐ̃w] *f* Injektion *f*; Spritze *f*; *TÉCN* Einspritzung *f* (*bsd AUTO*); **bomba** *f* **de ~** Einspritzpumpe *f*; **~ de capital** Kapitalspritze *f*; **pregar uma grande ~** P langweiliges Zeug reden; **~tado** [-'tadu] injiziert; blutunterlaufen; **~tar** [-'tar] (1a) injizieren; einspritzen; **~-se** P *Drogen* sich spritzen; **~tor** [-'tor] *m TÉCN* Spritzdüse *f*; Dampfstrahlgebläse *n*
inj|úria [ĩ'ʒurjɐ] *f* Beschimpfung *f*, Beleidigung *f*; **fazer uma ~** beleidigen; **~uriar** [ĩʒu'rjar] (1g) *j-n* beschimpfen; beschädigen; **~urioso** [ĩʒu'rjozu] beleidigend
injust|iça [ĩʒuʃ'tisɐ] *f* Ungerechtigkeit *f*; **~içado** [-'sadu] ungerecht behandelt; **~ificado** [-təfi'kadu] ungerechtfertigt, unberechtigt; **~ificável** [-təfi'kavɛł] nicht zu rechtfertigen; **~o** [ĩ'ʒuʃtu] ungerecht
inobedi|ência [inobə'djẽsjɐ] *f* Ungehorsam *m*; **~ente** [-'djẽtə] ungehorsam
inobserv|ado [inobsər'vadu] unbeobachtet; noch nicht beobachtet; **~ância** [-'vɐ̃sjɐ] *f* Nichtbeachtung *f*
inoc|ência [inu'sẽsjɐ] *f* Unschuld *f*; **~entar** [-sẽ'tar] (1a) von Schuld freisprechen; rein waschen; **~ente** [-'sẽtə] **1.** *adj* unschuldig; arglos; **2.** *su* Unschuldige(r) *su*; **armar em ~** den Unschuldsengel spielen
inocuidade [inokwi'dadə] *f* Unschädlichkeit *f* (*für Umwelt etc*)
inocul|ação [inukulɐ'sɐ̃w] *f MED* Inokulation *f*, Übertragung *f*; *fig* Verbreitung *f*; **~ar** [-'lar] (1a) übertragen; **~-se** eindringen
inócuo [i'nɔkwu] unschädlich; harmlos
inocupado [inɔku'padu] frei (*Platz*); unbewohnt; untätig (*Arbeiter*)
inodoro [inu'dɔru] geruchlos
inofensivo [inufẽ'sivu] harmlos
inolvidável [inołvi'davɛł] unvergesslich
inomin|ado [inumi'nadu] namenlos; **~ável** [-'navɛł] unbenennbar
inop|erância [inupə'rɐ̃sjɐ] *f* Unwirksamkeit *f*; **~erante** [-'rẽtə] unwirksam; **~inado** [-pi'nadu] unerwartet; **~ortuno** [-pur'tunu] ungelegen; unangebracht; unerwünscht
inorg|ânico [inur'gɐniku] anorganisch; **~anizado** [-gɐni'zadu] unorganisiert
inospitaleiro, **inóspito** [inuʃpitɐ'lɐjru, i'nɔʃpitu] ungastlich
inov|ação [inuvɐ'sɐ̃w] *f* Neuerung *f*, Innovation *f*; **~ador** [-'dor] **1.** *adj* innovativ; **2.** *m* (Er)Neuerer *m*; **~ar** [-'var] (1e) erfinden; erneuern
inoxidável [inɔksi'davɛł] rostfrei
inqualificável [ĩkwɐləfi'kavɛł] unqualifizierbar
inquebr(ant)ável [ĩkə'bravɛł, -brɐ̃'tavɛł] unzerbrechlich; unermüdlich
inquérito [ĩ'kɛritu] *m* Untersuchung

f; Umfrage *f*; ***comissão** f* ***de ~*** Untersuchungsausschuss *m*

inquestionável [ĩkəʃtju'navɛɫ] unbestreitbar, außer Frage stehend

inquiet|ação [ĩkjɛtɐ'sɐ̃w] *f* Unruhe *f*; Beunruhigung *f*; Aufregung *f*; **~ante** [-'tɐ̃tə] beunruhigend; **~ar** [-'tar] (1a) beunruhigen; aufregen; **~o** [ĩ'kjɛtu] unruhig; **~ude** [-'tudə] *f* → ***inquietação***

inquilin|ato [ĩkəli'natu] *m* Mieterschaft *f*; Mietverhältnis *n*; ***lei** f* ***do ~*** Mieterschutzgesetz *n*; **~o** [-'linu] *m*, **-a** *f* **a)** Mieter(in *f*) *m*; **b)** *ZO* Schmarotzer *m*

inquin|ação [ĩkinɐ'sɐ̃w] *f* Verunreinigung *f*, Verseuchung *f*; **~ar** [-'nar] (1a) verunreinigen

inquir|ição [ĩkəri'sɐ̃w] *f* Nachforschung *f*; *JUR* (Zeugen)Verhör *n*; **~idor** [-'dor] *m* Fragesteller *m*; **~ir** [-'rir] (3a) fragen (***de*** nach); erforschen; untersuchen; *Zeugen* befragen, verhören

Inquisi|ção [ĩkəzi'sɐ̃w] *f HIST* Inquisition *f*; **~dor** [-'dor] *m HIST* Inquisitor *m*

insaci|abilidade [ĩsɐsjɐbəli'dadə] *f* Unersättlichkeit *f*; **~ável** [-'sjavɛɫ] unersättlich

insal|ivar [ĩsɐli'var] (1a) mit Speichel vermischen; **~ubre** [-'lubrə] ungesund, schädlich

insan|ável [ĩsɐ'navɛɫ] *MED* unheilbar; **~o** [ĩ'sɐnu] geisteskrank

insatisf|ação [ĩsɐtiʃfɐ'sɐ̃w] *f* Unzufriedenheit *f*; **~eito** [-'fɐjtu] unbefriedigt; unzufrieden

insciente, **ínscio** [ĩ'ʃsjẽtə, 'ĩʃsju] unwissend

inscr|ever [ĩʃkrə'ver] (2c; *p/p* ***inscrito***) einschreiben (***em*** in *ac*); *Namen* schreiben (***em*** in, auf *ac*); einmeißeln (***em*** in *ac*); einzeichnen; ***~-se em*** sich einschreiben in (*ac*); sich anmelden für; **~ição** [ĩʃkri'sɐ̃w] *f* In-, Aufschrift *f*; Einschreibung *f*, -tragung *f*; ***mediante ~ prévia*** nach vorheriger Eintragung (*od* Bestellung)

inse(c)t|icida [ĩsɛti'sidɐ] **1.** *adj* Insekten tötend; ***pó** m* ***~*** Insektenpulver *n*; **2.** *m* Insektizid *n*, Insektengift *n*; **~ívoro** [isɛ'tivuru] *m* Insektenfresser *m*; **~o** [ĩ'sɛtu] *m* Insekt *n*; ***~ daninho*** Schädling *m*

inse|duzível [ĩsədu'zivɛɫ] unbestechlich; **~gurança** [-gu'rɐ̃sɐ] *f* Unsicherheit *f*; **~guro** [-'guru] unsicher; **~minação** [-minɐ'sɐ̃w] *f* (künstliche) Befruchtung *f*

insensat|ez [ĩsẽsɐ'teʃ] *f* Unvernunft *f*; Unsinn *m*; **~o** [-'satu] unvernünftig

insens|ibilidade [ĩsẽsibəli'dadə] *f* Gefühllosigkeit *f*; Unempfindlichkeit *f*; mangelnde Sensibilität *f*; **~ibilizar** [-'zar] (1a) betäuben; gefühllos machen; abstumpfen; **~ível** [-'sivɛɫ] gefühllos, unsensibel; unempfindlich

inseparável [ĩsəpɐ'ravɛɫ] unzertrennlich

inser|ção [ĩsər'sɐ̃w] *f* Einfügung *f* (***em*** in *ac*); Aufnahme *f*, Anschluss *m*; *ANAT*, *BOT* Insertion *f*; ***ponto** m* ***de ~*** Ansatzstelle *f*; **~ir** [-'rir] (3c; *p/p* ***inserto***) einfügen (***em*** in *ac*); aufnehmen; *Anzeige* aufgeben; ***~-se*** *fig* sich einordnen (***em*** in *ac*); *ANAT*, *BOT* an-, einwachsen

inset... *bras* → ***insect...***

insídia [ĩ'sidjɐ] *f* Hinterlist *f*; Falle *f*

insidi|ar [ĩsi'djar] (1g) nachstellen (*dat*); e-n Hinterhalt legen (*dat*); **~oso** [-'djozu] hinterlistig

insigne [ĩ'signə] bedeutend

insígnia [ĩ'signjɐ] *f* (Ab)Zeichen *n*; Standarte *f*; **~s** *pl fig* Insignien *n/pl*

insignific|ância [ĩsignəfi'kɐ̃sjɐ] *f* Bedeutungslosigkeit *f*; Geringfügigkeit *f*; **~ante** [-'kɐ̃tə] unbedeutend; geringfügig

insincer|idade [ĩsĩsəri'dadə] *f* Unehrlichkeit *f*; **~o** [-'sɛru] unehrlich

insinu|ação [ĩsinwɐ'sɐ̃w] *f* Andeutung *f*, Wink *m*; Unterstellung *f*; **~ante** [-'nwɐ̃tə] einschmeichelnd; anziehend; **~ar** [-'nwar] (1g) einreden; nahe legen; *Kritik* andeuten; unterstellen; ***~-se em*** sich einschmeicheln bei; sich einschleichen in (*ac*); ***~-se por*** *et* durchdringen

ins|ipidez [ĩsəpi'deʃ] *f* Fadheit *f*; *fig* Abgeschmacktheit *f*; **~ípido** [ĩ'sipidu] fade; geschmacklos, abgeschmackt; **~ipiente** [-'pjẽtə] unwissend; unklug; unvernünftig

insist|ência [ĩsiʃ'tẽsjɐ] *f* Drängen *n*; Beharrlichkeit *f*; **~ente** [-'tẽtə] beharrlich; nachdrücklich; dringend; **~ir** [ĩsəʃ'tir] (3a) drängen (***com*** *j-n*);

beteuern; bestehen (**em** auf *dat*); Wert legen (**em** auf *ac*)

insoci|abilidade [ĩsusjɐbəli'dadə] *f* Menschenscheu *f*; **~al** [-'sjaɫ] unsozial; **~ável** [-'sjavɛɫ] ungesellig

inso|frido [ĩsu'fridu] ungeduldig, gereizt; **~frível** [-'frivɛɫ] unerträglich

insol|ação [ĩsulɐ'sɐ̃w] *f METÉO* Sonneneinstrahlung *f*; *MED* Sonnenstich *m*; **~ar** [-'lar] (1c) (*übermäßig*) sonnen; **~ente** [-'lẽtə] **1.** *adj* unverschämt; **2.** *su* zudringliche Person *f*

insólito [ĩ'sɔlitu] ungewöhnlich

insolúvel [ĩsu'luvɛɫ] unlösbar; unablösbar (*Schuld*); *QUÍM* unlöslich

insolv|ência [ĩsoɫ'vẽsjɐ] *f* Zahlungsunfähigkeit *f*, Insolvenz *f*; **~ente** [-'vẽtə] zahlungsunfähig

insondável [ĩsõ'davɛɫ] unergründlich

insónia (*ô) [ĩ'sɔnjɐ] *f* Schlaflosigkeit *f*

insonorização [ĩsunurizɐ'sɐ̃w] *f* Lärm-, Geräuschdämmung *f*

inso|nso, ~sso [ĩ'sõsu, ĩ'sosu] salzlos; fad; ***comer ~ e beber salgado*** *fig* alle Höhen und Tiefen des Lebens durchschreiten

inspe(c)|ção [ĩʃpɛ'sɐ̃w] *f* Besichtigung *f*; *MED*, *TÉCN* Untersuchung *f*; Überprüfung *f*; Aufsicht(sbehörde) *f*, Überwachung(sstelle) *f*; Inspektion *f*; *MIL* Musterung *f*; ***~ de viaturas*** Kraftfahrzeuginspektion *f* (*Art TÜV*); **~cionar** [-sju'nar] (1f) besichtigen; untersuchen; überprüfen; beaufsichtigen; inspizieren; *Wehrpflichtige* mustern; **~tor** [-'tor] *m* Inspektor *m*

inspir|ação [ĩʃpirɐ'sɐ̃w] *f* Einatmung *f*; *fig* Inspiration *f*; Eingebung *f*; **~ador** [-'dor] *m* Urheber *m*; **~ar** [-'rar] (1a) einatmen; *Respekt* einflößen; *fig* inspirieren (**a** zu); **~-se** sich inspirieren lassen (**em** von)

instabilidade [ĩʃtɐbəli'dadə] *f* Unbeständigkeit *f*; Instabilität *f*

instal|ação [ĩʃtɐlɐ'sɐ̃w] *f* Einrichtung *f*, Einbau *m*, Installation *f*; *elektrische* Leitung *f*; *maschinelle* Anlage *f*; **-ões** *pl* **sanitárias** sanitäre Einrichtungen *f/pl*; **~ado** [-'ladu] verfügbar, vorhanden; *POL depr* systemtreu; betriebsbereit (*Gerät*); **~ar** [-'lar] (1b) installieren; aufstellen; einbauen; anlegen; *Leitung* verlegen; *j-n* unterbringen; *in ein Amt* einführen; **~-se** sich niederlassen (**em** in *dat*); es sich bequem machen

instância [ĩʃ'tɐ̃sjɐ] *f* Dringlichkeit *f*; inständige Bitte *f*; Eingabe *f* (*Behörde*); *JUR* Instanz *f*; **com ~** inständig; ***em última ~*** *fig* äußerstenfalls; ***~s*** *pl* ***superiores*** höhere Instanzen *f/pl*

instant|âneo [ĩʃtɐ̃'tɐnju] **1.** *adj* augenblicklich; plötzlich; vorübergehend; *CUL* Instant...; **2.** *m* Momentaufnahme *f*; **~e** [ĩʃ'tɐ̃tə] **1.** *adj* inständig (*Bitte*); drängend; dringlich; **2.** *m* Augenblick *m*; ***a cada ~*** jederzeit; ***num ~*** im Nu

instar [ĩʃ'tar] (1a) **1.** *v/t* auffordern (**para** zu); anflehen (**para** zu); **2.** *v/i* drohen (*Gefahr*); drängen (**em** auf *ac*); dringend (nötig) sein

instaur|ação [ĩʃtawrɐ'sɐ̃w] *f* Errichtung *f*; Einrichtung *f*; Einführung *f*; *bsd POL* Wiederherstellung *f*; *JUR* Einleitung *f* (*e-s Verfahrens*); **~ador** [-'dor] *m* Begründer *m*; **~ar** [-'rar] (1a) *System* errichten; einführen; *Organisation* gründen; wiederherstellen; *Verfahren* einleiten; *Prozess* anstrengen (**a** gegen); ***~ em*** *j-n* einsetzen als

instável [ĩʃ'tavɛɫ] unbeständig; unsicher; *FIS*, *METÉO* instabil; *PSIC* labil; *TÉCN* leicht beweglich

instig|ação [ĩʃtigɐ'sɐ̃w] *f* Anstiftung *f*; Hetze *f*; Antrieb *m*; **~ador** [-'dor] **1.** *adj* treibend; **2.** *m* Anstifter *m*; **~ar** [-'gar] (1o) anstiften; (auf)hetzen

instilar [ĩʃti'lar] (1a) einträufeln; *fig* einflüstern

instint|ivo [ĩʃtĩ'tivu] instinktiv; unwillkürlich; **~o** [ĩʃ'tĩtu] *m* Instinkt *m*

institucional [ĩʃtitusju'naɫ] institutionell; **~ização** [-nɐlizɐ'sɐ̃w] *f* Institutionalisierung *f*; **~izar** [-nɐli'zar] (1a) institutionalisieren

institu|ição [ĩʃtitwi'sɐ̃w] *f* Gründung *f*; Institution *f*; **~ir** [-'twir] (3i) gründen; einsetzen; freigeben für; **~to** [-'tutu] *m* Institut *n*; Anstalt *f*; Orden(sgründung *f*) *m*; ***~ de beleza*** Schönheitssalon *m*; ***≈ Monetário Europeu*** Europäische(s) Währungsinstitut *n*; ***≈ Superior Técnico*** Technische Hochschule *f*

instru|ção [ĩʃtru'sɐ̃w] *f* Unterricht *m*; Unterweisung *f*; Anweisung *f*;

(Schul)Bildung *f*; ~ ***criminal*** Ermittlungsverfahren *n*; ***juiz*** *m* ***de*** ~ *JUR* Untersuchungsrichter *m*; **-ões** *pl* (Bedienungs)Anleitung *f*; **~ído** [-'trwidu] gebildet; **~ir** [-'trwir] (3i) unterrichten, unterweisen; anweisen; bilden; *Prozess* vorbereiten

instrument|ação [ĩʃtrumẽtɐ'sɐ̃w] *f* Instrumentierung *f*; **~al** [-'tał] **1.** *adj* Instrumental...; **2.** *m* *MÚS* Instrumentarium *n*; **~ar** [-'tar] (1a) instrumentieren; **~ista** [-'tiʃtɐ] *su* *MÚS* Instrumentalist(in *f*) *m*; *MED* Arztgehilfe *m*, Arzthelferin *f*

instrumento [ĩʃtru'mẽtu] *m* Instrument *n* (*a fig*); Werkzeug *n*; Gerät *n*; *JUR* Urkunde *f*; ~ ***de corda*** (***percussão***, ***sopro***) *MÚS* Streich- (Schlag-, Blas)instrument *n*; ~ ***de pressão*** *fig* Druckmittel *n*

instrut|ivo [ĩʃtru'tivu] lehrreich; aufschlussreich; Lehr...; **~or** [-'tor] **1.** *adj* lehrend, Lehr...; **2.** *m* Lehrkraft *f*

ínsua ['ĩswɐ] *f* (Fluss)Insel *f*

insubmer|gível, **~sível** [ĩsubmər'ʒivɛł, -'sivɛł] unsinkbar

insubmiss|ão [ĩsubmi'sɐ̃w] *f* Aufsässigkeit *f*; **~o** [-'misu] aufsässig

insubordin|ação [ĩsubordinɐ'sɐ̃w] *f* Ungehorsam *m*; **~ado** [-'nadu] **1.** *adj* ungehorsam; **2.** *m* Aufwiegler *m*; **~ar** [-'nar] (1a) aufwiegeln; **~-se** den Gehorsam verweigern

insub|ornável [ĩsubor'navɛł] unbestechlich; **~sistente** [-siʃ'tẽtə] halt-, grundlos; **~stituível** [ĩsubʃti'twivɛł] unersetzlich

insucesso [ĩsu'sɛsu] *m* Misserfolg *m*

insufici|ência [ĩsufi'sjẽsjɐ] *f* Unzulänglichkeit *f*; ~ ***cardíaca*** Herzschwäche *f*; **~ente** [-'sjẽtə] unzulänglich; unzureichend

insufl|ar [ĩsu'flar] (1a) *Ballon* aufblasen; *mit Gas etc* füllen; *Flüssigkeit* einspritzen; *fig* einflößen; **~ável** [-'flavɛł] aufblasbar

insul|ar [ĩsu'lar] **1.** *adj* Insel...; **2.** *v/t* (1a) isolieren; *von der Außenwelt* abschließen; **~ina** [-'linɐ] *f* *MED* Insulin *n*

insult|ar [ĩsuł'tar] (1a) beleidigen; **~o** [ĩ'sułtu] *m* Beleidigung *f*; *MED* Anfall *m*; **~uoso** [-'twozu] beleidigend

insu|perável [ĩsupə'ravɛł] unüberwindlich; unübertrefflich; **~portável** [-pur'tavɛł] unerträglich; **~prível** [-'privɛł] unersetzlich

insurg|ente [ĩsur'ʒẽtə] **1.** *adj* aufständisch; **2.** *su* Aufständische(r) *su*; **~ir** [-'ʒir] (3n) aufwiegeln; **~-se** sich auflehnen (***contra*** gegen)

insurr|e(c)to [ĩsu'ʀɛtu] → ***insurgente***; **~eição** [-ʀɐj'sɐ̃w] *f* *POL* Aufstand *m*; Empörung *f*

insus|peito [ĩsuʃ'pɐjtu] unverdächtig; unparteiisch (*Jury etc*); **~tentabilidade** [-tẽtɐbəli'dadə] *f* Unhaltbarkeit *f*; **~tentável** [-tẽ'tavɛł] unhaltbar

inta(c)to [ĩ'ta(k)tu] unberührt; unversehrt, intakt, heil

intangível [ĩtẽ'ʒivɛł] unantastbar

íntegra ['ĩtəgrɐ] *f* Wortlaut *m* (*e-s Textes*); ***na*** ~ vollständig

integr|ação [ĩtəgrɐ'sɐ̃w] *f* Integration *f* (*a MAT*, *POL*); Einordnung *f* (*in ein System*); Zusammenschluss *m*; **~al** [-'grał] **1.** *adj* vollständig; integral (*Bestandteil*); ***cálculo*** *m* ~ *MAT* Integralrechnung *f*; ***pão*** *m* ~ Vollkornbrot *n*; **2.** *f* *MAT* Integral *n*; **~ante** [-'grẽtə] integrierend; ***fazer parte*** ~ ***de*** wesentlicher Bestandteil sein von; **~ar** [-'grar] (1c) vervollständigen; einbeziehen; integrieren; *allg* bilden; **~-se em** gehören zu; eintreten in (*ac*); **~idade** [-gri'dadə] *f* Vollständigkeit *f*; Unversehrtheit *f*; Integrität *f*

íntegro ['ĩtəgru] vollständig; unversehrt (*Gerät*); rechtschaffen (*Bürger*); unbestechlich; integer

inteir|ado [ĩtɐj'radu]: ***estar*** ~ ***de*** im Bilde sein über (*ac*); **~ar** [-'rar] (1a) vervollständigen; komplettieren; *j-n* in Kenntnis setzen; **~-se** sich vergewissern; Kenntnis nehmen (***de*** von); **~eza** [-'rezɐ] *f* Vollständigkeit *f*; ~ ***de carácter*** aufrechte(r) Charakter *m*; **~içado** [-ri'sadu] steif (*vor Kälte*); **~içar** [-ri'sar] (1p) *Gelenke* steif machen; *Wäsche* klamm werden lassen; **~-se com** erstarren vor (*dat*); **~iço** [-'risu] aus e-m Stück; massiv; steif, starr

inteiro [ĩ'tɐjru] ganz; vollständig; unversehrt; ***por*** ~ ganz und gar, vollständig; ***o dia*** *m* ~ den ganzen Tag *m*; ***a tempo*** ~ hauptamtlich; ganztägig

intele(c)t|o [ĩtə'lɛtu] *m* Verstand *m*;

~ual [-'twał] **1.** *adj* verstandesmäßig; intellektuell; **2.** *su* Intellektuelle(r) *su*; **~ualidade** [-twɐli'dadə] *f* Intelligenz *f* (*als Klasse*); *die* Intellektuellen *m/pl*; **~ualizar** [-twɐli'zar] (1a) vergeistigen

intelig|ência [ĩtəli'ʒẽsjɐ] *f* Intelligenz *f*; Einsicht *f*; Verständnis *n*; Einvernehmen *n* (*zwischen zwei Personen*); **~ artificial** künstliche Intelligenz *f*; **serviço** *m* **de ~** Geheimdienst *m*; **~ente** [-'ʒẽtə] intelligent; klug; einsichtig; **~ibilidade** [-ʒibəli'dadə] *f* Verständlichkeit *f*; **~ível** [-lə'ʒivɛł] verständlich

intemerato [ĩtəmə'ratu] rein (*Glaube*, *Lehre*); aufrecht (*Person*)

intemper|ado [ĩtẽpə'radu] unbescheiden; unmäßig; **~ança** [-'rẽsɐ] *f* Unmäßigkeit *f*; Zügellosigkeit *f*; **~ante** [-'rẽtə] → ***intemperado***

intemp|érie [ĩtẽ'pɛrjə] *f* Unwetter *n*; **~estivo** [-pəʃ'tivu] ungelegen

inten|ção [ĩtẽ'sɐ̃w] *f* Absicht *f*, Vorsatz *m*; **~ de voto** Wahlverhalten *n* (*laut Umfragen*); **segunda ~** Hintergedanke *m*; **com a ~ de** in der Absicht zu; **por ~ de** zum Besten von; **ter boas** (**as melhores**) **-ões** es gut meinen; **~cionado** [-sju'nadu] beabsichtigt; **bem ~** in guter Absicht; wohl überlegt; **mal ~** böswillig; **~cional** [-sju'nał] absichtlich; vorsätzlich; **~dência** [-'dẽsjɐ] *f* Verwaltung(sbehörde) *f* (*a* MIL); **~dente** [-'dẽtə] *m* Verwalter *m*; **~der** [-'der] (2a) leiten; beaufsichtigen

intens|idade [ĩtẽsi'dadə] *f* Heftigkeit *f*, Stärke *f*; Intensität *f*; Nachdruck *m*; **~ificar** [-səfi'kar] (1n) intensivieren, verstärken; steigern; **~ivo** [-'sivu] intensiv; **~o** [-'tẽsu] heftig (*Wind*); stark (*Hitze*, *Kälte*); intensiv; eindringlich

intent|ar [ĩtẽ'tar] (1a) beabsichtigen; versuchen; *Prozess* anstrengen; **~ acção judicial contra** *j-n* (gerichtlich) verklagen; **~o** [-'tẽtu] *m* Absicht *f*; Versuch *m*; **de ~** absichtlich; **~ona** [-'tɔnɐ] *f* Putschversuch *m*

intera(c)|ção [ĩtəra'sɐ̃w] *f* Interaktion *f*; **~tivo** [-'tivo] interaktiv

inter|calar [ĩtərkɐ'lar] **1.** *v/t* (1b) einschieben; TÉCN einschalten; einfügen; **2.** *adj* Zwischen...; **eleições** *f/pl* **~es** Zwischenwahlen *f/pl*; **~cambiar** [-kɐ̃'bjar] (1g) austauschen; **~cambiável** [-kɐ̃'bjavɛł] austauschbar; **~câmbio** [-'kɐ̃bju] *m* Austausch *m* (**entre** zwischen *dat*); **~ceder** [-sə'der] (2c) sich einsetzen (**por** für); vermitteln; **~ceptador** [-sɛptɐ'dor] *m* MIL Abfangjäger *m*; **~ceptar** [-sɛp'tar] (1a) TEL abhören; *Nachricht* abfangen; *Zug* anhalten; **~cessão** [-sə'sɐ̃w] *f* Vermittlung *f*; **~cessor** [-sə'sor] *m*, **-a** *f* Fürsprecher(in *f*) *m*; Vermittler(in *f*) *m*; **~cidades** [-si'dadəʃ] *m* CAM. DE F Intercity *m*; **~comunicador** [-kumunikɐ'dor] *m* Gegensprechanlage *f*; **~continental** [-kõtinẽ'tał] interkontinental

inter|dependência [ĩtərdəpẽ'dẽsjɐ] *f* wechselseitige Abhängigkeit *f*; **~dependente** [-'dẽtə] voneinander abhängig; **~dição** [-di'sɐ̃w] *f* Verbot *n*; Absetzung *f*; Entmündigung *f*; **~ profissional** Berufsverbot *n*; **~ditar** [-di'tar] (1a) untersagen; **~dito** [-'ditu] **1.** *adj* verboten; **2.** *m* **a)** Entmündigte(r) *m*; **b)** REL Interdikt *n*; **~dizer** [-di'zer] (2x) untersagen; *Rechte* entziehen; *j-n* entmündigen

interess|ado [ĩtərə'sadu] **1.** *adj* interessiert (**em** an *dat*); **2.** *m*, **-a** *f* Interessent(in *f*) *m*; ECON Teilhaber(in *f*) *m*; **~ante** [-'sẽtə] interessant; reizvoll; wichtig; **~ar** [-'sar] (1c) von Interesse sein für; **~ a alg** j-n interessieren; wichtig sein für j-n; **~ em** ECON beteiligen an (*dat*); **~ por** *j-n* interessieren für; (**isso**) **não interessa** das tut nichts zur Sache; **~-se por** Anteil nehmen an (*dat*)

interess|e [ĩtə'resə] *m* Interesse *n* (**em** an *dat*); Anteilnahme *f*; Bedeutung *f*; Nutzen *m*; ECON Anteil *m*; Zins *m*; **cheio de ~** hochinteressant; **sem ~** uninteressant; **~eiro** [-'sɐjru] berechnend; egoistisch

inter|-Estado, **~estadual** *bras* [ĩtəriʃ'tado, -ista'dwaw] zwischenstaatlich

inter|face [ĩtər'fɐjs] *f* INFORM Schnittstelle *f*; **~ de utilizador** Benutzeroberfläche *f*; **~ferência** [-fə'rẽsjɐ] *f* Einmischung *f*; LING Interferenz *f*; *allg* Störung *f*; **~ferente** [-fə'rẽtə] Interferenz...; **~ferir**

[-fə'rir] (3c) *FIS* interferieren; **~ com** beeinflussen; **~ em** sich einmischen in (*ac*); mitwirken bei; **~fone** [-'fõni] *m bras* Gegensprechanlage *f*

interin|ado, **~ato** [ĩtəri'nadu, -'natu] *m* Interim *n*; **~o** [-'rinu] einstweilig

interior [ĩtə'rjor] **1.** *adj* inner(lich); Innen...; *GEOGR* Binnen...; **2.** *m* Innere(s) *n*; *GEOGR* Inland *n*; Interieur *n*; *FOT* Innenaufnahme *f*; **no ~** innen; **~ano** [-rjo'rɐ̃nu] *bras* binnenländisch; **~idade** [-rjuri'dadə] *f* Innerlichkeit *f*

inter|jeição [ĩtərʒɐj'sɐ̃w] *f* Ausruf *m*; *GRAM* Interjektion *f*; **~locutor** [-luku'tor] *m*, **-a** *f* Gesprächspartner(in *f*) *m*; Wortführer(in *f*) *m*

inter|mediação [ĩtərmədjɐ'sɐ̃w] *f* Eingriff *m*; Vermittlung *f*; **~mediar** [-'djar] (1h) dazwischenliegen; *fig* vermitteln; **~mediário** [-'djarju] **1.** *adj* dazwischenliegend; Zwischen...; **2.** *m* Vermittler *m*; *ECON* Zwischenhändler *m*; **~médio** [-'mɛdju] **1.** *adj* Zwischen...; **2.** *m* Zwischenzeit *f*; *TEA* Intermezzo *n*; Vermittlung *f*; **~minável** [-mi'navɛɫ] endlos; **~missão** [-mi'sɐ̃w] *f* Unterbrechung *f*; **~mitência** [-mi'tẽsjɐ] *f* Unterbrechung *f*; Aussetzen *n* (*Puls*); **~mitente** [-mi'tẽtə] stockend; aussetzend; **febre** *f* **~** Wechselfieber *n*; **luz** *f* **~** Blinklicht *n*

internacional [ĩtərnɐsju'naɫ] international; **~ização** [-nɐlizɐ'sɐ̃w] *f* Internationalisierung *f*

intern|amento [ĩtərnɐ'mẽtu] *m* Internierung *f*; Einlieferung *f*; **~ar** [ĩtər'nar] (1c) internieren; einliefern; *in ein Internat* geben; **~-se em** eindringen in (*ac*); sich vertiefen in (*ac*); **~ato** [-'natu] *m* Internat *n*; **~o** [ĩ'tɛrnu] **1.** *adj* inner; *PSIC* innerlich; intern; *GEOGR* Binnen...; **2.** *m* Internatsschüler *m*

Internet [ĩtər'nɛt] *f* Internet *n*; **na ~** im Internet

inter|pelação [ĩtərpəlɐ'sɐ̃w] *f* Aufforderung *f*; *POL* Anfrage *f*; *JUR* Einspruch *m*; **~pelar** [-'lar] (1c) ansprechen; das Wort richten an (*ac*); anfragen bei; **~planetário** [-plɐnə'tarju] interplanetar; **~polação** [-pulɐ'sɐ̃w] *f* Einschub *m*; **~polar** [-pu'lar] (1e) einschieben; *TÉCN* zwischenschalten; *CIENC* interpolieren; **~por** [-'por] (2zd) legen (**entre** zwischen *ac*); einschieben; geltend machen; **~ recursos** *JUR* Berufung einlegen (**contra** gegen); **~-se** dazwischentreten; vermitteln; **~pretação** [-prətɐ'sɐ̃w] *f* Deutung *f*, Interpretation *f*; Übersetzung *f*; *MÚS* Wiedergabe *f*; *TEA* Darstellung *f*; **~pretar** [-prə'tar] (1c) interpretieren; übersetzen; dolmetschen; *MÚS* wiedergeben; *TEA* darstellen; **~pretativo** [-prətɐ'tivu] erläuternd; *TEA* darstellerisch

intérprete [ĩ'tɛrprətə] *su* Dolmetscher(in *f*) *m*; Vermittler(in *f*) *m*; *MÚS* Interpret(in *f*) *m*; *TEA* Darsteller(in *f*) *m*

inter|regno [ĩtə'ʀɛgnu] *m* Interregnum *n*; **~rogação** [-ʀugɐ'sɐ̃w] *f* Befragung *f*; Frage *f*; *JUR* Vernehmung *f*; (**ponto** *m* **de**) **~** Fragezeichen *n*; **~rogar** [-ʀu'gar] (1o; *Stv* 1e) (be-)fragen; *JUR* verhören; **~rogativo** [-ʀugɐ'tivu] fragend; Frage...; **~rogatório** [-ʀugɐ'tɔrju] *m* Verhör *n*; **~romper** [-ʀõ'per] (2a) unterbrechen; *j-m* ins Wort fallen; *Strom* ausschalten; **~rupção** [-ʀup'sɐ̃w] *f* Unterbrechung *f*; Ausfall *m*; **~ da emissão** *Radio*: Sendepause *f*; **sem ~** ununterbrochen; durchgehend (*geöffnet*); **~ruptor** [-ʀup'tor] *m EL* Schalter *m*; Unterbrecher *m*

inter|secção [ĩtərsɛk'sɐ̃w] *f MAT* Schnitt(punkt) *m*; **~urbano** [-ur'bɐnu] **1.** *adj TEL* Fern...; **2.** *m bras* Ferngespräch *n*

inter|valado [ĩtərvɐ'ladu] unterbrochen; **~valo** [-'valu] *m* Zwischenraum *m*; Zwischenzeit *f*; Pause *f*; *MÚS* Intervall *n*; *Sport*: Halbzeit *f*; **~venção** [-vẽ'sɐ̃w] *f* Intervention *f*; Wortmeldung *f*; Rede *f*; *MED* Eingriff *m*; **~vencionismo** [-vẽsju'niʒmu] *m ECON* Interventionismus *m*; **~veniente** [-və'njẽtə] *su* Beteiligte(r) *su*; Teilnehmer(in *f*) *m*; Redner(in *f*) *m*; **~vir** [-'vir] (3x) eintreten (*Ereignis*); intervenieren, einschreiten (**em** in *ac*); sich zu Wort melden

intestin|al [ĩtəʃti'naɫ] Darm...; **~o** [-'tinu] **1.** *adj* inner(lich); **guerra** *f* **-a** Bürgerkrieg *m*; **2.** *m* Darm *m*; **~s** *pl* Eingeweide *n/pl*; **~ delgado** Dünndarm *m*; **~ grosso** Dickarm *m*

I

intim|ação [ĩtimɐ'sɐ̃w] *f* Ankündigung *f*; Aufforderung *f*; *JUR* Vorladung *f*; Zahlungsbefehl *m*; **~ar** [-'mar] (1a) auffordern (**a** zu); *JUR* vorladen; *Sitzung* einberufen; *bras* provozieren; **~ativa** [-'tivɐ] *f* energische Aufforderung (*od* Geste) *f*; ***falar com ~*** auftrumpfen; **~ativo** [-mɐ'tivu] befehlend; drohend; **~idação** [ĩtəmidɐ'sɐ̃w] *f* Einschüchterung *f*; Abschreckung *f*; **~idade** [-mi'dadə] *f* Intimität *f*; innige Freundschaft *f*; ***tomar ~ com*** sich anfreunden mit; ***ter ~ com***, ***viver na ~ de*** eng befreundet sein mit; **~idar** [-mi'dar] (1a) einschüchtern; drohen (***a*** zu)
íntimo ['ĩtimu] **1.** *adj* innerst; intim; vertraut; **2.** *m* Innerste(s) *n*; gute(r) Freund *m*; ***no ~*** heimlich; im Grunde
intitular [ĩtitu'lar] (1a) betiteln; (be)nennen; ***~-se*** heißen
intocável [ĩtu'kavɛɫ] unberührbar; unangreifbar; tabu
intoler|ância [ĩtulə'rɐ̃sjɐ] *f* Intoleranz *f*; **~ante** [-'rɐ̃tə] intolerant; **~ável** [-'ravɛɫ] unerträglich
intoxic|ação [ĩtɔksikɐ'sɐ̃w] *f* Vergiftung *f*; **~ar** [-'kar] (1n) vergiften
intraduzível [ĩtrɐdu'zivɛɫ] unübersetzbar
intragável [ĩtrɐ'gavɛɫ] ungenießbar
intranquil|idade (*ü) [ĩtrɐ̃kwəli'dadə] *f* Unruhe *f*; **~o** [-'kwilu] unruhig
intransferível [ĩtrɐ̃ʃfə'rivɛɫ] unübertragbar; nicht transferierbar
intransig|ência [ĩtrɐ̃zi'ʒẽsjɐ] *f* Unnachgiebigkeit *f*; **~ente** [-'ʒẽtə] unnachgiebig; kompromisslos
intrans|itável [ĩtrɐ̃zi'tavɛɫ] unwegsam; nicht befahrbar; **~itivo** [-zə'tivu] *GRAM* intransitiv; **~missível** [ĩtrɐ̃ʒmə'sivɛɫ] unübertragbar; **~ponível** [ĩtrɐ̃ʃpu'nivɛɫ] unüberbrückbar; **~portável** [ĩtrɐ̃ʃpur'tavɛɫ] nicht transportfähig
intratável [ĩtrɐ'tavɛɫ] unausstehlich
intra|uterino [ĩtrawtə'rinu] intrauterin; **~venoso** [ĩtrɐvə'nozu] intravenös; **~vertido** [-vər'tidu] introvertiert
intr|epidez [ĩtrəpi'deʃ] *f* Unerschrockenheit *f*; **~épido** [ĩ'trɛpidu] unerschrocken, verwegen
intricar [ĩtri'kar] (1n) verwirren
intrig|a [ĩ'trigɐ] *f* Intrige *f*; **~ante** [-'gɐ̃tə] → ***~uista***; **~ar** [-'gar] (1o) **1.** *v/t* aufhetzen; *Freunde* entzweien, verfeinden; neugierig machen; **2.** *v/i* intrigieren; **~uista** [-'giʃtɐ] **1.** *adj* intrigant; **2.** *su* Intrigant(in *f*) *m*
intrínseco [ĩ'trĩsəku] inner...; wesentlich; echt
introdu|ção [ĩtrudu'sɐ̃w] *f* Einführung *f* (**a** in *ac*); *LIT* Einleitung *f* (**a** zu); *MÚS* Vorspiel *n*; **~tivo** [-'tivu] einleitend; Vor...; **~tor** [-'tor] *m* Wegbereiter *m*; Begründer *m*; **~zir** [-'zir] (3m) einführen; hineinstecken; (hin)einschieben; *INFORM* eingeben; ***~-se em*** eindringen in (*ac*)
intro|meter [ĩtrumə'ter] (2c) (hinein)bringen; einfügen; ***~-se*** sich einmischen (***em*** in *ac*); Streit suchen (***com*** mit); **~metido** [-'tidu] vorlaut; frech; **~missão** [-mi'sɐ̃w] *f* Einmischung *f*; Belästigung *f*
introspe(c)|ção [ĩtruʃpɛ'sɐ̃w] *f* Selbstbeobachtung *f*; **~tivo** [-'tivu] inner; nach innen gehend; Selbst...
intruj|ão [ĩtru'ʒɐ̃w] *m*, **-ona** *f* P Hochstapler(in *f*) *m*; **~ar** [-'ʒar] (1a) P anschwindeln; **~ice** [-'ʒisə] *f* P Schwindel *m*
intrus|ão [ĩtru'zɐ̃w] *f* Eindringen *n*; Aneignung *f*; **~o** [ĩ'truzu] **1.** *adj* (unrechtmäßig) eingedrungen; dreist; **2.** *m* Eindringling *m*
intu|ição [ĩtwi'sɐ̃w] *f* Intuition *f*; Einfühlungsvermögen *n*; **~ir** [ĩ'twir] (3i) intuitiv erfassen; erahnen; **~itivo** [ĩtwi'tivu] intuitiv; **~ito** [ĩ'tujtu] *m* Absicht *f*; Zweck *m*
intumesc|ência [ĩtuməʃ'sẽsjɐ] *f* (An)Schwellung *f*; **~ente** [-'sẽtə] geschwollen (*a fig*); **~er** [-'ser] (2g) *MED* (an)schwellen; sich aufblähen
inum|ação [inumɐ'sɐ̃w] *f* Bestattung *f*; **~ano** [-'mɐnu] unmenschlich, inhuman; **~ar** [-'mar] (1a) bestatten
inumerável [inumə'ravɛɫ] unzählbar; = **inúmero** [i'numəru] unzählig
inund|ação [inũdɐ'sɐ̃w] *f* Überschwemmung *f*; **~ar** [-'dar] (1a) überschwemmen; durchfluten
inusitado [inuzi'tadu] ungewöhnlich
inútil [i'nutiɫ] unnütz; zweck-, wertlos
inutili|dade [inutəli'dadə] *f* Nutz-, Zwecklosigkeit *f*; **~zado** [-'zadu] unbrauchbar; entwertet (*Fahr-*

schein); **~zar** [-'zar] (1a) unbrauchbar machen; zunichte machen; *Fahrschein* entwerten
invadir [ĩvɐ'dir] (3b) *Land* überfallen; eindringen in (*ac*), überfluten; heimsuchen (*Seuche*, *fig*); *fig* überkommen
invalid|ade [ĩvɐli'dadə] *f* Ungültigkeit *f*; Untauglichkeit *f*; **~ar** [-'dar] (1a) ungültig machen; *Gültigkeit* aufheben; entkräften; **~ez** [-'deʃ] *f* Invalidität *f*; Untauglichkeit *f*
inválido [ĩ'validu] **1.** *adj* behindert, arbeitsunfähig; ungültig; **2.** *m* Invalide *m*; Behinderte(r) *m*
invariável [ĩvɐ'rjavɛɫ] unveränderlich; gleichmütig (*Person*)
invas|ão [ĩvɐ'zɐ̃w] *f* *feindlicher* Einfall *m*, Überfall *m*; (An)Sturm *m* (**de** auf *ac*); Eindringen *n*; (Wasser-)Einbruch *m*; **~or** [-'zor] *m* Eindringling *m*, Angreifer *m*
invectiv|a [ĩvɛk'tivɐ] *f* Beschimpfung *f*; Ausfall *m*; **~ar** [-'var] (1a) **1.** *v/t* beschimpfen; **2.** *v/i* ausfällig werden; **~ *contra*** schimpfen auf (*ac*); **~o** [-'tivu] wutentbrannt; ausfallend
invej|a [ĩ'vɛʒɐ] *f* Neid *m*; ***roer-se de* ~** F vor Neid platzen; ***ter* ~ *de*** = **~ar** [ĩvə'ʒar] (1c) **1.** *v/t* **~ *alg de a/c*** j-n um et beneiden; **~ *a/c de alg*** j-m et neiden; **~ *a/c*** et begehren; **2.** *v/i* neidisch sein; **~ável** [ĩvə'ʒavɛɫ] beneidenswert; **~oso** [ĩvə'ʒozu] **1.** *adj* neidisch; **2.** *m* Neider *m*
inven|ção [ĩvẽ'sɐ̃w] *f* Erfindung *f*; **~cibilidade** [-sibəli'dadə] *f* Unbesiegbarkeit *f*; **~cioneiro** [-sju'nɐj-ru] *m* Schwindler *m*; **~cionice** [-sju'nisə] *f* Betrug *m*; **~cível** [-'sivɛɫ] *MIL* unbesiegbar; unwiderstehlich; unüberwindlich; **~dável, ~dível** [-'davɛɫ, -'divɛɫ] unverkäuflich
invent|ar [ĩvẽ'tar] (1a) erfinden; anzetteln; **~ariar** [-tɐ'rjar] (1g) eine Bestandsaufnahme machen von; aufführen; **~ário** [-'tarju] *m* Bestandsaufnahme *f*, Inventur *f*; (Inventar)Verzeichnis *n*; **~iva** [-'tivɐ] *f* Erfindung(sgabe) *f*; Fantasie *f*; **~ivo** [-'tivu] erfinderisch; Erfindungs...; **~o** [ĩ'vẽtu] *m* Erfindung *f*; ***privilégio*** *m* (*od* ***propriedade*** *f*) ***de* ~** Urheberschutz *m*; **~or** [-'tor] *m* Erfinder *m*; Urheber *m*
inver|dade [ĩvər'dadə] *f* Unwahrheit *f*; **~ídico** [-'ridiku] unaufrichtig; verlogen (*Person*); unwahr
invern|ada [ĩvər'nadɐ] *f* Winter(s)zeit *f*; *bras* Winterlager *m*; **~adoiro, -ouro** [-nɐ'dojru, -'doru] *m* Winterquartier *n*; *BOT* Gewächshaus *n*; **~al** [-'naɫ] winterlich; Winter...; **~ar** [-'nar] (1c) überwintern; winterliches Wetter sein; **~ia** [-'niɐ] *f hartes* Winterwetter *n*; **2o** [ĩ'vɛrnu] *m* Winter *m*; **~oso** [-'nozu] → ***~al***
invero|símil, *bras* **-ssímil** [ĩvəru'zimiɫ, ĩveru'simiw] unwahrscheinlich; **~similhança**, *bras* **-ssimilhança** [-zəmi'ʎɐ̃sɐ, -simi'ʎɐ̃sa] *f* Unwahrscheinlichkeit *f*
invers|ão [ĩvər'sɐ̃w] *f* Umkehrung *f*; *CIENC* Inversion *f*; *bras ECON* Investition *f*; **~ *de marcha*** *AUTO* Wenden *n*; ***terminal*** *m* ***de* ~ *de marcha*** *CAM. DE F* Wendeschleife *f*; **~ionista** [-sju'nista] *su bras* Investor(in *f*) *m*; **~ivo** [-'sivu] umkehrbar; *EL* umschaltbar; **~o** [ĩ'vɛrsu] **1.** *adj* umgekehrt; gegenteilig; entgegengesetzt; **2.** *m* Gegenteil *n*
invert|ebrado [ĩvərtə'bradu] **1.** *adj* wirbellos; **2.** *m ZO* Wirbellose(n) *pl*; **~er** [-'ter] (2c) umkehren; umdrehen; *bras ECON* investieren; **~ *a marcha*** die Richtung ändern (*a fig*); **~ido** [-'tidu] umgekehrt; *FOT* seitenverkehrt
invés [ĩ'vɛʃ] *m*: ***ao* ~** umgekehrt; ***ao* ~ *de*** im Gegensatz zu
invest|ida [ĩvəʃ'tidɐ] *f* Überfall *m*, Handstreich *m*; **~idor** [-'dor] *m* Investor *m*; **~idura** [-'durɐ] *f* Amtseinsetzung *f*; *REL* Investitur *f*; **~igação** [-gɐ'sɐ̃w] *f* (Er)Forschung *f*; Untersuchung *f*; **~ *de base*** Grundlagenforschung *f*; **~igador** [-gɐ'dor] *m* Forscher *m*; *bras* Untersuchungsbeamte(r) *m*; **~igar** [-'gar] (1o) erforschen; prüfen; **~ *de*** forschen nach; **~imento** [-'mẽtu] *m ECON* Investition *f*, (Kapital)Anlage *f*; **~ir** [-'tir] (3c) **1.** *v/t* angreifen; *j-n* wählen zu; *ECON* investieren; **2.** *v/i* angreifen; sich stürzen (***com*** auf *ac*, ***por*** in *ac*)
inveter|ado [ĩvətə'radu] eingefleischt; eingewurzelt; **~ar-se** [-'rarsə] (1c) in Fleisch und Blut übergehen
invi|abilizar [ĩvjɐbəli'zar] (1a) ver-

I

sperren; behindern; **~ável** [ĩ'vjavɛɫ] unbefahrbar; aussichtslos
invicto [ĩ'viktu] unbesiegt
ínvio ['ĩvju] unwegsam
inviol|abilidade [ĩvjulɐbəli'dadə] *f* Unverletzlichkeit *f*; **~ado** [-'ladu] unversehrt; **~ável** [-'lavɛɫ] unverletzlich
invis|ibilidade [ĩvizibəli'dadə] *f* Unsichtbarkeit *f*; schlechte Sicht *f*; **~ível** [-'zivɛɫ] unsichtbar; **~ual** [-'zwaɫ] **1.** *adj* blind; **2.** *su* Blinde(r) *su*
invoc|ação [ĩvukɐ'sɐ̃w] *f* Anrufung *f*; Flehen *n*; (Hilfe)Ersuchen *n*; **~ar** [-'kar] (1n; *Stv* 1e) *j-n* anrufen; flehen um; sich berufen auf (*ac*)
involução [ĩvulu'sɐ̃w] *f* MED Rückbildung *f*; Rückentwicklung *f*
invólucro [ĩ'vɔlukru] *m* Hülle *f*; (Ver)Packung *f*
involuntário [ĩvulũ'tarju] unfreiwillig; unwillkürlich
invul|gar [ĩvuɫ'gar] außergewöhnlich; **~nerabilidade** [-nərɐbəli'dadə] *f* Unverwundbarkeit *f*; **~nerável** [-nə'ravɛɫ] unverletzlich; *fig* unangreifbar
iod|ado [jo'dadu] jodhaltig; jodiert; ***água*** *f* **-a** Jodlösung *f*; **~eto** [-'detu] *m* Jodid *n*; **~o** ['jodu] *m* Jod *n*
ioga ['jɔgɐ] *m* Joga *n*
iogurte [jo'gurtə] *m* Joghurt *m*; ***~ de morango*** Erdbeerjoghurt *m*
ioiô [jo'jo] *m* Jojo *n*
ion|ização [junizɐ'sɐ̃w] *f* Ionisierung *f*
ípsilon ['ipsilõ] *m Buchstabe* ***y***
ir [ir] (3y) **1.** *v/i* sich begeben (***a***, ***para*** nach, zu); *zu Fuß* gehen; *mit dem Auto*, *Zug etc* fahren; *mit dem Flugzeug* fliegen; führen (*Weg*); umgehen (*Gerücht*); fließen (*Fluß*); ***~ a*** *inf* wollen *inf*, beabsichtigen zu *inf*; ***~ a*** *alg* losgehen auf *j-n*; ***~ atrás de*** *j-m* folgen; ***~ com*** begleiten; ***~ contra*** ziehen gegen; bekämpfen; verstoßen gegen; ***~ de*** gehen als (*verkleidet*); *mit dem Auto etc* fahren; *mit dem Flugzeug* fliegen; ***~ de ... a ...*** *örtl* von ... nach ... fahren (*od* gehen); *zeitl* von ... bis ... dauern; ***~ em*** *Kiste*, *Paket* sich befinden in (*od* bei) (*dat*); *fig* hereinfallen auf (*ac*); ***~ fazer*** *Futur*: *et* bald tun; ***~ longe*** es weit bringen; ***~ para*** gehen (*od* ziehen) nach (*auf Dauer*); ***~ para padeiro*** Bäcker werden; ***~ por*** gehen (*od* fahren) über (*ac*); *fig* gehen durch; setzen auf (*ac*); ***~ por diante*** *fig* vorangehen; ***~ sobre*** losgehen auf (*ac*), herfallen über (*ac*); ***~ ter com*** *j-n* treffen; *j-n* aufsuchen; ***como vai?*** wie geht's?; ***vai indo*** es geht; ***vai um ano que*** seit (*od* vor) einem Jahr; ***já lá vão três anos*** es ist etwa 3 Jahre her; ***vai nos oitenta*** er ist in den Achtzigern; ***onde vai?*** wohin gehen (*od* fahren) Sie?; *Sachen*: wohin kommt das?; ***já vou!*** ich komme schon!; ***vamos!*** **a)** gehen wir!, komm(en Sie)!; los!; **b)** hören Sie mal!; langsam, langsam!; ***vá lá*** ... immerhin; ***o que lá vai, lá vai!*** hin ist hin!; **2.** ***~-se*** aufbrechen (***a***, ***para*** nach, zu), weggehen; verschwinden; auslaufen, verdunsten; verfliegen; verbraucht werden, F draufgehen (*Geld*); vergehen (*Zeit*); entfallen (*Gedankengang*); dahingehen; ***~-se abaixo*** niedergeschlagen sein; AUTO ausgehen (*Motor*); ***~-se embora*** aufbrechen; fortgehen
ira ['irɐ] *f* Zorn *m*; **~cúndia** [-'kũdjɐ] *f* Jähzorn *m*; **~cundo** [-'kũdu] jähzornig; **~do** [i'radu] zornig
iraniano [irɐ'njɐnu] **1.** *adj* iranisch; **2.** *m*, **-a** *f* Iraner(in *f*) *m*
Irão [i'rɐ̃w]: ***o ~*** Iran *m*
Iraque [i'rakə]: ***o ~*** Irak *m*
iraquiano [irɐ'kjɐnu] **1.** *adj* irakisch; **2.** *m*, **-a** *f* Iraker(in *f*) *m*
irascível [irɐʃ'sivɛɫ] reizbar
íris (*pl inv*) ['iriʃ] **1.** *m* → ***arco-íris***; **2.** *f* ANAT Iris *f*
irisar [iri'zar] (1a) irisieren, schillern
Irlanda [ir'lɐ̃dɐ]: ***a ~*** Irland *n*
irlandês [irlɐ̃'deʃ] **1.** *adj* irisch; **2.** *m*, **-esa** *f* Ire *m*, Irin *f*
irm|ã [ir'mɐ̃] *f* Schwester *f*; **~ãmente** [-'mɐ̃tə] geschwisterlich; **~anado** [-mɐ'nadu] verschwistert; Bruder...; **~anar** [-mɐ'nar] (1a) verbrüdern; verein(ig)en; ***~-se*** zueinander passen; **~andade** [-mɐ̃'dadə] *f* Bruderschaft *f*; Brüderlichkeit *f*; Verwandtschaft *f*; **~ão(s)** [-'mɐ̃w] **1.** *adj* Bruder...; **2.** *m(pl)* Bruder *m*; ***~ de leite*** Stiefbruder *m*; ***meio ~*** (*od* ***~ uterino***) Halbbruder *m*; ***~s*** *pl* Geschwister *pl*
ironia [iru'niɐ] *f* Ironie *f*; Spott *m*

irónico (*ô) [i'rɔniku] ironisch
ironizar [iruni'zar] (1a) **1.** *v/t* ironisieren; **2.** *v/i* spotten, spötteln
iroso [i'rozu] zornig; tobend
irra ['iʀɐ] *int*: **~!** P zum Kuckuck!
irracional [iʀɐsju'naɫ] **1.** *adj* irrational; **2.** *m* nicht vernunftbegabte(s) Wesen *n*
irradi|ação [iʀɐdjɐ'sɐ̃w] *f* Strahlung *f*; Ausstrahlung *f*; Ausbreitung *f* (*Religion etc*); **~ador** [-'dor] *m* Wärmestrahler *m*; Heizkörper *m*; **~ar** [-'djar] (1g) **1.** *v/t Licht, Wärme* ausstrahlen; verbreiten; *Radio*: senden; **2.** *v/i* strahlen (**de** vor *dat*); sich ausbreiten; ausgehen (**de** von)
irreal [i'ʀjaɫ] irreal; unwirklich; **~ista** [-ʀjɐ'liʃtɐ] unrealistisch; wirklichkeitsfremd; **~izável** [iʀjɐli'zavɛɫ] undurchführbar
irre|conciliável [iʀəkõsi'ljavɛɫ] unversöhnlich; **~conhecível** [-kuɲə'sivɛɫ] unkenntlich; nicht wieder zu erkennen; **~corrível** [-ku'ʀivɛɫ] unanfechtbar; **~cuperável** [-kupə'ravɛɫ] unwiederbringlich (*Verlust*); bleibend (*Schaden*); **~cusável** [-ku'zavɛɫ] unabweislich
irredu|tibilidade [iʀədutibəli'dadə] *f* Unteilbarkeit *f* (*a* MAT); *fig* Unbeugsamkeit *f*; Unabänderlichkeit *f*; **~tível, ~zível** [-'tivɛɫ, -'zivɛɫ] unteilbar (*a* MAT); *fig* unbeugsam
irre|fle(c)tido [iʀəflɛ'tidu] unüberlegt; **~formável** [-fur'mavɛɫ] unabänderlich; **~freável** [-'frjavɛɫ] unbezähmbar; **~futável** [-fu'tavɛɫ] unwiderlegbar
irregular [iʀəgu'lar] unregelmäßig (*a* GRAM); regellos; JUR ungesetzlich; irregulär; **~idade** [-lɐri'dadə] *f* Unregelmäßigkeit *f* (*a* GRAM)
irrelevante [iʀələ'vɐ̃tə] unwichtig, belanglos; gering (*Schaden*)
irre|mediável [iʀəmə'djavɛɫ] MED unheilbar; unabänderlich, unausweichlich; **~munerado** [-munə'radu] unvergütet (*Arbeit*)
irre|parável [iʀəpɐ'ravɛɫ] unersetzlich; → ***irremediável***; **~preensível** [-prjẽ'sivɛɫ] untadelig; **~primível** [-prə'mivɛɫ] ununterdrückbar; **~quieto** [-'kjɛtu] unruhig
irre|sistente [iʀəsiʃ'tẽtə] widerstandslos; **~sistível** [-'tivɛɫ] unwiderstehlich; **~soluto** [-zu'lutu] unentschlossen; **~sponsabilidade** [iʀəʃpõsɐbəli'dadə] *f* Verantwortungslosigkeit *f*; **~sponsável** [-ʃpõ'savɛɫ] verantwortungslos
irrever|ência [iʀəvə'rẽsjɐ] *f* Respektlosigkeit *f*; **~ente** [-'rẽtə] respektlos; **~sível** [-vər'sivɛɫ] unumkehrbar
irrevogável [iʀəvu'gavɛɫ] unwiderruflich
irrig|ação [iʀigɐ'sɐ̃w] *f* Bewässerung *f*; MED Spülung *f*; **~ador** [-'dor] *m* Sprenger *m*; MED Irrigator *m*; **~ar** [-'gar] (1o) bewässern; (be)sprengen; MED spülen; **~atório** [-'tɔrju] Bewässerungs...; Berieselungs...
irris|ão [iʀi'zɐ̃w] *f* Spott *m*; Hohn *m*; **~ório** [-'zɔrju] lächerlich
irrit|abilidade [iʀitɐbəli'dadə] *f* Reizbarkeit *f*; Empfindlichkeit *f*; **~ação** [-'sɐ̃w] *f* Reizung *f* (*a* MED); Gereiztheit *f*; **~adiço** [-'disu] leicht reizbar; sehr empfindlich; **~ante** [-'tɐ̃tə] **1.** *adj* reizend, Reiz...; *fig* empörend; **2.** *m* Reizmittel *n*; **~ar** [-'tar] (1a) reizen; *fig* wütend machen (**com** mit, durch); erregen; erzürnen; **~ável** [-'tavɛɫ] reizbar
irr|omper [iʀõ'per] (2a) einbrechen (**em** in *ac*); hervorbrechen (**de** aus); **~upção** [iʀup'sɐ̃w] *f* Einbruch *m*; Ausbrechen *n*; MED Ausschlag *m*
IRS ***Imposto** m **sobre o Rendimento de Pessoas Singulares*** Einkommensteuer *f* (ESt)
isc|a ['iʃkɐ] *f* Köder *m* (*a fig*); Bissen *m*; CUL Lebergeschnetzelte(s) *n*; ***morder a ~*** anbeißen (*a fig*); *fig j-m* auf den Leim gehen; **~ar** [iʃ'kar] (1n) *Angelhaken* mit Köder versehen; bestreichen; *fig* ködern; locken; **~o** ['iʃku] *m* Köder *m*
isen|ção [izẽ'sɐ̃w] *f* Befreiung *f* (*von Gebühren, Steuern etc*); Unabhängigkeit *f*; Zurückhaltung *f*; **~tar** [-'tar] (1a) befreien (**de** von); ausnehmen; **~to** [i'zẽtu] befreit; unabhängig; ***~ de direitos*** zollfrei; ***~ de impostos*** steuerfrei; ***~ de propinas*** von Schul- (*od* Studien)gebühren befreit; ***~ de taxas*** gebührenfrei
isl|ã, ~ame, ~amismo, ~ão [iʒ'lɐ̃, -'lɐmə, -lɐ'miʒmu, -'lɐ̃w] *m* Islam *m*
islandês [iʒlɐ̃'deʃ] **1.** *adj* isländisch; **2.** *m*, **-esa** *f* Isländer(in *f*) *m*
Islândia [iʒ'lɐ̃djɐ]: ***a ~*** Island *n*

isol|ação [izulɐ'sɐ̃w] *f* Isolierung *f*; Absonderung *f*; Zurückgezogenheit *f*; **~ador** [-'dor] **1.** *adj* Isolier...; **2.** *m* *EL* Isolator *m*; **~amento** [-'mẽtu] *m* → ***isolação***; **~ar** [-'lar] (1e) isolieren (*a EL*); absondern; vereinzeln
isqueiro [iʃ'kɐjru] *m* Feuerzeug *n*
israel|ense *bras*, **~iano** [izʀae'lẽsi, iʒʀɐɛ'ljɐnu] **1.** *adj* israelisch; **2.** *su* Israeli *su*; **~ita** [-'litɐ] **1.** *adj* israelitisch; **2.** *su* Israelit(in *f*) *m*
isso ['isu] das (da), dies (da); **~!** *bras* ganz recht!; **(*é*) ~ *mesmo!*** ganz genau!; sehr richtig!; **~ *sim!*** so ist es!; *Negation*: so sehen Sie aus!; ***para* ~** dafür, dazu; ***por* ~** darum, deshalb, deswegen; ***nem por* ~ a)** nicht allzu sehr (*od* viel); **b)** trotzdem nicht
istmo ['iʃtmu] *m* Landenge *f*, Isthmus *m*; *ANAT* Verengung *f*
isto ['iʃtu] das (hier), dies (hier); ***com* ~** hiermit; **~ *é*** das heißt; nämlich
Itália [i'taljɐ]: **(*a*) ~** Italien *n*
italiano [itɐ'ljɐnu] **1.** *adj* italienisch; **2.** *m*, **-a** *f* Italiener(in *f*) *m*
itálico [i'taliku]: ***letra*** *f* ***-a*** *TIP* Kursivschrift *f*; ***em* ~** kursiv
item ['itẽj] *m* (Unter)Punkt *m*; Position *f*; Abschnitt *m*
iterativo [itərɐ'tivu] wiederholend; *GRAM* iterativ
itiner|ante [itinə'rẽtə] **1.** *adj* wandernd, reisend; ***exposição* *f* ~** Wanderausstellung *f*; **2.** *su*: **~s** *m/pl* ***profissionais*** wandernde Berufsgruppen *f/pl*; Schausteller *m/pl*; **~ário** [-'rarju] *m* (Reise)Route *f*, Reise *f*; Reiseführer *m*; *CAM. DE F* Fahrplan *m*; Marschroute *f*
IVA ***Imposto* *m* *sobre* *o* *Valor* *Acrescentado*** Mehrwertsteuer *f* (MwSt)

J

J, j ['ʒɔtɐ] *m* J, j *n*
já [ʒa] schon; (so)gleich, sofort; jetzt; **~, ~!** schleunigst, auf der Stelle!; **~ ... ~ ...** bald ... bald ...; entweder ... oder ...; **~ *agora*** da wir nun einmal dabei sind; ***até* ~!** bis gleich!; ***desde* ~** bereits jetzt; hiermit; **~ *não*** nicht mehr; ***para* ~** fürs Erste, zunächst einmal; **~ *que*** da nun einmal, weil
jabuti [ʒabu'ti] *f* *bras* *ZO* (Testudo-) Schildkröte *f*
jacá [ʒa'ka] *m* *bras* Einkaufskorb *m*
jacamim [ʒaka'mĩ] *m* *bras* *ZO* (Weißflügel)Trompetervogel *m*
jacarandá [ʒɐkɐrɐ̃'da] *f* *bras* Jakarandabaum *m*; Palisanderholz *n*
jacaré [ʒɐkɐ'rɛ] *m* *ZO* Kaiman *m*; *bras* *EL* Kabelklemme *f*
jacente [ʒɐ'sẽtə] **1.** *adj* liegend; ruhend; ***herança*** *f* **~** herrenlose(r) Nachlass *m*; **2.** *m* *ARQUIT* Brückenträgerbalken *m*; **~s** *pl* Klippen *f/pl*
jacinto [ʒɐ'sĩtu] *m* *BOT* Hyazinthe *f*
jact|ância [ʒak'tẽsjɐ] *f* Angeberei *f*; Hochnäsigkeit *f*; **~ancioso** [-tẽ'sjozu] prahlerisch; hochnäsig; **~ar-se** [-'tarsə] (1b) prahlen (***de*** mit); sich rühmen (***de*** *gen*)
jacto ['ʒa(k)tu] *m* Strahl *m*; Wurf *m*; Stoß *m*; *AV* Düsenflugzeug *n*; ***a* ~** strahlgetrieben (*Flugzeug*); ***de* (*um*) ~** auf einen Ruck; **~planador** [-plɐnɐ'dor] *m* Tragflächenboot *n*
jacul|ar [ʒɐku'lar] (1a) *Worte* hervorsprudeln; **~atória** [-lɐ'tɔrjɐ] *f* Stoßgebet *n*
jade ['ʒadə] *m* Jade *m*
jaez [ʒɐ'eʃ] *m* *prachtvolles* (Pferde-) Geschirr *n*; *fig* Eigenschaft *f*
jaguar [ʒɐ'gwar] *m* Jaguar *m*
jagunço [ʒa'gũsu] *m* *bras* Bandit *m*
jalapa [ʒɐ'lapɐ] *f* Jalape(nwurzel) *f*
jaleco [ʒɐ'lɛku] *m* Weste *f*
jalofo [ʒɐ'lofu] **1.** *adj* grob, rau; **2.** *m* Grobian *m*
jamais [ʒa'majʃ] niemals; je(mals)
jamba ['ʒɐ̃bɐ] *f* Tür-, Fensterflügel *m*; *Angola* *ZO* Elefant *m*
jambo ['ʒɐ̃bu] *m* *LIT* Jambus *m*
janeiras [ʒɐ'nɐjrɐʃ] *f/pl* Neujahrsgesang *m*
Janeiro [ʒɐ'nɐjru] *m* Januar *m*

janel|a [ʒɐ'nɛlɐ] *f* Fenster *n* (*a* INFORM) (**à** am *od* ans); **~ de sótão** Dachfenster *n*; **~ dupla** Doppelfenster *n*; **~ panorâmica** Panoramafenster *n*; **pela ~ fora** zum Fenster hinaus; **entrar pela ~** F Vitamin B haben (*durch Beziehungen an e-e Stelle kommen*); **~s** *pl fig* Augen *n/pl*; **~eiro** [-nə'lɐjru] *m*, **-a** *f* Fensterhocker(in *f*) *m*; **~o** [-'nɛlu] *m* kleine(s) Fenster *n*; Klappe *f*

jangad|a [ʒɐ̃'gadɐ] *f* Floß *n*; *bras* Fischerboot *n*; **~ pneumática** *großes* Schlauchboot *n*; **~ salva-vidas** NAV Rettungsinsel *f*; **~eiro** [-gɐ'dɐjru] *m* Flößer *m*; *bras* Bootsführer *m*

janota [ʒɐ'nɔtɐ] **1.** *adj* schick, elegant; **2.** *m* eitle(r) Geck *m*

jant|a ['ʒɐ̃tɐ] *f* F Abendbrot *n*; **~ado** [-'tadu]: **depois de ~** nach dem Abendessen; **~ar** [-'tar] **1.** *v/t u v/i* (1a) (zu Abend) essen; **2.** *m* Abendessen *n*; **~ do ramo** *etwa* Richtfest *n*; **~arada** *f*, **~arão** *m* [-tɐ'radɐ, -tɐ'rɐ̃w] (Abend)Schmaus *m*

jante ['ʒɐ̃tə] *f* Felge *f*; **~ de liga leve** Leichtmetallfelge *f*; **na ~** F in der Klemme (*finanziell*)

Japão [ʒɐ'pɐ̃w]: **o ~** Japan *n*

japona [ʒɐ'ponɐ] *f* dicke Jacke *f*

jap|onês [ʒɐpu'neʃ] **1.** *adj* japanisch; **2.** *m*, **-esa** *f* Japaner(in *f*) *m*; **~ónico** (*ô) [-'pɔniku] japanisch

jaque ['ʒakə] *m* NAV Gösch *f*; EL Stecker *m* (*für Schwachstromgeräte*)

jaqueira [-'kɐjrɐ] *f* Brotfruchtbaum *m*

jaquet|a [ʒɐ'ketɐ] *f kurze* Jacke *f*; *bras* (Fußballer)Trikot *n*; **~ão** [-kə'tɐ̃w] *m* Jackett *n*

jararaca [ʒara'raka] *f bras* ZO Lanzenotter *f*

jarda ['ʒardɐ] *f* **a)** Yard *n*; **b)** Heide *f*

jardim [ʒɐr'dĩ] *m* Garten *m* (**botânico** botanischer, **zoológico** zoologischer); **~ de infância**, **~(s)-escola** *m(pl)* Kindergarten *m*; **~(s)-de--inverno** *m(pl) bras* Wintergarten *m*

jardin|agem [ʒɐrdi'naʒɐ̃j] *f* Gartenbau *m*; **~ar** [-'nar] (1a) gärtnern, Gartenbau betreiben; *fig* nicht viel tun; **~eira** [-'nɐjrɐ] *f* **a)** Ziertisch *m*; **b)** Gärtnerin *f*; **à ~** CUL Gemüse…; **~eiro** [-'nɐjru] *m* Gärtner *m*; **~ista** [-'niʃtɐ] *su* Gartenarchitekt(in *f*) *m*

jargão [ʒɐr'gɐ̃w] *m* Jargon *m*

jarr|a ['ʒaʀɐ] *f* (Blumen)Vase *f*; NAV Trinkwasserbehälter *m*; **~ão** [ʒɐ'ʀɐ̃w] *m große* Schmuckvase *f*; F *fig* Anstandsdame *f*; **~eta** [-'ʀetɐ] F **1.** *adj* altmodisch; **2.** *su* Kauz *m*

jarret|e [ʒɐ'ʀetə] *m* ANAT Kniekehle *f*; **~eira** [-ʀə'tɐjrɐ] *f* Strumpfband *n*

jarro ['ʒaʀu] *m* **a)** Krug *m*; **~ eléctrico** Wasserkocher *m*; **b)** BOT Aronstab *m*

jasmim [ʒɐʒ'mĩ] *m* BOT Jasmin *m*

jataí [ʒata'i] *m bras* **a)** ZO Honigbiene *f*; **b)** BOT Heuschreckenbaum *m*

jaula ['ʒawlɐ] *f* Käfig *m*, Zwinger *m*

Java ['ʒavɐ]: **a ~** Java *n*

javali [ʒɐvɐ'li] *m* Wildschwein *n*; Keiler *m*; **~na** [-'linɐ] *f* Bache *f*

javanês [ʒɐvɐ'neʃ] **1.** *adj* javanisch; **2.** *m*, **-esa** *f* Javaner(in *f*) *m*

javard|ice [ʒɐvɐr'disə] *f* Schweinerei *f*; **~o** [-'vardu] *m* Wildschwein *n*; P *fig* Dreckschwein *n*; Ekel *n*

jaz|er [ʒɐ'zer] (2b, *3. pess sg prs* **jaz**) liegen; ruhen (*bsd Tote*); **~ida** [-'zidɐ] *f* Ruhe(stätte *f*) *f*; MIN Fundstelle *f*; **~igo** [-'zigu] *m* Gruft *f*; MIN Lager(stätte *f*) *n*

jê [ʒe] *m Name des Buchstaben* **j**

jeira ['ʒɐjrɐ] *f* Morgen *m* (*Feldmaß*); Tagelohn *m*

jeit|ão [ʒɐj'tɐ̃w] *m*: **fazer um ~** F unheimlich toll sein; **~inho** [-'tĩɲu] *m*: **dar um ~** F *j-m* entgegenkommen, zur Hand gehen; *bras* tricksen

jeit|o ['ʒɐjtu] *m* F Griff *m*; Kniff *m*; Geste *f*; Geschick *n*; Art *f*; Anschein *m*; **a ~** günstig; gelegen; **com ~** behutsam; **de ~** handlich; brauchbar; **de ~ que** dergestalt, dass; **de qualquer ~** irgendwie; nichtsdestotrotz; **sem ~** F unansehnlich; langweilig; ohne Pfiff; **dar ~** F passen; praktisch sein; **dar um ~ a** F *et* zurechtbiegen; **dar um ~ em** F *j-m* e-n Schubs geben; **fazer ~** gerade recht kommen; **não dar** (*od* **ter**) **~** F nicht taugen; **ter ~ para** F ein Händchen haben für; **~oso** [-'tozu] geschickt; bequem; hübsch; gut gemacht

jej|uador [ʒəʒwɐ'dor] *m* Hungerkünstler *m*; **~uar** [-'ʒwar] (1a) fasten; **~um** [-'ʒũ] *m* Fasten *n*; **em ~** nüchtern; *fig* ahnungslos

jequi [ʒe'ki] *bras* **1.** *adj* knapp; eng; **2.** *m* Reuse *f*; **botar em ~** F *j-n* in eine Zwickmühle bringen

J

jer|arquia [ʒərɐr'kiɐ] *f gesellschaftlicher* Rang *m*; Hierarchie *f*; **~árquico** [-'rarkiku] hierarchisch
jerico [ʒə'riku] *m* Esel *m*
jeropiga [ʒərɔ'pigɐ] *f* Süßwein *m*
jesuíta [ʒə'zwitɐ] *m* Jesuit *m*
jesus [ʒə'zuʃ]: **~!** herrje!
jetica [ʒe'tika] *f bras* Batate *f*
jetom [ʒe'tõ] *m bras* Spielmünze *f*
JF ***Junta** f* ***de Freguesia*** Gemeindevertretung *f*
jib|óia [ʒi'bɔjɐ] *f* ZO Boa *f*; **~oiar** [-bɔ'jar] (1k) *bras* verdauen
jigajoga [ʒigɐ'ʒɔgɐ] *f ein Kartenspiel*; *fig* Kuddelmuddel *m*
jindungo [ʒĩ'dũgu] *m Angola* Chili *m*
jipe ['ʒipə] *m* Geländewagen *m*
joalh|aria, *bras* **~eria** [ʒwɐʎɐ'riɐ, ʒwaʎe'ria] *f* Juweliergeschäft *n*; **~eiro** [-'ʎɐjru] *m* Juwelier *m*
joan|ete [ʒwɐ'netə] *m* NAV Bramsegel *n*; ANAT Überbein *n*; **~inha** [-'niɲɐ] *f* Marienkäfer *m*
joão-ninguém (*pl* **joões**) [ʒwɐ̃wnĩ'gɐ̃j] *m* F Knirps *m*; Wicht *m*
João Pessoa [ʒwɐ̃wpe'soa] *bras Hauptstadt von Paraíba*
joão|-pestana [ʒwɐ̃wpəʃ'tɐnɐ] *m* F Sandmann *m*; **~zinho** [-'ziɲu] *m*: **♀ *e Maria*** Hänsel und Gretel
joça ['ʒɔsa] *f bras* P Plunder *m*
jocos|idade [ʒukuzi'dadə] *f* Spaß *m*; Freude *f*; **~o** [-'kozu] spaßig; lustig
joeir|a ['ʒwɐjrɐ] *f* Getreidesieb *n*
joelh|ada [ʒwə'ʎadɐ] *f* Stoß *m* (*mit dem Knie*); **~eira** [-'ʎɐjrɐ] *f* Knieschützer *m*
joelho ['ʒwɐʎu] *m* ANAT Knie *n*; TÉCN Kugelgelenk *n*; ***estar de ~s*** knien; ***pôr-se de ~s*** niederknien
jog|ada [ʒu'gadɐ] *f* Runde *f* (*im Spiel*); Zug *m*; Wurf *m*; Einsatz *m* (*Glücksspiel*); *fig* Manöver *n*; **~ador** [-gɐ'dor] *m*, **-a** *f* Spieler(in *f*) *m*; **~ar** [-'gar] (1o; *Stv* 1e) **1.** *v/t* spielen; *Karte* ausspielen; *Figur* ziehen; *Einsatz* riskieren; *fig* aufs Spiel setzen; *Geld* verspielen; *bras* werfen; ***~ a última cartada*** *bsd fig* die letzte Karte ausspielen; ***~ fora*** wegwerfen; ***~ à pancada*** sich prügeln; ***~ as últimas*** alles aufbieten; ***~ tudo em*** alles setzen auf (*ac*); **2.** *v/i* spielen; funktionieren (*Maschine*); schaukeln (*Schiff*); passen (**com** zu) (*Kleidung*); ***~ em*** setzen auf (*ac*); ***~ à bola*** Ball spielen; ***~ às cartas*** Karten spielen; ***~ na alta*** (***baixa***) auf Hausse (Baisse) spekulieren; ***~ na Bolsa*** an der Börse spekulieren; **~ata** [-'gatɐ] *f* Spiel(chen) *n*; Runde *f*; **~atina** [-gɐ'tinɐ] *f* Spielsucht *f*
jogo ['ʒogu] *m* Spiel *n*; Spielerei *f*; Satz *m*, Garnitur *f* (*zusammengehöriger Dinge*); *fig* Wette *f*; (Börsen-) Spekulation *f*; Kniff *m*; ***~ de água*** Wasserspiel *n*; ***~ de azar*** Glücksspiel *n*; ***~ de cartas*** Kartenspiel *n*; ***~ de mão*** Taschenspielerei *f*; ***~ de palavras*** Wortspiel *n*; ***~ de pares*** Doppel *n* (*Sport*); ***~ franco*** *fig* offene(s) Spiel *n*; ***~ limpo*** (***sujo***) (un)faires Spiel *n*; **♀s** *pl* ***Olímpicos*** Olympische Spiele *n/pl*; ***atrapalhar*** (*od* ***estragar***) ***o ~ a*** *j-s* Spiel verderben; Pläne durcheinander bringen; ***esconder o ~*** sich nicht in die Karten schauen lassen; ***conhecer o ~ a*** *j-s* Spiel durchschauen; ***entrar no ~*** mitspielen; ***estar em ~*** auf dem Spiel stehen; ***faltar ao ~*** sich nicht an die Spielregeln halten; ***fazer ~ com*** gut passen zu; ***jogar o ~*** nach den Regeln spielen
jogral [ʒu'grał] *m* Narr *m*
joguet|ar [ʒugə'tar] (1c) → **~ear**; **~e** [-'getə] *m* Spielzeug *n* (*bsd fig*); Scherz *m* (**por** aus); *fig* Spielball *m*; **~ear** [-'tjar] (1l) scherzen; sich balgen; (herum)fuchteln (**de** mit)
jóia ['ʒɔjɐ] *f* Juwel *n*, Kleinod *n*; Aufnahmegebühr *f* (*in Vereinen*); *fig* Perle *f*; Schatz *m*; **~s** *pl* Schmuck *m*
joint-venture [dʒɔjnt'vẽtʃə] *f* ECON Joint Venture *n*
joio ['ʒoju] *m* Taumellolch *m*; ***separar o trigo do ~*** *fig* die Spreu vom Weizen trennen
jóquei ['ʒɔkɐj] *m* Jockey *m*
Jordânia [ʒur'dɐnjɐ]: ***a ~*** Jordanien *n*
jorn|a ['ʒɔrnɐ] *f* P (Tages)Lohn *m*; **~ada** [ʒur'nadɐ] *f* Tagesreise *f*; *tägliche* Arbeitszeit *f*; Tagewerk *n*; MIL Feldzug *m*; CIENC Konferenz *f*; *Sport*: Runde *f*, Sporttag *m*; **~al** [ʒur'nał] *m* (Tage)Lohn *m*; (Tages-) Zeitung *f*; *Radio*, TV: Nachrichten *f/pl*; ***pôr no ~*** inserieren; **~aleco** [ʒurnɐ'lɛku] *m depr* Käseblatt *n*; **~aleiro** [ʒurnɐ'lɐjru] *m* Tagelöhner *m*; *bras* Zeitungsverkäufer *m*; **~alis-**

J

mo [ʒurnɐ'liʒmu] *m* Journalismus *f*; **~alista** [ʒurnɐ'liʃtɐ] *su* Journalist(in *f*) *m*; **~alístico** [ʒurnɐ'liʃtiku] journalistisch; Zeitungs...

jorr|a ['ʒoʀɐ] *f* Eisenschlacke *f*; **~ar** [ʒu'ʀar] (1e) **1.** *v/t* auswerfen (*Vulkan etc*); *Flüssigkeit* (aus)gießen; **2.** *v/i* hervorquellen (**de** aus); **~o** ['ʒoʀu] *m starker* Strahl *m*; ***correr em ~*** → **~ar**

jota ['ʒɔtɐ] *m Name des Buchstabens* ***j***

jovem ['ʒɔvẽj] **1.** *adj* jung; jugendlich; **2.** *su* Jugendliche(r) *su*; ***os -ns*** *pl* die jungen Leute *pl*

jovial [ʒu'vjał] heiter; **~idade** [-vjɐli'dadə] *f* Heiterkeit *f*; Jovialität *f*

jt. ***junto*** beiliegend

jubil|ação [ʒubilɐ'sɐ̃w] *f UNIV* Emeritierung *f*, Versetzung *f* in den Ruhestand; Jubel *m*; **~ar** [-'lar] **1.** *adj* Jubiläums...; **2.** (1a) **a)** *v/t* in den Ruhestand versetzen; **b)** *v/i* jubeln; **~-se** in den Ruhestand treten; **~eu** [-'lew] *m* Jubiläum *n*; *REL* Ablass *m*

júbilo ['ʒubilu] *m* Jubel *m*, Freude *f*

jubiloso [ʒubi'lozu] jubelnd; froh

jucund|idade [ʒukũdi'dadə] *f* Heiterkeit *f*; **~o** [-'kũdu] fröhlich

jud|aico [ʒu'dajku] jüdisch; **~aísmo** [-dɐ'iʒmu] *m* Judentum *n*; **~as** ['ʒudɐʃ] *m* Judas *m*; **~eu** [-'dew] **1.** *adj* jüdisch, Juden...; **2.** *m*, **-ia** *f* Jude *m*, Jüdin *f*; **~iar** [-'djar] (1g): ***~ com*** böse umspringen mit; malträtieren; spotten über (*ac*); **~iaria** [-djɐ'riɐ] *f* Judenviertel *n*; *fig* Schabernack *m*

judi|catura [ʒudikɐ'turɐ] *f* richterliche Gewalt *f*; Richteramt *n*; **~cial** [-'sjał] gerichtlich; Rechts...; ***decisão f ~*** Gerichtsentscheid *m*; ***venda f ~*** Zwangsversteigerung *f*; **~ciar** [-'sjar] (1g) richten, Gerichtsurteile fällen; **~ciário** [-'sjarju] richterlich; ***erro m ~*** Justizirrtum *m*; ***poder m ~*** Judikative *f*; ***Polícia f -a*** Kriminalpolizei *f*; **~cioso** [-'sjozu] verständig, klug; **~te** [-'ditə] *f* P Kripo *f*

judio [ʒu'diw] **1.** *adj* jüdisch; **2.** *m*, **-a** *f* Jude *m*, Jüdin *f*

jud|o, *bras* **~ô** ['ʒudu, ʒu'do] *m* Judo *n*

jug|ada [ʒu'gadɐ] *f* = **~o** ['ʒugu] *m* Ochsengespann *n*; Joch *n* (*a fig*)

Jugoslávia [ʒugu'ʒlavjɐ]: ***a ~*** Jugoslawien *n*

jugoslavo [ʒugu'ʒlavu] **1.** *adj* jugoslawisch; **2.** *m*, **-a** *f* Jugoslawe *m*, Jugoslawin *f*

jugular [ʒugu'lar] **1.** *adj* Hals...; **2.** *v/t* (1a) unterdrücken, ersticken

juiz *m*, **juíza** *f* ['ʒwiʃ, 'ʒwizɐ] Richter(in *f*) *m*; ***~ de direito*** Amtsrichter *m*; ***~ de facto*** Schöffe *m*; ***~ de inquérito*** Untersuchungsrichter *m*; ***~ de linha*** Linienrichter *m*; ***~ de menores*** Jugendrichter *m*; ***~ do cível*** Zivilrichter *m*; ***~ de crime*** Strafrichter *m*; **~ado** [ʒwi'zadu] *m bras* Gericht *n*

juízo ['ʒwizu] *m* Urteil(svermögen) *n*; Ansicht *f*; Vernunft *f*; *JUR* Prozess *m*; Gericht *n*; ***o ~ final*** (*od* ***universal***) das Jüngste Gericht; ***o dia do ~*** der Jüngste Tag; ***em seu perfeito ~*** im Vollbesitz s-r geistigen Kräfte; ***chamar*** (***ser enviado***) ***a ~*** zur Verantwortung ziehen (gezogen werden); ***dar volta ao ~ de*** *j-n* um den Verstand bringen; ***estar em seu*** (***fora de***) ***~*** bei (von) Sinnen sein; ***formar ~*** sich ein Urteil bilden; ***ter ~*** vernünftig sein; ***tomar ~*** Vernunft annehmen; ***vir a ~*** (***com*** *alg*) vor den Richter kommen (bringen)

julg|ado [ʒuł'gadu] **1.** *adj* abgetan; **2.** *m* Gerichtsbezirk *m*; Urteil *n*; **~ador** [-gɐ'dor] *m* Gutachter *m*, Richter *m*; **~amento** [-gɐ'mẽtu] *m* Prozess *m*; Verurteilung *f*; Urteil *n*; *allg* Prüfung *f*; **~ar** [-'gar] (1o) **1.** *v/t* richten; ein Urteil fällen über (*ac*); *Frage* entscheiden; aburteilen; *allg* beurteilen; halten für; **2.** *v/i* urteilen (**de** über *ac*); glauben; **~-se** sich halten für; ***~-se na obrigação*** sich verpflichtet fühlen (**de** zu)

Julho ['ʒuʎu] *m* Juli *m*

jumento [ʒu'mẽtu] *m*, **-a** *f* Esel(in *f*) *m*

juncal [ʒũ'kał] *m* Röhricht *n*

junção [ʒũ'sɐ̃w] *f* Verbindung(sstelle) *f*; Vereinigung *f*; *TÉCN* Verbindungsstück *n*; ***~ macho*** Anschlussstück *n* (*am Wasserhahn*)

junc|ar [ʒũ'kar] (1n) (mit Blumen) bestreuen; bedecken (**de** mit); **~o** ['ʒũku] *m BOT* Binse *f*; Rohrstock *m*

jungir [ʒũ'ʒir] (3n) *Ochsen* anspannen; *Dinge* vereinigen; *Volk* unterwerfen

Junho ['ʒuɲu] *m* Juni *m*

J

júnior (*pl* **juniores**) ['ʒunjɔr] *m* Junior *m*
junquilho [ʒũ'kiʎu] *m BOT* Narzisse *f*
junta ['ʒũtɐ] *f* **a)** Fuge *f*, Verbindung(sstelle) *f*, Naht *f*; *ANAT* Gelenk *n*; *AGR* Gespann *n*; **b)** (Verwaltungs)Rat *m*; Kommission *f*; (Gläubiger)Versammlung *f*; (Produktions)Genossenschaft *f*; *POL* Junta *f*; **~ *de freguesia*** Gemeinderat *m*; **~ *de paróquia*** Kirchenvorstand *m*; **~mente** [-'mẽtə] zusammen; gleichzeitig
junt|ar [ʒũ'tar] (1a) (an-, ver)sammeln; anhäufen; zusammenrufen; zusammentreiben; *TÉCN* verbinden (**com** mit); *Stoff* zusammennähen; *Organisationen* vereinigen; an-, beifügen (*im Brief*); hinzufügen (**a** zu); *Hände* falten; *Geld* zusammenbringen; *Holz* falzen; **~-se** sich anschließen (**a** an *ac*); sich zusammentun (**com** mit); **~eira** [-'tɐjrɐ] *f* Falzhobel *m*; **~inho** [-'tĩɲu]: **~ a**, **~ de** *bras* F ganz dicht neben (*od* bei)
junt|o ['ʒũtu] **1.** *p/p irr von* ***juntar***; **2.** *adj* beiliegend (*im Brief*); daneben liegend (*od* stehend); Neben...; **~s** zusammen; **3.** *adv* beiliegend (*im Brief*); *örtl* dicht dabei; daneben; zusammen (**com** mit); ***por*** **~** auf einmal; im Ganzen; **4.** *prp*: **~ a**, **~ de** (dicht) bei; (dicht) an; neben; ***para*** **~ de** in die Nähe von, neben (*Richtung*); **~ura** [-'turɐ] *f ANAT* Gelenk *n*; *TÉCN* Scharnier *n*; Fuge *f*
jur|a ['ʒurɐ] *f* Schwur *m*; Fluch *m*; ***fazer uma*** **~** schwören; ***dizer*** **~s** fluchen; **~ado** [-'radu] *m JUR* Geschworene(r) *m*; **~amentar** [-mẽ'tar] (1a) vereidigen; **~amento** [-'mẽtu] *m* Eid *m*; **~ *de bandeira*** Fahneneid *m*; **~ *falso*** Meineid *m*; **~ *hipocrático*** hippokratische(r) Eid *m*; ***sob*** **~** unter Eid
jurão [ʒu'rɐ̃w] *m bras* Pfahlbau *m*
jurar [ʒu'rar] (1a) schwören (**a** *j-m*, ***por*** bei); *et* beeidigen; **~ *a pés juntos*** F hoch und heilig schwören; **~ *pela pele*** Rache schwören
júri ['ʒuri] *m* Jury *f*; Prüfungsausschuss *m*; *JUR die* Geschworenen *pl*
jurídico [ʒu'ridiku] rechtsgültig; juristisch; rechtlich; Rechts...
juris|consulente [ʒuriʃkõsu'lẽtə] *su* Rat Suchende(r) *su*; **~consulto** [-'sultu] *m* Rechtsgelehrte(r) *m*; **~dição** [-riʒdi'sɐ̃w] *f* Gerichtsbarkeit *f*; Rechtsprechung *f*; Befugnis *f*; Zuständigkeit *f*; **~perito** [-pə'ritu] *m* Rechtskundige(r) *m*; **~prudência** [-pru'dẽsjɐ] *f* Rechtswissenschaft *f*; Rechtssprechung *f*; **~ta** [-'riʃtɐ] *su* **a)** Jurist(in *f*) *m*; **b)** Geldverleiher(in *f*) *m*; Inhaber(in *f*) *m* von Staatspapieren
juro ['ʒuru] *m* Zins(fuß) *m*; **~s** *pl* Zinsen *m/pl*; **~ *composto*** Zinseszins *m*; **~ *de mora*** Verzugszins *m*; ***a*** **~ *fixo*** festverzinslich; ***taxa*** *f* ***de*** **~s** Zinsfuß *m*; ***à razão de*** **~s** F sinnlos
jus [ʒuʃ] *m* Recht *n*; ***fazer*** **~ *a*** *j-m* Gerechtigkeit widerfahren lassen
jusante [ʒu'zẽtə] *f* Ebbe *f*; ***a*** **~** flussabwärts
justa ['ʒuʃtɐ] *f* (Zwei)Kampf *m*; Streit *m*; **~mente** [-'mẽtə] zu Recht; genau; *zeitl* eben; **~!** ganz recht!; **~por** [-'por] (2zd) stellen (*od* setzen, legen) (**a** neben *ac*); **~posição** [-puzi'sɐ̃w] *f* Nebeneinanderstellung *f*; **~posto** [-'poʃtu] *p/p irr von* ***~por***
just|ar [ʒuʃ'tar] (1a) e-n Zweikampf ausfechten; kämpfen (***por*** um); **~eza** [-'tezɐ] *f* Genauigkeit *f*; Richtigkeit *f*; *fig* Augenmaß *n*; **~iça** [-'tisɐ] *f* Gerechtigkeit *f* (***social*** soziale); Recht *n*; Justiz *f*; Gerichtsbarkeit *f*; **~ *comutativa*** ausgleichende Gerechtigkeit *f*; ***Ministério*** *m* ***da*** ♀ Justizministerium *n*; ***de*** **~**, ***por*** **~** von Rechts wegen; ***em boa*** **~** völlig unparteiisch; ***fazer*** **~ *a*** *j-n* aburteilen; *j-m* Gerechtigkeit widerfahren lassen; ***dizer de sua*** **~** s-n Standpunkt verteidigen.; ***fazer*** **~ *por suas mãos*** Selbstjustiz üben; ***ouvir alg de sua*** **~** j-s Gründe anhören; **~içar** [-ti'sar] (1p) aburteilen; hinrichten; **~iceiro** [-ti'sɐjru] **1.** *m Art* Friedensrichter *m*; **2.** *adj* = **~içoso** [-ti'sozu] streng; unerbittlich; unbestechlich
justific|ação [ʒuʃtəfikɐ'sɐ̃w] *f* Rechtfertigung *f*; Beweis *m*; **~adamente** [-kadɐ'mẽtə] zu Recht; **~ar** [-'kar] (1n) rechtfertigen; beweisen; **~ativa** [-'tivɐ] *f* Grund *m*, Begründung *f*; Beweis *m*; **~ativo** [-'tivu] rechtfertigend; Beweis...

J

justo ['ʒuʃtu] gerecht; richtig; eng (anliegend); genau passend; ***à -a*** F (millimeter)genau; nicht zu viel, nicht zu wenig; ***bater o ~*** den Nagel auf den Kopf treffen; ***dormir como um ~*** F den Schlaf der Gerechten schlafen

juta ['ʒutɐ] *f* Jute *f*

juven|il [ʒuvə'niɫ] jugendlich; **~ília** [-'niljɐ] *f* Frühwerk *n* (*e-s Autors*); **~tude** [-vẽ'tudə] *f* Jugend *f*

L

L, l [ɛɫ] *m* L, l *n*

L. ***Largo*** *m* Platz *m*

l ***letra*** *f* Wechsel *m*; ***litro*** *m* Liter *m*; ***livro*** *m* Buch *n*

la [lɐ] *pron f* sie (ihn, es); Sie; ***gostava de vê-~*** ich würde sie (*od* Sie) gerne sehen

lá [la] **1.** *adv* **a)** *örtl* da, dort; da-, dorthin; ***~ em cima*** (***baixo***) da oben (unten); *Richtung*: hinauf (hinunter); ***de ~*** dorther; dortig; ***~ na minha terra*** in meiner Heimat; **b)** *zeitl* da; ***o que ~ vai, ~ vai!*** F was vorbei ist, ist vorbei!; **c)** *als Füllwort*: ***sei ~!*** was weiß ich!; ***diga ~*** sagen Sie mal; also; ***vá ~!*** F los!; meinetwegen!; **2.** *m MÚS* A *n*; ***~ sustenido*** Ais *n*; ***~ bemol*** As *n*

lã [lɐ̃] *f* Wolle *f*; ***~ virgem*** Schurwolle *f*; ***~s*** *pl* Wollstoffe *m/pl*

labareda [lɐbɐ'redɐ] *f* Flamme *f*

labéu [lɐ'bɛw] *m* Schimpf *m*; Makel *m*

lábia ['labjɐ] *f* F Zungenfertigkeit *f*; Durchtriebenheit *f*; ***ter muita ~*** ein scharfes Mundwerk haben

labi|adas [lɐ'bjadɐʃ] *f/pl BOT* Lippenblütler *m/pl*; **~ado** [-'bjadu] lippenförmig; **~al** [-'bjaɫ] **1.** *adj* Lippen...; **2.** *f GRAM* Labiallaut *m*

lábil ['labiɫ] labil; *fig* unsicher

lábio ['labju] *m* Lippe *f*; ***~s*** *pl MED* Wundrand *m*; ***~ inferior*** Unterlippe *f*; ***~ leporino*** Hasenscharte *f*; ***estar suspenso pelos ~s de*** *fig j-m* an den Lippen hängen

labir|íntico [lɐbə'rĩtiku] verworren; **~into** [-'rĩtu] *m* Labyrinth *n*

labor [lɐ'bor] *m* Arbeit *f*; Mühe *f*

labor|ação [lɐburɐ'sɐ̃w] *f* Bearbeitung *f*; Betrieb *m*; Arbeit *f*; **~al** [-'raɫ] Arbeits... (*a JUR*); Arbeiter... (*a POL*); **~ar** [-'rar] (1e) arbeiten; *AGR* pflügen; **~atório** [-rɐ'tɔrju] *m* Labor *n*; ***~ de línguas*** Sprachlabor *n*; **~atorista** [-rɐtu'riʃtɐ] *su* Laborant(in *f*) *m*; **~ioso** [-'rjozu] fleißig; mühsam; **~ista** [-'riʃtɐ] → ***trabalhista***

labrego [lɐ'bregu] **1.** *adj depr* bäurisch; unerzogen; **2.** *m Person*: Bauer *m*; *Gerät*: Tiefpflug *m*; Grubber *m*

labut|a, ~ação [lɐ'butɐ, lɐbutɐ'sɐ̃w] *f* Plackerei *f*; Mühe *f*; **~ar** [-'tar] (1a) sich plagen (***em*** bei); F sich abrackern (***por*** für)

laca ['lakɐ] *f* Lack *m*; Haarspray *n*

laç|ada [lɐ'sadɐ] *f* Schlinge *f*; **~ador** [lasa'dor] *m bras* Lassowerfer *m*

lacaio [lɐ'kaju] *m* Lakai *m*

laçar [lɐ'sar] (1p; *Stv* 1b) mit der Schlinge (*od* dem Lasso) fangen

lacete [lɐ'setə] *m* Serpentine *f*

laço ['lasu] *m* Schleife *f*; *MONT* Schlinge *f* (***armar*** legen); Lasso *n*; F Fliege (*Kleidung*); Band *n*; ***~ de união*** Bindeglied *n*; ***~s*** *pl* ***de sangue*** Blutsbande *n/pl*; ***cair no ~*** in die Falle gehen

lacónico (*ô) [lɐ'kɔniku] lakonisch; kurz angebunden

lacraia [lɐ'krajɐ] *f* Tausendfüßler *m*

lacr|ar [lɐ'krar] (1b) versiegeln; **~au** [lɐ'kraw] *m* Skorpion *m*; **~e** ['lakrə] *m* Siegellack *m*

lacrim|al [lɐkri'maɫ] Tränen...; **~ejante** [-mə'ʒẽtə] tränend; **~ejar** [-mə'ʒar] (1d) tränen; jammern; **~ogéneo** (*ê) [-mu'ʒɛnju]: ***gás*** *m* ***~*** Tränengas *n*; **~oso** [-'mozu] tränenüberströmt

lact|ação [laktɐ'sɐ̃w] *f* Stillen *n*; *MED* Laktation *f*; ***período*** *m* ***de ~*** Stillzeit *f*; **~ar** [-'tar] (1b) **1.** *v/t* stil-

len; **2.** *v/i* saugen; **~ário** [-'tarju] *adj* Milch...
lactente [lak'tẽtə] *su* Säugling *m*
lácteo ['laktju] milchig; ***via*** *f* ***-a*** Milchstraße *f*
lacticínio [laktə'sinju] *m* Milchprodukt *n*
láctico ['laktiku] *QUÍM* Milch...
lact|icultura [laktikuł'turɐ] *f* Milchproduktion *f*; **~ímen** [-'timən] *m* *MED* Milchschorf *m*; **~ose** [-'tɔzə] *f* Milchzucker *m*
lacuna [lɐ'kunɐ] *f* Lücke *f*; ***~ de lei*** Gesetzeslücke *f*
lacustre [lɐ'kuʃtrə] See...; Sumpf..., Wasser...; ***habitação f ~*** Pfahlbau *m*
ladainha [lɐdɐ'iɲɐ] *f* Litanei *f*
ladear [lɐ'djar] (1l) in die Mitte nehmen; begleiten; flankieren
ladeir|a [lɐ'dɐjrɐ] *f* (Ab)Hang *m*; **~o** [-'dɐjru] schräg; seitlich; flach (*Teller*)
ladin|eza, ~ice [lɐdi'nezɐ, -'nisə] *f* Gerissenheit *f*; **~o** [-'dinu] **1.** *adj* durchtrieben; **2.** *m* Rätoromanisch(e) *n*
lado ['ladu] *m* Seite *f* (*a fig*); Richtung *f*; *MAT* Schenkel *m*; ***~ fraco de*** *j-s* schwache Seite *f*; ***~ a ~*** Seite an Seite; ***ao ~*** nebenan; ***ao ~ de*** neben; ***de ~*** beiseite; seitwärts; daneben; seitlich; ***do ~ de*** auf- (*od* von)seiten (*gen*); ***de ~ a ~*** von e-r Seite zur anderen; ***do ~ de cá*** diesseits; ***do outro ~*** drüben, auf der anderen Seite; ***de um para o outro ~*** hin und her; ***para o ~*** auf die (*od* zur) Seite; ***para os ~s de*** in der (*od* die) Gegend von; ***pelo meu ~*** meinerseits; ***por um ~ ... por outro ~ ...*** einerseits ... andererseits ...; ***pôr de ~*** weglegen; beiseite lassen
ladr|a ['ladrɐ] *f* Diebin *f*; Obstpflücker *m* (*Gerät*); ***Feira f da ℒ*** Flohmarkt *m* (*in Lissabon*); **~ão** [lɐ'drɐ̃w] *m* Dieb *m*; Gauner *m*; Straßenräuber *m*; *BOT* wilde(r) Trieb *m*; ***com pés de ~*** F unbemerkt; ***agarra que é ~!*** haltet den Dieb!; **~ar** [lɐ'drar] (1b) bellen (*Hund*); kreischen (*Person*)
ladrilh|ar [lɐdri'ʎar] (1a) mit Fliesen belegen, pflastern; **~eiro** [-'ʎɐjru] *m* Fliesenleger *m*; Fliesenhersteller *m*; **~o** [-'driʎu] *m* (Boden)Fliese *f*; Gehwegplatte *f*; *fig* Block *m*
ladro ['ladru] **1.** *adj* diebisch; ***piolho m ~*** Filzlaus *f*; **2.** *m* Gebell *n*; **~eira, ~íce** [lɐ'drwɐjrɐ, -dru'isə] *f* Diebstahl *m*; Prellerei *f*; Betrug *m*
lagar [lɐ'gar] *m* Kelter(haus *n*) *f*; Ölmühle *f*
lagart|a [lɐ'gartɐ] *f* *ZO* Raupe *f*; *TÉCN* Gleiskette *f*; **~ixa** [-gɐr'tiʃɐ] *f* Mauereidechse *f*; *bras* Gecko *m*; **~o** [-'gartu] *m* *ZO* Eidechse *f*; *bras CUL* Schulter *f*
lag|o ['lagu] *m* See *m*; **~oa** [lɐ'goɐ] *f* Teich *m*; Bergsee *m*; Morast *m*
lagost|a [lɐ'goʃtɐ] *f* Languste *f*; **~im** [lɐguʃ'tĩ] *m* Kaisergranat *m*; Scampi *pl*; Flusskrebs *m*
lágrima ['lagrimɐ] *f* Träne *f*; Tropfen *m*; ***desfeito em ~s*** tränenüberströmt
laguna [lɐ'gunɐ] *f* Lagune *f*
laia ['lajɐ] *f fig* Art *f*, Schlag *m*; ***à ~ de*** nach Art (*gen*); wie; ***da mesma ~*** *fig* aus demselben Holz (geschnitzt)
laic|al, ~o [laj'kał, 'lajku] weltlich, Laien...; konfessionslos (*Schule*)
laiv|ar [laj'var] (1a) beflecken; beschmutzen; **~o** ['lajvu] *m* Fleck *m*; *fig* Makel *m*; **~s** *pl fig* Spur *f*, Schimmer *m*; ***ter ~s de*** *fig* etwas Ahnung haben von
laj|e ['laʒə] *f* Steinplatte *f*; ***~ de betão*** Betonplatte *f*; **~eado** [lɐ'ʒjadu] *m* Plattenbelag *m*; **~ear** [lɐ'ʒjar] (1l) pflastern
lama ['lɐmɐ] **1.** *f* Schlamm *m*; ***arrastar pela ~*** P *fig* durch den Dreck ziehen; ***sair da ~ e meter-se no lameiro*** P vom Regen in die Traufe kommen; **2.** *ZO* Lama *n*; **~çal, ~ceiro** [-'sał, -'sɐjru] *m* Morast *m*; Dreckloch *n*; **~cento** [-'sẽtu] schlammig
lamb|a ['lɐ̃ba] *m*: ***passar ~*** *bras* P ein Hundeleben führen; **~ada** [lɐ̃'badɐ] *f* **a)** Schlag *m*; Hieb *m*; *fig* Abreibung *f*; **b)** Lambada *f* (*Tanz*)
lamb|ança [lɐ̃'bɐ̃sɐ] *f* Leckerei *f*; **~ão** [lɐ̃'bɐ̃w] *m* Schleckermaul *n*; **~areiro** [-bɐ'rɐjru] **1.** *adj* naschhaft; **2.** *m*, **-a** *f* Leckermaul *n*; **~arice** [-bɐ'risə] *f* Leckerbissen *m*; **~e-botas** (*pl inv*) [lɐ̃bə'bɔtɐʃ] *su* P Speichellecker *m*; **~e-cu(s)** [lɐ̃bə'ku] *su(pl)* P Arschkriecher *m*; **~er** [-'ber] (2a) lecken; ***~ os beiços*** sich die Lippen (ab)lecken; ***~ os dedos***,

~-se genießen; sich die Finger lecken (***para, por*** nach); **~ido** [-'bidu] geschniegelt; glatt (*Haar*); **~iscar** [-biʃ'kar] (1n) F naschen; **~isco** [-'biʃku] *m* F Häppchen *n*; ***num ~*** im Nu; **~isgóia** [-biʒ'gɔjɐ] *f* F Klatschbase *f*; **~isqueiro** [-biʃ'kɐjru] **1.** *adj* vorwitzig; naschhaft; **2.** *m*, **-a** *f* Naseweis *m*; Leckermaul *n*; **~ona** [-'bɔnɐ] *f* Naschkatze *f*

lambr|equim [lẽbrə'kĩ] *m* Fries *m*; Querbehang *m* (*Bühne, Betthimmel*); **~eta** [-'breta] *f bras* Motorroller *m*; **~etista** [-bre'tista] *su* Motorrollerfahrer(in *f*) *m*

lambr|il, ~im, *bras* **~is** (*pl*) [lẽ'briɫ, -'brĩ, -'bris] *m* (Wand)Verkleidung *f*

lambu|gem [lẽ'buʒẽj] *f* Nascherei *f*; *fig* Köder *m*; **~jar** [-'ʒar] (1a) F naschen; **~jem** [-ʒẽj] *f bras* Trinkgeld *n*; **~zada** [-'zadɐ] *f* Schmuddelei *f*; Fleck *m*; **~zadela** [-zɐ'dɛlɐ] *f* Verschmutzung *f*; Essensrest *m*; ***ter umas ~s de*** einige Ahnung haben von; **~zar** [-'zar] (1a) be-, verschmieren

lamecha [lɐ'mɛʃɐ] **1.** *adj* F schmachtend; **2.** *su* F Schmachtlappen *m*

lameir|a *f*, **~o** *m* [lɐ'mɐjrɐ, -ru] *f* Weide(land *n*) *f*; Feuchtwiese *f*

lamel|a [lɐ'mɛlɐ] *f* Lamelle *f*; Blättchen *n*; Plättchen *n*; **~ado** [-mə'ladu] in Lamellen eingeteilt; **~iforme** [-məli'fɔrmə] lamellenförmig; **~oso** [-mə'lozu] → ***~ado***

lament|ação [lɐmẽtɐ'sɐ̃w] *f* Wehklage *f*; Klage(lied *n*) *f*; ***muro m das -ões*** Klagemauer *f*; **~ar** [-'tar] (1a) *et* beklagen; bedauern; ***lamento muito!*** bedaure sehr!; **~-se** klagen (***de*** über *ac*); **~ável** [-'tavɛɫ] bedauerlich; → ***~oso***; **~o** [-'mẽtu] *m* Klage *f*; **~(s)** (*pl*) Jammern *n*; **~oso** [-'tozu] klagend; kläglich

lâmina ['lɐminɐ] *f* (Gold)Blättchen *n*; Plättchen *n*; Scheibe *f*; (Metall-)Streifen *m*; (Säge)Blatt *n*; Klinge *f*; Lamelle *f*; Objektträger *m* (*Mikroskop*)

lamin|abilidade [lɐminɐbəli'dadə] *f* TÉCN Walzbarkeit *f*; **~ação** [-'sɐ̃w] *f* (Aus)Walzen *n*; Plattierung *f*; **~ado** [-'nadu] lamellenförmig; gewalzt; Walz...; **~ador** [-nɐ'dor] *m* Walze *f*; TÉCN Walzwerk *n*; **~agem** [-'naʒẽj] *f* Walzen *n*; **~ar** [-'nar] **1.** *v/t* (1a) walzen; TÉCN laminieren; **2.** *adj* → ***~oso***; **~ária** [-'narjɐ] *f* BOT Bandalge *f*; **~oso** [-'nozu] lamellenförmig

lamiré [lɐmi'rɛ] *m* Stimmgabel *f*; ***dar o ~*** *fig* den Auftakt geben; ***dar um ~ a*** F *fig* *j-m* e-n Wink geben

lampa ['lẽpɐ] *f* **a)** Chinaseide *f*; **b)** F Lampe *f*

lâmpada ['lẽpɐdɐ] *f* Lampe *f*, Leuchte *f*; Glühlampe *f*; ***~ economizadora*** Energiesparleuchte *f*; ***~ fluorescente*** Leuchtstofflampe *f*; ***~ halógena*** Halogenlampe *f*; ***~ reflectora de halogéneo*** Halogenspot *m*

lamp|adarejar [lẽpɐdɐrə'ʒar] (1d) aufblitzen; flackern; **~adazinha** [-'ziɲɐ] *f* Lämpchen *n*; **~arina** [-'rinɐ] *f* Lämpchen *n*; Nachtlicht *n*; ***dar uma ~ a*** P *j-m* eins vor den Latz knallen; **~eiro** [lẽ'pɐjru] frühreif; *fig* dreist; **~ejar** [-pə'ʒar] (1d) (auf)blitzen; METEO wetterleuchten; **~ejo** [-'peʒu] *m* Funkeln *n*; (Auf)Blitzen *n*; **~ianista** [-pjɐ'niʃtɐ] *m* Laternenanzünder *m*; **~ião** [-'pjɐ̃w] *m* (Straßen)Laterne *f*; Lampion *m*; **~inho** [-'piɲu] **1.** *adj* bartlos; **2.** *m* F Milchbart *m*; **~o** ['lẽpu] frühreif; *fig* dreist

lampreia [lẽ'prɐjɐ] *f* Neunauge *n*

lamúria(s) [lɐ'murjɐ(ʃ)] *f*(*pl*) Lamentieren *n*, Gejammer *n*

lamuri|ante [lɐmu'rjẽtə] jammernd; jämmerlich; larmoyant; **~ar** [-'rjar] (1g) jammern; **~ento, ~oso** [-'rjẽtu, -'rjozu] → ***lamuriante***

lança ['lɐ̃sɐ] *f* Lanze *f*; Deichsel *f*; TÉCN Ausleger *m*; ***ponta f de ~*** *Fußball*: Sturmspitze *f*; ***meter uma ~ em África*** e-n großen Wurf tun; **~-chamas** (*pl inv*) [-'ʃɐmɐʃ] *m* Flammenwerfer *m*; **~deira** [-'dɐjrɐ] *f* Schiffchen *n* (*Webstuhl*); **~-foguetes** (*pl inv*) [-fu'getəʃ] *m* Leuchtsignalpistole *f*; **~-granadas** (*pl inv*) [-grɐ'nadɐʃ] *m* Granatwerfer *m*; **~mento** [-'mẽtu] *m* Werfen *n*; (Bomben)Abwurf *m*; (Raketen-)Abschuss *m*; *fig* Start *m*; ECON Buchung *f* (***fazer*** vornehmen); Steuerveranlagung *f*; Markteinführung *f*; ***~ à água*** Stapellauf *m*; ***~ da primeira pedra*** Grundsteinlegung *f*; ***~ de disco*** *Sport*: Diskuswerfen *n*; ***~ de peso*** Kugelstoßen *n*; ***promover o ~ de*** *et* auf den Markt bringen;

L

~-perfume(s) [-pər'fumə] *m(pl)* Parfümzerstäuber *m*
lançar [lɐ̃'sar] (1p) **1.** *v/t* werfen, schleudern; *Netz* auswerfen; *Geruch* verströmen; *Rauch* ausstoßen; gießen; *Gefühl* einflößen; *Schuld* zuweisen (**a, sobre** *j-m*); *Gerücht* ausstreuen; verbreiten; lancieren; starten; *TEA* auf die Bühne bringen; *Brücke* schlagen; *Rakete* abschießen; *Feuer* legen (**a** an *dat*, in *dat*); *fig j-n* treiben (**em** in *ac*); *ECON* buchen; *Steuer* festsetzen; auf den Markt bringen; *Dividende* ausschütten; **~ à água** vom Stapel lassen; **~ à conta de** *j-m* in Rechnung stellen; *fig* zuschreiben (*dat*); **~ à costa** (*od* **praia**) anspülen; **~ imposto sobre** besteuern (*ac*); **~ luz sobre** *fig* Licht bringen in (*ac*); **~ mão de** greifen zu *et*; **~ os alicerces** (*od* **a primeira pedra**) **de** den Grundstein legen zu (*od* für); **~ fora** erbrechen; **estar lançado em** engagiert sein in (*dat*); **2. ~-se** sich stürzen (**sobre** auf *ac*, **em** in *ac*); sich ergießen (*Fluss*); **~-se a** sich heranwagen an *et*
lance ['lɐ̃sə] *m* Wurf *m*; (Schach)Zug *m*; Wagnis *n*; Tat *f*; (gefährliche) Lage *f*; (Schicksals)Schlag *m*; Treffer *m*; *Sport*: Stoß *m*; *Fußball*: Schuss *m*; **de um ~** *fig* auf einen Schlag; **~ de olhos** Augenblick *m*; **dar um ~ em** *bras* P *Frau* anmachen
lanc|ear [lɐ̃'sjar] (1l) (mit der Lanze) verwunden; *fig* quälen, beunruhigen; *bras* (mit dem Netz) fischen; **~eolado** [-sju'ladu] lanzettförmig; **~eta** [-'setɐ] *f MED* Lanzette *f*; **~etar** [-sə'tar] (1c) aufstechen
lanch|a ['lɐ̃ʃɐ] *f* Barkasse *f*; Boot *n*; **~ a motor** Motorboot *n*; **~ pesqueira** Fischerboot *n*; **~ão** [-'ʃɐ̃w] *m* Frachtschiff *n*
lanch|ar [lɐ̃'ʃar] (1a) e-n Imbiss einnehmen; **~e** ['lɐ̃ʃə] *m* Imbiss *m*; **~eira** [-'ʃɐjrɐ] *f* Picknickkorb *m*; **~eiro** [-'ʃɐjru] *m* Imbissverkäufer *m*; *NAV* Bootsführer *m*; **~onete** [-ʃu'netə] *f bras* Schnellimbiss *m*
lancil [lɐ̃'siɫ] *m* Bordstein *m*; (Stein)Platte *f*; Einfassungsstein *m*
lancinante [lɐ̃si'nɐ̃tə] stechend
lanço ['lɐ̃su] *m* Wurf *m*; *ECON preiswertes* Angebot *n*; Ausdehnung *f*; Abschnitt *m*; Treppenlauf *m*; *NAV* Fischzug *m*; Stapel *m*; **a poucos ~s** ganz in der Nähe; **ao maior ~** meistbietend; **de ~** auf einmal
land|e ['lɐ̃də] *m BOT* Eichel *f*; **~eira** [lɐ̃'dɐjrɐ] *f* Korkeichenpflanzung *f*
lang|or [lɐ̃'gor] *m* → **~uidez**; **~oroso** [-gu'rozu] → **lânguido**; **~uento** [-'gẽtu] kränklich; **~u(id)escer** [-gəʃ'ser, -gidəʃ'ser] (2g) dahinsiechen; schmachten; **~uidez** [-gi'deʃ] *f* Hinfälligkeit *f*
lânguido ['lɐ̃gidu] schlaff; schwach; kränkelnd; schmachtend (*Blick*)
lanho ['lɐɲu] *m* Schnitt *m*
lan|ífero, ~ígero [lɐ'nifəru, -'niʒəru] wollig; Woll...; **~oso** [-'nozu] wollig
lantejoila [lɐ̃tə'ʒojlɐ] *f* → **lentejoila**
lantern|a [lɐ̃'tɛrnɐ] *f* Laterne *f*; **~agem** [-'naʒɐ̃j] *f bras AUTO* Karosseriewerkstatt *f*; **~eiro** [-'nejru] *m bras* Karosseriebauer *m*
lanu|do [lɐ'nudu] zottig (*Haare*); wollig, weich; **~gem** [-'nuʒɐ̃j] *f* Flaum *m*; **~ginoso** [-ʒi'nozu] flaumig
lapa ['lapɐ] *f* Felsenhöhle *f*; überhängende(r) Fels *m*; *ZO* Nacktschnecke *f*; **agarrar-se como uma ~** F *fig* anhänglich sein wie eine Klette; **~da** [lɐ'padɐ] *f* F Backpfeife *f*
lapão [lɐ'pɐ̃w] **1.** *adj* lappländisch; **2.** *m*, **-oa** *f* Lappländer(in *f*) *m*, Lappe *m*, Lappin *f*
láparo ['lapɐru] *m* F Häschen *n*; Kaninchen *n*
lapela [lɐ'pɛlɐ] *f Kleidung*: Revers *n*
lapid|ação [lɐpidɐ'sɐ̃w] *f* Schleifen *n* (*von Edelsteinen*); *HIST* Steinigung *f*; **~agem** [-'daʒɐ̃j] *f* Steinschleiferei *f*; Schliff *m*; **~ar** [-'dar] **1.** *v/t* (1a) *Steine* schleifen; *fig* arbeiten an (*dat*); (aus)feilen; *j-n* formen; *HIST* steinigen; **2.** *adj* Stein...; lapidar; **~ário** [-'darju] *m* Steinschleifer *m*
láp|ide ['lapidə] *f* Grabstein *m*; **~is** (*pl inv*) ['lapiʃ] *m* Bleistift *m*; **~ de cor** Farbstift *m*; **~ de olhos** Eyeliner *m*
lapiseira [lɐpi'zɐjrɐ] *f* Drehbleistift *m*; *allg* Kugelschreiber *m*; **~ de ponta de feltro** Filzschreiber *m*
lápis-tinta (*pl inv*) [lapiʃ'tĩtɐ] *m* Tintenschreiber *m*
Lapónia [lɐ'pɔnjɐ]: **a ~** Lappland *n*
lapso ['lapsu] *m* Versehen *n*; Irrtum *m*; Lapsus *m*; **~ (de tempo)** Zeit-

raum *m*; **~ de memória** Gedächtnisausfall *m*; **no ~ de** im (Ver)Lauf (*gen*); **por ~** versehentlich

lapuz [lɐ'puʃ] *m* Tölpel *m*, Flegel *m*

laquê [la'ke] *m bras* Haarlack *m*

laque|ação [lɐkjɐ'sɐ̃w] *f MED* Abbindung *f*; **~ar** [-'kjar] (1l) **a)** *Ader* abschnüren; **b)** *Möbel etc* lackieren

lar [lar] *m* Herd *m*; Heim *n* (*a fig*); Nest *n*; **~ de estudantes** Studentenwohnheim *m*; **~ de terceira idade** Altenheim *n*

laracha [lɐ'raʃɐ] **1.** *f* Witz *m*; Schwatz *m*; **2.** *m* Witzbold *m*

laranj|a [lɐ'rɐ̃ʒɐ] **1.** *adj* orange(farben); gelb (*Ampel*); *POL* der *port Partei* PSD zugehörig; **2.** *f BOT* Orange *f*; **estar a pão e ~s** *fig* von Brot und Wasser leben; **3.** *m* Orange *n* (*Farbe*); **~a(s)-amarga(s)** [lɐrɐ̃ʒɐ'margɐ] *f(pl)* Pomeranze *f*; **~ada** [-'ʒadɐ] *f* Orangenlimonade *f*; **~al** [-'ʒał] *m* Orangenhain *m*; **~eira** [-'ʒɐjrɐ] *f* Orangenbaum *m*; **~inha** [-'ʒiɲɐ] *f* Orangenlikör *m*

larápio [lɐ'rapju] *m* Dieb *m*; Gauner *m*

lard|eadeira [lɐrdjɐ'dɐjrɐ] *f* Spicknadel *f*; **~ear** [-'djar] (1l) spicken; **~o** ['lardu] *m* Speckstreifen *m*

lareira [lɐ'rɐjrɐ] *f* Herd(feuer *n*) *m*; Kamin *m*

larg|a ['largɐ] *f*: **à ~** nach Herzenslust; überreichlich; auf großem Fuß; **dar ~s a** freien Lauf lassen; **~ada** [lɐr'gadɐ] *f* Abfahrt *f*; *NAV* Ablegen *n*; *AV* Abflug *m*; **~ado** [lar'gadu] *bras* unbändig; **~ar** [lɐr'gar] (1o; *Stv* 1b) **1.** *v/t* loslassen; fallen lassen; hergeben; *j-m et* überlassen; *Segel* setzen; *fig* → **soltar**; **2.** *v/i* abfahren, abfliegen; **~ para** sich aufmachen nach; **~-se** sich daranmachen (**a** zu *inf*); sich freimachen (**de** von)

larg|o ['largu] **1.** *adj* breit; weit; geräumig; *zeitl* ausgedehnt; reichlich; umfangreich; groß; ungewöhnlich; **mar** *m* **~** hohe See *f*; **a passos ~s** mit großen Schritten; **2.** *m* hohe (*od* offene) See *f*; *kleiner* Platz *m*; *MÚS* Largo *n*; **ao ~** weit, in der Ferne; *fig* auf Distanz; **de ~** aus der Ferne; **pelo ~** weitgehend; **passar de ~ sobre** *fig* rasch hinweggehen über (*ac*); **pôr-se ao ~** sich auf den Weg machen; **ter dois metros de ~** zwei Meter breit sein; **3.** *adv* lang und breit; mit großen Schritten; auf großem Fuß; **~ueza** [lɐr'gezɐ] *f* Freigebigkeit *f*; Verschwendung *f*; **~ura** [lɐr'gurɐ] *f* Breite *f*; Weite *f*; Ausdehnung *f*; Geräumigkeit *f*; Umfang *m*; **ter** (*od* **ser de**) **2 metros de ~** 2 Meter breit sein; **que ~ tem?** wie breit ist das?

lariço [lɐ'risu] *m* Lärche *f*

lar|ifo [lɐ'rifu] *m* P Schnorrer *m*; **~ila** [-'rilɐ] P irre gut; **~ilas** (*pl inv*) [-'rilɐʃ] *m* P Schwule(r) *m*

laring|e [lɐ'rĩʒə] *f ANAT* Kehlkopf *m*; **~ite** [-'ʒitə] *f* Kehlkopfentzündung *f*

larva ['larvɐ] *f* Larve *f*; Engerling *m*

las [lɐʃ] *pron f/pl* sie; Sie; → **la**

lasanha [lɐ'zɐɲɐ] *f CUL* Lasagne *f*

lasc|a ['laʃkɐ] *f* Splitter *m*; Span *m*; *fig* Stückchen *n*; F *fig* Klassefrau *f*; **~ar** [lɐʃ'kar] (1n; *Stv* 1b) (zer)splittern; **ser de ~** P ätzend sein

lasc|ívia [lɐʃ'sivjɐ] *f* Ausschweifung *f*; Lüsternheit *f*, Laszivität *f*; **~ivo** [-'sivu] ausschweifend; lasziv

laser ['lɐjzər]: **raio** *m* **~** Laserstrahl *m*

lass|idão [lɐsi'dɐ̃w] *f* Erschlaffung *f*, Ermattung *f*; Müdigkeit *f*; **~o** ['lasu] schlaff; erschöpft; lässig; locker

lástima ['laʃtimɐ] *f* Mitleid *n*; Bedauern *n*; Jammer *m*; Elend *n*; *fig depr* lästige Angelegenheit *f*; **é ~ que** *conj* es ist bedauerlich (*od* schade), dass; **é uma ~** es ist ein Jammer; **que ~!** wie dumm!; wie schade!

lastim|ar [lɐʃti'mar] (1a) beklagen, bedauern; **~-se** klagen; **~ável** [-'mavɛł] beklagenswert; **~oso** [-'mozu] kläglich; bedauernswert

lastr|ar [lɐʃ'trar] (1b) mit Ballast beladen (*bsd NAV*); beschweren; **~o** ['laʃtru] *m* **a)** Ballast *m*; *fig* Grundlage *f*; **b)** *CAM. DE F* Schotter *m*

lata ['latɐ] *f* Weißblech *n*; Blechdose *f*; Kanister *m*; (Müll)Eimer *m*; *fig* Unverfrorenheit *f*; **~ de conserva** Konservendose *f*; **dar ~ a** *j-m* e-n Korb geben; **ter muita ~** P vorlaut sein; **~s** *pl AUTO* Karosserie *f*

lat|ada [lɐ'tadɐ] *f* Spalier *n*; *fig* Polterabend *m*; P Schlag *m* aufs Maul; *UNIV* Fest *n* der Erstsemester; **~agão** [-tɐ'gɐ̃w] *m* Muskelprotz *m*; **~ão** [-'tɐ̃w] *m* Messing *n*; **~aria** [lata'ria] *f bras AUTO* Karosserie *f*

látego ['latəgu] *m* Knute *f*
latej|ar [lɐtə'ʒar] (1d) klopfen, schlagen (*Herz*); pulsieren; **~o** [-'teʒu] *m* Pulsieren *n*; Pulsschlag *m*; **~s** *pl* (Herz)Klopfen *n*; Schlagen *n*
lat|ência [lɐ'tẽsjɐ] *f* Latenz *f*; **~ente** [-'tẽtə] latent; schleichend (*Übel*)
lateral [lɐtə'raɫ] **1.** *adj* seitlich, Seiten...; **2.** *m* **~ *direito*** (***esquerdo***) *Fußball*: Rechts- (Links)außen *m*
latido [lɐ'tidu] *m* Bellen *n*
latif|undiário [lɐtifũ'djarju] **1.** *adj* Großgrund...; **2.** *m* Großgrundbesitzer *m*; **~úndio** [-'fũdju] *m* Großgrundbesitz *m*
lat|im [lɐ'tĩ] *m* Latein *n*; ***perder o seu* ~** sich vergebliche Mühe geben; **~ino** [-'tinu] **1.** *adj* lateinisch; Latein...; romanisch (*Sprache*, *Volk*); **2.** *m* CIENC Lateiner *m*; Romane *m*; ***~-americano*** lateinamerikanisch
latir [lɐ'tir] (3b) bellen (*Hund*); klopfen, schlagen (*Herz*)
latitud|e [lɐti'tudə] *f* GEOGR Breite *f*; Breitengrad *m*; *fig* Weite *f*; **~ *sul*** südliche(r) Breitengrad *m*; **~inário** [-di'narju] weit; umfangreich
lato ['latu] weit(läufig); geräumig; ***em sentido* ~** im weiteren Sinne
lato|aria [lɐtwɐ'riɐ] *f* Klempnerei *f*; **~eiro** [-'twɐjru] *m* Klempner *m*
latrina [lɐ'trinɐ] *f* Latrine *f*
latrocínio [lɐtru'sinju] *m* Raubüberfall *m*
laud|atório [lawdɐ'tɔrju] lobend, Lob...; **~ável** [-'davɛɫ] löblich
laudo ['lawdu] *m* Schiedsspruch *m*; Laudatio *f*
láurea ['lawrjɐ] *f poét* Lorbeer *m*; **~ *de doutor*** *bras* Doktorhut *m*
laur|eado [law'rjadu] preisgekrönt; **~el** [-'rɛɫ] *m* Lorbeer(kranz) *m*; (Ehren)Preis *m*
Laus [lawʃ]: ***o* ~** Laos *n*
lauto ['lawtu] üppig
lava ['lavɐ] *f* Lava *f*
lavabo [lɐ'vabu] *m* Waschraum *m* (*in Zügen*); Toilette *f* (*in Restaurants*)
lavad|eira [lɐvɐ'dɐjrɐ] *f* Wäscherin *f*; ***acabar-se como sabão na mão de* ~** F wie Sand zwischen den Fingern zerrinnen; **~ela** [-'dɛlɐ] *f* kleine Wäsche *f*; **~ *de gato*** Katzenwäsche *f*; ***dar uma* ~ *a*** *et* rasch waschen; **~inho** [-'diɲu] F sauber gewaschen
lavad|o [lɐ'vadu] **1.** *adj* sauber; **~ *de ares*** luftig; **~ *em lágrimas*** tränenüberströmt; ***de mãos -as*** unentgeltlich; **2.** *m* Waschen *n*; **~oiro** [-'dojru] *m* → **~*ouro***; **~ora** [-'dora] *f bras* Waschmaschine *f*; **~ouro** [-'doru] *m* Waschplatz *m*; **~ura** [-'durɐ] *f* Spülwasser *n*
lavagante [lɐvɐ'gẽtə] *m* ZO Hummer *m*
lava|gem [lɐ'vaʒẽj] *f* Waschen *n*; *fig* Abreibung *f*; **~ *a seco*** chemische Reinigung *f*; **~ *automática*** Autowaschanlage *f*; **~ *cerebral*** Gehirnwäsche *f*; **~ *intestinal*** MED Einlauf *m*; **~-loiças** (*pl inv*) [lavɐ'lojsɐʃ] *m* Spüle *f*; F Geschirrspülmaschine *f*
lavand|aria, *bras* **~eria** [lɐvẽdɐ'riɐ, -de'ria] *f* Wäscherei *f*; **~ *a seco*** chemische Reinigung *f*; **~ *sirva-se a si próprio*** Waschsalon *m*; **~eira, ~isca** [-'dɐjrɐ, -'diʃkɐ] *f* ZO Bachstelze *f*
lava|-pára-brisas, **~-vidros** (*pl inv*) [lavɐparɐ'brizɐʃ, -'vidruʃ] *m* AUTO Scheibenwaschanlage *f*
lav|ar [lɐ'var] (1b) waschen; *Geschirr* abspülen; *fig* rein waschen; FOT wässern; **~*-se de*** sich rein waschen von; **~atório** [-vɐ'tɔrju] *m* Waschbecken *n*; Waschung *f*; **~ável** [-'vavel] waschbar
lav|oira [lɐ'vojrɐ] *f* → **~*oura***; **~or** [-'vor] *m* Arbeit *f*; Werk *n*; Handarbeit *f*; **~oura** [-'vorɐ] *f* Ackerbau *m*; **~ *algodoeira*** (***arrozeira***) Baumwoll- (Reis)anbau *m*; **~ra** ['lavrɐ] *f* Pflügen *n*; Ackerland *n*; BGB Abbau *m*
lavrad|eira [lɐvrɐ'dɐjrɐ] *f* AGR Bäuerin *f*; Feldarbeiterin *f*; Stickerin *f*; **~eiro** [-'dɐjru] Acker...; **~io** [-'diw] anbaufähig, Acker...; **~o** [-'vradu] *m* AGR Acker *m*; Handarbeit *f*; **~or** [-'dor] *m* Bauer *m*; Landarbeiter *m*
lavrar [lɐ'vrar] (1b) **1.** *v/t allg* bearbeiten; pflügen; hobeln; *Stein* (be)hauen; sticken; *in Metall* treiben; *in Stein* meißeln; *Münze* prägen; *Erzlager* aufschließen; ausbeuten; *Schriftstück* abfassen; *Urteil* fällen; **2.** *v/i* sich ausbreiten; Form annehmen; Schaden anrichten
lax|ação [lɐʃɐ'sɐ̃w] *f* Lockerung *f*; **~ante** [-'ʃẽtə] **1.** *adj* abführend; **2.**

L

m Abführmittel *n*; **~ar** [-'ʃar] (1b) lockern; abführen; **~ativo** [-ʃɐ'tivu] → ***~ante***
lazar|ento [lɐzɐ'rẽtu] aussätzig; P ausgehungert; elend; **~eto** [-'retu] *m* Quarantänelager *n*
lázaro ['lazɐru] *m* Aussätzige(r) *m*
laz|eira [lɐ'zɐjrɐ] *f* Elend *n*; Unglück *n*; Armut *f*; *fig* Hunger *m*; F Trägheit *f*; **~er** [-'zer] *m* Muße *f*; Freizeit *f*; Vergnügen *n*; ***por ~*** aus Spaß
L.da ***Sociedade*** *f* ***de Responsabilidade Limitada*** Gesellschaft *f* mit beschränkter Haftung (GmbH)
L.do, **L.da** ***Licenciado*** *m*, ***Licenciada*** *f* Hochschulabsolvent(in *f*) *m*
lê [le] *m Name des Buchstabens* ***l***
leal [ljał] ehrlich; treu; loyal; **~dade** [-'dadə] *f* Ehrlichkeit *f*; Treue *f*
leão (**-ões**) [ljɐ̃w] *m*(*pl*) Löwe *m*; ***dente*** *m* ***de ~*** *BOT* Löwenzahn *m*; ***~ de pedra*** P Türsteher *m*, Einlasser *m*; **~(-ões)-marinho(s)** [-mɐ'riɲu] *m*(*pl*) Seelöwe *m*
leasing ['lizĩ] *m* Leasing *n*
lebr|acho [lə'braʃu] *m* Häslein *n*; **~ão** [-'brɐ̃w] *m* Hase *m*; **~e** ['lɛbrə] *f* Hase *m* (*Artname*); Häsin *f*; ***andar à ~*** F schnorren; ***levantar uma ~*** *fig* eine Frage aufwerfen; ***esta ~ está corrida!*** F das wär geschafft!; **~eiro**, **~éu** [-'brɐjru, -'brɛw] *m* Jagdhund *m*
le(c)|cionar [lɛsju'nar] (1f) *Fach* unterrichten; sprechen über (*ac*); **~tivo** [lɛ'tivu] Schul...; Unterrichts...; ***ano m ~*** Schul- (*od* Studien)jahr *n*
ledo ['ledu] lustig, heiter
leg|ação [ləgɐ'sɐ̃w] *f* Gesandtschaft *f*; **~ado** [-'gadu] *m* **a**) Gesandte(r) *m*; **b**) Vermächtnis *n*; **~al** [-'gał] legal, gesetzlich; rechtsgültig; *bras* F toll; **~alidade** [-gɐli'dadə] *f* Rechtmäßigkeit *f*; Legalität *f*; **~alista** [-gɐ'liʃtɐ] gesetzestreu; **~alização** [-gɐlizɐ'sɐ̃w] *f* Legalisierung *f*; Beglaubigung *f*; Rechtsgültigkeit *f*; **~alizar** [-gɐli'zar] (1a) legalisieren; beglaubigen; **~ar** [-'gar] (1o; *Stv* 1c) **a**) *Kommission* abordnen; **b**) *Erbe* vermachen; **~atário** [-gɐ'tarju] *m* *JUR* Erbe *m*
legend|a [lə'ʒẽdɐ] *f* Aufschrift *f*, Beschriftung *f*; Inschrift *f*; (Bild)Text *m*; (Zeichen)Erklärung *f*; *Film*: Untertitel *m*; **~ar** [-'dar] (1a) *Film* mit Untertiteln versehen
legi|ão [lə'ʒjɐ̃w] *f* Legion *f*; ***♀ Estrangeira*** (***de Honra***) Fremden- (Ehren)legion *f*; ***~ de*** unzählig; **~onário** [-ʒju'narju] *m* Legionär *m*
legisl|ação [ləʒiʒlɐ'sɐ̃w] *f* Gesetzgebung *f*; **~ador** [-lɐ'dor] *m* Gesetzgeber *m*; **~ar** [-'lar] (1a) **1.** *v/t* per Gesetz verordnen; **2.** *v/i* Gesetze erlassen; **~ativo** [-lɐ'tivu] **1.** *adj* legislativ; ***poder m ~*** = **2.** *m* gesetzgebende Gewalt *f*; **~atura** [-'turɐ] *f* Legislaturperiode *f*
legis|perito, **~ta** [ləʒiʃpə'ritu, -'ʒiʃtɐ] *m* Jurist *m*
legítima [lə'ʒitimɐ] *f* *JUR* Pflichtteil *m*
legitim|ação [ləʒətimɐ'sɐ̃w] *f* Legitimation *f*; Ausweis *m*; **~ar** [-'mar] (1a) legitimieren; rechtfertigen; ***~-se*** sich ausweisen; **~idade** [-ʒitəmi'dadə] *f* Rechtmäßigkeit *f*; Richtigkeit *f*; Berechtigung *f*
legítimo [lə'ʒitimu] legitim; ehelich (*Kind*); berechtigt; echt; ***-a defesa*** *f* Notwehr *f* (***em*** in *dat*)
legível [lə'ʒivɛł] leserlich; lesbar
légua ['lɛgwɐ] *f* *HIST* Meile *f*, Wegstunde *f* (*5 km*); ***~ marítima*** Seemeile *f* (*5,555 km*); ***estar a ~s de*** meilenweit entfernt sein von
legum|e [lə'gumə] *m* Hülsenfrucht *f*; ***~s*** *pl* Gemüse *n*; **~inosas** [-mi'nɔzɐʃ] *f/pl* Hülsenfrüchte *f/pl*; **~inoso** [-mi'nozu] Hülsen...
lei [lɐj] *f* Gesetz *n*; Vorschrift *f*; Gebot *n*; Münzgehalt *m*; ***~ anti-corrupção*** Antikorruptionsgesetz *n*; ***~ antipoluição*** Umweltschutzgesetz *n*; ***~ básica*** Grundgesetz *n*; ***~ da protecção de dados*** Datenschutzgesetz *n*; ***~ de asilo*** Asylgesetz *n*; ***~ da guerra*** Kriegsrecht *n*; ***~ civil*** bürgerliche(s) Recht *n*; ***~ criminal*** Strafrecht *n*; ***~ eclesiástica*** Kirchenrecht *n*; ***~ da rolha*** *fig* (Presse)Zensur *f*; ***de ~*** vollgewichtig (*Gold*); *fig* echt, gut; ***ditar a ~*** *fig j-m* Vorschriften machen; F den Ton angeben; ***fora da ~*** vogelfrei
leia ['lɐjɐ] → ***ler***
leigo ['lɐjgu] **1.** *adj* weltlich; Laien...; *fig* laienhaft; **2.** *m* Laie *m*
leil|ão [lɐj'lɐ̃w] *m* Auktion *f*; ***levar a ~*** = **~oar** [-'lwar] (1f) versteigern; **~oeiro** [-'lwɐjru] *m* Auktionator *m*
leio ['lɐju] → ***ler***

leira ['lɐjrɐ] *f* Furche *f*; Beet *n*
Leiria [lɐj'riɐ] *port Distrikt(hauptstadt)*
leit|ão [lɐj'tɐ̃w] *m*, **-oa** *f* Spanferkel *n*; ***em ~*** splitternackt; **~aria**, *bras* **~eria** [-tɐ'riɐ, -ti'ria] *f* Molkerei *f*; Milchhandlung *f*
leit|e ['lɐjtə] *m* Milch *f*; ***~ coalhado*** Dickmilch *f*; ***~ em pó*** Trockenmilch *f*; ***~ gordo*** (*bras* ***~ integral***) Vollmilch *f*; ***~ magro*** (*bras* ***~ desnatado***) Magermilch *f*; ***dentes*** *m/pl* ***de ~*** Milchzähne *m/pl*; ***~-creme*** *Art* Pudding *m*; **~eira** [-'tɐjrɐ] *f* Milchfrau *f*; Milchkanne *f*; F Glück(sssträhne *f*) *n*; **~eiro** [-'tɐjru] **1.** *adj* Milch...; **2.** *m* Milchmann *m*; **~elho** [-'tɐʎu] *m* Buttermilch *f*
leito ['lɐjtu] *m* Bettgestell *n*; Bett *n* (*a Fluss*); Lager *n* (*a fig*); *TÉCN* Schicht *f*; ***guardar o ~*** das Bett hüten
leitor [lɐj'tor] *m*, **-a** *f* Leser(in *f*) *m*; *UNIV* Lektor(in *f*) *m*; *INFORM* Scanner *m*; ***~ de cassetes*** *EL* Kassettengerät *n*; ***~ de CD-ROM*** *INFORM* CD-ROM(-Laufwerk) *n*; **~(es)-gravador(es)** [-grɐvɐ'dor] *m(pl)* Kassettenrekorder *m*; **~ado** [-tu'radu] *m* Lektorat *n*
leitoso [lɐj'tozu] milchig; Milch...
leitura [lɐj'turɐ] *f* Lesen *n*; Lesung *f*; Lektüre *f*; ***sala*** *f* ***de ~*** Lesesaal *m*
leiva ['lɐjvɐ] *f* (Acker)Scholle *f*
leixão [lɐj'ʃɐ̃w] *m* Felsenriff *n*
lema ['lemɐ] *m fig* Motto *n*; Devise *f*
lembr|adiço [lẽbrɐ'disu] gedächtnisstark; **~ado** [-'bradu] unvergesslich; ***estar ~ de*** sich erinnern an (*ac*); **~ança** [-'brɐ̃sɐ] *f* Erinnerung *f*; (Reise)Andenken *n*; Gedanke *m*; Hinweis *m*; Aufmerksamkeit *f*; **~s** *pl* Grüße *m/pl*; ***mandar ~s*** Grüße übermitteln; ***trazer à ~*** in Erinnerung bringen; **~ar** [-'brar] (1a) **1.** *v/t* erinnern an (*ac*); ***~ a/c a alg***, ***~ alg de a/c*** j-n an et erinnern; j-n auf et hinweisen; **2.** *v/i j-m* einfallen; *bras* sich erinnern (***de*** an *ac*); ***~-se de*** sich erinnern an (*ac*); sich merken (*ac*); ***lembro-me de a/c*** mir fällt et ein; ***fazer ~ a*** *j-n* an *et* erinnern; **~ete** [-'breti] *m bras* Merkzettel *m*; Notiz *f*; F Denkzettel *m*
leme ['lemə] *m* Steuer *n*; *AV*, *NAV* Ruder *n*; *fig* Leitung *f*; ***~ de profundidade*** *AV* Höhenruder *n*; ***não dar pelo ~*** *fig* aus dem Ruder laufen; ***ir ao ~*** die Führung übernehmen; ***ter o ~*** *fig* am Ruder sitzen
lémure (*ê) ['lɛmurə] *m ZO*, *MIT* Lemure *m*
lençaria [lẽsɐ'riɐ] *f* Weißwaren *f/pl*
lenç|o ['lẽsu] *m* (Taschen-, Hals-, Kopf)Tuch *n*; ***~ de papel*** (*bras* ***~-papel***) Papiertaschentuch *n*; **~ol** [-'sɔł] *m* Bettuch *n*; Leichentuch *n*; Lache *f*; P Lappen *m* (*Geldschein*); ***~ de banho*** Badetuch *n*; ***~ freático*** Grundwasser(spiegel *m*) *n*; ***dar um ~ em*** *bras Fußball*: *e-n Spieler* decken; ***estar*** (***meter-se***) ***em maus -óis*** F in der Tinte sitzen (sich in die Nesseln setzen)
lend|a ['lẽdɐ] *f* Legende *f*; Sage *f*; **~ário** [-'darju] legendär
lêndea ['lẽdjɐ] *f* Nisse *f*
lengalenga [lẽgɐ'lẽgɐ] *f* F Litanei *f*
lenha ['leɲɐ] *f* Brennholz *n*; ***deitar ~ para a fogueira*** *fig* Öl ins Feuer gießen; ***rachar ~*** Holz hacken
lenh|ador [ləɲɐ'dor] *m* Holzfäller *m*; **~ar** [-'ɲar] (1d) Holz hacken; **~eiro** [-'ɲɐjru] *m* Holzhändler *m*; *bras* Holzschuppen *m*; **~ite** [-'ɲitə] *f* Braunkohle *f*; **~o** ['leɲu] *m* Holzklotz *m*; ***o Santo*** ♀ das Heilige Kreuz; **~oso** [-'ɲozu] holzig, Holz...
leni|ficar [lənəfi'kar] (1n) *MED* lindern; **~mento** [-'mẽtu] *m* Linderung *f*; **~r** [lə'nir] (3c) lindern; **~tivo** [-'tivu] *m* Linderungsmittel *n*
lentamente [lẽtɐ'mẽtə] langsam
lente ['lẽtə] *f FIS* Linse *f*; F Lupe *f*; ***~ de contacto*** Kontaktlinse *f*; ***~ grande-angular*** *FOT* Weitwinkelobjektiv *n*
lent|icular [lẽtiku'lar] linsenförmig; **~idão** [lẽti'dɐ̃w] *f* Langsamkeit *f*; Trägheit *f*; **~igem** [-'tiʒɐ̃j] *f* Leberfleck *m*; Sommersprosse *f*; **~ilha** [-'tiʎɐ] *f BOT* Linse *f*
lento ['lẽtu] langsam, träge; weich; schlaff; schwach (*Wind*)
leo|a ['ljoɐ] *f* Löwin *f*; **~nino** [lju'ninu] Löwen...; *den port Fußballverein* Sporting betreffend; **~pardo** [-'pardu] *m* Leopard *m*
lépido ['lɛpidu] lustig; flink
leporino [ləpu'rinu] Hasen...
lepra ['lɛprɐ] *f MED* Lepra *f*; Laster *n*
lepros|aria [ləpruzɐ'riɐ] *f* Lepra-

station *f*; **~oso** [-'prozu] aussätzig
leque ['lɛkə] *m* Fächer *m*; *fig* Palette *f*; *ZO* Kammmuschel *f*
ler [ler] (2l) (ab-, vor)lesen
lerca ['lɛrkɐ] *f* P magere Kuh *f*
lerd|ear [ler'djar] (1l) *bras* trödeln; **~o** ['lɛrdu] schwerfällig; plump
léria ['lɛrjɐ] *f* F Geschwätz *n*; Ammenmärchen *n*; **~s** *pl* Quatsch *m*
lerpar [lər'par] (1a) P abhauen
lés [lɛʃ] *m*: ***de ~ a ~*** durch und durch; von Anfang bis Ende
les|a(s)-majestade(s) [lɛzɐmɐʒəʃ-'tadə] *f(pl)*: ***crime*** *m* ***de ~*** Majestätsbeleidigung *f*; **~ão** [lə'zɐ̃w] *f* Verletzung *f*; Beschädigung *f*; **~a(s)-pátria(s)** [-'patrjɐ] *f(pl)*: ***crime*** *m* ***de ~*** Vaterlandsverrat *m*; **~ar** [-'zar] (1c) verletzen; schädigen
lesbiana, **lésbica** [ləʒ'bjɐnɐ, 'lɛʒbikɐ] **1.** *adj* lesbisch; **2.** *f* Lesbierin *f*, P Lesbe *f*
les|ionar [ləzju'nar] (1e) *bsd MED* verletzen; **~ivo** [-'zivu] schädlich
lesma ['leʒmɐ] *f ZO* Nacktschnecke *f*; *fig* F Langweiler *m*
lés-nordeste [lɛʒnɔr'dɛʃtə] *m* Ostnordost *m*
leso ['lɛzu] verletzt; *bras* dumm
lés-sueste [lɛʃ'swɛʃtə] *m* Ostsüdost *m*
lest|e ['lɛʃtə] *m* Osten *m*; Ostwind *m*; ***andar a ~ de*** F keine Ahnung haben von; **~e-alemão** [-ɐlə'mɐ̃w] ostdeutsch; **~ia** [lɛʃ'tiɐ] *f beständiger* Ostwind *m*
lesto ['lɛʃtu] flink; leicht; schnell
letal [lə'taɫ] tödlich; **~idade** [-tɐli-'dadə] *f* Sterblichkeit(srate) *f*
letão [lə'tɐ̃w] **1.** *adj* lettisch; **2.** *m*, **-oa** *f* Lette *m*, Lettin *f*
let|argia [lətɐr'ʒiɐ] *f* Lethargie *f*; Teilnahmslosigkeit *f*; Untätigkeit *f*; **~árgico** [-'tarʒiku] lethargisch
Letónia [le'tɔnjɐ]: ***a ~*** Lettland *n*
letra ['letrɐ] **1.** *f* Buchstabe *m*; Schrift *f*, Handschrift *f*; Text *m* (*e-s Liedes*); Wortlaut *m*; *TIP* Letter *f*; *ECON* Wechsel *m*; ***~ aberta*** Kreditbrief *m*; ***~ ao portador*** Inhaberwechsel *m*; ***~ a termo fixo*** Datowechsel *m*; ***~ à vista*** Sichtwechsel *m*; ***~ aprazada*** Datowechsel *m*; ***~ convencional*** Gefälligkeitswechsel *m*; ***~ contra entrega de documentos*** Dokumententratte *f*; ***~ de câmbio*** gezogene(r) Wechsel *m*; ***~ de imprensa*** Druckschrift *f*; ***~ da terra*** Inlandswechsel *m*; ***~ de compensação*** Saldowechsel *m*; ***~ de reembolso*** Rückwechsel *m*; ***à ~, ao pé da ~*** wörtlich (***tomar*** nehmen); ***em ~s de ouro*** *fig* klar und deutlich; **2. ~s** *pl* Geisteswissenschaften *f/pl*; Schrifttum *n*; ***belas ~*** Belletristik *f*; ***Faculdade*** *f* ***de ♀*** Geisteswissenschaftliche Fakultät *f*
letr|ado [lə'tradu] **1.** *adj* (akademisch) gebildet; **2.** *m* (Rechts)Gelehrte(r) *m*; **~eiro** [-'trɐjru] *m* Aufschrift *f*; Etikett *n*; Schild *n*; Transparent *n*; *bras* Vorspann *m*
léu [lɛw] *m* F Muße *f*, Zeit *f*; ***ao ~*** offenkundig; nackt; ***com a cabeça ao ~*** barhäuptig; ***pôr ao ~*** offen legen
leuc|emia [lewsə'miɐ] *f MED* Leukämie *f*; **~ócito** [-'kɔsitu] *m* weiße(s) Blutkörperchen *n*
lev|a ['lɛvɐ] *f NAV* Lichten *n* des Ankers; Ausfahrt *f*; *MIL* Trupp *m*; (Truppen)Aushebung *f*; *MED* (Krankheits)Schub *m*; **~ada** [lə'vadɐ] *f* **a)** (Ab)Transport *m*; Mitnahme *f*; **b)** Mühlbach *m*; Wasserstrom *m*; ***de ~*** hastig
levad|iça [ləvɐ'disɐ] *f* Zugbrücke *f*; **~iço** [-'disu] beweglich; aufziehbar; **~inho, ~o** [-'diɲu, -'vadu]: ***ser ~ da breca*** P es faustdick hinter den Ohren haben; ***ser -o*** P unerträglich sein; ***~ do diabo, ~ do demónio*** vom Teufel besessen
levant|adiço [ləvɐ̃tɐ'disu] aufsässig; nachlässig; unbedacht; **~ado** [-'tadu] leichtsinnig; erhoben; erhaben; **~amento** [-tɐ'mẽtu] *m* Aufhebung *f* (*Verbot*); *POL* Aufstand *m*; Erhöhung *f*; Überblick *m*; (Bestands-) Aufnahme *f*; *statistische* Erhebung *f*; *topographische* Aufnahme *f*; ***~ cénico*** Bühnenbild *n*; ***~ próprio*** Selbstabholung *f*; **~ar** [-'tar] (1a) **1.** *v/t* (er)heben; erhöhen; hochziehen; *Anker* lichten; *Strafe*, *Gegenstand* aufheben; *Geld* abheben; *Staub* aufwirbeln; *Meer* aufwühlen; aufwiegeln; *Gesang* anstimmen; errichten; *Mut* stärken; *Frage* aufwerfen; *Zweifel* vorbringen; *Streit* vom Zaun brechen; *Wild* aufscheuchen; *Bestelltes* abholen; *Ernte* einbringen; *Tafel* aufheben; *Tisch* abräumen;

L

Hindernis aus dem Wege räumen; **~ *às alturas*** (*od* **~ *às nuvens*, *ao céu***) *fig* in den Himmel heben; **~ *alc a alg*** et gegen j-n vorbringen; **2.** *v/i* (an)steigen (*Preise*); aufgehen (*Teig*); sich aufheitern (*Wetter*); **3. *~-se*** aufstehen; aufkommen (*Wind*, *Gerücht*); aufgehen (*Sonne*); *fig* es zu *et* bringen; sich empören (***contra*** über *ac*); **4.** *m*: **~ *do sol*** Sonnenaufgang *m*

levante [lə'vẽtə] *m* **a)** Aufstand *m*, Erhebung *f*; ***de* ~** F im Aufbruch; **b)** Osten *m*; 2 Levante *f*

levar [lə'var] (1c) **1.** *v/t* mitnehmen; (hin)bringen; *Last* tragen; führen (***a*** nach) (*Weg*, *Straße*); *Weg* gehen; *Schritte*, *Augen* lenken (***para*** nach, auf *ac*); wegbringen; *Auto* fahren; *Wagen* ziehen; *Anker* lichten; (weg)nehmen; entführen; wegschwemmen; wegwehen; dahinraffen (*Krankheit*); *Mittel* verschlingen; dauern; *Verwundung* davontragen; *Gewinn* einheimsen; *Verlust* erleiden; F *Schläge* kriegen; mit sich bringen; *et* mit sich führen; (an *od* bei sich) tragen; enthalten; aufweisen; *j-n* mit sich reißen; F *j-n* hinters Licht führen; **~ *alg a*** j-n verleiten zu; **~ *a crer*** darauf schließen lassen; **~ *a mal*** (***bem*** nicht) übel nehmen; **~ *a rir*** nicht ernst nehmen; ***saber* ~** *j-n* zu nehmen wissen; **~ *à cena*** TEA aufführen; **~ *a que*** *conj* dazu führen, dass; **~ *a efeito*** durchführen; **~ *consigo*** mitnehmen; **~ *em conta*** *fig* in Rechnung stellen, berücksichtigen; **~ *por diante*** voranbringen; ***quanto leva?*** was macht das?; **2.** *v/i* F Dresche kriegen; ***deixar-se* ~ *por*** sich von *et* mitreißen lassen

leve ['lɛvə] **1.** *adj* leicht; flüchtig; sanft; flink; (***ao***) ***de* ~** leicht; flüchtig; ***nem*** (***ao***) ***de* ~** nicht im Entferntesten; ***ser* ~ *como uma pena*** federleicht sein; ***tem a mão* ~** die Hand sitzt ihm (*od* ihr) locker; **2.** *m* *Sport*: Federgewicht *n*

levedar [ləvə'dar] (1c) **1.** *v/t* säuern; *Teig* gehen lassen; **2.** *v/i* (auf)gehen

lêvedo ['levədu] **1.** *adj* (auf)gegangen; **2.** *m bras* Hefepilz *m*

levedura [ləvə'durɐ] *f* Hefe *f*

leveza [lə'vezɐ] *f* Leichtigkeit *f*; Flüchtigkeit *f*

levian|dade [ləvjẽ'dadə] *f* Leichtsinn *m*; **~o** [lə'vjɐnu] leichtfertig

levitação [ləvitɐ'sɐ̃w] *f* Schweben *n* (*bsd Spiritismus*); ***comboio*** *m* ***de* ~ *magnética*** CAM. DE F Magnetschwebebahn *f*

lex|ema [lɛ'ksemɐ] *m* Lexem *n*; **~ical** [-ksi'kał] lexikalisch

léxico ['lɛksiku] *m* Wortschatz *m*; Wörterbuch *n*, Lexikon *n*

lexic|ografia [lɛksikugrɐ'fiɐ] *f* Lexikographie *f*; **~ógrafo** [-'kɔgrɐfu] *m* Lexikograph *m*

lezíria [lə'zirjɐ] *f* Flussniederung *f*

lhan|eza [ʎɐ'nezɐ] *f* Natürlichkeit *f*; Schlichtheit *f*; Aufrichtigkeit *f*; **~o** ['ʎɐnu] ungekünstelt; schlicht; liebenswürdig

lha(s) [ʎɐ(ʃ)] → ***lho***; ***lhos***

lhe [ʎə] ihm; ihr; Ihnen; ***~s*** *pl* ihnen; Ihnen

lho, **lha** [ʎu, ʎɐ] *Zssg von* ***lhe***(***s***) *u pron* ***o***, ***a***

lhos, **lhas** [ʎuʃ, ʎɐʃ] *Zssg von* ***lhe***(***s***) *u pron* ***os***, ***as***

li [li] → ***ler***

lia ['liɐ] → ***ler***

liamba ['ljɐ̃bɐ] *f* Indische(r) Hanf *m*; Marihuana *n*

liame ['ljɐmə] *m* Bindung *f*; Band *n*

liana ['ljɐnɐ] *f* BOT Liane *f*

libanês [libɐ'neʃ] **1.** *adj* libanesisch; **2.** *m*, **-esa** *f* Libanese *m*, Libanesin *f*

Líbano ['libɐnu]: ***o* ~** Libanon *m*

libelinha [libə'liɲɐ] *f* Libelle *f*

libelo [li'bɛlu] *m* JUR Anklageschrift *f*

libélula [li'bɛlulɐ] *f* Libelle *f*

líber ['libər] *m* Bast *m*

liber|ação [libərɐ'sɐ̃w] *f* Befreiung *f*; Freilassung *f*; Freigabe *f*; Aushändigung *f*; **~al** [-'rał] **1.** *adj* liberal; freigebig; frei (*Kunst*, *Beruf*); **2.** *su* Liberale(r) *su*; **~alidade** [-rɐli'dadə] *f* Freigebigkeit *f*; **~alismo** [-rɐ'liʒmu] *m* Liberalismus *m*; **~alização** [-rɐlizɐ'sɐ̃w] *f* Liberalisierung *f*; **~alizar** [-rɐli'zar] (1a) liberalisieren; **~ar** [-'rar] (1c) befreien; freilassen; freigeben; entbinden (***de*** von); *Schuld* löschen; *Aktien etc* einlösen; **~atório** [-rɐ'tɔrju] Freiheits...; Befreiungs...; **~dade** [-'dadə] *f* Freiheit *f*; **~ *de acção*** Bewegungsfreiheit *f*; **~ *de consciência*** Gewissensfreiheit *f*; **~ *de imprensa*** Pressefreiheit

f; ***tomar ~s*** sich Freiheiten herausnehmen; ***tomar a ~ de*** sich erlauben zu; ***~ condicional*** bedingte Strafaussetzung *f*; ***privação f da ~*** Freiheitsentzug *m*
Libéria [li'bɛrjɐ]: ***a ~*** Liberia *n*
liberiano [libə'rjɐnu] **1.** *adj* liberisch **2.** *m*, **-a** *f* Liberier(in *f*) *m*
libert|ação [libərtɐ'sɐ̃w] *f* Befreiung *f*; *JUR* (Haft)Entlassung *f*; Freisetzung *f* (*von Schadstoffen*); **~ador** [-'dor] **1.** *adj* Befreiungs...; **2.** *m* Befreier *m*; **~ar** [-'tar] (1c) befreien (**de** von); *aus Gefangenschaft* entlassen (**de** aus); *Gelder* freigeben; *Wärme* abgeben; *Schadstoffe* freisetzen; **~ário** [-'tarju] freiheitlich; **~inagem** [-ti'naʒɐ̃j] *f* Zügellosigkeit *f*; **~ino** [-'tinu] **1.** *adj* zügellos; **2.** *m* Wüstling *m*; **~o** [li'bɛrtu] frei(gelassen)
Líbia ['libjɐ]: ***a ~*** Libyen *n*
libid|inoso [libədi'nozu] triebhaft, lüstern, geil; **~o** [-'bidu] *f* Libido *f*
líbio ['libju] **1.** *adj* libysch; **2.** *m*, **-a** *f* Libyer(in *f*) *m*
libra ['librɐ] *f* Pfund *n*; ♎ *ASTR* Waage *f*; ***~ esterlina*** Pfund *n* Sterling
libr|ação [librɐ'sɐ̃w] *f FIS* Pendelbewegung *f*, Schwingung *f*; **~ar** [-'brar] (1a) *FIS* (aus)schwingen lassen; ausbalancieren; gründen (**em** auf *ac*); ***~-se*** schwingen; schweben
libreto [li'bretu] *m* Libretto *n*
liça ['lisɐ] *f* **a)** Kampfplatz *m*; Kampf *m*; Auseinandersetzung *f*; *fig* Schranken *f/pl*; ***ser chamado à ~*** *fig* eingreifen müssen; ***entrar na ~*** eingreifen; **b)** *TÉCN* Schaft *m*; **c)** *ZO* Meeräsche *f* (*Fisch*)
lição [li'sɐ̃w] *f* (Unterrichts)Stunde *f*; Lektion *f* (*a fig*); Lehrstoff *m*; Lesart *f* (*e-s Textes*); *fig* Lehre *f*; Tadel *m*; Strafe *f*; ***dar -ões a*** *j-m* Unterricht geben; ***ter -ões com*** Unterricht nehmen bei; ***servir de ~ a*** *j-m* e-e Lehre sein
liceal [li'sjaɫ] gymnasial; ***ensino*** *m* ***~*** Gymnasialstufe *f*; ***aluno*** *m*, ***-a*** *f* ***~*** Gymnasiast(in *f*) *m*
licença [li'sẽsɐ] *f* Erlaubnis *f*; Lizenz *f*; (Jagd)Schein *m*; *fig* Zügellosigkeit *f*; ***~ de construção*** Baugenehmigung *f*; ***~ de parto*** Mutterschaftsurlaub *m*; ***~ sem vencimento*** unbezahlte Freistellung *f*; ***dar ~*** erlauben; ***dá ~?*** darf ich?; ***estar com ~*** beurlaubt sein; ***estar de ~*** Urlaub haben; ***com ~!*** Verzeihung!, gestatten Sie?
licenci|ado [lisẽ'sjadu] *m* Hochschulabsolvent *m*; ***~ em medicina*** approbierte(r) Arzt *m*; **~amento** [-sjɐ'mẽtu] *m* Beurlaubung *f*; Genehmigung *f*; *UNIV* Hochschulexamen *n*; **~ando** [-'sjɐ̃du] *m* Examens-, *bras* Lehramtskandidat *m*; **~ar** [-'sjar] (1g u. 1h) beurlauben; *UNIV* *j-m* das Examen abnehmen; ***~-se*** *UNIV* das Examen machen; **~atura** [-sjɐ'turɐ] *f* Hochschulexamen *n*; *bras* Lehramt *n*; **~osidade** [-sjuzi'dadə] *f* Ausschweifung *f*; **~oso** [-'sjozu] ausschweifend
liceu [li'sew] *m* Gymnasium *n*; *bras* *Art höheres* Bildungsinstitut *n*
licitar [lisi'tar] (1a) **1.** *v/t* versteigern; überbieten; **2.** *v/i* bieten
lícito ['lisitu] erlaubt, zulässig
licor [li'kor] *m* Likör *m*
licorne [li'kɔrnə] *m* Einhorn *n*
licoroso [liku'rozu]: ***vinho*** *m* ***~*** Süßwein *m*
licranço [li'krɐ̃su] *m ZO* (Blind-) Schleiche *f*
lid|a ['lidɐ] *f* Arbeit *f*; F Plackerei *f*; Kampf *m*; **~ador** [-'dor] *m* Kämpfer *m*; Torero *m*; **~ar** [-'dar] (1a) **1.** *v/t* *Stier* bekämpfen; **2.** *v/i* kämpfen; sich plagen; ***~ com*** *fig* umgehen mit; kämpfen mit; **~e** ['lidə] *f* Kampf *m*; *bsd* Stierkampf *m*; (Rechts)Streit *m*; ***em ~*** strittig; fraglich
líder ['lidɛr] *m* Führer *m*
lider|ança [lidə'rɐ̃sɐ] *f* Führung *f*; **~ar** [-'rar] (1c) (an)führen, leiten
lídimo ['lidimu] → ***legítimo***
lido ['lidu] belesen
liga ['ligɐ] *f POL* Bund *m*, Liga *f*; Strumpfband *n*; *TÉCN* Legierung *f*; ***~ leve*** Leichtmetalllegierung *f*; Mischung *f*; ***fazer boa ~*** sich (gut) vertragen
lig|ação [ligɐ'sɐ̃w] *f* Verbindung *f*; Zusammenhang *m*; Anschluss *m*; *EL* Schaltung *f*; *MÚS* Bindung *f*; *fig* Liaison *f*; ***~ à corrente*** (*od* ***rede***) Netzanschluss *m*; **~ada** [-'gada] *f bras* F (Telefon)Gespräch *n*; ***dar uma ~*** F mal kurz anrufen; **~adura** [-gɐ'durɐ] *f MED* Verband *m*; ***~s e pensos*** *pl* Verbandszeug *n*; **~ame**,

~âmen [-'gɐmə, -'gɐmən] *m* Band *n*; **~amento** [-'mẽtu] *m* Bindung *f*; *ANAT* Muskelband *n*; **~ar** [-'gar] (1o) **1.** *v/t* verbinden; festbinden; *Paket* verschnüren; *Gedanken* verknüpfen; *Gerät* einschalten; *EL* anschließen (***a*** an *ac*); *Motor* anlassen; *Metalle* legieren; ***não ~ duas ideias*** nicht denken können; **2.** *v/i* Beachtung schenken (***a*** *j-m*); ***não ~ a alc*** F sich nichts machen aus et; ***~ com*** sich vertragen mit; passen zu; ***~ para*** achten auf (*ac*); *TEL j-n* anrufen; **3.** ***~-se*** sich binden (***a*** an *ac*); sich verbinden; *POL* sich verbünden; verkehren (***a*** mit); zusammenhängen (***com*** mit)

ligeir|a [li'ʒɐjrɐ] *f*: ***à ~*** auf die Schnelle; **~eza** [-'rezɐ] *f* Leichtigkeit *f*; Behändigkeit *f*; Oberflächlichkeit *f*; **~o** [li'ʒɐjru] leicht; flink; flüchtig; leichtsinnig; ***de ~*** leicht; flüchtig; ***música*** *f* ***-a*** Unterhaltungsmusik *f*

lignite [lə'gnitə] *f* Braunkohle *f*

ligustro [li'guʃtru] *m BOT* Liguster *m*

lilás [li'laʃ] **1.** *adj* fliederfarben, lila; **2.** *m BOT* Flieder *m*; *Farbe*: Lila *n*

lim|a ['limɐ] *f* **a)** Feile *f*; *fig* Ausfeilung *f*; ***~ das unhas*** Nagelfeile *f*; ***~ redonda*** Rundfeile *f*; **b)** Limone *f*; **~adura** [-'durɐ] *f* Feilen *n*; **~alha** [-'maʎɐ] *f* Feilspäne *m/pl*

limão [li'mɐ̃w] *m* Zitrone *f*

limar [li'mar] (1a) (ab)feilen; *fig* ausfeilen; *CUL* mit Zitrone einreiben

limbo ['lĩbu] *m* Rand *m*; *REL* Vorhölle *f*

limiar [li'mjar] *m* Schwelle *f* (*a fig*)

limit|ação [ləmitɐ'sɐ̃w] *f* Begrenzung *f*, Beschränkung *f*; Zurückhaltung *f*; **~ada** [-'tadɐ] *f*: (***Sociedade*** *f*) ♀ Gesellschaft *f* mit beschränkter Haftung; **~ar** [-'tar] (1a) **1.** *v/t* begrenzen; beschränken; einschränken; **2.** *v/i*: ***~ com*** grenzen an (*ac*); ***~-se*** sich beschränken (***a*** auf *ac*); **~ativo** [-tɐ'tivu] einschränkend

limite [lə'mitə] *m* Grenze *f*; Limit *n*; *MAT* Grenzwert *m*; ***preço*** *m* ***~*** Höchstpreis *m*; ***~ de velocidade*** Tempolimit *n*

limítrofe [lə'mitrufə] angrenzend

limo ['limu] *m* Alge *f*; Wasserlinse *f*

limo|al [li'mwał] *m* Zitronenhain *m*; **~eiro** [-'mwɐjru] *m* Zitronenbaum *m*; **~nada** [-mu'nadɐ] *f* Limonade *f*

limoso [li'mozu] schlammig

limpa ['lĩpɐ] *f* Reinigung *f*; Lichtung *f*; *bras a* Ausrauben *n*; **~-botas** (*pl inv*) [-'bɔtɐʃ] *m* Schuhputzer *m*; **~-chaminés** (*pl inv*) [-ʃɐmi'nɛʃ] *m* Schornsteinfeger *m*; **~dela** [-'dɛlɐ] *f* Säuberung *f*; **~dor** [-'dor] *m* Reiniger *m*; ***~ de pára-brisa*** *bras* Scheibenwischer *m*; **~-lava-vidros** (*pl inv*) [-lavɐ'vidruʃ] *m AUTO* Scheibenwaschanlage *f*; **~-móveis** (*pl inv*) [-'mɔvɐjʃ] *m* Möbelpolitur *f*; **~-neve** (*pl inv*) *m* Schneepflug *m*; **~-nódoas** (*pl inv*) [-'nɔdwɐʃ] *m* Fleckentferner *m*; **~-pára-brisas** (*pl inv*) [-parɐ'brizɐʃ] *m AUTO* Scheibenwischer *m*

limpar [lĩ'par] (1a) **1.** *v/t* sauber machen, reinigen; abwischen; jäten; (aus)leeren; ***~ as mãos a*** die Hände abwischen an (*dat*); ***~ o suor da testa*** (***as lágrimas dos olhos***) sich den Schweiß von der Stirn (die Tränen aus den Augen) wischen; **2.** *v/i* sich aufheitern (*Wetter*); die Blüten abwerfen (*Baum*)

limpa-vidros (*pl inv*) [lĩpɐ'vidruʃ] *m* Fensterputzmittel *m*; ***~ traseiro*** *AUTO* Heckscheibenwischer *m*

limpeza [lĩ'pezɐ] *f* Säuberung *f*; Sauberkeit *f*; Reinlichkeit *f*; ***~ a seco*** Trockenreinigung *f*; ***~ de neve*** Schneeräumung *f*; ***~ pública*** *bras* Müllabfuhr *f* und Straßenreinigung *f*; ***foi uma ~!*** das war ganze Arbeit!; ***fazer a ~ de*** *et* reinigen

limpidez [lĩpi'deʃ] *f* Klarheit *f*; Durchsichtigkeit *f*

límpido ['lĩpidu] klar; durchsichtig; tiefblau (*Himmel*); wohlklingend

limpo ['lĩpu] sauber; rein(lich); fair; frei (***de*** von); klar (*Himmel*); ***estar ~*** P blank sein; ***passar a ~*** ins Reine schreiben; ***pôr em pratos ~s*** F kein Blatt vor den Mund nehmen; ***tirar a ~*** aufklären

limusina, *bras* **-e** [limu'zinɐ, -'zĩni] *f* Limousine *f*

lince ['lĩsə] *m* Luchs *m*

linch|agem *f*, **~amento** *m* [lĩ'ʃaʒɐ̃j, -ʃɐ'mẽtu] Lynchjustiz *f*; Lynchen *n*; **~ar** [-'ʃar] (1a) lynchen

lind|a ['lĩdɐ] *f* Grenze *f*; Markstein *m*; **~a(s)-flor(es)** [lĩda'flor] *f(pl)* *bras Art* Vergissmeinnicht *n*; **~ano**

[-'dɐnu] *m QUÍM* Lindan *n*; **~ar** [-'dar] (1a) **1.** *v/t* abgrenzen; **2.** *v/i* (an)grenzen (**com** an *ac*); **~eira** [-'dɐjrɐ] *f* (Fenster-, Tür)Sturz *m*; **~eiro** [-'dɐjru] Grenz...

lind|eza [lĩ'dezɐ] *f* Schönheit *f*; Anmut *f*; **~o** ['lĩdu] schön; anmutig

line|al [li'njał] → **~ar**; **~amento** [-njɐ'mẽtu] *m* Entwurf *m*; Umriss *m*; (Gesichts)Zug *m*; Linie *f*; **~ar** [-'njar] linear; *fig* eindeutig, klar

linf|a ['lĩfɐ] *f* Lymphe *f*; **~ático** [-'fatiku] Lymph...; lymphatisch

lingote [lĩ'gɔtə] *m* Barren *m*

língua ['lĩgwɐ] *f ANAT, CUL* Zunge *f*; Sprache *f*; **~ da geleira** *GEOGR* Gletscherzunge *f*; **~ de especialidade** Fachsprache *f*; **~ de terra** *GEOGR* Landzunge *f*; **~ estrangeira** Fremdsprache *f*; **~ materna** Muttersprache *f*; **~ franca** (*od* **veicular**) Verkehrssprache *f*; **~ danada** (*od* **depravada**, **ruim**, **viperina**) → **má-língua**; **de ~ solta** F schwatzhaft; **debaixo da ~** *fig* auf der Zunge; **dar à ~** F plaudern, schwatzen; **dar com a ~ nos dentes** F den Mund nicht halten können; **puxar pela ~ a** F *j-m et* entlocken; **não ter papas na ~** F kein Blatt vor den Mund nehmen; **não ter senão ~** F ein Maulheld sein; **saber** (*od* **ter**) **na ponta da ~** aus dem Effeff kennen (*od* können); **~(s)-de-sogra** [-də'sɔgrɐ] *f(pl)* P Klatschtante *f*; *CUL* Waffel *f*

lingu|ado [lĩ'gwadu] *m TIP* Fahne *f*; *TÉCN* (Metall)Band *n*; Block *m* Gusseisen; *ZO* Seezunge *f*; F Zungenkuss *m*; **~agem** [-'gwaʒẽj] *f* Sprech-, Ausdrucksweise *f*; Sprache *f*; **~ de programação** Programmiersprache *f*; **~ajar** [-gwɐ'ʒar] *m* Sprechweise *f*; Dialekt *m*; **~areiro** [-gwɐ'rɐjru] **1.** *adj* redselig; **2.** *m* Schwätzer *m*; **~eta** (*ü) [-'gwetɐ] *f* Zünglein *n* (*an der Waage*); Zunge *f* (*am Schuh*); Laderampe *f*; *TÉCN, MÚS* Klappe *f*; **~iça** (*ü) [-'gwisɐ] *f geräucherte* Wurst *f*; **~ista** (*ü) [-'gwiʃtɐ] *su* Sprachwissenschaftler(in *f*) *m*, Linguist(in *f*) *m*; **~ística** (*ü) [-'gwiʃtika] *f* Linguistik *f*; **~ístico** (*ü) [-'gwiʃtiku] linguistisch, sprachwissenschaftlich

linha ['liɲɐ] *f* **a)** Linie *f* (*a Bus etc*); Reihe *f*; Zeile *f*; Strich *m*; *TEL* Leitung *f*; *fig* Richtlinie *f*; **~ aérea** Fluggesellschaft *f*; **~ de comando** (**estado**) *INFORM* Kommando- (Status)zeile *f*; **~ de montagem** Fließband *n*; **~ férrea** Eisenbahn *f*; **~ ondulada** Wellenlinie *f*; **~ rápida** *CAM. DE F* Schnellbahn *f*, S-Bahn *f*; **~ recta** *MAT* Gerade *f*; **~ tracejada** Strichellinie *f*; **em ~** in e-r Reihe; nebeneinander; **por entre as ~s** zwischen den Zeilen; **manter a ~** die Linie halten; **perder a ~** F aus der Rolle fallen; **ter a ~** die Haltung wahren; **b)** Zwirn *m*; Garn *n*; Angelleine *f*; **pescar à ~** angeln

linh|aça [li'ɲasɐ] *f* Leinsamen *m*; **óleo** *m* **de ~** Leinöl *n*; **~agem** [-'ɲaʒẽj] *f* **a)** Sackleinen *n*; **b)** Abstammung *f*; **~ito** [-'ɲitu] *f bras* Braunkohle *f*

linh|o ['liɲu] *m BOT* Flachs *m*; Leinen *n*; **~oso** [-'ɲozu] *m* Leinen...

linhote [li'ɲɔtə] *m* Stützbalken *m*

linifícios [linə'fisjuʃ] *m/pl* Leinen-, Weißwaren *f/pl*

linimento [lini'mẽtu] *m* Einreibemittel *n*

linotipia [linuti'piɐ] *f* Maschinensatz *m*

lípidos ['lipiduʃ] *m/pl* Fette *n/pl*

Lípsia ['lipsjɐ] Leipzig *n*

líq. **líquido** netto

liqu|ação [likwɐ'sɐ̃w] *f* Schmelzen *n*; **~efacção** [-kəfa'sɐ̃w] *f* Verflüssigung *f*; **~efazer** [-kəfɐ'zer] (2v) verflüssigen; **~efeito** [-kə'fɐjtu] flüssig

líquen(es) ['likən] *m(pl)* Flechte *f*

liquid|ação (*a ü) [ləkidɐ'sɐ̃w] *f ECON* Liquidation *f*; Ausverkauf *m*; Geschäftsaufgabe *f*; *fig* Beseitigung *f*; **~ provisória** (**definitiva**) Voraus- (Abschluss)zahlung *f*; **~ador** [-'dor] *m* Liquidator *m*; **~ante** [-'dẽtə] **1.** *adj* in Auflösung (befindlich); **2.** *m ECON* Liquidator *m*; **~ar** [-'dar] (1a) liquidieren; abwickeln; *ECON a* saldieren; *Rechnung* begleichen; *Defizit* ausgleichen; *Geschäft* auflösen; *Bestände* ausverkaufen; *Konflikt* beilegen; *fig j-n* beseitigen; **~ável** [-'davɛł] aufzulösen; **~ez** [-'deʃ] *f* flüssige(r) Zustand *m*; *ECON* Liquidität *f*; **~ificador** [likwidifika'dor] *m bras* Mixer *m*

líquido (*ü) ['likidu] **1.** *adj* flüssig (*a*

finanziell); *ECON* netto; ***produto** m* **~** Rein-, Nettoertrag *m*; **2.** *m* Flüssigkeit *f*
lira ['lirɐ] *f* **a**) Lira *f*; **b**) *MÚS* Leier *f*
líric|a ['lirikɐ] *f* Lyrik *f*; **~o** ['liriku] **1.** *adj* lyrisch; **2.** *m* Lyriker *m*; F Softie *m*
lírio ['lirju] *m* Lilie *f*; **~-d'água** [-'dagwɐ] *m* Seerose *f*
Lisboa [liʒ'boɐ] Lissabon *n*
lisbo|eta, **~nense** [liʒ'bwetɐ, -bu'nẽsə] *su* Lissabonner(in *f*) *m*
liso ['lizu] glatt (*Oberfläche*); uni; schlicht; ehrlich; ***estar*** **~** P blank sein
lisonj|a [li'zõʒɐ] *f* Schmeichelei *f*; **~ear** [-'ʒjar] (1l) schmeicheln (*dat*); **~ *alc a alg*** j-n loben für et; **~-se** sich rühmen (**de** *gen*); sich geschmeichelt fühlen (**com** durch); **~eiro** [-'ʒɐjru] **1.** *adj* schmeichelhaft; **2.** *m* Schmeichler *m*
list|a ['liʃtɐ] *f* Liste *f*, Verzeichnis *n*; (Speise-, Wein)Karte *f*; Streifen *m* (*Papier*); **~ *classificada*** Branchenverzeichnis *n*; **~ *telefónica*** (*od* ***de telefones***) Telefonbuch *n*; **~ *negra*** *fig* schwarze Liste *f*; ***à* ~**, ***por* ~** nach der Liste; **~agem** [-'taʒɐ̃j] *f* Auflistung *f*; *INFORM* Ausdruck *m*
list|ão [liʃ'tɐ̃w] *m* Band *n*; Schärpe *f*; Zollstock *m*; **~el** [-'tɛɫ] *m* *ARQUIT* Leiste *f*; **~ra** ['liʃtrɐ] *f* Streifen *m* (*bsd in Stoff*); **~rado** [-'tradu] gestreift
lisura [li'zurɐ] *f* Glätte *f*; *fig* Schlichtheit *f*, Ehrlichkeit *f*
liteira [li'tɐjrɐ] *f* Sänfte *f*
liter|al [litə'raɫ] (wort)wörtlich; ***tradução*** *f* **~** wörtliche Übersetzung *f*; **~ário** [-'rarju] literarisch; **~ato** [-'ratu] *m*, **-a** *f* Literat(in *f*) *m*; **~atura** [-rɐ'turɐ] *f* Literatur *f*; **~ *de cordel*** Trivialliteratur *f*; **~ *de ficção*** Belletristik *f*
litíase [lə'tiɐzə] *f MED* Stein *m*; **~ *biliar*** (***renal***) Gallen- (Nieren)steine *m/pl*
lit|igante [ləti'gɐ̃tə] **1.** *adj* prozessführend; **2.** *su* Prozesspartei *f*; **~ig(i)ar** [-'gar, (-'ʒjar)] (1o, 1g) prozessieren; streiten (***por*** wegen); **~ígio** [lə'tiʒju] *m* (Rechts)Streit *m*, Prozess *m*; **~igioso** [-'ʒjozu] strittig
litografia [litugrɐ'fiɐ] *f* Lithographie *f*
litor|al [litu'raɫ] **1.** *m* Küstengebiet *n*; **2.** *adj* = **~âneo** [-'rɐnju] Küsten...
litro ['litru] *m* Liter *m*
Lituânia [li'twɐnjɐ]: ***a*** **~** Litauen *n*
lituano [li'twɐnu] **1.** *adj* litauisch; **2.** *m*, **-a** *f* Litauer(in *f*) *m*
lit|urgia [litur'ʒiɐ] *f* Liturgie *f*, **~úrgico** [-'turʒiku] liturgisch
lividez [ləvi'deʃ] *f* Leichenblässe *f*
lívido ['lividu] leichenblass; fahl
livr|amento [livrɐ'mẽtu] *m* Befreiung *f*; Freilassung *f*; **~ *condicional*** bedingte Strafaussetzung *f*; **~ança** [-'vrɐ̃sɐ] *f* Zahlungsaufforderung *f*; **~ar** [-'vrar] (1a): **~ *de*** befreien von; behüten vor (*dat*); ***Deus me livre!*** Gott bewahre!; ***livra!*** unerhört!; **~-se *de*** sich *et* ersparen
livraria [livrɐ'riɐ] *f* Buchhandlung *f*
livre ['livrə] **1.** *adj* frei (**de** von); **2.** *m Fußball*: Freistoß *m*; **~(s)-câmbio(s)** [-'kɐ̃bju] *m*(*pl*) Freihandel *m*
livreco [li'vrɛku] *m* Schmöker *m*
livre-docente [livrido'sẽtʃi] *su bras* Privatdozent(in *f*) *m*
livreiro [li'vrɐjru] *m* Buchhändler *m*
livre|mente [livrə'mẽtə] frei(willig); ungezwungen; **~(s)-pensador(es)** [-pẽsɐ'dor] *m*(*pl*) Freidenker *m*
livr|esco [li'vreʃku] Buch...; angelesen (*Kenntnisse*); **~ete** [-'vretə] *m* Büchlein *n*; Sparbuch *n*; *AUTO* Fahrzeugbrief *m*
livr|o ['livru] *m* Buch *n*; **~ *branco*** Weißbuch *n*; **~ *de bolso*** Taschenbuch *n*; **~ *de cheques*** Scheckheft *n*; **~ *de cozinha*** Kochbuch *n*; **~ *de leitura*** Lesebuch *n*; **~ *de ponto*** Klassenbuch *n*; **~ *de reclamações*** Beschwerdebuch *n*; **~ *do professor*** Lehrerhandbuch *n*; **~ *infantil*** Kinderbuch *n*
lix|a ['liʃɐ] *f* Sandpapier *n*; *ZO Art* Dornhai *m*; *bras* Nagelfeile *f*; **~adeira** [-ʃɐ'dɐjrɐ] *f*: **~ *oscilante*** (*od* ***vibratória***) Schwingschleifer *m*; **~adela** [-ʃɐ'dɛlɐ] *f* Schleifen *n*; *fig* Klemme *f*; **~ado** [-'ʃadu] knifflig; geschickt; ***estar*** **~** F angeschmiert sein; **~adora** [-ʃɐ'dorɐ] *f* Schleifmaschine *f*; **~ar** [li'ʃar] (1a) (ab)schmirgeln; *fig* Schaden anrichten bei; *bras* Nägel feilen; F anschmieren; **~-se *com*** F sich in die Nesseln setzen mit; sich ärgern über (*ac*)

lix|ão *m bras*, **~eira** *f* [li'ʃɐ̃w, -'ʃɐjrɐ] Müllkippe *f*; **~eiro** [-'ʃɐjru] *m* Müllmann *m*
lix|ívia [lə'ʃivjɐ] *f* Lauge *f*; **~iviar** [ləʃi'vjar] (1g) auswaschen; bleichen
lix|o ['liʃu] *m* Müll *m*; *fig* Abschaum *m*; **~ *doméstico*** Hausmüll *m*; ***remoção f de* ~** Müllabfuhr *f*; **~oso** [-'ʃozu] dreckig
lo [lu] *pron m* ihn (es, sie); Sie; ***gostava de vê-~*** ich würde ihn (*od* Sie) gerne sehen
ló [lɔ] *m* **a)** *NAV* Luv *f*; **b)** *CUL*: ***pão m de* ~** Biskuitkuchen *m*
loa ['loɐ] *f* Lobrede *f*
loba ['lobɐ] *f* **a)** *ZO* Wölfin *f*; **b)** *REL* Soutane *f*
lob|acho [lu'baʃu] *m* Wölflein *n*; **~ado** [-'badu] *BOT* gelappt; **~al** [-'bał] wölfisch, Wolfs...; **~ato** [-'batu] *m* junge(r) Wolf *m*; **~isomem** [lobi'zɔmɐ̃j] *m* Werwolf *m*
lobo¹ ['lɔbu] *m* (Ohr)Läppchen *n*
lobo² ['lobu] *m* Wolf *m*; **~ *do mar*** *fig* alte(r) Seebär *m*; ***velho* ~** *fig* alte(r) Fuchs *m*; **~(s)-cerval (-ais)** [-sər'vał] *m(pl)* Luchs *m*; **~(s)-marinho(s)** [-mɐ'riɲu] *m(pl)* Seelöwe *m*
lôbrego ['lobrəgu] düster, finster
lobrigar [lubri'gar] (1o) erspähen; erahnen; undeutlich sehen
lóbulo ['lɔbulu] *m* Läppchen *n*
lobuloso [lubu'lozu] lappig, gelappt
loca ['lɔkɐ] *f* Höhle *f*, Versteck *n*
loc|ação [lukɐ'sɐ̃w] *f* Vermietung *f*; Miete *f* (*Einnahme*); Pacht *f*; Lage *f*; **~ador** [-'dor] *m* Vermieter *m*
local [lu'kał] **1.** *adj* örtlich, Orts...; lokal; ***afecção f* ~** lokale Erkrankung *f*; **2.** *m* Ort *m*, Stelle *f*, Örtlichkeit *f*; **~ *do crime*** Tatort *m*; ***no próprio* ~** an Ort und Stelle; **3.** *f* Lokalnachricht *f*; ***-ais*** *pl* Lokale(s) *n*; **~idade** [-kɐli'dadə] *f* Ort *m*; (geschlossene) Ortschaft *f*; **~ização** [-lizɐ'sɐ̃w] *f* Lokalisierung *f*, Lage *f*; *ECON* Standort *m*; **~izado** [-li'zadu]: ***bem* ~** gut gelegen; **~izar** [-li'zar] (1a) lokalisieren; *INFORM* suchen
locanda [lu'kɐ̃dɐ] *f* (Imbiss)Bude *f*
loção [lu'sɐ̃w] *f* Waschung *f*, Lotion *f*; **~ *capilar*** Haarwasser *n*
locatário [lukɐ'tarju] *m* Mieter *m*; Pächter *m*
lock-out [lɔk'awt] *m* Aussperrung *f*
locomo|ção [lukumu'sɐ̃w] *f* Fortbewegung *f*, Beförderung *f*; **~tiva** [-'tivɐ] *f* Lokomotive *f*; **~tor** [-'tor] fortbewegend, Fortbewegungs...; ***aparelho m* ~** *ZO* Fortbewegungsorgane *n/pl*; **~triz** [-'triʃ] *adj f zu* **~tor**
locu|ção [luku'sɐ̃w] *f* Ausdrucksweise *f*, Redewendung *f*; *GRAM* Ausdruck *m*; **~pletar-se** [-plə'tarsə] (1c) sich bereichern (***com*** an *dat*); **~tor** [-'tor] *m*, **-a** *f* Ansager(in *f*) *m*, Sprecher(in *f*) *m*
loda|çal [ludɐ'sał] *m* Morast *m*; Pfuhl *m*, Sumpf *m*; **~cento** [-'sẽtu] → ***lodoso***
lódão(s) ['lɔdɐ̃w] *m(pl)* Lotosblume *f*
lod|o ['lodu] *m* Schlamm *m*; **~oso** [lu'dozu] schlammig
loendro ['lwẽdru] *m BOT* Oleander *m*
logar|ítmico [lugɐ'ritmiku]: ***tábua f -a*** Logarithmentafel *f*; **~itmo** [-'ritmu] *m MAT* Logarithmus *m*
lógic|a ['lɔʒikɐ] *f* Logik *f*; **~o** ['lɔʒiku] logisch
logístic|a [lu'ʒiʃtikɐ] *f* Logistik *f*; **~o** [-ku] logistisch
logo ['lɔgu] *zeitl* (so)gleich; nachher; bald; *Folge*: also, demnach; ***até* ~!** bis später!; ***desde* ~** sogleich; gewiss; ***para* ~** alsbald; **~ *a seguir*** gleich darauf; ***mais* ~** nachher; **~ *que*** *conj* sobald
logótipo [lu'gɔtipu] *m* Logo *n*
logr|adoiro, -ouro [lugrɐ'dojru, -'doru] *m gemeinschaftliche* Nutzfläche *f*; **~ *público*** öffentliche Anlage *f*; **~ão** [-'grɐ̃w] *m*, **-ona** *f* Betrüger(in *f*) *m*; **~ar** [-'grar] (1e) **1.** *v/t Ziel* erreichen; Nutzen haben von; *j-n* hereinlegen; **2.** *v/i* gelingen; sich durchsetzen; **~o** ['logru] *m* Genuss *m*; Besitz *m*; Schwindel *m*
loiça ['lojsɐ] *f* → ***louça***
lóio ['lɔju] *m* Kornblume *f*
loir... → ***lour...***
loisa ['lojzɐ] *f* → ***lousa***
loj|a ['lɔʒɐ] *f* Laden *m*, Geschäft *n*; Lagerraum *m*; Werkstatt *f*; **~ *de artigos desportivos*** Sportgeschäft *n*; **~ *de conivência*** (bis in die Nacht geöffnetes) Geschäft *n*; **~ *de desconto*** Discountladen *m*; **~ *de ferragens*** Eisenwarenhandlung *f*; **~**

de produtos naturais Reformhaus *n*; ~ ***franca*** Duty-free-Shop *m*; **~ista** [lu'ʒiʃtɐ] *su* Ladeninhaber(in *f*) *m*; Einzelhändler(in *f*) *m*

lomb|a ['lõbɐ] *f* Bergrücken *m*; Abhang *m*; ***em*** ~ abschüssig; **~ada** [-'badɐ] *f GEOGR* Höhenzug *m*; Buchrücken *m*; **~ar** [lõ'bar] Rücken...; Lenden...; **~o** ['lõbu] *m* Lende *f* (*a CUL*); (Berg-, Buch)Rücken *m*; ~ ***assado*** gegrillte(s) Filetsteak *n*; ***ter bons ~s*** F *fig* breite Schultern haben

lombriga [lõ'brigɐ] *f MED* Spulwurm *m*

lona ['lonɐ] **1.** *f* Segeltuch *n*, Plane *f*; F Flunkerei *f*; **2.** *su* Tollpatsch *m*

Londres ['lõdrəʃ] London *n*

londrino [lõ'drinu] Londoner

long|animidade [lõgɐnəmi'dadə] *f* Langmut *f*; **~ânimo** [-'gɐnimu] langmütig

longarina [lõgɐ'rinɐ] *f* Holm *m*

longe ['lõʒə] **1.** *adj* fern; ***~s terras*** *f/pl* ferne Länder *n/pl*; **2.** *adv* weit; → ***ao*** ~ in der (*od* die) Ferne; ***de*** ~ von weitem; *fig* bei weitem; ~ ***de*** weit (*od* fern) von (*a fig*); ***de ~ em ~*** dann und wann; ~ ***disso!*** weit gefehlt!; ~ ***da vista***, ~ ***do coração*** aus den Augen, aus dem Sinn; **3.** **~s** *m/pl* vergangene Zeiten *f/pl*; *PINT* Hintergrund *m*; *fig* entfernte Ähnlichkeit *f*; Spuren *f/pl*

longev|idade [lõʒəvi'dadə] *f* Langlebigkeit *f*; **~o** [-'ʒɛvu] langlebig

long|ínquo [lõ'ʒĩkwu] fern; **~itude** [-ʒi'tudə] *f GEOGR* Länge *f*; **~itudinal** [-tudi'nal] Längen...; Längs...

lon|go ['lõgu] lang(wierig); weitläufig; weit; ***ao*** ~ ***de*** entlang (*gen*); während (*gen*); **~jura** [-'ʒurɐ] *f* Weite *f*, Ferne *f*

lontra ['lõtrɐ] *f ZO* Fischotter *m*

loqu|acidade [lukwɐsi'dadə] *f* Geschwätzigkeit *f*; **~az** [-'kwaʃ] geschwätzig; zungenfertig; **~ela** (*ü) [-'kwɛlɐ] *f* Wortgewandtheit *f*

loquete [lu'ketə] *m* Vorhängeschloss *n*

lorde ['lɔrdə] *m* Lord *m*; ***câmara*** *f* ***dos ~s*** *POL* Oberhaus *n*

Lorena [lu'renɐ]: ***a*** ~ Lothringen *n*

lorot|a [lo'rɔta] *f bras* Geschwätz *n*; *fig* Ente *f*; **~agem** [-ro'taʒẽj] *f bras* Ammenmärchen *n/pl*; **~eiro** [-ro'tejru] *bras* **1.** *adj* verlogen; **2.** *m* Lügner *m*

lorp|a ['lorpɐ] **1.** *adj* naiv; **2.** *su* Einfaltspinsel *m*; **~ice** [-'pisə] *f* Einfältigkeit *f*

los [luʃ] *pron m/pl* sie; Sie

losango [lu'zɐ̃gu] *m* Raute *f*

lota ['lɔtɐ] *f* Fischmarkt *m*; *ZO* Quappe *f*; ***vender à*** ~ lose verkaufen

lot|ação [lutɐ'sɐ̃w] **1.** *f* Schätzung *f*; Einteilung *f*; Belegung *f*; Auslastung *f*; Verschneiden *n* (*des Weins*); *NAV* Lastigkeit *f*; (***com a***) ~ ***esgotada*** → **~ado**; **2.** *m bras* Kleinbus *m*; **~ado** [-'tadu] voll besetzt (*Raum, Flugzeug*); ausverkauft (*Veranstaltung*); **~ar** [-'tar] (1e) *Anzahl* (ab)schätzen; *Gebiet* einteilen; *Wein* verschneiden; **~aria** [-tɐ'riɐ] *f* Lotterie *f*

lot|e ['lɔtə] *m* (Lotterie)Los *n*; Anteil *m*; Posten *m*; Parzelle *f*; Hausnummer *f*; Trupp *m*; *NAV* Lastigkeit *f*; **~eria** [-te'ria] *f* → ***lotaria***; **~o** ['lotu] *m* Lotto *n*

louça ['losɐ] *f* Geschirr *n*; ~ ***de barro*** Steingut *n*; Tonwaren *f/pl*; ***ser de outra*** ~ P aus anderem Holz (geschnitzt) sein

louç|ainha [losɐ'iɲɐ] *f* Putz *m*, Zierrat *m*; **~ão** [lo'sɐ̃w] schick, schmuck

louceiro [lo'sɐjru] *m* Geschirrschrank *m*; Haushaltswarenverkäufer *m*

louc|o ['loku] wahnsinnig; ***ser ~ por*** verrückt sein nach; **~ura** [-'kurɐ] *f* Wahnsinn *m*

lour|eiro, loireiro [lo-, loj'rɐjru] *m BOT* Lorbeer *m*; **~ejar** [-rə'ʒar] (1d) **1.** *v/t* bräunen; *Haar* blondieren; **2.** *v/i* blond (*od* braun) werden; reifen (*Getreide*); **~o** ['loru, 'lojru] **1.** *adj* blond (*Haar*); goldbraun (*Braten*); **2.** *m BOT* Lorbeer *m*; **3.** **~s** *m/pl fig* Triumph *m*, Sieg *m*

lousa ['lozɐ] *f* Schiefer(tafel *f*) *m*; Steinplatte *f*; Grabstein *m*

louv|a-a-deus (*pl inv*) [lova'dewʃ] *m ZO* Gottesanbeterin *f*; **~ado** [-'vadu] *m* Sachverständige(r) *m*; *Sport*: Schiedsrichter *m*; **~aminha** [-vɐ'miɲɐ] *f* Lobhudelei *f*; **~ar** [-'var] (1a) loben; rühmen (***a*** *j-n*); schätzen (***em*** auf *ac*); **~ável** [-'vavɛl] lobenswert; **~or** [-'vor] *m* Lob(rede *f*) *n*; Belobigung *f*

LP [ɛle'pɛ] *m* LP *f*

L

LSD [ɛlesə'dɛ] *m* LSD *n*
lua ['luɐ] *f* Mond *m*; **~ cheia** (**nova**) Voll- (Neu)mond *m*; **ser de ~** *bras* launisch sein; **~-de-mel** [-də'mɛɫ] *f* Flitterwochen *f/pl*; **~r** [lwar] *m* Mondschein *m*, -licht *n*; **está ~** der Mond scheint; **~rento** [lwɐ'rẽtu] mondhell
lubricidade [lubrəsi'dadə] *f* Schlüpfrigkeit *f*; Lüsternheit *f*
lúbrico ['lubriku] schlüpfrig; lüstern
lubrific|ação [lubrəfikɐ'sɐ̃w] *f* TÉCN Schmieren *n*; **~ante** [-'kɐ̃tə] **1.** *adj* Schmier...; **massa** *f* **~** Schmierfett *n*; **2.** *m* Schmiermittel *n*, -öl *n*; **~ar** [-'kar] (1n) schmieren
lucarna [lu'karnɐ] *f* Dachfenster *n*
lucidez [lusi'deʃ] *f* (geistige) Klarheit *f*
lúcido ['lusidu] klar; leuchtend; **intervalos** *m/pl* **~s** lichte Augenblicke *m/pl*
luc|ífugo [lu'sifugu] lichtscheu; **~ilar** [-'lar] (1a) (schwach) leuchten; flackern
lúcio ['lusju] *m* Hecht *m*
lucr|ar [lu'krar] (1a) **1.** *v/t Gewinn* einbringen; gewinnen (**com** bei); **2.** *v/i*: **~ com** Nutzen ziehen aus; **~ativo** [-krɐ'tivu] einträglich; lukrativ; **~o** ['lukru] *m* Gewinn *m*; Ertrag *m*
lucubr|ação [lukubrɐ'sɐ̃w] *f* (geistige) Nachtarbeit *f*; *fig* geistige(s) Ringen *n*; **~ar** [-'brar] (1a) nachts (durch)arbeiten; tief in Gedanken versunken sein
lud|ibriar [ludi'brjar] (1g) verhöhnen; sich lustig machen über (*ac*); betrügen (**em** bei); **~íbrio** [-'dibrju] *m* Hohn *m*; Betrug *m*; **tornar-se ~** zum Gespött werden; **~ibrioso** [-di'brjozu] höhnisch
lúdico ['ludiku] spielerisch, Spiel...
lues ['luɛʃ] *f* MED Seuche *f*; Syphilis *f*
lufada [lu'fadɐ] *f* Windstoß *m*; **~ de ar fresco** frische Brise *f*; **às ~s** böig
lufa-lufa [lufɐ'lufɐ] *f* P Hetze *f*; **andar numa ~** sich (ab)hetzen; **à ~** hastig
lufar [lu'far] (1a) brausen, sausen
lugar [lu'gar] *m* Ort *m*; Platz *m*; Stelle *f*; Stellung *f*; GEOGR Ortschaft *f*; **~ de pé** Stehplatz *m*; **~ sentado** Sitzplatz *m*; **um quatro ~es** AUTO ein Viersitzer *m*; **em ~ de** anstelle von; **em primeiro ~** erstens; zuerst; **um ~ ao sol** ein Platz an der Sonne; **dar ~ a** *fig* Anlass geben zu; **estar no seu ~** am Platz sein; im Recht sein; **ter ~** stattfinden; **~(es)-comum** (**-ns**) [-ku'mũ] *m(pl)* *fig* Gemeinplatz *m*; **~ejo** [-gɐ'reʒu] *m* kleine(s) Nest *n*; **~-tenente(s)** [-tə'nẽtə] *m(pl)* Stellvertreter *m*; Statthalter *m*
lugre ['lugrə] *m* ZO Zeisig *m*
lúgubre ['lugubrə] schauerlich; düster
lula ['lulɐ] *f* Tintenfisch *m*
lumbago [lũ'bagu] *m* Hexenschuss *m*
lume ['lumə] *m* Feuer *n*; Licht *n*; **~ de água** Wasser(ober)fläche *f*; **~ de espelho** Spiegelfläche *f*; **pedir ~ a** *j-n* um Feuer bitten; **pôr ao ~** aufsetzen (*Topf*); **sair a ~** ans Licht kommen; **ter ~ de** Kenntnis haben von
lumieira *f*, **-o** *m* [lu'mjɐjrɐ, -'mjɐjru] Licht(schein *m*) *n*; (Kerzen)Leuchter *m*
lumin|ar [lumi'nar] *m fig* Leuchte *f* (*Person*); **~ária** [-'narjɐ] *f* Beleuchtung *f*; **~s** *pl* öffentliche Beleuchtung *f*; **~escência** [-nəʃ'sẽsjɐ] *f* FIS Lumineszenz *f*, Leuchtkraft *f*; **~escente** [-nəʃ'sẽtə] leuchtend; **~osidade** [-nuzi'dadə] *f* Helligkeit *f*, Leuchtkraft *f*; **~oso** [-'nozu] leuchtend; hell; Licht...
lun|ação [lunɐ'sɐ̃w] *f* Mondumlauf *m*; **~ar** [-'nar] **1.** *adj* Mond...; **2.** *m* Muttermal *n*; **~ático** [-'natiku] mondsüchtig; wunderlich; **~eta** [-'netɐ] *f* Fernglas *n*, -rohr *n*; ARQUIT Rundfenster *n*; **~s** *pl* Kneifer *m*
lupa ['lupɐ] *f* Lupe *f*
lupanar [lupɐ'nar] *m* Bordell *n*
lúpulo ['lupulu] *m* BOT Hopfen *m*
lura ['lurɐ] *f* Kaninchenhöhle *f*
lusco ['luʃku] einäugig; schielend; **~-fusco** [-'fuʃku] *m* Dämmerung *f*
Lusitânia [luzi'tɐnjɐ] HIST: **a ~** Lusitanien *n*
lus|itano [luzi'tɐnu] HIST **1.** *adj* lusitanisch; **2.** *m* Lusitanier *m*; **~o** ['luzu] portugiesisch
lus|o-... [luzɔ] portugiesisch-; **~o-alemão** (**-ães** *pl*) [-ɐlə'mɐ̃w] deutsch-portugiesisch; **~o-brasileiro(s** *pl*) [-brɐzi'lɐjru] portugiesisch-brasilianisch; **~odescendente** [-dəʃsẽ'dẽtə] **1.** *adj* portugie-

L

sischstämmig; **2.** *su* Portugiesischstämmige(r) *su*; **~ófilo** [-'zɔfilu] lusophil; **~ófono** [-'zɔfunu] portugiesischsprachig
lustrar [luʃ'trar] (1a) **1.** *v/t* blank putzen; polieren; bohnern; *fig* erleuchten; bilden; **2.** *v/i* glänzen
lustr|e ['luʃtrə] *m* Glanz *m*; Ruhm *m*; Kronleuchter *m*; **~o** ['luʃtru] *m* **a)** Jahrfünft *n*; **b)** → ***lustre***; **~oso** [-'trozu] glänzend
lut|a ['lutɐ] *f* Kampf *m*, Streit *m*; Ringkampf *m*; *fig* Ringen *n*; ***~ de tracção*** Tauziehen *n*; ***entrar em ~*** in Streit geraten; **~ador** [-'dor] *m* Kämpfer *m*; Ringer *m*; **~agem** [-'taʒɐ̃j] *f TÉCN* Kitten *n*; Abdichten *n*; **~ar** [-'tar] (1a) **a)** kämpfen (***por*** für, ***contra*** gegen); streiten; sich herumschlagen (***com*** mit); *Sport*: ringen; **b)** *TÉCN* abdichten
luterano [lutə'rɐnu] **1.** *adj* lutherisch; **2.** *m* Lutheraner *m*
luto ['lutu] *m* **a)** Trauer(kleidung) *f* (***deitar*** *od* ***tomar*** anlegen); ***~ aliviado*** Halbtrauer *f*; ***~ pesado*** (*od* ***fechado***) tiefe Trauer *f*; ***~ nacional*** Staatstrauer *f*; ***estar de ~*** trauern (***por*** um); **b)** *TÉCN* Kitt *m*
lutulento [lutu'lẽtu] schlammig
lutuoso [lu'twozu] trauernd
luv|a ['luvɐ] *f* Handschuh *m*; *TÉCN* Lasche *f*; Muffe *f*; Manschette *f*; P Schmiergeld *n*; ***assentar como uma ~*** wie angegossen sitzen; **~aria** [luvɐ'riɐ] *f* Handschuhfabrik *f*, -laden *m*
lux|ação [luʃɐ'sɐ̃w] *f MED* Verrenkung *f*; **~ar** [-'ʃar] (1a) **1.** *v/t MED* verrenken, auskugeln; **2.** *v/i* sich luxuriös kleiden
Luxemburgo [luʃẽ'burgu]: ***o ~*** Luxemburg *n*
luxemburguês [luʃẽbur'geʃ] **1.** *adj* luxemburgisch; **2.** *m*, **-esa** *f* Luxemburger(in *f*) *m*
lux|o ['luʃu] *m* Luxus *m*, Aufwand *m*; ***dar-se ao ~ de*** sich das Vergnügen machen zu; **~uoso** [-'ʃwozu] luxuriös; kostspielig; **~úria** [-'ʃurjɐ] *f BOT* Üppigkeit *f*; *fig* Geilheit *f*; **~uriante** [-'rjɐ̃tə] *BOT* üppig wuchernd; geil; **~urioso** [-'rjozu] üppig; schamlos
luz [luʃ] **1.** *f* Licht *n*; Augenlicht *n*; ***~ de marcha-atrás*** *AUTO* Rückfahrscheinwerfer *m*; ***~ de projectores*** Flutlicht *n*; ***~ de travagem*** *AUTO* Bremslicht *n*; ***~ intermitente*** Blinklicht *n*; ***~es*** *pl* ***de prevenção*** *AUTO* Warnblinkanlage *f*; ***meia ~*** Halbdunkel *n*; ***acender*** (***apagar***) ***a ~*** das Licht an- (aus)schalten; ***dar à ~*** gebären; ***sair*** (*od* ***vir***) ***à ~*** herauskommen; **2.** **~es** *f/pl* Kenntnisse *f/pl*; Bildung *f*; ***século*** *m* ***das ~es*** Zeitalter *n* der Aufklärung; **~eiro** [lu'zɐjru] *m* Licht(schein *m*) *n*; **~ente** [-'zẽtə] leuchtend
luzerna [lu'zɛrnɐ] *f BOT* Luzerne *f*
luz|idio [luzi'diw] leuchtend, schimmernd; **~ido** [-'zidu] prächtig, glänzend; **~ir** [-'zir] (3m) leuchten; glänzen; strahlen; *fig* sich entwickeln
lt. ***lote*** *m* (Waren)Posten *m*; Parzelle *f*
Lx.ª ***Lisboa*** Lissabon *n*

M

M, m ['ɛmə] *m* M, m *n*
m ***metro*** *m* Meter *m*
m| ***meu***, ***minha*** mein(e)
m. ***mês*** *m* Monat *m*; ***minuto*** *m* Minute *f*; ***morto*** gestorben
ma [mɐ] *Zssg der pron* **me** *u* **a**
má [ma] *adj f von* **mau**
maca ['makɐ] *f* Tragbahre *f*; *NAV* Koje *f*; Transportwagen *m*
maça ['masɐ] *f* Keule *f*; Ramme *f*
maçã [mɐ'sɐ̃] *f* **a)** Apfel *m*; **b)** Degenknauf *m*; ***~ do rosto*** Backenknochen *m*
macabro [mɐ'kabru] schaurig, makaber; ***dança*** *f* ***-a*** Totentanz *m*
macac|a [mɐ'kakɐ] *f* Affenweibchen *n*; *fig* F hässliche Ziege *f*; *ZO Art* Seezunge *f*; F Brieftasche *f*; **~ão**

[-kɐ'kẽw] *m* P Schlitzohr *n*; *bras* Monteuroverall *m*
macaco [mɐ'kaku] **1.** *adj* gerissen; schlau; **2.** *m ZO* Affe *m*; *TÉCN* Hebebock *m*; Wagenheber *m*; F Popel *m*; ***~s me mordam se ...*** F der Schlag soll mich treffen, wenn ...; ***tirar ~s*** F popeln; **~a** [-kɐ'koɐ] *f* P Unpässlichkeit *f*
maçada [mɐ'sadɐ] *f fig* Schererei *f*; ***dar ~s*** F Ärger geben; ***que ~!*** wie ärgerlich!
maçã(s)-de-adão [mɐsɐ̃djɐ'dɐ̃w] *m(pl) ANAT* Adamsapfel *m*
maçador [mɐsɐ'dor] **1.** *adj* lästig; langweilig; **2.** *m*, **-a** *f* Nervensäge *f*
macaense [mɐkɐ'ẽsə] aus Macau
maçal [mɐ'saɫ] *m* Molke *f*
macambúzio [mɐkɐ̃'buzju] griesgrämig, mürrisch
maç|aneta [mɐsɐ'netɐ] *f* Knauf *m*; Knopf *m*; Türdrücker *m*; **~ão** [-'sɐ̃w] *m* Freimaurer *m*
Macapá [maka'pa] *bras Hauptstadt von Amapá*
maçapão (**-ães**) [mɐsɐ'pɐ̃w] *m(pl)* Marzipan *n*
macaqu|ear [mɐkɐ'kjar] (1l) nachäffen; **~ice** [-'kisə] *f* Nachäfferei *f*; Affigkeit *f*; **~inho** [-'kiɲu] *m*: ***ter ~s no sótão*** F e-n Vogel haben
maçar [mɐ'sar] (1p; *Stv* 1b) zerstampfen; zerreiben; *fig* langweilen; ärgern; ***~-se de*** *et* öde finden
maçarico [mɐsɐ'riku] *m TÉCN* Lötlampe *f*; Schweißbrenner *m*; *ZO* Brachvogel *m*; ***~-bastardo*** *m* Wasserläufer *m*
maçaroca [mɐsɐ'rɔkɐ] *f* Spindel *f*; *BOT* (Mais)Kolben *m*; Haarsträhne *f*
macarr|ão [mɐkɐ'ʀɐ̃w] *m* Makkaroni *pl*; **~ónico** (*ô) [-'ʀɔniku] Makkaroni...; ***latim*** *m* **~** Küchenlatein *n*
Macau [mɐ'kaw] *m* Macau *n*
macedón|ia (*ô) [mɐsə'dɔnjɐ] *f* **a)** *CUL* Obstsalat *m*; ***~ de legumes*** Gemüseplatte *f*; **b)** ♀ Mazedonien *n*; **~io** [-'dɔnju] **1.** *adj* mazedonisch; **2.** *m*, **-a** *f* Mazedonier(in *f*) *m*
Maceió [mase'jɔ] *bras Hauptstadt von Alagoas*
macela [mɐ'sɛlɐ] *f* Kamille *f*
macer|ação [mɐsərɐ'sɐ̃w] *f* Kräuterauszug *m*; *fig* Kasteiung *f*; **~ar** [-'rar] (1c) e-n Auszug herstellen von; *CUL* einlegen; *fig* quälen
macet|a [mɐ'setɐ] *f* Schlegel *m* (*a MÚS*); **~e** [-'setə] *m* Fäustel *m*; Holzhammer *m*
macha ['maʃɐ] *f* P Mannweib *n*
machad|a [mɐ'ʃadɐ] *f* Beil *n*; **~ada** [-ʃɐ'dadɐ] *f* Beilhieb *m*; **~ar** [-ʃɐ'dar] (1a) hacken; **~inha** [-ʃɐ'diɲɐ] *f* Fleischerbeil *n*; **~o** [-'ʃadu] *m* Axt *f*
macha-fêmea [maʃɐ'femjɐ] *f* Scharnier *n*
mach|ão [ma'ʃɐ̃w] *m bras* P Macho *m*; Aufreißertyp *m*; **~ear** [mɐ'ʃjar] (1l) fälteln; *TÉCN* verzapfen; *Tiere* paaren; **~ete** [mɐ'ʃetə] *m* Buschmesser *n*; **~imbombo** [mɐʃĩ'bõbu] *m bsd Afrika* Autobus *m* **~ismo** [mɐ'ʃiʒmu] *m* Männlichkeitswahn *m*; **~ista** [mɐ'ʃiʃtɐ] **1.** *adj* F machomäßig; **2.** *m* F Macho *m*
macho ['maʃu] **1.** *adj* männlich; **2.** *m ZO* Männchen *n*; Maulesel *m*; Haken *m* (*für Öse*); Stecker *m* (*für Dose*); Spindel *f* (*Wasserhahn*); *TÉCN* Gewindebohrer *m*
machucar [mɐʃu'kar] (1n) zerdrücken, -quetschen; *allg* verletzen
maciço [mɐ'sisu] **1.** *adj* massiv; festgefügt; dicht (gedrängt); gewichtig; **2.** *m GEOGR* Massiv *n*; Dickicht *n*; Gruppe *f*; Gedränge *n*
macieira [mɐ'sjɐjrɐ] *f* Apfelbaum *m*
maciez [mɐ'sjeʃ] *f* Weichheit *f*
macil|ência [mɐsi'lẽsjɐ] *f* Abgezehrtheit *f*; **~ento** [-'lẽtu] verhärmt; bleich
maci|o [mɐ'siw] weich; glatt, geschmeidig; sanft; **~ota** [-'sjɔtɐ] *f*: ***na ~, pela ~*** F in aller Seelenruhe
maço ['masu] *m* Vorschlaghammer *m*; Stapel *m*; Stoß *m*; Päckchen *n* (*Zigaretten*)
maç|onaria [mɐsunɐ'riɐ] *f* Freimaurerei *f*; **~ónico** (*ô) [-'sɔniku] Freimaurer...
maconha [mɐ'koɲɐ] *f* Haschisch *n*
macota [ma'kɔta] *bras* **1.** *adj* groß(mächtig); (einfluß)reich; großartig; **2.** *m* Lokalmatador *m*
má-criação [makrjɐ'sɐ̃w] *f* Ungezogenheit *f*; Unverschämtheit *f*
macr|o ['makrɔ] *m INFORM* Makro *n*; **~óbio** [mɐ'krɔbju] *m* Greis *m*; **~obiótica** [makrɔ'bjɔtikɐ] *f* Makrobiotik *f*; **~ocefalia** [-səfɐ'liɐ] *f* Makrozephalie *f*; **~oeconomia** [-ikunu'miɐ] *f* Volkswirtschaft *f*

maçudo [mɐ'sudu] *fig* schwer (verständlich); langweilig, ermüdend
mácula ['makulɐ] *f* Fleck *m*; Makel *m*
macul|ar [mɐku'lar] (1a) beflecken; **~atura** [-lɐ'turɐ] *f* Makulatur *f*
macumba [ma'kũba] *f bras* Macumba *m* (*kultischer Tanz*)
Madagáscar [mɐdɐ'gaʃkɐr] *m* Madagaskar *n*
madeira [mɐ'dɐjrɐ] **1.** *f* **a)** Holz *n*; **~ de lei** Hartholz *n*; **pijama** *m* **de ~** *irón* Kiste *f* (*Sarg*); **b)** ♀ Madeira *n*; **na ~** auf Madeira; **2.** *m* Madeira(wein) *m*
madeir|amento [mɐdɐjrɐ'mẽtu] *m* Holzkonstruktion *f*; Gebälk *n*; (Dach)Gestühl *n*; **~ar** [-'rar] (1a) mit e-r Holzkonstruktion versehen; **~eiro** [-'rɐjru] **1.** *adj* Holz...; **2.** *m* Holzhändler *m*; **~ense** [-'rẽsə] aus Madeira; **~o** [-'dɐjru] *m* Balken *m*; Klotz *m* (*a fig*)
madeixa [mɐ'dɐjʃɐ] *f* Strähne *f*
madraç|ar [mɐdrɐ'sar] (1p; *Stv* 1p) faulenzen; **~ice** [-'sisə] *f* Faulenzerleben *n*; **~o** [-'drasu] **1.** *adj* faul; **2.** *m*, **-a** *f* Faulpelz *m*
madrasta [mɐ'draʃtɐ] **1.** *adj* stiefmütterlich; **2.** *f* Stiefmutter *f*
madre ['madrə] *f* Nonne *f*, Mutter *f* (*Anrede e-r Nonne*); *ANAT* Gebärmutter *f*; *NAV* Tragbalken *m*; Bodensatz *m*; **~pérola** [-'pɛrulɐ] *f* Perlmutt(er *f*) *n*; **~ssilva** [-'siłvɐ] *f BOT* Geißblatt *n*
Madrid [mɐ'bridə] Madrid *n*
madrinha [mɐ'driɲɐ] *f* Patin *f*, Patentante *f*; Trauzeugin *f*
madrug|ada [mɐdru'gadɐ] *f* Tagesanbruch *m*, *früher* Morgen *m*; **de ~** im Morgengrauen; sehr früh; **~ador** [-gɐ'dor] *m* Frühaufsteher *m*; **~ar** [-'gar] (1o) sehr früh aufstehen; *fig* der Erste sein
madur|ar [mɐdu'rar] (1a) reifen; **~ez(a)** [-'reʃ (-'rezɐ)] *f* Reife *f*; Überlegung *f*; P Blödsinn *m*; Macke *f*; **~o** [-'duru] reif; verständig; reiflich; P blödsinnig
mãe(s) [mɐ̃j] **1.** *adj* Ur..., Grund...; *bras* F deftig, gewaltig; **~-pátria** [-'patrjɐ] *f* Heimat *f*; **2.** *f(pl)* Mutter *f*; *fig* Ursprung *m*; **~-d'água** [-'dagwɐ] *f* Quelle *f*; Wasserbecken *n*; **~zinha** [-'ziɲɐ] *f* Mutti *f*
maestro ['majʃtru] *m MÚS* Maestro *m*
mafarrico [mɐfɐ'ʀiku] *m* Teufel *m*
má(s)-fé(s) [ma'fɛ] *f(pl)* Falschheit *f*
mafioso [mɐ'fjozu] **1.** *adj* mafios; **2.** *m* Mafioso *m*
magal(a) [mɐ'gał (-'galɐ)] *m* Rekrut *m*
magan|ão [mɐgɐ'nɐ̃w] **1.** *adj* toll; witzig; **2.** *m*, **-ona** *f* Schelm *m*; Schurke *m*, Schurkin *f*; **~ice** [-'nisə] *f* Schelmenstreich *m*; Gerissenheit *f*; **~o** [-'gɐnu] **1.** *adj* verschmitzt; durchtrieben; **2.** *m*, **-a** *f* tolle(r) Typ *m*; Schuft *m*
magarefe [mɐgɐ'rɛfə] *m* Schlächter *m*; F Pfuscher *m* (*Arzt*)
magazine [mɐgɐ'zinə] *m* Magazin *n*
magérrimo [mɐ'ʒɛʀimu] *sup von* **magro**
magia [mɐ'ʒiɐ] *f* Magie *f*; **~ negra** schwarze Magie *f*; **fazer ~** zaubern
mágica ['maʒikɐ] *f* Zauberkunststück *n*
magicar [mɐʒi'kar] (1n) grübeln
mágico ['maʒiku] **1.** *adj* magisch; *fig* zauberhaft; **varinha** *f* **-a** Zauberstab *m*; **2.** *m* Magier *m*
magistério [mɐʒiʃ'tɛrju] *m* Lehramt *n* (*bsd Grundschule*); Lehrerschaft *f*
magistr|ado [mɐʒiʃ'tradu] *m* Richter *m*; Staatsanwalt *m*; Magistrat *m*; **~al** [-'trał] meisterhaft; Meister...; **~atura** [-trɐ'turɐ] *f* Amtszeit *f*; Richteramt *n*
magn|animidade [mɐgnɐnəmi'dadə] *f* Großherzigkeit *f*, Großmut *f*; Milde *f*; **~ânimo** [-'nɐnimu] generös; großherzig
magnate [mɐg'natə] *m* Magnat *m*
magn|ésia [mɐg'nɛzjɐ] *f* Magnesia *f*, Bittererde *f*; **~ésio** [-'nɛzju] *m* Magnesium *n*; **~esite** [-nə'zitə] *f* Bitterspat *m*; **~ete** [-'netə] *m* Magnet *m*; **~ético** [-'nɛtiku] magnetisch; **agulha** *f* **-a** Magnetnadel *f*; **~etismo** [-nə'tiʒmu] *m* Magnetismus *m*; **~etite** [-nə'titə] *f* Magnet(eisen)stein *m*; **~etizar** [-nəti'zar] (1a) magnetisieren
magnific|ência [mɐgnəfi'sẽsjɐ] *f* Pracht *f*, Pomp *m*; Größe *f*; **~ente** [-'sẽtə] großartig; großzügig
magnífico [mɐg'nifiku] herrlich, großartig; großzügig

M

magn|itude [mɐgni'tudə] *f* Größe *f*; Stärke *f* (*Beben*); **~o** ['magnu] groß; ***Carlos*** ≗_Karl der Große; **~ólia** [-'nɔljɐ] *f BOT* Magnolie *f*
mago ['magu] **1.** *adj* zauberhaft; **2.** *m* Magier *m*; ***os Reis*** **≗s** die Heiligen Drei Könige
mágoa(s) ['magwɐ(ʃ)] *f(pl) fig* Schmerz *m*, Leid *n*
mago|ado [mɐ'gwadu] schmerzerfüllt; **~ar** [-'gwar] (1f) wehtun; schmerzen; **~-se** sich verletzen
magote [mɐ'gɔtə] *m* Haufen *m*
magr|eza [mɐ'grezɐ] *f* Magerkeit *f*; **~icela(s)**, **~izela** [-gri'sɛlɐ(ʃ), -i'zɛlɐ] *su* F dürre(s) Gestell *n*; **~o** ['magru] mager; ***dia*** *m* ***de*** **~** Fasttag *m*
magusto [mɐ'guʃtu] *m* Glut *f* zum Kastanienrösten; Portion *f* Röstkastanien
MAI ***Ministério*** *m* ***da Administração Interna*** Innenministerium *n*
maillot [mɐ'jo] *m* Gymnastikanzug *m*
mainato [maj'natu] *m Moçambique* Hausangestellte(r) *m*
Maio ['maju] *m* Mai *m*
maiô [ma'jo] *m bras* Trikot *n*; Badeanzug *m*
maionese [mɐju'nɛzə] *f* Mayonnaise *f*
maior [mɐ'jɔr] **1.** *adj* **a)** *comp von* ***grande*** größer; älter; ***o segundo*** **~** **...** der zweitgrößte ...; **b)** *sup von* ***grande*** größte; am größten; **c)** Haupt...; Ober...; **~** (***de idade***) volljährig; ***tom*** *m* **~** Durtonart *f*; ***dó*** (***ré***, ***lá***) **~** C- (D-, A-)Dur *n*; ***a*** **~** ***parte de*** der (die, das) meiste; die meisten; ***a*** **~** ***parte das vezes*** meistens; ***sem problemas de*** **~** ohne größere Probleme; **2.** *m* Volljährige(r) *m*; ***ser o*** **~** *fig* der Größte sein; **~es** *pl* Vorfahren *m/pl*
Maiorca [mɐ'jɔrkɐ]: ***a*** **~** Mallorca *n*
maior|al [mɐju'rał] *m* Chef *m*; (Ober)Haupt *n*; Leittier *n*; ***os -ais*** die Honoratioren *m/pl*; **~ia** [-'riɐ] *f* Mehrheit *f*; ***em*** **~** in der Mehrzahl; ***por*** **~** durch Stimmenmehrheit; **~idade** [-ri'dadə] *f* Volljährigkeit *f*; **~itário** [-ri'tarju] Mehrheits...
mais [majʃ] **1.** *adv* **a)** mehr (***de*** als); außerdem; lieber; und (*Aufzählung*); *MAT* plus; **~** ***a/c*** (***alg***) noch et (jemand); ***a*** **~** überzählig; ***a*** **~** ***de*** außer; ***até*** **~** ***não*** *inf* F bis zum Gehtnichtmehr; ***de*** **~** zu sehr; zu viel; ***cada vez*** **~** immer mehr; ***cada vez*** **~** ***bonito*** immer schöner; **~** ***dia menos dia*** früher oder später; **~** ***e*** **~** immer mehr; **~** ***nada*** (***ninguém***) sonst nichts (niemand); ***não*** **~** ***de*** nicht mehr als; ***nem*** **~** genauso; ***nem*** **~** ***nem menos*** nicht mehr und nicht weniger; ***para*** **~** zudem, überdies; ***por de*** **~** übermäßig; ***por*** **~** ***que*** *conj* so sehr auch; ***por*** **~** ***difícil que seja*** so schwer es auch ist (*od* sein mag); (***pouco***) **~** ***ou menos*** mehr oder minder; ***que*** (***quem***) **~?** was (wer) noch?; ***sem*** **~** ***aquela***, ***sem*** **~**, ***nem menos*** mir nichts, dir nichts; **b)** *Steigerung*: *comp*: ***é*** **~** ***alto*** (***do***) ***que tu*** er ist größer als du; ***o*** **~** ***velho dos dois*** der ältere von beiden; **c)** *Steigerung*: *sup*: ***é o*** **~** ***velho*** er ist am ältesten (*od* der Älteste); **2.** *adj*: ***os*** **~** ***navios*** die übrigen Schiffe; **3.** *m*: ***o*** **~** das Übrige; ***tudo o*** **~** alles Übrige; ***os*** **~** die meisten
mais-|que-perfeito [majʃkəpər'fɐjtu] *m* Plusquamperfekt *n*; **~que-tudo** [-'tudu] *su* F Herzallerliebste(r) *su*; **~valia(s)** [-vɐ'liɐ] *f(pl)* Mehrwert *m*
maiúscul|a [mɐ'juʃkulɐ] *f* Großbuchstabe *m*; **~o** [-lu] groß
majest|ade [mɐʒəʃ'tadə] *f* Majestät *f*; Hoheit *f*; **~oso** [-'tozu] majestätisch
major [mɐ'ʒɔr] *m* Major *m*; **~ar** [maʒo'rar] (1e) *bras Lohn*, *Preise* erhöhen; **~itário** [maʒori'tarju] *bras* Mehrheits...
mal [mał] **1.** *adv* schlecht; schlimm; falsch (*Antwort*); kaum (*fast nicht*); ***de*** **~** ***a pior*** immer schlimmer; ***menos*** **~** ganz gut; **~** ***e porcamente*** F mehr schlecht als recht; ***acabar em*** **~** schlecht ausgehen; ***dar-se*** **~** ***com*** F nicht gut können mit *j-m*; ***estar*** (***de***) **~** ***com*** *j-m* böse sein; ***ficar*** **~** schlecht abschneiden; ***ficar*** **~** ***a*** *j-m* nicht stehen; sich nicht schicken für *j-n*; ***regular*** **~** F nicht ganz richtig im Kopf sein; ***estou*** **~** es geht mir schlecht; **2.** *cj* kaum, dass; sobald; **3.** *m(pl)* Übel *n*; Böse *n*; Schaden *m*; Unglück *n*; *MED* Leiden *n*; Krankheit *f*; **~** ***de amor*** Liebeskummer *m*; **~** ***de peito*** *MED* Tuber-

M

kulose *f*; ~ ***necessário*** notwendige(s) Übel *n*; ***o ~ menor*** das kleinere Übel; ***a ~*** im Bösen; ungern; ***por ~ de*** zur Strafe für; ***por meu ~*** zu meinem Unglück; ***por bem ou por ~*** so oder so; ***deitar para ~*** kein gutes Ende nehmen; ***dizer ~ de*** herziehen über (*ac*); ***fazer ~ a*** *j-m* schaden; *j-m* schlecht bekommen; ***levar*** (*od* ***tomar***) ***a ~*** übel nehmen; ***querer ~ a*** *j-m* übel wollen; ***que ~ há nisso?*** was ist Schlechtes daran?

mala ['malɐ] *f* Koffer *m*; (Post)Sack *m*; *AUTO* Kofferraum *m*; ***~ de trazer ao ombro*** Umhängetasche *f*; ***~ diplomática*** Diplomatengepäck *n*; ***~ térmica*** Kühltasche *f*; ***carrinho m das ~s*** Kofferkuli *m*; ***desfazer a(s) ~(s)*** auspacken; ***estar de ~s aviadas*** auf gepackten Koffern sitzen

malabar [mɐlɐ'bar]: ***jogos*** *m/pl* **~es** Jonglierkünste *f/pl*; Taschenspielertricks *m/pl*; **~ista** [-bɐ'riʃtɐ] *su* Jongleur *m*

mal|-acabado [małɐkɐ'badu] schlecht gemacht; F gepfuscht; **~acafento** [malaka'fẽtu] *bras* leidend; **~-afamado** [-ɐfɐ'madu] berüchtigt; **~-afortunado** [-ɐfurtu'nadu] unglücklich; **~agradecido** [-ɐgrɐdə'sidu] undankbar

malagueta [mɐlɐ'getɐ] *f CUL* spanische(r) Pfeffer *m*

malaio [mɐ'laju] **1.** *adj* malaiisch; **2.** *m*, **-a** *f* Malaie *m*, Malaiin *f*

mal-|ajambrado [małɐʒɐ̃'bradu] unförmig; = **~ajeitado**, **~amanhado** [-ɐʒɐj'tadu, -ɐmɐ'ɲadu] unordentlich, liederlich; ungeschickt

malandr|agem [mɐlɐ̃'draʒɐ̃j] *f* Gaunerpack *n*; Gaunerstück *n*; **~ete** [-'dretə] *m* kleine(r) Gauner *m*; **~ice** [-'drisə] *f* Gaunerei *f*; **~im** [-'drĩ] *m* Halunke *m*; **~o** [-'lɐ̃dru] *m* Strolch *m*

malaquite, *bras* **-a** [mɐlɐ'kitə, -ta] *f* Malachit *m*

malar [mɐ'lar] **1.** *adj*: ***osso*** *m* **~** = **2.** *m* Jochbein *n*

malária [mɐ'larjɐ] *f* Malaria *f*

mal|-asado [małɐ'zadu] ungeschickt; **~as-artes** [malɐ'zartəʃ] *f/pl* Pfusch(erei *f*) *m*; List und Tücke *f*

Malásia [mɐ'lazjɐ]: ***a ~*** Malaysia *n*

mal|-assombrado [małɐsõ'bradu] verhext; **~-aventurado** [-ɐvẽtu'radu] unselig; **~-avindo** [-ɐ'vĩdu] unverträglich; **~-avisado** [-ɐvi'zadu] unklug

malax|ador [mɐlɐksɐ'dor] *m* Rührmaschine *f*; **~ar** [-'ksar] (1a) rühren

mal-azado [małɐ'zadu] ungünstig

malbarat|amento [małbɐrɐtɐ'mẽtu] *m* Verschwendung *f*; **~ar** [-'tar] (1b) = **~ear** *bras* [-'tjar] (1l) verschleudern; vergeuden; verschwenden; *Rat* missachten; **~o** [-'ratu] *m ECON* Vergeudung *f*; Missachtung *f*

mal|casado [małkɐ'zadu] unglücklich verheiratet; **~cheiroso** [-ʃɐj'rozu] übel riechend; **~comportado** [-kõpur'tadu] ungezogen; frech; **~criado** [-'krjadu] **1.** *adj* ungezogen, flegelhaft; **2.** *m* Flegel *m*; **~cuidado** [-kuj'dadu] ungepflegt

mal|dade [mał'dadə] *f* Bosheit *f*; Gemeinheit *f*; Unart *f*; **~dição** [-di'sɐ̃w] *f* Fluch *m*; **~disposto** [-diʃ'poʃtu] schlecht aufgelegt; *MED* unwohl; **~dito** [-'ditu] *p/p von* ***~dizer***; vertrackt; **~dizente** [-di'zẽtə] **1.** *adj* lästernd; ***pessoa f ~*** = **2.** *su* Lästermaul *n*; **~dizer** [-di'zer] (2x) **1.** *v/t* verfluchen; **2.** *v/i* fluchen (***de*** über *ac*); lästern (***de*** über *ac*); **~doso** [-'dozu] böse; boshaft

male|abilidade [mɐljɐbəli'dadə] *f* Geschmeidigkeit *f*; *TÉCN* Verformbarkeit *f*; *fig* Gefügigkeit *f*; **~ar** [-'ljar] (1l) *Metall* hämmern; schmieden; *fig* gefügig machen; formen; **~ável** [-'ljavɛł] geschmeidig; schmiedbar; *fig* gefügig

mal|edicência [mɐlədi'sẽsjɐ] *f* üble Nachrede *f*; böse Zunge *f*; **~-educado** [małidu'kadu] ungezogen

mal|eficência [mɐləfi'sẽsjɐ] *f* Boshaftigkeit *f*; **~eficiar** [-'sjar] (1g) schaden (*dat*); verwünschen; **~efício** [-'fisju] *m* Bosheit *f*; Hexerei *f*; **~éfico** [-'lɛfiku] bösartig; schädlich (*Einfluss*)

maleitas [mɐ'lɐjtɐʃ] *f/pl* Wechselfieber *n*

mal-|empregado [małẽprə'gadu] verschwendet; vergeblich; **~encarado** [-ẽkɐ'radu] verdächtig aussehend; grimmig; **~enjorcado** [-ẽʒur'kadu] misslungen; **~ensinado**

[-ẽsi'nadu] ungezogen; **~entendido** [-ẽtẽ'didu] **1.** *adj* missverstanden; **2.** *m* Missverständnis *n*; **~estar** [-iʃ'tar] *m* Unwohlsein *n*; Unbehagen *n*; unangenehme Lage *f*
maleta [mɐ'letɐ] *f* Köfferchen *n*; Tasche *f* (*in Kofferformat*)
mal|evolência [mɐləvu'lẽsjɐ] *f* Abneigung *f*, Aversion *f*; **~evolente, ~évolo** [-'lẽtə, -'lɛvulu] böswillig
mal|fadado [małfɐ'dadu] unselig; vom Unglück verfolgt; **~fadar** [-'dar] (1b) Unglück verheißen (*od* bringen) (*dat*); ins Unglück stürzen; **~fazejo** [-'zɛʒu] bösartig; schädlich; **~fazer** [-'zer] (2v) schaden (*dat*); Böses tun; **~feito** [-'fɐjtu] schlecht (gearbeitet); F gepfuscht; unförmig; böse; **~feitor** [-fɐj'tor] *m* Übeltäter *m*; Bösewicht *m*; **~ferido** [-fə'ridu] tödlich verwundet; **~formação** [-furmɐ'sɐ̃w] *f* Missbildung *f* (*bsd MED*)
malga ['małgɐ] *f* Suppenschüssel *f*
mal-gastar [małgɐʃ'tar] (1b) verschleudern, verschwenden
malgaxe [mał'gaʃə] **1.** *adj* madagassisch; **2.** *su* Madagasse *m*, Madagassin *f*
malgovernar [małguvər'nar] (1c) Misswirtschaft treiben
mal-grado [mał'gradu] trotz; **~ *meu*** wider meinen Willen
malh|a ['maʎɐ] *f* **a)** Masche *f*; *fig* Netz *n*; ***boa*** **~** *fig* gute Seele *f*; **~ *caída*** Laufmasche *f*; **~s** *pl* Strickwaren *f/pl*; ***fazer*** **~** stricken; **b)** Tracht *f* Prügel; **c)** Fleck *m* (*im Fell*); **~ada** [mɐ'ʎadɐ] *f* **a)** Verwicklung *f*, Verwirrung *f*; **b)** *AGR* Dreschen *n*; **c)** Schafstall *m*; **~adeiro** [mɐʎɐ'dɐjru] *m* Dreschflegel *m*; *fig* Prügelknabe *m*; **~ado** [mɐ'ʎadu] gefleckt; getigert; **~ador** [mɐʎɐ'dor] *m* Schläger *m*; Unruhestifter *m*; **~ar** [mɐ'ʎar] (1b) **1.** *v/t* dreschen; schmieden; **2.** *v/i*: **~ *em*** eindreschen auf (*ac*); *fig* herumhacken auf (*dat*); **~o** ['maʎu] *m* Schmiede-, Vorschlaghammer *m*; Schlegel *m*; Ramme *f*
mal-humorado [małumu'radu] schlecht gelaunt; verdrossen
mal|ícia [mɐ'lisjɐ] *f* Bosheit *f*; **~icioso** [-li'sjozu] verschlagen
malign|a [mɐ'lignɐ] *f* F bösartige(s) Fieber *n*; schwere Krankheit *f*; **~idade** [-gni'dadə] *f* Bösartigkeit *f* (*a MED*); **~o** [-'lignu] bösartig (*bsd MED*); böse
mal-intencionado [małĩtẽsju'nadu] böse gesinnt; heimtückisch
malíssimo [ma'lisimu] *sup von* ***mau***
mal|jeitoso [małʒɐj'tozu] ungeschickt, tölpelhaft; **~nascido** [-nɐʃ'sidu] vom Unglück verfolgt
malogr|ar [mɐlu'grar] (1e) zerstören; *Plan* vereiteln; **~-se** scheitern; misslingen; **~o** [mɐ'logru] *m* Fehlschlag *m*; Misserfolg *m*; Scheitern *n*
malparado [małpɐ'radu] **1.** *adj* gefährdet; unsicher; **2.** *m ECON* Wertberichtigung *f* (*Kreditwesen*)
malquer|ença [mɐłkə'rẽsɐ] *f* Abneigung *f*; **~ente** [-'rẽtə] feindselig; **~er** [-'rer] (2t) übel wollen (*dat*); hassen
malquist|ar [małkiʃ'tar] (1a) verfeinden; **~o** [-'kiʃtu] verhasst (***de*** bei); unbeliebt (***de*** bei)
mal|são(s) [mał'sɐ̃w] ungesund; kränklich; kaum genesen; **~sim** [-'sĩ] *m* Spitzel *m*; Angeber *m*; **~sinar** [-si'nar] (1a) bespitzeln; anzeigen; verleumden; *j-m* Unheil verkünden; **~soante** [-'swẽtə] übel klingend; *fig* anstößig; **~sofrido** [-su'fridu] ungehalten
Malta ['małtɐ]: (***a ilha de***) **~** Malta *n*; **♀** *f* Gesindel *n*; Wanderarbeiter; F Bande *f*, Haufen *m*; ***a*** **~** F wir; man
malt|e ['małtə] *m* Malz *n*
maltra|pilho [małtrɐ'piʎu] **1.** *adj* zerlumpt; **2.** *m* Lump *m*; **~tar** [-'tar] (1b) misshandeln; schlecht behandeln
malu|co [mɐ'luku] **1.** *adj* verrückt; **2.** *m* Spinner *m*; **~queira** [-'kɐjrɐ] *f* Verrücktheit *f*; **~quice** [-'kisə] *f* Unsinn *m*
malva ['małvɐ] *f BOT* Malve *f*; ***ir às*** **~s** F ins Gras beißen
malvad|ez [małvɐ'deʃ] *f* Tücke *f*; Bosheit *f*; **~o** [-'vadu] **1.** *adj* böse; verbrecherisch; **2.** *m* Bösewicht *m*
malva|ísco [małvɐ'iʃku] *m* Eibisch *m*; **~-rosa** [-'ʀɔzɐ] *f* Stockrose *f*
malversar [-'sar] (1c) veruntreuen
malvisto [mał'viʃtu] unbeliebt
mama ['mɐmɐ] *f* Brust *f* (*Frau*); Euter *n*; Zitze *f*; Muttermilch *f*; ***criança f de*** **~** Säugling *m*; **~s** *pl* F Busen *m*
mam|ã [mɐ'mɐ̃] *f* Mama *f*; **~adeira**

M

[-mɐ'dɐjrɐ] *f* (Mutter)Milchpumpe *f*; *bras* Trinkflasche *f*; **~ãe** [mɐ̃'mɐ̃j] *f bras* Mama *f*, Mutti *f*; **~ão** [-'mɐ̃w] **1.** *adj* saugend, Milch...; **2.** *m* **a)** Säugling *m*; **b)** *BOT* Papaya *f*; **~ar** [-'mar] (1a) saugen; stillen; säugen; *f j-n* hereinlegen; *Gewinne* einstreichen; F *j-m et* abspenstig machen; ***dar de ~ a*** *j-n* stillen; **~ (*n*)*o dedo*** am Finger lutschen; **~ário** [-'marju] Brust...; Milch...; **~ata** [-'mata] *f bras* Schiebung *f*

mamarracho [mɐmɐ'ʀaʃu] *m depr* Schinken *m* (*Gemälde*); Farbkleckser *m*; Klotz *m* (*Haus*)

mamel|ão [mɐmə'lɐ̃w] *m* Hügel *m*; **~uco** [-'luku] *m bras* Mestize *m*

mamente [ma'mẽtə]: ***de ~*** widerwillig

mamífero [mɐ'mifəru] *m* Säugetier *n*

mamil|ar [mɐmi'lar] Brust...; **~o** [-'milu] *m* Brustwarze *f*; Zitze *f*

mamoeiro [mɐ'mwɐjru] *m* Papayabaum *m*

mamona [mɐ'mɔnɐ] *f* Rizinus *m*

mamute [mɐ'mutə] *m* Mammut *n*

mana ['mɐnɐ] *f* F Schwester *f*

manada [mɐ'nadɐ] *f* Herde *f*

manancial [mɐnɐ̃'sjał] **1.** *adj* unversiegbar; **2.** *m* Quelle *f*; Flut *f*

manápula [mɐ'napulɐ] *f* Pranke *f*

manar [mɐ'nar] (1a) **1.** *v/t Flüssigkeit* aus-, vergießen; *Gedanken* hervorbringen; **2.** *v/i* quellen, strömen; ***~ de*** entströmen, -springen (*dat*); herkommen von; hervorgehen aus

manata [mɐ'natɐ] *m* P Bonze *m*

manatim [mɐnɐ'tĩ] *m ZO* Manati *n*

Manaus [ma'naws] *bras Hauptstadt von Amazonas*

mancada [mɐ̃'kada] *f bras* F Ausrutscher *m*; Blödsinn *m*; ***dar uma ~*** sich e-n Schnitzer leisten

mancal [mɐ̃'kał] *m TÉCN* (Achs)Lager *n*

mancar [mɐ̃'kar] (1n) hinken

mancarra [mɐ̃'kaʀɐ] *f Guinea, Kapverden* Erdnuss *f*

manceb|a [mɐ̃'sɛbɐ] *f HIST* Mätresse *f*; Konkubine *f*; **~ia** [-sə'biɐ] *f HIST* wilde Ehe *f*; lockere(s) Leben *n*; **~o** [-'sebu] **1.** *adj* jung; **2.** *m HIST* Jüngling *m*; *fig* stumme(r) Diener *m*

Mancha ['mɐ̃ʃɐ]: ***a ~*** der Ärmelkanal *m*

manch|a ['mɐ̃ʃɐ] *f* Fleck *m*; Makel *m*; **~ado** [mɐ̃'ʃadu] fleckig; **~ar** [mɐ̃'ʃar] (1a) **1.** *v/t* beflecken (*a fig*); schmutzig machen; **2.** *v/i* schmutzig werden; ***~-se de*** sich bekleckern mit

mancheia [mɐ̃'ʃɐjɐ] *f* → ***mão-cheia***

manchete [mɐ̃'ʃɛtə] *f* Schlagzeile *f*

manchil [mɐ̃'ʃił] *m* Hackmesser *n*

manco ['mɐ̃ku] verstümmelt (*a fig*); hinkend; ***estar ~*** hinken

mancomun|ação [mɐ̃kumunɐ'sɐ̃w] *f* gemeinsame(s) Vorgehen *n*; *POL* Verschwörung *f*; abgekartete Sache *f*; **~ar** [-'nar] (1a) verabreden

mand|a ['mɐ̃dɐ] *f LIT* Verweis *m*; **~achuva** [-'ʃuva] *m bras der* starke Mann *m*; **~ado** [-'dadu] *m* Auftrag *m*; Befehl *m*; ***~ de segurança*** einstweilige Verfügung *f*; **~amento** [-'mẽtu] *m* Gebot *n* (*a REL*); *MIL* Kommando *n*; **~ante** [-'dɐ̃tə] *su JUR* Mandant(in *f*) *m*; ***roda*** *f* **~** Triebrad *n*; **~ão** [-'dɐ̃w] *m*, **-ona** *f* herrschsüchtige(r) Mensch *m*; *fig* Machthaber(in *f*) *m*; **~ar** [-'dar] (1a) *j-m* befehlen; *et* anordnen; *j-n* beauftragen; regieren; leiten; *Post* schicken; ***~ em*** *j-n* herumkommandieren; ***~ embora*** wegschicken; ***~ por*** suchen lassen nach; ***~ à estampa*** in Druck geben; ***~ à tábua***, ***~ à fava*** (*bras* ***~ bugiar***) F heimleuchten (*dat*); ***~ para outra vida*** ins Jenseits befördern; ***~ fazer*** *et* tun lassen; veranlassen; nähen lassen; herstellen lassen; ***~ vir*** *et* bestellen; F auf den Putz hauen

mandarete [mɐ̃dɐ'retə] *m* Laufbursche *m*; Bote(njunge) *m* **mandarim** [mɐ̃dɐ'rĩ] *m* Mandarin *m*

mand|atário [mɐ̃dɐ'tarju] *m* Mandatar *m*; Beauftragte(r) *m*; **~ato** [-'datu] *m* Mandat *n*; ***~ de captura*** (*od* ***prisão***) Haftbefehl *m*; ***~ de soltura*** *JUR* Entlassungsbescheid *m*

mandíbula [mɐ̃'dibulɐ] *f ANAT* Kinnlade *f*; Kiefer *m*; *ZO* Geweih *n*; Zange *f* (*Insekt*); *TÉCN* Greifer *m*

mandil [mɐ̃'dił] *m* Kochschürze *f*; Scheuertuch *n*

manding|a [mɐ̃'dĩgɐ] *f* Zauber *m*, Hexerei *f*; **~ar** [-'gar] (1o) verhexen

mandioca [mɐ̃'djɔkɐ] *f* Maniok *m*

mando ['mɐ̃du] *m* Befehl(sgewalt *f*) *m*

mandolim [mɐ̃du'lĩ] *m* Mandoline *f*

mândria ['mɐ̃drjɐ] *f* Faulheit *f*
mandri|ão [mɐ̃'drjɐ̃w] **1.** *adj* faul; **2.** *m*, **-ona** *f* Faulpelz *m*, Tagedieb *m*; **~ar** [-'drjar] (1g) faulenzen; **~ice** [-dri'isə] *f* → ***mândria***
mandril [mɐ̃'driɫ] *m* **a)** *TÉCN* Bohrkopf *m*; Dorn *m*; **b)** *ZO* Mandrill *m* (*Affe*); **~agem** [-dri'laʒɐ̃j] *f* Ausbohren *n*
manduc|ar [mɐ̃du'kar] (1n) F essen, kauen; **~o** [-'duku] *m* F Broterwerb *m*
maneabilidade [mɐnjɐbəli'dadə] *f* Handhabbarkeit *f*
maneca [mɐ̃'nɛka] *f bras* Model *n*
maneio [mɐ'nɐju] *m* Lenkung *f*, Steuerung *f*; Verwendung *f*; ***fundo f de ~*** Rücklage *f*; Reserve *f*
maneir|a [mɐ'nɐjrɐ] *f* Art (und Weise) *f*; Möglichkeit *f*; **~s** *pl* Lebensart *f*; Benehmen *n*; ***~ de falar*** (*od* ***dizer***) Ausdrucksweise *f*; ***~ de pensar*** Denkweise *f*; ***à ~ de*** nach Art (*gen*); ***à ~ portuguesa*** auf portugiesische Art; ***de ~ nenhuma*** (*od* ***alguma***) keineswegs; ***de qualquer ~*** irgendwie; jedenfalls; ***de ~ a inf***, ***de ~ que ind*** (*od conj*) so (*od* dergestalt), dass; ***fazer de ~ que*** es so einrichten, dass; ***não há ~ de inf*** es ist völlig unmöglich zu; **~inho** [-'riɲu] handlich; leicht; **~ismo** [-'riʒmu] *m* Manierismus *m*; **~o** [-'nɐjru] handlich; bequem; manierlich; zahm; **~oso** [-'rozu] artig
manej|ar [mɐnə'ʒar] (1d) handhaben; betätigen; *Feder* führen; *Schiff*, *j-n* lenken; *Sprache* beherrschen; **~ável** [-'ʒavɛɫ] handhabbar; lenkbar; beherrschbar; **~o** [-'nɛʒu] *m* Handhabung *f*, Bedienung *f*, Behandlung *f*, Führung *f*, Dressur *f*; Reitschule *f*; **~s** *pl fig* Machenschaften *f/pl*; Kniffe *m/pl*
manelo [mɐ'nɛlu] *m* Hand *f* voll
manequim [mɐnə'kĩ] *m* Modell *n*; Mannequin *n*; Modepuppe *f*
maneta [mɐ'netɐ] **1.** *adj* einarmig; **2.** *m* Teufel *m*
manga ['mɐ̃gɐ] *f* **a)** Ärmel *m*; (Lampen)Zylinder *m*; *TÉCN* Stutzen *m*, Muffe *f*; ***~ de água*** Wasserhose *f*; ***dar ~s a j-m*** Gelegenheit geben; ***não ter pano para ~s*** F keine großen Sprünge machen können; ***de ~ comprida*** (***curta***) lang- (kurz)ärmelig; ***em ~s*** (***de camisa***) in Hemdsärmeln; ***arregaçar as ~s*** die Ärmel hochkrempeln; **b)** *BOT* Mango(frucht) *f*; **c)** *bras* Koppel *f*
mangação [mɐ̃gɐ'sɐ̃w] *f* Spott *m*
manganês [mɐ̃gɐ'neʃ] *m* Mangan *n*
mangar [mɐ̃'gar] (1o) spaßen; witzeln
mangual [mɐ̃'gwaɫ] *m* Dreschflegel *m*
manguara [mɐ̃'gwara] *f bras* Stock *m*
mangu|e ['mɐ̃gə] *m BOT* Mangrove *f*; *GEOGR* Mangrovenküste *f*; *bras* P Straßenstrich *m*; **~eira** [-'gɐjrɐ] *f* **a)** *BOT* Mangobaum *m*; **b)** (Wasser-)Schlauch *m*; **c)** Pferch *m*; **~eiro** [-'geјru] *bras* halsstarrig; **~ito** [-'gitu] *m* P Fuck-off-Geste *f*
mangusto [mɐ̃'guʃtu] *m ZO* Manguste *f*
manha ['mɐɲɐ] *f* Trick *m*; Tücke *f*; **~s** *pl* Schliche *m/pl*; ***ter ~s*** verschlagen sein; Mucken haben
manhã [mɐ'ɲɐ̃] *f* Morgen *m*; Vormittag *m*; ***de ~***, ***pela ~*** morgens; vormittags; ***esta ~*** heute Morgen; ***amanhã de ~*** morgen früh (*od* Vormittag); ***de ~ cedo*** frühmorgens; ***ao romper da ~*** im Morgengrauen; **~zinha** [-'ziɲɐ] *f* frühe(r) Morgen *m*
manh|eiro [mɐ̃'ɲejru] *bras* launisch; störrisch; **~oso** [mɐ'ɲozu] gerissen, verschlagen; tückisch, heikel
mania [mɐ'niɐ] *f* Manie *f*; *fig* F Schrulle *f*; fixe Idee *f*; ***estar com a ~*** F s-n Rappel haben; ***~ da perseguição*** Verfolgungswahn *m*; ***~ das grandezas*** Größenwahn *m*
maníaco [mɐ'niɐku] manisch; *fig* besessen; ***~ por*** versessen auf (*ac*)
maniatar [mɐnjɐ'tar] (1b) Fesseln anlegen; *fig* knebeln
manicómio (*ô) [mɐni'kɔmju] *m* Irrenhaus *n*
manicura [mɐni'kurɐ] *f* Maniküre *f*
manicurto [mɐni'kurtu] *fig* knauserig
manid|estro *bras*, **~extro** [mɐ̃ni'destru, mɐni'dɐjʃtru] rechtshändig
manif|e [mɐ'nifə] *f* F Demo *f*; **~estação** [-fəʃtɐ'sɐ̃w] *f* Äußerung *f*; Demonstration *f*; Anzeichen *n*; **~estante** [-fəʃ'tɐ̃tə] *su* Demonstrant(in *f*) *m*; **~estar** [-fəʃ'tar] (1c) zeigen; zum Ausdruck bringen (***a*** gegen-

über); **~-se** ausbrechen; sich zeigen; sich aussprechen (***contra*** gegen, ***por*** für); **~esto** [-'fɛʃtu] **1.** *adj* offenkundig; eindeutig; **2.** *m* Manifest *n*; ***dar ao ~*** *Waren* deklarieren

manilha [mɐ'niʎɐ] *f* **a)** Armreif *m*; Fußring *m*; Handschelle *f*; Kanalisationsrohr *n*; (Ketten)Glied *n*; **b)** Manila-Zigarre *f*; **c)** Joker *m*

maningue [mɐ'nĩgə] *Moçambique* viel; sehr

maninho [mɐ'niɲu] **1.** *adj* unfruchtbar; unbebaut; *BOT* wild; **2.** *m* Ödland *n*

mani|panso [mɐni'pẽsu] *m* Götze *m*; Fetisch *m*; F *fig* Fettwanst *m*; **~presto** [-'preʃtu] fingerfertig

manipul|ação [mɐnipulɐ'sɐ̃w] *f* Manipulation *f*; Handhabung *f*; Handgriff *m*; **~ar** [-'lar] (1a) manipulieren; handhaben; Arznei herstellen; **~ável** [-'lavɛɫ] manipulierbar

manípulo [mɐ'nipulu] *m* **a)** Büschel *n*; **b)** *TÉCN* Handgriff *m*; Hebel *m*

manivela [mɐni'vɛlɐ] *f* Kurbel *f*; ***~ de comando*** Schalt-, Steuerhebel *m*; ***dar à ~*** die Kurbel drehen; (an)kurbeln

M

manj|ar [mẽ'ʒar] **1.** *m* Speise *f*; *fig* Leckerbissen *m*; **2.** (1a) essen, speisen; **~edoira, -oura** [-ʒə'dojrɐ, -'dorɐ] *f* (Futter)Krippe *f*

manjer|icão, ~ico [mẽʒəri'kɐ̃w, -'riku] *m* Basilikum *n*; **~ona** [-'ronɐ] *f* Majoran *m*

mano ['mɐnu] *m* F Bruder *m* (*Anrede*)

manobr|a [mɐ'nɔbrɐ] *f* Manöver *n*; *CAM. DE F* Rangieren *n*; *fig* Machenschaft *f*; *TÉCN* Steuerung *f*; ***a ~ de abrir*** (***fechar***) das Öffnen (Schließen); **~s** *pl NAV* Tauwerk *n*; ***fazer ~s*** manövrieren; *MIL* Manöver abhalten; *CAM. DE F* rangieren; **~abilidade** [-nubrɐbəli'dadə] *f* Manövrierfähigkeit *f*; Handhabbarkeit *f*; **~ar** [-nu'brar] (1e) **1.** *v/t* handhaben; steuern; F *fig* schaukeln; **2.** *v/i* manövrieren; rangieren

manoca [mẽ'nɔka] *f bras* Tabakbündel *n*, -rolle *f*

manojo [mɐ'noʒu] *m* Bündel *n*; Hand *f* voll

manómetro (*ô) [mɐ'nɔmətru] *m* Druckmesser *m*, Manometer *n*; ***~ de pressão de óleo*** Öldruckanzeige *f*

manqu|eira [mẽ'kɐjrɐ] *f* Lahmen *n*; **~ejar** [mẽkə'ʒar] (1d) hinken

mans|ão [mẽ'sɐ̃w] *f luxuriöse* Wohnung *f*; Villa *f*; **~arda** [-'sardɐ] *f* Mansarde *f*

mans|idão [mẽsi'dɐ̃w] *f* Sanftheit *f*; Milde *f*; Zahmheit *f*; **~inho** [-'siɲu]: ***de ~*** ganz leise; **~o** ['mẽsu] sanft; mild; zahm; edel (*Pflanze*); still; leise, sacht; ***~ e ~*** ganz allmählich

mant|a ['mẽtɐ] *f* **a)** Decke *f*; Hals-, Kopftuch *n*; *AGR* Beet *n*; Pflanzgraben *m*; Schicht *f*; ***~ de retalhos*** Flickenteppich *m*; *fig* Flickwerk *n*; **b)** *ZO* (Teufels)Rochen *m*

manteig|a [mẽ'tɐjgɐ] *f* Butter *f*; ***dar ~ a*** P *j-m* Honig ums Maul schmieren; ***ser pão com ~*** F kinderleicht sein; **~oso** [-'gozu] butterhaltig, Butter...; butterig; **~ueira** [-'gɐjrɐ] *f* Butterdose *f*

mantel [mẽ'tɛɫ] *m* (Altar)Decke *f*

mant|ença [mẽ'tẽsɐ] *f* Unterhalt *m*; **~er** [-'ter] (2zb) *Familie* unterhalten; *Ordnung* (ein)halten; *Meinung* beibehalten; ***~ de*** (*od* ***em***) ***pé*** aufrecht halten; *fig* aufrechterhalten, beibehalten; **~-se** sich (er)halten; bleiben (***em*** bei); ***~-se ao corrente*** sich auf dem Laufenden halten

mantilha [mẽ'tiʎɐ] *f* Mantille *f*

mantimento [mẽti'mẽtu] *m* Nahrung(smittel *n*) *f*; Erhaltung *f*; Unterhalt *m*; **~s** *pl* Verpflegung *f*

manto ['mẽtu] *m* Umhang *m*, Überwurf *m*; Mantel *m* (*a fig*)

manual [mɐ'nwaɫ] **1.** *adj* Hand...; handgearbeitet; ***habilidade** f* ~ Geschicklichkeit *f*; **2.** *m* Handbuch *n*

manuelino [mɐnwɛ'linu] manuelinisch (*Stil*)

manufa(c)t|or [mɐnufa'tor] **1.** *adj* Gewerbe...; ***indústria*** *f* ***-a*** Handwerk *n*; Gewerbe *n*; **2.** *m* Hersteller *m*; Fabrikant *m*; **~ura** [-'turɐ] *f* **a)** Fabrik *f*; **b)** Handarbeit(serzeugnis *n*) *f*; Fabrikat *n*; Fabrikware *f*; Herstellung *f*; **~urado** [-tu'radu]: ***artigos*** *m/pl* ***~s*** Industrieerzeugnisse *n/pl*; **~urar** [-tu'rar] (1a) herstellen; **~ureiro** [-tu'rɐjru] gewerbetreibend; Fabrik...

manuscrito [mɐnuʃ'kritu] **1.** *adj* handschriftlich; **2.** *m* Manuskript *n*

manusear [mɐnu'zjar] (1l) in die Hand nehmen, benutzen

manutenção [mɐnutẽ'sɐ̃w] *f* Aufrechterhaltung *f*; Unterhalt *m*; Verwaltung *f*; TÉCN Wartung *f*

mão(s) [mɐ̃w] *f(pl)* ANAT Hand *f*; Hand *f* voll; Vorderpfote *f*; (Vogel-)Klaue *f*; TÉCN Stößel *m*, Stampfer *m*; Griff *m*; Anstrich *m*, Schicht *f*; Beistand *m*; Vorhand *f*; Fahrtrichtung *f*; ***boas ~s*** *pl* geschickte Hände *f/pl*; ***à ~*** **a)** mit der (*od* von) Hand; **b)** zur (*od* bei der) Hand; ***à ~ direita*** (***esquerda***) rechter (linker) Hand; ***às ~s cheias*** *fig* mit vollen Händen; ***contra ~*** entgegen der Fahrtrichtung; ***da ~ à boca*** unversehens; ***de ~ beijada*** gratis; ***de ~ em ~*** von Hand zu Hand; ***de boa ~*** aus sicherer Quelle; ***de ~s dadas*** Hand in Hand; ***de ~s postas*** mit gefalteten Händen; ***debaixo*** (*od* ***por baixo***) ***de ~*** unter der Hand; ***do pé para a ~*** im Handumdrehen; ***em primeira*** (***segunda***) ***~*** aus erster (zweiter) Hand; ***fora de ~*** abgelegen; nicht greifbar; ***limpo de ~s*** *fig* sauber; integer; ***por ~ própria***, ***por suas ~s*** eigenhändig, selbst(ständig); ***~s à obra!*** an die Arbeit!; ***abrir*** (*od* ***largar***) ***de ~*** *j-n* loslassen; verzichten auf (*ac*); ***andar nas*** (*od* ***em***) ***~s de*** in *j-s* Händen sein; durch *j-s* Hände gehen; ***apertar a ~ a*** *j-m* die Hand drücken; ***correr a ~ por*** mit der Hand streichen über (*ac*); ***dar a ~ a*** *j-m* helfen; ***dar a última ~ a*** letzte Hand anlegen an (*ac*); ***dar de ~*** aufgeben; im Stich lassen; ***deitar a(s) ~(s) a*** (an)packen; zu Hilfe eilen (*dat*); ***esfregar as ~s de contente*** sich vor Vergnügen die Hände reiben; ***estar na ~ de*** in *j-s* Hand liegen; ***estar nas ~s de*** in *j-s* Hand sein; ***fazer ~ baixa em*** P klauen; ***ir à ~ de*** *j-m* in den Arm fallen (*et verhindern*); ***lançar ~ de*** zurückgreifen auf (*ac*), sich bedienen (*gen*); ***levar*** (*od* ***meter***) ***a ~ a*** die Hand legen auf (*od* an) (*ac*); ***meter os pés pelas ~s*** den Kopf verlieren; ***meter*** (*od* ***pôr***) ***~s à obra*** ans Werk gehen; ***passar para as ~s de*** weitergegeben werden an *j-n*; ***ter ~ de*** (*od* ***em***) in der Hand haben; ***não ter ~s a medir*** weder ein noch aus wissen; ***vir às ~s*** handgreiflich werden; ***viver de suas ~s*** von s-r Hände Arbeit leben; **~(s)-aberta(s)** [-ɐ'bɛrtɐ] *su(pl)* großzügige(r) Mensch *m*; **~(s)-cheia(s)** [-'ʃɐjɐ] *f(pl)* Hand *f* voll; **~(s)-de-obra** [-'djɔbrɐ] *f(pl)* Arbeitskraft *f*, -kräfte *f/pl*

maometano [mawmə'tɐnu] **1.** *adj* mohammedanisch; **2.** *m*, **-a** *f* Mohammedaner(in *f*) *m*

mão|(s)-pelada(s) [-mɐ̃wpe'lada] *m(pl)* *bras* ZO Art Waschbär *m*; **~(s)-pendente(s)** [-pẽ'dẽtə] *f(pl)* Bestechen *n*; **~(s)-posta(s)** [-'pɔʃtɐ] *f(pl)* Rücklage *f*; ***estar de ~*** sich vorsehen; **~-tenente** [-tə'nẽtə] *f*: ***à ~*** aus nächster Nähe; **~zada** [-'zadɐ] *f* F Hand *f* voll; Händedruck *m*; **~zinha** [-'ziɲɐ] *f* F Händchen *n*; ***dar uma ~ a alg*** j-m zur Hand gehen

mapa ['mapɐ] *m* (Land)Karte *f*; Übersicht *f*; Liste *f*; **~(s)-múndi** [-'mũdi] *m(pl)* Weltkarte *f*

maple ['mejpoł] *m* Polstermöbel *n*

maqueta [mɐ'ketɐ] *f* Modell *n*

maquia [mɐ'kiɐ] *f* Geld *n*

maquiav|élico [mɐkjɐ'vɛliku] machiavellistisch (*a fig*); **~elismo** [-vɛ'liʒmu] *m* Machiavellismus (*a fig*)

maqui|(l)adora *bras*, **~lhadora** [maki(l)a'dora, mɐkiʎɐ'dorɐ] *f* Kosmetikerin *f*; **~(l)agem** *bras*, **~lhagem** [-'(l)aʒẽj, -'ʎaʒɐ̃j] *f* Make-up *n*; **~(l)ar** *bras*, **~lhar** [-'(l)ar, -'ʎar] (1a) (sich) schminken

máquina ['makinɐ] *f* Maschine *f*; Apparat *m*; Lokomotive *f*; (Riesen)Bau *m*; F Fahrrad *n*; ***~ de barbear*** Rasierapparat *m*; ***~ de cozinha*** Küchenmaschine *f*; ***~ de costurar*** Nähmaschine *f*; ***~ de escrever*** Schreibmaschine *f*; ***~ de filmar*** Filmkamera *f*; ***~ ferramenta*** Werkzeugmaschine *f*; ***~ fotográfica*** Fotoapparat *m*; ***~ de lavar loiça*** Spülmaschine *f*; ***~ de lavar roupa*** Waschmaschine *f*; ***à ~*** maschinell; ***taxa*** *f* ***de ocupação das ~*** Maschinenlaufzeit *f*

maquin|ação [mɐkinɐ'sɐ̃w] *f* Machenschaft *f*, Intrige *f*; **~ador** [-'dor] *m* Urheber *m*; *depr* Ränkeschmied *m*; **~al** [-'nał] Maschinen...; mechanisch; **~ar** [-'nar] (1a) *Intrige* anstiften; *Plan* ersinnen; hinarbeiten auf (*ac*); ***~ contra*** bekämpfen; **~aria**, *bras* **~ário** [-'riɐ, -'narju] *f* Maschi-

M

nenpark *m*; Maschinerie *f*; **~eta** [-'netɐ] *f* Vorrichtung *f*, Apparat *m*; *REL* Schrein *m*; **~ismo** [-'niʒmu] *m* Mechanismus *m*; Apparat *m*; *TEA* Maschinerie *f*; **~ista** [-'niʃtɐ] *m* Maschinenbauer *m*; Maschinist *m*; Lokführer *m*

mar [mar] *m* Meer *n*, See *f*; **~ alto** Hochsee *f*, hohe See *f*; **~ de rosas** *fig* günstige Gelegenheit *f*; **por ~** auf dem Seeweg; **fazer-se ao ~** in See stechen

marac|otão [mɐrɐku'tɐ̃w] *m* Herzpfirsich *m*; **~ujá** [-ku'ʒa] *m* Maracuja *f*

maranh|a [mɐ'rɐɲɐ] *f* Gewirr *n*; **~s** *pl* Machenschaften *f/pl*

Maranhão [marɐ̃'ɲɐ̃w]: **o ~** *bras Bundesstaat*; **♀** *m* Lüge *f*, Flunkerei *f*

maranh|ense [marɐ̃'ɲẽsi] *bras* aus dem Staat Maranhão; **~oso** [-'ɲozu] verlogen; intrigant

marasmo [mɐ'raʒmu] *m MED* Hinfälligkeit *f*; *fig* Stagnation *f*

maraton|a [mɐrɐ'tonɐ] *f* Marathonlauf *m*; **~ista** [-tu'niʃtɐ] *su* Marathonläufer(in *f*) *m*

marau [mɐ'raw] *m* Halunke *m*

maravalhas [mɐrɐ'vaʎɐʃ] *f/pl* Hobelspäne *m/pl*; Splitter *m/pl*; *fig* Nichtigkeiten *f/pl*

maravilh|a [mɐrɐ'viʎɐ] *f* Wunder *n*; **que ~!** herrlich!; **às mil ~s** einmalig; **fazer ~s** Wunder vollbringen; **~ar** [-'ʎar] (1a) in Erstaunen versetzen; **~-se com** erstaunt sein über (*ac*); **~oso** [-'ʎozu] wunderbar

marc|a ['markɐ] *f* Zeichen *n*; Marke *f*; Markierung *f*; Stempel *m*; Namenszug *m*; Warenzeichen *n*; (Brand)Mal *n*; Narbe *f*; Spur *f*; **imagem** *f* **de ~** Markenimage *n*; **~ de tabulação** Tabulatormarke *f*; **~ registada** (*bras* **registrada**) eingetragene(s) Warenzeichen *n*; **de ~** ersten Ranges; **fora das ~s** außergewöhnlich; **passar das ~s** zu weit gehen; **~ação** [mɐrkɐ'sɐ̃w] *f* Markierung *f*; *NAV* Peilung *f*; **~ da margem** *INFORM* Randmarkierung *f*; **fazer ~ de** (sich) vormerken lassen (*Termin*); **~ador** [mɐrkɐ'dor] *m* Marker *m*; *Sport*: Punktrichter *m*; **~ electrónico** *INFORM* Display *n*

marc|ante [mɐr'kɐ̃tə] markant; **~ar** [-'kar] (1n; *Stv* 1b) markieren; kennzeichnen; vorbestellen; *TEL* wählen; *Frist*, *Marschroute* festlegen; *Zeit* angeben; aufschreiben; *Tor* schießen; *Takt* schlagen; *NAV* anpeilen; **~ a**, **~ de** mit (*Farbe*) markieren; **~ com** e-n Termin vereinbaren mit *j-m*; **~ em** hervorragen in (*dat*); **~ (o) passo** auf der Stelle treten

marcen|aria [mɐrsənɐ'riɐ] *f* Möbeltischlerei *f*; **~eiro** [-'nɐjru] *m* Möbelschreiner *m*, -tischler *m*

marcha ['marʃɐ] *f* Gang *m* (*a fig*); *TÉCN* Lauf *m*; Marsch *m*; Fahrt(geschwindigkeit) *f*; (Fest)Zug *m*; *fig* Verlauf *m*; Fortgang *m*; **~ acelerada** Eilmarsch *m*; **~ forçada** Gewaltmarsch *m*; **~ fúnebre** Trauermarsch *m*; **~ silenciosa** Schweigemarsch *m*; **~ atrás** (*bras* **~ à ré**) Rückwärtsgang *m*; **fazer ~ atrás** rückwärts fahren; *fig* e-n Rückzieher machen; **estar em ~** im Gange sein; laufen; fahren; **pôr em ~** in Gang bringen; anlaufen lassen; *Fahrzeug* anlassen; **pôr-se em ~** in Gang kommen; sich in Bewegung setzen

marchante [mɐr'ʃɐ̃tə] *m* (Schlacht-)Viehhändler *m*

marchar [mɐr'ʃar] (1b) marschieren; gehen; laufen (*Maschine*); fahren; sich bewegen; *fig* fortschreiten

marchet|ado [mɐrʃə'tadu] *m* Intarsie *f*, Einlegearbeit *f*; **~ar** [-'tar] (1c) *Intarsien* einlegen; **~aria** [-tɐ'riɐ] *f* Kunsttischlerei *f*; Einlegearbeit *f*; **~eiro** [-'tɐjru] *m* Kunsttischler *m*

marcial [mɐr'sjał] kriegerisch; Kriegs...; **artes** *f/pl* **-ais** Kampfsportarten *f/pl*; **lei** *f* **~** Standrecht *n*

marciano [mɐr'sjɐnu] *m* Marsmensch *m*

marco ['marku] *m* **a)** Kilometerstein *m*; Grenzpfahl *m*; **~ do correio** *öffentlicher* Briefkasten *m*; **b)** *ECON* Mark *f*; **~ alemão** Deutsche Mark *f*

Março ['marsu] *m* März *m*

maré [mɐ'rɛ] *f* Ebbe *f* und Flut *f*; **as ~s** *pl* die Gezeiten *f/pl*; **~ alta** (*od* **cheia**) Flut *f*; Hochwasser *n*; **~ baixa** Ebbe *f*; **~ enchente** Flut *f*; **~ vazante** Ebbe *f*; **~ de azar** *fig* Pechsträhne *f*; **~ negra** Ölpest *f*; **~ viva** Springflut *f*; **a ~ enche** (**vaza**) es flutet (ebbt); **remar** (*od* **andar**) **contra a ~** *fig* gegen den Strom schwimmen

mare|ação [mɐrjɐ'sɐ̃w] *f* Seefahrt *f*; ***gente** f **de** ~* Seeleute *pl*; **~agem** [-'rjaʒɐ̃j] *f* Takelung *f*; Kurs *m*; Seefahrt *f*; **~ante** [-'rjɐ̃tə] **1.** *adj* See...; **2.** *m* Seefahrer *m*; **~ar** [-'rjar] (1l) **1.** *v/t Schiff* führen; *Segel* bedienen; seekrank machen; *Glanz* trüben; **2.** *v/i* zur See fahren; seekrank werden; anlaufen (*Metall*); verblassen; ***agulha** f **de** ~* Kompass(nadel *f*) *m*

marechal [mɐrə'ʃał] *m* Marschall *m*; ***~ de campo*** Feldmarschall *m*

marégrafo [mɐ'rɛgrɐfu] *m* Flutmesser *m*

mare|jar [mɐrə'ʒar] (1d) vom Meer her wehen (*Wind*); durchlässig sein (*Gefäß*); durchsickern (*Flüssigkeit*); **~moto** [marə'mɔtu] *m* Seebeben *n*

marfim [mɐr'fĩ] *m* Elfenbein *n*; ***torre** f **de** ~* *fig* Elfenbeinturm *m*

marg|a ['margɐ] *f GEOL* Mergel *m*

margari|da [mɐrgɐ'ridɐ] *f BOT* Margerite *f*; ***~ anual***, ***~ do campo*** Gänseblümchen *n*; **~na** [-'rinɐ] *f* Margarine *f*; **~ta** [-'ritɐ] *f* Perlmuschel *f*; Perle *f*; → ***margarida***

marg|ear [mɐr'ʒjar] (1l) *Straße* entlanggehen, -fahren; *j-n* begleiten; *Beet etc* einfassen; **~em** ['marʒɐ̃j] *f* Rand *m*; Ufer *n*; (Feld)Rain *m*; *fig* Spielraum *m*; ♀ ***Ocidental*** *GEOGR* Westbank *f*; ***à ~*** am Rande; ***à ~ de*** neben (*dat*); außerhalb (*gen*); ***deitar*** (*od* ***lançar***) ***à ~*** beiseite schieben; übergehen

margin|ador [mɐrʒinɐ'dor] *m* Randsteller *m* (*Schreibmaschine*); **~al** [-'nał] **1.** *adj* Ufer...; Rand...; marginal; **2.** *su* Außenseiter(in *f*) *m*; ***os -ais*** *pl* die (sozialen) Randgruppen *f/pl*; **~alidade** [-nɐli'dadə] *f* Randexistenz *f*; Marginalität *f*; **~alização** [-nɐlizɐ'sɐ̃w] *f* Marginalisierung *f*; **~alizado** [-nɐli'zadu] *m* Außenseiter *m*; Marginalisierte(r) *m*; **~alizar** [-nɐli'zar] (1a) ins Abseits drängen

marginar [mɐrʒi'nar] (1a) den Seitenrand einstellen an (*dat*); *Text* mit Randbemerkungen versehen

marialva [mɐ'rjałvɐ] **1.** *adj* machohaft; **2.** *m depr* Macho *m*; Playboy *m*

mariano [mɐ'rjɐnu] Marien...

mari(m)bondo [mari'bõdu, -rĩ'bõdu] *m bras* Wespe *f*

maric|ão, **~as** (*pl inv*) [mɐri'kɐ̃w, -'rikɐʃ] **1.** *adj* feig; **2.** *m* Schwule(r) *m*; *fig* Feigling *m*

marido [mɐ'ridu] *m* (Ehe)Mann *m*

marijuana [mɐri'ʒwɐnɐ] *f* Marihuana *n*

marimacho [mɐri'maʃu] *m* Mannweib *n*

marimb|a [mɐ'rĩbɐ] *f MÚS* Marimba *f*; *bras* F Klimperkasten *m* (*Klavier*); **~ar-se** [-'barsə] (1a): ***~ para*** *j-m* sich lustig machen über (*ac*)

marin|a [mɐ'rinɐ] *f* Jachthafen *m*; **~s** *pl* Meeresvegetation *f*; **~ar** [-'nar] (1a) marinieren, einlegen

marinha [mɐ'riɲɐ] *f* **a)** Marine *f*; Flotte *f*; **b)** Saline *f*

marinh|agem [mɐri'ɲaʒɐ̃j] *f* Seeleute *pl*; Seefahrt *f*; **~ar** [-'ɲar] (1a) **1.** *v/t Schiff* steuern; **2.** *v/i* Seemann sein; **~(eir)esco** [-'ɲeʃku (-ɲɐj'reʃku)] seemännisch; **~eiro** [-'ɲɐjru] **1.** *adj* Seemanns...; See...; **2.** *m* Seemann *m*; Matrose *m*; ***~ de água doce*** Landratte *f*; **~o** [-'riɲu] = **marino** [mɐ'rinu] Meer..., See...

mariola [mɐ'rjɔlɐ] **1.** *adj* schamlos; gemein; **2.** *m* Laufbursche *m*; Kassierer *m*; *depr* Schuft *m*, Halunke *m*

marioneta, *bras* **-e** [mɐrju'netɐ, -'neti] *f* Marionette *f* (*a POL*)

mariposa [mɐri'pɔzɐ] *f* Schmetterling *m* (*a Schwimmen*)

mariquinhas (*pl inv*) [mari'kiɲas] *m bras* F Schwule(r) *m*

maris|cos [mɐ'riʃkuʃ] *m/pl ZO* Meeresfrüchte *f/pl*; **~queira** [-'kɐjrɐ] *f* Meeresfrüchterestaurant *n*

marítimo [mɐ'ritimu] **1.** *adj* See...; Hafen...; **2.** *m* Seemann *m*

marketing [markə'tĩ] *m* Marketing *n*

marmel|ada [mɐrmə'ladɐ] *f* Quittenmarmelade *f*; F Geknutsche *n*; ***estar na ~*** F rumfummeln; **~eiro** [-'lɐjru] *m* Quittenbaum *m*; **~o** [-'mɛlu] *m* Quitte *f*; P Titte *f*

marmita [mɐr'mitɐ] *f* (Koch)Topf *m*; Kessel *m* (*a GEOL*); Kochgeschirr *n*

mármore ['marmurə] *m* Marmor *m*

marm|óreo [mɐr'mɔrju] marmorn, Marmor...; **~orear** [-mu'rjar] (1l) = **~orizar** [-muri'zar] (1a) marmorieren

marmota [mɐr'mɔtɐ] *f* Murmeltier *n*

marnot|a [mɐr'nɔtɐ] *f* Salzgarten *m*; **~agem** [-nu'taʒɐ̃j] *f* Salzgewinnung *f*

M

marom|a [mɐ'romɐ] *f* Seil *n*; ***andar na ~*** auf dem Seil tanzen; *fig* schwer zu schaffen haben; **~ba** [-'rõbɐ] *f* Balancierstange *f*; *fig* unhaltbare(r) Zustand *m*
marosca [mɐ'roʃkɐ] *f* P Schwindel *m*
maroto [mɐ'rotu] **1.** *adj* nichtsnutzig; verschlagen; **2.** *m* Taugenichts *m*
marqu|ês [mɐr'keʃ] *m* Marquis *m*; **~esa** [-'kezɐ] *f* Marquise *f*; Untersuchungsliege *f* (*beim Arzt*); Bahnsteigdach *n*; **~esinha** [-kə'ziɲɐ] *f* Sonnendach *n*; **~ise** [-'kizə] *f* Vordach *n*; Wintergarten *m*
marra ['maʀɐ] *f* AGR Jäthacke *f*; Straßengraben *m*; Keilhammer *m*
marr|ã [mɐ'ʀɐ̃] *f* Jungsau *f*; **~ada** [-'ʀadɐ] *f* Schlag *m*; Stoß *m* (*mit den Hörnern od dem Kopf*); **~ão** [-'ʀɐ̃w] *m* ZO Jungschwein *n*; TÉCN Keilhammer *m*; F *fig* Streber *m*; **~ar** [-'ʀar] (1b) (zusammen)stoßen; F büffeln
marreco [mɐ'ʀɛku] buckelig
Marrocos [mɐ'ʀɔkuʃ] *m/pl* Marokko *n*
marrom [ma'ʀõ] *bras* braun
marroqu|im [mɐʀu'kĩ] *m* Saffian(leder *n*) *m*; **~inaria** [-kinɐ'riɐ] *f* Lederhandel *m*; **~ino** [-'kinu] **1.** *adj* marokkanisch; **2.** *m*, **-a** *f* Marokkaner(in *f*) *m*
marroxo [mɐ'ʀoʃu] *m* Ausschuss *m*
Marselha [mɐr'sɛʎɐ] Marseille *n*
marsupial [mɐrsu'pjaɫ] *m* Beuteltier *n*
marta ['martɐ] *f* ZO Marder *m*
Marte ['martə] *m* Mars *m*
martel|ada [mɐrtə'ladɐ] *f* Hammerschlag *m*; **~agem** [-'laʒɐ̃j] *f* Hämmern *n*; **~ar** [-'lar] (1c) hämmern; *fig* j-n bearbeiten; herumreiten auf (*dat*); ***~ em ferro frio*** *fig et* vergebens tun; **~o** [-'telu] *m* Hammer *m*; ***~ de forjar*** Schmiedehammer *m*; ***~ pneumático*** Presslufthammer *m*; ***a ~*** *fig* mit dem Holzhammer
mártir ['martir] *su* Märtyrer(in *f*) *m*
mart|írio [mɐr'tirju] *m* Martyrium *n*, Märtyrertod *m*; *fig* Marter *f*; **~irizar** [-təri'zar] (1a) martern, quälen
marujo [mɐ'ruʒu] *m* Matrose *m*
marulh|ada [mɐru'ʎadɐ] *f* Brandung *f*; Seegang *m*; *fig* Tumult *m*; **~ado** [-'ʎadu] überflutet; **~ar** [-'ʎar] (1a) brausen (*See*); **~o** [-'ruʎu] *m* → ***marulhada***; **~oso** [-'ʎozu] aufgewühlt; brausend
marxis|mo [mɐr'ksiʒmu] *m* Marxismus *m*; **~ta** [-'ksiʃtɐ] **1.** *adj* marxistisch; **2.** *su* Marxist(in *f*) *m*
mas [mɐʃ] **1.** *cj* aber; *nach Verneinung*: sondern; **2.** *Zssg der pron* ***me u as***
mascar [mɐʃ'kar] (1n; *Stv* 1b) **1.** *v/t* kauen; **2.** *v/i* brummeln; Plan ausbrüten
máscara ['maʃkɐrɐ] *f* Maske *f*; *bras* F Aufschneiderei *f*; ***tirar a ~ a*** *j-n* entlarven
mascar|ada [mɐʃkɐ'radɐ] *f* Maskerade *f*; **~ar** [-'rar] (1b) maskieren; verkleiden (***de*** als); verbergen; **~ilha** [-'riʎɐ] *f* (Gesichts)Larve *f*
mascarr|a [mɐʃ'kaʀɐ] *f* Rußfleck *m*; Klecks *m*; Schmutz *m*; *fig* Schandfleck *m*; **~ar** [-kɐ'ʀar] (1b) **1.** *v/t* bekleckern; **2.** *v/i* kleckern
mascate [mas'kati] *m bras* fliegende(r) Händler *m*
mascavado [mɐʃkɐ'vadu] braun (*Zucker*)
mascote [mɐʃ'kɔtə] *f* Maskottchen *n*
masculino [mɐʃku'linu] männlich
másculo ['maʃkulu] männlich
masmorra [mɐʒ'mɔʀɐ] *f* Kerker *m*
masoquis|mo [mɐzu'kiʒmu] *m* Masochismus *m*; **~ta** [-'kiʃtɐ] *su* Masochist(in *f*) *m*
massa ['masɐ] *f* Masse *f* (*a fig*); Menge *f*; TÉCN Kitt *m*; Abdichtmasse *f*; Knete *f* (*Spielzeug*); CUL Teig *m*; Nudeln *f/pl*; F Moneten *pl*; ***~ cinzenta*** *fig* graue(n) Zellen *f/pl*, Köpfchen *n*; ***~ de betume*** Kitt *m*; ***~ folhada*** Blätterteig *m*; ***~ monetária*** ECON Geldmenge *f*; **~s** *pl* (Volks-)Massen *f/pl*; **~s** *pl* ***alimentícias*** CUL Teigwaren *f/pl*; ***em ~*** massenhaft; ***pôr as mãos na ~*** sich an die Arbeit machen; **~-peso** Volumengewicht *n*
massacr|ar [mɐsɐ'krar] (1b) massakrieren; **~e** [-'sakrə] *m* Massaker *n*
massag|em [mɐ'saʒɐ̃j] *f* Massage *f*; ***dar ~ a*** *j-n* massieren; **~ista** [-sɐ'ʒiʃtɐ] *su* Masseur(in *f*) *m*
massame [mɐ'sɐmə] *m* Mauerwerk *n*
massapê [masa'pe] *m bras* GEOL schwarze Tonerde *f*

M

massaroco [mɐsɐ'roku] *m* Sauerteig *m*
masseira [mɐ'sɐjrɐ] *f* Backtrog *m*
massificação [mɐsəfikɐ'sɐ̃w] *f* Vermassung *f*
massi|lha [mɐ'siʎɐ] *f* Pappmaché *n*; Fensterkitt *m*; **~nha** [-'siɲɐ] *f* Suppennudeln *f/pl*
massivo [mɐ'sivu] massiv
massudo [mɐ'sudu] teigig (*Aussehen*); massig (*Gebäude*); plump
mástica ['maʃtikɐ] *f* Mastix *m*
mastig|ação [mɐʃtigɐ'sɐ̃w] *f* Kauen *n*; **~ar** [-'gar] (1o) kauen; durchdenken; *Worte* murmeln
mastim [mɐʃ'tĩ] *m* Schäferhund *m*; *depr.* Köter *m*; Spürhund *m* (*a fig*)
mástique ['maʃtikə] *m* Mastix *m*; **~ *para juntas*** (Silikon)Fugenfüller *m*
mastr|eação [mɐʃtrjɐ'sɐ̃w] *f* Bemastung *f*; **~ear** [-'trjar] (1l) bemasten; **~o** ['maʃtru] *m* Mast *m*; **~ *do traquete*, ~ *da proa*** Fock-, Vormast *m*; **~ *da mezena*** Besanmast *m*
mastruço [mɐʃ'trusu] *m* Kresse *f*
masturb|ação [mɐʃturbɐ'sɐ̃w] *f* Selbstbefriedigung *f*, Masturbation *f*; **~ar-se** [-'barsə] (1a) masturbieren
mata ['matɐ] *f* Wald *m*; **~ *nacional*** Staatsforst *f*; **~ *pluvial*** Regenwald *m*
mata|-bichar [matɐbi'ʃar] (1a) *bsd Afrika* frühstücken; **~-bicho(s)** [-'biʃu] *m(pl)* Frühstück *n*; **~-bois** (*pl inv*) [-'bojʃ] *m BOT* Rote(r) Fliegenpilz *m*; **~-borrão (-ões)** [-bu'ʀɐ̃w] *m(pl)* Löschpapier *n*; F *fig* Schluckspecht *m*; **~doiro, ~douro** [mɐtɐ'dojru, -'doru] *m* Schlachthof *m*; *fig* Blutbad *n*; **~dor** [mɐtɐ'dor] *m* Matador *m*
matagal [mɐtɐ'gaɫ] *m* Dickicht *n*
matalot|agem [mɐtɐlu'taʒɐ̃j] *f* Mundvorrat *m*, Verpflegung *f*; *fig* Gemisch *n*; **~e** [-'lɔtə] *m* Seemann *m*; (Reise)Gefährte *m*
mata-moiros, -mouros (*pl inv*) [matɐ'mojruʃ, -'moruʃ] *m* F Maulheld *m*
mat|ança [mɐ'tɐ̃sɐ] *f* Tötung *f*, Schlachtung *f*; Massenmord *m*; Gemetzel *n*; F Schinderei *f*; **~ar** [-'tar] (1b; *p/p* ***morto***) töten (***a*** mit); schlachten; *Wild* erlegen; *Zeit* totschlagen; *Hunger*, *Durst* stillen; ***a ~*** F passend; gelegen; ***ficar a ~ a*** F *j-m* wunderbar stehen (*aussehen*); **~ *o bicho*** F sich e-n genehmigen; **~ *do ouvido de*** F *j-m* in den Ohren liegen; **~-*se*** *fig* sich umbringen (***por*** für); umkommen (***por*** vor); **~-*se a trabalhar*** sich zu Tode arbeiten
mata-ratos (*pl inv*) [matɐ'ʀatuʃ] *m* Rattengift *n*
match [matʃ] *m* Wettkampf *m*; Match *n*
mate ['matə] **1.** *m adj* matt (*a Schach*), glanzlos; **2.** *m* **a)** *Schach*: Matt *n*; **b)** Mate(tee) *m*
mateiro [mɐ'tɐjru] **1.** *adj* Wald...; **2.** *m* Forstaufseher *m*; *bras* Holzfäller *m*
matemátic|a(s) [mɐtə'matikɐ] *f(pl)* Mathematik *f*; **~o** [-'matiku] **1.** *adj* mathematisch; **2.** *m* Mathematiker *m*
matéria [mɐ'tɛriɐ] *f* Materie *f*, Stoff *m*; Gegenstand *m*, Thema *n*; Sache *f*; *Schule* Lehrstoff *m*; **~ *colectável*** zu versteuernde(s) Einkommen *n*; **~ *incendiária*** brennbare(s) Material *n*; ***entrar em*** (*od* ***na***) **~** zur Sache kommen
material [mɐtə'rjaɫ] **1.** *adj* stofflich, körperlich; materiell (*a fig*); sachlich; geistlos (*Arbeit*); **2.** *m* Material *n*; Stoff *m*; **~ *físsil*** *FIS* spaltbare(s) Material *n*; **~ *reciclável*** recyclingfähige(s) Material *n*; **~ismo** [-rjɐ'liʒmu] *m* Materialismus *m*; **~ização** [-rjɐlizɐ'sɐ̃w] *f* Verkörperung *f*, Materialisierung *f*
matéria(s)-prima(s) [mɐtɛrjɐ'primɐ] *f(pl)* Rohstoff *m*
matern|al [mɐtər'naɫ] mütterlich, Mutter...; mütterlicherseits; **~idade** [-ni'dadə] *f* Mutterschaft *f*; Entbindungsklinik *f*; **~o** [-'tɛrnu] → ***maternal***
matilha [mɐ'tiʎɐ] *f* Meute *f*
matin|a [mɐ'tinɐ] *f* F frühe(r) Morgen *m*; **~al** [-'naɫ] morgendlich, Morgen...; **~ar** [-'nar] (1a) **1.** *v/t* frühzeitig wecken; *fig* einpauken; **2.** *v/i* früh aufstehen; **~as** [-'tinɐʃ] *f/pl REL* Mette *f*; **~é** (*ê) [-'nɛ] *f* Nachmittagsvorstellung *f*
matiz [mɐ'tiʃ] *m* Farbgebung *f*, Tönung *f*, Schattierung *f*; (Farb)Ton *m*; **~ado** [-'zadu] bunt; schillernd; **~ar** [-'zar] (1a) *Farbe* abstufen; tönen, färben

M

mat|o ['matu] *m* Busch *m*; Gestrüpp *n*; **~ grosso** *bras* Urwald *m*
Mato Grosso [matu'grosu]: **o ~** *bras Bundesstaat*; **o ~ do Sul** *bras Bundesstaat*
matoso [mɐ'tozu] buschig, Busch...
matraca [mɐ'trakɐ] *f* Klapper *f*; *fig* Stichelei *f*
matraqu|eado [mɐtrɐ'kjadu] erfahren; → **matreiro**; **~ear** [-'kjar] (1l) **1.** *v/t* hänseln; **2.** *v/i* klappern; **~ilhos** [-'kiʎuʃ] *m/pl* Tischfußball *m*
matreiro [mɐ'trɐjru] durchtrieben
matriarcado [mɐtrjɐr'kadu] *m* Matriarchat *n*
matr|ícula [mɐ'trikulɐ] *f* Matrikel *f*, Register *n*, Verzeichnis *n*; UNIV Immatrikulations-, Einschreibgebühr *f*; AUTO Kennzeichen *n*; **~icular** [-'lar] (1a) einschreiben; UNIV immatrikulieren
matrim|onial [mɐtrimu'njaɫ] ehelich; Ehe...; **~ónio** (*ô) [-'mɔnju] *m* Ehe *f*
matriz [mɐ'triʃ] **1.** *adj* Stamm...; Haupt...; Ur...; **2.** *f* Matrix *f*; ANAT Gebärmutter *f*; TIP Matrize *f*; *poét* Quell *m*; **~ predial** Grundbuch *n*
matroca [mɐ'trɔkɐ] *f*: **à ~** willkürlich
matrona [mɐ'trɔnɐ] *f* Matrone *f*
matul|a [mɐ'tulɐ] **1.** *f* Pack *n*, Gesindel *n*; *bras* Provianttasche *f*; **2.** *m* Penner *m*; **~agem** [-'laʒɐ̃j] *f* Gesindel *n*; **~ão** [-'lɐ̃w] *m* Halbstarke(r) *m*
matur|ação [mɐturɐ'sɐ̃w] *f* Reife *f*; **~ar** [-'rar] (1a) (heran)reifen (lassen); **~escência** [-rəʃ'sẽsjɐ] *f* Reife(zustand *m*) *f*; **~idade** [-ri'dadə] *f* Reife *f*
matutar [mɐtu'tar] (1a) F grübeln
matutino [mɐtu'tinu] **1.** *adj* Morgen...; früh; **2.** *m* Morgenzeitung *f*
matuto [mɐ'tutu] **1.** *adj* bäurisch; **2.** *m bras* Hinterwäldler *m*
mau [maw] **1.** *adj* (**má** *f*) schlecht; schlimm; übel; unangenehm; falsch (*Ergebnis*); böse; unartig (*Kind*); **~ de contentar** (**roer**) schwer zu befriedigen (verkraften); **às más** im Bösen; mit Gewalt; **menos ~** erträglich; **estar ~** nicht in Ordnung sein; gereizt sein; krank sein; **ser ~** schlimm (*od* übel) sein; **não é ~!** nicht übel!; **2.** *m* Böse(s) *n*; Bösewicht *m*; **o ~ da fita** der Buhmann
mausoléu [mawzu'lɛw] *m* Mausoleum *n*
mavioso [mɐ'vjozu] liebevoll; zart; lieblich (*Musik*)
maxil|a [ma'ksilɐ] *f* Kiefer *m*; **~ dos travões** AUTO Bremsbacke *f*; **~ar** [-'lar] **1.** *adj* Kiefer...; **2.** *m* Kiefer *m*; **~ inferior** (**superior**) Unter-(Ober)kiefer *m*
máxima ['masimɐ] *f* Grundsatz *m*; Maxime *f*
maximizar [mɐsəmi'zar] (1a) maximieren
máximo ['masimu] **1.** *adj* größte, höchste; Maximal..., Höchst...; **2.** *m* Maximum *n*; Höchste(s) *n*; **ao ~** äußerst; bestens; → **no ~** höchstens; **~s** *pl* AUTO Fernlicht *n*
mazel|a [mɐ'zɛlɐ] *f* Wunde *f*; *fig* Makel *m*; **~ar** [-zə'lar] (1c) wund reiben
mazombo [mɐ'zõbu] **1.** *adj* finster, verschlossen; **2.** *m bras depr* hergelaufene(r) Kerl *m*
m/c ***minha carta*** mein Schreiben
me [mə] mir; mich
meã [mjɐ̃] *adj f zu* **meão**
meada ['mjadɐ] *f* Strang *m* (*Garn*); *fig* Intrige *f*; **retomar o fio à ~** den Gesprächsfaden wieder aufnehmen
meado ['mjadu] **1.** *adj* halbiert; **pão** *m* **~** Mischbrot *n*; **2.** *m* Mitte *f*; **até** (**a**)**os ~s de** bis (zur) Mitte (*gen*); **no ~** (*od* **em ~s**) **de** (in der) Mitte (*gen*)
mealh|a ['mjaʎɐ] *f* Kleinigkeit *f*; ein bisschen; → **migalha**; **~eiro** [mjɐ'ʎɐjru] **1.** *adj* Pfennig...; Klein...; **2.** *m* Sparbüchse *f*, -schwein *m*
meandro ['mjɐ̃dru] *m* Windung *f*; GEOGR Mäander *m*; *fig* Winkelzug *m*
me|ão(s) [mjɐ̃w] **1.** *adj* mittlere; Mittel...; **2.** *m(pl)* Griff *m*; TÉCN Radnabe *f*; **~ar** [mjar] (1l) halbieren
mecânic|a [mə'kɐnikɐ] *f* Mechanik *f*; Mechanismus *m*; **~ de precisão** Feinmechanik *f*; **~o** [-ku] **1.** *adj* mechanisch; Maschinen...; **2.** *m* Mechaniker *m*; Monteur *m*
mecan|ismo [məkɐ'niʒmu] *m* Mechanismus *m*; Vorrichtung *f*; Maschinerie *f*; **~izar** [-ni'zar] (1a) mechanisieren; **~ográfico** [-nu'grafiku] maschinenschriftlich
mecen|as (*pl inv*) [mə'sɛnɐʃ] *m* Mä-

zen *m*; **~ato** [-sə'natu] *m* Mäzenatentum *n*

mech|a ['mɛʃɐ] *f* Docht *m* (*Kerze*); Lunte *f*; Haarsträhne *f*; *TÉCN* Zapfen *m*; *MED* Gaze *f*; F Hast *f*; **~ar** [mɛ'ʃar] (1a) *Weinfass* ausschwefeln; *Holzteile* ineinander fügen

Meclemburgo [məklẽ'burgu]: ***o ~*** Mecklenburg *n*

méd. ***médico*** *m* Arzt *m*

meda ['medɐ] *f* Heumiete *f*; Haufen *m*

medalh|a [mə'daʎɐ] *f* Medaille *f*; Gedenkmünze *f*; ***~ de ouro*** (***prata***) Gold- (Silber)medaille *f*; ***o reverso*** *m* ***da ~*** *fig* die Kehrseite *f* der Medaille; **~ão** [-dɐ'ʎɐ̃w] *m* Medaillon *n*

media ['midjɐ] *m/pl* Medien *n/pl*

média ['mɛdjɐ] *f* Mittel(wert *m*) *n*; Durchschnitt *m*; Durchschnittsgeschwindigkeit *f*, -leistung *f*, -note *f*, -umsatz *m*, -wert *m etc*; *bras* F Glas *n* Milchkaffee; ***na ~*** im Durchschnitt

medi|ação [mədjɐ'sɐ̃w] *f* Vermittlung *f*; **~ador** [-djɐ'dor] **1.** *adj* vermittelnd; **2.** *m* Vermittler *m*; **~al** [-'djał] mittler; Mittel...; **~ana** [-'djɐnɐ] *f* Mittellinie *f*; *Statistik*: Mittelwert *m*; **~aneiro** [-'nɐjru] → ***~ador***; **~ania** [-djɐ'niɐ] *f* Mittelmaß *n*; Mittelmäßigkeit *f*; Mitte *f*; **~ano** [-'djɐnu] mittelmäßig, mittlere; Mittel...; **~ante** [-'djɐ̃tə] **1.** *adj* vermittelnd; **2.** *prp* mittels (*gen*); durch (*ac*); dank (*dat*); **3.** *m* Zwischenzeit *f*; **~ar** [-'djar] (1h) **1.** *v/t Menge* halbieren; *Abkommen* vermitteln; *bei Streit* einschreiten; **2.** *v/i*: ***~ entre ... e ...*** zwischen ... und ... liegen; **~ático** [-'djatiku] Medien...; medienwirksam; **~ato** [-'djatu] mittelbar

medic|ação [mədikɐ'sɐ̃w] *f MED* Medikation *f*; **~al** [-'kał] ärztlich; **~amento** [-kɐ'mẽtu] *m* (Arznei-) Mittel *n*; **~amentoso** [-kɐmẽ'tozu] heilend; medikamentös

medição [mədi'sɐ̃w] *f* Messung *f*

medic|ar [mədi'kar] (1n) verordnen; behandeln; **~astro** [-'kaʃtru] *m depr* Quacksalber *m*; **~ina** [-'sinɐ] *f* Medizin *f*; ***~ legal*** Gerichtsmedizin *f*; **~inal** [-si'nał] heilkräftig; **~inar** [-si'nar] (1a) → ***medicar***

médico ['mɛdiku] **1.** *adj* ärztlich; medizinisch; Heil...; **2.** *m*, **-a** *f* Arzt *m*, Ärztin *f* (***consultar*** konsultieren); Mediziner(in *f*) *m*; ***~ da Caixa*** Kassenarzt *m*; ***~ de clínica geral*** praktische(r) Arzt *m*; ***Ordem*** *f* ***dos ~s*** Ärztekammer *f*; **~(s)-chefe(s)** [-'ʃɛfə] *m(pl)* Chefarzt *m*; **~(s)-especialista(s)** [-iʃpəsjɐ'liʃtɐ] *m(pl)* Facharzt *m*

medid|a [mə'didɐ] *f* Maß *n* (*a fig*); Maßstab *m* (*a fig*); Messung *f*; Berechnung *f*; *LIT* Versmaß *n*; *MÚS* Takt *m*; Maßnahme *f* (***tomar*** ergreifen); Ausmaß *n*; ***~ de capacidade*** Hohlmaß *n*; ***~ para líquidos*** Flüssigkeitsmaß *n*; ***~ para secos*** Trockenmaß *n*; ***~ de comprimento*** Längenmaß *n*; ***~ de superfície*** Flächenmaß *n*; ***à ~, sob ~*** nach Maß; ***à ~ de*** gemäß (*dat*); ***à ~ que, na ~ em que*** in dem Maße wie; soweit, sofern; ***em boa ~*** weitgehend; ***por ~*** nach Maß (*bsd fig*); ***sem ~*** maß-, zahllos; ***meias ~s*** *pl* halbe Sachen *f/pl*; ***passar das ~s*** das Maß überschreiten; ***tirar*** (*od* ***tomar***) ***a(s) ~(s)*** Maß nehmen; **~or** [-'dor] *m* Messgerät *n*

mediev|al, -o [mədjə'vał, -'djɛvu] mittelalterlich

médio ['mɛdju] **1.** *adj* Mittel...; durchschnittlich; ***classe*** *f* **-a** Mittelschicht *f*; ***termo*** *m* ***~*** Vergleichswert *m*; **2.** *m ANAT* Mittelfinger *m*; Medium *n* (*Person*); ***~-centro*** *m Fußball*: Mittelfeldspieler *m*; ***~s*** *pl AUTO* Abblendlicht *n*

med|íocre [mə'diwkrə] mittelmäßig; **~iocridade** [-diwkri'dadə] *f* Mittelmäßigkeit *f*

medir [mə'dir] (3r) (ab)messen; *Konsequenzen* ermessen, (ab)schätzen; ab-, erwägen

medit|abundo [mədita'bũdu] → ***~ativo***; **~ação** [-'sɐ̃w] *f* Betrachtung *f*; Meditation *f*; **~ar** [-'tar] (1a) **1.** *v/t* nachdenken über (*ac*); planen; **2.** *v/i* nachdenken; meditieren; **~ativo** [-'tivu] nachdenklich; versonnen

Mediterrâneo [məditə'ʀɐnju]: ***o (mar) ~*** Mittelmeer *n*

mediterrân|eo, *bras* **~ico** [məditə'ʀɐnju, medite'ʀɐ̃niku] mediterran, Mittelmeer...

médium ['mɛdjũ] *m* Medium *n*

medível [mə'divɛł] messbar

med|o ['medu] *m* Angst *f* (***de*** vor *dat*); ***a ~*** ängstlich; ***com ~*** aus Angst;

de meter** ~* beängstigend; ***estar com (***sem***) ~ (nicht) ängstlich sein; ***meter*** ~ *j-m* Angst einjagen; **~onho** [mə'doɲu] fürchterlich; beängstigend

medr|a(nça) ['mɛdrɐ, mə'drɐ̃sɐ] *f* Wachstum *n*; Entwicklung *f*; **~ar** [mə'drar] (1c) **1.** *v/t* zum Wachsen bringen; *fig* fördern; **2.** *v/i* wachsen; gedeihen; *fig* vorwärts kommen

medronh|eiro [mədru'ɲɐjru] *m* Erdbeerbaum *m*; **~o** [-'droɲu] *m* Baumerdbeere *f*, Medronho--Schnaps *m*

medroso [mə'drozu] ängstlich

medul|a [mə'dulɐ] *f* Mark *n*; *fig* Kern *m*; ***espinal*** ~ (*bras* ~ ***espinal***) Rückenmark *n*; **~ar** [mədu'lar] Rückenmarks...; Mark...; **~oso** [-'lozu] Mark...; *fig* geschmeidig, weich

medusa [mə'duzɐ] *f* Qualle *f*

mef|ítico [mə'fitiku] verpestet, Pest...; **~itismo** [-fə'tiʒmu] *m* Verpestung *f*

mega|fone [mɛgɐ'fɔnə] *m* Megaphon *n*; **~lomania** [-lumɐ'niɐ] *f* Größenwahn *m*; **~lómano** (*ô) [-'lɔmɐnu] größenwahnsinnig

M

meia ['mɐjɐ] *f* **a**) Strumpf *m*; ~ ***curta*** *bras* Socke *f*; (***obra*** *f* ***de***) ~ *bras* Strickarbeit *f*; ***fazer*** ~ *bras* stricken; **b**) *bras* sechs, halbes Dutzend *n*; **c**) **~s** *pl* Halbpartgeschäft *n*, -vertrag *m*; ***a*** **~s**, ***de*** **~s** zu gleichen Teilen

meia(s)-|água(s) [mɐjɐ'agwɐ] *f(pl)* ARQUIT Pultdach *n*; **~calça(s)** [-'kałsɐ] *f(pl)* Strumpfhose *f*; **~cana(s)** [-'kɐnɐ] *f(pl)* Hohleisen *n*, -feile *f*; ***de*** ~ kanneliert; **~cara(s)** [-'kara] *f(pl)*: ***de*** ~ *bras* schwarz; unentgeltlich; **~final** (**-ais**) [-fi'nał] *f(pl)* Halbfinale *n*; **a~idade(s)** [-i'dadə] *f(pl)* mittlere(s) Alter *n*; **~laranja(s)** [-lɐ'rɐ̃ʒɐ] *f(pl)* Halbrund *n*; Halbkreis *m*; **~lua(s)** [-'luɐ] *f(pl)* Halbmond *m*; **~luz(es)** [-'luʃ] *f(pl)* Dämmerlicht *n*; **~noite(s)** [-'nojtə] *f(pl)* Mitternacht *f*; **~tinta(s)** [-'tĩtɐ] *f(pl)* Halbschatten *m*; **~vida(s)** [-'vidɐ] *f(pl)*: ~ ***radioactiva*** FIS Halbwertzeit *f*; **~volta(s)** [-'vɔłtɐ] *f(pl)* Kehrtwendung *f*; ***dar*** ~ kehrtmachen

meig|o ['mɐjgu] zärtlich; zutraulich; **~uice** [-'gisə] *f* Zärtlichkeit *f*

meio ['mɐju] **1.** *adj* halb; ***um e*** ~, ***uma e -a*** anderthalb; ***dois*** (***três***) ***e*** ~, ***duas*** (***três***) ***e -a*** zwei- (drei)einhalb; ***-a hora*** *f* eine halbe Stunde *f*; ***duas*** (***três***) ***horas*** *f/pl* ***e -a*** **a**) halb drei (vier) Uhr *f*; **b**) zwei- (drei)einhalb Stunden *f/pl*; ~ ***litro*** *m* ein halber Liter *m*; ***-as palavras*** *f/pl* Andeutungen *f/pl*; **2.** *adv* halb, zur Hälfte; **3.** *m* Mitte *f*, Hälfte *f*; (Hilfs)Mittel *n*; Werkzeug *n*; Umwelt *f*; Milieu *n*; FIS Medium *n*; ~ ***ambiente*** Umwelt *f*; ~ ***de transporte*** Transportmittel *n* (***público*** öffentliches); ***o justo*** ~ der goldene Mittelweg; **~s** *pl* ***de comunicação social*** Massenmedien *n/pl*; ***em*** ~ ***de*** mitten unter (*dat*); → ***no*** ~ ***de*** inmitten (*gen*); ***por*** ~ ***de*** mittels (*gen*); ***deixar*** (***ficar***) ***em*** ~ liegen lassen (bleiben); ***estar em*** ~ halb fertig sein; **~s** *pl* (Geld)Mittel *n/pl*; **~s** *pl* ***de fomento*** ECON Fördermittel *n/pl*; ***Lei*** *f* ***de*** **&s** POL Etat *m*

meio(s)-|bilhete(s) [mɐjubi'ʎetə] *m(pl)* Kinderfahrkarte *f*; **~dia** [-'diɐ] *m* Mittag *m*; GEOGR Süden *m*; ***ao*** (***é***) ~ um (es ist) 12 Uhr (mittag); **~fio(s)** [-'fiw] *m(pl)* Bordkante *f*, -stein *m*; TÉCN Falz *f*; **~fundista(s)** [-fũ'diʃtɐ] *su(pl)* Mittelstreckenläufer(in *f*) *m*; **~irmão(s)** [-ir'mɐ̃w] *m(pl)* Halbbruder *m*; **~pesado** [-pə'zadu] *m Sport*: Mittelgewicht *n*; **~soprano(s)** [-su'prɐnu] *m(pl)* MÚS Mezzosopran *m*; **~termo(s)** [-'termu] *m(pl)* Mittelweg *m*; **~tom** (**-ns**) [-'tõ] *m(pl)* MÚS Halbton *m*

mel [mɛł] *m* Honig *m*; ***doce como o*** ~ honigsüß; ***dar*** ~ ***pelos beiços a*** F *fig j-m* Honig ums Maul schmieren; **~aço** [mə'lasu] *m* Melasse *f*; **~ado** [mə'ladu] **1.** *adj* honigfarben, -süß; **2.** *m* Zuckersirup *m*

melanci|a [məlɐ̃'siɐ] *f* Wassermelone *f*

melanc|olia [məlɐ̃ku'liɐ] *f* Schwermut *f*; Melancholie *f*; **~ólico** [-'kɔliku] schwermütig; melancholisch

melão [mə'lɐ̃w] *m* (Honig)Melone *f*

melena [mə'lɛnɐ] *f* (Haar)Schopf *m*

melga ['mɛłgɐ] *f* Stechmücke *f*

melhor [mi'ʎɔr] **1.** *adj* **a**) *comp* besser; ***levar a*** ~ siegen; ***para dizer*** ~ besser gesagt; **b**) *sup attributiv*: beste; ***o*** (***a***) ~ der (die) Beste; *prädikativ*: am besten; **2.** *adv comp* besser; *sup* am besten; **3.** *m* Beste(s) *n*; ***o ~ possível*** so gut wie möglich; **4.** *int*: (***tanto***) ***~!*** umso besser!

melhor|a [mi'ʎɔrɐ] *f* Besserung *f*; ***as ~s!*** F gute Besserung!; **~amento** [-ʎurɐ'mẽtu] *m* Verbesserung *f*; **~ar** [-'rar] (1e) **1.** *v/t* verbessern; bevorzugen; **2.** *v/i* sich (ver)bessern (***em*** um); besser werden (***com*** durch); gesund werden; sich erholen (***de*** von); vorwärts kommen; **~ia** [-ʎu'riɐ] *f* Besserung *f* (***ter*** erfahren); Verbesserung *f*; Vorteil *m*

meliante [mə'ljẽtə] *m* Taugenichts *m*

mélico ['mɛliku] **a)** Honig...; süß; **b)** melodisch, wohlklingend

melí|fero, ~fico [mə'lifəru, -'lifiku] Honig erzeugend, Honig...; **~fluo** [-fluw] *fig* honigsüß, lieblich

melindr|ar [məlĩ'drar] (1) verletzen, kränken; ***~-se*** sich verletzt fühlen (***com*** durch); gekränkt sein (***por*** wegen); **~e** [-'lĩdrə] *m* Empfindlichkeit *f*; Zimperlichkeit *f*; *bras* CUL Honigkuchen *m*; **~oso** [-'drozu] empfindlich; zart; heikel

melissa [mə'lisɐ] *f* Melisse *f*

meloa [mə'loɐ] *f* Galiamelone *f*; ***abóbora*** *f* **~** Melonenkürbis *m*

mel|odia [məlu'diɐ] *f* Melodie *f*; **~ódico** [-'lɔdiku] melodisch; **~odioso** [məlu'djozu] wohlklingend; harmonisch; **~odrama** [-'drɐmɐ] *m* Melodrama *n*; **~odramático** [-drɐ'matiku] melodramatisch

melro ['mɛłʀu] *m* ZO Amsel *f*

membran|a [mẽ'brɐnɐ] *f* Häutchen *n*, Membran(e) *f*; **~oso** [-brɐ'nozu] häutig

membr|o ['mẽbru] *m* Glied *n*; Mitglied *n*; **~s** *pl* Gliedmaßen *f/pl*; **~udo** [-'brudu] stämmig

memor|ando [məmu'rẽdu] **1.** *adj* denkwürdig; **2.** *m* Denkschrift *f*; Memorandum *n*; ECON Ankündigung *f*; **~ar** [-'rar] (1e) erinnern an (*ac*); gedenken (*gen*); **~ável** [-'ravɛł] denkwürdig

memória [mə'mɔrjɐ] *f* Gedächtnis *n*; Andenken *n* (***de*** an *ac*); Erinnerung *f* (***de*** an *ac*); Verzeichnis *n*; Aufzeichnung *f*; Bericht *m*; Denkschrift *f*; ***~ cache*** INFORM Cache-Speicher *m*; ***~ central*** INFORM Mainframe *n*; ***~ de massa*** Massenspeicher *m*; ***~ intermédia*** Zwischenspeicher *m*; ***~ livre*** INFORM freie Speicherkapazität *f*; ***~ tampão*** INFORM Puffer *m*; ***de ~*** auswendig; ***digno de ~*** denkwürdig; ***em ~ de*** zum Andenken an (*ac*); ***ter ~ de grila*** *fig* ein Gedächtnis wie ein Sieb haben; ***~s*** *pl* Memoiren *pl*

memori|al [məmu'rjał] *m* Merkbuch *n*; Eingabe *f*; Aufzeichnung *f*; **~ar** [-'rjar] (1g) *Erinnerungen* aufzeichnen; **~zar** [-ri'zar] (1a) im Gedächtnis bewahren; INFORM speichern

men|ção [mẽ'sɐ̃w] *f* Erwähnung *f*; F Absicht *f*; ***fazer ~ de*** erwähnen (*ac*); F die Absicht haben zu; **~cionar** [-sju'nar] (1f) erwähnen

mendi|cante [mẽdi'kẽtə] **1.** *adj* Bettel...; **2.** *m* → **~go**; **~cidade** [-dəsi'dadə] *f* Bettelei *f*; **~gar** [-'gar] (1o) betteln; **~go** [-'digu] *m* Bettler *m*

mendu|bi, -bim, -í [mẽdu'bi, -'bĩ, -'dwi] *m* Erdnuss *f*

mene|ar [mə'njar] (1l) schwenken, schütteln; *Maschine* handhaben; ***~ a cabeça*** (***cauda***) mit dem Kopf nicken (Schwanz wedeln); ***~-se*** schwanken; **~ável** [-'njavɛł] beweglich; handlich; biegsam; **~io** [mə'nɐju] *m* Geste *f*; Wink *m*; Bewegung *f*; Handhabung *f*; *fig* Machenschaft *f*; Kniff *m*

menestrel [mənəʃ'trɛł] *m* HIST Spielmann *m*, Troubadour *m*

menin|a [mə'ninɐ] *f* Mädchen *n*; *Anrede*: (junge) Frau; ***~ dos olhos*** *fig* Augenstern *m*, Liebling *m*; **~ada** [mini'nada] *f* *bras* F Kids *n/pl*; **~a(s)-do-olho** [-du'oʎu] *f(pl)* ANAT Pupille *f*; **~eiro** [-'nɐjru] kindlich; kinderlieb

mening|e [mə'nĩʒə] *f* ANAT Hirnhaut *f*; **~ite** [-'ʒitə] *f* MED Hirnhautentzündung *f*, Meningitis *f*

meninice [məni'nisə] *f* Kindheit *f*; Kindlichkeit *f*; Kinderei *f*

menino [mə'ninu] *m* (kleiner) Junge *m*; *Anrede*: (junger) Herr *m*

menisco [mə'niʃku] *m* ANAT Meniskus *m*

Meno ['menu] *m* Main *m*

menopausa [mɛnɔ'pawzɐ] *f* Wechseljahre *n/pl*, Menopause *f*

menor [mə'nɔr] **1.** *adj comp* kleiner; geringer; jünger; JUR minderjährig; nieder (*Position*); ***águas*** *f/pl* **~es** MED Fruchtwasser *n*; ***tom*** *m* **~** Moll-

M

tonart *f*; **dó** (**ré**, **lá**) ~ c- (d-, a-)Moll *n*; **2.** *su* Minderjährige(r) *su*; **~idade** [-nuri'dadə] *f* Minderjährigkeit *f*; *fig* kleinere(r) Teil *m*

menos ['menuʃ] **1.** *pron* weniger; geringer; **2.** *adv comp* weniger; minder; *MAT* minus; **a ~**, **de ~** zu wenig; **a ~ que** *conj* es sei denn, dass; falls... nicht; **nem mais nem ~** nicht mehr und nicht weniger; **quando ~** zumindest; **3.** *prp* außer (*dat*); **tudo**, **~ isso** nur das nicht; **4.** *m* Wenigste *n*; **ao ~**, **pelo ~** wenigstens, mindestens; **nem ao ~** nicht einmal

menos|cabar [menuʃkɐ'bar] (1b) schmälern; schädigen; **~cabo** [-'kabu] *m* Missachtung *f*; **~prezar** [-prə'zar] (1c) verachten; **~prezo** [-'prezu] *m* Geringschätzung *f*

mensag|eiro [mẽsɐ'ʒɐjru] **1.** *adj* verkündend; Boten...; **2.** *m* Bote *m*; Verkünder *m*; **~em** [-'saʒɐ̃j] *f* Nachricht *f*; Botschaft *f*

mens|al [mẽ'sał] monatlich; Monats...; **~alidade** [-sɐli'dadə] *f* Monatsbetrag *m*, -zahlung *f*; **~ário** [-'sarju] **1.** *adj* Tisch...; **2.** *m* Monatsschrift *f*

M

menstruação [mẽʃtrwɐ'sɐ̃w] *f* Menstruation *f*; F Regel *f*, Periode *f*

mensur|abilidade [mẽsurɐbəli'dadə] *f* Messbarkeit *f*; **~ação** [-'sɐ̃w] *f* Messung *f*; **~ar** [-'rar] (1a) messen

menta ['mẽtɐ] *f BOT* Minze *f*

mental [mẽ'tał] geistig, Geistes...; gedanklich; still (*Gebet*); **cálculo** *m* **~** Kopfrechnen *n*; **~idade** [-tɐli'dadə] *f* Mentalität *f*; **~izar** [-tɐli'zar] (1a) sich vorstellen; **~-se para** sich einstellen auf (*ac*); **~mente** [-'mẽtə] im Geiste

mente ['mẽtə] *f* Geist *m*; Sinn *m*; Absicht *f*; **de boa** (**má**) **~** (un)gern; in guter (böser) Absicht; **em ~** → **mentalmente**; **ter a/c em ~** F *fig* et im Hinterkopf haben; **~capto** [-'kaptu] schwachsinnig; töricht

ment|ido [mẽ'tidu] trügerisch, falsch; vergebens; **~ir** [-'tir] (3c) lügen; trügen; **~ a** *j-n* belügen; verraten; **~ira** [-'tirɐ] *f* Lüge *f*; Schwindel *m*; **~ oficiosa** Notlüge *f*; **detector** *m* **de ~s** Lügendetektor *m*; **parece ~!** unglaublich!; **~iroso** [-ti'rozu] **1.** *adj* verlogen; trügerisch; **2.** *m* Lügner *m*

ment|o ['mẽtu] *m* Kinn *n*; **~ol** [-'tɔł] *m* Menthol *n*; **~olado** [-tu'ladu] Menthol...; **~or** [-'tor] *m* Mentor *m*

menu [mə'nu] *m* Menü *n* (*a INFORM*)

meramente [mɛrɐ'mẽtə] lediglich

merc. **mercadoria** *f* Ware *f*

merca ['mɛrkɐ] *f* F Einkauf *m*

mercad|ejar [mərkɐdə'ʒar] (1d) Handel treiben; feilschen; **~inho** [-ka'dĩɲu] *m bras kleiner* Laden *m*

mercad|o [mər'kadu] *m* Markt *m*; *ECON a* Absatzgebiet *n*; ♀ **Comum** Gemeinsame(r) Markt *m*; **~ consumidor** Verbrauchermarkt *m*; **~ de capitais** Kapitalmarkt *m*; **~ de emprego** Arbeitsmarkt *m*; **~ financeiro** Finanzmarkt *m*; **~ monetário** Geldmarkt *m*; **~ negro** Schwarzmarkt *m*; **~ interno** Binnenmarkt *m*; **~ único** Europäische(r) Binnenmarkt *m*; **~or** [-'dor] *m* Händler *m*; **~oria** [-du'riɐ] *f* Ware *f*

mercant|e [mər'kẽtə] Handels...; **~il** [-'tił] kaufmännisch; Handels...; *depr* Krämer...; geschäftstüchtig; **~ilismo** [-tə'liʒmu] *m* Merkantilismus *m*; *depr* Krämergeist *m*

mercar [mər'kar] (1n; *Stv* 1c) aufkaufen; *bras* anpreisen

mercê [mər'se] *f* Lohn *m*; Gunst *f*; Gnade *f*; Gefallen *m*; **à ~ de** nach dem Willen (*gen*); **estar** (*od* **ficar**) **à ~ de** ein Spielball ... (*gen*) sein

merce|aria [mərsjɐ'riɐ] *f* Lebensmittelgeschäft *n*; *Art* Tante-Emma-Laden *m*; **~eiro** [-'sjɐjru] *m* Lebensmittelhändler *m*

mercenário [mərsə'narju] **1.** *adj* Lohn...; *fig* käuflich; **2.** *m* Söldner *m*

mercurial [mərku'rjał] **1.** *adj* Quecksilber...; **2.** *m* Quecksilberpräparat *n*

mercúr|ico [mər'kuriku] Quecksilber...; **~io** [-'kurju] *m* Quecksilber *n*

merda ['mɛrdɐ] *f* V Scheiße *f*; **na ~** im Arsch; **mandar à ~** zum Teufel jagen; **~s** (*pl inv*) [-'dɐʃ] *m* V Scheißkerl *m*

merec|edor [mərəsə'dor] würdig (**de** *gen*); **ser ~ de** (sich) *et* verdient haben; **~er** [-'ser] (2g) verdienen; **bem ~** sich verdient gemacht haben um (*ac*); **~idamente** [-sidɐ'mẽtə] verdientermaßen; zu Recht; **~ido** [-'sidu] gerecht; **bem ~** wohlverdient; **~imento** [-si'mẽtu] *m* Verdienst *n*

merend|a [mə'rẽdɐ] *f* Imbiss *m*; **~ar** [-'dar] (1a) nachmittags *et* essen; eine Zwischenmahlzeit einnehmen; **~eiro** [-'dɐjru] *m* Picknick(korb *m*) *n*

merengue [mə'rẽgə] *m* Baiser *n*

meretriz [mərə'triʃ] *f* Hure *f*

mergulh|ador [mərguʎɐ'dor] *m* Taucher *m*; **~ão** [-'ʎɐ̃w] *m* AGR Senker *m*; Ableger *m*; *bras* Säger(vogel) *m*; ***~-de-crista*** *m* Haubentaucher *m*; **~ar** [-'ʎar] (1a) **1.** *v/t* ein-, untertauchen; AGR absenken; **2.** *v/i* tauchen; versinken; **~ia** [-'ʎiɐ] *f* AGR Vermehrung *f*; Absenken *n*; **~o** [-'guʎu] *m* Tauchen *n*; Kopfsprung *m*; AV Sturzflug *m*; ***de ~*** kopfüber

meridi|ano [məri'djɐnu] **1.** *adj* Mittags...; **2.** *m* Meridian *m*; **~onal** [-dju'nał] **1.** *adj* südlich; Süd...; **2.** *su* Südländer(in *f*) *m*

merin|ela [məri'nɛlɐ] *f* Blaumerle *f*; **~o** [mə'rinu] *m* Merinoschaf *n*, -wolle *f*

meritíssimo [mərə'tisimu] hochverdient; hochachtbar

mérito ['mɛritu] *m* Verdienst *n*; Wert *m*; ***sócio*** *m* ***de ~*** Ehrenmitglied *n*

meritório [məri'tɔrju] verdienstvoll

mero ['mɛru] **1.** *adj* rein, bloß; **2.** *m* ZO Zackenbarsch *m*

mérula ['mɛrulɐ] *f* (Haus)Schwamm *m*

mês [meʃ] *m* Monat *m*; Monatsgehalt *n*, -miete *f*; ***ao ~*** monatlich

mesa ['mezɐ] *f* Tisch *m*; POL Ausschuss *m*; Präsidium *n*; *Spiel*: Einsatz *m*; ***~ de jantar*** Esstisch *m*; ***~ de montagem*** TV Schneidetisch *m*; ***~ de som*** EL Mischpult *n*; ***~ serra*** TÉCN Sägetisch *m*; ***~ traçadora*** INFORM Plotter *m*; ***vinho*** *m* ***de ~*** Tischwein *m*; ***à ~*** bei (*od* zu) Tisch; ***por baixo da ~*** *fig* heimlich; unter dem Tisch; ***levantar*** (***pôr***) ***a ~*** den Tisch abdecken (decken); ***servir à ~*** bedienen; **~(s)-de-cabeceira** [-dəkɐbə'sɐjrɐ] *f(pl)* Nachttisch *m*; **~(s)-redonda(s)** [-ʀə'dõdɐ] *f(pl)* *der* runde Tisch *m*; TV Talk-Show *f*

mesada [mə'zadɐ] *f* Taschengeld *n*

mescl|a ['mɛʃklɐ] *f* Mischung *f*; Beimischung *f*; Fremdstoff *m*; gemusterte(r) Stoff *m*; ***~ de lã*** Wollgemisch *n*; **~ado** [məʃ'kladu] Misch...; gemustert; bunt; **~ar** [məʃ'klar] (1c) (ver)mischen; ***~ a/c a*** (*od* ***com***) et beimischen (*dat*); et hinzufügen (*dat*)

mesm|a ['mɛʒmɐ] *f*: ***na ~*** unverändert; weiterhin; trotzdem; ***sempre na ~*** wie immer; ***ficar*** (*od* ***estar***, ***continuar***) ***na ~*** beim Alten bleiben; **~íssimo** [məʒ'misimu] genau (*od* ganz) der-, die-, dasselbe

mesmo ['mɛʒmu] **1.** *adj* selb, gleich; ***ele ~*** er selbst; **2.** *adv* genau; *zeitl* gerade, eben; *räuml* direkt, dicht *neben etc*; selbst, sogar; ***aqui ~*** genau hier; ***assim ~*** genauso; ***~ assim*** trotzdem; immerhin; ***nem ~*** nicht einmal; ***hoje ~*** heute noch; ***de mim ~*** von mir selbst; ***~ que*** *conj* selbst wenn; ***vou ~*** ich gehe wirklich; **3.** *m*: ***o ~*** dasselbe (***que*** wie); (***vir a***) ***dar no ~*** auf eins herauskommen

mesquinh|aria, **~ez** [məʃkiɲɐ'riɐ, -'ɲeʃ] *f* Knauserei *f*; Kleinlichkeit *f*; Armseligkeit *f*; **~o** [-'kiɲu] knauserig; kleinlich; schäbig; dürftig

mesquita [məʃ'kitɐ] *f* Moschee *f*

messe ['mɛsə] *f* **a)** (Offiziers)Messe *f*; **b)** Mähen *n*, Ernte *f*

mester [məʃ'tɛr] *m* Handwerk *n*

mestiço [məʃ'tisu] *m* Mestize *m*; Mischling *m*

mestr|a ['mɛʃtrɐ] **1.** *adj*: ***abelha*** *f* ***~*** Bienenkönigin *f*; ***chave*** *f* ***~*** Hauptschlüssel *m*; **2.** *f* Lehrerin *f*; Meisterin *f*; **~ado** [-'tradu] *m* UNIV *akademischer Abschluss vor der Promotion*

mestre ['mɛʃtrə] **1.** *adj* meisterhaft; Meister...; Haupt...; **2.** *m* Meister *m*; Lehrer *m*; Erste(r) *m* (*s-s Faches*); NAV Bootsführer *m*; UNIV *akademischer Titel* (*nach Abschluss des „mestrado"*); ***por mão de ~*** aus Meisterhand; **~(s)-de-obras** [-'djɔbrɐʃ] *m(pl)* ARQUIT Bauleiter *m*; Bauunternehmer *m*

mestria [məʃ'triɐ] *f* Meisterschaft *f*

mesur|a [mə'zurɐ] *f* Verbeugung *f*; Knicks *m*; **~ado** [-'radu] gemessen; gesetzt; gemäßigt; **~eiro** [-'rɐjru] übertrieben höflich

meta ['mɛtɐ] *f* Ziel *n*; Schranke *f*; ***alcançar a ~*** das Ziel erreichen; → ***chegar à ~*** sein Ziel erreichen

metabol|ismo [mətɐbu'liʒmu] *m* Stoffwechsel *m*; **~izar** [-li'zar] (1a) *bsd fig* innerlich verarbeiten
metade [mə'tadə] *f* Hälfte *f*; ***a cara ~*** F die bessere Hälfte; ***fazer as coisas por ~*** alles nur halb machen
metafísica [mətɐ'fizikɐ] *f* Metaphysik *f*
met|áfora [mə'tafurɐ] *f* bildliche(r) Ausdruck *m*, Metapher *f*; **~afórico** [-tɐ'fɔriku] bildlich; metaphorisch
met|al [mə'tał] *m* Metall *n*; **~ (*sonante*)** klingende Münze *f*; **~álico** [-'taliku] metallisch; **~alífero** [-tɐ'lifəru] metallhaltig
Metálicos, Metalíferos [mə'talikuʃ, mətɐ'lifəruʃ] *m/pl* Erzgebirge *n*
metalinguagem [mətɐlĩ'gwaʒẽj] *f* Metasprache *f*
metal|óide [mətɐ'lɔjdə] *m* Metalloid *n*; **~omecânica** [-lɔmə'kɐnikɐ] *f* Metall verarbeitende Industrie *f*; **~urgia** [-lur'ʒiɐ] *f* Hüttenwesen *n*, Metallurgie *f*; **~úrgico** [-'lurʒiku] **1.** *adj* Metall..., metallurgisch; **2.** *m* = **~urgista** [-lur'ʒiʃtɐ] *m* Metallurg *m*
metamorfose [mətɐmur'fɔzə] *f* Verwandlung *f*; **~ar(-se)** [-'zjar(sə)] (1l) (sich) verwandeln
metan|o [mə'tɐnu] *m* Methan *n*; **~ol** [-tɐ'nɔl] *m* Methanol *n*
metástase [mə'taʃtɐzə] *f* MED Metastase *f*
metediço [mətə'disu] vorwitzig
mete|órico [mə'tjɔriku] Meteor...; **~orito** [-tju'ritu] *m* Meteorit *m*; **~oro** [-'tjɔru] *m* Meteor *m* (*a fig*); **~orologia** [-tjurulu'ʒiɐ] *f* Meteorologie *f*; **~orológico** [-tjuru'lɔʒiku] meteorologisch; Wetter...; **~orologista** [-tjurulu'ʒiʃtɐ] *su* Meteorologe *m*, Meteorologin *f*
meter [mə'ter] (2c) **1.** *v/t in et* (hinein)stecken; *waagerecht* (hinein-) legen, F -tun, -setzen; *Furcht* einjagen; *Geld* setzen; *Schwierigkeiten* bringen (***em*** in ac.); *Geheimnis* hineinziehen (***em*** in *ac*); *j-n* einstellen; ***~ a ferros*** einsperren; ***~ água*** **a)** lecken (*Boot*); **b)** Unsinn reden; ***~ em danças*** in Teufels Küche bringen; ***~ na escola*** einschulen; **2.** *v/i* hinaus- (*od* hinein)ragen; ***~-se*** darangehen (***a*** *et zu tun*); sich anlegen (***com*** mit); ***~-se em*** sich begeben nach (*od* in *ac*, auf *ac*); absteigen in (*dat*); sich verkriechen in (*dat*); sich einmischen in (*ac*); sich einlassen auf (*ac*); sich stürzen in (*od* auf *ac*); münden in (*ac*); ***~-se consigo*** sich um s-e eigenen Angelegenheiten kümmern; ***~-se em meio***, ***~-se de permeio*** dazwischenkommen; → ***~-se no meio*** dazwischentreten; ***~-se onde não é chamado*** sich um Dinge kümmern, die e-n nichts angehen
meticulos|idade [mətikuluzi'dadə] *f* Gewissenhaftigkeit *f*; Pedanterie *f*; **~o** [-'lozu] gewissenhaft; genau
metido [mə'tidu] **1.** *p/p von* ***meter***; ***estar ~*** stecken (***em*** in *dat*), liegen (***em*** in *dat*); **2.** *adj fig* vorwitzig; ***~ com*** eng befreundet mit; ***~ consigo*** mit sich selbst beschäftigt; zurückhaltend; ***~ em*** *Fachgebiet*: bewandert in (*dat*); interessiert an (*dat*)
metil|eno [məti'lɛnu] *m* Methylen *n*; **~o** [-'tilu] *m* Methyl *n*
metódico [mə'tɔdiku] methodisch
método ['mɛtudu] *m* Methode *f*; Verfahren *n*, Vorgehen *n*; *fig* Planmäßigkeit *f*; Zielstrebigkeit *f*
metodologia [mətudulu'ʒiɐ] *f* Methodologie *f*
metonímia [mətu'nimjɐ] *f* Metonymie *f*
metragem [mə'traʒẽj] *f* Meterzahl *f*, Länge *f* (*in Metern*); ***curta ~*** Kurzfilm *m*; ***longa ~*** Spielfilm *m*
metralhad|a [mətrɐ'ʎadɐ] *f* Kugelregen *m*; **~or** [-'dor] *m* Maschinengewehrschütze *m*; **~ora** [-'dorɐ] *f* Maschinengewehr *n*
métric|a ['mɛtrikɐ] *f* Verslehre *f*, Metrik *f*; **~o** [-ku] metrisch; ***fita f -a*** Maßband *n*
metro ['mɛtru] *m* **a)** LIT Versmaß *n*; **b)** Meter *m* (*od n*); ***~ carpinteiro***, ***~ dobradiço*** Zollstock *m*; ***~ corrido*** laufende(s) Meter *n*; ***~ quadrado*** (***cúbico***) Quadrat- (Kubik)meter *m*; ***ao ~*** meterweise; **c)** U-Bahn *f*, Metro *f* (*bras* ***metrô***)
metrónomo (*ô) [mə'trɔnumu] *m* Metronom *n*
metrópole [mə'trɔpulə] *f* Metropole *f*; erzbischöfliche(r) Sitz *m*; *port* HIST Mutterland *n*; *fig* Sitz *m*
metro|politano [mətrupuli'tɐnu] **1.** *adj* erzbischöflich; HIST des Mutterlandes; **2.** *m* REL Erzbischof *m*;

CAM. DE F U-Bahn *f*; **~viário** [-'vjarju] *bras* **1.** *adj* U-Bahn...; **2.** *m* U-Bahn-Angestellte(r) *m*

meu, minha *f* [mew, 'miɲɐ] **1.** *adj* mein(e); ***um amigo ~*** ein Freund von mir; ***este ~ amigo*** mein Freund hier; **2.** *pron* meiner, meine, meines; ***ele é muito ~*** er ist mir sehr zugetan; **3.** *su* der, die, das Mein(ig)e; ***os ~s*** die Mein(ig)en; **4.** *int*: ***~!*** F *etwa*: Alter!

mex|ediço [məʃə'disu] rührig; zappelig; **~er** [-'ʃer] (2c) **1.** *v/t Körperteil* bewegen; *Gegenstand* fortbewegen; umrühren; schütteln; durchstöbern; durcheinander bringen; **2.** *v/i* sich regen; *CUL* rühren; ***não ~!*** nicht berühren!; ***~ com*** *fig* berühren; umgehen mit; ***~-se*** sich (fort)bewegen

mexerica [miʃe'rika] *f bras* Mandarine *f*

mexeri|car [məʃəri'kar] (1n) **1.** *v/t* klatschen über (*ac*); **2.** *v/i* tratschen (***sobre*** über *ac*); **~co** [-'riku] *m* Klatscherei *f*; **~s** *pl* Klatsch *m*; **~queiro** [-'kɐjru] **1.** *adj* Klatsch...; **2.** *m*, **-a** *f* Klatschbase *f*, -maul *n*

mexicano [məʃi'kɐnu] **1.** *adj* mexikanisch; **2.** *m*, **-a** *f* Mexikaner(in *f*) *m*

México ['mɛʃiku]: ***o ~*** Mexiko *n*

mexid|a [mə'ʃidɐ] *f* Wirrwarr *m*; Uneinigkeit *f*; **~o** [-du] rührig; ***ovos*** *m/pl* ***~s*** Rührei(er) *n(pl)*

mexilhão [məʃi'ʎɐ̃w] *m ZO* Miesmuschel *f*

mezena [mə'zenɐ] *f NAV* Fock *f*

mezinha [mɛ'ziɲɐ] *f MED* Einlauf *m*; F Hausmittel *n*

mi [mi] *m MÚS* E *n*; E-Saite *f*

miar [mjar] (1g) miauen

mic|a ['mikɐ] *f* **a)** *MIN* Glimmer *m*; **b)** Krümel *m*; **~áceo** [-'kasju] Glimmer....

micção [mik'sɐ̃w] *f* Urinieren *n*

micro... [mikrɔ, mikru] mikro...

micro ['mikru] *m* **a)** Mikron *n*, My *n*; **b)** F *TÉCN* Mikro *n*

micr|óbio [mi'krɔbju] *m* Mikrobe *f*; **~obicida** [-bə'sidɐ] *m* Desinfektionsmittel *n*

micro|biologia [mikrubiwlu'ʒiɐ] *f* Mikrobiologie *f*; **~cirurgia** [-sirur'ʒiɐ] *f* Mikrochirurgie *f*; **~clima** [-'klimɐ] *m* Mikroklima *n*; **~cosmo** [-'kɔʒmu] *m* Mikrokosmos *m*; **~ele(c)trónica** [-ilɛ'trɔnikɐ] *f* Mikroelektronik *f*; **~filme** [-'fiɫmə] *m* Mikrofilm *m*; **~física** [-'fizikɐ] *f* Mikrophysik *f*; **~fone** [-krɔ'fɔnə] *m* Mikrofon *n*; **~-onda(s)** [-krɔ'õdɐ] *f(pl)* Mikrowelle *f*; **~-ondas** (*pl inv*) [-krɔ'õdɐʃ] *m* Mikrowellenherd *m* (***incorporado*** eingebauter); F Mikrowelle *f*; **~ônibus** [-krɔ'õnibus] *m bras* Kleinbus *m*; **~processador** [-prusəsɐ'dor] *m INFORM* Mikroprozessor *m*; **~rganismo** [-krɔrgɐ'niʒmu] *m* Mikroorganismus *m*; **~scópico** [-kruʃ'kɔpiku] mikroskopisch; **~oscópio** [-kruʃ'kɔpju] *m* Mikroskop *n*

mict|ar [mik'tar] (1a) urinieren; **~ório** [-'tɔrju] **1.** *adj* harntreibend; **2.** *m* Pissoir *n*

mig|a ['migɐ] *f* Brocken *m*, Bröckchen *n*; **~ar** [-'gar] (1o) zerbröseln

mígala ['migɐlɐ] *f* Vogelspinne *f*

migalh|a [mi'gaʎɐ] *f* Krümel *m*; **~ar** [-'ʎar] (1b) → ***esmigalhar***

migr|ação [migrɐ'sɐ̃w] *f* Migration *f*; (Vogel)Zug *m*; **~ante** [-'grɐ̃tə] *su* Migrant(in *f*) *m*; **~atório** [-grɐ'tɔrju] wandernd; Wander...; Zug...

mij|a(da) ['miʒɐ (mi'ʒadɐ)] *f* P Pinkeln *n*; ***dar uma ~*** pinkeln; **~adela** [-ʒɐ'dɛlɐ] *f* P Pinkelstrahl *m*; **~adouro** [-ʒɐ'doru] *m* P Klo *n*; **~a-mansinho(s)** [-ʒɐmɐ̃'siɲu] *m(pl)* P Leisetreter *m*; **~ar** [-'ʒar] (1a) P pinkeln; **~eiro** [-'ʒɐjru] *m* → ***~adouro***; **~inha** [-'ʒiɲɐ] *f* P Pinkeln *n*; *fig* Winzigkeit *f*; **~o** ['miʒu] *m* P Pisse *f*

mil [miɫ] tausend

milagr|e [mi'lagrə] *m* Wunder *n*; ***fazer ~s*** Wunder vollbringen; ***não faço ~s!*** F ich kann nicht hexen!; ***por um ~*** wie durch ein Wunder; **~eiro** [-lɐ'grɐjru] **1.** *adj* wundertätig; **2.** *m* Wundertäter *m*; **~oso** [-lɐ'grozu] wunderbar; → ***~eiro***

milanês [milɐ'neʃ] **1.** *adj* mailändisch; **2.** *m*, **-esa** *f* Mailänder(in *f*) *m*

Milão [mi'lɐ̃w] Mailand *n*

milavo [mi'lavu] *m* Tausendstel *n*

mil|efólio *m*, **~-em-rama** *f* [milə'fɔlju, miɫɐ̃j'ʀɐmɐ] *BOT* Schafgarbe *f*; **~enário** [-'narju] **1.** *adj* tausendjährig; **2.** *m* Jahrtausendfeier *f*; **~énio** (*ê) [-'lɛnju] *m* Jahrtausend *n*; **~ésimo** [-'lɛzimu] **1.** *adj* tau-

M

sendst; **2.** *m* Tausendstel *n*; Tausendste(r) *m*
milha ['miʎɐ] **1.** *adj*: ***farinha*** *f* **~** Maismehl *n*; **2.** *f englische* Meile *f*; **~ *marítima*** Seemeile *f*
milhaça [mi'ʎasɐ] *f* Maismehl *n*
milh|ão [mi'ʎɐ̃w] *m* Million *f*; **-ões** *pl* Milliarde *f*; **~ar** [-'ʎar] *m* Tausend *n*; **~es** *pl* ***de*** Tausende *n/pl* von; **~eira** [-'ʎɐjrɐ] *f* ZO Kanarienvogel *m*; **~eiro** [-'ʎɐjru] *m* **a)** Tausend(er *m*) *n*; **b)** BOT Maispflanze *f*; **~entos** [-'ʎẽtuʃ] F zigtausend
milho ['miʎu] *m* Mais *m*; F *fig* Kies *m* (*Geld*); **~ *miúdo*** Hirse *f*
mili... [mili] *in Zssgn* Milli...
miliário [mi'ljarju] entscheidend
mil|ícia [mə'lisjɐ] *f* Miliz *f*; Reserve *f*; **~iciano** [-li'sjɐnu] **1.** *adj* Miliz...; Reserve...; **2.** *m* Milizsoldat *m*
mili|grama [mili'grɐmɐ] *m* Milligramm *n*; **~litro** [-'litru] *m* Milliliter *m*; **~métrico** [-'mɛtriku]: ***papel*** *m* **~** Millimeterpapier *n*
milímetro [mi'limətru] *m* Millimeter *m*
milion|ário [milju'narju] **1.** *adj* steinreich; **2.** *m*, **-a** *f* Millionär(in *f*) *m*; **~ésimo** [-'nɛzimu] **1.** *adj* millionste; **2.** *m* Millionste(r) *m*; Millionstel *n*
milípede [mi'lipədə] *m* Tausendfüßer *m*
milit|ância [məli'tɐ̃sjɐ] *f* Einsatz *m*; kämpferische Haltung *f*; Militanz *f*; **~ante** [-'tɐ̃tə] **1.** *adj* militant, streitbar; aktiv; **2.** *su* aktive(s) (Partei-) Mitglied *n*; **~ar** [-'tar] **1.** *adj* militärisch; Militär...; Soldaten...; **2.** *m* Militär *m*; Soldat *m*; **3.** *v/i* (1a) kämpfen (***por*** für), streiten (***por*** für); **~arismo** [-tɐ'riʒmu] *m* Militarismus *m*; **~arista** [-tɐ'riʃtɐ] **1.** *adj* militaristisch; **2.** *m* Militarist *m*
milonga [mi'lõgɐ] *su* P Kanaille *f*; Betrüger(in *f*) *m*; **~s** *pl* Intrigen *f/pl*
mil-réis (*pl inv*) [miɫ'ʀɐjʃ] *m* HIST Milreis *n* (*= 1 Escudo*)
mim [mĩ] *pron nach prp* mir; mich; ***de* ~** von mir; über mich; ***cá por* ~** F meinetwegen; von mir aus
mim|alho [mi'maʎu] verwöhnt; **~ar** [-'mar] (1a) **a)** verwöhnen; **b)** *et* durch Mimik darstellen; nachahmen; **~etismo** [-mə'tiʒmu] *m* Mimikry *f*
mímic|a ['mimikɐ] *f* Gebärdensprache *f*, Mimik *f*; **~o** [-ku] mimisch
mim|inho [mə'miɲu] *m* Schmollen *n*; **~o** ['mimu] *m* Zärtlichkeit *f*; Aufmerksamkeit *f*; Verhätschelung *f*; ***dar* ~(*s*) *a*** verwöhnen; ***que* ~!** wie lieb!; **~osa** [-'mɔzɐ] *f* BOT Mimose *f*; **~osear** [-mu'zjar] (1l) verzärteln; **~oso** [-'mozu] **1.** *adj* zart; empfindlich; verwöhnt; **2.** *m* Liebling *m*
min|a ['minɐ] *f* Bergwerk *n*, Grube *f*; Mine *f* (*a* MIL, *Bleistift*); Stollen *m*; (unterirdische) Quelle *f*; *fig* Goldgrube *f*; ***engenheiro*** *m* ***de* ~s** Bergbauingenieur *m*; **~ar** [-'nar] (1a) **1.** *v/t Stollen* graben; *Erde* aufwühlen; MIL verminen; *fig* untergraben; **2.** *v/i* um sich greifen; *fig* sich durchsetzen
Minas Gerais ['mĩnazʒe'rajs] *m bras Bundesstaat*
mineiro [mi'nɐjru] **1.** *adj* Bergbau..., Bergwerks...; ***indústria*** *f* **-a** Bergbau *m*; **2.** *m* Bergmann *m*
miner|ação [minərɐ'sɐ̃w] *f* Abbau *m*; Erzgewinnung *f*; Aufbereitung *f*; **~al** [-'raɫ] **1.** *adj* mineralisch; Mineral...; ***água*** *f* **~** Mineralwasser *n*; **2.** *m* Mineral *n*; **~alogia** [-rɐlu'ʒiɐ] *f* Mineralogie *f*; **~alógico** [-rɐ'lɔʒiku] mineralogisch; **~alogista** [-rɐlu'ʒiʃtɐ] *su* Mineraloge *m*, Mineralogin *f*
minério [mi'nɛrju] *m* Erz *n*; **~ *de ferro*** Eisenerz *n*
minerva [mi'nɛrvɐ] *f* MED Zervikalstütze *f*; Halskrawatte *f*
ming|a ['mĩgɐ] *f* F → ***míngua***; ***não fazer* ~** nichts zu bedeuten haben; nicht nötig sein; **~ar** [mĩ'gar] (1o) F abnehmen; schrumpfen; knapp sein
mingau [mĩ'gaw] *m bras* CUL Brei *m*
míngua ['mĩgwɐ] *f* Knappheit *f*, Mangel *m*; Armut *f*; ***à* ~** in Not; ***à* ~ *de*** aus Mangel an (*dat*); ***não fazer* ~** reichlich vorhanden sein
mingu|ado [mĩ'gwadu] arm (***de*** an *dat*); dürftig; knapp; kurz (*Tag*); **~ante** [-'gwɐ̃tə] **1.** *adj*: ***quarto*** *m* **~** = **2.** *m* abnehmende(r) Mond *m*; *fig* Rückgang *m*; **~ar** [-'gwar] (1m, *bras* 1t) abnehmen; zurückgehen; mangeln (***em*** an *dat*), fehlen (***em*** an *dat*)
minha ['miɲɐ] → ***meu***
minhoca [mi'ɲɔkɐ] *f* Regenwurm *m*
minhoto [mi'ɲotu] *aus dem Gebiet des Minho*

M

miniatura [minjɐ'turɐ] *f* Miniatur *f*; *TIP* Initiale *f*
mini|-bus [mini'bas] *m* Kleinbus *m*; **~calculadora** [-kałkula'dora] *f bras* Taschenrechner *m*
mínima ['minimɐ] *f MÚS* halbe Note *f*
minim|amente [minimɐ'mẽtə] im Geringsten; **~izar** [-nəmi'zar] (1a) minimieren; klein (*od* gering) halten
mínimo ['minimu] **1.** *adj* sehr klein; minimal; kleinst; **2.** *m* Minimum *n*; *ANAT* kleine(r) Finger *m*; **~ de subsistência** Existenzminimum *n*; **~s** *pl AUTO* Standlicht *n*; **no ~** zumindest
minissaia [mini'sajɐ] *f* Minirock *m*
minist|erial [məniʃtə'rjał] ministeriell; Minister...; Ministerial...; **~ério** [-'tɛrju] *m POL* Ministerium *n*; Amtszeit *f* (*e-s Ministers*); Amt *n*; Dienst *m*; *bras a* Ministerrat *m*; **♀ da Educação e Investigação Científica** Erziehungs- und Forschungs-, **♀ do Emprego e Segurança Social** Arbeits- und Sozial-, **♀ das Finanças** (*bras* **♀ da Fazenda**) Finanz-; **♀ dos Negócios Estrangeiros** (*bras* **♀ das Relações Exteriores**) Außenministerium *n*; **~ público** Staatsanwaltschaft *f*
ministr|a [mə'niʃtrɐ] *f* Ministerin *f*; **♀ da Condição Feminina** Frauenministerin *f*; **~ante** [-'trẽtə] **1.** *adj* Hilfs...; **2.** *su* Gehilfe *m*, Gehilfin *f*; *REL* Messdiener *m*; **~ar** [-'trar] (1a) liefern; (verab)reichen; (an)bieten; *REL* ministrieren
ministro [mə'niʃtru] *m POL* Minister *m*; Gesandte(r) *m*; Amtsträger *m*; Gehilfe *m*; *bras Titel der* Bundesrichter *m*; **~ federal** Bundesminister *m*; **Primeiro ♀** Premierminister *m*, Ministerpräsident *m*; **~ sem pasta** Minister *m* ohne Geschäftsbereich
Min.º ***Ministro*** *m* Minister *m*
minor|ação [minurɐ'sɐ̃w] *f* Verminderung *f*; *MED* Linderung *f*; **~ar** [-'rar] (1e) (ver)mindern; lindern; erleichtern; entschärfen; **~ia** [-'riɐ] *f* Minderheit *f*; **~ de bloqueio** *POL* Sperrminorität *f*; **~itariamente** [-ritarjɐ'mẽtə] als Minderheit; **~itário** [-ri'tarju] Minderheits...
min|úcia [mi'nusjɐ] *f* Kleinigkeit *f*; **~uciosidade** [-sjuzi'dadə] *f* Genauigkeit *f*, Gewissenhaftigkeit *f*; **~ucioso** [-'sjozu] gewissenhaft; ausführlich; eingehend; **~udência** [minu'dẽsjɐ] *f* → **~uciosidade**; **~udenciar** [-dẽ'sjar] (1g) → ***pormenorizar***
minuete, *bras* **-o** [mi'nwetə, -tu] *m MÚS* Menuett *n*
minúscul|a [mi'nuʃkulɐ] *f* Kleinbuchstabe *m*; **~o** [-lu] winzig
minut|a [mi'nutɐ] *f* Entwurf *m*; Skizze *f*; **~ar** [-'tar] (1a) entwerfen
minuto [mi'nutu] **1.** *adj* kurz; klein(st); **2.** *m* Minute *f*
miocárdio [miw'kardju] *m* Herzmuskel *m*
miolo ['mjolu] *m* (Brot)Krume *f*; Weiche(s) *n* (*im Brot*); (Frucht-)Mark *n*; (Nuss)Kern *m*; *fig* Kern *m*; **~(s)** (*pl*) Hirn *n*; F *fig* Grips *m*; **cabeça** *f* **sem ~(s)** Hohlkopf *m*
míope ['miwpə] kurzsichtig (*a fig*)
miopia [miw'piɐ] *f* Kurzsichtigkeit *f*
miosótis [-'zɔtiʃ] *f* Vergissmeinnicht *n*
mira ['mirɐ] *f* (Gewehr)Korn *n*; Mess-, Nivellierlatte *f*; *fig* Blick *m*; Absicht *f*; Ziel *n*; **cruz** *f* **de ~** Fadenkreuz *n*; **linha** *f* **de ~** Visierlinie *f*; **ponto** *m* **de ~** Korn(spitze *f*) *n*; **à ~** auf der Lauer; **ter a ~ em**, **ter em ~** im Auge behalten (*ac*)
miraculoso [mirɐku'lozu] → ***milagroso***
mir|adoiro, **-ouro** [mirɐ'dojru, -'doru] *m* Aussichtspunkt *m*; **~agem** [-'raʒɐ̃j] *f* Luftspiegelung *f*, Fata Morgana *f*; **~a-mar(es)** [-'mar] *m(pl)* (Aussichtspunkt *m* mit) Meeresblick *m*; **~ante** [-'rẽtə] *m* → ***miradouro***; **~ar** [-'rar] (1a) **1.** *v/t* ansehen, betrachten; beobachten; **~ alc a alg** j-m auf (*die Finger etc*) schauen; **2.** *v/i*: **~ a** (ab)zielen auf (*ac*); schauen auf (*ac*); **~ para** liegen (*od* gehen) nach; **~-se** sich betrachten
miríade [mi'riɐdə] *f* Myriade *f*
mirim [mi'rĩ] *bras* winzig, klein; **táxi-~** *m* Kleintaxi *n*
mirone [mi'rɔnə] *su* Beobachter(in *f*) *m*; P *depr* Spanner *m*; Gaffer *m*
mirr|a ['miʀɐ] **1.** *f BOT* Myrrhe *f*; **2.** *su* F Gerippe *n* (*dürre Person*); Geizhals *m*; **~ar** [mi'ʀar] (1a) **1.** *v/t* ausdörren; austrocknen; **2.** *v/i* verdorren; abmagern

M

mirto ['mirtu] *m BOT* Myrte *f*
misantr|opia [mizẽtru'piɐ] *f* Menschenscheu *f*; **~ópico** [-'trɔpiku] menschenscheu; misanthropisch; **~opo** [-'tropu] *m* Menschenfeind *m*
miscelânea [miʃsə'lɐnjɐ] *f* Vermischte(s) *n*; Miszellen *pl*
misc|igenação [miʃsiʒənɐ'sɐ̃w] *f* (Rassen)Mischung *f*; **~igenado** [-'nadu] gemischt; **~ível** [-'sivɛł] mischbar
miser|ando [mizə'rɐ̃du] bedauernswert; **~ável** [-'ravɛł] elend; erbärmlich
miséria [mi'zɛrjɐ] *f* Elend *n*, Not *f*; Leid *n*, Jammer *m*; Erbärmlichkeit *f*; Kleinigkeit *f*; F Dreck *m*; ***cair na ~*** in Not geraten; ***salário** m **de ~*** Hungerlohn *m*
miseric|órdia [mizəri'kɔrdjɐ] *f* Barmherzigkeit *f*, Erbarmen *n*; Fürsorge *f*; ***golpe** m **de ~*** Gnadenstoß *m*; **~ordioso** [-kur'djozu] barmherzig
mísero ['mizəru] elend, unglücklich
miss|a ['misɐ] *f* Messe *f*; ***~ campal*** Feldmesse *f*; ***~ cantada solene*** Hochamt *n*; ***~ de alva*** Frühgottesdienst *m*; ***~ do galo*** Mitternachtsmette *f*; ***fato** m **de ir à ~*** Sonntagsanzug *m*; ***não ir à ~ com** j-n* nicht ausstehen können; **~al** [mi'sał] *m* Messbuch *n*
missanga [mi'sɐ̃gɐ] *f* Glasperle(nschmuck *m*) *f*; *TIP* Perlschrift *f*; ***~s** pl* Kleinkram *m*; ***bordado a ~*** mit Perlenstickerei
missão [mi'sɐ̃w] *f* Mission *f*, Auftrag *m*; ***ter por ~** inf* die Aufgabe haben zu
míssil ['misił] *m* Rakete *f*; ***~ cruzeiro*** Marschflugkörper *m*; ***~ de alcance intermédio*** Mittelstreckenrakete *f*; ***~ submarino*** Unterwasserrakete *f*; ***~ aéreo*** Luftrakete *f*; ***~ terrestre*** Bodenrakete *f*
mission|ar [misju'nar] (1f) bekehren; **~ário** [-'narju] *m* Missionar *m*
missiva [mi'sivɐ] *f* Schreiben *n*
mistela [miʃtɛlɐ] *f* P Gebräu *n*
mister [miʃ'tɛr] *m* Beruf *m*; Aufgabe *f*, Arbeit *f*, Notwendigkeit *f*; ***haver ~, ser ~, fazer-se ~*** nötig sein
mist|ério [miʃ'tɛrju] *m* Geheimnis *n* (***desvendar*** lüften); Mysterium *n*; **~erioso** [-tə'rjozu] geheimnisvoll
mística ['miʃtikɐ] *f* Mystik *f*
misticismo [miʃtə'siʒmu] *m* Mystizismus *m*
místico ['miʃtiku] **1.** *adj* mystisch; geheimnisvoll; **2.** *m* Mystiker *m*
mistific|ação [miʃtəfikɐ'sɐ̃w] *f* Mystifikation *f*; **~ar** [-'kar] (1n) mystifizieren; irreführen, täuschen
mist|ifório [məʃti'fɔrju] *m* Durcheinander *n*; **~o** ['miʃtu] **1.** *adj* gemischt; **2.** *m* Gemisch *n*
mistur|a [miʃ'turɐ] *f* Mischung *f*; ***~ de legumes*** Mischgemüse *f*; ***à ~*** gemischt; durcheinander; **~ada** [-'radɐ] *f* Mischmasch *m*; **~ador** [-rɐ'dor] *m* Mischmaschine *f*; Mixer *m*; **~adora** [-rɐ'dorɐ] *f* Mischbatterie *f*; ***~ monocomando*** Einhebelmischbatterie *f*; **~ar** [-'rar] (1a) (ver)mischen; mixen; ***~-se em*** sich einmischen in (*ac*)
mísula ['mizulɐ] *f* Konsole *f*, Bord *n*
mítico ['mitiku] mythisch
mitigar [miti'gar] (1o) *Schmerz* lindern; *Streitende* beschwichtigen; *Durst* löschen; *fig* mäßigen
mit|o ['mitu] *m* Mythos *m*; **~ologia** [-tulu'ʒiɐ] *f* Mythologie *f*
mitra ['mitrɐ] *f REL* Mitra *f*
miu|çalha [mju'saʎɐ] *f* Splitter *m*; (Bruch)Stück *n*; **~dagem** [-'daʒɐ̃j] *f* F Rangen *f/pl*; *depr* Bälger *n/pl*
miud|amente [mjudɐ'mẽtə] stückweise; einzeln; nach und nach; **~eza** [-'dezɐ] *f* Kleinheit *f*; Zartheit *f*; Genauigkeit *f*; ***~s** pl* Kleinigkeiten *f/pl*; Kurzwaren *f/pl*; ***~s** pl **de galinha*** *CUL* Hühnerklein *n*
miúdo ['mjudu] **1.** *adj* klein; zart; häufig; *fig* genau; kleinlich; ***a ~*** häufig; ***por ~*** im Einzelnen; genau; ***venda** f **a ~*** Einzelhandel *m*; **2.** *m*, **-a** *f* Kleine(r) *su*; kleine(r) Junge *m*, kleine(s) Mädchen *n*; **3.** **~s** *m/pl* Kleingeld *n*; *CUL* Innereien *pl*
mixórdia [mi'ʃɔrdjɐ] *f* Mischmasch *m*
MNE ***Ministério** m **dos Negócios Estrangeiros*** Außenministerium *n*
m.º ***mesmo*** selbst; derselbe
mo [mu] *Zssg der pron* ***me** u **o***
mó [mɔ] *f* **a)** Mühlstein *m*; Schleifstein *m*; ***~ de esmeril*** Schleifscheibe *f*; **b)** Menge *f*, Schar *f*
moag|eiro [mwɐ'ʒɐjru] **1.** *adj* Mühlen...; Mahl...; **2.** *m* Müller *m*; **~em**

['mwaʒẽj] *f* Mahlen *n*; Mahlgut *n*; ***fábrica** f **de** ~* Mühle *f*
móbil ['mɔbił] **1.** *adj* → ***móvel***; **2.** *m* Triebfeder *f*; Motiv *n*
mob|ilar [mubi'lar] (1a) möblieren; **~ília** [-'biljɐ] *f* Mobiliar *n*; Inneneinrichtung *f*; **~iliar** [-'ljar] (1t) *bras* → ***mobilar***; **~iliário** [-'ljarju] **1.** *adj* beweglich; Möbel...; **2.** *m* Mobiliar *n*; **~ilidade** [-bəli'dadə] *f* Beweglichkeit *f*; Mobilität *f*; **~ilização** [-bəlizɐ'sɐ̃w] *f MIL* Mobilmachung *f*; *fig* Mobilisierung *f*; Einsatz *m*; **~ilizar** [-bəli'zar] (1a) mobilisieren; **~ilizável** [-bəli'zavɛł] einsatzfähig
moca ['mɔkɐ] **1.** *f* **a)** Keule *f*; P Rübe *f* (*Kopf*); **b)** *bras* Scherz *m*; Flunkerei *f*; **2.** *m CUL* Mokka *m*
moça ['mosɐ] *f* Mädchen *n*; Hausmädchen *n*; *bras a* Kellnerin *f*
mocada [mɔ'kadɐ] *f* Schlag *m*; **~s** *pl* Prügel *pl*
moçambicano [musɐ̃bi'kɐnu] **1.** *adj* mosambikanisch; **2.** *m*, **-a** *f* Mosambikaner(in *f*) *m*
Moçambique [musɐ̃'bik]: ***o** ~* Mosambik *n*
mocambo [mo'kɐ̃bu] *m bras HIST* Strohhütte *f*
moção [mu'sɐ̃w] *f* Bewegung *f*; *POL* Antrag *m*; ***~ de censura*** *POL* Misstrauensantrag *m*; ***~ de confiança*** *POL* Vertrauensfrage *f*
moçárabe [mu'sarɐbə] **1.** *adj* mozarabisch; **2.** *su* Mozaraber(in *f*) *m*
mocassim [mukɐ'sĩ] *m* Mokassin *m*
mocet|ão [musə'tɐ̃w] *m* (strammer) Bursche *m*; **~ona** [-'tɔnɐ] *f* stattliche(s) Mädchen *n*
mochar [mu'ʃar] (1e) **1.** *v/t* verstümmeln; **2.** *v/i* eine Verabredung nicht einhalten
mochila [mu'ʃilɐ] *f* Rucksack *m*
mocho ['moʃu] **1.** *adj* verstümmelt; gekappt (*Baum*); **2.** *m* **a)** *ZO*: ***~ galego*** Steinkauz *m*; **b)** Hocker *m*
mocidade [musi'dadə] *f* Jugend *f*
mo|cinha [mu'siɲɐ] *f* junge(s) Mädchen *n*; **~ço** ['mosu] **1.** *adj* jung; **2.** *m* junge(r) Mann *m*; Gepäckträger *m*; Gehilfe *m*; *AGR* Knecht *m*; *TÉCN* Schraubzwinge *f*; ***~ de cozinha*** Küchenjunge *m*; ***~ de fretes***, ***~ de recados*** Laufbursche *m*
moda ['mɔdɐ] *f* Mode *f*; *MÚS* Liedchen *n*; ***canção** f **da** ~* Schlager *m*; ***desfile** m **de** ~* Modenschau *f*; ***à** ~* modisch; ***à ~ de*** *fig* nach Art von; ***à sua ~*** auf seine Art; ***fora de ~*** altmodisch; ***passar de ~*** aus der Mode kommen
modal [mu'dał] modal; **~idade** [-dɐli'dadə] *f* Modalität *f*; Art und Weise *f*, Form *f*; *Sport*: Disziplin *f*
model|ar [mudə'lar] **1.** *adj* mustergültig; modellhaft; **2.** *v/t* (1c) modellieren; *Plan* umreißen; gestalten; ***~-se por*** zum Vorbild nehmen (*ac*)
modelo [mu'delu] **1.** *m* Modell *n*; Vorlage *f*; *fig* Vorbild *n*; ***~ fim-de--série*** Auslaufmodell *n*; ***passar ~s*** Modelle vorführen; **2.** *f* Model *n*
modem ['mɔdẽj] *m INFORM* Modem *n*
moder|ação [mudərɐ'sɐ̃w] *f* Mäßigung *f*; Zurückhaltung *f*; Bescheidenheit *f*; *TV* Moderation *f*; **~ado** [-'radu] mäßig; **~ador** [-'dor] *m TV* Moderator *m*; **~ar** [-'rar] (1c) mäßigen; verlangsamen; mildern; moderieren; ***~-se*** nachlassen; sich mäßigen; **~ativo** [-'tivu] mäßigend
modern|amente [mudɛrnɐ'mẽtə] in neuerer Zeit; **~ice** [-dər'nisə] *f* Neuerungssucht *f*; Zeiterscheinung *f*; *fig* Eintagsfliege *f*; **~idade** [-ni'dadə] *f* Modernität *f*; Moderne *f*; **~ismo** [-'niʒmu] *m* Modernismus *m*; **~ista** [-'niʃtɐ] **1.** *adj* modernistisch; **2.** *su* Modernist(in *f*) *m*; **~izar** [-dərni'zar] (1a) modernisieren; **~o** [-'dɛrnu] modern; neu; ***à -a*** modern
mod|éstia [mu'dɛʃtjɐ] *f* Bescheidenheit *f*; **~esto** [-'dɛʃtu] bescheiden; anspruchslos
módico ['mɔdiku] mäßig; spärlich
modific|ação [mudəfikɐ'sɐ̃w] *f* (Ab-, Ver)Änderung *f*; **~ar** [-'kar] (1n) (ab-, um-, ver)ändern; mäßigen
mod|inha [mɔ'diɲɐ] *f* Schlager *m*; *bras* traurige(r) Gesang *m*; **~ista** [mu'diʃtɐ] *f* Schneiderin *f*; Modistin *f*
modo ['mɔdu] *m* Art *f*, Weise *f*; Verfahren *n*; *LING* Modus *m*; *MÚS* Tonart *f*; ***~ conjuntivo*** Konjunktiv *m*; ***~ de falar*** Ausdrucksweise *f*; Redensart *f*; ***~ de pensar*** Denkweise *f*; ***~ de ser*** Eigenart *f*; ***~ de vida*** Lebensweise *f*; ***~ gráfico*** *INFORM* Grafikmodus *m*; ***a seu ~*** auf seine Weise; ***ao ~ de*** nach Art (*gen*); wie; ***de ~ a*** *inf* um ... zu *inf*; = ***de ~ que*** so-

M

dass; ***de certo* ~** in gewisser Weise; ***deste* ~, *por este* ~** auf diese Weise; ***de* ~ *algum*** (*od* ***nenhum***) keineswegs; ***de mau* ~** unfreundlich; widerwillig; ***de outro* ~** anderenfalls; ***de qualquer* ~** irgendwie; auf jeden Fall; ***de tal* ~ *que*** derart, dass; ***pelo*(*s*) ~(*s*)** augenscheinlich; **~s** *pl* Umgangsformen *f/pl*

modorr|a [mu'doʀɐ] *f* Schläfrigkeit *f*; **~ento, ~o** [-du'ʀẽtu, -'doʀu] schlaftrunken

modul|ação [mudulɐ'sɐ̃w] *f MÚS* Modulation *f*; **~ar** [-'lar] **1.** *v/t* (1a) *MÚS* modulieren; **2.** *adj* modular

módulo ['mɔdulu] *m* Modul *m* (*od n*); (Fahrschein)Abschnitt *m*; *AV* Raumkapsel *f*; ***bilhete* *m* *de um* ~** Fahrschein *m* für eine Zone

moed|a ['mwɛdɐ] *f* Münze *f*; Geldstück *n*; Hartgeld *n*; *ECON* Währung *f*; **~ *falsa*** Falschgeld *n*; **~ *ouro*** Goldwährung *f*; **~ *única*** *europäische* Einheitswährung *f*; (***Casa*** *f* ***da***) **♀** Münze *f*; ***pagar na mesma* ~** es j-m mit gleicher Münze heimzahlen; **~eiro** [mwə'dɐjru] *m* Münzer *m*; **~ *falso*** Falschmünzer *m*, Geldfälscher *m*

moela ['mwɛlɐ] *f* (Geflügel)Magen *m*

mo|enda ['mwẽdɐ] *f* Mahlgang *m*, -stein *m*; **~er** [mwer] (2f) (zer)mahlen, zerkleinern; *fig Gedanken* wälzen; F rädern; belästigen (*ac*); verprügeln; **~-se** sich (ab)plagen

mof|a ['mɔfɐ] *f* Spott *m*; **~ar** [mu'far] (1e) spotten (***de*** über *ac*)

mofento [mu'fẽtu] **a**) muffig; schimmelig; **b**) verhängnisvoll

mofin|a [mu'finɐ] *f* Unglück *n*; F Pech *n*; *fig* Knauserei *f*; *bras* Hetzartikel *m*; **~o** [-'finu] **1.** *adj* unglücklich; knauserig; **2.** *m*, **-a** *f* Unglücksmensch *m*; Geizhals *m*

mof|o ['mofu] *m* Schimmel *m*; ***cheirar a* ~** muffig riechen; ***criar* ~** (ver)schimmeln; **~oso** [mu'fozu] muffig; schimmelig

mogno ['mɔgnu] *m* Mahagoni(baum *m*) *n*

Mogúncia [mu'gũsjɐ] Mainz *n*

moído ['mwidu] **1.** *p/p von* ***moer***; **2.** *adj* abgespannt; F durchgedreht; verdorben (*Fisch*, *Fleisch*)

moin|a ['mɔjnɐ] P **1.** *f* **a**) Rummel *m*; **b**) Lotterleben *n*; ***andar à* ~** schnorren; **2.** *su* **a**) Lebemann *m*, -dame *f*; **b**) Drückeberger(in *f*) *m*; **c**) Schnorrer *m*; **~ar** [moj'nar] (1a) P ein Lotterleben führen

moinh|a [mu'iɲɐ] *f* Spreu *f*; Staub *m*; **~o** [-'iɲu] *m* Mühle *f*; **~ *de vento*** Windmühle *f*; *fig* Luftschloss *n*

moir... → ***mour...***

moita ['mojtɐ] **1.** *f* Busch *m*; ***na* ~** versteckt; **2.** *int*: **~(*-carrasco*)!** Ruhe!

mol|a ['mɔlɐ] *f* Feder *f*; Wäscheklammer *f*; *fig* Triebfeder *f*; **~ *helicoidal*** *TÉCN* Schraubenfeder *f*; **~ *real*** *fig* Haupttriebfeder *f*; ***botão* *m* *de* ~** Druckknopf *m*; **~s** *pl* Federung *f*; ***ter*** (***boas***) **~s** federn; **~agem** [-'laʒɐ̃j] *f* Vorteil *m*; ***de* ~** gratis

molambo [mo'lẽbu] *m bras* Lumpen *m*; *fig* Lump *m*

molar [mu'lar] **1.** *adj* Mahl...; Mühl...; *fig* weich, mürbe; ***dente*** *m* **~ = 2.** *m* Backenzahn *m*

mold|ação [mołdɐ'sɐ̃w] *f* Abdruck *m*, Abguss *m*; **~ado** [-'dadu] *m ARQUIT* Schnitz-, Stuckwerk *n*; **~ador** [-dɐ'dor] *m* Schnitzwerkzeug *n*; **~agem** [-'daʒɐ̃j] *f* Bildgießerei *f*; Abdruck *m*; **~ *em gesso*** Gipsabdruck *m*; → ***moldação***; **~ar** [-'dar] (1e) e-n Abdruck (*od* Abguss) machen von; *Blei etc* gießen; *fig* modellieren; formen; gestalten; **~-se** sich abzeichnen; sich abdrücken

mold|e ['mɔłdə] *m* (Guss)Form *f*, Modell *n*; Abdruck *m*; Schnittmuster *n*; *fig* Muster *n*; *bras ARQUIT* Schalung *f*; ***carpinteiro*** *m* ***de* ~s** Modelltischler *m*; ***de* ~** passend, nach Maß; *fig* gelegen, wie gerufen; ***nos* ~s *de*** im Rahmen (*gen*); (***v***)***ir de* ~ *a*** passen zu; **~ura** [-'durɐ] *f* Rahmen *m*; *ARQUIT* Gesims *n*, Fries *m*; **~urar** [-du'rar] (1a) (ein)rahmen

mole ['mɔlə] **1.** *adj* weich; schlaff; nachgiebig; *PINT* farblos; *fig* teilnahmslos; träge; F schlapp; **2.** *f* Masse *f*; Menge *f*

moleca [mo'lɛka] *f bras* kleine(s) (farbiges) Mädchen *n*

mol|écula [mu'lɛkulɐ] *f* Molekül *n*; **~ecular** [-ləku'lar] molekular

moleir|a [mu'lɐjrɐ] *f* **a**) Müllerin *f*; **b**) *ANAT* Fontanelle *f*; ***ser duro da* ~** P nicht alle Tassen im Schrank haben; **~o** [-'lɐjru] *m* Müller *m*; *ZO* Raubmöwe *f*

molengla, ~ue [mu'lẽgɐ, -'lẽgə] **1.** *adj* weichlich; schlaff; träge **2.** *m* Weichling *m*; Schlappschwanz *m*
moleque [mo'lɛki] *bras* **1.** *adj* scherzhaft; schelmisch; **2.** *m* Bengel *m*; Gassenjunge *m*
mollestar [muləʃ'tar] (1c) belästigen, plagen; misshandeln; drücken (*Kleid*); ärgern; **~éstia** [-'lɛʃtjɐ] *f* Last *f*, Mühe *f*; Plage *f*; *körperliche* Beschwerde *f*; **~esto** [-'lɛʃtu] lästig; unbequem; beschwerlich
mollete [mu'letɐ] *f* Mahlstein *m*; **~ete** [-'letə] *m* (Milch)Brötchen *n*; **~eza** [-'lezɐ] *f* Weichheit *f*; Trägheit *f*
molhlada [mɔ'ʎadɐ] *f* große(s) Bündel *n*; **~adela** [muʎɐ'dɛlɐ] *f* Eintauchen *n*; Dusche *f*, Bad *n*; ***apanhar uma ~*** nass werden; eine Dusche abbekommen; **~ado** [mu'ʎadu] **1.** *adj* nass; **2.** *m* nasse Stelle *f*; **~s** *pl bras* Getränke *n/pl*; ***loja f de secos e ~s*** → ***mercearia*** *f*; **~agem** [-'ʎaʒẽj] *f* Maische *f*; **~ar** [mu'ʎar] (1e) nass machen; einweichen; eintunken; ***~-se*** nass werden
molhe ['moʎə] *m* Mole *f*
molheira [mu'ʎɐjrɐ] *f* Sauciere *f*
molho¹ ['mɔʎu] *m* Bund *m*; Büschel *n*; Bündel *n*; ***~ de chaves*** Schlüsselbund *m*; ***~ de nervos*** Nervenbündel *n*; ***~ de tripas*** P Gespenst *n* (*Person*); ***aos ~s*** F haufenweise; ***em ~s*** gebündelt
molho² ['moʎu] *m* CUL Soße *f*; ***pôr de ~*** CUL einweichen; wässern
molibdeno [mulib'denu] *m* Molybdän *n*
moliço [mu'lisu] *m* Tang *m* (*als Dünger*); Reet *n*, Schilfrohr *n*
molinlete [muli'netə] *m* Drehkreuz *n*; Haspel *f*; (Angel)Rolle *f*; *fig* Pirouette *f*; **~ilho** [-'niʎu] *m* Handmühle *f*; Schneebesen *m*
moloque [mu'lɔkə] *m* Moloch *m*
molusco [mu'luʃku] *m* ZO Weichtier *n*
momentlaneamente [mumẽtɐnjɐ-'mẽtə] im Augenblick; **~âneo** [-'tɐnju] momentan, augenblicklich; vorübergehend
momentlo [mu'mẽtu] *m* Moment *m*; *fig* Bedeutung *f*; FIS Moment *n*; ***a cada ~*** jeden Augenblick; ***de ~*** momentan; ***num ~*** im Nu; ***num dado ~*** zu e-m bestimmten Zeitpunkt; ***por ~s*** e-n Augenblick lang; **~oso** [-'tozu] bedeutungsvoll
momlice [mu'misə] *f* Grimasse *f*; F Fratze *f*; **~s** *pl fig* Blendwerk *n*; **~o** ['momu] *m* TEA mimische Darstellung *f*
mona ['monɐ] *f* Affenweibchen *n*; F Stoffpuppe *f*; Affe *m* (*Rausch*); Brummigkeit *f*; P Birne *f* (*Kopf*)
monlarca [mu'narkɐ] *m* Monarch *m*; **~arquia** [-nɐr'kiɐ] *f* Monarchie *f* (***constitucional*** konstitutionelle); **~árquico** [-'narkiku] **1.** *adj* monarchisch; **2.** *m* = **~arquista** [-nɐr-'kiʃtɐ] *su* Monarchist(in *f*) *m*
monástico [mu'naʃtiku] klösterlich
monção [mõ'sɐ̃w] *f* Monsun *m*, Passat *m*; *fig* (günstige) Gelegenheit *f*
monco ['mõku] *m* F Rotz *m*
mondla ['mõdɐ] *f* Jäten *n*; **~ador** [-'dor] *m* Jäter *m*; Jäthacke *f*; **~ar** [-'dar] (1a) jäten; *Baum* ausputzen; *Rüben* verziehen; *fig* säubern; *Übel* ausmerzen
monetário [munə'tarju] Münz...; Geld...; Währungs...; ***circulação*** (***inflação***) *f* **-a** Geldumlauf *m* (-entwertung *f*); ***correcção f -a*** Geldwertkorrektur *f*; ***política f -a*** Währungspolitik *f*
monge ['mõʒə] *m* Mönch *m*
monglol [mõ'gɔɫ] **1.** *su* Mongole *m*, Mongolin *f*; **2.** *m* Mongolisch *n*
Mongólia [mõ'gɔljɐ]: ***a ~*** Mongolei *f*
mongólico [mõ'gɔliku] mongolisch
mongolóide [mõgu'lɔjdə] MED mongoloid
monha ['moɲɐ] *f* Zierschleife *f*; Modepuppe *f*
monhé [mɔ'ɲɛ] *m Moçambique depr* Schacherer *m*; Mischling *m*
monho ['moɲu] *m* Haarknoten *m*, Dutt *m*; Haarteil *n*
monitor [muni'tor] *m* **a)** Betreuer *m*; Ausbilder *m*; Trainer *m*; **b)** INFORM Monitor *m*; **c)** ZO Waran *m*; **~izar** [-turi'zar] (1a) überwachen
monja ['mõʒɐ] *f* Nonne *f*
mono ['monu] **1.** *adj* Affen...; F *fig* griesgrämig; **2.** *m* Affe *m*; F Griesgram *m*; P Mist *m*; Ladenhüter *m*; ***ferrar*** (*od* ***pregar***) ***um ~ a*** P *j-m* e-n Bären aufbinden
monocromático [mɔnɔkru'matiku] Monochrom... (*Monitor*)

M

monóculo [mu'nɔkulu] **1.** *adj* einäugig; **2.** *m* Monokel *n*
mono|cultura [mɔnɔkuɫ'turɐ] *f* Monokultur *f*; **~fásico** [-'faziku] *EL* einphasig, Einphasen...; **~gamia** [-gɐ'miɐ] *f* Monogamie *f*
monógamo [mɔ'nɔgɐmu] monogam
monogr|afar [mɔnɔgrɐ'far] (1b) eine Monographie schreiben über (*ac*); **~afia** [-grɐ'fiɐ] *f* Monographie *f*; **~ama** [-'grɐmɐ] *m* Monogramm *n*
monolingue [mɔnɔ'lĩgə] einsprachig
monól|ito [mu'nɔlitu] *m* Monolith *m*; **~ogo** [-lugu] *m* Monolog *m*; Selbstgespräch *n*
monomotor [mɔnɔmu'tor] einmotorig
monop|ólio [munu'pɔlju] *m* Monopol *n*; **~olista** [-pu'liʃtɐ] *su* Monopolist(in *f*) *m*; **~olizar** [-puli'zar] (1a) monopolisieren
mono|posto [mɔnɔ'poʃtu] *m* Einzelplatz *m* (*EDV-Anlage*); **~ssilábico** [-si'labiku] einsilbig; **~ssilabismo** [-silɐ'biʒmu] *m* Einsilbigkeit *f* (*a fig*); **~ssílabo** [-'silɐbu] *m* einsilbige(s) Wort *n*
mon|otonia [munutu'niɐ] *m* Monotonie *f*; Eintönigkeit *f*; **~ótono** [-'nɔtunu] monoton; eintönig; **~ovalente** [-nɔvɐ'lẽntə] *QUÍM* einwertig; **~óxido** [mɔ'nɔksidu] *m*: **~ de carbono** Kohlenmonoxid *n*
monstr|o ['mõʃtru] *m* Monster *n*; Ungeheuer *n*; **~uosidade** [-'trwuzi'dadə] *f* Ungeheuerlichkeit *f*; Scheußlichkeit *f*; **~uoso** [-'trwozu] monströs
monta ['mõtɐ] *f* Summe *f*; Betrag *m*; Wert *m*; **~-cargas** (*pl inv*) [-'kargɐʃ] *m* Lastenaufzug *m*
mont|ada [mõ'tadɐ] *f* Aufsitzen *n* (*aufs Pferd*); Reitpferd *n*; **~ado** [-'tadu] **1.** *adj* rittlings sitzend; **2.** *m* Eichenwald *m* (*im Alentejo*); **engorda** *f* **de ~** Eichelmast *f* (*Schweine*); **~ador** [-tɐ'dor] *m* *TÉCN* Monteur *m*; Reiter *m*; **~agem** [-'taʒɐ̃j] *f* Montage *f*, Zusammenbau *f*; Einbau *m*; *Film*: Schnitt *m*
montanh|a [mõ'tɐɲɐ] *f* Gebirge *n*; (hoher) Berg *m*; **~-russa** *f* Achterbahn *f*; **~eiro** [-'ɲɐjru] **1.** *adj* Berg...; **2.** *m* Gebirgsbewohner *m*; Bergführer *m*; **~ês** [-'ɲeʃ] **1.** *adj* Berg...; **2.** *m* Gebirgler *m*; **~ismo** [-'ɲiʒmu] *m* Bergsteigen *n*; **~ista** [-'ɲiʃtɐ] *su* Bergsteiger(in *f*) *m*; **~oso** [-'ɲozu] bergig; gebirgig
mont|ante [mõ'tɐ̃tə] **1.** *adj* steigend (*Flut*); **2.** *m* Höhe *f*, Betrag *m*; **~ão** [-'tɐ̃w] *m* Haufen *m*, Menge *f*; **em ~** alle(s) durcheinander; **aos montões** haufenweise; **~ar** [-'tar] (1a) **1.** *v/t* **a)** *Pferd, Fahrrad* steigen auf (*ac*); reiten (auf *dat*); **b)** montieren; einbauen; aufstellen; einrichten; *Zelt, Gerüst* aufschlagen; organisieren; *TEA* inszenieren; *Falle* stellen; **2.** *v/i* aufsitzen; reiten (**em** auf *dat*); sich belaufen (**a** auf *ac*)
montaria [mõtɐ'riɐ] *f* Wildbahn *f*; Treibjagd *f*; *bras* Kanu *n*
monte ['mõtə] *m* Berg *m*; Wildnis *f*; *fig* Haufen *m*; *JUR* Erbschaftsmasse *f*; (Spiel)Kasse *f*; **~ de vénus** Venushügel *m*; **~s** *pl* Gebirge *n*; **a ~** verwildert; *fig* blindlings; **aos ~s** haufenweise; **por ~s e vales** durch Berg und Tal; **~ada** [-'tjadɐ] *f* (Treib)Jagd *f*; **~ador** [-tjɐ'dor] *m* → **monteiro**; **~ar** [-'tjar] (1l) **a)** jagen; **b)** *ARQUIT* einen Aufriss machen von
monteia [mõ'tɐjɐ] *f* *ARQUIT* Aufriss *m*; Grundfläche *f*
monteiro [mõ'tɐjru] **1.** *adj* Jagd...; **2.** *m* Jäger *m*; Förster *m*
montepio [mõtə'piw] *m* Renten-, Sterbekasse *f*
montês [mõ'teʃ] wild, Wild...; Berg...; Gebirgs...; **cabra** *f* **-esa** Gämse *f*; **cabrito** *m* **~** Steinbock *m*
montículo [mõ'tikulu] *m* Hügel(chen *n*) *m*; Häufchen *n*
montra ['mõtrɐ] *f* Schaufenster *n*
montur|eiro [mõtu'rɐjru] *m* Lumpensammler *m*; **~o** [-'turu] *m* Kehricht *m*; Müllhaufen *m*
monument|al [munumẽ'taɫ] großartig, monumental; **~o** [-'mẽtu] *m* Sehenswürdigkeit *f*; Grabmal *n*; **um ~ a** ein Denkmal für
moquear [mo'kjar] (1l) *bras* dörren
m.or **morador** wohnhaft
mor[1] [mɔr] Haupt...; Ober...; **capela-~** *f* Hauptaltar *m*; **monteiro-~** *m* Oberförster *m*
mor[2] [mor] *m*: **por ~ de** wegen (*gen*)
mora ['mɔrɐ] *f* Verzögerung *f*; Aufschub *m*; *ZO Art* Dorsch *m*; **estar constituído em ~** im Verzug (*od* Rückstand) sein

M

mor|ada [mu'radɐ] *f* Wohnung *f*; Wohnsitz *m*; Adresse *f*; *fig* Aufenthalt *m*; **~adia** [-'diɐ] *f* Wohnhaus *n*; → ***morada***; **~** (***unifamiliar***) Einfamilienhaus *n*; **~ador** [-'dor] **1.** *adj* wohnhaft; **2.** *m* Bewohner *m*; Mieter *m*; Anlieger *m*; Einwohner *m*
moral [mu'rał] **1.** *adj* moralisch; **2.** *f* Moral *f*; **3.** *m* Stimmung *f*; Moral *f*; **~idade** [-rɐli'dadə] *f* Moral *f*; **~ista** [-rɐ'liʃtɐ] *su* Moralist(in *f*) *m*; **~izador** [-rɐlizɐ'dor] **1.** *adj* erzieherisch; **2.** *m* Moralprediger *m*
morang|o [mu'rɐ̃gu] *m* Erdbeere *f*
morar [mu'rar] (1e) wohnen; ***ir ~ para*** ziehen nach
moratória [murɐ'tɔrjɐ] *f* Zahlungsaufschub *m*; Moratorium *n*
morbid|ade [murbi'dadə] *f* Zahl *f* der Krankheitsfälle, Morbidität *f*; **~ez** [-'deʃ] *f* Schwäche *f*; Anfälligkeit *f*
mórbido ['mɔrbidu] *MED* kränklich
morc|ão [mur'kɐ̃w] *m* P Gewürm *n*; P Versager *m*
morcego [mur'sɛgu] *m* Fledermaus *f*; *fig* Nachtschwärmer *m*
morc|ela, *bras* **~ilha** [mur'sɛlɐ, -'siʎa] *f* Blutwurst *f*
mord|aça [mur'dasɐ] *f* Knebel *m*; *TÉCN* Backe *f* (*e-r Zange*); *fig* Einschränkung *f* der Meinungsfreiheit; **~az** [-'daʃ] beißend; bissig; scharf; **~edela**, **~edura** [-də'dɛlɐ, -də'durɐ] *f* Biss(wunde *f*) *m*; Stich *m*; **~ente** [-'dẽtə] **1.** *adj* beißend; durchdringend (*Ton*); *QUÍM* ätzend; **2.** *m* Beize *f*; *FOT* Fixativ *n*; *TÉCN* (Klemm)Backe *f*; **~er** [-'der] (2d) **1.** *v/t* (an-, zer)beißen; stechen; *QUÍM* ätzen; **~** ***os beiços*** (***a língua***) sich auf die Lippen (die Zunge) beißen; **~** ***o pó***, **~** ***a poeira*** P ins Gras beißen; **2.** *v/i* beißen; brennen; jucken (*Insektenstich*); **~-se** F *fig* schäumen (***de*** vor *dat*); **~icar** [-di'kar] (1n) (an)knabbern; (zer)beißen; **~imento** [-di'mẽtu] *m fig* Gewissensbiss *m*; **~iscar** [-diʃ'kar] (1n) → ***~icar***
mordomo [mɔr'domu] *m* Verwalter *m*
moreia (*é) [mu'rɐjɐ] *f* **a**) *AGR* Hocke *f* (*Getreide*); **b**) *ZO* Muräne *f*; **c**) *GEOL* = **morena** [mu'rɛnɐ] Moräne *f*
moreno [mu'rɛnu] brünett; dunkel(haarig, -häutig)

morfar [mur'far] (1b) P mampfen
morfema [mur'femɐ] *m* Morphem *n*
morfin|a [mur'finɐ] *f* Morphium *n*; **~ómano** (*ô) [-'nɔmɐnu] *m* Morphiumsüchtige(r) *m*
morfologia [murfulu'ʒiɐ] *f* Formenlehre *f*, Morphologie *f*
morfos ['mɔrfuʃ] *m/pl* F Fressalien *pl*
morgado [mɔr'gadu] *m* Erstgeborene(r) *m*; Majoratserbe *m*
morgue ['mɔrgə] *f* Leichenschauhaus *n*
moribundo [muri'bũdu] sterbend (*Person*); verlöschend (*Licht*)
moriger|ação [muriʒərɐ'sɐ̃w] *f* Belehrung *f*; **~ado** [-'radu] wohlerzogen; **~ar** [-'rar] (1c) erziehen
moring|a *f*, **~ue** *m* [mu'rĩgɐ, -gə] Trinkwasserkrug *m*
morma|cento [murmɐ'sẽtu] feuchtwarm; **~ço** [-'masu] *m* feuchte Wärme *f*
mormente [mɔr'mẽtə] hauptsächlich
morn|idão [murni'dɐ̃w] *f* Schlaffheit *f*; **~o** ['mornu] lau(warm); ***de água -a*** *fig* unbedeutend, wertlos
moros|idade [muruzi'dadə] *f* Langwierigkeit *f*; **~o** [-'rozu] säumig
morra ['moʀɐ]: **~!** nieder (mit)!
morrão [mu'ʀɐ̃w] *m* Lunte *f*; Docht *m*
morre|diço [muʀə'disu] sterbend; verlöschend; **~doiro**, **-ouro** [-'dojru, -'doru] kurzlebig; todbringend; dem Tode geweiht (*Person*)
morrer [mu'ʀer] (2d; *p/p mst* **morto**) sterben (***de*** an); umkommen; absterben; *fig* enden; verlöschen; verklingen; **~** ***à fome*** verhungern; **~** ***às mãos de*** in *j-s* Händen sterben; ***de ~ a rir*** zum Totlachen; **~** ***em graça*** in Frieden sterben; **~**(***-se***) ***por*** für sein Leben gern haben
morrinh|a [mu'ʀiɲɐ] *f* Räude *f*; *bras* *übler* Körpergeruch *m*; Sprühregen *m*; **~ento** [-'ɲẽtu] räudig; regnerisch
morro ['moʀu] *m* Hügel *m*
morsa ['mɔrsɐ] *f* Walross *n*
mort|adela [murtɐ'dɛlɐ] *f CUL* Mortadella *f*; **~agem** [-'taʒɐ̃j] *f* Zapfenloch *n*; **~al** [-'tał] sterblich; tödlich; kurzlebig; ***pecado*** *m* **~** Todsünde *f*; **~alha** [-'taʎɐ] *f* **a**) Totenhemd *n*; **b**) Zigarettenpapier *n*; **~alidade** [-tɐli-

M

'dadə] *f* Sterblichkeit *f*; ***~ infantil*** Kindersterblichkeit *f*; ***taxa f de ~*** Sterblichkeitsrate *f*; **~andade** [-tɐ̃'dadə] *f* Sterben *n*; Gemetzel *n*; → ***mortalidade***

morte ['mɔrtə] *f* Tod *m*; Todesfall *m*; ***~ aparente*** Scheintod *m*; ***pena f de ~*** Todesstrafe *f*; ***perigo m de ~*** Lebensgefahr *f*; *Fußball*: Golden Goal *n*; ***de ~*** tödlich; Todes...; ***de má ~*** böswillig; ***para a vida e para a ~*** auf Leben und Tod; ***ver a ~ diante dos olhos*** den Tod vor Augen sehen; **~-em-pé** [mɔrtɐ̃j'pɛ] *f* lebende(r) Leichnam *m*

morteiro [mur'tɐjru] *m* MIL Mörser *m*; *Feuerwerk*: Böller *m*

mort|icínio [murtə'sinju] *m* Blutbad *n*; **~iço** [-'tisu] sterbend; verlöschend; blass; leblos; **~ífero** [-'tifəru] todbringend

mortific|ação [murtəfikɐ'sɐ̃w] *f* Abtötung *f*; REL Kasteiung *f*; *fig* Kränkung *f*; **~ar** [-'kar] (1n) abtöten; REL kasteien; quälen

morto ['mortu] **1.** *adj* tot; gestorben (*zu* ***morrer***); abgestorben; leblos; stehend (*Gewässer*); ***~ de*** halbtot vor (*dat*); ***estar ~ por*** *inf fig* darauf brennen zu; **2.** *m* Tote(r) *m*

mortu|alha [mur'twaʎɐ] *f* Leichenhaufen *m*; → **~ório**; **~ário** [-'twarju] Leichen...; Sterbe...; **~ório** [-'twɔrju] *m* Leichenbegräbnis *n*; ***em ~*** *fig* aufgeschoben

morubixaba [morubi'ʃaba] *m* bras Häuptling *m*

mosaico [mu'zajku] *m* Mosaik *n*

mosca ['moʃkɐ] *f* Fliege *f*; *fig* Klette *f* (*lästiger Mensch*); Knopflochstich *m* (*Nähen*); ***andar às ~s, apanhar ~s*** F herumlungern; ***estar às ~s*** leer sein; ***estar com a ~*** F kribbelig sein; ***papar ~s*** F Maulaffen feilhalten; ***não fazer mal a uma ~*** keiner Fliege et zuleide tun; ***vai encher-te de ~s!*** geh zum Teufel!; ***~-de-fruta*** *f* Obstfliege *f*

moscad|a [muʃ'kadɐ] *f* Muskat(nuss *f*) *m*; **~eira** [-kɐ'dɐjrɐ] *f* Muskatbaum *m*; **~eiro** [-kɐ'dɐjru] *m* Fliegenklatsche *f*; **~o** [-'kadu] würzig; ***noz f -a*** Muskatnuss *f*

moscambilha [muʃkɐ̃'biʎɐ] *f* F Dreh *m*, Kniff *m*

mosc|a-morta [moʃkɐ'mɔrtɐ] *su* Duckmäuser(in *f*) *m*; **~ão** [muʃ'kɐ̃w] *m* Schmeißfliege *f*; **~ar(-se)** [muʃ'kar] (1n; *Stv* 1e) F verduften; **~ardo** [muʃ'kardu] *m* ZO Bremse *f*

moscatel [muʃkɐ'tɛɫ] *m* Muskateller(wein) *m*

mosco ['moʃku] *m* Mücke *f*

Moscovo, *bras* **Moscou** [muʃ'kovu, mos'ku] Moskau *n*

Mosela [mu'zɛlɐ] *m* Mosel *f*

mosl|ém, **~eme** [muʒ'lɐ̃j, -'lɛmə] **1.** *adj* muslimisch, Muslim...; **2.** *su* Muslim(e *f*) *m*; **~émico** (*ê) [-'lɛmiku] muslimisch

mosqu|eado [muʃ'kjadu] gefleckt, scheckig; **~ear** [-'kjar] (1l) **1.** *v/t* sprenkeln; bespritzen; **2.** *v/i bras* mit dem Schwanz schlagen; **~eiro** [-'kɐjru] *m* Fliegenschrank *m*, -klappe *f*

mosquet|ão [muʃkə'tɐ̃w] *m* Karabinerhaken *m*; **~e** [-'ketə] *m* HIST Muskete *f*; F Backpfeife *f*; **~eiro** [-'tɐjru] *m* HIST Musketier *m*

mosquit|ada [muʃki'tadɐ] *f* Mückenschwarm *m*; **~eiro** [-'tɐjru] *m* Moskitonetz *n*; **~o** [-'kitu] *m* Stechmücke *f*, Moskito *m*

moss|a ['mɔsɐ] *f* Beule *f*; Kerbe *f*; ***não fazer ~*** keinen Eindruck machen; **~ar** [mu'sar] (1e) zerknüllen

mostard|a [muʃ'tardɐ] *f* Senf *m*; **~eiro** [-'dɐjru] *m* Senftöpfchen *n*

mosteiro [muʃ'tɐjru] *m* Kloster *n*

mosto ['moʃtu] *m* Most *m*

mostra ['mɔʃtrɐ] *f* Vorführung *f*; Zeichen *n*; Beweis *m*; ***cão m de ~*** Vorstehhund *m*; **~s** *pl* Ausdruck *m*; Anschein *m*; ***à ~*** offensichtlich; ***dar ~s de*** zu sein scheinen; MED Symptome (*gen*) zeigen; *Fähigkeiten* unter Beweis stellen; ***fazer ~ de*** zur Schau tragen (*ac*)

mostr|ador [muʃtrɐ'dor] *m* Ladentisch *m*; Zifferblatt *n*; Skala *f*; Display *n*; ***~ de cristal líquido*** INFORM Flüssigkristallanzeige *f*; **~ar** [-'trar] (1e) zeigen; *Modelle* vorführen

mostrengo [muʃ'trẽgu] *m* F Taugenichts *m*

mostruário [muʃ'trwarju] *m* Musterkollektion *f*; Musterbuch *n*, -koffer *m*; Vitrine *f*, Schaukasten *m*

mota ['mɔtɐ] *f* **a)** Deich *m*; Erdaufschüttung *f*; **b)** F Motorrad *n*; ***~ de esqui aquático*** Jetski *m*; **c)** *bras* Trinkgeld *n*

M

mote ['mɔtə] *m* Motto *n*
motej|ar [mutə'ʒar] (1d) **1.** *v/t* verspotten; **2.** *v/i* spotten (***com***, ***de*** über *ac*); **~o** [-'tɐʒu] *m* Spott *m*
motel [mɔ'tɛɫ] *m* Motel *n*
motete [mu'tetə] *m* Stichelei *f*, Witz *m*; *MÚS* Motette *f*
motim [mu'tĩ] *m* Unruhe *f*; Meuterei *f*
motiv|ação [mutivɐ'sɐ̃w] *f* Begründung *f*; Motivation *f*; **~ar** [-'var] (1a) begründen; motivieren (***a*** zu); bewegen (***para*** zu)
motivo [mu'tivu] *m* Grund *m*; Motiv *n*; **~ *condutor*** Leitmotiv *n*; ***por* ~(s) *de*** anlässlich (*gen*)
moto¹ ['mɔtu] *m* **a**) (Dreh)Bewegung *f*; Drehung *f*; ***de* ~ *próprio*** aus freien Stücken; **b**) Motto *n*, Devise *f*
moto² ['mɔtɔ] *f Kurzform von* ***motocicleta***; Motorrad *n*; **~ca** [-'tɔka] *f bras* F Motorrad *n*; **~cicleta** [-si'kletɐ] *f* Motorrad *n*; **~ciclismo** [-si'kliʒmu] *m* Motorradsport *m*; **~ciclista** [-si'kliʃtɐ] *su* Motorradfahrer(in *f*) *m*; **~ciclo** [-'siklu] *m* → ***motocicleta***; **~náutica** [-'nawtikɐ] *f* Motorbootsport *m*; **~neta** [-'neta] *f bras* Motorroller *m*; **~queiro** [-'kɐj-ru] *m* Motorradfahrer *m*
motor [mu'tor] **1.** *adj* (an)treibend; motorisch; ***força* f *-a*** Triebkraft *f*; **2.** *m* Motor *m*; *fig* Antrieb *m*, treibende Kraft *f*; **~ *a quatro tempos*** Viertaktmotor *m*; **~ *à retaguarda*** Heckmotor *m*; **~ *de arranque*** Anlassermotor *m*; **~ *de combustão*** Verbrennungsmotor *m*; **~ *de quatro cilindros*** (***em linha***) Vierzylinder(reihen) motor *m*; **~ *de recâmbio*** Austauschmotor *m*; **~ *eléctrico*** Elektromotor *m*; **~ *fora de borda*** Außenbordmotor *m*
motor|eta [mutu'retɐ] *f* Motorroller *m*; **~ista** [-'riʃtɐ] *su* Autofahrer(in *f*) *m*; ***carteira*** *f* ***de*** **~** *bras* Führerschein *m*; **~ização** [-rizɐ'sɐ̃w] *f* Motorisierung *f*; **~izada** [-ri'zadɐ] *f* Moped *n*; Mofa *n*; **~izar** [-ri'zar] (1a) motorisieren; **~neiro** [-'nejru] *m bras* Wagenführer *m* (*e-r Straßenbahn*)
motosserra [mɔtɔ'sɛʀɐ] *f* Motorsäge *f*
motr|icidade [mutrəsi'dadə] *f* Drehfreudigkeit *f* (*e-s Motors*); **~iz** [-'triʃ]: ***força*** *f* **~** Triebkraft *f*
mou|co ['moku] taub; **~quidão** [moki'dɐ̃w] *f* Taubheit *f*
mour|aria [morɐ'riɐ] *f* Maurenviertel *n*; **~ejar** [-rə'ʒar] (1d) sich plagen, sich schinden; **~isco** [-'riʃku] maurisch; Mauren...; **~o** ['moru] **1.** *adj* maurisch; **2.** *m*, **-a** *f* Maure *m*, Maurin *f*; *allg* Ungläubige(r) *su*; **~ *de trabalho*** *fig* Arbeitstier *n*
mout... → ***moit...***
movediço [muvə'disu] beweglich; locker (*Erdreich*); unstet (*Person*); ***areia*** *f* ***-a*** Flugsand *m*
móvel ['mɔvɛɫ] **1.** *adj* beweglich; fahrbar; Dreh...; **2.** *m* **a**) Beweggrund *m*, Anlass *m*; (***primeiro***) **~** treibende Kraft *f*; **b**) Möbel(stück) *n*; ***-eis*** *pl* Möbel *n/pl*; ***-eis*** *pl* ***estofados*** Polstermöbel *n/pl*
mover [mu'ver] (2d) bewegen (*a fig*); antreiben; *fig* verursachen; *Zwietracht* stiften; **~ *a*** veranlassen zu; rühren zu (*Tränen*); **~-*se*** sich (fort)bewegen (***a***, ***por meio de*** per)
moviment|ação [muvimẽtɐ'sɐ̃w] *f* Bewegung *f*; Abwechslung *f*; Verkehr *m*; *ECON* Transaktion *f*; Warenumsatz *m*; ***-ões*** *pl* Geschäftigkeit *f*; **~ado** [-'tadu] belebt (*Straße*); lebhaft (*Verkehr*); **~ar** [-'tar] (1a) bewegen; *Aufmerksamkeit* lenken (***a*** auf *ac*); *ECON* umsetzen; **~-*se*** sich bewegen; sich drehen
movimento [muvi'mẽtu] *m* Bewegung *f*; (Straßen)Verkehr *m*; *ECON* Umsatz *m*; *fig* Veränderung *f*; Bewegtheit *f*; ***pôr em*** **~** in Bewegung setzen; *Maschine* anlaufen lassen; *allg* in Gang setzen; ***pôr-se em*** **~** anfahren; in Gang kommen
MP ***Ministério*** *m* ***Público*** Staatsanwaltschaft *f*
mto ***muito*** sehr
muamb|a ['mwɐ̃ba] *f bras* Schmuggel *m*; **~ *de ginguba*** *Angola* Erdnusscreme *f*; **~eiro** [-'bejru] *m bras* Schwarzhändler *m*
muar [mwar]: (***gado*** *m*) **~** Maultier *n*
muc|o ['muku] *m* (Nasen)Schleim *m*; **~osa** [-'kɔzɐ] *f* Schleimhaut *f*; **~osidade** [-zi'dadə] *f* Schleim *m*; **~oso** [mu'kozu] schleimig, Schleim...
muçulmano [musuɫ'mɐnu] **1.** *adj* moslemisch; **2.** *m* Moslem *m*
mucumbu [mukũ'bu] *m bras* Plunder *m*; Lumpen *m*

muda ['mudɐ] *f* Wechsel *m*; Mauser *f* (*Vögel*); Häutung *f*; Stimmbruch *m*; *AGR* Setzling *m*; Auspflanzen *n*
mud|ança [mu'dɐ̃sɐ] *f* Änderung *f*; Verwandlung *f*; (Witterungs)Wechsel *m*; Verlegung *f*; Versetzung *f*; Umzug *m*; Umsteigen *n*; *fig* Abwechslung *f*; Unbeständigkeit *f*; (***caixa*** *f* ***de***) **~** *AUTO* Gangschaltung *f*; **~ *de óleo*** *AUTO* Ölwechsel *m*; **~ar** [-'dar] (1a) **1.** *v/t* (ab-, ver)ändern; (aus)wechseln; verwandeln (***em*** in *ac*); **~ *para*** versetzen nach; legen (*od* stellen) an (*ac*) (*od* in *ac*, auf *ac*); verlegen nach; **~ *de*** wechseln (*ac*); ändern (*ac*); **2.** *v/i* sich ändern; umschlagen (*Wind*, *Wetter*); umsteigen; **~ *a voz*** in den Stimmbruch kommen; **~ *de casa*** umziehen; **~ *de estado*** sich verheiraten; **~ *de propósito*** (*od* ***opinião***, ***ideia***) es sich anders überlegen; **~ *de roupa*** sich umziehen; **~*-se*** umziehen (***para*** nach); **~ável** [-'davɛł] veränderlich
mud|ez [mu'deʃ] *f* Stummheit *f*; *fig* Schweigen *n*; **~o** ['mudu] **1.** *adj* stumm; *fig* schweigsam; **2.** *m* stumme(r) Mensch *m*; Stumme(r) *m*
mufl|a ['muflɐ] *f* *TÉCN* Muffel *f*; **~o** ['muflu] *m* *ZO* Mufflon *n*
mug|ido [mu'ʒidu] *m* Gebrüll *n*; **~ir** [-'ʒir] (3n) brüllen, muhen (*Rind*)
muito ['mũjtu] **1.** *adv* sehr; viel; schnell (*laufen*); laut (*schreien*); zu (*spät*); **2.** *adj*, *pron* viel(es); zu viel; lange (*Zeit*); ***há*** (*od* ***havia***) **~** (***que***) **a**) vor langer Zeit; **b**) seit langer Zeit; seit langem, lange; ***quando ~!*** höchstens!; wenn überhaupt!; ***por ~ que*** *conj* so sehr auch
mul|a ['mulɐ] *f* Maultier *n*, -eselin *f*; ***teimoso como uma ~*** F störrisch wie ein Esel; ***picar a ~*** F aufbrechen; **~ada** [-'lada] *f* Maultierherde *f*
mulato [mu'latu] *m* Mulatte *m*
muleta [mu'letɐ] *f* Krücke *f*; Stierkampf: Muleta *f*
mulher [mu'ʎɛr] *f* Frau *f*; **~ *a dias*** Aufwartefrau *f*; **~ *da vida*** (*od* ***zona***, ***rótula***) P Hure *f*
mulher|aça *f*, **~ão** *m* [muʎə'rasɐ, -'rɐ̃w] F Riesenweib *n*; **~(es)-carteiro(s)** [-kɐr'tɐjru] *f(pl)* Briefträgerin *f*; **~engo** [-ʎə'rẽgu] **1.** *adj* weibisch; *bras* weibstoll; **2.** *m* weibische(r) Typ *m*; *bras* Weiberheld *m*; **~(es)-homem** [-'ɔmɐ̃j] *f(pl)* Mannweib *n*; **~ico** [-ʎə'riku] weibisch; **~il** [-ʎə'rił] weiblich, feminin
multa ['mułtɐ] *f* Geldstrafe *f*; ***apanhar uma ~*** eine Geldstrafe erhalten
multi|banco [mułti'bɐ̃ku] *m* Bank-, Geldautomat *m*; **~color(ido)** [-ku'lor (-kulu'ridu)] farbig; bunt; **~cultural** [-kułtu'rał] multikulturell; **~dão** [-'dɐ̃w] *f* (Menschen-)Menge *f*; **~facetado** [-fɐsə'tadu] vielseitig, facettenreich; **~lateral** [-lɐtə'rał] multilateral; vielseitig; **~lingue** [-'lĩgə] mehrsprachig; **~média** [-'mɛdjɐ] multimedial, Multimedia...; **~milionário** [-milju'narju] *m* Multimillionär *m*; **~nacional** [-nɐsju'nał] **1.** *adj* multinational; **2.** *f* Multi(nationaler Konzern) *m*; **~partidarismo** [-'riʒmu] *m* Mehrparteiensystem *n*
multiplic|ação [mułtiplikɐ'sɐ̃w] *f* Multiplikation *f*; *fig*, *BOT* Vermehrung *f*; **~ador** [-'dor] *m* Multiplikator *m*; **~ar** [-'kar] (1n) multiplizieren; *fig*, *BOT* vermehren
mult|íplice [muł'tiplisə] vielfältig; mannigfach; **~iplicidade** [-tiplәsi'dadə] *f* Vielfalt *f*
múltiplo ['mułtiplu] vielfach
multitarefa [mułtitɐ'rɛfɐ] *INFORM* Multitasking...
múmia ['mumjɐ] *f* Mumie *f*
mumificar [mumәfi'kar] (1n) mumifizieren; einbalsamieren
mundan|a [mũ'dɐnɐ] *f* Halbweltdame *f*; **~(al)idade** [-n(ɐl)i'dadə] *f* Weltlichkeit *f*; mondäne(r) Charakter *m*; **~ismo** [-'niʒmu] *m* weltmännisches (*od* mondänes) Auftreten *n*; **~o** [-'dɐnu] **1.** *adj* mondän; **2.** *m* Weltmann *m*
mund|ão [mũ'dɐ̃w] *m* *bras* endlose Weite *f*; *fig* Riesenmenge *f*, Haufen *m*; **~éu** [-'dɛw] *m* *bras* Falle *f*; Gefahr *f*; **~ial** [-'djał] Welt...; weltweit; ***campeonato*** *m* **~** Weltmeisterschaft *f*; **~*mente conhecido*** weltbekannt
mundo ['mũdu] *m* Welt *f*; *bras fig* Überfluss *m*, Menge *f*; ***meio ~*** *fig* die halbe Welt; ***o outro ~*** das Jenseits; ***terceiro ~*** Dritte Welt *f*; ***todo o ~*** alle (*od* die ganze) Welt
mundongo [mũ'dõgu] *m* Hausmaus *f*

M

mungir [mũ'ʒir] (3n) melken
munheca [mu'ɲɛkɐ] *f* Handgelenk *n*
muni|ção [muni'sɐ̃w] *f* Verpflegung *f*; *MIL* Munition *f*; ***-ões** pl* ***de boca*** Mundvorrat *m*; **~cionar** [-sju'nar] (1f) mit Munition versorgen
municipal [munəsi'pał] Gemeinde.., Stadt...; städtisch; *bras* Bezirks...; ***câmara*** *f* **~** Rathaus *n*; = **~idade** [-pɐli'dadə] *f* Stadt-, Gemeindeverwaltung *f*; **~izado** [-pɐli'zadu]: ***serviços*** *m/pl* **~s** städtische(r) Betrieb *m*; Stadtwerke *n/pl*; **~izar** [-pɐli'zar] (1a) in städtische Verantwortung legen
município [munə'sipju] *m* Stadtgemeinde *f*; Kreis *m*
munific|ência [munəfi'sẽsjɐ] *f* Großmut *f*; **~ente** [-'sẽtə] freigebig
Munique [mu'nikə] München *n*
munir [mu'nir] (3a) versorgen (**com**, **de** mit), versehen (**com**, **de** mit)
muqu|e ['muki] *m bras* F Muskeln *m/pl*, Kraft *f*; ***a*** **~** gewaltsam; **~irana** [-ki'rɐ̃na] *bras* **1.** *f ZO* Laus *f*; **2.** *su* F Klette *f*, aufdringliche Person *f*
mur|al [mu'rał] Wand...; Mauer...; **~alha** [-'raʎɐ] *f* (Stadt)Mauer *f*; **~ar** [-'rar] (1a) ummauern (***a***, ***com*** mit)
murch|ar [mur'ʃar] (1a) **1.** *v/t* zum Welken bringen; **2.** *v/i* verwelken; verblassen; erschlaffen; absterben; **~idão** [-ʃi'dɐ̃w] *f* Welkheit *f*; Blässe *f*; *fig* Unlust *f*; **~o** ['murʃu] welk; schlaff
murmulh|ar [murmu'ʎar] (1a) *bras* rauschen (*Blätter*); plätschern (*Wellen*); **~o** [-'muʎu] *m* Rauschen *n*
murmur|ação [murmurɐ'sɐ̃w] *f* Gemurmel *n*; **~ar** [-'rar] (1a) **1.** *v/t* murmeln; zuflüstern; **2.** *v/i* rauschen; säuseln; murren; lästern (**de** über *ac*)
murmúrio [mur'murju] *m* Murmeln *n*; Rauschen *n*; Säuseln *n*; Murren *n*
muro ['muru] *m* Mauer *f*, Wand *f*; **~** ***das lamentações*** Klagemauer *f*; ***o*** **~** ***de Berlim*** die Berliner Mauer
murro ['muʀu] *m* Faustschlag *m*
murta ['murtɐ] *f BOT* Myrte *f*
murundu [murũ'du] *m bras* Haufen *m*
musa ['muzɐ] *f* Muse *f*, Dichtkunst *f*
musaranho [muzɐ'rɐɲu] *m* Spitzmaus *f*
muscul|ação [muʃkulɐ'sɐ̃w] *f* Muskeltraining *n*; Bodybuilding *n*; **~ado** [-'ladu] muskulös; **~ar** [-'lar] **1.** *adj* Muskel...; **2.** *v/t Muskulatur* stärken; **~atura** [-lɐ'turɐ] *f* Muskulatur *f*
músculo ['muʃkulu] *m* Muskel *m*; F Kraft *f*; ***ter*** **~** stark sein
musculoso [muʃku'lozu] muskulös
museu [mu'zew] *m* Museum *n*
musg|o ['muʒgu] *m* Moos *n*; **~oso** [muʒ'gozu] moosig; Moos...
música ['muzikɐ] *f* Musik *f*, Musikstück *n*; Noten *f/pl*; **~** ***clássica*** (***erudita***, ***ligeira***) klassische (ernste, leichte) Musik *f*; **~** ***instrumental*** Instrumentalmusik *f*; **~** ***rock*** Rockmusik *f*; **~** ***sinfónica*** Orchestermusik *f*
music|al [muzi'kał] musikalisch; **~ar** [-'kar] (1n) **1.** *v/t* vertonen; **2.** *v/i* musizieren; **~ata** [-'katɐ] *f* Musikgruppe *f*; musikalische Darbietung *f*; **~ista** [-'sista] *su* Musiker(in *f*) *m*; *bras* Musikliebhaber(in *f*) *m*
músico ['muziku] **1.** *adj* musikalisch; **2.** *m* Musiker *m*
musicó|logo [muzi'kɔlugu] *m* Musikwissenschaftler *m*; **~mano** (*ô) [-'kɔmɐnu] *m* Musikliebhaber *m*
muta|bilidade [mutɐbəli'dadə] *f* Veränderlichkeit *f*; **~ção** [-'sɐ̃w] *f* Veränderung *f*, Wechsel *m*; *TEA* Szenenwechsel *m*; *BIOL* Mutation *f*; **~nte** [-'tẽtə] **1.** *adj* mutierend; **2.** *m BIOL* Mutant *m*
mutil|ação [mutilɐ'sɐ̃w] *f* Verstümmelung *f*; **~ado** [-'ladu] *m* Krüppel *m*; **~ar** [-'lar] (1a) verstümmeln
mutismo [mu'tiʒmu] *m* Stummheit *f*, Schweigsamkeit *f*
mutu|alidade [mutwɐli'dadə] *f* Gegenseitigkeit *f*; Austausch *m*; **~alismo** [-twɐ'liʒmu] *m* Symbiose *f*; **~amente** [-'mẽtə] gegen-, wechselseitig; **~ar** [-'twar] (1g) austauschen; (ent-, ver)leihen; **~ário** [-'twarju] *m* Darlehensempfänger *m*; Kreditnehmer *m*
mutuca [mu'tuka] *f bras ZO* Bremse *f*
mútuo ['mutwu] gegenseitig

M

N

N, n ['ɛnə] *m* N, n *n*
n. ***nascido*** geboren; ***nome*** *m* Name *m*
N ***nota*** *f* Anmerkung *f*
na [nɐ] **1.** *Zssg der prp* **em** *u art* **a**; **2.** *pron f* sie (ihn, es); Sie
nab|al [nɐ'bał] *m* Rübenfeld *n*; **~iça** [-'bisɐ] *f* Raps *m*; **~o** ['nabu] *m* (Kohl)Rübe *f*; P *fig* taube Nuss *f*, Flasche *f*; ***comprar ~s em saco*** die Katze im Sack kaufen
nac. ***nacional*** national
nação [nɐ'sɐ̃w] *f* Nation *f*, Volk *n*; ***Nações** pl **Unidas*** Vereinte(n) Nationen *f/pl*
nácar ['nakar] *m* Perlmutter *f*
nacarado [nɐkɐ'radu] perlmuttfarben
nacional [nɐsju'nał] **1.** *adj* national; Landes...; **2.** *su* Bewohner(in *f*) *m*; Staatsangehörige(r) *su*; **~idade** [-nɐli'dadə] *f* Staatsangehörigkeit *f*; **~ismo** [-nɐ'liʒmu] *m* Nationalismus *m*; **~ista** [-nɐ'liʃtɐ] **1.** *adj* national(istisch); patriotisch; **2.** *su* Nationalist(in *f*) *m*; **~ização** [-nɐlizɐ'sɐ̃w] *f* Verstaatlichung *f*; **~izar** [-nɐli'zar] (1a) verstaatlichen; *j-n* einbürgern
naco ['naku] *m* Stück *n*
nada ['nadɐ] **1.** *adv* (überhaupt) nicht; ***não é ~ mau*** das ist gar nicht schlecht; ***não é ~ doutor*** er ist gar kein Doktor; **2.** *pron* nichts; ***antes de mais ~*** vor allen Dingen; ***de ~!*** nichts zu danken!; ***daí a ~*** gleich darauf; ***~ faz, não faz ~*** er (*od* sie) tut nichts; ***nunca faz ~*** er (*od* sie) tut nie etwas; ***não é ~*** das hat nichts zu bedeuten; ***~ de novo*** nichts Neues; ***~ senão*** nichts als; ***não é ~ disso!*** das ist ganz verkehrt!; **3.** *m* Nichts *n*; Nichtigkeit *f*; ***uma coisa de ~*** eine Kleinigkeit; ***pequenos ~s** pl* Nichtigkeiten *f/pl*; ***num ~*** im Nu; ***por*** (***tudo e por***) ***~*** für nichts und wieder nichts; ***por ~ neste mundo*** nicht um alles in der Welt; ***dar em ~*** scheitern; ***estimar*** (*od* ***ter***) ***em ~*** verachten; ***partir do ~*** bei Null beginnen; ***reduzir a ~*** vernichten; **4.** *int*: ***~!*** nichts da!; Unsinn!; ***~ de** inf* keinesfalls (soll man) *inf*; ***~ de** su* kein ...!; ***~ disso!*** nichts da!
nad|ador [nɐdɐ'dor] **1.** *adj* Schwimm...; **2.** *m*, **-a** *f* Schwimmer(in *f*) *m*; **~(es)-salvador(es)** [-sałvɐ'dor] *m*(*pl*) Rettungsschwimmer *m*; **~ar** [-'dar] (1b) schwimmen; ***ficar a ~*** *fig* schwimmen
nádega ['nadəgɐ] *f* Gesäß-, Hinterbacke *f*; **~s** *pl* Gesäß *n*
nadeg|ada [nɐdə'gadɐ] *f* Schubs *m*; Schlag *m* auf das Gesäß; **~ueiro** [-'gɐjru] *m* Gesäßmuskel *m*
nadinha [nɐ'diɲɐ] F nichts; ***um ~*** ein ganz klein wenig; überhaupt nichts
nado ['nadu] **1.** *adj* geboren; **2.** *m*: ***~ borboleta*** Schmetterlingsschwimmen *n*; ***~ de bruços*** Brustschwimmen *n*; ***~ de costas*** Rückenschwimmen *n*; ***~ livre*** Freistilschwimmen *n*; ***a ~*** schwimmend
nafta ['naftɐ] *f* F Erdöl *n*; **~lina** [-'linɐ] *f* Naphtalin *n*
naif|a ['najfɐ] *f* F Messer *n*; Klinge *f*; **~ada** [-'fadɐ] *f* F Messerstich *m*
naipe ['najpə] *m Kartenspiel*: Farbe *f*; MÚS Singstimme *f* (*Tenor*, *Alt*)
nalga ['nałgɐ] *f* → ***nádega***
nalgum(a) [nał'gũ, -'gumɐ] *Zssg von* **em** *u* **algum**(**a**)
namor|ada [nɐmu'radɐ] *f* (feste) Freundin *f*; Geliebte *f*; **~adeira** [-rɐ'dɐjrɐ] *f* lockere(s) Frauenzimmer *n*; **~ado** [-'radu] **1.** *adj* verliebt; **2.** *m* (fester) Freund *m*; Geliebte(r) *m*; Lebensgefährte *m*; **~ar** [-'rar] (1e) **1.** *v/t* verliebt sein in (*ac*); fest gehen mit; ein Verhältnis haben mit; **2.** *v/i* verliebt sein (**com** in *ac*); fest gehen (**com** mit); ***~-se de*** sich verlieben in (*ac*); **~i(s)car** [-ri(ʃ)'kar] (1n) flirten mit; **~i(s)co** [-'ri(ʃ)ku] *m* Flirt *m*; **~o** [nɐ'moru] *m* (Liebes)Verhältnis *n*
nanar [nɐ'nar] (1a) *infan* Heia machen
não [nɐ̃w] **1.** *adv* **a**) nein; ***dizer que ~*** nein sagen; **b**) nicht; ***~ dorme*** er schläft nicht; ***~ mais!*** genug!; ***~ que** conj* nicht dass; ***já ~*** nicht mehr; ***já ~ há*** das gibt's nicht mehr; ***a ~ ser que** conj* es sei denn, dass; **c**) kein; **~**

N

conheço *su* ich kenne kein(e, -en) *su*; **2.** *m* Nein *n*; ***pelo sim e pelo ~*** F das Für und Wider

não-|alinhado [nɐ̃wɐli'ɲadu] *POL* blockfrei; **~alinhamento** [-ɲɐ'mẽtu] *m* Blockfreiheit *f*; **~cumprimento** [-kũpri'mẽtu] *m* Nichterfüllung *f*; **~fumador** [-fumɐ'dor] Nichtraucher *m*; **~intervenção** [-ĩtərvẽ'sɐ̃w] *f* Nichteinmischung *f*; **~obje(c)ção** [-obʒɛ'sɐ̃w] *f* Unbedenklichkeit *f*; **~poluente** [-pu'lwẽtə] umweltverträglich; **~sei-quê** [-sɐj'ke] *m* Unbestimmte(s) *n*; **~verbal** [-vər'bał] nonverbal; **~violência** [-vju'lẽsjɐ] *f* Gewaltfreiheit *f*

napa ['napɐ] *f* Kunstleder *n*; *bras* Nappaleder *n*

Nápoles ['napuləʃ] Neapel *n*

naqu|ela, **~ele**, **~ilo** [nɐ'kɛlɐ, -'kelə, -'kilu] *Zssgn von* ***em*** *u* ***aquela***, ***-ele***, ***-ilo***

narcis|ismo [nɐrsi'ziʒmu] *m* Narzissmus *m*; **~o** [-'sizu] *m BOT* Narzisse *f*; *fig* Narziss *m*

narc|o ['narku] *m bras* P Drogenhändler *m*; **~ose** [nɐr'kɔzə] *f* Narkose *f*; **~ótico** [-'kɔtiku] *m* Betäubungsmittel *n*; **~otizar** [nɐrkuti'zar] (1a) betäuben; **~otraficante** [nɐrkɔtrɐfi'kẽtə] *su* Drogenhändler(in *f*) *m*; **~otráfico** [-kɔ'trafiku] *m* Drogenhandel *m*

nardo ['nardu] *m BOT* Narde *f*

narguilé [nɐrgi'lɛ] *m* Wasserpfeife *f*

narícula [nɐ'rikulɐ] *f* Nasenloch *n*

nari|gão [nɐri'gɐ̃w] *m* Riesennase *f*, F Zinken *m*; **~gudo** [-'gudu] großnasig; **~na** [-'rinɐ] *f* Nasenloch *n*

nariz [nɐ'riʃ] *m ANAT* Nase *f*; Bart *m* (*Schlüssel*); ***~ adunco***, ***~ aquilino***, ***~ de papagaio*** Hakennase *f*; ***~ torcido*** F Muffel *m*; ***cair de ~***, ***bater*** (*od* ***cair***, ***dar***) ***com os ~es no chão*** auf die Nase fallen; ***levar pelo ~*** an der Nase herumführen; ***meter o ~ onde não é chamado*** F die Nase in Dinge stecken, die e-n nichts angehen; ***torcer o ~*** die Nase rümpfen

narr|ação [nɐʀɐ'sɐ̃w] *f* Erzählung *f*; **~ador** [-'dor] *m*, **-a** *f* Erzähler(in *f*) *m*; **~ar** [-'ʀar] (1b) erzählen; **~ativa** [-'tivɐ] *f* Erzählung *f*, Geschichte *f*; **~ativo** [-'tivu] erzählend

nas [nɐʃ] **1.** *Zssg der prp* ***em*** *u art* ***as***; **2.** *pron* → ***na***

nasal [nɐ'zał] **1.** *adj* Nasal...; nasal; **2.** *f LING* Nasal(laut) *m*; **~ar** [-zɐ'lar] (1b) nasalieren

nasc|ença [nɐʃ'sẽsɐ] *f* → ***~imento***; *fig* Anfang *m*; ***à ~*** *fig* von Beginn an; ***morrer à ~*** *fig* im Keim ersticken; **~ente** [-'sẽtə] **1.** *adj* aufgehend (*Sonne*); entstehend; **2.** *m* Osten *m*; **3.** *f* Quelle *f*; **~er** [-'ser] **1.** *v/i* (2g) geboren werden (*su* als, ***para*** für); schlüpfen; sprießen; entspringen; anbrechen (*Tag*); aufgehen; *fig* entstehen; stammen (***de*** von, aus *dat*); erwachen; erscheinen; ***fazer ~*** hervorrufen; **2.** *m* Entstehung *f*; ***ao ~ do sol*** bei Sonnenaufgang; **~ida** [-'sidɐ] *f* Tumor *m*; **~ido** [-'sidu] geboren; **~imento** [-si'mẽtu] *m* Geburt *f*; Entstehung *f*; Herkunft *f*

nassa ['nasɐ] *f* Reuse *f*

nastro ['naʃtru] *m* schmale(s) Band *n*; ***~ de sangue*** Blutrinnsal *n*

nata ['natɐ] *f* Rahm *m*, Sahne *f* (*auf der Milch*); *CUL* Creme *f* (*Nachtisch*); *fig* Auslese *f*; ***~ batida*** Schlagsahne *f*; ***~s*** *pl* (süße *od* saure) Sahne *f*

natação [nɐtɐ'sɐ̃w] *f* Schwimmen *n*

Natal [na'taw] *bras Hauptstadt von Rio Grande do Norte*

natal [nɐ'tał] **1.** *adj* heimatlich; Geburts...; Heimat...; **2.** *m*: ♀ Weihnachten *n*; **~ício** [-tɐ'lisju] Geburts...; **~idade** [-tɐli'dadə] *f* Geburtenziffer *f*, -rate *f*

natatório [nɐtɐ'tɔrju] Schwimm...

nateiro [nɐ'tɐjru] *m* Schlick *m*

nativ|idade [nɐtəvi'dadə] *f* Geburt *f*; ***♀ de Nosso Senhor*** (***Nossa Senhora***) Christi (Mariä) Geburt; **~o** [-'tivu] **1.** *adj* angeboren; (ein)heimisch; gebürtig; Quell...; **2.** *m* Einheimische(r) *m*

nato ['natu] geboren; natürlich

natural [nɐtu'rał] **1.** *adj* natürlich; Natur...; ***~ de*** geboren in (*dat*); ***ser ~ de*** stammen aus; ***é ~*** (***que*** *conj*) es ist anzunehmen (, dass); **2.** *m* Natürliche(s) *n*; Naturell *n*; ***ao ~*** ohne Zusätze; ***fora do ~*** außergewöhnlich; **3.** *su* Einheimische(r) *su*; **~idade** [-rɐli'dadə] *f* Natürlichkeit *f*; Herkunft *f*; ***direito*** *m* ***de ~*** Heimatrecht *n*; **~ismo** [-rɐ'liʒmu] *m* Naturalismus *m*; **~ista** [-rɐ'liʃtɐ] **1.** *adj* naturalistisch; **2.** *su* Naturforscher(in *f*)

m; Naturalist(in *f*) *m*; **~ização** [-rɐlizɐ'sɐ̃w] *f* Einbürgerung *f*; **~izar** [-rɐli'zar] (1a) einbürgern; naturalisieren
natureza [nɐtu'rezɐ] *f* Natur *f*; Art *f*; **~ morta** *PINT* Stillleben *n*
nau [naw] *f HIST* Schiff *n*; **~ do Estado** *fig* Staatsschiff *n*
naufr|agar [nawfrɐ'gar] (1o; *Stv* 1b) Schiffbruch erleiden (*a fig*); **~ágio** [-'fraʒju] *m* Schiffbruch *m*
náufrago ['nawfrɐgu] **1.** *adj* schiffbrüchig; *fig* gescheitert; **2.** *m* Schiffbrüchige(r) *m*
náusea(s) ['nawzjɐ(ʃ)] *f* (*mst pl*) Übelkeit *f*; Seekrankheit *f*; Ekel *m*
nause|abundo [nawzjɐ'bũdu] Übelkeit (*od* Ekel) erregend; **~ado** [-'zjadu] unwohl; **~ar** [-'zjar] (1l) → ***enjoar***; *fig* anekeln
náuti|ca ['nawtikɐ] *f* Nautik *f*; **~co** [-ku] nautisch
naval [nɐ'vaɫ] See..., Schiffs...; Marine...; ***batalha*** *f* **~** Seeschlacht *f*; Schiffeversenken *n* (*Spiel*)
navalh|a [nɐ'vaʎɐ] *f* Klappmesser *n*; *bsd* Rasiermesser *n*; *ZO* Scheidenmuschel *f*; *fig* Lästerzunge *f*; **~s** *pl* Hauer *m/pl* (*Wildschwein*); ***no fio da ~*** *fig* auf des Messers Schneide; **~ada** [-vɐ'ʎadɐ] *f* Messerschnitt *m*, -stich *m*; **~eira** [-'ʎɐjrɐ] *f ZO* Schwimmkrabbe *f*
nave ['navə] *f ARQUIT* (Kirchen-)Schiff *n*; **~ *espacial*** *AV* Raumschiff *n*
naveg|ação [nɐvəgɐ'sɐ̃w] *f* Schifffahrt *f*; (See)Fahrt *f*; **~ *aérea*** Luftfahrt *f*; **~ *fluvial*** Binnen-, Flussschifffahrt *f*; **~ador**, **~ante** [-'dor, -'gẽtə] *m* Seefahrer *m*; **~ar** [-'gar] (1o; *Stv* 1c) **1.** *v/t* befahren; **2.** *v/i* zur See fahren; segeln, fahren (***para*** nach); steuern; *AV* fliegen; **~ável** [-'gavɛɫ] schiffbar
navio [nɐ'viw] *m* Schiff *n*; **~ *de carga*** Frachter *m*; **~ *de pesca*** (*od* ***pesqueiro***) Fischfangschiff *n*; **~(s)-fábrica** [-'fabrikɐ] *m*(*pl*) Walfänger *m* (*Schiff*)
nazi [nɐ'zi] **1.** *adj* nazistisch; **2.** *m* Nazi *m*; **~smo** [-'ziʒmu] *m* Nazismus *m*
N. B. ***nota bem*** merke!
n/c ***nossa carta*** unser Schreiben; ***nossa casa*** unsere Firma
NE ***Nordeste*** *m* Nordosten *m*
neblina [nə'blinɐ] *f* (Boden)Nebel *m*; *bras a* Nieselregen *m*; ***farol*** *m* ***de ~*** *AUTO* Nebelleuchte *f*
nebulos|a [nəbu'lɔzɐ] *f ASTR* Nebelfleck *m*; **~idade** [-luzi'dadə] *f* Nebel *m*; *fig* Verschwommenheit *f*; **~o** [-'lozu] *METEO* diesig; nebulös
necas ['nɛkas] *bras* F nix
necedade [nəsə'dadə] *f* Dummheit *f*
necess|ário [nəsə'sarju] notwendig; erforderlich; **~idade** [-si'dadə] *f* Notwendigkeit *f*; Not *f*; Bedürfnis *n*; ***artigo*** *m* ***de*** (***primeira***) **~** (Grund-)Bedarfsartikel *m*; ***por ~*** notwendigerweise; aus Not; ***fazer as suas ~s*** F s-e Notdurft verrichten; ***ter ~ de*** *et* (dringend) brauchen; **~itado** [-si'tadu] notleidend; (hilfs)bedürftig; **~itar** [-si'tar] (1a) **1.** *v/t* brauchen; **2.** *v/i* Not leiden; **~** (***de***) *et* nötig haben; müssen *inf*
necr|ologia [nəkrulu'ʒiɐ] *f* Sterberegister *n*; Todesanzeigen *f/pl*; **~ológico** [-'lɔʒiku] Toten...; **~ológio** [-'lɔʒju] *m* Nachruf *m*; **~omancia** [-mɐ̃'siɐ] *f* schwarze Kunst *f*; **~omante** [-'mɐ̃tə] *m* Schwarzkünstler *m*; **~ópole** [-'krɔpulə] *f* Friedhof *m*; **~otério** [-'tɛrju] *m* Leichenschauhaus *n*
néctar ['nɛktar] *m* Nektar *m*
ne(c)tarina [nɛtɐ'rinɐ] *f* Nektarine *f*
nédio ['nɛdju] (fett)glänzend
neerlandês [nerlẽ'deʃ] **1.** *adj* niederländisch; **2.** *m*, **-esa** *f* Niederländer(in *f*) *m*
nef|ando, **~ário** [nə'fɐ̃du, -'farju] verwerflich; abscheulich; **~asto** [-'faʃtu] unheilvoll
nefrite [nə'fritə] *f* Nierenentzündung *f*
nega ['nɛgɐ] *f* Ablehnung *f*; Versagen *n* (*bsd sexuell*)
neg|aça [nə'gasɐ] *f* Lockmittel *n*, -vogel *m*; ***fazer ~s a*** *j-n* (an)locken; **~ação** [-gɐ'sɐ̃w] *f* Verneinung *f*; Ablehnung *f*; *FIL*, *GRAM* Negation *f*; ***ser a ~ de*** das genaue Gegenteil von *et* sein; **~acear** [-gɐ'sjar] (1l) (an)locken; sich anlegen (***com*** mit); **~ador** [-gɐ'dor] *m* Neinsager *m*
negalho [nə'gaʎu] *m* Knäuel *n*; Bindfaden *m*; Stückchen *n*
neg|ar [nə'gar] (1o; *Stv* 1c) verneinen; bestreiten; (ver)leugnen; ablehnen; *GRAM* negieren; **~ *alc a alg***

j-m et verweigern; **~ alg de** j-n nicht anerkennen als; **~-se** sich verleugnen lassen; sich weigern (**a** zu); **~ativa** [-'tivɐ] *f* Verneinung(ssatz *m*, -swort *n*) *f*; Absage *f*; *Schule*: unzureichende Punktzahl *f*; **~atividade** [-ɐtəvi'dadə] *f* Negativität *f*; **~ativo** [-'tivu] verneinend; ablehnend; negativ; **pólo** *m* **~** Minuspol *m*

neglig|ência [nəgli'ʒẽsjɐ] *f* Nachlässigkeit *f*; **~enciar** [-'sjar] (1g) vernachlässigen; **~enciável** [-'sjavɛɫ] unwichtig; **não ~** wichtig; **~ente** [-'ʒẽtə] nachlässig

negoci|ação [nəgusjɐ'sɐ̃w] *f* Verhandlung *f* (*bsd pl*); Handel *m*; Verkauf *m*; **fazer ~ de** handeln (*od* Geschäfte machen) mit; **entrar em -ões** in Verhandlungen treten; **~ador** [-'dor] *m* Unterhändler *m*; **~ante** [-'sjẽtə] *su* Kaufmann *m*, -frau *f*; (Groß)Händler(in *f*) *m*; Geschäftsmann *m*, -frau *f*; **~ar** [-'sjar] (1g *u* 1h) **1.** *v/t* ECON *Ware* handeln mit; verkaufen; *Kompromiss* aushandeln; POL verhandeln über (*ac*); **2.** *v/i* ECON Handel treiben (**com**, **em** mit); POL verhandeln (**com** mit); **~arrão** [-'ʀɐ̃w] *m* Bombengeschäft *n*; **~ata** [-'sjatɐ] *f* dunkle(s) Geschäft *n*; **~ável** [-'sjavɛɫ] verkäuflich; umsetzbar; **não ser ~** kein Verhandlungsgegenstand sein

negócio [nə'gɔsju] *m* Handel *m* (**fazer** treiben); Geschäft *n*; Angelegenheit *f*; **~ de ocasião** Gelegenheitsgeschäft *n*; **casa** *f* **de ~s** Handelshaus *n*; **homem** *m* **de ~s** Geschäftsmann *m*; **homem** *m* **para ~s** geschäftstüchtige(r) Mann *m*

negr|eiro [nə'grɐjru] *m* HIST Sklavenhändler *m*; **~ejante** [-grə'ʒẽtə] schwärzlich; **~ejar** [-grə'ʒar] (1d) schwarz (*od* dunkel) sein; *fig* trüb aussehen; **~idão** [-gri'dɐ̃w] *f* Schwärze *f*; Finsternis *f*; **~ito** [-'gritu] *m* TIP Fettdruck *m*; **~o** ['negru] **1.** *adj* schwarz, dunkel; **~ retinto** pechschwarz; **ver tudo ~** *fig* schwarz sehen; **2.** *m*, **-a** *f* Neger(in *f*) *m*; Schwarze(r) *su*; **~óide** [-'grɔjdə] negroid; **~or**, **~ume** [-'gror, -'grumə] *m* Schwärze *f*; **~ura** [-'grurɐ] *f* → **~or**; *fig* Ruchlosigkeit *f*

nela, **nele** ['nɛlɐ, 'nelə] *Zssg von* **em** *u* **ela**, **ele**

nem [nɐ̃j] nicht einmal; und nicht (*od* kein); **~ eu** ich auch nicht; **~ um** (**só**) kein Einziger; **~ todos** nicht alle; **não ..., ~ ... ~** weder ... noch; **~ um ~ outro** keiner von beiden; **~ mesmo** (und) auch nicht; **~ que** *conj* selbst wenn; **que ~** wie (nicht einmal); **~ por isso** trotzdem nicht

nené, **neném** [nɛ'nɛ, -'nɐ̃j] *m Afrika*, *bras* Baby *n*

nenh|um, **-a** [nə'ɲũ, -'ɲumɐ] kein(e, -er, -es); **~ures** [-'ɲurəʃ] nirgendwo

nenúfar [nə'nufar] *m* Seerose *f*

neocolonialismo [nɛɔkulunjɐ'liʒmu] *m* Neokolonialismus *m*

neófito [nɛ'ɔfitu] *m*, **-a** *f* Neubekehrte(r) *su*; Neuling *m*

neo|lítico [nɛɔ'litiku] *m* Jungsteinzeit *f*; **~logismo** [-lu'ʒiʒmu] *m* Neologismus *m*; **~preno** [-'prɛnu] *m* Neopren® *n*; **~-realismo** [-ʀjɐ'liʒmu] *m* Neorealismus *m*; **~zelandês** [-zəlɐ̃'deʃ] **1.** *adj* neuseeländisch; **2.** *m*, **-esa** *f* Neuseeländer(in *f*) *m*

Nepal [nə'paɫ]: **o ~** Nepal *n*

nepalês [nəpɐ'leʃ] **1.** *adj* nepalesisch; **2.** *m*, **-esa** *f* Nepalese *m*, Nepalesin *f*

nepotismo [nəpu'tiʒmu] *m* Vetternwirtschaft *f*, Nepotismus *m*

nerv|ação [nərvɐ'sɐ̃w] *f* BOT Aderung *f*; **~ado** [-'vadu] geädert; gerippt

nerv|o ['nervu] *m* Nerv *m*; F Sehne *f*; BOT, ARQUIT Rippe *f*; *fig* Kraft *f*; Schwung *m*; **de ~** nervig; **meter ~s a** F *j-m* auf die Nerven fallen; **ser** (*od* **estar**) **uma pilha de ~s** F ein Nervenbündel sein; **~osidade** *f*, **~osismo** *m* [-vuzi'dadə, -vu'ziʒmu] Nervosität *f*; **~oso** [-'vozu] Nerven...; nervös; **sistema** *m* **~** Nervensystem *n*; **~udo** [-'vudu] muskulös; **~ura** [-'vurɐ] *f* BOT (Blatt)Nerv *m*, Ader *f*; ARQUIT (Gewölbe)Rippe *f*

néscio ['nɛʃsju] dumm, töricht

nesga ['neʒgɐ] *f* Zwickel *m*

n-ésimo [ɛ'nɛzimu] F x-te

nêspera ['neʃpərɐ] *f*, **-o** *m* Mispel *f*

nessa, **nesse** ['nɛsɐ, 'nesə] *Zssg von* **em** *u* **essa**, **esse**; **não cair -a** F nicht darauf reinfallen

nesta, **neste** ['nɛʃtɐ, 'neʃtə] *Zssg von* **em** *u* **esta**, **este**

neto ['netu] *m*, **-a** *f* Enkel(in *f*) *m*;

os ~s die Enkel(kinder *n/pl*) *m/pl*
neur|a ['newrɐ] *f* F Nervosität *f*; **~algia** [-raɫ'ʒiɐ] *f* Nervenschmerz *m*; **~álgico** [-'raɫʒiku] Nerven...; **~astenia** [-rɐʃtə'niɐ] *f* Neurasthenie *f*; **~ologia** [-rulu'ʒiɐ] *f* Nervenheilkunde *f*; **~ologista** [-rulu'ʒiʃtɐ] *su* Neurologe *m*, Neurologin *f*; **~ose** [-'rɔzə] *f* Neurose *f*
neutral [new'traɫ] unparteiisch, neutral; **~idade** [-trɐli'dadə] *f* Unparteilichkeit *f*; Neutralität *f*; **~izar** [-trɐli'zar] (1a) neutralisieren
neutrão [new'trɐ̃w] *m* Neutron *n*
neutro ['newtru] **1.** *adj* neutral (*a* GRAM); geschlechtslos; **2.** *m* GRAM Neutrum *n*
nêutron ['newtrõ] *m bras* → ***neutrão***
neutrónico (*ô) [new'trɔniku] Neutronen...
nev|ada [nə'vadɐ] *f* Schnee(fall) *m*; **~ado** [-'vadu] **1.** *adj* (schnee)weiß; eiskalt; **2.** *m* Firnschnee *m*; **~ão** [-'vɐ̃w] *m* Schneegestöber *n*; **~ar** [-'var] (1c) **1.** *v/t* mit Schnee bedecken; kühlen; **2.** *v/i* schneien; *fig* eiskalt werden; weiß werden; **~asca** [-'vaʃkɐ] *f* Schneesturm *m*
nev|e ['nɛvə] *f* Schnee *m*; ***~ carbónica*** Trockenschnee *m*; ***bola** f **de ~*** Schneeball *m*; ***boneco** m **de ~*** Schneemann *m*; ***Branca** f **de ~*** Schneewittchen *n*; ***floco** m **de ~*** Schneeflocke *f*; ***frio** m **de ~*** Eiseskälte *f*; ***lençol** m **de ~*** Schneedecke *f*; ***~ solta*** Pulverschnee *m*; **~eira** [-'vɐjrɐ] *f* Eiskeller *m*
nevo ['nɛvu] *m* Muttermal *n*
névoa ['nɛvwɐ] *f* Dunst *m*; Nebel(schleier) *m*; MED Schleier *m*
nevo|aça [nə'vwasɐ] *f* = **~eiro** [nə'vwajru] *m* (dichter) Nebel *m*
nevr|... → ***neur...***
nexo ['nɛksu] *m* Verknüpfung *f*; Nexus *m*; ***~ de causalidade*** Kausalzusammenhang *m*
nhonhó [ɲɔ'ɲɔ] *m* Schwindel *m*, Betrug *m*; Hinterlist *f*
nhurr|a ['ɲuʀɐ] *f* Starrsinn *m*; **~o** [-ʀu] dickköpfig
nic|a ['nikɐ] *f* F Macke *f*; Nichtigkeit *f*; ***pião** m **das ~s*** der Dumme; ***por uma ~*** für nichts und wieder nichts; **~ar** [-'kar] (1n) hacken; kratzen; P stoßen (*kopulieren*)
Nicarágua [nikɐ'ragwɐ]: ***a ~*** Nicaragua *n*
nicaraguano [nikɐrɐ'gwɐnu] **1.** *adj* nicaraguanisch; **2.** *m*, ***-a*** *f* Nicaraguaner(in *f*) *m*
nicho ['niʃu] *m* Nische *f* (*a fig*); (Schrank)Fach *n*; F Reibach *m*; ***~ de mercado*** ECON Marktnische *f*
nicles ['nikləʃ] F null Komma nichts
nicotina [niku'tinɐ] *f* Nikotin *n*
nidificação [nidəfikɐ'sɐ̃w] *f* Nisten *n*
Nigéria [ni'ʒɛrjɐ]: ***a ~*** Nigeria *n*
nigeriano [niʒɛ'rjɐnu] **1.** *adj* nigerianisch; **2.** *m*, ***-a*** *f* Nigerianer(in *f*) *m*
nígua ['nigwɐ] *f* Sandfloh *m*
niilis|mo [niə'liʒmu] *m* Nihilismus *m*; **~ta** [-ʃtɐ] **1.** *adj* nihilistisch; **2.** *su* Nihilist(in *f*) *m*
nimbo ['nĩbu] *m* Nimbus *m*; Heiligenschein *m*; METEO Regenwolke *f*
nímio ['nimju] übertrieben
ninar [ni'nar] (1a) *Baby* einlullen
ninf|a ['nĩfɐ] *f* Nymphe *f*; ZO Puppe *f*; **~omania** [-fumɐ'niɐ] *f* Nymphomanie *f*
ninguém [nĩ'gɐ̃j] niemand
ninh|ada [ni'ɲadɐ] *f* Brut *f* (*a fig*); Gelege *n*; Wurf *m*; **~aria** [-ɲɐ'riɐ] *f* Lappalie *f*; Kinderei *f*; **~o** ['niɲu] *m* Nest *n*; *fig* Zuflucht *f*; ***sair do ~*** flügge werden
niple ['niplə] *m* TÉCN Nippel *m*
nipónico (*ô) [ni'pɔniku] japanisch
níquel ['nikɛɫ] *m* Nickel *n*
niqu|ento [ni'kẽtu] kleinlich; **~ice** [-'kisə] *f* Kleinigkeit *f*
niroca [ni'rɔkɐ] *f* ZO Blässhuhn *n*
níscaro ['niʃkɐru] *m* BOT Steinpilz *m*
nisso, nisto ['nisu, 'niʃtu] *Zssg von **em** u **isso, isto***
nitidez [niti'deʃ] *f* Klarheit *f*; Deutlichkeit *f*; FOT Schärfe *f*
nítido ['nitidu] klar; FOT scharf
nitr|ato [ni'tratu] *m* Nitrat *n*; **~eira** [-'trɐjrɐ] *f* AGR Jauchegrube *f*
nítrico ['nitriku] Salpeter...
nitr|ito [nə'tritu] *m* Nitrit *n*; **~ogénio** (*ê) [nitru'ʒɛnju] *m* Stickstoff *m*
nível ['nivɛɫ] *m* **a)** TÉCN Wasserwaage *f*; Nivelliergerät *n*; **b)** Niveau *n*; (Wasser)Stand *m*; (Meeres)Spiegel *m*; *fig* Ebene *f*; ***~ da miséria*** Armutsgrenze *f*; ***~ de água*** (*bras **de bolha***) Wasserwaage *f*; ***~ de vida*** Lebensstandard *m*; ***a ~*** waagerecht;

N

ao ~ de auf der Höhe (*gen*); ***sem ~*** *CAM. DE F* unbeschrankt
nivel|ador [nivəlɐ'dor] nivellierend; gleichmacherisch; **~adora** [-'dorɐ] *f ARQUIT* Straßenwalze *f*; **~amento** [-'mẽtu] *m* Nivellierung *f*; Ausgleich *m*; Verflachung *f*; **~ar** [-'lar] (1c) (ein)ebnen; nivellieren; ausgleichen
níveo ['nivju] schneeweiß
n.º ***número*** *m* Nummer *f* (Nr.)
NO ***Noroeste*** *m* Nordwesten *m*
no [nu] **1.** *Zssg von prp* **em** *u art* **o**; **2.** *pron m* ihn (es, sie); Sie
nó [nɔ] *m* Knoten *m*; *ANAT* (Finger)Knöchel *m*; *fig* Kern *m*; Verwicklung *f*; (Freundschafts)Band *n*; ***~ cego*** Doppelknoten *m*; *fig* schwer zu lösendes Problem *n*; ***~ ferroviário*** Eisenbahnknotenpunkt *m*; ***~ na garganta*** *fig* Kloß *m* im Hals; ***dar o ~*** F heiraten; ***dar um ~*** e-n Knoten machen; ***desatar um ~*** e-n Knoten auflösen (*a fig*); ***estar ao ~*** F goldrichtig sein
nobil|iário [nubi'ljarju] *m* Adelsbuch *n*; **~itar** [-bəli'tar] (1a) adeln (*a fig*)
nobr|e ['nɔbrə] **1.** *adj* adlig; *fig* nobel; edel; ***salão*** *m* **~** Festsaal *m*; **2.** *su* Adlige(r) *su*; **~eza** [nu'brezɐ] *f* Adel *m*
noção [nu'sɐ̃w] *f* Begriff *m*; ***ter uma ~ de*** eine Ahnung haben von
nocaute [nɔ'kawti] *m bras* Knock-out *m*, K.o. *m*
nociv|idade [nusəvi'dadə] *f* Schädlichkeit *f*; **~o** [-'sivu] schädlich; ***~ ao ambiente*** umweltschädlich
no(c)t|âmbulo [nɔ'tɐ̃bulu] *m* Nachtwandler *m*; **~urno** [nɔ'turnu] **1.** *adj* nächtlich; Nacht...; ***curso*** *m* **~** Abendkurs *m*; **2.** *m MÚS* Notturno *n*; **3.** **~s** *m/pl ZO* Nachtvögel *m/pl*
nod|al [nu'dał] Knoten...; *fig* Kern...; Haupt...; **~o** ['nɔdu] *m* (Gicht)Knoten *m*
nódoa ['nɔdwɐ] *f* Fleck *m*; Makel *m*; ***~ negra*** blaue(r) Fleck *m*
nodoso [nu'dozu] knotig; knorrig
nódulo ['nɔdulu] *m* Knötchen *n*
nogueira [nu'gɐjrɐ] *f* Nussbaum *m*
noitada [noj'tadɐ] *f* Nacht *f*; durchwachte Nacht *f*; ***fazer ~*** durchmachen
noit|e ['nojtə] *f* Nacht *f*; Abend *m*; Dunkelheit *f*; ***~ cerrada*** dunkle Nacht *f*; ***~ alta***, ***alta ~*** tiefe Nacht; ***à ~*** am Abend, abends; ***a altas horas da ~*** spät in der Nacht; ***à coberta da ~*** im Schutze der Nacht; ***ontem à ~*** gestern Abend; ***de ~*** nachts; ***em plena ~*** mitten in der Nacht; ***pela ~ fora*** bis tief in die Nacht hinein; ***uma ~*** e-s Abends; e-s Nachts; ***fazer-se ~***, ***cair a ~*** Abend (*od* Nacht, dunkel) werden; ***ao cair da ~*** bei Einbruch der Dunkelheit; ***fazer da ~ dia*** die Nacht zum Tage machen; ***boa(s) ~(s)!*** guten Abend!; gute Nacht!; **~ibó** [-ti'bɔ] *m* Ziegenmelker *m*; *fig* Nachtschwärmer *m*; **~inha** [-'tiɲɐ] *f* Spätnachmittag *m*
noiv|a ['nojvɐ] *f* Braut *f*; Verlobte *f*; **~ado** [-'vadu] *m* Verlobung *f*; **~ar** [-'var] (1a) sich verloben; **~o** [-vu] *m* Bräutigam *m*; **~s** *pl* Brautpaar *n*
noj|ento [nu'ʒẽtu] eklig, widerlich; **~o** ['noʒu] *m* **a)** Ekel *m*; ***causar*** (*od* ***fazer***, ***meter***) **~** *j-m* widerlich sein; ***ter ~ de*** sich ekeln vor (*dat*); **b)** Trauer *f*; ***licença*** *f* ***de ~*** Freistellung *f* wegen e-s Trauerfalles; ***estar de ~*** in Trauer sein; **~oso** [-'ʒozu] → ***nojento***; in Trauer
no-la, **no-lo** ['nulɐ, 'nulu] *Zssg v pron* **nos** *u pron* **a**, **o**
nómada, **-e** (*ô) ['nɔmɐdɐ, -də] **1.** *adj* wandernd; unstet; Nomaden...; **2.** *su* Nomade *m*, Nomadin *f*
nomadismo [numɐ'diʒmu] *m* Nomadentum *n*
nom|e ['nomə] *m* Name *m*; *GRAM* Nomen *n*; Substantiv *n*; ***~ civil*** bürgerliche(r) Name *m*; ***~ feio*** Schimpfwort *n*; ***~ próprio*** Eigen-, Taufname *m*; *BOT*, *ZO* Gattungsname *m*; ***de ~*** **a)** namens; **b)** dem Namen nach; **c)** berühmt; ***em ~ de*** im Namen (*gen*); ***pelo ~ de*** **a)** *bekannt* unter dem Namen; **b)** um ... (*gen*) willen; ***chamar ~s a*** *j-n* beschimpfen; ***dar pelo ~ de*** auf den Namen ... hören; ***dar o (seu) ~*** s-n Namen angeben; ***prestar*** (*od* ***dar***) ***o seu ~*** s-n Namen hergeben
nome|ação [numjɐ'sɐ̃w] *f* Ernennung *f*; **~ada** [-'mjadɐ] *f* Ruf *m*; **~adamente** [-mjadɐ'mẽtə] insbesondere; namentlich; **~ar** [-'mjar] (1l) (be-, er)nennen; rufen
nomenclatura [numẽklɐ'turɐ] *f* Nomenklatur *f*

N

nomin|ação [numinɐ'sɐ̃w] *f* Nennung *f*; **~al** [-'nał] Namen...; nominell; ***valor*** *m* ~ Nennwert *m*; **~ativo** [-nɐ'tivu] *m GRAM* Nominativ *m*
nonag|enário [nonɐʒə'narju] neunzigjährig; **~ésimo** [-'ʒɛzimu] neunzigst
non(in)gentésimo [nõʒẽ'tɛzimu (nonĩʒẽ)] neunhundertst
nono ['nonu] neunt
nónuplo (*ô) ['nɔnuplu] neunfach
nor-... [nɔr] Nord...
nora ['nɔrɐ] *f* **a**) Schwiegertochter *f*; **b**) Schöpfrad *n*, -brunnen *m*; *TÉCN* Becher-, Paternosterwerk *n*
nordest|e [nɔr'deʃtə] *m* Nordosten *m*; **~ino** [-dɛs'tĩnu] **1.** *adj* nordostbrasilianisch; **2.** *m* Nordostbrasilianer *m*
nórdico ['nɔrdiku] **1.** *adj* nordisch; **2.** *m*, **-a** *f* Nordländer(in *f*) *m*
norma ['nɔrmɐ] *f* Norm *f*; Regel *f*; Vorschrift *f*; ~ ***antipoluição*** Schadstofflimit *n*; ~ ***de conduta*** Verhaltensnorm *f*
normal [nur'mał] **1.** *adj* normal; üblich; Muster...; **2.** *f MAT* Normale *f*; **~idade** [-mɐli'dadə] *f* Normalzustand *m*; Regel *f*; **~ização** [-mɐlizɐ'sɐ̃w] *f* Normalisierung *f*; Entspannung *f*; **~izar** [-mɐli'zar] (1a) normalisieren; norm(ier)en; **~mente** [-'mẽtə] normalerweise
normativo [nurmɐ'tivu] normativ
noroeste [nɔ'rwɛʃtə] *m* Nordwesten *m*
nort|ada [nɔr'tadɐ] *f* Nordwind *m*
nort|e ['nɔrtə] **1.** *adj* nördlich, Nord...; **2.** *m* Norden *m*; ***sem*** ~ orientierungslos; **~e-americano(s)** [-tjɐmәri'kɐnu] **1.** *adj* nordamerikanisch; **2.** *m(pl)* (Nord)Amerikaner *m*; **~ear** [-'tjar] (1l) leiten; steuern; **~-se** sich richten (***por*** nach); **~enho** [-'teɲu] **1.** *adj* nordportugiesisch; **2.** *m* Nordportugiese *m*; **~ista** [-'tista] *bras* **1.** *adj* nordbrasilianisch; **2.** *su* Nordbrasilianer(in *f*) *m*
Noruega [nɔ'rwɛgɐ]: ***a*** ~ Norwegen *n*
norueguês [nɔrwɛ'geʃ] **1.** *adj* norwegisch; **2.** *m*, **-esa** *f* Norweger(in *f*) *m*
nos [nuʃ] **1.** *Zssg von* **em** *u art* **os**; **2.** *pron* **a**) uns; **b**) *m/pl* sie; Sie
nós [nɔʃ] *pron* **a**) *Subjekt*: wir; **b**) *nach prp*: uns
nosso, **-a** ['nɔsu, 'nɔsɐ] **1.** *adj* unser; **2.** *pron* unsere(r, -s); **3.** *su der, die, das* Unsrige (*od* Unsere); ***à -a!*** auf uns!, zum Wohl!
nost|algia [nuʃtał'ʒiɐ] *f* Heimweh *n*; Nostalgie *f*; **~álgico** [-'tałʒiku] sehnsüchtig; nostalgisch
nota ['nɔtɐ] *f* Aufzeichnung *f*; Notiz *f*; Anmerkung *f*; *ECON* Rechnung *f*; Geldschein *m*; *MÚS*, *Schule*: Note *f*; ***livro*** *m* ***de*** **~s** Notizbuch *n*; ~ ***marginal*** Randbemerkung *f*; ***digno de*** ~ bemerkenswert; ***de*** ~ von Bedeutung; ***de boa*** ~ wohl bekannt; ***dar má*** ~ e-n schlechten Eindruck hinterlassen; ***tomar*** ~ ***de*** sich *et* aufschreiben; ***tomar*** (***boa***) ~ ***de*** sich *et* vormerken
notabil|idade [nutɐbəli'dadə] *f* Ansehen *n*; Bedeutung *f*; **~s** *pl* Honoratioren *pl*; **~íssimo** [-'lisimu] *sup von* ***notável***; **~izar** [-'zar] (1a) berühmt machen; **~-se** berühmt werden; sich hervortun
not|ação [nutɐ'sɐ̃w] *f* Notierung *f*; Symbol *n*; Zeichen *n*; *MÚS* Notenschrift *f*; **~ar** [-'tar] (1e) vermerken; anmerken; bemerken; beachten; ***note-se que*** es ist zu beachten, dass; **~ariado** [-'rjadu] *m* Notariat *n*; **~arial** [-'rjał] notariell; **~ário** [-'tarju] *m* Notar *m*; **~ável** [-'tavɛł] bemerkenswert; hervorragend; ansehnlich; angesehen; **~ícia** [-'tisjɐ] *f* Nachricht *f*; Notiz *f*; Hinweis *m*
notici|ar [nuti'sjar] (1g) berichten; mitteilen; **~ário** [-'sjarju] *m* Nachrichten(sendung) *f*; **~oso** [-'sjozu] Nachrichten...; ***agência*** *f* **-a** Nachrichtenagentur *f*; ***resumo*** *m* ~ Kurznachrichten *f/pl*
notific|ação [nutəfikɐ'sɐ̃w] *f* Mitteilung *f*; *amtliche* Benachrichtigung *f*; **~ar** [-'kar] (1n) *j-m et* bekannt geben; *j-n von et* benachrichtigen
notoriedade [nuturjə'dadə] *f* Bekannt-, Berühmtheit *f*; Offenkundigkeit *f*; ***de*** ~ bekannt; ***ter*** ~ bekannt sein
notório [nu'tɔrju] bekannt; offenkundig; ***é*** ~ ***que*** bekanntlich
noturno *bras* → ***nocturno***
nout... → ***noit...***
noutro, **-a** ['notru, -trɐ] *Zssg von* ***em*** *u* ***outro***, ***-a***
nova ['nɔvɐ] *f* Nachricht *f*; Neuigkeit

N

f; ***a boa ~*** die frohe Botschaft
Nova Iorque [nɔvɐ'jɔrkə] New York *n*
novamente [nɔvɐ'mẽtə] wieder
novato [nu'vatu] *m* Anfänger *m*
Nova Zelândia [nɔvɐzə'lɐ̃djɐ]: ***a ~*** Neuseeland *n*
nove ['nɔvə] **1.** *adj* neun; **2.** *m* Neun *f*; **~centos** [nɔvə'sẽtuʃ] neunhundert
novel [nu'vɛɫ] unerfahren; **~a** [-'vɛlɐ] *f* Novelle *f*; *TV* Serie *f*; Magazin *n*; **~esco** [-və'leʃku] novellenhaft; **~ista** [-və'liʃtɐ] *su* Erzähler(in *f*) *m*
novelo [nu'velu] *m* Knäuel *n*; Büschel *n*; *BOT* Schneeball *m*
Novembro [nu'vẽbru] *m* November *m*
noven|a [nu'venɐ] *f*: ***uma ~ de*** neun; **~ta** [-'vẽtɐ] neunzig
novi|ciado [nuvi'sjadu] *m REL* Noviziat *n*; Probezeit *f*; **~ço** [-'visu] *m* Novize *m*; Neuling *m*; **~dade** [-'dadə] *f* Neuheit *f*; Neuigkeit *f*; junge(s) Obst *n*; ***não haverá ~!*** kein Problem!; ***sem ~*** reibungslos; **~lha** [-'viʎɐ] *f* Färse *f*; **~lhada** [-'ʎadɐ] *f* Stierkampf *m* (*mit Jungstieren*); Jungvieh *n*; **~lho** [-'viʎu] *m* Jungstier *m*; **~lúnio** [nɔvi'lunju] *m* Neumond *m*
novo ['novu] neu; jung; frisch; unerfahren; ***em estado de ~*** (***-a*** *f*) wie neu; ***de ~*** von neuem; wieder; ***em ~*** als junger Mensch; ***que há de ~?*** was gibt's Neues?; **~(s)-rico(s)** [-'ʀiku] **1.** *adj* neureich; **2.** *m(pl)* Neureiche(r) *m*
noz [nɔʃ] *f* (Wal)Nuss *f*; **~-moscada** [-muʃ'kadɐ] *f* Muskatnuss *f*
NP ***Norma*** *f* ***Portuguesa*** Portugiesische Norm *f* (*cf. DIN*)
nu [nu] **1.** *adj* nackt; bloß; kahl; nüchtern; blank (*Waffe*); ***a olho ~*** mit bloßem Auge; ***verdade*** *f* ***-a e crua*** nackte Wahrheit *f*; ***pôr a ~*** aufdecken; **2.** *m PINT* Akt *m*; **~amente** [nuɐ-'mẽtə] *fig* unverhohlen
nuança ['nwɐ̃sɐ] *f* Nuance *f*
núbil ['nubiɫ] heiratsfähig
nubl|ado [nu'bladu] bewölkt, wolkig; *fig* düster; **~ar** [-'blar] (1a) bewölken; *fig* verdüstern; **~oso** [-'blozu] → ***nebuloso***
nuca ['nukɐ] *f* Genick *n*, Nacken *m*
nuclear [nu'kljar] Nuklear..., Atom...; ***combustível*** *m* ***~*** Kernbrennstoff *m*
núcleo ['nuklju] *m* Kern *m*; *fig* Mittel-, Sammelpunkt *m*
nud|ez, **~eza** [nu'deʃ, -'dezɐ] *f* Nacktheit *f*; Blöße *f*; Kahlheit *f*; Nüchternheit *f*; **~ismo** [-'diʒmu] *m* Freikörperkultur *f* (*Abk.* FKK); **~ista** [-'diʃtɐ] *su* Nudist(in *f*) *m*
nul|idade [nuli'dadə] *f* Nichtigkeit *f*; Unfähigkeit *f*; *JUR* Unwirksamkeit *f*; *fig* Niete *f*; **~ificar** [-ləfi'kar] (1n) für null und nichtig erklären; aufheben; **~o** ['nulu] nichtig; ungültig
num(a) [nũ, 'numɐ] *Zssg von* ***em*** *u* ***um(a)***
numer|ação [numərɐ'sɐ̃w] *f* Nummerierung *f*; Aufzählung *f*; **~ador** [-'dor] *m* Zähler *m* (*e-s Bruches*); Nummernstempel *m*; **~al** [-'raɫ] **1.** *adj* Zahl...; **2.** *m* Zahlwort *n*; **~ar** [-'rar] (1c) nummerieren; nach Nummern ordnen; (auf)zählen; **~ário** [-'rarju] **1.** *adj* Geld...; **2.** *m* (Hart)Geld *n*; **~ável** [-'ravɛɫ] (auf-)zählbar; bezifferbar (*Schäden*)
numérico [nu'mɛriku] numerisch
número ['numəru] *m* Zahl *f*; Nummer *f*; *GRAM* Numerus *m*; ***~ cardinal*** Kardinalzahl *f*; ***~ de contribuinte*** Steuernummer *f*; ***~ de telefone*** Telefonnummer *f*; ***~ fraccionário*** Bruch(zahl *f*) *m*; ***grande ~ de*** eine Menge (*gen*); ***o maior ~ de*** die Mehrzahl (*gen*); ***o ~ um*** *fig* die Nummer eins; ***um sem ~*** eine Unzahl; ***fazer ~*** F präsent sein
numeroso [numə'rozu] zahlreich; kinderreich (*Familie*)
numismática [numiʒ'matikɐ] *f* Münzkunde *f*
nunca ['nũkɐ] nie(mals); ***~ mais*** nie wieder; ***dia*** *m* ***de São*** ♀ Sankt-Nimmerleins-Tag *m*
núncio ['nũsju] *m* Nuntius *m*
nupcial [nup'sjaɫ] Hochzeits...
núpcias ['nupsjɐʃ] *f/pl* Hochzeit *f*; ***em segundas ~s*** in zweiter Ehe
Nuremberga [nurẽ'bɛrgɐ] Nürnberg *n*
nutr|ição [nutri'sɐ̃w] *f* Ernährung *f*; Nahrungsaufnahme *f*; **~icionista** [-sju'niʃtɐ] **1.** *adj* Ernährungs...; **2.** *su* Ernährungswissenschaftler(in *f*) *m*; **~ido** [-'tridu] wohlgenährt; be-

N

leibt; **~ir** [-'trir] (3a) (er)nähren; *Hoffnung* hegen; *Kinder* aufziehen; unterhalten; **~itivo** [-trə'tivu] nahrhaft; Nähr...; Ernährungs...

nuvem ['nuvẽj] *f* Wolke *f*; *fig* Schatten *m*; *MED* Trübung *f*; ***estar nas -ns*** *fig* in den Wolken schweben; ***ir pelas -ns*** *fig* in die Luft gehen

O

O, o [ɔ] *m* O, o *n*
o [u] **1.** *art m* der (das, die); ***~ menino*** der Junge; ***~ carro*** das Auto; ***~ leite*** die Milch; **2.** *pron* **a**) *Person*: ihn (ihm); *Höflichkeitsform*: Sie (Ihnen); ***conheço-~*** ich kenne ihn (*od* Sie); ***ajudo-~*** ich helfe ihm (*od* Ihnen); **b**) *Dinge*: ihn, es, sie; **c**) *Relativpronomen*: der-, das-, diejenige
O *Oeste* *m* Westen *m* (W)
o/ *ordem* *f* Auftrag *m*
ó [ɔ] *int*: ***~ ...!*** he!, eh!; Du...! (*bleibt vor Namen mst unübersetzt*)
oásis ['waziʃ] *m* Oase *f*
obcec|ação [obsəkɐ'sɐ̃w] *f* Verblendung *f*; **~ado** [-'kadu] verblendet; **~ar** [-'kar] (1n; *Stv* 1c) verblenden
obed|ecer [obədə'ser] (2g) *j-m* gehorchen; *Regel* befolgen (***a*** *ac*); sich unterwerfen; unterliegen; ***fazer-se ~*** sich Gehorsam verschaffen; **~iência** [-'djẽsjɐ] *f* Gehorsam *m*; Folgsamkeit *f*; ***em ~ a*** in Befolgung (*gen*); **~iente** [-'djẽtə] gehorsam
obelisco [obə'liʃku] *m* Obelisk *m*
obes|idade [obəzi'dadə] *f* Fettleibigkeit *f*; **~o** [u'bezu] fettleibig, feist
obg.º *obrigado* danke
óbice ['ɔbisə] *m* Hindernis *n*
óbito ['ɔbitu] *m* Tod *m*; Sterbefall *m*; ***certidão f de ~*** Totenschein *m*
obje(c)|ção [ɔbʒɛ'sɐ̃w] *f* Einwand *m* (***pôr*** erheben); **~tar** [-'tar] (1a) einwenden (***a*** gegen); **~tiva** [-'tivɐ] *f FOT* Objektiv *n*; **~tivar** [-ti'var] (1a) objektivieren; *bras* bezwecken; **~tividade** [-təvi'dadə] *f* Objektivität *f*; **~tivo** [-'tivu] **1.** *adj* sachlich; objektiv; **2.** *m* Ziel *n*; **~to** [-'ʒɛtu] *m* Gegenstand *m*; Objekt *n*; **~tor** [-'tor] *m* Verweigerer *m*; ***~ de consciência*** Wehrdienstverweigerer *m*
oblíqua [ob'likwɐ] *f* schräge Linie *f*
obliqu|ângulo [ubli'kwɐ̃gulu] schiefwinklig; **~ar** [-'kwar] (1m) schräg verlaufen; **~idade** (*ü) [-kwi'dadə] *f* Schräge *f*
oblíquo [u'blikwu] schräg; schief (stehend); krumm; ***dirigir um olhar ~ para*** *j-n* schief ansehen
obliter|ação [oblitərɐ'sɐ̃w] *f* Verstopfung *f*; Tilgung *f* (*Schuld*); Auslöschung *f*; **~ador** [-'dor] *m port* (Fahrschein)Entwerter *m*; **~ar** [-'rar] (1c) auslöschen; versperren; verstopfen; *Fahrschein* entwerten; ***~-se*** erlöschen
oblongo [ɔb'lõgu] länglich
obnubilar [obnubi'lar] (1a) vernebeln; *fig* trüben
obo|é [o'bwɛ] *m* Oboe *f*; **~ísta** [o'bwiʃtɐ] *su* Oboist(in *f*) *m*
óbolo ['ɔbulu] *m* Obulus *m*
obr|a ['ɔbrɐ] *f* Werk *n*; Arbeit *f*; Tat *f*; Wirkung *f*; *ARQUIT* Bau *m*; *TÉCN* Verarbeitungsprodukt *n*; **~s** *pl* Bauarbeiten *f/pl*; Instandsetzung(sarbeiten *f/pl*) *f*; Umbau *m*; ***~ de arte*** Kunstwerk *n*; ***bico*** *m* ***de ~*** F verteufelt schwierige Sache *f*; ***~ de fancaria*** Schund *m*; ***~s*** *pl* ***públicas*** öffentliche (Bau)Arbeiten *f/pl*; ***por ~ de*** (realisiert) durch; ***estar em ~s*** umgebaut werden; ***pôr em ~*** ausführen; ***ser pau para toda ~*** F Mädchen für alles sein; ***isso é ~!*** das ist kein Kinderspiel!; **~(s)-mestra(s)** [-'mɛʃtrɐ] *f(pl)* Meisterstück *n*; **~(s)-prima(s)** [-'primɐ] *f(pl)* Meisterwerk *n*; **~ar** [u'brar] (1e) **1.** *v/t* bewirken; vollbringen; ausführen; herstellen; machen; **2.** *v/i* handeln; wirken (*Medikament*); F s-e Notdurft verrichten
obreir|a [o'brɐjrɐ] *f* Arbeiterin *f*; *ZO*

Arbeitsbiene *f*; **~o** [-ru] *m* Arbeiter *m*; *fig* Schöpfer(geist) *m*

obrig|ação [obrigɐ'sɐ̃w] *f* Verpflichtung *f*; Zwang *m*; Pflicht *f*; *ECON* Obligation *f*; ***estar em ~ para com*** *j-m* gegenüber Verpflichtungen haben; **~ado** [-'gadu] zu Dank verpflichtet; dankbar; ***ser ~ a*** *inf* müssen *inf*; ***~!*** danke!; ***muito ~!*** vielen Dank!; **~ar** [-'gar] (1o) zwingen (***a*** zu), nötigen (***a*** zu); verpflichten; ***~-se a*** sich verpflichten zu; **~atoriedade** [-gɐturjə'dadə] *f* Verpflichtung *f*, Verbindlichkeit *f*; **~atório** [-'tɔrju] Zwangs...; obligatorisch; ***serviço*** *m* ***militar ~*** Wehrpflicht *f*

obscen|idade [ɔbʃsəni'dadə] *f* Obszönität *f*; Schamlosigkeit *f*; Zote *f* (***dizer*** reißen); **~o** [-'senu] obszön

obscur|amente [ɔbʃkurɐ'mẽtə] im Verborgenen; **~antista** [-rɐ̃'tiʃtɐ] *su* Dunkelmann *m*; **~ecer** [-rə'ser] (2g) verdunkeln; *fig* verschleiern; ***~-se*** sich verfinstern; verlöschen; **~ecimento** [-rəsi'mẽtu] *m* Verdunkelung *f*; **~idade** [-ri'dadə] *f* Finsternis *f*; *fig* Dunkel *n*; **~o** [-'kuru] dunkel; verborgen; obskur

obsed(i)ar [obsi'd(j)ar] (1c, 1g) *bras* keine Ruhe lassen

obsequi|ador [ɔbzekjɐ'dor] zuvorkommend; **~ar** [-'kjar] (1g) zuvorkommend behandeln; ***~ com*** *j-n* gewinnen durch; *j-n* bedenken mit

obséquio [ɔb'zɛkju] *m* Gefälligkeit *f*; Aufmerksamkeit *f*; Gefallen *m*

obsequios|idade [ɔbzekjuzi'dadə] *f* Zuvorkommenheit *f*; **~o** [-'kjozu] zuvorkommend; gefällig

observ|ação [ɔbsərvɐ'sɐ̃w] *f* Beobachtung *f*; Befolgung *f* (*von Regeln*); Bemerkung *f*; **~ador** [-'dor] *m*, **-a** *f* Beobachter(in *f*) *m*; **~ância** [-'vɐ̃sjɐ] *f* Erfüllung *f* (*von Regeln*); **~ando** [-'vɐ̃du] *m MED* Intensivpatient *m*; **~ar** [-'var] (1c) beobachten; untersuchen; befolgen; *Frist* einhalten; bemerken; ***~ a alg que*** j-n darauf hinweisen, dass; **~atório** [-vɐ'tɔrju] *m* Observatorium *n*; Beobachtungsposten *m*; Sternwarte *f*

obsess|ão [ɔbsə'sɐ̃w] *f* Besessenheit *f*; **~o** [-'sɛsu] besessen; **~or** [-sə'sor] lästig

obsoleto [ɔbsu'lɛtu] ungebräuchlich, veraltet

obst|áculo [ɔbʃ'takulu] *m* Hindernis *n* (*a Sport*); Barriere *f*; **~ante** [-'tɐ̃tə]: ***não ~*** **a)** trotzdem; **b)** trotz (*dat, gen*); **~ar** [-'tar] (1e) entgegenstehen (***a*** *dat*); *et* verhindern, *j-n* hindern (***a*** an *dat*)

obstetr|a [ɔbʃ'tɛtrɐ] *su* Arzt *m*, Ärztin *f* für Geburtshilfe *f*; **~ícia** [-tə'trisjɐ] *f* Geburtshilfe *f*, Obstetrik *f*

obstin|ação [ɔbʃtinɐ'sɐ̃w] *f* Hartnäckigkeit *f*; Verstocktheit *f*; **~ado** [-'nadu] hartnäckig; **~ar** [-'nar] (1a) verstockt machen; ***~-se*** verstockt werden; sich versteifen (***em*** auf *ac*)

obstipação [ɔbʃtipɐ'sɐ̃w] *f MED* Darmträgheit *f*, Obstipation *f*

obstru|ção [ɔbʃtru'sɐ̃w] *f MED* Verstopfung *f*; ***fazer a ~*** zu hindern suchen (*ac*); Schwierigkeiten machen; **~cionismo** [-sju'niʒmu] *m POL* Obstruktionspolitik *f*; **~ionista** [-sju'niʃtɐ] *su* Quertreiber(in *f*) *m*; **~ir** [-'trwir] (3i) verstopfen; versperren; verhindern

obtemperar [ɔbtẽpə'rar] (1c) erwidern

obt|enção [ɔbtẽ'sɐ̃w] *f* Erlangung *f*; ***~ de benefícios*** Vorteilsnahme *f*; **~er** [-'ter] (2zb) erlangen; erreichen; bekommen; erzielen

obtur|ação [ɔbturɐ'sɐ̃w] *f* Verschluss *m*; Plombieren *n*; (Zahn-) Füllung *f*; **~ador** [-'dor] **1.** *adj* Schließ...; **2.** *m* Verschluss *m* (*bsd FOT*); **~ar** [-'rar] (1a) verschließen; verstopfen; plombieren

obtus|ângulo [ɔbtu'zɐ̃gulu] stumpfwinklig; **~o** [-'tuzu] stumpf

obus [ɔ'buʃ] *m MIL* Haubitze *f*

obviar [ɔb'vjar] (1g) **1.** *v/t* abwenden; **2.** *v/i*: ***~ a*** abhelfen; vorbeugen (*dat*)

óbvio ['ɔbvju] einleuchtend

ocasi|ão [okɐ'zjɐ̃w] *f* Gelegenheit *f*; Anlass *m*; ***de ~*** Gelegenheits...; → ***~onal***; ***por ~ de*** anlässlich (*gen*); ***a ~ faz o ladrão*** Gelegenheit macht Diebe; **~onal** [-zju'nał] gelegentlich; zufällig; **~onar** [-zju'nar] (1f) auslösen; veranlassen; verschaffen

ocaso [ɔ'kazu] *m* Untergang *m* (*a fig*); Westen *m*; *fig* Niedergang *m*

occip|ício [ɔksi'pisju] *m ANAT* Hinterkopf *m*; **~ital** [-pi'tał] *m* Hinterhauptbein *n*

oceanauta [usjɐ'nawtɐ] *su* Tiefseeforscher(in *f*) *m*
Oceânia [u'sjɐnjɐ]: ***a*** ~ Ozeanien *n*
oce|ânico [u'sjɐniku] ozeanisch; **~ano** [u'sjɐnu] *m* Ozean *m*; **~anografia** [-nugrɐ'fiɐ] *f* Meereskunde *f*; **~anográfico** [-jɐnu'grafiku] meereskundlich; **~anógrafo** [-jɐ'nɔgrɐfu] *m* Meeresforscher *m*
ocident|al [ɔsidẽ'tał] westlich, West...; abendländisch; **~e** [-'dẽtə] *m* Westen *m*; Abendland *n*
ócimo ['ɔsimu] *m BOT* Basilikum *n*
ócio ['ɔsju] *m* Muße *f*; Müßiggang *m*; *depr* Faulheit *f*; **~s** *pl* Freizeit *f*
ocios|idade [osjuzi'dadə] *f* Müßiggang *m*; **~o** [o'sjozu] **1.** *adj* müßig; überflüssig; ungenutzt; **2.** *m* Müßiggänger *m*
oclus|ão [ɔklu'zɐ̃w] *f* Verschluss *m*; **~ivo** [-'zivu] okklusiv
oco ['oku] hohl; *fig* leer; nichtig
ocorr|ência [oku'ʀẽsjɐ] *f* Vorfall *m*; Zufall *m*; Gelegenheit *f*; Einfall *m*; **~ente** [-'ʀẽtə] etwaig; gelegentlich; **~er** [-'ʀer] (2d) sich ereignen; eintreten; ~ ***a*** entgegentreten (*dat*); gerecht werden (*dat*); sicherstellen (*ac*); *j-m* einfallen
ocre ['ɔkrə] *m* Ocker *m*
octan|agem [ɔktɐ'naʒɐ̃j] *f* Oktanzahl *f*; **~o** [-'tɐnu] *m* Oktan *n*
oct|ingentésimo [ɔktĩʒẽ'tɛzimu] achthundertst; **~ogenário** [-tuʒə'narju] achtzigjährig; **~ogésimo** [-tu'ʒɛzimu] achtzigst; **~ogonal** [-tugu'nał] achteckig; **~ógono** [-'tɔgunu] *m* Achteck *n*
octópode [ɔk'tɔpudə] *m ZO* Krake *m*
óctuplo ['ɔktuplu] achtfach
ocul|ação [ɔkulɐ'sɐ̃w] *f AGR* Okulation *f*; **~ar** [-'lar] **1.** *adj* Augen...; **2.** *m* Okular *n*; **~ista** [-'liʃtɐ] *su* Optiker(in *f*) *m*
óculo ['ɔkulu] *m* Fernglas *n*; *ARQUIT* Rundfenster *n*; ~ ***de inspecção*** (Tür)Spion *m*; ~ ***traseiro*** *AUTO* Heckscheibe *f*; (***um par*** *m* ***de***) **~s** *pl* Brille *f*; **~s** *pl* ***de leitura*** Lesebrille *f*; **~s** *pl* ***de mergulhador*** Taucherbrille *f*; **~s** *pl* ***escuros*** Sonnenbrille *f*
ocult|ação [okułtɐ'sɐ̃w] *f* Verheimlichung *f*; (Steuer)Hinterziehung *f*; **~ar** [-'tar] (1a) verbergen; verheimlichen; *Steuern* hinterziehen; **~as** [o'kułtɐʃ]: ***às*** ~ heimlich; im Verborgenen; hinter *j-s* Rücken; **~ismo** [-'tiʒmu] *m* Okkultismus *m*; **~o** [o'kułtu] versteckt; verborgen
ocup|ação [okupɐ'sɐ̃w] *f* Beschäftigung *f*, Inanspruchnahme *f*; *MIL* Besetzung *f*; Besatzung *f*; Bewohnen *n*; ***-ões*** *pl* Geschäfte *n/pl*, Verpflichtungen *f/pl*; **~acional** [-sju'nał] Beschäftigungs...; Arbeits...; **~ante** [-'pɐ̃tə] **1.** *adj MIL* Besatzungs...; **2.** *su* Insasse *m*, Insassin *f*; *MIL* Besatzer *m*; ~ ***selvagem*** Hausbesetzer *m*; **~s** *m/pl MIL* Besatzung *f*; **~ar** [-'par] (1a) beschäftigen; in Anspruch nehmen; besetzen (*a MIL*); in Besitz nehmen; einnehmen; ausfüllen; *Amt* bekleiden; bewohnen; ***~-se de*** (*od* ***com***) sich kümmern um; ***~-se em*** beschäftigt sein mit; ***~-se a*** *inf* sich damit beschäftigen zu
ode ['ɔdə] *f* Ode *f*
odi|ar [ɔ'djar] (1h) hassen; **~ento** [-'djẽtu] hasserfüllt, gehässig
ódio ['ɔdju] *m* Hass *m*
odioso [ɔ'djozu] hassenswert
odisseia [udi'sɐjɐ] *f* Irrfahrt *f*
odont|algia [odõtał'ʒiɐ] *f* Zahnschmerz *m*; **~ite** [-'titə] *f* Zahnfleischentzündung *f*; **~ologia** [-tulu'ʒiɐ] *f* Zahnheilkunde *f*
odor [u'dor] *m* Geruch *m*; Duft *m*; **~ante**, **~ífero**, **~oso** [udu'rẽtə, -'rifəru, -'rozu] duftend
odre ['odrə] *m* (Wein-, Leder-) Schlauch *m*; ***ser um*** ~ P ein Schluckspecht sein
OE ***Orçamento*** *m* ***do Estado*** Staatshaushalt *m*
oés-|noroeste [wɛʒnɔ'rwɛʃtə] *m* Westnordwest *m*; **~sudoeste** [wɛʃsu'dwɛʃtə] *m* Westsüdwest *m*
oeste ['wɛʃtə] *m* Westen *m*
ofeg|ante [ufə'gẽtə] atemlos; **~ar** [-'gar] (1o; *Stv* 1c) keuchen
ofen|der [ufẽ'der] (2a) beleidigen; verletzen; *Ruf* schädigen; ***~-se com*** übel nehmen; **~sa** [u'fẽsɐ] *f* Beleidigung *f*, (Körper)Verletzung *f*; ***sem*** ~ ***de*** ohne Verstoß gegen; ohne Schaden für; **~siva** [-'sivɐ] *f* Offensive *f*, Angriff *m*; **~sivo** [-'sivu] Angriffs...; offensiv; beleidigend; *MED* schädlich; **~sor** [-'sor] *m* Beleidiger *m*; *MIL* Angreifer *m*
ofer|ecer [ufərə'ser] (2g) anbieten;

Theaterstück darbieten; *Speisen, Getränke* reichen; *bsd* schenken; *Opfer* darbringen; **~ à venda** zum Verkauf anbieten; **~-se** sich bieten (**para** für); einfallen; **~ecimento** [-si'mẽtu] *m* Darbietung *f*; **~enda** [-'rẽdɐ] *f* Spende *f*; (Opfer)Gabe *f*; **~endar** [-rẽ'dar] (1a) spenden; *Opfer* darbringen; **~ta** [u'fɛrtɐ] *f* Angebot *n* (*a ECON*); Geschenk *n*, Spende *f*; **~ especial** Sonderangebot *n*; **~ e procura** Angebot *n* und Nachfrage *f*; **~tante** [-'tẽtə] *su* Geber(in *f*) *m*; *ECON* Anbieter(in *f*) *m*; **~tar** [-'tar] (1c) *ECON* anbieten

oficial [ufi'sjał] **1.** *adj* offiziell; **2.** *m* Offizier *m*; **~ de diligências** Gerichtsvollzieher *m*; **~ de justiça** Gerichtsdiener *m*; **~ miliciano** Offiziersanwärter *m*; **~ato** [-sjɐ'latu] *m* Offiziersstand *m*; **~idade** [-sjɐli'dadə] *f* Offizierskorps *n*; **~izar** [-sjɐli'zar] (1a) amtlich bestätigen

oficina [ufə'sinɐ] *f* Werkstatt *f*; **~ autorizada** Vertragswerkstatt *f*

ofício [u'fisju] *m* Handwerk *n*; Beruf *m*; Pflicht *f*; Amt *n*; Dienst *m*; *bsd* amtliche(s) Schreiben *n*; Erlass *m*; **~ (divino)** *REL* Gottesdienst *m*; **~s** *pl* Dienste *m/pl*; **bons ~s** *pl* Hilfe(leistung) *f*; **por ~** von Amts wegen; **fazer o seu ~** sein Amt ausüben; s-e Pflicht tun; **ser do ~** vom Fach sein; **ter por ~** den Zweck haben zu

oficioso [ufi'sjozu] dienstfertig; *bsd* halbamtlich, offiziös; **defensor** *m* **~** Pflichtverteidiger *m*

ofídios [u'fidjuʃ] *m/pl* Schlangen *f/pl*

oftalm|ia [ɔftał'miɐ] *f* Augenentzündung *f*; **~ologia** [-mulu'ʒiɐ] *f* Augenheilkunde *f*; **~ologista** [-mulu'ʒiʃtɐ] *su* Augenarzt *m*, -ärztin *f*

ofusc|ação [ufuʃkɐ'sɐ̃w] *f* Verdunkelung *f*; *fig* Verblendung *f*; **~ar** [-'kar] (1n) verdunkeln (*a fig*); verbergen; *fig* blenden (**com** mit)

ogiv|a [ɔ'givɐ] *f ARQUIT* Spitzbogen *m*; *MIL* Sprengkopf *m*; **~ nuclear** Atomsprengkopf *m*; **~ de carga múltipla** Mehrfachsprengkopf *m*

oh [ɔ] *int*: **~!** oh!; ach!

oiça ['ojsɐ] → **ouvir**

oiço ['ojsu] → **ouvir**

oir... → **our...**

oit|ante [oj'tẽtə] *m MAT* Oktant *m*; **~ava** [-'tavɐ] *f* Achtel *n*; *MÚS* Oktave *f*; **~avado** [-tɐ'vadu] achteckig; **~avo** [-'tavu] **1.** *adj* achte; **2.** *m* Achtel *n*; **em ~** *TIP* Oktavformat *n*; **3. ~s** *m/pl Sport*: Achtelfinale *n*

oiteiro [oj'tɐjru] *m* → **outeiro**

oitent|a [oj'tẽtɐ] achtzig; **~ão** [-'tɐ̃w] *m* F Achtzigjährige(r) *m*

oito ['ojtu] **1.** *adj* acht; **2.** *m* Acht *f*; **~centos** [-'sẽtuʃ] achthundert

olá [ɔ'la] *int*: **~!** hallo!

olaria [ɔlɐ'riɐ] *f* Töpferei *f*

olé [ɔ'lɛ] *int*: **~!** recht so!; bravo!

ole|áceo [ɔ'ljasju] Öl...; **~ado** [ɔ'ljadu] *m* Wachstuch *n*; **~agíneo** [ɔljɐ'ʒinju] Öl...; **~aginoso** [ɔljɐʒi'nozu] ölig; **~ar** [ɔ'ljar] (1l) ölen; **~icultura** [ɔlɛ-ikuł'turɐ] *f* Olivenpflanzung *f*; (Oliven)Ölindustrie *f*

oleiro [u'leiru] *m* Töpfer *m*

óleo ['ɔlju] *m* Öl *n*; **~ de linhaça** Leinöl *n*; **~ mineral** Mineralöl *n*; **~ para aquecimento** Heizöl *n*; **~ pesado** Schweröl *n*; **~s** *pl* **usados** Altöl *n*; **~ diesel** *bras* Diesel *m*; **~s** *pl* **essenciais** ätherische Öle *n/pl*; **os Santos** **♀s** *pl* die letzte Ölung *f*; **a ~** *PINT* in Öl

oleo|duto [ɔlju'dutu] *m* Ölpipeline *f*; **~ginosas** [-ʒi'nɔzɐʃ] *f/pl* Ölsaaten *f/pl*; **~so** [ɔ'ljozu] ölig; fettig

olfa(c)to [oł'fatu] *m* Geruch(ssinn) *m*

olh|a ['oʎɐ] *f CUL* fette Brühe *f*; Schmortopf *m*; **~ada, ~adela** [u'ʎadɐ, uʎɐ'dɛlɐ] *f* (Seiten)Blick *m*; **dar uma ~** e-n raschen Blick werfen; **~ado** [u'ʎadu] **1.** *adj*: **bem (mal) ~** beliebt (verhasst); **2.** *m*: **(mau) ~** böse(r) Blick *m*; **~al** [u'ʎał] *m* Öse *f*; (Nadel)Öhr *n*; **~ar** [-'ʎar] (1d) **1. a)** *v/t* anschauen; betrachten; wachen über (*ac*); **~ de esguelha** verstohlen anblicken; **b)** *v/i* schauen (**para** auf *ac*, nach); **~ por** sehen nach (*ac*); **~ que** darauf achten, dass; **~ sobre** hinwegsehen über (*ac*); **olha!** (**olhe!**) hör(en Sie) mal!; pass (passen Sie) auf!; **~ como boi para palácio** F dumm aus der Wäsche gucken; **2.** *m* Blick *m*; **~eiras** [u'ʎɐjrɐʃ] *f/pl* Augenringe *m/pl*; **~ento** [u'ʎẽtu] löcherig (*Käse*); **~inho** [u'ʎiɲu] *m* F: **fazer ~s** *j-m* (schöne) Augen machen

olho ['oʎu] *m* Auge *n*; (Nadel)Öhr *n*; Loch *n* (*Käse, Brot*); Spundloch *n*;

ARQUIT Rundfenster *n*; **~ *do cu*** V Arschloch *n*; ***a ~*** nach Augenmaß; ***a ~ nu*** mit bloßem Auge; ***a ~s vistos*** zusehends; ***com bons* (*maus*) *~s*** (un)gern; ***com os ~s fechados*** blindlings; ***num abrir e fechar de ~s*** F im Nu; ***pelos seus próprios ~s*** mit eigenen Augen; ***fazer uns grandes ~s*** große Augen machen; ***abrir os ~s ao dia*** (*od* ***à luz***) das Licht der Welt erblicken; ***dar com os ~s em*** erblicken (*ac*); ***estar com o ~ aberto*** (*od* ***alerta***) die Augen offen halten; ***fazer ~s redondos*** große Augen machen; ***fechar os ~s*** *fig* ein Auge zudrücken; ***lançar*** (*od* ***deitar***) ***os ~s para*** ein Auge werfen auf (*ac*); ***passar os ~s por*** überfliegen (*ac*); ***pôr diante dos ~s*** vor Augen führen; ***não pregar ~*** kein Auge zutun; ***saltar aos ~s*** ins Auge springen; ***ser todo ~s*** aufmerksam hinschauen; ***ter ~*** Augenmaß haben; ***ter*** (*od* ***trazer***) ***o(s) ~(s) em*** im Auge behalten; ***tirar diante dos ~s*** aus den Augen schaffen; ***ter peneira nos ~s*** F Tomaten auf den Augen haben; **~(s)-de-água** [-'djagwɐ] *m(pl)* Quelle *f*; **~(s)-de-boi** [-də'boj] *m(pl)* *ARQUIT* Rundfenster *n*; *NAV* Bullauge *n*; **~(s)-de-falcão** [-dəfał'kɐ̃w] *m(pl)* *fig* Adlerauge *n*

olhudo [o'ʎudu] groß-, glotzäugig

olig|arquia [ɔligɐr'kiɐ] *f* Oligarchie *f*; **~árquico** [-'garkiku] oligarchisch; **~oelemento** [-gɔilə'mẽtu] *m* Spurenelement *n*

olimpíada [ɔlĩ'piɐdɐ] *f* Olympiade *f*

olímpico [ɔ'lĩpiku] olympisch; ***Jogos*** *m/pl* **℞s** Olympische Spiele *n/pl*

olissiponense [olisipu'nẽsə] Lissaboner (*mst poét*)

oliv|áceo [uli'vasju] olivgrün; **~al** [-'vał] *m* Olivenhain *m*; **~eira** [-'vɐjrɐ] *f* Olivenbaum *m*; **~icultor** [-vikuł'tor] *m* Olivenpflanzer *m*; **~icultura** [-vikuł'turɐ] *f* Olivenanbau *m*

olmo ['ołmu] *m* Ulme *f*

olvid|ar [ołvi'dar] (1a) vergessen; **~o** [-'vidu] *m* Vergessenheit *f*

ombr|ear [õ'brjar] (1l): ***~ com*** *fig* wetteifern mit; **~eira** [-'brɐjrɐ] *f* Schulterpartie *f* (*Kleidung*); *ARQUIT* Türpfosten *m*; *fig* Schwelle *f*

ombro ['õbru] *m* Schulter *f*; ***~ com ~*** Schulter an Schulter; ***por cima do ~*** *fig* von oben herab; ***cerrar ~s*** sich zusammenschließen; ***encolher os ~s*** die Achseln zucken; ***pôr*** (*od* ***deitar***) ***~s a*** in Angriff nehmen (*ac*); ***não ter ~s para*** nicht den Mut haben zu

omeleta [omə'letɐ] *f* Omelett *n*

ominoso [omi'nozu] unheil-, verhängnisvoll; ominös

omi|ssão [omi'sɐ̃w] *f* Unterlassung *f*; Auslassung *f*; Lücke *f*; **~sso** [-'misu] **1.** *adj* lückenhaft; nachlässig; **2.** *p/p irr von* **~tir** [omə'tir] (3a) *Handlung* unterlassen; *Teil* aus-, weglassen

omni|potência [ɔmnipu'tẽsjɐ] *f* Allmacht *f*; **~potente** [-pu'tẽtə] allmächtig; **~presente** [-prə'zẽtə] allgegenwärtig; **~sciente** [-niʃ'sjẽtə] allwissend

omnívoro [ɔm'nivuru] *m* Allesfresser *m*

omoplata [ɔmɔ'platɐ] *f* Schulterblatt *n*

o.m.q. ***o mesmo que*** dasselbe wie

onanismo [onɐ'niʒmu] *m* Onanie *f*

onça ['õsɐ] *f* **a)** Unze *f*; **b)** *bras* Jaguar *m*

oncologia [õkulu'ʒiɐ] *f* Onkologie *f*

onda ['õdɐ] *f* Welle *f* (*a FIS*); *fig* Strom *m*; ***~ sonora*** Schall-; ***~ ultracurta*** Ultrakurzwelle *f*; ***na mesma ~*** F auf derselben Wellenlänge; ***não fazer ~s*** *fig* kein Aufsehen erregen

onde ['õdə] wo; wohin; ***de ~*** woher; ***de ~ em ~*** hier und da; ***para ~*** wohin; ***por ~*** wodurch; ***~ quer que*** *conj* wo auch immer

onde|ado [õ'djadu] wellig (*Haar*); **~ar** [-'djar] (1l) **1.** *v/t* wellen; **2.** *v/i* wogen; flattern; sich schlängeln

ondul|ação [õdulɐ'sɐ̃w] *f* Wellenbewegung *f*; Wellengang *m*; Flattern *n*; Windung *f*; **~ado** [-'ladu] wellig; hügelig; **~ante** [-'lẽtə] auf- und absteigend; **~ar** [-'lar] (1a) **1. a)** *v/i* → ***ondear***; **b)** *v/t* ondulieren; **2.** *adj* = **~atório** [-lɐ'tɔrju] Wellen...

oner|ar [onə'rar] (1c) belasten; besteuern; **~oso** [-'rozu] lastend, drückend; kostspielig; abgabepflichtig

oni... *bras* [õni...] → ***omni...***

ónibus (*ô) ['ɔnibuʃ] *m* Omnibus *m*; *CAM. DE F* F Bummelzug *m*

onírico [ɔ'niriku] Schlaf...; *fig* Traum..., traumhaft
onom|ástica [ɔnɔ'maʃtikɐ] *f* Namenskunde *f*; Namensverzeichnis *n*; **~atopaico** [-mɐtɔ'pajku] lautmalerisch; **~atopeia** [-mɐtɔ'pɐjɐ] *f* Lautmalerei *f*
ontem ['õtɐ̃j] gestern; ***antes de ~*** vorgestern; ***de ~*** gestrig
ONU ***Organização f das Nações Unidas*** Vereinte(n) Nationen *f/pl* (UNO)
ónus (*ô) ['ɔnuʃ] *m* Last *f*; Abgabe *f*
onze ['õzə] **1.** *adj* elf; **2.** *m* Elf *f*
onzen|a [õ'zenɐ] *f* Elfer *m* (*Satz, Pack*); *fig* Wucher(zins) *m*; **~ário** [õzə'narju] *m* Wucherer *m*
óó [ɔ'ɔ] *m*: ***fazer ~*** *infan* heia machen
opa ['ɔpɐ] *f* Überwurf *m*, Poncho *m*
opac|idade [upɐsi'dadə] *f* Undurchsichtigkeit *f*; Dunkel *n*; **~o** [u'paku] undurchsichtig; trübe; matt
opal|escente, **~ino** [ɔpɐləʃ'sẽtə, -'linu] schillernd
ópalo ['ɔpɐlu] *m* Opal *m*
op|ção [ɔp'sɐ̃w] *f* Wahl *f*; Entscheidung *f*; *POL* Option *f*; **~cional** [-sju'nał] optional; Wahl...; wahlweise; ***cadeira f ~*** *UNIV* Wahlpflichtfach *n*
ópera ['ɔpərɐ] *f* Oper *f*
oper|ação [upərɐ'sɐ̃w] *f* Operation *f*; (Organ)Tätigkeit *f*; *MED* Eingriff *m*; *ECON* Geschäft *n*; *TÉCN* Arbeitsgang *m*; ***~ plástica*** *MED* kosmetische Operation *f*; ***entrada f em ~*** Inbetriebnahme *f*; ***~ tartaruga*** *bras* Bummelstreik *m*; **~acional** [-sju'nał] operativ; einsatz-, funktionsfähig; **~acionalidade** [-rɐsjunɐli'dadə] *f* Einsatzbereitschaft *f*; Funktionsfähigkeit *f*; **~ador** [-rɐ'dor] *m* *allg* Techniker *m*; Betreiber *m*; *MED* Operateur *m*; *MAT* Operator *m*; *Film*: Kameramann *m*; ***~ turístico*** Reiseveranstalter *m*; **~es** *pl* Bedienungspersonal *n*; **~ando** [-'rẽdu] *m* Operationspatient *m*; *INFORM* Operand *m*; **~ante** [-'rẽtə] wirkend; **~ar** [-'rar] (1e) **1.** *v/t* bewirken; durchführen; operieren (***a*** an *dat*); **2.** *v/i* wirken; handeln; **~-se** sich vollziehen; **~ária** [-'rarjɐ] *f* Arbeiterin *f*; *ZO* Arbeitsbiene *f*; **~ariado** [-rɐ'rjadu] *m* Arbeiterschaft *f*; **~ário** [-'rarju] **1.** *adj* Arbeiter...; **2.** *m* Arbeiter *m*; Handwerker *m*; ***~ especializado*** Facharbeiter *m*; ***~ não especializado*** ungelernte(r) Arbeiter *m*; **~atividade** [-rɐtəvi'dadə] *f* Einsatzfähigkeit *f*; **~ativo** [-rɐ'tivu] wirksam; tätig; → ***~acional***; **~atório** [-rɐ'tɔrju] Operations...; operativ; ***bloco ~*** *MED* OP *m*, Operationssaal *m*
opereta [ɔpə'retɐ] *f* Operette *f*
operoso [upə'rozu] schwierig; aufwändig; fruchtbar
opil|ação [ɔpilɐ'sɐ̃w] *f* *MED* Verstopfung *f*; **~ar** [-'lar] (1a) verstopfen
opin|ante [upi'nẽtə] urteilsfähig; sich äußernd; **~ar** [-'nar] (1a) meinen; vorschlagen; ***~ sobre*** sich äußern zu; beurteilen (*ac*); **~ativo** [-nɐ'tivu] persönlich; Ansichts...; diskutabel; **~ião** [-'njɐ̃w] *f* Meinung *f* (***pública*** öffentliche); ***sondagem f de ~*** Meinungsumfrage *f*; ***na minha ~*** meines Erachtens; ***mudar de ~*** s-e Meinung ändern; ***ser de ~ que*** der Meinung sein, dass; **~ioso** [-'njozu] rechthaberisch
ópio ['ɔpju] *m* Opium *n*
opíparo [ɔ'pipɐru] üppig, prächtig
opo(n)ente [u'pwẽtə, upu'nẽtə] **1.** *adj* gegnerisch; **2.** *su* Gegner(in *f*) *m*
opor [u'por] (2zd) entgegensetzen, -stellen (***a*** *dat*); einwenden; *Widerstand* leisten; **~-se a** sich widersetzen (*dat*); sich bewerben um
oportun|amente [upurtunɐ'mẽtə] bei (passender) Gelegenheit; rechtzeitig; **~idade** [-ni'dadə] *f* Gelegenheit *f* (***perder*** verpassen); Glück(sfall *m*) *n*; ***de ~*** Zufalls...; **~ismo** [-'niʒmu] *m* Opportunismus *m*; **~ista** [-'niʃtɐ] **1.** *adj* opportunistisch; **2.** *su* Opportunist(in *f*) *m*; **~o** [-'tunu] gelegen; günstig; angebracht; richtig
oposi|ção [upuzi'sɐ̃w] *f* Widerspruch *m*, -stand *m* (***fazer*** leisten); Gegensatz *m*; *JUR* Einspruch *m*; Opposition *f*; **~cionismo** [-sju'niʒmu] *m* oppositionelle Haltung *f*; **~cionista** [-sju'niʃtɐ] **1.** *adj* Oppositions...; **2.** *su* Oppositionelle(r) *su*; **~tivo** [-'tivu] gegensätzlich; *BOT* gegenständig; **~tor** [-'tor] *m* Gegner *m*
oposto [u'poʃtu] **1.** *p/p von* ***opor***; **2.** *adj* entgegengesetzt; *örtl* gegenüberliegend; **3.** *m* Gegenteil *n*

O

opress|ão [uprə'sɐ̃w] *f* Unterdrückung *f*, Druck *m*; **~ivo** [-'sivu] be-, unterdrückend; **~o** [u'presu] *p/p irr von* ***oprimir***; **~or** [-'sor] *m* Unterdrücker *m*
oprimir [uprə'mir] (3a) bedrücken; unterdrücken; beklemmen
opróbrio [ɔ'prɔbrju] *m* Schande *f*
oprobrioso [ɔpru'brjozu] schmachvoll; schimpflich
opt|ar [ɔp'tar] (1a) optieren; sich entscheiden (***por*** für); wählen; **~ativo** [-tɐ'tivu] Wunsch...; optativ
ó(p)tic|a ['ɔtikɐ] *f* Optik *f*; **~o** [-ku] **1.** *adj* optisch; Seh...; **2.** *m* Optiker *m*
o(p)timis|mo [ɔti'miʒmu] *m* Optimismus *f*; **~ta** [-'miʃtɐ] **1.** *adj* zuversichtlich; **2.** *su* Optimist(in *f*) *m*
o(p)timiz|ação [ɔtəmizɐ'sɐ̃w] *f* Optimierung *f*; **~ar** [-'zar] (1a) optimieren
ó(p)timo ['ɔtimu] hervorragend
opul|ência [ɔpu'lẽsjɐ] *f* Reichtum *m*; Üppigkeit *f*; **~ento** [-'lẽtu] opulent
opúsculo [u'puʃkulu] *m* CIENC Abhandlung *f*
ora ['ɔrɐ] **1.** *adv* nun, jetzt; ***de ~ avante*** von nun an; zukünftig; ***por ~*** vorläufig; ***~ ... ~*** bald ... bald; ***~ bem*** nun (gut); F na schön; **2.** *int* nun!; also!; na!; ***~ bolas!*** P von wegen!; ***~ essa!*** (na) so was!; keine Ursache!; ***~ vamos!*** na, wird's bald!, los!
oração [urɐ'sɐ̃w] *f* REL Gebet *n* (***fazer*** verrichten); Rede *f*; GRAM Satz *m*; ***~ principal*** (***subordinada***) Haupt- (Neben)satz *m*
oráculo [u'rakulu] *m* Orakel *n*
orador [urɐ'dor] *m* Redner *m*
orago [u'ragu] *m* Schutzpatron *m*
oral [u'rał] mündlich, oral; Mund...
orangotango [urɐ̃gu'tɐ̃gu] *m* Orang-Utan *m*
orar [u'rar] (1e) REL beten (***a*** zu; ***por*** für); bitten um (***a*** *j-n*)
oratóri|a [urɐ'tɔrjɐ] *f* Redekunst *f*; **~o** [-rju] **1.** *adj* rednerisch; Rede...; **2.** *m* REL Hausaltar *m*; MÚS Oratorium *n*
orbe ['ɔrbə] *m* Kugel *f*; Kreis *m*; ***~ terrestre*** Erdkreis *m*
órbita ['ɔrbitɐ] *f* ASTR Umlaufbahn *f*; ANAT Augenhöhle *f*; *fig* Einflusssphäre *f*
orbital [urbi'tał] Umlauf...; ***estação f ~*** Raumstation *f*
orca ['ɔrkɐ] *f* ZO Schwertwal *m*
orçament|al, **~ário** [ɔrsɐmẽ'tał, -'tarju] Haushalts...; **~o** [-'mẽtu] *m* Kostenvoranschlag *m*; ***~ do Estado*** Staatshaushalt *m*; ***~ suplementar*** Nachtragshaushalt *m*
orç(ament)ar [ɔr'sar, (ɔrsɐmẽ'tar)] (1p; *Stv* 1e) veranschlagen (***em*** auf *ac*); sich belaufen (***por*** auf *ac*)
ordeiro [ur'dɐjru] ordnungsliebend
ordem ['ɔrdɐ̃j] *f* Ordnung *f*; Reihenfolge *f*; Rang(ordnung *f*) *m*; Stand *m*; REL Orden *m*; MIL Befehl *m*; Vorschrift *f*; Gebot *n*; ECON Auftrag *m* (***dar*** erteilen); Order *f*; (Anwalts)Kammer *f*; ***-ns*** *pl* REL die Weihen *f/pl* (***tomar*** empfangen); ***~ de entrega*** Lieferschein *m*; ***~ de pagamento*** Zahlungsanweisung *f*; ***~ do dia*** Tagesordnung *f*; ***~ dos médicos*** Ärztebund *m*; ***palavra f de ~*** Parole *f*; ***~ de transferência permanente*** Dauerauftrag *m*; ***à ~*** ECON auf Abruf; ***à(s) ~(-ns) de*** zu *j-s* Verfügung; → ***em ~ a*** im Hinblick auf (*ac*); ***de primeira ~*** ersten Ranges; ***em boa ~*** friedlich; ***em devida ~*** ordnungsgemäß; ***fora de ~*** durcheinander; ***por ~*** der Reihe nach; ***por ~ de*** in *j-s* Auftrag; ***assegurar*** (*od* ***garantir***) ***a ~*** für Ordnung sorgen; ***chamar à ~*** zur Ordnung rufen; ***dar ~ de prisão a*** Haftbefehl erlassen gegen; ***pôr em ~*** in Ordnung bringen; ***sempre às suas -ns!*** stets zu Ihren Diensten!
orden|ação [urdənɐ'sɐ̃w] *f* Anordnung *f*; Verfügung *f*; Gebot *n*; REL Priesterweihe *f*; **~ada** [-'nadɐ] *f* MAT Ordinate *f*; **~adamente** [-nadɐ'mẽtə] ordnungsgemäß; **~ado** [-'nadu] *m* Gehalt *n*; **~amento** [-'mẽtu] *m* Ordnung *f*; **~ança** [-'nɐ̃sɐ] *f* Ordonnanz *f*; **~ar** [-'nar] (1d) (an)ordnen; einrichten; MIL befehlen; verordnen; REL weihen
ordenh|adora [ɔrdəɲɐ'dorɐ] *f* Melkmaschine *f*; Melkerin *f*; **~ar** [-'ɲar] (1d) melken
ordin|al [ɔrdi'nał] **1.** *adj* Ordnungs...; **2.** ***-ais*** *m/pl* MAT Ordnungszahlen *f/pl*; **~ante** [-'nɐ̃tə]: ***bispo m ~*** Weihbischof *m*; **~arice** [-nɐ'risə] *f* ordinäre(s) Benehmen *n*; **~ário**

[-'narju] **1.** *adj* gewöhnlich; *fig* ordinär; **2.** *m* Übliche(s) *n*
orégão(s) [ɔ'rɛgɐ̃w] *m(pl)* Oregano *m*
orelh|a [u'reʎɐ] *f* Ohr *n*; *TÉCN* Lasche *f*; *BOT* Lappen *m*; ***de ~*** vom Hörensagen; ***de ~ fita*** mit gespitzten Ohren; ***dar um puxão de ~*** *fig j-m* die Ohren lang ziehen; ***prestar ~s*** ganz Ohr sein; ***torcer as ~s*** P *fig* sich in den Hintern beißen; **~ão** [ore'ʎɐ̃w] *m bras offene* Telefonkabine *f*; **~eira** [urə'ʎɐjrɐ] *f* **a)** Schweinsohr *n*; **b)** Ohrenklappe *f* (*an Mützen*); **~udo** [urə'ʎudu] **1.** *adj* langohrig; *fig* dickköpfig; **2.** *m ZO* Langohrfledermaus *f*; F Esel *m*
orfan|ato [ɔrfɐ'natu] *m* Waisenhaus *n*; **~dade** [-fɐ̃'dadə] *f* Waisenstand *m*
órfão(s) ['ɔrfɐ̃w] **1.** *adj* verwaist; ***~ de mãe*** (***pai***) mutter- (vater)los; ***ficar ~*** verwaisen; **2.** *m(pl)*, **-ã** *f* Waise *f*
orfeão [ɔr'fjɐ̃w] *m* Gesangverein *m*; Chor *m*
orgânic|a [or'gɐnikɐ] *f* Aufbau *m*, Struktur *f*; **~o** [-ku] organisch
organ|igrama [orgɐni'grɐmɐ] *m* Organigramm *n*; **~ismo** [-'niʒmu] *m BIOL* Organismus *m*; Körperschaft *f*; Behörde *f*; **~ista** [-'niʃtɐ] *su* Organist(in *f*) *m*; **~ização** [-zɐ'sɐ̃w] *f* Organisation *f*; Aufbau *m*; Einrichtung *f*; Veranlagung *f*; Veranstaltung *f*; ***♀ das Nações Unidas*** Organisation *f* der Vereinten Nationen (***ONU*** UNO); ***~ de ajuda*** Hilfsorganisation *f*; ***~ sócio-profissional*** Berufsverband *m*; **~izacional** [-zɐsju'nał] organisatorisch; **~izador** [-zɐ'dor] **1.** *adj* gestaltend; organisatorisch; **2.** *m* Organisator *m*; Veranstalter *m*; **~izar** [-'zar] (1a) organisieren; gliedern; veranstalten; ***~-se*** zurechtkommen; **~izativo** [-zɐ'tivu] → ***~izacional***; **~olé(p)tico** [-nɔ'lɛtiku] Geschmacks...; ***prova*** *f* ***-a*** Verkostung *f* (*Wein*)
órgão(s) ['ɔrgɐ̃w] *m(pl)* Organ *n*; *fig* Werkzeug *n*; *MÚS* Orgel *f*; ***~s*** *pl* ***de comunicação social*** Massenmedien *n/pl*
orgasmo [or'gaʒmu] *m* Orgasmus *m*
orgi|a [ɔr'ʒiɐ] *f* Gelage *n*, Orgie *f*; **~ástico** [-'ʒjaʃtiku] orgiastisch
orgulh|ar [urgu'ʎar] (1a) stolz machen; ***~-se de*** (*od* ***por***) stolz sein auf (*ac*); **~o** [-'guʎu] *m* Stolz *m*; ***ter ~ em*** → ***~-se de***; **~oso** [-'ʎozu] stolz
orient|ação [orjẽtɐ'sɐ̃w] *f* Orientierung *f*; *fig* Richtung *f*; Anleitung *f*; ***sentido*** *m* ***de ~*** Orientierungssinn *m*; ***~ profissional*** Berufsberatung *f*; ***debaixo de*** (*od* ***sob a***) ***~ de*** unter der Leitung (*gen*); **~ador** [-'dor] **1.** *adj* wegweisend; leitend; **2.** *m* Berater *m*; Leiter *m*; Wegweiser *m*; **~al** [-'tał] östlich; orientalisch; **~alista** [-'liʃtɐ] *su* Orientalist(in *f*) *m*; **~ar** [-'tar] (1a) orientieren; ausrichten (***para*** nach); *fig* (an)leiten; beraten; ***~-se*** sich zurechtfinden (***em*** in *dat*); sich richten (***por*** nach)
oriente [ɔ'rjẽtə] *m* Osten *m*; ♀ Morgenland *n*; Orient *m*; ***Próximo*** (***Médio***, ***Extremo***) ♀ Naher (Mittlerer, Ferner) Osten *m*
orifício [urə'fisju] *m* Öffnung *f*
origem [o'riʒɐ̃j] *f* Ursprung *m*; Herkunft *f*, Ursache *f*; ***país*** *m* ***de ~*** Herkunftsland *n*; ***na*** (***sua***) ***~*** ursprünglich; ***dar ~ a*** → ***originar***
origin|al [orəʒi'nał] **1.** *adj* ursprünglich; Ur...; Original...; originell; ***pecado*** *m* ***~*** Erbsünde *f*; **2.** *m* Original *n*; Urfassung *f*; *fig* Sonderling *m*; **~alidade** [-nɐli'dadə] *f* Ursprünglichkeit *f*; Originalität *f*; **~ar** [-'nar] (1a) hervorrufen; verursachen; ***~-se*** entstehen; herrühren; **~ário** [-'narju] ursprünglich; gebürtig; *CIENC* originär; ***ser ~ de*** abstammen von
oriundo [o'rjũdu] **1.** *adj*: ***~ de*** aus ... kommend; **2.** *m bras Fußball*: *ausländischer* Vertragsspieler *m*
orl|a ['ɔrlɐ] *f* Saum *m*; Umrandung *f*; **~ar** [ɔr'lar] (1e) einfassen
ornament|ação [ɔrnɐmẽtɐ'sɐ̃w] *f* Ausschmückung *f*; ***-ões*** *pl* Schmuck *m*; **~al** [-'tał] schmückend; Zier...; **~ar** [-'tar] (1a) (aus)schmücken; verzieren; **~ista** [-'tiʃtɐ] *su* Dekorateur(in *f*) *m*; **~o** [-'mẽtu] *m* Verzierung *f*; Ornament *n*; *fig* Zierde *f*
orna|r [ɔr'nar] (1e) (aus)schmücken; **~to** [-'natu] *m* Schmuck *m*
orne(j)ar [ɔr'njar, ɔrnə'ʒar] (1l, 1d) schreien (*Esel*)
ornito|logia [ɔrnitulu'ʒiɐ] *f* Vogelkunde *f*; **~rrinco** [-'ʀĩku] *m ZO* Schnabeltier *n*

O

orquestr|a [ɔr'kɛʃtrɐ] *f* Orchester *n*; **~ de câmara** Kammerorchester *n*; **~ação** [-kəʃtrɐ'sɐ̃w] *f* Orchestrierung *f*; **~al** [-kəʃ'trał] Orchester...; **~ar** [-kəʃ'trar] (1c) orchestrieren
orquídea [ɔr'kidjɐ] *f* Orchidee *f*
orto|doxia [ɔrtudɔ'ksiɐ] *f* Orthodoxie *f*; **~doxo** [-'dɔksu] orthodox; **~grafia** [-grɐ'fiɐ] *f* Rechtschreibung *f*; **~gráfico** [-'grafiku] orthographisch; ***reforma f -a*** Rechtschreibreform *f*; **~pedia** [-pə'diɐ] *f* Orthopädie *f*; **~pedista** [-pə'diʃtɐ] *su* Orthopäde *m*, Orthopädin *f*
orvalh|ar [ɔrvɐ'ʎar] (1b) tauen; **~o** [-'vaʎu] *m* (Morgen)Tau *m*
os [uʃ] *art u pron m/pl* → ***o***
oscil|ação [ɔʃsilɐ'sɐ̃w] *f* Schwingung *f*; Schwankung *f*; **~ante** [-'lẽtə] Schwing(ungs)...; schwankend; **~ar** [-'lar] (1a) schwingen; schwanken; **~atório** [-'tɔrju] schwingend; Pendel...; → ***~ante***; **~oscópio** [-luʃ-'kɔpju] *m* FIS Oszillograph *m*
oscular [ɔʃku'lar] (1a) küssen
ósculo ['ɔʃkulu] *m* Kuss *m*; leichte Berührung *f*
osga ['ɔʒgɐ] *f* ZO Mauergecko *m*
oss|ada [ɔ'sadɐ] *f* Gebeine *n/pl*; Skelett *n*; = **~amenta** [ɔsɐ'mẽtɐ] *f* Gerippe *n*; **~ário** [ɔ'sarju] *m* Knochenhaufen *m*; Beinhaus *n*; **~atura** [ɔsɐ'turɐ] *f* Gerippe *n*
ósseo ['ɔsju] knochig; Knochen...
ossific|ação [ɔsəfikɐ'sɐ̃w] *f* Knochenbildung *f*; **~ar-se** [-'karsə] (1n) verknöchern
osso ['osu] *m* Knochen *m*; **~s** *pl* Gebeine *n/pl*; ***em ~*** F splitternackt; ***pele e ~*** F Haut und Knochen; ***~ duro de roer*** F harte Nuss *f*
ossudo [ɔ'sudu] knochig
osten|sível, **~sivo** [ɔʃtẽ'sivɛł, -'sivu] offensichtlich; deutlich; auffallend; **~tação** [-tɐ'sɐ̃w] *f* Zurschaustellung *f*; Aufwand *m*; Prahlerei *f*; **~tar** [-'tar] (1a) zur Schau stellen; prahlen mit; **~tativo** [-tɐ'tivu] ostentativ; **~toso** [-'tozu] aufwändig; protzig
ostr|a ['ɔʃtrɐ] *f* ZO Auster *f*; **~aceiro** [-'sɐjru] *m* ZO Austernfischer *m*; **~eicultura** [-trɐjkuł'turɐ] *f* Austernzucht *f*; **~eira** [-'trɐjrɐ] *f* Austernbank *f*; **~eiro** [-'trɐjru] *m* Austernhändler *m*

OTAN ***Organização f do Tratado do Atlântico Norte*** Nordatlantikpakt *m* (NATO)
otária [ɔ'tarjɐ] *f* ZO *Art* Robbe *f*
oti... *bras* → ***opti...***
ótico ['ɔtiku] Ohren...
otite [ɔ'titə] *f* Ohrenentzündung *f*, Otitis *f*; ***~ interna*** Mittelohrentzündung *f*
otomano [ɔtu'mɐnu] osmanisch
otorrinolaringologista [ɔtoʀinolɐrĩgulu'ʒiʃtɐ] *su* Hals-, Nasen-, Ohrenarzt *m*, -ärztin *f*, HNO-Arzt *m*, -Ärztin *f*
ou [o] oder; **~ ... ~** entweder ... oder
ouça ['osɐ] → ***ouvir***
ouço ['osu] → ***ouvir***
our|ama [o'rɐmɐ] *f* Goldmünze *f*, -stück *f*; Geld *n*; **~ejar** [-rə'ʒar] (1d) golden glänzen; **~ela** *f*, **~elo** *m* [-'ɛlɐ, -'relu] Borte *f*; Saum *m*
ouriç|ado [ori'sadu] stachelig, borstig; **~ar** [-'sar] (1p) sich sträuben
ouriço [o'risu] *m* ZO Igel *m*; Stachelschwein *n*; MIL Panzersperre *f*; ***~-do-mar*** *m* Seeigel *m*
ourives (*pl inv*) [o'rivəʃ] *m* Goldschmied *m*; **~aria** [-zɐ'riɐ] *f* Juweliergeschäft *n*
ouro ['oru] *m* Gold *n*; **~s** *pl Kartenspiel*: Schellen *f/pl*; Karo *n*; ***de ~*** golden; ***cor de ~*** goldfarben; ***~ de lei*** Karatgold *n*; ***~ em pó*** Goldstaub *m*; ***~ fino*** Blattgold *n*; **~pel** [-'pɛł] *m* Flitter *m*
ous|adia [ozɐ'diɐ] *f* Wagemut *m*; Wagnis *n*; **~ado** [o'zadu] kühn; gewagt; **~ar** [o'zar] (1a) wagen
outeiro [o'tɐjru] *m* Anhöhe *f*
outo ['otu] *m* Spreu *f*
outon|ada [otu'nadɐ] *f* Herbstzeit *f*; **~al** [-'nał] herbstlich, Herbst...; **2o** [o'tonu] *m* Herbst *m*
outorg|a [o'tɔrgɐ] *f* Bewilligung *f*; schriftliche Erklärung *f*; Ausfertigung *f*; **~ante** [otur'gẽtə] **1.** *adj* bewilligend; zustimmend; **2.** *su* Aussteller(in *f*) *m* (*e-s Dokuments*); Endunterzeichnete(r) *su*; **~ar** [otur'gar] (1o; *Stv* 1e) **1.** *v/t* gewähren; *schriftlich* erklären; ausfertigen; **2.** *v/i* einwilligen
outrem ['otrɐ̃j] andere(n) *pl*; jemand anderes; ***de ~*** anderer Leute; ***por conta de ~*** nichtselbstständig; auf fremde Rechnung

outro ['otru] ein anderer; noch ein; ***o ~*** der andere; ***um e ~*** e-r wie der andere; beide; ***uma ou -a vez*** das eine oder andere Mal; ***um*** (***uns***) ***ao***(***s***) ***~***(***s***) (zu)einander, gegenseitig; ***~ dia*** ein andermal; neulich; ***~ tal*** das Gleiche; ***~ tanto*** noch einmal (so viel); ***de -a maneira*** (*od* ***forma***) anders; sonst; ***noutra parte*** anderswo; (***ou***) ***por -a*** das heißt

outro|ra [o'trorɐ] einst, ehemals, früher; **~ssim** [otru'sĩ] ebenfalls

Outubro [o'tubru] *m* Oktober *m*

ouv|ido [o'vidu] **1.** *p/p von* ***ouvir***; ***ser ~ fig*** Gehör finden; **2.** *m* Gehör *n*; *ANAT* Ohr *n*; ***~ médio*** Mittelohr *n*; ***de ~*** vom Hörensagen; nach dem Gehör; ***aplicar o ~ a*** *fig* aufmerksam hören auf (*ac*); ***apurar o ~*** die Ohren spitzen; ***chegar aos ~s*** zu Ohren kommen; ***dar*** (*od* ***prestar***) ***~***(***s***) ***a*** Gehör schenken (*dat*); ***ser todo ~s*** F ganz Ohr sein; **~idor** [-'dor] *m JUR* Beisitzer *m*; Auditor *m*; **~inte** [o'vĩtə] *su* Zuhörer(in *f*) *m*; *UNIV* Gasthörer(in *f*) *m*; **~ir** [o'vir] (3u) (an)hören; zuhören (*dat*); erhören; hören auf (*ac*); ***após ~*** nach Anhörung; ***~ dizer*** (*od* ***falar***) sagen hören; ***por ~ dizer*** vom Hörensagen; ***ouve lá!*** F hör mal!

ova ['ɔvɐ] *f* (Fisch)Rogen *m*

ova|ção [ɔvɐ'sɐ̃w] *f* Beifallssturm *m*; **~cionar** [-sju'nar] (1f) *j-m* zujubeln

ov|al [o'vał] eiförmig, oval; **~ar** [o'var] (1e) Eier legen; laichen (*Fisch*); **~ário** [o'varju] *m ANAT* Eierstock *m*; *BOT* Fruchtknoten *m*; **~eiro** [o'vɐjru] **1.** *adj bras* falb; **2.** *m* Eierbecher *m*; Eierkorb *m*

ovelha [o'veʎɐ] *f* Schaf *n*; ***~ negra*** *fig* schwarze(s) Schaf *n*

ovi|duto [ovi'dutu] *m ANAT* Eileiter *m*; **~no** [o'vinu] Schafs...

ovíparo [o'vipɐru] Eier legend

ovni [ɔ'vni] *m* (***objecto*** *m* ***voador não identificado***) UFO *n* (Unbekanntes Flugobjekt *n*)

ovo ['ovu] *m* Ei *n* (***pôr*** legen); ***~ cozido*** (weich) gekochte(s) Ei *n*; ***~ escalfado*** (*bras* ***poché***) pochierte(s) Ei *n*; ***~s*** *pl* ***em pó*** Eipulver *n*; ***~s*** *pl* ***estrelados*** (***mexidos***) Spiegel-, (Rühr)eier *n/pl*

óvulo ['ɔvulu] *m* Ei(zelle *f*) *n*

oxalá [ɔʃɐ'la] *int*: ***~*** (***que***) *conj* hoffentlich

oxid|ação [ɔksidɐ'sɐ̃w] *f* Oxidation *f*; **~ar** [-'dar] (1a) oxidieren

óxido ['ɔksidu] *m* Oxid *n*; ***~ de nitrogénio*** Stickoxid *n*

oxigenar [ɔksiʒə'nar] (1d) mit Sauerstoff sättigen; ***~-se*** sich blondieren

oxigénio (*ê) [ɔksi'ʒɛnju] *m* Sauerstoff *m*

oximoro [ɔksi'mɔru] *m* Oxymoron *n*

oz|ono, **~ónio** (*ô) [u'zɔnu, -'zɔnju] *m* Ozon *n*; ***camada*** *f* ***de ~*** Ozonschicht *f*; **~onizado** [uzuni'zadu] ozonhaltig; **~onosfera** [uzunuʃ'fɛrɐ] *f* Ozonschicht *f*

P

P

P, p [pe] *m* P, p *n*

p. ***página*** *f* Seite *f*; ***para*** für; nach; ***por*** für

P. ***Praça*** *f* Platz *m*; ***Padre*** *m* Pfarrer *m*

pá [pa] **1.** *f* Schaufel *f*; Spaten *m*; *TÉCN* Blatt *n* (*Ruder, Rotor etc*); *CUL* Schulter(stück *n*) *f*; ***~ carregadora*** *AUTO* Frontlader *m*; ***~ de lixo*** Kehrschaufel *f*; ***~ mecânica*** Radlader *m*; ***~ virada*** *m bras* F Draufgänger *m*; ***da ~ virada*** hitzig; **2.** *int*: (***ó***) ***~!*** F Junge!, Mensch!

paca ['paka] *f bras* **a)** F wie verrückt; in rauen Mengen; **b)** *ZO* Paka *n*

pacat|ez [pɐkɐ'teʃ] *f* Friedfertigkeit *f*; **~o** [-'katu] friedfertig; still

pacemaker [pɐs'mɐjkɐ] *m* Herzschrittmacher *m*

pach|acha, **~ocha** [pɐ'ʃaʃɐ, -'ʃoʃɐ] *f* F Muschi *f* (*Vulva*)

pachol|a [pɐ'ʃɔlɐ] *su* F Gedulds-

mensch *m*; phlegmatische Person *f*; **~ice** [-ʃu'lisə] *f* Trägheit *f*
pachorr|a [pɐ'ʃoʀɐ] *f* Geduld *f*; **~ento** [-ʃu'ʀẽtu] geduldig
paci|ência [pɐ'sjẽsjɐ] *f* Geduld *f*; Geduldsspiel *n*; Patience *f*; ***fazer perder a ~ a*** *j-n* aufbringen; ***ter ~*** sich gedulden; (***tenha***) **~!** nur keine Aufregung!; **~ente** [-'sjẽtə] **1.** *adj* geduldig; *MED* leidend; **2.** *su* Geduldsmensch *m*; *MED* Patient *m*
pacific|ação [pɐsəfikɐ'sɐ̃w] *f* Befriedung *f*; **~ador** [-'dor] *m* Friedensstifter *m*; **~ar** [-'kar] (1n) befrieden
Pacífico [pɐ'sifiku]: ***o*** (***Oceano***) **~** der Pazifische Ozean, der Pazifik
pacífico [pɐ'sifiku] friedfertig; friedlich; ruhig; still
pacifis|mo [pɐsə'fiʒmu] *m* Pazifismus *m*; **~ta** [-'fiʃtɐ] **1.** *adj* pazifistisch; **2.** *su* Pazifist(in *f*) *m*
paço ['pasu] *m HIST* Palast *m*; Hof *m*; *königliche od bischöfliche* Residenz *f*; ♀(**s** *pl*) ***do Concelho*** Rathaus *n*
pacoba [pa'kɔba] *f bras* Banane *f*
pacote [pɐ'kɔtə] *m* Paket *n*
pacóvio [pɐ'kɔvju] F **1.** *adj* dusslig; **2.** *m* Dussel *m*
pact|o ['paktu] *m* Pakt *m*; Vertrag *m*; **~ *de não-agressão*** Nichtangriffspakt *m*; **~ *de sangue*** Blutsbrüderschaft *f*; **~ *social*** Sozialpakt *m*; **~uação** [-twɐ'sɐ̃w] *f fig* Kuhhandel *m*; **~uante** [-'twẽtə] **1.** *adj* paktierend; verbündet; **2.** *m* → ***~uário***; **~uar** [-'twar] (1g) *Vertrag* schließen; *Bedingung* aushandeln; paktieren (***com*** mit); **~uário** [-'twarju] *m* Vertragspartner *m*
padaria [padɐ'riɐ] *f* Bäckerei *f*
padec|ente [pɐdə'sẽtə] **1.** *adj* dem Tode nahe; leidend; duldend; **2.** *m* Leidende(r) *m*; arme(r) Sünder *m*; dem Tode Geweihte(r) *m*; **~er** [-'ser] (2g) **1.** *v/t* zu erdulden haben; erleiden; **2.** *v/i*: **~ *de*** leiden an (*dat*); **~imento** [-si'mẽtu] *m* Leiden *n*
padeiro [pa'dɐjru] *m* Bäcker *m*
padiol|a [pɐ'djɔlɐ] *f* Trage *f*; Bahre *f*; **~eiro** [-dju'lɐjru] *m* Bahrenträger *m*
padrão [pɐ'drɐ̃w] *m* **a**) Standard *m*, Norm *f*; Eichmaß *n*; Schablone *f*; Dessin *n*; *fig* Muster *n*, Vorbild *n*; Richtschnur *f*; **~ *de qualidade*** Qualitätsstandard *m*; **~ *de vida*** Lebensstandard *m*; **~ *ouro*** Goldwährung *f*; ***metro-~*** *m* Urmeter *n*; **b**) *HIST* Gedenkstein *m*
padrasto [pɐ'draʃtu] *m* Stiefvater *m*
padre ['padrə] *m* Priester *m*; Pater *m* (*Anrede*); ***os*** (***santos***) **~s** *pl* die Kirchenväter *m/pl*
padre|ação [pɐdrjɐ'sɐ̃w] *f* Fortpflanzung *f*; (Pferde)Zucht *f*; **~ador** [-'dor] **1.** *adj* Zucht...; **2.** *m* Beschäler *m*; **~ar** [-'drjar] (1l) sich paaren (*Pferde*)
padre-|nosso(s) [padrə'nɔsu] *m*(*pl*) Vaterunser *n*; **~santo** [-'sɐ̃tu] *m* Heilige(r) Vater *m*
padrinho [pɐ'driɲu] *m* (Tauf)Pate *m*; Trauzeuge *m*; *UNIV* Doktorvater *m*; *fig* Schutzpatron *m*
padro|ado [pɐ'drwadu] *m* Patronat(srecht) *n*; **~eiro** [-'drwɐjru] *m*, **-a** *f* Schutzherr(in *f*) *m*; *REL* Schutzheilige(r) *su*
padroniz|ação [pɐdrunizɐ'sɐ̃w] *f* Normierung *f*, Standardisierung *f*; **~ar** [-'zar] (1a) norm(ier)en
pág. ***página*** *f* Seite *f* (S.)
pag.[to] ***pagamento*** *m* Zahlung *f*
paga ['pagɐ] *f* Zahlung *f*; Lohn *m*; ***em ~ de*** *fig* zum Lohn für
paga|dor [pɐgɐ'dor] *m* Zahler *m*; **~mento** [-'mẽtu] *m* (Aus-, Be)Zahlung *f*; Abschlagszahlung *f*; **~ *adiantado*** Vorauszahlung *f*; **~ *a prestações*** Ratenzahlung *f*; **~ *a pronto*** Sofortzahlung *f*
pag|anismo [pɐgɐ'niʒmu] *m* Heidentum *n*; **~ão(s)** [-'gɐ̃w] **1.** *adj* heidnisch; **2.** *m*(*pl*), **-ã** *f* Heide *m*, Heidin *f*
pag|ar [pɐ'gar] (1o; *Stv* 1b) (aus-, be)zahlen (***por*** für); *REL* büßen (***por*** für); *et* vergelten; *j-n* belohnen; *Besuch* erwidern; **~ *adiantado*** im Voraus zahlen; **~ *as favas*** *fig* die Zeche zahlen (müssen); **~ *de sinal*** *et* anzahlen; **~ *em mão*** auf die Hand (be)zahlen; **~ável** [-'gavɛɫ] zahlbar; **~ela** [-'ʒɛlɐ] *f* Rate *f*
página ['paʒinɐ] *f* Seite *f*; **~ *em branco*** *fig* unbeschriebene(s) Blatt *n*; **~s** *pl* ***amarelas*** Gelbe(n) Seiten *f/pl*; ***virar a ~*** umblättern
pagin|ação [pɐʒinɐ'sɐ̃w] *f* Paginierung *f*; **~ar** [-'nar] (1a) paginieren
pago ['pagu] *p/p irr von* ***pagar***; ***estamos ~s*** F wir sind quitt

pagod|e [pɐ'gɔdə] *m ARQUIT* Pagode *f*; *REL* Götze *m*; F *fig* Rummel *m*; **~eiro** [-gu'dɐjru] *m* Herumtreiber *m*
paguro [pɐ'guru] *m ZO* Einsiedlerkrebs *m*
pai [paj] *m* Vater *m*; ***os ~s*** *pl* die Eltern *pl*; ***ser o ~ cortado*** F dem Vater wie aus dem Gesicht geschnitten sein; ***~-nosso*** *m* Vaterunser *n*; ***~-de-santo*** *m bras* Götzenpriester *m*; ***~-de-todos*** *m* F Mittelfinger *m*
painel [paj'nɛɫ] *m* Platte *f*, Tafel *f*; Paneel *n*; *PINT* Gemälde *n*; *AUTO* Armaturenbrett *n*; *TÉCN* Instrumententafel *f*; ***-éis*** *pl* Täfelung *f*; ***~ de matriz*** *EL* Display *n*
paio ['paju] *m Art* Rollschinken *m*
paiol [pɐ'jɔɫ] *m MIL* Waffenkammer *f*; *NAV* Laderaum *m*; P Wanst *m*; ***~ de mantimentos*** Vorratsraum *m*
pairar [paj'rar] (1a) schweben; *NAV* treiben; *fig* schwanken (***entre*** zwischen *dat*); ***~ sobre*** hängen über (*dat*); bevorstehen (*dat*)
país [pɐ'iʃ] *m* Land *n*; ***~ de estada*** Aufenthaltsland *n*; ***~ em desenvolvimento*** Entwicklungsland *n*; ***~ limiar*** Schwellenland *n*; ***~ limítrofe*** Anrainerland *n*; ***~ natal*** Heimatland *n*; ***~ produtor*** Erzeugerland *n*
paisag|em [paj'zaʒɐ̃j] *f* Landschaft *f*; ***~ cultural*** Kulturlandschaft *f*; ***~ lunar*** Mondlandschaft *f*; **~ista** [-zɐ'ʒiʃtɐ] *su* Landschaftsmaler(in *f*) *m*, -architekt(in *f*) *m*
paisan|a [paj'zɐnɐ] *f*: ***à ~*** in Zivil; Zivil...; **~o** [-nu] *m* Zivilist *m*
Países Baixos [pɐ'izəʒ 'bajʃuʃ]: ***os ~*** die Niederlande *pl*
paivante [paj'vɐ̃tə] *m* F Glimmstängel *m* (*Zigarette*)
paixão [paj'ʃɐ̃w] *f* Leidenschaft *f*; ***semana*** (***sexta-feira***) *f* ***da*** ♀ Karwoche *f* (-freitag *m*)
pajem ['paʒɐ̃j] *m* Page *m*
pala ['palɐ] *f* (Mützen)Schirm *m*; (Edelstein)Fassung *f*; Schuhlasche *f*; (Taschen)Klappe *f*; Sonnenblende *f*; F Lüge *f*; ***bater ~*** F grüßen (*Hand an die Mütze legen*); ***fazer a ~*** F Schmiere stehen
palac|ete [pɐlɐ'setə] *m* Palais *n*; Schlösschen *n*; **~iano** [-'sjɐnu] **1.** *adj* höfisch; Palast...; ***revolta*** *f* ***-a*** Palastrevolte *f*; **2.** *m* Höfling *m*
palácio [pɐ'lasju] *m* Palast *m*; Schloss *n*
paladar [pɐlɐ'dar] *m ANAT* Gaumen *m*; *fig* Geschmack *m*; Zunge *f*
paladi|m, ~no [pɐlɐ'dĩ, -'dinu] *m* Paladin *m*; *fig* Vorkämpfer *m*
palafita [pɐlɐ'fitɐ] *f* Pfahl *m*
pálamo ['palɐmu] *m* Schwimmhaut *f*
palanqu|e [pɐ'lɐ̃kə] *m* Tribüne *f*; **~im** [-'kĩ] *m* Sänfte *f*
palão [pɐ'lɐ̃w] *m* Schwindel *m*, F Ente *f*
palatal [pɐlɐ'taɫ] **1.** *adj* Gaumen...; **2.** *f* Gaumenlaut *m*
Palatinado [pɐlɐti'nadu]: ***o ~*** die Pfalz *f*
palatino [pɐlɐ'tinu] **1.** *adj* pfalzgräflich; Pfalz...; **2.** *m* **a)** Pfalzgraf *m*; **b)** *ANAT* Gaumenbein *n*
palato [pɐ'latu] *m ANAT* Gaumen *m*
palavra [pɐ'lavrɐ] *f* Wort *n*; ***~ de acesso*** *INFORM* Passwort *n*; ***~ de honra*** Ehrenwort *n*; ***~ de ordem*** Parole *f*, Devise *f*; ***falta*** *f* ***de ~*** Wortbruch *m*; ***~s*** *pl* ***cruzadas*** Kreuzworträtsel *n*; ***de poucas ~s*** wortkarg; ***de ~*** mündlich; ***com meias ~s*** andeutungsweise; ***numa ~*** mit e-m Wort; ***pela ~*** wörtlich; ***por outras ~s*** mit anderen Worten; ***comer as ~s*** Worte verschlucken; ***dar a ~ a*** das Wort erteilen; ***faltar à ~*** nicht Wort halten; ***pegar em alg pela ~*** j-n beim Wort nehmen; ***ter o dom da ~*** wortgewandt sein; ***tomar a ~, usar da ~*** das Wort ergreifen; ***trocar ~s com*** einige Worte wechseln mit *j-m*; ***~ puxa ~*** ein Wort gibt das andere; **~(s)-chave** [-'ʃavə] *f*(*pl*) Schlüsselwort *n*; **~(s)-de-passe** [-də'pasə] *f*(*pl*) Passwort *n*
palavr|ão [pɐlɐ'vrɐ̃w] *m* Schimpfwort *n*; **~eado** [-'vrjadu] *m* Geschwätz *n*; Wortschwall *m*; **~ear** [-'vrjar] (1l) schwätzen; **~eiro** [-'vrɐjru] **1.** *adj* geschwätzig; **2.** *m* Schwätzer *m*; **~inha** [-'vriɲɐ] *f* kurze(r) Meinungsaustausch *m*; **~ório** [-'vrɔrju] → ***~eado***; **~oso** [-'vrozu] wortreich
palco ['paɫku] *m* Bühne *f* (***giratório*** Dreh); ***aparecer em ~*** auftreten
paleio [pɐ'lɐju] *m* Schwatz *m*
paleolítico [pɐlju'litiku] **1.** *adj* altsteinzeitlich; **2.** *m*: ♀ Altsteinzeit *f*
palerm|a [pɐ'lɛrmɐ] **1.** *adj* dämlich;

2. *su* Dummkopf *m*; **~ice** [-lər'misə] *f* Dämlichkeit *f*

Palestina [pɐləʃ'tinɐ]: ***a ~*** Palästina *n*

palestin(ian)o [pɐləʃ'tinu, -ti'njɐnu] **1.** *adj* palästinensisch; **2.** *m*, **-a** *f* Palästinenser(in *f*) *m*

palestr|a [pɐ'lɛʃtrɐ] *f* Ansprache *f*; Vortrag *m*; Plauderei *f*; **~(e)ar** [-ləʃ'tr(j)ar] (1c, 1l) plaudern; vortragen

paleta [pɐ'letɐ] *f* PINT Palette *f*; Modellierholz *n*; *bras a* Schulter(partie) *f*

palet|e [pɐ'letə] *m* Palette *f* (*für Transporte*); **~ização** [-lətizɐ'sɐ̃w] *f* Verladung *f* auf Paletten

paletó [pɐlə'tɔ] *m* Mantel *m*; *bras* Jackett *n*, Jacke *f*

palha ['paʎɐ] *f* Stroh(halm *m*) *n*; Flechtrohr *n*; *fig* leere(s) Stroh *n*; ***~ de aço*** Stahlwolle *f*; ***~ de madeira*** Holzwolle *f*; ***fumo** m **de ~*** blaue(r) Dunst *m*; ***dar ~ a*** *j-n* reinlegen; ***não mexer uma ~*** F keinen Finger krumm machen

palhaç|ada [pɐʎɐ'sadɐ] *f* Clownerie *f*; Posse *f*; **~o** [-'ʎasu] *m* Clown *m*; ***~ de corda*** Hampelmann *m*

palh|ada [pɐ'ʎadɐ] *f* Häcksel *n* (*a m*); *fig* leere(s) Stroh *n*; **~eireiro** [-ʎɐj'rɐjru] *m* Rohr-, Stuhlflechter *m*; **~eiro** [-'ʎɐjru] *m* Heuschober *m*; **~eta** [-'ʎetɐ] *f* Zunge *f* (*in Blasinstrumenten*); MÚS Plektrum *n*; Modellierholz *n*; Metallplättchen *n*; TÉCN (Turbinen)Schaufel *f*; (Lüfter)Flügel *m*; **~etão** [-ʎə'tɐ̃w] *m* (Schlüssel)Bart *m*; **~ete** [-'ʎetə] blassrot; **~iço** [-'ʎisu] **1.** *adj* Stroh...; **2.** *m* Häcksel *n* (*a m*); Rohr *n*; **~inha** [-'ʎiɲɐ] *f* Strohhalm *m*; Flechtrohr *n*; **~oça** [-'ʎɔsɐ] *f* Strohmantel *m*; = **~ota** [-'ʎɔtɐ] *f Afrika* (Stroh)Hütte *f*

pali|ar [pɐ'ljar] (1g) *Mangel* vorübergehend beheben; *Schmerzen* lindern; *Ende* hinauszögern; beschönigen; **~ativo** [-ljɐ'tivu] **1.** *adj* Verzögerungs...; beschönigend; MED Linderungs...; **2.** *m* MED Linderungsmittel *n*; Verlegenheitslösung *f*; Verzögerung *f*

paliçada [pɐli'sadɐ] *f* Palisade *f*; Kampfplatz *m*

palidez [pɐli'deʃ] *f* Blässe *f*

pálido ['palidu] blass, bleich

pálio ['palju] *m* Baldachin *m*

palit|ar [pɐli'tar] (1a) stochern (*a fig*); ***~ os dentes*** in den Zähnen stochern; **~eiro** [-'tɐjru] *m* Zahnstocherdöschen *n*; **~o** [-'litu] *m* Zahnstocher *m*; CUL Salz-, Käsestange *f*; F Glimmstängel *m*; *fig* Strich *m* (*magere Person*)

palma ['pałmɐ] *f* Palme *f*; Palmwedel *m*; ***~ da mão*** Handfläche *f*; ***~s** pl* Beifall *m*; ***dar a ~ a*** *j-m* den Sieg zusprechen; F *j-m* gratulieren; ***bater ~s*** Beifall klatschen

palm|ada [pał'madɐ] *f* Klaps *m*; Schwimmfuß *m* (*e-s Wasservogels*); **~s** *pl* Beifall *m*; **~ar** [-'mar] **1.** *adj* ANAT Mittelhand...; *fig* handgreiflich; **2.** *m* Palmenhain *m*; **~atoada** [-mɐ'twadɐ] *f* Schlag *m* auf die Hand; **~atória** [-mɐ'tɔrjɐ] *f* Handleuchter *m*; **~ear** [-'mjar] (1l) **1.** *v/t* beklatschen; *Strecke* abschreiten; *bras* rudern; *et* in der flachen Hand rollen (*od* reiben); P klauen; **2.** *v/i* klatschen; **~eira** [-'mɐjrɐ] *f* Palme *f*; **~eta** [-'metɐ] *f* Spachtel *m*; = **~ilha** [-'miʎɐ] *f* Einlegesohle *f*; Strumpfsohle *f*; ***em ~s*** in Strümpfen; **~ilhar** [-mi'ʎar] (1a) *Strecke* abschreiten; (entlang) wandern; **~ípedes** [-'mipədəʃ] *m/pl* Schwimmvögel *m/pl*; **~ito** [-'mitu] *m* Zwergpalme *f*; Palmmark *n*; **~o** ['pałmu] *m* Spanne *f*; Handbreit *f*; ***homem** m **de ~ e meio*** Dreikäsehoch *m*; ***~ a ~*** Stück für Stück; ***a ~s*** zusehends; ganz genau

PALOP ***Países** m/pl **Africanos de Língua Oficial Portuguesa*** Afrikanische Länder *n/pl* mit Portugiesisch als Amtssprache

palpável [pał'pavɛł] greifbar

pálpebra ['pałpəbrɐ] *f* Lid *n*

palpit|ação [pałpitɐ'sɐ̃w] *f* Zuckung *f*; Herzklopfen *n*; **~ante** [-'tɐ̃tə] brennend (*Frage*); **~ar** [-'tar] (1a) (zusammen)zucken; klopfen (*Herz*); setzen (**em** auf *ac*); ***~ a*** F *j-m* vorkommen, als ob; **~e** [-'pitə] *m* Vorahnung *f*; *bras* Tipp *m*

palpo ['pałpu] *m* Taster *m*; Fühler *m*

palr|a ['pałʀɐ] *f* Schwatz *m*; Geschwätzigkeit *f*; **~ador** [-ʀɐ'dor] *m* Plappermaul *n*; **~ar** [-'ʀar] (1a) stammeln; plappern; **~atório** [-ʀɐ-

P

'tɔrju] *m* Plauderei *f*; **~eiro** [-'ʀɐjru] schwatzhaft; **~ice** [-'ʀisə] *f* Geschwätzigkeit *f*
palu|dismo [pɐlu'diʒmu] *m MED* Malaria *f*; **~stre** [-'luʃtrə] Sumpf...
pamonha [pa'mõɲa] *f Art* Mais-, Maniokkuchen *m*; *fig* Schlappschwanz *m*
pampa ['pɐ̃pɐ] *f* Pampa *f*
pâmpano ['pɐ̃pɐnu] *m* Weinranke *f*
pampilho [pɐ̃'piʎu] *m* Spieß *m*
pan|ada [pɐ'nadɐ] *f* Bündel *n*; Stoffhülle *f*; F Hieb *m*, Stoß *m*; **~ar** [-'nar] (1a) *Fleisch* panieren
Panamá [pɐnɐ'ma]: ***o ~*** Panama *n*
panamenho [pɐ̃na'mẽɲu] *bras* **1.** *adj* panamaisch; **2.** *m*, **-a** *f* Panamaer(in *f*) *m*
pan-americanismo [pɐnɐmərikɐ'niʒmu] *m* Panamerikanismus *m*
panasc|a [pɐ'naʃkɐ] *f* P *depr* schwule Sau *f*; **~o** [-ku] *m* Grünfutterpflanze *f*
panç|a ['pɐ̃sɐ] *f* Pansen *m*; *irón* Wanst *m*; **~ada** [-'sadɐ] *f* Völlerei *f*
pancad|a [pɐ̃'kadɐ] *f* Schlag *m*; Stoß *m*; F Hang *m*, Vorliebe *f*; ***~ de água*** Platzregen *m*; ***às três ~s*** F unordentlich; schief; ***andar à ~*** sich (herum)prügeln; ***dar*** (***levar***) ***~*** verprügeln (Prügel kriegen); **~ão** [-kɐ'dɐ̃w] *m* F Macke *f*; ***ser um ~*** eine Wucht sein; **~aria** [-kɐdɐ'riɐ] *f* Schlägerei *f*; F Schlagzeug *n*
pâncreas ['pɐ̃krjɐʃ] *m ANAT* Bauchspeicheldrüse *f*
pançudo [pɐ̃'sudu] dickbäuchig
panda ['pɐ̃dɐ] *f ZO* Panda(bär) *m*
pândeg|a ['pɐ̃dəgɐ] *f* F Riesenfete *f*; ***andar na ~*** sich amüsieren; herumstreunen; **~o** [-gu] **1.** *adj* lustig; draufgängerisch; **2.** *m* Draufgänger *m*; Spaßvogel *m*; Partylöwe *m*
pandeir|eta *f*, **~o** *m* [pɐ̃dɐj'retɐ, -'dɐjru] Tamburin *n*
pandilha [pɐ̃'diʎɐ] **1.** *su* Gauner(in *f*) *m*; **2.** *f* (Gauner)Bande *f*
pando ['pɐ̃du] aufgebläht; geschwollen; bauchig (*Form*)
pandor|ca, **~ga** [pɐ̃'dɔrkɐ, -'dɔrgɐ] *f* **a**) F Katzenmusik *f*; **b**) *bras* (Papier)Drache(n) *m*
pane ['pɐnə] *f* Panne *f*
panegírico [pɐnə'ʒiriku] **1.** *adj* lobend; **2.** *m* Lobrede *f*
paneiro [pɐ'nɐjru] *m* Henkelkorb *m*
panejar [pɐnə'ʒar] (1d) flattern
panel|a [pɐ'nɛlɐ] *f hoher* Kochtopf *m*; Kessel *m* (*a fig*); *AUTO* Auspufftopf *m*; ***~ de pressão*** Schnellkochtopf *m*; **~ada** [-nə'ladɐ] *f* Topf *m* voll; P Röcheln *n*; **~as** (*pl inv*) [-'nɛlɐʃ] *m* P Schwule(r) *m*; **~eiro** [-nə'lɐjru] *m* P *depr* schwule Sau *f*; **~inha** [-nə'liɲɐ] *f* Töpfchen *n*; F *fig* Klüngel *m*
panema [pa'nẽma] *su bras* Trampel *n*, Pechvogel *m*
panflet|ista [pɐ̃flə'tiʃtɐ] *su* Pamphletverfasser(in *f*) *m*; **~o** [-'fletu] *m* Schmähschrift *f*
pango ['pɐ̃gu] *m bras* → ***liamba***
pangolim [pɐ̃gu'lĩ] *m* Schuppentier *n*
pânico ['pɐniku] **1.** *adj* panisch; **2.** *m* Panik *f*; ***entrar em ~*** in Panik geraten
panícula [pɐ'nikulɐ] *f* Rispe *f*
panific|ação [pɐnəfikɐ'sɐ̃w] *f* Brotherstellung *f*; ***empresa*** *f* (***indústria*** *f*) ***de ~*** Brotfabrik *f* (Bäckereigewerbe *n*); **~ar** [-'kar] (1n) zu Brot verarbeiten
pan|inho [pɐ'niɲu] *m* Damenbinde *f*; **~o** ['pɐnu] *m* Tuch *n*; Stoff(bahn *f*) *m*; (Putz)Lappen *m*; *MED* (Haut)Flecken *m/pl*; *NAV* Segel *n/pl*; ***~*** (***de boca***) *TEA* Vorhang *m*; ***~ de fundo*** *allg* Hintergrund *m*; *TEA* Prospekt *m*; ***~ de linho*** Leinwand *f*; ***~ de tenda*** Zeltplane *f*; ***~s*** *pl* ***quentes*** F Samthandschuhe *m/pl*; ***a todo o ~*** *fig* mit vollen Segeln; ***por baixo do ~*** *fig* heimlich; ***passar a ~*** putzen; **~-cru** [-'kru] *m* Leinwand *f*
panor|ama [pɐnu'rɐmɐ] *m* Panorama *n*; *fig* Überblick *m*; **~âmico** [-'rɐmiku] Panorama...; ***vista*** *f* ***-a*** Rundblick *m*; *fig* Überblick *m*
panqueca [pɐ̃'kɛkɐ] *f* Eier-, Pfannkuchen *m*
pantalha [pɐ̃'taʎɐ] *f* (Film)Leinwand *f*; Mattscheibe *f*; Lampenschirm *m*
pantan|a [pɐ̃'tɐnɐ] *f* Untergang *m*, Ruin *m*; ***dar em ~ com*** *fig* in den Sand setzen; **~al** [-tɐ'nał] *m* Moor *n*
pântano ['pɐ̃tɐnu] *m* Sumpf *m*
pantanoso [pɐ̃tɐ'nozu] sumpfig
panteão [pɐ̃'tjɐ̃w] *m* Pantheon *n*
pantera [pɐ̃'terɐ] *f* Panther *m*
pantógrafo [pɐ̃'tɔgrɐfu] *m* Storchschnabel *m* (*Zeichengerät*)

P

pantom|ima [pẽtu'mimɐ] *f* Pantomime *f*; **~imeiro** [-mi'mɐjru] *m* Pantomime *m*; **~ímico** [-'mimiku] pantomimisch

pantorrilha [pẽtu'ʀiʎɐ] *f* Wade *f*

pantuf|a [pẽ'tufɐ] *f* (Filz)Pantoffel *m*; P *fig* Schlampe *f*; **~o** [-'tufu] *m* (Filz)Pantoffel *m*; P Fettwanst *m*

pão (**pães**) [pɐ̃w] *m(pl)* Brot *n*; F Korn *n*; *fig* Nahrung *f*, Speise *f*; ***pães*** *pl fig* Getreide *n*; ***~ ázimo*** Matze *f*; ***~ de açúcar*** Zuckerhut *m*; ***~ de centeio*** Roggenbrot *n*; ***~ de forma*** Kastenbrot *n*; ***~ de mistura*** Mischbrot *n*; ***~ integral*** Vollkornbrot *n*; ***~ ralado*** Semmelbrösel *m/pl*; ***~ sueco*** Knäckebrot *n*; ***~, ~, queijo, queijo!*** geradeheraus!; ***vender-se como ~ quente*** *fig* weggehen wie warme Semmeln; **~-de-ló** [-də'lɔ] *m(pl)* Biskuitkuchen *m*; **~-duro** [-'duru] *m(pl) bras* F Geizkragen *m*; **~-e-queijo** [-i'kɐjʒu] *m(pl)* BOT Schlüsselblume *f*; **~zeiro** [-'zejru] *bras m* Brotausträger *m*; **~zinho** (**pãezinhos**) [-'ziɲu] *m(pl)* Brötchen *n*; *fig* Taugenichts *m*

papa ['papɐ] **1.** *m* Papst *m*; **2.** *f* **a**) *mst* **~s** *pl* (Baby)Brei *m*; Maisbrei *m*; ***não ter ~s na língua*** F kein Blatt vor den Mund nehmen; **b**) dicke(r) Wollstoff *m*

papá [pɐ'pa] *m infan* Papa *m*

papa|-abelhas (*pl inv*) [papa'beʎɐʃ] *m* (Fliegen)Schnäpper *m*; **~-açorda**(**s**) [-'sordɐ] *su(pl)* F Schlappschwanz *m*; **~-amoras** (*pl inv*) [-'mɔrɐʃ] *m* Grasmücke *f*; **~-arroz**(**es**), **~-capim** (**-ins**) [-'ʀos, -ka'pĩ] *m(pl) bras Art* Fink *m*; **~da** [pɐ'padɐ] *f* Doppelkinn *n*; Wamme *f*; **~do** [pɐ'padu] *m* Papsttum *n*; **~-figos** (*pl inv*) [papɐ'figuʃ] *m* ZO Pirol *m*; **2.** *su* komische(r) Kauz *m*; **~-formigas** (*pl inv*) [papɐfur'migɐʃ] *m* ZO Ameisenbär *m*

papag|aio [pɐpɐ'gaju] *m* ZO Papagei *m*; (Papier)Drache(n) *m*; ARQUIT Trennwand *f*; Mahnschreiben *n*; Dienstanweisung *f*; **~uear** [-'gjar] (1l) daherplappern

papa-|heranças (*pl inv*) [papɐe'rɐ̃sɐʃ] *su* Erbschleicher(in *f*) *m*; **~hóstias** (*pl inv*) [papɐ'ɔʃtjɐʃ] *su* F Betbruder *m*

papai [pa'paj] *m bras* Papa *m*

papaia [pɐ'pajɐ] *f* BOT Papaya *f*

papa-jantares (*pl inv*) [papɐʒɐ̃'tarəʃ] *su* F Schmarotzer(in *f*) *m*

papal [pɐ'pał] päpstlich, Papst...

papalvo [pɐ'pałvu] *m* Einfaltspinsel *m*; ZO Wiesel *n*

papa-moscas (*pl inv*) [papɐ'moʃkɐʃ] *m* (Fliegen)Schnäpper *m* (*Vogel*); *Art* Spinne *f*; *fig* Trottel *m*

papão [pɐ'pɐ̃w] *m* Kinderschreck *m*

papar [pɐ'par] (1b) *infan* essen

paparic|ar [pɐpɐri'kar] (1n) knabbern, naschen; **~os** [-'rikuʃ] *m/pl* liebevolle Pflege *f*; CUL Leckerbissen *m*

papeira [pɐ'pɐjrɐ] *f* MED Mumps *m*

papel [pɐ'pɛł] *m* Papier *n*; Zettel *m*; TEA, *fig* Rolle *f*; ***~ contínuo*** Endlospapier *n*; ***~ de filtro*** Filterpapier *n*; ***~ de imprensa*** Zeitungspapier *n*; ***~ de lustro*** Hochglanzpapier *n*; ***~ de parede*** Tapete *f*; ***~ higiénico*** Toilettenpapier *n*; ***~ mata-borrão*** Löschpapier *n*; ***~ pardo*** Packpapier *n*; ***~ pautado*** Notenpapier *n*; liniertе(s) Papier *n*; ***~ químico*** Kohlepapier *n*; ***~ reciclado*** Umweltpapier *n*; ***~ selado*** Stempelpapier *n*; ***~ vegetal*** Pergamentpapier *n*; ***estar no seu ~*** im Recht sein; ***fazer um ~*** eine Rolle spielen; ***forrar a ~*** tapezieren; ***pôr no ~*** zu Papier bringen

papel|ada [pɐpə'ladɐ] *f* Papierkram *m*; Papiere *n/pl*; **~ão** [-'lɐ̃w] *m* Pappe *f*; ***~ betuminado*** Dachpappe *f*; **~aria** [-lɐ'riɐ] *f* Schreibwarenhandlung *f*; **~eira** [-'lɐjrɐ] *f* Schreibpult *n*; **~eiro** [-'lɐjru] **1.** *adj* Papier...; **2.** *m* Papierhändler *m*; **~eta** [-'letɐ] *f* Aushang *m*; Zettel *m*; MED Krankenblatt *n*; **~(z)inho** [-'liɲu (-pɛł'ziɲu)] *m* Zettel *m*; ***~s, papeizinhos*** *pl* Konfetti *n*; **~-moeda** (**-éis-moeda**) [-pɛł'mwedɐ] *m(pl)* Papiergeld *n*; **~ório** [-'lorju] *m* Wisch *m*; Papierkram *m*; **~otes** [-'lɔtəʃ] *m/pl* Lockenwickler *m/pl*; **~ucho** [-'luʃu] *m* Wisch *m*

papila [pɐ'pilɐ] *f* (Zungen)Bläschen *n*; Brustwarze *f*

papilionáceas [pɐpilju'nasjɐʃ] *f/pl* BOT Schmetterlingsblütler *m/pl*

papiro [pɐ'piru] *m* BOT Papyrus *m*

papis|mo [pɐ'piʒmu] *m* Papsttum *n*; **~ta** [-'piʃtɐ] päpstlich

papo ['papu] *m* Kropf *m* (*Vogel*);

Backentasche *f* (*Affe*); F Pansen *m*; *fig* Hochnäsigkeit *f*; **~ furado** F leere(s) Versprechen *n*; Luftschlösser *n/pl*; **de ~ feito** F absichtlich; **bater um ~** *bras* F e-n Schwatz halten; **estar no ~** F *et* sicher (*od* im Sack) haben; **falar de ~** sich aufspielen

papoila, -oula [pɐ'pojlɐ, -'polɐ] *f* Mohn *m*

papo(s)-seco(s) [papu'seku] *m(pl)* Dandy *m*; F Brötchen *n*

papudo [pɐ'pudu] pausbäckig

pápula ['papulɐ] *f* P Lappen *m* (*Geldschein*)

paquete [pɐ'ketə] *m* NAV Handels-, Passagierschiff *n*; *fig* Laufjunge *m*

paquiderme [pɐki'dɛrmə] *m* ZO Dickhäuter *m*; *fig* starke(s) Stück *n*

paquistanês [pɐkiʃtɐ'neʃ] **1.** *adj* pakistanisch; **2.** *m*, **-esa** *f* Pakistani *m*, Pakistanerin *f*

Paquistão [pɐkiʃ'tɐ̃w]: **o ~** Pakistan *n*

par [par] **1.** *adj* gerade (*Zahl*); gleich, ähnlich; **2.** *m* Paar *n*; Pärchen *n*; (Tanz)Partner *m*; **~es** *pl Sport*: Doppel *n*; **~ amoroso** Liebespaar *n*; **~es** *pl* **senhoras** Damendoppel *n*; **os meus** (**teus**) **~es** *pl* meines-(deines)gleichen; **~ a ~ com** (zusammen) mit; → **a ~ de** neben; gleichzeitig mit; **aos ~es** paarweise; **de ~ em ~** ganz und gar; sperrangelweit (offen); **sem ~** ohnegleichen; **pôr a ~** (**de**) ins Bild setzen (über *ac*); **não ter ~** nicht seinesgleichen haben

Pará [pa'ra]: **o ~** *bras Bundesstaat*

para ['pɐrɐ] **1.** *prp* **a**) *örtl*: nach (*dat*); zu (*dat*) (*Person*); an (*ac*); auf (*ac*); (**dá**) **~ cá!** her damit!; **~ trás** zurück, rückwärts; **b**) *zeitl*: für (*ac*); **~ já** vorerst; **~ sempre** für immer; ein für alle Mal; **~ o ano** nächstes Jahr; **c**) *Zweck*: für (*ac*); **~ além de** abgesehen davon, dass; **~ que?**, **~ quê?** wozu?; **~ isso** dazu, dafür; **~ tal** zu diesem Zweck; **d**) im Verhältnis zu; für (*ac*), angesichts (*gen*); **~** (**com**) zu, gegen; **e**) **~** *inf* um ... zu *inf*; zum *su*; **estar ~** Lust haben zu; im Begriff sein zu; **2.** *cj*: **~ que** *conj* damit

parab|enizar [parabeni'zar] (1a) *bras* beglückwünschen; **~éns** [pɐrɐ'bɐ̃jʃ] *m/pl* Glückwünsche *m/pl*; **dar os ~ a** *j-n* beglückwünschen

parábola [pɐ'rabulɐ] *f* Gleichnis *n*; MAT Parabel *f*

parabólica [pɐrɐ'bɔlikɐ] *f*: (**antena** *f*) **~** Parabolantenne *f*

pára-|brisas (*pl inv*) [parɐ'brizɐʃ] *m* Windschutzscheibe *f*; **~choques** (*pl inv*) [-'ʃɔkəʃ] *m* AUTO Stoßstange *f*; CAM. DE F Prellbock *m*

parad|a [pɐ'radɐ] *f* Stillstand *m*, Halt *m*; Aufenthalt *m*; *bras* Haltestelle *f*; MIL Parade *f*; *Spiel*: Einsatz *m*; **sinal** *m* **de ~** Haltesignal *n*; **furtar a ~** *fig* in die Parade fahren; **~eiro** [-rɐ'dɐjru] *m* Aufenthalt(sort) *m*; Haltestelle *f* (*Bus etc*)

paradigma [pɐrɐ'digmɐ] *m* Muster *n*; Paradigma *n*

paradisíaco [pɐrɐdə'ziɐku] paradiesisch, himmlisch

parado [pɐ'radu] stillstehend; außer Betrieb; untätig; **mal ~** unsicher; verfahren; **ficar ~** stehen bleiben; → **estar ~** stehen

paradox|al [pɐrɐdɔ'ksał] widersinnig, paradox; **~o** [-'dɔksu] **1.** *adj* = **~al**; **2.** *m* Paradox *n*

paraestatal [pɐrɐiʃtɐ'tał] halbstaatlich

parafina [pɐrɐ'finɐ] *f* Paraffin *n*

paráfrase [pɐ'rafrɐzə] *f* Umschreibung *f*, Paraphrase *f*

parafrasear [pɐrɐfrɐ'sjar] (1l) umschreiben, paraphrasieren

parafusar [pɐrɐfu'zar] (1a) an-, auf-, festschrauben

parafuso [pɐrɐ'fuzu] *m* Schraube *f*; **~ autoperfurante** selbstschneidende Schraube *f*; **~ com arreigada** Schlossschraube *f*; **~ com cabeça cilíndrica** Zylinderkopfschraube *f*; **~ com cabeça freza** Senkkopfschraube *f*; **~ sextavado** Maschinenschraube *f*; **chave** *f* **de ~s** Schraubenzieher *m*

paragem [pɐ'raʒɐ̃j] *f* Halt *m*; Stillstand *m*; Aufenthalt(sort) *m*; (Bus-) Haltestelle *f*; **~ cardíaca** Herzstillstand *m*; **~ proibida** Halteverbot *n*

parágrafo [pɐ'ragrɐfu] *m* Absatz *m*; Paragraph(enzeichen *n*) *m*; **~ justificado** INFORM Blocksatz *m*

Paraguai [pɐrɐ'gwaj]: **o ~** Paraguay *n*

paraguaio [pɐrɐ'gwaju] **1.** *adj* paraguayisch; **2.** *m*, **-a** *f* Paraguayer(in *f*) *m*

Paraíba [para'iba]: ***o ~*** *bras Bundesstaat*
paraíso [pɐrɐ'izu] *m* Paradies *n*
pára-lamas [parɐ'lɐmɐʃ] *m* Kotflügel *m*
paralel|a [pɐrɐ'lɛlɐ] *f* Parallele *f*; **~s** *pl Sport*: Barren *m*; **~epípedo** [-lɛlə'pipədu] *m* Quader *m*; *bsd* Pflasterstein *m*; **~ismo** [-lə'liʒmu] *m* Parallelität *f*; *fig* Übereinstimmung *f*
paralelo [pɐrɐ'lɛlu] **1.** *adj* parallel; *fig* gleichartig; ***ser ~ a*** entsprechen (*dat*); parallel verlaufen zu *et*; **2.** *m* GEOGR Breitengrad *m*; F Pflasterstein *m*; *fig* Vergleich *m*; ***em ~ com*** parallel zu; ***sem ~*** beispiellos; ***pôr em ~*** gegenüberstellen; **~gramo** [-ləlu'grɐmu] *m* Parallelogramm *n*
paralis|ação [pɐrɐlizɐ'sɐ̃w] *f* Stockung *f*; Einstellung *f*; (Arbeits)Niederlegung *f*; Stilllegung *f*; Stillstand *m*; **~ar** [-'zar] (1a) **1.** *v/t* lähmen; zum Stehen bringen; niederlegen; stilllegen; lahm legen; **2.** *v/i* stehen bleiben; aufhören; **~ia** [-'ziɐ] *f* Lähmung *f*
paralítico [pɐrɐ'litiku] **1.** *adj* gelähmt; lahm; **2.** *m* MED Paralytiker *m*
parament|ar [pɐrɐmẽ'tar] (1a) (aus)schmücken; verzieren; **~o** [-'mẽtu] *m* Schmuck *m*, Zierrat *m*
parâmetro [pɐ'rɐmətru] *m* Parameter *m*; *fig* Maßstab *m*
paramilitar [pɐrɐməli'tar] paramilitärisch
páramo ['parɐmu] *m* Ödland *n*
Paraná [parɐ̃'na]: ***o ~*** *bras Bundesstaat*; ***o rio ~*** *bras Strom*
paranaense [parɐ̃na'ẽsi] aus Paraná
parança [pɐ'rɐ̃sɐ] *f* Anhalten *n*
parangona [pɐrɐ̃'gɔnɐ] *f* Plakatschrift *f*; Schlagzeile *f*
paranói|a [pɐrɐ'nɔjɐ] *f* MED Paranoia *f*; Größenwahn *m*; **~co** [-'nɔjku] paranoid
parapeito [pɐrɐ'pɐjtu] *m* Brüstung *f*, Geländer *n*; Fensterbank *f*
parapent|e [parɐ'pẽtə] *m* Paragliding *n*; **~ista** [-'tiʃtɐ] *su* Paragleiter(in *f*) *m*
pára-qued|as (*pl inv*) [parɐ'kɛdɐʃ] *m* Fallschirm *m*; **~ismo** [-kə'diʒmu] *m* Fallschirmspringen *n*; **~ista(s)** [-kə'diʃtɐ] *su(pl)* Fallschirmspringer(in *f*) *m*
parar [pɐ'rar] (1b; *3. Pers prs ind* ***pára***) **1.** *v/t* anhalten; abstellen; *Schlag* auffangen; *Geld* (ein)setzen; *Augen* richten (**em** auf *ac*); ***fazer ~*** aufhalten; **2.** *v/i* halten; innehalten; stocken; ***~ com*** aufhören mit; ***~ de*** aufhören zu; ***~ em*** enden mit; ***sem ~*** ohne Unterlass; ***ir ~ a*** enden in (*dat*); → ***vir ~ a*** geraten nach (*od* in *ac*); ***~ em mal*** schlecht enden; ***sem ~*** unaufhörlich; unverzüglich
pára-raios (*pl inv*) [parɐ'ʀajuʃ] *m* Blitzableiter *m*
parasit|a [pɐrɐ'zitɐ] **1.** *su* Parasit *m*; **2.** *m Radio*: Störgeräusch *n*; **~ar** [-zi'tar] (1a) schmarotzen; **~ário** [-zi'tarju] schmarotzerhaft; **~ismo** [-zi'tiʒmu] *m* Schmarotzertum *n*; **~o** [-'zitu] *m bras* → ***parasita***
pára-sol (**-sóis**) [parɐ'sɔɫ] *m(pl)* Sonnenschirm *m*; FOT Sonnenblende *f*
parc|eiro [pɐr'sɐjru] *m* Partner *m*; ECON Teilhaber *m*; Mitspieler *m*; ***~ social*** Sozialpartner *m*; **~ela** [-'sɛlɐ] *f* Parzelle *f*; Stück *n*; (Rechnungs-)Posten *m*; ECON Partie *f*; **~elamento** [-səlɐ'mẽtu] *m* Parzellierung *f*; Aufteilung *f*; **~elar** [-sə'lar] **1.** *v/t* (1c) parzellieren; **2.** *adj* parzelliert; **~eria** [-sə'riɐ] *f* Partnerschaft *f*; ECON Konsortium *n*; **~ial** [-'sjaɫ] teilweise; parteiisch; **~ialidade** [-sjɐli'dadə] *f* Parteilichkeit *f*
parcim|ónia (*ô) [pɐrsi'mɔnjɐ] *f* Sparsamkeit *f*; Genügsamkeit *f*; Zurückhaltung *f*; **~onioso** [-mu'njozu] sparsam; bescheiden
parco ['parku] sparsam; spärlich
parcómetro [pɐr'kɔmətru] *m* Parkuhr *f*
pardacento [pɐrdɐ'sẽtu] dunkel(grau)
pardal [pɐr'daɫ] *m* Spatz *m*
pardo ['pardu] **1.** *adj* grau; dunkel(farbig); **2.** *m* Mulatte *m*
páreas ['parjɐʃ] *f/pl* Nachgeburt *f*
parec|ença [pɐrə'sẽsɐ] *f* Ähnlichkeit *f*; **~er** [-'ser] **1.** (2g) **a**) *v/t* (zu sein) scheinen; aussehen; *j-m* vorkommen; ***~ mal*** *fig* sich nicht gehören; ***parece que*** anscheinend; ***parece-me*** ich meine; ***ao que parece*** wie es scheint; ***que lhe parece?*** was meinen Sie dazu?; **b**) ***~-se com*** Ähnlichkeit haben mit; **2.** *m* An-

P

schein *m*; Aussehen *n*; *bsd* Gutachten *n*; Ansicht *f*; ***formar ~*** sich ein Urteil bilden; **~ido** [-'sidu]: ***~ com*** ähnlich (*dat*)

paredão [pɐrə'dɐ̃w] *m* dicke Mauer *f*; *bras* Felswand *f*; Steilufer *n*

pared|e [pɐ'redə] *f* (Zimmer)Wand *f*; (Haus)Mauer *f*; *fig* Streik *m*; ***~ abdominal*** Bauchdecke *f*; ***~ mestra*** tragende Wand *f*; Brandmauer *f*; ***~ não portante*** nicht tragende Wand *f*; ***entre quatro ~s*** in den eigenen vier Wänden; ***fazer ~*** streiken; ***subir pelas ~s*** *fig* die Wände hochgehen; **~ista** [-'diʃtɐ] *su* Streikende(r) *su*

paredro [pa'redru] *m bras* F hohe(s) Tier *n*; Bonze *m*; Klubpräsident *m*

parelh|a [pɐ'reʎɐ] *f* Pferdegespann *n*; *fig* Paar *n*; ***sem ~*** ohnegleichen; ***fazer ~*** zueinander passen; **~eiro** [-re'ʎejru] *m bras* Rennpferd *n*; **~o** [-'reʎu] gleich(artig)

parent|a [pɐ'rẽtɐ] *f* Verwandte *f*; **~e** [-'rẽtə] **1.** *adj* verwandt; **2.** *m* Verwandte(r) *m*; ***os ~s*** *pl* ***mais chegados*** die nächsten Verwandten *m/pl*; **~ela** [-'tɛlɐ] *f* Verwandtschaft *f*; **~esco** [-'teʃku] *m* Verwandtschaft(sgrad *m*) *f*

parêntese(s) [pɐ'rẽtəzə(ʃ)] *m* Einschub *m*; *bsd* Klammer *f*; beiläufige Bemerkung *f*; ***~s*** *pl* ***rectos*** (*od* ***quadrados***) eckige Klammern *f/pl*; ***entre ~s*** in Klammern; *fig* beiläufig; ***abrir*** (***fechar***) ***o ~*** Klammer auf (zu); ***pôr em ~***(***s***) einklammern

páreo ['parju] *m* Wettstreit *m*

pargo ['pargu] *m Art* Brasse *f* (*Fisch*)

parição [pɐri'sɐ̃w] *f* Werfen *n* (*der Tiere*); Wurf *m*

paridade [pɐri'dadə] *f* Gleichheit *f*

parir [pa'rir] (3z) gebären; werfen

Paris [pɐ'riʃ]: ***a ~*** Paris *n*

parisiense [pɐri'zjẽsə] Pariser (...)

parkinsonismo [pɐrkĩsɔ'niʒmu] *m* MED parkinsonsche Krankheit *f*

parlament|ar [pɐrlɐmẽ'tar] **1.** *adj* parlamentarisch; **2.** *su* Parlamentarier(in *f*) *m*; **3.** *v/i* (1a) verhandeln; **~ário** [-'tarju] *m* Unterhändler *m*; **~arismo** [-tɐ'riʒmu] *m* Parlamentarismus *m*; **~ear** [-'tjar] (1l) unterhandeln; **~o** [-'mẽtu] *m* Parlament *n*; ***♀ Europeu*** Europäische(s) Parlament *n*

parlapat|ão [pɐrlɐpɐ'tɐ̃w] *m* Aufschneider *m*; **~ear** [-'tjar] (1l) aufschneiden; **~ice** [-'tisə] *f* Aufschneiderei *f*

parl|atório [pɐrlɐ'tɔrju] *m* Sprechzimmer *n*; **~enga** [-'lẽgɐ] *f* Auseinandersetzung *f*

parmesão [pɐrmə'zɐ̃w] *m* Parmesankäse *m*

paro ['paru] *m* Stillstand *m*; ***~ laboral*** Arbeitsniederlegung *f*

pároco ['paruku] *m* Pfarrer *m*

par|ódia [pɐ'rɔdjɐ] *f* Parodie *f*; **~odiar** [-ru'djar] (1g) parodieren

parol|a [pɐ'rɔlɐ] *f* Gewäsch *n*; **~agem** [-ru'laʒɐ̃j] *f* Gequassel *n*; **~ar** [-'lar] (1e) quasseln; **~eiro** [-'lɐjru] *m* F Quatschkopf *m*; **~ice** [-ru'lisə] *f* Quasselei *f*; **~o** [-'rolu] *m* F Hinterwäldler *m*

par|óquia [pɐ'rɔkjɐ] *f* Pfarrei *f*; **~oquial** [-ru'kjał] Pfarr...; **~oquialismo** [-rukjɐ'liʒmu] *m fig* Kleingeist *m*; **~oquiano** [-ru'kjɐnu] **1.** *adj* Pfarr...; **2.** *m*, **-a** *f* Pfarrkind *n*

parotidite [pɐrɔtə'ditə] *f* MED Mumps *m*

parque ['parkə] *m* Park *m*; ***~ automóvel*** Wagenpark *m*; ***~ de campismo*** Campingplatz *m*; ***~ de estacionamento*** Parkplatz *m*; ***~ de diversões*** Vergnügungspark *m*; ***~ infantil*** Kinderspielplatz *m*; ***~ nacional*** Nationalpark *m*; **~amento** [pɐrkjɐ'mẽtu] *m* Parken *n*

parquete [pɐr'ketə] *m* Parkett(fußboden *m*) *n*

parquímetro [pɐr'kimətru] *m* Parkuhr *f*

parra ['paʀɐ] *f* Weinblatt *n*, -laub *n*

parrana [pɐ'ʀɐnɐ] **1.** *adj* dumm; geschmacklos; **2.** *su* Blödmann *m*

parreira [pɐ'ʀɐjrɐ] *f* Weinspalier *n*

part. ***particular*** privat

parte ['partə] *f* Teil *m*; Anteil *m*; *örtl* Seite *f*; Ort *m*; Partei *f*; Kontrahent *m*; *schriftliche* Mitteilung *f*; Meldung *f*; TEA Rolle *f*; ***~ contratante*** vertragschließende Seite *f*; ***~ integrante*** (fester) Bestandteil *m*; ***a maior ~ de*** der größte Teil; die meisten; ***a maior ~ das vezes*** meistens; ***à ~*** **a**) *adv* gesondert; vertraulich; **b**) *prp* außer (*dat*); abgesehen von (*dat*); ***da ~ de*** von (seiten *gen*); ***da ~ da frente*** (von) vorn; ***da ~ do sul***

P

von Süden; ***de ~*** beiseite; abseits; ***de ~ a ~*** gegenseitig; durch und durch; ***em*** (***grande***) ~ zum (großen) Teil; ***em alguma*** (*od* ***qualquer***) ~ irgendwo; ***em ~ alguma*** (*od* ***nenhuma***) nirgends; ***em toda a ~*** überall; ***noutra ~*** anderswo; ***por*** (*od* ***pela***) ***minha ~*** meinerseits; ***pela maior ~*** größtenteils; ***por outra ~*** andererseits; ***por ~s*** Punkt für Punkt; ***dar ~ de*** *j-n* anzeigen; *et od j-n* melden; ***dar ~ de doente*** sich krankmelden; ***fazer ~ de*** gehören zu; ***pôr*** (*od* ***deixar***) ***de ~*** beiseite legen (*od* lassen); aussondern; ***ter ~ em*** Anteil haben an (*dat*); → ***tomar ~ em*** teilnehmen an (*dat*); ***tomar à boa*** (***má***) ***~*** *et* gut aufnehmen (übel nehmen)

parteir|a [pɐr'tɐjrɐ] *f* Hebamme *f*; **~o** [-ru] *m* Geburtshelfer *m*

particip|ação [pɐrtəsipɐ'sɐ̃w] *f* Mitteilung *f*; Teilnahme *f* (***em*** an *dat*); *POL* Mitbestimmung *f*; *ECON* Beteiligung *f*; **~ante** [-'pɐ̃tə] **1.** *adj* teilnehmend; **2.** *su* Teilnehmer(in *f*) *m*; **~ar** [-'par] (1a) **1.** *v/t* mitteilen; **2.** *v/i*: ***~ em*** (*od bsd bras* ***de***) teilnehmen an (*dat*); teilhaben an (*dat*); *POL* mitbestimmen bei (*od* in *dat*); **~ativo** [-pɐ'tivu] Beteiligungs...

particípio [pɐrtə'sipju] *m* Partizip *n*

partícula [pɐr'tikulɐ] *f* Partikel *f*

particular [pɐrtiku'lar] **1.** *adj* besonder; eigentümlich; persönlich; Privat...; ***em ~*** unter vier Augen; → ***~mente***; **2.** *m* Privatperson *f*; **3. ~es** *m/pl* Einzelheiten *f/pl*; **~idade** [-lɐri'dadə] *f* Besonderheit *f*; Eigenheit *f*; **~ismo** [-lɐ'riʒmu] *m* Absonderung *f*; Eigenbrötelei *f*; *POL* Partikularismus *m*; **~ista** [-lɐ'riʃtɐ] *su* Einzelgänger(in *f*) *m*; **~izar** [-lɐri'zar] (1a) detailliert darstellen; ***~-se*** sich unterscheiden; eigene Wege gehen; **~mente** [-lar'mẽtə] besonders; insbesondere

partid|a [pɐr'tidɐ] *f* Abreise *f*; Aufbruch *m*; Abfahrt *f*; *AV* Abflug *m*; *Sport*: Start *m*; Partie *f*; F Streich *m* (***pregar*** spielen); ***escrituração f por ~s dobradas*** (***simples***) doppelte (einfache) Buchführung *f*; ***ponto m de ~*** Ausgangspunkt *m*; ***à ~*** beim Start; *fig* von vornherein; ***dar ~ para*** den Startschuss geben zu; **~ão** [-'dɐ̃w] *m* gute Partie *f* (*Heirat*); Traumjob *m*

partid|ário [pɐrti'darju] **1.** *adj* Partei...; parteilich; **2.** *m* Anhänger *m*; *POL* (Partei)Mitglied *n*; **~arismo** [-dɐ'riʒmu] *m* Parteiwesen *n*; **~arista** [-dɐ'riʃtɐ] *su* Parteianhänger(in *f*) *m*

partido [pɐr'tidu] *m POL* Partei *f*; Partie *f*; *Spiel*: Vorgabe *f*; *fig* Nutzen *m*; Ausweg *m*; *bras* Zuckerrohrpflanzung *f*; ***fazer do seu ~*** *j-n* auf s-e Seite ziehen; ***fazer-se do ~ de*** sich auf *j-s* Seite schlagen; ***ser um bom ~*** eine gute Partie sein; ***tirar ~ de*** Nutzen ziehen aus; ***tomar o ~ de*** *j-s* Partei ergreifen

partilh|a [pɐr'tiʎɐ] *f* (Erb)Teilung *f*; Anteil *m*; ***~ de bens*** *JUR* Gütertrennung *f*; ***~ de tempo*** Timesharing *n*; **~ar** [-ti'ʎar] (1a) (auf-, ver)teilen; Anteil nehmen

part|imento [pɐrti'mẽtu] *m* Teilung *f*; Trennung *f*; **~ir** [-'tir] (3b) **1.** *v/t* (zer)teilen; zerbrechen; *Brot* brechen, schneiden; *Stoff, Papier* zerreißen; verteilen; ***~ ao*** (*od* ***pelo***) ***meio*** durchbrechen; halbieren; **2.** *v/i* **a**) (zer)brechen; kaputtgehen; **b**) abreisen; aufbrechen; abfahren; weggehen; herfallen (***sobre*** über *ac*); *fig* ausgehen; anfangen; ***a ~ de*** von ... an; ab ...

partit|ivo [pɐrtə'tivu] *GRAM* Teilungs...; **~ura** [-ti'turɐ] *f MÚS* Partitur *f*

partível [pɐrt'tivɛɫ] teilbar

part|o ['partu] *m* Geburt *f*, Entbindung *f*; *fig* Erzeugnis *n*; ***~ prematuro*** Frühgeburt *f*; **~uriente** [pɐrtu'rjẽtə] *f* Wöchnerin *f*

parv|alhão [pɐrvɐ'ʎɐ̃w] *m* P Blödmann *m*; **~o** ['parvu] P **1.** *adj* einfältig, kindisch; blöd; ***armar em ~*** sich blöd stellen; **2.** *m* Idiot *m*; ***à -a*** P wie verrückt; ***fazer cara de ~*** dumm aus der Wäsche gucken; **~oíce** [-'vwisə] *f* Blödsinn *m*

párvulo ['parvulu] **1.** *adj* kindlich; **2.** *m* Kind(lein) *n*

pascal [pɐʃ'kaɫ] **1.** *adj* österlich, Oster...; **2.** *m FIS* Pascal *n*

pascer [pɐʃ'ser] (2g; *Stv* 2b) (ab)weiden; ***~(-se) em*** *fig* (sich) weiden an (*dat*)

Páscoa ['paʃkwɐ] *f* Ostern *n*; ***cara f***

P

***de** ~* Festtagsgesicht *n*; ***boa** ~!* Frohe Ostern!
pasco|al [pɐʃ'kwaɫ] österlich, Oster...; **~ela** [-'kwɛlɐ] *f* Weiße(r) Sonntag *m*
pasm|ar [pɐʒ'mar] (1b) **1.** *v/t* verblüffen; entsetzen; ***~ a vista em*** anstarren (*ac*); **2.** *v/i* erstarren; starr sein (***de*** vor *dat*); **~o** ['paʒmu] **1.** *adj bras* verblüfft; entsetzt; **2.** *m* Verblüffung *f*; Staunen *n*; **~oso** [-'mozu] verblüffend
pasquim [pɐʃ'kĩ] *m* Hetzblatt *n*
passa ['pasɐ] *f* CUL Rosine *f*; F Zug *m* (*beim Rauchen*)
passada [pɐ'sadɐ] *f* Schritt *m*; Satz *m*; ***~s** pl fig* Laufereien *f/pl*
passad|eira [pɐsɐ'dɐjrɐ] *f* Läufer *m* (*Teppich*); Zebrastreifen *m*; Steg *m*; Durchziehring *m*; **~iço** [-'disu] **1.** *adj* vorübergehend; **2.** *m* Durchgang *m*; Laufsteg *m*; **~io** [-'diw] *m* (tägliche) Kost *f*; **~ista** [-'diʃtɐ] rückwärts gewandt
passad|o [pɐ'sadu] **1.** *adj* vergangen; vorig; früher; getrocknet (*Obst*); behandelt (***com*** mit); *fig* starr vor Kälte *etc*; P verrückt; ***~s três dias*** drei Tage später; ***bem*** (***mal***) *~* CUL (nicht) durchgebraten; ***águas** f/pl **-as*** Schnee *m* von gestern; ***particípio** ~* Partizip *n* Perfekt; **2.** *m* Vergangenheit *f*; ***~s** pl* Vorfahren *m/pl*; **~oiro** [pɐsɐ'dojru] *m* → ***~ouro***; **~or** [-'dor] *m* CUL Sieb *n*; Püriermühle *f*; *fig* Schlepper *m* (*Personen*); Schmuggler *m*; Hehler *m*; *bras* Viehtreiber *m*; **~ouro** [-'doru] *m* Durchgang *m*; → ***passadiço***
pass|ageiro [pɐsɐ'ʒɐjru] **1.** *adj* vorübergehend; unbedeutend; belebt (*Straße*); **2.** *m* Reisende(r) *m*, Fahrgast *m*; Passant *m*; *bras* Fährmann *m*; **~agem** [-'saʒɐ̃j] *f* Passage *f*; Durchgang *m*, -fahrt *f*, -reise *f*; Durchmarsch *m* (*Parade*); NAV Überfahrt *f*; Übertritt *m*; CAM. DE F Fahrkarte *f*; AV Flugticket *n*; Wildwechsel *m*; (Fußgänger)Überweg *m*; gestopfte Stelle *f* (*Kleidung*); ***~ de nível*** CAM. DE F Bahnübergang *m*; ***~ inferior*** (***superior***) Bahnunter- (-über)führung *f*; ***~ de linha*** NAV Überquerung *f* des Äquators; ***dar ~ a*** vorbeilassen; → ***ceder a ~*** die Vorfahrt lassen; ***de ~*** im Vorübergehen; auf der Durchreise; *fig* nebenbei; **~ajar** [-sɐ'ʒar] (1b) *Kleidung* stopfen; **~amanes** [-sɐ'mɐnəʃ] *f/pl* Tressen *f/pl*, Borten *f/pl*; **~amento** [-sɐ'mẽtu] *m* Hinscheiden *n*; **~ante** [-'sɐ̃tə] **1.** *su* Passant(in *f*) *m*; **2.** *adj*: ***~ de*** hinausgehend über (*ac*); ***~ dos 60*** über 60 Jahre alt; **~aporte** [pasɐ'pɔrtə] *m* (Reise)Pass *m*
passar [pɐ'sar] (1b) **1.** *v/t* überschreiten; überqueren; gehen (*od* fahren) über (*ac*); hinausgehen über (*ac*); übertreffen; durchqueren; durchbohren; durchdringen; CUL passieren; *Flüssigkeit* filtrieren; *Mehl* sieben; *Information* weitergeben (***a*** an *ac*); (hinüber-, über)reichen; bügeln; *Schlag* versetzen; *Dokument* ausstellen; *Geschäft* übertragen; *Aufgabe* aufgeben; *Waren* an den Mann bringen; *Mitteilung* zukommen lassen; schmuggeln; *Leiden* durchmachen; *Leben* führen; *Zeit* verbringen; braten; ***~ para*** *Kahn* übersetzen nach; befördern nach; *Beamten* versetzen nach (*od* in *ac*); ***~ por*** ziehen *od* stecken durch; **2.** *v/i* **a**) vorübergehen; verpasst werden; vergehen; aus der Mode kommen; gelten; durchsickern; passen (*im Spiel*); erträglich sein; ***~ a*** *j-m* entfallen; ***~ à história*** passé sein; ***~ a limpo*** ins Reine schreiben; ***~ pelas brasas*** schlummern; ***~ um mau pedaço*** eine schwierige Phase durchmachen; ***isto não pode ~ assim*** so geht das nicht; ***como passou*** (*od **tem passado***)***?*** wie geht es Ihnen?, wie ist es Ihnen ergangen?; ***~ bem com*** gut auskommen mit; (***poder***) ***~ sem*** *et* entbehren können; ***ter com que ~*** sein Auskommen haben; ***deixar ~*** vorbeilassen; *fig j-m et* durchgehen lassen; **b**) *mit prp*: ***~ a***, ***~ para*** hinübergehen, -fahren nach (*od* zu); übergehen zu; *j-m et* (hinüber)reichen; verziehen (*od* verlegt werden) nach; ***~ a fazer*** dazu übergehen, *et* zu tun; ***~ a ser*** werden; ***~ de*** hinausgehen über (*ac*); mehr sein als; später sein als; ***~ dos 60*** über 60 Jahre alt sein; ***não ~ de*** nicht mehr sein als; ***~ de ... em ...*** von ... zu ... gehen; ***~ em*** *Prüfung* durchkommen in

P

(*dat*); **~ por**, **~ junto de** *örtl* vorbeikommen (*od* -gehen) an (*dat*); kommen durch (*od* über *ac*); *fig* hindurchgehen durch; durchmachen; durchlaufen; durch den Kopf gehen; **~ por**, **~ por cima de** streichen, fahren durch (*od* über *ac*); *fig* hinwegsehen (*od* sich hinwegsetzen) über (*ac*); **~ por casa de** bei *j-m* vorbeigehen, -schauen; **~ por**, **~ como** gelten als (*nom*); **fazer-se ~ por** sich ausgeben als; **3. ~-se** F los sein; passieren; vergehen; überlaufen (**a** zu)

passar|ada [pɐsɐ'radɐ] *f* Vogelschwarm *m*; Vögel *m/pl*; **~ão** [-'rɐ̃w] *m* F Schlitzohr *n*; **~eiro** [-'rɐjru] *m* Vogelhändler *m*; **~ela** [-'rɛlɐ] *f* Laufsteg *m*; Fußgängerbrücke *f*

pássaro ['pasɐru] *m* (Sing)Vogel *m*

passatempo [pasɐ'tẽpu] *m* Zeitvertreib *m*, Unterhaltung *f*

passe ['pasə] *m* Erlaubnis(schein *m*) *f*; Passierschein *m*; *bsd* Dauerkarte *f*; *Fußball*: Pass *m*; **~ combinado**, **~ multimodal** Netzkarte *f*; **~ mensal** Monatskarte *f*; **~ante** [pɐ'sjẽtə] *su* Spaziergänger(in *f*) *m*; *depr* Herumtreiber(in *f*) *m*; **~ar** [pɐ'sjar] (1l) **1.** *v/t* *Hund* ausführen; durchfahren; gehen durch; schweifen lassen; **2.** *v/i* spazieren gehen (*od* fahren); umherschweifen; **mandar ~** zum Teufel schicken; **vai ~!** geh zum Kuckuck!; **~-se** sich die Beine vertreten; **~ata** [pɐ'sjatɐ] *f* Bummel *m*; *bras* Umzug *m*; **~io** [pɐ'sɐju] *m* Spaziergang *m*, -fahrt *f*; Ausflug *m*; Bürgersteig *m*; **~ de bicicleta** Radtour *f*; **~ a cavalo** Ausritt *m*; **~ público** Promenade *f*; **dar um ~** → **~ar**

passional [pɐsju'nał] leidenschaftlich

passiva [pɐ'sivɐ] *f GRAM* Passiv *n*

passível [pɐ'sivɛł] leidensfähig; gefühlvoll; **~ de pagamento de coima** bußgeldpflichtig; **~ de direitos** zollpflichtig; **ser ~** Gefühl haben; **ser ~ de** unterliegen (*dat*)

passiv|idade [pɐsəvi'dadə] *f* Untätigkeit *f*; **~o** [-'sivu] **1.** *adj* passiv; untätig; **voz** *f* **-a** Passiv *n*; **2.** *m ECON* Passiva *pl*

passo ['pasu] **1.** *adj* getrocknet; **uva** *f* **-a** → **passa**; **2.** *m* Schritt *m* (**dar** tun); Tanzschritt *m*; Gangart *f*; Durchgang *m*; *GEOGR* Bergpass *m*; Meerenge *f*; *bras* Furt *f*; *fig* Abschnitt *f* (*im Buch*); Vorfall *m*; *REL* (Kreuzweg)Station *f*; *TÉCN* Steighöhe *f*; Teilung *f*; Abstand *m*; Gewinde *n*; **~ de corrida** Laufschritt *m*; **a ~** im Schritt; **a cada ~** auf Schritt und Tritt; **a ~s contados**, **~ a ~** Schritt für Schritt; **a ~s largos** mit langen Schritten; **a ~s lentos** langsam; **a dois ~s** ganz in der Nähe; **a poucos ~s de** *fig zeitl* kurz nach; *örtl* nicht weit von; **ao ~ que** *cj* während; wo(hin)gegen; **de ~** beiläufig; **neste ~** an dieser Stelle; **acertar o ~ com** Schritt halten mit; **apertar** (*od* **dobrar**) **o ~** schneller gehen; **ceder o ~** den Vortritt lassen; **dar um ~ em falso** e-n Fehltritt machen; **marcar ~** auf der Stelle treten (*a fig*); **tomar o ~** vorangehen; *j-m* zuvorkommen; **travar o ~** langsamer gehen

pasta ['paʃtɐ] *f* **a)** Paste *f*; Masse *f*; F Knete *f* (*Geld*); **~ dentífrica** (*od* **de dentes**) Zahnpasta *f*; **b)** Mappe *f*; Aktentasche *f*; *POL* Geschäftsbereich *m*; Amt *n*

past|agem [pɐʃ'taʒɐ̃j] *f AGR* Weide *f*; **~ar** [-'tar] (1b) **1.** *v/t* abweiden; (ab)fressen; **2.** *v/i* weiden; *fig* sich weiden (**de** an *dat*); **~el** [-'tɛł] *m CUL* (Fleisch)Pastete *f*; Törtchen *n*; *TIP* Zwiebelfisch *m*; *PINT* Pastell *n*; **~ de bacalhau** *CUL* Stockfischbällchen *n*; **~elão** [-tə'lɐ̃w] *m* Pastete *f*; **~elaria** [-təlɐ'riɐ] *f* Konditorei *f*; **~eleiro** [-tə'lɐjru] *m* Konditor *m*; **~eurizar** [-tewri'zar] (1a) pasteurisieren; **~ilha** [-'tiʎɐ] *f* Lutschtablette *f*; *INFORM* Chip *m*; P Backpfeife *f*; **~ contra dores de garganta** Halstablette *f*; **~ dos travões** *AUTO* Bremsbelag *f*; **~ elástica** Kaugummi *m*

pasto ['paʃtu] *m* Viehfutter *n*; Weide *f*; *fig* Nahrung *f*; (Augen-, Ohren-) Schmaus *m*

pastor [pɐʃ'tor] *m* Hirte *m*; *REL* Seelsorger *m*; Pfarrer *m*; Pastor *m*; **~ alemão** *ZO* Schäferhund *m*; **~al** [-tu'rał] **1.** *adj* Hirten...; **2.** *f REL* Hirtenbrief *m*; *LIT* Hirtengedicht *n*; **~ear** [-tu'rjar] (1l) *Vieh* weiden, hüten; *fig* geistlich betreuen; lenken; **~eio** [-tu'rɐju] *m* Weiden *n*; **~ excessivo** Überweidung *f*; **~ejar** [-turi'ʒar] (1d) *bras* → **~ear**; **~ela**

P

[-tu'rɛlɐ] *f LIT* Hirtenlied *n*; **~il** [-tu'riɫ] Schäfer...; *fig* idyllisch
pastoso [pɐʃ'tozu] teigig
pata ['patɐ] *f* **a**) *ZO* Ente *f*; **b**) Pfote *f*; Tatze *f*; Huf *m*; ***à ~*** F per pedes; ***debaixo da ~ de*** unter *j-s* Fuchtel
pataco [pɐ'taku] *m fig* Schafskopf *m*; ***não valer um ~*** keinen Pfifferling wert sein; **~s** *pl* F Kröten *f/pl* (*Geld*)
patada [pɐ'tadɐ] *f* Hieb *m*; Fußtritt *m*; *fig grober* Fehltritt *m*
patamar [pɐtɐ'mar] *m* (Treppen-) Absatz *m*
pataqueiro [pɐtɐ'kɐjru] billig; gewöhnlich
patar|ata [pɐtɐ'ratɐ] **1.** *f* Hochstapelei *f*; **2.** *su* Hochstapler(in *f*) *m*; **~eco** [-'rɛku] P **1.** *adj* abgewrackt; **2.** *m* abgewrackte(r) Typ *m*
patavina [pɐtɐ'vinɐ] überhaupt nichts
pataz [pɐ'taʃ] *m ZO* Meerkatze *f*
pate|ada [pɐ'tjadɐ] *f* Stampfen *n*; Trampeln *n*; ***dar ~*** = **~ar** [-'tjar] (1l) *TEA* **1.** *v/t* auspfeifen; **2.** *v/i* trampeln
pateca [pɐ'tɛkɐ] *f* Pfötchen *n*
patego [pɐ'tegu] einfältig; primitiv
patela [pɐ'tɛlɐ] *f ANAT* Kniescheibe *f*; *ZO* Napfschnecke *f*
patença [pɐ'tẽsɐ] *f* Scholle *f* (*Fisch*)
patente [pɐ'tẽtə] **1.** *adj* offen; offenbar; geöffnet (***a, para*** für); ***estar*** (*od* ***encontrar-se***) **~** ausliegen; **2.** *f* Patent *n*; Diplom *n*; Ausweis *m*; *MIL* Dienstgrad *m*; ***de alta ~*** hochrangig; ***as altas ~s*** die höheren Ränge (*a fig*); **~ar** [-'tjar] (1l) öffnen; aufdecken; zeigen; *Interesse* bekunden; patentieren
patern|al [pɐtər'naɫ] väterlich, Vater...; **~alismo** [-nɐ'liʒmu] *m* Paternalismus *m*; **~idade** [-ni'dadə] *f* Vaterschaft *f*; **~o** [-'tɛrnu] väterlich(erseits)
patet|a [pɐ'tɛtɐ] *su* F Blödmann *m*; **~ice** [-tə'tisə] *f* Blödsinn *m*
patético [pɐ'tɛtiku] **1.** *adj* pathetisch; **2.** *m* Pathos *n*
pat|ibular [pɐtibu'lar]: ***cara f ~*** Gaunervisage *f*; **~íbulo** [-'tibulu] *m* Schafott *n*
patif|aria [pɐtifɐ'riɐ] *f* Schurkenstreich *m*; Gemeinheit *f*; **~e** [-'tifə] **1.** *adj* gemein; **2.** *m* Schuft *m*; *irón* Schlingel *m*
patilha [pɐ'tiʎɐ] *f* Koteletten *pl*; *TÉCN* Lasche *f*
patim [pɐ'tĩ] *m* Schlittschuh *m*; *TÉCN* Schlitten *m*; Kufe *f*; Gleiter *m*; ***~ de rodas*** Rollschuh *m*; ***~-em-linha*** Inlineskate *m*; ***hóquei*** *m* ***em -ins*** Eishockey *n*; ***ir de -ins*** F rausgeworfen werden
pátina ['patinɐ] *f* Patina *f*
patin|ador [pɐtinɐ'dor] *m*, **-a** *f* Schlitt- (*od* Roll)schuhläufer(in *f*) *m*; **~agem** [-'naʒẽj] *f* Schlitt- (*od* Roll)schuhlauf *m*; *AUTO* Schleudern *n*; ***~ artística*** Eiskunstlauf *m*; ***~ no*** (*od* ***sobre***) ***gelo*** Eislauf *f*; **~ar** [-'nar] (1a) Schlitt- (*od* Roll)schuh laufen; *AUTO* schleudern; **~ete** [-'neti] *f bras* Skateboard *n*
patinhar [pɐti'ɲar] (1a) planschen; *AUTO* durchdrehen
patinho [pɐ'tiɲu] *m* Entenküken *n*
pátio ['patju] *m* Hof *m*; ***~ das traseiras*** Hinterhof *m*; ***~ interior*** Innenhof *m*
pato ['patu] *m* Ente *f* (*Artname*); Erpel *m*; F *fig* Tropf *m*; ***pé*** *m* ***de ~*** (Taucher)Flosse *f*; ***~-negro*** *m* Trauerente *f*; ***~-real*** *m* Stockente *f*
pato|génico (*ê) [pɐtu'ʒɛniku]: ***micróbio*** *m* **~** Krankheitserreger *m*; **~logia** [-lu'ʒiɐ] *f* Pathologie *f*; **~logista** [-lu'ʒiʃtɐ] *su* Pathologe *m*, Pathologin *f*
patorra [pɐ'toʀɐ] *f* **a**) große Pfote *f*; F Riesenfuß *m*; **b**) *ZO* Lerche *f*
patranha [pɐ'trɐɲɐ] *f* (Lügen)Märchen *n*
patrão [pɐ'trɐ̃w] *m* Chef *m*; Unternehmer *m*, Arbeitgeber *m*; Wirt *m*; Hausherr *m*; **~-mor** (**-ões-mores**) [-'mɔr] *m*(*pl*) (Abteilungs)Leiter *m* (*Staatsdienst*)
patrasana [pɐtrɐ'zɐnɐ] *m* F (Lands-) Mann *m*
pátria ['patrjɐ] *f* Vaterland *n*; Heimat *f*
patriarc|a [pɐ'trjarkɐ] *m* Patriarch *m*; **~ado** [-trjɐr'kadu] *m* Patriarchat *n*; **~al** [-trjɐr'kaɫ] patriarchalisch
patrício [pɐ'trisju] **1.** *adj* vornehm; **2.** *m HIST* Patrizier *m*; Landsmann *m*
patrim|onial [pɐtrimu'njaɫ] Vermögens...; **~ónio** (*ô) [-'mɔnju] *m* Eigentum *n*; Erbe *n*; *fig* Vorrecht *n*; ***~ cultural*** kulturelle(s) Erbe *n*; ***♀ do***

P

Estado Staatseigentum *n*; ~ ***genético*** Erbgut *n*

pátrio ['patrju] **a**) vaterländisch; Heimat...; **b**) väterlich

patri|ota [pɐ'trjɔtɐ] *su* Patriot(in *f*) *m*; **~oteiro** [-trju'tɐjru] *m* Hurrapatriot *m*; **~ótico** [-'trjɔtiku] patriotisch; **~otismo** [-trju'tiʒmu] *m* Patriotismus *m*

patroa [pɐ'troɐ] *f* Dame *f* des Hauses; *ECON* Arbeitgeberin *f*; Chefin *f*; Besitzerin *f*; Wirtin *f*

patroc|inador [pɐtrusinɐ'dor] *m* Schirmherr *m*; Sponsor *m*; **~inar** [-'nar] (1a) fördern; sponsern; **~ínio** [-'sinju] *m* Förderung *f*; ***sob o ~ de*** unter Schirmherrschaft (*gen*)

patron|ado [pɐtru'nadu] *m* → **~ato**; **~al** [-'nał] Arbeitgeber...; ***entidade f ~*** Arbeitgeberverband *m*; **~ato** [-'natu] *m HIST* Patronat *n*; *ECON* Arbeitgeber *m/pl*; **~o** [-'tronu] *m* Schirmherr *m*; *JUR* Rechtsbeistand *n*

patruça [pɐ'trusɐ] *f Art* Scholle *f* (*Fisch*)

patrulh|a [pɐ'truʎɐ] *f* Streife *f*; Patrouille *f*; Trupp *m*; Bande *f*; **~amento** [-ʎɐ'mẽtu] *m* Streife *f*; Patrouillieren *n*; **~ar** [-tru'ʎar] (1a) **1.** *v/t* streifen durch; ablaufen; bewachen; **2.** *v/i* Streife fahren; patrouillieren

patusc|ada [pɐtuʃ'kadɐ] *f CUL* Schlemmerei *f*; Gaudi *n*; **~ar** [-'kar] (1n) *CUL* schlemmen; lustig sein; **~o** [pɐ'tuʃku] **1.** *adj* lustig; komisch; **2.** *m* Spaßvogel *m*

P

pau [paw] **1.** *adj bras* lästig; langweilig; **2.** *m* (Stück *n*) Holz *n*; Stock *m*; (Vanille)Stange *f*; F *fig* 1 Escudo; P Schwanz *m* (*Penis*); **~s** *pl ZO* Geweih *n*; *Kartenspiel*: Kreuz *n*, Eichel *f*; ***cabeça f de ~*** F Holzkopf *m*; ***carga f de ~*** Tracht *f* Prügel; ***~ de incenso*** Räucherstäbchen *n*; ***pé m de ~*** Stelze *f*; ***~ para toda a obra*** *fig* Mädchen *n* für alles; ***a meio ~*** *NAV* halbmast; ***a dar com ~*** F in rauen Mengen; ***jogar com um ~ de dois bicos*** mit doppelter Zunge reden

pau(s)-|brasil [pawbrɐ'ził] *m*(*pl*) Brasilholz *n*

paul [pɐ'uł] *m* Pfuhl *m*; Sumpf *m*

paulada [paw'ladɐ] *f* Stockschlag *m*; **~s** *pl* Prügel *pl*

paulatino [pawlɐ'tinu] langsam

paulificar [pawlifi'kar] (1n) *bras* ärgern; belästigen

paulist|a [paw'liʃtɐ] *aus* (*dem Staat*) *São Paulo*; **~ano** [-'tɐnu] *aus* (*der Stadt*) *São Paulo*

paup|erismo [pawpə'riʒmu] *m* (Massen)Elend *n*; Verarmung *f*; **~érrimo** [-'pɛʀimu] bettelarm

pau(s)-|preto(s) [paw'pretu] *m*(*pl*) Ebenholz *n*; **~rosa(s)** [-'ʀɔzɐ] *f*(*pl*) Rosenholz *n*

paus|a ['pawzɐ] *f* Pause *f*; **~ado** [-'zadu] langsam, gemessen

pau(s)-santo(s) [paw'sɐ̃tu] *m*(*pl*) Pockbaum *m*; Pockholz *n*

pausar [paw'zar] (1a) **1.** *v/t* zurückhalten; unterbrechen; **2.** *v/i* pausieren; ruhen

paut|a ['pawtɐ] *f* Linienblatt *n*; Liste *f*; *Schule*: Notenliste *f*; Tarif *m*; Tagesordnung *f*; **~ado** [-'tadu] liniiert (*Papier*); regelrecht; planmäßig (*Ablauf*); maßvoll; ***papel m ~*** Linienpapier *n*; *MÚS* Notenpapier *n*; **~ar** [-'tar] (1a) *Papier* linieren; (in Listen) eintragen; *Tarif* festsetzen; *fig* regeln (***por*** nach); bezeichnen (***de*** als)

pautear [paw'tjar] (1l) *bras* plaudern

pauzinho [paw'ziɲu] *m* Hölzchen *n*, Stöckchen *n*; **~s** *pl* Machenschaften *f/pl*; ***mexer os ~s*** Ränke spinnen

pavana [pɐ'vɐnɐ] *f* P Balg *m*; ***tocar a ~ a*** P *j-n* verdreschen

pavão [pɐ'vɐ̃w] *m* Pfau *m*; ***enfeitar-se com penas de ~*** *fig* sich mit fremden Federn schmücken

paveia [pɐ'vɐjɐ] *f* Bund *m* Heu (*od* Stroh); Reisighaufen *m*

pávido ['pavidu] entsetzt

pavilhão [pɐvi'ʎɐ̃w] *m* Pavillon *m*; Gartenhaus *n*; (Fabrik-, Ausstellungs)Halle *f*; *ANAT* Ohrmuschel *f*; *NAV* Flagge *f*; *HIST MÚS* Schalltrichter *m*; ***~ de cama*** Betthimmel *m*; ***~ gimnodesportivo*** Sporthalle *f*

pavimentar [pɐvimẽ'tar] (1a) Fußboden legen; pflastern

pavimento [pɐvi'mẽtu] *m* Fußboden(belag) *m*; Stockwerk *n*; Pflaster *n* (*Straße*); ***~ alcatifado*** Teppichbodenbelag *m*; ***~ de asfalto*** Asphaltdecke *f*; ***~ de cimento*** Estrich *m*

pavio [pɐ'viw] *m* Docht *m*

pavonear [pɐvu'njar] (1l) heraus-

putzen; zur Schau stellen (*od* tragen); **~-se** sich brüsten
pavor [pɐ'vor] *m* Entsetzen *n*; Schreck *m*; **~osa** [-vu'rɔzɐ] *f* Umsturzgerücht *n*; **~oso** [-vu'rozu] entsetzlich, schrecklich
paxá [pɐ'ʃa] *m* Pascha *m*
paz [paʃ] *f* Friede(n) *m*; Ruhe *f*; **~ podre** Scheinfrieden *m*; **deixar em ~** in Frieden lassen; **estar em ~ com** in Frieden leben mit; **fazer as ~es** Frieden schließen; sich versöhnen; **ficar em ~** ruhig bleiben; **gente** *f* **de ~** gut Freund
pazada [pɐ'zadɐ] *f* Schaufel *f* voll; Schlag *m*; **~ de águas** Regenguss *m*
paz(es)-de-alma [paʒ'djałmɐ] *su(pl)* Gemütsmensch *m*
p/c por conta auf Rechnung
PE Parlamento *m* **Europeu** Europäische(s) Parlament *n*
pé [pɛ] *m* Fuß *m* (*a* TÉCN *u Längenmaß*); ARQUIT Sockel *m*; FOT Stativ *n*; BOT Stiel *m*; (Salat)Kopf *m*; Knolle *f*, Zwiebel *f*; *allg* Stück *n*; CUL Schinken *m*; Schweinsfuß *m*; *Weinbau*: Treber *pl*; Bodensatz *m*; *fig* Anlass *m*; Vorwand *m*; *Kartenspiel*: Hinterhand *f*; **~s** *pl* Fußende *n* (*Bett*); **~ chato** ANAT Plattfuß *m*; **peito** *m* **do ~** Fußrücken *m*; **~ ante ~** vorsichtig; **a ~** zu Fuß; **a ~ firme** standhaft; **a ~ quedo** ohne sich zu rühren; **ao ~ de** an (*ac*, *dat*), bei; neben (*ac*, *dat*); ganz in der Nähe (*gen*); **aos ~s de** zu Füßen (*gen*); **a ~s juntos** hartnäckig; **de ~, em ~** aufrecht; stehend; gesträubt (*Haar*); **de ~ enxuto** trockenen Fußes; **dos** (*od* **desde os**) **~s** (**até**) **à cabeça** von Kopf bis Fuß; **em ~ de guerra** auf Kriegsfuß; **nas pontas dos ~s** auf Zehenspitzen; **sem ~s nem cabeça** ohne Hand und Fuß; **acordar com os ~s de fora** *fig* mit dem linken Fuß zuerst aufstehen; **andar a ~** (herum)laufen; **bater o ~** aufstampfen; **cair em ~** auf die Füße fallen; **estar a ~** auf sein; **estar de** (*od* **em**) **~** stehen; **estar com o ~ no ar** auf dem Sprung sein; **estar no mesmo ~** unverändert sein; **em que ~ está ...?** wie steht ...?; **ficar a ~** aufbleiben; **ficar de** (*od* **em**) **~** (be)stehen bleiben; **ganhar ~** Grund finden (*im Wasser*); **manter de ~** aufrechterhalten; **meter** (*od* **pôr**) **debaixo dos ~s** unterwerfen; besiegen; **meter os ~s pelas mãos** sich verhaspeln; **perder ~** den Boden unter den Füßen verlieren; **pôr de** (*od* **em**) **~** aufrichten; errichten; *fig* auf die Beine stellen; **pôr os ~s em** sich begeben nach; **pôr-se de** (*od* **em**) **~** (wieder) aufstehen; sich sträuben (*Haar*); **ter ~** Grund haben (*im Wasser*); e-n Vorwand haben (**para** für); **ter os ~s bem assentes na terra** festen Boden unter den Füßen haben; **tomar ~** Fuß fassen; **(v)ir ao ~ de** herantreten an (*ac*)
pê [pe] *m Name des Buchstabens* **p**
peagem ['pjaʒɐ̃j] *f* Maut *f*, Autobahngebühr *f*
peanha ['pjɐɲɐ] *f* Sockel *m* (Denkmal)
peão [pjɐ̃w] *m* Fußgänger *m*; *Schach*: Bauer *m*; *bras* Landarbeiter *m*
pear [pjar] (1l) an den Vorderfüßen fesseln; *fig* (be)hindern
peça ['pɛsɐ] **1.** → **pedir**; **2.** *f* Stück *n*; *Spiel*: Stein *m*, Figur *f*; Karte *f*; JUR Akte *f*; Theaterstück *n*; Möbelstück *n*; Zimmer *n*; MIL Geschütz *n*; F Streich *m*; **~ de desgaste** TÉCN Verschleißteil *n*; **má ~** F freche(s) Stück *n*; **~ radiofónica** Hörspiel *n*; **~ sobresselente** TÉCN Ersatzteil *n*; **de uma só ~** aus e-m Stück; **em ~** am Stück
pec|ado [pə'kadu] *m* REL Sünde *f*; Vergehen *n*; Fehler *m*; **~ mortal** Todsünde *f*; **~ original** Erbsünde *f*; **~s** *pl* **velhos** F alte Geschichten *f/pl*; **~ador** [-kɐ'dor] **1.** *adj* sündig; **2.** *m*, **-a** *f* Sünder(in *f*) *m*; **~aminoso** [-kɐmi'nozu] sündhaft; **~ar** [-'kar] (1n; *Stv* 1c) REL sündigen; verstoßen (**contra** gegen); leiden (**em** an *dat*)
pecha ['pɛʃɐ] *f* Fehler *m*; schlechte Angewohnheit *f*; **pôr ~ a** (*od* **em**) *et* auszusetzen haben an (*dat*); heruntermachen (*ac*)
pechinch|a [pə'ʃĩʃɐ] *f* Schnäppchen *n*; gefundene(s) Fressen *n*; gute(r) Fang *m*; **~ar** [-ʃĩ'ʃar] (1a) ergattern; *j-m et* abhandeln
pechisbeque [pəʃiʒ'bɛkə] *m* Talmi *n*
peco ['peku] **1.** *adj* BOT verkümmert; *fig* beschränkt; schüchtern; **2.**

P

m Schwund *m*; ***dar o ~ em*** verkümmern (*Pflanzen*)
peço ['pɛsu] → ***pedir***
peçonh|a [pə'soɲɐ] *f* Gift *n*; **~entar** [-suɲẽ'tar] (1a) Gift verabreichen; **~ento** [-su'ɲẽtu] giftig
pécora ['pɛkurɐ] *f* Prostituierte *f*
pé-coxinho [pɛku'ʃiɲu] *m* Hopsespiel *n*; ***andar ao ~*** hüpfen, hopsen
pectina [pɛk'tinɐ] *f* Pektin *n*
pecuári|a [pə'kwarjɐ] *f* Viehzucht *f*; Vieh *n*; **~o** [-rju] **1.** *adj* Vieh...; **2.** *m* Viehzüchter *m*
peculato [pəku'latu] *m* Veruntreuung *f* öffentlicher Gelder
pec|uliar [pəku'ljar] eigen(tümlich); besonder; **~úlio** [-'kulju] *m* Ersparnisse *f/pl*; *fig* Sammlung *f*
pec|únia [pə'kunjɐ] *f* P Kohle *f* (*Geld*); **~uniário** [-ku'njarju] Geld...; ***bens*** *m/pl* **~s** Barvermögen *n*
pedaço [pə'dasu] *m* Stück *n*; *zeitl* Weile *f*; ***fazer em ~s*** in Stücke reißen (*od* schlagen); zerreißen; *fig* kein gutes Haar lassen an *j-m*; ***fazer-se em ~s*** auseinander fallen; ***feito ~s*** zerschlagen; F kaputt
pedágio [pe'daʒju] *m* *bras* Maut *f*, Autobahngebühr *f*
pedag|ogia [pədɐgu'ʒiɐ] *f* Pädagogik *f*; **~ógico** [-'gɔʒiku] pädagogisch; **~ogo** [-'gogu] *m* Pädagoge *m*
pé(s)-d'água [pɛ'dagwa] *m(pl)* *bras* Platzregen *m*
pedal [pə'dał] *m* Pedal *n*; **~ar** [-dɐ'lar] (1b) treten; radeln
pedant|aria [pədẽtɐ'riɐ] *f* Dünkel *m*; Wichtigtuerei *f*; Pedanterie *f*; **~e** [-'dẽtə] **1.** *adj* eingebildet; pedantisch; hochtrabend; **2.** *su* Pedant(in *f*) *m*; Wichtigtuer(in *f*) *m*
pé-de-|boi [pɛdə'boj] *m* altmodische(r) Mensch *m*; *bras fig* Arbeitstier *n*; **~cabra** [-'kabrɐ] *m(pl)* Brecheisen *n*; **~galinha** [-gɐ'liɲɐ] *m(pl)* (*mst pl*) Krähenfüße *m/pl*; **~galo** [-'galu] *m(pl)* *bras* Hopfen *m*; **~meia** [-'mɐjɐ] *m(pl)* Sparbüchse *f*; ***fazer ~*** et zurücklegen; **~moleque** [-mo'lɛki] *m(pl)* *bras* süße Erdnussspeise *f*; Maiskuchen *m*; **~pato** [-'patu] *m(pl)* *bras* F Schwimmflosse *f*
pederast|a [pədə'raʃtɐ] *m* Päderast *m*; **~ia** [-rɐʃ'tiɐ] *f* Päderastie *f*
pedern|al [pədər'nał] **1.** *adj* steinern, Stein...; **2.** *m* nackte(r) Fels *m*; **~eira** [-'nɐjrɐ] *f* Feuerstein *m*
pé-descalço [pɛdəʃ'kałsu] *m* F arme(r) Schlucker *m*; ***turista*** *su* **~** Rucksacktourist(in *f*) *m*
pedest|al [pədəʃ'tał] *m* Sockel *m*; Fuß *m*; **~re** [-'dɛʃtrə] **1.** *adj* Fuß...; *fig* gemein; ***estátua*** *f* **~** Standbild *n*; **2.** *su bras* Fußgänger(in *f*) *m*; **~rianismo** [-trjɐ'niʒmu] *m* Wandersport *m*; *Sport*: Gehen *n*; **~rianista** [-trjɐ'niʃtɐ] *su* Wandersportler(in *f*) *m*; Geher(in *f*) *m*
pé(s)-de-|vento [pɛdə'vẽtu] *m(pl)* Orkan *m*; ***armar um grande ~*** *fig* ein großes Trara um et machen; **~xarim** [-ʃɐ'rĩ] *m(pl)* F Hinkebein *n*
pediatr|a [pə'djatrɐ] *su* Kinderarzt *m*, -ärztin *f*; **~ia** [-djɐ'triɐ] *f* Kinderheilkunde *f*
pedículo [pə'dikulu] *m* *BOT* Stiel *m*
pedicur|a [pədi'kurɐ] *f* Pediküre *f*; **~o** [-ru] *m* Fußpfleger *m*
pedido [pə'didu] **1.** *adj* erbeten, erwünscht; **2.** *m* Bitte *f*; Gesuch *n*; Anfrage *f*; (Heirats)Antrag *m*; ***~ de asilo*** Asylantrag *m*; ***a ~*** auf Wunsch; ***fazer um ~ de*** e-n Antrag stellen auf (*ac*); ***fazer ~s*** bitten; betteln
pedilúvio [pədi'luvju] *m* Fußbad *n*
pedinch|ão [pədĩ'ʃɐ̃w] *m*, **-ona** *f* *lästige(r)* Bettler(in *f*) *m*; **~ar** [-'ʃar] (1a) (herum)betteln; **~ice** [-'ʃisə] *f* Bettelei *f*
pedinte [pə'dĩtə] *su* Bittsteller(in *f*) *m*
pedir [pə'dir] (3r) **1.** *v/t* erbitten; verlangen; *im Restaurant* bestellen; *Zeit, Mühe* erfordern; ***~ a/c a*** *j-n* um et bitten; von *j-m* et fordern, verlangen; bei *j-m* et bestellen; **2.** *v/i* Geld sammeln (***para*** für); betteln; *REL* beten; ***~ a mão de alg*** um j-s Hand anhalten; ***~ contas a alg*** von j-m Rechenschaft verlangen
pé-direito [pɛdi'rɐjtu] *m* *ARQUIT* (lichte) Höhe *f*
peditório [pədi'tɔrju] *m* Kollekte *f*; dringende(s) Gesuch *n*
pedofilia [pədufə'liɐ] *f* Pädophilie *f*
pedómetro (*ô) [pə'dɔmətru] *m* Schrittmesser *m*
pedonal [pədu'nał] Fußgänger...; ***via*** *f* **~** Fußgängerzone *f*
pedra ['pɛdrɐ] *f* Stein *m*; *METÉO* Hagel(korn *n*) *m*; *MED* Zahnstein *m*;

P

(Salz- *etc*)Korn *n*; Stück *n* (*Seife, Zucker etc*); Stein *f*, Figur *f* (*Spiel*); Grabstein *m*; F Edelstein *m*; ~ ***angular*** *ARQUIT* Eckstein *m*; ~ ***filosofal*** Stein *m* der Weisen; ***primeira*** ~ Grundstein *m*; ***de fazer rir*** (***chorar***) ***as ~s*** zum Totlachen (Steinerweichen); ***cair*** ~, ***chover*** ~ hageln; ***estar de*** ~ ***e cal*** F wie Pech und Schwefel zusammenhalten; ***ser uma*** ~ F stockdumm sein

pedrada [pə'dradɐ] *f* Steinwurf *m*; *fig* Schimpf *m*; P Suff *m*; Trip *m*

pedra(s)-|de-afiar [pɛdrɐdjɐ'fjar] *f(pl)* Schleifstein *m*; **~de-toque** [-də'tɔkə] *f(pl) fig* Maßstab *m*; **~pomes** [-'pɔməʃ] *m(pl)* Bimsstein *m*

pedra|ria [pədrɐ'riɐ] *f* Mauersteine *m/pl*; Edelsteine *m/pl*

pedreg|al [pədrə'gał] *m* Steinwüste *f*; **~oso** [-'gozu] steinig; **~ulho** [-'guʎu] *m* Felsblock *m*; Geröll *n*; Schotter *m*

pedreir|a [pə'drɐjrɐ] *f* Steinbruch *m*; **~o** [-ru] *m* Maurer *m*; Steinmetz *m*; *ZO* Uferschwalbe *f*; **~o(s)-livre(s)** [-ru'livrə] *m(pl)* Freimaurer *m*

pedrês [pə'dreʃ] schwarzweiß gesprenkelt

pedrisco [pə'driʃku] *m* Steinchen *n*; Splitt *m*

pedúnculo [pə'dũkulu] *m* (Blumen-) Stiel *m*

pé(s)-firme(s) [pɛ'firmə] *m(pl)*: ***de*** ~ hartnäckig, beharrlich

pega[1] ['pegɐ] *f ZO* Elster *f*; P Hure *f*

pega[2] ['pɛgɐ] *f* (Halte)Griff *m*; Topflappen *m*; Stierbändigung *f*; Abbinden *n* (*Beton*); *bras* Handgemenge *n*; Streit *m*; **~da** [pɛ'gadɐ] *f* Fußstapfen *m*; Radspur *f*; Fährte *f* (*Tier*); *fig* Spur *f*

pegad|iço [pəgɐ'disu] klebrig; aufdringlich; ansteckend; **~ilha** [-'diʎɐ] *f* Streit *m*; Grund *m* zum Streit; **~o** [-'gadu]: ~ ***a*** hängend (*od* klebend) an (*dat*); anstoßend an (*ac*); dicht an (*od* bei, neben) (*dat*); *fig* befreundet mit; ***estar*** ~ kleben; anhaften; *fig* nahe stehen; ***casa*** *f* ***-a*** Nebenhaus *n*; ***chuva*** *f* ***-a*** Dauerregen *m*; **~or** [-'dor] *m* Stierbändiger *m*; ***brincar de*** ~ *bras* Fangen spielen

pegaj|ento, **~oso** [pəgɐ'ʒẽtu, -'ʒozu] → ***pegadiço***

pegamass|a [pəgɐ'masɐ] *f BOT* Klette *f*; **~o** [-su] *m* Kleister *m*; Spritzer *m*; *fig* lästige(r) Typ *m*

peg|anhento [pəgɐ'ɲẽtu] → ***pegadiço***; **~ão** [pɛ'gɐ̃w] *m* (Brücken-) Pfeiler *m*; *METÉO* Windhose *f*

pegar [pə'gar] (1o; *Stv* 1c) **1.** *v/t* an-, aufkleben; zusammenkleben; leimen; fangen; sich anstecken mit; anstecken (***a*** *j-n*); ~ ***em*** ergreifen; aufgreifen; übernehmen; **2.** *v/i* haften bleiben; kleben; halten; sich durchsetzen (*Geschäft, Mode*); wirken (*Reklame*); anspringen (*Motor*); anstecken (*Kranker*); anbrennen (*Essen*); ~ ***a*** F beginnen zu; ~ ***com*** grenzen an (*ac*), stoßen an (*ac*) (*Gebiet*); *Vorschlag* F anbeißen; aneinander geraten mit; ~ ***com trapo quente*** *fig* e-n Stein ins Rollen gebracht haben; ~ ***bem*** gut gehen (*Geschäft*); ***isso não pega!*** F das zieht nicht!; **~-se** hängen bleiben (***a*** an *dat*); anstecken(d sein); anbrennen; sich festsetzen; störrisch sein (*Pferd*); sich klammern (***a*** an *ac*); Zuflucht suchen (***com*** bei); ***~-se de palavras*** in Wortwechsel geraten

pego ['pɛgu] *m* tiefste Stelle *f*; *fig* Abgrund *m*; Strudel *m* (*Meer*)

peguilh|ar [pəgi'ʎar] (1a) sinnlosen Streit vom Zaun brechen; **~ento** [-'ʎẽtu] zänkisch; **~o** [-'giʎu] *m* Hindernis *n*; Vorwand *m*

peia ['pɐjɐ] *f* Fußfessel *f*; *bras* Peitsche *f*; Steigriemen *m*; Fessel *f*

peid|ar [pɐj'dar] (1a) F furzen; **~o** ['pɐjdu] *m* F Furz *m*

peit|a ['pɐjtɐ] *f* Bestechungsgeld *n*, -versuch *m*; **~ar** [-'tar] (1a) bestechen

peitilho [pɐj'tiʎu] *m* (Blusen)Einsatz *m*; Brustlatz *m*

peito ['pɐjtu] *m* Brust *f*; *poét* Busen *m*; *fig* Herz *n*; Seele *f*; Mut *m*; ***criança*** *f* ***de*** ~ Säugling *m*; ***a*** ~ ***descoberto*** *fig* offenherzig; unerschrocken; ***do*** ~ von Herzen; ***abrir o*** ~ sein Herz ausschütten; ***tomar a*** ~ ernst nehmen; ~ ***para fora, barriga para dentro!*** Brust raus, Bauch rein!; **~(s)-largo(s)** [-'largu] *m(pl) bras* Ganove *m*; **~ral** [-'rał] **1.** *adj* Brust...; **2.** *m* Brustblatt *n* (*Pferdegeschirr*); *MED* Brustmittel *n*; **~ril** [-'ril] *m* Brüstung *f*; Geländer *n*; ~ ***da janela*** Fensterbank *f*

P

peitudo [pɐj'tudu] vollbusig
peix|ada [pej'ʃada] *f bras* Fischgericht *n*; **~aria** [pɐjʃɐ'riɐ] *f* Fischgeschäft *n*
peixe(s) ['pɐjʃə] *m(pl)* Fisch *m*; **~ graúdo** *fig* hohe(s) Tier *n*; **~ podre** *fig* Taugenichts *m*; **~ seco** Trockenfisch *m*; **estar como ~ na água** sich wie ein Fisch im Wasser fühlen; **pregar aos ~s** tauben Ohren predigen; **não ser carne nem ~** weder Fisch noch Fleisch sein; **~-de-prata** [-də'pratɐ] *m* Silberfischchen *n*; **~-espada** [-iʃ'padɐ] *m* Schwertfisch *m*
peix|eira [pɐj'ʃɐjrɐ] *f* Fischfrau *f*; **~eiro** [-'ʃɐjru] *m* Fischhändler *m*
peixe(s)-|lua [pɐjʃə'luɐ] *m(pl)* Mondfisch *m*; **~martelo** [-mɐr'tɛlu] *m(pl)* Hammerfisch *m*; **~serra** [-'sɛʀɐ] *m(pl)* Sägefisch *m*; **~voador(es)** [-vwɐ'dor] *m(pl)* fliegende(r) Fisch *m*
pej|ada [pə'ʒadɐ] *adj f* schwanger; trächtig; **~ado** [-'ʒadu] voll; *fig* verlegen; **~ar** [-'ʒar] (1d) **1.** *v/t* voll stopfen (**de** mit); be-, überladen; *Entwicklung* hemmen; **2.** *v/i* schwanger werden; *bras* stehen bleiben (*Mühle*); **~-se** *fig* verlegen werden; sich schämen (**de** über *ac*); zurückschrecken (**de** vor *dat*); **~o** ['peʒu] *m* Scham *f*, Scheu *f*, Verlegenheit *f*; **ter ~** → **~-se**; **~orativo** [-ʒurɐ'tivu] abschätzig; *LING* pejorativ
pela ['pəlɐ] *Zssg von* **por** *u art od pron* **a**; → **por**
péla ['pɛlɐ] *f* **a**) (Gummi)Ball *m*; **b**) *AGR* Korkschicht *f*, Korkschälen *n*
pel|ado [pə'ladu] kahl; nackt; **~adura** [-lɐ'durɐ] *f* Häuten *n*; **~agem** [-'laʒɐ̃j] *f* Haarkleid *n* (*der Tiere*)
pélago ['pɛlɐgu] *m* hohe See *f*, Tiefsee *f*; *fig* Abgrund *m*
pel|ame [pə'lɐmə] *m* Behaarung *f*; Fell *n*; Pelz *m*; **~anca, ~anga** [-'lɐ̃kɐ, -'lɐ̃gɐ] *f* schlaffe Haut *f*; **~ar** [-'lar] (1c; *prs ind 1.–3. Pers* **pélo, -as, -a**) **1.** *v/t Tier* (ab)häuten; enthaaren; schälen; *fig* rupfen; **2.** *v/i* sich schälen; brennen; **~-se por** versessen sein auf (*ac*); **~aria** [-lɐ'riɐ] *f* Pelzgeschäft *n*; Pelzwaren *f/pl*
pel|e ['pɛlə] *f* Haut *f*, Fell *n*, Balg *m* (*Tier*); Pelz *m*; *feines* Leder *n*; **casaco** *m* (**loja** *f*) **de ~s** Pelzmantel *m* (Pelzgeschäft *n*); **defender a sua ~** sich s-r Haut wehren; **estar na ~ de** in *j-s* Haut stecken; **ir à ~ de** P *j-m* am Zeug flicken; **não caber na ~** aus allen Nähten platzen; **salvar a ~** s-e Haut retten; **tirar a ~ a** *fig j-m* das Fell über die Ohren ziehen; **~ega** [pe'lega] *f bras* P Lappen *m* (*Geldschein*); **~ego** [pe'legu] *m bras* Schaffell *n*; P *depr* Knecht *m*; **~eiro** [-'lɐjru] *m* Kürschner *m*
pelej|a [pə'leʒɐ] *f* Kampf *m*; Rauferei *f*; **~ar** [-lə'ʒar] (1d) sich schlagen; raufen
peleteiro [peli'tejru] *m bras* Kürschner *m*
pé(s)-leve(s) [pɛ'lɛvi] *m(pl) bras* Landstreicher *m*
pele(s)-vermelha(s) [peləvər'mɛʎɐ] *su(pl)* Rothaut *f* (*Indianer*)
peli|ca [pə'likɐ] *f* Handschuhleder *n*; **luva** *f* **de ~** Glacéhandschuh *m*; **~ça** [-'lisɐ] *f* pelzgefütterteKleidung *f*
pelicano [pəli'kɐnu] *m* Pelikan *m*
película [pə'likulɐ] *f* Häutchen *n*; Schicht *f* (*Öl*); Film(material *n*) *m*
pelinha [pe'liɲɐ] *f* Nagelhaut *f*
pelintra [pə'lĩtrɐ] **1.** *adj* ärmlich, schäbig; **2.** *m* arme(r) Schlucker *m*
pelo ['pəlu] *Zssg der prp* **por** *u art od pron* **o**; → **por**
pêlo ['pelu] *m* Haar *n*; Behaarung *f*, Flaum *m*; **em ~** F im Adamskostüm; **ir ao ~ a** P *j-m* das Fell gerben; **largar o ~** haaren
peloir... → **pelour...**
pelota [pə'lɔtɐ] *f* **a**) (Schnee)Ball *m*; (Metall)Kugel *f*; Pelota *f* (*Ballspiel*); *bras* Fußball *m*; **em ~** splitternackt; **b**) *bras* Fährboot *n*
pelot|ão [pəlu'tɐ̃w] *m MIL* Abteilung *f*, Zug *m*; (Exekutions)Kommando *n*; **~iqueiro** [-ti'kɐjru] *m* Taschenspieler *m*, Gaukler *m*
pelour|inho [pəlo'riɲu] *m* Pranger *m*; **pôr no ~** *fig* an den Pranger stellen; **~o** [-'loru] *m städtisches* Amt *n*; Geschäftsbereich *m*
pel|uche, ~úcia [pə'luʃə, -'lusjɐ] *f* Plüsch *m*; **ursinho** *m* **de ~** Plüschteddy *m*
pelu|do [pə'ludu] haarig; behaart; zottig; *fig* scheu; mimosenhaft; **~gem** [-'luʒɐ̃j] *f* Flaum *m*
pelv|e ['pɛlvə] *f ANAT* Becken *n*; **~iforme** [-vi'fɔrmə] beckenförmig

pena ['penɐ] *f* **a)** *JUR* Strafe *f*; **~ capital**, **~ última** Todesstrafe *f*; **~ máxima** Höchststrafe *f*; **~ suspensa** Bewährungsstrafe *f*; **sob ~ de** bei Strafe; **cumprir uma ~** eine Strafe verbüßen; **b)** Kummer *m*; Leid *n*; Erbarmen *n*; Qual *f*; **meter ~** traurig stimmen; Mitleid hervorrufen; **é uma ~** es ist schade; **faz-me ~**, **tenho ~** es tut mir Leid; **valer a ~** sich lohnen, die Mühe wert sein; **que ~!** (wie) schade!; **c)** (Vogel-, Schreib)Feder *f*; **ao correr da ~** ohne zu überlegen

pena|cho [pə'naʃu] *m* Ruhm *m*; Stolz *m*; Federbusch *m*; (Hahnen-) Kamm *m*; **apanhar o ~** an die Macht kommen; **fazer ~ de** stolz sein auf (*ac*); **ter o ~** F das Sagen haben; **~da** [-'nadɐ] *f* Federstrich *m*

penal [pə'nał] Straf(rechts)...; **~idade** [-nɐli'dadə] *f* Strafbarkeit *f*; Bestrafung *f*; *Sport*: Strafpunkt *m*; *Fußball*: Freistoß *m*; **grande ~** (Straf-) Elfmeter *m*; **~ista** [-'liʃtɐ] *su* Strafrechtler(in *f*) *m*; **~ização** [-nɐlizɐ'sɐ̃w] *f* Bestrafung *f*; **~izar** [-nɐli'zar] (1a) betrüben; Leid tun (*dat*); *JUR* bestrafen; verurteilen

penálti [pə'nałti] *m Fußball*: Foul *n* (*im Strafraum*); (Straf)Elfmeter *m*; **cometer ~ sobre** ein Foul begehen an (*dat*)

penar [pə'nar] (1d) büßen (für)

penca ['pẽkɐ] *f BOT* fleischige(s) Blatt *n*; P Zinken *m* (*große Nase*); *bras* Büschel *n*; Schlüsselbund *m*; Menge *f*; **em ~** *bras* massenhaft

pend|ão [pẽ'dɐ̃w] *m* Banner *n*; Fahne *f*; *fig* Wahrzeichen *n*; Zeichen *n*; **~ência** [-'dẽsjɐ] *f* Streit *m*; Neigung *f*; **na ~ da causa** *JUR* solange das Verfahren schwebt; **~ente** [-'dẽtə] **1.** *adj* (über)hängend; ungepflückt (*Obst*); abhängig (**de** von); *fig* unerledigt; **2.** *m* (Ohr)Gehänge *n*; **~er** [-'der] (2a) (herab)hängen (**de** von); (sich zu)neigen (**a**, **para** zu); **~or** [-'dor] *m* Abhang *m*; Neigung *f* (*a fig*)

pêndulo ['pẽdulu] *m* Pendel *n*

pendur|ado [pẽdu'radu] hängend; **estar ~** hängen; **~ar** [-'rar] (1a) aufhängen (**por** an *dat*); **~ em**, **~ de** hängen an (*ac*); **~-se a** (*od* **em**) sich hängen an (*ac*)

pened|ia [pənə'diɐ] *f* Felsen *m/pl*; **~o** [-'nedu] *m* Fels(en) *m*

peneir|a [pə'nɐjrɐ] **1.** *f* Sieb *n*; *fig* Sprühregen *m*; **2.** *m* P Habenichts *m*; **~ar** [-'rar] (1a) **1.** *v/t* (durch)sieben; *CUL a* verquirlen; **2.** *v/i* nieseln; **~-se** *fig* sich spreizen; **~eiro** [-'rɐjru] *m ZO* Turmfalke *m*; **~o** [-'nɐjru] *m großes* Sieb *n*

penetr|a [pẽ'nɛtra] *su bras* P lästiger Mensch *m*; **~ação** [-nətrɐ'sɐ̃w] *f* Durchdringung *f*; Eindringen *n*; *fig* Scharfsinn *m*; **força *f* de ~** Durchschlagskraft *f*; **~ante** [-nə'trẽtə] durchdringend; scharf, spitz; *fig* penetrant; beißend (*Ironie*); tief (*Gefühl*); schrill (*Ton*); scharfsinnig; **~ar** [-nə'trar] (1c) **1.** *v/t* durchdringen; eindringen in (*ac*); *Angelegenheit* begreifen; **2.** *v/i* einleuchten; eindringen (**em** in *ac*); **~ável** [-'travɛł] *fig* durchschaubar; verständlich

penh|a ['peɲɐ] *f* Fels(en) *m*; **~asco** [pə'ɲaʃku] *m* (hoher) Felsen *m*

penhoar [pẽ'ɲwar] *m bras* Negligé *n*

penhor [pə'ɲor] *m* Pfand(haus) *n*; **dar em ~** verpfänden; **~a** [-'ɲɔrɐ] *f* Pfändung *f*; **~ado** [-ɲu'radu] gepfändet; *fig* dankbar; **~ar** [-ɲu'rar] (1e) (ver)pfänden; versprechen; *fig* zu Dank verpflichten; **~ável** [-ɲu'ravɛł] pfändbar; **~ista** [-ɲu'riʃtɐ] *su* Pfandleiher(in *f*) *m*

penicilina [pənisə'linɐ] *f* Penizillin *n*

penico [pə'niku] *m* Nachttopf *m*

pen|ínsula [pə'nĩsulɐ] *f* Halbinsel *f*; **~insular** [-nĩsu'lar] **1.** *adj* der Halbinsel; **2.** *su* Bewohner(in *f*) *m* e-r Halbinsel (*bsd der Iberischen*)

pénis (*ê) ['pɛniʃ] *m* Penis *m*

penit|ência [pəni'tẽsjɐ] *f* Buße *f*; Reue *f*; **tribunal *m* da ~** Beichtstuhl *m*; **~s** *pl REL* Bußübungen *f/pl*; **~enciar** [-'sjar] (1g) *j-m* eine Buße auferlegen; bestrafen; **~-se** Buße tun; **~enciária** [-'sjarjɐ] *f JUR* Straf(vollzugs)anstalt *f*; **~enciário** [-'sjarju] **1.** *adj REL* Buß...; *JUR* Straf...; **2.** *m JUR* Strafgefangene(r) *m*; *REL* Beichtvater *m*; **~ente** [-'tẽtə] **1.** *adj* reuig; **2.** *su* Büßer(in *f*) *m*

penoso [pə'nozu] schmerzlich; beschwerlich; lästig

pens|ado [pẽ'sadu]: **bem** (**mal**) **~** wohl (un)überlegt; **de caso ~** absichtlich; vorsätzlich; **~ador** [-sɐ-

P

'dor] *m* Denker *m*; **~amento** [-sɐ'mẽtu] *m* Gedanke *m*; Denken *n*; Absicht *f*; ***vir ao ~ a*** *j-m* einfallen; **~ante** [-'sẽtə] denkend; ***bem ~*** wohl gemeint; **~ão** [-'sɐ̃w] *f* Pension *f*; ***~ de sobrevivência*** Hinterbliebenenrente *f*; ***~ completa*** Voll-, ***meia ~*** Halbpension *f*; **~ar** [-'sar] (1a) **1.** *v/t* **a)** (sich *et*) denken; bedenken; durchdenken; **b)** pflegen; wachen über (*ac*); *Wunde* verbinden; **2.** *v/i* denken (***em*** an *ac*); meinen; nachdenken (***sobre*** über *ac*); halten (***de*** von); ***~*** (***em***) gedenken zu; ***~ bem*** (***mal***) richtig (falsch) denken (*od* F *fig* liegen); ***sem ~*** unwillkürlich; gedankenlos; ***maneira*** *f* (*od* ***modo*** *m*) ***de ~*** Denkweise *f*; ***dar que ~*** zu denken geben; ***nem ~*** (***nisso***)***!*** von wegen!; **3.** *m*: ***no meu ~*** meiner Ansicht nach; **~ativo** [-sɐ'tivu] nachdenklich

pênsil ['pẽsił] hängend; Hänge...

pension|ário [pẽsju'narju] **1.** *adj* Pensions...; **2.** *m*, **-a** *f* = **~ista** [-'niʃtɐ] *su* Pensionär(in *f*) *m*; Rentner(in *f*) *m*

penso ['pẽsu] **1.** *adj* (über)hängend; schief; **2.** *m AGR* Futter(ration *f*) *n*; *MED* Verband *m*; Monatsbinde *f*; ***~ rápido*** Pflaster *n*

pent|agonal [pẽtɐgu'nał] fünfeckig; **~ágono** [-'tagunu] *m* Fünfeck *n*; **~atlo** [-'tatlu] *m Sport*: Fünfkampf *m*

pente ['pẽtə] *m* Kamm *m*; *ZO* Kammmuschel *f*; *bras* Patronengurt *m*; **~ado** [-'tjadu] *m* Frisur *f*; **~ador** [-tjɐ'dor] *m* Frisierumhang *m*; **~ar** [-'tjar] (1l) kämmen; frisieren

Pentecostes [pẽtə'kɔʃtəʃ] *m* Pfingsten *n*, Pfingstfest *n*

pent(e)eiro [pẽ't(j)ɐjru] *m* Kammmacher *m*

penu|do [pə'nudu] gefiedert; **~gem** [-'nuʒɐ̃j] *f* Daunen *f/pl*; **~gento**, **~joso** [-'ʒẽtu, -'ʒozu] flaumig

penúltimo [pə'nułtimu] vorletzt

penumbra [pə'nũbrɐ] *f* Halbdunkel *n*, -schatten *m*

penúria [pə'nurjɐ] *f* Mangel *m*, Not *f*

peónia (*ô) ['pjɔnjɐ] *f* Pfingstrose *f*

pepino [pə'pinu] *m* Gurke *f*; ***~ em vinagre*** saure Gurke *f*

pepita [pə'pitɐ] *f* (Gold)Korn *n*

pequen|ez, **~eza** [pəkə'neʃ, -'nezɐ] *f* Kleinheit *f*; Bedeutungslosigkeit *f*; **~ino**, **~ito** [-'ninu, -'nitu] **1.** *adj* winzig (klein); **2.** *m*, **-a** *f* Knirps *m*

pequeno [pə'kenu] klein; gering(fügig); bedeutungslos; ***de ~*** von klein auf; ***em ~*** als Kind; ***~ de alma*** (*od* ***coração***) kleinlich; ***~ de inteligência*** beschränkt

pequeno-almoço [pəkenuał'mɔsu] *m* Frühstück *n*

pequeno-burguês (**-eses**) [pəkenubur'geʃ] **1.** *adj* kleinbürgerlich; **2.** *m*(*pl*), **-esa** *f* Kleinbürger(in *f*) *m*

pé(s)-quente(s) [pɛ'kẽti] *m*(*pl*) *bras* P Goldfinger *m*; Bleifuß *m* (*Raser*)

pequerrucho [pəkə'ʀuʃu] **1.** *adj* winzig; **2.** *m* **a)** Winzling *m*, Knirps *m*; **b)** *bras* Fingerhut *m*

Pequim [pə'kĩ] Peking *n*

per [pər]: ***de ~ si*** von selbst; für sich

pêra ['perɐ] *f BOT* Birne *f*; Spitzbart *m*; *EL* Lampenschalter *m*

peral|ta, **~vilho** [pə'rałtɐ, -'viʎu] **1.** *adj* dandyhaft; **2.** *m* Dandy *m*

perambular [pərɐ̃bu'lar] (1a) umherstreifen; bummeln

perante [pə'rɐ̃tə] vor; in Gegenwart (*gen*); angesichts (*gen*)

pé(s)-rapado(s) [pɛʀa'padu] *m*(*pl*) *bras* F arme(r) Schlucker *m*

perca ['pɛrkɐ] **1.** → ***perder***; **2.** *f* **a)** *ZO* Barsch *m* **b)** F Verlust *m*; Ausfall *m*

percalço [pər'kałsu] *m* Nebenverdienst *m*; F Missgeschick *n*

percebe [pər'sebə] *m ZO* Entenmuschel *f*

perceber [pərsə'ber] (2c) wahrnehmen; bemerken; hören; *Sprache* verstehen; erkennen; *Gehalt* bekommen; ***~ de*** Ahnung haben von; ***deixar ~*** durchblicken lassen

percent|agem [pərsẽ'taʒɐ̃j] *f* Prozentsatz *m*; Anteil *m*; **~ual** [-'twał] prozentual, Prozent...

perce(p)|ção [pərsɛ(p)'sɐ̃w] *f* Wahrnehmung *f*; Auffassung *f*; Erhalt *m* (*Gehalt*); **~tibilidade** [-tibəli'dadə] *f* Wahrnehmbarkeit *f*; **~tível** [-'tivɛł] wahrnehmbar; vernehmlich; eintreibbar, -ziehbar

percevejo [pərsə'veʒu] *m* Wanze *f*; *fig* Reißzwecke *f*

percha ['pɛrʃɐ] *f* (Turn)Stange *f*

perco ['pɛrku] → ***perder***

percorrer [pərku'ʀer] (2d) bereisen; durchfließen; fahren (*od* gehen)

P

durch; *Strecke* zurücklegen; *Meer* befahren; *fig* durchforschen; **~ com a vista** mustern; überfliegen

percurs|o [pər'kursu] *m* Strecke *f*; (Fluss)Lauf *m*; Weg *m*; Route *f*; Fahrt *f*; Marsch *m*; *fig* Entwicklungsrichtung *f*; **~ pedonal** Fußgängerzone *f*; **~or** [-'sor] *m* Wegbereiter *m*

percu|ssão [pərku'sɐ̃w] *f* Stoß *m*; Schlag *m*; *MÚS* Schlagzeug *n*; *MED* Abklopfen *n*; Hämmern *n*; **instrumento** *m* **de ~** *MÚS* Schlaginstrument *n*; **~ssionista** [-sju'niʃtɐ] *su* Schlagzeuger(in *f*) *m*; **~ssor** [-'sor] *m* Schlagbolzen *m*; **~tir** [-'tir] (3a) stoßen; schlagen (auf *ac*, gegen); *Ton* anschlagen; *MED* abklopfen

perda ['perdɐ] *f* Verlust *m*; Verschwinden *n*; *fig* Verderben *n*

perdão [pər'dɐ̃w] *m* Verzeihung *f*; Begnadigung *f*; Vergebung *f*

perder [pər'der] (2o) verlieren; verpassen; sich *et* entgehen lassen; *Chance* vertun; zugrunde richten; → **deitar a ~** ins Verderben stürzen; ruinieren; **~ na opinião de** in *j-s* Achtung sinken; **~ o fio à meada** den Faden verlieren; **~ os sentidos** in Ohnmacht fallen; **~-se** verloren gehen; zugrunde gehen; *moralisch* verderben; umkommen; sich ins Verderben stürzen; sich verirren; vernarrt sein (**por** in *ac*); versessen sein (**por** auf *ac*)

perd|ição [pərdi'sɐ̃w] *f* Verderben *n*; Unheil *n*; *REL* Verdammnis *f*; **~idamente** [-dɐ'mẽtə] maßlos; hoffnungslos; **~ido** [-'didu] **1.** *adj*: **~ de** außer sich vor (*dat*); **andar ~** sich verirrt haben; **ser ~ por alc** verrückt nach et sein; **2.** *m*: **~s** *pl* **e achados** *m/pl* Fundsachen *f/pl*; Fundbüro *n*

perd|igão [pərdi'gɐ̃w] *m* Rebhahn *m*; **~igoto** [-'gɔtu] *m* F feuchte Aussprache *f*; **~igueiro** [-'gɐjru]: (**cão**) **~** *m* Hühnerhund *m*; **~iz** [-'diʃ] *f* Rebhuhn *n*

perdo|ar [pər'dwar] (1f) verzeihen; entschuldigen (**alg por** j-n wegen, für *et*); *Strafe* erlassen; *j-n* begnadigen; **~ável** [-'dwavɛɫ] verzeihlich

perdulário [pərdu'larju] **1.** *adj* verschwenderisch; leichtsinnig; **2.** *m* Verschwender *m*

perdur|ação [pərdurɐ'sɐ̃w] *f* Fortdauer *f*; **~ar** [-'rar] (1a) (lange) (fort)dauern; überstehen; **~ável** [-'ravɛɫ] dauerhaft; ewig

perec|edor [pərəsə'dor] vergänglich; **~er** [-'ser] (2g) vergehen; untergehen; umkommen; sterben; **~imento** [-si'mẽtu] *m* Untergang *m*; Dahinscheiden *n*; **~ível** [-'sivɛɫ] vergänglich

peregrin|ação [pərəgrinɐ'sɐ̃w] *f* *REL* Wallfahrt *f*; Pilgerfahrt *f*; *allg* Reise *f*; **~ar** [-'nar] (1a) *REL* pilgern; *allg* wandern; reisen; **~o** [-'grinu] **1.** *adj* fremd; seltsam; außergewöhnlich; selten; **2. a)** *m*, **-a** *f* *REL* Pilger(in *f*) *m*; **b)** *m* *ZO* Wanderfalke *m*

pereira [pə'rɐjrɐ] *f* Birnbaum *m*

perem(p)|ção [pərẽ'sɐ̃w] *f* *JUR* Verjährung *f*; **~to** [-'rẽtu] verjährt; **~tório** [-'tɔrju] nachdrücklich

peren|e [pə'rɛnə] beständig; langlebig; Dauer...; **~idade** [-rəni'dadə] *f* Bestand *m*; Langlebigkeit *f*

perfazer [pərfɐ'zer] (2v) vollenden; erfüllen; *Summe* ausmachen

perfec|cionismo [pərfɛksju'niʒmu] *m* Perfektionismus *m*; **~tível** [-'tivɛɫ] perfektionierbar

perfei|ção [pərfɐj'sɐ̃w] *f* Vollkommenheit *f*; Vollendung *f*; **~cionismo** [-sju'niʒmu] *m* Perfektionismus *m*; **~tamente** [-tɐ'mẽtə] ganz und gar; **~!** ganz recht!; **~to** [-'fɐjtu] perfekt

perfídia [pər'fidjɐ] *f* Falschheit *f*

pérfido ['pɛrfidu] treulos; niederträchtig; falsch

perfil [pər'fiɫ] *m* Profil *n*; Umriss *m*; Seitenansicht *f*; *fig* Charakterbild *n*; **de ~** im Profil; **~ de sombra** Scherenschnitt *m*; **~ar** [-'lar] (1a) im Profil zeichnen (*od* darstellen); ausrichten; **~-se** eine Richtung nehmen; *MIL* Haltung annehmen

perfilhar [pərfi'ʎar] (1a) adoptieren; *fig* sich zu eigen machen

performan|ce [pər'fɔrmẽsə] *f* *TÉCN* Leistung(sfähigkeit) *f*; Aufführung *f*; **~te** [-'mẽtə] leistungsfähig

perfum|ado [pərfu'madu] duftend; **~ador** [-mɐ'dor] *m* Räuchergefäß *n*; **~ar** [-'mar] (1a) parfümieren; **~aria** [-mɐ'riɐ] *f* Parfümerie *f*; **~e** [-'fumə] *m* Parfüm *n*; Duft *m* (*a fig*)

perfur|ação [pərfurɐ'sɐ̃w] *f* Lo-

P

chung *f*; (Durch)Bohrung *f*; Durchstoß *m*; Durchbruch *m*; (Damm-) Bruch *m*; Perforation *f* (*bsd MED*); **torre** *f* **de ~** Bohrturm *m*; **~ador** [-'dor] **1.** *m* Locher *m*; Lochzange *f*; **2.** *adj* Loch...; Bohr...; → **~ante**; **~adora** [-'dɔrɐ] *f* Bohrer *m*; Bohrmaschine *f*; **~ pneumática** Pressluftbohrer *m*; **~ante** [-'rẽtə] spitz; (durch)bohrend; **~ar** [-'rar] (1a) lochen; perforieren; durchlöchern

perfusão [pərfu'zɐ̃w] *f MED* Infusion *f*

pergaminho [pərgɐ'miɲu] *m* Pergament *n*; *bras UNIV* (Abschluss-) Schein *m*; **~ vegetal** Pergamentpapier *n*

pérgula ['pɛrgulɐ] *f* Pergola *f*

pergunt|a [pər'gũtɐ] *f* Frage *f* (**fazer** stellen); Befragung *f*; **~ar** [-'tar] (1a) (be)fragen (**a** *j-n*, **por** nach)

perícia [pə'risjɐ] *f* (Sach)Kenntnis *f*

periclitar [pərəkli'tar] (1a) gefährdet sein; zögern

periculosidade [pərikulozi'dadə] *f JUR* Rückfallgefahr *f* (*e-s Kriminellen*)

perif|eria [pərifə'riɐ] *f* Peripherie *f*, Rand *m*; Außenseite *f*; **~érico** [-'fɛriku] **1.** *adj* peripher; **2.** *m INFORM* Peripheriegerät *n*

per|ífrase [pə'rifrɐzə] *f* Umschreibung *f*, Periphrase *f*; **~ifrástico** [-'fraʃtiku] umschreibend

perig|ar [pəri'gar] (1o) Gefahr laufen; in Gefahr sein; **~o** [-'rigu] *m* Gefahr *f*; **~ de morte** Lebensgefahr *f*; **pôr em ~** gefährden; **ficar em ~ de vida** lebensgefährlich verletzt sein; **~osidade** [-gusi'dadə] *f* Gefährlichkeit *f*; **~oso** [-'gozu] gefährlich

perímetro [pə'rimətru] *m* Umfang *m*

perimir [pərə'mir] (3a) *JUR Prozess* niederschlagen; verjähren (*Strafe*)

per|iodicidade [pərjudəsi'dadə] *f* regelmäßige(s) Erscheinen *n* (*Zeitschrift*); **~iódico** [-'rjɔdiku] **1.** *adj* periodisch; regelmäßig; **imprensa** *f* **-a** Tagespresse *f*; **2.** *m* Zeitung *f*; **~íodo** [-'riwdu] *m* Periode *f*; Zeit(abschnitt *m*) *f*; *ASTR* Umlaufzeit *f*; *GRAM* Satzgefüge *n*

periósteo [pə'rjɔʃtju] *m* Knochenhaut *f*

peripécia [pəri'pɛsjɐ] *f* Wendepunkt *m*; F Überraschung *f*

periquito [pərə'kitu] *m ZO* Sittich *m*

peris|cópio [pəriʃ'kɔpju] *m* Sehrohr *n*, Periskop *n*; **~tálise** [-'talizə] *f ANAT* Peristaltik *f*

perit|agem [pəri'taʒɐ̃j] *f* Gutachten *n*; Gutachtertätigkeit *f*; **~ médica** ärztliche Begutachtung *f*; **~o** [-'ritu] **1.** *adj* fachmännisch; **2.** *m* Sachverständige(r) *m*

perit|oneu, ~ónio (*ô) [pəritu'new, -'tɔnju] *m ANAT* Bauchfell *n*

perj|urar [pərʒu'rar] (1a) **1.** *v/t* abschwören (*dat*); **2.** *v/i* s-n Eid brechen; e-n Meineid schwören; **~úrio** [-'ʒurju] *m* Eidbruch *m*; Meineid *m*; **~uro** [-'ʒuru] meineidig

perman|ecer [pərmɐnə'ser] (2g) bleiben; verharren; verweilen; fortdauern; **~ência** [-'nẽsjɐ] *f* Fortdauer *f*; Verweilen *n*; Aufenthalt *m*; **estar** (*od* **declarar-se**) **em ~** ohne Unterbrechung tagen; **~ente** [-'nẽtə] **1.** *adj* bleibend; ständig; Dauer...; durchgehend (*Öffnungszeiten*); **2.** *f* Dauerwelle *f*

perme|abilidade [pərmjɐbəli'dadə] *f* Durchlässigkeit *f*; **~abilizar** [-mjɐbəli'zar] (1a) durchlässig machen; **~ar** [-'mjar] (1l) **1.** *v/t* durchsetzen; durchqueren; **2.** *v/i* dazwischenliegen; hindurchgehen; sich durchziehen (*Gedanke*); **~ável** [-'mjavɛɫ] durchlässig

permeio [pər'mɐju]: **de ~** dazwischen; inzwischen; **meter-se de ~** sich dazwischenschieben; dazwischenkommen; sich einmischen

permilagem [pərmi'laʒɐ̃j] *f* Promillesatz *m*

permiss|ão [pərmi'sɐ̃w] *f* Erlaubnis *f*; Genehmigung *f*; **~ividade** [-səvi'dadə] *f* Freizügigkeit *f*; **~ível** [-'sivɛɫ] zulässig, statthaft; **~ivo** [-'sivu] Erlaubnis...; locker

permitir [pərmə'tir] (3a) erlauben

permut|a [pər'mutɐ] *f* Aus-, Umtausch *m*; **~ador** [-tɐ'dor] *m* Austauschstoff *m*; **~ de calor** Wärmeaustauscher *m*; **~ar** [-mu'tar] (1a) tauschen

perna ['pɛrnɐ] *f* Bein *n*; *CUL* Keule *f*; *ANAT* **a** Unterschenkel *m*; (Zirkel-) Schenkel *m*; **~ de ataque** *Sport*: Schwungbein *n*; **~ de pau** Holzbein

P

n; ***de* ~*s para o ar*** auf dem Kopf (stehend); ***dar à* ~** tanzen; ***dar às* ~*s*** Reißaus nehmen; ***passar a* ~ *a*** *fig j-m* ein Bein stellen; ***traçar a* ~** das Bein überschlagen

pern|ada [pər'nadɐ] *f* lange(r) Schritt *m*; Tritt *m*; *BOT* Ast *m*; Flussarm *m*; *bras* Fußmarsch *m*; **~altas** [-'ałtɐʃ] *f/pl ZO* Stelzvögel *m/pl*; **~alto** [-'ałtu] langbeinig

Pernambuco [pɛrnẽ'buku] *m bras Bundesstaat*

pernear [pər'njar] (1l) strampeln (*Baby*); springen

pernicioso [pərni'sjozu] verderblich; schädlich; bösartig

pernil [pər'niɫ] *m CUL* Schinkenknochen *m*; **~ongo** [-'lõgu] **1.** *adj* langbeinig; **2.** *m* Stelzenläufer *m* (*Vogel*)

perno ['pernu] *m TÉCN* Bolzen *m*; Zapfen *m*

pernoit|a [pər'nojtɐ] *f* = **~amento** [-tɐ'mẽtu] *m* Übernachtung *f*; **~ar** [-'tar] (1a) übernachten

pernout... → ***pernoit...***

pêro ['peru] *m BOT* Spitzapfel *m*; ***são como um* ~** *fig* kerngesund

peroba [pe'rɔbɐ] *f* Bauholz *n*

pêro-botelho [perubo'teʎu] *m bras* P Deibel *m*, Teufel *m*

pérola ['pɛrulɐ] *f* Perle *f* (*a fig*); ***deitar* ~*s a porcos*** P Perlen vor die Säue werfen

perol|eira [pəru'lɐjrɐ] *f* Oliventopf *m*; *ZO* Perlmuschel *f*; **~ífero** [-'lifəru] Perl...

perónio (*ô) [pə'rɔnju] *m ANAT* Wadenbein *n*

peroração [pərurɐ'sɐ̃w] *f* Schlusswort *n*; *MÚS* Schlusssatz *m*

perpass|ado [pərpɐ'sadu]: ~ ***de*** durchdrungen von; **~ar** [-'sar] (1b) vergehen; ~ ***por*** vorbeigehen an (*dat*)

perpend|icular [pərpẽdiku'lar] **1.** *adj* senkrecht; **2.** *f* Senkrechte *f*, Lot *n* (***tirar*** fällen); **~ículo** [-'dikulu] *m* Senkblei *n*, Lot *n*

perpetr|ação [pərpətrɐ'sɐ̃w] *f* Durchsetzung *f*; **~ar** [-'trar] (1c) *Verbrechen* begehen, verüben; *Arbeit*, *Ergebnis* zustande bringen

perpétua [pər'pɛtwɐ] *f* Strohblume *f*

perpetu|ação [pərpətwɐ'sɐ̃w] *f* Verewigung *f*; Verlängerung *f*; Erhaltung *f*; **~ar** [-'twar] (1g) verewigen; verlängern; sich erhalten (*Sitten*); **~idade** [-twi'dadə] *f* Fortdauer *f*

perpétuo [pər'pɛtwu] beständig; unbefristet; ewig; lebenslänglich

perplex|idade [pərplɛksi'dadə] *f* Bestürzung *f*; Ratlosigkeit *f*; **~o** [-'plɛksu] ratlos; ***ficar* ~** stutzen

perr|engue [pe'ʀẽgi] *bras* feige; ängstlich; widerborstig; **~ice** [pə'ʀisə] *f* Dickköpfigkeit *f*; **~o** ['peʀu] **1.** *adj* bockig; ***estar* ~** klemmen; **2.** *m* Hund *m*

persa ['pɛrsɐ] **1.** *adj* persisch; **2.** *su* Perser(in *f*) *m*; **3.** *m* Perser(teppich) *m*

perscrut|ação [pərʃkrutɐ'sɐ̃w] *f* Erforschung *f*; **~ador** [-'dor] forschend, durchdringend (*Blick*); **~ar** [-'tar] (1a) erforschen; durchschauen; eindringen in (*ac*)

persegu|ição [pərsəgi'sɐ̃w] *f* Verfolgung *f*; **~idor** [-'dor] *m* Verfolger *m*; **~ir** [-'gir] (3o; *Stv* 3c) verfolgen; bedrängen (*ac*)

persever|ança [pərsəvə'rẽsɐ] *f* Beharrlichkeit *f*; **~ante** [-'rẽtə] beharrlich; **~ar** [-'rar] (1c): ~ ***em*** beharren auf (*dat*)

persiana [pər'sjɐnɐ] *f* Rollladen *m*

pérsi(c)o ['pɛrsju, 'pɛrsiku] persisch

persignar-se [pərsi'gnarsə] (1a) sich bekreuzigen

persist|ência [pərsiʃ'tẽsjɐ] *f* Ausdauer *f*; **~ente** [-'tẽtə] andauernd; beständig; **~ir** [-'tir] (3a) (fort)dauern; ~ ***em*** bestehen auf (*dat*); verharren in (*dat*)

person|agem [pərsu'naʒɐ̃j] **1.** *f* Persönlichkeit *f*; **2.** *m* Figur *f* (*a Roman*); *TEA a* Darsteller *m*; **~(-ens)-título** [-'titulu] *m su* (*pl*) Titelheld(in *f*) *m*; **~alidade** [-nɐli'dadə] *f* Persönlichkeit *f*; Eigenart *f*; **~alismo** [-nɐ'liʒmu] *m* Ichbezogenheit *f*; **~alização** [-nɐlizɐ'sɐ̃w] *f* Verkörperung *f*; **~alizar** [-nɐli'zar] (1a) **1.** *v/i* persönlich werden; **2.** *v/t* persönlich nennen; personalisieren; = **~ificar** [-nəfi'kar] (1n) personifizieren

perspe(c)tiv|a [pərʃpɛ(k)'tivɐ] *f* Perspektive *f*; Aussicht *f*; *fig* Richtung *f*; **~ar** [-ti'var] (1a) perspektivisch darstellen; ins Auge fassen; **~o** [-'tivu] Perspektiv...

P

persp|icácia [pərʃpi'kasjɐ] *f* Scharfsinn *m*; Weitblick *m*; **~icaz** [-'kaʃ] scharfsichtig; weitblickend; ***ser ~*** ein scharfes Auge haben; **~icuidade** [-kwi'dadə] *f* Klarheit *f*, Deutlichkeit *f*; Verstand *m*; **~ícuo** [-'pikwu] klar; messerscharf
persua|dir [pərswɐ'dir] (3b) überzeugen (***de*** von); überreden (***a*** zu); **~são** [-'zɐ̃w] *f* Überzeugung *f*; **~siva** [-'zivɐ] *f* Überredungskunst *f*; **~sivo** [-'zivu] überzeugend
perten|ça [pər'tẽsɐ] *f* Eigentum(srecht) *n* (***de*** an *dat*); Befugnis *f*; **~s** *pl* Zubehör *n* (***com suas*** mit allem); **~ce** [-'tẽsə] *m* JUR Überschreibung *f*; → ***pertença***; **~cente** [-'sẽtə]: ***~ a*** *j-m* gehörend; zu *et* gehörig; *j-n* betreffend; **~cer** [-'ser] (2g; *Stv* 2a): ***~ a*** *j-m* gehören; angehören; gehören zu; *j-m* zustehen
pertin|ácia [pərti'nasjɐ] *f* Hartnäckigkeit *f*; Trotz *m*; **~az** [-'naʃ] hartnäckig; trotzig
pertin|ência [pərti'nẽsjɐ] *f* Zugehörigkeit *f*; **~ente** [-'nẽtə] dazugehörig; angemessen; (zu)treffend; LING relevant; ***ser ~*** zur Sache gehören
perto ['pɛrtu] **1.** *adv* nahe; ***aqui ~*** hier in der Nähe; ***vir ~*** nahe sein; **2.** *prp*: ***~ de*** **a)** *örtl* nahe bei; in der Nähe (*gen*); ***~ daqui*** nicht weit von hier; **b)** *fig* annähernd; nahezu; ***~ das três*** gegen drei Uhr; ***~ de três horas*** nahezu drei Stunden; ***estar ~ de*** *inf* nahe daran sein zu *inf*; **3.** *m*: ***ao ~, de ~*** aus (*od* in) der Nähe; **~s** *pl* Vordergrund *m*; erste(r) Eindruck *m*; Äußere(s) *n*
perturb|abilidade [pərturbɐbəli'dadə] *f* Störanfälligkeit *f*; **~ação** [-'sɐ̃w] *f* Störung *f*; Verwirrung *f*; Unruhe *f*; **~ado** [-'badu] durcheinander; unruhig; verlegen; **~ador** [-'dor] *m* Störenfried *m*; Unruhestifter *m*; **~ar** [-'bar] (1a) stören; *Harmonie* trüben; *j-n* beunruhigen; verwirren; ***~-se*** in Verwirrung geraten
Peru [pə'ru]: **1.** ***o ~*** Peru *n*; **2.** ♀ *m* Truthahn *m*; *bras fig* schmachtende(r) Liebhaber *m*; *Kartenspiel*: Kiebitz *m*; **♀a** [-'ruɐ] *f* Truthenne *f*; F *fig* dumme Pute *f*; *bras* AUTO Kombi *m*; Kleintransporter *m*; ***estar com a ~*** P blau sein
peruano [pə'rwɐnu] **1.** *adj* peruanisch; **2.** *m*, **-a** *f* Peruaner(in *f*) *m*
peruar [pe'rwar] (1g) *bras* anhimmeln; *Kartenspiel*: kiebitzen
peruca [pə'rukɐ] *f* Perücke *f*
perver|são [pərvər'sɐ̃w] *f* Perversion *f*; **~sidade** [-si'dadə] *f* Perversität *f*; **~so** [-'vɛrsu] pervers; **~ter** [-'ter] (2c) sittlich verderben; *Wahrheit* verdrehen; ***~-se*** verkommen
pesa-cartas (*pl inv*) [pɛzɐ'kartɐʃ] *m* Briefwaage *f*
pesad|ão [pəzɐ'dɐ̃w] schwer wie Blei; schwerfällig; **~elo** [-'dɛlu] *m* Albtraum *m*; **~o** [-'zadu] **1.** *adj* schwer; hart (*Arbeit*); lästig; schwerfällig, plump; schwer wiegend; ***ser ~ a*** *j-m* zur Last fallen; **2.** *m Sport*: Schwergewicht *n*; **~ote** [-'dɔtə] schwer; plump
pesa|gem [pə'zaʒɐ̃j] *f* Wiegen *n*; Waage *f*
pêsames ['pezɐməʃ] *m/pl* Beileidsbezeigung *f*; ***sentidos ~!*** herzliches Beileid!; ***dar os ~ a*** *j-m* sein Beileid aussprechen
pesa-papéis (*pl inv*) [pɛzɐpɐ'pɛjʃ] *m* Briefbeschwerer *m*
pesar [pə'zar] **1.** *v/t* (1c) (ab)wiegen; *fig* abwägen; **2.** *v/i* wiegen; ***~ a*** *fig j-n* bedrücken; *j-m* Leid tun; ***~ em*** belasten (*ac*); ***~ na balança de*** ins Gewicht fallen bei *j-m*; ***~ sobre*** lasten auf (*dat*); ***pese embora*** trotz; **3.** *m* Kummer *m*; Bedauern *n*; ***a meu ~*** zu meinem Bedauern; gegen meinen Willen; **~oso** [pəzɐ'rozu] niedergeschlagen; reuig
pesca ['pɛʃkɐ] *f* Fischerei(wesen *n*) *f*; Fischfang *m*; ***~ à linha*** Angeln *n*; Angelsport *m*; ***andar à ~*** angeln
pesc|ada [pəʃ'kadɐ] *f* Seehecht *m*; ***~-marlonga*** *f* Merlan *m* (*Fisch*); **~adinha** [-kɐ'diɲɐ] *f* Kleine(r) Seehecht *m*; **~ador** [-kɐ'dor] **1.** *adj* Fischer...; **2.** *m* Fischer *m*; Angler *m*; ***~ de águas turvas*** *fig* Hochstapler *m*; **~anço** [-'kɐ̃su] *m* ***fazer ~*** in die Karten gucken; **~ar** [-'kar] (1n; *Stv* 1c) fischen; *fig* aufschnappen; *Geheimnis* herauskriegen; kapieren; ***~ em águas turvas*** im Trüben fischen; **~aria** [-kɐ'riɐ] *f* → ***pesca***
pescoço [pəʃ'kosu] *m* Hals *m*; Nacken *m*; ***até ao ~*** bis zum Hals; ***pôr no ~*** um den Hals binden
peso ['pezu] *m* (Körper)Gewicht *n*;

P

Schwere *f*; *fig* Last *f*, Druck *m*; Nachdruck *m*; Bedeutung *f*; ***a ~*** nach Gewicht; ***de ~*** gewichtig; schwerwiegend; ***em ~*** voll und ganz; alle; ***~ de abate*** Schlachtgewicht *n*; ***~ escorrido*** Abtropfgewicht *n*; ***~ morto*** Ballast *m*; Klotz *m* am Bein; ***comprar a ~ de ouro*** mit Gold aufwiegen; ***tomar o ~ a*** das Gewicht (*gen*) feststellen; *fig* abschätzen; *Sport*: ***~-galo*** *m* Bantamgewicht *n*; ***~-mosca*** *m* Fliegengewicht *n*; ***~-pena*** *m*, ***~-pluma*** *m* Federgewicht *n*; ***~-pesado*** *m* Schwergewicht *n*

pespeg|ar [pəʃpə'gar] (1o; *Stv* 1c) F *Schlag* versetzen; *Wunde* zufügen; ***~-se*** sich festsetzen; **~o** [-'pegu] *m* Störung *f*; Hindernis *n*

pespont|ar [pəʃpõ'tar] (1a) steppen (*nähen*); **~o** [-'põtu] *m* Steppstich *m*

pesqueir|a [pəʃ'kɐjrɐ] *f* Fischgrund *m*; **~o** [-'kɐjru] **1.** *adj* Fischer(ei)...; Fisch...; **2.** *m* Angelschnur *f*; Fischwehr *n*; F Rummel *m*

pesquis|a [pəʃ'kizɐ] *f* Nachforschung *f*, Recherche *f* (***fazer*** anstellen); Untersuchung *f*; CIENC Forschung *f*; BGB Schürfung *f*; Bohrung *f*; ***~ de opinião*** Meinungsumfrage *f*; **~ador** [-zɐ'dor] *m* Forscher *m*; **~ar** [-'zar] (1a) **1.** *v/t* forschen nach; untersuchen; recherchieren; ermitteln; BGB schürfen nach; **2.** *v/i* forschen

pessário [pə'sarju] *m* Pessar *n*

pêssega ['pesəgɐ] *f* F Geliebte *f*

pessegada [pəsə'gadɐ] *f* F Reinfall *m*

pêssego ['pesəgu] *m* Pfirsich *m*; ***~ careca*** Nektarine *f*

pessegueiro [pəsə'gɐjru] *m* Pfirsichbaum *m*

pessimis|mo [pəsə'miʒmu] *m* Schwarzseherei *f*; Pessimismus *m*; **~ta** [-'miʃtɐ] **1.** *adj* pessimistisch; **2.** *su* Pessimist(in *f*) *m*

péssimo ['pɛsimu] sehr schlecht

pesso|a [pə'soɐ] *f* Person *f*; Mensch *m* (***boa*** nett); ***~ estranha*** Unbefugte(r) *su*; Fremde(r) *su*; ***~ jurídica*** juristische Person *f*; ***uma ~*** jemand; man; ***muitas ~s*** *pl* viele Leute *pl*; ***em ~*** persönlich; **~al** [-'swał] **1.** *adj* persönlich; **2.** *m* Personal *n*; ***~ executivo*** Führungskräfte *m/pl*; ***o ~*** F man; wir; die Leute *pl*

pestan|a [pəʃ'tɐnɐ] *f* Wimper *f*; **~e(j)ar** [-tɐ'njar, -tɐnə'ʒar] (1l, 1d) zwinkern; blinken; ***sem ~*** ohne mit der Wimper zu zucken; **~ejo** [-'neʒu] *m* Zucken *n* der Lider; Zwinkern *n*

pest|e ['pɛʃtə] *f* Pest *f*, Seuche *f*; Gestank *m*; *fig* Plage *f*; ***~ suína*** Schweinepest *f*; **~icida** [pəʃtə'sidɐ] *m* Pestizid *n*; **~ífero** [pəʃ'tifəru] **1.** *adj* Pest...; pestkrank; **2.** *m* Pestkranke(r) *m*

pestil|ência [pəʃti'lẽsjɐ] *f* Pestilenz *f*; Ansteckung *f*; **~encial** [-lẽ'sjał] pestartig; **~ento** [-'lẽtu] verpestet

peta ['petɐ] *f* Schwindel *m*; Finte *f*; Hackmesser *n*; ***dizer ~s*** aufschneiden

pétala ['pɛtɐlɐ] *f* Blütenblatt *n*

petar [pə'tar] (1c) schwindeln

petardo [pə'tardu] *m* Sprengkörper *m*; Knallfrosch *m*

petarola [pətɐ'rɔlɐ] **1.** *f* plumpe Lüge *f*; **2.** *su* Schwindler(in *f*) *m*

peteleco [pete'lɛku] *m bras* Schnips *m* (*mit dem Finger an e-m Ohr*)

petéquia [pə'tɛkjɐ] *f* Rötung *f* (*Haut*)

peti|ção [pəti'sɐ̃w] *f* Bittschrift *f*; Gesuch *n*; **~cionário** [-sju'narju] **1.** *adj* Bitt...; **2.** *m* Bittsteller *m*

petinga [pə'tĩgɐ] *f* Sprotte *f* (*Fisch*)

petinha [pə'tiɲɐ] *f* Pieper *m* (*Vogel*)

petipé [pəti'pɛ] *m* Maßstab *m*

petisc|ar [pətiʃ'kar] (1n) kosten; naschen; *fig Kenntnisse* aufschnappen; **~o** [-'tiʃku] *m* Leckerbissen *m*; Appetithappen *m*; Imbiss *m*; F *fig* Laffe *m*; **~queira** [-'kɐjrɐ] *f* F Häppchen *n*

petitório [pəti'tɔrju] Bitt...; ***acção f -a*** JUR Forderungsklage *f*

petiz [pə'tiʃ] **1.** *adj* klein; **2.** *m* F Knirps *m*; **~ada** [-'zadɐ] *f* Kinderschar *f*

peto(-verde) ['pɛtu(-'verdə)] *m* ZO Grünspecht *m*

petrechos [pə'treʃuʃ] *m/pl* Utensilien *f/pl*; Gerät(schaften *f/pl*) *n*; Werkzeug *n*; MIL Ausrüstung *f*

pétreo ['pɛtrju] steinern; steinhart

petrific|ação [pətrəfikɐ'sɐ̃w] *f* Versteinerung *f*; **~ar** [-'kar] (1n) versteinern; *fig* zutiefst erschüttern, entsetzen; ***~-se*** versteinern

petr|odólar [pətrɔ'dɔlɐr] *m* Petrodollar *m*; **~oleiro** [-tru'lɐjru] *m* NAV

Tanker *m*; **~óleo** [-'trɔlju] *m* Erdöl *n*; Petroleum *n*; **~ *em rama*** Rohöl *n*; **~olífero** [-tru'lifəru] Erdöl produzierend; **~oquímica** [-'kimikɐ] *f* Petrochemie *f*
petruça [pə'trusɐ] *f* ZO Flunder *f*
petul|ância [pətu'lẽsjɐ] *f* Anmaßung *f*; Unverschämtheit *f*; **~ante** [-'lẽtə] anmaßend; frech
peúga ['pjugɐ] *f* Socke *f*
peug|ada [pew'gadɐ] *f* Spur *f*; **~uete** [-'getə] *f* (Kinder)Söckchen *n*
peva ['pevɐ] F null Komma nichts
pevide [pə'vidə] *f* Kern *m*; MED Sprachfehler *m*
p.ex. ***por exemplo*** zum Beispiel (z.B.)
p.ext. ***por extenso*** in Worten
pez [peʃ] *m* Harz *n*; Pech *n*
p.f. ***por favor*** bitte
p.f.v. ***por favor*, *volte*** bitte wenden
pg. ***pago*** bezahlt
pia ['piɐ] *f* (Spül)Becken *n*; **~ *baptismal*** Taufbecken *n*
piaçaba [piɐ'sabɐ] *f* BOT Piassave-Palme *f*; Piassavabesen *m*
piada ['pjadɐ] *f* F Witz *m*; ***achar* ~** (es) lustig finden (***que*** *conj*, dass); ***ter* ~** witzig sein
piadeira [pjɐ'dɐjrɐ] *f* ZO Pfeifente *f*
piançar [pjẽ'sar] (1p): **~ *por*** *bras* lechzen nach, brennen auf (*ac*)
pian|ista [pjɐ'nistɐ] *su* Klavierspieler(in *f*) *m*, Pianist(in *f*) *m*; **~izar** [-ni'zar] (1a) MÚS für Klavier bearbeiten; **~o** ['pjɐnu] **1.** *m* Klavier *n*; **~ *de* (*meia*) *cauda*** (Stutz)Flügel *m*; **~ *vertical*** Klavier *n*; ***ao* ~** am Klavier; **2.** *adv* leise; **~ola** [-'nɔlɐ] *f* Pianola *n*, elektrische(s) Klavier *n*
pião [pjẽw] *m* Kreisel *m*; ***fazer* ~** AUTO sich drehen
piar [pjar] (1g) piep(s)en
Piauí [pja'wi]: ***o* ~** *bras Bundesstaat*
PIB **Produto** *m* ***Interno Bruto*** Bruttoinlandsprodukt *n* (BIP)
pic|a ['pikɐ] *f* F Pieks *m* (*e-r Spritze*); *grober* Wollpullover *m*; F (Fahr-) Kartenkontrolleur *m*; **~ada** [-'kadɐ] *f* Stich *m* (*a fig*); Biss *m*; MED stechende(r) Schmerz *m*; **~s** *pl* Seitenstechen *n*; **~adeira** [-kɐ'dɐjrɐ] *f* Hämmerchen *n*; **~adeiro** [-kɐ'dɐjru] *m* Reitschule *f*; Reithalle *f*; **~adela** [-kɐ'dɛlɐ] *f* (Insekten)Stich *m*; **~adinho** [-kɐ'diɲu] **1.** *adj* F zickig; **2.** *m bras* Hackfleisch *n*; **~ado** [-'kadu] **1.** *adj* gesprenkelt; bewegt (*See*); *fig* F pikiert; gereizt; ***carne* *f* -*a*** Hackfleisch *n*; ***voo* *m* ~** Sturzflug *m*; **2.** *m* CUL Gehackte(s) *n*; TÉCN Hieb *m*; MÚS Pizzicato *n*; **~a-doce(s)** [pika'dosi] *m(pl)* *bras* P Aufreißer *m*; **~ador** [-kɐ'dor] *m* Kunstreiter *m*; Reitlehrer *m*; Pikador *m*; **~anço** [-'kẽsu] *m* ZO Specht *m*; F Büffeln *n*; **~ante** [-'kẽtə] CUL scharf; prickelnd; *fig* anzüglich; **~ão** [-'kẽw] *m* Spitzhacke *f*; Pickel *m*
pica-|osso(s) [pikɐ'osu] *m(pl)* ZO Mönchsgeier *m*; **~pau(s)** [-'paw] *m(pl)* ZO (Klopf)Specht *m*; **~peixe(s)** [-'pɐjʃə] *m(pl)* ZO Eistaucher *m*
picar [pi'kar] (1n) **1.** *v/t* stechen; (an)picken; zerlöchern; *Fahrkarte* lochen; *Pferd* spornen; CUL hacken; zerkleinern; *Fläche* aufrauen; *Stein* zerschlagen; NAV *Tau* kappen; *fig* anstacheln; piesacken; sticheln; stechen; F büffeln; **2.** *v/i* anbeißen (*Fisch*); kratzen (*Pullover*); **~-se** sich stechen (**com** mit, **de** an *dat*)
picar|dia [pikɐr'diɐ] *f* Streich *m*; Gerissenheit *f*; **~esco** [-'reʃku] pikaresk; lustig; ***romance* *m* ~** Schelmenroman *m*; **~eta** [-'retɐ] *f* (Spitz)Hacke *f*; **~ia** [-kɐ'riɐ] *f* Reitkunst *f*, -bahn *f*
pícaro ['pikɐru] gerissen; schlau
piçarra [pi'saʀɐ] *f* GEOL Schiefer *m*
pícea-europeia [pisjɐewru'pɐjɐ] *f* Fichte *f*
pich|ação [piʃa'sẽw] *f bras* Losung *f*; Graffito *n*; **~ar** [pi'ʃar] (1a) *bras* teeren; *mit Parolen* bemalen; **~e** ['piʃi] *m bras* Teer *m*
pichel [pi'ʃɛł] *m* (Zinn)Krug *m*; **~aria** [-ʃəlɐ'riɐ] *f* Klempnerei *f*; **~eiro** [-ʃə'lɐjru] *m* Klempner *m*
pich|ota [pi'ʃɔtɐ] *f* P Schwanz *m* (*Penis*); **~ulinha** [-ʃu'liɲɐ] *f infan* Schniepel *m* (*Penis*)
pico ['piku] *m* Spitze *f*; BOT Dorn *m*; Stachel *m*; GEOGR Bergspitze *f*; Gipfel *m*; Zacke *f*; *fig* Schärfe *f*; Witz *m*; **~ *de tensão*** EL Spannungsspitze *f*; ***ter* ~** prickeln; ***mil e* ~** F tausend und ein paar Zerquetschte
piço ['pisu] *m* F Neuling *m*
picolé [piko'lɛ] *m bras* Eis *n* am Stiel
picot|ado [piku'tadu] perforiert;

~agem [-'taʒẽj] *f* Knipsen *n* (*Fahrschein*); **~ar** [-'tar] (1e) perforieren; knipsen; **~e** [-'kɔtə] *m* Zahnung *f* (*Briefmarke*)

pictograma [piktu'grɐmɐ] *m* Piktogramm *n*

picuinha [piku'iɲɐ] *f fig* anzügliche Bemerkung *f*; Seitenhieb *m*

pied|ade [piə'dadə] *f REL* Frömmigkeit *f*; Mitleid *n*; Ehrfurcht *f*; **~ de si mesmo** Selbstmitleid *n*; **sem ~** erbarmungslos; **~oso** [-'dozu] *REL* fromm; mitleidig

pieg|as ['pjɛgɐʃ] **1.** *adj* empfindsam; **2.** *su*(*pl inv*) Angsthase *m*; **~uice** [pjɛ'gisə] *f* Gefühlsduselei *f*

pieira ['pjɐjrɐ] *f* Piep(s)en *n*

pífa|no, ~ro ['pifɐnu, -'fɐru] *m MÚS* Querpfeife *f*

pifar [pi'far] (1a) F klauen

pigarço [pi'garsu]: **cavalo** *m* **~** Apfelschimmel *m*

pigargo [pi'gargu] *m* Seeadler *m*

pigarr|ear [pigɐ'ʀjar] (1l) sich räuspern; **~ento** [-'ʀẽtu] heiser; kratzend; **~o** [-'gaʀu] *m* Hustenreiz *m*; Kratzen *n* (*im Hals*)

pigmento [pig'mẽtu] *m* Pigment *n*

pigmeu [pig'mew] **1.** *adj* zwergenhaft; **2.** *m*, **-eia** *f* Pygmäe *m*, Pygmäin *f*

pijama [pi'ʒɐmɐ] *m* Schlafanzug *m*

pila ['pilɐ] *f infan* Schniepel *m*

pil|ão [pi'lɐ̃w] *m* **a)** Stößel *m*; Stampfer *m*; Laufgewicht *n* (*Waage*); *CUL* (Holz)Mörser *m*; **b)** *ARQUIT* Pylone *f*; **~ar** [-'lar] **1.** *v/t* (1a) stampfen; zerstoßen; schälen; **2.** *m* Pfeiler *m*; Säule *f*; **~astra** [-'laʃtrɐ] *f* Wandpfeiler *m*

pilé [pi'lɛ]: (**açúcar** *m*) **~** Kristallzucker *m*

pileca [pi'lɛkɐ] *f* Pferd *n*, Mähre *f*

pilequ|e [pi'lɛkə] *m* **a)** Gummiring *m*; **b)** (Alkohol)Rausch *m*; **~inha** [-lɛ'kĩɲa] *f bras* Schwips *m*

pileu [pi'lew] *m BOT* Hut *m* (*e-s Pilzes*)

pilh|a ['piʎɐ] **1.** *f* **a)** Haufen *m*; Stoß *m*; Stapel *m* (*a INFORM*); *EL* Batterie *f*; F Taschenlampe *f*; **~ atómica** Atomreaktor *m*; **~ de nervos** F Nervenbündel *n*; **~ seca** *EL* Trockenzelle *f*; **às ~s** haufenweise; mit großer Heftigkeit; **em ~** aufgehäuft; **b)** Raub *m*; **2.** *m* Ganove *m*; **3.** *su* Skandalreporter(in *f*) *m*; **~agem** [-'ʎaʒẽj] *f* Plünderung *f*; Raub *m*; **~ar** [-'ʎar] (1a) plündern; stehlen; erwischen; F ergattern; schnappen

pilhéria [pi'ʎɛrjɐ] *f* Witz *m*, Scherz *m*

pilheta [pi'ʎetɐ] *f* Napf *m*; Kübel *m*

pilim [pi'lĩ] *m* F Moos *n* (*Geld*)

pilinha [pi'liɲɐ] *f infan* Schniepel *m*

piloro [pi'lɔru] *m ANAT* Magenausgang *m*

piloso [pi'lozu] haarig (*Pflanze*)

pilot|agem [pilu'taʒẽj] *f NAV* Lotsen *n*; *AV* Fliegen *n*; **~ar** [-'tar] (1e) *NAV* lotsen; steuern; lenken; **~o** [-'lotu] *m AV* Pilot *m*; Rennfahrer *m*; *NAV* Lotse *m*; *ZO* Lotsenfisch *m*; **instalação ~** Pilotanlage *f*; **~ automático** Autopilot *m*; **~ de provas** Testpilot *m*

pilrito [piɫ'ʀitu] *m* Strandläufer *m*

pílula ['pilulɐ] *f* Pille *f* (*a fig*); **~ contraceptiva** Anti-Baby-Pille *f*

pimba ['pĩbɐ]: **música** *f* **~** geschmacklose (Volks)Musik *f*

piment|a [pi'mẽtɐ] *f* Pfeffer *m*; **~-do-reino** *bras* schwarze(r) Pfeffer *m*; **~ão** [-'tɐ̃w] *f* Chilipfeffer *m*; **~ doce** *edelsüßer* Paprika *m*; **~eira** [-'tɐjrɐ] *f* Pfefferstrauch *m*; **~o** [-'mẽtu] *m* Paprika(schote *f*) *m*

pimp|ão [pĩ'pɐ̃w] **1.** *adj* forsch; **2.** *m* Wichtigtuer *m*; **~ar** [-'par] (1a) forsch auftreten; großtun

pimpolho [pĩ'poʎu] *m BOT* Schössling *m*; *fig* Bengel *m*

pina ['pinɐ] *f* Radfelge *f*

pináculo [pi'nakulu] *m* Giebel *m*; Zinne *f*; Gipfel *m* (*a fig*)

pinázio [pi'nazju] *m* (Fenster)Sprosse *f*

pinça ['pĩsɐ] *f* Pinzette *f*; *MED* Wundklammer *f*; *ZO* Krebsschere *f*

píncaro ['pĩkɐru] *m* Gipfel *m*

pincel [pĩ'sɛɫ] *m* Pinsel *m*; **~ada** [-sə'ladɐ] *f* Pinselstrich *m*; **~ar** [-sə'lar] (1c) pinseln

pinch|ar [pĩ'ʃar] (1a) hüpfen; **~o** ['pĩʃu] *m* Sprung *m*; Hopser *m*

pindaíba [pĩda'iba] *f bras* Kokosstrick *m*; F *fig* Ebbe *f* in der Kasse; **andar na ~** F abgebrannt sein

ping|a ['pĩgɐ] **1.** *f* Tropfen *m*; *CUL* gute(r) Tropfen *m*; **estar com a ~** F e-n sitzen haben; **2.** *m* arme(r) Schlucker *m*; **~adeira** [-'dɐjrɐ] *f* Tropf-, Auffangschale *f*; Tropfvor-

P

richtung *f*; F einträgliche Sache *f*; laufende Ausgabe *f*; P *die* Tage *m/pl* (*Menstruation*)

pingalim [pĩgɐ'lĩ] *m* lange Peitsche *f*

pingar [pĩ'gar] (1o) **1.** *v/t* beträufeln; **2.** *v/i* tröpfeln; einträglich sein (*Geschäft*); tropfen

pingente [pĩ'ʒẽtə] *m* (Ohr)Anhänger *m*; *bras* Trittbrettfahrer *m*

pingo ['pĩgu] *m* Schweineschmalz *n*; Tropfen *m* (*Fett*); *ANAT* Nasenschleim *m*; *CUL kleiner* Milchkaffee *m*; *bras* Reitpferd *n*; **~s** *pl MED* Tropfen *m/pl*

pingue ['pĩgə] fett; dick; einträglich

pingue-pongue(s) [pĩgə'põgə] *m(pl)* Tischtennis *n*, Pingpong *n*

pinguim (*ü) [pĩ'gwĩ] *m* Pinguin *m*

pinha ['piɲɐ] *f* Pinien-, Tannenzapfen *m*; *fig* Haufen *m*

pinh|al [pi'ɲaɫ] *m* Kiefernwald *m*; Pinienhain *m*; **~ de azambujo** Räuberhöhle *f*; **~ão** [-'ɲɐ̃w] *m* Pinienkern *m*; *TÉCN* Ritzel *n*; **~eiral** [-ɲɐj'raɫ] *m* → **pinhal**; **~eiro** [-'ɲɐjru] *m* Kiefer *f*; **~ brasileiro** (*bras* **~-do-paraná**) Araukarie *f*; **~ bravo**, **~ silvestre** Föhre *f*; **~ larício** Lärche *f*; **~ manso** Pinie *f*; **~ marítimo** Strandkiefer *f*; **~ torto** Latschenkiefer *f*

pinho ['piɲu] *m* Kiefern-, Fichten-, Tannenholz *n*; **~ de flandres** Kiefer *f*; *bras* F Fiedel *f*; **bater o ~** fiedeln

pino ['pinu] *m TÉCN* Stift *m*; Zapfen *m*; *EL* Stecker *m*; *fig* Gipfel *m*, Höhepunkt *m*; *Sport*: Handstand *m*; **~ batente** Türstopper *m*; **~ de engate** *TÉCN* Kupplungsbolzen *m*; **~ do verão** Hochsommer *m*; **a ~** senkrecht; aufrecht; **no ~ de** mitten in (*dat*)

pinoc|a [pi'nɔkɐ] **1.** *adj* modisch, elegant; **2.** *su* Modenarr *m*, Modepuppe *f*; **~ada** [-nu'kadɐ] *f* P Nummer *f* (*Koitus*); **dar uma ~** P eine Nummer schieben (*kopulieren*)

pinot|e [pi'nɔtə] *m* Satz *m*; Ausschlagen *n* (*des Viehs*); **dar o ~** P abhauen; ausbrechen; **~ear** [-nu'tjar] (1l) (umher)springen; ausschlagen

pinta ['pĩtɐ] **1.** *f* **a)** Fleck *m*, Tupfen *m*; *fig* Äußere(s) *n*; **pela ~** äußerlich; vom Ansehen; **ter boa ~** gut aussehen; **ter ~ de** aussehen wie; **b)** *HIST* Pinte *f* (*Hohlmaß*); **c)** Hühnchen *n*; **d)** *Angola* Freundin *f*; **2.** *su* Subjekt *n*, Person *f*; *fig* Hauch *m*

pint|ada [pĩ'tadɐ] *f ZO* Perlhuhn *n*; **~a(s)-d'água** [-tɐ'dagwɐ] *f(pl)* Wasserralle *f*; **~adela** [-tɐ'dɛlɐ] *f* Anstrich *m*; **dar uma ~ a** überstreichen (*ac*); **~ado** [-'tadu] farbig; gefleckt (*Tier*); *fig* vollkommen; klug; **~ de fresco** frisch gestrichen; **ficar ~** *fig* leer ausgehen; **nem ~** überhaupt nicht; **que nem ~** wie gemalt; wie gerufen; **~ainho** [-tɐ'iɲu] *m*, **-a** *f* Küken *n*; **~alegrete** [-tɐlə'gretə] *m* Geck *m*; **~algar** [-taɫ'gar] (1o) bunt färben; **~ar** [-'tar] (1a) **1.** *v/t* malen; (an)streichen; färben; schminken; *Nägel* lackieren; *fig* schildern; F anschmieren; **a ~** *fig* genau im richtigen Augenblick; **~ a óleo** in Öl malen; **2.** *v/i* Farbe bekommen; sich (ver)färben; **~-se** sich schminken; *fig* sich abzeichnen; **~arroxa** [-tɐ'ʀoʃɐ] *f ZO* Katzenhai *m*; **~arroxo** [-tɐ'ʀoʃu] *m ZO* Hänfling *n*; **~elho** [-'teʎu] *m zeitl* kurze(r) Moment *m*, Augenblick *m*; P Anmache *f*; P Schamhaar *n*; **~inha** [-'tiɲɐ] *f*: **às ~s** getüpfelt

pinto ['pĩtu] *m* Küken *n*; **num ~** durch und durch nass; **ser ~** kinderleicht sein; **fazer ~** F stibitzen

pint|or [pĩ'tor] *m*, **-a** *f* Maler(in *f*) *m* (*a Kunst*); Anstreicher(in *f*) *m*; **~ura** [-'turɐ] *f* Malerei *f*; Bild *n*; *TÉCN* Anstrich *m*; *fig* Schilderung *f*; **~ metalizada** Metallic-Anstrich *m*; **ser uma ~** bildschön sein; **~uresco** [-tu'reʃku] malerisch; romantisch

pio ['piw] **1.** *adj* fromm; gutherzig; **casa** *f* **-a** Waisenhaus *n*; **2.** *m* Pieps *m*; Schrei *m* (*der Eule etc*); *bras* Lockpfeife *f*; **nem ~!** keinen Mucks!

piolh|eira [pju'ʎɐjrɐ] *f* Drecksloch *n*; lausige Sache *f*; **~ento** [-'ʎẽtu] verlaust; **~o** ['pjoʎu] *m* Laus *f*

pioneir|ismo [pjunɐj'riʒmu] *m* Pioniergeist *m*; **~o** [-'nɐjru] *m* Vorkämpfer *m*, Pionier *m*

pior [pjɔr] *comp u sup von* **mau** *u* **mal**; **de mal a ~** immer schlimmer; **ir de mal a ~** vom Regen in die Traufe kommen; (**tanto**) **~!** umso schlimmer!; **o ~ é** das Schlimme daran ist; **~a** ['pjɔrɐ] *f* Verschlimmerung *f*; **~ar** [pju'rar] (1e) **1.** *v/t* verschlimmern; verschlechtern; **2.** *v/i*

P

sich verschlimmern; ***ele piorou*** (***de saúde***) sein (Gesundheits)Zustand hat sich verschlechtert; **~ia** [pju'riɐ] *f* Verschlechterung *f*; **~io** [-'riw] *m* P *das* Letzte *n*
piorno ['pjornu] *m BOT* Ginster *m*
pipa ['pipɐ] *f* Fass *n* (*a fig*)
piparote [pipɐ'rɔtə] *m* Schnipser *m*
pipe-line ['pajplajnə] *m* Pipeline *f*
pipeta [pi'petə] *f* Pipette *f*
pip|i [pi'pi] **1.** *m infan* Piepmatz *m*; ♀ ***das meias altas*** Pippi Langstrumpf; **~s** *pl* F *gebratenes* Geflügelklein *n*; **2.** *int* piep; **~iar** [-'pjar] (1g) = **~ilar** [-pi'lar] (1a) piep(s)en; **~i(l)o** [-'pilu, -'piw] *m* Pieps *m*
pipo ['pipu] *m* Fässchen *n*; Düsenrohr *n*
pipoc|a [pi'pɔkɐ] *f* Popcorn *n*; **~ar** [-pu'kar] (1n; *Stv* 1e) krachen; puffen; **~o** [-'poku] *m* Puff *m*; Krach *m*
pique ['pikə] *m HIST MIL* Pike *f*; *CUL* scharfe(r) Geschmack *m*; ***a ~*** senkrecht; steil; *fig* in Gefahr; ***ir a ~*** untergehen; *fig* zugrunde gehen; ***meter*** (*od* ***pôr***) ***a ~*** versenken; **~nique** [-'nikə] *m* Picknick *n*
piquet|a [pi'ketɐ] *f* Absteckpfahl *m*; **~agem** [-kə'taʒɐ̃j] *f* Abstecken *n* (*Gelände*); **~ar** [-kə'tar] (1c) abstecken; **~e** [-'ketə] *m* Bereitschaftsdienst *m*; *MIL* Abteilung *f* (*in Bereitschaft*); Trupp *m*; *bras a* Streikposten *m*; ***estar de ~*** Bereitschaft (*od* Schicht, Dienst) haben; ***fazer ~*** *bras* auf Streikposten stehen
piracema [pira'sẽma] *f bras* Laichzeit *f*; Fischschwarm *m*
pir|amidal [pirɐmi'daɫ] pyramidenförmig; *fig* kolossal; **~âmide** [-'rɐmidə] *f* Pyramide *f*; ***~ etária*** Alterspyramide *f*
piranga [pi'rẽgɐ] **1.** *adj* **a)** *bras* rot; **b)** armselig; schäbig; **2.** *m* Hungerleider *m*; **3.** *f* **a)** rote(r) brasilianische(r) Ton *m*; **b)** Armut *f*, Not *f*; ***andar na*** (*od* ***à***) ***~*** im Elend leben
piranha [pi'rɐɲɐ] *f ZO* Piranha *m*
pirão [pi'rɐ̃w] *m* (Maniok-, Mais-) Brei *m*, Mus *n*
pirar-se [pi'rarsə] (1a) F abhauen
pirat|a [pi'ratɐ] *m* Pirat *m*; Seeräuber *m*; *fig* Gauner *m*; ***~ do ar*** Luftpirat *m*; ***~ informático*** Hacker *m*; **~agem** [-'taʒɐ̃j] *f* (Produkt)Piraterie *f*; **~aria** [-rɐtɐ'riɐ] *f* Piraterie *f*; *fig* Gaunerei *f*; **~ear** [-'tjar] (1l) plündern; *Software*, *Produkte* raubkopieren
pirenaico [pirə'najku] pyrenäisch
Pirenéus [pirə'nɛwʃ]: ***os ~*** die Pyrenäen *pl*
pires (*pl inv*) ['pirəʃ] **1.** *adj* F miserabel; kitschig; **2.** *m* Untertasse *f*
pirete [pi'retə] *m* P Stinkefinger *m*
pireza [pi'rezɐ] *f*: ***pôr-se na ~*** abhauen, verduften
piri|lampo [piri'lɐ̃pu] *m ZO* Glühwürmchen *n*; F *AUTO* Warnblinkanlage *f*; **~lau** [-'law] *m infan* Schniepel *m* (*Penis*); **~piri** [-'piri] *m CUL* Piripiri *n*, Spanische(r) Pfeffer *m*; **~rica** [-'rika] *bras* rau, kratzig; *fig* kratzbürstig
pirisca [pə'riʃkɐ] *f* F Kippe *f*
pirite [pə'ritə] *f* Pyrit *m*, Schwefelkies *m*; ***~ de ferro*** Eisenkies *m*
piroga [pi'rɔgɐ] *f* Piroge *f*
pirómano (*ô) [pi'rɔmɐnu] *m* Pyromane *m*
piropo [pi'ropu] *m* P Anzüglichkeit *f*; ***dirigir ~s*** *e-e Frau* anmachen
piros|e [pi'rɔzə] *f* Sodbrennen *n*; **~eira** [-ru'zɐjrɐ] *f* F Grobheit *f*; **~o** [-'rozu] kitschig
piro|tecnia [pirɔtək'niɐ] *f* Feuerwerkskunst *f*; **~técnico** [-'tɛkniku] **1.** *adj* pyrotechnisch; **2.** *m* Feuerwerker *m*
pirr|aça [pi'ʀasɐ] *f* (übler) Streich *m* (***fazer*** spielen); **~alho** [-'ʀaʎu] *m* *bras* kleine(r) Mann *m*; Knirps *m*
piruet|a [pi'rwetɐ] *f Sport*: Pirouette *f*; Sprung *m*; **~ar** [-rwə'tar] (1c) eine Pirouette machen; springen
pis|a ['pizɐ] *f* Treten *n* (*der Trauben*); Keltern *n*; *fig* Tracht *f* Prügel; **~ada** [-'zadɐ] *f* Fußstapfen *m*; (Fuß)Tritt *m*; **~adela** [-zɐ'dɛlɐ] *f leichter* Tritt *m*; → ***~adura***; **~ador** [-zɐ'dor] *m* Kelter *f*; **~adura** [-zɐ'durɐ] *f* Quetschung *f*; blaue(r) Fleck *m*; **~a-mansinho(s)** [-zɐmɐ̃'siɲu] *m*(*pl*) *fig* Leisetreter *m*; **~ão** [-'zɐ̃w] *m* Walke *f*; **~ar** [-'zar] (1a) **1.** *v/t* treten auf (*ac*); festtreten; zertreten; betreten; bereisen; besuchen; (zer)quetschen; zerstampfen; keltern; *fig* besiegen; kränken; ***~ aos pés*** mit Füßen treten; erniedrigen; **2.** *v/i* gehen
pisca|dela [piʃkɐ'dɛlɐ] *f* Augenzwinkern *n*; **~-pisca(s)** [-'piʃkɐ]

P

m(pl) AUTO Blinker *m*
piscar [piʃ'kar] (1n) AUTO blinken; **~ os olhos** blinzeln; zwinkern; **~ (o olho) a** *j-m* zuzwinkern; liebäugeln mit
piscatório [piʃkɐ'tɔrju] Fischerei...
pisc|ícola [piʃ'sikulɐ] Fisch...; **~icultor** [-kuł'tor] *m* Fischzüchter *m*; **~icultura** [-kuł'turɐ] *f* Fischzucht *f*
piscina [piʃ'sinɐ] *f* Schwimmbad *n*; Fischweiher *m*; REL Taufbecken *n*; **~ com ondas** Wellenbad *n*; **~ infantil** Planschbecken *n*
pisco ['piʃku] **1.** *adj* blinzelnd; halb geschlossen (*Auge*); **2.** *m* ZO: **~ (comum)** Rotkehlchen *n*; **~-(de-peito)azul** *m* Blaukehlchen *n*
pisgar-se [piʒ'garsə] (1o; *Stv* 1e) sich verziehen, abhauen
piso ['pizu] *m* Boden *m*; ARQUIT Geschoss *n*; Stock(werk *n*) *m*; **~ do pneu** Lauffläche *f* (*e-s Reifens*)
piso|ar [pi'zwar] (1f) walken; **~tear** [-zo'tjar] (1l) *bras* zertreten
pista ['piʃtɐ] *f* Fährte *f*; Fahr-, Reit-, Rennbahn *f*; (Zirkus)Manege *f*; *allg*, INFORM Spur *f*; **~ de aterragem** AV Landebahn *f*; **~ de corridas** Rennbahn *f*; **~ de descolagem** AV Startbahn *f*; **~ de rolagem** AV Rollbahn *f*; **andar na ~ de** *j-m* auf der Spur sein
pist|ache [piʃ'taʃə] *m* Pistazie *f*; **~ácia** [-'tasjɐ] *f* BOT Pistazie(nbaum *m*) *f*
pistão [piʃ'tɐ̃w] *m* TÉCN Kolben *m*
pistáquio [piʃ'takju] *m* Pistazie *f*
pistilo [piʃ'tilu] *m* BOT Stempel *m*
pistol|a [piʃ'tɔlɐ] *f* Pistole *f*; **~ de pintar** Spritzpistole *f*; **~ de soldar** Lötpistole *f*; **pintar de ~** spritzen; **~a(s)-metralhadora(s)** [-mətrɐʎɐ'dɔrɐ] *f(pl)* Maschinenpistole *f*; **~ão** [-tu'lɐ̃w] *m* Empfehlung *f*; gute Beziehung *f*; **~eiro** [-tu'lɐjru] *m* Bandit *m*
pitada [pi'tadɐ] *f* Prise *f*; Messerspitze *f* (voll)
pitão [pi'tɐ̃w] *m* Ringschraube *f*
pitar [pi'tar] (1a) *bras* rauchen
piteira [pi'tɐjrɐ] *f* **a)** amerikanische Agave *f*; P (Feigen)Schnaps *m*; Rausch *m*; **b)** *bras* Zigarettenspitze *f*
pitéu [pi'tɛw] *m* F Leckerbissen *m*
pitinga [pi'tĩga] *bras* weiß; hell
pito ['pitu] *m fig* Teenager *m*; *bras* Pfeife *f*; Zigarette *f*; Zigarre *f*
pitoresco [pitu'reʃku] malerisch
pitosga [pi'tɔʒgɐ] F **1.** *adj* kurzsichtig; blinzelnd; **2.** *su* Kurzsichtige(r) *su*
pitu [pi'tu] *m bras* Flusskrebs *m*
pituíta [pitu'itɐ] *f* Schleim *m*
piurso [pi'ursu] F stinksauer
pivete [pi'vetə] *m* Räucherkerze *f*; Gestank *m*; F Bengel *m*
pivó (*ô) [pi'vɔ] *m* TÉCN Zapfen *m*; Stift *m*; Stiftzahn *m*; *fig* Gipfel *m*
pixaim [piʃa'ĩ] *m bras* Kraushaar *n*
pizza ['pizɐ] *f* Pizza *f*; **~ria** [-'riɐ] *f* Pizzeria *f*
PJ ***Polícia f Judiciária*** Kriminalpolizei *f*
P.L. ***peso m líquido*** Nettogewicht *n*
placa ['plakɐ] *f* Platte *f*; (Firmen-, Nummern)Schild *n*; (Gedenk)Tafel *f*; Plakette *f*; Kerzenhalter *m*; MED Plaque *f*; **~ de expansão** INFORM Erweiterungssteckkarte *f*; **~ de gesso** ARQUIT Montage-, Gipsplatte *f*; **~ de som** INFORM Soundkarte *f*; **~ giratória** Drehscheibe *f*; **~ gráfica** INFORM Grafikkarte *f*; **~ principal** INFORM Hauptplatine *f*; **~ tectónica** GEOL tektonische Platte *f*; **~-mãe** *f* INFORM Motherboard *n*
placar(de) [plɐ'kar(də)] *m* Plakat *n*, Anschlag *m*; *Sport*: (Spiel)Stand *m*
placebo [plɐ'sɛbu] *m* Placebo *n*
placenta [plɐ'sẽtɐ] *f* ANAT Mutterkuchen *m*, Plazenta *f*
placidez [plɐsi'deʃ] *f* Gelassenheit *f*
plácido ['plasidu] ruhig; gelassen
plagi|ar [plɐ'ʒjar] (1g) plagiieren; **~ário** [-'ʒjarju] *m* Plagiator *m*; **~ato** [-'ʒjatu] *m* → **plágio**
plágio ['plaʒju] *m* Plagiat *n*
plain|a ['plajnɐ] *f* Hobel *m*; **~o** [-nu] **1.** *adj* → **plano**; **2.** *m* Ebene *f*
plana ['plɐnɐ] *f* Rang *m*; **de primeira ~** ersten Ranges
plan|ado [plɐ'nadu]: **voo** *m* **~** Gleitflug *m*; **~ador** [-nɐ'dor] *m* Segelflugzeug *n*; **~alto** [-'nałtu] *m* Hochebene *f*; ♀ *Sitz des bras Präsidenten*; **~ar** [-'nar] (1a) segeln (*Flugzeug*)
plâncton ['plɐ̃kton] *m* Plankton *n*
plane|amento [plɐnjɐ'mẽtu] *m* Planung *f*; **~ familiar** Familienplanung *f*; **~ar** [-'njar] (1l) planen; entwerfen
planej... *bras* → **plane...**

planet|a [plɐ'netɐ] *m* Planet *m*; **~ário** [-nə'tarju] **1.** *adj* Planeten...; planetarisch; **2.** *m* Planetarium *n*
plangente [plẽ'ʒẽtə] klagend
planície [plɐ'nisjə] *f* Ebene *f*
planific|ação [plɐnəfikɐ'sɐ̃w] *f* Planung *f*; **~ar** [-'kar] (1n) planen
planisfério [plɐniʃ'fɛrju] *m* Weltkarte *f*
plano ['plɐnu] **1.** *adj* eben; flach; platt; *fig* leicht verständlich; ungekünstelt; **2.** *m* Fläche *f*; Ebene *f* (*a fig*); Plan *m*; **~ de sustentação** *AV* Tragfläche *f*; **~ inclinado** schiefe Ebene *f*; *bras a* Aufzug *m*; **~ ocupacional para emprego de curta duração** Arbeitsbeschaffungsmaßnahme *f* (**POC** ABM); **~ poupança-reforma** *private* Rentenversicherung *f*; **primeiro ~** Vordergrund *m*; **~ remoto** Hintergrund *m*; **arquitectar ~s** *fig* Pläne schmieden; **passar para o segundo ~** in den Hintergrund treten
plant|a ['plɐ̃tɐ] *f BOT* Pflanze *f*; Sohle *f*; *ARQUIT* (Grund)Riss *m*; Stadtplan *m*; **~ de interior** Zimmerpflanze *f*; **~ do pé** Fußsohle *f*; **~ação** [-'sɐ̃w] *f* Pflanzung *f*; Anbau *m*; **~adeira** [-'dɐjrɐ] *f* Setzmaschine *f*; **~ador** [-'dor] *m* Pflanzer *m*; *AGR* Setz-, Pflanzholz *n*; **~ão** [-'tɐ̃w] *m* Bereitschaftsdienst *m*; **de ~** Dienst tuend; in Bereitschaft; **~ar** [-'tar] **1.** *v/t* (1a) pflanzen; anbauen; bepflanzen; *Fahne* aufpflanzen; *Pfahl* einschlagen; *fig* säen; **~-se** sich (auf)stellen; **2.** *adj* Fußsohlen...; **~el** [-'tɛɫ] *m* Team *n*; **~io** [-'tiw] *m* (An)Pflanzung *f*; **área** *f* **de ~** Anbaufläche *f*
planura [plɐ'nurɐ] *f* (Hoch)Ebene *f*
plaqué [pla'kɛ] *m* (Gold)Dublee *n*
plasm|a ['plaʒmɐ] *m* Plasma *n*; **~ sanguíneo** Blutplasma *n* (**liofilizado** -pulver *n*); **~ar** [plɐʒ'mar] (1b) modellieren; gestalten
plastia [plɐʃ'tiɐ] *f MED* plastische Operation *f*
plástica ['plaʃtikɐ] *f* Plastik *f*; **fazer uma ~** eine plastische Operation machen lassen
plasticidade [plɐʃtəsi'dadə] *f* Bildhaftigkeit *f*; Plastizität *f*
plástico ['plaʃtiku] **1.** *adj* plastisch; bildhaft, anschaulich; **substância** *f* **-a** = **2.** *m* Kunststoff *m*, Plastik *n*
plastific|ação [plɐʃtəfikɐ'sɐ̃w] *f* Laminierung *f*; **~ar** [-'kar] (1n) laminieren, in Plastik einschweißen
plastilina [plɐʃtə'linɐ] *f* Plastilin *n*
plataforma [plɐtɐ'fɔrmɐ] *f* Plattform *f*; *CAM. DE F* Drehscheibe *f*; Rampe *f*; *fig* (Arbeits)Grundlage *f*; **~ continental** Kontinentalsockel *m*; **~ de lançamento** Startrampe *f*; **~ de serviço** *TÉCN* Hebebühne *f*
plátano ['platɐnu] *m BOT* Platane *f*
plateia [plɐ'tɐjɐ] *f TEA* Parkett
platibanda [plɐti'bɐ̃dɐ] *f ARQUIT* Einfassung *f*
platin|a [plɐ'tinɐ] *f* Platin *n*; **~ado** [-'nadu] platiniert; hellblond
platónico (*ô) [plɐ'tɔniku] platonisch
plaus|ibilidade [plawzibəli'dadə] *f* Plausibilität *f*, Glaubwürdigkeit *f*; **~ível** [-'zivɛɫ] plausibel
pleb|e ['plɛbə] *f* Volk(smasse *f*) *n*; *depr* Pöbel *m*; **~eísmo** [pləbə'iʒmu] *m* Gassenausdruck *m*; **~eu** [-'bew] **1.** *adj* **a**) bürgerlich; **b**) ungebildet; pöbelhaft; *fig* gemein; **2.** *m* Bürgerliche(r) *m*; **~iscitário** [-bəʃsi'tarju] plebiszitär; **votação** *f* **-a** = **~iscito** [-bəʃ'situ] *m* Volksabstimmung *f*
plêiada, -e ['plɐjɐdɐ, -də] *f* Schar *f*, Kreis *m*; **~s** *pl* Plejaden *f/pl*
pleit|ear [plɐj'tjar] (1l) **1.** *v/t JUR* verklagen; erstreben; sich bewerben um; absprechen; **~ parelhos a** *JUR* sich vergleichen mit; **2.** *v/i JUR* prozessieren; streiten; **~o** ['plɐjtu] *m JUR* Klage *f*; Streit *m*
plen|amente [plenɐ'mẽtə] durchaus; völlig; **~ário** [plə'narju] **1.** *adj* vollständig; Plenar...; **sessão** *f* **-a** = **2.** *m* Plenarsitzung *f*; Plenum *n*; Vollversammlung *f*; *JUR* Hauptverhandlung *f*; **~ilúnio** [pləni'lunju] *m* Vollmond *m*; **~ipotenciário** [pləniputẽ'sjarju] bevollmächtigt; **~itude** [pləni'tudə] *f* Fülle *f*; Gesamtheit *f*
pleno ['plenu] voll; vollständig; ganz; vollkommen; **a ~** in Gänze; **em ~ verão** mitten im Sommer; **~ de** voller; **~-emprego** *m* Vollbeschäftigung *f*
pleur|a ['plewrɐ] *f ANAT* Rippenfell *n*; **~isia** [-rə'ziɐ] *f* Rippenfellentzündung *f*
plinto ['plĩtu] *m ARQUIT* Plinthe *f*; Fußleiste *f*; *Sport*: Bock *m*

P

plissar [pli'sar] (1a) plissieren
plug|ar [plu'gar] (1o) *EL* anschließen; **~ue** ['plugə] *m* Stecker *m*
plum|a ['plumɐ] *f* (Vogel-, Schreib)Feder *f*; ***algodão*** *m* ***em ~*** *bras* Rohbaumwolle *f*; **~agem** [-'maʒɐ̃j] *f* Gefieder *n*
plúmb|eo ['plũbju] bleiern; bleifarben; **~ico** [-biku] Blei...
plural [plu'rał] *m* Mehrzahl *f*; *LING* Plural *m*; **~idade** [-rɐli'dadə] *f* Mehrheit *f*, Vielheit *f*; ***à ~*** (***de votos***) mit Stimmenmehrheit; **~ismo** [-rɐ'liʒmu] *m* Pluralismus *m*; **~ista** [-rɐ'liʃtɐ] pluralistisch
pluri... [pluri] *in Zssgn* Mehr...; **~anual** [plurìɐ'nwał] mehrjährig
plutónio (*ô) [plu'tɔnju] *m* Plutonium *n*
pluvi|al [plu'vjał] *adj* Regen...; **~ómetro** (*ô) [-'vjɔmətru] *m* Niederschlagsmesser *m*; **~osidade** [-vjɔzi'dadə] *f* *METÉO* Niederschlagsmenge *f*; **~oso** [-'vjozu] regnerisch
PM ***Primeiro Ministro*** *m* Premierminister *m*
PME ***Pequenas e Médias Empresas*** *f/pl* Mittelstand *m*
PMP ***por mão própria*** durch Boten
pneu [pnew] *m* Reifen *m*; ***~ de cinta de aço*** Stahlgürtelreifen *m*; ***~ sobressalente*** Ersatzrad *n*; ***~s*** *pl* Bereifung *f*; ***pôr ~s*** bereifen
pneum|ático [pnew'matiku] **1.** *adj* pneumatisch; ***correio*** *m* ***~*** Rohrpost *f*; ***máquina*** *f* ***-a*** Vakuumpumpe *f*; ***martelo*** *m* ***~*** Presslufthammer *m*; **2.** *m* Reifen *m*; **~onia** [-mu'niɐ] *f* Lungenentzündung *f*
p.o. ***por ordem*** im Auftrag (i. A.)
pó [pɔ] *m* Staub *m*; Pulver *n*; **~(s)** (*pl*) Puder *m*; ***~s*** *pl* ***higiénicos*** Körperpuder *m*; ***açúcar*** *m* ***em ~*** Staubzucker *m*; ***café*** *m* ***em ~*** gemahlene(r) Kaffee *m*; ***leite*** *m* ***em ~*** Trockenmilch *f*; ***reduzir a ~*** zerreiben; mahlen; → ***fazer em ~*** zermalmen; ***pôr*** (*od* ***usar***) ***~*** (sich) pudern
pobr|e ['pɔbrə] **1.** *adj* arm; ärmlich; armselig; unergiebig (*Text etc*); ***~ de mim!*** ich Ärmster!; **2.** *su* Arme(r) *su*; Bettler(in *f*) *m*; **~etão** [pobrə'tɐ̃w] *m*, **-ona** *f* arme(r) Schlucker *m*; arme(r) Kerl *m* (*bsd int*); **~ete** [po'bretə] **1.** *adj* ärmlich; **2.** *m* arme(r) Kerl *m*; **~eza** [po'brezɐ] *f* Armut *f*; Armseligkeit *f*
poça[1] ['posɐ] *f* Pfütze *f*; Lache *f*
poça[2] ['pɔsɐ] *int*: ***~!*** F na so was!
poção [pu'sɐ̃w] *f* (Arznei)Trank *m*
poceiro [pu'sɐjru] *m* Brunnenbauer *m*; *AGR* Kiepe *f*
pocema [po'sẽma] *f* *bras* Gebrüll *n*
pocilga [pu'siłgɐ] *f* Schweinestall *m*
poço ['posu] *m* Brunnen *m*, (Wasser)Loch *n*; *MIN* Schacht *m*; ***~ de ar*** *AV* Luftloch *n*
pod|a ['pɔdɐ] *f* Beschneiden *n* (*Bäume*); ***~ de sebes*** Heckenschnitt *n*; ***saber da ~*** F s-e Sache verstehen; **~adeira** [pudɐ'dɐjrɐ] *f* Baum-, Garten-, Heckenschere *f*
pod|ão [pu'dɐ̃w] *m* Rebmesser *n*; **~ar** [-'dar] (1e) beschneiden
pó-de-arroz [pɔdjɐ'ʀoʃ] *m* (Gesichts)Puder *m*
podengo [pu'dẽgu] *m* (Vorsteh-, Hühner)Hund *m*
poder [pu'der] **1.** *v/t* (2y) können; vermögen; dürfen; *Vermutung*: mögen; ***~ com*** zurechtkommen mit; ***não ~ senão*** nichts anderes tun können als; ***até mais não ~*** bis zum Gehtnichtmehr; ***pode ser*** kann sein; **2.** *m* Gewalt *f*; Macht *f*; Kraft *f*; *JUR* Berechtigung *f*; *POL* ***der*** Staat *m*; ***~ abusivo*** Machtmissbrauch *m*; ***~ aquisitivo*** (*od* ***de compra***) Kaufkraft *f*; ***~ calórico*** Heizwert *m*; ***~ discricionário*** uneingeschränkte Macht *f*; ***plenos ~es*** *pl* Vollmacht(en) *f*(*pl*); ***a ~ de*** kraft (*gen*); dank (*dat*); ***cair em ~ de*** *j-m* in die Hände fallen; ***chegar ao ~*** an die Macht kommen
poder|io [pudə'riw] *m* Macht *f*; Gewalt *f*; **~oso** [-'rozu] mächtig
pódio ['pɔdju] *m* Podium *n*; *Sport*: Siegerpodest *n*
podr|e ['podrə] faul; verdorben; ***~ de rico*** steinreich; **~idão** [pudri'dɐ̃w] *f* Fäulnis *f*; *fig* Verderbnis *f*
põe [põj] → ***poder***
poedeira [pwə'dɐjrɐ]: ***galinha*** *f* ***~*** Legehenne *f*
poeir|a ['pwɐjrɐ] *f* Staub *m*; *fig* Dünkel *m*; F blaue(r) Dunst *m*; ***~s*** *pl* ***radioactivas*** radioaktive(r) Staub *m*; ***deitar ~ nos olhos a*** *j-m* Sand in die Augen streuen; ***levantar ~*** Staub aufwirbeln; ***morder a ~*** P *fig*

P

ins Gras beißen; **~ada** [-'radɐ] *f* Staubwolke *f*; **~ento** [-'rẽtu] staubig
poema ['pwemɐ] *m* Gedicht *n*
poente ['pwẽtə] *m* Westen *m*; ***sol*** *m* **~** untergehende Sonne *f*
poe|sia [pwə'ziɐ] *f* Dichtkunst *f*, Dichtung *f*; Gedicht *n*; *fig* Poesie *f*; **~ta** [pu'ɛtɐ] *m* Dichter *m*; **~tar** [pwə'tar] (1c) dichten
poétic|a ['pwɛtikɐ] *f* Poetik *f*; **~o** [-ku] poetisch; ***arte*** *f* ***-a*** Dichtkunst *f*
poetisa [pwə'tizɐ] *f* Dichterin *f*
pogrome [po'gromə] *m* Pogrom *n*
poia ['pɔjɐ] *f* P Dreckhaufen *m*
pois ['pojʃ] **1.** *adv* also; nun; denn; **~!** eben!; na ja!; **~ *é!*** ganz recht!; aber ja!; **~ *bem!*** nun gut!; **~ *não?*** nicht wahr?; **~ *não!*** **a**) ausgeschlossen!; **b**) warum denn nicht?, selbstverständlich!; **~ *sim!*** genauso ist es!; **2.** *cj* da; → **~ *que*** denn
pois... → ***pous...***
polaco [pu'laku] **1.** *adj* polnisch; **2.** *m*, **-a** *f* Pole *m*, Polin *f*
polaina [pu'lajnɐ] *f* Gamasche *f*
polar [pu'lar] *GEOGR* Polar...
polariz|ação [pulɐrizɐ'sɐ̃w] *f* Polarisierung *f*; **~ador** [-'dor]: ***aparelho*** *m* **~** Polarisator *m*; **~ar** [-'zar] (1a) polarisieren; *EL a* polen; *fig* anregen; stimulieren
poldr|a ['pɔɫdrɐ] *f* **a**) *BOT* Wurzelschössling *m*; Trieb *m*; **b**) *ZO* Stutenfüllen *n*; **~o** [-dru] *m* Fohlen *n*
poleg|ada [pulə'gadɐ] *f* Zoll *m* (*Längenmaß*); **~ar** [-'gar] *m* Daumen *m*; große Zehe *f*
poleiro [pu'lɐjru] *m* (Hühner)Stange *f*; Hühnerleiter *f*; F *TEA* Olymp *m*; ***estar no*** **~** *fig* Einfluss haben
polémic|a [pu'lɛmikɐ] *f* Polemik *f*; Streit *m*, Auseinandersetzung *f*; **~o** [-ku] polemisch; streitsüchtig
polemizar [puləmi'zar] (1a) polemisieren
pólen (**polens**) ['pɔlən] *m*(*pl*) Blütenstaub *m*, Pollen *m*
polenta [pu'lẽtɐ] *f CUL* Polenta *f*
polia [pu'liɐ] *f TÉCN* (Riemen)Scheibe *f*; (lose) Rolle *f*
polichinelo [puləʃi'nɛlu] *m* Kasper *m*
polícia [pu'lisjɐ] **1.** *f* Polizei *f*; **~ *internacional*** Ausländerpolizei *f*; **~ *judiciária*** Kriminalpolizei *f*; **~ *de segurança pública*** (***PSP***) Schutzpolizei *f*; **~ *de trânsito*** Verkehrspolizei *f*; **2.** *su* Polizist(in *f*) *m*; **~ *de giro*** Streifenpolizist(in *f*) *m*
polici|al [puli'sjaɫ] polizeilich, Polizei...; ***filme*** (***romance***) *m* **~** Kriminalfilm *m* (-roman *m*); **~amento** [-sjɐ'mẽtu] *m* polizeiliche Überwachung *f*, Polizeiaufsicht *f*; **~ar** [-'sjar] (1g) polizeilich überwachen
polícia(s)-sinaleiro(s) [pulisjɐsinɐ'lɐjru] *m*(*pl*) Verkehrspolizist *m*
poli|clínica [pɔli'klinikɐ] *f* Poliklinik *f*; **~cromático** [-kru'matiku] Farb...; **~cromo** [-'kromu] bunt; **~cultura** [-kuɫ'turɐ] *f* Mischkultur *f*
polid|ez [puli'deʃ] *f* Höflichkeit *f*; **~o** [-'lidu] poliert; glänzend; *fig* höflich; **~or** [-'dor] *m* Polierer *m*; Schleifer *m*; **~ura** [-'durɐ] *f* Politur *f*; Glanz *m*
polietileno [pɔliəti'lɛnu] *m* Polyäthylen *n*
poli|facetado [pɔlifɐsə'tadu] vielschichtig; **~fónico** (*ô) [puli'fɔniku] mehrstimmig; **~gamia** [puligɐ'miɐ] *f* Polygamie *f*; **~glota** [-'glɔtɐ] **1.** *adj* vielsprachig; sprachbegabt; **2.** *su* Sprachenkenner(in *f*) *m*; **~gonal** [puligu'naɫ] vieleckig
polígono [pu'ligunu] *m* Vieleck *n*; **~ *industrial*** Gewerbegebiet *n*
polimento [puli'mẽtu] *m* Politur *f*; Glanz *m*; *fig* Glätte *f*; Schliff *m*
pol|imerização [pɔlimərizɐ'sɐ̃w] *f QUÍM* Polimerisierung *f*; **~ímero** [-'liməru] *m* Polymer *n*
polinização [pɔlənizɐ'sɐ̃w] *f* Bestäubung *f*
poliomielite [pɔljumjə'ljtə] *f MED* Poliomyelitis *f*, Kinderlähmung *f*
pólipo ['pɔlipu] *m ZO* Polyp *m* (*a MED*)
polir [pu'lir] (3g) polieren; abschleifen; *Seil* glätten, ausfeilen
poli|ssilábico [pɔlisi'labiku] mehrsilbig; **~técnico** [puli'tɛkniku] polytechnisch; ***academia*** (*od* ***escola***) *f* ***-a*** Polytechnikum *n*; **~teísmo** [pulitə'iʒmu] *m* Polytheismus *m*
política [pu'litikɐ] *f* Politik *f*; *fig* Berechnung *f*; **~ *comunitária*** EU-Politik *f*; **~ *financeira*** Finanzpolitik *f*; **~ *monetária*** Währungspolitik *f*
politic|ão [puləti'kɐ̃w] *m* große(r) Politiker *m*; **~agem** [-'kaʒɐ̃j] *f* Klüngel *m*; **~ante** [-'kẽtə] politisierend; **~ar** [-'kar] (1n) politisieren

político [pu'litiku] **1.** *adj* politisch; *fig* gewandt; *depr* aalglatt; berechnend; **2.** *m* Politiker *m*; **~-partidário** [-kɔpɐrti'darju] parteipolitisch; **~-social** [-kɔsu'sjał] sozialpolitisch
politi|queiro [puləti'kɐjru] *m depr* Politikaster *m*; **~quice** [-'kisə] *f depr* Stammtischpolitik *f*; **~zar** [-'zar] (1a) politisieren
politólogo [puli'tɔlugu] *m* Politologe *m*
poli|uretano [pɔliurə'tɐnu] *m* Polyurethan *n*; **~valente** [-vɐ'lẽtə] Mehrzweck...
polme ['pɔłmə] *m* CUL Bierteig *m*
pólo ['pɔlu] *m* **a)** Pol *m* (*a* GEOGR); **~ *económico*** Wirtschaftszentrum *n*; **~ *magnético*** Magnetpol *m*; **~ *norte*** Nordpol *m*; **~ *oposto*** Gegenpol *m*; **~ *sul*** Südpol *m*; **b)** *Sport*: Polo *n*; **~ *aquático*** Wasserball *m*
polonês [polo'nes] *bras* → ***polaco***
Polónia [pu'lɔnjɐ]: ***a*** **~** Polen *n*
polp|a ['połpɐ] *f* ANAT (Hand-, Fuß)Ballen *m*; Fingerkuppe *f*; BOT Fruchtfleisch *n*; *fig* Gewicht *n*; Format *n*; **~oso, ~udo** [poł'pozu, -'pudu] fleischig; *fig* dick
poltr|ão [poł'trɐ̃w] **1.** *adj* ängstlich; feige; **2.** *m*, **-ona** *f* Angsthase *m*; Feigling *m*; **~ona** [-'tronɐ] *f* Sessel *m* (***giratória*** Dreh); **~onear-se** [-tru'njarsə] (1l) sich rekeln
polu|ção [pulu'sɐ̃w] *f* Samenerguss *m*; **~ente** [-'lwẽtə] **1.** *adj* (umwelt)verschmutzend; ***não*** **~** umweltverträglich; ***pouco*** **~** AUTO abgasarm; **2.** *m* Schadstoff *m*; **~ição** [-lwi'sɐ̃w] *f* Verschmutzung *f*; Verseuchung *f*; **~ *atmosférica*** Luftverschmutzung *f*; **~ *do meio ambiente*** Umweltverschmutzung *f*; **~ *sonora*** Lärmbelästigung *f*; **~idor** [-lwi'dor] **1.** *adj* umweltschädigend; **2.** *m* (Umwelt)Verschmutzer *m*; **~es** *pl* Schmutzpartikel *n/pl*; ***princípio*** *m* ***~-pagador*** Verursacherprinzip *n*; **~ir** [-'lwir] (3i) verschmutzen
polvilh|ar [połvi'ʎar] (1a) *Pulver* verstäuben; bestäuben; (be)streuen; **~o** [-'viʎu] *m* Maniokmehl *n*; **~s** *pl* Pulver *n*; (Haar)Puder *m*
polvo ['połvu] *m großer* Tintenfisch *m*
pólvora ['pɔłvurɐ] *f* Schießpulver *n*
polvorosa [połvu'rɔzɐ] *f* F Durcheinander *n*; ***andar em*** **~** Hochbetrieb haben; ***pôr os pés em*** **~** sich aus dem Staube machen
poma ['pomɐ] *f* (Erd)Kugel *f*; **~s** *pl* F Brüste *f/pl*
pomáceas [pu'masjɐʃ] *f/pl* Kernobstgewächse *n/pl*
pomad|a [pu'madɐ] *f* Salbe *f*; Pomade *f*; *bras fig* Aufschneiderei *f*; **~inhas** [-mɐ'diɲɐʃ] *su* F aufgeblasene(r) Typ *m*; **~ista** [poma'dista] *su bras* F Großtuer(in *f*) *m*
pomar [pu'mar] *m* Obstgarten *m*
pomb|a ['põbɐ] *f* Taube *f*; Sirupkessel *m*; **~al** [-'bał] *m* Taubenschlag *m*; **~eiro** [-'bɐjru] *m bras* Geflügelhändler *m*; **~o** [-bu] *m* Taube *f* (*Artname*); Täuber *m*; **~o-correio** [-buku'ʀɐju] *m* Brieftaube *f*
Pomerânia [pumə'rɐnjɐ]: ***a*** **~ *Ocidental*** Vorpommern *n*
pomes ['pɔməʃ] *m* Bimsstein *m*
pomicultura [pumikuł'turɐ] *f* Kernobstzucht *f*
pomo ['pomu] *m* Apfel *m* (*bsd fig*); **~(s)** (*pl*) Kernobst *n*; **~ *de discórdia*** Zankapfel *m*; **~-de-adão** [-djɐ'dɐ̃w] *m* ANAT Adamsapfel *m*
pomp|a ['põpɐ] *f* Pomp *m*, Pracht *f*; **~ear** [-'pjar] (1l) **1.** *v/t* zur Schau stellen; **2.** *v/i* sich brüsten; **~oso** [-'pozu] prächtig; pompös
ponch|e ['põʃə] *m* Punsch *m*; **~eira** [-'ʃɐjrɐ] *f* Bowlengefäß *f*
poncho ['põʃu] *m* Poncho *m*
ponder|ação [põdərɐ'sɐ̃w] *f* Erwägung *f*, Klugheit *f*, Wichtigkeit *f*; **~ado** [-'radu] ernst; überlegt; klug; **~ar** [-'rar] (1c) **1.** *v/t* abwägen; bedenken; **2.** *v/i* nachdenken (***sobre*** über *ac*); **~ável** [-'ravɛł] erwägenswert; **~oso** [-'rozu] gewichtig; schwerwiegend
pónei ['pɔnɐj] *m* Pony *n*
pongo ['põgu] *m* Schimpanse *m*; *bras* GEOGR Klamm *f*
ponho ['poɲu] → ***pôr***
ponta ['põtɐ] *f* Spitze *f*, Ende *n*; Ecke *f*; (Stoff)Zipfel *m*; Zacke *f*; Horn *n*; (Zigaretten)Stummel *m*; *bras* Stromschnelle *f*; **~ *de ar*** Luftzug *m*; **~ *do dia*** Tagesanbruch *m*; **~ *de febre*** erhöhte Temperatur *f*; **~ *de lança*** *Fußball*: Sturmspitze *f*; **~ *de terra*** Landzunge *f*; **~ *de vinho*** F Schwips *m*; ***hora*** *f* ***de*** **~** Stoßzeit *f*; **~**

P

direita Rechtsaußen *m*; ~ ***esquerda*** Linksaußen *m* (*Fußball*); ***de*** ~ Spitzen...; ***até à*** ~ ***dos cabelos*** bis obenhin; ***de*** ~ ***a*** ~ von A bis Z; ***na*** ~ ***dos dedos*** wie am Schnürchen; ***estar na*** ~ hoch im Kurs stehen; ***ter olhos nas*** **~*s*** ***dos dedos*** Fingerspitzengefühl haben

pont|ada [põ'tadɐ] *f* Stich *m*; Seitenstechen *n*; **~al** [põ'taɫ] *m* GEOGR Landzunge *f*; **~alete** [-tɐ'letə] *m* Stützbalken *m*; **~*s*** *pl* Sägebock *m*; **~ão** [-'tɐ̃w] *m* **a**) Stütze *f*; **b**) Ponton(brücke *f*) *m*; **~apé** [-tɐ'pɛ] *m* Fußtritt *m*; *Fußball*: Schuss *m*; ~ ***de baliza*** Torschuss *m*; ~ ***de saída***, ***primeiro*** ~ Anstoß *m* (*a fig*); ~ ***livre*** Freistoß *m*; ~ ***raso*** Flachschuss *m*; **~aria** [-tɐ'riɐ] *f* Zielen *n*; *fig* Ziel *n*; ***sistema*** *m* ***de*** ~ Zielvorrichtung *f*; ***fazer*** ~ zielen; ***ter boa*** ~ gut schießen; **~as** ['põtɐʃ] *f/pl* Gehörn *n*; Geweih *n*; *bras* Quellflüsse *m/pl*

ponte ['põtə] *f* Brücke *f*; NAV Deck *n*; arbeitsfreie(r) Wochentag *m* (*zwischen zwei Feiertagen*); ~ ***de comando*** Kommandobrücke *f*; ~ ***rolante*** Laufkran *m*; ~ ***suspensa*** Hängebrücke *f*; ~ ***telescópica*** AV Fluggastbrücke *f*; ***fazer*** (***a***) ~ frei haben

pontear [põ'tjar] (1l) punktieren; tüpfeln; heften; *Loch* stopfen; MÚS *Saiten* drücken; *bras* zupfen

ponteira [põ'tɐjrɐ] *f* (Stock-, Schirm-, Zigaretten)Spitze *f*

ponteiro [põ'tɐjru] **1.** *adj* ungehorsam (*Hund*); ungenau (*Gewehr*); ***vento*** *m* ~ Gegenwind *m*; **2.** *m* Zeigestock *m*; (Uhr)Zeiger *m*; MÚS Plektron *n*; INFORM Cursor *m*; TÉCN Körner *m*; *bras Sport*: Punktrichter *m*; ***no sentido dos*** **~*s*** im Uhrzeigersinn

pontiagudo [põtjɐ'gudu] spitz

pontific|ado [põtəfi'kadu] *m* Pontifikat *n*; Papstwürde *f*; **~al** [-'kaɫ] päpstlich; bischöflich; pontifikal

pont|ífice [põ'tifisə] *m* Pontifex *m*; ***Sumo*** ♀ Papst *m*; **~ifício** [-tə'fisju] päpstlich

pontilh|a [põ'tiʎɐ] *f* scharfe Spitze *f*; Spitzenborte *f*; **~ão** [-'ʎɐ̃w] *m* (Lauf)Steg *m*; **~ar** [-'ʎar] (1a) punktieren; sprenkeln; *fig* unterbrechen; **~o** [-'tiʎu] *m* *Stierkampf*: kurze(r) Dolch *m*; *fig* Gnadenstoß *m*; **~oso** [-'ʎozu] zutreffend

pontinh|a [põ'tiɲɐ] *f*: ***uma*** ~ ein bisschen; ***nas*** **~*s*** wie aus dem Ei gepellt; **~o** [-'tiɲu] *m* Pünktchen *n*; **~*s*** *pl* GRAM Auslassungspünktchen *n/pl*

ponto ['põtu] *m* Punkt *m*; Zeitpunkt *m*; Ort *m*; *Handarbeit*: Näharbeit *f*; Stopf-, Nähstich *m*; Teilstrich *m* (*auf Messgeräten*); Auge *n* (*auf Würfeln*); *fig* Gegenstand *m*; Frage *f*; Ziel *n*, Absicht *f*; (Prüfungs)Arbeit *f*; INFORM Pixel *n*; UNIV Semesterschluss *m*; TEA Souffleur *m*, Souffleuse *f*; *bras* Verkaufsstand *m*; ~ ***atrás*** Steppstich *m*; ~ ***corrido*** Laufmasche *f*; ~ ***de ataque*** Ansatzpunkt *m*; ~ ***de inserção*** INFORM Cursor *m*; ~ ***de inversão*** Wendestelle *f*; ***livro*** *m* ***de*** ~ Anwesenheitsbuch *n*; ~ ***de viragem*** *fig* Wendepunkt *m*; ~ ***de vista*** Standpunkt *m*; ~ ***final*** (Schluss)Punkt *m*; ~ ***fraco*** *fig* Schwachpunkt *m*; ~ ***e vírgula*** Semikolon *n*; ~ ***negro*** F Mitesser *m*; ~ ***nevrálgico*** *fig* neuralgische(r) Punkt *m*; ***os*** **~*s*** *pl* ***cardeais*** die vier Himmelsrichtungen; ***dois*** **~*s*** *pl* Doppelpunkt *m*; ***a*** ~ **a**) rechtzeitig; gelegen; **b**) auf den Punkt; ***a*** ~ ***de*** im Begriff zu; ***a*** (***tal***) ~ ***que***, ***a*** ~(***s***) ***de*** *inf* so (sehr,) dass; derart, dass; ***até certo*** ~ bis zu e-m gewissen Grad; ***em*** ~ pünktlich; ***às três em*** ~ Punkt drei Uhr; ***em*** ~ ***grande*** (***pequeno***) im vergrößerten (verkleinerten) Maßstab; in groß (klein); ***estar no seu*** ~ F in Form sein; ***ganhar*** (*od* ***vencer***) ***aos*** **~*s*** nach Punkten siegen; ***ir ao*** ~ ***de*** *inf* so weit gehen zu *inf*; ***marcar o*** ~ sich eintragen; ***pôr*** ~ ***em*** Schluss machen mit; ***sair fora do*** ~ abschweifen; ***subir de*** ~ zunehmen; steigen; ***tomar o*** ~ die Anwesenheit feststellen

pontu|ação [põtwɐ'sɐ̃w] *f* Zeichensetzung *f*; Punktbewertung *f*; **~al** [-'twaɫ] pünktlich; gewissenhaft; punktuell; **~alidade** [-twɐli'dadə] *f* Pünktlichkeit *f*; **~ar** [-'twar] (1g) LING interpunktieren; markieren; **~do** [-'tudu] spitz

popa ['popɐ] *f* Heck *n*; ***vento*** *m* ***em*** (*od* ***pela***) ~ Rückenwind *m*; ***ir*** (*od* ***navegar***) ***de vento em*** ~ vor dem Wind segeln

P

popó [pɔ'pɔ] *m infan* Töfftöff *n* (*Auto*)

popul|aça [pupu'lasɐ] *f* einfache(s) Volk *n*; *depr* Mob *m*; **~ação** [-lɐ'sɐ̃w] *f* Bevölkerung *f*; Ein-, Bewohner *m/pl*; Population *f*; **~acho** [-'laʃu] *m* → ***populaça***; **~acional** [-lɐsju'nał] Bevölkerungs...; **~ar** [-'lar] **1.** *adj* Volks...; populär; ***dança*** *f* **~** Volkstanz *m*; **2.** *m* Bürger *m*; Einwohner *n*; einfache(r) Mann *m*; **~aridade** [-lɐri'dadə] *f* Volkstümlichkeit *f*; Popularität *f*; **~arizar** [-lɐri'zar] (1a) beliebt machen; ***~-se*** volkstümlich werden; Gemeingut werden; **~ismo** [-'liʒmu] *m* Populismus *m*; **~ista** [-'liʃtɐ] **1.** *adj* populistisch; **2.** *su* Populist(in *f*) *m*; **~oso** [-'lozu] bevölkerungsreich

pôquer ['pokər] *m* Poker *m od n*

por [pur] *prp* **a)** *örtl* durch (hindurch); in herum; in (der Gegend von); über, vorbei an (*dat*); entlang; ***~ aí*** (***aqui***, ***lá***) da (hier, dort) herum; ***~ cima de*** über (hinweg); ***~ mar*** zur See; **b)** *zeitl* gegen, um ... herum; für; ***~ três dias*** drei Tage lang; ***pela manhã*** (***tarde***) am Morgen (Nachmittag); **c)** *Verhältnis*: für; pro; zu; nach, gemäß; ***~ hoje*** für heute; ***~ pessoa*** pro Person; ***~ hora*** pro Stunde, stündlich; ***uma vez ~ mês*** einmal im Monat; ***um ~ um*** einzeln, e-r nach dem anderen; ***~ partes iguais*** zu gleichen Teilen; ***pelo que diz*** nach seinen (*od* ihren) Worten; ***pelo seu aspecto*** seinem (*od* ihrem) Aussehen nach; **d)** *Division*: (geteilt) durch; **e)** *Ursache*: wegen; aus; ***~ medo*** aus Angst; ***~ isso***, ***~ isto*** darum, deshalb; ***~*** *inf* weil (*od* da); **f)** *Urheber*, *Passiv*: von; durch; **g)** *Mittel*, *Werkzeug*, *Vermittlung*: durch; mit; ***~ escrito*** schriftlich; ***~ mar*** auf dem Seeweg; **h)** *Rücksicht*: um ... willen, wegen; ***~ mim*** meinetwegen; von mir aus; **i)** *Zweck*, *Ziel*: nach; um ... zu *inf*; zu *j-s* Gunsten, für; ***~ fazer*** noch nicht angefangen; **j)** *Stellvertretung*, *Tausch*: für; statt, anstelle; gegen; *Preis*: für; ***tomar ~*** halten für; ***ter ~*** ansehen als; **k)** *konzessiv*: ***~ pouco que seja*** so wenig es auch sein mag; **l)** ***~ quê*** *bras* warum; → ***que***

pôr [por] (2zd) **1.** *v/t* setzen; legen; stellen; auf-, hinstellen; (auf)schreiben; *Gesetz* erlassen; *Strafe* verhängen; *Argument* vorbringen; *Problem* aufwerfen; *Beispiel* bringen; *Kleidung* tragen; *Hut*, *Brille* aufsetzen; *Schmuck*, *Trauer*, *Zügel* anlegen; *Puder*, *Gedeck*, *Kompresse* auflegen; *Namen* geben; *Tisch* decken; ***~ a*** *inf* dazu bringen zu *inf*; ***~ ao corrente*** auf den Stand der Dinge bringen; ***~ à prova*** auf die Probe stellen; ***~ a salvo*** in Sicherheit bringen; ***~ de*** *su* setzen auf (*ac*); ***~ de lado*** beiseite legen; ***~ de molho*** CUL einlegen; ***~ no chão*** auf den Boden stellen (*od* legen); ***~ em movimento*** in Bewegung setzen; ***~ em questão*** infrage stellen; ***~*** *a/c* ***em*** anbringen an (*dat*); hinzufügen (*dat*); *Auge* richten auf (*ac*); *Kräfte* einsetzen für; *Kapital* anlegen; *Lage* bringen in (*ac*); ***~ para cima*** hinaufbringen, -stellen; ***~ sobre a mesa*** auf den Tisch stellen; ***~ fora*** fortschaffen; hinauswerfen; ***~*** *adj* machen; ***~ louco*** *j-n* verrückt machen; **2.** ***~-se*** untergehen (*Gestirn*); werden; ***~-se a*** in Angriff nehmen (*ac*); ***~-se de luto*** Trauer anlegen; ***~-se em fuga*** (***marcha***) fliehen (aufbrechen); ***~-se bem com*** sich gut stellen mit; **3.** *m*: ***~ do sol*** Sonnenuntergang *m*

poranduba [porɐ̃'duba] *f bras* Geschichte *f*; Bericht *m*

porão [pu'rɐ̃w] *m* NAV Laderaum *m*; *bras* Keller *m*; F Gesäßtasche *f*

porc|a ['pɔrkɐ] *f* Sau *f* (*a fig*); TÉCN (Schrauben)Mutter *f*; ***~ borboleta*** Flügelmutter *f*; ***~ com batente*** Hutmutter *f*; **~alhão** [purkɐ'ʎɐ̃w] **1.** *adj* F dreckig, schmuddelig; **2.** *m*, **-ona** *f* Schmutzfink *m*

porção [pur'sɐ̃w] *f* Portion *f*; Teil *m*; Stück *n*; Anzahl *f*

porcaria [purkɐ'riɐ] *f* Schweinerei *f*

porcelana [pursə'lɐnɐ] *f*: **~(s)** (*pl*) Porzellan *n*

porcent|agem [pursẽ'taʒɐ̃j] *f* → ***percentagem***; **~o** [-'sẽtu] *m* Prozent *n*; Prozente *n/pl* (*Gewinnanteil*)

porcino [pur'sinu] → ***suíno***

porco ['porku] **1.** *adj* schweinisch; dreckig; **2.** *m* Schwein *n* (*a fig*); Eber *m*; CUL Schweinefleisch *n*; **~(s)-bravo(s)** [-'bravu] *m*(*pl*) Wildschwein *n*; **~(s)-espim** (**-ins**),

P

~(s)-espinho(s) [-əʃ'pĩ, -əʃ'piɲu] *m(pl)* Stachelschwein *n*; **~(s)-montês(-teses)** [-mõ'teʃ] *m(pl)* → ***~-bravo***

porém [pu'rɐ̃j] jedoch, aber

porfi|a [pur'fiɐ] *f* Auseinandersetzung *f*; Ausdauer *f*; ***à ~*** um die Wette; **~ado** [-'fjadu] hartnäckig; heftig umstritten; **~ar** [-'fjar] (1g) trotzen; (sich) streiten; ***~ com*** wetteifern mit; ***~ em*** bestehen auf (*dat*); sich bemühen zu *inf*; ***~ por*** sich streiten um; **~oso** [-'fjozu] trotzig; → ***~ado***

pórfiro ['pɔrfiru] *m* Porphyr *m*

pormenor [purmə'nɔr] *m* Einzelheit *f* (***entrar em*** eingehen auf *ac*); besondere(r) Umstand *m*; ***em ~*** = **~izadamente** [-nurizadɐ'mẽtə] im Einzelnen; **~izado** [-nuri'zadu] detailliert; eingehend; **~izar** [-nuri'zar] (1a) im Einzelnen ausführen, aufzählen; näher erklären

pornogr|afia [purnugrɐ'fiɐ] *f* Pornographie *f*; **~áfico** [-'grafiku] pornographisch, Porno...

poro ['pɔru] *m* Pore *f*; **~so** [pu'rozu] durchlässig, porös

por|quanto [pur'kwɐ̃tu] da ja, weil; **~que** ['purkə] weil; **~quê** [pur'ke] *m* Warum *n*

porqu|eiro [pur'kɐjru] *m* Schweinehirt *m*; **~inho** [-'kiɲu] *m* Ferkel *n*; ***~-da-índia*** *m* Meerschweinchen *n*

porr|a ['poʀɐ] *int*: ***~!*** P verdammte Scheiße!; **~ada** [pu'ʀadɐ] *f* P Hiebe *m/pl*, Dresche *f*; ***uma ~ de*** zig

porreiro [pu'ʀɐjru] F toll, stark

porro ['poʀu] *m*: (***alho*** *m*) ~ Porree *m*

port ***português*** portugiesisch

porta ['pɔrtɐ] *f* Tür *f*; Tor *n*; Pforte *f*; *fig* Eingang *m*; Ausweg *m*; *INFORM* Schnittstelle *f*; ***~ da mala*** *AUTO* Kofferraumklappe *f*; ***~ de correr***, ***~ deslizante*** Schiebetür *f*; ***~ de série*** *INFORM* serielle(r) Anschluss *m*; ***~ de serviço*** Lieferanteneingang *m*; ***~ em harmónio*** Scherengittertür *f*; ***~ lateral*** Seiteneingang *m*; ***~ traseira*** Hintereingang *m*; ***~s*** *pl* ***travessas*** (*od* ***secretas***) *fig* Schliche *m/pl*; ***à ~ fechada*** hinter verschlossener Tür; ***~ com ~*** Tür an Tür; ***fora de ~s*** vor den Toren (der Stadt); ***bater à ~*** an die Tür klopfen

porta-|aviões (*pl inv*) [pɔrta'vjõjʃ] *m* Flugzeugträger *m*; **~bagagem(-ens)** [-tɐbɐ'gaʒɐ̃j] *m(pl)* Gepäckträger *m* (*an Fahrrädern*); ***~ de tejadilho*** *AUTO* Dachgepäckträger *m*; **~bandeira(s)** [-bɐ̃'dɐjrɐ] *m(pl)* Bannerträger *m*; **~bebés** (*pl inv*) [-bɛ'bɛʃ] *m*: ~ (***para carros*** Auto-) Kindersitz *m*; **~chaves** (*pl inv*) [-'ʃavəʃ] *m* Schlüsselbund *m*, -anhänger *m*

port|ada [pur'tadɐ] *f* Portal *n*; Fensterladen *m*; **~ador** [-tɐ'dor] **1.** *adj*: ***~ de*** tragend; **2.** *m*, **-a** *f* Träger(in *f*) *m*; Überbringer(in *f*) *m*; Inhaber(in *f*) *m* (*von Wertpapieren*); **~ageiro** [-tɐ'ʒɐjru] *m* Mautkassierer *m*; **~agem** [-'taʒɐ̃j] *f* Autobahngebühr *f*; **~al** [-'taɫ] *m* Portal *n*

porta-|lápis (*pl inv*) [pɔrtɐ'lapiʃ] *m* Drehbleistift *m*

Portalegre [purtɐ'lɛgrə] *port Distrikt(hauptstadt)*

portaló [purtɐ'lɔ] *m NAV* Fallreep *n*

porta-luvas (*pl inv*) [pɔrtɐ'luvɐʃ] *m* Handschuhfach *n* (***com chave*** abschließbares); **~moedas** (*pl inv*) [-'mwɛdɐʃ] *m*, *bras* **~níqueis** (*pl inv*) [-'nikejs] *m* Geldbörse *f*

portanto [pur'tɐ̃tu] also, folglich

portão [pur'tɐ̃w] *m* Tor *n*; *bras* Flugsteig *m*

porta-|obje(c)to(s) [pɔrtɐob'ʒɛtu] *m(pl)* Objektträger *m* (*Mikroskop*); **~panos** (*pl inv*) [-'pɐnuʃ] *m* Handtuchhalter *m*

portar [pur'tar] (1e) tragen; transportieren; ***~ por fé*** bescheinigen; ***~-se*** sich benehmen; **~ia** [-tɐ'riɐ] *f* Portal *n*; Einfahrt *f*; Vorhalle *f*; *POL* Erlass *m*; *bras a* Rezeption *f*

port|a-rolos (*pl inv*) [pɔrtɐ'ʀoluʃ] *m* Toilettenpapierhalter *m*; **~átil** [-'tatiɫ] **1.** *adj* tragbar; klappbar; **2.** *m* *INFORM* Laptop *m*; **~a-voz(es)** [-'vɔʃ] *m(pl)* Sprachrohr *n*; *su(pl)* Sprecher(in *f*) *m*

porte ['pɔrtə] *m* Beförderung *f*; Fracht *f*; Tragen *n*; Zustellgebühr *f*; Porto *n*; *NAV* Lastigkeit *f*; *fig* Haltung *f*; Benehmen *n*; Ansehen *n*; Tragfähigkeit *f* (*Stimme*); ***licença f de ~ de arma*** Waffenschein *m*; ***de grande ~*** groß; **~ar** [pur'tjar] (1l) frankieren

porteir|a [pur'tɐjrɐ] *f* Pförtnerin *f*; **~o** [-ru] *m* Pförtner *m*; Portier *m*

P

portela [pur'tɛlɐ] *f* Wegbiegung *f*; Engpass *m*
portent|o [pur'tẽtu] *m* Wunder *n*; **~oso** [-'tozu] wunderbar
pórtico ['pɔrtiku] *m* Säulenhalle *f*; Vorhalle *f*; Einfahrt *f*
portinhola [purti'ɲɔlɐ] *f* (Wagen-) Schlag *m*; Taschenklappe *f*
Porto ['portu]: ***o ~** port Distrikt-(hauptstadt)*
Pôrto ['portu] *m bras*: **~ *Alegre*** *Hauptstadt von Rio Grande do Sul*; **~ *Nacional*** *Hauptstadt von Tocantins*; **~ *Velho*** *Hauptstadt von Rondônia*
porto ['portu] *m* Hafen *m*; **~ *de mar*** Seehafen *m*; **~ *fluvial*** Binnenhafen *m*; **~ *de abrigo*** Schutzhafen *m*; ***tomar ~*** e-n Hafen anlaufen; **~-alegrense(s)** [-ɐlə'grẽsə] aus Porto Alegre; **~(s)-franco(s)** [-'frɐ̃ku] *m(pl)* Freihafen *m*
Porto Rico [portu'ʀiku]: ***o ~*** Puerto Rico *n*
porto-riquenho(s) [porturi'keɲu] **1.** *adj* puertoricanisch; **2.** *m* **-a** *f* Puertoricaner(in *f*) *m*
portu|ário [pur'twarju] Hafen...; **~ense** [-'twẽsə] **1.** *adj* aus Porto; **2.** *su* Einwohner(in *f*) *m* von Porto
portu|ga [por'tuga] *su bras irón* Portugiese *m*, Portugiesin *f*; **⁓gal** [pur-tu'gał] *m* Portugal *n*
portug|uês [purtu'geʃ] **1.** *adj* portugiesisch; **2.** *m*, **-esa** Portugiese *m*, Portugiesin *f*; **~uesismo** [purtugə'ziʒmu] *m* portugiesische(r) Ausdruck *m* (*od* Brauch *m*)
porventura [purvẽ'turɐ] zufällig; vielleicht; doch; denn
por|vindoiro, -ouro [purvĩ'dojru, -'doru] kommend; künftig; **~vir** [-'vir] *m* Zukunft *f*
pós [pɔʃ] **1.** *prp* nach; **2.** *pl von* ***pó***
pós-... [pɔʃ, pɔʒ, pɔz] *in Zssgn*: *zeitl* Post..., Nach...
posar [po'zar] (1a) posieren
pós-|cirúrgico [pɔʃsi'rurʒiku] *MED* postoperativ; **~data(s)** [pɔʒ'datɐ] *f(pl)* Nachdatierung *f*; **~datar** [-dɐ'tar] (1b) nachdatieren
pose ['pɔzə] *f* Pose *f*; *FOT* (Zeit)Aufnahme *f*; Belichtungsdauer *f*; F Masche *f*
pós-escrito(s) [pɔziʃ'kritu] *m(pl)* Nachschrift *f*
posfácio [pɔʃ'fasju] *m* Nachwort *n*
pós-guerra [pɔʒ'gɛʀɐ] *m* Nachkriegszeit *f*
posi|ção [puzi'sɐ̃w] *f* Lage *f*, Haltung *f*; **~cionamento** [-sjunɐ'mẽtu] *m* Position *f*; *fig* Positionierung *f*; **~cionar** [-sju'nar] (1e) positionieren; **~-*se*** Stellung beziehen
positiv|amente [puzətivɐ'mẽtə] in der Tat; bejahend; positiv; **~ar** [-'var] (1a) verdeutlichen; **~ismo** [-'viʒmu] *m FIL* Positivismus *m*; **~o** [-'tivu] positiv; fest(stehend); **2.** *m* Gewissheit *f*; *FOT* Positiv *n*
poslúdio [pɔʒ'ludju] *m* Nachspiel *n*
pós-moderno [pɔʒmu'dɛrnu] postmodern
pos|ologia [puzulu'ʒiɐ] *f MED* Dosierung *f*; **~pelo** [puʃ'pelu] *m*: ***a ~*** gegen den Strich; mit Gewalt
posp|or [puʃ'por] (2zd) nachstellen; **~osição** [-puzi'sɐ̃w] *f GRAM* Nachstellung *f*; **~ositivo** [-puzə'tivu] *GRAM* nachgestellt; **~osto** [-'poʃtu] *p/p von* ***pospor***
possa ['pɔsɐ] → ***poder***
possan|ça [pu'sɐ̃sɐ] *f* Mächtigkeit *f*; Macht *f*; **~te** [-'sɐ̃tə] mächtig
poss|e ['pɔsə] *f* Besitz *m*; Inbesitznahme *f*; ***de ~s*** begütert; ***dar ~ a*** *j-n* in ein Amt einführen; ***tomar ~ de*** Besitz ergreifen von; ***tomar a ~*** die Macht übernehmen; ein Amt antreten; **~s** *pl* Vermögen *n*; **~eiro** [pu'sɐjru] *m* Besitzer *m*
possess|ão [pusə'sɐ̃w] *f* Besitzung *f*, Besitztum *n*; **~ivo** [-'sivu] **1.** *adj* besitzergreifend; *GRAM* besitzanzeigend; **2.** *m GRAM* Possessivpronomen *n*; **~o** [-'sɛsu] besessen; **~or** [-'sor] *m* Besitzer *m*
possibil|idade [pusibəli'dadə] *f* Möglichkeit *f* (***abrir*** eröffnen); **~itar** [-'tar] (1a) ermöglichen
possidonice [pusidu'nisə] *f* P Grobheit *f*; **~ónio** (*ô) [-'dɔnju] P **1.** *adj* kitschig; **2.** *m* Naivling *m*
possível [pu'sivɛł] möglich; ***tão ... quanto ~*** so ... wie möglich; ***tanto quanto ~*** so viel (*od* sehr, schnell) wie möglich; ***o mais depressa ~*** so schnell wie möglich; ***o melhor ~*** der (die, das) Bestmögliche; ***na medida do ~*** im Rahmen des Möglichen; ***fazer os -íveis*** sein Möglichstes tun
posso ['pɔsu] → ***poder***

possu|ído [pusu'idu]: **~ de** durchdrungen von; **~idor** [-swi'dor] **1.** *adj*: **~ de** im Besitz (*gen*); **2.** *m*, **-a** *f* Besitzer(in *f*) *m*; **~ir** [-'ir] (3i) besitzen; innehaben; verfügen über (*ac*); beherrschen; **~-se de** sich überzeugen von

posta ['pɔʃtɐ] *f* Scheibe *f*, Stück *n*; **boa ~** F Bombenjob *m*

post|al [puʃ'tał] **1.** *adj* Post...; **bilhete** *m* **~** = **2.** *m* Postkarte *f*; **~ ilustrado** Ansichtskarte *f*; **~ar** [-'tar] (1e) aufstellen, postieren; *bras Brief* einwerfen; **~a-restante** [pɔʃtɐʀəʃ'tẽtə] *f* postlagernd

poste ['pɔʃtə] *m* Pfosten *m*; *EL* Mast *m*; Pfahl *m*; **~ de iluminação** *bras* Straßenlaterne *f*

posteiro [pos'tejru] *m bras* Wächter *m*, Posten *m*

póster(es) (*ô) ['pɔʃtər] *m(pl)* Poster *n*

postergar [puʃtər'gar] (1o; *Stv* 1c) zurücklassen; *zeitl* zurücksetzen; übergehen; *Gesetz* übertreten

poster|idade [puʃtəri'dadə] *f* Nachwelt *f*; Nachruhm *m*; **passar à ~** in die Geschichte eingehen; **~ior** [-'rjor] **1.** *adj* nachfolgend; später (**a** als); hinter; **2.** *m* F Hintern *m*; **~es** *pl* Nachkommen *m/pl*

póstero ['pɔʃtəru] künftig

postiço [puʃ'tisu] künstlich; abnehmbar; **cabelo** *m* **~** Haarteil *n*

postigo [puʃ'tigu] *m* Luke *f*; Schalter(fenster *n*) *m*

postila [puʃ'tilɐ] *f* Übungsbuch *n*

posto ['poʃtu] **1.** *p/p von* **pôr**; **2.** *adj*: **bem ~** gut aussehend; gut gekleidet; **sol** *m* **~** Sonnenuntergang *m*; **3.** *m* Posten *m* (*Person*); *örtl* Platz *m*; Stelle *f*; Amt *n*; Dienstrang *m*; (Polizei)Wache *f*; (Wetter)Warte *f*; **~ avançado** Vorposten *m*; **~ de câmbios** Wechselstelle *f*; **~ de gasolina** Tankstelle *f*; **~ de pronto socorro** Unfallstation *f*; **~ de trabalho** Arbeitsplatz *m*; **~ de venda** Verkaufsstand *m*; **estar a ~s** auf s-m Posten sein; **subir de ~** *beruflich* aufsteigen; **4.** *cj*: **~** (**que** *conj*) wenn auch, obgleich

postular [puʃtu'lar] (1a) nachsuchen um; fordern; *CIENC* postulieren

póstumo ['pɔʃtumu] nachgeboren; nachgelassen (*Werk*), postum

postura [puʃ'turɐ] *f* Stellung *f*; Haltung *f*; Aussehen *n*; Schminke *f*; *AGR* Eierlegen *n*; Legeleistung *f*; *JUR* Verordnung *f*

pota ['pɔtɐ] *f ZO Art* Tintenfisch *m*

pot|assa [pu'tasɐ] *f* Pottasche *f*; **~ássio** [-'tasju] *m* Kalium *n*; **silicato** *m* **de ~** *QUÍM* Wasserglas *n*

potável [pu'tavɛł] trinkbar; **água** *f* **~** Trinkwasser *n*

pote ['pɔtə] *m* (irdener) Topf *m*; F Nachttopf *m*; F Fass *n* (*dicke Person*); **chover a ~s** in Strömen regnen

potência [pu'tẽsjɐ] *f* Macht *f*; Potenz *f*; Kraft *f*; Energie *f*; *FIS* Leistung *f*; **~ de penetração** Durchschlagskraft *f*; **grande ~** *POL* Großmacht *f*; **~ máxima** Höchstleistung *f*; **de grande ~** leistungsstark; **em ~** potentiell

potenci|al [putẽ'sjał] **1.** *adj* potentiell; möglich; **2.** *m* Potential *n* (*a fig*); **~alidade** [-sjɐli'dadə] *f* Leistungsfähigkeit *f*; Möglichkeit *f*; **~ de consumo** Kaufkraft *f*; **~alizar** [-sjɐli'zar] (1a) potenzieren; **~ómetro** (*ô) [-'sjɔmətru] *m FIS* Potentiometer *n*

potent|ado [putẽ'tadu] *m* Machthaber *m*, Potentat *m*; **~e** [-'tẽtə] potent; mächtig; gewaltig; stark

potestade [putəʃ'tadə] *f* Macht *f*

poto|ca [po'tɔka] *f bras* Schwindel *m*; **~queiro** *m*, **~quista** *su* [-to'kejru, -'kista] Schwindler(in *f*) *m*

potra ['potrɐ] *f MED* Bruch *m*; *BOT* Knoten *m*; *ZO* Stutenfüllen *n*; *bras* Glück(ssträhne *f*) *n*; Dünkel *m*

potranc|a [po'trẽka] *f bras* Stutenfohlen *n*; **~o** [-ku] *m bras* Fohlen *n*

potr|eiro [pu'trɐjru] *m* **a)** Pferdehändler *m*; **b)** Weide *f*; **~il** [-'tri̇ł] *m* Reithalle *f*; **~ilho** [-'triʎu] *m bras* Füllen *n*; **~o** ['potru] *m* Fohlen *n*

pouca|chinho [pokɐ'ʃiɲu] F sehr wenig; **~-vergonha** [-vər'goɲɐ] *f* Schamlosigkeit *f*, Schande *f*

pouco ['poku] **1.** *adj* wenig; gering(fügig); kurz; **um ~ de** ein bisschen; **de -as palavras** wortkarg; **2.** *adv* wenig; langsam; **~ a ~, a ~ e ~, aos ~s** nach und nach, allmählich; **~ mais ou menos** so ungefähr; **daqui a ~, dentro em ~** in Kürze; **nem tanto nem tão ~** F nicht zu viel und

P

nicht zu wenig; ***por*** ~ fast, beinahe; ***faltar*** ~ ***para*** F kurz bevorstehen; **~chinho** [-'ʃiɲu] → ***poucachinho***
poupa ['popɐ] *f* Federbusch *m*; Schopf *m*; *ZO* Wiedehopf *m*
poup|ado [po'padu] sparsam; **~ança** [-'pɐ̃sɐ] *f* Sparsamkeit *f*; Ersparnis *f*; ~ ***de custos*** Kosteneinsparung *f*; **~ar** [-'par] (1a) haushalten mit; zurückbehalten; schonen; sparen; *j-n* verschonen mit; **~-se a** sich drücken vor (*dat*); ***não se*** ~ ***a*** sich nicht scheuen vor (*dat*)
pouquid|ade, **~ão** [poki'dadə, -'dɐ̃w] *f* Geringfügigkeit *f*; Knappheit *f*
pouqu|inho [po'kiɲu]: ***um*** ~ ein bisschen; **~íssimo** [-'kisimu] äußerst wenig
pous|ada [po'zadɐ] *f* Rasthaus *n*; Unterkunft *f*; *staatliches Hotel in historischem Gebäude*; ~ ***de juventude*** Jugendherberge *f*; ***dar*** ~ ***a*** *j-n* aufnehmen; **~ar** [-'zar] (1a) **1.** *v/t* legen (**em**, **sobre** auf *ac*); setzen, stellen (**em**, **sobre** auf *ac*); ab-, hinlegen; *Augen* heften (**sobre** auf *ac*); ~ ***o pé em*** *fig* sich stützen auf (*ac*); **2.** *v/i* sich niederlassen; (sich aus)ruhen; *Quartier* nehmen; aufsetzen (*Flugzeug*); wohnen; **~io** [-'ziw] **1.** *adj* Brach...; **2.** *m* Brache *f*; **~o** ['pozu] *m* Sitz *m*; Platz *m*; *NAV* Ankerplatz *m*; *AV* Landeplatz *m*; *allg* Ruheplatz *m*
pov|aréu [puvɐ'rɛw] *m* P Pöbel *m*; **~inho** [-'viɲu] *m das* einfache Volk; **~o** ['povu] *m* **a**) Volk *n*; ~ ***primitivo*** Naturvolk *n*; **b**) Weiler *m*
póvoa ['pɔvwɐ] *f* Dörfchen *n*
povo|ação [puvwɐ'sɐ̃w] *f* **a**) Bevölkerung *f*; **b**) Ortschaft *f*; *bras* Gummipflanzung *f*; **~ado** [-'vwadu] **1.** *adj* bevölkert; ~ ***de árvores*** bewaldet; **2.** *m* Ansiedlung *f*; **~ador** [-vwɐ'dor] *m* Siedler *m*; **~amento** [-vwɐ'mẽtu] *m* Besiedlung *f*; ~ ***florestal*** Aufforstung *f*; **~ar** [-'vwar] (1f) bevölkern; besiedeln; *j-n* ansiedeln; ~ ***de árvores*** aufforsten; **~léu** [-vu'lɛw] *m* → ***povaréu*** *p/p* ***por poder*** im Auftrag (i. A.)
Pq. ***Parque*** *m* Park *m*
PR ***Presidente*** *m* ***da República*** Ministerpräsident *m*
pra [prɐ] F *verkürzte Form von* ***para***
praça ['prasɐ] **1.** *f* Platz *m*; Marktplatz *m*; *ECON* Kaufmannschaft *f*; Raum *m*; *NAV* Laderaum *m*; *MIL* Festung *f*; ~ ***de armas*** Exerzierplatz *m*; ~ ***do comércio*** Handelsbörse *f*; ~ ***de peixe*** Fischmarkt *m*; ~ ***de táxis*** Taxistand *m*; ~ ***de toiros*** Stierkampfarena *f*; ~ ***financeira*** Finanzplatz *m*; ***desta*** (***dessa***) ~ hier (dort) am Platz; ***pôr em*** ~, ***levar à*** ~ versteigern; ***sair à*** ~ bekannt werden; **2.** *m MIL* (einfacher) Soldat *m*; ~ ***de reserva*** Reservist *m*; ***assentar*** ~ Soldat werden; **~(s)-forte(s)** [-'fɔrtə] *f(pl) MIL* Festung *f*
prac|eta [prɐ'setɐ] *f* kleine(r) Platz *m*; **~ista** [prɐ'siʃtɐ] *su ECON* Mitarbeiter(in *f*) *m* im Außendienst; *bras* Stadtmensch *m*
prad|aria [prɐdɐ'riɐ] *f* Wiesenland *n*; **~o** ['pradu] *m* Wiese *f*; *bras a* Reit-, Rennbahn *f*
Praga ['pragɐ] Prag *n*
praga ['pragɐ] *f* Plage *f*; *AGR* Schädling *m*; *fig* Fluch *m*; ***rogar*** **~s a** Flüche ausstoßen gegen
pragm|ática [prɐg'matikɐ] *f* Zeremoniell *n*, Vorschrift *f*; *CIENC* Pragmatik *f*; **~ático** [-ku] sachlich, nüchtern; pragmatisch; **~atismo** [-mɐ'tiʒmu] *m* Pragmatismus *m*
praguejar [prɐgə'ʒar] (1d) **1.** *v/i* fluchen; ~ ***contra*** = **2.** *v/t* verfluchen
praia ['prajɐ] *f* Strand *m*; Küste *f*, Seebad *n*; ***ir à*** ~ an den Strand gehen; ans Meer (*od* an die See) fahren; **~-mar** [-'mar] *f* → ***preia-mar***; **~no** [pra'jẽnu] *m bras* Küstenbewohner *m*; Badegast *m*
pralina [prɐ'linɐ] *f* gebrannte Mandel *f*
pranch|a ['prɐ̃ʃɐ] *f* Planke *f*; *Sport*: Surfbrett *n*; Sprungbrett *n*; ~ ***à vela*** Windsurfen *n*; **~ão** [-'ʃɐ̃w] *m* Bohle *f*, Laufplanke *f*; **~ear** [-'ʃjar] (1l) stürzen; **~eta** [-'ʃetɐ] *f* Latte *f*; Messtisch *m*
prandial [prɐ̃'djaɫ] Speise...; Essens...
prant|ear [prɐ̃'tjar] (1l) **1.** *v/t* beweinen; **2.** *v/i* weinen; (weh)klagen; **~o** ['prɐ̃tu] *m* Wehklage *f*, Weinen *n*; Leid *n*; **~s** *pl* Tränen *f/pl*
prata ['pratɐ] *f* Silber(münze *f*, -geld *n*, -geschirr *n*) *n*; ***de*** ~ silbern
prat|aria [prɐtɐ'riɐ] *f* Silbergeschirr *n*; **~eado** [-'tjadu] versilbert; sil-

bern; **~ear** [-'tjar] (1l) versilbern; **~eira** [-'tɐjrɐ] *f* Schrank *m* für Silbergeschirr; **~ejar** [-tə'ʒar] (1d) silbern glänzen; **~eleira** [-tə'lɐjrɐ] *f* Bord *n*; Regal *n*; Konsole *f*

prática ['pratikɐ] *f* Übung *f*; Praxis *f*; Erfahrung *f*; Durchführung *f*; Brauch *m*; Kniff *m*; praktische Tätigkeit *f*; ***na ~*** in Wirklichkeit; ***pôr em ~*** durchführen

pratic|abilidade [prɐtikɐbəli'dadə] *f* Umsetzbarkeit *f*; **~ante** [-'kẽtə] **1.** *adj* praktizierend; praktisch tätig; **2.** *su* Praktikant(in *f*) *m*; ***~ de escritório*** Bürohilfskraft *f*; ***~ desportivo*** Aktive(r) *m*, Sportler *m*; **~ar** [-'kar] (1n) **1.** *v/t* praktisch anwenden; *Sport* treiben; *Tugend* üben; *Verbrechen* verüben; *gutes Werk* tun; *Beleidigung* ausstoßen; **2.** *v/i Sprache* sprechen; Umgang pflegen (***com*** mit); als Praktikant tätig sein; **~ável** [-'kavɛɫ] durchführbar; benutzbar; marktfähig

prático ['pratiku] **1.** *adj* praktisch; **2.** *m* Praktiker *m*; *NAV* Lotse *m*

prat|ilheiro [prɐti'ʎɐjru] *m* Schlagzeuger *m*; **~inho** [-'tiɲu] *m*: ***servir de ~*** *fig* zum Gespött werden

prato ['pratu] *m* Teller *m*; (Fleisch-, Fisch)Platte *f*; *CUL* Gericht *n*; Gang *m*; ***~ da balança*** Waagschale *f*; ***~ de sopa***, ***~ fundo*** Suppenteller *m*; ***~ do meio*** *CUL* Zwischengang *m*; ***~ forte*** *fig* starke Seite *f*; ***~ rápido*** Schnellgericht *n*; ***~ raso*** flache(r) Teller *m*; ***pôr em ~s limpos*** *et* klarstellen; **~s** *pl MÚS* Becken *n*

prax|e ['praʃə] *f* Brauch *m*; Vorschrift *f*; Etikette *f*; Praxis *f*; ***da ~*** üblich; ***respeitar a ~*** die (vorgeschriebenen) Formen beachten; **~ista** [prɐ'ʃiʃtɐ] *su* Kenner(in *f*) *m* der Vorschriften (Bräuche *etc*)

praz|enteiro [prɐzẽ'tɐjru] vergnüglich, heiter; nett, gefällig; **~er** [-'zer] **1.** *v/i* (2s) gefallen (***a*** *j-m*); **2.** *m* Vergnügen *n*; Freude *f*; Genuss *m*; Belieben *n*; ***~!*** angenehm!; ***a seu ~*** wie es Ihnen beliebt; ***com*** (***muito***) ***~*** (sehr) gern; ***ter o ~ de*** sich freuen zu; ***ter ~ em fazer*** *et* gern tun; ***muito ~ em conhecê-lo!*** sehr erfreut Sie kennen zu lernen!; **~eroso** [-ze'rozu] *bras* → ***prazenteiro***

prazo ['prazu] *m* Frist *f*; Zeit *f*; ***contrato*** *m* ***a ~*** Zeitvertrag *m*; ***pagamento*** *m* ***a ~*** Ratenzahlung *f*; ***~ de envio*** Einsendeschluss *m*; ***a ~s*** in Raten; ***a breve*** (*od* ***curto***) ***~*** kurzfristig; ***a longo ~*** langfristig; ***dar ~*** (Zahlungs)Aufschub gewähren; ***pôr ~ a*** *j-m* eine Frist setzen

preamar [prɛa'mar] *m bras* Hochflut *f*

preambular [prjẽbu'lar] **1.** *adj* einleitend; **2.** *v/t* (1a) einleiten

preâmbulo ['prjẽbulu] *m* Vorrede *f*; Einleitung *f*, Präambel *f*

pré-|aquecer [prɛɐkə'ser] (2g; *Stv* 2a) vorheizen; **~aviso(s)** [-ɐ'vizu] *m*(*pl*) Vorbescheid *m*; Kündigung *f*

prebenda [prə'bẽdɐ] *f* Pfründe *f*

prec|ariedade [prəkɐrjə'dadə] *f* Unsicherheit *f*; **~ário** [prə'karju] unsicher; prekär; ***a título ~*** widerruflich

preçário [prə'sarju] *m* Preisliste *f*

precat|ado [prəkɐ'tadu] vorsichtig; **~ar** [-'tar] (1b) warnen; ***~-se*** sich vorsehen; **~ório** [-'tɔrju] *m JUR* Bittschreiben *n*

pre|caução [prəkaw'sɐ̃w] *f* Vorsicht(smaßnahme) *f*; **~caucionar**, **~cautelar** [-sju'nar, -tə'lar] (1f, 1c) = **~caver** [-kɐ'ver] (2b) *e-m Unglück* vorbeugen; verhüten; ***~ de*** warnen vor (*dat*); aufmerksam machen auf (*ac*); ***~-se contra*** sich vorsehen (*od* hüten) vor (*dat*); **~cavido** [-kɐ'vidu] vorsichtig

prece ['prɛsə] *f* Gebet *n*; Bitte *f*

preced|ência [prəsə'dẽsjɐ] *f* Vorrang *m*; Vortritt *m*; **~ente** [-'dẽtə] **1.** *adj* vorhergehend; vorig; **2.** *m* Präzedenzfall *m*; ***sem ~*** beispiellos; **~er** [-'der] (2c) **1.** *v/t* vorangehen (*dat*); kommen vor (*dat*); (her)gehen vor *j-m*; ***~ de*** voranstellen; **2.** vorgehen; **~ido** [-'didu]: ***~ de*** geführt von; angekündigt (*od* eingeleitet) durch

preceit|o [prə'sɐjtu] *m* Vorschrift *f*; Regel *f*; ***~ facultativo*** Kannbestimmung *f*; ***a ~*** vorschriftsmäßig; sorgfältig; **~uar** [-'twar] (1g) festlegen; instruieren; **~uário** [-'twarju] *m* Vorschriften(sammlung *f*) *f*/*pl*

preciário [prə'sjarju] *m* → ***preçário***

precinta [prə'sĩtɐ] *f* Gurt *m*; Band *n*

precios|idade [prəsjuzi'dadə] *f* Kostbarkeit *f*; **~o** [-'sjozu] kostbar; wertvoll; Edel... (*Metall*, *Stein*)

precip|ício [prəsə'pisju] *m* Schlucht

P

f, Abgrund *m*; **~itação** [-tɐ'sɐ̃w] *f* Übereilung *f*; Hast *f*; *QUÍM* Ausfällung *f*; **~** (***pluvial***) *METEO* Niederschlag *m*; ***com*** **~** = **~itado** [-'tadu] **1.** *adj* hastig; **2.** *m QUÍM* Niederschlag *m*; **~itar** [-'tar] (1a) **1.** *v/t örtl* (hinab)stürzen; überstürzen; *Entscheidung* gewaltsam herbeiführen; *QUÍM* ausfällen; **2.** *v/i QUÍM* e-n Niederschlag bilden; **~*-se*** (davon)eilen; sich absetzen (*Sediment*); **~** ***após*** nachstürzen (*dat*); **~** ***no solo*** *AV* abstürzen

precípuo [prə'sipwu] **1.** *adj* Haupt...; zuständig; **2.** *m JUR* Bevorteilung *f* (*Erbe*)

precis|ado [prəsi'zadu]: ***andar*** (*od* ***estar***) **~** ***de*** arm sein an *et*; **~amente** [-zɐ'mẽtə] genau; **~*!*** richtig!; das ist es!; **~ão** [-'zɐ̃w] *f* **a**) Bedürfnis *n*; Mangel *m*; ***fazer*** **~** nötig sein; **b**) Genauigkeit *f*; *TÉCN* Präzision *f*; ***com*** **~** genau; präzis; ***ter*** **~** ***de*** = **~ar** [-'zar] (1a) **1.** *v/t* präzisieren; definieren; **2.** *v/i* Mangel leiden; arm sein; **~** ***de*** brauchen (*ac*); müssen *inf*; ***precisa-se*** gesucht; **~o** [-'sizu] **a**) nötig; ***é*** **~** *inf* man muss; *bei folgender Verneinung*: man darf nicht; **b**) genau; bestimmt; ***neste*** **~** ***momento*** in ebendiesem Augenblick

preclaro [prɛ'klaru] berühmt; herrlich

preço ['presu] *m* Preis *m*; Wert *m*; **~** ***corrente***, **~** ***do mercado*** Markt- (*od* Tages)Preis *m*; **~** ***de compra*** (***venda***) Ein- (Ver)kaufspreis *m*; **~** ***de custo*** Selbstkostenpreis *m*; **~** ***fixo*** Festpreis *m*; **~** ***único*** Einheitspreis *m*; **~** ***por inteiro***, **~** ***global*** Pauschalangebot *n*, -preis *m*; ***a todo o*** **~** um jeden Preis; ***a*** **~** ***zero*** zum Nulltarif; ***de*** **~** wertvoll; ***descer*** (***subir***) ***de*** **~** im Preis fallen (steigen); ***pôr*** **~** ***a*** (ab-, ein)schätzen (*ac*); den Preis festsetzen für; ***ser muito a*** **~** sehr preiswert sein; ***não ter*** **~** **a**) wertlos sein; **b**) unbezahlbar sein

precoc|e [prə'kɔsə] vorzeitig; frühreif; **~idade** [-kusi'dadə] *f* Frühreife *f*; Vorzeitigkeit *f*

preconc|eber [prəkõsə'ber] (2c) vorherbedenken; **~ebido** [-sə'bidu] vorgefasst; **~eito** [-'sɐjtu] *m* Vorurteil *n*; ***sem*** **~*s*** vorurteilsfrei

preconizar [prəkuni'zar] (1a) anpreisen; verkünden; eintreten für; empfehlen; *REL* präkonisieren

pré-cozinhado(s) [prɛkuzi'ɲadu] *m*(*pl*) Fertiggericht *n*

precursor [prəkur'sor] *m* Vorläufer *m*

preda|dor [prədɐ'dor] *m* Plünderer *m*; *BIOL* Räuber *m*; **~tório** [-'tɔrju] *BIOL* räuberisch

predecessor [prədəsə'sor] *m* Vorgänger *m*

predestin|ação [prədəʃtinɐ'sɐ̃w] *f* Vorherbestimmung *f*; **~ado** [-'nadu] geschaffen (***para*** für); vorherbestimmt; *REL* auserwählt; **~ar** [-'nar] (1a) vorausbestimmen

predial [prə'djaɫ] Grund- und Gebäude...; ***contribuição*** *f* **~** Grundsteuer *f*; ***registo*** *m* **~** Grundbuchamt *n*

predic|ado [prədi'kadu] *m* Eigenschaft *f*; *fig*, *GRAM* Prädikat *n*; **~ador** [-kɐ'dor] *m* Prediger *m*

predição [prədi'sɐ̃w] *f* Vorhersage *f*

predic|ar [prədi'kar] (1n) predigen; **~ativo** [-kɐ'tivu] *GRAM* prädikativ; ***nome*** *m* **~** Prädikatsnomen *n*

predile(c)|ção [prədilɛ'sɐ̃w] *f* Vorliebe *f*; ***da*** **~** ***de*** bevorzugt von *j-m*; **~to** [-'lɛtu] Lieblings...

prédio ['prɛdju] *m* Grundstück *n*; Haus *n*; **~** ***de gaveto*** Eckhaus *n*

predisp|or [prɛdiʃ'por] (2zd) vorbereiten; empfänglich machen; *JUR* verfügen; **~*-se a*** sich durchringen zu; gefasst sein auf (*ac*); **~osição** [-puzi'sɐ̃w] *f* Anlage *f*; Veranlagung *f*; Empfänglichkeit *f*; *MED* Anfälligkeit *f*; **~osto** [-'poʃtu]: **~** ***a*** veranlagt zu; anfällig für

predizer [prɛdi'zer] (2x) voraus-, vorhersagen

predomin|ar [prədumi'nar] (1a) vorherrschen, überwiegen; **~ínio** [-'minju] *m* Vorherrschaft *f*

pré-embalado [prɛẽbɐ'ladu] abgepackt (*Lebensmittel*)

preemin|ência [prəimi'nẽsjɐ] *f* Vorzug *m*; Überlegenheit *f*; **~ente** [-'nẽtə] hervorragend

preempção [prjẽ'sɐ̃w] *f* Vorkauf(s-recht *n*) *m*

preench|er [prjẽ'ʃer] (2a) ausfüllen; *Pflicht* erfüllen; *Stelle* (neu) besetzen; *Lücke* füllen; **~imento** [-ʃi'mẽtu] *m* Ausfüllen *n*; (Pflicht)Er-

füllung *f*; (Neu)Besetzung *f*
pré-escolar [-əʃku'lar] Vorschul...
preestabelecer [preiʃtɐbələ'ser] (2g) im Voraus bestimmen
pré-|estação [prɛəʃtɐ'sɐ̃w] *f* Vorsaison *f*; **~fabricado** [-fɐbri'kadu] vorgefertigt; ***casa*** *f* ***-a*** Fertighaus *n*
pref|aciar [prəfɐ'sjar] (1g) einleiten; **~ácio** [-'fasju] *m* Vorwort *n*
prefeit|o [prə'fɐjtu] *m* Präfekt *m*; *bras* Bürgermeister *m*; **~ura** [-'turɐ] *f* Präfektur *f*; *bras* Rathaus *n*
prefer|ência [prəfə'rẽsjɐ] *f* Vorzug *m*; Vorliebe *f*; Vorrang *m*; Bevorzugung *f*; *JUR* Vorkaufsrecht *n*; ***com ~*** vorzugsweise; ***de ~*** am liebsten; ***dar a ~ a*** *j-m* den Vorzug geben; **~encial** [-'sjaw] *bras* **1.** *adj* Vorzugs...; **2.** *f* Vorfahrtstraße *f*; **~ido** [-'ridu] Lieblings...; **~ir** [-'rir] (3c) vorziehen (***a*** vor *dat*); bevorzugen; ***prefiro*** ich habe ... lieber; **~ível** [-'rivɛɫ] vorzuziehen; besser
prefix|ar [prəfi'ksar] (1a) (vorher) festsetzen; vorschreiben; voranstellen; **~o** [-'fiksu] **1.** *adj* vorgeschrieben; **2.** *m GRAM* Präfix *n*; *bras TEL* Vorwahl *f*; *TV* Vorspann *m*; Erkennungsmelodie *f*
prega ['prɛgɐ] *f* Falte *f* (*Kleidung*); Bügelfalte *f*; *GEOL* Bodenwelle *f*
pregação [prɛgɐ'sɐ̃w] *f* Predigt *f*; F Gardinenpredigt *f*
pregad|eira [prəgɐ'dɐjrɐ] *f* Nadelkissen *n*; **~o** [-'gadu] *m ZO* Steinbutt *m*
pregador[1] [prəgɐ'dor] *m* Spange *f*; Klammer *f*
pregador[2] [prɛgɐ'dor] *m* Prediger *m*
pregão [prɛ'gɐ̃w] *m* Aufruf *m*; Ankündigung *f*; ***-ões*** *pl* Aufgebot *n*
pregar[1] [prɛ'gar] (1o) *REL* predigen; verkünden; (öffentlich) ausrufen; F ausposaunen; ***~ à parede, ~ no deserto*** *fig* tauben Ohren predigen
pregar[2] [prə'gar] (1o; *Stv* 1c) **1.** *v/t* annageln; *Nagel* einschlagen; *Brosche* anstecken; *Papier* zusammenheften; *Knopf* annähen; *Auge* heften (***em*** auf *ac*); *Leid* zufügen; ***não ~ olho*** kein Auge zutun; ***~ uma partida a*** *j-m* e-n Streich spielen; **2.** *v/i*: ***~ com alc no chão*** et zu Boden werfen; ***~ consigo*** hinfallen
prego ['prɛgu] *m* Nagel *m*; Hutnadel *f*; F *fig* Pfandhaus *n*; ***~ no pão*** *CUL* Bratensandwich *n*; ***~ torcido*** Schraubnagel *m*; ***dormir como um ~*** F wie ein Murmeltier schlafen
prego|ar [prə'gwar] (1f) → ***apregoar***; ausrufen; preisen; **~eiro** [-'gwɐjru] *m* Auktionator *m*; Ausrufer *m*
preguear [prə'gjar] (1l) fälteln; *bras* F schlappmachen
pregu|iça [prə'gisɐ] *f* Faulheit *f*; Trägheit *f*; *ZO* Faultier *n*; **~içar** [-'sar] (1p) faulenzen; **~iceira** [-'sɐjrɐ] *f* Faulenzerdasein *n*; Lehnstuhl *m*; **~iceiro** [-'sɐjru] **1.** *m* Faulenzer *m*; → ***~iceira***; **2.** *adj* bequem; Ruhe...; = **~içoso** [-'sozu] **1.** *adj* faul; träge; **2.** *m* Faulpelz *m*
pré-histór|ia [prɛiʃ'tɔrjɐ] *f* Vorgeschichte *f*; **~co** [-riku] prähistorisch
preia-mar [prɐjɐ'mar] *f* Hochflut *f*
pré-inquérito [prɛĩ'kɛritu] *m* Voruntersuchung *f*
preito ['prɐjtu] *m* Pakt *m*; Gefolgschaft *f* (***render*** leisten)
prejudic|ar [prəʒudi'kar] (1n) schaden (*dat*); schädigen; **~ial** [-'sjaɫ] schädlich; nachteilig
prejuízo [prə'ʒwizu] *m* Schaden *m*; Verlust *m*; Nachteil *m*; Vorurteil *n*; ***em ~ de*** zulasten von; ***causar ~ a*** → ***prejudicar***; ***sem ~*** unbeschadet (*gen*)
prelado [prə'ladu] *m* Prälat *m*
pré-lavado [prɛlɐ'vadu] vorgewaschen
prele(c)ção [prəlɛ'sɐ̃w] *f* (belehrender) Vortrag *m*
preliminar [prələmi'nar] **1.** *adj* Vor...; einleitend; **2.** *m* Einleitung *f*; Vorbedingung *f*; ***~es*** *pl* Vorverhandlungen *f/pl*; **3.** *f Sport*: Ausscheidungskampf *m*
prélio ['prɛlju] *m* Kampf *m*; Ringen *n*
prelo ['prɛlu] *m* Druckerpresse *f*; ***estar no ~*** im Druck sein
prel|udiar [prəlu'djar] (1g) einleiten; ankündigen; *MÚS* präludieren; **~údio** [-'ludju] *m MÚS* Vorspiel *n*, Präludium *n*; Einleitung *f*; Vorzeichen *n*
prematur|idade [prəmɐturi'dadə] *f* Frühreife *f*; Vorzeitigkeit *f*; **~o** [-'turu] frühreif; verfrüht, vorzeitig
premedit|ação [prəmədit ɐ'sɐ̃w] *f* Vorsätzlichkeit *f*; ***com ~*** mit Vorbedacht; **~ado** [-'tadu] vorsätzlich; **~ar** [-'tar] (1a) planen

P

prem|ência [prə'mẽsjɐ] *f* Dringlichkeit *f*; **~ente** [-'mẽtə] drückend; dringend; **~er** [-'mer] (2c) (aus-, zusammen)drücken; *fig* be-, unterdrücken
premi|ado [prə'mjadu] **1.** *adj* preisgekrönt; ***números*** *m/pl* **~s** Gewinnzahlen *f/pl*; **2.** *m* Preisträger *m*; **~ar** [-'mjar] (1g *u* 1h) auszeichnen
prémio (*ê) ['prɛmju] *m* Preis *m* (***levar*** erhalten); Belohnung *f*; Prämie *f*; (Lotterie)Gewinn *m*; **~ *de consolação*** Trostpreis *m*; **~ *de risco*** Risikoprämie *f*
premir [prə'mir] (3d) *Taste* drücken
premissa [prə'misɐ] *f* Prämisse *f*
pré-moldado [prɛmoɫ'dadu] *bras* **1.** *adj* vorgefertigt; **2.** *m* Betonstein *m*
premun|ição [prəmuni'sɐ̃w] *f* Vorgeschmack *m*; Vorahnung *f*; **~ir** [-'nir] (3a) *et* verhüten; zuvorkommen (*dat*); bewahren vor (*dat*); **~-se *contra*** sich vorsehen vor (*dat*)
pré-natal [prɛnɐ'taɫ] pränatal
prend|a ['prẽdɐ] *f* Gabe *f*; Geschenk *n*; Talent *n*; ***jogo*** *m* ***de*** **~s** Pfänderspiel *n*; **~ado** [-'dadu] begabt; **~ar** [-'dar] (1a) beschenken
prender [prẽ'der] (2a; *p/p* ***preso***) **1.** *v/t* befestigen; festhalten (***por*** an *dat*); an-, festbinden; festnehmen; gefangen nehmen; in die Arme nehmen; *fig* binden (***a*** an *ac*); *ins Haar* stecken; *fig* fesseln; **2.** *v/i* haften; Fuß fassen; klemmen (*Fenster*); Feuer fangen; **~-se** hängen bleiben; zusammenhängen (***com*** mit); *zeitl* sich aufhalten (***por*** mit, wegen); sich aufregen (***com*** über *ac*)
prenh|e ['preɲə] trächtig; schwanger; voll; **~ *de consequências*** folgenschwer; **~ez** [prə'ɲeʃ] *f* Trächtigkeit *f*; Schwangerschaft *f*
prenome [prə'nomə] *m* Vorname *m*
prens|a ['prẽsɐ] *f* Presse *f*; *FOT* Kopierrahmen *m*; *TIP* Druckerpresse *f*; *AGR* Kelter *f*; **~ *hidráulica*** Hydraulikpresse *f*; **~agem** [-'saʒɐ̃j] *f* Pressung *f*; **~ar** [-'sar] (1a) pressen
pren|unciar [prənũ'sjar] (1g) ankündigen; **~úncio** [-'nũsju] *m* Ankündigung *f*; Anzeichen *n*
pré-nupcial [prɛnup'sjaɫ] vorehelich
preocup|ação [prjokupɐ'sɐ̃w] *f* Besorgnis *f*, Sorge *f*; ***ter a ~ de*** → ***estar ~ado com***; **~ado** [-'padu] besorgt; ***estar ~ com*** sich Sorgen machen um; beschäftigt sein mit; **~ante** [-'pɐ̃tə] Besorgnis erregend; **~ar** [-'par] (1a) beschäftigen; beunruhigen; **~-se** sich Gedanken (*od* Sorgen) machen (***com*** über *ac*, um); → ***estar ~ado***
pré-operacional [prɛopərɐsju'naɫ] Anlauf... (*bsd TÉCN*)
preopinante [prjopi'nɐ̃tə] *su POL* Vorredner(in *f*) *m*
pré-pagamento [prɛpɐgɐ'mẽtu] *m* Vorauszahlung *f*
prepar|ação [prəpɐrɐ'sɐ̃w] *f* Vorbereitung *f*; *CUL* Zubereitung *f*; *TÉCN* Behandlung *f*; *QUÍM* Darstellung *f*; (***não***) ***ter ~ para*** (keine) Vorbildung haben für; **~ado** [-'radu] *m* Präparat *n*; **~ador** [-'dor] *m* Präparator *m*; **~ar** [-'rar] (1b) vorbereiten (***para*** auf *ac*); *CUL* zubereiten; *Weg* bereiten; *j-n* ausbilden (***para*** für); *TÉCN Material* behandeln; *QUÍM* darstellen; präparieren; *Land* bestellen; **~-se *para*** sich anschicken zu; **~ativo** [-'tivu] *m* Vorbereitung *f*; **~s** *pl* Vorkehrungen *f/pl*; **~atório** [-'tɔrju] **1.** *adj* vorbereitend; **2.** *m*: **~s** *pl* Vorbereitungskurs *n*
preparo [prə'paru] *m* Vorbereitung *f*; (Prozesskosten)Anzahlung *m*; *bras* Bildung *f*; **~s** *pl* Zutaten *f/pl*
preponder|ância [prəpõdə'rɐ̃sjɐ] *f* Übergewicht *n*; Überlegenheit *f*; **~ante** [-'rɐ̃tə] vorwiegend; entscheidend; ***papel*** *m* **~** führende Rolle *f*; **~ar** [-'rar] (1c) überwiegen
prep|or [prə'por] (2zd) voranstellen; *fig* vorziehen; **~osição** [-puzi'sɐ̃w] *f GRAM* Präposition *f*
prepot|ência [prəpu'tẽsjɐ] *f* Gewalt *f*; Übergriff *m*; **~ente** [-'tẽtə] übermächtig; *fig* eigenmächtig
prepúcio [prə'pusju] *m ANAT* Vorhaut *f*
pré-reforma [prɛʀə'fɔrmɐ] *f* Vorruhestand *m*
prerrogativa [prəʀugɐ'tivɐ] *f* Vorrecht *n*
presa ['prezɐ] *f* Wegnahme *f*; Gefangennahme *f*; *bsd* Beute *f*; *NAV* Prise *f*; *ZO* Fang(zahn) *m*; Klaue *f*; (Ab)Binden *n* (*Zement*); ***fazer*** **~** abbinden; ***fazer ~ de*** erbeuten
presbita [prəʒ'bitɐ] *MED* weitsichtig

presb|itério [prəʒbi'tɛrju] *m* Pfarrhaus *n*; Pfarrkirche *f*; **~ítero** [-'bitəru] *m* Priester *m*; Pfarrer *m*
presbit|ia *f*, **~ismo** *m* [prəʒbi'tiɐ, -'tiʒmu] *MED* Weitsichtigkeit *f*
prescind|ir [prəʃsĩ'dir] (3a): **~ de** absehen von; verzichten auf (*ac*); entbehren; **~ível** [-'divɛɫ] entbehrlich
prescr|ever [prəʃkrə'ver] (2c; *p/p* **prescrito**) **1.** *v/t* vorschreiben; verordnen; **2.** *v/i* verfallen; ablaufen (*Frist*); *JUR* verjähren; **~ição** [-kri'sɐ̃w] *f* Vorschrift *f*; Verfall *m*; *JUR* Verjährung *f*
presença [prə'zẽsɐ] *f* **a**) Gegenwart *f*; Anwesenheit *f*; **b**) Aussehen *n*; Gestalt *f*; **~ de espírito** (*od* **ânimo**) Geistesgegenwart *f*; **à ~ de** angesichts (*gen*); vor; **em ~ de** angesichts (*gen*)
presenci|al [prəzẽ'sjaɫ] anwesend; **~ar** [-'sjar] (1g *u* 1h) zugegen sein
presentâneo [prəzẽ'tɐnju] sofortig
presente [prə'zẽtə] **1.** *adj zeitl* gegenwärtig; jetzig; anwesend; vorhanden; vorliegend; *in Urkunden*: vor- (*od* nach)stehend; **tempo** *m* **~** Gegenwart *f*; **estar ~** anwesend sein; **fazer ~** mitteilen; **ser ~** beistehen; **ter ~** sich erinnern an (*ac*); **2.** *m* **a**) Gegenwart *f*; *GRAM* Präsens *n*; **ao ~, de ~** gegenwärtig; **b**) Geschenk *n*; **dar de ~** (ver)schenken; **3.** *su* Anwesende(r) *su*; **4.** *f* Schreiben *n*; **pela ~, serve a ~ para** mittels dieses Schreibens; **~ar** [-'tjar] (1l) beschenken; verwöhnen; **~mente** [-'mẽtə] gegenwärtig
presépio [prə'zɛpju] *m* Stall *m*; *bsd* (Weihnachts)Krippe *f*
preserv|ação [prəzərvɐ'sɐ̃w] *f* Bewahrung *f*; Schutz *m*; **~ do meio ambiente** Umweltschutz *m*; **~ hídrica** Gewässerschutz *m*; **~ar** [-'var] (1c) bewahren, (be)schützen (**de** vor *dat*); **~ativo** [-vɐ'tivu] **1.** *adj* schützend, Schutz...; **2.** *m* Kondom *n*
presid|ência [prəzi'dẽsjɐ] *f* Präsidentschaft *f*; Präsidium *n*; Vorsitz *m*; **~encial** [-dẽ'sjaɫ] **1.** *adj* Präsident(schafts)...; **2.** *f*: **-ais** *pl POL* Präsidentschaftswahlen *f/pl*; **~encialismo** [-dẽsjɐ'liʒmu] *m* Präsidialsystem *n*; **~ente** [-'dẽtə] **1.** *adj* präsidierend; **2.** *m*, **-a** *f* Präsident(in *f*) *m*; Vorsitzende(r) *su*; **~ da câmara** Bürgermeister(in *f*) *m*; **~ da junta** Gemeindevorsteher(in *f*) *m*
pres|idiário [prəzi'djarju] **1.** *adj* Straf...; Sträflings...; **2.** *m* Sträfling *m*; **~ídio** [-'zidju] *m* Zuchthaus *n*; **~idir** [-zə'dir] (3a): **~ a** den Vorsitz führen; leiten (*ac*); vorstehen (*dat*)
presigo [prə'zigu] *m CUL* Beilage *f*; (Brot)Belag *m*
presilha [prə'ziʎɐ] *f* Schlinge *f*
pré-sinalização [prɛsinɐlizɐ'sɐ̃w] *f*: **triângulo** *m* **de ~** *AUTO* Warndreieck *n*
preso ['prezu] **1.** *p/p von* **prender**; **estar ~ a** gebunden sein (kleben) an (*dat*); **ficar ~ a** hängen bleiben an (*dat*); **2.** *m* Häftling *m*
pressa ['prɛsɐ] *f* Eile *f*; Geschwindigkeit *f*; Hast *f*; (Not)Fall *m*; Bedrängnis *f*; **à ~** eilig; hastig; **de ~** eilig; **andar** (*od* **ir**) **com ~** eilen; schnell gehen (*od* fahren); **dar ~ a** beschleunigen; **dar-se ~** sich beeilen; **estar com ~** in Eile sein; **feito à ~** gepfuscht; **ter ~ em** es eilig haben zu
press|agiar [prəsɐ'ʒjar] (1g) vorhersagen; ankündigen; **~ágio** [-'saʒju] *m* Vorhersage *f*; An-, Vorzeichen *n*; Vorgefühl *n*
pressão [prə'sɐ̃w] *f FIS* Druck *m*; Druckknopf *m*; **alta** (**baixa**) **~** *METEO* Hoch- (*TÉCN* Nieder-, *METEO* Tief)druck *m*; **~ atmosférica** Luftdruck *m*; **zona** *f* **de alta** (**baixa**) **~** *MET* Hoch *n* (Tief *n*)
pressent|ido [prəsẽ'tidu] hellhörig; misstrauisch; **~imento** [-'mẽtu] *m* Ahnung *f*; Verdacht *m*; **~ir** [-'tir] (3e) ahnen; voraussehen; merken
pressionar [prəsju'nar] (1f) Druck ausüben auf (*ac*); drücken
pressup|or [prəsu'por] (2zd) voraussetzen; annehmen; vermuten; **~osto** [-'poʃtu] *m* Voraussetzung *f*; Annahme *f*; Absicht *f*; Vorwand *m*
pressur|izar [prəsuri'zar] (1a) Druckausgleich herstellen in (*dat*); **~oso** [-'rozu] eilig; eifrig; unruhig
prest|ação [prəʃtɐ'sɐ̃w] *f allg* Leistung *f*; *ECON* Rate *f*; **~ mensal** Monatsrate *f*; **pagamento** *m* **em -ões** Teilzahlung *f*; **a -ões** auf Raten; **~adio, ~ador** [-'diw, -'dor] brauchbar; gefällig; **~amista** [-'miʃtɐ] *su* Geldverleiher(in *f*) *m*; Pfandlei-

her(in *f*) *m*; **~ância** [-'tẽsjɐ] *f* Tauglichkeit *f*; Vortrefflichkeit *f*; **~ante** [-'tẽtə] tauglich; vortrefflich; **~ar** [-'tar] (1c) **1.** *v/t* (ver)leihen; *Hilfe, Eid* leisten; *Auskunft* erteilen; *Ehre* erweisen; *Erklärung* abgeben; *Gehör* schenken; *Rechenschaft* ablegen; **2.** *v/i* taugen; brauchbar sein; ***não ~ para nada*** (zu) nichts taugen; ***que lhe preste!*** *irón* wohl bekomm's!; ***~-se a*** sich eignen für (*od* zu); **~ativo** [-'tivu] hilfsbereit; **~ável** [-'tavɛɫ] brauchbar; diensteifrig; **~es** ['prɛʃtəʃ] bereit; unverzüglich; ***~ a*** bereit zu; **~eza** [-'tezɐ] *f* Schnelligkeit *f*; Dienstbeflissenheit *f*; ***com ~*** rasch; unverzüglich

prestidigit|ação [prəʃtidəʒitɐ'sɐ̃w] *f* Fingerfertigkeit *f*; ***artifício m de ~*** Zauberkunststück *n*; **~ador** [-'dor] *m* Zauberkünstler *m*, Taschenspieler *m*

prest|igiar [prəʃti'ʒjar] (1g) berühmt machen; ***~-se com*** sich Ansehen verschaffen mit; **~ígio** [-'tiʒju] *m* Zauber *m*; *fig* Ansehen *n*; Einfluss *m*; ***ter ~*** angesehen sein; **~igioso** [-ti'ʒjozu] wunderbar; einflussreich

préstimo ['prɛʃtimu] *m* Brauchbarkeit *f*; Gefälligkeit *f*; ***sem ~*** unbrauchbar

prestimoso [prəʃti'mozu] brauchbar; dienstbeflissen; gefällig

préstito ['prɛʃtitu] *m* Zug *m*; Gefolge *n*; *REL* Prozession *f*; ***~ fúnebre*** Leichenzug *m*

presto ['prɛʃtu] schnell, rasch

presum|ido [prəzu'midu] eingebildet; **~ir** [-'mir] (3a) **1.** *v/t* annehmen, vermuten; **2.** *v/i*: ***~ de*** sich ... geben; **~ível** [-'mivɛɫ] vermutlich

presun|ção [prəzũ'sɐ̃w] *f* Vermutung *f*; Dünkel *m*; **~çoso** [-'sozu] eingebildet; **~tivo** [-'tivu] mutmaßlich; vermeintlich

presunto [prə'zũtu] *m* *roher* Schinken *m*

pré-temporada [prɛtẽpu'radɐ] *f* Vorsaison *f*

pretend|ente [prətẽ'dẽtə] *su* Bewerber(in *f*) *m*; Anwärter(in *f*) *m*; **~er** [-'der] (2a) **1.** *v/t* beanspruchen; verlangen; streben nach; beabsichtigen; behaupten; werben um; **2.** *v/i*: ***~ de*** sich bemühen zu; ***pretende-se*** *Zeitungsanzeige*: suche; **~ida** [-'didɐ] *f* (Aus)Erwählte *f*; Verlobte *f*; **~ido** [-'didu] umworben

pretens|ão [prətẽ'sɐ̃w] *f* Anspruch *m*; Forderung *f*; Bewerbung *f*; Bestrebung *f*; Wunsch *m*; Bitte *f*; Geltungsbedürfnis *n*; Überheblichkeit *f*; ***com -ões*** anspruchsvoll; ehrgeizig; überheblich; ***sem -ões*** anspruchslos; ***ter -ões*** beanspruchen (*ac*); *fig* hoch hinauswollen; F Flausen im Kopf haben; **~ioso** [-'sjozu] anmaßend, überheblich; eingebildet; geziert; **~o** [-'tẽsu] vermeintlich; angeblich

pré-tensor [prɛtẽ'sor] *m* *AUTO* Gurtstraffer *m*

preterir [prətə'rir] (3c) übergehen

pretérito [prə'tɛritu] **1.** *adj* vergangen; ***o ~ dia 2*** am 2. des (vergangenen) Monats; **2.** *m GRAM* Vergangenheit *f*, Präteritum *n*

pretext|ar [prətɐjʃ'tar] (1a) vorgeben; **~o** [-'tɐjʃtu] *m* Vorwand *m*, Ausrede *f*; Anlass *m*; ***a ~ de*** unter dem Vorwand zu *inf*

pret|idão [prəti'dɐ̃w] *f* Schwärze *f*; **~o** ['pretu] **1.** *adj* schwarz; **2.** *m depr* Schwarze(r) *m*

pré-tratamento [prɛtrɐtɐ'mẽtu] *m* Vorbehandlung *f*

preval|ecer [prəvɐlə'ser] (2g) überwiegen; den Ausschlag geben; ***~ sobre*** sich durchsetzen gegen; ***~-se de*** sich zunutze machen (*ac*); **~ência** [-'lẽsjɐ] *f* Überlegenheit *f*

prevaric|ação [prəvɐrikɐ'sɐ̃w] *f* Pflichtverletzung *f*, -vergessenheit *f*; **~ador** [-'dor] pflichtvergessen; **~ar** [-'kar] (1n) s-e Pflicht verletzen

preven|ção [prəvẽ'sɐ̃w] *f* Vorsorge *f*; Vorbeugung *f*; Verhütung *f* (*Straftat*); Warnung *f*; ***de ~*** vorsichtshalber; ***estar de ~*** *MIL* in Alarmbereitschaft sein; *fig* auf der Hut sein (***com*** vor *dat*); **~ido** [-'nidu] vorsichtig; misstrauisch; **~ir** [-'nir] (3d) Vorsorge treffen für; *Straftat* verhüten; ***~ de*** *j-n* warnen vor (*dat*); benachrichtigen von; ***~ em favor de*** (***contra***) für (gegen) *j-n* einnehmen; ***~-se*** sich vorsehen; **~tivo** [-'tivu] **1.** *adj* vorbeugend; präventiv; Schutz...; ***prisão*** *f* ***-a*** Untersuchungshaft *f*; **2.** *m* vorbeugende(s) Mittel *n*

prever [prə'ver] (2m) vorhersehen;

vorsorgen für; ***prevê-se que*** *conj* es wird davon ausgegangen, dass
previamente [prɛvjɐ'mẽtə] zuvor; im Voraus; von vornherein
previd|ência [prəvi'dẽsjɐ] *f* Voraussicht *f*; Weitblick *m*; Vorsorge *f*; **~** (***social***) Sozialversicherung *f*; **~ente** [-'dẽtə] vorausschauend; vorsichtig
prévio ['prɛvju] vorherig; Vor...
previs|ão [prəvi'zɐ̃w] *f* Voraussicht *f*; Vorhersage *f* (*Wetter*); **~ível** [-'zivɛɫ] voraussichtlich; vorhersehbar; **~or** [-'zor] *bras* → ***previdente***; **~to** [-'viʃtu] *p/p von* ***prever***
prez|ado [prə'zadu] geschätzt; **~ar** [-'zar] (1c) schätzen; achten; ehren (***com*** mit); lieben; **~-*se*** auf sich halten; sich rühmen (***de*** zu *inf*)
prim|a ['primɐ] *f* **a)** Kusine *f*; **b)** *MÚS* Prime *f*; E-Saite *f* (*der Geige*); **~acial** [-'sjaɫ] überlegen; Haupt...; **~ado** [-'madu] *m* Primat *n od m*; **~ar** [-'mar] (1a) den Vorrang haben; sich auszeichnen (***em*** in *dat*, ***por*** durch); **~ária** [-'marjɐ] *f*: (***escola*** *f*) **~** Grundschule *f*; (***eleições*** *f/pl*) **~s** *pl* Vorwahlen *f/pl*; **~ário** [-'marju] anfänglich; primär; Grund...; ***ensino*** *m* **~** Grundschulwesen *n*, -bildung *f*; **~ata** [-'matɐ] *m ZO* Primat *m*; **~avera** [-'vɛrɐ] *f BOT* Primel *f*; ♀ Frühling *m*; **~averil** [-və'riɫ] Frühlings...; **~az** [-'maʃ] **1.** *adj* Haupt...; **2.** *m REL* Primas *m*; **~azia** [-'ziɐ] *f* Vorrang *m*; Primat *m od n*
primeira [pri'mɐjrɐ] *f*: ***à*** **~** auf den ersten Blick; auf Anhieb; zunächst; ***da*** (*od* ***de***) **~** erstklassig; **~mente** [-'mẽtə] erstens; zunächst
primeiro [pri'mɐjru] **1.** *adj* erst(e, -er, -es); ***em*** **~** ***lugar*** vor allem; = **2.** *adv* → ***primeiramente***; **~** ***que*** eher als; früher als; **~** ***que tudo*** zuallererst; **~-...** *in Zssgn*: Ober...; **~(s)-ministro(s)** [-mə'niʃtru] *m(pl)* Premier(minister) *m*, Ministerpräsident *m*
primevo [pri'mɛvu] Früh...; Ur...
primícias [prə'misjɐʃ] *f/pl* Erstlinge *m/pl*; Anfänge *m/pl*
primitiv|idade [primətivi'dadə] *f* Ursprünglichkeit *f*; **~ismo** [-'viʒmu] *m* Urzustand *m*; Primitivität *f*; **~o** [-'tivu] ursprünglich; Ur...; primitiv; ***povos*** *m/pl* **~s** Naturvölker *n/pl*
primo ['primu] **1.** *adj* erst; ***número*** *m* **~** Primzahl *f*; **2.** *m* Cousin *m*; **~génito** (*ê) [-'ʒɛnitu] erstgeboren
prim|or [pri'mor] *m* Vollkommenheit *f*; Schönheit *f*; Meisterwerk *n*; ***a*** **~** ganz vorzüglich; **~ordial** [-mur'djaɫ] erstrangig; Haupt...; ursprünglich; **~órdio** [-'mɔrdju] *m*: **~s** *pl* Ursprünge *m/pl*; **~oroso** [-mu'rozu] vorzüglich; prachtvoll
prímula ['primulɐ] *f BOT* Primel *f*
princ|esa [prĩ'sezɐ] *f* Prinzessin *f*; **~ipado** [-si'padu] *m* Fürstentum *n*; Fürstentitel *m*; **~ipal** [-si'paɫ] **1.** *adj* Haupt...; **2.** *m* Hauptsache *f*; *REL* Prior *m*; *fig* Magnat *m*; **~ipalmente** [-sipaɫ'mẽtə] hauptsächlich
príncipe ['prĩsipə] *m* Prinz *m*; **~** ***herdeiro*** Erb-, Kronprinz *m*
princip|esco [prĩsi'peʃku] fürstlich; **~iante** [-'pjẽtə] *su* Anfänger(in *f*) *m*; **~iar** [-'pjar] (1g) anfangen (***a*** zu, ***em*** bei); **~** ***por*** damit beginnen zu
princípio [prĩ'sipju] *m* Anfang *m*; Prinzip *n*; Grundlage *f*; ***a*** **~** anfangs; ***ao*** **~**, ***no*** **~** am Anfang; ***de*** **~** prinzipiell; ***em*** **~** im Prinzip; ***em*** **~*s de*** *Datum*: Anfang ...; ***por*** **~** aus Prinzip; **~s** *pl* Anfänge *m/pl*; Anfangsgründe *m/pl*; ***pôr a*** **~** in Angriff nehmen; beginnen (lassen)
prior [prjor] *m*, **-esa** *f* Prior(in *f*) *m*; **~idade** [prjuri'dadə] *f* Vorrang *m*; *AUTO* Vorfahrt *f* (***ceder*** gewähren); ***ceda a*** **~*!*** Vorfahrt beachten!; **~itário** [prjuri'tarju] vordringlich
pris|ão [pri'zɐ̃w] *f* Verhaftung *f* (***proceder a*** vornehmen); Haft *f*; Gefängnis *n*; **~** ***correccional*** Gefängnisstrafe *f* (*bis zu 2 Jahren*); **~** ***de ventre*** *MED* Verstopfung *f*; ***ordem*** *f* ***de*** **~** Haftbefehl *m*; **~** ***efectiva*** Haftstrafe *f* ohne Bewährung; **~** ***preventiva*** Untersuchungshaft *f*; **~ional** [-zju'naɫ] ***estabelecimento*** *m* **~** Justizvollzugsanstalt *f*; **~-*escola*** *f* Heim *n* für Schwererziehbare; **~ioneiro** [-zju'nɐjru] *m* Häftling *m*
prism|a ['priʒmɐ] *m* Prisma *n*; *fig* Gesichts-, Standpunkt *m*; **~ático** [-'matiku] prismatisch
priv|ação [privɐ'sɐ̃w] *f* Entzug *m*; Entbehrung *f*; **~acidade** [-vɐsi'dadə] *f* Privatsphäre *f*; Intimität *f*; **~ada** [-'vadɐ] *f* Abort *m*; **~** ***pública***

öffentliche(s) WC *n*; ***ir à ~*** austreten; **~ado** [-'vadu] privat; persönlich; *fig* beraubt (***de*** *gen*); ohne; **~ança** [pri'vẽsɐ] *f* Vertraulichkeit *f*; **~ar** [-'var] (1a): ***~ com*** Umgang haben mit; ***~ de*** *j-m* entziehen (*ac*); *j-n* davon abhalten zu; ***~-se de*** verzichten auf (*ac*); **~ativo** [-vɐ'tivu] *JUR* ausschließlich; persönlich; ***~ de*** vorbehalten (*dat*); **~atização** [-vɐtizɐ'sɐ̃w] *f* Privatisierung *f*; **~atizar** [-vɐti'zar] (1a) privatisieren

privil|egiado [prəvilə'ʒjadu] privilegiert; einzigartig; **~egiar** [-'ʒjar] (1g) privilegieren; bevorzugen; **~égio** [-'lɛʒju] *m* Vorrecht *n*; ***~ de venda*** Alleinverkaufsrecht *n*

pró [prɔ] **1.** *adv* dafür; **2.** *m* Vorteil *m*; ***~s*** *pl* ***e contras*** Pro und Contra *n* (***medir*** abwägen); **3.** *in Zssgn* pro...

prò(s) [prɔ] F *Zssg von* ***para*** *u* ***o***(***s***)

proa ['proɐ] *f NAV* Bug *m*; Vorderteil *n*; *fig* Anmaßung *f*; Dünkel *m*; ***de ~*** frontal; ***pela ~*** von vorn

probabilidade [prubɐbəli'dadə] *f* Wahrscheinlichkeit *f*; Aussicht *f*

prob|ante [pru'bɐ̃tə] schlagend (*Beweis*); glaubwürdig; **~atório** [-bɐ'tɔrju] beweisend, Beweis...

probidade [prubi'dadə] *f* Rechtschaffenheit *f*

problem|a [pru'blemɐ] *m* Problem *n*; Schwierigkeit *f*; *Schule*: (Rechen-) Aufgabe *f*; **~ática** [-blə'matikɐ] *f* Problematik *f*; **~ático** [-blə'matiku] problematisch

probo ['prɔbu] rechtschaffen

proced|ência [prusə'dẽsjɐ] *f* Herkunft *f*; Ursprung *m*; Logik *f*; **~ente** [-'dẽtə] folgerichtig; ***~ de*** (stammend) von, aus; **~er** [-'der] (2c) **1.** *v/i* fortschreiten; verlaufen; schlüssig sein; sich verhalten; handeln; ***~ a*** schreiten zu; vornehmen (*ac*); ***~ contra*** vorgehen gegen; verklagen (*ac*); ***~ de*** stammen aus; hervorgehen aus; **2.** *m* = **~imento** [-di'mẽtu] *m* Verhalten *n*; Verfahren *n*

procel|a [pru'sɛlɐ] *f* Orkan *m*, Sturm *m*; **~ária** [-sə'larjɐ] *f ZO* Sturmvogel *m*; **~oso** [-sə'lozu] sturmgepeitscht; aufgewühlt (*a fig*)

process|ador [prusəsɐ'dor] *m INFORM* Prozessor *m*; ***~ de texto*** Textprozessor *m*; **~amento** [-'mẽtu] *m* Be-, Verarbeitung *f*; ***~ de dados*** *INFORM* Datenverarbeitung *f*; ***~ de textos*** *INFORM* Textverarbeitung *f*; **~ar** ['sar] (1c) *JUR* verklagen; *fig* nachprüfen; *INFORM* verarbeiten; ***~-se*** ablaufen; **~ional** [-sju'nał] *REL* Prozessions...

process|o [pru'sesu] *m JUR* Prozess *m*; Fortgang *m*; *TÉCN* Verfahren *n*; Vorgang *m*; ***meter em ~*** den Prozess machen (*dat*); **~ual** [-'swał] *JUR* Prozess...; Verfahrens...

procissão [prusi'sɐ̃w] *f REL* Prozession *f*; Umzug *m*

proclam|a [pru'klɐmɐ] *m* (Ehe)Aufgebot *n*; ***correr os ~s*** das Aufgebot bestellen; **~ação** [-mɐ'sɐ̃w] *f* Verkündigung *f*; Ausrufung *f*; *POL* Proklamation *f*; **~ar** [-klɐ'mar] (1a) verkündigen; *POL* proklamieren; erklären für; ***~-se*** sich erklären zu

procrastinar [prukrɐʃti'nar] (1a) aufschieben; hinauszögern

procri|ação [prukriɐ'sɐ̃w] *f* Fortpflanzung *f*; **~ador** [-'dor] *m* Erzeuger *m*; **~ar** [-'krjar] (1g) **1.** *v/t* erzeugen; **2.** *v/i* sich fortpflanzen

procur|a [prɔ'kurɐ] *f* Suche *f*; *ECON* Nachfrage *f*; ***~ externa*** (***interna***) Auslands- (Inlands)nachfrage *f*; ***à ~ de*** auf der Suche nach; **~ação** [-rɐ'sɐ̃w] *f* Vollmacht *f*; **~ador** [-'dor] *m* Bevollmächtigte(r) *m*; Prokurator *m*; *ECON* Prokurist *m*; ***~ da República*** Staatsanwalt *m*; ***~-geral*** Generalstaatsanwalt *m*; **~adoria** [-du'riɐ] *f* Staatsanwaltschaft *f*; **~ar** [-'rar] (1a) suchen (***por*** nach); *j-n* aufsuchen; *et* versuchen

prodig|alidade [prudigɐli'dadə] *f* Verschwendung *f*; **~alizar** [-li'zar] (1a) = **~ar** [-'gar] (1o) verschwenden

prod|ígio [pru'diʒju] *m* Wunder *n*; ***menino*** *m* ***~*** Wunderkind *n*; **~igioso** [-di'ʒjozu] wunderbar

pródigo ['prɔdigu] **1.** *adj* verschwenderisch; ***o filho ~*** der verlorene Sohn; **2.** *m* Verschwender *m*

pródromo ['prɔdrumu] *m* Vorrede *f*, -spiel *n*; ***~s*** *pl* erste Anzeichen *n/pl*

produ|ção [prudu'sɐ̃w] *f* Erzeugung *f*, Herstellung *f*, Produktion *f*; *LIT* Schöpfung *f*; Erzeugnis *n*; Leistung *f*; ***~ ajustada*** schlanke Produktion *f*; ***~ em massa*** Massenproduktion *f*;

P

~ *em série* Serienproduktion *f*; **~cente** [-'sẽtə] schlüssig; → **~*tor***; **~tividade** [-təvi'dadə] *f* Leistungsfähigkeit *f*; Produktivität *f*; Ergiebigkeit *f*; **~tivo** [-'tivu] leistungsfähig; produktiv; ergiebig; schöpferisch; **~to** [-'dutu] *m* Produkt *n*; Erzeugnis *n*; Ertrag *m*; **~ *de fissão*** *FIS* Spaltprodukt *n*; **~ *de primeira necessidade*** Grundbedarfsprodukt *n*; **~ *descartável*** Einwegprodukt *n*; **~ *interno bruto*** *ECON* Bruttoinlandsprodukt *f* (***PIB*** BIP); **~ *semi-acabado*** Halbfabrikat *n*; **~tor** [-'tor] **1.** *adj* erzeugend; produzierend; Hersteller...; Produktions...; **2.** *m* *ECON* Produzent *m*; Urheber *m*; **~zir** [-'zir] (3m) *ECON* erzeugen; schaffen; hervorrufen (***em*** bei); zum Ergebnis haben; *Gewinn* abwerfen; *Gründe* vorbringen; *Früchte* tragen; **~-*se*** sich ereignen

proemin|ência [prwimi'nẽsjɐ] *f* Vorsprung *m*; Anhöhe *f*; *MED* Auswuchs *m*; **~ente** [-'nẽtə] vorspringend; erhöht; *fig* prominent

proémio (*ê) ['prwɛmju] *m* Vorrede *f*

proeza ['prwezɐ] *f* Mut *m*; Heldentat *f*

prof. ***professor*** *m* Lehrer *m*; Professor *m*

profan|ação [prufɐnɐ'sɐ̃w] *f* Entweihung *f*; Profanierung *f*; **~ar** [-'nar] (1a) *REL* entweihen; herabwürdigen; **~o** [-'fɐnu] profan

profecia [prufə'siɐ] *f* Prophezeiung *f*

proferir [prufə'rir] (3c) aussprechen; äußern; *Urteil* sprechen; *Rede* halten; *Gesetz* verkünden

profess|ar [prufə'sar] (1c) *Lehre* verkündigen; sich bekennen zu; lehren; ausüben; sich widmen; bekunden; *Bewunderung* zollen; *Freundschaft* schenken

professor [prufə'sor] *m*, **-a** *f* Lehrer(in *f*) *m*; *UNIV* Dozent(in *f*) *m*; Professor(in *f*) *m*; **~ *catedrático*** Lehrstuhlinhaber *m*; **~ *convidado*** Gastprofessor *m*; **~ *do magistério primário*** Grundschullehrer *m*; **~ *de liceu*** Studienrat *m*; **~ *efectivo*** beamtete(r) Lehrer *m*; **~ *provisório*** angestellte(r) Lehrer *m*; **~ado** [-su'radu] *m* Lehramt *n*; *UNIV* Professur *f*; Hochschullehrer *m/pl*; **~al** [-su'rał] Lehramts...; Professoren...; **~ando** [-su'rẽdu] *m*, **-a** *f* Lehramtskandidat(in *f*) *m*

prof|eta [pru'fɛtɐ] *m* Prophet *m*; **~ético** [-'fɛtiku] prophetisch; **~etisa** [-fə'tizɐ] *f* Prophetin *f*; **~etizar** [-fəti'zar] (1a) prophezeien

profici|ência [prufi'sjẽsjɐ] *f* Tüchtigkeit *f*; (Sach)Kompetenz *f*; **~ente** [-'sjẽtə] tüchtig; kompetent

prof|icuidade [prufikwi'dadə] *f* Nutzen *m*; **~ícuo** [-'fikwu] nützlich

profil|á(c)tico [prufi'latiku] vorbeugend; prophylaktisch; **~axia** [-lɐ'ksiɐ] *f* Prophylaxe *f*

profiss|ão [prufi'sɐ̃w] *f* Beruf *m*; Bekenntnis *n*; *fig* Berufung *f*; **~ *liberal*** freie(r) Beruf *m*; **~ional** [-sju'nał] **1.** *adj* beruflich; professionell; Berufs...; *ECON* Gewerbe...; ***ensino*** *m* **~** Berufsschulbildung *f*; ***escola*** *f* **~** Berufsschule *f*; ***orientador*** *m* **~** Berufsberater *m*; **2.** *su* Fachmann *m*, -frau *f*; F Profi *m*; **~ *liberal*** Freiberufler(in *f*) *m*; **-*ais*** *pl* ***itinerantes*** reisende Berufsgruppen *f/pl*; **~ionalismo** [-sjunɐ'liʒmu] *m* Professionalität *f*; **~ionalizar** [-sjunɐli'zar] (1a) professionalisieren

prófugo ['prɔfugu] flüchtig; unstet

profund|ar [prufũ'dar] (1a) **1.** *v/t* vertiefen; ergründen; **2.** *v/i* eindringen; **~as** [-'fũdɐʃ] *f/pl* *fig* *die* Tiefen *f/pl* (der Hölle); **~eza**, **~idade** [-'dezɐ, -di'dadə] *f* Tiefe *f*; *fig* Größe *f*; **~o** [-'fũdu] tief; abgründig (*Hass*)

profus|ão [prufu'zɐ̃w] *f* Verschwendung *f*; Überfluss *m*; **~o** [-'fuzu] verschwenderisch; reichlich

prog|énie [pru'ʒɛnjə] *f* Geschlecht *n*; Abstammung *f*; **~enitor** [-ʒəni'tor] *m* (Stamm)Vater *m*; Schöpfer *m*; **~es** *pl* Vorfahren *m/pl*

progn|ose [prug'nɔzə] *f* *MED* Prognose *f*; **~osticar** [-nuʃti'kar] (1n) **1.** *v/t* vorhersagen; prognostizieren; **2.** *v/i* eine Prognose stellen; **~óstico** [-'nɔʃtiku] *m* Vorhersage *f*; Prognose *f*; Anzeichen *n*

program|a [pru'grɐmɐ] *m* Programm *n*; Lehrplan *m*; *TV* Sendung *f*; **~ *de aplicação*** *INFORM* Anwenderprogramm *n*; **~ *de domínio público*** *INFORM* Public-Domain-Programm *n*; **~ *de entretenimento*** *TV* Unterhaltungssendung *f*; **~**

P

delicado Schongang *m*; ~ ***antivírus*** *INFORM* Antivirenprogramm *n*; **~ação** [-mɐ'sɐ̃w] *f* Programmierung *f*; *TV* Programmvorschau *f*; **~ador** [-mɐ'dor] *m* Programmierer *m*; **~ar** [-grɐ'mar] (1a) programmieren; ***estar -ado*** im Programm stehen; programmiert sein; **~ático** [-grɐ'matiku] programmatisch

progr|edimento [prugrədi'mẽtu] *m* Fortschreiten *n*; Fortgang *m*; **~edir** [-'dir] (3d) fortschreiten; weitergehen; **~essão** [-'sɐ̃w] *f* Progression *f*; → ***progredimento***; **~essista** [-'siʃtɐ] **1.** *adj* fortschrittlich; **2.** *su* fortschrittliche(r) Mensch *m*; **~essivo** [-'sivu] fortschreitend; progressiv; **~esso** [-'grɛsu] *m* Fortschritt *m*

proib|ição [prwibi'sɐ̃w] *f* Verbot *n*; **~ido** [-'bidu] verboten; **~ir** [-'bir] (3s) verbieten (***alg de*** *inf* j-m zu *inf*); **~itivo**, **~itório** [-bə'tivu, -bi'tɔrju] Verbots...; unerschwinglich (*Preis*); *ECON* prohibitiv

proje(c)|ção [pruʒɛ'sɐ̃w] *f* Wurf *m*; *bsd* Projektion *f*; perspektivische(r) Entwurf *m*; *fig* Bedeutung *f*, Wirkung *f*; ~ ***vertical*** Aufriss *m*; **~cionista** [-sju'niʃtɐ] *su* Filmvorführer(in *f*) *m*; **~tar** [-'tar] (1a) schleudern; *Schatten* werfen; *PSIC*, *FOT* projizieren; *fig* planen; **~-se** fallen (*Schatten*); sich erstrecken; sich abzeichnen

projé(c)til [pru'ʒɛtiɫ] *m* Geschoss *n*; Projektil *n*; ***chuva*** *f* ***de -eis*** Geschosshagel *m*; ~ ***oblíquo*** Querschläger *m*

P

proje(c)t|ista [pruʒɛ'tiʃtɐ] *su* Planer(in *f*) *m*; **~o** [-'ʒɛtu] *m* Projekt *n*; ~ ***de lei*** Gesetzentwurf *m*; ~ ***piloto*** Pilotprojekt *n*; **~or** [-'tor] *m* Scheinwerfer *m*; Projektor *m*

prol [prɔɫ] *m*: ***de*** ~ herausragend; ***em*** ~ ***de*** zum Besten (*gen*); für

prolapso [pru'lapsu] *m MED* Vorfall *m*

prole ['prɔlə] *f* Nachkommenschaft *f*

prolet|a [pru'lɛtɐ] **1.** *adj depr* proletenhaft; **2.** *su depr* Prolet(in *f*) *m*; **~ariado** [-lətɐ'rjadu] *m* Proletariat *n*; **~ário** [-lə'tarju] **1.** *adj* proletarisch; **2.** *m* Proletarier *m*; **~arizar** [-lətɐri'zar] (1a) proletarisieren

prolif|eração [prulifərɐ'sɐ̃w] *f* Vermehrung *f*, Verbreitung *f*; **~erar** [-'rar] (1c) sich vermehren; wuchern; **~icação** [-fikɐ'sɐ̃w] *f* Vermehrung *f*; *BOT* Durchwachsung *f*; **~icar** [-fi'kar] (1n) → ***~erar***

prolífico [pro'lifiku] fruchtbar; reich an Nachkommen (*Familie*)

prolixo [pru'liksu] weitschweifig; langatmig; umständlich

prólogo ['prɔlugu] *m* Prolog *m*

prolong|a [pru'lõgɐ] *f* Verzögerung *f*; Aufschub *m*; **~ação** *f*, **~amento** *m* [-gɐ'sɐ̃w, -'mẽtu] Verlängerung *f*; Verzögerung *f*; **~ado** [-'gadu] lang (anhaltend); ***fim-de-semana*** *m* ~ lange(s) Wochenende *n*; **~ar** [-'gar] (1o) verlängern; (aus)dehnen; **~-se** sich hinziehen; dauern

prolóquio [pru'lɔkju] *m* Sprichwort *n*

promessa [pru'mɛsɐ] *f* Versprechen *n*; Gelübde *n*; *REL* Verheißung *f*; ***faltar à*** ~ sein Versprechen nicht (ein)halten; ***fazer*** ~ ein Versprechen geben; ein Gelübde ablegen

promet|edor [prumətə'dor] viel versprechend; aussichtsreich; **~er** [-'ter] (2c) **1.** *v/t* versprechen; *REL* geloben; verheißen; **2.** *v/i*: ~ ***muito*** (***pouco***) gut (schlecht) stehen; **~-se** (sich *et*) erwarten (***de*** von); **~ido** [-tidu] **1.** *adj* verlobt; versprochen; **2.** *m*, **-a** *f* Verlobte(r) *su*; **~imento** [-ti'mẽtu] *m* Versprechen *n*, Zusage *f*

prom|iscuidade [prumiʃkwi'dadə] *f* Durcheinander *n*, Mischung *f*; Promiskuität *f*; Zusammenleben *n*, -wohnen *n*; ***em*** ~ ***com*** zusammen mit; **~iscuir-se** [-miʃ'kwirsə] (3i) sich vermischen; sich einmischen; **~íscuo** [-'miʃkwu] gemischt; undeutlich

promiss|ão [prumi'sɐ̃w] *f* Verheißung *f*; ***Terra*** *f* ***da*** ♀ das Gelobte Land; **~or** [-'sor] verheißungsvoll; → ***prometedor***; **~ória** [-'sɔrjɐ] *f* Schuldverschreibung *f*; **~ório** [-'sɔrju] Schuld...

promo|ção [prumu'sɐ̃w] *f* Beförderung *f*; Veranstaltung *f*; *JUR* Antrag *m*; *ECON* Werbung *f*; Promotion *f*; Sonderangebot *n*; **~cional** [-sju'naɫ] förderlich; *ECON* werbewirksam; ***campanha*** *f* ~ Werbekampagne *f*

promontório [prumõ'tɔrju] *m* Vorgebirge *n*

promo|tor [prumu'tor] *m* Förderer *m*; Urheber *m*; *JUR* Anklagevertreter *m*; **~ *público*** *bras* Staatsanwalt *m*; **~ver** [-'ver] (2d) fördern; veranlassen; *Fest* veranstalten; *Beamte* befördern (***a*** zu); *JUR* beantragen

promulg|ação [prumułgɐ'sɐ̃w] *f* Bekanntgabe *f*; **~ar** [-'gar] (1o) *Gesetz* erlassen; bekannt geben

pronome [pru'nomə] *m* *GRAM* Pronomen *f*, Fürwort *n*

pront|amente [prõtɐ'mẽtə] bereitwillig; unverzüglich; **~idão** [-ti'dɐ̃w] *f* Schnelligkeit *f*; Bereitschaft *f*; ***estar de ~*** zur Verfügung stehen; **~ificar** [-təfi'kar] (1n) fertig machen; **~-*se a*** bereit sein zu

pronto ['prõtu] *zeitl* rasch; sofortig; umgehend; bereitwillig, eifrig; F fix; schlagfertig; bereit; ***a ~*** gegen bar; **de** (*od* **num**) **~** im Nu; ***~ a habitar*** bezugsfertig; **~-a-comer** [-ɐku-'mer] *m* Schnellimbiss *m*; **~-a--vestir** [-ɐvəʃ'tir] *m* Konfektion *f*; **~(s)-socorro(s)** [-su'koʀu] *m(pl)* Erste Hilfe *f*; Rettungswagen *m*; *AUTO* Abschleppdienst *m*

prontuário [prõ'twarju] *m* Handbuch *n*; *bras* Krankenakte *f*; *JUR* Strafregister *n* (*e-r Person*)

pronúncia [pru'nũsjɐ] *f* *LING* Aussprache *f*; *JUR* Anklage(erhebung) *f*; ***não ~*** Aufhebung *f* der Anklage

pronunci|ação [prunũsjɐ'sɐ̃w] *f* Aussprache *f*; **~ado** [-'sjadu] ausgeprägt; *JUR* unter Anklage stehend; **~amento** [-'mẽtu] *m* Stellungnahme *f*; Erklärung *f*; Aufstand *m*; **~ar** [-'sjar] (1g) aussprechen; hervorheben; *Rede* halten; *Urteil* sprechen; *JUR* unter Anklage stellen; **~-*se*** sich äußern (***sobre*** zu); putschen (***contra*** gegen)

propag|ação [prupɐgɐ'sɐ̃w] *f* Verbreitung *f*; *BIOL* Fortpflanzung *f*; **~ador** [-'dor] **1.** *adj*: **~ *de*** verbreitend; **2.** *m* Verbreiter *m*; Verkünder *m*; **~anda** [-'gɐ̃dɐ] *f* Propaganda *f*; Werbung *f* (***a*** für); **~andear** [-gɐ̃'djar] (1l) Propaganda machen für; werben für; propagieren; **~andista** [-gɐ̃'diʃtɐ] *su* Propagandist(in *f*) *m*; Werbefachmann *m*, -frau *f*; **~andístico** [-gɐ̃'diʃtiku] propagandistisch; **~ar** [-'gar] (1o; *Stv* 1b) *BIOL* fortpflanzen; verbreiten; **~-*se*** um sich greifen; sich ausbreiten

propalar [prupɐ'lar] (1b) verbreiten

propano [pru'pɐnu] *m* Propan *n*

propedêutico [prɔpə'dewtiku] **1.** *adj* vorbereitend; **2.** *m* Propädeutikum *n*, Vorbereitungsjahr *n*

propelente [prupə'lẽtə] *m* Treibmittel *n*, -stoff *m*

propen|der [prupẽ'der] (2a) geneigt sein; neigen (***a*** zu); **~são** [-'sɐ̃w] *f* Neigung *f*; Hang *m*; **~so** [-'pẽsu] geneigt; ***ser ~ a*** neigen zu

prop|iciar [prupi'sjar] (1g) *j-n* günstig stimmen; geben, schenken; **~ício** [-'pisju] günstig; gnädig

propina [pru'pinɐ] *f* (Aufnahme-, Studien)Gebühr *f*; Schulgeld *n*; Trinkgeld *n*

propínquo [pru'pĩkwu] **1.** *adj* nahe; **2. ~s** *m/pl* Verwandte(n) *pl*

prop|onente [prupu'nẽtə] *su* Antragsteller(in *f*) *m*; **~or** [-'por] (2zd) vorschlagen; beantragen; *Aufgabe* stellen; *Kandidaten* aufstellen; **~-*se*** sich vornehmen; sich anbieten (***a*** zu); *Stelle* sich bewerben (***para*** um)

propor|ção [prupur'sɐ̃w] *f* Proportion *f*; **-*ões*** *pl* Ausmaße *n/pl*; ***à ~*** proportional; *fig* angemessen; ***à*** (*od* ***em***) **~ *de*** entsprechend (*dat*); ***à ~ que*** in dem Maße wie; **~cionado** [-sju'nadu] angemessen; ***bem*** (***mal***) **~** gut (schlecht) proportioniert; **~cional** [-sju'nał] verhältnismäßig; proportional; **~cionar** [-sju'nar] (1f) verschaffen; ermöglichen; gewähren; **~-*se*** gelegen kommen; **~-*se com*** passen zu

proposi|ção [prupuzi'sɐ̃w] *f* Vorschlag *m*; Antrag *m*; *GRAM* Satz *m*; **~tado** [-'tadu] absichtlich

propósito [pru'pɔzitu] *m* Absicht *f*; Vorsatz *m*; Zweck *m*; ***segundo ~*** Hintergedanke *m*; ***a ~*** gelegen; im rechten Augenblick; ***a ~!*** übrigens!, apropos!; ***a ~ de*** anlässlich (*gen*); ***a que ~*** wozu; ***com o ~ de*** in der Absicht zu; ***de ~*** absichtlich; ***fora de ~, mal a ~*** ungelegen; ***está fora de ~*** das gehört nicht hierher; ***isto vem mesmo a ~*** das kommt wie gerufen

proposta [pru'pɔʃtɐ] *f* Vorschlag *m*; Antrag *m*; Entwurf *m*

propriamente [prɔprjɐ'mẽtə] eigentlich; selbst; **~ *dito*** wirklich

proprie|dade [pruprjə'dadə] *f* Eigen-

P

tum *n*; Grundbesitz *m*; Grundstück *n*; Anwesen *n*; *fig* Eigenart *f*; Genauigkeit *f*; ~ ***horizontal*** Eigentumswohnung *f*; ~ ***particular*** Privatbesitz *m*; **~tário** [-'tarju] *m*, **-a** *f* Eigentümer(in *f*) *m*; Haus-, Grundbesitzer(in *f*) *m*

próprio ['prɔprju] (ur)eigen; eigentlich; geeignet (***para*** für *od* zu); ***eu*** (***nós***) ~(***s***) ich (wir) selbst; ***o*** ~ ***chefe*** der Chef selbst; ***amor*** *m* (***nome*** *m*) ~ Eigenliebe *f* (-name *m*); ***a palavra -a*** das treffende Wort; ***ser*** ~ ***de*** typisch sein für

propugn|ador [prupugnɐ'dor] *m* Vorkämpfer *m*; **~ar** [-'nar] (1a) verteidigen; kämpfen (***por*** für)

propuls|ão [prupuł'sɐ̃w] *f* TÉCN Antrieb *m*; ~ ***por jacto*** Düsenantrieb *m*; **~ar** [-'sar] (1a) = **~ionar** [-sju'nar] (1f) antreiben; **~ivo** [-'sivu] *adj* = **~or** [-'sor] **1.** *adj* treibend; TÉCN Trieb...; **2.** *m* Antrieb(smittel *n*) *m*; Treibsatz *m*

prorrog|ação [pruʀugɐ'sɐ̃w] *f* Verlängerung *f*; ~ ***do prazo*** Stundung *f*, Aufschub *m*; **~ar** [-'gar] (1o; *Stv* 1e) verlängern; **~ável** [-'gavɛł] verlängerbar

prorromper [pruʀõ'per] (2a) (plötzlich) aus-, hervorbrechen

pros|a ['prɔzɐ] *f* Prosa *f*; F Geschwätz(igkeit *f*) *n*; **~ador** [pruzɐ'dor] *m* Prosaschriftsteller *m*; **~aico** [pru'zajku] prosaisch; alltäglich, nüchtern

prosápia [pru'zapjɐ] *f* Herkunft *f*, Abstammung *f*, Hochmut *m*

P

proscr|ever [pruʃkrə'ver] (2c; *p/p* **~ito**) ächten; verbannen; ausstoßen; **~ição** [-ʃkri'sɐ̃w] *f* Ächtung *f*

pros|ear [pro'zjar] (1l) *bras* schwatzen; **~ista** [pru'ziʃtɐ] *su* Prosaschriftsteller(in *f*) *m*; *bras* Schwätzer(in *f*) *m*

prospe(c)|ção [pruʃpɛ'sɐ̃w] *f* Erkundung *f*; *fig* Einsicht *f*; **~tar** [-'tar] (1a) GEOL, ECON erkunden; **~tivo** [-'tivu] vorausschauend; **~to** [-'pɛtu] *m* Prospekt *m*

prosper|ar [pruʃpə'rar] (1c) gedeihen, blühen; florieren; Erfolg haben (***em*** bei); **~idade** [-ri'dadə] *f* Gedeihen *n*; ECON Aufschwung *m*; Wohlstand *m*; Blüte *f*

próspero ['prɔʃpəru] günstig (*Lage*); blühend (*Wirtschaft*); glücklich

prosse|cução [prusəku'sɐ̃w] *f* Erlangung *f*, Erreichung *f*; Verfolgung *f* (*e-s Ziels*); **~guimento** [-gi'mẽtu] *m* Verfolgung *f* (*e-r Absicht*); Fortgang *m*; **~guir** [-'gir] (3o; *Stv* 3c) **1.** *v/t Absicht, Ereignis* verfolgen; betreiben; fortsetzen; **2.** *v/i* fortfahren (***em*** mit); verharren

próstata ['prɔʃtɐtɐ] *f* ANAT Prostata *f*

prosternar [pruʃtər'nar] (1c) niederwerfen; zu Boden werfen

prost|íbulo [pruʃ'tibulu] *m* Bordell *n*; **~ituição** [-titwi'sɐ̃w] *f* Prostitution *f*; **~ituir** [-ti'twir] (3i) prostituieren; schänden; **~-se** sich prostituieren; **~ituta** [-ti'tutɐ] *f* Prostituierte *f*

prostr|ação [pruʃtrɐ'sɐ̃w] *f* Niederwerfung *f*; Kniefall *m*; MED Schwäche *f*; **~ar** [-'trar] (1e) niederwerfen; demütigen; MED schwächen; auslöschen; **~-se** niederfallen; ~ ***aos pés de*** *j-m* zu Füßen fallen

protagon|ista [prutɐgu'niʃtɐ] *su* Protagonist(in *f*) *m*; Hauptdarsteller(in *f*) *m*; **~izar** [-ni'zar] (1a) die Hauptrolle spielen

protão [prɔ'tɐ̃w] *m* Proton *n*

prote(c)|ção [prutɛ'sɐ̃w] *f* Schutz *m*; Protektion *f*; ~ ***ambiental*** Umweltschutz *m*; ~ ***costeira*** Küstenschutz *m*; **~cionismo** [-sju'niʒmu] *m* Protektionismus *m*; **~cionista** [-sju'niʃtɐ] protektionistisch; **~tor** [-'tor] **1.** *adj* Schutz...; **2.** *m*, **-a** *f* Beschützer(in *f*) *m*; Schirmherr(in *f*) *m*; Gönner(in *f*) *m*; **~torado** [-tu'radu] *m* Schirmherrschaft *f*, POL Protektorat *n*

proteg|er [prutə'ʒer] (2h; *Stv* 2c) (be)schützen (***de***, ***contra*** vor *dat*); begünstigen; **~ido** [-'ʒidu] *m*, **-a** *f* Schützling *m*; Günstling *m*

prote|ico (*é) [prɔ'tɐjku] Protein...; **~ína** [-tə'inɐ] *f* Protein *n*

protel|ação [prutəlɐ'sɐ̃w] *f* Verzögerung *f*, Vertagung *f*, Aufschub *m*; **~ar** [-'lar] (1c) verzögern; vertagen; aufschieben

protervo [pru'tɛrvu] schamlos

prótese ['prɔtəzə] *f* Prothese *f*

protest|ação [prutəʃtɐ'sɐ̃w] *f* Beteuerung *f*, Protest *m*; **~ante** [-'tɐ̃tə] *su* Protestant(in *f*) *m*; **~antismo** [-tɐ̃'tiʒmu] *m* REL Protestantismus *m*; **~ar** [-'tar] (1c) **1.** *v/t* beteuern; (feierlich) versprechen; *Treue* schwören; **2.** *v/i* widersprechen; protestieren (**contra** gegen, **com** bei); **~o** [-'tɛʃtu] *m* Einspruch *m*, Protest *m*; Beteuerung *f*

protocol|ar [prɔtɔku'lar] **1.** *adj* protokollarisch; förmlich; **2.** *v/t* (1e) protokollieren; **~o** [-'kɔlu] *m* Protokoll *n*

próton ['prɔtõ] *m bras* → **protão**

prototipo, *bras* **protótipo** [prɔtɔ-'tipu, pro'tɔtipu] *m* Prototyp *m*

protozoário [prɔtɔ'zwarju] *m BIOL* Einzeller *m*

protuber|ância [prutubə'rẽsjɐ] *f ANAT*, *AST* Protuberanz *f*; *ANAT a* Auswuchs *m*, Höcker *m*; **~ante** [-'rẽtə] vorspringend

prova ['prɔvɐ] *f* Probe *f*; Versuch *m*; *JUR* Beweis *m*; Prüfung *f*; Anprobe *f*; *FOT* Abzug *m* (**tirar** machen); *TIP* Korrekturabzug *m*; *Sport*: Wettkampf *m*; Spiel *n*; **~ de acesso** *UNIV* Aufnahmeprüfung *f*; **~ de amostra** Stichprobe *f*; **~ de repescagem** *UNIV* Nachprüfung *f*; **~ do contrário** *JUR* Gegenbeweis *m*; **~ eliminatória** *Sport*: Ausscheidungswettkampf *m*; **~ oral** mündliche Prüfung *f*; Verkostung *f* (*Wein*); **à ~ de** gefeit gegen; gewachsen (*dat*); **à ~ de água** (**ar**, **ruídos**) wasser- (luft-, schall)dicht; **a toda a ~** bewährt; **acima de toda a ~** über jeden Zweifel erhaben; **dar ~s de** Zeugnis ablegen von; **pôr à ~** auf die Probe stellen; **prestar ~s** Prüfungen ablegen

prov|ação [pruvɐ'sɐ̃w] *f* Prüfung *f*; **~adamente** [-vadɐ'mẽtə] zweifellos; **~ado** [-'vadu] erprobt; **~ador** [-'dor] *m* Weinprüfer *m*; **~adura** [-'durɐ] *f* Kostprobe *f*; **~ar** [-'var] (1e) beweisen (**a** *j-m*); prüfen; *Speise* kosten; anprobieren; **~ável** [-'vavɛɫ] wahrscheinlich

provecto [pru'vɛktu] fortgeschritten (*a Alter*); hervorragend

provedor [pruvə'dor] *m* Lieferant *m*

proveit|o [pru'vɐjtu] *m* Nutzen *m*; **em ~ de** zugunsten (*gen*); **dar ~**, **fazer ~** nützen; gut tun; **tirar ~ de** Nutzen ziehen aus; **bom ~!** guten Appetit!; **~oso** [-'tozu] nützlich; vorteilhaft

proveni|ência [pruvə'njẽsjɐ] *f* Herkunft *f*; Ursprung *m*; Quelle *f*; **~ente** [-'njẽtə] herkommend; herrührend; **~ de** (gebürtig) aus

provento [pru'vẽtu] *m* Ertrag *m*; Gewinn *m*; **~s** *pl* Honorar *n*

prover [pru'ver] (2n) **1.** *v/t* (vor)sorgen für; versorgen (**de** mit); **2.** *v/i*: **~ a** sorgen für; abhelfen (*dat*); **~-se de** (*od* **com**) sich ausstatten mit

prov|erbial [pruvər'bjaɫ] sprichwörtlich; **~érbio** [-'vɛrbju] *m* Sprichwort *n*

proveta [pru'vetɐ] *f* Reagenzglas *n*; Retorte *f*; **bebé** *m* **~** Retortenbaby *n*

provid|ência [pruvi'dẽsjɐ] *f* Vorkehrung *f*; (Vorsichts)Maßregel *f*; *REL* Vorsehung *f*; *fig* glückliche Fügung *f*; **dar** (*od* **tomar**) **~s** Vorkehrungen treffen; **~encial** [-dẽ'sjaɫ] *REL* von der Vorsehung gesandt; glücklich; **~enciar** [-dẽ'sjar] (1g *u* 1h) Vorkehrungen treffen für; **~ente** [-'dẽtə] vorsorglich; umsichtig

próvido ['prɔvidu] → **providente**

provimento [pruvi'mẽtu] *m* Versorgung *f*; Ausrüstung *f*; Antrag *m*; Ernennung *f*; **dar ~ a** *JUR* stattgeben

província [pru'vĩsjɐ] *f* Provinz *f* (*a depr*); Landschaft *f*; *fig* Gebiet *n*

provinci|al [pruvĩ'sjaɫ] provinziell; **~alismo** [-sjɐ'liʒmu] *m* = **~anismo** [-sjɐ'niʒmu] *m* Brauch *m* aus der Provinz; mundartliche(r) Ausdruck *m*; Provinzialität *f*; **~ano** [-'sjɐnu] **1.** *adj* provinzlerisch; **2.** *m* Provinzler *m*

prov|indo [pru'vĩdu] *p/p von* **provir**; **ser ~** = **~ir** [-'vir] (3x) herkommen; abstammen; herrühren

provis|ão [pruvi'zɐ̃w] *f* Vorrat *m*; Versorgung *f*; *POL* Verfügung *f*; *ECON* Provision *f*, Deckung *f* (*Scheck*); **sem ~** ungedeckt; **-ões** *pl* Proviant *m*; **~ional** [-zju'naɫ] einstweilig; **~ório** [-'zɔrju] vorläufig; provisorisch

provoc|ação [pruvukɐ'sɐ̃w] *f* Provokation *f*; **~ador** [-'dor] **1.** *adj* anstiftend; provokatorisch; aufreizend; **2.** *m* Provokateur *m*; **~ante** [-'kẽtə] provokant, provozierend; **~ar** [-'kar] (1n; *Stv* 1e) provozieren; herausfordern; verursachen; *Ärgernis* erregen; **~ativo**, **~atório** [-'tivu, -'tɔrju] → **~ante**

próx. **próximo** nächst

P

proxenet|a [prɔksəˈnetɐ] *m* Zuhälter *m*; **~ismo** [-nəˈtiʒmu] *m* Zuhälterei *f*
proxim|amente [prɔsimɐˈmẽtə] bald, in Kürze; **~idade** [-səmiˈdadə] *f räuml* Nähe *f*; nahe Verwandtschaft *f*; **~s** *pl* Nachbarschaft *f*; Umgebung *f*
próximo [ˈprɔsimu] **1.** *adj* **a)** *örtl* nahe gelegen; **b)** *zeitl* nah; nächst; ***na -a semana*** in der nächsten Woche; **2.** *prp*: **~ de**, **~ a** nahe (*dat*); **3.** *m* Nächste(r) *m*, Mitmensch *m*
prud|ência [pruˈdẽsjɐ] *f* (Lebens-) Klugheit *f*, Vorsicht *f*; **~ente** [-ˈdẽtə] klug; bedächtig
prum|ada [pruˈmadɐ] *f* Lotrechte *f*; **~agem** [-ˈmaʒẽj] *f* Lotung *f*; **~o** [ˈprumu] *m* Lot *n*; *fig* Klugheit *f*, Haltung *f*; ***a ~*** lot-, senkrecht
prur|ido [pruˈridu] *m* Juckreiz *m*; *fig* Kitzel *m*; **~ir** [-ˈrir] (3a) jucken
prussiano [pruˈsjɐnu] **1.** *adj* preußisch; **2.** *m* Preuße *m*
PSB ***Produto** m **Social Bruto*** Bruttosozialprodukt *n* (BSP)
pseudo... [psewdɔ] *in Zssgn* Pseudo...
pseudónimo (*ô) [psewˈdɔnimu] **1.** *adj* pseudonym; **2.** *m* Pseudonym *n*
psicadélico [psikɐˈdɛliku] psychedelisch
psican|álise [psikɐˈnalizə] *f* Psychoanalyse *f*; **~alista** [-nɐˈliʃtɐ] *su* Psychoanalytiker(in *f*) *m*
psico|... [psiku] *in Zssgn* Psycho...; **~fármaco** [-ˈfarmɐku] *m* Psychopharmakon *n*; **~grama** [-ˈgrɐmɐ] *m* Psychogramm *n*; **~logia** [-luˈʒiɐ] *f* Psychologie *f*; **~lógico** [-ˈlɔʒiku] psychologisch; seelisch
psic|ólogo [psiˈkɔlugu] *m*, **-a** *f* Psychologe *m*, Psychologin *f*; **~opata** [-kɔˈpatɐ] *su* Psychopath(in *f*) *m*; **~opatia** [-kɔpɐˈtiɐ] *f* Geisteskrankheit *f*; **~opático** [-ˈpatiku] psychopathisch; **~ose** [-ˈkɔzə] *f* Psychose *f*; **~ossomático** [-kɔsuˈmatiku] psychosomatisch; **~oterapia** [-kɔtərɐˈpiɐ] *f* Psychotherapie *f*
psiqui|atra [psiˈkjatrɐ] *su* Psychiater(in *f*) *m*; **~atria** [-kjɐˈtriɐ] *f* Psychiatrie *f*; **~átrico** [-ˈkjatriku] psychiatrisch
psíquico [ˈpsikiku] psychisch
psiu [psju] *int*: **~!** pst!
PSP ***Polícia** f **de Segurança Pública*** Polizei *f*
pua [ˈpuɐ] *f* Stachel *m*; (Kamm)Zacke *f*; *TÉCN* Bohrer *m*; ***arco** m **de ~*** Drillbohrer *m*
pub|e [ˈpubə] *m ANAT* Schambein *n*; **~erdade** [-bərˈdadə] *f* Pubertät *f*
púbere [ˈpubərə] pubertär
púbis (*pl inv*) [ˈpubiʃ] *m* → ***pube***
publicação [publikɐˈsɐ̃w] *f* Veröffentlichung *f*, Publikation *f*
pública(s)-forma(s) [publikɐˈfɔrmɐ] *f(pl)* beglaubigte Abschrift *f*
public|ar [publiˈkar] (1n) bekannt machen; veröffentlichen; **~idade** [-siˈdadə] *f* Öffentlichkeit *f*; *ECON* Reklame *f*, Werbung *f*; Publicity *f*; ***dar ~ a*** Reklame machen für; ***ter larga ~*** groß angekündigt werden; **~ismo** [-ˈsiʒmu] *m* Publizistik *f*; **~ista** [-ˈsiʃtɐ] *su* Publizist(in *f*) *m*; **~itário** [-siˈtarju] **1.** *adj* Werbe...; werbewirksam; **2.** *m* Werbefachmann *m*
público [ˈpubliku] **1.** *adj* öffentlich; offenkundig; publik; staatlich; ***relações** f/pl **-as*** Öffentlichkeitsarbeit *f*; ***pôr em ~***, ***tornar ~***, ***trazer a ~*** → ***publicar***; ***tornar-se ~*** bekannt werden; **2.** *m* Publikum *n*; *Radio*: Zuhörer *m/pl*; *TV*, *TEA* Zuschauer *m/pl*; ***o grande ~*** die Öffentlichkeit; ***em ~*** öffentlich
púcaro [ˈpukɐru] *m* (Ton)Krug *m*
pude [ˈpudə] → ***poder***
puden|do [puˈdẽdu] Scham...; schamhaft; **~te** [-ˈdẽtə] → ***pudico***
pudera [puˈdɛrɐ] **1.** → ***poder***; **2.** *int*: **~!** kein Wunder!; und ob!
pudi|bundo [pudiˈbũdu] schamhaft; verschämt; **~cícia** [-ˈsisjɐ] *f* Schamhaftigkeit *f*; **~co** [-ˈdiku] schamhaft
pudim [puˈdĩ] *m* Pudding *m*; ***~ flã*** Pudding *m* mit Karamel(l)soße
pudor [puˈdor] *m* Scham(gefühl *n*) *f*; ***atentado** m **ao ~*** Sittlichkeitsverbrechen *n*; ***sem ~*** schamlos
puer|ícia [pwəˈrisjɐ] *f* Kindesalter *n*; Kindheit *f*; **~icultora** [-rikuɫˈtorɐ] *f* Erzieherin *f*; **~icultura** [-rikuɫˈturɐ] *f* Kindererziehung *f*; **~il** [-ˈriɫ] kindlich; **~ilidade** [-rəliˈdadə] *f* Kinderei *f*
puerp|eral [pwərpəˈraɫ]: ***febre** f **~*** *MED* Kindbettfieber *n*; **~ério** [-ˈpɛrju] *m* Wochenbett(depression *f*) *n*

puf [puf] *int*: **~!** uff!
pugil|ato [puʒi'latu] *m* Faustkampf *m*; **~ismo** [-'liʒmu] *m* Boxsport *m*, Boxen *n*; **~ista** [-'liʃtɐ] *m* Boxer *m*
pugn|a ['pugnɐ] *f* Kampf *m*; **~ar** [-'nar] (1a) kämpfen; streiten
pu|ideira [pwi'dɐjrɐ] *f* Schleifmittel *n*; **~ído** [pu'idu] fadenscheinig (*Kleidung*); **~ir** [pwir] (3i) abschleifen; polieren; *fig* abnutzen
puj|ança [pu'ʒɐ̃sɐ] *f* Macht(fülle) *f*; (strotzende) Kraft *f*; Mächtigkeit *f*; **~ante** [-'ʒɐ̃tə] mächtig; gewaltig; **~ar** [-'ʒar] (1a) sich anstrengen
pul|ante [pu'lɐ̃tə] springend; **~ar** [pu'lar] (1a) hüpfen
pulg|a ['pułgɐ] *f* Floh *m*; Sandfloh *m*; ***a um salto de ~*** e-n Sprung von hier; ***num salto de ~*** im Nu; **~ão** [-'gɐ̃w] *m* (Blatt)Laus *f*
pulh|a ['puʎɐ] **1.** *adj* schäbig; verlottert; **2.** *f* Witz *m*; derbe(r) Streich *m*; Zote *f*; **3.** *su* Lump *m*; **~ice** [-'ʎisə] *f* Lumperei *f*
pulm|ão [puł'mɐ̃w] *m* Lunge(nflügel *m*) *f*; ***~ de aço*** *MED* eiserne Lunge *f*; ***-ões*** *pl* Lunge *f*; **~onar** [-mu'nar] Lungen...
pulo ['pulu] *m* Sprung *m*; Satz *m*; ***aos ~s*** hüpfend, springend; ***de um ~, num ~*** mit e-m Satz; ***dar ~s*** → ***pular***
pulôver [pu'lovər] *m* Pullover *m*
púlpito ['pułpitu] *m* Kanzel *f*
puls|ação [pułsɐ'sɐ̃w] *f* Pulsschlag *m*; *FIS* Schwingung *f*; **~ão** [-'sɐ̃w] *f* (An)Trieb *m*; ***~ sexual*** Sexualtrieb *m*; **~ar** [-'sar] (1a) **1.** *v/t* (vor)antreiben; *Saiten* schlagen; **2.** *v/i* pulsieren; wogen; schlagen (*Herz*); **~ear** [-'sjar] (1l) armdrücken; **~eira** [-'sɐjrɐ] *f* Armband *n*; **~ional** [-sju'nał] Trieb...
pulso ['pułsu] *m* Puls *m* (***tomar*** fühlen); Handgelenk *n*; *fig* Kraft *f*; ***a ~*** mit Gewalt; ***de ~*** *fig* stark; ***~ livre*** *fig* freie Hand *f*
pulul|ância [pulu'lɐ̃sjɐ] *f* Üppigkeit *f*; **~ar** [-'lar] (1a) *BOT* wuchern
pulveriz|ação [pułvərizɐ'sɐ̃w] *f* Zerstäubung *f*; *fig* Vernichtung *f*; **~ado** [-'zadu] pulverförmig; gemahlen; **~ador** [-zɐ'dor] *m* Zerstäuber *m*; Spritze *f* (*Schädlingsbekämpfung*); **~ar** [-'zar] (1a) pulverisieren; zerstäuben; *Pflanze* besprühen; *fig* vernichten; ***~-se*** (zu Staub) zerfallen
pulverulento [pułvəru'lẽtu] staubig
pum [pũ] *int*: **~!** bum!
puma ['pumɐ] *m* *ZO* Puma *m*
pumba ['pũbɐ] *int*: **~!** bums!
pun|ção [pũ'sɐ̃w] **1.** *f* Einstich *m*; *MED* Punktion *f*; **2.** *m* *TÉCN* Dorn *m*; Körner *m*, Stempel *m*; Locheisen *n*; *MED* Punktiernadel *f*; **~ç(o)ar** [-'s(w)ar] (1p, 1f) = **~cionar** [-sju'nar] (1f) aufstechen; *MED* punktieren; *TÉCN* lochen; stanzen; ***máquina f de ~*** Stanze *f*
pundonor [pũdu'nor] *m* Ehrgefühl *n*; **~oso** [-nu'rozu] ehrliebend
punga ['pũga] *bras* P **1.** *adj* kümmerlich, mies; **2.** *m* **a)** Handtaschenklau *m*; **b)** Klepper *m*
pung|ente [pũ'ʒẽtə] stechend; schmerzlich; **~ir** [-'ʒir] (3n) stechen; schmerzen; quälen; anstacheln
punguista [pũ'gista] *su bras* P Taschendieb(in *f*) *m*
punha ['puɲɐ] → ***pôr***
punh|ada [pu'ɲadɐ] *f* Faustschlag *m*; **~ado** [-'ɲadu] *m* Hand *f* voll; **~al** [-'ɲał] *m* Dolch *m*; **~alada** [-ɲɐ'ladɐ] *f* Dolchstoß *m*; **~eta** [-'ɲetɐ] *f* P Wichsen *n*; ***bater*** (*od* ***tocar***) ***uma ~*** P sich e-n runterholen
punho ['puɲu] *m* *ANAT* Faust *f*; Manschette *f*; Griff *m* (*Messer*); ***~ cerrado, ~ fechado*** geballte Faust *f*; ***~ de comando*** Steuerknüppel *m*, Joystick *m*
punibilidade [punibəli'dadə] *f* Strafbarkeit *f*
púnica ['punikɐ] *f* *BOT* Granatapfel *m*
pun|ição [puni'sɐ̃w] *f* Bestrafung *f*; **~ir** [-'nir] (3a) (be)strafen; **~ível** [-'nivɛł] strafbar
pupil|a [pu'pilɐ] *f* Zögling *m*; *ANAT* Pupille *f*; **~o** [-'pilu] *m* Mündel *n*
pura ['purɐ]: ***~ e simplesmente*** schlicht und ergreifend (*od* einfach); **~mente** [purɐ'mẽtə] nur, bloß
puré *m* (*ê), **-eia** *f* [pu'rɛ, -'rɐjɐ] Püree *n*, Brei *m*
pureza [pu'rezɐ] *f* Reinheit *f*; Makellosigkeit *f*; Unschuld *f*
purg|a ['purgɐ] *f* Abführmittel *n*; *TÉCN* Ablassen *n* (*Öl etc*); **~ar** [-'gar] (1o; *Stv* 1b) abführen; *TÉCN* ablassen; entlüften; **~atório** [-gɐ'tɔrju] *m* Fegefeuer *n*
purificar [purəfi'kar] (1n) reinigen, läutern (*a fig*); klären

P

puris|mo [pu'riʒmu] *m* Purismus *m*; **~ta** [-'riʃtɐ] **1.** *adj* puristisch; **2.** *su* Purist(in *f*) *m*
puro ['puru] rein; unverfälscht; glatt (*Lüge*); bloß, einfach; F sang- und klanglos; **~(s)-sangue(s)** [-'sẽgə] *m(pl)* Vollblut *n*
púrpura ['purpurɐ] *f* Purpur *m*
purp|urado [purpu'radu] *m* Kardinal *m*; **~úreo** [-'purju] purpurn
purulento [puru'lẽtu] eitrig
pus [puʃ] **1.** *m* Eiter *m*; **2.** → ***pôr***
pusil|ânime [puzi'lɐnimə] kleinmütig; feige; **~animidade** [-nəmi'dadə] *f* Kleinmut *m*; Ängstlichkeit *f*
pústula ['puʃtulɐ] *f MED* Pustel *f*
pustul|ento, **~oso** [puʃtu'lẽtu, -'lozu] voller Pusteln; pustulös; ***erupção** f* ***-a*** Pustelausschlag *m*
puta ['putɐ] *f* P Nutte *f*
putativo [putɐ'tivu] angeblich
puto ['putu] *m* F Bengel *m*; *bras* Schwule(r) *m*; **~ *de*** ganz und gar nichts
putrefa|(c)ção [putrəfa'sɐ̃w] *f* Verwesung *f*; Fäulnis *f*; **~ciente** [-fɐ'sjẽtə] faulend; schädlich; **~(c)to** [-'fatu] verwest; verfault; verdorben; **~zer** [-fɐ'zer] (2v) verderben (*a fig*); **~-se** (ver)faulen
putresc|ência [putrəʃ'sẽsjɐ] *f* Verwesungszustand *m*; **~ente** [-'sẽtə] verwesend; **~ível** [-'sivɛɫ] faulend
pútrido ['putridu] verfault; faulig
puxa ['puʃa] *int*: **~!** *bras* nein, so was!
pux|ada [pu'ʃadɐ] *f* angespielte Karte *f*; Zug *m* (*Zigarette*); *bras* lange Reise *f*; Anbau *m*; *fig* Ruck *m*; ***fazer uma ~*** anspielen; **~adeira** [-ʃɐ'dɐjrɐ] *f* Griff *m*, Henkel *m*; **~adinho** [-ʃɐ'diɲu] **1.** *adj* geschniegelt; reichlich teuer (*Kleidung etc*); **2.** *m* Modenarr *m*; **~ado** [-'ʃadu] F geschniegelt; erstklassig; gehaltvoll; überteuert; verwickelt; an den Haaren herbeigezogen; ***três horas*** *f/pl* ***bem -as*** drei gute Stunden *f/pl*; **~ador** [-ʃɐ'dor] *m* (Tür)Drücker *m*; Griff *m*; Knebel *m*; **~ão** [-'ʃɐ̃w] *m* Zug *m*, Ruck *m*; ***-ões*** *pl* Gezerre *n*; ***dar um ~*** ziehen, zerren (***a*** an *dat*); **~ar** [-'ʃar] (1a) **1.** *v/t* ziehen; zerren; zupfen; (heraus-, ent)reißen; *Schnur* spannen; *Schlag* versetzen; *Karte* ausspielen; *fig* nach sich ziehen; (mit sich) bringen; zwingen zu; anspornen; drängen; **~ *o lustre***, **~ *o brilho*** polieren; **2.** *v/i* ausschlagen (*Pflanze*); wachsen; F drücken; F sich herausputzen; **~ *para*** neigen zu; **~ *por*** (*od* ***de***) ziehen (*od* zerren) an (*dat*); greifen nach; *in die Tasche* greifen; alles herausholen aus; *j-n* anspornen; *j-m* zusetzen; **~ *por si***, F **~ *por quantas tem*** sich mächtig ins Zeug legen
puxo ['puʃu] *m* Pressen *n*; Stuhldrang *m*; F Haarknoten *m*
p.v. ***preço*** *m* ***variável*** variable(r) Preis *m*

Q

Q, q [ke] *m* Q, q *n*
q.b. ***quanto baste*** genügend (*Zutaten*); nach Geschmack
QI ***quociente*** *m* ***de inteligência*** Intelligenzquotient *m* (IQ)
quadra ['kwadrɐ] *f* Raum *m*; Zimmer *n*; Viererreihe *f*; *LIT* Vierzeiler *m*; *Spiel*: Vier(erpasch *m*) *f*; *bras* Häuserblock *m*; (Tennis- *etc*)Platz *m*
quadradinho [kwɐdrɐ'diɲu] *m* kleine(s) Quadrat *n*; ***história*** *f* ***aos ~s*** Bildergeschichte *f*; Comic *m*
quadr|ado [kwɐ'dradu] **1.** *adj* quadratisch; viereckig; *fig* vierschrötig; **2.** *m MAT* Quadrat(zahl *f*) *n*; Karree *n*; ***aos ~s*** kariert; **~agesimal** [-drɐʒəzi'maɫ] vierzigtägig; *REL* Fasten...; **~agésimo** [-drɐ'ʒɛzimu] vierzigst; **~angulado**, **-lar** [-drɐ̃gu'ladu, -'lar] viereckig; **~ângulo** [-'drɐ̃gulu] *m* Viereck *n*; **~ante** [-'drɐ̃tə] *m* Quadrant *m*; Zifferblatt *n*; **~ar** [-'drar] (1b) **1.** *v/t MAT* zum Quadrat erheben; **2.** *v/i* passen (***a***,

com zu); übereinstimmen; **~ático** [-'dratiku] quadratisch; **~atura** [-drɐ'turɐ] *f* Quadratur *f*; **~ícula** [-'drikulɐ] *f* Kästchen *n*; **~iculado** [-driku'ladu] kariert; **~ienal** [-drjə'nał] vierjährig; **~il** [-'drił] *m* *ANAT* Hüfte *f*; **~ilátero** [-dri'latəru] **1.** *adj* vierseitig; **2.** *m* Viereck *n*; **~ilha** [-'driʎɐ] *f* *MÚS* Quadrille *f*; (Diebes)Bande *f*; *bras a* (Hunde-) Meute *f*; **~ilhado** [-dri'ʎadu] *bras* kariert; **~ilongo** [-dri'lõgu] → ***rectângulo***; **~imestre** [-dri'mɛʃtrə] *m* vier Monate *m/pl*; **~imotor** [-drimu'tor] viermotorig; **~ingentésimo** [-drĩʒẽ'tɛzimu] vierhundertst; **~inhos** [-'drĩɲus] *m/pl bras* Bildergeschichte *f*; ***revista f em ~*** Comic(heft *n*) *m*; **~ipartido** [-dripɐr'tidu] *POL* Vier(er...); **~issílabo** [-dri'silɐbu] viersilbig

quadro ['kwadru] *m* Gemälde *n*; Übersicht *f*; Karte *f*; Aufstellung *f*; Stellenplan *m*; Belegschaft *f*; *Sport*: Kader *m*; (Fahrrad)Rahmen *m*; *EL* Schalttafel *f*; ***~ de afixação*** Anschlagtafel *f*; ***~ de parede*** Wandtafel *f*; ***~ sinóptico*** Übersicht(stabelle) *f*; ***pessoal*** *m* ***do ~*** Stammpersonal *n*; ***do ~*** planmäßig; **~s** *pl* Führungskräfte *f/pl*

quadr|úpede [kwɐ'drupədə] **1.** *adj* vierfüßig; **2.** *m* *ZO* Vierfüßer *m*; **~uplicar** [-drupli'kar] (1n) vervierfachen

quádruplo ['kwadruplu] vierfach

quaisquer [kwajʃ'ker] → ***qualquer***

qual [kwał] **1.** *interr* welche(r, -s); **2.** *Relativpronomen*: ***o ~, a ~, os quais, as quais*** welche(r, s); ***do ~, da ~, dos quais, das quais*** dessen, deren; **3.** *cj* wie (ein, eine); so wie; ***tal e ~*** ganz genau so; **4.** *int*: ***~!*** *ablehnend*: was?!; *überrascht*: na, so was!

qualidade [kwɐli'dadə] *f* Eigenschaft *f*; Qualität *f*; Wert *m*; Rang *m*; ***de primeira ~*** erstklassig; ***~ de vida*** Lebensqualität *f*; ***~ carta*** *INFORM* Briefqualität *f*; ***~ rascunho*** *INFORM* Entwurfsqualität *f*; ***na ~ de*** als

qualific|ação [kwɐləfikɐ'sɐ̃w] *f* Einschätzung *f*, Eignung *f*, Qualifikation *f*; Kennzeichnung *f*; **~ado** [-'kadu] qualifiziert; erprobt; geeignet; **~ar** [-'kar] (1n) bezeichnen (***de*** als); qualifizieren; näher bestimmen; ***~ de*** nennen; **~ativo** [-kɐ'tivu] bezeichnend; qualifizierend; **~ável** [-'kavɛł] qualifizierbar

qualitativo [kwɐlitɐ'tivu] qualitativ

qualquer (*pl* **quaisquer**) [kwał'ker] irgendein; jeder; *nach Verneinung*: kein(erlei); ***em*** (*od* ***a***) ***~ altura*** irgendwann; ***em*** (***de***; ***a***, ***para***) ***~ parte*** irgendwo(her; -hin); ***~ pessoa*** irgendwer; ***~ coisa***, ***uma coisa ~*** irgendetwas; ***~ dia*** eines Tages

quando ['kwɐ̃du] **1.** *interr* wann; **2.** *adv*: ***de ~ em ~***, ***de vez em ~*** dann und wann; ***~ menos*** wenigstens; ***~ menos se espera*** ganz unverhofft; ***~ muito*** höchstens; bestenfalls; **3.** *cj* **a)** *zeitl* wann; *Zeitpunkt*: als; (immer) wenn; **b)** *Bedingung*: wenn; **3.** *prp*: ***~ de*** anlässlich (*gen*)

quant. ***quantidade*** *f* Menge *f*

quant|ia [kwɐ̃'tiɐ] *f* Summe *f*, Betrag *m*; ***~ fixa*** Pauschale *f*; **~idade** [-ti'dadə] *f* Menge *f*, Anzahl *f*; Quantität *f*; *MAT* Größe *f*; ***em grande ~*** massenhaft; **~ificação** [-təfikɐ'sɐ̃w] *f* Quantifizierung *f*; **~ioso** [-'tjozu] beträchtlich; reich; **~itativo** [-titɐ'tivu] **1.** *adj* quantitativ; mengenmäßig; **2.** *m* Menge(nangabe) *f*; Betrag *m*

quanto ['kwɐ̃tu] **1.** *adj*, *interr* wie viel; ***tanto ~*** so viel wie; **~s** *relativisch*: alle, die; (***tudo***) ***~*** alles, was; ***a ~s estamos?*** den Wievielten haben wir heute?; ***~ é?*** wie viel macht das? (*Preis*); ***não saber a -as anda*** F nicht wissen, wo einem der Kopf steht; **2.** *adv* wie sehr; so viel, so sehr; ***~ baste*** *CUL* nach Geschmack; ***tanto ~*** → ***tanto***; ***não ... tanto ~*** nicht so sehr (*od* viel) wie; ***~ mais ...*** (***tanto***) *comp* je *comp*... desto; ***~ mais*** umso mehr; *nach Verneinung*: umso weniger; ***~ a*** hinsichtlich (*gen*); ***~ antes*** möglichst bald, umgehend; **3.** *m* *FIS* Quantum *n*

quão [kwɐ̃w] wie (sehr)

quarent|a [kwɐ'rẽtɐ] vierzig; **~ão** [-'tɐ̃w] **1.** *adj* vierzigjährig; **2.** *m*, **-ona** *f* Vierzigjährige(r) *su*; **~ena** [-'tenɐ] *f* Quarantäne *f*

quaresm|a [kwɐ'rɛʒmɐ] *f* *REL* Fastenzeit *f*; **~al** [-rəʒ'mał] *REL* Fasten...; **~ar** [-rəʒ'mar] (1c) *REL* fasten

Q

quarta ['kwartɐ] *f MAT* Viertel *n*; *MÚS* Quarte *f*; F Mittwoch *m*
quarta(s)-feira(s) [kwartɐ'fɐjrɐ] *f(pl)* Mittwoch *m* (**na** am); **às ~s** mittwochs
quart|anista [kwɐrtɐ'niʃtɐ] *su* Student(in *f*) *m* des vierten Jahres; **~ear** [-'tjar] (1l) vierteilen; **~eirão** [-tɐj'rɐ̃w] *m* Viertel *n*; Karree *n*
quartel [kwɐr'tɛɫ] *m MIL* Kaserne *f*; Quartier *n*; Viertel(-jahrhundert) *n*; **sem ~** erbarmungslos; **~-general** (**-éis-generais**) [-ʒənə'raɫ] *m(pl) MIL* Hauptquartier *n*
quart|eto [kwɐr'tetu] *m* Quartett *n*
quarto ['kwartu] **1.** *adj* viert; **2.** *m* **a)** Vierte(r) *m*; Viertel *n*; **~ de hora** Viertelstunde *f*; **às três e** (**menos**) **um ~** um Viertel nach (vor) drei (*Uhr*); **b)** (Schlaf)Zimmer *n*; **~ de aluguer** möblierte(s) Zimmer *n*; **~ de casal** Doppelzimmer *n*; **~ interior** Hinterzimmer *n*; **c)** *MIL* Wache *f*; *TIP* Quart *n*; **~(s)-de-final** [-dəfi'naɫ] *m(pl) Sport*: Viertelfinale *n*
quartz|ífero [kwɐr'tsifəru] quarzhaltig; **~o** ['kwartsu] *m* Quarz *m*; **~oso** [-'tsozu]: **areia** *f* **-a** Quarzsand *m*
quase ['kwazə] *adv* fast, beinahe, nahezu; **~ que** sozusagen; quasi
quat|ernário [kwɐtər'narju] vierteilig, -seitig; *MÚS* Vierviertel...; **era** *f* **-a** *GEOL* Quartär *n*; **~orze** [kwa'torzi] *bras* vierzehn
quatro ['kwatru] **1.** *adj* vier; **2.** *m* Vier *f*; **~ de espadas** Pikvier *f* (*Kartenspiel*); **andar de ~** auf allen vieren kriechen; **~centos** [-'sẽtuʃ] vierhundert
que [kə] **1.** *pron* **a)** *relativ*: der, die, das; welche(r, -s); was; **b)** *interr* was für (ein, eine, einen); welch; welche(r, -s); **em ~** worin; **de ~** wovon; **com ~** womit; **por ~ razão** aus welchem Grunde; **2.** *cj* **a)** dass; **acho ~** ich glaube, dass; **não ~** *conj* nicht, dass; **b)** *nach comp* als; **mais ~** mehr als; **c)** *kausal*: denn, da, weil; **pelo ~**, *bras* **por ~** weshalb; **~ não** aber nicht doch; **d)** *in Wunschsätzen*: **~ entre!** er soll hereinkommen!; **e)**: **é ~** *satzeinleitend*: denn; es ist nämlich so, dass; *Verstärkung*: **corre ~ corre** er läuft, was er kann; **no ~** *bras* indem; *zeitl* sowie, sobald; **muito ~ fazer** viel zu tun; **3.** *adv* wie, was für ein; **~ giro!** wie süß!; **~ energia!** was für eine Energie!
quê [ke] **1.** *interr* was; **o ~?** was?, wie?; **disse o ~?** WAS hat er gesagt?; **2.** *m* **a)** (irgend)etwas; F Haken *m*; **não tem de ~** nichts zu danken; keine Ursache; **por ~?** *bras* warum? **um não sei ~** ein gewisses Etwas; **b)** *Name des Buchstabens* **q**
quebra ['kɛbrɐ] *f* Bruch *m*; Unterbrechung *f*; Riss *m*; Knick *m*, Kniff *m*; (Gewichts)Verlust *m*; *ECON* Bankrott *m*; Produktionsausfall *m*; *GEOL* → **quebrada**; **~ de página** *INFORM* Seitenumbruch *m*; **sem ~** ununterbrochen; vollkommen; **dar ~ a** unterbrechen (*ac*); *Wort* brechen; **dar ~, sofrer ~** verlieren; nachlassen; *ECON* Bankrott machen; **~-cabeça(s)** [-kɐ'besɐ] *m(pl)* Denkaufgabe *f*; Rätsel *n*; *fig* harte Nuss *f*
quebr|ada [kə'bradɐ] *f* (Ab)Hang *m*; *GEOL* Spalte *f*; **~adeira** [-brɐ'dɐjrɐ] *f* Schlaffheit *f*; *fig* Geldmangel *m*; → **quebra-cabeça**; **~adiço** [-brɐ'disu] brüchig; zerbrechlich; **~ado** [-'bradu] **1.** *adj* bankrott; zerbrochen; matt (*Farbe*); *bras* schmachtend; **2.** *m MAT* Bruch *m*; **~s** *pl* Kleingeld *n*; **~adura** [-brɐ'durɐ] *f MED* Bruch *m*; Riss *m*
quebra|-esquinas (*pl inv*) [kɛbrɐəʃ'kinɐʃ] *m* F Eckensteher *m*; **~-galho(s)** [-'gaʎu] *su(pl) bras* F Mädchen *n* für alles; Tausendsassa *m*; **~-gelo(s)** [-'ʒelu] *m(pl)* Eisbrecher *m*; **~-luz(es)** [-'luʃ] *m(pl)* Lampenschirm *m*; **~-mar(es)** [-'mar] *m(pl)* Wellenbrecher *m*; **~mento** [-'mẽtu] *m* Bruch *m*; *fig* Niedergeschlagenheit *f*; **~-nozes** (*pl inv*) [-'nɔzəʃ] *m* Nussknacker *m*
quebrant|amento [kəbrɐ̃tɐ'mẽtu] *m* Bruch *m*; (Gesetzes)Übertretung *f*; Verrat *m*; Schwäche *f*; → **~o**; **~ar** [-'tar] (1a) zerbrechen; zerschmettern; *fig* zermürben; niederdrücken; (ab)schwächen; *Gesetz* übertreten; *Wort* brechen; **~-se** ermatten; abflauen; schwach werden; **~o** [-'brɐ̃tu] *m* Gebrochenheit *f*; Mattigkeit *f*; **dar ~ a** behexen (*ac*)
quebra|-osso(s) [kɛbrɐ'ɔsu] *m(pl) ZO* Bartgeier *m*; **~-quebra(s)**

Q

[-'kɛbra] *m(pl) bras* Ausschreitung *f*
quebr|ar [kə'brar] (1c) **1.** *v/t* brechen; zerbrechen, -schlagen; abbrechen; *fig* → ***quebrantar***; **2.** *v/i* (zer)brechen; (ab-, zer)reißen; *fig* einknicken; e-n Knick machen (*Straße*); branden; *ECON* Bankrott machen; (an Gewicht) verlieren; sich spalten (*Haar*); ~ ***com*** *fig* brechen mit; ~ ***pelo meio*** mittendurch brechen; **~a-vento(s)** [-'vẽtu] *m(pl) AUTO* Ausstellfenster *n*; **~eira** [-'brɐjrɐ] *f* F Abgekämpftheit *f*; Schwäche *f*; **~o** ['kɛbru] *m* **a)** Biegung *f*; Biegsamkeit *f*; *Stierkampf*: Ausweichbewegung *f*; **b)** Tonfall *m*
queda ['kɛdɐ] *f* Fall *m*; Sturz *m*; Gefälle *n*; (Haar)Ausfall *m*; *AV* Absturz *m*; *fig* Verfall *m*; Hang *m*; ~ ***da produção*** Absinken *n* der Produktion; ~ ***de água*** Wasserfall *m*; ~ ***eleitoral*** Wahlniederlage *f*; ***dar uma*** ~ fallen; stürzen; (ab)sinken; **~-de-braço** [-di'brasu] *f bras* Fingerhakeln *n*; *fig* Kräftemessen *n*
qued|ar(-se) [kə'dar(sə)] (1c) (still-) stehen; (stehen) bleiben; **~o** ['kedu] still; ***a pé*** ~ stehenden Fußes
quefazeres [kəfɐ'zerəʃ] *m/pl*: ***ter muitos*** ~ viel zu tun haben
queij|ada [kɐj'ʒadɐ] *f* Käsekuchen *m*; **~ar** [-'ʒar] (1a) Käse herstellen; **~aria** [-ʒɐ'riɐ] *f* Käserei *f*; **~eira** [-'ʒɐjrɐ] *f* Käseglocke *f*; **~eiro** [-'ʒɐjru] *m*, **-a** *f* Käsehändler(in *f*) *m*
queijo ['kɐjʒu] *m* Käse *m*; ~ ***amanteigado*** Rahmkäse *m*; ~ ***com ervas aromáticas*** Kräuterkäse *m*; ~ ***flamengo***, (*bras* ~ ***do reino***) Edamer *m*; ~ ***fresco*** (*od* ***saloio***) Frischkäse *m*; ~ ***fundido*** Schmelzkäse *m*; ~ ***Parmesão*** Parmesan *m*
queim|a ['kɐjmɐ] *f* Verbrennung *f*; Brand *m*; *bras* Ausverkauf *m*; ~ ***limpa*** schadstoffarme Verbrennung *f*; **~ação** [-'sɐ̃w] *f* Frechheit *f*; Belästigung *f*; **~ada** [-'madɐ] *f* Waldbrand *m*; Brandrodung *f*; Brandstelle *f*; *AGR* Kalkerde *f*; **~adela** [-'dɛlɐ] *f* Brandwunde *f*; **~ado** [-'madu] **1.** *adj* glühend heiß; verbrannt; ausgedörrt; *fig* gescheitert; *bras* böse (***em*** auf *ac*); brandig; **2.** *m* Brandgeruch *m*; *CUL* Angebrannte(s) *n*; ***a*** ~ angebrannt; **~adura** [-mɐ'durɐ] *f* Brandwunde *f*; (Haut)Verbrennung *f*; Sonnenbrand *m*; **~ar** [-'mar] (1a) **1.** *v/t* verbrennen; ansengen; *Geld* verschleudern; **2.** *v/i* brennen; brennend heiß sein; **~-se** (sich) verbrennen; *EL* durchbrennen; sich ruinieren; *bras* sich zanken
queira ['kɐjrɐ] → ***querer***
queixa ['kɐjʃɐ] *f* Klage *f*; Beschwerde *f*; ***fazer*** ~ ***de*** Anzeige erstatten gegen *j-n*; ***apresentar*** ~ ***contra*** *j-n* verklagen; **~(s)-crime** [-'krimə] *f(pl)* Anzeige *f* (***contra incertos*** gegen Unbekannt)
queix|ada [kɐj'ʃadɐ] *f* Kinnlade *f*; **~al** [-'ʃał]: (***dente*** *m*) ~ Backenzahn *m*; **~ar-se** [-'ʃarsə] (1a) sich beklagen (*od* beschweren) (***a*** bei, ***de*** über *ac*); jammern; klagen (*a JUR*); **~eira** [-'ʃɐjrɐ] *f* Kinnschutz *m*
queixo ['kɐjʃu] *m* Kinn *n*; ~ ***duplo*** Doppelkinn *n*; ***bater o*** ~ mit den Zähnen klappern
queix|oso [kɐj'ʃozu] **1.** *adj* klagend (*a JUR*); kläglich; ~ ***de*** sich beklagend über (*ac*); **2.** *m*, **-a** *f JUR* Kläger(in *f*) *m*; **~ume** [-'ʃumə] *m* Klage *f*
quejando [kə'ʒɐ̃du] gleichartig; ***e*** (***outros***) **~s** *pl* und dergleichen
quelha ['kɛʎɐ] *f* Rinne *f*; Gasse *f*; Rüttelschuh *m* (*der Mühle*)
quem [kɐ̃j] **1.** *interr* wer; ***a*** ~ wem; an wen; zu wem; ***de*** ~ wessen; von wem; **2.** *Relativpronomen* der, die, das; welche(r, -s); ***a*** ~ dem (*od* der, denen); ***de*** ~ dessen (*od* deren); ***fui eu*** ~ ***o disse!*** ICH hab's gesagt; **3.** *Indefinitpronomen* jemand, der; wer; man; derjenige (der), diejenige(n) (die); ***há*** ~ ***diga*** es heißt, es wird gesagt; ***como*** ~ ***diz*** wie man zu sagen pflegt; ***não há*** ~ *conj* niemand...; ~ ***me dera ...*** wäre (ich) doch ...; ***por*** ~ ***é!*** ich beschwöre Sie!; um Himmels willen!
Quénia ['kɛnjɐ]: ***o*** ~ Kenia *n*
quent|ão [kẽ'tɐ̃w] *m bras* Ingwerschnaps *m*; **~e** ['kẽtə] warm (*a Farbe*); heiß; scharf; lebhaft; **~ura** [-'turɐ] *f* (wohlige) Wärme *f*; Hitze *f*
quépi, *bras* **quepe** ['kɛpi] *m* Käppi *n*
queque ['kɛkə] **1.** *adj* F (tod)schick; **2.** *m* Königskuchen *m*
querel|a [kə'rɛlɐ] *f JUR* Rechtsstreit *m*; Strafsache *f*; *fig* Querele *f*; ***dar*** ~ ***contra*** → ***querelar***; **~ado** [-rə'la-

Q

du] *m* Beklagte(r) *m*; **~ante** [-'lẽtə] *su* Kläger(in *f*) *m*; **~ar** [-'lar] (1c) klagen; sich in Rechtsstreit befinden (***com*** mit); ***~-se de*** klagen über (*ac*)
querena [kə'renɐ] *f* NAV Kiel *m*; Tiefgang *m*; ***virar de ~*** kielholen
quer|ença [kə'rẽsɐ] *f* **a**) Zuneigung *f*; Wohlwollen *n*; **b**) Wildwechsel *m*; **~ência** [ke'rẽsja] *f bras* Stall-, Nesttrieb *m*; *fig* Heimstätte *f*
quer|er [kə'rer] (2t) wollen, mögen; verlangen; ***~ a*** *j-n* lieben; gern haben; mögen; ***antes ~*** *et* lieber wollen; ***por ~*** gewollt; ***sem ~*** ungewollt; ***que quer que eu faça?*** was soll ich tun?; ***~ bem*** (***mal***) ***a*** *j-n* lieben (hassen); ***~ dizer*** heißen, bedeuten; *Aufforderung*: ***queira*** *inf* wollen Sie bitte *inf*; ***Deus queira!*** gebe Gott!; ***eu queria*** ich hätte gern; ***quer*** *conj* ***... quer ...*** sowohl ... als auch; sei es (dass) .... oder (dass); ***como quer que*** *conj* wie auch immer; ***como quer que seja*** wie dem auch sein mag; ***o que*** (***quem***) ***quer que*** *conj* was (wer) auch immer; ***onde quer que*** *conj* wo auch immer; überall wo
querid|inho [kirə'diɲu] F ganz lieb; ganz süß; **~o** [-'ridu] **1.** *adj* lieb; **2.** *m*, **-a** *f* Geliebte(r) *su*; F Schatz *m*
quermesse [kɛr'mɛsə] *f* Kirmes *f*
querosene [kəru'zenə] *m* Petroleum *n*; AV Kerosin *n*
quesito [kə'zitu] *m* (Streit)Frage *f*
quest|ão [kəʃ'tɐ̃w] *f* Frage *f*; Problem *n*; (Rechts)Sache *f*; ***~ pendente*** offene Frage *f*; ***em ~*** fraglich; ***fazer ~ de*** Wert legen auf (*ac*); bestehen auf (*ac*); ***entrar em ~*** infrage kommen; ***estar*** (***pôr***) ***em ~*** zur Debatte stehen (stellen); ***pôr uma ~*** eine Frage stellen; ***pôr fora de ~*** (völlig) ausschließen; ***ser ~ de*** eine Sache von ... sein; **~ionamento** [-tjunɐ'mẽtu] *m* Fragestellung *f*; Befragung *f*; **~ionar** [-tju'nar] (1t) **1.** *v/t* (be-)fragen; erörtern; bestreiten; **2.** *v/i* streiten; **~ionário** [-tju-'narju] *m* Fragebogen *m*; **~ionável** [-tju'navɛɫ] fraglich; **~iúncula** [-'tjũkulɐ] *f* unerhebliche Frage *f*
quez|ilento [kəzi'lẽtu] zänkisch; **~ília** [-'ziljɐ] *f* Zank *m*, Streit *m*
quibebe [ki'bɛbi, -'bebi] *m bras* CUL Kürbismus *n*
quiçá [ki'sa] vielleicht, etwa
quiçaça [ki'sasa] *f bras* Ödland *n*
quício ['kisju] *m* Türangel *f*
quiet|ação [kjɛtɐ'sɐ̃w] *f* Beruhigung *f*; Ruhe *f*; **~ar** [-'tar] (1a) beruhigen; **~o** ['kjɛtu] still; friedlich; **~ude** [-'tudə] *f* Ruhe *f*
quilat|ação [kilɐtɐ'sɐ̃w] *f* Bestimmung *f* des Feingehaltes; Prüfung *f*; **~ar** [-'tar] (1b) das Karatgewicht bestimmen; **~e** [-'latə] *m* Karat *n*; Feingehalt *m*; *fig* Wert *m*; Rang *m*
quilh|a ['kiʎɐ] *f* NAV Kiel *m*; **~ar** [-'ʎar] (1a) NAV Kiel setzen; P betrügen; Schaden zufügen
quilo ['kilu] *m* **a**) Kilo *n*; **b**) Milchsaft *m*; **~caloria** [-kɐlu'riɐ] *f* Kilokalorie *f*; **~grama** [kilu'gremɐ] *m* Kilogramm *n*; **~hertz** [-'ɛrts] *m* Kilohertz *n*; **~joule** [-'ʒulə] *m* Kilojoule *n*; **~metragem** [-mə'traʒẽj] *f* Kilometerzahl *f*; **~métrico** [-'mɛtriku] Kilomin Kilometern
quilómetro (*ô) [ki'lɔmətru] *m* Kilometer *m*; ***~ horário*** Stundenkilometer *m*
quilo|vátio [kilu'vatju] *m* Kilowatt *n*; ***~-hora*** *f* Kilowattstunde *f*; **~volt** [-'vɔlt] *m* Kilovolt *n*
quimb|anda [kĩ'bɐ̃da] *m bras* Medizinmann *m*; **~embeques** [-bẽ'bɛkis] *m/pl bras* Anhänger *m/pl*; Halsschmuck *m*
quim|era [ki'mɛrɐ] *f* Schimäre *f*; **~érico** [-'mɛriku] fantastisch
químic|a ['kimikɐ] *f* Chemie *f*; **~o** ['kimiku] **1.** *adj* chemisch; **2.** *m* Chemiker *m*; **~s** *pl* Chemikalien *f/pl*
quimioterapia [kimjɔtərɐ'piɐ] *f* Chemotherapie *f*
quin|a ['kinɐ] *f* **a**) Schild *m* (*im port Wappen*); *Spiel*: Fünf(erpasch *m*) *f*; **b**) Ecke *f*; **c**) BOT Chinarinde *f*; **~ado** [ki'nadu] **a**) fünfgeteilt; **b**) Chinin...
quinau [ki'naw] *m* Verbesserung *f*; rote(r) Strich *m* (*in Schülerarbeiten*); ***apanhar um ~*** gerügt werden
quincha ['kĩʃa] *f bras* Strohdach *n*
quindim [kĩ'dĩ] *m* **a**) *bras* Eleganz *f*; **b**) *bras* Liebling *m*; **c**) Getue *n*
quingentésimo [kwĩʒẽ'tɛzimu] fünfhundertst
quinhão [ki'ɲɐ̃w] *m* Anteil *m*
quinhent|ista [kiɲẽ'tiʃtɐ] des 16. Jahrhunderts; **~os** [-'ɲẽtuʃ] fünfhundert

Q

quinhoeiro [ki'ɲwɐjru] *m* Beteiligte(r) *m*; Teilhaber *m*
quinina [kə'ninɐ] *f* Chinin *n*
quinquag|enário [kwĩkwɐʒə'narju] **1.** *adj* fünfzigjährig; **2.** *m*, **-a** *f* Fünfzigjährige(r) *su*; **~ésimo** [-'ʒɛzimu] fünfzigst
quinqu|enal (*ü) [kwĩkwɛ'nał] Fünfjahres...; **~énio** (*ê) [-'kwɛnju] *m* Jahrfünft *n*
quinquilh|arias [kĩkiʎɐ'riɐʃ] *f/pl* Krimskrams *m*; Spielzeug *n*; Tand *m*; **~eiro** [-'ʎɐjru] *m* Trödler *m*
quinta ['kĩtɐ] *f* (Land)Gut *n*, Landbesitz *m*; *MÚS* Quinte *f*; ***estar nas suas sete ~s*** F sich im siebten Himmel fühlen; **~(s)-essência(s)** [-i'sẽsjɐ] *f(pl)* Quintessenz *f*; **~(s)-feira(s)** [-'fɐjrɐ] *f* Donnerstag *m* (***na*** am); ***às ~s*** donnerstags
quint|al [kĩ'tał] *m* **a)** Garten *m*; **b)** ***~ métrico*** Doppelzentner *m*; **~anista** [-tɐ'niʃtɐ] *su* Student(in *f*) *m* (*od* Schüler(in *f*) *m*) des 5. Jahres; **~ar** [-'tar] (1a) durch fünf teilen; **~arola** [-tɐ'rɔlɐ] *f* winzige(s) Gut *n*; **~eiro** [-'tɐjru] *m* Gutsverwalter *m*; **~eto** [-'tɛtu] *m MÚS* Quintett *n*
quint|o ['kĩtu] 1. *adj* fünft; **2.** *m* Fünfte(r) *m*; Fünftel *n*; **~uplicar** [kĩtupli'kar] (1n) verfünffachen
quíntuplo ['kĩtuplu] fünffach
quinz|e ['kĩzə] fünfzehn; ***~ dias*** *m/pl* = **~ena** [-'zenɐ] *f* vierzehn Tage *m/pl*; ***uma ~ de*** etwa fünfzehn; **~enal** [-zə'nał] vierzehntägig
quiosque ['kjɔʃkə] *m* Kiosk *m*
quirom|ancia [kirumɐ̃'siɐ] *f* Handlesen *n*; **~ante** [-'mɐ̃tə] *su* Handleser(in *f*) *m*
quiropod|ia [kirupu'diɐ] *f* Fußpflege *f*; **~ista** [-'diʃtɐ] *su* Fußpfleger(in *f*) *m*
quis [kiʃ] → ***querer***
quisto ['kiʃtu] *m* → ***cisto***
quit|ação *f*, **~amento** *m*, **~ança** *f* [kitɐ'sɐ̃w, -'mẽtu, -'tɐ̃sɐ] Befreiung *f*; *Strafe*: Erlass *m*; Empfangsbestätigung *f*; **~anda** [-'tɐ̃dɐ] *f* Verkaufsstand *m*; **~andeiro** [-tɐ̃'dɐjru] *m* fliegende(r) Händler *m*; **~anga** [-'tɐ̃gɐ] *f* P Kram *m*; **~ar** [-'tar] (1a) *ECON* entschulden; vermeiden; wegnehmen; *Plan* aufgeben; ***~ alg de*** j-n befreien von
quite ['kitə] *ECON* quitt; frei (***de*** von)
quivi [ki'vi] *m BOT* Kiwi *f*
quizília [ki'zilja] *f bras* Widerwille *m*; Streit *m*; ***ter ~ a*** *j-n* nicht mögen
quociente [kwɔ'sjẽtə] *m* Quotient *m*
quórum ['kwɔrũ] *m* Quorum *n*
quota ['kwɔtɐ] *f* Quote *f*; Anteil *m*; Rate *f*; Kontingent *n*; *a* → ***cota***; ***~ de mercado*** *ECON* Marktanteil *m*; ***regime*** *m* ***por ~s*** Quotenregelung *f*; **~(s)-parte(s)** [-'partə] *f(pl)* Anteil *m*; Einlage *f*; Beitrag *m*
quotidiano [kwɔti'djɐnu] (all)täglich; Tages...; ***o ~*** der Alltag *m*
quotiliquê [qwɔtəli'ke] *m* Lappalie *f*; Niete *f* (*Person*); ***de ~*** läppisch
quotiz|ação [kwɔtizɐ'sɐ̃w] *f* (Börsen)Notierung *f*; *Steuerklasse*: Einstufung *f*; **~ar** [-'zar] (1a) *Kurs* notieren; → ***cotizar***
q.v. ***queira ver*** siehe

R

R, r ['ɛʀə] *m* R, r *n*
R. ***reprovado*** nicht zugelassen; abgelehnt; ***rua*** *f* Straße *f*
rã [ʀɐ̃] *f* Frosch *m*
raba|da [ʀɐ'badɐ] *f* Zopf *m*; = **~dela**, **~dilha** [ʀɐbɐ'dɛlɐ, -bɐ'diʎɐ] *f ANAT* Steißbein *n*; *Tier*: Schwanz *m*; **~do** [-'badu] geschwänzt; **~nada** [-bɐ'nadɐ] *f* Schlag *m* mit dem Schwanz; *METÉO* Bö *f*; **~nete** [-'netə] *m* Radieschen *n*
ráb|ano, **~ão(s)** ['ʀabɐnu, ʀɐ'bɐ̃w] *m(pl)* Rettich *m*; ***~-bastardo*** *m*, ***~-rústico*** *m* Meerrettich *m*
rabear [ʀɐ'bjar] (1l) mit dem Schwanz wedeln; zappeln; F anbandeln
rabec|a [ʀɐ'bɛkɐ] *f* Fiedel *f*; ***tocar ~***

fiedeln; P *fig* über *j-n* herziehen; **~ada** [-bə'kadɐ] *f*: ***passar uma ~ a*** P *j-n* zusammenstauchen; **~ão** [-'kɐ̃w] *m* Bassgeige *f*; **~ *pequeno*** Kniegeige *f*
rabejar [ʀɐbə'ʒar] (1d) **1.** *v/t Stier* beim Schwanz packen; **2.** *v/i* die Schleppe tragen (*e-s Kleides*)
rabelo [ʀɐ'belu] *m*: (***barco*** *m*) **~** Douroschiff *n* (*Portwein-Transport*)
rabequista [ʀɐbə'kiʃtɐ] *m* Fiedler *m*
rabeta [ʀɐ'betɐ] *f* *ZO* Gartenrotschwanz *m*; Bachstelze *f*
rábia ['ʀabjɐ] *f* → ***raiva***
rabiar [ʀɐ'bjar] (1g) F wüten, toben
rabi|ça [ʀɐ'bisɐ] *f* (Pflug)Sterz *m*; **~cho** [-ʃu] *m* Zopf *m*; P Schwule(r) *m*
rábi|co ['ʀabiku] Tollwut...; **~do** ['rabidu] wütend, rasend
rabino [ʀɐ'binu] **1.** *adj* unruhig, ungezogen (*Kind*); **2.** *m* Rabbiner *m*
rabios|ca *f*, **~que** *m* [ʀɐ'bjɔʃkɐ, -ʃkə] P Hintern *m*
rabirruivo [ʀɐbi'ʀujvu] *m* *ZO* Rotschwanz *m*
rabisc|a [ʀɐ'biʃkɐ] *f* Kringel *m*; **~s** *pl* Gekritzel *n*; **~ar** [-'kar] (1n) (be)kritzeln; **~o** [-ku] → ***-a***
rabistel [ʀɐbiʃ'tɛł] *m* P Ärschlein *n*
rabo ['ʀabu] *m* *Tier*: Schwanz *m*; Griff *m*; P Hintern *m*; ***com o ~ dos olhos*** P verstohlen; ***de ~ alçado*** *fig* mit eingezogenem Schwanz (*kleinlaut*); ***dar ao ~*** mit dem Schwanz wedeln; *fig* mit dem Hintern wackeln; ***aqui é que a porca torce o ~*** da liegt der Hase im Pfeffer; **~(s)-alçado(s)** [-ał'sadu] *m(pl)* P Schlappschwanz *m*
rabona [ʀɐ'bonɐ] *f* (kurze) Jacke *f*
rabote [ʀɐ'bɔtə] *m* *TÉCN* Raubank *f*
rabudo [ʀɐ'budu] langschwänzig
rabu|ge(m) [ʀɐ'buʒə, -ʒɐ̃j] *f* Räude *f*; *fig* Kratzbürstigkeit *f*; *bras* knorrige(s) Holz *n*; **~gento** [-'ʒẽtu] räudig; *fig* kratzbürstig; mürrisch; **~gice** [-'ʒisə] *f* Kratzbürstigkeit *f*; Anmaßung *f*; **~jar** [-'ʒar] (1a) nörgeln
rábula ['ʀabulɐ] **1.** *m* Rechtsverdreher *m*; **2.** *f* *TEA* Nebenrolle *f*
rabulice [ʀɐbu'lisə] *f* Rechtsverdreherei *f*
raça ['ʀasɐ] *f* Rasse *f*; Volk *n*; Stamm *m*; Geschlecht *n*; *bras* Schwung *m*; Mut *m*; ***de má ~*** böse; schlecht
ração [ʀɐ'sɐ̃w] *f* Ration *f*; *CUL* Portion *f*; **~ *de combate*** eiserne Ration *f*
rach|ad(el)a [ʀɐ'ʃadɐ, ʀɐʃɐ'dɛlɐ] *f* Riss *m*; Splitter *m*; **~ar** [ʀɐ'ʃar] (1b) **1.** *v/t* spalten; *Holz* hacken; sprengen; aufreißen; teilen; ***~ a mona a*** P *j-m* eins über die Rübe geben; **2.** *v/i* bersten; ***de ~*** zum Umkommen (*Hitze*); schneidend (*Wind*, *Kälte*)
racial, **rácico** [ʀɐ'sjał, 'ʀasiku] Rassen...
racimo [ʀɐ'simu] *m* (Wein)Traube *f*
racioc|inar [ʀɐsjusi'nar] (1a) (nach-)denken; folgern; **~ínio** [-'sinju] *m* Denkfähigkeit *f*; Vernunft *f*; Überlegung *f*; Folgerung *f*
racional [ʀɐsju'nał] vernünftig; rational; rationell; ***animal*** *m* **~** vernunftbegabte(s) Wesen *n*; **~idade** [-nɐli'dadə] *f* Vernünftigkeit *f*; Zweckmäßigkeit *f*; **~ismo** [-nɐ'liʒmu] *m* Rationalismus *m*; **~ista** [-nɐ'liʃtɐ] **1.** *adj* verstandesmäßig; **2.** *su* Rationalist(in *f*) *m*; **~izar** [-nɐli'zar] (1a) *ECON* rationalisieren; *Frage* durchdenken
racion|amento [ʀɐsjunɐ'mẽtu] *m* Rationierung *f*; **~ar** [-'nar] (1f) rationieren
racis|mo [ʀɐ'siʒmu] *m* Rassismus *m*; **~ta** [-'siʃtɐ] **1.** *adj* Rassen...; rassistisch; **2.** *su* Rassist(in *f*) *m*
radão [ʀɐ'dɐ̃w] *m* Radon *n*
radar [ʀɐ'dar] *m* Radar *n*, *m*
radi|ação [ʀɐdjɐ'sɐ̃w] *f* (Aus)Strahlung *f*; **~ *beta*** Beta-Strahlung *f*; **~actividade** [-djatəvi'dadə] *f* Radioaktivität *f*; **~activo** [-dja'tivu] radioaktiv; **~ado** [-'djadu] strahlenförmig; Strahlen...; **~ador** [-djɐ'dor] *m* Heizkörper *m*; *AUTO* Kühler *m*; **~al** [-'djał] radial; **~ante** [-'djẽtə] strahlend; *FIS* Strahlungs...; **~ar** [-'djar] (1g) **1.** *v/t* ausstrahlen; **2.** *v/i* strahlen
radic|al [ʀɐdi'kał] **1.** *adj* Wurzel...; Stamm...; grundlegend; radikal; *Sport*: Kampf...; **2.** *m* *GRAM* Stamm *m*; *QUÍM* Radikal *n*; *MAT* Wurzelzeichen *n*; **3.** *su* *POL* Radikale(r) *su*; ***~ de esquerda*** (***direita***) Links-(Rechts)radikale(r) *su*; **~alismo** [-kɐ'liʒmu] *m* Radikalismus *m*; **~ar** [-'kar] (1n) **1.** *v/t* verwurzeln; **2.** *v/i* verwurzelt sein; sich festsetzen

R

radícula [ʀɐ'dikulɐ] *f* Wurzelfaser *f*

rádio ['ʀadju] **1.** *m* **a)** *ANAT* Speiche *f*; **b)** *QUÍM* Radium *n*; **c)** Radio(apparat *m*) *n*; ~ ***leitor de cassetes*** Radiorekorder *m*; ~***-despertador*** *m* Radiowecker *m*; ~***-gravador*** *m* Radiorekorder *m*; **2.** *f* Hörfunk *m*

radio|a(c)tivo [ʀɐdjuɐ'tivu] → ***radiactivo***; **~difundido** [-difũ'didu] Rundfunk…; **~difusão** [-difu'zɐ̃w] *f* Rundfunk(übertragung *f*) *m*; **~fónico** (*ô) [-'fɔniku] Rundfunk…; **~grafar** [-grɐ'far] (1b) röntgen; **~grafia** [-grɐ'fiɐ] *f* Röntgenaufnahme *f*; **~grama** [-'grɐmɐ] *m* Funkspruch *m*; **~jornal** [-ʒur'nał] *m* Rundfunknachrichten *f/pl*; **~logia** [-lu'ʒiɐ] *f* Radiologie *f*; **~lógico** [-'lɔʒiku] Röntgen…; radiologisch; **~logista** [-lu'ʒiʃtɐ] *su* Radiologe *m*, Radiologin *f*; **~patrulha** [-pɐ'truʎɐ] *f* Funkstreife *f*; Streifenwagen *m*; **~scopia** [-ʃku'piɐ] *f* Röntgenuntersuchung *f*; **~scópico** [-ʃ'kɔpiku]: ***exame*** *m* ~ → ***~scopia***; **~so** [ʀɐ'djozu] strahlend; **~ssonda** [-dju'sõdɐ] *f* *METÉO* Radiosonde *f*; **~táxi** [-'taksi] *m* Funktaxi *n*; **~teatro** [-'tjatru] *m* *bras* Hörspiel *n*; **~telefone** [-tələ'fɔnə] *m* Funktelefon *n*; **~telegrafar** [-tələgrɐ'far] (1b) funken; **~telegrafia** [-tələgrɐ'fiɐ] *f* Funk *m*; **~telegrafista** [-tələgrɐ'fiʃtɐ] *su* Funker(in *f*) *m*; **~terapia** [-tərɐ'piɐ] *f* Röntgentherapie *f*; *allg* Strahlentherapie *f*

radiouvinte [ʀadjo'vĩtə] *su* Rundfunkhörer(in *f*) *m*

raf|a ['ʀafɐ] *f* P Kohldampf *m*; **~ado** [ʀɐ'fadu] P ausgehungert; schäbig; **~ar** [-'far] (1b) abnutzen; **~eiro** [-'fɐjru] *m* Wachhund *m*; F Köter *m*; *fig* Schleimer *m*

ragu [ʀa'gu] *m* *CUL* Ragout *n*

rai|a ['ʀajɐ] *f* **a)** Linie *f*; *ANAT* Handlinie *f*; Streifen *m*; Strich *m*; Rille *f*; (Landes)Grenze *f*; ***dar*** ~ e-n Fehler begehen; ***fechar a*** ~ der Letzte sein; ***passar das ~s*** zu weit gehen; ***tocar as ~s de*** grenzen an (*ac*); **b)** *ZO* Rochen *m*; **~ano** [ʀɐ'jɐnu] angrenzend; **~ar** [-'jar] (1i) **1.** *v/t* streifen; ~ ***pelos 20 anos*** etwa 20 Jahre alt sein; **2.** *v/i* strahlen; aufgehen (*Sonne*); anbrechen (*Tag*); *örtl* angrenzen (***por*** an *ac*)

raineta [ʀaj'netɐ] *f* Renette *f* (*Apfelsorte*); *ZO* Laubfrosch *m*

rainha [ʀɐ'iɲɐ] *f* Königin *f*; *Schach*: Dame *f*; **~(s)-cláudia(s)** [-'klawdjɐ] *f* *BOT* Reineclaude *f*

rainúnculo [ʀaj'nũkulu] *m* Ranunkel *f*

raio ['ʀaju] *m* Strahl *m* (*a fig*); *MAT* Radius *m*; Umkreis *m*; *TÉCN* (Rad-)Speiche *f*; *METÉO* Blitz *m* (*a fig*); *fig* Schimmer *m*; ~ ***de acção*** Aktionsradius *m*; ~ ***de viragem*** *AUTO* Wendekreis *m*; ~ ***visual*** Sichtkreis *m*; **~s** *pl* ***X*** Röntgenstrahlen *m/pl*; ***como um*** ~ wie der Blitz; ***com mil ~s!*** P zum Kuckuck!

raiv|a ['ʀajvɐ] *f* *Tierkrankheit*: Tollwut *f*; *fig* Wut *f*; ***estar com*** ~ ***a***, ***ter*** ~ ***a*** wütend sein auf (*ac*); ***morder-se de*** ~ schäumen vor Wut; **~ar** [-'var] (1a) wüten; **~oso** [-'vozu] tollwütig; wütend; wild

raiz [ʀɐ'iʃ] *f* Wurzel *f* (***criar***, ***lançar*** schlagen); ~ ***de cabelo*** Haarwurzel *f*; ***cortar pela*** ~ *fig* bei der Wurzel packen; ***pôr as raízes ao sol a*** *et* ausreißen; ***saber de*** ~ ganz genau wissen

rajada [ʀɐ'ʒadɐ] *f* (Wut)Anfall *m*; Schwung *m*; *MIL* Feuerstoß *m*; ~ (***de vento***) Windstoß *m*, Bö *f*

ral|ação [ʀɐlɐ'sɐ̃w] *f* *CUL* Reiben *n*, Raspeln *n*; *fig* Ärger *m*; Plage *f*; **~ado** [-'ladu] besorgt; ***pão*** *m* ~ Semmelbrösel *pl*; **~ador** [-'dor] *m* Reibe *f*; **~adura** [-'durɐ] *f* Geriebene(s) *n*; **~ar** [-'lar] (1b) (zer)reiben; zerkleinern; F *fig* *j-m* auf die Nerven gehen; ***~-se com*** sich ärgern über

ralé [ʀɐ'lɛ] *f* Abschaum *m*

ral|ear [ʀɐ'ljar] (1l) ausdünnen; verlangsamen; **~eira** [-'lɐjrɐ] *f* *fig* Mangel *m*; Lücke *f*

ralenti [ʀɐlẽ'ti] *m* *AUTO* Leerlauf *m*

ralh|ar [ʀɐ'ʎar] (1b) zanken; ~ ***com*** *j-n* schelten; **~eta** [-'ʎetɐ] *su* Nörgler(in *f*) *m*; **~o** ['ʀaʎu] *m* Schelte *f*

rali [ʀɐ'li] *m* Rallye *f*

ralo ['ʀalu] **1.** *adj* spärlich; **2.** *m* **a)** *ZO* Maulwurfsgrille *f*; **b)** Reibe *f*; Sieb *n*; Abfluss *m*; Brausekopf *m*; (Metall)Filter *n*; Guckloch *n*; ~ ***de cima*** Überlauf *m*; **c)** Rasseln *n*; Röcheln *n*

rama ['ʀɐmɐ] *f* *BOT* Blattwerk *n*; ***em*** ~ roh; ***pela*** ~ oberflächlich

ram|ada [ʀɐ'madɐ] *f BOT* Laub(werk) *n*; *ARQUIT* Laube(ngang *m*) *f*; Laubdach *n*; **~ado** [-'madu] belaubt; **~agem** [-'maʒɐ̃j] *f BOT* Astwerk *n*; Blumenmuster *n*; ***de ~*** geblümt; **~al** [-'mał] *m* Strang *m*; Schnur *f*; Troddel *f*; Abzweigung *f*; *CAM. DE F* Nebenstrecke *f*; *BGB* Nebenstollen *m*; *bras TEL* (Neben)Apparat *m*; **~alhar** [-mɐ'ʎar] (1b) rauschen (*Zweige*); **~alhete** [-mɐ'ʎetə] *m* (Blumen)Strauß *m*; *fig* Auswahl *f*; **~alho** [-'maʎu] *m* (abgehauener) Ast *m*; **~alhudo** [-mɐ'ʎudu] *BOT* dicht belaubt; rauschend; mit langen Wimpern; geblümt; *fig* hochtrabend

ramerr|ame, ~ão [ʀɐmə'ʀɐmə, -'ʀɐ̃w] *m* eintönige(s) Geräusch *n*; *fig* Eintönigkeit *f*; Alltag *m*; Schlendrian *m*

ramific|ação [ʀɐməfikɐ'sɐ̃w] *f* Verzweigung *f*, Verästelung *f*; *Straße*: Abzweigung *f*; **~ar** [-'kar] (1n) abzweigen; *Gruppe* (ab-, auf)spalten; (auf)teilen; ***~-se*** sich verzweigen (*Straße*); sich verbreiten

ram|o ['ʀɐmu] *m* Zweig *m* (*a fig*); Ast *m*; (Blumen)Strauß *m*; Abzweigung *f*; Verzweigung *f*; Abteilung *f*; *UNIV* (Wissens)Gebiet *n*; (Berufs)Fach *n*; *ECON* Branche *f*; Posten *m* (*e-r Versteigerung*); *MED* (Krankheits)Anfall *m*; (Fluss)Arm *m*; *REL* Palmzweig *m*; ***do ~*** vom Fach; ***Domingo m de ♀*** *REL* Palmsonntag *m*; ***não pôr pé em ~ verde*** auf keinen grünen Zweig kommen; **~oso** [ʀɐ'mozu] verästelt; belaubt

rampa ['ʀɐ̃pɐ] *f* Auffahrt *f*; Rampe *f*; *MAT* schiefe Ebene *f*; ***~ de lançamento*** Abschussrampe *f*

rançar [ʀɐ̃'sar] (1p) ranzig werden

ranch|aria [ʀɐ̃ʃa'ria] *f bras* (Hütten-)Siedlung *f*; **~eiro** [-'ʃejru] *m MIL* Koch *m*; *bras* Siedler *m*; **~o** ['ʀɐ̃ʃu] *m* Schar *f*; (Folklore)Gruppe *f*; Gesellschaft *f*; Gemeinschaftsessen *n*; Eintopf *m*; *bras* Farm *f*; ***de ~*** gemeinschaftlich; ***fazer ~*** sich zusammentun

ranço ['ʀɐ̃su] *m* ranzige(r) Geruch *m*; *fig* Abgedroschenheit *f*; ***cheirar a ~*** ranzig riechen; ***ter ~*** ranzig sein; *fig* abgedroschen (*od* altmodisch) sein

rancor [ʀɐ̃'kor] *m* Groll *m*; Gehässigkeit *f*; **~oso** [-ku'rozu] grollend, nachtragend; gehässig

rançoso [ʀɐ̃'sozu] ranzig; *fig* abgestanden; abgedroschen

ranger [ʀɐ̃'ʒer] (2h) *mit den Zähnen* knirschen; knarren

rangífer(o) [ʀɐ̃'ʒifər(u)] *m* Rentier *n*

ranh|o ['ʀɐɲu] *m* P Rotz *m*; **~oso** [ʀɐ'ɲozu] P rotzig; rüpelhaft

ranhura [ʀɐ'ɲurɐ] *f* Fuge *f*; *erhöhter* Rand *m*; Schlitz *m* (*an Automaten*)

ranúnculo [ʀɐ'nũkulu] *m* Ranunkel *f*

ranzinza [ʀɐ̃'zĩza] *bras* griesgrämig, störrisch; aufsässig

rapac|e [ʀɐ'pasə] räuberisch; Raub...; **~idade** [-pɐsi'dadə] *f* Raubgier *f*

rapad|eira [ʀɐpɐ'dɐjrɐ] *f* Kratzer *m*; Schaber *m*; **~ela** [-'dɛlɐ] *f*: ***dar uma ~ a → rapar***; **~o** [-'padu] glatt rasiert; (kahl) geschoren; **~ura** [-'durɐ] *f* Abgeschabte(s) *n*; *bras* Kandiszucker *m*

rapagão [ʀɐpɐ'gɐ̃w] *m* kräftige(r) (*od* stämmiger) Junge *m*

rapa|-massas (*pl inv*) [ʀapɐ'masɐʃ] *m CUL* Teigschaber *m*; **~pé** [ʀapɐ'pɛ] *m* Kratzfuß *m*

rapar [ʀɐ'par] (1b) (aus)kratzen, schaben; reiben; scheren; (ab)rasieren; *Haare* kurz schneiden; P *fig* abluchsen; beklauen; dahinraffen

rapariga [ʀɐpɐ'rigɐ] *f* Mädchen *n*; *bras* leichte(s) Mädchen *n*

rapa-tachos (*pl inv*) [ʀapɐ'taʃu] *su* Nimmersatt *m*

rapaz [ʀɐ'paʃ] *m* Junge *m*; junge(r) Mann *m*; ***bom ~*** gute(r) Kerl *m*; **~iada** [-pɐ'zjadɐ] *f* F Jungs *m/pl*; Lausbubenstreich *m*; **~inho** [-pɐ'ziɲu] *m* F Jüngelchen *n*; **~io** [-pɐ'ziw] *m die* jungen Kerle *m/pl*; **~ola** [-pɐ'zɔlɐ] *m* F Grünschnabel *m*; **~ote** [-pɐ'zɔtə] *m* Bürschlein *n*

rapé [ʀɐ'pɛ] *m* Schnupftabak *m*; ***tomar ~*** schnupfen

rapidez [ʀɐpi'deʃ] *f* Schnelligkeit *f*; ***com ~*** rasch, schnell

rápido ['ʀapidu] **1.** *adj* schnell; reißend; flüchtig; **2.** *m* Stromschnelle *f*; Schnellzug *m*; ***num ~*** im Handumdrehen

rapina [ʀɐ'pinɐ] *f* Raub(zug) *m*; ***ave f de ~*** Raubvogel *m*

rapos|a [ʀɐ'pozɐ] *f* Fuchs *m* (*Artname*; *a fig*); Füchsin *f*; ***apanhar*** (***pregar***) ***uma ~*** F *Schule*: durchfallen

R

(lassen); **~eira** [-pu'zɐjrɐ] *f* wohlige Wärme *f*; F Rausch *m*; Fuchsbau *m*; **~eiro** [-pu'zɐjru] gerissen, schlau; **~ino** [-pu'zinu] Fuchs...; **~o** [-'pozu] *m* Fuchs *m* (*männliches Tier*; *a fig*)
rapsódia [ʀɐp'sɔdjɐ] *f* Rhapsodie *f*
rapt|ar [ʀɐp'tar] (1a) entführen; rauben; **~o** ['ʀaptu] *m* Entführung *f*; Raub *m*; *fig* Verzückung *f*; **~or** [-'tor] *m* Entführer *m*
rapúncio [ʀɐ'pũsju] *m* Feldsalat *m*
raque ['ʀakə] *f* Rückgrat *n*
raqueta, -e [ʀɐ'ketɐ, -tə] *f* (Tennis-) Schläger *m*
raqu|ítico [ʀɐ'kitiku] rachitisch; *fig* schmächtig; verkümmert; **~itismo** [-kə'tiʒmu] *m* Rachitis *f*
rarear [ʀɐ'rjar] (1l) sich lichten; selten werden (*od* sein)
rare|fa(c)ção [ʀɐrəfa'sɐ̃w] *f* Versiegen *n*; Ausdünnung *f*; **~fazer** [-fɐ'zer] (2v) ausdünnen; lichten; versiegen lassen; **~feito** [-'fɐjtu] **1.** *p/p von* **~fazer**; **2.** *adj* dünn; licht
rar|idade [ʀɐri'dadə] *f* Seltenheit *f*, Rarität *f*; **~o** ['ʀaru] selten; vereinzelt; spärlich; außergewöhnlich
rasca ['ʀaʃkɐ] **1.** *adj* P geschmacklos; saumäßig; **2.** *f* Schleppnetz *n*; Fischerboot *n*; ***estar*** (*od* **ver-se**) **à ~** nicht zurechtkommen
rasc|adeira [ʀaska'dejra] *f bras* Striegel *m*; ***limpar com ~*** striegeln; **~ador** [ʀɐʃkɐ'dor] *m* Schaber *m*; **~adura** [ʀɐʃkɐ'durɐ] *f* Schramme *f*; Kratzer *m*; **~ante** [ʀɐʃ'kɐ̃tə] scharf, kratzend; herb; **~ar** [ʀɐʃ'kar] (1n; *Stv* 1b) (ab)kratzen
rascunh|ar [ʀɐʃku'ɲar] (1a) skizzieren; entwerfen; **~o** [-'kuɲu] *m* Entwurf *m*; Skizze *f*; Konzept *n*; ***papel m de ~*** F Schmierpapier *n*
rasg|adela [ʀɐʒgɐ'dɛlɐ] *f* → **~adura**; **~ado** [-'gadu] breit; weit; zerrissen (*Kleidung*); großzügig; gewagt; **~adura** *f*, **~amento** *m*, **~ão** *m* [-'durɐ, -'mẽtu, -'gɐ̃w] Riss *m* (*in Kleidung*); Schlitz *m*; Schramme *f*; *fig* Großzügigkeit *f*; Weitläufigkeit *f*; **~ar** [-'gar] (1o; *Stv* 1b) **1.** *v/t* ein-, zerreißen; zerkratzen; aufstemmen; heraustrennen; *gewaltsam* entfernen; wegreißen; *Weg* bahnen; (durch)brechen; **2.** *v/i u* **~-se** zerreißen; sich spalten; **~o** ['ʀaʒgu] *m* (Pinsel)Strich *m*; (Charakter)Zug *m*; Schwung *m*; (Geistes)Blitz *m*; ***~ de valor*** Heldentat *f*; ***de um ~*** ein für alle Mal; ***um ~ de*** ein Hauch von
raso ['ʀazu] **1.** *adj* flach; eben; glatt; gestrichen voll (*Maß*); kurz geschoren; gestreckt (*Winkel*); gewöhnlich (*Soldat*); ***campo** m **~*** freie(s) Feld *n*; ***~ de*** voller; ***ir tudo ~*** P den Bach runtergehen; **2.** *m* Flachland *n*
rasoira, *bras* **-oura** [ʀɐ'zojrɐ, -'zora] *f* Abstreichholz *n*; *TÉCN* Polierstahl *m*; Schaber *m*
rasp|a ['ʀaʃpɐ] *f* (Hobel)Span *m*; Raspel *f*; **~s** *pl* Späne *m/pl*; **~adeira** [ʀɐʃpɐ'dɐjrɐ] *f* Radiermesser *n*; Schaber *m*; Nagelfeile *f*; **~adela** [-pɐ'dɛlɐ] *f* → ***~agem***; **~adura** [-pɐ'durɐ] *f* Raspelspäne *m/pl*; Abgekratzte(s) *n*; = **~agem** [-'paʒɐ̃j] *f* Abkratzen *n*; Raspeln *n*; Radieren *n*; Schaben *n*; **~anete** [-pɐ'netə] *m* Zurechtweisung *f*; **~ão** [ʀɐʃ'pɐ̃w] *m* Schramme *f*; ***de ~*** haarscharf (vorbei); ***passar de ~*** schrammen; **~ar** [ʀɐʃ'par] (1b) abschaben; (aus)radieren; schrammen; *fig* austilgen; **~-se** F ausreißen; **~-vidros** (*pl inv*) [ʀaʃpɐ'vidruʃ] *m* Eiskratzer *m*
rasqueta [ʀɐʃ'ketɐ] *f NAV* Schabeisen *n*
rast|ear [ʀɐʃ'tjar] (1l) → ***~ejar***; **~eira** [-'tɐjrɐ] *f* Fußangel *f*; Bettpfanne *f*; ***passar ~ a*** *j-m* ein Bein stellen; **~eiro** [-'tɐjru] Kriech... (*a BOT*); schleppend; *fig* armselig; kriecherisch; ***cão** m **~*** Spürhund *m*; **~ejar** [-tə'ʒar] (1d) **1.** *v/t* nachspüren (*dat*); auf-, ausspüren; **2.** *v/i* kriechen; sich hinschleppen; **~ejo** [-'teʒu] *m* Kriechen *n*
rastilho [ʀɐʃ'tiʎu] *m* Zündschnur *f*
rasto ['ʀaʃtu] *m* Spur *f*; *MONT* Fährte *f*; (Ski)Loipe *f*; ***andar de ~s*** (dahin)kriechen; sich schleppen; ***apagar o ~ a*** *j-s* Spuren verwischen; ***ficar de ~s*** *fig* am Boden zerstört sein; ***seguir o ~ de*** in *j-s* Fußstapfen treten; → ***ir no ~ a*** *j-m* folgen
rastr|ear [ʀɐʃ'trjar] (1l) *j-s* Spuren folgen; *et* erforschen; *bras a* harken; **~ilho** [-'triʎu] *m bras* Rechen *m*; **~o** ['ʀaʃtru] *m bsd bras* → **rasto**
rasur|a [ʀɐ'zurɐ] *f* radierte Stelle *f*; Späne *m/pl*; **~ar** [-'rar] (1a) schaben; radieren
rat|a ['ʀatɐ] *f* Maus *f* (*weibliches*

R

Tier); *bras fig* Blamage *f*; P Muschi *f* (*Vulva*); ***cometer*** (*od* ***dar***) ***uma ~*** *bras* sich blamieren; **~ão** [ʀɐ'tɐ̃w] **1.** *adj* ulkig; **2.** *m*, **-ona** *f* Ratte *f* (*männliches Tier*); *fig* Spaßvogel *m*; **~azana** [-tɐ'zɐnɐ] *f* Ratte *f* (*a Artname*); F *fig* ulkige(s) Huhn *n*; ***~ de esgoto*** Kanalratte *f*

rat|ear [ʀɐ'tjar] (1l) *Kosten* umlegen; **~eio** [-'teju] *m* Umlage *f*

rat|eira [ʀɐ'tɐjrɐ] *f* Maulwurfshügel *m*; **~icida** [-tə'sidɐ] *m* Rattengift *n*

ratific|ação [ʀɐtəfikɐ'sɐ̃w] *f* Bestätigung *f*; Ratifikation *f*; **~ar** [-'kar] (1n) bestätigen; ratifizieren

ratinh|ar [ʀɐti'ɲar] (1a) feilschen um; sparen; **~eiro** [-'ɲɐjru] feilschend; *ZO* Mäuse...; **~o** [-'tiɲu] *m* *ZO* Mäuschen *n*; Hausmaus *f*; *ANAT* Milchzahn *m*; F Kohldampf *m*

Ratisbona [ʀɐtiʒ'bonɐ] Regensburg *n*

rat|o ['ʀatu] **1.** *adj* mausgrau; **2.** *m* Maus *f* (*a INFORM*); ***~ de água*** Wasserratte *f*; ***~ de biblioteca*** Bücherwurm *m*; ***fome*** *f* ***de ~*** Mordshunger *m*; ***calado como um ~*** F mucksmäuschenstill; **~oeira** [ʀɐ'twɐjrɐ] *f* Mausefalle *f*; *fig* Falle *f*; ***armar uma ~ a*** P *j-n* hereinlegen; **~ona** [ʀɐ'tonɐ] *f* → ***ratão***; **~onear** [ʀɐtu'njar] (1l) mausen; **~oneiro** [ʀɐtu'nɐjru] *m* Gauner *m*; **~onice** [ʀɐtu'nisə] *f* Dieberei *f*; Diebesgut *n*

ravina [ʀɐ'vinɐ] *f* Schlucht *f*

razão [ʀɐ'zɐ̃w] **1.** *f* Vernunft *f*; Verstand *m*; (Beweg)Grund *m*; Recht *n*; Erklärung *f*; Rechenschaft *f*; *MAT* Verhältnis *n*; ***~ de Estado*** Staatsräson *f*; ***~ de ser*** Daseinsberechtigung *f*; ***~ social*** Firmenname *m*; ***à ~ de*** zum Zinssatz von; zu (*je*); *fig* in dem Maße wie; ***com toda a ~*** mit vollem Recht; ***em ~ de*** wegen (*gen*); ***sem ~*** grundlos; ***chamar à ~*** zur Vernunft bringen; ***dar ~ a*** *j-m* Recht geben; ***estar fora da ~*** Unrecht haben; ***estar na ~ directa*** (***inversa***) ***de*** *MAT* im direkten (umgekehrten) Verhältnis stehen zu; ***perder a ~*** den Verstand verlieren; ***ter ~*** Recht haben; ***trazer à ~*** zur Vernunft bringen; **2.** *m* *ECON* Hauptbuch *n*

razia [ʀɐ'ziɐ] *f* Zerstörung *f*; Vandalismus *m*

razoável [ʀɐ'zwavɛɫ] vernünftig; ziemlich (groß *od* gut)

R

r/c. ***rés-do-chão*** *m* Erdgeschoss *n*

re... *in Zssgn* wieder...; re...; zurück...

ré [ʀɛ] **1.** *f* **a)** *JUR* Angeklagte *f*; **b)** *NAV* Heck *n*; **2.** *m* *MÚS* D *n*

reabastec|er [ʀjɐbɐʃtə'ser] (2g; *Stv* 2c) (erneut) versorgen (**de** mit); *AV* auftanken; **~imento** [-si'mẽtu] *m* Nachschub *m*; *AV* Auftanken *n*

reabertura [ʀjɐbər'turɐ] *f* Wiedereröffnung *f*

reabilit|ação [ʀjɐbəlitɐ'sɐ̃w] *f* Rehabilitation *f*; Ehrenrettung *f*; **~ar** [-'tar] (1a) rehabilitieren; ***~-se de*** sich erholen von

rea(c)|ção [ʀja'sɐ̃w] *f* Reaktion *f*; ***~ em cadeia*** *FIS*, *fig* Kettenreaktion *f*; **~cional** [-sju'naɫ] Reaktions...; **~cionário** [-sju'narju] reaktionär; **~tivar** [-ti'var] (1a) reaktivieren; **~tivo** [-'tivu] Reaktions...; reaktiv; **~tor** [-'tor] *m* Reaktor *m*; *AV* Triebwerk *n*; ***~ de rápido enriquecimento*** schnelle(r) Brüter *m*; ***~ nuclear*** Kernreaktor *m*

read|aptação [ʀjɐdaptɐ'sɐ̃w] *f* Wiedereingliederung *f* (***a*** in *ac*); ***~ profissional*** Umschulung *f*; **~missão** [-mi'sɐ̃w] *f* Wiederaufnahme *f*

reafirmar [ʀjɐfir'mar] (1a) von neuem bestätigen, versichern

reag|ente [ʀjɐ'ʒẽtə] *m* Reagens *n*; **~ir** [-'ʒir] (3n) reagieren (***a***, ***contra*** auf *ac*); sich widersetzen (***a*** *dat*)

reagrupamento [ʀjɐgrupɐ'mẽtu] *m* Umgruppierung *f*; ***~ familiar*** Familienzusammenführung *f*

reajust|amento [ʀjɐʒuʃtɐ'mẽtu] *m* → **~e**; **~ar** [-'tar] (1a) angleichen (***a*** an *ac*); **~e** [-'ʒuʃtə] *m* Angleichung *f*; *bsd* Lohnanpassung *f*

real [ʀjaɫ] **1.** *adj* **a)** wirklich; tatsächlich; real; *JUR* Sach(en)...; ***encargos*** *m/pl* ***reais*** Realsteuern *f/pl*; ***valor*** *m* ***~*** Sachwert *m*; **b)** königlich; **2.** (**réis**) *m(pl)* Real *m* (*bras Währung*; *HIST port Münze*)

real|çar [ʀjaɫ'sar] (1p) hervorheben; rühmen; verschönern; ***~-se*** sich abheben; hervortreten; **~ce** ['ʀjaɫsə] *m* Hervorhebung *f*; Betonung *f*; Glanz *m*; ***partícula*** *f* ***de ~*** *LING* Füllwort *n*; ***dar ~ a*** hervorheben

realej|ar [ʀjale'ʒar] (1d) *bras* herunterleiern; **~o** [ʀjɐ'lɐʒu] *m* Leierkasten *m*, Drehorgel *f*

real|engo [ʀjɐ'lẽgu] königlich; **~eza**

[-'lezɐ] *f* Königswürde *f*; Königshaus *n*; *fig* Prunk *m*
realidade [ʀjɐli'dadə] *f* Wirklichkeit *f* (***na*** in); **~ *virtual*** virtuelle Realität *f*
realinhamento [ʀjɐliɲɐ'mẽtu] *m* (Wieder)Anpassung *f* (*bsd Wechselkurse*)
real|ismo [ʀjɐ'liʒmu] *m* Realismus *m*; Wirklichkeitstreue *f*; **~ista** [-'liʃtɐ] **1.** *adj* **a**) realistisch; **b**) königstreu; royalistisch; **2.** *su* **a**) Realist(in *f*) *m*; **b**) Royalist(in *f*) *m*; **~ização** [-zɐ'sɐ̃w] *f* Verwirklichung *f*; Erfüllung *f*; Aus-, Durchführung *f*; *ECON* Ab-, Umsatz *m*; *Film*: Regie *f*; *TEA* Inszenierung *f*; ***espírito*** *m* ***de*** **~** Unternehmungsgeist *m*; **~ *pessoal*** Selbstverwirklichung *f*; **~izador** [-zɐ'dor] *m* Ausführende(r) *m*; Veranstalter *m*; *Film*: Regisseur *m*; **~izar** [-'zar] (1a) verwirklichen; durchführen; *Wunsch* erfüllen; *Ware* absetzen; *Kapital* flüssig machen; veranstalten; *TEA* inszenieren; *Film* drehen; *fig* begreifen; **~-se** stattfinden; sich verwirklichen; in Erfüllung gehen; **~izável** [-li'zavɛɫ] durchführbar; erfüllbar
realmente [ʀjaɫ'mẽtə] wirklich; tatsächlich, in der Tat
realojamento [ʀjɐluʒɐ'mẽtu] *m* Umsiedlung *f*
reanim|ação [ʀjɐnimɐ'sɐ̃w] *f* Wiederbelebung *f*; **~ar** [-'mar] (1a) wieder beleben; reanimieren; **~-se** wieder Mut fassen
rearmamento [ʀjɐrmɐ'mẽtu] *m* Wiederbewaffnung *f*; Aufrüstung *f*
reatar [ʀjɐ'tar] (1b) wieder anknüpfen; wieder aufgreifen
reaver [ʀjɐ'ver] (2z) wiederbekommen
reavivar [ʀjɐvi'var] (1a) auffrischen; beleben; *INFORM Datei* wiederherstellen; **~-se** aufleben
rebaix|a [ʀə'bajʃɐ] *f* Rückgang *m*; Preisnachlass *m*; **~amento** [-'mẽtu] *m* Senkung *f*; Vertiefung *f*; *fig* Herabwürdigung *f*; Würdelosigkeit *f*; **~ *do nível de água*** (Grund)Wasserabsenkung *f*; **~ar** [-'ʃar] (1a) (ab-)senken; abhobeln; herabsetzen; *TÉCN* aussparen; *fig* entwürdigen; **~-se** sich erniedrigen; herunterkommen; **~o** [-'bajʃu] *m* Senkung *f*; Vertiefung *f*; *TÉCN* Aussparung *f*; Verschlag *m*
rebanho [ʀə'bɐɲu] *m* Herde *f*
rebarb|a [ʀə'barbɐ] *f* (Mauer)Vorsprung *m*; *TÉCN* Gussnaht *f*; *Schmuck*: Einfassung *f*; *TIP* Zeilenabstand *m*; **~adora** [-bɐrbɐ'dorɐ] *f* Trenn-, Winkelschleifer *m*; **~ar** [-bɐr'bar] (1b) abschleifen; **~ativo** [-bɐrbɐ'tivu] feist; abstoßend; grob
rebat|e [ʀə'batə] *m* **a**) Alarm(zeichen *n*) *m*; Warnung *f*; *fig* Ahnung *f*; **~ *de consciência*** Gewissensbisse *m/pl*; ***tocar a*** **~** Alarm schlagen; **b**) *ECON* Rabatt *m*; Abzug *m*; **~er** [-bɐ'ter] (2b) zurückschlagen; zurückweisen; verurteilen; *Nagel* umklopfen; *ECON* diskontieren; rabattieren; **~ível** [-bɐ'tivɛɫ] um-, zurückklappbar; **~o** [-'batu] *m* Türschwelle *f*
rebel|ão [ʀəbə'lɐ̃w] störrisch (*bsd Pferd*); **~ar** [-'lar] (1c) aufwiegeln; **~-se** rebellieren; **~de** [-'bɛɫdə] **1.** *adj POL* rebellisch; widerspenstig; störrisch; **2.** *su* Rebell(in *f*) *m*; **~dia** [-bɛɫ'diɐ] *f* Widerspenstigkeit *f*; = **~ião** [-'ljɐ̃w] *f* Aufstand *m*
rebenque [ʀe'bẽki] *m bras* Reitpeitsche *f*
rebent|ação [ʀəbẽtɐ'sɐ̃w] *f* Brandung *f*; *BOT* Knospen *n*; **~amento** [-'mẽtu] *m* Explosion *f*; (Auf)Platzen *n*; **~ão** [-'tɐ̃w] *m BOT* Wurzelschössling *m*; F *fig* Sprössling *m*; **~ar** [-'tar] (1a) **1.** *v/t* auf-, zerbrechen; niederreißen; **2.** *v/i* platzen, bersten (***de*** vor *dat*); brechen; sich brechen (*Welle*); ausbrechen; hereinbrechen; aufbrechen; sprießen; hervorquellen; **~ *com*** entzweimachen; **~ *de*** *fig* umkommen vor (*dat*); **~ina** [-'tinɐ] *f* Wut(anfall *m*) *f*
rebento [ʀə'bẽtu] *m* Trieb *m*; Keim *m*; Schössling *m*; *fig* Sprössling *m*; **~ *de soja*** Sojakeim *m*
rebit|agem [ʀəbi'taʒɐ̃j] *f* (Ver)Nieten *n*; **~ar** [ʀəbi'tar] (1a) vernieten; **~e** [-'bitə] *m* Niete *f*
reboar [ʀə'bwar] (1f) widerhallen
rebobin|agem [ʀəbɔbi'naʒɐ̃j] *f Kassette*: Zurückspulen *n*; **~ar** [-'nar] (1a) zurückspulen
reboc|ador [ʀəbukɐ'dor] **1.** *adj* Schlepp...; **2.** *m* **a**) *NAV* Schlepper *m*; **b**) *ARQUIT* Verputzer *m*; **~ar**

R

[-'kar] (1n; *Stv* 1e) **a)** (ab)schleppen; ziehen; **b)** verputzen; **~ável** [-'kavɛɫ] fahrbar; **~o** [-'boku] *m* (Ver)Putz *m*; **~ crespo** Rauputz *m*; **~ projectado** Spritzputz *m*
rebojo [ʀe'boʒu] *m bras* Windbö *f*; *Wasser*: Strudel *m*
rebol|ão [ʀəbu'lɐ̃w] **1.** *adj* dick; **2.** *m bras* Angeber *m*; **~ar** [-'lar] (1e) wälzen; drehen; **~-se** (sich) rollen; schaukeln, sich wiegen; **~ear** [-'ljar] (1l) *bras Lasso* schwingen; **~-se** sich wiegen; tanzen; **~eira** [-'lɐjrɐ] *f* Dickicht *n*; **~iço** [-'lisu] rund; sich drehend; unruhig; **~o** [-'bolu] *m* Schleifstein *m*; F Walze *f*; **aos ~s, de ~** sich wälzend; **~ona** [-'lɔnɐ] **1.** *adj* → **rebolão**; **2.** *f* F Matrone *f*
reboque [ʀə'bɔkə] *m* (Ab)Schleppen *n*; Schlepptau *n*; AUTO (An-)Hänger *m*; **carro** *m* **de ~** Abschleppwagen *m*; NAV Schlepper *m*; **levar a ~** (ab)schleppen; → **pôr a ~** ins Schlepptau nehmen
rebord|agem [ʀəbur'daʒɐ̃j] *f* NAV Kollisionsschaden *m*, -entschädigung *f*; **~ão** [-'dɐ̃w] *m* Hecke *f*; Einfriedung *f*; **~ar** [-'dar] (1e) abkanten; Kanten glätten
rebordo [ʀə'bordu] *m* (Teller-*etc*)Rand *m*; TÉCN Falz *m*; **~ de roda** AUTO Spurkranz *m*; **~sa** [ʀebor'dɔza] *f bras* Tadel *m*; MED schwere Krankheit *f*
rebotalho [ʀəbu'taʎu] *m* Ausschuss *m*
rebrilhar [ʀəbri'ʎar] (1a) erglänzen
rebuç|ado [ʀəbu'sadu] *m* Bonbon *n*; **~ para a tosse** Hustenbonbon *n*; **~ar** [-'sar] (1p) verhüllen; **~o** [-'busu] *m* Verhüllung *f*; Maske *f*; *fig* Verstellung *f*; **sem ~s** unumwunden
rebul|ício, **~iço** [ʀəbu'lisju, -'lisu] *m* Auflauf *m*; Getümmel *n*; **~ir** [-'lir] (3h) **1.** *v/t Text* überarbeiten; **2.** *v/i* in Eile sein, (umher)hasten
rebusc|a [ʀə'buʃkɐ] *f* Nachlese *f*; *fig* Nachforschung *f*; **~ado** [-'kadu] ausgesucht (*Stil*); **~ar** [-'kar] (1n) sammeln; *Ähren* lesen; *j-m* nachspüren; *Stil* feilen; **~o** [-'buʃku] *m* → **rebusca**
recadista [ʀəka'diʃtɐ] *su* Bote *m*, Botin *f*
recado [ʀə'kadu] *m* Bestellung *f*; Bescheid *m*; Nachricht *f*; Auftrag *m*; **~s** *pl* Grüße *m/pl*; **moço** *m* **de ~s** Bote(njunge) *m*; Laufbursche *m*; **dar um ~** et ausrichten; **deixar ~ com** eine Nachricht hinterlassen bei; **fazer um ~** e-n Auftrag erledigen; **mandar ~s a** *j-m* Grüße übermitteln
reca|ída [ʀəkɐ'idɐ] *f* Rückfall *m*; **~idiço** [-kaj'disu] rückfällig; **~ir** [-kɐ'ir] (3l) zurückfallen (**em** in *ac*); rückfällig werden; MED e-n Rückfall bekommen; **~ sobre** fallen auf; *j-m* zufallen; sich beziehen auf (*ac*)
recalc|ado [ʀəkaɫ'kadu] gehemmt; unterdrückt; argwöhnisch; **~amento** [-kɐ'mẽtu] *m fig* Verdrängung *f*; Hemmung *f*; *bras* MED Verstauchung *f*; **~ar** [-'kar] (1n) unterdrücken; verdrängen; *bras Fuß* verstauchen
recalcitr|ante [ʀəkaɫsi'trɐ̃tə] widerspenstig; verstockt; **~ar** [-'trar] (1a) bocken; sich sträuben
recalque [ʀə'kaɫkə] *m* → **recalcamento**
recamar [ʀəkɐ'mar] (1a) besticken; schmücken; bedecken
recambiar [ʀəkɐ̃'bjar] (1g) zurückschicken, -geben; *Ware* umtauschen; *Wechsel* retournieren
recâmbio [ʀə'kɐ̃bju] *m* Rückgabe *f*; Aus-, Umtausch *m*; Rückspesen *pl*; **conta** *f* **de ~** Retourrechnung *f*; **letra** *f* **de ~** Rückwechsel *m*; **bolsa** *f* **de ~** Nachfüllbeutel *m*; **motor** *m* **de ~** Austauschmotor *m*
recamo [ʀə'kɐmu] *m* Reliefstickerei *f*; *fig* Verzierung *f*
recandidatar-se [ʀəkɐ̃didɐ'tarsə] (1a) erneut kandidieren (**a** für)
recanto [ʀə'kɐ̃tu] *m* Winkel *m*
recapitul|ação [ʀəkɐpitulɐ'sɐ̃w] *f* Überblick *m*; **~ar** [-'lar] (1a) rekapitulieren, zusammenfassen
recarga [ʀə'kargɐ] *f* Nachfüllpackung *f*; Ersatzmine *f*; erneute(r) Angriff *m*
recarreg|ar [ʀəkɐʀə'gar] (1o; *Stv* 1e) *Batterie* wieder aufladen; **~ável** [-'gavɛɫ] wieder aufladbar
recatar [ʀəkɐ'tar] (1b) aufbewahren; verstecken; verheimlichen; **~-se** sich zurückhalten
recauchut|agem [ʀəkawʃu'taʒɐ̃j] *f Reifen*: Runderneuerung *f*; **~ar** [-'tar] (1a) runderneuern

R

rece|ar [ʀə'sjar] (1l) **1.** *v/t* (be)fürchten; **2.** *v/i* sich fürchten (***de*** vor *dat*); **~ável** [-'sjavɛɫ] zu befürchten

receb|edor [ʀəsəbə'dor] *m* Empfänger *m*; Finanzbeamter *m*; **~edoria** [-du'riɐ] *f* Finanzamt *n*; **~er** [-'ber] (2c) empfangen; erhalten; einnehmen; ~ ***em casamento*** heiraten; **~imento** [-bi'mẽtu] *m* Empfang *m*, Erhalt *m*; ***após*** ~ nach Eingang

receio [ʀə'sɐju] *m* Furcht *f*; Befürchtung *f*; ***sem*** ~ unbedenklich

receit|a [ʀə'sɐjtɐ] *f* **a)** Einnahme *f*; **b)** *MED, CUL* Rezept *n* (***aviar*** einlösen); ***só com*** ~ verschreibungspflichtig; **~ar** [-'tar] (1a) verordnen; **~uário** [-'twarju] *m* Rezeptformular *n*

recém-|... [ʀə'sẽj] neu...; kürzlich; soeben; **~casado** [-kɐ'zadu] frisch verheiratet; **~chegado** [-ʃə'gadu] **1.** *adj* soeben eingetroffen; **2.** *m* Neuankömmling *m*; **~fabricado** [-fɐbri'kadu] fabrikneu; **~falecido** [-fɐlə'sidu] kürzlich verstorben; **~nascido** [-nɐʃ'sidu] neugeboren

recender [ʀəsẽ'der] (2a) **1.** *v/t Duft* ausströmen; **2.** *v/i* (stark) duften

recense|amento [ʀəsẽsjɐ'mẽtu] *m* (Volks)Zählung *f*; Erfassung *f*; ~ ***dos eleitores*** Aufstellung *f* der Wählerlisten; **~ar** [-'sjar] (1l) in Listen eintragen; auszählen; ~ ***a população*** eine Volkszählung durchführen

recente [ʀə'sẽtə] neu; jüngst; **~mente** [-'mẽtə] vor kurzem

receoso [ʀə'sjozu] ängstlich

recep|ção [ʀəsɛ(p)'sɐ̃w] *f* Empfang *m*; Aufnahme *f*; **~cionista** [-sju'niʃtɐ] *su* Empfangschef(in *f*) *m*; **~tação** [-tɐ'sɐ̃w] *f* Hehlerei *f*; Mitwisserschaft *f*; **~táculo** [-'takulu] *m* Behälter *m*; Sammelbecken *n* (*a fig*); **~tador** [-tɐ'dor] *m* Hehler *m*; **~tar** [-'tar] (1a) *Diebesgut* verbergen; *Diebstahl* begünstigen; **~tibilidade** [-tibəli'dadə] *f* Aufnahmebereitschaft *f*; Empfänglichkeit *f*; **~tivo** [-'tivu] empfänglich (***a*** für); **~tor** [-'tor] **1.** *adj* Empfangs...; **2.** *m* Empfänger *m* (*a EL*); Empfangsgerät *n*; *TEL* Hörer *m*

recessão [ʀəsə'sɐ̃w] *f* Rezession *f*

recesso [ʀə'sesu] *m* Schlupfwinkel *m*

rechaç|ar [ʀəʃɐ'sar] (1p; *Stv* 1b) zurückschlagen; verjagen; verstoßen; zurückweisen; **~o** [-'ʃasu] *m* Zurückweisung *f*

rechapagem [ʀəʃɐ'paʒɐ̃j] *f* → ***recauchutagem***

reche|ado [ʀə'ʃjadu] *m* Füllung *f* (*bsd CUL*); **~ar** [-'ʃjar] (1l) füllen

rechego [ʀə'ʃegu] *m MONT* Anstand *m*

recheio [ʀə'ʃɐju] *m* Füllung *f* (*a CUL*); Ausstattung *f*; Inventar *n*; *CUL a* Farce *f*; ~ ***de casa*** Hausrat *m*

rechinar [ʀəʃi'nar] (1a) zische(l)n

rechonchudo [ʀəʃõ'ʃudu] rundlich; pausbackig

recibo [ʀə'sibu] *m* Quittung *f*; ~ ***de pagamento*** Einzahlungsbeleg *m*; ***passar*** ~ Quittung ausstellen

recicl|adora [ʀəsiklɐ'dorɐ] *f* Recyclingunternehmen *n*; **~agem** [-'klaʒɐ̃j] *f* Recycling *n*; ***curso*** *m* ***de*** ~ Fortbildungskurs *m*; **~ar** [-'klar] (1c) recyceln; **~ável** [-'klavɛɫ] wieder verwertbar

recidiv|a [ʀəsə'divɐ] *f* Rückfall *m*; **~ar** [-'var] (1a) *MED* e-n Rückfall erleiden; **~o** [-'divu] rückfällig

Recife [ʀe'sifi]: (***o***) ~ *bras Hauptstadt von Pernambuco*

recife [ʀə'sifə] *m* Riff *n*

recinto [ʀə'sĩtu] *m* Bereich *m*; Raum *m*; Halle *f*; Gelände *n*

recipiente [ʀəsi'pjẽtə] **1.** *m* Gefäß *n*, Behälter *m*; ~ ***de pressão do reactor*** *FIS* Reaktordruckgefäß *n*; **2.** *su CIENC* Rezipient(in *f*) *m*

reciproc|ar [ʀəsipru'kar] (1n; *Stv* 1e) austauschen; umkehren; **~-se** einander entsprechen; sich abwechseln; **~idade** [-si'dadə] *f* Gegenseitigkeit *f*

recíproco [ʀə'sipruku] wechselseitig; Gegen...; Wechsel...; reziprok

récita ['ʀɛsitɐ] *f* Vortragsabend *m*; Opernabend *m*

recit|ação [ʀəsitɐ'sɐ̃w] *f* Rezitation *f*; **~ador** [-tɐ'dor] *m* Rezitator *m*; **~al** [-'taɫ] *m* Vortragsabend *m*; (Solo)Konzert *n*; **~ar** [-'tar] (1a) rezitieren; **~ativo** [-'tivu] *m* Rezitativ *n*

reclam|ação [ʀəklɐmɐ'sɐ̃w] *f* Beschwerde *f*; *JUR* Einspruch *m*; Rückforderung *f*; Forderung *f*; *ECON* Reklamation *f*; ~ ***de perdas e danos*** Schadenersatzforderung *f*; ***livro*** *m*

de -ões Beschwerdebuch *n*; ***apresentar -ões*** Einspruch erheben gegen; sich beschweren über (*ac*); ***fazer -ões de*** = **~ar** [-'mar] (1a) **1.** *v/t* (zurück)fordern; reklamieren; *MONT* anlocken; **2.** *v/i*: ***~ de*** *j-n* beschuldigen (***por*** *gen*); sich beschweren über (*ac*); ***~ contra*** Einspruch erheben gegen; ***~ por*** *et* fordern; ***~-se de*** sich beschweren über (*ac*); **~e, ~o** [-'klɐmə, -'klɐmu] *m* Reklame *f* (***a*** für); *TEA* Stichwort *n*

reclinar [ʀəkli'nar] (1a) (an)lehnen; legen; umklappen

reclus|ão [ʀəklu'zɐ̃w] *f* Einschließung *f*; *JUR* Haft *f*; *fig* Abgeschlossenheit *f*; **~o** [-'kluzu] **1.** *adj* eingeschlossen; inhaftiert; **2.** *m* Häftling *m*

recobrar [ʀəku'brar] (1e) **1.** *v/t* wiedererlangen; auf-, nachholen; **2.** *v/i u* ***~-se*** sich erholen (***de*** von); wieder zu Kräften kommen

recolha [ʀə'koʎɐ] *f* (Ein)Sammeln *n*; Sammlung *f*; *Ernte*: Einbringung *f*; Einholen *n*; *Steuern*: Einziehung *f*; Rückkehr *f*; Unterstellplatz *m*; ***~ de dados*** *INFORM* Datenerfassung *f*; ***~ do lixo*** Müllabfuhr *f*; ***~ selectiva*** getrennte Abfallsammlung *f*

recolh|er [ʀəku'ʎer] (2d) **1.** *v/t* (ein)sammeln; *Ernte* einbringen; (ab)ernten; aufbewahren; *j-n* aufnehmen; unterbringen; unterstellen; *fig* folgern; **2.** *v/i* eingeliefert werden (***a*** in *ac*); zurückkehren; ***~-se*** sich zurückziehen; sich flüchten (***de*** vor *dat*); ***~-se dentro de si*** in sich gehen; zurückgehen (*Geschwulst*); ***tocar a ~*** den Zapfenstreich blasen; **~ida** [-'ʎidɐ] *f* Rückzug *m*; Zurückgezogenheit *f*; **~ido** [-'ʎidu] zurückgezogen; zurückhaltend; ***estar ~*** (schon) zur Ruhe gegangen sein; **~imento** [-ʎi'mẽtu] *m* Zurückgezogenheit *f*; *REL* Andacht *f*

recomeç|ar [ʀəkumə'sar] (1p; *Stv* 1c) wieder aufnehmen; **~o** [-'mesu] *m* Wiederaufnahme *f*; Neubeginn *m*

recomend|ação [ʀəkumẽdɐ'sɐ̃w] *f* Empfehlung *f*; Ermahnung *f*; ***carta f de ~*** Empfehlungsschreiben *n*; ***fazer a ~ de*** = **~ar** [-'dar] (1a) empfehlen; anvertrauen (***a*** *j-m*); auftragen; **~ável** [-'davɛɫ] ratsam

recompens|a [ʀəkõ'pẽsɐ] *f* Belohnung *f*; Entschädigung *f*; Ausgleich *m*; **~ar** [-'sar] (1a) belohnen, entschädigen (***de*** für)

recomp|or [ʀəkõ'por] (2zd) umbilden; ***~-se*** sich (wieder) aufrappeln; **~osição** [-puzi'sɐ̃w] *f* (Regierungs)Umbildung *f*

recôncavo [ʀə'kõkavu] *m* Bucht *f*; Grotte *f*, Höhle *f*

reconcentrar [ʀəkõsẽ'trar] (1a) sammeln; *Truppen* zusammenziehen; *Gefühl* unterdrücken; ***~-se*** sich zurückziehen

reconcili|ação [ʀəkõsiljɐ'sɐ̃w] *f* Versöhnung *f*; **~ar** [-'ljar] (1g) versöhnen; **~atório** [-'tɔrju] versöhnlich

recondicionamento [ʀəkõdisjunɐ'mẽtu] *m* Wiederherstellung *f*

recôndito [ʀə'kõditu] **1.** *adj* verborgen; **2.** *m* Versteck *n*

recondu|ção [ʀəkõdu'sɐ̃w] *f* Rückführung *f*; Fristverlängerung *f*; *POL* Mandatsverlängerung *f*; *Kandidat*: Wiederernennung *f*, -wahl *f*; **~zir** [-'zir] (3m) zurückbringen; wieder ernennen; *Frist*, *Mandat* verlängern

reconfort|ante [ʀəkõfur'tẽtə] *m* Stärkungsmittel *n*; **~ar** [-'tar] (1e) stärken; trösten

reconhec|er [ʀəkuɲə'ser] (2g) (wieder) erkennen (***por***, ***em*** an *dat*); einsehen; anerkennen; zugeben; *Weg* erkunden; sich erkenntlich zeigen für; *JUR* beglaubigen; ***~-se*** sich bekennen (als); **~ido** [-'sidu] dankbar; anerkannt (***a*** bei); **~imento** [-si'mẽtu] *m* (Wieder)Erkennen *n*; Anerkennung *f*; *JUR* Beglaubigung *f*; Dankbarkeit *f*; *MIL* Erkundung *f*; ***~ de caracteres*** (***escrita***) *INFORM* Zeichen-, (Schrift)erkennung *f*; ***sinais*** *m/pl* ***de ~*** Erkennungszeichen *n/pl*; ***merecer ~*** Anerkennung verdienen; **~ível** [-'sivɛɫ] erkennbar

reconquist|a [ʀəkõ'kiʃtɐ] *f* Rückeroberung *f*; **~ar** [-kiʃ'tar] (1a) wiedererobern; zurückgewinnen

reconsiderar [ʀəkõsidə'rar] (1c) **1.** *v/t* nochmals überprüfen, -denken; **2.** *v/i* es sich anders überlegen; Reue fühlen; nachdenken (***em*** über *ac*)

reconstitu|ição [ʀəkõʃtitui'sɐ̃w] *f* Wiederherstellung *f*; Rekonstruktion *f*; **~inte** [-tu'ĩtə] *m* Kräftigungsmittel *n*; **~ir** [-'twir] (3i) wiederherstellen; wieder einsetzen; neu bilden

reconstru|ção [ʀəkõʃtru'sɐ̃w] *f* Wiederaufbau *m*; Rekonstruktion *f*; **~ir** [-'trwir] (3k) wieder aufbauen; wiederherstellen; rekonstruieren
recontar [ʀəkõ'tar] (1a) (nach)erzählen
recontratar [ʀəkõtrɐ'tar] wieder einstellen, erneut beschäftigen
recontro [ʀə'kõtru] *m POL, MIL* Zusammenstoß *m*
reconvalescen|ça [ʀəkõvɐləʃ'sẽsɐ] *f* Genesung *f*, Rekonvaleszenz *f*; **~te** [-'sẽtə] *su* Rekonvaleszent(in *f*) *m*
reconversão [ʀəkõvər'sɐ̃w] *f* Umstellung *f*; *ECON* Umstrukturierung *f*; *AGR* Flächenstilllegung *f*; **~ profissional** Umschulung *f*
recopil|ação [ʀəkupilɐ'sɐ̃w] *f* Auszug *m*; (Gesetzes-, Texte)Sammlung *f*; **~ar** [-'lar] (1a) zusammenstellen
record|ação [ʀəkurdɐ'sɐ̃w] *f* Erinnerung *f*; Andenken *n*; **~ar** [-'dar] (1e) erinnern an (*ac*); **~-se de** sich erinnern an (*ac*)
record|e [ʀɛ'kɔrdə] *m* Rekord *m* (**estabelecer** aufstellen, **manter** halten, **bater** brechen); Best-, Höchstleistung *f*; **~ mundial** Weltrekord *m*; **~ista** [-'diʃtɐ] *su* Rekordhalter(in *f*) *m*
recorr|ente [ʀəku'ʀẽtə] *su JUR* Berufungskläger(in *f*) *m*; **~er** [-'rer] (2d) **1.** *v/t* durchlaufen; durchsuchen; **2.** *v/i*: **~ a** sich wenden an (*ac*); zurückgreifen auf (*ac*); greifen zu; anwenden (*ac*); **~ de** anfechten (*ac*); *JUR* Berufung einlegen gegen; **~ aos tribunais** den Rechtsweg beschreiten; **~ível** [-'ʀivɛɫ] anfechtbar
recort|ar [ʀəkur'tar] (1e) ausschneiden; **~ de** durchsetzen mit; **~-se** sich abzeichnen; **~e** [-'kɔrtə] *m* (Zeitungs)Ausschnitt *m*; Ausschneidearbeit *f*; (Baum)Beschnitt *m*; Umriss *m*
recostar [ʀəkuʃ'tar] (1e) (an)lehnen; legen; neigen; **~-se** sich zurücklehnen, sich anlehnen (**a** an *ac*)
recov|agem [ʀəku'vaʒɐ̃j] *f* Spedition *f*; Beförderung *f*; **~ar** [-'var] (1e) transportieren; **~eiro** [-'vɐjru] *m* Spediteur *m*
recozer [ʀəku'zer] (2d) wieder aufkochen; gut durchkochen; zerkochen lassen; *TÉCN* (aus)glühen
recr|ear [ʀə'krjar] (1l) ergötzen; erfrischen; **~-se** sich erholen (**com** bei); **~eativo** [-krjɐ'tivu] Unterhaltungs...; F amüsant; erholsam; **~eio** [-'krɐju] *m* Unterhaltung *f*; Erholung *f*; (Schul-, Arbeits)Pause *f*; Schulhof *f*; **viagem** *f* **de ~** Vergnügungsreise *f*
recrescer [rəkrəʃ'ser] (2g) anwachsen, zunehmen; übrig bleiben; herfallen (**sobre** über *ac*)
recri|a [ʀə'kriɐ] *f* Nachzucht *f*; Nachwuchs *m* (*Schlachtvieh*); **~ar** [-'krjar] (1g) nachzüchten
recrimin|ação [ʀəkrəminɐ'sɐ̃w] *f* Vorwurf *m*; **~ador** [-nɐ'dor] *m* Klageführende(r) *m*; **~ar** [-'nar] (1a) Gegenbeschuldigungen erheben; **~-se** sich gegenseitig beschuldigen
recrudesc|ência [ʀəkrudəʃ'sẽsjɐ] *f* Verschlimmerung *f*; Verschärfung *f*; *MIL* Wiederaufflackern *n*; **~er** [-'ser] (2g) wieder aufflackern; wieder ausbrechen; ansteigen; sich verschlimmern
recrut|a [ʀə'krutɐ] **1.** *m* Rekrut *m*; **2.** *f* Rekrutenzeit *f*; **~amento** [-tɐ'mẽtu] *m* Stellenvermittlung *f*; Einstellung *f*; *MIL* Aushebung *f*; (An-)Werbung *f*; **~ar** [-'tar] (1a) einstellen; anwerben
re(c)ta ['ʀɛtɐ] *f* Gerade *f* (*bsd MAT*); *Sport*: **~ final** Zielgerade *f*
re(c)t|al [ʀɛ'taɫ] Mastdarm..., rektal; **~angular** [-tɐ̃gu'lar] rechteckig; **~ângulo** [-'tɐ̃gulu] **1.** *adj* rechtwinklig (*Dreieck*); **2.** *m* Rechteck *n*; **~idão** [-ti'dɐ̃w] *f* Geradheit *f*; Rechtschaffenheit *f*
re(c)tific|ação [ʀɛtəfikɐ'sɐ̃w] *f* Begradigung *f*; Richtigstellung *f*; *QUÍM* Rektifizierung *f*; **~ador** [-kɐ'dor] *m* *EL* Gleichrichter *m*; **~ar** [-'kar] (1n) begradigen; berichtigen; *QUÍM* rektifizieren; *EL* gleichrichten
re(c)t|ilíneo [ʀɛti'linju] geradlinig; **~o** ['ʀɛtu] **1.** *adj* gerade (*Linie*); aufrecht; *fig* redlich; **ângulo** *m* **~** rechte(r) Winkel *m*; **escritura** *f* **-a** Steilschrift *f*; **2.** *m ANAT* Rektum *n*
re(c)triz [ʀɛ'triʃ] *f* Steuerfeder *f*
récua ['ʀɛkwɐ] *f* Koppel *f*; Bande *f*
recu|ada [ʀə'kwadɐ] *f* Zurückweichen *n*; Rückzug *m*; *Sport*: Anlauf *m*; → **~o**; **às ~s** rückwärts; **~ado** [-'kwadu] *m TIP* Einzug *m* (**à esquerda** links); **~ar** [-'kwar] (1g) **1.**

R

v/t zurücksetzen; zurückdrängen; zurückwerfen; **~ de** zurücknehmen; **2.** *v/i* zurückgehen; zurückweichen; zurückprallen; zurückschrecken; **~o** [ʀəˈkwu] *m* Rückgang *m*; Zurücktreten *n*; *MIL* Rückzug *m*; Rückstoß *m*; → ***recuado***

recuper|ação [ʀəkupərɐˈsɐ̃w] *f* Wiedererlangung *f*; Wiederaufbau *m*; *MED* Genesung *f*; Erholung *f*; Verwertung *f*; *INFORM* Wiederherstellung *f*; ***~ do passado*** Vergangenheitsbewältigung *f*; ***~ urbana*** Stadtsanierung *f*; **~ar** [-ˈrar] (1c) wiedererlangen; sicherstellen; *Geschichte* aufarbeiten; nachholen; wieder verwenden; bergen; wiederherstellen; ***~-se*** sich erholen (***de*** von); **~ável** [-ˈravɛɫ] wieder verwendbar; rückforderbar (*Zahlung*)

recurso [ʀəˈkursu] *m* (Hilfs)Mittel *n*; Möglichkeit *f*; Ausweg *m*; Zuflucht *f*; Inanspruchnahme *f*; *JUR* Berufung *f*; Rekurs *m*; *INFORM* Zugriff *m* (***a*** auf *ac*); **~s** *pl* (Geld)Mittel *n/pl*; Ressourcen *f/pl*; Reserven *f/pl*; **~s** *pl* ***renováveis*** erneuerbare Rohstoffe *m/pl*; ***sem ~s*** mittellos; ***em último ~*** äußerstenfalls; ***interpor ~*** *JUR* Berufung einlegen

recurv|ado [ʀəkurˈvadu] gebogen, krumm; **~ar** [-ˈvar] (1a) biegen; krümmen; **~o** [-ˈkurvu] krumm

recus|a [ʀəˈkuzɐ] *f* Ablehnung *f*; Weigerung *f*; abschlägige Antwort *f*; ***fazer ~ de*** = **~ar** [-ˈzar] (1a) ablehnen; ausschlagen; verweigern (***a*** *dat*); *~ inf* → ***~-se a*** sich weigern zu; es ablehnen zu

reda(c)|ção [ʀədaˈsɐ̃w] *f* Redaktion *f*; Niederschrift *f*; *Schule*: Aufsatz *m*; **~tor** [-ˈtor] *m* Redakteur *m*; ***~ técnico*** technische(r) Redakteur *m*; **~tor(es)-chefe(s)** [-torˈʃɛfə] *m(pl)* Chefredakteur *m*; **~torial** [-tuˈrjaɫ] redaktionell

redarguir (*ü) [ʀədɐrˈgwir] (3p) erwidern

rede [ˈʀedə] *f* Netz *n* (*a EL, INFORM*); Hängematte *f*; Maschendraht *m*; ***~ de arrasto*** Schleppnetz *n*; ***~ ferroviária*** Eisenbahnnetz *n*; ***~ rodoviária*** Straßennetz *n*; ***cair na ~*** ins Netz gehen; ***ligar à ~*** *EL, INFORM* ans Netz gehen; ***navegar na ~*** im Internet surfen

rédea [ˈʀɛdjɐ] *f* Zügel *m*; ***dar ~s (largas)*** freien Lauf lassen; ***soltar a ~*** die Zügel locker lassen; ***tomar as ~s*** *fig* die Leitung übernehmen; ***à ~ solta*** *fig* zügellos; ungezügelt

redemoinho [ʀədəmuˈiɲu] → ***remoinho***

reden|ção [ʀədẽˈsɐ̃w] *f* (Er)Rettung *f*; *REL* Erlösung *f*; *HIST* Loskauf *m*; ***sem ~*** rettungslos; **~tor** [-ˈtor] *m* Retter *m*; ♀ *REL* Erlöser *m*

redes|contar [ʀədəʃkõˈtar] (1a) *ECON* rediskontieren; **~enhar** [-zəˈɲar] (1d) *Projekt etc* überarbeiten

redib|ição [ʀədəbiˈsɐ̃w] *f* Rückgängigmachung *f*; Rücknahme *f*; **~ir** [-ˈbir] (3a) rückgängig machen; zurückgeben

redigir [ʀədəˈʒir] (3n) ab-, verfassen; niederschreiben; *Artikel* redigieren

redil [ʀəˈdiɫ] *m* (Schaf)Stall *m*; *fig* Gemeinschaft *f*; *poét* Schoß *m*

redimir [ʀədəˈmir] (3a) → ***remir***

redistribu|ição [ʀədəʃtribuiˈsɐ̃w] *f* Neu-, Umverteilung *f*; **~ir** [-ˈbwir] (3i) neu verteilen, umverteilen

rédito [ˈʀɛditu] *m* Ertrag *m*; **~s** *pl* Gewinn *m*; Zinsen *m/pl*

redivivo [ʀədəˈvivu] (wieder) auferstanden

redobr|amento [ʀədubrɐˈmẽtu] *m* Verdoppelung *f*; Zunahme *f*; **~ar** [-ˈbrar] (1e) **1.** *v/t* verdoppeln; erhöhen; immerzu wiederholen; **2.** *v/i* ansteigen; nachklingen

redoma [ʀəˈdomɐ] *f* Glasglocke *f*

redond|amente [ʀədõdɐˈmẽtə] rundweg; ***cair ~*** der Länge nach hinfallen; **~el** [-ˈdɛɫ] *m* Rund *n*; (Stierkampf)Arena *f*; **~eza** [-ˈdezɐ] *f* Rundung *f*; Kugelform *f*; **~s** *pl* Umgebung *f*; ***em toda a ~*** ringsumher; **~o** [-ˈdõdu] **1.** *adj* rund; *fig* rundlich; ***em ~*** in der Runde; **2.** *adv* → ***redondamente***

redor [ʀəˈdɔr] *m* Umkreis *m*; ***em ~, de ~, ao ~*** ringsumher; ***em*** (*od* ***ao***) ***~ de*** um ... herum; ungefähr

redução [ʀəduˈsɐ̃w] *f* Reduzierung *f*, Verringerung *f*; Ermäßigung *f*; (Personal)Abbau *m*; *MED* Einrenkung *f*; *FOT* Verkleinerung *f*; ***~ à miséria*** Verelendung *f*; ***~ do trânsito*** Verkehrsberuhigung *f*

redund|ância [ʀədũˈdɐ̃sjɐ] *f* Übermaß *n*; Redundanz *f*; **~ante** [-ˈdɐ̃tə]

R

redundant; wortreich; **~ar** [-'dar] (1a) überlaufen; überreichlich vorhanden sein; überflüssig sein; **~ *em*** zur Folge haben
reduplicar [Rədupli'kar] (1n) verdoppeln; *Aktion* wiederholen
redut|ível [Rədu'tivɛɫ] reduzierbar; kürzbar (*Bruch*); **~o** [-'dutu] *m* Bollwerk *n*
reduz|ir [Rədu'zir] (3m) reduzieren; vermindern; zurückführen (***a*** auf *ac*); *Preis* senken (***a***, ***para*** auf *ac*; ***abaixo de*** unter *ac*); ermäßigen; *Rechte* einschränken; *Personal* abbauen; verkleinern; unterwerfen; bändigen; MED einrenken; *Brüche* kürzen; **~ *a*** versetzen in (*ac*); bringen auf (*ac*); umwandeln in (*ac*); verarbeiten zu; ***~-se*** sich beschränken (***a*** auf *ac*); zurückgehen; ***~-se a nada*** sich in nichts auflösen; **~ível** [-'zivɛɫ] → ***redutível***
reedição [Rəidi'sɐ̃w] *f* Neuauflage *f*
reedific|ação [Rəidəfikɐ'sɐ̃w] *f* Wiederaufbau *m*; **~ar** [-'kar] (1n) wieder aufbauen; neu bauen; wieder herstellen; erneuern
reeditar [Rəidi'tar] (1a) neu auflegen
reeduc|ação [Rəidukɐ'sɐ̃w] *f* Umerziehung *f*; **~ar** [-'kar] (1n) umerziehen
reel|eger [Rəilə'ʒer] (2h) wieder wählen; **~eição** [-lɐj'sɐ̃w] *f* Wiederwahl *f*
reembols|ar [Rjẽboɫ'sar] (1e) zurückzahlen; erstatten; **~ *alg*** s-e Schulden abbezahlen bei *j-m*; *j-n* auszahlen; ***~-se*** sein Geld zurückerhalten; **~o** [-'boɫsu] *m* Rückzahlung *f*; Einlösung *f*; Nachnahme *f*
reencher [Rjẽ'ʃer] (2a) auffüllen
reencontro [Rjẽ'kõtru] *m* Wiedersehen *n*
reenquadr|amento [Rjẽkwɐdrɐ'mẽtu] *m* Wiedereinstellung *f*; **~ar** [-'drar] (1b) *Personal* wieder einstellen; *Gespräch* wieder aufnehmen
reentr|ada [Rjẽ'tradɐ] *f* Wiedereintritt *m*; **~ *no mercado*** Wiedereinführung *f* (*e-s Produkts*); **~ância** [-'trẽsjɐ] *f* Einbuchtung *f*; **~ante** [-'trẽtə] zurückspringend (*Kante*); nach innen gehend (*Wölbung*)
reequacionamento [Rəikwɐsjunɐ'mẽtu] *m* Überarbeiten *n*
reescalon|amento [Rəiʃkɐlunɐ'mẽtu] *m* ECON Umschuldung *f*; **~ar** [-'nar] (1f) umschulden
reestrutur|ação [Rəiʃtruturɐ'sɐ̃w] *f* Umstrukturierung *f*; **~ar** [-'rar] (1a) umstrukturieren
reexp|edir [Rjɐjʃpə'dir] (3r) weiterbefördern; *Post* nachsenden; **~ortação** [-purtɐ'sɐ̃w] *f* Reexport *m*
ref. ***referência*** *f* Betreff *m* (Betr.); ***reformado*** außer Dienst (a. D.)
refaz|er [Rəfɐ'zer] (2v) noch einmal (*od* neu) machen; umarbeiten; wiederherstellen; ausbessern; reorganisieren; *Bestände* auffüllen; *Verlust* wettmachen; **~ *de*** (wieder) versehen mit; entschädigen für; ***~-se*** sich erholen; **~imento** [-zi'mẽtu] *m* Umarbeitung *f*; Wiederherstellung *f*; Ausbesserung *f*; Neuordnung *f*; Entschädigung *f*; Erholung *f*
refece [Rə'fɛsə] **1.** *adj* niedrig, schändlich; **2.** *adv* billig
refego [Rə'fegu] *m* (Speck)Falte *f*
refei|ção [Rəfɐj'sɐ̃w] *f* Mahlzeit *f*; Imbiss *m*; ***derradeira* ~** Henkersmahlzeit *f*; **~to** [-'fɐjtu] **1.** *p/p von* ***refazer***; **2.** *adj* gestärkt; **~tório** [-'tɔrju] *m* Speisesaal *m*; Kantine *f*; UNIV Mensa *f*
refém [Rə'fɐ̃j] *m* Geisel *f*; ***tomada f de -ns*** Geiselnahme *f*
refer|ência [Rəfə'rẽsjɐ] *f* Bericht *m*; Bezug(nahme *f*) *m*, Betreff *m*; Erwähnung *f*; Anspielung *f*; ***Sua*** **≈**: Ihr Schreiben:; ***com ~ a*** bezüglich (*gen*); ***fazer ~ a*** Bezug nehmen auf (*ac*); **~enciar** [-'sjar] (1g) erwähnen; *Lage* bestimmen; **~endar** [-'dar] (1a) gegenzeichnen; (durch Referendum) abstimmen lassen; **~endo** [-'rẽdu] *m* Referendum *n*; **~ente** [-'rẽtə]: **~ *a*** betreffs (*gen*); bezüglich (*gen*); **~ido** [-'ridu] betreffend; **~ir** [-'rir] (3c) berichten; erwähnen; **~ *a*** beziehen auf (*ac*); zuschreiben (*dat*); ***~-se a*** betreffen; anspielen auf (*ac*); erwähnen; ***no que se refere a*** in Bezug auf (*ac*)
refestelar-se [Rəfəʃtə'larsə] (1c) sich gütlich tun; sich (herum)räkeln
refil|ador, **~ão** [Rəfilɐ'dor, -'lɐ̃w] **1.** *adj* bissig (*Hund*); *fig* trotzig; **2.** *m* F Trotzkopf *m*; **~anço** [-'lɐ̃su] *m* Widerrede *f*; bissige Antwort *f*; **~ar** [-'lar] (1a) beißen (*Hund*); *fig* die Zähne zeigen

R

refilmagem [ʀəfiɫ'maʒẽj] *f* Neuverfilmung *f*
refin|ação [ʀəfinɐ'sɐ̃w] *f* *TÉCN* Veredelung *f*; *QUÍM* Läuterung *f*; Zuckersiederei *f*; *fig* Raffinesse *f*; **~ado** [-'nadu] rein; gewählt; kultiviert; raffiniert; **~amento** [-nɐ'mẽtu] *m* Raffinesse *f*; **~ar** [-'nar] (1a) *QUÍM* raffinieren; *Zucker* sieden; *fig* verfeinern; **~-se** raffinierter (*od* feiner) werden; **~aria** [-'riɐ] *f* Raffinerie *f*
reflect|ido [ʀəflɛ'tidu] überlegt; **~ir** [-'tir] (3c) **1.** *v/t* reflektieren; *fig* zeigen; **2.** *v/i* **a)** zurückstrahlen; zurückprallen; zurückfallen (**em, sobre** auf *ac*); **b)** überlegen; nachdenken (**em** über *ac*); **~-se em** zurückwirken auf (*ac*); sich widerspiegeln in (*dat*); **~or** [-'tor] *m* Reflektor *m*; Scheinwerfer *m*
reflex|ão [ʀəflɛ'(k)sɐ̃w] *f* **a)** Rückprall *m*; **b)** Reflexion *f*, Überlegung *f*; Betrachtung *f*; Bemerkung *f*; **fazer -ões** nachdenken; **não admitir -ões** keine Widerrede dulden; **~ionar** [-(k)sju'nar] (1f) **a)** nachdenken; **b)** sich widersetzen; **~ivo** [-'(k)sivu] zurückwirkend; bedächtig; *GRAM* reflexiv; reflektierend; **~o** [-'flɛksu] **1.** *adj* reflexartig; unbewusst; instinktiv; **2.** *m* Reflex *m* (*bsd MED*); Widerschein *m*; (Rück)Wirkung *f*; **~ condicionado** bedingte(r) Reflex *m*
reflorest|amento [ʀəflurəʃtɐ'mẽtu] *m* Aufforstung *f*; **~ar** [-'tar] (1a) aufforsten
reflu|ir [ʀəflu'ir] (3i) zurückfließen; **~xo** [-'fluksu] *m* Rückfluss *m*; Ebbe *f*; **fluxo e ~** *fig* Auf und Ab *n*
refog|ado [ʀəfu'gadu] *m* Mehlschwitze *f*; **~ar** [-'gar] (1o; *Stv* 1e) anbraten; schmoren
reforç|ar [ʀəfur'sar] (1p; *Stv* 1e) verstärken; **~o** [-'forsu] *m* Verstärkung *f*
reforma [ʀə'fɔrmɐ] *f* Reform(ierung) *f*; Umgestaltung *f*; Verbesserung *f*; Versetzung *f* in den Ruhestand; Ruhestand *m*; Pension *f*; Rente *f*; **♀** *HIST* Reformation *f*; **~ antecipada** Vorruhestand *m*; **~ compulsiva** Versetzung *f* in den vorzeitigen Ruhestand
reform|ação [ʀəfurmɐ'sɐ̃w] *f* Verbesserung *f*; Umgestaltung *f*; **~ado** [-'madu] **1.** *adj* pensioniert; *REL* reformiert; **2.** *m* Rentner *m*; **~ar** [-'mar] (1e) reformieren; verbessern; verabschieden; pensionieren; **~-se** sich bessern; pensioniert werden; **~atório** [-'tɔrju] **1.** *adj* reformatorisch; **2.** *m* Reformvorschrift *f*; Fürsorgeheim *n*; **~ável** [-'mavɛɫ] verbesserungsfähig; **~ista** [-'miʃtɐ] **1.** *adj* reformistisch; **2.** *su* Reformer(in *f*) *m*; Reformist(in *f*) *m*
reformul|ação [ʀəfurmulɐ'sɐ̃w] *f* Umgestaltung *f*; **~ar** [-'lar] (1a) *Text* umformulieren; umgestalten
refra(c)|ção [ʀəfra'sɐ̃w] *f* Brechung *f*; **~tar** [-'tar] (1a) *Licht* brechen; **~tário** [-'tarju] **1.** *adj* widerspenstig; feuerfest; **tijolo** *m* **~** Klinker *m*; **barro** *m* **~** Schamotte *f*; **~ a ...** beständig; **ser ~ a** *j-m* widerstreben; **2.** *m* Wehrdienstverweigerer *m*; **~tivo** [-'tivu] Brechungs...; **~to** [-'fratu] gebrochen
refrang|er [ʀəfrɐ̃'ʒer] (2h) *Licht* brechen; **~ibilidade** [-ʒibəli'dadə] *f* Brechbarkeit *f*
refrão (**-s, -ães**) [ʀə'frɐ̃w] *m(pl)* *LIT* Kehrreim *m*; *MÚS* Refrain *m*; Sprichwort *n*; Schlagwort *n*
refrear [ʀə'frjar] (1l) zügeln
refrega [ʀə'frɛgɐ] *f* Kampf *m*; *fig* Mühe *f*, Mühsal *f*
refreio [ʀə'frɐju] *m* Zügel *m* (*a fig*)
refresc|ante [ʀəfrəʃ'kẽtə] erfrischend; frisch; **~ar** [-'kar] (1n; *Stv* 1c) **1.** *v/t* erfrischen; (ab)kühlen; *Kenntnisse* auffrischen; **2.** *v/i* kühl werden; auffrischen; erfrischen; Vorräte erneuern; **~o** [-'freʃku] *m* Erfrischung(sgetränk *n*) *f*; *METÉO* Frische *f*; Auffrischung *f*
refriger|ação [ʀəfriʒərɐ'sɐ̃w] *f* Abkühlung *f*; Kühlung *f*; *TÉCN* Wärmeentzug *m*; **água** *f* **de ~** Kühlwasser *n*; **~ador** [-rɐ'dor] *m* Kühlschrank *m*; **~ante** [-'rẽtə] **1.** *adj* Kühl...; kühlend; **2.** *m* *TÉCN* Kühlvorrichtung *f*; Kühlflüssigkeit *f*; *CUL* Erfrischungsgetränk *n*; Erfrischung *f*; **~ar** [-'rar] (1c) (ab)kühlen; *Person* erfrischen
refrigério [ʀəfri'ʒɛrju] *m* Erquickung *f*
refug|ado [ʀəfu'gadu] wertlos; nicht zustellbar; **~ar** [-'gar] (1o) **1.** *v/t* aussortieren; zurückweisen; *bras* absondern; **2.** *v/i* *bras* entwischen; scheuen (*Vieh*)

R

refugi|ado [ʀəfu'ʒjadu] **1.** *adj* flüchtig; **2.** *m POL* Flüchtling *m*; **~ar-se** [-'ʒjarsə] (1g) Zuflucht suchen (**em** in *dat*); fliehen
refúgio [ʀə'fuʒju] *m* Zuflucht(sort *m*) *f*; Ausweg *m* (*in Notsituation*)
refugo [ʀə'fugu] *m* Abfall *m*; Ausschuss *m*; (Über)Rest *m*; **de ~** nicht zustellbar; zweite Wahl
refulg|ência [ʀəfuł'ʒẽsjɐ] *f* Glanz *m*; Schimmer *m*; **~ir** [-'ʒir] (3n) glänzen
refund|ição [ʀəfũdi'sɐ̃w] *f* Umschmelzung *f*; Neuguss *m*; **~ir** [-'dir] (3a) *Text* neu formulieren
refut|ação [ʀəfutɐ'sɐ̃w] *f* Widerlegung *f*; Ablehnung *f*; **~ar** [-'tar] (1a) ablehnen; widerlegen
rega ['ʀɛgɐ] *f* Bewässerung *f*; Berieselung *f*; F (Regen)Guss *m*
regaço [ʀə'gasu] *m* Schoß *m* (*a fig*)
regad|io [ʀəgɐ'diw] **1.** *adj* bewässert; **2.** *m* Bewässerung *f*; **meter em ~** bewässern; **~or** [-'dor] *m* Gießkanne *f*; **~ura** [-'durɐ] *f* → **rega**
regal|ada [ʀəgɐ'ladɐ] *f*: **à ~** = **~adamente** [-'mẽtə] nach Herzenslust; **~ado** [-'ladu] *CUL* lecker; behaglich; **~ão** [-'lɐ̃w] **1.** *adj* verwöhnt; **2.** *m* feine Sache *f*; **foi um ~** es war herrlich; **3.** *m*, **-ona** *f* Genießer(in *f*) *m*; **~ar** [-'lar] (1b) erfreuen; beschenken; bewirten; verwöhnen; **~-se** sich gütlich tun (**com** an *dat*); **~ia** [-'liɐ] *f* Vorrecht *n*; Vergünstigung *f*; **~o** [-'galu] *m* Vergnügen *n*; Aufmerksamkeit *f*; Behaglichkeit *f*; Muff *m* (*Kleidungsstück*)
regar [ʀə'gar] (1o; *Stv* 1c) bewässern; gießen; sprengen
regata [ʀə'gatɐ] *f* Regatta *f*
regat|(e)ar [ʀəgɐ't(j)ar] (1b, 1l) **1.** *v/t* feilschen um; handeln mit; *Verdienste* herabsetzen; **2.** *v/i* keifen; **~eio** [-'tɐju] *m fig* Kuhhandel *m*; **~eira** [-'tɐjrɐ] *f* Marktweib *n*; **~eiro** [-'tejru] *bras* eitel
regato [ʀə'gatu] *m* Bach *m*
regel|ado [ʀəʒə'ladu] er-, gefroren; starr; **~ante** [-'lẽtə] eisig; **~o** [-'ʒelu] *m* Überfrieren *n*; Glatteis *n*
regência [ʀə'ʒẽsjɐ] *f* Regentschaft *f*; *GRAM* Rektion *f*
regener|abilidade [ʀəʒənərɐbəli'dadə] f Regenerierbarkeit *f*; **~ação** [-rɐ'sɐ̃w] *f* Erneuerung *f*; Wiederherstellung *f*; *BIOL* Regeneration *f*; **~ador** [-rɐ'dor] **1.** *adj* erneuernd; **2.** *m* Erneuerer *m*; *TÉCN* Regenerator *m*; **~ar** [-'rar] (1c) erneuern; *TÉCN* regenerieren; **~-se de** sich erholen von
reg|ente [ʀə'ʒẽtə] *su* Regent(in *f*) *m*; *MÚS* Dirigent(in *f*) *m*; *Schule*: Direktor(in *f*) *m*; **~er** [-'ʒer] (2h; *Stv* 2c) regieren (*a GRAM*); leiten; dirigieren; lehren; *Vorlesung* halten; **~-se por** sich richten nach
reger|ação, ~ar [ʀəʒərɐ'sɐ̃w, -'rar] → **regeneração**, **regerar**
região [ʀə'ʒjɐ̃w] *f* Gegend *f*; Landschaft *f*; Gebiet *n*; Region *f*
regime [ʀə'ʒimə] *m POL* Regime *n*; Regierung(sform) *f*; Regelung *f*; Lebens-, Arbeitsweise *f*; *MED* Diät *f*; *GRAM* Rektion *f*; **~ alimentar** Ernährungsweise *f*; **~ contributivo** Beitragssystem *n*; **~ sanitário** Gesundheitswesen *n*; **em ~ contínuo** F am laufenden Band; **em ~ de «time-sharing»** Teilzeit...; **fazer ~** Diät halten
regiment|al [ʀəʒimẽ'tał] Regiments...; **~ar** [-'tar] **1.** *adj* behördlich; **2.** *v/t* (1a) verordnen; behördlich regeln; **~o** [-'mẽtu] *m* Regiment *n*; Vorschrift *f*; Verwaltung *f*; **~ (interno)** Geschäftsordnung *f*
regional [ʀəʒju'nał] regional; Heimat...; **~ismo** [-nɐ'liʒmu] *m LING* Regionalismus *m*; mundartlicher Ausdruck *m*; **~izar** [-li'zar] (1a) regionalisieren; dezentralisieren
regist|ado [ʀəʒiʃ'tadu] *ECON* eingetragen; geschützt (*Patent*); **carta** *f* **-a** Einschreibebrief *m*; **marca** *f* **-a** eingetragene(s) Markenzeichen *n*; **~ador** [-tɐ'dor] **1.** *adj* Registrier...; Kontroll...; **2.** *m* Registriergerät *n*; **~ de dados de voo** *AV* Flugschreiber *m*; **~ar** [-'tar] (1a) registrieren; *Personalien* aufnehmen; aufzeichnen; kontrollieren; *AUTO* anmelden; per Einschreiben schicken; **~-se** sich eintragen; sich ereignen
registo [ʀə'ʒiʃtu] *m* Register *n*; Verzeichnis *n*; Eintrag(ung *f*) *m*; (Zoll-, Hafen)Kontrolle *f*; *TÉCN* Schieber *m*; Anzeige *f* (*an Messgeräten*); *MÚS* Register *n*; Stimmlage *f*; **~ civil** Standesamt *n*; **~ obrigatório** Meldepflicht *f*; **~ predial** Grundbuch(amt) *n*; **certificado** *m* **do ~ criminal**

R

polizeiliche(s) Führungszeugnis *n*; ***digno de ~*** denkwürdig
registrado [ʀeʒis'tradu] *bras* → ***registado***
rg.º ***registado*** eingetragen; ***regulamento*** *m* Vorschrift *f*
rego ['ʀegu] *m* Rinne *f*; Furche *f*; *ANAT* Falte *f*; Scheitel *m*
regougar [ʀəgo'gar] (1o) bellen (*Fuchs*); *fig* knurren, brummen
regozij|ar [ʀəguzi'ʒar] (1a) erfreuen; **~-se** sich freuen (***com***, ***por*** über *ac*); **~o** [-'ziʒu] *m* Freude *f*
regra ['ʀɛgrɐ] *f* Regel *f*; (Noten)Linie *f*; (Schrift)Zeile *f*; *MAT* (Grund-)Rechenart *f*; ***com ~*** vorschriftsmäßig; ***~ geral*** im Allgemeinen; ***em ~***, ***por via de ~*** in der Regel; ***fugir à ~*** von der Regel abweichen
regr|ado [ʀə'gradu] liniert; geregelt; vernünftig; **~ar** [-'grar] (1c) regeln; linieren; mäßigen; **~-se** sich verhalten; sich leiten lassen (***por*** von)
regredir [ʀəgrə'dir] (3d) rückläufig sein; sich (ver)bessern
regress|ão [ʀəgrə'sɐ̃w] *f* Rückbildung *f*; *BIOL* Regression *f*; **~ar** [-'sar] (1c) zurückkehren (***a*** nach); zurückgehen (*a fig*); zurückfahren; **~ivo** [-'sivu] regressiv; rückläufig; rückwirkend; *JUR* Regress...; **~o** [-'grɛsu] *m* Rück-, Wiederkehr *f*; Rückgang *m*; *JUR* Regress *m*
régua ['ʀɛgwɐ] *f* Lineal *n*; **~(s)-tê** [-'te] *f(pl)* Reißschiene *f*
regueifa [ʀə'gɐjfɐ] *f* *ringförmiges* Brot *n*
regueira *f*, **-o** *m* [ʀə'gɐjrɐ, -ru] Rinnsal *n*; Wassergraben *m*
reguila [ʀə'gilɐ] aufsässig; **~s** (*pl inv*) [-'gilɐʃ] *su* P Schuft *m*
regul|ação [ʀəgulɐ'sɐ̃w] *f* Regulierung *f*; Einstellung *f*; Regelung *f*; **~ador** [-lɐ'dor] **1.** *adj* Regulier...; **2.** *m* Regler *m*; ***~ de intensidade*** *EL* Dimmer *m*; **~agem** [ʀegu'laʒẽj] *f* *bras* Regulieren *n*; **~amentação** [ʀəgulɐmẽtɐ'sɐ̃w] *f* Regelung *f*; Ordnung *f*; Reglement *n*; **~amentar** [-lɐmẽ'tar] **1.** *adj* vorschriftsmäßig; dienstlich; behördlich; **2.** *v/t* (1a) reglementieren; (behördlich) regeln; ordnen; **~amento** [-lɐ'mẽtu] *m* Regelung *f*; gesetzliche Vorschrift *f*; Geschäfts-, Hausordnung *f*; Dienstvorschrift *f*; (Ausführungs-)Bestimmungen *f/pl*; Satzung *f*; **~ar** [-'lar] **1.** *adj* regelmäßig; ordnungsgemäß; *JUR* gesetzmäßig; regulär; *fig* leidlich (*Befinden*); **2.** (1a) **a**) *v/t* regeln; ordnen; regulieren; **b**) *v/i* funktionieren; ***~ por*** etwa kosten; sich richten nach; **~aridade** [-lɐri'dadə] *f* Regelmäßigkeit *f*; *JUR* Gesetzmäßigkeit *f*; Ordnung *f*; **~arização** [-lɐrizɐ'sɐ̃w] *f* Regulierung *f*; **~arizar** [-lɐri'zar] (1a) regulieren; → **~ar 2.**
régulo ['ʀɛgulu] *m* Stammesfürst *m*
regurgitar [ʀəgurʒi'tar] (1a) **1.** *v/t* ausstoßen; erbrechen; **2.** *v/i* wieder hochkommen (*Essen*); überlaufen
rei [ʀɐj] *m* König *m*; ***dia m de* ♔*s*** Dreikönigstag *m*
reimpr|essão [ʀɐ̃ĩprə'sɐ̃w] *f* Neu-, Nachdruck *m*; **~imir** [-prə'mir] (3a) nachdrucken
rein|ado [ʀɐj'nadu] *m* Regierung(szeit) *f*; Herrschaft *f*; **~ar** [-'nar] (1a) regieren; *fig* herrschen
reincid|ência [ʀɐ̃ĩsi'dẽsjɐ] *f* Rückfall *m*; Rückfälligkeit *f*; **~ente** [-'dẽtə] **1.** *adj* rückfällig; **2.** *su* Wiederholungstäter(in *f*) *m*; **~ir** [-'dir] (3a) rückfällig werden
reineta [ʀɐj'netɐ] *f* → ***raineta***
reinicializar [ʀɐinəsjɐli'zar] (1a) *INFORM* booten
reino ['ʀɐjnu] *m* Reich *n*; *POL* Königreich *n*
reinser|ção [ʀɐ̃ĩsər'sɐ̃w] *f* Wiedereingliederung *f* (***social*** soziale); **~ir** [-'rir] (3c) wieder eingliedern
reintegr|ação [ʀɐ̃ĩtəgrɐ'sɐ̃w] *f* Wiedereinsetzung *f*; Reintegration *f*; **~ar** [-'grar] (1c) wieder einsetzen *od* einstellen; wieder eingliedern; zurückerstatten; **~-se** sich wieder eingliedern; wieder eintreten
reiter|ado [ʀɐjtə'radu] mehrfach; **~ar** [-'rar] (1c) wiederholen; erneuern
reitor [ʀɐj'tor] *m*, **-a** *f* Rektor(in *f*) *m*; **~ado** [-tu'radu] *m* Rektorat *n*; **~ia** [-tu'riɐ] *f* Rektorat *n* (*Dienststelle*)
reivindic|ação [ʀɐjvĩdikɐ'sɐ̃w] *f* (Zurück)Forderung *f*; **~ar** [-'kar] (1n) (zurück)fordern; ***~-se de*** sich berufen auf (*ac*); **~ativo** [-'tivu] Forderungs...; ***movimento** m **~*** Protestbewegung *f*

R

reixa ['ʀɐjʃɐ] *f* Latte *f*; Fenstergitter *n*

rejei|ção [ʀəʒɐj'sɐ̃w] *f* Ablehnung *f*; *MED* Abstoßung *f*; **~tar** [-'tar] (1a) (zurück)werfen; *fig* ablehnen; ab-, zurückweisen; *Aussage* verweigern; *Organ* abstoßen; **~tável** [-'tavɛɫ] unannehmbar; verwerflich

rejubilar [ʀəʒubi'lar] (1a) **1.** *v/t* (er)freuen; **2.** *v/i u* **~-se** jubeln

rejúbilo [ʀə'ʒubilu] *m* Jubel *m*

rejuvenescer [ʀəʒuvənəʃ'ser] (2g) (sich) verjüngen

rela ['ʀɛlɐ] *f ZO* Laubfrosch *m*; Vogelfalle *f*

rela|ção [ʀəlɐ'sɐ̃w] *f* Beziehung *f*; Zusammenhang *m*; *schriftlicher* Bericht *m*; Beschreibung *f*; Aufstellung *f*; *TÉCN* Übersetzung *f*; **~ *custo--eficácia*** Preis-Leistungs-Verhältnis *n*; (***Tribunal** m **da***) **♀** *etwa*: Landgericht *n*; **-ões** *pl* ***públicas*** Öffentlichkeitsarbeit *f*; ***em ~ a*** im Verhältnis zu; → ***com ~ a*** hinsichtlich (*gen*); **~cionação** [-sjunɐ'sɐ̃w] *f* Verknüpfung *f*; **~cionado** [-sju'nadu]: ***bem ~*** mit guten Beziehungen; ***estar ~ com*** in Beziehung stehen zu; *fig* kennen; **~cionamento** [-sjunɐ'mẽtu] *m* Verhältnis *n* (***com*** zu *dat*); Beziehungen *f/pl*; ***~ a dois*** Zweierbeziehung *f*; **~cionar** [-sju'nar] (1f) berichten; auflisten; ***~ com*** verknüpfen mit; beziehen auf (*ac*); **~-se** zusammenhängen; Bekanntschaft schließen; Umgang pflegen

relâmpago [ʀə'lɐ̃pɐgu] *m* Blitz *m*

relamp|(agu)ear (1l), **~ejar** (1d) [ʀəlɐ̃'pjar, -pɐ'gjar, -pə'ʒar] (auf-) blitzen; wetterleuchten

relançamento [ʀəlɐ̃sɐ'mẽtu] *m* (Wieder)Belebung *f*; Aufschwung *m*

relanc|e [ʀə'lɐ̃sə] *m*: ***~ de olhos***, ***~ de vista*** (rascher) Blick *m*; ***de ~*** flüchtig; im Nu; **~ear** [-'sjar] **1.** *v/t* (1l): ***~ os olhos***, ***~ a vista*** e-n raschen Blick werfen (***a*** auf *ac*); **2.** *m* Blick *m*

relapso [ʀə'lapsu] rückfällig (*Täter*); verstockt

relat|ar [ʀəlɐ'tar] (1b) berichten; referieren; **~ivamente** [-tivɐ'mẽtə] relativ; ***~ a*** hinsichtlich (*gen*); **~ividade** [-təvi'dadə] *f* Relativität *f*; **~ivizar** [-təvi'zar] (1a) relativieren; **~ivo** [-'tivu] relativ; **~o** [-'latu] *m* Bericht *m*; Aufstellung *f*; Reportage *f*; **~or** [-'tor] *m* Referent *m*; Berichterstatter *m*; **~ório** [-'tɔrju] *m* Bericht *m*; Referat *n*

relax|ação [ʀəlaʃɐ'sɐ̃w] *f* Erschlaffung *f*; Entspannung *f*; Nachlässigkeit *f*; **~ado** [-'ʃadu] schlaff; locker; entspannt; nachlässig; **~amento** [-ʃɐ'mẽtu] *m* → ***relaxação***; **~ar** [-'ʃar] (1a) **1.** *v/t* lockern; vernachlässigen; **2.** *v/i* entspannen; **~-se** erschlaffen; nachlassen; verkommen; **~e** [-'laʃə] *m* Entspannung *f*; *JUR* Zwangseintreibung *f*

relé [ʀə'lɛ] *m EL* Relais *n*

relegar [ʀələ'gar] (1o; *Stv* 1c) entfernen; ausschließen; verbannen

relembrar [ʀəlẽ'brar] (1a) (wieder) ins Gedächtnis rufen; erinnern an

relento [ʀə'lẽtu] *m* Tau *m*

reler [ʀə'ler] (2l) wieder lesen

reles ['ʀɛləʃ] P ordinär; schäbig

relev|ação [ʀələvɐ'sɐ̃w] *f* Vergebung *f*; Hervorhebung *f*; Erleichterung *f*; **~ado** [-'vadu] erhaben; **~ância** [-'vɐ̃sjɐ] *f* Relevanz *f*; **~ante** [-'vɐ̃tə] relevant; **~ar** [-'var] (1c) **1.** *v/t* hervortreten lassen; hervorheben; *j-n* auszeichnen; *Fehler* vergeben; erlauben; *Trost* spenden; **2.** *v/i* passend sein; ***~ de*** herrühren von; ***releva*** man muss; **~-se** sich hervortun

relevo [ʀə'levu] *m* Relief *n*; *fig* Bedeutung *f*; *AUTO* Reifenprofil *n*; ***profundidade** f **do ~*** Profiltiefe *f*; ***de ~*** herausragend; ***dar ~ a*** (die Bedeutung) unterstreichen; ***pôr em ~*** hervortreten lassen; *fig* betonen

relh|a ['ʀɐʎɐ] *f AGR* Pflugschar *f*; *Gespann*, *Kutsche*: Radreifen *m*; **~o** ['ʀɐʎu] *m* Lederpeitsche *f*

relicário [ʀəli'karju] *m* Reliquienschrein *m*

religi|ão [ʀəli'ʒjɐ̃w] *f* Religion *f*; **~osa** [-'ʒjɔzɐ] *f* Nonne *f*; **~osidade** [-ʒjuzi'dadə] *f* Frömmigkeit *f*; **~oso** [-'ʒjozu] **1.** *adj* fromm; religiös; kirchlich (*Feiertag*); *fig* gewissenhaft; andächtig; **2.** *m* Mönch *m*

relinch|ar [ʀəlĩ'ʃar] (1a) wiehern; **~o** [-'lĩʃu] *m* Wiehern *n*

relíquia [ʀə'likjɐ] *f* Reliquie *f*; **~s** *pl* Überreste *m/pl*

relógio [ʀə'lɔʒju] *m* Uhr *f*; ***~ de cai-***

xa alta Standuhr *f*; **~ *de ponto*** Stechuhr *f*; **~ *de quartzo*** Quarzuhr *f*; **~ *de pulso*** (*bras* **~*-pulseira*** *m*) Armbanduhr *f*

relojo|aria [ʀəluʒwɐ'riɐ] *f* Uhrengeschäft *n*; *TÉCN* Uhrwerk *n*; **~eiro** [-'ʒwɐjru] *m* Uhrmacher *m*

relut|ância [ʀəlu'tẽsjɐ] *f* Widerstreben *n*; Widerstand *m*; **~ante** [-'tẽtə] widerwillig; **~ar** [-'tar] (1a) sich widersetzen

reluzir [ʀəlu'zir] (3m) glänzen

relv|a ['ʀɛɫvɐ] *f* Rasen *m*; **~ado** [-'vadu] *m* Rasen *m*; (Liege)Wiese *f*; *Sport*: Spielfeld *n*; **~oso** [-'vozu] Rasen...; grasig, Gras...

Rem. ***remetente*** *m* Absender *m* (Abs.)

remad|a [ʀə'madɐ] *f* Ruderschlag *m*; **~or** [-mɐ'dor] *m* Ruderer *m*

remanesc|ência [ʀəmɐnəʃ'sẽsjɐ] *f* Überbleibsel *n*; **~ente** [-'sẽtə] übrig; **~er** [-'ser] (2g) übrig bleiben

remans|ado [ʀəmẽ'sadu] still; geduldig; **~ear** [-'sjar] (1l) sich beruhigen; ruhen; **~o** [-'mẽsu] *m* **a)** Stille *f*; Muße *f*; **b)** stehende(s) Wasser *n*

remar [ʀə'mar] (1d) rudern; **~ *contra a maré*** *fig* gegen den Strom schwimmen

remat|ado [ʀəmɐ'tadu] vollendet; **~ador** [-tɐ'dor] *m* Torschütze *m*; **~ar** [-'tar] (1b) **1.** *v/t* beenden; abschließen; *Spiel* entscheiden; *Stoff* säumen; **2.** *v/i* enden

remate [ʀə'matə] *m* (Ab)Schluss *m*; Krönung *f*; Torschuss *m*; ***dar*** (*od* ***pôr***) **~ *em*** (*od* ***a***) → ***rematar***; ***em*** **~** zum Schluss; als Abschluss

remed|eio [ʀəmə'dɐju] *m* Abhilfe *f*; Ausweg *m*; Mittel *n*; **~iado** [-'djadu] gut verdienend; ***estar*** **~** sein Auskommen haben; **~iar** [-'djar] (1h) helfen (*dat*); hinweghelfen über (*ac*); abhelfen; beheben; *MED* heilen; ***para*** **~** zur Abhilfe; **~*-se*** durchkommen; sich zu helfen wissen; **~iável** [-'djavɛɫ] abstellbar; behebbar; *MED* heilbar

remédio [ʀə'mɛdju] *m MED* Arznei *f*, Medikament *n*; (Heil-, Hilfs-, Rechts)Mittel *n*; (Ab)Hilfe *f*; Ausweg *m*; ***não ter outro*** **~ *senão*** nichts anderes tun können als; ***não há*** **~** da kann man nichts machen; → ***isso não tem*** **~** das ist aussichtslos

remela [ʀə'mɛlɐ] *f* Schlaf *m* (*in den Augen*)

rememorar [ʀəməmu'rar] (1e) ins Gedächtnis zurückrufen; erinnern an (*ac*); gedenken (*gen*)

remend|ão [ʀəmẽ'dɐ̃w] **1.** *adj* stümperhaft; **2.** *m*, **-ona** *f* Flickschuster(in *f*) *m*; *fig* Stümper(in *f*) *m*; **~ar** [-'dar] (1a) ausbessern; *Wort* einflicken; *Satz* zusammenflicken; **~o** [-'mẽdu] *m* Flicken *m*; geflickte Stelle *f*; Zusatz *m*; ***deitar*** **~*s em*** → **~*ar***

remessa [ʀə'mesɐ] *f* (Geld-, Waren)Sendung *f*; Lieferung *f*

remet|ente [ʀəmə'tẽtə] *su* Absender(in *f*) *m*; *ECON* (Wechsel)Remittent(in *f*) *m*; **~er** [-'ter] (2c) (zu)senden; zustellen; *Geheimnis* anvertrauen; *Termin* verschieben (***para*** auf *ac*); verweisen (***a***, ***para*** an *j-n*, auf *et ac*); **~*-se a*** sich anvertrauen (*dat*); sich beziehen auf (*ac*); sich zurückziehen auf (*ac*)

remexer [ʀəmə'ʃer] (2c) **1.** *v/t* durchwühlen; umrühren; schütteln; **2.** *v/i* wühlen (***em*** in *dat*); → **~*-se*** sich rühren; sich (hin und her) bewegen

remição [ʀəmi'sɐ̃w] *f* Ab-, Aus-, Einlösung *f*; Wiedergutmachung *f*

remigração [ʀəmigrɐ'sɐ̃w] *f* Rückwanderung *f*; Rückkehr *f*

reminiscência [ʀəməniʃ'sẽsjɐ] *f* Erinnerung *f*; Reminiszenz *f*

remir [ʀə'mir] (3a) *et* wiedererlangen, -erwerben; *j-n* ablösen; *Pfand* einlösen; *Gefangenen* auslösen

remiss|ão [ʀəmi'sɐ̃w] *f Strafe*: Erlass *m*; Vergebung *f*; Nachlass *m*; Unterbrechung *f*; ***sem*** **~** unerbittlich; *zeitl* unaufschiebbar; **~ível** [-'sivɛɫ] verzeihlich; lässlich; ablösbar; **~ivo** [-'sivu] verweisend; ***índice*** *m* **~** Sachregister *n*; ***nota*** *f* **-*a*** Verweis *m*; **~o** [-'misu] nachlässig

remit|ência [ʀəmi'tẽsjɐ] *f MED* Abklingen *n*; Nachlassen *n*; **~ente** [-'tẽtə] *MED* abklingend; zeitweilig nachlassend; **~ir** [-mə'tir] (3a) **1.** *v/t Strafe* erlassen; vergeben; zurückerstatten; mildern; **2.** *v/i* nachlassen (*Intensität*); aussetzen

remível [ʀə'mivɛɫ] ab-, einlösbar

remo ['ʀemu] *m* Ruder *n*

remoção [ʀəmu'sɐ̃w] *f* Entfernung

R

f; Beseitigung *f*; (Amts)Versetzung *f*; ~ ***das instalações da obra*** Baustellenräumung *f*; ~ ***de entulhos*** Schutt-, Sperrmüllabfuhr *f*; ~ ***do lixo*** Abfallbeseitigung *f*
remoçar [ʀəmu'sar] (1p; *Stv* 1e) verjüngen
remodel|ação [ʀəmudəlɐ'sɐ̃w] *f* (Regierungs)Umbildung *f*; *ARQUIT* Umbau *m*; Sanierung *f*; **~ar** [-'lar] (1c) umgestalten; *POL* umbilden; *ARQUIT* sanieren
remoer [ʀə'mwer] (2f) nochmals mahlen; *Trauben* nachpressen; wiederkäuen; *fig* immer wieder zurückkommen auf (*ac*)
remoinh|ar [ʀəmui'ɲar] (1q) (umher)wirbeln; **~o** [-'iɲu] *m* Wirbel(wind) *m*; Strudel *m*
remolh|ar [ʀəmu'ʎar] (1e) durchtränken; wässern; **~o** [-'moʎu] *m* Einweichen *n*; Wässern *n*
remontar [ʀəmõ'tar] (1a) **1.** *v/t* höher stellen; hochheben; *Kaputtes* flicken; fortscheuchen; ~ ***o voo*** höher fliegen; **2.** *v/i u* **~-se** aufsteigen; *zeitl* zurückgehen (***a*** auf *od* bis in *ac*); ~ ***a tempos remotos*** weit (*od* lange) zurückliegen
remoque [ʀə'mɔkə] *m* Stichelei *f*; Anzüglichkeit *f*; **~ar** [-mu'kjar] (1l) **1.** *v/t* verletzen; sich lustig machen über (*ac*); **2.** *v/i* sticheln
remor|der [ʀəmur'der] (2d) **1.** *v/t fig* peinigen; **2.** *v/i*: ~ ***em*** verleumden; herumreiten auf (*dat*); grübeln über (*ac*); **~-se de** außer sich sein vor (*dat*); **~so** [-'mɔrsu] *m* Gewissensbiss *m*
remoto [ʀə'mɔtu] entfernt; entlegen; fern; weit zurückliegend
remov|er [ʀəmu'ver] (2d) *räuml* verschieben; entfernen; wegschaffen; verscheuchen; versetzen; *Mängel* abstellen; **~ível** [-'vivɛɫ] *räuml* entfernbar; versetzbar; abstellbar
remuner|ação [ʀəmunərɐ'sɐ̃w] *f* Vergütung *f*; Belohnung *f*; **~ador** [-'dor] lohnend; **~ar** [-'rar] (1c) vergüten; belohnen; bezahlen; **~ativo**, **~atório** [-'tivu, -'tɔrju] Lohn...; Entschädigungs...
rena ['ʀenɐ] *f ZO* Ren *n*
renal [ʀə'naɫ] Nieren...
Renânia [ʀə'nɐɲɐ]: ***a*** ~ Rheinland *n*; ***a*** ~ ***do Norte-Vestefália*** Nordrhein-Westfalen *n*
renano [ʀə'nɐnu] **1.** *adj* rheinisch **2.** *m* Rheinländer *m*
renasc|ença [ʀənɐʃ'sẽsɐ] *f* Wiedergeburt *f*; Wiederaufleben *n*; ♀ Renaissance *f*; **~entista** [-sẽ'tiʃtɐ] Renaissance...; **~er** [-'ser] (2g; *Stv* 2b) wieder geboren werden; *fig* wieder aufleben; ***fazer*** ~ wieder zum Leben erwecken; **~imento** [-si'mẽtu] *m* → ***renascença***
renda ['ʀẽdɐ] *f* **a)** Spitze *f*; Häkelarbeit *f*; **b)** *ECON* Ertrag *m*; Einkünfte *pl*; Miete *f*; Pacht *f*; ~ ***comercial*** Gewerbemiete *f*; (***regime*** *m* ***de***) ~ ***condicionada*** Mietpreisbindung *f*
rend|ado [ʀẽ'dadu] **1.** *adj* spitzenbesetzt; durchbrochen; **2.** *m* Spitzen(besatz *m*) *f/pl*; **~edoiro, -ouro** [-də'dojru, -'doru] einträglich; **~eiro** [-'dɐjru] *m*, **-a** *f* **a)** Pächter(in *f*) *m*; **b)** Spitzenklöppler(in *f*) *m*; **~er** [-'der] (2a) **1.** *v/t* bezwingen; ermüden; mit sich bringen; ausliefern; *Kosten* zurückerstatten; *Ehre* erweisen; *Waffen* strecken; übergeben; *Wache* ablösen; *Gewinn* abwerfen; sich belaufen auf (*ac*); **2.** *v/i* nachgeben; brechen (*Deich*); sich lohnen; *TÉCN* Leistung bringen; **~-se a** *j-m* nachgeben; sich *j-m* ergeben; sich *j-m* unterwerfen; **~ibilidade** [-dibəli'dadə] *f* Rentabilität *f*; **~ibilizar** [-dibəli'zar] (1a) rentabel machen; **~ição** [-di'sɐ̃w] *f* Unterwerfung *f*; Nachgeben *n*; Wachablösung *f*; *MIL* Kapitulation *f*; **~ido** [-'didu] unterwürfig; niedergeschlagen; **~ilha** [-'diʎɐ] *f* feine Spitze *f*; Zacke *f*; **~ilhado** [-di'ʎadu] **1.** *adj* spitzenbesetzt; durchbrochen; **2.** *m* Spitzenbesatz *m*; **~imento** [-di'mẽtu] *m* Einkommen *n*; *ECON* Ertrag *m*; Rendite *f*; *TÉCN* Leistung(sfähigkeit) *f*; Ergiebigkeit *f*; Wirtschaftlichkeit *f*; *MED* Verrenkung *f*; ~ ***colectável*** zu versteuernde(s) Einkommen *n*; ~ ***escolar*** schulische Leistung *f*; **~s** *pl* Einkünfte *pl*; **~ível** [-'divɛɫ] rentabel; einträglich; **~oso** [-'dozu] einträglich; lohnend
reneg|ado [ʀənə'gadu] **1.** *adj* abtrünnig; **2.** *m* Renegat *m*; **~ar** [-'gar] (1o; *Stv* 1c) abtrünnig werden; ~ ***de*** sich lossagen von (*a REL*); schimpfen auf (*ac*)

R

renegoci|ação [ʀənəgusjɐ'sɐ̃w] *f* Neuverhandlung *f*; **~ da dívida** Umschuldungsverhandlung *f*; **~ar** [-'sjar] (1g, 1h) neu verhandeln
reng|o ['ʀẽgu] *bras* lahm; **~uear** [-'gjar] (1l) *bras* lahmen
renh|ido [ʀə'ɲidu] heiß (*Diskussion*); blutig (*Kampf*); umkämpft (*Gebiet*); **~ir** [-'ɲir] (3c) **1.** *v/t j-m et* streitig machen; streiten um; bekämpfen; *Schlacht* schlagen; **2.** *v/i* streiten
renit|ência [ʀəni'tẽsjɐ] *f* Widerspenstigkeit *f*; Widerstand *m*; **~ente** [-'tẽtə] widerspenstig; renitent; **~ir** [-'tir] (3a) sich widersetzen
Reno ['ʀenu] *m* Rhein *m*
renome [ʀə'nomə] *m* Ruf *m*; Ruhm *m*; **de ~** namhaft; berühmt; **~ar** [-nu'mjar] (1l) berühmt machen; *INFORM Datei* umbenennen
renov|ação [ʀənuvɐ'sɐ̃w] *f* Erneuerung *f*; Auffrischung *f*; **~ador** [-vɐ'dor] **1.** *adj* erneuernd; **2.** *m* (Er)Neuerer *m*; **~ar** [-'var] (1e) **1.** *v/t* erneuern; auffrischen; renovieren; *Angebot etc* wiederholen; **2.** *v/i* wiederkehren; (wieder) ausschlagen (*Pflanze*); **~ável** [-'vavɛɫ] erneuerbar; **~o** [-'novu] *m BOT* Trieb *m*; *fig* Abkömmling *m*
renque ['ʀẽkə] *m* Reihe *f*; (Menschen)Schlange *f*
rent|abilidade [ʀẽtɐbəli'dadə] *f* Rentabilität *f*; **~abilizar** [-'zar] (1a) rentabel machen; **~ável** [-'tavɛɫ] rentabel
rente ['ʀẽtə] **1.** *adj* kahl geschoren; **2.** *adv* glatt; **3.** *prp*: **~ a**, **~ de**, **~ com** dicht (*od* F hart) an (*dat*)
renúncia [ʀə'nũsjɐ] *f* Verzicht *m*; Aufgabe *f*; *POL* Amtsniederlegung *f*
renunciar [ʀənũ'sjar] (1g): **~ a** verzichten auf (*ac*); ablehnen; *Amt* niederlegen; aufgeben; *Kartenspiel*: mogeln
reorden|ação *f*, **~amento** *m* [rjurdənɐ'sɐ̃w, -'mẽtu] Neuordnung *f*; **~ar** [-'nar] (1d) neu ordnen
reorganiz|ação [ʀjurgɐnizɐ'sɐ̃w] *f* Umgestaltung *f*; Reorganisation *f*; **~ar** [-'zar] (1a) umgestalten
reorientação [ʀjurjẽtɐ'sɐ̃w] *f* Umorientierung *f*
Rep. ***repartição*** *f* Amt *n*; Dienststelle *f*; Abteilung *f*
repa ['ʀepɐ] *f* Haarsträhne *f*
repar|ação [ʀəpɐrɐ'sɐ̃w] *f* Reparatur *f*; Instandsetzung *f*; Wiedergutmachung *f*; (Schaden)Ersatz *m*; *POL* Reparation *f*; **~ador** [-rɐ'dor] kräftigend; erholsam; **~ar** [-'rar] (1b) **1.** *v/t* reparieren; wieder gutmachen; wiederherstellen; freisprechen (**de** von); *Verlust* ersetzen; *Schlag* parieren; *Kräfte* stärken; **2.** *v/i* schauen (**para** auf *ac*); Acht geben (**por** auf *ac*); **~ em** (be)merken; achten auf (*ac*); **~ável** [-'ravɛɫ] reparabel
repar|o [ʀə'paru] *m* Beobachtung *f*; Bemerkung *f*; Einwand *m*; Ermahnung *f*; → ***reparação***; ***fazer ~ em*** → ***reparar em***; ***levantar ~s*** Einwände machen
repart|ição [ʀəpɐrti'sɐ̃w] *f* Auf-, Verteilung *f*; Abteilung *f*, Amt *n*; **~ federal** Bundesbehörde *f*; **~ de finanças** Finanzamt *n*; **~ de registo** Einwohnermeldeamt *n*; **~ir** [-'tir] (3b) (auf)teilen; aus-, verteilen (**por** unter *dat*); zuteilen; zerteilen (**em** in *ac*); **~ível** [-'tivɛɫ] (ver)teilbar
repassar [ʀəpɐ'sar] (1b) durchdringen; nochmals lesen
repast|ar [ʀəpɐʃ'tar] (1b) *Vieh* weiden; bewirten; **~-se** sich voll schlagen; **~o** [-'paʃtu] *m* Schmaus *m*
repatanar-se [ʀəpɐtɐ'narsə] (1a) F sich (hin)fläzen, sich (hin)lümmeln
repatri|ação *f*, **~amento** *m* [ʀəpɐtrjɐ'sɐ̃w, -'mẽtu] Repatriierung *f*; **~ar** [-'trjar] (1g) repatriieren; **~-se** zurückkehren
repel|ão [ʀəpə'lɐ̃w] *m* Ruck *m*; Stoß *m*; **aos -ões** ruckweise; **de ~** heftig; mit Gewalt; **~ente** [-'lẽtə] abstoßend; **~ir** [-'lir] (3c) ab-, zurückweisen; zurückstoßen; **~o** [-'pelu] *m*: **a ~** gewaltsam; ungestüm
repenic|ado [ʀəpəni'kadu] schrill; **~ar** [-'kar] (1n) gellen, schrillen
repensar [ʀəpẽ'sar] (1a) *s-n Gedanken* nachhängen; überdenken
repent|e [ʀə'pẽtə] *m* plötzliche Bewegung *f*; plötzliche(r) Einfall *m*; unüberlegte Handlung *f*; Anfall *m*; **num ~** im Nu; **ter ~s** aufbrausend sein; **ter bons ~s** geistreich sein; **de ~** = **~inamente** [ʀəpẽtinɐ'mẽtə] plötzlich; **~ino** [-pẽ'tinu] plötzlich
repercu|ssão [ʀəpərku'sɐ̃w] *f* Rückstoß *m*, -prall *m*; Widerhall *m*

R

(*a fig*); *fig* Wirkung *f*; **-ões** *pl* Auswirkungen *f/pl*; **~tir** [-'tir] (3a) **1.** *v/t* zurückwerfen; widerhallen lassen; **b**) *v/i* zurückprallen; widerhallen; wirken; **~-se em** *fig* sich niederschlagen in (*dat*)

repertório [ʀəpər'tɔrju] *m* Sachregister *n*; Nachschlagewerk *n*; *TEA* Repertoire *n*, Spielplan *m*

repet|ente [ʀəpə'tẽtə] **1.** *adj* durchgefallen; sitzen geblieben; **2.** *su* Sitzenbleiber(in *f*) *m*; **~ição** [-ti'sɐ̃w] *f* Wiederholung *f*; **~idamente** [-tidɐ'mẽtə] wiederholt; **~idor** [-ti'dor] *m* Nachhilfelehrer *m*; **~ir** [-'tir] (3c) wiederholen; **~itivo** [-tə'tivu] sich wiederholend; eintönig

repimpar [ʀəpĩ'par] (1a) sich voll schlagen mit; *j-n* mästen; **~-se** sich voll fressen; sich breit machen

repinch|ar [ʀəpĩ'ʃar] (1a) aufspringen; **~o** [-'pĩʃu] *m* Spritzer *m*

repintar [ʀəpĩ'tar] (1a) abmalen, übermalen; *fig* hervorheben; beleben; **~-se** abfärben

repique [ʀə'pikə] *m* Läuten *n*; (Fest)Geläut *n*; Sturmläuten *n*, Alarm *m*; *Billard*: Zusammenstoß *m*

repis|a [ʀə'pizɐ] *f* Nachkeltern *n*; **vinho** *m* **de ~** Tresterwein *m*; **~ar** [-'zar] (1a) nochmals keltern; *fig* wiederholen; herumreiten auf (*dat*)

repleto [ʀə'plɛtu] überfüllt; überladen; übersättigt

réplica ['ʀɛplikɐ] *f* Entgegnung *f*, Replik *f*; *Kunstwerk*: Kopie *f*, Abguss *m*; **~s** *pl* Nachbeben *n*

replicar [ʀəpli'kar] (1n) erwidern; entgegenhalten; *j-m* widersprechen

repois... [ʀəpojz...] → **repous...**

repolh|o [ʀə'poʎu] *m Art* Weißkohl *m*; **~ roxo** Rotkohl *m*; **~udo** [-pu'ʎudu] rundlich, dick

repoltrear-se [ʀəpoɫ'trjarsə] (1l) sich breit machen; sich rekeln

repont|ão [ʀəpõ'tɐ̃w] **1.** *adj* bockig; widerspenstig; **2.** *m*, **-ona** *f* Querkopf *m*; **~ar** [-'tar] (1a) (wieder) auftreten; anbrechen (*Tag*); erwidern; dreist widersprechen

repor [ʀə'por] (2zd) wieder hinlegen, -stellen; zurückgeben; ersetzen; wiederherstellen; wieder einsetzen; **~-se** sich erholen

report|agem [ʀəpur'taʒɐ̃j] *f* Reportage *f*; **~ar** [-'tar] (1e) zurückhalten; mäßigen; **~-se a** sich beziehen auf (*ac*); zurückgehen auf (*ac*); anknüpfen an (*ac*)

repórter(es) [ʀə'pɔrtər] *su*(*pl*) Reporter(in *f*) *m*

reportório [ʀəpur'tɔrju] *m* → **repertório**

reposi|ção [ʀəpuzi'sɐ̃w] *f* Rückgabe *f*; (Kosten)Erstattung *f*; Wiederherstellung *f*; Erholung *f*; *TEA* Neuinszenierung *f*; *Film*: Wiederholung *f*; **~tório** [-'tɔrju] *m* Sammlung *f*, Archiv *n*; Depot *n*

repost|ada [ʀəpuʃ'tadɐ] *f* freche Antwort *f*; **~ar** [-'tar] (1e) frech antworten; dreiste Antworten geben

reposteiro [ʀəpuʃ'tɐjru] *m* (Tür-, Dusch)Vorhang *m*

reposto [ʀə'poʃtu] *p/p von* **repor**

repous|ado [ʀəpo'zadu] ruhig; **~ante** [-'zɐ̃tə] erholsam; **~ar** [-'zar] (1a) **1.** *v/t* ruhen lassen; beruhigen; **2.** *v/i* (sich) ausruhen; ruhen; sich setzen (*Flüssigkeit*); brachliegen; *fig* beruhen (**sobre** auf *dat*); **~o** [-'pozu] *m* Ruhe(pause) *f*, Ruhestätte *f*; **em ~** *AGR* brach(liegend)

repreen|der [ʀəprjẽ'der] (2a) tadeln (**por** wegen); (be)strafen (**com** mit); **~são** [-'sɐ̃w] *f* Tadel *m*, Verweis *m*; **~sível** [-'sivɛɫ] tadelnswert; **~sivo** [-'sivu] tadelnd

repres|a [ʀə'prezɐ] *f* Staudamm *m*; *fig* Zurückdrängung *f*, Abwehr *f*; Unterdrückung *f*; **~ de ódio** aufgestaute(r) Hass *m*; **~ado** [-prə'zadu] aufgestaut; **~ália** [-prə'zaljɐ] *f* Repressalie *f*; **~amento** [-prəzɐ'mẽtu] *m* Stauung *f*, Eindämmung *f*; **~ar** [-'zar] (1c) (an)stauen; eindämmen; zurückhalten

represent|ação [ʀəprəzẽtɐ'sɐ̃w] *f* Vorstellung *f* (*a TEA*); *bildliche* Darstellung *f*; Vertretung *f*; Repräsentation *f*; **despesas** *f/pl* **de ~** Aufwandsentschädigung *f*, Spesen *pl*; **homem** *m* **de ~** repräsentative Persönlichkeit *f*; **~ante** [-'tɐ̃tə] *su* Vertreter(in *f*) *m*, Repräsentant(in *f*) *m*; **~ar** [-'tar] (1a) **1.** *v/t* vorstellen; darstellen; *Rolle* spielen; *Drama* aufführen; *POL*, *JUR* vertreten; **2.** *v/i* auftreten (**de** als); repräsentieren; Theater spielen; **~atividade** [-tɐtəvi'dadə] *f* Vertretungsanspruch *m*; **possuir ~** repräsentativ sein; **~ativo**

R

[-tɐ'tivu] repräsentativ; gewichtig; **~ de** repräsentativ für

repress|ão [ʀɘprɘ'sɐ̃w] *f* Repression *f*; *Verbrechen*: Bekämpfung *f*; Verfolgung *f*; Unterbindung *f*; Abwehr *f*; **~ivo** [-'sivu] repressiv; *JUR* Straf...; **~ de** zum Schutz gegen

reprim|enda [ʀɘpri'mẽdɐ] *f* scharfe(r) Verweis *m*, Tadel *m*; **~ir** [-prɘ'mir] (3a) unterdrücken; *Verbrechen* bekämpfen; *Aufstand* niederschlagen; **~-se** sich zurückhalten

reprivatiz|ação [ʀɘprivɐtizɐ'sɐ̃w] *f* Reprivatisierung *f*; **~ar** [-'zar] (1a) reprivatisieren

réprobo ['ʀɛprubu] verworfen

reprocessamento [ʀɘprusɘsɐ'mẽtu] *m* (Wieder)Aufbereitung *f*; Wiederverwertung *f*

reprodu|ção [ʀɘprudu'sɐ̃w] *f* Reproduktion *f*; *BIOL* Fortpflanzung *f*; Neubildung *f*; *Kunst*: Nachbildung *f*; *TIP* Nachdruck *m*; **~tível** [-'tivɛɫ] → **~zível**; **~tivo** [-'tivu] reproduktiv; = **~tor** [-'tor] **1.** *adj* Fortpflanzungs...; Zucht...; **2.** *m* Zuchthengst *m*, -stier *m*; **~tora** [-'torɐ] *f* Zuchtanlage *f*; **~zir** [-'zir] (3m) reproduzieren; *TIP* nachdrucken; wiedergeben; vervielfältigen; **~-se** *BIOL* sich fortpflanzen; sich wiederholen; **~zível** [-'zivɛɫ] reproduzierbar; *TIP* nachdruckbar; zu vervielfältigen

reprov|ação [ʀɘpruvɐ'sɐ̃w] *f* Ablehnung *f*; *HIST* Verdammung *f*; *Prüfung*: Nichtbestehen *n*; Misserfolg *m*; **~ado** [-'vadu]: **ser ~** durchfallen; **~ador** [-vɐ'dor] ablehnend; **~ar** [-'var] (1e) verdammen; verwerfen; durchfallen lassen; **~ável** [-'vavɛɫ] verwerflich

rept|ação [ʀɛptɐ'sɐ̃w] *f* Herausforderung *f*; *ZO* Kriechen *n*; **~ar** [-'tar] (1a) herausfordern; anklagen; *ZO* kriechen

réptil ['ʀɛptiɫ] **1.** *adj* reptilartig; **2.** *m* Reptil *n*

repto ['ʀɛptu] *m* Herausforderung *f*

república [ʀɘ'publikɐ] *f POL* Republik *f*; *UNIV Art* Wohngemeinschaft *f* (*in Coimbra*)

República Checa [ʀɘ'publikɐ 'ʃɛkɐ] *f* Tschechische Republik *f*

republicano [ʀɘpubli'kɐnu] **1.** *adj* republikanisch; **2.** *m*, **-a** *f* Republikaner(in *f*) *m*

rep|udiar [ʀɘpu'djar] (1g) verstoßen; zurückweisen; missbilligen; **~údio** [-'pudju] *m* Verstoßung *f*; Ablehnung *f*; Missbilligung *f*

repugn|ância [ʀɘpug'nɐ̃sjɐ] *f* Widerwille(n) *m*; Abscheu *m*; **~ante** [-'nẽtɘ] abstoßend; **~ar** [-'nar] (1a) abstoßend sein; **~ a** *et* ablehnen; *j-n* abstoßen; *j-m* zuwider sein; *j-n* anekeln

repuls|a, ~ão [ʀɘ'puɫsɐ, -'sɐ̃w] *f* Zurückweisung *f*; Widerwille(n) *m*; **causar ~ a** *j-n* abstoßen; **~ar** [-'sar] (1a) ab-, zurückstoßen; zurückweisen; abwenden; **~ivo** [-'sivu] abstoßend

reput|ação [ʀɘputɐ'sɐ̃w] *f* Ruf *m*; Name *m*; **~ado** [-'tadu] beleumundet; **bem ~** angesehen; **~ar** [-'tar] (1a) halten für; **~ de** nennen

repux|ão [ʀɘpu'ʃɐ̃w] *m* Ruck *m*; **~ar** [-'ʃar] (1a) **1.** *v/t* zurückziehen; zerren an (*dat*); *Metall* treiben; **2.** *v/i* (hervor)sprudeln; **~o** [-'puʃu] *m* Fontäne *f*; *ARQUIT* Widerlager *n*; **aguentar o ~** F sich nicht unterkriegen lassen

requebr|ado [ʀɘkɘ'bradu] schmachtend; gefühlvoll; verliebt; **~ar** [-'brar] (1c) schöntun (*dat*); **~ o canto** gefühlvoll singen; **~o** [-'kebru] *m* Geziere *n*; Schmachten *n*

requeijão [ʀɘkɐj'ʒɐ̃w] *m* Quark *m*

requeim|ado [ʀɘkɐj'madu] schwärzlich; von der Sonne verbrannt; **~ar** [-'mar] (1a) **1.** *v/t* rösten; dörren; **2.** *v/i* brennen (*a im Mund*); **~e** [-'kɐjmɘ] *m* Brennen *n*

requentar [ʀɘkẽ'tar] (1a) aufwärmen; (lange Zeit) kochen lassen; **~-se** anbrennen; angebrannt schmecken

requer|ente [ʀɘkɘ'rẽtɘ] *su* Antragsteller(in *f*) *m*; **~ de asilo** Asylbewerber(in *f*) *m*; **~er** [-'rer] (2u) beantragen; verlangen; begehren; **~ um juiz** nach e-m Anwalt verlangen; **~imento** [-ri'mẽtu] *m* Antrag *m*; Gesuch *n*

request|ador [ʀɘkɘʃtɐ'dor] *m* Bewerber *m*; **~ar** [-'tar] (1c) *j-n* ersuchen; *et* erflehen; werben um

réquiem ['ʀɛkjẽj] *m* Requiem *n*; **missa *f* de ~** Totenmesse *f*

requint|ado [ʀɘkĩ'tadu] erlesen; ausgesucht; vornehm; **~ar** [-'tar] (1a)

R

verfeinern, veredeln; **~e** [-'kĩtə] *m* Feinheit *f*; Gewähltheit *f*; Vollendung *f*; (erlesene) Ausstattung *f*

requisi|ção [ʀəkəzi'sɐ̃w] *f* Anforderung *f*; Erfordernis *n*; *JUR* Beschlagnahme *f*; *MED* Überweisung *f*; **~tar** [-'tar] (1a) anfordern; beantragen; *Bücher* ausleihen; beschlagnahmen; *MIL* requirieren; **~to** [-'zitu] *m* Erfordernis *n*; **~s** *pl ECON* Eckdaten *pl*

rês [reʃ] *f* (Schlacht)Vieh *n*

rés [ʀɛʃ] glatt(weg); **(ao) ~ de** dicht (*od* F hart) an (*dat*)

rescald|ar [ʀəʃkał'dar] (1a) überbrühen; verbrühen; **~eiro** [-'dɐjru] *m* Wärmeplatte *f*; **~o** [-'kałdu] *m* Glut(hitze) *f*; glühende Asche *f*; *fig* Nachwehen *f/pl*

rescender [ʀəʃsẽ'der] (2a) → **recender**

rescind|ir [ʀəʃsĩ'dir] (3a) aufheben; Abstand nehmen (**de** von); *Vertrag* kündigen; **~ível** [-'divɛł] aufhebbar

rescisão [ʀəʃsi'zɐ̃w] *f* Aufhebung *f*; Abbruch *m*; **~ do contrato** Aufkündigung *f* des Vertrages

rescr|ever [ʀəʃkrə'ver] (2c; *p/p* **-ito**) wieder (*od* neu) schreiben; **~ição** [-kri'sɐ̃w] *f* Zahlungsanweisung *f*

rés-do-chão (*pl inv*) [ʀɛʒdu'ʃɐ̃w] *m* Erdgeschoss *n*

resenh|a [ʀə'zeɲɐ] *f* Übersicht *f*; Aufstellung *f*; Bericht *m*; **~ar** [-zə'ɲar] (1d) berichten über (*ac*); zusammenstellen; auflisten

reserv|a [ʀə'zɛrvɐ] *f* Reserve *f*; Rücklage *f*; Vorrat *m*; Vorbehalt *m*; Zurückhaltung *f*; Reservierung *f*; *Sport*: Ersatz(mannschaft *f*) *m*; *GEOGR* (Natur)Reservat *n*; *CAM. DE F* Platzkarte *f*; **à ~ de** vorbehaltlich (*gen*); mit Ausnahme (*gen*); **de ~** als Reserve; *Sport*: als Ersatz(mann); reserviert; *fig* zurückhaltend; **sem ~** rückhaltlos; **fazer ~ de** (sich) vormerken lassen; **ficar de ~** *fig* sich zurückhalten; **~ado** [-zər'vadu] zurückhaltend; behutsam; heimlich; reserviert; **~ar** [-zər'var] (1c) reservieren; zurückbehalten; bereithalten; zurücklegen; vorbestellen; **~ para si** für sich behalten; **~-se** sich zurückhalten; **~-se o direito de** sich das Recht vorbehalten zu; **~atório** [-zərvɐ'tɔrju] *m* Behälter *m*; Speicher *m*; *AUTO* Tank *m*; **~ista** [-'viʃtɐ] *su MIL* Reservist(in *f*) *m*; *Sport*: Reservespieler(in *f*) *m*

res|fol(e)gar [ʀəʃfulə'gar, -foł'gar] (1o; *Stv* 1c, 1e) atmen; schnaufen; *fig* verschnaufen; **~fôlego**, **~folgo** [-'foləgu, -'fołgu] *m* Atmen *n*

resfri|ado [ʀəʃ'frjadu] **1.** *adj* (ab)gekühlt; *fig* verschnupft; **2.** *m bras* Erkältung *f*; **~adoiro, -ouro** [-frjɐ'dojru, -'doru] *m* Kühlraum *m*; **~ador** [-frjɐ'dor] **1.** *adj* Kühl...; **2.** *m* Kühlgefäß *n*; **~amento** [-frjɐ'mẽtu] *m* (Ab)Kühlung *f*; *MED* Erfrierung *f*; **~ar** [-'frjar] (1g) **1.** *v/t* abkühlen; **2.** *v/i u* **~-se** erkalten; *fig* den Mut verlieren; *bras* sich erkälten

resgat|ar [ʀəʒgɐ'tar] (1b) befreien; loskaufen; aus-, einlösen; büßen; *Freiheit* erkaufen (**com** durch); **~-se de** *fig* sich lösen von; **~e** [-'gatə] *m* Loskauf *m*; Lösegeld *n*; Befreiung *f*; Einlösung *f*

resguard|ar [ʀəʒgwɐr'dar] (1b) schützen; ver-, bewahren; *j-n* verschonen; beobachten; **~-se** sich hüten; sich schonen; eine Diät einhalten; **~o** [-'gwardu] *m* Schutz(maßnahme *f*) *m*; Schutzvorrichtung *f*; **~ para chuveiro** Duschwand *f*, -vorhang *m*; **de ~** zum Schutz; als Reserve

resid|ência [ʀəzi'dẽsjɐ] *f* Wohnsitz *m*; Wohnung *f*; Residenz *f*; **~ universitária** Studentenwohnheim *n*; **~ oficial** Dienstwohnung *f*; **~encial** [-dẽ'sjał] Wohn...; **~ente** [-'dẽtə] **1.** *adj* wohnhaft; ansässig (**em** in *dat*); **~ em memória** *INFORM* speicherresident; **2.** *m* Resident *m*; *POL* Gesandte(r) *m*; **~ir** [-zə'dir] (3a) wohnen; ansässig sein; residieren; **~ em** *fig* s-n Sitz haben in (*dat*); beruhen auf (*dat*); stecken in (*dat*); **~ual** [-'dwał] restlich, übrig; **águas** *f/pl* **-ais** Abwässer *n/pl*

resíduo [ʀə'zidwu] *m* Rest *m*; Rückstand *m*; **~s** *pl* Abfälle *m/pl*, Müll *m*; **~s separados** sortierte(r) Abfall *m*; **~s sólidos** Abfallstoffe *m/pl*; **~s tóxicos** Giftmüll *m*; **~s verdes** Küchenabfälle *m/pl*

resign|ação [ʀəzignɐ'sɐ̃w] *f* Verzicht *m*; *POL* Amtsniederlegung *f*; Resignation *f*; **~ado** [-'nadu] gefasst, ergeben (**com** in *ac*); **~ar** [-'nar] (1a): **~ de** verzichten auf (*ac*);

Anspruch abtreten; *Amt* niederlegen; **~-se a** sich abfinden mit
resin|a [ʀəˈzinɐ] *f* Harz *n*; **~agem** [-ˈnaʒɐ̃j] *f* Harzgewinnung *f*; **~ar** [-ˈnar] (1a) *Baum* anzapfen; mit Harz bestreichen; **~eiro** [-ˈnɐjru] Harz...; **~ificar-se** [-nəfiˈkarsə] (1n) verharzen; **~oso** [-ˈnozu] harzig
resist|ência [ʀəziʃˈtẽsjɐ] *f* Widerstand(skraft *f*) *m*; Ausdauer *f*; Haltbarkeit *f*; *TÉCN*, *EL* Widerstand *m*; **~ em rolamento** *AUTO* Rollwiderstand *m*; **~ente** [-ˈtẽtə] **1.** *adj* zäh; haltbar; widerstandsfähig; **~ir** [-ˈtir] (3a) sich halten, dauern; **~ a** widerstehen (*dat*); **~ível** [-ˈtivɛɫ] auszuhalten
resma [ˈʀɛʒmɐ] *f* Stapel *m* Papier
resm|elengo *bras* [ʀizmeˈlẽgu] = **~ungão** [ʀəʒmũˈgɐ̃w] **1.** *adj* knurrig, brummig; **2.** *m* Griesgram *m*; **~ungar** [-mũˈgar] (1o) nuscheln; brummen
reso [ˈʀɛzu] *m ZO* Rhesus(affe) *m*
resol|ução [ʀəzuluˈsɐ̃w] *f* Entschluss *m*; Entschlossenheit *f*; Lösung *f*; *Bildschirm*: Auflösung *f*; **~uto** [-ˈlutu] resolut; **~ver** [-zoɫˈver] (2c) (auf)lösen; erledigen; *Zweifel* ausräumen; *Entscheidung* treffen; beschließen; **~ consigo** mit sich selbst ausmachen; **~-se a** sich entschließen zu
respaldar [ʀəʃpaɫˈdar] (1a) ebnen; (glatt) walzen; stützen
respectiv|amente [ʀəʃpɛtivɐˈmẽtə] beziehungsweise; je (nachdem); jeweils; **às 3 e 4 horas ~** um 3, beziehungsweise 4 Uhr; **~o** [-ˈtivu] betreffend; jeweilig; entsprechend
respeit|ado [ʀəʃpɐjˈtadu] angesehen; **fazer-se ~** sich Achtung verschaffen; **~ante** [-ˈtẽtə]: **~ a** bezüglich (*gen*); **~ar** [-ˈtar] (1a) **1.** *v/t* respektieren; berücksichtigen; (ver-)ehren; **2.** *v/i*: **~ a** angehen (*ac*); betreffen (*ac*); **no** (*od* **pelo**) **que respeita a** → **a ~o de**, → **respeito**; **~ável** [-ˈtavɛɫ] achtbar; ansehnlich
respeito [ʀəʃˈpɐjtu] *m* **a**) Achtung *f*; Ehrfurcht *f*; Rücksicht *f*; **falta** *f* **de ~** Respektlosigkeit *f*; **~s** *pl* Empfehlungen *f/pl*; **de ~** achtbar; ansehnlich; **b**) Hinsicht *f*; **a ~ de, com ~ a, no que diz ~ a** was ... (an)betrifft; im Hinblick auf (*ac*); **a este ~** in dieser Beziehung; darüber; **a meu ~** was mich betrifft; **meter em ~** *j-m* Respekt einflößen; **ter ~ por** Respekt haben vor; **~so** [-ˈtozu] respektvoll; ehrerbietig; ehrfürchtig
respig|a [ʀəʃˈpigɐ] *f* Nachlese *f*; **~ar** [-ˈgar] (1o) **1.** *v/t* sammeln; **2.** *v/i* Ähren lesen
resping|ão [ʀəʃpĩˈgɐ̃w] mürrisch; störrisch; bissig; **~ar** [-ˈgar] (1o) **a**) aufbegehren; frech antworten; F meckern; ausschlagen (*Pferd*); **b**) sprühen; prasseln; **~o** [-ˈpĩgu] *m* **a**) freche Antwort *f*; **b**) Spritzer *m*; Funke *m*
respir|ação [ʀəʃpirɐˈsɐ̃w] *f* Atmung *f*; Atem *m*; **~ boca-a-boca** Mund--zu-Mund-Beatmung *f*; **fazer perder a ~** den Atem verschlagen; **~adoiro, -ouro** [-rɐˈdojru, -ˈdoru] *m* Lüftungsloch *n*; **~ador** [-rɐˈdor] *m MED* Beatmungsgerät *n*; **~ar** [-ˈrar] (1a) **1.** *v/t* (ein-, aus)atmen; in sich aufnehmen; *Geruch* ausströmen; **2.** *v/i* (auf)atmen; F verschnaufen; **~ fundo** tief einatmen; **~atório** [-rɐˈtɔrju] Atmungs...; **~ável** [-ˈravɛɫ] erträglich; **~o** [-ˈpiru] *m* Atemzug *m*; *fig* Atempause *f*; (Rauch-) Abzug *m*
resplandec|ência [ʀəʃplẽdəˈsẽsjɐ] *f* Glanz *m*; **~er** [-ˈser] (2g) glänzen, strahlen; *fig* hervorstechen
resplend|ência [ʀəʃplẽˈdẽsjɐ] *f* → **resplandecência**; **~er** [-ˈder] (2a) → **resplandecer**; **~or** [-ˈdor] *m* = **resplandecência**; Ruhm *m*; *REL* Heiligenschein *m*
respond|ão [ʀəʃpõˈdɐ̃w] patzig; **~er** [-ˈder] (2a) erwidern; **~ a** beantworten; *fig* entsprechen (*dat*); **~ por** bürgen (*od* haften) für
respons|abilidade [ʀəʃpõsɐbəliˈdadə] *f* Verantwortung *f*; Verantwortlichkeit *f*; Haftung *f*; **~ civil** Haftpflicht *f*; **~ comum** Mitverantwortung *f*; **~ limitada** *ECON* beschränkte Haftung *f*; **~ penal** Strafmündigkeit *f*; **sem ~** ohne Gewähr; **pedir ~s a** *j-n* zur Verantwortung ziehen; **~abilizar** [-sɐbəliˈzar] (1a) verantwortlich machen; **~-se por** einstehen (haften) für; **~ar** [-ˈsar] (1a) beten (für); **~ável** [-ˈsavɛɫ] verantwortlich; haftbar; **~o** [-ˈpõsu] *m* F Gardinenpredigt *f*; Gebet *n*; Res-

ponsorium *n*; **~s** *pl* ***fúnebres*** Totengebete *n/pl*; Totenfeier *f*

respost|a [ʀəʃ'pɔʃtɐ] *f* Antwort *f*; Erwiderung *f*; **~ *afirmativa*** Zusage *f*; **~ *com porte pago*** mit Rückantwort; **~ *pronta*** Schlagfertigkeit *f*; ***dar ~ a*** antworten auf (*ac*); **~ada** [-puʃ'tadɐ] *f* dreiste Antwort *f*

resquício [ʀəʃ'kisju] *m* Überbleibsel *n*

ressabi|ado [ʀəsɐ'bjadu] mit e-m Bei-, Nachgeschmack; scheu (*Pferd*); *fig* überdrüssig; **~ar** [-'bjar] (1g) e-n Beigeschmack bekommen; **~ *de*** übel nehmen (*ac*); nachtragen (*ac*)

ressabido [ʀəsɐ'bidu] bekannt; gescheit; F neunmalklug

ressaca [ʀə'sakɐ] *f* Brandung *f*; Sog *m*; *fig* Auf und Ab *n*; P (Alkohol-)Kater *m*

ressacar [ʀəsɐ'kar] (1n; *Stv* 1b) zurückfluten

ressaibo [ʀə'sajbu] *m* Beigeschmack *m*; *fig* Spur *f*; Groll *m*; ***conservar ~ de*** nachtragen (*ac*); ***tomar ~ de*** den Geschmack annehmen von; *fig* übel nehmen (*ac*)

ressair [ʀəsɐ'ir] (3l) vorspringen; hervortreten; herausragen

ressalt|ar [ʀəsał'tar] (1a) **1.** *v/t* hervorheben; **2.** *v/i* hüpfen; abprallen; *ARQUIT* vorspringen; *fig* hervorgehen (***de*** aus); **~e, ~o** [-'sałtə, -'sałtu] *m* Abprall *m*; Sprung *m*; (Mauer)Absatz *m*

ressalv|a [ʀə'sałvɐ] *f* Richtigstellung *f*; Vorbehalt *m*; *HIST* Schutzbrief *m*; *MIL* Befreiung(sschein *m*) *f*; **~ar** [-sał'var] (1a) richtig stellen; einschränken; sichern; *vom Militärdienst* befreien; ***ressalvando*** vorbehaltlich (*gen*); **~*-se de*** sich drücken vor (*dat*)

ressaque [ʀə'sakə] *m* *ECON* Rückwechsel *m*

ressarc|imento [ʀəsɐrsi'mẽtu] *m* Schadenersatz *m*; Vergütung *f*; **~ir** [-'sir] (3b) *j-n* entschädigen für; ersetzen; **~*-se*** sich schadlos halten; sich aufrappeln

ressec|ado [ʀəsə'kadu] spröde (*Haar*); **~ar** [-'kar] (1n; *Stv* 1c) austrocknen; *Obst* dörren

resseguro [ʀəsə'guru] *m* Rückversicherung *f*

ressent|ido [ʀəsẽ'tidu] gekränkt; empfindlich; **~imento** [-'mẽtu] *m* Groll *m*; Empfindlichkeit *f*; Argwohn *m*; Ressentiment *n*; ***guardar ~*** nachtragend sein; **~ir** [-'tir] (3e) lebhaft empfinden; **~*-se de*** leiden unter (*dat*); gekränkt sein über (*ac*); übel nehmen (*ac*); zu spüren bekommen (*ac*); ***ressente-se disso*** man merkt ihm das an

ressequ|ido [ʀəsə'kidu] dürr; **~imento** [-'mẽtu] *m* Austrocknung *f*; **~ir** [-'kir] (3o) austrocknen

ressicação [ʀəsikɐ'sɐ̃w] *f* Dörren *n*; Austrocknung *f*; Verdorren *n*

resso|ar [ʀə'swar] (1f) **1.** *v/t* erklingen lassen; **2.** *v/i* widerhallen; (er-)schallen; ertönen; **~nância** [-su'nɐ̃sjɐ] *f* Resonanz *f*; Nach-, Widerhall *m*; ***caixa f de ~*** Resonanzboden *m*; ***ter ~*** Widerhall finden; **~nante** [-su'nɐ̃tə] (nach-, wider)hallend; schallend; klingend; **~nar** [-su'nar] (1f) schnarchen

ressudar [ʀəsu'dar] (1a) **1.** *v/t* ausschwitzen; ausdünsten; ab-, ausscheiden; **2.** *v/i* schwitzen

ressurg|imento [ʀəsurʒi'mẽtu] *m* Wieder(auf)erstehen *n*, -aufleben *n*; **~ir** [-'ʒir] (3n) wieder auferstehen; wieder aufleben; wieder erscheinen

ressurr|ecto [ʀəsu'ʀɛtu] auferstanden; **~eição** [-ʀɐj'sɐ̃w] *f* *REL* Auferstehung *f*

ressurtir [ʀəsur'tir] (3a) hochspringen; auftauchen

ressuscit|ação [ʀəsuʃsitɐ'sɐ̃w] *f* Wiedererweckung *f*; Auferstehung *f*; **~ar** [-'tar] (1a) **1.** *v/t* (vom Tode) auferwecken; *fig* wieder beleben; **2.** *v/i* auferstehen

restabelec|er [ʀəʃtɐbələ'ser] (2g) wiederherstellen; **~*-se*** genesen; **~imento** [-si'mẽtu] *m* Wiederherstellung *f*; *MED* Genesung *f*

rest|ante [ʀəʃ'tɐ̃tə] übrig; restlich; **~ar** [-'tar] (1c) (übrig) bleiben

restaur|ação [ʀəʃtawrɐ'sɐ̃w] *f* Wiederherstellung *f*; *ARQUIT* Instandsetzung *f*; *POL* Restauration *f*; **~ador** [-'dor] **1.** *adj* stärkend; **2.** *m* Neubegründer *m*; **~ante** [-'rɐ̃tə] *m* Restaurant *n*; **~ar** [-'rar] (1a) wiederherstellen; wieder einsetzen; restaurieren; **~*-se*** sich stärken; **~ativo** [-'tivu] *POL* restaurativ; **~o** [-'tawru] *m* Restaurierung *f*

R

réstia ['ʀɛʃtjɐ] *f* **a)** Strohseil *n*; (Zwiebel)Zopf *m*; **b)** Lichtstrahl *m*
restinga [ʀəʃ'tĩgɐ] *f* Riff *n*; Sandbank *f*; *bras* (Ufer)Dickicht *n*
restitu|ição [ʀəʃtitui'sɐ̃w] *f* Rückerstattung *f*; Rückgabe *f*; Schadenersatz *m*; Wiedereinsetzung *f*; *JUR* Restitution *f*; **~ir** [-'twir] (3i) zurückerstatten; zurückgeben; ersetzen; wieder einsetzen; *JUR* restituieren
resto ['ʀɛʃtu] *m* Rest *m*; Überrest *m*; Überbleibsel *n*; **~s** *pl* **mortais** sterbliche Überreste *m/pl*; **de ~** im Übrigen; **tratar de ~** P wie den letzten Dreck behandeln
restolh|al [ʀəʃtu'ʎaɫ] *m* Stoppelfeld *n*; **~o** [-'toʎu] *m* **a)** Stoppel *f*; **b)** Lärm *m*
restr|ição [ʀəʃtri'sɐ̃w] *f* Einschränkung *f*; Beschränkung *f*; Restriktion *f*; **~ mental** Hintergedanke *m*; **-ões** *pl* **ao comércio** Handelsschranken *f/pl*; **~ingir** [-trĩ'ʒir] (3n) ein-, beschränken; **~itivo** [-trə'tivu] restriktiv; **~ito** [-'tritu] **1.** *p/p irr von* **~ingir**; **2.** *adj* begrenzt; klein
restrutur|ação [ʀəʃtruturɐ'sɐ̃w] *f* Umstrukturierung *f*, Neugestaltung *f*; **~ar** [-'rar] (1a) umstrukturieren
result|ado [ʀəzuɫ'tadu] *m* Ergebnis *n*; Folge *f*; Erfolg *m*; **dar em ~** zur Folge haben; **não dar ~** keinen Zweck haben; **~ante** [-'tɐ̃tə] **1.** *adj*: **~ de** sich ergebend aus; **2.** *f FIS* Resultante *f*; **~ar** [-'tar] (1a) sich erweisen als; **não ~** schief gehen; zu nichts führen; **~ de** sich ergeben aus; folgen aus; herrühren von; **~ em** ergeben; führen zu; **~ em pleno** vollen Erfolg haben; **resulta que** demnach, folglich
resum|ido [ʀəzu'midu] gedrängt; kurz (gefasst); **~ir** [-'mir] (3a) resümieren; **~-se** sich kurz fassen; sich beschränken (**a** auf *ac*); **~o** [-'zumu] *m* Resümee *n*; Überblick *m*; Abriss *m*; **~ de notícias** Kurznachrichten *f/pl*; **em ~** im Abriss; kurz, in einem Wort
resval|adiço [ʀəʒvɐlɐ'disu] schlüpfrig (*a fig*); abschüssig; **~adoiro, -ouro** [-lɐ'dojru, -'doru] *m* schlüpfrige(r) Boden *m* (*a fig*); Abhang *m*; **~adura** [-lɐ'durɐ] *f* Schlitterspur *f*; **~ar** [-'lar] (1b) (ab-, aus)rutschen (*a fig*); entgleiten
resvés [ʀɛʒ'vɛʃ] **1.** *adj* P glatt; ratzekahl; **2.** *adv* beinahe
ret... *bras* → **rect...**
retábulo [ʀə'tabulu] *m* Altaraufsatz *m*
retaco [ʀe'taku] *bras* untersetzt
retaguarda [ʀɛtɐ'gwardɐ] *f* Nachhut *f*; Etappe *f*; Heck *n*; **motor** *m* **à ~** Heckmotor *m*; **ficar para a** (*od* **na**) **~** zurückbleiben; **à ~** Rück...; Heck...; **pela ~** von hinten
retalh|ar [ʀətɐ'ʎar] (1b) zerschneiden, -teilen; *Haut* aufreißen; verletzen; einzeln verkaufen; **~ista** [-'ʎiʃtɐ] *su* Einzelhändler(in *f*) *m*
retalho [ʀə'taʎu] *m* Stück *n*; Fetzen *m*; (Stoff)Rest *m*; **a ~** im Kleinen; **venda** *f* **a ~** Einzelhandel *m*
retali|ação [ʀətɐljɐ'sɐ̃w] *f* Vergeltung(smaßnahme) *f*; **~ar** [-'ljar] (1g) Vergeltung üben für; **~atório** [-'tɔrju] Vergeltungs...
retard|ação [ʀətɐrdɐ'sɐ̃w] *f* Verzögerung *f*; Aufschub *m*; **~ado** [-'dadu] verspätet; **~ador** [-dɐ'dor] *m QUÍM* Verzögerer *m*; **~amento** [-dɐ'mẽtu] *m* → **retardação**; **~ar** [-'dar] (1b) **1.** *v/t* verzögern; verlangsamen; aufhalten; verschieben; **2.** *v/i* sich verspäten; langsam(er) gehen; **~atário** [-dɐ'tarju] **1.** *adj* unpünktlich; **2.** *m* Nachzügler *m*; **~e** [-'tardə] *m* Verspätung *f*
retém [ʀə'tɐ̃j] *m* Vorrat *m*; Ersatz *m*; Halt *m*, Stütze *f*
retemperar [ʀətẽpə'rar] (1c) nachwürzen; *fig* stärken
ret|enção [ʀətẽ'sɐ̃w] *f* Zurückhaltung *f*; Einbehaltung *f*; *fig* Festhalten *n*; *JUR* Haft *f*; *MED* (Harn)Verhaltung *f*; **~ na fonte** Quellenbesteuerung *f*; **~entor** [-tẽ'tor] *m* Halter *m*, Besitzer *m*; **~er** [-'ter] (2zb) festhalten (**por** an *dat*); (be)halten; zurückhalten; *Atem* anhalten; *JUR* in Haft nehmen; *MED Harn* verhalten; **~-se** innehalten
retes|ado [ʀətə'zadu] stramm; straff; steif; *fig* hölzern; **~ar** [-'zar] (1c) straffen; (an)spannen, verschärfen
reticência [ʀəti'sẽsjɐ] *f* Verschweigung *f*; Auslassung *f*; (Rede)Pause *f*; **~s** *pl* Andeutungen *f/pl*; *GRAM* (Auslassungs)Pünktchen *n/pl*; **sem ~s** anstandslos
ret|iculado, **~icular** [ʀətiku'ladu,

R

-'lar] netzförmig; Netz...; **~ículo** [-'tikulu] *m* Fadenkreuz *n*; Raster *m*

reti... *bras* → ***recti...***

retido [ʀə'tidu] **1.** *p/p von* ***reter***; **2.** *adj*: ***encontrar-se ~***, ***estar ~*** zurückgehalten werden; *JUR* sich in Haft befinden; bleiben müssen (***em*** in *dat*); nicht zu sprechen sein; beschäftigt sein (***em*** mit)

retina [ʀə'tinɐ] *f ANAT* Netzhaut *f*

retingir [ʀətĩ'ʒir] (3n) nachfärben

retin|ir [ʀətə'nir] (3a) klirren; (nach-)klingen; ertönen; **~tim** [-tĩ'tĩ] *m* Klirren *n*; Geklingel *n*

retinto [ʀə'tĩtu] nachgefärbt; schwarzbraun

retir|ada [ʀəti'radɐ] *f* Rückzug *m*; Zurücknahme *f*; Wegnahme *f*; Entfernung *f*; Rettung *f*; ***~ do sal*** (***em águas marinhas***) (Meerwasser-)Entsalzung *f*; ***bater em ~*** den Rückzug antreten; **~ado** [-'radu] entlegen; **~ar** [-'rar] (1a) **1.** *v/t* zurückziehen; zurücknehmen; *Geld* abheben; (weg)nehmen; entfernen; retten; herausbekommen aus; verdienen (***de*** bei); ***~ alc a alg*** j-m et entziehen; **2.** *v/i u* ***~-se*** fortgehen; sich zurückziehen; **~o** [-'tiru] *m* Zurückgezogenheit *f*; Einsamkeit *f*; Ruhesitz *m*; *REL* Exerzitien *n/pl*

reto ['ʀɛtu] *bras* → ***recto***

retocar [ʀətu'kar] (1n; *Stv* 1e) überarbeiten; *Foto* retuschieren

retoiç... → ***retouç...***

retom|a [ʀə'tɔmɐ] *f* Wiederaufnahme *f* (*e-r Tätigkeit*); *ECON* Aufschwung *m*; **~ar** [-tu'mar] (1e) wieder aufnehmen; *Platz* wieder einnehmen

retoque [ʀə'tɔkə] *m* Überarbeitung *f*; Ausbesserung *f*; *FOT* Retusche *f*; ***~ de imagens*** *INFORM* Bildbearbeitung *f*; ***último ~*** *fig* letzte(r) Schliff *m*

retorc|edeira [ʀətursə'dɐjrɐ] *f* Zwirnmaschine *f*; **~er** [-'ser] (2g; *Stv* 2d) verdrehen (*a fig*); (ver)biegen; umkehren; ***~-se*** *fig* sich winden; **~ido** [-'sidu] gewunden; krumm

retóric|a [ʀɛ'tɔrikɐ] *f* Redekunst *f*, Rhetorik *f*; **~o** [-'tɔriku] rhetorisch

retorn|ado [ʀətur'nadu] *m port* Heimkehrer *m*, (Afrika)Flüchtling *m*; **~ar** [-'nar] (1e) **1.** *v/t* zurückgeben; entgegnen; **2.** *v/i* zurückkehren; **~elo** [-'nɛlu] *m* Kehrreim *m*

retorno [ʀə'tornu] *m* Rückkehr *f*; Rückgabe *f*; Rücksendung *f*; Tauschware *f*; Gegengeschenk *n*; Gegendienst *m*; *bras AUTO* Wendestelle *f*; ***~ do carreto*** *Schreibmaschine*: Wagenrücklauf *f*; *INFORM* Absatzzeichen *n*

reto-romano [ʀɛtuʀu'mɐnu] **1.** *adj* rätoromanisch; **2.** *m* Rätoromane *m*

retorquir [ʀətur'kir] (3o) **1.** *v/t* entgegen-, vorhalten; erwidern; **2.** *v/i* widersprechen

retorsão [ʀətur'sɐ̃w] *f* **a)** Verdrehung *f*; Krümmung *f*; **b)** Entgegnung *f*; Vergeltung *f*; *JUR* Retorsion *f*

retort|a [ʀə'tɔrtɐ] *f* Retorte *f*; **~o** [-'tortu] krumm; verschlungen

retouç|a [ʀə'tosɐ] *f* Schaukel *f*; **~ar(-se)** [-'sar(sə)] (1p) herumtollen; schaukeln

retra(c)ção [ʀətra'sɐ̃w] *f* Zug *m*; Zusammen-, Zurückziehung *f*; Schwund *m*; *MED* Verkürzung *f*

retraço [ʀə'trasu] *m* Häcksel *m*; Spreu *f*

retra(c)t|ação [ʀətratɐ'sɐ̃w] *f* Widerruf *m*; Zurücknahme *f*; **~ar** [-'tar] (1a) *v/t u* ***~-se de*** widerrufen (*ac*); zurücknehmen (*ac*)

retr|á(c)til, **~a(c)tivo** [ʀə'tratił, -tra'tivu] einziehbar; Zug...

retra|ído [ʀətrɐ'idu] schüchtern; zurückgezogen; **~imento** [-trɐj'mẽtu] *m* Verschlossenheit *f*; Einsamkeit *f*; *fig* Zurückhaltung *f*; *FIS* Zusammenziehung *f*; Schrumpfung *f*; **~ir** [-'ir] (3l) zurückziehen; entreißen; zurückhalten; verbergen; abschrecken; *Fühler* einziehen; ***~-se*** sich flüchten; *FIS* sich zusammenziehen

retranca [ʀə'trɐ̃kɐ] **1.** *f* F Verschlossenheit *f*; Zurückgezogenheit *f*; *bras* dichte Baumkrone *f*; **2.** *m* Sonderling *m*

retransmi|ssão [ʀətrɐ̃ʒmi'sɐ̃w] *f FIS* (Rück)Übertragung *f*; Übernahme *f*; Weitergabe *f*; **~tir** [-'tir] (3a) *TV*, *Radio*: als Wiederholung senden, übertragen; *Telegramm* weitergeben

retrat|ar [ʀətrɐ'tar] (1b) porträtieren; fotografieren; abbilden; schildern; **~ista** [-'tiʃtɐ] *su* Porträtmaler(in *f*) *m*, -fotograf(in *f*) *m*

retrato [ʀə'tratu] *m* Porträt *n*, Bildnis *n*; *FOT* Passbild *n*; *allg* Abbild *n*;

~ robot Phantombild *n*; **ser o ~ vivo de** das lebende Abbild sein von *j-m*; **tirar o ~** sich malen (*od* fotografieren) lassen; **tirar o ~ a** *j-n* porträtieren; *j-n* fotografieren
retreta [ʀe'treta] *f bras* Straßenkonzert *n*; *MIL* Appell *m*
retrete [ʀə'trɛtə] *f* Toilette *f* (**pública** öffentliche)
retribu|ição [ʀətribwi'sɐ̃w] *f* Vergütung *f*; Belohnung *f*; Erwiderung *f*; **~ir** [-'bwir] (3i) vergüten; belohnen; erwidern; *fig* sich revanchieren für; **~ a alg** j-m *et* vergelten
retrincar [ʀətrĩ'kar] (1n) **1.** *v/t fig* übel auslegen; **2.** *v/i* (wütend) mit den Zähnen knirschen
retroa(c)|ção [ʀɛtrɔa'sɐ̃w] *f* Rückkopplung *f*; **~tivo** [-a'tivu] rückwirkend
retroc|eder [ʀətrusə'der] (2c) zurückweichen; sich zurückziehen; rückwärts gehen; sich rückwärts entwickeln; **~ em** verzichten auf (*ac*); **~essão** [-sə'sɐ̃w] *f JUR* Wiederabtretung *f*; Rückgabe *f*; = **~esso** [-'sesu] *m* Zurückweichen *n*; Rückwärtsbewegung *f*; Rückgang *m*; *Schreibmaschine*: Rücktransport *m*; *fig* Rückschlag *m*; **tecla** *f* **de ~** Rücktaste *f*
retro|contagem [ʀɛtrɔkõ'taʒɐ̃j] *f* Count-down *m*; **~datar** [-dɐ'tar] (1b) rückdatieren; **~escavadora** [-iʃkɐvɐ'dorɐ] *f* Überkopflader *m*
retrógrado [ʀə'trɔgrɐdu] Rückwärts..; rückläufig; *fig* rückständig; rückwärts gewandt
retroprojector [ʀɛtrɔpruʒɛ'tor] *m* Overheadprojektor *m*
retr|ós [ʀə'trɔʃ] *m* (Seiden)Zwirn *m*; **~osaria** [-truzɐ'riɐ] *f* Kurzwarenhandlung *f*
retrospec|ção [ʀɛtrɔʃpɛ(k)'sɐ̃w] *f* Rückblick *m*; = **~tiva** [-'tivɐ] *f* Retrospektive *f*; **~tivo** [-'tivu] rückschauend; nachträglich
retrover|são [ʀətruvər'sɐ̃w] *f* Rückübersetzung *f*; **~ter** [-'ter] (2c) rückübertragen; *Text* rückübersetzen
retrovírus [ʀɛtrɔ'viruʃ] *m MED* Retrovirus *n*
retrovisor [ʀətrɔvi'zor] *m AUTO* Rückspiegel *m*
retrucar [ʀətru'kar] (1n) einwenden; → **retorquir**
retumb|ante [ʀətũ'bɐ̃tə] dröhnend; durchschlagend (*Erfolg*); **~ar** [-'bar] (1a) **1.** *v/t* widerhallen lassen; *Schall* zurückwerfen; **2.** *v/i* widerhallen
réu [ʀɛw] *m* Angeklagte(r) *m*
reum|ático [ʀew'matiku] **1.** *adj* rheumatisch; **2.** *m* Rheumatiker *m*; F = **~atismo** [-mɐ'tiʒmu] *m* Rheuma(tismus *m*) *n*
reun|ião [ʀju'njɐ̃w] *f* Versammlung *f*; Vereinigung *f*; Treffen *n*; Sitzung *f*; **~ de cúpula** *bras* Gipfeltreffen *n*; **~-almoço** *f* Arbeitsessen *n*; **~ificação** [-nɐfikɐ'sɐ̃w] *f* Wiedervereinigung *f*; **~ir** [-'nir] (3t) **1.** *v/t* (ver-) sammeln; zusammenlegen; zusammenrufen; zusammentreiben; vereinigen; verbinden (**a** mit); **2.** *v/i u* **~-se** sich treffen; zusammentreten; sich zusammenschließen (**com** mit)
reurbanizar [ʀəurbɐni'zar] (1a) reurbanisieren
reval|idar [ʀəvɐli'dar] (1a) *Ausweis* erneuern; bestätigen; (be)stärken; **~orização** [-lurizɐ'sɐ̃w] *f* Neubewertung *f*; Aufwertung *f*; **~orizar** [-luri'zar] (1a) aufwerten
revel|ação [ʀəvəlɐ'sɐ̃w] *f* Enthüllung *f*; Offenbarung *f*; *FOT* Entwicklung *f*; **~ador** [-lɐ'dor] **1.** *adj* aufschlussreich; **banho** *m* **~** = **2.** *m FOT* Entwickler *m*; **~ar** [-'lar] (1c) enthüllen; offenbaren; entwickeln
revelia [ʀəvə'liɐ] *f* Nichterscheinen *n* vor Gericht; **à ~** in Abwesenheit; *fig* unter Ausschluss, unter Umgehung; **deixar correr à ~** vernachlässigen
revend|a [ʀə'vẽdɐ] *f* Weiterverkauf *m*; **~edor** [-də'dor] *m* Wiederverkäufer *m*; **~ autorizado** Fachhändler *m*; **~er** [-'der] (2a) wieder verkaufen, weiterverkaufen
rever [ʀə'ver] (2m) **1.** *v/t* wiedersehen; durchsehen; überprüfen; revidieren; **~ provas tipográficas** Korrektur lesen; **2.** *v/i* durchsickern
reverber|ação [ʀəvərbərɐ'sɐ̃w] *f* Nachhall *m*; **~ar** [-'rar] (1c) nachhallen
revérbero [ʀə'vɛrbəru] *m* Abglanz *m*; Reflektor *m*
reverdecer [ʀəvərdə'ser] (2g) **1.** *v/t* wieder grün machen; **2.** *v/i* wieder grün werden; *fig* sich erneuern
rever|ência [ʀəvə'rẽsjɐ] *f* Ehrfurcht *f*; Ehrerbietung *f*; Verbeugung *f*;

R

~enciar [-'sjar] (1g) (ver)ehren; sich verbeugen vor (*dat*); **~encioso** [-'sjozu] ehrfürchtig; ehrerbietig; **~endíssima** [-'disimɐ] *f*: **Vossa** ~ Euer Hochwürden; **~endo** [-'rẽdu] **1.** *adj* hochwürdig; **2.** *m* Hochwürden (*ohne art*); **~ente** [-'rẽtə] ehrerbietig

rever|são [ʀəvər'sɐ̃w] *f* Um-, Rückkehr *f*; Rückgabe *f*; **~sibilidade** [-sibəli'dadə] *f* Umkehrbarkeit *f*; **~sível**, **~sivo** [-'sivɛɫ, -'sivu] wiederkehrend; *bsd* umkehrbar; **~so** [-'versu] **1.** *adj* umgekehrt; verkehrt; verdreht (*a fig*); bösartig; **2.** *m* Rückseite *f*; **o ~ da medalha** die Kehrseite der Medaille; **~ter** [-'ter] (2c) zurückkehren (**a** nach, zu, in *ac*); (zurück)fallen (**a** an *j-n*); **~ em proveito** (*od* **a favor**) **de**, **~ para** zugute kommen (*dat*); **~tível** [-'tivɛɫ] → **~sível**

rev|és [ʀə'vɛʃ] *m* Rückschlag *m*, Missgeschick *n*; *Tennis*: Rückhandschlag *m*; → **reverso**; **ao ~** umgekehrt; im Gegensatz (**de** zu); **de ~** von der Seite; schief; **~esso** [-'vesu] umgekehrt; verkehrt; verdreht; verwickelt; ungezogen

revest|imento [ʀəvəʃti'mẽtu] *m* (Wand)Verkleidung *f*; (Boden)Belag *m*; Überzug *m*; (Schutz)Schicht *f*; *NAV* Beplankung *f*; **~ir** [-'tir] (3c) (be)kleiden; verkleiden; *Boden* belegen; überstreichen; *fig* annehmen; zeigen; ausstatten (**de** mit); **~-se de** anlegen (*ac*); *fig* sich wappnen mit; annehmen

revez|adamente [ʀəvəzadɐ'mẽtə] abwechselnd; **~ado** [-'zadu] wiederholt; **~amento** [-zɐ'mẽtu] *m* Ablösung *f*; Auswechslung *f*; Schichtwechsel *m*; *Sport*: Staffellauf *m*, -schwimmen *n*; **~ar** [-'zar] (1e) **1.** *v/t* ablösen; auswechseln; **2.** *v/i u* **~-se** (einander) abwechseln

revidar [ʀəvi'dar] (1a) vergelten; entgegnen; *fig* sich revanchieren für

revigor|amento [ʀəvigurɐ'mẽtu] *m* Wiederbelebung *f*; Stärkung *f*; **~ar** [-'rar] (1e) kräftigen; **~-se** wieder zu Kräften kommen

revir [ʀə'vir] **a)** (3x) zurückkommen; **b)** (3c) *bras* durchsickern; lecken; schwitzen

reviralho [ʀəvi'raʎu] *m POL* Wende *f*

revira|r [ʀəvi'rar] (1a) **1.** *v/t* (wieder) umdrehen; wenden; zurücktreiben; durchwühlen; *Augen* rollen; **~ o caminho** (*od* **os passos**) umkehren; **2.** *v/i u* **~-se** umkehren; zurückkehren; herfallen (**sobre** über *ac*); **~ contra** sich wenden gegen; **~volta** [-rɐ'vɔɫtɐ] *f* Wendung *f*; *fig* Umschwung *m*; *POL* Wende *f*

revis|ão [ʀəvi'zɐ̃w] *f* Revision *f*; Überprüfung *f*; Durchsicht *f*; Überarbeitung *f*; *AUTO* Inspektion *f*; **~ de provas** Korrektur *f*; **~ar** [-'zar] (1a) kontrollieren, nachprüfen; **~ionismo** [-zju'niʒmu] *m* Revisionismus *m*; **~ionista** [-zju'niʃtɐ] **1.** *adj* revisionistisch; **2.** *su* Revisionist(in *f*) *m*; **~or** [-'zor] **1.** *adj* Kontroll..., Prüfungs...; **2.** *m* Kontrolleur *m*; Schaffner *m*; *TIP* Korrektor *m*

revist|a [ʀə'viʃtɐ] *f* Inspektion *f*; Kontrolle *f*; Durchsuchung *f*; *LIT* Zeitschrift *f*; *TEA* Revue *f*; **~ de especialidade** Fachzeitschrift *f*; **~ de mexericos** *depr* Klatschblatt *n*; **~ pessoal** Leibesvisitation *f*; **passar ~ a** = **~ar** [-'tar] (1a) durchsuchen; überprüfen

revitalizar [ʀəvitɐli'zar] (1a) wieder beleben; wieder aufleben lassen

reviv|er [ʀəvi'ver] (2a) wieder aufleben; **~escência** [-vəʃ'sẽsjɐ] *f* Wiederaufleben *n*; Wiederbelebung *f*; **~ificar** [-vəfi'kar] (1n) wieder aufleben

revoada [ʀə'vwadɐ] *f* Vogelschwarm *m*; **às ~s** in hellen Scharen

revo|cação [ʀəvukɐ'sɐ̃w] *f* Aufhebung *f*; Abberufung *f*; **~car** [-'kar] (1n; *Stv* 1e) zurückrufen; annullieren; abberufen; **~catória** [-kɐ'tɔrjɐ] *f* Abberufungsschreiben *n*; **~gação** [-gɐ'sɐ̃w] *f* Widerruf *m*; Aufhebung *f*; *JUR* Außerkraftsetzung *f*; **~gar** [-'gar] (1o; *Stv* 1e) widerrufen; aufheben; abbestellen; absagen; *JUR* außer Kraft setzen; **~gatório** [-gɐ'tɔrju] Widerrufs...; **~gável** [-'gavɛɫ] widerruflich

revolta [ʀə'vɔɫtɐ] *f* Aufruhr *m*; **~ palaciana** Palastrevolte *f*

revolt|ado [ʀəvoɫ'tadu] aufständisch; *fig* empört; **~ante** [-'tẽtə] empörend; **~ar** [-'tar] (1e) aufwiegeln; *fig* entrüsten; **~-se** sich erheben (**contra** gegen); sich erregen (**com**

über *ac*); **~o** [-'vołtu] **1.** *p/p von* ***revolver***; **2.** *adj* unruhig; chaotisch; = **~oso** [-'tozu] aufrührerisch; aufständisch
revolu|ção [ʀəvulu'sɐ̃w] *f TÉCN* Umdrehung *f*; Drehung *f*; *ASTR* Umlauf(zeit *f*) *m*; *POL* Revolution *f*; **~cionar** [-sju'nar] (1f) umgestalten; *POL* revolutionieren; aufwiegeln; **~-se** sich empören; **~cionário** [-sju'narju] revolutionär
revolver [ʀəvoł'ver] (2e) (um)drehen; (um)wälzen; umrühren; durchwühlen; aufwühlen (*a fig*); *Augen* rollen; **~-se** sich wälzen; sich drehen
revólver(es) [ʀə'vɔłvər] *m(pl)* Revolver *m*; ~ ***de brinquedo*** Spielzeugpistole *f*
rez|a ['ʀɛzɐ] *f* Gebet *n*; ***a troco de ~*** F für warme Worte (*ohne Vergütung*); **~ar** [ʀə'zar] (1c) beten; *Messe* lesen; *fig* lauten; handeln (***de*** von)
rezing|ão [ʀəzĩ'gɐ̃w] P **1.** *adj* zänkisch; **2.** *m*, **-ona** *f* Nervensäge *f*; Nörgler(in *f*) *m*; **~ar** [-'gar] (1o) meckern; **~ueiro** [-'gɐjru] → ***rezingão***
ria ['ʀiɐ] *f* Meeresbucht *f*; *Art* Fjord *m*; **~cho** ['ʀjaʃu] *m* Flüsschen *n*
riba ['ʀibɐ] *f* Steilufer *n*; Anhöhe *f*; ***em ~*** P oben
ribald|aria [ʀibałdɐ'riɐ] *f* Gaunerei *f*; **~o** [-'bałdu] *m* Halunke *m*
ribalta [ʀi'bałtɐ] *f* Rampenlicht *n*
ribanceira [ʀibɐ̃'sɐjrɐ] *f* (Ufer)Böschung *f*; Steilufer *n*
Ribatejo [ʀibɐ'tɛʒu]: ***o ~*** *port HIST Provinz*
ribeira [ʀi'bɐjrɐ] *f* Flussufer *n*; *poét* Aue *f*; Flüsschen *n*
ribeir|ada [ʀibɐj'radɐ] *f* Schwall *m*; *fig* Strom *m*; **~inha** [-'riɲɐ] *f ZO* Strandläufer *m*; **~inho** [-'riɲu] Ufer...; **~o** [-'bɐjru] *m* Bach *m*
ribomb|ante [ʀibõ'bẽtə] *fig* hochtrabend; **~ar** [-'bar] (1a) dröhnen; **~o** [-'bõbu] *m* Dröhnen *n*
ricaço [ʀi'kasu] **1.** *adj* steinreich; **2.** *m* reiche(r) Protz *m*
riçar [ʀi'sar] (1p) kräuseln; locken
rícino ['ʀisinu] *m* Rizinus *m*
rico ['ʀiku] **1.** *adj* reich (***em*** an *dat*); reichhaltig; fruchtbar; prächtig; lecker; F lieb; **2.** *m* Reiche(r) *m*; *fig* Schatz *m*; ***novo ~*** Neureiche(r) *m*
riço ['ʀisu] **1.** *adj* kraus; **2.** *m* (Haar)Locke *f*; Wollplüsch *m*
ricochete [ʀiku'ʃetə] *m* Abprall *m*; *fig* Anspielung *f*; ***tiro m de ~*** Querschläger *m*; ***de ~*** indirekt; ***mandar uma de ~*** *j-n* abblitzen lassen; **~ar** [-ʃə'tjar] (1l) abprallen
ricto ['ʀi(k)tu] *m* verkrampfte(s) Lachen *n*; Gesichtszucken *n*
ridente [ʀi'dẽtə] lachend; lächelnd
ridicul|aria [ʀidikulɐ'riɐ] *f* Lächerlichkeit *f*; **~(ar)izar** [-kulɐri'zar, -kuli'zar] (1a) lächerlich machen
ridículo [ʀi'dikulu] lächerlich; ***cair no ~*** sich lächerlich machen; ***meter a ~*** lächerlich machen
rif|a ['ʀifɐ] *f* Verlosung *f*; **~ão** (**-ães, -ões**) [-'fɐ̃w] *m(pl)* Sprichwort *n*; ***andar em ~*** in aller Munde sein; **~ar** [-'far] (1a) aus-, verlosen
rifle ['ʀiflə] *m* Gewehr *n*, Büchse *f*
rigidez [ʀiʒi'deʃ] *f* Festigkeit *f*; *fig* Härte *f*; *MED* (Muskel)Verhärtung *f*
rígido ['ʀiʒidu] starr; *fig* hart, streng; ***disco** m* ~ *INFORM* Festplatte *f*
rigor [ʀi'gor] *m* Härte *f*; Strenge *f*; *bsd* Genauigkeit *f*; ***a ~*** vorschriftsmäßig; ***de ~*** unerlässlich; ***em ~*** streng genommen; ***no ~ de*** mitten in (*dat*); ***no ~ da palavra*** im eigentlichen Sinn des Wortes; **~ismo** [-gu'riʒmu] *m* übertriebene Strenge *f*; **~ista** [-'riʃtɐ] **1.** *adj* (sehr) unerbittlich; peinlich genau; **2.** *su* strenge(r) Wächter(in *f*) *m*; Pedant(in *f*) *m*; **~osamente** [-rɔzɐ'mẽtə] streng genommen; rigoros; **~oso** [-'rozu] streng; hart; genau; rigoros
rij|eza [ʀi'ʒezɐ] *f* Härte *f*; Kraft *f*; Strenge *f*; → ***rigidez***; **~o** ['ʀiʒu] hart; zäh; stark; straff; *fig* streng; ***estar ~*** kerngesund sein
rilhar [ʀi'ʎar] (1a) nagen an (*dat*); knabbern; knirschen (*Zähne*)
rim [ʀĩ] *m ANAT* Niere *f*; ***rins*** *pl* F *ANAT* Kreuz *n*
rim|a ['ʀimɐ] *f* **a)** *LIT* Reim *m*; **b)** Spalt *m*; **c)** Stapel *m*, Stoß *m*; **~ar** [ʀi'mar] (1a) **1.** *v/t* reimen; **2.** *v/i* (sich) reimen; *fig* zusammenpassen
rímel ['ʀimɛł] *m* Wimperntusche *f*
rimoso [ʀi'mozu] rissig
rincão [ʀĩ'kɐ̃w] *m* Ecke *f*, Winkel *m*
rinch|ada [ʀĩ'ʃadɐ] *f* Gewieher *n*; *fig wieherndes* Gelächter *n*; **~ar** [-'ʃar] (1a) wiehern; **~avelhada** [-ʃɐvə-

R

'ʎadɐ] *f* brüllende(s) Gelächter *n*; **~o** ['ʀĩʃu] *m* Wiehern *n*

ringue ['ʀĩgə] *m* Boxring *m*

rinha ['ʀĩɲa] *f bras* Hahnenkampf *m*

rin|ite [ʀi'nitə] *f MED* Rhinitis *f*; **~oceronte** [-nusə'rõtə] *m ZO* Nashorn *n*, Rhinozeros *n*

Rio [ʀiw]: ***o ~ Branco*** *bras Hauptstadt von Acre*; ***o ~ de Janeiro*** *bras Bundesstaat und Hauptstadt*; ***o ~ Grando do Norte*** (***Sul***) *bras Bundesstaaten*

rio [ʀiw] *m* Fluss *m*; Strom *m* (*a fig*); ***~ acima*** flussaufwärts; ***~ abaixo*** flussabwärts; **~-grandense(s)** [-grẽ'dẽsə] aus Rio-Grande

rip|a ['ʀipɐ] *f* Latte *f*; **~ado** [-'padu] *m* Spalier *n*; **~al** [-'pał] Latten...

ripanço [ʀi'pẽsu] *m* Hechel *f*; Harke *f*; *fig* Trägheit *f*; Faulpelz *m*; ***semana f de ~*** Ruhewoche *f*; ***estar de ~*** faulenzen

ripar [ʀi'par] (1a) **a**) mit Latten beschlagen; *Holz* zu Latten schneiden; **b**) *Flachs* hecheln; harken; *Blätter* abstreifen; toupieren

rípio ['ʀipju] *m* Füllgestein *n*; Schotter *m*; *fig* Flick-, Füllwort *n*

ripostar [ʀipuʃ'tar] (1e) *Fechten*: parieren; zurückschlagen; *fig* schlagfertig antworten

riquech|á, ~ó [ʀikə'ʃa, -'ʃɔ] *m* Rikscha *f*

riqu|eza [ʀi'kezɐ] *f* Reichtum *m*; **~ismo** [-'kiʒmu] *m*: ***novo ~*** Neureichentum *n*

rir(-se) ['ʀir(sə)] (3v): ***~ com***, ***~ de*** lachen über (*ac*); auslachen (*ac*); ***~ para*** anlachen (*ac*); ***a ~*** lachend; ***para ~*** zum Spaß; ***~ às gargalhadas*** (***casquinadas***) laut (höhnisch) lachen; ***~ a bandeiras despregadas*** sich halb totlachen; ***~ na cara de*** *j-m* ins Gesicht lachen

risada [ʀi'zadɐ] *f* Gelächter *n*

risc|a ['ʀiʃkɐ] *f* Strich *m*; Streifen *m*; *bsd* Scheitel *m*; ***~ ao meio*** Mittelscheitel *m*; ***à ~*** genau; sorgfältig; ***às ~s*** gestreift; **~ado** [-'kadu] **1.** *adj* gestreift; liniert; **2.** *m* gestreifte(r) Stoff *m*; **~ar** [ʀiʃ'kar] (1n) linieren; (durch)streichen; ausschließen; bezeichnen; *Figur* zeichnen; ***~-se*** ausscheiden; **~o** [-ku] *m* **a**) Strich *m*; Skizze *f*; Riss *m*; ***~ descontínuo*** *AUTO* Mittelstreifen *m*; **b**) Risiko *n*; ***a todo o ~*** auf jede Gefahr; ***correr ~*** Gefahr laufen (***de*** zu); ***estar em ~*** gefährdet sein; ***pôr em ~*** riskieren; ***seguro*** *m* ***contra todos os ~s*** Vollkaskoversicherung *f*

risível [ʀə'zivɛł] lachhaft

ris|o ['ʀizu] *m* Lachen *n*; ***~ amarelo*** gequälte(s) Lächeln *n*; ***causar ~***, ***fazer ~*** zum Lachen sein; → ***ser*** (***coisa de***) ***~*** lachhaft sein; ***meter a ~*** lächerlich machen; **~onho** [-'zoɲu] lächelnd; strahlend (*Wetter*); **~ota** [-'zɔtɐ] *f* Gelächter *n*

risoto [ʀi'zɔtu] *m CUL* Risotto *m*

rispidez [ʀəʃpi'deʃ] *f* Rauheit *f*

ríspido ['ʀiʃpidu] rau; spröde; kurz angebunden; schnippisch (*Antwort*)

rissol [ʀi'sɔł] *m CUL gefüllte* Teigtasche *f*

riste ['ʀiʃtə] *m*: ***em ~*** (hoch) erhoben; angriffsbereit; im Anschlag (*Gewehr*)

rítmico ['ʀitmiku] rhythmisch

ritmo ['ʀitmu] *m* Rhythmus *m*; Takt *m*; Tempo *n*; *LIT* Versmaß *n*

rit|o ['ʀitu] *m* Ritus *m*; **~ual** [-'twał] **1.** *adj* rituell; **2.** *m* Ritual *n*

rival [ʀi'vał] **1.** *adj* rivalisierend; eifersüchtig; **2.** *su* Rivale *m*, Rivalin *f*; **~idade** [-vɐli'dadə] *f* Rivalität *f*; Wetteifer *m*; Eifersucht *f*; **~izar** [-vɐli'zar] (1a) rivalisieren (***com*** mit); wetteifern (***em*** um)

rix|a ['ʀiʃɐ] *f* Streit *m*; ***estalar*** (*od* ***rebentar***) ***~*** Streit anfangen; **~ador** [-ʃɐ'dor] **1.** *adj* streitsüchtig; **2.** *m* Raufbold *m*; **~ar** [-'ʃar] (1a) sich streiten; **~oso** [-'ʃozu] → ***~ador***

rizoma [ʀi'zomɐ] *m* Wurzelstock *m*

roaz ['ʀwaʃ] *m ZO* Schwertwal *m*

robal|o [ʀu'balu] *m* Rotbarsch *m*

roble ['ʀɔblə] *m* Eiche *f*

robô [ʀo'bo] *m bras* → ***robot***

robor|ar [ʀubu'rar] (1e) stärken; bekräftigen; **~ativo** [-rɐ'tivu] stärkend; **~izar** [-ri'zar] (1a) → ***roborar***

rob|ot [ʀɔ'bɔt] *m* Roboter *m*; ***~ de cozinha*** Küchenmaschine *f*; **~ótica** [ʀu'bɔtikɐ] *f* Robotertechnik *f*

robust|ecer [ʀubuʃtə'ser] (2g) stärken; ***~-se*** stark werden; **~ecimento** [-si'mẽtu] *m* Stärkung *f*; Ertüchtigung *f*; **~ez** [-'teʃ] *f* Kraft *f*; Widerstandsfähigkeit *f*; **~o** [-'buʃtu] robust

roca ['ʀɔkɐ] *f* **a**) (Spinn)Rocken *m*; **b**) Fels *m*

R

roça ['ʀɔsɐ] *f* Rodung *f*; *bras* Land *n*; Acker *m*, Feld *n*; Landgut *n*
roçad|a [ʀu'sadɐ] *f* Rodung *f*; **~eira** [-sɐ'dɐjrɐ] *f* Rodehacke *f*; **~o** [-'sadu] *m* Kahlschlag *m*; *bras a* Maniokpflanzung *f*; **~oura** [-sɐ'dorɐ] *f* → **~eira**
rocal [ʀu'kaɫ] **1.** *adj* steinhart; **2.** *m* (Glas)Perlenkette *f*
rocar [ʀu'kar] (1n; *Stv* 1e) *Schach*: rochieren
roçar [ʀu'sar] (1p; *Stv* 1e) **1.** *v/t* roden; abschaben; durchscheuern; *Anzug* abtragen; (leicht) berühren; gleiten über (*ac*); **2.** *v/i* sich durchscheuern; nahe vorbeigehen, -fahren; **~ por** streifen; vorbeikommen an (*dat*); *fig* grenzen an (*ac*)
roch|a ['ʀɔʃɐ] *f* Fels *m*; ***firme como uma ~*** *fig* felsenfest; **~edo** [ʀu'ʃedu] *m* Felsen *m*; Klippe *f*; **~oso** [ʀu'ʃozu] felsig
rociar [ʀu'sjar] (1g) Tau fallen, tauen
rocim [ʀu'sĩ] *m* Gaul *m*; Klepper *m*
rocio [ʀu'siw] *m* Tau *m*
roço ['ʀosu] *m ARQUIT* Schlitz *m*
rococó [ʀɔkɔ'kɔ] *m* Rokoko *n*
roda ['ʀɔdɐ] *f AUTO*, *TÉCN* Rad *n*; Kreis *m*; Runde *f*; (Rock)Weite *f*; *fig* Drehung *f*; (Um)Lauf *m*; Umgang *m*; Bekanntenkreis *m*; ***dança*** *f* ***de ~*** Ringelreihen *m*; ***~ dentada*** Zahnrad *n*; ***~ fatal*** Rad *n* des Schicksals; ***~ livre*** Freilauf(rad *n*) *m*; ***~ sobressalente*** Ersatzrad *n*; ***~ traseira*** Hinterrad *n*; ***a alta ~*** die besseren Kreise *m/pl*; ***uma ~ de*** eine Menge *f* (*gen*); ***à*** (*od* ***de***, ***em***) ***~*** ringsumher; in der Runde; ***à ~ de*** ungefähr; ***andar à ~*** sich drehen; ***fazer ~*** e-n Kreis bilden; ***untar as ~s a*** P *fig j-n* bestechen; ***anda a ~*** die Ziehung läuft (*Lotterie*)
rod|ada [ʀu'dadɐ] *f* Runde *f* (***dar*** ausgeben); ***~ geral*** Saalrunde *f*; **~ado** [-'dadu] **1.** *adj* auf Rädern; fahrbar; weit (*Rock*); ***cavalo*** *m* ***~*** *bras* Apfelschimmel *m*; **2.** *m TÉCN* Fahrgestell *n*; (Rock)Weite *f*; **~agem** [-'daʒɐ̃j] *f* **a)** Räderwerk *n*; **b)** *AUTO* Einfahren *n*; ***faixa*** *f* ***de ~*** Fahrbahn *f*; ***fazer a ~*** einfahren; **c)** *Film*: Dreharbeiten *f/pl*
Ródano ['ʀɔdɐnu] *m* Rhone *f*
rod|ante [ʀu'dɐ̃tə] rollend, Roll...; **~apé** [ʀɔdɐ'pɛ] *m* Fußleiste *f*; *INFORM* Fußzeile *f*; ***no ~*** unter dem Strich; ***nota*** *f* ***de ~*** Fußnote *f*; **~ar** [ʀu'dar] (1e) **1.** *v/t* rollen; drehen (*a Film*); *Zeitung* drucken; *Platte* auflegen; herumgehen; bereisen; *fig* rädern; **2.** *v/i* kreisen; rollen; fahren; vergehen (*Zeit*); *INFORM* laufen (***em*** auf *dat*); *MIL* schwenken (***à direita*** nach rechts); ***~ em falso*** nicht rund laufen (*a fig*); **~a(s)-viva(s)** [ʀɔdɐ'vivɐ] *f(pl)* Trubel *m*; Hektik *f*; ***andar numa ~*** sich abhetzen
rod|ear [ʀu'djar] (1l) umgeben; umringen; umkreisen; bereisen; durchstreifen; ***~ com os olhos*** (*od* ***a vista***) mustern; ***~-se com*** sich umgeben mit; **~eio** [-'dɐju] *m* Umweg *m*; *fig* Ausflucht *f*; *bras* Hürde *f*; ***sem ~s*** ohne Umschweife
rod|eira [ʀu'dɐjrɐ] *f* Fahrweg *m*; **~eiro** [-'dɐjru] *m* Radachse *f*; **~ela** [-'dɛlɐ] *f CUL* Scheibe *f*; (Zwiebel-)Ring *m*; *Brettspiel*: Stein *m*; *fig* Schwindel *m*; ***às ~s*** in Scheiben; ***contar ~s*** P Quatsch erzählen
rodilh|a [ʀu'diʎɐ] *f* Putzlappen *m*; Tragpolster *n* (*für Kopflasten*); *fig* Mädchen *n* für alles; **~ão** [-'ʎɐ̃w] *m* Scheuerlappen *m*; **~o** [-ʎu] *m* → ***rodilha***
rodízio [ʀu'dizju] *m* Rolle *f* (*an Möbeln*); Mühlrad *n*; *bras* Ablösung *f*; (geheime) Absprache *f*; *bsd* Restaurant *m* (*in dem nachgereicht wird*)
rodo ['ʀodu] *m* Schieber *m*; Harke *f* (*des Croupiers*); ***a ~s*** massenhaft
rodop|elo [ʀudu'pelu] *m* Wirbel *m* (*im Fell*); **~iar** [-'pjar] (1g) wirbeln; kreisen; **~io** [-'piw] *m* Wirbel *m*; Kreisen *n*
rodovalho [ʀudu'vaʎu] *m* Steinbutt *m*
rodovi|a [ʀɔdɔ'viɐ] *f* Autostraße *f*; **~ário** [-'vjarju] Straßen...; ***empresa*** *f* ***-a*** Transportunternehmen *n*
rodriguinho [ʀudri'giɲu] *m* Gemeinplatz *m*; F Nippes *pl*
roed|or [ʀwə'dor] *m* Nagetier *n*; **~ura** [-'durɐ] *f MED* Schürfung *f*
roer [ʀwer] (2f) **1.** *v/t* (ab-, zer)nagen; anfressen; nagen an (*dat*) (*a fig*); *fig* wühlen in (*dat*); zermürben; ***~ a corda*** F kneifen; ***dar um osso a ~*** *fig* e-e Nuss zu knacken geben; **2.** *v/i*: ***~ em*** knabbern an (*dat*); *Problem* wälzen; herziehen über (*ac*)

R

rog|ado [ʀu'gadu]: ***fazer-se ~*** sich bitten lassen; **~ador** [-gɐ'dor] *m* Bittsteller *m*; **~ar** [-'gar] (1o; *Stv* 1e) **1.** *v/t*: ***~ a/c a alg*** j-n um et bitten; **2.** *v/i* beten (***a*** zu, ***por*** um, für); **~o** ['ʀogu] *m* Bitte *f*; ***a ~*** auf Verlangen

rojão [ʀo'ʒɐ̃w] *m bras* Rakete(ngeschoss *n*) *f*; *fig* Gewaltmarsch *m*; (Arbeits)Rhythmus *m*; Vorgehen *n*; Haltung *f*; ***aguentar o ~*** F eine schwierige Situation durchstehen

roj|ar [ʀu'ʒar] (1e) **1.** *v/t* (fort)schleppen; werfen; **2.** *v/i* kriechen; **~o** ['ʀoʒu] *m* Kriechen *n*; ***andar de ~*** kriechen

rol [ʀɔɫ] *m* Liste *f*; Zettel *m*

rola ['ʀolɐ] *f ZO* Turteltaube *f*

rol|ador [ʀulɐ'dor] *m EL* Stromabnehmer *m*; **~agem** [-'laʒɐ̃j] *f INFORM* Rollen *n* (*des Bildschirms*); **~amento** [-'mẽtu] *m* Rollen *n*; *TÉCN* Lager *n*; ***~ de esferas*** Kugellager *n*; **~ante** [-'lẽtə] rollend; Roll...; ***escada f ~*** Rolltreppe *f*; **~ão** [-'lɐ̃w] *m* **a)** Kleie *f*; **b)** Rolle *f*; **~ar** [-'lar] (1e) **a)** rollen (*a INFORM*); **b)** gurren

rold|ana [ʀoɫ'dɐnɐ] *f* Flaschenzug *m*; (lose) Rolle *f*; **~ão** [-'dɐ̃w] *m* Trubel *m*; Durcheinander *n*; ***de ~*** ungestüm, Hals über Kopf

rolet|a [ʀu'letɐ] *f* Roulett(e) *n*; F *fig* Ente *f*; *bras* Drehkreuz *n*; ***~ russa*** russische(s) Roulett(e) *n*; **~e** [-'letə] *m* Röllchen *n*

rolha ['ʀoʎɐ] *f* (Flaschen)Kork *m*, Pfropfen *m*; *allg* Verschluss *m*; *fig* Knebel *m*; F gemeine(r) Kerl *m*; (***ficar em***) ***Cascos de ♀*** am Ende der Welt (liegen); ***meter uma ~ na boca*** *j-m* den Mund stopfen

roliço [ʀu'lisu] rund(lich); dick

rol|inho [ʀu'liɲu] *m* Röllchen *n*; ***~ de carne*** *CUL* Roulade *f*

rol|o ['ʀolu] *m* Rolle *f*; Walze *f*; *CUL* Nudelholz *n*; (Film)Spule *f*; Lockenwickler *m*; (Haar)Locke *f*; Dutt *m*; (Meeres)Woge *f*; Rauchwolke *f*; *bras* Auflauf *m*; Rauferei *f*; **~ote** [ʀu'lɔtə] *f* Wohnwagen *m*

Roma ['ʀomɐ] Rom *n*

romã [ʀu'mɐ̃] *f* Granatapfel *m*

romagem [ʀu'maʒɐ̃j] *f* Wallfahrt *f*

romana [ʀu'mɐnɐ] *f* Schnellwaage *f*

roman|ça [ʀu'mɐ̃sɐ] *f* Romanze *f*; **~ce** [-'mɐ̃sə] *m* Roman *m*; ***~ policial*** Kriminalroman *m*; **~cear** [-'sjar] (1l) *Ereignis* aufbauschen; **~cista** [-'siʃtɐ] *su* Romanschriftsteller(in *f*) *m*; **~esco** [-mɐ'neʃku] romanhaft

romântic|as [ʀu'mɐnikɐʃ] *f/pl* Romanistik *f*, romanische Sprachen und Literaturen *f/pl*; **~o** [-'mɐniku] romanisch

roman|ista [ʀumɐ'niʃtɐ] *su* Romanist(in *f*) *m*; **~o** [-'mɐnu] **1.** *adj* römisch; **2.** *m* Römer *m*

romanticismo [ʀumɐ̃tə'siʒmu] *m* romantische Schwärmerei *f*

romântico [ʀu'mɐ̃tiku] **1.** *adj* romantisch; **2.** *m* Romantiker *m*

romantismo [ʀumɐ̃'tiʒmu] *m* Romantik *f*

romaria [ʀumɐ'riɐ] *f REL* Wallfahrt *f*; Kirchweih *f*; *fig* Gedränge *n*

romãzeira [ʀumɐ̃'zɐjrɐ] *f* Granatapfelbaum *m*

rombo ['ʀõbu] **1.** *adj* stumpf(sinnig); **2.** *m* **a)** Raute *f*; **b)** *NAV* Leck *n*

romeiro [ʀu'mɐjru] *m* Pilger *m*

Roménia (*ê) [ʀu'mɛnjɐ]: ***a ~*** Rumänien *n*

romeno [ʀu'menu] **1.** *adj* rumänisch; **2.** *m*, **-a** *f* Rumäne *m*, Rumänin *f*

romp|ante [ʀõ'pɐ̃tə] **1.** *adj* heftig; anmaßend; **2.** *m* Heftigkeit *f*; (Zornes)Ausbruch *m*; Ruck *m*; ***de ~*** urplötzlich; **~ente** [-'pẽtə] angriffslustig; heftig; **~er** [-'per] (2a) **1.** *v/t* zerbrechen; abbrechen; zerreißen; *Schweigen* brechen; durchdringen; durchqueren; *Feindseligkeiten* eröffnen; **2.** *v/i* aus-, losbrechen; beginnen; anbrechen (*Tag*); auftauchen; losstürmen (***contra*** auf *ac*); brechen (***com*** mit, ***por*** durch); *Gelächter* ausbrechen (***em*** in *ac*); ***~ a*** *inf* anfangen zu; = **3.** ***~-se*** zerbrechen; entzweigehen; platzen; **4.** *m*: ***ao ~ do dia*** (***do sol***) bei Tagesanbruch (Sonnenaufgang); **~imento** [-pi'mẽtu] *m* Auf-, Zerbrechen *n*; Durchstoßen *n*; Durchbruch *m*; Dammbruch *m*; Riss *m*; Lücke *f*; *fig* (Vertrags)Bruch *m*; Abbruch *m*

ronc|a ['ʀõkɐ] *f* Schnarchen *n*; Grunzen *n*; *Meer*: Brausen *n*; *fig* Prahlerei *f*; *NAV* Nebelhorn *n*; **~ar** [ʀõ'kar] (1n) schnarchen; grunzen; brummen; quäken; brausen (*Meer*); rollen (*Donner*); *fig* sich aufspielen

ron|çaria [ʀõsɐ'riɐ] *f* Trödelei *f*; Gemächlichkeit *f*; **~cear** [-'sjar] (1l) bummeln, trödeln; (dahin)schlendern; **~ceirismo** [-sɐj'riʒmu] *m* Schlendrian *m*; **~ceiro** [-'sɐjru] langsam; träge; gemächlich

ronco ['ʀõku] *m* → ***ronca***

rond|a ['ʀõdɐ] *f* Runde *f*, Rundgang *m*; Nachtwache *f*; (Polizei)Streife *f*; Rundtanz *m*; ***~ de negociações*** Verhandlungsrunde *f*; ***de ~*** wachhabend (*Offizier*); ***andar de ~*** = **~ar** [-'dar] (1a) die Runde machen; bewachen; umkreisen; (herum)schleichen um; *fig* sich etwa belaufen auf (*ac*); **~ó** [ʀõ'dɔ] *m MÚS* Rondo *n*

Rondônia [ʀõ'donja]: ***a ~*** *bras Bundesstaat*

ronh|a ['ʀoɲɐ] *f* Räude *f*; P *fig* Durchtriebenheit *f*; ***ter ~*** gerissen sein; **~ento, ~oso** [ʀu'ɲẽtu, -'ɲozu] *Tierkrankheit*: räudig; *fig* hinterfotzig; ***ovelha f -a*** *fig* schwarze(s) Schaf *n*

ronqu|eira [ʀõ'kɐjrɐ] *f* Rasseln *n*; Röcheln *n*; **~ejar** [-kə'ʒar] (1d) rasseln (*Atem*); röcheln (*Person*); **~idão** [-ki'dɐ̃w] *f* Heiserkeit *f*

ronr|om [ʀõ'ʀõ] *m Katze*: Schnurren *n*; **~onar** [-ʀu'nar] (1f) schnurren

roqu|e ['ʀɔkə] *m* **a)** *Schach*: Turm *m*; ***fazer ~*** rochieren; ***sem rei nem ~*** *fig* blind drauflos; **b)** (***música*** *f*) **~** Rock(musik *f*) *m*; ***cantor*** *m* (***de música***) **~** Rocksänger *m*; **~eiro** [-'kɐjru]: ***castelo*** *m* **~** Bergschloss *n*

roquete [ʀu'ketə] *m* **a)** Chorhemd *n*; **b)** *TÉCN* Bohrwinde *f*

ror [ʀor] *m* P Haufen *m*, Masse *f*

Roraima [ʀo'rajma]: ***a ~*** *bras Bundesstaat*

rosa ['ʀɔzɐ] **1.** *adj* rosa; **2.** *f BOT* Rose *f*; *ARQUIT* Rosette *f*; ***maré f de ~s*** *fig* Glückssträhne *f*; **3.** *m* Rosa *n*; ***~ velho*** Altrosa *n*

ros|ácea [ʀu'zasjɐ] **1.** *f ARQUIT* Rosette *f*; **2. ~s** *f/pl BOT* Rosenblütler *m/pl*; **~áceo** [-'zasju] Rosen...; **~ado** [-'zadu] rosig; *BOT* Rosen...; **~a(s)-dos-ventos** [ʀɔzɐduʒ'vẽtuʃ] *f(pl)* Windrose *f*; **~al** [-'zał] *m* → ***roseiral***; **~ário** [-'zarju] *m REL* Rosenkranz *m*; *TÉCN* Paternosterwerk *n*

rosbife [ʀɔʒ'bifə] *m* Roastbeef *n*

rosc|a ['ʀoʃkɐ] **1.** *f* Windung *f*, Gewinde *n* (***abrir*** schneiden); Flügelmutter *f*; *CUL* Kringel *m*; **2.** *su* Schlauberger(in *f*) *m*; **~ar** [ʀuʃ'kar] (1n; *Stv* 1e) an-, einschrauben

roseir|a [ʀu'zɐjrɐ] *f* Rosenstock *m*; **~al** [-'rał] *m* Rosengarten *m*

róseo ['ʀɔzju] rosafarben; Rosen...

roseta [ʀu'zetɐ] *f* Rosette *f*

rosmaninho [ʀuʒmɐ'niɲu] *m* Rosmarin *m*

rosnar [ʀuʒ'nar] (1e) murmeln; knurren; murren

rosqu|ilha, ~inha [ʀuʃ'kiʎɐ, -'kiɲɐ] *f* Kringel *m*, Brezel *f*

rossio [ʀu'siw] *m* große(r) Platz *m*

rost|o ['ʀoʃtu] *m* Gesicht *n*; Angesicht *n*; Bildseite *f* (*e-r Münze*); Titelblatt *n*; *allg* Vorderseite *f*; (***de***) ***~ a ~*** von Angesicht zu Angesicht; ***no ~ de*** in Gegenwart von; ***dar de ~ com*** *j-m* plötzlich gegenüberstehen; ***lançar em ~ a*** *j-m* ins Gesicht sagen; ***dar no ~*** ins Gesicht blasen (*Wind*), ins Gesicht scheinen (*Sonne*); ***fazer ~ a*** die Stirn bieten (*dat*); ***virar o ~*** das Gesicht abwenden; **~ral** [ʀuʃ'trał] *m* Titelseite *f*; Buchdeckel *m*; **~ro** ['ʀɔʃtru] *m* Schnabel *m*; *NAV* Bugspriet *n od m*; *BOT* Sporn *m*; *ZO Insekt*: Saugrüssel *m*

rota ['ʀɔtɐ] *f* Route *f*, Kurs *m*; ***de*** (*od* ***em***) ***~ batida*** Hals über Kopf

rot|ação [ʀutɐ'sɐ̃w] *f TÉCN* Rotation *f*; Wechsel *m*; Wiederkehr *f*; ***~ de culturas*** *AGR* Wechselwirtschaft *f*; **~ar** [-'tar] (1e) rotieren; **~ário** [-'tarju] *m* Rotarier *m*; **~ativa** [-tɐ'tivɐ] *f TIP* Rotationsmaschine *f*; **~atividade** [-tɐtəvi'dadə] *f* Abwechslung *f*; Ablösung *f*; *POL* Rotation *f*; ***regime m de ~*** Rotationsprinzip *n*; **~ativo** [-tɐ'tivu] *TÉCN* rotierend; Dreh...; **~atório** [-tɐ'tɔrju] Rotations...

rot|ear [ʀu'tjar] (1l) *Schiff* steuern; *Land* urbar machen; **~eirista** [-tɐj'riʃtɐ] *su* Verfasser(in *f*) *m* von Reiseführern; **~eiro** [-'tɐjru] *m* Reiseführer *m*; *bras* Drehbuch *n*

rotíferos [ʀu'tifəruʃ] *m/pl ZO* Rädertierchen *n/pl*

rotin|a [ʀu'tinɐ] *f* Fertigkeit *f*; Routine *f*; ***~ de triagem*** *INFORM* Sortierlauf *m*; **~eiro** [-ti'nɐjru] **1.** *adj* routiniert; eingefahren; *fig* konservativ; **2.** *m* Gewohnheitsmensch *m*; Könner *m*

roto ['ʀotu] **1.** *p/p irr von* ***romper***; **2.** *adj* zerlumpt; löcherig; entzwei
rotor [ʀu'tor] *m EL* Rotor *m*
rótula ['ʀɔtulɐ] *f ANAT* Kniescheibe *f*
rotul|ado [ʀutu'ladu]: ***ser ~ de*** *fig* abgestempelt werden als; **~adora** [-lɐ'dorɐ] *f* Etikettiermaschine *f*; **~agem** [-'laʒɐ̃j] *f* Etikettierung *f*; Beschriftung *f*; **~ar** [-'lar] (1a) auszeichnen; etikettieren; *et* beschriften; *j-n* bezeichnen (**de** als)
rótulo ['ʀɔtulu] *m* Etikett *n*, Schild *n*
rotund|a [ʀu'tũdɐ] *f* Rotunde *f*; runde(r) Platz *m*; Kreisverkehr *m*; **~idade** [-di'dadə] *f* Rundung *f*
rotura [ʀu'turɐ] *f* Bruch *m* (*a MED*); Unterbrechung *f*
roub|alheira [ʀobɐ'ʎɐjrɐ] *f* Raubüberfallserie *f*; Plünderung *f*; *Einkauf*: Betrug *m*; P Wucherpreis *m*; **~ar** [-'bar] (1a) rauben; stehlen; ***~ alg*** j-n berauben; j-n entführen
roubo ['ʀobu] *m* Raub *m*; Diebstahl *m*; ***~ à mão armada*** bewaffnete(r) Überfall *m*; ***~ por arrastão*** Handtaschendiebstahl *m*; ***à prova de ~*** diebstahlsicher
rouco ['ʀoku] heiser
roufenho [ʀo'feɲu] näselnd
roup|a ['ʀopɐ] *f* Kleidung *f*; Wäsche *f*; ***~ branca*** Weißwäsche *f*; ***~ da cama*** Bettwäsche *f*; ***~ interior***, **~s** *pl* ***menores*** Unterwäsche *f*; ***estender a ~*** (die) Wäsche aufhängen; **~agem** [-'paʒɐ̃j] *f* Kleidung *f*; Gewand *n*; *fig* Drapierung *f*; **~ão** [-'pɐ̃w] *m* Morgenrock *m*; ***~ turco*** Bademantel *m*; **~a(s)-velha(s)** [-'vɛʎɐ] *f(pl)* Reste(essen *n*) *m/pl*; F Wochenübersicht *f*; **~eiro** [-'pɐjru] *m* Wäschekorb *m*; *eingebauter* Wäscheschrank *m*
rouqu|ejar [ʀokə'ʒar] (1d) krächzen; *fig* dröhnen; **~enho** [-'keɲu] heiser; **~idão** [-ki'dɐ̃w] *f* Heiserkeit *f*
rouxinol [ʀoʃi'nɔł] *m* Nachtigall *f*
rox|ear [ʀu'ʃjar] (1l) ins Violette spielen; **~idão** [-ʃi'dɐ̃w] *f* Violett *n*; **~o** ['ʀoʃu] violett; *bras* heftig; hart; begierig; ***couve*** *f* ***-a*** Rotkohl *m*
R$ ***Real*** *m brasilianische Währung*
RU ***Reino*** *m* ***Unido*** Vereinigtes Königreich *n*
rua ['ʀuɐ] *f* Straße *f*; Weg *m*; ***~ de sentido único*** Einbahnstraße *f*; ***~ lateral*** Seitenstraße *f*; ***mulher*** *f* ***da ~*** Straßenmädchen *n*; ***deitar à ~*** *fig* zum Fenster hinauswerfen; ***ir para a ~*** F (raus)fliegen; ***pôr na ~*** auf die Straße setzen; **~!** raus!
rubefa(c)ção [ʀubəfa'sɐ̃w] *f* (Haut-) Rötung *f*; Entzündung *f*
rubéola [ʀu'bɛwlɐ] *f MED* Röteln *pl*
rubescente [ʀubəʃ'sẽtə] rot(glühend)
rub|i [ʀu'bi] *m* Rubin *m*; **~icundo** [-'kũdu] gerötet (*Haut*); rotbackig (*Person*); **~ificar** [-bəfi'kar] (1n) röten; **~im** [-'bĩ] *m* → ***rubi***
rublo ['ʀublu] *m* Rubel *m*
rubor [ʀu'bor] *m* (Scham)Röte *f*; Scham(gefühl *n*) *f*; **~escer** [-burəʃ'ser] (2g) sich röten; **~izar** [-ri'zar] (1a) röten; ***~-se*** erröten
rubric|a [ʀu'brikɐ] *f* Rubrik *f*; *Text*: Überschrift *f*; Anweisung *f*; Handzeichen *n*; Namenszug *m*; **~ar** [-'kar] (1n) abzeichnen; paraphieren
rubro ['ʀubru] (blut-, hoch)rot; ***pôr ao ~*** rot glühend machen
ruçar-se [ʀu'sarsə] (1p) **a**) ergrauen; **b**) sich freuen (**com** auf *ac*)
ru|cilho [ʀu'siʎu]: ***cavalo*** *m* **~** Fuchs *m*; **~ço** ['ʀusu] grau(meliert); verfärbt; flachsblond
rud|e ['ʀudə] rau; hart; grob, plump; roh; **~eza** [ʀu'dezɐ] *f* Rohheit *f*; ***~ primitiva*** Urwüchsigkeit *f*
rudiment|ar [ʀudimẽ'tar] rudimentär; verkümmert; F kümmerlich; **~o** [-'mẽtu] *m* Rest *m*, Rudiment *n*
ruela ['ʀwɛlɐ] *f* Gasse *f*
rufar [ʀu'far] (1a) **1.** *v/t* **a**) *Trommel* schlagen; **b**) *Kleidung* rüschen; **2.** *v/i* Trommelwirbel schlagen, trommeln
ruf|ia, ~ião [ʀu'fiɐ, -'fjɐ̃w] *m* Zuhälter *m*; **~iagem** [-'fjaʒɐ̃j] *f* Zuhälterei *f*; Kuppelei *f*
rufo ['ʀufu] *m* **a**) *MÚS* Trommelwirbel *m*; ***num ~*** im Nu; ***fazer ~s*** trommeln; **b**) *Stoff*: Rüsche *f*
ruga ['ʀugɐ] *f* Falte *f*
rug|ido [ʀu'ʒidu] *m* *Löwe*: Brüllen *n*; *Meer*: Tosen *n*; **~ir** [-'ʒir] (3n) brüllen; tosen; rauschen
rugoso [ʀu'gozu] faltig; gefurcht
ruibarbo [ʀuj'barbu] *m* Rhabarber *m*
ruído [ʀu'idu] *m* Geräusch *n*; Lärm *m*; *fig* Gerücht *n*; *Radio*: Störung *f*; ***fazer ~*** *fig* Aufsehen erregen
ruidoso [ʀui'dozu] laut; *fig* Aufsehen erregend (*Ereignis*)

ruim [ʀu'ĩ] schlecht; verdorben; bösartig; F mies; **~mente** (*bras* **~ente**) [-'mẽtə] bösartig
ruína [ʀu'inɐ] *f* Einsturz *m*; Ruin *m* (*a* ECON); Ruine *f*; **ameaçar ~** einzufallen drohen; **levar à ~** ruinieren; **~s** *pl* Ruinen *f/pl*
ruin|dade [ʀuĩ'dadə] *f* Bösartigkeit *f*; **~oso** [ʀui'nozu] baufällig; zerfallen; schädlich; ECON ruinös
ruir [ʀwir] (3i) (ein)stürzen; zusammenbrechen
ruiv|a ['ʀujvɐ] *f* BOT Färberröte *f*; **~o** ['ʀujvu] **1.** *adj* (fuchs)rot; rotblond; rothaarig; **2.** *m* Knurrhahn *m*
rum [ʀũ] *m* Rum *m*
rumar [ʀu'mar] (1a) NAV auf Kurs bringen; ansteuern (**para** *ac*)
rumba ['ʀũbɐ] *f* Rumba *f* (*Tanz*)
rume, **rúmen** ['ʀumə, 'ʀumən] *m* Pansen *m*
rumin|ação [ʀuminɐ'sɐ̃w] *f* Wiederkäuen *n*; *fig* Grübeln *n*; **~adoiro, -ouro** [-nɐ'dojru, -'doru] *m* Wiederkäuermagen *m*; **~ante** [-'nẽtə] *m* ZO Wiederkäuer *m*; **~ar** [-'nar] (1a) wiederkäuen; *fig* durchdenken
rumo ['ʀumu] *m* Wind-, Himmelsrichtung *f*; NAV Fahrtrichtung *f*; Kurs *m*; *fig* Richtung *f*; Ziel *n*; Wendung *f*; **~ a** in Richtung auf (*ac*); **sem ~** ziellos; **meter** (*od* **pôr**) **a ~** *fig* auf den rechten Weg bringen; **mudar de ~** den Kurs ändern; **seguir ~ a** Kurs nehmen auf (*ac*); **seguir mau ~** auf die schiefe Bahn kommen; **tomar ~** e-n Beruf ergreifen; Vernunft annehmen; **tomar ~ para** Kurs nehmen auf (*ac*)
rumor [ʀu'mor] *m* Lärm *m*; Rauschen *n*; Stimmengewirr *n*; *fig* Gerücht *n*; **andam ~es** es gehen Gerüchte um; **~ejar** [-murə'ʒar] (1d) rauschen; rumoren; *fig* munkeln; **rumoreja-se** es geht das Gerücht; **~ejo** [-mu'rɛʒu] *m* Summen *n*; *fig* Gemunkel *n*; **~oso** [-mu'rozu] polternd; laut; rauschend
runa ['ʀunɐ] *f* Rune *f*
rupestre [ʀu'peʃtrə] Fels(en)...; **pintura** *f* **~** Felsen-, Höhlenmalerei *f*
ruptura [ʀup'turɐ] *f* Bruch *m*, Ruptur *f* (*a* MED); *fig* Abbruch *m*; **ponto** *m* (*od* **limite** *m*) **de ~** Bruch-, Zerreißgrenze *f*; **~ por fadiga** TÉCN Ermüdungsbruch *m*
rural [ʀu'raɫ] ländlich; Land...; landwirtschaftlich; **guarda** *m* **~** Feldhüter *m*; **turismo** *m* **~** Urlaub *m* auf dem Land
rusga ['ʀuʒgɐ] *f* Razzia *f*; Aufruhr *m*; **~r** [-'gar] eine Razzia machen
Rússia ['ʀusjɐ]: **a ~** Russland *n*
russo ['ʀusu] **1.** *adj* russisch; **2.** *m*, **-a** *f* Russe *m*, Russin *f*
rusticidade [ʀuʃtəsi'dadə] *f* Ländlichkeit *f*; Grobschlächtigkeit *f*; Unkultiviertheit *f*; Robustheit *f*
rústico ['ʀuʃtiku] **1.** *adj* ländlich, Land...; Bauern...; rustikal; *fig* bäurisch, roh; **2.** *m* Bauer *m*; *fig* ungebildete(r) Mensch *m*
rutabaga [ʀutɐ'bagɐ] *f* Kohlrübe *f*
rutil|ante [ʀuti'lẽtə] funkelnd; (rötlich) leuchtend; **~ar** [-'lar] (1a) funkeln, schimmern

S

S, **s** ['esə] *m* S, s *n*
S. São Sankt; **Sul** *m* Süden *m*
s/ sem ohne; **seu**, **sua** Ihr
S.A. Sociedade *f* **Anónima** Aktiengesellschaft *f* (AG)
sã [sɐ̃] *adj f von* **são**
sábado ['sabɐdu] *m* Samstag *m* (**no** am); **aos ~s** samstags
sabão [sɐ'bɐ̃w] *m* (Stück *n*) Wasch-, Kernseife *f*; F Rüffel *m*; **~ de barbear** Rasierseife *f*; **~ em pó** Seifenpulver *n*
sabático [sɐ'batiku]: **ano** *m* **~** UNIV Forschungsjahr *n*
sabatina [sɐbɐ'tinɐ] *f* Debatte *f*
sabedor [sɐbə'dor] gelehrt; **~ de** beschlagen in (*dat*); **~ia** [-du'riɐ] *f* Weisheit *f*; Wissen *n*

saber [sɐ'ber] (2r) **1.** *v/t* wissen; verstehen, können; (***vir a***) ~ erfahren; ***dar a*** ~, ***fazer*** ~ bekannt machen; *j-m et* mitteilen; ***ficar a*** ~ (*od* ***sabendo***) erfahren; lernen; ***fique sabendo*** Sie müssen wissen; merken Sie sich; ***sei lá*** (*od* ***cá***) was weiß ich; ***sabe-se lá*** wer weiß; ***sabe que mais?*** wissen Sie was?; (***não***) ***que eu saiba*** soviel ich weiß (nicht dass ich wüsste); ***a*** ~ nämlich; das heißt; **2.** *v/i*: ~ ***de*** sich auskennen in (*dat*); *et* verstehen von; wissen von; ~ ***bem*** (***mal***) gut (schlecht) schmecken; ~ ***a*** schmecken nach; **3.** *m* Wissen *n*; Kenntnis *f*; Können *n*
sabiá [sa'bja] *m bras* Singdrossel *f*
sabiamente [sabjɐ'mẽtə] wohlweislich; vorsorglich
sabi|chão [sɐbi'ʃɐ̃w] **1.** *adj* hochgelehrt; *irón* oberschlau; **2.** *m*, **-ona** *f* Besserwisser(in *f*) *m*; **~do** [-'bidu] bekannt; schlau
sábio ['sabju] **1.** *adj* weise, gelehrt; **2.** *m* Weise(r) *m*, Gelehrte(r) *m*
sabo|aria [sabwɐ'riɐ] *f* Seifensiederei *f*; **~eiro** [-'bwɐjru] *m* Seifenkraut *n*
sabóia [sɐ'bɔjɐ] *f* BOT Wirsingkohl *m*
sabon|eira [sɐbu'nejra] *f bras* → ***~eteira***; **~etada** [-nə'tadɐ] *f* F Rüffel *m*; **~ete** [-'netə] *m* (Stück *n*) Seife *f*; F Taschenuhr *f*; F Rüffel *m*; **~eteira** [-nə'tɐjrɐ] *f* Seifenschale *f*
sabor [sɐ'bor] *m* Geschmack *m* (***a*** nach); ***ao*** ~ ***de*** je nach; gemäß (*dat*); **~ear** [-bu'rjar] (1l) *Speise* kosten; *Getränk*, *Suppe* schlürfen; genießen; **~oso** [-bu'rozu] schmackhaft
sabot|ador [sɐbutɐ'dor] *m* Saboteur *m*; **~agem** [-'taʒɐ̃j] *f* Sabotage *f*; **~ar** [-'tar] (1e) sabotieren
sabre ['sabrə] *m* Säbel *m*
sabug|o [sɐ'bugu] *m* (Holunder-)Mark *n*; ANAT Nagelwurzel *f*; ZO Bürzel *m*; BOT (Mais)Kolben *m*; **~ueiro** [-'gɐjru] *m* Holunder(strauch) *m*
sabuj|ar [sɐbu'ʒar] (1a) lobhudeln; ***~-se a*** sich einschmeicheln bei *j-m*; **~ice** [-'ʒisə] *f* Lobhudelei *f*; **~o** [-'buʒu] *m* Spürhund *m*; *fig* Speichellecker *m*
saburr|a [sɐ'buʀɐ] *f* Zungenbelag *m*; **~ento**, **~oso** [-'ʀẽtu, -'ʀozu] belegt
saca ['sakɐ] *f* **a)** Sack *m*; Tasche *f*; **b)** Entnahme *f*; Plünderung *f*
sacad|a [sɐ'kadɐ] *f* ARQUIT Erker *m*; Balkon *m*; NAV (Schlepp)Seil *n*; Ruck *m*; **~ela** [-kɐ'dɛlɐ] *f* Ruck *m*; **~o** [-'kadu] *m* ECON Trassat *m*; **~or** [-kɐ'dor] *m* ECON Trassant *m*
saca-molas (*pl inv*) [sakɐ'mɔlɐʃ] *m* Zahnzange *f*; *depr* Zahnklempner *m*
sacan|a [sɐ'kɐnɐ] *m* P verfluchte(s) Schwein *n*; **~agem** [-kɐ̃'naʒɐ̃j] *f bras* P → ***~ice***; **~ice** [-'nisə] *f* P Sauerei *f*
sacão [sɐ'kɐ̃w] *m* Bocksprung *m* (*des Pferdes*); Ruck *m*; Stoß *m*; ***aos -ões*** ruckweise
saca-pregos (*pl inv*) [sakɐ'prɛguʃ] *m* Nageleisen *n*
sacar [sɐ'kar] (1n; *Stv* 1b) (heraus-, hervor)ziehen; *fig Nutzen* ziehen; *Gewinn* erzielen; *Scheck* ausstellen; ECON *Wechsel* ziehen; P kapieren; ~ ***de*** hervorziehen; herausreißen
saca-rabo(s) [sakɐ'ʀabu] *m(pl)* ZO Iltis *m*
sacar|ificar [sɐkɐrəfi'kar] (1n) in Zucker verwandeln; **~ina** [-'rinɐ] *f* Saccharin *n*; **~ino** [-'rinu] Zucker...
saca-rolhas (*pl inv*) [sakɐ'ʀoʎɐʃ] *m* Korkenzieher *m*
sacerd|ócio [sɐsər'dɔsju] *m* Priesteramt *n*; **~otal** [-du'taɫ] priesterlich; **~ote** [-'dɔtə] *m*, **-tisa** *f* Priester(in *f*) *m*
sach|a, **~ada**, **~adura** ['saʃɐ, sɐ'ʃadɐ, -ʃɐ'durɐ] *f* Jäten *n*; **~ar** [-'ʃar] (1b) jäten; **~o** ['saʃu] *m* Jätehacke *f*; **~ola** [sɐ'ʃɔlɐ] *f* Breithacke *f*
saci|ado [sɐ'sjadu] satt; **~ar** [-'sjar] (1g) sättigen (*a* QUÍM); befriedigen; **~edade** [-sjə'dadə] *f* (Über)Sättigung *f*; *fig* Überdruss *m*
saco ['saku] *m* Sack *m*; Beutel *m*; Tüte *f*; ~ ***de areia*** Sandsack *m*; ~ ***de dormir*** Schlafsack *m*; ~ ***de ferramenta*** Werkzeugtasche *f*; ~ ***de mão*** Handtasche *f*; ~ ***de viagem*** Reisetasche *f*; ~ ***lacrimal*** ANAT Tränensack *m*; ~ ***plástico*** Plastiktüte *f*; (***de***) ~ ***cheio*** P die Schnauze voll; ***despejar o*** ~ F auspacken (*alles sagen*); ***encher o*** ~ ***a*** P *j-m* total auf den Sack gehen; ***ser*** ~ *bras* P total ätzend sein; **~(s)-aéreo(s)** [-ɐ'ɛrju] *m(pl)* Luftsack *m* (*Vogellunge*); **~(s)-cama** [-'kɐmɐ] *m(pl)* Schlafsack *m*; **~la** [sɐ'kɔlɐ] *f* (Einkaufs-)

S

Tasche *f*; **~(s)-roto(s)** [-'ʀotu] *m(pl)* F Plaudertasche *f*

sacral [sɐ'krał] heilig, sakral; **~izar** [-krɐli'zar] (1a) heiligen

sacrament|al [sɐkrɐmẽ'tał] feierlich; **~ar** [-'tar] (1a) *j-m* die Sakramente reichen; weihen; ***~-se*** die Sakramente empfangen; **~o** [-'mẽtu] *m* Sakrament *n*; ***últimos ~s*** *pl* Sterbesakramente *n/pl*

sacrário [sɐ'krarju] *m* Tabernakel *n*; *fig* Allerheiligste(s) *n*; Heiligtum *n*

sacrif|ical [sɐkrəfi'kał] Opfer...; **~icar** [-'kar] (1n) opfern; ***~-se por*** sich (auf)opfern für; **~ício** [-'fisju] *m* Opfer *n* (***fazer*** bringen)

sacr|ilégio [sɐkri'lɛʒju] *m* Frevel *m*; **~ílego** [-'kriləgu] frevelhaft

sacrist|ão (**-s**, **-ães**) [sɐkriʃ'tɐ̃w] *m(pl)* Küster *m*; **~ia** [-'tiɐ] *f* Sakristei *f*

sacro ['sakru] sakral; ***música f -a*** Kirchenmusik *f*; **~ssanto** [sɐkru'sɐ̃tu] sakrosankt

sacud|idela [sɐkudi'dɛlɐ] *f* Ruck *m*; Stoß *m*; *leichte* Erschütterung *f*; F Klaps *m*; ***dar uma ~*** → **~ir**; **~ido** [-'didu] keck; **~ir** [-'dir] (3h) (aus-)schütteln; rütteln an (*dat*); erschüttern

sádico ['sadiku] **1.** *adj* sadistisch; **2.** *m* Sadist *m*

sadio [sɐ'diw] gesund

sadis|mo [sɐ'diʒmu] *m* Sadismus *m*; **~ta** [-'diʃtɐ] *su* Sadist(in *f*) *m*

sadomasoquis|mo [sadumɐzɔ'kiʒmu] *m* Sadomasochismus *m*; **~ta** [-'kiʃtɐ] *su* Sadomasochist(in *f*) *m*

safa ['safɐ] *int*: **~!** pfui!

saf|adeza [sɐfɐ'dezɐ] *f* Gemeinheit *f*; **~ado** [-'fadu] **1.** *adj* abgegriffen; F *fig* schamlos; ausgekocht; **2.** *m* Schurke *m*; **~anão** [-'nɐ̃w] *m* Ruck *m*; Puff *m*; F Klaps *m*; **~ar** [-'far] (1b) heraus-, wegziehen; abnutzen; stehlen; ausmerzen; *Schiff* klarmachen; bewahren (***de*** vor); ***~-se*** F sich aus der Affäre ziehen; entwischen (***de*** aus)

sáfara ['safɐrɐ] *f* Wüstenei *f*

sáfaro ['safɐru] unwirtlich; *räuml* fern; fremd

safio [sɐ'fiw] *m* ZO Seeaal *m*

safira [sɐ'firɐ] *f* Saphir *m*

safismo [sɐ'fiʒmu] *m* lesbische Liebe *f*

safo ['safu] entwischt; außer Gefahr; flott (*Schiff*)

safr|a ['safrɐ] *f* **a)** Ernte *f*; Ertrag *m*; *bras* (Verkaufs)Saison *f* (*für Vieh*); **b)** *einhorniger* Amboss *m*; **~adeira** [sɐfrɐ'dɐjrɐ] *f* Locheisen *n*

sag|acidade [sɐgɐsi'dadə] *f* Scharfsinn *m*; **~az** [-'gaʃ] scharfsinnig; schlau

sagit|al [sɐʒi'tał] pfeilförmig, Pfeil...; **²ário** [-'tarju] *m* ASTR Schütze *m*

sagr|ado [sɐ'gradu] heilig; ehrwürdig; **~ar** [-'grar] (1b) weihen

sagu [sa'gu] *m* Sago *m*

saguão [sa'gwɐ̃w] *m* Innenhof *m*; Licht-, Luftschacht *m*

sagueiro [sɐ'gwɐjru] *m* Sagopalme *f*

saia ['sajɐ] *f* Rock *m*; ***~ e casaco*** Kostüm *n*; ***negócio m de ~s*** *depr* Weiberangelegenheiten *f/pl*; ***~ plissada*** Plisseerock *m*; ***agarrar-se às ~s*** *fig* am Rockzipfel hängen; **~(s)-calça(s)** [-'kałsɐ] *f(pl)* Hosenrock *m*

saiba ['sajbɐ] → ***saber***

saibr|eira [saj'brɐjrɐ] *f* Kiesgrube *f*; **~o** ['sajbru] *m* (Lehm)Kies *m*; **~oso** [-'brozu] kiesig

saída [sɐ'idɐ] *f* Ausgang *m* (*a fig*); Ausfahrt *f*; (Autobahn)Abfahrt *f*; Abmarsch *m*; Ausreise *f*; Austritt *m*; MIL Ausfall *m*; TEA Abgang *m*; ECON Absatz *m*; (Geld)Abfluss *m*; *fig* Ausweg *m*; Ausrede *f*; witzige Bemerkung *f*; ***~ de emergência*** Notausgang *m*; ***de ~*** zu(aller)erst; ***de grande ~*** ECON gut gehend; ***dar ~*** e-n Ausweg finden; ***ter boas ~s*** schlagfertig sein; ***ter muita ~*** sich gut verkaufen

saído [sɐ'idu] vorstehend (*Zahn*); ***andar muito ~*** nie zu Hause sein

saimento [sai'mẽtu] *m* (Leichen-)Zug *m*

saiote [sɐ'jɔtə] *m* Unterrock *m*

sair [sɐ'ir] (3l) **1.** *v/i* aus-, hinaus-, weggehen; abmarschieren; erscheinen (*Buch etc*); herausgehen (*Fleck*); aufgehen (*Gestirn*); ARQUIT vorspringen; ECON abgehen (*Waren*); *fig* werden; ***~ bem*** (***mal***) (miss-)glücken; gut (schlecht) ablaufen; ***~ caro*** teuer werden; ***~ a*** nach *j-m* kommen; *j-m* zufallen; ***~ à luz*** ans Licht kommen; bekannt werden; ***~ com*** ausgehen mit; ***~ com a sua***

S

Weisheiten zum Besten geben; **~ de** gehen (*od* kommen) aus; *NAV* auslaufen aus; *CAM. DE F* (ab)fahren von; *AV* starten von; ausreisen aus; abschweifen von, entrinnen (*dat*); austreten aus; herrühren von; **~ em** werden zu; sich verwandeln in (*ac*); hinauslaufen auf (*ac*); **~ fora de si** außer sich geraten; **~ além** (*od* **fora**) **de** überschreiten; **~ por**, **~ em defesa de** eintreten für; **2. ~-se com** erreichen; herauskommen mit; zum Besten geben; **~-se de** herauskommen aus; sich nicht halten an (*ac*); **~-se bem** (**mal**) **de** gut (schlecht) abschneiden bei

sal [sał] *m* Salz *n*; *fig* Witz *m*; Reiz *m*

sala ['salɐ] *f* Saal *m*; (Wohn)Zimmer *n*; **~ de estar** Wohnzimmer *n*; **~ de espera** Wartezimmer *n*; **~ de visitas** Besuchszimmer *n*; **~ de jantar** Esszimmer *n*; Speisesaal *m*; **~ de musculação** Kraft-, Fitnessraum *m*; **fazer ~** Small Talk machen

salad|a [sɐ'ladɐ] *f* Salat *m* (*a fig*); **~eira** [-lɐ'dɐjrɐ] *f* Salatschüssel *f*

salamaleque [sɐlɐmɐ'lɛkə] *m* (*tiefe*) Verbeugung *f*

salamandra [sɐlɐ'mɐ̃drɐ] *f* **a)** *ZO* Salamander *m*; **b)** *transportables* Öfchen *n*

salame [sɐ'lɐmə] *m* Salami *f*

salão [sɐ'lɐ̃w] *m* Saal *m*; Salon *m*; (Tanz)Lokal *n*; **~ de cabeleireiro** Friseursalon *m*; **~ de chá** Teestube *f*; **futebol** *m* **de ~** Hallenfußball *m*; **~ de jogos** Spielhalle *f*; **música** *f* **de ~** Unterhaltungsmusik *f*; **~ nobre** Festsaal *m*; *Schule*: Aula *f*

sal|ariado [sɐlɐ'rjadu] *m* Anstellungsverhältnis *n*; **~arial** [-'rjał] Lohn...; **~ário** [-'larju] *m* Lohn *m*; **~ mínimo** Mindestlohn *m*; **~ por peça** Stücklohn *m*; **~ por ajuste** Akkordlohn *m*

salaz [sɐ'laʃ] schamlos, geil

sald|ar [sał'dar] (1a) *Rechnung* begleichen; *Konto* auflösen; (aus)verkaufen; **~ contas** abrechnen (*a fig*); **~o** ['sałdu] **1.** *adj* beglichen; **2.** *m* Saldo *m*; (Waren)Rest *m*; Schlussverkauf *m*; Abrechnung *f* (*a fig*); **~ a favor** Restforderung *f*; **~ positivo** Überschuss *m*; **~ negativo** Fehlbetrag *m*

saleir|a [sɐ'lɐjrɐ] *f* Salzschiff *n*; **~o** [-'lɐjru] **1.** *adj* Salz...; **2.** *m* Salzstreuer *m*; Salzhändler *m*

saleta [sɐ'letɐ] *f* kleine(r) Saal *m*; Vor-, Wartezimmer *n*

salg|a, **~ação** ['sałgɐ, -'sɐ̃w] *f* Einsalzen *n*; *fig* Hexerei *f*; **~adeira** [-'dɐjrɐ] *f* Pökelfass *n*; **~adinhos** [-ga'dĩɲus] *m/pl bras* → **salgados**; **~ado** [-'gadu] **1.** *adj* salzig; *fig* witzig; gepfeffert (*Preis*); teuer bezahlt; **2.** *m* salzhaltige(r) Boden *m*; **~s** *pl CUL* salzige(s) Gebäck *n*; Imbiss *m*; **~alhada** [-gɐ'ʎadɐ] *f* P Chaos *n*; **~ar** [-'gar] (1o) (ein)salzen; *fig* behexen

sal-gema [sał'gemɐ] *m*(*pl*) Steinsalz *n*

salgueir|al [sałgɐj'rał] *m* Weidengebüsch *n*; **~o** [-'gɐjru] *m BOT* Weide *f*

sali|cílico [sɐli'siliku]: **ácido** *m* **~** Salizyl(säure *f*) *n*; **~cultura** [-kuł'turɐ] *f* Salzgewinnung *f*

sali|ência [sɐ'ljẽsjɐ] *f* Vorsprung *m*; *ARQUIT* Sims *m*; **~entar** [-ljẽ'tar] (1a) klarstellen; **~-se** deutlich werden; auffallen (**por** mit); hervorragen; sich hervortun (**em** in *dat*); **~ente** [-'ljẽtə] hervorstehend; *fig* herausragend; **tornar-se ~** → **salientar-se**

salificar [sɐləfi'kar] (1n) in Salz verwandeln; Salz gewinnen aus

salin|a [sɐ'linɐ] *f* Saline *f*; **~ação**, **~agem** [-nɐ'sɐ̃w, -'naʒɐ̃j] *f* Salzbildung *f*; **~ar** [-'nar] (1a) kristallisieren (*Salz*); **~eiro** [-'nɐjru] **1.** *adj* Salz...; **2.** *m* Salzfabrikant *m*; Salinenarbeiter *m*; **~idade** [-ləni'dadə] *f* Salzgehalt *m*; **~o** [-'linu] salzhaltig; *QUÍM* Salz...

salitr|e [sɐ'litrə] *m* Salpeter *m*; **~oso** [-'trozu] salpeterhaltig; salpetrig

saliv|a [sɐ'livɐ] *f* Speichel *m*; **engolir a ~** *fig* kein Wort sagen; **gastar muita ~** F *fig* sich den Mund fusselig reden; **~ação** [-vɐ'sɐ̃w] *f* Speichelbildung *f*; **~ar** [-'var] **1.** *v/i* (1a) geifern; spucken; **2.** *adj* Speichel...; **~oso** [-'vozu] verschleimt; voller Speichel; speichelartig

salmão [sał'mɐ̃w] *m ZO* Lachs *m*

salm|ear [sał'mjar] (1l) **1.** *v/t* herunterleiern; **2.** *v/i* psalmodieren; **~ista** [-'miʃtɐ] *m* Psalmist *m*; **~o** ['sałmu] *m* Psalm *m*; **~odia** [-mu'diɐ] *f* Singsang *m*; F Geleier *n*; **~odiar** [-mu'djar] (1g) → **salmear**

salmoeir|a [sał'mwɐjrɐ] *f* → ***salmoira***; **~o** [-'mwɐjru] *m* Pökelfass *n*
salmoir|a [sał'mojrɐ] *f* (Salz)Lake *f*; Pökelfass *n*; **~ar** [-'rar] (1a) einpökeln
salmonete [sałmu'netə] *m* ZO Meerbarbe *f*
salmour... → ***salmoir...***
salobre, -o [sɐ'lobrə, -'lobru] brackig
saloio [sɐ'loju] **1.** *adj* Bauern...; *fig* bauernschlau; **2.** *m* Bauer *m* (*bsd um Lissabon*); *fig* Schlaufuchs *m*
salomónico (*ô) [sɐlu'mɔniku] salomonisch
salpic|ão [sałpi'kɐ̃w] *m* Bauernwurst *f*; *bras* CUL *kaltes* Schweine- und Hühnerfleischgericht *n*; **~ar** [-'kar] (1n) (ein)salzen; (mit Salzwasser) besprengen; *fig* besudeln, verunglimpfen; **~o** [-'piku] *m* Spritzer *m*; Fleck *m*; Tupfen *m*
salpiment|a [sałpi'mẽtɐ] *f* Pfeffer und Salz *n*; **~ar** [-'tar] (1a) pfeffern und salzen; *fig* schelten
salpres|ar [sałprə'zar] (1c) schwach salzen; **~o** [-'prezu] *p/p von* ***~ar***
salsa ['sałsɐ] *f* BOT Petersilie *f*
salsicha [sał'siʃɐ] *f* Würstchen *n*; **~ *defumada*** geräucherte(s) Würstchen *n*; **~ *de Frankfurt*** Frankfurter Würstchen *n*; **~ *fresca*** Bratwurst *f*
salsich|ão [sałsi'ʃɐ̃w] *m* grobe Wurst *f*; **~aria** [-ʃɐ'riɐ] *f* Wurstfabrik *f*; Feinkostgeschäft *n*; **~eiro** [-'ʃɐjru] *m* Feinkosthändler *m*
salt|ada [sał'tadɐ] *f* Sprung *m*, Satz *m*; Stippvisite *f*; *fig* Überfall *m*; ***dar uma ~ a*** (*od* ***até***) auf e-n Sprung gehen zu; **~ado** [-'tadu] vorspringend; übersprungen (*Textstelle*); **~ador** [-tɐ'dor] **1.** *adj* Sprung...; **2.** *m* Springer *m*; **~ão** [-'tɐ̃w] **1.** *adj* springend; Spring...; **2.** *m* ZO Grashüpfer *m*; **~a-pocinhas** (*pl inv*) [-tɐpu'siɲɐʃ] *su* F Zappelphilipp *m*; **~ar** [-'tar] (1a) **1.** *v/t* überspringen; (***fazer***) **~** (in die Luft) sprengen; **2.** *v/i* springen; hüpfen; aufspringen; umspringen (*Wind*); **~ *aos olhos***, **~ *à vista*** ins Auge springen; auffallen
salte|ado [sał'tjadu]: ***de cor e ~*** in- und auswendig; ***vento*** *m* **~** Bö *f*; **~ador** [-tjɐ'dor] *m* Straßenräuber *m*; **~amento** [-tjɐ'mẽtu] *m* Raubüberfall *m*; Straßenraub *m*; **~ar** [-'tjar] (1l) überfallen; herfallen über (*ac*); **~-se** erschrecken
saltimbanco [sałtĩ'bɐ̃ku] *m* Gaukler *m*
saltitar [sałti'tar] (1a) (herum)hüpfen; (herum)springen; *fig* sprunghaft sein
salto ['sałtu] *m* Sprung *m*; Absturz *m*; (Wasser)Fall *m*; (Schuh)Absatz *m*; Überfall *m*; **~ *alto*** Stöckelabsatz *m*; **~ *de esqui*** Skispringen *n*; **~ *com vara*** Stab(hoch)sprung *m*; **~ *de cabeça*** Kopfsprung *m*; **~ *em comprimento*** Weitsprung *m*; **~ *em altura*** Hochsprung *m*; **~ *mortal*** Salto mortale *m*; **~ *raso*** flache(r) Absatz *m*; ***triplo*** **~** Dreisprung *m*; **~s** *pl* Springreiten *n*; ***aos ~s*** springend; *fig* sprunghaft; ***de ~*** plötzlich; ***dar ~s*** → ***saltar***
salu|bérrimo [sɐlu'bɛʀimu] *sup von* **~bre** [-'lubrə] **1.** *adj* gesund; **2.** *m* TÉCN Krempel *f*; **~bridade** [-bri'dadə] *f* gute Verträglichkeit *f*, Zuträglichkeit *f*; **~brificar** [-brəfi'kar] (1n) hygienisch verbessern; **~tar** [-'tar] heilsam
salva ['sałvɐ] *f* **a**) Salve *f*; *fig* Vorbehalt *m*; **~ *de palmas*** Beifallssturm *m*; **b**) Tablett *n*; **c**) Salbei *m*
salv|ação [sałvɐ'sɐ̃w] *f* Rettung *f*; Erlösung *f*; REL (Seelen)Heil *n*; ***exército*** *m* ***de ~*** Heilsarmee *f*; ***dar a ~ a*** *j-n* (be)grüßen; **~ador** [-vɐ'dor] **1.** *adj* rettend; **2.** *m* Retter *m*; Erlöser *m*; REL Heiland *m*; (***São***) ♀ El Salvador *n* (San Salvador)
salvadorenho [sałvɐdu'reɲu] **1.** *adj* salvadorianisch; **2.** *m*, **-a** *f* Salvadorianer(in *f*) *m*
salva|dos [sał'vaduʃ] *m/pl* gerettete(s) Gut *n*; **~guarda** [-vɐ'gwardɐ] *f* Schutzwache *f*; sichere(s) Geleit *n*; Schutz *m*; **~ *dos postos de trabalho*** Rettung *f* der Arbeitsplätze; **~guardar** [-gwɐr'dar] (1b) *j-n* (be)schützen; sicherstellen; wahr(nehm)en; **~mento** [-'mẽtu] *m* Rettung *f*; Zuflucht *f*; ***estar em ~*** in Sicherheit sein
salva|r [sał'var] (1a) **1.** *v/t* retten; erlösen (*a* REL); schützen (***de*** vor *dat*); *Hindernis* überspringen; **~ *as aparências*** den Schein wahren; **2.** *v/i* eine Salve abfeuern; **~-se** sich retten; **~-vidas** (*pl inv*) [-vɐ'vidɐʃ] *m*

S

NAV Rettungsboot *n*; Rettungsweste *f*; *bras* Rettungsschwimmer *m*
salve-rainha(s) [saɫvɛʀɐ'iɲɐ] *f(pl)* Ave-Maria *n*
salvo ['saɫvu] **1.** *p/p irr von* ***salvar***; **2.** *adj* heil; unbehelligt; heilsam; ***a ~***, ***em ~*** außer Gefahr; ***a são e ~*** wohlbehalten; ***pôr-se a ~*** sich in Sicherheit bringen; ***~ seja!*** Gott bewahre!; **3.** *prp* außer (*dat*); vorbehaltlich (*gen*); ***~ erro*** wenn ich nicht irre; ***~ erro (ou omissão)*** Irrtum (und Auslassung) vorbehalten; ***~ se*** *conj* es sei denn, dass; **~-conduto** [-kõ'dutu] *m* Geleitbrief *m*; Freibrief *m*
samambaia [sɐ̃mɐ̃'baja] *f bras BOT* Farnkraut *n*
samango [sa'mɐ̃gu] *m bras* Faulpelz *m*
samaritano [sɐmɐri'tɐnu] *m*: (***o bom***) ***~*** (der barmherzige) Samariter *m*
samarro [sɐ'maʀu] *m* Joppe *f*
samb|a ['sɐ̃bɐ] *m* Samba *f*; **~ar** [-'bar] (1a) Samba tanzen; **~ista** [-'biʃtɐ] *su* Sambatänzer(in *f*) *m*; **~ódromo** [-'bɔdrõmu] *m bras* Parcours *m* der Sambaschulen (*in Rio*)
samo ['sɐmu] *m* Splint(holz *n*) *m*
san|ar [sɐ'nar] (1a) heilen; wieder gesund machen; *Missstand* beheben; *Konflikt* beilegen; *Gebäude* sanieren; **~atório** [-nɐ'tɔrju] *m* Sanatorium *n*; **~ável** [-'navɛɫ] *MED* heilbar; *ARQUIT* sanierbar
san|ção [sɐ̃'sɐ̃w] *f* Bestätigung *f* (*e-s Gesetzes*); *JUR* Sanktionierung *f*; Anerkennung *f*; Genehmigung *f*; Sanktion *f*; ***receber ~*** bestätigt werden
sancionar [sɐ̃sju'nar] (1f) bestätigen; anerkennen; *JUR* sanktionieren
sandália [sɐ̃'daljɐ] *f* Sandale *f*; ***~s pl bíblicas*** F Jesuslatschen *m/pl*
sândalo ['sɐ̃dɐlu] *m* Sandelholz *n*
sande(s) ['sɐ̃də(ʃ)] *f* → ***sanduíche***
sand|eu [sɐ̃'dew] **1.** *adj* närrisch; **2.** *m*, **-ia** *f* Narr *m*, Närrin *f*; **~ice** [-'disə] *f* Dummheit *f*; ***~s pl*** Unsinn *m*
sanduíche [sɐ̃'dwiʃə] *f* Sandwich *n*
sane|amento [sɐnjɐ'mẽtu] *m ARQUIT* Sanierung *f*; *AGR* Urbarmachung *f*; *Streit*: Beilegung *f*; *städtische* Kanalisation *f*; *POL* Säuberung(saktion) *f*; Amtsenthebung *f*; **~ar** [-'njar] (1l) sanieren; bewohnbar machen; kanalisieren; → ***sanar***; *POL* säubern; *j-n* entlassen (***de*** aus); **~ável** [-'njavɛɫ] → ***sanável***
sanefa [sɐ'nɛfɐ] *f* Querleiste *f*
sanfona [sɐ̃'fonɐ] *f* Drehleier *f*; *bras* Ziehharmonika *f*
sangr|adoiro, **~adouro** [sɐ̃grɐ'dojru, -'doru] *m* Entwässerungsgraben *m*; **~adura** [-grɐ'durɐ] *f* Aderlass *m*; **~ar** [-'grar] (1a) **1.** *v/t* zur Ader lassen; Blut abnehmen (*dat*); *Tier* ausbluten lassen; anzapfen; abzweigen; ablassen; *fig* verletzen; schröpfen; **2.** *v/i* bluten; *fig* tropfen; ***~-se*** verbluten; **~ento** [-'grẽtu] blutig; *fig* blutrünstig; **~ia** [-'griɐ] *f* Aderlass *m* (*a fig*); Ableitung *f*; *CUL* Sangria *f*; ***~ desatada*** P höchste Eisenbahn
sangu|e ['sɐ̃gə] *m* Blut *n* (***dar***, ***doar*** spenden); *fig* Geschlecht *n*; Saft *m*; ***tributo*** *m* ***de ~*** Blutzoll *m*; ***de ~*** (rein)rassig (*Tier*); ***cor de ~ vivo*** blutrot; ***deitar ~*** bluten; ***ter ~ quente*** heißblütig sein; **~e-frio** [-gə'friw] *m* Kaltblütigkeit *f*; ***a ~*** kaltblütig; **~eira** [-'gɐjrɐ] *f* Blutlache *f*
sanguento (*ü) [sɐ̃'g(w)ẽtu] blutig; *fig* blutrünstig
sanguessuga [sɐ̃gə'sugɐ] *f ZO* Blutegel *m*; *fig* Blutsauger *m*
sangu|ina (*ü) [sɐ̃'g(w)inɐ] *f* Rötel(zeichnung *f*) *m*; **~inário** (*ü) [-g(w)i'narju] blutrünstig; **~íneo** (*ü) [-'g(w)inju] Blut...; blutrot; *PSIC* sanguinisch; ***glóbulo*** *m* ***~*** Blutkörperchen *n*; **~inho** (*ü) [-'g(w)iɲu] *m REL* Kelchtuch *n*; **~ino** (*ü) [-'g(w)inu] *m* Blutrot *n*; **~inolento**, **~inoso** (*ü) [-g(w)inu'lẽtu, -g(w)i'nozu] blutig; *fig* blutrünstig
sanh|a ['sɐɲɐ] *f* Wut *f*; **~oso**, **~udo** [sɐ'ɲozu, -'ɲudu] wütend
san|idade [sɐni'dadə] *f* Gesundheit(szustand *m*, -wesen *n*) *f*; **~ificar** [-nəfi'kar] (1n) reinigen, desinfizieren; **~íssimo** [-'nisimu] *sup von* ***são***; kerngesund; **~ita** [-'nitɐ] *f* Toilette *f*; **~itário** [-ni'tarju] **1.** *adj* sanitär; **2.** *m bras* Toilette *f*
sanja ['sɐ̃ʒɐ] *f* Abzug *m*; Graben *m*
santa ['sɐ̃tɐ] *f* Heilige *f*
Santa Catarina ['sɐ̃ta kata'rĩna] *m bras Bundesstaat*
santantoninho [sɐ̃tɐ̃tu'niɲu] *m* F *fig* Mimose *f*, Rührmichnichtan *n*

S

Santarém [sɐ̃tɐ'rɐ̃j] *port Distrikt-(hauptstadt)*
sant|(arr)ão [sɐ̃'tɐ̃w, -tɐ'ʀɐ̃w] scheinheilig; **~eiro** [-'tɐjru] **1.** *adj* fromm; **2.** *m* Heiligenbildmaler *m*; **~elmo** [-'tɛłmu] *m*: ***fogo*** *m* ***de ~*** Elmsfeuer *n*; **~iámen** [-'tjamen] *m*: ***num ~*** im Nu; **~idade** [-ti'dadə] *f* Heiligkeit *f*; **~ificar** [-təfi'kar] (1n) heilig sprechen; **~imónia** (*ô) [-ti'mɔnjɐ] *f* Scheinheiligkeit *f*; **~inho** [-'tiɲu] **1.** *m* Heiligenbild *n*; Heilige(r) *m*; **2.** *int*: **~!** Gesundheit!; **~íssimo** [-'tisimu] **1.** *adj* hochheilig; **2.** *m* Allerheiligste(s) *n*
santo ['sɐ̃tu] **1.** *adj* REL heilig, fromm; gütig; einfältig; F todsicher (*Mittel*); ***dia*** *m* **~** kirchliche(r) Feiertag *m*; ***todo o ~ dia*** den lieben langen Tag; **2.** *m* Heilige(r) *m*; F Heiligenbild *n*; ***Todos os ~s*** Allerheiligen *n*; **~(s)-e-senha(s)** [sɐ̃twi'seɲɐ] *m(pl)* Losung *f* (*bsd* MIL)
santola [sɐ̃'tɔlɐ] *f* ZO Seespinne *f*
santuário [sɐ̃'twarju] *m* Heiligtum *n*
são [sɐ̃w] **1.** → ***ser***; **2.** *adj* **a)** *f* **sã** gesund; heil; **b)** ♀ Heilige(r); ♀ ***João*** Heilige(r) Johannes *m*; **~-*bernardo*** *m* ZO Bernhardiner *m*
São Luís [sɐ̃w lu'is] *bras Hauptstadt von Maranhão*
São Paulo [sɐ̃w 'pawlu] *bras Bundesstaat u Hauptstadt*
São Salvador [sɐ̃w sawva'dor] *bras Hauptstadt von Bahia*
são-tomense [sɐ̃wtu'mẽsə] aus São Tomé
sap|a ['sapɐ] *f* **a)** Schaufel *f*; *fig* Wühltätigkeit *f*; **b)** Kröte *f*; **~ador** [sɐpɐ'dor] *m* MIL Pionier *m*; **~ar** [sɐ'par] (1b) schaufeln; *fig* wühlen
sapal [sɐ'pał] *m* Sumpf *m*
sapata [sɐ'patɐ] *f* Lederpantoffel *m*; TÉCN Hemmschuh *m*; Bremsklotz *m*; AUTO Bremsbacke *f*; EL Kabelschuh *m*; *Blasinstrument*: Polster *n*; Kragstein *m*; *allg* Unterlage *f*
sapat|ada [sɐpɐ'tadɐ] *f* Aufstampfen *n*; Fußtritt *m*; **~aria** [-tɐ'riɐ] *f* Schuhgeschäft *n*; **~eada** [-'tjadɐ] *f* Getrampel *n*; Klappern *n* (*der Absätze*); **~eado** [-'tjadu] *m* Stepptanz *m*; **~ear** [-'tjar] (1l) aufstampfen; steppen; **~eira** [-'tɐjrɐ] *f* **a)** Schuhschrank *m*; **b)** ZO Taschenkrebs *m*; **~eiro** [-'tɐjru] *m* Schuster *m*; **~ilha** [-'tiʎɐ] *f* Stoffschuh *m*; Turnschuh *m*; **~ *com pitons*** Laufschuh *m* (mit Spikes); **~ *de ténis*** Tennisschuh *m*
sapato [sɐ'patu] *m* Schuh *m*; ***~ de atacadores*** Schnürschuh *m*; ***~ de tacão alto*** Schuh *m* mit hohem Absatz; ***~ de verniz*** Lackschuh *m*; ***~ raso*** flache(r) Schuh *m*; ***saber onde aperta o ~*** *fig* wissen, wo der Schuh drückt
sapé [sa'pɛ] *m bras Art* Gras *n*
sapear [sa'pjar] (1l) *bras* lauern; herumschnüffeln
sapeca [sa'pɛka] *f bras* Dörren *n*
sapi|ência [sɐ'pjẽsjɐ] *f* Weisheit *f*; ***oração*** *f* ***de ~*** Eröffnungsrede *f* (*Studienjahr*); **~ente** [-'pjẽtə] weise
sapinhos [sɐ'piɲuʃ] *m/pl* MED Mundfäule *f*
sapo ['sapu] *m* ZO Kröte *f*; ***~ parteiro*** Geburtshelferkröte *f*; ***engolir ~s*** *fig* die Kröte schlucken
sapon|áceo [sɐpu'nasju] Seifen...; **~ária** [-'narjɐ] *f* BOT Seifenkraut *n*; **~ário** [-'narju] seifig; **~ificação** [-nəfikɐ'sɐ̃w] *f* Seifenherstellung *f*; QUÍM Verseifung *f*; **~ificar** [-nəfi'kar] (1n) zu Seife verarbeiten; **~-*se*** QUÍM verseifen
saporífero [sɐpu'rifəru] Geschmacks...
sapudo [sɐ'pudu] klein und hässlich
saque ['sakə] *m* **a)** ECON gezogene(r) Wechsel *m*; **b)** Plünderung *f*; ***meter*** (*od* ***pôr***) ***a ~*** plündern
saqu|eador [sɐkjɐ'dor] *m* Plünderer *m*; **~ear** [-'kjar] (1l) plündern; **~eio** [-'kɐju] *m* Plünderung *f*; **~inho** [-'kiɲu] *m* Tütchen *n*; Säckchen *n*; **~itel** [-ki'tɛł] *m* Beutel *m*
sarabanda [sɐrɐ'bɐ̃dɐ] *f* Sarabande *f* (*Tanz*); F Standpauke *f*
sarabatana [sɐrɐbɐ'tɐnɐ] *f* Sprachrohr *n*; *bras a* Blasrohr *n*
sarabulh|ento [sɐrɐbu'ʎẽtu] uneben, rau; P pickelig; **~o** [-'buʎu] *m* Unebenheit *f*; P Pickel *m*
saracot|ear [sɐrɐku'tjar] (1l) **1.** *v/t*: ***~ os quadris*** sich in den Hüften wiegen; **2.** *v/i* umherziehen; **~-*se*** sich wiegen; tänzeln; **~eio** [-'tɐju] *m* Wiegen *n*; wiegende Bewegung *f*
sarado [sa'radu] *bras* gewitzt
saraiv|a [sɐ'rajvɐ] *f* Hagel(korn *n*) *m*; **~ada** [-'vadɐ] *f* Hagel(schlag) *m*; **~ar** [-'var] (1a) hageln

S

sarampo [sɐ'rɐ̃pu] *m* Masern *pl*; ~ ***alemão*** *bras* Röteln *pl*
sarandalhas [sɐrɐ̃'daʎɐʃ] *f/pl* Abfälle *m/pl*; Reste *m/pl*; *fig* Pack *n*
sarandear [sarɐ̃'djar] (1l) *bras* sich wiegen; tänzeln
sarapantar [sɐrɐpɐ̃'tar] (1a) erschrecken; verblüffen; verwirren
sarapatel [sɐrɐpɐ'tɛɫ] *m* CUL *Art* Gulasch *m*; *fig* Durcheinander *n*
sarapintar [sɐrɐpĩ'tar] (1a) *farbig* tüpfeln; sprenkeln
sarar [sɐ'rar] (1b) **1.** *v/t* heilen; **2.** *v/i* gesund werden
sarau [sɐ'raw] *m* bunte(r) Abend *m*; rauschende(s) Fest *n*; Tanzabend *m*; ~ ***musical*** musikalische(r) Abend *m*; ~ ***de gala*** Galaabend *m*
sarç|a ['sarsɐ] *f* Dornbusch *m*; = **~al** [-sɐr'saɫ] *m* Dornengestrüpp *n*
sarc|asmo [sɐr'kaʒmu] *m* Sarkasmus *m*; bissige Bemerkung *f*; **~ástico** [-'kaʃtiku] bissig; sarkastisch
sarcófago [sɐr'kɔfɐgu] *m* Sarkophag *m*
sard|a ['sardɐ] *f* **a)** Sommersprosse *f*; **b)** ZO Makrele *f*; **~anisca** [-dɐ'niʃkɐ] *f* Eidechse *f*; **~ento** [sɐr'dẽtu] sommersprossig
sardinh|a [sɐr'diɲɐ] *f* Sardine *f*; ~ ***de conserva*** Ölsardine *f*; ***como ~ em lata*** *fig* wie die Sardinen in der Büchse; **~ada** [-'ɲadɐ] *f* dichte(s) Gedränge *f*; CUL gegrillte Sardinen *f/pl*; **~eira** [-'ɲɐjrɐ] *f* Sardinennetz *n*, -fang *m*; **~eiro** [-'ɲɐjru] **1.** *adj* Sardinen...; **2.** *m*, **-a** *f* Sardinenhändler(in *f*) *m*
sardónico (*ô) [sɐr'dɔniku]: ***riso*** *m* ~ hämische(s) Gelächter *n*
sardoso [sɐr'dozu] → ***sardento***
sargaço [sɐr'gasu] *m* Seetang *m*; ***Mar*** *m* ***dos*** **♀*s*** Sargassosee *f*
sargent|ear [sɐrʒẽ'tjar] (1l) P herumkommandieren; **~o** [-'ʒẽtu] *m* MIL Unteroffizier *m*; ***primeiro ~*** Feldwebel *m*; **~o(s)-mor(es)** [-ʒẽtu'mɔr] *m(pl)* Hauptfeldwebel *m*
sari|güê *bras*, **~gueia** [sari'gwe, sɐri'gwɐjɐ] *f* ZO Beutelratte *f*
sarilho [sɐ'riʎu] *m* Haspel *f*; TÉCN Winde *f*; Drehung *f*; *Sport*: Umschwung *m*; *fig* Krach *m*; Ärger *m*; ***fazer ~ com*** kreisen lassen; ***que ~!*** F so ein Ärger!; ***andar num ~*** sich abhetzen; ***armar um ~*** P Stunk machen
sarj|a ['sarʒɐ] *f* **a)** Serge *f*; **b)** MED Einschnitt *m*; **~ar** [-'ʒar] (1b) auf-, einschneiden; **~eta** [sɐr'ʒetɐ] *f* Gully *m*; (Abwasser)Rinne *f*
S.A.R.L. ***Sociedade*** *f* ***de Responsabilidade Limitada*** Gesellschaft *f* mit beschränkter Haftung (GmbH)
sarmento [sɐr'mẽtu] *m* (Wein)Ranke *f*; Rebholz *n*
sarn|a ['sarnɐ] *f* MED Krätze *f*; *Tierkrankheit*: Räude *f*; **~ento**, **~oso** [sɐr'nẽtu, -'nozu] MED krätzig; *Tierkrankheit*: räudig
sarrabulho [sɐʀɐ'buʎu] *m* Schweineblut *n*; *fig* Durcheinander *n*
sarrafo [sɐ'ʀafu] *m* (Holz)Latte *f*
Sarre ['sarə]: ***o ~*** Saarland *n*; Saar *f*
sarr|ento [sɐ'ʀẽtu] verschmutzt; belegt (*Zunge*); gelb (*Zahn*); **~o** ['saʀu] *m* Weinstein *m*; MED Zahn-, Zungenbelag *m*; Zahnstein *m*
satanás [sɐtɐ'naʃ] *m* Satan *m*
satânico [sɐ'tɐniku] satanisch
satélite [sɐ'tɛlitə] *m* Satellit *m*; POL Satellitenstaat *m*; ~ ***de comunicações*** Nachrichtensatellit *f*; ~ ***estacionário*** stationäre(r) Satellit *m*
sátira ['satirɐ] *f* Satire *f*
sat|írico [sɐ'tiriku] **1.** *adj* satirisch; spöttisch; **2.** *m* Satiriker *m*; Spötter *m*; **~irizar** [-təri'zar] (1a) verspotten
sátiro ['satiru] *m* MIT Satyr *m*
satis|fação [sɐtiʃfa'sɐ̃w] *f* Befriedigung *f*; Zufriedenheit *f*; Genugtuung *f*; Erfüllung *f* (*e-r Pflicht*); Entschädigung *f*; ***dar ~*** sich rechtfertigen (***por*** für); ***pedir ~*** Rechenschaft fordern; ***tomar ~*** sich Genugtuung verschaffen; ***à ~*** zur Zufriedenheit; **~fatório** [-fɐ'tɔrju] zufrieden stellend; **~fazer** [-fɐ'zer] (2v) (*mst* ~ ***a***) befriedigen; zufrieden stellen (***inteiramente*** vollauf); genügen (*dat*); *Schuld* zahlen; *Bedingung* erfüllen; *Durst* stillen; ~ ***a todas as exigências*** allen Anforderungen gerecht werden; ***~-se*** sich sättigen; sich zufrieden geben (***com*** mit); sich Genugtuung verschaffen; **~feito** [-'fɐjtu] **1.** *p/p von* ***~fazer***; **2.** *adj* zufrieden; satt
satur|ação [sɐturɐ'sɐ̃w] *f* Sättigung *f* (*bsd* QUÍM); **~ar** [-'rar] (1a) sätti-

gen; *QUÍM* saturieren; **~-se** *et* satt haben; F die Nase voll haben

saturn|al [sɐtur'nał] **1.** *f* Orgie *f*; **2.** *adj* = **~ino** [-'ninu] *ASTR* saturnisch; bleifarben; *QUÍM* Blei...; **~ismo** [-'niʒmu] *m MED* Bleivergiftung *f*; **~o** [-'turnu] *m*: ♀ *ASTR* Saturn *m*; *bras* P Hitze *f*

saud|ação [saudɐ'sɐ̃w] *f* Begrüßung *f*; Gruß *m*; **~ade** [-'dadə] *f* Sehnsucht *f*; wehmütige Erinnerung *f*; **~s** *pl* liebe Grüße *m/pl*; **ter** (*od* **sentir**) **~s de** sich sehnen nach; **causar** (*od* **fazer**) **~s** wehmütig stimmen; **~ar** [-'dar] (1q) (be)grüßen; beglückwünschen; **~ável** [-'davɛł] gesund; **pouco ~** ungesund

saúde [sɐ'udə] *f* **a**) Gesundheit *f*; **casa** *f* **de ~** Krankenhaus *n*; **direcção** (**junta**) *f* **de ~** Gesundheitsamt *n* (-polizei *f*); **à sua ~!** auf Ihr Wohl!, prost!; **de ~ delicada** anfällig; **beber à ~ de** auf *j-s* Wohl trinken; **estar de** (**boa**) **~** gesund sein; **vender ~** wie das blühende Leben aussehen; **b**) Trinkspruch *m* (**fazer** ausbringen)

saudos|ismo [saudu'ziʒmu] *m* nostalgische Erinnerung *f*; Verherrlichung *f* (*der Geschichte*); **~ista** [-'ziʃtɐ] **1.** *adj* nostalgisch; rückwärts gewandt; **2.** *m* Nostalgiker *m*; **~o** [-'dozu] sehnsuchtsvoll; unvergesslich

sauna ['sawnɐ] *f* Sauna *f*

sáurio ['sawrju] *m* Saurier *m*

saúva [sa'uva] *f bras* Blattschneideameise *f*

savana [sɐ'vɐnɐ] *f* Savanne *f*

saveiro [sa'vɐjru] *m* **a**) Fähre *f*; Fischerboot *n*; *bras* Lastensegler *m*; **b**) Fährmann *m*; Bootsführer *m*

sável ['savɛł] *m ZO* Maifisch *m*

saxão (**-ões**) [sɐ'ksɐ̃w] **1.** *adj* sächsisch **2.** *m*(*pl*), **-ona** *f* Sachse *m*, Sächsin *f*

saxofon|e [sɐksɔ'fɔnə] *m* Saxophon *n*; **~ista** [-fu'niʃtɐ] *su* Saxophonist(in *f*) *m*

S

Saxónia (*ô) [sa'ksɔnjɐ]: **a ~** Sachsen *n*; **a ~-Anhalt** Sachsen-Anhalt *n*

saz|ão [sɐ'zɐ̃w] *f* Saison *f*, Jahreszeit *f*; *fig* rechte Zeit *f*; **da ~** jüngst; **~onado** [-zu'nadu] reif; *fig* erfahren; wohl durchdacht; reiflich; **~onal** [-zu'nał] saisonbedingt; Saison...; **~onalidade** [-zunɐli'dadə] *f* Saisonbedingtheit *f*; **~onar** [-zu'nar] (1f) **1.** *v/t* reifen lassen; *Speise* würzen (*a fig*); **2.** *v/i u* **~-se** reifen

S/c. ***sua carta*** *f* Ihr Schreiben *n*; ***sua conta*** *f* Ihre Rechnung *f*

S.C. ***sentidas condolências*** *f/pl* herzliches Beileid *n*

scooter ['skutər] *m* Motorroller *m*

s.d. ***sem data*** ohne Jahresangabe (o. J.)

S.e. ***salvo erro*** Irrtum vorbehalten

S.E. ***Sua Eminência*** *f* Eure Eminenz *f*

SE Sueste *m* Südosten *m*

se [sə] **1.** *pron* sich; man; **2.** *cj* **a**) wenn, falls; **~ é que** wenn ... wirklich; **~ assim for** wenn dem so ist; **~ bem que** *conj* obgleich; **b**) ob; **~ o conheço?** ob ich ihn kenne?

sé [sɛ] *f* Kathedrale *f*; Bistum *n*; **a Santa** ♀ der Heilige Stuhl

sê [se] → **ser**

sear|a ['sjarɐ] *f* Saat *f*; Feld *n*; **~eiro** [sjɐ'rɐjru] *m* Kleinbauer *m*

seba ['sebɐ] *f* Algen(dünger *m*) *f/pl*

sebác|eo [sə'basju] Talg...; talgig; schmierig; **glândula** *f* **-a** Talgdrüse *f*; **~ico** [-'basiku]: **ácido** *m* **~** Fettsäure *f*

seb|ada [sə'badɐ] *f* Einfriedung *f* aus Geäst; **~e** ['sɛbə] *f* (Latten)Zaun *m*; Dornenhecke *f*; **~ viva** Hecke *f*

sebent|a [sə'bẽtɐ] *f* (Unterrichts-)Mitschrift *f*; **~o** [-tu] *fig* dreckig

seb|o ['sebu] *m* Talg *m*; *bras* Antiquariat *n*; P Liebesverhältnis *n*; **~orreia** [səbu'ʀɐjɐ] *f MED* Seborrhöe *f*; **~oso** [sə'bozu] talgig; schmierig

séc. ***século*** *m* Jahrhundert *n* (Jh.)

seca[1] ['sɛkɐ] **1.** *f* **a**) Plackerei *f*; **levar uma ~** P sich gewaltig langweilen; **ser uma ~** P öde sein; **b**) Trocknen *n*; Dörren *n*; **2.** *su* Quälgeist *m*

seca[2] ['sekɐ] *f* Dürre *f*, Trockenheit *f*

sec|adoiro [səkɐ'dojru] → **~adouro**; **~ador** [-'dor] **1.** *adj* Trocken...; **2.** *m* Trockenapparat *m*; (Wäsche-, Haar)Trockner *m*; *AGR* Darre *f*; **~adouro** [-'doru] *m* Trockengestell *n*; *TÉCN* Trockenanlage *f*; Wäscheständer *m*; **~agem** [-'kaʒɐ̃j] *f Malz*: Trocknen und Dörren *n*; **~ante** [-'kẽtə] **1.** *adj* **a**) Trocken...; **b**) lästig; aufdringlich; **2.** *su* aufdringliche Person *f*; **3.** *m QUÍM* Sikkativ *n*; **4.** *f*

MAT Sekante *f*; **~ar** [-'kar] (1n; *Stv* 1c) **1.** *v/t* **a)** abtrocknen; *Sumpf* trockenlegen; dörren; **b)** P belästigen; **2.** *v/i* **a)** trocknen; eintrocknen (*Stift*); vertrocknen; versiegen; **b)** P sich langweilen; ***ficar a ~*** eine Ewigkeit warten; **~ativo** [-kɐ'tivu] Trocken...; *QUÍM* Sikkativ...

se(c)|ção [sɛ(k)'sɐ̃w] *f* Abteilung *f* Sektion *f*; Teil *m*; Abschnitt *m*; Teilung *f*; (Quer)Schnitt *m*; *MIL* Zug *m*; ***~ de voto*** Wahllokal *n*; ***~ plana*** Längsschnitt *m*; **~cional** [-sju'nał] Abteilungs...; **~cionar** [-sju'nar] (1f) (ein)teilen

secessão [səsə'sɐ̃w] *f* Sezession *f*

sécil|a ['sɛsjɐ] *f BOT* Aster *f*; *fig* Modepuppe *f* (*Frau*); **~o** [-'sɛsju] **1.** *adj* geziert; eingebildet; **2.** *m* Geck *m*

seco ['seku] **1.** *p/p irr von* **secar**; **2.** *adj* trocken; getrocknet; Dörr...; hager; *fig* frostig; ***às -as*** trocken; ***em ~*** auf dem Trocknen; ***engolir em ~*** hinunterschlucken; ***nadar em ~*** sich abstrampeln; **3.** *m* Sandbank *f*

secre|ção [səkrə'sɐ̃w] *f* Absonderung *f*; **~ta** [se'krɛta] *bras* **1.** *f* P Örtchen *n*; Geheimpolizei *f*; **2.** *m* Geheimpolizist *m*

secret|aria [səkrətɐ'riɐ] *f* Sekretariat *n*; **♀ *de Estado*** Staatssekretariat *n*; **~ária** [-'tarjɐ] *f* **a)** Sekretärin *f*; ***~ eletrônica*** *bras* Anrufbeantworter *m*; **b)** Schreibtisch *m*; **~ariado** [-tɐ'rjadu] *m* Sekretariat *n*; **~ariar** [-tɐ'rjar] (1g) das Protokoll führen bei; **~ário** [-'tarju] *m* Sekretär *m*; **♀ *de Estado*** Staatssekretär *m*; ***~-geral*** *m POL* Generalsekretär *m*; **~ismo** [-'tiʒmu] *m* Geheimhaltung *f*; **~o** [sə'krɛtu] geheim; verborgen

sect|ário [sɛk'tarju] *m* Sektierer *m*; *fig* Anhänger *m*; **~arismo** [-tɐ'riʒmu] *m* Sektierertum *n*

se(c)t|or [sɛ'tor] *m* Sektor *m*; Abschnitt *m*; Ausschnitt *m*; Bereich *m*; *ECON* Branche *f*; ***~ médio*** *Fußball*: Mittelfeld *n*; ***~ terciário*** Dienstleistungssektor *m*; **~orial** [sɛtu'rjał] teil-, abschnittsweise; *ECON* branchenbezogen

secular [səku'lar] **1.** *adj REL* weltlich; Laien...; *zeitl* hundertjährig; jahrhundertealt; **2.** *m REL* Laie *m*; **~idade** [-lɐri'dadə] *f* Weltlichkeit *f*; **~izar** [-lɐri'zar] (1a) säkularisieren

século ['sɛkulu] *m* Jahrhundert *n*; Zeitalter *n*; F Ewigkeit *f*; ***o ~ vinte*** das zwanzigste Jahrhundert; ***há ~s*** vor (*od* seit) Ewigkeiten

secund|ar [səkũ'dar] (1a) **a)** unterstützen; beistehen (*dat*); *bras a* antworten (*dat*); **b)** wiederholen; zum zweiten Mal machen; **~ário** [-'darju] nebensächlich, untergeordnet; sekundär; *zeitl* nachträglich; ***ensino m ~*** Sekundarstufe *f*; ***escola f -a*** Gymnasium *n*; **~inas** [-'dinɐʃ] *f/pl* Nachgeburt *f*; **~ogénito** (*ê) [-dɔ'ʒɛnitu] **1.** *adj* zweitgeboren; **2.** *m* Zweitgeborene(r) *m*

secura [sə'kurɐ] *f* Trockenheit *f*; *fig* Frostigkeit *f*

seda ['sedɐ] *f* Seide *f*; *BOT* Granne *f*; ***~s*** *pl* Borsten *f/pl*; F Seidenwaren *f/pl*; ***~ artificial*** Kunstseide *f*; ***~ crua***, ***~ em rama*** Rohseide *f*; **~ço** [sə'dasu] *m* Sieb *n*

sed|ar [sə'dar] (1c) beruhigen; **~ativo** [-dɐ'tivu] **1.** *adj* beruhigend; **2.** *m MED* Beruhigungsmittel *n*

sede[1] ['sedə] *f* Durst *m*; *fig* Geldgier *f*; ***estar com ~***, ***ter ~*** durstig sein; *fig* lechzen (***de*** nach); ***matar a ~*** s-n Durst löschen

sede[2] ['sɛdə] *f* Sitz *m* (*a fig*); *REL* Bischofssitz *m*; Bistum *n*; ***a ♀ Apostólica*** der Heilige Stuhl *m*

sedeiro [sə'dɐjru] *m AGR* Hechel *f*

sedent|ariedade [sədẽtɐrjə'dadə] *f* Sesshaftigkeit *f*; **~ário** [-'tarju] sesshaft; häuslich; *fig* unbeweglich

sedento [sə'dẽtu] durstig; ***~ de*** begierig auf (*ac*); ***~ de vingança*** rachsüchtig

sediado [sə'djadu]: ***~ em*** mit Sitz in

sedi|ção [sədi'sɐ̃w] *f* Aufruhr *m*; Meuterei *f*; **~cioso** [-'sjozu] **1.** *adj* aufrührerisch; aufständisch; **2.** *m* Aufrührer *m*; Meuterer *m*

sediment|ação [sədimẽtɐ'sɐ̃w] *f* Ablagerung *f*; Niederschlag *m*; *GEOL* Sedimentation *f*; **~ar** [-'tar] **1.** *v/i* (1a) e-n Niederschlag bilden; sich ablagern; **2.** *adj* = **~ário** [-'tarju] abgelagert; sedimentär; **~o** [-'mẽtu] *m* Ablagerung *f*; Bodensatz *m*; *GEOL* Sediment *n*

sedoso [sə'dozu] seidig

sedu|ção [sədu'sɐ̃w] *f* Verführung *f*; Versuchung *f*; Zauber *m*; **~tor** [-'tor] **1.** *adj* verführerisch; bezau-

S

bernd; **2.** *m* Verführer *m*; **~zir** [-'zir] (3m) verführen; bestechen; bezaubern
seg. ***seguinte*** nächst, folgend (f.)
sega ['sɛgɐ] *f AGR* Schnitt *m*; Ernte(zeit) *f*
seg|ada [sə'gadɐ] *f* Mähen *n*; **~adoiro, ~adouro** [səgɐ'dojru, -'doru] schnittreif (*Getreide*); **~ador** [-gɐ'dor] *m* Erntearbeiter *m*; **~ar** [-'gar] (1o; *Stv* 1c) mähen
segment|ação [səgmẽtɐ'sɐ̃w] *f* Unterteilung *f*; **~ar** [-'tar] unterteilen; **~o** [-'mẽtu] *m* (Kreis-, Kugel)Abschnitt *m*, Segment *n*
segred|ar [səgrə'dar] (1c) **1.** *v/t* anvertrauen; zuflüstern; **2.** *v/i* Geheimnisse austauschen; tuscheln; **~o** [-'gredu] *m* Geheimnis *n*; Versteck *n*; **~ *de Estado*** Staatsgeheimnis *n*; ***em ~*** vertraulich; ***guardar um ~*** ein Geheimnis hüten; ***ter em ~*** geheim halten
segreg|ação [səgrəgɐ'sɐ̃w] *f* Absonderung *f*; **~ *racial*** Rassentrennung *f*; **~ar** ['gar] (1o; *Stv* 1c) absondern; ausscheiden
segu|ida [sə'gidɐ] *f*: ***de ~, em ~*** = **~idamente** [-gidɐ'mẽtə] anschließend; danach, darauf, dann; **~ido** [-'gidu] aufeinander folgend; ununterbrochen; ***três horas -as*** drei Stunden hintereinander (*od* lang); **~idor** [-gi'dor] *m* Anhänger *m*; **~imento** [-gi'mẽtu] *m* Verfolgung *f*; Befolgung *f*; Fortsetzung *f*; (Fort-)Gang *m*; Folge *f*; ***no ~ de*** als Folge (*gen*); ***dar ~ a*** weiterleiten; fortsetzen; ***ir em ~ de*** folgen (*dat*); *Ziel* verfolgen; ***ter ~*** weitergehen; **~inte** [-'gĩtə] folgend; nächst; **~intemente** [-gĩtə'mẽtə] folglich; *zeitl* anschließend; **~ir** [-'gir] (3o; *Stv* 3c) **1.** *v/t* folgen; *zeitl* folgen auf (*ac*); befolgen; verfolgen; *Weg* einschlagen; *Kurs* besuchen; **~ *a medicina*** Arzt (*od* Ärztin) werden wollen; **2.** *v/i* fortfahren; (weiter)gehen, (weiter)fahren (***para*** nach); **~ *fazendo*** *et* weiter tun; ***fazer ~*** *et* weiterbefördern; *j-n* weiterfahren lassen: **~ *a direito*** geradeaus gehen (*od* fahren); **~ *à direita*** (nach) rechts gehen (*od* fahren); ***a ~*** anschließend; *Film*: demnächst; ***a ~ a*** nach; **~-se** (einander) folgen; erfolgen
segunda [sə'gũdɐ] *f MÚS* Sekunde *f*; ***pão m de ~*** Mischbrot *n*; ***bilhete m de ~*** Fahrkarte *f* zweiter Klasse; **~(s)-feira(s)** [-'fɐjrɐ] *f(pl)* Montag *m* (***na*** am); ***às ~s*** montags
segundo [sə'gũdu] **1.** *adj* zweit; Neben...; ***sem ~*** ohnegleichen; ***não ter ~*** nicht seinesgleichen haben; **2.** *m Zeit*: Sekunde *f*; **3.** *adv* zweitens; **4.** *prp* gemäß (*dat*); laut (*gen*); **~ *o costume*** wie üblich
segur|ado [səgu'radu] *m* Versicherungsnehmer *m*; **~ador** [-rɐ'dor] **1.** *adj* Versicherungs...; **2.** *m* Versicherer *m*; **~adora** [-rɐ'dorɐ] *f* Versicherungsgesellschaft *f*; **~ança** [-'rɐ̃sɐ] **1.** *f* Sicherheit *f*; Gewähr *f*; Schutz *m*; **~ *no trabalho*** Arbeitsschutz *m*; ***com ~*** sicher; ***em ~*** in Sicherheit; ***para ~*** zur Sicherheit; ***dar em ~*** als Sicherheit hinterlegen; **2.** *m* Wachmann *m*; **~ar** [-'rar] (1a) **a)** sichern; festmachen; halten; stützen; *j-n* bestärken; **b)** versichern; **~elha** [-'rɛʎɐ] *f* Bohnenkraut *n*
seguro [sə'guru] **1.** *adj* sicher; fest; zuverlässig; trächtig (*Stute*); **2.** *adv* sicher; gewiss; **3.** *m* Versicherung *f*; Schutz(vorrichtung *f*) *m*; Sicherheit *f*; **~ *contra todos os riscos*** Vollkaskoversicherung *f*; **~ *de doença*** *m* Krankenversicherung *f*; **~ *de passageiros*** Insassenunfallversicherung *f*; **~ *obrigatório de responsabilidade civil*** Haftpflichtversicherung *f*; **~ *social*** Sozialversicherung *f*; ***ao ~*** zweifellos; ***em ~*** ohne Gefahr; ***pouco ~*** *fig* wackelig; ***contratar um ~*** eine Versicherung abschließen; ***ir pelo ~*** F auf Nummer Sicher gehen; ***pôr no ~*** *et* versichern
sei [sej] → ***saber***
seio ['sɐju] *m* Krümmung *f*; Windung *f*; Bucht *f*; Schwellung *f* (*Segel*); (Lasso)Schlinge *f*; *ANAT* Brust *f*; *fig* Busen *m*; Schoß *m*; **~ *aéreo*** *ANAT* Nebenhöhle *f*; **~ *frontal*** Stirnhöhle *f*; **~ *maxilar*** Kiefernhöhle *f*
seira ['sɐjrɐ] *f* Strohtasche *f*, -korb *m*
seis [sɐjʃ] **1.** *adj* sechs; **2.** *m* Sechs *f*; **~centésimo** [-sẽ'tɛzimu] sechshundertste(r); **~centista** [-sẽ'tiʃtɐ] des 17. Jahrhunderts; **~centos** [-'sẽtuʃ] sechshundert
seita ['sɐjtɐ] *f* Sekte *f*
seiv|a ['sɐjvɐ] *f* (Pflanzen)Saft *m*; *fig*

Lebenssaft *m*; **~oso** [-'vozu] saftig
seix|o ['sɐjʃu] *m* Kiesel(stein) *m*; **~oso** [sɐj'ʃozu] Kies...; steinig
seja ['sɛʒɐ] → ***ser***
sela ['sɛlɐ] *f* (Reit)Sattel *m*
sel|ada [sə'ladɐ] *f* GEOGR Bergsattel *m*; **~adura** [-lɐ'durɐ] *f* Satteln *n*; **~agem** [-'laʒɐ̃j] *f* Stempeln *n*; Plombierung *f*; Siegelung *f*; **~ar** [-'lar] (1c) **a)** satteln; **b)** versiegeln; (ab)stempeln; **~aria** [-lɐ'riɐ] *f* Sattlerei *f*; Sattelzeug *n*
sele(c)|ção [səlɛ'sɐ̃w] *f* Auswahl *f*; **~ *nacional*** Nationalmannschaft *f*; ***fazer* ~** wählerisch sein; = **~cionar** [-sju'nar] (1f) auswählen; **~ta** [-'lɛtɐ] *f* Auswahl *f*; LIT Lesebuch *n*; Sammelband *m*; **~tividade** [-təvi'dadə] *f* *Radio*: Trennschärfe *f*; **~tivo** [-'tivu] selektiv; **~to** [-'lɛtu] ausgewählt; auserlesen; **~tor** [-'tor] *m* EL Wechselschalter *m*
seleiro [sə'lɐjru] **1.** *adj* sattelfest; eingeritten; **2.** *m* Sattler *m*
selet... *bras* → ***select...***
selha ['sɐʎɐ] *f* Holzkübel *m*
selim [sə'lĩ] *m* Fahrradsattel *m*
selo ['selu] *m* Siegel *n*; Stempel *m*; Plombe *f*; Briefmarke *f*; Steuermarke *f*; *fig* Gepräge *n*; ***pôr* ~s *a*** *et* versiegeln; frankieren
selv|a ['sɛɫvɐ] *f* (Ur)Wald *m*; Wildnis *f*; **~agem** [-'vaʒɐ̃j] **1.** *adj* wild; wüst; roh; **2.** *su* Wilde(r) *su*; **~ajaria** [-ʒɐ'riɐ] *f* Wildheit *f*; Rohheit *f*; **~ático** [-'vatiku] wild; rau; **~oso** [-'vozu] waldreich
sem [sɐ̃j] *prp* ohne (*ac*); **~ *mais nada*** ohne weiteres; **~ *mais nem menos*** F mir nichts, dir nichts; **~** *inf* ohne zu; **~ *que*** *conj* ohne dass; **~-abrigo(s)** [-ɐ'brigu] *m(pl)* Obdachlose(r) *m*
semáforo [sə'mafuru] *m* Verkehrsampel *f*; Signalmast *m*
seman|a [sə'mɐnɐ] *f* Woche *f*; **♀ *Santa*** Karwoche *f*; ***à* ~** in der Woche; wöchentlich; **~ada** [-'nadɐ] *f* Wochenlohn *m*; **~al** [-'naɫ] wöchentlich; **~ário** [-'narju] **1.** *adj* → **~al**; **2.** *m* Wochenzeitung *f*
semântic|a [sə'mɐ̃tikɐ] *f* Semantik *f*; **~o** [-ku] Bedeutungs...; semantisch
semblante [sẽ'blẽtə] *m* Antlitz *n*, Gesicht *n*; Aussehen *n*
sem-cerim|ónia (*ô) [sɐ̃jsəri'mɔnjɐ] *f* Ungezwungenheit *f*; **~onioso** [-mu'njozu] ungezwungen
sêmea ['semjɐ] *f* Kleie *f*
seme|ação [səmjɐ'sɐ̃w] *f* (Aus)Saat *f*; **~ada** [-'mjadɐ] *f* Saatfeld *n*; Saat(gut *n*) *f*; **~ador** [-jɐ'dor] **1.** *adj* Sä...; **2.** *m* Sämaschine *f*; **~adura** [-'durɐ] *f* Säen *n*; → ***semeação***; **~ar** [-'mjar] (1l) AGR (aus)säen; ausstreuen; verbreiten
semelh|ança [səmə'ʎɐ̃sɐ] *f* Ähnlichkeit *f*; ***à* ~ *de*** ähnlich (*dat*); (gleich) wie; **~ante** [-'ʎɐ̃tə] **1.** *adj* ähnlich; solch (*od* so) ein(e) ...; **~*s pl*** solche; **2.** *m*: ***o*** (*od* ***um***) ***meu* ~**, ***meus* ~s** meinesgleichen; **~ar** [-'ʎar] (1d) ähneln (*dat*); aussehen wie; **~-*se*** einander ähneln
sémen(es) (*ê) ['sɛmən] *m(pl)* Samen *m*
sement|al [səmẽ'taɫ] Saat...; Samen...; Zucht...; **~e** [-'mẽtə] *f* Samen(korn *n*) *m*; *fig* Keim *m*; **~eira** [-'tɐjrɐ] *f* Saatgut *n*; Saatbeet *n*; AGR Aussaat *f*; *fig* Keim(zelle *f*) *m*; Ursprung *m*; **~eiro** [-'tɐjru] **1.** *adj* Saat...; **2.** *m* Sack *m* für Saatgut
semestr|al [səməʃ'traɫ] halbjährlich; Halbjahres...; Semester... (*a* UNIV); **~e** [-'mɛʃtrə] *m* Semester *n* (*a* UNIV)
sem-fim [sɐ̃j'fĩ] *m* Unmenge *f*; TÉCN Schnecke *f*
semi... [səmi] *in Zssgn* Halb..., halb...
semi|aberto [səmjɐ'bɛrtu] halb offen; **~amargo** [-ɐ'margu] halbbitter; **~círculo** [-səmi'sirkulu] *m* Halbkreis *m*; **~condutor** [-kõdu'tor] *m* EL Halbleiter *m*; **~cúpio** [-'kupju] *m* Sitzbad *n*; **~eixo** [-'ɐjʃu] *m* TÉCN Halbachse *f*; **~esfera** [-mjiʃ'fɛrɐ] *f* Halbkugel *f*; **~final** [-fi'naɫ] *m* *Sport*: Halbfinale *n*; **~lunar** [-lu'nar] halbmondförmig
semin|ação [səminɐ'sɐ̃w] *f* AGR Aussaat *f*; ZO Besamung *f*; **~al** [-'naɫ] Samen...; **~ário** [-'narju] *m* BOT Baumschule *f*; UNIV, REL Seminar *n*; **~arista** [-'riʃtɐ] *m* Seminarist *m*
seminu [səmi'nu] halb nackt
semiótica [sə'mjɔtikɐ] *f* Semiotik *f*
semi|permeável [səmipər'mjavɛɫ] halb durchlässig; **~-reboque** [-ʀə'bɔkə] *m* (LKW-)Anhänger *m*

S

sem|ita [sə'mitɐ] *su* Semit(in *f*) *m*; **~ítico** [-'mitiku] semitisch
semivogal [səmivu'gał] *f* Halbvokal *m*
sem-|justiça(s) [sẽjʒuʃ'tisɐ] *f(pl)* Ungerechtigkeit *f*; **~nome(s)** [-'nomə] **1.** *adj* namenlos; **2.** *su(pl)* Namenlose(r) *su*; **~número** [-'numəru] *m* Unzahl *f*
sêmola ['semulɐ] *f* Grieß *m*; **~ *dura*** Hart(weizen)grieß *m*
semolina [səmu'linɐ] *f* Grießmehl *n*
semovente [səmu'vẽtə] beweglich
sem-par [sẽj'par] unvergleichlich
sempiterno [sẽpi'tɛrnu] ewig
sempre ['sẽprə] immer; fortwährend; ***até ~!*** stets zu Ihren Diensten!; ***desde ~*** von jeher; ***para (todo o) ~*** für immer; ***o de ~*** das- (*od* der)selbe; ***~ que*** immer wenn; sooft; ***~-verde*** *f* Immergrün *n*; ***~-viva*** *f* Hauswurz *m*
sem-|razão (**-ões**) [sẽjʀɐ'zɐ̃w] *f(pl)* Unrecht *n*; Unsinn *m*; **~sal** [-'sał] *CUL* salzlos; fade (*a fig*); **~vergonha** (*pl inv*) [-vər'goɲɐ] **1.** *adj* unverschämt; **2.** *f* Unverschämtheit *f*; **3.** *su* schamlose(r) Mensch *m*
sena ['senɐ] *f Karte, Würfel*: Sechs *f*
senad|o [sə'nadu] *m* Senat *m*; **~or** [-nɐ'dor] *m* Senator *m*
senão (**-ões**) [sə'nɐ̃w] **1.** *cj* sonst; sondern; ***~ que*** vielmehr; ***~ quando*** plötzlich; **2.** *prp* außer (*dat*); ***não ... ~*** nur, bloß; *nach comp*: als; **3.** *m(pl)* Aber *n*; F Haken *m*
senat|orial, **~ório** [-tu'rjał, -'tɔrju] Senats...
send|a ['sẽdɐ] *f* Fußweg *m*; Pfad *m*; **~eiro** [-'dɐjru] *m* Klepper *m*; Lastengaul *m*; *fig* Taugenichts *m*
sene ['senə] *m BOT* Kassia *f*; ***folhas f/pl de ~*** Sennesblätter *n/pl*
senha ['sɛɲɐ] *f* Zeichen *n*; Losungswort *n*; *ECON* Quittung *f*; Kontrollabschnitt *m*; (Platz-, Los)Nummer *f*; ***~ de entrega*** Quittung *f*
senhor [sə'ɲor] *m* Herr *m* (*a Anrede*); Gebieter *m*; Besitzer *m*; *Anrede*: Sie; ***o que disse o ~?*** was haben Sie gesagt?; **~a** [-'ɲorɐ, -'ɲɔrɐ] *f* Dame *f*; Herrin *f*; Besitzerin *f*; *Anrede*: Sie; *mit Namen*: Frau ...; ***~ dona ...*** Frau ...; ***o que disse a ~?*** was haben Sie gesagt?; ***minha ~*** gnädige Frau
senhor|ear [səɲu'rjar] (1l) **1.** *v/t* beherrschen; überragen; **2.** *v/i* herrschen; ***~-se de*** sich bemächtigen (*gen*); **~ia** [-'riɐ] *f* Herrschaft *f*; Eigentümerin *f*; Hauswirtin *f*; **~ial** [-'rjał] herrschaftlich; **~il** [-'rił] vornehm; würdevoll; **~inha** [-'rĩɲa] *f bras* Fräulein *n*; **~io** [-'riw] *m* Herrschaft *f*; Besitzrecht *n*; (*bsd* Haus-) Eigentümer *m*; Vermieter *m*, Hauswirt *m*; **~ita** [-'rita] *f bras* Fräulein *n*
senil [sə'nił] senil; **~idade** [-nəli'dadə] *f* Altersschwäche *f*
sénior (*ê) (**seniores**) ['sɛnjɔr] **1.** *adj* älter; senior; **2.** *m(pl) Sport*: Senior *m*
seno ['senu] *m* Sinus *m*
sensabor [sẽsɐ'bor] **1.** *adj CUL* geschmacklos; ärgerlich; **2.** *m* → **~ia**; **~ão** [-bu'rɐ̃w] *m*, **-ona** *f* fade(r) Mensch *m*; **~ia** [-bu'riɐ] *f CUL* Geschmacklosigkeit *f*; Unannehmlichkeit *f*
sensa|ção [sẽsɐ'sɐ̃w] *f* Sensation *f*; Sinneswahrnehmung *f*; Gefühl *n*; ***de ~*** Aufsehen erregend; ***fazer ~*** Aufsehen erregen; **~cional** [-sju'nał] sensationell; **~cionalismo** [-sjunɐ'liʒmu] *m* Sensationsgier *f*; **~cionalista** [-sjunɐ'liʃtɐ] sensationslüstern
sensat|ez [sẽsɐ'teʃ] *f* Besonnenheit *f*; **~o** [-'satu] besonnen; vernünftig
sens|ibilidade [sẽsibəli'dadə] *f* Sensibilität *f*; Empfindungsvermögen *n*; **~ibilizar** [-sibəli'zar] (1a) sensibilisieren; beeindrucken; rühren; ***~-se*** beeindruckt werden; **~itiva** [-sə'tivɐ] *f BOT*, *fig* Mimose *f*; **~itivo** [-sə'tivu] sinnlich; Empfindungs...; empfindlich; **~ível** [-'sivɛł] sensibel; sinnlich; *fig* empfänglich (***a*** für)
senso ['sẽsu] *m* Verstand *m*; Empfinden *n*; ***bom ~*** gesunde(r) Menschenverstand *m*; ***~ comum*** Konsens *m*; ***falta f de ~*** Instinktlosigkeit *f*; ***~ prático*** Sinn *m* für das Praktische; **~rial** [-'rjał] sinnlich
sensual [sẽ'swał] sinnlich; lüstern; **~idade** [-swɐli'dadə] *f* Sinnlichkeit *f*; **~ista** [-swɐ'liʃtɐ] *su* Sinnenmensch *m*
sent|ado [sẽ'tadu] sitzend; ***estar ~*** sitzen; ***ficar ~*** sitzen bleiben; **~ar** [-'tar] (1a) (hin)setzen; ***~-se*** sich (hin)setzen

S

senten|ça [sẽ'tẽsɐ] *f* Spruch *m*; Satz *m*; Sentenz *f*; *JUR* Urteil(sspruch *m*) *n* (***proferir, proclamar*** sprechen, verkünden); ***dar ~s*** F s-e Meinung herausposaunen; **~ciar** [-'sjar] (1g) **1.** *v/t* aburteilen; verurteilen (***a*** zu); **2.** *v/i* urteilen (***sobre*** über *ac*)

sentido [sẽ'tidu] **1.** *adj* empfindlich; tief empfunden; schmerzlich (*Verlust*); *fig* angeschlagen; angefault; ***estar ~ de*** (*od* ***com***) betrübt sein über (*ac*); ***ficar ~ de*** übel nehmen (*ac*); **2.** *m* Sinn *m*; Bedeutung *f*; Zweck *m*; Richtung *f*; Gesichtspunkt *m*; ***~ de audição*** Gehörsinn *m*; ***rua f de ~ único*** Einbahnstraße *f*; ***~ dos ponteiros*** Uhrzeigersinn *m*; ***~ lato*** *fig* weitere(r) Sinn *m*; ***~ longitudinal*** Längsrichtung *f*; ***~ proibido*** Einfahrtverbot *n* (*Straße*); ***segundo ~*** Doppeldeutigkeit *f*; *fig* Hintergedanke *m*; ***sexto ~*** *fig* sechste(r) Sinn *m*; ***em ~!*** *MIL* stillgestanden!; ***em ~ figurado*** in übertragenem Sinn; ***neste ~*** in diesem Sinne; ***no ~ de*** *inf* mit dem Ziel zu; ***estar com o ~ em*** sich konzentrieren auf (*ac*); ***fazer ~*** sinnvoll sein; ***ficar sem ~s, perder os ~s*** das Bewusstsein verlieren; ***tomar ~ em*** achten auf (*ac*)

sentimental [sẽtimẽ'taɫ] empfindsam; **~idade** [-tɐli'dadə] *f* Empfindsamkeit *f*; **~ismo** [-'liʒmu] *m* Sentimentalität *f*; **~ista** [-'liʃtɐ] **1.** *adj* sentimental; **2.** *su* Gefühlsmensch *m*

sentimento [sẽti'mẽtu] *m* Gefühl *n*, Empfindung *f*; **~s** *pl* Gesinnung *f*; Beileid *n*; ***~ de dever*** Pflichtgefühl *n*; ***sem ~*** gesinnungslos

sentinela [sẽti'nɛlɐ] *f* Schildwache *f*; Wächter *m*; ***estar de ~*** Posten stehen

sentir [sẽ'tir] (3e) **1.** *v/t* fühlen; spüren; hören; riechen; bedauern; übel nehmen; ***fazer-se ~*** sich bemerkbar machen; ***~ a falta de*** vermissen (*ac*); ***dar a*** (*od* ***fazer***) ***~*** zu verstehen geben; ***sinto muito*** es tut mir sehr Leid; **2.** ***~-se*** sich vorkommen (wie); gekränkt sein (***de*** über *ac*); ***~-se em baixo*** sich mies fühlen; **3.** *m* Gefühl *n*; Ansicht *f*

senzala [sẽ'zalɐ] *f* Eingeborenensiedlung *f*, -dorf *n*; *bras bsd* Sklavensiedlung *f*, -hütte *f*

S.E.O. ***salvo erro ou omissão*** Irrtum oder Auslassung vorbehalten

separ|ação [səpɐrɐ'sɐ̃w] *f* Trennung *f* (***de pessoas e bens*** von Tisch und Bett); Absonderung *f*; Loslösung *f*; ***~ de bens*** Gütertrennung *f*; **~adamente** [-radɐ'mẽtə] extra; besonders; *örtl* abseits; mit getrennter Post; **~ado** [-'radu] einzeln; Extra...; ***em ~*** → ***~adamente***; getrennt (***de*** von); **~ador** [-rɐ'dor] **1.** *m* *TÉCN* Abscheider *m*; **2.** *adj* Trenn...; Scheide...; ***máquina f -a*** = **~adora** [-rɐ'dorɐ] *f* Sortierer *m*; **~ar** [-'rar] (1b) trennen; aussortieren; **~-se** sich zurückziehen; sich (los)lösen; sich trennen; **~ata** [-'ratɐ] *f* Sonderdruck *m*; (Sonder)Beilage *f*; **~atismo** [-rɐ'tiʒmu] *m* Separatismus *m*; **~atista** [-rɐ'tiʃtɐ] **1.** *adj* separatistisch; **2.** *su* Separatist(in *f*) *m*; **~ável** [-'ravɛɫ] trennbar

sépia ['sɛpjɐ] *f* *ZO* Sepia *f*

sepsia [səp'siɐ] *f* *MED* Sepsis *f*

septeto [sɛp'tetu] *m* *MÚS* Septett *n*

septicemia (*ê) [sɛptisə'miɐ] *f* *MED* Blutvergiftung *f*

sé(p)tico ['sɛtiku] *MED* septisch

se(p)t|ingentésimo [sɛtĩʒẽ'tɛzimu] siebenhundertst; **~uagenário** [-twɐʒə'narju] **1.** *adj* siebzigjährig; **2.** *m*, **-a** *f* Siebzigjährige(r) *su*; **~uagésimo** [-twɐ'ʒɛzimu] siebzigst

sé(p)tuplo ['sɛtuplu] siebenfach

sepul|cral [səpuɫ'kraɫ] Grab...; Toten...; **~cro** [-'puɫkru] *m* Grab *n*; **~tar** [-'tar] (1a) begraben; bestatten; **~to** [-'puɫtu] *p/p irr von* ***~ar***; **~tura** [-'turɐ] *f* Bestattung *f*; Grab *n*

sequaz [sə'kwaʃ] *su* Anhänger(in *f*) *m*

sequeiro [sə'kɐjru] **1.** *adj* unbewässert; wasserlos; **2.** *m* trockene(s) Land *n*

sequ|ela [sə'kwɛlɐ] *f* F Gefolgschaft *f*; Sippschaft *f*; **~ência** [-'kwẽsjɐ] *f* Folge *f*; Fortsetzung *f*; *MÚS* Sequenz *f*; *Kartenspiel*: Straße *f*; ***na ~ de*** infolge (*gen*); nach; auf Grund (*gen*); **~ente** [-'kwẽtə] (daraus) folgend

sequer [sə'ker] wenigstens; ***nem ~*** nicht einmal

sequestr|ação (*ü) [səkwəʃtrɐ'sɐ̃w] *f* → ***~o***; **~ador** [-trɐ'dor] *m* Entführer *m*; **~ar** [-'trar] (1c) beschlagnahmen; *JUR* widerrechtlich

verhaften; wegführen; entführen; *Kranke* isolieren; **~o** [-'kwɛʃtru] *m* JUR Beschlagnahme *f*; Einziehung *f*; widerrechtliche Verhaftung *f*; *bsd* Entführung *f*
sequioso [sə'kjozu] durstig (*Person*); trocken; → ***sedento***
séquito ['sɛkitu] *m* Gefolge *n*
ser [ser] **1.** *v/i* (2zc) sein; *Passiv*: werden; **~ *a*** kosten; **~ *com*** *fig j-n* etwas angehen; → ***com***; **~ *de*** gehören (zu); sein (*od* bestehen) aus; ***vir a ~*** werden; ***é de*** *inf* es ist zu *inf*; **~ *para*** (bestimmt) sein für; geeignet sein für; ***como há de ~?*** wie ist das möglich?; ***como havia de ~?*** wie sollte es anders sein?; ***é!*** ja!, genau!; ***é que*** denn, nämlich; ***o que é*** (***foi***) ***dele?*** was ist mit ihm los? ***isto é*** das heißt (*Abk* ***i. é*** d.h.); nämlich; ***é isso mesmo!*** genau das ist es!; ***a ~*** (*od* ***sendo***) ***assim*** wenn das so ist; ***a não ~ que*** *conj* es sei denn, dass; ***quanto é?*** wie viel kostet es?; ***seja!*** meinetwegen!; ***ou seja*** das heißt; vielmehr; ***seja o que for*** was auch geschehen mag; ***seja como for*** wie dem auch sei; ***seja qual for*** wer (*od* was) auch immer; ***seja ...*** (***ou***) ***seja*** sowohl ... als auch; ob ... (oder) ob; ***ainda que fosse assim*** selbst wenn das so wäre; **2.** *m* Sein *n*; (Lebe)Wesen *n*; **~ *vivo*** Lebewesen *n*
seráfico [sə'rafiku] engelhaft
serão [sə'rɐ̃w] *m* Nachtarbeit *f*, -schicht *f*; *allg* Überstunden *f/pl*; (geselliger) Abend *m*; → ***sarau***
serapilheira [sərɐpi'ʎɐjrɐ] *f* Sackleinen *n*; Scheuerlappen *m*
sereia [sə'rɐjɐ] *f* **a**) Meerjungfrau *f*; **b**) Sirene *f*; NAV Nebelhorn *n*
seren|ar [sərə'nar] (1d) (sich) aufheitern; sich beruhigen; *bras* sich (im Tanz) wiegen; **~ata** [-'natɐ] *f* Serenade *f*; Ständchen *n*; **~idade** [-ni'dadə] *f* Heiterkeit *f*; Gelassenheit *f*; Ruhe *f*; **~o** [-'renu] **1.** *adj* heiter; gelassen; ruhig; wolkenlos; **2.** *m* Nachttau *m*
seresma [sə'reʒmɐ] *f fig* alte Hexe *f*
Sergipe [ser'ʒipi] *m bras Bundesstaat*
seri|ação [sərjɐ'sɐ̃w] *f* Zusammenstellung *f*; Reihung *f*; **~ado** [-'rjadu] Serien...; seriell; **~al** [-'rjał] Serien...
seriamente [sɛrjɐ'mẽtə] ernstlich
seri|ar [sə'rjar] (1g) aneinander reihen; zusammenstellen; **~ário** [-'rjarju] serienmäßig, Serien...
série ['sɛrjə] *f* Reihe *f*; Folge *f*; TV Serie *f*; Satz *m* (*Briefmarken*); *bras* Klasse(nstufe) *f*; ***de ~*** Serien...; ***em ~*** serienmäßig; TÉCN am laufenden Band; ***fora de ~*** außergewöhnlich; außer der Reihe
seriedade [sərjə'dadə] *f* Ernst(haftigkeit *f*) *m*; ***uma aura f de ~*** ein Hauch *m* von Seriosität
sering|a [sə'rĩgɐ] *f* Spritze *f*; **~ *descartável*** Einwegspritze *f*; **~ *para lavagem*** Klistierspritze *f*; P *fig* Nervensäge *f*; **~ação** [-'sɐ̃w] *f* (Be-)Spritzen *n*; P *fig* Schererei *f*; **~ada** [-'gadɐ] *f* Spritze *f*; **~al** [-'gał] *m* Kautschukplantage *f*; **~ar** [-'gar] (1o) (ein)spritzen; P lästig fallen; **~ueira** [-'gɐjrɐ] *f* BOT Gummibaum *m*; **~ueiro** [-'gɐjru] *m* Kautschukarbeiter
sério ['sɛrju] **1.** *adj* ernst(haft); gesetzt; seriös; zuverlässig; ECON reell; ***pôr-se ~*** ernst werden; **2.** *adv* ernstlich; **3.** *m* Ernst(haftigkeit *f*) *m*; ***a ~*** im Ernst; ***levar*** (*od* ***tomar***) ***a ~*** *et* ernst nehmen
sermão [sər'mɐ̃w] *m* Predigt *f*
serôdio [sə'rodju] BOT spät(...)
sero|logia [sərulu'ʒiɐ] *f* Serologie *f*; **~positivo** [-puzə'tivu] HIV-positiv; **~so** [-'rozu] MED serös
serpão [sər'pɐ̃w] *m* BOT Thymian *m*
serp|ear [sər'pjar] (1l) = **~ejar** [-pə'ʒar] (1d) = **~entar** [-pẽ'tar] (1a) sich schlängeln; **~entária** [-pẽ'tarjɐ] *f* BOT Drachenwurz *m*; **~entário** [-pẽ'tarju] *m bras* Schlangenfarm *f*; **~ente** [-'pẽtə] *f* ZO Schlange *f*; **~entear** [-pẽ'tjar] (1l) sich schlängeln; **~entina** [-pẽ'tinɐ] *f* *mehrarmiger* Leuchter *m*; Luftschlange *f*; MIN Serpentin *m*; *bras* Hängematte *f*; **~entino** [-pẽ'tinu] schlangenförmig
serra ['sɛʀɐ] *f* **a**) GEOGR Gebirge *n*; Berg *m*; **b**) Säge *f*; **~ *contínua*** Bandsäge *f*; **~ *circular*** Kreissäge *f*; **~ *de recorte*** Laubsäge *f*; **~ *vertical*** Stichsäge *f*; **~ *universal*** Fuchsschwanz *m*
serr|ação [səʀɐ'sɐ̃w] *f* Sägen *n*; Sägewerk *n*; **~adura** [-ʀɐ'durɐ] *f* Sägemehl *n*

serralh|aria [səʀɐʎɐ'riɐ] *f* Schlosserei *f*; **~eiro** [-'ʎɐjru] *m* Schlosser *m*
serralho [sə'ʀaʎu] *m* Serail *n*
serran|ia [səʀɐ'niɐ] *f* Gebirgskette *f*; **~o** [-'ʀɐnu] **1.** *adj* Gebirgs...; **2.** *m*, **-a** *f* Bergbewohner(in *f*) *m*
serr|ar [sə'ʀar] (1c) (ab-, zer)sägen; **~aria** [-seʀa'ria] *f bras* Sägewerk *n*; Sägebock *m*; **~eado** [-'ʀjadu] gezackt; **~ilha** [-'ʀiʎɐ] *f* Zackenrand *m*; Münzrand *m*; Säge *f* (*am Messer*); **~im** [-'ʀĩ] *m BOT* Ackerdistel *f*; **~inho** [-'ʀĩɲu] *m bras* Sägemehl *n*; **~otar** [-ʀu'tar] (1c) (ab-, zer)sägen; **~ote** [-'ʀɔtə] *m* Fuchsschwanz *m*
sertã [sər'tɐ̃] *f große* Bratpfanne *f*
sert|anejo [sərtɐ'nɛʒu] **1.** *adj* aus dem Landesinnern; **2.** *m* Bewohner *m* des Hinterlandes; **~anista** [serta'nista] *su bras* Abenteurer(in *f*) *m*; **~ão** [sər'tɐ̃w] *m* Landesinnere *n*; Wildnis *f*; *bras bsd* nordöstliche(s) Landesinnere *n*
serv|a ['sɛrvɐ] *f* Magd *f*; Dienerin *f*; **~ente** [-'vẽtə] **1.** *m* Gehilfe *m*; **2.** *f* Aufwartefrau *f*; **~entia** [-vẽ'tiɐ] *f* Brauchbarkeit *f*; *örtl* Durchgang *m*, -fahrt *f*; **~ de cozinha** Küchenbenutzung *f*; **dar ~** *örtl* Zugang gewähren (**para** zu); *et* zur Verfügung stellen; **~entuário** [-vẽ'twarju] *m* Gehilfe *m*; *bras* Justizbeamte(r) *m*
Sérvia ['sɛrvjɐ]: **a ~** Serbien *n*
serviçal [sərvi'sał] **1.** *adj* dienstfertig; **2.** *su* Hausangestellte(r) *su*
serv|iço [sər'visu] *m* Dienst(leistung *f*) *m*; Service *m*; *Firma*: Abteilung *f*; *TÉCN* Betrieb *m*; (Ess-, Kaffee)Service *n*; *Tennis*: Aufschlag *m*; **~ auto-espresso** *CAM. DE F* Autoreisezug *m*; **~ cívico** Zivildienst *m*; **~ das dívidas** *ECON* Schuldendienst *m*; **♀ de Protecção Civil** Zivilschutz *m*; **~ de reboque** Abschleppdienst *m*; **~ de urgência** Notdienst *m*; **~ de vaivém** Pendelverkehr *m*; **~ doméstico** Hausarbeit *f*; **~ militar obrigatório** Wehrpflicht *f*; **~ pós-venda** Kundendienst *m*; **~ público** öffentliche(r) Dienst *m*; **ao ~ de** im Dienst (*gen*); zum Nutzen (*od* Wohl) (*gen*); **de ~** Dienst habend; **fora de ~** außer Betrieb; **entrar de ~** s-n Dienst antreten; **estar de ~** Dienst haben; **~idão** [-'dɐ̃w] *f* Knechtschaft *f*; *JUR* Dienstbarkeit *f*; **~ido** [-'vidu] gebraucht; abgenutzt; angebrochen; **~ de** ausgestattet mit; **é ~?** wollen Sie nicht mitessen?; **~idor** [vi'dor] **1.** *adj* diensteifrig; **2.** *m* Bedienstete(r) *m*; *INFORM* Server *m*; **~il** [-'vił] unterwürfig; **~ilismo** [və'liʒmu] *m* Unterwürfigkeit *f*
sérvio ['sɛrvju] **1.** *adj* serbisch; **2.** *m*, **-a** *f* Serbe *m*, Serbin *f*
serv|ir [sər'vir] (3c) **1.** *v/t j-n* bedienen; helfen (*dat*); einschenken; *Dienst* versehen; **2.** *v/i* dienen (*a MIL*); Dienste leisten; nützen; passen; sich eignen (**para** für); günstig sein (*Wetter*); **~ de** dienen als; → **~ para** taugen zu; **não ~ para nada** nichts taugen; **~-se de** sich bedienen (*gen*); *Gerät* benutzen; *Speise* nehmen von; **~ível** [-'vivɛł] brauchbar
servo ['sɛrvu] **1.** *adj HIST* leibeigen; **2.** *m AGR* Knecht *m*; Diener *m*; *HIST* Sklave *m*; **~-assistência(s)** [-ɐsiʃ-'tẽsjɐ] *f*(*pl*): **~ à direcção** *AUTO* Servolenkung *f*; **~-croata** [sɛrvɔ'krwatɐ] **1.** *adj* serbokroatisch; **2.** *m* Serbokroatisch *n*; **~-freio(s)** [-'frɐju] *m*(*pl*) Servobremse *f*
sésamo ['sɛzɐmu] *m* Sesam *m*
sesmaria [səʒmɐ'riɐ] *f AGR* unbebaute(s) Land *n* (*im Wechsel*)
sessão [sə'sɐ̃w] *f* Sitzung *f*; Verhandlung *f*; (Film)Vorführung *f*; **~ plenária** Plenarsitzung *f*
sessar [se'sar] (1c) *bras* sieben
sessent|a [sə'sẽtɐ] sechzig; **~ão** [-'tɐ̃w] **1.** *adj* sechzigjährig; **2.** *m* Sechzigjährige(r) *m*
sesso ['sesu] *m* P Hintern *m*
sesta ['sɛʃtɐ] *f* Mittagsruhe *f*; **dormir a ~** = **~ear** [səʃ'tjar] (1l) Siesta halten, e-n Mittagsschlaf machen
sestro ['sɛʃtru] **1.** *adj* link; *fig* unheilvoll; **a ~** linker Hand; **2.** *m* Schicksal *n*; schlechte Angewohnheit *f*
set... *bras* → **sept...**
set|a ['sɛtɐ] *f* Pfeil *m* (*a INFORM*); **~ de rolamento** *INFORM* Bildlaufpfeil *m*; **~ada** [sə'tadɐ] *f* Pfeilschuss *m*
sete ['sɛtə] **1.** *adj* sieben; **2.** *m* Sieben *f*
setear [sə'tjar] (1l) verwunden
setecent|ista [sɛtəsẽ'tiʃtɐ] des 18. Jahrhunderts; **~os** [-'sẽtuʃ] siebenhundert

seteira [sə'tɐjrɐ] *f HIST* Schießscharte *f*
setembr|ino [sətẽ'brinu] September...; **2o** [sə'tẽbru] *m* September *m*
sete-|mês, **~mesinho** [sɛtə'meʃ, -mə'ziɲu] Siebenmonats... (*Kind*)
setenta [sə'tẽtɐ] siebzig
setentrional [sətẽtrju'nał] **1.** *adj* nördlich, Nord...; **2.** *su* Nordländer(in *f*) *m*
sétim|a ['sɛtimɐ] *f MÚS* Septime *f*; **~o** [-mu] **1.** *adj* siebt; **2.** *m* Siebtel *n*
setor [sɛ'tor] *m bras* → **sector**
Setúbal [sə'tubał] *port Distrikt(hauptstadt)*
seu, **sua** [sew, 'suɐ] sein(e), ihr(e); Ihr(e); ***o seu carro*** sein (*od* ihr, Ihr) Auto; ***a sua filha*** seine (*od* ihre, Ihre) Tochter; ***seu burro!*** Sie (*od* du) Esel!; (*a* → **meu**, **minha**)
seu [sew] *m bras* F Herr *m* (*Anrede*)
seva ['sɛvɐ] *f bras* Trockenleine *f*
sevandija [səvẽ'diʒɐ] *f* Ungeziefer *n*
sever|idade [səvəri'dadə] *f* Strenge *f*; Härte *f*; **~o** [-'vɛru] streng; genau
sev|ícia [sə'visjɐ] *f* Misshandlung *f*; **~iciar** [-'sjar] (1g) misshandeln
sex|agenário [sɛksɐʒə'narju] **1.** *adj* sechzigjährig; **2.** *m*, **-a** *f* Sechzigjährige(r) *su*; **~agésimo** [-'ʒɛzimu] sechzigst
sex|ismo [sɛ'ksiʒmu] *m* Sexismus *m*; **~ista** [-'ksiʃtɐ] *su* Sexist(in *f*) *m*; **~o** ['sɛksu] *m* Geschlecht *n*; Sex *m*
sexta(s)-feira(s) [sɐjʃtɐ'fɐjrɐ] *f(pl)* Freitag *m* (**na** am); **2** ***Santa*** Karfreitag *m*
sext|anista [sɐjʃtɐ'niʃtɐ] *su* Schüler(in *f*) *m* der sechsten Klasse; **~ante** [-'tẽtə] *m* Sextant *m*; **~eto** [-'tetu] *m* Sextett *n*
sexto ['sɐjʃtu] **1.** *adj* sechst; **2.** *m* Sechstel *n*
sêxtuplo ['sejʃtuplu] sechsfach
sexual [sɛk'swał] geschlechtlich, sexuell; Geschlechts...; **~idade** [-swɐli'dadə] *f* Sexualität *f*
sez|ão [sə'zɐ̃w] *f* Wechselfieber *n*; **-ões** *pl* Fieberanfall *m*; **~onismo** [-zu'niʒmu] *m* Sumpffieber *n*
s/f ***seu favor*** Ihr Schreiben
s.f.f. ***se faz favor*** bitte
si [si] **1.** *pron nach prp* sich; Sie, Ihnen; ***de ~***, ***para ~*** bei (*od* zu) sich selbst; ***de per ~*** (an und) für sich; von sich aus; → ***em ~*** an sich; ***fora de ~*** außer sich; ***por ~*** von selbst; für sich; ***cair em ~*** *fig* in sich gehen; **2.** *m MÚS* H *n*
siá [sja] *f bras* → **sinhá**
siamês [sjɐ'meʃ] siamesisch
siba ['sibɐ] *f ZO* Sepia *f*
Sibéria [si'bɛrjɐ]: ***a ~*** Sibirien *n*
siberiano [sibə'rjɐnu] sibirisch
sibil|ante [sibi'lẽtə] **1.** *adj* zischend; pfeifend (*Wind*); **2.** *f* Zischlaut *m*; **~ar** [-'lar] (1a) zischen; pfeifen
sicativo [sikɐ'tivu] **1.** *adj* (aus)trocknend; **2.** *m MED* Wundheilsalbe *f*
Sicília [sə'siljɐ]: ***a ~*** Sizilien *n*
siciliano [səsi'ljɐnu] sizilianisch
sicose [si'kɔzə] *f MED* Bartflechte *f*
sicrano [si'krɐnu] *m* Dingsda *su*; *a* → **fulano**
sida ['sidɐ] *f MED* Aids *n*
siderado [sidə'radu] verblüfft
sid|eral, **~éreo** [sidə'rał, -'dɛrju] Stern(en)...; Himmels...; **~érico** [-'dɛriku] Eisen...; **~erurgia** [-dərur'giɐ] *f* Eisen- und Stahlindustrie *f*; **~erúrgico** [-də'rurʒiku] Eisen- und Stahl...; ***fundição*** *f* (*bras* **usina** *f*) **-a** Hüttenwerk *n*
sidra ['sidrɐ] *f* Apfelwein *m*; Cidre *m*
sifão [si'fɐ̃w] *m* Heber *m*, Hebevorrichtung *f*; Siphon *m*
sífilis ['sifiliʃ] *f MED* Syphilis *f*
sifilítico [sifə'litiku] syphilitisch
sigil|o [sə'ʒilu] *m* Geheimnis *n*; Verschwiegenheit *f*; ***~ bancário*** Bankgeheimnis *n*; ***~ de confissão*** Beichtgeheimnis *n*; ***~ profissional*** Berufsgeheimnis *n*; ***guarda-se ~*** Diskretion zugesichert; **~oso** [-'lozu] geheim
sigla ['siglɐ] *f* Sigel *n*; Kürzel *n*
signatário [signɐ'tarju] **1.** *adj* Signatur...; **2.** *m* Unterzeichner *m*
signific|ação [signəfikɐ'sɐ̃w] *f* = **~ado** [-'kadu] *m* Bedeutung *f*; Sinn *m*; ***tirar ~s*** Wörter nachschlagen; **~ância** [-'kɐ̃sjɐ] *f* Signifikanz *f*; **~ar** [-'kar] (1n) bedeuten; andeuten; **~ativo** [-'tivu] bedeutsam
signo ['signu] *m* Zeichen *n* (*a fig*); *ASTR* Sternbild *n*; Sternzeichen *n*
sílaba ['silɐbɐ] *f* Silbe *f*
silábico [si'labiku] Silben...
sil|enciador [silẽsjɐ'dor] *m* Schalldämpfer *m*; **~enciar** [-'sjar] (1g) **1.** *v/t* verschweigen; zum Schweigen

bringen; **2.** *v/i* schweigen; **~êncio** [-'lẽsju] *m* Schweigen *n* (***impor*** gebieten, ***quebrar*** brechen); Stille *f*; **~ *sepulcral*** *fig* Totenstille *f*; ***em ~***, ***com ~*** stillschweigend; leise; ***deixar*** (*od* ***passar***) ***em ~*** stillschweigend übergehen; ***guardar ~*** schweigen (können); ***fez-se ~*** es wurde still; ***~!*** Ruhe!; **~encioso** [-'sjozu] **1.** *adj* schweigend; ruhig; geräuschlos; **2.** *m AUTO* Auspufftopf *m*

sílex (*pl inv*) ['silɛks] *m* Feuerstein *m*

sílfide *f*, **silfo** *m* ['siłfidə, 'siłfu] Elfe *f*

silhueta [si'ʎwetɐ] *f* Silhouette *f*

sílica ['silikɐ] *f GEOL* Kieselgur *f*

silicato [səli'katu] *m* Silikat *n*

silício [sə'lisju] *m* Silizium *n*

silo ['silu] *m* Silo *n*; (Kartoffel)Miete *f*; ***~-auto*** *m* Parkhaus *n*

silv|a ['siłvɐ] *f* Brombeerstrauch *m*; *allg* Dorn(strauch) *m*; *LIT* Vermischte(s) *n*; **~ado** [-'vadu] *m* Brombeerhecke *f*; **~ar** [-'var] (1a) zische(l)n; pfeifen; **~eira** [-'vɐjrɐ] *f* Dornengestrüpp *n*; **~estre** [sił'vɛʃtrə] wild (wachsend); ***maçã f ~*** *BOT* Holzapfel *m*; **~icultura** [-vikuł'turɐ] *f* Forstwirtschaft *f*

silvo ['siłvu] *m* Zischen *n*; Pfiff *m*

silvopastoril [siłvɔpɐʃtu'rił] wald- und weidewirtschaftlich

sim [sĩ] **1.** *adv* ja; jawohl; doch; ***pelo ~, pelo não*** im Zweifelsfall; für alle Fälle; ***pois ~!*** ach ja!; aber ja!; ***dia ~ dia não*** alle zwei Tage; ***ou ~ ou sopas?*** P ja oder nein?; ***dizer que ~*** ja sagen; ***fazer que ~*** nicken; **2.** *m* Ja(wort) *n*; ***dar o ~*** zustimmen

simbi|ose [sĩ'bjɔzə] *f BIOL* Symbiose *f*; **~ótico** [-'bjɔtiku] symbiotisch

simb|ólico [sĩ'bɔliku] symbolisch; **~olizar** [-buli'zar] (1a) symbolisieren

símbolo ['sĩbulu] *m* Sinnbild *n*; Zeichen *n*; Symbol *n*

simbologia [sĩbulu'ʒiɐ] *f* Symbolik *f*

sim|etria [simə'triɐ] *f* Symmetrie *f*; **~étrico** [-'mɛtriku] symmetrisch

simiano [sə'mjɐnu] affenartig; Affen...

similar [səmi'lar] gleichartig

símile ['similə] ähnlich

similitud|e [siməli'tudə] *f* Ähnlichkeit *f*; **~inário** [-di'narju] ähnlich

símio ['simju] *m* Affe *m* (*Spezies*)

simp|atia [sĩpɐ'tiɐ] *f* Sympathie *f*; Zuneigung *f*; **~ático** [-'patiku] sympathisch (*a Nervensystem*); nett; **~atizante** [-pɐti'zẽtə] *su* Sympathisant(in *f*) *m*; **~atizar** [-pɐti'zar] (1a): ***~ com*** sympathisieren mit; nett finden (*ac*)

simples (*pl inv*) ['sĩpləʃ] einfach; rein (*Neugierde*); schlicht; einfältig; **~mente** [-pləʒ'mẽtə]: ***pura e ~*** schlicht und ergreifend

simpl|icidade [sĩpləsi'dadə] *f* Einfachheit *f*; Schlichtheit *f*; Einfalt *f*; Naivität *f*; **~icíssimo** [-plə'sisimu] *sup von* ***simples***; **~ificação** [-pləfikɐ'sɐ̃w] *f* Vereinfachung *f*; *MAT* Kürzen *n*; **~ificar** [-pləfi'kar] (1n) vereinfachen; *Bruch* kürzen; **~ismo** [-'pliʒmu] *m* Vereinfachung *f*; **~ório** [-'plɔrju] **1.** *adj* einfältig; beschränkt; **2.** *m* Einfaltspinsel *m*

simpósio [sĩ'pɔzju] *m* Symposium *n*

sim-senhor [sĩsə'ɲor] *m* F Allerwerteste(r) *m*, Hinterteil *n*

simul|ação [simulɐ'sɐ̃w] *f* Simulation *f*, Verstellung *f*; ***~ em computador*** Computersimulation *f*; **~acro** [-'lakru] *m* Trugbild *n*; Vortäuschung *f*; Nachahmung *f*; (Feuerwehr)Übung *f*; ***~ de ...*** Schein...; **~ado** [-'ladu] Schein...; **~ador** [-lɐ'dor] *m* Simulant *m*; *TÉCN* Simulator *m*; **~ar** [-'lar] (1a) simulieren; **~atório** [-lɐ'tɔrju] Schein...

simult|aneidade [simułtɐnɐj'dadə] *f* Gleichzeitigkeit *f*; **~âneo** [-'tɐnju] gleichzeitig; ***em ~*** zugleich

sina ['sinɐ] *f* Schicksal *n*, Los *n*; ***má ~*** Unstern *m*; ***ler a ~ a*** *j-m* wahrsagen

sinagoga [sinɐ'gɔgɐ] *f* Synagoge *f*

sinal [si'nał] **1.** *m* Zeichen *n*; Signal *n*; Merkmal *n*; *MED* Mal *n*; Logo *n*; *ECON* Anzahlung *f*; *JUR* notarielle Beglaubigung *f*; *allg* Unterschrift *f*; ***~ de comando*** *INFORM* Steuerzeichen *n*; ***~ de impedido*** (*bras* ***ocupado***) *TEL* Besetztzeichen *n*; ***~ de trânsito*** Verkehrszeichen *n*; ***~ luminoso*** Lichtzeichen *n*; ***~ de luzes*** *AUTO* Lichthupe *f*; ***em ~ de*** zum (*od* als) Zeichen (*gen*); ***por ~*** übrigens; zufällig; ***abrir ~*** s-e Unterschrift hinterlegen; ***avançar o ~*** F bei Rot fahren (*od* gehen); ***dar ~*** das Zeichen geben (***de*** zu); klingeln; *ECON* eine Anzahlung machen; ***dar ~ de si*** ein

Lebenszeichen von sich geben; **2.** ***sinais*** *m/pl* (Gesichts)Züge *m/pl*; **~** ***particulares*** besondere Kennzeichen *n/pl*

sinal|eiro [sinɐ'lɐjru] **1.** *adj* Signal...; Verkehrs...; **2.** *m* Verkehrspolizist *m*; *NAV* Winker *m*; *CAM. DE F* Bahnwärter *m*; **~ização** [-lizɐ'sɐ̃w] *f* Ausschilderung *f*; **~** ***de trilhos*** Wegmarkierung *f*; ***placa*** *f* ***de*** **~** Verkehrsschild *n*; **~izar** [-li'zar] (1a) **1.** *v/t* signalisieren; ankündigen; ausschildern; **2.** *v/i* den Verkehr regeln

sinapismo [sinɐ'piʒmu] *m MED* Senfpflaster *n*

sincelo [sĩ'sɛlu] *m* Eiszapfen *m*

sincer|idade [sĩsəri'dadə] *f* Aufrichtigkeit *f*; **~o** [-'seru] ehrlich

sincopado [sĩku'padu] zeitversetzt

síncope ['sĩkupə] *f LING, MÚS* Synkope *f*; *MED* Herzversagen *n*

sincrónico (*ô) [sĩ'krɔniku] gleichzeitig

sincroniz|ação [sĩkrunizɐ'sɐ̃w] *f* Synchronisierung *f*; **~ar** [-'zar] (1a) gleichlaufen lassen; synchronisieren

síncrono ['sĩkrunu] synchron, Synchron...

sindical [sĩdi'kał] gewerkschaftlich; **~ismo** [-kɐ'liʒmu] *m* Gewerkschaftsbewegung *f*; **~ista** [-kɐ'liʃtɐ] **1.** *adj* gewerkschaftlich; **2.** *su* Gewerkschaftler(in *f*) *m*; **~izar** [-kɐli'zar] (1a) *gewerkschaftlich* organisieren

sindic|ância [sĩdi'kɐ̃sjɐ] *f* Untersuchung *f*; **~ar** [-'kar] (1n) **1.** *v/t* untersuchen; **2.** *v/i*: **~** Ermittlungen anstellen; **~ato** [-'katu] *m* Syndikat *n*; Gewerkschaft *f*

síndico ['sĩdiku] *m JUR* Syndikus *m*; **~** ***de falência*** Konkursverwalter *m*

síndrom|a, *bras* **~e** ['sĩdrumɐ, 'sĩdrõmi] *f* Syndrom *n*; **~** ***de imunodeficiência adquirida*** (*Abk.* ***SIDA*** Aids) erworbene(s) Immundefektsyndrom *n*

sinecura [sinə'kurɐ] *f* Pfründe *f*

sineir|a [si'nɐjrɐ] *f* Schallloch *n*; **~o** [-'nɐjru] **1.** *adj* Glocken...; **2.** *m* Glockengießer *m*; Glöckner *m*

sinergia [sinər'ʒiɐ] *f* Synergie *f*

sineta [si'netɐ] *f* Glöckchen *n*

sinf|onia [sĩfu'niɐ] *f* Sinfonie *f*; **~ónico** (*ô) [-'fɔniku] sinfonisch, Sinfonie...

sinforina [sĩfu'rinɐ] *f BOT* Geißblatt *n*

singel|eza [sĩʒə'lezɐ] *f* Schlichtheit *f*; Natürlichkeit *f*; **~o** [-'ʒɛlu] schlicht

singrar [sĩ'grar] (1a) segeln

singular [sĩgu'lar] **1.** *adj* Einzel...; einmalig; einzigartig; ***número*** *m* **~** = **2.** *m GRAM* Einzahl *f*, Singular *m*; **3.** *f Tennis*: Einzel *n*; **~** ***homens*** Herreneinzel *n*; **~idade** [-lɐri'dadə] *f* Einmaligkeit *f*; Eigenart *f*; **~izar** [-ri'zar] (1a) auszeichnen; spezifizieren

sinh|á [sĩ'ɲa] *f bras* F Frau *f* (*Anrede*); → ***senhora***; **~azinha** [-ɲa'zĩɲa] *f bras* F *Anrede*: junge Frau *f*, Fräulein *n*; **~ô** [-'ɲo] *m bras* F *Anrede*: Herr *m*; → ***senhor***

sinistr|a [sə'niʃtrɐ] *f* Linke *f* (*Hand*); **~ado** [-'tradu] **1.** *adj* verunglückt; beschädigt; geschädigt; **2.** *m* Verunglückte(r) *m*; Geschädigte(r) *m*; **~alidade** [-trɐli'dadə] *f* Unfallhäufigkeit *f*; **~ar** [-'trar] (1a) verunglücken; Schaden (er)leiden; **~o** [-'niʃtru] **1.** *adj* unheilvoll; finster; **2.** *m* Unglück(sfall *m*) *n*

sino ['sinu] *m* Glocke *f*

sínodo ['sinudu] *m* Synode *f*

sinologia [sinulu'ʒiɐ] *f* Sinologie *f*

sinónimo (*ô) [si'nɔnimu] **1.** *adj* synonym; **2.** *m* Synonym *n*

sin|opse [si'nɔpsə] *f kurzer* Überblick *m*; Resümee *n*, Zusammenfassung *f*; **~óptico** [-'nɔptiku] zusammenfassend

sinóvia [si'nɔvjɐ] *f MED* Gelenkwasser *n*

sinta ['sĩtɐ] → ***sentir***

sint|áctico [sĩ'tatiku] syntaktisch; **~axe** [-'tasə] *f* Satzlehre *f*, Syntax *f*

síntese ['sĩtəzə] *f* Synthese *f*; Zusammenfassung *f*, Überblick *m*

sint|ético [sĩ'tɛtiku] synthetisch; Kunst..., künstlich (*bsd QUÍM*); **~etizador** [-tətizɐ'dor] *m MÚS* Synthesizer *m*; **~etizar** [-təti'zar] (1a) zusammenfassen; verbinden

sinto ['sĩtu] → ***sentir***

sintom|a [sĩ'tomɐ] *m* Zeichen *n*, Anzeichen *n*; Symptom *n* (*a MED*); **~ático** [-tu'matiku] symptomatisch

sinton|ia [sĩtu'niɐ] *f EL*, *fig* Abstimmung *f*; ***em*** **~** ***com*** in Übereinstimmung mit; **~ização** [-nizɐ'sɐ̃w] *f* Feineinstellung *f*, Abstimmung *f*;

S

~izador [-nizɐ'dor] *m EL* Tuner *m*; **~izar** [-ni'zar] (1a) abstimmen; einstellen (***em*** auf *ac*)
sinuos|idade [sinwuzi'dadə] *f* Krümmung *f*; Ausbuchtung *f*; **~o** [-'nwozu] gekrümmt
sinusite [sinu'zitə] *f MED* Nebenhöhlenentzündung *f*
sionis|mo [sju'niʒmu] *m* Zionismus *m*; **~ta** [-'niʃtɐ] *su* Zionist(in *f*) *m*
sirene [si'rɛnə] *f* Sirene *f*
sirga ['sirgɐ] *f HIST* Schlepptau *n*; Treideln *n*; ***andar à ~ de*** *fig j-m* nicht von der Seite weichen
sirgo ['sirgu] *m ZO* Seidenraupe *f*
Síria ['sirjɐ]: ***a ~*** Syrien *n*
sírio ['sirju] **1.** *adj* syrisch; **2.** *m*, **-a** Syrer(in *f*) *m*; **3.** *m ASTR* Sirius *m*
sisa ['sizɐ] *f* Grunderwerbsteuer *f*
sisal [si'zaɫ] *m* Sisal(hanf) *m*
sismal, sísmico [siʒ'maɫ, 'siʒmiku] Erdbeben..., seismisch
sism|o ['siʒmu] *m* Erdbeben *n*; **~ógrafo** [-'mɔgrɐfu] *m* Seismograph *m*; **~ologia** [-mulu'ʒiɐ] *f* Erdbebenkunde *f*, Seismologie *f*
siso ['sizu] *m* (gesunder Menschen-) Verstand *m*; (***dente*** *m* ***do***) **~** Weisheitszahn *m*; ***de ~*** vernünftig; ***perder o ~*** den Verstand verlieren
sistem|a [siʃ'temɐ] *m* System *n*; Ordnung *f*; **~ *antiblocagem***, **~ *de travagem anti-bloqueio*** *AUTO* Antiblockiersystem *n*; **~ *antifurto*** (***por imobilização***) *AUTO* Wegfahrsperre *f*; **~ *circulatório*** Kreislaufsystem *n*; **~ *de som*** Martinshorn *n*; **~ *imunológico*** Immunsystem *n*; **~ *nervoso*** Nervensystem *n*; **~ *operacional*** (*od* ***operativo***) *INFORM* Betriebssystem *n*; ***por ~*** mit System; absichtlich; **~ática** [-tə'matikɐ] *f* Systematik *f*; **~ático** [-'matiku] systematisch; planmäßig; **~atizar** [-mɐti'zar] (1a) systematisieren
sisud|ez [sizu'deʃ] *f* Verständigkeit *f*; **~o** [-'zudu] verständig, klug; ernst
siti|ante [si'tjẽtə] *su* Belagerer *m*; *bras* Kleinbauer *m*; **~ar** [-'tjar] (1g) belagern
sítio ['sitju] *m* Ort *m*; Platz *m*; Stelle *f*; *MIL* Belagerung *f*; *bras* Landgut *n*
sito ['situ] gelegen
situ|ação [sitwɐ'sɐ̃w] *f* Situation *f*; Lage *f*; *soziale* Stellung *f*; Zustand *m*; *POL* Regierungskurs *m*; ***enfrentar uma ~*** eine Situation meistern; **~*-limite*** *f* Grenzsituation *f*; **~acionismo** [-sju'niʒmu] *m* Regierungskurs *m*; **~acionista** [-sju'niʃtɐ] *su* Regierungstreue(r) *su*; **~ado** [-'twadu] gelegen; ***estar ~*** sich befinden, liegen; **~ar** [-'twar] (1g) *an e-n Ort* setzen, legen, stellen; **~ável** [-'twavɛɫ] lokalisierbar
s.l. ***sem local*** ohne Ortsangabe (o. O.)
slide ['slajdə] *m* Dia(positiv) *n*
slogan ['slɔgɐ̃] *m* Losung *f*, Slogan *m*
SME ***Sistema*** *m* ***Monetário Europeu*** Europäische(s) Währungssystem *n* (EWS)
SMO ***serviço*** *m* ***militar obrigatório*** Wehrdienst *m*
SO ***Sudoeste*** *m* Südwesten *m*
só [sɔ] **1.** *adj* allein; einsam; ***a ~s*** allein; **2.** *adv* nur; *zeitl* erst
sô [so] P = ***senhor***
soad|a ['swadɐ] *f* Klingen *n*; Klang *m*; Lärm *m*; Geräusch *n*; *fig* Gerücht *n*; **~o** ['swadu] berühmt; berüchtigt
soalha ['swaʎɐ] *f Tamburin*: Schelle *f*
soalheir|a [swɐ'ʎɐjrɐ] *f* Sonnenglut *f*; Sonnenseite *f*; **~o** [-'ʎɐjru] **1.** *adj* sonnig; **2.** *m* sonnige(r) Platz *m*
soalho ['swaʎu] *m* Holzfußboden *m*
so|ante ['swẽtə] klingend; ***mal ~*** misstönend; ***bem ~*** wohlklingend; **~ar** [swar] (1f) **1.** *v/t* läuten; erklingen lassen; **2.** *v/i* klingen; ertönen; läuten; klingeln; schlagen (*Stunde*); *fig* verlauten; **~ *a*** klingen nach; **~ *aos*** (*od* ***nos***) ***ouvidos de*** *fig j-m* zu Ohren kommen
sob [sob(ə)] unter (*ac od dat*); **~ *pena*** bei Strafe; **~ *emenda*** Änderung vorbehalten
sobe ['sobə] → ***subir***
sobej|amente [subəʒɐ'mẽtə] mehr als genug; bis zum Überdruss; **~ar** [-'ʒar] (1d) übrig bleiben; überflüssig sein
sobejo [su'beʒu] **1.** *adj* überflüssig; übrig; unzählig; riesig; **2.** *adv* → ***sobejamente***; **3.** *m*: ***de ~*** im Überfluss; **~s** *pl* Überbleibsel *n/pl*
soberan|ia [subərɐ'niɐ] *f* Souveränität *f*, Staatsgewalt *f*; Hoheitsrechte *n/pl*; (nationale) Unabhängigkeit *f*; *fig* Überlegenheit *f*; ***órgão*** *m* ***de ~*** Hoheitsträger *m*; **~o** [-'rɐnu] **1.** *adj*

oberst, höchst; souverän; *fig* überlegen; **2.** *m* Souverän *m*

soberb|a [su'berbɐ] *f* Erhabenheit *f*; *fig* Hochmut *m*; Stolz *m*; P Gier *f*; **~o** [-'berbu] hochmütig; P kleinlich

sobernal [subər'nał] *m* Überlastung *f*

sobra ['sɔbrɐ] *f* Rest *m*; Überschuss *m*; Überfluss *m*; ***de ~*** mehr als genug

sobraç|ado [subrɐ'sadu] unter dem Arm; untergefasst; Arm in Arm; **~ar** [-'sar] (1p; *Stv* 1b) unter dem Arm tragen; *j-n* unterfassen

sobrado [su'bradu] **1.** *adj* übermäßig; übrig; ***~ de*** überreich an (*dat*); **2.** *m* (Dielen)Fußboden *m*; Stockwerk *n*; *bras* Stadthaus *n*

sobral [su'brał] *m* Korkeichenpflanzung *f*

sobranc|ear [subrẽ'sjar] (1l) überragen; **~eiro** [-'sɐjru] **1.** *adj* überragend (*a fig*); beherrschend; *räuml* hoch gelegen; *fig* überlegen; **2.** *adv* von oben (herab); **~elha** [-'seʎɐ] *f* Augenbraue *f*; ***carregar*** (*od* ***franzir***) ***as ~s*** die Stirn runzeln; **~eria** [-sə'riɐ] *f* Hochmut *m*

sobrar [su'brar] (1e) *räuml* überragend sein; (über)reichlich vorhanden sein; übrig bleiben; ***basta e sobra*** das ist mehr als genug

sobre ['sobrə] *räuml* auf (*ac u dat*); über (*ac u dat*); *zeitl* gegen (*ac*); abgesehen von (*dat*), außer (*dat*); bezüglich (*gen*); ***~ incapazes, são corruptos*** sie sind nicht nur unfähig, sondern auch bestechlich; ***voltar ~ os seus passos*** umkehren

sobre|aquecimento [sobrjɐkəsi'mẽtu] *f* Überhitzung *f*; **~aviso** [-ɐ'vizu] *m* Vorsicht *f*, Warnung *f*; ***de ~*** auf der Hut

sobre|capa [sobrə'kapɐ] *f* Schutzumschlag *m*; **~capacidade** [-kɐpɐsi'dadə] *f* Überkapazität *f*; **~carga** [-'kargɐ] *f* Überladung *f*; Überlastung *f* (*a* EL); Übergewicht *n*; Packriemen *m*; **~carregar** [-kɐʀə'gar] (1o; *Stv* 1c) überladen (***de*** mit); überlasten (***com*** mit); *fig* (be)drücken; **~carta** [-'kartɐ] *f* Bestätigungsbrief *m*; **~cenho** [-'seɲu] *m* Stirnrunzeln *n*; **~dito** [-'ditu] (oben) erwähnt; **~erguer** [sobrir'ger] (2i) hoch emporheben (***a*** über *ac*); **~exaltar** [sobrizał'tar] (1a) F über den grünen Klee loben; **~excitação** [sobrɐjʃsitɐ'sɐ̃w] *f* Überreizung *f*; **~fa(c)turar** [-fatu'rar] (1a) zu hoch veranschlagen; **~-humano** [sobrju'mɐnu] übermenschlich

sobreir|al [subrɐj'rał] *m* → ***sobral***; **~o** [-'brɐjru] *m* Korkeiche *f*

sobre|lanço [sobrə'lɐ̃su] *m* Überbietung *f*; **~levar** [-lə'var] (1c) überragen; übertreffen; **~-se** hervorstechen (***em*** durch); **~loja** [-'lɔʒɐ] *f* Hochparterre *n*; **~lotação** [-lutɐ'sɐ̃w] *f* Überfüllung *f*; **~maneira** [-mɐ'nɐjrɐ] überaus; **~mão** [-'mɐ̃w] *m*: ***de ~*** eingehend; ausgiebig; **~mesa** [-'mezɐ] *f* CUL Nachtisch *m*; **~modo** [-'mɔdu] überaus, äußerst; **~nadar** [-nɐ'dar] (1b) (obenauf) schwimmen; treiben; **~natural** [-nɐtu'rał] übernatürlich; **~nome** [-'nomə] *m* Bei-, Spitzname *m*; Nachname *m*; **~nomeado** [-nu'mjadu] mit dem Spitznamen ...; **~ocupação** [sobrjukupɐ'sɐ̃w] *f* Überbelegung *f*; **~olhar** [sobrju'ʎar] (1e) von oben herab ansehen

sobre|osso [sobrj'osu] *m* Überbein *n*; **~paga** [-'pagɐ] *f* Zulage *f*; **~parto** [-'partu] **1.** *m* Kindbettfieber *m*; **2.** *adv*: ***morrer ~*** im Kindbett sterben; **~pastorícia** [-pɐʃtu'risjɐ] *f* AGR Überweidung *f*; **~pensar** [-pẽ'sar] (1a) wohl überlegen; **~peso** [-'pezu] *m* Übergewicht *n*; **~por** [-'por] (2zd): ***~ a*** legen (*od* stapeln) auf (*ac*); *fig* stellen über (*ac*); ***~-se a*** *fig* überlagern (*ac*); sich hinwegsetzen über (*ac*); **~posição** [-puzi'sɐ̃w] *f* Überlagerung *f*; **~posto** [-'poʃtu] **1.** *p/p von* ***~por***; **2.** *adj* aufgesetzt; **3.** *m* Besatz *m*; **~povoado** [-pu'vwadu] über(be)völkert; **~pujante** [-pu'ʒẽtə] überlegen; übermäßig; **~pujar** [-pu'ʒar] (1a) übertreffen (***em*** an *dat*); überschreiten; überwinden; den Vorrang haben vor (*dat*); überragen; hinausragen über (*ac*); ***~ com a voz*** überschreien; **~screver** [-ʃkrə'ver] (2c) überschreiben; **~scritar** [-ʃkri'tar] (1a) adressieren; **~scrito** [-ʃ'kritu] **1.** *p/p von* ***~screver***; **2.** *adj* hochgestellt (*Buchstabe*); **3.** *m* Briefumschlag *m*; Adresse *f*; **~ssair** [-sɐ'ir] (3l) hervortreten; *räuml* hervorragen; sich

S

abheben (***de*** von); bemerkbar sein; auffallen (***em*** durch); **~ssalente** [-sɐ'lẽtə] **1.** *adj räuml* vortretend; überragend; überzählig; Ersatz...; ***peça*** *f* **~** Ersatzteil *n*; **2.** *m* Überschuss *m*; AUTO Ersatzrad *n*; **~ssaltar** [-sał'tar] (1a) erschrecken; überraschen; überspringen; ***~-se*** erschrecken; **~ssalto** [-'sałtu] *m* Schreck *m*; Aufregung *f*; ***de ~*** überraschend; plötzlich; ***em ~*** beunruhigt; **~ssaturar** [-sɐtu'rar] (1a) übersättigen; **~sselente** [-sə'lẽtə] → ***~ssalente***; **~star** [-ʃ'tar] (1s) innehalten; verharren; **~stimação** [-ʃtimɐ'sɐ̃w] *f* Überschätzung *f*; **~taxa** [-'taʃɐ] *f* Zuschlag *m*; Nachporto *n*; **~tensão** [-tẽ'sɐ̃w] *f* EL Überspannung *f*; **~toalha** [-'twaʎɐ] *f* Schondecke *f*, Tischläufer *m*; **~tudo** [-'tudu] **1.** *m* (Winter)Mantel *m*; **2.** *adv* vor allem; besonders; **~valorização** [-vɐlurizɐ'sɐ̃w] *f* Überbewertung *f*; **~vento** [-'vẽtu] *m* Bö *f*; *fig* unangenehme Überraschung *f*

sobre|vir [-'vir] (3x) dazukommen; **~vivência** [-vi'vẽsjɐ] *f* Überleben *n*; **~vivente** [-vi'vẽtə] **1.** *adj* überlebend; **2.** *su* Überlebende(r) *su*; **~viver** [-vi'ver] (2a): ***~ a*** überleben (*ac*); überstehen (*ac*); **~voar** [-'vwar] (1f) überfliegen; **~voo** (*ô) [-'vow] *m* Überflug *m*

sobriedade [subrjə'dadə] *f* Mäßigung *f*; *Stil*: Nüchternheit *f*

sobrinh|a [su'briɲɐ] *f* Nichte *f*; **~o** [-'briɲu] *m* Neffe *m*; ***~s*** *pl* Neffen *m/pl* und Nichten *f/pl*

sóbrio ['sɔbrju] genügsam; mäßig; nüchtern; sparsam, karg

sob-roda(s) [sob'ʀɔdɐ] *f(pl)* Unebenheit *f*, Hindernis *n* (*Straße*)

sobrolho [so'broʎu] *m* → ***sobrancelha***

Soc. ***Sociedade*** *f* Gesellschaft *f*

soca ['sɔkɐ] *f* Holzschuh *m*

socalco [su'kałku] *m* AGR Terrasse *f*; ***em ~*** terrassenförmig

socapa [su'kapɐ] *f*: ***à ~***, ***de ~***, ***pela ~*** heimlich, verstohlen

socar [su'kar] (1n; *Stv* 1e) **1.** *v/t* prügeln; kneten; zerstoßen; *Knoten* festziehen; **b)** *v/i bras* ausschlagen

socav|a [su'kavɐ] *f* unterirdische Höhle *f*; Keller *m*; **~ão** [-kɐ'vɐ̃w] *m* Stollen *m*; große Höhle *f*; **~ar** [-kɐ'var] (1b) unterhöhlen

sociabil|idade [susjɐbəli'dadə] *f* Geselligkeit *f*; **~izar** [-li'zar] (1a) zur Geselligkeit erziehen

social [su'sjał] sozial; gesellschaftlich; ***firma*** *f* **~** Geschäftsname *m*; **~-democracia** [-dəmukrɐ'siɐ] *f* Sozialdemokratie *f*; **~-democrata** (**sociais-democratas**) [-dəmu'kratɐ] **1.** *adj* sozialdemokratisch; **2.** *su* (*pl*) Sozialdemokrat(in *f*) *m*; **~-democrático** [-dəmu'kratiku] sozialdemokratisch; **~ismo** [-sjɐ'liʒmu] *m* Sozialismus *m*; **~ista** [-'liʃtɐ] **1.** *adj* sozialistisch; **2.** *su* Sozialist(in *f*) *m*; **~ização** [-lizɐ'sɐ̃w] *f* Sozialisierung *f*; ECON Vergesellschaftung *f*; **~izar** [-li'zar] (1a) sozialisieren; ECON vergesellschaften

sociável [su'sjavɛł] gesellig; umgänglich; höflich

soci|edade [-sjə'dadə] *f* Gesellschaft *f*; Umgang *m*; Gemeinschaft *f*; Genossenschaft *f*; Verein *m*; ***~ anónima*** ECON Aktiengesellschaft, ***~ de consumo*** Konsumgesellschaft, ***~ de abundância*** Überflussgesellschaft, ***~ de capital de risco*** ECON Risikokapitalgesellschaft *f*; ***~ conjugal*** eheliche Gemeinschaft *f*; ***~ de facto*** eheähnliche Gemeinschaft *f*; ***~ de leasing*** Leasingfirma *f*; ***~ de responsabilidade limitada*** ECON Gesellschaft *f* mit beschränkter Haftung; ***~ secreta*** Geheimbund *m*; **~etário** [-sjə'tarju] *m* Gesellschafter *m*

sócio ['sɔsju] *m* (Vereins- *etc*)Mitglied *n* (***efectivo*** ordentliches); ECON Teilhaber *m*; JUR Mittäter *m*

socio|cultural [sɔsjukułtu'rał] soziokulturell; **~-económico** (*ô) [-iku'nɔmiku] sozioökonomisch

soci|ologia [susjulu'ʒiɐ] *f* Soziologie *f*; **~ológico** [-'lɔʒiku] soziologisch; **~ólogo** [-'sjɔlugu] *m* Soziologe *m*

socio-político [sɔsjupu'litiku] sozialpolitisch

S

soco[1] ['sɔku] *m* **a)** ARQUIT Sockel *m*; **b)** Holzschuh *m*

soco[2] ['soku] **1.** *m* Faustschlag *m*; **2.** *int*: ***~!*** *bras* pfui!

soçobr|ar [susu'brar] (1e) **1.** *v/t* umkehren; *Schiff* versenken; *Plan* verderben; **2.** *v/i* scheitern; sinken; er-

lahmen; **~o** [-'sobru] *m* Scheitern *n*; Not *f*; Aufregung *f*
socorr|er [suku'ʀer] (2d) helfen (*dat*); zu Hilfe kommen (*dat*); **~ alg em** j-n unterstützen bei; **~-se a** sich halten an (*ac*); **~-se de** sich (be)helfen mit; sich stützen auf (*ac*); **~ista** [-'ʀiʃtɐ] *su* Sanitäter(in *f*) *m*
socorro [su'koʀu] *m* Hilfe *f*; Unterstützung *f* (**em** zur, bei); Beistand *m*; **primeiros ~s** *pl* erste Hilfe *f* (**fazer** leisten); **ir em ~ de** *j-m* zu Hilfe eilen; **pedir ~, clamar por ~** um Hilfe rufen
soda ['sɔdɐ] *f* Soda(-wasser) *n*; **~ cáustica** Ätznatron *n*
sódi|co ['sɔdiku] Soda...; **~o** ['sɔdju] *m* Natrium *n*
soer [swer] (2f) pflegen
soerguer [swir'ger] (2i) anheben; **~-se** sich halb aufrichten
sofá [su'fa] *m* Sofa *n*; **~ de desarmar** ausziehbare(s) Sofa *n*; **~(s)-cama(s)** [-'kɐmɐ] *m(pl)* Bett-, Schlafcouch *f*
sofis|ma [su'fiʒmɐ] *m* Trugschluss *m*, Sophisma *n*; **~mar** [-'mar] (1a) *Tatsachen* verdrehen; (ver)fälschen; *fig* einwickeln; **~ticação** [-fəʃtikɐ'sɐ̃w] *f* Spitzfindigkeit *f*; Perfektionierung *f*; **~ técnica** technische Neuentwicklung *f*; **~isticado** [-fəʃti'kadu] ausgereift (*Idee*); überzüchtet (*Tier*); TÉCN hoch entwickelt; **~isticar** [-fəʃti'kar] (1n) tarnen; verdrehen; *j-n* betrügen; TÉCN weiterentwickeln
sofístico [su'fiʃtiku] trügerisch, Schein...; spitzfindig
sofrear [su'frjar] (1l) zügeln
sofredor [sufrə'dor] **1.** *adj* geduldig; **2.** *m* duldsame(r) Mensch *m*
sôfrego ['sofrəgu] gierig; ungeduldig
sofreguidão [sufrəgi'dɐ̃w] *f* Gier *f*; Ungeduld *f*; Begierde *f*
sofr|er [su'frer] (2d) **1.** *v/t* erleiden; (er)dulden; ertragen; **2.** *v/i* leiden (**de** an *dat*; **com**, **de** unter *dat*); **~ido** [-'fridu]: (**mal**) **~** (un)geduldig; **~imento** [-fri'mẽtu] *m* Leiden *n*; Geduld *f*; **~ível** [-'frivɛɫ] erträglich; *Note*: ausreichend
software [sɔft'wɛrə] *m* Software *f*
soga ['sogɐ] *f* Strick *m*; Seil *n*
sogro *m*, **-a** *f* ['sogru, 'sɔgrɐ] Schwiegervater *m*, -mutter *f*; **~s** ['sɔgruʃ] *m/pl* Schwiegereltern *pl*
soja ['sɔʒɐ] *f* Soja(bohne) *f*
sol [sɔl] *m* **a**) Sonne *f*; Sonnenschein *m*; **está ~, faz ~** die Sonne scheint; es ist sonnig; **apanhar ~, tomar o ~** sich sonnen; **pôr ao ~** *et* an den Tag bringen; **b**) MÚS G *n*
sol|a ['sɔlɐ] *f* Sohle(nleder *n*) *f*; *bras* CUL Tapiokakuchen *m*; **dar à ~** F ausreißen, abhauen; **romper ~s** P sich die Hacken ablaufen; **~ado** [su'ladu] **1.** *adj* besohlt; **2.** *m* Sohle *f*
solama [so'lɐ̃ma] *f bras* Sonnenhitze *f*; grelle(s) Licht *n*
solanáceas [sulɐ'nasjɐʃ] *f/pl* BOT Nachtschattengewächse *n/pl*
solap|a [su'lapɐ] *f* (Fall)Grube *f*; *fig* Falle *f*; **à ~** P klammheimlich; **~ado** [-lɐ'padu] *fig* heimlich; hinterlistig; **~ão** [-'pɐ̃w] *m bras* (Ufer)Auswaschung *f*; **~ar** [-'par] (1b) unterhöhlen; aushöhlen; *fig* untergraben; verbergen; **~o** [-'lapu] *m* → **~ão**
solar [su'lar] **1.** *adj* Sonnen...; solar; **creme** *m* **de protecção ~** Sonnenschutzcreme *f*; **energia** *f* **~** Sonnenenergie *f*; **2.** *v/t* (1e) besohlen; **3.** *m* Herrensitz *m*; **~engo** [-lɐ'rẽgu] herrschaftlich
solavanco [sulɐ'vɐ̃ku] *m* Stoß *m*; **aos ~s** mit Geholper
solda ['sɔɫdɐ] *f* Löt-, Schweißmittel *n*
soldad|esca [sɔɫdɐ'deʃkɐ] *f* Soldateska *f*; **~o** [-'dadu] *m* Soldat *m*
sold|ador [sɔɫdɐ'dor] *m* **a**) Schweißer *m*; **b**) Lötkolben *m*; Schweißapparat *m*; **~adura** [-dɐ'durɐ] *f* Löten *n*; Schweißen *n*; Löt-, Schweißstelle *f*; Naht *f*; MED Verwachsung *f*; **~ eléctrica** Elektroschweißen *n*; **~ por pontos** Punktschweißen *n*; **~agem** [-'daʒɐ̃j] *f* Lötung *f*; Schweißen *n*; *fig* Verschmelzung *f*; **~ar** [-'dar] (1e) löten, schweißen; **~-se** verwachsen
soldo ['sołdu] *m* Sold *m*; NAV Heuer *f*
soledade [sulə'dadə] *f* → **solidão**
soleira [su'lɐjrɐ] *f* (Tür)Schwelle *f*
solen|e [su'lenə] feierlich; förmlich; **~idade** [-ləni'dadə] *f* Feierlichkeit *f*; **~izar** [-ni'zar] (1a) feierlich begehen
solerte [su'lɛrtə] verschlagen, schlau
soleta [su'letɐ] *f* Einlegesohle *f*; dünne Sohle *f*

S

soletrar [sulə'trar] (1c) buchstabieren
solev|antar (1a), **~ar** (1c) [suləvɐ̃'tar, -'var] anheben; halb aufrichten
solfejar [soɫfə'ʒar] (1d) Noten lesen; vom Blatt singen
solferino [soɫfe'rĩnu] *m bras* Scharlach *m* (*Farbe*)
solh|a ['soʎɐ] *f* ZO Butt *f*; **~-de--pedra** *f* Flunder *f*; **dar uma ~ a** P *j-m* eine Backpfeife geben; **~o(-rei)** ['soʎu, -'rɐj] *m* Stör *m*
solicit|ação [suləsitɐ'sɐ̃w] *f* Gesuch *n*; Antrag *m* (**de** auf *ac*); Bitte *f*; Bewerbung *f*; Aufforderung *f*; TÉCN (Material)Beanspruchung *f*; **-ões** *pl* ECON Nachfrage *f*; **~ador** [-tɐ'dor] *m* Antragsteller *m*; Bewerber *m*; JUR Rechtsbeistand *m*; **~ar** [-'tar] (1a) *j-n* antreiben (**a** zu); auffordern; beantragen; TÉCN beanspruchen; **~ a alg** j-n bitten um; **estar** (*od* **ser**) **solicitado** begehrt sein
sol|ícito [su'lisitu] eifrig; hilfsbereit; besorgt; **~icitude** [-ləsi'tudə] *f* Eifer *m*; Hilfsbereitschaft *f*
solidão [suli'dɐ̃w] *f* Einsamkeit *f*
solid|ariedade [sulidɐrjə'dadə] *f* Solidarität *f* (**para com** mit); **~ário** [-'darju] solidarisch; mitverantwortlich; **~arizar** [-dɐri'zar] (1a) zusammenschließen; **~-se** sich solidarisieren (**com** mit); **~éu** [-'dɛw] *m* Käppchen *n*; **~ez** [-'deʃ] *f* Festigkeit *f*; Zuverlässigkeit *f*; Solidität *f*; **~ificar** [-dəfi'kar] (1n) verdichten; zum Gefrieren bringen; *fig* festigen; **~-se** gefrieren; erstarren
sólido ['sɔlidu] **1.** *adj* fest; solide; gediegen; sicher; stichhaltig; nahrhaft; dauerhaft; **2.** *m* (fester) Körper *m*; *fig* feste Grundlage *f*; Kern *m*
solilóquio [suli'lɔkju] *m* Selbstgespräch *n*
solimão [suli'mɐ̃w] *m* P Gifttrank *m*
sólio ['sɔlju] *m* Thron *m*
solípede [su'lipədə] *m* ZO Einhufer *m*
solista [su'liʃtɐ] *su* Solist(in *f*) *m*
solitári|a [suli'tarjɐ] *f* Bandwurm *m*; **~o** [-'tarju] **1.** *adj* einsam; **2.** *m* Einsiedler *m*
solo ['sɔlu] *m* **a)** (Erd)Boden *m*; Grund *m*; **b)** MÚS Solo *n*
sol-posto [sɔɫ'poʃtu] *m* Sonnenuntergang *m*
solstício [sɔɫʃ'tisju] *m* Sonnenwende *f*
solt|a ['soɫta] *f bras* (Winter)Weide *f*; **~s** *pl* Vorspann *m*; **à ~** frei; zügellos; **andar à ~** frei herumlaufen; **~ar** [soɫ'tar] (1e) **1.** *v/t* losmachen; lockern; loslassen; lösen; locker lassen; freilassen; *Ton etc* von sich geben; *Meinung* äußern; *Seufzer* ausstoßen; *Gelächter* ausbrechen in (*ac*); *Funken* sprühen; *Schuld* erlassen; **2.** *v/i* aufbrechen; **~ em** ausbrechen in (*ac*); **~-se** sich lösen
solteir|ão [soɫtɐj'rɐ̃w] *m*, **-ona** *f* eingefleischte(r) Junggeselle *m*, Junggesellin *f*; *depr* alte Jungfer *f*; **~o** [-'tɐjru] **1.** *adj* ledig, unverheiratet; **2.** *m*, **-a** *f* Junggeselle *m*, Single *m*
solt|o ['soɫtu] **1.** *p/p irr von* **soltar**; **2.** *adj* los(gelöst); frei (*Gefangener*); lose; offen (*Haar*); locker (*Zunge*, *Leben*); ungebunden; körnig (*Reis*); reimlos; ohne festen Standort; **folha** *f* **-a** Flugblatt *n*; **dormir a sono ~** fest schlafen; **~ura** [-'turɐ] *f* Freilassung *f*; Lockerung *f*; Lockerheit *f*; Dreistigkeit *f*; Zügellosigkeit *f*; **~ de ventre** MED Durchfall *m*
solu|bilidade [sulubəli'dadə] *f* QUÍM Löslichkeit *f*; Lösbarkeit *f*; **~ção** [-'sɐ̃w] *f Aufgabe*: Lösung *f*; Ablösung *f* (*e-r Schuld*)
soluçar [sulu'sar] (1p) schluchzen; aufstoßen; brausen (*Meer*); stampfen
solucion|ar [sulusju'nar] (1f) *Problem* lösen; **~ável** [-'navɛɫ] lösbar
soluço [su'lusu] *m* Schluchzer *m*; Rülpser *m*; **aos ~s** *fig* stückweise; **ter ~s** Schluckauf haben
solut|ivo [sulu'tivu] lösend; MED abführend; **~o** [-'lutu] *m* QUÍM Lösung *f*
solúvel [su'luvɛɫ] lösbar; QUÍM löslich
solv|ência [soɫ'vẽsjɐ] *f* Zahlungsfähigkeit *f*; Bonität *f*; Solvenz *f*; **~ente** [-'vẽtə] **1.** *adj* solvent; **2.** *m* Lösungsmittel *n*; **~er** [-'ver] (2e) *Schuld* bezahlen; **~ível** [-'vivɛɫ] begleichbar; bezahlbar; → **~ente**
som [sõ] *m* Ton *m*; Klang *m*; Laut *m*; FIS Schall *m*; **~ quadrifónico** Quadrophonie *f*; **barreira** *f* **do ~** Schallmauer *f*; **volume** *m* **de ~** Lautstärke *f*; Klangfülle *f*; **ao ~ do piano** mit

Klavierbegleitung; ***alto e bom ~*** laut und deutlich

som|a ['somɐ] **1.** *f* Summe *f*; *MAT* Addition *f*; *fig* Zusammenfassung *f*; Wesentliche(s) *n*; ***grande ~ de*** viel; ***ascender à ~ de*** sich belaufen auf (*ac*); **2.** *m Angola* Häuptling *m*; **~ar** [su'mar] (1f) **1.** *v/t* addieren; hinzuzählen (***a*** zu); *fig* zusammenfassen; = **b**) *v/i*: ***~ em*** betragen (*ac*); ***~-se*** sich summieren; hinzukommen

somatório [sumɐ'tɔrju] *m* Gesamtsumme *f*; *fig* Gesamtheit *f*; ***por ~*** im Großen und Ganzen

sombra ['sõbrɐ] *f* Schatten *m*; Dunkel *n*; (An)Schein *m*; Spur *f*; Schimmer *m*; Lidschatten *m*; *fig* Schutz *m*; P Knast *m*; ***à ~*** im Schatten; ***à ~ de*** *fig* im Schutz (*gen*); ***de boa*** (***má***) ***~*** (un)sympathisch; ***nem por ~s*** P keine Spur; ***fazer ~ a*** *fig j-n* in den Schatten stellen

sombr|eado [sõ'brjadu] *m PINT* Schattierung *f*; **~eal** [-'brjał] *m* schattige(r) Ort *m*; **~ear** [-'brjar] (1l) beschatten; verdunkeln; *PINT* schattieren; **~eira** [-'brɐjrɐ] *f* Lampenschirm *m*; **~eiro** [-'brɐjru] **1.** *adj* schattig; **2.** *m* Sonnenschirm *m*, -hut *m*; **~inha** [-'briɲɐ] *f* Sonnenschirm *m*; **~s** *pl* Schattenspiel *n*; **~io** [-'briw] schattig; *fig* düster

somenos [su'menuʃ] minderwertig; ***de ~*** unbedeutend

somente [sɔ'mẽtə] nur; *zeitl* erst; ***tão ~*** lediglich

somítico [su'mitiku] knauserig

sonâmbulo [su'nɐ̃bulu] **1.** *adj* mondsüchtig; schlafwandlerisch; *fig* schläfrig; **2.** *m* Schlafwandler *m*

son|ância [su'nɐ̃sjɐ] *f* Klang *m*; **~ante** [-'nɐ̃tə] **1.** *adj* klingend; ***metal m ~*** = **2.** *m* Hartgeld *n*; *poét* klingende Münze *f*; **~ata** [-'natɐ] *f* Sonate *f*

sonave [su'navə] *f* (Haupt)Balken *m*

sond|a ['sõdɐ] *f* Sonde *f*; *NAV* Lot *n*; ***~ acústica*** Echolot *n*; **~agem** [-'daʒɐ̃j] *f* Sondierung *f*; Lotung *f*; *fig* Erhebung *f*; ***~ de opinião*** Meinungsforschung *f*; ***~ do mercado*** Marktforschung *f*; ***~-inquérito*** *f* Umfrage *f*; **~ar** [-'dar] (1a) sondieren; loten; *fig* ausforschen, untersuchen

soneca [su'nɛkɐ] *f* Schläfchen *n*

soneg|ação [sunəgɐ'sɐ̃w] *f* Unterschlagung *f*; (Steuer)Hinterziehung *f*; **~adamente** [-gadɐ'mẽtə] insgeheim; **~ador** [-gɐ'dor] *m* (Steuer-)Hinterzieher *m*; **~ar** [-'gar] (1o; *Stv* 1c) verhehlen; unterschlagen; *Steuer* hinterziehen; ***~-se*** sich drücken

soneto [su'netu] *m* Sonett *n*

sonh|ador [suɲɐ'dor] **1.** *adj* träumerisch; **2.** *m* Träumer *m*; **~ar** [-'ɲar] (1f) **1.** *v/t* träumen; ahnen; **2.** *v/i* träumen (***com*** von); **~o** ['soɲu] *m* Traum *m*; *CUL* Windbeutel *m*

sonido [su'nidu] *m* Laut *m*; Klang *m*; Geräusch *n*; Getöse *n*

sono ['sonu] *m* Schlaf *m*; Schläfrigkeit *f*; ***~ dos justos*** Schlaf *m* der Gerechten; ***~ hibernal*** Winterschlaf *m*; ***tonto de ~*** schlaftrunken; ***cair*** (*od* ***pegar***) ***no ~*** einschlafen; ***cair de ~*** vor Müdigkeit umfallen; ***dormir dum ~*** durchschlafen; ***estar com ~, ter ~*** müde (*od* schläfrig) sein

sonol|ência [sunu'lẽsjɐ] *f* Schläfrigkeit *f*; **~ento** [-'lẽtu] schlaftrunken; schläfrig

sonoplast|a [sunu'plaʃtɐ] *su* Techniker(in *f*) *m*; **~ia** [-plɐʃ'tiɐ] *f* Tontechnik *f*

sonor|idade [sunuri'dadə] *f* Klang(fülle *f*) *m*; Lautstärke *f*; **~izar** [-'zar] (1a) *Film* vertonen; mit einer Tonanlage ausstatten; stimmhaft aussprechen; **~o** [-'nɔru] klangvoll, wohlklingend; voll; (laut)stark; stimmhaft; mit guter Akustik; ***filme m ~*** Tonfilm *m*

sons|a, ~ice ['sõsɐ, sõ'sisə] *f* Verschlagenheit *f*; Hinterhältigkeit *f*; Schläue *f*; ***pela ~*** F hintenherum; **~o** [-su] verschlagen

sopa ['sopɐ] *f* Suppe *f*; ***molhado como uma ~*** bis auf die Haut durchnässt; ***~ de pacote*** Tütensuppe *f*; ***~ dos pobres*** Armenküche *f*; ***cair como a ~ no mel*** P wie gerufen kommen; ***estar feito numa ~*** platschnass sein; ***molhar a ~*** P sich einmischen; ***ou sim ou ~s*** ja oder nein

sopapo [su'papu] *m* Kinnhaken *m*; ***de ~*** P urplötzlich

sopé [su'pɛ] *m* Fuß *m* (*e-s Berges*)

sopeir|a [su'pɐjrɐ] *f* Suppenschüssel *f*; F *depr* Küchenhilfe *f*; Hausange-

S

stellte *f*; **~o** [-ru] **1.** *adj* Suppen...; **2.** *m* Schmarotzer *m*
sopesar [supə'zar] (1c) (in der Hand) wiegen; tragen; zumessen
sopit|ado [supi'tadu] schläfrig; **~ar** [-'tar] (1a) einschläfern (*Geräusche*)
sopor [su'por] *m* Schläfrigkeit *f*; Benommenheit *f*; Tiefschlaf *m*; **~ativo**, **~ífero**, **~ífico** [-purɐ'tivu, -'rifəru, -'rifiku] **1.** *adj* Schlaf...; einschläfernd; **2.** *m* Schlafmittel *n*
sopran|ista [suprɐ'niʃtɐ] *f* Sopranistin *f*; **~o** [su'prɐnu] *m* Sopran *m*
soprar [su'prar] (1e) **1.** *v/t* anblasen; F pusten; *Blasinstrument* spielen; ausblasen; aufblasen; wegblasen; zu-, einflüstern; *Leidenschaft* schüren; **2.** *v/i* blasen, wehen
sopro ['sopru] *m* Hauch *m*; Atem *m*; Wehen *n*; *METÉO* Wind *m*; *MÚS* Ton *m*; **~s** *pl* Blasinstrumente *n/pl*
soqu|eiro [su'kɐjru] *m* Schlagring *m*; **~ete** [su'ketə] **1.** *m leichter* Faustschlag *m*; *EL* Fassung *f*; **2.** *f bras* Söckchen *n*
sor [sor] *m*, **-a** *f* P → ***senhor***(***a*** *f*) *m*
sord|ícia, **~ície**, **~idez** [sur'disjɐ, -'disjə, -di'deʃ] *f* Schmutz *m*; Niedertracht *f*; Geiz *m*
sórdido ['sɔrdidu] schmutzig; widerlich; niederträchtig; geizig
sorn|a ['sornɐ] **1.** *adj* langsam; träge; **2.** *f* Trägheit *f*; Schläfrigkeit *f*; ***bater uma ~*** F ein kurzes Nickerchen machen; **3.** *su* Schlafmütze *f*; **~ar** [sur'nar] (1e) trödeln; schlafen
soro ['soru] *m* Molke *f*; *MED* Serum *n*
sóror ['sɔrur] *f* Schwester *f* (*Nonne*)
sorrat|e [su'ʀatə] *m*: ***de ~*** unvermittelt; verstohlen; **~eiro** [-ʀɐ'tɐjru] heimlich; tückisch
sorrelfa [su'ʀɛlfɐ] **1.** *adj* durchtrieben; **2.** *f* Durchtriebenheit *f*; Verstellung *f*; ***à ~*** hinterrücks; heimlich; **3.** *su fig* Fuchs *m*
sorr|idente [suʀi'dẽtə] lächelnd; heiter; **~ir** [-'ʀir] (3v) lächeln; begehrenswert erscheinen; **~-se** anlächeln (***para*** *j-n*); lachen (***de*** über *ac*); **~iso** [-'ʀizu] *m* Lächeln *n*; ***~ amarelo*** gestellte(s) Lächeln *n*; ***desfazer-se em*** (*od* ***num***) **~** übers ganze Gesicht strahlen
sorte ['sɔrtə] *f* Schicksal *n*; Los *n*; Glück *n*; Zufall *m*; Wagnis *n*; *Lotterie*: Gewinn *m*, Anteil *m*; (Lebens-) Lage *f*, (Vermögens)Verhältnisse *n/pl*; Art *f*, Sorte *f*; *Stierkampf*: Gang *m*; Wendung *f* (*des Stiers*); ***boa ~!*** viel Glück!, alles Gute!; ***~ grande*** Hauptgewinn *m*; ***pouca ~*** F Pech *n*; ***à ~*** auf gut Glück; durch Los; ***desta ~*** auf diese Weise; ***de ~ que*** sodass; ***por ~*** (***que***) glücklicherweise; ***estar com*** (*od* ***ter***) **~** Glück haben; ***lançar*** (*od* ***deitar***) **~s** losen (***de*** um); ***tirar à ~*** auslosen
sort|eado [sur'tjadu] ausgelost; *MIL* tauglich; **~ear** [-'tjar] (1l) verlosen; *Anteil* zuteilen; auswählen; **~eio** [-'tɐju] *m* Verlosung *f*; Ziehung *f*; ***~ final*** Endauslosung *f*; **~ido** [-'tidu] **1.** *adj* assortiert (*Lager*); sortiert; gemischt (*Waren*); ***bem ~*** reichhaltig; **2.** *m* Sortiment *n*; **~ilégio** [-ti'lɛʒju] *m* Hexerei *f*; Kunst(stück *n*) *f*; **~imento** [-ti'mẽtu] *m bras* → **~ido**; **~ir** [-'tir] (3g) *Lager* assortieren; zusammenstellen; ausstatten (***com***, ***de*** mit)
soruma [su'rumɐ] *f Afrika* Hanf *m*; Haschisch *m od n*
sorumbático [surũ'batiku] finster
sorv|a ['sorvɐ] *f BOT* Vogelbeere *f*; **~ado** [sur'vadu] überreif; angefault
sorvedoiro, **-ouro** [survə'dojru, -'doru] *m* Strudel *m*; *fig* Abgrund *m*
sorveira [sur'vɐjrɐ] *f BOT* Eberesche *f*
sorver [sur'ver] (2d) *Getränk* schlürfen; aufsaugen (*Erde*, *Lappen*)
sorvet|e [sur'vɛtə] *m* (Speise)Eis *n*; **~eira** [-və'tɐjrɐ] *f* Eismaschine *f*; Eistruhe *f*; **~eria** [sorveti'ria] *f bras* Eisdiele *f*
sorvo ['sorvu] *m* Schluck *m*
sósia ['sɔzjɐ] *su* Doppelgänger(in *f*) *m*
soslaio [suʒ'laju] *m*: ***de ~*** schief
sosseg|ado [susə'gadu] ruhig; **~ar** [-'gar] (1o; *Stv* 1c) sich beruhigen; sich ruhig verhalten; **~o** [-'segu] *m* Ruhe *f*; ***pôr em ~*** beruhigen
sota ['sɔtɐ] **1.** *f Kartenspiel*: Dame *f*; *fig* Atempause *f*; **2.** *m* Kutscher *m*
sotaina [su'tajnɐ] *f* Soutane *f*
sótão(s) ['sɔtɐ̃w(ʃ)] *m*(*pl*) (Dach-) Boden *m*; Dachgeschosswohnung *f*; ***ter macacos no ~*** P e-n Vogel haben
sotaque [su'takə] *m* Stichelei *f*; *LING* Akzent *m*, Tonfall *m*

sotavento [sɔtɐ'vẽtu] *m NAV* Lee *f*
soterrar [sutə'ʀar] (1c) ver-, begraben
soto|... [sutu] Unter...; Sub...; **~por** [-'por] (2zd) unterstellen, -schieben
soturno [su'turnu] finster; schwermütig; pessimistisch
sou [so] → ***ser***
soube ['sobə] → ***saber***
soufflé [su'fle] *m CUL* Soufflé *n*
soutien [su'tjẽ] *m* BH *m*
souto ['sotu] *m* Gehölz *n*
sova ['sɔvɐ] *f* Tracht *f* Prügel; ***dar uma ~ a*** *j-n* verprügeln
sova|co [su'vaku] *m ANAT* Achselhöhle *f*; **~quinho** [-vɐ'kiɲu] *m* Achsel-, Schweißgeruch *m*
sovar [su'var] (1e) *Teig* (durch)kneten; *Trauben* pressen, stampfen; *j-n* verprügeln
sovela [su'vɛlɐ] *f* Ahle *f*, Pfriem *m*
sovin|a [su'vinɐ] **1.** *adj* geizig; **2.** *f* Pflock *m*; Stechfeile *f*; **3.** *su* Geizhals *m*; **~ice** [-və'nisə] *f* Geiz *m*
sozinho [sɔ'ziɲu] allein
S.P. ***sentidos pêsames*** *m/pl* herzliches Beileid *n*; ***Serviço*** *m* ***Público*** Öffentliche(r) Dienst *m*
Sr., **Srs.** ***Senhor(es)*** *m(pl)* Herr(en) *m(pl)*
Sr.ª, **Sr.ªˢ** ***Senhora(s)*** *f(pl)* Frau...; Dame(n) *f(pl)*
ss ***seguintes*** folgende (ff.)
stand [stẽd(ə)] *m* (Messe)Stand *m*; ***~ de automóveis*** Autohaus *n*
S.ᵗᵒ ***Santo*** Heilige(r) (hl.)
stock [stɔk(ə)] *m* Lagerbestand *m*; **~agem** [-'kaʒẽj] *f* Lagerhaltung *f*
sua ['suɐ] → ***seu***; ***uma das ~s*** typisch für ihn (*od* sie); ***na ~*** in seiner (*od* ihrer) bekannten Art; ***dizer das ~s*** s-e üblichen Witze machen
suã [swɐ̃] *f* Schinken *m*
suabo ['swabu] **1.** *adj* schwäbisch; **2.** *m* Schwabe *m*
suaçu [swa'su] *m bras* Hirsch *m*; Rotwild *n*
suad|o ['swadu] verschwitzt; *fig* sauer verdient; **~oiro**, **~ouro** [swɐ'dojru, -'doru] *m* Schwitzbad *n*; *Pferd*: Widerrist *m*; Sattelkissen *n*
suão [swɐ̃w]: (***vento*** *m*) ~ heiße(r) Südwind *m*
suar [swar] (1g) **1.** *v/t* ausschwitzen; **2.** *v/i* schwitzen; *fig* sich abplagen (***para*** für); ***fazer ~*** zum Schwitzen bringen; **~ento** [swɐ'rẽtu] schweißbedeckt
suav|e ['swavə] sanft, mild; weich; zart; **~idade** [swɐvi'dadə] *f* Sanftheit *f*; Milde *f*; Zartheit *f*; **~izar** [-vi'zar] (1a) mildern; besänftigen; lindern; erleichtern
sub|abastecimento [subɐbɐʃtəsi'mẽtu] *m* Unterversorgung *f*; **~agudo** [-ɐ'gudu] *MED* verschleppt; **~alimentação** [-ɐlimẽtɐ'sɐ̃w] *f* Unterernährung *f*; **~alterno** [-aɫ'tɛrnu] untergeordnet, subaltern; **~alugar** [-ɐlu'gar] (1o) untervermieten; **~aquático** [-ɐ'kwatiku] Unterwasser...; **~arrendamento** [-ɐʀẽdɐ'mẽtu] *m* Untervermietung *f*; **~arrendatário** [-ɐʀẽdɐ'tarju] *m* Untermieter *m*
sub|chefe [sub'ʃɛfə] *m MIL* Unterbefehlshaber *m*; *allg* rechte Hand *f* (*e-s Chefs*); **~comissão** [-kumi'sɐ̃w] *f* Unterausschuss *m*; **~consciente** [-kõʃ'sjẽtə] *m* Unterbewusstsein *n*; **~cutâneo** [-ku'tɐnju] subkutan
subdeleg|ação [subdələgɐ'sɐ̃w] *f* Abordnung *f*; Nebenstelle *f*; **~ado** [-'gadu] *m* Beigeordnete(r) *m*
subdesenvolvido [subdəzẽvoɫ'vidu] unterentwickelt
súbdito ['subditu] *m* Untertan *m*
subdi|rectório [subdirɛ'tɔrju] *m INFORM* Unterverzeichnis *n*; **~vidir** [-divə'dir] (3a) unterteilen; **~visão** [-dəvi'zɐ̃w] *f* Unterteilung *f*; *Firma*: Unterabteilung *f*; **~visível** [-divə'zivɛɫ] unterteilbar
sub|emprego [subẽ'prɛgo] *m* Unterbeschäftigung *f*; **~entender** [-bẽtẽ'der] (2a) annehmen; erahnen; **~-se** sich von selbst verstehen; **~espécie** [subiʃ'pɛsjə] *f* Unterart *f*; **~grupo** [-'grupu] *m* Untergruppe *f*
sub|ida [su'bidɐ] *f* Steigen *n*; Aufstieg *m*; Steigung *f*; Ansteigen *n*; Steigerung *f*; **~ido** [-'bidu] hoch; erhaben; **~imento** [-bi'mẽtu] *m* Erhöhung *f*; Zuwachs *m*
subin|spector [subĩʃpɛ'tor] *m* Unterinspektor *m*; **~tendência** [-tẽ'dẽsjɐ] *f* Verwaltungsstelle *f*
subir [su'bir] (3h) **1.** *v/t* besteigen; hinaufbringen; hochziehen; hochschieben; hochschlagen; höher hängen; höher stellen; hinaufsetzen; er-

S

höhen; *j-n* befördern; *fig* rühmen; steigern; **2.** *v/i* heraufkommen; hinaufsteigen, -fahren, -gehen; einsteigen (***para*** in *ac*); emporsteigen; sich steigern; sich belaufen (***a*** auf *ac*); steigen (***a, para*** auf *ac*); ***~ à manivela*** hochkurbeln; ***~ ao poder*** an die Macht kommen; ***~ de posto*** aufrücken; ***~ de preço*** sich verteuern

súbito ['subitu] plötzlich; unerwartet; jäh, rasch; ***de ~*** auf einmal, plötzlich

subjacente [subʒɐ'sẽtə] unten liegend; *fig* zugrunde liegend

subjectiv|ar [subʒɛti'var] (1a) subjektivieren; **~idade** [-təvi'dadə] *f* Subjektivität *f*; **~ismo** [-'viʒmu] *m* Subjektivismus *m*; **~o** [-'tivu] subjektiv; persönlich; ichbezogen

subjugar [subʒu'gar] (1o) unterjochen; bezwingen; zähmen

subjuntivo [subʒũ'tivu] *f* Konjunktiv *m*

sublev|ação [subləvɐ'sɐ̃w] *f* Aufstand *m*; **~ar** [-'var] (1c) aufwiegeln; ***~-se*** sich erheben

sublim|ado [subli'madu] *m* QUÍM Sublimat *n*; **~ar** [-'mar] (1a) sublimieren; *fig* erheben; veredeln; **~e** [-'limə] erhaben; edel; **~idade** [-mi'dadə] *f* Erhabenheit *f*

sublinhar [subli'ɲar] (1a) unterstreichen; *fig* hervorheben

subloc|ação [subluкɐ'sɐ̃w] *f* Untermiete *f*; **~ar** [-'kar] (1n; *Stv* 1e) unter-, weitervermieten; **~atário** [-'tarju] *m* Untermieter *m*

submarino [submɐ'rinu] **1.** *adj* unterseeisch; **2.** *m* U-Boot *n*

submer|gir [submər'ʒir] (3n; *Stv* 2c) untertauchen; unter Wasser drücken; überschwemmen (*a fig*); ***~-se*** tauchen; untergehen (*Schiff, Kultur*); **~gível** [-'ʒivɛɫ] → ***~sível***; **~são** [-'sɐ̃w] *f* Untertauchen *n*; Überschwemmung *f*; **~sível** [-'sivɛɫ] *m* Tauchboot *n*; **~so** [-'mɛrsu] **1.** *p/p irr von* ***~gir***; **2.** *adj* Unterwasser...

subm|eter [submə'ter] (2c) unterwerfen; unterziehen (***a*** *dat*); **~issão** [-mi'sɐ̃w] *f* Unterwerfung *f*; Unterwürfigkeit *f*; **~isso** [-'misu] unterwürfig

subordin|ação [suburdinɐ'sɐ̃w] *f* Unterordnung *f*; Gehorsam *m*; **~ada** [-'nadɐ] *f* GRAM Nebensatz *m*; **~ado** [-'nadu] **1.** *adj* untergeordnet; zweitrangig; untergeben; abhängig; **2.** *m* Untergebene(r) *m*; **~ar** [-'nar] (1a) unterordnen

suborn|ar [subur'nar] (1e) bestechen; **~ável** [-'navɛɫ] bestechlich; **~o** [-'bornu] *m* Bestechung *f*

subproduto [subpru'dutu] *m* Nebenprodukt *n*

subscr|ever [subʃkrə'ver] (2c) **1.** *v/t* unterschreiben; abonnieren; subskribieren; *Anleihe* zeichnen; **2.** *v/i* zustimmen (***a*** zu); ***~ para*** abonnieren (*ac*); spenden; ***~-se*** unterschreiben; **~ição** [-kri'sɐ̃w] *f* Unterzeichnung *f*; Subskription *f*; Sammlung *f*; **~ito** [-'kritu] **1.** *p/p von* ***subscrever***; **2.** *adj* TIP tiefgestellt; **~itor** [-kri'tor] *m* Subskribent *m*; Unterzeichner *m*

subse|cretário [subsəkrə'tarju] *m* (Unter)Staatssekretär *m*; **~quente** (*ü) [-'kwẽtə] nachfolgend

subserv|iência [subsər'vjẽsjɐ] *f* Unterwürfigkeit *f*; **~iente** [-'vjẽtə] unterwürfig, hörig; kriecherisch

subsidi|ado [subsi'djadu] **1.** *adj* subventioniert; **2.** *m* Empfänger *m* staatlicher Zuschüsse; **~ar** [-'djar] (1g) subventionieren; **~ariedade** [-djɐrjə'dadə] *f* Subsidiarität *f*; **~ário** [-'djarju] Subventions...

subsídio [sub'sidju] *m* Subvention *f*; ***~ de deslocação*** Trennungsgeld *n*; ***~ de desemprego*** Arbeitslosenhilfe *f*; ***~ de renda*** Wohngeld *n*; ***~ fiscal*** Steuervergünstigung *f*

subsist|ência [subsiʃ'tẽsjɐ] *f* Subsistenz *f*; Bestand *m*; (Lebens)Unterhalt *m*; **~ente** [-'tẽtə] fortbestehend; **~ir** [-'tir] (3a) (fort)bestehen

subsolo [sub'sɔlu] *m* Untergrund *m*; ***~ marítimo*** GEOL Kontinentalsockel *m*; ***no ~*** unter der Erde; BGB unter Tage; ***riquezas*** *f/pl* ***do ~*** Bodenschätze *m/pl*

substabelecer [subʃtɐbələ'ser] (2g) vertretungsweise einsetzen; *Vollmacht* übertragen

substância [subʃ'tɐ̃sjɐ] *f* Substanz *f*; Stoff *m*; Wesen *n*; Gehalt *m*; ***em ~*** im Wesentlichen

substanci|al [subʃtɐ̃'sjaɫ] substantiell; wesentlich; gehaltvoll; gründlich; wirksam; **~alizar** [-sjɐli'zar] (1a) verstofflichen; **~ar** [-'sjar] (1g)

S

(ordentlich) ernähren; stärken; *fig* zusammenfassen; **~oso** [-'sjozu] substantiell; gehaltvoll

substantivo [subʃtɐ̃'tivu] *m* Hauptwort *n*, Substantiv *n*

substitu|ição [subʃtitui'sɐ̃w] *f* (Stell)Vertretung *f*; Ersetzung *f*; Ersatz *m*; ***em ~ de*** in Vertretung von; **~inte** [-tu'ĩtə] **1.** *adj* Ersatz...; **2.** *m* → ***~to***; **~ir** [-'twir] (3i) *j-n* vertreten; ersetzen; einspringen für; unterschieben; **~ível** [-'twivɛɫ] ersetzbar; **~to** [-'tutu] **1.** *adj* stellvertretend; Ersatz...; **2.** *m* Vertreter *m*; Ersatzmann *m*

substrato [subʃ'tratu] *m* Grundlage *f*, Substrat *n*; ***~ de enraizamento*** *AGR* Pflanzsubstrat *n*

subterfúgio [subtər'fuʒju] *m* Ausflucht *f*, Ausrede *f*

subt|errâneo [subtə'ʀɐnju] **1.** *adj* unterirdisch; ***água f -a*** Grundwasser *n*; **2.** *m* Keller *m*; Höhle *f*; **~érreo** [-'tɛʀju] unterirdisch

subtil [sub'tiɫ] fein; zart; leise; scharfsinnig; subtil; **~eza**, **~idade** [-'lezɐ, -təli'dadə] *f* Feinheit *f*; Zartheit *f*; Scharfsinn *m*; Spitzfindigkeit *f*; **~izar** [-li'zar] (1a) **1.** *v/t* verfeinern; ausklügeln; **2.** *v/i* Spitzfindigkeiten sagen

subtítulo [sub'titulu] *m* Untertitel *m*

subtra|(c)ção [subtra'sɐ̃w] *f MAT* Subtraktion *f*; *bras a* Unterschlagung *f*; **~ir** [-trɐ'ir] (3l) subtrahieren (***a*** von); *fig* unterschlagen

subtropical [subtrupi'kaɫ] subtropisch

sub|urbano [subur'bɐnu] vorstädtisch; **~úrbio** [-'burbju] *m* Vorort *m*

subvalorizar [subvɐluri'zar] (1a) unterbewerten

subven|ção [subvẽ'sɐ̃w] *f* (staatliche) Unterstützung *f*; Subvention *f*; **~cional** [-sju'naɫ] Subventions...; **~cionar** [-sju'nar] (1f) subventionieren

subver|são [subvər'sɐ̃w] *f* Umsturz *m*; **~sivo** [-'sivu] subversiv; ***guerra f -a*** Guerillakrieg *m*; **~sor** [-'sor] **1.** *adj* Umsturz...; **2.** *m* Umstürzler *m*; **~ter** [-'ter] (2c) umstürzen; ***~-se*** durcheinander geraten

sucat|a [su'katɐ] *f* Schrott *m*; ***reduzir a ~*** verschrotten; **~eiro** [-kɐ'tɐj-ru] *m* Schrotthändler *m*, -firma *f*

sucção [suk'sɐ̃w] *f* (An)Saugen *n*; *fig* Anziehungskraft *f*

sucedâneo [susə'dɐnju] *m* Ersatzstoff *m*; Surrogat *n*

suced|er [susə'der] (2c) *zeitl* folgen (***a*** *dat*, auf *ac*); erfolgen; geschehen; zustoßen (***a*** *j-m*); **~ido** [-'didu] **1.** *adj*: ***ser bem*** (***mal***) ~ guten (keinen) Erfolg haben; **2.** *m* Ereignis *n*

sucess|ão [susə'sɐ̃w] *f* (Aufeinander)Folge *f*; Erbfolge *f*; Nachfolge *f*; Erben *m/pl*; ***~ do reino*** Thronfolge *f*; ***imposto m sobre -ões*** Erbschaftssteuer *f*; **~ivamente** [-sivɐ'mẽtə] nacheinander; nach und nach; ***e assim ~*** und so weiter; **~ivo** [-'sivu] (aufeinander) folgend; allmählich; ununterbrochen

sucess|o [su'sɛsu] *m* **a**) Ereignis *n*; Verlauf *m*; Ausgang *m*; **b**) Erfolg *m*; ***fazer ~*** Erfolg haben; **~or** [-'sor] *m* Nachfolger *m*; gesetzliche(r) Erbe *m*; **~orial** [-so'rjaw] *bras* Nachfolge..., Erb...; **~ório** [-'sɔrju] Erbschafts...

súcia ['susjɐ] *f* Clique *f*; Bande *f*

sucinto [su'sĩtu] kurz; gedrängt

súcio ['susju] *m* P Dreckskerl *m*

suc|o ['suku] *m* Saft *m*; Mark *n*; ***~ digestivo*** Verdauungssaft *m*; **~ulento** [-'lẽtu] saftig; fleischig

sucumbir [sukũ'bir] (3a) unterliegen; sterben; zusammenbrechen

sucursal [sukur'saɫ] **1.** *adj* Zweig...; ***casa f ~*** = **2.** *f* Zweigstelle *f*

sudação [sudɐ'sɐ̃w] *f* Schwitzen *n*; Schwitzbad *n*

Sudão [su'dɐ̃w]: ***o ~*** Sudan *m*

sudário [su'darju] *m* Schweißtuch *n*; Leichentuch *n*; *fig* Sündenregister *n*

sud|este [su'dɛʃtə] *m* Südosten *m*; **~oeste** [-'dwɛʃtə] *m* Südwesten *m*

sudorí|fero, **~fico** [sudu'rifəru, -'rifiku] **1.** *adj* schweißtreibend; **2.** *m* schweißtreibende(s) Mittel *n*

Suécia ['swɛsjɐ]: ***a ~*** Schweden *n*

sueco ['swɛku] **1.** *adj* schwedisch; **2.** *m*, **-a** *f* Schwede *m*, Schwedin *f*

sueste ['swɛʃtə] *m* Südosten *m*

suéter ['swɛter] *m bras* Pullover *m*

sufici|ência [sufi'sjẽsjɐ] *f* Hinlänglichkeit *f*; ausreichende Versorgung *f*; ***ar m de ~*** Selbstgefälligkeit *f*; ***à ~*** zur Genüge; **~ente** [-'sjẽtə] **1.** *adj* genügend; *Note*: befriedigend; ***ser ~*** reichen; **2.** *m*: ***o ~*** das Nötig(st)e

S

sufix|al [sufi'ksał] Suffix...; **~o** [-'fiksu] *m* Suffix *n*
sufoc|ação [sufukɐ'sɐ̃w] *f* Erstickung *f*; *MED* Atemnot *f*; *fig* Unterdrückung *f*; **~ar** [-'kar] (1n; *Stv* 1e) **1.** *v/t* ersticken; unterdrücken; **2.** *v/i u* **~-se** ersticken
sufrag|âneo [sufrɐ'gɐnju]: (***bispo*** *m*) **~** *m* Weihbischof *m*; **~ar** [-'gar] (1o; *Stv* 1b) (ab)stimmen für; beten für
sufrágio [su'fraʒju] *m* (Wahl)Stimme *f*; Abstimmung *f*; Wahlrecht *n*; *REL* Totenmesse *f*; **~ *proporcional*** Verhältniswahl(recht *n*) *f*; **~ *universal*** allgemeine(s) Wahlrecht *n*
sug|ação [sugɐ'sɐ̃w] *f* Aussaugung *f*; **~adoiro**, **~adouro** [-'dojru, -'doru] *m ZO* Saugrüssel *m*; **~ar** [-'gar] (1o) (ein)saugen; aussaugen (*a fig*)
suge|rir [suʒə'rir] (3c) *j-m et* vorschlagen; anregen; **~stão** [-ʒəʃ'tɐ̃w] *f* Vorschlag *m*; Einfall *m*; Suggestion *f*; **~stionar** [-ʒəʃtju'nar] (1i) *et* suggerieren; *j-n* beeinflussen; betören; **~stivo** [-ʒəʃ'tivu] anregend; verführerisch; suggestiv
Suíça ['swisɐ]: ***a*** **~** die Schweiz *f*
suíças ['swisɐʃ] *f/pl* Koteletten *pl*
suic|ida [sui'sidɐ] **1.** *adj* selbstmörderisch; Selbstmord...; **2.** *su* Selbstmörder(in *f*) *m*; **~idar-se** [-si'darsə] (1a) Selbstmord begehen; **~ídio** [-'sidju] *m* Selbstmord *m*
suíço ['swisu] **1.** *adj* schweizerisch; **2.** *m*, **-a** *f* Schweizer(in *f*) *m*
su|inicultura [swinikuł'turɐ] *f* Schweinezucht *f*; **~íno** ['swinu] **1.** *adj* Schweine...; **2.** *m* Schwein *n*
sujar [su'ʒar] (1a) **1.** *v/t* beschmutzen, schmutzig machen; *fig* beflecken; **2.** *v/i* Schmutz verursachen
sujeição [suʒɐj'sɐ̃w] *f* Unterwerfung *f*; Abhängigkeit *f*
sujeira [su'ʒɐjrɐ] *f* Schmutz *m*; Schund *m*
sujeit|ar [suʒɐj'tar] (1a) unterwerfen; *Tier* bändigen; *e-r Gefahr* aussetzen; **~-se *a*** *fig* sich abfinden mit
sujeito [su'ʒɐjtu] **1.** *adj* unterworfen; *fig* ergeben; **~ *a*** gebunden an (*ac*); verpflichtet zu; verbunden mit; *der Kritik* ausgesetzt (*dat*); (steuer- *etc*)pflichtig; **~ *a direitos*** zu verzollen; ***estar* ~ *a*** unterliegen (*dat*); unterstehen (*dat*); **2.** *m* (*a* **-a** *f*) Mensch *m*; *LIT* Thema *n*; Sujet *n*; *GRAM* Subjekt *n*
suj|idade [suʒi'dadə] *f* Schmutz *m*; Kot *m*; **~o** ['suʒu] schmutzig (*a fig*)
sul [suł] *m* Süden *m*; *METÉO* Südwind *m*; **~-americano** [-ɐməri'kɐnu] südamerikanisch
sulc|ar [suł'kar] (1n) zerfurchen; *Meer* befahren; **~o** ['sułku] *m* Furche *f*; Kielwasser *n*
sulfat|ador [sułfɐtɐ'dor] *m AGR* Rückenspritze *f*; **~agem** [-'taʒɐ̃j] *f* Spritzen *n* (*von Obst*, *Rebe*); **~ar** [-'tar] (1b) (mit Kupfervitriol) spritzen; **~o** [-'fatu] *m* Sulfat *n*
sulf|uração [sułfurɐ'sɐ̃w] *f* Schwefelung *f*; **~urar** [-'rar] (1a) schwefeln; **~úreo**, **~úrico** [-'furju, -'furiku] schweflig; schwefelgelb
sulista [su'liʃta] **1.** *adj* südbrasilianisch; **2.** *su* Südbrasilianer(in *f*) *m*
sult|ana [suł'tɐnɐ] *f* Sultanine *f*; **~ão** [-'tɐ̃w] *m* Sultan *m*
suma ['sumɐ] *f* Summe *f*; Kern *m*; Abriss *m*; ***em*** **~** kurz, mit einem Wort; **~mente** [-'mẽtə] höchst
sumarento [sumɐ'rẽtu] saftig
sum|ariamente [sumarjɐ'mẽtə] summarisch; in gedrängter Form; **~ariar** [-mɐ'rjar] (1g) zusammenfassen; abkürzen; **~ário** [-'marju] **1.** *adj* kurz; summarisch; **2.** *m* Zusammenfassung *f*; Inhaltsübersicht *f*
sumaúma [sumɐ'umɐ] *f BOT* Kapok *m*; Naturpolsterwolle *f*
sumiç|ão *f*, **~o** *m* [sumi'sɐ̃w, -'misu] Verschwinden *n*; ***levar*** **~** verschwinden, verloren gehen
sumidade [sumi'dadə] *f* höchste(r) Punkt *m*; Gipfel *m*; *fig* herausragende(r) Mensch *m*
sumid|iço [sumə'disu] schwindend; flüchtig; **~o** [-'midu] kaum wahrnehmbar; verblasst; eingesunken; tief liegend; eingefallen; **~oiro**, **~ouro** [-'dojru, -'doru] *m* Abzug *m*; Senkgrube *f*; *fig* Grab *n*
sumir [su'mir] (3h) **1.** *v/t* verschwinden lassen; verbergen; verbrauchen; *Schrift* auslöschen; **2.** *v/i u* **~-se** verschwinden; erlöschen
sum|o ['sumu] **1.** *adj* höchst; größt; oberst; **2.** *m* (Frucht)Saft *m*; **~ *de laranja*** Orangensaft *m*; **~oso** [su'mozu] saftig

sumptu|ário [sũ'twarju] → **~oso**; ***imposto*** *m* ~ Luxussteuer *f*; **~osidade** [-twuzi'dadə] *f* Verschwendung *f*, Luxus *m*; **~oso** [-'twozu] verschwenderisch; luxuriös
súmula ['sumulɐ] *f* kurze(r) Abriss *m*
sung|a ['sũga] *f bras* (Bade)Hose *f*; **~ar** [-'gar] (1o) hochziehen
sunt... [sũt] *bras* → ***sumpt...***
suor [swɔr] *m* Schweiß *m*; ***com o ~ do rosto*** im Schweiße seines Angesichts
super [su'pɛr] *f* Super(benzin) *n*
super|abundância [supərɐbũ'dẽsjɐ] *f* Überfülle *f*; **~abundante** [-ɐbũ'dẽtə] überreichlich; **~abundar** [-ɐbũ'dar] (1a) im Überfluss vorhanden sein; **~alimentação** [-ɐlimẽntɐ'sɐ̃w] *f* Überernährung *f*; **~alimentador** [-ɐlimẽtɐ'dor] *m* Turbolader *m*
super|ar [supə'rar] (1c) überwinden; hinausgehen über (*ac*); übertreffen; **~ável** [-'ravɛɫ] überwindbar
super|ávit [supər'avit] *m* ECON Überschuss *m*; **~condutividade** [-kõdutəvi'dadə] *f* FIS Supraleitfähigkeit *f*; **~dose** [-'dɔzə] *f* Überdosis *f*
super|eminente [supərəmi'nẽtə] herausragend; vorzüglich; **~estrutura** [-iʃtru'turɐ] *f* → ***superstrutura***; **~exaltado** [-izaɫ'tadu] stark überreizt; überspannt; **~excitação** [-ɐjʃsitɐ'sɐ̃w] *f* große Erregung *f*
super|ficial [supərfi'sjaɫ] oberflächlich; äußerlich; oberirdisch; **~ficialidade** [-fisjɐli'dadə] *f* Oberflächlichkeit *f*, Äußerlichkeit *f*; **~fície** [-'fisjə] *f* Oberfläche *f*; ***pessoal*** *m* ***da ~*** BGB Übertagepersonal *n*; **~fino** [-'finu] extrafein
sup|erfluamente [supɛrflwɐ'mẽtə] überflüssigerweise; **~erfluidade** [-flwi'dadə] *f* Überflüssigkeit *f*; **~érfluo** [-'pɛrflwu] überflüssig
super|-homem [supɛ'rɔmɐ̃j] *m* Supermann *m*; FIL Übermensch *m*; **~intendente** [-pərĩtẽ'dẽtə] *m* Oberaufseher *m*; Superintendent *m*
superior [supə'rjor] **1.** *adj comp* höher (***a*** als), größer (***a*** als); *sup* höchst, größt; am höchsten (*od* größten); Ober...; *fig* überlegen (***a*** *dat*); vortrefflich; ***de qualidade ~*** erstklassiger Qualität; ***instituto*** *m* (*od* ***escola*** *f*) ~ Hochschule *f*; ***~ em 4 vezes a*** viermal höher (*od* größer) als; ***ser ~ a*** überlegen sein (*dat*); hinausgehen über (*ac*); **2.** *m*, **-a** *f* Vorgesetzte(r) *su*; Vorsteher(in *f*) *m*; **~idade** [-rjuri'dadə] *f* Überlegenheit *f*, Vorrang *m*; *fig* Vortrefflichkeit *f*; **~mente** [-'mẽtə] behördlicherseits; F von oben
superlativo [supərlɐ'tivu] **1.** *adj* superlativisch; höchst, äußerst; ***grau*** *m* ~ = **2.** *m* Superlativ *m*
super|lotado [supɛrlu'tadu] überfüllt; überladen (*Fahrzeug*); **~mercado** [-mər'kadu] *m* Supermarkt *m*
superno [su'pɛrnu] hoch; vortrefflich
super|população [supɛrpupulɐ'sɐ̃w] *f* Überbevölkerung *f*; **~potência** [-pu'tẽsjɐ] *f* Supermacht *f*
super|povoado [-pu'vwadu] überbevölkert; **~-realismo** [-ʀjɐ'liʒmu] *m* Surrealismus *m*; **~-realista** [-ʀjɐ'liʃtɐ] **1.** *adj* surrealistisch; **2.** *su* Surrealist(in *f*) *m*; **~sensível** [-sẽ'sivɛɫ] überempfindlich; **~sónico** (*ô) [-'sɔniku] Überschall...
supersti|ção [supərʃti'sɐ̃w] *f* Aberglaube *m*; **~cioso** [-'sjozu] abergläubisch
super|strutura [supərʃtru'turɐ] *f* Aufbauten *pl*; FIL Überbau *m*; **~taça** [supɛr'tasɐ] *f* Super-Cup *m*; **~valorizar** [-vɐluri'zar] (1a) überbewerten; **~visão** [-vi'zɐ̃w] *f* Überwachung *f*, Leitung *f*; **~visionar** [-visju'nar] (1f) überwachen; leiten; **~visor** [-vi'zor] *m* Leiter *m*; Kontrolleur *m*
supetão [supə'tɐ̃w] *m*: ***de ~*** auf einmal; urplötzlich
supino [su'pinu] **a)** hoch(gradig); **b)** auf dem Rücken liegend
supl. ***suplemento*** *m* Nachtrag *m*; Beilage *f*
suplantar [suplɐ̃'tar] (1a) verdrängen
suplement|ação [suplemẽta'sɐ̃w] *f bras* Ergänzung *f*; **~ar** [supləmẽ'tar] **1.** *adj* Zusatz...; Extra...; **2.** *v/t* (1a) *bras* ergänzen; erweitern; **~o** [suplə'mẽtu] *m* Nachtrag *m*; Beilage *f*; Zulage *f*; MAT Supplement(winkel *m*) *n*
suplente [su'plẽtə] **1.** *adj* stellvertretend; Ersatz...; Hilfs...; **2.** *su* Stell-

S

vertreter(in *f*) *m*; *Sport*: Ersatzmann *m*, -frau *f*

súplica ['suplikɐ] *f* (Bitt)Gesuch *n*; inständige Bitte *f*, Flehen *n*

suplic|ante [supli'kɐ̃tə] *su* Antrag-, Bittsteller(in *f*) *m*; **~ar** [-'kar] (1n) *j-n* anflehen; inständig bitten um

supl|iciar [supli'sjar] (1g) hinrichten; foltern; quälen; **~ício** [-'plisju] *m* (Prügel)Strafe *f*; Folter *f*; Hinrichtung *f*; *fig* Qual *f*; **~ *de tântalo*** Tantalusqualen *f/pl*; **~ *extremo*** Todesstrafe *f*; **~s** *pl* Geißel *f*

supor [su'por] (2zd) **a**) voraussetzen; **b**) annehmen, vermuten; ***não é de*** **~** das ist nicht anzunehmen

suport|ar [supur'tar] (1e) ertragen; **~ (*com*)** *Last* tragen; übernehmen; **~ável** [-'tavɛł] erträglich

suporte [su'pɔrtə] *m* Gestell *n*; Stütze *f*; Träger *m*; *TÉCN* Lager *n*; *EL* Fassung *f*; *fig* Grundlage *f*; **~ *de dados*** *INFORM* Datenträger *m*; **~ *de quadros*** Bilderhaken *m*; **~ *para papel higiénico*** Toilettenpapierhalter *m*; **~ *lombar*** Rückenstütze *f*

supos|ição [supuzi'sɐ̃w] *f* **a**) Voraussetzung *f*; **b**) Annahme *f*; Vermutung *f* (***fazer*** anstellen); Unterstellung *f*; **~itivo** [-puzə'tivu] vermeintlich; hypothetisch; **~itório** [-si'tɔrju] *m* *MED* Zäpfchen *n*; **~ *atlético*** *MED* Bruchband *n*; **~to** [su'poʃtu] **1.** *p/p von* ***supor***; **2.** *adj* vermeintlich; angeblich; **~ *isto*** unter dieser Voraussetzung; **~ *que*** *conj* vorausgesetzt, dass; **3.** *m* Voraussetzung *f*, Annahme *f*

supra|... [suprɐ] *in Zssgn* Ober...; Über...; ***~citado*** oben erwähnt; ***~mundano*** überweltlich; ***~nacional*** übernational; ***~numerário*** **1.** *adj* überflüssig; zusätzlich; **2.** *m* *nächster* Anwärter *m*

suprem|acia [suprəmɐ'siɐ] *f* Überlegenheit *f*, Vorherrschaft *f*; **~o** [-'premu] höchst; oberst; letzt; ♀ ***Tribunal*** Oberste(s) Gericht *n*

supress|ão [suprə'sɐ̃w] *f* Unterdrückung *f*, Verbot *n*; Abschaffung *f*; *Arbeitsplätze*: Abbau *m*; **~ *de ruídos*** *EL* Rauschunterdrückung *f*; **~ivo** [-'sivu] Unterdrückungs...; **~or** [-'sor] *m* *EL* Sperre *f*; **~ório** [-'sɔrju] → **~ivo**

suprimento [supri'mẽtu] *m* Ergänzung *f*, Ausgleich *m*; Hilfe *f*; Darlehen *n*; *bras* Nachschub *m*

suprimir [suprə'mir] (3a) unterdrücken; abschaffen; streichen; nicht erwähnen; beseitigen; *INFORM* löschen

suprir [su'prir] (3a) **1.** *v/t* ergänzen; *Teil* ersetzen; *Fehlendes* liefern; versorgen; *Bedürfnis* befriedigen; *j-n* vertreten; **2.** *v/i* (aus)helfen; als Ersatz dienen; einspringen

supur|ação [supurɐ'sɐ̃w] *f* Eiterung *f*; **~ante** [-'rɐ̃tə] eitrig; **~ar** [-'rar] (1a) eitern; **~ativo** [-rɐ'tivu] eiternd

surd|ez [sur'deʃ] *f* Taubheit *f*; **~imutismo** [-dimu'tiʒmu] *m* Taubstummheit *f*; Gehörlosigkeit *f*; **~ina** [-'dinɐ] *f* *MÚS* Dämpfer *m*; P Backpfeife *f*; ***à*** **~**, ***pela*** **~** heimlich, leise; insgeheim; ***em*** **~** gedämpft

surdo ['surdu] **1.** *adj* taub; schwerhörig; dumpf (*Ton*); geräuschlos; heimlich; stumpf (*Farbe*); *LING* stimmlos; **~ *como uma porta*** stocktaub; **2.** *m* Taube(r) *m*; Schwerhörige(r) *m*; **~(s)-mudo(s)** [-'mudu] **1.** *adj* taubstumm; **2.** *m(pl)* Taubstumme(r) *m*

surf [sɛrf] *m* Surfen *n*; ***prancha*** *f* ***de*** **~** Surfbrett *n*; **~ada** [-'fadɐ] *f* Surfen *n*; **~ar** [-'far] (1a) surfen; **~ista** [-'fiʃtɐ] *su* Surfer(in *f*) *m*

surg|idoiro, **~idouro** [surʒi'dojru, -'doru] *m* Ankerplatz *m*; **~imento** [-ʒi'mẽtu] *m* Entstehen *n*; Erscheinen *n*; Auftreten *n*; **~ir** [-'ʒir] (3n) auftauchen; entstehen; auftreten; *j-m* vorkommen (***como*** als); *AGR* sprießen; ***fazer*** **~** hervorbringen

suro ['suru] schwanzlos

surpre|endente [surprjẽ'dẽtə] überraschend; erstaunlich; **~ender** [-'der] (2a) überraschen; ertappen; überrumpeln; überkommen; ***~-se com*** erstaunt sein über (*ac*); **~sa** [-'prezɐ] *f* Überraschung *f*, Überrumpelung *f*; ***de*** **~** unerwartet; **~so** [-'prezu] überrascht

surr|a ['suʀɐ] *f* P Tracht *f* Prügel; **~ado** [-'ʀadu] fadenscheinig; schäbig; F abgedroschen; **~ar** [-'ʀar] (1a) *Leder* gerben; abtragen, strapazieren; *fig* *j-m* das Fell gerben

surrealis|mo [suʀjɐ'liʒmu] *m* Surrealismus *m*; **~ta** [-'liʃtɐ] **1.** *adj* surrealistisch; **2.** *su* Surrealist(in *f*) *m*

surribar [suʀi'bar] (1a) *Erde* auflockern, aufhacken
surripiar [suʀi'pjar] (1g) P klauen
surro ['suʀu] *m* Schweißfleck *m*; Schmutz(schicht *f*) *m*; **~beco** [-'bɛku] *m* grobe(r) Stoff *m*
surt|ida [sur'tidɐ] *f MIL* Ausfall *m*; **~ir** [-'tir] (3a) **1.** *v/t* bewirken; **~ efeito** s-e Wirkung tun; **2.** *v/i* ausgehen; Erfolg haben (**com** mit)
surto ['surtu] **1.** *adj* verankert; **2.** *m* Aufschwung *m*; Auftrieb *m* (*durch Thermik*); Anstoß *m*; (Krankheits-) Schub *m*; Ausbruch *m*; **~ inflacionário** Inflationsschub *m*
suruma [su'rumɐ] *f Afrika* P Stoff *m* (*Haschisch*)
sus [suʃ] *int*: **~!** nur Mut!, auf, auf!
susce(p)t|ibilidade [suʃsɛtibəli'dadə] *f* Empfänglichkeit *f*; Empfindlichkeit *f*; **~ibilizar** [-tibəli'zar] (1a) kränken; **~-se** gekränkt sein (**de**, **com** über *ac*); **~ível** [-'tivɛɫ] **1.** *adj* empfindlich; **~ de** empfänglich für; anfällig für; **2.** *su* empfindliche Person *f*
suscitar [suʃsi'tar] (1a) hervorrufen; wecken, erregen; anregen; *j-n* bringen auf (*ac*)
suspei|ção [suʃpɐj'sɐ̃w] *f* Verdächtigung *f*; Argwohn *m*; **~ta** [-'pɐjtɐ] *f* Verdacht *m*; Misstrauen *n*; Vermutung *f*; **afastar ~s** jeden Argwohn zerstreuen; **lançar ~s sobre** *j-n* verdächtigen; **~tar** [-'tar] (1a) **1.** *v/t* argwöhnen; *j-n* verdächtigen; **2.** *v/i*: **~ de** im Verdacht haben; **~to** [-'pɐjtu] suspekt; **~toso** [-'tozu] verdächtig; argwöhnisch
suspen|der [suʃpẽ'der] (2a) (auf-) hängen; aufschieben; *Sitzung* unterbrechen; (vorläufig) einstellen; (zeitweilig) außer Kraft setzen; *Beamte* suspendieren; **~-se** hängen (bleiben); innehalten; **~são** [-'sɐ̃w] *f* Aufhängung *f*; Aufschub *m*; Unterbrechung *f*; Pause *f*; Einstellung *f*; (zeitweilige) Aufhebung *f*; Suspension *f*; *AUTO* Federung *f*; Aufhängung *f*; *MÚS* Fermate *f*; *Sport*: Sperre *f*; **~ condicional** (**da pena**) (Straf-) Aussetzung *f*; **candeeiro** *m* **de ~** Kronleuchter *m*; **~ dianteira** *AUTO* Vorderradaufhängung *f*; **~ independente** Einzelradaufhängung *f*; **~se** [sas'pẽsə] *m* Spannung *f*; Ungewissheit *f*; **~sivo** [-'sivo] aufschiebend; aussetzend; **~so** [-'pẽsu] **1.** *p/p irr von* **~der**; **2.** *adj* hängend; schwebend; *fig* unschlüssig; unvollendet; **em ~** offen; unvollendet; **estar ~** hängen; schweben; *Sport*: gesperrt sein; **ficar ~** innehalten; verstummen; **~ório** [-'sɔrju] *m*: **~s** *pl* Hosenträger *m/pl*
suspic|ácia [suʃpi'kasjɐ] *f* Argwohn *m*; **~az** [-'kaʃ] argwöhnisch
suspir|ado [suʃpi'radu] ersehnt; **~ar** [-'rar] (1a) **1.** *v/t* beklagen; herbeisehnen; **2.** *v/i* seufzen; säuseln; **~ por** sich sehnen nach (*dat*)
suspir|o [suʃ'piru] *m* Seufzer *m*; *CUL Art* Windbeutel *m*; *BOT* Skabiose *f*; **~oso** [-'rozu] seufzend; klagend
sussurrar [susu'ʀar] (1a) **1.** *v/t* flüstern; **2.** *v/i* säuseln; murmeln; rauschen; summen
sussurro [su'suʀu] *m* Säuseln *n*; Murmeln *n*; Rauschen *n*; Summen *n*; Flüstern *n*
sust|ância [sus'tẽsja] *f bras* P Kraft *f*; Energie *f*; **~ar** [suʃ'tar] (1a) an-, aufhalten; *Prozess etc* einstellen
sustenido [suʃtə'nidu] **1.** *adj MÚS* erhöht; **dó** *m* **~** Cis *n*; **2.** *m MÚS* Kreuz *n*
sustent|abilidade [suʃtẽtɐbəli'dadə] *f ECON* Nachhaltigkeit *f*; **~ação** [-'sɐ̃w] *f* Unterhalt *m*; Stütze *f*; *TÉCN* Tragkraft *f*; Auftrieb *m*; **~áculo** [-'takulu] *m* Stütze *f*; **~ar** [-'tar] (1a) tragen; (ab)stützen; *Familie* unterhalten (**a**, **com** mit); unterstützen; *Note*, *Druck* aushalten; bestehen; (be)schützen; verteidigen; behaupten; aufrechterhalten; **~-se** sich (er)halten; sich ernähren; **~ável** [-'tavɛɫ] haltbar; annehmbar; tragbar; *ECON* nachhaltig
sust|ento [suʃ'tẽtu] *m* Nahrung *f*; (Lebens)Unterhalt *m*; *fig* Stütze *f*; **~er** [-'ter] (2zb) stützen; *Familie* unterhalten; an-, auf-, zurückhalten; Einhalt gebieten (*dat*); **~-se** sich (aufrecht) halten; an-, innehalten
susto ['suʃtu] *m* Schreck(en) *m* (**pregar** einjagen; **apanhar** kriegen)
sutiã [su'tjẽ] *m* → **soutien**
sutil [su'tiw] *bras* → **subtil**
sutur|a [su'turɐ] *f* Naht *f*; Nähen *n*; **~ar** [-'rar] (1a) *Wunde* nähen

S

T

T, t [te] *m* T, t *n*
t. ***tomo*** *m* Band *m* (Bd.); ***tonelada*** *f* Tonne *f* (t)
tá [ta] *int*: **~!** F schon gut!; *bras* abgemacht!; okay!
taba|ca [ta'baka] *f bras* P Möse *f* (*Vulva*); **~cal** [tɐbɐ'kaɫ] *m* Tabakpflanzung *f*; **~caria** [-kɐ'riɐ] *f* Tabakladen *m*; **~co** [-'baku] *m* Tabak *m*; Zigaretten *f/pl*; **~gismo** [-'ʒiʒmu] *m* Tabakmissbrauch *m*
tabanca [tɐ'bɐ̃kɐ] *f Guinea* Dorf *n*
tabaqueir|a [tɐbɐ'kɐjrɐ] *f* Tabaksdose *f*, -beutel *m*; **~o** [-'kɐjru] Tabak...
tabefe [tɐ'befə] *m* F Ohrfeige *f*
tabela [tɐ'bɛlɐ] *f* Verzeichnis *n*; Tabelle *f*; *Billard*: Bande *f*; ***~ de câmbios*** Wechselkurstabelle *f*; ***~ de preços*** Preisliste *f*; ***preço*** *m* ***da ~*** Listenpreis *m*; ***à ~*** fahrplanmäßig
tabel|ado [tɐbə'ladu] amtlich festgesetzt; preisgebunden; **~amento** [-lɐ'mẽtu] *m* Preisbindung *f* (**de** für); **~ar** [-'lar] **1.** *v/t* (1c) Preis(e) festsetzen für; **2.** *adj* tabellarisch; **~ião (-ães)** [-'ljɐ̃w] *m(pl)* Notar *m*
tabern|a [tɐ'bɛrnɐ] *f* Taverne *f*; Wirtshaus *n*; **~áculo** [-bər'nakulu] *m* Tabernakel *n*; ***festa*** *f* ***dos ~s*** REL Laubhüttenfest *n*; **~al, ~ário** [-'naɫ, -'narju] Wirtshaus...; *fig* schmutzig; **~eiro** [-'nɐjru] *m*, **-a** *f* Wirt(in *f*) *m*
tabique [tɐ'bikə] *m* Zwischenwand *f*; ***~ ripado*** Lattenverschlag *m*
tabl|a ['tablɐ] *f* Blatt *n*; Klinge *f*; **~ado** [tɐ'bladu] *m* TEA Bühne *f*; Podest *n*
tabl|ete [tɐ'blɛtə] *m* Tafel *f* (*Schokolade*); Riegel *m*; Stück *n*; **~ier** [ta'blje] *m* Armaturenbrett *n*
tabo ['tabu] → ***tabu***
taboca [ta'bɔka] *f bras* **a)** BOT Bambus *m*; **b)** P Kaschemme *f*; Betrug *m*; Täuschung *f*
tabu [tɐ'bu] **1.** *adj* tabu; **2.** *m* Tabu *n*
tabua [tɐ'buɐ] *f* BOT Rohrkolben *m*
tábua ['tabwɐ] *f* Brett *n*; Planke *f*; (Marmor)Platte *f*; Tafel *f*; Verzeichnis *n*; MAT Logarithmentabelle *f*; (Spiel)Tisch *m*; GEOGR Karte *f*; ***~ de comutação*** Umrechnungstabelle *f*; ***~ de engomar*** Bügelbrett *n*; ***~ de salvação*** *fig* Rettungsanker *m*; ***fazer ~ rasa de*** Tabula rasa machen mit
tabu|ada [tɐ'bwadɐ] *f* Register *n* (*e-s Buches*); MAT Rechenbuch *n*; ***~ de multiplicar*** Einmaleins *n*; **~ado** [-'bwadu] *m* Stapel *m* Bretter; Bretterwand *f*; (Bretter)Boden *m*; **~ão** [-'bwɐ̃w] *m* Bohle *f*; **~inha** [-bu'iɲɐ] *f* Latte *f*; ***~s*** *pl* Jalousie *f*
tábula ['tabulɐ] *f Brettspiel*: Stein *m*
tabul|ado [tɐbu'ladu] *m* Bretterzaun *m*; Verschlag *m*; (Bretter)Boden *m*; **~ador** [-lɐ'dor] *m* Tabulator *m*; **~ar** [-'lar] Tafel...; Tabellen...; **~eiro** [-'lɐjru] *m* Tablett *n*; Platte *f*; (Spiel-)Brett *n*; Kuchenblech *n*; Beet *n*; (Treppen)Absatz *m*; Podest *n*; Fahrbahn *f*; *bras* Plateau *n*; **~eta** [-'letɐ] *f* (Laden)Schild *n*; Schaukasten *m*
taburno [tɐ'burnu] *m* Podest *n*; Schemel *m*; *Friedhof*: Grabplatte *f*
taca ['taka] *f bras* (Stock)Hieb *m*
taça ['tasɐ] *f* (Sekt)Glas *n*; Schale *f*; Becher *m*; Pokal *m*; Cup *m*; ***~ das ~s*** Europapokal *m* der Pokalsieger; ***~ de sorvete*** Eisbecher *m*
tacada [tɐ'kadɐ] *f* Stoß *m* (*Billard*)
tacanh|aria [tɐkɐɲɐ'riɐ] *f* Knauserei *f*; **~ear** [-'ɲjar] (1l) knausern, knickern; **~ez, ~ice** [-'ɲeʃ, -'ɲisə] *f* → ***tacanharia***; **~o** [-'kɐɲu] knauserig
tacão [tɐ'kɐ̃w] *m* Absatz *m*
tach|a ['taʃɐ] *f* **a)** Zwecke *f*; *kleiner* Nagel *m*; **b)** Fehler *m*; Makel *m*; **~ada** [tɐ'ʃadɐ] *f* Topf *m* voll; P Rausch *m*; **~ão** [tɐ'ʃɐ̃w] *m* **a)** Ziernagel *m*; **b)** Kessel *m*; **~ar** [tɐ'ʃar] (1b) beanstanden; tadeln; ***~ de*** *j-n* bezeichnen als
tacho ['taʃu] *m flacher* Kochtopf *m*; F *fig* tolle(r) Job *m*
tácito ['tasitu] stillschweigend
taciturno [tɐsi'turnu] schweigsam, einsilbig; trübsinnig
taco ['taku] *m* **a)** *Billard*: Queue *n*; *Golf*, *Hockey*: Schläger *m*; **b)** ARQUIT Riemchen *n*; Stab *m*; Dübel *m*; ***chão*** *m* ***de ~s*** Stabparkett *n*; ***~ de partida*** Startblock *m*

T

tacó|grafo (*ô) [tɐ'kɔgrɐfu] *m* Fahrtenschreiber *m*; **~metro** [-'kɔmətru] *m* Tachometer *m od n*
ta(c)tear [ta'tjar] (1l) **1.** *v/t* (be)fühlen; betasten; **2.** *v/i* tasten
tá(c)tic|a ['tatikɐ] *f* Taktik *f*; **~o** ['tatiku] **1.** *adj* taktisch; **2.** *m* Taktiker *m*
ta(c)to ['tatu] *m* Tastsinn *m*; *fig* Takt(gefühl *n*) *m*; ***pelo ~*** durch Berührung; ***ser ... ao ~*** sich ... anfühlen
tafetá [tɐfə'ta] *m* Taft *m*
taful [tɐ'fuɫ] **1.** *adj* geckenhaft; **2.** *m* Geck *m*, Laffe *m*
tafulh|ar [tɐfu'ʎar] (1a) zustopfen; **~o** [-'fuʎu] *m* Pfropfen *m*
tagarel|a [tɐgɐ'rɛlɐ] **1.** *adj* geschwätzig; **2.** *su* Schwätzer(in *f*) *m*; **3.** *f* Geschwätz *n*; Geschrei *n*; **4.** *m* ZO Seidenschwanz *m*; **~ar** [-rə'lar] (1c) schwätzen; **~ice** [-'lisə] *f* Schwatzhaftigkeit *f*; Geschwätz *n*
tailandês [tajlẽ'deʃ] **1.** *adj* thailändisch; **2.** *m*, **-esa** *f* Thai *su*, Thailänder(in *f*) *m*
Tailândia [taj'lẽdjɐ]: ***a ~*** Thailand *n*
tainh|a [tɐ'iɲɐ] *f* Meeräsche *f* (*Fisch*); **~ota(s)-voadora(s)** [-ɲɔtɐvwɐ'dorɐ] *f(pl)* *Art* fliegende(r) Fisch *m*
taip|a ['tajpɐ] *f* Lehmwand *f*; Bretterzaun *m*; **~al** [-'paɫ] *m* Fachwerk *n*; Fensterladen *m*; Rollladen *m*; **~ar** [-'par] (1a) mit Lehm ausfüllen; Wände einziehen; zumauern
Tajiquistão [tɐʒəkiʃ'tɐ̃w]: ***o ~*** Tadschikistan *n*
tal [taɫ] so (*od* solch) ein(e), ein solcher, ein solches, eine solche; so etwas; ***o*** (*od* ***a***) **~** besagte(r, -s); ***um(a) ~*** ein gewisser, eine gewisse; ***como ~*** als solche(r, -s); ***e ~*** F und so (weiter); ***20 e ~*** et mehr als 20; ***~ qual***, ***~ como*** so wie; ***~ (e) qual*** genau(so); ***~ qual o pai*** ganz der Vater; ***~ ..., ~ ...*** wie ..., so ...; ***~ pai, ~ filho*** wie der Vater, so der Sohn; ***~ que*** so sehr (groß *etc*), dass; ***outro ~*** noch so einer; ***para ~*** dafür; (***então***) ***que ~?*** nun, wie war's?; wie steht's?; was gibt's?; ***que ~ acha?*** wie finden Sie das?
tala ['talɐ] *f* MED Schiene *f*; TÉCN Lasche *f*; ***~ magnética*** Magnetstreifen *m*
talagarça [tɐlɐ'garsɐ] *f* Stramin *m*
tálamo ['talɐmu] *m* Ehebett *n*; *fig* Hochzeit *f*; BOT Fruchtboden *m*
talante [tɐ'lẽtə] *m* Wille *m*; ***a seu*** (***belo***) **~** (ganz) nach Belieben; ***de seu ~*** aus eigenem Antrieb
talão [tɐ'lɐ̃w] *m* Ferse *f*; ECON Talon *m*; (Kontroll)Abschnitt *m*; TÉCN Wulst *f*; **~-balão** [-bɐ'lɐ̃w] *m* Bimbam *n*
talar [tɐ'lar] **1.** *v/t* (1b) pflügen; *Baum* fällen; *Welle* durchschneiden; *fig* verwüsten; **2.** *adj* bis zum Boden reichend; ***hábito*** *m* **~** Talar *m*; Ornat *m*
talco ['taɫku] *m* Talk(um *n*) *m*; *Kosmetik*: Körperpuder *m*
talent|aço, **~ão** [tɐlẽ'tasu, -'tɐ̃w] *m* F Riesentalent *n*; Mordsgenie *n*; **~o** [-'lẽtu] *m* Talent *n* (*a fig*); Begabung *f*; **~oso** [-'tozu] begabt
talha ['taʎɐ] *f* **a)** (Be-, Zu)Schneiden *n*; Schnitzen *n*; Schnitzerei *f*; Stechen *n*; (Kupfer)Stich *m*; Einschnitt *m*; Kerbholz *n*; TÉCN Flaschenzug *m*; NAV Steuertau *n*; ***~ estomacal*** (***intestinal***) MED Magen- (Darm-) schnitt *m*; **b)** (Wasser)Krug *m*
talh|ada [tɐ'ʎadɐ] *f* Scheibe *f*; Stück *n*; **~adeira** [-ʎɐ'dɐjrɐ] *f* Meißel *m*; Beitel *m*; **~adiço** [-ʎɐ'disu] schnittreif (*Getreide*); einschlagbereit (*Holz*); **~ado** [-'ʎadu] **1.** *adj* bestimmt (***para*** für); ***bem ~*** wohlgeformt; gut sitzend; ***~ a pique*** steil abfallend; **2.** *m bras* Klamm *f*; **~ador** [-ʎɐ'dor] *m* **a)** Metzgergeselle *m*; **b)** Tranchiermesser *n*, -platte *f*; Gemüseschneider *m*; **~a-mar(es)** [taʎɐ'mar] *m(pl)* Wellenbrecher *m*; **~ante** [-'ʎẽtə] *m* Schlachter *m*; **~ão** [-'ʎɐ̃w] *m* Streifen *m* Land; Feld *n*; **~ar** [-'ʎar] (1b) abschneiden; zerschneiden; zuschneiden; (be)hauen; schnitzen; *Kupfer* stechen; zerlegen; *j-m et* zuteilen; *Schaden* zufügen; *Preis* festsetzen (***em*** auf *ac*); ***~ para*** anpassen an (*ac*); ***~-se*** bersten; gerinnen (*Milch*); **~aria** [-ʎɐ'riɐ] *f* Zuschneiderei *f*; **~arim** [-ʎɐ'rĩ] *m* Bandnudel *f*
talh|e ['taʎə] *m* Schnitt *m*; (Körper-) Wuchs *m*; Form *f*, Gestalt *f*; *Schneiderei*: Schnittmuster *f*; **~er** [tɐ'ʎɛr] *m* (Ess)Besteck *n*; Gedeck *n*
talho ['taʎu] *m* **a)** Schnitt *m*; *Fleisch*: Zerlegen *n*; *Bäume*: Beschneiden *n*;

T

fig Hackklotz *m*; ***a ~*** gelegen, wie gerufen; **b)** Fleischer(ei *f*) *m*; ***homem** m **do ~*** Fleischer *m*
talião [tɐ'ljɐ̃w] *m* Vergeltung *f*
taling|a [tɐ'lĩgɐ] *f NAV* Tau *n*; **~ar** [-'gar] (1o) an-, vertäuen
talis|ca [tɐ'liʃkɐ] *f* Spalte *f*; Splitter *m*; **~mã** [tɐliʒ'mɐ̃] *m* Talisman *m*
tal|o ['talu] *m BOT* Stängel *m*; Stiel *m*; Strunk *m*; **~oso** [tɐ'lozu] gestielt
tal-qualmente [tałkwał'mẽtə] ganz genau so; ebenso
taluda [tɐ'ludɐ] *f* Hauptgewinn *m*
talude [tɐ'ludə] *m* Böschung *f*
taludo [tɐ'ludu] dickstängelig; *fig* hochgeschossen; kräftig
talvegue [tał'vɛgə] *m* Talsohle *f*
talvez [tał'veʃ] vielleicht
tamanc|a [tɐ'mɐ̃kɐ] *f bras* Bremsklotz *m*; = **~o** [-'mɐ̃ku] *m* Holzschuh *m*
tamanduá [tamɐ̃'dwa] *m bras* **a)** *ZO* Ameisenbär *m*; **b)** Gewissensfrage *f*
tamanho [tɐ'mɐɲu] **1.** *adj* so groß; so hoch; **2.** *m* Größe *f*
tamanqu|eiro [tɐmɐ̃'kɐjru] *m* Holzschuhmacher *m*; **~inha** [-'kiɲɐ] *f*: ***ficar nas suas ~s*** F bei s-m Leisten bleiben
tâmara ['tɐmɐrɐ] *f* Dattel *f*
tamareira [tɐmɐ'rɐjrɐ] *f* Dattelpalme *f*
tamariz *m* [tɐmɐ'riʃ] Tamariske *f*
também [tɐ̃'bɐ̃j] auch, ebenfalls
tambo ['tɐ̃bu] *m bras* Hütte *f*; ***~ (de leite)*** Molkerei *f*
tambor [tɐ̃'bor] *m* Trommel *f* (*a TÉCN*); Trommler *m* (*Person*); *ANAT* Trommelfell *n*; ***rolar o ~*** Trommelwirbel schlagen; **~ete** [-bu'retə] *m* Klavierhocker *m*
tambor|il [tɐ̃bu'rił] *m ZO* Seeteufel *m*; → ***~im***; **~ilada** [-ri'ladɐ] *f* Trommelwirbel *m*; **~ilar** [-ri'lar] (1a) trommeln; **~im** [-'rĩ] *m* Tamburin *n*
tambor(es)-mor(es) [tɐ̃bor'mɔr] *m(pl)* Tambourmajor *m*
tam|iça [tɐ'misɐ] *f* Hanfschnur *f*; **~is** [-'miʃ] *m* Sieb *n*; **~isar** [-'zar] (1a) fein sieben
Tamisa [tɐ'mizɐ] *m* Themse *f*
tamp|a ['tɐ̃pɐ] *f* Deckel *m*; Verschluss *m*; Klappe *f*; Stöpsel *m*; P *fig* Rüffel *m*; ***~ amovível*** abnehmbare Abdeckhaube *f*; ***~ de rosca*** Schraubverschluss *m*; ***~ telefónica*** *offene* Telefonzelle *f*; ***levar ~*** eine Abfuhr erhalten; **~ão** [tɐ̃'pɐ̃w] *m* Spund *m*; Stöpsel *m*; Tampon *m*; *AUTO* Radkappe *f*; ***~ de gasolina com chave*** verschließbare(r) Tankdeckel *m*; ***zona** f **~*** Pufferzone *f*
tamp|o ['tɐ̃pu] *m* Fassboden *m*; Toilettendeckel *m*; (Glas)Untersetzer *m*; *MÚS* Resonanzboden *m*; **~onar** [-pu'nar] (1e) verstöpseln; verschließen
tampouco [tɐ̃w'poku] *bras* → ***tão--pouco***
tanado [tɐ'nadu] kastanienbraun
tanch|agem [tɐ̃'ʃaʒɐ̃j] *f BOT* Wegerich *m*; **~ão** [-'ʃɐ̃w] *m BOT* Steckling *m*; **~ar** [-'ʃar] (1a) einpflanzen
tandem ['tɐ̃dɐ̃j] *m* Tandem *n*
tanga ['tɐ̃gɐ] *f* (Lenden)Schurz *m*; Tanga *m*
tang|edor [tɐ̃ʒə'dor] *m* Spieler *m* (*e-s Saiteninstruments*); **~ência** [-'ʒẽsjɐ] *f* Berührung *f*; *MAT* Tangens *m*; **~encial** [-ʒẽ'sjał] *MAT* tangential; *fig* knapp; **~ente** [-'ʒẽtə] **1.** *adj* berührend; *MAT* Tangential...; **2.** *f MAT* Tangente *f*; *MÚS* Plektrum *n*; F *fig* Rettung(sanker *m*) *f*; ***na ~ com*** dicht an (*dat*); ***escapar pela ~*** mit e-m blauen Auge davonkommen; ***passar à ~*** P gerade so durchkommen; **~er** [-'ʒer] (2h) **1.** *v/t* spielen; *Saiten* (an)schlagen; *Glocke* läuten; *Tier* antreiben; **2.** *v/i* läuten; klingen; spielen; ***~ a*** betreffen (*ac*); gehören zu; **3.** *m* Klang *m*; *MÚS* Spiel *n*
tangerin|a [tɐ̃ʒə'rinɐ] *f* Mandarine *f*; **~eira** [-'nɐjrɐ] *f* Mandarinenbaum *m*
tangível [tɐ̃'ʒivɛł] greifbar; fühlbar
tânico ['tɐniku]: ***ácido** m **~*** = **tanino** [tɐ'ninu] *m* Gerbsäure *f*
tano|aria [tɐnwɐ'riɐ] *f* Böttcherei *f*; **~eiro** [-'nwɐjru] *m* Küfer *m*
tanque ['tɐ̃kə] *m* Tank *m*; Behälter *m*; Teich *m*; Waschtrog *m*; Panzer *m*
tantã [tɐ̃'tɐ̃] *m* Gong *m*; Tamtam *n*
tantalizar [tɐ̃tɐli'zar] (1a) quälen
tanto ['tɐ̃tu] **1.** *adj* so viel; so groß; soundsoviel; ***-as vezes** f/pl* so oft; ***mil e ~s*** über tausend; ***a ~s do mês*** am Soundsovielten (des Monats); ***às -as*** auf einmal; schließlich; **2.** *pron* solch; ***não ir a ~*** *fig* nicht so weit gehen; ***não é para ~*** so schlimm ist es nicht; ***por ~*** dafür; → ***portanto***; **3.** *m e-e bestimmte* Men-

ge *f*; **(alg)um ~** ein wenig; **outro ~** ebenso viel; **três ~s de** dreimal so viel wie; **4.** *adv* so (sehr); ebenso sehr; so viel; *zeitl* so lange; so schnell; **~ mais** umso mehr; **~ melhor (pior)** umso besser (schlimmer); **~ quanto** so viel wie; **~ ... quanto** (*od* **como**) sowohl ... als auch; **fazer ~ que** es so weit treiben, dass; **se ~** wenn überhaupt, höchstens; **5.** *cj*: **~ que** sobald; **~ assim que** und deshalb; **~ mais que** (*od* **quanto**) umso mehr (*nach Verneinungen*: umso weniger) als

Tanzânia [tɐ̃'zɐnjɐ]: **a ~** Tansania *n*

tão [tɐ̃w] so; so sehr; ebenso; **~ simplesmente** schlicht und ergreifend; **~-pouco** [-'poku] ebenso wenig; auch nicht; **~-só, ~-somente** [-'sɔ, -sɔ'mẽtə] bloß, lediglich

tapa ['tapɐ] *f fig* schlagende Antwort *f*; P Klaps *m*; *Tier*: Augenklappe *f*

tap|ada [tɐ'padɐ] *f* (Wild)Park *m*; Einfriedung *f*; **~ado** [-'padu] **1.** *adj* zugedeckt; *fig* beschränkt; **2.** *m* = **~adura** [-pɐ'durɐ] *f* Zaun *m*; **~amento** [-pɐ'mẽtu] *m* Abdeckung *f*; Trennwand *f*; Hecke *f*; **~ar** [-'par] (1b) zudecken; (zu)stopfen; verschließen; verdecken; zuhalten; *Augen* verbinden; einzäunen; **tapa essa boca!** halt den Mund!

tape|ação [tapja'sɐ̃w] *f bras* Täuschung *f*; Streich *m*; **~ar** [-'pjar] (1l) täuschen; *j-n* hereinlegen

tape|çaria [tɐpəsɐ'riɐ] *f* Gobelin *m*; (Wand)Teppich *m*; BOT Rasenteppich *m*; **~ceiro** [-'sɐjru] *m* Teppichknüpfer *m*; Teppichhändler *m*

tapera [ta'pɛra] *bras* **1.** *adj* einäugig; F nicht richtig im Kopf; **2.** *f* AGR Brachland *n*; verwilderte Pflanzung *f*; verfallene(s) Haus *n*

tapet|e [tɐ'petə] *m* Teppich *m*; Bettvorleger *m*; Läufer *m*; *Sport*: Matte *f*; **~ de verdura** Rasenteppich *m*; **~ para banheira** Badewanneneinlage *f*; **~ para rato** INFORM Mouse-Pad *n*; **~ rolante** Transportband *n*; **~ voador** fliegende(r) Teppich *m*; **~eiro** [-pə'tɐjru] *m* Teppichhändler *m*

tapi|curi [tapiku'ri] *m bras* Maniokwein *m*; **~nha** [-'piɲa] *f bras* F Windel *f*; **~oca** [-'pjɔka] *f bras* Tapioka *f*, Maniokmehl *n*

tapira *f*, **-o** *m* [tɐ'pir(ɐ, -'piru)] ZO Tapir *m*

tapona [tɐ'ponɐ] *f* Tracht *f* Prügel

tapu|lho [tɐ'puʎu] *m* Pfropf(en) *m*; **~me** [-'pumə] *m* (Bau)Zaun *m*

taquara [ta'kwara] *f bras* Bambus *m*

taqu|igrafar [tɐkigrɐ'far] (1b) stenographieren; **~igrafia** [-grɐ'fiɐ] *f* Kurzschrift *f*; Stenographie *f*; **~ígrafo** [-'kigrɐfu] *m* Stenograph *m*; AUTO Fahrtenschreiber *m*; **~ímetro** [-'kimətru] *m* Tachometer *m*

tar|a ['tarɐ] *f* ECON Tara *f*, Leergewicht *n*; *fig* Fehler *m*; MED Erbkrankheit *f*; krankhafte Veranlagung *f*; **~ado** [tɐ'radu] MED erblich belastet; P *völlig* verrückt

taralhão [tɐrɐ'ʎɐ̃w] **1.** *m* ZO Bohrmuschel *f*; Schnäpper *m* (*Vogel*); **2.** *su* P Schwatzmaul *m*

tarambola [tɐrɐ̃'bɔlɐ] *f* ZO Regenpfeifer *m*

taramel|a [tɐrɐ'mɛlɐ] **1.** *f* Klinke *f*; *Mühle*: Rüttelschuh *m*; P *fig* Gewäsch *n*; **2.** *su* P Quasselstrippe *f*; **~ar** [-mə'lar] (1c) quasseln; **~ice** [-mə'lisə] *f* → **tagarelice**

tarântula [tɐ'rɐ̃tulɐ] *f* Tarantel *f*

tarar [tɐ'rar] (1b) (aus)tarieren

tard|ança [tɐr'dɐ̃sɐ] *f* Verzögerung *f*; Verspätung *f*; Ausbleiben *n*; **sem ~** unverzüglich; **~ar** [-'dar] (1b) **1.** *v/t* aufschieben; hinauszögern; **2.** *v/i* sich verzögern; (lange) dauern; sich Zeit lassen; zögern (**em** zu); **não ~** bald kommen; **não tarda quem vem** spät kommt er, aber er kommt; **não ~ em** (*od* **a**) **fazer a/c** bald et tun; **o mais ~** spätestens

tard|e ['tardə] **1.** *adv* spät; **~ ou cedo** früher oder später; **é ~ (para)** es ist zu spät (zu); **faz-se ~** es wird spät; es ist höchste Zeit; **mais vale ~ do que nunca** besser spät als nie; **2.** *f* Nachmittag *m*; **à ~, de ~** am Nachmittag, nachmittags; **boa(s) ~(s)!** guten Tag!; **ao fim da ~** gegen Abend; **3.** *m* Zukunft *f*; **no ~** verspätet; **~eza** [tɐr'dezɐ] *f* Trägheit *f*; **~ígrado** [tɐr'digrɐdu] *m* ZO Faultier *n*; **~inha** [tɐr'diɲɐ] *f* Spätnachmittag *m*; **~io** [tɐr'diw] spät

tardo ['tardu] verspätet; nachträglich; schwerfällig; **ser ~ em fazer** nur langsam *et* tun; **~-medieval** [tɐrdɔmədjə'vał] spätmittelalterlich

tareco [tɐ'rɛku] **1.** *adj* übermütig; **2.** *m* Nichtsnutz *m*; **~s** *pl* Plunder *m*
taref|a [tɐ'rɛfɐ] *f* (Akkord)Arbeit *f*; Aufgabe *f*; Pensum *n*; **~ *rotineira*** Routineaufgabe *f*; **~eiro** [-rə'fɐjru] *m* Akkordarbeiter *m*
tareia [tɐ'rɐjɐ] *f* Tracht *f* Prügel; ***dar uma valente ~ a*** *j-n* tüchtig verprügeln; ***levar uma ~*** Prügel kriegen
tarif|a [tɐ'rifɐ] *f* Tarif *m*; Gebühr *f*; **~ *base*** Grundgebühr *f*; **~ *escalonada*** Staffeltarif *m*; **~ação** [-fɐ'sɐ̃w] *f* Tarifordnung *f*; Tarife *m/pl*; **~ar** [-'far] (1a) den Tarif festsetzen für
tarimb|a [tɐ'rĩbɐ] *f* Pritsche *f*; P (Dienst *m* bei der) Truppe *f*; ***ter muita ~*** P sehr versiert sein; **~ar** [-'bar] (1a) P *MIL* beim Bund sein; **~eiro** [-'bɐjru] *m* Grobian *m*
tarj|a ['tarʒɐ] *f* Umrandung *f*; Trauerrand *m*; **~ado** [tɐr'ʒadu]: **~ (*de preto*)** schwarz umrandet; **~eta** [tɐr'ʒetɐ] *f* Kärtchen *n*
taró [tɐ'rɔ] *m* P Hundekälte *f*
tarou|co [tɐ'roku] dumm; **~quice** [-'kisə] *f* Dummheit *f*
tarraxa [tɐ'ʀaʃɐ] *f* (Gewinde)Kluppe *f*; Schraube *f*; Bolzen *m*; Keil *m*
tarro ['taʀu] *m* Melkeimer *m*
tartam|elo [tɐrtɐ'mɛlu] *m* → **~udo**; **~udear** [-mu'djar] (1l) stottern, stammeln; **~udo** [-'mudu] **1.** *adj* stotternd; **2.** *m* Stotterer *m*
tartárico [tɐr'tariku] Weinstein...
tártaro ['tartɐru] **1.** *adj* tatarisch; **2.** *m* **a)** Weinstein *m*; *MED* Zahnstein *m*; **b)** *poét* Unterwelt *f*; **c)** Tatar *m*
tartaruga [tɐrtɐ'rugɐ] *f ZO* Schildkröte *f*; Schildpatt *n*; ***operação*** *f* **~** *bras* Bummelstreik *m*
tarte ['tartə] *f CUL* Kuchen *m*; Torte *f*
tarugo [tɐ'rugu] *m* (Holz)Dübel *m*
tas [tɐʃ] *Zssg von pron* ***te*** *u* ***as***
tasc|a ['taʃkɐ] *f* Kneipe *f*; **~ar** [tɐʃ'kar] (1n; *Stv* 1b) brechen; beißen; fletschen; **~o** [-'taʃku] *m* **a)** → ***tasca***; **b)** Werg *n*
tasquinh|a [tɐʃ'kiɲɐ] *f* **a)** *AGR* Flachsbreche *f*; **b)** F Kneipchen *n*; schlechte(r) Esser(in *f*) *m*; **~ar** [-'ɲar] (1a) **a)** → ***tascar***; **b)** eine Kleinigkeit essen; knabbern
tatá [tɐ'ta] *m infan* Papi *m*
tat|alar [tata'lar] (1a) *bras* klappern; rasseln; **~amba** [-'tɐ̃ba] *su bras* linkische(r) Mensch *m*
tatame [tɐ'tɐmə] *m* Reisstrohmatte *f*
tataranh|a [tɐtɐ'rɐɲɐ] unbeholfen; **~ar** [-'ɲar] (1a) stammeln
tatear [ta'tjar] *bras* → ***tactear***
tatu [tɐ'tu] *m ZO* Gürteltier *n*
tatu|agem [tɐ'twaʒɐ̃j] *f* Tätowierung *f*; **~ar** [-'twar] (1g) tätowieren
tau [taw] patsch!; schwapp!
taur|ino [taw'rinu] Stier...; **~o** ['tawru] *m ASTR* Stier *m*
tauromaquia [tawrumɐ'kiɐ] *f* Stierkampf *m*
tautologia [tawtulu'ʒiɐ] *f* Tautologie *f*
tavão [tɐ'vɐ̃w] *m ZO* Bremse *f*
tavern|a, **~eiro** [tɐ'vɛrnɐ, -vər'nɐjru] *m* → ***taberna***, ***taberneiro***
taxa ['taʃɐ] *f* Gebühr *f*; Abgabe *f*; (Inflations)Rate *f*; (Luxus)Steuer *f*; *bras* Strafporto *n*; **~ *de admissão*** Aufnahmegebühr *f*; **~ *de audiência*** *TV* Einschaltquote *f*; **~ *de frete*** Frachtgebühr *f*; **~ *de juro*** Zinssatz *m*; **~ *radiofónica*** Rundfunkgebühr *f*; **~ *turística*** Kurtaxe *f*
tax|ação [tɐʃɐ'sɐ̃w] *f* (Steuer)Schätzung *f*; (Preis)Festsetzung *f*; **~ador** [-'dor] *m* Taxator *m*; **~ar** [-'ʃar] (1b) taxieren; schätzen (***em*** auf *ac*); festsetzen; *Ausgaben* beschränken; **~ *de*** betrachten als; **~ativo** [-ʃɐ'tivu] taxierend; einschränkend
táxi ['taksi] *m* Taxi *n*
tax|ímetro [tɐ'ksimətru] *m* Taxameter *m*; **~ista** [-'ksiʃtɐ] *su* Taxifahrer(in *f*) *m*
TC ***Tribunal*** *m* ***Constitucional*** Verfassungsgericht *n*; ***Tribunal*** *m* ***de Contas*** Rechnungshof *m*
te [tə] dir, dich; ***vejo-~*** ich sehe dich; ***ajudo-~*** ich helfe dir
tê [te] *Name des Buchstabens* **t**
te|agem ['tjaʒɐ̃j] *f* Gewebe *n*; **~ar** [tjar] *m* Webstuhl *m*; Uhrwerk *n*; *TIP* Heftmaschine *f*
teatral [tjɐ'trał] theatralisch; Theater...
teatro ['tjatru] *m* Theater *n*; Schauspiel *n*; *fig* Schauplatz *m*; **~ *anatómico*** Seziersaal *m*; **~ *de fantoches*** Marionettentheater *n*; ***~-dança*** *m* Tanztheater *n*
tec|edor [təsə'dor] *m*, **-eira** *f* Weber(in *f*) *m*; *fig* Urheber(in *f*) *m*; **~elagem** [-sə'laʒɐ̃j] *f* Weben *n*; **~er** [-'ser] (2g) weben; *fig* ersinnen; ein-

fädeln; **~ido** [-'sidu] *m* Gewebe; Stoff *m*; **~ *ósseo*** Knochengewebe *n*
tecl|a ['tɛklɐ] *f* Taste *f*; **~ *de chamada*** Ruftaste *f*; **~ *de função*** *INFORM* Funktionstaste *f*; **~ *de retrocesso*** Rückstelltaste *f*; **~ado** [tɛ'kladu] *m* Tastatur *f*; *MÚS* Klaviatur *f*; **~s** *pl MÚS* Keyboard *n*; ***instrumento*** *m* ***de* ~** Tasteninstrument *n*; **~ar** [-'klar] (1a) eintippen; *Daten* eingeben
técnic|a ['tɛknikɐ] *f* Technik *f*, Verfahren *n*; **~o** ['tɛkniku] **1.** *adj* technisch; **2.** *m* Techniker *m*; Facharbeiter *m*, -mann *m*
tecn|ocrata [tɛknɔ'kratɐ] *su* Technokrat(in *f*) *m*; **~ocrático** [-'kratiku] technokratisch; **~ologia** [-nulu'ʒiɐ] *f* Technologie *f*; **~ *do ambiente*** Umwelttechnologie *f*; **~ *de ponta*** Spitzentechnologie *f*; **~ *residual*** Entsorgungstechnik *f*
te(c)to ['tɛtu] *m* (Zimmer)Decke *f*; *fig* Dach *n*; F Verstand *m*; **~ *de abrir*** *AUTO* Schiebedach *n*
tectónic|a (*ô) [tɛ'tɔnikɐ] *f* Tektonik *f*; **~o** [tɛk'tɔniku] tektonisch
tédio ['tɛdju] *m* Überdruss *m*; Widerwille *m*; Langeweile *f*
tedioso [tə'djozu] verdrießlich; langweilig; ermüdend
tegumento [təgu'mẽtu] *m* *Tier*: Haut *f*; *BOT Samen*: Hülle *f*
teia ['tɐjɐ] *f* Gewebe *n*; (Spionage-)Ring *m*; **~ *alimentar*** Nahrungskette *f*; **~ *de aranha*** Spinnennetz *n*
teim|ar [tɐj'mar] (1a) beharren (***em*** auf *dat*); **~ *com*** einreden auf *j-n*; **~osia** [-mu'ziɐ] *f* Eigensinn *m*; **~oso** [-'mozu] eigensinnig
teixo ['tɐjʃu] *m BOT* Eibe *f*
tejadilho [təʒɐ'diʎu] *m* Verdeck *n*; *AUTO* Dach *n*; **~ *de abrir*** Schiebedach *n*; **~ *dobradiço*** Faltdach *n*
tel. ***telefone*** *m* Telefon *n* (Tel.); ***telegrama*** *m* Telegramm *n*
tela ['tɛlɐ] *f* Leinwand *f*, Gewebe *n*; *EL*, *INFORM* Bildschirm *m*; **~ *de arame*** Maschendraht *m*
tele|cadeira [tɛlɛkɐ'dɐjrɐ] *f* Sessellift *m*; **~comando** [-ku'mɐ̃du] *m EL* Fernbedienung *f*; **~comunicação** [-kumunikɐ'sɐ̃w] *f* Telekommunikation *f*; **~cópia** [-'kɔpjɐ] *f* Fax *n*; **~copiador** [-kupjɐ'dor] *m* Faxgerät *n*; **~disco** [-'diʃku] *m* Bild-CD *f*; **~fax** [-'faks] *m* Telefax *n*; ***expedir por* ~** faxen; **~férico** [-'fɛriku] *m* Drahtseilbahn *f*, Skilift *m*
telefon|adela [tələfunɐ'dɛlɐ] *f rasches* Telefonat *n*; ***dar*** (*od* ***fazer***) ***uma* ~ *a*** *j-n* kurz anrufen; **~ar** [-'nar] (1f) telefonieren (***a***, ***para*** mit)
telefon|e [tələ'fɔnə] *m* Telefon *n*; **~ *de urgência*** Notrufsäule *f*; **~ *móvel*** (*bras* ***celular***) Mobiltelefon *n*; **~ *sem fio*** schnurlose(s) Telefon *n*; ***atender o* ~** ans Telefon gehen; ***contactar por* ~** *j-n* anrufen; **~ema** [-fu'nemɐ] *m* Telefongespräch *n* (***fazer***, *bras* ***dar*** führen); **~ *a pagar pelo destinatário*** R-Gespräch *n*; **~ia** [-fu'niɐ] *f* Radio(gerät) *n*; **~icamente** [-nikɐ'mẽtə] telefonisch
tele|fonista [tələfu'niʃtɐ] *su* Telefonist(in *f*) *m*; **~grafar** [-grɐ'far] (1b) telegrafieren; **~grafia** [-grɐ'fiɐ] *f* Telegrafie *f*; **~gráfico** [-'grafiku] telegrafisch; **~grama** [-'grɐmɐ] *m* Telegramm *n* (***expedir*** *od* ***mandar*** aufgeben); **~guiado** [tɛlɛgi'jadu] ferngelenkt; **~jornal** [tɛlɛʒur'nał] *m TV* Nachrichtensendung *f*
telémetro (*ê) [tə'lɛmətru] *m* Entfernungsmesser *m*
tele|móvel [tɛlɛ'mɔvɛł] *m* Mobiltelefon *n*; **~novela** [-nu'vɛlɐ] *f* Fernsehserie *f*, *depr* Seifenoper *f*; **~obje(c)tiva** [tələobʒɛ'tivɐ] *f* Teleobjektiv *n*; **~patia** [-pɐ'tiɐ] *f* Telepathie *f*; **~processamento** [-prusəsɐ'mẽtu] *m* Datenfernübertragung *f*; **~scópio** [tələʃ'kɔpju] *m* Teleskop *n*; **~spectador** [-ʃpɛtɐ'dor] *m*, **-a** *f* Fernsehzuschauer(in *f*) *m*; **~squi** [tɛlɛʃ'ki] *m* Skilift *m*; **~texto** [-'tɐjʃtu] *m* Videotext *m*
telever [teli'ver] (2m) *bras* fernsehen
televi|são [tələvi'zɐ̃w] *f* Fernsehen *n*; **~ *por cabo*** Kabelfernsehen *n*; **~ *via satélite*** Satellitenfernsehen *n*; **~sivo** [-'zivu] Fernseh...; **~sor** [-'zor] *m* Fernseher *m*; **~ *a cores*** Farbfernseher *m*
telex [tɛ'lɛks] *m* Telex *n*
telha ['tɐʎɐ] *f* Dachziegel *m*; F Macke *f*; ***ter uma* ~ *a menos*** P eine Schraube locker haben
telh|ado [tə'ʎadu] *m* Dach *n*; ***água*** *f* ***de* ~** Dachfläche *f*; **~ *de duas***

T

águas Satteldach *n*; **~ador** [-ʎɐ'dor] *m* Dachdecker *m*; Deckel *m*; **~ão** [-'ʎɐ̃w] *m* Firstziegel *m*; **~ar** [-'ʎar] (1d) mit Ziegeln decken; **~eira** [-'ʎɐjrɐ] *f* Ziegelei *f*; **~eiro** [-'ʎɐjru] *m* **a**) Ziegelbrenner *m*; **b**) Schuppen *m*; Überdach *n*; **~o** ['teʎu] *m* Deckel *m*; **~udo** [-'ʎudu] F verschroben

telinha [te'lĩɲa] *f bras* F Glotze *f*

telúrico [tə'luriku] tellurisch, Erd...; **águas** *f/pl* **-as** Grundwasser *n*

tem|a ['temɐ] *m* Thema *n*; (Wort-) Stamm *m*; (Übersetzungs)Aufgabe *f*; **~ática** [tə'matikɐ] *f* Thematik *f*; **~ático** [-'matiku] thematisch; *GRAM* Stamm...

tem|ente [tə'mẽtə]: **~ a Deus** gottesfürchtig; **~er** [-'mer] (2c) fürchten (**por** um); **fazer-se ~** gefürchtet werden; **~-se de** sich fürchten vor; **~erário** [-mə'rarju] tollkühn; **~eridade** [-məri'dadə] *f* Verwegenheit *f*; **~eroso** [-mə'rozu] fürchterlich; furchtsam; **~ido** [-'midu] gefürchtet; furchtbar; **~ível** [-'mivɛɫ] furchtbar; **~or** [-'mor] *m* Furcht *f*

têmpera ['tẽpərɐ] *f* (Metall)Härtung *f*; *fig* Art *f*; Charakter *m*; **pintura** *f* **a ~** Temperamalerei *f*

temper|ado [tẽpə'radu] gemäßigt; maßvoll; *MÚS* temperiert; **~amento** [-rɐ'mẽtu] *m* Temperament *n*; = **~ança** [-'rɐ̃sɐ] *f* Mäßigung *f*; **ter ~** Maß halten; **~ante** [-'rɐ̃tə] mäßig; beruhigend; **~ar** [-'rar] (1c) **1.** *v/t Metall* härten; *Speise* würzen; *Wein* verdünnen; *fig* stählen; besänftigen; mildern; *MÚS* stimmen; **2.** *v/i*: **~ com** übereinstimmen mit; **~ de sal** salzen; **~atura** [-rɐ'turɐ] *f* Temperatur *f*; Witterung *f*; *fig* Lage *f*; **~ ambiente** Raumtemperatur *f*; **~ corpórea** Körpertemperatur *f*

tempero [tẽ'peru] *m CUL* Gewürz *n*; *fig* Mittel *n*; Würze *f*

tempest|ade [tẽpəʃ'tadə] *f* Unwetter *n*; Sturm *m*; **~ear** [-'tjar] (1l) **1.** *v/t* aufwühlen (*a fig*); **2.** *v/i* toben; **~ivo** [-'tivu] gelegen; **~uoso** [-'twozu] stürmisch; aufgewühlt; heftig

templo ['tẽplu] *m* Tempel *m*; Kirche *f*

tempo ['tẽpu] *m* Zeit *f* (**matar** totschlagen); *METÉO* Wetter *n*; *MÚS* Tempo *n*; Takt *m*; *GRAM* Zeitform *f*, Tempus *n*; **compasso a dois** (**três**, **quatro**) **~s** *MÚS* Zwei- (Drei-, Vier)vierteltakt *m*; **~ antecedente** Vorlaufzeit *f*; **~ de acesso** *INFORM* Zugriffszeit *f*; **~ de adaptação** Einarbeitungszeit *f*; **~ de antena** Sendezeit *f*; **meio ~** *Sport*: Halbzeit *f*; **primeiro ~** erste Halbzeit *f*; **~ morto** F Sauregurkenzeit *f*; **~ real** *INFORM* Echtzeit *f*; **~s** *pl* **livres** Freizeit *f*; **a ~** rechtzeitig; **ao ~ de** zu Zeiten (*gen*); **a seu ~** zu gegebener Zeit; **a um ~**, **ao mesmo ~** gleichzeitig; **antes do ~** vor der Zeit; **a ~ integral** (**parcial**) *Job*: Vollzeit... (Teilzeit...); **com ~** in (aller) Ruhe; **de ~(s) a ~(s)** von Zeit zu Zeit; **em ~s** seinerzeit; **em ~ oportuno** zu gegebener Zeit; **fora de ~** zur Unzeit; **há ~(s)** vor einiger Zeit; **há quanto ~** seit wann; **nesse meio ~** mittlerweile; (**por**) **largo** (*od* **longo**, **muito**) **~** (für) lange Zeit; **dar ~ a** *j-m* Zeit lassen; **ser ~ de** *inf* Zeit sein zu; **ter concluído o seu ~** s-e Zeit abgesessen haben; ausgedient haben; **roubar o ~ a** *j-m* die Zeit stehlen; **vir a ~** rechtzeitig kommen; **nos ~s que correm** in der heutigen Zeit

tempor|ada [tẽpu'radɐ] *f* Zeitraum *m*; Saison *f*; *TEA* Spielzeit *f*; **~al** [-'raɫ] **1.** *adj* zeitlich; weltlich; *GRAM* temporal; **2.** *m* Sturm *m*; *ANAT* Schläfenbein *n*; **~alidade** [-rɐli'dadə] *f* Vorläufigkeit *f*; begrenzte Dauer *f*; Weltlichkeit *f*; **~alizar** [-rɐli'zar] (1a) verweltlichen; **~ão** [-'rɐ̃w] frühreif; frühzeitig; verfrüht; *AGR* Früh...; **~ário** [-'rarju] vorübergehend; zeitweilig

têmporas ['tẽpurɐʃ] *f/pl ANAT* Schläfen *f/pl*

temporiz|ação [tẽpurizɐ'sɐ̃w] *f* Zögern *n*; Nachgiebigkeit *f*; **~ador** [-zɐ'dor] *m* Zeitschaltuhr *f*; *AUTO* Intervallschalter *m*; **~ar** [-'zar] (1a) **1.** *v/t* hinauszögern; *j-n* hinhalten; **2.** *v/i* abwarten; zaudern

ten|acidade [tənɐsi'dadə] *f* Zähigkeit *f*; Starrsinn *m*; **~az** [-'naʃ] **1.** *adj* zäh; hartnäckig; eisern; unlösbar; **2.** *f*: **~(es** *pl*) (Beiß)Zange *f*

tenca ['tẽkɐ] *f* Schleie *f* (*Fisch*)

tença ['tẽsɐ] *f* Ruhegehalt *n*

ten|ção [tẽ'sɐ̃w] *f* Absicht *f*; Gesinnung *f*; Wahlspruch *m*; **segunda ~**

Hintergedanke *m*; ***fazer ~ de*** = **~cionar** [-sju'nar] (1f) beabsichtigen
tenda ['tẽdɐ] *f* Zelt *n*; Stand *m*; Bauchladen *m*; ***~ de oxigénio*** Sauerstoffzelt *n*; ***pano m de ~*** Zeltplane *f*
tend|al [tẽ'dał] *m* Trockenplatz *m*; *bras* Darre *f*; **~ão** [-'dɐ̃w] *m ANAT* Sehne *f*; ***~ de aquiles*** Achillessehne *f*; **~eiro** [-'dɐjru] *m*, **-a** *f* Standinhaber(in *f*) *m*
tend|ência [tẽ'dẽsjɐ] *f* Neigung *f*; Hang *m*; Streben *n*; Tendenz *f*; ***~ para subir (descer)*** steigende (fallende) Tendenz *f*; **~encial** [-dẽ'sjał] tendenziell; **~encioso** [-dẽ'sjozu] tendenziös; **~ente** [-'dẽtə]: ***~ a*** abzielend auf (*ac*); **~er** [-'der] (2a) **1.** *v/t* → ***estender***; **2.** *v/i*: ***~ a***, ***~ para*** neigen zu; streben nach; bezwecken; führen zu; tendieren zu (*od* gegen)
tenebr|ião [tənə'brjɐ̃w] *m ZO* Schwarzkäfer *m*; **~oso** [-'brozu] finster; *fig* mysteriös; furchtbar
ten|ência [ti'nẽsja] *f bras* Festigkeit *f*; Tatkraft *f*; ***tomar ~ de*** prüfen; **~ente** [-tə'nẽtə] *m MIL* Leutnant *m*; ***~-coronel*** *m* Oberstleutnant *m*
tenesmo [tə'nɛʒmu] *m MED* Stuhlzwang *m*; ***~ vesical*** Harnzwang *m*
tenha ['tɛɲɐ] → ***ter***
tenho ['tɛɲu] → ***ter***
ténia ['tɛnjɐ] *f* Bandwurm *m*
ténis (*ê) ['tɛniʃ] **1.** *m* Tennis *n*; ***~ de mesa*** Tischtennis *n*; **2.** *m/pl* Tennisschuhe *m/pl*
tenista [tɛ'niʃtɐ] *su* Tennisspieler(in *f*) *m*
tenor [tə'nor] *m MÚS* Tenor *m*
tenro ['tẽʀu] zart; mürbe; jung
tens|ão [tẽ'sɐ̃w] *f* Spannung *f* (*a EL*); Spannkraft *f*; ***alta ~*** Hochspannung *f*; ***~ arterial*** Blutdruck *m*; ***~ muscular*** Muskelverspannung *f*; **~o** ['tẽsu] gespannt, straff; **~or** [-'sor] **1.** *adj*: (***músculo***) ~ *m* Spannmuskel *m*; **2.** *m*: ***~ de cinto*** *AUTO* Gurtstraffer *m*
tent|a ['tẽtɐ] *f MED* Sonde *f*; Stierkampf *m* (*mit Jungstieren*); **~ação** [-tɐ'sɐ̃w] *f* Versuchung *f*
tent|acular [tẽtɐku'lar] Tentakel...; **~áculo** [-'takulu] *m ZO* Fangarm *m*; Tentakel *m*; Fühler *m*
tent|adiço [tẽtɐ'disu] schnell e-r Versuchung erliegend; **~ado** [-'tadu]: ***~ com*** angetan von; **~ador** [-tɐ'dor] **1.** *adj* verführerisch; **2.** *m* Verführer *m*; **~ame**, **~âmen** [-'tɐmə, -'tɐmən] *m* Versuch *m*; **~ar** [-'tar] (1a) versuchen; wagen; ausprobieren; auf die Probe stellen; verführen; **~ativa** [-tɐ'tivɐ] *f* Versuch *m*; Probe *f*; **~ear** [-'tjar] (1l) **a)** betasten; prüfen; versuchen; **b)** genau berechnen; anrechnen
tentilhão [tẽti'ʎɐ̃w] *m ZO* (Buch-)Fink *m*; ***~-montez*** *m* Bergfink *m*
tento ['tẽtu] *m* **a)** Behutsamkeit *f*; Vorsicht *f*; ***sem ~*** unüberlegt; ***dar ~ a*** aufmerksam werden; ***tomar ~ em*** aufpassen auf (*ac*); **b)** Spielmarke *f*; (Gewinn)Punkt *m*
ténue (*ê) ['tɛnwə] dünn; zart; fein
tenuidade [tənui'dadə] *f* Dünne *f*; Zartheit *f*; Schwäche *f*
teol|ogia [tewlu'ʒiɐ] *f* Theologie *f*; **~ógico** [-'lɔʒiku] theologisch
teólogo ['tjɔlugu] *m* Theologe *m*
teor [tjor] *m* Wortlaut *m*, Inhalt *m*; Art *f*; Norm *f*; *bsd* Gehalt *m*; ***~ de pH*** pH-Wert *m*; ***~ em ferro*** Eisengehalt *m*
teor|ema [tew'remɐ] *m* Lehrsatz *m*; **~ia** [-'riɐ] *f* Theorie *f*
teórico ['tjɔriku] **1.** *adj* theoretisch; **2.** *m* Theoretiker *m*
teorizar [tewri'zar] (1a) **1.** *v/t* theoretisch begründen (*od* untermauern); **2.** *v/i* theoretisieren
tepidez [təpi'deʃ] *f* Lauheit *f* (*a fig*)
tépido ['tɛpidu] lau(warm)
ter [ter] (2za) **1.** *Hilfsverb*: haben, sein; **2.** *v/t* haben; besitzen; *zusätzlich*, *Baby* bekommen; halten; innehaben; enthalten; ***~ alc a fazer*** et zu tun haben; ***~ alc (a ver) com*** et zu tun haben mit; ***~ consigo*** *et* bei sich haben; *fig* an sich haben; ***~ com quê***, ***~ de seu*** Vermögen haben; ***~ em si*** umfassen; ***~ em muito (pouco, nada)*** hoch (gering) schätzen; ***~ como***, ***~ por*** halten für; ***~ por si*** auf s-r Seite haben; ***~ por uso*** sich zur Gewohnheit gemacht haben; ***~ que*** glauben, dass; ***~ que ver com*** zu tun haben mit; ***que tem (isso)?*** was ist denn dabei?; ***tem*** *bras* es gibt; ***não tem de quê!*** keine Ursache!; **3.** *v/i*: ***~ de*** (*od* ***que***) *inf* müssen; ***não ~ de fazer*** nicht zu tun brauchen; ***ir ~ a*** führen zu; **(*v*)*ir ~ com*** zu *j-n* aufsuchen; **4.**: ***~-se*** sich halten (***a*** an *ac*,

por für); durchhalten; **~-se com** es aufnehmen mit; **~-se em** bleiben

terap|euta [tərɐ'pewtɐ] *su* Therapeut(in *f*) *m*; **~êutica** [-'pewtikɐ] *f* Therapeutik *f*; Therapie *f*; **~êutico** [-'pewtiku] therapeutisch; **~ia** [-'piɐ] *f* Therapie *f*; **~ *ocupacional*** Beschäftigungstherapie *f*

terça ['tersɐ] **1.** *adj* dritt; ***a ~ parte*** der dritte Teil *m*; **2.** *f* Drittel *n*; *MÚS, Fechten*: Terz *f*; → ***terça-feira***

terç|ã [tər'sɐ̃]: ***febre*** *f* **~** Wechselfieber *n*; **~a(s)-feira(s)** [tersɐ'fɐjrɐ] *f(pl)* Dienstag *m* (***na*** am); ***às* ~s** dienstags; **~ar** [-'sar] (1p; *Stv* 1c) **1.** *v/t* dritteln; mischen; **~ *armas*** sich schlagen; **2.** *v/i*: **~ *por*** eintreten für, kämpfen für

terceir|a [tər'sɐjrɐ] *f MÚS* Terz *f*; **~anista** [-rɐ'niʃtɐ] *su* Student(in *f*) *m* des dritten Jahres; **~o** [-'sɐjru] dritt; **~-*mundista*** Dritte-Welt-...

terc|eto [tər'setu] *m MÚS* Terzett *n*; **~iário** [-'sjarju]: ***era*** *f* **-*a*** Tertiär *n*; ***sector*** *m* **~** *ECON* tertiäre(r) Sektor *m*, Dienstleistungssektor *m*

terç|o ['tersu] *m* Drittel *n*; **~ol** [tər'sɔɫ] *m MED* Gerstenkorn *n*

terebintina [tərəbĩ'tinɐ] *f* Terpentin *n*

terebr|ante [tərə'brẽtə] bohrend; **~ar** [-'brar] (1c) durchbohren

teres ['terəʃ] *m/pl*: **~ *e haveres*** Hab und Gut *n*; Vermögen *n*

Teresina [tere'zĩna] *bras Hauptstadt von Piauí*

tergivers|ação [tərʒivərsɐ'sɐ̃w] *f* Ausflucht *f*; **~ar** [-'sar] (1c) zaudern

term|al [tər'maɫ] Thermal...; **~as** ['termɐʃ] *f/pl* warme Bäder *n/pl*; Thermalbad *n*; Kurort *m*; ***hotel*** *m* ***das* ~** Kurhotel *n*; ***ir a* ~** eine Heilkur machen; **~elétrica** [termi'lɛtrika] *f bras*: (***usina*** *f*) **~** Wärmekraftwerk *n*

térmico ['tɛrmiku] thermisch

termin|ação [tərminɐ'sɐ̃w] *f* Beendigung *f*; Ende *n*; *GRAM* Endung *f*; **~ado** [-'nadu] fertig; **~al** [-'naɫ] **1.** *adj* End...; ***estação*** *f* **~** Endstation *f*; **2.** *m* Terminal *m od n*; **~ante** [-'nẽtə] ausdrücklich; **~ar** [-'nar] (1a) **1.** *v/t* beenden; abschließen; **2.** *v/i* aufhören; *GRAM* enden (***em*** auf *ac*); schließen; **~ *com*** enden mit; **~ *por*** schließlich *et* tun

término ['tɛrminu] *m Bus etc*: Endstation *f*; Ende *n*

terminologia [tərminulu'ʒiɐ] *f* Terminologie *f*

térmite ['tɛrmitə] *f* Termite *f*

termiteira [tərmi'tɐjrɐ] *f* Termitenhügel *m*

termo(s) ['tɛrmu, 'tɛrmuʃ] *m* Warmhalteflasche *f*

termo ['termu] *m* Grenze *f*; Grenzstein *m*; Schluss *m*; Ziel *n*; *zeitl* Termin *m*, Frist *f*; *bras örtl* Bezirk *m*; *LING* Terminus *m*, Begriff *m*; Wort *n*; *MAT* Glied *n* (*e-r Gleichung*); *JUR* Erklärung *f*; **~ *de comparação*** Vergleichspunkt *m*; **~ *médio, meio* ~** Mittel(wert *m*) *n*; Mittelweg *m*; ***meios* ~s** *pl* Andeutungen *f/pl*; Ausflüchte *f/pl*; **~ *técnico*** Fachausdruck *m*; ***ao* ~ *de*** am Ende (*gen*); ***em* ~s** vorschriftsmäßig; ***em* ~s *de*** hinsichtlich (*gen*); ***em breves* ~s** kurz und bündig; ***em* ~s *hábeis*** in geschickter Weise; ***nos* ~s *de*** im Sinne (*gen*); ***sem* ~** ohne Ende

termo|... [tɛrmɔ] *in Zssgn* Thermo...; **~acumulador** [-ɐkumulɐ'dor] *m* Heißwasserspeicher *m*; **~dinâmica** [-di'nɐmikɐ] *f FIS* Wärmelehre *f*; **~eléctrico** [-i'lɛtriku] thermoelektrisch; ***central*** *f* **-*a*** Heizkraftwerk *n*; **~estável** [-iʃ'tavɛɫ] wärmebeständig

termómetro (*ô) [tər'mɔmətru] *m* Thermometer *n*; **~ *clínico*** Fieberthermometer *n*

term|onuclear [tɛrmɔnu'kljar] thermonuklear; **~orresistente** [-muʀəziʃ'tẽtə] hitzebeständig; **~óstato** (*o) [-'mɔʃtɐtu] *m* Thermostat *m*; **~oventilador** [-mɔvẽtilɐ'dor] *m* Heizlüfter *m*

ternário [tər'narju] dreifach

terneiro [ter'nejru] *m bras* Kälbchen *n*

tern|o ['tɛrnu] **1.** *adj* zärtlich; zart; **2.** *m Würfel*: Drei *f*; Kleeblatt *n*; *bras* Anzug *m*; F Trupp *m*; **~ura** [tər'nurɐ] *f* Zärtlichkeit *f*

terra ['tɛʀɐ] *f* Erde *f*; Boden *m*; *GEOGR* Land *n*; Ort(schaft *f*) *m*; *fig* Heimat *f*; Gebiet *n*; Staub *m*; Ton *m*; *EL* Erdung *f*; **~s** *pl* Ländereien *f/pl*; **~ *firme*** Festland *n*; **~ *natal*** Geburtsort *m*, Heimatland *n*; **~ *a* ~** *fig* alltäglich, platt; ***da* ~** einheimisch; ***de fora***

da ~ auswärtig; ***fora da ~*** auswärts; ***por ~*** auf dem Landwege; ***chegar a ~*** landen; ***correr ~s*** herumreisen; ***dar em ~*** einstürzen; scheitern; ***deitar*** (*od* ***lançar***, ***pôr***) ***por ~*** auf den Boden werfen; zunichte machen; ***ficar em ~*** *fig* zurückbleiben; ***ir a ~*** scheitern; ***ligar à ~*** *EL* erden; ***pôr pé*** (*od* ***os pés***) ***em ~*** an Land gehen; aussteigen; ***sair*** (*od* ***saltar***) ***em ~*** aussteigen; landen

terr|aço [tə'ʀasu] *m* (Dach)Terrasse *f*; flache(s) Dach *n*; **~acota** [-ʀɐ'kɔtɐ] *f* Terrakotta *f*; **~al** [-'ʀał]: (***vento*** *m*) **~** *m* Landwind *m*; **~amoto** [-ʀɐ'mɔtu] *m* Erdbeben *n*

Terra Nova ['tɛʀɐ 'nɔvɐ] *f* Neufundland *n*

terra(s)-nova(s) [tɛʀɐ'nɔvɐ] *m(pl)* Neufundländer *m* (*Hund*)

terraplen|agem [təʀɐplə'naʒɐ̃j] *f* Planierung *f*; Einebnung *f*; **~ar** [-'nar] (1d) (mit Erde) auffüllen; planieren; **~o** [-'plenu] *m* Erdaufschüttung *f*; (Bahn)Damm *m*

terrário [tə'ʀarju] *m* Terrarium *n*

terreal [tə'ʀjał] irdisch

terreiro [tə'ʀɐjru] *m* Gelände *n*; (freier) Platz *m*; Hof *m*; Auslauf *m*; ***chamar a ~*** herausfordern; ***descer a ~*** eingreifen

terr|emoto [təʀə'mɔtu] *m* → ***terramoto***; **~eno** [-'ʀenu] **1.** *adj* irdisch; weltlich; erdig; erdfarben; **2.** *m* Boden *m*; Erdreich *n*; Grund(stück *n*) *m*; Gelände *n*; Gebiet *n*; ***~ de jogo*** Spielfeld *n*; ***características*** *f/pl* ***do ~*** Bodenbeschaffenheit *f*; ***~ para construir*** Baugrund *m*

térreo ['tɛʀju] **1.** *adj* Erd...; zu ebener Erde (liegend); irdisch; ***andar*** *m* **~** = **2.** *m bras* Erdgeschoss *n*

terrestre [tə'ʀɛʃtrə] Erd...; irdisch

terriço [tə'ʀisu] *m* Humus *m*; (Natur)Dünger *m*

terr|ificante [təʀəfi'kɐ̃tə] → **~ífico**; **~ificar** [-ʀəfi'kar] (1n) erschrecken; **~ífico** [-'ʀifiku] Schrecken erregend

terr|ina [tə'ʀinɐ] *f* Terrine *f*; **~inha** [tɛ'ʀiɲɐ] *f* F Heimatgegend *f*; **~iola** [-'ʀjɔlɐ] *f* kleine(r) Ort *m*

territ|orial [təʀitu'rjał] territorial; Gebiets...; ***águas*** *f/pl* ***-ais*** *POL* Hoheitsgewässer *n/pl*; **~ório** [-'tɔrju] *m* Gebiet *n*, Territorium *n*

terr|ível [tə'ʀivɛł] schrecklich; furchtbar; **~or** [-'ʀor] *m* Schrecken *m*; Terror *m*; **~orismo** [-ʀu'riʒmu] *m* Terrorismus *m*; **~orista** [-ʀu'riʃtɐ] **1.** *adj* terroristisch, Terror...; **2.** *su* Terrorist(in *f*) *m*; **~orizar** [-ʀuri'zar] (1a) → ***aterrorizar***

terroso [tə'ʀozu] erdig; erdfarben

terso ['tɛrsu] sauber, rein; (blitz-) blank; fehlerfrei (*Arbeit*)

tertúlia [tər'tuljɐ] *f* (literarischer) Stammtisch *m*; Gesellschaft *f*

tesão [tə'zɐ̃w] **1.** *m* Unbeugsamkeit *f*; Heftigkeit *f*; Strenge *f*; **2.** *f bras* P Geilheit *f*; ***ficar com ~*** scharf sein; **3.** *su bras* P geile(r) Bock *m*

tese ['tɛzə] *f* These *f*; *UNIV* Abschlussarbeit *f*; Dissertation *f*; ***em ~*** im Prinzip

teso ['tezu] **1.** *adj* steif; starr; straff; stramm; schroff; *fig* unbeugsam; P pleite; **2.** *adv* streng; **3.** *m* Felsklippe *f*; steile(r) Gipfel *m*; *bras* Insel *f*

tesoir... → ***tesour...***

tesour|a [tə'zorɐ] *f* Schere *f*; *fig* Lästerzunge *f*; *ZO* Milan *m*; Winkerkrabbe *f*; ***~ de poda*** Gartenschere *f*; **~ada** [-'radɐ] *f* Schnitt *m*; *fig* (Seiten)Hieb *m*; **~ar** [-'rar] (1a) (zer)schneiden; zuschneiden; *fig* lästern über (*ac*); **~aria** [-rɐ'riɐ] *f* Schatzamt *n*; Kassenraum *m*; Buchhaltung *f*; ***~ da Fazenda Pública*** Finanzkasse *f*; **~eiro** [-'rɐjru] *m* Schatzmeister *m*; Kassierer *m*

tesouro [tə'zoru] *m* Schatz *m*; *LIT* Sammlung *f*, Thesaurus *m*; ***~ público*** Staatskasse *f*, Fiskus *m*

tessitura [təsi'turɐ] *f MÚS* Lage *f*; *fig* Aufbau *m*, Struktur *f*

test. ***testemunha*** *f* Zeuge *m*, Zeugin *f*

test|a ['tɛʃtɐ] *f* Stirn *f*; *fig* Kopf *m*; Spitze *f*; ***~ coroada*** gekrönte(s) Haupt *n*; ***~ de ponte*** Brückenkopf *m*; ***~-de-ferro*** *m fig* Strohmann *m*; **~ada** [təʃ'tadɐ] *f* vorgelagerte(r) Straßenabschnitt *m*; *bras* Unsinn *m*

testador [təʃtɐ'dor] *m* Erblasser *m*

testament|aria [təʃtɐmɐ̃tɐ'riɐ] *f* Testamentsvollstreckung *f*; **~ário** [-'tarju] testamentarisch; **~eiro** [-'tɐjru] *m* Testamentsvollstrecker *m*; **~o** [-'mɐ̃tu] *m* Testament *n*

testar[1] [təʃ'tar] (1c) hinterlassen; *j-n* als Erben einsetzen; *JUR* bezeugen

T

test|ar[2] [tәʃ'tar] (1a) testen; überprüfen; **~e** ['tɛʃtә] *m* Test *m*; (Eignungs)Prüfung *f*; **~ comparativo** Vergleichstest *m*; **~ da sida** Aids-Test *m*; **~ de alcoolemia** Blutalkoholtest *m*; **~ de visão** Sehtest *m*
testeira [tәʃ'tɐjrɐ] *f* Vorderseite *f*
testem|unha [tәʃtә'muɲɐ] *f* Zeuge *m*, Zeugin *f*; **~s** *pl* Marksteine *m/pl*; **~ de defesa** (**acusação**) *JUR* Ent-(Be)lastungszeuge *m*; **~ ocular** Augenzeuge *m*; **~ presencial** Tatzeuge *m*; **~unhal** [-mu'ɲał] Zeugen...; **~unhar** [-mu'ɲar] (1a) **1.** bezeugen; bekunden; *JUR* Zeuge sein; **2.** *v/i JUR* aussagen (**contra** gegen); **~unho** [-'muɲu] *m JUR* Zeugnis *n*; Zeugenaussage *f*; *TÉCN* Kontrollleuchte *f*; Stab *m* (*beim Staffellauf*); **prestar ~** eine Aussage machen
testículo [tәʃ'tikulu] *m ANAT* Hode(n *m*) *f*, Testikel *m*
testificar [tәʃtәfi'kar] (1n) bezeugen; versichern; beweisen
testilho [tәʃ'tiʎu] *m* Stirnseite *f*
testo ['teʃtu] *m* (Topf)Deckel *m*; P Schädel *m*
testudo [tәʃ'tudu] dickköpfig
tesura [tә'zurɐ] *f* Steifheit *f*; Starre *f*; Schroffheit *f*; **andar na ~** P knapp bei Kasse sein
teta ['tetɐ] *f* Zitze *f*; Euter *n*; Brust *f*
tétano ['tɛtɐnu] *m* Tetanus *m*
tetina [tә'tinɐ] *f* Sauger *m*; Nuckel *m*
teto ['tɛtu] *bras* → **tecto**
tetra|... [tɛtrɐ] *in Zssgn* Vier...; **~edro** [-'ɛdru] *m* Tetraeder *n*
tetraz [tә'traʃ] *m ZO* Auerhahn *m*
tétrico ['tɛtriku] trübselig; finster
tetrodão [tәtru'dɐ̃w] *m ZO* Kugelfisch *m*
teu, **tua** [tew, 'tuɐ] dein(e) (*a* → **meu**, **minha**)
teut|o... ['tewtɔ] *in Zssgn* deutsch; **~ónico** (*ô) [-'tɔniku] teutonisch
teve ['tɛvә] → **ter**
tev|ê [te've] *f bras* Fernsehen *n*; **~ente** [-'vẽti] *su bras* Fernsehzuschauer(in *f*) *m*
têxtil ['tɐjʃtił] Textil...
text|o ['tɐjʃtu] *m* Text *m*; *REL* Bibelstelle *f*; **~ual** [-'twał] textgetreu; **palavras** *f/pl* **-ais** Wortlaut *m*; **~ura** [-'turɐ] *f* Gewebe *n*; Struktur *f*
texugo [tә'ʃugu] *m* Dachs *m*; *fig* Fettwanst *m*
tez [teʃ] *f* (Gesichts)Haut *f*; Teint *m*
ti[1] [ti] *nach prp* dir; dich; **falam de ~** sie sprechen von dir (*od* über dich); **ela olha para ~** sie schaut dich an
ti[2] [ti] *su* F *Anrede*: Väterchen *n*, Mütterchen *n*
tia ['tiɐ] *f* Tante *f*; **casa** *f* **de ~s** Bordell *n*; **ficar para ~** F sitzen bleiben; **estar com a ~-maria** P die Regel haben
tiara ['tjarɐ] *f* Tiara *f* (*Papstkrone*)
tiba|do [ti'badu] *Angola* betrunken; **~r** [-'bar] *Angola* trinken
tíbia ['tibjɐ] *f ANAT* Schienbein *n*; *MÚS* (Hirten)Flöte *f*
tibieza [ti'bjezɐ] *f* Schwäche *f*
tíbio ['tibju] schwach (*Leistung*, *Licht*); lässig; apathisch (*Person*)
tibo ['tibu] *m Angola* Getränk *n*
tiborna [ti'bɔrnɐ] *f* P Mischmasch *m*
tiç|ão [ti'sɐ̃w] *m* Glut *f*; **~oeiro** [-'swɐjru] *m* Schüreisen *n*
tico ['tiko] *m bras* Bisschen *n*; **~tico** [-'tiko] *m bras* **a**) F Piepmatz *m*; **b**) Grundschule *f*
tido ['tidu] *p/p von* **ter**; **ser ~ como** gelten als
tif|o ['tifu] *m MED* Typhus *m*; **~óide** [-'fɔjdә] typhös, Typhus...
tigel|a [ti'ʒɛlɐ] *f* Schüssel *f*; Napf *m*; **de meia ~** mittelmäßig; **~ada** [-ʒә'ladɐ] *f CUL Art* Pudding *m*
tigrado [ti'gradu] getigert
tigr|e ['tigrә] *m* Tiger *m*; **~-fêmea** *f* Tigerin *f*; **~ino** [-'grinu] Tiger...; *fig* blutrünstig
tijol|eiro [tiʒu'lɐjru] *m* Ziegelbrenner *m*; **~inho** [-ʒo'lĩɲu] *m bras* Marmelade *f*
tijolo [ti'ʒolu] Ziegel(stein) *m*; **~ furado** Hohllochziegel *m*; **doce** *m* **de ~** *bras* (Guajaven)Marmelade *f*; **fazer ~** P *bras Frau* rumkriegen
tijuc|a *f*, **~al** *m*, **~o** *m* [ti'ʒuka, -'kaw, -'ʒuku] *bras* Sumpf *m*; Schlamm *m*
tijupá [tiʒu'pa] *m bras* Hütte *f*
til [tił] *m* Tilde *f*
tília ['tiljɐ] *f* Linde *f*
tilintar [tәlĩ'tar] (1a) klingen, klingeln
timalo [ti'malu] *m ZO* Äsche *f* (*Fisch*)
timão [ti'mɐ̃w] *m* Deichsel *f*; Ruder *n*; *fig* Führung *f*
timbal|e [tĩ'balә] *m* (Kessel)Pauke *f*; **~eiro** [-bɐ'lɐjru] *m* Paukist *m*

timbó [tĩ'bɔ] *m bras BOT* Timbo *m*; ***bater o ~*** P abkratzen

timbr|ado [tĩ'bradu] mit Wappen; mit Wasserzeichen; mit Firmenaufdruck; ***escudo*** *m* **~** Wappenschild *m*; ***papel*** *m* **~** Geschäftspapier *n*; ***bem*** **~** wohlklingend; **~ar** [-'brar] (1a) **1.** *v/t* s-n (Firmen)Namen drucken lassen auf (*dat*); sein Wappen anbringen lassen an (*dat*); **~ *de*** *fig* abstempeln als; **2.** *v/i*: **~ *de*** sich aufspielen als

timbre ['tĩbrə] *m* Wappen *n*; aufgedruckte(r) (Firmen) Name *m*; (Wasser) Zeichen *n*; Stempel *m*; *MÚS* Klang(farbe *f*) *m*, Timbre *n*; Tat *f*; Unternehmen *n*; *fig* Gipfel *m*; *Sport*: Gong *m*

time ['timi] *m bras* Team *n*

timidez [təmi'deʃ] *f* Schüchternheit *f*

tímido ['timidu] schüchtern, scheu

timo ['timu] *m* → ***tomilho***

timoneiro [timu'nɐjru] *m* Steuermann *m* (*a fig*)

timorato [timu'ratu] (über)ängstlich

timorense [timu'rẽsə] **1.** *adj* aus Timor; **2.** *su* Timorese *m*, Timoresin *f*

tímpano ['tĩpɐnu] *m ARQUIT* Tympanon *n*; *MÚS* Pauke *f*; *ANAT* Paukenhöhle *f*, Tympanum *n*; (***membrana*** *f* ***do***) **~** *ANAT* Trommelfell *n*; **~*s*** *pl* F Ohren *n/pl*

tin|a ['tinɐ] *f* Wanne *f*, Bottich *m*; **~alha** [ti'naʎɐ] *f* Bottich *m*

tineta [ti'netɐ] *f* F Fimmel *m*

tingir [tĩ'ʒir] (3n) färben; **~ *ligeiramente*** tönen

tinh|a ['tiɲɐ] **1.** → ***ter***; **2.** *f* Grind *m*; *Tierkrankheit*: Räude *f*; **~oso** [ti'ɲozu] **1.** *adj* räudig; **2.** *m*: ***o*** **~** der Leibhaftige

tin|ido [tə'nidu] *m* Klirren *n*; **~ir** [-'nir] (3a) klirren (*Glas*); klingen (*Glocke, Ohren*); zittern; ***andar*** (*od* ***estar, ficar***) ***a*** **~** F abgebrannt sein

tino ['tinu] *m* gesunde(r) Menschenverstand *m*; Einfühlungsvermögen *n*; Takt *m*; Fingerspitzengefühl *n*; *örtl* Ortssinn *m*; ***a*** **~** nach Augenmaß; ***sem*** **~** ohne Sinn und Verstand; ***dar*** **~ *de*** merken (*ac*); ***perder o*** **~** den Kopf verlieren

tint|a ['tĩtɐ] *f* Tinte *f*; *allg* Farbe *f*; Anstrich *m*; Farbton *m*; *fig* Anflug *m*; **~ *aerossol*** Sprühlack *m*; **~ *a óleo*** Ölfarbe *f*; **~ *de água*** wasserlösliche Farbe *f*; **~ *de correcção*** Korrekturflüssigkeit *f*; **~ *de impressão*** Druckerschwärze *f*; **~ *fosforescente*** Leuchtfarbe *f*; ***meia*** **~** Halbschatten *m*; ***estar-se nas*** **~*s*** P *j-m* Wurs(ch)t sein; **~eiro** [-'tɐjru] *m* Tintenfass *n*; *INFORM* Druckerpatrone *f*; ***deixar no*** **~** P unter den Tisch fallen lassen; ***estar no*** **~** abseits stehen; *fig* angeschmiert sein

tint|im [tĩ'tĩ] *m*: **~ *por*** **~** haarklein; **~inar** [-ti'nar] (1a) klingeln

tint|o ['tĩtu] gefärbt; befleckt, beschmutzt; ***vinho*** *m* **~** Rotwein *m*; **~orial** [-tu'rjaɫ] Färbe...

tintur|a [tĩ'turɐ] *f* Färben *n*; Tinktur *f*; Farblösung *f*; **~aria** [-rɐ'riɐ] *f* Färberei *f*; **~eira** [-'rɐjrɐ] *f* Färberin *f*; *ZO* Tigerhai *m*; **~eiro** [-'rɐjru] **1.** *adj* Färbe...; Färber(ei)...; **2.** *m* Färber *m*; *bras* P Grüne Minna *f*

tio ['tiw] *m* Onkel *m*; **~(s)-avô(s)** [-ɐ'vo] *m(pl)* Großonkel *m*

tipa ['tipɐ] *f* P Weibsbild *n*, Alte *f*

típico ['tipiku] typisch; Muster...

tipific|ação [tipəfikɐ'sɐ̃w] *f* Typisierung *f*; **~ar** [-'kar] (1n) typisieren

tipit|i [tipi'ti] *m bras* Maniokpresse *f*; **~inga** [-'tĩga] *bras* lehmig (*Wasser*)

tipo ['tipu] *m* Urbild *n*; Typ(us) *m*; Muster *n*; *ECON* (Waren)Sorte *f*; *TIP* Type *f*; *fig* Original *n*; P Typ *m*

tipogr|afia [tipugrɐ'fiɐ] *f* Buchdruckerkunst *f*; Druckerei *f*; **~áfico** [-'grafiku] Druck...

tipógrafo [ti'pɔgrɐfu] *m* Buchdrucker *m*

tipóia [ti'pɔjɐ] *f Art* Sänfte *f*; P Klapperkiste *f*; P *depr* Schlampe *f*

tique ['tikə] *m* Tick *m*; *MED* Gesichtszucken *n*; ***um*** (*od* ***o seu***) **~ *de*** *bras* ein bisschen, etwas

tiqu|etaque [tikə'takə] *m* Klappern *n*; Ticktack *n*; Klippklapp *n*; ***fazer*** **~** ticken; klappern; klopfen; **~inho** [-'kĩɲu]: ***um*** **~** *bras* ein bisschen

tira ['tirɐ] **1.** *f* Streifen *m*; Schlaufe *f*; ***à*** **~** P hastig; ***fazer em*** **~*s*** zerfetzen; **2.** *m bras* P Bulle *m* (*Polizist*)

tira-cápsulas (*pl inv*) [tirɐ'kapsulɐʃ] *m* Flaschenöffner *m*

tir|acolo [tirɐ'kɔlu] *m* Schulterriemen *m*; ***a*** **~** über die Schulter (gehängt); **~ada** [-'radɐ] *f* lange(r) Weg *m*; Strecke *f*; eine Zeit lang; *fig* Tirade *f*; ***de uma*** **~** in e-m Zuge; **~adei-**

T

ra [-rɐ'dɐjrɐ] *f* → ***tirante***; **~a-dentes** (*pl inv*) [-'dẽtəʃ] *m* Zahnarzt *m*, P *depr* Zahnklempner *m*; **~ado** [-'radu]: **~ *de*** aus; **~ *a*** nach; **~agem** [-'raʒẽj] *f Kamin*: Zug *m*; (Briefkasten)Leerung *f*; *TÉCN* Drahtziehen *n*; *TIP* Druck *m*; Abzug *m*; Auflage *f* (*Zeitung*)

tiran|ete [tirɐ'netə] *m* Leuteschinder *m*; Quälgeist *m* (*Kind*); **~ia** [-'niɐ] *f* Tyrannei *f*; **~icida** [-nə'sidɐ] *su* Tyrannenmörder(in *f*) *m*; **~icídio** [-nə'sidju] *m* Tyrannenmord *m*

tir|ânico [ti'rɐniku] tyrannisch; **~anizar** [-rɐni'zar] (1a) tyrannisieren; **~ano** [-'rɐnu] *m* Tyrann *m*

tira-nódoas (*pl inv*) [tirɐ'nɔdwɐʃ] *m* Fleckentferner *m*

tirante [ti'rẽtə] **1.** *adj* ausgenommen; abgesehen von; ähnlich; **~ *a verde*** (***vermelho***) grünlich (rötlich); **2.** *m* Zugriemen *m*; Tragestange *f*; *TÉCN* Pleuelstange *f*; *AUTO* Spurstange *f*

tirar [ti'rar] (1a) **1.** *v/t* (heraus)ziehen; (heraus)nehmen; wegnehmen; *von der Wand* abnehmen; (heraus-)reißen (***de*** aus); *Briefkasten* leeren; *Flecken* entfernen; *Gefangene* befreien (***de*** von, aus); entreißen (***a*** *j-m*); abgewöhnen (***a*** *j-m*); abbringen (***de*** von); *Blick* losreißen; *Kleidung* ausziehen; *Hut*, *Brille* abnehmen; *Zunge* herausstrecken; *Wort* streichen; *aus e-r Sprache* übertragen; *Gewinn* erzielen (***de*** bei); *Führerschein* machen; *Lizenz* erwerben; *Pass* ausstellen lassen; *Mut* schöpfen; einkassieren; folgern; *Summe* abziehen; *UNIV*: *Fach* studieren; *Studium* absolvieren; *TIP* drucken; *Fotokopie* machen; *Ticket* lösen; *Urkunde* ausstellen (lassen); **~ *a limpo*** überprüfen; **~ *da cabeça*** sich *et* aus dem Kopf schlagen; *et* ausreden (***a*** *j-m*); ***tirando*** abzüglich; ausgenommen; außer; **2.** *v/i* ziehen; schießen; **~ *a*** es abgesehen haben auf (*ac*); streben nach; **~ *por*** ziehen an (*dat*); sich wenden nach; **~ *de*** *Messer etc* ziehen; ***sem* ~ *nem pôr*** ganz genau (so); **~ *à sorte*** (aus)losen; **~ *partido de*** Nutzen ziehen aus; **~*-se de*** P sich verziehen aus; ***tira que tira*** unablässig

tira-tampas (*pl inv*) [tirɐ'tẽpɐʃ] *m* Flaschenöffner *m*

tir(e)óide [ti'r(j)ɔjdə] *f ANAT* Schilddrüse *f*

tiririca [tiri'rika] *bras* **1.** *adj* wütend, böse; **2.** *f BOT* Zypergras *n*

tiritar [təri'tar] (1a) zittern (***de*** vor)

tiro ['tiru] *m* Schuss *m*; Knall *m*; Schießen *n*; Wurf *m*; Hieb *m*; F Schnorrer *m*; **~ *ao alvo*** Scheibenschießen *n*; **~ *aos pratos*** Tontaubenschießen *n*; **~ *à*** (*bras* ***de***) ***pistola*** Pistolenschuss *m*; **~ *com arco*** Bogenschießen *n*; ***animal*** *m* ***de*** **~** Zugtier *n*; ***carreira*** *f* ***de*** **~** Schießstand *m*; **~ *de misericórdia*** Gnadenschuss *m*; **~ *de partida*** Startschuss *m*; **~ *sensacional*** Bombenerfolg *m*; ***abater a*** **~** erschießen; ***dar um*** **~** e-n Schuss abgeben; *fig* Geld borgen

tiroc|inante [tirusi'nẽtə] *su* Anfänger(in *f*) *m*; Neuling *m*; **~ínio** [-'sinju] *m* Lehre *f*, Lehrzeit *f*; Einsteigerkurs *m*; Lehrgang *m*

tiroteio [tiru'tɐju] *m* Schießerei *f*

tir-te ['tirtə]: ***sem* ~ *nem guar-te*** unversehens, überraschend

tisana [ti'zɐnɐ] *f* Kräutertee *m*

tísic|a ['tizikɐ] *f* Schwindsucht *f*; **~o** ['tiziku] **1.** *adj* schwindsüchtig; **2.** *m* Schwindsüchtige(r) *m*

tisn|a ['tiʒnɐ] *f* Schwärze *f*; **~ado** [-'nadu] schwärzlich; angebrannt; **~ar** [-'nar] (1a) schwärzen; *fig* anschwärzen; anbrennen lassen; **~*-se*** schwarz werden; **~e** ['tiʒnə] *m* Schwärze *f*; Ruß *m*

tit|ã [ti'tẽ] *m* Titan *m*; **~ânico** [-'tɐniku] titanisch, riesenhaft

títere ['titərə] *m* Marionette *f*; ***teatro*** *m* ***de*** **~*s*** Puppentheater *n*

titereiro [titə'rɐjru] *m* Puppenspieler *m*

titia *f* (**-o** *m bras*) [ti'ti (-'tia, -'tiw)] *su infan* Onkel(chen *n*) *m*, Tante *f*

titica [ti'tika] *f bras* (Vogel)Dreck *m*; **~*!*** Mist!; **~ *de gente*** P Knirps *m*

titilar [titi'lar] (1a) **1.** *v/t* kitzeln; *fig* schmeicheln (*dat*); **2.** *v/i* beben

titubear [titu'bjar] (1l) **a)** (sch)wanken; **b)** stammeln

titul|ação [titulɐ'sẽw] *f* Anrede *f*; *Text*: Überschrift *f*; **~ar** [-'lar] **1.** *v/t* (1a) titulieren (***de*** als); **2.** *adj* titelführend; **3.** *su* Titular(in *f*) *m*; Inhaber(in *f*) *m*; **~ *da pasta da Justiça*** Justizminister(in *f*) *m*

título ['titulu] *m* Titel *m*; Überschrift

T

f; Benennung *f*; *ECON* Wertpapier *n*; (Schuld)Verschreibung *f*; Urkunde *f*; Schein *m*; *JUR* Rechtsanspruch *m*; Feingehalt *m* (*e-r Münze*); *fig* Grund *m*; Anspruch *m* (**a** auf *ac*); ***a ~ de*** als; in Form von; ***a ~ pessoal*** (***provisório***) persönlich (vorläufig); ***a ~ especial*** ausnahmsweise; ***a justo ~*** mit vollem Recht

tive ['tivə] → ***ter***

to [tu] *Zssg von pron* ***te*** *u* ***o***

toa ['toɐ] *f* Schlepptau *n*; ***à ~*** aufs Geratewohl; drauflos; ***estar à ~*** P völlig aus dem Gleis geraten sein

toad|a ['twadɐ] *f* Ton *m*; Klang *m*; *MÚS* Weise *f*; *fig* Gerücht *n*; **~ilha** [twɐ'diʎɐ] *f* Volksweise *f*

toalete [twa'letʃi] *f bras* Toilette *f*

toalh|a ['twaʎɐ] *f* Tisch-, Hand-, Küchentuch *n*; *REL* Altartuch *n*; ***~ de água*** Wasserspiegel *m*; ***~ de felpa***, ***~ turca*** Frotteehandtuch *n*; ***~ de oleado***, ***~ laminada*** Wachstuch *n*; **~eiro** [twɐ'ʎɐjru] *m* Handtuchhalter *m*; **~ete** [-'ʎɛtə] *m* Erfrischungstuch *n*; (Feucht)Tuch *n*

to|ante ['twɐ̃tə] tönend; **~ar** [twar] (1f) klingen (***a*** nach); *fig* passen

tobogã [tubu'gɐ̃] *m* Bob *m*

toca ['tɔkɐ] *f* Höhle *f*, Bau *m*

toca|-discos (*pl inv*) [tɔka'diskus] *m bras* Plattenspieler *m*; **~do** [tu'kadu] betroffen; angefault; F angeheitert; **~dor** [-kɐ'dor] *m MÚS* Spieler *m*; *bras* Lasttiertreiber *m*; **~-fitas** (*pl inv*) [-'fitas] *m bras* Rekorder *m*

tocai|a [to'kaja] *f bras* Hinterhalt *m*; Versteck *n*; **~ar** [-'jar] (1a) lauern; **~o** [-'kaju] **1.** *adj* gleichen Namens; **2.** *m* Namensvetter *m*

toc|ante [tu'kɐ̃tə] *örtl* angrenzend; *fig* rührend; ***~ a*** bezüglich (*gen*); ***no ~ a*** hinsichtlich (*gen*)

Tocantins [tokɐ̃'tʃĩs]: ***o ~*** *bras Bundesstaat*

tocar [tu'kar] (1n; *Stv* 1e) **1.** *v/t* berühren (*a fig*); *Fechten*: treffen; grenzen an (*ac*); *Ziel* erreichen; *Instrument* spielen; *Trommel* schlagen; *Glocke* läuten; *fig* erschüttern; **2.** *v/i* klingeln; *bras* (los-, weiter)gehen, -fahren; ***~ a*** *j-n* betreffen; an der Reihe sein; fallen auf (*ac*); ***~ a*** *inf* zu *et* läuten; ***toca a comer!*** das Essen ist fertig!; ***~ à campainha*** die Glocke läuten; klingeln; ***~ com*** (an)grenzen an (*ac*); ***~ em*** berühren; rühren an (*ac*); grenzen an (*ac*); *Hafen* anlaufen; ***pelo que me toca*** was mich angeht; **~-se** zu faulen beginnen; sich ähneln

toch|a ['tɔʃɐ] *f* Fackel *f*; *fig* Licht *n*; ***~ olímpica*** olympische Fackel *f*; **~eiro** [-'ʃɐjru] *m* Kerzenständer *m*

toco ['toku] *m* (Baum)Stumpf *m*

todavia [todɐ'viɐ] (je)doch; dennoch

todo ['todu] **1.** *adj* **a**) ganz (*pl* alle); ***~s quantos*** alle die(jenigen); **b**) jede(r, -s); ***~s os dias*** jeden Tag; ***-as as vezes*** jedes Mal; **c**) all; ***com -a a força*** mit aller Kraft; ***em*** (*od* ***por***) ***-a a parte*** überall; ***~ o mundo*** *fig* alle Welt, jedermann; **2.** *m* Ganze(s) *n*; ***ao ~*** im Ganzen; ***de ~ em ~*** ganz und gar; **~-o-terreno** [-dutə'ʀenu] querfeldein; *AUTO* geländegängig; **~-poderoso(s** *pl*) [-pudə'rozu] allmächtig

tofo ['tofu] *m* Tuff(stein) *m*; *MED* Kalkablagerung *f*

togado [tu'gadu] *m* Richter *m*

toic... → ***touc...***

toir... → ***tour...***

told|a ['tɔłdɐ] *f* **a**) *NAV* Oberdeck *n*; **b**) Trübung *f* (*des Weins*); **~ado** [tɔł'dadu] trüb; *fig* benommen; **~ar** [-'dar] (1e) überspannen; bedecken (***de*** mit); trüben; **~o** ['tołdu] *m* Plane *f*; Markise *f*; Sonnensegel *n*

tolei|ma [tu'lɐjmɐ] *f* → ***tolice***; **~rão** [-'rɐ̃w] **1.** *adj* strohdumm; **2.** *m*, **-ona** *f* F Rindvieh *n*, dumme Kuh *f*

toler|ada [tulə'radɐ] *f registrierte* Prostituierte *f*; **~ância** [-'rɐ̃sjɐ] *f* Nachsicht *f*; Toleranz *f* (*a TÉCN*); ***casa*** *f* ***de ~*** Absteigequartier *n*; **~ante** [-'rɐ̃tə] nachsichtig; tolerant; **~ar** [-'rar] (1c) dulden; zulassen; tolerieren; *MED* vertragen; **~ável** [-'ravɛł] erträglich; *MED* verträglich; *TÉCN* zulässig

tolh|er [tu'ʎer] (2d) verhindern; untersagen; hemmen; lähmen; *Atem* verschlagen; *Sprache* rauben; *Blick* trüben; ***~ de*** *j-m et* nehmen (*od* vorenthalten); **~-se** erlahmen; erstarren (***de*** vor *dat*); **~ido** [-'ʎidu] lahm; starr; *MED* gelähmt

tol|ice [tu'lisə] *f* Dummheit *f*; **~o** ['tolu] **1.** *adj* dumm; töricht; **2.** *m* Dummkopf *m*; Narr *m*

tom [tõ] *m* Ton *m*; *MÚS* Tonart *f*;

Tonfall *m*; *MED* Tonus *m*; **~ pastel** Pastellton *m*; **de bom ~** zum guten Ton gehörend; **dar o ~** *fig* den Ton angeben; **mudar de ~** *fig* e-n anderen Ton anschlagen

tom|ada [tu'madɐ] *f* Einnahme *f*; Gefangennahme *f*; Inbesitznahme *f*; *POL* Übernahme *f*; *EL* Steckdose *f*; **~ de posição** Stellungnahme *f*; **~ de preços** Preisvergleich *m*; **~adete** [-mɐ'detə] F beschwipst; **~ado** [-'madu] *adj* benommen; *MED* angegriffen; belegt (*Stimme*); **~ de sono** schlaftrunken; **~ de medo** angsterfüllt; **~ar** [-'mar] (1f) **1.** *v/t* nehmen; annehmen; einnehmen; zu sich nehmen; *Kaffee* trinken; *Gewicht* feststellen; *Maße* nehmen; messen; *Maßnahmen* ergreifen; *Mut* fassen; *Kontakt* aufnehmen; *Luft* schöpfen; beanspruchen; wegnehmen; *Verbrecher* fangen; *j-n* ergreifen; **~ a dianteira** vorangehen; **~ amor** (*od* **afeições**) **a** liebgewinnen (*ac*); **~ à letra** wörtlich nehmen; **~ a mal** übel nehmen; **~ a sério** ernst nehmen; **~ como** auffassen als; **~ de** *bras* ergreifen; **~ por** halten für; **toma lá!** da!; **~a que assim fosse!** wenn es doch so wäre!; **~a eu saber** wüsste ich nur; **2. ~-se de** sich zu Herzen nehmen (*ac*); ergriffen werden von; **~ares** [-'marəʃ] *m/pl*: **dares** *m/pl* **e ~** Zwist *m*

tomat|ada [tumɐ'tadɐ] *f* Tomatenmark *n*; **~e** [-'matə] *m* Tomate *f*; **~s** *pl* P Eier *n/pl* (*Testikel*); **~eiro** [-'tɐjru] *m* Tomatenstrauch *m*

tomb|ada [tõ'bada] *f bras* Berghang *m*; Neigung *f*; Gefälle *n*; **~adilho** [-bɐ'diʎu] *m NAV* Oberdeck *n*; **~ador** [-ba'dor] *m bras* Schlucht *f*; **~ar** [-'bar] (1a) **1.** *v/t* **a**) umwerfen; niederwerfen; (um-, herunter)stürzen; **b**) katalogisieren; **2.** *v/i* umfallen; herunterrollen; hinunterpurzeln (**de** von); **~-se** sich überschlagen; umkippen

tombo ['tõbu] *m* **a**) Fall *m*; Sturz *m*; **aos ~s** völlig durcheinander; **andar aos ~** wanken; **dar um ~** *bras* stürzen; (sozial) abstürzen; **b**) Grundbuch *n*; Archiv *n*

tômbola ['tõbulɐ] *f* Tombola *f*

tomilho [tu'miʎu] *m BOT* Thymian *m*

tomo ['tomu] *m* Band *m*; Buch *n*; *fig* Abschnitt *m*; Bedeutung *f*

tomografia [tumugrɐ'fiɐ] *f* Tomographie *f*; **~ computadorizada** Computertomographie *f*

tona ['tonɐ] *f dünne* Schicht *f*, Haut *f*; *fig* Oberfläche *f*; **vir à ~** sich zeigen

tonal [tu'nał] tonal; Ton...; **~idade** [-nɐli'dadə] *f MÚS* Tonart *f*; Tonalität *f*; *fig* Nuance *f*; **~ maior** Durtonart *f*; **~ menor** Molltonart *f*

tonante [tu'nẽtə] donnernd

tonel [tu'nɛł] *m* Tonne *f*, Fass *n*; **~ada** [-nə'ladɐ] *f* Tonne *f* (*1000 kg*); **~ bruta registada** Bruttoregistertonne *f*; **~agem** [-'laʒẽj] *f* Tonnage *f*

tónica (*ô) ['tɔnikɐ] *f* **a**) *MÚS* Grundton *m*; *fig* Hauptakzent *m*; **b**) *CUL* Tonic(water) *n*

tonicidade [tunəsi'dadə] *f* Spannungszustand *m*; *LING* Wortakzent *m*

tónico (*ô) ['tɔniku] **1.** *adj* **a**) *MÚS* Ton...; **nota** *f* **-a** Grundton *m*; **acento** *m* **~** *LING* Wortakzent *m*, Hauptton *m*; **b**) *MED* tonisch, stärkend; **2.** *m MED* Tonikum *n*

tonificar [tunəfi'kar] (1n) stärken

toninh|a [tu'niɲɐ] *f ZO* Delphin *m*; = **~o** [-'niɲu] *m* junge(r) Thunfisch *m*

tonitruante [tuni'trwẽtə] donnernd, dröhnend (*Stimme*); hochtrabend

ton|o ['tonu] *m* Ton(fall) *m*; *MED* Tonus *m*; **~silite** [tõsə'litə] *f MED* Mandelentzündung *f*

tonsur|a [tõ'surɐ] *f* Tonsur *f*; **~ado** [-'radu] **1.** *adj* geschoren; **2.** *m*: **~s** *pl* Klerus *m*

tont|a ['tõtɐ] *f*: **às ~s** P unbedacht; durcheinander; wie verrückt; **~ear** [tõ'tjar] (1l) albern; faseln; (**ele**) **tonteia** ihn schwindelt; **~ice** [-'tisə] *f* Albernheit *f*; Dummheit *f*

tont|o ['tõtu] **1.** *adj* **a**) schwindlig; **~ de sono** schlaftrunken; **b**) albern; kindisch; **2.** *m* Narr *m*; **~ura** [-'turɐ] *f* Schwindel(anfall) *m*

top|a-a-tudo (*pl inv*) [tɔpa'tudu] *su* P Schlauberger *m*; **~ar** [tu'par] (1e) **1.** *v/t* entdecken; P kapieren; *bras* akzeptieren; **2.** *v/i* stoßen (**em** an *ac*, gegen); **~ com** stoßen auf (*ac*)

topázio [tu'pazju] *m* Topas *m*

tope ['tɔpə] *m* Zusammenprall *m*, -stoß *m*; Zusammentreffen *n*; *NAV* Topp *m*; Spitze *f*; Gipfel *m* (*a fig*)

topet|ada [tupə'tadɐ] *f* Stoß *m* (*mit*

dem Kopf); **dar uma ~** (an)stoßen (**em** an *ac*); **~ar** [-'tar] (1c) **1.** *v/t* (an)stoßen an (*ac*); **2.** *v/i*: **~ com**, **~ em** stoßen an (*ac*) (*od* gegen); **~e** [-'petə] *m* Haarschopf *m*; Büschel *n*; *fig* Frechheit *f*; **~udo** [topi'tudu] *bras* dreist, frech

tópico ['tɔpiku] **1.** *adj* örtlich; zutreffend; **2.** *m* Hauptpunkt *m*; *bras* Kommentar *m* (*Zeitung*)

topinambo [-'nẽbu] *m* Topinambur *m*

topo ['topu] *m* Spitze *f*; **~ de gama** Spitzenmodell *n*; **de ~** Spitzen...

topogr|afia [tupugrɐ'fiɐ] *f* Topographie *f*; **~áfico** [-'grafiku] topographisch; **levantamento** *m* **~** Geländevermessung *f*

toque ['tɔkə] *m* **a**) Berührung *f*; (Hände)Druck *m*; Pinselstrich *m*; *fig* Spur *f*, F Touch *m*; Anschein *m*; **pedra** *f* **de ~** Prüfstein *m*; **um ~ especial** ein gewisses Etwas; **b**) Trommelschlag *m*; Klingelzeichen *n*; Geläut *n*; (Horn)Signal *n*; **~ de recolher** Zapfenstreich *m*; **c**) *bras* Hit *m*; angefaulte (*od* beschädigte) Stelle *f*

Tóquio ['tɔkju] Tokio *n*

toranj|a [tu'rẽʒɐ] *f* Pampelmuse *f*

torar [tu'rar] (1e) zersägen

tórax ['tɔraks] *m* ANAT Brustkorb *m*

torç|al [tur'saɫ] *m* Knopflochseide *f*; Seidenschnur *f*; **~ão** [-'sɐ̃w] *f* Drehung *f*; Torsion *f*; *Tierkrankheit*: Kolik *f*

torc|edela [tursə'dɛlɐ] *f* → **~edura**; **~edor** [torse'dor] *m*, **-eira** *f* *bras* Anhänger(in *f*) *m*; Schlachtenbummler(in *f*) *m*; **~edura** [-sə'durɐ] *f* Drehung *f*; *Faden*: Zwirnung *f*; Krümmung *f*; MED Verstauchung *f*; *fig* Verrenkung *f*; Wortklauberei *f*; **~er** [-'ser] (2g; *Stv* 2d) **1.** *v/t* drehen; krümmen; biegen; *Faden* zwirnen; verstauchen; *vom Wege* abbringen; *Richtung* ändern; auswringen; *Nase* rümpfen; *Hände* ringen; *Augen* verdrehen; *Hals* umdrehen; *fig* bezwingen; knebeln; *Sinn* verdrehen; *Recht* beugen; **~ o passo** umkehren; **aí a porca torce o rabo** *fig* da liegt der Hund begraben; **2.** *v/i*: **~ por** eintreten für; sich anfreunden mit; Anhänger sein von; → **~-se** sich winden; nachgeben; **~icolo** [-si'kɔlu] *m* Windung *f*; MED steife(r) Hals *m*; ZO Wendehals *m*; *fig* Ausflucht *f*; **~ida** [-'sidɐ] *f* Docht *m*; *bras* Anhängerschaft *f*; **~ido** [-'sidu] krumm; schief; *fig* falsch

tord|a ['tɔrdɐ] *f* ZO Tordalk *m*; **~eia** [-'dɐjɐ] *f* ZO Misteldrossel *f*; **~o** ['tordu] *m* ZO (Sing)Drossel *f*

toré [to'rɛ] *m* *bras* *tütenförmige* Rohrflöte *f*; Kriegstanz *m*

torga ['tɔrgɐ] *f* BOT Heidekraut *n*

torment|a [tur'mẽtɐ] *f* Sturm *m*; NAV Seenot *f*; **~o** [-'mẽtu] *m* Folter *f*; Qual *f*; Not *f*; **~oso** [-'tozu] stürmisch; *fig* quälend

torna ['tɔrnɐ] *f* Ausgleich *m*

torn|ada [tur'nadɐ] *f* Rückkehr *f*; **~adiço** [-nɐ'disu] wetterwendisch; abtrünnig; **~ado** [-'nadu] *m* Tornado *m*; **~ar** [-'nar] (1e) **1.** *v/t* (um-) wenden; umdrehen; zurückgeben; **~ em** machen zu; umwandeln in (*ac*); **~ feliz** glücklich machen; **2.** *v/i* umkehren; erwidern; **~ a** *fig* zurückkommen auf (*ac*); **~ a fazer** *et* wieder tun; **~-se** werden; sich wenden (**a** an *ac*); zurückgreifen (**a** auf *ac*); **~-se em** werden zu; sich verwandeln in (*ac*); **~assol** [-nɐ'sɔɫ] *m* QUÍM Lackmus *n*; BOT Sonnenblume *f*; **papel** *m* **de ~** Lackmuspapier *n*; **~a-viagem (-ens)** [tɔrnɐ'vjaʒẽj] *f*(*pl*) Heimkehr *f*

torn|eado [tur'njadu] *m* Drechselarbeit *f*; **~eador** [-njɐ'dor] *m* Drechsler *m*; Dreher *m* (*Metall*); **~ear** [-'njar] (1l) **a**) drechseln; drehen; runden; *fig* umgeben; umfließen; gehen (*od* fahren) um; **~earia** [-njɐ'riɐ] *f* Drechslerei *f*; **~eio** [-'nɐju] *m* **a**) Rundung *f*; *fig* Formvollendung *f*; **b**) Turnier *n*; **~eira** [-'nɐjrɐ] *f* (Wasser)Hahn *m* (**abrir** auf-, **fechar** zudrehen); **água** *f* **de ~** Leitungswasser *n*; **~eiro** [-'nɐjru] *m* Dreher *m*; **~ejar** [-nə'ʒar] (1d) krümmen; runden; *örtl* gehen um; umfahren; **~el** [-'nɛɫ] *m* Wirbel *m*; Handgriff *m* (*Spannsäge*); **~ilho** [-'niʎu] *m* (Schraub)Zwinge *f*; **~inho** [-'niɲu] *m* Schraubstock *m*; **~iquete** [-ni'ketə] *m* Drehkreuz *n*; MED Pressverband *m*; **apertar o ~ a** *fig j-m* die Daumenschrauben anziehen

torno ['tornu] *m* Drehbank *f*;

(Holz)Pflock *m* (**abrir** einlassen); Zapfen *m*; **feito ao ~** gedrechselt; **em ~** rings umher; **em ~ a** (*od* **de**) um ... (herum); **~zelo** [-'zelu] *m* *ANAT* (Fuß)Knöchel *m*

toro ['tɔru] *m* (Baum)Stamm *m*; Stumpf *m*; Holzklotz *m*; Rumpf *m*; *BOT* Fruchtknoten *m*

toronja [tu'rõʒɐ] *f* Pampelmuse *f*

torpe[1] ['torpə] schändlich; abstoßend; schmutzig; unzüchtig

torpe[2] ['tɔrpə] starr; benommen

torped|eiro [turpə'dɐjru] *m* Torpedoboot *n*; **~o** [-'pedu] *m* *MIL* Torpedo *m*; *ZO* Zitterrochen *m*

torpeza [tur'pezɐ] *f* Schändlichkeit *f*; Widerlichkeit *f*; Unanständigkeit *f*

tórpido ['tɔrpidu] erstarrt; betäubt

torpor [tur'por] *m* Starre *f*; Erstarrung *f*; Benommenheit *f*

torqu|e ['tɔrkə] *m* *FIS* Drehmoment *n*; **~ês** [tor'kes] *f bras* Kneifzange *f*

torr|ada [tu'ʀadɐ] *f* (Scheibe *f*) Toast *m*; **~adeira** [-ʀɐ'dɐjrɐ] *f* Toaster *m*; **~ado** [-'ʀadu] Röst...; schwarzbraun; welk (*Pflanze*); heiß (*Zone*)

torrão [tu'ʀɐ̃w] *m* Scholle *f*; Erde *f*; Stück *n*; **-ões** *pl* Landbesitz *m*

torrar [tu'ʀar] (1e) rösten; versengen; *bras* verschleudern

torre ['toʀə] *f* Turm *m*; Hochhaus *n*; **~ão** [tu'ʀjɐ̃w] *m* (Festungs)Turm *m*; Erker *m*

torrefa(c)|ção [toʀəfa'sɐ̃w] *f* Röstung *f*; (**fábrica** *f* **de**) **~** Rösterei *f*; **~to** [-'fatu] geröstet, Röst...

torreira [tu'ʀɐjrɐ] *f* Gluthitze *f*

torren|cial [tuʀẽ'sjaɫ] strömend; reißend; **~cialmente** [-'mẽtə] in Strömen; **~te** [-'ʀẽtə] *f* Sturzbach *m*; *fig* Flut *f*; (Wort)Schwall *m*

torresmo [tu'ʀɛʒmu] *m* (Fett)Griebe *f*

tórrido ['tɔʀidu] heiß (*bsd GEOGR*)

torrificar [tuʀəfi'kar] (1n) rösten

torrinha [tu'ʀiɲɐ] *f* *TEA* Galerie *f*

torsão [tur'sɐ̃w] *f* Verdrehung *f*

tort|a ['tɔrtɐ] *f* *CUL* Art Strudel *f*; Torte *f*; **~eira** [tur'tɐjrɐ] *f* Kuchenform *f*

torto ['tortu] **1.** *adj* krumm; verkehrt; falsch; unehrlich; **~ dos olhos**, **~ da vista** schielend; **~ das pernas** krummbeinig; **andar** (*od* **dar**) **para o ~** schief gehen; **falar ~** F großspurig daherreden; **quebrar o ~** *bras* P e-n Appetithappen nehmen; **2.** *adv* verkehrt; **a ~ e a direito** kreuz und quer; recht und schlecht

tortulho [tur'tuʎu] *m* *BOT* Ritterling *m*; *fig* untersetzte(r) Bursche *m*

tortuos|idade [turtwuzi'dadə] *f* Krümmung *f*; Gewundenheit *f*; **~o** [-'twozu] krumm; schief

tortur|a [tur'turɐ] *f* Folter *f*; Qual *f*; **~ar** [-'rar] (1a) foltern; quälen

torv|ação *f*, **~amento** *m* [turvɐ'sɐ̃w, -'mẽtu] Bestürzung *f*; Verwirrung *f*; Unruhe *f*; **~ar** [-'var] (1e) bestürzen; verwirren; **~ de medo** ängstigen; **~ de susto** erschrecken; **~elinhar** [-vəli'ɲar] (1a) wirbeln; wimmeln; **~elinho** [-və'liɲu] *m* Wirbel *m*; *fig* Gewimmel *n*

torvo ['torvu] Furcht erregend

tosa ['tɔzɐ] *f* **a**) (Schaf)Schur *f*; **b**) P Tracht *f* Prügel

tos|ão [tu'zɐ̃w] *m* Vlies *n*; ♀ **de Ouro** Goldene(s) Vlies *n*; **~ar** [-'zar] (1e) scheren; abweiden; P prügeln

tosco ['toʃku] **1.** *adj* unbearbeitet; unbehauen; ungehobelt; **2. ~s** *m/pl* *ARQUIT* Rohbau *m*

tosqui|a [tuʃ'kiɐ] *f* (Schaf)Schur *f*; *fig* = **~adela** [-kjɐ'dɛlɐ] *f* Maßregelung *f*; **~ar** [-'kjar] (1g) scheren; *Pflanzen* beschneiden; *fig* schröpfen

toss|e ['tɔsə] *f* Husten *m*; **~ convulsa** (*bras* **~ comprida**) Keuchhusten *m*; **~icar** [tusi'kar] (1n) hüsteln; **~idela** [-si'dɛlɐ] *f* Husten *n*; **~ido** [-'sidu] *m* Räuspern *n*; **~ir** [-'sir] (3f) husten

tosta ['tɔʃtɐ] *f* Zwieback *m*; Toast *m*; **~ mista** Toast *m* mit Käse und gekochtem Schinken

tostão [tuʃ'tɐ̃w] *m* Groschen *m*; **não valer um ~** *fig* keinen Pfifferling wert sein

tostar [tuʃ'tar] (1e) toasten, rösten; bräunen

toste ['tɔʃtə] *m* Toast *m* (*Trinkspruch*)

total [tu'taɫ] **1.** *adj* total; völlig; Gesamt...; **2.** *m* Gesamtbetrag *m*; Gesamtheit *f*; **~idade** [-tɐli'dadə] *f* Gesamtheit *f*; **na ~** insgesamt; im Ganzen; **~ista** [-'liʃtɐ] *su* Hauptgewinner(in *f*) *m*; **~itário** [-li'tarju] totalitär; **~itarismo** [-litɐ'riʒmu] *m* Totalitarismus *m*; **~izador** [-lizɐ'dor] *m* **~ parcial de quilómetros** *AUTO*

T

Tageskilometerzähler *m*; **~izar** [-li'zar] (1a) zusammenzählen; zusammenfassen; im Ganzen (aus)machen; ganz verwirklichen; **~mente** [-tał'mẽtə] ganz und gar
totó [tɔ'tɔ] *m* **a)** F Hündchen *n*, Fiffi *m*; **b)** Zopf *m*
toto|bola [tɔtɔ'bɔlɐ] *f* Fußballtoto *n*; **~loto** [-'lɔtu] *m* Lotto *n*
touc|a ['tokɐ] *f* Haube *f*; Badekappe *f*; P Rausch *m*; ***dormir de ~*** *fig* eine gute Gelegenheit verschlafen; **~ado** [-'kadu] *m* Frisur *f*; **~ador** [-kɐ'dor] *m* Frisiertisch *m*; ***objectos*** *m/pl* ***de ~*** Toilettenartikel *m/pl*; **~ar** [-'kar] (1n) frisieren; schmücken; krönen
toucinho [to'siɲu] *m* Speck *m* (***entremeado*** durchwachsener)
toupeira [to'pɐjrɐ] *f* ZO Maulwurf *m*
tour|ada [to'radɐ] *f* Stierkampf *m*; Stierherde *f*; **~ão** [-'rɐ̃w] *m* ZO Wiesel *n*; **~eador** [-rjɐ'dor] *m* Stierkämpfer *m*; **~ear** [-'rjar] (1l) mit *e-m Stier* kämpfen; *fig* quälen; verfolgen; *bras Frauen* nachstellen; **~eio** [-'rɐju] *m* Stierkampf *m*; **~eiro** [-'rɐjru] **1.** *adj* Stier...; **2.** *m* → ***~eador***; **~il** [-'ril] *m* Rinderstall *m*; Stierzwinger *m*; **~inha** [-'riɲɐ] *f* Amateurstierkampf *m*
tournée [tur'ne] *f* Tournee *f*
touro ['toru] *m* Stier *m*, Bulle *m* (*a fig*); ***corrida*** *f* ***de ~s*** Stierkampf *m*; ***correr ~s*** Stierkämpfe abhalten
toutiço [to'tisu] *m* Hinterkopf *m*; Nacken *m*
toxemia [tɔksə'miɐ] *f* Blutvergiftung *f*
tóxico ['tɔksiku] **1.** *adj* giftig; **2.** *m* Gift(stoff *m*) *n*
toxicodepend|ência [tɔksikɔdəpẽ'dẽsjɐ] *f* Drogenabhängigkeit *f*; **~ente** [-'dẽtə] *su* Drogenabhängige(r *m*) *f*
toxic|ologista [tɔksikulu'ʒiʃtɐ] *su* Toxikologe *m*, Toxikologin *f*; **~omania** [-kumɐ'niɐ] *f* Drogenabhängigkeit *f*; **~ómano** (*ô) [-'kɔmɐnu] *m* Drogenabhängige(r) *m*
toxina [tɔk'sinɐ] *f* MED Giftstoff *m*
trabalh|abilidade [trɐbɐʎɐbəli'dadə] *f* Bearbeitbarkeit *f*; **~adeira** [-ʎɐ'dɐjrɐ] *f fleißige* Arbeiterin *f*; **~ado** [-'ʎadu] sorgfältig (gearbeitet); abgearbeitet; arbeitsreich; mühsam; **~ador** [-ʎɐ'dor] **1.** *adj* werktätig; arbeitsam; **2.** *m*, **-ora** *f* Arbeiter(in *f*) *m*; *bsd* Landarbeiter(in *f*) *m*; ***~ assalariado*** Lohnarbeiter *m*; ***~ por conta de outrem*** abhängig Beschäftigte(r) *m*; ***~ autónomo***, ***~ por conta própria***, ***~ independente*** Selbstständige(r) *m*; Freiberufler *m*; **~ão** [-'ʎɐ̃w] *m* F Heidenarbeit *f*; **~ar** [-'ʎar] (1b) **1.** *v/t* bearbeiten; ausarbeiten; verarbeiten; zu schaffen machen (*dat*); plagen; *Pferd* zureiten; ***pôr a ~*** TÉCN in Gang setzen; anlassen; **2.** *v/i* arbeiten (***em*** an *dat*; ***para*** für; ***à hora*** stunden-, ***ao dia*** tageweise); funktionieren; ***~ por*** sich bemühen zu; **~eira** [-'ʎɐjrɐ] *f* Plackerei *f*; **~ismo** [-'ʎiʒmu] *m bras* POL Labourbewegung *f*; **~ista** [-'ʎiʃtɐ] *su* Anhänger(in *f*) *m* des → ***trabalhismo***
trabalho [trɐ'baʎu] *m* Arbeit *f* (***dar*** machen); Tätigkeit *f*; BIOL Vorgang *m*; *fig* Mühe *f*; Schwierigkeit *f*; ***~ de casa*** Heimarbeit *f*; ***~ doméstico*** Hausarbeit *f*; ***~ dependente*** nichtselbstständige Arbeit *f*; ***~ em tempo parcial*** (*od* ***part-time***) Teilzeitarbeit *f*; ***~ por empreitada*** Akkordarbeit *f*; ***~ precário*** Beschäftigungsmaßnahme *f*; ***~ sazonal*** Saisonarbeit *f*; ***~s*** *pl* ***forçados*** Zwangsarbeit *f*; ***~s*** *pl* ***manuais*** Handarbeit *f*; ***dar-se ao ~ de*** sich die Mühe machen zu; **~oso** [-'ʎozu] mühsam
trabuc|ador [trɐbukɐ'dor] *m*: ***~ da vida*** *bras* P Malocher *m*; **~ar** [-'kar] (1n) P malochen
traça ['trasɐ] *f* **a)** ARQUIT Grundriss *m*; Plan *m*; *fig* Kniff *m*; *bras* Aussehen *n*; **b)** ZO Motte *f*; Silberfischchen *n*; *fig* Klette *f*
traç|ado [trɐ'sadu] *m* Linienführung *f*; graphische(s) Bild *n*; Vorzeichnung *f*; Entwurf *m*; ARQUIT Trasse *f*; **~ador** [-sɐ'dor] *m* (Plan)Zeichner *m*; Planer *m*; ***~ de gráficos*** INFORM Plotter *m*; **~amento** [-sɐ'mẽtu] *m* Zeichnung *f*; Planung *f*; Entwurf *m*; **~ar** [-'sar] (1p; *Stv* 1b) **a)** (auf-) zeichnen; *Linie* ziehen; *Kreis* beschreiben; *Strecke* abstecken; Linien ziehen auf (*dat*); entwerfen; *fig* planen; ersinnen; *Ausführung* anordnen; **b)** zerfressen (*Motte*)
tra(c)ção [tra'sɐ̃w] *f* Ziehen *n*; Zugkraft *f*; Tauziehen *n*; AUTO Antrieb

T

m; ~ ***à frente*** Vorderradantrieb *m*; ~ ***às quatro rodas*** Allradantrieb *m*; ~ ***eléctrica*** Elektrobetrieb *m*; ***prova*** *f* ***de*** ~ Zerreißprobe *f*; ***resistência*** *f* ***à*** ~ Reißfestigkeit *f*; ***animal*** *m* ***de*** ~ Zugtier *n*

tracej|ado [trɐsə'ʒadu] *m* Strichellinie *f*; **~ar** [-'ʒar] (1d) skizzieren

traço ['trasu] *m* Strich *m*; *fig* Charakterzug *m*; Merkmal *n*; Spur *f*; Stelle *f* (*aus e-m Buch*); ~ ***de união*** Bindestrich *m*; ***a ~s largos*** in groben Zügen

tra(c)to ['tratu] *m* Gebiet *n*; Abschnitt *m*; Strecke *f*

tra(c)tor [tra'tor] *m* Traktor *m*, Trecker *m*; ~ ***de lagartas*** Raupenschlepper *m*; **~ista** [-tu'riʃtɐ] *su* Traktorfahrer(in *f*) *m*

tradi|ção [trɐdi'sɐ̃w] *f* Tradition *f*; Überlieferung *f*; **~cional** [-sju'nał] traditionell; **~cionalismo** [-sjunɐ'liʒmu] *m* Traditionalismus *m*; **~cionalista** [-sjunɐ'liʃtɐ] **1.** *adj* traditionsbewusst; **2.** *su* Traditionalist(in *f*) *m*; **~cionalmente** [-sjunał'mẽtə] traditionell

tradu|ção [trɐdu'sɐ̃w] *f* Übersetzung *f*; *fig* Wiedergabe *f*; Ausdruck *m*; **~tor** [-'tor] *m*, **-a** *f* Übersetzer(in *f*) *m*; **~zir** [-'zir] (3m) übersetzen; wiedergeben; *Gefühle* ausdrücken; ~ ***em factos*** (*od* ***obras***) in die Tat umsetzen; **~-se em** zum Ausdruck kommen in (*dat*); **~zível** [-'zivɛł] übersetzbar

trafegar [trɐfə'gar] (1o; *Stv* 1c) *ECON* Handel treiben; tätig sein; sich plagen; *AUTO* fahren, verkehren

tráfego ['trafəgu] *m* Verkehr *m*; Handel *m*; Güterverkehr *m*; Warenumschlag *m*; ~ ***aéreo*** Luftverkehr *m*

trafic|ância [trɐfi'kɐ̃sjɐ] *f* P Schiebung *f*; Kuhhandel *m*; **~ante** [-'kɐ̃tə] *su* Schieber(in *f*) *m*; ~ ***de drogas*** Drogenhändler(in *f*) *m*; **~ar** [-'kar] (1n) *illegal* Handel treiben

tráfico ['trafiku] *m* *illegaler* Handel *m*; ~ ***de drogas*** Drogenhandel *m*; ~ ***de mulheres*** Mädchenhandel *m*

trafulh|a [trɐ'fuʎɐ] *su* Gauner(in *f*) *m*; **~ice** [-'ʎisə] *f* Schwindel *m*

traga ['tragɐ] → ***trazer***

trag|ada [tra'gada] *f* *bras* (Zigaretten)Zug *m*; **~adeiro** [trɐgɐ'dɐjru] *m* P = **~adoiro, -ouro** [-'dojru, -'doru] *m* Schlund *m*; *fig* Abgrund *m*; **~ar** [trɐ'gar] (1o; *Stv* 1b) verschlingen; (ver)schlucken; *Getränk* hinunterstürzen; *fig* geduldig ertragen; F einstecken, schlucken; *bras* *Rauch* einziehen

tragédia [trɐ'ʒɛdjɐ] *f* *LIT* Tragödie *f*

tragicamente [traʒikɐ'mẽtə] auf tragische (*od* erschütternde) Weise

trágico ['traʒiku] **1.** *adj* tragisch; erschütternd; schrecklich; **2.** *m*, **-a** *f* Tragödiendichter(in *f*) *m*

tragicomédia [traʒiku'mɛdjɐ] *f* Tragikomödie *f*

trago ['tragu] **1.** → ***trazer***; **2.** *m* Schluck *m*; Zug *m*; *fig* Schicksalsschlag *m*; F bittere Pille *f*; ***de um*** ~ in e-m Zug; auf einmal

trai|ção [traj'sɐ̃w] *f* Verrat *m*; ***alta*** ~ Hochverrat *m*; ***à*** ~ = **~çoeiramente** [-swɐjrɐ'mẽtə] hinterrücks; **~çoeiro** [-'swɐjru] verräterisch; falsch; (heim)tückisch; irreführend; **~dor** [-'dor] **1.** *adj* verräterisch; treulos; tückisch; **2.** *m*, **-a** *f* Verräter(in *f*) *m*

train|a ['trajnɐ] *f* Schleppnetz *n*; **~eira** [-'nɐjrɐ] *f* Fischerboot *n*; ***peixe*** *m* ***da*** ~ Frischfisch *m*

trair [trɐ'ir] (3l) verraten; untreu werden (*dat*); verleugnen; (ver)fälschen

traj|ar [trɐ'ʒar] (1b) **1.** *v/t* tragen; **2.** *v/i* sich kleiden; ~ ***de festa*** sich festlich kleiden; **3.** *m* = **~e** ['traʒə] *m* Tracht *f*; (Herren)Anzug *m*; (Damen)Kleid *n*; Kostüm *n*; ~ ***de cerimónia***, ~ ***de*** (*bras* ***a***) ***rigor*** Abendanzug *m*; Abendkleid *n*; **~(s)** ***menor(es)*** (*pl*) Unterwäsche *f*

traje(c)t|o [trɐ'ʒɛtu] *m* Strecke *f*; (Über)Fahrt *f*; Weg *m*; *fig* Verlauf *m*; **~ória** [-'tɔrjɐ] *f* Flugbahn *f*; *fig* Bahn *f*, Weg *m*; Entwicklung *f*

trajo ['traʒu] *m* → ***traje***

tralha ['traʎɐ] *f* Netz *n*; P Kram *m*, Plunder *m*; **~s-malhas** [-ʎɐʃ'maʎɐʃ] *f/pl*: ***por*** ~ P hinterlistig

trama ['trɐmɐ] *f* Schuss(faden) *m*; Gewebe *n*; *fig* Intrige *f* (***urdir*** spinnen); Verwicklung *f*; *bras* *Film*: Handlungsfaden *m*; Abmachung *f*; Geschäft *n*

tramar [trɐ'mar] (1a) *Faden* einschießen; *fig* anzetteln; aushecken; P *j-n* anschmieren

trambolh|ão [trẽbu'ʎẽw] *m* Sturz *m*; Purzelbaum *m*; *fig* Reinfall *m*; Ruin *m*; ***dar um ~*** hinschlagen; *fig sozial* abstürzen; ***andar aos -ões*** = **~ar** [-'ʎar] (1e) durcheinander purzeln; **~o** [-'boʎu] *m* Fußfessel *f*; *fig* Klotz *m* am Bein; Hindernis *n*
tramit|ação [trẽmita'sẽw] *f bras* Vorschriften *f/pl*; → ***trâmite***
trâmite ['trɐmitə] *m* Weg *m*; Richtung *f*; **~s** *pl* Dienstweg *m*; (Geschäfts)Gang *m*; Instanz *f*
tramóia [trɐ'mɔjɐ] *f* F List *f*; Falle *f*
tramontana [trɐmõ'tɐnɐ] *f ASTR* Polarstern *m*; *METÉO* Nordwind *m*; ***perder a ~*** *fig* nicht wissen, wo einem der Kopf steht
trampa ['trẽpɐ] *f* P Scheißdreck *m*
trampol|im [trẽpu'lĩ] *m* Sprungbrett *n*; **~ina** [-'linɐ] *f* P Purzelbaum *m*; *fig* Schwindel *m*; **~inar** [-li'nar] (1a) schwindeln; **~ineiro** [-li'nɐjru] *m* Schwindler *m*; **~inice** [-lə'nisə] *f* → ***~ina***
trâmuei ['trɐmwɐj] *m* Vorortbahn *f*
tranca ['trẽkɐ] *f* Riegel *m*; Sperrbalken *m*; *fig* Knüppel *m*; Hindernis *n*; *bras* F Rindvieh *n*; ***~ central das portas*** *AUTO* Zentralverriegelung *f*; ***dar às ~s*** F ausreißen
trança ['trẽsɐ] *f* (geflochtener) Zopf *m*
trancar [trẽ'kar] (1n) versperren; *fig* ein Ende machen (*dat*); *Klage* abweisen; ***~-se em*** sich verbarrikadieren in (*dat*)
trançar [trẽ'sar] (1p) flechten
tranc|elim [trẽsə'lĩ] *m* Goldschnur *f*; = **~inha** [-'siɲɐ] *f* Litze *f*; *fig* Intrige *f*
tranco ['trẽku] *m* Kapriole *f*; Sprung *m*; ***a ~s e barrancos*** über Stock und Stein; ***aos ~s*** *fig* holterdiepolter
tranqu|eira [trẽ'kɐjrɐ] *f* Verschanzung *f*; *fig* Deckung *f*; ***levantar ~*** sich verschanzen; ***sair da ~*** *fig* sich aus der Reserve locken lassen; **~eiro** [-'kɐjru] *m* (Säge)Bock *m*; **~eta** [-'ketɐ] *f* Riegel *m*; *TÉCN* Sperrfeder *f*
tranquibérnia [trẽki'bɛrnjɐ] *f* Betrug *m*
tranquilha [trẽ'kiʎɐ] *f fig* Fallstrick *m*; ***por ~s*** hintenherum
tranquil|idade (*ü) [trẽkwəli'dadə] *f* Ruhe *f*; Stille *f*; **~izante** [-li'zẽtə] *m* Beruhigungsmittel *n*; **~izar** [-li'zar] (1a) beruhigen; **~o** [-'kwilu] ruhig
trans... [trẽʃ, trẽʒ, trẽz] *in Zssgn* Über...; Trans...; über... hinaus
transa(c)|ção [trẽza'sẽw] *f* Übereinkunft *f*; *ECON* Transaktion *f*; Abwicklung *f* e-s Geschäfts; ***ter -ões com*** in Geschäftsverbindung stehen mit; **~cionar** [-zasju'nar] (1i) verhandeln; übereinkommen; *ECON* Geschäfte machen; **~to** [-'zatu] vergangen
trans|amazónico (*ô) [trẽzɐmɐ'zɔniku] transamazonisch; **~atlântico** [-zɐt'lẽtiku] **1.** *adj* überseeisch; transatlantisch; **2.** *m* Überseedampfer *m*
transbord|ador [trẽʒburdɐ'dor] *m* Umladekran *m*; **~ante**, **~ar**, **~o** [-'dẽtə, -'dar, -'bordu] → ***trasbord|ante, ~ar, ~o***
transcend|ência [trẽʃsẽ'dẽsjɐ] *f* Überlegenheit *f*; Bedeutung *f*; Tragweite *f*; *FIL* Transzendenz *f*; **~ente** [-'dẽtə] überragend; außergewöhnlich; bedeutend; weitreichend; *FIL* transzendent; **~er** [-'der] (2a) **1.** *v/t* überschreiten; übertreffen; **2.** *v/i* sich auszeichnen; hinausgehen (**de** über *ac*)
transcorrer [trẽʃku'ʀer] (2d) verstreichen; überschreiten
trans|crever [trẽʃkrə'ver] (2c; *p/p* ***~crito***) abschreiben; übertragen; *MÚS* bearbeiten (***para*** für); **~crição** [-kri'sẽw] *f* Wiedergabe *f*; Transkription *f*; *MÚS* Bearbeitung *f*; ***~ fonética*** Lautschrift *f*; **~curso** [-'kursu] *m* Verlauf *m*
transe ['trẽzə] *m* kritische(r) Augenblick *m*; Not *f*; Gefahr *f*; Trance *f*; ***~ de morte*** Todeskampf *m*; ***a todo o ~*** koste es, was es wolle
transepto [trẽ'sɛptu] *m* Querschiff *n*
transeunte [trẽ'zjũtə] *su* Passant(in *f*) *m*, Fußgänger(in *f*) *m*
transfer|ência [trẽʃfə'rẽsjɐ] *f* Übertragung *f*; Überweisung *f* (*a ECON*); Versetzung *f*; Verlegung *f*; Transfer *m*; ***~ de tecnologia*** Technologietransfer *m*; **~idor** [-ri'dor] *m MAT* Winkelmesser *m*; **~ir** [-'rir] (3c) übertragen; überweisen; versetzen; verlegen; **~ível** [-'rivɛł] übertragbar; girierbar (*Wechsel*)

T

trans|figuração [trẽʃfigurɐ'sɐ̃w] *f* Verwandlung *f*; ♀ *REL* Verklärung *f*; **~figurar** [-figu'rar] (1a) verwandeln; entstellen; *REL* verklären; **~formação** [-furmɐ'sɐ̃w] *f* Um-, Verwandlung *f*; Veränderung *f*; Transformation *f*; *TÉCN* Verarbeitung *f*; **~formador** [-furmɐ'dor] *m* *EL* Transformator *m*; **~formar** [-fur'mar] (1e) um-, verwandeln; transformieren; umbilden; verarbeiten (**em** zu); **~-se** sich verändern; werden (**em** zu)

trânsfuga ['trɐ̃ʃfugɐ] *su* Überläufer(in *f*) *m*; Renegat(in *f*) *m*

transfu|ndir [trɐ̃ʃfũ'dir] (3a) *Blut* übertragen; umfüllen; *fig* verbreiten; **~são** [-fu'zɐ̃w] *f* Transfusion *f*; **~sionar** [-zju'nar] (1f) → ***transfundir***

transgre|dir [trɐ̃ʒgrə'dir] (3d) überschreiten; übertreten; verstoßen gegen; *Pflicht* verletzen; **~ssão** [-'sɐ̃w] *f* Übertretung *f*; *JUR* Verstoß *m*; Pflichtverletzung *f*; **~ssor** [-'sor] *m* (Gesetzes)Übertreter *m*

trans|ição [trẽzi'sɐ̃w] *f* Übergang *m*; **~ido** [-'zidu]: **~ *de*** (*scham- etc*)erfüllt; erstarrt vor (*dat*); **~igência** [-zi'ʒẽsjɐ] *f* Nachgiebigkeit *f*; **~igente** [-zi'ʒẽtə] nachgiebig; **~igir** [-zə'ʒir] (3n): **~ *com*** nachgeben; sich verständigen (**em** über *ac*); **~ir** [-'zir] (3a) **1.** *v/t* durchdringen; erfüllen; **2.** *v/i*: **~ *de frio*** völlig durchgefroren sein; **~ístor** [-'ziʃtor] *m* Transistor *m*; **~itado** [-zi'tadu] befahren; **~itar** [-zi'tar] (1a) verkehren; **~ *em*, ~ *por*** gehen (*od* fahren) durch; **~ *para*** übergehen zu; **~itável** [-zi'tavɛɫ] gangbar; befahrbar; **~itivo** [-zə'tivu] *GRAM* transitiv

trânsito ['trɐ̃zitu] *m* Verkehr *m*; Durchfahrt *f*, -reise *f*; *ECON* Transit *m*; *fig* Tod *m*; **~ *citadino*** Stadtverkehr *m*; ***em* ~** auf Durchreise; ***passageiro*** *m* ***em* ~** Transitreisende(r) *m*

transitório [trɐ̃zi'tɔrju] vorübergehend; Übergangs...

trans|lação [trɐ̃ʒlɐ'sɐ̃w] *f* Überführung *f*; Verlagerung *f*; Versetzung *f*; ***movimento*** *m* ***de* ~** *ASTR* Umlaufbewegung *f*; **~ladar** [-lɐ'dar] (1b) → ***trasladar***; **~lúcido** [-'lusidu] durchscheinend; **~luzir** [-lu'zir] (3m) durchscheinen; **~-se** durchschimmern; **~migração** [-migrɐ'sɐ̃w] *f* Umsiedlung *f*; Abwanderung *f*; **~ *das almas*** Seelenwanderung *f*; **~missão** [-mi'sɐ̃w] *f* Übertragung *f*; Übermittlung *f*; *TÉCN* Kraftübertragung *f*; **~ *diferida*** *TV* Aufzeichnung *f*; **~ *em directo*** *TV* Live-Sendung *f*; **~ *hereditária*** Vererbung *f*; ***linha*** *f* ***de* ~** Überlandleitung *f*; **~ *televisiva*** Fernsehsendung *f*; **~missibilidade** [-misibəli'dadə] *f* Übertragbarkeit *f*; **~missível** [-mə'sivɛɫ] übertragbar; **~missor** [-mi'sor] **1.** *adj*: ***agente*** (*od* ***meio***) *m* **~** = **2.** *m* *EL* Sender *m*; Übermittler *m*; **~mitir** [-mə'tir] (3a) übertragen (**por** über *ac*); weitergeben (**a** an *ac*); **~-se** *FIS* sich fortpflanzen; sich ausbreiten; **~mudar** [-mu'dar] (1a) umwandeln; überführen; verlegen; **~mutação** [-mutɐ'sɐ̃w] *f* Umwandlung *f*

trans|nacional [trɐ̃ʒnɐsju'naɫ] länderübergreifend; **~oceânico** [-zu'sjɐniku] überseeisch

trans|parecer [trɐ̃ʃpɐrə'ser] (2g) (durch)schimmern; sich abzeichnen; **~parência** [-pɐ'rẽsjɐ] *f* Transparenz *f*; *bsd* (Klarsicht)Folie *f*; **~parente** [-pɐ'rẽtə] **1.** *adj* durchsichtig (*a fig*); **2.** *m* Transparent *n*; **~piração** [-pirɐ'sɐ̃w] *f* Ausdünstung *f*; Schweiß *m*; **~pirar** [-pi'rar] (1a) schwitzen; *fig* durchsickern

transplant|ação [trɐ̃ʃplɐ̃tɐ'sɐ̃w] *f* *MED* Transplantation *f*; *BOT* Umpflanzen *n*; **~ador** [-tɐ'dor] *m* Pflanzschaufel *f*; **~ar** [-'tar] (1a) verpflanzen; *BOT* umpflanzen; *MED* transplantieren; umsiedeln; *fig* übertragen; **~e** [-'plɐ̃tə] *m* → ***transplantação***

transpor [trɐ̃ʃ'por] (2zd) versetzen; *räumlich* verschieben; *Grenze* überschreiten; *MÚS* transponieren; **~tador** [-purtɐ'dor] **1.** *adj* Förder...; ***cinta*** *f* ***-a*** Förderband *n*; ***companhia*** *f* ***-a*** Verkehrsbetrieb *m*; **2.** *m* *TÉCN* Fördereinrichtung *f*, Förderer *m*; **~ *aéreo*** Seilbahn *f*; **~tadora** [-tɐ'dorɐ] *f* Transportunternehmen *n*; **~ *aérea*** Fluggesellschaft *f*; **~tar** [-'tar] (1e) transportieren (**a** per; **para** nach); fortschaffen; *fig* übertragen; **~ *por via marítima*** auf dem Seeweg transportieren; **~-se** außer sich geraten; sich versetzen (***a*** in *ac*); **~tável** [-'tavɛɫ] transportfähig; fahrbar; beweglich

transporte [trɐ̃ʃ'pɔrtə] *m* Transport *m*; Transportmittel *n*; *fig* Übertragung *f*; (Rechnungs)Übertrag *m*; *fig* Begeisterung *f*; Wutausbruch *m*; **~s** *pl* Verkehrsmittel *n/pl* (***públicos*** öffentliche); ~ *pl* ***interurbanos*** Fernverkehr *m*; ***Ministério*** *m* ***dos*** **~s** Verkehrsministerium *n*; ***com*** **~s** ***próximos*** verkehrsgünstig

trans|posição [trɐ̃ʃpuzi'sɐ̃w] *f* Versetzung *f*; Umstellung *f* (*a* MAT *Gleichung*); **~tornar** [-tur'nar] (1e) *et* durcheinander bringen; verwirren; umstürzen; umwerfen; *Gesichtszüge* entstellen; **~-se** die Fassung verlieren; **~torno** [-'tornu] *m* Umkehrung *f*; Umsturz *m*; Verwirrung *f*; Fassungslosigkeit *f*; *bsd* Störung *f*; ~ ***da razão*** geistige Verwirrung *f*; ***causar ~ a*** *j-m* Unannehmlichkeiten bereiten; stören

transudação [trɐ̃zudɐ'sɐ̃w] *f* Schweiß *m*; Ausscheidung *f*

transumância [trɐ̃zu'mɐ̃sjɐ] *f* Viehtrieb *m*; ~ ***ascendente*** Auftrieb *m*; ~ ***descendente*** Abtrieb *m*

transunto [trɐ̃'zũtu] *m* Abschrift *f*; Abbild *n*

trans|vasar [trɐ̃ʒvɐ'zar] (1b) umfüllen; umladen; **~vazar** [-vɐ'zar] (1b) ausgießen; umwerfen; *fig* leeren; **~-se** ausfließen; **~versal** [-vər'saɫ] schräg; seitlich; Quer...; ***linha*** *f* ~ Seitenlinie *f*; ***rua*** *f* ~ Quer-, Seitenstraße *f*; **~viar** [-'vjar] (1g) irreführen; abbringen (***de*** von); **~-se** sich verirren; **~vio** [-'viw] *m* Irrweg *m*; Verwirrung *f*; → ***extravio***; **~voo** [-'vow] *m* *Zugvögel*: Durchzug *m*

tranvia [trɐ̃'viɐ] *f* → ***trâmuei***

trap|aça(ria) [trɐ'pasɐ, -pɐsɐ'riɐ] *f* Betrug *m*; Schwindel *m*; ***fazer*** ~ = **~acear** [-pɐ'sjar] (1l) mogeln; gegen die Regeln verstoßen; **~aceiro** [-pɐ'sɐjru] *m* Schwindler *m*

trapalh|ada [trɐpɐ'ʎadɐ] *f* Verwirrung *f*, Durcheinander *n*; F nette Bescherung *f*; **~ão** [-'ʎɐ̃w] *m*, **-ona** *f* Tollpatsch *m*; **~ice** [-'ʎisə] *f* → ***trapalhada***

trapeir|a [trɐ'pɐjrɐ] *f* ARQUIT Dachluke *f*; Falle *f*; **~o** [-'pɐjru] *m*, **-a** *f* Lumpensammler(in *f*) *m*

trap|ézio [trɐ'pɛzju] *m* Trapez *n*; **~ezista** [-pə'ziʃtɐ] *su* Luftakrobat(in *f*) *m*; **~ezoidal** [-pəzoj'daɫ] trapezförmig

trapiche [trɐ'piʃə] *m* Schuppen *m*

trapo ['trapu] *m* Lumpen *m*; Lappen *m*; Fetzen *m*

traque ['trakə] *m* P Furz *m*; ***dar um*** ~ P furzen

traqu|eal [trɐ'kjaɫ] ANAT Luftröhren...; **~eia** [-'kɐjɐ] *f* ANAT Luftröhre *f*

traquej|ar [trɐkə'ʒar] (1d) verfolgen; **~o** [-'keʒu] *m* *bras* Erfahrung *f*

traquete [trɐ'ketə] *m* NAV Fock *f*

traquin|a [trɐ'kinɐ] ausgelassen; quirlig; **~ada** [-'nadɐ] *f* Heidenlärm *m*; Kinderstreich *m*; **~ar** [-'nar] (1a) herumtollen; lärmen; **~as** [-'kinɐʃ] → ***traquina***; **~ice** [-'nisə] *f* Ausgelassenheit *f*

trará [trɐ'ra] → ***trazer***

trás [traʃ] **1.** *prp* hinter (*ac od dat*); nach (*dat*); ***ano ~ ano*** Jahr für Jahr; **2.** *adv* hinten; ***de ~*** → ***detrás***; ***por ~ de*** *fig* heimlich; hinter j-s Rücken; ***passar para ~*** zurückfallen; überholt werden; **3.** *int*: **~!** klatsch!

tras|... [trɐʃ, trɐʒ, trɐz] *in Zssgn* → ***trans...***; **~bordante** [trɐʒbur'dɐ̃tə] überschäumend; mitreißend; **~bordar** [-bur'dar] (1e) **1.** *v/t Ufer* treten über (*ac*); umladen; *Fahrgäste* umsteigen lassen; **2.** *v/i* überfließen (*a fig*); ausfließen; über die Ufer treten; *fig* überschäumen (***de*** vor *dat*); CAM. DE F umsteigen; ***a ~*** zum Überlaufen (voll); **~bordo** [-'bordu] *m* Umladung *f*; Umsteigen *n*; ***fazer ~ em*** umsteigen in (*dat*)

traseir|a(s) [trɐ'zɐjrɐ(ʃ)] *f(pl)* Rückseite *f*; hinterer Teil *m*; Hinterhof *m*; ~ ***inclinada*** AUTO Schrägheck *n*; **~o** [-'zɐjru] **1.** *adj* hinter; rückwärtig; **2.** *m* Hintere(r) *m*; CUL Keule *f*; F Hintern *m*

tras|fegar [trɐʃfə'gar] (1o; *Stv* 1c) umfüllen; **~foliar** [-fu'ljar] (1g) durchpausen

traslad|ação [trɐʒlɐdɐ'sɐ̃w] *f* *Sarg*: Überführung *f*; *örtl* Versetzung *f*; *Aufgabe*: Übertragung *f*; **~ar** [-'dar] (1b) überführen; *Leichnam* umbetten; *örtl* versetzen; verlegen; **~-se** *örtl* umziehen; übergehen (***a, para*** auf *ac*); **~o** [-'ladu] *m* Abschrift *f*;

Abbild *n*; (Schreib)Vorlage *f*; *PINT* Kopie *f*; *fig* Vorbild *n*

trasmontano [trɐʒmõ'tɐnu] aus Trás-os-Montes

trasorelho [trɐzu'reʎu] *m MED* Mumps *m*

Trás-os-Montes [trazuʒ'mõtəʃ] *m port HIST Provinz*

traspass|... *bras* → **trespass|...**

trast|alhada [trɐʃtɐ'ʎadɐ] *f* F **a)** Plunder *m*; **b)** Gaunerbande *f*; **~e** ['traʃtə] *m* Möbel *n*; Gerät *n*; P *fig* Gauner *m*; **~s** *pl* Hausrat *m*; **~s** *pl* **velhos** P alte Klamotten *f/pl*

trastempo [trɐʃ'tẽpu] *m* Ablauf *m*; Verfall *m* (*e-r Frist*)

trat|adista [trɐtɐ'diʃtɐ] *su* Verfasser(in *f*) *m* e-r Abhandlung; **~ado** [-'tadu] *m* Abhandlung *f*; *JUR* Vertrag *m*; **~amento** [-tɐ'mẽtu] *m* Behandlung *f* (*a MED*); *TÉCN* Verarbeitung *f*; Anrede(form) *f*; Umgang(sformen *f/pl*) *m*; Titel *m*; **de ~** vornehm; **estação** *f* **de ~** Kläranlage *f*; **~ de roupa** Wäscheservice *m* (*im Hotel*); **~ de textos** *INFORM* Textverarbeitung *f*; **fazer um ~** *MED* sich in Behandlung begeben; **~ante** [-'tẽtə] *su* Gauner(in *f*) *m*; **~ar** [-'tar] (1b) **1.** *v/t MED* behandeln (**a** mit); verarbeiten; *j-n* pflegen; verhandeln über (*ac*); **~ alg por** (*od* **de**) j-n anreden mit; **~ por tu** (**você**) duzen (siezen); **~ mal de palavras** schimpfen; **2.** *v/i*: **~ de** (*od* **acerca de**, **sobre**) handeln von; sprechen über (*ac*); sich beschäftigen mit; behandeln; versuchen zu; **~ com** verhandeln mit; *fig* verkehren mit; **~-se de** sich handeln um; **~ável** [-'tavɛɫ] umgänglich

trato ['tratu] *m* Umgang *m*; Verkehr *m*; Benehmen *n*; **maus ~s** *pl* **às crianças** Kindesmisshandlung *f*; **negociante** *m* **de grosso ~** Großhändler *m*; **dar ~s a** *j-n* quälen

trator... *bras* → **tractor...**

traum|ático [traw'matiku] traumatisch; **choque** *m* **~** Nervenschock *m*; **febre** *f* **-a** Wundfieber *n*; **~atismo** [-mɐ'tiʒmu] *m* Trauma *n*; **~atizar** [-mɐti'zar] (1a) verletzen; *Trauma* hervorrufen

trautear [traw'tjar] (1l) trällern; P belästigen; übers Ohr hauen

Trav. ***Travessa*** *f* Gasse *f*

trava ['travɐ] *f* Bremsung *f*; Verriegelung *f*; Sperre *f*; Fessel *f*

trav|ação [trɐvɐ'sɐ̃w] *f ARQUIT* Gebälkbindung *f*; *bras* Bremsung *f*; **~adeira** [-vɐ'dɐjrɐ] *f* Schränkeisen *n*; **~ado** [-'vadu] gebremst; schwer (*Zunge*); sprachbehindert; hitzig; innig; **~agem** [-'vaʒɐ̃j] *f Kredit*: Sperrung *f*; *AUTO* Bremsung *f*; **~ brusca** Vollbremsung *f*; **~a-língua** (*pl inv*) [travɐ'lĩgwɐ] *m* Zungenbrecher *m*; **~amento** [-vɐ'mẽtu] *m* → **travação**; Rückschlag *m* (*e-r Waffe*); **~anca** [-'vɐ̃kɐ] *f bras* Hindernis *n*; **~ão** [-'vɐ̃w] *m* Bremse *f*; **~ de disco** Scheibenbremse *f*; **~ de estacionamento** Handbremse *f*; **~ de serviço** Fußbremse *f*; **~ de tambor** Trommelbremse *f*; **~ar** [-'var] (1b) **1.** *v/t* zusammenfügen; (ab)bremsen; *Fäden* verschlingen; *Wecker* abstellen; zügeln; hemmen; *Gespräch* anknüpfen; *Bekanntschaft* schließen; *Klingen* kreuzen; **2.** *v/i* bitter schmecken; *AUTO* bremsen; **~ de** greifen nach; **~-se** aneinander geraten; sich entspinnen

trav|e ['travə] *f* Balken *m*; *bras* Fußballtor *n*; **~ejamento** [trɐvəʒɐ'mẽtu] *m* Balkenwerk *n*; **~ejar** [-və'ʒar] (1d) *Haus* richten

través [trɐ'vɛʃ] *m*: **de ~** schief; von der Seite

travess|a [trɐ'vɛsɐ] *f ARQUIT* Querbalken *m*; *CAM. DE F* Schwelle *f*; Gasse *f*; Bratenplatte *f*; Einsteckkamm *m*; **~ de reforço** Verstärkungsstrebe *f*; **~ão** [-və'sɐ̃w] **1.** *adj* quer; widrig; **2.** *m METÉO* starke(r) Gegenwind *m*; (Haar)Spange *f*; *MÚS* Taktstrich *m*; *GRAM* Gedankenstrich *m*; **~eira** [-'sɐjrɐ] *f kleines* Kopfkissen *n*; **~eiro** [-'sɐjru] *m* Nackenrolle *f*; *bras* Kopfkissen *n*; Kissenbezug *m*; **consultar o ~** etwas überschlafen; **~ia** [-'siɐ] *f* Über-, Durchquerung *f*; *Ozean*: Überfahrt *f*; Durchreise *f*; **~ de pedestres** *bras* Fußgängerüberweg *m*; **fazer a ~ de** über-, durchqueren; fahren (*od* reisen) durch

travesso[1] [trɐ'vɛsu] quer; schräg; widrig; **mão** *f* **-a** Handbreite *f*

travess|o[2] [trɐ'vesu] boshaft; ausgelassen; quirlig; **~ura** [-'surɐ] *f* Lausbubenstreich *m*; Bosheit *f*

T

travest|i [trɐvəʃ'ti] *m* Transvestit *m*; **~ismo** [-'tiʒmu] *m* Transvestismus *m*

travo ['travu] *m* Nachgeschmack *m* (*a fig*)

trazer [trɐ'zer] (2w) (her-, herbei-, mit)bringen; *Absicht* haben; *Kleid* tragen; *Geschäft* betreiben; *Textstelle* anführen; zur Folge haben; **~ à memória** erinnern an (*ac*); **~ às costas** auf dem Rücken tragen; *fig* sich abplagen **~ consigo** mit sich bringen; **~ na mente** im Gedächtnis behalten

trebelho [trə'beʎu] *m* Schachfigur *f*

trecentésimo [trəsẽ'tɛzimu] **1.** *adj* dreihundertst; **2.** *m* Dreihundertstel *n*

trecho ['treʃu] *m* Strecke *f*; (Text-, Musik)Stück *n*; Abschnitt *m*; **a ~(s)** zeitweilig; **a pouco ~**, demnächst; **~ por ~** abschnitt(s)weise

tredo ['tredu] verräterisch; falsch

trêfego ['trefəgu] listig, clever; wild

trégua(s) ['trɛgwɐ(ʃ)] *f(pl)* Kampfpause *f*; Feuereinstellung *f*; *fig* Pause *f*; Ruhe *f*; **não dar ~s** keine Ruhe lassen; **sem ~s** erbittert

trein|ador [trɐjnɐ'dor] *m* Trainer *m*; **~ar** [-'nar] (1a) trainieren; *MIL* ausbilden; *Personal* schulen; **~-se** sich üben (**a** in *dat*); **~o** ['trɐjnu] *m* Ausbildung *f*; Schulung *f*; Dressur *f*; Training *n*; **~ de adaptação** Einarbeitung *f*

treita ['trɐjtɐ] *f* Fährte *f*; Spur *f*

trejeito [trə'ʒɐjtu] *m* Grimasse *f* (**fazer** schneiden); Gebärde *f*

trela ['trɛlɐ] *f* (Hunde)Leine *f*; **soltar a ~ a** loskoppeln (*ac*); → **largar a ~ a** freilassen (*ac*); → **dar ~** die Zügel schießen lassen; *fig* erlauben

treliça [tre'lisa] *f bras* Fachwerk *n*

trem [trɐ̃j] *m* Gepäck *n*; Mobiliar *n*; Gerätschaft *f*; *MIL* Tross *m*; *bras* Zug *m*; **~ de aterragem** (*bras* **aterrissagem**) *AV* Fahrwerk *n*; **~ de cozinha** Küchengerät *n*; **~ de vida** Lebensführung *f*; **~-fantasma** *m* Geisterbahn *f*

trem|a ['tremɐ] *m* Trema *n*; **~ado** [trə'madu] mit Trema (versehen)

trem|ebundo [trəmə'bũdu] schrecklich; zitternd; **~edal** [-mə'dał] *m* Sumpf(boden) *m*; **~elicar** [-məli'kar] (1n) zittern; **~elique** [-mə'likə] *m* Erschaudern *n*; Schreck *m*; **~eluzir** [-məlu'zir] (3m) flimmern; glitzern; **~endo** [-'mẽdu] fürchterlich; **~er** [-'mer] (2c) **1.** *v/t* fürchten; erzittern lassen; **2.** *v/i* zittern (**como varas verdes** wie Espenlaub); beben; → **~eluzir**

trem|ês, **~esinho** [trə'meʃ, -mə'ziɲu] dreimonatig; **trigo** *m* **~** Sommerweizen *m*

tremido [trə'midu] **1.** *adj* zittrig; *FOT* verwackelt; F riskant; *AGR* überreif; *fig* zweifelhaft; **2.** *m* krumme Linie *f*

tremo|ceiro [trəmu'sɐjru] *m* Lupine *f*; **~ço** [-'mosu] *m* Lupinenkern *m*

tremor [trə'mor] *m* Zittern *n*; Zuckung *f*; **~ de terra** Erdbeben *n*

trempe ['trẽpə] *f* Dreifuß *m*; F *fig* Kleeblatt *n*, Dreigespann *n*

tremul|ar [trəmu'lar] (1a) **1.** *v/t* schwingen; schütteln; **2.** *v/i* flattern; schwanken; flackern; *MÚS* tremulieren; **~ina** [-'linɐ] *f* Flimmern *n*

trémulo (*ê) ['trɛmulu] **1.** *adj* zitternd, bebend; zaghaft; glitzernd (*Licht*); **2.** *m MÚS* Tremolo *n*

trena ['trenɐ] *f* Haarband *n*; (Kreisel)Schnur *f*; *bras* Messband *n*

trenó [trə'nɔ] *m* Schlitten *m*; **~ dirigível** Bob *m*

trepad|a [tre'pada] *f bras* V Nummer *f* (*Koitus*); **~eira** [trəpɐ'dɐjrɐ] *f*: (**planta** *f*) **~** Kletterpflanze *f*; **~-azul** *f ZO* Kleiber *m*; **~-comum** *f ZO* Baumläufer *m*; **~or** [-'dor] **1.** *adj* zu Kopf steigend; **2.** *m* Bergspezialist *m* (*Radrennfahrer*); *bras* Lästermaul *n*; **~ora** [-'dorɐ] *f* Papageienvogel *m*

trepanar [trəpɐ'nar] (1a) *MED Schädel* aufmeißeln, aufbohren, trepanieren

trepar [trə'par] (1c) erklettern; hinaufklettern an (*dat*); *bras* V besteigen, bumsen

trepid|ação [trəpidɐ'sɐ̃w] *f* Beben *n*; **~ar** [-'dar] (1a) beben; schwanken

trépido ['trɛpidu] bebend

três [treʃ] **1.** *adj* drei; **2.** *m* Drei *f*

tres... [trəʃ, trəʒ, trəz] **a)** → **trans...**, **tras...**; **b)** → **tris...**

tresandar [trəzɐ̃'dar] (1a) **1.** *v/t* zurückdrängen; *Uhr* zurückdrehen; verändern; durcheinander bringen; verpesten; **2.** *v/i* stinken

tres|ler [trəʒ'ler] (2l) sich verlesen; durcheinander geraten; Unsinn re-

T

den; **~loucar** [-lo'kar] (1n) **1.** *v/t* verrückt machen; **2.** *v/i* verrückt werden; **~malhar** [-mɐ'ʎar] (1b) **1.** *v/t Maschen* fallen lassen; *fig* entwischen lassen; verscheuchen; **2.** *v/i u* **~-se** entwischen; sich verflüchtigen; **~noitado** [-noj'tadu] übernächtigt; **~noitar** [-noj'tar] (1a) die Nacht durchwachen

trespano [trəʃ'pɐnu] *m* Drillich *m*

trespass|ar [trəʃpɐ'sar] (1b) überschreiten; durchdringen; *Gesetz* übertreten; *Termin* verschieben; *auf j-n* übertragen; **~-se** durchdrungen werden (**de** von); dahinsiechen; sterben; «**trespassa-se**» „zu verpachten"; **~e** [-'pasə] *m* Geschäftsaufgabe *f*; *Rechte*: Übertragung *f*; *fig* Tod *m*

tressuar [trə'swar] (1g) stark schwitzen

treta ['tretɐ] *f Fechten*: Finte *f*; *fig* Ausrede *f*; **~s** *pl* Geschwätz *n*

trevas ['trevɐʃ] *f/pl* Finsternis *f*, Dunkel *n*; *fig* Unwissenheit *f*

trevo ['trevu] *m BOT* Klee *m*

trez|e ['trezə] **1.** *adj* dreizehn; **2.** *m* Dreizehn *f*; **~entos** [trə'zẽtuʃ] dreihundert

triagem ['trjaʒɐ̃j] *f* Sortierung *f*; Klassierung *f*; *INFORM* Sortierlauf *m*

triangular [triɐ̃gu'lar] dreieckig

triângulo [tri'ɐ̃gulu] *m* Dreieck *n*; *MÚS* Triangel *m*; **~ amoroso** Dreiecksgeschichte *f*; **~ de pré-sinalização** *AUTO* Warndreieck *n*

triatlo [tri'atlu] *m* Triathlon *m od n*

trib|al [tri'bał] Stammes...; **~o** ['tribu] *f* Stamm *m*

tribulação [tribulɐ'sɐ̃w] *f* Drangsal *f*

tribuna [tri'bunɐ] *f* Tribüne *f*

tribunal [tribu'nał] *m* Gericht(shof *m*) *n*; **~ arbitral** Schiedsgericht *n*; **~ da Relação** Landgericht *n*; **~ de comarca** Amtsgericht *n*; ♀ **de Contas Europeu** Europäische(r) Rechnungshof *m*; ♀ **de Justiça Europeu** Europäische(r) Gerichtshof *m*; **Supremo** ♀ Oberste(r) Gerichtshof *m*

tribuno [tri'bunu] *m* Tribun *m*

tribut|ação [tributɐ'sɐ̃w] *f* Besteuerung *f*; **~ar** [-'tar] (1a) besteuern; *fig Lob* zollen; *Ehre* erweisen; **~ário** [-'tarju] **1.** *adj* steuerpflichtig; **2.** *m* Steuerzahler *m*; **~o** [-'butu] *m* Tribut *m*; Steuer *f*; *fig* Zoll *m*

trica ['trikɐ] *f* Trick *m*

tricampeão [trikɐ̃'pjɐ̃w] *m*, **-ã** *f* dreifache(r) Meister(in *f*) *m*

tricana [tri'kɐnɐ] *f* Trachtenrock *m*

tri|centenário [trisẽtə'narju] *m* Dreihundertjahrfeier *f*; **~ciclo** [-'siklu] *m* Dreirad *n*

tricô [tri'ko] *m bras* → **tricot**

tri|color [triku'lor] dreifarbig; **~corne** [-'kɔrnə]: **chapéu** *m* **~** = **~córnio** [-'kɔrnju] *m* Dreispitz *m*; **~cot** [-'kɔt] *m* Trikot *n*; Strickarbeit *f*; **agulha** *f* **de ~** Stricknadel *f*; **artigos** *m/pl* **de ~** Strickwaren *f/pl*; **fazer ~** stricken; **~cotadeira** [-kutɐ'dɐjrɐ] *f* Strickmaschine *f*; **~cot(e)ar** [-ku'''t(j)ar] (1e, 1l) stricken; **~dente** [-'dẽtə] *m* Dreizack *m*

tri|enal [trjə'nał] dreijährig; **~énio** (*ê) [tri'ɛnju] *m* Zeitraum *m* von drei Jahren; dreijährige Amtszeit *f*

tri|fásico [tri'faziku]: **corrente** *f* **-a** Dreiphasen-, Drehstrom *m*; **~fólio** [-'fɔlju] *m* Kleeblatt *n*

trigal [tri'gał] *m* Weizenfeld *n*

trigémeo(s) (*ê) [tri'ʒɛmju] *m(pl)* Drilling(e *pl*) *m*

trigésimo [tri'ʒɛzimu] **1.** *adj* dreißigst; **2.** *m* Dreißigstel *n*

trigo ['trigu] **1.** *adj* Weizen...; **2.** *m* Weizen *m*; *allg* Korn *n*; **~ de grão duro**, **~ rijo** Hartweizen *m*; **~ sarraceno** Buchweizen *m*; **distinguir o ~ do joio** *fig* die Spreu vom Weizen trennen

trigonometria [trigunumə'triɐ] *f* Trigonometrie *f*

trigueiro [tri'gɐjru] dunkel; braun

trilar [tri'lar] (1a) trillern

trilátero [tri'latəru] dreiseitig

trilh|a ['triʎɐ] *f AGR* Drusch *m*; *fig* Pfad *m*; Spur *f*; **~ sonora** Soundtrack *m*; **seguir a ~ de** *fig j-s* Beispiel folgen; **~adeira** [triʎɐ'dɐjrɐ] *f* Dreschmaschine *f*; **~ado** [-'ʎadu] ausgetreten (*Stufe*); bearbeitet (*Thema*); erprobt; abgedroschen; **~ão** [-'ʎɐ̃w] *m bras* Billion *f*; **~ar** [-'ʎar] (1a) **a)** *AGR* dreschen; (zer-)stampfen; *Korn* zermahlen; **b)** betreten, befahren

trilho ['triʎu] *m* **a)** *AGR* Dreschflegel *m*; **b)** *fig* Pfad *m*; Weg *m*; *bras* Schiene *f*; **andar fora dos ~s** *fig* aus dem Rahmen fallen

trilião [tri'ljɐ̃w] *m port* Trillion *f*

T

tri|lingue, **~língue** [tri'lĩgə, -'lĩgwə] dreisprachig
trilo ['trilu] *m MÚS* Triller *m*
trimestr|al [trimə∫'trał] vierteljährlich; **~e** [-'mɛ∫trə] *m* Vierteljahr *n*
trin|ado [tri'nadu] *m* Gezwitscher *n*; *MÚS* Triller *m*; **~ar** [-'nar] (1a) zwitschern; *MÚS* trillern
trinca ['trĩkɐ] *f* Dreier(gruppe *f*) *m*; **~-espinhas** (*pl inv*) [-i∫'piɲɐ∫] *su* P Bohnenstange *f* (*Person*); ***~-nozes***, ***~-pinhas*** *m ZO* Kreuzschnabel *m*
trincar [trĩ'kar] (1n) abbeißen; *Nuss* (auf)knacken; knabbern an (*dat*); *NAV* festmachen; ***~-se*** sich (vor Wut) auf die Zunge beißen
trinch|a ['trĩ∫ɐ] *f* Flachpinsel *m*; Nagelheber *m*; Stück *n*, Scheibe *f*; **~ante** [-'∫ẽtə] *m* Tranchiermesser *n*; **~ar** [-'∫ar] (1a) tranchieren; **~eira** [-'∫ɐjrɐ] *f MIL* Schützengraben *m*; *Stierkampf*: Schutzwand *f*; Parterre(plätze *m/pl*) *n*; **~ete** [-'∫etə] *m* Kneif *m*; **~o** ['trĩ∫u] *m* Tranchierbrett *n*; Tranchieren *n*; *fig* Ausweg *m*
trinco ['trĩku] *m* **a**) Klinke *f*; (Tür-) Schloss *n*; Riegel *m*; **b**) Schnipsen *n*; ***dar ~s*** (mit den Fingern) schnipsen
trindade [trĩ'dadə] *f REL* Dreifaltigkeit *f*, Trinität *f*; Dreiergruppe *f*
trino ['trinu] **1.** *adj* dreifach; **2.** *m* Gezwitscher *n*
trinque ['trĩkə] *m* Kleiderbügel *m*; *fig* Eleganz *f*; ***de ~*** elegant; ***andar no ~*** sich herausputzen
trint|a ['trĩtɐ] dreißig; **~a-e-um** [-tɐ'jũ] *m ein Kartenspiel*; ***armar um ~*** P Stunk machen; **~ão** [-'tɐ̃w] *m* → ***~enário***; **~ar** [-'tar] (1a) dreißig Jahre alt werden; **~ena** [-'tenɐ] *f* etwa dreißig; Dreißigstel *n*; **~enário** [-tə'narju] **1.** *adj* dreißigjährig; **2.** *m*, **-a** *f* Dreißigjährige(r) *su*
trio ['triw] *m* Trio *n*
tríodo ['triwdu] *m EL* Triode *f*
tripa ['tripɐ] *f* Darm *m*; **~s** *pl CUL* Kutteln *f/pl*; ***fazer das ~s coração*** sich ein Herz fassen; ***vomitar as ~s*** P sich die Seele aus dem Leib reihern (*erbrechen*); **~-forra** [-'fɔʀɐ] *f*: ***à ~*** P was das Zeug hält
tri|partido [tripɐr'tidu] dreiseitig; dreigeteilt; *POL* Dreiparteien...; **~partir** [-pɐr'tir] (3b) dreiteilen; **~partite** [-par'titi] *bras* → ***tripartido***; **~pé** [-'pɛ] *m* Dreifuß *m*; *FOT* Stativ *n*; **~peça** [-'pɛsɐ] *f* Schemel *m*
tripeiro [tri'pɐjru] *m irón* Portuenser *m*
triplic|ado [tripli'kadu]: ***em ~*** in dreifacher Ausfertigung; **~ar** [-'kar] (1n) (sich) verdreifachen
tríplice, **triplo** ['triplisə, 'triplu] dreifach; Drei...
tríptico ['triptiku] *m* Triptychon *n*
tripudiar [tripu'djar] (1g) hopsen; *beim Tanzen* aufstampfen
tripul|ação [tripulɐ'sɐ̃w] *f* Besatzung *f*; **~ante** [-'lẽtə] *su* Besatzungsmitglied *n*; ***os ~s*** *pl* → ***tripulação***; **~ar** [-'lar] (1a) mit e-r Besatzung versehen
triquina [tri'kinɐ] *f* Trichine *f*
tris... [tri∫, triʒ, triz] *in Zssgn* dreifach; Drei...
trisavô *m*, **-ó** *f* [trizɐ'vo, -'vɔ] Ururgroßvater *m*, -mutter *f*
trissar [tri'sar] (1a) zwitschern
trissílabo [tri'silɐbu] *m* dreisilbige(s) Wort *n*
trist|e ['tri∫tə] traurig; **~eza** [-'tezɐ] *f* Traurigkeit *f*, Trauer *f*; **~s** *pl* Sorgen *f/pl*; ***sofrer ~s*** Kummer haben; **~onho** [-'toɲu] trübselig
tritão [tri'tɐ̃w] *m ZO* (Wasser)Molch *m*; Tritonshorn *n* (*Tonnenschnecke*)
tritongo [tri'tõgu] *m LING* Triphthong *m*
tritur|ador [triturɐ'dor] *m* Zerkleinerungsmaschine *f*; *CUL* Rührstab *m*; *TÉCN* Steinbrecher *m*; (Pulver-) Mühle *f*; **~adora** [-rɐ'dorɐ] *f*: ***~ de documentos*** Reißwolf *m*; **~ar** [-'rar] (1a) zerkleinern; zermahlen; zerreiben
triunf|ador [triũfɐ'dor] **1.** *adj* siegreich; triumphierend; **2.** *m* Sieger *m*; **~al** [-'fał] triumphal; **~alista** [-fɐ'li∫tɐ] siegessicher; **~ante** [-'fẽtə] siegreich; **~ar** [-'far] (1a) triumphieren (***de*** über *ac*); **~o** [tri'ũfu] *m* Triumph *m*; Sieg *m*
trivial [tri'vjał] trivial; **~idade** [-vjɐli'dadə] *f* Trivialität *f*
triz [tri∫] *m*: ***por um ~*** um ein Haar; ***estar por um ~*** an e-m Faden hängen; ***escapar por um ~*** mit e-m blauen Auge davonkommen
troar [trwar] (1f) *METÉO* donnern
troca ['trɔkɐ] *f* Tausch *m*; Austausch

T

m; Wechsel *m*; ~ **de estudantes** Schüleraustausch *m*, ~ **de opiniões** Meinungsaustausch *m*; ~ **térmica** Wärmeaustausch *m*; **em** ~ dafür; als Gegenleistung; **em** ~ **de** für

troça ['trɔsɐ] *f* Spott *m*, Spötterei *f*

trocadilho [trukɐ'diʎu] *m* Wortspiel *n*

trocar [tru'kar] (1n; *Stv* 1e) (ein)tauschen (**por** für); vertauschen; *Worte* verdrehen; ~ **em miúdos** in Kleingeld wechseln; ~ **os olhos**, ~ **a vista** schielen

troçar [tru'sar] (1p; *Stv* 1e) **1.** *v/t* verspotten, hänseln; **2.** *v/i*: ~ **de** spotten über (*ac*)

troca-tintas (*pl inv*) [trɔkɐ'tĩtɐʃ] *su* Gauner(in *f*) *m*

trocista [tru'siʃtɐ] **1.** *adj* spöttisch; **2.** *su* Spötter(in *f*) *m*

troco ['troku] *m* Kleingeld *n*; Wechselgeld *n*; **dar** ~ Wechselgeld herausgeben; **dar o** ~ F es *j-m* heimzahlen

troço ['trosu (-ɔ)] *m* (Baum)Stumpf *m*; Strunk *m*; Klotz *m*; Teil *m*; Abschnitt *m*; *bras a* hohe(s) Tier *n*

troféu [tru'fɛu] *m* Trophäe *f*; *fig* Sieg *m*

troglodita [truglu'ditɐ] *su* Höhlenbewohner(in *f*) *m*

troix... → **troux...**

trolaró [trulɐ'rɔ] *m* Idiot *m*

trole ['trɔli] *m bras* BGB Lore *f*, Hunt *m*; **~bus** [-'bus] *m bras* → **troleibus**

trólei ['trɔlɐj] *m* Stromabnehmer *m*

troleibus [trɔlɐj'buʃ] *m* Trolleybus *m*

trolha ['troʎɐ] **1.** *f* Maurerkelle *f*; P Kinnhaken *m*; Keilerei *f*; **2.** *m* Maurer *m*; *depr* Handlanger *m*

trololó [trɔlɔ'lɔ] *m* Tralala *n*

tromba ['trõbɐ] *f* Rüssel *m*; P Schnauze *f* (*Mund*); **~s** *pl* P Visage *f*; ~ **de água** Wasserhose *f*; **fazer** ~, **ficar de ~s** P ein Gesicht wie drei Tage Regenwetter machen

tromb|eta [trõ'betɐ] *f* Trompete *f*; **~etão** [-bə'tɐ̃w] *m* Trompetenblume *f*; **~etear** [-bə'tjar] (1l) trompeten; **~eteiro** [-bə'tɐjru] *m* Trompeter *m*; **~one** [-'bɔnə] *m* Posaune *f*; Posaunist *m*; **~udo** [-'budu] Rüssel...; rüsselartig; P stinksauer

trompa ['trõpɐ] *f* MÚS Horn *n*; QUÍM Saugröhrchen *n*; ANAT Röhre *f*

tromp|ar [trõ'par] (1a) *bras* zusammenstoßen; **~ázio** [-'pazju] *m* Schlag *m*; Stoß *m*

trompet|a [trõ'peta] *m bras* Halunke *m*; **~e** [-'pɛtə] *m* Trompete *f*

tronch|ar [trõ'ʃar] (1a) abschneiden, stutzen; verstümmeln; **~o** ['trõʃu] *m* ANAT Stumpf *m*; **~udo** [-'ʃudu] dickstängelig; *fig* stämmig

tronc|o ['trõku] *m* BOT Stamm *m*; Klotz *m* (*a fig*); ANAT Rumpf *m*; (Nerven)Strang *m*; (Säulen)Stumpf *m*; ~ **de geração** Stammbaum *m*; **~udo** [trõ'kudu] stämmig

trono ['tronu] *m* Thron *m* (**subir a** besteigen)

tropa ['trɔpɐ] **1.** *f* Haufen *m*, Trupp *m*; MIL Truppe *f*; *bras a* Herde *f*; ~ **de choque** *bras* Bereitschaftspolizei *f*; ~ **fandanga** P Sauhaufen *m*; **2.** *m* P Soldat *m*

trope|ada [tru'pjadɐ] *f* Getrappel *n*; **~ar** [-'pjar] (1l) trappeln

tropeç|ão [trupə'sɐ̃w] *f* Stolpern *n*; Fehltritt *m*; **aos -ões** voreilig; **~ar** [-'sar] (1p; *Stv* 1c): ~ **em**, ~ **com** stolpern über (*ac*); stoßen auf (*ac*); *fig* straucheln; *Person* treffen (**com** auf *ac*); **~o** [-'pesu] *m* Hindernis *n*; **pedra** *f* **de** ~ Stein *m* des Anstoßes

trôpego ['tropəgu] schwerfällig; lahm

trop|eiro [tro'pejru] *m bras* Viehtreiber *m*; Viehhändler *m*; **~el** [tru'pɛł] *m* Trappeln *n*; *fig* Haufen *m*; Durcheinander *n*; **de** ~, **em** ~ holterdiepolter; **~elia** [trupə'liɐ] *f* Ausschreitung *f*

tropical [trupi'kał] tropisch

trópico ['trɔpiku] *m* Wendekreis *m*; **~s** *pl* Tropen *pl*

troque ['trɔkə] *m* Fingerschnipsen *n*

trot|ão [tru'tɐ̃w] *m* Traber *m*; **~ar** [-'tar] (1e) traben; **~e** ['trɔtə] *m* Trab *m*; **~ear** [-'tjar] (1l) → **~ar**

trotinete [trɔti'nɛtə] *f* (Tret)Roller *m*

troux|a ['troʃɐ] **1.** *f* Bündel *n*; **arrumar a** ~ F s-e Klamotten packen; **2.** *m* F Dussel *m*; **3.** *adj* dusslig; **~e-mouxe** [-ʃə'moʃə] *m*: **a** ~ drunter und drüber

trov|a ['trɔvɐ] *f* Liedchen *n*; **~ador** [truvɐ'dor] *m* HIST Troubadour *m*

trov|ão [tru'vɐ̃w] *m* Donner(schlag) *m*; *fig* Hagel *m*; **~ejante** [-və'ʒɐ̃tə]

donnernd (*a fig*); **~ejar** [-və'ʒar] (1d) donnern; gewittern; *fig* wettern; **~iscar** [-viʃ'kar] (1n) grummeln (*Gewitter*); **~isco** [-'viʃku] *m* **a**) Grummeln *m*; **b**) *BOT* Seidelbast *m*; **~oada** [-'vwadɐ] *f* Gewitter *n*
tru|anice [trwɐ'nisə] *f* Possen *m*, Narretei *f*; **~ão** [trwɐ̃w] *m* Narr *m*
trucidar [trusi'dar] (1a) niedermetzeln
truculento [truku'lẽtu] grausam
trufa ['trufɐ] *f BOT* Trüffel *f*
truncar [trũ'kar] (1n) abschneiden
trunf|a ['trũfɐ] *f* Schopf *m*; **~ar** [-'far] (1a) Trumpf spielen; *fig* auftrumpfen; **~o** ['trũfu] *m* Trumpf *m*
trupe ['trupə] *f* (Künstler)Truppe *f*
truque ['trukə] *m* **a**) Kegelbillard *n*; *fig* Trick *m*; **b**) Gepäckkarren *m*
truta ['trutɐ] **1.** *f ZO* Forelle *f*; **2.** *su* F Ass *n*, Spezi *m*
tu [tu] du; ***tratar por ~*** duzen
tua ['tuɐ] → ***teu***
tuba ['tubɐ] *f* Tuba *f*
tubagem [tu'baʒɐ̃j] *f* Rohrleitung *f*
tubarão [tubɐ'rɐ̃w] *m ZO* Hai *m*
túbera ['tubərɐ] *f BOT* Trüffel *f*
tubérculo [tu'bɛrkulu] *m AGR* Knolle(nfrucht) *f*; *MED* Tuberkel *f*
tuberculos|e [tubərku'lɔzə] *f MED* Tuberkulose *f*; **~o** [-'lozu] tuberkulös
tuberos|idade [tubəruzi'dadə] *f MED* Höcker *m*; **~o** [-'rozu] Knollen...
tubo ['tubu] *m* Rohr *n*, Röhre *f*; Röhrchen *n*; *ANAT* Kanal *m*; (Harn- *etc*)Leiter *m*; ***~ de ensaio*** Reagenzröhrchen *n*; ***~ roto*** Rohrbruch *m*
tubul|ação [tubulɐ'sɐ̃w] *f* Rohrsystem *n*; ***entrar pela ~*** P nach hinten losgehen; **~ar** ['lar] Röhren...
tucano [tu'kɐnu] *m* Tukan *m* (*Vogel*)
tudo ['tudu] alles; ***~ o que***, ***~ quanto*** alles, was; ***antes*** (*od* ***acima***) ***de ~*** vor allem; ***o seu ~*** sein Ein und Alles; ***~ o mais*** alles andere; ***~ menos ...*** alles, nur nicht ...; ***em ~ e por ~*** unter allen Umständen; ***estar por ~*** mit allem einverstanden sein; **~-nada** [-'nadɐ] *m*: ***um ~*** ein ganz klein wenig
tufão [tu'fɐ̃w] *m* Taifun *m*
tuf|ar [tu'far] (1a) bauschen; blähen; **~-se** aufgehen (*Teig*); eitel sein (*Person*); **~o** ['tufu] *m* **a**) Büschel *n*; Bausch *m*; **b**) *MIN* Tuffstein *m*
tugir [tu'ʒir] (3n) flüstern; tuscheln; ***sem ~ nem mugir*** ohne e-n Mucks
tule ['tulə] *m* Tüll *m*
tulha ['tuʎɐ] *f AGR* Speicher *m*; Vorratsraum *m*; Vorrat *m*, Menge *f*
tulip|a, **túlipa** [tu'lipɐ, 'tulipɐ] *f* **a**) *BOT* Tulpe *f*; **b**) Lampenschirm *m*
tumba ['tũbɐ] **1.** *f* Grab(stein *m*) *n*; Bahre *f*; **2.** *su* Pechvogel *m*; **3.** *int*: ***~!*** bums!; klatsch!
tume|fa(c)ção [tuməfa'sɐ̃w] *f MED* Schwellung *f*; **~facto** [-'faktu] geschwollen; **~fazer** [-fɐ'zer] (2v) (an)schwellen lassen; **~ficar** [-fi'kar] (1n) → ***~fazer***
tumidez [tumi'deʃ] *f* Schwellung *f*
túmido ['tumidu] geschwollen (*a fig*)
tumor [tu'mor] *m MED* Tumor *m*
tumular [tumu'lar] Grab...
túmulo ['tumulu] *m* Grab(mal) *n*; ***ser um ~*** *fig* schweigen wie ein Grab
tumult|o [tu'muɫtu] *m* Tumult *m*; Lärm *m*; Aufruhr *m*; **~uar** [-'twar] (1g) in Aufruhr versetzen; **~uário**, **~uoso** [-'twarju, -'twozu] lärmend; *POL* aufrührerisch
tuna ['tunɐ] *f* Faulenzerdasein *n*; *UNIV* Studentenkapelle *f*; ***andar*** (*od* ***ir***) ***à ~*** ein Lotterleben führen
tunda ['tũdɐ] *f* Tracht *f* Prügel
tundá [tũ'da] *m bras* P Hintern *m*
túnel ['tunɛɫ] *m* Tunnel *m*
tungsténio (*ê) [tũʃ'tɛnju] *m* Wolfram *n*
túnica ['tunikɐ] *f* Tunika *f*
Tunísia [tu'nizjɐ]: ***a ~*** Tunesien *n*
turb|a ['turbɐ] *f* Menschenschwarm *m*; Menge *f*; ***em ~*** in hellen Scharen; **~ação** [-bɐ'sɐ̃w] *f* Aufregung *f*
turbante [tur'bɐ̃tə] *m* Turban *m*
túrbido ['turbidu] verwirrend; trüb
turbilhão [turbi'ʎɐ̃w] *m* Wirbelwind *m*; Strudel *m* (*a fig*)
turbina [tur'binɐ] *f* Turbine *f*
turbocarregador [turbukɐʀəgɐ'dor] *m AUTO* Turbolader *m*
turbul|ência [turbu'lẽsjɐ] *f* Turbulenz *f*; Aufregung *f*; **~ento** [-'lẽtu] turbulent; ungestüm; lärmend
turco ['turku] **1.** *adj* türkisch; **2.** *m*, **-a** *f* Türke *m*, Türkin *f*
Turcomenistão [turkɔməniʃ'tɐ̃w]: ***o ~*** Turkmenistan *n*

T

turf|a ['turfɐ] *f* Torf *m*; **~eira** [tur'fɐjrɐ] *f* Torfmoor *n*
turíbulo [tu'ribulu] *m* Weihrauchbehälter *m*
Turíngia [tu'rĩʒjɐ]: *a* ~ Thüringen *n*
turis|mo [tu'riʒmu] *m* Tourismus *m*, Fremdenverkehr *m*; ***agência*** *f* ***de*** ~ Reisebüro *n*; ~ ***da natureza*** Naturtourismus *m*; ~ ***de habitação*** Urlaub *m* auf einem ehemaligen portugiesischen Herrensitz; ~ (***no espaço***) ***rural*** (***TER***) Urlaub *m* auf dem Bauernhof; ***Junta*** *f* ***de*** ~ Verkehrsverein *m*; **~ta** [-'riʃtɐ] *su* Tourist(in *f*) *m*; ~ ***pé-descalço*** Rucksacktourist(in *f*) *m*
turístico [tu'riʃtiku] touristisch
turma ['turmɐ] *f* Gruppe *f*; (Schul-) Klasse *f*; Abteilung *f*
turno ['turnu] *m* Abteilung *f*, Gruppe *f*; POL Lesung *f*; *Industrie*: Schicht *f*; Arbeiter *m/pl* (*e-r Schicht*); ***trabalho*** *m* ***por*** **~s** Schichtbetrieb *m*; ***mudança*** *f* ***de*** ~ Schichtwechsel *m*; ***por*** **~s** gruppenweise; abwechselnd; in (verschiedenen) Schichten; ***por seu*** ~ seinerseits
turqu|ês [tur'keʃ] *f* Kneifzange *f*; **~esa** [-'kezɐ] *f* MIN Türkis *m*; **~i** [-'ki] türkisblau
Turquia [tur'kiɐ]: *a* ~ Türkei *f*
turra ['tuʀɐ] **1.** *f* Kopfstoß *m*; *fig* Zank *m*, Streit *m*; ***andar às*** **~s** P sich (herum)zanken (***com*** mit); **2.** *su depr* Terrorist(in *f*) *m*
turturinar [turturi'nar] (1a) *bras* gurren
turv|ação [turvɐ'sɐ̃w] *f* Trübung *f*; *fig* Bestürzung *f*; **~ar** [-'var] (1a) trüben; **~o** ['turvu] trüb; wirr
tussilagem [tusi'laʒɐ̃j] *f* Huflattich *m*
tuta-e-meia [-j'mɐjɐ] *f* F Bagatelle *f*
tutano [tu'tɐnu] *m* (Knochen)Mark *n*; *fig* Kern *m*
tutear [tu'tjar] (1l) duzen
tutel|a [tu'tɛlɐ] *f* Vormundschaft *f*; *fig* Schutz *m*; **~ado** [-tə'ladu] *m* Mündel *n*; **~ar** [-'lar] **1.** *adj* Vormundschafts...; *fig* Schutz...; **2.** *v/t* (1c) *als Vormund* sorgen für; beschützen; *depr* bevormunden
tutor [tu'tor] *m*, **-a** *f* Vormund *m*; Beschützer(in *f*) *m*; UNIV Tutor(in *f*) *m*; **~ia** [-'riɐ] *f* Vormundschaft(sgericht *n*) *f*
tutu [tu'tu] *m infan* Popo *m*; *bras* Bumann *m*; *fig* große(s) Tier *n*; CUL Bohnenbrei *m*; P Pinke *f* (*Geld*)
TV ***televisão*** *f* Fernsehen *n* (TV)
tzar [tzar] *m* Zar *m*

U

U, u [u] *m* U, u *n*
uariquina [wari'kĩna] *f bras* rote(r) Pfeffer *m*
uarubé [waru'bɛ] *m* Maniokbrühe *f*
ubá [u'ba] *f bras* Einbaum *m*
úbere ['ubərə] **1.** *adj* fruchtbar; üppig (*Vegetation*); **2.** *m* Euter *n*
ub|iquidade (*ü) [ubəkwi'dadə] *f* Allgegenwart *f*; **~íquo** [u'bikwu] allgegenwärtig
uca ['uka] *f bras* Zuckerrohrschnaps *m*
ucharia [uʃɐ'riɐ] *f* Speisekammer *f*; Vorrat *m*; *fig* einträgliche Sache *f*
Ucrânia [u'krɐnjɐ]: *a* ~ Ukraine *f*
ucraniano [ukrɐ'njɐnu] **1.** *adj* ukrainisch; **2.** *m*, **-a** *f* Ukrainer(in *f*) *m*
UE ***União f Europeia*** Europäische Union *f* (EU)
uê [we] *int*: **~!** *bras* nanu!
ufa ['ufɐ] **1.** *int*: **~!** uff!; **2.** *f*: ***à*** ~ reichlich
ufan|ar [ufɐ'nar] (1a) schmeicheln (*dat*); erfreuen; **~-se de** stolz sein auf (*ac*); **~ia** [-'niɐ] *f* Stolz *m*; Dünkel *m*; **~o** [u'fɐnu] stolz (***com***, ***de*** auf *ac*); eitel
ui [wi] *int*: **~!** hui!; au!
uísque ['wiʃkə] *m* Whisky *m*
uiv|ar [uj'var] (1a) heulen; jaulen; ~ ***de raiva*** vor Wut aufheulen; **~o** ['ujvu] *m* Geheul *n*; Gejaule *n*

uja ['uʒɐ] *f ZO* Stechrochen *m*
úlcera ['ułsərɐ] *f* Geschwür *n*
ulcer|ação [ułsərɐ'sɐ̃w] *f* Geschwürbildung *f*; **~ado** [-'radu] *fig* vergrämt; **~ar(-se)** [-'rar(sə)] (1c) vereitern; *fig* sich grämen; **~oso** [-'rozu] schwärend; Geschwür...
ulm(eir)o ['ułmu, uł'mɐjru] *m* Ulme *f*
ulterior [ułtə'rjor] später; jüngst, letzt; *GEOGR* jenseitig; Hinter...; **~mente** [-'mẽtə] weiterhin; letzthin
ultim|ação [ułtimɐ'sɐ̃w] *f* Fertigstellung *f*; Abschluss *m*; **~ado** [-'madu] fertig; **~amente** [-mɐ'mẽtə] zuletzt; in letzter Zeit; **~ar** [-'mar] (1a) fertig stellen; abschließen
últimas ['ułtimɐʃ] *f/pl* äußerste Not *f*; letzte(s) Stündlein *n*; ***estar nas ~*** P im Sterben liegen; *fig* auf dem letzten Loch pfeifen
ultimato [ułti'matu] *m* Ultimatum *n*
último ['ułtimu] *zeitl* letzt; *örtl* äußerst; unterst; hinterst; ***até à -a*** bis zuletzt; ***por ~*** letztendlich
ultimogénito (*ê) [ułtimu'ʒɛnitu] letztgeboren
ultra... [ułtrɐ] *in Zssgn* Ultra...
ultra|congelado [ułtrɐkõʒə'ladu] tiefgefroren; **~curto** [-'kurtu] ultrakurz; **~jar** [-'ʒar] (1b) beschimpfen; beleidigen; **~je** [-'traʒə] *m* Beleidigung *f*; **~ligeiro** [-li'ʒɐjru] sehr leicht; **~mar** [-'mar] *m* **a)** *GEOGR* Übersee; **b)** Ultramarin *n*; **~marino** [-mɐ'rinu] **a)** *GEOGR* überseeisch; **b)** ultramarin; **~moderno** [-mu'dɛrnu] hochmodern; **~passagem** [-pɐ'saʒɐ̃j] *f* Überholen *n* (*bsd AUTO*); Überwindung *f*; **~passar** [-pɐ'sar] (1b) überschreiten; übertreffen (***a*** bei; ***em*** an *ac*); *AUTO* überholen; **~-som** (**-ns**) [-'sõ] *m(pl)* Ultraschall *m*; **~violeta** [-vju'letɐ] ultraviolett; ***raios*** *m/pl* ***~s*** UV-Strahlen *m/pl*
ulular [ulu'lar] (1a) heulen (*Tier*)
um(a *f*) [ũ, 'umɐ] **1.** *art* ein(e); ***à -a*** erstens; ***-a assim*** so etwas; ***é -a das suas*** das sieht ihm (*od* ihr, Ihnen) ähnlich; **2.** *pron* eine(r, -s); ***a ~ e ~***, ***~ a ~***, ***~ por ~*** e-r nach dem anderen; jeder für sich; ***~ ao outro*** einander; ***~ atrás do outro*** e-r nach dem anderen; ***cada ~*** (ein) jeder; jeder Einzelne; ***uns***, ***-as*** *pl* einige; etliche; ***uns cinco*** etwa fünf; **3.** *m* Eins *f*

umbela [ũ'bɛlɐ] *f* Dolde *f*; Schirm *m*
umbi|go [ũ'bigu] *m ANAT* Nabel *m*; **~lical** [ũbəli'kał] Nabel...; ***cordão m ~*** Nabelschnur *f*
umblina [ũ'blinɐ] *f ZO* Saibling *m*
umbral [ũ'brał] *m* Schwelle *f*
umbroso [ũ'brozu] schattig
um|edecer, **~idade**; **úmido** *etc* → ***hum...***
úmero ['uməru] *m ANAT* Oberarmknochen *m*
unânime [u'nɐnimə] einmütig
unanimidade [unɐnəmi'dadə] *f* Einmütigkeit *f*; ***por ~*** einstimmig
unção [ũ'sɐ̃w] *f* Salbung *f*, *fig* Inbrunst *f*; ***extrema ~*** letzte Ölung *f*; ***com ~*** salbungsvoll
undé|cimo [ũ'dɛsimu] elft; **~cuplo** [-'dɛkuplu] elffach
ungir [ũ'ʒir] (3n) salben
unguento [ũ'gwẽtu] *m* Salbe *f*
ungulados [ũgu'laduʃ] *m/pl* Huftiere *n/pl*
unha ['uɲɐ] *f ANAT* (Fuß-, Finger-) Nagel *m*; (Tier)Kralle *f*, Klaue *f* (*a TÉCN*); Huf *m*; *TÉCN* Spitze *f*; ***~s pl roídas*** abgeknabberte Fingernägel *m/pl*; ***por uma ~ negra*** um Haaresbreite; ***~ com carne*** ein Herz und eine Seele; ***com ~s e dentes*** *fig* mit Händen und Füßen; ***dar à ~*** die Ärmel hochkrempeln; ***à ~!*** los!; ran!
unh|ada [u'ɲadɐ] *f* Kratzer *m*; Kratzwunde *f*; **~ar** [-'ɲar] (1a) (zer)kratzen; *Anker* festhaken; *AGR Rebe* absenken; *bras* P klauen; **~as-de-fome** (*pl inv*) [uɲɐʒdə'fomə] *su* Geizhals *m*
união [u'njɐ̃w] *f* Vereinigung *f*; Einigkeit *f*; Verbindung *f*; Verband *m*; Union *f*; ***~ de facto*** *JUR* (eheähnliche) Lebensgemeinschaft *f*; ***traço m de ~*** Bindestrich *m*
unicidade [unəsi'dadə] *f* Einmaligkeit *f*
único ['uniku] einmalig, einzig(artig); Einzel...; Einheits... (*Preis*)
unidade [uni'dadə] *f* Einheit *f*; *MAT* Einer *m*; *TÉCN* Anlage *f*; ***~ central de processamento*** *INFORM* Zentraleinheit *f*; ***~ de disquete*** *INFORM* Diskettenlaufwerk *n*; ***~ de cuidados intensivos*** *MED* Intensivstation *f*
unido [u'nidu] vereinigt; einig; ***~ com*** zusammen mit

U

unific|ação [unəfikɐ'sɐ̃w] *f* Vereinheitlichung *f*; Vereinigung *f*; Zusammenschluss *m*; **~ador** [-kɐ'dor] einigend; **~ar** [-'kar] (1n) vereinheitlichen; (ver)einen; zusammenlegen

uniform|e [uni'fɔrmə] **1.** *adj* uniform; gleichförmig; gleichmäßig; einheitlich; **2.** *m* Uniform *f*; **~idade** [-furmi'dadə] *f* Ein-, Gleichförmigkeit *f*; Einheitlichkeit *f*; **~ização** [-mizɐ'sɐ̃w] *f* Vereinheitlichung *f*; *depr* Gleichmacherei *f*; **~izar** [-mi'zar] (1a) vereinheitlichen; gleichmachen

uni|génito (*ê) [uni'ʒɛnitu] einzig; *REL* eingeboren; **~lateral** [-lɐtə'rał] einseitig; parteiisch

unir [u'nir] (3a) **1.** *v/t* vereinigen; verbinden; zusammenlegen, -fügen (***com*** mit); *fig* binden (***a*** an *ac*); **2.** *v/i* eine Verbindung eingehen

unissexo [uni'sɛksu] Damen- und Herren...; ***cabeleireiro*** *m* **~** Damen- und Herrenfriseur *m*

uníssono [u'nisunu] **1.** *adj* einstimmig; **2.** *m MÚS* Unisono *n*; ***em* ~** einstimmig; **3.** *adv MÚS* unisono

unitário [uni'tarju] Einheits...

Univ. ***universidade*** *f* Universität *f*

universal [univər'sał] universal; (all-)umfassend; allgemein; **~idade** [-sɐli'dadə] *f* Universalität *f*; Gesamtheit *f*; **~ismo** [-'liʒmu] *m* Weltgeltung *f*; **~ista** [-'liʃtɐ] allumfassend; weltumspannend; **~izar** [-li-'zar] (1a) verallgemeinern; verbreiten

univers|idade [univərsi'dadə] *f* Universität *f*; **~itário** [-si'tarju] **1.** *adj* Universitäts...; **2.** *m* Universitätsangehörige(r) *m*; Dozent *m*; **&o** [-'vɛrsu] *m* Universum *n*

unívoco [u'nivuku] eindeutig

uno ['unu] eins; einzig; unteilbar

unt|ar [ũ'tar] (1a) (be-, ein)schmieren; einreiben; *TÉCN* fetten; ***~ as mãos*** (*od* ***unhas***) ***a*** *fig j-n* schmieren; **~o** ['ũtu] *m CUL* Bratenfett *n*; *TÉCN* Schmiere *f*; **~uoso** [-'twozu] schmierig; fettig; *fig* salbungsvoll; **~ura** [-'turɐ] *f* Einreibung *f*; Einreibemittel *n*; *fig* Ahnung *f*

upa ['upɐ] *int*: ***~!*** hopp, hopp!

urânio [u'rɐnju] *m* Uran *n*

urban|idade [urbɐni'dadə] *f* Höflichkeit *f*; Wohlerzogenheit *f*; **~ismo** [-'niʒmu] *m* Städtebau *m*; Urbanität *f*; **~ístico** [-'niʃtiku] städtebaulich; **~ização** [-nizɐ'sɐ̃w] *f* Verstädterung *f*; Bebauung *f*; Wohnanlage *f*; **~izar** [-ni'zar] (1a) urbanisieren, verstädtern; bebauen; *Sitten* verfeinern; *j-n* zur Höflichkeit erziehen; **~o** [-'bɐnu] städtisch; Stadt...; *fig* höflich

urbe ['urbə] *f* (Welt)Stadt *f*

urd|ideira [urdi'dɐjrɐ] *f Textil*: Zettelrahmen *m*; *fig* Urheberin *f*; **~idor** [-di'dor] *m* Urheber *m*; **~idura** [-di'durɐ] *f Textil*: Zetteln *n*; Kette *f*; *fig* Machenschaft *f*; **~ir** [-'dir] (3a) *fig* anzetteln; aushecken

ur|eia [u'rɐjɐ] *f* Harnstoff *m*; **~éter**, *bras* **~eter** [u'rɛtər, urə'ter] *m ANAT* Harnleiter *m*; **~etra** [u'rɛtrɐ] *f ANAT* Harnröhre *f*

urg|ência [ur'ʒẽsjɐ] *f* Dringlichkeit *f*; ***caso*** *m* ***de* ~** Notfall *m*; (***estação*** *f* ***de***) **~** Unfallstation *f*; ***serviços*** *m/pl* ***de* ~** *MED* Notdienst *m*; ***de* ~** dringend; **~ente** [-'ʒẽtə] dringend; eilig; **~ir** [-'ʒir] (3n) **1.** *v/t* bedrängen; **2.** *v/i* dringend (erforderlich) sein; drängen (*Zeit*)

urin|a [u'rinɐ] *f* Harn *m*, Urin *m*; **~ar** [-'nar] (1a) **1.** *v/t* ausscheiden; **2.** *v/i* urinieren; **~ário** [-'narju] Harn...; **~ol** [-'nɔł] *m* Pissoir *n*

urna ['urnɐ] *f* Urne *f* (*a Wahl*); ***ida*** *f* ***às* ~s** *POL* Urnengang *m*

urolog|ia [urulu'ʒiɐ] *f* Urologie *f*; **~ista** [-'ʒiʃtɐ] *su* Urologe *m*, Urologin *f*

urr|ador [uʀɐ'dor] Brüll...; **~ar** [u'ʀar] (1a) brüllen (*bsd Baby*); **~o(s)** ['uʀu(ʃ)] *m*(*pl*) Gebrüll *n*

ursa ['ursɐ] *f* Bärin *f*; **& *Maior*** (***Menor***) *ASTR* der Große (Kleine) Bär (*od* Wagen) *m*

urso ['ursu] *m* Bär *m*; F Streber *m*; ***~-formigueiro*** *m* Ameisenbär *m*; ***~-pardo*** *m* Braunbär *m*; ***~-polar*** *m* Eisbär *m*

urti|cáceas [urti'kasjɐʃ] *f/pl BOT* Nesselgewächse *n/pl*; **~cária** [-'karjɐ] *f MED* Nesselsucht *f*; **~ga** [-'tigɐ] *f* Brennnessel *f*

urubu [uru'bu] *m ZO* Aasgeier *m*

Uruguai [uru'gwaj]: ***o* ~** Uruguay *n*

uruguaio [uru'gwaju] **1.** *adj* uruguayisch; **2.** *m*, **-a** *f* Uruguayer(in *f*) *m*

urze ['urzə] *f* Heide(kraut *n*) *f*; *bsd* Baumheide *f*

us|ado [u'zadu] gebräuchlich; ***muito***

~ abgenutzt; **~ança** [u'zẽsɐ] *f* Brauch *m*; Sitte *f*; *ECON* Usance *f*; **~ar** [u'zar] (1a) **1.** *v/t* (ge)brauchen; anwenden; *Kleidung* tragen; verschleißen; ***antes de ~*** vor Gebrauch; **2.** *v/i*: ***~ de*** Gebrauch machen von; sich *et* zunutze machen; ***~-se*** in Gebrauch (*od* Mode) sein; gebräuchlich sein; sich abnutzen
Usbequistão [uʒbəkiʃ'tɐ̃w]: ***o ~*** Usbekistan *n*
useiro [u'zɐjru] → ***vezeiro***
usin|a [u'zĩna] *f bras* Fabrik *f*; Werk *n*; ***~ elétrica*** Kraftwerk *n*; ***~ nuclear*** Kernkraftwerk *n*; **~agem** [-'naʒẽj] *f bras TÉCN* Verarbeitung *f*; **~eiro** [-'nejru] *bras* **1.** *adj* Fabrik...; **2.** *m* Fabrikbesitzer *m*
uso ['uzu] *m* Gebrauch *m*; Benutzung *f*; Anwendung *f*; Abnutzung *f*; Verschleiß *m*; Brauch *m*; Gewohnheit *f*; ***~ doméstico*** Hausgebrauch *m*; ***mau ~*** Missbrauch *m*; ***ao ~ de*** (zum Gebrauch) für; ***fazer ~ de*** gebrauchen; *Wort* ergreifen; ***meter*** (*bras* ***botar***) ***a ~*** in Gebrauch nehmen; ***perder o ~ da razão*** den Verstand verlieren
usu|al [u'zwał] gewöhnlich; **~ário** [u'zwarju] *m* Nutznießer *m*; Nutzer *m*; **~capião** [uzukɐ'pjɐ̃w] *m* Eigentumserwerb *m*; **~fruir** [-'frwir] (3i) ausnutzen; benutzen; genießen; **~fruto** [-'frutu] *m* Nutzungsrecht *n*; Nutznießung *f*; **~frutuário** [-fru'twarju] *m* Nutznießer *m*
usur|a [u'zurɐ] *f* Wucher(zins) *m*; **~ário** [-'rarju] **1.** *adj* wucherisch; Wucher...; **2.** *m* Wucherer *m*
usurp|ação [uzurpɐ'sɐ̃w] *f* widerrechtliche Besitzergreifung *f*; **~ador** [-pɐ'dor] *m* Usurpator *m*; **~ar** [-'par] (1a) an sich reißen
uten|sílio [utẽ'silju] *m* Gerät *n*; Werkzeug *n*; ***~s*** *pl* Utensilien *n/pl*; ***~s*** *pl* ***de barbear*** Rasierzeug *n*; **~te** [u'tẽtə] *su* Nutzer(in *f*) *m* (*bsd INFORM*); Verbraucher(in *f*) *m*
uterino [utə'rinu] *ANAT* Gebärmutter...; ***irmão*** *m* ~ Halbbruder *m*
útero ['utəru] *m* Gebärmutter *f*
útil ['utił] nützlich; brauchbar; ***dia*** *m* ~ Werktag *m*; ***juntar o ~ ao agradável*** das Angenehme mit dem Nützlichen verbinden
utili|dade [utəli'dadə] *f* Nützlichkeit *f*; Nutzen *m*; Brauchbarkeit *f*; ***~s*** *pl* Gebrauchsgegenstände *m/pl*, Hausrat *m*; **~tário** [-'tarju] **1.** *adj* Gebrauchs...; **2.** *m INFORM* Hilfsprogramm *n*; *bras AUTO* Nutzfahrzeug *n*; **~tarismo** [-tɐ'riʒmu] *m* Utilitarismus *m*; **~zação** [-zɐ'sɐ̃w] *f* Benutzung *f*; *Daten*: Verwertung *f*; ***~ abusiva de dados*** Datenmissbrauch *m*; **~zador** [-zɐ'dor] *m* Benutzer *m*; **~zar** [-'zar] (1a) benutzen; verwerten; anwenden; ***~-se de*** sich bedienen (*gen*); **~zável** [-'zavɛł] benutzbar; verwertbar
utopia [utu'piɐ] *f* Utopie *f*
utópico [u'tɔpiku] utopisch
uva ['uvɐ] *f* (Wein)Traube *f*; ***~ passa*** Rosine *f*; ***~-espim*** *f* F Stachelbeere *f*
úvula ['uvulɐ] *f ANAT* Zäpfchen *n*
uvular [uvu'lar] Zäpfchen..., uvular

V

V, v [ve] *m* V, v *n*
v. *ver*, *veja* siehe (s.)
v/ *vosso*, *-a* Ihr(e)
V. *Você* Sie, *bras* du; ***visto*** gesehen
V.ª *Viúva* *f* Witwe *f* (Wwe.)
vá [va] → ***ir***
vã [vɐ̃] *f von* ***vão***
vaca ['vakɐ] *f* Kuh *f*; ***carne*** *f* ***de ~*** Rindfleisch *n*; ***~ leiteira*** Milchkuh *f*; ***~ sagrada*** heilige Kuh *f*; **~da** [vɐ'kadɐ] *f* Kuhherde *f*; **~-fria** [-'friɐ] *f*: ***voltar à ~*** auf ein altes Thema zurückkommen; **~(s)-leiteira(s)** [-lej'tejra] *f(pl) bras* Milchauto *n*; **~(s)-loira(s)**, **~(s)-loura(s)** [-'lojrɐ, -'lorɐ] *f(pl) ZO* Hirschkäfer *m*
vac|ância [vɐ'kɐ̃sjɐ] *f* offene Stelle *f*;

Vakanz *f*; **~ante** [-'kẽtə] unbesetzt
vacaria [vɐkɐ'riɐ] *f* Kuhstall *m*; Molkerei *f*; ZO Rindvieh *n*
vacatura [vɐkɐ'turɐ] *f* Vakanz *f*
vacil|ação [vɐsilɐ'sɐ̃w] *f* Schwankung *f*; *fig* Unentschlossenheit *f*; **~ante** [-'lẽtə] unentschlossen; unbeständig; **~ar** [-'lar] (1a) schwanken; zögern
vacin|a [vɐ'sinɐ] *f* Impfstoff *m*; Impfung *f*; *bsd* Lymphe *f*; Kuhpocken *pl*; **~ antigripal** Grippeschutzimpfung *f*; **~ação** [-nɐ'sɐ̃w] *f* (Schutz)Impfung *f*; **~ar** [-'nar] (1a) impfen
vacuidade [vɐkui'dadə] *f* Leere *f*
vacum [vɐ'kũ] Rind...
vácuo ['vakwu] **1.** *adj* leer; **2.** *m* Vakuum *n*; *fig* Leere *f*
vadear [vɐ'djar] (1l) durchwaten
vad|iagem [vɐ'djaʒɐ̃j] *f* Landstreicherei *f*; **~iar** [-'djar] (1g) (herum-) bummeln, vagabundieren; **~io** [-'diw] **1.** *adj* müßig(gängerisch); herrenlos; **2.** *m* Müßiggänger *m*; Landstreicher *m*
vaga ['vagɐ] *f* **a)** Welle *f*; **~ de frio** Kältewelle *f*; **~ de greves** Streikwelle *f*; **b)** freie Stelle *f*; *fig* Muße *f*
vagabund|ear [vɐgɐbũ'djar] (1l) vagabundieren, sich herumtreiben; **~o** [-'bũdu] **1.** *adj* wandernd; unstet; **2.** *m* Landstreicher *m*; F Penner *m*
vagalhão [vɐgɐ'ʎɐ̃w] *m* Sturzwelle *f*
vaga-lume(s) [vagɐ'lumə] *m(pl)* ZO Glühwürmchen *n*; *bras* Platzanweiser *m*
vagamund... → ***vagabund...***
vagão [va'gɐ̃w] *m* Eisenbahnwagen *m*; **~ de mercadorias** Güterwaggon *m*; **~-cama** *m* (*bras* **-leito**) Schlafwagen *m*; **~-cisterna** *m* Tankwagen *m*; **~-frigorífico** *m* Kühlwagen *m*; **~-restaurante** *m* Speisewagen *m*
vagar [vɐ'gar] **1.** *v/i* (1o; *Stv* 1b) **a)** vakant sein; fehlen; (übrig) bleiben; sich kümmern (**a** um); **b)** umherirren; treiben; *fig* sich ausbreiten; **2.** *m* Muße *f*; Zeit *f*; Langsamkeit *f*; **com ~** ohne Hast; **~ento, ~oso** [-gɐ'rẽtu, -'rozu] langsam; langwierig; *fig* ernst
vagem ['vaʒɐ̃j] *f* Schote *f*; Hülse *f*
vagido [vɐ'ʒidu] *m* Wimmern *n*
vagin|a [vɐ'ʒinɐ] *f* ANAT Scheide *f*; **~al** [-'nał] Scheiden...
vagir [vɐ'ʒir] (3n; *Stv* 3b) wimmern
vago ['vagu] **a)** unbesetzt; frei; herrenlos; **b)** unstet; wandernd (*Schmerz*); unbestimmt; vage
vagoneta [vɐgu'netɐ] *f* Kippwagen *m*; BGB Lore *f*, Hunt *m*
vagu|ear [vɐ'gjar] (1l) **a)** (umher)wandern (**por** durch); bummeln; ab-, umherschweifen; **b)** wogen; (dahin)treiben; **~ejar** [-gə'ʒar] (1d) → ***vaguear a***); **~eza** [-'gezɐ] *f* Leichtigkeit *f*
vai [vaj] → ***ir***
vai|a(s) ['vajɐ] *f(pl)* Hohn *m*; Pfiffe *m/pl*; **levar ~** ausgepfiffen werden; **dar ~ = ~ar** [vɐ'jar] (1i) auspfeifen
vaid|ade [vaj'dadə] *f* Eitelkeit *f*; *fig* **~oso** [-'dozu] eitel
vai|-não-vai [vajnɐ̃w'vaj] **1.** *m* Moment *m*; **2.** *adv* um ein Haar; **~vém** [-'vɐ̃j] *m* Hin und Her *n*; Auf und Ab *n*; (Pendel)Verkehr *m*; TÉCN Fähre *f*; **~ espacial** Raumfähre *f*
val|a ['valɐ] *f* (Wasser)Graben *m*; **~ comum** Massengrab *n*; **~ado** [vɐ'ladu] *m* Wall(graben) *m*; **~ar** [vɐ'lar] (1b) befestigen
valdevinos (*pl inv*) [vałdə'vinuʃ] *m* Tagedieb *m*; Gauner *m*
vale ['valə] *m* **a)** Gutschein *m*; **~ do correio** (*bras* **~ postal**) Postanweisung *f*; **b)** GEOGR Tal *n*; **~ apertado** (Tal)Kessel *m*; **~ de lágrimas** *fig* Tal *n* der Tränen; **~douro** [-'doru] gültig; wertvoll
valência [vɐ'lẽsjɐ] *f* Wertigkeit *f*; LING Valenz *f*
valent|ão [vɐlẽ'tɐ̃w] *m*, **-ona** *f* Wichtigtuer(in *f*) *m*; **à -ona** gewaltsam; **~e** [-'lẽtə] tapfer; kräftig; tüchtig; **~ia** [-'tiɐ] *f* Tapferkeit *f*
valer [vɐ'ler] (2p) **1.** *v/t et* wert sein; *j-m et* einbringen; **~-se de** sich bedienen (*gen*); greifen zu; zurückgreifen auf (*ac*); **2.** *v/i* gelten; wert sein; **a ~** tüchtig; F toll; **~ em** taugen für; nützen bei; **trabalhar a ~** ernsthaft arbeiten; **fazer ~** geltend machen; herausstreichen; **fazer-se ~** sich durchsetzen; **tanto vale** das kommt auf dasselbe heraus; **ou coisa que o valha** oder etwas Ähnliches; **valha-me Deus!** Gott steh mir bei!; **mais vale** *inf* es ist besser zu
valeriana [vɐlə'rjɐnɐ] *f* Baldrian *m*
valeta [vɐ'letɐ] *f* Straßengraben *m*
valete [vɐ'letə] *m* *Karten*: Bube *m*

valetudinário [-di'narju] kränklich
valha ['vaʎɐ] → ***valer***
valhacouto [vɐʎɐ'kotu] *m* (Obdachlosen)Asyl *n*; Ausflucht *f*
valia [vɐ'liɐ] *f* Wert *m*; Verdienst *n*
valid|ade [vɐli'dadə] *f* Gültigkeit *f*; Rechtskraft *f*; **~ar** [-'dar] (1a) gültig (*od* rechtskräftig) machen; **~ez** [-'deʃ] → ***validade***; **~o** [-'lidu] **1.** *adj* Lieblings...; **2.** *m* Favorit *m*
válido ['validu] gültig; rechtskräftig; wirksam; ***não ~*** ungültig
vali|mento [vɐli'mẽtu] *m* Wert *m*; Geltung *f*; Ansehen *n*; Gunst *f*; **~oso** [-'ljozu] wertvoll; bedeutend
valor [vɐ'lor] *m* Wert *m*; Tauglichkeit *f*; Tapferkeit *f*; Verdienst *n*; *MÚS* (Noten)Dauer *f*; *ECON* Valuta *f*; Wertpapier *n*; ***~ nominal*** Nennwert *m*; ***~ real*** Realwert *m*; ***~ máximo admissível*** zulässige(r) Höchstwert *m*; ***de ~*** wertvoll; **~es** *pl* Wertsachen *f/pl*; Note *f* (*Examen*); ***12 ~es*** ausreichend (*Schulnote*)
valor|ização [vɐlurizɐ'sɐ̃w] *f* Bewertung *f*; Auswertung *f*; *ECON* Wertsteigerung *f*; **~izar** [-ri'zar] (1a) bewerten; aufwerten; *fig* auswerten; ***~-se*** im Wert steigen; **~oso** [-'rozu] tapfer; kräftig; wertvoll
vals|a ['vaɫsɐ] *f* Walzer *m*; **~ar** [vaɫ'sar] (1a) (Walzer) tanzen
valva ['vaɫvɐ] *f BOT* Fruchtklappe *f*; *ZO* (Muschel)Schale *f*
válvula ['vaɫvulɐ] *f ANAT* (Herz-)Klappe *f*; *TÉCN* Düse *f*; Ventil *n*; *EL* Röhre *f*; *bras* (Toiletten)Spülung *f*; ***~ de segurança*** Sicherheitsventil *n*; ***um 16 ~s*** *AUTO* ein 16-Ventiler *m*
vãmente [vɐ̃'mẽtə] → ***em vão***
vamos ['vɐmuʃ] → ***ir***
vampiro [vɐ̃'piru] *m* Vampir *m*
vandalismo [vɐ̃dɐ'liʒmu] *m* Vandalismus *m*
vândalo ['vɐ̃dɐlu] *m* Vandale *m*
vangl|ória [vɐ̃'glɔrjɐ] *f* Ruhmsucht *f*; Eitelkeit *f*; **~oriar** [-glu'rjar] (1g) schmeicheln (*dat*); ***~-se*** prahlen (***de*** mit); **~orioso** [-glu'rjozu] eitel
vanguard|a [vɐ̃'gwardɐ] *f* Avantgarde *f*; ***ir na ~*** an der Spitze liegen; **~ista** [-gwɐr'diʃtɐ] **1.** *adj* avantgardistisch; **2.** *su* Vorkämpfer(in *f*) *m*
vanidade [vɐni'dadə] *f* Vergänglichkeit *f*; Eitelkeit *f*
vanta|gem [vɐ̃'taʒɐ̃j] *f* Vorteil *m*; Vorsprung *m*; ***~ de localização*** *ECON* Standortvorteil *m*; ***~ tributária*** Steuervergünstigung *f*; ***tirar ~ de*** e-n Vorteil erzielen aus; **~joso** [-tɐ'ʒozu] vorteilhaft
vante ['vɐ̃tə] *f NAV* Vorderschiff *n*
vão(s) [vɐ̃w] **1.** → ***ir***; **2.** *adj* eitel (*Person*); *räuml* leer; hohl; *fig* grundlos; vergeblich; ***em ~*** vergebens, umsonst; **3.** *m(pl)* Hohlraum *m*; Fach *n*; Schacht *m*; Toreinfahrt *f*
vapor [vɐ'por] *m* Dampf *m*; Dunst *m*; *NAV* Dampfer *m*; ***a ~*** dampfgetrieben; *fig* schleunigst; ***a todo o ~*** mit Volldampf; ***cozer ao ~*** dämpfen; **~es** *pl* Schwaden *m(pl)*; *fig* Nebel *m*; **~ar** [-pu'rar] (1e) dampfen; **~ização** [-rizɐ'sɐ̃w] *f* Verdampfung *f*; Zerstäubung *f*; **~izador** [-rizɐ'dor] *m* Zerstäuber *m*; **~izar** [-ri'zar] (1a) **1.** *v/t* zum Verdampfen bringen; zerstäuben; **2.** *v/i* verdampfen; **~oso** [-'rozu] dampfend; dunstig; *fig* leicht; luftig
vaqu|eiro [vɐ'kɐjru] **1.** *adj* Rind(er)...; **2.** *m* Rinderhirt *m*; Cowboy *m*; **~eta** [-'ketɐ] *f* **a)** Rind(s)leder *n*; **b)** Schirmstock *m*
vara ['varɐ] *f* Rute *f*; Gerte *f*; (Ruder-*etc*)Stange *f*; Stock *m*; *JUR* Richteramt *n*; Bezirk *m*; *HIST* Elle *f* (*1,10 m*); ***à ~ larga*** *fig* locker
var|ado [vɐ'radu] angelandet; gestrandet; ***ficar ~*** *fig* verblüfft sein; **~adoiro, -ouro** [-rɐ'dojru, -'doru] *m NAV* Werft *f*; Bootshaus *n*; *fig* Treffpunkt *m*; **~al** [-'raɫ] *m* Deichselstange *f*; Schlittenkufe *f*; ***sair dos -ais*** *fig* aus dem Rahmen fallen
varand|a [vɐ'rɐ̃dɐ] *f* Balkon *m*; Veranda *f*; **~s** *pl TEA* Galerie *f*; **~im** [-'dĩ] *m kleiner* Balkon *m*; Vorbau *m*
varão [vɐ'rɐ̃w] *m* **a)** männliche(s) Wesen *n*; Mann *m*; (***filho*** *m*) ***~*** Stammhalter *m*; Sohn *m*; **b)** (Gardinen)Stange *f*; Baustahl *m*
varapau [vɐrɐ'paw] *m* (lange) Stange *f*; Knüppel *m*
varar [vɐ'rar] (1b) **1.** *v/t* verprügeln; (ver)jagen; durchbohren; *Schiff* aufs Trockene setzen; *fig* verblüffen; **2.** *v/i* stranden
varej|a [vɐ'reʒɐ] *f* Schmeißfliege *f*; ***pôr ~ em*** *j-m* übel nachreden; **~ar** [-rə'ʒar] (1d) *Oliven* abschlagen; ausklopfen; durchsuchen; *Stellung*

angreifen; peitschen (*Sturm*); *bras* (weg)werfen; **~eira** [-'ʒɐjrɐ] *f* Schmeißfliege *f*; **~ista** [vare'ʒista] *bras* **1.** *adj* Einzel(handels)...; **2.** *su* Einzelhändler(in *f*) *m*; **~o** [-'reʒu] *m* Abschlagen *n* (*der Oliven*); Kontrolle *f*; *bsd* Steuerprüfung *f*; *fig* Rüffel *m*; *bras* Einzelhandel *m*

vareta [vɐ'retɐ] *f* Stäbchen *n*; (Mess)Stab *m*; *MAT* Schenkel *m*

vargem ['varʒɐ̃j] *f* → ***várzea***

vari|abilidade [vɐrjɐbəli'dadə] *f* Veränderlichkeit *f*; Unbeständigkeit *f*; **~ação** [-rjɐ'sɐ̃w] *f* Veränderung *f*; Wechsel *m*; Variation *f*; **~ado** [-'rjadu] abwechslungsreich; bunt; unbeständig; **~ante** [-'rjɐ̃tə] *f* Variante *f*; Abweichung *f*; Abänderung *f*; *Text*: Lesart *f*; **~ar** [-'rjar] (1g) **1.** *v/t* (ab-, ver)ändern; wechseln; variieren; **2.** *v/i* wechseln; sich (ver)ändern; verschieden sein; abweichen; ***para ~*** zur Abwechslung; ***isso varia*** je nachdem; (das) kommt darauf an; **~ável** [-'rjavɛɫ] veränderlich; variabel; wankelmütig

varicela [vɐri'sɛlɐ] *f* Windpocken *f/pl*

varie|dade [vɐrjə'dadə] *f* Vielfalt *f*; Verschiedenartigkeit *f*; Wechsel *m*; (Obst)Sorte *f*; *LING* Varietät *f*; ***~ de*** Auswahl *f* an (*dat*); ***teatro*** *m* ***de ~s*** Varieté *n*; **~gado** [-'gadu] bunt; gesprenkelt; *fig* vielgestaltig; **~gar** [-'gar] (1o; *Stv* 1e) tönen; bunt färben; sprenkeln; → ***variar***

varina [vɐ'rinɐ] *f* Fischverkäuferin *f*

varinha [vɐ'riɲɐ] *f* Stäbchen *n*; ***~ de condão*** Zauberstab *m*; ***~ mágica*** **a**) Pürierstab *m*; **b**) Zauberstab *m*

vário ['varju] verschieden(artig); bunt; unbeständig; launisch; schwankend; ***~s*** *pl* mehrere; allerlei

varíola [vɐ'riwlɐ] *f MED* Pocken *f/pl*

variz [vɐ'riʃ] *f MED* Krampfader *f*

varon|ia [vɐru'niɐ] *f* Mannestum *n*; männliche Geschlechtslinie *f*; **~il** [-'niɫ] männlich; mannhaft

varr|edeira [vɐʀə'dɐjrɐ] *f NAV* Beisegel *n*; **~edoira**, **-oura** [-rə'dojrɐ, -'dorɐ] *f* Kehrmaschine *f*; ***rede*** *f* ***~*** Schleppnetz *n*; **~edor** [-ʀə'dor] *m* Straßenkehrer *m*; **~edura** [-ʀə'durɐ] *f* Kehren *n*; **~(s)** (*pl*) Kehricht *m*; **~er** [-'ʀer] (2b) zusammenkehren; *fig* wegfegen; *MIL* beschießen; **~ição** [-ʀi'sɐ̃w] *f bras* Kehren *n*; **~ido** [-'ʀidu] **1.** *adj fig* ausgemacht, Erz...; total; ***doido ~*** völlig verrückt; **2.** *m* Kehricht *m*

Varsóvia [vɐr'sɔvjɐ] Warschau *n*

várzea ['varzjɐ] *f* (Fluss)Niederung *f*; Flur *f*; Grund *m*

vasa ['vazɐ] *f* Schlick *m*, Schlamm *m*

vascas ['vaʃkɐʃ] *f/pl* Übelkeit *f*; ***~ da morte*** Todeskampf *m*

vasco ['vaʃku] **1.** *adj* baskisch; **2.** *m*, **-a** *f* Baske *m*, Baskin *f*

vascolejar [vɐʃkulə'ʒar] (1d) schütteln; umrühren; *fig* beunruhigen

vascular [vɐʃku'lar] *ANAT* Gefäß...

vasculh|ar [vɐʃku'ʎar] (1a) fegen; *fig* durchstöbern; durchkämmen; **~o** [-'kuʎu] *m* Reisigbesen *m*

vaselina [vɐzə'linɐ] *f* Vaseline *f*

vasilh|a [vɐ'ziʎɐ] *f* Gefäß *n*; Fass *n*; **~ame** [-'ʎɐmə] *m* Gefäße *n/pl*; Flaschen *f/pl*; Fässer *n/pl*; Leergut *n*

vaso ['vazu] *m* Gefäß *n* (*a ANAT*); (Blumen)Topf *m*; *NAV* Schiff *n*; ***~ catalítico*** *AUTO* Katalysator *m*; ***~ de guerra*** Kriegsschiff *n*; ***~ sanguíneo*** *ANAT* Blutgefäß *n*; ***~ sanitário*** Toilettenbecken *n*; **~dilatador** [-dilɐtɐ'dor] *MED* gefäßerweiternd

vassal|agem [vɐsɐ'laʒɐ̃j] *f HIST* Lehnspflicht *f*; *POL* Unterwerfung *f*; *fig* Hörigkeit *f*; **~o** [-'salu] *m HIST* Lehnsmann *m*; Vasall *m* (*a fig*)

vass|oira, **~oura** [vɐ'sojrɐ, -'sorɐ] *f* Besen *m*; ***~ metálica*** *MÚS* Stahlbesen *m*; ***pau*** *m* ***de ~*** *fig* Hopfenstange *f*; ***~ para folha*** Laubharke *f*; **~ourinha** [-so'riɲɐ] *f* Handfeger *m*

vast|idão [vɐʃti'dɐ̃w] *f räuml* Weite *f*; *fig* Bedeutung *f*; Umfang *m*; **~o** ['vaʃtu] *räuml* weit; *fig* bedeutend

vate ['vatə] *m* (Hell)Seher *m*

Vaticano [vɐti'kɐnu] *m* Vatikan *m*

vatic|inar [vɐtəsi'nar] (1a) prophezeien; **~ínio** [-'sinju] *m* Voraussage *f*

vátio ['vatju] *m* Watt *n*; **~(s)-hora(s)** [-'ɔrɐ] *f*(*pl*) Wattstunde *f*

vau [vaw] *m* Furt *f*; *günstige* Gelegenheit *f*; ***passar a ~*** durchwaten

vaza ['vazɐ] *f* *Kartenspiel*: Stich *m*; **~-barris** (*pl inv*) [-bɐ'ʀiʃ] *m* gefährliche Küste *f*; ***dar em ~*** *fig* scheitern; **~doiro** [vɐzɐ'dojru] *m* → ***vazadouro***

vaz|ador [vɐzɐ'dor] *m* Locheisen *n*; **~adouro** [-'doru] *m* Ausguss *m*; Kloake *f*; **~adura** [-zɐ'durɐ] *f* Entleerung *f*; Abwasser *n*; **~amento** [-zɐ'mẽtu] *m* (Metall)Guss *m*; **~ante** [-'zɐ̃tə] **1.** *adj*: ***maré*** *f* **~** = **2.** *f* Ebbe *f*; **~ão** [-'zɐ̃w] *m* Abfluss *m*; ECON Absatz *m*; ***dar ~ a*** abfließen, ausströmen lassen; *fig* freien Lauf lassen (*dat*); bewältigen; **~ar** [-'zar] (1b) **1.** *v/t* (ent)leeren; aus-, umgießen; aushöhlen; *Metall* gießen; **2.** *v/i* ausfließen; zurückgehen (*Flut*); **~io** [-'ziw] **1.** *adj* leer; unbewohnt; albern (*Gerede*); **2.** *m* Leere *f*; Lücke *f*; **~ *de segurança*** Sicherheitslücke *f*; ***marcha*** *f* ***em ~*** Leerlauf *m*; **~s** *pl* Weiche *f* (*e-s Tieres*)

v/c ***vossa carta*** *f* Ihr Schreiben *n*; ***vossa casa*** *f* Ihr Haus *n*; ***vossa conta*** *f* Ihre Rechnung *f*

vê [ve] **1.** → ***ver***; **2.** *m Name des Buchstabens* **v**; **~ *dobrado*** (*od* ***duplo***) *Name des Buchstabens* **w**

vea|ção [vjɐ'sɐ̃w] *f* Wildbret *n*; **~do** ['vjadu] *m*, **-a** *f* Hirsch(kuh *f*) *m*

vector [vɛ'tor] *m* Vektor *m*; **~ial** [-tu'rjał] Vektor...

ved|a ['vɛdɐ] *f* Schonzeit *f*; **~ação** [vədɐ'sɐ̃w] *f* Absperrung *f*; Zaun *m*; **~ado** [-'dadu] *m* eingezäunte(s) Gelände *n*; **~ar** [və'dar] (1c) **1.** *v/t* verbieten; (ab-, ver)sperren; einzäunen; *Blut* stauen; TÉCN abdichten; **2.** *v/i* versiegen; stocken

vedet|a, *bras* **-e** [və'detɐ, ve'dɛti] *f* Vorposten *m*; MIL Schnellboot *n*; TEA Star *m*; **~ismo** [-də'tiʒmu] *m* Starkult *m*

vedo ['vedu] *m bras* Einzäunung *f*

vedor [və'dor] *m* **a)** Inspektor *m*; **b)** Wünschelrutengänger *m*

veem|ência [vjə'mẽsjɐ] *f* Heftigkeit *f*; **~ente** [-'mẽtə] heftig; vehement

veget|ação [vəʒətɐ'sɐ̃w] *f* Vegetation *f*; MED Wucherung *f*; **~al** [-'tał] **1.** *adj* pflanzlich; ***papel*** *m* **~** Pergamentpapier *n*; ***seda*** *f* **~** Kunstseide *f*; **2.** *m* Pflanze *f*; **~ar** [-'tar] (1c) wachsen; wuchern; *fig* vegetieren; **~ariano** [-tɐ'rjɐnu] **1.** *adj* vegetarisch; **2.** *m* Vegetarier *m*; **~ativo** [-tɐ'tivu] vegetativ; pflanzlich

veia ['vɐjɐ] *f* Ader *f* (*a Erz, Wasser*); ANAT Vene *f*; *fig* Anlage *f*, Talent *n*

veicular [vejku'lar] **1.** *adj* Fahrzeug...; Verkehrs...; **2.** *v/t* (1a) befördern; *Geld etc.* in Umlauf bringen

veículo [ve'ikulu] *m* Fahrzeug *n*; *fig* (Über)Träger *m*; **~ *todo-o-terreno*** Geländewagen *m*; ***ser ~ de*** übertragen (*ac*)

veiga ['vɐjgɐ] *f* Flur *f*, Gefilde *n*

veio ['vɐju] **1.** → ***vir***; **2.** *m* (Erz)Gang *m*; (Gesteins)Ader *f*; TÉCN Welle *f*; *fig* Kern *m*; **~ *de água*** Rinnsal *n*; **~ *de excêntrico*** TÉCN Exzenter *m*; **~s** *pl* (Holz)Maserung *f*

veja ['vɛʒɐ], **vejo** ['vɛʒu] → ***ver***

vela ['vɛlɐ] *f* **a)** Wachen *n*; (Nacht-)Wache *f*; Kerze *f*; **~ *de ignição*** AUTO Zündkerze *f*; ***à ~*** entblößt, (fast) nackt; ***estar de ~*** Wache haben; ***ter ~*** Protektion genießen; **b)** Segel *n*; *fig* Schiff *n*; ***andar à ~*** segeln; ***ir-se à ~*** P verschwinden; *fig* den Bach runtergehen

vel|acho [və'laʃu] *m* NAV Vorsegel *n*; *bras* Spitzname *m*; **~ador** [-lɐ'dor] **1.** *adj* wachsam; **2.** *m* **a)** Wächter *m*; **b)** (Kerzen)Leuchter *m*; **~ame** [-'lɐmə] *m* Segelwerk *n*; *fig* Hülle *f*; **~ar** [-'lar] (1c) **1.** *v/t* **a)** bewachen; behüten; achten auf (*ac*); durchwachen; **b)** verschleiern; verdunkeln; übermalen; **2.** *v/i* wachen (***por*** über *ac*); brennen (*Licht*)

veleidade [vəlɐj'dadə] *f* Anwandlung *f*; Laune *f*; Gelüst *n*

vel|eiro [və'lɐjru] **1.** *adj* Segel...; hurtig; **2.** *m* Segelmacher *m*; Segelboot *n*; **~ejar** [-lə'ʒar] (1d) segeln

veleta [və'letɐ] *f* → ***cata-vento***

velha ['vɛʎɐ] *f* alte Frau *f*, F Alte *f*

velhac|aria [vəʎɐkɐ'riɐ] *f* Niedertracht *f*; Gerissenheit *f*; **~o** [-'ʎaku] **1.** *adj* durchtrieben; niederträchtig; tückisch; **2.** *m* Halunke *m*

velh|ice [və'ʎisə] *f* Alter *n*; **~inho** [vɛ'ʎiɲu] **1.** *adj* ältlich; **2.** *m*, **-a** *f* alte(s) Männlein *n*, alte(s) Mütterchen *n*; **~o** ['vɛʎu] **1.** *adj* alt; ***chegar a ~*** alt werden; **2.** *m* Alte(r) *m*; **~ote** [vɛ'ʎɔtə] *m*, **-a** *f* F Alte(r) *su*

velo ['vɛlu] *m* (Schaf)Fell *n*; Wolle *f*

veloc|idade [vəlusi'dadə] *f* Geschwindigkeit *f*; ***alavanca*** *f* ***de ~s*** Ganghebel *f*; ***caixa*** *f* ***de ~s*** Gangschaltung *f*; **~ *da luz*** Lichtgeschwindigkeit *f*; **~ *directriz*** Richtgeschwindigkeit *f*; ***primeira ~*** erste(r) Gang *m*; ***a ~ máxima*** mit Höchstgeschwindigkeit; ***a toda a ~*** mit Vollgas; ***meter a ~*** den Gang einlegen; **~ímetro** [-'simətru] *m* Geschwin-

digkeitsmesser *m*; **~ista** [velo'sista] *su bras* Sprinter(in *f*) *m*
velódromo [və'lɔdrumu] *m* Radrennbahn *f*
velório [və'lɔrju] *m* Totenwache *f*
veloso [və'lozu] haarig; wollig
veloz [və'lɔʃ] schnell, rasch; flink
velud|ilho [vəlu'diʎu] *m* Halbsamt *m*; **~o** [-'ludu] *m* Samt *m*
vem [vẽj] → ***vir***
venado [və'nadu] geädert, gemasert
venal [və'nał] käuflich; **~idade** [-nɐli'dadə] *f* Bestechlichkeit *f*; **~izar** [-li'zar] (1a) bestechen
venatório [vənɐ'tɔrju] Jagd...
venc|edor [vẽsə'dor] **1.** *adj* siegreich; **2.** *m*, **-a** *f* Sieger(in *f*) *m*; **~er** [-'ser] (2g; *Stv* 2a) **1.** *v/t* besiegen; gewinnen; meistern; überwinden; übertreffen; *Gehalt* beziehen; **2.** *v/i* siegen; fällig werden; ***~-se*** sich beherrschen; ablaufen; verfallen; fällig werden; ***~ aos pontos*** nach Punkten siegen; ***~ por uma bola*** um e-n Punkt gewinnen; **~ida** [-'sidɐ] *f*: ***ir de ~*** besiegt werden; ***levar de ~*** besiegen; **~ido** [-'sidu] besiegt; ECON fällig; ***dar-se por ~*** sich geschlagen geben; **~ilho** [-'siʎu] *m* Strohseil *n*; **~imento** [-si'mẽtu] *m* Sieg *m*; ECON Fälligkeit *f*; Ablauf *m* (*e-r Frist*); **~s** *pl* Bezüge *m/pl*; ***folha f de ~s*** Lohnabrechnung *f*; ***dar ~ a*** meistern; beenden
venda ['vẽdɐ] *f* **a**) Verkauf *m*; Laden *m*; Ausschank *m*; ECON Vertrieb *m*; ***~ antecipada*** Vorverkauf *m*; ***~ de porta em porta*** Haustürgeschäft *n*; ***~ por correspondência*** Versandhandel *m*; ***de fácil ~*** ECON gängig; **~s** *pl* ECON Umsatz *m*; ***à ~ em*** erhältlich bei; ***pôr à ~*** auf den Markt bringen; **b**) (Augen)Binde *f*; **~ar** [vẽ'dar] (1a) verbinden; *fig* blenden
vendaval [vẽdɐ'vał] *m* Sturm *m*
vend|ável [vẽ'davɛł] (gut) verkäuflich; **~edor** [-də'dor] **1.** *adj* Verkaufs...; **2.** *m*, **-ora** (*od* **-eira**) *f* Verkäufer(in *f*) *m*; **~edouro**, **-oiro** [-də'doru, -'dojru] *m* Verkaufsstelle *f*; **~eiro** [-'dɐjru] *m* Schankwirt *m*; **~er** [-'der] (2a) verkaufen; *fig* verraten; ***~ saúde*** *fig* vor Gesundheit strotzen; **~ido** [-'didu] (aus)verkauft; ***estar ~*** *fig* verraten und verkauft sein; ***ficar ~*** sprachlos sein; **~ilhão** [-di'ʎɐ̃w] *m* (Straßen)Händler *m*; *fig* Schacherer *m*; **~ível** [-'divɛł] → ***vendável***
ven|efício [vənə'fisju] *m* Giftmischerei *f*; **~eno** [-'nenu] *m* Gift *n*; *fig* boshafte(r) Mensch *m*; **~enoso** [-nə'nozu] giftig
vener|ação [vənərɐ'sɐ̃w] *f* Verehrung *f*; **~ador** [-rɐ'dor] *m* Verehrer *m*; **~ando** [-'rɐ̃du] verehrungs-, ehrwürdig; **~ar** [-'rar] (1c) (ver)ehren; **~ável** [-'ravɛł] ehrwürdig
venéreo [və'nɛrju] Geschlechts...
veneta [və'netɐ] *f* Einfall *m*, Laune *f*; MED Wahnsinnsanfall *m*
Veneza [və'nezɐ] Venedig *n*
veneziana [vənə'zjɐnɐ] *f* Jalousie *f*
Venezuela [vənə'zwɛlɐ]: ***a ~*** Venezuela *n*
venezuelano [vənəzwə'lɐnu] **1.** *adj* venezolanisch; **2.** *m*, **-a** *f* Venezolaner(in *f*) *m*
venho ['vɐɲu] → ***vir***
vénia (*ê) ['vɛnjɐ] *f* Erlaubnis *f*; Höflichkeit *f*; *bsd* (Kopf)Nicken *n* (*als Gruß*); Verbeugung *f*
venial [və'njał] verzeihlich
venta ['vẽtɐ] *f* Nasenloch *n*; Nüster *f*; **~s** *pl* Nase *f*; Schnauze *f*; ***de ~ inchada*** P stinksauer; ***nas ~s de*** P *j-m* ins Gesicht (*schreien*)
vent|ania [vẽtɐ'niɐ] *f* *andauernder* Wind *m*; **~ar** [-'tar] (1a) windig sein; wehen; *fig* sich zeigen; **~arola** [-tɐ'rɔlɐ] *f* Wedel *m*; Fächer *m*
ventil|ação [vẽtilɐ'sɐ̃w] *f* Lüftung *f*; **~ador** [-lɐ'dor] *m* Ventilator *m*; ***~ de ar quente*** Heizlüfter *m*; **~ar** [-'lar] (1a) (aus)lüften; *fig* erörtern
vento ['vẽtu] *m* Wind *m*; MONT Witterung *f*; ***cabeça f de ~*** *fig* Hitzkopf *m*; ***pé m de ~*** Wirbelsturm *m*; ***~ em popa*** Rückenwind *m* (*a fig*); ***aos quatro ~s*** in alle Winde; ***andar com todos os ~s*** sein Mäntelchen nach dem Winde hängen; ***estar*** (*od* ***fazer***) ***~*** windig sein; ***furtar o ~*** den Wind aus den Segeln nehmen; ***o ~ está de feição*** der Wind steht günstig; **~inha** [vẽtu'iɲɐ] *f* Windrad *n*; Wetterfahne *f*; Ventilator *m*
ventos|a [vẽ'tɔzɐ] *f* Saugnapf *m* (*a* ZO); MED Schröpfkopf *m*; **~idade** [-tuzi'dadə] *f* Blähung *f*; **~o** [-'tozu] windig; blähend (*Speise*); *fig* eitel
ventral [vẽ'trał] Bauch...

V

ventr|e ['vẽtrə] *m* ANAT Bauch *m*; Schoß *m*; *fig* Innere(s) *n*; ***prisão f de ~*** MED Verstopfung *f*; ***dar de ~*** Stuhlgang haben; **~ículo** [-'trikulu] *m* ANAT Herzkammer *f*; **~iloquista**, *bras* **~íloquo** [-trilu'kiʃtɐ, -'trilo-kwu] *m* Bauchredner *m*; **~udo** [-'trudu] dickbäuchig

ventur|a [vẽ'turɐ] *f* Glück *n*; Schicksal *n*; Wagnis *n*; ***à ~*** aufs Geratewohl; ***por ~*** vielleicht, etwa; **~oso** [-'rozu] glücklich

ver [ver] **1.** *v/t* (2m) sehen; ansehen; ersehen (***de*** aus); ***~ se*** (zu)sehen, dass; ***fazer ~*** zeigen; klarmachen; → ***deixar ~*** erkennen lassen; ***ir ~*** nachsehen; *j-n* besuchen; ***vir ~*** *j-n* besuchen kommen; ***ter que ~*** zu tun haben (***com*** mit); ***ser de ~*** sehenswert sein; ***até ~*** bis auf weiteres; ***maneira f de ~*** Standpunkt *m*; ***vamos a ~*** mal sehen; → ***a ~, vamos!*** wir werden ja sehen!; → ***veremos!*** abwarten!; ***veja lá!*** sieh (*od* sehen Sie) mal an!; ***já se vê!*** versteht sich!; selbstverständlich; ***estou a ~*** ich verstehe; ***não ~ um boi*** F nichts kapieren; **2.** ***~-se*** sich treffen; sich fühlen; ***~-se doido*** nicht wissen, wo e-m der Kopf steht; ***~-se em*** sitzen (*od* stecken) in (*dat*); **3.** *m*: ***a meu ~*** meines Erachtens

veracidade [vərɐsi'dadə] *f* Wahrhaftigkeit *f*; Glaubwürdigkeit *f*

veran|eante [vərɐ'njẽtə] *su* Sommerurlauber(in *f*) *m*; **~ear** [-'njar] (1l) den Sommer verbringen; **~eio** [-'nɐju] *m* Sommerfrische *f*; **~ico** [-'niku] *m* Altweibersommer *m*; **~ista** [-'niʃtɐ] *su* → ***veraneante***

Verão [və'rɐ̃w] *m* Sommer *m*; ***~ de São Martinho*** → ***veranico***

veraz [və'raʃ] wahr(heitsliebend)

verba ['vɛrbɐ] *f* (Vertrags)Punkt *m*, Klausel *f*; Sparte *f*; (Geld)Betrag *m*; ***~s*** *pl* Haushaltsmittel *n/pl*

verbal [vər'bał] mündlich; GRAM verbal; **~izar** [-bɐli'zar] (1a) in Worte fassen

verbena [vər'benɐ] *f* **a**) BOT Eisenkraut *n*; **b**) Volksfest *n*

verberar [vərbə'rar] (1c) geißeln

verbete [vər'betə] *m* Aufzeichnung *f*; Notizblatt *n*; Karteikarte *f*; Wörterbucheintrag *m*, Stichwort *n*

verbo ['vɛrbu] *m* Wort *n*; GRAM Verb *n*; ***~ de encher*** Füllwort *n*

verbo|rreia [vərbu'ʀɐjɐ] *f* Redseligkeit *f*; Wortschwall *m*; **~sidade** [-zi'dadə] *f* Geschwätz *n*; **~so** [-'bozu] wortreich; redselig

verdad|e [vər'dadə] *f* Wahrheit *f* (***nua*** nackte, ***pura*** reine); ***em ~, na ~*** wahrhaftig; ***a dizer*** (*bras* ***falar***) ***~*** eigentlich; → ***para dizer*** (*bras* ***falar***) ***a ~*** offen gestanden; ***ser ~*** stimmen; (***não é***) ***~?*** nicht wahr?; **~eiro** [-dɐ'dɐjru] wahr(haftig); echt

verdasc|a [vər'daʃkɐ] *f* Reitgerte *f*; Rute *f*; **~o** [-'daʃku] sauer (*Wein*)

verde ['verdə] **1.** *adj* grün; unreif; frisch; jung; zart; ***anos m/pl ~s*** junge(n) Jahre *n/pl*; ***idade f ~*** zarte(s) Alter *n*; ***moço m ~*** Grünschnabel *m*; **2.** *m* Grün(futter) *n*; ***~s pl*** POL *die* Grünen *m/pl*; **~al** [vər'djał] grünlich; **~-claro** [-'klaru] hellgrün; **~-escuro** [-iʃ'kuru] dunkelgrün; **~-gaio** [-'gaju] blassgrün; **~jar** [vərdə'ʒar] (1d) ins Grüne spielen; BOT grünen; **~lhão** [vərdə'ʎɐ̃w] *m* Grünling *m*; **~-mar** [-'mar] meergrün; **~-montanha** [-mõ'tɐɲɐ] blaugrün; **~te** [vər'detə] *m* Grünspan *m*

verd|oengo [vər'dwẽgu] grünlich; unreif; **~or** [-'dor] *m* Grün *n*; *fig* Jugendkraft *f*

verdugo [vər'dugu] *m* Henker *m*

verdur|a [vər'durɐ] *f* Grün *n*; BOT Pflanze *f*; CUL Gemüse *n*; *fig* Unreife *f*; ***~s pl da mocidade*** Jugendsünden *f/pl*; **~eiro** [verdu'rejru] *m bras* Gemüsehändler *m*

vere|ação [vərjɐ'sɐ̃w] *f* (Tätigkeit *f* von) Stadt-, Gemeinderat *m*; **~ador** [-rjɐ'dor] *m* Stadtrat *m*, -verordnete(r) *m*; Kämmerer *m*; **~ança** [-'rjẽsa] *f bras* → ***vereação***

vereda [və'rɛdɐ] *f* Fußpfad *m*

veredicto [vərə'di(k)tu] *m* (Urteils-)Spruch *m*

verga ['vergɐ] *f* Gerte *f*; (Eisen-)Stange *f*; (Tür)Sturz *m*; ***cadeira f de ~*** Rohrstuhl *m*

verg|alhão [vərgɐ'ʎɐ̃w] *m* Vierkanteisen *n*; **~alho** [-'gaʎu] *m* HIST Ochsenziemer *m*; P Halunke *m*; **~ão** [-'gɐ̃w] *m* Strieme *f*; ARQUIT Moniereisen *n*; **~ar** [-'gar] (1o; *Stv* 1c) **1.** *v/t* biegen; *fig* beugen; **2.** *v/i* sich biegen; *fig* sich beugen; **~asta**

[-'gaʃtɐ] *f* Peitsche *f*; **~astada** [-gɐʃ'tadɐ] *f* Peitschenhieb *m*; **~astar** [-gɐʃ'tar] (1b) peitschen

vergonh|a [vər'goɲɐ] *f* Schande *f*; Scham(gefühl *n*) *f*; ***pouca* ~** Schamlosigkeit *f*; **~s** *pl* Schamteile *n/pl*; ***ter* ~** sich schämen; **~oso** [-gu'ɲozu] schamhaft; schändlich

vergôntea [-'gõtjɐ] *f* Sprössling *m*

verídico [və'ridiku] wahr

verific|ação [vərəfikɐ'sɐ̃w] *f* Feststellung *f* (*der Richtigkeit*); Nachprüfung *f*; Erfüllung *f* (*e-r Voraussage*); **~ *de valor limite*** Grenzwertbestimmung *f*; **~ador** [-kɐ'dor] *m* Zollprüfer *m*; **~ *de ortografia*** INFORM Rechtschreibprogramm *n*; **~ar** [-'kar] (1n) *Richtigkeit* feststellen; herausfinden; **~-se** sich herausstellen (als); sich erfüllen; stattfinden; **~ável** [-'kavɛɫ] feststellbar

veris... → ***veros...***

verme ['vɛrmə] *m* Wurm *m*

vermelh|ão [vərmə'ʎɐ̃w] *m* Zinnoberrot *n*; Mennige *f*; Rouge *n*; **~ar, ~ejar** [-'ʎar, -ʎə'ʒar] (1d) sich röten; rot schimmern; **~idão** [-ʎi'dɐ̃w] *f* (Scham)Röte *f*; **~o** [-'mɛʎu] **1.** *adj* rot; **2.** *m* Rot *n*; Röte *f*; POL Rote(r) *m*; **~usco** [-'ʎuʃku] rötlich

verm|icida [vərmə'sidɐ] *m* Wurmmittel *n*; **~icular** [-miku'lar] wurmförmig, -artig; **~ículo** [-'mikulu] *m* Würmchen *n*; **~ífugo** [-'mifugu] *m* → ***vermicida***

vermute [vər'mutə] *m* Wermut *m*

vern|aculidade [vərnɐkuli'dadə] *f* Echtheit *f*; Sprachreinheit *f*; **~aculista** [-nɐku'liʃtɐ] *su* (Sprach-) Purist(in *f*) *m*; **~áculo** [-'nakulu] **1.** *adj* landestypisch; rein (*Sprache*); **2.** *m* Volkssprache *f*

verniz [vər'niʃ] *m* (*bsd* Klar)Lack *m*; Firnis *m*; *Kosmetik*: Nagellack *m*

vero ['vɛru] wahr, echt

veros|ímil [vəru'zimiɫ] wahrscheinlich; glaubwürdig; **~imilhança** [-zəmi'ʎɐ̃sɐ] *f* Wahrscheinlichkeit *f*

verossímil [vero'simiw] *bras* → ***verosímil***

verrug|a [və'ʀugɐ] *f* Warze *f*; **~oso, ~uento** [-'gozu, -'gẽtu] warzig

verrum|a [və'ʀumɐ] *f* (Nagel)Bohrer *m*; **~ar** [-'mar] (1a) an-, durchbohren; *fig* grübeln über (*ac*)

vers|ado [vər'sadu] versiert (***em*** in *dat*); **~al** [-'saɫ] **1.** *adj*: ***letra f* ~** = **2.** *f* Großbuchstabe *m*; **~alete** [-sɐ'letə] *m* TIP Kapitälchen *n*; **~ão** [-'sɐ̃w] *f* Version *f*; Übersetzung *f*; **~ar** [-'sar] (1c) **1.** *v/t* handhaben; wälzen; *Fach* studieren; *Thema* behandeln; **2.** *v/i*: **~ *sobre*** sich drehen um; handeln von; sprechen über (*ac*); **~átil** [-'satiɫ] wetterwendisch; vielseitig (anwendbar); **~atilidade** [-sɐtəli'dadə] *f* Wankelmut *m*; Versiertheit *f*; **~ *de uso*** große Anwendungsbreite *f*; **~ejador** [-səʒɐ'dor] *m* *depr* Dichterling *m*; **~ículo** [-'sikulu] *m* (Bibel)Vers *m*; Absatz *m*

verso ['vɛrsu] *m* **a)** LIT Vers *m*; ***em* ~** in Versform; **b)** Rückseite *f*

vértebra ['vɛrtəbrɐ] *f* Wirbel *m*

vertebr|ado [vərtə'bradu] *m* ZO Wirbeltier *n*; **~al** [-'braɫ] Wirbel...; ***coluna f* ~** Wirbelsäule *f*

vert|edoiro, -ouro [vərtə'dojru, -'doru] *m* NAV Schöpfkelle *f*; (Müll-) Grube *f*; Müllhalde *f*; **~edura** [-tə'durɐ] *f* Ab-, Überlauf *m*; **~ente** [-'tẽtə] **1.** *adj* abschüssig; JUR anhängig; offen; **2.** *f* Abhang *m*; Dachfläche *f*; *fig* Seite *f* (*e-s Problems*); **~er** [-'ter] (2c) **1.** *v/t* gießen; eingießen (***em*** in *ac*); ausgießen; verschütten; vergießen; ablassen; ausleeren; umwerfen; übersetzen (***para*** in *ac*); **2.** *v/i* sich ergießen; überlaufen

vertical [vərti'kaɫ] senkrecht; **~izar** [-kɐli'zar] (1a) aufrechterhalten

vértice ['vɛrtisə] *m* Scheitel(punkt) *m*

vertig|em [vər'tiʒɐ̃j] *f* Schwindel *m*; *fig* Taumel *m*; Rausch *m*; **~inoso** [-təʒi'nozu] Schwindel erregend

verve ['vɛrvə] *f* Schwung *m*

vesg|o ['veʒgu] schielend; ***ser* ~** = **~uear** [vəʒ'gjar] (1l) schielen

vesica|nte, ~tório [vəzi'kẽtə, -kɐ'tɔrju] Blasen ziehend

vesícula [və'zikulɐ] *f* Bläschen *n*; ZO Schwimmblase *f*; **~ (*biliar*)** ANAT Gallenblase *f*

vesp|a ['veʃpɐ] *f* ZO Wespe *f*; *fig* Kratzbürste *f*; *bras* Motorroller *m*; **~ão** [vəʃ'pɐ̃w] *m* ZO Hornisse *f*; **~eiro** [-'pɐjru] *m* Wespennest *n*

véspera ['vɛʃpərɐ] *f* Vorabend *m*; **~ *de Natal*** Heiligabend *m*; ***em* ~s *de*** am Vorabend (*gen*); ***estar em* ~s *de*** davor stehen zu

vesper|al [vespe'raw] **1.** *m* *bras*

V

Nachmittagsvorstellung *f*; **2.** *adj* = **~tino** [vəʃpər'tinu] **1.** *adj* Nachmittags...; **2.** *m* Abendblatt *n*
veste ['vɛʃtə] *f* Kleid *n*; (Priester-)Gewand *n*
Vestefália [vəʃtə'faljɐ]: ***a*** ~ Westfalen *n*
véstia ['vɛʃtjɐ] *f* Joppe *f*; (Regen-)Jacke *f*
vestiári|a [vəʃ'tjarjɐ] *f* Kleiderkammer *f*; **~o** [-'tjarju] *m* Umkleidekabine *f*; TEA Garderobe *f*
vestibular [vəstibu'lar] *m bras* UNIV Aufnahmeprüfung *f*
vestíbulo [vəʃ'tibulu] *m* Vorhalle *f*; Diele *f*; Foyer *n*; ANAT Vorhof *m*
vestid|o [vəʃ'tidu] *m* Kleid *n*; **~ura** [-'durɐ] *f* Kleidung *f*; Gewand *n*
vestígio [vəʃ'tiʒju] *m* Spur *f*
vest|imenta [vəʃti'mẽtɐ] *f* Kleidung *f*; **~s** *pl* Messgewand *n*; **~ir** [-'tir] (3c) **1.** *v/t* (be)kleiden; bedecken; *Kleidung* tragen; **2.** *v/i u* **~-se** sich kleiden; sich anziehen; **~uário** [-'twarju] *m* Kleidung *f*; Anzug *m*
vetar [və'tar] (1c) stimmen gegen; verbieten; Veto einlegen
veterano [vətə'rɐnu] **1.** *adj* altgedient; **2.** *m* Veteran *m*
veterinári|a [vətəri'narjɐ] *f* Tierheilkunde *f*; **~o** [-'narju] **1.** *adj* Tierheil...; **2.** *m* Tierarzt *m*
veto ['vɛtu] *m* Einspruch *m*, Veto *n*
vetust|ade, **~ez** [vətuʃ'tadə, -'teʃ] *f* hohe(s) Alter *n*; **~o** [-'tuʃtu] uralt
véu [vɛw] *m* Schleier *m*
V.Ex.ª, **V.Exa(s).** ***Vossa(s) Excelência(s)*** *f(pl)* Eure Exzellenz(en) *f(pl)*; *Anrede*: Sie
vex|ação [vɛʃɐ'sɐ̃w] *f* Belästigung *f*, Quälerei *f*; = **~ame** [-'ʃɐmə] *m* Plage *f*; Verdruss *m*; **~ante** [-'ʃɐ̃tə] quälend; schändlich; **~ar** [-'ʃar] (1a) belästigen; quälen; **~ativo**, **~atório** [-ʃɐ'tivu, -ʃɐ'tɔrju] → **~ante**
vez [veʃ] *f* Mal *n*; ***uma*** ~ einmal; ***duas*** **~es** zweimal; ***uma ~ por outra*** hin und wieder; ***às ~es, por ~es*** manchmal; ***cada*** ~ jedes Mal; jeweils; ***cada ~ mais*** immer mehr; ***três ~es mais (maior)*** dreimal so viel (so groß); ***desta*** ~ diesmal; ***de*** ~ auf einmal; endgültig; → ***de uma ~ para sempre*** (*od* ***por todas***) ein für alle Mal; ***de ~ em quando*** bisweilen; dann und wann; ***em ~ de*** anstatt (*gen*); ***outra*** ~ ein andermal; noch einmal; ***da outra*** ~ das letzte Mal, neulich; ***a maior parte*** (*od* ***as mais***) ***das ~es*** meistens; ***muita(s) ~(es)*** oft; ***raras ~es*** selten; ***pela primeira (última)*** ~ zum ersten (letzten) Mal; ***por sua*** ~ seinerseits; ***uma ~ que*** da (nun einmal), weil; ***é*** (*od* ***chegou***) ***a minha*** ~ ich bin an der Reihe; ***dar a ~ a*** *j-n* vorlassen; ***fazer as ~es de*** *j-n* vertreten; ***perder a*** ~ die Gelegenheit verpassen; ***ter*** ~ drankommen
vezeiro [və'zɐjru] Gewohnheits...; ***useiro e ~ em*** gewöhnt an (*ac*)
vezo ['vezu] *m* Angewohnheit *f*; Hang *m*, Neigung *f*
vi [vi] → ***ver***
via ['viɐ] *f* Weg *m*; Straße *f*; AUTO Spurweite *f*; CAM. DE F Gleis *n*; *fig* Mittel *n*; Ausfertigung *f*; ***~ circular*** Umgehungsstraße *f*; ***~ competente*** Dienstweg *m*; ***~ de acesso*** Zufahrtsstraße *f*; ***♀ Láctea*** ASTR Milchstraße *f*; ***primeira*** ~ ECON Primawechsel *m*; ***~ permanente*** Bahnkörper *m*; ***~ rápida*** Schnellstraße *f*; ***(por) ~ aérea (marítima, terrestre)*** (auf dem) Luft- (See-, Land-)weg *m*; ***~ pedonal*** Gehweg *m*; ***~ satélite*** über Satellit; **~s** *pl* ***respiratórias*** ANAT Atemwege *m/pl*; ***de ~ única*** einspurig; ***em ~(s) de*** auf dem Weg zu; ***por ~ de*** mittels (*gen*); ***pôr em*** ~ in Gang bringen
viabil|idade [vjɐbəli'dadə] *f* Befahrbarkeit *f*; ECON Marktfähigkeit *f*; *fig* Realisierbarkeit *f*; Aussichten *f/pl*; Lebensfähigkeit *f*; **~izar** [-li'zar] (1a) ermöglichen; in die Wege leiten
via|ção [vjɐ'sɐ̃w] *f* Straßen(fern)-verkehr *m*; Straßennetz *n*; Verkehrsmittel *n/pl*; ***acidente*** *m* ***de*** ~ Verkehrsunfall *m*; ***empresa*** *f* ***de*** ~ Reiseunternehmen *n*; **~duto** [-'dutu] *m* Viadukt *m*
viagem ['vjaʒɐ̃j] *f* Reise *f*; Fahrt *f*; (Güter)Transport *m*; ***~ com tudo incluído*** Pauschalreise *f*; ***~ de ida e volta*** Hin- und Rückreise *f*; ***~ de núpcias*** Hochzeitsreise *f*; ***em*** ~ unterwegs; ***estar de*** ~ verreisen wollen; ***estar em*** ~ verreist sein
viaj|ado [vjɐ'ʒadu]: ***muito*** ~ weitgereist; **~ante** [-'ʒɐ̃tə] *su* Reisende(r) *su*; **~ar** [-'ʒar] (1b) **1.** *v/t* bereisen;

V

2. *v/i* reisen (***para*** nach)
Viana do Castelo ['vjɐnɐ du kɐʃ'tɛlu] *port Distrikt(hauptstadt)*
vianda ['vjẽdɐ] *f* Fleisch(gericht) *n*
viandante [vjẽ'dẽtə] *su* Reisende(r) *su*; Wanderer *m*, Wanderin *f*
viário ['vjarju] Straßen...; Wege...
viático ['vjatiku] *m* Reisegeld *n*; Wegzehrung *f*; *REL* Viatikum *n*
viatura [vjɐ'turɐ] *f* Fahrzeug *n*; **~ *de serviço*** Dienstwagen *m*; **~ *de incêndios*** Feuerwehrfahrzeug *n*
viável ['vjavɛɫ] gangbar; (be)fahrbar; *ECON* marktfähig
víbora ['viburɐ] *f ZO* Viper *f*
vibordo [vi'bɔrdu] *m* Reling *f*
vibr|ação [vibrɐ'sɐ̃w] *f* Vibration *f*; Beben *n*; Erschütterung *f*; *TÉCN* Rütteln *n*; *fig* Erregung *f*; **~ador** [-brɐ'dor] *m TÉCN* Vibrator *m*; *bras* F Fan *m*; **~ *para massagens*** Massagegerät *n*; **~ante** [-'brẽtə] vibrierend; *fig* schwungvoll; mitreißend; **~ar** [-'brar] (1a) **1.** *v/t* schwingen; schleudern; *Saiten* anschlagen; *Erde* erschüttern; ***fazer*** **~** *fig* mitreißen; **2.** *v/i* schwingen; tönen; hallen; *fig* sich begeistern (***por*** für); **~átil** [-'bratiɫ] erregbar; **~atório** [-brɐ'tɔrju] schwingend
viçar [vi'sar] (1p) → ***vicejar***
vicariato [vikɐ'rjatu] *m* Vikariat *n*
vice... [visə] *in Zssgn* Vize...
vicejar [visə'ʒar] (1d) **1.** *v/t* hervortreiben; bewirken; **2.** *v/i* wuchern; sich herausputzen
vice|-reitor(es) [visəʀɐj'tor] *m(pl)* Prorektor *m*; **~-versa** [-'vɛrsɐ] (und) umgekehrt
vici|ação [visjɐ'sɐ̃w] *f* (Ver)Fälschung *f*; Süchtigwerden *n*; **~ado** [-'sjadu] *adj* angesteckt; fehlerhaft; (drogen)süchtig (***em*** von); **~ar** [-'sjar] (1g) verderben; fälschen; zinken; **~-se** verderben; süchtig werden (***em*** nach); verdorben werden (***com***, ***por*** durch)
vício ['visju] *m* Laster *n*; Fehler *m*; Sucht *f*; ***por*** **~** ohne besonderen Grund; ***ter*** **~** wuchern
vicioso [vi'sjozu] lasterhaft; ***círculo*** *m* **~** Teufelskreis *m*
vicissitude [visəsi'tudə] *f* Wechsel *m*; Zufall *m*; *fig* Missgeschick *n*; **~s** *pl* Schicksalsschläge *m/pl*
viç|o ['visu] *m* (strotzende) Kraft *f*; Saft *m*; Üppigkeit *f*; *fig* Feuer *n*; Übermut *m*; ***sem*** **~** kraftlos; **~oso** [vi'sozu] kräftig; strotzend; üppig; feurig; ausgelassen
vid|a ['vidɐ] *f* Leben *n*; Lebhaftigkeit *f*; Lebensunterhalt *m*; **~ *a dois*** Leben *n* zu zweit; **~ *alheia*** anderer Leute Angelegenheiten; **~ *em comum*** Lebensgemeinschaft *f*; **~ *em comunidade*** Wohngemeinschaft *f*; ***mulher*** *f* ***da*** **~** Prostituierte *f*; **~ *profissional*** Berufsleben *n*; **~ *útil*** *TÉCN* Lebensdauer *f*; ***à boa*** **~** müßig; ***com*** **~**, ***em*** **~** lebendig; ***em*** **~** bei Lebzeiten; ***andar na*** **~** P auf den Strich gehen; ***dar*** **~** ***a*** beleben; ***dar a*** **~** sein Leben hingeben (***por*** für); ***fazer*** **~** ***com*** zusammenleben mit; ***fazer*** **~** ***de*** leben wie; ***ganhar a*** **~** s-n Lebensunterhalt verdienen; ***tratar da sua*** **~** sich um s-e Angelegenheiten kümmern; ***viver*** **~** ***folgada*** es sich gut gehen lassen; ***ter*** **~** leben; lebhaft sein; **~ão** [-'dɐ̃w] *m*: ***levar um*** **~** F auf großem Fuße leben
vid|e ['vidə] *m* Rebe *f*; **~eira** [-'dɐjrɐ] *f* Weinstock *m*
vidente [vi'dẽtə] *su* Seher(in *f*) *m*
vídeo ['vidju] *m* **a)** Video(film *m*) *n*; **b)** Bildschirm *m*
video|câmara [vidju'kɐmɐrɐ] *f* Videokamera *f*; **~cassete** [-kɐ'setə] *f* **a)** Videokassette *f*; **b)** → **~*gravador***; **~clipe** [-'klipə] *m* Videoclip *m*; **~conferência** [-kõfə'rẽsjɐ] *f* Videokonferenz *f*; **~gravador** [-grɐvɐ'dor] *m* Videorekorder *m*; **~jogo** [-'ʒogu] *m* Videospiel *n*; **~teca** [-'tɛkɐ] *f* Videothek *f*; **~texto** [-'tɐjʃtu] *m* Bildschirmtext *m*
vidoeiro [vi'dwɐjru] *m BOT* Birke *f*
vidr|aça [vi'drasɐ] *f* Fensterscheibe *f*; Fenster *n*; **~aceiro** [-drɐ'sɐjru] *m* Glaser *m*; ***betume*** *m* ***de*** **~** Fensterkitt *m*; **~ado** [-'dradu] **1.** *adj* glasig; **2.** *m* Glasur *f*; **~agem** [-'draʒɐ̃j] *f* Glasierung *f*; **~ão** [-'drɐ̃w] *m* Altglascontainer *m*; **~ar** [-'drar] (1a) **1.** *v/t* glasieren; trüben; **2.** *v/i* sich eintrüben; glasig werden; *bras* P abfahren (***por*** auf *ac*); **~aria** [-drɐ'riɐ] *f* Glaserei *f*; **~eiro** [-'drɐjru] **1.** *adj* Glas...; ***operário*** *m* **~** = **2.** *m* Glasbläser *m*; **~ilho** [-'driʎu] *m* Glasröhrchen *n*; *Art* Strass *m*
vidro ['vidru] *m* Glas *n*; Glasscheibe

V

f; *AUTO* Fenster *n*; ~ ***atérmico*** wärmeisolierende(s) Glas *n*; ~ ***eléctrico*** *AUTO* elektrische(r) Fensterheber *m*; ~ ***fumado*** *AUTO* getönte Scheibe *f*; **~s** *pl* Glaswaren *f/pl*
vieira ['vjɐjrɐ] *f ZO* Kammmuschel *f*
viela ['vjɛlɐ] *f* Gässchen *n*
viemos ['vjɛmuʃ] → ***vir***
Viena ['vjenɐ] Wien *n*
vienense [vjə'nẽsə] **1.** *adj* wienerisch; **2.** *su* Wiener(in *f*) *m*
vieram ['vjɛrɐ̃w] → ***vir***
viés [vjɛʃ] *m* Schrägstreifen *m*; Schräge *f*; ***ao*** ~, ***de*** ~ schräg; schief
viesse ['vjɛsə] → ***vir***
vig|a ['vigɐ] *f* Balken *m*; Träger *m*; ~ ***mestra*** Hauptträger *m*; Dachbalken *m*; **~amento** [-gɐ'mẽtu] *m* Balkenwerk *n*
vigarice [vigɐ'risə] *f* Betrug *m*
vig|ário [vi'garju] *m* Stellvertreter *m*; *REL* Vikar *m*; ***conto m do*** ~ *fig* Schwindel *m*, Betrug *m*; **~arista** [-gɐ'riʃtɐ] *su* Betrüger(in *f*) *m*; **~arizar** [-gɐri'zar] (1a) betrügen
vig|ência [vi'ʒẽsjɐ] *f* (Rechts)Gültigkeit *f*; Bestehen *n*; **~ente** [-'ʒẽtə] gültig; in Kraft
vigésimo [vi'ʒɛzimu] **1.** *adj* zwanzigst; **2.** *m* Zwanzigstel *n*
vigi|a [və'ʒiɐ] **1.** *f* Wache *f*; Guckloch *n*; *NAV* Bullauge *n*; (Flugzeug)Fenster *n*; **2.** *m* Wächter *m*; **~ar** [-'ʒjar] (1g) **1.** *v/t* bewachen; beobachten; **2.** *v/i* wachen (***em*** über *ac*)
vigil|ância [vəgi'lẽsjɐ] *f* Wachsamkeit *f*; Fürsorge *f*; Aufsicht *f*; **~ante** [-'lẽtə] **1.** *adj* wachsam; fürsorglich; vorsichtig; **2.** *su* Aufsichtsperson *f*; **~ar** [-'lar] (1a) → ***vigiar***
vigília [və'ʒiljɐ] *f* Nachtwache *f*
vigor [vi'gor] *m* Kraft *f*; Nachdruck *m*; *JUR* Gültigkeit *f*; ***com*** ~ nachdrücklich; ***estar*** (***entrar***, ***pôr***) ***em*** ~ in Kraft sein (treten, setzen)
vigor|ar [vigu'rar] (1e) **1.** *v/t* kräftigen; stärken; **2.** *v/i JUR* in Kraft sein, gelten; ***começar a*** (***deixar de***) ~ in (außer) Kraft treten; **~izar** [-ri'zar] (1a) *v/t* → ***vigorar***; **~oso** [-'rozu] kräftig; nachdrücklich
vil [viɫ] **1.** *adj* niedrig; niederträchtig; **2.** *su* niederträchtige Person *f*
vila ['vilɐ] *f* Kleinstadt *f*; Villa *f*
vil|ania [vilɐ'niɐ] *f* Niedertracht *f*; **~ão**(**s**, **-ães**, **-ões**) [-'lɐ̃w] **1.** *adj* **a**) kleinstädtisch; ländlich; *fig* ungehobelt; **b**) gemein; schäbig; **2.** *m*(*pl*), **-ã** *f* **a**) Kleinstädter(in *f*) *m*; **b**) niederträchtige Person *f*; **~ar** [-'lar] → ***vilarejo***
Vila Real [vilɐ'ʀjaɫ] *port Distrikt(hauptstadt)*
vil|arejo, **~arinho** [vilɐ'reʒu, -'riɲu] *m* Nest *n*, Flecken *m*; **~egiatura** [-ləʒjɐ'turɐ] *f* Sommerfrische *f*; **~eza** [-'lezɐ] *f* Niedertracht *f*
vilip|endiar [vəlipẽ'djar] (1g) verachten; **~êndio** [-'pẽdju] *m* Verachtung *f*; Verunglimpfung *f*; **~endioso** [-pẽ'djozu] verächtlich
vim [vĩ] → ***vir***
vim|e ['vimə] *m* (Weiden)Rute *f*; ***cesto m de*** ~ Weidenkorb *m*; **~eiro** [-'mɐjru] *m BOT* Weide *f*
vimos ['vimuʃ] → ***ver***; ***vir***
vinagr|e [vi'nagrə] *m* Essig *m*; *fig* Griesgram *m*; *bras* Wucherer *m*; **~eira** [-nɐ'grɐjrɐ] *f* Essigflasche *f*; **~eta** *f*, *bras* **-e** *m* [-'gretɐ, vina'grɛtʃi] *CUL* Vinaigrette *f*
vinário [vi'narju] Wein...
vinc|ar [vĩ'kar] (1n) falten; falzen; mit Bügelfalten versehen; *fig* hervorheben; **~o** ['vĩku] *m* Falte *f*; Falz *m*; Knick *m*; Furche *f*
vincul|ado [vĩku'ladu] verknüpft (***a*** mit); unveräußerlich; ***conta f -a*** Sperrkonto *n*; **~ar** [-'lar] (1a): ~ ***a*** verbinden mit; knüpfen an (*ac*); festlegen auf (*ac*); verpflichten zu; ***~-se por*** sich festlegen durch
vínculo ['vĩkulu] *m* Band *n*; unveräußerliche(s) Gut *n*
vinda ['vĩdɐ] *f* Kommen *n*; Ankunft *f*; ***na*** ~ auf dem Herweg
vindic|ação [vĩdikɐ'sɐ̃w] *f* Rechtsanspruch *m*; Einforderung *f*; **~ar** [-'kar] (1a) einklagen; s-n Anspruch geltend machen auf (*ac*); (zurück)fordern; **~ativo** [-kɐ'tivu] zustehend; rechtfertigend; rachsüchtig; **~ta** [-'ditɐ] *f* Sühne *f*; Rache *f*
vindima [vĩ'dimɐ] *f* Weinlese *f*
vindim|ador [vĩdimɐ'dor] *m*, **-eira** *f* Weinleser(in *f*) *m*; **~ar** [-'mar] (1a) **1.** *v/t* *Trauben* lesen, ernten; *fig* dahinraffen; **2.** *v/i* Weinlese machen
vind|o ['vĩdu] **1.** *p/p v* ***vir***; **2.** *adj*: ***bem*** ~ willkommen; **~oiro**, **~ouro** [vĩ'dojru, -'doru] **1.** *adj* künftig; **2.** *m bras* Neuankömmling *m*; **~s** *pl* Nachwelt *f*

ving|ança [vĩ'gɐ̃sɐ] *f* Rache *f*; ***remoer ~s*** Rachegelüste schüren; **~ar** [-'gar] (1o) **1.** *v/t* rächen; verteidigen; *Gefangene* befreien; *Ziel* erreichen; **2.** *v/i* gelingen; Erfolg haben; gedeihen; ***~-se de*** sich rächen für; **~ativo** [-gɐ'tivu] rachsüchtig
vinha ['viɲɐ] **1.** → ***vir***; **2.** *f* Weinberg *m*
vinh|aço [vi'ɲasu] *m* Trester *m*; **~ão** [-'ɲɐ̃w] *m* gute(r) Jahrgang *m* (*Wein*); **~ateiro** [-ɲɐ'tɐjru] **1.** *adj* Wein(bau)...; **2.** *m* Winzer *m*; **~edo** [-'ɲedu] *m* Weinberg *m*
vinheta [vi'ɲetɐ] *f* Vignette *f*
vinho ['viɲu] *m* Wein *m*; ***~ branco*** Weißwein *m*; ***~ de garrafeira*** Qualitätswein *m*; ***~ de mesa*** Tafel-, Tischwein *m*; ***~ do Porto*** Portwein *m*; ***~ generoso*** Dessertwein *m*; ***~ licoroso*** Süßwein *m*; ***~ moscatel*** *süßer* Muskatwein *m*; ***~ tinto*** Rotwein *m*; ***~ espumante*** Sekt *m*; ***~ verde*** *junger, moussierender* (Weiß-, Rot-) Wein *m*; *Art* Heurige(r) *m*; ***lista*** *f* ***dos ~s*** Weinkarte *f*
vínico ['viniku] Wein...
vin|ícola [vi'nikulɐ] Wein(anbau)...; **~icultor** [-nikuł'tor] *m* Weinbauer *m*; **~icultura** [-nikuł'turɐ] *f* Weinbau *m*; = **~ificação** [-nəfikɐ'sɐ̃w] *f* Weinbereitung *f*
vin|il [və'nił] *m* Vinyl *n*; **~ílico** [-'niliku] *m* Kunststoff-Bodenbelag *m*
vinoso [vi'nozu] Wein...; weinrot
vint|avo [vĩ'tavu] *m* Zwanzigstel *n*; **~e** ['vĩtə] **1.** *adj* zwanzig; **2.** *m* Zwanzig *f*; ***dar no ~*** treffen; **~ém** [-'tɐ̃j] *m* Zwanziger *m*; ***não ter ~*** *fig* keinen Heller haben; **~ena** [-'tenɐ] *f*: ***uma ~*** etwa zwanzig
viol|a ['vjɔlɐ] *f klassische* Gitarre *f*; **~** (***de arco***) Bratsche *f*; ***meter a ~ no saco*** *fig* den Mund halten; klein beigeben; **~ão** [vju'lɐ̃w] *m* Gitarre *f*
viol|ação [vjulɐ'sɐ̃w] *f Vertrag*: Verletzung *f*; Schändung *f*; Vergewaltigung *f*; **~ador** [-lɐ'dor] *m* Verletzer *m*; Vergewaltiger *m*; **~ar** [-'lar] (1e) verletzen; vergewaltigen; schänden; entweihen; **~ência** [-'lẽsjɐ] *f* Gewalt *f*; Heftigkeit *f*; JUR Nötigung *f*; **~entar** [-lẽ'tar] (1a) Gewalt antun (*dat*); vergewaltigen; aufsprengen; **~ento** [-'lẽtu] heftig; gewaltsam
violeta [vju'letɐ] *f* **a)** BOT Veilchen *n*; ***cor de ~*** violett; **b)** MÚS Viola *f*
viol|inista [vjulə'niʃtɐ] *su* Geiger(in *f*) *m*; **~ino** [-'linu] *m* Violine *f*, Geige *f*; ***tocar ~*** geigen; **~oncelista** [-lõsə'liʃtɐ] *su* Cellist(in *f*) *m*; **~oncelo** [-lõ'sɛlu] *m* Cello *n*; **~onista** [-lu'niʃtɐ] *su* Gitarrenspieler(in *f*) *m*
viperino [vipə'rinu] vipernartig; *fig* giftig; bösartig
vir [vir] (3w) kommen; zurückkehren; herkommen; stehen (***em*** in *dat*) (*Neuigkeit*); **~** *inf* bewirken; ***~-se*** P kommen, e-n Orgasmus haben; ***~ a*** hinauslaufen auf (*ac*); gelangen zu; *örtl* kommen nach; ***~ fazendo*** *et* allmählich tun; ***~ a fazer*** (schließlich) *et* tun; ***~ a calhar*** (*od* ***a propósito***) gelegen kommen; ***~ a ser*** (schließlich) werden; ***~ a ser o mesmo*** auf dasselbe hinauslaufen; ***ir e ~*** hin- und hergehen; ***~ abaixo*** zusammenstürzen; ***~ bem*** (***mal***) ***a*** *j-m* gut (nicht) stehen; ***mandar ~*** F herummaulen; ***ser coisa*** (*od* ***estar***) ***para ~*** erst noch kommen; ***~ ter com*** *j-n* aufsuchen; ***que vem*** kommend; ***não me venhas com isso!*** komm mir nicht damit!; ***venha daí um abraço!*** in meine Arme!
vir|ação [virɐ'sɐ̃w] *f* Brise *f*; *fig* Eingebung *f*; **~a-casaca(s)** [-kɐ'zakɐ] *su*(*pl*) Opportunist(in *f*) *m*; POL Wendehals *m*; **~ada** [-'radɐ] *f* Wendung *f*; (Straßen)Kehre *f*; POL Wende *f*; **~adeira** [-rɐ'dɐjrɐ] *f* (Pfannen)Wender *m* (*Küchengerät*)
viragem [vi'raʒɐ̃j] *f* POL Wende *f*; AUTO Wenden *n*; ***~ à direita*** (***esquerda***) POL Rechts- (Links)ruck *m*; ***ponto*** *m* ***de ~*** Wendepunkt *m*
virago [vi'ragu] *f* Mannweib *n*
vira|-lata(s) [vira'lata] *m*(*pl*) *bras* Köter *m*; **~m** ['virɐ̃w] → ***ver***; **~-mexe(s)** [-'mɛʃi] *su bras* F Zappelphilipp *m*
vira|r [vi'rar] (1a) **1.** *v/t* umdrehen; umwerfen; umblättern; abwenden; *den Rücken* kehren; *bras* werden; *port* ***~ a*** werden zu; ***~ do avesso*** umkrempeln; wenden; ***~ a casaca*** *fig* sein Fähnchen nach dem Wind hängen; **2.** *v/i* wenden; kehrtmachen; umdrehen; drehen (***a*** nach); ***~ à*** (*od* ***para***) ***direita*** (***esquerda***) nach rechts (links) abbiegen; ***~-se*** sich umdrehen; umkippen; sich

V

überschlagen; kentern; sich wenden (***contra***, ***a*** gegen); **~volta** [-rɐ'vɔł-tɐ] *f* (Kehrt)Wendung *f*; Umkehr *f*; *POL*, *ECON* Umschwung *m*; *Sport*: Überschlag *m*; ***dar uma ~*** kehrtmachen; → ***virar-se***

virg|em ['virʒɐ̃j] **1.** *adj* jungfräulich; rein; ***floresta*** *f* **~** Urwald *m*; ***terra*** *f* **~** Neuland *n*; **2.** *f* Jungfrau *f*; **~inal** [-ʒi'nał] jungfräulich; **~indade** [-ʒĩ-'dadə] *f* Jungfräulichkeit *f*; **~íneo** [-'ʒinju] → ***virginal***

Virgo ['virgu] *m ASTR* Jungfrau *f*

vírgula ['virgulɐ] *f* Komma *n*

viril [və'riɫ] männlich; *fig* mannhaft; ***idade*** *f* **~** Mannesalter *n*; **~idade** [virəli'dadə] *f* Männlichkeit *f*

virilha [və'riʎɐ] *f ANAT* Leiste *f*

virola [vi'rɔlɐ] *f* Zwinge *f*

virose [-'rɔzə] *f* Viruserkrankung *f*

virtual [vir'twał] virtuell; ***realidade*** *f* **~** virtuelle Realität *f*; **~idade** [-twɐli'dadə] *f* Virtualität *f*

virtu|de [vir'tudə] *f* Tugend *f*; *MED* Heilkraft *f*; Kraft *f*; ***em ~ de*** dank (*gen*); aufgrund (*gen*); **~osidade** [-twuzi'dadə] *f* Virtuosität *f*; **~oso** [-'twozu] **1.** *adj* tugendhaft; mutig; kräftig; virtuos; **2.** *m* Virtuose *m*

virul|ência [viru'lẽsjɐ] *f* Ansteckungsgefahr *f*; Heftigkeit *f*; **~ento** [-'lẽtu] ansteckungsfähig; *fig* giftig

vírus (*pl inv*) ['viruʃ] *m* Virus *n*

vis|agem [vi'zaʒɐ̃j] *f* Grimasse *f*; **~ão** [-'zɐ̃w] *f* Sehen *n*; Sehfähigkeit *f*; Vision *f*; Überblick *m*; *fig* Blick *m*; Anblick *m*; ***~ do mundo*** Weltanschauung *f*; ***campo*** *m* ***de ~*** Gesichtsfeld *n*; ***erro*** *m* ***de ~*** Augentäuschung *f*; ***barrar a ~ de*** den Blick verstellen für; **~ar** [-'zar] (1a) **1.** *v/t* anvisieren; (ab)zielen auf (*ac*); **2.** *v/i*: ***~ a*** abzielen auf (*ac*); im Auge haben; beabsichtigen zu

víscera ['viʃsərɐ] *f* innere(s) Organ *n*; **~s** *pl* Eingeweide *n/pl*

visceral [viʃsə'rał] Eingeweide...

visco ['viʃku] *m BOT* Mistel *f*

viscos|idade [viʃkuzi'dadə] *f* Zähflüssigkeit *f*; *TÉCN* Viskosität *f*; **~o** [-'kozu] zähflüssig; klebrig; **~e** [-'kɔzə] *f* Viskose *f*

viseira [vi'zɐjrɐ] *f* (Mützen-, Augen-) Schirm *m*; *Sturzhelm*: Visier *n*; *fig* Maske *f*; F Aussehen *n*

Viseu [vi'zew] *port Distrikthauptstadt*

visibilidade [vizibəli'dadə] *f* Sichtbarkeit *f*; *METEO* Sicht *f*; ***de má ~*** unübersichtlich (*Kurve*)

visigodos [vəzi'goduʃ] *m/pl HIST* Westgoten *m/pl*

vision|ar [vizju'nar] (1f) **1.** *v/t* erblicken; vorhersehen; **2.** *v/i* Visionen haben; **~ário** [-'narju] **1.** *adj* seherisch; fantastisch; **2.** *m* Fantast *m*; Visionär *m*

visit|a [və'zitɐ] *f* Besuch *m* (***a*** bei, in *dat*; ***de*** von); Besichtigung *f*; Inspektion *f*; ***~ de médico*** F *fig* Blitzbesuch *m*; ***~ guiada a*** Führung *f* durch; ***estar com*** (*od* ***ter***) **~s** Besuch haben; ***pagar*** (*od* ***retribuir***) ***uma ~*** e-n Gegenbesuch machen; **~ação** [-tɐ'sɐ̃w] *f fig* Heimsuchung *f*; *bras a* Besuch *m*; **~ador** [-tɐ'dor] *m* Inspektor *m*; **~adora** [-tɐ'dorɐ] *f* Sozialarbeiterin *f*; **~ante** [-'tɐ̃tə] *su* Besucher(in *f*) *m*; **~ar** [-'tar] (1a) *j-n* besuchen; besichtigen; inspizieren; *fig* heimsuchen

visível [və'zivɛɫ] sichtbar; offenkundig, ersichtlich

vislumbr|ar [viʒɫũ'brar] (1a) **1.** *v/t* matt erleuchten; schwach erkennen; *fig* ahnen; **2.** *v/i* glimmen; (durch-) schimmern; **~e** [-'ɫũbrə] *m* Schimmer *m*; *fig* Ahnung *f*

viso ['vizu] *m* Berg(gipfel) *m*; **~s** *pl* Anschein *m*; Ahnung *f*

visor [vi'zor] *m FOT* Sucher *m*

visse ['visə] → ***ver***

vista ['viʃtɐ] **1.** *f* Sehkraft *f*; Auge *n*; (An)Blick *m*; Aussicht *f*; Ansicht *f*; *fig* Absicht *f*; *ECON* Sicht *f*; ***~ cansada*** (***curta***) *MED* Weit- (Kurz)sichtigkeit *f*; ***~ de olhos*** Blick *m* (***dar*** *od* ***passar a*** werfen auf *ac*); ***ponto*** *m* ***de ~*** Gesichtspunkt *m*; ***à ~*** *ECON* auf Sicht; gegen bar; ***à ~ desarmada*** mit bloßem Auge; ***a ~ de, em ~ de*** angesichts (*gen*); in Anbetracht (*gen*); verglichen mit; ***à primeira ~*** auf den ersten Blick; ***até à ~!*** auf Wiedersehen!; ***com ~ a*** im Hinblick auf (*ac*); ***de ~*** vom Sehen; ***estar à ~*** in Sicht sein; *fig* auf der Hand liegen; ***abarcar com a ~*** überblicken; ***dar na***(***s***) **~**(***s***) auffallen; Aufsehen erregen; ***fazer ~*** nach et aussehen; ***fazer ~ grossa*** (*od* ***gorda***) ein Auge zudrücken; ***perder de ~*** aus den Augen verlieren; ***a perder de ~***

so weit das Auge reicht; ***pôr à ~*** aufdecken; ***ter debaixo de ~*** im Auge haben; **2. ~s** *f/pl* Absichten *f/pl*; *TEA* (Bühnen)Prospekt *m*

visto ['viʃtu] **1.** *p/p von* **ver**; **2.** *adj*: ***bem*** (***mal***) **~** (un)beliebt; ***a olhos ~s*** zusehends; ***estar ~*** F klar sein; **~ *que*** da, weil; **3.** *m* Visum *n*; ***pelo(s) ~(s)*** offenbar; **~ria** [-'riɐ] *f* Inspektion *f*; *ARQUIT* Bauabnahme *f*; **~riar** [-'rjar] (1g) besichtigen; inspizieren; **~so** [-'tozu] ansehnlich; auffällig

visual [vi'zwaɫ] **1.** *adj* Gesichts...; Seh...; **2.** *m* Aussehen *n*; **~ização** [-zwɐlizɐ'sɐ̃w] *f* bildliche Darstellung *f*; Sichtbarmachung *f*; *INFORM* Anzeige *f*; **~izar** [-zwɐli'zar] (1a) bildlich darstellen; sichtbar machen; *INFORM* anzeigen

vital [vi'taɫ] vital; Lebens...; lebenswichtig; ***ponto*** *m* **~** springende(r) Punkt *m*; **~ício** [-tɐ'lisju] auf Lebenszeit (*Posten*); **~idade** [-li'dadə] *f* Lebenskraft *f*, Vitalität *f*; **~izar** [-li'zar] (1a) (wieder) beleben

vitam|ina [vitɐ'minɐ] *f* Vitamin *n*; **~inar** [-mi'nar] (1a) mit Vitaminen anreichern; **~ínico** [-'miniku] Vitamin...

vitel|a [vi'tɛlɐ] *f* Kalb *n*; *CUL* Kalbfleisch *n*; **~o** [-'telu] *m* Kalb *n*

vit|ícola [və'tikulɐ] Wein..; **~icultor** [-tikuɫ'tor] *m* Winzer *m*; **~icultura** [-tikuɫ'turɐ] *f* Weinbau *m*

vítima ['vitimɐ] *f* Opfer *n*; ***ser ~ de*** zum Opfer fallen (*dat*); Opfer sein

vitimar [vəti'mar] (1a) verletzen; töten; *fig* schädigen

vitivinícola [vətivə'nikulɐ] Weinbau und -herstellung betreffend

Vitória [vi'tɔrja] *bras Hauptstadt von Espírito Santo*

vitória [vi'tɔrjɐ] *f* Sieg *m*; **~ *abrupta*** erdrutschartige(r) Sieg *m*

vitori|ar [vitu'rjar] (1g) zujubeln (*dat*); **~oso** [-'rjozu] siegreich

vitral [vi'traɫ] *m farbiges* (Kirchen-)Fenster *n*; Bleiverglasung *f*

vítreo ['vitrju] gläsern, Glas...

vitrific|ador [vitrəfikɐ'dor] *m* Klarlack *m*; **~ar** [-'kar] (1n) verglasen

vitrina [və'trinɐ] *f* Schaufenster *n*, -kasten *m*; Glasschrank *m*

vitualhas [vi'twaʎɐʃ] *f/pl* Lebensmittel *n/pl*; Proviant *m*

vitup|erar [vitupə'rar] (1c) scharf tadeln; **~erável** [-'ravɛɫ] tadelnswert; **~ério** [-'pɛrju] *m* scharfe(r) Tadel *m*; Beschimpfung *f*; Schandtat *f*; **~erioso** [-pə'rjozu] schändlich

viuvez [vju'veʃ] *f* Witwenstand *m*

viúvo [vi'uvu] **1.** *adj* verwitwet; *fig* verlassen; **2.** *m*, **-a** *f* Witwe(r *m*) *f*

viv|a ['vivɐ] **1.** *int*: **~!** hoch!; Gesundheit!; es lebe...!; (***ora***) **~!** sei gegrüßt!, hallo!; **2.** *m* Hoch(ruf *m*) *n*; ***dar ~s a*** hochleben lassen (*ac*); **~acidade** [-vɐsi'dadə] *f* Lebhaftigkeit *f*; **~alma** [-'vaɫmɐ] *f*: ***nem ~*** keine Menschenseele; **~amente** [-vɐ'mẽtə] nachdrücklich; **~az** [-'vaʃ] lebhaft; widerstandsfähig; zäh; **~edoiro, -ouro** [-və'dojru, -'doru] langlebig; **~eiro** [-'vɐjru] *m BOT* Baumschule *f*, Fischweiher *m*; *fig* Brutstätte *f*; **~ência** [-'vẽsjɐ] *f* Erlebnis *n*; **~enciar** [-vẽ'sjar] (1g) erleben; **~enda** [-'vẽdɐ] *f* Haus *n*; Wohnung *f*; **~ente** [-'vẽtə]: ***ser*** *m* **~** Lebewesen *n*; **~er** [-'ver] (2a) **1.** *v/t* erleben; *TEA* verkörpern; **2.** *v/i* leben (***de*** von); wohnen (***em*** in *dat*); **~ *com*** zusammenleben mit; **~ *à custa de*** auf *j-s* Kosten leben; **~ *à grande*** auf großem Fuße leben; ***ir ~ para ...*** nach ... gehen (*Emigrant*)

víveres ['vivərəʃ] *m/pl* Lebensmittel *n/pl*

viveza [vi'vezɐ] *f* Lebhaftigkeit *f*

vivido [və'vidu] lebenserfahren; ***experiência*** *f* **-a** eigene (Lebens)Erfahrung *f*

vívido ['vividu] lebhaft; feurig

vivific|ante [vivəfi'kẽtə] belebend; **~ar** [-'kar] (1n) beleben; anfeuern

vivíparo [və'vipɐru] lebend gebärend

viv|o ['vivu] **1.** *adj* lebend; lebendig; *fig* lebhaft; aufgeweckt; hitzig; scharf; ***água*** *f* **-a** Quellwasser *n*; ***peso*** *m* **~** Lebendgewicht *n*; ***rocha*** *f* **-a** nackte(r) Fels *m*; ***à -a força*** gewaltsam; ***à -a voz*** mündlich; persönlich; **2.** *m* Lebende(r) *m*; Lebewesen *n*; *fig* Innere(s) *n*; Kern *m*; ***ao ~*** naturgetreu; live; **~ório** [-'vɔrju] *m* Hurra *n*

vizinh|ança [vəzi'ɲẽsɐ] *f* Nachbarschaft *f*, Nähe *f*, *fig* Verwandtschaft *f*; **~o** [-'ziɲu] **1.** *adj örtl* benachbart; angrenzend; verwandt; **2.** *m*, **-a** *f* Nachbar(in *f*) *m*

v.º ***verso*** *m* Rückseite *f*

voadoiros [vwɐ'dojruʃ] *m/pl ZO* Schwungfedern *f/pl*
voador [vwɐ'dor] **1.** *adj* fliegend; *fig* flüchtig; **2.** *m*: ~ **de asa-delta** Drachenflieger *m*
voar [vwar] (1f) fliegen; *fig* eilen; sich wie im Fluge verbreiten; (***fazer***) ~ ***pelos ares*** in die Luft fliegen (jagen)
voc|abulário [vukɐbu'larju] *m* Vokabular *n*, Wortschatz *m*; **~ábulo** [-'kabulu] *m* Wort *n*, Vokabel *f*
voca|ção [vukɐ'sɐ̃w] *f* Berufung *f*, Beruf *m*; Neigung *f*; **~cional** [-sju'nał]: ***carácter*** *m* ~ Bestimmung *f*; **~cionar** [-sju'nar] (1e) berufen (**a** zu)
vocal [vu'kał] *MÚS* Stimm...; Gesangs..., Vokal...; mündlich; **~ismo** [-kɐ'liʒmu] *m* Vokalismus *f*; **~ista** [-'liʃtɐ] *su* Sänger(in *f*) *m*
você [vɔ'se] *port* Sie; *bras* du; **~s** *pl* Sie; *bras u port* ihr
vocifer|ação [vusifərɐ'sɐ̃w] *f* laute(s) Schelten *n*; **~ar** [-'rar] (1c) **1.** *v/t* schreien; **2.** *v/i* keifen
voçoroca [voso'rɔka] *f bras* Erdrutsch *m*; Unterspülung *f*
voejar [vwə'ʒar] (1d) flattern
voga ['vɔgɐ] *f* Ruderschlag *m*; *fig* Ruf *m*; Verbreitung *f*; ***em*** ~ F in Mode
vogal [vu'gał] **1.** *f* Vokal *m*, Selbstlaut *m*; **2.** *su* stimmfähige(s) Mitglied *n*; Beisitzer(in *f*) *m*
vogar [vu'gar] (1o; *Stv* 1e) rudern; fahren; treiben; in Mode sein
vol(s). ***volume*(*s*)** *m*(*pl*) Band *m*, Bände *m/pl* (Bd., Bde.)
vol|ante [vu'lɐ̃tə] **1.** *adj* fliegend; *fig* flüchtig; unstet; beweglich; **2.** *m* Voile *m*; Federball *m*; *TÉCN* Schwungrad *n*; *Uhr*: Unruhe *f*; *AUTO* Lenkrad *n*; **3.** *su* Rennfahrer(in *f*) *m*; **~átil** [-'latił] **1.** *adj QUÍM* flüchtig; *fig* flatterhaft; **2.** *m* Geflügel *n*; **~atilidade** [-lɐtəli'dadə] *f* Flüchtigkeit *f*; **~atilizar** [-lɐtəli'zar] (1a) verflüchtigen
vôlei ['volej] *m bras* = **voleibol** [vɔlɐj'bɔł] *m* Volleyball *m*; **~ista** [-bu'liʃtɐ] *su* Volleyballer(in *f*) *m*
volfrâmio [vołˈfrɐmju] *m* Wolfram *n*
volta ['vɔłtɐ] *f* Drehung *f* (*a FIS*); Wendung *f*; Umschwung *m*; Umkehr *f*; Umweg *m*; Windung *f*; Rundgang *m*, -reise *f*; Runde *f*; *AV* Schleife *f*; ~ **a**, ~ **de** *Sport*: Rundfahrt *f* durch; ~ ***ao mundo*** Weltreise *f*; ~ ***de honra*** Ehrenrunde *f*; ***meia*** ~ Kehrtwendung *f*; ~ ***e meia*** andauernd; ab und zu; ***segunda*** ~ *POL* zweite(r) Wahlgang *m*; **~s** *pl* Besorgungen *f/pl*; ***as*** **~s** *pl* ***da sorte*** die Unbeständigkeit *f* des Glücks; **à** (*od* ***por***) ~ ***de*** ungefähr, etwa; gegen; ***de*** ~ ***com*** zusammen mit; ***em*** ~ ***de*** um ... herum; **à** ~, ***na*** ~ bei der Rückkehr; ***na*** ~ ***do correio*** postwendend; ***andar às*** **~s** ***com*** sich herumschlagen mit; ***dar a*** ~ ***a alg*** F j-n umstimmen; ***dar meia*** ~ kehrtmachen; ***dar*** ~ ***a*** umdrehen (*ac*); F *fig* hinkriegen; ***não há*** ~ ***a dar-lhe*** da ist nichts zu machen; ***dar*** ~ ***ao miolo*** **a**) verrückt machen; **b**) F scharf nachdenken; ***dar*** **~s** sich drehen; *fig* sich herumplagen; ***dar de*** ~ zurückgeben; ***estar de*** ~ zurück sein; ***furtar as*** **~s** ausweichen; *fig* ein Schnippchen schlagen; ***ir dar uma*** ~ e-n Spaziergang machen; ***receber de*** ~ zurückbekommen; *Ware* zurücknehmen
volta-face *bras* → ***volte-face***
volt|agem [vołˈtaʒɐ̃j] *f EL* Spannung *f*; **~aico** [-'tajku]: ***arco*** *m* ~ Lichtbogen *m*
voltar [vołˈtar] (1e) **1.** *v/t* (um)wenden; (um)drehen; ~ ***a esquina*** um die Ecke biegen; ~ ***a cabeça a*** *j-m* den Kopf verdrehen; ~ ***as costas a*** sich abwenden; **2.** *v/i* zurückkehren (***de*** von; ***para*** nach), wiederkommen (***de*** von; ***para*** nach); sich drehen; *fig* zurückkommen (**a** auf *ac*); ~ ***atrás*** umkehren; ~ ***a fazer*** *et* wieder tun; ~ ***a si*** (wieder) zu sich kommen; ~ ***sobre si*** in sich gehen; **~-se** sich umdrehen, -sehen; sich überschlagen; umkippen; kentern; sich wenden (***contra*** gegen); **~-se a** (*od* ***para***) sich zuwenden (*dat*)
voltear [vołˈtjar] (1l) **1.** *v/t örtl* herumgehen, -fahren um; umkreisen; kreisen lassen; schwingen; **2.** *v/i* wirbeln; kreisen; (herum)flattern
volte-face(s) [vɔłtə'fasə] *m*(*pl*) Kehrtwendung *f* (***dar*** machen)
volteio [vołˈtɐju] *m* Drehung *f*, Luftsprung *m*; *Sport*: Welle *f*
voltímetro [vołˈtimətru] *m* Voltmeter *n*

vóltio ['vɔɫtju] *m EL* Volt *n*
volubilidade [vulubəli'dadə] *f* Flatterhaftigkeit *f*; Unbeständigkeit *f*
volum|e [vu'lumə] *m* Umfang *m*; *MAT* Rauminhalt *m*; *Buch*: Band *m*; Paket *n*; Gepäckstück *n*; *Zigaretten*: Stange *f*; Lautstärke *f*; Fülle *f*; **~ de vendas** Verkaufsvolumen *n*; **~oso** [-'mozu] umfangreich
volunt|ário [vulũ'tarju] **1.** *adj* freiwillig; *fig* eigenwillig; willkürlich; **2.** *m* Freiwillige(r) *m*; Externe(r) *m*; **~arioso** [-tɐ'rjozu] eigenwillig
volúpia [vu'lupjɐ] *f* Wollust *f*
voluptuos|idade [vuluptwuzi'dadə] *f* Wollust *f*; **~o** [-'twozu] wollüstig
voluta [vu'lutɐ] *f* Rauchspirale *f*; *ARQUIT* Volute *f*; Schnecke *f*
volúvel [vu'luvɛɫ] flatterhaft; *BOT* rankend; **haste** *f* **~** Ranke *f*
volver [voɫ'ver] **1.** (2e) **a)** *v/t* wälzen; umrühren; umwälzen; → **tornar**, **voltar**; **b)** *v/i* vergehen; ablaufen; → **tornar**, **voltar**; **2.** *m* Verlauf *m*; Kreislauf *m*; Entwicklung *f*; **um ~ de olhos** ein rascher Blick *m*
volvo, **vólvulo** ['voɫvu, 'vɔɫvulu] *m MED* Darmverschlingung *f*
vómer ['vɔmər] *m* Nasenbein *n*
vómica (*ô) ['vɔmikɐ] **1.** *adj*: **noz** *f* **~** Brechnuss *f*; **2.** *f MED* Vereiterung *f*; eitrige(r) Auswurf *m*
vomitar [vumi'tar] (1a) **1.** *v/t* aus-, erbrechen; *fig* (aus)speien; ausstoßen; **2.** *v/i* sich erbrechen; **isto faz ~** das ist ekelhaft
vómito (*ô) ['vɔmitu] *m* Erbrechen *n*; Erbrochene(s) *n*; **~-negro** *m* Gelbfieber *n*
vomitório [vumi'tɔrju] **1.** *adj* Brech...; **2.** *m* Brechmittel *n*
vontade [võ'tadə] *f* Wille *m*; Belieben *n*; Wunsch *m*; Lust *f*; **~ de ferro** eiserne(r) Wille *m*; **má ~** Unlust *f*; **nula ~** F null Bock; **à ~** nach Belieben; ungezwungen; → **à-vontade**; **com ~** mit Lust (**de** zu); **de** (**boa**) **~** gern; **contra ~** widerwillig; **por minha ~** meinetwegen; **estar à ~** sich wie zu Hause fühlen; **não estar à ~** sich unbehaglich fühlen; befangen sein; **estar com ~ de** Lust haben zu; **fazer a ~ a** *j-m* den Gefallen tun
voo (*ô) ['vow] *m* Flug *m*; *fig* (Auf-)Schwung *m*; **~ cego** Blindflug *m*; **~ charter** Charterflug *m*; **~ de carreira** Linienflug *m*; **~ doméstico** Inlandflug *m*; **~ inicial** Jungfernflug *m*; **~ picado** Sturzflug *m*; **~ planado** Segelflug *m*; **~ rasante** Tiefflug *m*; **~s** *pl* **altos** *fig* Höhenflug *m*; **levantar ~** auffliegen; *AV* abheben
v.^**or** **venerador** *m* Verehrer *m*
vor|acidade [vurɐsi'dadə] *f* Gefräßigkeit *f*; **~agem** [-'raʒɐ̃j] *f* Strudel *m*; Schlund *m*; **~aginoso** [-rɐʒi'nozu] gähnend (*Abgrund*); **~az** [-'raʃ] gefräßig, gierig
vórtice ['vɔrtisə] *m* Wirbel *m*
vos [vuʃ] euch, Ihnen
vós [vɔʃ] ihr, Sie (*pl*)
vosso, **-a** ['vɔsu, -sɐ] Ihr(e); euer, eure; (*a* → **meu**, **minha**)
vot|ação [vutɐ'sɐ̃w] *f* Abstimmung *f*; **proceder à ~** zur Wahl schreiten; **~ado** [-'tadu]: **ser muito** (**o mais**) **~** viele (die meisten) Stimmen erhalten; **~ar** [-'tar] (1e) **1.** *v/t* abstimmen über (*ac*); *j-n* wählen; *fig* geloben; *REL* weihen; verleihen; **2.** *v/i* wählen (**em** *j-n*); abstimmen; **~ a favor** (**contra**) dafür (dagegen) stimmen; **~ por** (**que** *conj*) dafür sein (, dass); **~-se a** widmen (*dat*); **~ivo** [-tɐ'tivu] *REL* Votiv...
voto ['vɔtu] *m* Gelübde *n*; *POL* Stimme *f* (**lançar** abgeben); Stimmzettel *m*; *fig* Wunsch *m*; **~ de confiança** Vertrauensvotum *n*; **~ de protesto** Protestwahl *f*; **~ maioritário** Mehrheitsstimmrecht *n*; **com ~s de** mit den besten Wünschen für; **fazer ~ de** geloben zu; **fazer ~s por** (**que** *conj*) wünschen, hoffen (, dass); **ter ~** Stimmrecht haben
vou [vo] → **ir**
vovô *m*; **-ó** *f* [vo'vo, vɔ'vɔ] *infan* Opa *m*; Oma *f*
voz [vɔʃ] *f* Stimme *f*; Sprache *f*; Wort *n*; Ton *m*; Schrei *m*; Ruf *m*; Gerücht *n* (**correr** umgehen); **~ activa** (**passiva**) *GRAM* Aktiv (Passiv) *n*; **~ comum** Volksmeinung *f*; **a** (*od* **de**) **uma ~** einstimmig; **a meia ~** halblaut; **a ~es** lautstark; **ao alcance da ~** in Rufweite; **de viva ~** mit lauter Stimme; **em ~ alta** laut; **tomar a ~ por** *j-s* Partei ergreifen
voz|eador [vuzjɐ'dor] *m* Schreier *m*; **~ear** [-'zjar] (1l) **1.** *v/t* heraus-, zuschreien; **2.** *v/i* schreien; **~earia** [-jɐ'riɐ] *f* Geschrei *n*, Gezeter *n*;

V

~eirão [-zɐj'rɐ̃w] *m* laute Stimme *f*; Schreihals *m*
V.S.ª ***Vossa Senhoria*** Sie (*sehr höflichen Anrede*)
v.s.f.f. ***volte, se faz favor*** bitte wenden (b.w.)
vulc|ânico [vuɫ'kɐniku] vulkanisch; *fig* heftig; **~anizar** [-kɐni'zar] (1a) vulkanisieren; **~ão(s, -ões, -ães)** [-'kɐ̃w] *m(pl)* Vulkan *m*
vulgar [vuɫ'gar] gewöhnlich; üblich; vulgär; Volks...; ***nome** m* **~** volkstümliche(r) Ausdruck *m*; **~idade** [-gɐri'dadə] *f* Gewöhnlichkeit *f*; *depr* Plattheit *f*; **~s** *pl* platte(s) Zeug *n*; **~ismo** [-'riʒmu] *m* pöbelhafte(r) Ausdruck *m*; Pöbelhaftigkeit *f*; **~ização** [-rizɐ'sɐ̃w] *f* Verbreitung *f*; **~mente** [-'mẽtə] für gewöhnlich
vulgo ['vuɫgu] *m* gemeine(s) Volk *n*
vulner|abilidade [vuɫnərɐbəli'dadə] *f* Verletzlichkeit *f*; *fig* wunde(r) Punkt *m*; **~ar** [-'rar] (1c) verletzen (*bsd fig*); **~ável** [-'ravɛɫ] verletzlich
vulpino [vuɫ'pinu] Fuchs...; *fig* verschlagen
vult|o ['vuɫtu] *m* Gesicht *n*; Gestalt *f*; Umfang *m*, Ausmaß *n*; Bedeutung *f*; ***de*** **~** bedeutend; ***dar*** **~** ***a*** Gestalt verleihen (*dat*); Bedeutung beimessen (*dat*); *fig* aufbauschen; ***tomar*** **~** Gestalt annehmen; *fig* Bedeutung gewinnen; **~oso** [vuɫ'tozu] umfangreich; bedeutsam
vulva ['vuɫvɐ] *f* ANAT weibliche Scham *f*

X

X, x [ʃiʃ] *m* X, x *n*; ***raios*** *m/pl* ***X*** Röntgenstrahlen *m/pl*
xá [ʃa] *m* Schah *m*
xácara ['ʃakɐrɐ] *f* Romanze *f*
xadrez [ʃɐ'dreʃ] *m* Schach(brett, -spiel) *n*; *bras* Gefängnis *n*; ***em*** **~** = **~ado** [ʃɐdrə'zadu] kariert; **~ista** [-'ziʃtɐ] *su* Schachspieler(in *f*) *m*
xa(i)le ['ʃalə, 'ʃajlə] *m* Schultertuch *n*
xamã, -ane [ʃɐ'mɐ̃, -'mɐnə] *m* Schamane *m*
xamate [ʃɐ'matə] schachmatt
xará [ʃa'ra] *bras* **1.** *adj* gleichnamig; **2.** *su* Namensvetter(in *f*) *m*
xarife [ʃɐ'rifə] *m* → ***xerife***
xarop|ada [ʃɐru'padɐ] *f* Gesundheitstee *m*, -trank *m*; F Schluck *m* Hustensaft; **~e** [-'rɔpə] **1.** *adj bras* P blöde; **2.** *m* Sirup *m*; Hustensaft *m*; Hausmittel *n*
xarroco [ʃɐ'ʀoku] *m* Seeteufel *m*
xaveco [ʃɐ'vɛku] *m depr alter* Kahn *m* (*Boot*); Klapperkiste *f* (*Auto*)
xelim [ʃə'lĩ] *m* Schilling *m*
xelindró [ʃəlĩ'drɔ] *m* P Knast *m*
xen|ofobia [ʃənufu'biɐ] *f* Fremdenhass *m*, Ausländer-, Fremdenfeindlichkeit *f*; **~ófobo** [-'nɔfubu] fremdenfeindlich
xepa ['ʃepa] *f bras* Kasernenessen *n*; P Altpapier *n*
xeque ['ʃɛkə] *m* **a)** Scheich *m*; **b)** Schach *n* (*König im Schach*); *fig* (Kabinetts)Krise *f*; ***pôr em*** **~** Schach bieten; *fig* in die Enge treiben; **~-mate** [-'matə] schachmatt
xereta [ʃe'reta] *m bras* P Stinker *m*
xerez [ʃə'reʃ] *m* Sherry *m*
xerga ['ʃerga] *f bras* Strohsack *m*; Sattelunterlage *f*
xerife [ʃə'rifə] *m* Sheriff *m*
xerimbabo [ʃerĩ'babu] *m bras* Haus-, Schoßtier *n*
xeta ['ʃeta] *f bras* Kusshändchen *n*
xexé [ʃɛ'ʃɛ] *m* Karnevalsmaske *f*
xibalo [ʃi'balu] *m Afrika* Zwangsarbeit *f*
xícara ['ʃikɐrɐ] *f* Tasse *f*
xicrinha [ʃi'kriɲa] *f bras* Tässchen *n*
xiita [ʃi'itɐ] *su* Schiite *m*, Schiitin *f*
xilo ['ʃilu] *m* Baumwollstaude *f*
xilo|... [ʃilɔ] *in Zssgn* Holz...; **~fone** [-'fɔnə] *m* Xylophon *n*; **~grafia** [-grɐ'fiɐ] *f* Holzschnitt *m*
xing|ação *f*, **~amento** *m* [ʃĩgɐ'sɐ̃w, -gɐ'mẽtu] Beschimpfung *f*; Hohn *m*; **~ar** [-'gar] (1o) *bras* **1.** *v/t* verhöhnen; **2.** *v/i* schimpfen; **~o** ['ʃĩgu] *m*

bras → ***xingação***
xiró [ʃi'rɔ] *m bras* CUL Reissuppe *f*
xis [ʃiʃ] *m Name des Buchstabens* **x**
xist|o ['ʃiʃtu] *m* MIN Schiefer *m*; **~oso** [-'tozu] schiefrig
xixi [ʃi'ʃi] *m infan* Pipi *n*
xixica [ʃi'ʃika] *f bras* Trinkgeld *n*
xodó [ʃo'dɔ] *m bras* Schwäche *f* (**por** für); Zuneigung *f* (**por** zu, für)
xucro ['ʃukru] *bras* unbedarft
xumbergas (*pl inv*) [ʃũ'bɛrgɐʃ] *m* P Trinker *m*
xurumbambo(s) [ʃurũ'bẽbu(s)] *m(pl) bras* Plunder *m*

Z

Z, z [ze] *m* Z, z *n*
zabumb|a [za'bũba] *f bras große* Trommel *f*; *kleine* (Musik)Kapelle *f*; **~ar** [-'bar] (1a) *bras* trommeln
zagal [zɐ'gaɫ] *m* Hirtenjunge *m*
zagueiro [za'gejru] *m bras Fußball*: Verteidiger *m*
zaguncho [zɐ'gũʃu] *m* Spieß *m*
zãibo ['zɐ̃jbu] schief; schielend
zambeta [zɐ̃'beta] krummbeinig
zambo ['zɐ̃bu] *m* Zambo *m* (*Mischling von Schwarzen u Indio*)
zamboa [zɐ̃'boa] *f bras Art* Pampelmuse *f*; *fig* Dummkopf *m*
zambro ['zɐ̃bru] krummbeinig
zambujeiro [zɐ̃bu'ʒɐjru] *m* BOT wilde(r) Ölbaum *m*
zampar [zɐ̃'par] (1a) **1.** *v/t* verschlingen; **2.** *v/i* sich voll fressen
zang|a ['zɐ̃gɐ] *f* Ärger *m*; Zorn *m*; Krach *m*; **~ado** [-'gadu] ärgerlich; ***estar ~ com*** *j-m* böse sein
zangalhão, -o [zɐ̃gɐ'ʎɐ̃w, -'gaʎu] *m* F Bohnenstange *f*
zângano ['zɐ̃gɐnu] *m depr* Winkeladvokat *m*; Narr *m*
zangão (-s, -ões) [zɐ̃'gɐ̃w] **1.** *adj* streitsüchtig; jähzornig; **2.** *m(pl)* Streithammel *m*; *bras* → ***zângão***
zângão(s) ['zɐ̃gɐ̃w] *m(pl)* ZO Drohne *f*
zang|ar [zɐ̃'gar] (1o) (ver)ärgern; **~-se** sich ärgern; sich verkrachen (**com** mit); **~alhão** [-gɐrɐ'ʎɐ̃w] → ***zangalhão***
zangarr|ear [zɐ̃gɐ'ʀjar] (1l) klimpern; **~eio(s)** [-'ʀɐju(ʃ)] *m(pl)* Geklimper *n*
zangu|izarra [zɐ̃gi'zaʀɐ] *f* MÚS Geklimper *n*; Lärm *m*; **~rriana** [-gu'ʀjɐnɐ] *f* Geleier *n*; P Besäufnis *n*
zanzar [zɐ̃'zar] (1a) (ziellos) herumlaufen
zarabatana [zɐrɐbɐ'tɐnɐ] *f* Blasrohr *n*
zaragat|a [zɐrɐ'gatɐ] *f* Lärm *m*; Rauferei *f*; Randale *f* (***armar*** machen); **~eiro** [-gɐ'tɐjru] **1.** *adj* streitsüchtig; **2.** *m* Unruhestifter *m*
zaragatoa [zɐrɐgɐ'toɐ] *f* MED Tupfer *m*, Pinselchen *n*; Tinktur *f*
zarcão [zɐr'kɐ̃w] *m* Mennige *f*
zarco ['zarku] blauäugig
zarelho [zɐ'rɛʎu] *m* Raufbold *m*
zarolho [zɐ'roʎu] schielend; einäugig
zarpar [zɐr'par] (1b) **1.** *v/t Anker* lichten; **2.** *v/i* ablegen, -segeln
zarro ['zaʀu] *m* ZO Tafelente *f*
zê [ze] *m Name des Buchstabens* **z**
zebr|a ['zebrɐ] *f* Zebra *n*; *bras* P Knallkopf *m*; **~ado** [-'bradu] **1.** *m* Zebrastreifen *m*; **2.** *adj* gestreift
zé-cuecas [zɛ'kwɛkɐʃ] *m* F nichtsnutzige(r) Tropf *m*
zefir(e) [zə'fir(ə)] *m* Zephir *m*
zéfiro ['zɛfiru] *m* Zephir *m*, milde(r) Wind *m*
zel|ação [zela'sɐ̃w] *f bras* Sternschnuppe *f*; **~ador** [zəlɐ'dor] *m* Wächter *m*; städtische(r) Steuerbeamte(r) *m*; *bras* Hausmeister *m*; **~ar** [-'lar] (1c) **1.** *v/t* sich einsetzen für; wachen über (*ac*); **2.** *v/i* eifersüchtig sein (**de** auf *ac*); **~ por** sorgen für
zel|o ['zelu] *m* Elan *m*, Eifer *m*; ***excesso*** *m* ***de ~*** Übereifer *m*; ***greve*** *f* ***de ~*** Dienst *m* nach Vorschrift; **~s** *pl* Eifersucht *f*; **~oso** [zə'lozu] eifrig; eifersüchtig; sorgfältig

Z

zé-ninguém [zɛnĩ'gẽj] *m* Nichts *n*, arme(r) Schlucker *m*
zénite (*ê) ['zɛnitə] *m* Zenit *m*; *fig* Gipfel *m*
zé-povinho [zɛpu'viɲu] *m* P einfache(s) Volk *n*
zero ['zɛru] *m* Null *f*; ***ser um ~ à esquerda*** F eine absolute Null sein
zibelina [zibə'linɐ] *f*: (***marta*** *f*) ~ *ZO* Zobel *m*
zigoma [zi'gomɐ] *m* Jochbein *n*
ziguezague [zigə'zagə] *m* Zickzack *m*; ***andar aos ~s*** = **~ar** [-zɐ'gjar] (1l) hin und her taumeln, torkeln (*Person*); sich schlängeln (*Straße*); Schlangenlinien fahren
zimbório [zĩ'bɔrju] *m ARQUIT* Kuppel(spitze) *f*
zimbrar [zĩ'brar] (1a) **1.** *v/t* peitschen; **2.** *v/i NAV* stampfen
zimbro ['zĩbru] *m* **a)** Wacholder *m*; **b)** Tau *m*; Nieselregen *m*
zímico ['zimiku] Gärungs...; ***ácido*** *m* ~ Milchsäure *f*
zina ['zinɐ] *f* Höhepunkt *m*
zinc|agem [zĩ'kaʒẽj] *f* Verzinken *n*; **~ar** [-'kar] (1n) verzinken; **~o** ['zĩku] *m* Zink *n*
zing|a ['zĩgɐ] *f bras* Stake(n *m*) *f*; **~ar** [zĩ'gar] (1o) staken
zíngaro ['zĩgɐru] *m* Zigeuner *m*
zingrar [zĩ'grar] (1a) (ver)spotten
zínia ['zinjɐ] *f BOT* Zinnie *f*
zinir [zə'nir] (3a) → ***zunir***
zíper ['zi-] *m bras* Reißverschluss *m*
ziquezira [zikə'zira] *m bras* P Zipperlein *n* (*Leiden*)
ziziar [zi'zjar] (1g) *bras* zirpen (*Grille*); zischen (*Schlange*); pfeifen
zo|ada ['zwadɐ] *f* Tosen *n*; Summen *n*; **~ar** [zwar] (1f) tosen; summen
Zodíaco [zu'diɐku] *m* Tierkreis *m*
zomb|ador [zõbɐ'dor] **1.** *adj* spöttisch; **2.** *m*, **-eira** *f* Spötter(in *f*) *m*; **~ar** [-'bar] (1a): ~ ***de*** spotten (*od* scherzen) über (*ac*); **~aria** [-bɐ'riɐ] *f* Spott *m*; Spötterei *f*, Neckerei *f*; **~etear** [-bə'tjar] (1l) → ***~ar***; **~eteiro** [-bə'tɐjru] → ***zombador***
zona ['zonɐ] *f* (Klima)Zone *f*; Streifen *m*; Gegend *f*; *bras* P Rotlichtviertel *n*; ~ ***cinzenta*** Grauzone *f*; ~ ***de deformação*** *AUTO* Knautschzone *f*; ~ ***de estacionamento limitado*** Kurzparkzone *f*; ~ ***de peões*** Fußgängerzone *f*; ~ ***de pouco trânsito*** verkehrsberuhigte Zone *f*; ~ ***de sombra*** *AUTO* tote(r) Winkel *m*; ~ ***franca*** Freihandelszone *f*; ~ ***proibida*** *POL* Bannmeile *f*; ~ ***temperada*** gemäßigte Klimazone *f*; ~ ***verde*** Grünanlage *f*; ***fazer a*** ~ *bras* P auf den Strich gehen
zoneamento [zõnja'mẽtu] *m bras* Zoneneinteilung *f*
zonch|ar [zõ'ʃar] (1a) pumpen; **~o** ['zõʃu] *m* Pumpenschwengel *m*
zonz|ear [zõ'zjar] (1l) schwindlig werden; **~o** ['zõzu] schwindlig
zoo (*ô) [zow] *m bras* Zoo *m*; **~logia** [-lu'ʒiɐ] *f* Zoologie *f*; **~lógico** [-'lɔʒiku] zoologisch; ***jardim*** *m* ~ zoologische(r) Garten *m*, Zoo *m*
zoólogo [zu'ɔlugu] *m* Zoologe *m*
zorilha [zu'riʎɐ] *m ZO* Wiesel *n*
zorra ['zoʀɐ] *f* **a)** Rollkarren *m*; *AUTO* Tieflader *m*; **b)** alte Füchsin *f*
zorreiro [zu'ʀɐjru] **1.** *adj* langsam, träge; **2.** *m* Zauderer *m*; Faulpelz *m*
zorrilho [zu'ʀiʎu] *m ZO* Stinktier *n*
zorro ['zoʀu] **1.** *adj bras* durchtrieben; **2.** *m ZO* Fuchs *m*
zóster ['zɔʃtər] *m MED* Gürtelrose *f*
zot|e ['zɔtə] P **1.** *adj* dämlich, blöd; **2.** *m* Blödian *m*; **~ismo** [zu'tiʒmu] *m* Dämlichkeit *f*, Stumpfsinn *m*
zuarte ['zwartə] *m Art* Jeansstoff *m*
zuca ['zukɐ] P besoffen, blau
zum [zũ] *m FOT* Zoom *m*
zumbaia [zũ'bajɐ] *f* übertriebene Freundlichkeit *f*; *depr* Kriecherei *f*
zumb|ido [zũ'bidu] *m* Summen *n*; (Ohren)Sausen *n*; **~ir** [-'bir] (3a) summen (*Insekt*); brausen
zun|ideira [zuni'dɐjrɐ] *f* Polierstein *m*; = **~ido** [-'nidu] *m* Pfeifen *n*; Sausen *n*; Summen *n*; **~ir** [-'nir] (3a) pfeifen; sausen; brausen; summen
zunz|um [zũ'zũ] *m* Surren *n*; *fig* Gerücht *n*; ***espalhar -ns*** Gerüchte verbreiten; **~unar** [-zu'nar] (1a) surren; rascheln; *fig* tuscheln
zupar [zu'par] (1a): ~ ***em*** *j-m* eine klatschen
zureta [zu'reta] *su bras* Verrückte(r *m*) *f*
Zurique [zu'rikə] Zürich *n*
zurrapa [zu'ʀapɐ] *f* P Gesöff *n*
zurr|ar [zu'ʀar] (1a) iahen; **~o** ['zuʀu] *m* Iah *n*; **~s** *pl* Eselsgeschrei *n*
zurzir [zur'zir] (3a) geißeln (*a fig*); (aus)peitschen; züchtigen

Wörterverzeichnis Deutsch-Portugiesisch

A

A, a [aː] *n inv* A, a *m*; *MÚS* lá *m*; ***das A und O*** o alfa e o ómega; ***von A bis Z*** de fio a pavio, de ponta a ponta, desde o princípio até ao fim

'Aachen [aːxən] *n* Aquisgrana *f*

Aal [aːl] *m* <-s; -e> enguia *f*; **'≈en**: ***sich ~*** estiraçar-se; **'≈glatt** <*sem pl*> *fig* habilíssimo; fino

Aar [aːr] *m* <-(e)s; -e> *poét* águia *f*

Aas [aːs] *n* <-es; -e, Äser> **1.** carne *f* morta; cadáver *m* em decomposição; **2.** *Schimpfwort*: P canalha *f*, malandro *m*, patife *m*; **'≈en** ['-zən] <-t>: F ***mit et ~*** desperdiçar a/c; **'~geier** *m* abutre *m*

ab [ap] *räuml*: de, desde; *CAM. DE F* partida *f* (de); ***~ Fabrik*** (*od* ***Lager***) preço *m* de fábrica (*od* de estoque); *TEA* sai; *zeitl*: desde, a partir de, de ... em diante; ***~ und zu*** de vez em quando; *ECON* (*abzüglich*) menos

'abänder|n <-re> alterar, mudar; (*berichtigen*) corrigir, emendar; **≈ung** *f* alteração *f*, modificação *f*; **≈ungsantrag** *m* <-(e)s; ¨e> proposta *f* de alteração

'abarbeiten <-e-> *Schuld*: pagar com o seu trabalho; ***sich ~*** estafar-se, esfalfar-se

'Abart *f* variedade *f*, subespécie *f*; *unechte*: espécie *f* bastarda; (*Spielart*) forma *f*; **≈ig** anormal; perverso

'Abbau *m* <-(e)s; *sem pl*> *BGB* exploração *f*; extra(c)ção *f*; *ARQUIT* demolição *f*; *TÉCN* desmontagem *f*, desmantelamento *m*; *QUÍM* decomposição *f*; *MED* reabsorção *f*, catabolismo *m*; dissolução *f*; *fig Ausgaben*: restrição *f*, limitação *f*; *Löhne*: redução *f*; *Personal*: *a* demissão *f*; *Preise*: baixa *f*; **≈bar**: ***biologisch ~*** biodegradável; **≈en** **1.** *v/t* *BGB* explorar; extrair; (*entlassen*) despedir; (*herabsetzen*) reduzir, baixar; *ARQUIT* demolir; *Zelt u TÉCN* desmontar; *QUÍM* decompor; **2.** *v/i fig* enfraquecer; ir abaixo

'ab|beißen trincar, morder; **~beizen** <-t> tirar (com cáustico); *MED* cauterizar; *TÉCN* decapar, desoxidar; **~bekommen** <-> receber, ter a sua parte (*od* o seu quinhão) de; *Schläge*: apanhar

'abberuf|en <-> destituir; **≈ung** *f* destituição *f*

'abbestell|en <-> *ECON Auftrag*: anular; **≈ung** *f* anulação *f*, contra-ordem *f*

'ab|bezahlen <-> pagar em prestações; amortizar; **~biegen** **1.** *v/t* torcer, desviar; **2.** *v/i* <sn>: ***nach links ~*** virar *od* cortar à (*od Weg*: seguir pela) esquerda

'Abbild *n* <-(e)s; -er> imagem *f*; *j-s*: retrato *m*; **≈en** <-e-> reproduzir, copiar; (*darstellen*) representar; **~ung** *f* (*Bild*) gravura *f*, ilustração *f*; estampa *f*; (*Bildnis*) retrato *m*; (*Darstellung*) representação *f*; *MAT* diagrama *m*, gráfico *m*; ***mit ~en versehen*** ilustrar

'abbinden desatar, tirar, desamarrar; *MED* ligar, *Säugling*: cortar o cordão umbilical

'Abbitt|e *f* pedido *m* formal de desculpa (*od* de perdão); ***~ tun***, **≈en**: (***j-m et***) ~ pedir desculpa (a alg por a/c)

'abblasen soprar; *TÉCN Dampf*: descarregar; *MIL* tocar a retirar; dar contra-ordem; *fig* F anular

'ab|blättern <-re> **1.** *v/t* (d)esfolhar, tirar as folhas a; **2.** *v/i* desfolhar-se, perder as folhas; esfoliar-se; **~blenden** <-e-> *FOT* diafragmar; *Auto*: baixar as luzes, *bras* baixar os faróis; **≈blendlicht** *n* <-(e)s; *sem pl*> luzes *f/pl* médias, médios *m/pl*; *bras* luz *f* baixa; **~blitzen** <-t>: F ***j-n ~ lassen*** mandar alg passear; **~brausen** <-t> **1.** *v/t* dar um duche; ***sich ~*** tomar um duche, *bras* tomar um chuveiro; **2.** *v/i* F abalar espalhafatosamente; **~brechen** **1.** *v/t* romper, quebrar, partir; *ARQUIT* demolir; deitar abaixo; *Rede*: interromper; *Verhandlungen*: suspender; *Beziehungen*: cortar; *Belagerung*: levantar; *Streik*: terminar; ***seine Zelte ~*** *fig* ir-se embora, partir; fazer as malas; **2.** *v/i* <*sn*> partir; *fig* (*aufhören*) parar; não continuar; *j-d*: interromper-se; **~bremsen** <*-t*> travar; *FÍS* retardar; **~brennen 1.** *v/t* queimar; *TÉCN* revenir; *Stahl*: temperar; **2.** *v/i* <*sn*> ficar reduzido a cinzas; ***schnell ~*** deflagrar; *a* → ***abgebrannt***; **~bringen** desviar; (*abraten*) dissuadir; ***sich von et nicht ~ lassen*** não se deixar dissuadir de fazer a/c; **~bröckeln** *v/i* <*-le; sn*> esmigalhar-se; despedaçar-se, desfazer-se, desmoronar-se; *ECON Kurse*: ir baixando

'Abbruch *m* <*-(e)s; ⸚e*> demolição *f*; *GEOL* desprendimento *m*; *fig Beziehungen*: corte *m*; *Verhandlungen*: interrupção *f*, suspensão *f*; *e-r Sache* (*dat*) ***~ tun*** prejudicar (*ac*)

'ab|brühen escaldar; *a* → ***abgebrüht***; **~buchen** debitar; **~bürsten** <*-e-*> escovar; **~büßen** <*-t*> expiar, *JUR* cumprir

Ab'c [aːbeː'tseː] *n* <*-; -*> alfabeto *m*; **~-Buch** *n* <*-(e)s; ⸚er*> abecedário *m*, cartilha *f*; **~-Schütze** *m* <*-n*> menino *m* das primeiras letras

'abdach|en, sich ['-daxən] dar uma leve inclinação a; **≈ung** *f* descida *f*, inclinação *f*

'abdämm|en represar, açudar, barrar; *a fig* deter; ***~ gegen*** defender de; **≈ung** *f* represa *f*, dique *m*

'Abdampf *m* <*-(e)s; ⸚e*> vapor *m* de escape; **≈en** evaporar, volatilizar; F partir

'abdämpfen amortecer; *Licht*, *Ton*: *a* abafar

'abdank|en *v/i* abdicar, renunciar ao trono (***zugunsten*** *gen* em favor de); (*zurücktreten*) demitir-se; **≈ung** *f* abdicação *f*, renúncia *f* ao trono; demissão *f*

'abdeck|en abrir, desta(m)par, tirar a tampa; descobrir; *Haus*: destelhar; *Tier*: esfolar; *Tisch*: levantar; *TÉCN* resguardar; **≈er** *m* esfolador *m*, magarefe *m*; **≈ung** *f ECON* amortização *f*, liquidação *f*; *TÉCN* cobertura *f*

'ab|dichten <*-e-*> vedar; calafetar (*a NAV*), abetumar; *EL* isolar (*a TÉCN*); **≈dichtung** *f* vedação *f*; calafetagem *f*; isolação *f*; **~dienen** servir; *Schuld*: pagar pelo seu trabalho; **~drehen 1.** *v/t* destorcer; *Gas*, *Wasser*: fechar; *TÉCN a* forçar; **2.** *v/i NAV u AV* mudar de rumo; afastar-se; retirar

'Abdrift *f AV* deriva *f*, *NAV a* abatimento *m*

'Abdruck *m* <*-(e)s; ⸚e*> impressão *f*, (*Abguss*) molde *m*; (*Abzug*) cópia *f*, (*Nachdruck*) reimpressão *f*, reprodução *f*; (*Probe*≈) prova *f*; **≈en** imprimir, publicar; ***wieder ~*** reproduzir, reimprimir

'ab|drücken (*abformen*) moldar; *MIL* disparar; **~dunkeln** <*-le*> escurecer; *Farben*: carregar; **~ebben** *v/i NAV* vazar; *a fig* diminuir

'Abend ['aːbənt] *m* <*-s; -e*> (*Spätnachmittag*) tarde *f*; *bei Dunkelwerden*: tardinha *f*; *nach Dunkelwerden*: noite *f*; ***am ~*** de (*od* à) tarde *etc*; ***gegen ~*** pela parte da tarde, à tardinha, *bras a* de tardezinha; ***am ~ vor***(***her***) na véspera; ***gestern ~*** ontem à tarde *etc*; ***heute ~*** esta tarde, esta noite; ***guten ~!*** boa tarde!; boa noite!; ***~ werden*** anoitecer; ***zu ~ essen*** jantar

'Abend|andacht *f* ofício *m* da tarde, vésperas *f/pl*; **~anzug** *m* <*-(e)s; ⸚e*> traje *m* de cerimónia, *bras* traje a rigor; **~brot** *n* <*-(e)s; sem pl*>, **~essen** *n* jantar *m*; **~dämmerung** *f* crepúsculo *m*; **≈füllend** *Programm etc*: que preenche o serão *m*; **~gesellschaft** *f* serão *m*; **~kasse** *f* bilheteira *f*, *bras* bilheteria *f*; **~kleid** *n* <*-(e)s; -er*> vestido *m* de baile; **~kurs** *m* <*-es; -e*> curso *m* no(c)turno; **~land** *n* <*-(e)s; sem pl*> Ocidente *m*; **≈ländisch** ['-lɛndiʃ] ocidental; **≈lich** no(c)turno; **~mahl** *n* <*-(e)s; sem pl*> ceia *f*; ***das heilige ~*** a Ceia do Senhor, a Eucaristia *f*, a comunhão *f*, o sacramento do altar, *bras* a Santa Ceia (***nehmen*** receber; ***reichen*** administrar); **~rot** *n* <*-(e)s; sem pl*>, **~röte** *f* <*sem pl*> arrebol *m*; **≈s** de (*od* à) tarde, de (*od* à) tardinha, de (*od* à) noite; **~sonne** *f* <*sem pl*> sol *m* poente; **~schule** *f* curso(s *pl*) *m* no(c)turno(s); **~stern** *m* <*-(e)s; sem pl*> estrela *f* da noite; **~veranstaltung** *f* sarau *m*; **~zeitung** *f* jornal *m* da noite

'Abenteuer ['aːbəntɔyər] *n* aventura

f (***erleben*** ter); **≈lich** aventuroso; arriscado; fora do vulgar

'Abenteurer(in *f*) ['a:bəntɔyrər] *m* aventureiro *m*, -a *f*

'aber ['a:bər] mas, porém; ***~ sicher!*** claro que sim!; ***oder ~*** ou então; **≈** *n* mas *m*

'Aber|glaube *m* <*-ns*; *sem pl*> superstição *f*; **≈gläubisch** ['-glɔybiʃ] supersticioso

'aberkenn|en <->: ***j-m et ~*** negar a/c a alg; *JUR* abjudicar a/c a alg; desapossar (*od* privar) alg de a/c; **≈ung** *f* negação *f*; *JUR* abjudicação *f*; privação *f*

'abermal|ig ['-ma:liç] novo, repetido, reiterado; **~s** de novo, outra vez, novamente

'abernten <*-e-*> colher

'abfahren **1.** *v/t Last*: levar, acarretar; *Strecke*: percorrer; (*abnutzen*) gastar; **2.** *v/i* <*sn*> partir, sair; *NAV a* levantar ferro

'Abfahrt *f* partida *f* (***nach*** para); *Skisport*: descida *f*; **≈(s)bereit** pronto para a partida (*od* para partir); **~slauf** *m* <*-(e)s*; *¨e*> *Skisport*: descida *f*; **~(s)zeit** *f* hora *f* de partida

'Abfall *m* <*-(e)s*; *sem pl*> descida *f*; (*Böschung*) declive *m*; <*pl ¨e*> (*Müll*) lixo *m*; (*Rest*) restos *m/pl*; detritos *m/pl*; *TÉCN* (*Schrott*) sucata *f*; (*Schutt*) entulho *m*; ***Abfälle*** *pl* aparas *f/pl*; <*sem pl*> (*Verrat*) traição *f*; *MIL* deserção *f*; *REL* abjuração *f*; apostasia *f*; **~beseitigung** *f* <*sem pl*> remoção *f* do lixo; **~eimer** *m* caixote (*od* balde) *m* do lixo, *bras* lata *f* de lixo; **≈en** *v/i* <*sn*> cair; (*abnehmen*) diminuir, descair; *Gelände* descer; (*verlassen*) abandonar, deixar; renegar; *Gewinn*: render; (*übrig sein*) sobejar; ***dabei fällt nichts ab*** não se lucra nada com isto; *Sport*: perder terreno; **≈end** *Gelände*: em declive

'ab|fällig inclinado; *Urteil*: desfavorável, depreciativo, negativo; **≈fallprodukt** *n* <*-(e)s*; *-e*> resíduo *m*; refugo; **~fangen** apanhar, ***j-n ~*** *a* surpreender alg; *CORR*, *AV* interceptar; *MIL* deter; *Stoß*: amortecer, atenuar; **≈fangjäger** *m AV* caça *m* de interce(p)ção; **~färben** largar tinta, desbotar; *fig* ***~ auf*** (*ac*) influenciar

'abfass|en <*-t*> apanhar; *Text*: redigir, compor; **≈ung** *f* reda(c)ção *f*

'abfertig|en ['-fɛrtigən] despachar (*a fig* F); *Kunden*: atender, aviar; (*abweisen*) mandar embora; **≈ung(sstelle)** *f* despacho *m*, expedição *f*

'abfeuern <*-re*> disparar, *MIL a* descarregar

'abfind|en pagar, satisfazer; inde(m)nizar; ***sich ~*** contentar-se, conformar-se; acomodar-se, resignar-se; **≈ung(ssumme)** *f* inde(m)nização *f*

'abflach|en ['-flaxən] apla(i)nar, nivelar; *TÉCN* achatar; **≈ung** *f* nivelamento *m*, apla(i)namento *m*; *TÉCN* achatamento *m*

'ab|flauen ['-flaʊən] diminuir; **~fliegen** **1.** *v/i* <*sn*> voar, levantar voo (*ô); *AV a* partir (de avião); descolar; **2.** *v/t* <*sn*> voar sobre; **~fließen** <*sn*> escorrer, escoar-se; **≈flug** *m* <*-(e)s*; *¨e*> partida *f* (do avião), descolagem *f*; **≈fluss** *m* <*-es*; *¨e*> escoamento *m*; *a MED* derramamento *m*, descarga *f*; (*Gosse*) sarjeta *f*; *EL* emanação *f*; **≈flussrohr** *n* <*-(e)s*; *-e*> cano *m* de esgoto; bueiro *m*; **~fragen** perguntar, ouvir, interrogar; *im Unterricht*: chamar; **≈fuhr** ['-fu:r] *f* transporte *m*; carretagem *f*; *Sport*: derrota *f*; ***j-m e-e ~ erteilen*** *Sport*: derrotar alg; *fig* mandar alg passear

'abführ|en **1.** *v/t* transportar; levar; acarretar; *Geld*: pagar, entregar; *Häftling*: prender; *vom Thema*, *vom Wege*: afastar, desviar; **2.** *v/i MED* evacuar, obrar, purgar; **~end** *MED* purgativo; **≈mittel** *n* purgante *m*, laxativo *m*

'abfüll|en tirar; *auf Fässer*: envasilhar; *auf Flaschen*: engarrafar; **≈ung** *f* engarrafamento *m*, engarrafagem *f*

'abfüttern <*-re*> dar de comer a; *Stoff*: forrar

'Abgab|e *f* entrega *f*; (*Steuer*) imposto *m*; direito *m*; contribuição *f*; taxa *f*; (*Tribut*) tributo *m*; (*Verkauf*) venda *f*; *Wechsel*: saque *m*; **≈enfrei** isento de impostos; **≈enpflichtig** sujeito a impostos *etc*, cativo de impostos

'Abgang *m* <*-(e)s*; *¨e*> saída *f*, (*Ab-*

fahrt) a partida *f*; POL a demissão *f*; (*Abnahme*) diminuição *f*, míngua *f*; (*Ausschuss*) aparas *f/pl*; (*Verbrauch*) consumo *m*; (*Verkauf*) venda *f*; (*Verlust*) perda *f*; (*Versand*) despacho *m*; **~sprüfung** *f* exame *m* final; **~szeugnis** *n* <-ses; -se> diploma *m* (do curso), certificado *m*

'Abgas *n* <-es; -e> gases *m/pl* de escape; **≈arm** pouco poluente; **~test** *m* <-s; -s>, **~untersuchung** *f* teste *m* (de emissões) do tubo de escape

'abgeben entregar; dar; (*abtreten*) ceder; renunciar a; (*dienen als*) dar, ser; (*loswerden*) largar; (*zurückgeben*) restituir; *Erklärung*: fazer; *Gepäck*: depositar; *Laden, Raum*: trespassar; *Meinung*: dizer; *Schuss*: disparar; *Visitenkarte*: deixar; *Sport* ceder; ***seine Stimme ~*** votar (***für*** em); ***e-n Wechsel auf j-n ~*** sacar sobre alg; *e-n guten Arzt etc ~* (vir a) ser ...; ***sich ~ mit*** ocupar-se de, dedicar-se a, tratar de; (*verkehren mit*) dar-se com; ***sich nicht ~ wollen mit*** não querer saber de

'ab|gebrannt ['-gəbrant] *fig*: ***~ sein*** estar liso (*od* teso, *od* sem vintém); **~gebrüht** ['-gəbry:t] *fig* sabido; **~gedroschen** ['-gədrɔʃən] *fig* trivial, banal; **~gefeimt** ['-gəfaɪmt] consumado; (*hinterhältig*) pérfido; ***~er Gauner*** patife *m*; **~gegriffen** ['-gəgrifən] gasto; *fig* → ***~gedroschen***; **~gehackt** ['-gəhakt] *fig* entrecortado; **~gehärtet** ['-gəhɛrtət] robusto; endurecido; *fig* calejado, experimentado; ***~ sein*** (***gegen***) ser resistente (a), ser insensível (a)

'abgehen <sn> ir-se (embora), sair (*a* TEA); (*abfahren*) partir; (*fehlen*) faltar; (*sich loslösen*) cair, sair; (*zurücktreten*) demitir-se; (*verkauft werden*) vender-se; (*verschickt werden*) seguir; ***von e-r Meinung ~*** mudar de opinião (*od* de ideias); ***sich nichts ~ lassen*** aproveitar tudo; *Genuss*: não deixar passar nada

'ab|gekämpft ['-gəkɛmpft] esgotado, cansado; **~geklärt** ['-gəklɛ:rt] sereno; sábio; **~gelaufen** *adj Pass, Fahrschein etc*: caduco, que já não é válido; **~gelegen** afastado, distante, longe

'abgelten pagar

'ab|gemessen comedido, moderado; ***genau ~*** certo, exa(c)to, preciso; **~geneigt** pouco inclinado, desfavorável, avesso; (*dat*) ***nicht ~ sein*** não hostilizar, não ser desfavorável a; **≈geneigtheit** *f* <*sem pl*> aversão *f*, antipatia *f*; **~genutzt** ['-genutst] gasto; puído

'Abgeordnete(r *m*) *su* ['-gəʔɔrdnɛtə(r)] deputado *m*, -a *f*; (*Vertreter*) delegado *m*, -a *f*; **~nhaus** *n* <-(e)s; ⸗er> Câmara *f* dos Deputados; Assembleia *f* Nacional

'abgepackt pré-embalado, de pacote, *bras* na embalagem

'abgerissen *adj* (*zerlumpt*) roto, esfarrapado; *fig* incoerente; abrupto

'Abgesandte(r) *m* delegado *m*, emissário *m*

'abgeschieden ['-gəʃi:dən] *adj* recolhido; longínquo; (*tot*) defunto; saudoso; **≈heit** *f* solidão *f*; refúgio *m*; isolamento *m*

'abgeschlossen ['-gəʃlɔsən] (*fertig, beendet*) pronto, findo; (*vollständig*) completo, perfeito; (*allein, zurückgezogen*) isolado, recolhido; (***in sich***) ***~*** independente; acabado; ***~ haben mit*** não se importar mais com; já não fazer caso de

'abgeschmackt ['-gəʃmakt] insípido, (*alltäglich*) banal; (*geschmacklos*) de mau gosto; (*töricht*) absurdo; **≈heit** *f* <*sem pl*> sensaboria *f*; *fig* falta *f* de gosto; despropósito *m*, banalidade *f*

'abgesehen ['-gəze:ən]: ***~ von*** excepto; abstraindo de; ***es auf*** (*ac*) ***~ haben*** ter em mira, visar

'abgespannt cansado, fatigado, exausto; **≈heit** *f* <*sem pl*> cansaço *m*, fadiga *f*

'ab|gestanden ['-gəʃtandən] choco; insípido; **~gestumpft** chato, embotado; *fig* ~ (***gegen***) insensível (a); **~gewinnen** ganhar; (*dat*) ***Geschmack ~*** tomar gosto a a/c; ***j-m e-n Vorsprung ~*** tomar a dianteira (*od* adiantar-se) a alg; **~gewirtschaftet** ['-gəvirtʃaftət] arruinado; ***~ haben*** *a* estar liquidado; **~gewöhnen** <->: ***j-m et ~*** desacostumar (*od* desabituar) alg de a/c; fazer perder o costume (*od* o hábito) de a/c a alg; ***sich*** (*dat*) (***das Rauchen***) ***~*** deixar (de fumar); **~gezehrt**

['-gətseːrt] emagrecido, consumido; magro

'**abgießen** tirar, deitar fora; *Gemüse*: escorrer; *QUÍM* decantar; *TÉCN* fundir; *in Gips etc*: moldar

'**Abglanz** *m <-es; sem pl>* reflexo *m*

'**abgleiten** *<sn>* escorregar (para baixo); *Auto*: resvalar; *Riemen*: separar-se, cair; *ECON Kurse etc* descer, baixar; ***ins Lächerliche*** (*od* ***Geschmacklose***) ~ *fig* cair no ridículo

'**Abgott** *m <-(e)s; ¨er>* ídolo *m*

'**abgöttisch** ['-gœtɪʃ] idólatra, idolátrico; ~ ***lieben*** adorar

'**ab|graben** cavar; sangrar; *Wasser*: desviar; *fig* ***j-m das Wasser*** ~ minar o terreno a alg; **~grasen** *v/t <-t> Vieh*: pastar, pascer; *fig* explorar; **~grenzen** *<-t>* delimitar, demarcar; *fig* determinar, *Begriff*: definir; **2grenzung** ['-grɛntsʊŋ] *f* delimitação *f*, demarcação *f*; *begriffliche*: definição *f*

'**Ab|grund** *m <-(e)s; ¨e>* abismo *m* (*a fig*); (*steiler* ~) precipício *m*; *fig* ***am Rande des ~es stehen*** estar à beira da ruína; **2gründig** ['-gryndɪç], **2grundtief** *<sem pl>* abismal, insondável; **2gucken** F: (***sich*** *dat*) ~ copiar, imitar; **~guss** *m <-es; ¨e>* (*Ausguss*) esgoto *m*; *Figur*: moldagem *f*; *TÉCN* fundição *f*, cópia *f*; (*Gips2*) gesso *m*; *QUÍM* decantação *f*

'**ab|haben**: F ***et*** ~ ***wollen*** querer também; **~hacken** cortar; **~haken** desenganchar, soltar; *fig* marcar

'**abhalten** reter, deter; (*hindern*) impedir; *Kind*: pôr a urinar, F pôr a fazer chichi; *fig Feier*: celebrar; *Prüfung, Sitzung*: ter; *Versammlung*: realizar; ***abgehalten werden*** realizar-se, ter lugar

'**abhand|eln** *<-le>* (*behandeln, erörtern*) tratar de, dissertar sobre; ***vom Preis*** ~ regatear; ***3% von et*** ~ arranjar (*od* pedir) um desconto de 3% sobre a/c; **~en** [-'handən]: (*dat*) ~ ***kommen*** perder-se, desaparecer; **2lung** *f* tratado *m*, *LIT a* ensaio *m*; *CIENC* dissertação *f*, tese *f*

'**Abhang** *m <-(e)s; ¨e>* encosta *f*, declive *m*, vertente *f*, talude *m*; (*Weg*) ladeira *f*; ***steiler*** ~ escarpa *f*, precipício *m*

'**abhäng|en** **1.** *v/t* tirar; *Wagen*: desatrelar, *CAM. DE F* desajoujar; F *fig Sport*: deixar atrás; **2.** *v/i TEL* pousar o auscultador (*bras* o fone); desligar; **3.** *fig* ~ ***von*** depender de; **~ig** dependente; *Rede*: indire(c)to; *Satz*: subordinado; **2igkeit** *f <sem pl>* dependência *f*; ***gegenseitige*** ~ interdependência *f*

'**abhärt|en** *<-e->* robustecer, enrijar, tornar resistente, dar resistência a; imunizar; **2ung** *f <sem pl>* enrijamento *m*

'**ab|hauen** **1.** *v/t* cortar, abater; **2.** *v/i <sn>* F safar-se, abalar; **~heben** levantar, tirar; *Karten*: partir; cortar (o naipe); (***sich***) ~ realçar(-se); distinguir(-se), ressaltar, (fazer) sobressair; (***vom Boden***) ~ *AV* descolar; **~heften** classificar; **~heilen** *v/i <sn>* sarar; **~helfen** (*dat*) remediar; ***dem ist nicht abzuhelfen*** não tem remédio; paciência!; **~hetzen** *<-t>* cansar; (***sich***) ~ maçar(-se), estafar(-se), afadigar(-se)

'**Abhilfe** *f <sem pl>* remédio *m*; ~ ***schaffen*** remediar

'**ab|hobeln** *<-le>* aplainar, acepilhar; **~holen** (v)ir buscar; ~ ***lassen*** mandar buscar; **~holzen** *<-t>* roçar, arrotear, desmoitar, desarborizar; **~horchen** escutar; interceptar; *MED* auscultar; **~hören** *Ferngespräche, Funksendungen*: ouvir, interceptar; (estar a) escutar; (*überwachen*) fiscalizar; (*abfragen*) interrogar; ***j-n*** ~, ***j-m et*** ~ ouvir a/c a alg; **~irren** *<sn>*: ***vom Wege*** ~ errar o caminho, desviar-se do caminho; perder-se; *fig* aberrar

Abi'tur [abi'tuːr] *n <-s; -e>* exame *m* final (do liceu); ***das*** ~ ***machen*** tirar o curso liceal; **~i'ent(in** *f*) [-i'ɛnt] *m <-en>* finalista *su* (do liceu)

'**ab|jagen** ['ap-]: ***j-m et*** ~ arrebatar a/c a alg; **~kanzeln** ['-kantsəln] *<-le>* F censurar, repreender; F dar uma ensaboadela a; **~kapseln**: ***sich*** ~ *fig* pôr-se à parte; ensimesmar-se; **~karten** *<-e->* combinar, tramar; **~kaufen** comprar

'**Abkehr** [-eː-] *f <sem pl>*: ~ (***von***) abandono *m* (de), renegação *f* (de), renúncia *f* (a); **2en**: ***sich*** ~ ***von*** afastar-se de; voltar (*od* virar) as costas a; *fig a* renegar (*ac*); (*aufge-*

ben, verzichten auf) abandonar (*ac*); renunciar a

'abklär|en clarificar; *QUÍM* filtrar, decantar; *fig* esclarecer; **2ung** *f* <*sem pl*> clarificação *f*; *QUÍM* filtração *f*, decantação *f*; *fig* esclarecimento *m*

'Abklatsch *m* <-(*e*)*s*; -*e*> (*Abdruck*) decalque *m*, cópia *f* (*a fig*); (*Nachahmung*) imitação *f*; decalque *m*

'abklemmen *EL* separar por pressão; escachar

'ab|klingen <*sn*> diminuir, acabar; extinguir-se; **~klopfen** bater; *Staub*: sacudir; *MÚS* interromper; (*beklopfen*) apalpar; *MED* auscultar; F procurar sistematicamente; **~knabbern** <-*re*> roer; **~knallen** F (*erschießen*) abater; **~knapsen** ['-knapsən] <-*t*> F cortar; arrancar; ***sich*** (*dat*) ***et* ~** fazer sacrifício de a/c; **~knicken** quebrar, arrancar; (*verbiegen*) torcer, dobrar; **~knipsen** <-*t*> F *Draht*: cortar; **~knöpfen** desabotoar; *fig* F ***j-m et* ~** extorquir a/c a alg; **~knutschen** F beijocar, *bras* dar beijocas a; **~kochen 1.** *v/t* cozer, escaldar; *Milch, Wasser, QUÍM* ferver; **2.** *v/i* cozer; *MIL* preparar o rancho; **2kochen** *QUÍM n* deco(c)ção *f*; **~kommandieren** <-> *MIL* destacar; transferir

'abkommen *v/i* <*sn*> afastar-se, apartar-se; *MIL* (*zielen*) apontar, acertar; ***vom Wege* ~** perder (*a JUR* desviar-se d)o caminho; *fig* = ***abirren***; ***von e-r Absicht* ~** desistir de uma intenção; mudar de ideias; ***vom Thema* ~** desviar (*od* afastar)-se do assunto; ***nicht* ~ *können*** não ter tempo, não estar livre

'Abkommen *n* convénio *m*, convenção *f*, acordo *m*, pa(c)to *m*

'abkömm|lich ['-kœmliç] disponível; ~ ***sein*** *a* ter tempo; **2ling** *m* <-*s*; -*e*> descendente *m*; *QUÍM* derivado *m*

'ab|koppeln <-*le*> desengatar, desligar; *Hund*: soltar; *Pferd*: desatrelar; **~kratzen** <-*t*> **1.** *v/t* raspar; limpar; **2.** *v/i* P (*sterben*) esticar a perna; **~kriegen** F → ***abbekommen***

'Abkühl...: *in Zssgn* resfriador, refrigerativo, refrigeratório, de refrigeração; **2en** arrefecer; *FÍS* refrigerar; refrescar; resfriar; **~ung** *f* <*sem pl*> resfriamento *m* (*a fig*); arrefecimento *m*; *TÉCN* refrigeração *f*

'Abkunft *f* <-; *sem pl*> ascendência *f*; linhagem *f*; ***deutscher* ~** de origem alemã

'abkürz|en <-*t*> cortar; encurtar; *MAT* reduzir; *Verhandlung, Weg, Wort*: abreviar; **2ung** *f* abreviação *f*; *Wort, TIP* abreviatura *f*

'ab|küssen <-*t*> beijocar, *bras* dar beijocas a; **~laden** descarregar

'Ablage *f* depósito *m*; (*Akten2*) arquivo *m*; (*Kleider2*) vestuário *m*

'ablager|n <-*re*> **1.** *v/t* depositar; **2.** *v/i Wein*: repousar; ***sich* ~** *GEOL* sedimentar; **2ung** *f* depósito *m* (*a QUÍM*), *GEOL* sedimento *m*; *QUÍM Prozess, MED* sedimentação *f*

'ablassen largar, soltar; *TÉCN Dampf, Luft*: deixar escapar (*od* sair); *Teich*: sangrar (*a MED* ***Blut* ~**); *Wasser*: deixar escorrer; *Wein etc*: trasfegar; *Preis*: descontar; fazer um desconto (*od* abatimento); *CAM. DE F* fazer partir; dar a partida (*od* o sinal da partida); ***von et* ~** desistir de a/c; ***von j-m* ~** deixar alg (em paz)

'Ablauf *m* <-(*e*)*s*; ⸚*e*> decurso *m*, decorrer *m*; evolução *f*; (*Abfluss*) esgoto *m*; (*Ausgang*) fim *m*; *Frist*: cabo *m*, expiração *f*; *ECON Wechsel*: vencimento *m*; *Sport*: partida *f*; ***nach* ~ *von*** ao cabo de; ***vor* ~** (*gen*) antes do fim (de)

'ablaufen 1. *v/i* <*sn*> decorrer; *Sport*: partir; *Uhr*: parar, ***abgelaufen sein*** não ter corda; *Wasser*: (es)correr; *fig* (*enden*) acabar; *Frist*: *a* vencer, caducar (*a Pass*); terminar; expirar; **2.** *v/t Gegend*: correr; percorrer; *Schuhe*: gastar; *fig* ***j-m den Rang* ~** vencer alg, exceder alg; F ***sich*** (*dat*) ***nach et die Beine*** (*od* ***Hacken***) **~** esfalfar-se atrás de a/c

'Ablaut *m* <-(*e*)*s*; -*e*> *GRAM* apofonia *f*; **2en** <-*e*-> sofrer apofonia

'Ableben *n* morte *f*, falecimento *m*

'ablecken lamber

'ablegen depor; *Akten, Briefe*: arquivar; *Kleider*: tirar, despir; já não vestir; ***abgelegte Kleidung*** roupa usada; *fig Bekenntnis, Geständnis, Prüfung*: fazer, *Eid*: *a* prestar (*a Rechenschaft*); *Gewohnheit*: perder; *Probe, Zeugnis*: prestar

'**Ableger** *BOT m* estaca *f*, tanchão *m*

'**ablehn|en** recusar; *Einladung*: declinar; *Erbschaft*: renunciar a; *Gesuch*: indeferir; *Verantwortung*: não tomar; *Vorschlag*: rejeitar; **~end** negativo; **~ *gegenüberstehen*** (*dat*) desaprovar (*ac*), não simpatizar com; **≈ung** *f* recusa *f*; negação *f*; *Einladung*: declinação *f* (*gen* a); *Gesuch*: indeferimento *m*; *Vorschlag*: rejeição *f*

'**ableisten** <-e-> *MIL* cumprir

'**ableit|en** <-e-> *Fluss*: desviar; *Wasser*: desaguar; *fig*, *MAT*, *GRAM* derivar; deduzir; **≈ung** *f* desvio *m*; derivação *f*; dedução *f*; desaguamento *m*; *GRAM* derivação *f*; *MAT* derivada *f*, quociente *m* diferencial; **≈ungs...**: *in Zssgn GRAM* derivativo *m*

'**ablenk|en** desviar, apartar; *a MIL u fig* distrair; ***von et* ~** desviar a atenção de a/c; **≈ung** *f* desvio *m*; diversão *f*; *ASTR* digressão *f*; *FÍS* difra(c)ção *f*; *EL* difusão *f*; (*Unterhaltung*) distra(c)ção *f*; **≈ungs...**: *in Zssgn* de diversão *etc*

'**ables|en** ler; ***j-m e-n Wunsch von den Augen* ~** adivinhar os desejos de alg; **≈ung** *f* <*sem pl*> leitura *f*

'**ableugn|en** <-e-> negar, desmentir; **≈ung** *f* <*sem pl*> negação *f*; desmentido *m*

'**ablieferl|n** <-re> entregar; **≈ung** *f* entrega *f*

'**ablösbar** separável; *JUR* redimível

'**ablöschen** apagar; *Tinte*: secar (com mata-borrão)

'**ablös|en** <-t> desligar, descolar, tirar; *JUR u ECON* re(di)mir; *MIL* render; *j-n*: substituir; ***sich* ~** *Farbe etc*: descolar-se, despegar-se; ***einander* ~** alternar-se, revezar-se; **≈ung** *f* desligamento *m*; *im Amt*: substituição *f*; *MIL* render *m* (da guarda); *JUR*, *ECON* remissão *f*; ***gegenseitige* ~** revezamento *m*

'**Abluft** *f* <*sem pl*> ar *m* evacuado

'**ablutschen** F chupar

ABM [a:be:'ɛm] *f* (***Arbeitsbeschaffungsmaßnahme***) POC *m* (plano *m* ocupacional para emprego de curta duração)

'**abmach|en** (*lösen*) tirar; (*verabreden*) combinar, arranjar, entender-se; *Arbeit*, *Preis*: ajustar; *vertraglich*: estipular, determinar; ***abgemacht!*** está dito!, está combinado!, está entendido!; **≈ung** *f* arranjo *m* (***treffen*** fazer); (*Vertrag*) acordo *m*; *POL a* pacto *m*; (*Klausel*) estipulação *f*; convénio *m*, convenção *f*, *Personal*: ajuste *m*

'**abmager|n** <-*re*; *sn*> emagrecer; abater; **≈ung** *f* <*sem pl*> emagrecimento *m*; **≈ungskur** *f* cura *f* de emagrecimento

'**ab|mähen** ceifar; **~malen** pintar; copiar; *j-n*: retratar

'**Abmarsch** *m* <-*es*; ⸚*e*> partida *f*; **≈bereit** pronto para a partida; **≈ieren** <-; *sn*> marchar, partir, sair; pôr-se em marcha

'**abmeld|en** <-e->: ***j-n*** (***bei ...***) **~** avisar (*ac*) da saída de alg; participar a partida de alg (a); riscar alg da matrícula (*od* do registo); ***sich* ~** despedir-se; **≈ung** *f* despedida *f*; *polizeilich*: participação *f* de saída

'**abmess|en** medir (*a fig*); *TÉCN* regular; *fig* (*abschätzen*, *beurteilen*) julgar; calcular; *a* → ***abgemessen***; **≈ung** *f* medição *f*; *TÉCN* dimensão *f*; regulamento *m*; ***Abmessungen*** *pl* dimensões *f/pl*

'**ab|mildern** atenuar; temperar; **~montieren** <-> desmontar; **~mühen**: ***sich* ~** dar-se muito trabalho; **~mustern** <-*re*> *MIL u NAV* licenciar; despedir(-se); **~nagen** roer; **~nähen** fazer uma pinça (*bras* pence); **≈näher** ['-nɛ:ər] *m* pinça *f*, *bras* pence *f*

'**Abnahme** *f* <*sem pl*> *ECON* (*Annahme*) aceitação *f*; (*Kauf*) compra *f*; (*Verkauf*) venda *f* (***finden*** ter); *MED* amputação *f*; *Verband*: tirar *m* da ligadura; (*technische Prüfung*) vistoria *f*; (*Verminderung*) diminuição *f*, perda *f*; **~ *e-s Eides*** ajuramentação *f*; **~ *e-r Prüfung*** exame *m*

'**abnehmbar** ['-ne:m-] desmontável

'**abnehmen** **1.** *v/t* tirar; (*a TÉCN*) desmontar; *Hörer*: levantar; *Karten*: cortar (o naipe); *Obst*: colher; *Parade*: passar em revista; *ECON* receber, *CORR* aceitar; (*kaufen*) comprar; *MED Glied*: amputar; *Verband*: tirar; *TÉCN* (*prüfen*) vistoriar; ***j-m et* ~** (*helfen*) ajudar alg em (*od* a fazer) a/c; F (*glauben*) acreditar a/c a alg; ***j-m e-n Eid* ~** ajuramentar alg; ***e-e Prüfung*** ~ examinar; **2.** *v/i* diminuir; *a Tage*: decrescer; *an Gewicht*: emagrecer; *Temperatur*, *Wasser*: *a* descer; *Mond*: minguar; *fig* ir abaixo, decair

'**Abnehmer** *m* comprador *m*, freguês *m*

'**Abneigung** *f* aversão *f*, antipatia *f*

ab'norm anormal; irregular; **&i'tät** [-i'tɛːt] *f* anormalidade *f*, anomalia *f*; monstruosidade *f*

'**abnötigen** extorquir; arrancar; *Bewunderung*: causar

'**abnutz|en** <-*t*>, '**abnütz|en** <-*t*> gastar, usar; deteriorar; ***abgenutzt*** usado; gasto; **&ung** *f* uso *m*, gasto *m*, desgaste *m* (*a fig*); (*Wertverminderung*) deterioração *f*, detrimento *m*; *a MED* usura *f*, abrasão *f*

Abo ['abo] F *n* <-*s*; -*s*> → ***Abonnement***

Abonn|e'ment [abɔnə'maŋ] *n* <-*s*; -*s*> assinatura *f*; **~'ent(in *f*)** [-'nɛnt-] *m* <-*en*> assinante *su*; **&'ieren** <-> assinar; subscrever

abordn|en <-*e*-> delegar, deputar; **&ung** *f* delegação *f*, deputação *f*; *MIL* missão *f*

'**Abort**[1] *m* <-(*e*)*s*; -*e*> retrete *f*

A'bort[2] [a'bɔrt] *MED m* <-(*e*)*s*; -*e*> aborto *m*

'**ab|packen** tirar, descarregar; embalar; **~passen** <-*t*> *Gelegenheit*: aguardar, *a j-n*: esperar (por), espreitar; **~pellen** descascar, pelar; **~pfeifen**: (***das Spiel***) ~ apitar para interromper (*od* terminar) o jogo; **&pfiff** *m* <-(*e*)*s*; -*e*> *Sport*: apito *m* de interrupção; apito *m* final; **~pflücken** colher; **~placken**, **~plagen**: ***sich*** ~ cansar-se, maçar-se; esfalfar-se

'**abplatten** <-*e*-> achatar

'**Abprall** *m* <-(*e*)*s*; -*e*> ressalto *m*; *Geschoss*: ricochete *m*; **&en** *v/i* <*sn*> ressaltar, recuar; ricochetear; *fig* deixar impassível, não atingir

'**abputzen** <-*t*> limpar; *ARQUIT Haus*: branquear, caiar; *Mauer*: rebocar, revestir de reboco

'**ab|quälen**: ***sich*** ~ maçar-se; *seelisch*: atormentar-se; **~rackern** ['-rakərn] F <-*re*>: ***sich*** ~ maçar-se; **~rahmen** desnatar; **~rasieren** <-> rapar; F arrasar; **~raten** desaconselhar; ***j-m*** ~ ***von*** dissuadir alg de (*inf*); **&raum** *m* <-(*e*)*s*; *sem pl*> *BGB* (des)entulho *m*; escombros *m/pl*; desaterro *m*; **~räumen** arrumar; tirar; *Tisch*: levantar; ***den Schutt*** ~ ***von*** desentulhar (*ac*)

'**abreagieren** <->: ***sich*** ~ desafogar-se, aliviar-se

'**abrechn|en** <-*e*-> **1.** *v/t* (*abziehen*) deduzir, descontar; subtrair; *ECON Konto*: saldar; liquidar; **2.** *v/i* fazer (as) contas, *a fig* ajustar contas; **&ung** *f* (*Abzug*) desconto *m*; *Konto*: liquidação *f*, balanço *m*, *a fig* ajuste *m* de contas; **&ungsverkehr** *m* <-*s*; *sem pl*> clearing *m*; **&ungszeitraum** *m* <-(*e*)*s*; *⸚e*> período *m* de apuramento de contas

'**Abrede** *f* acordo *m*; ***in*** ~ ***stellen*** negar, desmentir

'**abreib|en** esfregar; (*reinigen*) *a* limpar; *MED a* fri(c)cionar; **&ung** *f* esfregadura *f*; *MED* fri(c)ção *f*; *fig* descompostura *f*, ensaboadela *f*

'**Abreise** *f* partida *f*; **&n** <-*t*; *sn*> partir

'**Abreiß|block** *m* <-(*e*)*s*; *⸚e*> bloco *m* (de escrever); **&en** **1.** *v/t* arrancar, tirar; *ARQUIT* deitar abaixo, demolir, derribar; **2.** *v/i* <*sn*> *Faden*: partir(-se); *fig* ***nicht*** ~ não ter fim; nunca mais acabar; ***plötzlich*** ~ acabar de repente; *a* → ***abgerissen***; **~kalender** *m* calendário *m*

'**abrennen**: ***sich*** (*dat*) ***die Beine*** ~ correr de um lado para o outro; cansar-se

'**abricht|en** <-*e*-> adestrar; *TÉCN* re(c)tificar, aplanar; **&ung** *f* adestramento *m*; *TÉCN* re(c)tificação *f*; aplanamento *m*

'**abriegeln** <-*le*> trancar, aferrolhar; *a fig* bloquear; *polizeilich*: cercar; *Verkehr*: vedar; *MIL Graben*: cortar

'**abringen** *j-m et*: arrancar; extorquir

'**Ab|riss** *m* <-*es*; -*e*> esboço *m*; *schematischer*: diagrama *m*; *fig* resumo *m*; (*Buch*) compêndio *m*; *ARQUIT* demolição *f*; **&rollen** **1.** *v/t* desenrolar; (*befördern*) levar, transportar; **2.** *v/i* desenrolar-se; *Programm*: correr; **&rücken** **1.** *v/t* afastar, remover, tirar; **2.** *v/i* <*sn*> *MIL* partir, retirar; *fig* ~ ***von*** distanciar-se de; **~ruf** *m* <-(*e*)*s*; -*e*> revocação *f*; ***auf*** ~ às ordens *f/pl*, à disposição *f*; **&rufbereit** pronto a ser chamado; à disposição *f*; **≈rufen** chamar; *Geld, Ware*: levantar; *CAM. DE F* anunciar a partida de; **≈runden** <-*e*-> (ar)redondar (***nach oben*** por excesso; ***nach unten*** por defeito); **≈rupfen** depenar; arrancar; **≈rüsten** <-*e*-> desarmar; **~rüstung** *f* <*sem pl*> desarmamento *m*; **≈rutschen** escorregar; **≈sacken** ['-zakən] <*sn*> cair, baixar(-se); (*nachgeben*) ceder; *ARQUIT* descer; *NAV* afundar-se, ir a pique; *AUTO* ir-se abaixo

ABS [aːbeː'ʔɛs] → ***Antiblockiersystem***

Abs. ***Absatz*** *m* parágrafo, alínea; ***Absender*** *m* remetente (Rem.[te])

'Absage *f* recusa *f*; (*~brief*) resposta *f* negativa; **≈n 1.** *v/t* (*ablehnen*) declinar; não aceitar, recusar; (*widerrufen*) anular; **2.** *v/i*: ***j-m ~*** declinar (*od* não aceitar) o convite de alg; *fig* (*abschwören*) renegar (*ac*), abjurar (*ac*); (*entsagen*) renunciar a

'ab|sägen serrar; F *fig* ***j-n ~*** correr com alg; **~sahnen** F *fig* meter (a melhor *od* maior parte) ao bolso, tirar o proveito de; **~satteln** <-*le*> tirar a sela, tirar a albarda

'Absatz *m* <-*es*; ¨*e*> (*Abschnitt*) parágrafo *m*, alínea *f*; *Rede*: período *m*; *ARQUIT* ressalto *m*; (*Schuh≈*) salto *m*, tacão *m*; (*Treppen≈*) patamar *m*; (*Unterbrechung*) intervalo *m*, pausa *f*; (*Verkauf*) venda *f*; **≈fähig**: ***~ sein*** *ECON* ter venda; **~gebiet** *n* <-(*e*)*s*; -*e*> *ECON* mercado *m*; **~markt** *m* <-(*e*)*s*; ¨*e*> *ECON* mercado *m*; **~steigerung** *f ECON* aumento *m* do volume de vendas

'absaug|en aspirar, chupar; **≈pumpe** *f* bomba *f* aspirante

'abschaben ra(s)par; (*abnutzen*) gastar; *Stoff*: *a* puir

'abschaff|en abolir, *Einrichtung*: *a* suprimir, *Gesetz*: *a* revogar, anular; (*entlassen*) despedir; **≈ung** *f* supressão *f*, abolição *f*, revogação *f*, anulação *f*

'abschälen descascar; tirar a pele

'abschätz|en <-*t*> avaliar, estimar, apreciar; taxar; **~ig** depreciativo; **≈ung** *f* avaliação *f*; taxação *f*

'abschalten *EL* **1.** *v/t* desligar; **2.** *v/i* F *fig* relaxar

'Ab|schaum *m* <-(*e*)*s*; *sem pl*> espuma *f*; escuma *f*; *Metall*: escória *f*; *fig* ralé *f*; **≈scheiden 1.** *v/t* separar; *MED u QUÍM* segregar; *QUÍM* ***sich ~*** precipitar-se; **2.** *v/i* <*sn*> falecer; partir; **~scheu** *m* <-(*e*)*s*; *sem pl*>: ***~*** (***vor*** *dat*) horror *m* (de), aversão *f* (contra); abominação *f*; abje(c)ção *f*; **≈scheuern** <-*re*> esfregar; limpar; (*abnutzen*) (des)gastar; **≈'scheulich** [-'ʃɔyliç] abominável, detestável, horrível, abje(c)to; **~'scheulichkeit** *f* <*sem pl*> horror *m*; monstruosidade *f*; (*Untat*) atrocidade *f*; **≈schicken** enviar, mandar, remeter, despachar, expedir; **≈schieben 1.** *v/t* afastar, remover; empurrar; *fig Ausländer*: expulsar; **2.** *v/i* <*sn*> P abalar; **~schiebung** *f* expulsão *f*

'Abschied ['-ʃiːt] *m* <-(*e*)*s*; *sem pl*> despedida *f*; (*Entlassung*) demissão *f*, *MIL a* reforma *f*; baixa *f*; (***seinen***) ***~ nehmen*** despedir-se; demitir-se, *MIL a* pedir a reforma

'Abschieds...: *in Zssgn* de despedida; **~besuch** *m* <-(*e*)*s*; -*e*>: (***seinen ~ machen*** apresentar cumprimentos de) despedida *f*; **~gesuch** *n* <-(*e*)*s*; -*e*> demissão *f* (***einreichen*** dar)

'abschießen *v/t* disparar; descarregar; *Pfeil*: atirar; *Rakete, Torpedo*: lançar; *Flugzeug*: abater (*a* Tier), derrubar; *Panzer*: destruir, aniquilar

'abschinden: ***sich ~*** esfalfar-se, maçar-se

'abschirmen proteger; resguardar (*a fig*); cobrir; *MIL u TÉCN* blindar

'abschirren desarrear, tirar os arreios (a)

'abschlachten <-*e*-> *Vieh*: abater; (*grausam töten*) chacinar, assassinar

'Ab|schlag *m* <-(*e*)*s*; ¨*e*> *Preis*: desconto *m*; ***auf ~*** a prestações *f/pl*; **≈schlagen** cortar, derrubar, abater; *AGR a* desbastar; *MIL u Sport*, *Angriff, Stoß*: repelir; *fig Bitte*: declinar, recusar, negar; *Gesuch*: indeferir; **≈schlägig** ['-ʃlɛːgiç] negativo; **~schlagszahlung** *f* pagamento *m* a prazo; prestação *f*

'abschleifen *TÉCN* amolar; afiar; polir; limpar; (*abnutzen*) desgastar; **≈** *n* <*sem pl*> *ARQUIT* (*Abnutzung*) desgaste *m*; *MED* abrasão *f*

'Abschlepp|dienst *m* <-(*e*)*s*; -*e*> serviço *m* de reboque; **≈en** levar a reboque, rebocar; ***sich mit et ~*** arrastar a/c, maçar-se com a/c; **~wagen** *m* carro *m* de reboque

'abschließen 1. *v/t* fechar à chave; (*abdichten*, *absondern*) isolar; (*beenden*) terminar; *Anleihe*: negociar, contrair; *Handel*: fechar; *Kauf*: efe(c)tuar; *Rechnung*: ajustar, liquidar; *Vertrag*: concluir; **2.** *v/i* acabar; ***sich ~*** isolar-se; *innerlich*: ensimesmar-se; **~d** definitivo, final; *adv a* terminando

'Abschluss *m* <*-es; sem pl*> (*Beendigung*) conclusão *f*; (*Ende*) fim *m*, termo *m*; <*pl* ~*e*> *Anleihe*: contra(c)ção *f*; *Geschäft*: transa(c)ção *f*; (*Geschäfts*≈, *Rechnungs*≈) saldo *m*, balanço *m*; *Vertrag*: conclusão *f*, assinatura *f*; ***zum ~ bringen*** levar a cabo; terminar; **~prüfung** *f* exame *m* final

'ab|schmecken provar; **~schmieren** *TÉCN* lubrificar; untar; F *fig* copiar; **~schminken** remover o make-up; descaracterizar; ***sich et ~*** F *fig* tirar a/c da cabeça; **~schmirgeln** <*-le*> esmerilar; **~schnallen** desafivelar, tirar; **~schneiden 1.** *v/t* cortar (*a fig*), *MIL a* isolar; *Möglichkeit*: privar alg de; **2.** *v/i*: ***gut ~*** sair-se bem; fazer boa figura

'Abschnitt *m* <*-(e)s*; *-e*> secção *f*; parte *f*; trecho *m*; *MAT* sector *m*; *Rechnung*, *Schein*: senha *f*; *Scheckbuch*: talão *m*; *Text*: parágrafo *m*, alínea *f*; passo *m*, trecho *m*; (*Zeit*≈) época *f*, fase *f*, período *m*

'ab|schnüren desligar; *Blut*, *Kehle*: estrangular, *MED a* ligar; *fig u MIL* isolar; cortar as comunicações a; **~schöpfen** escumar; tirar de cima (dum líquido); ***Fett ~ von*** desengordurar (*ac*); ***Rahm ~ von*** desnatar (*ac*); **~schrägen** ['-ʃrɛːgən] enviesar; *TÉCN a* chanfrar; **~schrauben** desaparafusar, desatarraxar

'abschreck|en intimidar; escarmentar, (fazer) desanimar; desalentar; *Ei etc*: passar por água fria; *TÉCN* temperar; ***sich ~ lassen von*** *fig* recuar diante de; **~end** desanimador; assustador; ***~es Beispiel*** lição *f*, escarmento *m*; ***~e Strafe*** castigo *m* exemplar; **≈ung** *f* <*sem pl*> intimidação *f*; escarmento *m*; *TÉCN* têmpera *f*

'abschreib|en 1. *v/t* copiar, transcrever; *betrügerisch*: plagiar, cometer plágio; (*abrechnen*) deduzir, descontar; *Wert*: depreciar; *auf Konto*: abonar; (*tilgen*) amortizar; **2.** *v/i* (*absagen*) dar uma resposta negativa; escrever a desculpar-se; **≈ung** *f ECON* amortização *f*

'abschreiten medir com passos; ***die Front ~*** passar revista (às tropas)

'Abschrift *f* cópia *f* (***nehmen*** fazer); (*Doppel*) duplicado *m*; traslado *m*; ***~ e-r Urkunde*** pública-forma *f*; **≈lich** por cópia, copiado; em duplicado

'ab|schuften: F ***sich ~*** matar-se a trabalhar; **~schuppen 1.** *v/t* escamar; **2.** *v/i Haut*: cair; **~schürfen**: (***sich*** *dat* ***et***) **~** escoriar (a/c); **≈schürfung** *f* escoriação *f*

'Abschuss *m* <*-es*; ~*e*> tiro *m*; *Rakete*, *Torpedo*: lançamento *m*, *AV* derrubamento *m*, abatimento *m*; *Panzer*: destruição *f*

'abschüssig ['-ʃysiç] íngreme; escarpado; **≈keit** *f* <*sem pl*> declive *m*

'Abschussrampe *f* plataforma *f* de lançamento

'ab|schütteln <*-le*> sacudir; deitar fora; *fig* livrar-se de; **~schwächen** abrandar, diminuir, moderar; *Ausdruck*, *Schuld*: atenuar; *Schall*: abafar; *Stoß*: amortecer

'abschweif|en <*sn*> desviar-se, afastar-se; ***vom Thema ~*** perder-se em divagações; **≈ung** *f* divagação *f*, digressão *f*

'ab|schwellen <*sn*> diminuir; *MED* desinchar; **~schwenken** *v/i* <*sn*> mudar de rumo; **~** (***nach***) virar (para); **~schwören** abjurar

'absegnen abençoar

'abseh|bar ['-zeːbaːr] determinável; ***in ~er Zeit*** em tempo determinado; (*bald*) em breve; ***nicht ~*** não de prever; **~en 1.** *v/t* abranger com a vista; (*voraussehen*) prever; ***es ist kein Ende abzusehen*** parece não ter fim; ninguém sabe quanto isso durará; ***j-m et ~*** copiar a/c de alg; ***es abgesehen haben auf*** (*ac*) ter em mira, ter em vista, ambicionar; ***es auf j-n abgesehen haben*** F tomar alg de ponta; **2.** *v/i* ***von et ~*** abstrair de a/c; *Plan*: desistir de; (*unbeachtet lassen*) não ter em conta; ***abgesehen von*** *fig* abstraindo de, a não ser (que *subj*), não contando com

'ab|seifen ensaboar, lavar com água e sabão; **~seilen** ['-zaɪlən]: (***sich***) **~** (*losbinden*) desatar(-se); (*herunterklettern*) descer pela corda; F *fig* (*verschwinden*) desaparecer; dar o fora

'abseits fora de mão; desviado, afastado; *Sport*: fora de jogo; *fig* ***ins* ≈ *drängen*** isolar

'absend|en mandar, enviar, despachar; **≈er(in** *f*) *m* remetente *su* (*Abk* ***Abs.*** Rem.); **≈ung** *f* envio *m*, despacho *m*, remessa *f*, expedição *f*

'absengen chamuscar

'absenk|en *TÉCN* afundar, rebaixar; *AGR* mergulhar, enterrar; *BOT Reben*: abacelar; **≈er** *BOT m* mergulhão *m*, estaca *f*, tanchão *m*; **≈ung** *f TÉCN* abaixamento *m*

'absetz|bar: **~ *sein*** poder ser demitido (*od* destituído); *ECON Ware*: ter venda, vender-se; **~en** <-*t*> **1.** *v/t* pôr no chão; (*entlassen*) depor, demitir; (*entthronen*) destituir, destronar; (*lassen*) deixar, desembarcar; (*unterscheiden*) fazer contrastar (***gegen*** com); (*streichen*) riscar; dar baixa a; *ECON a* deduzir; (*unterbringen*) colocar; (*verkaufen*) vender; *QUÍM* depositar, formar um depósito; *TIP*, *Wort*: separar; ***von der Steuer* ~** deduzir do imposto; **2.** *v/i* fazer uma pausa, interromper(-se); **≈ung** *f* deposição *f*, demissão *f*; destituição *f*

'absichern assegurar, proteger

'Absicht *f* intenção *f*, intuito *m*; (*Plan*) desígnio *m*, intento *m*; (*Ziel*) fim *m*; obje(c)tivo *m*; (*Zweck*) propósito *m*; ***mit* ~** = **≈lich** propositado, intencional, deliberado; *adv a* de propósito

'absinken descer; ir(-se) abaixo

'absitzen 1. *v/t*: ***e-e Strafe* ~** expiar uma pena na cadeia; **2.** *v/i* <*sn*>: ***vom Pferd* ~** apear-se, desmontar

abso'lut [apzo'luːt] absoluto; **~ *nicht*** de maneira nenhuma; **≈i'on** [-tsi'oːn] *f* absolvição *f*; ***j-m* ~ *erteilen*** absolver alg; **≈'ismus** *m* <-; *sem pl*> absolutismo *m*

Absol|'vent(in *f*) [apzɔlvɛnt(in)] *m* <-*en*> aluno *m*, -a *f* que acabou (*od* está a acabar) um curso; **≈'vieren** <-> absolver; (*abschließen*) acabar, terminar; *Schule*: frequentar; *Studium*: tirar

ab'sonderlich extravagante, estranho, esquisito

'absonder|n <-*re*> separar; desagregar; *MED* segregar; *e-n Gefangenen*: pôr incomunicável; (***sich***) **~** isolar(-se); **≈ung** *f* separação *f*, incomunicabilidade *f*

absor'bieren [apzɔr'biːrən] <-> absorver

'abspalt|en <-*e*-> separar; *QUÍM* cindir (*a fig*); **≈ung** *f* separação *f*, *QUÍM* cisão *f* (*a fig*)

'abspann|en desatrelar, soltar; (*Spannung vermindern*) diminuir a força (*od* a tensão) de; → ***abgespannt***; **≈ung** *f fig* cansaço *m*, abatimento *m*

'abspeisen <-*t*> dar de comer a; *fig* contentar, alimentar; ***j-n mit leeren Worten* ~** despachar alg com palavras ocas

'abspenstig ['-ʃpɛnstiç]: **~ *machen*** alienar, tirar; **~ *werden*** abandonar

'absperr|en (*abriegeln*) fechar, trancar; (*blockieren*) bloquear; (*isolieren*) isolar; *Zugang*: fechar (*od* vedar) ao trânsito; *Zuleitung*: cortar; *TÉCN* travar; **≈hahn** *m* <-(*e*)*s*; **¨e**> torneira *f* de vedação; **≈ung** *f* encerramento *m*; barricada *f*, bloqueio *m*; *polizeiliche*: cordão *m*; *Zugang*: interdição *f*, *Zuleitung*: corte *m*; *TÉCN* vedação *f*

'abspielen 1. *v/t Tonband*, *Platte*: (fazer) tocar; *Film*: (fazer) passar; **2. *sich* ~** passar-se

'ab|splittern <-*re*> lascar; **≈sprache** *f* acordo *m*, ajuste *m*; **~sprechen** negar, disputar; (*vereinbaren*) combinar, ajustar; *JUR* abjudicar; ***j-m et* ~** desapossar (*od* privar) alg de a/c; **~springen** <*sn*> saltar; partir-se; (*sich ablösen*) despegar-se; (*abprallen*) ricochetear; *AV* descer em pára-quedas; **~ *von*** *fig* abandonar (*ac*), afastar-se de; *Kunden*: retirar-se, deixar de comprar (*od* frequentar)

'abspritzen <-*t*> lavar à (*od* com a) mangueira; *BOT* pulverizar

'Absprung *m* <-(*e*)*s*; **¨e**> salto *m*; descida *f* (*AV* em pára-quedas)

'ab|spulen *Faden*: desenrolar; *Film, Tonband*: desbobinar (*a fig*); **~spülen** lavar, enxaguar; **~stammen** descender; proceder; *GRAM u QUÍM* derivar; **Ձstammung** *f* origem *f*; ascendência *f*; filiação *f*; *GRAM* derivação *f*; etimologia *f*

'Abstand *m* <-(*e*)*s*; ¨*e*> distância *f* (***halten, wahren*** guardar); intervalo *m*; (*Spielraum*) margem *f*; *fig* diferença *f*; ***~ nehmen von*** desistir de, renunciar a, desinteressar-se de; (*Abfindung*) inde(m)nização *f*

'abstatten ['-ʃtatən] <-*e*-> *Besuch*: fazer; *Dank*: apresentar; *Glückwunsch*: dar

'abstauben desempo(eir)ar, tirar o pó a, limpar o pó; *bras* espanar; F *fig* fanar, gamar

'abstech|en **1.** *v/t* cortar; *Tier*: matar; *TÉCN Hochofen*: abrir; **2.** *v/i*: ***~ gegen, ~ von*** contrastar com, destacar-se de; **Ձer** *m* (*Arbeiter*) cortador; (*Ausflug*) saltada *f*

'abstecken marcar; delimitar; *Kleid*: acertar (com alfinetes)

'abstehen distar, estar distante; *Flüssigkeit*: estragar-se; perder o sabor; *fig* ***~ von*** (*aufgeben*) desistir de; **~d**: ***~e Ohren haben*** ter as orelhas muito despegadas, *bras* ter as orelhas de abano

'absteif|en suster; (*verstreben*) escorar; **Ձung** *f* escora(mento *m*) *f*

'absteig|en *v/i* <*sn*> descer; apear-se; *im Gasthof*: hospedar-se; pernoitar; **Ձer** *m Sport*: equipa *f* despromovida, *bras* equipe *f* rebaixada

'abstell|en (*lassen*) deixar; pousar; *Auto*: estacionar; *Licht, Wasser*: cortar; *Motor, Radio*: desligar; *fig* acabar com; *MIL* destacar; **Ձgleis** *n* <-*es*; -*e*> via *f* de resguardo; **Ձraum** *m* <-(*e*)*s*; ¨*e*> arrecadação *f*

'ab|stempeln <-*le*> carimbar; *a fig* marcar; ***j-n ~ als*** classificar alg de; **~steppen** pespontar; **~sterben** <*sn*> morrer; *MED* atrofiar; *BOT* murchar; *fig* esmorecer, extinguir-se

'Abstieg *m* <-(*e*)*s*; -*e*> descida *f*; *fig* decadência *f*

'abstimm|en **1.** *v/t Radio*: sintonizar (*a* ***aufeinander ~***); *fig* conjugar, conciliar; coordenar; *zeitl*: sincronizar; **2.** *v/i*: ***~ über*** (*ac*) votar (*ac*); **Ձung** *f* (*Wahl*) voto *m*, votação *f*; (*Volks*Ձ) plebiscito *m*; *Radio*: sintonização *f*; *fig* coordenação *f*; *zeitl*: sincronização *f*

absti'nen|t [apsti'nɛnt] abstinente; **Ձz** *f* <*sem pl*> abstinência *f*; **Ձzler** *m* abstémio (*ê) *m*

'abstoppen (fazer) parar; *Sport*: cronometrar

'Abstoß *m* <-*es*; ¨*e*> *Sport*: lance *m*; jogada *f*; **Ձen** **1.** *v/t* empurrar; repelir; *MÚS* cortar; *Besitz*: largar, desfazer-se de; *Waren*: vender; *Stein*: chanfrar; (*abnutzen*) desgastar; *fig* repugnar; **2.** *v/i NAV* fazer-se ao largo; **Ձend** repugnante, repulsivo; **~ung** *f* repulsa *f*

abstra'hieren [apstra'hi:rən] <-> abstrair

ab'strakt [ap'strakt] abstra(c)to; **Ձi'on** [-tsi'o:n] *f* abstra(c)ção *f*

'ab|streichen tirar; (*abziehen*) deduzir, subtrair; (*ausstreichen*) riscar, dar baixa a; (*säubern*) limpar; *Maß*: arrasar; *Messer*: amolar; **~streifen** tirar; sacudir; *Kleider*: despir; *Handschuhe*: descalçar; *Gegend*: percorrer; *fig* deixar; desfazer-se de; **~streiten** negar; disputar; contestar; (*leugnen*) desmentir

'Abstrich *m* <-(*e*)*s*; -*e*> desconto *m*; (*Kürzung*) corte *m*; *MED* colheita *f*; ***~e machen*** cortar, suprimir

'abstuf|en ['-ʃtu:fən] graduar; *Farben*: matizar (*a fig*); *Ton*: modular; **Ձung** *f* grad(u)ação *f*; matiz *m*; *MÚS* modulação *f*

'abstumpfen ['-ʃtumpfən] embotar(-se); despontar; (*stutzen*) truncar; *fig* tornar-se insensível

'Ab|sturz *m* <-*es*; ¨*e*> queda *f*; despenh(ament)o *m*; (*Abhang*) precipício *m*; **Ձstürzen** <-*t*> cair, precipitar-se; *Bergsport u AV* despenhar-se; **Ձstützen** <-*t*> escorar, apoiar; **Ձsuchen** fazer busca a; revistar; *Gelände*: *a* percorrer; *Ungeziefer*: catar

ab'surd [ap'zurt] absurdo; disparatado; **Ձi'tät** *f* [-di'tɛ:t] absurdo *m*; disparate *m*

Abs'zess [aps'tsɛs] *m* <-*es*; -*e*> abcesso *m*

Abt [apt] *m* <-(*e*)*s*; ¨*e*> abade *m*; prior *m*

Abt. ***Abteilung*** *f* secção, *JUR* vara

'abtakeln <-*le*> *NAV* desarmar
'abtasten <-*e*-> tatear, apalpar
'abtauen descongelar
Ab'tei [ap'taɪ] *f* abadia *f*
Ab'teil *n* <-(*e*)*s*; -*e*> compartimento *m*; **'⍲en** ['ap-] dividir, repartir; (*absondern*) separar
'Abteilung[1] *f* divisão *f*; separação *f*; repartição *f*
Ab'teilung[2] *f*: **~ (für)** secção *f* (de), repartição *f* (de), serviços *m/pl* (de); (*Truppe*) destacamento *m*, *MIL a* pelotão *m*; **~sleiter** *m* chefe *m* de secção *etc*
'abtippen F passar à máquina, da(c)tilografar
Äb'tissin [ɛp'tisin] *f* abadessa *f*
'abtön|en matizar; **⍲ung** *f* matiz *m*
'abtöten <-*e*-> matar; *fig* mortificar; *Gefühl*: matar, suprimir
'ab|tragen levar, tirar; *Berg*: abaixar; *Erde*: escavar; *GEOL* desgastar; *Gebäude*: demolir, derrubar; *Kleidung*: gastar; *Schuld*: pagar; *Tisch*: levantar; **~träglich** ['-trɛːkliç] prejudicial, nocivo; *Kritik*: desfavorável
'Ab|transport *m* <-(*e*)*s*; -*e*> transporte *m*, transferência *f*; **⍲transportieren** <-> transportar, transferir, levar
'abtreib|en **1.** *v/t* desviar, afastar; *NAV* abater; *MED* abortar; *TÉCN* separar, refinar; **2.** *v/i AV u NAV* derivar, abater; **~end** *MED* abortivo; **⍲ung** *f MED* aborto *m*
abtrenn|en separar (*a TÉCN*); *Genähtes*: descoser; *Scheine*: cortar; *TÉCN* truncar; **⍲ung** *f* separação *f*, *TÉCN a* truncamento *m*
'abtret|en **1.** *v/t* (*abnutzen*) gastar; (*reinigen*) ***sich*** (*dat*) ***die Schuhe ~*** limpar os sapatos; *fig* (*überlassen*) ceder; passar; *Geschäft*: trespassar; **2.** *v/i* partir, sair (*a TEA*); (*zurücktreten*) demitir-se; ir-se, retirar-se; **⍲er** *m* capacho *m*; **⍲ung** *f* cessão *f*, cedência *f*; trespasse *m*
'Ab|tritt *m* <-(*e*)*s*; -*e*> saída *f* (*a TEA*), partida *f*; (*Rücktritt*) *a* demissão *f*; (*Abort*) retrete *f*; **⍲trocknen** <-*e*-> secar, enxugar; **⍲tropfen** <*sn*> gotejar, pingar, escorrer
'abtrünnig ['-tryniç], **⍲e(r** *m*) *su* <-*n*> rebelde (*su*); renegado *m*, -a *f*; *REL a* apóstata (*su*); (*dat*) ***~ werden*** abandonar (*ac*), desertar (de), atraiçoar (*ac*), renegar (*ac*)
'abtun (*abnehmen*) tirar; (*erledigen*) despachar; (*töten*) matar; *Gewohnheit*: acabar com, deixar; não se importar com; (*gering schätzen*) menosprezar
'abtupfen limpar (*od* secar) com um algodão
'aburteil|en julgar, sentenciar; *a fig* condenar; **⍲ung** *f* julgamento *m*
'ab|verlangen <-> pedir, exigir; **~wägen** pesar; *fig* ponderar, considerar; **~wälzen** <-*t*> rolar, levantar, tirar; *fig* ***auf j-n ~*** *Arbeit*: descarregar em alg; *Schuld*: atribuir a alg; ***von sich ~*** livrar-se de; ***e-e Schuld von sich ~*** desculpar-se; defender-se, justificar-se
'abwand|eln <-*le*> variar; *GRAM* declinar, conjugar; **⍲erung** *f* (e)migração *f*; êxodo *m* (*a ECON Kapital*); **⍲lung** *f* variação *f*; variante *f*
'Abwärme *TÉCN f* calor *m* perdido
'abwarten <-*e*-> aguardar, esperar (por); ***e-e Zeit ~*** *a* temporizar; **~d** temporizador; ***sich ~ verhalten*** ficar na espectativa
'abwärts ['-vɛrts] para baixo; abaixo; **⍲bewegung** *f* descida *f*
'Abwasch ['-vaʃ] **1.** *m* <-*s*; *sem pl*> (*Geschirr*) louça *f*; (*Säuberung*) lavagem *f*; **2.** *f österr* (*Schüssel*) alguidar *m*; bacia *f*; **⍲bar** lavável; **⍲en** lavar; **~wasser** *n* <-*s*; ᵘ> lavadura *f*
'Abwasser *n* <-*s*; ᵘ> água *f* de esgoto; despejos *m/pl*; ***Abwässer*** *a* águas *f/pl* residuais
'abwechs|eln <-*le*> alternar, mudar, variar; ***sich ~ bei*** revezar-se a; **~elnd** alterno; alternativo; variado; periódico; **⍲lung** *f* mudança *f*; alternação *f*; variedade *f*; variação *f*; (*Zerstreuung*) distra(c)ção *f*; ***zur ~*** para variar; **~lungsreich** variado
'Abweg *m* <-(*e*)*s*; -*e*> desvio *m*; (*Irrweg*) caminho *m* errado; ***auf ~e führen*** (***geraten***) desencaminhar(-se), afastar(-se) do bom caminho; **⍲ig** [-giç] errado; despropositado, inoportuno
'Abwehr *f* <*sem pl*> defesa *f*; **⍲en** repelir; defender-se (de); (*verscheuchen*) afugentar; *fig* rejeitar; **⍲end** defensivo; **~kräfte** *f/pl* defesas *f/pl* imuniárias (*od* do organismo); **~reaktion** *f* rea(c)ção *f* defensiva;

~spieler *m Sport*: defesa *f*; **~stoff** *m* <-(*e*)*s*; -*e*> anticorpo *m*
'abweich|en <*sn*> **1.** *v/i* desviar-se, afastar-se; *a fig* divergir; (*anders sein*) diferir; *FÍS* aberrar; declinar; **~end** divergente, diferente; *a GRAM* irregular; *BOT*, *GEOL*, *FÍS* aberrante; **2ung** *f* desvio *m*; divergência *f*; diferença *f*; *FÍS* aberração *f*; declinação *f*; *von e-r Regel*: anomalia *f*, excepção *f*
'abweis|en recusar; rejeitar; não aceitar; *Angriff*: repelir; *Gesuch*: indeferir; ***j-n* ~** não receber alg; (*fortschicken*) mandar alg embora; **~end** frio, reservado, pouco amável; **2ung** *f* recusa *f*; rejeição *f*; indeferimento *m*
'abwend|en <-*e*-> desviar; *fig Gefahr*: afastar; ***von j-m* ~** proteger (*od* defender) alg contra; *Nachteil*: evitar; ***sich* ~ *von*** virar as costas a; *fig a* abandonar (*ac*); **2ung** *f* desvio *m*, afastamento *m*; evitação *f*; abandono *m*; alienação *f*
'abwerfen atirar; deixar cair; *AV Bomben*: lançar; *Reiter*: deitar abaixo; *NAV Tau*: desamarrar; *ECON Gewinn*: render, dar; *fig Joch etc*: sacudir
'abwert|en <-*e*-> depreciar, desvalorizar; **2ung** *f* depreciação *f*, desvalorização *f*
'abwesen|d ausente; *fig* distraído; **2heit** *f* ausência *f*; *JUR* contumácia *f*
'abwick|eln <-*le*> *Garn*: desdobar; desnovelar; *Geschäft*: fazer; *Zahlungen*: liquidar; (*durchführen*) efe(c)tuar; ***sich* ~** desenvolver-se, desenrolar-se; **2lung** *f* desenvolvimento *m*; transa(c)ção *f*, execução *f*; *e-r Zahlung*: liquidação *f*
'ab|wiegen pesar; **~wimmeln** <-*le*> F livrar-se de; *j-n*: *a* mandar passear; **~winken** fazer sinal (*fig* dar a entender) que não; *MÚS* interromper; **~wirtschaften** arruinar; **~wischen** limpar; enxugar; **~wracken** ['-vrakən] desmantelar a carcassa (*od* o casco); **2wurf** *m* <-(*e*)*s*; ¨*e*> lançamento *m* (*a Sport*); **~würgen** estrangular; **~zahlen** pagar por conta, pagar em prestações; ***vollständig* ~** liquidar; **~zählen** contar (***an den Fingern*** pelos dedos); (*abziehen*) descontar; *MIL u Sport*: numerar; **2zahlung** *f* pagamento *m* em prestações; liquidação *f*; ***auf* ~** a prestações; **~zapfen** tirar; vasar; trasfegar; pungir; ***j-m Blut* ~** sangrar alg
'abzäun|en ['-tsɔynən] cercar com estacada; **2ung** *f* estacada *f*
'abzehr|en consumir; (***sich***) **~** emagrecer; *a* → ***abgezehrt***; **2ung** *f* <*sem pl*> emagrecimento *m*; *MED* consum(p)ção *f*
'Abzeich|en *n* emblema *m*, distintivo *m* (*a MIL*); *e-r Würde*: insígnia *f*; **2nen** <-*e*-> copiar, desenhar; *Plan, Skizze etc*: tirar; *Schriftstück*: rubricar; ***sich* ~** marcar; distinguir-se, sobressair, ressaltar; *Entwicklung, Gefahr*: esboçar-se
'Abzieh|bild ['-tsiː-] *n* <-(*e*)*s*; -*er*> decalcomania *f*; **2en 1.** *v/t* tirar; *MAT* subtrair; *Betrag*: deduzir, descontar; *Aufmerksamkeit*: distrair; *FOT u TIP* tirar uma prova (de); (*vervielfältigen*) tirar cópias (de); *Tier*: esfolar; *Wein, auf Flaschen*: engarrafar; *Messer*: afiar; *ECON Geld u MIL Truppen*: retirar; (*abdrücken*) disparar; **2.** *v/i* <*sn*> ir-se embora, retirar(-se); sair; abalar; *Gewitter*: afastar-se; *Rauch*: dispersar-se
'ab|zielen: ***auf*** (*ac*) **~** mirar; tender para, ter em vista; *mit Worten*: aludir a; referir-se a; **~zirkeln** <-*le*> compassar, medir a compasso; calcular; *Begriff*: precisar
'Abzug *m* <-(*e*)*s*; ¨*e*> *am Gewehr*: gatilho *m*; *ECON Betrag*: dedução *f*, desconto *m*; *FOT* cópia *f*, prova *f* (*a TIP*); *TÉCN* saída *f*, descarga *f*; *MIL Truppen*: partida *f*, retirada *f*; ***in* ~ *bringen*** descontar, deduzir
'abzüglich ['-tsyːkliç] menos; descontando; **~ *der Unkosten*** despesas a descontar
'abzwacken ['-tsvakən] *fig* extorquir
'abzweig|en ['-tsvaɪgən] **1.** *v/t* separar; ramificar; *Geld*: transferir; **2.** *v/i* sair, partir, ramificar-se; **2ung** *f* bifurcação *f*; *Strecke*: ramal *m*; *EL* derivação *f*
'abzwicken F cortar (*od* partir) com uma pinça (*od* um alicate)
Ace|'ton [atse'toːn] *n* <-*s*; *sem pl*> *QUÍM* acetona *f*; **~ty'len** [-ty'leːn] *n* <-*s*; *sem pl*> *QUÍM* acetilene *m*

ach! [ax] ah!, *Klage*: ai (de mim)!; *Erstaunen*: parece impossível!; será verdade?; **~ *ja!*** (pois) é verdade!; **~ *je*** ai Jesus!; **~ *so!*** ah, é isso?; ah, já percebo; **~ *was!*** qual (*su*)*!*; **~ *wo!*** nada disso!; ***mit ≈ und Krach*** por um triz, a custo

A'chat [a'xa:t] *m* <-(*e*)*s*; -*e*> ágata *f*

'Achse ['aksə] *f* eixo *m*; *TÉCN a* árvore *f*

'Achsel ['aksəl] *f* <-; -*n*> ombro *m* (***zucken*** encolher); espádua *f*; *fig* ***über die ~ ansehen*** menosprezar; **~höhle** *f* axila *f*, cava *f*; **~zucken** *n*: ***mit e-m ~*** um encolher de ombros

acht [axt] oito; ***in ~ Tagen*** de hoje a oito dias, dentro de oito dias, *bras* em oito dias

Acht *f* **1.** oito *m*; **2.** <*sem pl*> (*Bann*) expulsão *f*, desterro *m*, exílio *m*; ***in ~ und Bann tun*** → ***ächten***; **3.** <*sem pl*> (*Aufmerksamkeit*) atenção *f*; cuidado *m*; ***außer ~ lassen*** descuidar de, não tomar em conta; ***sich in ~ nehmen*** (***vor***) ter cautela (com), ter cuidado (com); **~ *geben*** (***auf*** *ac*) reparer (em), atender (a), cuidar (de); **'≈bar** respeitável; de respeito, honrado; **'~barkeit** *f* <*sem pl*> respeito *m*, honra *f*; respeitabilidade *f*; honorabilidade *f*

'acht|e ['axtə] oitavo; ***am*** (*od* ***den***) ***~n Mai*** no dia (*od* em) oito de Maio; **≈eck** *n* <-(*e*)*s*; -*e*> octógono *m*; **~eckig** octógono, octogonal; **≈el** *n* oitavo *m*, oitava parte *f*; **≈el...**: *in Zssgn MÚS* de colcheia; **≈elnote** *f* colcheia *f*

'achten ['axtən] <-*e*-> estimar; considerar; *Gesetz*: respeitar; ***auf*** (*ac*) **~** reparar em

'ächten ['ɛçtən] <-*e*-> proscrever; (*verbannen*) desterrar

'achtens ['axtəns] (em) oitavo (lugar)

'Achter ['axtər] *NAV m* barco *m* de oito remos; **~...** *in Zssgn* atrás, traseiro; *NAV* da popa; **~bahn** *f* montanha *f* russa; **~deck** *n* <-*s*; -*s*> *NAV* castelo *m* de popa

'acht|fach óctuplo, oito vezes tanto; **~hundert** oitocentos; **~jährig** ['-jɛ:riç] de oito anos (de idade); **~los** descuidado, desatento, distraído; **≈losigkeit** ['-lo:ziç-] *f* <*sem pl*> falta *f* de atenção, distra(c)ção *f*; descuido *m*; **~mal(ig)** oito vezes (repetido); **~sam** atento, cuidadoso; **≈samkeit** *f* <*sem pl*> atenção *f*, cuidado *m*; vigilância *f*; **≈stundentag** *m* <-(*e*)*s*; -*e*> dia *m* de oito horas de trabalho; **~stündig** ['-ʃtyndiç] de oito horas; **~tägig** ['-tɛ:giç] de oito dias, semanal; **~tausend** oito mil

'Achtung ['axtuŋ] *f* <*sem pl*> (*Hoch≈*) estima(ção) *f*, consideração *f*, respeito *m*; (*Vorsicht*) atenção *f*, cautela *f*; (*dat*) **~ *erweisen*** demonstrar respeito (por); ***alle ~!*** (os meus) parabéns!; (*dat*) **~ *einflößen***, **~ *gebieten*** impor respeito; **~ *gebietend*** imponente, impressionante; ***sich ~ verschaffen*** fazer-se respeitar; impor-se ao respeito

'Ächtung ['ɛçtuŋ] *f* proscrição *f*

'Achtung|serfolg *m* <-(*e*)*s*; -*e*> êxito *m* razoável; **≈svoll** respeitoso, atencioso, com respeito

'acht|zehn dezoito; **~zehntel**, **~zehnte**(**r**) décimo oitavo; **~zig** ['-tsiç] oitenta; ***in den ~er Jahren*** nos anos oitenta; **≈ziger**(**in** *f*) ['-tsigər-] *m* o(c)togenário *m*, -a *f*; ***in den ~n*** (***sein*** andar) na casa dos oitenta; **~zigjährig** [-jɛ:riç] de oitenta anos, o(c)togenário; **~zigste**(**r**), (**≈zigstel** *n*) o(c)togésimo (*m*)

'ächzen ['ɛçtsən] <-*t*> **1.** gemer; *Räder etc*: ranger, chiar (***vor*** com, de); **2.** ≈ *n* gemido *m*; rangido *m*, chiar *m*

'Acker ['akər] *m* <-*s*; ¨> campo *m*; *Maß*: acre *m*; **~bau** *m* <-(*e*)*s*; *sem pl*> agricultura *f*, lavoura *f*; **~ *treibend*** agrícola; **~boden** *m* <-*s*; ¨> terra *f* lavradia, terreno *m* arável; **~gerät** *n* <-(*e*)*s*; -*e*> instrumentos (*od* utensílios) *m/pl* de lavoura; **~land** *n* <-(*e*)*s*; *sem pl*> → **~boden**

'ackern <-*re*> lavrar, arar; *fig* trabalhar duramente

a. D. ***außer Dienst*** reformado (ref.)

'Adams|apfel ['a:dams-] *m* <-*s*; ¨> nó *m* da garganta, maçã *f* de Adão; **~kostüm**: ***im ~*** em pêlo

A'dapter [a'daptər] *m* adaptador *m*

ad|'dieren [a'di:rən] <-> somar, adicionar; **≈di|'tion** [adi'tsjo:n] *f* adição *f*; **~di'tiv** [-ti:f] *n* <-*s*; -*e*> aditivo *m*

a'de [a'deː] *poét u sdd* (= *leb wohl*) adeus

'Adel ['aːdəl] *m* <-*s*; *sem pl*> nobreza *f*, fidalguia *f*; aristocracia *f*; **2ig** aristocrático; nobre; **~ige**(**r** *m*) *su* nobre *su*, fidalgo *m*, -a *f*, aristocrata *su*; **2n** <-*le*> enobrecer; conceder título de nobreza a; **~sstand** *m* <-(*e*)*s*; ¨*e*> = ***Adel***; ***in den ~ erheben*** → ***adeln***; **~stitel** *m* título *m* nobiliárquico; **2ung** *f* enobrecimento *m*

'Ader ['aːdər] *f* <-; -*n*> veia *f*; (*Schlag2*) artéria *f*; BOT nervura *f*; GEOL filão *m*; ***zur ~ lassen*** sangrar; **~haut** *f* <-; ¨*e*> túnica *f*; **~lass** ['-las] *m* <-*es*; ¨*e*> sangria *f*

ädern ['ɛːdərn] <-*re*> veiar, marmorar

a'dieu [a'djøː] adeus; ***j-m 2 sagen*** *a* despedir-se de alg

'Adjektiv ['atjɛktiːf] *n* <-*s*; -*e*>, **2isch** [-viʃ] adje(c)tivo (*m*); *adv* como adje(c)tivo

Adju'tant [atju'tant] *m* <-*en*> ajudante *m* (MIL de campo)

'Adler ['aːdlər] *m* águia *f*; **~auge** *n* <-*s*; -*n*> olho *m* aquilino; **~horst** *m* <-(*e*)*s*; -*e*> ninho *m* de águia; **~nase** *f* nariz *m* aquilino

Administrati'on [atministratsi'oːn] *f* administração *f*

Admi'ral [atmi'raːl] *m* <-*s*; -*e*> almirante *m*; **~i'tät** [-i'tɛːt] *f* almirantado *m*

adop't|ieren [adɔp'tiːrən] <-> ado(p)tar, perfilhar; **2i'on** [-tsi'oːn] *f* ado(p)ção *f*, perfilhação *f*; **~iv...**: *in Zssgn* ado(p)tivo

Adres's|at(in *f*) [adrɛ'saːt] *m* <-*en*> destinatário *m*, -a *f*; **~buch** [a'drɛs-] *n* <-(*e*)*s*; ¨*er*> anuário *m* comercial; **~e** [a'drɛsə] *f* endereço *m*, dire(c)ção *f*, destino *m*; *feierliche*: mensagem *f*; *fig* ***an die falsche ~ kommen*** enganar-se; **2'ieren** <-> endereçar, dirigir

Ad'vent [at'vɛnt] *m* <-(*e*)*s*; -*e*>, **~szeit** *f* advento *m*

Ad'verb *n* <-*s*; -*ien*> advérbio *m*; **2i'al** [atvɛr'biaːl] adverbial

Advo'kat [atvo'kaːt] *m* <-*en*> advogado *m*; → ***Anwalt***

Aero|dy'namik [aero-] *f* <*sem pl*> aerodinâmica *f*; **2dy'namisch** aerodinâmico; **~'sol** [-'zoːl] *n* <-*s*; -*e*> aerossol *n*; **~'stat** [-'staːt] *m* <-(*e*)*s*; -*e*> aeróstato *m*

Af'färe [a'fɛːrə] *f* assunto *m*, caso *m*; escândalo *m*; ***sich aus der ~ ziehen*** safar-se; ***mit j-m e-e ~ haben*** ter uma ligação amorosa com alg

'Affe ['afə] *m* <-*n*> macaco *m*; mono *m*; F *j-d*: pantomimeiro *m*, ridículo *m*; F ***e-n ~n*** (= ***Rausch***) ***haben*** estar bêbedo (*od* borracho, *bras* bêbado)

Af'fekt [a'fɛkt] *m* <-(*e*)*s*; -*e*> afe(c)to *m*; afeição *f*; paixão *f*; **~handlung** *f* a(c)to *m* passional; **2'iert** [afɛk'tiːrt] afe(c)tado; **~'iertheit** *f* <*sem pl*> afe(c)tação *f*, presunção *f*

'äffen ['ɛfən] imitar, mofar; fazer troça de; (*täuschen*) burlar

'affen|artig simiesco; *fig* ***mit ~er Geschwindigkeit*** com toda a velocidade; **2liebe** *f* <*sem pl*> amor *m* cego; **2schande** *f* <*sem pl*> grande vergonha *f*; **2theater** *n* farsa *f*; macaquice *f*

'affig ['afiç] F afe(c)tado, ridículo

Af'ghanistan [af'gaːnistaːn] *n* Afeganistão *m*

Afri'kan|er(in *f*) [afri'kaːnər-] *m*, **2isch** africano *m*, -a *f*, da África

'Afrika ['afrika] *n* África *f*

'After ['aftər] *m* re(c)to *m*, ânus *m*

AG [aː'geː] *f* <-*s*; -*s*> → ***Aktiengesellschaft***; ***Arbeitsgemeinschaft***

Ä'gä|is [ɛ'gɛːis] *f* ***die ~*** Egeu *m*; **2isch** egeu, do Egeu

A'gen|t(in *f*) [a'gɛnt] *m* <-*en*> agente *su*; **~'tur** [-'tuːr] *f* agência *f*

Aggre'gat [agre'gaːt] *n* <-(*e*)*s*; -*e*> TÉCN grupo *m*; EL grupo *m* electrogéneo (*ê); **~zustand** *m* estado *m* de agregação

aggres's|iv [agrɛ'siːf] combativo; agressivo; **2ivi'tät** [-sivi'tɛːt] *f* combatividade *f*; agressividade *f*

a'gieren [a'giːrən] <-> agir

'Agio ['aːʒio] *n* <-*s*; *sem pl*> ágio *m*

Agit|ati'on [agitatsi'oːn] *f* agitação *f*, propaganda *f*; **~'ator** [-'taːtoːr] *m* <-*s*; -*en* [-'toːrən]> propagandista *m*, agitador *m*; **2a'torisch** [-a'toːriʃ] demagógico; subversivo

A'grar...: *in Zssgn meist* agrícola, POL agrário; **~markt** *m* <-(*e*)*s*; ¨*e*> mercado *m* agrário; **~preise** *m/pl* preços *m/pl* de produtos agrícolas; **~reform** *m* reforma *f* agrária;

~staat *m* <-(*e*)*s*; *-en*> estado *m* agrícola
Ä'gypt|en [ɛ'gyptən] *n* Egipto *m*; **~er(in** *f*) [ɛ'gyptər] *m*, **≗isch** egípcio *m*, -a *f*; do Egi(p)to
'ahnden ['a:ndən] <-*e*-> castigar; (*rächen*) vingar
'ähneln ['ɛ:nəln] <-*le*>: (*dat*) **~** parecer-se com; ***einander* ~** assemelhar-se
'ahnen ['a:nən] pressentir; prever; suspeitar
'Ahnen *m/pl* antepassados *m/pl*; **~forschung**, **~reihe** *f* genealogia *f*; **~tafel** *f* <-; -*n*> árvore *f* genealógica
'ähnlich ['ɛ:nlɪç] parecido (com); semelhante (a); análogo (a); (*dat*) **~ *sehen*** parecer-se com; ***das sieht ihm ~!*** é típico dele; **≗keit** *f* semelhança *f*; *fig a* analogia *f*
'Ahnung ['a:nʊŋ] *f* pressentimento *m*; (*Argwohn*) suspeita *f*; (*Vorstellung*) ideia (*é) *f* (***haben*** *a* fazer), noção *f*; F ***keine ~!*** não tenho a mínima idéia!; **≗slos** <-*est*> ignorante
'Ahorn ['a:hɔrn] *m* <-*s*; -*e*> ácer *m*, bordo *m*
'Ähre ['ɛ:rə] *f* espiga *f*
Aids [eɪdz] *n* <-; *sem pl*> SIDA *f*; **'~kranke(r** *m*) *su* aidético *m*, -a *f*; **'~test** *m* <-(*e*)*s*; -*s*> teste *m* da SIDA
Airbag ['ɛ:rbɛk] *m* <-*s*; -*s*> airbag *m*
'ais ['a:ɪs] MÚS *n* <-; -> lá *m* sustenido
Akade'mie [akade'mi:] *f* academia *f*
Aka'demi|ker [aka'de:mikər] *m*, **≗sch** académico (*m*)
Akazie [a'ka:tsiə] *f* acácia *f*
akklimati'sier|en [aklimati'zi:rən] <-> aclimat(iz)ar; **≗ung** *f* aclima(tiza)ção *f*
Akkord [a'kɔrt] *m* <-(*e*)*s*; -*e*> MÚS acorde *m*; (*a Einigung*) acordo *m*; ***im ~ arbeiten*** trabalhar de empreitada; **~arbeit(er** *m*) *f* trabalho *m* (trabalhador *m*) de empreitada; **~lohn** *m* <-(*e*)*s*; ⸚*e*> salário *m* por ajuste
akkredi|'tieren [akredi'ti:rən] <-> acreditar; **≗'tiv** [-'ti:f] *n* <-*s*; -*e*> carta *f* credencial (*od* de crédito); credenciais *f/pl*
Akkumu'lator [akumu'la:tor] *m* <-*s*; -*en*> (F *Abk* **'Akku** *m* <-*s*; -*s*>) acumulador *m* (***laden*** carregar)
akku'ra|t [aku'ra:t] exa(c)to; cuidadoso; ordenado; **≗'tesse** [-ra'tɛsə] *f* <*sem pl*> exa(c)tidão *f*
'Akkusativ ['akuzati:f] *m* <-*s*; -*e*> acusativo *m*; **~objekt** *n* <-(*e*)*s*; -*e*> complemento *m* dire(c)to
'Akne ['aknə] *f* <-; -*n*> acne *f*
A'kontozahlung [a'kɔnto-] *f* pagamento *m* a prazo
Akri'b|ie [akri'bi:] *f* <*sem pl*> minuciosidade *f*, perfeição *f*; **≗isch** [-'kri:bɪʃ] minucioso; perfeito
Akro'bat|(in *f*) [akro'ba:t] *m* <-*en*> acrobata *su*; **~ik** *f* <*sem pl*> acrobatismo *m*; **≗isch** acrobático
Akt [akt] *m* <-(*e*)*s*; -*e*> a(c)to *m*; a(c)ção *f*; PINT nu *m*
'Akte ['aktə] *f* a(c)ta *f*, documento *m*, auto *m* (***anlegen*** lavrar, redigir); ***~n*** *pl a* processo *m/sg*; ***zu den ~n legen*** arquivar; juntar ao processo
'Akten|deckel *m* pasta *f*; **~koffer** *m* pasta *f*; **≗kundig** notório; ***~ sein*** constar do(s) registo(s) *etc*; **~mappe** *f* pasta *f*, mala *f*; **~notiz** *f* apontamento *m*; **~ordner** *m* classificador *m*; **~schrank** *m* <-(*e*)*s*; ⸚*e*> arquivo *m*; **~tasche** *f* → ***~mappe***; **~zeichen** *n* número *m* de registo (*bras* registro)
'Aktie ['aktsiə] *f* a(c)ção *f*, título *m*; *fig* ***seine ~n sind gestiegen*** a sua situação melhorou
'Aktien|besitz *m* <-*es*; *sem pl*> posse *f* de a(c)ções; **~gesellschaft** *f* (AG) sociedade *f* anónima, sociedade *f* por a(c)ções (S.A.); **~kapital** *n* <-*s*; -*e a* -*ien*> ECON capital *m* em a(c)ções
Akti'on [aktsi'o:n] *f* a(c)ção *f*
Aktion'är(in *f*) [-o'nɛ:r] *m* <-*s*; -*e*> a(c)cionista *su*
Akti'ons|bereich *m* <-(*e*)*s*; -*e*>, **~radius** *m* <-; -*radien*> raio *m* (*od* âmbito *m*) de a(c)ção
ak'tiv [ak'ti:f] a(c)tivo *a* QUÍM; **≗a** *n/pl* ECON a(c)tivo *m*; **≗bestand** *m* <-(*e*)*s*; ⸚*e*> a(c)tivo *m*, fundos *m/pl*; **~'ieren** <-> a(c)tivar; **≗'ist(in** *f*) *m* <-*en*> a(c)tivista *su*; **≗i'tät** [-vi'tɛ:t] *f* <*sem pl*> a(c)tividade *f*, eficiência *f*; **≗saldo** *m* <-*s*; -*den od* -*di*> ECON saldo *m* a(c)tivo
aktuali|'sieren [aktuali'zi:rən] <-> a(c)tualizar; **≗'tät** *f* a(c)tualidade *f*

aktu'ell [aktu'ɛl] a(c)tual, de (grande) a(c)tualidade
Akupunk'tur [akupuŋk'tuːr] *f* acupun(c)tura *f*
A'kust|ik [a'kustik] *f* <*sem pl*> acústica *f*; **Ձisch** acústico
a'kut [a'kuːt] MED agudo; *fig* urgente
AKW [aːkaː'veː] F *n* <-(*s*); -*s*> → ***Atomkraftwerk***
Ak'zent [ak'tsɛnt] *m* <-(*e*)*s*; -*e*> acento *m*; **Ձu'ieren** <-> acentuar
Ak'zept [ak'tsɛpt] *n* <-(*e*)*s*; -*e*> aceite *m* (***rein*** incondicional); aceitação *f*; **Ձ'abel** [-'aːbəl] aceitável; **~'ant** *m* <-*en*> aceitador *m*; **Ձ'ieren** <-> aceitar; honrar
Ak'zise [ak'tsiːzə] *f* sisa *f*; imposto *m* indire(c)to
Ala'baster [ala'bastər] *m* <-*s*; *sem pl*> alabastro *m*
A'larm [a'larm] *m* <-(*e*)*s*; -*e*> alarme *m* (***blinder*** falso); rebate *m* (***blasen, schlagen*** tocar a); **~anlage** *f* instalação *f* de segurança; alarme *m*; **Ձbereit** alerta; → ***in ~bereitschaft*** *f* de prevenção (***versetzen*** pôr); **Ձ'ieren** <-> alertar, dar o alerta, alarmar; **~signal** *n* <-*s*; -*e*> sinal *m* de alarme; **~zustand** *m* <-(*e*)*s*; ⸚*e*> estado *m* de alarme
'Alb *m* <-(*e*)*s*; -*e*> = **~druck** *m* <-*s*; *selten*: -*e*> MED pesadelo *m*
Al'banien [al'baːniən] *n* Albânia *f*
'albern ['albərn] parvo, tolo, ridículo; **Ձheit** *f* tolice *f*, parvoíce *f*
Al'bino [al'biːno] *m* <-*s*; -*s*> albino *m*
'Albtraum *m* <-(*e*)*s*; ⸚*e*> *a fig* pesadelo *m*
'Album ['album] *n* <-*s*; *Alben*> álbum *m*
Alchi'mie [alçi'miː] *f* <*sem pl*> alquimia *f*
'Alge ['algə] *f* alga *f*
'Algebra ['algebraː] *f* <*sem pl*> álgebra *f*; **Ձisch** [-'braːˀiʃ] algébrico
Al'ger|ien [al'geːriən] *n* Argélia *f*; **Ձisch** [al'geːriʃ] argelino
'Alibi ['aːlibi] *n* <-*s*; -*s*> álibi *m*
Ali'mente [ali'mɛntə] *n/pl* alimentos *m/pl*
Al'kali [al'kaːli] *n* <-*s*; -*en*> alcali *m*; **Ձsch** alcalino, alcálico
'Alkohol ['alkohoːl] *m* <-*s*; -*e*> álcool *m*; <*sem pl*> (*Getränk*) bebida *f* alcoólica; **Ձfrei** sem álcool, não alcoólico; **~gehalt** *m* <-(*e*)*s*; -*e*> graduação *f* alcoólica, percentagem *f* de álcool; **Ձhaltig** ['-haltiç], **~iker** [-'hoːlikər] *m*, **Ձisch** [-'hoː-] alcoólico; **~test** *m* <-*s*; -*s*> teste *m* do álcool; **~verbot** *n* <-*s*; -*e*> proibição *f* (do álcool); **~vergiftung** *f* intoxicação *f* pelo álcool
All [al] *n* <-*s*; *sem pl*> universo *m*
all [al], **'~e** todo, toda; todos, todas; ***~e beide*** os dois, as duas; ambos, ambas; ***~ Länder*** todos os países; ***~ Leute*** todo o mundo, toda a gente; ***~e 2 Tage*** dia sim, dia não, de dois em dois dias; ***~e 3 Tage*** de três em três dias; ***~e möglichen ...*** toda a espécie de ..., todos os ... imagináveis; ***auf ~e Fälle*** em todo o caso
all|'abendlich todas as tardes (*od* noites); **'~bekannt** conhecido; notório; famoso
'alle ['-ə] F *adv*: ***~ sein*** *et*: ter-se acabado; *j-d*: ***ganz ~ sein*** estar estafado; ***~ werden*** acabar
Al'lee [a'leː] *f* avenida *f*, alameda *f*
Allego'rie [alego'riː] *f* <-; -*n*> alegoria *f*
al'lein [a'laɪn] **1.** só, sozinho; (*nur*) *a* somente, apenas; (*einsam*) solitário; (*einzeln*) desacompanhado, isolado; ***schon der Gedanke ~*** só a ideia (*é) em si; ***~ selig machend*** santo, verdadeiro, exclusivo; ***~ stehend*** (*ledig*) solteiro; ***er ist ~ stehend*** não é casado; **2.** *cj* mas, porém, contudo, todavia, no entanto; **Ձbesitz** *m* <-*es*; *sem pl*> posse *f* exclusiva; **Ձerbe** *m* <-*n*; -*n*> herdeiro *m* único; **Ձerziehende**(**r** *m*) *su* pai *m* solteiro, mãe *f* solteira; **Ձgang**: ***im ~*** só, sozinho; **Ձherrschaft** *f* monarquia *f*; **Ձhersteller** *m* fabricante *m* exclusivo; **~ig** único, exclusivo; **Ձsein** *n* <-*s*; *sem pl*> solidão *f*; **Ձverkauf** *m* <-(*e*)*s*; ⸚*e*> monopólio *m*; **Ձvertreter** *m* representante *m* (*od* distribuidor *m*) exclusivo; **Ձvertrieb** *m* <-(*e*)*s*; ⸚*e*> distribuição *f* exclusiva (***für*** de)
'allemal todas as vezes, sempre; → ***Mal***
allenfalls (*höchstens*) quando muito; (*notfalls*) se preciso for; (*vielleicht*) talvez
'aller|best melhor de todos; ***aufs Ձe*** da melhor maneira; **~'dings** *zu-*

stimmend: pois!, com certeza!, sem dúvida!; *einschränkend*: na verdade, certamente, no entanto, porém, contudo; **~erst** primeiro (de todos); → ***zuallererst***
All|er'gie [alɛr'giː] *f* alergia *f*; **~'ergisch** alérgico (***gegen*** a)
'aller|'hand vários, muitos; F ***das ist ~!*** parece impossível!; não há direito!; **~'heiligen(fest)** *n* (festa *f* de) Todos os Santos *m/pl*; **~'heiligst** santíssimo; ***das ~e*** Santuário *m*; **~höchst** altíssimo; supremo; ***~ens*** ao máximo; **~'lei** *n* <-s; -s> mistura *f*; (+ *su*) uma data (*bras* porção) de; **~'letzt** último (de todos), derradeiro; → ***zuallerletzt***; **~'liebst 1.** preferido; lindo, engraçad(íssim)o, encantador; **2.** *adv* primorosamente; **~'meist** máximo; ***das ~e*** *a* a maior parte; ***am ~en*** (o) mais; **~'nächst** mais próximo; ***in ~er Zeit*** num futuro muito próximo; **~'neu(e)st** o mais moderno (*od* recente); ***das ~e Nachricht***: últimas notícias; **~'seelen** *n* dia dos finados (*od* defuntos); **~'seits** de (*od* por) toda a parte, de (*od* por) todos os lados, F a todos; **~'wenigst** mínimo; ***am ~en*** menos
'alles ['aləs] **1.** *atr* todo o; ***~ Gute!*** felicidades!; **2.** *allein stehend*: tudo; ***Mädchen für ~*** criada *f* para todo o serviço; ***~ in allem*** em resumo; ***bei allem*** em tudo; ***trotz allem*** apesar de tudo; ***vor allem*** antes de mais nada, sobretudo; ***~ was*** tudo quanto; ***da hört doch ~ auf!*** parece impossível!
'allesamt todos juntos
Alleskleber *m* cola-tudo *f*
allezeit sempre
'Allgegen|wart *f* <sem pl> o(m)nipresença *f*, ubiquidade *f*; **~wärtig** o(m)nipresente
allge'mein geral, genérico, universal; ***~ gültig*** universal, absoluto; sem excepção; ***~ verständlich*** ao alcance de todos, compreensível para todos; simples, popular; ***im ~en*** em geral; **~befinden** *n* <-s; sem pl> estado *m* geral; **~bildung** *f* <sem pl> cultura *f* geral; **~heit** *f* <sem pl> generalidade *f*, universalidade *f*; público *m*; **~mediziner** *m* médico *m* de clínica geral
All'heilmittel *n* remédio *m* universal
Alli'anz [ali'ants] *f* aliança *f*
Alli'ierte(r) [ali'iːrtə(r)] *m* aliado *m*
'all|'jährlich anual; todos os anos; **~macht** *f* <sem pl> o(m)nipotência *f*; **~'mächtig** o(m)nipotente; todo poderoso; ***der ~e*** *a* Nosso Senhor; **~'mählich** [-'mɛːliç] gradual; sucessivo; *adv a* pouco a pouco; **~'monatlich** mensal; *adv a* todos os meses
'Allradantrieb *m* <-s; -e> AUTO tra(c)ção *f* a todas as rodas (*bras* nas quatro rodas)
'all|seitig ['-zaɪtiç] universal; **~strom...**: *in Zssgn* para todas as correntes; **~tag** *m* <-(e)s; -e> dia-a-dia *m*; **~'täglich** cotidiano, quotidiano, diário, de todos os dias; *fig* trivial; **~tags...**: *in Zssgn* de todos os dias; **~umfassend** universal; **'~wissend** o(m)nisciente; **'~wissenheit** *f* <sem pl> o(m)nisciência *f*; **~zeit** sempre; **~zu**: **~** (***sehr***) demasiado, demais; ***~ viel*** demasiado, demais
Alm [alm] *f* pastagem *f* (alpina)
'Almanach ['almanax] *m* <-s; -e> almanaque *m*
'Almosen ['almoːzən] *n* esmola *f*
Alp 1. → ***Alb***; **2.** *f*, **'~e** *f* pastagem *f* (alpina)
'Alpen ['alpən] *f/pl* Alpes *m/pl*; **~...**: *in Zssgn* dos Alpes, alpino, alpestre; **~glühen** *n* arrebol *m* alpino; **~rose** *f* rododendro *m*; **~veilchen** *n* ciclame *m*, pão-de-porco *m*; **~verein** *m* <-(e)s; -e> clube *m* alpino
Alpha'bet [alfa'beːt] *n* <-(e)s; -e> alfabeto *m*; **~isch** alfabético; *adv* por ordem alfabética; ***~ ordnen*** alfabetar
al'pin [al'piːn], **~isch** alpino, alpinista; **~ismus** [alpi'nismus] *m* alpinismo *m*
'Alptraum → ***Albtraum***
Al'raun|(e *f*) *m* <-(e)s; -e> [al'raun], **~wurzel** *f* <-; -n> mandrágora *f*
als *cj* (*wie*) como; na sua qualidade de; *zeitl* quando; ao (*inf*); ***~ Ausländer*** como estrangeiro *m*; ***schon ~ Kind*** já em criança; ***~ ob***, ***~ wenn*** como se; ***sowohl ... ~ auch*** tanto ... como também; ***nichts ~*** só; **~'bald** imediatamente, logo a seguir; **~'dann** (de)pois, então, a seguir

'also ['alzo:] **1.** *cj* portanto, pois, por conseguinte; **2.** *adv* assim
alt 1. <*¨er*; *¨est*> velho, *j-d*: *a* idoso, ancião; (*ehemalig*) antigo, ex-...; (*abgenutzt*) gasto; (*gebraucht*) usado; *Brot*: duro, rijo; ***wie ∼ ist er?*** quantos anos tem?, que idade tem?; ***∼ werden*** envelhecer; ***ich bin 20 Jahre ∼*** tenho 20 anos, estou com 20 anos; ***ein ∼er Bekannter von mir*** um meu conhecido de há muito; ***alles beim ≗en lassen*** deixar tudo na mesma; ***≗ und Jung*** velhos e novos (*bras* moços); **2.** ≗ *MÚS m* <-(*e*)*s*; -*e*> contralto *m*
'Alt...: *in Zssgn meist* ex-..., antigo
Al'tar [al'ta:r] *m* <-*s*; *¨e*> altar *m*; ara *f*; **∼bild** *n* <-(*e*)*s*; -*er*> retábulo *m*
'alt|backen duro; *fig* antiquado; **≗bau** *m* <-(*e*)*s*; -*ten*> construção *f* antiga; **∼bekannt** já há muito conhecido; **∼bewährt** provado
'Alte(**r** *m*) ['altə] *su* velho *m*, -a *f*, ancião *m*, anciã *f*, velhote *m*, -a *f*; ***die ∼n*** *HIST m/pl* os antigos *m/pl*
'Alteisen *n* <-*s*; *sem pl*> ferros-velhos *m/pl*, *bras a* ferro-velho *m*; sucata *f*
'Alten|heim ['altənhaɪm] *n* <-*s*; -*e*> lar *m* para a (*od* de) terceira idade; asilo *m* de velhos; **∼pfleger** *m* gerocultor *m*
'Alter ['altər] *n* idade *f*; (*Dienst≗*) *u HIST* antiguidade *f*; (*Greisen≗*) velhice *f*; ***im ∼ von 5 Jahren*** com (*od* aos) cinco anos de idade; ***von ≗s her*** desde sempre; ***von mittlerem ∼*** de meia idade
'älter ['ɛltər] (*comp von* ***alt***) mais velho *etc*; ***2 Jahre ∼ sein als ...*** ter mais dois anos do que ..., *bras* ser dois anos mais velho do que ...; ***ein ∼er Herr*** um senhor de idade
'altern ['altərn] *v/i* <-*re*; *sn*, *a h*> envelhecer
alterna'tiv [altɛrna'ti:f] alternativo; **≗bewegung** *f* movimento *m* alternativo; **≗e** [-və] *f* alternativa *f*
'Alters|erscheinung *f*: ***e-e ∼ sein*** ser da idade (avançada); **∼genosse** *m* <-*n*> (**∼genossin** *f*) contemporâneo *m*, -a *f*, da mesma idade; **∼grenze** *f* limite *m* de idade; **∼heim** *n* <-(*e*)*s*; -*e*> → ***Altenheim***; **∼klasse** *f* geração *f*; *MIL* ano *m*; **∼rente** *f* pensão *f*, reforma *f*; **≗schwach** <*sem pl*> decrépito, senil; **∼schwäche** *f* <*sem pl*> senilidade *f*, caducidade *f*; **∼sitz** *m* <-*es*; -*e*> residência *f* de velhice; **∼stufe** *f* idade *f*; **∼versicherung** *f* seguro *m* contra a velhice; **∼versorgung** *f* pensão *f* vitalícia; reforma *f*
'Alter|tum *n* <-*s*; *¨er*> antiguidade *f*; **≗tümlich** ['-ty:mlıç] antigo; arcaico; **∼tumsforscher** *m* arqueólogo *m*; **∼tumskunde** *f* <*sem pl*> arqueologia *f*
'ältest ['ɛltəst] (*sup von* ***alt***) o mais velho *etc*; *Sohn*: primogénito (*ê) (*a su*); **≗e**(**r**) *m* decano *m*; *Sohn*: filho *m* mais velho
'alt|'hergebracht ['-'he:rgəbraxt] tradicional; **∼hochdeutsch** antigo alto-alemão; **≗'istin** *f* <-; -*nen*> *MÚS* contralto *f*; **∼'jüngferlich** [-'jyŋfər-] de solteirona; **∼klug** precoce
'ältlich ['ɛltlıç] de idade, idoso; avelhado
'Alt|material *n* <-*s*; *sem pl*> sucata *f*; **∼meister** *m* decano *m*; *Sport*: ex-campião *m*; **∼metall** *n* <-(*e*)*s*; -*e*> sucata *f*; **≗modisch** fora da moda; **∼öl** *n* <-(*e*)*s*; -*e*> óleo *m* usado; **∼papier** *n* <-*s*; *sem pl*> papéis *m/pl* velhos; **∼philologe** *m* <-*n*> filólogo *m* clássico; **∼stadt** *f* <-; *¨e*> parte *f* antiga da cidade, bairro *m* antigo, *bras* cidade *f* velha; **∼stimme** *f* contralto *m*; **≗väterlich** patriarcal; **∼warenhändler** *m* antiquário *m*; ferro-velho *m*; **∼'weibersommer** *m* verão *m* de São Martinho
'Alu|folie ['a:lufo:liə] *f* <-; -*n*> folha *f* de alumínio; **∼'minium** [alu'mi:nium] *n* <-*s*; *sem pl*> alumínio *m*
am = ***an dem***; ***∼ besten*** o melhor
Amal'gam [amal'ga:m] *n* <-*s*; -*e*> amálgama *m*; **≗ieren** [-ga'm-] <-> amalgamar
Ama'teur [ama'tø:r] *m* <-*s*; -*e*> amador *m*
Ama'zonas [ama'tso:nas] *m* <-; *sem pl*>: ***der ∼*** o Amazonas
Ama'zone [ama'tso:nə] *f* amazona *f*
'Amber ['ambər] *m* <-*s*; -*n*> âmbar *m*
'Amboss ['ambɔs] *m* <-*es*; -*e*> bigorna *f*
ambu'lan|t [ambu'lant] ambulante, ambulatório; **≗z** *f* (*Klinik*) banco *m*; (*Krankenwagen*) ambulância *f*
'Ameis|e ['a:maɪzə] *f* formiga *f* (***flie-***

gende de asas); **~enbär** *m* <*-en*> papa-formigas *m*; **~enhaufen** *m* formigueiro *m*; **~ensäure** *f* <*sem pl*> ácido *m* fórmico

A'merika [a'meːrika] *n* América *f*

Ameri'kan|er(in *f*) *m* [ameri'kaː-nər-], **2isch** americano, -a, da América

'Amm|e ['amə] *f* ama *f* (de leite); aia *f*; **~enmärchen** *n* história *f* da carochinha

'Ammer ['amər] *f* <-; *-n*> verdelha *f*, verdelhão *m*

Ammoni'ak [amoni'ak] *n* <*-s*; *sem pl*> amoníaco *m*; **2haltig** [-haltiç] amoniacal

Amne'stie [amnɛ'stiː] *f* a(m)nistia *f*; **2ren** <-> a(m)nistiar

A'möbe [a'møːbə] *f* amiba *f*, ameba *f*

'Amok: **~ *laufen*** perder o controle, perder as estribeiras; ter uma crise de loucura homicida

a-'Moll [aː'mɔl] *n* <*-s*; *sem pl*> *MÚS* lá *m* minor

a'morph [a'mɔrf] amorfo

Amortisati'on [amɔrtizatsi'oːn] *f* amortização *f*

amorti'sier|bar [amɔrti'ziːr-] amortizável; **~en** <-> amortizar

'Ampel ['ampəl] *f* <-; *-n*> lanterna *f*, lampião *m*; (*Verkehrs2*) semáforo *m*

Am'pere [am'pɛːr] *n* ampere *m*; **~meter** *n* amperómetro (*ô) *m*, amperímetro *m*; **~stunde** *f* ampere-hora *m*; **~zahl** *f* amperagem *f*

'Ampfer ['ampfər] *m* <*-s*; *sem pl*> azedas *f/pl*, *bras* azeda-miúda *f*

Am'phib|ie [am'fiːbiə] *f*, **2isch** anfíbio (*m*)

Am'phitheater [am'fiː-] *n* anfiteatro *m*

Am'pulle [am'pulə] *f* ampola *f*

Ampu|ta'tion [amputa'tsjoːn] *f* amputação *f*; **2'tieren** <-> amputar

'Amsel ['amzəl] *f* <-; *-n*> melro *m*

Amt [amt] *n* <-(*e*)*s*; *ᵘer*> ofício *m*, cargo *m*; (*Aufgabe*) função *f*, missão *f*; (*Posten*, *Tätigkeit*) emprego *m*; (*Behörde*) serviços *m/pl*; repartição *f*; Instituto *m* (***für*** de); ***Auswärtiges ~*** Ministério *m* dos Negócios Estrangeiros (*bras* das Relações Exteriores); (*Fernsprech2*) central telefónica; ***ein ~ antreten*** tomar posse; ***j-n in ein ~ einführen*** dar posse a alg; ***von ~s wegen*** de ofício, ex ofício

am't|ieren <->: ***~ als*** exercer o ofício de, exercer (*od* desempenhar) a função de; **~d** em exercício; **'~lich** oficial; ***~e Mitteilung*** ofício *m*

'Amts|antritt *m* <-(*e*)*s*; *-e*> (tomada *f* de) posse *f*; **~arzt** *m* <*-es*; *ᵘe*> delegado *m* de saúde; **~befugnis** *f* <-; *-se*> autoridade *f*, competência *f*, atribuições *f/pl*; **~bereich** *m* <-(*e*)*s*; *-e*> *fig* competência *f*, incumbência *f*; **~bezirk** *m* <-(*e*)*s*; *-e*> distrito *m*; *JUR* jurisdição *f*, vara *f*; **~blatt** *n* <-(*e*)*s*; *ᵘer*> diário *m* do governo; **~dauer** *f* <*sem pl*> período *m* do mandato; **~diener** *m* contínuo *m*; **~eid** *m* <-(*e*)*s*; *sem pl*> juramento *m*; **~enthebung** *f* deposição *f*, exoneração *f*; *vorläufige*: suspensão *f*; **~geheimnis** *n* <*-ses*; *-se*> segredo *m* oficial; **~gericht** *n* <-(*e*)*s*; *-e*> tribunal *m* de comarca; **~geschäfte** *n/pl* funções *f/pl*, despacho *m/sg*; **~gewalt** *f* <*sem pl*> autoridade *f*, jurisdição *f*, competência *f*, poder *m*; **~handlung** *f* desempenho *m* de uma função; a(c)to *m* oficial; **~miene** *f* ar *m* grave; ***e-e ~ aufsetzen*** dar-se ares de autoridade; **~missbrauch** *m* <-(*e*)*s*; *ᵘe*> abuso *m* de autoridade; **~richter** *m* juiz *m* de comarca; **~schimmel** F *m* <*-s*; *sem pl*> burocracia *f*; **~sprache** *f* linguagem *f* burocrática; **~stunden** *f/pl* horas *f/pl* de serviço; **~tracht** *f* hábito *m* talar; *JUR* toga *f*; **~vorgänger** *m* antecessor *m*; **~vorsteher** *m* chefe *m* de serviço; **~weg** *m* <-(*e*)*s*; *-e*> via oficial (***auf dem*** por); **~zeit** *f* <*sem pl*> → ***~dauer***

Amu'lett [amu'lɛt] *n* <-(*e*)*s*; *-e*> amuleto *m*

amü's|ant [amyː'zant] divertido; ***~ sein*** ter graça; **~ieren** <-> divertir

an 1. *prp* **a**) *örtl* (*Lage, wo?*) *dat* em; ~ *Bord* a, ***am*** *Tisch*, *Schalter* à; ***~ der Wand*** na parede; (*neben*) ao pé de, junto a; (*nahe bei*) perto de; ~ *e-m Fluss*, ***am*** *Rhein etc* no, sobre o; ***am Meer*** à beira-mar; ~ *der Hand etc fassen* por; **b**) *örtl* (*Richtung, wohin?*) *ac*: a; ***bis ~*** até a; **c**) *leiden, sterben* ~ (*Ursache*) de; ***~ und für sich*** em princípio, a rigor; **d**) *zeitl* (*wann?*) *dat*: ***am Abend*** à (*od* de *od* pela) tarde; ***am Abend*** (*gen*) na tarde de; ***am Tage*** (*tags*) de dia; ***am 2. Mai*** no dia (*od* em *od* a) 2 de Maio; **e**) (*ungefähr*) *ac* **~** (**die**) *100 Mark* coisa de ...; ir lá para os ..., por volta de ... *bras* cerca de; **f**) *vor sup* (*dat*) ***am schnellsten*** o mais rápido; **2.** *adv* CAM. DE F chegada a; ***von ... ~*** desde; de ... em diante; a partir de; ***~ sein*** F *Licht*: estar aceso; *EL* estar ligado; ***~ – aus*** (*Schalter*) ligado – desligado, aberto – apagado

Anachro'nis|mus [anakro'nismus] *m* <-; -*men*> anacronismo *m*; **Ƨtisch** anacrónico (*ô)

ana'log [ana'lo:k] análogo; **Ƨ'ie** [-lo'gi:] *f* analogia *f*

Analpha'bet|(in *f*) *m* <-*en*> analfabeto *m*, -a *f*; **~entum** *n* <-*s*; *sem pl*> analfabetismo *m*

Ana'ly|se [ana'ly:zə] *f* análise *f*; **Ƨ'sieren** <-> analisar; **~tiker** *m* analisador *m*, analista *m*; **Ƨtisch** analítico

'Ananas ['ananas] *f* <-; *u* -*se*> ananas *m*; *bras* abacaxi *m*

Anar'ch|ie [anar'çi:] *f* anarquia *f*; **~ist(in** *f*) *m* <-*en*> anarquista *su*; **Ƨistisch** anarquista

Anästhe|'sie [anɛste'zi:] *f* anestesia *f*; **Ƨ'sieren** <-> anestesiar; **~'sist(in** *f*) *m* <-*en*> *MED* anestesista *su*

Ana'tom [ana'to:m] *m* <-*en*> anatomista *m*; **~'ie** [-to'mi:] <*sem pl*> anatomia *f*; **Ƨisch** anatómico (*ô)

anbahn|en preparar, abrir; iniciar; ***sich ~*** ir-se preparando; **Ƨung** *f* preparação *f*

'anbändeln ['-bɛndəln] <-*le*>: ***mit j-m ~*** namoricar alg, fazer namoro a alg, *bras* namorar (com) alguém

'Anbau *m* <-(*e*)*s*; *sem pl*> *AGR* cultura *f*, cultivo *m*; <*pl* -*ten*> *ARQUIT* anexo *m*; **Ƨen** *AGR* cultivar; *ARQUIT* anexar (***an*** *ac* a); construir um anexo; **Ƨfähig** cultivável, arável; **~fläche** *f* área *f* de cultivo

'Anbeginn *m* <-(*e*)*s*; *sem pl*> início *m*, princípio *m*, começo *m* (***von*** desde o)

'an|behalten <-> guardar; ficar com; *Kleidung*: não despir; **~bei** junto, anexo, incluso; **~beißen 1.** *v/t* trincar um bocado, mordiscar; **2.** *v/i Fisch*: morder no anzol; *a fig* morder a isca, deixar-se apanhar; ***zum Ƨ*** muito apetitoso; **~belangen** <->: ***was*** (*ac*) ***anbelangt*** quanto a, no que diz respeito a; ***was mich anbelangt*** cá por mim, no que me toca (*bras a* tange); **~bellen** ladrar a, *bras a* latir para; *fig* berrar a; **~beraumen** ['-bəraumən] <-> *Termin*: fixar, marcar; *Sitzung*: convocar; **~beten** <-*e*-> adorar; **Ƨbeter** *m* adorador *m*, venerador *m*; *fig a* admirador *m*; **Ƨbetracht**: ***in ~*** (*gen*) considerando (a); ***in ~, dass*** visto que; **~betreffen** → ***anbelangen***; **~betteln** *v/t* <-*le*> pedir esmola a, pedinchar a

'Anbetung ['-be:tuŋ] *f* <*sem pl*> adoração *f*; **Ƨswürdig** adorável

'anbiedern <-*re*>: ***sich bei j-m ~*** insinuar-se na intimidade de alg; F dar graxa a alg

'an|bieten oferecer; **~binden** *v/t* atar, ligar; ***fest ~*** amarrar (***an*** a); **~blasen** *v/t* soprar; atiçar; *TÉCN* acender

'Anblick *m* <-(*e*)*s*; -*e*> vista *f*; (*Aussehen*) aspecto *m*; (*Betrachtung*) contemplação *f*; (*Bild*) espectáculo *m*; **Ƨen** olhar, mirar, contemplar; (*mustern*) observar, examinar

'an|blinzeln *v/t* <-*le*> piscar o olho a; **~bohren** *v/t* furar (*a Zahn*); brocar; *Fass*: espichar; espetar; **~braten** alourar; **~brechen 1.** *v/t* partir; *Brot*: partir, encetar; *Flasche*: abrir; **2.** *v/i* <*sn*> romper, despontar, começar, surgir; iniciar-se; **~brennen 1.** *v/t* acender; **2.** *v/i* <*sn*> pegar fogo; *Speise*: queimar-se; **~bringen** (*her~*) trazer; (*befestigen, unterbringen*) colocar; *ARQUIT* construir; *Gesuch, Gründe, Klage*: apresentar; *Verbesserung*: introduzir; *Wort*: dizer; *a* → ***angebracht***

'Anbruch *m* <-(*e*)*s*; ¨*e*> princípio *m*, começo *m*, início *m*; ***~ des Tages*** alvorada *f*; amanhecer *m*; despontar (*od* romper) *m* do dia; ***~ der Nacht*** anoitecer *m* (***bei*** ao)

'anbrüllen *v/t* gritar com, berrar com

'An|dacht ['-daxt] *f* devoção *f*; *kirchliche*: serviço *m* religioso; (*Gebet*) oração *f*; **Ƨdächtig** ['-dɛçtiç] devoto, pio; *fig* atento

'andauern <-*re*> continuar, (per)durar; persistir; **~d** contínuo, permanente; persistente

'Andenken *n* memória *f*; (*Gegenstand*) recordação *f*, lembrança *f* (***zum*** em, como; ***an*** *ac* de)

'ander ['andər] outro; diferente; ***ein ~er*** (um) outro (***als*** do que); ***e-r nach dem ~n*** um após o outro; um de cada vez; ***e-n Tag um den ~n*** (***Tag***) dia sim dia não; ***am ~n Tag*** no dia seguinte; ***ein ~es Hemd anziehen*** mudar de camisa; ***alles ~e*** todo o resto; ***alles ~e als*** tudo menos; ***et*** (***ganz***) ***~es*** outra coisa (completamente diferente); ***nichts ~es*** nada mais; ***nichts ~es sein als*** não ser senão; ***unter ~em*** entre outras coisas

'andererseits ['-ərzaɪts] por outro lado, em contrapartida

'andermal: ***ein ~*** outra vez

'ändern ['ɛndərn] <*-re*> mudar, alterar; *teilweise*: modificar; (*berichtigen*) emendar; ***sich ~*** mudar, modificar-se; ***seine Meinung*** (***seinen Sinn***) ***~*** mudar de parecer (de ideias); ***nicht zu ~ sein*** não ter remédio

'andernfalls de contrário

'anders de outra forma, de maneira (*od* modo) diferente; ***jemand ~*** outrem, outra pessoa; ***niemand ~ als er*** ele mesmo; ***~ denken*** divergir (***als*** de); ter um modo de pensar diferente; ***~ denkend*** de opinião diferente (*od* divergente); de mentalidade diferente (*od* divergente); ***sich ~ besinnen*** mudar de ideia; ***~ kommen*** ser diferente; ***~ werden*** mudar; ***nicht ~ können*** não poder deixar (***als*** de); ***falls nicht ~ bestimmt*** salvo outra determinação; ***es geht nicht ~*** não há outra possibilidade

'anders|artig diferente; **~farbig** de outra cor; **~gläubig** de outra religião; heterodoxo; **~herum** na outra dire(c)ção; pelo outro lado; F *fig* homosexual; **~wo** noutra parte, *bras* em outra parte, em outro lugar; **~woher** de outra parte, *bras* de outro lugar; **~wohin** para outra parte, para outro sítio (*bras* lugar)

'anderthalb: ***~ Meter*** metro e meio; **~jährig** [-jɛːrɪç] de ano e meio

'Änderung ['ɛndəruŋ] *f* mudança *f*; modificação *f*; alteração *f* (*a* ECON *der Preise*); **~svorschlag** *m* <*-(e)s*; *~e*> emenda *f*; proposta *f* de alteração

'ander|wärts [-vɛrts] noutra parte; **~weitig** [-vaɪtɪç] outro; *adv* de outra forma, de outro modo; *örtl* noutra parte

'andeut|en <*-e-*> indicar; (*anspielen*) aludir a; (*zu bedenken geben*) sugerir, insinuar; (*zu verstehen geben*) dar a entender; (*skizzieren*) esboçar; **≈ung** *f* indício *m*; insinuação *f*, alusão *f*, sugestão *f*; **~ungsweise** vagamente

'andichten <*-e-*> *j-n*: celebrar (em versos); *j-m et*: atribuir, imputar

'Andrang *m* <*-(e)s*; *sem pl*> afluência *f*, (*Menge*) aglomeração *f*; (*Zulauf*) *a* concorrência *f*; ECON procura *f* (***nach*** de); *Verkehr*: congestionamento *m*; MED (*Blut≈*) congestão *f*

'andrehen ligar; EL *Licht*: *a* acender; *Motor*: *a* pôr a trabalhar; *Wasser*: abrir; *Schraube*: aparafusar; *fig* ***j-m et ~*** impingir a/c a alg

'andre(r) → ***ander***

'androh|en: ***j-m et ~*** ameaçar alg de (*od* com) a/c; JUR *durch Gesetz*: cominar; **≈ung** *f* ameaça *f*; ***unter ~ von*** (*od gen*) sob pena de

'anecken ['anɛkən] F *fig* chocar

'aneignen <*-e-*>: ***sich*** (*dat*) ***~*** apropriar-se de; *Gedanken*: ado(p)tar; *Wissen*: adquirir; *widerrechtlich*: usurpar

anein'ander juntos (*od* anexos, pegados) um ao outro (***dicht*** muito); ***~ fügen*** juntar; ***~ geraten*** abalroar; *mit j-m*: pegar-se; ***~ grenzen*** confinar; ***~ grenzend*** contíguo; *Land*: limítrofe; ***~ reihen*** enfi(leir)ar, alinhar; ***~ stoßen*** embater; = ***~ grenzen***

Anek'dot|e [anɛk'doːtə] *f* anedota *f*; **≈enhaft** anedótico

'anekeln *v/t* <*-le*> desgostar, repugnar; meter (*od* dar) nojo a, *bras a* enojar

Ane'mone [ane'moːnə] *f* anémona (*ê) *f*

'anempfehlen <*-; sn*> recomendar

'Anerbieten *n* oferecimento *m*; oferta *f* (*a* ECON), proposta *f*

'anerkannt **1.** *p/p von* ***anerkennen***; **2.** *adj a* indiscutível; ***staatlich ~*** oficializado; *j-d*: diplomado, encartado; **~ermaßen** como é geralmente aceite; indiscutivelmente

'anerkenn|en <sn> reconhecer; (*gelten lassen*) aceitar; (*zulassen*) admitir; (*billigen*) aprovar; (*loben*) apreciar; ***nicht ~*** *a* desaprovar; repudiar; *a* → ***anerkannt***; **~end** reconhecido; elogioso; **~enswert** louvável, apreciável; **ℒung** *f* reconhecimento *m*; (*Lob*) elogio *m*, louvor *m*; JUR *Kind*: legitimação *f*; *Urkunde*: legalização *f*; ECON *Wechsel*: aceite *m*

'an|erziehen <-> inculcar; **~fachen** ['-faxən] atiçar; **~fahren 1.** *v/t* <h> trazer; acarretar; (*rammen*) atropelar; *j-n a* colher; NAV fazer escala em; *fig* descompor; **2.** *v/i* <sn> *Auto*: arrancar; *Zug*: partir; **ℒfahrt** *f* chegada *f*; entrada *f*; (*Zufahrt*) rampa *f*, cais *m*

'Anfall *m* <-(e)s; ¨e> ataque *m*, MED *a* acesso *m*; <sem pl> (*Ertrag*) rendimento *m*; *Gewinn*: lucro *m*; (*Häufung*) acumulação *f*; **ℒen 1.** *v/t* <h> atacar, agredir, acometer, (*a fig*) assaltar; **2.** *v/i* <sn> *Arbeit etc*: haver

'anfällig fraco, de delicada saúde; ***~ für*** susceptível de

'Anfang *m* <-(e)s; ¨e> princípio *m*, começo *m* (**am**, **im**, **zu** a, ao); ***von ~ an*** desde o (*od* logo no) princípio; ***~ Januar*** no princípio de Janeiro; **ℒen** principiar, começar (***zu*** *inf* a, por; ***mit*** por); (***plötzlich***) ***~ zu*** *inf* desatar a; (*einleiten*) iniciar; fazer; ***mit ... ist nichts anzufangen*** ... não serve (*od* presta) para nada

'Anfäng|er(in *f*) ['-fɛŋər-] *m* principiante *su*; *Streit*: autor(a *f*) *m*; **ℒlich** inicial; *adv* → ***anfangs***

'anfangs ['-faŋs] primeiro, de princípio; começar por (*inf*)

'Anfangs...: *in Zssgn oft* inicial; **~buchstabe** *m* <-n> inicial *f*; **~gehalt** *n* <-(e)s; ¨er> ordenado *m* inicial; **~gründe** *m/pl* elementos *m/pl*; rudimentos *m/pl*; **~stadium** *n* <-s; -stadien> estado *m* (*od* fase *f*) inicial

'anfassen <-t> pegar em; (*berühren*) *a* tocar em, (*packen*) *a* agarrar; *fig j-n*: tratar; *Arbeit*: começar; meter-se a; ***mit ~*** ajudar

'anfecht|bar ['-fɛçt-] discutível; contestável; JUR improcedente; **~en** *Meinung etc*: combater; JUR impugnar; *Geltung*: contestar; *Urteil*: protestar contra, recorrer de; *j-n*: incomodar, acometer; REL tentar; **ℒung** *f* contestação *f*; protesto *m*; JUR impugnação *f*; apelação *f*; recurso *m*; REL tentação *f*

'anfeind|en ['-faɪndən] <-e-> hostilizar, perseguir; ***stark angefeindet werden*** ter muitos inimigos; **ℒung** *f* inimizade *f*, ódio *m* (*gen* contra)

'anfertig|en ['-fɛrtigən] fazer, fabricar, produzir; (*abfassen*) redigir; **ℒung** *f* <sem pl> fabricação *f*, fabrico *m*, produção *f*; *Kleidung*: confe(c)ção *f*; *Schriftstück*: reda(c)ção *f*

'an|feuchten ['-fɔyçtən] <-e-> (h)umedecer; molhar; **~feuern** <-re> acender; *fig* animar, exortar; **~flehen** implorar, suplicar (***j-n um et*** a/c a alg); **~flicken** acrescentar; **~fliegen 1.** *v/t* fazer escala em; **2.** *v/i* <sn>: ***angeflogen kommen*** chegar a voar, *bras* chegar voando

'Anflug *m* <-(e)s; ¨e> chegada *f*; aterragem *f*; *bras* aterissagem *fig* acesso *m*; laivo *m*; (*Beigeschmack*) ressaibo *m*

'anforder|n <-re> pedir, requerer, exigir; **ℒung** *f* exigência *f*; pedido *m*; ***hohe ~en stellen*** ser muito exigente

'Anfrage *f* pergunta *f*; pedido *m* de informação; POL *a* interpelação *f*; **ℒn** perguntar (***bei*** a); ***bei j-m um et ~*** pedir a alg informações sobre a/c

'an|fressen roer; QUÍM corroer, carcomer; *Zahn*: cariar; **~freunden** ['-frɔyndən] <-e->: ***sich ~*** ficar (*od* tornar-se) amigo (***mit*** de); *fig* familiarizar-se (***mit*** com); **~frieren** <sn> gelar; **~fügen** juntar; acrescentar; **~fühlen** tocar, apalpar; ***sich hart ~*** ser duro ao ta(c)to

'Anfuhr [-uː-] *f* carretagem *f*; ***An- und Abfuhr*** *f* transporte *m*

'anführ|en dirigir, conduzir, chefiar; (*erwähnen*) citar, mencionar, referir-se a; *Beweis*: alegar; ***einzeln ~*** especificar; (*täuschen*) enganar, intrujar; **ℒer(in** *f*) *m* chefe *su*; MIL comandante *su*; (*Rädelsführer*) cabecilha *su*; **ℒungsstriche** *m/pl*, **ℒungszeichen** *n/pl* aspas *f/pl*, comas *f/pl*

'anfüllen encher (***mit*** de)

'Angab|e *f* indicação *f*; (*Aussage*) declaração *f* (*a Zoll*); informação *f*; depoimento *m*; (*Anweisung*) instrução *f*; (*Anzeige*) denúncia *f*; (*Beschreibung*) descrição *f*; *von Einzelheiten*: especificação *f*; F (*Prahlerei*) gabarolice *f*; **~en** *f/pl* dados *m/pl*, elementos *m/pl*; ***genauere ~, nähere ~*** pormenores *m/pl*

'an|gaffen F fitar embasbacado; **~gängig** possível, admissível; **~geben 1.** *v/t* indicar; *Namen*: *a* dizer; *Ton*: dar; (*aussagen*), *Wert*: declarar; (*behaupten*) alegar; (*melden*) denunciar; (*vorgeben*) pretender; **2.** *v/i Spiel*, *Sport*: servir; F (*prahlen*) exagerar, gabar-se; **≈geber** *m* denunciante *m*; F (*Großtuer*) gabarola *m*, *bras* fanfarrão *m*; **≈gebe'rei** [-'raɪ] *f* (*Prahlerei*) gabarolice *f*

'an|geblich ['-gə:pliç] pretenso; *Wert*: nominal; *adv* segundo se diz; **~geboren** inato; natural; *MED* congénito (*ê); hereditário

'Angebot *n* <-(*e*)*s*; -*e*> oferta *f*; *Auktion*: primeiro lanço *m*; (*Preis≈*) proposta *f* (*od* oferta *f*) de preço

'an|gebracht ['-gəbraxt] **1.** *p/p von **anbringen***; **2.** *adj* oportuno; indicado; ***gut ~*** apropriado; ***schlecht ~*** inoportuno, despropositado; **~gebunden** *p/p von **anbinden***; ***kurz ~*** brusco; de poucas palavras; **~gedeihen** <->: ***~ lassen*** dispensar; conceder; outorgar; **~gegossen** ['-gəgɔsən]: ***wie ~ sitzen*** assentar como uma luva; **~geheiratet** ['-gəhaɪratət] por casamento; **~geheitert** ['-gəhaɪtərt] alegre; ***~ sein*** F ter um grão na asa

'angehen 1. *v/t* (*angreifen*) atacar, assaltar; (*bitten*) pedir, solicitar (***j-n um et*** a/c a alg); (*betreffen*) dizer respeito a, interessar, ser com; ***was … angeht*** quanto a; ***was geht … dich an?*** o que tens tu com …?; ***das geht mich nichts an*** não tenho nada a ver com isso; **2.** *v/i* <*sn*> começar, principiar; *Feuer u AGR* pegar; (***noch***) ~ passar; escapar; ***nicht ~ können*** não poder ser; **~d** *Anfänger*: principiante; (*künftig*) futuro

'angehör|en <-> *dat* pertencer a, *als Mitglied*: *a* ser sócio de, fazer parte de; *e-r Partei*: estar filiado em; **≈ige(r** *m*) [-igə(r)] *su* membro *m*; (*Verwandter*) familiar *su*, parente *su*; *pl a* família *f*

'Angeklagte(r *m*) ['-gəkla:ktə(r)] *su* réu *m*, ré *f*; acusado *m*, -a *f*; (***schuldlos***) ~ (falso) culpado *m*

'Angel ['aŋəl] *f* <-; -*n*> (*Fisch≈*) anzol *m*; (*Tür≈*) gonzos *m/pl*; ***aus den ~n heben*** desengonçar; *fig* modificar fundamentalmente; ***zwischen Tür und ~*** já a sair, no último momento

'angelegen ['angə-] ***sich*** (*dat*) ***et ~ sein lassen*** cuidar de a/c, tomar a/c a peito, interessar-se por a/c; **≈heit** *f* assunto *m*, questão *f*; ***das ist seine ~*** isto é com ele; **~tlich** insistente; (*herzlich*) afe(c)tuoso

'Angelhaken ['aŋəl-] *m* anzol *m*

'angeln ['aŋəln] **1.** <-*le*> pescar à linha (*od* ao anzol); *fig* F ***~ nach, sich*** (*dat*) ***et ~*** apanhar a/c, arranjar a/c, conseguir a/c; **2. ≈** *n* <*sem pl*> pesca *f*

'Angel|punkt *m* <-(*e*)*s*; -*e*> eixo *m*; *ASTR* pólo *m*; *fig* ponto *m* crucial; **~rute** *f* cana *f* de pesca, vara *f*; **~sachse** *m* <-*n*> anglo-saxónio (*ô) *m*; **≈sächsisch** anglo-saxão, anglo-saxónico (*ô); **~schnur** *f* <-; -*e*> linha *f* de pesca

'an|gemeldet ['angə-]: ***~ sein*** *Arzt*, *Behörde*: ter hora marcada; **~gemessen** *adj* apropriado, adequado; conveniente; correspondente; *Preis*: módico; **~genehm** agradável; simpático; *Vorstellung*: ***~!*** prazer!; **~genommen** ['-gənɔmən] **1.** *p/p von **annehmen***; **2.** *adj* (*eingebildet*) fictício; (*gedacht*) *MAT* considerado; (*unnatürlich*) afe(c)tado; ***~, dass …*** supondo que …, admitindo que …

'Anger ['aŋər] *m* devesa *f*, prado *m*

'an|geregt ['-gəre:kt] *adj*: *a* vivo, animado; **~geschlossen** *p/p von **anschließen***; *adj a* anexo; **~gesehen** ['-gəze:hən] *adj a* (*geachtet*) estimado; ilustre; *bsd ECON* conceituado

'Angesicht *n* <-(*e*)*s*; -*e*> *poét* cara *f*, rosto *m*; ***von ~ zu ~*** cara a cara; **≈s** (*gen*) perante; em presença de, em vista de

'an|gespannt *adj* (in)tenso, concentrado; **~gestammt** ['-gəʃtamt] natural; nacional, tradicional; *Herrscher*: *a* legítimo; (*angeboren*) inato,

hereditário; *Besitz*: ancestral
'Angestellt|e(r *m*) ['-gəʃtɛltə(r)] *su* empregado *m*, -a *f*; ***leitende(r)*** ~ executivo *m*, -a *f*; **~enverhältnis** *n* <-*ses*; *sem pl*>: ***im*** ~ contratado; **~enversicherung** *f* seguro *m* social
'an|gestrengt ['-gəʃtrɛŋt] *adv* intensamente; **~getan** ['-gəta:n] **1.** *p/p von* ***antun***; **2.** ***dazu*** (*od* ***danach***) ~, ***dass*** *od* ***zu*** (*inf*) próprio para; ~ ***mit*** vestido de; ~ ***sein von*** ficar impressionado com; ***wenig*** ~ ***sein von*** gostar pouco de; **~getrunken** ['-gətrunkən] ébrio, F tocado; **~gewiesen** ['-gəvi:sən] *p/p von* ***anweisen***; ~ ***sein auf*** (*ac*) precisar de, não poder prescindir de; depender de; ***ganz auf sich selbst*** ~ ***sein*** contar apenas com si próprio; **~gewöhnen** <->: ***j-m et*** ~ acostumar (*od* habituar) alg a a/c; ***sich*** (*dat*) ***et*** ~ habituar-se a a/c; **Ձgewohnheit** *f* costume *m*, hábito *m* (***aus*** por); ***schlechte*** ~ vício *m*; **~gewurzelt** ['-gəvurtsəlt] *fig*: ***wie*** ~ imóvel; **~gezeigt** ['-gətsaɪkt] *adj a* oportuno
An'gina [aŋ'gi:na] *f* <-; *Anginen*> angina *f*; ~ ***pectoris*** angina *f* de peito
'angleich|en assimilar; adaptar; TÉCN ajustar; ***einander*** ~ abarbar; **Ձung** *f* adaptação *f*; TÉCN ajustamento *m*, ajuste *m*
'Angler ['aŋlər] *m* pescador *m* (à linha, *bras* de anzol)
'anglieder|n ['an-] <-*re*> juntar (a), reunir com, associar (a); agregar (a); **Ձung** *f*: ~ (***an*** *ac*) reunião *f* (com), associação *f* (a), incorporação *f* (em)
'anglotzen *v/t* <-*t*> arregalar os olhos a, fitar embasbacado
An'gorawolle [aŋ'go:ra-] *f* lã *f* de angora (*bras* angorá)
'angreif|bar atacável; *fig* discutível; vulnerável; **~en** (*anfassen*) pegar (em); *Gegner*: atacar (*a* QUÍM), MIL *a* agredir, assaltar; (*abnutzen*) gastar; *Gesundheit*: prejudicar; MED *Organe*: afe(c)tar; enfraquecer; cansar; *Kapital*, *Vorrat*: tocar em; **~end** MIL ofensivo; agressivo; MED abalador; fatigante; QUÍM corrosivo; **Ձer** *m* agressor *m*
'angrenzen <-*t*>: ~ ***an*** (*ac*) confinar com; **~d** *adj* adjacente, *Land a*: vizinho; *Raum*: contíguo
'Angriff *m* <-(*e*)*s*; -*e*> ataque *m*; (*Friedensbruch u* MIL ***tätlicher*** ~) agressão *f*; MIL (*Sturm*~) assalto *m*; *strategisch*: ofensiva *f*; QUÍM corrosão *f*; ***in*** ~ ***nehmen*** começar, empreender; ***zum*** ~ ***übergehen*** tomar a (*od* passar à) ofensiva; **~s...**: *in Zssgn* ofensivo; POL de agressão; **Ձslustig** agressivo
Angst [aŋst] **1.** *f* <-; ⸚*e*> medo *m*, receio *m*; (*Schreck*) pavor *m*; (*Sorge*) ansiedade *f*; **2.** Ձ *adj*: ***mir ist*** ~ (***und bange***) tenho medo (***vor*** *dat* de); ***j-m*** ~ ***machen*** → ***j-n ängstigen***; **'Ձerfüllt** ['-ɛrfylt] cheio de medo; **'~geschrei** *n* <-(*e*)*s*; *sem pl*> gritos *m/pl* de pavor; **'~hase** *m* <-*n*> F medrica(s) *m*, *bras* medroso *m*
'ängst|igen ['ɛŋstigən] inquietar, assustar, meter medo a; ***sich*** ~ (***vor*** *dat*) recear (*ac*); **~lich** (*beunruhigt*) inquieto, nervoso; (*furchtsam*) medroso, receoso; (*behutsam*) cuidadoso; (*schüchtern*) tímido; **Ձlichkeit** *f* <*sem pl*> pusilanimidade *f*; falta *f* de coragem
'Angst|schweiß *m* <-*es*; *sem pl*> suor(es *pl*) *m* frio(s); **Ձvoll** cheio de medo; **~zustände** *m/pl* angústia *f*, ansiedade *f*
'angucken F olhar, mirar; ***sich*** (*dat*) ***et*** ~ ir ver a/c
'angurten: ***sich*** ~ pôr (*od* apertar) o cinto
'anhaben *Kleidung*: trazer, vestir, usar; *fig* ***j-m nichts*** ~ ***können*** não poder fazer mal algum (*od* imputar a/c) a alg (*bras* a ninguém)
'anhaften <-*e*-> (*dat*) aderir (a), estar pegado (a); *fig* ***et haftet j-m an*** alg tem a/c
'anhaken pendurar, enganchar (***an*** *ac* em); (*kennzeichnen*) marcar
'Anhalt *m* <-(*e*)*s*; -*e*> (*Anzeichen*) indício *m*; (*Stütze*) apoio *m*; base *f*, fundamento *m*; **Ձen 1.** *v/t* fazer parar, *a polizeilich*: deter; *Atem*, *Ton*: suspender; *Feuer*: conservar; *Verkehr*: interromper; (*ermahnen*) exortar; (*erziehen zu*) habituar; **2.** *v/i* parar, deter-se; (*dauern*) continuar; persistir; ***um j-n*** ~ pedir alg em casamento; **Ձend** contínuo, con-

tinuado; persistente; *Beifall*: prolongado; **~er** *m*: ***per ~*** à boleia *f*, *bras* de carona *f*; **~spunkt** *m* <-(*e*)*s*; -*e*> fundamento *m*; ponto *m* de referência; *fig* prova *f*; indício *m*

anhand: ***~ von*** (*gen*) baseado em, com base em

'Anhang *m* <-(*e*)*s*; ¨*e*> (*Beilage, Nachtrag*) apêndice *m*, anexo *m*, suplemento *m*; (*Gefolge*) séquito *m*; (*Gefolgschaft*) sequazes *m/pl*; (*Verwandtschaft*) família *f*

'anhängen 1. *v/t* pendurar, suspender (***an*** *ac* em); enganchar; (*hinzufügen*) juntar; *CAM. DE F, AUTO* atrelar; *fig* ***j-m et ~*** difamar alg; imputar a/c a alg; ***j-m e-n Prozess ~*** envolver alg num processo; **2.** *v/i* não largar

'Anhänger a) *m* (*Wagen*) carro *m* atrelado (*od* de reboque), (carro-)reboque *m*; (*Schmuck*) pingente *m*; **b) ~(in** *f*) *m* (*Parteigänger*) partidário *m*, -a *f* (*Verfechter*) discípulo *m*, -a *f*; **~kupplung** *f AUTO* acoplamento *m* de reboque; **~schaft** *f* <*sem pl*> sequazes *m/pl*, partidários *m/pl*; fiéis *m/pl*

'anhäng|ig *JUR*: ***~ sein*** estar pendente; ***e-e Klage ~ machen*** intentar um processo; **~lich** fiel; ***~ an*** (*ac*) afeiçoado a; **≈lichkeit** *f* <*sem pl*> afeição *f*, lealdade *f*; **≈sel** *n* apêndice *m*; (*Schild*) rótulo *m*; (*Schmuck*) penduricalho *m*

'anhauchen (as)soprar; bafejar; ***rosig angehaucht*** roseado; ***poetisch angehaucht sein*** ter veia poética

'anhäuf|en acumular, juntar; *FÍS* agregar; *f*; **≈ung** *f* acumulação *f*; *FÍS* agregação *f*

'an|heben levantar um pouco; alçar; (*anfangen*) começar; *MÚS* entoar; **~heften** <-*e*-> p(r)egar; (*nähen*) alinhavar; (*beifügen*) juntar

an'heim: ***~ fallen*** caber a; reverter para; ***der Vergessenheit ~ fallen*** cair em esquecimento; ***~ geben, j-m ~ stellen*** deixar com (*od* ao parecer de) alg

'anheimeln ['-haɪməln] *v/t* <-*le*>: ***j-n ~*** recordar o lar a alg; atrair alg, *bras* fazer alg lembrar-se de casa; **~d** aconchegado, lembrando o próprio lar

'an|heizen *v/t* <-*t*> acender, aquecer; **~heuern** ['-hɔyərn] *v/t* <-*re*> *NAV* alistar; fretar; **≈hieb** *m* <-(*e*)*s*; *sem pl*>: ***auf ~*** de um golpe, logo à primeira; **~himmeln** <-*le*> adorar, idolatrar; **≈höhe** *f* alto *m*, outeiro *m*; **~hören** ouvir, *aufmerksam*: escutar; ***sich gut ~*** soar bem; ***man hört ihm an, dass er Ausländer ist*** nota-se que é estrangeiro

Ani'lin [ani'liːn] *n* <-*s*; *sem pl*>, **~farbstoff** *m* <-(*e*)*s*; -*e*> anilina *f*

ani'mier|en [ani'miːrən] <-> animar; incitar; **≈dame** *f* mulher que trabalha num bar, animadora *f*

A'nis [a'niːs] *m* <-*es*; -*e*> anis(eira *f*) *m*

'ankämpfen: ***~ gegen*** lutar contra; combater; resistir a

'Ankauf *m* <-(*e*)*s*; ¨*e*> compra *f*, aquisição *f*; **≈en** comprar, adquirir; ***sich ~*** comprar um terreno; estabelecer-se

'Anker ['aŋkər] *m NAV, TÉCN* âncora *f*, ferro *m*; *EL* induzido *m*; armadura *f*; *Uhr*: escapo *m*; ***vor ~ gehen*** ancorar; fundear; ***vor ~ liegen*** estar ancorado; ***die ~ lichten*** levantar ferro; **~boje** *f* baliza *f*; bóia *f*; **~grund** *m* <-(*e*)*s*; ¨*e*> ancoradouro *m*; **~kette** *f* corrente *f* da âncora, amarra *f*; **≈n** <-*re*> ancorar, lançar ferro, fundear; **~platz** *m* <-*es*; ¨*e*> ancoradouro *m*; **~tau** *n* <-(*e*)*s*; -*e*> → ***~kette***; **~winde** *f* cabrestante *m*

'anketten ['an-] <-*e*->: **~ (*an*** *ac*) encadear (em); acorrentar (em); *Hund*: prender (em); *NAV* amarrar (a)

'Anklage *f* acusação *f*; ***~ erheben*** fazer queixa; instaurar processo; ***unter ~ stehen*** ser acusado; ***unter ~ stellen*** pronunciar; autuar, arguir; **~bank** *f* <-; ¨*e*> banco *m* dos acusados (*od* dos réus); **≈n** acusar (*gen od* ***wegen*** de); **≈nd** acusatório; **~punkt** *m* <-(*e*)*s*; -*e*> ponto *m* de acusação

'Ankläger *m* acusador *m*; queixoso *m*; *JUR* (*öffentlicher*) **~** delegado *m* do procurador da República; *MIL* promotor *m*

'Anklage|rede *f* requisitório *m*; **~schrift** *f* libelo *m*

'anklammern <-*re*> engatar (***an*** *ac* em); prender com gancho (*od* Wä-

sche: com molas); ***sich*** ~ agarrar-se (**an** *ac* a)

'**Anklang** *m* <-(*e*)*s*; ⸚*e*> ressonância *f*; eco *m*; *fig* sabor *m*; (*Ähnlichkeit*) reminiscência *f* (**an** *ac* de); ~ ***finden bei*** agradar a; ser bem acolhido por

'**ankleben** **1.** *v/t* colar, pegar (**an** *ac* em); **2.** *v/i a* aderir, estar colado

'**ankleide|n** <-*e*-> vestir; **˚raum** *m* <-(*e*)*s*; ⸚*e*>, **˚zimmer** *n* quarto *m* de vestir, *bras* vestiário *m*

anklicken *v/t* INFORM clicar

'**an|klingen**: ~ ***an*** (*ac*) (fazer) lembrar (*ac*); ~ ***lassen*** recordar; evocar; **~klopfen** bater (à porta); **~knipsen** <-*t*> EL ligar; *Licht*: acender; **~knöpfen**: ~ (**an** *ac*) abotoar (a)

'**anknüpf|en** **1.** *v/t* ligar, atar; *fig* prosseguir; ***Beziehungen*** ~ ***mit*** (*od* ***zu***) entrar em (*od* travar) relações com; ***wieder*** ~ reatar; **2.** *v/i*: ~ ***an*** (*ac*) partir de; *Rede*: referir-se a; *Tradition*: continuar; **˚ungspunkt** *m* <-(*e*)*s*; -*e*> *fig* ponto *m* de partida (*od* de contacto *od* de referência)

'**ankommen** **1.** *v/t* <*sn*> chegar (**in** *dat* a); (*angestellt werden*) encontrar emprego (*od* colocação) (**bei** em); *fig* ***gut*** ~ ser bem recebido (*od* acolhido); F (*verstanden werden*) pegar; ~ ***auf*** (*ac*) *fig* depender de; F ***das kommt drauf an!*** depende!, conforme!; (***nicht***) ***darauf*** ~ (não) interessar; ***es kommt darauf an, ob*** trata-se de saber se; ***es*** ~ ***lassen auf*** (*ac*) arriscar (*ac*); ~ ***gegen*** impor-se; **2.** *v/t* acometer

'**Ankömmling** ['-kœmliŋ] *m* <-*s*; -*e*> recém-chegado *m*

'**an|koppeln** <-*le*> atrelar; CAM. DE F engatar; **~krallen**: ***sich*** ~ ***an*** (*ac*) agarrar-se a; **~kreiden** ['-kraɪdən] <-*e*-> marcar (com giz); F ***j-m et*** ~ levar a/c mal a alg, não se esquecer de a/c; **~kreuzen** <-*t*> marcar (por uma cruz)

'**ankünd|(ig)en**: (***j-m et***) ~ anunciar (a/c a alg), avisar (alg de a/c); notificar (a/c a alg); **˚igung** *f* anúncio *m*, aviso *m*

'**Ankunft** *f* <*sem pl*> chegada *f* (**in**, **an** *dat* a); **~s...**: *in Zssgn* de (*od* da) chegada

'**ankurbel|n** <-*le*> dar à manivela; *fig* fomentar, estimular; **˚ung** *f fig* fomento *m*

'**an|lächeln** *v/t* <-*le*> sorrir(-se par)a; **~lachen** *v/t* rir-se para

'**Anlage** *f* disposição *f*; (*Bau*) construção *f*; (*Beilage*) anexo *m*, ***in der*** ~ junto; (*Einrichtung*) instalação *f*; AGR (*Pflanzung*) plantação *f*; (*Grünfläche*) parque *m*, jardim (*od* passeio) *m* público; ECON investimento *m*; (*Kapital˚*) fundos *m/pl* investidos (*od* aplicados); *Liste, Sammlung*: organização *f*; ARQUIT (*Plan*) plano *m*; *fig* estrutura(ção) *f*; TÉCN aparelhagem *f*; equipamento *m*; (*Verwendung*) aplicação *f*, colocação *f*; *fig* (*Fähigkeit*) jeito *m*; (*Neigung*) tendência *f*, *a* MED predisposição *f*; **~berater** *m* ECON consultor *m* de investimentos; **~kapital** *n* <-*s*; -*e*, -*ien*> capital *m* investido

'**anlangen** **1.** *v/i* (*ankommen*) chegar; **2.** *v/t* (*betreffen*) respeitar a, dizer respeito a

'**Anlass** *m* <-*es*; ⸚*e*> motivo *m*, ocasião *f* (**aus** por); oportunidade *f*; ensejo *m*; ~ ***geben zu*** dar lugar a, dar pretexto para

'**anlassen** *Kleidung*: deixar ficar, não tirar; (*brennen lassen*) deixar aceso; (*eingeschaltet lassen*) deixar ligado; TÉCN (*anstellen*) AUTO pôr a trabalhar; *Stahl*: temperar; *fig* ***j-n hart*** ~ tratar alg rudemente; ***sich gut*** ~ *a* prometer

'**Anlasser** TÉCN *m* (motor *m* de) arranque

'**anlässlich** ['-lɛsliç] (*gen*) por motivo de, por ocasião de

'**Anlauf** *m* <-(*e*)*s*; ⸚*e*> arranque *m* (*a* TÉCN); *Sport*: ***e-n*** ~ ***nehmen*** tomar balanço (*bras* impulso); MIL assalto *m*; **˚en** **1.** *v/t* NAV fazer escala em; **2.** *v/i* <*sn*> começar a correr (*od* TÉCN *a* trabalhar); *Glas*: embaciar(-se); ~ ***gegen*** chocar com; abalroar; MIL atacar; ~ ***lassen*** pôr em marcha, pôr a trabalhar; ***angelaufen kommen*** vir a correr, *bras* vir (*od* chegar) correndo; ***rot*** ~ corar

'**Anlauf|hafen** *m* <-*s*; ⸚> porto *m* de escala; **~stelle** *f* serviço *m* de apoio (a jovens, pessoas necessitadas *etc*); **~zeit** *f* período *m* inicial

'**Anlaut** *m* <-(*e*)*s*; -*e*> som *m* inicial;

início *m* (da palavra); **~...**: *in Zssgn* inicial; **2en** <-e->: **~ mit** começar por; **2end** inicial

'**Anlege|brücke** ['-le:gə-] *f* cais *m* de embarque; **~gebühr** *f* ancoragem *f*

'**anlegen** **1.** *v/t* (*anketten*) prender; *Fesseln*, *Feuer*: pôr; *Geld*: colocar, investir; *Kartei*, *Liste*: organizar; *Kleider*: vestir; *Konto*: abrir; *Maßstab*: ado(p)tar; *TÉCN* instalar, montar; *ARQUIT* construir; *AGR* plantar; *MED* aplicar; **Hand ~ an** (*ac*) ajudar; **das Gewehr ~ auf** (*ac*) *MIL* apontar para; **es darauf ~ zu** (*inf*) pretender (*inf*), fazer a/c de propósito para (*inf*); **sich mit j-m ~** meter-se (*od* brigar) com alg; **2.** *v/i MIL* apontar (**auf** *ac* para); *NAV* acostar; atracar; fazer escala

'**Anlege|platz** *m* <-es; **¨e**>, **~stelle** *f NAV* embarcadouro *m*, cais *m* de embarque

'**Anleger** *m ECON* investidor *m*

'**anlehn|en**: **~ an** (*ac*) encostar a; **sich ~ an** (*ac*) apoiar-se em; *fig* seguir; imitar; orientar-se por; **2ung** *f* <*sem pl*> apoio *m*; *fig* imitação *f*; **in ~ an** (*ac*) apoiando-se em; imitando (*ac*)

'**Anleihe** ['-laɪə] *f* empréstimo *m* (**aufnehmen** fazer, contrair; **machen** pedir)

'**anleimen** grudar (**an** *ac* em)

'**anleit|en** <-e-> ensinar; instruir, orientar; iniciar; (**zu** em); **2ung** *f* instrução *f*; (*Lehrbuch*) método *m*

'**anlernen** ensinar; **sich** (*dat*) **et ~** aprender a/c

'**anliegen** **1.** (*angrenzen*) confinar (**an** *dat* com); *Kleid*: estar justo; **zu eng ~** estar apertado; **2.** **2** *n* desejo *m*; (*Bitte*) pedido *m*; **inneres ~** preocupação *f*; interesse *m*; (*Ziel*) obje(c)tivo *m*; **ein ~ an j-n haben** (vir) pedir um favor a alg; **~d** *adj* adjacente, contíguo; *ECON* junto; *Kleid*: justo; apertado

'**Anlieger** ['-li:gər] *m* morador *m*; vizinho *m*

'**an|locken** atrair; (*ködern*) engodar; (*werben*) angariar; **~löten** <-e-> soldar; **~lügen** enganar, intrujar; mentir a; **~machen** (*befestigen*) pôr; *Feuer*: acender; *Salat*: temperar; **j-n ~** F meter-se com alg; **~malen** pintar; **bunt ~** colorir

'**Anmarsch** *MIL m* <-(e)s; *sem pl*> chegada *f*; marcha *f*; (*Strecke*) caminho *m*; **im ~ sein** (**auf** *ac*) estar a caminho (de), avançar (sobre); **2ieren** <-; *sn*> aproximar-se, avançar

'**anmaß|en** <-ßt>: **sich** (*dat*) **et ~** arrogar-se a/c; *mit Gewalt*: usurpar a/c; **sich** (*dat*) **~ zu** (*inf*) atrever-se a; pretender; **~end** arrogante; petulante; presunçoso, presumido; **2ung** *f* arrogância *f*; presunção *f*; petulância *f*; usurpação *f*

'**Anmelde|formular** *n* <-s; -e> boletim *m* (*od* formulário) *m* de inscrição (*od polizeiliche*: de alojamento); **~frist** *f* prazo *m* de inscrição (*od polizeiliche*: de participação); **~gebühr** *f* propina *f*, *bras* taxa *f* de inscrição

'**anmelden** *v/t* <-e-> anunciar; *Devisen*, *Zoll*: declarar; *Berufung*: interpor; *Forderung*, *Kandidatur*: apresentar; *Konkurs*: abrir; *Patent*: fazer registar, *bras* registrar; *Schüler*: inscrever; *Sendung*: avisar; **sich (j-n) polizeilich ~** participar a chegada (de alg) à polícia; **sich ~** inscrever-se; **sich zum Besuch ~** anunciar a sua visita; *beim Arzt etc* marcar consulta *od* hora (para ir ao ...)

'**Anmeldung** *f* participação *f*; *Devisen*: declaração *f*; *Patent*: registo *m*, *bras* registro *m*; *Schüler*: inscrição *f*; (*Büro*) recepção *f*

'**anmerk|en** (*notieren*) apontar; (*sagen*) observar; fazer um comentário; *als Fußnote*: anotar; fazer uma anotação; **man merkt es ihm an** nota-se (*od* vê-se) a alg; **sich nichts ~ lassen** não deixar transparecer nada; **2ung** *f* anotação *f*, nota *f*; **mit ~en versehen** fazer anotações em; *adj* anotado

'**anmessen** adaptar; **j-m et ~** tomar a medida de a/c a alg; → **angemessen**

'**Anmut** *f* <*sem pl*> graça *f*; garbo *m*, encanto *m*; gentileza *f*; **2en** *v/t* <-e-> dar a impressão de (**j-n** a alg); **2ig** gracioso, gentil

'**an|nageln** <-le> pregar; **~nagen** corroer; **~nähen** coser, pregar (**an** *ac* a)

'**annähern** <-re> aproximar; **~d** aproximativo, *adv* aproximadamente; **nicht ~** nem de longe

'Annäherung ['annɛːəruŋ] *f* aproximação *f*; **~sversuche** *m/pl* tentativas *f/pl* de aproximação; **~swert** *m* <-(*e*)*s*; -*e*> valor *m* aproximativo

'Annahme ['annaːmə] *f* aceitação *f*; recebimento *m*, recepção *f*; *Antrag*: aprovação *f*; *Kind*, *Plan*: ado(p)ção *f*; (*Zulassung*) admissão *f*; (*Vermutung*) suposição *f*, hipótese *f*; ***in der ~, dass*** *a* supondo que; **~stelle** *f* recepção *f*

An'nalen [a'naːlən] *pl* anais *m/pl*

'annehm|bar ['anneːm-] *pl* aceitável; (*zulässig*) admissível; *Bedingung*: razoável; *Preis*: *a* módico; **~** (*leidlich*) *sein* passar; **~en** *v/t* aceitar; *Glauben*: abraçar; *Vorschlag*: aprovar; *Kind*, *Titel*: ado(p)tar; *Gestalt*, *Gewohnheit*, *Haltung*, *Vernunft*: tomar; (*vermuten*) supor; (*zulassen*) admitir; ***sich j-s ~*** interessar-se por alg, intervir a favor de alg, cuidar de alg; ***sich e-r Sache ~*** encarregar-se de a/c, tratar de a/c; **~lichkeit** *f* agrado *m*; comodidade *f*; (*Vorteil*) vantagem *f*

annek|'tieren [anɛk'tiːrən] <-> anexar; **~ti'on** [-tsi'oːn] *f* anexação *f*

'anno ... em, no ano de; **~ *dazumal*** em tempos antigos

An'nonc|e [a'nɔŋsə] *f* anúncio *m* (***aufgeben*** pôr); **~'ieren** <-> anunciar

annul'lieren [anu'liːrən] <-> anular; cancelar

A'nod|e [a'noːdə] *f* anódio *m*, ânodo *m*; **~en...**: *in Zssgn* de ânodo, de placa

'anöden ['-øːdən] F *v/t* <-*e*-> aborrecer, maçar

'anomal ['anomaːl] anómalo (*ô); **~'ie** [-'liː] *f* anomalia *f*

ano'nym [ano'nyːm] anónimo (*ô); **~i'tät** [-i'tɛːt] *f* <*sem pl*> anonimato *m*, anonímia *f*

'Anorak ['anorak] *m* <-*s*; -*s*> blusão *m*; anorak *m*, *bras* abrigo *m*

'anordn|en <-*e*-> ordenar, dar ordens para; (*a* TÉCN) dispor, arranjar; **~ung** *f* arranjo *m*; (*a Befehl*) ordem *f*, prescrição *f*; (*a Maßnahme*) disposição *f* (***treffen*** tomar)

'anorganisch anorgânico, inorgânico

'anpacken apanhar; *fig* atacar; (*anfangen*) começar; ***j-n hart ~*** apertar alg muito; ***mit ~*** ajudar

'anpassen <-*t*> ajustar; adaptar (*a fig*); ***sich ~*** *a* acomodar-se, avir-se

'Anpassung *f* <*sem pl*> adaptação *f*; acomodação *f*, acomodamento *m*; **~sfähig** adaptável; acomodável; *j-d*: acomodadiço, acomodatício; **~ *sein*** adaptar-se (facilmente); **~sfähigkeit** *f* <*sem pl*> faculdade *f* de adaptação

'anpeilen NAV navegar com rumo a; (*Rundfunk*) localizar

'an|pfeifen *Sport*: ***das Spiel ~*** dar o sinal para começar, *bras* apitar o início; *fig* F *j-n*: descompor; **~pfiff** *m* <-(*e*)*s*; -*e*> *Sport*: sinal *m* (para começar), *bras* apito *m*; F *fig* descompostura *f*; **~pflanzen** <-*t*> plantar; cultivar, criar; **~pflanzung** *f* plantação *f*; cultura *f*; plantio *m*; **~pinseln** <-*le*> pintar; pincelar; **~pöbeln** <-*le*> insultar

'Anprall *m* <-(*e*)*s*; -*e*> choque *m*, embate *m*; **~en** <*sn*> dar (***an*** *ac* contra); embater (***gegen*** em)

'anpranger|n <-*re*> *fig* denunciar em público; **~ung** *f* denunciação *f*

'anpreis|en recomendar; *laut*: apregoar; *öffentlich*: fazer a propaganda de; **~ung** *f* recomendação *f*; elogio *m*; propaganda *f*

'Anprob|e *f* prova *f*; **~ieren** <-> provar

'anpumpen: F ***j-n ~*** cravar alg

'anraten 1. aconselhar, recomendar; **2. ~** *n*: ***auf ~*** (*gen*) seguindo o conselho de

'anrechn|en *v/t* <-*e*-> pôr em (*od Schuld*: na) conta; (*abziehen*) deduzir, descontar; (*gutschreiben*) abonar, creditar; ***hoch ~*** estimar muito; ***sich*** (*dat*) ***zur Ehre ~*** considerar uma honra; **~ung** *f* <*sem pl*>: ***in ~ bringen*** → ***anrechnen***; ***unter ~*** (*gen*) (des)contando (*ac*)

'Anrecht *n* <-(*e*)*s*; -*e*> direito *m*; título *m* (***auf*** *ac* a)

'Anrede *f* tratamento *m* (***mit*** por); título *m*; (*Ansprache*) alocução *f*; **~n** *v/t* <-*e*-> dirigir a palavra a; ***mit Sie etc ~*** tratar por ...

'anreg|en (*anspornen*) incitar, (*a* MED) estimular; *Appetit*: abrir; (*beleben*) animar; (*vorschlagen*) sugerir (***bei*** a); **~end** animador; MED estimulante; *geistig*: sugestivo; **~ung** *f* estímulo *m*; (*Vorschlag*) (***auf j-s***) **~**

(por) sugestão (*od* iniciativa) *f* de alg

'anreicher|n ['-raɪçərn] <*-re*> *QUÍM* enriquecer (***hoch*** fortemente); (*sättigen*) concentrar; **≈ung** *f* enriquecimento *m*, concentração *f* (***an*** *dat* de)

'an|reißen rasgar; encetar; *ARQUIT*, *TÉCN* traçar; **≈reiz** *m* <*-es*; *-e*> estímulo *m*; **~reizen** <*-t*> estimular, incitar; **~rempeln** ['-rɛmpəln] *v/t* <*-le*> empeçar em; *fig* meter-se com, implicar com; **~rennen** *v/i* <*sn*>: ***~ gegen*** dar (*od* bater *od* correr) contra; *MIL* assaltar *ac*; ***angerannt kommen*** vir a correr, *bras* chegar (*od* vir) correndo

'Anricht|e ['-rɪçtə] *f* aparador *m*; (*Raum*) copa *f*; **≈en** <*-e-*> preparar; (*auftragen*) servir; ***es ist angerichtet*** está servido; (*verursachen*) causar, fazer, provocar; ***da hast du was Schönes angerichtet!*** arranjaste-a boa!

'an|rollen *v/t* trazer; *v/i* <*sn*> chegar rebolando (*od* rolando); *CAM. DE F* entrar em movimento; partir; *fig* começar; **~rosten** <*-e-*> criar ferrugem; **~rüchig** ['-ryçɪç] suspeito; **~rücken** *v/i* <*sn*> aproximar-se; *MIL a* avançar

'Anruf *m* <*-(e)s*; *-e*> chamada *f*; **~beantworter** *m* respondedor *m* automático de chamadas; **≈en** chamar; telefonar (***j-n***, ***bei j-m*** a alg); *REL* invocar, *JUR a* apelar para; **~ung** *f* invocação *f*, *JUR a* apelo *m* (*gen* a)

'anrühren *v/t* tocar (em), mexer em; apalpar; (*mischen*) misturar; *Farben*: temperar; *Teig*: fazer

ans = ***an das***

'Ansag|e *f* anúncio *m*; notificação *f*; participação *f*; **≈en** anunciar; notificar; participar; *Karten*: declarar; ***j-m den Kampf ~*** desafiar alg; **~er(in** *f*) *m* locutor(a *f*) *m*; *TV* apresentador(a *f*) *m*

'ansamm|eln <*-le*> *Menschen*: reunir; *Sachen a*: acumular, amontoar; *MIL Truppen*: concentrar; **≈lung** *f* cole(c)ção *f*; acumulação *f*, monte *m*; *von Menschen*: aglomeração *f*, multidão *f*, grupos *m/pl*

'ansässig ['-zɛsɪç] residente; domiciliado, morador; (*sesshaft*) estabelecido

'Ansatz *m* <*-es*; *⸚e*> (*Anfang*) começo *m*, princípio *m* (***zu*** de); *ANAT* inserção *f*; *GEOL*, *QUÍM* depósito *m*; *MAT* indicação *f*; *ZO u fig* rudimento *m*; (*Ergänzung*) peça *f* anexa; (*Mundstück*) embocadura *f*; ***in ~ bringen*** pôr em conta; **~punkt** *m* <*-(e)s*; *-e*> ponto *m* de partida; **~stück** *n* <*-(e)s*; *-e*> *MÚS* embocadura *f*; *TÉCN* peça *f* adicional

'ansaugen aspirar

'anschaff|en: ***sich*** (*dat*) **~** comprar, adquirir; arranjar; **≈ung** *f* compra *f*; aquisição *f*

'anschalten <*-e-*> ligar

'anschau|en contemplar, olhar; **~lich** explícito; claro; plástico; concreto; **≈lichkeit** *f* <*sem pl*> plasticidade *f*; clareza *f*

'Anschauung ['anʃauuŋ] *f* contemplação *f*; (*Auffassung*) concepção *f*; (*Meinung*) opinião *f*, parecer *m*; (*Vorstellung*) conceito *m*, ideia *f*, noção *f*; visão *f*

'Anschauungs|material *n* <*-s*; *-ien*> material *m* ilustrativo; **~unterricht** *m* <*-(e)s*; *sem pl*> ensino *m* visual; **~weise** *f* modo *m* de ver; mentalidade *f*

'Anschein *m* <*-(e)s*; *sem pl*> aparência *f*; (*Wahrscheinlichkeit*) probabilidade *f*; ***allem ~ nach*** aparentemente; ***den ~ haben***, ***als ob*** parecer que; ***sich*** (*dat*) ***den ~*** (*gen*) ***geben*** dar-se ares *m/pl* (de)

'anscheinend aparentemente; ao que parece, pelo visto

'anschicken: ***sich ~ zu*** preparar-se para, dispor-se a

'anschirren ['-ʃɪrən] aparelhar, arrear

'Anschlag *m* <*-(e)s*; *⸚e*> **a)** golpe *m*; (*Attentat*) atentado *m* (*Anprall*) embate *m*; *TÉCN* espera *f*; *Schreibmaschine*: marginador *m*; toque *m* (*a MÚS*); **b)** (*Bekanntmachung*) edital *m*; (*Plakat*) cartaz *m*; **c)** *Gewehr*: ***im ~*** pronto para disparar; **d)** (*Attentat*) atentado *m* (***auf*** *ac* contra); ***e-n ~ verüben auf*** (*ac*) atentar contra; (*Komplott*) conjura *f*; **e)** (*Kosten≈*) orçamento *m*; ***in ~ bringen*** avaliar (***mit*** em); (*berücksichtigen*) ter em conta

'anschlagen **1.** *v/t* bater; *Geschirr*: partir; *Masche*: montar; *Plakat*: pôr, afixar; *Saite*, *Taste*: tocar; *Ton*: dar;

e-n anderen Ton* ~** mudar de tom; (*schätzen*) avaliar, apreciar (hoch*** muito); **2.** *v/i* <*a sn*> dar contra; (*bellen*) ladrar; (*wirken*) dar (bom) resultado; *Tennis*: servir

'Anschlagsäule *f* coluna *f* Morris

'anschleichen: ***sich* ~** aproximar-se cautelosamente; aproximar-se disfarçadamente

'anschließen **1.** *v/t* ligar (***an*** *ac* a); encadear; (*anfügen*) juntar; anexar; (*angliedern*) *a* associar; ***sich*** (*j-m od* ***an*** *ac*) **~** unir-se (a), juntar-se (com), acompanhar; associar-se (a); aderir (a); *Beispiel*: seguir; *Urteil*: concordar (com); **2.** *v/i* (*folgen*) seguir(-se); **~d** contíguo; adjacente; vizinho; *zeitl* subsequente; *adv* a(c)to contínuo, logo a seguir

'Anschluss *m* <*-es*; *⸚e*> conta(c)to *m*; *EL* ligação *f a CAM. DE F* (***verpassen*** perder); *TEL a* comunicação *f*; (*Gesellschaft*) companhia *f*; *an e-e Gruppe etc* adesão *f*, afiliação *f*; *POL* anexação *f*, união *f*, integração *f*; **~ *finden*** encontrar companhia; **~ *suchen*** procurar companhia; ***im* ~ *an*** (*ac*) a seguir a; *Brief*: *a* com referência a

'anschmieg|en ajustar, adaptar; (a)conchegar; ***sich* ~** estar com mimo, *bras* aconchegar-se; **~sam** insinuante, meigo

'anschmieren (*beschmieren*) untar; F (*betrügen*) enganar, intrujar

'anschnallen (a)fivelar; *am Fuß*: calçar; *Degen*: cingir; ***sich* ~** *AV*, *AUTO* pôr o cinto (de segurança)

'anschnauz|en <*-t*> F: ***j-n* ~** berrar com alg; descompor alg; **⚬er** F *m* descompostura *f*

'anschneiden encetar; *TÉCN* entalhar; *fig* ***e-e Frage* ~** abordar um assunto

'Anschnitt *m* <*-(e)s*; *-e*> primeiro corte *m*; *TÉCN* entalha *f*

'an|schrauben (a)parafusar, atarraxar; *Schraube*: *a* apertar, segurar; **~schreiben** escrever; anotar, tomar nota; *Schuld*: pôr na conta; **~ *lassen*** *a* comprar a crédito; *fig* ***bei j-m gut angeschrieben sein*** ser persona grata de alg, *bras* ser benquisto (*od* estimado) por alg

'anschreien: ***j-n* ~** gritar com alg; berrar com alg

'Anschrift *f* endereço *m*, dire(c)ção *f*

'anschuldig|en ['-ʃuldigən] acusar; **⚬ung** *f* acusação *f*

'anschwärzen <*-t*> denegrir; *fig a* difamar (***bei*** diante de), denunciar (***bei*** a)

'anschweißen <*-t*> soldar (***an*** *ac* com)

'anschwell|en *v/i* <*sn*> inchar; *Fluss a*: crescer (*a fig*); **⚬ung** *f* inchação *f*, inchaço *m*; *Fluss*: enchente *f*; *MED* tumor *m*; tumefa(c)ção *f*; *fig* incremento *m*

'anschwemmen arrojar à terra; *Land*: depositar

'ansehen *v/t* ver, olhar, mirar; *bras a* enxergar; *aufmerksam*: observar; ***sich*** (*dat*) ***et mit* ~** assistir a, *bras* assistir a/c; (*ertragen*) aguentar a/c; ***j-m et* ~** notar a/c a alg; ***man sieht ihm sein Alter nicht an*** não parece ter a idade que tem; **~ *für*, ~ *als*** considerar (como); *fälschlich* tomar por; confundir com; (*behandeln*) tratar como; *a* → ***angesehen***

'Ansehen *n* <*-s*; *sem pl*> (*Achtung*) consideração *f*; (*Anschein*) aparência *f*; (*Geltung*) autoridade *f*, prestígio *m*; (*Ruf*) reputação *f*; ***in hohem* ~ *stehen*** ser muito considerado; ***ohne* ~ *der Person*** sem considerações pessoais, com imparcialidade

'an|sehnlich considerável; *Gestalt*: vistoso; **~seilen** ['-zaɪlən] atar à corda; **~sengen** chamuscar; **~setzen** <*-t*> **1.** *v/t* (*anfügen*) juntar; (*annähen*) coser; (*anstücken*) meter, colocar; (*berechnen*) contar; (*entwickeln*) dar; produzir; *BOT* crescer; (*schätzen*) avaliar; *Becher*: levar aos lábios; *Getränk*: preparar, fazer; *Preis*: cotar; *Rost*, *Schimmel*: criar; *Termin*: marcar; ***Fett* ~** engordar; **2.** *v/i*: ***zu*** *et* **~** querer começar a, preparar-se para; (*versuchen*) tentar; **3.** *v/r*: ***sich* ~** *QUÍM* formar depósito; *MIN* cristalizar

'Ansicht *f* (*Blick*) vista *f*, aspe(c)to *m*; (*Meinung*) opinião *f*, parecer *m*, ver *m*; *TÉCN* proje(c)ção *f*; planta *f*; *ECON* ***zur* ~** de amostra; **⚬ig**: **~ *werden*** (*gen*) avistar (*ac*); **~s(post)karte** *f* (bilhete *m*) postal *m* ilustrado; **~ssache** *f* questão *f* de opinião

'ansied|eln <*-le*> domiciliar, estabelecer; *fig* localizar; **⚬ler** *m* colono *m*;

2lung *f* colónia *f* (*ô); colonização *f*
'**Ansinnen** *n* exigência *f*; (*Zumutung*) impertinência *f*; ***j-m ein ~ stellen*** propor a/c a alg; *unberechtigt*: abusar de alg
'**anspann|en** (*dehnen*) estirar, *a Muskel*: esticar; *Pferd*: atrelar; *fig* intensificar (os esforços); utilizar, empregar; ***angespannt*** *fig* (in)tenso; **2ung** *f fig* esforço *m*; tensão *f*; intensidade *f*
'**anspiel|en** **1.** *v/t Karte*: jogar; ***j-n ~*** (*Sport*) passar a bola a alg; **2.** *v/i* começar; *Kartenspiel*: ter a mão; *fig* ***~ auf*** (*ac*) aludir a; **2ung** *f* alusão *f*
'**anspinnen** *fig* urdir, tramar; *Gespräch*: começar; ***sich ~*** preparar-se, estar a surgir
'**anspitzen** *<-t>* afiar, aguçar
'**Ansporn** *m <-(e)s; sem pl>* estímulo *m*; **2en** espor(e)ar; *fig* estimular
'**Ansprache** *f* alocução *f*; palestra *f* (***halten*** fazer, proferir)
'**ansprech|bar** acessível; **~en** **1.** *v/t* dirigir-se a; (*gefallen*) agradar a; ***j-n auf et*** (*ac*) ~ falar de a/c a alg; **2.** *v/i* agradar; ***~ auf*** (*ac*) responder a; reagir a; **~end** *et*: atra(c)tivo; *j-d*: simpático; *Leistung*: impressionante
'**an|springen** **1.** *v/t Hund*: saltar para; atacar; **2.** *v/i <sn> TÉCN* começar a trabalhar; *AUTO* pegar; **2springen** *n TÉCN* arranque *m*; **~spritzen** *<-t>* salpicar
'**Anspruch** *m <-(e)s; ¨e>*: ***~ auf*** (*ac*) direito *m* a, título *m* a; (*Forderung*) pretensão *f* a, reivindicação *f* de; (***hohe***) ***Ansprüche stellen an*** (*ac*) ser (muito) exigente para com; exigir (muito) de; ***auf*** (*ac*) ***~ erheben*** exigir (*ac*), pretender (*ac*) (para si); ***in ~ nehmen*** recorrer a; *Kraft*: exigir; absorver; *Zeit*: levar; ***j-s Geduld in ~ nehmen*** incomodar alg; ***ganz für sich in ~ nehmen*** monopolizar; **2slos** *<-est>* modesto, sem pretensões, despretensioso; **~slosigkeit** [-slo:ziç-] *f <sem pl>* modéstia *f*; **2svoll** exigente
'**an|spucken** *v/t* cuspir a; **~spülen** arrojar à terra; **~stacheln** *<-le>* aguilhoar; espicaçar; incitar, instigar
'**Anstalt** ['-ʃtalt] *f* instituto *m*, instituição *f*, estabelecimento *m*; (*Heil2*) sanatório *m*; (*Heim*) asilo *m*; (*Internat*) internato *m*; *pl* **~en** *a* (*Vorbereitungen*) medidas *f/pl* (***machen*** tomar); ***~en machen zu*** preparar-se para; ***keine ~en machen zu*** não fazer menção de
'**An|stand** *m <-(e)s; sem pl>* (*Benehmen*) boas maneiras *f/pl*; (*Haltung*) decoro *m*; dignidade *f*; (*Schicklichkeit*) decência *f*; *Jagd*: espera *f*; **2ständig** decente, decoroso; honesto; (*genügend*) suficiente; (*tüchtig*) a valer; **~ständigkeit** *f <sem pl>* decência *f*; honestidade *f*
'**Anstands|besuch** *m <-(e)s; -e>* visita *f* de cerimónia (*ô); **~dame** *f* dama *f* de companhia; **~gefühl** *n* delicadeza *f*; ta(c)to *m*; **2halber** por delicadeza, por conveniência; para ser amável; **2los** sem hesitação; (*frei*) livremente
'**anstarren** olhar fixamente para, fitar, fixar a vista em
an'statt **1.** *prp* (*gen*) em vez de; em lugar de, em substituição de; **2.** *cj* ***~ dass***, ***~ zu*** em vez de (*inf*)
'**an|staunen** admirar, olhar pasmado para; **~stechen** picar; furar; abrir furo em; *Fass*: espichar
'**ansteck|en** **1.** *v/t* pôr, meter; (*anzünden*) acender; deitar (*od* pôr) fogo a; *MED* contagiar; *a fig* contaminar; **2.** *v/i MED* = ***~end sein*** ser contagioso; **2nadel** *f <-; -n>* alfinete *m*; **2ung** *f* contágio *m*, contaminação *f*; **2ungsgefahr** *f MED* perigo *m* de contágio
'**anstehen** *<a sn>* (*warten*) fazer (*od* estar na) bicha (*bras* fila); *Gestein*: aflorar; *Schuld*: acumular-se; ***nicht ~ zu*** (*inf*) não ter dúvidas de; ***~ lassen*** *Arbeit*: deixar para outra oportunidade; *Zahlung*: pagar mais tarde
'**ansteigen** *<sn>* subir; *Preise*: aumentar
'**anstell|en** *v/t* (*anlehnen*) encostar; (*arbeiten lassen*) *j-n*: empregar, *a TÉCN* pôr a trabalhar; (*einstellen*) *j-n*: contratar; (*einschalten*) *TÉCN* pôr a funcionar; *Heizung*: abrir; *EL* ligar; *Versuch etc*, (*tun*) fazer; ***sich ~*** ser melindroso; *in e-r Reihe*: pôr-se na bicha, *bras* fazer fila; *als ob*: fingir *inf*; ***sich*** (***un***)***geschickt ~*** (não) ter jeito; **~ig** hábil, destro, jeitoso; dócil; **2ung** *f* emprego *m*, co-

locação *f*; **2ungsvertrag** *m* <-(*e*)*s*; ¨*e*> contrato *m* de trabalho (*od* emprego)

'ansteuern *v/t* <*-re*> tomar o rumo de, NAV *a* demandar, arrumar, abordar

'Anstieg ['-ʃtiːk] *m* <-(*e*)*s*; *-e*> subida *f*; *fig a* progresso *m*

'anstieren olhar fixamente para, fitar

'anstift|en <*-e-*> *et*: causar, provocar; *j-n*: instigar, incitar; **2er** *m* autor *m*; instigador *m*; JUR subornador *m*; (*Rädelsführer*) cabecilha *m*; **2ung** *f* instigação *f*, incitamento *m*; JUR suborno *m*

'anstimmen entoar; dar o tom

'Anstoß *m* <*-es*; ¨*e*> (*Anprall*) embate *m*, choque *m*; (*Fußball*) primeiro pontapé *m*; bola *f* de saída; *fig* (*Antrieb*) impulso *m*; ímpeto *m*; (*Ärgernis*) escândalo *m* (***geben, erregen*** causar), **∼ *nehmen*** ofender-se, escandalizar-se (***an*** *dat* com)

'anstoßen **1.** *v/t* empurrar; (*beschädigen*) estragar; *Fußball*: dar o primeiro pontapé (*bras* chute *od* arremesso); **2.** *v/i* (em)bater, esbarrar; **∼ *an*** (*ac*) dar contra; ***auf*** (*ac*) **∼** brindar por; ***mit der Zunge*** **∼** cecear; *fig* causar escândalo; escandalizar; **∼d** contíguo; *Land*: vizinho

'anstößig ['-ʃtøːsiç] escandaloso, indecente

'anstreben *v/t* aspirar a, ambicionar

'anstreich|en pintar; ARQUIT caiar; (*bezeichnen*) marcar; **2er** *m* caiador *m*, pintor *m*

'anstreng|en ['-ʃtrɛŋən] (*ermüden*) cansar, fatigar; *Kräfte*: empregar; *Prozess*: intentar; ***sich*** **∼** esforçar-se (***um zu*** por); **∼end** fatigante, cansativo; **∼ *sein*** *a* cansar; **2ung** *f* esforço *m*; (*Erschöpfung*) cansaço *m*

'Anstrich *m* <-(*e*)*s*; *-e*> pintura *f*; (*Farbe*) tintura *f*; ARQUIT caiadura *f*; (*Überzug*) demão *f*; camada *f*; <*sem pl*> *fig* aspe(c)to *m*, aparência *f*

'An|sturm *m* <-(*e*)*s*; ¨*e*> assalto *m*; (*Andrang*) afluência *f*; **2stürmen** <*sn*>: **∼ *gegen***, **∼ *auf*** (*ac*) assaltar; atacar, arremeter; **∼suchen** *n* pedido *m*, requerimento *m* (***um*** de)

Ant'arktis [ant'arktis] *f* Antárctico *m*

antasten <*-e-*> tocar em (*a fig*); apalpar; *Ehre*: ofender; *Leben etc*: atentar contra; (*verletzen*) violar

'Anteil *m* <-(*e*)*s*; *-e*> parte *f*, quota *f*, cota *f*; (*Gewinn2*) participação *f*; interesse *m* (*a fig*); (*Summe*) quota-parte *f*, cota-parte *f*; <*sem pl*> (*Mitgefühl*) simpatia *f*; **∼ *haben an*** (*dat*) ter quinhão em; **∼ *nehmen an*** (*dat*) participar em; interessar-se por; simpatizar com; **2mäßig** por quotas (*od* cotas); **∼nahme** ['-naːmə] *f* <*sem pl*> interesse *m* (***für*** por); simpatia *f* (***für*** por)

An'tenne [an'tɛnə] *f* antena *f*

Anthra'zit [antra'tsiːt] *m* <*-s*; *-e*> BGB antracite *f*

Anthropo'loge [antropo'loːgə] *m* <*-n*> antropólogo *m*

Anti|alko'holiker *m* abstémio (*ê) *m*; **∼'babypille** *f* pílula *f* anticonceptiva (*bras* anticoncepcional); **∼bi'otikum** *n* <*-s*; *Antibiotika*> antibiótico *m*; **∼block'iersystem** *n* AUTO sistema *m* antibloqueio; **∼faschismus** *m* <*-*; *sem pl*> antifaschismo *m*; **∼'gen** [-'geːn] *n* <*-s*; *-e*> MED antigene *m*

an'tik [an'tiːk] antigo; **2e** [-ə] *f* <*sem pl*> antiguidade *f*; <*pl -en*> (*Kunstwerk*) peça *f* antiga

'Antikörper *m* MED anticorpo *m*

An'tillen [an'tilən] *f/pl* Antilhas *f/pl*

Anti'lope [anti'loːpə] *f* antílope *m*

Anti'mon [anti'moːn] *n* <*-s*; *sem pl*> antimónio (*ô) *m*

Antipa'thie [-pa'tiː] *f* <*-*; *-n*>: **∼ *gegen*** antipatia *f* a

Anti'pode [anti'poːdə] *m* <*-n*> antípoda *m*

An'tiqua [an'tiːkva] *f* <*sem pl*> TIP letra *f* romana

Anti'quar [anti'kvaːr] *m* <*-s*; *-e*> antiquário *m*; (*Buchhändler*) alfarrabista *m*; **∼i'at** [-kvari'aːt] *n* <-(*e*)*s*; *-e*> alfarrabista *m*, *bras* sebo *m*; **2isch** antigo; *adv* em segunda mão

Antiqui'täten [antikvi'tɛːtən] *f/pl* antiguidades *f/pl*; velharias *f/pl*; **∼händler** *m* antiquário *m*

Antise'mit|(in *f*) *m* <*-en*>, **2isch** anti-semita *su*; **∼'ismus** *m* <*-*; *sem pl*> anti-semitismo *m*

anti|'septisch [anti'zɛptiʃ] MED anti-séptico; **∼'statisch** TÉCN [-'staːtiʃ] antiestático

Anti'the|se *f* antítese *f*; **≈tisch** antitético

'Antlitz ['antlits] *n* <-*es*; -*e*> rosto *m*, cara *f*; semblante *m*; fisionomia *f*

'Antrag ['-tra:k] *m* <-(*e*)*s*; ⸚*e*> proposta *f*; (*Gesuch*) requerimento *m*; (*Heirats*≈) pedido *m* de casamento; *POL* moção *f*, (*Abänderungs*≈) proposta *f* de alteração (***stellen*** apresentar); **≈en** propor, requerer; **~steller** ['-ʃtɛlər] *m* requerente *m*; *POL* proponente *m*

'an|treffen encontrar (em casa); **~treiben** impelir; estimular, incitar (*a fig*); *TÉCN* a(c)cionar; *AUTO* propulsionar; *ans Land*: arrojar à terra; **~treten 1.** *v/t Reise*: partir para, sair para; *Beweis*: dar, apresentar; *Erbe*: entrar na posse; ***ein Amt ~*** tomar posse; ***den Rückzug ~*** retirar(-se); *Strafe*: começar a cumprir; **2.** *v/i* <*sn*> *MIL* alinhar; ***gegeneinander ~*** enfrentar-se

'Antrieb *m* <-(*e*)*s*; -*e*> *AV u NAV* propulsão *f*; *FÍS* ímpeto *m*; *TÉCN* a(c)cionamento *m*; impulso *m*; comando *m*; *fig* impulso *m*; motivo *m*; ***aus eigenem ~*** motu-próprio; por vontade própria; **~s...**: *in Zssgn oft* propulsor; motor (*f*: motriz); a(c)cionador; de comando

'antrinken: ***sich*** (*dat*) ***e-n*** (***Rausch***) **~** apanhar uma bebedeira, F emborrachar-se, *bras* embriagar-se; → ***angetrunken***

'Antritt *m* <-(*e*)*s*; -*e*> (*Amts*≈) posse *f*; (*Beginn*) começo *m*, início *m*; ***~ e-r Erbschaft*** sucessão *f*; ***~ e-r Reise*** partida *f*; **~sbesuch** *m* <-(*e*)*s*; -*e*> primeira visita *f*; **~srede** *f* discurso *m* inaugural (*bei Aufnahme*: de recepção); **~svorlesung** *f* lição *f* inaugural

'antun *j-d et*: fazer; *Ehre*: prestar; ***Gewalt ~*** violar, fazer violência a; *Leid*: causar; ***sich*** (*dat*) ***et ~*** suicidar-se; matar-se; ***sich*** (*dat*) ***Zwang ~*** fazer cerimónia (*ô); ***tu mir das nicht an!*** F não me faças isso!

Ant'werpen [ant'vɛrpən] *n* Antuérpia *f*

'Antwort *f* resposta *f*; (*Gegen*≈) réplica *f* (***auf*** *ac* a); *fig a* rea(c)ção *f*, eco *m*; ***um ~ wird gebeten*** roga-se o favor de responder, *bras* aguarda-se resposta; **≈en** <-*e*-> responder; replicar (***auf*** a); reagir; **~karte** *f* bilhete *m* postal com resposta paga; **~schreiben** *n* resposta *f*

'an|vertrauen <-> confiar; ***sich*** (*dat*) ***j-m ~*** abrir-se com alg; **~verwandt** parente; aparentado

'an|wachsen <*sn*> pegar; lançar raízes, arraigar; *fig* aumentar; crescer; *Betrag*: ***~ auf*** (*ac*) montar a; **≈wachsen** *n* incremento *m*, aumento *m*

'An|walt ['-valt] *m* <-(*e*)*s*; ⸚*e*>, **~wältin** ['-vɛ:lt-] *f* advogado *m*, -a *f*; (*Sachwalter*) procurador(a *f*) *m*, solicitador(a *f*) *m*; ***sich als ~ niederlassen*** abrir banca de advogado, *bras* abrir escritório de advocacia; **~waltschaft** *f* advocacia *f*; (= **~waltskammer** *f* <-; -*n*>)ordem *f* dos advogados

'Anwandlung *f* capricho *m*; veleidade *f*; impulso *m*; *a MED* acesso *m*, ataque *m*

'anwärmen (pôr a) aquecer, esquentar

'An|wärter *m* aspirante *m*, candidato *m*; pretendente *m* (***auf*** *ac* a); **~wartschaft** ['-vart-] *f* candidatura *f*; (*Recht*) direito *m* (***auf*** *ac* a)

'anweis|en (*anleiten*) ensinar; instruir, *a* (*beauftragen*) encarregar; *Geld*: mandar; *Platz*: indicar; *fig* → ***angewiesen***; **≈ung** *f* instrução *f*, ordem *f*; (*Gutschein*) bónus (*ô) *m*; *ECON* ordem *f* de pagamento, cheque *m*; *a CORR* vale *m*

'anwendbar ['-vɛnt-] aplicável (***auf*** *ac* a); (*brauchbar*) útil, utilizável; ***allgemein ~*** de aplicação *f*, universal; **≈keit** *f* <*sem pl*> aplicação *f*, aplicabilidade *f*

'anwenden <-*e*-> empregar (***falsch*** mal); usar; ***~ auf*** (*ac*) aplicar a; *Gewalt, Mittel*: recorrer a; ***sich ~ lassen*** aplicar-se

'Anwender ['-vɛndər] *m* *INFORM* utilitário *m*; **~programm** *n* <-*s*; -*e*> *INFORM* programa *m* de aplicação

'Anwendung *f* aplicação *f*, emprego *m*, uso *m*, utilização *f*; ***zur ~ kommen*** chegar a ser empregado; **~sbeispiel** *n* <-*s*; -*e*> exemplo *m* (de modo) de aplicação; **~sbereich** *m* <-(*e*)*s*; -*e*> campo *m* de aplicação

'anwerb|en *MIL u NAV* alistar, aliciar, angariar; recrutar; ***sich ~ lassen***

alistar-se, assentar praça; **2ung** *f* aliciamento *m*, angariação *f*, alistamento *m*, leva *f*, recrutamento *m*

'anwerfen TÉCN pôr a trabalhar

'Anwesen *n* propriedade *f*; prédio *m*; AGR terreno *m*; fazenda *f*; **2d** presente (**bei** em); ***die* 2*en*** *pl a* os assistentes, a assistência *f/sg*; **⁓heit** *f* <*sem pl*> presença *f*; assistência *f* (***in*** em, com); **⁓heitsliste** *f* lista *f* de presença; *Arbeiter*: ponto *m*

'anwidern ['-viːdərn] <*-re*> repugnar

'Anwohner(in *f*) *m* vizinho *m*, -a *f*; *e-s Flusses*: ribeirinho *m*, -a *f*; *e-r Straße*: morador(a *f*) *m*

'Anwurf *m* <*-(e)s*; *¨e*> ARQUIT reboco *m*; TÉCN arranque *m*; *fig* (*Vorwurf*) acusação *f*, imputação *f*

'anwurzeln <*-le*; *sn*> arraigar, enraizar, lançar raízes; *a* → ***angewurzelt***

'Anzahl *f* <*sem pl*> número *m*, quantidade *f*; ***e-e* ⁓** *a* alguns; **2en** pagar sinal, dar à conta (*bras a* de entrada); **⁓ung** *f* sinal *m*, pagamento *m* à conta; (*Vorschuss*) adiantamento *m*

'anzapfen *Fass*: furar, espichar; *Baum*: resinar; *Telefon*: pôr sob escuta; *fig* F sangrar

'Anzeichen *n* sinal *m*, indício *m*; MED sintoma *m*; (*Vorbedeutung*) presságio *m*

'anzeichnen <*-e-*> marcar, anotar; desenhar

'Anzeig|e ['-tsaɪgə] *f* anúncio *m* (***aufgeben*** pôr, inserir), aviso *m*; (*Familien*2) participação *f*; notificação *f*; JUR denúncia *f* (***erstatten*** fazer); TÉCN indicação *f*, marcação *f*; **2en** *v/t* indicar; (*mitteilen*) anunciar (*a in der Zeitung*); participar, dar parte de; notificiar; (*a* ECON) avisar (***j-m et*** alg de a/c); JUR *j-n*: denunciar; **⁓enannahme** *f*, **⁓enbüro** *n* <*-s*; *-s*> agência *f* de publicidade; **⁓enteil** *m* <*-(e)s*; *-e*> anúncios *m/pl*; **⁓epflicht** *f*, **2epflichtig** sujeito a declaração (*od* participação) *f* obrigatória; **⁓er** *m Sport*: marcador *m*; TÉCN indicador *m*; (*Zeitung*) diário *m*; **⁓etafel** *f* <*-*; *-n*> *Sport*: quadro *m* ele(c)trónico (*ô)

'anzetteln ['-tsɛtəln] <*-le*> urdir; *fig* tramar

'anziehen 1. *v/t* puxar; *Kleid*: vestir; *Fußbekleidung*, *Handschuh*: calçar; *Schraube*: apertar; *fig* atrair; ***sich warm* ⁓** agasalhar-se; **2.** *v/i Brettspiel*: jogar primeiro; ser mão; *Motor*: arrancar; *Pferd*: puxar; *Preise*: subir; **3.** 2 *n der Preise*: subida *f*; **⁓d** atra(c)tivo; interessante

'Anziehung *f* atra(c)ção *f*; **⁓skraft** *f* <*-*; *¨e*> atra(c)ção *f*; FÍS magnetismo *m*; *der Erde*: gravitação *f*; *fig* encanto *m*

'Anzug *m* <*-(e)s*; *¨e*> **a**) fato *m*; *bras* terno *m*; (*Tracht*) traje *m*; **b**): ***im* ⁓ *sein*** estar iminente, estar a chegar, *Gewitter a* estar a aproximar-se; *Spiel*: ser mão

'anzüglich ['-tsyːkliç] alusivo; insinuador; (*persönlich*) atrevido; malicioso; **2keit** *f* alusão *f*; remoque *m*; *bras* indire(c)ta *f*

'anzünd|en <*-e-*> acender; *Haus etc*: incendiar, deitar (*od* pegar *od* pôr) fogo a; **2er** *m* acendedor *m*, isqueiro *m*

'anzweifeln <*-le*> pôr em dúvida

a'part [a'part] singular; invulgar; original

Apa|'thie [apa'tiː] *f* apatia *f*; **2thisch** [a'paːtiʃ] apático

'Apfel ['apfəl] *m* <*-s*; *¨*> maçã *f*; **⁓baum** *m* <*-(e)s*; *¨e*> macieira *f*; **⁓most** *m* <*-(e)s*; *sem pl*> sumo *m* de maçã; *sdd* sidra *f*, cidra *f*; **⁓mus** *n* <*-es*; *sem pl*> puré *m* de maçãs; **⁓schimmel** *m* cavalo *m* ruço-rodado

Apfel'sine [-'ziːnə] *f* laranja *f*; **⁓nbaum** *m* <*-(e)s*; *¨e*> laranjeira *f*

'Apfelwein *m* <*-(e)s*; *¨e*> sidra *f*, cidra *f*

Apho'rismus [afo'rismus] *m* <*-*; *Aphorismen*> aforismo *m*

A'postel [a'pɔstəl] *m* apóstolo *m*; **⁓geschichte** *f* <*sem pl*> A(c)tos *m/pl* dos Apóstolos

Apo'stroph [apo'stroːf] *m* <*-s*; *-e*> apóstrofo *m*; **2'ieren** [-stro'-] <*-*> apostrofar

Apo'thek|e [apo'teːkə] *f* farmácia *f*; F botica *f*; **⁓er** *m* farmacêutico *m*, F boticário *m*

Appa'rat [apa'raːt] *m* <*-(e)s*; *¨e*> aparelho *m*; (*Aufwand*) aparato *m*; máquina *f* (*a* FOT); TEL telefone *m*; ***wer ist am* ⁓?** quem fala?; ***am* ⁓ *bleiben*** não desligar; **⁓'ur** [-ra'tuːr] *f* aparelhagem *f*, equipamento *m*

Apparte'ment [apart(ə)'mɑ̃ː] *n* <-s; -s> apartamento *m*
Ap'pell [a'pɛl] *m* <-s; -e> *MIL* chamada *f*; revista *f* (***abhalten*** passar); *fig* apelo *m*, proclamação *f*; **≈'ieren** <-> apelar, recorrer
Appe'tit [ape'tiːt] *m* <-(e)s; *sem pl*> apetite *m* (***machen*** abrir o), vontade *f* de comer (***machen*** dar); ***guten ~!*** bom proveito!; **≈lich** apetitoso; **~losigkeit** [-loːziç-] *f* <*sem pl*> falta *f* de apetite; **~zügler** *m* redutor *m* de apetite
applau'dieren [aplau'diːrən] <->: ~ (*dat*) aplaudir (*ac*), dar palmas (a)
Ap'plaus [a'plaus] *m* <-es; -e> aplauso *m*
appor'tieren [apɔr'tiːrən] <-> trazer à mão
Appre'tur [apre'tuːr] *f* apresto *m*, acabamento *m*
Apri'kose [apri'koːzə] *f* damasco *m*, alperce *m*; **~nbaum** *m* <-(e)s; ¨e> damasqueiro *m*, alperceiro *m*
A'pril [a'pril] *m* <-s *od* -; -e> Abril *m*; ***in den ~ schicken*** intrujar; **~scherz** *m* <-es; -e> partida *f* do dia um de Abril; **~wetter** *n* <-s; *sem pl*> F tempo *m* instável
'Apsis ['apzis] *f* <-; *Apsiden*> *ARQUIT* abside *f*, ábsis *f*
Aqua'planing [akva'plaːniŋ] *n* <-s; *sem pl*> *AUTO* aquaplanagem *f*, hidroplanagem *f*
Aqua'rell [akva'rɛl] *n* <-s; -e>, **~bild** *n* <-(e)s; -er> aguarela *f*; **~maler(in** *f*) *m* aguarelista *su*
A'quarium [a'kvaːrium] *n* <-s; -rien> aquário *m*
Ä'quator [ɛ'kvaːtɔːr] *m* <-s; *sem pl*> equador *m*
Ar [aːr] *n* <-s; -e> ar *m*
Ära ['ɛːraː] *f* <-; *Ären*> era *f*, época *f*
'Araber(in *f*) ['aːrabər] *m* árabe *su*
Ara'beske [ara'bɛskə] *f* arabesco *m*
a'rabisch [a'raːbiʃ] árabe
'Arbeit ['arbaɪt] *f* trabalho *m*; *häusliche a* afazeres *m/pl*; (*Aufgabe*) tarefa *f*; (*Feld≈*) lavoura *f*; (*Schul≈*) dever *m*; *schwere*: labor *m*, labuta *f*; *Werk*: obra *f*; fabrico *m*; ***an die ~ gehen*** pôr-se ao trabalho, *bras* dar mãos à obra; ***die ~ einstellen*** suspender o trabalho; (*streiken*) declarar-se em greve; (***viel***) ***~ machen*** ser trabalhoso; ***keine ~ haben*** estar desempregado; não ter que fazer
'arbeiten <-e-> trabalhar (***an*** *dat* em); *TÉCN Maschine*: *a* operar, funcionar; ***das Kapital ~ lassen*** fazer render o capital; **~d** trabalhador
'Arbeiter *m*, **~in** *f* operário *m*, -a *f* (***gelernte***[***r***] qualificado, -a, especializado, -a); **~klasse** *f* <*sem pl*> classe *f* operária; **~mangel** *m* <-s; *sem pl*> falta *f* de mão de obra; **~partei** *f* partido *m* trabalhista; **~schaft** *f* <*sem pl*> operariado *m*; **~viertel** *n* bairro *m* operário
'Arbeitgeber|(in *f*) *m* empregador(a *f*) *m*; patrão *m*, patroa *f*; **~anteil** *m* <-s; -e> quota *f* da entidade patronal; **~verband** *m* <-(e)s; ¨e> sindicato *m* patronal
'Arbeitnehmer|(in *f*) ['-neːmər] *m* trabalhador(a *f*) *m*; **~schaft** *f* <*sem pl*> trabalhadores *m/pl*; **~verband** *m* <-(e)s; ¨e> sindicato *m* de trabalhadores
'arbeitsam trabalhador
'Arbeits|amt *n* <-(e)s; ¨er> repartição *f* de (*bras* secretaria do) trabalho; **~anzug** *m* <-s; -züge> fato *m* (*bras* roupa *f* *od* uniforme *m*) de trabalho; **~bedingungen** *f/pl* condições *f/pl* de trabalho; **~beschaffung** *f* <*sem pl*> emprego *m*, colocação *f*; fomento *m*; → ***ABM***; **~bescheinigung** *f* <-; -en> certificado *m* (*od* atestado *m*) de trabalho; **~buch** *n* <-(e)s; ¨er> carteira *f* profissional; **~dienst(pflicht** *f* <*sem pl*>) *m* <-es; *sem pl*> serviço *m* de trabalho (obrigatório); **~einsatz** *m* <-es; ¨e> emprego *m*; **~einstellung** *f* suspensão *f* do trabalho, greve *f*; **~erlaubnis** *f* <*sem pl*> autorização *f* de trabalho; **~essen** *n* almoço *m* (*od* jantar *m*) de trabalho; **≈fähig** válido; **~gang** *m* <-(e)s; ¨e> processo *m*; operação *f*; **~gebiet** *n* <-(e)s; -e> campo *m* de a(c)ção; **~gemeinschaft** *f* centro *m* de estudos; grémio (*ê) *m*; **~gericht** *n* <-(e)s; -e> tribunal *m* de trabalho; **~invalide** *m* <-n> inválido *m* do trabalho (*od* *ECON* do comércio); **~kraft** *f* <-; ¨e> energia *f*; *j-d*: ***e-e gute ~ sein*** ter boas capacidades *f/pl* de trabalho; **~kräfte** *f/pl* (*Arbeiter*) mão-de-obra *f/sg*; **~leistung** *f* rendimento

m, capacidade *f*; **~lohn** *m* <-(*e*)*s*; *¨e*> salário *m*; **2los** desempregado

'Arbeitslosen|rate *f* taxa *f* de desemprego; **~unterstützung** *f* <*sem pl*> subvenção *f* (*od* subsídio *m*) de desemprego; fundo *m* de desemprego; **~versicherung** *f* seguro *m* de desemprego

'Arbeits|losigkeit *f* <*sem pl*> desemprego *m*; **~markt** *m* <-(*e*)*s*; *¨e*> ofertas *f/pl* e pedidos *m/pl* de emprego, mercado *m* do trabalho; **~minister(ium** *n* <-*s*; -*rien*>) *m* ministro *m* (ministério *m*) do trabalho; **~niederlegung** *f* suspensão *f* do trabalho, greve *f*; **~platz** *m* <-*es*; *¨e*> lugar *m* de trabalho; emprego *m*; **~raum** *m* <-(*e*)*s*; *¨e*> → ***~stätte***, ***~zimmer***; **~recht** *n* <-(*e*)*s*; *sem pl*> direito *m* do trabalho; **2scheu** preguiçoso; **~schutz** *m* <-*es*; *sem pl*> prote(c)ção *f* no trabalho; **~stätte** *f* oficina *f*, lugar *m* de trabalho; **~suche** *f* <*sem pl*> procura *f* de trabalho (*od* de emprego); **~tag** *m* <-(*e*)*s*; *¨e*> dia *m* útil, dia *m* de trabalho; **~teilung** *f* <*sem pl*> divisão *f* do trabalho; **~tier** *n* <-(*e*)*s*; -*e*> F besta *f* de trabalho; **2unfähig** inválido; **~unfall** *m* <-(*e*)*s*; -*fälle*> acidente *m* do trabalho; **~vermittlung** *f* agência *f* de emprego; **~weise** *f* método *m* de trabalho; **~zeit** *f* horas *f/pl* (*od* horário *m* *od* tempo *m*) de trabalho; **~zimmer** *n* gabinete *m*, escritório *m*

Archäo'lo|ge [arçɛo'lo:gə] *m* <-*n*>, **~gin** *f* arqueólogo *m*, -a *f*; **~'gie** [-lo'gi:] *f* <*sem pl*> arqueologia *f*

Archi'pel [arçi'pe:l] *m* <-*s*; -*e*> arquipélago *m*

Archi'tek|t(in *f*) [arçi'tɛkt] *m* <-*en*> arquite(c)to *m*, -a *f*; **~'tur** [-'tu:r] *f* arquite(c)tura *f*

Ar'chi|v [ar'çi:f] *n* <-*s*; -*e*> arquivo *m*; ***Staats2*** *in Lissabon*: Arquivo *m* da Torre do Tombo; **~'var** [-çi'va:r] *m* <-*s*; -*e*> arquivista *m*

Arena [a're:na] *f* <-; *Arenen*> arena *f*

arg [ark] <*¨er*; *¨st*> mau, *adv* mal; (*bösartig*) malvado, ruim, maligno; *Lärm etc*: grande, terrível; *Fehler*: grave; ***es zu ~ treiben*** abusar; ***im 2en liegen*** ir de mal em pior; ***sein ärgster Feind*** o seu pior inimigo

Argen'tin|ien [argɛn'ti:niən] *n* Argentina *f*; **~ier(in** *f*) [argɛn'ti:niər-] *m*, **2isch** argentino *m*, -a *f*

'Ärger ['ɛrgɛr] *m* <-*s*; *sem pl*> desgosto *m*, aborrecimento *m*, dissabor *m*, arrelia *f*; **2lich** aborrecido; *j-d*: *a* zangado (***auf, über*** *ac* com)

ärger|n <-*re*> aborrecer, irritar, zangar; ***sich ~***: *a* ter um desgosto (***über*** *ac* com); **2nis** *n* <-*ses*; -*se*> escândalo *m*; ***~ erregen bei*** escandalizar (*ac*)

'Arg|list *f* <*sem pl*> astúcia *f*, malícia *f*, manha *f*; **2listig** malicioso, manhoso, astuto; **2los** ingénuo (*ê) sem desconfiar; (*ohne böse Absicht*) sem malícia; **~losigkeit** [-lo:z-] *f* <*sem pl*> ingenuidade *f*

Argu'ment [-u'mɛnt] *n* <-(*e*)*s*; -*e*> argumento *m*; **2'ieren** <-> argumentar

'Arg|wohn ['-vo:n] *m* <-(*e*)*s*; *sem pl*> suspeita *f* (***gegen*** de); ***~ hegen*** = **2wöhnen** ['-vø:nən] desconfiar; **2wöhnisch** ['-vø:niʃ] desconfiado

'Arie ['a:riə] *f* ária *f*

Aristo'krat|(in *f*) [aristo'kra:t] *m* <-*en*> aristocrata *su*; **~'ie** [-kra'ti:] *f* aristocracia *f*; **2isch** aristocrático

Arith'meti|k [arit'me:tik] *f* <*sem pl*> aritmética *f*; **~ker** *m*, **2sch** aritmético (*m*)

'arktisch ['arktiʃ] ár(c)tico

arm <*¨er*; *¨st*> pobre; ***~ machen***, ***~ werden*** empobrecer

Arm *m* <-(*e*)*s*; -*e*> braço *m* (***reichen*** dar); ***~ in ~*** de braços dados; ***auf den ~ nehmen*** tomar ao (*bras* pegar no) colo; *fig* F pregar uma partida (***j-n*** a alg); ***in die ~e schließen*** abraçar; ***j-m unter die Arme greifen*** F ajudar alg

Arma'tur [arma'tu:r] TÉCN *f* armatura *f*; **~enbrett** *n* <-(*e*)*s*; -*er*> *Auto*: tablier *m*, quadro (*bras* painel) *m* de instrumentos

'Arm|band *n* <-(*e*)*s*; *¨er*> pulseira *f*; **~banduhr** *f* relógio *m* de pulso, *bras* relógio-pulseira *m*; **~binde** *f* braçadeira *f*, MED ligadura *f*; **~brust** *f* <-; -*brüste*> balestra *f*, besta *f*

Ar'mee [ar'me:] *f* exército *m*

'Ärmel ['ɛrməl] *m* manga *f*; ***et aus dem ~ schütteln*** improvisar; **~aufschlag** *m* <-(*e*)*s*; *¨e*> canhão *m*; **~kanal** *m* canal *m* da Mancha; **2los** sem mangas

'Armenhaus *n* <-(*e*)*s*; *¨er*> casa *f* dos

pobres; asilo *m* de mendicidade (*bras* mendigos)
'ärmer ['ɛrmər] (*comp zu* ***arm***) mais pobre
ar'mier|en [ar'miːrən] <-> armar; equipar (***mit*** de); **ꝰung** *f* armamento *m*; equipamento *m*
'Arm|lehne *f* encosto *m*; **~leuchter** *m* candelabro *m*; *fig* F parvo *m*, idiota *m*, pateta *m*
'ärmlich ['ɛrmliç] pobre
'arm|los sem braços; **ꝰreif(en)** *m* <-(e)s; -e> pulseira *f*; **ꝰschiene** *f* braçal *m*; **~selig** mesquinho, miserável; **ꝰsessel** *m*, **ꝰstuhl** *m* <-(e)s; ⸚e> poltrona *f*; cadeira *f* de braços
'Armut [-uː-] *f* <*sem pl*> pobreza *f*, miséria *f*, indigência *f*; **~szeugnis** *n* <-ses; -se> *fig* (***sich***) (*dat*) ***ein ~ ausstellen*** provar a sua incapacidade
A'roma [a'roːma] *n* <-s; *Aromen*> aroma *m*
aro'matisch [aro'maːtiʃ] aromático
'Arrak ['arak] *m* <-s; *sem pl*> araca *f*
Arran|ge'ment [arãʒə'mãː] *n* <-s; -s> arranjo *m*; (*Übereinkunft*) acordo *m*; **ꝰ'gieren** <-> organizar; arranjar; chegar a acordo
Ar'rest [a'rɛst] *m* <-(e)s; -e> detenção *f*, prisão *f*; *JUR* embargo *m*; **~'ant** [-'tant] *m* <-en> preso *m*; **~zelle** *f* calabouço *m*
arre'tieren [are'tiːrən] <-> prender
arro'gan|t [aro'gant] arrogante, petulante; **ꝰz** [-ts] *f* <*sem pl*> arrogância *f*, petulância *f*
Arsch [arʃ] V *m* <-(e)s; ⸚e> cu *m*, bunda *f*, traseiro *m*; **'~loch** *n* <-s; -löcher> V olho *m* traseiro, *bras* olho *m* do cu; *fig* besta *f*; filho *m* da mãe
Ar'sen [ar'zeːn] *n* <-s; *sem pl*> arsénio (*ê) *m*; **~'al** [arze'naːl] *n* <-s; -e> arsenal *m*
Art *f*: (***~ und Weise***) modo *m*; maneira *f* (***nach, in der*** a; ***auf die*** de); *ARQUIT* ***in, nach der ~*** (*gen*) nos moldes de, à laia de; (*Eigen*ꝰ) índole *f*; particularidade *f*; (*Gattung*) espécie *f*; género *m*; (*Sorte*) qualidade *f*; (*Rasse*) raça *f*; ***aus der ~ schlagen*** degenerar; abastardar; **'~enschutz** *m* <-es; *sem pl*> prote(c)ção *f* das espécies
Ar'terie [ar'teːriə] *f* artéria *f*; **~nverkalkung** *f* <*sem pl*> F arteriosclerose *f*
'artfremd exótico
Ar'thr|itis [ar'triːtis] *f* <-; *sem pl*> artrite *f*; **~ose** [-'troːzə] *f* <-; -n> artrose *f*
'artig ['artiç] gentil, cortês; *Kind*: bem comportado, quieto; **ꝰkeit** *f* gentileza *f*, graça *f*; amabilidade *f*
Ar'ti|kel [ar'tiːkəl] *m* artigo *m* (*ECON* ***führen*** ter, vender); **~ku'lieren** [artiku'liːrən] <-> articular; expressar, exprimir
Artille'r|ie [artilə'riː] *f* artilharia *f*; **~ist** *m* <-en> artilheiro *m*
Arti'schocke [arti'ʃɔkə] *f* alcachofra *f*
Ar'tist|(in *f*) *m* <-en> acrobata *su*, artista *su* de circo; **ꝰisch** acrobático; *fig* virtuoso
Arz(e)'nei [arts(ə)'naɪ] *f* remédio *m*; **~kunde** *f* farmacologia *f*; **~mittel** *n* medicamento *m*
Arzt [artst] *m* <-(e)s; ⸚e> médico *m*, doutor *m*
'Ärzte|kammer ['ɛrtstə-] *f* <-; -n> ordem *f* dos médicos; **~schaft** *f* <*sem pl*> corpo *m* médico, classe *f* médica
'Arzthelferin *f* empregada *f* (*bras* auxiliar *f*) de consultório
'Ärzt|in ['ɛrtstin] *f* médica *f*, doutora *f*; **ꝰlich** médico
As → ***Ass***; ꝰ *MÚS* *n* <-; -> lá-bemol *m*
As'best [as'bɛst] *m* <-(e)s; *sem pl*> amianto *m*, asbesto *m*
'asch|blond ['aʃ-] loiro acinzentado; **ꝰe** *f* cinza(s) *f* (*pl*); ***in ~ legen*** reduzir a cinzas; **ꝰ(en)becher** *m* cinzeiro *m*; **ꝰenbrödel** ['-brøːdəl] *n* gata *f* borralheira; **ꝰenplatz** *m* <-es; -plätze> cinzeiro *m*; **ꝰenputtel** [-putəl] *n* → ***ꝰenbrödel***; **ꝰer'mittwoch** *m* <-s; *sem pl*> quarta-feira *f* de cinzas; **~fahl**, **~farben**, **~grau** acinzentado
'äsen ['ɛzən] <-t> pascer, pastar
Asi'at|(in *f*) [azi'aːt] *m* <-en>, **ꝰisch** asiático *m*, -a *f*
'Asien ['aːziən] *n* Ásia *f*
As'ke|se [as'keːzə] *f* <*sem pl*> ascese *f*, ascetismo *m*; **~t** *m* <-en> asceta *m*; **ꝰtisch** ascético
'asoz|ial ['azotsjaːl] marginal; **ꝰiale(r)** *m* <-n> *neg!* indivíduo *m* marginal

As'pekt [as'pɛkt] *m* <-(*e*)*s*; -*e*> aspe(c)to *m*
As'phalt [as'falt] *m* <-(*e*)*s*; -*e*> asfalto *m*; **≈'ieren** <-> asfaltar
'Ass *n* <-*es*; -*e*> (*Karte*) ás *m*
'Assel ['asəl] *f* <-; -*n*> bicho-de-conta *m*; sapateiro *m*
Assi'sten|t(in *f*) [asi'stɛnt-] *m* <-*en*> assistente *su*; **~zarzt** [-ts-] *m* <-*es*; ⸚*e*> médico *m* assistente; MIL tenente-médico *m*
Assozi|ati'on [asotsiatsi'oːn] *f* associação *f*; **≈'ieren** <->: (***sich***) **~** associar(-se); unir(-se)
Ast *m* <-(*e*)*s*; ⸚*e*> ramo *m*; *im Holz*: nó *m*; F ***sich e-n ~ lachen*** fartar-se de rir; ***auf dem absteigenden ~*** a decair, em decadência
'Aster ['astər] BOT *f* <-; -*n*> sécia *f*
Äs'thet|ik [ɛ'steːtik] *f* <*sem pl*> estética *f*; **≈isch** estético
'Asthm|a ['astma] *n* <-*s*; *sem pl*> asma *f*; **≈'atisch** [-'maːtiʃ] asmático
'Astloch *n* <-(*e*)*s*; ⸚*er*> buraco *m* de nó (de uma árvore)
'astrein: ***nicht ganz ~ sein*** *fig* F ser suspeito, inspirar desconfiança
Astro'lo|ge [astro'loːgə] *m* <-*n*>, **~gin** *f* astrólogo *m*, -a *f*; **~'gie** [-lo'giː] *f* <*sem pl*> astrologia *f*
Astro'naut(in *f*) [astro'naʊt] *m* <-*en*> astronauta *su*
Astro'nom [astro'noːm] *m* <-*en*> astrónomo (*ô) *m*; **~'ie** [-no'miː] *f* <*sem pl*> astronomia *f*; **≈isch** astronómico (*ô)
Astrophy'sik [astro-] *f* <*sem pl*> astrofísica *f*
ASU ['aːzu] *f* ***Abgassonderuntersuchung*** teste de emisões da tubo de escape
A'syl [a'zyːl] *n* <-*s*; -*e*> asilo *m*; *fig* refúgio *m*; **~'ant** [azy'lant] *m* <-*en*> *neg!* asilado *m*; **~bewerber** *m* requerente *m* de asilo; **~recht** *n* <-(*e*)*s*; *sem pl*> direito *m* de asilo
Asym|me'trie [azyme'triː] *f* assimetria *f*; **≈'metrisch** [-'meːtriʃ] assimétrico
Atel'ier [atɛl'jeː] *n* <-*s*; -*s*> estúdio *m*
'Atem ['aːtəm] *m* <-*s*; *sem pl*> hálito *m*, sopro *m*; (*~zug*) fôlego *m* (***in e-m*** de um); (*Atmung*) respiração *f*; ***~ holen***, ***~ schöpfen*** respirar; ***außer ~*** ofegante; ***j-n in ~ halten*** dar que fazer a alg; **≈beraubend** sensacional, empolgante; **~beschwerden** *f/pl* dificuldade *f/sg* em respirar; **~gymnastik** *f* <*sem pl*> → ***~übung***; **~holen** *n* <-*s*; *sem pl*> respiração *f*; **≈los** sem fôlego; *fig Spannung*: febril; **~not** *f* <*sem pl*> dispneia *f*, apneia *f*; **~pause** *f* (momento *m* de) folga *f*; **~übung** *f* exercício *m* respiratório; **~zug** *m* <-(*e*)*s*; ⸚*e*> aspiração *f*, fôlego *m* (***in e-m*** de um)
Athe'is|mus [ate'ismus] *m* <-; *sem pl*> ateísmo *m*; **~t(in** *f*) *m* <-*en*> ateu *m*, ateia *f*; **≈tisch** ateu, ateísta, ateístico
A'then [a'teːn] *n* Atenas *f*
'Äther ['ɛːtər] *m* <-*s*; *sem pl*> éter *m*
ä'therisch [ɛ'teːriʃ] etéreo
Äthi'opien [ɛti'oːpiən] *n* Etiópia *f*
Ath'let|(in *f*) [at'leːt] *m* <-*en*> atleta *su*; **~ik** *f* <*sem pl*> atletismo *m*; **≈isch** atlético
At'lant|ik [at'lantik] *m* <*sem pl*> (do) Atlântico *m*; **≈isch** atlântico
'Atlas ['atlas] *m* **1.** <-; *sem pl*> *Gebirge*: Atlante *m*, Atlas *m*; **2.** <- *od* -*ses*; -*e od Atlanten*> (*Landkarte*) atlas *m* (*a* ANAT); **3.** <- *od* -*ses*; -*se*> (*Stoff*) cetim *m*; **≈artig** acetinado
'atmen ['aːtmən] <-*e*-> **1.** *v/i u v/t* respirar; **2.** **≈** *n* respiração *f*
Atmo'sphär|e [atmo'sfɛːrə] *f* atmosfera *f*; *fig* ambiente *m*; **≈isch** atmosférico
'Atmung ['aːtmuŋ] *f* respiração *f*; **~s...**: *in Zssgn* respiratório, de respiração; **~sorgan(e** *pl*) *n* órgão (aparelho *sg*) *m* respiratório
A'tom [a'toːm] *n* <-*s*; -*e*> átomo *m*; **~...**: *in Zssgn* atómico (*ô); nuclear; **~antrieb** *m* <-(*e*)*s*; -*e*> propulsão *f* atómica; **~bombe** *f* bomba *f* atómica (*ô); **~bunker** *m* abrigo *m* nuclear, bunker *m* atómico (*ô); **~energie** *f* energia *f* atómica (*ô) (*od* nuclear); **~forschung** *f* <*sem pl*> investigação *f* nuclear; **~gewicht** *n* <-(*e*)*s*; -*e*> peso *m* atómico (*ô); **~kern** *m* <-(*e*)*s*; -*e*> núcleo *m* atómico (*ô); **~kraft** *f* <*sem pl*> → ***~energie***; **~kraftwerk** *n* central *f* (*bras* usina *f*) nuclear; **~krieg** *m* <-(*e*)*s*; -*e*> guerra atómica (*ô); **~meiler** *m* rea(c)tor *m* de energia nuclear; **~müll** *m* <-*s*; *sem pl*> lixo *m* atómico (*ô); **~physik** *f* <*sem*

pl> física *f* nuclear; **~reaktor** *m <-s; -en>* rea(c)tor *m* atómico (*ô) (*od* nuclear); **~sperrvertrag** *m* contrato *m* de proibição de armas atómicas (*ô); **~sprengkopf** *m* ogiva *f* nuclear; **~versuch** *m <-(e)s; -e>* experiência *f* atómica (*ô); **~waffe** *f* arma *f* nuclear; **2waffenfrei** desnuclearizado; **~zeitalter** *n <-s; sem pl>* era *f* atómica (*ô); **~zerfall** *m <-(e)s; sem pl>* desintegração *f* atómica (*ô)

Atta'ché [ata'ʃeː] *m <-s; -s>* adido *m*

Atten|'tat [atən'taːt] *n <-(e)s; -e>* atentado *m*; **~'täter** *m* autor *m* de um atentado

At'test [a'tɛst] *n <-es; -e>* atestado *m* (***ärztliches*** médico); **2'ieren** *<->* atestar

Attrak|ti'on [atraktsi'oːn] *f* atra(c)ção *f*; **2'tiv** atra(c)tivo

At'trappe [a'trapə] *f* imitação *f*, simulacro *m*

Attri'but [atri'buːt] *n <-(e)s; -e>* atributo

'ätz|en ['ɛtsən] *<-t>* corroer; *Platte*: gravar a água forte; *MED* cauterizar; **~end** (**2mittel** *n*) corrosivo (*m*), cáustico (*m*); F chato; **2ung** *f* gravura *f* à água-forte; *MED* cauterização *f*

au! [aʊ] ai!

Auber'gine [obər'ʒiːn(ə)] *f* beringela *f*

auch [aʊx] também; (*dazu*) ainda, além disso; (*ebenso*) do mesmo modo; **~ *nicht*** *adj* (nem ...) tão-pouco; (*nicht einmal*) nem (sequer); ***das ~ noch*** mais isso, mais isto; ***oder ~*** ou seja; ***sowohl ... als ~*** tanto ... como, *bras a* tanto ... quanto; ***wenn ~*** se bem que, ainda que, embora (*subj*); ***wer, wo(hin), wie ~ (immer) ...*** quer que (*subj*); ***wie dem ~ sei*** seja como for, como quer que seja

Audi'enz [aʊdi'ɛnts] *f* audiência *f* (***erteilen*** dar)

audiovisu'ell [aʊdiovizu'ɛl] audiovisual

Audi'torium [aʊdi'toːrium] *n <-s; Auditorien>* auditório *m*

'Aue ['aʊə] *f* campina *f*, veiga *f*, várzea *f*; (*Wiese*) prado *m*

'Auer|hahn ['aʊər-] *m <-(e)s; ¨e>* galo *m* silvestre; **~ochse** *m <-n>* auroque *m*

auf [aʊf] **1.** *prp* **a)** *örtl* (*obenauf*, *Lage*, *wo? dat*, *Richtung*, *wohin? ac*) sobre (*a MIL*, *Scheck*, *ECON*); (*nur Lage dat*) em cima de; *fig Steuer*: sobre; (= ***in*** [*Lage*, *wo?*] *dat*) em; (*unbestimmter*) por; **~ *dem Boden*** no chão; **~ *dem Tisch*** na mesa; **~ *dem Land*** no campo; **~ *der Straße*** na rua; *Richtung*, *wohin?* (*ac*): a; para; *~ dieser Seite* de, por; ***in Bezug ~*** com respeito a; **b)** *zeitl* (= *während*) *dat* durante; **c)** *fig ~ Besuch etc*: de; (*gemäß*) *Bitte etc*: a, *Befehl a*: por; *Art u Weise*: *~ Deutsch* em; **2.** *adv* **~ *und ab*** (= **~ *und nieder***) de cima para baixo; (*hin u her*) de um lado para o outro, de cá para lá; **~ *sein*** (*Tür etc*) estar aberto; (*aufgestanden*) *j-d*: estar levantado, estar em pé; **~ *und davon sein*** ter-se safado; **3.** *int* **~!** vamos!; *Imperativ von* levantar-se

'auf|arbeiten *<-e->* acabar, despachar; a(c)tualizar, pôr em dia; *Kleidung*: renovar; **~atmen** *<-e->* respirar a fundo; *fig* sentir-se aliviado; **~bahren** ['-baːrən] amortalhar; pôr no ataúde

'Aufbau *m <-(e)s; sem pl>* construção *f*; *TÉCN* montagem *f*; (*Gliederung*) disposição *f*; *MED* estrutura *f*; *QUÍM*, *GEOL* formação *f*; *MED* síntese *f*, anabolismo *m*; *<pl -ten, meist pl> ARQUIT*, *NAV* acastelamento *m/sg*, superestrutura *f/sg*; *AUTO* carroçaria *f*; *fig* organização *f*; **2en** construir; (*errichten*) erguer; *TÉCN* montar; *fig* organizar; **2end** construtivo (*a fig*); *MED* reconstituinte, anabólico

'auf|bäumen ['-bɔymən] ***sich ~*** empinar-se; *fig* revoltar-se; **~bauschen** exagerar; **~begehren** protestar, revoltar-se; **~behalten** *<->* guardar; *Augen etc*: ter aberto; ***den Hut ~*** ficar de chapéu; **~bekommen** *<->* *Tür*: conseguir abrir; *Aufgabe*: ter de fazer

'aufbereit|en *<-e-; ->* *BGB* preparar; *nass*: lavar; **2ung** *f* preparação *f*; tratamento *m*; *nasse*: lavagem *f*

'aufbesser|n *<-re>* melhorar; *Gehalt*: aumentar; **2ung** *f* melhoramento *m*; (*Gehalts2*) aumento *m*

'aufbewahren *<->* guardar; *für später*: *a* reservar; conservar

Aufbewahrungsortort *m* <-(*e*)*s*; -*e*>) *f* <*sem pl*> depósito *m*; arrecadação *f*; *Speisen*: dispensa *f*

'auf|bieten *Brautpaar*: publicar (*Kirche*: ler) os banhos (*bras* os proclamas); (*zusammenrufen*) convocar; *MIL* chamar às armas; ***alle Kräfte ~, um zu*** empregar todos os meios para, tentar tudo para; **~binden** ligar, atar; (*lösen*) desligar, desatar; *fig* F ***j-m e-n Bären ~*** intrujar alg, enganar alg; **~blähen** (*a sich*) inchar; *fig* envaidecer-se, convencer-se; abalofar-se; **~blasen** soprar, inflar; ***sich ~*** *fig* abalofar-se; *a* → ***aufgeblasen***; **~blättern** <-*re*> folhear; **~bleiben** <*sn*> (*offen bleiben*) ficar aberto; (*wachen*) ficar levantado; *nachts*: *a* fazer serão; **~blenden** <-*e*-> *Lichter*: ligar os máximos (*bras* a luz alta); **~blicken** levantar os olhos; *fig* admirar (***zu*** *ac*); **~blitzen** <-*t*; *a sn*> relampejar; *Reflex*: cintilar; **~blühen** <*sn*> abrir-se, desabrochar; *fig* prosperar; *j-d*: animar-se; **~bocken** *AUTO* pôr sobre cavaletes; **~bohren** furar; *MED* trepanar; **~braten** fritar de novo; aquecer (na sertã *od* no forno); **~brauchen** gastar, consumir; **~brausen** <-*t*; *a sn*> ferver, efervescer; borbulhar; *fig* irritar-se, encolerizar-se; ***~d*** efervescente; *fig* arrebatado, irascível, impetuoso, colérico; **≈brausen** *n QUÍM* ebulição *f*; efervescência *f*; *fig a* irritação *f*, cólera *f*; **~brechen 1.** *v/t* abrir; *gewaltsam*: arrombar; **2.** *v/i* <*sn*> (*sich öffnen*) abrir, *BOT a* rebentar; (*fortgehen*) partir, ir embora; **~bringen** *Geld*: conseguir, obter; *Gerücht*: inventar; *Kosten*: cobrar; *MIL Truppen*: levantar; *Schiff*: apresar; (*einführen*) introduzir; criar; implantar; *j-n*: irritar; **≈bruch** *m* <-(*e*)*s*; ¨*e*> partida *f*; abalada *f*; *fig* advento *m*, levantamento *m*; **~brühen**: ***Tee ~*** fazer chá; **~bügeln** <-*le*> passar a ferro; **~bürden** ['-byrdən] <-*e*->: ***j-m et ~*** carregar alg com a/c; *Schuld*: imputar a/c a alg; **~decken** destapar, descobrir (*a fig*); *Tischtuch etc*: pôr; **~drängen**: ***j-m et ~*** impingir a/c a alg; importunar alg com a/c; ***sich ~*** *et*: impor-se, *j-d*: importunar (*ac*); **~drehen** *Wasser-, Gashahn*: abrir; *Gewinde*: desatarraxar, desaparafusar

'aufdringlich importuno; maçador

'Aufdruck *m* <-(*e*)*s*; -*e*> título *m*, letreiro *m*; *Marke*: sobrecarga *f*; ***als ~ haben*** levar impresso; **≈en** imprimir, estampar

'aufdrücken imprimir; *Siegel*: pôr; (*öffnen*) abrir (apertando)

aufein'ander um sobre o outro; *hintereinander*: um atrás do outro; ***~ folgen*** seguir-se um ao outro; ***~ folgend*** consecutivo; sucessivo, seguido; ***~ häufen*** acumular, amontoar; ***~ legen*** juntar um em cima do outro; ***~ prallen, ~ stoßen*** embater um no outro, entrechocar-se; ***~ türmen*** acastelar, amontoar; **≈folge** *f* <*sem pl*> ordem *f*, sucessão *f*; sequência *f*

'Aufenthalt ['-ɛnthalt] *m* <-(*e*)*s*; -*e*> estância *f*, estadia *f*; (*Unterbrechung*) demora *f*, *CAM. DE F a* paragem *f*; (*Wohnung*) morada *f*, *ständiger*: domicílio *m*; *vorübergehender*: residência *f*; **~serlaubnis** *f* <*sem pl*>, **~sgenehmigung** *f* autorização *f* de residência; **~sort** *m* <-(*e*)*s*; -*e*> paradeiro *m*; (*Wohnort*) domicílio *m*; **~srecht** *n* <-(*e*)*s*; *sem pl*> direito *m* de residência

'auferlegen <-> impor, *Strafe*: *a* infligir

'aufersteh|en <-; *sn*> ressuscitar, ressurgir; **≈ung** *f* <*sem pl*> ressureição *f*, ressurgimento *m*

'auf|erwecken <-> ressuscitar; **≈erweckung** *f* ressureição *f*; **~essen** comer tudo; **~fädeln** ['-fɛːdəln] <-*le*> enfiar; (*trennen*) desfiar

'auffahr|en 1. *v/t MIL* pôr em posição; F *Speisen*: servir, ***~ lassen*** mandar vir; **2.** *v/i* <*sn*> (*hinauffahren*) subir; (*vorfahren*) chegar; entrar; (*zusammenprallen*) embater; *NAV* (*auflaufen*) encalhar; ***aus dem Schlaf ~*** acordar sobressaltado; → ***aufbrausen*** *fig*; **~end** sobressaltado; (*jähzornig*) irascível; **≈t** *f* (*Rampe*) rampa *f*; (*Autobahn≈*) acesso *m* rodoviário; *in die Höhe*: subida *f*, ascensão *f*; *feierliche*: desfile *m*, entrada *f* solene; **≈unfall** *m* acidente *m* (*bras* trombada *f*) provocado, -a por choque de viaturas

'auf|fallen <*sn*> sobressair; dar na(s) vista(s) (***j-m*** de alg); ***das ist mir***

nicht aufgefallen não reparei, não dei por isto; **~fallend** *adj*, **~fällig** saliente, acentuado; que dá na(s) vista(s); (*befremdlich*) estranho
'**auffang|en** apanhar; *Flüssigkeit*: receber, *Gruppen*: *a* acolher, *Sendung*, *Signal*: captar; *Stoß*: amortecer; *Hieb*: aparar; *Strahlen*: absorver; **≈lager** *n* centro *m* de acolhimento
'**auffärben** retingir
'**auffassen** <-*t*> compreender; conceber; entender, considerar
'**Auffassung** *f* concepção *f*; (*Deutung*) interpretação *f*; (*Meinung*) opinião *f*; **~sgabe** *f*, **~svermögen** *n* <-*s*; *sem pl*> inteligência *f*, compreensão *f*; ***leichte(s)*** **~** facilidade *f* de compreensão
'**auf|finden** descobrir; encontrar, achar; **~fischen** pescar; *fig* apanhar; **~flackern** <-*re*; *sn*>, **~flammen** <*sn*> arder; ***wieder*** **~** *fig* recrudescer; **~fliegen** <*sn*> levantar voo (*ô); subir (a voar); *Tür etc*: abrir-se de repente; *fig* acabar, dissolver-se; **~** ***lassen*** dissolver, acabar com
'**aufforder|n** <-*re*>: **~** (***zu***) convidar (para; a *inf*); *stärker*: intimar (a *inf*); (*ermahnen*) exortar (a); *zum Kampf*: desafiar (para); **≈ung** *f* convite *m*; *amtliche*: intimação *f*, contrafé *f*; (*Ermahnung*) exortação *f*; (*Herausforderung*) desafio *m*
'**aufforst|en** <-*e*-> arborizar, repovoar, *bras* reflorestar; **≈ung** *f* arborização *f*, repovoamento *m* florestal, *bras* reflorestamento *m*
'**auffressen** devorar (*a* F *fig*)
'**auffrischen** refrescar; *Anstrich*: renovar; *Kenntnisse* reavivar
'**aufführ|en** (*nennen*) citar, alegar; *einzeln*: especificar; *ECON* pôr na conta; *Zahlen*: enumerar; *Zeugen*: apresentar; *MÚS* executar; *TEA* representar; *ARQUIT* construir; ***sich*** **~** comportar-se; **≈ung** *f* *MÚS* audição *f*; récita *f*, *bras* recital *m*; apresentação *f* (*a JUR Zeugen*); *TEA a* representação *f*; (*Benehmen*) conduta *f*
'**auffüllen**: **~** (***mit***) encher (de); abastecer (de); *MIL* completar (por)
'**Aufgabe** *f* tarefa *f*, trabalho *m*, dever *m*; (*Auftrag*) missão *f*; (*Schul≈*) lição *f*, exercício *m*; *MAT* problema *m*; *CORR* envio *m*; expedição *f*; (*Gepäck≈*) despacho *m*; (*Verzicht*) (*gen*) renúncia *f* (a); abandono *m* (de); *e-s Geschäftes*: liquidação *f*
'**aufgabeln** <-*le*> F apanhar, pescar
'**Aufgabenbereich** *m* <-(*e*)*s*; -*e*> funções *f/pl*
'**Aufgang** *m* <-(*e*)*s*; ¨*e*> subida *f*; (*Treppe*) escada *f*; *Gestirne*: nascer *m*, levantar *m*
'**aufgeben** *Anzeige*: pôr, inserir; *Arbeit*: dar, *Schularbeit*: *a* marcar; *Namen*, *Anschrift*: *a* indicar; *CORR* mandar; *Gepäck*: despachar; *Geschäft*: liquidar; *MED Kranke*: não ter esperanças; *Rätsel*: propor; (*verzichten*) renunciar (a); *Plan*, *Spiel*, *MIL Stellung*: abandonar; *Recht*: abdicar; ***es*** **~** desistir; ***den Geist*** **~** entregar a alma a Deus
'**aufgeblasen** ['-gəbla:zən] *adj fig* presunçoso
'**Aufgebot** *n* <-(*e*)*s*; -*e*> *Ehe*: banhos *m/pl*; *MIL* leva *f*; recrutamento *m*; *Kräfte*: emprego *m*
'**auf|gebracht** ['-gəbraxt] **1.** *p/p von* ***aufbringen***; **2.** *adj* furioso (***über*** com); **~** ***werden*** aborrecer-se; abespinhar-se; ficar furioso (*od* aborrecido); **~gedonnert** ['-gədɔnərt] F espampanante, espaventoso, *bras* ostentoso, luxuoso; **~gedreht** ['-gədre:t] (*Wasser*, *Licht*) aberto; (*Uhr*) com corda; *fig* animado, excitado; **~gedunsen** ['-gədunzən] inchado; tufado
'**aufgehen** <*sn*> (*sich öffnen*) abrir(-se); *Geschwür*: rebentar; *Gestirn*: nascer, levantar-se; *Naht*: descoser-se; *Haar*, *Knoten*: desfazer-se; *Teig*: levedar; *Vorhang*: subir; *MAT* não deixar resto; bater certo (*a fig*); **~** ***in*** (*dat*) ficar absorvido por; ***in Flammen*** **~** ser consumido pelas chamas
'**auf|gehoben**: ***gut*** **~** ***sein*** estar em boas mãos; **~geklärt** ['-gəklɛ:rt] *adj fig* sem preconceitos; **~gekratzt** ['-gəkratst] *adj* F *fig* alegre; excitado; **≈geld** *n* <-(*e*)*s*; -*er*> ágio *m*; (*Anzahlung*) sinal *m*; (*Zuschlag*) suplemento *m*; **~gelegt** ['-gəle:kt] *adj fig* com vontade (***zu*** de); *Schwindel*: evidente; **~geräumt** ['-gərɔymt] *adj fig* de bom humor, alegre

'auf|geregt ['-gəreːkt] *adj* nervoso; **2geregtheit** *f* <*sem pl*> excitação *f*, nervosismo *m*; **~geschlossen** aberto *a fig*; *fig a* comunicativo; **~geschmissen** F em situação desesperada

'auf|geweckt ['-gəvɛkt] *adj fig* esperto, vivo; **~geworfen** ['-gəvɔrfən] **1.** *p/p von* **aufwerfen**; **2.** *adj*: *Lippe*: grosso; **~gießen** deitar; *Tee*: fazer; **~gliedern** <*-re*> dividir; classificar; **~greifen** apanhar, *Dieb*: *a* prender; *Gedanken*: aproveitar; ***et wieder*** **~** voltar a a/c; **~grund**: **~ *von*** (*od gen*) na base de, com base em; (*kraft*) em virtude de

'Aufguss *m* <*-es*; *⸚e*> infusão *f*; **~beutel** *m* saco (*bras* saquinho) *m* para infusão

'auf|haben *Hut*: ter na cabeça; (*offen haben*) estar aberto; *Aufgaben*: ter de fazer (*od* estudar); **~hacken** abrir com picareta; *AGR* ablaquear; **~haken** desacolchetar; abrir; **~halsen** ['-halzən] <*-t*>: ***j-m et*** **~** impingir (*od* impor) a/c a alg

'aufhalten (*offen halten*) ter aberto, segurar; *Hand*: estender; (*hemmen*) parar, *j-n*: deter; (*verzögern*) atrasar; ***sich*** **~** deter-se; *länger*: demorar-se; ***sich über*** (*ac*) **~** queixar-se de; fazer troça de; dizer (*bras* falar) mal de

'aufhäng|en pendurar (***an*** *dat* em); *Wäsche*: estender; *am Galgen*, (***sich*** **~**): enforcar(-se); **2er** *m* presilha *f*; **2ung** ['-hɛŋuŋ] *TÉCN f* suspensão *f*

'aufhäufen amontoar, acumular

'aufheb|en levantar (*a fig Tafel*, *Sitzung*, *Belagerung*); *vom Boden*: apanhar; (*abschaffen*) abolir, suprimir, *Gesetz a*: revogar (*a Urteil*); *Vertrag*: anular; (*aufbewahren*) guardar; *a* → **aufgehoben**; ***sich*** **~** compensar-se; **2en** *n*: ***viel ~s machen von*** fazer um grande barulho (*od* alarido) por causa de; **2ung** *f* (*Abschaffung*) abolição *f*, anulação *f*, supressão *f*; *Sitzung*: encerramento *m*; *Belagerung*, *Tafel*: levantamento *m*

'auf|heitern <*-re*> animar, alegrar; ***sich*** **~** (*Himmel*) desanuviar-se; **~helfen** ajudar a levantar; *fig* auxiliar (*j-m* alg); **~hellen** ['-hɛlən] aclarar; esclarecer; ***sich*** **~** clarear; **~hetzen** <*-t*> incitar, instigar; *Menge*: sublevar, amotinar; **~heulen** *AUTO* ruído *m* de aceleração do motor; **~holen 1.** *v/t NAV* içar; **2.** *v/i* recuperar; **~horchen** escutar; **~hören** terminar, acabar; **~ *zu*** cessar de, deixar de; ***da hört*** (***sich***) ***doch alles auf!*** F parece impossível!; não há direito!; *bras* não está direito (*od* certo); **~jauchzen** <*-t*> (re)jubilar

'Auf|kauf *m* <*-(e)s*; *⸚e*> compra *f*; (*Hortung*) açambarcamento *m*; **2kaufen** comprar; açambarcar; **~käufer** *m* comprador *m*; açambarcador *m*; monopolista *m*

'aufklapp|bar articulado, de abrir; *Verdeck*: descapotável, *bras* conversível; **~ *sein*** abrir; **~en** abrir

'aufklär|en aclarar; *Irrtum*, *Zweifel*: esclarecer, *j-n*: *a* elucidar; (*bilden*) instruir; *Gelände*, *MIL*: reconhecer; **2ung** *f* esclarecimento *m*; (*~sbewegung*) Iluminismo *m*; *Zeit*: século *m* das Luzes; *MIL* reconhecimento *m*; ***sexuelle*** **~** iniciação *f* na vida sexual; educação *f* sexual; *Verbrechen*: descobrimento *m*, *bras* esclarecimento *m*; **2ungsflugzeug** *n* <*-(e)s*; *-e*> avião *m* de reconhecimento; **2ungssatellit** *m* <*-en*> satélite *m* de reconhecimento

'auf|kleben colar; **'2kleber** *m* autocolante *m*; **~knacken** quebrar; F arrombar; **~knöpfen** desabotoar; **~knoten** <*-e-*> desatar, desligar; **~kochen** *v/t* deixar levantar fervura; *v/i* <*sn*> ferver; **~ *lassen*** fazer ferver

'aufkommen <*sn*> levantar-se, surgir, (*entstehen*) *a* nascer; (*sich verbreiten*) divulgar-se, estar em voga; *NAV* aproximar-se; *Kranker*: restabelecer-se; *Steuern*: receber-se; **~ *für*** responsabilizar-se por; **~ *gegen*** concorrer com; **~ *lassen*** tolerar

'Aufkommen *n* <*sem pl*> (*Entstehung*) advento *m*; (*Genesung*) convalescença *f*; <*sem pl*> *Steuern*: receitas *f/pl*

'auf|kratzen <*-t*> arranhar; *Wolle*: cardar; **~krempeln** <*-le*> arregaçar; **~kreuzen** <*sn*> F aparecer; surgir; **~kriegen** F conseguir abrir

'aufkündig|en: *Vertrag*: rescindir; denunciar; ***j-m*** (***den Dienst***) **~** despedir alg; **2ung** *f* denúncia *f*;

recisão *f*; (*Stellung*) despedida *f*
'auflachen dar uma gargalhada, desatar a rir
'aufladen carregar
'Auflader *m* carregador *m*
'Auflage *f* (*Steuer*) imposto *m*; taxa *f*; direito *m*; (*Erhebung*) imposição *f*; TIP tiragem *f*; edição *f*; **~nhöhe** *f*, **~nziffer** *f* <-; -n> tiragem *f*
'auflass|en (*offen lassen*) deixar aberto; JUR *Grundstück*: transferir; **Ձung** *f* JUR transferência *f*
'auflauern <-re>: ***j-m* ~** esperar alg; espiar alg; estar à espreita de alg
'Auflauf *m* <-(e)s; ¨e> ajuntamento *m*; *mit Lärm*: motim *m*, tumulto *m*; *Speise*: empadão *m*, soufflé *m*; **Ձen** <sn> NAV encalhar, acumular-se
'aufleben <sn>: ***wieder* ~** reviver; *fig* renascer, revigorar
'auflegen pôr (***auf*** *ac* em), colocar, meter; MED aplicar; TEL desligar; *Hörer*: pousar; *Anleihe*: emitir; *Buch*: imprimir, publicar; ***neu* ~** reimprimir; NAV começar a construção de; → ***aufgelegt***
'auflehn|en: ***sich* ~** sublevar-se, insurgir-se; (*aufstützen*) apoiar-se; **Ձung** *f* rebelião *f*, insurreição *f*, sublevação *f*
'auf|lesen (re)colher; *Ähren*: respigar; **~leuchten** <-e-> reluzir; brilhar; **~liegen** <sn> ARQUIT descansar; *Buch*, *Liste*: estar aberto; MED ***sich* ~** escoriar-se, esfolar-se; **~listen** alistar, pôr em (*od* na) lista; *bras* fazer um rol; **~lockern** <-re> afofar; revolver, sacudir; *Erde*: cavar, surribar; **Ձlockerung** *f* relaxação *f*; distensão *f*; *Erde*: escavação *f*; **~lodern** <-re; sn> chamejar, deitar chamas; *Flamme*: levantar-se; *fig* arder
'auflös|bar (dis)solúvel; MAT resolúvel; **~en** *Knoten etc*: desligar, soltar, desfazer; MAT *Bruch*: reduzir; *Gleichung*, *Rätsel*: resolver; *Ehe*, *Versammlung*, QUÍM dissolver, *Flüssigkeit*: *a* diluir; FÍS desagregar; *Geschäft*: liquidar; ***sich in Wohlgefallen* ~** acabar bem para todos; **Ձung** *f* desenlace *m* (*a fig*); (dis)solução *f*; de(s)composição *f*; MAT *Bruch*: redução *f*; *Gleichung*, *Rätsel*: solução *f*; ECON liquidação *f*; **Ձungszeichen** *n* MÚS bequadro *m*
'aufmach|en (*eröffnen*) abrir; *Knoten*: desfazer, desatar, desligar; (*darbieten*) apresentar; ***sich* ~** partir, abalar (***nach*** para); **Ձung** *f* apresentação *f*; ***in großer* ~** em grande estilo, com grande pompa
'Aufmarsch *m* <-es; ¨e> MIL desfile *m*; concentração *f*; **Ձieren** <-; sn> desfilar; concentrar-se
'aufmerk|en: **~ *auf*** (*ac*) reparar em; → ***aufpassen***; **~sam** atento (***auf*** *ac* a); (*höflich*) atencioso (***gegen j-n*** para com alg); ***j-n auf*** (*ac*) **~ *machen*** chamar a atenção de alg para; **Ձsamkeit** *f* atenção *f* (***erweisen*** prestar; ***lenken*** chamar); deferência *f*; ***kleine* ~** *fig* pequena atenção *f*
'aufmucken F protestar; refilar
'aufmunter|n <-re> animar; **Ձung** *f* animação *f*
'aufmüpfig ['-mypfiç] insubordinado; refilão
'Aufnahme ['-naːmə] *f* recepção *f*; acolhimento *m*; (*Eintragung*) registo *m*; (*Zulassung*) admissão *f*; *Anleihe*: emissão *f*; *topographische*: levantamento *m*; FOT fotografia *f* (***machen*** tirar); (*Film*Ձ) filmagem *f*; (*Röntgen*Ձ) radiografia *f*; (*Ton*Ձ) gravação *f*; FÍS absorção *f*; (*Wieder*Ձ) readmissão *f*, *Arbeit*: retomada *f*, regresso *m* a; **Ձfähig** admissível; *Geist*: inteligente; sensível (***für*** a); **~ *sein*** ECON *Markt*: ter capacidade consumidora (*od* de absorção); **~fähigkeit** *f* <*sem pl*> capacidade *f*; ECON capacidade *f* consumidora; *geistige*: inteligência *f*; **~gebühr** *f* propina *f*, quota *f* de admissão; *bras* taxa *f*; **~gerät** *n* <-s; -e> *Film*: máquina *f* cinematográfica; *Ton*: gravador *m* de som; **~prüfung** *f* exame *m* de admissão; **~studio** *n* <-s; -s> estúdio *m* de gravação
'aufnehmen *v/t* (*aufheben*) apanhar; (*empfangen*) receber, acolher, *Gast* *a* hospedar; (*eintragen*) registar, incluir; (*fassen*) compreender (*a fig*); (*zulassen*) *Gesellschaft*: admitir; *Anleihe*: fazer, contrair; *Arbeit*: começar; *Gedanken*: retomar; *Gelände*: levantar; *Geld*: tomar de empréstimo; *Hypothek*, *Kampf*: aceitar; FOT, *Film*: tirar; *Protokoll*: lavrar; *Ton*: gravar; *Verbindung*: estabelecer; *Waren*: consumir; absorver;

gut (übel)* ~ *a levar (*od* tomar) a bem (a mal); (des)aprovar; ***es ~ mit*** poder concorrer com; não ser inferior a; ***in sich ~*** absorver; *Krankenhaus*: ***aufgenommen werden in*** (*ac*) dar entrada em

'aufnötigen impor; obrigar a aceitar; impingir

'aufopfer|n *<-re>* sacrificar; **~nd** *adj* abnegado; **Ꝯung** *f* sacrifício *m*; abnegação *f*

'aufpass|en *v/i <-t>* prestar atenção; (*vorsichtig sein*) ter cuidado; tomar conta (***auf*** *ac* de); ***aufgepasst!*** cuidado!, atenção!; (*auflauern*) espiar (*ac*); **Ꝯer(in** *f*) *m* guarda *su*; *verächtlich*: espia *su*

'auf|peitschen *fig* excitar, instigar; **~pfropfen** enxertar (***auf*** *ac* sobre); **~platzen** *<-t; sn>* rebentar; romper; **~plustern** ['-plu:stərn] *<-re>* abalofar; *bras* afofar; ***sich ~*** emproar-se; **~polieren** *<->* dar novo lustro a

'Aufprall *m <-(e)s; -e>* embate *m*, choque *m*; *bras a* colisão *f*, *AUTO* trombada *f*, batida *f*; **Ꝯen** *<sn>* embater; ***~ auf*** (*ac*) dar contra; *bras* dar batida em (*od* contra)

'auf|pumpen dar à bomba; encher com ar; **~putschen** excitar; **Ꝯputschmittel** *n* estimulante *m*

'Aufputz *m <-es; sem pl>* enfeite *m*, adorno *m*; **Ꝯen** *<-t>* enfeitar, adornar; arranjar; (*polieren*) dar lustro a

'auf|quellen *<sn>* inchar, brotar; **~raffen** apanhar; ***sich ~*** levantar-se, *fig* cobrar ânimo

'aufrauen *TÉCN* frisar; cardar; tornar áspero

'aufräum|en arrumar, pôr em ordem, limpar, arranjar; ***mit et ~*** acabar com a/c; → ***aufgeräumt***; **Ꝯen** *n*, **Ꝯung** *f* arranjo *m*, arrumo *m*; limpeza *f*; desaterro *m*, desentulho *m*; **Ꝯungsarbeiten** *pl* trabalhos *m/pl* de desaterro; obras *f/pl* de limpeza (*od* de desentulho)

'aufrechn|en *<-e->* contar; ***~ gegen*** compensar com; **Ꝯung** *f* compensação *f*; *ECON* balanço *m*

'aufrecht direito, ao alto, em pé; ere(c)to; *Haltung*: aprumado; *fig* honesto, sincero, íntegro; **~erhalten** manter; **Ꝯerhaltung** *f <sem pl>* manutenção *f*

'aufreg|en agitar, excitar, afligir; ***sich ~ a*** irritar-se (***über*** *ac* com); **~end** *adj* emocionante; **Ꝯung** *f* agitação *f*, excitação *f*, aflição *f*; *freudige*: alvoroço *m*

'aufreiben *Wunde*: escoriar, *bras* esfolar; *Kräfte*: gastar, cansar; *MIL* destruir, aniquilar; ***sich ~*** consumir-se, extenuar-se; **~d** *adj* extenuante

'auf|reihen enfiar; ensartar; **~reißen** **1.** *v/t* (*öffnen*) abrir com violência; ***weit ~*** escancarar; *Augen*: arregalar; *Boden*: abarrancar; *Haut*, *Kleid*: rasgar; *Pflaster*, *Schienen*: arrancar; *Plan*: traçar; **2.** *v/i <sn> Naht*: descoser-se; fender; abrir; **~reizen** *<-t>* provocar, incitar; irritar; ***~d*** *adj* provocante; irritante

'aufricht|en *<-e->* (*gerade machen*) endireitar; *ARQUIT* elevar, erigir, levantar; (*trösten*) consolar, animar; *fig* (***sich***) **~** erguer(-se); **~ig** sincero, leal, franco; **Ꝯigkeit** *f <sem pl>* sinceridade *f*, franqueza *f*; **Ꝯung** *f <sem pl>* ere(c)ção *f*

'auf|riegeln *<-le>* desaferrolhar, destrancar; **Ꝯriss** *m <-es; -e> ARQUIT* alçado *m*; proje(c)ção *f*; **~ritzen** *<-t>* arranhar; **~rollen** (des)enrolar; *Frage*: pôr, levantar; *MIL Front*: desorganizar; **~rücken** *MIL <sn>* cerrar filas; ***~ zu*** ascender a, ser promovido a

'Aufruf *m <-(e)s; -e>* (*Namens*Ꝯ) chamada *f*; *öffentlicher*: manifesto *m*, proclamação *f*; ***~ zu*** apelo *m* a, exortação *f* a; **Ꝯen** chamar; ***die Namen ~*** fazer a chamada; ***zum Streik ~*** incitar à greve

'Aufruhr [-u:-] *m <-(e)s; -e>* tumulto *m*; motim *m*; (*Aufstand*) revolta *f*, insurreição *f*

'aufrühre|n revolver, agitar (*a fig*); *Volk*: revolucionar; amotinar; *Leidenschaften*: atiçar; *Streit*: excitar; **Ꝯr** *m*, **~risch** rebelde (*m*), revolucionário (*m*), revoltoso (*m*), subversivo (*m*)

'auf|runden *<-e->* arredondar por excesso; **~rüsten** *<-e->* armar; **Ꝯrüstung** *f* (re)armamento *m*; **~rütteln** *<-le>* sacudir; *fig* despertar, animar

aufs = ***auf das***

'auf|sagen recitar, dizer; → ***aufkün-***

digen; **~sammeln** apanhar; juntar; colher; reunir

'aufsässig ['-zɛsiç] rebelde; **≈keit** *f* rebeldia *f*, insubordinação *f*

'Aufsatz *m* <-es; ¨e> (*Möbel*) moldura *f*; parte *f* superior; *MIL* alça *f*; (*Schul≈*) reda(c)ção *f*; (*Zeitungs≈*) artigo *m*; *LIT* estudo *m*, ensaio *m*

'auf|saugen chupar; absorver (*a fig*); **~schauen** levantar os olhos; **~scheuchen** espantar; afugentar; **~schichten** <-e-> empilhar; **~schieben** adiar; **~schießen** <sn> brotar, desabrochar, espigar; crescer rapidamente; *Strahl*: jorrar

'Aufschlag *m* <-(e)s; ¨e> golpe *m*; *Wasser*: queda *m*; (*Geschoss*) ricochete *m*; (*Bombe*) impacto *m*; *Sport*: serviço *m*; (*Ärmel≈*) canhão *m*; *Tasche*: pala *f*; (*Zuschlag*) suplemento *m*, excesso *m*; (*Preis≈*) aumento *m*; (*Steuer≈*) direito *m* adicional; levantamento *m*; *Auktion*: lanço *m*, *bras* lance *m*; **≈en 1.** *v/t* abrir; *stärker*: arrombar; *Augen*: levantar; *Bett*: armar; *Decke*: tirar; *Lager*: assentar, estabelecer; *Wohnsitz*: fixar; *Karte*: virar; *Zelt*: erguer, armar; ***auf e-n Preis ~*** aumentar um preço por; **2.** *v/i* <sn> dar (***auf*** *ac* contra); embater; *bras* dar batida

'aufschließen 1. *v/t* abrir (à chave); **2.** *v/i* cerrar filas

'aufschlitzen <-t> rasgar; fender; abrir

'Aufschluss *m* <-es; ¨e> explicação *f*; esclarecimento *m*; *GEOL* afloração *f*

'aufschlüsseln decifrar; repartir

'aufschlussreich instrutivo, elucidativo

'aufschnappen apanhar; *fig*: *a* ouvir dizer

'aufschneide|n 1. *v/t* cortar, talhar; *Wurst*: partir; **2.** *v/i* exagerar; gabar-se, dizer petas; **≈r** *m* fanfarrão *m*, gabarola *m*; **≈'rei** *f* fanfarronice *f*, gabarolice *f*; peta *f*

'Aufschnitt *m* <-(e)s; sem pl> *MED* incisão *f*; ***kalter ~*** carnes *f/pl* frias, *bras* frios *m/pl*

'auf|schnüren (*befestigen*) atar; (*öffnen*) desatar, desligar; desenlaçar; **~schrauben** (*befestigen*) aparafusar; (*öffnen*) desaparafusar, desataraxar; (*lockern*) soltar; **~schrecken** <v/t (h) u v/i (sn)> assustar(-se), sobressaltar(-se); **≈schrei** *m* <-(e)s; -e> grito *m*; **~schreiben** escrever; assentar; ***sich*** (*dat*) **~** notar, tomar nota (*od* apontamento) de; ***j-n ~*** (*polizeilich*) autuar; **~schreien** soltar um grito; **≈schrift** *f* sobrescrito *m*; título *m*; letreiro *m*; dístico *m*; (*Brief≈*) endereço *m*, dire(c)ção *f*; (*Etikett*) rótulo *m*, *bras a* etiqueta *f*; *Stein*: inscrição *f*, epígrafe *f*; **≈schub** *m* <-(e)s; ¨e> prorrogação *f*, adiamento *m*, dilação *f*; ***ohne ~*** sem delongas *f/pl*; **~schürfen** escoriar; **~schütteln** <-le> sacudir

'aufschütt|en <-e-> deitar (***auf*** *ac* em); (*anhäufen*) amontoar, armazenar; *Damm*: levantar; **≈ung** *f* aterro *m*

'auf|schwatzen <-t> F impingir; ***sich*** (*dat*) ***et ~ lassen*** *a* deixar-se intrujar (*od* enganar, *od bras* explorar); **~schwemmen** inchar; **~schwingen**: ***sich ~*** levantar voo (*ô); subir, *a fig* elevar-se (***zu*** a); ***zu*** *e-r Tat*: resolver-se a; **≈schwung** *m* <-(e)s; ¨e> *fig* desenvolvimento *m*; prosperidade *f*; *ECON* conjuntura *f*; *a Turnübung*: elevação *f*; ***e-n ~ nehmen*** prosperar

'aufsehen 1. *v/i* levantar os olhos; olhar para cima; **2. ≈** *n*: ***~ erregen*** causar sensação (*od unliebsames*: barulho); ***~ erregend*** sensacional

'Aufseher *m* guarda *m*; *Personal*: apontador *m*; *AGR* abegão *m*; *ECON* (*Lager≈*) fiel *m*

'aufsetzen <-t> pôr; *schriftlich*: redigir; escrever; *Miene*: tomar; ***sich ~*** endireitar-se

'Aufsicht *f* <sem pl> inspe(c)ção *f*, fiscalização *f*, intendência *f* (***führen*** ter); **~sbeamte(r)** *m* fiscal *m*; inspe(c)tor *m*; **~sbehörde** *f* inspe(c)ção *f*; intendência *f*; **~srat** *m* conselho *m* fiscal

'auf|sitzen <sn> montar (a cavalo); *TÉCN* sobressair; ***j-m ~*** ser ludibriado (*od* enganado) por; ***j-n ~ lassen*** faltar a encontro (*od* compromisso) com alg; **~sitzend** sobressaliente; **~spalten** <-e-> fender; *QUÍM FÍS* cindir; **~spannen** estender; *Schirm*: abrir; **~sparen** guardar, poupar

'aufspeicher|n <-*re*> armazenar; *fig* acumular; **ℒung** *f* armazenagem *f*; acumulação *f*

'auf|sperren escancarar; abrir de par em par; ***Mund und Nase*** **~** F ficar embasbacado; **~spielen** *MÚS* tocar; ***sich*** **~** F dar-se importância; ***sich ~ als*** arvorar-se em; **~spießen** espetar; **~splittern** <-*re*> (**ℒsplitterung** *f*) estilhaçar (*m*); **~springen** <*sn*> saltar; levantar-se num pulo; (*sich öffnen*) abrir(-se); (*platzen*) rebentar; *Haut*: gretar; **~spulen** dobar, (en)sarilhar; **~spüren** *v/t* descobrir; seguir a pista (*od* o rasto) de, *Hund*: *a* farejar; **~stacheln** <-*le*> aguilhoar; incitar, instigar; **~stampfen** bater com o(s) pé(s); **ℒstand** *m* <-(*e*)*s*; ¨*e*> tumulto *m*; (*Empörung*) insurreição *f*, rebelião *f*, revolta *f*; **~ständisch** insurre(c)to, sedicioso

'aufstapeln <-*le*> amontoar; empilhar; *ECON* armazenar

'auf|stechen picar; furar, *a MED* abrir; **~stecken** segurar (*bras* prender) com alfinete; (*Haare*) apanhar, *bras* prender; *fig v/i* desistir; **~stehen** <*sn*> levantar-se; *fig a* surgir; *gegen j-n*: *a* sublevar-se, insurgir-se; (*offen sein*) estar aberto; **~steigen** <*sn*> subir (*a beruflich*), elevar-se, *fig a* ascender; *AV* descolar; *Strahl*: jorrar; **~steigend** *adj* ascendente; **ℒsteiger** *m* (*Mannschaft*) equipa *f* ascendente

'aufstell|en colocar, pôr; *TÉCN* montar; *MIL* (**sich**) **~** formar; *Sport*, *Mannschaft*: *a* compor; *Denkmal*: erguer; *Grundsatz*, *Rekord*: estabelecer; *Falle*: armar; *Liste*: organizar; *Behauptung*, *Rechnung*: fazer; *Kandidaten*: apresentar; *Zeugen*: *a* produzir; **ℒung** *f* colocação *f*; *TÉCN* montagem *f*; *MIL* formação *f*, disposição *f*; apresentação *f*; (*Darstellung*) exposição *f*; relação *f*; (*Übersicht*) lista *f*, mapa *m*, quadro *m*; *bras a* rol *m*; **~ *der Kosten*** orçamento *m*

'auf|stemmen fincar; (*aufstützen*) apoiar (***auf*** *dat* em); **ℒstieg** ['-ʃtiːk] *m* <-(*e*)*s*; -*e*> subida *f*; ascensão *f*; *fig* progresso *m*; elevação *f*; *ECON* prosperidade *f*; **~stöbern** <-*re*> *Tier*: desaninhar; *fig* descobrir; **~stocken** *ARQUIT* construir mais um (*od* vários) andar(es), sobreedificar; *ECON* aumentar o estoque (*od* capital); **~stören** espavorir; enxotar; espantar; **~stoßen 1.** *v/t* arrombar; **2.** *v/i* **a)** <*sn*> dar contra; **b)** *Magen*: arrotar; **~streben** erguer-se; **~ *zu*** aspirar a, ambicionar (*ac*); **~strebend** *adj* ascendente, progressivo; ambicioso; **~streichen** *Butter*: pôr, barrar; *Farbe*: aplicar; **~streuen** deitar, espalhar; **~stülpen** ['-ʃtylpən] armar; tapar; *Hut*: pôr; **~stützen** <-*t*> apoiar (***auf*** *ac* em); ***die Ellenbogen* ~** apoiar os cotovelos; **~suchen** procurar; ***j-n* ~** ir ter com alg; **~takeln** <-*le*> *NAV* aparelhar; *fig* F (**sich**) **~** vestir(-se) espaventosamente (*bras* espalhafatosamente); **ℒtakt** *m* <-(*e*)*s*; -*e*> *MÚS* ársis *f*; (*Zeichen*) sinal *m*; *fig* prelúdio *m*, princípio *m*; **~tanken** reabastecer-se de combustível; ***Kräfte* ~** ganhar novas forças; **~tauchen** <*sn*> surgir, emergir, aflorar; aparecer, assomar; **~tauen 1.** *v/t* derreter; **2.** *v/i* <*sn*> *a* descongelar; *fig j-d*: começar a sentir-se mais à vontade

'aufteil|en repartir; distribuir; *AGR* parcelar; **ℒung** *f* repartição *f*, *AGR a* parcelamento *m*; distribuição *f*

'auftischen servir; pôr na mesa; *fig Geschichte*: contar; mentir

'Auftrag ['-traːk] *m* <-(*e*)*s*; ¨*e*> encargo *m*; *ECON* ordem *f*, encomenda *f*; pedido *m* (***auf*** *ac* de); (*Aufgabe*) missão *f*, tarefa *f*; comissão *f*; *Farbe*: demão *f*; ***im* ~ *von*** por incumbência *f* de; da parte de; *ECON* (*Abk* **i. A.**) por poder (p/p), *j-s*: por ordem (p. o.) de; por, pelo, pela; **ℒen** *Speisen*: servir, trazer; *Farbe*: aplicar; ***dick***, ***stark* ~** carregar; (*befehlen*) dar ordem (***zu*** de); *fig* exagerar

'Auftrag|geber *m JUR* comitente *m*; *ECON* cliente *m*; **~nehmer** ['-neːmər] *m* mandatário *m*; **~sbestand** *m* <-(*e*)*s*; ¨*e*> carteira *f* de encomendas; **~sbestätigung** *f* confirmação *f* de encomenda; **ℒsgemäß** conforme ao seu pedido *etc*

'auf|treiben (*aufwirbeln*) levantar; (*aufblähen*) inchar; F (*finden*) descobrir, encontrar; *Geld*: arranjar; **~trennen** descoser, desmanchar, desfazer; **~treten 1.** *v/t* (*öffnen*) arrombar com os pés; **2.** *v/i* pôr o pé no chão; *fig* <*sn*> (*sich benehmen*) comportar-se, proceder; (*erscheinen*) apresentar-se; aparecer; *MED a* surgir, declarar-se, produzir-se; *TEA* representar; (*auf die Bühne kommen*) entrar (em cena), **~ *als*** fazer o papel de; **Ƨtreten** *n* (*Benehmen*) comportamento *m*; maneiras *f/pl*, conduta *f*; (*Erscheinen*) aparição *f*; *TEA* entrada *f* (em cena); (*Vorgehen*) procedimento *m*; **Ƨtrieb** *m* <*-(e)s; sem pl*> *FÍS* movimento *m* ascensional; impulsão *f*; *fig* impulso *m*; **Ƨtritt** *m* <*-(e)s; -e*> cena *f*; *j-s*: entrada *f* (em cena); **~trumpfen** teimar; querer impor-se; **~tun** abrir; *Speisen*: servir; F (*finden*) encontrar, arranjar; **~wachen** <*sn*> acordar, despertar; **~wachsen** <*sn*> crescer, criar-se

'aufwall|en <*sn*> ferve(sce)r, borbulhar; *fig* exaltar-se; **Ƨen** *n*, **Ƨung** *f* ebulição *f*; *fig* exaltação *f*; impulso *m*

'Aufwand *m* <*-(e)s; sem pl*> (*Kosten*) despesas *f/pl*; (*Luxus*) luxo *m*; (*Verbrauch*) gasto *m*; **~ *an Kraft*** esforço *m*; ***großen ~ treiben*** gastar muito, levar uma vida dispendiosa; **~sentschädigung** *f* verba *f* destinada para despesas

'aufwärmen (tornar a) aquecer; (***wieder***) **~** *fig* F voltar a falar de

'Aufwarte|frau *f* mulher *f* a dias, *bras* empregada *f* doméstica; **Ƨn** <*-e-*> (*dat*) servir; ***mit et ~ können*** saber fazer a/c, ter a/c

'aufwärts ['-vɛrts] para cima; **Ƨbewegung** *f* movimento *m* ascensional; subida *f*, *ECON a* alta *f*

'Aufwartung *f* serviço *m*; ***j-m seine ~ machen*** apresentar os seus cumprimentos a alg

'Aufwasch ['-vaʃ] *m* <*-(e)s; sem pl*> louça *f* suja; ***et in e-m ~ machen*** fazer a/c de seguida, fazer de uma vez; **Ƨen** lavar

'auf|wecken despertar, acordar; *a* → ***aufgeweckt***; **~weichen** *v/t* (*v/i*; *sn*) amolecer; diluir(-se); *Weg*: encharcar; **~weisen** mostrar, acusar; *ECON e-n Saldo*: apresentar

'aufwend|en <*-e-*> gastar; empregar; **Ƨung** *f* gasto *m*; dispêndio *m*, emprego *m*; *pl a* despesas *f/pl*

'aufwerfen levantar; *Graben*: cavar; *Frage*: fazer; ***sich ~ zu, sich ~ als*** arvorar-se em; *a* → ***aufgeworfen***

'aufwert|en <*-e-*> revalorizar; **Ƨung** *f* revalorização *f*; deflação *f*

'aufwickeln <*-le*> enrolar; enovelar, dobar

'aufwieg|eln ['-viːgəln] <*-le*> sublevar, amotinar; **Ƨ(e)lung** *f* amotinação *f*

'aufwieg|en contrapesar; *fig* compensar; ***mit Gold ~*** pagar a peso de ouro; ***nicht mit Gold aufzuwiegen*** impagável, *bras* não ter preço; **Ƨler** *m*, **~lerisch** sedicioso (*m*), agitador (*m*), rebelde (*m*), revoltoso (*m*), subversivo (*m*)

'Auf|wind *m* <*-(e)s; -e*> vento *m* ascendente; **Ƨwinden** retorcer, destorcer; (*hoch-*) guindar; **Ƨwirbeln** <*-le*> **1.** *v/t* levantar; *fig* ***Staub ~*** causar sensação; **2.** *v/i* <*sn*> levantar-se, remoinhar; **Ƨwischen** limpar; (*trocknen*) enxugar; **Ƨwühlen** revolver, remexer; *fig* comover; ***~d*** *fig* comovente

'aufzähl|en enumerar; *Geld*: contar; ***im Einzelnen ~*** especificar; **Ƨung** *f* enumeração *f*; contagem *f*

'auf|zäumen enfrear; **~zehren** consumir

'aufzeichn|en <*-e-*> desenhar, esboçar; (*notieren*) anotar, apontar; **Ƨung** *f* desenho *m*; nota *f*, apontamento *m*; memorial *m*; *TV* transmissão *f* diferida

'aufzeigen indicar; *ECON* apresentar

'aufziehen 1. *v/t* puxar para cima; *Vorhang*: correr, *im TEA* levantar; *Perlen*: enfiar; *Schublade*: abrir; *Segel, Flagge*: içar; *Uhr*: dar corda a; *Saiten*: pôr; *auf Leinwand*: colar; (*ausstatten*) armar; *Kinder*: criar (*a Vieh*), educar; *fig et*: organizar; *j-n*: entrar com, fazer troça de; ***andere*** (***stärkere***) ***Saiten ~*** mudar de tom; **2.** *v/i* <*sn*> *Gewitter*: levantar-se

'Auf|zucht *f* <*sem pl*> criação *f*, *BOT* cultura *f*; **~zug** *m* <*-(e)s; ¨e*> (*Aufmarsch*) desfile *m*; (*Festzug*) cortejo *m*, *REL* procissão *f*; *TEA* a(c)to *m*; (*Fahrstuhl*) elevador *m*, *Lasten*: monta-cargas *m*; (*Drahtseilbahn*) teleférico *m*; (*Kleidung*) traje *m*; **Ƨzwingen** impor; impingir

'Augapfel ['aʊk-] *m* <-s; ⸗> globo *m* do olho, *bras* globo *m* ocular

'Auge ['aʊgə] *n* <-s; -n> olho *m* (***blau*** negro); vista *f*; *BOT* gomo *m*; *Spiel*: ponto *m*; ***mit bloßem ~*** a olho nu; ***~ in ~*** cara a cara; ***ein ~ auf*** (*ac*) ***haben*** trazer debaixo de olho, (*bewachen*) olhar por; não perder da vista; ***ein ~ auf*** (*a*) ***werfen*** dar uma olhadela (*bras* olhadinha) a; *fig* interessar-se por; ***ein ~ für et haben*** ter jeito (*od* sensibilidade) para a/c; ***ein ~ zudrücken*** desculpar; fazer vista grossa a, *bras* fechar um olho; ***aus den ~n verlieren*** perder de vista; ***nicht aus den ~n lassen*** não tirar os olhos de; não perder de vista; ***aus den ~n, aus dem Sinn*** longe da vista, longe do coração; ***im ~ behalten*** não perder de vista; ***ins ~ fallen*** dar na vista; ***fest ins ~ sehen*** fitar (***j-m*** alg) nos olhos; *e-r Gefahr*: enfrentar (*ac*), encarar (*ac*); ***ins ~ springen*** saltar à vista; ***kein ~ zutun, zumachen*** não pregar olho; ***mit e-m blauen ~ davonkommen*** escapar por uma unha negra (*bras* um triz); ***das passt wie die Faust aufs ~*** falo em alhos e tu respondes em bugalhos; ***große ~n machen*** arregalar os olhos; ***j-m die ~n öffnen*** abrir os olhos a alg; ***j-m Sand in die ~n streuen*** deitar poeira nos olhos de alg; ***um j-s schöner ~n willen*** pelos belos olhos de alg; ***unter vier ~n*** a sós; ***nicht die Hand vor ~n sehen*** não ver um palmo diante do nariz; ***j-m wird schwarz vor den ~n*** alg perde os sentidos, alg desmaia

'äugeln ['ɔygəln] <-le> **1.** *v/i*: ***~ nach*** olhar para, piscar o olho a; **2.** *v/t AGR* enxertar

'Augen|arzt *m* <-(e)s; ⸗e>, **~ärztin** *f* oftalmologista *su*; **~blick** *m* <-(e)s; -e> momento *m*, instante *m*; ***im ~*** neste momento, (*schnell*) num instante, (*sofort*) já; ***jeden ~*** de um momento para outro, a qualquer momento; **⁓blicklich** momentâneo, instantâneo; (*gegenwärtig*) a(c)tual; *adv a* num instante; **~braue(nstift** *m* <-(e)s; -e>) *f* (lápis *m* para) sobrancelha *f*; **~entzündung** *f* inflamação *f* dos olhos, oftalmia *f*; **⁓fällig** evidente, manifesto; **~glas** *n* <-es; ⸗er> *österr* (*Brille*) óculos *m/pl*; **~heilkunde** *f* <*sem pl*> oftalmologia *f*; **~höhle** *f* órbita *f* do olho; **~klappen** *f/pl* (*Pferd*) ant(e)olhos *m/pl*; **~klinik** *f* clínica *f* oftalmológica; **~licht** *n* <-(e)s; *sem pl*> vista *f*; **~lid** *n* <-(e)s; -er> pálpebra *f*; **~maß** *n* <-es; *sem pl*> medida *f* ocular; ***nach ~*** a olho; ***gutes ~ haben*** ter a vista acertada; **~merk** *n* <-(e)s; *sem pl*> atenção *f*; ***sein ~ auf*** (*ac*) ***richten*** alvejar (a/c); ter (a/c) em mira (*a fig*); **~nerv** *m* <-s; -en> nervo *m* ó(p)tico; **~ringe** *m/pl* olheiras *f/pl*; **~schein** *m* <-(e)s; *sem pl*> aparência *f*, vista *f*; ***in ~ nehmen*** observar, *näher*: examinar; **⁓scheinlich** evidente; *adv a* aparentemente; pelos vistos; **~spiegel** *m* oftalmoscópio *m*; **~täuschung** *f* ilusão *f* ó(p)tica; **~tropfen** *m/pl* gotas *f* oftálmicas; **~wasser** *MED n* <-s; *sem pl*> soluto *m* oftálmico; colírio *m* líquido; **~weide** *f* deleite *m* para dos olhos; **~wimper** *f* <-; -n> pestana *f*; **~winkel** *m* canto *m* do olho; **~zeuge** *m* <-n> testemunha *f* ocular; **~zwinkern** *n* <-; *sem pl*> piscar *m* de olhos

Au'gust [aʊ'gust] *m* <-(e)s *od* -; -e> Agosto *m*; **~'iner** [-'iːnər] *m* agostinho *m*

Aukti'on [aʊktsi'oːn] *f* leilão *m*; **~'ator** [-tsio'naːtoːr] *m* <-s; -en> leiloeiro *m*

'Aula ['aʊlaː] *f* <-; *Aulen u -s*> sala *f* de a(c)tos, salão *m* nobre

aus [aʊs] **1.** *prp* (*dat*) **a)** *örtl*, *Herkunft*, (*heraus*): de; *Stoff*: feito de, feito com; em; (*hinaus*) por; ***~ e-r*** *Anzahl* (***heraus*** de) entre; ***~ e-m Abstand von*** a uma distância de; ***~ e-m Glas trinken*** beber pelo mesmo copo; **b)** *zeitl* de; **c)** *Ursache*: por; ***~ Furcht*** de (*od* por) medo; **d)** *Mittel*, *Art*: a; ***~ allen Kräften, ~ vollem Halse*** a toda a força; **2.** *adv* ***von ... ~*** de, desde; ***~ sein*** (*zu Ende sein*) *ter* (*od* estar) *terminado*, *ter* (*od* estar) acabado; ***es ist*** (***alles***) ***~*** acabou-se (tudo); ***es ist ~ mit ihm*** está perdido (*od* acabado); *fig* ***auf et*** (*ac*) ***~ sein*** ter a/c em vista; **3.** **⁓** *n* <-; *sem pl*> *Sport*: saída *f* em falso, *bras* fora *m*

'ausarbeit|en <-e-> elaborar; *Schriftstück*: *a* redigir; (*vervollkommnen*) aperfeiçoar; **≈ung** *f* elaboração *f*; reda(c)ção *f*; aperfeiçoamento *m*
'ausarten <-e-; *sn*> degenerar, acabar (***zu*** em)
'ausatm|en <-e-> expirar; *Duft*: exalar; **≈en** *n*, **≈ung** *f* expiração *f*
'ausbaden <-e-> *fig* F pagar as favas
'ausbaggern <-re> escavar; *nass*: dragar, desassorear
'Ausbau *m* <-(e)s; -ten> *ARQUIT* acabamento *m* (*od* amplificação *f*) de uma construção; (*Erker*) sacada *f*; (*Erweiterung*) extensão *f*; alargamento; (*Nutzung*) exploração *f*; *fig Beziehungen*: intensificação *f*
'ausbau|en *v/t* completar; (*erweitern*) alargar, ampli(fic)ar; (*nutzen*) explorar; *fig* estender; desenvolver; intensificar; **~fähig** explorável
'ausbesser|n <-re> reparar, consertar, compor; *bras* arrumar; *Bild*: restaurar; (*flicken*) remendar; **≈ung** *f* conserto *m*, reparação *f*, emenda *f*; *Bild*: restauração *f*
'ausbeulen desamolgar; abaular
'Ausbeut|e *f* produto *m*; rendimento *m a ECON* lucro *m*; **≈en** <-e-> explorar; *fig a* F depenar; **~er** *m* explorador *m*; **~ung** *f* exploração *f*
'ausbezahl|en <-> pagar; **≈ung** *f* pagamento *m*
'ausbild|en <-e-> preparar, instruir; (***sich***) **~** formar(-se) (***zu*** *ac*; ***in*** *dat* em); *Fähigkeit*: desenvolver; **≈er** *m* instrutor *m*
'Ausbildung *f* preparação *f*, instrução *f*, *besondere*: especialização *f*; **~slager** *n* campo *m* de instrução; **~slehrgang** *m* <-(e)s; ¨e> curso de formação
'aus|bitten: ***sich*** (*dat*) ***et von j-m ~*** pedir a/c a alg; exigir; **~blasen** soprar, apagar; extinguir; **~bleiben** *v/i* <*sn*> não vir, deixar de vir; faltar; *lange*: *a* tardar a vir, demorar(-se); **≈bleiben** *n* falta *f*, não comparecência *f*, ausência *f*; demora *f*; **≈blick** *m* <-(e)s; -e> vista *f*, panorama *m*; *a fig* perspectiva *f* (***auf***, ***in*** *ac* de); **~bluten** (*aufhören zu bluten*) deixar de perder sangue; (*leer bluten*) perder todo o sangue, morrer sangrando; *fig* perder todos os bens, ficar sem nada; **~bohren** furar, esburacar, brocar, escarear; **~booten** ['-bo:tən] <-e-> desembarcar; *fig* afastar; eliminar; **~borgen** pedir emprestado
'ausbrechen 1. *v/t* arrancar; quebrar *Speise*: vomitar; ***sich*** (*dat*) ***e-n Zahn ~*** quebrar um dente; **2.** *v/i* <*sn*> (*fliehen*) evadir-se (***aus*** de); *Feuer*, *Krankheit*: declarar-se, *bras* surgir; *Krieg*: rebentar; *Vulkan*: entrar em a(c)tividade; ***~ in*** (*ac*) romper em; ***in*** (***ein***) ***Gelächter ~*** desatar a rir
'ausbreit|en <-e-> estender, propagar, *fig a* divulgar, espalhar, propagar; **≈ung** *f* <*sem pl*> extensão *f*, divulgação *f*, propagação *f*, difusão *f*
'ausbrennen 1. *v/t* consumir pelo fogo; *MED* cauterizar; **2.** *v/i* <*sn*> *Feuer*: extinguir-se, apagar-se; *Gebäude*: ficar com o interior destruído (*od* consumido) pelo fogo
'Ausbruch *m* <-(e)s; ¨e> erupção *f*; (*Flucht*) evasão *f*; *Gefühl*: ímpeto *m*, arrebatamento *m*, transporte *m*; *Krankheit*: princípio *m*; *Krieg*: eclosão *f*; ***zum ~ kommen*** explodir; eclodir; rebentar
'aus|brüten <-e-> chocar; *fig* planear; **≈buchtung** ['-buxtuŋ] *f* baía *f*; sinuosidade *f*; **~bügeln** <-le> passar a ferro; *Naht*: abrir; *fig* F arranjar; **≈bund** *m*: ***ein ~ an ... sein*** ser de um(a) ... exemplar
'ausbürger|n *v/t* <-re> expatriar; exilar; **≈ung** *f* expulsão *f*; perda *f* da nacionalidade
'ausbürsten <-e-> escovar
'auschecken ['-tʃɛkən] *AV* desembarcar; **≈** *n* <*sem pl*> desembarque *m*
'Ausdauer *f* <*sem pl*> resistência *f*; *geistige*: perseverança *f*; **≈nd** *adj* resistente; perseverante; *a BOT* persistente, perene
'ausdehn|bar elástico; *FÍS* dilatável; *fig* **~ *auf*** (*ac*) extensível a; **~en** dilatar; *fig* estender; (*weiten*) alargar; *a* → ***ausgedehnt***; **≈ung** *f* (*Ausmaß*) extensão *f*; dimensão *f*, tamanho *m*; *FÍS* dilatação *f*; *POL* expansão *f*; **≈ungs...**: *in Zssg(n)* expansivo
'aus|denken idear; ***sich*** (*dat*) **~** imaginar; inventar; ***sich ~ können*** calcular, fazer ideia (*é); ***nicht auszu-***

denken! nem pensar nisso!; **~deuten** <*-e*> interpretar, explicar; **~dörren** (des)secar; **~drehen** *Licht*: apagar; **~dreschen** *Getreide*: de(s)bulhar

'Ausdruck *m* <*-(e)s*; *¨e*> expressão *f*, (*Wort*) *a* termo *m*; (*Satz*) frase *f*; (*Sprechweise*) di(c)ção *f*; INFORM listagem *f*, impressão *f*; (*ac*) ***zum ~ bringen***, (*dat*) ***~ geben*** exprimir (*ac*), manifestar (*ac*)

'ausdrucken INFORM listar, imprimir

'ausdrück|en espremer; *fig* exprimir, manifestar; **~lich** expresso; (*ernst*) formal

'Ausdrucks|kraft *f* <*sem pl*> poder *m* de expressão; expressividade *f*; **≈los** sem expressão; **≈voll** expressivo; **~weise** *f* estilo *m*; modo *m* de exprimir-se

'ausdünst|en <*-e-*> evaporar; exalar; *Haut*: transpirar; ***~ lassen*** pôr ao ar, ventilar; **≈ung** *f* exalação *f*, transpiração *f*

ausein'ander separados; ***~ bringen*** (conseguir) separar; *Personen*: *a* desunir; ***~ fallen*** despedaçar-se; cair em pedaços; desfazer-se; ***~ falten*** desfraldar; desdobrar; (*explodieren*) ir pelos ares; ***~ gehen*** *et*: desmanchar-se; *Linien*, *Personen*: separar-se, *a Meinungen*: divergir; ***~ halten*** manter separados; *fig* distinguir, não confundir; ***~ laufen*** dispersar(-se); FÍS divergir; ***sich ~ leben*** afastar-se; distanciar-se; ***~ nehmen*** desfazer, descompor, desmanchar; TÉCN desmontar; ***~ reißen*** rasgar; ***~ rücken*** separar(-se) *od* afastar(-se) um do outro; ***~ setzen*** <*-t*> (*trennen*) separar; (*erklären*) explicar; ***sich ~ setzen mit*** discutir com; ocupar-se com (*od* de); ***~ ziehen*** esticar, estirar; **≈setzung** *f* (*Erklärung*) explicação *f*; (*Beschäftigung*) estudo *m*; (*Streit*) discussão *f*; disputa *f*; *bewaffnete*: conflito *m*, guerra *f*

'aus|erkoren ['-ɛrkoːrən], **~erlesen** escolhido, eleito; (*vorzüglich*) sele(c)to, excelente; primoroso; **~ersehen** <->, **~erwählen** <-> escolher, eleger; destinar (***zu*** para)

'ausfahren **1.** *v/t* AV (*Fahrgestell*) baixar; *et*: gastar; *j-n*: levar para um passeio (de carro); *Kurve*: seguir na (*od* pela sua) mão, seguir na curva; ***ausgefahren*** *adj Weg*: gasto **2.** *v/i* <*sn*> sair (de carro); NAV largar; BGB ascender

'Ausfahrt *f* saída *f*; (*Spazierfahrt*) passeio *m* (de carro)

'Ausfall *m* <*-(e)s*; *¨e*> queda *f*; *Motor*: paragem *f*; avaria *f*; (*Angriff*) invectiva *f*; MIL surtida *f*; (*Ausbleiben*) falta *f*; (*Verlust*) perda *f*; ECON défice *m*; MIL baixa *f*; (*Ergebnis*) resultado *m*; (*Nichtstattfinden*) não-realização *f*, *des Unterrichts*: feriado *m*; **≈en** <*sn*> *Haare*: cair; *gut*, *schlecht*: sair; (*wegfallen*) faltar; não entrar; (*nicht stattfinden*) *f*; não se realizar; ***~ lassen*** *Stunde*: não dar; CAM. DE F não circular; *vorübergehend* (*a Dienst*): ficar suspenso; MIL fazer uma surtida; *Fechtkunst*: cair a fundo; *a* → ***ausgefallen***; **≈end** *adj fig* agressivo; injurioso

'ausfällig insolente; inve(c)tivo; ***gegen j-n ~ werden*** insultar alg

'Ausfall|straße *f*, **~tor** *n* <*-(e)s*; *-e*> saída *f*; **~winkel** *m* ângulo *m* de reflexão

'aus|fasern *v/t* (*v/i*) <*-re*> desfiar(-se); esgarçar; **~fechten** *v/t* decidir pelas armas; *fig* conseguir; discutir; **~fegen** varrer; **~feilen** limar; *fig a* dar o último retoque em

'ausfertig|en lavrar, exarar; *Quittung*: passar; **≈ung** *f* reda(c)ção *f*, exaração *f*; despacho *m*; ***in doppelter ~*** em duplicado

'aus|findig: ***~ machen*** descobrir; averiguar; **~fliegen** <*sn*> levantar voo (*ô); sair do ninho; voar; *fig* F sair; **~fließen** <*sn*> sair, escorrer; emanar; **≈flucht** *f* <-; *¨e*> pretexto *m*, subterfúgio *m*; **≈flug** *m* voo (*ô) *m*, saída *f*; *fig* excursão *f*, passeio *m*; **≈flügler** ['-flyːglər] *m* excursionista *m*; turista *m*; **≈fluss** *m* <*-es*; *¨e*> escoadouro *m*; (*Abfluss*) esgoto *m*; (*Mündung*) embocadura *f*; MED segregação *f*, fluxo *m*; corrimento *m*; FÍS emanação *f*; *fig a* resultado *m*, produto *m*; **~forschen** *et*: indagar; *j-n*: sondar; **~fragen** interrogar; **~fransen** ['-franzən] <*-t*> desfiar; **~fräsen** <*-t*> fresar; **~fressen** comer tudo; F *fig* ***et ~*** fazer (das suas)

'Ausfuhr [-uː-] *f* exportação *f*; **~...**: *in*

Zssg(n) meist de exportação; (*exportierend*) exportador

'ausführ|bar [-y:-] realizável, exequível; *schwer etc*: de realizar, de executar; *ECON* exportável; **~en** *j-n*: levar para um passeio; *ECON Waren*: exportar; *Auftrag*: executar; *Plan*: realizar; (*darlegen*) expor; falar sobre

'aus'führlich [-y:-] pormenorizado, minucioso; **≈keit** *f* <*sem pl*> minuciosidade *f*

'Ausfuhrort *m* <-(*e*)*s*; -*e*> lugar *m* de origem

'Ausführung *f Auftrag*: execução *f*; *Bau*: construção *f*; *Plan*: realização *f*; *Ware*: exportação *f*; (*Darlegung*) exposição *f*; (*Aufmachung*) apresentação *f*

'Ausfuhrverbot *n* proibição *f* de exportação

'ausfüllen (pre)encher; *Amt*: desempenhar; *Lücke*: suprir; *Stelle*, *Zeit*: ocupar

'Ausgabe *f Geld*: despesa *f*; (*Aushändigung*) entrega *f*; *Aktien*, *Banknoten*, *Marken*: emissão *f*; *Briefe*, *Lebensmittel*: distribuição *f*; *Bücher*, *Zeitungen*: edição *f* (**neueste** última); **~schalter** *m*, **~stelle** *f* entrega *f*, despacho *m*

'Ausgang *m* <-(*e*)*s*; *¨e*> saída *f*; *fig* desenlace *m*, fim *m*, desfecho *m*; (*Erfolg*) resultado *m*, êxito *m*; **~spunkt** *m* <-(*e*)*s*; -*e*> ponto *m* de partida; **~ssperre** *f* proibição *f* de saída; **~sstellung** *f* posição *f* inicial

'ausgeben gastar; (*aushändigen*) entregar; (*verteilen*) distribuir; *Aktien*, *Banknoten*, *Marken*: emitir; *Fahrkarten*: vender; **sich ~** esgotar-se; **sich für ... ~** fazer-se passar por, pretender ser

'ausgebeult [-gəbɔylt] amolgado, deformado; *bras* amassado

'aus|gebombt ['-gəbɔmpt]: **~ sein** ter perdido os haveres num bombardeamento (*bras* bombardeio); **~gebucht** ['-gəbu:xt] cheio; **≈geburt** *f*: **~ der Hölle** coisa *f* infernal, coisa *f* diabólica; **~gedehnt** ['-gəde:nt] *adj fig* extenso; **~gedient** ['-gədi:nt] gasto; *MIL* inválido, veterano, *Offizier*: reformado; **~gefallen** *adj* extravagante; **~gefeilt** elaborado; *fig* refinado; **~gefranst** ['-gəfranst] desfiado; **~geglichen** ['-gəgliçən] **1.** *p/p von* **ausgleichen**; **2.** *adj* equilibrado

'ausgehen *v/i* <*sn*> sair (*a fig gut etc*); (*alle werden*) esgotar-se, acabar-se; *Atem*, *Kräfte*: faltar; *Farbe*: desbotar; *AUTO* desmaiar; *Feuer*, *Licht*: apagar-se; *Haar*: cair; **leer ~** ficar sem nada; **~ von** *fig* partir de; **auf** (*ac*) **~** pretender (obter); ter em mira

'aus|gehungert esfomeado; **~gekocht** *fig* sabido, finório, malndro, *bras* matreiro; **~gelassen** *adj Kind*: endiabrado; *Stimmung*: divertido, animado; **≈gelassenheit** *f* alegria *f*, animação *f*; **~geleiert** ['-gəlaɪərt] gasto; **~gemacht** ['-gəmaxt] *adj* (*sicher*) certo; manifesto; *Schwindler etc*: notório, consumado; **~e Sache** coisa *f* decidida; **~gemergelt** ['-gəmɛrgəlt] *fig* extenuado; **~genommen** ['-gənɔmən] **1.** *p/p von* **ausnehmen**; **2.** (*ohne*) exce(p)to, menos, salvo; **3.** *cj* **~, dass** a não ser que *subj*; **~geprägt** ['-gəprɛ:kt] *adj* marcado; cara(c)terístico; **~gerechnet** ['-gərɛçnət] F *adv* precisamente; **~geschlossen** ['-gəʃlɔsən] **1.** *p/p von* **ausschließen**; **2. ~!** de modo algum!, de maneira nenhuma!, nunca!; **~ sein** ser impossível; **~gesprochen** ['-gəʃprɔxən] **1.** *p/p von* **aussprechen**; **2.** *adj* declarado; pronunciado; **3.** *adv* realmente; **~gesucht** ['-gəzu:çt] *adj a* sele(c)to; **~gewachsen** ['-gəvaksən] *adj j-d*: adulto, feito; *ZO u BOT* desenvolvido; **~gewogen** *adj* equilibrado; harmonioso; **~gezeichnet** ['-gətsaɪçnət] *adj* excelente, distinto, assinalado, insigne; *et*: *a* primoroso; **~giebig** ['-gi:biç] abundante

'ausgießen verter, deitar, *bras* entornar; *Gefäß*: vazar, esvaziar

'Ausgleich *m* <-(*e*)*s*; -*e*> compensação *f*; (*Einigung*) compromisso *m*, acordo *m*; *ECON* saldo *m*; *Budget*: equilíbrio *m*; *Sport*: empate *m*; **≈en** compensar, equilibrar, ajustar; (*ebnen*) aplanar, nivelar; *ECON* saldar, liquidar; **~sgetriebe** *n* diferencial *m*; **~ssport** *m* <-(*e*)*s*; *sem pl*> desporto *m* corre(c)tivo; **~stor** *n* <-(*e*)*s*; -*e*> golo *m* de empate;

~sventil *n* válvula *f* de transferência

'ausgleiten *<sn>* escorregar

'ausglieder|n *<-re>* separar; eliminar; **≈ung** *f* separação *f*; eliminação *f*

'ausgrab|en desenterrar, *Leiche*: *a* exumar; *Ruinen*: escavar; **≈ung** *f* escavação *f*; *Leiche*: exumação *f*

'Ausguck *m* *<-(e)s; -e>* mirante *m*; *NAV* gávea *f*

'Ausguss *m* *<-es; ¨e>* *Kanne*: bico *m*; (*Abfluss*) cano *m*, *Küche*: *a* pia *f*

'aushaken desenganchar; desabrochar

'aushalten 1. *v/t* resistir a; (*ertragen*) suportar, aguentar, aturar; (*erleiden*) sofrer; (*bezahlen für*) suster, sustentar, manter; **2.** *v/i* perseverar, resistir; ***nicht auszuhalten*** insuportável

'aushändig|en ['-hɛndigən] entregar; **≈ung** *f* entrega *f*

'Aushang *m* *<-(e)s; ¨e>* edital *m*; cartaz *m*; *Standesamt*: banhos *m/pl*, *bras* proclamas *m/pl*

'aushänge|n 1. *v/t* expor; *Tür*: desengonçar; **2.** *v/i* estar exposto, estar pendurado; (*aufgeboten sein*) estar nos banhos (*bras* nos proclamas); **≈schild** *n* *<-(e)s; -er>* tabuleta *f*; *Ware*: rótulo *m*

'ausharren perseverar, resistir

'aushebl|en tirar; *Graben*: cavar; *Tür*: desengonçar; *Verbrecher*: prender; **≈ung** *f* cavação *f*; *polizeiliche*: prisão *f*

'aus|hecken chocar, *fig* *a* tramar; **~heilen** *v/t* (*v/i*; *sn*) curar; *Wunde*: sarar; **~helfen** (*dat*) ajudar; socorrer

'Aushilf|e *f* auxílio *m*; *Person*: auxiliar *m*; **≈sweise** provisoriamente

'aushöhlen ['-høːlən] (es)cavar

'aus|holen *v/i* *zum Schlag*: levantar o braço (para bater); ***weit ~*** *fig* começar ab-ovo; **~horchen** sondar, examinar; *MED* auscultar; **~jäten** *<-e->* escardear; limpar de ervas daninhas; **~kämmen** pentear; *Wolle*: cardar; (*reinigen*) limpar (*a fig*); **~kehlen** ['-keːlən] *TÉCN* acanelar, encanelar; **≈kehlung** *f* estria *f*; **~kehren** varrer; **~kennen**: ***sich in*** (*dat*) **~** conhecer bem, ser versado em; **~klammern** (*fig*) excluir; **≈klang** *m* *<-(e)s; ¨e>* fim *m*, final *m*, desfecho *m*

'auskleiden *<-e->* despir; *ARQUIT* ***~ mit*** forrar de, revestir de

'ausklingen *<sn>* perder-se, extinguir-se; *fig* ***~ in*** (*ac*) terminar em

'ausklopf|en bater; **≈er** *m* batedor *m*

'aus|klügeln *<-le>* imaginar; planear; ***sich*** (*dat*) ***et ~*** inventar a/c; **~kneifen** F *<sn>* safar-se; **~knipsen** F apagar, desligar; **~knobeln** *<-le>* F *v/t* tirar à sorte; *fig* descobrir; **~kochen** extrair por cozedura; ferver; *a* → ***ausgekocht***; **~kommen** *<sn>*: ***mit et ~*** ter bastante de a/c, poder viver com a/c; ***mit j-m ~*** entender-se com alg, dar-se bem com alg; **≈kommen** *n* meios *m/pl*; ***sein ~ haben*** *a* ter o suficiente; **~kömmlich** ['-kœmliç] suficiente; *Gehalt a*: que dá para viver; *Leben*: cómodo (*ô); **~kosten** *<-e->* *fig* gozar; saborear; **~kramen** tirar; desenterrar, desentulhar, *fig*: *a* desabafar; **~kratzen** *<-t>* **1.** *v/t* ra(s)par; *Ofen*: limpar; *Augen*: arranhar; *MED* raspar; **2.** *v/i* *<sn>* F safar-se; **~kriechen** *<sn>* sair do ovo; **~kugeln** *<-le>* *MED* deslocar(-se); luxar; **~kundschaften** *<-e->* espiar, procurar saber; *Land*: explorar; *MIL* reconhecer

'Auskunft *f* *<-; ¨e>* informação *f* (***erteilen*** dar); = **~'ei** [-'taɪ] *f*, **~sbüro** *n* *<-s; -s>* → ***~sstelle***; **~spflicht** *f* *<-; -en>* dever *m* de informação; **~sstelle** *f* (agência *f* de) informações *f/pl*

'auskuppeln *<-le>* desengatar; *Auto*: desembraiar

'auskurieren *<->* curar (por completo)

'auslachen *v/t* rir-se de, *bras a* zombar de

'auslad|en 1. *v/t* descarregar, *NAV a* desembarcar; *Gast*: desconvidar; **2.** *v/i* *ARQUIT* sobressair, fazer sacada; **≈eplatz** *m* *<-es; ¨e>*, **≈estelle** *f* descarregadouro *m*

'Auslage *f* *Waren*: exposição *f* (na montra), (*Schaufenster*) mostrador *m*; *Fechtkunst*: guarda *f*; *ECON meist pl* (*Unkosten*) despesas *f/pl*

'Ausland *n* *<-(e)s; sem pl>* estrangeiro *m*, *bras a* exterior *m*

'Ausländ|er(in *f*) *m* ['-lɛndər-] estrangeiro *m*, -a *f*; **≗erfeindlich** xenófobo; **≗isch** estrangeiro; *BOT* exótico

'Auslands...: *in Zssg(n) oft* (do) estrangeiro (*bras* exterior); no estrangeiro (*bras* exterior); para (*od ECON* **~wechsel** sobre) o estrangeiro (*bras* exterior); **~aufenthalt** *m* <-(*e*)*s*; -*e*> estadia *f* no estrangeiro (*bras* exterior); **~gespräch** *n* <-(*e*)*s*; -*e*> chamada *f* (*od* telefonema *m*) internacional; **~reise** *f* viagem *f* ao estrangeiro (*bras* exterior); **~verschuldung** *f* dívida *f* externa

'auslass|en (*weglassen*) omitir; deixar (em branco); (*schmelzen*) derreter; *Kleid*: alargar, ensanchar; *Ärger*: desabafar, desafogar (**an** *dat* com, contra); *Freude*: dar largas a; **sich ~** manifestar-se (**über** sobre); estender-se; **≗ung** *f* omissão *f*; *GRAM a* elisão *f*; *amtliche*: nota *f* oficiosa; (*Äußerung*) declaração *f*; exteriorização *f*; **≗ungszeichen** *n* apóstrofo *m*

'Auslauf *m* <-(*e*)*s*; ⸚*e*> saída *f*; *Kinder, Tiere*: liberdade *f* de movimentos (*od* de a[c]ção) *Sport*: *a* carreira *f* de aterragem; **≗en** <*sn*> sair, *NAV a* partir; *Farben*: desbotar, alastrar; (*lecken*) vazar; (*enden*) acabar (**in** *ac* em), *Linien*: vir a morrer, perder-se

'Ausläufer *m BOT* estolho *m*; ramificação *f*; *Gebirge*: prolongamento *m*

'auslaugen *v/t QUÍM* lixiviar; meter na barrela

'Auslaut *m* <-(*e*)*s*; -*e*> som *m* final; **im ~** no fim (da palavra); **≗en** <-*e*->: **~ auf** (*ac*) terminar em

'aus|leben: **sich ~** gozar bem a vida; esgotar-se; **~lecken** *v/t* lamber

'ausleeren vazar, esvaziar; *CORR* fazer a tiragem (de); *MED* evacuar

'ausleg|en expor; *Geld*: emprestar; pagar; *Minen*: colocar; *Text*: interpretar; **~ mit** guarnecer; incrustar (**A mit B** = B em A); **≗er** *m* intérprete *m*; *NAV* guiga *f*; *TÉCN* braço *m*; *Kran*: lança *f*; **≗ung** *f* interpretação *f*; exegese *f*; **≗ware** [-leːk-] *f* alcatifa *f*

'ausleiern <-*re*> *TÉCN* gastar

'ausleihen emprestar; *aus e-r Bibliothek*: requisitar; **sich** (*dat*) **et von j-m ~** pedir a/c emprestado a alg

'auslernen terminar a sua preparação (profissional); **man lernt nie aus** está-se sempre a aprender

'Auslese *f* escolha *f*; sele(c)ta *f*; *edle*: *a* escol *m*; **≗n** escolher, sele(c)cionar; (*zu Ende lesen*) terminar (a leitura de); ler até ao fim

'ausliefer|n <-*re*> entregar; *JUR* extraditar; **≗ung** *f* entrega *f*; *JUR* extradição *f*; **≗ungs...**: *in Zssg(n) ECON* de fornecimento, de entrega; *JUR* de extradição

'aus|liegen estar exposto (à venda); estar na montra; *Fechtkunst*: estar em guarda; **~löffeln** <-*le*> comer com a colher; F *fig* **die Suppe ~** pagar as favas; **~löschen** extinguir; apagar; *Wörter*: *a* riscar; **~losen** <-*t*> tirar à sorte; sortear; rifar

'auslös|en <-*t*> desatar, soltar; *Gefangene*: resgatar; *Pfand*: desempenhar; *Schuss*: disparar; *Wirkung*: provocar; **≗er** *m FOT* disparador *m*, *EL a* propulsor *m*; *TÉCN* alavanca *f* de desengate; *fig* o que desencadeia a/c; motivo *m*

'Aus|losung *f* sorteio *m*; rifa *f*; **~lösung** *f* resgate *m*; *FOT*, *Schuss*: disparo *m*; *TÉCN* desengate *m*; *Wirkung*: provocação *f*; **≗lüften** <-*e*-> arejar, ventilar; **≗machen** (*betragen*) ser; (*bilden*) formar; constituir; (*entdecken*) descobrir; (*löschen*) apagar; *EL* fechar, desligar; (*vereinbaren*) combinar; ajustar; **nichts ~** não ter importância; *a* → **ausgemacht**; **≗malen** pintar, colorir, ilustrar; *fig* **sich** (*dat*) **~** imaginar; **~marsch** *m* <-(*e*)*s*; ⸚*e*> saída *f*; **≗marschieren** <-> marchar, sair; **~maß** *n* <-*es*; -*e*> extensão *f*; (*Format*) tamanho *m*; **in großem ~** em grande escala; **≗merzen** ['-mɛrtsən] <-*t*> exterminar, eliminar; **≗messen** medir; mensurar; **≗misten** *v/t* <-*e*-> tirar o esterco (de); *a* F *fig* limpar; **≗mustern** <-*re*> eliminar; *MIL* dispensar; reformar

'Ausnahm|e ['-naːmə] *f* exce(p)ção *f* (**machen** *a* abrir); **mit ~ von** *a* exce(p)to; **~e...**: *in Zssg(n) meist* exce(p)cional; **~ezustand** *m* <-(*e*)*s*; ⸚*e*> *POL a* estado *m* de emergência (*bras* de sítio); **≗slos** sem exce(p)ção; **≗sweise** por exce(p)ção, exce(p)cionalmente

'ausnehmen *Eingeweide*: tirar, amanhar, (d)estripar; *Nest*: desaninhar; (*ausschließen*) exce(p)tuar; ***sich** gut etc* ~ ficar, apresentar-se; *a* → ***ausgenommen***; **~d** *adv* particularmente

'ausnutzen, ausnützen *<-t>* aproveitar(-se de); *stärker*: explorar

Ausnutzung *f <sem pl>* aproveitamento *m*; exploração *f*

'aus|packen desempacotar, desembrulhar; *Koffer*: desfazer; *fig* F desabafar; confessar; **~peitschen** chicotear; fustigar; **~pfeifen** apupar, assobiar; **~plaudern** *<-re>* divulgar; revelar; **~plündern** *<-re>* saquear, pilhar, despojar; *fig* roubar; **~polstern** *<-re>* estofar, acolchoar; **~posaunen** *<->* divulgar, contar a toda a gente; **~prägen** cunhar, estampar; ***sich*** ~ exprimir-se, manifestar-se; *a* → ***ausgeprägt***; **~pressen** *<-t>* espremer; *fig* extorquir, roubar; **~probieren** *<->* provar; experimentar

'Auspuff *TÉCN m <-(e)s; -e>* escape *m*, *bras* escapamento *m*; **~gas** *n <-es; -e>* gás *m* de escape; **~rohr** *n <-(e)s; -e>* tubo *m* de escape; **~topf** *m <-(e)s; ⸚e> AUTO* silenciador *m*; silencioso *m*; *Dampfmaschine*: caixa *f* de escape

'aus|pumpen tirar com a bomba; **~punkten** *<-e-> Sport*: bater aos pontos, ganhar por pontos (contra alg); **~pusten** *<-e->* apagar (soprando); **~putzen** *<-t>* limpar; *Bäume*: podar; (*schmücken*) ornamentar, enfeitar; (*sich* ~) arranjar-se, ataviar-se; **~quartieren** ['-kvartiːrən] *<->* desalojar; **~quetschen** espremer (*a fig*); **~radieren** *<->* apagar; **~rangieren** *<->* eliminar; *MIL* reformar; **~rasieren** *<->* cortar, rapar; **~rauben** despojar, roubar; **~räuchern** *<-re>* (de)fumar; *mit Pech*: empezar; *mit Schwefel*: enxofrar; *MED* fumigar; **~räumen** despejar; tirar (as coisas de); arrumar; *Wohnung etc* desocupar

'ausrechn|en *<-re>*: (***sich*** *dat*) ~ calcular, fazer o cálculo; computar; *a* → ***ausgerechnet***; **≗ung** *f* cálculo *m*; cômputo *m*

'Ausrede *f* desculpa *f*, escusa *f*, pretexto *m*; **≗n** *<-e->* **1.** *v/t*: ***j-m et*** ~ dissuadir alg de a/c; **2.** *v/i* dizer tudo, terminar; ~ ***lassen*** deixar falar

'ausreichen bastar, chegar; **~d** bastante, suficiente

'ausreifen *<sn>* amadurecer; maturar

'Ausreise *f* saída *f*; **~erlaubnis** *f* autorização *f* de saída; **≗n** *<-t>* sair, partir; **~visum** *n <-s; -visa>* visto *m* de saída

'ausreiß|en **1.** *v/t* arrancar; **2.** *v/i <sn> Naht etc*: rasgar-se; F (*weglaufen*) safar-se, *Gefängnis*: evadir-se; **≗er** *m* fugitivo *m*; evadido *m*

'aus|reiten sair a cavalo, *bras* fazer (*od* dar) uma cavalgada; **~renken** ['-rɛŋkən] deslocar; **~richten** *<-re> Auftrag*: executar; *Botschaft*: dar; *Grüße*: transmitir; *Reihe*: acertar; *MIL* alinhar; (*aufrichten*) endireitar; (*erreichen*) conseguir; ~ ***auf*** (*ac*), ~ ***nach*** (*dat*) orientar por; **≗richtung** *f <sem pl>* (*Ausführung*) execução *f*; (*Übermittlung*) transmissão *f*; *MIL* alinhamento *m*; *fig* orientação *f*; **≗ritt** *m <-(e)s; -e>* passeio *m* a cavalo; **~rollen** desenrolar; *Teig*: estender; *AV* rolar (depois da ater[iss]agem); *Wäsche*: calandrar; **~rotten** ['-rɔtən] *<-e->* exterminar; **≗rottung** *f* exterminação *f*, extermínio *m*; **~rücken** **1.** *v/t TÉCN* desengatar; **2.** *v/i <sn>* sair; F safar-se

'Ausruf *m <-(e)s; -e>* exclamação *f*; *Straßenhandel*: pregão *f*; **≗en** exclamar; apregoar; *Staatsform*, *j-n*: proclamar (***zum*** a/c); **~er** *m* apregoador *m*; pregoeiro *m*; *von Zeitungen*: ardina *m*; **~ezeichen** *n* ponto *m* de exclamação; **~ung** *f* proclamação *f*, aclamação *f*

'ausruhen: (***sich***) ~ descansar

'ausrupfen *Unkraut*: sachar, mondar; arrancar; (*dat*) ***Federn*** ~ depenar (*ac*)

'ausrüst|en *<-e->* fornecer; *NAV u MIL* equipar, armar; *NAV* (*bemannen*) tripular; *TÉCN* apetrechar; *fig* dotar; **≗ung** *f* armamento *m*; equipamento *m*; apetrechamento *m*; *fig* preparação *f*

'aus|rutschen *<sn>* escorregar; *Auto*: derrapar; **≗rutscher** *m* F escorregadela *f*; *fig* descuido *m*; ***e-n*** ~

haben pôr a pata na poça; ter um descuido

'**Aussaat** *f* sementeira *f*

'**aussäen** semear

'**Aussage** *f* declaração *f*, afirmação *f*; depoimento *m*; *JUR a* testemunho *m*; *GRAM* predicado *m*; **≗n** declarar, afirmar, depor; **⁓satz** *m* <*-es*; *¨e*> oração *f* afirmativa

'**Aus|satz** *MED m* <*-es*; *sem pl*> lepra *f*; **≗sätzig** ['-zɛtsiç] leproso

'**aussaugen** chupar; *fig* explorar

'**Ausschabung** *f MED* raspagem *f*

'**ausschacht|en** ['-ʃaxtən] <*-e-*> escavar; *BGB* abrir; **≗ung** *f* escavação *f*

'**ausschalt|en** <*-e-*> *EL* interromper, desligar (*a TÉCN*); *Licht*: apagar, fechar; desligar; *MAT u fig* eliminar; **≗ung** *f EL* interrupção *f*; *fig* eliminação *f*

'**Ausschank** *m* <*-(e)s*; *¨e*> venda *f* de bebidas (a retalho); taberna *f*

'**Ausschau** *f* <*sem pl*>: ***⁓ halten nach*** = **≗en *nach*** procurar (com os olhos); *MIL* espreitar (*ac*); *sdd* → ***aussehen***

'**ausscheid|en** **1.** *v/t* separar; *MED u QUÍM* segregar; *MAT u Sport*: eliminar; **2.** *v/i* <*sn*> retirar-se; sair; ser eliminado; **≗ung** *f* secreção *f*; **≗ungs...**: *in Zssg(n) Sport*: eliminatório

'**aus|schelten** *v/t* censurar; ralhar com; **⁓schenken** deitar, verter; (*verkaufen*) vender bebidas (a retalho); **⁓scheren** guinar, *bras* dar uma guinada; **⁓schicken** enviar; ***nach j-m ⁓*** mandar procurar alg

'**ausschiff|en**: (***sich***) **⁓** desembarcar; **≗ung** *f* desembarque *m*

'**aus|schimpfen** ralhar com; **⁓schlachten** <*-e-*> preparar, talhar; *fig* explorar; **⁓schlafen** dormir até tarde; ***seinen Rausch ⁓*** cozer a mona, curtir a bebedeira

'**Ausschlag** *m* <*-(e)s*; *¨e*> *MED* eczema *f*, erupção *f* (cutânea); *FÍS* oscilação *f*, *Waage*: elongação *f*; ***den ⁓ geben*** (***bei*** *od* ***in*** *dat*) decidir (de); **≗en** **1.** *v/t* partir; *Teppich*: sacudir; (*ablehnen*) recusar; (*verkleiden*) revestir (***mit*** de); **2.** *v/i* rebentar; *Pferd*: dar um coice; *Pendel*: oscilar, *Waage*: **⁓ *nach*** inclinar-se para; (*feucht werden*) suar, transpirar; **≗gebend** decisivo

'**ausschließ|en** *v/t* fechar a porta a; *fig* excluir, *j-n*: *a* expulsar, *Sport*: desqualificar; ***sich ⁓ von*** não tomar parte em; *a* → ***ausgeschlossen***; **⁓lich** **1.** *adj* exclusivo; **2.** *prp* (*gen*) com exce(p)ção (*od* exclusão) de; *nachgestellt*: exclusivo

'**ausschlüpfen** <*sn*> sair do ovo

'**Ausschluss** *m* <*-es*; *¨e*> exclusão *f*, *j-s*: *a* expulsão *f*, *Sport*: desqualificação *f*; ***unter ⁓ der Öffentlichkeit*** à porta *f* fechada

'**ausschmück|en** enfeitar, adornar; *ARQUIT* decorar; **≗ung** *f* enfeite *m*, adorno *m*; decoração *f*

'**aus|schneiden** (re)cortar; (en)talhar; *Kleid*: decotar (***tief*** muito); **≗schnitt** *m* <*-(e)s*; *-e*> corte *m*; *Kleid*: decote *m*; *MAT* sector *m*; (*Zeitungs≗*) recorte *m*; *fig* aspe(c)to *m*; **⁓schöpfen** tirar água; esgotar (*a fig*)

'**ausschreib|en** (*vollständig schreiben*) transcrever por extenso; *Stelle*, *Wettbewerb*: abrir concurso para; *Preis*: instituir; *Wahlen*: anunciar; *Steuern*: impor; *ECON Rechnung*, *Scheck*: passar; **≗ung** *f* concurso *m* aberto (*bras* público); *Wahlen*: anunciação *f*

'**ausschreien** clamar; apregoar

'**ausschreit|en** *v/i* caminhar a passos largos; acelerar o passo; *fig* ***⁓ gegen*** agredir; **≗ungen** *f/pl* desordem *f*, tumulto *m*

'**Ausschuss** *m* <*-es*; *¨e*> (*Gremium*): comissão *f*, junta *f*; (*Prüfungs≗*) júri *m*; <*sem pl*> = **⁓ware** *f* rebotalho *m*, refugo *m*

'**aus|schütteln** <*-le*> sacudir; **⁓schütten** <*-e-*> despejar; *Gewinne*: distribuir; *fig* ***j-m sein Herz ⁓*** desabafar com alg; ***sich vor Lachen ⁓*** fartar-se (*bras* morrer) de rir; **⁓schwärmen** <*sn*> *Bienen*: enxamear; *MIL* desdobrar-se; **⁓schwatzen** <*-t*> divulgar; F chocalhar; **≗schweifung** *f* (*Abschweifung*) digressão *f*; *moralisch*: desordem *f*; excesso *m*; **⁓schweigen**: ***sich ⁓*** não dizer nada; ficar calado; **⁓schwitzen** <*-t*> transpirar, exsudar

'**aussehen** **1.**: ***⁓ wie***, ***⁓ nach*** parecer (*adj od nom*; ***als ob*** que); ***es sieht nach Regen aus*** parece que vai chover; ***gut** ~* ter boa cara (*od* aparência); ***er sieht jünger aus, als er ist*** parece mais novo do que é; ***sich*** (*dat*) ***die Augen ~ nach*** procurar a toda a força; F ***so sieht er aus!*** tem mesmo cara disso!; **2.** ≈ *n* <-s; *sem pl*> aspe(c)to *m*, aparência *f*, (*Gesicht a*) ar *m*, semblante *m*; ***dem ~ nach*** segundo as aparências

'außen ['aʊsən] fora; ***von ~*** (*gesehen*) de fora, por fora; ***nach ~*** para fora; **≈aufnahmen** *f/pl* filmagens *f/pl* exteriores; **≈bezirk** *m* <-(e)s; -e> subúrbio *m*; **≈bordmotor** *m* <-s; -en> motor *m* fora de bordo

'aussenden <-e-> enviar; *Strahlen*: emitir; ***nach j-m ~*** mandar por alg

'Außen|dienst *m* <-(e)s; -e> serviço *m* exterior (*od* de fora); **~handel** *m* comércio *m* externo; **~minister(ium** *n* <-s; -rien>) *m* Ministro *m* (Ministério *m*) dos Negócios Estrangeiros (*od bras* das Relações Exteriores); **~politik** *f* <*sem pl*> política *f* externa; **~seite** *f* exterior *m*, fachada *f*; *Kleid*: direito *m*; **~seiter** ['-zaɪtər] *m* estranho *m*; individualista *m*; independente *m*; *Sport*: outsider *m*; **~spiegel** *m* espelho *m* retrovisor exterior; **~stände** ['-ʃtɛndə] *pl* ECON créditos *m/pl*, dinheiro *m/sg* a receber; **~stelle** *f* filial *f*, dependência *f*; **~stürmer** *m Sport*: extremo *m*, ponta *m*; **~welt** *f* <*sem pl*> mundo *m* (exterior); **~winkel** *m* ângulo *m* externo

'außer ['aʊsər] **1.** *prp* (*dat*) fora (de); (*neben*) além de; à parte (*ac*); (*ohne*) menos, exce(p)to; salvo; *niemand* ~ senão; ***~ Dienst*** (*Abk* **a. D.**) jubilado, aposentado, *bsd* MIL reformado; ***~ Atem*** ofegante; ***~ sich sein*** estar fora de si; **2.** *cj* ~, ***dass***, ~ ***wenn*** a não ser que *subj*; **~amtlich** não-oficial; particular; **~'dem** além disso; de mais a mais; **~dienstlich** fora (das horas) do serviço; **≈dienststellung** *f* <*sem pl*> desligação *f* do serviço

'äußer ['ɔysər] exterior; ***~er Schein*** *m* aparências *f/pl*; **≈e(s)** *n* exterior *m*; (*Aussehen*) aparência *f*, físico *m*; POL negócios *m/pl* estrangeiros; *bras* relações *f/pl* exteriores

'außer|ehelich extramatrimonial; *Kind*: ilegítimo, natural; **~gerichtlich** extrajudicial; **~gewöhnlich** extraordinário, excepcional; **~halb** **1.** *prp* (*gen*) fora de; **2.** *adv* (por) fora; **~irdisch** extraterrestre

'äußerlich ['ɔysərliç] exterior, MED externo; *fig* superficial; *adv a* por fora; **≈keit** *f* formalidade *f*

'äußern ['ɔysərn] <-re>: (**sich**) ~ manifestar(-se) (**in** *dat* por); (*sagen*) *a* dizer, exprimir; ***sich ~ über*** (*ac*) pronunciar-se sobre

'außer|ordentlich extraordinário; **~parlamentarisch** extraparlamentar; **~planmäßig** além do quadro

'äußerst ['ɔysərst] extremo; sumo; *Preis*: último; mínimo; ***im ~en Fall*** em último caso

'außer'stande ['-'ʃtandə] incapaz (***zu*** de)

'Äußerste ['ɔysərstə] *n* extremo *m*; ***sein ~s tun*** fazer os possíveis (*bras* o possível); ***auf das ~ gefasst sein*** estar preparado para o pior; ***es bis zum ~n treiben*** levar ao extremo

'Äußerung *f* expressão *f*, declaração *f*; exteriorização *f*; ***~en*** *f/pl* palavras *f/pl*

'aussetz|en <-t> **1.** *v/t* expor; NAV *Boot*: lançar à água, *Fahrgäste*: desembarcar; *Kind*: enjeitar; *Belohnung*: prometer; *Preis*: instituir; *Rente*: pagar; (*unterbrechen*) interromper, suspender; (*tadeln*) (**an** *dat*) obje(c)tar (a), criticar (em); ***et auszusetzen haben*** *a* criticar, pôr defeitos (***an et*** *od* ***j-n*** a a/c *od* alg); (*vermachen*) legar; **2.** *v/i* interromper-se; TÉCN parar; *Puls*: ***manchmal ~*** estar intermitente, ter intercadências

'Aussicht *f* vista *f*, panorama *m*; *fig* perspe(c)tiva *f*, esperança *f* (**auf** *ac* de); ***in ~ nehmen*** proje(c)tar; ***in ~ stehen*** estar iminente; ***in ~ stellen*** prometer; **≈slos** inútil; desesperado; **~slosigkeit** [-loːziç-] *f* <*sem pl*> inutilidade *f*; **~spunkt** *m* <-(e)s; -e>, **~sturm** *m* <-(e)s; ¨e> miradouro *m*; **≈sreich**, **≈svoll** prometedor, auspicioso

'aus|sieben coar, peneirar; *fig* sele(c)cionar; **~siedeln** evacuar; **≈siedler** *m* evacuado *m*

'aussöhn|en ['-zøːnən] (re)conciliar; **≈ung** *f* (re)conciliação *f*

'aus|sondern <-re> apartar, sele(c)cionar; eliminar; *MIL* destacar; (*ab-*) segregar; **~sortieren** <-> escolher; sele(c)cionar; eliminar; **~spähen**: **~ *nach*** olhar por, espiar (*ac*), espreitar (*ac*); **~spannen 1.** *v/t* estirar; *Pferd*: desatrelar; *Ochsen*: descangar; F (*wegnehmen*) tirar; **2.** *v/i fig* descansar; **2spannung** *f fig* descanso *m*; **~sparen** deixar livre; **~speien** cuspir; *Lava*, *Speise*: vomitar; **~sperren** *v/t* fechar a porta a; não deixar ninguém entrar; *Arbeiter*: despedir, pôr na rua; **2sperrung** *f* exclusão *f*; **~spielen 1.** *v/t* jogar, *Karte*: *a* ser mão; *Preis*: disputar-se; *fig Gegner*: **~ *gegen*** aproveitar(-se de) a rivalidade entre ...; **2.** *v/i MÚS* tocar até ao fim; ***ausgespielt haben*** ter terminado, *fig* ter perdido todo o seu prestígio, F estar arranjado; **~spionieren** <-> espiar

'Aussprache *f* pronúncia *f*; (*Gespräch*) discussão *f*; explicação *f*

'aussprechen 1. *v/t Laut*, *Urteil*: pronunciar; *Wort*: *a* proferir; (*ausdrücken*) pronunciar; exprimir, manifestar; ***sich mit j-m über et*** (*ac*) **~** ter uma explicação com alg sobre a/c, discutir a/c com alg; esclarecer a/c com alg; ***sich ~ für*** declarar-se por; ***sich offen ~*** falar com franqueza; desabafar; *a* → ***ausgesprochen***; **2.** *v/i* terminar, acabar

'aus|spritzen <-t> **1.** *v/t* espargir; *bras* borrifar; lançar; (*löschen*) apagar (à bomba), extinguir; *MED* seringar; **2.** *v/i* emitir; **2spruch** *m* <-(*e*)*s*; ¨*e*> palavra *f*, dito *m*; *feierlicher*: sentença *f*; **~spucken** cuspir; escarrar; vomitar; **~spülen** lavar, *MED a* irrigar; **2spülung** *f* lavagem *f*, *MED a* irrigação *f*

'ausstaffieren ['-ʃtafiːrən] <-> equipar; *Kleid*, *Raum*: guarnecer (***mit*** com, de); F *j-n*: endomingar

'Ausstand *m* <-(*e*)*s*; ¨*e*> greve *f*; ***in den ~ treten*** declarar-se em greve; *pl ECON* créditos *m/pl*, dinheiro *m* a receber

'ausständig em greve; *ECON* devido, atrasado; **2e(r)** *m* [-gə(r)] <-*en*> grevista *m*

'ausstatt|en ['-ʃtatən] <-*e*-> equipar; fornecer; *ARQUIT u TEA* decorar; *Tochter*: dotar, dar enxoval a; **2ung** *f TÉCN* equipamento *m*; (*Braut2*) enxoval *m*; *ARQUIT u TEA* decoração *f*; (*Aufmachung*) apresentação *f*; **2ungsstück** *n* <-(*e*)*s*; -*e*> peça *f* aparatosa; revista *f*

'aus|stechen abrir; (*gravieren*) gravar; *Augen*: cavar, arrancar; *Rasen*, *Teig*: cortar; *fig j-n*: suplantar, F desbancar; **~stehen 1.** *v/t* aturar, (*erleiden*) *a* sofrer, *Schmerzen*, *Schreck*: *a* passar; ***nicht ~ können*** *a* não poder com, não suportar; **2.** *v/i* ***noch ~*** ainda não ter chegado, ficar por vir, ficar por pagar; **~d** *ECON* devido, a(c)tivo, atrasado, pendente; **~steigen** <*sn*> apear-se, descer, sair; *fig* desistir; deixar de participar; *NAV*, *AV* desembarcar

'ausstell|en expor; *Quittung*, *Schein*: passar; *Urkunde*: *a* exarar, lavrar; *Wechsel*: sacar (***auf*** *ac* sobre); *Motor*, *Radio etc* desligar; **2er(in** *f*) *m* expositor(a *f*) *m*; *ECON* sacador(a *f*) *m*; **2ung** *f* exposição *f*; *e-r Urkunde*: passagem *f*, exaração *f*; *ECON* saque *m* (de letra); (*Kritik*): crítica *f*, obje(c)ção *f*; **2ungsgelände** *n* recinto *m* de exposição; **2ungsraum** *m* <-(*e*)*s*; ¨*e*> sala *f* (*od* salão *m*) de exposição

'aussterben <*sn*> extinguir-se, desaparecer; *Land*: despovoar-se

'Aussteuer *f* <-; -*n*> enxoval *m*; (*Mitgift*) dote *m*; **2n** <-*re*> → ***ausstatten***; (*Radio*) modular

'ausstopfen encher (***mit*** de); *Tier*: empalhar

'Ausstoß *m ECON* produção *f*; *Schadstoffe*: emissão *f*; **2en** deitar fora; *Auge*: cavar; *Dampf*: expelir; *Schadstoffe*: emitir; *Schrei*: soltar; *Worte*: proferir; *j-n*: expulsar; **~rohr** *NAV n* <-(*e*)*s*; -*e*> tubo *m* de lança-torpedos; **~ung** *f* expulsão *f*

'ausstrahl|en irradiar, emitir; **2ung** *f* irradiação *f*, difusão *f*

'aus|strecken estender (*a Hand*); estirar, esticar; **~streichen** riscar; apagar; *TÉCN Fugen*: betumar, encher; (*einfetten*) untar; (*glätten*) alisar; **~streuen** disseminar, espargir; lançar; *a fig* espalhar; **~strömen 1.** *v/t Duft*: exalar; difundir; **2.** *v/i* <*sn*> sair; *Gas*: fugir, *bras* escapar; **2strömen** *n* escoamento *m*; difusão *f*; *Dampf*: saída *f*; *Duft*: exalação *f*; *Gas*: fuga *f*, *bras* escape *m*; **~suchen** escolher; *a* → ***ausgesucht***

'Austausch *m* <-(*e*)*s*; *sem pl*> intercâmbio *m*; *Noten*, *Gedanken*, *Gefangene*: troca *f*, *Publikationen*: *a* permuta *f*; **2bar** substituível; (inter)cambiável; **~dienst** *m* <-(*e*)*s*; -*e*> serviço *m* de intercâmbio (*od Bücher*: de trocas *od* de permuta); **2en** trocar; permutar, *bras* barganhar; **~motor** *m* <-*s*; -*en*> motor *m* de recâmbio; **~schüler** *m* aluno *m* de intercâmbio; **~student** *m* <-*en*> bolseiro *m* (do Instituto de Alta Cultura); (*bras* bolsista *m*) do Serviço de Intercâmbio Acadêmico

'austeil|en distribuir; *Befehle*: dar, emitir; *Essen*: servir; *Sakrament*: administrar; **2ung** *f* distribuição *f*; administração *f*

'Auster ['aʊstər] *f* <-; -*n*> ostra *f*; **~nbank** *f* <-; ⸚*e*> ostreira *f*; **~nzucht** *f* <*sem pl*> ostr(e)icultura *f*

'aus|tilgen riscar; (*ausrotten*) exterminar; **~toben** desabafar (***an*** *dat* em); ***sich ~*** acalmar-se; *Jugend*: gozar; *Sturm*: (***sich***) ***ausgetobt haben*** abonançar, amainar; **2trag** ['-traːk] *m* <-(*e*)*s*; *sem pl*> ajuste *m*; (*Ausgang*) fim *m*; (*Lösung*) solução *f*; **~tragen** *Streit*: resolver, decidir; *CORR u Waren*: levar (*od* entregar) ao domicílio; distribuir; **2träger** *m* portador *m*; distribuidor *m*

Aus'tra|lien [aʊs'traːliən] *n* Austrália *f*; **~lier(in** *f*) *m*, **2isch** australiano *m*, -a *f*

'austreib|en expulsar; *Vieh*: levar ao pasto; *fig Geister*: exorcismar, exorcizar; *j-m ein Laster*: fazer perder; *bras* livrar de; **2ung** *f* expulsão *f*; exorcismo *m*

'aus|treten 1. *v/t* pisar, acalcanhar, calcar; *Schuh*: gastar; *Weg*: trilhar; **2.** *v/i* <*sn*> sair, retirar-se (*a ECON*); *Fluss*: tra(n)sbordar; F fazer as suas necessidades; **~trinken** beber tudo, esvaziar o copo; **2tritt** *m* <-(*e*)*s*; -*e*> saída *f* (*a POL*); *Fluss*: tra(n)sbordo *m*; **~trocknen** <-*e*-> (des)secar; enxugar; *Land*: *a* desaguar; **~trommeln** <-*le*>, **~trompeten** <-*e*-; -> *fig* F chocalhar; **~tüfteln** <-*le*> F descobrir (*od* inventar) por meio de subtilezas, *bras* bolar

'ausüb|en exercer, *Amt*: *a* desempenhar; **2ung** *f* <*sem pl*> exercício *m*; desempenho *m*; prática *f*

'ausufern <-*re*> *Fluss*: tra(n)sbordar, sair do leito; *fig* passar das marcas

'Ausverkauf *m* <-(*e*)*s*; ⸚*e*> liquidação *f*, saldo *m*; **2t** esgotado, vendido

'aus|wachsen: ***sich ~ zu*** *fig* redundar em; *a* → ***ausgewachsen***; **2wahl** *f* escolha *f*, sele(c)ção *f* (***treffen*** fazer); escol *m*; sortimento *m*; ***zur ~*** de amostra; *LIT* antologia *f*; crestomatia *f*; sele(c)ta *f*; **~wählen** escolher; **2wahlmannschaft** *f Sport*: equipa *f* (*od* grupo *m*, *bras* equipe *f*) de sele(c)ção; *Fußball*: onze *m* de sele(c)ção; **2wahlsendung** *f ECON* amostra *f*, sortido *m*; **~walzen** <-*t*> *TÉCN* laminar; cilindrar

'Auswander|er *m* emigrante *m*; *POL a* emigrado *m*; **2n** <-*re*; *sn*> emigrar; **~ung** *f* emigração *f*

'aus|wärtig ['-vɛrtiç] forasteiro; estranho; *POL a* estrangeiro; *bras* exterior; **2es Amt** Ministério *m* dos Negócios Estrangeiros (*bras* das Relações Exteriores); **~wärts** ['-vɛrts] fora; **2wärtsspiel** *n* jogo *m* fora de casa; jogo *m* no campo da equipa adversária (*bras* da equipe do adversário); **~waschen** lavar; **2waschung** *f* lavagem *f*, *GEOL* erosão *f*

'auswechs|elbar móvel, substituível, *bras* descartável; ***~ sein*** *a* ser substituível; **2eln** <-*le*> mudar, trocar (*a Gefangene*), substituir (***gegen*** por); **2(e)lung** *f* troca *f*, *bras a* substituição *f*

'Ausweg *m* <-(*e*)*s*; -*e*> remédio *m*, alternativa *f*; **2los** sem saída, sem remédio

'ausweich|en <*sn*> (*dat*) afastar-se de; deixar passar; ***rechts ~!*** desviar pela direita!; *fig* esquivar-se de; evitar (*ac*); **~end** evasivo; **2gleis(e)** *n* <-*es*; -*e*>, **2stelle** *f*, **2straße** *f* desvio *m*

'ausweiden <-*e*-> *Wild*: (d)estripar

'ausweinen: ***sich*** (*dat*) ***die Augen ~*** desfazer-se em lágrimas

'Ausweis ['-vaɪs] *m* <-*es*; -*e*> legitimação *f*; (*Personal*2) bilhete *m* (*od* cartão *m*, *bras* carteira *f*) de identidade; **≈en** <-t> expulsar, desterrar; ***sich ~*** identificar-se (***als*** como); **~kontrolle** *f* controle *m* de identidade; **~ung** *f* expulsão *f*, desterro *m*

'ausweit|en <-e-> alargar, estender; ***sich ~*** alastrar; **≈ung** *f* extensão *f*; alargamento *m*; alastramento *m*

'aus|wendig de cor; ***~ lernen*** decorar; **~werfen** lançar; deitar (fora); *MED* expectorar; *Graben*: cavar, abrir; *Summe*: despender, gastar; **~werten** <-e-> valorizar; analisar interpretar; **≈wertung** *f* valorização *f*; exploração *f*; (*Bewertung*) avaliação *f*; interpretação *f*; **~wickeln** <-le> desembrulhar; desenrolar; desenvolver; **~wirken**: ***sich ~*** agir, a(c)tuar (***auf*** *ac* sobre), ter efeito; **≈wirkung** *f* consequência *f*, efeito *m*; **~wischen** limpar; *Schrift*: apagar; ***j-m eins ~*** F fazer uma partida a alg, *bras* pregar uma peça em alg; **~wringen** torcer; **≈wuchs** *m* <-es; ¨e> excrescência *f*; *Buckel*: corcova *f*; *ANAT* apófise *f*; *MED u BOT* tumor *m*; protuberância *f*; *fig* abuso *m*; **~wuchten** <-e-> calibrar, equilibrar; **≈wurf** *m* <-(e)s; ¨e> *MED* expectoração *f*; *fig* ralé *f*, escória *f*; **~zacken** dentear, chanfrar; **~zahlbar** pagável; **~zahlen** pagar; (*bar*) pagar a dinheiro; **~zählen** contar, fazer a conta; **≈zahlung** *f* pagamento *m*; **≈zählung** *f* contagem *f*; **~zanken** *v/t* ralhar com

'auszehr|en *MED* consumir; **≈ung** *f* consumpção *f*; *bras* consumação *f*; tuberculose *f*

'auszeichn|en <-e-> marcar; *j-n*: distinguir, *mit Orden*: condecorar, agraciar; *ECON* rotular; ***sich ~*** distinguir-se (***vor*** *dat* entre; ***durch*** por, através de); *a* → ***ausgezeichnet***; **≈ung** *f* distinção *f*, (*Orden*) condecoração *f*; *ECON* rótulo *m*

'auszieh|bar extensível; **~en 1.** *v/t* tirar; extrair; *j-n*, *Kleid*: despir; *Handschuh*, *Schuh*, *Strumpf*: descalçar; (*dehnen*) distender; **2.** *v/i* <sn> mudar (*od* sair) de casa; **≈tisch** *m* <-es; -e> mesa *f* elástica (*od* de abrir)

'auszischen assobiar, apupar

'Auszubildende(r *m*) *su* ['-tsubildəndə(r)] aprendiz(a *f*) *m*

'Auszug *m* <-(e)s; ¨e> extra(c)to *m*; resumo *m*; excerto *m*; (*Ausmarsch*) saída *f*, partida *f*; êxodo *m*; (*Umzug*) mudança *f* (de casa); **≈sweise** por extra(c)to; resumido; epitomado

'auszupfen arrancar

au'tark [aʊ'tark] autárquico; **≈'ie** [-'kiː] *f* autarquia *f*

au'thentisch [aʊ'tɛntiʃ] autêntico

'Auto ['aʊto] *n* <-s; -s> automóvel *m*, carro *m* (***fahren*** guiar, ***fahren im*** andar de)

'Autobahn *f* auto-estrada *f*; *bras* rodovia *f*; **~gebühr** *f* portagem *f*; *bras* pedágio *m*; **~dreieck** *n* <-(e)s; -e>, **~kreuz** *n* <-es; -e> cruzamento *m* de auto-estrada (*bras* de rodovia), *bras a* trevo *m*; **~zubringer** *m* acesso *m* rodoviário

'Auto|biographie *f* autobiografia *f*; **~bus** *m* <-ses; -se> *Stadt*: autocarro *m*; *bras* ônibus *m*; (*Überland~*) camioneta *f*; **~didakt** *m* <-en> autodida(c)ta *m*; **~fähre** *f* ferryboat *m*; **~fahrer** *m* motorista *m*, automobilista *m*; *bras* chofer *m*; **~friedhof** *m* cemitério *m* de automóveis; **≈'gen** [-'geːn] autogéneo, *bras* autógeno; **~'gramm** *n* <-s; -e> autógrafo *m*; **~industrie** *f* indústria *f* de automóveis; **~karte** *f* mapa *m* de estradas, *bras* mapa *m* de estradas e rodagens; **~kino** *n* autocinema *m*; *bras* drive-in *m*; **~kolonne** *f* cortejo *m* (*od* fila *f*) de automóveis; **~'krat** [-aː-] *m* <-en> autócrata *m*; **~kra'tie** [-kra'tiː] *f* autocracia *f*

Auto'mat [-'maːt] *m* <-en> autómato (*ô) *m*; (*Fahrschein≈*, *Zigaretten≈*) distribuidora *f* automática; **~en...** *in Zssg(n)* automático; **~i'on** [-matsi'oːn] *f*, **~is'ierung** [-mati'ziːr-] *f* automatização *f*; **≈isch** [-'maːtiʃ] automático

Auto|mo'bil [-mo'biːl] *n* <-s; -e> automóvel *m*; **≈'nom** [-'noːm] autónomo (*ô); **~no'mie** [-no'miː] *f* autonomia *f*; **~nummer** ['aʊto-] *f* <-; -n> matrícula *f*

'Autor ['aʊtoːr] *m* <-s; -en> autor *m*

'Auto|radio *n* <-s; -s> rádio *m* para automóvel; **~reifen** *m* pneu *m*; **~reisezug** *m* <-(e)s; ¨e> auto-expresso *m*; **~rennen** *n* corrida *f* de automóveis, *bras* de carros; **~reparaturwerkstatt** *f* <-; ¨en> oficina *f* de automóveis

Au'torin [aʊ'toːrin] *f* autora *f*
autori'tär [aʊtori'tɛːr] autoritário
Autori'tät [-'tɛːt] *f* autoridade *f*
'Auto|schlosser *m* mecânico *m*; **~skooter** ['-skuːtər] *m* carrinho *m* de choque (*bras* de trombada); **~sport** *m* <-(e)s; *sem pl*> automobilismo *m*; **~unfall** *m* <-(e)s; ¨e> acidente *m* de automóvel; **~verleih** *m*, **~vermietung** *f* aluguer *m* (*bras* locadora *f*) de carros; **~waschanlage** *f* lavagem *f* automática de carros
Avant|'garde [avã'gard(ə)] *f* vanguarda *f*; **≈gar'distisch** de vanguarda
Avo'cado [avo'kaːdo] *f* abacate *m*
Axt [akst] *f* <-; ¨e> machado *m*

B

B, b [beː] *n* B, b *m*; MÚS si-bemol *m*; (*Vorzeichen*) bemol *m*
'Baby ['beːbiː] *n* <-s; -s> bebé (*ê) *m*, *bras a* nenê *m*; **~ausstattung** *f* enxoval *m* para bebé (*ê); **~sitter** [-sitər] *m* babysitter *su*; *bras* babá *f*, ama-seca *f*, pajem *f*
Bach [bax] *m* <-(e)s; ¨e> ribeiro *m*, regato *m*, arroio *m*, riacho *m*; *bras* córrego *m*, ribeirão *m*; **'~e** [-'ə] *f* javalina *f*; **'~stelze** ['-ʃtɛltsə] *f* lavandisca *f*, alvéloa *f*, *bras* lavandeira *f*
'Back|blech ['bak-] *n* <-(e)s; -e> tabuleiro *m* do forno; **~bord** NAV *n* <-(e)s; -e> bombordo *m*
'Backe ['bakə] *f* face *f*, bochecha *f*
'backen ['bakən] **1.** *v/t* cozer (no forno), assar; *Kuchen*: fazer; **2.** *v/i* cozer; *in der Pfanne*: fritar
'Backen|bart *m* <-(e)s; ¨e> suiças *f/pl*; **~knochen** *m* maçã *f* do rosto; **~zahn** *m* <-(e)s; ¨e> (dente *m*) molar *m*, queixal *m*
'Bäcker|(in *f*) ['bɛkər] *m* padeiro *m*, -a *f*; **~'ei** *f*, **~laden** *m* <-s; ¨> padaria *f*
'Back|fisch [bak-] *m* <-(e)s; -e> peixe *m* frito, peixe *m* para fritar; *fig* raparigota *f*; adolescente *f*; *bras* brotinho *m*, menina-moça *f*; **~form** *f* forma *f*; **~hähnchen** *n* frango *m* assado; **~obst** *n* <-(e)s; *sem pl*> fruta *f* seca (*od* assada no forno); **~ofen** *m* <-s; ¨> forno *m*; **~pfeife** *f* bofetada *f*; **~pflaume** *f* ameixa *f* seca; **~pulver** *n* fermento *m* em pó; **~stein** *m* <-(e)s; -e> tijolo *m*, ladrilho *m*; **~stube** *f* amassaria *f*; **~trog** *m* <-(e)s; ¨e> masseira *f*; **~waren** *pl* bolos *m/pl*
Bad [baːt] *n* <-(e)s; ¨er> banho *m*; *Raum* casa *f* de banho; (*Schwimm*≈) piscina *f*; ***ein ~ nehmen*** tomar um banho; = *a* ***Badeanstalt***, ***Badeort***
'Bade|anstalt ['baːdə-] *f* balneário *m*; banhos *m/pl*; **~anzug** *m* <-(e)s; ¨e> fato *m* de banho; *bras* maiô *m*; **~arzt** *m* <-es; ¨e> médico *m* balneário (*od* das termas); **~gast** *m* <-es; ¨e> banhista *m*; **~hose** *f* calção *m* de banho; **~kappe** *f* touca *f* de banho; **~kur** *f* cura *f* de águas; **~mantel** *m* <-s; ¨> roupão *m*; **~meister** *m* banheiro *m*; *bras* salva-vidas *m*
'baden ['baːdən] <-e-> **1.** *v/t* banhar; dar banho a; **2.** *v/i* (***kalt***) ~ tomar banho(s frios); ***beim*** ≈ ao tomar banho
'Baden-'Württemberg ['baːdn 'vyrtəmbɛrk] *n* Bade-Vurtemberga *m*
'Bade|ofen *m* <-s; ¨> esquentador *m*; *bras* aquecedor *m*; **~ort** *m* <-(e)s; -e> caldas *f/pl*, estação *f* termal; (*See*≈) praia *f*; **~sachen** *pl* artigos *m/pl* de banho; **~saison** *f* <-; -s> época (*od* quadra) *f* balnear; **~strand** *m* <-(e)s; ¨e> praia *f*; **~tuch** *n* <-(e)s; ¨er> lençol *m* de banho, toalha *f* turca; *bras* toalha *f* de banho; **~wanne** *f* banheira *f*; **~zimmer** *n* casa *f* (*od* quarto *m*) de banho; *bras* banheiro *m*
baff [baf] F pasmado, abananado (***sein*** ficar)
Baga'tell|e [baga'tɛlə] *f* bagatela; **≈i'sieren** minimizar

'**Bagger** ['bagər] *m* escavadeira *f*, escavador *m*; (*Schwimm~*) draga *f*; **~n** <-*re*> dragar, escavar

Bahn [ba:n] *f* (*Strecke*) via *f* (*a fig*), caminho *m*; *CAM. DE F* caminho *m* (*bras* estrada *f*) de ferro (**mit** por); (*Straßen~*) *EL* carro *m* eléctrico, *bras* bonde *m* (**mit der** de); *ASTR* órbita *f*; *freie*: carreira *f*; (*Flug~*) traje(c)tória *f*; *Sport*: pista *f*; (*Eis~*, *Rollschuh~*) ringue *m* de patinagem (*bras* de patinação); (*Strecke*) percurso *m*; *Stoff*: pano *m*; (*Rock~*) altura *f*; ***sich*** (*dat*) **~ *brechen*** abrir caminho

'**Bahn|anschluss** *m* <-*es*; ~*e*> ligação *f* ferroviária; **~arbeiter** *m* operário *m* dos caminhos de ferro, *bras* ferroviário *m*; **~beamte(r)** *m* funcionário *m* dos caminhos de ferro, *bras* ferroviário; **~brechend** revolucionário; **~damm** *m* <-(*e*)*s*; ~*e*> via *f* em aterro; **~en** abrir; (*ebnen*) aplanar, preparar, facilitar; **~hof** *m* <-(*e*)*s*; ~*e*> estação *f* (de caminho de ferro), *bras* estação *f* ferroviária; (*Omnibus~*) estação *f* rodoviária; **~hofsvorsteher** *m* chefe *m* de estação; **~linie** *f* linha *f* férrea; **~polizei** *f* <*sem pl*> polícia *f* ferroviária; **~post** *f*: ***mit*** **~** por caminho de ferro; *bras* por via férrea; **~schranke** *f* barreira *f*; **~steig** *m* <-(*e*)*s*; -*e*> (plataforma *f* da) gare *f*; **~übergang** *m* <-(*e*)*s*; ~*e*> passagem *f* de nível; **~verbindung** *f* ligação *f* ferroviária; **~wärter** *m* guarda *m* de passagem de nível, *bras* guarda *m* ferroviário

'**Bahre** ['ba:rə] *f* (*Trag~*) padiola *f*; *MED* maca *f*

Bai [bai] *f* baía *f*

Bai'ser [be'ze:] *n* <-*s*; -*s*> suspiro *m*

'**Baisse** ['bɛ:s(ə)] *ECON f* baixa *f*; **~spekulation** *f* especulação *f* baixista

Bajo'nett [bajo'nɛt] *n* <-(*e*)*s*; -*e*> baioneta *f*

'**Bake** ['ba:kə] *NAV f* baliza *f*; bóia *f*

Bak'teri|e [bak'te:riə] *f* batéria *f*; micróbio *m*; **~o'loge** [-terio'lo:gə] *m* <-*n*> bacteriólogo *m*; **~olo'gie** [-olo'gi:] *f* <*sem pl*> bacteriologia *f*; **~o'logisch** [-o'lo:giʃ] bacteriológico

Ba'lanc|e [ba'laŋsə] *f* equilíbrio *m* (***halten*** manter), balanço *m*; **~'ieren** <-> balançar; equilibrar; **~'ierstange** *f* maromba *f*; *MIL* balanceiro *m*

bald [balt] logo, (dentro) em breve; ***möglichst*** **~** quanto antes; **~ *darauf*** pouco depois; **~ ..., ~ ...** ora ..., ora ...; já ..., já ...; quer..., quer...; (*fast*) quase

'**Baldachin** ['baldaxi:n] *m* <-*s*; -*e*> baldaquim *m*, dossel *m*, pálio *m*

'**baldig** ['baldiç] próximo; iminente; ***auf ~es Wiedersehen!*** até breve; **~st** quanto antes

'**baldmöglichst** quanto antes; o mais breve possível

'**Baldrian** ['baldria:n] *m* <-*s*; -*e*> *BOT* valeriana *f*; **~tropfen** *pl* tintura *f* valeriânica

Bal|g [balk] *m* <-(*e*)*s*; ~*e*> pele *f*; despojo *m*; (*Blase~*) fole *m*; (*Kind*) F traquinas *su*; '**~gen** ['-gən]: ***sich*** **~** brigar; **~ge'rei** [-gə'raɪ] *f* briga *f*, rixa *f*

'**Balkan** ['balka:n] *m* Balcãs *m/pl*

'**Balken** ['balkən] *m* trave *f*, viga *f*; (*Schwebe~*) trave *f* olímpica; *MÚS* travessão *m*; **~waage** *f* balança *f* romana

Bal'kon [bal'kõ:, -'ko:n] *m* <-*s*; -*s*, -*e*> balcão *m* (*a TEA*); varanda *f*

Ball *m* <-(*e*)*s*; ~*e*> **a**) (*Spiel~*) bola *f* (***spielen*** jogar à), (*Gummi~*) *a* péla *f*; **b**) (*Tanzfest*) baile *m* (**auf** *ac* ao, *dat* no)

Bal'lade [ba'la:də] *f* balada *f*; *port a* romance *m*

'**Bal'last** ['ba'last] *m* <-(*e*)*s*; -*e*> lastro *m*; peso *m* morto; *fig* bagagem *f* (*od* peso *m*) inútil; **~stoffe** [ba'last-] *m/pl MED* fibras *f/pl*, matérias *f/pl* fibrosas

'**ballen** ['balən] *Faust*: cerrar; ***sich*** **~** aglomerar-se, concentrar-se; *Wolken*: acastelar-se, *bras* acumular-se

'**Ballen** *m* bala *f*, fardo *m*; *Stoff*: peça *f*; (*Hand~*) tenar (*ê) *m*, (*Fuß~*) joanete *m*

'**ballern** <-*re*> F (*schießen*) dar tiros à toa; (*schlagen*) bater

Bal'lett [ba'lɛt] *n* <-(*e*)*s*; -*e*> bailado *m*, balé *m*; **~meister** *m* coreógrafo *m*; **~tänzer(in** *f*) *m* bailarino *m*, -a *f*

'**Balljunge** *m* <-*n*> apanhador *m* de bolas

'**Ballkleid** *n* <-(*e*)*s*; -*er*> vestido *m* de baile

Bal'lon [ba'lõ:, -'lo:n] *m* <-*s*; -*s*, -*e*> balão *m*; *AV* aeróstato *m*; (*Korbflasche*) garrafão *m*, bomba *f*
'Ball|saal *m* <-(*e*)*s*; -*säle*> sala *f* de baile; **~spiel** *n* <-(*e*)*s*; -*e*> jogo *m* da bola (*od* péla)
'Ballungs|gebiet *n* <-(*e*)*s*; -*e*>, **~raum** *m* <-(*e*)*s*; ¨*e*> zona *f* (*od* centro *m*) industrial
'Balsaholz ['balza-] *n* <-*es*; *sem pl*> madeira *f* de balsa
'Balsam ['balza:m] *m* <-*s*; -*e*> bálsamo *m*
'Balt|e ['baltə] *m* <-*n*>, **~in** *f*, **≈isch** báltico *m*, -a *f*
Balus'trade [balus'tra:də] *f* balaustrada *f*
Balz *f* <*sem pl*> época *f* de acasalamento de certas aves
'Bambus ['bambus] *m* <-*ses*; -*se*> bambu *m*; **~rohr** *n* <-(*e*)*s*; -*e*> cana-da-índia *f*
'Bammel ['baməl] F *m* <-*s*; *sem pl*>: ***e-n ~ haben*** estar com medo
ba'nal [ba'na:l] banal, trivial; **≈i'tät** [-nali'tɛ:t] *f* banalidade *f*; trivialidade *f*
Ba'nane [ba'na:nə] *f* banana *f*; **~nstecker** *m* ficha *f* de banana
Ba'nause [ba'nauzə] *m* <-*n*> pessoa *f* ignorante (*od* trivial)
Band[1] [bant] **a)** *m* <-(*e*)*s*; ¨*e*> tomo *m*, volume *m*; **b)** *n* <-(*e*)*s*; ¨*er*> fita *f*; (*Schnur*) corda *f*; (*Fass≈*) arco *m*; ***breites ~*** faixa *f*; *ANAT* ligamento *m*; ***am laufenden ~*** a fio, *TÉCN* em série; ***auf ~ aufnehmen*** gravar; **c)** *n* <-(*e*)*s*; -*e*> *fig* laço *m*, vínculo *m*
Band[2] [bɛnt] *f* <-; -*s*> *MÚS* banda *f*, conjunto *m*
Ban'dag|e [ban'da:ʒə] *f* ligadura *f*; *bras* atadura *f*, gaze *f*; **≈'ieren** [-da'ʒ-] <-> fazer uma ligadura (***j-n*** a alg, ***et*** a a/c); *bras* pôr uma atadura (***j-n*** a alg, ***et*** a a/c)
'Bande ['bandə] **1.** *f* banda *f*, bando *m*, quadrilha *f*; (*Pack*) canalha *f*; **2.** *n/pl fig* laços *m/pl*, vínculos *m/pl*
Bande'role [bandə'ro:lə] *f* cinta *f*; *bras* bandeirola *f*, tira *f*
'Bänderriss ['bɛndər-] *m* <-*es*; -*e*> rotura *f* (*od* ruptura) dos ligamentos
'bändig|en ['bɛndigən] domar; reprimir; **≈ung** *f* domesticação *f*; sujeição *f*
Ban'dit [ban'di:t] *m* <-*en*> bandido *m*
'Band|maß *n* <-*es*; -*e*> fita *f* métrica; **~nudeln** *f/pl* talharim *m*; **~säge** *f* serra *f* de fita; **~scheibe** *f* disco *m* vertebral; **~scheibenschaden** *m* <-*s*; ¨> *MED* lesão *f* (do disco) vertebral; **~wurm** *m* <-(*e*)*s*; ¨*er*> ténia *f*, P bicha *f* solitária
'bang|e ['baŋə] receoso, medroso, inquieto; ***mir ist ~ vor*** (*dat*) tenho (*od* estou com) medo de; ***mir ist ~ um*** temo por; **≈ *machen*** assustar, meter medo a; **~en:** (***sich***) **~ *um*** estar inquieto por causa de, afligir-se com; **≈igkeit** *f* angústia *f*, receio *m*, medo *m*
Bank [baŋk] *f* **a)** <-; ¨*e*> banco *m*; *CAM. DE F* assento *m*; (*Schul≈*) carteira *f*, *fig* ***auf die lange ~ schieben*** adiar; F ***durch die ~*** sem distinção; **b)** <-; -*en*> banco *m*; (*Spiel≈*) banca *f* (***sprengen*** levar à glória, *bras* estourar); **'~anweisung** *f* cheque *m*; **'~beamte(r)** *m* empregado *m* bancário
Ban'kett [baŋ'kɛt] *n* <-(*e*)*s*; -*e*> banquete *m*, festim *m*
'bank|fähig negociável; **≈geheimnis** *n* <-*es*; -*e*> segredo *m* bancário; **≈geschäfte** *n/pl* operações *f/pl* bancárias; **≈guthaben** *n* crédito *m* bancário, conta-depósito *f*; **≈halter** *m* banqueiro *m*; **≈haus** *n* <-*es*; ¨*er*> banco *m*, casa *f* bancária, estabelecimento *m* bancário
Banki'er [baŋki'e:] *m* <-*s*; -*s*> banqueiro *m*
'Bank|konto *n* <-*s*; -*konten*> conta *f* bancária, conta *f* corrente, conta *f* aberta; **~leitzahl** *f* zona *f* interbancária; *bras* código *m* bancário; **~note** *f* nota *f* (bancária); **~notenumlauf** *m* <-(*e*)*s*; ¨*e*> circulação *f* fiduciária; **~räuber** *m* assaltante *m* de banco; **~'rott** [baŋk'rɔt] **1.** *m* <-(*e*)*s*; -*e*> bancarrota *f*, quebra *f*, falência *f* (***betrügerischer*** fraudulenta); **~ *machen*** falir; **2. ≈** insolvente; **~überfall** *m* <-*s*; ¨*e*> assalto *m* ao banco; **~verbindung** *f* relação *f* bancária
Bann *m* <-(*e*)*s*; -*e*> proscrição *f*; *REL* excomunhão *f*; (*Zauber*) encanto *m*; ***im ~*** (*gen*) encantado de, fascinado por; ***den ~ brechen*** exorci-

sar; tirar o encantamento; '**≈en** proscrever, desterrar; *REL* excomungar; anatemizar; *Geister*: exorcismar; *Gefahr*: conjurar; *fig* encantar, cativar, fascinar; '**~er** *n* bandeira *f*, estandarte *m*; pendão *m*; '**~fluch** *m* <-(*e*)*s*; ≃*e*> anátema *m*; '**~meile** *f* arredores *m/pl*; termo *m* da cidade; *bras a* arrebaldes *m/pl*; *POL* zona *f* proibida

bar [baːr] **a**) *Geld*: decontado, efe(c)tivo; ***gegen ~, in ~*** a dinheiro; em dinheiro; *fig* ***für ~e Münze nehmen*** tomar a sério; **b**) (*wirklich*) puro, verdadeiro; *mit gen* (*ohne*) sem, destituído de

Bar *f* <-; -*s*> bar *m*

Bär [bɛːə] *m* <-*en*> urso *m*; *ASTR* ***der Große*** (***Kleine***) **~** a Ursa Maior (Menor); ***j-m e-n ~en aufbinden*** *fig* intrujar alg, *bras* enganar alg, explorar alg

Ba'racke [ba'rakə] *f* barraca *f*

Bar'bar [bar'baːr] *m* <-*en*>, **≈isch** bárbaro (*m*); **~'ei** [-ba'raɪ] *f* barbaridade *f*

'**Barbe** ['barbə] *f ZO* barbo *m*

'**bärbeißig** ['bɛːrbaɪsiç] rabugento

'**Barbestand** *m* <-(*e*)*s*; ≃*e*> efe(c)tivos *m/pl*; fundos *m/pl*

'**Bardame** *f* empregada *f* (*od* menina *f*) de bar, *bras* garçonete *f*

'**Bären|dienst** ['bɛːrən-] *m*: ***e-n ~ erweisen*** prestar um mau serviço com boa intenção; **~hunger** *m* <-*s*; *sem pl*> *fig* F fome *f* canina; **~klau** *BOT f od m* <*sem pl*> acanto *m*

Ba'rett [ba'rɛt] *n* <-(*e*)*s*; -*e*> barrete *m*

'**bar|fuß** ['baːr-], **~füßig** ['-fysiç] descalço

'**Bargeld** *n* <-(*e*)*s*; *sem pl*> dinheiro *m* contado; moeda *f* corrente; efe(c)tivo *m*; **~automat** *m* <-*en*> (máquina *f*) multi-banco *m*; **≈los** por cheque

'**Bärin** ['bɛːrin] *f* ursa *f*

'**Bariton** ['baːritɔn] *m* <-*s*; -*e*> barítono *m*

Bar'kasse [bar'kasə] *NAV f* lancha *f*; barcaça *f*

'**Barkauf** ['barː-] *m* <-(*e*)*s*; ≃*e*> compra *f* a dinheiro

'**Barke** ['barkə] *f* barca *f*; barco *m*

'**Bar|keeper** ['baːrkipər] *m*, **~mann** *m* <-(*e*)*s*; ≃*er*> barman *m*

barm'herzig [barm'hɛrtsiç] caritativo, misericordioso; **≈keit** *f* <*sem pl*> caridade *f*, misericórdia *f*

'**Barmittel** [baː-] *n/pl* fundos *m/pl* líquidos

'**Barmixer** [-miksər] *m* barman *m*

ba'rock [ba'rɔk] barroco; **≈(…)** *n od m* <-*s*; *sem pl*> (do) barroco *m*, (no) estilo *m* barroco

Baro'meter [baro-] *n* barómetro (*ô) *m*; **~stand** *m* <-(*e*)*s*; ≃*e*> situação *f* barométrica

Ba'ron(in *f*) [ba'roːn] *m* <-*s*; -*e*> barão *m*, baronesa *f*

'**Barren** ['barən] *m* barra *f*; *Gold etc*: lingote *m*; *Turngerät*: paralelas *f/pl*

Barri'ere [bari'ɛːrə] *f* barreira *f*

Barri'kade [bari'kaːdə] *f* barricada *f*

barsch brusco, rude

Barsch [barʃ] *m* <-(*e*)*s*; -*e*> perca *f*

'**Bar|schaft** *f* dinheiro *m*; efe(c)tivos *m/pl*; pecúlio *m*; **~scheck** *m* <-*s*; -*s*> cheque *m* aberto

Bart [baːrt] *m* <-(*e*)*s*; ≃*e*> barba(s *pl*) *f*; (*Schnurr≈*) bigode *m*; (*Schlüssel≈*) palhetão *m*; ***j-m um den ~ gehen*** lisonjear alg, *bras a* adular alg, F dar manteiga a alg; ***in den ~*** *murmeln* entre dentes

'**bärtig** ['bɛːrtiç] barbudo

'**bartlos** sem barba; (*jung*) imberbe

'**Barzahlung** *f* pagamento *m* à vista; ***gegen ~*** a pronto, a dinheiro

Ba'salt [ba'zalt] *m* <-(*e*)*s*; -*e*> basalto *m*

Ba'sar [ba'zaːr] *m* <-*s*; -*e*> bazar *m*

'**Base** ['baːzə] *f* prima *f*; *QUÍM*

'**Basel** ['baːzəl] *n* Basileia *f*

basieren [ba'ziːrən] *v/t* (*v/i*) <-> basear(-se) (***auf*** *dat* em)

Basilika [ba'ziːlika] *f* <-; -*ken*> basílica *f*

Basilikum [ba'ziː-] *n* <-*s*; -*s*, *a* -*ken*> *BOT* manjerico *m*

'**Basis** ['baːzis] *f* <-; *Basen*> base *f*, fundamento *m*

'**basisch** alcalino, básico

'**Baske** ['baskə] *m* <-*n*> basco *m*, vascão *m*

Basketball ['ba(ː)skət-] *m* basquetebol *m*

Baskisch *n* <-*s*; *sem pl*> *Sprache*: vasconço *m*

'**Basrelief** ['barelieꞇ] *n* <-*s*; -*s*, -*e*> baixo-relevo *m*

Bass [bas] *m* <-*es*; ≃*e*> *MÚS* baixo *m*;

B

'~geige *f* contrabaixo *m*; **'~gitarre** *f* guitarra *f* baixa
Bas'sin [ba'sɛ̃] *n* <-*s*; -*s*> tanque *m*; (*Schwimm*♀) piscina *f*
Bas'sist [ba'sist] *m* <-*en*> *Sänger*: baixo *m*; *Instrumentalist*: contra-baixo *m*
'Bass|schlüssel *m* clave *f* de fá; **~stimme** *f* (voz *f* de) baixo *m*
Bast [bast] *m* <-(*e*)*s*; -*e*> ráfia *f*; líber *m*, entrecasca *f*; **'~ard** ['-art] *m* <-(*e*)*s*; -*e*> bastardo *m*; *ZO* híbrido *m*; **'♀eln** <-*le*> construir, fazer; **'~ler** *m* pessoa *f* que gosta de executar tarefas manuais
Batai'llon [batal'jo:n] *n* <-*s*; -*e*> batalhão *m*
'Batik ['ba:tik] *m* <-*s*; -*en*> *od f* <-; -*en*> processo *m* de tingir papel e tecidos
Ba'tist [ba'tist] *m* <-(*e*)*s*; -*e*> cambraia *f*
Batte'rie [batə'ri:] *f* bateria *f*, *EL a* pilha *f*; ***aufladbare ~*** bateria *f* recarregável
Bau [baʊ] *m* <-(*e*)*s*; -*ten u* -*e*> **a)** <*sem pl*> (*Bauen*) construção *f*; ***im ~*** <*sn*> *a* (estar) em obras; F (*Baustelle*) obras *f*/*pl*; ***vom ~ sein*** *fig* ser versado (em ...); (*Struktur*) estrutura *f*; (*Körper*♀) estatura *f*; **b)** <*pl* -*ten*> (*Gebäude*) edifício *m*; construção *f*; **c)** <*pl* -*e*> (*Höhle*) covil *m*, toca *f*
'Bau|arbeiten *f*/*pl* obras *f*/*pl*; *Verkehr*: trabalhos *m*/*pl* (*bras* obras *f*/*pl*) na estrada; **'~arbeiter** *m* operário *m* da construção; **'~art** *f* estilo *m*; estrutura *f*; *AV* tipo *m*
Bauch [baʊx] *m* <-(*e*)*s*; ⸚*e*> ventre *m*; barriga *f*, *ANAT* abdome *m*, abdómen *m*; **'~binde** *f* faixa *f*; **'~fell** *n* <-(*e*)*s*; -*e*> peritónio (*ô) *m*, peritoneu *m*; **'~fellentzündung** *f* peritonite *f*; **'~höhle** *f* cavidade *f* abdominal; **♀ig** barrigudo; *et a* abaulado; **'~landung** *f AV* aterragem *f* de barriga; **'~muskel** *m* <-*s*; -*n*> músculo *m* abdominal; **'~nabel** *m* umbigo *m*; **'~redner** *m* ventríloquo *m*; **'~schmerzen** *m*/*pl* → ***~weh***; **'~speicheldrüse** *f* pâncreas *m*; **~tanz** *m* <-*es*; ⸚*e*> dança *f* do ventre; **'~weh** *n* <-*s*; *sem pl*> dores *f*/*pl* de barriga
'bauen ['baʊən] **1.** *v*/*t* construir; *ARQUIT a* edificar; *AGR* cultivar; **2.** *v*/*i*: ***~ auf*** (*ac*) *fig* contar com, confiar em
'Bauer ['baʊər]: **a)** *m* <-*n*> camponês *m*, *a Besitzer*: lavrador *m*; *Karte*: valete *m*; *Schach*: peão *m*; **b)** *n* (*a m*) gaiola *f*
'Bäuer|in ['bɔyərin] *f* camponesa *f*; mulher *f* do lavrador; **♀lich** rústico, aldeão, campestre
'Bauern|bursche *m* <-*n*> moço camponês; **~fänger** ['-fɛŋər] *m* trapaceiro *m*, batoteiro *m*, intrujão *m*; **~haus** *n* <-*es*; ⸚*er*> casa *f* rural; **~hochzeit** *f* bodas *f*/*pl* de aldeia; **~hof** *m* <-(*e*)*s*; ⸚*e*> quinta *f*, monte *m*, *bras* síto *m*; **~mädchen** *n* moça *f* aldeã; **~möbel** *n*/*pl* móveis *m*/*pl* rústicos (*bras* coloniais); **♀schlau** esperto; saloio; manhoso; **~stand** *m* <-(*e*)*s*; -*e*> (classe *f* dos) lavradores *m*/*pl*
'Bau|fach *n* arquite(c)tura *f*; engenharia *f* civil; **♀fällig** ruinoso; caduco; **~firma** *f* <-; -*firmen*> empresa *f* de construção civil; **~führer** *m* mestre *m* de obras; **~gelände** *n* terreno *m* para construção; **~genehmigung** *f* autorização *f* de construção; **~gerüst** *n* <-(*e*)*s*; -*e*> andaime *m*; **~geschäft** *n* <-(*e*)*s*; -*e*> empresa *f* de construção civil; **~gewerbe** *n* (indústria *f* de) construção *f* civil; **~herr** *m* <-*n*; -*en*> patrão *m*; **~holz** *n* <-*es*; *sem pl*> madeira *f* de construção; **~hütte** *f* oficina *f*, *fig* loja *f* maçónica (*ô); **~ingenieur** *m* <-*s*; -*e*> engenheiro *m* civil; **~kasten** *m* <-*s*; ⸚> caixa *f* de construções; mecânico *m*; **~klotz** *m* <-*es*; ⸚*e*> cubo *m* de madeira; **~kunst** *f* <*sem pl*> arquite(c)tura *f*; **~land** *n* <-(*e*)*s*; *sem pl*> terreno *m* para construção; **~leitung** *f* dire(c)ção *f* das obras
'baulich ['baʊliç] arquite(c)tónico (*ô)
Baum [baʊm] *m* <-(*e*)*s*; ⸚*e*> árvore *f*
'Baumarkt *m* loja *f* de materiais de bricolage(m)
'Baum|bestand *m* <-(*e*)*s*; ⸚*e*> arvoredo *m*; vegetação *f* arbórea; **'~blüte** *f* florescência *f*
'Baumeister *m* construtor *m* civil, arquite(c)to *m*; mestre *m* de obras
'baumeln ['baʊməln] F <-*le*> bambolear

'Baumgrenze *f* limite *m* de altitude a que crescem árvores

'Bauminister *m* Ministro *m* das Obras Públicas

'Baumkrone *f* copa *f* da árvore

'baum|lang *fig* muito alto; **~los** sem árvores; desarborizado; **ℒrinde** *f* casca *f*; *Korkeiche*: cortiça *f*; **ℒschule** *f* tanchoal *m*, viveiro *m* de plantas; **ℒstamm** *m* <-(*e*)*s*; ¨*e*> tronco *m*; **~stark** robusto; **ℒstumpf** *m* <-(*e*)*s*; ¨*e*> cepo *m*

'Baumwoll|e *f* algodão *m*; **ℒen** de algodão; **~händler** *m* algodoeiro *m*; **~industrie** *f* indústria *f* algodoeira; **~pflanzer** *m*, **~staude** *f* algodoeiro *m*

'Baum|wuchs *m* <-*es*; *sem pl*> vegetação *f* arbórea; **~zucht** *f* <*sem pl*> arboricultura *f*

'Bau|ordnung *f* regulamento *m* de construções; **~plan** *m* planta *f*; *städtische Planung*: plano *m* de urbanização; **~platz** *m* <-*es*; ¨*e*> terreno *m* de construção; **~polizei** *f* <*sem pl*> inspe(c)ção *f* de obras públicas

Bausch [bauʃ] *m* <-*es*; ¨*e*> trufo *m*; ***in ~ und Bogen*** em globo, totalmente, por completo; **'ℒen** inchar; *Kleidung*: ***sich ~*** afofar; **'ℒig** fofo

'Bau|schlosser *m* serralheiro *m* de construções; **~schutt** *m* <-(*e*)*s*; *sem pl*> entulho *m*; **~sparen** *n* <-*s*> conta *f* poupança-habitação; **~sparkasse** *f* crédito *m* predial; **~stein** *m* <-(*e*)*s*; -*e*> pedra *f* de construção; *fig* elemento *m* (construtivo); **~stelle** *f* → ***~platz***; **~stil** *m* <-(*e*)*s*; -*e*> estilo *m* arquite(c)tónico (*ô); **~stoff** *m* <-(*e*)*s*; -*e*> matéria *f* (*od* material *m*) de construção; **~tätigkeit** *f* (realização *f* de) obras *f/pl*; *städtische*: urbanização *f*; **~ten** *m/pl* *Theater, Film*: cenários *m/pl*; **~unternehmen** *n* companhia *f* construtora; **~unternehmer** *m* empreiteiro *m*; mestre *m* de obras; **~vorhaben** *n* proje(c)to *m* de construção (*od öffentliches*: de obras públicas); **~werk** *n* <-(*e*)*s*; -*e*> edifício *m*, construção *f*; obra(s) *f* (*pl*); **~wesen** *n* <-*s*; *sem pl*> arquite(c)tura *f*; obras *f/pl* públicas

'Bayer|(in *f*) ['baɪər] *m* <-*n*>, **ℒisch** bávaro *m*, -a *f*; **~n** *n* Baviera *f*

Ba'zillus [ba'tsilus] *m* <-; *Bazillen*> bacilo *m*

Bd. ***Band*** *m* volume (vol.), tomo (t.)

be'absichtigen [bə'apziçtigən] <-> tencionar; propor-se

be'acht|en *v/t* <-*e*-; -> atender; dar por, reparar em; observar; (*berücksichtigen*) ter em conta, considerar; atentar a; **~enswert**, **~lich** considerável, notável; **ℒung** *f* <*sem pl*> (*gen*) atenção *f* a, consideração *f*; reparo *m*; observação *f*; ***~ finden*** ser considerado, ser observado; ***~ schenken*** (*dat*) → ***beachten***

Be'amt|e(r) [bə'amtə(r)] *m* <-*en*> funcionário (*bras a* servidor) *m* (***staatlicher*** público); **~enschaft** *f* <*sem pl*> quadro *m* dos funcionários; **~in** *f* funcionária *f*

be'ängstigend alarmante, inquietante

be'anspruch|en [bə'anʃpruxən] <-> exigir, pretender, reclamar; *alte Rechte*: reivindicar; *fig Zeit*: levar; *TÉCN* (des)gastar; **ℒung** *f* exigência *f*; pretensão *f*; reivindicação *f*; *TÉCN* desgaste *m*

be'anstand|en [bə'anʃtandən] *v/t* <-*e*-; -> fazer reparo(s); reclamar contra; **ℒung** *f* (*gen*) obje(c)ção *f* (de), reclamação *f* (contra)

be'antragen <-> propor; *durch Gesuch*: requerer, solicitar

be'antwort|en *v/t* <-*e*-; -> responder a; **ℒung** *f*: ***in ~*** (*gen*) em resposta a

be'arbeit|en *v/t* <-*e*-; -> trabalhar; *ARQUIT Steine*: aparelhar; *AGR* cultivar, lavrar; *MÚS* arranjar; *Buch*: refundir; fazer uma nova edição de; *Text*: redigir; *für den Film etc*: adaptar a; *Thema*: tratar, versar sobre; ***j-n ~*** F procurar persuadir alg; *ECON* trabalhar alg; **ℒer** *m* organizador *m*; *Text*: reda(c)tor *m*; **ℒung** *f* tratamento *m*; *ARQUIT* aparelhamento *m*; *AGR* cultivo *m*; *MÚS* arranjo *m*; *Buch*: refundição *f*, reedição *f*; *Text*: reda(c)ção *f*; ***in ~*** em preparação; **ℒungsgebühr** *f* emolumento *m*

Be'atmung *f*: (*künstliche*) ~ respiração *f* artificial

be'aufsichtigen [bə'aufziçtigən] <-> vigiar, fiscalizar

be'auftrag|en <-> encarregar, incumbir (***mit*** de); **ℒte(r** *m*) *su* encar-

B

regado *m*, -a *f*, delegado *m*, -a *f*, comissário *m*, -a *f*; *JUR* mandatário *m*, -a *f*

be'bau|en <-> construir edifício(s) em; fazer obras em; *Stadtgelände*: urbanizar; *AGR* cultivar; **≈ung** *f* urbanização *f*; *AGR* cultura *f*; **≈ungsplan** *m* <-(*e*)*s*, ≈*e*> proje(c)to *m* de urbanização

'beben ['be:bən] **1.** *v/t* tremer, estremecer; **2.** ≈ *n* tremor *m*

be'bildern [bə'bildərn] <-*re*; -> ilustrar

'Becher ['bɛçər] *m* copo *m*, taça *f*; *BOT* cálice *m*; *TÉCN* alcatruz *m*; **≈n** <-*re*> F beber muito

be'circen → ***be'zirzen***

'Becken ['bɛkən] *n* bacia *f*, *ANAT*: *a* pelve *f*; (*Wasch≈*) *a* alguidar *m*; lavatório *m*; (*Brunnen≈*, *Tauf≈*) pia *f*; *MÚS* ~ *pl* pratos *m/pl*; ~...: *in Zssg(n)* *ANAT* ilíaco; **~knochen** *m* *a* osso *m* ilíaco

Be'dacht [bə'daxt] **1.** *m* <-(*e*)*s*; *sem pl*> cuidado *m*; ponderação *f*; **2.** ≈ *p/p von* **bedenken**; *adj* ponderado; ***~ sein auf*** (*ac*) pensar em; ***auf seinen Vorteil ~*** interesseiro

be'dächtig [bə'dɛçtiç] prudente, circunspe(c)to, ponderado, cauteloso; pensativo; (*langsam*) vagaroso

Be'dachung ['bədaxuŋ] *f* telhado *m*; telheiro *m*; toldo *m*; alpendre *m*

be'danken <->: ***sich bei j-m für et ~*** agradecer a/c a alg

Be'darf [bə'darf] *m* <-(*e*)*s*; *sem pl*> necessidade *f*, falta *f* (**an** de, em); ***bei ~*** em caso de necessidade; ***~ haben an*** ter falta de; **~sartikel** *m/pl* utilidades *f/pl*; **~shaltestelle** *f* paragem *f* (*bras* parada *f*) facultativa

be'dauer|lich [bə'daʊərliç] lamentável, deplorável; **~n** <-*re*; -> lamentar; ***j-n ~*** *a* ter pena de alg; ***et ~*** *a* sentir a/c; **≈n** *n* pesar *m*, pena *f*; ***zu m-m ~*** a meu pesar, com pena minha; **~nswert** digno de compaixão, desgraçado; *et*: lastimável

be'deck|en <-> cobrir (***mit*** de), *Öffnung*: *a* tapar; *Wand*: *a* revestir; ***sich ~*** *a* abafar-se, *Himmel*: *a* anuviar-se; **≈ung** *f* cobertura *f*; *MIL* escolta *f*

be'denk|en *v/t* <-> considerar, pensar em, refle(c)tir sobre; ***vorher ~*** premeditar; ***j-n mit et ~*** contemplar (*od* beneficiar) alg com a/c; legar a/c a alg; ***sich ~*** deliberar, refle(c)tir, ponderar; (*schwanken*) hesitar; **≈en** *n* dúvida *f*, escrúpulo *m*; (*Schwierigkeit*) inconveniente *m*; ***ohne ~*** sem reparo, sem escrúpulo, sem hesitar; (***keine***) ***~ tragen zu*** (*inf*) (não) ter dúvida de (*od* em); (não) ver inconveniente em; **~enlos** sem hesitação; sem escrúpulos; **~lich** crítico; grave; duvidoso; **≈zeit** *f* tempo (*od* prazo) *m* para deliberar

be'deut|en <-*e*-; -> significar, querer dizer; ***j-m ~*** (*sagen*) dar a entender a alg; ***j-m ~ zu*** intimar alg a; ***zu ~ haben*** importar; **~end** importante, considerável; **~sam** significativo

Be'deutung *f* significado *m*, significação *f*, (*Sinn*) *a* sentido *m*; (*Wichtigkeit*) importância *f*; ***weit tragende ~*** transcendência *f*; ***von ~*** de grande alcance; **≈slos** sem importância, insignificante; **≈svoll** significativo; importante

be'dien|en <-> servir, *ECON a* atender, aviar; *MIL u TÉCN* manejar, tratar de; ***sich ~*** (*gen*) servir-se (de); **≈stete(r** *m*) *su* criado *m*, -a *f*, servente *su*; **≈ung** *f* serviço *m*; (*Personal*) pessoal *m*, *häusliche a* criadagem *f*; *MIL u TÉCN* manejo *m*; **≈ungsanleitung** *f* instruções *f/pl* (de serviço); modo *m* de emprego

be'ding|en <-> condicionar; (*erfordern*) exigir, reclamar, requerer; **~t** *adj* condicional, limitado; ***~ werden***, ***~ sein durch*** depender de, ser devido a

Be'dingung [bə'diŋuŋ] *f* condição *f* (***unter*** *dat* com, sob); ***unter der ~ dass*** contanto que; ***unter keiner ~*** de modo algum; **≈slos** incondicional, sem condições

be'dräng|en <-> importunar; (*verfolgen*) acossar; (*bekümmern*) afligir; **≈nis** *f* <-; -*se*> dificuldade(s *pl*) *f*; aflição *f*; aperto *m*, apuros *m/pl*

be'droh|en <-> ameaçar; **~lich** ameaçador; crítico; **≈ung** *f* ameaça *f*

be'drucken <-> imprimir, estampar

be'drück|en <-> oprimir; afligir; **~end** opressivo, aflitivo; acabrunhante; **~t** deprimido, aflito, triste; **≈ung** *f* opressão *f*

Bedu'ine [bedu'ʔi:nə] *m* <-*n*> beduíno *m*

be'dürf|en <-> (*gen od ac*) precisar (de); carecer (de); necessitar; **≈nis** *n* <-*ses*; -*se*> necessidade *f*; **≈nisanstalt** *f* retrete *f* pública, *bras* banheiro *m* público; **~nislos** modesto, simples; **~tig** necessitado, precisado, carecido; indigente, pobre; **≈tigkeit** *f* necessidade *f*, indigência *f*, pobreza *f*, penúria *f*
'Beefsteak ['bi:fste:k] *n* <-*s*; -*s*> bife *m*
be'ehren <-> honrar (***mit*** com), distinguir; ***sich ~ zu*** (*inf*) ter a honra de
be'eid(ig)en [bə'ʔaɪd(ig)ən] <-*e*-; -> (fazer) jurar; ajuramentar; (*bezeugen*) afirmar por juramento
be'eilen <->: ***sich ~*** apressar-se
be'ein|drucken <-> impressionar; **~flussen** [-flusən] *v/t* <-*t*; -> influenciar, exercer influência sobre; **≈flussung** *f* (*gen*) influência *f* (sobre, em), influenciação *f* (de), a(c)tuação *f* (sobre); **~trächtigen** [-trɛçtigən] <-> afe(c)tar; (*schaden*) *a* prejudicar; (*stören*) *a* estorvar; **≈trächtigung** *f* prejuízo *m*, dano *m*; estorvo *m*; lesão *f*
be'end(ig)|en <-*e*-; -> acabar; terminar; **≈ung** *f* fim *m*; acabamento *m*
be'eng|en [bə'ʔɛŋən] <-> apertar; **≈theit** *f* estreiteza *f*, aperto *m*
be'erben *v/t* <-> herdar de, ser herdeiro de
be'erdig|en [bə'ʔɛrdigən] <-> enterrar, sepultar; **≈ung** *f* enterro *m*; **≈ungsinstitut** *n* <-(*e*)*s*; -*e*> agência *f* funerária
'Beere ['be:rə] *f* baga *f*, bago *m*
Beet [be:t] *n* <-(*e*)*s*; -*e*> canteiro *m*, alegrete *m*
be'fähig|en [bə'fɛ:igən] <-> habilitar; **~t** *adj*: **~** (***zu***) capaz (de), habilitado (para), qualificado (para); (*begabt*) talentoso, de talento; **≈ung** *f* *Eigenschaft*: capacidade *f*, aptidão *f*; habilitações *f/pl*; *Handlung*: qualificação *f*; **≈ungsnachweis** *m* <-*es*; -*e*> certificado *m* de aptidão
be'fahr|bar [-'fa:r-] transitável; *NAV* navegável; **~en** **1.** *v/t* <-> passar por; *NAV* navegar em, navegar por; *BGB* descer a; **2.** *adj* *Weg*: trilhado; *Wasser*: navegado
be'fallen <-> **1.** *v/t* acometer; colher; *MED* atacar; **2.** *adj* cheio (***von*** de)
be'fangen (*scheu*) acanhado, tímido; (*verwirrt*) atrapalhado, perturbado, confuso; (*voreingenommen*) suspeito, parcial; **≈heit** *f* acanhamento *m*, timidez *f*; parcialidade *f*
be'fassen <-*t*; ->: ***sich ~ mit*** ocupar-se de, tratar de; debruçar-se sobre
be'fehden [bə'fe:dən] *v/t* <-*e*-; -> fazer guerra a; combater
Be'fehl [bə'fe:l] *m* <-(*e*)*s*; -*e*> ordem *f*; (*~sgewalt*) (co)mando *m* (***führen*** ter); *INFORM* comando *m*, instrução *f*; *MIL* ***zu ~!*** às ordens!; **≈en** <-> ordenar, mandar; **≈igen** [-igən] <-> comandar, chefiar, dirigir
Be'fehls|form *f* imperativo *m*; **~gewalt** *f* <*sem pl*> poder *m* de comando; **~haber** [-ha:bər] *m* comandante *m*; **≈haberisch** imperioso; **~verweigerung** *f* insubordinação *f*
be'festig|en <-> segurar, fixar, pôr, prender; *MIL* fortificar; *NAV* amarrar; *fig* consolidar, estreitar; **≈ung** *f* fixação *f* *MIL* fortificação *f*, *NAV* amarração *f*
be'feuchten [bə'fɔyçtən] <-*e*-; -> (h)umidificar, (h)umedecer
Be'feuerung *f* *NAV u AV* sinalização *f* luminosa
be'find|en <-> **1.** *v/t*: ***für gut ~*** julgar bem, haver por bem; aprovar; ***sich ~*** estar, ficar, achar-se, encontrar-se; **2.** *v/i*: ***~ über*** (*ac*) decidir (*ac*); **≈en** *n* (*Ansicht*) parecer *m*, entender *m*, opinião *f*; (*Gesundheit*) (estado *m* de) saúde *f*; **~lich** situado (***in*** *dat* em)
be'flaggen <-> embandeirar, abandeirar
be'flecken <-> manchar, sujar; *fig* desonrar
be'flissen [bə'flisən] dado a; assíduo, estudioso; obsequioso; **≈heit** *f* aplicação *f*; zelo *m*; assiduidade *f*; solicitude *f*
be'flügel|n [bə'fly:gəln] *v/t* <-*le*; -> *fig* dar asas a; *Schritt*: acelerar; **~t** *adj* alado
be'folg|en *v/t* <-> seguir; *Befehl*, *Gesetz*: obedecer a, cumprir; *Regel*: observar; **≈ung** *f* <*sem pl*> cumprimento *m*, execução *f*; observância *f*
be'förder|n <-*re*; -> transportar; despachar; *im Rang*: promover; **≈ung** *f* transporte *m*; despacho *m*; expedi-

ção *f*; *j-s*: promoção *f*; **≈ungsmittel** *n* meio *m* de transporte

be'fracht|en [bə'fraxtən] <*-e-*; -> fretar; (*beladen*) carregar (*a fig*); **≈er** *m* fretador *m*; **≈ung** *f* fretamento *m*, carga *f*

be'frackt [-'frakt] de casaca

be'frag|en *v/t* <-> interrogar, perguntar (***j-n*** alg *od* a alg; ***wegen*** por); **≈ung** *f* inquérito *m*; inquisição *f*; (*Verhör*) interrogatório *m*

be'frei|en *v/t* <-> (***sich***) livrar(-se), libertar(-se), dar liberdade a; emancipar(-se); *von Hemmnissen*: desembaraçar(-se); *von Abgaben*: isentar; *vom Dienst*: dispensar; **≈er** *m* libertador *m*; **≈ung** *f* <*sem pl*> libertação *f*; emancipação *f*; *von Abgaben*: isenção *f*; dispensação *f*; **≈ungskrieg** *m* <*-(e)s*; *-e*> guerra *f* de independência (*od* libertação)

be'fremd|en [bə'frɛmdən] <*-e-*; -> causar admiração; surpreender; **≈en** *n* surpresa *f*; estranheza *f*, espanto *m*; **~end**, **~lich** estranho

be'freunde|n [bə'frɔyndən] <*-e-*; ->: ***sich ~*** estreitar amizade; *a mit et*: familiarizar-se; **~t** amigo (***mit*** de)

be'fried|en [bə'fri:dən] <*-e-*; -> pacificar, apaziguar; **~igen** [-igən] <-> satisfazer (*a ECON u fig*), contentar; **~igend** satisfatório; **~igt** [-içt] satisfeito, contente; **≈igung** *f* satisfação *f*, contentamento *m*

be'friste|n *v/t* <*-e-*; -> limitar, estabelecer prazo a; **~t** limitado, a prazo

be'frucht|en *v/t* <*-e-*; -> fecundar, fertilizar; **≈ung** *f* fecundação *f*; *MED* inseminação *f*; ***künstliche ~*** inseminação artificial

Be'fug|nis [bə'fu:knis] *f* <*-*; *-se*> autorização *f*; competência *f*; **≈t** autorizado

be'fühlen <-> apalpar

Be'fund *m* <*-(e)s*; *-e*> (*Ergebnis*) resultado *m*; (*Feststellung*) averiguação *f*; *MED* diagnóstico *m*

be'fürcht|en <*-e-*; -> recear, temer; **≈ung** *f* receio *m*

be'fürwort|en *v/t* <*-e-*; -> recomendar, apoiar, deferir; **≈ung** *f* recomendação *f*; apoio *m*; deferimento *m*

be'gab|t [bə'ga:pt] inteligente; talentoso, de talento; ***~ mit*** dotado de; ***~ sein für*** ter jeito para; **≈ung** [-buŋ] *f* talento *m*, vocação *f*; inteligência *f*

be'gaffen <-> olhar embasbacado

be'gatt|en <*-e-*; ->: ***sich ~*** acasalar-se; ter cópula; *bras* copular; **≈ung** *f* cópula *f*; coito *m*

be'gaunern [bə'gaunərn] <*-re*; -> F intrujar, enganar, lograr

be'geben <-> *ECON* negociar; ***sich ~ nach*** deslocar-se (par)a, dirigir-se (par)a; ***sich ~ zu*** ir ter com; ***sich*** *auf e-e Reise* **~** partir (***nach*** para); *in Gefahr*: expor-se a; *in j-s Schutz*: pôr-se sob; (*sich ereignen*) acontecer, suceder, passar-se; **≈heit** *f* acontecimento *m*

be'gegn|en [bə'ge:gnən] <*-e-*; *-*; *sn*> (*dat*): ***j-m ~*** encontrar alg; *Wagen*: cruzar-se com; (*zustoßen*) acontecer, ocorrer; *höflich etc*: tratar (*ac*); (*sich entgegenstellen*) opor-se; combater (*ac*); (*vorbeugen*) prevenir (*ac*); (*vorkommen*) encontrar-se; **≈ung** *f* encontro *m*

be'gehen <-> percorrer; *Fehler*: cometer, *Verbrechen*: *a* praticar, perpetrar; *Fest*: festejar, celebrar

Be'gehr|en [bə'ge:rən] *n* desejo *m*; **≈en** <-> desejar; cobiçar, ambicionar; (*verlangen*) pretender; *ECON* ***sehr begehrt sein*** ser muito procurado, ter muita procura; **≈enswert** desejável; **≈lich** cobiçoso; **~lichkeit** *f* cobiça *f*, avidez *f*

be'geister|n [bə'gaɪstərn] <*-re*; -> entusiasmar (***für*** por); **~t** *adj* entusiástico; **≈ung** *f* <*sem pl*> entusiasmo *m*

Be'gier *f* <*sem pl*>, **~de** [-də] *f* apetite *m*; desejo *m*; cobiça *f*, avidez *f*; *geistig*: ânsia *f*; **≈ig** ávido, cobiçoso; ansioso (***nach***, ***auf*** *ac* de)

be'gießen <-> regar

Be'ginn [bə'gin] *m* <*-(e)s*; *sem pl*> começo *m*, princípio *m*, início *m* (***bei*** ao); **~en** *n* empresa *f*, tentativa *f*; **≈en** <-> começar, principiar, iniciar

be'glaubig|en [bə'glaubigən] <-> atestar; certificar; *JUR* legalizar, autenticar, reconhecer, abonar; *Diplomaten*: acreditar; ***beglaubigte Abschrift*** pública-forma *f*; **≈ung** *f* atestado *m*, certificado *m*; reconhecimento *m*, legalização *f*; autorização *f*; certificado *m*; **≈ungs-**

schreiben *n* credenciais *f/pl*

be'gleich|en <-> pagar; **∿ung** *f* pagamento *m*

be'gleit|en <-*e*-; -> acompanhar; *NAV*, *MIL* escoltar; **∿er(in** *f*) *m* companheiro *m*, -a *f*; *MÚS* acompanhador(a *f*) *m*; **∿erscheinung** *f* fenómeno (*ô) (*od* sintoma) *m* concomitante; consequência *f*; **∿mannschaft** *MIL* *f* escolta *f*; **∿papiere** *n/pl* *ECON* guia *f* de remessa; **∿schein** *m* <-(*e*)*s*; -*e*> guia *f*; **∿schiff** *n* <-(*e*)*s*; -*e*> navio *m* de escolta; **∿schreiben** *n* aviso *m*; **∿ung** *f* acompanhamento *m* (*a MÚS*), (*in j-s*) **~** (em) companhia (de), acompanhado (por); *Gefolge*: comitiva *f*; *MIL* escolta *f*

be'glück|en <-> tornar feliz; **~ *mit*** agraciar com; F visitar; **~wünschen** *v/t* <-> felicitar; dar os parabéns a; congratular (***zu***, ***wegen*** por); *bras* parabenizar; ***zu ~ sein*** estar de parabéns

be'gnadet [-'gnaːdət] inspirado; dotado

be'gnadig|en [bə'gnaːdigən] <-> indultar, perdoar; *POL* a(m)nistiar; **∿ung** *f* indulto *m*, perdão *m*; a(m)nistia *f*

be'gnügen [bə'gnyːgən] <->: ***sich ~*** contentar-se (***mit*** de)

be'graben <-> enterrar, sepultar

Be'gräbnis [bə'grɛːpnis] *n* <-*ses*; -*se*> enterro *m*, funeral *m*, sepultura *f*; **~feier** *f* <-*lichkeiten pl*> funerais *m/pl*; *REL* exéquias *f/pl*

be'gradig|en [bə'graːdigən] <-> re(c)tificar; **∿ung** *f* re(c)tificação *f*

be'greif|en <-> compreender, (*verstehen*) *a* perceber, entender, conceber; ***in sich ~*** conter; **~lich** compreensível; **~ *machen*** fazer compreender; **~licherweise** como era de supor, naturalmente

be'grenz|en <-*t*; -> limitar; confinar; *fig a* reduzir, restringir (***auf*** *ac* a); **∿ung** *f* limitação *f*; restrição *f*; (*Grenzen*) limites *m/pl*, confins *m/pl*

Be'griff *m* <-(*e*)*s*; -*e*> ideia *f*, noção *f*, conceito *m*; ***im ~ sein zu***, ***im ~ stehen zu*** estar para, estar a ponto de; ir (*inf*); ***sich e-n ~ machen*** fazer ideia (*é); ***schwer von ~*** de compreensão lenta; **∿en** *p/p von* ***begreifen***; ***im Gehen ~ sein*** estar para sair; **∿lich** abstra(c)to; abstra(c)tivo

Be'griffs|bestimmung *f* definição *f*; **∿stutzig** de compreensão lenta; **~verwirrung** *f* confusão *f* de ideias (*é)

be'gründ|en <-*e*-; -> fundar, estabelecer; (*beweisen*) dar as suas razões (para); *Antrag*: defender; motivar (***mit*** por); *Tat*: justificar; **∿ung** *f* (*Erklärung*) razão *f*, motivação *f*; justificação *f*; fundamento *m*; (*Gründung*) estabelecimento *m*, instituição *f*, fundação *f*

be'grüß|en <-*ßt*; -> *j-n*: cumprimentar, saudar, dar as boas-vindas a; *et* aclamar; receber bem, acolher bem, apoiar; **∿ung** *f* cumprimento *m*, saudação *f*; acolhimento *m*; **∿ungsansprache** *f* saudação *f*; alocução *f*

be'günstig|en [bə'gynstigən] <-> favorecer; proteger; *JUR* encobrir; **∿ung** *f* prote(c)ção *f*; *ECON* bonificação *f*; *JUR* encobrimento *m*

be'gutachten *v/t* <-*e*-; -> apreciar; pronunciar-se (*od* dar a sua opinião) sobre; (*prüfen*) examinar

be'gütert [bə'gyːtərt] abastado, rico; **~ *sein*** *a* ter propriedades

be'haar|t peludo, cabeludo; **∿ung** *f* pêlo *m*, pelugem *f*; *Tier*: pelagem *f*

be'häbig [bə'hɛːbiç] cómodo (*ô), lento, pacato; *adv* com à-vontade

be'haftet [bə'haftət]: **~ *sein mit*** estar com, estar cheio de; possuir

be'hag|en [bə'haːgən] *v/i* <-> agradar; **∿en** *n* agrado *m*, satisfação *f*, prazer *m*; → **∿lichkeit**; **~lich** (*angenehm*) agradável; (*bequem*) confortável, cómodo (*ô); (*gemütlich*) aconchegado, cómodo (*ô); *Leben*: sossegado, pacato; **∿lichkeit** *f* comodidade *f*; conforto *m*, bem-estar *m*

be'halten <-> guardar, ficar com; (***im Kopf***) **~** fixar; ***im Auge ~*** não perder de vista

Be'hält|er [bə'hɛltər] *m* recipiente *m*; *großer*: depósito *m*; **~nis** *n* <-*ses*; -*se*> receptáculo *m*

be'händ|e [bə'hɛnt, -'hɛndə] ágil, ligeiro, hábil

be'hand|eln <-*le*; -> tratar (*a MED*); *Thema*: *a* versar sobre; (*handhaben*) manejar

Be'händigkeit *f* <sem pl> ligeireza *f*, agilidade *f*

B

Be'handlung *f* tratamento *m* (*a* MED); manejo *m*
Be'hang *m* <-(*e*)*s*; ¨*e*> *Stoff*: colgadura *f*
be'hängen <-> colgar; guarnecer
be'harr|en <-> perseverar, persistir, insistir, teimar (***bei***, ***auf*** *dat* em); **~lich** pertinaz; assíduo; teimoso; persistente; **Ωlichkeit** *f* <*sem pl*> perseverança *f*, persistência *f*, constância *f*; **Ωung**(**svermögen** *n*) FÍS *f* inércia *f*
be'hauen <-> talhar; *Stein*: aparelhar
be'haupt|en [bə'haʊptən] <-*e*-; -> (*sagen*) afirmar, asseverar; *Stellung*: defender, manter; ***sich ~*** *a* vingar, impor-se; **Ωung** *f* (*Äußerung*) firmação *f*; alegação *f*; asserção *f*; (*Verteidigung*) manutenção *f*, defesa *f*
Be'hausung [bə'haʊzʊŋ] *f* morada *f*, alojamento *m*
be'heben <-> remediar; arranjar
be'heimatet [bə'haɪma:tət]: ***~ in*** (*dat*) natural de; *ansässig*: domiciliado em
Be'helf [bə'hɛlf] *m* <-(*e*)*s*; -*e*> recurso *m*, auxílio *m*; expediente *m*; **Ωen** <->: ***sich ~*** arranjar-se; ***sich ~ mit*** *a* contentar-se com; **~s...**: *in Zssg*(*n*) = **Ωsmäßig** provisório
be'hellig|en [bə'hɛligən] <-> importunar, incomodar, *bras a* apoquentar; **Ωung** *f* importunação *f*, *bras* importunância, aborrecimento *m*
be'hend|(e), **Ωigkeit** → ***behände***, ***Behändigkeit***
be'herberg|en [bə'hɛrbɛrgən] <-> hospedar, alojar; **Ωung** *f* hospedagem *f*, alojamento *m*
be'herrsch|en <-> dominar (*a fig u refl*); *Wissen*: saber a fundo, ser versado em; **Ωung** *f* <*sem pl*> domínio *m*; ***die ~ verlieren*** perder o auto-domínio
be'herzigen [bə'hɛrtsigən] <-> tomar a peito; **~swert** digno de consideração
be'herzt [bə'hɛrtst] corajoso; resoluto; **Ωheit** *f* <*sem pl*> coragem *f*
be'hexen <-*t*; -> enfeitiçar
be'hilflich [bə'hilfliç] útil; prestimoso; ***j-m ~ sein*** ajudar alg
be'hindern <-*re*; -> estorvar; abarrancar; dificultar; incomodar
be'hindert, **Ωe**(**r**) *m*: ***körperlich ~*** incapacitado (*m*); deficiente (*m*); ***geistig ~*** alienado (*m*); **~engerecht** ada(p)tado a deficientes
Be'hinderung *f* impedimento *m*; MED deficiência *f*
Be'hörd|e [bə'hø:rdə] *f* serviços *m*/*pl* públicos, *bras* repartição *f* pública; *städtische*: serviços *m*/*pl* municipais; ***~ für*** repartição de, serviço *m* de, departamento *m* de; **Ωlich** oficial; da parte das autoridades (*od* dos serviços públicos)
be'hüten <-*e*-; ->: (***vor*** *dat*) guardar (de), preservar (de), proteger (contra); ***Gott behüte!*** F Deus me livre!
be'hutsam [bə'hu:tza:m] cuidadoso, cauteloso, prudente; **Ωkeit** *f* <*sem pl*> cuidado *m*, cautela *f*, precaução *f*
bei [baɪ] **a**) *örtl*: (*neben*) ao lado de, ao pé de, junto de; (*nahe ~*) perto de; ***~ j-m*** com alg; em casa de alg; ***~ mir*** (***dir*** *etc*) comigo (contigo, consigo [*bras* com você], con[n]osco, convosco [*bras* com vocês], com eles), em minha (tua *etc*) casa; *die Schlacht ~* de; *~ ... siegen*, *~ e-r Truppe*, *~ Goethe* em; *~ den Deutschen* entre; **b**) *zeitl*: (*während*) durante; *Zeitpunkt*: quando do *bzw* da; *~ seiner Abreise*, *~ jedem Schritt* a; ***beim*** + *inf od su* ao; *~ dieser Gelegenheit* em; *~ Tage*, *~ Nacht* de; **c**) *übertragen*: ***~ der Arbeit sein*** estar a trabalhar, *bras* estar trabalhando; *~ seinem Charakter*, (*trotz*) com; *~ offenem Fenster* com; *~ Gefahr*, *~ Regen* em caso de; ***~ Gott!*** por Deus!; *~ Todesstrafe* sob; ***nicht ganz ~ sich sein*** F não regular bem
'bei|behalten <-> guardar, conservar; manter; **Ωblatt** *n* <-(*e*)*s*; ¨*er*> suplemento *m*; **Ωboot** *n* <-(*e*)*s*; -*e*> bote *m*; **~bringen** dar; *Beweise*: trazer, apresentar; *Gründe*: *a* alegar, aduzir; (*lehren*) ensinar; *Wunde*: causar; ***j-m e-e Niederlage ~*** derrotar alg
'Beicht|e ['baɪçtə] *f* confissão *f*; ***zur ~ gehen*** ir confessar-se; ***j-m die ~ abnehmen*** confessar alg; **Ωen** *v/t* (*v/i*) <-*e*-> confessar(-se) (***j-m*** com alg); **~geheimnis** *n* <-*ses*; -*se*> segredo *m* de confissão; **~kind** *n* <-(*e*)*s*; -*er*> confessado *m*, -a *f*;

~stuhl *m* <-(*e*)*s*; ¨*e*> confessionário *m*; **~vater** *m* <-*s*; ¨> confessor *m*

'beide ['baɪdə] *pl* (**alle ~**) ambos, um e outro; ***die ~n*** (***anderen***) os dois (outros); ***keiner von ~n*** nem um nem outro; ***wir ~*** nós os dois, *bras* nós dois

'beider|lei ['baɪdərlaɪ] (*gen*) das duas maneiras; **~seitig** [-zaɪtɪç] (*adv* **~seits**) dos dois (*od* de ambos os) lados; (*gegenseitig*) mútuo, recíproco; *adv a* de uma parte e de outra

'beides ['baɪdəs] as duas coisas, uma coisa e outra

'beidrehen NAV pôr à capa, meter de capa

beiein'ander juntos; um com outro, um ao pé de outro

'Bei|fahrer *m* passageiro sentado ao lado do condutor (*bras* do motorista); **~fall** *m* <-(*e*)*s*; *sem pl*> aplauso *m*; (*Billigung*) aprovação *f*; ***~ klatschen*** aplaudir, aclamar; ***~ finden*** ser aplaudido; *et*: *a* ser bem recebido; **2fällig** aprobativo, aprobatório

'Beifalls|bezeigung ['-bətsaɪguŋ] *f*, **~klatschen** *n* aplauso(s *pl*) *m*, palmas *f/pl*; **~ruf** *m* <-(*e*)*s*; -*e*> aclamação *f*; **~sturm** *m* <-(*e*)*s*; ¨*e*> aplausos *m/pl* frenéticos

'beifüg|en juntar; *e-m Schreiben*: *a* fazer (*ac*) acompanhar por; **2ung** *f* anexo *m*, suplemento *m*; GRAM atributo *m*; ***unter ~*** (*gen*) juntando (*ac*)

'Bei|gabe *f* suplemento *m*; **2geben** (a)juntar, dar; associar, agregar; ***klein ~*** desistir, ceder; **~geordnete(r** *m*) ['-gəɔrdnətə(r)] *su* adjunto *m*, -a *f*, vogal *m*; **~geschmack** *m* <-(*e*)*s*; *sem pl*> ressaibo *m*, sabor *m*; **2heften** <-*e*-> juntar; **~hilfe** *f* subsídio *m*, (*bsd Staats*2) subvenção *f*, (*bsd Studien*2) bolsa *f*; JUR cumplicidade *f*; auxílio *m*; **2kommen** <*sn*>: (*dat*) **~** apanhar (*ac*); (*bewältigen*) vencer; *j-m*: *a* competir com

Beil [baɪl] *n* <-(*e*)*s*; -*e*> machado *m*; (*Hand*2) machada *f*; HIST *Waffe*: acha *f*

'Bei|lage *f* suplemento *m*; *Brief*: anexo *m*; CUL conduto *m*; ***mit ~*** com acompanhamento; **2läufig** acidental, acessório; *adv a* de passagem

'beileg|en juntar; *Bedeutung*, (*zuschreiben*) atribuir; *Namen*: dar; (*schlichten*) apaziguar, conciliar; NAV capear, estar de capa; **2ung** *f Konflikt*: solução *f*, apaziguamento *m*

bei'leibe [-'laɪbə]: ***~ nicht!*** de modo algum!

'Beileid *n* <-(*e*)*s*; *sem pl*> condolência *f*; pêsames *m/pl*; ***sein ~ aussprechen*** dar os pêsames; **~sbezeigung** *f* pêsames *m/pl*

'beiliegen ir junto, estar junto; **~d** junto, anexo

beim = ***bei dem***

'bei|mengen → ***~mischen***; **~messen**: (*dat*) ***et ~*** atribuir a/c a; *Glaube*, *Wert*: dar; *Schuld*: imputar; **~mischen**: (*dat*) ***et ~*** misturar a/c (com), juntar a/c (a), acrescentar a/c (a)

Bein [baɪn] *n* <-(*e*)*s*; -*e*> perna *f*; (*Tisch*2) pé *m*; (*Knochen*) osso *m*; ***auf die ~e bringen*** (***kommen***) pôr(-se) em pé; ***sich auf die ~e machen*** pôr-se a caminho; ***j-m ~e machen*** dar pressa a alg; ***ein ~ stellen*** armar um cambapé (*od fig* uma armadilha), *bras* passar uma rasteira; ***die ~e in die Hand nehmen*** F pôr-se a correr, safar-se, *bras* sair correndo; ***den ganzen Tag auf den ~en sein*** estar todo o dia de pé; ***sich die ~e vertreten*** F passear-se; ***auf eigenen ~en stehen*** ser independente; ***sich kein ~ ausreißen*** F *fig* não se matar

'beinah(e) quase; *bei Zahlen*: *a* cerca de; *bei Verb* por um triz, falta(va) pouco para ...

'Beiname *m* <-*ns*; -*n*> apelido *m*, sobrenome *m*, cognome *m*; (*Spitzname*) alcunha *f*

'Bein|arbeit *f* <*sem pl*> *Sport*: jogo *m* de pernas; **~bruch** *m* <-(*e*)*s*; ¨*e*> fra(c)tura *f* de uma perna

be'inhalten [bə'ʔinhaltən] <-*e*-; -> conter

'bei|ordnen <-*e*-> (a)juntar, agregar; *bsd* GRAM coordinar; *a* → ***Beigeordnete***(***r***); **2packzettel** *m* folheto *m*; instruções *f/pl*; **~pflichten** ['-pflɪçtən] <-*e*-> (*dat*) aplaudir, aprovar (*ac*); consentir a; **2programm** *n* <-*s*; -*e*> documentários *m/pl*; **2rat** *m* <-(*e*)*s*; ¨*e*> junta *f* consultiva; *j-d*: vogal *m*

be'irren <-> desconcertar

bei'sammen [-'zamən] junto(s), reunido(s); **&sein** *n* <-s; *sem pl*> reunião *f*

'Bei|satz *m* <-es; ¨e> adição *f*; GRAM aposto *m*; **~schlaf** *m* <-(e)s; *sem pl*> coito *m*, cópula *f*; **~sein** *n* <-s; *sem pl*> presença *f*; ***im ~ von*** na presença de

bei'seite à parte; ***~ bringen*** salva(guarda)r; (*entfernen*) eliminar; (*stehlen*) roubar; (*töten*) matar; ***~ gehen*** afastar-se; ***~ lassen*** deixar, pôr de parte; ***~ schaffen*** → ***~ bringen***; ECON desfalcar; ***~ schieben*** afastar; *fig* pôr de parte

'beisetz|en *v/t* <-t> enterrar, sepultar; NAV *Segel*: dar pano; **&ung** *f* enterro *m*, funeral *m*

'Beisitzer *m* vogal *m*; JUR juiz *m* adjunto

'Beispiel *n* <-(e)s; -e> exemplo *m* (***zum*** por; *Abk* **z. B.** = p. ex.); ***mit gutem ~ vorangehen*** dar o (*bras* bom) exemplo; **&haft** exemplar, modelar; **&los** inaudito, *bras* inédito; sem exemplo, sem igual; **&sweise** por exemplo

'beispringen <sn> (*dat*) socorrer, vir ao socorro de

'beiß|en ['baɪsən] morder; *Insekten, Pfeffer*: picar; *fig* ***ins Gras ~*** morder o pó, *bras* esticar as canelas; ***in den sauren Apfel ~*** fazer da necessidade virtude; **~end** *adj* mordaz, *fig j-d*: *a* sarcástico; cáustico (*a Stil*); **&zange** *f* turquês *f*, alicate *m*

'Bei|stand *m* <-(e)s; *sem pl*> assistência *f*; auxílio *m*; <*pl* ¨e> JUR advogado *m*; ***~ leisten*** (*dat*) = **&stehen** socorrer, ajudar, auxiliar (***j-m*** alg)

'beisteuern <-re> contribuir (***mit et zu*** com a/c para)

'beistimmen concordar, estar de acordo (*dat* com), aprovar (*ac*)

'Beistrich *m* <-(e)s; -e> GRAM vírgula *f*

'Bei|trag ['-tra:k] *m* <-(e)s; ¨e> contribuição *f*, (*Anteil*) quota-parte *f*; *Zeitung*: artigo *m*; colaboração *f*; ***~ zahlen*** pagar contribuição (*od* quota); **&tragen**: ***~ zu*** contribuir para, colaborar em

'beitreib|en cobrar; exigir; **&ung** *f* cobrança *f*

'bei|treten <sn> (*dat*) aderir (a); entrar (em); alistar-se, inscrever-se (em); associar-se (a); **&tritt** *m* <-(e)s; -e> adesão *f* (***zu*** a); entrada *f* (***zu*** em); ingresso *m* (***zu*** em)

'Bei|wagen *m Motorrad*: carro *m* lateral; *Straßenbahn*: carro *m* atrelado; *bras* reboque *m*; **~werk** *n* <-(e)s; *sem pl*> obra *f* acessória; ornamento *m*; **&wohnen** *e-r Sache*: assistir a; presenciar (*ac*); **~wort** *n* <-(e)s; ¨er> epíteto *m*; GRAM adje(c)tivo *m*

'Beize ['baɪtsə] *f* QUÍM cáustico *m*; (*Färbemittel*) preparação *f*, mordente *m*; (*Marinade*) marinada *f*, *bras* vinha-d'alho; *Jagd*: altanaria *f*

bei'zeiten (*rechtzeitig*) a tempo; (*frühzeitig*) a boa hora, em boa hora

'beizen ['baɪtsən] <-t> mordentar; *Holz*: macerar; (*ätzen*) corroer; TÉCN decapar; MED cauterizar; *Jagd*: caçar com falção; *Möbel*: dar infusão a

be'jahen [bə'ja:hən] <-> dizer que sim; *Frage*: responder afirmativamente (*od* pela afirmativa); **~d** *adj* afirmativo

be'jahrt [bə'ja:rt] idoso; velho

Be'jahung [bə'ja:uŋ] *f* afirmação *f*; resposta *f* afirmativa

be'jammern <-re; -> lastimar, deplorar, lamentar; **~swert**, **~swürdig** lastimoso, deplorável, lamentável

be'jubeln <-le; -> receber com júbilo

be'kämpfen <-> combater; lutar contra

be'kannt [bə'kant] **1.** *p/p von* ***bekennen***; **2.** *adj j-m*: conhecido de; *et*: *a* sabido; *allgemein* **~** notório, público; ***~ geben***, ***~ machen*** publicar, anunciar; dar publicidade a; ***~ sein mit*** conhecer (*ac*); ***~ werden mit*** chegar a conhecer (*ac*); *j-n* ***mit et ~ machen*** familiarizar com, ***mit*** *j-m*: apresentar a; ***mir ist ~*** (, ***dass***) conheço *od* sei (que); ***das kommt mir ~ vor*** já ouvi (*od* vi) isto em qualquer lado (*bras* algum lugar); isso não me é desconhecido (*bras* estranho)

Be'kannt|e(r *m*) *su* conhecido *m*, -a *f*, pessoa *f* amiga; ***ein ~r von mir*** um conhecido meu; **~enkreis** *m* <-es; -e> relações *f/pl*; **~gabe** → **~machung**; **&lich** como se sabe; **~machung** [-maxuŋ] *f* publicação

f, proclamação *f*; anúncio *m*, aviso *m*, edital *m*; **~schaft** *f* conhecimento *m*; (*Bekannte*) relações *f/pl*; ***j-s ~ machen*** (chegar a) conhecer alg
be'kehr|en <-> converter (***zu*** a); **~t** convertido (*a su*); **Ձung** *f* conversão *f*
be'kenn|en <-> confessar; *REL*: professar; ***sich ~ zu*** declarar-se partidário de; ***sich schuldig ~*** confessar-se culpado; ***Farbe ~*** *fig* definir a sua posição; **Ձtnis** *n* <-ses; -se> confissão *f*; (*Glaubens*Ձ) credo *m*, profissão *f* de fé
be'klag|en <-> lastimar, lamentar; ***sich bei j-m über*** (*ac*) **~** queixar-se a alg de; **~enswert** lastimável, deplorável; **Ձte**(**r** *m*) *su* acusado *m*, -a *f*; réu *m*, ré *f*; arguido (*ü) *m*, -a *f*
be|'klatschen *v/t* <-> aplaudir; *j-n*: a bater palmas a; (*verleumden*) falar mal de; **~'kleben** <->: (***mit et***) **~** colar *od* pôr (a/c em); **~'kleckern** <-re; -> manchar, sujar; F ***sich*** (***nicht gerade***) ***mit Ruhm ~*** fazer má figura
be'kleid|en <-e-; ->: **~** (***mit***) vestir (de), cobrir (de); *Wand*: forrar (de), revestir (de); *fig Amt*: exercer, desempenhar; **Ձung** *f* vestuário *m*, roupa *f*; **Ձungsindustrie** *f* indústria *f* de vestuário
be'klemm|en <-> apertar; afligir, oprimir; **Ձung** *f* angústia *f*, ânsia(s *pl*) *f*; opressão *f*
be'klommen [-'klɔmən] angustiado, aflito, opresso; **Ձheit** *f* <sem pl> opressão *f*, angústia *f*
be'klopfen <-> apalpar; *MED* auscultar, percutir
be'kloppt [bə'klɔpt] F parvo, tolo, tonto
be'kommen <-> **1.** *v/t* receber; (*erlangen*) obter, arranjar, (*a* ***fertig ~***) conseguir (acabar); *Durst, Krankheit*: ter (*a Kind*), ficar com, apanhar (*a Zug*); *das Kind* ***bekommt Zähne*** nascem dentes a; ***wie viel ~ Sie?*** quanto lhe devo?; ***zu ~ sein*** (*käuflich*) vender-se; **2.** *v/i*: ***gut ~*** fazer bem; ***et bekommt j-m*** alg dá-se bem com a/c; ***wohl bekomms!*** bom proveito!
be'kömmlich [bə'kœmliç] bom, *MED a* leve; ***schwer ~*** indigesto; ***leicht ~*** leve
be'köstig|en <-> alimentar, sustentar; **Ձung** *f* comida *f*; sustento *m*, alimentação *f*
be|'kräftigen <-> confirmar; corroborar; **~'kränzen** [-'krɛntsən] <-t; -> coroar (***mit*** de); **~'kreuzigen** <-t; ->: ***sich ~*** benzer-se; fazer o sinal da cruz; persignar-se; **~'kriegen** *v/t* <-> guerrear, fazer guerra a, combater; **~'kritteln** <-le; -> criticar; **~'kritzeln** <-le; -> cobrir de rabiscas
be'kümmer|n <-re; -> afligir; ***et bekümmert j-n*** alg aflije-se com a/c; a/c preocupa alg; **~t** *adj* aflito, preocupado
be|'kunden [-'kundən] <-e-; -> manifestar, exprimir; **~'lächeln** *v/t* <-le; -> sorrir-se de; **~'lachen** *v/t* <-> rir-se de; **~'laden** <-> carregar (***mit*** de)
Be'lag [bə'la:k] *m* <-(e)s; ⸚e> coberta *f*; *TÉCN* revestimento *m*; (*Brot*Ձ) carne fria, *bras* frios *m/pl*; *MED* saburra *f*; (*Zahn*Ձ) sarro *m*
Be'lager|er [bə'la:gərər] *m* sitiador *m*; **Ձn** <-re; -> sitiar, cercar; bloquear; *a fig* assediar; **~ung** *f* cerco *m*, sítio *m*; bloqueio *m*; **~ungszustand** *m* <-(e)s; *sem pl*> estado *m* de sítio (***verhängen*** proclamar, *bras* declarar; ***aufheben*** levantar)
Be'lang [bə'laŋ] *m* <-(e)s; -e> importância *f*, interesse *m*; **Ձen** <-> acusar, arguir; autuar; intimar, citar; **Ձlos** insignificante; **~losigkeit** [-lo:ziç-] *f* insignificância *f*, bagatela *f*
be'lassen <->: ***j-m et ~*** deixar alg ficar com a/c
be'lasten *v/t* <-e-; -> carregar (***mit*** de), (*lasten auf*) *a* pesar sobre; *JUR* culpar, incriminar (***mit*** de); *ECON* debitar; **~d** *adj* agravante
be'lästig|en [bə'lɛstigən] <-> incomodar, importunar, molestar, F maçar; **Ձung** *f* importunação *f*; aborrecimento *m*; moléstia *f*; F maçada *f*
Be'lastung [bə'lastuŋ] *f* carga *f*; *TÉCN* peso *m*; *Steuer*: encargo *m*; *JUR* incriminação *f*; *ECON* débito *m*; *Haus etc*: hipoteca *f*; ***erbliche ~*** tara *f* hereditária; **~sprobe** *f* prova *f* de resistência; *fig* prova(ção) *f*; **~szeuge** *m* <-n> testemunha *f* da acusação

be'laub|en [bə'laubən] <->: ***sich ~*** cobrir-se de folhas; **~t** *adj* frondoso
be'laufen <->: ***sich ~ auf*** (*ac*) importar em, montar a, elevar-se a, somar em; *insgesamt*: totalizar (*ac*); ***sich etwa ~ auf*** regular por
be'lauschen <-> espreitar; escutar
be'leb|en <-> animar; vivificar; movimentar; a(c)tivar; *fig* intensificar; **~end** *adj* animador; vivificante; **~t** *adj* animado; *Ort*: movimentado, frequentado; **≈ung** *f* <*sem pl*> animação *f*
be'lecken <-> lamber
Be'leg [bə'le:k] *m* <-(*e*)*s*; -*e*> prova *f*, documento *m*; recibo *m*; **≈en** <-> cobrir (***mit*** com, de); *Ausgabe*, (*beweisen*): provar, justificar; documentar; *Brot*: pôr fiambre (*od* queijo *etc*) em; TEL *Leitung*: ocupar; *Platz*: marcar, reservar; *Kolleg*, *Vorlesungen*: matricular-se em; ***mit*** *Abgaben etc* **~** impor ... a; ***mit Beschlag ~*** sequestar; ***j-n mit e-r Strafe ~*** infligir uma pena a alg
Be'leg|exemplar *n* <-(*e*)*s*; -*e*> exemplar *m* justificativo; **~schaft** *f* pessoal *m*; **~stelle** *f* referência *f*; **≈t** *adj* (*besetzt*) ocupado; reservado; MED saburroso; ***~es Brot*** *n* sanduíche *m*, F sande *m*
be'lehr|en <-> instruir; informar; ensinar; dar uma lição a; ***j-n e-s Besseren ~*** abrir os olhos a alg; **~end** *adj* instrutivo; **≈ung** *f* instrução *f*; lição *f*
be'leibt [bə'laɪpt] gordo; obeso, corpulento; ***~ werden*** *a* engordar; **≈heit** *f* <*sem pl*> corpulência *f*; obesidade *f*
be'leidig|en [bə'laɪdigən] <-> ofender, insultar, injuriar; **~end** *adj* ofensivo, injurioso, insultuoso, afrontoso; **≈er** *m* ofensor *m*; **≈ung** *f* insulto *m*, ofensa *f*; **~t** ofendido
be'leihen <->: ***et mit e-r Summe ~*** emprestar dinheiro sobre a/c
be'lesen lido; versado; erudito; **≈heit** *f* <*sem pl*> erudição *f*
be'leucht|en <-*e*-; -> alumiar; iluminar; *fig* elucidar; focar; **≈er** *m Theater*: técnico *m* de luzes (*od* de iluminação); **≈ung** *f* luz *f*, iluminação *f*; *fig* elucidação *f*; exame *m*
Be'leuchtungs|körper *m* candeeiro *m*; lâmpada *f*; *bras* luminária; **~technik** *f* <*sem pl*> técnica *f* de iluminação
'Belg|ien ['bɛlgiən] *n* Bélgica *f*; **~ier(in** *f*) ['bɛlgiər] *m*, **≈isch** belga *su*
be'licht|en *v/t* <-*e*-; -> iluminar; FOT expor (à luz); ***zu lange ~*** dar demasiada exposição a; **≈ung** *f* FOT: exposição *f*
Be'lichtungs|messer *m* fotómetro (*ô) *m*; **~zeit** *f* tempo *m* de exposição
be'lieb|en <-> *j-m*: agradar; ***wenn's beliebt*** se quiser; ***wie es beliebt*** como quiser; **≈en** *n* <*sem pl*> prazer *m*, vontade *f*, agrado *m*, gosto *m*; ***nach ~*** à vontade; à discrição; **~ig** qualquer; **~t** *adj* querido; popular; em voga; ***sich ~ machen*** tornar-se popular (*od* simpático); **≈theit** *f* <*sem pl*> popularidade *f*; voga *f*
be'liefer|n <-*re*; ->: ***j-n mit et ~*** fornecer a/c a alg; **≈ung** *f*: **~** (*gen*) ***mit*** fornecimento *m* de a/c (para)
'bellen ['bɛlən] ladrar, latir
Belle'tristik [bɛle'tristik] *f* <*sem pl*> belas-letras *f/pl*
be'lohn|en <-> recompensar; gratificar, remunerar; **≈ung** *f* recompensa *f*; gratificação *f*, remuneração *f*
Be'lüftung [-'lyft-] *f* <*sem pl*> ventilação *f*
be'lügen <->: ***j-n ~*** mentir a alg
be'lustig|en [bə'lustigən] <-> divertir, distrair, entreter; **~end** *adj* divertido, alegre; **≈ung** *f* divertimento *m*, distra(c)ção *f*; recreio *m*
be|'mächtigen [bə'mɛçtigən] <->: ***sich*** (*gen*) **~** apoderar-se (de); **~'mäkeln** <-*le*; -> criticar, censurar; **~'malen** <-> pintar; **~'mängeln** [-'mɛŋəln] <-*le*; -> censurar; pôr defeitos a
be'mann|en [bə'manən] <-> tripular; **≈ung** *f* tripulação *f*
be'mänteln [bə'mɛntəln] <-*le*; -> encobrir, procurar ocultar; disfarçar; paliar
be'merk|bar [be'mɛrk-] perceptível; visível; ***sich ~ machen*** fazer-se notar, *et*: *a* manifestar-se; **~en** <-> dar por, reparar (em); (*a sagen*) notar, observar; (*feststellen*) assinalar; **~enswert** notável; **≈ung** *f* observação *f*; reparo *m*; nota *f*
be'messen <-> avaliar; dos(e)ar;

medir; ***kurz ~ sein*** ser limitado (*od* restrito)

be'mitleiden *v/t* <-*e*-; -> compadecer(-se de); ter pena de; **~swert** digno de compaixão; deplorável

be|'mittelt [bə'mitəlt] abastado, rico; **~'mogeln** <-*le*; -> F enganar, intrujar; **~'moost** [-'o:-] musgoso

be'müh|en <-> (*belästigen*) incomodar, ***sich ~*** *a* esforçar-se, fazer esforços (***um*** por, para conseguir); ***sich ~ et zu tun*** dar-se ao trabalho de fazer a/c; ***~ Sie sich nicht!*** não se incomode; ***sich um et ~*** solicitar a/c; tentar obter a/c; **~t**: ***um et ~ sein*** fazer esforços para conseguir a/c; ***um j-n ~ sein*** cuidar de alg; procurar convencer alg; **≗ung** *f* trabalho *m*, esforço *m*, empenho *m*

be|'müßigt [bə'my:siçt]: ***sich ~ fühlen zu tun*** julgar oportuno fazer; **~'muttern** *v/t* <-*re*; -> F cuidar com carinho de; apaparicar; **~'nachbart** vizinho (de *od* a)

be'nachrichtig|en [bə'na:xriçtigən] <-> avisar, informar; ***j-n von et ~*** participar a/c a alg; *im Voraus*: prevenir; **≗ung** *f* informação *f*, aviso *m*, comunicação *f*, participação *f*

be'nachteilig|en [bə'na:xtaɪligən] <-> prejudicar; **≗ung** *f* prejuízo *m* (***unter*** *dat* com)

be'nagen <-> roer

be'nebeln <-*le*; -> enevoar; *fig* ofuscar; F ***sich ~*** emborrachar-se

Benedik'tiner(in *f*) [benedik'ti:nər] *m* beneditino *m*, -a *f*

be'nehm|en *v/t* <-> (*rauben*) tirar; ***sich ~*** comportar-se; **≗en** *n* conduta *f*, comportamento *m*, procedimento *m*

be'neiden <-*e*-; ->: ***j-n um et ~*** invejar a/c a alg; **~swert** invejável

be'nenn|en *v/t* <-> denominar, designar, dar nome a; **≗ung** *f* denominação *f*, nome *m*, designação *f*

be'netzen <-*t*; -> molhar, regar, rociar

ben'galisch [bɛŋ'ga:liʃ] bengali, de Bengala, *bras* bengalês

'Bengel ['bɛŋəl] *m* garoto *m*, *bras a* menino *m*, guri *m*

be'nommen [bə'nɔmən] **1.** *p/p von* ***benehmen***; **2.** *adj* perturbado, tonto; **≗heit** *f* <*sem pl*> atordoamento *m*, tontura *f*

be'nötigen *v/t* <-> precisar de

be'nutz|bar utilizável, aproveitável; *Weg*: transitável; **~en** <-*t*; -> usar, utilizar, empregar, aproveitar; **≗er(in** *f*) *m* utente *su*; → ***Nutzer***; **≗erhandbuch** *n* manual *m* do utilizador; **≗eroberfläche** *f* interface *f* do utilizador; **≗ung** *f* <*sem pl*> utilização *f*, emprego *m*, uso *m*, aproveitamento *m*; *e-s Buches*: consulta *f*; *e-r Bibliothek*: leitura *f* (*gen* em)

Ben'zin [bɛn'tsi:n] *n* <-*s*; -*e*> (*Wasch*≗) benzina *f*; *AUTO* gasolina *f*; **~gutschein** *m* <-(*e*)*s*; -*e*> cupão (*od* vale) *m* de gasolina; **~kanister** *m* depósito *m* (*od* bidão *m*) de gasolina; **~pumpe** *f* bomba *f* de gasolina; **~tank** *m* <-(*e*)*s*; -*s*> → ***~kanister***; **~uhr** *f* indicador *m* de nível de gasolina; **~verbrauch** *m* <-*s*; *sem pl*> consumo *m* de gasolina

Ben'zol [bɛn'tso:l] *n* <-*s*; -*e*> benzol *m*

be'obacht|en [-'ob-] <-*e*-; -> observar, *schweigend*: *a* guardar; **≗er(in** *f*) *m* observador(a *f*) *m*; **≗ung** *f* observação *f*; **≗ungsstation** *f* observatório *m*

be|'ordern [bə'ˀɔrdərn] <-*re*; -> mandar; ***j-n zu sich ~*** (mandar) chamar alg; **~'packen** <-> carregar (***mit*** de); **~'pflanzen** <-*t*; -> plantar; ***mit Bäumen ~*** arborizar; **≗'pflanzung** *f* plantação *f*; ***~ mit Bäumen*** arborização *f*

be'quem [bə'kve:m] cómodo (*ô); confortável; (*leicht*) fácil; (*träge*) comodista; ***es sich ~ machen*** estar à vontade; **~en** <->: ***sich ~ zu*** resolver-se a; (*geruhen*) dignar-se (de); **≗lichkeit** *f* comodidade *f*, conforto *m*; (*Faulheit*) comodismo *m*

be'rat|en <-> **1.** *v/t* aconselhar; **2.** *v/i* conferenciar, deliberar, estar em reunião, estar em conferência; (***sich***) ***mit j-m ~*** consultar alg, conferenciar com alg; **~end** *adj* consultivo; **≗er(in** *f*) *m* conselheiro *m*, -a *f*; (*Fach*≗) perito *m*, -a *f*; consultor(a *f*) *m*; **≗ung** *f* conselho *m*; (*Versammlung*) conferência *f*, deliberação *f* reunião *f*; **≗ungsstelle** *f* consultório *m*, *MED* dispensário *m*

be'rauben <->: (***j-n*** *gen*) ***~*** roubar (a/c a alg); despojar (alg de a/c); *fig* privar (alg de a/c)

B

be'rausch|en <-> embriagar; *fig* extasiar; **~end** *adj* embriagador, embriagante; *fig* arrebatador; **~t** *adj* ébrio, bêbedo; *fig* extático

'Berber|(in *f*) ['bɛrbər] *m*, **≈isch** bérbere *su*

be'rechn|en <-*e*-; -> calcular, contar, computar; ECON pôr na conta; (*veranschlagen*) avaliar; **~end** *adj* interesseiro; calculista; **≈ung** *f* cálculo *m*; cômputo *m*; avaliação *f*

be'rechtig|en [bə'rɛçtigən] <->: **~ zu** autorizar para; dar direito a; **~t** *adj et*: legítimo, justo; *j-d*: **~ zu** com direito a; autorizado a; **≈ung** *f* autorização *f*; direito *m*; **≈ungsschein** *m* <-(*e*)*s*; -*e*> licença *f*

be'red|en *v/t* <-*e*-; -> discutir; *j-n*: persuadir (***zu*** a); **≈samkeit** *f* <*sem pl*> eloquência *f*; **~t** eloquente

Be'reich *m* (*a n*) <-(*e*)*s*; -*e*> *örtl*: zona *f*, região *f*; (*Sachgebiet*) campo *m*, domínio *m*; (*Reichweite*) âmbito *m*, alcance *m*; ***das gehört nicht zu meinem ~*** não é da minha competência

be'reicher|n <-*re*; ->: (***sich***) **~** enriquecer(-se); locupletar(-se) (***an*** *dat* com); **≈ung** [-əruŋ] *f* enriquecimento *m*

be'reif|en *v/t* <-> AUTO pôr pneus (em); *Fass*: arcar; **≈ung** *f* AUTO pneus *m/pl*

be'reinig|en <-> liquidar; **≈ung** *f* liquidação *f*

be'reisen *v/t* <-*t*; -> viajar em; percorrer, visitar; ECON fazer praça em

be'reit [bə'raɪt] pronto; disposto (***zu*** a); **~ *sein*** *a* estar a postos; **~en a)** <-*e*-; -> preparar; *Freude*: causar, dar; **b)** <-> *Pferd*: adestrar, domar; **≈er** *m* picador *m*; **~halten** ter à disposição; **~legen**, **~machen** preparar

be'reits já

Be'reitschaft *f* disposição *f*; *Polizei*: estado *m* de prevenção; ***in ~ halten*** → ***bereithalten***; **~sdienst** *m* <-*es*; -*e*>: **~ *haben*** estar de serviço; **~spolizei** *f* polícia *f* de choque

be'reit|stellen preparar; pôr à disposição (***j-m*** de alg); **≈ung** *f* preparação *f*; **~willig** pronto; solícito; *adv* de boa vontade; **≈willigkeit** *f* <*sem pl*> solicitude *f*, boa vontade *f*

be'reuen *v/t* <-> arrepender-se de

Berg [bɛrk] *m* <-(*e*)*s*; -*e*> montanha *f*; *einzelner mit Namen*: monte *m*; ***mit et hinter dem ~ halten*** esconder a/c; ***über alle ~e sein*** ter fugido; ter-se safado; ***über den ~ sein*** ter passado as dificuldades (*od* o perigo); ***zu ~e stehen*** *Haare*: arrepiar-se; **≈'ab** descendo, monte abaixo; **'~akademie** *f* academia *f* mineira, escola *f* superior de engenharia mineira; **'~arbeiter** *m* mineiro *m*; **≈'auf** subindo, monte acima; *fig* ***es geht ~*** está a melhorar; vai indo; **'~bahn** *f* teleférico *m*; **'~bau** *m* <-(*e*)*s*; *sem pl*> indústria *f* mineira; exploração *f* de minas; **'~bauindustrie** *f* indústria *f* mineira; **'~bewohner** *m* montanhês *m*, serrano *m*

'bergen ['bɛrgən] salvar; abrigar; *et*: recolher, pôr a salvo; ***in sich ~*** encerrar, conter; abranger

'Berg|führer *m* guia *m*; **~hütte** *f* cabana *f* de abrigo na montanha; **≈ig** [-giç] montanhoso, acidentado; **~kamm** *m* <-(*e*)*s*; *¨e*> cumeada *f*; **~kette** *f* serra *f*; **~kristall** *m* <-(*e*)*s*; *sem pl*> cristal *m* de rocha; **~land** *n* <-(*e*)*s*; *sem pl*> país *m* montanhoso; **~mann** *m* <-(*e*)*s*; -*leute*> mineiro *m*; **~predigt** *f* sermão *m* da Montanha; **~rücken** *m* cumeada *f*; **~rutsch** *m* <-(*e*)*s*; -*e*> derrocada *f*, desabamento *m*; **~spitze** *f* pico *m*; **~steigen** *n* <*sem pl*> alpinismo *m*, montanhismo *m*; **~steiger(in** *f*) *m* alpinista *su*, montanhista *su*; **~stiefel** *m/pl* botas *f/pl* de alpinista; **~ung** [-guŋ] *f* salvamento *m*; recolhimento *m*; **~ungsmannschaft** *f* equipa *f* de salvamento; **~wacht** *f* organização *f* de salvamento nas montanhas; **~werk** *n* <-(*e*)*s*; -*e*> mina *f*

Be'richt [bə'riçt] *m* <-(*e*)*s*; -*e*> relatório *m*, relação *f*; *amtlicher*: boletim *m*; (*Zeitungs≈*) reportagem *f*; (*Erzählung*) relato *m*; ***laut ~*** segundo aviso; ***~ erstatten*** = **≈en** <-*e*-; -> (***j-m et*** *ac*, ***über et*** *ac*) informar (alg de a/c); referir (a/c a alg), relatar (a/c a alg); **~erstatter(in** *f*) [-ɛrʃtatər] *m* relator(a *f*) *m*, informador(a *f*) *m*; (*Zeitungs≈*) *lokale*(*r*): repórter *su*, *auswärtige*(*r*): correspondente *su*; **~erstattung** *f* informação *f*; (*Zeitungs≈*) reportagem *f*; **≈igen** [-igən] <-> corrigir; re(c)tificar; **~igung** [-iguŋ] *f* corre(c)ção *f* re(c)tificação *f*

be'riechen <-> cheirar; farejar

be'rieseln <*-le*; -> regar, irrigar

be'ritten montado (a cavalo)

Ber'lin [bɛr'liːn] *n* Berlim *su*; **~er(in** *f*) *m* [bɛr'liːnər-], **~er** *adj*, **≈(er)isch** berlinense *su*, berlinês *m*, berlinesa *f*, de Berlim

Ber'mudas, Ber'mudashorts [bɛr'muːdɑs-] *pl* bermudas *f*

Bern [bɛrn] *n* Berna *f*

Bernhar'diner [bɛrnhar'diːnər] *m* (*Mönch*) monge *m* da ordem de São Bernardo; **~hund** *m* (cão *m* de) São Bernardo *m*

'Bernstein ['bɛrn-] *m* <-(*e*)*s*; *sem pl*> âmbar *m*

'bersten ['bɛrstən] <*sn*> rebentar; estalar, rachar

be'rüchtigt [be'ryçtiçt] mal-afamado, famigerado

be'rückend *adj* encantador, fascinante; sedutor

be'rücksichtig|en [bə'ryksiçtigən] <-> considerar, tomar em consideração; atender; **≈ung** *f* consideração *f*

Be'ruf *m* <-(*e*)*s*; *-e*> profissão *f*, emprego *m*, ofício *m*; ***von ~*** de profissão, de ofício; **≈en** <-> **1.** *v/t* chamar; ***zu*** *e-m Amt*: nomear para; ***auf*** *e-n Lehrstuhl*: convidar para (reger); ***sich ~ auf*** (*ac*) referir-se a, reportar-se a, invocar (*ac*), *a JUR* recorrer (par)a; **2.** *adj* destinado, categorizado, competente, indigitado (***zu*** para); **≈lich** profissional

Be'rufs|anfänger *m* recém-formado *m*; pessoa *f* que inicia a vida profissional; **~ausbildung** *f* formação *f* profissional; **~aussichten** *f/pl* perspe(c)tivas *f/pl* de emprego; **~beratung(sstelle)** *f* (centro *m* de) orientação *f* profissional; **~genossenschaft** *f* corporação *f* profissional; *der Arbeiter*: sindicato *m*; **~leben** *n* <*-s*; *sem pl*> vida *f* profissional; **≈mäßig** profissional; **~schule** *f* escola *f* profissional; **~soldat** *m* <*-en*> militar *m* de carreira; **~spieler(in** *f*) *m* *Sport*: profissional *su*; **≈tätig**: ***~ sein*** exercer uma profissão

Be'rufung [bə'ruːfuŋ] *f* (*Ernennung*) nomeação *f*; *innere*: vocação *f*; *JUR* apelação *f*; ***~ einlegen*** interpor recurso; recorrer, apelar (***bei*** a; ***gegen*** de); protestar; **~sinstanz** *f* tribunal *m* de relação; **~sverfahren** *n* revisão *f* do processo

be'ruhen <->: ***~ auf*** (*dat*) depender de, basear-se em; partir de; ***auf sich ~ lassen*** (*ac*) deixar

be'ruhig|en [bə'ruːigən] <-> tranquilizar; acalmar, aquietar, (*a* ***sich ~***) sossegar; serenar; **≈ung** *f* sossego *m*; ***zu Ihrer ~*** para seu descanso; **≈ungsmittel** *n MED* calmante *m*

be'rühmt [bə'ryːmt] célebre, famoso, afamado, ilustre; ***~ werden*** tornar-se célebre; adquirir fama; **≈heit** *f* celebridade *f* (***erlangen*** ganhar)

be'rühr|en *v/t* <-> tocar (*a fig*); *im Gespräch*: aludir a, referir-se a; *Gemüt*: afe(c)tar, comover; **≈ung** *f* conta(c)to *m*; ***in ~ kommen mit*** entrar em contacto com; **≈ungs...**: *in Zssg(n)* de conta(c)to

bes. ***besonders*** especialmente

be'säen <-> semear; ***~ mit*** *fig* salpicar de

be'sag|en <-> (querer) dizer, significar; (*lauten*) rezar; ***der ~te*** *adj* o mencionado, o referido, o tal ...

be'saitet [bə'zaɪtət] *adj*: ***zart ~*** sensível

Be'samung [bə'zaːmuŋ] *f* (*künstliche*) inseminação *f* artificial

be'sänftig|en [bə'zɛnftigən] <-> aplacar, apaziguar; (*lindern*) mitigar, atenuar; **≈ung** *f* quietação *f*, *bras* calma *f*

Be'satz *m* <*-es*; *⸚e*> guarnição *f*, fímbria *f*, debrum *m*; **~ung** *f MIL* guarnição *f* (militar), *fremde*: tropas *f/pl* de ocupação; *NAV u AV* tripulação *f*; **~ungsmacht** *f* <-; *⸚e*> potência *f* ocupante

be'saufen P <->: ***sich ~*** embriagar-se

be'schädig|en <-> danificar; estragar; *NAV*, *TÉCN*, *AV* avariar; **≈ung** *f* dano *m*, danificação *f*, estrago *m*; avaria *f*

be'schaff|en <-> **1.** arranjar; (*liefern*) fornecer; **2.** *adj*: ***gut ~*** em bom estado, em boas condições; **≈enheit** *f* <*sem pl*> qualidade *f*, natureza *f*, condição *f*; **≈ung** *f* <*sem* pl> fornecimento *m*; aquisição *f*

be'schäftig|en [bə'ʃɛftigən] <-> ocupar; empregar; ***sich ~*** ocupar-se (***mit*** *a* de, em); **~t** ocupado; empregado; ***~ bei*** empregado em; ***damit ~ sein, et zu tun*** andar a fazer a/c; **≈ung** *f* ocupação *f*, emprego *m*; afazeres *m/pl*; **~ungslos** desempregado; **≈ungstherapie** *f* terapia *f* (*od* terapêutica *f*) ocupacional

be'schäm|en <-> envergonhar; (*übertreffen*) exceder; (*verwirren*) confundir; **~end** *adj* vergonhoso; **≈ung** *f* vergonha *f*, humilhação *f*, confusão *f*

be'schatten *v/t* <-e-; -> dar sombra a; sombrear *a fig*; (*verfolgen*) seguir

be'schau|en <-> contemplar; (*prüfen*) examinar; **≈er** *m* (*Zuschauer*) espe(c)tador *m*; **~lich** contemplativo; tranquilo

Be'scheid [bə'ʃaɪt] *m* <-(*e*)*s*; -*e*> (*Antwort*) resposta *f*; (*Auskunft*) informação *f*; (*Entscheidung*) decisão *f*; ordem *f*; ***~ geben*** participar; ***~ sagen*** informar; ***j-m*** (***tüchtig***) ***~ sagen*** dizer a sua opinião a alg; ***~ wissen*** saber, estar informado

be'scheiden 1. *v/t* <->: ***abschlägig ~*** indeferir; ***sich ~*** resignar-se, conformar-se; **2.** *adj* modesto; **≈heit** *f* <*sem pl*> modéstia *f*

be'schein|en <-> iluminar; **~igen** [-igən] <-> atestar, certificar; *Empfang*: acusar; **≈igung** *f* atestado *m*, certificado *m*; (*Empfangs≈*) recibo *m*, aviso *m* de recepção

be'schenken <-> presentear, contemplar

be'scher|en <->: ***j-m et ~*** presentear alg com a/c; *fig* arranjar; **≈ung** *f* distribuição *f* de presentes no Natal; *fig* ***e-e schöne ~!*** lindo serviço!, *bras* bela coisa!; ***da haben wir die ~!*** estamos arranjados!

be'schick|en *v/t* <-> *TÉCN* alimentar, carregar; *Hochofen*: encher; **≈ung** *f* alimentação *f*, *Hochofen*: carga *f*

be'schieß|en <-> disparar contra; metralhar; bombardear; **≈ung** *f* bombardeamento *m*

be'schilder|n <-*re*; -> sinalizar; **≈ung** *f* sinalização *f*

be'schimpf|en <-> insultar, injuriar; **≈ung** *f* insulto *m*, afronta *f*

be'schlafen <->: F ***j-n ~*** dormir com alg; *fig* ***et ~*** dormir sobre a/c

Be'schlag *m* <-(*e*)*s*; **⸚***e*> ferradura *f*; guarnição *f*; (*Hauch*) bafo *m*; ***mit ~ belegen, in ~ nehmen*** apreender; embargar; *fig* querer só para si

be'schlag|en <-> **1.** *v/t* ferrar, guarnecer; *Rad*: calçar; **2.** *v/i* embaciar(-se), *bras* embaçar(-se); **3.** *adj* baço; embaçado; (*kundig*) versado; **≈nahme** [-naːmə] *f* <*sem pl*> apreensão *f*, embargo *m*; sequestro *m*; confiscação *f*; **~nahmen** <-> apreender; sequestrar; confiscar

be'schleichen <-> espiar, surpreender; *fig* (*überkommen*) apoderar-se de

be'schleunig|en [bə'ʃlɔynigən] <-> acelerar, apressar; **≈ung** *f* aceleração *f*

be'schließen <-> (*beenden*) terminar, concluir, acabar; (*entscheiden*) resolver, decidir, deliberar; *gemeinsam*: acordar

Be'schluss *m* <-*es*; **⸚***e*> conclusão *f*; resolução *f* (***fassen*** tomar), decisão *f*; determinação *f*; ***den ~ fassen*** resolver (***zu*** *dat od inf*); **≈fähig** em número (para votar); **~fähigkeit** *f* <*sem pl*> quórum *m*

be'schmieren <-> (bes)untar; borrar

be'schmutzen <-*t*; -> sujar

be'schneid|en <-> cortar; *BOT a* podar, decotar; (*schmälern*) reduzir; *MED* circuncisar; **≈ung** *f* *BOT* poda *f*; *MED* circuncisão *f*; *fig* redução *f*

be|'schnüffeln <-*le*; ->, **~'schnuppern** <-*re*; -> afocinhar, farejar; *fig* ***alles ~*** meter o nariz em tudo

be'schönig|en [bə'ʃøːnigən] <-> embelezar; paliar, atenuar; **≈ung** *f* paliação *f*

be'schränk|en [bə'ʃrɛnkən] <-> limitar; restringir; reduzir; *Verbrauch*: *a* racionar; ***sich ~ auf*** limitar-se a; **~t** *adj* limitado; restrito; *Zeit*: escasso; *fig j-d*: tapado, limitado; **≈theit** *f* <*sem pl*> escassez *f*, *fig* pouca inteligência *f*; **≈ung** *f* limitação *f*, restrição *f*, redução *f*; racionamento *m*

be'schreib|en *v/t* <-> descrever; *Blatt*: escrever em; *MAT* traçar; **≈ung** *f* descrição *f*; *e-r Person*: (indicação *f* dos) sinais *m/pl*

be'schrift|en [bə'ʃriftən] *v/t* <-e-; -> pôr títulos a (*od* em), pôr legendas em; rotular; **2ung** *f* legenda *f*, inscrição *f*; *ECON* letreiro *m*; rótulo *m*

be'schuldig|en [bə'ʃuldigən] <->: ***j-n*** (***e-r Sache***) **~** acusar alg (de a/c); imputar (a/c a alg); ***j-n e-s Verbrechens ~*** incriminar alg; **2te(r** *m*) *su* <-n> *JUR* réu *m*, ré *f*, acusado *m*, -a *f*; **2ung** *f* acusação *f*; incriminação *f*

be'schummeln F <-le; -> enganar, burlar; (*Spiel*) fazer batota

be'schütze|n <-t; -> proteger, amparar (***vor*** *dat* de); **2r(in** *f*) *m* prote(c)tor(a *f*) *m*, defensor(a *f*) *m*

be'schwatzen F <-t; -> *j-n*: seduzir; persuadir

Be'schwerde [bə'ʃveːrdə] *f* **a)** (*Mühe, Last*) fadiga *f*, trabalho *m*; *pl MED* dores *f/pl*, (*Gebrechen*) achaques *m/pl*; **b)** (*Klage*) queixa *f*, reclamação *f* (***einreichen, führen*** fazer); **~buch** *n* <-(e)s; ¨er> livro *m* de reclamações; **~führer** *m* queixoso *m*, reclamante *m*

be'schwer|en [bə'ʃveːrən] *v/t* <-> carregar, pesar em; (*belästigen*) incomodar; ***sich über*** (*ac*) **~** queixar-se de, fazer queixa de (***bei j-m*** a alg, junto de alg); **~lich** penoso; incómodo (*ô); fatigante; **2lichkeit** *f* incómodo (*ô) *m*, fadiga *f*, dificuldade *f*

be|'schwichtigen [bə'ʃviçtigən] <-> sossegar; acalmar; **~'schwindeln** <-le; -> F intrujar; **~'schwingt** [-'ʃviŋt] *fig* alado, vivo; **~'schwipst** [-'ʃvipst] tocado; *pred a* alegre

be'schwör|en <-> jurar; (*bitten*) suplicar, implorar; *Geister*: evocar; (*austreiben*) exorcismar; *Unheil*: conjurar; **2ung** *f* juramento *m*; súplica *f*; evocação *f*; exorcismo *m*; conjuração *f*

be'seelen [bə'zeːlən] <-> animar

be'sehen <-> contemplar, (*a* ***sich*** **~**) examinar, ver

be'seitig|en [bə'zaɪtigən] <-> remover; eliminar; *j-n*: afastar; assassinar; **2ung** *f* eliminação *f*, remoção *f*

'Besen ['beːzən] *m* vassoura *f*; espanador *m*; **~binder** *m* vassoureiro *m*; **~stiel** *m* <-(e)s; -e> cabo *m* de (*od* da) vassoura

be'sessen [bə'zɛsən] **1.** *p/p von* ***besitzen***; **2.** *adj* possesso; **2e(r** *m*) *su* <-n> possesso *m*, -a *f*, energúmeno *m*, -a *f*; **2heit** *f* <sem pl> obsessão *f*

be'setz|en <-t; -> (*schmücken*) guarnecer (***mit*** de); *Amt, Stelle, Platz, MIL* ocupar; *NAV* tripular; *TEA Rollen*: distribuir; **~t** *adj* (*verziert*) coberto (***mit*** de); (*belegt*) *CAM. DE F* completo, (*a TEA*) com a lotação esgotada; *Toilette*: ocupado, *TEL*: ***~ sein*** *a* estar a falar; **2tzeichen** *n* sinal *m* de impedido; **2ung** *f Amt, Posten*: provimento *m*; *MIL* ocupação *f*; *TEA*: distribuição *f*; *Sport*: equipe *f*, *bras* equipa *f*

be'sichtig|en [bə'ziçtigən] <-> visitar; inspe(c)cionar; *MIL* passar revista a; **2ung** *f* visita(ção) *f*, inspe(c)ção *f*, vistoria *f*; revista *f*

be'sied|eln <-le; -> povoar; **2(e)lung** *f* povoação *f*, colonização *f*

be'siegeln <-le; -> selar; *fig a* confirmar; *Schicksal*: decidir

be'siegen <-> vencer; triunfar de

be'singen <-> cantar; *fig a* celebrar

be'sinn|en <->: ***sich ~*** lembrar-se, recordar-se (***auf*** *ac* de); refle(c)tir (sobre); (*zu sich kommen*) voltar a si; (*zögern*) hesitar; ***sich anders ~***, ***sich e-s Besseren ~*** mudar de opinião (*od* de ideias); **~lich** pensativo; **2ung** *f* <sem pl> sentidos *m/pl*; consciência *f*; ***wieder zur ~ kommen*** recuperar sentidos, *a fig* voltar a si; **~ungslos** sem sentidos

Be'sitz *m* <-es; sem pl> posse(s *pl*) *f*; bens *m/pl*, haveres *m/pl*; propriedade *f*; ***im ~ sein von*** estar de posse de; ***~ ergreifen von*** tomar posse de; **2anzeigend** possessivo; **2en** <-> possuir, ter; **~er(in** *f*) *m* possuidor(a *f*) *m*; *Geschäft*: dono, -a *f*; (*bsd Grund2*) proprietário *m*, -a *f*; **~ergreifung** [-ɛrgraɪfuŋ] *f*, **~nahme** [-naːmə] *f* a(c)to *m* de tomar posse; *widerrechtliche*: usurpação *f*; **~tum** *n* <-s; ¨er>, **~ung** *f* propriedade *f*

be'soffen [bə'zɔfən] P **1.** *p/p von* ***besaufen***; **2.** *adj* bêbedo, *bras* bêbado

be'sohlen [bə'zoːlən] *v/t* <-> pôr solas em, solar

be'sold|en [bə'zɔldən] <-e-; -> pagar o salário a, pagar o soldo a; assalariar; **2ung** *f* soldo *m*, salário *m*

be'sonder... particular, peculiar, especial; (*seltsam, ausgezeichnet*) singular; ***im ≈en*** particularmente, especialmente; ***nichts ≈es*** nada de especial; **≈heit** *f* particularidade *f*

be'sonders particularmente, em particular, especialmente; sobretudo; (*getrennt*) separadamente; ***nicht ~*** F assim assim; regular; + *adj* pouco

be'sonnen 1. *p/p von* ***besinnen***; **2.** *adj* refle(c)tido, prudente; **≈heit** *f* <*sem pl*> reflexão *f*, circunspe(c)ção *f*, prudência *f*

be'sorg|en *v/t* <-> arranjar, (*erledigen*) *a* cuidar de, tratar de; (*kaufen*) comprar; **≈nis** *f* <-; *-se*> receio *m*, apreensão *f*, cuidado *m*; ***~ erregend*** inquietador, alarmante; que inspira cuidados; **~t** *adj* inquieto, apreensivo, preocupado; **≈ung** *f* compra *f*, aquisição *f*; (*Auftrag*) recado *m*; (*Erledigung*) execução *f*

be'spann|en <->: ***mit Pferden ~*** atrelar; ***mit Saiten ~*** pôr cordas em; ***mit Stoff ~*** forrar, revestir; **≈ung** *f* forro *m*, revestimento *m*; (*Gespann*) parelha *f*

be'spielen <-> *Tonband*: gravar

be'spitzeln [bəˈʃpitsəln] <*-le*; -> vigiar, espiar

be'spötteln *v/t* <*-le*; -> troçar de, fazer troça de

be'sprech|en *v/t* <-> falar de, discutir; tratar de; *LIT*: criticar, fazer a crítica de; recensear; (*beschwören*) conjurar; *Krankheiten*: ensalmar; *Tonband etc*: gravar; ***sich ~*** conferenciar (***über*** *ac* sobre); **≈ung** *f* entrevista *f*, conferência *f*; discussão *f* (***abhalten*** ter); *LIT*: resenha *f*, crítica *f*, recensão *f*

be'sprengen <-> regar; borrifar

be'springen <-> *ZO* acavalar

be'spritzen <*-t*; -> regar; ***mit Schmutz ~*** manchar, salpicar

be'spucken <-> cuspir

be'spülen <-> banhar

'besser [ˈbɛsər] (*comp von* ***gut*** *u* ***wohl***) melhor (***desto, umso*** tanto); ***es wäre ~*** seria melhor; ***et ≈es*** a/c de melhor, a/c de superior; ***~ werden*** melhorar; **~n** <*-re*> *et*: melhorar; reformar; ***sich ~*** *j-d*: emendar-se, corrigir-se; melhorar (*a et*); **≈ung** *f* <*sem pl*> melhoramento *m*; *MED* melhoras *f/pl*; ***j-m gute ~ wünschen*** estimar as melhoras de alg; **≈wisser** [-visər] *m* sabichão *m*

best [bɛst] (*sup von* ***gut*** *u* ***wohl***); *adj* melhor; ***der erste ≈e*** qualquer; ***am ~en*** o melhor; ***~ens, aufs ≈e*** da melhor maneira, o melhor possível; pelo melhor; ***beim ~en Willen*** com a melhor das vontades; *et* ***zum ≈n geben*** entreter os outros com, *Geschichte*: contar, *Lied*: cantar; ***j-n zum ≈n haben*** fazer troça (*od* pouco) de alg

Be'stand *m* <-(*e*)*s*; *¨e*> existência *f* (*pl ECON* ***an*** *dat* de); efe(c)tivo *m*; *ECON* estoque *m*; (*Inhalt*) recheio *m*; (*Dauer*) duração *f*, estabilidade *f*, resistência *f*; *MIL* efe(c)tivos *m/pl*; *Wald*: revestimento *m*; ***von ~*** estável, constante, seguro; **≈en** [-dən] **1.** *p/p von* ***bestehen***; **2.** *adj* revestido (***mit*** de)

be'ständig constante; estável; contínuo; seguro, duradouro; **≈keit** *f* <*sem pl*> estabilidade *f*, constância *f*

Be'stands|aufnahme *f* inventário *m*, inventariação *f*; **~buch** *n* <-(*e*)*s*; *¨er*>, **~liste** *f* rol *m*, inventário *m*

Be'standteil *m* <-(*e*)*s*; *-e*> elemento *m*, parte *f* integrante, componente *f*; *QUÍM* ingrediente *m*

be'stärken <-> confirmar, corroborar

be'stätig|en [bəˈʃtɛːtigən] <-> confirmar; *Empfang*: acusar; *Urkunde*: autenticar; *Vertrag*: ratificar; **≈ung** *f* confirmação *f*, autenticação *f*; ratificação *f*; (*Empfangs≈*) aviso *m* de recepção; (*Quittung*) recibo *m*

be'statt|en [bəˈʃtatən] <*-e-*; -> sepultar, enterrar; **≈ung** *f* enterro *m*; **≈ungsinstitut** *n* <-(*e*)*s*; *-e*> agência *f* funerária

be'stäub|en <-> cobrir de pó, empoeirar; *BOT* polinizar; **≈ung** *f* *BOT* polinização *f*

Beste(r *m*) *su* <*-n*> melhor *su*

Beste(s) *n* <*-n*; *sem pl*> melhor *m*; ***sein ~s tun*** fazer o melhor possível; ***zu j-s ~n*** para o bem de alg

be'stech|en <-> subornar; corromper; *fig* = ***~end sein*** ser sugestivo, ser sedutor; **~lich** corru(p)to, venal; **≈lichkeit** *f* <*sem pl*> corru(p)ção *f*, venalidade *f*; **≈ung** *f* corru(p)ção *f*, suborno *m*; **Ձungsgelder** *n/pl* verbas *f/pl* de suborno

Be'steck [bə'ʃtɛk] *n* <-(*e*)*s*; -*e*> (*Tisch*Ձ) talher *m*; *MED* estojo *m*; *NAV* ponto *m* (***nehmen*** tirar)

be'stehen <-> **1.** *v/t Gefahr*: sair vitorioso de; *Prüfung*: fazer, passar em; ***nicht ~*** ficar reprovado (*ac* em), F ficar chumbado (*ac* em), *bras* levar pau *m* (*od* bomba *f*) (em); **2.** *v/i* existir, haver; (*fort~*) (per)durar, continuar; (*leben*) subsistir; ***~ aus***, ***~ in*** (*dat*) consistir em; compor-se de; ser constituído por; ***~ auf*** (*dat*) insistir em; **3.** Ձ *n* existência *f*; **~d** *adj* existente; (***noch***) ~ subsistente; ***~ aus*** composto de

be'steig|en *v/t* <-> subir a; *Pferd*: montar; **Ձung** *f* escalada *f*, subida *f*, ascensão *f* (*gen* a)

be'stellen <-> *Auftrag*: dar; *AGR* cultivar; lavrar; *Grüße*: dizer; *Platz*: marcar; *Ware*: encomendar, mandar vir; *Zeitung*: assinar; (*ernennen*) nomear (***zum***, ***zur*** *ac*); ***bei j-m et ~*** encomendar a/c a alg; ***j-m et ~*** *fig* dar (*od* transmitir) a/c a alg

Be'stell|er(in *f*) *m* (*Käufer*) comprador(a *f*) *m*, cliente *su*; *Bibliothek*: requisitante *su*; **~schein** *m* <-(*e*)*s*; -*e*> (boletim *m* de) requisição *f*; impresso *m* de (pedido de) encomenda; **~ung** *f* encomenda *f*; pedido *m*; *AGR* cultura *f*; **~zettel** *m* → ***~schein***

'besten|falls no melhor dos casos; quando muito; **~s** da melhor maneira, o melhor possível; ***danke ~!*** muitíssimo obrigado

be'steuer|n <-*re*; -> lançar impostos sobre, estabelecer taxas sobre; **Ձung** *f* imposto *m*; tributação *f*

besti'alisch [bɛsti'aːliʃ] bestial, feroz

'Bestie ['bɛstiə] *f* fera *f*

be'stimm|bar [bə'ʃtim-] determinável; *j-d*: ***leicht ~ sein*** deixar-se influenciar; **~en** <-> determinar; destinar (***zu*** a), *Datum*: *a* fixar, marcar; *Begriff*: definir; *BOT* classificar; *vertraglich*: estipular; (*anordnen*) dispor; ***~ über*** (*ac*) dispor de; **~t** *adj*: determinado, certo, categórico; *GRAM* definido; ***~ für*** destinado para; relativo a; *adv* com certeza; **Ձtheit** *f* <*sem pl*> certeza *f*; **Ձung** *f* determinação *f*; *GRAM* ***adverbiale ~*** complemento *m* invariável; **Ձungsort** *m* <-(*e*)*s*; -*e*> (lugar *m* de) destino *m*

'Best|leistung *f* melhor resultado *m*; *TÉCN* rendimento *m* máximo; **Ձmöglich** o melhor possível

be'straf|en <-> castigar; *mit Geldstrafe*: multar; **Ձung** *f* castigo *m*, pena *f*

be'strahl|en <-> irradiar, iluminar; *MED* (***a sich ~ lassen***) fazer um tratamento radioterapêutico (*od* de raios); **Ձung** *f* irradiação *f*; radioterapia *f*

be'streb|en <->: ***sich ~*** esforçar-se por; pretender; **~t**: ***~ sein zu*** (*inf*) → ***sich bestreben***; **Ձungen** *f/pl* esforços *m/pl*

be'streichen <-> untar; *Brot*: barrar; *MIL* varrer

be'streiten <-> contestar; negar; impugnar; ***die Kosten*** (*gen*) ~ custear (*ac*), pagar os custos (de)

be'streuen *v/t* <-> deitar sobre, polvilhar; ***~ mit*** juncar de

be'stricken <-> *fig* encantar, cativar; **~d** *adj* cativante; encantador

'Bestseller ['bɛstsɛlər] *m* bestseller *m*

be'stück|en [bə'ʃtykən] <-> armar; *MIL* artilhar; **Ձung** *f MIL* artilhamento *m*

be'stürmen <-> assaltar; *fig* assediar

be'stürz|t consternado; atónito (*ô); **Ձung** *f* <*sem pl*> sobressalto *m*, alteração *f*, consternação *f*

Be'such [bə'zuːx] *m* <-(*e*)*s*; -*e*> visita *f* (***auf***, ***zu*** de, ***abstatten*** fazer); (*Gäste*) visitas *f/pl* (***haben*** *a* ter); *Benutzung*, *Besucherzahl*: frequência *f*, *Schule etc*: *a* frequentação *f*; **Ձen** *v/t* <-> visitar, ir ver; *Schule*: ir a, (*a* ***häufig ~***) frequentar; *Versammlung*: assistir a, *zahlreich*: concorrer a; **~er(in** *f*) *m* visitante *su*, visita *f*; *TEA* espe(c)tador(a *f*) *m*; *pl* público *m*, assistência *f*; **~szeit** *f* horas *f/pl* de visita; **Ձt**: ***gut*** (***schwach***) ~ muito (pouco) concorrido

be'sudeln [bə'zuːdəln] <-*le*; -> manchar, sujar; ***mit Blut ~*** ensanguentar

be'tagt [-'taːkt] idoso, de idade

be'tasten <-*e*-; -> apalpar

be'tätig|en [bə'tɛːtigən] <-> reali-

B

zar; *TÉCN* manejar, a(c)cionar; ***sich ~*** ser a(c)tivo; ***sich ~ als*** fazer de, trabalhar como; a(c)tuar de; **≈ung** *f* a(c)tividade *f*; (*Teilnahme*) participação *f*; *TÉCN* manejo *m*, a(c)cionamento *m*; **≈ungsfeld** *n* <-(*e*)*s*; -*er*> campo *m* de a(c)ção

be'täub|en [bə'tɔybən] <-> atordoar; *MED* anestesiar; **~end** *adj Lärm*: atordoante; *MED* anestésico, narcótico; **≈ung** *f* atordoamento *m*; *MED* anestesia *f*, narcose *f*; insensibilidade *f*; **≈ungsmittel** *n* narcótico *m*, anestésico *m*; (*Rauschgift*) estupefaciente *m*

'Bete ['be:tə] *f*: ***Rote ~*** *BOT* beterraba *f*

be'teilig|en [bə'taıligən] <-> fazer participar (***an*** *dat*, ***bei*** em); ***sich ~*** (***an*** *dat*) tomar parte (em), participar (em, de); *ECON* estar interessado (em); **~t** *adj* participante; *bsd ECON* interessado; *bsd JUR* implicado, envolvido (***an*** *dat* em); **≈ung** *f* participação *f*; interesses *m/pl*; (*Mitwirkung*) concorrência *f*, colaboração *f*

'beten ['be:tən] <-*e*-> orar, fazer preces, rezar

be'teuer|n [bə'tɔyərn] <-*re*; -> (re-)afirmar, reiterar; **≈ung** *f* protesto *m*; afirmação *f*

be'titeln [bə'ti:təln] <-*le*; -> intitular; ***j-n ~ als*** (*ac*) tratar alg de, dar o título de ... a alg

Be'ton [bə'tɔŋ] *m* <-*s*; -*s*> betão *m*, cimento *m* (*bras a* concreto *m*) armado

be'tonen [bə'to:nən] *v/t* <-> acentuar; carregar em; *fig* insistir em, sublinhar; frisar, realçar

beto'nieren [bəto'ni:rən] *v/t* <-> betonar, concretar, cimentar

Be'tonmisch|er [bə'tɔŋ-] *m*, **~maschine** *f* betoneira *f*

Be'tonung [be'to:nuŋ] *f* acentuação *f*

be'tören [bə'tø:rən] <-> seduzir; enganar; engodar

betr. ***betreffend***, ***betrifft***, ***betreffs*** com respeito a, referente (ref.[te]) a

Be'tracht [bə'traxt] *m* <-(*e*)*s*; *sem pl*>: ***in ~ kommen*** interessar; ***in ~ ziehen*** tomar em consideração, ter em conta; ***außer ~ lassen*** prescindir de; **≈en** <-*e*-; -> contemplar, mirar; encarar; *fig* considerar (***als*** como *od unübersetzt*); **~er** *m* observador *m*

be'trächtlich [bə'trɛçtliç] considerável; de certa monta

Be'trachtung [bə'traxtuŋ] *f* observação *f*; contemplação *f*, consideração *f*; *pl* reflexões *f/pl*; ***~en anstellen über*** (*ac*) pôr-se a refle(c)tir sobre

Be'trag [bə'tra:k] *m* <-(*e*)*s*; ⸚*e*> importância *f*, quantia *f*; verba *f*; (*Gesamt≈*) montante *m*; ***~ erhalten*** recebi, recebemos

be'tragen 1. *v/t* <-> importar em, montar a, ser; ***sich ~*** comportar-se; **2.** **≈** *n* conduta *f*, comportamento *m*

be'trau|en <->: ***j-n mit et ~*** confiar a/c a alg; **~ern** *v/t* <-*re*; -> chorar; estar de luto por

Be'treff: ***in ~*** = **≈s**; **≈en** *v/t* <-> dizer respeito a; atingir; afe(c)tar; *Verlust*: sofrer; ***was*** (*ac*) ***betrifft*** quanto a; **≈end** (+ *ac*) relativo a; *adj* respe(c)tivo, em questão, em causa; **≈s** (*gen*) com respeito a, em relação a; relativo a, quanto a

be'treiben *v/t* <-> *Gewerbe*: exercer; *Studien*: fazer; *BGB* explorar; *MIL* a(c)cionar (***mit*** a); *Angelegenheit*: tratar de; (*fördern*) a(c)tivar, intensificar; ***auf ≈ von*** por iniciativa de

be'treten 1. *v/t* <-> entrar em, andar sobre, pôr o pé em, trilhar, pisar; **2.** *adj fig* perplexo, confuso, embaraçado

be'treu|en [bə'trɔyən] *v/t* <-> cuidar de; tomar à sua guarda; *j-n*: *a* acompanhar; **≈er**(**in** *f*) *m* assistente *su*; **≈ung** *f* cuidado *m*; acompanhamento *m*, companhia *f*

Be'trieb *m* <-(*e*)*s*; -*e*> serviço *m*; (*Fabrik*) estabelecimento *m*, empresa *f*; fábrica *f*; *BGB* exploração *f*; (*Arbeiten*) *e-r Anlage etc* funcionamento *m*; *fig* ***viel ~*** grande movimento *m*; ***in ~ sein*** estar em funcionamento; trabalhar, estar a funcionar, estar em serviço, *BGB* estar em exploração; ***außer ~ sein*** não funcionar (*etc*); ***in ~ setzen*** pôr em marcha, pôr a trabalhar, pôr a andar; ***den ~ einstellen*** suspender o serviço (*od* a exploração); **≈lich** interno (da empresa); **≈sam** a(c)tivo, mexido; **~samkeit** *f* <*sem pl*> a(c)tividade *f*

Be'triebs|angehörige(r *m*) *su* <*-en*> empregado *m*, -a *f*; *pl* pessoal *m*; **~anleitung** *f* instruções *f/pl*; **~ausflug** *m* <*-(e)s*; *⁼e*> passeio *m* (*od* excursão) de empresa; **ºfertig** em condições (de funcionar); **~führung** *f* <*sem pl*> gerência *f*; **~kapital** *n* <*-s*; *sem pl*> capital *m* de exploração; **~klima** *n* <*-s*; *sem pl*> ambiente *m* de trabalho; **~kosten** *pl* despesas *f/pl* de serviço; **~leiter(in** *f*) *m* dire(c)tor(a *f*) *m* técnico, -a; gerente *su*; **~leitung** *f* dire(c)ção *f*, gerência *f*; **~rat** *m* <*-(e)s*; *⁼e*> conselho *m* (*Person*: conselheiro *m*) técnico; *der Arbeitnehmer*: (membro *m* do) conselho *m* dos empregados; **~sicherheit** *f* <*sem pl*> segurança *f* no trabalho; **~spannung** *f* tensão *f* de serviço; **~störung** *f* perturbação *f* de serviço; avaria *f*; **~system** *n* <*-s*; *-e*> *INFORM* sistema *f* operacional; **~unfall** *m* <*-(e)s*; *⁼e*> acidente *m* de trabalho; **~vereinbarung** *f* convenção *f* da empresa; **~versammlung** *f* reunião *f* do pessoal; **~wirtschaft(slehre)** *f* <*sem pl*> (ciência *f* da) economia *f* industrial

be'trinken <*-*>: ***sich ~*** emborrachar-se, embriagar-se

be'troffen [bə'trɔfən] **1.** *p/p von **betreffen***; **2.** *adj* (*verlegen*) confuso, perplexo; (*erstaunt*) surpreendido, admirado; **ºheit** *f* <*sem pl*> consternação *f*; perturbação *f*; perplexidade *f*

be'trüb|en <*-*> afligir; ***tief ~*** desolar; **~lich** triste; aflitivo; **ºnis** *f* <*-*; *-se*> tristeza *f*, aflição *f*; **~t** *adj* triste, aflito

Be'trug *m* <*-(e)s*; *sem pl*> engano *m*, intrujice *f*; *JUR* fraude *f*; *Spiel*: batota *f*, *bras* tramóia *f*

be'trüge|n <*-*> enganar, intrujar; lograr, burlar; *Spiel*: fazer batota (*bras* tramóia); ***j-n um et ~*** defraudar a/c a alg; **ºr(in** *f*) *m* impostor(a *f*) *m*, embusteiro *m*, -a *f*, intrujão *m*, intrujona *f*; batoteiro *m*, -a *f*; **º'rei** *f* intrujice *f*; **~risch** fraudulento

be'trunken [bə'truŋkən] **1.** *p/p von **betrinken***; **2.** *adj* borracho, bêbedo, ébrio; **ºheit** *f* <*sem pl*> embriaguez *f*, bebedeira *f*; borracheira *f*

Bett [bɛt] *n* <*-(e)s*; *-en*> cama *f* (***zusammenklappbares*** articulada, de encartar, de campanha); (*a Flussº*) leito *m*; ***im ~***, ***zu ~*** na cama (***liegen*** estar); ***zu ~ bringen*** deitar, levar para a cama; ***zu ~ gehen***, ***sich ins ~ legen*** ir para a cama, ir deitar-se; ***das ~ hüten müssen*** estar de cama

'Bett|couch *f* <*-*; *-(e)s*> sofá-cama *m*, cama-divã *f*; **~decke** *f* coberta *f*; (*Tagesdecke*) colcha *f*

'bettel|arm ['bɛtəlʔ-] <*sem pl*> pobríssimo, *bras* paupérrimo; **º'ei** [-'laɪ] *f* mendicidade *f*, *bras* mendicância *f*; *lästige*: pedinchice *f*; **ºmönch** *m* <*-(e)s*; *-e*> frade *m* mendigo, frade *m* mendicante; **~n** <*-le*> mendigar, (andar a) pedir; **ºorden** *m* ordem *f* mendicante; **ºstab** *m* <*-(e)s*; *sem pl*> bastão *m* de mendigo; ***an den ~ bringen*** *fig* reduzir à miséria

'betten ['bɛtən] <*-e-*> acamar; deitar

'bett|lägerig ['-lɛgərɪç]: ***~ sein*** estar de cama; **ºlaken** *n* lençol *m*; **ºlektüre** *f* leitura *f* de cabeceira

'Bettler ['bɛtlər] *m* mendigo *m*, pobre *m*; ***zum ~ machen*** reduzir à miséria; **~in** *f* mendiga *f*; pobre *f*

'Bett|nässen *n* <*-s*; *sem pl*> *MED* enuresia *f*; **~ruhe** *f* <*sem pl*> descanço *m* na cama; **~tuch** *n* <*-(e)s*; *⁼er*> lençol *m*; **~vorleger** *m* tapete *m* de cama; **~wäsche** *f* <*sem pl*>, **~zeug** *n* <*-(e)s*; *sem pl*> roupa *f* de cama

be'tucht [bə'tuːxt] F rico, abastado

be'tupfen <*-*> tocar ligeiramente; *mit Punkten*: salpicar

'beug|en ['bɔygən] dobrar; curvar; flectir; flexionar (*a GRAM*); *fig* humilhar; *Recht*: violar; ***sich ~*** *a* abaixar-se; **ºung** *f* flexão *f*

'Beul|e ['bɔylə] *f* mossa *f*, amolgadura *f*; (*Schwellung*) inchaço *m*; bossa *f*, abaulamento *m*; *Stirn*: galo *m*; *eitrige*: bubão *m*; **~enpest** *f* <*sem pl*> peste *f* bubónica (*ô)

be'unruhig|en [bə'ʔunruːigən] <*-*> inquietar, perturbar, preocupar; **~end** *adj* inquietador, inquietante; **ºung** *f* inquietação *f*, perturbação *f*, preocupação *f*

be'urkunden [bə'ʔuːrkundən] <*-e-*; *-*> documentar; *Unterschrift*: reconhecer, legalizar, abonar

B

be'urlaub|en [bə'ʔuːrlaubən] *v/t* <-> dar licença a; *MIL* licenciar; (*suspendieren*) suspender; (**sich**) despedir(-se); **&ung** *f* licença *f*, licenciamento *m*
be'urteil|en <-> julgar; apreciar; *LIT* criticar; **&ung** *f* juízo *m*; apreciação *f*; *LIT* crítica *f*
'Beute ['bɔytə] *f* <*sem pl*> presa *f*; despojo *m*; (*Jagd&*) caçada *f*; *fig* vítima *f*
'Beutel ['bɔytəl] *m* bolsa *f*, saca *f*; saco *m*; **~ratte** *f* didelfo *m*; **~tier** *n* <-(*e*)*s*; -*e*> canguru *m*; marsupial *m*
be'völker|n [bə'fœlkərn] <-*re*; -> povoar; **&ung** *f* população *f*; povoação *f*
Be'völkerungs|dichte *f* <*sem pl*> densidade *f* populacional; **~explosion** *f* explosão *f* populacional; **~zunahme** *f* acréscimo *m* populacional, evolução *f* demográfica
be'vollmächtig|en [bə'fɔlmɛçtigən] *v/t* <-> autorizar; dar plenos poderes a; *JUR* ***j-n ~*** constituir alg seu procurador; **&te(r)** *m POL* plenipotenciário *m*; *JUR* mandatário *m*, (*a ECON*) procurador *m*; **&ung** *f* autorização *f*, procuração *f*
be'vor [bə'foːr] antes (de) que (*subj*); antes de (*inf*); **~munden** [-mundən] <-*e*-; -> tutelar; **&mundung** [-munduŋ] *f* tutela *f*; **~rechten** <-*e*-; -> privilegiar; **~stehen** ser iminente; ***~d*** iminente; **~zugen** [-tsuːgən] <-> preferir; (*begünstigen*) favorecer; **~zugt** [-tsukt] *adj* privilegiado; predile(c)to; **&zugung** [-tsuːguŋ] *f* preferência *f* (*gen* dada a)
be'wachen <-> vigiar; guardar
be'wachsen: ***~ mit*** coberto de; ***mit Bäumen ~*** arborizado
Be'wachung *f* guarda *f*, vigilância *f*; (*Haft*) detenção *f*
be'waffn|en <-*e*-; -> armar; **~et**: *a* à mão armada; **&ung** *f* armamento *m*
be'wahren <-> guardar; conservar; ***~ vor*** (*dat*) livrar de, preservar de
be'währen <->: ***sich ~*** afirmar-se, satisfazer; dar bom resultado; *a* → ***bewährt***
be'wahrheiten [bə'vaːrhaɪtən] <-*e*-; ->: ***sich ~*** confirmar-se
be'währ|t [bə'vɛːrt] *adj* comprovado; experimentado; **&ung** *f* prova *f*; **&ungsfrist** *f* tempo *m* de prova; ***Strafe mit ~*** pena *f* condicional
be'waldet [-'valdət] *adj* revestido de árvores; arborizado
be'wältig|en [bə'vɛltigən] <-> vencer, dominar; *Arbeit*: levar a cabo; **&ung** *f* domínio *m*; realização *f*
be'wandert [bə'vandərt] versado
Be'wandtnis [bə'vantnis] *f* <-; -*se*> condição *f*; ***damit hat es e-e*** (***eigene*** *etc*) ***~*** é um caso (particular *etc*)
be'wässer|n <-*re*; -> regar; irrigar; **&ung** *f* rega *f*; irrigação *f*; regadio *m*; **&ungsanlage** *f* obras *f/pl* de rega, instalação *f* de irrigação; **&ungsgraben** *m* <-*s*; ¨> rego *m*
be'weg|en [bə'veːgən] <-> mover, *hin und her*: agitar, mexer; *Gemüt*: comover, abalar; impressionar; (*veranlassen*) induzir, determinar, levar; **&grund** *m* <-(*e*)*s*; ¨*e*> motivo *m*; **~lich** móvel; ágil; vivaz; ***~e Habe*** *f* bens *m/pl* móveis; **&lichkeit** *f* <*sem pl*> mobilidade *f*; agilidade *f*; elasticidade *f*; **&ung** *f* movimento *m*; agitação *f*; (*Dreh&*) rotação *f*; *körperliche*: exercício *m*; (*Rührung*) emoção *f*, comoção *f*
Be'wegungs|freiheit *f* <*sem pl*> liberdade *f* de movimentos (*od* de acção); **&los** imóvel; **~losigkeit** [-loːziç-] *f* <*sem pl*> imobilidade *f*
be'weinen <-> chorar, deplorar
Be'weis [bə'vaɪs] *m* <-*es*; -*e*> prova *f*; documentação *f*; argumento *m*; *MAT* demonstração *f* (***antreten*** dar, fazer); ***unter ~ stellen*** provar; demonstrar; **~aufnahme** *f JUR* provas *f/pl*; **&bar** demonstrável
be'weisen <-> provar; evidenciar; *MAT* demonstrar; (*feststellen*) comprovar; *Mut etc*: dar provas de, manifestar
Be'weis|führung *f* demonstração *f*; argumentação *f*; **~grund** *m* <-(*e*)*s*; ¨*e*> argumento *m*; **~kraft** *f* <*sem pl*> força *f* comprobatória; **~last** *f* <*sem pl*> ônus *m* da prova; **~mittel** *n* prova *f*; **~stück** *n* <-(*e*)*s*; -*e*> prova *f*, documento *m*
be'wenden: ***es dabei ~ lassen*** dar-se por satisfeito; deixar ficar; não insistir mais
be'werb|en <->: ***sich ~ um*** candidatar-se a; concorrer para; **&er(in** *f*) *m*

concorrente *su*, candidato *m*, -a *f*; (*a Freier*) pretendente *su*
Be'werbung *f* concurso *m*; candidatura *f*; pedido *m* de mão; **~sgespräch** *n* <-(*e*)*s*; -*e*> entrevista *f* de candidatura a um emprego; **~sschreiben** *n* carta *f* de candidatura
be'werfen <->: ***mit et ~*** atirar a/c a; *ARQUIT mit Kalk*: rebocar com
be'werkstelligen [bə'vɛrkʃtɛligən] <-> realizar, efe(c)tuar; ***es ~, dass*** *a* conseguir que
be'wert|en <-*e*-; -> avaliar, valorizar; **≈ung** *f* valorização *f*, avaliação *f*
be'willig|en [bə'viligən] <-> conceder; outorgar; *durch Mehrheitsbeschluss*: votar; **≈ung** *f* concessão *f*
be'wirken <-> efe(c)tuar; realizar; (*erregen*) causar; (*erreichen*) conseguir
be'wirten [bə'virtən] *v/t* <-*e*-; -> receber, hospedar; *mit Essen*: servir, tratar
be'wirtschaft|en <-*e*-; -> administrar; explorar; racionar; **≈ung** *f* administração *f*; exploração *f*; racionamento *m*
Be'wirtung [bə'virtuŋ] *f* hospedagem *f*; *mit Essen*: trato *m*, serviço *m*
be'wohn|bar [bə'vo:n-] habitável; **~en** <-> habitar; **≈er(in** *f*) *m* habitante *su*; *e-r Straße*: *a* morador(a *f*) *m*
be'wölk|en [bə'vœlkən] <-> anuviar; **≈ung** *f* <*sem pl*> nuvens *f/pl*
Be'wund|(e)rer(in *f*) *m* [bə'vund(ə)rər-] admirador(a *f*) *m*; **≈ern** <-*re*; -> admirar; **≈ernswert**, **≈ernswürdig** admirável; **~erung** *f* admiração *f*
Be'wurf *m* <-(*e*)*s*; ¨*e*> reboque *m*
be'wusst [bə'vust] consciente; cônscio; (*willentlich*) intencional; (*bekannt*) ***der ~e ...*** o conhecido, o tal ...; ***sich ~ sein***, ***sich ~ werden*** (*gen*) ter a consciência de; **~los** sem sentidos; **≈losigkeit** [-lo:ziç-] *f* <*sem pl*> desmaio *m*; **≈sein** *n* <-*s*; *sem pl*> consciência *f* (***bei*** em); ***das ~ verlieren*** perder os sentidos; ***wieder zu ~ kommen*** recuperar os sentidos; **≈seinsspaltung** *f* desdobramento *m* de personalidade
be'zahl|en <-> pagar; remunerar; ***sich bezahlt machen*** *fig* valer a pena; **≈ung** *f* pagamento *m*; remuneração *f*
be'zähmen <-> domar; *fig* (***sich***) ~ dominar(-se)
be'zaubern <-*re*; -> encantar, enfeitiçar; **~d** *adj* encantador
be'zeichn|en <-*e*-; -> (*markieren*) marcar; (*benennen*) designar; indicar; (*bedeuten*) significar; ***~ als*** qualificar de; **~end** *adj* característico; significativo; ***~ für*** *a* típico de; **≈ung** *f* designação *f*; marca *f*; nome *m*; classificação *f*
be'zeug|en <-> atestar; testemunhar; **≈ung** *f* testemunho *m*
be'zichtigen [bə'tsiçtigən] <-> acusar, incriminar (***j-n*** *gen* alg de a/c)
be'zieh|en <-> receber; *Haus*: ir habitar; *MIL* ***Quartier ~*** aquartelar-se; alojar-se; *Stellung*: ir ocupar; *Waren*: comprar (***aus*** em); *Wechsel*: sacar; *Zeitung*: assinar; ***mit Saiten ~*** pôr cordas em; (*überziehen*) cobrir (***mit*** de); *Bett*: *a* pôr roupa limpa em; ***zu ~ durch*** à venda em (casa de); ***~ auf*** (*ac*) aplicar a, relacionar com; ***sich ~*** *Himmel*: anuviar-se; ***sich ~ auf*** (*ac*) dizer respeito a; relacionar-se com; referir-se a; **≈er(in** *f*) *m* assinante *su*; freguês *m*, freguesa *f*; cliente *f*; *ECON Wechsel*: sacador(a *f*) *m*
Be'ziehung *f* relação *f*; ***in ~ setzen zu*** relacionar com; ***in ~ stehen zu*** ter relações com; (*Hinsicht*) respeito *m* (***in*** *dat* com, ***auf*** *ac* a); ***in jeder ~*** sob todos os aspe(c)tos; **≈sweise** (*Abk* ***bzw.***) respe(c)tivamente; ou seja
be'ziffern [bə'tsifərn] <-*re*; -> numerar, cifrar; ***~ auf*** (*ac*) calcular em; ***sich ~ auf*** (*ac*) montar a
Be'zirk [bə'tsirk] *m* <-(*e*)*s*; -*e*> distrito *m*; circunscrição *f*; termo *m*; *JUR* comarca *f*; (*Stadt≈*) bairro *m*; freguesia *f*; área *f*
be'zirzen [-'tsirtsən] <-> F enfeitiçar; encantar
Be'zug *m* <-(*e*)*s*; ¨*e*> (*Überzug*) cobert(ur)a *f*; (*Kissen≈*) fronha *f*; (*Waren≈*) compra *f*; *e-r Zeitung*: assinatura *f*; *pl* ***Bezüge*** (*Gehalt*) vencimentos *m/pl*; ***in ~ auf*** (*ac*), ***mit ~ auf*** (*ac*) com respeito a, com referência a; ***~ nehmen auf*** (*ac*) referir-se a

be'züglich [bə'tsy:kliç] relativo, com respeito (*gen* a)

Be'zugnahme [-na:mə] *f*: ***unter ~ auf*** (*ac*) com referência a

Be'zugs|bedingungen *f/pl* condições *f/pl* (de fornecimento *od* de compra); **≈fertig** *Wohnung*: pronto a ser habitado; **~quelle** *f* casa *f* fornecedora

be'zwecken [bə'tsvɛkən] <-> visar a, ter em vista, ter em mira, ter por fim; pretender (conseguir)

be'zweifeln *v/t* <-le; -> duvidar de, pôr em dúvida

be'zwingen <-> dominar (*a fig*), subjugar; *Festung*: tomar; *Tier*: domar

BH [be:'ha:] *m* → ***Büstenhalter***

Bhf ***Bahnhof*** *m* estação

'Bibel ['bi:bəl] *f* <-; -n> Bíblia *f*; **≈fest** que conhece bem a Bíblia; **~spruch** *m* <-(e)s; ≈e> versículo *m*; **~stelle** *f* passagem *f* (*od* trecho *m*) da Bíblia

'Biber ['bi:bər] *m* castor *m*; **~bau** *m* <-(e)s; -e> toca *f* de castor

Bibliogra'phie [bi:bliogra'fi:] *f* bibliografia *f*

Biblio'thek [bi:blio'te:k] *f* biblioteca *f*; **~'ar(in** *f*) [-te'ka:r] *m* <-s; -e> bibliotecário *m*, -a *f*

'biblisch ['bi:bliʃ] bíblico

Bi'det [bi'de:] *n* <-s; -s> bidé *m*

'bieder ['bi:dər] *LIT* leal, probo, honesto; (pequeno) burguês; **≈keit** *f* <sem pl> *LIT* probidade *f*, re(c)tidão *f*; **≈mann** *m* <-(e)s; ≈er> (pequeno) burguês *m*; **≈meier** ['-maiər] *n* <-s; sem pl> *estilo burguês da primeira metade do século XIX*.

'bieg|en ['bi:gən] **1.** *v/t* dobrar, torcer, curvar; ***auf ≈ oder Brechen*** a todo o transe; ou vai ou racha; **2.** *v/i* <sn> ***um die Ecke ~*** dobrar a esquina; **~sam** flexível, elástico; **≈ung** *f* curva *f*; *TÉCN* flexão *f*

'Biene ['bi:nə] *f* abelha *f*

'Bienen|haus *n* <-es; ≈er> colmeal *m*; **~königin** *f* abelha-mestra *f*; **~korb** *m* <-(e)s; ≈e> colmeia *f*, cortiço *m*; bobina *f* em ninho de abelha; **~schwarm** *m* <-(e)s; ≈e> abelhal *m*, *bras* enxame *m*; **~stich** *m* <-(e)s; -e> *MED* ferroada *f*; **~stock** *m* <-(e)s; ≈e> → ***~korb***; **~zucht** *f* <sem pl> apicultura *f*; **~züchter** *m* apicultor *m*, colmieiro *m*, abelheiro *m*

Bier [bi:r] *n* <-(e)s; -e> cerveja *f* (***dunkles*** preta; ***helles*** branca); **'~brauer** *m* cervejeiro *m*, fabricante *m* de cerveja; **'~brauerei** *f* cervejaria *f*, fábrica *f* de cerveja; **'~deckel** *m* base *f* (para canecas de cerveja); **'~glas** *n* <-es; ≈er> imperial *m*, caneca *f*; **'~kasten** *m* <-s; ≈> grade *f*

'Biese ['bi:zə] *f* nervura *f*

Biest [bi:st] P *n* <-(e)s; -er> fera *f*

'bieten oferecer (*dat* a); *Hand*: estender; ***sich*** (*dat*) ***et ~ lassen*** tolerar a/c, admitir a/c

Biga'mie [biga'mi:] *f* bigamia *f*

bi'gott [bi'gɔt] beato

Bi'kini [bi'ki:ni] *m* <-s; -s> biquíni *m*

Bi'lanz [bi'lants] *f* balanço *m* (***ziehen*** fazer); saldo *m*

'bilateral ['bi:latera:l] bilateral

Bild [bilt] *n* <-(e)s; -er> imagem *f*, figura *f*; (*Gemälde*) quadro *m*, pintura *f*; (*Abbildung*) gravura *f*, estampa *f*; *j-s*: retrato *m*; (*Licht≈*) fotografia *f*; *auf Münzen*: efígie *f*; *fig* ideia *f*, noção *f*, imagem *f*; (*Sinn≈*) símbolo *m*; ***im ~e sein*** estar informado, estar ao corrente (***über*** *ac* de); ***sich ein ~ machen von*** fazer uma ideia de a/c; **'~bericht** *m* <-(e)s; -e> reportagem *f* (foto)gráfica; **'~berichterstatter(in** *f*) *m* repórter *su* fotográfico, -a

'bilden ['bildən] <-e-> formar; *geistig*: *a* informar; instruir; civilizar, educar; (*zusammensetzen*) constituir; ***gebildet*** *j-d*: culto; **~d** *adj* instrutivo; (in)formativo; civilizador; *Kunst, Künstler*: plástico

'Bilder|bogen ['bildər-] *m* <-s; - *od* ≈> folha *f* com figuras; **~buch** *n* <-(e)s; ≈er> livro *m* ilustrado (*od* com estampas, com gravuras); **~galerie** *f* galeria *f* (*od* museu *m*) de pintura; **~rahmen** *m* moldura *f*, caixilho *m*; **~rätsel** *n* enigma *m* figurado; **~stürmer** *m* iconoclasta *m*

'Bild|fläche *f* tela *f*; *fig* ***auf der ~ erscheinen*** aparecer, surgir; ***von der ~ verschwinden*** desaparecer; **~funk** *m* <-(e)s; *sem pl*> radiofotografia *f*, telefotografia *f*; (*Fernsehen*) televisão *f*; **≈haft** gráfico; *fig*

plástico; **~hauer(in** *f*) *m* escultor(a *f*) *m*; **~hauerei** *f* <*sem pl*> escultura *f*; **2'hübsch** <*sem pl*> F formos(íssim)o; **2lich** figurado, metafórico; → ***2haft***; **~nis** *n* <*-ses*; *-se*> retrato *m*; *Münze*: efígie *f*; **~platte** *f* vídeo-disco *m*; **~qualität** *f* qualidade *f* de imagem; **~reportage** *f* → ***~bericht***; **~reporter(in** *f*) → ***~berichterstatter(in)***; **~röhre** *f* lâmpada *f* catódica; cinescópio *m*; **~schärfe** *f* nitidez *f* de imagem; **~schirm** *m* <*-(e)s*; *-e*> tela *f*; **~schirmtext** *m* <*-es*; *-e*> vídeotexto *m*; **2'schön** lindo, muito bonito; **~seite** *f* anverso *m*

'Bildung ['bildʊŋ] *f* <*sem pl*> (*Schul2 etc*) formação *f*, educação *f*; instrução *f*; *geistige*: cultura *f* (intelectual); <*pl -en*> constituição *f*; (*Gestalt*) forma *f*

'Bildungs|fernsehen *n* <*sem pl*> telescola *f*; **~grad** *m* <*-(e)s*; *-e*> grau *m* de instrução (*od* cultura); **~lücke** *f* falha *f* na cultura geral; **~urlaub** *m* <*-(e)s*; *-e*> férias *f/pl* de formação; **~wesen** *n* <*sem pl*> educação *f*, ensino *m*

'Billard ['biljart] *n* <*-s*; *-e*> bilhar *m*; **~stock** *m* <*-(e)s*; *¨e*> taco *m*

Bi'llett [bi'ljɛt] *n* <*-(e)s*; *-e od -s*> bilhete *m*; entrada *f*; passagem *f*

'billig ['biliç] barato (*a fig*); *Preis*: *a* módico; *fig* (*recht u ~*) justo; **~en** ['-ligən] aprovar; **2lohnland** *n* <*-(e)s*; *¨er*> país *m* com salários baixos; **2ung** [-gʊŋ] *f* aprovação *f*

Bil'lion [bili'oːn] *f* bilião *m*, bilhão *m*; ***e-e ~*** um milhão *m* de milhões, um bilhão

'bimmeln <*-le*> F tocar; repicar; **2** *n* repique *m*

'Bimsstein *m* <*-(e)s*; *-e*> pedra-pomes *f*

'Binde ['bində] *f* MED ligadura *f*, (*a Stirn-, Augen2*) venda *f*; (*Damen2*) penso *m* higiénico; (*Arm2*) braçadeira *f*; **~gewebe** *n* tecido *m* conjuntivo; **~glied** *n* <*-(e)s*; *-er*> vínculo *m*; elo *m*; conjunção *f*; **~haut** *f* <*sem pl*> conjuntiva *f*; **~hautentzündung** *f* conjuntivite *f*; **~mittel** *n* conglutinante *m*; (*Mörtel*) argamassa *f*; (*Zement*) cimento *m*

'binden atar; (*a* MÚS *u fig*) ligar; (*kleben*) pegar; *Besen*: fazer; *Buch*: encadernar; empastar; ***sich ~*** *fig* comprometer-se; ***nicht gebunden sein*** ser livre; não ter compromisso(s); *fig* ***j-m et auf die Nase ~*** fazer acreditar a/c a alg; **2** *n Buch*: encadernação *f*; empaste *m*; *Fass*: guarnição *f* com arcas; **~d** *adj fig* obrigatório

'Binde|strich *m* <*-(e)s*; *-e*> traço *m* de união, hífen *m*; **~wort** *n* <*-(e)s*; *¨er*> conjunção *f*

'Bindfaden ['bint-] *m* <*-s*; *¨*> guita *f*, cordel *m*, fio *m*

'Bindung ['bindʊŋ] *f* (*a* MÚS) ligação *f*; QUÍM *a* liga *f*; (*Ski2*) fixação *f*; combinação *f*; (*Verpflichtung*) compromisso *m*; ***e-e ~ eingehen*** comprometer-se; QUÍM ligar

'binnen ['binən] (*gen u dat*) dentro de; no prazo de

'Binnen...: *in Zssg(n) meist* interior, interno; **~fischerei** *f* <*sem pl*> pesca *f* em águas doces; **~gewässer** *n/pl* águas *f/pl* continentais; **~hafen** *m* <*-s*; *¨*> porto *m* fluvial; **~handel** *m* <*sem pl*> comércio *m* interno; **~klima** *n* <*-s*; *sem pl*> clima *m* continental; **~land** *n* <*-(e)s*; *¨er*> interior *m*; **~markt** *m* <*-(e)s*; *¨e*> mercado *m* interno; **~schifffahrt** *f* <*sem pl*> navegação *f* fluvial

'Bins|e ['binzə] *f* junco *m*; ***in die ~n gehen*** F perder-se; estragar-se; falhar; **~enwahrheit**, **~enweisheit** F *f* lugar *m* comum; trivialidade *f*

Bio|che'mie [bio-] *f* <*sem pl*> bioquimica *f*; **'~gas** ['bio-] *n* <*-es*; *-e*> biogás *m*; **~gra'fie**, **~gra'phie** [-gra'fiː] *f* biografia *f*; **'~laden** *m* <*-s*; *¨*> loja *f* de produtos (alimentares) isentos de quimica; **~'loge** [-'loːgə] *m* <*-n*> biólogo *m*, biologista *m*; **~lo'gie** [-lo'giː] *f* <*sem pl*> biologia *f*; **~'login** [-'loːgin] *f* biologista *f*, bióloga *f*; **2'logisch** biológico; **'~masse** *f* <*sem pl*> biomassa *f*; **~phy'sik** *f* biofísica *f*; **~'top** [-'toːp] *n* <*-s*; *-e*> biótopo *m*

'Birk|e ['birkə] *f* bétula *f*, vido *m*, vidoeiro *m*; **~enholz** *n* madeira *f* de bétula; **~hahn** *m* <*-(e)s*; *¨e*> galo *m* silvestre

'Birma *n* Birmânia *f*

'Birn|baum ['birn-] *m* <*-(e)s*; *¨e*> pereira *f*; **~e** *f* pêra *f*; EL lâmpada *f* elé(c)trica; TÉCN convertedor *m*

B

bis [bis] **1.** *prp* **~** (**zu**, **nach**; **auf**, **in** *ac*) a, até; **~ auf** *ac* (= *außer*) salvo, excepto; **2.** *cj* **~** (**dass**) até que (*subj*)
'Bisch|of ['biʃɔf] *m* <-*s*; ⸚*e*> bispo *m*; **⁓öflich** ['-œfliç] episcopal
'Bischofs...: *in Zssg(n) meist* episcopal; **~amt** *n* <-(*e*)*s*; ⸚*er*> episcopado *m*; **~stab** *m* <-(*e*)*s*; ⸚*e*> báculo *m*
bis'her até agora; **~ig** que + *Verb* (*im perf*) até agora
Bis'kuit [bis'kviːt] *m* <-(*e*)*s*; -*e*> biscoito *m*
'Bison ['biːzɔn] *m* <-*s*; -*s*> bisonte *m*
Biss [bis] *m* <-*es*; -*e*> mordedura *f*; dentada *f*; **'⁓chen** ['-çən] pouco, bocadinho; F **ein ~** um bocadinho; *bras* um pouquinho
'Biss|en ['bisən] *m* bocado *m*; **⁓ig** que morde; mordaz (*a fig*)
'Bisswunde *f* mordedura *f*
'Bistum ['bistuːm] *n* <-*s*; ⸚*er*> bispado *m*
bis'weilen às vezes, de vez em quando
Bit [bit] *n* <-(*s*); -(*s*)> bit *m*
'bitte ['bitə] por favor, *Sie*: faça favor, *du*: faz favor; *sehr höflich*: tenha a bondade de, *nachgestellt*: se faz favor; com liçença!; (**wie**) **~?** como?, perdão?; **~** (**sehr**)**!** (*Antwort auf Dank*) não há de quê, não tem de quê; de nada!; (*einladend*) faça favor
'Bitte *f* pedido *m*; (*Gesuch*) requerimento *m*; **e-e ~ an j-n haben** pedir um favor a alg
'bitten pedir, rogar (**j-n um et** a/c a alg); (*ersuchen*) solcitar (**um et** a/c); **zu sich ~**, **zu Tisch ~** convidar; **~ zu** (*inf*), **~**, **dass** rogar que (*subj*); **aber ich bitte Sie!** mas por (*bras* pelo) amor de Deus!; por quem é!; **ich lasse ~!** que entre!, pode entrar!; **wenn ich ~ darf** faz favor, faça-me o favor (*od* o obséquio); tenha a bondade; *nachgestellt*: se faz favor
'bitter ['bitər] amargo, *fig a* duro; **~er Ernst** a sério; fora de brincadeira; **~böse** <*sem pl*> muito zangado; furioso; **~kalt**: **~ sein** estar frio a valer; **⁓keit** *f* amargor *m*; *fig* amargura *f*, azedume *m*; **~lich** amargamente
'Bitt|gang *m* <-(*e*)*s*; ⸚*e*> procissão *f*; **~gesuch** *n* <-(*e*)*s*; -*e*>, **~schrift** *f* súplica *f*, requerimento *m*, petição *f*; **~steller(in** *f*) *m* ['-ʃtɛlər] peticionário *m*, -a *f*, requerente *su*, solicitante *su*
Bi'tumen [bi'tuːmən] *n* betume *m*
'Biwak ['biːvak] *n* <-*s*; -*s od* -*e*> bivaque *m*; **⁓'ieren** <-> [biva'kiːrən] bivacar
bi'zarr [bi'tsar] esquisito, excêntrico
'Bizeps ['biːtsɛps] *m* <-*es*; -*e*> biceps *m*, bicípete *m*
Bl. ***Blatt*** *n* folha (fl., *pl* fls., fols.)
'bläh|en ['blɛːən] inchar; *MED* causar flatos (*bras* flatulência *od* gases); **sich ~** *fig* inchar; pavonear-se; **⁓ung** *f MED* flato *m*, flatulência *f*, ventosidade *f*, *bras a* gases
Bla'm|age [bla'maːʒə] *f* situação *f* ridícula; vergonha *f*; **⁓ieren** <-> ridicularizar; desacreditar; colocar mal; **sich ~** fazer má figura; ficar mal colocado
blank [blaŋk] liso, brilhante; *Waffe*: branco; F (*abgebrannt*) liso, teso
'Blanko|scheck ['blaŋkoː-] *m* <-*s*; -*s*> cheque *m* em branco; **~vollmacht** *f* carta *f* branca
'Bläschen ['blɛːsçən] *n* borbulha *f*, empola *f*
'Blase ['blaːzə] *f* (*Wasser⁓*) bolha *f*, empola *f* (*a Haut⁓*); *ANAT* (*Harn⁓*) bexiga *f*, (*Gallen⁓*) vesícula *f*; *QUÍM* abóbora *f*; alambique *m*, cucúrbita *f*; *GEOL* geode *m*; *pl* **~n werfen** borbulhar; **~balg** *m* <-(*e*)*s*; ⸚*e*> fole *m*
'blasen ['blaːzən] soprar; *MÚS* (*a* **auf** *dat*) tocar (*ac*); **⁓entzündung** *f* cistite *f*; **⁓stein** *m* <-(*e*)*s*; -*e*> cálculo *m* vesical
'Bläser ['blɛːzər] *m* soprador *m*; *MÚS* tocador *m* (de um instrumento de sopro); *MÚS* sopro *m*
bla'siert [bla'ziːrt] esnobe, *s*nob; **⁓heit** *f* <*sem pl*> esnobismo *m*
'blasig ['blaːziç] bolhoso
'Blas|instrument ['blaːs-] *n* <-(*e*)*s*; -*e*> instrumento *m* de sopro; **~musik** *f* música *f* para instrumentos de sopro; **~rohr** *n* <-(*e*)*s*; -*e*> zarabatena *f*, maçarico *m*
blass [blas] pálido; **~ werden** empalidecer
'Blässe ['blɛsə] *f* <*sem pl*> palidez *f*
Blatt *n* <-(*e*)*s*; ⸚*er*, *als Maß im pl inv*>

folha *f*; (*Zeitung*) jornal *m*, periódico *m*; (*Ruder*2) leme *f*; *fig* ***kein ~ vor den Mund nehmen*** não ter papas na língua; *MÚS* ***vom ~*** à primeira vista; ***das ~ hat sich gewendet*** as coisas mudaram; ***auf e-m anderen ~ stehen*** ser outra coisa

'**blättern** ['blɛtərn] <*-re*> folhear (***in et*** *dat* a/c)

'**Blätterteig** *m* <*-(e)s; -e*> massa *f* folhada

'**Blatt|gold** *n* <*-(e)s; sem pl*> ouro *m* em folhas; **~grün** *n* <*-s; sem pl*> clorofila *f*; **~laus** *f* <*-; ¨e*> pulgão *m*; **~pflanze** *f* planta *f*; **~stiel** *m* <*-(e)s; -e*> pé *m*, pecíolo *m*

blau [blaʊ] **1.** *adj* azul; *Auge* (*geschwollen*): negro; F (*betrunken*) borracho; ***~er Fleck*** *m* nódoa (*bras* mancha) *f* negra; ***j-m ~en Dunst vormachen*** pregar uma peta a alg (*bras* uma peça em alg); ***mit e-m ~en Auge davonkommen*** escapar por um triz; **~ gefroren** roxo de frio; **2.** 2 *n* <*-s; sem pl*> azul *m*; ***ins ~e hinein*** à toa; ***das ~e vom Himmel herunterlügen*** mentir que é uma beleza; '**~äugig** ['-ɔygɪç] zarco, de olhos azuis; *fig* ingénuo (*ê); **2beere** *f* mirtilo *m*; '**~grau** azul acinzentado

'**bläulich** ['blɔylɪç] azulado; *MED* lívido

'**Blau|licht** *n* <*-(e)s; sem pl*> *AUTO* luz *f* rotativa azul; **2machen** faltar no trabalho (por não ter vontade); **~meise** *f* chapim *m* azul; **~pause** *f* cianotipia *f*; **~säure** *f* <*sem pl*> ácido *m* prússico; **~stift** *m* <*-(e)s; -e*> lápis *m* azul

Blech [blɛç] *n* <*-(e)s; -e*> lata *f*; chapa *f* de ferro; (*Weiß*2) folha-de--flandres *f*; *fig* F disparate(s *pl*) *m*; '**~blasinstrument** *n* <*-(e)s; -e*> instrumento *m* de metal; '**~büchse** *f*, '**~dose** *f* lata *f*; '**2en** F pagar o pato (*od* a patente); '**2ern** de lata; '**~musik** *f* <*sem pl*> charanga *f*; '**~schaden** *m* <*-s;* ¨> dano *m* de carroçaria (*bras* carroceria); '**~schere** *f* tesoura *f* para chapa

'**blecken** ['blɛkən] mostrar dentes

Blei [blaɪ] **a)** *n* <*-(e)s; -e*> chumbo *m*; **b)** *m* <*-(e)s; -e*> *ZO* brema *f*; (*~stift*) lápis *m*

'**Bleibe** ['blaɪbə] F *f* alojamento *m*

'**bleiben** *v/i* <*sn*> ficar; (*a übrig ~*) restar; (*sich aufhalten, aus~*) demorar(-se); (*weiter~*) permanecer, continuar; (*beharren*) insistir (***bei*** em; ***dabei, dass*** em que); ***bei*** *der Sache, der Wahrheit* **~** não se afastar de; ***j-m vom Hals(e) ~*** deixar alg em paz; ***am Leben ~*** sobreviver; ***~ lassen*** deixar; não fazer; ***es bleibt dabei*** fica combinado, fica assente, ficamos nisso; ***wo ~ Sie denn so lange?*** então, nunca mais vem?, porque não vem?; **~d** *adj* permanente, constante, duradouro

bleich [blaɪç] pálido; '**2e** *f* (*Bleichplatz*) coradouro *m*; (*Prozess*) cora *f*; '**~en** *v/t* (*v/i; sn*) (des)corar, branquear; *Farben*: desbotar; *Haare*: aclarar, embranquecer; '**2mittel** *n* corante *m*; '**2sucht** *f* <*sem pl*> anemia *f*, clorose *f*; '**~süchtig** anémico (*ê)

'**blei|ern** de chumbo; **~frei** sem chumbo; **2gießer** *m* chumbeiro *m*; **2glanz** *m* <*-es; sem pl*> *MIN* galema *f*; **~haltig** ['-haltɪç] plumífero; **2stift** *m* <*-(e)s; -e*> lápis *m*; **2stiftspitzer** *m* apara-lápis *m*, *bras* apontador *m* de lápis; **2vergiftung** *f* saturnismo *m*; **2weiß** *n* <*-; sem pl*> alvaiade *m*, cerusa *f*

'**Blend|e** ['blɛndə] *f* mira *f*; *BGB* blenda *f*; *FOT*: diafragma *m*; **2en** <*-e-*> cegar; *vorübergehend*: encandear; assombrar; ofuscar; deslumbrar, *fig a* deitar poeira nos olhos dos outros; **2end** *adj* brilhante, deslumbrante; **~er** *m fig* vigarista *m*; intrujão *m*; **~schutz** *m* <*-es; sem pl*> prote(c)ção *f* contra encandeamento; prote(c)tor *m* de vista; **~ung** *f* privação *f* da vista; deslumbramento *m* (*a fig*); **~werk** *n* <*-(e)s; -e*> ilusão *f*, fantasmagoria *f*; poeira *f* (deitada aos olhos dos outros)

Blick *m* <*-(e)s; -e*> olhar *m* (***werfen*** lançar); (*Aussicht*) vista *f*; ***auf den ersten ~*** à primeira vista; ***e-n ~ werfen auf*** (*ac*) deitar uma vista de olhos a, *bras* dar uma olhada em

'**blicken** olhar; mirar; ***sich ~ lassen*** aparecer; ***tief ~ lassen*** dar muito que pensar; ***zu Boden ~*** pôr os olhos no chão

'**Blick|feld** *n* <*-(e)s; sem pl*> campo

B

m visual; '**~punkt** *m* <-(*e*)*s*; -*e*> ponto *m* de mira

blind [blint] cego (***auf*** *dat* de); *Glas*: baço; (*schmutzig*) sujo; ARQUIT postiço; *Alarm*: falso; *Passagier*: clandestino; ***~ geboren*** cego de nascimento (*bras* de nascença); ***~ schreiben*** escrever ao ta(c)to, *bras* bater sem olhar no teclado

'**Blinddarm** *m* <-(*e*)*s*; ¨*e*> apêndice *m*; **~entzündung** *f* apendicite *f*

'**Blinde**|(**r** *m*) *su* <-*n*> cego *m*, -a *f*; **~kuh**(**spiel** *n* <-(*e*)*s*; -*e*>) *f* <*sem pl*> jogo *m* da cabra cega

'**Blinden|anstalt** *f*, **~heim** *n* <-(*e*)*s*; -*e*> asilo *m* de cegos; **~hund** *m* <-(*e*)*s*; -*e*> cão *m* de cego; **~schrift** *f* <*sem pl*> escrita *f* em relevo, escrita *f* „Braille"

'**Blind|flug** *m* <-(*e*)*s*; ¨*e*> voo (*ô) *m* sem visibilidade, voo (*ô) *m* às cegas; **~gänger** ['-gɛŋər] *m* MIL bomba *f* não deflagrada; **~heit** *f* <*sem pl*> cegueira *f*; ***wie mit ~ geschlagen sein*** *fig* deslumbrado; às cegas; **♀lings** ['-liŋks] às cegas; **~schleiche** ['-ʃlaiçə] *f* cobrelo *m*, licranço *m*

'**blink|en** ['bliŋkən] reluzir; cintilar; fazer sinais luminosos; AUTO piscar; **♀er** *m* pisca-pisca *m*; **♀feuer** *n* fogos *m*/*pl* falsos; farol *m* de luz intermitente; **♀licht** *n* <-*s*; -*er*> luz *f* intermitente; AUTO *a* pisca-pisca *m*; **♀zeichen** *n* sinal *m* luminoso

'**blinzeln** ['blintsəln] <-*le*> pestanejar; piscar os olhos

Blitz [blits] *m* <-*es*; -*e*> relâmpago *m*; (*~strahl*) raio *m*; '**~ableiter** *m* pára-raios *m*; '**♀artig** fulminante; como um raio; '**♀'blank** <*sem pl*> resplandescente; (*sauber*) muito limpo; '**♀en** <-*t*> relampejar; *fig* fulminar; '**~gespräch** *n* <-*s*; -*e*> TEL chamada-relâmpago *f*; '**~krieg** *m* <-(*e*)*s*; -*e*> guerra-relâmpago *f*; '**~licht** *n* <-(*e*)*s*; -*er*> flash *m*; '**~lichtaufnahme** *f* flash *m*; '**~schlag** *m* <-(*e*)*s*; ¨*e*> raio *m*; '**♀schnell** <*sem pl*> como um raio; '**~schutz** *m* <-*es*; *sem pl*> pára-raios *m*; '**~strahl** *m* <-(*e*)*s*; -*en*> raio *m*

Block [blɔk] *m* <-(*e*)*s*; ¨*e u* -*s*> bloco *m*; (*Holz♀*) cepo *m*; (*Häuser♀*) bairro *m*; quarteirão *m*; (*Straf♀*) canga *f*; **~'ade** [blɔ'ka:də] *f* bloqueio *m*; '**~flöte** *f* flauta *f* de bisel; '**♀frei** POL neutral; '**~haus** *n* <-*es*; ¨*er*> casa *f* de madeira; **♀'ieren** [-'ki:-] <-> bloquear; '**~schrift** *f* letras *f*/*pl* maiúsculas; *bras* letra *f* de forma

'**blöd**|(**e**) ['blø:d(ə)] imbecil, estúpido; (*schüchtern*) tímido; **♀heit** *f* estupidez *f*; **♀mann** F *m* <-*s*; ¨*er*> imbecil *m*; estúpido *m*; **♀sinn** *m* <-*s*; *sem pl*> idiotice *f*; estupidez *f*; imbecilidade *f*; F disparate(s *pl*) *m*; **~sinnig** idiota, imbecil, parvo; F disparatado

'**blöken** ['blø:kən] *v/i Kalb*: berrar; *Rind*: mugir; *Schaf*: balar

blond [blɔnt] louro; **~'ieren** [blɔn'di:rən] <-> oxigenar; alourar; **♀'ine** [-'di:nə] *f* loura *f*

bloß [blo:s] **1.** *adj* <*sem pl*> nu, despido; (*alleinig*) mero; ***mit ~en Füßen*** descalço; ***mit ~em Auge*** a olho nu, à vista desarmada; ***auf ~en Verdacht hin*** por mera suspeita; **2.** *adv* meramente, somente; apenas

'**Blöße** ['blø:sə] *f* nudez *f*; *fig* ponto *m* fraco; ***sich e-e ~ geben*** descobrir-se; ***sich keine ~ geben*** não dar o braço a torcer

'**bloß|legen** descobrir; **~liegen** estar descoberto; **~stellen** *fig* expor; comprometer

Blou'son [blu'zɔ̃:] *n* <-*s*; -*s*> blusão *m*

Bluff [blœf] *m* <-*s*; -*s*> atoarda *f*; logro *m*; *bras* blefe *m*; '**♀en** *v/t* intrujar, lograr, *bras a* blefar

'**blühen** ['bly:ən] **1.** *v/i* estar em flor, florescer, *fig a* prosperar; **2.** **♀** *n* florescência *f*; prosperidade *f*; **~d** *adj* florescente, próspero; em flor

'**Blume** ['blu:mə] *f* flor *f*; *Wein*: aroma *m*; *Bier*: espuma *f*; *fig* ***durch die ~*** discretamente, veladamente

'**Blumen|beet** *n* <-(*e*)*s*; -*e*> canteiro *m*; **~erde** *f* terra *f* para flores; **~geschäft** *n* <-(*e*)*s*; -*e*> florista *su*; **~händler(in** *f*) *m* florista *su*; **~kasten** *m* <-*s*; ¨> floreira *f*; **~kohl** *m* <-(*e*)*s*; *sem pl*> couve-flor *f*; **~ständer** *m* jardineira *f*; **~strauß** *m* <-*es*; ¨*e*> ramalhete *m*; ramo (*bras* maço) *m* de flores; **~topf** *m* <-(*e*)*s*; ¨*e*> vaso *m* para flores; **~vase** *f* jarra *f*; **~zucht** *f* <*sem pl*> floricultura *f*; **~züchter** *m* floricultor *m*; **~zwiebel** *f* <-; -*n*> bolbo *m*

'blumig ['bluːmiç] florido; *Wein*: aromático

'Bluse ['bluːzə] *f* blusa *f*

Blut [bluːt] *n* <-(*e*)*s*; *sem pl*> sangue *m* (***auswerfen, spucken*** deitar, expe(c)torar); ***böses ~ machen*** causar desavenças; **'~alkohol** *m* <-*s*; *sem pl*> percentagem *f* de álcool no sangue; **'~andrang** *m* <-(*e*)*s*; *sem pl*> congestão *f*; **'~arm** <*sem pl*> anémico (*ê); *fig* pobríssimo, *bras* paupérrimo; **'~armut** *f* <*sem pl*> anemia *f*; **'~bad** *n* <-(*e*)*s*; *sem pl*> carnificina *f*, matança *f* (***anrichten*** fazer); **'~bahn** *f* circulação *f* do sangue; **'~befleckt** ['-bəflɛkt] ensanguentado; **'~bild** *n* <-(*e*)*s*; -*er*> fórmula *f* do sangue; **'~druck** *m* <-(*e*)*s*; *sem pl*> tensão *f* (*bras* pressão *f*) arterial; **'~dürstig** ['-dyrstiç] sanguinário, feroz

'Blüte ['blyːtə] *f* flor(escência) *f*; ***in ~ stehen*** estar em flor(escência)

'Blutegel *m* sanguessuga *f*, *bras* bicha *f*

'bluten ['bluːtən] <-*e*-> deitar sangue; sangrar

'Blüten|blatt *n* <-(*e*)*s*; ¨*er*> pétala *f*; **~knospe** *f* gomo *m* floral, botão *m*; **~stand** *m* <-(*e*)*s*; ¨*e*> inflorescência *f*; **~staub** *m* <-(*e*)*s*; *sem pl*> pólen *m*

'Blut|er ['bluːtər] *m* hemofílico *m*; **~erguss** *m* <-*es*; ¨*e*> hemorragia *f*; efusão *f* de sangue; **~erkrankheit** *f* <*sem pl*> hemofilia *f*

'Blütezeit *f* florescência *f*; *fig* apogeu *m*; século *m* de ouro

'Blut|fleck *m* <-*s*; -*e*> mancha *f* de sangue; **~gefäß** *n* <-*es*; -*e*> vaso *m* sanguíneo; **~gerinnsel** *n* embolia *f*; **~gerinnung** *f* <*sem pl*> coagulação *f* de sangue; **~gruppe** *f* grupo *m* sanguíneo; **~hund** *m* <-(*e*)*s*; -*e*> braco *m*; **~ig** sangrento; ensanguentado; **~jung** <*sem pl*> novíssimo; **~konserve** *f* conserva *f* de sangue; **~körperchen** [-çən] *n* glóbulo *m* de sangue; ***rotes ~*** hemoglobina *f*; ***weißes ~*** leucócito *m*; **~kreislauf** *m* <-(*e*)*s*; *sem pl*> circulação *f* do sangue; **~leer** exangue; **~leere** *f* <*sem pl*>, **~mangel** *m* <-*s*; *sem pl*> anemia *f*; **~orange** *f* laranja *f* de sangue; **~plasma** ['-plasma] *n* <-*s*; -*en*> plasma *m* sanguíneo; **~probe** *f* análise *f* de sangue; *JUR* prova *f* de sangue; **~rache** *f* <*sem pl*> vingança *f* de morte; **~reinigend** (***~es Mittel***) depurativo (*m*); **~rot** <*sem pl*> vermelho; **~rünstig** ['-rynstiç] sangrento; *fig* sanguinário; **~sauger** *m* sanguessuga *f*; *fig* vampiro *m*; **~schande** *f* <*sem pl*> incesto *m*; **~senkung** *f* sedimentação *f* do sangue; **~spender** *m* dador *m* (*od* doador *m*) de sangue; **~stillend** (***~es Mittel***) hemostático (*m*); **~sturz** *m* <-(*e*)*s*; *sem pl*> hemorragia *f*, hemoptise *f*; **~sverwandt** consanguíneo; **~sverwandtschaft** *f* consanguineidade *f*; **~tat** *f* assassínio *m*; **~transfusion** *f*, **~übertragung** *f* transfusão *f* de sangue; **~ung** *f* perda *f* de sangue; hemorragia *f*; **~unterlaufen** equimosado, roxo; **~vergießen** *n* <*sem pl*> derramamento *m* de sangue; **~vergiftung** *f* septicemia *f*; **~verlust** *m* <-*es*; -*e*> perda *f* de sangue; **~wäsche** *f* hemodiálise *f*; **~wurst** *f* <-; ¨*e*> morcela *f*; **~zucker** *m* glicemia *f*

BLZ → ***Bankleitzahl***

b-'Moll *n* <-; *sem pl*> si *m* bemol minor

Bö [bøː] *f* rajada *f*, golpe *m* de vento

'Boa ['boːa] *f* <-; -*s*> boa *f*

Bob [bɔp] *m* <-*s*; -*s*>, **'~schlitten** *m* tobogã *m*, tobogan *m*

Bock [bɔk] *m* <-(*e*)*s*; ¨*e*> (*Ziegen~*) bode *m*, (*Schaf~*) carneiro *m*; (*Reh~*) corço *m*; (*Gestell*) cavalete *m*; (*Kutsch~*) boleia *m*; *fig* (*Fehler*) estenderete *m* (***schießen*** fazer, dar); (*Trotz*) teimosia *f*; **'~(bein)ig** teimoso; **'~en** *ZO* estar com o cio; *fig* ser teimoso; **~shorn**: ***ins ~ jagen*** intimidar; meter medo a; **'~springen** *n* (jogo *m* do) eixo *m*; **'~sprung** *m* <-(*e*)*s*; ¨*e*> capriola *f*, pulo *m*; *Turnen*: (salto *m* do) eixo *m*; **'~wurst** *f* <-; ¨*e*> salsicha *f*

'Boden ['boːdən] *m* <-*s*; ¨> solo *m*, terra *f*; chão *m*, (*Fuß~*) *a* soalho *m*, sobrado *m*; (*~art*) terreno *m*; (*Dach~*) sótão *m*, desvão *m*; águas-furtadas *f/pl*; (*Grund*) fundo *m*; *ARQUIT* pavimento *m*; (*Grundlage*) base *f*; ***zu ~ werfen*** deitar abaixo, derrubar; ***zu ~ gehen***, (***den***) ***~*** (***unter den Füßen***) ***verlieren*** perder pé, perder terreno; (***an***) ***~ ge-***

B

winnen ganhar terreno; ***in Grund und ~*** radicalmente

'Boden|beschaffenheit *f* <*sem pl*> natureza *f* do solo; **~erhebung** *f* elevação *f* do terreno; eminência *f*; **~ertrag** *m* <-(*e*)*s*; ¨*e*> produção *f* agrícola; rendimento *m* da terra; **~fenster** *n* trapeira *f*; **~kammer** *f* <-; -*n*> sótão *m*, desvão *m*; **~kreditanstalt** *f*, **~kreditbank** *f* banco *m* hipotecário; **≈los** sem fundo; (*tief*) *a* insondável; *fig* espantoso; **~-'Luft-Rakete** *f* MIL míssil *m* terra-ar; **~nebel** *m* neblina *f* rasteira; **~personal** *n* <-*s*; *sem pl*> pessoal *m* de terra; **~reform** *f* reforma *f* agrária; **~satz** *m* <-*es*; *sem pl*> borra *f*, pé *m*; **~schätze** [-ʃɛtsə] *m*/*pl* riquezas *f*/*pl* do solo (*od* naturais); **~see** *m* ***der ~*** Lago *m* de Constança; **~spekulation** *f* especulação *f* com terrenos; **≈ständig** autóctone; popular; arraigado; **~station** *f* estação *f* terrestre; **~turnen** *n* <-*s*; *sem pl*> ginástica *f* de solo

'Body|building ['bɔdibildiŋ] *n* <-*s*; *sem pl*> body-building *m*; **~guard** [-'ga:t] *m* <-*s*; -*s*> *port* guarda-costas *m*; *bras a* espoleta *f*

'Bogen ['bo:gən] *m* <-*s*; - *od* ¨> arco *m*; (*Biegung*) curva *f*; (*Krümmung*) contorno *m*; (*Brücken≈*) vão *m*; (*Papier≈*) folha *f*; (*Spitz≈*) ogiva *f*; (*Sattel≈*) arção *m*; **~fenster** *n* janela *f* arqueada; **≈förmig** arqueado; abobadado; (*spitz~*) ogival; **~gang** *m* <-(*e*)*s*; ¨*e*> arcada *f*; *im Ohr*: conduto *m* auditivo; **~lampe** *f* lâmpada *f* de arco; **~schießen** *n* tiro *m* ao arco; **~schütze** *m* <-*n*> archeiro *m*

'Bohle ['bo:lə] *f* pranchão *m*, madeiro *m*

'Böhm|e ['bø:mə] *m* <-*n*> boémio (*ê) *m*; **~en** *n* Boémia; **~in** boémia (*ê) *f*; **≈isch** da Boémia (*ê), boémio (*ê) *m*, -a *f*; ***das sind für ihn böhmische Dörfer*** para ele é grego

'Bohne ['bo:nə] *f* feijão *m*; ***grüne ~n*** *pl* feijão *m* verde, *bras* vagem *f*; (*Kaffee≈*) grão *m* de café; (*Pferde≈*, *Sau≈*) fava *f*; ***blaue ~*** MIL F bala *f*; **~nkaffee** *m* <-*s*; *sem pl*> café *m*; **~nkraut** *n* <-(*e*)*s*; *sem pl*> segurelha *f*; **~nstange** *f* vara *f*, rama *f*; *fig* trangalhadanças *su*; pau-de-virar-tripas *m*, trinca-espinhas *su*, *bras* varapau *m*

'bohner|n ['bo:nərn] <-*re*> encerar; **≈wachs** *n* <-*es*; -*e*> cera *f*

'bohr|en ['bo:rən] furar, brocar; ***in*** (*ac*) *hinein~* cravar; BGB sondar; **≈er** *m* verruma *f*, broca *f*; (*Arbeiter*) furador *m*; **≈insel** *f* <-; -*n*> plataforma *f* de perfuração; *Erdöl*: plataforma *f* petrolífera; **≈loch** *n* <-(*e*)*s*; ¨*er*> furo *m*, buraco *m*; BGB barreno *m*; *Petroleum*: poço *m* petrolífero; **≈maschine** *f* máquina *f* de furar (*od zum Ausbohren*: de escarear; *zum Durchbohren*: de perfurar); perfuradora *f*; **≈turm** *m* <-(*e*)*s*; ¨*e*> torre *f* de perfuração; poço *m* petrolífero; **≈ung** *f* furagem *f*, brocagem *f*; perfuração *f*; (*Erd~*) sondagem *f*

'böig ['bø:iç] às rajadas, violento

'Boiler ['bɔylər] *m* esquentador *m*; termoacumulador *m*

'Boje ['bo:jə] *f* bóia *f*, baliza *f*

Bo'livien [bo'li:viən] *n* Bolívia *f*

'Böller ['bœlər] *m* morteiro *m*

'Bollwerk [bɔl-] *n* <-(*e*)*s*; -*e*> baluarte *m*, bastião *m*

Bolsche'wis|mus [bɔlʃə'vismus] *m* <-; *sem pl*> bolchevismo *m*; **~t(in** *f*) *m* <-*en*>, **≈tisch** bolchevista *su*

'Bolzen ['bɔltsən] *m* flecha *f*, dardo *m*; perno *m*, pino *m*; cavilha *f*; seta *f*

Bombard|e'ment [bɔmbardə'mɑ̃:] *n* <-*s*; -*s*> bombardeamento *m*, bombardeiro *m*; **≈'ieren** <-> bombardear

bom'bastisch [bɔm'bastiʃ] bombástico

'Bombe ['bɔmbə] *f* bomba *f* (***abwerfen*** lançar); ***wie e-e ~ einschlagen*** rebentar como uma bomba

'Bomben|abwurf *m* <-(*e*)*s*; ¨*e*> lançamento *m* de bombas; **~anschlag** *m* <-(*e*)*s*; ¨*e*>, **~attentat** *n* <-(*e*)*s*; -*e*> atentado *m* bombista; **~erfolg** F *m* <-(*e*)*s*; -*e*> êxito *m* retumbante; **~flugzeug** *n* <-(*e*)*s*; -*e*> → ***Bomber***; **≈sicher** <*sem pl*> à prova de bomba; F *adv* de certeza absoluta

'Bomber ['bɔmbər] *m* bombardeiro *m*, avião *m* de bombardeamento (*od* bombardeio)

Bon [bɔŋ] *m* <-*s*; -*s*> bónus *m*; **~'bon** *m u n* <-*s*; -*s*> rebuçado *m*; *bras* bala *f*

Bonn ['bɔn] *n* Bona *f*
'Bonus ['bo:nus] *m* <-; *-se*> bónus *m*
'Bonze ['bɔntsə] *m* <*-n*> bonzo *m*
Boot [bo:t] *n* <-(*e*)*s*; *-e*> barco *m*; embarcação *f*; batel *m*; (*Motor*≗) barco *m* a gasolina; ***im gleichen ~ sitzen*** *fig* estar na mesma situação
'Boots|anhänger *m* reboque *m* para transportar barcos; **~haus** *n* <*-es*; *¨er*> barraca *f* para guardar barcos; **~rennen** *n* regata *f*; **~verleih** *m* <-(*e*)*s*; *-e*> aluguer (*bras* aluguel) *m* de barcos
Bor [bo:r] *n* <*-s*; *sem pl*> boro *m*
'Borax ['bo:raks] *m* <*-es*; *sem pl*> borato *m* de sódio, bórax *m*
Bord [bɔrt] **a**) *m* <-(*e*)*s*; *-e*> NAV bordo *m* (***an*** a); (*Reling*) balaustrada *f*; ***an ~ gehen*** embarcar; ***von ~ gehen*** desembarcar; ***Mann über ~!*** homem à água!; *fig* ***über ~ werfen*** desembaraçar-se de; **b**) *n* <-(*e*)*s*; *-e*> (*Bücherbrett*) estante *f*; (*Küchenbrett*) prateleira *f*
'Bord|computer *m* computador *m* de bordo; **~elektronik** *f* <*sem pl*> electrónica (*ô) *f* de bordo
Bor'dell [bɔr'dɛl] *n* <*-s*; *-e*> bordel *m*, lupanar *m*, *bras* casa *f* de tolerância
'Bord|funker *m* (radio)telegrafista *m*; **~karte** *f* cartão *m* de embarque; **~monteur** *m* <*-s*; *-e*> mecânico *m*; **~stein** *m* <-(*e*)*s*; *-e*> borda *f* do passeio; **~wand** *f* <-; *¨e*> costado *m*
Borg [bɔrk] *m* <-(*e*)*s*; *sem pl*>: ***auf ~*** a crédito; emprestado *m*; **'≗en** ['-gən] emprestar (***j-m*** a alg); ***sich*** (*dat*) ***et ~*** pedir a/c emprestada a
'Borke ['bɔrkə] *f* cortiça *f*, casca *f*
bor'niert [bɔr'ni:rt] tapado; **≗heit** *f* <*sem pl*> pouca inteligência *f*
'Borretsch ['bɔrɛtʃ] *m* <*-es*; *sem pl*> borragem *f*
'Bor|salbe [bo:r-] *f* <*sem pl*> pomada *f* bórica; **~säure** *f* <*sem pl*> ácido *m* bórico
'Börs|e ['bœrsə] *f* bolsa *f*; **~en...**: *in Zssg*(*n*) *meist* de bolsa, da bolsa; **~enbericht** *m* <-(*e*)*s*; *-e*> boletim *m* da Bolsa; notícias *f/pl* financeiras; **≗enfähig**, **≗engängig** cotizável; **~engeschäft** *n* <-(*e*)*s*; *-e*> operação *f* de bolsa; **~enkrise** *f* crise *f* financeira (*od* bolsista); **~enkurs** *m* <*-es*; *-e*> cotação *f* da bolsa; **~enmakler** *m* agente *m* de câmbio; **~enspekulant** *m* <*-en*> agiota *m*; especulador *m* da bolsa
'Borst|e ['bɔrstə] *f* cerda *f*; **~enpinsel** *m* brocha *f*; **≗ig** cerdoso, hirsuto, eriçado; *fig* arisco
Borte ['bɔrtə] *f* debrum *m*; (*Tresse*) galão *m*; (*Franse*) franja *f*
'bösartig ['bø:s-] maligno (*a* MED), mau; **≗keit** *f* maldade *f*, malignidade *f* (*a* MED)
'Böschung ['bœʃuŋ] *f* declive *m*; *steile*: talude *m*; escarpa *f*
'böse ['bø:zə] **1.** *adj* mau, ruim; (*ärgerlich*) zangado (***auf*** *ac* com); ***~ werden*** zangar-se; **2.** *adv* mal; ***ich habe es nicht ~ gemeint*** não foi por mal; **≗wicht** *m* <-(*e*)*s*; *-e od -er*> malvado *m*
'bos|haft ['bo:s-] malévolo; mau; *bras a* maldoso; **≗haftigkeit** *f*, **≗heit** *f* maldade *f*; malvadez *f*, *bras a* malvadeza *f*
'Bosnien ['bɔsniən] *n* Bósnia *f*
'böswillig ['bø:s-] malévolo; **≗keit** *f* má fé *f*, perfídia *f*, *bras a* malvadeza *f*
Bo'tan|ik [bo'ta:nik] *f* <*sem pl*> botânica *f*; **~iker** *m*, **≗isch** botânico (*m*)
'Bot|e ['bo:tə] *m* <*-n*> mensageiro *m*, emissário *m*; *für Gänge*: moço *m* de recados, recadista *m*; ***durch ~n*** por portador; **~engang** *m* <-(*e*)*s*; *¨e*> recado *m*; **~enlohn** *m* <-(*e*)*s*; *sem pl*> gratificação *f*; **~in** *f* recadeira *f*
'Botschaft *f* mensagem *f*; recado *m*; *Diplomatie*: embaixada *f* (***deutsche*** da Alemanha); **~er(in** *f*) *m* mensageiro *m*, -a *f*; *Diplomatie*: embaixador *m*, embaixatriz *f*; **~s...**: *in Zssg*(*n*) de embaixada
'Böttcher ['bœtçər] *m* tanoeiro *m*; **~'ei** [-'raɪ] *f* tanoaria *f*
'Bottich ['bɔtiç] *m* <-(*e*)*s*; *-e*> cuba *f*, tina *f*
Bouil'lon [bul'jɔŋ] *f* <-; *-s*> caldo *m*
'Bowle ['bo:lə] *f* cup *m*; *bras* ponche *m*
'Bowling ['bo:liŋ] *n* <*-s*; *-s*> bowling *m*
Box [bɔks] *f* compartimento *m*; boxe *m* (*a in Garagen*); (*Lautsprecher*≗) coluna *f*
'box|en ['bɔksən] *v/i* <*-t*> jogar o

boxe, *bras* boxear; **⁓en** *n* boxe *m*; pugilismo *m*; **⁓er** *m* pugilista *m*, *bras* box(e)ador *m*; **⁓ershorts** *pl* boxers *m/pl*; *bras* camelô *m*; **⁓handschuh** *m* <-(*e*)*s*; -*e*> luva *f* de boxe; **⁓kampf** *m* <-(*e*)*s*; ⁓*e*> pugilato *m*; **⁓sport** *m* <-(*e*)*s*; *sem pl*> boxe *m*; pugilismo *m*

Boy'kott [bɔy'kɔt] *m* <-(*e*)*s*; -*s*, -*e*> boicotagem *f*, *bras* boicote *m*; **⁓'ieren** <-> boicotar

brach [braːx] inculto, baldio; **'⁓e** ['-ə] *f*, **'⁓feld** *n* <-(*e*)*s*; -*er*>, **'⁓land** *n* <-(*e*)*s*; *sem pl*> (terreno *m*) baldio *m*, terra *f* de alqueive, pousio *m*; **'⁓liegen** alqueivar, barbechar; *dauernd*: estar ermo; *a fig* ficar improdutivo

'brack|ig ['brakiç] salobre; **⁓wasser** *n* água *f* salobre

'Bramsegel ['braːm-] *n* vela *f* de joanete

'Branche ['brɑ̃ːʃe] *f* ramo *m*

'Branchenverzeichnis *n* <-*ses*; -*se*> lista *f* classificada

Brand [brant] *m* <-(*e*)*s*; ⁓*e*> incêndio *m*; MED gangrena *f*; BOT alforra *f*, mela *f*, mangra *f*; F (*Durst*) sede *f* ardente; ***in ⁓ geraten*** incendiar-se; ***in ⁓ stecken*** incendiar, deitar (*od* pôr, *bras a* botar) fogo a; **'⁓blase** *f* empola *f* (de queimadura), *bras a* bolha *f* (de queimadura); **'⁓bombe** *f* bomba *f* incendiária

branden ['brandən] <-*e*-> bater contra, quebrar-se

'Brandenburg *n* ['brandənburk] Brandeburgo *su*

'Brand|gefahr *f* <*sem pl*> perigo *m* de incêndio; **'⁓geruch** *m* <-(*e*)*s*; ⁓*e*> chamusco *m*; **'⁓herd** *m* <-(*e*)*s*; -*e*> foco *m* de incêndio; **'⁓ig** ['brandiç] BOT mangrado; MED gangrenoso; **'⁓mal** *n* <-(*e*)*s*; -*e od* ⁓*er*> queimadura *f*; *a fig* estigma *m*; ferrete *m*; **'⁓malerei** *f* pirogravura *f*; **'⁓marken** estigmatizar, (*Vieh*) marcar; **'⁓mauer** *f* <-; -*n*> parede *f* mestra; **'⁓neu** novinho em folha; **'⁓rodung** *f* queimada *f*; **'⁓salbe** *f* pomada *f* para queimaduras; **'⁓schaden** *m* <-*s*; ⁓> prejuízo *m* causado por incêndio; **'⁓schatzen** ['-ʃatsən] <-*t*> impor contribuições a; (*plündern*) saquear; **'⁓schutz** *m* <-*es*; *sem pl*> protecção *f* contra incêndios; **'⁓sohle** *f* sobressola *f*; **'⁓stätte** *f* lugar *m* do incêndio; **'⁓stifter** *m* incendiário *m*; *krankhafter*: pirómano *m*; **'⁓stiftung** *f* fogo *m* posto; **'⁓ung** ['branduŋ] *f* rebentação *f*; **'⁓wache** *f* guarda *f* de bombeiros; **'⁓wunde** *f* queimadura *f*

'Branntwein ['brant-] *m* <-(*e*)*s*; -*e*> aguardente *f*, *bras* cachaça *f*; **⁓brennerei** *f* destilaria *f* de aguardente

Brasili'an|er(in *f*) *m* [brazili'aːnər-], **⁓isch** brasileiro *m*, -a *f*, do Brasil

'Brat|apfel ['braːt-] *m* <-*s*; ⁓> maçã *f* assada; **⁓en** ['braːtən] *v/t im Ofen*: assar; *in der Pfanne*: fritar; *auf dem Rost*: grelhar; **⁓en** *m* assado *m*; **⁓huhn** *n* <-(*e*)*s*; ⁓*er*> frango *m* assado; **⁓kartoffeln** *f/pl* batatas *f/pl* assadas; **⁓ofen** *m* <-*s*; ⁓> forno *m*; **⁓pfanne** *f* sertã *f*, frigideira *f*; **⁓rost** *m* <-(*e*)*s*; -*e*> grelha *f*

'Bratsche ['braːtʃə] *f* viola *f*

'Brat|spieß *m* <-*es*; -*e*> espeto *m*; **⁓wurst** *f* <-; ⁓*e*> salsicha *f* fresca

Brauch [braʊx] *m* <-(*e*)*s*; ⁓*e*> costume *m*, uso *m*; prática *f*; **'⁓bar** útil; ***⁓ sein*** *a* servir; **'⁓barkeit** *f* <*sem pl*> utilidade *f*

'brauch|en *v/t* (*a ge⁓*) (*nötig haben*) precisar de; necessitar (de); carecer de; ***man braucht nur zu*** (*inf*) basta (*inf od* que *subj*), é só (*inf*); **'⁓tum** *n* <-*s*; ⁓*er*> costumes *m/pl* (populares), tradições *f/pl*

'Brau|e ['braʊə] *f* sobrancelha *f*; **⁓en** *Bier*: fabricar, fazer; *Nebel*: formar-se; **⁓er** *m* fabricante *m* de cerveja; **⁓e'rei** [-ə'raɪ] *f*, **⁓haus** *n* <-*es*; ⁓*er*> cervejaria *f*; **⁓meister** *m* mestre *m* cervejeiro

braun [braʊn] castanho; *Butter*: derretida; *Haut*: moreno, *⁓ gebrannt*: queimado; *Pferd*: baio; **'⁓äugig** ['-ɔygiç] de olhos castanhos

'Braunschweig ['braʊnʃvaɪk] *n* Brunsvique *su*

'Bräun|e ['brɔynə] *f* <*sem pl*> cor *f* queimada, cor *f* castanha; (*Haut*) bronzeado *m*; bronzeamento *m*; **⁓en** torrar; *Sonne*: queimar; bronzear; *Kuchen etc*: ***leicht ⁓*** aloirar; crestar; tostar

'Braunkohle *f* <*sem pl*> lignite *f*

'bräunlich ['brɔynliç] acastanhado; moreno

'**Brause** ['braʊzə] *f* (*Dusche*) chuveiro *m*; = **~limonade** *f* gasosa *f*; **Ձn** *v/i* <-t> *Wind*: soprar; *Meer*, *Sturm*: bramar, rugir; (*sausen*) correr (com alta velocidade); **~n** *n* rugido *m*, bramido *m*, zunido *m*; **~pulver** *n* magnésia *f* efervescente

Braut [braʊt] *f* <-; ¨e> noiva *f*; '**~ausstattung** *f* enxoval *m* de noiva; '**~bett** *n* <-(*e*)*s*; -*en*> leito *m* nupcial, tálamo *m*; '**~führer** *m* paraninfo *m*, *bras* padrinho *m*

'**Bräutigam** ['brɔytigam] *m* <-*s*; -*e*> noivo *m*

'**Braut|jungfer** *f* <-; -*n*> dama *f* de honor (*bras* honra); **~kleid** *n* <-(*e*)*s*; -*er*> vestido *m* de noiva; **~kranz** *m* <-*es*; ¨*e*> grinalda *f*, coroa *f* nupcial; **~leute** *pl*, **~paar** *n* <-(*e*)*s*; -*e*> noivos *m/pl*; **~schau** *f* <*sem pl*>: ***auf ~ gehen*** andar à procura de uma noiva; **~schleier** *m* véu *m* de noivado (*bras* noiva); **~stand** *m* <-(*e*)*s*; *sem pl*> noivado *m*; **~werbung** *f* pedido *m* de casamento

brav [bra:f] (*artig*) bom; (*bieder*) honesto; **~o!** ['bra:vo] bravo!; **Ձ'(o)ur** [bra'vu:r] *f* <*sem pl*> brio *m*

'**Brech|bohne** ['brɛç-] *f* feijão *m* verde, *bras* vagem *f*; **~durchfall** *m* <-(*e*)*s*; ¨*e*> colerina *f*; **~eisen** *n* alavanca *f*; pé-de-cabra *m*

'**brechen** **1.** *v/t* romper, quebrar; *MED* fra(c)turar; ***sich*** (*dat*) ***ein Bein ~*** partir; *Flachs*: trilhar; *Gesetz*: violar, infringir; *Herz*: destroçar; *Papier*: dobrar; *Strahlen*: refle(c)tir, refra(c)tar; *Vertrag*, *Wort*: faltar a; *Widerstand*: vencer; ***die Ehe ~*** cometer adultério; **2.** *v/i* <*sn*> partir; romper-se; *Stimme*: *a* mudar; *Herz*: destroçar-se; ***mit j-m ~*** cortar relações com alg, romper com alg; (*sich er~*) <*h*> vomitar; **~d**: ***~ voll*** à cunha

'**Brech|er** ['-ər] *m* (*Sturzwelle*) vagalhão *m*; *TÉCN* britador *m*; **~mittel** *n* vomitivo *m*, vomitório *m*; **~reiz** *m* <-*es*; *sem pl*> enjoo (*ô) *m*, náusea *f*; **~stange** *f* alavanca *f*; **~ung** *f* *FOT* refra(c)ção *f*

Brei [braɪ] *m* <-(*e*)*s*; -*e*> papa(s *f/pl*) *f*; *bras a* mingau *m*; *Gemüse*: puré *m*

breit [braɪt] *m* largo, amplo; *Nase*: chato; ***drei Meter ~*** com três metros de largura; ***sich ~ machen*** estender-se; *fig a* divulgar-se; '**~beinig** ['-baɪniç] com as pernas abertas; '**Ձe** ['-ə] *f* largura *f*, largo *m*; amplitude *f*; *GEOGR* = '**Ձengrad** *m* <-(*e*)*s*; -*e*> latitude *f*; '**~schlagen** achatar; *fig* persuadir; '**~schult(e)rig** ['-ʃult(ə)riç] de ombros largos; '**Ձseite** *f* <*sem pl*> *NAV* costado *m*; '**~spurig** ['-ʃpu:riç] *CAM. DE F* de via larga; '**~treten** pisar; *fig* não largar; '**Ձwandfilm** *m* <-(*e*)*s*; -*e*> filme *m* para ecran panorâmico (*bras* tela panorâmica)

'**Bremen** ['bre:mən] *n* Brema *su*

'**Bremsbelag** ['brɛms-] *m* <-(*e*)*s*; ¨*e*> calço *m* (de travão, *bras* de freio)

'**Brems|e** ['brɛmzə] *f* travão *m*, freio *m*, *bras a* breque *m*; *ZO* moscardo *m*; **Ձen** <-t> travar, *bras* frear; **~er** *m* guarda-freio *m*; **~klotz** *m* <-*es*; ¨*e*> calço *m* de travão (*bras* de freio *od* breque); **~licht** *n* <-(*e*)*s*; -*er*> luz *f* de travão (*bras* de freio); **~pedal** *n* <-*s*; -*e*> pedal *m* do travão (*bras* do freio); **~spur** *f* rastos *m/pl* de travagem (*bras* de freada *od* brecada); **~trommel** *f* <-; -*n*> tambor *m* do travão (*bras* freio *od* breque); **~weg** *m* <-(*e*)*s*; -*e*> percurso *m* de travagem (*bras* de freio *od* breque)

'**brennbar** ['brɛɛ-] combustível; inflamável

Brennelement *n* barra *f* de combustível

'**brennen** **1.** *v/t* queimar; *Branntwein*: destilar; *Kaffee*: torrar; ***schwarz ~*** esturrar; *Kalk*, *Ziegel*: cozer; *Kohlen*: fazer, carbonizar; **2.** *v/i* (estar a) arder, (*a heizen*) estar a queimar; pegar fogo; *Licht*: estar aceso; *Speise*: picar; ***darauf ~ zu*** (*inf*) estar morto por; **3.** **Ձ** *n* ardor *m*; *Porzellan*: cozedura *f*; **~d** ardente; *fig a* palpitante

'**Brenn|er** *m* *Gas*: bico *m*; *Branntwein*: destilador *m*; *TÉCN* incendiário *m*; **~e'rei** [-ə'raɪ] *f* destilação *f*; **~glas** *n* <-*es*; ¨*er*> lente *f* ustória; **~holz** *n* <-*es*; *sem pl*> lenha *f*; **~material** *n* <-*s*; -*ien*> combustível *m*, combustíveis *m/pl*; **~nessel** *f* urtiga *f*; **~punkt** *m* <-(*e*)*s*; -*e*> foco *m*; **~spiritus** *m* <-; *sem pl*> álcool *m* desnaturado; **~stab** *m* <-(*e*)*s*; ¨*e*> *Kernenergie*: barra *f* de combustível; **~stoff** *m* <-(*e*)*s*; -*e*> → ***~mate-***

B

rial; **~weite** *f FOT* distância *f* focal
'brenzlig ['brɛntsliç] chamusco; *fig* melindroso; perigoso; F bicudo
'Bresche ['brɛʃə] *f* abertura *f*, brecha *f* (***schlagen*** fazer, abrir, rachar)
Brett [brɛt] *<-(e)s; -er>* tábua *f*, prancha *f*; *im Schrank*: prateleira *f*; (*Schach*≗) tabuleiro *m*; (*Tablett*) bandeja *f*; ***schwarzes ~*** quadro *m*; ***ein ~ vor dem Kopf haben*** ser tapado, ser parvo; **'~er** *n/pl Skisport*: esquis *m/pl*; *TEA*: palco *m*; **'~erbude** *f* barraca *f* de madeira; **'~ergerüst** *n <-(e)s; -e>* andaime *m*; **'~erwand** *f <-; ⸚e>* paliçada *f*, tabique *m*; **'~spiel** *n <-(e)s; -e>* jogo *m* de tabuleiro
Bre'vier [bre'viːr] *n <-s; -e>* breviário *m*
'Brezel ['breːtsəl] *f <-; -n>* rosquilha *f*
Brief [briːf] *m <-(e)s; -e>* carta *f*, epístola *f*; *Börse* (*Angebot*): papel *m*; **'~beschwerer** ['-bəʃveːrər] *m* pesa-papel *m*; *bras* peso *m* para papel; **'~block** *m <-(e)s; ⸚e>* bloco *m* de papel de carta; **'~bogen** *m <-s; ⸚>* folha *f* (de papel de carta); **'~bombe** *f* carta-bomba *f*; **'~geheimnis** *n <-ses; -se>* segredo *m* postal
briefen *v/t* fazer um briefing
'Brief|kasten *m <-s; ⸚>* marco *m* (postal); *privat*: receptáculo *m* postal; **'~kopf** *m <-(e)s; ⸚e>* timbre *m*; **'≗lich** por carta; **'~mappe** *f* pasta *f*; **'~marke** *f* selo *m* postal; estampilha *f*; **'~markensammler** *m* filatelista *m*; **'~öffner** ['-œfnər] *m* corta-papel *m*; **'~papier** *n <-s; sem pl>* papel *m* de carta; **'~partner(in** *f*) *m* correspondente *su*; **'~porto** *n <-s; -s a -ti>* franquia *f*; **'~post** *f <sem pl>* correio *m*; **'~schaften** ['-ʃaftən] *f/pl* correspondência *f*; **'~schreiber(in** *f*) *m* autor(a *f*) *m* da carta; remetente *su*; *LIT* epistológrafo *m*, -a *f*; **'~tasche** *f* carteira *f*; **'~taube** *f* pombo-correio *m*; **'~träger** *m* carteiro *m*; **'~umschlag** *m <-(e)s; ⸚e>* sobrescrito *m*, envelope *m*; **'~verkehr** *m <-s; sem pl>* correspondência *f*; **'~waage** *f* pesa-cartas *m*; **'~wahl** *f* eleição *f* por carta; voto *m* por correspondência; **'~wechsel** *m* correspondência *f*; ***in ~ stehen*** corresponder-se
Bri'gade [bri'gaːdə] *f* brigada *f*
Brigg [brik] *f <-; -s>* brigue *m*
Bri'kett [bri'kɛt] *n <-(e)s; -s od -e>* briquete *m*
Bril'lant [bril'jant] **1.** *m <-en>* brilhante *m*; **2.** ≗ *adj* brilhante
'Brille ['brilə] *f* óculos *m/pl*
'Brillen|futteral *n <-s; -e>* estojo *m* (*od* caixa *f*) de óculos; **~gestell** *n <-s; -e>* armações *f/pl*; **~glas** *n <-es; ⸚er>* vidro *m* (*od* lente *f*) de óculos; **~schlange** *f* cobra *f* (de) capelo, naja *f*; *fig* caixa *f* de óculos; **~träger** *m*: ***~ sein*** usar óculos
'bringen ['briŋən] (*her~*) trazer; (*hin~, weg~*) levar; (*begleiten*) acompanhar; (*ein~*) render, dar; (*hervor~*) produzir; *Opfer*: fazer; (*fertig ~*) conseguir; ***es weit ~*** chegar longe; ***j-n dahin*** (*od* ***dazu***) ***~, dass*** (*od* ***zu*** *inf*) conseguir que alg (*subj*); abalançar alg a; levar alg a; obrigar alg a; ***j-n auf et*** (*ac*) ***~*** sugerir a/c a alg; ***auf die Seite ~*** desviar, pôr de lado; ***es auf*** *70* ***Jahre ~*** chegar à idade de ...; ***in Erfahrung ~*** conseguir saber, *bras* descobrir, ficar sabendo; ***in Gang ~*** pôr a trabalhar; ***in Ordnung ~*** arranjar; ***mit sich ~*** trazer consigo, *fig a* implicar; ***über sich ~*** *fig* resolver-se; ***j-n um et ~*** fazer perder a/c a alg; privar alg de a/c; ***von der Stelle ~*** (re)mover; *fig* adiantar; ***j-n zum Lachen ~*** fazer rir alg; ***es zu et ~*** fazer fortuna, fazer carreira; chegar a ser alg
bri'sant [bri'zant] altamente explosivo (*a fig*)
Bri'sanz [bri'zants] *f* poder *m* explosivo (*a fig*)
'Brise ['briːzə] *f* brisa *f*, viração *f*
'Brit|e ['britə] *m <-n>*, **~in** *f*, **≗isch** britânico *m*, -a *f*
'bröck|(e)lig ['brœk(ə)liç] inconsistente; *Mauer*: desmoronadiço; *Gestein*: friável; **~eln** *<-le>* desmoronar-se
'Brocken ['brɔkən] *m* pedaço *m*; bocado *m*; (*Krume*) migalha *f*; naco *m*
'brodeln ['broːdəln] **1.** *v/i <-le>* borbulhar; fervilhar; **2.** ≗ *n* efervescência *f*
Bro'kat [bro'kaːt] *m <-(e)s; -e>* brocado *m*

'**Brokkoli** ['brɔkoli] *pl* brócolos *m/pl*
Brom [bro:m] *n* <*-s; sem pl*> bromo *m*
'**Brombeer|e** ['brɔm-] *f* amora *f* silvestre; **~strauch** *m* <*-(e)s;* ¨*er*> silveira *f*; amoreira
'**Bromsäure** [bro:m-] *f* <*sem pl*> ácido *m* brómico (*ô)
Bronch|i'alkatarr(h) [brɔnçi'a:l-] *m* <*-s; -e*> bronquite *f*; '**~ien** ['-iən] *f/pl* brônquios *m/pl*; **~'itis** [-'çitis] *f* <*-; -itiden*> bronquite *f*
'**Bronz|e** ['brɔŋsə] *f* bronze *m*; **≈efarben** bronzeado; **≈'ieren** <*-*> bronzear
'**Brosame** ['bro:za:mə] *f* migalha *f*
'**Brosch|e** ['brɔʃə] *f* broche *m*; **≈'ieren** <*-*> brochar; **~'üre** [-'ʃy:rə] *f* brochura *f*; folheto *m*
Brot [bro:t] *n* <*-(e)s; -e*> pão *m*; ***sein ~ verdienen*** ganhar a sua vida; '**~aufstrich** *m* <*-(e)s; -e*> conduto *m*; '**~beutel** *m* saco *m* para o pão
'**Brötchen** ['brø:tçən] *n* pãozinho *m*; ***belegtes ~*** sanduíche *f*, sande *f*
'**Brot|einheit** *f* teor *m* em glícidos; *bras* glicídios *m/pl*; **~erwerb** *m* <*-(e)s; sem pl*> ganha-pão *m*; **~fabrik** *f* panificação *f*; **~frucht** *f* <*-;* ¨*e*> jaca *f*; **~getreide** *n* cereal *m* panificável; **~herr** *m* <*-en*> patrão *m*; **~karte** *f* senha *f* de pão, carta *f* de racionamento de pão; **≈los** sem pão; *fig* desempregado; *Kunst*: improdutivo; **~neid** *m* <*-(e)s; sem pl*> inveja *f* professional; **~rinde** *f* côdea *f* (*bras* casca *f*) de pão; **~schneidemaschine** *f* máquina *f* para cortar pão; **~schnitte** *f* fatia *f* de pão; **~teig** *m* <*-(e)s; -e*> massa *f* de pão; **~zeit** *f sdd* lanche *m*
Bruch [brux] **a)** *m* <*-(e)s;* ¨*e*> rotura *f*; avaria *f*; *GEOL* fra(c)tura *f*; *MED* (*Knochen≈*) fra(c)tura *f*, (*Unterleibs≈*) hérnia *f*; *Papier*: dobra *f*; *MAT* fra(c)ção *f*; *fig* ruptura *f*; corte *m*; *e-s Vertrags*: violação *f*; ***in die Brüche gehen*** *fig* partir-se; desfazer-se; **b)** *m u n* <*-(e)s;* ¨*e*> (*Sumpf*) sapal *m*; (*Stein≈*) canteira *f*, pedreira *f*; '**~band** *n* <*-(e)s;* ¨*er*> cinto *m* para hérnias; bragueiro *m*; '**~bude** *f* F edifício *m* em ruinas; casa *f* imunda; '**≈fest** inquebrável
'**brüchig** ['bryçiç] frágil, quebradiço
'**Bruch|rechnung** *f* cálculo *m* de fra(c)ções; **≈sicher** à prova de ruptura; **~stück** *n* <*-(e)s; -e*> fragmento *m*; **~teil** *m* <*-(e)s; -e*> fra(c)ção *f*; ***im ~ e-r Sekunde*** em menos de um segundo; **~zahl** *f* fra(c)ção *f*
'**Brücke** ['brykə] *f* ponte *f* (***schlagen*** lançar); *Teppich*: carpete *m*
'**Brücken|geländer** *n* peitoril *m*, parapeito *m*; **~kopf** *m* <*-(e)s;* ¨*e*> testa *f* de ponte; **~waage** *f* báscula *f*; **~zoll** *m* <*-(e)s;* ¨*e*> portagem *f*; *bras* pedágio *m*
'**Bruder** ['bru:dər] *m* <*-s;* ¨> irmão *m*; F mano *m*; (*Kloster≈*) frade *m*; *fig* confrade *m*; **~krieg** *m* <*-(e)s; -e*> guerra *f* civil (*od* fratricida)
'**brüderlich** ['bry:dərliç] fraternal; **≈keit** *f* <*sem pl*> fraternidade *f*
'**Bruder|mord** *m* <*-(e)s; -e*> fratricídio *m*; **~mörder(in** *f*) *m*, **≈mörderisch** fratricida (*su*)
'**Brüderschaft** ['bry:dər-] *f* irmandade *f*; *REL*: *a* congregação *f*, confraria *f*; ***~ trinken*** confraternizar
'**Brudervolk** *n* <*-(e)s;* ¨*er*> povo *m* irmão
'**Brüh|e** ['bry:ə] *f* caldo *m*; **≈en** escaldar; **≈warm** <*sem pl*> *fig* como novidade recente; *adv a* logo; **~würfel** *m* cubo *m* de caldo
'**brüllen** ['brylən] *v/i* gritar; bramir; *Kalb*: berrar, *Kind*: *a* chorar; *Löwe*: rugir; *Rind*: mugir; *Stier*: bramar; *fig a* berrar, vociferar
'**Brumm|bär** *m* <*-en*>, **~bart** *m* <*-(e)s;* ¨*e*> resmungão *m*; **~bass** *m* <*-es;* ¨*e*> bordão *m*, contrabaixo *m*; **≈eln** <*-le*> murmurar entre (os) dentes; **≈en** zunir; zumbir; zumbar; *fig* resmungar; F (*im Gefängnis sein*) estar preso; ***in den Bart ~*** → ***≈eln***; **~er** *m ZO* moscão *m*, vareja *f*, *bras* mosca *f*, varejeira *f*; *MÚS* bordão *m*; **≈ig** resmungão
brü'nett [bry'nɛt] moreno; **≈e** [-ə] *f* morena *f*
Brunft *f* <*-;* ¨*e*>, '**~zeit** *f* brama *f*; cio *m*; '**≈en** <*-e-*> estar no cio
'**Brunnen** ['brunən] *m* poço *m*; fonte *f*; *MED* termas *f/pl*, águas *f/pl* (medicinais) (***trinken*** tomar as ...); (*Spring≈*) repuxo *m*; **~bauer** *m* poceiro *m*; **~kresse** *f* agrião *m*; **~kur** *f* cura *f* de águas; **~wasser** *n* água *f* de pé (*od* de fonte)
Brunst *f* <*-;* ¨*e*> → ***Brunft***

B

brüsk [brysk] brusco
'Brüssel *n* ['brysəl] Bruxelas *su*
Brust [brust] *f* <-; ¨e> peito *m*; *weiblich*: *a* seio(s) *m* (*pl*); *fig* alma *f*, coração *m*; ***die ~ geben*** dar o peito, dar de mamar; ***sich in die ~ werfen*** ufanar-se; **'~bein** *n* <-(*e*)*s*; *sem pl*> esterno *m*; **'~bild** *n* <-(*e*)*s*; *-er*> meio-corpo *m*; busto *m*; **'~drüse** *f* glândula *f* mamária
'brüsten ['brystən] <-*e*->: ***sich ~*** ufanar-se, vangloriar-se (***mit*** de)
'Brust|fell *n* <-(*e*)*s*; *-e*> pleura *f*; **~höhle** *f* cavidade *f* torácica, cavidade *f* do peito; **~kasten** *m* <-*s*; ¨>, **~korb** *m* <-(*e*)*s*; ¨*e*> tórax *m*; **~krebs** *m* <-*es*; *sem pl*> cancro *m* (*bras* câncer *m*) do seio; **~schwimmen** *n* <-*s*; *sem pl*> natação *f* de bruços; *bras* nado *m* de peito; **~stück** *n* <-(*e*)*s*; *-e*> peito *m*; **~tasche** *f* bolso *m* interior (*od äußere*: sobre o peito); **~tee** *m* <-*s*; *-s*> chá *m* peitoral (*od* expectorante); **~umfang** <-(*e*)*s*; *sem pl*> medida *f* do peito; *MED* perímetro *m* torácico
'Brüstung ['brystuŋ] *f* parapeito *m*
'Brust|warze *f* bico *m* do peito; mamilo *m*; **~wehr** *f* parapeito *m*; **~weite** *f* <*sem pl*> → ***~umfang***
Brut [bru:t] *f* ninhada *f*; *Insekten*, *Würmer*: sementes *m/pl*; *fig* raça *f*; (*Brüten*) incubação *f*, choco *m*
bru'tal [bru'ta:l] brutal; **≈i'tät** [-tali'tɛ:t] *f* brutalidade *f*; violência *f*
'Brutapparat *m* <-(*e*)*s*; *-e*> incubador *m*, chocadeira *f*
'brüten ['bry:tən] <-*e*-> (estar a) chocar; *fig* meditar, (andar a) cogitar (***über*** *dat* em), cismar; *v/t Rache*: tramar
'Brüter *m*: *FÍS* → ***Brutreaktor***; ***schneller ~*** rea(c)tor *m* de rápido enriquecimento
'Brut|henne *f* galinha *f* choca; **~hitze** *f* <*sem pl*> calor *m* infernal; **~kasten** *m* <-*s*; ¨> *MED* incubadora *f*; **~reaktor** *m* <-*s*; *-en*> rea(c)tor *m* sobre-regenerador; **~stätte** *f* lugar *m* para chocar; *MED u fig* foco *m*
'brutto ['bruto:] bruto; **≈einkommen** *n* <-*s*; -> receitas *f/pl* brutas, rendimento *m* bruto; *Gehalt*: salário *m* bruto; **≈gewicht** *n* <-(*e*)*s*; *-e*> peso *m* bruto; **≈inlandsprodukt** *n* <-(*e*)*s*; *-e*> (*Abk* ***BIP***) produto *m* interno bruto (PIB); **≈registertonne** *f* tonelada *f* de registo (*bras* registro) bruto; **≈verdienst** *m* <-*es*; *-e*> ordenado *m* bruto
'Brutzeit *f* (tempo *m* de) incubação *f*
BSE [be:-ɛs-'e:] ***bovine spongiforme Enzephalopathie*** EEB *f* (encefalopatia espongiforme bovina), BSE *f*
Bub [bu:p] *m* <-*n*> rapaz *m*, menino *m*; garoto *m*, maroto *m*; **'~e** ['bu:bə] *m* <-*n*> *Spielkarte*: valete *m*; **'~enstreich** *m* <-(*e*)*s*; *-e*> velhacaria *f*, patifaria *f*
'Bubikopf ['bu:bi:-] *m* <-(*e*)*s*; ¨*e*> cabelo *m* cortado à pagem
Buch [bu:x] *n* <-(*e*)*s*; ¨*er*> livro *m*; ***~ führen über*** (*ac*) registar (*bras* registrar), escriturar; ***wie ein ~ reden*** falar como um livro aberto, falar que nem um missal; **'~binder** ['-bindər] *m* encadernador *m*; **~binde'rei** [-'raɪ] *f* encadernação *f*; **'~club** *m* <-*s*; *-s*> clube *m* do livro; **'~deckel** *m* capa *f*
'Buchdruck *m* <-(*e*)*s*; *sem pl*> impressão *f*; tipografia *f*; **~er** *m* impressor *m*, tipógrafo *m*; **~e'rei** *f* imprensa *f*, tipografia *f*; **~erkunst** *f* <*sem pl*> arte *f* de imprimir, arte *f* da impressão; **~farbe** *f* tinta *f* de impressão; **~presse** *f* prensa *f* tipográfica
'Buch|e ['bu:xə] *f* faia *f*; **~ecker** ['-ɛkər] *f* <-; *-n*> fruto *m* da faia; **~einband** *m* <-(*e*)*s*; ¨*e*> encadernação *f*
'buchen ['bu:xən] **1.** *v/t* assentar, registar; escriturar; lançar, fazer lançamento; *Hotel*, *Reisen*: marcar; reservar **2.** *adj* de faia; **≈wald** *m* <-(*e*)*s*; ¨*er*> faial *m*
'Bücher|brett *n* <-(*e*)*s*; *-er*> prateleira *f*; **~'ei** [-'raɪ] *f* biblioteca *f*; **~freund** *m* <-(*e*)*s*; *-e*> bibliófilo *m*; **~narr** *m* <-*en*> bibliomaníaco *m*, bibliómano *m* (*ô); **~regal** *n* <-*s*; *-e*> estante *f*; **~schrank** *m* <-(*e*)*s*; ¨*e*> estante *f*; **~wand** *f* <-; ¨*e*> estante *f*; **~wurm** *m* <-(*e*)*s*; ¨*er*> traça *f*; *fig* bibliómano (*ô) *m*
'Buch|fink *m* <-*en*> tentilhão *m*; **~führer** *m*, **~halter** *m* guarda-livros *m*; contabilista *m*; **~führung** *f*, **~haltung** *f* contabilidade *f*, escrituração *f* mercantil (***einfache*** por

partidas simples, ***doppelte*** por partidas dobradas); **~handel** *m* <-*s*; *sem pl*> comércio *m* de livros; **~händler** *m* livreiro *m*; **~handlung** *f*, **~laden** *m* <-*s*; ¨*e*> livraria *f*; **~messe** *f* feira *f* do livro; **~prüfer** *m* verificador *m* de contabilidade; **~rücken** *m* lombada *f*

'Buchsbaum ['buks-] *m* <-(*e*)*s*; ¨*e*> buxo *m*

'Buchse ['buksə] *f* TÉCN bucha *f*; EL conector *m*; tomada *f*

'Büchse ['byksə] *f* caixa *f*; (*Blech*&) lata *f*; (*Gewehr*) espingarda *f*; **~nfleisch** *n* <-*es*; *sem pl*> carne *f* de conserva, *bras* carne *f* enlatada; **~nmilch** *f* <*sem pl*> leite *m* condensado; **~nöffner** ['-øfnər] *m* abre-latas *m*; *bras* abridor *m* de latas

'Buchstab|e ['-ʃtaːbə] *m* <-*ns od* -*n*; -*n*> letra *f*, cará(c)ter *m*; tipo *m*; ***großer*** **~** maiúscula *f*, ***kleiner*** **~** minúscula *f*; **&'ieren** [-ʃta'biːrən] <-> soletrar

'buchstäblich ['-ʃtɛːpliç] literal; *adv* *a* à letra

'Buchstütze *f* segura-livros *m*, suporte *m* para livros

Bucht [buxt] *f* baía *f*, golfo *m*; enseio *m*, *bras* enseada *f*

'Buch|umschlag *m* <-(*e*)*s*; ¨*e*> capa *f*; **~ung** *f* escrituração *f*, registo *m*, *bras* registro *m*; *Konto*: lançamento *m*; (*Reise*, *Hotel*) reserva(ção) *f*, marcação *f*; **~weizen** *m* <-*s*; *sem pl*> trigo *m* sarraceno

'Buck|el ['bukəl] *m* corcunda *f*, corcova *f*; **&(e)lig** corcovado

'bück|en ['bykən]: ***sich*** **~** curvar-se, inclinar-se; abaixar-se; **&ling** *m* <-*s*; -*e*> **1.** (*Verbeugung*) vénia *f*, cortesia *f*, mesura *f*; *bras* agachado *m*; **2.** ZO arenque *m* (de)fumado

'buddeln ['budəln] F <-*le*> cavar; *Kinder*: brincar na areia

'Bude ['buːdə] *f* quiosque *m*; (*Markt*&) barraca *f*, tenda *f*; F (*Studenten*&) quarto *m*

Bu'dget [by'dʒeː] *n* <-*s*; -*s*> orçamento *m*

Bü'fett [by'fɛt] *n* <-(*e*)*s*; -*e*> aparador *m*, bufete *m*; *bras* bufê *m*

'Büffel ['byfəl] *m* búfalo *m*; **~'ei** [-'laɪ] F *f* trabalho *m* estúpido; **&n** F <-*le*> meter na cabeça, marrar

Bug [buːk] NAV *m* <-(*e*)*s*; -*e*> proa *f*

'Bügel ['byːgəl] *m* arco *m*; asa *f*; (*Brillen*&) haste *f*; (*Kleider*&) cruzeta *f*, cabide *m*; TÉCN braçadeira *f*; (*Gewehr*&) guarda-mato *m*; (*Steig*&) estribo *m*; **~brett** *n* <-(*e*)*s*; -*er*> tábua *f* de engomar; *bras* tábua *f* de passar roupa; **~eisen** *n* ferro *m* (de engomar); *bras* ferro *m* de passar roupa; **~falte** *f* dobra *f*; **&frei** que não precisa de ser engomado; *bras* sanforizado

'bügeln <-*le*> engomar; passar a ferro

bug'sieren [bug'ziːrən] NAV *v/t* <-> rebocar; F levar

'Buhmann ['buː-] *m* <-*s*; ¨*er*> espantalho *m*; estafermo *m*

'Buhne ['buːnə] *f* NAV quebra-mar *m*

'Bühne ['byːnə] *f* palco *m*, cena *f*; *allg*: teatro *m*; ***über die ~ gehen*** *fig* subir à cena (*bras* no palco); ***auf die ~ bringen*** pôr em cena

'Bühnen|anweisung *f* rubrica *f*, nota *f* cénica (*ê); **~arbeiter** *m* operário *m* do palco; **~bearbeitung** *f* ada(p)tação *f* cénica (*ê); **~bild** *n* <-(*e*)*s*; -*er*> cenário *m*, cena *f*; **~bildner** *m* cenógrafo *m*; **~maler** *m* cenógrafo *m*; **~stück** *n* <-(*e*)*s*; -*e*> peça *f* de teatro; **&wirksam** de efeito cénico (*ê)

'Buhrufe ['buː-] *m/pl* assobios *m/pl*, *bras* vaia *f*

Bu'kett [bu'kɛt] *n* <-(*e*)*s*; -*s*, -*e*> ramalhete *m*, *bras a* buquê *m*; *Wein*: aroma *m*

Bu'lette [bu'lɛtə] *f* almôndega *f*

Bul'gar|e [bul'garə] *m* <-*n*> búlgaro *m*; **~ien** [bul'gariən] *n* Bulgária *f*; **~in** *f* búlgara *f*; **&isch** búlgaro *m*, -a *f*, da Bulgária

Bulimie [buli'miː] *f* <-; *sem pl*> MED bolimia *f*

'Bull|auge ['bul-] NAV *n* <-*s*; -*n*> vigia *f*; **~dogge** *f* buldogue *m*; **'~dozer** [-doːzər] *m* buldôzer *m*

'Bulle **a)** *m* <-*n*> ZO touro *m*; *fig* V (*Polizist*) chui *m*; **b)** *f* REL bula *f*

'Bummel ['buməl] F *m* passeio *m*; **~'ei** [-'laɪ] *f* vadiagem *f*, falta *f* de cuidado (*od* de pontualidade); demora *f*; **&ig** lento; demorado; **&n** <-*le*> andar na pândega; atrasar-se; F passear; **~streik** *m* <-*s*; -*s*> greve *m* do zelo; **~zug** *m* <-(*e*)*s*; ¨*e*> comboio *m* (*bras* trem *m*) misto, ónibus *m* (*ô)

B

'Bummler ['bumlər] *m* vadio *m*; (*Straßen*♀) quebra-esquinas *m*, *bras a* andarilho *m*
'bumsen ['-zən] F (*klopfen*, *prallen*) chocar; bater; V foder, *bras a* trepar
Bund [bunt] **a**) *m* <-(*e*)*s*; ⸚*e*> **1.** união *f*; (co)liga(ção) *f*; federação *f*; → ***Bundesstaat***; ***im ~e mit*** aliado com, aliado de; **2.** (*Hosen*♀, *Rock*♀) cinta *f*, *bras a* cós *m*; **b**) *n* <-(*e*)*s*; -*e*> (*nach Zahlen ohne Plural*) *Gemüse*: molho *m*, feixe *m*; (*Schlüssel*♀) molho *m*, *bras* maço *m*
'Bündchen ['byntçen] *n am Ärmel*: punho *m*
'Bündel ['byndəl] *n* feixe *m*; trouxa *f* (***schnüren*** fazer, emalar); embrulho *m*; *Banknoten*: maço *m*; ♀**n** <-*le*> embrulhar
'Bundes|arbeitsgericht ['bundəs-] *n* <-(*e*)*s*; *sem pl*> Tribunal *m* Federal de Trabalho; **~bank** *f* <*sem pl*> Banco *m* Federal; **~behörde** *f* autoridade *f* federal; **~gebiet** *n* <-(*e*)*s*; *sem pl*> território *m* federal; **~genosse** *m* <-*n*> aliado *m*; **~gesetzblatt** *n* <-(*e*)*s*; ⸚*er*> diário *m* do governo federal; **~kanzler(amt** *n* <-(*e*)*s*; *sem pl*>) *m* chanceler *m* (chancelaria *f*) federal; **~lade** *f* <*sem pl*> *REL* Arca *f* da Aliança; **~land** *n* <-(*e*)*s*; ⸚*er*> Estado *m* federado; **~liga** *f* <-; -*gen*> *Sport*: divisão *f* federal; primeira divisão; *bras* seleção *f* nacional; **~minister(ium** *n* <-*s*; -*rien*>) *m* ministro *m* (ministério *m*) federal; **~präsident** *m* <-*en*> Presidente *m* da República Federal; **~rat** *m* <-(*e*)*s*; *sem pl*> conselho *m* federal; **~regierung** *f* governo *m* federal; **~republik** *f*: ~ ***Deutschland*** República *f* Federal da Alemanha; **~staat** *m* <-(*e*)*s*; -*en*> confederação *f*, Estado *m* confederado; **~tag** *m* <-(*e*)*s*; *sem pl*> Parlamento *m* Federal; Dieta *f* Federal; Congresso *m*; **~verfassungsgericht** *n* <-(*e*)*s*; *sem pl*> Tribunal *m* Constitucional da República Federal; **~wehr** *f* <*sem pl*> Exército *m* Federal
'Bundfaltenhose *f* calças *f*/*pl* de pregas
'bündig ['byndiç] terminante, concludente; (*knapp*) conciso; ***kurz und ~*** sem rodeios; ♀**keit** *f* <*sem pl*> concisão *f*
'Bündnis ['byntnis] *n* <-*ses*; -*se*> aliança *f*, liga *f*; pacto *m*
'Bungalow ['buŋgalo:] *m* <-*s*; -*s*> bungalow *m*; *bras* bangalô *m*
'Bungeespringen ['bandʒi-] *n* <-*s*> bungee jumping *m*
'Bunker ['buŋkər] *m* *MIL* fortim *m*; *zum Schutz*: abrigo *m*; ♀**n** <-*re*> carregar carvão
'Bunsenbrenner ['bunzən-] *m* bico *m* de Bunsen
bunt variegado; multicolor, policromo; garrido; ***~er Abend*** sarau *m*; ***~es Durcheinander*** grande confusão *f*; ***das wird mir zu ~*** é demais
'Bunt|druck *m* <-(*e*)*s*; -*e*> cromotipografia *f*, impressão *f* em várias cores, ofset *m*; **~metall** *n* <-*s*; -*e*> metal *m* não ferroso; **~sandstein** *m* <-(*e*)*s*; -*e*> arenito *m* variegado; **~stift** *m* <-(*e*)*s*; -*e*> lápis *m* de cor
'Bürde ['byrdə] *f* carga *f*, fardo *m*
Burg [burk] *f* castelo *m*
'Bürg|e ['byrgə] *m* <-*n*> fiador *m*; abonador *m*; garante *m*; ♀**en** responder, responsabilizar-se (***für*** por); abonar (*ac*); afiançar (*ac*)
'Bürger ['byrgər] *m* burguês *m*; *POL* cidadão *m*; (*Nichtsoldat*) civil *m*, paisano *m*; **~in** *f* burguesa *f*; *POL* cidadã *f*; **~initiative** *f* a(c)ção *f* (*od* movimento *m*) popular; **~krieg** *m* <-(*e*)*s*; -*e*> guerra *f* civil; ♀**lich** civil (*a JUR*); burguês; **~meister** *m* *BRD*: burgomestre *m*; *allg* presidente *m* do município (*od* da Câmara Municipal); *bras* prefeito *m*; **~recht** *n* <-(*e*)*s*; -*e*> direito *m* do cidadão; *bras* cidadania *f*; ***das ~ verleihen*** (***erwerben***) naturalizar (-se); **~schaft** *f* município *m*, municipalidade *f*; **~steig** *m* <-(*e*)*s*; -*e*> passeio *m*, *bras* calçada *f*; **~tum** *n* <-(*e*)*s*; *sem pl*> burguesia *f*; classe *f* média; **~wehr** *f* milícia *f*; guarda *f* nacional
'Burg|friede *m* <-*ns*; *sem pl*> trégua *f*; **~graben** *m* <-*s*; ⸚> fosso *m*; **~herr** *m* <-(*e*)*n*; -*en*> senhor *m* do castelo, castelão *m*; **~herrin** *f* castelã *f*
'Bürgschaft ['byrkʃaft] *f* fiança *f*, garantia *f* (***leisten*** dar, prestar; ***für*** por)
Bur'gund|er [bur'gundər] *m*, ♀**isch**

borgonhês (*m*), de Borgonha
bur'lesk [bur'lɛsk] burlesco; **2e** [-ə] farsa *f*, burleta *f*
Bü'ro [by'ro:] *n* <-s; -s> escritório *m*; **~angestellte(r** *m*) *su* empregado *m*, -a *f* de escritório; **~bedarf** *m* <-(e)s; *sem pl*> artigos *m*/*pl* de escritório; **~kauffrau** *f* (**~kaufmann** *m*) empregada *f*, -o *m* de escritório; **~klammer** *f* <-; -n> gancho *m*; clipe *m*
Büro'krat [byro'kra:t] *m* <-en> burocrata *m*; **~'ie** [-kra'ti:] *f* burocracia *f*; **2isch** burocrático
Bü'rostunden *f*/*pl* horas *f*/*pl* de serviço
'Bursch|e ['burʃə] *m* <-n> rapaz *m*, moço *m*; HIST MIL impedido *m*; *irón* ***sauberer ~*** grande maroto *m*; **~enschaft(ler** *m*) *f* HIST (membro *m* da) liga *f* patriótica dos estudantes alemães; **2i'kos** [-i'ko:s] arrapazado
'Bürste ['byrstə] *f* escova *f*
'bürsten <-e-> escovar
'Bürzel ['byrtsəl] *m* rabadilha *f*
Bus [bus] *m* <-ses; -se> autocarro *m*, camioneta *f*; *bras* ônibus *m*
Busch [buʃ] *m* <-(e)s; ¨e> arbusto *m*; (*Gebüsch*) bosque *m*, moita *f*; (*Gestrüpp*) brenha(s) *f*(*pl*); (*Urwald*) selva *f*; ***auf den ~ klopfen*** *fig* tentar o vau, examinar, estudar o terreno
'Büschel ['byʃəl] *n* crista *f*, tufo *m*; penacho *m*, molho *m*, *bras a* punhado *m*
'buschig ['buʃiç] espesso; *Gelände*: matoso; *Haar*: tufado
'Busch|messer *n* machete *m*; **~werk** *n* <-(e)s; *sem pl*> moita *f*
'Busen ['bu:zən] *m* peito *m*; colo *m*; *poét* seio *m*; *fig* coração *f*; (*Meer2*) golfo *m*; **~freund** *m* <-(e)s; -e> amigo *m* íntimo; *bras* amigo *m* do peito
'Bushaltestelle ['bus-] *f* paragem *f* de autocarro; *bras* parada (*od* ponto) *f* de ônibus
'Business-Class ['biznískla:s] *f* <-> AV business class *f*
'Bussard ['busart] *m* <-(e)s; -e> busardo *m*
'Buße ['bu:sə] *f* penitência *f*; (*Geld2*) multa *f*
'büß|en ['by:sən] <-ßt>: (**für**) ***et ~*** expiar a/c, ser castigado por a/c; REL fazer penitência de a/c; ***das soll er mir ~!*** há-de pagar-mas; *bras* ele há de me pagar; **2er(in** *f*) *m* penitente *su*
'buß|fertig [bu:s-] penitente, arrependido; **2geld** *n* <-(e)s; -er> multa *f*
Buß- und 'Bettag ['be:t-] *m* dia *m* da penitência
'Büste ['bystə] *f* busto *m*; **~nhalter** [-haltər] *m* soutien *m*; *bras* sutiã *m*
'Busverbindung *f* ligação *f* rodoviária
'Büttenpapier ['bytən-] *n* <-s; -e> papel *m* farpado
'Butter ['butər] *f* <*sem pl*> manteiga *f*; ***alles in ~*** F vai tudo pelo melhor, vai tudo de vento em popa; **~blume** *f* taraxo *m*; dente-de-leão *m*; **~brot** *n* <-(e)s; -e> pão *m* com manteiga; **~brotpapier** *n* <-s; -e> papel *m* vegetal; **~dose** *f* manteigueira *f*; **~fass** *n* <-es; ¨er> batedeira *f*; **~käse** *m* <-s; *sem pl*> queijo *m* amanteigado; **~milch** *f* <*sem pl*> soro *m* de manteiga
'Button ['batən] *m* <-s; -s> botão *m*
'Butzenscheibe ['butsən-] *f* vidro *m* redondo com caixilho de chumbo
b. w. ***bitte wenden!*** volte, por favor (v. p. f.)
'Bypass ['baɪpas] *m* <-; ¨e> MED curto-circuito *m*, by-pass *m*
Byte [bait] *n* <-s; -s> byte *m*
bzw. ***beziehungsweise*** respectivamente; au então

C

C

C, c [tseː] *n inv* C, c *m*; *MÚS* dó *m* (***hohes*** agudo)
c..., C... → *a* **k..., K...** *oder* **z..., Z...**
ca. ***circa***, ***ungefähr***, ***etwa*** cerca de, por volta de, aproximadamente
Café [ka'feː] *n* <-*s*; -*s*> café *m*; → ***Kaffee***
'camp|en ['kɛmpən] acampar; fazer campismo; **⸛er(in** *f*) *m* campista *su*
'Camping ['kɛmpiŋ] *n* <-*s*; *sem pl*> campismo *m*; *bras* camping *m*, acampamento *m*; **~platz** *m* <-*es*; ¨*e*> parque *m* de campismo, *bras* acampamento
Cape [keːp] *n* <-*s*; -*s*> capa *f*
Cara'van® [kara'vaːn, 'ka(ː)ravan] *m* <-*s*; -*s*> caravana *f*; *Kombiwagen*: carrinha *f* mista, *bras* caminhonete *f*; *Wohnwagen*: roulotte *f*; *bras* trailer *m*
'Casting ['kaːstiŋ] *n* casting *m*; audição *f*, selecção *f*
CD [tseː'deː] *f* <-*s*; -*s*> CD *m*, disco *m* compacto; **~-ROM** [-'rɔm] *f* <-; -*s*> CD-ROM *m*; **~-Spieler** *m* leitor *m* de CD
C-Dur *n* <-; *sem pl*> dó *m* maior
Cel'list(in *f*) [tʃɛ'list(in)] *m* <-*en*> violoncelista *m su*
'Cello ['tʃɛlo] *n* <-*s*; -*s od Celli*> violoncelo *m*
Cellophan® [tsɛlo'faːn] *n* <-*s*; *sem pl*> celofane *m*
'Celsius ['tselzius]: ***Grad*** *m* **~** grau *m* centígrado
'Cembalo ['tʃembalo] *n* <-*s*; -*s*> cravo *m*
Cent [tsɛnt] *m* <-(*s*); -(*s*)> cêntimo *m*
ces [tsɛs] *MÚS n inv* dó-bemol *m*
Cha'mäleon [ka'mɛːleɔn] *n* <-*s*; -*s*> camaleão *m*
Cham'pagner [ʃam'panjər] *m* champanhe *m*
'Champignon ['ʃampinjɔn] *m* <-*s*; -*s*> champignon *m*; cogumelo *m*
'Chance ['ʃɑ̃ːsə, 'ʃaŋs(ə)] *f* oportunidade *f*; possibilidade *f*; **~ngleichheit** *f* igualdade *f* de oportunidades (*od* possibilidades)
'Chaos ['kaːɔs] *n* <-; *sem pl*> caos *m*
cha'otisch [ka'oːtiʃ] caótico
Cha'rakter [ka'raktər] *m* <-*s*; -*e* [-'teːrə]> cará(c)ter *m*, índole *f*; (*Rang*) categoria *f*; **~bild** *n* <-(*e*)*s*; -*er*> retrato *m* moral, perfil *m* moral; **⸛fest** íntegro; **~festigkeit** *f* <*sem pl*> integridade *f* (moral); **⸛'istisch** cara(c)terístico; **⸛los** sem cará(c)ter; **~losigkeit** [-oːz-] *f* <*sem pl*> falta *f* de cará(c)ter; **~schwäche** *f* fraqueza *f* de cará(c)ter; **~zug** *m* <-(*e*)*s*; ¨*e*> feição *f*, feitio *m*
char'mant [ʃar'mant] que tem charme; encantador; *bras a* charmoso
'Charme [ʃarm] *m* <-*s*; *sem pl*> charme *m*; encanto *m*
'Charterflug ['ʃartər-] *m* <-(*e*)*s*; ¨*e*> voo (*ô) *m* charter
'chartern ['ʃartərn] <-*re*> fretar
Chauf'feur [ʃɔ'føːr] *m* <-*s*; -*e*> motorista *m*; *bras* chofer *m*
Chaus'see [ʃɔ'seː] *f* estrada *f*
Chauvi'nis|mus [ʃovi'nɪsmus] *m* <-; -*nismen*> chauvinismo *m*; **~t(in** *f*) *m* <-*en*>, **⸛tisch** chauvinista *su*
'Checkliste ['tʃɛk-] *f* check list *f*
Chef [ʃɛf] *m* <-*s*; -*s*>, **'~in** *f* chefe *su* dire(c)tor(a *f*) *m*; patrão *m*, -oa *f*; **'~arzt** *m* <-*es*; ¨*e*> médico *m* chefe; **'~redakteur** *m* <-*s*; -*e*> reda(c)tor-chefe *m*, chefe *m* da reda(c)ção; **'~sekretärin** *f* secretária *f* de dire(c)ção
Che'mie [çe'miː] *f* <*sem pl*> quimica *f*; **~faser** *f* <-; -*n*> fibra *f* sintética
Chemi'kalien [çemi'kaːliən] *f/pl* produtos *m/pl* quimicos
'Chem|iker ['çemikər] *m* quimico *m*; **⸛isch** quimico; **~e** ***Fabrik*** fábrica *f* de produtos quimicos; ***et* ~ *untersuchen*** fazer a análise quimica de a/c
Chemothera'pie [çemotera'piː] *f* <*sem pl*> quimioterapia *f*
'Chicorée ['ʃikoreː] *m*, *f* <-*s*; -*s*> chicória *f*; endiva *f*, endívia *f*
'Chiffr|e ['ʃifər, 'ʃifrə] *f* cifra *f*; **~e...** *in Zssg*(*n*) em cifra, cifrado; **⸛'ieren** <-> cifrar; **⸛'iert** *adj* em código
'Chile ['tʃiːlə] *n* Chile *m*
Chi'len|e [tʃi'leːnə] *m* <-*n*>, **~in** *f*, **⸛isch** chileno *m*, -a *f*, do Chile

'China ['çiːna] *n* China *f*
Chi'nes|e [çi'neːzə] *m* <*-n*>, **~in** *f*, **⁀isch** chinês *m*, -esa *f*, da China
Chi'nin [çi'niːn] MED *n* <*-s; sem pl*> quinina *f*, *bras* quinino *m*
Chip [tʃip] *m* <*-s; -s*> INFORM pastilha *f*, chip *m*; **'~karte** *f* cartão *m* electrónico; **~s** *pl* (*Kartoffel⁀*) batatas *f/pl* Inglesas, batatas *f/pl* de pacote
Chi'rurg [çi'rurk] *m* <*-en*> cirurgião *m*; **~'ie** [-'giː] *f* <*sem pl*> cirurgia *f* (***plastische*** estética); **~in** [-gin] *f* cirurgiã *f*; **⁀isch** [-giʃ] cirúrgico; de cirurgia
Chlor [kloːr] *n* <*-s; sem pl*> cloro *m*
Chloro|'form [kloro-] *n* <*-s; sem pl*> clorofórmio *m*; **⁀for'mieren** <*-*> cloroformizar; **~'phyll** [-'fyl] *n* <*-s; sem pl*> clorofila *f*
Choke [tʃoːk] *m* <*-s; -s*> AUTO reactor *m*
'Cholera ['koːləra] *f* <*sem pl*> cólera *f*; **⁀krank** <*sem pl*> com cólera
Cho'ler|iker [ko'leːrikər] *m*, **⁀isch** colérico (*m*)
Choleste'rin [kolɛstɛ'riːn] *n* <*-s; sem pl*> MED colesterina *f*, colesterol *m*; **~spiegel** *m* percentagem *f* de colesterina
Chor [koːr] *m* (ARQUIT *a n*) <*-(e)s; ⸚e*> coro *m*
Cho'ral [ko'raːl] *m* <*-s; ⸚e*> canto *m*, coral *m*
Choreogra'phie [koːreogra'fiː] *f* coreografia *f*
'Chor|gestühl *n* <*-s; -e*> cadeiras *f/pl* de coro; **~'ist(in** *f*) *m* <*-en*>, **~sänger(in** *f*) *m* corista *su*
Christ [krist] *m* **a)** <*-en*> cristão *m*; **b)** <*-s; sem pl*> Cristo *m*
'Christ|baum *m* <*-s; ⸚e*> árvore *f* de Natal; **'~enheit** *f* <*sem pl*> Cristandade *f*; **'~entum** *n* <*-(e)s; sem pl*> cristianismo *m*; **'~fest** *n* <*-(e)s; sem pl*> (festa *f* de) Natal *m*; **⁀iani'sieren** [-iani'ziːrən] <*-*> cristianizar; **~in** *f* cristã *f*; **'~kind** *n* <*-(e)s; sem pl*> menino *m* Jesus; **'⁀lich** cristão; **~mette** *f* missa *f* do galo
Chrom [kroːm] *n* <*-s; sem pl*> cromo *m*, crómio (*ô) *m*; **⁀'atisch** [kro'maːtiʃ] cromático; **~o'som** [kromo'zoːm] *n* <*-s; -en*> cromossoma *m*
'Chron|ik ['kroːnik] *f* crónica (*ô) *f*; **⁀isch** crónico (*ô); **~'ist(in** *f*) [kro'nist] *m* <*-en*> cronista *su*; **~olo'gie** [-olo'giː] *f* cronologia *f*; **⁀o'logisch** cronológico; **~o'meter** *n* cronómetro (*ô) *m*
Chrysan'theme [krysan'teːmə] *f* crisântemo *m*
'circa ['tsirka] aproximadamente; cerca de
cis MÚS [tsis] *n inv* dó *m* sostenido
Cliché → ***Klischee***
Client ['klaiənt] *m* INFORM cliente *m*
Clip [klip] *m* <*-s; -s*> clip *m*; (*Ohrring*) brinco *m* de mola (*bras* de pressão)
'Clique ['klikə] *f* grupo *m*; malta *f*; cambada *f*; *bras* turma *f*; **~nwirtschaft** *f* compadrio *m*; nepotismo *m*
Clou [kluː] *m* ponto *m* principal; coroamento *m*; atra(c)ção *f* principal; *bras* clou *m*
Clown [klaʊn] *m* <*-s; -s*> palhaço *m*
c-'Moll *n* <*-; sem pl*> dó *m* minor
'Cockpit ['kɔkpit] *n* <*-s; -s*> carlinga *f*
'Cocktail ['kɔktel] *m* <*-s; -s*> coquetel *m*; beberete *m*; copo-d'água *m*
Code [koːt] *m* <*-s; -s*> código *m*; chave *f*
'Comic ['kɔmik] *m* <*-s; -s*> banda *f* desenhada, *bras* história *f* em quadrinhos
Com'puter [kɔm'pjuːtər] *m* <*-s; -*> computador *m*; **⁀gesteuert** controlado (*od* comandado) por computador; **⁀gestützt** assistido em computador; **⁀i'sieren** <*-*> computadorizar; **~spiel** *n* <*-s; -e*> jogo *m* de computador
Con'tainer [kɔn'teːnər] *m* <*-s; -*> contentor *m*; *bras* container *m*
cool [kuːl] F (*super*) *port* baril, porreiro; *bras* legal
'Copilot *m* <*-en*> co-piloto *m*
'Copyright ['kɔpirait] *n* <*-s; -s*> direitos *m/pl* de autor; **~shop** [-ʃɔp] *m* <*-s; -s*> loja *f* de fotocópias; *bras* copiadora *f*
Cord [kɔrt] *m* <*-(e)s; -e a -s*> veludo *m* cotelê; → ***Kord***
Couch [kaʊtʃ] *f* <*-; -s, a -en*> sofa *m*, divã *m*; (*Schlaf⁀*) sofá-cama *m*; **'~garnitur** *f* jogo *m* de um sofá e duas poltronas; *bras* jogo *m* de estofados

'Count'down [kaʊnt'daʊn] *m od n* <*-s*; *-s*> retrocontagem *f*
Cou'pé [ku'pe:] *n* <*-s*; *-s*> compartimento *m*; (*Kutsche*) cupé *m*
Cou'pon [ku'pɔ̃:] *m* <*-s*; *-s*> recibo *m*; talão *m*; senha *f*, cupão *m*
Cou'rage [ku'ra:ʒə] *f inv* coragem *f*; intrepidez *f*; bravura *f*
Cour'tage [kur'ta:ʒə] *f* percentagem *f*, corretagem *f*
Cou'sin [ku'zɛ̃:] *m* <*-s*; *-s*> primo *m*; **~e** [-'zi:nə] *f* prima *f*
'Cowboy ['kaʊbɔy] *m* <*-s*; *-s*> vaqueiro *m*; cowboy *m*
Creme [krɛ:m] *f* <*-*; *-s*> creme *m*; **'≈farben** creme; **'~torte** *f* torta *f* de creme; torta de natas
Crêpe (Stoff) → ***Krepp***
'Curry ['kœri, 'kari] *n* <*-s*; *-s*> caril *m*
'Cutter ['katər] *m Film*: montador *m*
'Cyberspace ['saibəspe:s] *m* <*-*; *-s*> ciberespaço *m*

D

D, d [de:] *n inv* D, d *m*; *MÚS* ré *m*
da [da:] **1.** *adv* a) *örtl* (*dort*) lá, ali, acolá (*hier*) aí, aqui; cá; (*dabei*) neste caso; ***~ bin ich*** aqui estou, cá estou, eis-me (aqui); ***~ haben wir's!*** lá está!; *bras* é isso que dá!; ***hier und ~*** cá e lá; ***wer ~?*** *MIL* quem vive?; *bras* ó de casa!; ***~ sein*** estar (presente); ter vindo; (*bestehen*) existir; (*vorhanden sein*) haver; ***et nie Dagewesenes*** a/c sem precedentes; b) *zeitl* então; c) *Füllwort* (*oft unübersetzt*): ***nichts ~!*** nada disso!; **2.** *cj* (*~ ja, weil*) como, visto que, já que, porque, porquanto, pois que, que
da'bei [da'baɪ, *hinweisend*: 'da:baɪ] (*nahe*) ao pé; perto; junto; (*außerdem*) de mais a mais; (*zugleich*) ao mesmo tempo, nessa altura; nisso, com isso; nisto, com isto; (*in diesem Fall*) neste caso; (*trotzdem*) apesar disso; ***~ sein*** assistir (***bei*** a), estar presente; *et zu tun* estar a *inf*; ***es ist nichts ~*** não há inconveniente, não faz (*od* não tem) mal (nenhum); **~bleiben** <*sn*> (*anwesend*) ficar; persistir (***zu*** em); continuar (***zu*** a); ***es bleibt ~*** ficamos nisso
'dableiben <*sn*> ficar
Dach [dax] *n* <*-(e)s*; *¨er*> telhado *m*, te(c)to *m*; ***unter ~ und Fach*** são e salvo; ***j-m aufs ~ steigen*** *fig* F dizer das suas a alg; **'~boden** *m* <*-s*; *¨*> sótão *m*; desvão *m*; **'~decker** *m* telhador *m*; **'~fenster** *n* trapeira *f*; **'~first** *m* <*-(e)s*; *-e*> cume *m*; **'~garten** *m* <*-s*; *¨*> terraço *m* ajardinado; **'~gepäckträger** *m* porta-bagagens *m* de tejadilho; *bras* bagageiro *m*; **'~kammer** *f* <*-*; *-n*> águas-furtadas *f/pl*; **'~pappe** *f* cartão *m* alcatroado; **'~rinne** *f* caleira *f*, goteira *f*, algeroz *m*
Dachs [daks] *m* <*-es*; *-e*> te(i)xugo *m*; **'~bau** *m* <*-(e)s*; *-e*> toca *f* de te(i)xugo
'Dach|sparren *m* caibro *m*; **~stein** *m* <*-(e)s*; *-e*> telha *f*; **~stuhl** *m* <*-(e)s*; *¨e*> armação *f* do telhado; **~verband** *m* <*-(e)s*; *-e*> organização *f* de cúpula; **~ziegel** *m* telha *f*
'Dackel ['dakəl] *m* baixote *m*; *bras* bassê *m*
'da'durch **1.** ['da:durç] por isso, assim, com isto; ***~, dass*** por (*inf perf*); **2.** [da'durç] por ali, através daquilo; por esse motivo
'da'für **1.** ['da:fy:r] para isso, para isto; em compensação, em contrapartida, em troca; ***~, dass*** *Zweck*: para que (*subj*), *Grund*: por (*inf*); se se considera que; *bras* considerando que; **2.** [da'fy:r]: ***~ sein*** aprovar, estar conforme; ***ich kann*** (***doch***) ***nichts ~*** que culpa tenho eu?; a culpa não é minha
'da'gegen **1.** ['da:-] **a**) *adv* contra isso (*od* isto), em comparação com isso (*od* isto); **b**) [da'ge:-]: ***~ sein*** ser contra; ser de opinião contrária; ***nichts ~ haben*** estar de acordo;

não ter nada que dizer (*od* que objе[c]tar); **2.** *cj* [da'ge:-] ao (*od* pelo) contrário; em compensação, em contrapartida; por outro lado; **~halten** [da'ge:-] (*vergleichen*) comparar (*dat* com), opor (*dat* a); (*einwenden*) obje(c)tar
da'heim 1. *adv* em casa; na (minha *etc*) terra; **2.** ≈ *n* <-s; *sem pl*> casa *f*, lar *m*; terra *f*, pátria *f*
da'her 1. *örtl*: daí, dali, de lá; **2.** ['da:-] (*deshalb*) por isso; assim; por conseguinte; eis porque
'da'hin 1. *meist*: ['da:-] (para) ali, (até) ali; *zeitl* então; ***bis ~*** até lá, até então; **2.** [da'hin]: ***~ sein*** estar perdido; (*vergangen*) ter passado; *et **ist** ~ a* perdeu-se, foi-se; passou-se; (*tot*) morreu
da'hin|eilen <*sn*> correr, fugir; ir de abalada; **~gestellt** [-gəʃtɛlt]: ***~ sein lassen*** deixar em suspenso, deixar indeciso; **~leben** vegetar; **~raffen** arrebatar; **~schwinden** <*sn*> desvanecer(-se); **~siechen** definhar-se, languescer
da'hinten lá atrás
da'hinter atrás, detrás; ***~ steckt et*** aí há coisa; ***~ kommen*** descobrir
'Dahlie ['da:liə] *f* dália *f*
'dalassen deixar
'daliegen estar estendido; estar aí
'damal|ig ['da:ma:liç] de então; ***der*** (***die***) ***~e*** o (a) então + *su*; **~s** então; naquele tempo, naquela altura
Da'mast [da'mast] *m* <-(*e*)*s*; *-e*> damasco *m*
'Dame ['da:mə] *f* senhora *f*; *bsd* (*Ehren*≈) dama *f* (*a Karte*), *Spiel*: damas *f/pl* (***spielen*** jogar às); **~brett** *n* <-(*e*)*s*; *-er*> tabuleiro *m* das damas
'Damen|binde *f* penso *m* higiénico (*ê); **~doppel** *n Sport*: pares *m/pl* senhoras; **~friseur** *m* <*-s*; *-e*> cabeleireiro *m* de senhoras; **~mode** *f* moda *f* para senhoras; **~schneider(in** *f*) *m* costureiro *m*, -a *f*; **~slip** ['-slip] *m* <*-s*; *-s*> calcinhas *f/pl*; **~toilette** *f* casa *f* de banho para senhoras
'Dame|spiel *n* <-(*e*)*s*; *-e*> jogo *m* das damas; **~stein** *m* <-(*e*)*s*; *-e*> peão *m*
'Damhirsch ['dam-] *m* <-(*e*)*s*; *-e*> gamo *m*
'da'mit 1. *adv* ['da:-] com isso, com isto; **2.** *cj* [da'mit] para que, afim que, para (+ *prs inf*), afim de
'dämlich ['dɛ:mliç] parvo; imbecil; tonto, tolo
Damm *m* <-(*e*)*s*; *¨e*> dique *m*, barreira *f* (*a fig*); mota *f*; (*Fahr*≈) calçada *f*; (*Hafen*≈) molhe *m*, cais *m*; MED períneo *m*; ***auf dem ~ sein*** *fig* sentir-se bem; **'~bruch** *m* <-(*e*)*s*; *¨e*> rotura *f* de um dique
'dämm(e)rig ['dɛməriç] crepuscular
'Dämmerlicht *n* <-(*e*)*s*; *sem pl*> meia-luz *f*
'dämmer|n <*-re*> *morgens*: amanhecer; alvorecer; *abends*: anoitecer; ***es dämmert mir*** *fig* começo a compreender; **≈ung** *f* crepúsculo *m*; (*Morgen*≈) alvorada *f*; (*Abend*≈) noitinha *f*, entardecer *m*; **≈zustand** MED *m* <-(*e*)*s*; *-e*> sonolência *f*
'Dämon ['dɛ:mɔn] *m* <*-s*; *-en*> demónio (*ô) *m*; **≈isch** [dɛ'mo:niʃ] demoníaco; *fig* sobrenatural, fatídico
Dampf *m* <-(*e*)*s*; *¨e*> vapor *m*; (*Rauch*) fumo *m*; (*Dunst*) bafo *m*; ***unter ~*** NAV sob pressão; **'~bad** *n* <-(*e*)*s*; *¨er*> banho *m* turco; **'~bügeleisen** *n* ferro *m* a vapor; **'~druck** *m* <-(*e*)*s*; *sem pl*> pressão *f* do vapor; **'≈en** fumegar, evaporar(-se)
dämpfen ['dɛmpfən] reprimir, amortecer; *fig a* abater; *Fleisch*: estufar; *Schall*: abafar; *Stimme*: baixar; *Ton*: *a* abemolar
'Dampfer ['dampfər] *m* vapor *m*
'Dämpfer ['dɛmpfər] *m* amortecedor *m*; abafador *m*; *Schall a*: surdina *f*; *Stoß*: pára-choque *m*; F *fig* abafarete *m*; ***j-m e-n ~ geben*** *fig* reprimir alg
'Dampf|hammer *m* <*-s*; *¨*> martinete *m*; martelo-pilão *m* a vapor; **~heizung** *f* aquecimento *m* a vapor; **~kessel** *m* caldeira *f*; **~kochtopf** *m* <-(*e*)*s*; *¨e*> panela *f* de pressão **~kraft** *f* <*sem pl*>: ***mit ~*** a vapor; **~maschine** *f* máquina *f* a vapor; **~schiff** *n* <-(*e*)*s*; *-e*> vapor *m*; **~schifffahrt** *f* <*sem pl*> navegação *f* a vapor; **~turbine** *f* turbina *f* a vapor
'Dämpfung ['dɛmpfuŋ] *f* amortecimento *m*, abafamento *m*, abafação *f*, abafadela *f*, repressão *f*; AV esta-

bilização *f*; **~s...**: *in Zssg(n)* AV, *Radio*: amortecedor
'Dampfwalze *f* cilindro *m* a vapor
'Damwild ['da:m-] *n* <-(*e*)*s*; *sem pl*> caça *f* grossa
'da'nach 1. *zeitl* depois (disto); logo; **2.** *örtl* atrás (disto); **3.** ['da:-] (*demnach*) segundo isto; conforme isso
'Däne ['dɛ:nə] *m* <-*n*> dinamarquês *m*; **~mark** *n* Dinamarca *f*; **~in** ['dɛ:nin] *f* dinamarquesa *f*; **≈isch** dinamarquês, da Dinamarca
da'neben ao lado, junto; (*außerdem*) além disso, e mais; **~gehen** F <*sn*> falhar; **~hauen** falhar
Dank [daŋk] *m* <-(*e*)*s*; *sem pl*> agradecimento *m* (**für** por), REL graças *f/pl*; ***besten ~!, vielen ~!*** muito obrigado, -a (**für** por); ***Gott sei ~!*** graças a Deus!; ***j-m für et ~ sagen*** (*od* ***wissen***) agradecer a/c a alg, *bras* agradecer a alg por a/c
dank *prp* (*gen od dat*) graças a, devido a; **'~bar** agradecido, grato; ***ich wäre Ihnen ~, wenn ...*** ficar-lhe-ia grato, -a, se ...; **'≈barkeit** *f* <*sem pl*> gratidão *f*
'danken 1. *v/i*: ***j-m für et ~*** agradecer a/c a alg (*bras* a alg por a/c); ***danke*** (***schön***)*!*, ***danke*** (***sehr***)*!* (muito) obrigado, -a; **2.** *v/i* (*ver~*) dever; **~d**: ***~ erhalten*** recebi e agradeço (*od* agradecemos); **~swert** louvável
'Dank|gebet *n* <-(*e*)*s*; -*e*> oração *f* de graças; **~gottesdienst** *m* <-*es*; -*e*> a(c)ção *f* de graças; **~sagung** ['-za:guŋ] *f*, **~schreiben** *n* agradecimento *m*
dann então, depois, a seguir, em seguida, seguidamente; ***~ und wann*** de vez em quando
'da'ran 1. ['da:ran] a isto, a isso, nisto, nisso; **2.** [da'ran]: ***nahe ~*** muito perto (***zu*** de); ***ich bin ~*** é a minha vez; ***gut ~ sein*** ter sorte; ***übel ~ sein*** ter pouca sorte; ***es ist et ~*** há aí qualquer coisa (de verdade); ***es ist nichts ~*** não é verdade; ***man weiß nicht, wie man bei ihm ~ ist*** não se sabe que pensar dele
da'ran|gehen <*sn*>, **~machen**: (***sich***) pôr mãos à obra, meter-se ao trabalho, meter-se (***zu*** a *inf*); **~setzen** <-*t*> gastar, arriscar, sacrificar
'da'rauf ['da'rauf] **1.** *zeitl* depois (disso *od* disto); a seguir, em seguida, seguidamente; logo; ***ein Jahr ~*** um ano depois; ***am Tag(e) ~*** no dia seguinte; **2.** *örtl* em cima (disto *od* disso); ***~ folgend*** seguinte; **~'hin** então; por conseguinte, em consequência disto (*od* disso)
'da'raus ['da:'raus] daqui, dali, daí, disto, disso; ***ich mache mir nichts ~*** não faço caso disso
'darbiet|en ['da:r-] oferecer; apresentar; TEA representar; **≈ung** *f* apresentação *f*; representação *f*; *pl a* programa *m/sg*
'darbringen oferecer
da'reinreden <-*e*> intrometer-se na conversa; ***j-m ~*** criticar alg
'da'rin ['da:'rin] nisto; lá dentro
'darleg|en expor; *fig a* mostrar, demonstrar; **≈ung(en** *pl*) *f* exposição *f/sg*
'Darlehen ['da:rle:ən] *n* empréstimo *m*; **~sgeber** *m* prestamista *m*; **~skasse** *f* caixa *f* de empréstimo; **~snehmer** *m* mutuário *m*; **~ssumme** *f* montante *m* do empréstimo
Darm *m* <-(*e*)*s*; ⸚*e*> intestino *m* (*a* MED); tripa *f*; **~...** *in Zssg(n)* MED *meist* intestinal; **'~entzündung** *f*, **'~katarr(h)** *m* <-*s*; -*e*> enterite *f*, colite *f*; **'~saite** *f* corda *f* (de tripa); **'~verschlingung** *f* íleo *m*, vólvulo *m*; **'~verschluss** *m* <-*es*; *sem pl*> oclusão *f* intestinal, volvo *m*
'darreichen apresentar, oferecer
'darstell|en representar (*a* TEA); constituir; (*beschreiben*) descrever; QUÍM preparar; obter; **≈er(in** *f*) *m* a(c)tor *m*, a(c)triz *f*; **≈ung** *f* TEA *u fig* representação *f*; *Rolle*: interpretação *f*; cara(c)terização *f*; (*Beschreibung*) descrição *f*, exposição *f*; (*Stil*) estilo *m*; QUÍM produção *f*, preparação *f*; ***grafische ~*** gráfico *m*
'dartun demonstrar, provar; pôr em evidência
'da'rüber ['da:'ry:bər] **1.** *örtl* em cima, por cima, acima (disto *od* disso); ***~ hinaus, ~ hinweg*** para além; **2.** *zeitl* entretanto; com isso; *10 Jahre* ***und ~*** e mais; **3.** *allg* a esse respeito, sobre isto; ***~ stehen*** estar por cima
'da'r|um ['da:'rum] **1.** *örtl*: ***~*** (***herum***) em volta **2.** *Grund*: por (causa d)isso, por (causa d)isto; eis porque;

~'unter debaixo; por baixo de; (*weiter unten*) mais abaixo; *Preis*: a um preço mais baixo; *aus e-r Anzahl*: entre, no meio de; *10 Jahre* ***und ~*** e menos

das [das] *n art, hinweisendes pron, relatives pron*: → ***der***; (*dies*) isto, isso, aquilo; **~, *was*** (aquil)o que

'Dasein *n* <*-s; sem pl*> existência *f*, vida *f*; ***Kampf ums ~*** luta *f* pela vida; **≗sberechtigung** *f* <*sem pl*> razão *f* de ser

'dasitzen estar (sentado) ali

'dasjenige ['dasjeːnigə] → ***derjenige***

dass [das] que

das'selbe [-'zɛlbe] o mesmo

'dastehen ['daː-] estar ali; *fig* ***gut ~*** prosperar; ficar bem; fazer boa figura; ***schlecht ~*** não ficar bem; fazer má figura; ***mit leeren Händen ~*** ficar de (*od* com as) mãos a abanar (*bras* abanando)

Da'tei [da'taɪ] *f* ficheiro *m*

'Daten ['daːtən] *n/pl* (*Gegebenheiten*) dados *m/pl*; elementos *m/pl*; (*Angaben*) indicações *f/pl*; **~bank** *f* banco *m* de dados; **~erfassung** *f* <*sem pl*> recolha *f* de dados; **~schutz** *m* <*-es; sem pl*> prote(c)ção *f* de dados; **~träger** *m* suporte *m* de dados; **~verarbeitung** *f* processamento *m* de dados

da'tier|en [da'tiːrən] <-> datar; pôr a data (**et** em a/c); **≗ung** *f* datação *f*

'Dativ ['daːtiːf] *m* <*-s; -e*> dativo *m*; **~objekt** *n* <*-(e)s; -e*> complemento *m* indire(c)to

'Dattel ['datəl] *f* <*-; -n*> tâmara *f*; **~palme** *f* tamareira *f*

'Datum ['daːtum] *n* <*-s; Daten*> data *f*; **~sstempel** *m* datador *m*

'Dauer ['daʊər] *f* <*sem pl*> duração *f*, continuidade *f*; ***von kurzer ~ sein*** durar pouco; ***auf die ~*** a longo prazo; **~auftrag** *m* <*-(e)s; ≃e*> ordem *f* permanente de transferência; **≗haft** <*-est*> duradouro, durável, resistente; **~haftigkeit** *f* <*sem pl*> resistência *f*; estabilidade *f*; duração *f*, durabilidade *f*; **~karte** *f* passe *m*; **~lauf** *m* <*-(e)s; ≃e*> corrida *f* de resistência

'dauern <*-re*> **a**) (per)durar (***lange*** muito; ***kurze Zeit*** pouco); (*andauern*) prolongar-se; (*Zeit brauchen*) levar; **b**) ***j-n ~*** fazer pena a alg; ***sie dauert mich*** tenho pena dela; **~d** *adj* contínuo, permanente; perpétuo

Dauer|stellung *f* emprego *m* fixo; **~welle** *f* permanente *f*; **~wurst** *f* <*-; ≃e*> salchicha *f* defumada; **~zustand** *m* <*-(e)s; ≃e*> estado *m* contínuo (*od* permanente)

'Daumen ['daʊmən] *m* polegar *m*; ***j-m die ~ halten*** F desejar boa sorte a alg; **~schraube** *f* torniquete *m*

'Däumling ['dɔymlɪŋ] *m* <*-s; -e*> dedeira *f*; (*Märchenfigur*) anão *m*, João *m* Pequeno

'Daun|e ['daʊnə] *f* frouxel *m*; penugem *f*; *bras a* pluma *f*; **~enbett** *n* <*-(e)s; -en*>, **~endecke** *f* edredão *m*

'da'von disso, disto, daí; ***auf und ~ sein*** [da'fɔn] ter-se fugido; ***nichts ~ haben*** não ganhar nada com isso; ***das kommt ~, dass*** é porque

da'von|eilen <*sn*>, **~fliegen** <*sn*> ir-se (*od* partir) a toda a pressa; ir de abalada; **~kommen** <*sn*> escapar; ***mit dem Schrecken ~*** apanhar um grande susto; ***wir sind noch einmal davongekommen*** livrá-mo-nos de boa; **~lassen**: ***die Finger ~*** não tocar nisso; *bras a* não pôr a mão nisso; **~laufen** <*sn*> fugir; *bras a* ir correndo; **~machen**, **~schleichen**, **~stehlen**: ***sich ~*** esquivar-se; esgueirar-se; **~tragen** levar; *Sieg*: ganhar

'da'vor **1.** *örtl*: diante, em frente; **2.** *zeitl*: antes; primeiro

'da'zu a isso, a isto, além disso, além disto, com isso, com isto; *Zweck*: com esse fim, para esse fim; para isso, para isto; (***noch***) **~** de mais a mais; tanto mais que

da'zu|gehören <-> pertencer (***zu et*** a a/c), fazer parte (***zu et*** de a/c); (*nötig sein*) ser preciso; **~gehörig** correspondente, respe(c)tivo; **~kommen** <*sn*> sobrevir, juntar-se (***zu*** a), acrescer; ***nicht ~*** (+ *inf*) não ter tempo de

'dazumal ['daːtsumaːl] então, outrora

da'zutun juntar, acrescentar

da'zwischen entre, no meio de; **~kommen** <*sn*> intervir, imiscuir-se; **~liegend** *adj* intermédio, intermediário; **~reden** <*-e-*> inter-

romper; **~treten 1.** *<sn>* intrometer-se, intervir; **2.** ≈ *n* intervenção *f*
'D-Dur *n <-; sem pl>* ré *m* maior
'Dealer ['di:lər] *m* narcotraficante *m*
De'batt|e [de'batə] *f* debate *m*; discussão *f*; disputa *f*; ***zur ~ stellen*** levar à discussão; **≈'ieren** <-> discutir
'Debet ['de:bət] *n <-s; -s>* deve *m*; débito *m*; **~saldo** *m <-s; -di a -den>* *ECON* saldo *m* devedor
debi'tieren [debi'ti:rən] <-> debitar
De'büt [de'by:] *n <-s; -s>* início *m*; estreia (*é) *f*; **~'ant(in** *f*) [-by'tant] *m <-en>* debutante *su*; **≈'ieren** <-> debutar
dechif'frieren [deʃi'fri:rən] <-> decifrar
Deck [dɛk] *n <-(e)s; -s od -e> NAV* convés *m*; ponte *f*; **'~adresse** *f* dire(c)ção *f* fingida; **'~bett** *n <-(e)s; -en>* edredão *m*; (*Decke*) colcha *f*; **'~blatt** *n <-(e)s; ¨er>* capa *f*; *BOT* bráctea *f*
'Decke *f* cobertor *m*; manta *f*; (*Bett≈*) colcha *f*; (*Belag*) revestimento *m*; (*Hülle*) envólucro *m*; (*Tisch≈*) toalha *f*; (*Zimmer≈*) te(c)to *m*; ***mit j-m unter e-r ~ stecken*** *fig* ser cúmplice de alg
'Deckel *m* tampa *f*; (*Buch≈*) capa *f*; (*Eisen≈*, *Ton≈*) testo *m*; ***eins auf den ~ kriegen*** F apanhar uma descasca; *bras* levar um pito
'decken cobrir (*a Bedarf*, *Kosten*, *BGB*, *Tiere*); *Tisch*: pôr; ***j-n ~*** defender alg, proteger alg; ***sich ~*** corresponder; *MAT* ser congruente; ser idêntico
'Deck|farbe *f* cor *f* opaca; **~mantel** *m <-s; sem pl> fig* pretexto *m*; **~name** *m <-ns; -n>* pseudónimo (*ô) *m*; **~platte** *f* plataforma *f*
'Deckung *f* **a)** cobertura *f*; *ECON* fundos *m/pl*, garantia *f*, segurança *f*; *Auslagen*: reembolso *m*; ***ohne ~*** a descoberto; ***zur ~*** (*gen*) para cobrir (*ac*); **b)** *MIL* abrigo *m*; escolta *f*; ***~ nehmen***, ***in ~ gehen*** abrigar-se; **~skarte** *f* cartão *m* de segurado; **~szusage** *f* confirmação *f* de cobertura
De'coder [di'koudər] *m TV* de(s)codificador *m*
De'fekt [de'fɛkt] **1.** *m <-(e)s; -e>* defeito *m*; falha *f*; **2.** ≈ *adj* avariado, defeituoso

defen'siv [defɛn'zi:v] defensivo
defi'ni|eren [defi'ni:rən] <-> definir; **≈ti'on** [-nitsi'o:n] *f* definição *f*
'Defizit ['de:fitsit] *n <-s; -e>* défice *m*; **≈'är** [defitsi'tɛ:r] deficitário
Deflati'on [deflatsi'o:n] *f* deflação *f*
'Degen ['de:gən] *m* espada *f*
Degener|ati'on [degeneratsi'o:n] *f* degeneração *f*; **≈'ieren** *<-; sn>* degenerar
'Degenstoß *m <-es; ¨e>* estocada *f*
degra'dieren [degra'di:rən] <-> degradar
'dehn|bar ['de:nba:r] elástico; *Metall*: dúctil; flexível (*a fig*); **~en** estender; dilatar; esticar; *MÚS* alongar; **≈ung** *f* dilatação *f*; distensão *f*; extensão *f*, prolongação *f* (*a zeitl*); *bras* prolongamento *m*
Deich [daɪç] *m <-(e)s; -e>* dique *m*; mota *f*
'Deichsel ['daɪksəl] *f <-; -n>* lança *f*; timão *m*; **≈n** *<-le>* F dar um jeito; arranjar as coisas
dein [daɪn] *in Briefen*: **~** (o) teu; *bras* o seu; **'~e** tua(s), a(s) tua(s), (os) teus; *bras* a(s) sua(s), (os) seus; **'~er 1.** de teu(s), de tua(s); *bras* do(s) seu(s), da(s) sua(s); **2.** (*gen von* ***du***) de ti; **'~erseits** [-zaɪts] por teu lado, por tua parte; *bras* de sua parte; **'~esgleichen** teu (*od* tua) igual, teus (*od* tuas) iguais; *bras* iguais a você(s); **'~ethalben** ['-əthalbən], **'~etwegen**, ***um*** **'~etwillen** por tua (*bras* sua) causa; por amor de ti (*bras* a você); **'~ige** ['-igə]: ***der ~***, ***das ~*** o teu; *bras* o seu; ***die ~*** a tua; *bras* a sua
De'ka|de [de'ka:də] *f* década *f*; **≈'dent** [-a'dɛnt] decadente; **~'denz** [-'dɛnts] *f* (o) decadência *f*
De'kan [de'ka:n] *m <-s; -e>* dire(c)tor *m*; *Ältester*, *Geistlicher*: decano *m*
dekla|'mieren [dekla-] <-> declamar; (*vortragen*) recitar; **≈rati'on** *f* declaração *f*; **~'rieren** <-> declarar
Dekli|nati'on [deklinatsi'o:n] *f* declinação *f*; **≈'nieren** <-> declinar
Dekolle|'té, **~tee** [dekɔl(ə)'te:] *n <-s; -s>* decote *m*; **≈'tiert** [-'ti:rt] decotado
De'kor [de'ko:r] *m <-s; -s>* decoração *f*; **~a'teur** [-ora'tø:r] *m <-s; -e>* decorador *m*; **~ati'on** [-atsi'o:n] *f*

decoração *f*; *TEA* cena *f*; **~ati'onsmaler** *m* decorador *m*; *TEA* cenógrafo *m*; **2a'tiv** [-a'tiːf] decorativo; **2'ieren** <-> decorar

De'kret [de'kreːt] *n* <-(*e*)*s*; -*e*> decreto *m*

Dele|gati'on [delegatsi'oːn] *f* delegação *f*; **2'gieren** <-> delegar; **~'gierte(r** *m*) *su* delegado *m*, -a *f*

Del'fin → ***Delphin***

deli'kat [deli'kaːt] <-*est*> delicado; *Speise*: delicioso; **2'esse** [-a'tɛsə] *f* delicadeza *f*; *Speise*: petisco *m*; **2'essengeschäft** *n* <-(*e*)*s*; -*e*> charcutaria *f*; mercearia *f* fina

De'likt [de'likt] *n* <-(*e*)*s*; -*e*> delito *m*

Delin'quent [deliŋ'kvɛnt] *m* <-*en*> *JUR* delinquente *f*

De'lirium [de'liːrium] *n* <-*s*; *Delirien*> delírio *m*

Del'phin [dɛl'fiːn] *m* <-*s*; -*e*> toninha *f*, golfinho *m*

'Delta ['dɛlta] *n* <-*s*; -*s a* -*ten*> delta *m*

dem [deːm] *dat sg von* **der**; ***wie ~ auch sei*** seja como for; ***wenn ~ so ist*** se assim é, *bras a* assim sendo

Dema'gog|e [dema'goːgə] *m* <-*n*> demagogo *m*; **~'ie** [-go'giː] *f* demagogia *f*; **2isch** demagógico

demas'kieren [demas'kiːrən] <-> desmascarar

De'ment|i [de'mɛnti] *n* <-*s*; -*s*> desmentido *m*; **2'ieren** <-> desmentir

'dem|entsprechend ['deːm-] em conformidade com isto, em consequência disto; **~gemäß** → ***~entsprechend***; **~nach** logo, assim, portanto; **~nächst** logo, brevemente, em breve

'Demo ['deːmo] F *f* <-; -*s*> manifestação *f*

demobili'sieren [de-] <-> desmobilizar

Demo'krat [demo'kraːt] *m* <-*en*> democrata *m*; **~'ie** [-a'tiː] *f* democracia *f*; **2i'sieren** <-> democratizar; **2isch** democrático

demo'lieren [demo'liːrən] <-> demolir

Demon'str|ant(in *f*) *m* <-*en*> [demɔn'strant] manifestante *su*; **~ati'on** [-atsi'oːn] *f* demonstração *f* (*a MED*); *POL* manifestação *f*; **2a'tiv** demonstrativo; **2'ieren** <-> demonstrar; manifestar

Demon'tage [de-] *f* desmantelamento *m*

demorali'sieren [de-] <-> desmoralizar

'Demut ['deːmuːt] *f* <*sem pl*> humildade *f*

'demütig ['deːmyːtiç] humilde; **~en** [-gən] humilhar; **2ung** [-guŋ] *f* humilhação *f*

'demzufolge ['deːm-] por conseguinte; em consequência disso

denatu'rieren [denatu'riːrən] <-> desnaturar

Den 'Haag [den 'haːk] *m* Haia *f*

'Denk|art ['dɛŋk-] *f* mentalidade *f*, maneira *f* de pensar; **2bar** imaginável

'denken 1. pensar (***an*** *ac* em; ***bei sich*** *dat* para consigo); ***zu ~ geben*** dar que pensar; ***sich*** (*dat*) **~** imaginar; ***ich denke nicht daran!*** nem por sonhos!; ***das hast du dir gedacht!*** F querias!; **2. 2** *n* <*sem pl*> pensamento *m*, raciocínio *m*

'Denk|er *m* pensador *m*; **~mal** *n* <-(*e*)*s*; *⸚er od* -*e*> monumento *m*; **~schrift** *f* memorial *m*; **~spruch** *m* <-(*e*)*s*; *⸚e*> sentença *f*; **~weise** *f* modo *m* de pensar; **2würdig** memorável; **~zettel** *m* lembrete *m*; *fig a* lição *f*

denn [dɛn] pois (que); (por)que; ***wo ist er ~?*** onde é que está?; (*als*) do que, de; ***mehr ~ je*** mais do que nunca; ***es sei ~, dass*** a não ser que

'dennoch ['dɛnɔx] contudo, todavia, não obstante; sempre

Den'tist(in *f*) [dɛn'tist] *m* <-*en*> dentista *su*

Denun|zi'ant [denuntsi'ant] *m* <-*en*> denunciante *m*; **2'zieren** <-> denunciar

Deodo'rant [deodo'rant] *n* <-*s*; -*s a* -*e*> desodorizante *m*; *bras* desodorante *m*; **~spray** *n* → ***Deospray***

Deospray ['deːo-] *n* <-*s*; -*s*> spray *m* desodor(iz)ante

depla'tziert [depla'tsiːrt] deslocado

Depo'n|ie [depo'niː] *f* depósito; **2ieren** <-> depositar

Depo'siten|bank [depo'ziːtən-] *f* <-; -*en*> banco *m* de depósitos; **~konto** *n* <-*s*; -*konten*> conta-depósito *f*

De'pot [de'poː] *n* <-*s*; -*s*> depósito *m*

Depress|i'on [deprɛsi'oːn] *f* depressão *f a ECON*; **2'iv** depressivo

D

Depu'|tat [depu'taːt] *n* <-s; -e> pagamento *m* em géneros (*ê); **~tierte(r** *m*) [-'tiːrtə] *su* deputado *m*, -a *f*
der [dɛr] *m*, **die** [diː] *f*, **das** *n* **1.** *art* o *m*, a *f*; **2.** *Relativpron*: que *m u f*; o qual *m*, a qual *f*; **3.** *Demonstrativpron*: aquele *m*, -a *f*, este *m*, -a *f*
'derart ['deːr-] de tal maneira; **~ig** tal; ***etwas* ≗es** a/c semelhante
derb [dɛrp] (*hart*) duro; (*kräftig*) forte; *Stoff*: resistente; (*grob*) rude, grosseiro; **'≗heit** *f*; rudeza *f*, grossaria *f*; *bras a* grosseria *f*, grossura *f*
der'einst [deːr'ʔaɪnst] um dia
'deren ['deːrən] **1.** *relativ*: cujos *m/pl*, cuja(s) *f* (*pl*), (*nachgestellt*): de quem, da qual *f*, dos (das) quais *m* (*f*)/*pl*; **2.** *hinweisend* (*nachgestellt*): destes *m/pl*, daqueles *m/pl*, desta(s *pl*) *f*, daquela(s *pl*) *f*
'dere(n)t|halben [-halbən], **~wegen**, (***um***) **~willen** **1.** *hinweisend*: por (causa d)eles *m/pl*, por (causa d)ela *f*, por (causa d)elas *f/pl*; **2.** *relativ*: por causa de quem, por causa da qual *f*, pela qual *f*, por causa dos (das) quais *m*(*f*)/*pl*, pelos (pelas) quais *m*(*f*)/*pl*
'der|gestalt ['deːr-] de tal maneira; **~, *dass*** *a* de jeito que; **'~'gleichen** tal; (coisa) semelhante; ***nichts* ~** nada disto
Deri'vat [deri'vaːt] *n* <-(e)s; -e> derivado *m*
'derjenige *m*, **'dasjenige** *n*, **'diejenige** *f* ['-jenigə] aquele *m*, -a *f*; o *m*, a *f*
'dermaßen [-maːsən] tanto; *bei adj u adv* tão
der'selbe *m*, **das'selbe** *n*, **die'selbe** *f* [-'zɛlbə] o mesmo, a mesma (***wie*** que)
'derzeitig a(c)tual
des [dɛs] *gen von* **der** do; ≗ *MÚS n inv* ré-bemol *m*
Deser't|eur [dezɛr'tøːr] *m* <-s; -e> desertor *m*; **≗ieren** <-> desertar
des'gleichen igualmente, também
'deshalb por isso; **~, *weil*** porque
De'sign [di'zaɪn] *n* <-s; -s> design *m*; **~er** *m* designer *m*
Desinfekti'on [dɛsʔ-] desinfe(c)ção *f*; **~smittel** *n* desinfe(c)tante *m*
desinfi'zieren <-> desinfe(c)tar
Des'pot [dɛs'poːt] *m* <-en> déspota *m*; **≗isch** despótico
'dessen ['dɛsən] *relativ*: cujo; *nachgestellt*: de quem, do qual; *hinweisend*, *nachgestellt*: daquele; **~ *ungeachtet*** todavia, ainda assim
Des'sert [dɛ'ser] *n* <-s; -s> sobremesa *f*; **~wein** *m* <-(e)s; -e> vinho *m* de sobremesa
Destabili'sierung [de-] *f* desestabilização *f*
Destil|lati'on [dɛstilatsi'oːn] *f* destilação *f*; **≗'lieren** [-'liː-] <-> destilar
'desto ['dɛsto] tanto; ***je mehr*, ~ *besser*** quanto mais, melhor
'des'wegen por isso; **~, *weil*** porque
De'tail [de'taɪ] *n* <-s; -s> pormenor *m* (***im*** ao); ***im* ~** *ECON* a retalho; **≗'liert** [deta'jiːrt] detalhado; pormenorizado; especificado
Detek'tiv [detɛk'tiːf] *m* <-s; -e> dete(c)tive *m*; **~roman** *m* <-(e)s; -e> romance *m* policial
Deto|nati'on [detonatsi'oːn] *f* detonação *f*; **~nati'onswelle** *f* onda *f* de detonação; **≗'nieren** <-; sn> detonar
'deut|eln ['dɔytəln] <-le> sofismar; **'~en** <-e-> **1.** *v/t* interpretar; **2.** *v/i*: **~ *auf*** (*ac*) indicar; *fig a* deixar prever; pressagiar; **'~lich** distinto, claro, nítido; **'≗lichkeit** *f* nitidez *f*, clareza *f*
deutsch [dɔytʃ] alemão *m*, alemã *f*; da Alemanha; germânico *m*, -a *f*; ***auf* ≗** em alemão; **~ *mit j-m reden*** *fig* falar sem rodeios; **'~-brasilianisch** teuto-brasileiro; **'~feindlich** germanófobo; anti-alemão; **'~freundlich** germanófilo; **'≗land** ['dɔytʃlant] *n* Alemanha *f*; **'~-portugiesisch** luso-alemão; **'≗tum** *n* <-(e)s; *sem pl*> nacionalidade *f* alemã; germanismo *m*
'Deutung ['dɔytuŋ] *f* interpretação *f*; *REL* exegese *f*
De'vise [de'viːzə] *f* divisa *f*, *ECON a* cambial *m*; **~nhandel** *m* <-s; *sem pl*> comércio *m* de divisas; **~nmarkt** *m* <-(e)s; ¨e> mercado *m* de divisas; **~nschmuggel** *m* <-s; *sem pl*> contrabando *m* de divisas
de'vot [de'voːt] <-est> submisso; (*fromm*) devoto
De'zember [de'tsɛmbər] *m* dezembro *m*
de'zent [de'tsɛnt] discreto
dezentrali'sieren [detsɛntrali'ziːrən] <-> descentralizar

Dezer'nat [detsɛr'naːt] *n* <*-(e)s*; *-e*> secção *f*, repartição *f*

'Dezi|'mal... [detsi'maːl-]: *in Zssg(n)* decimal; **~'meter** *m od n* decímetro *m*; **≈'mieren** [-'miːrən] <-> dizimar

d.h. ***das heißt*** quer dizer, isto é

'Dia ['diːa] *n* <*-s*; *-s*> *Kurzwort für* → ***Diapositiv***

Dia'be|tes [dia'beːtɛs] *m inv* MED diabetes *m u f*; **~tiker(in** *f*) *m* diabético *m*, -a *f*

Dia|'dem [dia'deːm] *n* <*-s*; *-e*> diadema *m*; **~'gnose** [-'gnoːzə] *f* diagnóstico *m*; **≈go'nal** [-go'naːl] diagonal; **~'gramm** *n* <*-s*; *-e*> diagrama *m*; gráfico *m*; **~'kon** [dia'koːn] *m* <*-s*; *-e*> diácono *m*; **~ko'nisse** [-ko'nisə] *f* diaconisa *f*; **~'lekt** [-'lɛkt] *m* <*-(e)s*; *-e*> diale(c)to *m*; **~'log** [-'loːk] *m* <*-(e)s*; *-e*> diálogo *m*; **~'lyse** [-'lyːzə] *f* MED diálise *f*

Dia'mant [dia'mant] *m* <*-en*> diamante *m*; **≈en** diamantino

'Diaposi'tiv [diapozi'tiːf, *a* 'diːa-] *n* <*-s*; *-e*> diapositivo *m*; *bras* eslaide *m*

Di'ät [di'ɛːt] MED *f* dieta *f*, regime(n) *m* (***halten*** fazer); **~en** *pl Geld*: gratificações *f/pl*

dich [diç] (*ac von* ***du***) te, a ti

dicht [diçt] <*-est*> denso; espesso; cerrado; (*undurchlässig*) impermeável, TÉCN *a* estanque; ***~ bei*** perto de; justo de (*od* a), cerca de; **'≈e** *f* <*sem pl*> densidade *f*; FÍS massa *f* específica

'dichten¹ TÉCN <*-e-*> compor; *Rohr*: empancar; *Ritze etc*: calafetar, calafetar

'dicht|en² **1.** <*-e-*> poetar, fazer versos, compor versos; trovar; **2.** ≈ *n* composição *f* (de versos); **'≈er(in** *f*) *m* poeta *m*, poetisa *f*; **'~erisch** poético; **'≈erlesung** *f* leitura *f* de textos literários; **'≈erling** *m* <*-s*; *-e*> versejador *m*; **'~halten** F (*schweigen*) calar-se; **'≈igkeit** *f* <*sem pl*> densidade *f*; **'≈kunst** *f* <*sem pl*> arte *f* poética; poesia *f*; **'≈ung** *f* **a**) poesia *f*, poema *m*; versos *m/pl*; **b**) TÉCN calafetagem *f*; *Rohr*: empanque *m*

dick [dik] grosso; *j-d*: gordo, forte, F gorducho; MED (*geschwollen*) inchado; ***~ werden*** *j-d*: engordar; MED inchar; *Milch*: coalhar; *fig Freund*: muito íntimo; ***'~e Luft*** *fig* F situação *f* crítica; ***es ~ haben*** F estar farto; **'~bäuchig** ['-bɔyçiç] barrigudo, ventrudo; **'≈darm** *m* <*-(e)s*; *¨e*> intestino *m* grosso; **'≈e** *f* <*sem pl*> grossura *f*; gordura *f*; **'~flüssig** consistente, pastoso; **'≈häuter** ['-hɔytər] *m* paquiderme *m*; **'≈icht** ['-içt] *n* <*-(e)s*; *-e*> espessura *f* (de um bosque), mata *f* espessa; **'≈kopf** *m* <*-(e)s*; *¨e*> , **'~köpfig** ['-kœpfiç] cabeçudo *m*; *fig* teimoso *m*; **'≈köpfigkeit** *f* <*sem pl*> teimosia *f*; **'~leibig** ['-laɪbiç] gordo, obeso; abdominoso; **'≈leibigkeit** *f* <*sem pl*> obesidade *f*; **≈wanst** F *m* <*-(e)s*; *¨e*> barrigudo *m*, pançudo *m*

die [diː] → ***der***

Dieb [diːp] *m* <*-(e)s*; *-e*> ladrão *m*; gatuno *m*

'Diebesbande ['diːbəs-] *f* quadrilha *f* (*od* bando *m*) de ladrões

'Dieb|in ['diːbin] *f* ladra *f*, gatuna *f*; **≈isch** ladro; *fig* F imenso; **~stahl** *m* <*-(e)s*; *¨e*> roubo *m*, furto *m*; **~stahlversicherung** *f* seguro *m* contra roubo

'diejenige ['-jeːnigə] → ***derjenige***

'Diele ['diːlə] *f* (*Brett*) tábua *f*, pranchão *m*; (*Fußboden*) soalho *m*, chão *m*; (*Vorraum*) vestíbulo *m*; *bras a* hall *m* de entrada

'dien|en ['diːnən] servir (***als*** de; ***zu*** para; ***womit?*** ECON em quê?); **≈er** *m* **a**) criado *m*; **b**) (*Verbeugung*) reverência *f*, vénia (*ê) *f*; **≈erin** *f* criada *f*; **≈erschaft** *f* criadagem *f*, pessoal *m*; **~lich** útil; oportuno

Dienst [diːnst] *m* <*-(e)s*; *-e*> serviço *m* (***haben*** estar de; ***erweisen*** prestar); (*Gefälligkeit*) *a* favor *m*; ***~ habend***, ***≈tuend*** de serviço; ***öffentlicher ~*** função *f* pública, serviços *m/pl* públicos; ***außer ~*** (*Abk* **a. D.**) na ina(c)tividade, aposentado, jubilado, *bsd* MIL reformado; ***zu ~en*** *pl* às ordens; ***j-m einen*** (***schlechten***) ***~ erweisen*** prestar um (mau) serviço a alg; ***in ~ nehmen*** contratar

'Dienstag ['diːnstaːk] *m* <*-(e)s*; *-e*> terça-feira *f*; **≈s** às terças-feiras

'Dienst|alter *n* <*-s*; *sem pl*> antiguidade *f*; tempo *m* de serviço; **~älteste(r)** *m* decano *m*; **~antritt** *m* <*-(e)s*; *-e*> entrada *f* em serviço (*od* em funções); **~anweisung** *f* regulamento *m*; **≈beflissen** serviçal, so-

D

lícito; **~bote** *m* <-*n*> criado *m*; **~eifer** *m* <-*s*; *sem pl*> solicitude *f*, zelo *m*; **2eifrig** solícito; **2frei** feriado; **~grad** *m* <-(*e*)*s*; -*e*> grau *m*; posto *m*; **~leistung** *f* prestação *f* de serviços; **~leistungsbetrieb** *m* <-(*e*)*s*; -*e*> empresa *f* de prestação de serviços; **2lich** oficial, de ofício; **~mädchen** *n* empregada *f* (*a bras*), criada *f*; **~ordnung** *f* regulamento *m*; **~pflicht** *f* dever *m*, ofício *m*; *MIL* serviço *m* militar obrigatório; **~reise** *f* viagem *f* de serviço (*bras* a trabalho); **~sache** *f* correspondência *f* oficial; assunto *m* oficial; **~stelle** *f* repartição *f*; (*Büro*) escritório *m*; **~stunden** *f/pl* horas *f/pl* de serviço; **2tauglich** válido; *bras* apto, capaz; **2unfähig**, **2untauglich** inválido; incapaz (de prestar serviço); **~wagen** *m* carro *m* de serviço (*bras* oficial); **~weg** *m* <-(*e*)*s*; -*e*> via *f* oficial; trâmites *m/pl*; **2willig** obsequioso; **~wohnung** *f* residência *f* oficial; **~zeit** *f* horas *f/pl* de serviço

dies [di:s] → ***dieser***; **'~bezüglich** respe(c)tivo; *adv* com respeito a isto

'diese ['di:zə] *f* → ***dieser***

'Diesel ['di:zəl] *m* → ***~kraftstoff***, ***~motor***

die'selbe → ***derselbe***

'Diesel|kraftstoff *m* gasóleo *m*; **~motor** *m* <-*s*; -*en*> motor *m* Diesel; **~öl** *n* <-*s*; *sem pl*> = ***~kraftstoff***

'dieser ['di:zər] *m*, **'diese** *f*, **'die(se)s** *n* esse *m*, essa *f*; *su* este *m*, esta *f*; *am 5.* ***dieses Monats*** (*Abk* **d. M.**) *ECON* do corrente (*Abk* c[te])

'diesig ['di:ziç] fusco; enevoado

'dies|jährig deste ano; **~mal(ig)** (d)esta vez; **~seitig** ['-zaɪtiç] deste lado; do lado de cá; citerior; **~seits** ['-zaɪts] **1.** (*gen*) aquém (de); **2.** 2 *n* <-; *sem pl*> este mundo *m*

'Dietrich ['di:triç] *m* <-(*e*)*s*; -*e*> gazua *f*; chave *f* falsa

Differenti'al → ***Differenzial***

Diffe'renz [difə'rɛnts] *f* diferença *f*; **~i'al** [diferɛntsi'a:l] *n* <-*s*; -*e*>, **~...**: *in Zssg*(*n*) diferencial *f*; = **~i'al(getriebe)** *n TÉCN* engrenagem *f* diferencial; **2'ieren** <-> diferenciar

Digi'tal|anzeige [digi'ta:l-] *f* indicação *f* digital; **~uhr** *f* relógio *m* digital

Dik'tat [dik'ta:t] *n* <-(*e*)*s*; -*e*> ditado *m* (***nach*** ao); **~or** [-'ta:to:r] *m* <-*s*; -*en* [-ta'to:rən]> ditador *m*; **2'orisch** [-ta'to:riʃ] ditatorial; **~'ur** [-ta'tu:r] *f* ditadura *f*

dik'tier|en [dik'ti:rən] <-> ditar; **2gerät** *n* <-*s*; -*e*> di(c)tafone *m*

Di'lemma [di'lɛma] *n* <-*s*; -*s a* -*ta*> dilema *m*

Dilet'tant [dilɛ'tant] *m* <-*en*> diletante *m*; amador *m*; **2isch** diletante, superficial

Dill *BOT m* <-(*e*)*s*; -*e*> aneto *m*

Dimensi'on [dimɛnsi'o:n] *f* dimensão *f*

DIN [di:n] ***Deutsche Industrienorm***(***en***) *vgl etwa*: NP (Norma Portuguesa); **~-A'4-Papier** *n* papel *m* A4

Ding [diŋ] *n* <-(*e*)*s*; -*e*> coisa *f*; obje(c)to *m*; (*Angelegenheit*) assunto *m*; ***guter ~e*** bem disposto; optimista; ***vor allen ~en*** sobretudo, antes de mais nada; ***das geht nicht mit rechten ~en zu*** não é natural; ali há coisa; ***ein ~ der Unmöglichkeit*** impossível; ***ein ~ drehen*** F dar um golpe; ***hübsches ~*** F rapariga *f* bonita; *bras* moça *f* bonita, borracho *m*; **'2fest**: ***~ machen*** prender; **'2lich** real, efe(c)tivo; concreto; **'~sda 1.** *n* F coisa *f*, coiso *m*; **2.** *m* F fulano *m*

Diö'zese [diœ'tse:zə] *f* diocese *f*

Diphthe'rie [diftə'ri:] *f* <*sem pl*> difteria *f*

Diph'thong [dif'tɔŋ] *m* <-(*e*)*s*; -*e*> ditongo *m*

Dipl-Ing. ***Diplomingenieur*** *m* Engenheiro *m*

Di'plom [di'plo:m] *n* <-(*e*)*s*; -*e*> diploma *m*; **~...**: *in Zssg*(*n*) *oft* diplomado (*od* licenciado) em ...

Diplo'mat [diplo'ma:t] *m* <-*en*> diplomata *m*; **~'ie** [-ma'ti:] *f* <*sem pl*> diplomacia *f*; **2isch** diplomático; *j-d*: diplomata

Di'plom|forstwirt *m* <-(*e*)*s*; -*e*> engenheiro *m* silvicultor; **~ingenieur** *m* <-*s*; -*e*> engenheiro *m*; **~landwirt** *m* <-(*e*)*s*; -*e*> engenheiro *m* agrónomo (*ô)

dir [di:ə] (*dat von* ***du***) (par)a ti; *tonlos*: te; ***mit ~*** contigo

di'rekt [di'rɛkt] dire(c)to; *adv a* direito; *ECON* ***~e Annahme*** aceite *m* incondicional; **~i'on** [-tsi'oːn] *f* dire(c)ção *f*; **~mandat** *n* <-(*e*)*s*; *-e*> *POL* mandato *m* dire(c)to; **~or(in** *f*) [-toːr] *m* <-*s*; *-en* [-'toːrən]> dire(c)tor(a *f*) *m*; *ECON a* gerente *su*: *Schule*: *a* reitor(a *f*) *m*; **~'orium** [-'toːrium] *n* <-*s*; *Direktorien*> dire(c)ção *f*; junta *f*; *POL* dire(c)tório *m*; **~'rice** [-'triːsə] *f* modista *f* chefe; **~übertragung** *f* transmissão *f* dire(c)ta

Diri'g|ent [diri'gɛnt] *m* <-*en*> *MÚS* regente *m*, chefe *m* de orquestra; *bras a* maestro *m*; **~ieren** [-'giːrən] <-> reger, dirigir

'Dirne ['dirnə] *f* prostituta *f*; meretriz *f*

dis [dis] *MÚS n* <-; -> ré-sustenido *m*

Dis|harmo'nie [dis-] *f* desarmonia *f*; dissonância *f*; **~har'monisch** desarmónico (*ô), desarmonioso; dissonante

Dis'kant [dis'kant] *MÚS m* <-(*e*)*s*; *-e*> tiple *m*

Dis'kette [dis'kɛtə] *f Computer*: disquete *f*, *bras* disquete *m*; **~nlaufwerk** *n INFORM* accionador *m* de disquetes, drive *m* de disquete

'Diskjockey ['diskdʒɔki] *m* <-*s*; *-s*> disc-jockey *m*

Dis'kont [dis'kɔnt] *m* <-(*e*)*s*; *-e*> desconto *m*; **~'ieren** <-> descontar; **~satz** *m* <-(*e*)*s*; *ᵘe*> taxa *f* de desconto

'Disko ['diskoː] *f* <-; *-s*>, **Disko'thek** [disko'teːk] *f* discoteca *f*

dis'kret [dis'kreːt] discreto; **~i'on** [-etsi'oːn] *f* <*sem pl*> discrição *f*

diskrimi'nier|en [-krimi'niːrən] <-> discriminar; **~ung** *f* discriminação *f*

'Diskus ['diskus] *m* <-; *Disken od -se*> disco *m*

Diskussi'on [diskusi'oːn] *f* discussão *f*; **~sleiter** *m* moderador *m*

'Diskus|werfen *n* lançamento *m* de disco; **~werfer(in** *f*) *m* discóbolo *m*, -a *f*

disku'tieren <-> discutir

Dis'pens [dis'pɛns] *m*, *a f* <-*es*; *-e*> dispensa *f*; **~'ieren** [-'ziːrən] <-> dispensar, eximir

Dis'play [dis'plɛː] *n* <-*s*, *-s*> *INFORM* ecrã *m*, dispositivo *m* de visualização, display *m*

dispo'nieren [dispo'niːrən] <-> dispor (***über*** *ac* de)

Dispositi'on [dis-] *f* disposição *f*; **~skredit** *m* <-(*e*)*s*; *-e*> *ECON* linha *f* de crédito

Dis'put [dis'puːt] *m* <-(*e*)*s*; *-e*> disputa *f*

disqualifi'zieren [diskvalifi'tsiːrən] <-> desqualificar

Dissertati'on [disɛrtatsi'oːn] *f* tese *f*; dissertação *f*

Dissi'dent [disi'dɛnt] *m* <-*en*> dissidente *m*

Disso'nanz [diso'nants] *f* dissonância *f*

Di'stanz [di'stants] *f* distância *f*; **~'ieren** <->: ***sich ~ von*** afastar-se de

'Distel ['distəl] *f* <-; *-n*> cardo *m*; **~fink** *m* <-(*e*)*s*; *-e*> pintassilgo *m*

Di'strikt [dis'trikt] *m* <-(*e*)*s*; *-e*> distrito *m*

Diszi'plin [distsi'pliːn] *f* disciplina *f* (*a Sport*); (*Fachrichtung*) *a* ramo *m*, **~'ar(isch**) [-pli'naːr(iʃ)] disciplinar; **~'arstrafe** *f* pena *f* disciplinar; **~'iert** disciplinado

'Diva ['diːva] *f* <-; *-s od Diven*> estrela *f*

Divi'den|d [divi'dɛnt] *MAT m* <-*en*>, **~de** *f ECON* dividendo *m*

divi'dieren [divi'diːrən] <-> dividir; repartir

Divisi'on [-zi'oːn] *f* divisão *f*

'Diwan ['diːvaːn] *m* <-*s*; *-e*> divã *m*

DJ [diːdʒɛ] *m* <-s; -s> ***Diskjockey*** D.J. *m* (disc-jockey)

DM ***Deutsche Mark*** marco alemão

d. M. ***dieses Monats*** da mês corrente (c.[te])

doch [dɔx] **1.** *betont*: sempre; *auf verneinte Fragen*: ***~!*** *übersetzt durch Wiederholung des Verb* (+ [pois] sim!), *als Gegenbehauptung übersetzt durch* isso é que + *Verb*; **2.** *unbetont*: (*aber*) porém; *nach Aufforderungen*: então; porque (é que) não ...?; *Wunsch*: oxalá (*bras* tomara) que (*subj*); ***'ja ~!*** sim!; tenha paciência!; *bras* claro que sim!; ***'nicht ~!*** não!; por favor, não!; ***Sie wissen ~, dass ...*** sabe muito bem que...; então não sabe que ...?

Docht [dɔxt] *m* <-(*e*)*s*; *-e*> torcida *f*, mecha *f*, *bras* pavio *m*

Dock [dɔk] *n* <-(*e*)*s*; *-e od -s*> doca *f*, estaleiro *m*

'Dogge ['dɔgə] *f* cão *m* de fila; dogue *m*

'Dogm|a ['dɔgma] *n* <-*s*; *Dogmen*> dogma *m*; **≈'atisch** [-'ma:tiʃ] dogmático
'Dohle ['do:lə] *f* gralha *f*, gralho *m*
'Doktor ['dɔktɔr] *m* <-*s*; -*en* [-'to:rən]>: **a**) doutor *m* (***der Medizin***, *MED* em medicina; *JUR* em direito; ***phil.*** em letras); ***seinen ~ machen*** doutorar-se; **b**) F médico *m*; **~arbeit** *f* tese *f* de doutoramento; **~würde** *f* grau *m* de doutor
Doku'ment [doku'mɛnt] *n* <-(*e*)*s*; -*e*> documento *m*; (*Bescheinigung*) certificado *m*; *pl a* documentação *f*/*sg*; **~'arfilm** [-mɛn'ta:r-] *m* <-(*e*)*s*; -*e*> (filme *m*) documentário *m*; **≈'arisch** [-'ta:riʃ] documental; **≈'ieren** <-> documentar
Dolch [dɔlç] *m* <-(*e*)*s*; -*e*> punhal *m*; **'~stich** *m* <-(*e*)*s*; -*e*> , **'~stoß** *m* <-*es*; ¨*e*> punhalada *f*
'Dolde ['dɔldə] *f* umbela *f*
'Dollar ['dɔlar] *m* <-(*s*); -*s*, *nach Zahlen*: -> dólar *m*
'dolmetsch|en ['dɔlmɛtʃən] *v/t* interpretar; traduzir; *v/i* servir de intérprete; **≈er(in** *f*) *m* intérprete *su*
Dom [do:m] *m* <-(*e*)*s*; -*e*> catedral *f*, sé *f*; **~'äne** [do'mɛ:nə] *f* domínio *m*; senhorio *m* real; **≈i'nieren** [domi'ni:rən] <-> dominar; prevalecer; **'~ino** ['do:mino] *n* <-*s*; -*s*>, *m* <-*s*; -*s*> dominó *m*; **'~inostein** *m* pedra *f* de dominó; **'~pfaff** *m* <-*en*> *ZO* pisco *m* (chilreiro)
'Donau ['do:naʊ] *f* Danubio *m*
'Donner ['dɔnər] *m* trovão *m*; **≈n** <-*re*> trovejar; **~schlag** *m* <-(*e*)*s*; ¨*e*> detonação *f*; **~stag** *m* <-(*e*)*s*; -*e*> quinta-feira *f* **≈stags** às quintas-feiras; **~wetter** *n* trovoada *f*; (**zum**) **~!** com mil raios!; *bras* raios me partam!
doof [do:f] F pateta; parvalhão, *bras a* bobo
'Doping ['do:piŋ] *n* <-*s*; -*s*> doping *m*
'Doppel ['dɔpəl] *n* duplicado *m*; *Sport* pares *m*/*pl*
'Doppel...: ***mit ~-a*** com dois aa (*bras a* as); **~bett** *n* <-(*e*)*s*; -*en*> cama *f* de casal; **~decker** *m* biplano *m*; **≈deutig** → **≈*sinnig***; **~ehe** *f* bigamia *f*; **~fehler** *m Sport*: falta *f* dupla; **~fenster** *n* janela *f* dupla; **~gänger(in** *f*) ['-gɛŋər] *m* sósia *su*; **~kinn** *n* <-(*e*)*s*; -*e*> papada *f*; **~konsonant** *m* <-*en*> duas consoantes *f*/*pl*; **~moral** *f* <*sem pl*> moral *f* dupla; **~name** *m* <-*ns*; -*n*> nome *m* duplo; **~punkt** *m* <-(*e*)*s*; -*e*> dois pontos *m*/*pl*; **≈seitig** [-zaɪtiç] duplo; bilateral; *adv a* por ambos os lados; **~sinn** *m* <-(*e*)*s*; *sem pl*> duplo sentido *m*, ambiguidade *f*; **≈sinnig** ambíguo, equívoco; **~(spiel)** *n* <-(*e*)*s*; -*e*> *Sport*: double *m*; quadrado *m*; **~stecker** *EL m* ficha *f* dupla
doppelt dobro, duplo; *Buchführung*: por partidas dobradas; ***et ~ haben*** ter a/c repetido; ***~ so viel, das ≈e*** o dobro, o duplo; **~kohlensauer**: ***~es Natron*** bicarbonato *m* de sódio
'Doppel|verdienst *m* <-*es*; -*e*> ordenado *m* duplo; **~zimmer** *n* quarto *m* com duas camas; **≈züngig** ['-tsyŋiç] falso, ambíguo
Dorf [dɔrf] *n* <-(*e*)*s*; ¨*er*> aldeia *f*; *größeres*: povoação *f*; **'~bewohner(in** *f*) *m* aldeão *m*, aldeã *f*; **'~gemeinde** *f* freguesia *f*; paróquia *f*
Dorn [dɔrn] *m* <-(*e*)*s*; -*en*, *TÉCN a* -*e*> espinho *m*; *TÉCN* espigão *m*; ***j-m ein ~ im Auge sein*** *fig* ser antipático a alg; **'~busch** *m* <-(*e*)*s*; ¨*e*> sarça(l *m*) *f*, espinheiro *m*; **'≈envoll**, **'≈ig** espinhoso; **~'röschen** [-'rø:sçən] *n* Bela Adormecida *f*
'dörr|en ['dœrən] secar, torrar; **≈obst** *n* <-*es*; *sem pl*> fruta *f* seca
Dorsch [dɔrʃ] *m* <-(*e*)*s*; -*e*> (a)badejo *m*
dort [dɔrt] ali, (aco)lá; *beim Angeredeten*: aí; **'~her** dali, de lá; **'~hin** (para) lá; **'~ig** dali
'Dose ['do:zə] *f* caixa *f*, (*Blech≈*) lata *f*; (*Tabak≈*) tabaqueira *f*
'dösen ['dø:zən] <-*t*> dormitar
'Dos|enöffner ['-œfnər] *m* abre--latas *m*; **≈'ieren** [do'zi:rən] <-> dos(e)ar, dosificar; **~is** ['do:zis] *f* <-; *Dosen*> dose *f*
'Dotter ['dɔtər] *m* gema *f* (de ovo)
Do'z|ent [do'tsɛnt] *m* <-*en*> docente *m*; professor *m* agregado; **≈ieren** <-> ensinar
Dr. ***Doktor*** *m* Doutor(a)
'Drachen ['draxən] *m* dragão *m*; (*Papier≈*) papagaio *m*; *fig* fúria *f*; **~fliegen** *n* <-*s*; *sem pl*> voo (*ô) *m* em asa delta

Dra'gee [dra'ʒeː] *n* <*-s*; *-s*> drageia *f*; *bras* drágea *f*

Draht [draːt] *m* <*-(e)s*; *¨e*> arame *m*; fio *m* metálico; (*Eisen*ℒ) fio *m* de ferro; *EL* (*Leitungs*ℒ) fio *m* elé(c)trico; *CORR* telégrafo *m*; F (*Geld*) massa *f*; ***auf ~ sein*** F *fig* estar esplêndido; '**~bürste** *f* escova *f* de arame; *TÉCN* carda *f*; '**~geflecht** *n* <*-(e)s*; *-e*>, '**~gitter** *n* rede *f* (*bras* tela) de arame; 'ℒ**los** sem fios; '**~schere** *f* tesoura *f* corta-arame; '**~seil** *n* <*-(e)s*; *-e*> cabo *m* de arame; '**~seilbahn** *f* teleférico *m*; '**~verhau** *n* <*-(e)s*; *-e*> arame *m* farpado; '**~zange** *f* alicate *m*; '**~zaun** *m* <*-(e)s*; *¨e*> rede *f* (*od* cerca *f*) de arame; '**~zieher** ['-tsiːər] *m fig* tramador *m*; maquinador *m*

dra'konisch [dra'koːniʃ] draconiano

Drall **1.** *m* <*-(e)s*; *-e*> *TÉCN* estria *f*; torcedura *f*; *Ball etc* desvio *m*; **2.** ℒ *adj j-d*: rijo

'**Drama** ['draːma] *n* <*-s*; *Dramen*> drama *m*; **~tiker** [dra'maːtikər] *m* dramaturgo *m*; autor *m* dramático; ℒ**tisch** [-'aːtiʃ] dramático; ℒ**ti'sieren** [-ati'ziː-] <*-*> dramatizar; **~'turg** [drama'turk] *m* <*-en*> dire(c)tor *m* artístico

dran F → ***daran***

Drang [draŋ] *m* <*-(e)s*; *sem pl*> (*Gedränge*, *Bedrängnis*) aperto *m*; pressão *f*; aflição *f*; *MED* puxo *m*; (*Trieb*) impulso *m*, ímpeto *m*; ***Sturm und ~*** *LIT* Titanismo *m*, Impetuosismo *m*

'**drängeln** ['drɛŋəln] <*-le*> F empurrar

'**drängen** ['drɛŋən] **1.** *v/t* empurrar; *fig* impelir, estimular; ***zur Eile ~*** urgir; ***es drängt mich zu*** (*inf*) impõe-se-me (*inf*); ***sich ~*** *Volk*: aglomerar-se; *Ereignisse*: seguir-se com muita pressa; ***sich durch … ~*** romper por entre …; **2.** *v/i* urgir; ***auf*** (*ac*) **~** insistir em; **3.** ℒ *n* impulso *m*; (*Bitte*) instâncias *f/pl*

'**Drangsal** ['draŋzaːl] *f* <*-*; *-e*> aperto *m*; apuro *m*; tormento *m*, aflição *f*; ℒ'**ieren** [-za'liːrən] <*-*> vexar, atormentar

drä'nieren [drɛ'niːrən] <*-*> drenar; escoar

drankommen <*sn*> F chegar à sua vez

dra'pieren [dra'piːrən] <*-*> drapear

'**drastisch** ['drastiʃ] drástico; forte, enérgico

drauf [drauf] F → ***darauf***; ***~ und dran sein zu*** (*inf*) estar para (*od* a ponto de); ***gut ~ sein*** estar numa boa; 'ℒ**gänger** ['-gɛŋər] *m* valente *m*; homem *m* corajoso; '**~gehen** <*sn*> F gastar-se; P *j-d*: morrer; **~'los** ã toa; **~losgehen** <*sn*> ir dire(c)tamente (***auf*** *ac* para)

'**draußen** ['drausən] fora; (*im Freien*) ao ar livre

'**Drechsel|bank** ['drɛksəl-] *f* <*-*; *¨e*> torno *m*; ℒ**n** <*-le*> tornear

'**Drechsler** ['drɛkslər] *m* torneiro *m*; **~'ei** [-'raɪ] *f* tornearia *f*

Dreck [drɛk] *m* <*-(e)s*; *sem pl*> porcaria *f*, *bras* sujeira *f*; (*Müll*) lixo *m*; (*Schlamm*) lama *f*; *Schmutz*, *a fig* imundícia *f*; V merda *f*; 'ℒ**ig** sujo

Dreh [dreː] P *m* <*-(e)s*; *-e od -s*> jeito *m*; ***den ~ heraushaben*** conhecer o segredo (de a/c); '**~arbeiten** *f/pl Film*: filmagens *f/pl*; '**~bank** *f* <*-*; *¨e*> torno *m*; 'ℒ**bar** giratório; '**~bleistift** *m* <*-(e)s*; *-e*> lapiseira *f*; '**~buch** *n* <*-(e)s*; *¨er*> *Film*: argumento *m*; '**~buchautor(in** *f*) *m* <*-s*; *-en*> argumentista *su*; '**~bühne** *f* palco *m* giratório

'**drehen** ['dreːən] *v/t* (*v/i*) virar; voltar (*a* rodar); *TÉCN* dar volta a; torcer; *Film*: realizar; rodar (*a Knopf*); *Tüten*: fazer; ***sich ~*** girar (***um*** em volta de); ***sich ~ um*** *fig a* tratar-se de; *Unterhaltung*: versar sobre; ***alles dreht sich um ihn*** ele é o centro; ***~ und wenden*** virar e revirar

'**Dreh|er** *m* torneiro *m*; '**~kondensator** *EL m* <*-s*; *-en*> condensador *m* variável; '**~kreuz** *n* <*-es*; *-e*> torniquete *m*, molinate *m*; '**~moment** *n* <*-(e)s*; *sem pl*> *FÍS* momento *m* de rotação; '**~orgel** *f* <*-*; *-n*> realejo *m*; '**~punkt** *m* <*-(e)s*; *-e*> centro *m* de rotação; '**~scheibe** *f* torno *m*; falca *f*; *CAM. DE F* placa *f* giratória; '**~strom** *EL m* <*-(e)s*; *sem pl*> corrente *f* trifásica; '**~stuhl** *m* <*-s*, *¨e*> cadeira *f* giratória; '**~tür** *f* porta *f* giratória; F parasita *m*; '**~ung** *f* volta *f* (*a MIL*), rotação *f*; '**~zahl** *f* número *m* de rotações; '**~zahlmesser** *m* taquímetro *m*

drei [draɪ] **1.** três; ***~ Viertel*** três

quartos; **2.** ≈ *f* três *m*; *Karte*: terno *m*; **'≈akter** ['-aktər] *m* peça *f* em três a(c)tos; **'≈eck** *n* <-(*e*)*s*; -*e*> triângulo *m*; **'~eckig** triangular; **≈'einigkeit** *f* <*sem pl*> Trindade *f*; **'~erlei** ['-ɛrlaɪ] de três espécies; três ... diferentes; **'~fach** triplo, tríplice; **≈'faltigkeit** *f* <*sem pl*> Trindade *f*; **≈'farbendruck** *m* <-(*e*)*s*; -*e*> tricromia *f*; **'~farbig** tricolor; **'≈felderwirtschaft** *f* <*sem pl*> *AGR* cultivo *m* de um campo segundo um ritmo alternado; **'≈fuß** *m* <-(*e*)*s*; ¨*e*> tripeça *f*, tripó *m*; trípode *f*; **'~hundert** trezentos; **'≈hundert'jahrfeier** *f* <-; -*n*> tricentenário *m*; **'~hundertste(r)**, **'~hundertstel** trecentésimo; **'~jährig** ['-jɛːrɪç] de três anos, trienal; **'~kantig** de três cantos; triangular; **'≈klang** *m* <-(*e*)*s*; ¨*e*> trítono *m*; **≈'königstag** *m* <-(*e*)*s*; *sem pl*> Dia *m* dos (*bras* de) Reis; **'~mal(ig)** três vezes (repetido); **'~monatig** trimestral; *a* **'~monatlich** *adv* de três em três meses; **'~motorig** trimotor

'Drei|rad *n* <-(*e*)*s*; ¨*er*> triciclo *m*; **~satz** *m* <-*es*; *sem pl*> *MAT* regra *f* de três; **≈seitig** ['-zaɪtɪç] *MAT* trilateral, trilato; **≈sprachig** ['-ʃpraːxɪç] trilíngue; **~sprung** *m* <-(*e*)*s*; ¨*e*> triplo-salto *m*

'dreißig ['draɪsɪç] trinta; **≈er(in** *f*) *m* ['-gər] homem *m* (mulher *f*) de trinta anos; *bras* balsaqueano *m*, -a *f*; ***in den ~n*** (***sein***) andar) na casa dos trinta; **~jährig** ['-jɛːrɪç] de trinta anos; **~ste(r)** ['-stə(r)], **≈stel** ['-stəl] *n* trigésimo *m*

dreist [draɪst] atrevido; ousado

'dreistellig ['-ʃtɛlɪç] de três algarismos

'Dreistigkeit [draɪst-] *f* atrevimento *m*, ousadia *f*

'drei|stimmig ['-ʃtɪmɪç] de (*adv* a) três vozes; **~stöckig** ['-ʃtœkɪç] de três andares (*od* pisos); **~stündig** ['-ʃtʏndɪç] de três horas; **~tägig** ['-tɛgɪç] de três dias; **~tausend** três mil; **~teilig** ['-taɪlɪç] de três partes, tripartido; **≈teilung** *f* tripartição *f*; divisão *f* em três partes; **≈'vierteltakt** *m* <-(*e*)*s*; *sem pl*> compasso *m* ternário, compasso *m* de valsa; **≈zack** ['-tsak] *m* <-(*e*)*s*; -*e*> tridente *m*; **~zehn** treze; **~zehnte(r)** décimo terceiro; **≈zehntel** *n* décima terceira parte *f*

'Dresch|e ['drɛʃə] F *f* <*sem pl*; *od art*> pancada *f*, surra *f*; **≈en** *AGR* **1.** malhar; **2.** ≈ *n* malhada *f*; **~er** *m* malhador *m*; **~maschine** *f* debulhadora *f*

'Dresden *n* ['dreːsdən] Dresde *su*

dres'sieren [drɛ'siːrən] <-> adestrar

Dressing ['drɛsɪŋ] *n* <-*s*; -*s*> molho *m* para saladas

Dres'sur [dresuːə] *f* adestramento *m*

'dribbeln ['drɪbəln] <-*le*> *Sport*: driblar

Drift [drɪft] *NAV f* corrente *f*

Drill *MIL m* <-(*e*)*s*; *sem pl*> exercício *m*, disciplina *f*; **'~bohrer** *TÉCN m* berbequim *m*, broca *f*; **'≈en** fazer girar, verrumar; adestrar; *MIL a* disciplinar

'Drillich *m* <-(*e*)*s*; -*e*> trespano *m*

'Drilling ['-ɪŋ] *m* <-*s*; -*e*> trigémeo (*ê) *m*; *TÉCN* carrete *m*, rodinha *f*; (*Gewehr*) espingarda *f* de três canos; *pl* (*Personen*) três gémeos (*ê); **~s...**: *in Zssg*(*n*) de três..., triplo, tri...

drin F → ***darin***, ***drinnen***

'dring|en ['drɪŋən] **a**) <*sn*>: ***~ aus*** sair de; ***~ durch*** trespassar; (com)penetrar; ***in*** (*ac*) ***~*** penetrar em; ***~ bis zu*** chegar até; **b**) <*h*>: (*drängen*) urgir; ***auf*** (*ac*) ***~*** insistir em; ***in j-n ~*** instar com alg, solicitar de alg; ***gedrungen*** *Wuchs*: baixo(te); **~end** *adj*, **~lich** urgente; *Gefahr*: iminente; *adv bitten*: com insistência; ***~e Bitte*** instância *f*; **≈lichkeit** *f* <*sem pl*> urgência *f*; **≈lichkeitsstufe** *f* grau *m* de urgência

'drinnen ['drɪnən] por dentro, lá dentro, no interior

dritt: ***zu ~*** aos três; **'≈el** *n* terço *m*; **'~eln** <-*le*> dividir em três partes, tripartir; **'~ens** (em) terceiro (lugar); **'~e(r)** terceiro

'Drog|e ['droːgə] *f* droga *f*; ***harte ~*** droga pesada; ***weiche ~*** droga leve; **≈enabhängig** toxicómano (*ô), tóxico-dependente; **~enberatungsstelle** *f* centro *m* de apoio a tóxico-dependentes; **~enhandel** *m* <-*s*; *sem pl*> negócio *m* de drogas; **~enhändler** *m* vendedor *m* (*od* negociante) de drogas; **~ensucht** *f* toxicomania *f*; **≗ensüchtig** toxicómano (*ô); **∼ensüchtige(r** *m*) *su* <*-n*> toxicómano (*ô) *m*, -a *f*; **∼e'rie** [-ə'ri:] *f* drogaria *f*; **∼'ist** *m* <*-en*> droguista *m*

'Droh|brief ['dro:-] *m* <*-(e)s*; *-e*> carta *f* de ameaça; **≗en** (*dat*) ameaçar (*ac*); *Unheil*: *a* estar iminente; **≗end** *adj* ameaçador; iminente

'Drohne ['dro:nə] *f* abelhão *m*, zangão *m*

'dröhnen ['drø:nən] ribombar, *a fig* retumbar

'Drohung ['dro:uŋ] *f* ameaça *f*

'drollig ['drɔliç] engraçado

Drome'dar [drome'da:r] *n* <*-s*; *-e*> dromedário *m*

'Droschke ['drɔʃkə] *f* coche *m*; fiacre *m*; *bras* charrete *f*

'Drossel ['drɔsəl] *f* <*-*; *-n*> tordo *m*; (*Schwarz≗*) melro *m*; **∼klappe** *f* válvula *f* estranguladora (*od* de estrangulação); **≗n** <*-le*> estrangular; **∼spule** *f* bobina *f* de choque; **∼ung** *f* estrangulação *f*, estrangulamento *m*

'drüben ['dry:bən] além; acolá; no outro lado; (*a* ***von*** **∼**) do outro lado, da outra banda; ***nach*** **∼** para o outro lado

'drüber F → ***darüber***; → ***drunter***

Druck *m* <*-(e)s*; *∸e*> pressão *f* (*a fig*); *Last*: peso *m*; *MED* (*u Bedrückung*) opressão *f*; *Typ* <*pl -e*> impressão *f*, edição *f*, (*Bild*) estampa *f*; ***im*** **∼** no prelo, em impressão, a imprimir-se; *fig* aflito; **'∼bogen** *m* folha *f*; prova *f*; **'∼buchstabe** *m* <*-n*> tipo, *m* de imprensa

'Drückeberger ['drykəbɛrger] F *m* cobarde *m*, covarde *m*, poltrão *m*

'druckempfindlich sensível a pressão

'drucken ['drukən] *TIP* imprimir; *Exemplar*: tirar; *TÉCN* estampar; ***lügen wie gedruckt*** mentir como um livro

'drücken ['drykən] apertar, *Hand*: *a* estender; *Knopf*, *Schalter*: carregar; (*schieben*) empurrar; *Preise*: (fazer) baixar; (*zusammen∼*) comprimir; **∼ *auf*** (*ac*) oprimir (*ac*), (*lasten*) pesar sobre; *fig* deprimir; ***sich* ∼** (***vor*** *dat*) esquivar-se (a), subtrair-se (a); safar-se (de); → ***gedrückt*** *fig*; **∼d** *adj* pesado; *Luft*: abafado(r), abafante; *Hitze*: sufocante

'Drucker ['drukər] *m* impressor *m*, tipógrafo *m*; *INFORM* impressora *f*

'Drücker ['drykər] *m* (*Schlüssel*) gazua *f*; (*Tür≗*) tranqueta *f*; puxador *m*; *Gewehr*: gatilho *m*; disparador *m*

Drucker|'ei [drukə'raɪ] *f* tipografia *f*; **'∼presse** *f* prelo *m*; **'∼schwärze** *f* <*sem pl*> tinta *f*

'Druck|fahne *f* granel *m*; **∼fehler** *m* errata *f*, gralha *f*; **'≗fertig** pronto a imprimir; **'∼kabine** câmara *f* de pressão; **∼kessel** *m* autoclave *f*; **∼knopf** *m* <*-(e)s*; *∸e*> (botão *m* de) mola *f*; *TÉCN* botão *m* de pressão, *bras a* pulsador *m*

'Druck|legung ['-le:guŋ] *f* impressão *f*; **∼luft** *f* <*sem pl*> ar *m* comprimido; **∼luftbremse** *f* travão *m* (*bras* freio *m*) pneumático; **∼messer** *TÉCN* *m* manómetro (*ô) *m*; **∼mittel** *n fig* meio *m* coercivo; **∼pumpe** *f* bomba *f* de pressão; **∼sache** *f* impresso *m*; **∼schrift** *f* impresso *m*; ***in*** **∼** em cara(c)teres de imprensa; **∼stelle** *f* marca *f*, mancha *f*; **∼welle** *f* onda *f* de pressão; *TÉCN* veio *m* de impulso

drum F → ***darum***; **≗ *und Dran*** *n inv* pormenores *m/pl*; ***mit allem* ≗ *und Dran*** *a* com todos os pertences (*od* matadores)

'drunten ['druntən]: (***da***) **∼** (lá) em baixo

'drunter → ***darunter***; **∼ *und drüber gehen*** estar numa grande confusão

Drusch *AGR* [druʃ] *m* <*-(e)s*; *-e*> malhada *f*

'Drüs|e ['dry:zə] *f* glândula *f*; **∼enentzündung** *f* adenite *f*

'Dschungel ['dʒuŋəl] *m*, *a n* selva *f*

'Dschunke ['dʒuŋkə] *f* junco *m*

du [du:] tu; **∼** + *su* seu, sua ...; ***auf* ≗ *und* ≗ *stehen*** dar-se por tu; ser muito íntimo; ***mit* ≗ *anreden*** tratar por tu

'Dübel ['dy:bəl] *m* bucha *f*

Du'blee [du'ble:] *n* <*-s*; *-s*> plaqué *m*, casquinha *f*

Du'blette [du'blɛtə] *f* peça *f* dupla; (*Fälschung*) imitação *f*

'duck|en ['dukən] (a)baixar (a proa), *fig a* humilhar; *ins Wasser*: mergulhar; ***sich* ∼** abaixar-se, rojar-se (*a fig*); **≗mäuser** ['-mɔyzər] F *m* rojador *m*; *bras* palerma *m*

'dudel|n ['du:dəln] <*-le*> sanfoninar;

≈sack *m* <-(*e*)*s*; ¨*e*> gaita *f* (de foles); **≈sackpfeifer** *m* gaiteiro *m*; *bras* tocador *m* de gaita de foles
Du'ell [du'ɛl] *n* <-*s*; -*e*> duelo *m*; **~'ant** *m* <-*en*> duelista *m*; **≈'ieren** <->: ***sich ~*** bater-se (em duelo)
Du'ett [du'ɛt] *MÚS m* <-(*e*)*s*; -*e*> du(et)o *m*
Duft *m* <-(*e*)*s*; ¨*e*> perfume *m*, cheiro *m*, aroma *m*, odor *m*; **'≈en** <-*e*-> cheirar (***nach*** a); **'≈end** *adj* aromático, vaporoso; ***stark ~*** re(s)cendente; *poét* oloroso; **'≈ig** perfumado; vaporoso; (*leicht*) airoso
duld|en ['duldən] <-*e*-> (*ertragen*) sofrer, padecer, aguentar; (*gestatten*) tolerar; **~sam** tolerante; **≈samkeit** *f* <*sem pl*>, **≈ung** *f* tolerância *f*
dumm <¨*er*; ¨*st*> parvo, tolo, *bras a* bobo; ignorante; ***~e Geschichte*** *fig* coisa *f* aborrecida; *bras a* história *f* chata; ***~es Zeug*** disparate(s *pl*) *m*; *bras* bobagem *f*, besteira *f*; ***sich ~ stellen*** fazer-se parvo (*bras* de bobo); ***der ≈e sein*** ficar a perder; *bras* fazer papel de bobo; ***~e Sache*** situação *f* desagradável; **'~dreist** impertinente; **'≈heit** *f* parvoíce *f*, tolice *f*; *bras* bobagem *f*; **'≈kopf** *m* <-(*e*)*s*; ¨*e*> imbecil *m*; F parvo *m*
'Dumpingpreis ['dampiŋ-] *m* <-*es*; -*e*> preço *m* de dumping
dumpf *Klang*: surdo, abafado, *a Luft*: pesado; *Raum*: (h)úmido; (*gefühllos*) embrutecido; apático; **'~ig** (h)úmido; mofento
'Düne ['dy:nə] *f* duna *f*
Dung [duŋ] *m* <-(*e*)*s*; *sem pl*> estrume *m*, sterco *m*
'Dünge|mittel ['dyŋə-] *n* adubo *m*; **≈n** adubar, estrumar; **~r** *m* estrume *m*
'Dung|grube *f*, **~haufen** *m* esterqueira *f*, estrumeira *f*
'Düngung ['dyŋuŋ] *f* adubação *f*, adubamento *m*, estrumação *f*
'dunkel ['duŋkəl] **1.** *adj* <-*kl*-> escuro; sombrio; obscuro; (*geheim*) oculto; misterioso; (*undurchsichtig*) nebuloso; ***~ werden*** escurecer(-se), *abends*: anoitecer; **2.** **≈** *n* <-*s*; *sem pl*> escuridão *f*; ***im ~n*** às escuras
'Dünkel ['dyŋkəl] *m* <-*s*; *sem pl*> presunção *f*, petulância *f*
'dunkel|braun castanho escuro; moreno; **~grün** verde-escuro
'dünkelhaft petulante
'dunkel|häutig ['-hɔytiç] de pele escura, moreno; **≈heit** *f* escuridão *f*; obscuridade *f*; ***bei einbrechender ~*** ao anoitecer; **≈kammer** *f* <-; -*n*> *FOT* câmara *f* escura; **~n** <-*le*> escurecer(-se), *abends*: anoitecer; **~rot** encarnado
'dünken ['dyŋkən]: ***mich*** (*a* ***mir***) ***dünkt*** parece-me; ***sich ~*** crer-se, julgar-se
dünn [dyn] delgado; magro; franzino; *Kaffee*: fraco; *Haar*: raro; ***sich ~ machen*** safar-se, pôr-se ao largo; **'≈darm** *m* <-(*e*)*s*; ¨*e*> intestino *m* delgado; **'≈druckpapier** *m* papel *m* da India, papel *m* Oxford (*od* bíblia); **'~flüssig** fluido
Dunst [dunst] *m* <-*es*; ¨*e*> vapor *m*; *fig* fumo *m*; ***sich keinen blauen ~ vormachen lassen*** F não se deixar intrujar (*od* enganar); ***keinen*** (***blassen***) ***~ haben*** F não ter a mínima ideia (*é); não saber patavina; **'~abzug** *m* <-*s*; ¨*e*> *Küche*: exaustor *m* de cheiros; *bras* coifa *f*
'dünsten ['dynstən] <-*e*-> estufar
'Dunst|glocke *f* campânula *f* de bruma; capacete; **≈ig** vaporoso, (h)úmido; **~kreis** *m* <-*es*; -*e*> atmosfera *f*
'Dünung ['dy:nuŋ] *f* ressaca *f*, movimento *m* das ondas; *an der afrikanischen Küste*: calema *f*
Duo ['du:o] *n* <-*s*; -*s*> *MÚS* duo *m*, dueto *m*
Dupli'kat [dupli'ka:t] *n* <-(*e*)*s*; -*e*> duplicado *m*
Dur [du:r] *MÚS n inv* (tom *m*) maior *m*
durch [durç] **1.** *prp* (*ac*) por (meio de), mediante, através de (*a* ***quer ~***) por entre; (*geteilt*) dividido por; **~** *vieles* + *inf* devido a ...; **2.** *adv*: ***~ und ~*** completamente; de cima a baixo; ***die Nacht ~*** pela noite fora; ***~ sein*** ter passado, *Examen*: *a* ter sido aprovado; *MED* estar fora do perigo; *et*: estar partido
'durch|arbeiten <-*e*-> estudar; elaborar; *Teig*: amassar; *v/i* não interromper o trabalho; **'~'aus** inteiramente; ***~ nicht*** (não ...) de modo nenhum; ***~ nicht leicht*** nada fácil;

'**~beißen** partir com os dentes, trincar; ***sich ~*** *fig* desembaraçar-se, vencer as dificuldades; '**~blasen** insuflar; '**~blättern** <*-re*> folhear; '**≈blick** *m* <*-(e)s; -e*> vista *f*; '**~blicken** *v/i* ver; F *fig* perceber, entender; ***~ lassen*** *fig* deixar entrever, dar a entender, dar a perceber; **≈'blutung** *f* circulação *f* do sangue; '**~bohren** <-> perfurar; trespassar; '**~braten** (p)assar bem; '**~brechen** **1.** *v/t* quebrar, abrir, romper, perfurar; **2.** *v/i* <*sn*> (ir) romper; **~'brechen** *v/t* <-> romper (*a* MIL); '**~brennen** *v/i* <*sn*> EL fundir-se; ir(-se) abaixo, vir abaixo; *Sicherung*: (ar)rebentar; *fig* fugir, evadir-se; '**~bringen** *örtlich*: *Kandidaten*, *Gesetz*: fazer passar; *Kranke*: conseguir salvar; *Geld*: dissipar; ***sich ~*** ganhar a sua vida; **~'brochen** [-'brɔxən] **1.** *p/p von **durch'brechen***; **2.** *adj* aberto; ***~e Arbeit*** bordado *m* a crivo; '**≈bruch** *m* <*-(e)s; ¨e*> ru(p)tura *f*, rompimento *m* (*a* MIL); *Wasser*: trasbordamento *m*; perfuração *f*; abertura *f*, brecha *f*; ***zum ~ kommen*** manifestar-se; **~'denken** (*ac*) meditar sobre; pensar em; examinar a fundo; '**~drängen** romper (***durch*** por); ***sich ~*** abrir caminho (***durch*** por); '**~drehen** *Fleisch*: picar; passar; *fig* F perder a cabeça; desatinar; '**~dringen** *v/t* <*sn*> penetrar; *fig* prevalecer, triunfar, acabar por impor-se; **~'dringen** *v/t* <-> (com)penetrar; '**~dringend** *adj* penetrante; **≈'dringung** [-'driŋuŋ] *f* <*sem pl*> (com)penetração *f*; ***wechselseitige ~*** interpenetração *f*; '**~drücken** romper; *Knie*: tender; *fig* conseguir; **~'eilen** <-> percorrer

durchein'ander **1.** *adv* confundido, misturado; sem distinção; ***~ bringen***, ***~ mengen***, ***~ werfen*** confundir, misturar; atrapalhar, barafundar; **2.** ≈ *n* confusão *f*, trapalhada *f*; *bras* afobação *f*, bagunça *f*

'**durch|'fahren** *v/t* ['-'fa:-] <->, *v/i* ['du-] <*sn*> atravessar, passar por; **≈fahrt** *f* passagem *f*; NAV *a* travessia *f*; **≈fall** *m* <*-(e)s; ¨e*> MED diarreia (*é) *f*, soltura *f*; TEA fracasso *m*; *Examen*: reprovação *f*, F chumbo *m*, raposa *f*; **~fallen** <*sn*> cair mal, fracassar; *Prüfung*: ficar mal (*od* reprovado), F chumbar; ***j-n ~ lassen*** reprovar alg; **~fechten** defender (até vencer); **~finden**: (***sich***) ~ orientar-se; '**~'fliegen** **1.** *v/t* [-'fli:-] <-> voar por; AV atravessar; *fig* folhear; **2.** *v/i* ['du-] <*sn*> passar; AV não fazer escala; '**~'fließen** *v/t* [-'fli:-] <->, *v/i* ['du-] <*sn*> atravessar, correr através; **~'forschen** <-> investigar; *Land*: explorar; **≈'forschung** *f* exploração *f*; **~fragen**: ***sich ~*** perguntar até encontrar o caminho; **~frieren** <*sn*> gelar de frio; **≈fuhr** [-fu:ə] *f* trânsito *m*

'**durchführ|bar** ['-fy:rba:r] realizável; exequível; **~en** (*begleiten*) conduzir; *fig* realizar; levar a efeito; efe(c)tuar; **≈ung** *f* realização *f*, execução *f*; efe(c)tivação *f*; TÉCN travessia *f*; **≈ungsbestimmungen** *f/pl* decreto *m/sg* (*od* modalidades *f/pl*) de execução (*od* de aplicação)

durch|'furchen <-> sulcar; '**~füttern** <*-re*> sustentar; *bras* alimentar; '**≈gang** *m* <*-(e)s; ¨e*> passagem *f*; abertura *f*; *Zug*: corredor *m*; *Verkehr*: trânsito *m*; '**~gängig** geral, universal; corrente; *adv* sem exce(p)ção

'**Durchgangs|bahnhof** *m* <*-(e)s; ¨e*> estação *f* de trânsito; **~verkehr** *m* <*-s; sem pl*> trânsito *m*

'**durchgeben** *Nachricht*: transmitir

'**durchgehen** **1.** *v/i* <*sn*> passar; atravessar; (*weglaufen*) evadir-se; *Pferd*: tomar o freio nos dentes; **2.** *v/t* <*h u sn*>: ***noch einmal et ~*** rever; ***j-m et ~ lassen*** deixar passar a/c a alg; **~d** *adj* contínuo; CAM. DE F dire(c)to; ECON de trânsito; (*allgemein*) geralmente, sem exce(p)ção; de ponta a ponta

'**durch|greifen** *fig* tomar medidas eficientes; impor-se; **~d** *adj* radical; enérgico; '**~halten** resistir, manter-se firme; aguentar; ***nicht ~*** ir(-se) abaixo, vir abaixo; '**≈haltevermögen** *n* <*-s; sem pl*> força *f* de resistência; '**~hauen** partir, cortar; (*prügeln*) espancar; '**~hecheln** <*-le*> TÉCN cardar, rastelar; *fig* falar mal de; '**~helfen** tirar duma dificuldade; ***sich ~*** ir-se vivendo; '**~kämmen** pentear; *fig a* MIL limpar; '**~kämpfen**: (***sich***) ~ lutar (até ven-

D

cer); '**~kauen** mastigar bem; F *fig* repetir, repassar; '**~kneten** *<-e->* amassar bem; '**~kommen** *<sn>* passar; *Prüfung*: *a* ficar aprovado; *MED* ser (*bras* estar) curado; '**~können** poder passar; '**~'kreuzen** *<-t>* **1.** ['durç-] riscar; cortar; **2.** [durç'krɔytzɛn] <-> (*durchfahren*) cruzar; *fig* (*vereiteln*) contrariar; '**Ɛlass** *m <-es; ⸚e>* abertura *f*, passagem *f*; '**~lassen** deixar passar; '**~lässig** permeável, poroso; '**~laufen 1.** *v/i <sn> Wasser*: repassar; **2.** *v/t Sohlen*: gastar; ***sich die Füße ~*** ficar com os pés a doer (*bras* doendo); **~'laufen** *v/t* <-> percorrer; '**Ɛlauferhitzer** *m* esquentador *m* de água; *bras* aquecedor *m*; **~'leben** <-> passar (por), atravessar; '**~lesen** percorrer; (acabar de) ler; **~'leuchten** *<-e-; ->* *MED* fazer uma radioscopia (***et*** de a/c); **Ɛ'leuchtung** [-'lɔyçtuŋ] *f MED* radioscopia *f*; '**~liegen** escoriar-se; **~'löchern** [-'lœçərn] *<-re; ->* perfurar; esburacar; '**~lüften** *<-e->* arejar; '**~machen** *v/t* passar por; (*dulden*) aguentar, sofrer; F ***die Nacht ~*** fazer noitada; '**Ɛmarsch** *m <-(e)s; ⸚e>* passagem *f*; '**~marschieren** *<sn; ->* passar (por), atravessar; **~'messen** <-> atravessar; '**Ɛmesser** *m* diâmetro *m*; **~'nässen** *<-t; ->* molhar, encharcar; '**~nehmen** ensinar; dar; '**~pausen** *<-t>* calcar; '**~probieren** <-> provar um atrás do outro; **~'queren** [-'kveːrən] <-> atravessar; **Ɛ'querung** *f* travessia *f*; '**~rasseln** *<-le; sn>* F *Prüfung*: ficar chumbado; *bras* levar pau; '**~rechnen** *v/t <-e->* calcular; ***noch einmal ~*** rever; '**~regnen** *<-e->* chover para dentro; '**Ɛreiche** *f* guiché (*ê) *m*

'**Durchreis|e** *f* passagem *f* (***auf der ~*** de); '**Ɛen** *<-t; sn>* passar, atravessar; '**~ende(r** *m*) *su* passante *su*; turista *su*; *bras a* viajante *su*; '**~evisum** *n <-s; -visa>* visto *m* de passagem (*bras* de trânsito)

'**durch|reißen** *v/t* (*v/i*; *sn*) romper(-se); *Papier etc*: rasgar(-se); '**~ringen**: ***sich zu et ~*** conseguir a/c; '**~rühren** passar (pelo passador)

durchs = ***durch das***

'**Durchsage** *f* aviso *m*; mensagem *f*; **Ɛn** *TEL* telefonar; anunciar; transmitir

'**durch|schauen** *v/i* ver; ler; **~'schauen** *v/t* <-> *fig* descobrir; '**~scheinen** transparecer, transluzir, passar; **~d** *adj* transparente; '**~scheuern** *<-re>*: *MED* ***sich die Haut ~*** escoriar-se; '**~schimmern** *<-re>* → ***~scheinen***; '**~schlafen** dormir (sem despertar)

'**Durchschlag** *m <-(e)s; ⸚e> Schreibmaschine*: cópia *f*; (*Sieb*) passador *m*, coador *m*; **Ɛen** ['durç-] **1.** *v/t* passar; copiar; *Band*: percutir, atravessar; *Sicherung*: fundir; ***sich ~*** ir(-se) vivendo; *MIL* abrir caminho (***durch*** por), conseguir atravessar (*ac*); **2.** *v/i* (*Erfolg haben*) ter êxito, ser eficaz; **~d** *adj Erfolg*: completo; retumbante; **Ɛen** [-'ʃlaː-] *v/t* <-> atravessar, percutir; romper; **~papier** *n <-s; sem pl>* papel *m* para cópias; **~skraft** *f <sem pl>* (força *f* de) penetração *f* (*od* [de] percussão *f*); efeito *m*

'**durch|schlängeln**: ***sich ~*** serpentear; *fig* furar; '**~schleusen** *<-t>* fazer passar (por uma represa); '**~schmuggeln** *<-le>* passar (de) contrabando; '**~schneiden** cortar, partir; **~'schneiden** <-> cruzar, atravessar, sulcar

'**Durchschnitt** *m <-(e)s; -e> MAT u ARQUIT* corte *m*; (*Mittelwert*) média *f*; ***über dem ~*** acima da craveira; **Ɛlich, ~s...** *in Zssg(n) adj* médio; (*mittelmäßig*) medíocre; *adv* em média; **~sbürger** *m* cidadão *m* comum; **~seinkommen** *n* rendimento (*od* salário) *m* médio

'**durch|schnüffeln** *<-le>* espiar; '**~schreiten** *v/i <sn>*, **~'schreiten** *v/t* <-> atravessar; '**Ɛschrift** *f* cópia *f*; '**Ɛschuss** *m <-es; ⸚e> TÉCN* trama *m*; *TIP* entrelinha *f*; '**~schwimmen** *v/i <sn>*, **~'schwimmen** *v/t* <-> atravessar a nadar (*od* a nado); '**~schwitzen** *<-t>* transpirar, suar; '**~sehen** examinar, ler, rever; '**~seihen** passar, coar; '**~'setzen** *<-t>* **a)** ['durç-] conseguir; (***sich ~***) impor(-se); **b)** [durç'zɛ-] <-> impregnar; **~'setzt** *a* disseminado

'**Durchsicht** *f* golpe *m* de vista; leitura *f*, revisão *f*; **Ɛig** transparente, diáfano; **~igkeit** *f* <*sem pl*> transparência *f*; translucidez *f*

'durch|sickern <-*re*; *sn*> passar; *a fig* ressumar; *bras* transpirar; **'~sieben** coar, crivar, passar; **'~sprechen** discutir; debater; *TEL* telefonar; **~'stechen** <-> cortar, perfurar; **'~stecken** passar; **'~stehen** aguentar; **'≈stich** *m* <-(*e*)*s*; -*e*> abertura *f*, furo *m*; **'~stöbern** <-*re*> (ver e) rever, revistar; **'~stoßen** perfurar; penetrar; *MIL* avançar; **'~streichen** riscar; **~'streifen** <-> percorrer, *MIL* reconhecer; **~'suchen** <-> revistar, rebuscar; **≈'suchung** [-'zuːxuŋ] *f* busca *f*; **~'tränken** <-> impregnar; **~'trennen** separar; cortar; **~'trieben** [-'triːbən] manhoso; astucioso; **~'wachen** <->: ***die Nacht ~*** passar a noite em branco; **~'wachsen** *adj Speck*: entremeado; **'≈wahl** *f TEL* ligação *f* dire(c)ta; **'~wählen** *TEL* ligar dire(c)tamente; **'≈wahlnummer** *f* número *m* dire(c)to; **~'wandern** <-*re*; -> atravessar (a pé); **'~wärmen** aquecer bem; **~'weg** *adv* geralmente, sem excepção, (quase) sempre; **~'weichen** *v/t* <-> pôr de molho; **'~weichen** *v/i* <*sn*> molhar-se; **'~winden: *sich ~*** abrir-se caminho; **~'wühlen** <-> revolver; **'~wursteln** ['-vurstəln] <-*le*>: ***sich ~*** F amanhar-se; arranjar-se; desembaraçar-se; **'~zählen** contar; **~'zechen** <->: (***die Nacht***) **~** passar (a noite) a beber; **'~zeichnen** <-*e*-> calcar; **~'ziehen** *v/t* <-> atravessar; (per)passar (*a v/i*); **~'zucken** <-> fazer estremecer; *Schmerz*: sacudir; **'≈zug** *m* <-(*e*)*s*; ¨*e*> passagem *f*; *Luft*: corrente *f* (de ar); **'~zwängen** fazer passar com força; passar com força; ***sich ~*** passar a custo

'dürfen ['dyrfən] poder; ter licença (de); ***darf ich?*** posso?; dá (*od pl* dão) licença que?; com licença! ***darf ich Sie um das Glas bitten?*** fazia-me o favor de (*od* por favor, pode) me passar o copo?; ***nicht ~*** não dever (*od* poder); ***das dürfte nicht sein*** não devia ser

'dürftig ['-tiç] escasso; pobre; mesquinho; **≈keit** *f* <*sem pl*> escassez *f*, pobreza *f*, mesquinhez *f*

dürr [dyr] árido; seco; (*mager*) magríssimo; **'≈e** *f* aridez *f*; sec(ur)a *f*

Durst [durst] *m* <-(*e*)*s*; *sem pl*> sede *f* (*a fig*; ***nach*** de); **'≈en** <-*e*->, **dürsten** ['dyrstən] <-*e*->, **'≈ig *~ sein*** ter sede; **'~strecke** *f fig* período *m* de escassez (*od* dificuldades); tempo *m* das vacas magras

'Dusche ['duʃə] *f* duche *m*; chuveiro *m*; *bras* ducha *f*; (*Regen*) molha(dela) *f*, *bras a* molhada *f*; **≈n** tomar um duche (*bras* uma ducha)

'Düse ['dyːzə] *f* bico *m*; tubeira *f*; *bras* bocal *m*

'Dusel ['duːzəl] F *m* <-*s*; *sem pl*> (*Glück*) sorte *f*; ***im ~*** (*Rausch*), **≈ig** borracho, tonto; *bras* de pileque, embriagado; (*schläfrig*) quase a dormir; sonolento

'Düsen|antrieb *m* <-(*e*)*s*; -*e*> propulsão *f* a ja(c)to; **~flugzeug** *n* <-(*e*)*s*; -*e*> avião *m* a ja(c)to

'duss(e)lig F parvo, tonto

'Dussel ['dusəl] F *m*, parvo *m*, tonto *m*

'Düsseldorf *n* ['dysəldɔrf] Dusseldórfia *su*

'düster ['dyːstər] sombrio, escuro

'Dutzend ['dutsənt] *n* <-*s*; -*e*> dúzia *f*; **~ware** *f* mercadoria *f* ordinária; **≈weise** às dúzias

'duzen ['duːtsən] *v/t* <-*t*> tratar por tu; *bras* chamar de você

Dy'nam|ik [dy'naːmik] *f* <*sem pl*> dinâmica *f*; *fig* dinamismo *m*; **≈isch** dinâmico; **~'it** [-na'miːt] *n* <-(*e*)*s*; *sem pl*> dinamite *f*; **~o(maschine** *f*) *m* <-*s*; -*s*> dínamo *m*

Dyna'stie [dyna'stiː] *f* dinastia *f*

DV [deː'fau] → ***Datenverarbeitung***

'D-Zug ['deː-] *m* <-(*e*)*s*; ¨*e*> rápido *m*

E

E, e [eː] *n* E, e *m inv*; *MÚS* mi *m*

'Ebbe ['ɛbə] *f* baixa-mar *f*, maré *f* vazia; refluxo *m*, vazante *f*; ***~ und Flut*** maré *f*

'eben ['eːbən] **1.** *adj* plano; chão; (*glatt*) liso; ***zu ~er Erde*** no rés-do-chão; **2.** *adv Zeit*: agora mesmo; (*a Zustimmung*) justamente, precisamente; ***er ist ~ angekommen*** acaba de chegar; **≈bild** *n* <-(*e*)*s*; *-er*> retrato *m*; imagem *f* (***Gottes*** de Deus); **~bürtig** [-byrtiç] igual (por nascimento); ***~ sein*** *fig* ter o mesmo valor; **~'da('her** d)ali mesmo; **~da'hin** lá mesmo; **~das-**, **~derselbe** o mesmo; **~'deshalb** por isso mesmo; **~dieselbe** a mesma

'Ebene ['eːbənə] *f* planície *f*; campina *f*; *MAT* plano *m*; *fig a* nível *m*

'eben|erdig térreo; **~falls** também, igualmente; **≈holz** *n* <-*es*; *sem pl*> ébano *m*; **≈maß** *n* <-*es*; *sem pl*> simetria *f*; harmonia *f*; **~mäßig** simétrico; bem proporcionado

'ebenso do mesmo modo; (bem) assim; ***~ groß*** (***wie***) do mesmo tamanho (que), tão grande (como); ***~ sehr*** tanto; ***~ viel*** outro tanto; ***~ wenig*** tãopouco; ***~ wie*** tão pouco como

'Eber ['eːbər] *m* varrão *m*; porco *m*; **~esche** *f* sorveira *f*

'ebnen ['eːbnən] <-*e*-> aplanar, nivelar

'Echo ['ɛço] *n* <-*s*; -*s*> eco *m*; **~lot** *n* <-(*e*)*s*; -*e*> sonda *f* acústica; ecómetro (*ô) *m*

echt [eçt] autêntico (*a Dokument*), puro, genuíno; (*recht*) legítimo (*a TÉCN*); *Gold*: de lei; *Rasse etc*: castiço; **'≈heit** *f* <*sem pl*> autenticidade *f*; genuinidade *f*; legitimidade *f*; **'≈zeit** *f INFORM* tempo *m* real

'Eck... ['ɛk-] *in Zssgn*: *ARQUIT* de gaveto

EC-Karte [eː'tseː-] *f* <-*s*; -*n*> cartão *m* multibanco

'Eck|ball *m* <-(*e*)*s*; ¨*e*> canto *m*; *bras* córner *m*; **~daten** *pl* dados *m*/*pl* de referência; requisitos *m*/*pl*

'Ecke ['ɛkə] *f äußere*: esquina *f*; *innere*: canto *m*; (*Ende*) ponta *f*; ***an allen ~n und Enden*** por toda a parte; ***um die ~ biegen*** dobrar a esquina; ***gleich um die ~*** aqui perto; ali na esquina; ***um die ~ bringen*** *fig* F matar; *bras* agarrar

'Eck|haus *n* <-*es*; ¨*er*> casa *f* de esquina; prédio *m* de gaveto; **≈ig** angular, esquinado; *fig* rude; ***~e Klammer*** re(c)ta *f*; **~lohn** *m* <-(*e*)*s*; ¨*e*> salário *m* de referência; **~pfeiler** *m* pilastra *f* angular; *Brücke*: estribo *m*; *fig* garante *m*; **~platz** *m* <-(*e*)*s*; ¨*e*> (lugar *m* de) canto *m*; **~schrank** *m* <-(*e*)*s*; ¨*e*> armário *m* de canto; **~stein** *m* <-(*e*)*s*; -*e*> pedra *f* angular; **~zahn** *m* <-(*e*)*s*; ¨*e*> (dente *m*) canino *m*

E-'Commerce [i'kɔmɛːs] *m* comércio *m* electrónico

E'conomyklasse [i'kɔnəmiklasə] *f* economy class *f*

Ecua'dor [ekua'doːr] *n* Equador *m*

'edel ['eːdəl] fidalgo, nobre; *fig a Wein*: generoso; *Stein*: precioso; **≈gas** *n* <-*es*; -*e*> gás *m* raro; **≈holz** *n* <-*es*; ¨*er*> madeira *f* nobre; **≈metall** *n* <-*s*; -*e*> metal *m* precioso; **≈mut** *m* <-(*e*)*s*; *sem pl*> generosidade *f*; nobreza *f* (moral); **~mütig** ['-myːtiç] nobre, generoso; **≈stahl** *m* <-(*e*)*s*; *sem pl*> aço *m* fino; **≈stein** *m* <-(*e*)*s*; -*e*> pedra *f* preciosa; **≈tanne** *f* abeto *m* branco; **≈weiß** *n* <-*es*; -*e*> *BOT* pé-de-leão *m*

E'dikt [e'dikt] *n* <-(*e*)*s*; -*e*> edito *m*; edital *m*

'Efeu ['eːfɔy] *m* <-*s*; *sem pl*> hera *f*

Ef'fekt [ɛ'fɛkt] *m* <-(*e*)*s*; -*e*> efeito *m*, resultado *m*; **~en** *pl* efe(c)tivo *m*/*sg*; valores *m*/*pl*; titular *m*/*pl* de crédito; **~enbörse** *f ECON* bolsa *f* de valores; **~enhandel** *m* <-*s*; *sem pl*> *ECON* comércio *m* de valores; **~hasche'rei** [-haʃə'raɪ] *f* caça *f* ao efeito; sensacionalismo *m*; **≈'iv** efe(c)tivo; **≈voll** que faz efeito

effi'zient [ɛfi'tsiɛnt] eficiente

e'gal [e'gaːl] F (*gleichartig*) igual; (*gleichgültig*) indiferente; ***das ist ~*** tanto faz; **~i'sieren** [egali'ziːrən] <-> igualar

'Egel ['eːgəl] *m* sanguessuga *f*

'Egge ['ɛgə] *f* grade *f* (de desterroar), rastelo *m*; **≈n** gradar, (d)esterroar

Ego|'ismus [ego'ismus] *m* <-; *sem pl*> egoísmo *m*; **~'ist(in** *f*) *m* <-*en*>, **≈'istisch** egoísta (*su*); **≈'zentrisch** [-'tsɛntriʃ] egocêntrico, egotista

'ehe ['eːə] antes de (*inf*), antes (de) que (*subj*), primeiro que (*subj*)

'Ehe *f* matrimónio (*ô) *m*, consórcio *m*; ***wilde*** **~** concubinato *m*; ***zweite*** **~** segundas núpcias *f/pl*; *Kind*: (***aus***) ***erster*** **~** do primeiro casamento; ***e-e*** **~** ***eingehen*** consorciar-se (***schließen*** *a*: casar)

'Ehe|...: *in Zssg(n) oft* matrimonial; conjugal; **≈ähnlich** marital; **~bett** *n* <-(*e*)*s*; -*en*> cama *f* de casal; **~brecher(in** *f*) *m* [-brɛçər(in)], **≈brecherisch** adúltero *m*, -a *f*; **~bruch** *m* <-(*e*)*s*; ¨*e*> adultério *m*

'ehedem antigamente, outrora

'Ehe|frau *f* esposa *f*, mulher *f* (casada); **~gatte** *m* <-*n*> marido *m*; consorte *m*; **~gattin** *f* esposa *f*; consorte *f*; **~leute** *pl* cônjuges *m/pl*; ***junge*** **~** recém-casados *m/pl*; **≈lich** conjugal; *Kind*: legítimo; **≈lichen** ['-liçən] *v/t* casar com; desposar; **≈los** solteiro; *Mann*: *a* celibatário; **~losigkeit** ['-loːziç-] *f* <*sem pl*> celibato *m*

'ehemal|ig [-maːliç] antigo; ex-...; **~s** antigamente, outrora

'Ehe|mann *m* <-(*e*)*s*; ¨*er*> marido *m*, esposo *m*; **~paar** *n* <-(*e*)*s*; -*e*> casal *m*; **~partner** *m* cônjuge *m*

'eher ['eːər]: **~** (***als***) antes (de); mais cedo (do que); (*schneller*) mais depressa (do que); (*lieber*) antes; ***je*** **~**, ***je besser***, ***je*** **~**, ***desto besser*** quanto antes melhor

'Ehe|recht *n* <-(*e*)*s*; *sem pl*> direito *m* matrimonial; **~ring** *m* <-(*e*)*s*; -*e*> aliança *f*; **~scheidung** *f* divórcio *m*; **~schließung** *f* casamento *m*; consórcio *m*; (*Trauung*) enlace *m* matrimonial; **~stand** *m* <-(*e*)*s*; *sem pl*> matrimónio (*ô) *m*; ***in den*** **~** ***treten*** casar

'ehesten ['eːəstən]: ***am*** **~** o mais facilmente; (*am frühesten*) o mais cedo

'Eheversprechen *n* promessa *f* de casamento

'ehrbar ['eːr-] honesto, honrado, probo, respeitável; **≈keit** *f* <*sem pl*> honestidade *f*, probidade *f*

'Ehre ['eːrə] *f* honra *f* (***erweisen*** prestar); **~** ***einlegen*** distinguir-se; ***in*** **~*n*** ***halten*** = **≈n**; ***zu j-s*** **~*n*** em honra de alg; ***j-m*** **~** ***machen*** fazer honra a alg; ***die letzte*** **~** ***erweisen*** prestar as honras fúnebres

'ehren honrar, respeitar; prestar homenagem a, homenagear; ***sehr geehrter Herr!*** *Brief*: Excelentíssimo (*Abk* Ex.mo) Senhor; *bras* Ilustríssimo (*Abk* Il.mo) Senhor

'Ehren|amt *n* <-(*e*)*s*; ¨*er*> cargo *m* honorífico; **≈amtlich** honorário; **~bezeigung** MIL *f* continência *f*; honras *f/pl* (***erweisen*** prestar); **~bürger** *m* cidadão *m* honorário; **~dame** *f* dama *f* de honor; **~erklärung** *f* satisfação *f*; reabilitação *f*; **~gast** *m* <-(*e*)*s*; ¨*e*> convidado *m* de honra; **~geleit** *n* <-(*e*)*s*; *sem pl*> escolta *f* (de honra); cortejo *m*; ***j-m das*** **~** ***geben*** escoltar alg, acompanhar alg; **≈haft** honroso; **~haftigkeit** *f* <*sem pl*> honestidade *f*, honradez *f*; **≈halber** por honra; honoris causa; **~mal** *n* <-(*e*)*s*; -*e*> monumento *m* comemorativo; **~mann** *m* <-(*e*)*s*; ¨*er*> homem *m* de bem; **~mitglied** *n* <-(*e*)*s*; -*er*> sócio *m* honorário; **~platz** *m* <-*es*; ¨*e*> lugar *m* de honra; **~preis** *m* <-*es*; -*e*> prémio (*ê) *m*; BOT verónica (*ô) *f*; **~rechte** *n/pl*: ***bürgerliche*** **~** direitos *m/pl* cívicos (e políticos); **~rettung** *f* reabilitação *f*; **≈rührig** desonroso, infamante; **~runde** *f* *Sport*: volta *f* de honra; **~sache** *f* questão *f* de honra; **~tag** *m* <-(*e*)*s*; -*e*> aniversário *m*; dia *m* solene; dia *m* festivo; **~titel** *m* título *m* honorífico; **≈voll** honroso, decoroso; glorioso; **≈wert** honesto; digno; **~wort** *n* <-(*e*)*s*; -*e*> palavra *f* de honra; **~zeichen** *n* insígnia *f*; (*Orden*) condecoração *f*

'ehrerbiet|ig ['-ɛrbiːtiç] respeitoso; **≈ung** *f* respeito *m*

'Ehrfurcht *f* <*sem pl*>: **~** (***vor*** *dat*) veneração *f* (por, perante); respeito *m* (de); ***j-m seine*** **~** ***bezeigen*** apresentar os seus respeitos a alg; **~** ***gebieten*** impor respeito; **~** ***gebietend*** imponente; *j-d*: venerável

'ehr|fürchtig ['-fyrçtiç], **~furchtsvoll** respeitoso; **≈gefühl** *n* <-(*e*)*s*; *sem pl*> sentimento *m* de honra; **≈geiz** *m* <-*es*; *sem pl*> ambição *f*; **~geizig** ambicioso; **~lich** honesto, sincero, leal; **~ *gesagt*** para ser sincero; **≈lichkeit** *f* <*sem pl*> honradez *f*, honestidade *f*, sinceridade *f*, lealdade *f*; **~liebend** pundonoroso; *bras* brioso; orgulhoso; **~los** desonrado; *a et*: infame; **≈losigkeit** ['-lo:ziç-] *f* <*sem pl*> desonra *f*; **≈ung** *f* homenagem *f* (***j-s*** a); **≈verlust** *m* <-*es*; *sem pl*> degradação *f*; perda *f* dos direitos cívicos e políticos; **~würdig** venerável; *Geistlicher*: reverendo

Ei *n* ['aɪ] <-(*e*)*s*; -*er*> ovo *m*; ***hartes ~*** ovo cozido; ***weiches ~*** ovo quente

'Eib|e ['aɪbə] *f* teixo *m*; **~isch** *m* <-(*e*)*s*; -*e*> malva *f* silvestre

'Eich|amt ['aɪç-] *n* <-(*e*)*s*; ¨*er*> posto *m* de aferição; **~e** *f* carvalho *m*; **~el** *f* <-; -*n*> bolota *f*; ANAT glande *f*; **~en** *n* aferição *f*; **≈en 1.** *v/t* aferir; **2.** *adj* de carvalho; **~enholz** *n* <-*es*; ¨*er*> carvalho *m*; **~enlaub** *n* <-(*e*)*s*; *sem pl*> folhas *f/pl* de carvalho; **~enwald** *m* <-(*e*)*s*; ¨*er*> carvalhal *m*; **~hörnchen** *n*, **~kätzchen** *n*, **~katze** *f* esquilo *m*; **~maß** *n* <-*es*; -*e*> padrão *m*

Eid [aɪt] *m* <-(*e*)*s*; -*e*> juramento *m* (***leisten***, ***schwören*** prestar; ***abnehmen*** fazer prestar, ajuramentar; ***brechen*** violar); ***unter ~ aussagen*** depor sob juramento; ***an ~es statt*** a título de juramento; pela sua honra; **'~bruch** *m* <-(*e*)*s*; ¨*e*> quebra *f* de juramento, perjúrio *m*; **'≈brüchig** perjuro

'Eidechse ['aɪdɛksə] *f* lagartixa *f*

'Eiderdaune(n *pl*) ['aɪdər-] *f* edredão *m*

'Eides|formel ['aɪdəs-] *f* <-; -*n*> fórmula *f* de juramento; **~leistung** *f* prestação *f* de juramento; **≈stattlich** sob palavra de honra

'Eid|genosse *m* confederado *m*; **~genossenschaft** *f* confederação *f*

'eidlich JUR sob juramento

'Eidotter *m* gema *f* de ovo

'Eier|becher *m* <-*s*; -> oveiro *m*; **~frucht** *f* <-; ¨*e*> beringela *f*; **~händler(in** *f*) ['aɪər-] *m* vendedor *m* (vendedeira *f*) de ovos; **~kuchen** *m* crepe *m*, *bras a* panqueca *f*; **~likör** *m* <-*s*; -*e*> licor *m* de ovo; **~schale** *f* casca *f* (do ovo); **~stock** *m* <-(*e*)*s*; ¨*e*> ANAT ovário *m*

'Eifer ['aɪfər] *m* <-*s*; *sem pl*> zelo *m*; fervor *m*; ***in ~ geraten*** *für*: entusiasmar-se, *gegen*: encolerizar-se; **~er** *m* fanático *m*; **≈n** <-*re*> zelar; **~ *gegen*** bradar contra, clamar contra; **~sucht** *f* <*sem pl*> ciúme *m*; inveja *f*; **≈süchtig** ciumento; invejoso (***auf*** *ac* de)

'eiförmig ['aɪfœrmiç] oval

'eifrig ['aɪfriç] solícito; zeloso

'Eigelb *n* <-(*e*)*s*; -*e*> gema *f* do ovo

'eigen ['aɪgən] próprio; particular; especial; específico; (*seltsam*) singular; estranho; (*gepflegt*) cuidadoso; ***mein ≈*** o meu; ***sein ~er Herr sein*** ser senhor de si, ser independente; ***auf ~e Faust***, ***auf ~e Rechnung*** por conta própria; ***sich*** (*dat*) ***et zu ≈ machen*** apropriar-se de a/c; *fig* fazer seu a/c, adoptar a/c

'Eigenart *f* particularidade *f*; **≈ig** particular, singular

'Eigen|bedarf *m* <-(*e*)*s*; *sem pl*> consumo *m* próprio; necessidades *f/pl* pessoais (*od e-s Volkes*: nacionais); **~brötler** ['-brø:tlər] *m* original *m*; F maduro *m*; **~finanzierung** *f* financiamento *m* próprio; auto-financiamento *m*; **≈händig** ['-hɛndiç] do (meu, seu *etc*) próprio punho; **~ (*geschrieben*)** autógrafo; **~heim** *n* <-(*e*)*s*; -*e*> casa *f* particular; moradia *f*; **~heit** *f* particularidade *f*, singularidade *f*; **~kapital** *n* <-*s*; *sem pl*> capital *m* próprio; **~leben** *n* <-*s*; *sem pl*> vida *f* particular (*od* própria); independência *f*; **~liebe** *f* <*sem pl*> amor *m* próprio; **~lob** *n* <-(*e*)*s*; *sem pl*> jactância *f*; **≈mächtig** arbitrário; **~name** *m* <-*ns*; -*n*> nome *m* próprio; **~nutz** *m* <-*es*; *sem pl*> interesse *m* pessoal, egoísmo *m*; **≈nützig** ['-nytsiç] interesseiro, egoísta

'eigens expressamente, de propósito

'Eigenschaft *f* qualidade *f*; característica *f*; *wirksame*: virtude *f*; ***in seiner ~ als*** na qualidade de; **~swort** *n* <-(*e*)*s*; ¨*er*> adje(c)tivo *m*

'Eigensinn *m* <-(*e*)*s*; *sem pl*> teimosia *f*; **≈ig** teimoso

'eigentlich [-tliç] **1.** *adj* verdadeiro,

próprio; **2.** *adv a* no fundo, a dizer a verdade; com efeito; praticamente

'Eigen|tor *n Sport* autogolo *m*, *bras* gol *m* contra; ***ein ~ schießen*** (*a fig*) sair a alg o tiro pela culatra; **~tum** *n* <*-s; sem pl*> propriedade *f*; pertença *f*; **~tümer(in** *f*) ['-ty:mər-] *m* proprietário *m*, -a *f*; dono *m*, -a *f*; **≈tümlich** ['-ty:mlıç] particular, cara(c)terístico; singular; **~tümlichkeit** *f* particularidade *f*, cara(c)terística *f*; singularidade *f*; **~tumsdelikt** *n* <*-(e)s; -e*> *JUR* crime *m* contra a propriedade; **~tumswohnung** *f* propriedade *f* horizontal; **~wechsel** *m ECON* livrança *f*; **~wille** *m* <*-ns, sem pl*> teimosia *f*; **≈willig** teimoso

'eign|en ['aıgnən] <*-e-*>: ***sich ~ zu*** prestar-se a, prestar para; **≈ung** *f* <*sem pl*> aptidão *f*; **≈ungsprüfung** *f* exame *m* de aptidão

'Eil|bote ['aıl-] *m* <*-n*> correio *m* expresso; ***durch ~n*** por expresso; **~brief** *m* <*-(e)s; -e*> carta *f* expressa

'Eile ['aılə] *f* <*sem pl*> pressa *f* (***in aller*** a toda a); ***~ haben*** *et*: ter pressa, *j-d*: *a* estar com pressa; ***es hat keine ~*** não tem pressa

'Eileiter *m ANAT* trompa *f* (de Falópio *od* uterina), salpinge *m*; *Vögel* oviduto *m*

'eil|en ['aılən] **1.** <*sn*> correr; **2.** <*h*> urgir, ser urgente; **~ends** depressa, apressadamente; **~fertig** apressado; solícito; **≈fertigkeit** *f* pressa *f*; solicitude *f*; **≈fracht** *f*, **≈gut** *n* <*-(e)s; sem pl*>: ***als ~*** por grande velocidade; por expresso; **~ig** apressado; (*dringlich*) urgente; ***es ~ haben*** estar com pressa; **≈marsch** *m* <*-(e)s; ¨e*> marcha *f* forçada; **~t!** urgente; **≈zug** *m* <*-(e)s; ¨e*> (comboio *m*) semi-dire(c)to *m*

'Eimer ['aımər] *m* balde *m*; ***es ist alles im ~*** F *fig* vai tudo por água abaixo; **≈weise** a cântaros (*a fig*)

ein [aın] **1.** *unbestimmter art* um; uma; ***~ jeder*** cada um; cada uma; **2.** *Zahlwort*: ***um ~ Uhr*** à uma (hora); ***~ für alle Mal*** de vez, de uma vez para sempre; ***in ~em fort*** continuamente, sem interrupção; ***~ und derselbe*** o mesmo (mesmíssimo); **3.** *adv*: ***weder*** (*od* ***nicht***) ***~ noch aus wissen*** não saber que fazer

'Ein|akter ['-aktər] *m* peça *f* de um só a(c)to; **≈'ander** um ao outro; uns aos outros; uma(s) à(s) outra(s); mutuamente; reciprocamente; **≈arbeiten** <*-e-*>: (***in*** *ac*) iniciar (em); familiarizar (com); **~arbeitung** *f* familiarização *f* com o trabalho; **≈armig** ['-armıç] manco; **≈äschern** ['-ɛʃərn] <*-re*> reduzir a cinzas; incinerar; *Leiche*: cremar; **~äscherung** *f* incineração *f*; cremação *f*; **≈atmen** <*-e-*> aspirar; *MED* inalar; **≈äugig** ['-ɔygıç] cego de um olho; zarolho

'Einbahnstraße *f* (rua *f* de) sentido *m* único; *bras* mão *f* única

'einbalsamier|en ['-balzami:rən] <*-*> embalsamar; **≈ung** *f* embalsamento *m*

'Ein|band *m* <*-(e)s; ¨e*> encadernação *f*; **≈bändig** ['-bɛndıç] num só volume; **~bau** *m* <*-(e)s; sem pl*> *TÉCN* encaixe *m*, encaixamento *m*; instalação *f*, montagem *f*; *fig* integração *f*, incorporação *f*; **≈bauen** *TÉCN* encaixar; instalar, montar; *fig* integrar, incorporar; **~bauküche** *f* cozinha *f* encastrada; **~baum** *NAV m* <*-(e)s; ¨e*> piroga *f*; **~bauschrank** *m* <*-(e)s; ¨e*> armário *m* embutido; **≈begriffen** inclusive; **≈behalten** <*-*> reter; **≈berufen** <*-*> convocar; *MIL* chamar; **~berufung** *f* convocação *f*, (*schriftliche*) convocatória *f*; *MIL* alistamento *m*; **≈betten** <*-e-*> enterrar; meter; deitar; **~bettzimmer** *n* quarto *m* de uma cama; **≈beulen** ['-bɔylən] amolgar; **≈beziehen** <*-*> incluir; abranger, compreender; **≈biegen** **1.** *v/t* dobrar; **2.** *v/i* <*sn*>: ***~ in*** (*ac*) entrar em, tomar; ***nach rechts ~*** cortar à direita

'einbild|en <*-e-*>: ***sich*** (*dat*) ***~*** imaginar(-se); fazer ideia (*é); ***sich et ~ auf*** (*ac*) gabar-se de; **≈ung** *f* imaginação *f*; ilusão *f*; *eitle*: presunção *f*; **≈ungskraft** *f* fantasia *f*; faculdade *f* imaginativa

'ein|binden encadernar; empastar; **~bläuen** ['-blɔyən] *fig* inculcar

'Einblick *m* <*-(e)s; -e*> olhadela *f*, lance *m* de olhos; *fig* conhecimento *m*; ideia (*é) *f*; ***~ haben*** estar informado; ***~ gewähren*** (***gewinnen***) informar(-se) (***in*** *ac* sobre, de)

E

'einbrech|en 1. *v/t* *<sn>* romper; derrocar; aluir; **2.** *v/i* (*einstürzen*) desabar, desmoronar-se; ***auf dem Eis ~*** cair na água; *gewaltsam* *<h>*: *Dieb*: arrombar; *<sn>* ***in ein Land ~*** invadir (*ac*), penetrar em; *plötzlich*, *Nacht*: romper, cair, anoitecer; **≈er** *m* gatuno *m*, ladrão *m*, larápio *m*

'ein|brennen marcar, queimar; **~bringen** *Ernte*: recolher; *Nutzen*: render, produzir, dar; *Geld*: trazer; ***e-n Antrag ~*** propor *od* apresentar uma proposta (*od* uma moção); *Verlust*: ***wieder ~*** reparar, recuperar, *bras a* resgatar; **~brocken** ensopar; *fig* ***j-m et ~*** meter alg em dificuldades

'Einbruch *m* *<-(e)s; ¨e>* *in ein Land*: invasão *f* (de); *Deich*: rompimento *m*; ***bei ~ der Nacht*** ao cair da noite; = **~sdiebstahl** *m* *<-(e)s; ¨e>* furto *m*, roubo *m*, arrombamento *m*; assalto *m*; **~sversicherung** *f* seguro *m* contra roubos

'Einbuchtung ['-buxtuŋ] *f* sinuosidade *f*; recorte *m*

'einbürger|n *<-re>* naturalizar; ***sich ~*** *fig* *Wort*, *Sitte*: introduzir-se, ser ado(p)tado; **≈ung** *f* naturalização *f*

'Ein|buße *f* perda *f*, dano *m*, prejuízo *m*, míngua *f*; ***~ erleiden*** = **≈büßen** *<-ßt>* perder; **~checken** ['-tʃɛkən] *n* embarque *m*; **≈cremen** *v/t* pôr creme em; aplicar pomada em; **≈dämmen** ['-dɛmən] construir um dique para; *fig* reprimir, represar; **≈decken**: ***sich ~ mit*** abastecer-se de; **≈deutig** ['-dɔytiç] inequívoco; **≈deutschen** ['-dɔytʃən] germanizar; **≈dicken** engrossar

'eindring|en *<sn>* introduzir-se; penetrar; infiltrar-se; ***in*** *ein Land* **~** invadir (*ac*); ***in*** *einen Wald* **~** embrenhar-se por; **~lich** penetrante; (*drängend*) insistente, *adv a* com insistência; (*ergreifend*) comovente, emocionante; **≈ling** *m* *<-s; -e>* intruso *m*; *MIL* invasor *m*

'Ein|druck *m* *<-(e)s; ¨e>* impressão *f*; ***auf j-n ~ machen*** *a* impressionar alg; **≈drucken** imprimir; estampar; **≈drücken** meter para dentro; romper; *Tür*: arrombar; **≈drucksvoll** impressionante

'eine ['aɪnə] uma

'ein|ebnen *<-e->* aplanar; nivelar; **~eiig** ['-aɪiç] homozigótico; **~en** unir; **~engen** ['-ɛŋən] apertar; estreitar; *fig* coa(c)tar

'einer ['aɪnər] **1.** *nom* um; *gen* de uma, *dat* a uma; (*man*) a gente, se; **2.** **≈** *m* *MAT* unidade *f*; *Sport*: barco *m* de um só remador

einer'lei 1. *inv pred* o mesmo, igual; indiferente; **2.** **≈** *n* *<-s; sem pl>* monotonia *f*

'einerseits ['-zaɪts], **'einesteils** por um lado; por uma parte

'einfach simples; (*leicht*) fácil; ***~e Fahrt*** ida *f* (só); **≈heit** *f* *<sem pl>* simplicidade *f*

'einfädeln ['-fɛːdəln] *<-le>* enfiar; *fig* tramar; entabular

'einfahren 1. *v/t* fazer entrar; levar para dentro; *Getreide*: acarretar; recolher; *Auto*: ***eingefahren werden*** estar em rodagem; **2.** *v/i* *<sn>*: ***~ in*** (*ac*) entrar em; *BGB* descer a

'Einfahrt *f* entrada *f*; *BGB* descida *f*; *NAV* (*Hafen≈*) barra *f*; **~verbot** *n* *<-(e)s; -e>* sentido *m* proibido

'Einfall *m* *<-(e)s; ¨e>* *ARQUIT* queda *f*, desabamento *m*, *Mauer*: *a* desmoronamento *m*; *MIL* invasão *f* (***in*** *ac* de); *FÍS e-s Strahles*: incidência *f*; *fig* ideia (*é) *f*; lembrança *f*; ***auf den ~ kommen zu*** ter a ideia (*é) de; **≈en** *<sn>* *ARQUIT* cair, desmoronar-se; (*abmagern*) emagrecer; *MÚS* entrar; ***~ in*** (*ac*) *MIL* invadir (*ac*); *fig* lembrar-se de; ocorrer; vir à mente; ***sich ~ lassen zu*** (*inf*) atrever-se a; ***was fällt Ihnen ein?*** como se atreve!

'einfalls|los sem imaginação; **~reich** engenhoso; **≈winkel** *m* ângulo *m* incidente

'Ein|falt *f* *<sem pl>* simplicidade *f*; ingenuidade *f*; **≈fältig** ['-fɛltiç] simples; simplório; **~faltspinsel** *m* F simplório *m*; **~familienhaus** *n* *<-es; ¨er>* casa *f* para uma só família, moradia *f*; **≈fangen** apanhar

'einfarbig unicolor; monocrom(átic)o; *Stoff*: liso

'einfass|en *<-t>* *Kleid*: guarnecer, debruar; *Stein*: engastar; ***in e-n Rahmen ~*** encaixilhar; *Zahnrad*: ***~ in*** (*ac*) encaixar em, engrenar (*ac*); **≈ung** *f* guarnição *f*; debrum *m*; engaste *m*; *a TÉCN* cercadura *f*

'ein|fetten ['-fɛtən] *<-e->* untar; engraxar; **~finden**: ***sich*** **~** aparecer, vir; **~flechten** entretecer (*a fig*); entrelaçar (***in*** *ac* com); **~fließen** *<sn>* entrar; afluir; **~flößen** ['-fløːsən] *<-ßt>* meter (*a Furcht*); instilar; infundir; *fig* insinuar, sugerir, inspirar; **~** ***lassen*** *fig* insinuar

'Einflugschneise *f* corredor *m* de entrada

'Einfluss *m <-es; ¨e>* influxo *m*; (*Mündung*) foz *f*; *fig*: **~** ***auf*** (*ac*) influência *f* em (*od* sobre); *stärker*: ***großen*** **~** ***haben auf*** (*ac*) exercer grande ascendente *m* em; *bras* ter grande ascendência sobre; **2reich** influente; **~sphäre** *f* esfera *f* de influência

'einflüster|n *<-re> fig* insinuar; **2ung** *f* insinuação *f*

'einfordern *v/t <-re>* reclamar; *Geld*: cobrar

'einförmig ['-fœrmiç] uniforme; **2keit** *f* uniformidade *f*

'einfrieren *<sn u h>* gelar; congelar; *NAV Schiff*: ficar preso no gelo; *ECON Kredite*: congelar

'einfügen inserir; incluir; *TÉCN* encaixar; ***sich*** **~** ***in*** (*ac*) acomodar-se a, adaptar-se a

'einfühl|en: ***sich*** **~** ***in*** (*ac*) tentar compreender, penetrar em; ***sich in j-n*** **~** saber ver com os olhos de alg; **2ung** *f <sem pl>*, **2ungsvermögen** *n <-s; sem pl>* intuição *f*

'Einfuhr ['ainfuː-] *f* importação *f*; *am Zoll*: *a* entrada *f*; **~beschränkung** *f* importação *f* restrita, restrição *f* de importação

'einführen introduzir; apresentar; *ECON* importar; *Lehrbuch*: ado(p)tar; *Sitte, System*: implantar; *in e-e Kunst*: iniciar em; *in ein Amt*: empossar

'Einfuhr|erlaubnis *f <-; -se>*, **~genehmigung** *f* licença (*od* autorização) *f* de importação (*od* de importar)

'Einführung *f* introdução *f*; *ECON* importação *f*; *fig* iniciação *f*; (*Amts2*) emposse *f*; (*Errichtung*) implantação *f*; **~spreis** *m <-es; -e>* preço *m* de promoção

'Einfuhr|verbot *n <-(e)s; -e>* importação *f* proibida, proibição *f* de importação; **~zoll** *m <-(e)s; ¨e>* direitos *m/pl* de entrada

'einfüllen deitar; encher

'Eingabe *f* petição *f*; requerimento *m*; abaixo-assinado *m*; memorial *m* (***machen*** apresentar); *Computer*: entrada *f*

'Eingang *m <-(e)s; ¨e>* entrada *f*; ingresso *m*; *Waren*: chegada *f*; *pl* ***Eingänge*** (*Briefe*) *ECON* correio *m* do dia; (*Beträge*) entradas *f/pl*; **2s** ao princípio; de entrada; acima; **~sbestätigung** *f* aviso *m* de rece(p)ção; **~sbuch** *ECON n <-(e)s; ¨er>* livro *m* de entradas, **~sdatum** *n <-s; -daten>* data *f* de entrada

'ein|geben dar; *fig* inspirar; *Computer*: introduzir; **~gebildet** *adj* imaginário; *fig j-d*: presunçoso; F peneirento; **~geboren** indígena; (*angeboren*) inato; *REL* Unigénito; **2geborene(r** *m*) *<-n> su* indígena *su*, nativo *m*, -a *f*; **2gebung** ['-geːbuŋ] *f* inspiração *f*; **~gedenk**: **~** ***sein*** (*gen*) recordar-se de; ter presente (*ac*) ter em vista (*ac*); **~gefallen** *adj MED* magro; *Gesicht*: cavado; **~gefleischt** ['-gəflaɪʃt] encarniçado; *fig* incorrigível, notório; ***~er Junggeselle*** solteirão *m*

'eingehen *<sn>* **1.** *v/t Ehe, Verpflichtung*: contrair; ***e-e Wette*** **~** apostar; **2.** *v/i* entrar; *Briefe*: chegar; (*aufhören*) extinguir-se, deixar de existir, *Zeitung*: *a* deixar de aparecer; *Gesellschaft*: dissolver-se; *ZO u BOT* morrer; *Stoff*: encolher; *fig* ***auf*** (*ac*) **~** consentir em; aceitar (*ac*); ***näher auf*** (*ac*) **~** aprofundar a/c, pormenorizar a/c; **~** ***lassen*** acabar com; **~d** *fig adj* pormenorizado; **~** ***behandeln*** aprofundar

'ein|gekeilt ['-gəkaɪlt] encalhado; *bras* barrado; **~gelegt** ['-gəleːkt] *adj*: ***~e Arbeit*** embutido *m*; **2gemachte(s)** ['-gəmaxtə(s)] *n* conserva *f*; **~gemeinden** ['-gəmaɪndən] *<-e-; ->*: ***in*** (*ac*) **~** incorporar em; **~genommen** ['-gənɔmən] **1.** *p/p von* ***einnehmen***; **2.** *adj* ***von sich*** **~** presunçoso; arrogante; **~geschnappt** engatado; *fig* ofendido; **~gesessen** ['-gəzɛsən] residente, domiciliado; *Bevölkerung*: do país, indígena; **2geständnis** *n <-ses; -se>* confissão *f*; *JUR a* declaração *f*; **~gestehen** confessar; ***sich*** (*dat*) ***et*** **~** reconhecer a/c; **2geweide**

['-gəvaɪdə] *n/pl* vísceras *f/pl*; entranhas *f/pl*; **~gewöhnen** <->: ***sich ~*** habituar-se; aclima(ta)r-se; **~gießen** deitar; encher (com líquido); *bras* entornar, verter; **~gipsen** engessar; *Nagel*: segurar com gesso; **~gleisig** ['-glaɪzɪç] de via única; **~gliedern** *<-re>* incorporar; integrar; **≈gliederung** *f* incorporação *f*; integração *f*; **~graben** enterrar; gravar (*a* TÉCN *u fig*); ***sich ~*** MIL entrincheirar-se; **~gravieren** <-> gravar; **~greifen** *v/i*: ***in*** (*ac*) **~** engrenar (*ac*); *j-d*: intervir em; **≈greifen** *n* intervenção *f*; **≈griff** *m* <-(*e*)*s*; *-e*> TÉCN engrenagem *f*; *Rechte*: violação *f* (***in*** *ac* de); MED operação *f*, intervenção *f* cirúrgica; **~haken** enganchar

'**Einhalt** *m* <-(*e*)*s*; *sem pl*>: (*dat*) **~** ***gebieten***, pôr termo a; **≈en** **1.** *v/t* (*aufhalten*) deter; *Frist*: observar; **2.** *v/i* deter-se

'**einhämmern** *<-re>* cravar; martelar; *fig* gravar na memória

'**einhandeln** *<-le>*: **~** ***gegen*** trocar por

'**einhändig** ['-hɛndɪç] manco; só com uma mão

'**ein|hängen** enganchar; TÉCN *u* CAM. DE F engatar; **~hauen** **1.** *v/t Nagel*: pregar; cravar; *Tür*: arrombar; **2.** *v/i* F *beim Essen*: ser comilão; ***auf*** (*ac*) **~** dar tareia a (*bras* surra em), MIL cair sobre; **~heften** <-*e*-> (*nähen*) alinhavar; coser; *Seiten*: brochar; **~heimisch** nacional, natural, indígena, do país, da terra; **~heimsen** ['-haɪmzən] <-*t*> recolher; *fig* embolsar; ficar com; **~heiraten** <-*e*->: ***in*** (*ac*) **~** afiliar-se por casamento com; adquirir (*ac*) por casamento

'**Einheit** ['aɪnhaɪt] *f* unidade *f*; (*Ganzes*) conjunto *m*; (*Zusammenhang*) coesão *f*; continuidade *f*; **≈lich** uniforme; homogéneo (*ê); *Vorgehen*: comum; **~lichkeit** *f* <*sem pl*> unidade *f*; homogeneidade *f*; uniformidade *f*; **~s...**: *in Zssg(n)*: unitário, único; **~spreis** *m* <-*es*; -*e*> preço *m* único (*od* unitário)

'**einheizen** <-*t*> aquecer; *fig* ***j-m ~*** dar uma boa ensaboadela a alg; *bras* passar o sabão em alg

'**einhellig** ['-hɛlɪç] unânime; **≈keit** *f* <*sem pl*> unanimidade *f*

ein'her|gehen <*sn*> andar por aí; passear; **~** ***mit*** *fig* ser acompanhado de; implicar; **~stolzieren** <-; *sn*> pavonear-se

'**einholen** *v/t Anweisungen*: pedir; *Auskünfte*, AV *Ballon etc*: recolher; *Fahne, Segel*: arrear; (*empfangen*) receber solenemente; (*erreichen*) alcançar, F apanhar; *Zeit*: recuperar; (*kaufen*) F comprar; ir às (*od* fazer) compras

'**Einhorn** *n* <-(*e*)*s*; ¨*er*> unicórnio *m*, licorne *m*

'**Einhuf|er** ['-hu:fər] *m*, **≈ig** solípede *m*, equídeo (*ü) *m*

'**einhüllen** embrulhar; (***warm***) **~** abafar

'**einhundert** cem; **~**(***und***)**...** cento e ...

'**einig** ['aɪnɪç] de acordo; (*geeint*) unido; ***sich ~ sein*** estar de acordo

'**einige** ['aɪnɪgə] (alg)uns, (alg)umas; *Zeit*: algum; **~n** unir; unificar; ***sich ~ über*** (*ac*) chegar a acordo sobre, acordar em; **~rmaßen** ['-ma:sən] em certa medida; razoavelmente; F bastante; **~s** algo (de)

'**Einig|keit** *f* <*sem pl*> unidade *f*; concórdia *f*; **~ung** ['-iguŋ] *f* uni(ficaç)ão *f*; acordo *m*

'**ein|impfen** inocular; *fig a* inculcar; **~jagen**: ***j-m e-n Schrecken ~*** pregar um susto a alg; **~jährig** ['-jɛ:rɪç] de um ano; anual; **~kalkulieren** <-> pôr (*bras* levar) em conta, contar com

'**einkapseln** *<-le>*: ***sich ~*** MED enquistar; *fig* isolar-se

'**einkassier|en** <-> cobrar; **≈ung** *f* cobrança *f*

'**Einkauf** *m* <-(*e*)*s*; ¨*e*> compra *f*; **≈en** comprar, fazer compras

'**Einkäufer** *m* comprador *m*; ecónomo (*ô) *m*

'**Einkaufs|bummel** *m* F volta *f* de compras; **~preis** *m* <-*es*; -*e*> preço *m* de compra; custo *m*; **~wagen** *m* carrinho *m* de compras; **~zentrum** *m* <-*s*; -*zentren*> centro *m* comercial

'**einkehlen** ['-ke:lən] acanalar, estriar, canelar

'**Einkehr** [-ke:ə] *f*: ***innere ~*** exame *m* de consciência (***halten*** fazer); **≈en** entrar (num restaurante *od* numa pousada); hospedar-se

'**einkeilen** encravar; entravar

'**einkellern** pôr na adega, adegar
'**einkerben** entalhar
'**einkerker|n** <-*re*> encarcerar; **2ung** *f* encarceramento *m*
'**ein|kesseln** <-*le*> cercar; **~klagen** reclamar em justiça (o pagamento de); **~klammern** <-*re*> pôr entre parênteses; **2klang** *m* <-(*e*)*s*; ⸚*e*> *MÚS* unissonância *f*; acordo *m*, *fig* a harmonia *f* (*im* de); *im ~ mit* consentâneo com; adequado a; de acordo com; *in ~ bringen* pôr de acordo; **~kleben** colar; **~kleiden** <-*e*> (re)vestir; **2kleidung** *f* investidura *f*; *poét* expressão *f*; **~klemmen** entalar; apertar; **~knicken** dobrar; partir; **~kochen** *v/t* (*v/i*; *sn*) reduzir(-se); *Obst*: fazer conserva de
'**Einkommen** 1. *n* rendimento *m*; 2. **2** *v/i* <*sn*> *Geld*: chegar; receber-se; **~steuer** *f* <-; -*n*> imposto *m* complementar (*bras* de renda)
'**einkreis|en** <-*t*> *MIL* envolver, cercar; *POL* isolar; **2ung** *f* *MIL* cerco *m*; *POL* isolamento *m*
'**Einkünfte** ['-kynftə] *pl* rendimentos *m/pl*, *bras* renda *f*
'**einlad|en** *et*: carregar; *j-n*: convidar (*zu* para); **~end** *adj* convidativo; sedutor; **2ung** *f* convite *m*
'**Ein|lage** *f* *Brief*: anexo *m*, carta *f* inclusa; *Geld*: depósito *m*; entrada *f*; fundos *m/pl*; *Kleidung*: entretela *f*; *Möbel*: incrustação *f*; *Schuh*: palmilha *f*; *TEA* intermédio *m*; *a MÚS* fora *m* do programa; *Zahn*: penso *m*; **2lagern** <-*re*> armazenar; **~lass** *m* <-*es*; ⸚*e*> entrada *f*; admissão *f*; (*dat*) *~ gewähren*, **2lassen** deixar entrar; admitir; *TÉCN* encaixar; *ARQUIT* embeber; *sich auf* (*ac*) *~*, *sich in* (*ac*) *~* meter-se em; *sich mit j-m* (*in ein Gespräch*) *~* travar relações (*od* conversa) com alg; meter conversa com alg
'**Einlauf** *m* <-(*e*)*s*; ⸚*e*> *Sport*: finish *m*; (*Reihenfolge*) sequência *f* final; *Briefe*: correio *m* (do dia); *MED* clister *m*, lavagem *f* (intestinal); **2en** <*sn*> *Sport u NAV* chegar, entrar; *CORR* chegar; *Stoff*: encolher
'**einläuten** <-*e*-> anunciar (*od* iniciar) por repiques; *bras* lançar os proclamas
'**einleben**: *sich ~* (*in ac*) acostumar-se (a); aclima(ta)r-se (a)
'**Einlegearbeit** *f* embutido *m*; incrustação *f*
'**einlege|n** *CUL* pôr (de sal, de conserva, de escabeche, de molho); (*beifügen*) incluir, juntar; *AUTO Gang*: meter; *Film*: colocar; *Geld*: depositar; *Holz*: embutir; *ein gutes Wort ~ für* intervir em favor de; **2r** *ECON m* depositante *m*; **2sohle** *f* palmilha *f*
'**einleit|en** <-*e*-> introduzir; iniciar; *Verhandlungen*: entabular; *Prozess*: instruir; **~end** *adj* preliminar; **2ung** *f* introdução *f*; *JUR* instrução *f*; (*Vorbereitung*) preparação *f*; *MÚS* prelúdio *m*
'**ein|lenken** *fig* transigir; **~lesen**: *sich ~ in* (*ac*) familiarizar-se com; **~leuchten** <-*e*-> parecer evidente; **~d** óbvio, evidente; **~liefern** <-*re*> entregar; *MED* hospitalizar; **2lieferung** *f* entrega *f*; **2lieferungsschein** *m* <-(*e*)*s*; -*e*> senha *f* da entrega; recibo *m*; **~liegend** *ECON* incluso, junto; **~lochen** F engaiolar; meter na cadeia
'**einlös|bar** *ECON* conversível, convertível; **~en** <-*t*> desempenhar; pagar; remir; resgatar; *Scheck*: cobrar; *Wechsel*: sacar; *Wertpapier*: converter; *Versprechen*: cumprir; **2ung** *f* pagamento *m*; desempenho *m*; resgate *m*; *Wechsel*: saque *m*; *Wertpapier*: conversão *f*
'**einmach|en** pôr de conserva; **2glas** *n* <-*es*; ⸚*er*> frasco *m* para conservas
'**einmal** uma vez, *Zeit*: *a* um dia; (*einst*) antes, outrora; *auf ~* de vez; (*plötzlich*) de repente; *noch ~* outra vez; *nicht ~* nem sequer; *gib mir doch ~ ...* deixa lá ver ...; **2'eins** *n* <*inv*> tabuada *f*; **~ig** único
'**Einmarsch** *m* <-*es*; ⸚*e*> entrada *f*; *MIL* invasão *f*; **2ieren** <-; *sn*> entrar; *MIL* invadir, ocupar
'**ein|mauern** <-*re*> emparedar; enclausurar; **~meißeln** <-*le*> cinzelar, gravar; **~mengen** → *einmischen*; **~mieten** <-*e*->: *sich ~* alugar uma habitação, alojar-se
'**einmisch|en** misturar; *sich ~* interferir; imiscuir-se; **2ung** *f* ingerência *f*, interferência *f*
'**ein|motorig** ['-motoriç] de um só motor, monomotor; **~mumme(l)n** ['-mumə(l)n] <-*le*> F: *sich ~* agasa-

E

lhar-se bem; **~münden** <-e-> desembocar
'**einmütig** ['-my:tiç] unânime; **2keit** *f* <*sem pl*> unanimidade *f*
'**einnähen** coser
'**Einnahme** ['-na:mə] *f Geld*: entradas *f/pl*, receitas *f/pl*, rendimento *m*; *Steuern*: cobrança *f*; MIL tomada *f*, ocupação *f*; MED ingestão *f*; **~quelle** *f* fonte *f* de receitas (*bras* renda)
'**einnebeln** ['-ne:bəln] <-*le*> enevoar
'**einnehm|en** tomar (*a* MIL), MED *a* ingerir; *Platz*: abranger, *a Raum, Stelle*: ocupar; ECON cobrar, receber; *fig* ~ ***für*** ganhar, fazer simpatizar com; ~ ***gegen*** fazer antipatizar com; ***für sich*** ~ ser simpático; ***gegen sich*** ~ ser antipático; → ***eingenommen***; **~end** *adj fig* simpático; insinuante
'**ein|nicken** <*sn*> adormecer; **~nisten** <-e->: ***sich*** ~ aninhar-se; *fig* estabelecer-se; instalar-se; **2öde** *f* deserto *m*, solidão *f*; ermo *m*; **~ölen** lubrificar; engraxar; **~ordnen** <-e-> registar; classificar; ***sich*** ~ enquadrar-se; ***sich rechts*** ~ seguir pela faixa da direita; **~packen 1.** *v/t* embalar, embrulhar; encaix(ot)ar; **2.** *v/i* (*Koffer packen*) fazer a(s) mala(s); emalar; **~parken** parquear, arrumar (o carro); **~passen** <-*t*> ajustar, adaptar; **~pauken** F inculcar; **~pendeln** <-*le*>: ***sich*** ~ *fig* equilibrar-se; **~pferchen** amalhar; meter no aprisco; *bras* levar para o curral; **~pflanzen** <-*t*> (im)plantar; **~phasig** ['-fa:ziç] monofásico; **~planen** plane(j)ar; **~pökeln** <-*le*> pôr em salmoura; **~polig** ['-po:liç] unipolar; **~prägen** gravar; ***sich*** (*dat*) ~ fixar, reter (na memória); **~programmieren** <-> programar
'**einquartier|en** <-> alojar; aquartelar; **2ung** *f* alojamento *m*; MIL aquartelamento *m*; *Personen*: alojados *m/pl*
'**ein|rahmen** encaixilhar, emoldurar; **~rammen** fincar; (*zertrümmern*) arrombar; **~räumen** *Sachen*: arrumar; *Wohnung*: mobilar, instalar; *bras* mobiliar; *fig Recht etc*: (con)ceder; **~rechnen** <-e->: ~ ***in*** (*ac*) pôr em conta (em); incluir (em)
'**Einrede** *f* obje(c)ção *f*; réplica *f*; **2n** <-e->: ***j-m*** ~ fazer crer a alg, insinuar a alg; meter na cabeça de alg; ***auf j-n*** ~ tentar convencer alg
'**einreib|en** fri(c)cionar; esfregar; *mit Fett*: untar; MED aplicar uma emulsão; **2ung** *f* fri(c)ção *f*; MED *Mittel*: linimento *m*
'**einreichen** apresentar; *Scheidung*: solicitar
'**einreih|en**: ~ ***in*** (*ac*) incorporar a; MIL pôr em fila; alistar em; **~ig** de uma só fila
'**Einreise** *f* entrada *f*; **2n** <-*t*; *sn*> entrar; **~visum** *n* <-*s*; -*visa*> visto *m* de entrada
'**ein|reißen 1.** *v/t* rasgar; lacerar; ARQUIT demolir; **2.** *v/i* <*sn*> rasgar-se; *fig Sitte*: vulgarizar-se; **2reißen** *n* laceração *f*; **~renken** ['-rɛŋkən] destorcer; encaixar; *a fig* endireitar; **~rennen** *Tür*: arrombar
'**einricht|en** <-e-> dispor; organizar; arranjar; (*errichten*) instituir; *Wohnung*: mobilar, *bras* mobiliar; ***sich*** ~ pôr casa; instalar-se; *fig* arranjar-se; ***sich*** ~ ***auf*** (*ac*) preparar-se para; **2ung** *f* organização *f*; disposição *f*; instituição *f*; (*Wohnungs2*) mobília *f*
'**ein|ritzen** <-*t*> gravar; **~rollen** enrolar; **~rosten** <-e-> enferrujar-se; *bras v/i* enferrujar; **~rücken** *v/t* inserir; TIP abrir parágrafo; *v/i* <*sn*> MIL entrar
eins [aɪns] **1.** um(a); uma coisa; ***um*** ~ à uma (hora); **2.** 2 *f* um *m*; *Zeugnis*: nota *f* de muito bom
'**einsacken** ['-zakən] ensacar
'**einsalzen** <-*t*> salgar; pôr em sal
'**einsam** solitário; só; **2keit** *f* <*sem pl*> solidão *f*
'**einsammeln** <-*le*> recolher, *Geld*: *a* cobrar
'**einsargen** ['-zargən] amortalhar; meter no ataúde; *bras* botar no caixão
'**Einsatz** *m* <-*es*; *⸚e*> (*~teil*) peça *f* intercalada; *Geld*: abonos *m/pl*; (*Spiel2*) entrada *f*; MÚS entrada *f* (MIL em a(c)ção); *des Lebens*: risco *m*; sacrifício *m*; *der Kräfte*: emprego *m*; mobilização *f*; (*Brust2*) peitilho *m*; (*Spitzen2*) entremeio *m*; *der Gasmaske*: cartucho *m*; filtro *m*; ***im*** ~ MIL em a(c)ção; **2bereit** disposto a entrar em a(c)ção; *fig* disposto a

sacrificar-se; arrojado; **~bereitschaft** *f* prontidão *f*; arrojo *m*; espírito *m* de sacrifício; **~gruppe** *f MIL*, **~kommando** *n* comando *m* de intervenção (*od* operação *od* a[c]ção); **~wagen** *m* carro *m* de reserva; *Polizei*: carro *m* especial da polícia

'**einsäumen** abainhar; fazer a bainha

'**einschalt|en** <-e-> intercalar; *EL* ligar; *Auto*: *e-n Gang*: meter; *bras* engatar; *Kupplung*: embraiar; *bras* embrear; *fig* ***sich ~*** intervir; **&en** *n*, **&ung** *f* intercalação *f*; *EL* ligação *f*; (*Kupplung*) embraiagem *f*, *bras* embreagem *f*; *fig* intervenção *f*; **&quote** *f TV*: índice *m* de audiência

'**ein|schärfen** inculcar; **~scharren** enterrar; **~schätzen** <-t> calcular; avaliar; taxar; ***richtig ~*** apreciar bem; **&schätzung** *f* taxação *f*; avaliação *f*; **~schenken** deitar; *Getränke*: servir; **~schicken** mandar; enviar; **~schieben** introduzir, intercalar, inserir; *LIT* interpolar; **~schießen** (*zerstören*) demolir (a canhonaços); *TÉCN* tramar, entretecer; *Geld*: contribuir com; *Waffe*: ensaiar; ***sich ~*** *MIL* corrigir o tiro

'**einschiff|en** embarcar (*a refl*); **&ung** *f* embarque *m*

'**einschlafen** <*sn*> adormecer; *Arm etc*: entorpecer

'**einschläfern** <-*re*> ['-ʃlɛfərn] adormentar; **~d** *adj* sonolento

'**Einschlag** *m* <-(*e*)*s*; ¨*e*> *MIL* empa(c)to *m*; *Blitz*: queda *f*; *rassischer*: sangue *m*; *TÉCN Weberei*: trama *f*; **&en 1.** *v/t Nagel*: pregar, cravar; *Paket*: embrulhar; *Stoff*: refegar; *bras* enrugar; *Tür*: arrombar; *Weg*: seguir, tomar; (*zerstören*) partir; **2.** *v/i* **a**) <*h*> apertar a mão de (*od* a); aceitar com um aperto de mão; *Blitz*: cair; *Schuss*: acertar; ***es hat eingeschlagen*** *Blitz*: caíu um raio; *Schuss*: acertou; **b**) <*sn*> *fig* ***gut ~*** dar bom resultado, ter bom êxito; *Ware*: ter boa venda

'**ein|schlägig** ['-ʃlɛːgɪç] correspondente, respe(c)tivo; **~schleichen**: ***sich ~*** introduzir-se furtivamente, insinuar-se; **~schleppen** *NAV* rebocar; *MED* importar, trazer; **~schleusen** <-t> fazer entrar clandestinamente

'**einschließ|en** fechar (à chave); encerrar; *MIL* cercar; (*beifügen*) incluir; *fig* conter, compreender; **~lich** (*gen*) *adv* inclusive, inclusivamente; incluído, compreendido

'**ein|schlummern** *v/i* <-*re*; *sn*> adormecer, adormentar; **&schluss** *m* <-*es*; ¨*e*> inclusão *f*; **~schmeicheln** <-*le*>: ***sich ~*** insinuar-se; ***sich bei j-m ~*** cativar as simpatias de alg; **~d** *adj* insinuante; **~schmelzen** fundir, derreter; **~schmieren** untar, engraxar; F sujar; lambuzar; **~schmuggeln** <-*le*> introduzir por contrabando; contrabandear; ***sich ~*** infiltrar-se; **~schmutzen** <-t> sujar; **~schnappen a**) <*h*> engatar, *bras* encaixar; **b**) *fig* <*sn*> melindrar-se, ofender-se (***über*** *ac* com)

'**einschneiden** cortar, (en)talhar; incisar; **~d** *adj* incisivo; *fig a* radical; decisivo

'**einschneien** <*sn*> ficar por baixo da neve; ser detido pela neve

'**Einschnitt** *m* <-(*e*)*s*; -*e*> incisão *f* (*a Vers u MED*); corte *m*; (*Erd&*, *Kerbe*) entalho *m*

'**einschnür|en** apertar (*od* atar) com uma corda; *fig* estrangular; **&ung** *f* aperto *m*; atadura *f*

'**einschränk|en** ['-ʃrɛŋkən] limitar, reduzir, restringir; ***sich ~*** limitar-se; poupar; *a* → ***eingeschränkt***; **&ung** *f* restrição *f*

'**einschrauben** aparafusar

'**Einschreibe|brief** ['-ʃraɪbə-] *m* <-(*e*)*s*; -*e*> carta *f* registada (*bras* registrada); **~gebühr** *CORR* taxa *f* de registo *m* (*bras* de registrados); *Schule etc*: matrícula *f*, propina *f*; **~n** *n* registo *m*; *bras* registrado *m*; **&n**: **~** (***lassen*** mandar) registar, *bras* registrar; (***sich***) **~** (***lassen***) inscrever(-se); *Schule etc*: matricular(-se)

'**einschreiten 1.** *v/i* <*sn*> intervir; **2.** **&** *n* intervenção *f*

'**ein|schrumpfen** <*sn*> encolher; enrugar; **~schüchtern** <-*re*> intimidar; **~schulen** matricular (numa escola); **&schuss** *m* <-*es*; ¨*e*> orifício *m* provocado por uma bala; *MIL* entrada *f*; *TÉCN* trama *f*; **~schweißen** <-t> *Ausweis etc*: plastificar; **~segnen** <-*e*-> abençoar; *Kind*: comungar; **&segnung** *f* (primeira) comunhão *f*; confirmação *f*; bênção *f*

'einsehen **1.** *v/i* consultar; (*begreifen*) compreender; entender; *Irrtum*: reconhecer; **2.** ≈ *n*: ***ein ~ haben*** ter juízo, ser razoável

'einseifen ensaboar

'einseitig ['-zaɪtɪç] unilateral, parcial (*a Urteil*); MED simples; ~ *bedrucken* de um lado só; ≈**keit** *f* unilateralidade *f*; parcialidade *f*; doutrinarismo *m*

'einsend|en remeter, enviar; escrever; ≈**er** *m* remetente *m*; ≈**eschluss** *m* <-es; *sem pl*> termo *m* do prazo de envio; ≈**ung** *f* envio *m*; (*Brief*) carta *f*

'Einsenkung *f* depressão *f*; abaixamento *m*

'einsetz|en <-t> **1.** *v/t* pôr, colocar; *Anzeige*: inserir; AGR plantar; MAT substituir; ECON (*buchen*) assentar; (*errichten*) instituir, estabelecer; ~ ***in*** *ein Amt*: investir de; MIL pôr em combate, levar ao combate; *fig* pôr em jogo; *Kraft*: empregar; *Leben*: arriscar, sacrificar; ***sich ~ für*** lutar por, defender (*ac*); intervir a favor de; **2.** *v/i* começar; MÚS entrar; ≈**ung** *f* (*Ernennung*) nomeação *f*; (*Errichtung*), *Erben*: instituição *f*; *Kraft*: emprego *m*; *Leben*: sacrifício *m*; AGR plantação *f*; TIP inserção *f*; *in ein Amt*: instalação *f*; MAT substituição *f*; MIL entrada *f* em combate

'Einsicht *f in Akten*: consultação *f*; (*Kenntnis*) conhecimento *m*; (*Verstand*) juízo *m*, inteligência *f*; ***~ nehmen in*** (*ac*) examinar (*ac*); ver (*ac*); ***zur ~ kommen*** cair em si; reconhecer; ≈**ig**, ≈**svoll** inteligente; compreensivo

'einsickern <-re; sn> infiltrar-se

'Einsied|e'lei ['-zi:də'laɪ] *f* ermida *f*, ermo *m*; ~**ler** *m* ermitão *m*, eremita *m*; ~**lerkrebs** *m* <-es; -e> caranguejo *m* eremita

'ein|silbig ['-zɪlbɪç] monossílabo, monossilábico; *fig j-d*: taciturno, lacónico; ~**sinken** <sn> enterrar-se; afundar-se; ≈**sitzer** ['-zɪtsər] *m* veículo *m* de um lugar só; ~**spannen** *Pferd*: atrelar; aparelhar; TÉCN engatar; fixar; *fig* fazer trabalhar; empregar

'einspar|en economizar; poupar; ≈**ung** *f* economia *f*

'ein|sperren encarcerar, prender; *Kind*: fechar; ~**spielen**, ***sich ~*** harmonizar-se; *Waage*: equilibrar-se; MÚS fazer alguns exercícios; *Sport*: treinar-se; ~**sprengen** aspergir; ~**springen** <sn>: ***für j-n ~*** substituir alg

'einspritz|en <-t> MED, TÉCN inje(c)tar; ≈**motor** *m* <-s; -en> motor *m* a inje(c)ção; ≈**pumpe** *f* bomba *f* de inje(c)ção; ≈**ung** *f* MED, TÉCN inje(c)ção *f*

'Einspruch *m* <-(e)s; ¨e> reclamação *f*; protesto *m*; veto *m*; ***~ erheben*** protestar

'einspurig ['-ʃpu:rɪç] de faixa única; CAM. DE F de via única

einst [aɪnst] um dia; *Vergangenheit*: *a* (***von ~*** de) outrora

'ein|stampfen calcar; *Papier*: amassar; ≈**stand** *m* <-(e)s; ¨e> entrada *f* em função; ~**stauben** <sn> cobrir-se de pó; ~**stechen** furar; ~**stecken** pôr (*od* meter) dentro; meter no bolso, *Geld*: *a* arrecadar; CORR pôr no correio; *Schwert*: embainhar; F *fig* (*behalten*) ficar com; *Beleidigung etc*: engolir; ~**stehen**: ***~ für*** responder por

'einsteig|en <sn>: ***~ in*** (*ac*) subir para, entrar em; CAM. DE F ***~!*** partida!; ≈**erkurs** *m* <-es; -e> curso *m* de iniciação

'einstell|en meter (***in*** *ac* em), colocar (***in*** *ac* em); *Personal*: contratar, MIL alistar, incorporar; *Arbeit*, *Kampf*: suspender; JUR *Prozess*: arquivar; TÉCN regular, ajustar, graduar; FOT focar (***scharf*** bem; ***unscharf*** mal); *Radio*: afinar, sintonizar; *in e-e Richtung*: orientar; ***sich ~*** (*kommen*) comparecer; aparecer, *Schmerzen*: *a* fazer-se sentir; ***sich ~ auf*** (*ac*) preparar-se para, adaptar-se a, contar com; ***eingestellt gegen*** contra; oposto a; ~**ig** dígito, simples; ≈**ung** *f* colocação *f*, MIL alistamento *m*; *Arbeit*, *Kampf*: suspensão *f*, JUR arquivo *m*; FOT focagem *f*, *Radio*: sintonização *f*, afinação *f*, TÉCN acerto *m*; *fig* orientação *f*; opinião *f*, (*Haltung*) *f* atitude *f*; ≈**ungsgespräch** *n* entrevista *f* de contratação

'Einstich *m* <-(e)s; -e> picadela *f*; perfuração *f*

'Einstieg ['-ʃtiːk] *m* <-(e)s; -e> entrada *f*; *fig* acesso *m*
'einstig ['aɪnstɪç] antigo
'einstimm|en acompanhar; **~ *in*** (*ac*) juntar a sua voz a; **~ig** unânime; *adv* por unanimidade; *MÚS* a uma só voz; uníssono; **≈igkeit** *f* <*sem pl*> unanimidade *f*; *MÚS* unissonância *f*
'ein|stöckig ['-ʃtœkɪç] de um andar só, de um piso só; **~stoßen** romper, derribar, derrubar; **~streichen** *Geld*: ficar com; **~streuen** entremeter, entremear; **~strömen** <*sn*> afluir; **~studieren** <-> ensinar; *TEA* ensaiar; **~stufen** classificar; **≈stufung** *f* classificação *f*; **~stündig** ['-ʃtyndɪç] de uma hora; **~stürmen: ~ *auf*** (*ac*) arrojar-se (*od* abalançar-se) contra; precipitar-se sobre; *fig* assaltar (*ac*); **≈sturz** *m* <-(e)s; ⸚e> queda *f*; *ARQUIT a* desabamento *m*; derrocada *f*; desmoronamento *m*; **~stürzen** <-t; *sn*> cair; desabar, abater, ir-se (*od* vir) abaixo; ruir; desmoronar-se; **≈sturzgefahr** *f* <*sem pl*> perigo *m* de desmoronamento
'einst'weil|en por enquanto; entretanto; **~ig** interino, provisório
'ein|tägig ['-tɛːgɪç] de um só dia; *fig* efémero; **≈tagsfliege** *f* efémera (*ê) *f*; **~tauchen** *v/t* (*v/i*; *sn*) molhar, mergulhar; submergir; **~tauschen** trocar (***gegen*** por)
'einteil|en dividir (***in*** *ac* em); distribuir, repartir; classificar (por); **≈ung** *f* divisão *f*, distribuição *f*; classificação *f*
'eintönig ['-tøːnɪç] monótono; **≈keit** *f* <*sem pl*> monotonia
'Eintopf(gericht) *m* guisado *m*; ensopado *m*
'Ein|tracht *f* <*sem pl*> concórdia *f*; união *f*; **≈trächtig** de acordo; unânime
'Ein|trag ['-traːk] *m* <-(e)s; ⸚e> registo *m*, *bras* registro *m*; **≈tragen** inscrever, registar (*bras* registrar); averbar; *ECON* assentar; escriturar; (*verursachen*) causar; *Nutzen*: render, produzir; **≈träglich** ['-trɛːklɪç] lucrativo, rendoso; F chorudo; *bras* gordo; **~tragung** ['-traːgʊŋ] *f* inscrição *f*; registo *m*, *bras* registro *m*; *ECON* lançamento *m*
'ein|träufeln <-le> instilar; **~treffen** *v/i* <*sn*> chegar (***in*** *dat* a); (*geschehen*) acontecer; **≈treffen** *n* chegada *f*; **~treiben** cravar; *Geld*, *Vieh*: recolher; **~treten 1.** *v/t* arrombar (por pontapés); **2.** *v/i* <*sn*> entrar (***in*** *ac* em); (*geschehen*) suceder, realizar-se; *Kälte etc*: começar; sobrevir; *fig* **~ *für*** intervir a favor de, defender (*ac*); **~trichtern** ['-trɪçtərn] <-re> F inculcar
'Eintritt *m* <-(e)s; -e> (*~sgeld*) entrada *f*; (*Beitritt*) adesão *f* (***in*** *ac* a); **~skarte** *f* bilhete *m* (de entrada), entrada *f*; *bras* ingresso *m*
'ein|trocknen <-e-; *sn*> secar; enxugar; **~tunken** ['-tʊŋkən] molhar, ensopar; **~üben** ensaiar; estudar; treinar
'einverleib|en ['-fɛrlaɪbən] <-> incorporar (*dat* a, em); ***sich*** (*dat*) ***et ~*** apoderar-se de a/c; **≈ung** *f* incorporação *f*, anexação *f*
'Ein|vernehmen *n* <-s; *sem pl*> acordo *m* (***im*** de, ***ins*** ao); **≈verstanden** ['-fɛrʃtandən] de acordo (***sein*** estar); **~verständnis** *n* <-ses; -se> acordo *m*; consentimento *m*; **≈wachsen** <*sn*> penetrar; criar raízes; ***eingewachsener Nagel*** unha *f* encravada; **~wand** *m* <-(e)s; ⸚e> obje(c)ção *f*; reparo *m*; réplica *f*
'Einwander|er *m* imigrante *m*; **≈n** <-re; *sn*> imigrar; **~ung** *f* imigração *f*
'ein|wandfrei corre(c)to, inta(c)to; incontestável; **~wärts** ['-vɛrts] para dentro; **~wechseln** <-le> trocar, *ECON a* cambiar (***gegen*** por); **~wecken: *et* ~** fazer conserva de a/c; **≈wegflasche** *f* garrafa *f* sem depósito (*bras* sem casco); **≈wegverpackung** *f* embalagem *f* descartável; **~weichen** pôr de molho; ensopar; aboborar
'einweih|en inaugurar; consagrar; F estrear; *fig* ***in*** (*ac*) **~** iniciar em; confiar (um segredo) a; ***eingeweiht sein*** *a* estar dentro do segredo; *bras* estar a par, F estar por dentro; **≈ung** *f* inauguração *f*; consagração *f*
'einweis|en: *j-n* ~ conferir posse a alg; ***j-n*** *in ein Krankenhaus etc* **~** internar alg; **≈ung** *f* posse *f*; iniciação *f*; *in ein Krankenhaus etc*: internamento *m*
'einwend|en obje(c)tar, reparar, retorquir; **≈ung** *f* → ***Einwand***

'ein|werfen romper, partir; *Brief, Münze*: pôr; *fig* obje(c)tar; **~wickeln** *<-le>* embrulhar; enrolar (*a fig*)
'einwillig|en ['-viligən] consentir (***in*** *ac* em, com); **≗ung** *f* consentimento *m*; *stille*: aquiescência *f*
'einwirk|en a(c)tuar, operar (***auf*** *ac* em), *a geistig*: influir (sobre); *sittlich*: morigerar (*ac*); **≗ung** *f* a(c)ção *f*, a(c)tuação *f*, influência *f*; morigeração *f*
'Einwohner|(in *f*) ['-vo:nər] *m* habitante *su*, morador(a *f*) *m*; **~'meldeamt** *n* *<-(e)s; ⸚er>* repartição *f* de registo de moradores (*od* habitantes); *bras* registro *m* de domicílio; **~schaft** *f* *<sem pl>* população *f*, habitantes *m/pl*
'Ein|wurf *m* *<-(e)s; ⸚e>* CORR abertura *f*; *Sport*: lançamento *m* lateral; *fig* obje(c)ção *f*, réplica *f*; **≗wurzeln** *v/i* *<-le; sn>* arraigar, enraizar; ***eingewurzelt*** *fig adj a* inveterado, entranhado
einz. ***einzeln*** separado, avulso
'Einzahl *f* singular *m*; **≗en** pagar; *auf ein Konto*: depositar; **~er(in** *f*) *m* depositante *su*; **~ung** *f* pagamento *m*; depósito *m*; *pl* (*Eingänge*) entradas *f/pl*; **~ungsbeleg** *m* *<-(e)s; -e>* recibo *m* de pagamento
'einzäun|en ['-tsɔynən] cercar; vedar; **≗ung** *f Zaun*: vedação *f*, *Gebiet*: cercado *m*, tapada *f*
'einzeichn|en *<-e->* marcar; **≗ung** *f* inscrição *f*
'Einzel|ausgabe ['aɪntsəl-] *f* edição *f* avulsa; **~fall** *m* *<-(e)s; ⸚e>* caso *m* isolado; **~haft** *f* *<sem pl>* incomunicabilidade *f*; **~handel** *m* *<-s; sem pl>* comércio *m* a retalho (*bras* varejo); **~händler** *m* retalhista *m*; **~haus** *n* *<-es; ⸚er>* moradia *f*; **~heit** *f* pormenor *m*; *besondere*: particularidade *f*
'Einzelkind *n* *<-(e)s; -er>* filho *m*, -a, *f* único, -a
'einzellig ['-tsɛliç] unicelular
'einzeln só; isolado; singular; (*nacheinander*) um trás o outro; ***jeder ≗e*** cada um por si; ***im ≗en*** nos seus pormenores; *verkaufen*: a retalho, por miúdo; avulso; *adv* um a um; ***ins ≗e gehen*** pormenorizar
'Einzel|person *f* pessoa *f* só; **~radaufhängung** *f* suspensão *f* independente de cada roda; **~spiel** *n* *<-(e)s; -e>* *Tennis*: single *m*; **~stück** *n* *<-(e)s; -e>*, **~teil** *n* *<-(e)s; -e>* peça *f* única (*bras* avulsa); **~verkauf** *m* *<-(e)s; ⸚e>* venda *f* a retalho (*bras* a varejo); **~wesen** *n* indivíduo *m*; **~zimmer** *n* quarto *m* de uma cama, quarto *m* individual
'einzieh|bar ['-tsi:ba:r] ZO retrá(c)til (*a* AV), retra(c)tivo; **~en 1.** *v/t* retrair; NAV *Segel*: arrear (*a Flagge*); amainar; *Ruder u* AV (*Fahrgestell*): recolher; MIL chamar às fileiras, mobilizar; *Geld*: retirar da circulação, recolher; *Steuern*: cobrar; *bras* arrecadar; JUR confiscar; *Erkundigungen*: colher; *Luft*: aspirar; **2.** *v/i* *<sn>* entrar; ***in*** *e-e Wohnung* **~** mudar(-se) para, ir instalar-se em; **≗ung** *f* ECON cobrança *f*, JUR confiscação *f*; MED estreitamento *m*, incisura *f*
'einzig ['aɪntsiç] único; **~** (***und allein***) *adv* unicamente; **~artig** *a* singular, sem par; **~er** [-gər] único
'Einzug *m* *<-(e)s; ⸚e>*: **~** ***in*** (*ac*) entrada *f* em, ingresso *m* em; *Wohnung*: mudança *f* para; **~sbereich** *m* *<-(e)s; -e>* área (*od* zona) de entrada
'einzwängen apertar; fazer entrar à força
'Eipulver *n* ovos *m/pl* em pó
Eis [aɪs] *n* *<-es; sem pl>* gelo *m*; (*Frucht≗, Speise≗*) gelado *m*; sorvete *m*; ***auf*** **~** ***legen*** *fig* deixar por tratar; protelar
'Eis...: *in Zssg(n) meist* de gelo; **~bahn** *f* pista *f* de patinagem, *bras* patinação (no gelo); **~bär** *m* *<-en>* urso *m* branco; **~becher** *m* taça *f* de gelado; *bras* copo *m* de sorvete; **~bein** *n* *<-(e)s; -e>* *Kochkunst*: mão *f* de porco (em salmoura); chispe *m*; **~berg** *m* *<-(e)s; -e>* icebergue *m*; **~brecher** ['-brɛxər] *m* (navio *m*) quebra-gelo *m*; **~café** *n* *<-s; -s>* geladaria *f*, sorveteria *f*; **~creme** *f* *<-; -s>* gelado *m*, sorvete *m*; **~decke** *f* camada *f* de gelo; **~diele** *f* geladaria *f*; *bras* sorveteria *f*;
'Eisen ['aɪzən] *n* ferro *m* (*a Bügel≗*); (*Huf≗*) ferradura *f*
'Eisenbahn *f* caminho *m* (*bras* estrada *f*) de ferro; **~...**: *in Zssg(n) oft*

ferroviário; **~beamte(r)** *m* <-n> funcionário *m* dos caminhos de ferro; **~er** *m* ferroviário *m*; **~fahrt** *f* viagem *f* de comboio (*bras* trem); **~knotenpunkt** *m* <-(e)s; -e> entroncamento *m*; **~linie** *f* via *f* férrea; **~netz** *n* <-es; -e> rede *f* ferroviária; **~schiene** *f* carril *m*; *bras* trilho *m*; **~unglück** *n* <-(e)s; -e> desastre *m* ferroviário; **~verbindung** *f* ligação *f* ferroviária; *bras* conexão *f* de trens; **~wagen** *m* carruagem *f*; *bras* vagão *m*

'Eisen|bergwerk *n* <-(e)s; -e> mina *f* de ferro; **~beschlag** *m* <-(e)s; ¨e> ferragem *f*; **Ωbeschlagen** blindado; **~beton** *m* <-s; -s> cimento (*bras* concreto) *m* armado; **~blech** *n* <-(e)s; -e> ferro *m* em folha; chapa *f* de ferro; **~erz** *n* <-es; -e> minério *m* de ferro; **~gießerei** *f*, **~guss** *m* <-es; *sem pl*> fundição *f* de ferro; **Ωhaltig** ['-haltiç] ferruginoso; **~hut** BOT *m* <-(e)s; ¨e> acónito *m*; **~hütte** *f* fábrica *f* (*bras* usina *f*) siderúrgica; **~industrie** *f* indústria *f* siderúrgica; siderurgia *f*; **~kraut** BOT *n* <-(e)s; ¨e> verbena *f*; **~verhüttung** *f* <*sem pl*> tratamento *m* siderúrgico; **~waren** *f/pl* ferragens *f/pl*; **~warenhandlung** *f* loja *f* de ferragens; **~zeit** *f* <*sem pl*> idade *f* de ferro

'eisern ['aɪzərn] de ferro; férreo; *fig* inalterável; duro; ***~er Bestand*** últimas reservas *f/pl*; ***~e Lunge*** MED pulmão *m* de aço; ***~e Ration*** MIL ração *f* de reserva; ***Ωer Vorhang*** HIST POL cortina *f* de ferro

'Eis|fläche *f* superfície *f* de gelo; **Ωfrei** desembaraçado de gelo; **Ωgekühlt** ['-gəky:lt] gelado; **Ωgrau** encanecido; **~hockey** *n* <-s; *sem pl*> hockey (*od* hóquei) *m* sobre o gelo

'eisig ['aɪziç], **eiskalt** gelado; glacial; *fig* impassível

'Eis|läufer(in *f*) *m* patinador(a *f*) *m* no gelo; **~maschine** *f* sorveteira *f*; **~meer** *n* <-(e)s; -e> mar *m* glacial; ***Nördliches ~*** Árctico *m*; ***Südliches ~*** Antárctico *m*; **~pickel** *m* picareta *f* de alpinismo; **~revue** ['aɪsrəvy] *f* revista *f* no gelo; **~schnelllauf** *m* <-(e)s; *sem pl*> patinagem *f* de velocidade sobre o gelo; **~scholle** *f* pedaço *m* de gelo; **~schrank** *m* <-(e)s; ¨e> frigorífico *m*, frigorífero *m*; *bras* geladeira *f*; **~stadion** *n* <-s; -stadien> estádio *m* de patinagem sobre o gelo; **~tanz** *m* <-es; *sem pl*> dança *f* artística sobre o gelo; **~tee** *m* ice tea *m*; **~torte** *f* tarte *f* (*bras* torta *f*) gelada; **~tüte** *f* cone *m*; **~vogel** *m* <-s; ¨> alcião *m*; **~waffel** *f* <-; -n> barquilha *f*; **~würfel** *m* cubo *m* de gelo; **~zapfen** *m* sincelo *m*; **~zeit** *f* época *f* glaciária; período *m* glaciário

'eitel ['aɪtəl] <-tl-> *j-d*: vaidoso; (*nichts als* <*oft inv*>) mero, puro; **Ωkeit** *f* vaidade *f*

'Eiter [aɪtər] *m* <-s; *sem pl*> pus *m*; **~beule** *f* abcesso *m*; **~herd** *m* <-(e)s; -e> foco *m* purulento; **Ωig** purulento; **Ωn** <-re> criar pus, supurar; ab(s)ceder; **~pustel** *f* <-; -n> pústula *f*; **~ung** *f* supuração *f*

'Eiweiß *n* <-es; -e> clara *f* do ovo; QUÍM albumina *f*; **Ωhaltig** [-haltiç] albuminoso

'Ekel ['e:kəl] **a**) *m* asco *m*, *mit Übelkeit*: nojo *m*, náusea *f*; (*Widerwille*) repugnância *f* (***vor*** *dat* de) **b**) *n* F tipo *m* antipático (*od* nojento); **Ωhaft**, **Ωig** <-kl-> nojento, repugnante; **Ωn**: ***j-n ~***, ***j-m ~*** causar (*od* dar) nojo (*od* repugnância) a alg; repugnar a alg; ***sich ~ vor*** ter nojo (*od* asco) de

ekla'tant [ekla'tant] retumbante; evidente

'eklig → ***ekelig***

Ek'sta|se [ɛk'sta:zə] *f* êxtase *m*; **Ωtisch** extático

Ek'zem [ɛk'tse:m] *n* <-s; -e> MED eczema *m*

E'lan [e'la:n] *m* <-s; *sem pl*> zelo *m*

e'lasti|sch [e'lastiʃ] elástico; **Ωzi'tät** [-tsi'tɛ:t] *f* elasticidade *f*

Elch [ɛlç] *m* <-(e)s; -e> alce *m*

Ele'fant [ele'fant] *m* <-en> elefante *m*

ele'gan|t [ele'gant] elegante; **Ωz** *f* <*sem pl*> elegância *f*

Ele'gie [ele'gi:] *f* elegia *f*

e'legisch [e'le:giʃ] elegíaco

elektrifi'zier|en [elɛktrifi'tsi:rən] <-> ele(c)trificar; **Ωung** *f* ele(c)trificação *f*

E'lektr|iker [e'lɛktrikər] *m* ele(c)tricista *m*; **Ωisch** elé(c)trico

elektri'sieren [elɛktri'zi:rən] <-> ele(c)trizar

Elektrizi'tät [elɛktritsi'tɛːt] *f* ele(c)tricidade *f*, corrente *f* elé(c)trica, energia *f* (elé[c]trica); **~swerk** *n* <-(*e*)*s*; -*e*> central *f* elé(c)trica
Elek'trode [elɛk'troːdə] *f* elé(c)trodo *m*, ele(c)trodo *m*
E'lektro|dy'namik [e'lɛktro-] *f* <*sem pl*> ele(c)trodinâmica *f*; **~gerät** *n* <-(*e*)*s*; -*e*> aparelho *m* elé(c)trico, ele(c)trodoméstico *m*; **~geschäft** *n* <-(*e*)*s*; -*e*> loja *f* de ele(c)trodomésticos; **~herd** *m* <-(*e*)*s*; -*e*> fogão *m* elé(c)trico; **~kardio'gramm** [-kardio'gram] *n* <-*s*; -*e*> *MED* ele(c)trocardiograma *m*; **~'lyse** [-'lyːzə] *f* ele(c)trólise *f*; **~ma'gnet** *m* <-*en*> electroíman *m*; *bras* electroímã; **~motor** *m* <-*s*; -*en*> ele(c)tromotor *m*
Elek'tron [elɛk'troːn] *n* <-*s*; -*en*> elé(c)trão *m*; **~enblitz** *m* <-*es*; -*e*> flash *m* ele(c)trónico (*ô); **~enmikroskop** *n* <-*s*; -*e*> microscópio *m* ele(c)trónico (*ô); **~enrechner** *m* calculadora *f* ele(c)trónica (*ô)
Elek'tron|ik [elɛk'troːnik] *f* ele(c)trónica (*ô) *f*; **2isch** ele(c)trónico (*ô)
Elektro'techni|k *f* <*sem pl*> ele(c)trotécnica *f*; **~ker** *m* ele(c)tricista *m*; **2sch** ele(c)trotécnico
Ele'ment [ele'mɛnt] *n* <-(*e*)*s*; -*e*> elemento *m*; ***in seinem ~ sein*** estar no seu elemento
elemen'tar [elemɛn'taːr], **2...**: *in Zssg(n)* elementar
'Elend ['eːlənt] **1.** *n* <-(*e*)*s*; *sem pl*> miséria *f*; (*Unglück*) desgraça *f*, desdita *f*; **2.** 2 *adj* mísero, miserável, desgraçado, desditoso; (*kränklich*) muito fraco; *fig* mesquinho; ***~ aussehen*** ter mau aspe(c)to
elf [ɛlf] onze
Elf *f* onze *m*; *Sport*: equipa (*bras* equipe) *f* de futebol; **'~e** ['-ə] *f* sílfide *f*; **'~enbein** *n* <-(*e*)*s*; *sem pl*> marfim *m*; **'2fach** onze vezes; **~'meter** *m Sport*: penalte *m*; *bras* pênalti *m*; **2te** undécimo, décimo primeiro; *Regent, Tag, Jahrhundert*: ***der ~, das ~*** onze; *a* **'~tel** *n*, **2tens** undécimo (*m*), em décimo primeiro lugar
E'lite [e'liːtə] *f* escol *m*, elite *f*; **~...**: *in Zssg(n)* sele(c)to, de sele(c)ção, de elite

'Ell|e ['ɛlə] *f* vara *f*, côvado *m*; *ANAT* cúbito *m*; **~(en)bogen** *m* cotovelo *m*
El'lip|se [e'lipsə] *f* elipse *f*; **2tisch** [-'lipt-] elíptico
'Elsass ['elzas] *n* Alsácia *f*
'Elsäss|er(in *f*) ['ɛlzɛsər] *m*, **2isch** Alsaciano *m*, -a *f*, da Alsácia
'Elster ['ɛlstər] *f* <-; -*n*> pega *f*
'elterlich ['ɛltərliç] dos pais; paterno e materno; patrimonial
'Eltern ['ɛltərn] *pl inv* pais *m/pl*; **~haus** *n* <-*es*; ¨*er*> casa *f* paterna; **~liebe** *f* <*sem pl*> amor *m* paterno; **2los** orfão (de pai e mãe)
'E-Mail ['iːmeːl] *f* <-; -*s*> correio *m* electrónico, e-mail *m*
E'mail [e'maɪ] *n* <-*s*; -*s*>, **~le** [e'ma(l)jə] *f* esmalte *m*; **2'lieren** [-'(l)jiːrən] <-> esmaltar
Emanzi|pati'on [emantsipatsi'oːn] *f* emancipação *f*; **2'pieren** <-> emancipar; ***sich ~*** emancipar-se
Em'bargo [ɛm'bargo] *n* <-*s*; -*s*> embargo *m*; ***ein ~ verhängen über*** (*ac*) decretar um embargo sobre; embargar
Embo'lie [ɛmbo'liː] *f MED* embolia *f*
'Embryo ['ɛmbryo] *m* <-*s*; -*s*> embrião *m*
emeri'tiert [emeri'tiːrt] aposentado, jubilado
Emi'gr|ant(in *f*) [emi'grant] *m* <-*en*> emigrado *m*, -a *f*, emigrante *su* **2ieren** <-; *sn*> emigrar
Emissi'on [emisi'oːn] *f* emissão *f*; **~swerte** *pl* valores *m/pl* de emissões, valores efluentes
emotio'nal [emotsio'naːl], **emotio'nell** emocional
Em'pfang [ɛm'pfaŋ] *m* <-(*e*)*s*; ¨*e*> recepção *f*; *a* (*Aufnahme*) acolhimento *m*; ***in ~ nehmen*** receber; aceitar; ***den ~ bestätigen*** acusar a recepção (*bras* o recebimento); **2en** <-> receber; acolher; *Frau*: conceber
Em'pfäng|er [ɛm'pfɛŋər] *m Radio, TV*: receptor *m*; **~er(in** *f*) *m CORR* destinatário *m*, -a *f*; *ECON* consignatário *m*, -a *f*; **2lich**: ***~ für*** susceptível de; predisposto para; *Gemüt*: sensível a; **~lichkeit** *f* susceptibilidade *f*, sensibilidade *f*; *MED* predisposição *f*
Em'pfängnis [ɛm'pfɛŋnis] *f* <-; -*se*> *Frau*: concepção *f*; *REL*: conceição *f*;

♀verhütend anticonce(p)cional; **~es** ***Mittel*** contrace(p)tivo *m*; **~verhütung** *f* anticonce(p)ção *f*; *bras* controle *m* de natalidade; **~verhütungsmittel** *n* anticonce(p)tivo *m*

Em'pfangs|bescheinigung *f* recibo *m*; **~bestätigung** *f* aviso *m* de recepção (*bras* recebimento); **~chef** *m*, **~dame** *f* recepcionista *su*; **~station** *f* estação *f* receptora; **~zimmer** *n* sala *f* (de recepção); salão *m* (nobre)

em'pfehl|en [ɛm'pfe:lən] <-> recomendar; *et*: *a* aconselhar; ***sich ~*** (*sich verabschieden*) despedir-se; *Briefschluss*: apresentar cumprimentos; (*ratsam sein*) convir; **~enswert** recomendável, de recomendar; aconselhável; **♀ung** *f* recomendação *f*; *pl* (*Grüße*) cumprimentos *m/pl*

em'pfind|en [ɛm'pfindən] *v/t* <-> sentir; **~lich** sensível; (*fein*) delicado; (*reizbar*) irritável; **♀lichkeit** *f* sensibilidade *f*; delicadeza *f*; **~sam** sensível; emocionável; **♀samkeit** *f* sensibilidade *f*

Em'pfindung [ɛm'pfinduŋ] *f* sentimento *m*, sensação *f*; **♀slos** insensível

Em'phase [ɛm'fa:zə] *f* ênfase *f*

Em'pire [ɛ'pi:r] *n* <-s; *sem pl*>, **~stil** *m* <-(e)s; *sem pl*> estilo *m* Império

em'por [ɛm'po:r] (para) acima, para o ar; **~arbeiten** <-e->: ***sich ~*** *fig* vencer pelo seu trabalho; **~blicken** levantar os olhos

Em'pore [ɛm'po:rə] *ARQUIT f* tribuna *f*, coro *m*

em'pören [ɛm'pø:rən] <-> indignar, revoltar; ***sich ~ über*** (*ac*) indignar-se com; **~d** revoltante, escandaloso, chocante

em'por|kommen <*sn*> subir, prosperar; **♀kömmling** [-kœmliŋ] *m* <-s; -e> novo rico *m*; arrivista *m*; **~ragen** sobressair; ***~ über*** (*ac*) erguer-se por cima de; dominar (*ac*); **~schwingen:** ***sich ~*** levantar voo (*ô); **~steigen** <*sn*> subir; ascender

Em'pörung [ɛm'pø:ruŋ] *f* (*Revolte*) sublevação *f*, insurreição *f*; (*Entrüstung*) indignação *f*

'emsig ['ɛmziç] a(c)tivo; zeloso; trabalhador; **♀keit** *f* zelo *m*; a(c)tividade *f*; diligência *f*

'Ende ['ɛndə] *n* <-s; -n> **a)** *örtl* extremo *m*, extremidade *f*; topo *m*; ***von e-m ~ zum anderen*** de lés a lés; *bras* de um extremo ao outro; **b)** <*sem pl*> *zeitl* fim *m*; termo *m* (***machen*** pôr); (*letzter Teil*) final *m*; *örtl u zeitl* cabo *m* (***zu ... führen*** levar a); (***am***, ***gegen***) ***~*** *des Monats*, ***~*** *Mai etc*: em fins de; ***am ~*** por fim; (*vielleicht*) porventura; ***von Anfang bis ~*** do princípio ao fim; ***letzten ~s*** afinal de contas; ***zu ~ gehen*** estar a acabar, estar a findar; aproximar-se do seu fim; ***zu ~ lesen*** *etc* terminar a leitura de; ***ein ~ machen mit*** pôr cobro (*od* fim) a; ***ein ~ nehmen*** acabar(-se); F ***das dicke ~ kommt noch*** (***nach***) ainda não acabou; aquilo traz água no bico; *bras* mas (isso) não é tudo

'enden *v/t u v/i* <-e-> acabar(-se) (***mit*** por, ***auf*** *ac* em), (*a aufhören*) terminar, *sterben u Frist*: expirar

'End|ergebnis *n* <-ses; -se> resultado *m* final; **~glied** *n* <-(e)s; -er> *MED* falangeta *f*; *Kette*: elo *m* final; **♀gültig** definitivo; *adv a* de vez

En'divie [ɛn'di:viə] *f* endívia *f*, escarola *f*, chicarola *f*

'End|kampf ['ɛnt-] *m* <-(e)s; ¨e> *Sport*: (encontro *m*) final *m*; **~lager** *n* (*nukleares ~*) cemetério *m* nuclear (*od* de resíduos nucleares); **♀lich** final; *MAT* finito; *adv* finalmente, enfim, por fim; ***~ et tun*** acabar por fazer a/c; ***na ~!*** até que enfim!; **♀los** ilimitado; sem fim; infinito; **~produkt** *n* <-(e)s; -e> produto *m* final; **~punkt** *m* <-(e)s; -e> termo *m*; extremo *m*; **~silbe** *f* sílaba *f* final; **~spiel** *n* <-(e)s; -e> *Sport*: final *f*; **~spurt** *m* <-s; -s> arranque *m* (*od* etapa *f*) final; **~station** *f* estação-términus *f*; estação *f* final da linha; terminal *su*; **~summe** *f* total *m*; **~ung** [-duŋ] *f GRAM* desinência *f*, terminação *f*; **~ziel** *n* <-(e)s; -e>, **~zweck** *m* <-(e)s; *sem pl*> fim *m*, finalidade *f*

Ener'gie [enɛr'gi:] *f* energia *f*; **♀bewusst** atento ao consumo de energia; **♀los** sem energia; **~quelle** *f* fonte *f* de energia; **~verbrauch** <*sem pl*> consumo *m* de energia;

E

~versorgung *f* <*sem pl*> abastecimento *m* de energia; **~wirtschaft** *f* economia *f* energética
e'nergisch [e'nɛrgiʃ] enérgico
eng [ɛŋ] estreito; apertado; *Gewebe*: tapado; *Rock*: travado; *Freundschaft*: íntimo; ***~er machen*** apertar; ***~ere Wahl*** sele(c)ção *f*; opção *f*; ***~ anliegend*** estreito; *Kleid*: (muito) justo; apertado; (*geschlossen*) abafado
Enga|ge'ment [ɑ̃gaʒə'mɑ̃:] *n* <*-s*; *-s*> compromisso *m*; contrato *m*; (*Einsatz*) afinco *m*; dedicação *f*; **2'gieren** <-> contratar; ***sich ~*** dedicar-se
Enge ['ɛŋə] *f* estreiteza *f*, aperto *m*; = ***Engpass***; ***in die ~ treiben*** apertar muito
'Engel ['ɛŋəl] *m* anjo *m*
'engherzig mesquinho; **2keit** *f* <*sem pl*> mesquinhice *f*; falta *f* de generosidade
'England ['eŋlant] *n* Inglaterra *f*
'Engländer ['ɛŋlɛndər] *m* inglês *m*; *TÉCN* chave *f* inglesa; **~in** *f* inglesa *f*
'englisch ['ɛŋliʃ] inglês; ***auf 2*** em ingles; *Kirche*: anglicano
'eng|maschig ['-maʃiç] com malhas espessas; **2pass** *m* <*-es*; *⸚e*> *GEOGR* desfiladeiro *m*, garganta *f*; passagem *f* estreita; F aperto *m*; situação *f* difícil
en 'gros [ɑ̃'gro:], **En'gros...** *in Zssg(n)* em grosso, por atacado, por junto
'engstirnig ['-ʃtirniç] de vistas *f/pl* curtas; tapado
'Enkel|(in *f*) ['ɛŋkəl] *m*, **~kind** *n* <*-(e)s*; *-er*> neto *m*, -a *f*
e'norm [e'nɔrm] enorme; imenso; F ó(p)timo
En'semble [ɑ̃'sɑ̃bəl] *n* <*-s*; *-s*> elenco *m*, conjunto *m*
ent'art|en [ɛnt'artən] <*-e-*; *-*; *sn*> degenerar; abastardar-se; **2ung** *f* degeneração *f*; abastardamento *m*
ent'äußern [ɛnt-] <*-re*; *-*>: ***sich ~*** (*gen*) desfazer-se de, renunciar a
ent'behr|en [ɛnt'be:rən] *v/t* <-> não ter; passar sem; carecer de; sentir a falta de; ***~ können*** poder passar sem; **~lich** dispensável; prescindível; **2ung** *f* privação *f*
ent'bind|en <-> *von Verpflichtungen*: dispensar; desempenhar; *vom Amt*: exonerar; *vom Eid*: desligar; *MED j-n*: partejar; *v/i* dar à luz; ***entbunden werden von*** *MED* dar à luz (*ac*); **2ung** *f* exoneração *f*; *MED* parto *m*; **2ungsstation** *f* maternidade *f*
ent|'blättern <*-re*; *-*> desfolhar; **~'blößen** [-'blø:sən] <*-t*; *-*> desnudar; *fig* despojar; **2'blößung** [-'blø:suŋ] *f* desnudação *f*, desnudamento *m*; **~'brennen** <*-*; *sn*> inflamar-se; *fig* ***in Liebe ~ zu*** apaixonar-se por; *Kampf*: travar-se; ***von neuem ~*** reacender-se
ent'deck|en <-> descobrir; (*enthüllen*) revelar; **2'er** [-'dɛkər] *m* descobridor *m*; **2'ung** *f* descobrimento *m*; descoberta *f*
'Ente ['ɛntə] *f* pato *m*, pata *f*; *fig* peta *f*, (*Zeitungs2*) atoarda *f*
ent'ehr|en [ɛnt'-] <-> desonrar, difamar; **~end** *adj* desonroso, difamante; **2ung** *f* desonra *f*; difamação *f*
ent'eign|en <*-e-*; *-*> expropriar; *bras* desapropriar; **2ung** *f* expropriação *f*; *bras* desapropriação *f*
ent'eisen [ɛnt'aɪzən] <*-t*; *-*> descongelar; degelar; tirar o gelo de
ent'erb|en <-> deserdar; **2ung** [-'ɛrbuŋ] *f* deserdação *f*
'Enterhaken ['ɛntər-] *NAV m* (a)balroa *f*, arpão *m* (de abordagem)
'Enterich *m* <*-s*; *-e*> pato *m* macho
'entern <*-re*> *NAV* abalroar, abordar; **2** *n* <*sem pl*> *NAV* abalroação *f*
ent|'fachen [ɛnt'faxən] <-> atiçar; **~'fahren** <*-*; *sn*> *Wort*: escapar; **~'fallen** <*-*; *sn*> (*heraus-*, *herunterfallen*) cair de; *Wort*: escapar; *dem Gedächtnis*: passar (da memória), esquecer (***j-m*** a alg); ***auf*** (*ac*) ***~*** recair em; (*wegfallen*) ser anulado; deixar de existir; **~'falten** <*-e-*; *-*> desdobrar; (*zeigen*) ostentar; (*entwickeln*) desenvolver; *Fahne*: despregar; **2'faltung** *f* desdobramento *m*; ostentação *f*; (*Entwicklung*) desenvolvimento *m*; **~'färben** <-> descorar
ent'fern|en <-> afastar; tirar; arrancar; *MED* extirpar; ***sich ~*** deslocar-se, afastar-se; **~t** *adj* distante, remoto; *Verwandter*: afastado; ***10 km ~ von*** a dez km. de; ***nicht im 2esten*** nem por sombras; **2ung** *f* distância *f* (***in*** *dat*, ***auf*** *ac* a); *durch*

Eingriff: afastamento *m*; MED ablação *f*, extirpação *f*; **≈ungsmesser** *m* telémetro (*ê) *m*

ent|'fesseln [ɛnt-] <*-le*; -> desatar, *fig a* desencadear; **~'fetten** <*-e-*; -> desengordurar; **≈'fettungskur** [-'fɛtʊŋs-] *f* tratamento *m* para emagrecer; **~'flammen** <*v/t* (*h*); *v/i* (*sn*); -> inflamar(-se); *fig* entusiasmar(-se); **~'flechten** <-> destrinçar; (*Wirtschaft*) desconcentrar; desintegrar; **~'fliehen** <-> fugir, escapar; **~'fremden** <*-e-*; -> alhear, desviar; tornar estranho; **≈'fremdung** [-'frɛmdʊŋ] *f* alheamento *m*; afastamento *m*; alienação *f*; **~'führen** <-> raptar, sequestrar; arrebatar; **≈'führer** *m* raptor *m*, sequestrador *m*; **≈'führung** *f* rapto *m*, sequestro *m*

ent'gegen [ɛnt-] (*dat*) ao encontro de; *Gegensatz*: contra, contrário a; ao contrário (*dat* de); **~arbeiten** <*-e-*> (*dat*) contrariar; **~bringen** (*dat*) *fig* manifestar; **~gehen** <*sn*> (*dat*) ir ao encontro de; ***seiner Vollendung ~*** estar a terminar; **~gesetzt** oposto; inverso; *fig a* contrário; **~halten** opor, confrontar; (*einwenden*) obje(c)tar; (*reichen*) estender; **~handeln** <*-le*> (*dat*): ***j-m ~*** contrariar alg; *Gesetz*: transgredir (*ac*); **~kommen** *v/i* <*sn*> (v)ir ao encontro de; *fig* ceder; mostrar boa vontade; transigir; **≈kommen** *n* <*sem pl*> amabilidade *f*, boa vontade *f*; **≈nahme** [-naːmə] *f* <*sem pl*> recepção *f*; **~nehmen** receber; aceitar; **~sehen** (*dat*) esperar, aguardar (*ac*); **~setzen** <*-t*>, **~stellen** opor; **~stehen** <*h u sn*> (*dat*) opor-se a, ser contrário a; **~strecken** estender; **~treten** <*sn*> (*dat*) *fig* opor-se a, fazer frente a; **~wirken** (*dat*) reagir contra

ent'gegn|en [ɛnt'geːgnən] <*-e-*; -> (*dat*) responder, replicar; **≈ung** *f* resposta *f*, réplica *f*

ent|'gehen [ɛnt-] <*sn*> (*dat*) escapar a; ***sich*** (*dat*) ***~ lassen*** não aproveitar, deixar de aproveitar; deixar escapar; **~'geistert** [-'gaɪstərt] pasmado; **≈'gelt** [-'gɛlt] *n* <*-(e)s*; *sem pl*> remuneração *f*; ***ohne ~*** de graça; gratuitamente; **~'gelten** <-> pagar; remunerar; ***j-n et ~ lassen*** fazer pagar a/c a alg; vingar-se de alg; *bras* deixar alg pagar a/c; **~'giften** [-'giftən] *v/t* <*-e-*; -> desintoxicar

ent'gleis|en [ɛnt'glaɪzən] <*-t*; *-sn*> descarrilar, *bras* descarrilhar; *fig* disparatar; **≈ung** *f* descarrilamento *m*, *bras* descarrilhamento *m*; *fig* disparate *m*

ent|'gleiten [ɛnt-] <*sn*> (*dat*) escapar, fugir a (*od* de); **~'haaren** <-> pelar; MED depilar; **≈'haarungsmittel** *n* depilatório *m*

ent'halt|en <-> conter; ***sich ~*** abster-se (*gen* de); **~sam** sóbrio; abstinente; *von Alkohol*: abstémio (*ê); *geschlechtlich*: continente, *bras* casto; **≈samkeit** *f* <*sem pl*> sobriedade *f*; abstinência *f*; temperança *f*; *geschlechtliche*: continência *f*, *bras* castidade *f*; **≈ung** *f* abstenção *f*

ent|'härten <*-e-*; -> *Wasser*: descalcificar; **~'haupten** [-'haʊptən] <*-e-*; -> decapitar, degolar; **≈'hauptung** [-'haʊptʊŋ] *f* decapitação *f*, degolação *f*; **~'heben** <-> dispensar; desobrigar (*gen* de); *des Amtes*: exonerar (*gen* de); **~'heiligen** <-> profanar; **~'hemmen** <-> desinibir; **~'hüllen** <-> descobrir; *Denkmal*: inaugurar; *fig a* revelar; **≈'hüllung** [-'hylʊŋ] *f* descoberta *f*; revelação *f*; (*Einweihung*) inauguração *f*; **~'hülsen** [-'hylzən] <*-t*; -> descascar

Enthusi'as|mus [ɛntuzi'asmus] *m* <-; *-men*> entusiasmo *m*; **≈tisch** entusiástico

ent|'jungfern <*-re*; -> de(s)florar; **~'kalken** <-> tirar a cal de; **~'keimen** <-> esterilizar; **~'kernen** [-'kɛrnən] <-> descaroçar, tirar o(s) caroço(s) a; **~'kleiden** <*-e-*; -> despir; **~'koffeiniert** [-kɔfei'niːrt] descafeinado; **~'kommen** <-; *sn*> escapar(-se), salvar-se; **≈'kommen** *n* <*-s*; *sem pl*> saída *f*; evasão *f*; **~'korken** <-> des(ar)rolhar; destapar; **~'kräften** [-'krɛftən] <*-e-*; -> enfraquecer; *fig* invalidar; desvirtuar; **≈'kräftung** [-'krɛftʊŋ] *f* <*sem pl*> enfraquecimento *m*, extenuação *f*; *fig*, JUR invalidação *f*, anulação *f*; **~'laden** <-> descarregar; **≈'ladung** *f* descarga *f*

ent'lang (*adv u prp mit vorangehendem ac od* ***an*** *dat*) ao longo de

ent'larven [ɛnt'larfən] <-> desmascarar

ent'lass|en <-> despedir, demitir; ***aus dem Gefängnis ~*** pôr em liberdade; ***aus dem Krankenhaus ~*** dar alta a; ***als geheilt ~ werden*** *MED* sair curado; **≈ung** [-'lasuŋ] *f* despedimento *m*, demissão *f*; *MED* alta *f*

ent'last|en <*-e-*; -> aliviar; descarregar; *von Pflichten*: dispensar, exonerar; *für e-e Summe*: abonar em favor de; **≈ung** [-'lastuŋ] *f* descarga *f*; *fig* descargo *m*; **≈ungszeuge** *m* <*-n*> testemunha *f* de defesa

ent|'lauben [-'laubən] <-> desfolhar; **~'laufen** <-; *sn*> fugir, evadir-se (*dat* de); *MIL* desertar; **~'lausen** <*-t*; -> despiolhar; **~'ledigen** [-'le:digən] <->: ***sich ~*** libertar-se (*gen* de); ***sich e-s*** *Auftrages* **~** desempenhar-se de

ent'leer|en <-> esvaziar; *MED* ***die Blase ~*** urinar; *Darm* **~** evacuar; **≈ung** *f* despejo *m*, esvaziamento *m*; *des Briefkastens*: tiragem *f*; *TÉCN*, *MED* evacuação *f*

ent|'legen remoto; afastado; distante; **~'lehnen** <-> → ***~leihen***; *fig* plagiar; **≈'lehnung** [-'le:nuŋ] *f* (*Zitat*) citação *f*; plágio *m*; **~'leihen** <-> pedir emprestado; *Bibliothek*: requisitar; **≈leiher(in** *f*) *m* requisitante *su*; **~'locken** <-> tirar com manha; *Geheimnis*: arrancar; *Töne*: tirar; desencantar; **~'lohnen** <-> remunerar; pagar; **≈'lohnung** [-'lo:nuŋ] *f* remuneração *f*; pagamento *m*; **~'lüften** <*-e-*; -> ventilar; arejar; **≈'lüftung** *f* ventilação *f*; **~'machten** [-'maxtən] <*-e-*; -> desapossar, desempossar; **~'mannen** [-'manən] <-> castrar; *fig* enfraquecer, desarmar; **≈'mannung** [-'manuŋ] *f* castração *f*; **~'menscht** [-'mɛnʃt] desumano, bárbaro

entmilitari'sier|en [ɛntmilitari'zi:rən] <-> desmilitarizar; **≈ung** *f* desmilitarização *f*

ent|'mündigen [-'myndigən] <-> pôr sob tutela; **≈'mündigung** [-'myndiguŋ] *f* interdição *f*; **~'mutigen** [-'mu:tigən] <-> desanimar; descoroçoar; desencorajar; **≈'mutigung** [-'mu:tiguŋ] *f* <*sem pl*> desânimo *m*; desanimação *f*; **≈'nahme** [-'na:mə] *f* tiragem *f*; *MED* colheita *f*; *ECON* compra *f*; livrança *f*; ***bei ~ von*** ao comprar (*ac*); **~'nehmen** <-> (re)tirar; *fig* deduzir (*dat* de); **~'nerven** [-'nɛrfən] <-> enervar; **~d** *adj* enervante; **~'puppen** [-'pupən] <->: ***sich ~*** sair do casulo; *fig* ***sich ~ als*** revelar-se (*nom*); **~'rahmen** <-> desnatar; **~'rätseln** [-'rɛ:tsəln] <*-le*; -> decifrar; **~'rechten** <*-e-*; -> privar dos seus direitos; desapossar; **~'reißen** <-> arrancar; **~'richten** <*-e-*; -> pagar; contribuir; **~'rinnen** <-; *sn*> (*dat*) escapar a; **~'rollen** <-> desenrolar; *fig* desenvolver; **~'rosten** <*-e-*; -> desenferrujar; **~'rümpeln** [-'rympəln] <*-le*; -> arrumar; **≈'rümpelung** [-'rympəluŋ] *f* arrumação *f*; **~'rüsten** <*-e-*; ->: ***sich ~*** indignar-se; **≈'rüstung** *f* <*sem pl*> indignação *f*; **≈'safter** *m* espremedor *m* de sumos; **~'sagen** <-> (*dat*) renunciar (a); desistir (de); resignar (*ac*); **≈'sagung** [-'za:guŋ] *f* renúncia *f*; resignação *f*; abnegação *f*; **≈'salzungsanlage** *f* instalação *f* de dessalinização

ent'schädig|en <-> inde(m)nizar; **≈ung** *f* inde(m)nização *f*; (*Ausgleich*) compensação *f*

ent'schärfen <-> desarmar; tirar o detonador

Ent'scheid [-'ʃaɪt] *m* <*-(e)s*; *-e*> decisão *f*; **≈en** <-> decidir (***über*** *ac* sobre; ***für*** por); resolver; determinar; *JUR* julgar; ***sich für et*** escolher, decidir-se por; ***sich ~ et zu tun*** decidir-se a fazer a/c; **≈end** decisivo; crucial; final; **~ung** *f* decisão *f*, resolução *f*; *JUR* sentença *f*, juízo *m*; *Sport*: momento *m* decisivo; jogo *m* decisivo

ent|'schieden [-'ʃi:dən] **1.** *p/p von* ***~scheiden***; **2.** *adj a* resoluto, firme; decidido; **≈'schiedenheit** *f* <*sem pl*> decisão *f*; firmeza *f*; **~'schlafen** <-; *sn*> falecer; **~'schleiern** [-'ʃlaɪərn] *v/t* <*-re*; -> tirar o véu a; desvelar (*a fig*)

ent'schließ|en <->: ***sich ~ zu*** decidir-se a, resolver-se a, resolver (*ac*); **≈ung** *f* resolução *f*

ent|'schlossen [-'ʃlɔsən] **1.** *p/p von* ***~schließen***; **2.** *adj* resoluto, determinado; **≈'schlossenheit** *f* <*sem pl*> determinação *f*, firmeza *f*; **~'schlüpfen** <-; *sn*> escapar; esgueirar-se; sair

Ent'schluss *m* <*-es*; *¨e*> resolução *f*; decisão *f*; determinação *f* (***fassen*** tomar); **~kraft** *f* <*-*; *sem pl*> poder *m* de decisão

ent'schuld|bar desculpável; **~en** <*-e-*; *-*> desendividar, desobrigar; **~igen** [-'ʃʊldigən] <*-*> perdoar; (***sich***) **~** desculpar(-se), escusar(-se); ***sich bei j-m*** **~** pedir desculpa a alg (***für*** por); ***nicht zu*** **~** ***sein*** não ter desculpa; **2igung** [-'ʃʊldiguŋ] *f* desculpa *f*; perdão *m*; **~!** desculpe!, perdão!; **2ung** *f* desobrigação *f*; desoneração *f*

ent'schwefeln [ɛnt'ʃveːfəln] <*-le*; *-*> dessulfurar

ent'senden <*-*> enviar, *j-n*: *a* delegar; ablegar

ent'setz|en *v/t* <*-t*; *-*>: (***sich***) **~** espantar(-se), horrorizar(-se), abismar-se (***über*** *ac* com); **2en** *n* <*-s*; *sem pl*> horror *m*, espanto *m*; **~lich** [-'zɛtsliç] horrível, terrível

ent|'seuchen [-'zɔyçən] <*-*> desinfe(c)tar; sanear; **~'sichern** *v/t* <*-re*; *-*> *MIL* engatilhar; **~'siegeln** <*-le*; *-*> abrir, desselar; **~'sinnen** <*-*>: ***sich*** **~** recordar-se (*gen* de)

ent'sorg|en eliminar resíduos; **2ung** *f* <*sem pl*> eliminação *f* de resíduos

ent'spann|en <*-*> afrouxar; *fig* (***sich***) **~** *j-d*: descansar; descontrair-se; *POL Beziehungen*: normalizar(-se); **2ung** *f* descanso *m*; descontra(c)ção *f*; *POL* normalização *f*; desanuviamento *m*

ent'sprech|en <*-*> corresponder (*dat* a); **~end** *adj* correspondente, respe(c)tivo; relativo; análogo; **2ung** *f* correspondência *f*; equivalência *f*

ent|'springen <*-*; *sn*> (*fliehen*) evadir-se (*dat*, ***aus*** de); *Fluss*: nascer; **~'stammen** <*-*; *sn*> (*dat*) provir de; *j-d*: descender de

ent'steh|en <*-*; *sn*> nascer; *fig a* resultar (***aus*** de); **2ung** [-'ʃteːuŋ] *f* nascimento *m*, formação *f*, origem *f*, génese (*ê) *f*

ent|'stellen <*-*> desfigurar; (*hässlich machen*) afear; *Text*: deturpar; **2'stellung** *f* desfiguração *f*; deturpação *f*; **~'strömen** <*-*; *sn*> (*dat*) sair de; **~'stören** <*-*> *EL* eliminar interferências *f/pl*; **2'störung** *f Radio*: antibloqueio *m*; *EL* blindagem *f*; **~'tarnen** <*-*> desmascarar; **~'täuschen** <*-*> desenganar, desiludir; desapontar; *Hoffnung*: frustrar; **2'täuschung** *f* desengano *m*; desilusão *f*; decepção *f*; desapontamento *m* (***über*** *ac* com); **~'thronen** <*-*> destron(iz)ar; **~'völkern** [-'fœlkərn] <*-re*; *-*> despovoar; **2'völkerung** [-'fœlkəruŋ] *f* despovoamento *m*; **~'waffnen** <*-e-*; *-*> desarmar; **2'waffnung** [-'vafnuŋ] *f* desarmamento *m*; **2'warnung** *MIL f* fim *m* de alerta

ent'wässer|n <*-re*; *-*> enxugar; drainar; desaguar; **2ung(sanlage)** [-'vɛsəruŋ(s-)] *f* drainagem *f*; enxugo *m*; **2ungsgraben** *m* <*-s*; *¨*> desaguadouro *m*

'ent'weder ['ɛnt- *od* ɛnt'veːdər]: **~** ***... oder*** ou ... ou; quer ... quer; seja ... ou seja

ent|'weichen *v/i* <*-*; *sn*> *j-d*: evadir-se; *a et*: escapar (***j-m*** a alg); sair (***aus*** de); **2'weichen** *n* fuga *f*, evasão *f*; escape *m*; **~'weihen** <*-*> profanar; **2'weihung** [-'vaɪuŋ] *f* profanação *f*; **~'wenden** <*-e-*; *-*> extraviar, furtar, roubar; **~'werfen** <*-*> traçar, esboçar; proje(c)tar; *fig* delinear

ent'wert|en <*-e-*; *-*> depreciar; desvalorizar; *Marken*: inutilizar; *Fahrscheine*: obliterar; **2er** *m Fahrschein*: obliterador *m*; **2ung** *f* depreciação *f*, desvalorização *f*

ent'wick|eln <*-le*; *-*> desenvolver; *FOT* revelar; *MIL* desdobrar; *Geschwindigkeit*: alcançar; ***sich*** **~** desenvolver-se; evoluir; **2ler** [-'viklər] *m FOT* revelador *m*; **2lung** [-'vikluŋ] *f* desenvolvimento *m*, evolução *f*; *MIL* desdobramento *m*; *FOT* revelação *f*; **2lungshilfe** *f* assistência *f* a países subdesenvolvidos; **2lungsland** *n* <*-es*; *¨er*> país *m* subdesenvolvido

ent|'winden <*-*>: ***j-m*** **~** arrancar a (*od* às mãos de) alg; **~'wirren** [-'virən] <*-*> desenredar; destrinçar; des(e)maranhar; **2'wirrung** [-'viruŋ] *f* desenredo *m*; destrinça *f*; *LIT* desfecho *m*; desenlace *m*; **~'wischen** <*-*> escapar-se; **~'wöhnen** [-'vøːnən] <*-*> desacostumar; desabituar; *Kind*: desmamar; ableitar; abla(c)tar; **2'wöhnung** *f Kind*: desmame *m*, abla(c)tação *f*; *von Drogen etc* desintoxicação *f* de drogas *etc*; **~'würdigen** <-> aviltar, degradar; **~d** *adj* degradante, humilhante

Ent'wurf *m* <-(*e*)*s*; ¨*e*> proje(c)to *m*; esboço *m*; (*Konzept*) rascunho *m*; minuta *f*

ent|'wurzeln <-*le*; -> desenraizar; desarraigar; **~'zaubern** <-*re*> desencantar; **~'zerren** [-'tsɛrən] *v/t* equilibrar, rectificar

ent'zieh|en <-> subtrair; *Vertrauen, Wort*: retirar; (*dat*) ***et*** **~** privar (*ac*) de a/c; ***sich*** **~** esquivar-se, subtrair-se; **≗ung** *f* subtra(c)ção *f*; privação *f*; **≗ungskur** *f* cura *f* de desintoxicação

ent|'ziffern <-*re*; -> decifrar; **≗'zifferung** [-'tsifəruŋ] *f* decifração *f*; **~'zücken** *v/t* encantar; **≗'zücken** *n* <-*s*; *sem pl*> encanto *m*; **~'zückend** *adj* encantador; **≗'zug** *m* <-(*e*)*s*; *sem pl*> subtra(c)ção *f*; privação *f*; **≗'zugserscheinungen** *f/pl* sintomas *m/pl* de desintoxicação

ent'zünd|bar [-'tsyndba:r] inflamável; **~en** <-*e*; -> inflamar; ***sich*** **~** acender-se; *a* MED inflamar-se; **≗ung** *f* inflamação *f*

ent'zwei roto, partido, quebrado; **~brechen** *v/t* (*v/i*; *sn*) romper(-se); partir(-se) em dois; **~en** [-'tsvaɪən] <->: ***sich*** **~** desavir-se; cortar (relações); **~gehen** <*sn*> partir-se; **~reißen** *v/t* (*v/i*; *sn*) rasgar(-se); **~schlagen** partir; **≗ung** [-'tsvaɪuŋ] *f* desavença *f*; desunião *f*; corte *m* de relações

'Enzian ['ɛntsia:n] *m* <-*s*; -*e*> genciana *f*

Enzyklopä|'die [ɛntsyklopɛ'di:] *f* enciclopédia *f*; **≗disch** [-'pɛ:diʃ] enciclopédico

En'zym [ɛn'tsym] *n* <-*s*; -*e*> enzima *f*

Epide|'mie [epide'mi:] *f* epidemia *f*; **≗misch** [-'de:miʃ] epidémico (*ê)

Epi'gramm [epi'gram] *n* <-*s*; -*e*> epigrama *m*

'Epik ['e:pik] *f* <*sem pl*> (poesia *f*) épica *f*; **~er** *m* (poeta *m*) épico *m*

Epile'psie [epilə'psi:] *f* <*sem pl*> epilepsia *f*

Epi'lept|iker(in *f*) [epi'lɛptikər] *m*, **≗isch** epiléptico *m*, -a *f*

Epi'log [epi'lo:k] *m* <-*s*; -*e*> epílogo *m*

'episch ['e:piʃ] épico

Epi'sode [epi'zo:də] *f* episódio *m*

E'pistel [e'pistəl] *f* <-; -*n*> REL epístola *f*

E'poche [e'pɔxə] *f* época *f*; **~ *machen*** marcar uma época

'Epos ['e:pɔs] *n* <-; *Epen*> epopeia (*é) *f*, poema *m* épico

'Equalizer ['i:kwəlaɪzə] *m* equalizador *m*

er [e:r] ele

er'achten [ɛr-] <-*e*-; -> **1.** *v/t* julgar, considerar; **2.** **≗** *n*: ***meines*** **~s** ao meu parecer, a meu ver, a meu entender

er'arbeiten <-*e*-; ->: ***sich*** **~** alcançar (*od* conseguir) pelo seu trabalho

'Erb|anlage ['ɛrp-] *f* predisposição *f* hereditária; **~anspruch** *m* <-(*e*)*s*; ¨*e*> pretensão *f* à herança (POL ao trono); **~anteil** *m* <-(*e*)*s*; -*e*> parte *f* da herança

er'barmen [ɛr'barmən] **1.** <->: ***sich j-s*** **~** compadecer-se de alg; **2.** **≗** *n* compaixão *f*; misericórdia *f*; ***zum*** **~** = **~swert**, **~swürdig** lastimável; **~ *sein*** ser uma desgraça, ser uma miséria

er'bärmlich [ɛr'bɛrmliç] deplorável; (*armselig*) mesquinho

er'barmungslos [ɛr'barmuŋslo:s] despiedado; *adv* sem piedade, sem remissão

er'bau|en [ɛr-] <-> construir, levantar, erguer, *a fig* (***sich***) **~** edificar(-se) (***an*** *dat* com); **≗er** *m* construtor *m*, arquite(c)to *m*; **~lich** edificante; **≗ung** *f* construção *f*; *a fig* edificação *f*

'erb|bedingt hereditário; **≗begräbnis** *n* <-*ses*; -*se*> jazigo *m* de família; **~berechtigt** legítimo; com direitos legítimos à sucessão; **~ *sein*** suceder na herança, ter direitos legítimos à sucessão

'Erbe ['ɛrbə] **a)** *m* <-*n*> herdeiro *m*; **b)** *n* <-*s*; *sem pl*> herança *f*; *kulturelles*: património *m*

er'beben <-> tremer; *j-d*: *a* estremecer

'erben ['ɛrbən] *v/t* herdar

er'betteln <-*le*; -> pedinchar; mendigar

er'beuten [ɛr'bɔytən] <-*e*-; -> capturar, apreender; ganhar

'Erb|fall *m* <-(*e*)*s*; ¨*e*> sucessão *f*;

~fehler *m* defeito *m* hereditário; **~feind** *m* <-(*e*)*s*; -*e*> inimigo *m* hereditário; **~folge** *f* sucessão *f*; **~gut** *n* <-(*e*)*s*; *sem pl*> património (*ô) *m*
er'bieten <->: ***sich ~ zu*** oferecer-se para
'Erbin ['ɛrbin] *f* herdeira *f*
er'bitten <->: (***sich*** *dat*) ***et ~*** solicitar a/c
er'bitter|n <-*re*; ->> irritar, exasperar; azedar; **~t** *adj* encarniçado; assanhado; **≈ung** *f* irritação *f*, exasperação *f*; (*Wut*) sanha *f*
'Erbkrankheit ['ɛrp-] *f* doença *f* hereditária
er'blassen [ɛr'blasən] <-*t*; -; *sn*> empalidecer
'Erblasser(in *f*) ['ɛrplasər] *m* testador(a *f*) *m*
er'bleichen <-; *sn*> empalidecer
'erblich ['ɛrpliç] hereditário; ***~ belastet sein*** ter uma tara hereditária; **≈keit** *f* <*sem pl*> hereditariedade *f*
er|'blicken <-> avistar, ver; ***das Licht der Welt ~*** vir à luz; **~'blinden** [-'blindən] <-*e*-; -; *sn*> cegar; **≈'blindung** [-'blinduŋ] *f* perda *f* da vista; cegueira *f*; **~'blühen** <-> abrir-se, desabrochar, florescer
'Erbmasse ['ɛrp-] *f* herança *f*; MED carga *f* hereditária, hereditariedade *f*
er'bosen [ɛr'bo:zən] <-*t*; ->> irritar(-se); zangar(-se)
'Erb|pacht *f* <*sem pl*> enfiteuse *f*; *bras* aforamento *m*; **~prinz** *m* <-*en*> príncipe *m* herdeiro
er'brechen 1. *v/t* <-> (*öffnen*) arrombar; ***sich ~*** MED vomitar; **2. ≈** *n* MED vómito(s *pl*) *m* (*ô)
'Erbrecht *n* <-(*e*)*s*; *sem pl*> direito *m* hereditário (*od* de sucessão)
er'bringen <-> *Beweise*: apresentar, alegar
'Erbschaft ['ɛrp-] *f* herança *f*; sucessão *f*; **~ssteuer** *f* <-; -*n*> imposto *m* de transmissão
'Erbschleicher *m* captador *m*; *bras* aproveitador *m*; **~'ei** [-'raɪ] *f* captação *f*
'Erbse ['ɛrpsə] *f* ervilha *f*; (*Kicher≈*) grão-de-bico *m*
'Erb|stück *n* <-(*e*)*s*; -*e*> peça *f* herdada; **~sünde** *f* <*sem pl*> pecado *m* original; **~teil** *n* <-(*e*)*s*; -*e*> herança *f*, legado *m*; quinhão *m*; **~teilung** *f* partilha *f*; **~vertrag** *m* <-(*e*)*s*; ¨*e*> pacto *m* de sucessão
'Erd|achse ['e:rt-] *f* <*sem pl*> eixo *m* da Terra; **~anschluss** *m* <-*es*; ¨*e*> *Radio*: ligação *f* à terra; **~arbeiten** *f/pl* obras *f/pl* de aterro; **~bahn** *f* <*sem pl*> órbita *f* da Terra; **~ball** *m* <-(*e*)*s*; *sem pl*> globo *m* terrestre; **~beben** *n* terramoto (*bras* terremoto) *m*; tremor (*od* abalo) *m* de terra; sismo *m*; **~bebenmesser** *m* sismógrafo *m*; **~beere** *f* morango *m*; **~boden** *m* <-*s*; *sem pl*> solo *m*, terra *f*; ***dem ~ gleichmachen*** arrasar
'Erde ['e:rdə] *f* terra *f*; (*Boden*) solo *m*, chão *m*; ***zu ebener ~*** no rés-do-chão; (*Welt*) (***auf ~n*** na) Terra *f*; EL (tomada *f* de) terra *f*; **≈n** <-*e*-> EL, *Radio*: ligar à terra
er'denk|en <-> imaginar; **~lich** imaginável
'Erd|gas *n* <-*es*; *sem pl*> gás *m* natural; **~gasleitung** *f* canalização *f* de gás; **~geist** *m* <-(*e*)*s*; -*er*> génio (*ê) *m* da terra; (*Zwerg*) gnomo *m*; **~geschoss** ARQUIT *n* <-*es*; -*e*> rés-do-chão *m*; piso *m* térreo; *bras* térreo *m*; **~halbkugel** *f* <-; -*n*> **~hälfte** *f* hemisfério *m*
er'dicht|en <-*e*-; ->> imaginar, fingir, inventar; **~et** *adj a* fictício
'erdig ['e:rdiç] terroso
'Erd|innere *n* <-*n*; *sem pl*> interior *m* da Terra; **~kabel** *n* cabo *m* subterrâneo; **~karte** *f* mapa *m* (mundi); planisfério *m*; **~kugel** *f* <-; *sem pl*> globo *m* (terrestre); **~kunde** *f* <*sem pl*> geografia *f*; **~leitung** *f* fio *m* de terra; **~nuss** *f* <-; ¨*e*> amendoim *m*; **~oberfläche** *f* <*sem pl*> superfície *f* da Terra; **~öl** *n* <-(*e*)*s*; *sem pl*> petróleo *m*
er'dolchen [ɛr'dɔlçən] <-> apunhalar
'Erdöl|gesellschaft *f* companhia *f* petrolífera; **~leitung** *f* oleoduto *m*; **~produkt** *n* <-(*e*)*s*; -*e*> produto *m* petrolífero; **~vorkommen** *n* jazigo(s *pl*) *m* petrolífero(s)
'Erdreich *n* <-(*e*)*s*; *sem pl*> terra *f*; subsolo *m*
er'dreisten [ɛr'draɪstən] <-*e*-; ->: ***sich ~ zu*** atrever-se a
'Erdrinde *f* <*sem pl*> crosta *f* da Terra

er|'dröhnen <-> retumbar; **~'drosseln** <-le; -> estrangular; **~'drücken** <-> esmagar; **~'drückend** *adj* esmagador, *Beweis*: concludente

'Erd|rutsch *m* <-(e)s; -e> desabamento *m* de terra; **~schicht** *f* camada *f*; **~scholle** *f* leiva *f*; **~stoß** *m* <-es; ¨e> abalo *m*, desabamento *m* de terra; **~teil** *m* <-(e)s; -e> continente *m*

er'dulden <-e-; -> sofrer, passar, padecer

'Erd|umfang *m* <-(e)s; *sem pl*> circunferência *f* da Terra; **~ung** ['-duŋ] *f* ligação *f* à terra; **~wall** *m* <-(e)s; ¨e> aterro *m*; trincheira *f*; **~zeitalter** *n* <-s; -> época *f* geológica

er'eifern <-re; ->: ***sich ~*** entusiasmar-se; exaltar-se

er'eig|nen <-e-; ->: ***sich ~*** suceder, acontecer; dar-se; **≈nis** *n* <-ses; -se> acontecimento *m*; **~nisreich** cheio de acontecimentos, movimentado

Ere'mit [ere'mi:t] *m* <-en> eremita *m*; ermitão *m*

er'fahr|en **1.** *v/t* <-> (chegar a) saber; *Leid*: sofrer; **2.** *adj* versado; experto; experimentado; **≈ung** *f* experiência *f* (***aus*** por); ***in ~ bringen*** saber; averiguar; **≈ungs...**: *in Zssg(n)* empírico; **~ungsgemäß** como a experiência ensina; por experiência

er|'fassbar apreensível; **~'fassen** <-t; -> agarrar; atingir; *Daten*: (re)colher; *fig* compreender, abranger, alcançar; **≈'fassung** *f* <*sem pl*> compreensão *f*; recolha *f*; registo *m* (*a* INFORM)

er'find|en <-> inventar; **≈er** *m* inventor *m*; **~erisch** engenhoso; **≈ung** *f* invenção *f*; **≈ungsgabe** *f* <*sem pl*> génio (*ê) *m* inventivo; engenho *m*; **~ungsreich** engenhoso

er'flehen <-> implorar

Er'folg [ɛr'fɔlk] *m* <-(e)s; -e> êxito *m*; resultado *m*; ***~ haben*** *a* ter sorte; ***~ versprechend*** prometedor; **≈en** [-gən] <-; *sn*> resultar, suceder; ter lugar; efe(c)tuar-se (*a* MIL), realizar-se; **≈los** ineficaz, infrutífero; frustrado, sem resultado; **≈reich** eficaz; coroado de êxito; *j-d*: feliz; ***~ sein*** *a* ter sorte; ser bem sucedido; *adv* com êxito; **~serlebnis** *n* sucesso *m*

er'forderlich [ɛr'fɔrdərliç] preciso, necessário; **~enfalls** se for preciso, em caso de necessidade

er'forder|n <-re; -> requerer, exigir; **≈nis** *n* <-ses; -se> necessidade *f*; exigência *f*

er'forsch|en <-> investigar, estudar; *genau*: perscrutar; *Land*: explorar; ***j-s Absichten ~*** sondar alg; **≈er** *m* explorador *m*; investigador *m*; **≈ung** *f* exploração *f*; investigação *f*; estudo *m*; sondagem *f*

er'fragen <->: ***et bei j-m ~*** perguntar a/c a alg

er'freu|en <-> alegrar, regozijar (***an*** *dat* com); ***sich ~*** (*gen*) *a* gozar de; **~lich** [-'frɔyliç] agradável, satisfatório; **~licher'weise** felizmente; **~t** [-'frɔyt] contente, satisfeito (***über*** *ac* com); ***sehr ~, Sie kennen zu lernen*** muito prazer em conhecê-lo (*m*), -la (*f*)

er'frier|en <-; *sn*> gelar, morrer de frio; **≈ung** *f* congelação *f*; MED ulceração *f* provocada pelo frio

er'frisch|en <-> refrescar (*a refl*); **~end** *adj* refrescante; **≈ung** *f* refresco *m*; **≈ungsgetränk** *n* <-s; -e> refrigerante *m*; *bras* refresco *m*; **≈ungsraum** *m* <-(e)s; ¨e> café *m*, cantina *f*

er'füll|en <-> cumprir; desempenhar; *Zweck*: *a* satisfazer; ***sich ~, erfüllt werden*** realizar-se, cumprir-se; **≈ung** *f* cumprimento *m*; realização *f*; ***in ~ gehen*** realizar-se, cumprir-se; **≈ungsort** *m* <-(e)s; -e> lugar *m* de pagamento

er'gänz|en [ɛr'gɛntsən] <-t; -> completar, acrescentar; **~end** *adj*: complementar, suplementar; **≈ung** *f* complemento *m*, suplemento *m*

er|'gattern [ɛr'gatərn] F <-re; -> apanhar; abichar; *bras* abocanhar; **~'gaunern** [-'gaʊnərn] F <-re; -> surripiar

er'geb|en **1.** *v/t* <-> *Summe etc*: dar (MAT como resultado); *Nutzen*: render, produzir; ***sich ~*** *Folge*: resultar (***aus*** *dat* de); MIL render-se, capitular; (*widmen*) dedicar-se; *e-m Laster*: dar-se a, entregar-se a; abandonar-se a; (*sich fügen*) resignar-se (***in*** *ac* com); **2.** *p/p von* **1.**; **3.** *adj* dedicado; *Brief*: atencioso e obrigado (***Ihr*** de vossa Excelência, *Abk* de V.E.ato e obg.do); **≈enheit** *f* afe(c)to *m*, devoção *f*, dedicação *f*; **≈nis** *n* <*-ses*; *-se*> resultado *m*; **~nislos** sem resultado, infrutífero; **≈ung** *f* <*sem pl*> (*dat*) submissão *f* (a), resignação *f* (com); MIL rendição *f*, capitulação *f*

er'gehen *v/i* <-; *sn*> (*offiziell erlassen*) publicar-se; ***Gnade vor Recht ~ lassen*** usar indulgência; ***über sich ~ lassen*** sofrer; aguentar, suportar; *j-m* (*unpers*): estar, passar; ***sich ~*** passear; ***sich*** *in Worten etc* **~** fazer (*ac*); ***wie ist es Ihnen ergangen?*** como tem passado?

er'giebig [ɛr'gi:biç] abundante; produtivo; rendoso, lucrativo; **≈keit** *f* <*sem pl*> rendimento *m*; produtividade *f*

er|'gießen <->: (***sich***) **~** derramar(-se); ***sich ~*** (*münden*) desembocar, desaguar; **~'glühen** <-; *sn*> abrasar; *fig* exaltar-se, entusiasmar-se, apaixonar-se; (*erröten*) corar

Ergonomie [ɛrgono'mi:] *f* ergonomia *f*

er'götz|en [-'gœtsən] <*-t*; -> (*a refl*) deleitar (***an*** *dat* com); **≈en** *n* deleite *m*; **~lich** divertido, engraçado

er'grauen <-; *sn*> encanecer, ficar grisalho; *j-d*: *a* envelhecer

er'greifen *v/t* <-> apanhar, agarrar; *bras* agaturrar; *Schwert*: pegar em; (*festnehmen*) prender; capturar; *Beruf*: escolher; *Gelegenheit*: aproveitar; *Partei*: seguir; *Wort*: tomar, usar de; *Gemüt*: comover; ***die Flucht ~*** pôr-se em fuga, fugir; **~d** *adj* comovedor, emocionante

Er|'griffenheit [-'grifənhaıt] *f* <*sem pl*> comoção *f*, emoção *f*; **≈'gründen** <*-e-*; -> saber; indagar; sondar; penetrar; **~'guss** *m* <*-es*; *¨e*> derramamento *m*; derrame *m*; MED (*Blut≈*) hemorragia *f*; (*Gefühls≈*) efusão *f*; (*Herzens≈*) desabafo *m*; ***lyrischer ~*** lirismo *m*

er'haben elevado; alto; *fig a* sublime; augusto; TÉCN saliente; em relevo; ***~ über*** (*ac*) superior a; acima de; **≈heit** *f* <*sem pl*> elevação *f*; (*Würde*) grandeza *f*; sublimidade *f*

Er'halt ECON *m* <*-(e)s*; *sem pl*>: ***bei ~*** ao receber; **≈en** <-> (*bekommen*) receber; (*erlangen*) obter, conseguir; (*bewahren*) conservar; guardar; manter; (*ernähren*) suster; ***dankend ~*** ECON recebi

er|'hältlich [-'hɛltliç]: ***~ sein*** estar à venda; vender-se; **≈'haltung** *f* <*sem pl*> conservação *f*; manutenção *f*; sustento *m*; **~'hängen** <->: (***sich***) **~** enforcar(-se); **~'härten** <*-e-*; -> **1.** *v/i* endurecer; *fig u* **2.** *v/t* corroborar, provar(-se), justificar(-se); **~'haschen** <-> apanhar

er'heb|en <-> levantar; alçar; *meist fig* elevar (*a* MAT); *Geld*: recolher; *Steuern*: impor; arrecadar; *Anspruch*: reclamar; exigir (***auf*** *ac*); *Klage*: instaurar; ***sich ~*** levantar-se; (*sich empören*) *a* sublevar-se; *über andere*: elevar-se; destacar-se; *Schwierigkeiten*: surgir; **~end** *adj* sublime; **~lich** considerável; grave; sério; **≈ung** *f* saliência *f*; *a fig* elevação *f*; sublevação *f*; levantamento *m*; (*Untersuchung*) investigação *f*; *Steuern*: imposição *f*

er|'heitern [ɛr'haıtərn] <*-re*; -> divertir; **≈'heiterung** *f* distra(c)ção *f*; entretenimento *m*; **~'hellen** [-'hɛlən] *v/t* <-> aclarar, iluminar; **~'hitzen** [-'hitsən] <*-t*; -> aquecer; ***sich ~*** *fig* exaltar-se; **~'hoffen** <-> esperar por; contar com; **~'höhen** [-'hø:ən] <-> levantar; (*steigern*) elevar, aumentar (***um*** por); **≈'höhung** [-'hø:uŋ] *f* elevação *f*, GEOGR *a* montículo *m*; ECON aumento *m*; **≈'höhungszeichen** *n* sustenido *m*; **~'holen** <->: ***sich ~*** restabelecer-se; descansar

Er'holung [ɛr'ho:luŋ] *f* repouso *m*; recreio *m*; descanso *m*

er'holungs|bedürftig cansado; **≈gebiet** *n* <*-(e)s*; *-e*> região *f* de descanso; **≈heim** *n* <*-(e)s*; *-e*> casa *f* de repouso; **≈pause** *f* intervalo *m* para descanso; **≈urlaub** *m* <*-s*; *-e*> férias *f/pl* de repouso (*od* descanso)

'Erika ['e:rika] *f* <-; *-s a -ken*> BOT urze *f*, mongariça *f*

er'inner|lich [ɛr'-]: ***et ist mir ~*** recordo (-me de) a/c; **~n** <*-re*; ->: ***an*** (*ac*) **~** recordar, lembrar (***j-n*** a alg); ***sich an*** (*ac*) **~** lembrar-se de, recordar-se de; **≈ung** *f* recordação *f*, lembrança *f*, (*Gedächtnis*) memória *f*;

(*Mahnung*) advertência *f*; ***zur ~ an** ac* em memória de; **♀ungsvermögen** *n* <*-s; sem pl*> memória *f*

er|'kalten [-'kaltən] <*-e-; -; sn*> arrefecer; esfriar, *fig a* afrouxar; **~'kälten** [-'kɛltən] <*-e-; -*>: ***sich ~*** constipar-se; *bras* pegar um resfriado; **♀'kältung** [-'kɛltuŋ] *f* resfriamento *m*; constipação *f*; *bras* resfriado *m*; **~'kämpfen** <->: ***sich*** (*dat*) **~** lutar por; **~'kannt** [-'kant] *p/p von* ***erkennen***; **~'kaufen** <-> comprar, adquirir; ganhar

er'kenn|bar [ɛr'-]: **~ *sein*** distinguir-se, conhecer-se (***an*** *dat* por); **~en** <-> (re)conhecer (***an*** *dat* por); MED diagnosticar; JUR sentenciar; ***gegen j-n ~ auf*** (*ac*) condenar alg a; ***~ lassen, zu ~ geben*** dar a perceber; ***sich zu ~ geben*** dar-se a reconhecer

er'kennt|lich: → ***erkennbar***; *fig* reconhecido; **♀lichkeit** *f* reconhecimento *m*; **♀nis a)** *f* <*-; -se*> inteligência *f*; conhecimento *m*; intuição *f*; cognição *f*; ***zur ~*** (*gen*) ***kommen*** reconhecer (*ac*); **b)** *n* <*-ses; -se*> *österr* JUR sentença *f*; **♀nisvermögen** *n* <*-s; sem pl*> inteligência *f*

Er'kennung [ɛr'kɛnuŋ] *f* reconhecimento *m*; **~sdienst** *m* <*-(e)s; sem pl*> serviço *m* de identificação; **~smarke** *f* chapa *f* de identidade; **~szeichen** *n* (sinal *m*) distintivo *m*

'Erker ['ɛrkər] *m* sacada *f* (de janela)

er'klär|bar [ɛr'klɛːr-] explicável; ***~ sein*** explicar-se; **~en** <-> explicar; interpretar; (*sagen*) declarar (*a Krieg*); ***~ für*** qualificar de; ***sich für besiegt*** *etc* **~** dar-se por ...; **~end** *adj* explicativo; **~lich** → **~bar**; **♀ung** *f*: (***eine***) **~** (***abgeben*** dar uma) explicação *f*; (fazer uma) declaração *f*; (*Deutung*) interpretação *f*; (*Erläuterung*) comentário *m*

er|'klecklich F [ɛr'klɛkliç] considerável; **~'klettern** <*-re; -*>, **~'klimmen** *v/t* <-> galgar, trepar a, subir a; **~'klingen** <*-; sn*> (res)soar; fazer-se ouvir; **~'kranken** <*-; sn*> adoecer (***an*** *dat* de, com); **♀'krankung** [-'kraŋkuŋ] *f* doença *f* (súbita); **~'kühnen** [-'kyːnən] <->: ***sich ~ zu*** atrever-se a, ousar (*inf*)

er'kund|en [ɛr'kundən] <*-e-; -*> reconhecer, sondar; **~igen** [-igən] <->: ***sich ~*** informar-se (***nach*** de; ***über*** *ac* sobre); **♀igung** [-iguŋ] *f* informação *f* (***einziehen*** colher); **♀ung(s...** *in Zssgn*: de) *f* reconhecimento *m*; prospecção *f*

er|'lahmen <*-; sn*> enfraquecer, afrouxar; tolher-se; **~'langen** <-> obter; conseguir

Er'lass [ɛr'las] *m* <*-es; ¨e*> (*Regierungs♀*) decreto *m*; edital *m*; (*Ministerial♀*) portaria *f*; despacho *m*; *e-s Gesetzes*: promulgação *f*; (*Rund♀*) circular *f*; *Steuer, Dienst*: isenção *f*; *Strafe*: dispensa *f*; *Schuld*: diminuição *f*

er'lassen *v/t* <-> dispensar de, isentar de; *Strafe a*: perdoar; ***j-m et ~*** dispensar alg de a/c; *Befehl*: dar; *Gesetz*: promulgar; decretar

er'laub|en [-'laubən] <-> permitir, dar licença; **♀nis** [-'laupnis] *f* <*sem pl*> licença *f*; autorização *f*; **~t** [-'laupt] *adj* lícito; permitido

er'läuter|n [ɛr'lɔytərn] <*-re; -*> esclarecer, explicar, comentar; **♀ung** *f* esclarecimento *m*, explicação *f*, comentário *m*

'Erle ['ɛrlə] *f* amieiro *m*; (*Schwarz♀*) choupo *m*

er'leb|en <-> viver (*a* FIL); presenciar; assistir a; (*erfahren*) experimentar, sofrer; *bras* vivenciar; ***noch et ~ können*** ir ter ainda surpresas; **♀nis** [-'leːpnis] *n* <*-ses; -se*> aventura *f*; experiência *f*; *inneres*, FIL emoção *f* (*gen* causada por), vivência *f*

er'ledig|en [ɛr'leːdigən] <-> despachar; *Auftrag*: executar; **~t** [-çt] (*fertig*) pronto; F (*müde*) moído; estafado; exausto; **♀ung** *f* despacho *m*; execução *f*

er'legen <-> *Wild*: abater

er'leichter|n [ɛr'laiçtərn] <*-re; -*> aliviar (*a* MED); alijar; *fig a* facilitar; **♀ung** *f* alívio *m*; facilitação *f*; *pl* facilidades *f/pl*

er|'leiden <-> sofrer, padecer; **~'lernen** <-> aprender; **~'lesen** *adj* sele(c)to

er'leucht|en <*-e-; -*> iluminar, *fig a* inspirar; **♀ung** *f* iluminação *f*; *fig* inspiração *f*; revelação *f*

er'liegen <-> sucumbir

er'logen [ɛr'loːgən] falso, mentiroso

Er'lös [-'løːs] *m* <*-es; -e*> produto *m*; rendimento *m*; lucro *m*

er'löschen <-; *sn*> apagar-se; *a fig*: extinguir-se; *Vollmacht etc*: caducar
er'lös|en <-*t*; -> salvar; REL *a* redimir; (*befreien*) libertar; **≈er** *m* REL Redentor *m*, Salvador *m*; **≈ung** *f* redenção *f*, salvação *f*
er'mächtig|en [ɛr'mɛçtigən] <-> autorizar; **≈ung** *f* autorização *f*; procuração *f*
er'mahn|en <-> advertir; ***~ zu et*** exortar a (fazer) a/c; **≈ung** *f* advertência *f*; exortação *f*
er'mangel|n <-*le*; -> (*gen*) carecer de; **≈ung** *f*: ***in ~*** (*gen*) por falta (*od* carência) *f* de
er'mäßig|en <-> reduzir; **≈ung** *f* redução *f*, desconto *m*
er'matt|en [ɛr'matən] <*v/t* (*h*); *v/i* (*sn*); -*e*-; -> cansar; esmorecer; **≈ung** *f* <*sem pl*> cansaço *m*, extenuação *f*, fadiga *f*
er'messen 1. *v/t* <-> julgar, avaliar; (*erwägen*) considerar; **2. ≈** *n* discrição *f*, parecer *m*; ***nach freiem ~*** à discrição
er'mitt|eln [ɛr'mitəln] <-*le*; -> averiguar, verificar; (*nachforschen*) indagar; **≈lung** *f* averiguação *f*, pesquisa *f* (***anstellen*** fazer); indagação *f*, apuramento *m*; **≈lungsverfahren** *n* JUR instrução *f* criminal
er'möglichen [ɛr'mø:kliçən] <-> facilitar, possibilitar; proporcionar
er'mord|en [ɛr'mɔrdən] <-*e*-; -> assassinar; **≈ung** *f* assassínio *m*
er'müd|en [ɛr'my:dən] <*v/t* (*h*); *v/i* (*sn*); -*e*-; -> cansar; fatigar(-se); **~end** *adj* fatigante, cansativo; **≈ung** *f* cansaço *m*, fadiga *f* (*a* TÉCN)
er'munter|n <-*re*; -> animar; estimular; **≈ung** *f* animação *f*; estímulo *m*
er'mutig|en [ɛr'mu:tigən] <-> instigar, encorajar; **~end** *adj* animador; **≈ung** *f* instigação *f*, estímulo *m*
er'nähr|en <-> alimentar; (*erhalten*) sustentar, suster; **≈er** *m* quem sustenta; **≈ung** *f* alimentação *f*, nutrição *f*; sustento *m*; **≈ungsweise** *f* modo *m* de alimentação
er'nenn|en <->: **~** (***zu***) nomear (*ac*); **≈ung** *f* nomeação *f*
er'neu|ern [ɛr'nɔyə(r)n] <-*re*; -> renovar; *Wunsch etc*: reiterar; **≈erung** *f* renovação *f*; reiteração *f*; **~t 1.** *adj* repetido; **2.** *adv* de novo

er'niedrig|en [ɛr'ni:drigən] <-> rebaixar; *fig a* humilhar, degradar; **≈ung** *f* baixa *f*, redução *f*, abate *m*; *fig* humilhação *f*, degradação *f*; **≈ungszeichen** *n* MÚS bemol *m*
Ernst [ɛrnst] **1.** *m* <-*es*; *sem pl*> seriedade *f*; (*Schwere*) gravidade *f*; ***im ~*** a sério; ***das ist mein ~*** falo sério; ***allen ~es*** seriamente; ***~ machen mit*** começar a sério; **2.** '**≈(haft)**, '**≈lich** sério; grave; *adv a* deveras; ***et ~ nehmen*** levar a/c a sério; '**~fall** *m* <-(*e*)*s*; ⸚*e*>: ***im ~*** em caso de emergência (*od* necessidade)
'**Ernte** ['ɛrntə] *f* colheita *f*; *Getreide*: ceifa *f*; **~arbeiter** *m* ceifeiro *m*; **~dankfest** *n* festa *f* da colheita; **≈n** <-*e*-> fazer a colheita, (*fig a* re)colher; *Getreide*: ceifar; **~zeit** *f* ceifa *f*
er'nüchter|n <-*re*; -> tornar sóbrio; moderar; entibiar; *fig a* desiludir; **≈ung** *f* moderação *f*; desengano *m*; desilusão *f*
Er'ober|er [ɛr'o:bərər] *m* conquistador *m*; **≈n** <-*re*; -> conquistar; *Stadt*: tomar; **~ung** *f* conquista *f*; tomada *f*
er'öffn|en <-*e*-; -> abrir; *feierlich*: inaugurar; *Feindseligkeiten*: romper; (*beginnen*) iniciar; (*mitteilen*) fazer saber, notificar, participar; **≈ung** *f* abertura *f*; inauguração *f*; (*Beginn*) início *m*; (*Mitteilung*) participação *f*
er'örter|n [ɛr'œrtərn] <-*re*; -> discutir; **≈ung** *f* discussão *f*
Erosi'on [erozi'o:n] *f* erosão *f*
E'rot|ik [e'ro:tik] *f* <*sem pl*> erotismo *m*; **≈isch** erótico
'**Erpel** ['ɛrpəl] *m* pato *m* macho
er'picht [ɛr'piçt]: ***auf et*** (*ac*) ***~ sein*** estar ansioso por a/c
er'press|en <-*t*; -> extorquir; fazer chantagem (a); **≈er** *m* chantagista *m*; extorsionário *m*; **≈ung** *f* extorsão *f*; chantagem *f*; **≈ungsversuch** *m* <-(*e*)*s*; -*e*> tentativa *f* de chantagem
er'proben <-> provar, experimentar
er'quick|en [ɛr'kvikən] <-> refrescar, (*stärken*) recrear; **~end** *adj* refrescante; **~lich** recreativo; *fig* agradável; **≈ung** *f* refresco *m*, alívio *m*, recreio *m*; *poét* refrigério *m*
er|'raten <-> adivinhar, acertar; ***es ~*** F dar no vinte; **~'rechnen** <-*e*-; -> calcular

er'regbar [ɛr're:k-] excitável, irritável; susceptível; **≈keit** *f* <*sem pl*> irritabilidade *f*; susceptibilidade *f*
er'reg|en <-> excitar, *Gemüt a*: comover; (*reizen*) irritar; *Volk*: agitar; (*verursachen*) suscitar, causar; *Streit*: provocar; *QUÍM u MED* produzir; **≈er** *m* bacilo *m*; agente *m* provocador (*od* patológico); micróbio *m* patogénico (*ê); **≈ung** *f* excitação *f*, agitação *f*; alvoroço *m*
er'reich|bar [ɛr'raıç-] acessível, *a* realizável; ***j-m* ~** ao alcance de alg; **~en** *v/t* <-> alcançar, apanhar; *fig a* conseguir; *Ort*: *a* chegar a
er'rett|en <*-e-*; -> salvar; **≈ung** *f* <*sem pl*> salvação *f*
er'richt|en <*-e-*; -> erguer, levantar, construir; (*gründen*) fundar, estabelecer, instituir; **≈ung** *f* levantamento *m*, construção *f*, *ARQUIT a* elevação *f*, implantação *f*; (*Gründung*) estabelecimento *m*, instituição *f*
er|'ringen <-> ganhar, conquistar; **~'röten** *v/i* <*-e-*; -; *sn*> corar; **≈'röten** *n* rubor *m*; **≈'rungenschaft** [-'ruŋən-] *f* aquisição *f*; *fig* progresso *m*; realização *f*
Er'satz *m* <*-es*; *sem pl*> substituto *m*; substituição *f*; (*Schaden≈*) inde(m)nização *f*; *der Kosten*: compensação *f*; *MED* prótese *f*; ***~ leisten*** compensar, inde(m)nizar
Er'satz|anspruch *m* <*-(e)s*; *⸗e*> direito *m* a inde(m)nização; **~befriedigung** *f* satisfação *f* compensatória; **~dienst** *m* <*-(e)s*; *-e*> serviço *m* cívico; **~pflicht** *f* responsabilidade *f*; **~rad** *n* <*-(e)s*; *⸗er*> (**~reifen** *m*) roda *f* (pneu *m*) de reserva (*od* sobresselente); **~spieler** *m* suplente *m*; **~stoff** *m* <*-(e)s*; *-e*> substituto *m*; **~teil** *n* <*-(e)s*; *-e*> peça *f* sobresselente
er|'saufen F <-> afogar-se; **~'säufen** [-'zɔyfən] F <-> afogar; **~'schaffen** <-> criar; **≈'schaffung** *f* <*sem pl*> criação *f*; **~'schallen** <-; *sn*> (res)soar; *Glocken*: repicar; *Gelächter*: romper
er'schein|en *v/i* <-; *sn*> aparecer, *Buch*: *a* publicar-se, sair; (*kommen*) vir, apresentar-se; *offiziell*: comparecer; (*scheinen*) parecer; ***~ lassen*** publicar; **≈en** *n* aparecimento *m*, publicação *f*; *j-s*: presença *f*; comparecimento *m*; **≈ung** *f* aparição *f*; fenómeno (*ô) *m*; visão *f*; *MED* sintoma *m*; (*Auftreten*) manifestação *f*, aparecimento *m*; (*Aussehen*) aspecto *m*; *j-s*: presença *f*; comparecimento *m*; **≈ungsform** *f* manifestação *f*
er'schieß|en <-> fuzilar; matar com um tiro; ***sich ~*** matar-se com um tiro; **≈ung** *f* fuzilamento *m*
er'schlaffen <-; *sn*> afrouxar; *fig a* relaxar-se
er'schlagen <-> abater; assassinar; *Blitz*: fulminar
er'schleich|en <-> captar; **≈ung** *f* captação *f*
er'schließ|en <-> abrir; *Baugelände*: urbanizar; *fig* deduzir (***aus*** de); **≈ung** *f* exploração *f*; urbanização *f*; **≈ungskosten** *f/pl* custos *m/pl* de exploração
er'schöpf|en <-> esgotar; **~end** *adj* extenuante; (*vollkommen*) completo; *adv a* a fundo; **≈ung** *f* esgotamento *m*
er'schrecken **1.** *v/t* <-> assustar, meter medo a; espantar; espavore(ce)r; **2.** *v/i* <-; *sn*> assustar-se, ter medo (***vor*** *dat* de); atemorizar-se; **~d** *adj* assustador
er'schütter|n [ɛr'ʃytərn] <*-re*; -> abalar, sacudir; *fig a* comover; **~nd** *adj* abalador, comovente; **≈ung** *f* abalo *m*; *fig* comoção *f*
er'schwer|en [-'ʃve:rən] <-> dificultar; (*verschlimmern*) agravar; **~end** *adj* agravante; **≈nis** *f* <-; *-se*> complicação *f*
er'schwindeln <*-le*; ->: ***sich ~*** captar, conseguir por intrujices; *bras* conseguir por meio de trapaças, fazer jogo sujo
er'schwinglich acessível; ***~ sein*** vender-se a um preço razoável
er'sehen <-> deduzir, concluir (***aus*** de)
er'sehnen <-> ansiar
er'setz|bar [ɛr'zɛts-] reparável; substituível; ***~ sein*** ser substituível; **~en** <*-t*; -> substituir; suprir; *Verlust*: reparar, restituir; restabelecer; ***j-m e-n Schaden ~*** inde(m)nizar alg; ***j-m seine Kosten ~*** reembolsar alg
er|'sichtlich evidente, manifesto; ***~ sein*** *a* depreender-se (***aus*** de); **~'sinnen** <-> idear; engenhar; in-

ventar; **~'spähen** <-> espiar; avistar; lobrigar
er'spar|en <-> economizar; *a fig* poupar; **~nis** *f* <-; *-se*> poupança *f*; economia(s *pl*) *f*
erst [eːrst] primeiro; (*einstweilen*) por agora, por enquanto; **~** *morgen etc* só, somente; não ... senão; ***eben* ~, *jetzt* ~** só agora, agora mesmo; **~ *recht*** com maior razão; **~ *recht nicht*** muito menos ainda; ***nun* ~ *recht nicht!*** menos do que nunca!
er'starken [ɛr'ʃtarkən] <-; *sn*> robustecer; ganhar forças
er'starr|en <-; *sn*> entorpecer, inteiriçar; *Flüssigkeit*: coalhar, QUÍM coagular; FÍS solidificar-se; *durch Kälte u fig* (con)gelar; *fig* paralizar; **~ung** *f* <*sem pl*> entorpecimento *m*; FÍS solidificação *f*; QUÍM coagulação *f*; congelação *f*; *fig* espanto *m*; assombro *m*
er'statt|en <-*e*-; -> restituir, devolver; *Kosten*: reembolsar; ***Bericht* ~** fazer um relatório; relatar, informar; ***Anzeige* ~ (*gegen*)** denunciar (*ac*); **~ung** *f e-s Berichts*: apresentação *f*; **~ *e-r Anzeige*** denúncia *f*; **~ *der Unkosten*** reembolso *m*; devolução *f*
'Erstaufführung *f* estreia *f*
er'staun|en [ɛr'-] *v/i* <-; *sn*> admirar-se, ficar pasmado (***über*** *ac* de); **~en** *n* assombro *m*; admiração *f*, espanto *m*; ***in* ~ *setzen*** assombrar; estranhar; ***zu meinem großen* ~** para minha grande surpresa; **~lich** assombroso, admirável
'Erstausgabe *f* primeira edição *f*; *älteste*: edição *f* princeps
'erstbeste: ***der*, *die*, *das* ~** qualquer
'erste, ~ *su* ['eːrstə] primeiro *m*, -a *f*; ***der* (*die*, *das*) ~ *Beste*** qualquer; ***zum* ~*n Mal*** pela primeira vez; ***fürs* ~** primeiro, (*einsweilen*) por enquanto; ***als* ~*r ankommen*** ser o primeiro a chegar; ***an* ~*r Stelle*** em primeiro lugar; ***am* ~*n Mai*** no dia 1 de Maio
er|'stechen <-> apunhalar, esfaquear; **~'stehen** <-> **1.** *v/i* <*sn*> renascer; ressurgir; **2.** *v/t* adquirir, comprar; **~'steigen** *v/t* <-> subir a; montar; **~'steigern** <-> comprar em leilão
'erstens ['eːrstəns] (em) primeiro (lugar); primeiramente
'erstere ['eːrstərə]: ***der*, (*die*), *das* ~** o (a) primeiro, -a; aquele, -a
'erst|geboren primogénito (*ê); **~geburt(srecht** *n* <-(*e*)*s*, *sem pl*>) *f* primogenitura *f*; **~genannt** ['-gənant] primeiro citado
er'stick|en <*v/t* (*h*); *v/i* (*sn*); -> sufocar (*a fig*); asfixiar; **~en** *n* = **~*ung***; **~end** *adj* asfixiante; *Hitze*: sufocante, abafador; **~ung** *f* <*sem pl*> sufocação *f*; asfixia *f*; abafação *f*; abafamento *m*; **~ungsgefahr** *f* perigo *m* de asfixia
'erst|klassig ['-klasiç] de primeira ordem (*bras* classe); primoroso; **~malig** primeiro; **~mals** *adv* pela primeira vez
er|'streben *v/t* <-> aspirar a, pretender; *stärker*: ambicionar; **~'strebenswert** desejável; ambicionável; **~'strecken** <->: ***sich* ~** estender-se (***auf*** *ac* a); ***sich* ~ *über*** (*ac*), ***sich ... lang* ~** ter ... de extensão; **~'stürmen** <-> tomar de assalto; **~'suchen** *v/t* <->: ***j-n um et* ~** solicitar a/c de (*od* a) alg, pedir a/c a alg; **~'suchen** *n* solicitação *f*; **~'tappen** <-> apanhar, surpreender; **~'teilen** <-> dar; *Vollmacht*: conferir; *Segen*: lançar; (*Unterricht*) le(c)cionar; **~'tönen** <-> ressoar; *Glocke*: repicar
Er'trag [ɛr'traːk] *m* <-(*e*)*s*; ⸚*e*> rendimento *m*, produto *m*, receita *f*; *Baum*: carga *f*; **~en** <-> suportar, aguentar, aturar; **~fähig** produtivo
er'träglich [ɛr'trɛːkliç] suportável; (*leidlich*) sofrível, tolerável
er|'tränken <-> afogar; **~'träumen** *v/t* <->: (***sich*** *dat*) **~** imaginar; sonhar (para si): **~'trinken** <-; *sn*> afogar-se
er'tüchtig|en [ɛr'tyçtigən] <-> educar; robustecer; *Sport*: *a* treinar; **~ung** *f* <*sem pl*>: ***körperliche* ~** educação *f* física; exercício(s *pl*) *m* físico(s), treino *m*
er|'übrigen [-'yːbrigən] <-> economizar; dispensar; ***sich* ~** já não ser preciso; ser escusado; **~'wachen** <-; *sn*> (**~'wachen** *n*) despertar (*m*), acordar (*m*)
er'wachsen **1.** *v/i* <-; *sn*> resultar (***aus*** de); **2.** *adj* adulto (*a su*); **~e(r** *m*) *su* adulto *m*, -a *f*

E

er'wäg|en <-> considerar, ponderar; **≗ung** [-'vɛːgʊŋ] *f* consideração *f* (***in ... ziehen*** tomar em ...)
er'wähn|en <-> mencionar, citar; **~enswert** digno de ser mencionado; **≗ung** *f* menção *f*; citação *f*
er'wärmen <-> aquecer; *fig* entusiasmar (***für*** por)
E
er'wart|en <-e-; -> aguardar, esperar (***es steht zu*** é de); prever; ***wider*** (***alles***) ≗ contra todas as previsões; **≗ung** *f* espera *f*; expe(c)tativa *f*; (*Hoffnung*) esperança *f*; **~ungsvoll** *adv* ansioso, impaciente
er|'wecken <-> despertar; ***vom Tode ~*** ressuscitar; *fig* provocar; **~'wehren** <->: ***sich ~*** defender-se (*gen* de); conter (*ac*); **~'weichen** <*v/t* (*h*); *v/i* (*sn*); -> abrandar; amolecer; *fig* enternecer(-se), comover(-se); ***sich ~ lassen*** (acabar por) ceder
er'weisen <-> provar, dar provas de; *Dienst*, *Ehre*: prestar; *Gerechtigkeit*: fazer; *Dankbarkeit*: manifestar; ***j-m Wohltaten ~*** fazer bem a alg; ***sich ~ als*** mostrar-se; ***sich würdig ~*** saber corresponder (*gen* a)
er'weiter|n [-'vaɪtərn] <-*re*; -> alargar; estender; ampliar; *bsd* MED dilatar; **≗ung** *f* alargamento *m*, extensão *f*; MED dilatação *f*; INFORM expansão *f*
Er'werb [ɛr'vɛrp] *m* <-(*e*)*s*; -*e*> aquisição *f*; (*Gewinn*) lucro *m*, ganho *m*; (*Beruf*) ganha-vida *m*, ganha-pão *m*; trabalho *m*; **≗en** [-bən] <-> (***sich*** *dat*) ~ adquirir; *durch Arbeit*: ganhar; ***sich*** (*dat*) ***Verdienste ~*** merecer bem (***um*** de)
er'werbs|fähig válido; **~los** desempregado; **≗losigkeit** *f* desemprego *m*; **≗quelle** *f* recurso(s *pl*) *m*; **~tätig**: ***~ sein*** exercer uma a(c)tividade remunerada; ***~e Bevölkerung*** população *f* a(c)tiva; **≗tätige(r** *m*) *su* <-*en*> empregado *m*, -a *f*, pessoa *f* que trabalha; **~unfähig** inválido; **≗zweig** *m* <-(*e*)*s*; -*e*> ramo *m* de indústria
Er'werbung *f* aquisição *f*
er'wider|n [ɛr'viːdərn] *v/t* <-*re*; -> responder, replicar; (*vergelten*) (cor)responder a; *Besuch*, *Glückwunsch*: retribuir; **≗ung** *f* réplica *f*, resposta *f*
er|'wirken <-> obter, conseguir; **~'wischen** <-> F apanhar; **~'wünscht** [-'vynʃt] desejado; oportuno; ***~ kommen*** vir a propósito; **~'würgen** <-> estrangular
Erz [ɛrts] *n* <-*es*; -*e*> minério *m*; metal *m*; *poét* bronze *m*; **~ader** *f* <-; -*n*> filão *m*
er'zähl|en <-> contar; **~end** *adj* narrativo; **≗er(in** *f*) *m* narrador(a *f*) *m*; contista *su*; LIT: a novelista *su*; **≗ung** *f* narrativa *f*, narração *f*; LIT: conto *m*; novela *f*
'Erz|bischof *m* <-*s*; ⁻*e*> arcebispo *m*; **≗bischöflich** arcebispal; **~engel** *m* arcanjo *m*
er'zeug|en <-> gerar; (*hervorbringen*) produzir; (*hervorrufen*) provocar; **≗er** *m* ECON produtor *m*; (*Vater*) procriador *m*, pai *m*; **~erland** *n* <-(*e*)*s*; ⁻*er*> país *m* produtor; **≗nis** *n* <-*ses*; -*se*> produto *m*; **≗ung** *f* produção *f*, fabricação *f*, fabrico *m*, manufa(c)tura *f*
'erz|'faul <*sem pl*> muito preguiçoso; **≗feind** *m* <-(*e*)*s*; -*e*> inimigo *m* mortal, émulo *m*; **≗gang** <-(*e*)*s*; ⁻*e*> filão *m*; **'≗'gauner** *m* grande malandro *m*; **≗gebirge** *n*: ***das ~*** Metálicos, Metalíferos *m/pl*; **~haltig** ['-haltɪç] metalífero; **≗herzog(in** *f*) *m* <-(*e*)*s*; ⁻*e*> arquiduque(sa *f*) *m*
er'zieh|en <-> educar; (*aufziehen*) criar; **≗er(in** *f*) *m* pedagogo *m*, -a *f*; mestre *m*, -a *f*; professor(a *f*) *m*; preceptor(a *f*) *m*; **≗ung** *f* <*sem pl*> educação *f*
Er'ziehungs...: *in Zssg*(*n*) *meist* pedagógico, educativo; **~anstalt** *f* casa *f* de corre(c)ção; **~beihilfe** *f* subsídio *m* escolar; **~minister(ium** *n* <-*s*; -*rien*>) *m* Ministro (Ministério) *m* da Educação; **~wesen** *n* <-*s*; *sem pl*> ensino *m*, instrução *f* pública, educação *f*
er'zielen <-> conseguir, obter
er'zittern <-*re*; -; *sn*> estremecer; tremer
'erz|konservativ muito conservador; rea(c)cionário; **≗priester** *m* arcipreste *m*
er'zürnen <-> irritar, zangar
er'zwingen <-> forçar
es [ɛs] *pron n* ele *m*, ela *f*; *tonloser ac* o, a; *auf das Folgende bezogen und als Subjekt meist nicht übersetzt*: ***ich***

bin ~ sou eu; ~ ***regnet*** chove; ~ ***fertig bringen zu*** conseguir (*inf*)
Es *MÚS n inv* mi-bemol *m*
'Esche ['ɛʃə] *f* freixo *m*
'Esel ['e:zəl] *m* burro *m* (*a fig*); jumento *m*; *bsd fig* asno *m*; **~'ei** [-'laɪ] *f* asneira *f*, *bras a* burrice *f*; **~in** *f* burra *f*; asna *f*; **~sbrücke** *f* F mnemónica (ô) *f*; **~sohr** *n* <-(*e*)*s*; *-en*> *fig* dobra *f*; *bras a* orelha *f*
Eskalati'on [ɛskalatsi'o:n] *f* escalada *f*, escalamento *m*
Eska'pade [ɛska'pa:də] *f* escapadela *f*
'Eskimo ['ɛskimo] *m* <-*s*; *-s*> esquimó *m*
Es'kort|e [ɛs'kɔrtə] *f* escolta *f*; **2'ieren** <-> escoltar
'Espe ['ɛspə] *f* álamo *m*
Es'presso [ɛs'prɛso] *m* <-*s*; *-ssi*> (*Tasse Kaffee*) F bica *f*; *bras* cafezinho *m*
Es'say [ɛ'se:] *m od n* <-*s*; *-s*> ensaio *m*; **~'ist(in** *f*) *m* <-*en*> ensaista *su*
'ess|bar [ɛs-] comestível; ~ ***sein*** *a* comer-se; **2besteck** *n* <-(*e*)*s*; *-e*> talher *m*
'Esse ['ɛsə] *f* forja *f*; chaminé *f*; (*Feuerstelle*) fogão *m*
'essen ['ɛsən] comer; ***zu Abend*** ~ jantar; ***zu Mittag*** ~ almoçar; 2 *n* comida *f*, refeição *f*; (*Abend2*) jantar *m*; (*Mittag2*) almoço *m*; **2szeit** *f* hora *f* das refeições
Ess'enz [ɛ'sɛnts] *f* essência *f*
'Esser *m* comedor *m*; ***er ist ein schlechter*** ~ come pouco (*od* mal); ***starker*** ~ comilão *m*
'Essig ['ɛsiç] *m* <-*s*; *-e*> vinagre *m*; **~flasche** *f* vinagreira *f*; **~gurke** *f* pepino *m* em vinagre; **~säure** *f* <*sem pl*> ácido *m* acético
'Ess|löffel *m* colher *f* de sopa; **~lust** *f* <*sem pl*> apetite *m*, vontade *f* de comer; **~stäbchen** *n* pauzinho *m*; **~tisch** *m* <-(*e*)*s*; *-e*> mesa *f*; **~waren** *f/pl* comestíveis *m/pl*, géneros (*ê) *m/pl* alimentícios; **~zimmer** *n* sala *f* de jantar
'Est|e ['ɛstə] <-*n*> estónio (*ô) *m*, **~in** *f* estónia (*ô) *f*; **~land** *n* Estónia *f*; **2ländisch** ['-lɛndiʃ], **2nisch** estónio (*ô) *m*, -a *f*, estoniano *m*, -a *f*, da Estónia (*ô)
'Estragon ['ɛstragɔn] *m* <-*s*; *sem pl*> *BOT* estragão *m*
eta'blieren [eta'bli:rən] <->: (***sich***) ~ estabelecer(-se)
E'tage [e'ta:ʒə] *f* andar *m*, piso *m*; **~nheizung** *f* aquecimento *m* por andar; **~nwohnung** *f* andar *m*
E'tappe [e'tapə] *f* fase *f*; etapa *f*; *MIL* (zona *f* da) retaguarda *f*; *pl* ***in ~n*** sucessivamente, por etapas
E'tat [e'ta] *m* <-*s*; *-s*> orçamento *m*; verba *f*; **2mäßig** *Ausgabe*: ordinário; *j-d*: do quadro
'Eth|ik ['e:tik] *f* <*sem pl*> ética *f*; **~iker** *m*, **2isch** ético *m*
Ethno|'loge [ɛtno'lo:gə] *m* <-*n*> etnólogo *m*; **~lo'gie** [-lo'gi:] *f* <*sem pl*> etnologia *f*
Eti'kett [eti'kɛt] *n* <-(*e*)*s*; *-e*(*n*)> rótulo *m*; **~e** *f* protocolo *m*, ceremonial *m*; **2'ieren** <-> etiquetar
'etliche ['ɛtliçə] *pl* (alg)uns *m/pl*; (alg)umas *f/pl*
E'tüde *MÚS* [e'ty:də] *f* estudo *m* (musical)
E'tui [ɛt'vi:] *n* <-*s*; *-s*> estojo *m*
'etwa ['ɛtva] aproximadamente, cerca de; ~ *hundert* uns ...; **~ig** eventual
etwas alguma coisa; *adv a* um pouco; algo (de); ~ *Großes etc* alguma coisa de, algo de; ~ ***anderes*** outra coisa; ***so*** ~ tal coisa; ***ein gewisses*** 2 um não sei quê
Etymolo'gie [etymolo'gi:] *f* etimologia *f*
EU [e:'ˀu:] *f* ***Europäische Union*** União *f* Europeia (UE)
euch [ɔyç] vos, a vós; *bras* vocês, a vocês
'euer ['ɔyər] **1.** de vós; *bras* de vocês; **2.** ~, ***der, die, das eure*** o vosso (a vossa); *bras* o seu, a sua
Euka'lyptus [ɔyka'lyptus] *m* <-*ten od sem pl*> *BOT* eucalipto *m*
'Eule ['ɔylə] *f* coruja *f*; mocho *m*
'Eulenspiegel *m* maganão *m*; *bras* pândego *m*, brincalhão *m*; **~'ei** *f* travessura *f*
Eu'nuch [ɔy'nu:x] *m* <-*en*> eunuco *m*
Eu|pho'rie [ɔyfo'ri:] *f inv* euforia *f*; **2'phorisch** [-'fo:r-] eufórico
EUR → ***Euro***
'eure ['ɔyrə] (o) vosso (*bras* seu), (a) vossa (*bras* sua), (os) vossos (*bras* seus), (as) vossas (*bras* suas); **~r** da(s) vossa(s), dos vossos; *bras* de você(s); **~rseits** [-zaɪts] por vosso

(*bras* seu) lado, da vossa parte, *bras* de sua parte; **~sgleichen** vosso (*bras* seu) igual; **~thalben, ~twegen,** ***um ~twillen*** por vossa (*bras* sua) causa

'eurige ['ɔyrigə] → ***euer 2.***

'Euro *m* ['ɔyro] *<-s; ->* euro *m*; **~cheque** *m* → ***Euroscheck***

E

Eu'ropa [ɔy'ro:pa] *n <-s; sem pl>* Europa

Euro'pä|er(in *f*) *m* [ɔyro'pɛ:ər-], **≈isch** europeu *m*, europeia (*é) *f*; da Europa; → ***EU***

Eu'ropa|meisterschaft *f Sport*: campeonato *m* da Europa; **~parlament** *n <-s; sem pl>* Parlamento *m* Europeu; **~pokal** *m <-s; -e>* taça *f* europeia; **~rat** *m <-es; sem pl>* Conselho *m* Europeu

'Euroscheck *m* ['ɔyroʃɛk] *m <-s; -s>* eurocheque *m*; **~heft** *n <-(e)s; -e>* livro *m* de eurocheques; **~karte** *f* cartão *m* de eurocheques

'Euter ['ɔytər] *n* úbere *m*, teta *f*

e.V. [e:'faʊ] ***eingetragener Verein*** *m* associação *f* registada

evtl. ***eventuell*** eventualmente

evaku'ier|en [evaku'i:rən] *<->* evacuar; **≈ung** *f* evacuação *f*

evan'gel|isch [evaŋ'ge:liʃ] evangélico; protestante; **≈ium** *n <-s; -lien>* evangelho *m*

eventu'ell [evɛntu'ɛl] eventual; *adv a* talvez

'ewig ['e:viç] eterno, perpétuo; **≈keit** *f* eternidade *f*; **~lich** eternamente

e'xakt [ɛ'ksakt] exa(c)to; **≈heit** *f* exa(c)tidão *f*

E'xam|en [ɛ'ksa:mən] *n <-s; Examina>* exame *m*; **≈i'nieren** *<->* examinar

Exekut|i'on [ɛksəkutsi'o:n] *f* execução *f*; **~'ive** [-'ti:və] *f* poder *m* executivo

E'xempel [ɛ'ksɛmpəl] *n* (*Beispiel*) exemplo *m*; ***ein ~ statuieren*** estabelecer um exemplo

Exem'plar [ɛksɛm'pla:r] *n <-s; -e>* exemplar *m*; **≈isch** exemplar

exer'zier|en [ɛksɛr'tsi:rən] *<->* exercer, exercitar, fazer exercícios; **≈platz** *m <-es; ¨-e>* campo *m* de manobras

E'xil [ɛ'ksi:l] *n <-s; -e>* desterro *m*, exílio *m*; ***ins ~ gehen*** exilar-se

Exis'tenz [ɛksis'tɛnts] *f* existência *f*; *ECON* posição *f*; ***e-e ~ gründen*** criar uma base de vida; **~berechtigung** *f <sem pl>* direito *m* à existência; **~grundlage** *f* meio *m* de subsistência; **~minimum** *n <-s; -minima>* mínimo *m* para viver

exis'tieren [ɛksis'ti:rən] *<->* existir

exklu'siv [ɛksklu'zi:f] exclusivo

Exkommuni|kati'on [ɛkskomunikatsi'o:n] *f* excomunhão *f*; **≈'zieren** [-'tsi:rən] *<->* excomungar

exmatriku'lieren [ɛksmatriku'li:rən] *<->* riscar da matrícula; ***sich ~ lassen*** pedir para ser riscado da matrícula

e'xotisch [ɛ'kso:tiʃ] exótico

Expansi'on [ɛkspanzi'o:n] *f* expansão *f*; **~spolitik** *f* política *f* de expansão

Expediti'on [ɛkspeditsi'o:n] *f* expedição (*a MIL*) *f*; *ECON* despacho *m*; **~steilnehmer** *m* expedicionário *m*

Experi'ment [ɛksperi'mɛnt] *n <-(e)s; -e>* experiência *f*; **≈'ell** [ɛksperimɛn'tɛl] experimental; **≈'ieren** *<->* experimentar

Ex'pert|e [ɛks'pɛrtə] *m <-n>*, **~in** *f* perito *m*, -a *f*, experto *m*, -a *f*

Expl. ***Exemplar*** exemplar

explo|'dieren [ɛksplo'di:rən] *<-; sn>* explodir, deflagrar; **≈si'on** [-zi'o:n] *f* explosão *f*, deflagração *f*; **~'siv** [-'zi:f], **≈'sivstoff** *m* explosivo *m*

Expo'n|ent [ɛkspo'nɛnt] *m <-en>* expoente *m*, índice *m*; *fig* representante *m*; **≈ieren** *<->* expor

Ex'port [ɛks'pɔrt] *m <-(e)s; -e>* exportação *f*; **~'eur** [-'tø:r] *m <-s; -e>* exportador *m*; **~firma** *f <-; -firmen>* exportadora *f*; **~handel** *m <-s; sem pl>* comércio *m* de exportação; **≈'ieren** *<->* exportar; **~überschuss** *m <-es; -e>* excedente *m* de exportação

Ex'press [ɛks'prɛs] *m <-es; sem pl>* → ***~zug***; **~gut** *n <-(e)s; ¨-er>* mercadoria *f* a grande velocidade (*bras* expressa); **~zug** *m <-(e)s; ¨-e>* comboio (*bras* trem) *m* expresso; expresso *m*

Expressio'nismus [ɛksprɛsio'nismus] *m inv* expressionismo *m*

'extra ['ɛkstra] extra; (*gesondert*) a parte; **≈** *n <-s; -s>* extra *m* **≈...**: *in*

Zssg(*n*) especial; (*zusätzlich*) suplementar, acessório; **2blatt** *n* <-(*e*)*s*; ¨*er*> edição *f* especial

Ex'trakt [ɛks'trakt] *m, a n* <-(*e*)*s*; -*e*> extra(c)to *m*

'extra|va'gant ['ɛkstrava'gant] extravagante; **2va'ganz** extravagância *f*; **2wurst** *f* <-; ¨*e*> F privilégio *m*; tratamento *m* especial

ex'trem [ɛks'treːm] extremo; **2** *n* <-*s*; -*e*> extremo *m*; **2'ismus** *m inv* extremismo *m*; **2'ist(in** *f*) [-tre'mist-] *m* <-*en*> extremista *su*; **2i'täten** [-i'tɛːtən] *f/pl* extremidades *f/pl*

exzel'l|ent [ɛkstsɛ'lɛnt] excelente; **2enz** [-'lɛnts] *f* <-; -*en*> (*Anrede*: Vossa, *bras*: Sua) Excelência *f*

ex'zentrisch [ɛk'tsɛntriʃ] excêntrico

Ex'zess [ɛks'tsɛs] *m* <-*es*; -*e*> excesso *m*

F

F, f [ɛf] *n inv* F, f *m*; MÚS fá *m*

f. ***folgende*** e seguinte (e sg.); ***für*** para

Fa. ***Firma*** *f* Casa

'Fabel ['faːbəl] *f* <-; -*n*> fábula *f*; LIT: história *f*; argumento *m*; **2haft** fabuloso; *fig* estupendo

Fa'brik [fa'briːk] *f* fábrica *f*, *bras* usina *f*; **~...**: *in Zssg*(*n*) *oft* fabril; **~'ant** [-i'kant] *m* <-*en*> fabricante *m*, industrial *m*; **~arbeiter** *m* operário (*od* trabalhador) *m* de fábrica; **~'at** [-'kaːt] *n* <-(*e*)*s*; -*e*> produto *m*; fabrico *m*; **~ati'on(s...)** [-atsi'oːn(s...)] *f* (de) fabricação *f*; (de) produção *f*; (de) manufactura *f*; **~marke** *f* marca *f* da fábrica; **2neu** recém-fabricado; **~ware** *f* <*sem pl*> produtos *m/pl* da fábrica; artigos *m/pl* manufacturados

fabri'zieren [fabri'tsiːrən] <-> fabricar

Fach [fax] *n* <-(*e*)*s*; ¨*er*> divisão *f*; (*Schub*2) gaveta *f*; (*Lehr*2) matéria *f*, disciplina *f*; (*Tätigkeit*) ramo *m*; especialidade *f*; profissão *f*; (*Bord*) prateleira *f*; ***vom* ~** especialista; profissional, especializado; **'~arbeiter** *m* operário *m* especializado; **'~arzt** *m* <-*es*; ¨*e*> (médico *m*) especialista *m*; **'~(aus)bildung** *f* preparação *f* profissional; **'~ausdruck** *m* <-(*e*)*s*; ¨*e*> termo *m* técnico

'fäch|eln ['fɛçəln] <-*le*> abanar; abanicar; **2er** *m* leque *m*; abanador *m*, abano *m*

'Fach|frau *f* especialista *f*, perita *f*; **~gebiet** *n* <-(*e*)*s*; -*e*> especialidade *f*; ramo *m*; **~gelehrte(r)** *m* <-*n*> especialista *m*; **~händler** *m* comerciante *m* especializado; **~kenntnisse** *f/pl*: **~ *haben*** saber da sua especialidade; ser especializado, ser versado; **~kraft** *f* <-; ¨*e*> pessoa *f* especializada; **2kundig** perito, competente; versado; **~leute** *pl* = *pl von* **~mann** *m* <-(*e*)*s*; *Fachleute*, *selten* ¨*er*> especialista *m*, perito *m*, técnico *m*; **2lich** profissional; especializado; técnico; **2männisch** ['-mɛniʃ] competente; especial(ista); **~messe** *f* feira *f* especial; **~schule** *f* escola *f* profissional (*od* técnica, *od* industrial); **2simpeln** ['-zimpəln] <-*le*> F não falar senão da sua especialidade; **~werk** ARQUIT *n* <-(*e*)*s*; -*e*> madeiramento *m*; **~zeitschrift** *f* revista *f* de especialidade

'Fackel ['fakəl] *f* <-; -*n*> archote *m*, facho *m*; *bras* tocha *f*; **~zug** *m* <-(*e*)*s*; ¨*e*> marcha *f* luminosa

'fad(e) ['faːd(ə)] insípido, insosso; desengraçado

'Faden ['faːdən] *m* <-*s*; ¨> fio *m* (*a fig*); (*Näh*2) linha *f*; NAV *Maß*: braça *f*; **~ *ziehen*** *Flüssigkeit*: estar em ponto de fio; ***an e-m*** (***seidenen***) **~ *hängen*** estar por um fio; **2förmig** filiforme; em forma de fio; **~kreuz** *n* <-*es*; -*e*> *Optik*: retículo *m*; **~nudeln** *f/pl* aletria *f/sg*; **2scheinig** ['-ʃaɪniç] gasto; puído; *fig* **~ *sein*** não convencer ninguém

'Fadosänger(in *f*) *m* ['fa:du-] fadista *su*
Fa'gott [fa'gɔt] *n* <-(*e*)*s*; -*e*> fagote *m*; **~bläser** *m* fagotista *m*
'fähig ['fɛ:iç] capaz; apto; idóneo (*ô); **2keit** *f* capacidade *f*; idoneidade *f*; aptidão *f*
fahl [fa:l] pálido, descorado, lívido
'fahnd|en ['fa:ndən] <-*e*->: ~ ***nach*** (*dat*), andar atrás de, andar à busca de; procurar, buscar; perseguir; **2ung** *f* pesquisa *f*, busca *f* (***nach*** de)
'Fahne ['fa:nə] *f* bandeira *f*; *TIP* granel *m*
'Fahnen|abzug *m* <-(*e*)*s*; ¨*e*> (prova *f* de) granel *m*; **~eid** *m* <-(*e*)*s*; -*e*> juramento *m* de bandeira; **~flucht** *f* <*sem pl*> deserção *f*; **2flüchtig** desertor; ~ ***werden*** desertar; **~mast** *m* <-(*e*)*s*; -*en*>, **~stange** *f*, **~stock** *m* <-(*e*)*s*; ¨*e*> pau *m* de (*od* da) bandeira, haste *f*; **~träger** *m* porta-bandeira *m*; **~weihe** *f* <*sem pl*> consagração *f* da bandeira
'Fähnrich ['fɛ:nriç] *m* <-*s*; -*e*> alferes *m*; ~ ***zur See*** guarda-marinha *m*
'Fahr|ausweis *m* <-*es*; -*e*> ['fa:-] → ***~schein***; **~bahn** ['fa:-] *f* rodovia *f*, pista *f*; **2bar** móvel, *TÉCN a* com rodas; *Weg*: transitável, viável, *NAV* navegável; **2bereit** disposto para sair; pronto para a partida
'Fährboot ['fɛ:-] *n* <-(*e*)*s*; -*e*> → ***Fähre***
'Fahrdienstleiter *m CAM. DE F* chefe *m* de serviço
'Fähre ['fɛ:rə] *f* barco *m*; ferry-boat *m*
'fahr|en ['fa:rən] **1.** *v/t* conduzir; *Wagen*: *a* guiar; *j-n*: *a* levar; *Last*: acarretar; ~ ***lassen*** largar; abandonar; *fig a* desistir de; **2.** *v/i* <*sn*> andar *od* ir (de carro, comboio, barco *etc*); ~ ***durch***, ~ ***über*** (*ac*) atravessar (*ac*), passar por; *auf dem Meer*: *a* cruzar; ***rechts*** ~ conduzir pela direita; ***zur Hölle*** ~ ir para o diabo (*bras* inferno); ***gut*** ~ ***bei*** F ganhar com, ficar bem servido com; **~end** *ECON* ambulante; *MIL* motorizado; *Ritter*: errante; andante; ***~es Volk*** vagabundos *m/pl*, *TEA* comparsaria *f* ambulante
'Fahrer|(in *f*) *m* condutor(a *f*) *m*; *Auto*: motorista *su*, condutor(a *f*) *m*; *bras a* volante *su*; **~flucht** *f* <*sem pl*> fuga *f* do motorista (*od* condutor); **~haus** *n* <-*es*; ¨*er*> habitáculo *m*
'Fahr|erlaubnis *f* <-; -*se*> licença *f* de condução; (*Führerschein*) carta *f* de condução (*bras* motorista); **~gast** *m* <-(*e*)*s*; ¨*e*> passageiro *m*; viajante *m*; **~geld** *n* <-(*e*)*s*; -*er*> preço *m* do bilhete; *NAV* passagem *f*; **~gelegenheit** *f* possibilidade *f* de transporte; *NAV* carreira *f*; *unentgeltliche*: F boleia *f*; *bras* carona *f*; **~geschwindigkeit** *f* velocidade *f*; marcha *f*; **~gestell** *n* <-(*e*)*s*; -*e*> *Auto*: chassi(s) *m*; *AV* trem *m* de aterragem
'fahrig distraído, descuidado, nervoso
'Fahrkarte *f* bilhete *m*, *NAV* passagem *f*; **~nausgabe** *f* → ***~nschalter***; **~nautomat** *m* <-*en*> máquina *f* distribuidora de bilhetes; **~nheft** *n* <-(*e*)*s*; -*e*> caderneta *f* de módulos; **~nschalter** *m* bilheteira *f*
'fahr|lässig descuidado, desleixado; *JUR* involuntário; ***~e Tötung*** homicídio por imprudência; **2lässigkeit** *f* descuido *m*, desleixo *m*, imprudência *f*; **2lehrer** *m* instrutor *m* de condução (*bras* auto-escola)
'Fährmann ['fɛ:-] *m* <-(*e*)*s*; -*leute*, *selten* -*männer*> barqueiro *m*
'Fahr|plan *m* <-(*e*)*s*; ¨*e*> horário *m*; **2planmäßig** ordinário; à tabela; **~preis** *m* <-*es*; -*e*> preço *m* do bilhete (*bras* da passagem); **~preisermäßigung** *f* tarifa *f* reduzida; **~prüfung** *f* exame *m* de condução (*bras* habilitação); **~rad** *n* <-(*e*)*s*; ¨*er*> bicicleta *f*; **~radweg** *m* <-(*e*)*s*; -*e*> pista *f* de velocípedes; caminho *m* (*od* via *f*) para ciclistas; **~rinne** *f* corredor *m*; **~schein** *m* <-(*e*)*s*; -*e*> bilhete *m*; **~schule** *f* escola *f* de condução; *bras* auto-escola *f*; **~spur** *f* faixa *f*; *CAM. DE F* bitola *f*; **~straße** *f* estrada *f*; **~strecke** *f* traje(c)to *m*; **~stuhl** *m* <-(*e*)*s*; ¨*e*> elevador *m*
Fahrt ['fa:-] *f* viagem *f*; (*Strecke*) caminho *m*, traje(c)to *m*; (*Wander2*) excursão *f*; (*Wett2*) corrida *f*; (*Geschwindigkeit*) velocidade *f*, marcha *f*; ***halbe*** ~ meia força *f*; meio vapor *m*; ***auf der*** ~ ***nach*** a caminho de; ***während der*** ~ durante o tra-

je(c)to; ***in ~ kommen*** começar a andar; *fig* ficar furioso; aquecer
'Fährte ['fɛːrtə] *f* pista *f*, rasto *m*, trilha *f*
'Fahrtenschreiber *m* tacógrafo *m*
'Fahrtrichtung *f* dire(c)ção *f*; *NAV* rumo *m*
'fahrtüchtig *j-d*: em estado de poder conduzir; *AUTO*: apto a circular
'Fahr|verbot *n* <-(*e*)*s*; -*e*> proibição *f* de conduzir (*bras* guiar); **~wasser** *n* <-*s*; -> água *f* navegável; canal *m*; *fig* elemento *m*; **~weg** *m* <-(*e*)*s*; -*e*> → ***~strecke***; **~werk** *n* <-(*e*)*s*; -*e*> → ***~gestell***; **~zeit** *f* horário *m*, tabela *f*; duração *f* da viagem
'Fahrzeug *n* <-(*e*)*s*; -*e*> veículo *m*, viatura *f*; *NAV* embarcação *f*; **~halter** *m* possuidor (*bras* proprietário) *m* do veículo; **~papiere** *n/pl* papéis *m/pl* do carro; **~park** *m* <-*s*; -*s*> parque *m* automobilístico
fair [fɛːr] leal; corre(c)to
Fä'kalien [fɛ'kaːliən] *pl* fezes *f/pl*
'Fakir ['faːkir] *m* <-*s*; -*e*> faquir *m*
Fak'simile [fak'ziːmile] *n* <-*s*; -*s*> fac-símile *m*
Fakt [fakt] *n od m* <-(*e*)*s*; -*en*> → ***Faktum***; **'°isch** efe(c)tivo; *adv* de fa(c)to; **'~or** *m* <-*s*; -*en*> fa(c)tor *m* (*a MAT*); feitor *m*; *TIP a* dire(c)tor *m* de imprensa; **'~um** *n* <-*s*; *Fakten*, *Fakta*> fa(c)to *m*
Fakul'tät [fakul'tɛːt] *f* faculdade *f*; ***juristische*** (***mathematische***, ***naturwissenschaftliche***, ***medizinische***, ***philosophische***, ***theologische***) **~** faculdade *f* de Direito (Matemática, Ciências, Medicina, Letras, Teologia)
fakulta'tiv [fakulta'tiːf] facultativo
'Falk|e ['falkə] *m* falcão *m*; **~enbeize**, **~enjagd** *f* falcoaria *f*
Fall [fal] *m* <-(*e*)*s*; ¨*e*> queda *f* (*a fig*); *der Preise*: baixa *f*; *JUR* (*Ereignis*) *u GRAM* caso *m*; ***auf jeden ~*** em todo o caso; a todo o transe; ***auf keinen ~*** de forma alguma; ***für alle Fälle*** pelo sim pelo não; ***von ~ zu Fall*** de caso para caso; ***im ~e, dass*** → ***falls***; ***gesetzt den ~, dass*** suposto que (*subj*); ***zu ~ bringen*** fazer cair, derribar; *bras* derrubar; **'~beil** *n* <-(*e*)*s*; -*e*> guilhotina *f*
'Falle ['-ə] *f* armadilha *f*, trápola *f*; laço *m*; cilada *f*; insídia *f*; (*Mause°*) ratoeira (*a fig*); ***~ stellen*** armar armadilha *etc*, *fig* armar ratoeira; ***in die ~ gehen*** cair na armadilha *etc*, *fig* cair na ratoeira
'fallen *v/i* <*sn*> cair; (*abnehmen*) diminuir; (*sinken*) baixar (*ECON* ***um*** por); *Schuss*: disparar-se; *MIL* morrer em combate; *Vorhang*: baixar; descer; *et* ***~ lassen*** deixar cair; ***~ lassen*** *Vorhaben*: deixar de, desistir de; *j-n* desinteressar-se de; ***j-m ins Wort ~*** cortar (*od* atalhar) a palavra a alg; ***j-m auf die Nerven ~*** enervar; irritar alg
'fällen abater; *MAT* abaixar; *JUR Urteil*: pronunciar
'Fall|grube *f* fojo *m*; trápola *f*; **°'ieren** <-> *ECON* falir
'fällig ['fɛliç] vencível; ***~ sein*** *a* vencer-se, ser pagável; **°keit** *f* <*sem pl*> vencimento *m*; **°keitstermin** *m* <-*s*; -*e*> prazo *m* de vencimento
'Fall|obst *n* <-(*e*)*s*; *sem pl*> fruta *f* do chão; **~reep** [-reːp] *n* <-(*e*)*s*; -*e*> escada *f* de portaló
falls no caso de (*inf*), caso (*subj*); se; ***~ es so ist*** se assim for; **~** (***es***) ***nicht ...*** a menos que (*subj*); a não ser que (*subj*)
'Fallschirm *m* <-(*e*)*s*; -*e*> pára-quedas *m*; **~absprung** *m* <-(*e*)*s*; ¨*e*> salto *m* de pára-quedas; **~jäger** *m*, **~springer** *m* pára-quedista *m*; **~springen** *n* para-quedismo *m*
'Fall|strick *m* <-(*e*)*s*; -*e*> cilada *f*, trama *f* (*a fig*); **~tür** *f* alçapão *m*; porta levadiça
falsch [falʃ] *adj* falso; (*irrtümlich*) errado; *Bewegung*: em falso; ***~es Gerücht*** boato *m*, *bras* mexerico *m*; *Haar*, *Gebiss*: postiço; (*treulos*) *a* desleal, traidor; *verstehen*: mal; ***~ gehen*** *Uhr*: andar mal; ***~ rechnen*** *etc* enganar-se; ***~ spielen*** fazer batota (*bras* trapaça); *MÚS* desafinar (*a* ***~ singen***)
'fälsch|en ['fɛlʃən] falsear, falsificar; **°er**(**in** *f*) *m* falsificador(a *f*) *m*, falsário *m*, -a *f*
'Falschgeld *n* <-(*e*)*s*; -*er*> dinheiro *m* falso
'Falschheit *f* <*sem pl*> falsidade *f*; *fig a* perfídia *f*
'fälschlich ['fɛlʃliç] falso, erróneo; **~erweise** falsamente, erroneamente; por equívoco

F

'Falsch|meldung *f* notícia *f* falsa; **~münzer** ['-myntsər] *m* moedeiro *m* falso, falsário (*od* falsificador) *m* de moedas; **~spieler** *m* batoteiro *m*
'Fälschung ['fɛlʃuŋ] *f* falsificação *f*
'Falt|boot *n* <-(*e*)*s*; -*e*> barco *m* desmontável; **~dach** *n* <-(*e*)*s*; ¨*er*> *Auto*: tejadilho *m* dobradiço; **~e** *f* prega *f*; *Haut*: ruga *f*; ***in ~en legen*** = **Ձen** <-*e*-> dobrar; fazer pregas em; *Hände*: juntar, pôr; *Stirn*: franzir; **~enrock** *m* <-(*e*)*s*; ¨*e*> saia *f* de pregas; **~enwurf** *m* <-(*e*)*s*; ¨*e*> pregueado *m*; **~er** *m* borboleta *f*; **Ձig** amarrotado; *Haut*: enrugado; **~tür** *f* porta *f* dobradiça; **~ung** *f* GEOL dobra *f*
Falz [falts] *m* <-*es*; -*e*> corrediça *f*, entalhe *m*; vinco *m*; **'Ձen** dobrar (as folhas); *Gerberei*: descarnar; **'~hobel** *m* guilherme *m*
famili'är [famili'ɛːr] familiar
Fa'milie [fa'miːliə] *f* família *f*
Fa'milien|anschluss *m* <-*es*; ¨*e*>: ***~ haben*** ser tratado como pessoa de família; **~betrieb** *m* <-(*e*)*s*; -*e*> empresa *f* de família; **~feier** *f* <-; -*n*> festa *f* de família; **~kreis** *m* <-*es*; -*e*> família *f*; **~leben** *n* <-*s*; *sem pl*> vida *f* familiar (*od* doméstica); **~mitglied** *n* <-(*e*)*s*; -*er*> pessoa *f* de família; **~name** *m* <-*ns*; -*n*> apelido *m*; *bras* sobrenome *m*; **~planung** *f* planeamento (*bras* planejamento) *m* familiar; **~stand** *m* <-(*e*)*s*; *sem pl*> estado *m* civil; **~unterstützung**, **~zulage** *f* abono *m* de família
fa'mos [fa'moːs] F esplêndido, magnífico, *irón* extraordinário
Fan [fɛn] *m* <-*s*; -*s*> admirador *m*; partidário *m*
Fa'nat|iker [fa'naːtikər] *m*, **Ձisch** fanático *m*; **~'ismus** [-na't-] *m* <-; *sem pl*> fanatismo *m*
Fan'far|e [fan'faːrə] *f* (**~enstoß** *m* <-*es*; ¨*e*> toque *m* de) fanfarra *f*
Fang [faŋ] *m* <-(*e*)*s*; ¨*e*> captura *f*; (*Fisch*Ձ) pesca *f*; (*Beute*) presa *f*; (*Kralle*) garra *f*; **'~arm** *m* <-(*e*)*s*; -*e*> tentáculo *m*; **'~ball** *m* <-(*e*)*s*; *sem pl*> jogo *m* de bola; **'~eisen** *n* armadilha *f* para caça; **'Ձen** apanhar; (*festnehmen*) prender; ***Feuer ~*** pegar fogo; *fig* apaixonar-se, entusiasmar-se; ***sich ~*** *a fig* recuperar o equilíbrio; *Wind*: enfunar-se; **'~frage** *f* pergunta *f* de algibeira; **'~leine** NAV *f* boça *f*; **'~netz** *n* <-*es*; -*e*> rede *f*; **'~zahn** *m* <-(*e*)*s*; ¨*e*> colmilho *m*, canino *m*; navalha (*od* presa) *f* (do javali *etc*)
Fanta'sie [fanta'ziː] *f* fantasia *f*; fantasma *m*; imaginação *f*; **Ձlos** sem imaginação; **Ձreich** fantasista, fantasioso; **Ձren** [-rən] <-> fantasmar; desvairar; MED delirar; MÚS improvisar; **Ձvoll** → ***Ձreich***
Fan'tast [fan'tast] *m* <-*en*> fantasista *m*; utopista *m*; **Ձisch** fantástico (*a fig*); fantasmático, fantasmagórico
'Farb|abzug ['farp-] *m* <-(*e*)*s*; ¨*e*> cópia *f* a cores; **~band** *n* <-(*e*)*s*; ¨*er*> fita *f* (para máquina de escrever)
'Farbe ['farbə] *f* cor *f*; *für Anstriche*: tinta *f*; PINT *a* pintura *f*; (*Färbung*) colorido *m*; *Kartenspiel*: naipe *m*; ***~ bekennen*** F definir a sua posição
'farbecht de cor fixa; que não desbota
'Färb|emittel ['fɛrbə-] *n* tinta *f*; corante *m*; **Ձen** tingir; *Lebensmittel*: corar; *Haar*: pintar
'farben|blind daltónico (*ô); **Ձblindheit** *f* <*sem pl*> daltonismo *m*; **~freudig**, **~froh** multicolor, garrido, variegado, vistoso; **Ձlehre** *f* <*sem pl*> teoria *f* das cores; **~prächtig** garrido; **Ձspiel** *n* <-(*e*)*s*; *sem pl*> matizes *m*/*pl*; irisação *f*; *bras* reflexos *m*/*pl*
'Färber ['fɛrbər] *m* tintureiro *m*; tintor *m*; **~'ei** [-'raɪ] *f* tinturaria *f*
'Farb|fernsehen ['farp-] *n* <-*s*; *sem pl*> televisão *f* a cores; **~fernseher** *m* televisor *m* a cores; **~film** *m* <-(*e*)*s*; -*e*> filme *m* a cores; **~filter** *m* FOT filtro *m* colorido; **~fotografie** *f* fotografia *f* a cores; **~gebung** ['-geːbuŋ] *f* colorido *m*
'farbig ['farbiç] colorido, de cor, a cores
'Farb|kopierer ['farp-] *m* copiadora *f* a cores; **Ձlos** sem cor; incolor; descorado; **~photographie** *f* → ***~fotografie***; **~stift** *m* <-(*e*)*s*; -*e*> lápis *m* de cor; **~stoff** *m* <-(*e*)*s*; -*e*> tinta *f*; **~ton** *m* <-(*e*)*s*; ¨*e*> matiz *f*; *bras a* tom, tonalidade *f*
'Färbung ['fɛrbuŋ] *f* coloração *f*; tintura *f*, cor *f*, colorido *m*; *fig* tendência *f*

'Farce ['farsə] *f* farsa *f*
Farm *f* quinta *f*, fazenda *f*; **'~er** *m* fazendeiro *m*
Farn [farn] *m* <-(e)s; -e>, **'~kraut** *n* <-(e)s; ¨er> feto *m*, *bras* samambaia *f*
Fa'san [fa'za:n] *m* <-(e)s; -e, -en> faisão *m*
'Fasching ['faʃiŋ] *m* <-s; -e, -s> carnaval *m*; entrudo *m*
Fa'sch|ismus [fa'ʃismus] *m* <-; *sem pl*> fascismo *m*; **~ist(in** *f*) *m* <-en; -en>, **≈istisch** fascista *su*
Fase'l|ei [fazə'laɪ] *f* palavrório *m*, palavreado *m*; disparate *m*; **'≈n** [fa:-] <-le> palavrear, disparatar
'Faser ['fa:zər] *f* <-; -n> fibra *f*; filamento *m*; *Stoff*: fio *m*; **≈ig** fibroso; **≈n** <-re> desfiar(-se); esgarçar; **~schreiber** *m* lapiseira *f* de ponta de feltro
Fass [fas] *n* <-es; ¨er> barril *m*; (*Wein≈*) pipa *f*; tonel *m*; cuba *f*; barrica *f*; casco *m*
Fas'sade [fa'sa:də] *f* fachada *f*
'fassbar palpável, apreensível, *fig a* compreensível
'Fassbier *n* <-s; *sem pl*> cerveja *f* de barril
'fass|en ['fasən] <-t> **1.** *v/t* tomar; (*zu~*) pegar; agarrar; segurar (***bei*** por); *j-n* (*fangen*): apanhar, prender; filar; *Edelstein*: engastar; *MIL Essen*: ir buscar, ir receber; (*aufnehmen können*) comportar; ter lugar para; *fig* compreender; *Gedanken*: conceber; *Mut*: cobrar; *Neigung*: sentir; *Entschluss*: tomar; *in Worte*: exprimir por; ***sich ~*** acalmar-se; ***sich in Geduld ~*** resignar-se, ter paciência; ***sich kurz ~*** ser breve; ***es ist nicht zu ~*** é incrível; **2.** *v/i TÉCN* ligar; endentar; **~lich** compreensível; **≈ung** *f* (*Ein≈*) guarnição *f*; engaste *m*; *Brille*: armação *f*, aro *m*; *EL* suporte *m*; *schriftliche*: reda(c)ção *f*; (*Wortlaut*) texto *m*; *deutsche etc*, *erste etc*: versão *f*; *seelische*: disposição *f*; calma *f*; sangue-frio *m*; ***aus der ~ bringen*** desconcertar; ***aus der ~ geraten***, ***die ~ verlieren*** perder a calma; **~ungslos** desconcertado, perplexo; (*untröstlich*) desolado; **≈ungsvermögen** *n* <*sem pl*> capacidade *f*; *NAV* tonelagem *f*; *geistiges*: compreensão *f*; inteligência *f*

fast [fast] quase; (*nahe an*) cerca de; ***~ nur*** quase que só, quase que apenas
'fast|en <-e-> jejuar; **≈en** *n* <*sem pl*> jejum *m*; *MED* dieta *f*; *pl* → ***≈enzeit***; **'≈enkur** *f* cura *f* de (*od* regime *m* para) emagrecimento, dieta *f*; **'≈enzeit** *f* quaresma *f*
'Fastfood ['fa:stfu:d] *n* <-(s); *sem pl*> pronto-a-comer *m*
'Fast|nacht *f* <*sem pl*> terça-feira *f* gorda, carnaval *m*, entrudo *m*; **~nachts...**: *in Zssg(n)* carnavalesco, do carnaval; **~tag** *m* <-(e)s; -e> dia *m* de jejum
faszi'nieren [fastsi'ni:rən] <-> fascinar; deslumbrar; seduzir; **~d** fascinante
fa'tal [fa'ta:l] (*unangenehm*) desagradável; (*unheilvoll*) fatídico, funesto; **≈'ismus** [-ta'lismus] *m* <-; *sem pl*> fatalismo *m*
'Fatzke F ['fatskə] *m* <-n, -s; -n, -s> janota *m*; convencido *m*
'fauchen ['faʊxən] *Katze*: bufar; *Wind*: assobiar; *TÉCN* deitar vapor, deitar fumo
faul [faʊl]: **a)** podre; choco; (*Obst*) estragado; **b)** F *fig Sache*, *Kunde*: de pouca confiança; incerto; ***~er Witz*** piada *f* estúpida (*bras* de mau gosto); ***~ sein*** ter pouca graça, ser de mau gosto; ***hier ist et ~*** cheira mal; aqui parece que há coisa; **c)** (*träge*) preguiçoso; cábula; indolente; **'≈baum** *m* <-(e)s; ¨e> frangulina *f*; amieiro *m* preto
'Fäule ['fɔylə] *f* <*sem pl*> → ***Fäulnis***
'faul|en ['faʊlən] <*sn u h*> apodrecer; estragar-se; ficar choco; **~enzen** ['-lɛntsən] <-t> preguiçar, mandriar; **≈enzer** ['-lɛntsər] *m* mandrião *m*; preguiçoso *m*; **≈enze'rei** [-lɛntsə'raɪ], **≈heit** *f* <*sem pl*> preguiça *f*, mandriice *f*; *bras a* indolência; **~ig** podre, choco
'Fäulnis ['fɔylnis] *f* <*sem pl*> podridão *f*, *MED* cárie *f*; *fig* corrupção *f*
'Faul|pelz F *m* <-es; -e> cábula *m*; **~tier** *n* <-(e)s; -e> *ZO* preguiça *f*; ai *m*; *fig* → ***Faulenzer***
Faun [faʊn] *m* <-(e)s; -e> fauno *m*; **'~a** *f* <-; *Faunen*> fauna *f*
Faust [faʊst] *f* <-; ¨e> punho *m*; ***auf eigene ~*** *fig* por conta própria; **'~ball(spieler)** *m* <-(e)s; ¨e> (jogador *m* de) voleibol *m*

'Fäustchen ['fɔystçən] *n* pequeno punho *m*; ***sich (eins) ins ~ lachen*** rir-se para consigo; *bras* rir consigo mesmo

'faust|dick: *fig* ***es ~ hinter den Ohren haben*** ser finório; **♀handschuh** *m* <-(*e*)*s*; *-e*> luva *f* sem dedos; **♀kampf** *m* <-(*e*)*s*; *¨e*> pugilato *m*; **♀pfand** *n* <-(*e*)*s*; *¨er*> penhor *m*; **♀recht** *n* <-(*e*)*s*; *sem pl*> direito *m* do mais forte; **♀regel** *f* <-; *-n*> regra *f* geral; **♀schlag** *m* <-(*e*)*s*; *¨e*> punhada *f*, murro *m*

Favo'rit(in *f*) [favo'riːt] *m* <*-en*> favorito *m*, -a *f*

Fax F [faks] *n* <-; -, *-e*> (*Abk für* ***Telefax***) fax *m*; **'♀en** <*-t*> F mandar um fax, expedir por fax

'Faxen *f/pl inv* macaquices *f/pl*, momices *f/pl*, pantominices *f/pl*, *bras a* caretas *f/pl*; ***mach keine ~*** deixa-te de macaquices *etc*; *bras* não faça caretas; **~macher** ['-maxər] *m* pantomineiro *m*

'Fazit ['faːtsit] *n* <*-s*; *-e*, *-s*> resultado *m*; conclusão *f*

'F-Dur *n* <-; *sem pl*> fá *m* maior

'Februar ['feːbruar] *m* <*-s*; *-e*> fevereiro *m*

'Fecht|boden ['fɛçt-] *m* <*-s*; *¨*> sala *f* de esgrima; **♀en** esgrimir; (*kämpfen*) lutar; **~er(in** *f*) *m* esgrimista *su*; **~kunst** *f* <-; *¨e*> esgrima *f*

'Feder ['feːdər] *f* <-; *-n*> pena *f*; (*Flaum*) pluma *f*; (*Uhr♀*) corda *f*; TÉCN mola *f*; *pl* ***in den ~n*** F na cama; **~ball** *m* <-(*e*)*s*; *¨e*> volante *m*; badminton *m*; *bras* peteca *f*; **~ballspiel** *n* <-(*e*)*s*; *sem pl*> badminton *m*; **~besen** *m* espanador *m*; **~bett** *n* <-(*e*)*s*; *-en*> cama *f* de plumas; edredão *m*; **~busch** *m* <*-es*; *¨e*> penacho *m*; *Vogel*: poupa *f*; **~fuchser** ['-fuksər] F *m* escrevinhador *m*; rabiscador *m*; **♀führend** representativo; **~gewicht** *n* <-(*e*)*s*; *-e*> *Sport*: peso-pluma *m*; **~halter** *m* caneta *f*; **~kernmatratze** *f* colchão *m* de molas; **~kleid** *n* <-(*e*)*s*; *-er*> plumagem *f*; **~krieg** *m* <-(*e*)*s*; *-e*> polémica (*ê) *f*; **~mäppchen** *n*, **~mappe** *f* estojo *m* (escolar); **♀leicht** muito leve; **~lesen** *n*: ***nicht viel ~s machen*** não fazer cerimónia(s) (*ô), não perder tempo; **~messer** *n* canivete *m*; **♀n** <*-re*> TÉCN ser elástico; ter (boas) molas; ***federnd*** *adj* TÉCN elástico; **~strich** *m* <-(*e*)*s*; *-e*> traço *m* de pena; **~ung** QUÍM *f* elasticidade *f*; *Wagen*: molas *f/pl*; **~vieh** *n* <-(*e*)*s*; *sem pl*> aves *f/pl* (de capoeira); **~waage** *f* balança *f* de molas; **~wolke** *f* cirro *m*; **~zeichnung** *f* desenho *m* à pena; **~zug** *m* <-(*e*)*s*; *¨e*> rabisco *m*; traço *m*

Fee [feː] *f* fada *f*; **'♀nhaft** mágico; encantador

'Fegefeuer ['feːgə-] *n* <*-s*; *sem pl*> REL Purgatório *m*

'fegen ['feːgən] varrer <*a v/i*, *sn*> limpar

'Fehde ['feːdə] *f* conflito *m*, contenda *f*; **~handschuh** *m* <-(*e*)*s*; *-e*>: ***j-m den ~ hinwerfen*** lançar a luva a alg

fehl [feːl] **1.**: ***~ am Platz*** despropositado, inoportuno; **2. ♀** *m*: ***ohne ~*** impecável

'Fehl|anzeige *f* resposta *f* negativa; resultado *m* negativo; TÉCN indicação *f* negativa; **~betrag** *m* <-(*e*)*s*; *¨e*> défice *m*, déficit *m*; **~bildung** *f* deformação *f*, deformidade *f*; **~diagnose** *f* MED diagnóstico *m* errado

'fehlen *v/i*: **~** (***an*** *dat*) faltar (*nom*), *et a*: fazer falta (*nom*); (*abwesend sein*) *a* estar ausente; *poét* (*sündigen*) pecar; ***was fehlt Ihnen?*** (que é) que tem?; ***an mir soll es nicht ~*** não será culpa minha; ***das fehlte gerade noch*** *irón* não faltava mais nada; ***es an nichts ~ lassen*** fazer todos os possíveis, *bras* fazer todo o possível; ***weit gefehlt*** está muito enganado; errado; **♀** *n* falta *f*, ausência *f*

'Fehlentscheidung *f* decisão *f* errada

'Fehler *m* erro *m*; falta *f*; falha *f*; *a dauernder*: defeito *m*; *moralisch*: vício *m*; **'♀frei** sem defeito; sem erros, corre(c)to; perfeito, inta(c)to; **'♀haft** defeituoso; com erros; errado; **'♀los** → ***♀frei***

'Fehl|geburt *f* aborto *m*, F desmancho *m*; **♀gehen** <*sn*> errar caminho; *fig* estar enganado; **~gewicht** *n* <-(*e*)*s*; *sem pl*> falta *f* de peso; **♀greifen** errar, enganar-se; **~griff** *m* <-(*e*)*s*; *-e*> erro *m*, engano *m*; **~schlag** *m* <-(*e*)*s*; *¨e*> *fig* malogro *m*, fracasso *m*; **♀schlagen** <*sn*>

frustrar-se, fracassar, malograr-se; **⁓tritt** *m* <-(*e*)*s*; -*e*> passo *m* em falso, tropeção *m* (***tun*** dar); *fig* falta *f*, pecado *m*; **⁓urteil** *n* <-(*e*)*s*; -*e*> erro *m* judiciário; **⁓zündung** *TÉCN f* falha *f* (na ignição)

'Feier ['faɪər] *f* <-; -*n*> festa *f*; celebração *f*; cerimónia (*ô) *f*; **⁓abend** *m* <-*s*; -*e*> fim *m* do trabalho diário; ***⁓ machen*** parar com o trabalho; **2lich** solene; **⁓lichkeit** *f* solenidade *f*, cerimónia (*ô) *f*; **2n** <-*re*> **1.** festejar, celebrar, solenizar; *j-n*: *a* homenagear; **2.** descansar, fazer feriado; **⁓schicht** *f*: ***e-e ⁓ einlegen*** suprimir um turno; **⁓stunde** *f* hora *f* de descanso; *ernste*: a(c)to *m* solene; cerimónia (*ô) *f*; **⁓tag** *m* <-(*e*)*s*; -*e*> (dia *m*) feriado *m*, dia *m* de festa; ***allgemeiner ⁓*** feriado *m* nacional; *REL* dia *m* santo

'feig(e) [faɪk, 'faɪgə] cobarde, *bras* covarde, patife

'Feige *BOT f* figo *m*; **⁓nbaum** *m* <-(*e*)*s*; ¨*e*> figueira *f*; **⁓nblatt** *n* <-(*e*)*s*; ¨*er*> folha *f* de figueira; **⁓nkaktus** *m* <-; -*teen*> nopal *m*, opúncia *f*

'Feig|heit *f* <*sem pl*> cobardia *f*; pusilanimidade *f*; *bras* covardia *f*; **⁓ling** *m* <-*s*; -*e*> cobarde *m*, poltrão *m*, *bras* patife *m*

'Feil|e ['faɪlə] *f* lima *f*, *bras* lixa *f*; **'2en** limar, *bras* lixar; *am Stil*: rematar, dar o último retoque em; **2schen** ['-ʃən]: ***⁓ um*** regatear (*ac*); **⁓späne** ['-ʃpɛːnə] *m/pl* limalha *f/sg*

fein [faɪn] fino (*a fig*); (*dünn*) delgado; (*⁓sinnig*) subtil; (*schön*) belo; (*erlesen*) delicado; (*vornehm*) distinto, elegante; *Regen etc*: miúdo; ***sich ⁓ machen*** pôr-se bonito; arranjar-se; **'2bäcker** *m* pasteleiro *m*, *bras* confeiteiro *m*; **'2bäckerei** *f* pastelaria *f*, *bras* confeitaria *f*

Feind [faɪnt] *m* <-(*e*)*s*; -*e*>, **'⁓...**, **'⁓es...** ['-dəs...] *in Zssg(n)* inimigo *m*; **'⁓in** ['-dɪn] *f* inimiga *f*; **'2lich** inimigo, hostil; *Geschick*: adverso; **'⁓schaft** *f* inimizade *f*; **'2selig** hostil; **'⁓seligkeit** *f* hostilidade *f*

'Fein|einstellung *f TÉCN* ajuste *m* de precisão; *Radio*: sintonização *f*; **2fühlend**, **2fühlig** ['-fyːlɪç] delicado, sensível; **⁓gebäck** *n* <-(*e*)*s*; *sem pl*> bolos *m/pl*, *bras* doces *m/pl*; artigos *m/pl* de pastelaria (*bras* confeitaria); **⁓gefühl** *n* <-(*e*)*s*; *sem pl*> delicadeza *f*; tacto *m*; **⁓gehalt** *m* <-(*e*)*s*; -*e*> título *m*, toque *m*; *Edelmetall*: quilate *m*, lei *f*; **⁓gewinde** *n* filete *m* fino; **⁓gold** *n* <-(*e*)*s*; -*e*> ouro *m* de lei; **⁓heit** *f* fineza *f*; delicadeza *f*; subtileza *f*; **⁓kostgeschäft** *n* charcutaria *f*; mercearia *f* fina; **⁓mechanik(er** *m*) *f* <*sem pl*> mecânica *f*, -o *m* de precisão; **⁓schmecker** ['-ʃmɛkər] *m* gastrónomo (*ô) *m*; gourmet *m*; **2sinnig** subtil; **⁓wäsche** *f* roupa *f* fina

feist [faɪst] gordo; ***⁓es Gesicht*** cara *f* de abade

Feld [fɛlt] *n* <-(*e*)*s*; -*er*> campo *m* (***frei*** raso); *im Spiel*: quadrado *m*; *ARQUIT* entrepano *m*; *MIL* <*sem pl*> campanha *f*, frente *f*; *fig* domíno; *fig* ***ins ⁓ führen*** argumentar; alegar; ***das ⁓ räumen*** ceder; retirar-se; **'⁓arbeit** *f* lavoura *f*; **'⁓arbeiter** *m* lavrador *m*; **'⁓bau** *m* <-(*e*)*s*; *sem pl*> lavoura *f*, agricultura *f*; **'⁓bett** *n* <-(*e*)*s*; -*en*> cama *f* de campanha; catre *m*; **'⁓blume** *f* flor *f* de campo, flor *f* silvestre; **2'ein**: **⁓** (**2'*aus***) através dos campos; **'⁓flasche** *f* cantil *m*; **'⁓frucht** *f* <-; ¨*e*> produto *m* agrícola; **'2grau** *fig* militar; **'⁓herr** *m* <-*n*; -*en*> general *m*; *großer*: *a* capitão *m*; **'⁓jäger** *m* correio *m* real; caçador *m*; **'⁓küche** *f* cozinha *f* ambulante (*od* de campanha); **'⁓lager** *n* acampamento *m*; **'⁓lazarett** *n* <-(*e*)*s*; -*e*> ambulância *f*; **'⁓marschall** *m* <-*s*; ¨*e*> marechal *m* (do campo); **'⁓maus** *f* <-; ¨*e*> ratinho *m* campestre; **'⁓messer** *m* agrimensor *m*, abalizador *m*; **'⁓messung** *f* agrimensura *f*; **'⁓post** *f* <*sem pl*> correio *m* militar, correspondência *f* militar; **'⁓schlacht** *f* batalha *f* (campal); **'⁓spat** *m* <-(*e*)*s*; -*e*> feldspato *m*; **'⁓stecher** ['-ʃtɛçər] *m* binóculo *m*; **'⁓stein** *m* <-(*e*)*s*; -*e*> marco *m*; **'⁓webel** ['-veːbəl] *m* segundo-sargento *m*; **'⁓weg** *m* <-(*e*)*s*; -*e*> atalho *m*, vereda *f*; **'⁓zug** *m* <-(*e*)*s*; ¨*e*> campanha *f*

'Felge ['fɛlgə] *f* jante *f*; pina *f*; camba *f*; *bras a*: aro *m* (de roda), cambota *f*

Fell [fɛl] *n* <-(*e*)*s*; -*e*> pele *f*; ***j-m das ⁓ über die Ohren ziehen*** *fig* explorar alg escandalosamente, esfo-

F

lar alg; ***ein dickes ~ haben*** F *fig* ser da pele do diabo; ser pouco sensível

Fels [fɛls] *m* <-*en*> rochedo *m*, penedo *m*, penha(sco) *f* (*m*); *im Meer*: escolho *m*; **'~block** *m* <-(*e*)*s*; ⸗*e*> rocha *f*; **'~brocken** *m* naco *m* de rocha

'Felsen ['fɛlzən] *m* <-*en*> → ***Fels***; **⸗fest** firme como uma rocha; *fig* inabalável; ***~ glauben*** ter a certeza absoluta; **~höhle** *f*, **~keller** *m* caverna *f*; **~klippe** *f* escolho *m*; **~küste** *f* costa *f* rochosa; **~riff** *n* <-(*e*)*s*; -*e*> recife *m*

'felsig ['fɛlzɪç] rochoso, penhascoso

'Fels|massiv *n* <-*s*; -*e*> maciço *m* rochoso; **~wand** *f* <-; ⸗*e*> penha *f* escarpada; rochedo *m* a pique; *bras* penhasco *m*

'Femini|num ['feːminiːnum] *n* <-*s*; -*na*> feminino *m*; **~smus** [femi'nɪsmʊs] *m* <-; *sem pl*> feminismo *m*; **~stin** *f*, **⸗stisch** [-'nistiʃ] feminista (*f*)

'Fenchel ['fɛnçəl] *m* <*sem pl*> funcho *m*

'Fenster *n* janela *f*; AUTO vidro *m*; (*Laden⸗*, *Schau⸗*) montra *f*, vitrina *f*; (*Kirchen⸗*) vitral *m*; ***zum ~ hinauswerfen*** *fig* gastar à toa; **~brett** *n* <-(*e*)*s*; -*er*>, **~brüstung** *f* peitoril *m*; **~flügel** *m* batente *m* da janela; **~glas** *n* <-*es*; *sem pl*> vidraça *f*; **~kreuz** *n* <-*es*; -*e*> cruzeta *f* de janela; **~laden** *m* <-*s*; ⸗> porta *f*; *äußerer*: adufa *f*, *bras* veneziana *f*; **~leder** *n* camurça *f* para limpar vidro; **~nische** *f* vão *m* de janela; **~platz** *m* <-*es*; ⸗*e*> lugar *m* à janela; **~putzer** *m* limpa-janelas *m*, *bras* limpador *m* de janelas; **~rahmen** *m* caixilho *m*; **~scheibe** *f* vidro *m*

'Ferien ['feːriən] *pl* férias *f/pl*; ***~ haben*** estar de férias; ***die ~ verbringen*** passar as férias; *in Zssg*(*n*) de férias; **~dorf** *n* <-(*e*)*s*; ⸗*er*> aldeamento *m* turístico; **~haus** *n* <-*es*; ⸗*er*> casa *f* de férias, chalé *m*; **~lager** *n* colónia (*ô) *f* de férias; **~ort** *m* <-(*e*)*s*; -*e*> local *m* de férias; **~reise** *f* vilegiatura *f*, veraneio *m*; **~wohnung** *f* apartamento *m* de férias

'Ferkel ['fɛrkəl] *n* porquinho *m*, leitão *m*; *fig* porcalhão *m*

Fer'mate [fɛr'maːtə] MÚS *f* suspensão *f*

Fer'ment [fɛr'mɛnt] *n* <-*s*; -*e*> fermento *m*

fern [fɛrn] longe, distante; (***sehr ~***) remoto; ***~ halten*** manter afastado; ***j-m ~ liegen*** estar longe de alg, ser de pouco interesse para alg; ***~ liegend*** remoto; ***~ stehen*** ser estranho a; ***j-m ~ stehen*** não ter relações com alg; ***der ⸗e Osten*** o Extremo Oriente; **'⸗amt** CORR *n* <-(*e*)*s*; ⸗*er*> linhas *f/pl*; serviço *m* interurbano; (central *f* de comunicações) interurbana(s) *f*(*/pl*); **'⸗bedienung** *f* telecomando *m*, *bras* controle *m* remoto; **'~bleiben** <*sn*> abster-se, manter-se afastado; **'⸗blick** *m* <-(*e*)*s*; -*e*> panorama *m*; **'⸗e** [-ə] *f* distância *f*; ***aus der ~*** de longe; ***in der ~*** ao longe; **'~er** *adj* ulterior; seguinte; *adv* depois, além disso, mais; **'~erhin** para o futuro, de futuro; **'⸗fahrer** *m* camionista *m*, *bras* caminhoneiro *m*; **'⸗flug** AV *m* <-(*e*)*s*; ⸗*e*> voo (*ô) *m* a grande distância; **'~gelenkt** teleguiado; **'⸗gespräch** *n* <-(*e*)*s*; -*e*> chamada *f* (*od* telefonema *m*) interurbana (***nach*** para); **'~gesteuert** teleguiado; **'⸗glas** *n* <-*es*; ⸗*er*> binóculo *m*; **'⸗heizung** *f* aquecimento *m* a distância; **'⸗kabel** *n* cabo *m* subterrâneo (*od* NAV submarino); **'⸗kopie** *f* telecópia *f*; telefax *m*; **'⸗kopierer** *m* telecopiador *m*; **'⸗kurs** *m* <-*es*; -*e*> curso *m* por correspondência; **'⸗laster** *m* F, **'⸗lastwagen** *m* camião *m* de longo percurso; **'⸗leitung** *f* CORR cabo *m* de grande distância; **'⸗lenkung** *f* telecomando *m*; **'⸗licht** *n* <-(*e*)*s*; -*er*> *Auto*: máximos *m/pl*, *bras* farol *m* alto; **'⸗meldetechnik** *f* telecomunicações *f/pl*; **'~mündlich** telefónico (*ô); *adv a* por telefone; **'⸗rohr** *n* <-(*e*)*s*; -*e*> telescópio *m*; **'⸗schreiben** *n* telex *m*; **'⸗schreiber** *m* teleimpressor *m*, teletipo *m*

'Fernseh|apparat *m* <-(*e*)*s*; -*e*> televisor *m*, aparelho *m* de televisão; **~en** *n* televisão *f*; **⸗en** ver (a) televisão; **~er** *m* F televisor *m*; **~film** *m* <-(*e*)*s*; -*e*> telefilme *m*; **~gerät** *n* <-(*e*)*s*; -*e*> → ***~apparat***; **~sender** *m* emissora *f* de televisão; **~sendung** *f* emissão *f* de televisão;

~serie *f* série *f* televisiva; *bras* telenovela *f*; **~teilnehmer** *m*, **~zuschauer** *m* telespe(c)tador *m*, *bras* a televente *m*

'**Fernsicht** *f* <*sem pl*> panorama *m*, vista *f*

'**Fernsprech...** *a* → ***Telefon...***; **~amt** [-ʃprɛç-] *n* <-(*e*)*s*; ¨*er*> central *f* telefónica (*ô); **~anschluss** *m* <-*es*; ¨*e*>: ~ ***haben*** ter telefone; **~automat** *m* <-*en*> posto *m* público (automático); **~buch** *n* <-(*e*)*s*; ¨*er*> lista *f* telefónica (*ô); **~er** *m* telefone *m*; '**~gebühr** *f* taxa *f* telefónica (*ô); **~teilnehmer** *m* assinante *m* da rede telefónica (*ô); **~zelle** *f* cabine *f* telefónica (*ô)

Fern|steuerung *f* telecomando *m*; **~studium** *n* <-*s*; -*ien*> ensino *m* por correspondência; **~verkehr** *m* <-*s*; *sem pl*> serviços (*od* transportes *m*/*pl od* comunicações *f*/*pl*) interurbanos, -as; **~ziel** *n* <-(*e*)*s*; -*e*> obje(c)tivo *m* final; **~zug** *m* <-(*e*)*s*; ¨*e*> expresso *m*

'**Ferse** ['fɛrzə] *f* calcanhar *m*, talão *m*; *pl* ***j-m auf den ~n sein*** (*od* ***folgen***) seguir no encalço de alg; perseguir alg de perto; **~ngeld** *n* <-(*e*)*s*; *sem pl*>: ~ ***geben*** *fig* dar aos calcanhares; fugir

'**fertig** ['fɛrtiç] pronto; feito; F estoirado; ~ ***bekommen***, ***~bringen*** conseguir (fazer); *iron* ser capaz de; ~ ***machen*** acabar, terminar; ***sich ~ machen*** preparar-se; aprontar-se; ***j-n ~ machen*** F (*abkanzeln*) dar uma ensaboadela a alg; (*zusammenschlagen*) dar cabo de alg, aniquilar alg; ~ ***stellen*** acabar; completar; fabricar; ~ ***werden*** acabar; ***mit et ~ werden*** (***können***) ser capaz de fazer a/c; conseguir fazer a/c, levar a/c a cabo; ***mit j-m ~ werden*** (***können***) saber lidar com alg; ~ ***sein*** ter terminado; (*Sache*) estar acabado; F (*erschöpft*) estar extenuado (*od* estafado); **≈erzeugnis** *n* <-*ses*; -*se*> produto *m* pré-fabricado (*od* pronto); **≈gericht** *n* <-(*e*)*s*; -*e*> prato *m* feito, pré-cozinhado *m*; **≈haus** *n* <-*es*; ¨*er*> casa *f* pré-fabricada; **≈keit** *f* habilidade *f*, jeito *m*; prática *f*

'**Fertigstellung** *f* <*sem pl*> acabamento *m*

'**Fertigung** *f* ['-guŋ] *f* fabrico *m*, fabricação *f*, produção *f*, manufa(c)tura *f*; **~sstraße** *f* linha *f* de produção

'**Fertigware** *f* → ***Fertigerzeugnis***

Fes [fɛs] MÚS *n* <-; *sem pl*> fá-bemol *m*

fesch [fɛʃ] chique; F giro, *bras* bacana

'**Fessel** ['fɛsəl] *f* <-; -*n*> cadeia *f*; ferros *m*/*pl* (*a fig*), prisão *f*; (*Hand≈*) algemas *f*/*pl*; (*Gelenk*) grilhão *m*; **~ballon** *m* <-*s*; -*s*, -*e*> balão *m* cativo; **≈n** <-*le*> encadear, atar, *an den Füßen*: agrilhoar; *fig* interessar, cativar; **≈nd** interessante

fest [fɛst] firme (*a Land u fig*); sólido (*a* FÍS); *Punkt*, *Preis*: fixo, constante; MIL forte; *Wohnsitz*: permanente; *Schlaf*: profundo; *adv* a valer

Fest *n* <-(*e*)*s*; -*e*> festa *f*, festividade *f*; *bsd* MÚS festival *m*; ***frohes ~!*** boas festas! '**~akt** *m* <-(*e*)*s*; -*e*> a(c)to *m* festivo; '**~beleuchtung** *f* iluminação *f* (festiva); '**≈binden** atar; '**≈bleiben** <*sn*> ficar firme; '**~essen** *n* banquete *m*; festim *m*; (*am Heiligabend*) consoada *f*, *bras* ceia *f*; '**≈fahren** *v*/*i* <*sn*> *a fig* encalhar; '**~geld** *n* <-(*e*)*s*; *sem pl*> depósito *m* a prazo fixo; '**≈halten 1.** *v*/*t* segurar; não largar; ***sich an*** (*dat*) ~ segurar-se em, agarrar-se a; **2.** *v*/*i fig* ***an*** (*dat*) ~ não desistir de, insistir em, perseverar em

'**festig|en** ['-igən] consolidar, firmar; *Gesundheit*: fortalecer; *Währung*: estabilizar; **≈keit** ['-iç-] *f* <*sem pl*> firmeza *f*, solidez *f* (*a* TÉCN); estabilidade *f*; *j-s*: integridade *f*; inteireza *f*; **≈ung** ['-iguŋ] *f* <*sem pl*> consolidação *f*; firmeza *f*

'**fest|klammern** <-*re*> segurar (com gancho); ***sich ~*** *a fig* agarrar-se (***an*** *dat* a); **~kleben** *v*/*t* (*v*/*i*; *sn*) pegar; **≈land** *n* <-(*e*)*s*; ¨*er*> continente *m*, terra *f* firme

'**festlegen** fixar; estipular; *schriftlich*: assentar; (*Geld*) imobilizar; ***j-n ~*** comprometer (*od* obrigar) alg; ***sich auf*** (*ac*) ~ comprometer-se a (*inf*)

'**festlich** festivo; solene; **≈keit** *f* festividade *f*; solenidade *f*, cerimónia (*ô) *f*

'**fest|liegen** estar detido; *Termin*: es-

tar determinado; *NAV* estar amarrado; *ECON Kapital*: ser imóvel; **~machen** segurar; *NAV* amarrar; *Datum*: combinar, fixar; *v/i* atracar
'Fest|mahl *n* <-(*e*)*s*; *¨er*, *-e*> → **~essen**; **~meter** *m u n* estere *m*; metro *m* cúbico; **≈nageln** <*-le*> pregar; *fig*: *j-n* → **≈legen**; **~nahme** ['-na:mə] *f* detenção *f*, prisão *f*; **≈nehmen** prender, deter; **~platte** *f INFORM* disco *m* rígido; **~preis** *m* <*-es*; *-e*> preço *m* fixo; **~schrift** *f* publicação *f* comemorativa; **~ für j-n** homenagem *f* a alg
'festsetz|en <*-t*> fixar; estabelecer; *Preis*: tabelar; *Stunde*: marcar; *vertraglich*: *a* estipular; *gesetzlich*: *a* decretar; ***sich ~*** estabelecer-se; **≈ung** *f der Preise*: tabelamento *m*
'Fest|spiele *n/pl* festival *m*; **'≈stampfen** (a)pisoar, *bras a* esmagar com os pés; **'≈stehen** estar firme; *fig* ser certo; ***feststehend*** *adj* firme, fixo; *fig* estabelecido
'feststell|en ver(ificar), averiguar; assinalar; (*beweisen*) comprovar; (*sagen, bemerken*) registar, afirmar, observar; *j-n*: identificar; *TÉCN* parar; ***den Standort*** (*gen*) **~** localizar (*ac*); **≈ung** *f* verificação *f*, identificação *f*; (*Bemerkung*) observação *f*, afirmação *f* (***treffen*** fazer); registo, *bras* registro *m*
'Festtag *m* <-(*e*)*s*; *-e*> dia *m* de festa, (dia *m*) feriado *m*
'Festung ['fɛstʊŋ] *f* fortaleza *f*, praça *f* forte
'Festungs|anlage *f* fortificações *f/pl*; **~haft** *f* <*sem pl*> presídio *m*; prisão *f* militar
'fest|verzinslich a juro fixo; **≈vorstellung** *f* representação *f* (*od* espectáculo *m*) de gala; **≈zug** *m* <-(*e*)*s*; *¨e*> cortejo *m*
'Fetisch ['fe:tiʃ] *m* <-(*e*)*s*; *-e*> fetiche *m*, feitiço *m*
fett [fɛt] gordo; *MÚS* viçoso; ***~ machen***, ***~ werden*** engordar
Fett *n* <-(*e*)*s*; *-e*> gordura *f*; **'≈arm** com pouca gordura; (*Milch*) magro, desnatado; **'~auge** *n* olho *m* de gordura; **'~druck** *m* <-(*e*)*s*; *-e*> cara(c)teres *m/pl* negros; *bras* negrito *m*; **'≈en** <*-e-*> untar; *TÉCN* lubrificar; **'~fleck** *m* <-(*e*)*s*; *-e*> mancha *f* (de gordura); **'≈ig** gorduroso; *Haar*: oleoso; **'~kohle** *f* hulha *f* betuminosa; **'≈leibig** ['-laɪbɪç] obeso; **'~leibigkeit** *f* <*sem pl*> obesidade *f*; **'≈löslich** solúvel em gorduras; **'~näpfchen** *n*: ***ins ~ treten*** meter a pata na poça; **'~sucht** *MED f* <*sem pl*> polisarcia *f*, hipertrofia *f* do tecido adiposo; **'~wanst** F *m* <-(*e*)*s*; *¨e*> pançudo *m*
'Fetzen ['fɛtsən] *m Papier*: pedaço *m*; *Stoff*: farrapo *m*, trapo *m*; ***in ~ reißen*** rasgar, despedaçar, dilacerar
feucht [fɔyçt] húmido, *bras* úmido; ***im ≈en*** ao relento; **'≈biotop** *n* <*-s*; *-e*> biótopo *m* húmido
'Feuchtigkeit *f* <*sem pl*> humidade *f*, *bras* umidade *f*; **~screme** *f* <*-*; *-s*> creme *m* hidratante; **~smesser** *m* higrómetro (*ô) *m*
feu'dal [fɔy'da:l] feudal; *fig* F aparatoso, esplêndido, sumptuoso, *bras* suntuoso; **≈'ismus** [-da'l-] *m* <*-*; *sem pl*> feudalismo *m*; **~'istisch** [-'listiʃ] feudalista
'Feuer ['fɔyər] *n* fogo *m* (***fangen*** pegar, ***geben*** *MIL* fazer, ***heftiges***: *a* nutrido); (*Brand*) incêndio *m*; (*Herd≈*, *Zigarren≈*) lume *m*; *fig* ardor *m*, brio *m*; *fig* ***~ und Flamme sein für*** entusiasmar-se por; ***~ fangen*** *fig* apaixonar-se; ***~ speiend*** vulcânico; **~alarm** *m* <-(*e*)*s*; *-e*> rebate *m*, *bras* alarme *m*; **≈beständig** → **≈fest**; **~bestattung** *f* cremação *f*, incineração *f*; **~eifer** *m* <*-s*; *sem pl*> fervor *m*; **~einstellung** *f MIL* cessar-fogo *m*; **≈fest** incombustível; à prova de fogo; refractário (ao fogo); **≈gefährlich** inflamável; **~haken** *m* atiçador *m*; esgaravatador *m*; **~herd** *m* <-(*e*)*s*; *-e*> fogão *m*; lareira *f*; **~leiter** *f* <*-*; *-n*> escada *f* de incêndio; **~löscher** *m* extintor *m* de incêndios; **~melder** *m* campainha *f* de incêndios; **≈n** *MIL* <*-re*> fazer fogo; ***mit*** *Holz etc* **~** aquecer com; **~probe** *f* prova *f* de fogo; **≈rot** rubro; **~sbrunst** *f* <*-*; *¨e*> incêndio *m*; **~schaden** *m* <*-s*; *¨*> prejuízo *m* causado por incêndio; **~schiff** *n* <-(*e*)*s*; *-e*> barco-farol *m*; **~spritze** *f* bomba *f* de incêndios; **~stein** *m* <-(*e*)*s*; *-e*> pederneira *f*, sílex *m* pirómaco (*ô); **~stelle** *f* fogão *m*; lareira *f*; **~taufe** *f* ba(p)tis-

mo *m* de fogo; **~ung** *f* combustível *m*; → **~stelle**; **~versicherung** *f* seguro *m* contra incêndios; **~wache** *f* posto (*bras* corpo) *m* de bombeiros; (*Brandwache*) guarda *f* de bombeiros; **~waffe** *f* arma *f* de fogo; **~wehr** *f* bombeiros *m/pl*; **~wehrmann** *m* <-(*e*)*s*; *-leute, -männer*> bombeiro *m*; **~werk** *n* <-(*e*)*s*; *-e*> fogo *m* (*bras* fogos *pl*) de artifício; **~werker** *m* pirotécnico *m*; **~werkskörper** *m* foguete *m*; artigo *m* pirotécnico; **~zange** *f* tenaz *f*; **~zeichen** *n* toque *m* de fogo; **~zeug** *n* <-(*e*)*s*; *-e*> isqueiro *m*

Feuille'ton [fœj(ə)'tõ] *n* <-*s*; *-s*> folhetim *m*

'feurig ['fɔyriç] ardente; *fig* fogoso

f. f. ***folgende Seiten*** e páginas seguintes, e seguidas (págs. seguidas, ss.)

Fi'asko [fi'asko] *n* <-*s*; *-s*> fiasco *m*

'Fibel ['fi:bəl] *f* <-; *-n*> cartilha *f*; abecedário *m*; (*Spange*) fíbula *f*

'Fiber ['fi:bər] *f* <-; *-n*> fibra *f*

ficken ['fikən] *v/t u v/i* V foder

'Fichte ['fiçtə] *f* abeto *m*, pinheiro *m*; **~nholz** *n* <-*es*; *⸚er*> pinho *m*; **~nnadel** *f* <-; *-n*> agulha *f* de pinheiro, carum(b)a *f*; **~nwald** *m* <-(*e*)*s*; *⸚er*> pinhal *m*

fi'del [fi'de:l] alegre; divertido

'Fieber ['fi:bər] *n* febre *f*; **2frei** sem febre; **2haft**, **2ig** febril; **~kurve** *f* curva *f* de febre; **~mittel** *n* febrífugo *m*, *bras* remédio *m* contra a febre; **2n** <-*re*> ter febre, estar com febre; **~thermometer** *n* termómetro (*ô) *m* clínico

'Fiedel ['fi:dəl] *f* <-; *-n*> rabeca *f*, violino *m*; **2n** <-*le*> tocar a rabeca

fies [fi:s] F baixo; asqueroso

Fi'gur [fi'gu:r] *f* figura *f*; vulto *m*; estátua *f*; *j-s*: *a* estatura *f*; forma *f*; *Spielstein*: peça *f*; ***e-e gute ~ haben*** ter uma boa figura; **2'ieren** [-gu'r-] <-> figurar

fi'gürlich [fi'gy:rliç] (em sentido) figurado; figurativo

Fik|ti'on [fiktsi'o:n] *f* ficção *f*; **2'tiv** [-'ti:f] fictício, imaginário

Fi'let [fi'le:] *n* <-*s*; *-s*> filete *m*; lombo *m*; **~steak** *n* <-*s*; *-s*> bife *m* de lombo

Fili'al|e [fili'a:lə] *f* filial *f*, sucursal *f*; **~leiter** *m* chefe *m* de filial

Fili'gran [fili'gra:n] *n* <-*s*; *-e*>, **~arbeit** *f* filigrana *f*

Film *m* <-(*e*)*s*; *-e*> filme *m*; *FOT* rolo *m*; (*dünne Schicht*) película *f*; *vorgeführter*: *a* fita *f* (cinematográfica) (***drehen*** fazer, rodar, ***laufen lassen***, ***vorführen*** passar, exibir); cinema *m*; **'~archiv** *n* <-*s*; *-e*> cinemateca *f*; **'~atelier** *n* <-*s*; *-s*> estúdio *m*; **'~aufnahme** *f* filmagem *f*, rodagem *f* de um filme; **'~bearbeitung** *f* adaptação *f* cinematográfica; **'2en** filmar, rodar um filme; **'~industrie** *f* indústria *f* cinematográfica; **'~kamera** *f* <-; *-s*> máquina *f* de filmar; **'~kunst** *f* <-; *sem pl*> arte *f* cinematográfica; **'~regisseur** *m* <-*s*; *-e*> realizador *m*; **'~schauspieler(in** *f*) *m* artista *su* de cinema, a(c)tor *m* (a[c]triz *f*) de cinema; **'~star** *m* <-*s*; *-s*> estrela *f* de cinema; **'~streifen** *m* fita *f*; **'~verleih** *m* <-*s*; *-e*> distribuição *f* de filmes; **'~vorführung** *f* proje(c)ção (*od* exibição) *f* de um filme

'Filter ['filtər] *m* filtro *m*; **~kaffee** *m* <-*s*; *-s*> café *m* de saco; **2n** <-*re*> filtrar; **~papier** *n* <-*s*; *-e*> papel *m* de filtro; **~zigarette** *f* cigarro *m* com filtro

fil'trieren [fil'tri:rən] <-> filtrar

Filz [filts] *m* <-*es*; *-e*> feltro *m*; **'2en** <-*t*> F revistar; roubar; **'~hut** *m* <-(*e*)*s*; *⸚e*> chapéu *m* de feltro; **'2ig** felpudo, felpado; **'~laus** *f* <-; *⸚e*> chato *m*, ladilha *f*; **'~stift** *m* <-(*e*)*s*; *-e*> caneta *f* de feltro

'Fimmel ['fiməl] *m* F mania *f*; pancada *f*

Fi'nale [fi'na:lə] *n* <-*s*; *-ls*> *Sport*: final *f*

Fi'nanz [fi'nants] *f* (*meist pl -en*) finanças *f/pl*; **~amt** *n* <-(*e*)*s*; *⸚er*> repartição *f* de finanças; fazenda *f* pública; *bras* secretaria *f* da fazenda; **2i'ell** [-i'ɛl] financeiro; pecuniário; **~'ier** [-'tsie:] *m* <-*s*; *-s*> financeiro *m*; **2'ieren** *v/t* <-> financiar; ***et ~*** *a* dar (o) dinheiro para a/c; **~'ierung** [-'i:ruŋ] *f* financiamento *m*; **~mann** *m* <-(*e*)*s*; *-leute*> → ***Finanzier***; **~minister(ium** *n* <-*s*; *-ministerien*>) *m* Ministro (Ministério) *m* das Finanças; **~wesen** *n* <-*s*; *sem pl*>, **~wirtschaft** *f* <*sem pl*> fazenda *f* pública; finanças *f/pl*

F

F

'Findelkind *n* <-(*e*)*s*; *-er*> enjeitado *m*; criança *f* exposta
'find|en ['fındən] achar; encontrar; ***wie ~ Sie ...?*** *a* que lhe parece ...?; ***das wird sich ~*** ver-se-á; veremos; ***sich in*** (*ac*) **~** conformar-se com; **Ωer** *m* achador *m*; **Ωerlohn** *m* <-(*e*)*s*; *¨e*> alvíssaras *f/pl*; *bras* recompensa *f*; **~ig** engenhoso; **Ωling** *m* <*-s*; *-e*> *Stein*: bloco *m* erático, rocha *f* erática
'Finger ['fıŋər] *m* dedo *m*; ***kleiner ~*** mínimo *m*; ***sich aus den ~n saugen*** inventar; ***j-m auf die ~ sehen*** vigiar alg; ***j-n um den kleinen ~ wickeln*** (***können***) fazer de alg o que se quer, *bras* fazer o que quer com alg; ***keinen ~ rühren*** não mexer um dedo; ***an den ~n abzählen*** contar pelos (*bras* nos) dedos; ***sich*** (*dat*) ***an den ~n abzählen können*** ver-se, ser evidente; **~abdruck** *m* <-(*e*)*s*; *¨e*> impressão *f* digital; **Ωbreit**, **Ωdick** da largura de um dedo; **Ωfertig** ágil, destro; manipresto, prestímano; **~fertigkeit** *f* destreza *f*, agilidade *f*; prestidigitação *f*; **~hut** *m* <-(*e*)*s*; *¨e*> dedal *m*; *BOT* digital *m*; **~ling** *m* <*-s*; *-e*> dedeira *f*; **Ωn** <*-re*> F manejar; dedilhar; **~nagel** *m* <*-s*; *¨*> unha *f*; **~ring** *m* <-(*e*)*s*; *-e*> anel *m*; **~satz** *m* <*-es*; *¨e*> dedilhação *f*; **~spitze** *f* ponta *f* do dedo; **~spitzengefühl** *n* <-(*e*)*s*; *sem pl*> ta(c)to *m*, sensibilidade *f*; **~zeig** [-tsaık] *m* <-(*e*)*s*; *-e*> indicação *f*, indício *m*; aviso *m*
fin'gier|en [fıŋ'gi:rən] <-> fingir; **~t** *adj* fictício
Fink [fıŋk] *m* <*-en*> tentilhão *m*
'Finn|e ['fınə] **1.** *f ZO* sarna *f*; (*Pustel*) pústula *f*; **2.** *m* <*-en*>, **~in** *f*, **Ωisch** finlandês *m*, -esa *f*, da Finlândia; **'~land** *n* Finlândia *f*
'finster ['fınstər] escuro; obscuro; tenebroso; *fig* sombrio; lúgubre; ***im Ωn*** às escuras; **Ωnis** *f* <-; *-se*> escuridão *f*, escuridade *f*; trevas *f/pl*; eclipse *f*
'Finte ['fıntə] *f* peta *f*; pretexto *m*; finta *f*; truque *m*
'Firlefanz ['fırləfants] *m* <*-es*; *sem pl*> futilidade *f*
'Firma ['fırma] *f* <-; *Firmen*> firma *f*, casa *f* (comercial); ***unter der ~*** sob a razão de; **~'ment** [-'mɛnt] *n* <-(*e*)*s*; *-e*> firmamento *m*
'firmen ['fırmən] crismar, confirmar
'Firmen|bezeichnung ['fırmən-] *f*, **~name** *m* <*-ns*; *-n*> nome *m* da firma; **~register**, **~verzeichnis** *n* <*-ses*; *-se*> anuário *m* comercial
'Firmung *f* crisma *f*, confirmação *f*
Firn *m* <-(*e*)*s*; *-e*> neve *f* gelada; **'~is** *m* <*-ses*; *-se*> verniz *m*; **'Ωissen** ['-nisən] <*-t*> envernizar
First *m* <-(*e*)*s*; *-e*> cume *m*; remate *m*
Fis *MÚS n* <-; -> fá *m* sustenido
Fisch [fıʃ] *m* <-(*e*)*s*; *-e*> peixe *m*; **'~besteck** *n* <-(*e*)*s*; *-e*> talher *m* para peixe; **'~brut** *f* peixe *m* miúdo; alevim *m*; **'Ωen** pescar; **'~en** *n* pesca *f*; **'~er** *m* pescador *m*; **'~erboot** *n* <-(*e*)*s*; *-e*> barco *m* de pesca; **~e'rei** *f* pesca *f*; **~e'reigewerbe** *n* <*-s*; *sem pl*>, **'~fang** *m* <-(*e*)*s*; *sem pl*> pesca *f*; **'~flosse** *f* barbatana *f*, *bras a* nadadeira *f*; **'~gericht** *n* <-(*e*)*s*; *-e*> prato *m* de peixe; **'~gräte** *f* espinha *f* de peixe; **'~händler(in** *f*) *m* peixeiro *m*, -a *f*; **'~laich** *m* <-(*e*)*s*; *-e*> desova *f*; **'~markt** *m* <-(*e*)*s*; *¨e*> mercado *m* de peixe; **'~mehl** *n* <*-s*; *-e*> farinha *f* de peixe; **'~netz** *n* <*-es*; *-e*> rede *f* (de pescar); *mit Bleigewichten*: chumbeira *f*, *bras* tarrafa *f*; **'~otter** *m* lontra *f*; **'Ωreich** abundante em peixe; **'~reiher** *m* garça *f* cinzenta; **'~schuppe** *f* escama *f* de peixe; **'~suppe** *f* sopa *f* de peixe; **'~teich** *m* <-(*e*)*s*; *-e*> viveiro *m*; **'~zucht** *f* <*sem pl*> piscicultura *f*; **'~zug** *m* <-(*e*)*s*; *¨e*> pesca *f*, lanço *m*
'Fiskus ['fıskus] *m* <-; *-ken*, *-se*> fisco *m*
'Fistel ['fıstəl] *f* <-; *-n*> *MED* fístula *f*; *MÚS* = **~stimme** *f* falsete *m* (***mit*** de)
fit [fıt] em boa forma física, em forma
'Fitness|center ['fıtnɛssɛntər] *n* ginásio *m* de body-building; **~raum** *m* <-(*e*)*s*; *¨e*> sala *f* de body-building
'Fittich ['fıtıç] *m* <-(*e*)*s*; *-e*> *poét* asa *f*
fix [fıks] ágil; *adv* depressa; ***~ und fertig*** F prontinho; pronto e direito; ***~e Idee*** ideia (*é) *f* fixa
Fi'xier|bad [fi'ksi:r-] *n* <-(*e*)*s*; *¨er*> *FOT* banho *m* fixador; **Ωen** <-> fixar
'Fix|stern *m* <-(*e*)*s*; *-e*> estrela *f* fixa; **Ωum** *n* <*-s*; *Fixa*> quantidade *f* fixa; *Gehalt*: ordenado *m* fixo

FKK-Strand [ɛfkaːˈkaː-] *m* <-(e)s; ¨e> praia *f* de nudismo
flach [flax] chato, plano; (*seicht*) pouco profundo; *a Ufer*: baixo; *Teller, Absatz, Dach, Flugbahn*: raso; *fig* trivial, banal; **~e Hand** palma *f* da mão, mão *f* espalmada
ˈFläch|e [ˈflɛçə] *f* plano *m*; (*Ober*2) superfície *f*; *e-s Würfels*: face *f*; (*Land*) planície *f*; → **~eninhalt**; 2**enhaft** bidimensional; **~eninhalt** *m* <-(e)s; -e> superfície *f*, área *f*; **~enmaß** *n* <-es; -e> medida *f* de superfície
ˈFlach|heit *f fig* trivialidade *f*; banalidade *f*; **~land** *n* <-(e)s; ¨er> terra *f* plana; planície *f*; **~relief** *n* <-s; -s, -e> baixo-relevo *m*
Flachs [flaks] *m* <-es; *sem pl*> linho *m* (**brechen** gramar); **ˈ~bau** *m* <-(e)s; *sem pl*> cultura *f* do linho; **ˈ2blond** loiro (*od* louro) como o trigo
ˈFlachzange *f* alicate *m* de bico chato
ˈflackern [ˈflakərn] <-re> chamejar, bruxulear; vacilar; **~d** *adj* trémulo (*ê)
ˈFladen [ˈflaːdən] *m* bola *f*, *bras* pão *m* árabe; (*Kuh*2) bosta *f*; **~brot** *n* <-es; -e> pão *m* redondo e achatado
ˈFlagg|e [ˈflagə] *f* bandeira *f*, *NAV a* pavilhão *m*; ***die ~ einziehen*** arrear a bandeira; ***die ~ hissen*** = 2**en** içar a bandeira; embandeirar; **~schiff** *n* <-(e)s; -e> navio-almirante *m*
Flak *f* <-; -, -s> *MIL* DCA
Flaˈkon [flaˈkõ] *n* <-s; -s> frasco *m* para perfume
flamˈbieren [flamˈbiːrən] <-> flamejar
ˈFlam|e [ˈflaːmə] *m* <-n>, **~in** *f* flamengo *m*, -a *f*
Flaˈmingo [flaˈmiŋgo] *m* <-s; -s> flamingo *m*
ˈflämisch [ˈflɛːmiʃ] flamengo, de Flandres
ˈFlamm|e [ˈflamə] *f* chama *f*, labareda *f*; *Brenner*: queimador *m*; *fig* amor *m*; ***in ~en aufgehen*** ser consumido pelas chamas; 2**en** (estar a) chamejar, (estar a) arder; 2**end** *adj* chamejante; ardente; *fig Protest*: veemente, violento; **~enwerfer** *m* lança-chamas *m*; 2**ig**: ***drei~*** com três queimadores
Flaˈnell [flaˈnɛl] *m* <-s; -e> flanela *f*
flaˈnieren [flaˈniːrən] <-> flanar; passear
ˈFlank|e [ˈflaŋkə] *f* lado *m*; costas *f/pl*; (*Weiche*) ilharga *f*; *MIL* flanco *m*; 2**ˈieren** <-> flanquear; ladear
Flansch *m* <-(e)s; -e> *TÉCN* cone(c)tor *m*; flange *m*
ˈFläschchen [ˈflɛʃçən] *n* frasquinho *m*
ˈFlasche [ˈflaʃə] *f* garrafa *f*, frasco *m*; *große*: garrafão *m*; (*Baby*2) biberão *m*, mamadeira *f*; *pl* ***auf ~n ziehen*** engarrafar
ˈFlaschen|bier *n* <-(e)s; -e> cerveja *f* engarrafada (*od* em garrafas); **~hals** *m* <-(e)s; ¨e> gargalo *m* de garrafa; **~kind** *n* <-(e)s; -er> criança *f* criada a biberão (*od* mamadeira); **~kürbis** *BOT m* <-ses; -se> cabaça *f*; **~öffner** *m* tira-caricas *m*; abridor *m* de garrafa; abre-cápsulas *m*; **~pfand** *n* <*sem pl*> depósito *m*; **~zug** *m* <-(e)s; ¨e> cadernal *m*; roldana *f*
ˈflatter|haft [ˈflatər-] volúvel; **~n** <-re, *h u sn*> esvoaçar, adejar; *Fahne*: *a* flutuar; *Vögel etc a* revolutear
flau [flaʊ] fraco; ***mir ist ~*** sinto-me fraco
Flaum [flaʊm] *m* <-(e)s; *sem pl*> froixel *m*; penugem *f*; **ˈ~bart** *m* <-(e)s; ¨e> buço *m*; **ˈ~feder** *f* <-; -n> penugem *f*; **ˈ2ig** plumoso, veloso, felpudo
Flausch [flaʊʃ] *m* <-(e)s; -e> frisa *f*, pêlo *m*
ˈFlausen [ˈflaʊsen] *f/pl*: ***nur ~ im Kopf haben*** só pensar em brincadeiras
ˈFlaute [ˈflaʊtə] *f* *NAV* calmaria *f*; *ECON* época *f* morta; *fig* desânimo *m*
ˈFlecht|e [ˈflɛçtə] *f* trança *f*; *MED* impigem *f*; *BOT* líquen *m*; 2**en** entrançar; tecer; **~werk** *n* <-(e)s; *sem pl*> entrançadura *f*; gradeamento *m*; rede *f*
Fleck [flɛk] *m* <-(e)s; -e> mancha *f*, nódoa *f* (*a fig*); (*Ort*) sítio *m*, lugar *m*; ***blauer ~*** nódoa *f* negra, *bras* mancha *f* roxa; ***nicht vom ~ kommen*** estar parado, não avançar; **ˈ~en** *m* povoação *f*; (*Markt*2) vila *f*; **ˈ2en** manchar; **ˈ~(en)entferner** *m* tira-nódoas *m*, *bras* tira-manchas *m*;

F

'**≈enlos** sem mancha, imaculado (*a fig*); '**~fieber** *n* <-*s*; *sem pl*> febre *f* exantemática (*od* tifóide); '**≈ig** manchado, malhado; com manchas; pintado; '**~typhus** *m* <-; *sem pl*> tifo *m* exantemático

'**Fleder|maus** ['fle:dər-] *f* <-; ⸚*e*> morcego *m*; **~wisch** *m* <-(*e*)*s*; -*e*> espanador *m*

'**Flegel** ['fle:gəl] *m* AGR mangual *m*, malho *m*; *fig j-d*: malcriado *m*; **~'ei** [-'laɪ] má-criação *f*; **≈haft** malcriado; **~jahre** *n/pl* mocidade *f/sg*, adolescência *f/sg*; **≈n** <-*le*>: ***sich ~*** espreguiçar-se

'**flehen** ['fle:ən] **1.** suplicar, implorar (***um et*** a/c); **2.** ≈ *n* súplica *f*, rogo *m*; **~d** *adj*, **~tlich** suplicante, fervoroso, instante; *adv a* com instância (*od* fervor)

Fleisch [flaɪʃ] *n* <-(*e*)*s*; *sem pl*> carne *f*; BOT polpa *f*; ***in ~ und Blut übergehen*** entranhar-se; entrar na massa do sangue; ***~ werden*** encarnar-se; ***~ fressend*** carnívoro; carniceiro; '**~beschauer** *m* inspe(c)tor *m* de carnes; '**~brühe** *f* caldo *m*; '**~er** *m* carniceiro *m*, talhante *m*, *bras* açogueiro *m*; **~e'rei** [-ə'raɪ] *f*, '**~erladen** *m* <-*s*; ⸚> talho *m*; *bras* açougue *m*; '**≈farben** cor de carne; '**≈ig** carnoso, carnudo; '**~klößchen** ['-klø:sçən] *n* almôndega *f*; '**~konserve** *f* conserva *f* de carne; '**≈lich** carnal; '**≈los** sem carne; ***~e Kost*** *f* regime *m* vegetariano; '**~vergiftung** *f* intoxicação *f* por ingestão de carne; '**~werdung** ['-vɛrduŋ] *f* <*sem pl*> encarnação *f*; '**~wolf** *m* <-(*e*)*s*; ⸚*e*> máquina *f* de picar carne; *bras* moedor *m* de carne; '**~wunde** *f* ferida *f*, escoriação *f*

Fleiß [flaɪs] *m* <-*es*; *sem pl*> aplicação *f*, diligência *f*; '**≈ig** diligente; a(c)tivo; assíduo; aplicado; estudioso

'**flennen** ['flɛnən] chorami(n)gar

'**fletschen** ['flɛtʃən]: ***die Zähne ~*** mostrar os dentes

fle'xibel [flɛk'si:bəl] flexível; *fig* complacente

'**flick|en** ['flikən] remendar; consertar; **≈en** *m* remendo *m*; **≈schuster** *m* (sapateiro *m*) remendão *m*; **≈werk** *n* <-(*e*)*s*; *sem pl*> remendo *m*; *fig* trabalho *m* mal feito; **≈wort** *n* <-(*e*)*s*; ⸚*er*> → ***Füllwort***; **≈zeug** *n* <-(*e*)*s*; *sem pl*> (*Nähzeug*) (material *m* de) costura *f*; TÉCN estojo *m* para reparações

'**Flieder** ['fli:dər] *m* lilás *m*

'**Fliege** ['fli:gə] *f* ZO mosca *f*; (*Schleife*) laço *m*, gravata *f*; *bras* borboleta *f*; ***Spanische ~*** cantárida *f*; ***zwei ~n mit einer Klappe schlagen*** matar dois coelhos de uma cajadada

'**fliegen** ['fli:gən] <*sn*, *selten h*> voar; *im Flugzeug*: ir de avião; F *auf die Straße*, *aus dem Saal etc*: ser posto na rua; ***~ lassen*** soltar; ***in die Höhe ~*** elevar-se; levantar voo (*ô), *bras a* decolar; ***in die Luft ~*** explodir; ir pelos ares; **~d** *adj* volante; *Ameise*: de asas; *Händler*: ambulante

'**Fliegen|fänger** ['-fɛŋər] *m* apanha-moscas *m*; **~fenster** *n* rede *f*; **~gewicht** *n* <-(*e*)*s*; -*e*> *Sport*: peso-mosca *m*; **~klappe** *f*, **~klatsche** *f* mata-moscas *m*; **~pilz** *m* <-*es*; -*e*> amanita *m*

'**Flieger** ['fli:gər] *m* aviador *m*, piloto *m*; **~abwehr** *f* <*sem pl*> defesa *f* antiaérea; **~alarm** *m* <-(*e*)*s*; -*e*> alarme *m* anti-aéreo; **~angriff** *m* <-(*e*)*s*; -*e*> ataque *m* aéreo; **~horst** *m* <-(*e*)*s*; -*e*> MIL base *f* aérea; **~in** *f* aviadora *f*; **~schule** *f* MIL escola *f* de aviação

'**flieh|en** ['fli:ən] <*sn*> fugir (***vor*** *dat* de); abalar; **~end** *Stirn*, *Kinn*: recuado; **≈kraft** *f* <-; ⸚*e*> FÍS força *f* centrífuga

'**Fliese** ['fli:zə] *f* ladrilho *m*, laje *f*; *Wand*: azulejo *m*; **~nleger** *m* ladrilhador *m*

'**Fließ|band** *n* <-(*e*)*s*; ⸚*er*> correia *f* contínua, *bras* linha *f* de montagem; **~bandarbeit** *f* <*sem pl*> trabalho *m* na correia contínua (*bras* linha *f* de montagem); **≈en** <*sn*> correr; *durch*: atravessar; ***~ in*** (*ac*) desaguar em, desembocar em; **≈end** *adj Sprache*: corrente; *Stil*: fluente; *Wasser*: corrente, encanada; ***~ sprechen*** falar correntemente

'**flimmern** ['flimərn] **1.** *v/i* <-*re*> cintilar; vibrar; ***es flimmert mir vor den Augen*** foge-me a vista, *bras* estou vendo tudo embaçado; **2.** ≈ *n* cintilação *f*

flink [fliŋk] ligeiro, desembaraçado, lesto

'Flinte ['flɪntə] *f* espingarda *f*; ***die ~ ins Korn werfen*** desanimar, desistir

Flirt [flœrt] *m* <-(*e*)*s*; -*s*> namorico *m*, *bras* flerte *m*; **'Ƨen** <-*e*-> namoricar, *bras* flertar

'Flitter ['flɪtər] *m* lantejoula *f*; palhetas *f/pl*; = **~gold** *n* <-(*e*)*s*; *sem pl*> ouropel *m*; **~wochen** *f/pl* lua-de-mel *f/sg*

'flitzen ['flɪtsən] <-*t*; *sn*> voar, correr

'Flock|e ['flɔkə] *f* floco *m*; **Ƨig** flocoso, flocado, *bras* em flocos

Floh [floː] *m* <-(*e*)*s*; ¨*e*> pulga *f*

'Flohmarkt *m* <-(*e*)*s*; ¨*e*> feira *f* de velharias e antiquidades, feira *f* da ladra, *bras* mercado *m* de pulgas

Flop [flɔp] F *m* fracasso *m*

Flor [floːr] *m* <-*s*; -*e*> *BOT* flor(escência) *f*, *fig a* prosperidade *f*; (*Fülle*) profusão *f*; *Stoff*: (*Trauer*Ƨ) crepe *m* (de luto); **'~a** ['floːra] *f* <-; -*ren*> flora *f*; **~'ett** [flo'rɛt] *n* <-(*e*)*s*; -*e*> florete *m*; **~'ettfechter(in** *f*) *m* florentista *su*; **Ƨ'ieren** <-> florescer, *fig a* prosperar

'Floskel ['flɔskəl] *f* <-; -*n*> flor *f* de retórica

Floß [floːs] *n* <-*es*; ¨*e*> jangada *f*; *Fähre*: balsa *f*

'Flosse ['flɔsə] *f* barbatana *f*, *bras a* nadadeira *f*

'flöß|en ['fløːsən] <-*t*> levar em jangada; **Ƨer** *m* jangadeiro *m*; **Ƨe'rei** [-ə'raɪ] *f* transporte *m* por jangadas

'Flöt|e ['fløːtə] *f* flauta *f*; **Ƨen** <-*e*-> tocar flauta; ***~en gehen*** ir-se embora; perder-se; **~enspieler(in** *f*) *m*, **~'ist(in** *f*) *m* <-*en*> flautista *su*

flott [flɔt] ligeiro; descuidado; desembaraçado; ***~ gehen*** ir de vento em popa; F *ECON Geschäft*: andar bem; ***~ leben*** F viver vida alegre; viver na pândega

'Flott|e ['flɔtə] *f* frota *f*, marinha *f*; (*Kriegs*Ƨ) armada *f*; **~enstützpunkt** *m* <-(*e*)*s*; -*e*> *MIL* base *f* naval; **~'ille** *f* flotilha *f*; **Ƨmachen** *NAV* pôr a nado, desencalhar, safar

Flöz [fløːts] *n* <-*es*; -*e*> estrato *m*; camada *f*

Fluch [fluːx] *m* <-(*e*)*s*; ¨*e*> maldição *f*, praga *f*; **'Ƨen** praguejar (***über*** *ac*, ***auf*** *ac* contra)

Flucht [flʊxt] *f* **a**) <*sem pl*> fuga *f*, evasão *f*, abalada *f*; ***die ~ ergreifen*** pôr-se em fuga; ***in die ~ schlagen*** pôr em fuga, derrotar; ***~ nach vorn*** *fig* fuga *f* para a frente; ***in wilder ~*** em debandada; **b**) (*Reihe*) fila *f*; *ARQUIT* alinhamento *m*; **'Ƨartig** em debandada

'flücht|en ['flʏçtən] <-*e*-; *sn*> fugir (***vor*** *dat* de); ***sich ~*** refugiar-se; **~ig** fugitivo; *JUR* prófugo, ***~ sein*** andar a monte (*bras* a esmo, à toa); *QUÍM* volátil; *fig* (*kurz*) fugaz; passageiro; (*oberflächlich*) ligeiro; descuidado; feito à pressa; *j-d*: distraído; **Ƨigkeit** *f* descuido *m*; ligeireza *f*; volatilidade *f*; inconstância *f*; **Ƨigkeitsfehler** *m* lapso *m*; **Ƨling** *m* <-*s*; -*e*> fugitivo *m*; *POL* refugiado *m*; *MIL* desertor *m*; **Ƨlingslager** *n* <-*s*; -> campo *m* de refugiados

'Flucht|linie *ARQUIT f* alinhamento *m*; **~versuch** *m* <-(*e*)*s*; -*e*> tentativa *f* de evasão

Flug [fluːk] *m* <-(*e*)*s*; ¨*e*> voo (*ô) *m*; (*Schwarm*) bando *m*; ***im ~e*** *fig* de abalada; **'~abwehr** *MIL f* <*sem pl*> defesa *f* antiaérea; **'~bahn** *f* traje(c)tória *f*; **'~blatt** *n* <-(*e*)*s*; ¨*er*> folheto *m*; folha *f* volante; **'~boot** *n* <-(*e*)*s*; -*e*> hidro-avião *m*; **'~dienst** *m* <-(*e*)*s*; *sem pl*> serviço *m* aéreo

'Flügel ['flyːgəl] *m* asa *f* (*a BOT*); (*Fenster*Ƨ) batente *m*, (*Tür*Ƨ) *a* meia-porta *f*; *MIL* ala *f*; *MÚS* piano *m* de cauda; **Ƨlahm** de asas quebradas (*od* fracas); **~mann** *m* <-(*e*)*s*; ¨*er*, -*leute*> cabo *m*; **~mutter** *f* <-; -*n*> porca *f* borboleta; **~schlag** *m* <-(*e*)*s*; ¨*e*> adejo *m*; **~schraube** *f* parafuso *m* de orelhas; **~stürmer** *m Sport*: extrema-direita *m*; **~tür** *f* porta *f* de dois batentes

'Fluggast *m* <-(*e*)*s*; ¨*e*> passageiro *m* (de avião)

'flügge ['flʏgə] emplumado; *fig* F crescido; ***~ werden*** *a fig* sair do ninho; tornar-se independente

'Flug|geschwindigkeit *f* <*sem pl*> velocidade *f* de voo (*ô); **~gesellschaft** *f* companhia *f* de aviação; **~hafen** *m* <-*s*; ¨> aeroporto *m*; **~kapitän** *m* <-*s*; -*e*> capitão *m* aviador (*od* da aviação); piloto *m* civil; **~lehrer** *m* instrutor *m* de pilotagem; **~linie** *AV f* linha (*od* carreira) *f* aérea; **~lotse** *m* <-*n*> controlador *m* de tráfego aéreo; **~plan** *m* <-*s*;

F

⁼e> horário *m* de voos (*ô); **~platz** *m* <-*es*; ⁼*e*> campo *m* de aviação; **~reise** *f* viagem *f* de avião
flugs [fluːks] logo, depressa
'Flug|sand *m* <-(*e*)*s*; *sem pl*> areia *f* movediça; **~schein** *m* <-(*e*)*s*; -*e*> → **~*ticket***; brevet *m*; **~schreiber** *m* AV registador *m* de dados de voo (*ô), caixa *f* negra; **~schrift** *f* panfleto *m*, libelo *m*, folheto *m*; **~schüler** *m* aluno *m* da escola de aviação; **~sicherung** *f* AV controle *m* de voo (*ô); **~strecke** *f* carreira *f* aérea; **~ticket** *n* <-*s*; -*s*> bilhete *m* de avião; **~stützpunkt** *m* <-(*e*)*s*; -*e*> base *f* aérea; **~verkehr** *m* <-*s*; *sem pl*> tráfego *m* aéreo; **~weite** AV *f* alcance *m*; **~wesen** *n* <-*s*; *sem pl*> aviação *f*; **~zeit** *f* tempo *m* de voo (*ô)
'Flugzeug *n* <-(*e*)*s*; -*e*> avião *m*; aeroplano *m*; *kleines*: avioneta *f*; **~bau** *m* <-*s*; *sem pl*> construção *f* de aviões; **~entführer** *m* raptor *m*; **~entführung** *f* rapto *m* aéreo; **~führer** *m* piloto *m*; **~halle** *f* hangar *m*; **~modell** *n* <-*s*; -*e*> aviominiatura *f*, aeromodelo *m*; **~rumpf** *m* <-(*e*)*s*; ⁼*e*> fuselagem *f*; **~träger** *m* porta-aviões *m*
'Flunder ['flundər] *f* <-; -*n*> solha *f*; pregado *m*; rodovalho *m*
'flunkern ['fluŋkərn] F <-*re*> gabar-se; armar
'Fluor ['fluːɔr] *n* <-*s*; *sem pl*> flúor *m*; **~chlorkohlen'wasserstoff** *m* <-(*e*)*s*; *sem pl*> (*Abk* ***FCKW***) clorofluorocarboneto *m*; **≗es'zieren** [fluːorɛs'tsiːrən] <-> fluorescer
Flur [fluːr] **a)** *f* campo(s *pl*) *m*; campina *f*; **b)** *m* <-(*e*)*s*; -*e*> vestíbulo *m*; corredor *m*; entrada *f*; **'~bereinigung** *f* reorganização *f* parcelar; **'~hüter** *m* guarda *m* das searas; **'~schaden** *m* <-*s*; ⁼> danos (*od* prejuízos) *m*/*pl* causados no campo
Fluss [flus] *m* <-*es*; ⁼*e*> rio *m*; (*Fließen*) fluxo *m* (*a* TÉCN, MED); ***in ~ bringen*** pôr em andamento; dar seguimento a; **≗'abwärts** rio abaixo; ***~ von*** a jusante de; **'~arm** *m* <-*s*; -*e*> braço *m* de um rio; **≗'aufwärts** rio acima; ***~ von*** a montante de; **'~bett** *n* <-(*e*)*s*; -*en*> álveo *m*, leito *m* (*bras* cama *f*) do rio; **'~fisch** *m* <-(*e*)*s*; -*e*> peixe *m* de água doce
'flüssig ['flysiç] líquido; ECON *a* disponível; *Stil*: fluente; ***~ machen*** (***werden***) liquefazer(-se); (*Geld*) fazer disponível; **≗keit** *f* líquido *m*
'Fluss|lauf *m* <-(*e*)*s*; ⁼*e*> curso *m* do rio; **~mündung** *f* foz *f*; estuário *m*; **~pferd** *n* <-(*e*)*s*; -*e*> hipopótamo *m*, F cavalo-marinho *m*; **~schifffahrt** *f* navegação *f* fluvial; **~spat** *m* <-(*e*)*s*; -*e*> espatofluór *m*; **~stahl** *m* <-(*e*)*s*; *sem pl*> aço *m* doce; **~ufer** *n* beira-rio *f*, *bras* margem *f* (do rio)
'flüster|n ['flystərn] *v*/*i* <-*re*> segredar, cochichar; sussurrar; **~nd** <-t> *adj* sussurrante; *adv* em voz baixa
Flut [fluːt] *f* NAV maré *f* cheia, preia-mar *f*; *steigende*: maré enchente; *fig* torrente; (*Fülle*) plenitude *f*; *pl* águas *f*/*pl*, ondas *f*/*pl*; **'≗en** <-*e*-; *sn*> (*strömen*) correr, fluir; *fig* afluir; **'~licht** *n* <-(*e*)*s*; *sem pl*> luz *f* (artificial) profusa; **'~zeit** *f* maré *f* enchente
'Fock|mast ['fɔk-] *m* <-(*e*)*s*; -*en*> mastro *m* de (*od* do) traquete; **~segel** *n* traquete *m*
föde'ral [fœde'raːl] federal; **≗'ismus** [-ra'lismus] *m* <*sem pl*> federalismo *m*
'Fohlen ['foːlən] *n* poldro *m*, potro *m*
Föhn [føːn] *m* <-(*e*)*s*; -*e*> vento *m* quente das montanhas; ® secador *m* elé(c)trico; **≗en** secar (o cabelo) com secador elé(c)trico (de cabelos)
'Föhre ['føːrə] *f* pinheiro *m*
'Folge ['fɔlgə] *f* (*Reihe*) série *f*, *a* MÚS sequência *f*, *a* (*Nach≗*) sucessão *f*; (*Fortsetzung*) continuação *f*; (*Ergebnis*) resultado *m*, consequência *f*, efeito *m*; ***zur ~ haben*** ter como consequência; (*dat*) ***~ leisten*** obedecer (a); *e-r Einladung*: aceitar (*ac*); **~erscheinung** *f* consequência *f*
'folgen ['fɔlgən] <*sn*> (*dat*) seguir (*ac*); (*Nachfolger sein*) suceder a; (*gehorchen*) obedecer; (*sich ergeben*) resultar; ***es folgt*** segue-se; **~d** *adj* seguinte; ***im ≗en*** a seguir, em seguida; **~dermaßen** ['-dərmaːsən] da seguinte maneira; **~reich**, **~schwer** grave; com consequências sérias
'folgerichtig consequente, lógico;

≈keit *f <sem pl>* consequência *f* lógica, lógica *f*
'folger|n ['fɔlgərn] *<-re>* concluir, deduzir; **≈ung** *f* conclusão *f*; dedução *f*
'Folge|satz *m <-es; ¨e>* oração *f* consecutiva; **~zeit** *f*: ***in der ~*** a seguir; depois
'folg|lich ['fɔlkliç] por conseguinte; por consequência; **~sam** obediente; dócil; **≈samkeit** *f <sem pl>* obediência *f*; docilidade *f*
Foli'ant [foli'ant] *m <-en>* (livro *m*) in-fólio *m*
'Folie ['fo:liə] *f* folha *f*, folheta *f*; *fig* fundo *m*
Folk'lore [fɔlk'lo:rə] *f <sem pl>* folclore *m*
'Folter ['fɔltər] *f <-; -n>* tortura *f* (*a fig*); **~kammer** *f <-; -n>* câmara *f* de tortura; **≈n** *<-re>* torturar; atormentar; **~qual** *f* tortura *f*, tormento *m*, *bras a* suplício *m*
Fonds [fõ] *m inv* fundos *m/pl*, *ECON a* capital *m*
fönen *n* → ***föhnen***
fono... *etc* → ***phono...*** *etc*
Fon'täne [fɔn'tɛ:nə] *f* (fonte *f* de) repuxo *m*
'foppen ['fɔpən] *v/t* troçar de, fazer troça de, fazer pouco de
for'cieren [fɔr'si:rən] *<->* (*zwingen*) forçar; obrigar; (*steigern*) reforçar, apressar
'Förder|anlage ['fœrdər-] *BGB f* instalação *f* de extra(c)ção; **~band** *n <-(e)s; ¨er>* fita *f* transportadora; **~er** *m* promotor *m*, benfeitor *m*, prote(c)tor *m*; **~gut** *BGB n <-(e)s; sem pl>* produto *m* de extra(c)ção; **~korb** *m <-(e)s; ¨e> BGB* gaiola *f* de extra(c)ção; **≈lich** profícuo, útil; **~mittel** *n* meios *m/pl* de apoio (*od* fomento)
'fordern ['fɔrdərn] *<-re>* exigir, requerer, *Recht*: *a* reclamar, reivindicar; (*heraus~*) desafiar; *Opfer*: causar
'förder|n ['fœrdərn] *<-re>* promover; (fazer) adiantar; fomentar, *j-n*: proteger; *BGB* extrair; ***zu Tage ~*** *fig* trazer à luz; **≈schacht** *BGB m <-(e)s; ¨e>* poço *m* de extra(c)ção; **≈turm** *m <-(e)s; ¨e> BGB* torre *f* de extra(c)ção
'Forderung ['fɔrdəruŋ] *f* exigência *f*; reivindicação *f*; demanda *f*; reclamação *f*; (*Heraus≈*) desafio *m*; *ECON* dívidas *f/pl* a(c)tivas; crédito *m*
'Förderung ['fœrdəruŋ] *f* adiantamento *m*; promoção *f*; fomento *m*; *BGB* extra(c)ção *f*
Fo'relle [fo'rɛlə] *f* truta *f*
'Forke ['fɔrkə] *f* forcado *m*; forquilha *f*
Form [fɔrm] *f* forma *f*; (*Guss≈*) molde *m*; (*Machart*) feitio *m*; (*Umgangs≈*) maneira *f*; (***gut***) ***in ~ sein*** *Sport*: estar em boa forma; ***in aller ~*** formalmente
for'mal [fɔr'ma:l] formal; **≈i'tät** [-ali'tɛ:t] *f* formalidade *f*
For'mat [fɔr'ma:t] *n <-(e)s; -e>* formato *m*, tamanho *m*; ***ein Mann*** (***eine Frau***) ***von ~*** um homen (uma mulher) de gabarito; **≈'ieren** [-ma'ti:ren] *<-> INFORM* formatar; **~i'on** [-atsi'o:n] *f GEOL* formação *f*; *MIL* unidade *f*
'formbeständig indeformável
'Formblatt *n <-(e)s; ¨er>* impresso *m*; formulário *m*
'Formel ['fɔrməl] *f <-; -n>* fórmula *f*; **≈haft** formalista
for'mell [fɔr'mɛl] formal, cerimonioso
'form|en ['fɔrmən] formar, moldar (*a TÉCN*); **≈enlehre** *f* morfologia *f*; **≈er** *TÉCN m* formador *m*, moldador *m*; **≈fehler** *m* falta *f* formal; incorre(c)ção *f*; **≈gebung** ['-ge:buŋ] *f* moldagem *f*; **~'ieren** [-'mi:-] *<->* (***sich ~***) organizar(-se); *MIL* alinhar(-se)
'förmlich ['fœrmliç] formal, cerimonioso; em forma, protocolar; **≈keit** *f* formalidade *f*; cerimónia (*ô) *f*
'form|los amorfo, informe; *fig Benehmen*: rude, grosseiro; sem cerimónia (*ô); **≈sache** *f* formalidade *f*; **≈tief** *n <-s; -s> Sport*: baixa *f* de forma
Formu'l|ar [fɔrmu'la:r] *n <-s; -e>* impresso *m*; **≈ieren** *<->* formular; **~ierung** [-'li:ruŋ] *f* expressão *f*; (*Abfassung*) reda(c)ção *f*
forsch [fɔrʃ] enérgico
'forsch|en ['fɔrʃən] investigar, pesquisar; **≈er** *m* investigador *m*, pesquisador *m*; **≈ung** *f* investigação *f*, pesquisa *f*

'Forschungs|gebiet *n* <-(*e*)*s*; -*e*> campo *m* de investigação (*od* pesquisa); **~gemeinschaft** *f* junta *f* de investigações, grupo *m* (*bras a* equipe *f*) de pesquisa; **~reise** *f* viagem *f* de estudo; expedição *f*; **~reisende**(**r** *m*) *su* explorador(a *f*) *m*; **~satellit** *m* <-*en*> satélite *m* científico; **~schiff** *n* <-(*e*)*s*; -*e*> navio *m* oceanográfico

Forst [fɔrst] *m* <-(*e*)*s*; -*e*> floresta *f*; mata *f*; **'~akademie** *f* escola *f* florestal; **'~amt** *n* <-(*e*)*s*; ¨*er*> dire(c)ção-geral *f* dos serviços florestais e aquícolas, *bras* serviço *m* florestal; **'~aufseher** *m* guarda *m* florestal; **'~beamte**(**r**) *m* <-*n*> funcionário *m* florestal

'Förster ['fœrstər] *m* guarda *m* florestal; **~'ei** *f* casa *f* (do guarda) florestal

'Forst|meister *m* inspe(c)tor *m* das matas; **~revier** *n* <-*s*; -*e*> distrito *m* florestal; **~wesen** *n* <-*s*; *sem pl*>, **~wirtschaft** *f* <*sem pl*> silvicultura *f*

Fort [fo:r] *n* <-*s*; -*s*> forte *m*, fortificação *f*; *kleines*: fortim *m*

fort [fɔrt] (*abwesend*) ausente; (*auswärts*) fora; ***~!*** vamos!; ***~ (damit)!*** fora!; ***~ sein*** *j-d*: ter-se ido; *et*: ter-se perdido, ter desaparecido; ***in e-m ~*** sem descanso; ***und so ~*** e assim por diante; **~'an** de aqui em diante; desde então; **'~begeben** <->: ***sich ~*** ir-se (embora); partir; **'≈bestand** *m* <-(*e*)*s*; *sem pl*> continuação *f*; estabilidade *f*; subsistência *f*; **'~bestehen** <-> continuar; (per)durar; subsistir

'fortbeweg|en <->: ***sich ~*** mover-se; andar; **≈ung** *f* movimento *m*; locomoção *f*

'fortbild|en <-*e*->: ***sich ~*** aperfeiçoar-se; **≈ung** *f* formação *f* pós-profissional, aperfeiçoamento *m* profissional; reciclagem *f*, pós-graduação *f*; **≈ungskurs** *m* <-*es*; -*e*> curso *m* pós-profissional, curso *m* de aperfeiçoamento (*od* reciclagem *od* pós-graduação)

'fort|bleiben <*sn*> não vir; ***lange ~*** demorar-se; **'~bringen** levar; **'≈dauer** *f* <*sem pl*> continuação *f*; **'~dauern** <-*re*> continuar, (per)durar; ***fortdauernd*** *adj* contínuo; **'~fahren a**) <*sn*> (*abfahren*) partir; **b**) <*h*> continuar, prosseguir; **'~fallen** <*sn*> faltar, suprimir-se; **'~führen** continuar; (*wegführen*) levar; **'≈gang** *m* <-(*e*)*s*; *sem pl*> continuação *f*, progresso *m*; *j-s*: saída *f*, partida *f*; **'~gehen** <*sn*> sair, ir-se (embora); (*dauern*) continuar; **'~geschritten** avançado; adiantado; **'~gesetzt** ['-gəzɛtst] **1.** *pt von* ***~setzen***; **2.** *adj* contínuo; ininterrupto; **'~jagen** despedir; afugentar; **'~kommen** *v/i* <*sn*> sair; (*gedeihen*) progredir; **'≈kommen** *n* <*sem pl*> carreira *f*, progresso *m*; subsistência *f*; ***sein ~ finden*** ganhar a vida; **'~lassen** deixar sair; (*auslassen*) omitir, suprimir; **'~laufen** <*sn*> fugir, seguir; ***fortlaufend*** *adj* seguido, contínuo; ininterrupto; **'~leben** continuar a viver; **'~nehmen** levar

'fortpflanz|en <-*t*> propagar; reproduzir; **'≈ung** *f* <*sem pl*> propagação *f*, reprodução *f*

'fort|reißen arrastar; arrebatar; **'≈satz** *m* <-*es*; ¨*e*> ANAT apêndice *m*; *Knochen*: apófise *f*; **'~schaffen** tirar; remover; **'~schicken** despedir, mandar embora; *et*: despachar; **'~schreiten** <*sn*> progredir; ***fortschreitend*** *adj* progressivo

'Fortschritt *m* <-(*e*)*s*; -*e*> progresso *m*; **≈lich** progressivo

'fort|setzen <-*t*> continuar; **'≈setzung** *f* continuação *f*; ***~ folgt*** continua; **'~während** contínuo; constante; **'~werfen** deitar fora, *bras* jogar fora; **'~ziehen** retirar, *v/i* <*sn*> *a* sair, partir, mudar (***nach*** para)

'Forum ['fo:rum] *n* <-*s*; *Foren*> fórum *m*, foro *m*; tribunal *m*

fos'sil [fɔ'si:l] fóssil

'Foto ['fo:to] F *n* <-*s*; -*s*> foto *f*; ***ein ~ machen*** tirar uma foto; **~apparat** *m* <-(*e*)*s*; -*e*> máquina *f* fotográfica; **≈'gen** [foto'ge:n] fotogénico

Foto'graf [foto'gra:f] *m* <-*en*> fotógrafo *m*

Foto|gra'fie [-gra'fi:] *f* fotografia *f*; (*Bildnis*) retrato *m*; **≈gra'fieren** <-> tirar uma fotografia (de); fotografar; **~'grafin** *f* fotógrafa *f*; **≈'grafisch** fotográfico

Foto|ko'pie *f* fotocópia *f*; **≈ko'pieren** <-> fotocopiar, tirar uma fotocópia (de); **~ko'piergerät** *n* <-(*e*)*s*;

-e> máquina *f* de fotocópias, fotocopiadora *f*; '**~montage** *f* fotomontagem *f*; '**~satz** *m <-es; sem pl>* fotocomposição *f*

'Fötus ['føːtus] *m <-; Föten>* feto *m*

Foul [faʊl] *n <-s; -s> Sport*: foul *m*

Fo'yer [foa'jeː] *n <-s; -s>* foyer *m*, átrio *m*

Fracht [fraxt] *f* transporte *m*; frete *m*; *NAV* carregamento *m*, carga *f*; *Geld*: porte *m*; '**~brief** *m <-(e)s; -e>* guia *f* (de mercadoria); *NAV* conhecimento *m*; '**~er** *m* cargueiro *m*; navio *m* de carga; '**~flugzeug** *n <-(e)s; -e>* avião *m* de carga; '**~gebühr** *f* frete *m*; '**~geschäft** *n <-(e)s; -e>* negócio *m* (*Firma*: casa *f*, agência *f*) de transportes; '**~gut** *CAM. DE F n <-(e)s; ⸚er>* (mercadoria *f* a) pequena velocidade *f*; *NAV* carga *f*; '**~kosten** *pl* portes *m/pl*; '**~schiff** → ***Frachter***; '**~stück** *n <-(e)s; -e>* fardo *m*, volume *m*; '**~tarif** *m <-s; -e>* tarifa *f* ferroviária; *NAV* (tarifa *f* de) frete *m*; '**~verkehr** *m <-s; sem pl>* transporte *m* de mercadorias; '**~zuschlag** *m <-(e)s; ⸚e>* suplemento *m*, excesso *m*

Frack *m <-(e)s; ⸚e, -s>* casaca *f* (***im*** de)

'Frage ['fraːgə] *f* pergunta *f* (***stellen*** fazer); *GRAM* interrogação *f*; (*Streit*~, *Problem*) questão *f*; problema *m*; ***in ~*** → ***infrage***; ***noch die ~ sein*** ser duvidoso; ***keine ~ sein*** não haver dúvida, não caber dúvida; ***in ~ kommen*** interessar; ***ohne ~*** sem dúvida; **~bogen** *m <-s; ⸚>* questionário *m*

'fragen perguntar (***j-n et*** a/c a alg; ***nach*** por); (*ausfragen*) interrogar; ***nicht ~ nach*** não se importar com; ***es fragt sich*** importa saber, é preciso (*od* a questão é) saber; ***gefragt*** *ECON* procurado; **~d** interrogativo

'Frage|satz *m <-es; ⸚e>* oração *f* interrogativa; **~steller(in** *f*) ['-ʃtɛlər] *m* interrogador(a *f*) *m*; **~stellung** *f GRAM* construção (*od* frase) *f* interrogativa; *FIL etc*: posição *f* do problema, maneira *f* de pôr o problema; **~wort** *n <-(e)s; ⸚er>* partícula *f* interrogativa; **~zeichen** *n* ponto *m* de interrogação

'frag|lich ['fraːkliç] em questão; em causa; (*unsicher*) duvidoso, incerto; **~los** indiscutível; sem dúvida

Frag'ment [frag'mɛnt] *n <-(e)s; -e>* fragmento *m*; **~'arisch** [-'taːriʃ] fragmentário

'fragwürdig discutível, duvidoso, problemático

Frakti'on [fraktsi'oːn] *f* fra(c)ção *f*; fa(c)ção *f*; *POL* grupo *m*; **~slos** independente; **~szwang** *m <-(e)s; ⸚e>* disciplina (*od* coa[c]ção) *f* dentro do grupo parlamentar

Frak'tur [frak'tuːr] *f MED* fractura *f*; *TIP* letra *f* gótica; *fig* **~ *reden*** falar sem papas na língua

'Frank|e ['fraŋkə] *m <-n>* franco *m*; **~en** *m* franco *m* suíço; **~'ieren** *<->* pôr (os) selos, franquear; **~'ierung** [-'iːruŋ] *f* franquia *f*

'franko ['fraŋko] *ECON* franco

'Frankreich ['frankraiç] *n* França *f*

'Franse ['franzə] *f* franja *f*

Fran'zose [fran'tsoːzə] *m <-n>* francês *m*

Fran'zös|in [fran'tsøːzin] *f* francesa *f*; **~isch** francês, da França

'Fräs|e ['frɛːzə] *f* fresa *f*; **~en** *v/t <-t>* fresar; **~en** *n* fresagem *f*; **~maschine** *f* fresadora *f*

Fraß [fraːs] *m <-es; -e>* comida *f* mal saborosa; pasto *m*, *bras* ruim *m*

Fratz [frats] F *m <-es; -e od -en>* janota *m*; boneco *m*; (*Kind*) miúdo *m*, -a *f*, traquina *su*

'Fratze ['fratsə] *f* careta *f* (***schneiden*** fazer); '**~nhaft** grotesco

Frau [fraʊ] *f* mulher *f*; (*Ehe*~) *a* esposa *f*; **~ *X*** (a) senhora X, (a) senhora Dona (+ *Vorname*) X; (*Dame*) senhora; ***gnädige ~*** minha senhora; *Brief*: ***an ~ ...*** Exma (*Abk für* Excelentíssima) Senhora D. (*Abk für* Dona) ..., *bras* Á S[ra] ...; ***... zur ~ nehmen*** casar com ...

'Frauen|arzt *m <-es; ⸚e>*, **~ärztin** *f* médico *m*, -a *f* para (doenças de) senhoras; ginecologista *su*; **~bewegung** *f <sem pl>* movimento *m* feminista; **~feind** *m <-(e)s; -e>* misógino *m*; **~heilkunde** *f <sem pl>* ginecologia *f*; **~klinik** *f* clínica *f* de ginecologia (*od* ginecológica); **~krankheit** *f*, **~leiden** *n* doença *f* de senhoras (*od* de mulheres); **~rechtlerin** ['-rɛçtlərin] *f* feminista *f*, sufragista *f*; **~zimmer** *n abwertend*: mulher *f* ordinária (*od* de má

F

vida); *HIST a* cachopa *f*; *bras* rapariga *f*

'Fräulein ['frɔylaɪn] *n* <-s; - *od* -s> *oft neg!* menina *f*; senhora *f* (solteira); *bras* senhorita *f*; ***gnädiges ~*** minha senhora, *bras* minha senhorita; ***~ X*** (a) senhora Dona *od* (a) menina (+ *Vorname*); *Brief*: ***an ~ ...*** Ex.ma (*Abk für* Excelentíssima) Senhora D. (*Abk für* Dona) (*Vorname*) ..., Ex.ma Menina (*Vorname*) ..., *bras* à Senhorita (*Vorname*) ...

frech [frɛç] atrevido, impertinente; fresco, insolente; **'≈dachs** F *m* <-es; -e> atrevido *m*; **'≈heit** *f* atrevimento *m*, impertinência *f*, descaramento *m*

Fre'gatte [fre'gatə] *f* fragata *f*

frei [fraɪ] livre (***werden*** ficar), ***von*** *e-r Verpflichtung etc*: *a* isento de; (*offen*) aberto; (*unbesetzt*) vago; *Beruf*: liberal; *Mitarbeiter*: por conta própria; (*ungehemmt*) licencioso; (*aufrichtig*) franco, *a ECON* (*kostenlos*) gratuito; ***~ Haus*** ao domicílio; ***aus ~en Stücken*** espontâneamente, voluntariamente; ***j-m ~e Hand lassen*** dar carta branca a alg; ***~er Tag*** feriado *m*, *bras* folga *f*; ***morgen ist ~*** amanhã tenho (tens *etc*) feriado; *Schule*: amanhã não tenho *etc* aula; ***~ machen*** libertar; ***so ~ sein zu*** (*inf*) tomar a liberdade de; ***ich bin so ~!*** com licença!; ***im ≈en*** ao ar livre; ***auf ~em Feld(e)*** em campo aberto

'Frei|bad *n* <-(e)s; ¨er> piscina *f* ao ar livre; **~ballon** *m* <-s; -s> balão *m*, aerostato *m*; **~berufler** *m* free lancer *m*, trabalhador *m* por conta própria; **≈beruflich**: ***~ tätig sein*** ser autónome (*ô), *bras* ter profissão liberal (*od* free-lance); **≈bleibend** *ECON* sem compromisso; **~brief** *m* <-(e)s; -e> *HIST* foral *m*; carta *f* branca; *fig* privilégio *m*; **~denker** *m* livre-pensador *m*

'Freie ['-ə] *n* <-n; *sem pl*> campo *m*, ar *m* livre

'Frei|exemplar *n* <-s; -e> exemplar *m* gratuito; **~gabe** *f* restituição *f*, entrega *f*; *JUR* desembargo *m*; *j-s*: → ***≈lassung***

'freigeb|en libertar, soltar; (*erlauben*) permitir; *JUR* pôr desembargo a; *Schule*: dar feriado; *bras* dispensar das aulas; **~ig** ['-geːbɪç] generoso; **≈igkeit** *f* <*sem pl*> generosidade *f*

'Frei|gepäck *n* <-(e)s; *sem pl*> bagagem *f* gratuita; **~hafen** *m* <-s; ¨> porto-franco *m*; **~hafenzone** *f* zona *f* franca do porto; **≈halten** *Straße, Platz*: deixar livre, reservar; ***j-n ~*** pagar por alg; **~handel** *m* <-s; *sem pl*> comércio *m* livre; **≈händig** ['-hɛndɪç] *zeichnen, zielen*: à mão livre; *ECON* no mercado livre; em leilão

'Freiheit *f* liberdade *f*, independência *f*, autonomia *f*; *Steuer≈ etc*: isenção *f*; **≈lich** liberal

'Freiheits|beraubung *f* sequestração *f*, sequestro (*ü) *m*; **~krieg** *m* <-(e)s; -e> guerra *f* da (*od* de) independência; **~strafe** *f* pena *f* de prisão

'frei|heraus com franqueza, francamente; **≈herr** *m* <-n; -en> barão *m*; **≈karte** *f* bilhete *m* (*od* entrada *f*) gratuito, -a *od* de graça; **≈körperkultur** *f* <*sem pl*> (*Abk* FKK) nudismo *m*

'freilass|en deixar livre; soltar; pôr em (*od* restituir à) liberdade; **≈ung** ['-lasuŋ] *f* libertação *f*

'Freilauf *m* <-(e)s; ¨e> *TÉCN* roda *f* livre

'frei|legen pôr a descoberto; *MED a* descobrir; *Weg*: abrir; desentulhar; **~lich** *bekräftigend*: com certeza, decerto; sem dúvida; *einschränkend*: todavia; **≈lichtbühne** *f* teatro *m* ao ar livre; **≈los** *n* <-es; -e> reintegro *m*; rifa *f* gratuita; **~machen** *CORR* franquear, pôr selos; ***sich ~*** alijar-se; libertar-se; *MED* despir-se; **≈maurer** *m* pedreiro-livre *m*, (franco-)mação *m*; *bras* maçom *m*; **≈maure'rei** *f* <*sem pl*> (franco-)maçonaria *f*; **≈mut** *m* <-(e)s; *sem pl*> franqueza *f*; **~mütig** ['-myːtɪç] franco, sincero; **~schaffend** autónomo (*ô); **≈schärler** ['-ʃɛːrlər] *m* guerrilha *f*, guerrilheiro *m*; voluntário *m*; **~sinnig** liberal

'freisprech|en absolver; **≈ung** ['-ʃprɛçuŋ] *f* absolvição *f*, ilibação *f*

'Frei|spruch *m* <-(e)s; ¨e> absolvição *f*; **~staat** *m* <-(e)s; -en> Estado *m* livre; república *f*

'frei|stehen *Wohnung*: não estar ocupado; ***es steht j-m frei zu*** (*inf*)

alg tem a liberdade de; **~stellen**: ***j-m et ~*** deixar a/c com (*od* à) escolha de alg
'Frei|stil *m* <-(*e*)*s*; *sem pl*> *Ringen*: luta *f* livre; *Schwimmen*: nado *m* livre, crawl *m*; **~stoß** *m* <-*es*; *¨e*> *Sport*: (pontapé *m*) livre *m*, *bras* falta *f*, infração *f*; **~stunde** *f* hora *f* de recreio; **~tag** *m* <-(*e*)*s*; -*e*> sexta-feira *f*; **≗tags** às sextas-feiras; **~tod** *m* <-(*e*)*s*; *sem pl*> suicídio *m*; **~treppe** *f* escadaria *f*; **~übungen** *f/pl* exercícios *m/pl* de ginástica; **~umschlag** *m* <-(*e*)*s*; *¨e*> envelope *m* selado; **~wild** *n* <-(*e*)*s*; *sem pl*> *fig* presa *f* fácil
'freiwillig voluntário; **≗e**(**r** *m*) *su* voluntário *m*, -a *f*; **≗keit** *f* <*sem pl*> espontaneidade *f*
Freizeichen *n* TEL sinal *m* (de chamada)
'Freizeit *f* <*sem pl*> tempo *m* livre, horas *f/pl* vagas; **~angebot** *n* <-(*e*)*s*; -*e*> oferta *f* (*od* possibilidades *f/pl*) de a(c)tividades de tempos livres; **~gestaltung** *f* <*sem pl*> organização *f* do tempo livre
'freizügig *Aufenthalt*: com liberdade de escolha de residência; (*großzügig*) generoso; gastador; **≗keit** ['-tsy:giçkaɪt] *f* <*sem pl*> liberdade *f* de residência; (*Großzügigkeit*) generosidade *f*
fremd [frɛmt] alheio; (*unbekannt*) desconhecido; (*orts~*) forasteiro; (*ausländisch*) estrangeiro; (*seltsam*) estranho; **'~artig** heterogéneo; (*seltsam*) estranho; **'≗artigkeit** *f* <*sem pl*> heterogeneidade *f*; (*Seltsamkeit*) estranheza *f*
'Fremde ['frɛmdə] **1.** *f* <*sem pl*> estrangeiro *m*; terra *f* alheia; **2.** *m u f* <-*n*>, **~r** *m* estrangeiro *m*, -a *f*; (*Orts≗*) forasteiro *m*, -a *f*; (*Unbekannte*[*r*]) desconhecido *m*, -a *f*
'fremdenfeindlich xenófobo; **≗keit** *f* xenofobia *f*, xenofobismo *m*
'Fremden|führer(**in** *f*) *m* guia *su*; **~legion** *f* legião *f* estrangeira; **~verkehr** *m* <*sem pl*> turismo *m*; **~verkehrsamt** *n* <-(*e*)*s*; *¨er*> centro *m* de informação turística; **~zimmer** *n* quarto *m* de hóspedes
'Fremd|finanzierung *f* <*sem pl*> financiamento *m* externo; **~herrschaft** *f* domínio *m* estrangeiro, dominação *f* estrangeira; **~körper** *m* corpo *m* estranho; **≗ländisch** ['-lɛndɪʃ] estrangeiro; exótico
'Fremdsprach|e *f* língua *f* estrangeira; **~enkorrespondent**(**in** *f*) *m* <-*en*> correspondente *su* em línguas estrangeiras; **~ensekretärin** *f* secretária *f* para línguas estrangeiras; **≗ig** ['-ʃpraxiç], **≗lich** de língua(s) estrangeira(s)
'Fremdwort *n* <-(*e*)*s*; *¨er*> palavra *f* estrangeira
frequen'tieren [frekvɛn'ti:rən] <-> frequentar
Fre'quenz [fre'kvɛnts] *f* frequência *f*
'Fresko ['frɛsko] *n* <-*s*; *Fresken*> fresco *m*, afresco *m*; **~malerei** *f* pintura *f* sobre reboco fresco
'Fress|e ['frɛsə] P *f* boca *f*, cara *f*; ***in die ~ schlagen*** partir a cara; **≗en** comer; *Raubtiere*: *a* devorar; P tragar, engolir; *Rost*, *Eisen*: corroer; *fig* ***j-n gefressen haben*** ter alg atravessado na garganta; ***e-n Narren an j-m gefressen haben*** estar doido por alg; **~en** *n* → ***Fraß***; *fig* ***ein gefundenes ~*** vem mesmo a calhar; **~er** *m* comilão *m*, glutão *m*; **~gier** ['frɛs-] *f* <*sem pl*> gula *f*; **~napf** *m* <-(*e*)*s*; *¨e*> comedoiro *m*; **~sack** P *m* <-(*e*)*s*; *¨e*> guloso *m*; **~sucht** *f* <*sem pl*> bulimia *f*
'Frettchen ['frɛtçən] *n* furão *m*, doninha *f*
'Freude ['frɔydə] *f* alegria *f*; prazer *m*; regozijo *m*; alvoroço *m*; *innere*: *a* satisfação *f*; ***seine ~ haben an*** (*dat*) gostar de, ter prazer em; ***j-s ~ sein*** ser o encanto de alg
'Freuden|botschaft *f* boa notícia *f*; **~fest** *n* <-(*e*)*s*; -*e*> festa *f*; festejo *m*; **~haus** *n* <-*es*; *¨er*> lupanar *m*; **~tag** *m* <-(*e*)*s*; -*e*> dia *m* de festa; **~taumel** *m* transporte *m* de alegria
'freudestrahlend radiante de alegria
'freud|ig ['frɔydiç] alegre, contente, satisfeito; **~los** triste
'freuen ['frɔyən] *v/t* alegrar, causar alegria (a); ***sich ~*** *a* ficar satisfeito, folgar (***über***, ***auf*** *ac* com); ***es freut mich, dass*** alegra-me que
Freund|(**in** *f*) [frɔynt; '-din] *m* <-(*e*)*s*; -*e*> amigo *m*, -a *f*; (*Geliebte*[*r*]) (n)amorado *m*, -a *f*; **'≗lich**

am(ig)ável; cordial; ***seien Sie bitte so ~ zu*** (*inf*) tenha a bondade de, faça o obséquio (*od* o favor) de; '**~lichkeit** *f <sem pl>* amabilidade *f*; '**~schaft** *f* amizade *f*; ***~ schließen*** (***mit***) ficar amigo (de), *bras a* fazer amizade (com); '**2schaftlich** amistoso, amigável, de amigo; '**~schaftsspiel** *n <-(e)s; -e> Sport*: jogo *m* amigável

'**Frevel** ['fre:fəl] *m* injúria *f*; delito *m*; *REL* sacrilégio *m*; ***~ gegen*** atentado *m* a; **2haft** injurioso, criminoso; **2n** *<-le> REL* pecar; ***~ gegen*** atentar contra, violar (*ac*); **~tat** *f* crime *m*

'**Frevler** ['-lər] *m* malfeitor *m*; criminoso *m*; *REL* sacrílego *m*

'**Friede** ['fri:də] *m <-ns; sem pl>*, **~n** *m* paz *f* (***im*** em tempos de; ***stiften*** restabelecer); ***~n schließen*** fazer as pazes

'**Friedens|bewegung** *f* movimento *m* pacifista; **~bruch** *m <-(e)s; ¨e>* violação *f* da paz; **~konferenz** *f* conferência *f* de paz; **~richter** *m* juiz *m* de paz; **~schluss** *m <-es; ¨e>* conclusão *f* da paz; **~verhandlung** *f* negociação *f* de paz; **~vertrag** *m <-(e)s; ¨e>* tratado *m* de paz; **~wille** *m <-ns; sem pl>* pacifismo *m*; intenções *f/pl* pacíficas; **~zeit** *f* (tempo[s *pl*] *m* de) paz *f*

'**fried|fertig** ['fri:t-] pacífico; tranquilo; **2fertigkeit** *f <sem pl>* pacifismo *m*; *j-s*: índole *f* pacífica; tranquilidade *f*; **2hof** *m <-(e)s; ¨e>* cemitério *m*; **~lich** pacífico; *fig a* tranquilo; *Vergleich*: amigável, amistoso; **~liebend** pacífico

'**frieren** ['fri:rən] gelar; *j-d*: ter frio

Fries [fri:s] *m <-es; -e> ARQUIT* friso *m*; *Stoff*: frisa *f*

'**Fries|e** ['fri:zə] *m <-n>* frísio *m*; **~in** *f* frísia *f*; **2isch** frísio, da Frísia

Frikas'see [frika'se:] *n <-s; -s>* fricassé (*ê) *m*

frisch [friʃ] fresco; (*neu*) novo, recente, *vor p/p* recém-; (*rein*) limpo; (*gesund*) vivo; (*fröhlich*) alegre, radiante; ***~ gestrichen*** pintado de fresco; ***noch ~*** bem conservado; ***auf ~er Tat*** em flagrante delito

'**Frisch|e** ['-ə] *f <sem pl>* frescura *f*, fresco *m*; *MED* vigor *m*; *fig a* brio *m*; **~fleisch** *n <-(e)s; sem pl>* carne *f* fresca; **~haltefolie** *f* folha *f* aderente; **~haltepackung** *f* embalagem *f* de conservação fresca (*od bras* a vácuo); **~käse** *m* queio *m* fresco (*od* saloio); **~ling** *m <-s; -e> ZO* javardo *m* pequeno, *bras* filhote *m* de javali; '**2luft** *f <sem pl>* ar *m* fresco

Fri'seu|r [fri'zø:r] *m <-s; -e>* cabeleireiro *m*; *für Herren*: *a* barbeiro *m*; **~rsalon** *m <-s; -s>* salão *m* de cabeleireiro; **~se** [-zə] *f* cabeleireira *f*

fri'sier|en [fri'zi:rən] *<->* pentear; frisar (*a fig*); **2mantel** *m <-s; ¨>* penteador *m*, *bras* roupão *m*; **2salon** *m <-s; -s>* salão *m* de cabeleireiro; **2tisch** *m <-(e)s; -e>* toucador *m*; penteadeira *f*; **2umhang** *m <-(e)s; ¨e>* penteador *m*, *bras* bata *f*

Frist [frist] *f* prazo *m*; termo *m*; (*Aufschub*) *ECON* moratória *f*; (*Zeitraum*) período *m*, tempo *m*; ***nach kurzer ~*** pouco depois; '**~ablauf** *m <-(e)s; sem pl>* vencimento *m* (*od* expiração *f*) do prazo; '**2en** *<-e-> ECON* prorrogar; prolongar; ***sein Leben ~*** levar uma vida miserável; ir-se vivendo; '**2los** sem (pré-)aviso; '**~verlängerung** *f* prorrogação *f* do prazo

Fri'sur [fri'zu:r] *f* penteado *m*

Frit|'teuse [fri'tø:zə] *f* fritadeira *f*; **2tieren** [-'ti:rən] *<->* fritar

fri'vol [fri'vo:l] frívolo

Frl. ***Fräulein*** *n* Senhora Dona (S.[ra] D.), Menina

froh [fro:] (*zufrieden*) contente, satisfeito (***über*** de); (*fröhlich*) alegre; (*glücklich*) feliz

'**fröhlich** ['frø:liç] alegre; **~e** *Ostern etc*: feliz; **2keit** *f <sem pl>* alegria *f*

froh|'locken *<->* jubilar; exultar; ***~ über*** (*ac*) regozijar-se com; '**2sinn** *m <-(e)s; sem pl>* alegria *f*; jovialidade *f*; '**~sinnig** alegre

fromm [frɔm] piedoso; religioso; devoto

Frömm|e'lei [frœmə'laɪ] *f* beatice *f*; '**2elnd** beato; '**~igkeit** ['frœmiç-] *f <sem pl>* devoção *f*; religiosidade *f*; '**~ler(in** *f*) *m* beato *m*, -a *f*

Fron [fro:n] *f*, '**~arbeit** *f*, '**~dienst** *m <-(e)s; -e>* jeira *f*; *fig* escravidão *f*

'**frönen** ['frø:nən]: (*dat*) ~ ser escravo de; entregar-se a

Fron'leichnam *m <-(e)s; sem pl>* Corpo *m* de Deus; **~sfest** *n <-(e)s; sem pl>* festa *f* do Corpo de Deus

Front [frɔnt] *f ARQUIT* fachada *f*; frontispício *m*; frente *f* (*a MIL*); **~ machen gegen** fazer frente a; **≗'al** [frɔn'taːl] frontal; **~'alzusammenstoß** *m* <*-es*; *⸚e*> colisão *f* frontal; **'~antrieb** *m* <*-(e)s*; *-e*> *Auto*: tra(c)ção *f* dianteira; **'~dienst** *m* <*-(e)s*; *-e*> serviço *m* na frente; **'~kämpfer** *m* combatente (***alter*** antigo, ex-); **'~scheibe** *f* pára-brisas *m*; **'~scheinwerfer** *m* farol *m* dianteiro

Frosch [frɔʃ] *m* <*-(e)s*; *⸚e*> rã *f*; *Feuerwerk*: petardo *m*, bicha *f*; **'~laich** *m* <*-(e)s*; *-e*> ovas *f/pl* de rã; **'~mann** *m* <*-(e)s*; *⸚er*> homem-rã *m*; **'~schenkel** *m* perna *f* de rã

Frost [frɔst] *m* <*-(e)s*; *⸚e*> gelo *m*; geada *f*; (*Kälte*) frio *m*; **'~beule** *f* frieira *f*

'frösteln ['frœstəln] <*-le*> ter frio, ter calafrios; **~d** *adj* friorento

'frost|ig gelado; *a fig* frio; **≗schaden** *m* <*-s*; *⸚*> prejuízos *m/pl* causados pela geada; **≗schutzmittel** *n* anticongelante *m*; **≗wetter** *n* <*-s*; *sem pl*> tempo *m* de geada

frot'tier|en [frɔ'tiːrən] <*->* fri(c)cionar; **≗tuch** *n* <*-(e)s*; *⸚er*> toalha *f* de felpa, toalha *f* turca, pano *m* turco

Frucht [fruxt] *f* <*-*; *⸚e*> fruto *m*; (*Obst*) fruta *f*; (*Ergebnis*) resultado *m*; *MED* feto *m*; **'≗bar** fecundo; *AGR* fértil; *Mensch, Tier*: prolífico; **~ machen** fecundar, fertilizar; **'~barkeit** *f* <*sem pl*> fecundidade *f*; fertilidade *f*; **'~blase** *f* bolsa *f* amniótica; **'≗bringend** frutífero; frutuoso, *fig a* produtivo, proveitoso

'Früchtchen *n fig* maroto *m*; *Mädchen*: menina *f* fresca, *bras* moça *f* brejeira

'Frucht|eis *n* <*sem pl*> gelado *m* (*od* sorvete *m*) de fruta; **'≗en** <*-e-*> render; servir (para); **~fleisch** *n* <*-(e)s*; *sem pl*> polpa *f*; **'~folge** *f* afolhamento *m*; **≗ig** com cheiro ou sabor a frutos; (*Wein*) afrutado; **'~knoten** *m* ovário *m*; **'≗los** infrutífero, estéril; **'~losigkeit** ['-loːziç-] *f* <*sem pl*> inutilidade *f*; **'~presse** *f* espremedor *m* de fruta; **'~saft** *m* <*-(e)s*; *⸚e*> sumo *m*, *bras* suco *m*; **'~schale** *BOT f* casca *f*; *Gefäß*: fruteira *f*; **'≗tragend** frutífero; **'~wasser** *n* <*-s*; *sem pl*> líquido *m* amniótico; **'~wechsel** *m* <*-s*; *sem pl*> afolhamento *m*; **'~zucker** *m* <*-s*; *sem pl*> frutose *f*; dextrose *f*

früh [fryː] **1.** *adj* temporão; (***zu***) **~** prematuro; ***am ~en Morgen*** de manhã cedo, de madrugada; ***ein ~er*** *Dürer etc* um ... da primeira fase; **2.** *adv* cedo; (***zu***) **~** prematuramente; ***zu ~ kommen*** chegar adiantado; ***heute ~*** esta manhã; ***morgen ~*** amanhã de manhã; ***von ~ bis spät*** da manhã até à noite; ***~ aufstehen*** madrugar

'Früh|aufsteher(in *f*) *m* ['-ʃteːər] madrugador(a *f*) *m*; **~beet** *n* <*-(e)s*; *-e*> estufa *f*; **~diagnose** *f MED* rastreio *m*, *bras* diagnóstico *m* precoce; **~e** ['-ə] *f* <*sem pl*> madrugada *f* (***in aller*** muito de)

'früher **1.** *comp von* **früh**; **2.** *adj* (*ehemalig*) antigo, ex-; (*vorhergehend*) anterior; **3.** *adv* mais cedo; (*vorher*) antes, anteriormente; (*einst*) outrora; ***~ oder später*** mais dia, menos dia, mais cedo ou mais tarde

'Früherkennung *f* <*sem pl*> *MED* dete(c)ção *f* precoce

'frühest *sup von* **früh**; (*erst*) primeiro; (*ältest*) mais antigo; **'~ens** ['-əstɛns] o mais cedo, o mais depressa possível; não (...) antes de

'Früh|geburt *f* parto *m* prematuro; **~jahr** *n* <*-(e)s*; *-e*>, **~ling** *m* <*-s*; *-e*> primavera *f*; **~lings...**: *in Zssgn* primaveril, de primavera; **~messe** *f* matinas *f/pl*; **≗reif** precoce; *Obst*: temporão; **~reife** *f* <*sem pl*> precocidade *f*; **~schicht** *f* turno *m* da manhã; **~stadium** *n* <*-s*; *-stadien*> fase *f* latente; pródromo *m*

'Frühstück *n* <*-(e)s*; *-e*> pequeno almoço *m*, F mata-bicho *m*; *bras* café *m* da manhã; **≗en** tomar o pequeno almoço; **~spause** *f* pausa *f* para o pequeno almoço, pausa *f* para o *bras* café da manhã

'früh|zeitig cedo; prematuro; **'≗zündung** *f* ignição *f* antecipada (*od* prematura); ***auf ~ einstellen*** avançar a ignição

Frust [frust] *m* <*-(e)s*; *sem pl*> F dece(p)ção *f*, malogro *m*; **~rati'on** [-atsi'oːn] *f* frustração *f*; **≗'rieren** <*->* frustrar

Fuchs [fuks] *m* <*-es*; *⸚e*> raposa *f*,

zorro *m* (*a fig*); (*Pferd*) alazão *m*, cavalo *m* baio; **schlauer ~** manhoso *m*, pássaro *m* bisnau; **'~bau** *m* <-(*e*)*s*; -*e*> toca *f*; covil *m*; **'&en** <-*t*> F irritar

'Fuchsie ['fuksiə] *f* fúcsia *f*

'Fuchs|jagd *f* caça *f* à raposa; **~schwanz** *m* <-(*e*)*s*; ⸚*e*> rabo *m* de raposa; *TÉCN* serrote *m*; *BOT* amaranto *m*; **&(teufels)'wild** fora de si; fulo

'fuchteln ['fuçtəln] <-*le*>: ***~ mit*** agitar (*ac*)

Fug [fu:k] *m* <-(*e*)*s*; *sem pl*>: ***mit ~ und Recht*** com toda a razão

'Fug|e ['fu:gə] *f* junta *f*; (*Naht*) costura *f*; (*Rille*) ranhura *f*; *MÚS* fuga *f*; ***aus den ~n gehen*** escangalhar-se; **'&en** ensamblar

'füg|en ['fy:gən] juntar; encaixar; → ***fugen***; (*bestimmen*) dispor; ***sich ~*** (***in*** *ac*) submeter-se (a); sujeitar-se (a); conformar-se (com); ***sich gut ~*** *fig* vir a propósito, *bras* vir em boa hora; **~sam** dócil; **&samkeit** *f* <*sem pl*> docilidade *f*; **&ung** *f* coincidência *f*; (*Schicksals&*) destino *m*; *Gottes*: vontade *f*

'fühl|bar ['fy:lba:r] sensível; (*greifbar*) palpável; ***sich ~ machen*** fazer-se sentir; **~en** sentir; (*tasten*) apalpar; *Puls*: tomar; **&er** *m* *ZO* antena *f*; *pl* ***die ~ ausstrecken*** *fig* sondar (o terreno); **~los** insensível; **&ung** *f* <*sem pl*> conta(c)to *m*; ***~ nehmen mit*** *fig* pôr-se em conta(c)to com

'Fuhre ['fu:rə] *f* carrada *f*

'führen ['fy:rən] conduzir; levar; (*lenken*) guiar; *MIL* (*leiten*) dirigir; tomar a dianteira; ir à frente (*a Sport*); *AV* pilotar; *Amt*: exercer, desempenhar; *Aufsicht*: ter; *Beweis*: apresentar; dar; *Waren*: vender; ter (à venda); *Bücher*: *ECON* fazer escrituração; *Degen*: manejar; *Krieg*: fazer conduzir; *Leben*: levar; ***Beschwerde ~, Klage ~*** apresentar queixa (***über*** *ac* de; ***bei*** a); ***Prozess ~*** pleitear; ***in Versuchung ~*** tentar; ***weiter ~*** continuar; adiantar; ***zu weit ~*** levar (muito) longe; ***bei sich ~*** trazer; ***sich*** *gut etc* **~** (com)portar-se; **~d** *adj* dirigente; mais importante; representativo

'Führer ['fy:rər] *m* condutor *m*; *Auto*: motorista *m*, *bras* volante *m*; *AV* piloto *m*; (*Fremden&*) guia *m*; *POL* líder *m*, dirigente *m*; *ECON* dire(c)tor *m*; **~in** *f* dire(c)tora *f*; **~schein** *m* <-(*e*)*s*; -*e*> carta *f* de condução, *bras* carteira *f* de motorista; *AV* brevet *m*; **~stand** *CAM. DE F* *m* <-(*e*)*s*; ⸚*e*> posto *m* do maquinista

'Fuhrpark *m* <-(*e*)*s*; -*s*> contingente *m* de veículos (*od* viaturas)

'Führung ['fy:ruŋ] *f* conduta *f*; (*Benehmen*) *a* comportamento *m*; (*Leitung*) dire(c)ção *f*, chefia *f*; (*Geschäfts&*) gerência *f*; administração *f*; *MIL u NAV* comando *m*; *e-s Amtes*: exercício *m*; *Museum etc*: visita *f* guiada; *TÉCN* guia *f*; condução *f*; ***~ der Bücher*** *ECON* escrituração *f*; ***~ durch*** visita *f* a; ***in ~ liegen*** *od* ***gehen*** ser o primeiro; estar à frente; **~sanspruch** *m* <-(*e*)*s*; *sem pl*>: ***den ~ erheben auf*** (*ac*) reclamar a chefia (*od* a dire[c]ção) de; **~szeugnis** *n* <-*ses*; -*se*> certificado *m* de conduta

'Fuhr|unternehmen ['fu:r-] *n* empresa *f* de transportes; **~unternehmer** *m* dono *m* de uma empresa de transportes; **~werk** *n* <-(*e*)*s*; -*e*> veículo *m*; *für Fracht*: carro *m*, carroça *f*

'Füll|e ['fylə] *f* <*sem pl*> abundância *f*; plenitude *f*; **&en** encher (***mit*** de); (*aus~*) preencher; *Geflügel*: recheaar; *Zahn*: chumbar, obturar; ***auf*** (*od* ***in***) ***Flaschen ~*** engarrafar; ***in ein Fass ~*** embarricar; ***bis an den Rand ~*** encher até ao cimo

'Füll|en *n* *ZO* poldro *m*; **~er** *m*, **~federhalter** *m* caneta(-tinteiro) *f*, caneta *f* de tinta permanente; **~horn** *n* <-(*e*)*s*; ⸚*er*> cornucópia *f*; **~sel** *n*, **~ung** *f* enchimento *m*, recheio *m*; (*Zahn&*) obturação *f*, chumbo *m*; (*Tür&*) almofada *f* (da porta); *TÉCN* carga *f*; **~wort** *n* <-(*e*)*s*; ⸚*er*> palavra *f* expletiva; partícula *f* de realce

'fummeln ['fuməln] <-*le*> F mexer; remexer

Fund [funt] *m* <-(*e*)*s*; -*e*> achado *m*; descoberta *f*

Funda'ment *ARQUIT* [funda'mɛnt] *n* <-(*e*)*s*; -*e*> alicerces *m*/*pl*; fundamento *m*; **&'al** [-'ta:l] fundamental; **~anker** *TÉCN* *m* perno *m* de fixação

'Fund|büro *n* <-s; -s> depósito *m* de obje(c)tos achados, *bras* seção *f* de achados e perdidos; **~gegenstand** *m* <-(e)s; ⸚e> obje(c)to *m* achado; **~grube** *f fig* mina *f*; **~ *für*** fonte *f* de

fun'dieren [fun'di:rən] <-> fundamentar; assegurar; *ECON Schuld*: consolidar; ***gut fundiert*** sólido

'Fund|ort *m* <-(e)s; -e> lugar *m* do achado; **~sache** *f* (obje[c]to *m*) achado *m*; **~stelle** *f* → ***~ort***

fünf [fynf] **1.** cinco; ***~ gerade sein lassen*** não se importar muito; fechar os olhos; **2.** ♀ *f* cinco *m*; **'♀eck** *n* <-(e)s; -e> pentágono *m*; **'~eckig** pentágono, pentagonal; **'~erlei** ['-ərlaɪ] cinco espécies de; **'~fach** quíntuplo; *adv* cinco vezes; **'♀gang-getriebe** *n Auto*: caixa *f* de cinco velocidades; **'~hundert(st...)** quinhentos (quingentésimo); **♀'jahresplan** *m* <-(e)s; ⸚e> plano *m* quinquenal; **'~jährig** de cinco anos; **'~jährlich** quinquenal; de cinco em cinco anos; **'♀kampf** *m* <-(e)s; ⸚e> *Sport*: pentatlo *m*; **'~mal(ig** de) cinco vezes; **♀'markstück** *n* <-(e)s; -e> moeda *f* de cinco marcos; **'~stellig** ['-ʃtɛlɪç] de cinco cifras; **~'tagewoche** *f* semana *f* inglesa; semana *f* de cinco dias; **'~tausend** cinco mil; **'~te** ['-tə] quinto; ***der*** (***den***, ***am***) ***5. März*** (a, em, no dia) cinco (*od* 5) de Março; ***Karl der*** ♀ Carlos-Quinto; **'♀tel** *n* quinto *m*; **'~tens** (em) quinto (lugar); **'~zehn** quinze; ***etwa ~ ...*** uma quinzena de ...; **'♀zehntel** *n* décimo quinto *m*; **'~zig** ['-tsɪç] cinquenta; ***in den ♀ern sein*** andar na casa dos cinquenta; **'♀ziger(in** *f*) *m* quinquagenário *m*, -a *f*; **'♀zigstel** ['-tsɪçstəl] *n*, **'~zigste(r)** quinquagésimo (*m*)

fun'gieren [fuŋ'gi:rən] <-> a(c)tuar; trabalhar

Fungizid [-'tsi:t] *n* <-s; -e> fungicida *m*

Funk [fuŋk] F *m* <-s; *sem pl*> telegrafia *f* sem fios; radiotelegráfico *m*; (*Rund~*) rádio *f*, radiotelefonia *f*; ***über ~*** por rádio; **'~amateur** ['-amatø:r] *m* <-s; -e> radioamador *m*; **'~anlage** *f* instalação *f* radiotelefónica (*ô); estação *f* de rádio; **'~bild** *n* <-(e)s; -er> radiofotografia *f*; **'~e** ['-ə] *m* → ***Funken***; **'♀eln** <-le> cintilar, brilhar; ***funkelnd*** *adj* resplandecente (*a fig*); **'♀elnagelneu** novinho em folha; **'~en** *m* centelha *f*, faísca *f*, chispa *f*; **'♀en** telegrafar; faiscar; F funcionar; **'~er** *m* (radio)telegrafista *m*; **'~feuer** *n AV* radiofarol *m*; **'~gerät** *n* <-(e)s; -e> aparelho *m* de rádio; **'~haus** *n* <-es; ⸚er> centro *m* de radiodifusão; **'~peilung** *f* marcação *f* por radiogoniometria (*od* por T.S.F.); **'~sprechgerät** *n* <-(e)s; -e> emissor-rece(p)tor *m*; ***tragbares ~*** walkie-talkie *m*; **'~spruch** *m* <-(e)s; ⸚e> radiograma *m*; **'~station** *f* emissora *f*, estação *f* radiofónica (*ô), posto *m* de rádio; **'~streife(nwagen** *m*) *f* carro *m* rádio-patrulha; **'~taxi** *n* <-s; -s> radiotáxi *m*; **'~technik** *f* <*sem pl*> radiotécnica *f*; **'~telefon** *n* <-s; -e> telemóvel *m*

Funkti'on [fuŋktsi'o:n] *f* função *f*; **~'är** [-'nɛr] *m* <-s; -e> funcionário *m*; **♀'ieren** <-> funcionar

'Funk|turm *m* <-(e)s; ⸚e> (torre *f*) emissora *f*; **~verbindung** *f* comunicação *f* radiofónica (*ô); **~wagen** *m* carro *m* emissor

für [fy:r] **1.** *prp Zweck, Bestimmung*: para, destinado a; *Verhältnis* (*z. B. groß ~ sein Alter*), *Zeit*: para; *Interesse, Gunst, Stellvertretung, Wort ~ Wort, Tag ~ Tag*: por; *Preis*: por, a; *Schritt ~ Schritt, Blatt ~ Blatt*: a; *Vorteil*: a favor de; ***es hat et ~ sich*** não parece mal; **~ *'sich*** por si; diferente; ***ich ~ meine Person*** (*od* ***meinen Teil***) cá por mim; ***~s Erste*** por enquanto; por agora; ***was ~ ein(e)*** que; **2.** ♀ *n inv*: ***das ♀ und Wider*** o pró e o contra

'Fürbitte *f* intercessão *f*; *REL* prece *f*

'Furch|e ['furçə] *f* sulco *m*; (*Runzel*) ruga *f*; *ARQUIT* canelura *f*; **♀en** sulcar, enrugar; **♀ig** enrugado

Furcht [furçt] *f* <*sem pl*> medo *m*, receio *m* (***aus*** por, ***vor*** *dat* de); ***in ~ versetzen*** meter medo a; atemorizar; **'♀bar** terrível, formidável, medonho

'fürcht|en ['fyrçtən] <-e-> temer, recear; cuidar; ***sich ~*** ter medo (***vor*** *dat* de); **~erlich** terrível, formidável, medonho

'furcht|los intrépido; **♀losigkeit** ['-lo:zɪç-] *f* <*sem pl*> intrepidez *f*;

F

~sam medroso; receoso; **&samkeit** *f* <*sem pl*> pusilanimidade *f*; timidez *f*
'fürei'nander um para o outro
'Furie ['fu:riə] *f* fúria *f*; euménide (*ê) *f*; megera *f*
für'lieb: **~ *nehmen*** contentar-se
Fur'nier [fur'ni:r] *n* <-*s*; -*e*> folheado *m*, contraplacado *m*; **&en** <-> folhear, contraplacar; **~holz** *n* madeira *f* de folheado; contraplacado *m*

Fu'rore [fu'ro:rə] *f*: **~ *machen*** causar sensação
fürs [fy:rs] = ***für das***
'Für|sorge *f* <*sem pl*> solicitude *f*; cuidado *m*; *soziale*: assistência *f* (***für*** a); **&sorglich** cuidadoso; solícito; **~sprache** *f* intercessão *f*; ***~ für j-n einlegen*** F meter uma cunha para alg, interceder a favor de (*od* por) alg; **~sprecher** *m* advogado *m*; intercessor *m*
Fürst [fyrst] *m* <-*en*> príncipe *m*; **'~enhaus** *n* <-*es*; **=er**> dinastia *f*; **'~entum** *n* <-*s*; **=er**> principado *m*; **'~in** *f* princesa *f*; **'&lich** principesco
Furt [furt] *f* vau *m*
Fu'runkel [fu'runkəl] *m* furúnculo *m*
'Fürwort *n* pronome *m*
Furz V [furts] *m* <-*es*; **=e**> traque *m*, *bras* pum *m*, peido *m*
'Fusel ['fu:zəl] *m* aguardente *f* ordinária, *bras* arrebenta-peito *m*
Fusi'on [fuzi'o:n] *f* fusão *f*; **&'ieren** [-zio'ni:rən] <-> fusionar
Fuß [fu:s] *m* <-*es*; **=e**> pé *m* (***zu*** a; ***am*** ao); (*Tier&*) a pata *f*; *Gebirge*: sopé *m*, *a Säule*: base *f*; *Denkmal*: pedestal *m*; peanha *f* (*a* TÉCN); ***j-m auf den ~ treten*** pisar alg; *fig* magoar alg; ***gut zu ~ sein*** ser bom andarilho; ter boas pernas; andar bem; (***festen***) ***~ fassen*** (*a fig*) tomar pé; (***hart***) ***auf dem ~e*** de perto; mesmo a seguir; ***auf großem ~(e) leben*** viver à larga (*od* à grande); ***auf gleichem ~e*** de igual para igual; ***j-m zu Füßen fallen*** *a* prostrar-se diante de alg; ***mit geschlossenen Füßen*** a pés juntos; ***auf eigenen Füßen stehen*** ser independente; ***mit Füßen treten*** dar pontapés a; ***auf schwachen*** (*od* ***tönernen***) ***Füßen stehen*** estar assente em pés de barro
'Fuß|abstreifer *m*, **'~abtreter** *n* capacho *m*; **'~angel** *f* <-; -*n*> armadilha *f*, ratoeira *f*; **'~bad** *n* <-(*e*)*s*; **=er**> banho *m* aos pés
'Fußball *m* <-(*e*)*s*; **=e**> futebol *m* (***spielen*** jogar o); **~er** *m* F futebolista *m*; **~mannschaft** *f* equipa *f*, onze *m*, *bras* time *m*, equipe *f*; **~platz** *m* <-*es*; **=e**> campo *m* de futebol; **~spieler** *m* futebolista *m*, jogador *m* de futebol; **~toto** *m od n* <-*s*; *sem pl*> totobola *m*
'Fuß|bank *f* <-; **=e**> escabelo *m*, *bras* banquinho *m*; **'~bekleidung** *f* calçado *m*; **'~boden** *m* <-*s*; **=**> chão *m*, soalho *m*, sobrado *m* (***auf dem*** no); **'~bodenheizung** *f* aquecimento *m* de chão; **'~bremse** *f* travão *m* de pé
'Fussel ['fusəl] *f* <-; -*n*> fio *m*, linha *f*
'fuß|en <-*t*> basear-se, fundar-se (***auf*** *dat* em); **'&ende** *n*: ***am ~*** aos pés
'Fußgänger|(in *f*) ['-gɛŋər] *m* peão *m*, peã *f*, transeunte *su*, *bras* pedestre *m*; **~ampel** *f* <-; -*n*> semáforo *m* para peões (*bras* pedestres); **~brücke** *f* passarela *f*; **~übergang** *m* <-(*e*)*s*; **=e**>, **~überweg** *m* <-(*e*)*s*; -*e*> passadeira *f*, passagem *f* para a travessia de peões, *bras* passagem *f* para pedestres; **~weg** *m* <-(*e*)*s*; -*e*> passeio *m*; **~zone** *f* zona *f* reservada a peões, *bras* zona *f* para pedestres
'fuß|hoch da altura de um pé; **&knöchel** *m* tornozelo *m*; **~krank** doente dos pés
'Fuß|leiste *f* rodapé *m*; **~marsch** *m* <-(*e*)*s*; **=e**> marcha *f*; **~matte** *f* capacho *m*; **~note** *f* nota *f* de rodapé; **~pfad** *m* <-(*e*)*s*; -*e*> atalho *m*; **~pflege** *f* <*sem pl*> quiropodia *f*, *bras* pedicure *m*; **~pilz** *m* <-*es*; -*e*> micose *f* do pé; **~raste** *f* estribo *m*; descança-pé *m*; **~sohle** *f* planta *f* do pé; **~spitze** *f* ponta *f* do pé; **~spur** *f*, **~(s)tapfe** *f* pegada *f*, rasto *m*, *bras* rastro *m*; ***in j-s ~n treten*** seguir o exemplo de alg; **~ste(i)g** *m* <-(*e*)*s*; -*e*> atalho *m*; **~stütze** *f* apoio *m* para o pé, apoia-pé *m*; **~tritt** *m* <-(*e*)*s*; -*e*> pontapé *m*; **~volk** *n* <-(*e*)*s*; *sem pl*> infantaria *f*; **~wanderung** *f* passeio *m*; **~weg** *m* <-(*e*)*s*; -*e*> passeio *m*; atalho *m*
futsch F [futʃ]: ***es ist ~*** foi-se; lá vai!; *bras* acabou!

'Futter ['futər] *n* <-*s*; *sem pl*> **a)** (*Grün*♀) pasto *m*; forragem *f*; *fig* (*Essen*) comida *f*; **b)** *Kleidung*: forro *m*; *Werkzeugmaschine*: revestimento *m*; **~'al** [-'ra:l] *n* <-*s*; -*e*> estojo *m*; **~krippe** *f* comedoiro *m*, manjedoura *f*; **~mittel** *n*/*pl* forragem *f*/*sg*; **♀n** <-*re*> F devorar; comer muito

'füttern ['fytərn] *v*/*t* <-*re*> alimentar; dar de comer a, dar que comer a; *Kleidung*: forrar (***mit*** de)

'Futter|napf *m* <-(*e*)*s*; ¨*e*> manjedoura *f*, *bras* tigela *f* de comida; **~pflanze** *f* planta *f* forrageira; **~rübe** *f* beterraba *f* forraginosa; **~stück** *n* <-(*e*)*s*; -*e*> *TÉCN* peça *f* de enchimento; **~trog** *m* <-(*e*)*s*; ¨*e*> → ***~napf***

'Fütterung ['fytəruŋ] *f* **a)** *Tiere*: alimentação *f*; **b)** forro *m*, forramento *m*

Fu'tur [fu'tu:r] *n* <-*s*; -*e*> futuro *m*; **~'ismus** [futu'r-] *m* <-; *sem pl*> futurismo *m*; **~'ist** *m* <-*en*>, **♀'istisch** futurista *m*; **~olo'gie** [-turolo'gi:] *f* <*sem pl*> futurologia *f*

G

G

G, g [ge:] *n inv* G, g *m*; *MÚS* sol *m*

'Gabe ['ga:bə] *f* dom *m*, prenda *f* (*a fig*); (*Geschenk*) dádiva *f*; presente *m*; *MED* dose *f*; ***milde ~*** esmola *f*

'Gabel ['ga:bəl] *f* <-; -*n*> garfo *m* (*a TÉCN*); *AGR* forcado *m*; *TEL* descanso *m*; **♀förmig** ['-fœrmiç] bifurcado; **♀n** <-*le*> (a)forquilhar; ***sich ~*** bifurcar-se; **~stapler** ['-ʃta:plər] *m* empilhadeira *f* de forquilha; **~ung** *f* bifurcação *f*

Ga'bun [ga'bu:n] *n* Gabão *m*

'gackern ['gakərn] **1.** <-*re*> cacarejar; **2.** ♀ *n* cacarejo *m*

'gaff|en ['gafən] olhar embasbacado, ficar boquiaberto (*od* pasmado), F papar moscas; **♀er** *m* papa-moscas *m*

Gag [gɛk] *m* <-*s*; -*s*> gag *f*

'Gage ['ga:ʒə] *f* remuneração *f*; honorários *m*/*pl*

'gähnen ['gɛ:nən] bocejar

'Gala ['gala] *f inv* gala *f*; traje *m* de cerimónia (*ô); ***in ~*** de gala; **~abend** *m* <-*s*; -*e*> noite *f* de gala

ga'lant [-'lant] galante; (*höflich*) cortês

Ga'leere [ga'le:rə] *f HIST* galera *f*, galé *m*; **~nsträfling** *m* <-*s*; -*e*> galeote *m*

Gale'rie [galə'ri:] *f* galeria *f*; tribuna *f*; *TEA* geral *f*

'Galgen ['galgən] *m* forca *f*; patíbulo *m*; ***an den ~ kommen*** ser enforcado; **~frist** *f* quarto *m* de hora de graça; prazo *m* impreterível; **~humor** *m* <-*s*; *sem pl*> humor *m* negro (*od* macabro); **~strick** *m* <-(*e*)*s*; -*e*>, **~vogel** *m* <-*s*; ¨> pícaro *m*, patife *m*

Ga'lic|ier(in *f*) [ga'li:tsiər-] *m*, **♀isch** galego *m*, -a *f*, da Galiza

Gali'onsfigur [gali'o:ns-] *f* figura *f* de proa (*a fig*)

'Gall|e ['galə] *f* bílis *f*; fel *m*; *fig* ***j-m läuft die ~ über*** alg exalta-se, alg irrita-se; **♀e(n)bitter** amargo como fel; muito amargo; **~enblase** *f* vesícula *f* biliar; **~enstein** *m* <-(*e*)*s*; -*e*> cálculo *m* biliar

'Gallert ['galərt] *n* <-(*e*)*s*; -*e*> gelatina *f*; geleia (*é) *f*; **♀artig** gelatinoso

'gallig ['galiç] bilioso, amargo

Ga'lopp [ga'lɔp] *m* <-*s*; -*s*, -*e*> galope *m* (***im*** ao; ***gestreckter*** largo), galopada *f*; **♀'ieren** <-; *sn u haben*> galopar; ***galoppierend*** *adj* galopante (*a MED*)

gal'van|isch [gal'va:niʃ] galvânico; **~is'ieren** [-vani'zi:rən] <-> galvanizar; **♀o'meter** [-no'-] *n* galvanómetro (*ô) *m*; **♀o'plastik** *f* galvanoplástica *f*

'gammeln ['gaməln] <-*le*> vadiar

'Gammler *m* F *depr* vadio *m*; vagabundo *m*

'Gäms|e ['-zə] *f*, **~leder** *n* <-*s*; *sem pl*> camurça *f*

Gang [gaŋ] *m* <-(*e*)*s*; ⸚*e*> (*Gehen*) passo *m*; maneira *f* de andar; (*Weg*) caminho *m*, (*Durch*≗) passeio *m*; via *f*; passagem *f*, travessa *f*; ARQUIT corredor *m* (*a* CAM. DE F), passadiço *m*; *unterirdischer*: galeria *f*; (*Arbeits*≗) ciclo *m*; ANAT conduto *m*; *geschäftlicher*: comissão *f*, serviço *m*; (*Spazier*≗) passeio *m*; volta *f* (***machen*** dar); *Gestirn*: curso *m*; (*Bewegung*) andamento *m*; movimento *m*; ZO → **~art**; *Ereignisse u* ECON marcha *f*; TÉCN arranque *m*; *Auto*: velocidade *f* (***einschalten*** meter); ***im zweiten ~ fahren*** andar em segunda; *Essen*: prato *m*; ***als erster ~*** de entrada *f*; *Fechten*: assalto *m*; LIT entrecho *m*, enredo *m*; BGB galeria *f*, corredor *m*; (*Erz*≗) veio *m*, filão *m*; ***im*** (***vollen***) ***~e sein*** estar em (plena) marcha, estar em (pleno) curso; ***in ~ bringen***, ***setzen*** pôr a andar, pôr em andamento; *fig* a(c)tivar; '**~art** *f* andamento *m*; BGB *Erz*: ganga *f*; ZO andadura *f*, passo *m*; '**≗bar** praticável, viável; *fig* corrente

'**Gängel|band** ['gɛŋəl-] *n*: ***am ~ führen*** = **≗n** <-*le*> conduzir em andadeiras; *fig* tratar alg como uma criança

'**Ganghebel** *m* AUTO alavanca *f* da mudança de velocidade, alavanca *f* das mudanças

'**gängig** ['gɛŋiç] corrente; ECON ***~ sein*** ter venda

'**Gangschaltung** *f* caixa *f* de velocidades

'**Gangster** ['gɛŋstər] *m* bandido *m*

Ga'nove [ga'noːvə] *m* <-*n*> bandido *m*; vigarista *m*

Gans [gans] *f* <-; ⸚*e*> ganso *m*; (*wilde*) lavanco *m*; *fig* (***dumme***) ***~*** parva *f*, *bras* boba *f*, tola *f*

'**Gänse|blümchen** ['gɛnzəblymçən] *n* margarida *f*, malmequer *m*, bonina *f*; **~braten** *m* ganso *m* assado; **~füßchen** ['-fysçən] *n/pl* TIP aspas *f/pl*; comas *f/pl*; **~haut** *f* <*sem pl*> *fig* pele *f* arrepiada; F pele *f* de galinha; **~klein** *n* <-*s*; *sem pl*> cabidela *f* (*bras* miúdos *m/pl*) de ganso; **~leberpastete** *f* foie-gras *m*; fígado *m* de ganso; **~marsch** *m* <-(*e*)*s*; *sem pl*> fila *f* indiana; **~rich** ['-riç] *m* <-(*e*)*s*; -*e*> ganso *m* macho; **~schmalz** *n* <-*es*; *sem pl*> gordura (*od* enxúndia) *f* de ganso

ganz [gants] **1.** *adj* todo; (*ungeteilt*) inteiro; F (*heil*) inta(c)to; (*vollständig*) completo; ***die ~e Stadt*** toda a cidade; a cidade inteira; ***e-e ~e Woche*** uma semana inteira; ***im ≗en*** ao total, ao todo; em resumo; em conjunto; ***von ~em Herzen*** de todo o coração; ***~e Note*** MÚS semibreve *f*; ***wieder ~ machen*** reparar, consertar; **2.** *adv* inteiramente, completamente, de todo; *vor adj u adv a*: muito, bem; (*ziemlich*) bastante; ***~ und gar*** completamente, totalmente; ***~ und gar nicht*** nada, de modo algum; ***nicht ~*** não de todo, *bras* não é bem assim; ***~ recht*** exa(c)tamente

'**Ganzaufnahme** *f* retrato *m* de corpo inteiro

'**Ganze(s)** *n* <-*n*; *sem pl*> todo *m*, conjunto *m*; (*Summe*) total *m*; ***aufs Ganze gehen*** jogar tudo

'**Ganz|heit** *f* <*sem pl*> totalidade *f*; **~heitsmethode** *f* <*sem pl*> método *m* global (*od* integral); **≗jährig** todo o ano *m*, o ano inteiro; **~leder** *n* <-*s*; *sem pl*>: ***in ~*** em couro

'**gänzlich** ['gɛntsliç] total, completo; *adv a* inteiramente

'**Ganztagsschule** *f* escola *f* a dia inteiro, *bras* escola *f* integral

gar [gaːr] **1.** *adj* pronto; bem cozido; ***~ machen*** *Leder*: curtir; **2.** *adv* bem, muito; (*sogar*) até; (*vielleicht*) porventura; ***~ nicht*** nada; de modo algum; ***~ nichts*** absolutamente nada; ***~ keiner*** absolutamente ninguém; ***~ zu*** (***sehr***) demasiado

Ga'rage [ga'raːʒə] *f* garagem *f*

Ga'rant [ga'rant] *m* <-*en*> garante *m*; **~'ie** [-'tiː] *f* garantia *f*; **≗'ieren** <-> garantir; **~'ieschein** *m* <-(*e*)*s*; -*e*> certificado *m* de garantia

'**Garaus** *m inv*: (*dat*) ***den ~ machen*** acabar com; aniquilar (*ac*)

'**Garbe** ['garbə] *f* feixe *m* (***binden*** fazer)

'**Garde** ['gardə] *f* guarda *f*

Garde'robe [gardə'roːbə] *f* (*Kleidung*) guarda-roupa *m*; vestuário *m*; (*Raum*, *bsd* TEA *etc*) vestiário *m*; *Möbel*: bengaleiro *m*

Garde'roben|frau *f* mulher *f* do vestiário; **~marke** *f* ficha *f* (do vestiário); **~raum** *m* <-(*e*)*s*; ¨*e*> vestiário *m*; **~ständer** *m* bengaleiro *m*, *bras* chapeleira *f*

Gar'dine [gar'di:nə] *f* cortina *f*; **~n** *pl* cortinado *m/sg*; ***hinter schwedischen ~n*** F na prisão; **~npredigt** *f* sermão *m*; F esfolagato *m*; **~nstange** *f* varão *m* de cortinado

'gären ['gɛ:rən] fermentar; *Teig*: levedar; *fig* ferver

Garn [garn] *n* <-(*e*)*s*; -*e*> fio *m*; (*Netz*) rede *f*; *fig* ***j-m ins ~ gehen*** deixar-se apanhar por alg

Gar'nele [gar'ne:lə] *f* camarão *m*

gar'nier|en [gar'ni:rən] <-> guarnecer; (*einfassen*) orlar; **2ung** *f* guarnição *f*; enfeite *m*

Garni'son [garni'zo:n] *f* guarnição *f*

Garni'tur [garni'tu:r] *f* → ***Garnierung***; (*Kleidung*) conjunto *m* (de); *fig* F classe *f*

'garstig ['garstiç] feio, antipático

'Garten ['gartən] *m* <-*s*; ¨> jardim *m*; (*Nutz2*) quintal *m*; (*Gemüse2*) horta *f*; (*Obst2*) pomar *m*; **~anlagen** *f/pl* parque *m/sg*; jardim *m/sg* público; **~arbeit** *f* jardinagem *f*; **~bau** *m* <-(*e*)*s*; *sem pl*> horticultura *f*; **~erde** *f* <*sem pl*> terra *f* vegetal; **~fest** *n* <-(*e*)*s*; -*e*> festa *f* no jardim (*od* no parque); **~gerät** *n* <-(*e*)*s*; -*e*> utensílio *m* de jardinagem; **~haus** *n* <-*es*; ¨*er*> pavilhão *m* (de jardim); prédio *m* traseiro (com jardim); *bras* prédio *m* dos fundos; **~häuschen** *n* pavilhão *m* (de jardim), *bras* chalé *m*; **~laube** *f* caramanchão *m*, cabana *f*; **~lokal** *n* <-*s*; -*e*> restaurante *m* ao ar livre; **~möbel** *n/pl* móveis *m/pl* de jardim; **~schau** *f* exposição *f* de jardinagem; **~schlauch** *m* <-(*e*)*s*; ¨*e*> mang(ueir)a *f*; **~stadt** *f* <-; ¨*e*> cidade-jardim *f*; **~zaun** *m* <-(*e*)*s*; ¨*e*> sebe *f*; cerca *f*; vedação *f*; **~zwerg** *m* <-(*e*)*s*; -*e*> pequena figura *f* em forma de anão para enfeitar o jardim

'Gärtner ['gɛrtnər] *m* jardineiro *m*, hortelão *m*; **~'ei** [-'raɪ] *f* jardinagem *f*; horta *f*; (estabelecimento *m* de) horticultura *f*; **~in** *f* jardineira *f*

'Gärung ['gɛ:ruŋ] *f* fermentação *f*; *fig* efervescência *f*; agitação *f*

Gas [ga:s] *n* <-*es*; -*e*> gás *m*; *Auto*: ***~ geben*** acelerar; ***~ wegnehmen*** abrandar; **'~anzünder** *m* acendedor *m* de gás; **'~behälter** *m* gasómetro (*ô) *m*; **'~brenner** *m* bico *m* de gás; queimador *m*; **'~druck** *m* <-(*e*)*s*; *sem pl*> pressão *f* do gás; **'~flamme** *f* chama *f* do gás; bico *m* de gás; **'2förmig** ['-fœrmiç] gaseiforme; **'~hahn** *m* <-(*e*)*s*; ¨*e*> torneira *f* de gás; **'~heizung** *f* aquecimento *m* a gás; **'~herd** *m* <-(*e*)*s*; -*e*>, **'~kocher** *m* fogão *m* a (*od* de) gás; **'~kammer** *f* <-; -*n*> câmara *f* de gás; **'~kühlung** *f* <*sem pl*> arrefecimento (*bras* resfriamento) *m* a gás; **'~leitung** *f* canos *m/pl* do gás, canalização *f* do gás; **'~mann** *m* <-(*e*)*s*; ¨*er*> empregado *m* da companhia do gás; **'~maske** *f* máscara *f* anti-gás; **~o'meter** [gazo'me:tər] *m* gasómetro (*ô) *m*; **'~pedal** *n* <-*s*; -*e*> *AUTO* acelerador *m*

'Gasse ['gasə] *f* viela *f*, travessa *f*, beco *m*; **~nhauer** *m* modinha *f*; **~njunge** *m* <-*n*> garoto *m* da rua

Gast [gast] *m* <-(*e*)*s*; ¨*e*> (*Logier2*) hóspede *m*; (***eingeladener ~***, *Tisch2*) convidado *m*; (*Besuch*) visita *f*; (*Bade2*) banhista *m*; (*Fremder*) forasteiro *m*; (*Tischgenosse*) comensal *m*; conviva *m*; *Restaurant*: (*Stamm2*) freguês *m*; (*Hotel2*) cliente *m*; ***zu ~ sein bei*** estar (hospedado) em casa de; **'~arbeiter(in** *f*) *m neg!* emigrante *su*, trabalhador *m* estrangeiro

'Gäste|buch ['gɛstə-] *n* <-(*e*)*s*; ¨*er*> livro *m* de honra; *Hotel*: livro *m* de hóspedes; **~zimmer** *n* quarto *m* de hóspedes

'gast|frei, **'~freundlich** hospitaleiro; **'2freundschaft** *f* <*sem pl*> hospitalidade *f*; **'2geber(in** *f*) *m* anfitrião *m*, -iã *f*; dono *m*, -a *f* da casa; **'2haus** *n* <-*es*; ¨*er*>, **2hof** *m* <-(*e*)*s*; ¨*e*> hospedaria *f*; pousada *f*; estalagem *f*; restaurante *m*; **2hörer** *m* ouvinte *m*; **~'ieren** <-> representar (num outro teatro); **'2land** *n* <-(*e*)*s*; -¨*er*> país *m* anfitrião; **'~lich** hospitaleiro; **'2mahl** *n* <-(*e*)*s*; ¨*er od -e*> banquete *m*, festim *m*; **'2recht** *n* <-(*e*)*s*; *sem pl*> direito *m* de hospitalidade

Gas'tritis [gas'tri:tis] *f* <-; -*itiden*> *MED* gastrite *f*

Gastro'nom [gastro'no:m] *m* <-*en*>

gastrónomo (*ô) *m*; **~'ie** [-no'mi:] *f* gastronomia *f*

'Gast|spiel *n* <-(*e*)*s*; -*e*> representação *f* (de actor estranho *od* num outro teatro); **'~stätte** *f* restaurante *m*; **'~stättengewerbe** *n* <-*s*; *sem pl*> indústria *f* hoteleira; **'~stube** *f* sala *f* (de hóspedes); **'~wirt** *m* <-(*e*)*s*; -*e*> hospedeiro *m*, hoteleiro *m*; estalajadeiro *m*; **'~wirtschaft** *f* restaurante *m*; **'~zimmer** *n* → ***Gästezimmer***, ***Gaststube***

'Gas|uhr *f* contador *m* (*bras* medidor) do gás; gasómetro (*ô) *m*; **~vergiftung** *f* intoxicação *f* por gases; **~versorgung** *f* <*sem pl*> abastecimento *m* de gás; **~werk** *n* <-(*e*)*s*; -*e*> companhia *f* do gás

'Gatt|e ['gatə] *m* <-*n*> marido *m*; **~en** *m/pl* casal *m/sg*; **~er** *n* grade *f*; **~in** *f* mulher *f*, esposa *f*; **~ung** *f* ZO *u* BOT espécie *f*; classe *f*; género (*ê) *m* (*a* LIT); **~ungsname** *m* <-*ns*; -*n*> nome *m* genérico

Gau [gaʊ] *m* <-(*e*)*s*; -*e*> distrito *m*; comarca *f*; cantão *m*

'Gaudi ['gaʊdi] *f*, *n* <- *od* -*s*; *sem pl*> F pândega *f*; galhofa *f*

'Gaukel|bild ['gaʊkəl-] *n* <-(*e*)*s*; -*er*> ilusão *f*; fantasmagoria *f*; **~'ei** [-'laɪ] *f* prestidigitação *f*; *fig* ilusão *f*; charlatanaria *f*

'Gaukler ['gaʊklər] *m* saltimbanco *m*; *fig* charlatão *m*

Gaul [gaʊl] *m* <-(*e*)*s*; ¨*e*> F cavalo *m*

'Gaumen ['gaʊmən] *m* palato *m*, palatino *m*, céu *m* da boca; paladar *m*; **~laut** *m* <-(*e*)*s*; -*e*> fonema *m* palat(in)al; **~segel** *n* vela *f* palatina, véu *m* palatino

'Gauner ['gaʊnər] *m* gatuno *m*, ladrão *m*; trapaceiro *m*, vigarista *m*; **~'ei** [-'raɪ] *f* vigarice *f*; **2n** <-*re*> gatunar; **~sprache** *f* gíria *f*; calão *m*

'Gaze ['ga:zə] *f* gaza *f*

Ga'zelle [ga'tsɛlə] *f* gazela *f*

'G-Dur *n* sol *m* maior

ge'ächtet [gə'ɛçtət] proscrito

Ge'äder [gə'ɛ:dər] *n* <-*s*; *sem pl*> veias *f/pl*; BOT, BGB filamento *m*; **2t** raiado; com veias (*od* nervuras)

Ge'äst [gə'ɛst] *n* <-(*e*)*s*; *sem pl*> ramada *f*

geb. ***geboren*** nascido (***n.***); **~ *in*** natural de; ***geborene*** filha de

Ge'bäck [gə'bɛk] *n* <-(*e*)*s*; -*e*> pastelaria *f*; doçaria *f*; biscoitos *m/pl*, bolos *m/pl*

Ge'bälk [gə'bɛlk] *n* <-(*e*)*s*; *sem pl*> vigamento *m*, travejamento *m*

Ge'bärde [gə'bɛ:rdə] *f* gesto *m*; trejeito *m*; *pl* ***heftige ~n machen*** gesticular; **2n** <-*e*->: ***sich ~*** portar-se; dar mostras (***wie*** de); dar-se ares (***wie*** de); **~nspiel** *n* <-(*e*)*s*; *sem pl*> mímica *f*; **~nsprache** *f* língua *f* gestual

Ge'baren [gə'ba:rən] *n* <-*s*; *sem pl*> conduta *f*, procedimento *m*; porte *m*

ge'bär|en [gə'bɛ:rən] <-> parir; *j-d*: *a* dar à luz; **2mutter** *f* <-; ¨> ANAT útero *m*, matriz *f*

Ge'bäude [gə'bɔydə] *n* edifício *m*; construção *f*; prédio *m*

Ge'bein [gə'baɪn] *n* <-(*e*)*s*; -*e*>, **~e** *pl* ossada *f/sg*, ossos *m/pl*; esqueleto *m*

Ge'bell [gə'bɛl] *n* <-(*e*)*s*; *sem pl*> latido *m*; ladrar *m*

'geb|en ['ge:bən] **1.** dar; (*reichen a*) passar; (*über~*) entregar; ECON *Rabatt*, *Kredit*: conceder; TEA *Stück*: representar, levar à cena; (*vorhanden sein*) haver (***nicht mehr*** deixar de); ***es gibt*** há; ***zu verstehen ~*** dar a entender; ***in Verwahrung ~*** depositar; ***auf die Post ~*** levar ao correio; ***in Pension ~*** alojar, hospedar, *Schule*: pôr interno; ***was gibt's?*** que se passa?; ***viel*** (***wenig***) ***~ auf*** (*ac*) fazer (pouco) caso de; ligar muita (pouca) importância a; ***von sich ~*** proferir; dar; ***es wird Regen ~*** vai chover; ***sich ~*** passar; ***sich*** *freundlich etc* **~** apresentar-se ...; **2.** **2en** *n*: ***auf ~ und Nehmen*** a compra e venda; **2er(in** *f*) *m* dador(a *f*) *m*, doador(a *f*) *m*

Ge'bet [gə'be:t] *n* <-(*e*)*s*; -*e*> oração *f*; ***ins ~ nehmen*** *fig* interrogar; apertar; **~buch** *n* <-(*e*)*s*; ¨*er*> breviário *m*, livro *m* de orações

Ge'biet [gə'bi:t] *n* <-(*e*)*s*; -*e*> região *f*; área *f*; território *m*; terreno *m*; *j-s*: domínio *m*; *fig* ramo *m*, campo *m*, esfera *f*; **2en** <-> dar ordens; *j-m*: mandar (*ac*); **~ *über*** (*ac*) dominar (*ac*), comandar (*ac*); *fig* dispor de; ***j-m*** *Schweigen etc* **~** impor ... a alg; **~er(in** *f*) *m* senhor(a *f*) *m*, soberano *m*, -a *f*; **2erisch** imperioso, *fig a* urgente, absoluto; **~sabtretung** *f* ces-

G

são *f* de território; **~sanspruch** *m* <-(*e*)*s*; ⁻*e*> reivindicação *f* territorial
Ge'bilde [gə'bildə] *n* forma(ção) *f*; (*Erzeugnis*) produto *m*, criação *f*; composição *f*; complexo *m*
ge'bildet *adj fig j-d*: culto, instruído
Ge'bimmel [gə'biməl] *n* <-*s*; *sem pl*> repiques *m*/*pl*
Ge'binde [gə'bində] *n* meada *f*; madeixa *f*; *Bau*: ligação *f*; (*Blumen*2) grinalda *f*
Ge'birg|e [gə'birgə] *n* serra *f*; montanha *f*; **2ig** montanhoso
Ge'birgs|bewohner *m* serrano *m*; montanhês *m*; **~kamm** *m* <-(*e*)*s*; ⁻*e*> cumeada *f*; **~kette** *f* serra *f*; cordilheira *f*; **~pass** *m* <-*es*; ⁻*e*> desfiladeiro *f*; **~pflanze** *f* planta *f* serrana (*od* montesina); **~stock** *m* <-(*e*)*s*; ⁻*e*> maciço *m*; **~zug** *m* <-(*e*)*s*; ⁻*e*> cordilheira *f*
Ge'biss [gə'bis] *n* <-*es*; -*e*> dentadura *f* (**künstliches** artificial, postiça); *Pferd*: freio *m*
Ge'bläse [gə'blɛːzə] *n* foles *m*/*pl*; ventilador *m*; *AUTO* arejador *m*
ge'blümt [gə'blyːmt] florido, floreado
Ge'blüt [gə'blyːt] *n* <-(*e*)*s*; *sem pl*> *poét* sangue *m*, linhagem *f*, raça *f*
ge'bogen [gə'boːgən] **1.** *p*/*p von* **biegen**; **2.** *adj* arqueado; curvo; *Nase*: aquilino
ge'boren [gə'boːrən] *p*/*p von* **gebären**; nascido; **~ in** (*dat*) nascido em, natural de; **~ sein**, **~ werden** nascer; *blind* ~, **~e**(**r**) *Deutsche*(*r*) *etc* ... de nascimento
ge'borgen [gə'bɔrgən] **1.** *p*/*p von* **bergen**; **2.** *adj* protegido; em segurança; **2heit** *f* <*sem pl*> segurança *f*; abrigo *m*; prote(c)ção *f*
Ge'bot [gə'boːt] *n* <-(*e*)*s*; -*e*> mandamento *m* (*a REL*), ordem *f*; *ECON* oferta *f*; **zu ~e stehen** estar à disposição; **die Zehn ~e** o decálogo, *bras a* os dez mandamentos; **2en 1.** *p*/*p von* (**ge**)**bieten**; **2.** *adj* indicado, necessário
ge'bracht [gə'braxt] *p*/*p von* **bringen**
ge'brannt [gə'brant] **1.** *p*/*p von* **brennen**; **2.** *adj Kaffee*: torrado
Ge'bräu [gə'brɔy] *n* <-(*e*)*s*; ⁻*e*> bebida *f*, beberagem *f*
Ge'brauch [gə'braux] *m* <-(*e*)*s*; ⁻*e*> uso *m*; (*Anwendung*) *a* emprego *m*; *pl* **Gebräuche** *REL* ritual *m*/*sg*; **außer ~** (**kommen** cair) em desuso; **2en** *v*/*t* <-> usar, empregar, servir-se de; **zu ~ sein für** servir para
ge'bräuchlich [gə'brɔyçliç] usual, em uso, de uso, vulgar
Ge'brauchs|anleitung *f*, **~anweisung** *f* modo *m* de emprego (*od* de usar); instruções *f*/*pl*; **~artikel** *m* artigo *m* de consumo; **2fertig** pronto a usar; **~gegenstand** *m* <-(*e*)*s*; ⁻*e*> → **~artikel**; **~grafik** *f* <*sem pl*> gráfica *f* aplicada; **~güter** *n*/*pl* → **~artikel**; **~muster** *n* modelo *m* registado; **~musterschutz** *m* <-*es*; *sem pl*> prote(c)ção *f* legal para modelos registados
ge'braucht *adj* usado, servido; **2wagen** *m* carro *m* usado (*od* em segunda mão)
Ge'brech|en [gə'brɛçən] *n* defeito *m*; enfermidade *f*; achaque *m*; **2lich** débil, doente, fraco, achacoso; *Greis*: *a* caduco; **~lichkeit** *f* <*sem pl*> fragilidade *f*, fraqueza *f*; decrepidez *f*
ge'brochen [gə'brɔxən] **1.** *p*/*p von* **brechen**; **2.** *adj fig j-d*: abalado; **3.** *adv*: **~ Deutsch sprechen** arranhar alemão
Ge'brüder [gə'bryːdər] *pl* irmãos *m*/*pl*
Ge'brüll [gə'bryl] *n* <-(*e*)*s*; *sem pl*> urro *m*; bramido *m*; *Rind*: mugido *m*; *Löwe*: rugido *m*; *a fig* vozearia *f*, *bras* vozerio *m*
Ge'bühr [gə'byːr] *f* (*Abgabe*) taxa *f*, direito *m*; *CORR* porte *m*; *Autobahn*: portagem *f*, *bras* pedágio *m*; (*Kosten*) emolumento *m*; (*Zahlung*) propina *f*, *bras* tarifa; **nach ~** devidamente; **über ~** mais do que era preciso, sobremaneira; *fig* de forma exagerada
ge'bühren [gə'byːrən] <-> (*dat*) dever-se, ser devido; **sich ~** ser justo; convir; **~d** devido, adequado
Ge'bühren|einheit *f TEL* impulso *m*; **~erhöhung** *f* aumento *m* de direitos *m*/*pl* (*od* tarifas *f*/*pl etc*); **2frei** isento de impostos (*od* de direitos *od* de porte); **~ordnung** *f* tarifa *f*, tabela *f*, pauta *f*, **2pflichtig** [-pfliçtiç] sujeito a taxas, direitos *etc*; **~rechnung** *f JUR* emolumentos *m*/*pl*

G

ge'bunden [gə'bundən] **1.** *p/p von* **binden**; **2.** *adj fig* comprometido; **≈heit** *f* <*sem pl*> vinculção *f*; falta *f* de liberdade

Ge'burt [gə'burt] *f* nascimento *m*; (*Herkunft*) *a* origem *f*; (*Entbindung*) parto *m*; ***vor*** (***nach***) ***Christi ~*** antes (depois) de Cristo; **~enkontrolle** *f*, **~enregelung** *f* controle *m* da natalidade; **~enrückgang** *m* <-(*e*)*s*; ¨*e*> baixa *f* da natalidade; **~enüberschuss** *m* <-*es*; ¨*e*> excesso *m* de nascimentos; **~enziffer** *f* <-; -*n*> natalidade *f*

ge'bürtig [gə'byrtiç] natural (***aus*** de)

Ge'burts|anzeige *f* participação *f* de nascimento; **~datum** *n* <-*s*; -*daten*> data *f* de nascimento; **~fehler** *m* defeito *m* de nascença; **~helfer** *m* médico *m* parteiro; **~helferin** *f* parteira *f*; **~hilfe** *f* <*sem pl*> obstetrícia *f*; **~jahr** *n* <-(*e*)*s*; -*e*> ano *m* de nascimento; **~land** *n* <-(*e*)*s*; ¨*er*> terra *f* natal, país *m* natal; **~ort** *m* <-(*e*)*s*; -*e*> lugar *m* do nascimento; **~tag** *m* <-(*e*)*s*; -*e*> dia *m* de anos, *offiziell*: aniversário *m* (natalício); ***~ haben*** fazer anos, *bras* aniversariar; **~tagsfeier** *f* <-; -*n*> festa *f* de aniversário; **~urkunde** *f* certidão *f* de nascimento; **~zange** *MED f* fórcipe *m*, fórceps *m*

Ge'büsch [gə'byʃ] *n* <-(*e*)*s*; -*e*> matagal *m*; moita *f*; arbustos *m*/*pl*

Geck [gɛk] *m* <-*en*> janota *m*; peralta *m*

ge'dacht [gə'daxt] **1.** *p/p von* **denken**; **2.** *adj* imaginário

Ge'dächtnis [gə'dɛçtnis] *n* <-*ses*; -*se*> memória *f* (***aus dem***, ***nach dem*** de, da); ***zum ~ an*** em comemoração *f* de; ***ins ~ zurückrufen*** recordar, lembrar; **~feier** *f* <-; -*n*> comemoração *f*, festa *f* comemorativa; **~lücke** *f* falha *f* de memória; **~schwund** *MED m* <-(*e*)*s*; *sem pl*> amnesia *f*

ge'dämpft [gə'dɛmpft] **1.** *p/p von* **dämpfen**; **2.** *adj a Stimme*: baixo

Ge'danke [gə'daŋkə] *m* <-*ns*; -*n*> pensamento *m*, ideia (*é) *f*; ***auf den ~ kommen*** (***zu*** *inf*) ter a ideia (de), lembrar-se (de); *pl* ***in ~n*** mentalmente; ***in ~n sein*** pensativo, (*zerstreut*) distraído; ***in ~n versunken*** preocupado, ensimesmado; ***auf andere ~n bringen*** (***kommen***) distrair(-se); ***sich ~n machen über*** (*ac*) preocupar-se com

Ge'danken|armut *f* <*sem pl*> falta *f* de ideias (*é); **~austausch** *m* <-(*e*)*s*; *sem pl*> troca *f* de impressões; **~blitz** *m* <-*es*; -*e*> ideia (*é) *f* súbita (*od* repentina); **~folge** *f*, **~gang** *m* <-(*e*)*s*; ¨*e*> ordem *f* de ideias (*é); **~freiheit** *f* <*sem pl*> liberdade *f* de pensamento; **~gut** *n* <-(*e*)*s*; *sem pl*> ideário *m*; **≈los** <-*est*> distraído; descuidado; irrefle(c)tido; **~losigkeit** [-lo:ziç-] *f* descuido *m*, inadvertência *f*; **≈reich** profundo; **~strich** *m* <-(*e*)*s*; -*e*> travessão *m*; **~übertragung** *f* transmissão *f* de pensamento; **~verbindung** *f* associação *f* de ideias (*é); **≈voll** pensativo; **~welt** *f* <*sem pl*> pensamento(s) *m* (*pl*)

ge'danklich mental; intelectual

Ge'därm(e) [gə'dɛrm(ə)] *n* <-(*e*)*s*; -*e*> intestinos *m*/*pl*; F tripas *f*/*pl*

Ge'deck [gə'dɛk] *n* <-(*e*)*s*; -*e*> talher *m*; (*Mahlzeit*) refeição *f*

Ge'deih [gə'daɪ] *m inv*: ***auf ~ und Verderb*** a todo o risco, para a vida e para a morte; **≈en** <-; *sn*> prosperar; *BOT* medrar, crescer, dar-se; ***gut ~*** *a* atingir grande porte; *fig* dar bons resultados; ***so weit gediehen sein, dass*** ter chegado a tal ponto que; **~en** *n* <*sem pl*> prosperidade *f*; *BOT* medra(nça) *f*; **≈lich** próspero, propício

ge'denk|en [gə'dɛŋkən] <-> (*gen od* ***an*** *ac*) pensar (em); (*sich erinnern*) lembrar-se (de), recordar-se (de); (*erwähnen*) fazer menção (de); *feierlich*: comemorar (*ac*); ***zu*** (*inf*) ***~*** (*beabsichtigen*) tencionar (*inf*); **≈en** *n* <*sem pl*> memória *f*, *feierliches*: comemoração *f* (***an*** *ac* de); **≈feier** *f* <-; -*n*> festa *f* comemorativa; comemoração *f*; **≈stein** *m* <-(*e*)*s*; -*e*> monumento *m* (comemorativo); **≈tafel** *f* <-; -*n*> placa *f* comemorativa; **≈tag** *m* <-(*e*)*s*; -*e*> aniversário *m*

Ge'dicht [gə'diçt] *n* <-(*e*)*s*; -*e*> poema *m*; poesia *f*; **~sammlung** *f* cole(c)ção *f* de poesias, antologia *f*, crestomatia *f*

ge'diegen [gə'di:gən] sólido; *Metall*: puro; *Holz*: maciço; F cómico (*ô); singular

Ge'dräng|e [gə'drɛŋə] *n* <-s; *sem pl*> aperto *m*; multidão *f*; ***ins ~ kommen*** ver-se em apertos; **≈t** *adj* apinhado, *bras* suberlotado; ***~ voll*** à cunha, *bras* lotado; *fig Stil*: conciso

ge'drückt [gə'drykt] **1.** *p/p von* ***drücken***; **2.** *adj fig j-d*: deprimido; **≈heit** *f* <*sem pl*> depressão *f*, tristeza *f*

ge'drungen [gə'druŋən] *adj Wuchs*: entroncado; atarracado; baixote

Ge'duld [gə'dult] *f* <*sem pl*> paciência *f* (***mir reißt*** acaba-se-me); pachorra *f*; ***die ~ verlieren*** perder a paciência; **≈en** [-dən] <-*e*-; ->: ***sich ~*** ter paciência; **≈ig** paciente; **~(s)spiel** *n* <-(*e*)*s*; -*e*> jogo *m* de paciência, quebra-cabeças *m*

ge'dungen [gə'duŋən] *Mörder*: contratado

ge'dunsen [gə'dunzən] inchado; balofo

ge'ehrt [gə'eːrt] *adj* (***sehr***) ***~er Herr*** Excelentíssimo (*Abk* Exmo) Senhor; Prezado Senhor; *bras a* Ilustríssimo (*Abk* Il.^mo^) Senhor

ge'eignet [gə'aɪgnət] **1.** *p/p von* ***eignen***; **2.** *adj et*: próprio, apropriado; adequado; (*passend*) conveniente; *Zeit*: oportuno; *j-d*: apto, idóneo (*ô)

Geest [geːst] *f*, '**~land** *n* <-(*e*)*s*; *sem pl*> terreno *m* estéril e arenoso

Ge'fahr [gə'faːr] *f* perigo *m*; (*Risiko*) risco *m* (***bringen*** pôr, ***laufen*** correr, ***schweben*** estar); ***auf die ~ hin zu*** (*inf*) a risco de

ge'fährden [gə'fɛːrdən] <-*e*-; -> pôr em perigo, arriscar

Ge'fahrenherd *m* <-(*e*)*s*; -*e*> POL fonte *f* (*od* foco *m*) de conflito

ge'fährlich perigoso; (*riskant*) arriscado; *Krankheit*: grave

ge'fahrlos <-*est*> seguro, sem perigo

Ge'fährt [gə'fɛːrt] *n* <-(*e*)*s*; -*e*> veículo *m*, carruagem *f*; **~e** *m* <-*n*>, **~in** *f* companheiro *m*, -a *f*

ge'fahrvoll perigoso

Ge'fälle [gə'fɛlə] *n* declive *m*, pendente *f*; *Fluss*: queda *f*; ***starkes ~*** corrente *f* rápida, *bras* correnteza *f*, corredeira *f*; (*Niveauunterschied*) desnível *m*

ge'fallen [gə-] **1.** <-> agradar; ***j-m gefällt*** alg gosta de; ***sich*** (*dat*) ***~ lassen*** admitir, aturar, tolerar; ***sich*** (*dat*) ***nichts ~ lassen*** não admitir nada; não dar o braço a torcer; ***sich*** (*dat*) ***~ in*** comprazer-se em; **2.** ≈ *n* gosto *m*, grado *m*, prazer *m*; aprazimento *m*; **3.** ≈ *m* (*Gefälligkeit*) favor *m*; ***j-m zu ~*** para obsequiar alg, para ser agradável a alg; ***j-m e-n ~ tun*** fazer um favor a alg; **4.** *p/p von* ***fallen***; **5.** *adj* MIL morto em combate

ge'fällig [gə'fɛlɪç] *et*: agradável; *j-d*: amável, obsequioso, solícito; *Brief*: ECON estimado; ***j-m ~ sein*** obsequiar alg; **≈keit** *f* favor *m*, obséquio *m* (***erweisen*** fazer); **≈keitswechsel** *m* letra *f* de favor; **~st** *adv* se faz favor

Ge'fall|sucht [gə'fal-] *f* <*sem pl*> desejo *m* de agradar; coquetismo *m*; **≈süchtig** coquete, vaidoso

ge'fangen [gə-] **1.** *p/p von* ***fangen***; ***~ halten*** deter; ***~ nehmen*** aprisionar, prender; MIL fazer prisioneiro; ***~ setzen*** meter na prisão; **2.** *adj* (, **≈e[r]** *m*) JUR preso (*m*); *in Haft*: detido (*m*), MIL prisioneiro (*m*); **≈enlager** *n* <-*s*; -> campo *m* de prisioneiros; **≈nahme** [-naːmə] *f* <*sem pl*> prisão *f*; detenção *f*; **≈schaft** *f* <*sem pl*> prisão *f*; cativeiro *m*; ***in ~ geraten*** ser feito prisioneiro

Ge'fängnis [gə'fɛŋnɪs] *n* <-*ses*; -*se*> prisão *f*, cadeia *f*; presídio *m*; **~insasse** *m* <-*n*> presidiário *m*, recluso *m*; **~strafe** *f* (pena *f* de) prisão *f*; **~wärter** *m* carcereiro *m*, guarda *m* de prisão; **~zelle** *f* cela *f*, calabouço *m*

Ge'fasel [gə'faːzəl] *n* <-*s*; *sem pl*> disparates *m/pl*; aranzel *m*, *bras* lengalenga *m*

Ge'fäß [gə'fɛːs] *n* <-*es*; -*e*> MED vaso *m*; *Behälter*: recipiente *m*

ge'fasst [gə'fast] **1.** *p/p von* ***fassen***; **2.** *adj* (*ruhig*) sereno; calmo; senhor de si; ***~ sein auf*** (*ac*) estar preparado para, contar com; ***sich ~ machen auf*** (*ac*) preparar-se para

Ge'fecht [gə'fɛçt] *n* <-(*e*)*s*; -*e*> combate *m*, luta *f*; ***außer ~ setzen*** pôr fora de combate; **~skopf** *m* <-(*e*)*s*; ¨*e*> cabeça *f* de combate; *Granate*: ogiva *f*

ge'feit [gə'faɪt] imune

ge'festigt [gə'fɛstɪçt] **1.** *p/p von* ***festigen***; **2.** *adj* (*fest*) firme

G

Ge'fieder [gə'fiːdər] *n* plumagem *f*; **Ձt** emplumado
Ge'filde [gə'fildə] *n poét* campo *m*, campina *f*
Ge'flecht [gə'flɛçt] *n* <-(*e*)*s*; -*e*> (*Flechtwerk*) entrançadura *f*, entrançamento *m*; (*Draht*Ձ) rede *f*; *bras* tela *f* de arame; *ANAT* plexo *m*
ge'fleckt [gə'flɛkt] manchado, malhado, salpicado
ge'flissentlich [gə'flisəntliç] *adv* propositadamente, intencionalmente
Ge'flügel [gə-] *n* <-*s*; *sem pl*> criação *f*, aves *f/pl* de capoeira (*bras* domésticas); **~farm** *f* aviário *m*; **~händler(in** *f*) *m* vendedor *m* (vendedeira *f*) de galinhas, galinheiro *m*, -a *f*; **~klein** *n* <-*s*; *sem pl*> miúdos *m/pl*, abatis *m*; **Ձt** alado (*a fig*), com asas; ***~e Worte*** *fig* sentenças *f/pl*, ditos *m/pl* proverbiais; **~zucht** *f* <*sem pl*> avicultura *f*; **~züchter** *m* avicultor *m*
Ge'flüster [gə'flystər] *n* <-*s*; *sem pl*> murmúrio *m*; sussurro *m*; segredos *m/pl*; conversa *f* em voz baixa; F cochichar *m*, cochicho *m*
Ge'folg|e [gə-] *n* <-*s*; -> comitiva *f*, séquito *m*; cortejo *m*; ***im ~ haben*** ter por consequência; **~schaft** *f* (*Anhänger*) sequazes *m/pl*; (*Personal*) pessoal *m*; ***j-m ~ leisten*** ser fiel partidário de alg
ge'fragt [gə'fraːkt] *adj ECON* procurado; *fig* em voga
ge'fräßig [gə'frɛːsiç] voraz, guloso; glutão; **Ձkeit** *f* <*sem pl*> voracidade *f*; gula *f*
Ge'freite(r) [gə'fraɪtə(r)] *m* <-*en*> (segundo) cabo *m*
Ge'frier|anlage [gə'friːr-] *f* instalação *f* frigorífera; **Ձen** <-; *sn*> (con)gelar(-se); **~fach** *n* <-(*e*)*s*; ¨*er*> congelador *m*; **~fleisch** *n* <-(*e*)*s*; *sem pl*> carne *f* congelada; **~punkt** *m* <-(*e*)*s*; -*e*> ponto (*od* termo) *m* de congelação, *bras* de congelamento; **~trocknung** *f* <*sem pl*> liofilização *f*; **~truhe** *f* arca *f* frigorífica; *bras* freezer *m*, congelador *m*
Ge'frorene(s) [gə'froːrənə(s)] *n* <*sem pl*> gelado *m*; sorvete *m*
Gefüg|e [gə'fyːgə] *n* estrutura *f* (*a fig*), *TÉCN* encaixe *m*; **Ձig** dócil; brando
Ge'fühl [gə'fyːl] *n* <-(*e*)*s*; -*e*> sentimento *m*; (*Eindruck*) impressão *f*; (*Sinneseindruck*) sensação *f*; ***~ haben für*** ser sensível a; **Ձlos** insensível (***für, gegen*** a); **~losigkeit** [-loːziç-] *f* <*sem pl*> insensibilidade *f*, falta *f* de sensibilidade; **~sduselei** [-duzəlaɪ] *f* sentimentalismo *m*; **~skälte** *f* <*sem pl*> frieza *f*, frialdade *f*; **~sleben** *n* <-*s*; *sem pl*> vida *f* sentimental; **~smensch** *m* <-*en*> sentimental *m*; **Ձvoll** sentimental
ge'füllt [gə'fylt] *adj CUL* recheado
ge'geben [gə-] *adj MAT* dado; ***zu ~er Zeit*** a seu tempo; oportunamente; **~enfalls** em caso afirmativo, dado o caso; eventualmente; **Ձheit** *f* realidade *f*; dado *m*
'gegen ['geːgən] (*ac*) *Richtung*, *Zeit*: para, a; *Uhrzeit*: ***~ 3*** pelas três; ***~ Abend*** ao anoitecer; (*ungefähr*) cerca de; *freundlich*: para com; *feindlich*: contra; ***gut ~*** *Mittel*: bom contra; *Tausch*: contra, em troca de; *Vergleich*: em contraposição a, em comparação com
'Gegen|angriff *m* <-(*e*)*s*; -*e*> contra-ataque *m*; **~anzeige** *f* contra-indicação *f*; **~befehl** *m* <-(*e*)*s*; -*e*> contra-ordem *f*; **~besuch** *m* <-(*e*)*s*; -*e*>: ***e-n ~ machen*** retribuir uma visita; **~beweis** *m* <-*es*; -*e*> contra-prova *f*
'Gegend ['geːgənt] *f* região *f*, zona *f*; local *m*; paisagem *f*; terra *f*
'Gegen|darstellung *f* resposta *f*; desmentido *m*; **~dienst** *m* <-(*e*)*s*; -*e*> serviço (*od* favor) *m* recíproco; **~druck** *m* <-(*e*)*s*; ¨*e*> contra-pressão *f*; rea(c)ção *f*; **Ձeinander** um contra outro; ***~ antreten*** enfrentar-se; **~fahrbahn** *f* faixa *f* contrária (*bras* oposta), *bras a* contramão *f*; **~gerade** *f Sport*: re(c)ta *f* contrária (*bras* oposta); **~gewicht** *n* <-(*e*)*s*; -*e*> contrapeso *m*; ***das ~ halten*** contrabalançar (*ac*), contrapesar (*ac*); **~gift** *n* <-(*e*)*s*; -*e*> contra-veneno *m*, antídoto *m*; **~kandidat** *m* <-*en*> oponente *m*; concorrente *m*; **~klage** *f* reconvenção *f* (***anstrengen, erheben*** intentar uma a(c)ção de); reconvir; **~kurve** *f* contracurva *f*; **~leistung** *f* equivalente *m*, compensação *f*; **~licht** *n* <-(*e*)*s*; *sem pl*> contraluz *f*; **~liebe** *f* <*sem pl*> amor *m* correspondido; **~**

finden, ***auf ~ stoßen*** ser correspondido no seu amor
'Gegen|maßnahme *f* contramedida *f*; represália *f*; **~mittel** *MED n* antídoto *m*; **~partei** *f* oposição *f*; *JUR* partido *m* contrário; **~rechnung** *f* verificação *f* de contas; contra-prova *f*; **~rede** *f* réplica *f*; (*Einwand*) obje(c)ção *f*; **~reformation** *f* Contra-Reforma *f*; **~revolution** *f* contra-revolução *f*; **~satz** *m* <*-es*; *¨e*> contraste *m*; oposição *f*; antagonismo *m*; ***im ~ zu*** ao contrário de, em contraposição a; ***im ~ dazu*** em contrapartida; ***im ~ stehen zu*** contrastar com; **♀sätzlich** ['-zɛtsliç] oposto, contrário; **~schlag** *m* <*-(e)s*; *¨e*> resposta *f*; **~seite** *f* lado *m* oposto; adversário *m*, inimigo *m*; (*Umseite*) reverso *m*; **♀seitig** ['-zaɪtiç] mútuo, recíproco; **~seitigkeit** *f* <*sem pl*> reciprocidade *f*, mutualismo *m*; ***auf ~*** → ***♀seitig***; **~spieler** *m* adversário *m*, rival *m*; **~spionage** *f* <*sem pl*> contra-espionagem *f*; **~sprechanlage** *f* intercomunicador *m*; **~stand** *m* <*-(e)s*; *¨e*> obje(c)to *m*; assunto *m*; **♀ständig** *BOT* oposto; **♀ständlich** ['-ʃtɛntliç] obje(c)tivo, concreto; **♀standslos** sem fundamento; supérfluo; **~stimme** *f MÚS* contrapartida *f*; *POL* contravoto *m*; *bras* voto *m* contra; **~stoß** *m* <*-es*; *¨e*> rechaço *m*; ricochete *m*; *MIL* ***e-n ~ führen*** fazer um contra-ataque; responder; reagir; **~strömung** *f* contracorrente *f*; **~stück** *n* <*-(e)s*; *-e*> equivalente *m*, contrapartida *f* (***zu*** de); ***ein ~ bilden zu*** corresponder a; fazer jogo com; **~teil** *n* <*-(e)s*; *-e*> contrário *m* (***im*** ao); **♀teilig** → ***♀sätzlich***
gegen'über 1. *adv* em frente (***einander*** um do outro); **2.** *prp* (*dat*) em frente de, defronte de; *fig* perante; *j-m* (= *gegen j-n*): para com; (*verglichen mit*) em comparação (com); **3. ♀** *n j-d*: vizinho *m*; *et*: vizinhança *f*; **~liegend** oposto; (situado) em frente; **~stehen** <*a sn*> (*dat*) defrontar; estar defronte de, estar em frente de; ***einander ~***, ***sich ~*** estar face a face; **~stellen** (*dat*) opor a; ***einander~*** confrontar; *JUR a* acarear (*ac*; *j-m* com); **♀stellung** *f* confronto *m*, acareação *f*; **~treten** <*sn*> (*dat*) defrontar; pôr-se defronte de; *fig* fazer frente a
'Gegen|verkehr *m* <*-s*; *sem pl*> tráfego *m* em sentido oposto; **~vorschlag** *m* <*-(e)s*; *¨e*> contraproposta *f*; **~wart** ['-vart] *f* <*sem pl*> *j-s*: presença *f*; *Zeit*: a(c)tualidade *f*, época *f* a(c)tual; *GRAM* presente *m*; **♀wärtig** ['-vɛrtiç] presente, *Zeit*: *a* a(c)tual; *adv* a(c)tualmente; **~wehr** *f* <*sem pl*> defesa *f*, resistência *f*; **~wert** *m* <*-(e)s*; *-e*> equivalente *m*; **~wind** *m* <*-(e)s*; *-e*> vento *m* ponteiro; **~winkel** *m* ângulo *m* oposto; **~wirkung** *f* rea(c)ção *f*; **♀zeichnen** <*-e-*> contra-rubricar, *bras a* contra-assinar; **~zeichnung** *f* contra-rubrica *f*, *bras a* contra-assinatura *f*; **~zug** *m* <*-(e)s*; *¨e*> *Spiel*: lance *m* (*od* mudança *f*) do adversário; *CAM. DE F* comboio *m* correspondente
'Gegner ['ge:gnər] *m*, **~in** *f* adversário *m*, -a *f*, contrário *m*, -a *f*; *Meinung*: antagonista *su*; *MIL a* inimigo *m*, -a *f*; *a Sport*: rival *su*; **♀isch** adversário, contrário, inimigo; rival; **~schaft** *f* inimizade *f*; oposição *f*; antagonismo *m*; rivalidade *f*; <*sem pl*> → ***Gegner*** *pl*
Ge'hackte(s) [gə'haktə(s)] *n* <*-n*; *sem pl*> carne *f* picada (*bras* moída)
Ge'halt [gə'halt] **a)** *m* <*-(e)s*; *-e*> conteúdo *m*; substância *f*; *QUÍM* percentagem *f* (***an*** *dat* de); *fig* (***innerer***) ~ (*Wert*) valor *m* (intrínseco); **b)** *n* <*-(e)s*; *¨er*> ordenado *m*; salário *m*; **♀los** sem substância; *fig* sem valor; fútil; **~sempfänger** *m* assalariado *m*; empregado *m*; **~serhöhung** *f* aumento *m* do ordenado; **~sgruppe** *f* grupo *m* salarial; **~szulage** *f* gratificação *f*; **♀voll** de grande valor; substancioso
Ge'hämmer [gə'hɛmər] *n* <*-s*; *sem pl*> martelada(s *pl*) *f*
Ge'hänge [gə'hɛŋə] *n* pendente *m*, penduricalho *m*, *bras a* pingente *m*
ge'harnischt [gə'harniʃt] com arnês; *fig* enérgico
ge'hässig [gə'hɛsiç] hostil; odioso; **♀keit** *f* hostilidade *f*; ódio *m*
Ge'häuse [gə'hɔyzə] *n* caixa *f* (*a Uhr♀*); cápsula *f*; (*Etui*) estojo *m*; *ZO* concha *f*; *BOT* casa *f*, (*Kern♀*) coração *m*

G

Ge'hege [gə'he:gə] *n* cerca *f*, recinto *m*; couto *m*, *bras* cercado *m*; ***j-m ins ~ kommen*** *fig* incomodar alg, molestar alg, estorvar alg, meter-se com alg

ge'heim [gə'haɪm] secreto; (*verborgen*) clandestino; ***~ halten*** ocultar; guardar segredo sobre; ***~ tun*** fazer segredo (***mit*** de); **~agent** [-agɛnt] *m* <*-en*> agente *m* secreto; **~bericht** *m* <*-(e)s*; *-e*> relatório *m* confidencial; **~dienst** *m* <*-(e)s*; *-e*> serviço *m* secreto; **~fach** *n* <*-(e)s*; *⸚er*> gaveta *f* secreta; **~lehre** *f* doutrina *f* mística (*od* esotérica *od* oculta), arcano *m*

Ge'heimnis *n* <*-ses*; *-se*> segredo *m*; mistério *m*; **~krämer** *m* segredeiro *m*, segredista *m*; **~kräme'rei** *f* <*sem pl*> mania *f* dos segredos; **~voll** misterioso; **~ tun** andar com segredos

Ge'heim|polizei *f* <*sem pl*> (**~polizist** *m* <*-en*> agente *m* da) polícia *f* secreta; **~rat** *m* <*-(e)s*; *⸚e*> conselheiro *m* titular; **~ratsecken** *f/pl* entradas *f/pl*; **~schrift** *f* cifra *f*; ***in ~*** cifrado; **~zahl** *f* código *m*

'gehen ['ge:ən] **1.** *v/i* <*-*; *sn*> ir (***nach***, ***zu*** [par]a, ***zu j-m*** à casa de alg); (*sich bewegen*) andar; *Art*: marchar; *TÉCN a* funcionar, trabalhar; (*möglich sein*) ser possível, poder-se fazer; (*weg~*) ir-se (embora); *Zug*: partir, sair; *Teig*: levedar; *Gerücht*: correr; ***zu Fuß ~*** ir (*od* andar) a pé, caminhar; ***gut ~*** *Ware*: vender-se bem; ***es geht mir gut*** estou bem; ***falsch ~*** *Uhr*: não estar certo; *See*: estar bravo, estar encapelado; ***wie geht es Ihnen?*** como está?, como vai?; ***wie geht's?*** que tal?; ***es geht*** lá vai indo; assim, assim; *bras* vai se levando; menos mal; ***es geht*** *ein scharfer Wind* está, faz; ***es wird schon ~*** há-de ser possível; *bras* vai ser possível, vai dar; ***das geht nicht*** isso não pode ser, não é possível, não dá; *mit prp*: ***an die Arbeit ~*** pôr-se a trabalhar, meter mãos à obra; ***~ aus*** sair de; ***~ durch*** passar por, ***~ in*** (*a*) entrar em, *hinein*: caber em; *Krankenhaus*: dar entrada em; ***ins*** *Theater* ***~*** ir ao; ***in sich ~*** fazer um exame de consciência; ***~ über*** (*ac*) atravessar, cruzar, passar por; ***über j-s Kräfte ~*** ser superior a alg; ***es geht nichts über*** (*ac*) não há como, não há nada melhor do que; ***es geht um*** trata-se de; está em jogo (*nom*); ***vor sich ~*** suceder, acontecer; passar-se; ***zu weit ~*** *fig* exagerar; abusar; ***sich ~ lassen*** abandonar-se, descuidar-se; **2.** **~** *n* (*Gehsport*) pedestrianismo *m*; ***das ~ fällt ihm schwer*** custa-lhe andar; ***Kommen und ~*** vaivém *m*

Ge'henkte(r) [gə'hɛŋktə(r)] *m* enforcado *m*

'gehen lassen → ***gehen***

'Geher *m Sport*: desportista *m* que pratica pedestrianismo *m* (*od* desporto da marcha); *bras* walker *m*

ge'heuer [gə'hɔyər]: ***nicht ganz ~*** suspeito; ***da ist es nicht ~*** ali anda coisa, *bras* ali dá para desconfiar

Ge'heul [gə'hɔyl] *n* <*-(e)s*; *sem pl*> uivo(s *pl*) *m*; gritaria *f*; choradeira *f*

Ge'hilf|e [gə'hilfə] *m* <*-n*>, **~in** *f* ajudante *su*; assistente *su*; servente *su*; (*Geselle*) oficial *m*

Ge'hirn [gə'hirn] *n* <*-(e)s*; *-e*> cérebro *m*; **~entzündung** *f* encefalite *f*; **~erschütterung** *f* comoção *f* (*od* traumatismo *m*) cerebral; **~haut** *f* <*-*; *⸚e*> meninge *f*; **~hautentzündung** *f* meningite *f*; **~schlag** *m* <*-(e)s*; *⸚e*> apoplexia *f* cerebral; **~tätigkeit** *f* funções *f/pl* cerebrais; **~tumor** *m* <*-s*; *-e*> *MED* tumor *m* cerebral; **~wäsche** *f* lavagem *f* ao cérebro, *bras* lavagem *f* cerebral

ge'hoben [gə'ho:bən] **1.** *p/p von* ***heben***; **2.** *adj fig* elevado, sublime; ***in ~er Stimmung*** alegre, entusiasmado, animado

Ge'höft [gə'hø:ft] *n* <*-(e)s*; *-e*> casal *m*; quinta *f*, *bras* propriedade *f* rural

Ge'hölz [gə'hœlts] *n* <*-es*; *-e*> mata *f*, bosque *m*

Ge'hör [gə'hø:r] *n* <*-(e)s*; *sem pl*> ouvido *m* (***nach dem*** *MÚS* de); ***~ schenken*** (*dat*) atender (*ac*); prestar atenção; (*nachgeben*) ceder; ***~ finden*** ser escutado, ser atendido

ge'horchen [gə-] <*-*> (*dat*) obedecer a

ge'hören [gə-] <*-*> *j-m*: ser de, (*a j-m zukommen*, ***zu et ~***) pertencer a; fazer parte de; etwas ***gehört mir*** é meu; *fig* (***nicht***) ***hierher ~*** (não) vir a propósito; (não ter nada com o assunto); (*nötig sein*) ser preciso, precisar-se; ***sich*** ~ ser próprio; fazer-se

Ge'hör|gang *m* <-(*e*)*s*; ⁓*e*> canal *m* auditivo; **ϩig** *j-m, zu et*: pertencente a; próprio de, relacionado com; afe(c)to a; (*zukommend*) conveniente, devido; (*tüchtig*) a valer; *irón a*: que é uma beleza; **~leiden** *n* doença *f* dos ouvidos; **ϩlos** surdo; **~losigkeit** [-loːzič-] *f* <*sem pl*> surdez *f*

Ge'hörn [gə'hœrn] *n* <-(*e*)*s*; -*e*> armação *f*; chavelho *m*; pontas *f/pl*; chifre *m*; **ϩt** cornudo; *a fig* F corneado

ge'horsam [gə'hoːrsaːm] **1.** *adj* obediente; **2.** ϩ *m* <-(*e*)*s*; *sem pl*> obediência *f*; ***den ~ verweigern*** desobedecer; **ϩspflicht** *f* dever *m* de obediência

Ge'hörsinn *m* <-(*e*)*s*; *sem pl*> (sentido *m* do) ouvido *m*

'Gehrung *f* TÉCN chanfradura *f*

'Geh|sport *m* <-(*e*)*s*; *sem pl*> pedestrianismo *m*; **~steig** *m* <-(*e*)*s*; -*e*>, **~weg** *m* <-(*e*)*s*; -*e*> passeio *m* (lateral da rua), *bras* calçada *f*; **~werk** *n* <-(*e*)*s*; -*e*> *Uhr*: movimento *m*

'Geier ['gaɪər] *m* abutre *m*

'Geifer ['gaɪfər] *m* <-*s*; *sem pl*> baba *f*, escuma *f*; **ϩn** <-*re*> babar, escumar; *fig* raivar

'Geig|e ['gaɪgə] *f* violino *m*, rabeca *f*; ***~ spielen*** = **ϩen** tocar violino; **~enbauer** *m* violeiro *m*, fabricante *m* de violinos; **~enspieler(in** *f*) *m*, **~er(in** *f*) *m* violinista *su*, rabequista *su*; **~erzähler** *m* contador *m* Geiger

geil [gaɪl] BOT viçoso, exuberante; *j-d*: lascivo; **'ϩheit** *f* <*sem pl*> viço *m*, exuberância *f*; luxúria *f*, lascividade *f*

'Geisel ['gaɪzəl] *f* <-; -*n*> refém *m*; **~nahme** *f* tomada *f* de reféns

Geiß [gaɪs] *f* cabra *f*; **'~blatt** *n* <-(*e*)*s*; *sem pl*> madressilva *f*; **'~bock** *m* <-(*e*)*s*; ⁓*e*> bode *m*

'Geißel ['gaɪsəl] *f* <-; -*n*> açoite *m*; flagelo *m* (*a fig*); **ϩn** <-*le*> açoitar, flagelar; fustigar, *fig a* censurar; **~ung** *f* flagelação *f*

Geist [gaɪst] *m* <-(*e*)*s*; -*er*> espírito *m*, mente *f*; (*Seele*) alma *f*; (*Verstand*) inteligência *f*, intele(c)to *m*; (*Begabung*) engenho *m*; (*Genius*) génio (*ê) *m*; (*Gespenst*) fantasma *m*, espe(c)tro *m*; *e-s Toten*: *a* aparição *f*; ***im ~e*** em mente, mentalmente; ***seinen ~ aufgeben*** entregar a alma a Deus; *fig* F ***auf den ~ gehen*** chatear

'Geister|bahn *f* comboio (*bras* trem *m*) *m* fantasma; **~beschwörung** *f* nigromancia *f*, conjuro *m*, exorcismo *m*, espiritismo *m*; **~fahrer** *m* condutor *m* que circula em dire(c)ção errada; **ϩhaft** fantástico

'Geistes... ['gaɪstəs-]: *in Zssgn oft* mental, (*Verstandes...*) intele(c)tual; **ϩabwesend** distraído; abstra(c)to; **~abwesenheit** *f* <*sem pl*> distra(c)ção *f*; **~arbeiter** *m* (trabalhador *m*) intele(c)tual *m*; **~blitz** *m* <-*es*; -*e*> ideia (*é) *f* (*od* inspiração *f*) repentina; **~gabe** *f* talento *m*; **~gegenwart** *f* <*sem pl*> presença *f* de espírito; **~geschichte** *f* <*sem pl*> História *f* das Ideias (*é); **ϩgestört** ['-gəʃtøːrt] alienado, demente; **~haltung** *f* mentalidade *f*; **ϩkrank** alienado, demente; **~krankheit** *f* doença *f* mental; **~schärfe** *f* <*sem pl*> agudeza *f* de espírito; **ϩschwach** imbecil; **~schwäche** *f* <*sem pl*> imbecilidade *f*; **~verfassung** *f* <*sem pl*> estado *m* de espírito; MIL moral *f*; **ϩverwandt** congenial; **ϩverwirrt** tresloucado, *bras* amalucado; **~wissenschaft(en** *pl*) *f* Letras *f/pl*, ciências *f/pl* do espírito; **~zustand** *m* <-(*e*)*s*; *sem pl*> estado *m* de espírito

'geist|ig ['gaɪstɪç] espiritual, intele(c)tual; mental (*a* MED); moral; *Getränk*: alcoólico; ***~ behindert*** mentalmente diminuído; **~lich** espiritual; (*kirchlich*) eclesiástico; clerical; *Orden*: religioso; ***~e Musik*** música *f* sacra; ***~er Stand*** clero *m*; **ϩliche(r)** *m* <-*en*> sacerdote *m*, padre *m*; *protestantisch*: pastor *m*; **ϩlichkeit** *f* <*sem pl*> clero *m*; **~los** insípido; estúpido; sem graça; **~reich** espirituoso, engenhoso; brilhante; ***~ sein*** ter muita graça, *bras* ter presença de espírito; **~tötend** monótono, maçador; *bras* maçante, enfadonho; **~voll** → ***~reich***

Geiz [gaɪts] *m* <-*es*; *sem pl*> avareza *f*; **'ϩen** <-*t*>: ***~ mit*** ser avaro de; **'~hals** *m* <-*es*; ⁓*e*>, **'ϩig**, **'~kragen** *m* avar(ent)o (*m*); agarrado (*m*), *bras* pão-duro (*m*)

Ge'jammer [gə-] *n* <*-s; sem pl*> lamúrias *f/pl*

Ge'johle [gə'jo:lə] *n* <*-s; sem pl*> gritaria *f*

Ge'keife [gə'kaɪfə] *n* <*-s; sem pl*> gritos *m/pl*

Ge'kicher [gə'kiçər] *n* <*-s; sem pl*> risos *m/pl* reprimidos

Ge'kläff(e) [gə'klɛf(ə)] *n* <*-(e)s; sem pl*> latidos *m/pl*, granido *m*

Ge'klapper [gə'klapər] *n* <*-s; sem pl*> estrépido *m*; retintim *m*; taramelar *m*; *Zähne*: bater *m*

Ge'klatsche [gə'klatʃə] *n* <*-es; sem pl*> palmas *f/pl*; *fig* bisbilhotice *f*; mexerico *m*; mexeriquice *f*; *bras* fofoca *f*

Ge'klimper [gə'klimpər] *n* <*-s; sem pl*> marteladas *f/pl*; piano *m* mal tocado

Ge'klingel [gə-] *n* <*-s; sem pl*> tilintar *m*

Ge'klirr [gə'klir] *n* <*-(e)s; sem pl*> tinido *m*; *beim Zerbrechen*: estrépido *m*

Ge'knatter [gə'knatər] *n* <*-s; sem pl*> estalos *m/pl*

Ge'knister [gə'knistər] *n* <*-s; sem pl*> crepitação *f*, *bras* crepitar *m*

Ge'krächze [gə'krɛçtsə] *n* <*-s; sem pl*> grasnar *m*, grasnir *m*

Ge'kreisch(e) [gə'kraɪʃ(e)] *n* <*-(e)s; sem pl*> gritaria *f*; gritos *m/pl* agudos

Ge'kritzel [gə'kritsəl] *n* <*-s; sem pl*> gatafunhos *m/pl*, rabiscos *m/pl*, garatujas *f/pl*

Ge'kröse [gə'krø:zə] *n* dobrada *f*; miudezas *f/pl*

ge'künstelt [gə'kynstəlt] artificial, *Stil*: afe(c)tado

Gel [ge:l] *n* <*-s; -e*> gel *m*

Ge'lächter [gə'lɛçtər] *n* risada *f*; gargalhada *f*; (*Hohn*♀) galhofa *f*, F risota *f*; ***in* ∼ *ausbrechen*** desatar a rir

ge'lackmeiert [gə'lakmaɪərt] F: (***der***) ***♀e sein*** ser o logrado

ge'laden [gə-] convidado; *MIL* carregado

Ge'lage [gə'la:gə] *n* banquete *m*, festim *m*; F patuscada *f*, *bras* farra *f*

ge'lähmt [gə'lɛ:mt] *adj* entrevado; paralisado; *MED* paralítico

Ge'lände [gə'lɛndə] *n* terreno *m*; *abgeschlossenes* (*Ausstellungs*♀) recinto *m*; **∼aufnahme** *f* triangulação *f*; **∼fahrzeug** *n* <*-(e)s; -e*> veículo *m* para terrenos acidentados; **♀gängig** *Auto*: do tipo (*od* de *od bras* bom para) todo o terreno; **∼gewinn** *m* <*-(e)s; -e*> conquista *f* de terreno; **∼lauf** *m* <*-(e)s; ¨e*> corta-mato *m*, pedestrianismo *m*

Geländer *n* corrimão *m*; (*Säulen*♀) balustrada *f*

Gelände|ritt *m* <*-(e)s; -e*> passeio *m* a cavalo (através dos campos); **∼wagen** *m* (veículo *m*) todo-o-terreno

ge'langen [gə-] <*-; sn*> chegar (***zu***, ***in*** *ac* a); ***zu Reichtum* ∼** chegar a ser rico; ***zum Verkauf* ∼** ser posto à venda

ge'lassen [gə-] *adj* calmo, sereno, descontraído; **♀heit** *f* <*sem pl*> calma *f*, serenidade *f*, sangue-frio *m*

Gela'tine [ʒela'ti:nə] *f* <*sem pl*> gelatina *f*

ge'läufig [gə-] corrente; (*vertraut*) familiar; **♀keit** *f* <*sem pl*> facilidade *f*, agilidade *f*; *MÚS* técnica *f*, virtuosidade *f*

ge'launt [gə'launt] disposto (***gut*** bem, ***schlecht*** mal)

Ge'läut [gə'lɔyt] *n* <*-(e)s; -e*>, **∼e** *n* toque *m* de sinos; repique *m*; dobre *m*; (*Glockenspiel*) carrilhão *m*; (*Schellen*♀) toque *m* de guizos

gelb [gɛlp] amarelo; *Ampel*: laranja; **'♀fieber** *n* <*-s; sem pl*> febre *f* amarela; **'♀filter** *m* filtro *m* amarelo; **'♀körper** *m MED* corpo *m* amarelo; **'∼lich** amarelado; **'♀sucht** *f* <*sem pl*> icterícia *f*; **'∼süchtig** ictérico

Geld [gɛlt] *n* <*-(e)s; -er*> dinheiro *m*; ***kleines* ∼** dinheiro *m* miúdo, *bras* trocado *m*; (*Wechsel*♀) troco *m*; (*Münze*, *Währung*) moeda *f*; *pl* **∼er** fundos *m/pl*; ***e-e Menge* ∼** um dinheirão *m*; ***zu* ∼ *machen*** vender; **'∼angelegenheit** *f* negócio *m* financeiro; questão *f* financeira; **'∼anlage** *f* colocação *f* de capitais, investimento *m*; **'∼anweisung** *f* vale *m* postal; **'∼automat** *m* <*-en*> caixa *m* automático; **'∼betrag** *m* <*-(e)s; ¨e*> quantia *f* de (*od* em) dinheiro; **'∼beutel** *m*, **'∼börse** *f* porta-moedas *m*; bolsa *f*; carteira *f*; **'∼brief** *m* <*-(e)s; -e*> carta *f* de valor declarado; **'∼buße** *f* multa *f*; **'∼ent-**

schädigung *f* inde(m)nização *f* pecuniária; **'~entwertung** *f* depreciação (*od* desvalorização) *f* da moeda; **'~forderung** *f* dívida *f* a(c)tiva; **'~geber** *m* capitalista *m*; **'~geschäft** *n* <-(*e*)*s*; -*e*> transa(c)ção *f* financeira; **'~geschenk** *n* <-(*e*)*s*; -*e*> donativo *m*; **'~gier** *f* <*sem pl*> cobiça *f*; **'~heirat** *f* casamento *m* por dinheiro; **'~institut** *n* <-(*e*)*s*; -*e*> banco *m*; instituição *m* monetária; **'~knappheit** *f* <*sem pl*> falta (*od* escassez) *f* de dinheiro; **'~mangel** *m* <-*s*; *sem pl*> → ***~knappheit***; **'~markt** *m* <-(*e*)*s*; ¨*e*> mercado *m* monetário; **'~mittel** *n/pl* meios *m/pl* (de fortuna); recursos *m/pl*; **'~not** *f* <-; ¨*e*> falta (*od* escassez *f*) de dinheiro; ***in ~ sein*** andar com falta de dinheiro; **'~rolle** *f* rolo *m* de dinheiro; **'~schein** *m* <-(*e*)*s*; -*e*> nota *f*; **'~schrank** *m* <-(*e*)*s*; ¨*e*> cofre *m*; **'~strafe** *f* multa *f*; **'~stück** *n* <-(*e*)*s*; -*e*> peça *f*, moeda *f*; **'~summe** *f* quantia *f*, soma *f*; **'~tasche** *f* bolsa *f*; **'~transporter** *m* carro-forte *m*; **'~umlauf** *m* <-(*e*)*s*; *sem pl*>, **'~umsatz** *m* <-*es*; ¨*e*> circulação *f* monetária; **'~umtausch** *m* <-(*e*)*s*; -*e*> câmbio *m*; **'~verlegenheit** *f* apuros *m/pl*; **'~verschwendung** *f* esbanjamento *m* de dinheiro; **'~wäsche** *f* F branqueamento *m* (de capitais); **'~wechsel** *m* câmbio *m*; **'~wechsler** *m* cambista *m*; **'~wert** *m* <-(*e*)*s*; -*e*> valor *m* em dinheiro

Ge'lee [ʒe'leː] *n* <-*s*; -*s*> geleia (*é) *f*

ge'legen [gə'leːgən] **1.** *p/p von* ***liegen***; **2.** *adj örtl* situado; sito; (*passend*) oportuno; *adv* a propósito; ***~ kommen*** vir a propósito; ***j-m ist an*** (*dat*) **~** alg importa-se com, alg tem empenho em

Ge'legenheit *f* ocasião *f* (***bei*** em); *günstige*: *a* oportunidade *f*; aberta *f*; ***~ macht Diebe*** a ocasião faz o ladrão; ***bei ~*** → ***gelegentlich***; **~sarbeit** *f* trabalho *m* temporário (*od* de ocasião); **~sdieb** *m* <-(*e*)*s*; -*e*> ladrão *m* ocasional (*bras* de ocasião); **~skauf** *m* <-(*e*)*s*; ¨*e*> compra *f* ocasional, ocasião *f*

ge'legentlich **1.** *adj* ocasional, casual; *adv a* em tempo oportuno; acidentalmente; (*beiläufig*) de passagem; **2.** *prp* (*gen*) a propósito de, na altura de, por motivo de, aquando de

ge'lehr|ig [gə'leːrıç] dócil; **Ƨigkeit** *f* <*sem pl*> docilidade *f*; **Ƨsamkeit** *f* <*sem pl*> erudição *f*; **~t** *adj* (**Ƨte[r]** *m* <-*en*>) sábio (*m*), erudito (*m*)

Ge'leise [gə'laɪzə] *n* → ***Gleis***

Ge'leit [gə'laɪt] *n* <-(*e*)*s*; -*e*> escolta *f*; NAV → ***~zug***; (*Trauer*Ƨ) acompanhamento *m* fúnebre, préstito *m*; ***das ~ geben*** → ***Ƨen***; ***im ~ fahren*** NAV ser comboiado; ***freies ~*** = **~brief** *m* <-(*e*)*s*; -*e*> salvo-conduto *m*; **Ƨen** <-*e*-; -> acompanhar; MIL escoltar; NAV *a* comboiar; **~wort** *n* <-(*e*)*s*; -*e*> prefácio *m*; ***mit e-m ~ versehen*** prefaciar; **~zug** NAV *m* <-(*e*)*s*; ¨*e*> comboio *m*

Ge'lenk [gə'lɛŋk] *n* <-(*e*)*s*; -*e*> articulação *f*; **~entzündung** *f* artrite *f*; **Ƨig** flexível, elástico; (*flink*) ágil; **~igkeit** *f* <*sem pl*> flexibilidade *f*, elasticidade *f*; agilidade *f*; **~pfanne** *f* ANAT acetábulo *m*; **~rheumatismus** *m* <-; *sem pl*> artrite *f*

ge'lernt [gə'lɛrnt] *adj Beruf*: qualificado; especializado

Ge'liebte(r *m*) [gə'liːptə] *su* <-*en*> namordo *m*, -a *f*, querido *m*, -a *f*; amante *su*

ge'linde [gə'lındə] suave, benigno; moderado; *adv fig* com indulgência; ***~ gesagt*** sem exagerar

ge'ling|en [gə'lıŋən] <-; *sn*> sair bem; dar bom resultado; ***es gelingt j-m zu*** (*inf*) alg consegue (*inf*); ***nicht ~*** frustrar-se, fracassar; **Ƨen** *n* <*sem pl*> êxito *m*; sucesso *m*

Ge'lispel [gə'lıspəl] *n* <-*s*; *sem pl*> cicio *m*; (*Geflüster*) murmúrio *m*

'gellen ['gɛlən] ressoar, zunir; **~d** *adj* estridente

ge'loben [gə-] <-> prometer, fazer voto

Ge'löbnis [gə'løːpnis] *n* <-*ses*; -*se*> promessa *f*; voto *m*; ***ein ~ ablegen*** → ***geloben***

'gelt|en ['gɛltən] valer; (*gültig sein*) ser válido; *Gesetz*: estar em vigor; ***für et ~*** passar por a/c; ***~ von*** (*dat*) poder-se dizer de; ***das gilt mir*** isto é comigo, isto é para mim; ***~ lassen*** deixar passar, admitir; ***es gilt*** (*ac od* ***zu*** *inf*) trata-se de; está em jogo; ***was gilt die Wette?*** quer apostar?; ***jetzt gilt's!*** chegou o momento!; ***das gilt nicht*** não vale; **~end** *adj*

G

vigente; em vigor; **~ *machen*** fazer valer

'Geltung *f* <*sem pl*> valor *m*; (*Gültigkeit*) validez *f*, validade *f*; *JUR* vigência *f*; (*Ansehen*) crédito *m*; prestígio *m*; **~ *haben*** valer; ser válido; *Gesetz etc*: estar em vigor; ***zur ~ bringen*** fazer valer; ***zur ~ kommen, sich*** (*dat*) **~ *verschaffen*** impor-se; (*dat*) **~ *verschaffen*** fazer respeitar (*ac*); **~sbedürfnis** *n* <*-ses*; *sem pl*> ostentação *f*; necessidade *f* de brilhar; **~sbereich** *m* <*-(e)s*; *-e*> domínio *m*; âmbito *m*; *e-s Gesetzes*: (zona *f* de) vigência *f*

Ge'lübde [gə'lʏpdə] *n* voto *m*; promessa *f*

ge'lungen [gə'lʊŋən] **1.** *p/p von* ***gelingen***; **2.** *adj* F (*seltsam*) estranho, esquisito; (*gut*) bem feito, bem sucedido; ***das ist ~!*** é boa!; *Witz*: tem graça!

Ge'lüst [gə'lʏst] *n* <*-(e)s*; *-e*>, **~e** *n* apetite *m*, desejo *m*; **≗en** <*-e-*; *-*>: ***j-n gelüstet* (*es*) *nach et*** alg deseja a/c, alg cobiça a/c, apetece a alg

Ge'mach [gə'maːx] *n* <*-(e)s*; *¨er*> aposento *m*

ge'mächlich [gə'mɛːçlɪç] cómodo (*ô); lento; calmo; *adv* devagar, lentamente; **≗keit** *f* <*sem pl*> comodidade *f*; paciência *f*

ge'macht [gə'maxt] *adj*: ***ein ~er Mann*** um homem feito (*od* realizado)

Ge'mahl [gə'maːl] *m* <*-(e)s*; *-e*> esposo *m*; **~in** *f* esposa *f*, senhora *f*

ge'mahnen [gə-] <*-*>: ***j-n an*** (*ac*) **~** recordar (*ac*) a alg, lembrar (*ac*) a alg

Ge'mälde [gə'mɛːldə] *n* painel *m*, quadro *m*, pintura *f*; **~ausstellung** *f* (**~galerie** *f*) exposição *f* (museu *m*, galeria *f*) de pintura

ge'masert [gə'maːzərt] raiado; com veias

ge'mäß [gə'mɛːs] (*dat*) segundo (*ac*), conforme a; de acordo com; *adj* adequado; **~igt** [-ɪçt] moderado; *Klima*: temperado

Ge'mäuer [gə'mɔyər] *n*: ***altes ~*** ruínas *f/pl*; pardieiro *m*

Ge'mecker(e) [gə'mɛkər(ə)] *n* <*-s*; *sem pl*> berros *m/pl*; *fig* F (*Lachen*) risadas *f/pl*; (*Nörgelei*) critiquice *f*; *bras* gozação *f*

ge'mein [gə'maɪn] comum; (*öffentlich*) *a* público; (*gewöhnlich*) ordinário, vulgar; (*niedrig*) baixo; indecente; (*bösartig*) infame; ***das ~e Volk*** o vulgo, o povo; ***der ~e Mann*** o homem na rua; ***et ~ haben mit*** ter algo em comum com; ***sich ~ machen*** baixar-se; ***~er Soldat*** *m* soldado *m* raso

Ge'meinde [gə'maɪndə] *f* comuna *f*, comunidade *f*, freguesia *f*; *städtische*: *a* município *m*; (*Pfarr≗*) paróquia *f*; *christliche*: comunidade *f* cristã; **~...**: *in Zssgn oft* comunal, (*städtisch*) municipal; *REL* paroquial; **~amt** *n* <*-(e)s*; *-ämter*> → ***~haus***; **~bezirk** *m* <*-(e)s*; *-e*> concelho *m*; **~haus** *n* <*-es*; *¨er*> junta *f* da freguesia; *bras* prefeitura *f*; *REL* casa *f* paroquial; **~mitglied** *n* <*-(e)s*; *-er*> paroquiano *m*; **~rat** *m* <*-(e)s*; *¨e*> (*Person*: membro *m* do) conselho *m* municipal (*od REL* paroquial), junta *f* de freguesia; **~vorsteher** *m* regedor *m*; presidente *m* da (junta de) freguesia; **~wahl** *f* eleições *f/pl* municipais

ge'mein|gefährlich: **~ *sein*** constituir um perigo para o público; *j-d*: ser inimigo público; **≗geist** *m* <*-(e)s*; *sem pl*> espírito *m* de camaradagem; **≗gut** *n* <*-(e)s*; *sem pl*> bens *m/pl* públicos; *fig* património (*ô) *m* comum geralmente admitido; **≗heit** *f* baixeza *f*; vilania *f*; infâmia *f*; **~hin** geralmente; **~nützig** [-nʏtsɪç] de utilidade pública; de interesse geral; **≗platz** *m* <*-es*; *¨e*> *fig* lugar-comum *m*; banalidade *f*; **~sam** *adj* comum; cole(c)tivo; ***~e Sache machen*** fazer causa comum; mancomunar-se; *adv* em comum, em conjunto

Ge'meinschaft *f* comunidade *f*; cole(c)tividade *f*; sociedade *f*; *REL* comunhão *f*; ***in ~*** (***mit***) junto (com); **≗lich** em comum; **~sanschluss** *m* <*-es*; *¨e*> linha *f* comum (*od* cole[c]tiva); **~santenne** *f* antena *f* cole(c)tiva; **~sarbeit** *f* trabalho *m* cole(c)tivo; **~serziehung** *f* <*sem pl*> coeducação *f*; **~skunde** *f* <*sem pl*> formação *f* cívico-social; **~spraxis** *f* <*-*; *-xen*> consultório *m* de médicos (*od* advogados); **~sproduktion** *f* produção *f* conjunta; **~sraum** *m* <*-(e)s*; *¨e*> sala *f* comum

Ge'mein|schuldner *m* falido *m*; **~sinn** *m* <-(*e*)*s*; *sem pl*> solidariedade *f*; **2verständlich** ao alcance de todos; popular; **~ *machen*** vulgarizar; **~wesen** *n* cole(c)tividade *f*; Estado *m*; república *f*; **~wohl** *n* <-(*e*)*s*; *sem pl*> bem *m* público, bem *m* comum

Ge'menge [gə'mɛŋə] *n* mistura *f*; (*Hand2*) desordem *f*; briga *f*

ge'messen [gə-] *adj Schritt*: pausado; *Befehl*: categórico; (*ernsthaft*) formal; (*ruhig, gemäßigt*) sensato; comedido

Ge'metzel [gə'mɛtsəl] *n* matança *f*; carnificina *f*

Ge'misch [gə'miʃ] *n* <-(*e*)*s*; -*e*> mistura *f*

'Gemme ['gɛmə] *f* camafeu *m*

'Gemse → ***Gämse***

Ge'murmel [gə'murməl] *n* <-*s*; *sem pl*> murmurinho *m*; murmúrios *m*/*pl*

Ge'müse [gə'myːzə] *n* legumes *m*/*pl*; hortaliça *f*; **~(an)bau** *m* <-(*e*)*s*; *sem pl*> horticultura *f*; **~beet** *n* <-(*e*)*s*; -*e*> talhão *m* (*od* canteiro *m*) de legumes; **~garten** *m* <-*s*; ¨> horta *f*; **~gärtner** *m* hortelão *m*; *bras* horteleiro *m*; **~händler(in *f*)** *m* vendedor(a *f*) *m* de hortaliças, hortaliceiro *m*, -a *f*; **~handlung** *f*, **~laden** *m* <-*s*; ¨> loja *f* de hortaliças, F lugar *m*; **~konserven** *f*/*pl* legumes *m*/*pl* em conserva

ge'mustert *adj Stoff*: estampado

Ge'müt [gə'myːt] *n* <-(*e*)*s*; -*er*> ânimo *m*; alma *f*; coração *m*; mente *f*; faculdades *f*/*pl* afe(c)tivas; ***sich*** (*dat*) ***et zu ~e führen*** *verzehren*: regalar-se com a/c; gozar de a/c, *irón* ficar sabendo a/c; **2lich** *et*: aconchegado; confortável, cómodo (*ô); agradável; ***hier ist es ~*** aqui está-se muito bem; *bras* aqui é bem aconchegante; *j-d*: jovial; bem disposto; *bras* bonachão; **~lichkeit** *f* <*sem pl*> comodidade *f*, conforto *m*; *des Heims*: intimidade *f*; *j-s*: jovialidade *f*

Ge'müts|art *f* cará(c)ter *m*, mentalidade *f*; índole *f*; temperamento *m*; **~bewegung** *f* afe(c)to *m*; comoção *f*; **2krank** melancólico; **~krankheit** *f* depressão *f*; melancolia *f*; **~mensch** *m* <-*en*> homen *m* sensível; *ironisch* F bruto *m*; **~ruhe** *f* <*sem pl*> serenidade *f*; **~verfassung** *f*, **~zustand** *m* <-(*e*)*s*; ¨*e*> disposição *f* mental; estado *m* de ânimo; humor *m*

ge'mütvoll afe(c)tuoso, sensível

Gen [geːn] *n* <-*s*; -*e*> MED gene *m*; factor *m* hereditário; **2** [gɛn] *poét* em dire(c)ção a

ge'nau [gə'naʊ] exa(c)to; preciso; justo; estri(c)to; (*streng*) escrupuloso, rigoroso; *wissen*: com certeza; (*minuziös*) minucioso; (*pünktlich*) pontual; *adv Uhrzeit*: em ponto; (*sparsam*) económico (*ô); **~ *wie*** tal qual, tal como; **~ *nehmen*** ser meticuloso (com); **~ *genommen*** em rigor; **~ *angeben*** especificar; ***so ~ wie möglich*** sensivelmente; o mais exacto possível; **2igkeit** *f* <*sem pl*> exa(c)tidão *f*, precisão *f*, justeza *f*; economia *f*; meticulosidade *f*; (*Strenge*) *a* rigor *m*

ge'nehm [gə'neːm]: **~ *sein*** agradar, convir; **~igen** [-igən] <-> (*annehmen*) aceitar; *Gesuch*: deferir; anuir a; (*billigen*) aprovar; *Vertrag*: ratificar; (*erlauben*) permitir, autorizar, **2igung** [-iguŋ] *f* aprovação *f*; beneplácito *m*; *Gesuch*: deferimento *m*, *Vertrag*: ratificação *f*; (*Erlaubnis*) licença *f*, autorização *f* (***erteilen*** dar); **~igungspflichtig** [-pfliçtiç] sujeito a autorização

ge'neigt [gə'naɪkt] *adj* inclinado; disposto (***zu*** a); (*zu~*) afeiçoado

Gene'ral [genə'raːl] *m* <-*s*; -*e od* ¨*e*> general *m*; **~agent** *m* <-*en*> agente *m* geral; **~amnestie** *f* a(m)nistia *f* geral; **~bass** *m* <-*es*; ¨*e*> baixo *m* contínuo; **~direktor** *m* <-*s*; -*en*> dire(c)tor geral *m*; **~i'tät** [-ali'tɛːt] *f*: ***die ~*** os generais *m*/*pl*; **~konsul** *m* <-*s*; -*n*> cônsul-geral *m*; **~probe** *f* ensaio *m* geral; **~sekretär** *m* <-*s*; -*e*> secretário-geral *m*; **~stab** *m* <-(*e*)*s*; ¨*e*> estado-maior *m*; **~streik** *m* <-(*e*)*s*; -*s*> greve *f* geral; **~überholung** *f* revisão *f* geral; **~versammlung** *f* assembleia (*é) *f* geral; **~vollmacht** *f* plenos poderes *m*/*pl*; ECON procuração *f* geral

Generati'on [generatsi'oːn] *f* geração *f*; **~skonflikt** *m* <-(*e*)*s*; -*e*> conflito *m* de gerações

Gene'rator [gene'raːtor] *m* <-*s*; -*en* [-ra'toːrən]> gerador *m*

G

gene'rell [genə'rɛl] geral

ge'nes|en [gə'ne:zən] <-; *sn*> convalescer, restabelecer-se; **≈ung** *f* convalescença *f*; restabelecimento *m*; **≈ungsheim** *n* <-(*e*)*s*; *-e*> sanatório *m*

Ge'ne|tik [ge'ne:tik] *f* <*sem pl*> genética *f*; **~tiker(in** *f*) *m* genetista *su*; **≈tisch** genético

'Genf [gɛnf] Genebra

'Genforschung ['ge:n-] *f* <*sem pl*> investigação (*od* pesquisa) *f* genética

geni'al [geni'a:l] genial

Ge'nick [gə'nik] *n* <-(*e*)*s*; *-e*> nuca *f*; pescoço *m*; colo *m*; **~starre** *f* meningite *f* cérebro-espin(h)al

Ge'nie [ʒe'ni:] *n* <-*s*; *-s*> génio (*ê) *m*

ge'nieren [ʒe'ni:rən] <-> incomodar; ***sich ~*** ter vergonha; fazer cerimónia (*ô)

ge'nieß|bar [gə'ni:sba:r] comestível; ***~ sein*** *a* poder-se comer; (*trinkbar*) potável; *fig* tolerável, suportável; **~en** *v/t* <-> comer, beber; saborear; *fig* gozar de; **≈er** *m* folgazão *m*; ***ein ~ sein*** *a* saber gozar (*od* desfrutar); **~erisch** com prazer (*od* gozo); com desfrutação

Geni'talien [geni'ta:liən] *n/pl* órgãos *m/pl* genitais

'Genitiv ['ge:niti:f] *m* <-*s*; *-e*> genitivo *m*

Ge'noss|e [gə'nɔsə] *m* <-*n*> companheiro *m*; camarada *m* (*a* POL); ECON sócio *m*; ***~n*** *pl* consortes *m/pl*; **~enschaft** *f* (sociedade *f*) cooperativa *f*; grémio (*ê) *m*; **≈enschaftlich** cooperativo; **~in** *f* companheira *f*, camarada *f*

'Gentechnologie ['ge:n-] *f* tecnologia *f* genética

ge'nug [gə'nu:k] bastante, suficiente; ***~!*** basta!; chega!; (*kurzum*) enfim; ***~ zu*** *leben* o suficiente para ...; ***~ haben von*** *fig* estar farto de; ***nicht ~, dass*** não só que

Ge'nüg|e [gə'ny:gə] *f* <*sem pl*> suficiência *f*; (*Befriedigung*) satisfação *f*; ***zur ~*** o suficiente; (*dat*) ***~ tun*** satisfazer (*ac*), *e-r Pflicht*: cumprir (*ac*); **≈en** <-> bastar, chegar; → ***Genüge tun***; **≈end** bastante; suficiente; (*befriedigend*) *a* satisfatório; **≈sam** modesto; (*mäßig*) sóbrio, moderado; frugal; **~samkeit** *f* <*sem pl*> modéstia *f*; moderação *f*; sobriedade *f*

Ge'nugtuung [gə'nu:ktu:uŋ] *f* <*sem pl*> satisfação *f*; *für e-e Kränkung*: *a* desagravo *m*; ***~ geben*** (*dat*) desagravar (*ac*), desafrontar (*ac*); ***sich*** (*dat*) ***~ verschaffen*** desagravar-se, desafrontar-se; vingar-se

'Genus ['ge:nus] *n* <-; *Genera*> GRAM género (*ê) *m*; *des Verbs*: voz *f*

Ge'nuss [gə'nus] *m* <-*es*; *⸚e*> gozo *m*; prazer *m*; (*a Besitz, Nutzen*) usufruto *m*; ***nach ~ von*** depois de ter comido (*od* bebido *od* ingerido); **~mittel** *n* estimulante *m*; **~sucht** *f* <*sem pl*> sensualidade *f*; sibaritismo *m*; *bras a* luxúria *f*; **≈süchtig** sibarítico

ge'öffnet [gə'œfnət] *Laden, Post etc* aberto

Geo'graf, Geo'graph [geo'gra:f] *m* <-*en*> geógrafo *m*; **~'ie** [-a'fi:] *f* <*sem pl*> geografia *f*; **≈isch** [-'gra:fiʃ] geográfico

Geo'lo|ge [geo'lo:gə] *m* <-*n*> geólogo *m*; **~'gie** [-o'gi:] *f* <*sem pl*> geologia *f*; **≈gisch** [-'lo:giʃ] geológico

Geome't|rie [-me'tri:] *f* <*sem pl*> geometria *f*; **≈risch** [-'me:triʃ] geométrico

Geo|phy'sik *f* <*sem pl*> geofísica *f*; **~poli'tik** *f* <*sem pl*> geopolítica *f*

Ge'päck [gə'pɛk] *n* <-(*e*)*s*; *sem pl*> bagagem *f*; **~abfertigung** *f* despacho *m*; **~annahme** *f* recepção *f* de bagagens; **~aufbewahrung** *f* depósito *m* de bagagens; **~aufgabe** *f* <*sem pl*> despacho *m*; **~ausgabe** *f* entrega (*od* devolução) *f* de bagagens; **~netz** *n* <-*es*; *-e*> rede *f* de bagagem; *bras* bagageiro *m*; **~raum** *m* <-(*e*)*s*; *⸚e*> depósito *m*; *Auto*: porta-mala *m*; **~schalter** *m* guiché *m* de bagagem; **~schein** *m* <-(*e*)*s*; *-e*> guia *f*, senha *f*; talão *m*; **~schließfach** *n* <-(*e*)*s*; *⸚er*> cacife *m*; **~stück** *n* <-(*e*)*s*; *-e*> volume *m*; mala *f*; **~träger** *m* *Person*: moço *m* de fretes, carregador *m*; *Fahrrad*: porta-bagagem *m*; **~versicherung** *f* seguro *m* de bagagens; **~wagen** *m* furgão *m*

ge'panzert [gə'pantsərt] *j-d*: couraçado; *etwas a*: blindado

ge'pfeffert *adj* apimentado; *fig* picante; *Preis*: muito elevado
ge'pflegt [gə'pfle:kt] *adj* cuidado, arranjado
Ge'pflogenheit [gə'pflo:gənhaɪt] *f* costume *m*, hábito *m*
Ge'plänkel [gə'plɛŋkəl] *n* escaramuça *f*, tiroteio *m*; (*Diskussion*) discussão *f* amigável
ge'plant *adj* planeado; previsto; propositado
Ge'plapper [gə'plapər] *n* <-s; *sem pl*> tagarelice *f*
Ge'plärr(e) [gə'plɛr(ə)] *n* <-(*e*)*s*; *sem pl*> berros *m/pl*, choros *m/pl*
Ge'plätscher [gə'plɛtʃər] *n* <-s; *sem pl*> murmurinho *m*, chapinhada *f*
Ge'plauder [gə'plaʊdər] *n* <-s; *sem pl*> cavaco *m*; *bras* bate-papo *m*
Ge'polter [gə'pɔltər] *n* <-s; *sem pl*> barulho *m*; estrondo *m*
Ge'präge [gə'prɛ:gə] *n* cunho *m*, marca *f*, cará(c)ter *m*
Ge'pränge [gə'prɛŋə] *n* <-s; *sem pl*> pompa *f*, fausto *m*
Ge'prassel [gə'prasəl] *n* <-s; *sem pl*> estrépito *m*, fragor *m*; *Feuer*: crepitar *m*, crepitação *f*
ge'prüft [gə'pry:ft] *adj staatlich*: diplomado
Ge'quake [gə'kva:kə] *n* <-s; *sem pl*> grasnar *m* (das rãs)
Ge'quengel [gə'kvɛŋəl] *n* <-s; *sem pl*> quezília *f*; taramelice *f*, *bras* tagarelice *f*
ge'rade [gə'ra:də] **1.** *adj* direito (*a fig*); re(c)to (*a fig*); *Zahl*: par; **2.** *adv* direito; (*eben*) justamente, (*a genau*) precisamente; (*soeben*) acabar de (*inf*); **~ *dabei sein zu*** estar a; **~** (*inf*) ***wollen*** estar para (*inf*); **~ *richten*** endireitar; **~ *stehen*** endireitar-se; *fig* **~ *stehen für*** tomar a responsabilidade de; **3.** **≈** *f* (linha *f*) re(c)ta *f*; **~'aus** a direito, em frente; **~he'raus** francamente, com franqueza, redondamente; **~so** assim mesmo; **~wegs** [-ve:ks], **~'zu** dire(c)tamente; (*unverblümt*) francamente
Ge'rad|heit [gə'ra:thaɪt] *f* <*sem pl*> re(c)tidão *f*; *fig a* franqueza *f*, sinceridade *f*; **≈linig** [-li:niç] re(c)tilíneo
ge'rammelt [-'raməlt]: **~ *voll*** F à cunha, *bras* lotado
Ge'rangel [-'raŋəl] *n* <-s; *sem pl*> bulha *f*; forcejo *m*; *bras* peleja *f*, desavença *f*
Ge'ranie [gə'ra:niə] *f* gerânio *m*
Ge'rassel [gə'rasəl] *n* <-s; *sem pl*> fragor *m*; estrépito *m*; crepitação *f*
Ge'rät [gə'rɛ:t] *n* <-(*e*)*s*; -*e*> aparelho *m* (*a Turn*≈, *Radio*≈); (*Werkzeug*) utensílio *m*; instrumento *m*; (*Eisen*≈) ferramentas *f/pl*
ge'raten [gə-] **1.** <-; *sn*> **~ *nach*** sair a; ir parar a; **~ *in*** (*ac*) cair em; ***in Brand*** **~** pegar fogo; ***in*** *Schwierigkeiten* **~**, ***an*** (*ac*) **~** encontrar; ***in Streit*** **~** zangar-se; ***in Wut*** **~** enraivecer; ***außer sich*** (*dat*) **~** ficar fora de si (***vor*** com); ***gut*** **~** sair bem; **2.** *p/p von* ***raten***; **3.** *adj* (*ratsam*) conveniente
Ge'räteturnen [gə'rɛ:tə-] *n* <-s; *sem pl*> ginástica *f* aplicada
Gerate'wohl [gəra:tə'vo:l] *n inv*: ***aufs*** **~** ao acaso; à toa; a esmo
ge'räuchert [gə'rɔyçərt] defumado
ge'raum [gə'raʊm]: ***~e Zeit*** longo espaço *m* de tempo; (por) largo tempo; ***vor ~er Zeit*** há tempos
ge'räumig [gə'rɔymiç] espaçoso; ***sehr*** **~** vasto
Ge'räusch [gə'rɔyʃ] *n* <-(*e*)*s*; -*e*> ruído *m*, barulho *m*; **~dämmung** *f* <*sem pl*> insonorização *f*; **~filter** *m Radio*: filtro *m* antiparasita (*od* acústico); **~kulisse** *f* ruidos *m/pl* de fundo; *TEA*, *Film*: fundo *m* sonoro; **≈los** silencioso, sem ruído; **~pegel** *m* nível *m* de ruído, *bras* nível *m* de som; **≈voll** ruidoso; barulhento
'gerb|en ['gɛrbən] **1.** curtir, surrar; *fig* ***j-m das Fell*** **~** chegar a alg; **2.** **≈en** *n* curtimento *m*; **≈er** *m* curtidor *m*; **≈e'rei** [-ə'raɪ] *f* (fábrica *f* de) curtume(s) *m*; **≈säure** [-p-] *f* <*sem pl*>, **≈stoff** [-p-] *m* <-(*e*)*s*; -*e*> tanino *m*, curtim *m*
ge'recht [gə'rɛçt] justo; *j-d*: *a* justiceiro; **~ *werden*** *j-m*: fazer justiça a; *e-r Forderung*: satisfazer (*ac*); **~fertigt** [-fɛrtiçt] justificado; **≈igkeit** *f* <*sem pl*> justiça *f* (***widerfahren lassen*** fazer)
Ge'rede [gə-] *n* <-s; *sem pl*> boato *m*; rumor *m*; *leeres*: palavreado *m*; *dummes*: disparates *f/pl*; ***ins*** **~ *bringen*** comprometer
ge'reichen [gə-] <->: ***zu et*** **~** causar (*ac*); ***j-m zum Nutzen*** **~** ser em

G

proveito de alg; (*dat*) ***zur Ehre ~*** fazer honra a, honrar (*ac*)

ge'reizt [gə'raɪtst] *adj a* nervoso; abespinhado; irritado; **≈heit** *f* <*sem pl*> irritação *f*

Ge'richt [gə'rɪçt] *n* <-(*e*)*s*; -*e*> **a)** *JUR* juízo *m*; julgamento *m*; (*~shof*) tribunal *m* (de justiça); (*Justiz*) justiça *f*; ***~ halten*** julgar; ***vor ~ ziehen*** citar; ***zu ~ sitzen*** constituir-se em tribunal; ***über j-n zu ~ sitzen*** julgar alg, processar alg; **b)** (*Speise*) prato *m*; **≈lich** *JUR* judicial, judiciário; ***~ belangen*** acusar; intimar

Ge'richts|akte *f* auto *m*; **~arzt** *m* <-(*e*)*s*; ¨*e*> médico *m* legista; **~barkeit** *f* jurisdição *f*; **~beschluss** *m* <-*es*; ¨*e*> disposição (*od* decisão) *f* judicial; **~bezirk** *m* <-(*e*)*s*; -*e*> vara *f*; comarca *f*; **~diener** *m* oficial *m* de diligências; **~gebäude** *n* Palácio *m* de Justiça; **~hof** *m* <-(*e*)*s*; ¨*e*> tribunal *m*; **~kosten** *pl* custas *f*/*pl* (judiciais); **~medizin** *f* <*sem pl*> medicina *f* legal; **~schreiber** *m* escrivão *m*; **~sitzung** *f* reunião *f* do tribunal; (*Verhör*) audiência *f*; **~stand** *m* <-(*e*)*s*; ¨*e*> *JUR* competência *f*; jurisdição *f*; **~tag** *m* <-(*e*)*s*; -*e*> dia *m* de audiência(s); *poét* dia *m* de juízo; **~urteil** *n* <-*s*; -*e*> sentença *f*; **~verfahren** *n* processo *m*; **~verhandlung** *f* (audiências *f*/*pl* de um) processo *m*; **~vollzieher** *f* [-fɔltsiːər] *m* meirinho *m*, oficial *m* de diligências (*bras* justiça); **~weg** *m*: ***auf dem ~*** por via legal; **~wesen** *n* <-*s*; *sem pl*> justiça *f*; foro *m*

ge'rieben [gə'riːbən] **1.** *p/p von* ***reiben***; **2.** *adj fig* F finório, astuto, sabido

ge'ring [gə'rɪŋ] pequeno; diminuto; *Wert*, *Umfang*: pouco; (*niedrig*) baixo; → ***~fügig***; ***~ schätzen*** desprezar, menosprezar; ter em pouca conta, fazer pouco de; ***~er*** *comp* (***~st*** *sup*) menor (*a* mínimo); *Qualität*: ***~er*** inferior; ***~st*** ínfimo; ***kein ≈erer als …*** o próprio …; ***nicht im ≈sten*** de modo nenhum; **~fügig** [-fyːgɪç] insignificante; de pouca monta; **≈fügigkeit** *f* insignificância *f*; **~schätzig** [-ʃɛtsɪç] desdenhoso, depreciativo; **≈schätzung** *f* <*sem pl*> desdém *m*, menosprezo *m*, desprezo *m*

ge'rinn|en [gə-] <-; *sn*> coalhar, coagular-se; *Milch*: F estragar-se; **≈sel** *n* (*Rinnsal*) regueira *f*, regueiro *m*, *bras* rego *m*; (*Blut≈*) derramamento *m*; *QUÍM* coágulo *m*

Ge'ripp|e [gə-] *n* esqueleto *m*; *TÉCN u NAV* carcaça *f*, casco *m*; estrutura *f a fig*; **≈t** *ARQUIT* canelado; estriado; *BOT* nervado

ge'rissen [gə'rɪsən] **1.** *p/p von* ***reißen***; **2.** *adj fig* sabido

Gerontologie [gerɔntolo'giː] *f* <-> gerontologia *f*

Ger'man|e [gɛr'maːnə] *m* <-*n*>, **~in** *f* germano *m*, -a *f*; **≈isch** germânico; **~'ist(in** *f*) *m* <-*en*> germanista *su*; **~'istik** *f* <*sem pl*> filologia *f* germânica

'gern|(e) ['gɛrn(ə)] com muito gosto, de boa vontade, de bom grado; ***~ haben, mögen, tun*** *etc* gostar de …; ***~ gesehen*** bem visto, bem acolhido; *j-d*: *a* bemquisto; ***das glaube ich ~*** acredito; ***~ geschehen!*** de nada; **≈egroß** *m* <-; -*e*> vaidoso *m*, fanfarrão *m*

Ge'röll [gə'rœl] *n* <-(*e*)*s*; -*e*> cascalho *m*; detritos *m*/*pl*

ge'röstet [gə'røːstət] torrado, tostado

'Gerste ['gɛrstə] *f* <*sem pl*> cevada *f*

'Gerstenkorn *n* <-(*e*)*s*; ¨*er*> grão *m* de cevada; *MED* terçol *m*

'Gerte ['gɛrtə] *f* vara *f*; chibata *f*; chicote *m*; (*Reit≈*) vergasta *f*

Ge'ruch [gə'rux] *m* <-(*e*)*s*; ¨*e*> cheiro *m* (***nach*** a); → **~ssinn**; **≈los** inodoro; sem cheiro; **~ssinn** *m* <-(*e*)*s*; *sem pl*> olfa(c)to *m*; faro *m*; **~sverschluss** *m* <-*es*; ¨*e*> sifão *m*

Ge'rücht [gə'ryçt] *n* <-(*e*)*s*; -*e*> boato *m*, rumor *m*; atoarda *f*; *bras* mexerico *m*; ***es geht das ~*** corre o boato; dizem; consta

ge'ruh|en [gə-] <-> dignar-se; haver por bem; **~sam** pacatamente

Ge'rümpel [gə'rympəl] *n* <-*s*; *sem pl*> coisas *f*/*pl* velhas; ferro-velho *m*; velharias *f*/*pl*; trapalhada *f*; tralha *f*

Ge'rundium [gə'rundium] *n* <-*s*; -*ien*> *GRAM* gerúndio *m*

Ge'rüst [gə'ryst] *n* <-(*e*)*s*; -*e*> retículo *m*; suporte *m*; esqueleto *m*; *ARQUIT* andaime *m*; (*Aufbau*) cadafalso *m*

Ges *MÚS* [gɛs] *n* <-; -> sol-bemol *m*

Ges. ***Gesellschaft*** *f* Sociedade (Soc.[de]), Companhia (C.[a])

ge'salzen *adj* salgado; *fig* → ***gepfeffert***

ge'samt [gə'zamt] global, inteiro, total

Ge'samt...: *in Zssgn oft* total, global, integral; **~ansicht** *f* panorama *m*; vista *f* global; **~ausgabe** *f* edição *f* completa; **~betrag** *m* <-(*e*)*s*; *¨e*> montante *m*; **~bild** *n* <-(*e*)*s*; *-er*> conjunto *m*; panorama *m*; **~eindruck** *m* <-(*e*)*s*; *¨e*> impressão *f* geral; **~gewicht** *n* <-(*e*)*s*; *-e*> peso *m* total; **~heit** *f* <*sem pl*> totalidade *f*, conjunto *m*; cole(c)tividade *f*; **~konzept** *n* <-(*e*)*s*; *-e*> concepção *f* global; **~länge** *f* comprimento *m* total; **~note** *f* nota *f* final; **~schule** *f* escola *f* conjunta (*od* integrada)

Ge'sandt|e(r) [gə'zantə(r)] *m* <*-n*> ministro *m* (plenipotenciário) (***deutsche[r]*** da Alemanha); enviado *m*; ***päpstlicher ~*** núncio *m* apostólico; **~schaft** *f* legação *f* (***deutsche*** da Alemanha); ***päpstliche ~*** nunciatura *f*

Ge'sang [gə'zaŋ] *m* <-(*e*)*s*; *¨e*> canto *m*; *REL* (*Lied*) cântico *m*, hino *m*; **~buch** *n* <-(*e*)*s*; *¨er*> cancioneiro *m*; **~svortrag** *m* <-(*e*)*s*; *¨e*> recital *m* de canto; **~verein** *m* <-(*e*)*s*; *-e*> orfeão *m*

Ge'säß [gə'zɛːs] *n* <*-es*; *-e*> assento *m*; nádega(s) *f* (*pl*)

ge'sättigt [-'zɛtiçt] *adj* *QUÍM* saturado

gesch. ***geschieden*** divorciado

Ge'schäft [gə'ʃɛft] *n* <-(*e*)*s*; *-e*> negócio *m*, *ECON a* transa(c)ção *f*; (*Geld≈*) *a* operação *f*; (*Handel*) comércio *m*; (*Laden*) loja *f*; (*Firma*) casa *f* comercial; (*Kontor*) escritório *m*; (*Tätigkeit*) ocupação *f*; (*häusliche* **~e**) afazeres *m/pl*; ***unsauberes ~*** negociata *f*; ***sein ~ verrichten*** F fazer as suas necessidades; **≈ig** a(c)tivo; (*eifrig*) solícito; zeloso; **~igkeit** *f* <*sem pl*> a(c)tividade *f*; zelo *m*; **≈lich** comercial; de negócios; *adv* em negócios

Ge'schäfts|abschluss *m* <*-es*, *¨e*> conclusão *f* de um negócio; balanço *m*; **~anteil** *m* <-(*e*)*s*; *-e*> quota *f*, cota *f*; **~aufgabe** *f* liquidação *f*; **~bereich** *m* <-(*e*)*s*; *-e*> campo *m* de a(c)ção; competência *f*; *Minister* ***ohne ~*** sem pasta; **~bericht** *m* <-(*e*)*s*; *-e*> relatório (*od* balanço) *m* de negócios; **~brief** *m* <-(*e*)*s*; *-e*> carta *f* comercial; **≈fähig** *JUR* solvente; capaz; **~freund** *m* <-(*e*)*s*; *-e*> correspondente *m*; **≈führend** dirigente; **~führer** *m* gerente *m*, administrador *m*; dire(c)tor *m* técnico; **~führung** *f* gerência *f*; dire(c)ção *f* (técnica); **~gang** *m* <-(*e*)*s*; *¨e*> marcha *f* dos negócios; **~gegend** *f* bairro *m* comercial; **~haus** *n* <*-es*; *¨er*> casa *f* comercial, casa *f* de comércio; **~inhaber** *m* patrão *m*; **~jahr** *n* <-(*e*)*s*; *-e*> ano *m* fiscal; **~leben** *n* <*-s*; *sem pl*> comércio *m*; negócios *m/pl*; **~leitung** *f* dire(c)ção *f*; **~leute** *pl* comerciantes *m/pl*; **~mann** *m* <-(*e*)*s*; *¨er od ~leute*> homem *m* de negócios; comerciante *m*; **≈mäßig** regular; **~ordnung** *f* regulamento *m*; **~papiere** *n/pl* documentos *m/pl*, documentação *f/sg*; **~raum** *m* <-(*e*)*s*; *¨e*> estabelecimento *m*; **~reise** *f* viagem *f* de negócios; **~reisende(r)** *m* <*-n*> caixeiro *m* viajante, *bras a* representante *m* de vendas; **~schluss** *m* <*-es*; *sem pl*>: ***~ haben, machen*** fechar; **~stelle** *f* escritório *m*; administração *f*; **~stunden** *f/pl* horas *f/pl* de trabalho (*od* de serviço), horário *m* de expediente; **~träger** *m* encarregado *m* de negócios (***deutscher*** da Alemanha); **≈tüchtig** empreendedor; versado em negócios; **~unkosten** *pl* despesas *f/pl* (gerais); **~verbindung** *f*, **~verkehr** *m* <*-s*; *sem pl*> relações *f/pl* comerciais; **~viertel** *n* → ***~gegend***; **~zeit** *f* horas *f/pl* de expediente (*od* serviço); **~zweig** *m* <-(*e*)*s*; *-e*> ramo *m* do comércio

ge'scheh|en [gə'ʃeːən] **1.** *v/i* <-; *sn*> acontecer; suceder; dar-se; ***es ist um*** (*ac*) ***geschehen*** está perdido; ***~ lassen*** deixar fazer; ***j-m geschieht recht*** alg bem o merece; **2.** **≈en** *n* <*-s*; *sem pl*> história *f*; sucessos *m/pl*, acontecimentos *m/pl*; **≈nis** *n* <*-ses*; *-se*> acontecimento *m*, sucesso *m*; evento *m*

ge'scheit [gə'ʃaɪt] <*-est*> inteligente; sensato; ***nicht*** (***recht***) **~** tolo; pateta

Ge'schenk [gə'ʃɛŋk] *n* <-(*e*)*s*; *-e*>

presente *m*; prenda *f*; dádiva *f*; lembrança *f*; **~artikel** *m* artigo *m* de luxo; lembrança *f*; **~packung** *f* embalagem-presente *f*

Ge'schicht|e [gə'ʃiçtə] *f* história *f*, (*Erzählung*) *a*: conto *m*; ***immer die alte ~*** sempre a mesma cantiga; ***das ist e-e schöne ~!*** *irón* bem feito!; estamos arranjados!; **2lich** histórico; **~sforscher** *m* historiador *m*; **~sforschung** *f* <*sem pl*> estudos *m/pl* históricos; **~sschreiber** *m* historiador *m*, historiógrafo *m*; **~sschreibung** *f* <*sem pl*> historiografia *f*, historiação *f*; **~swissenschaft** *f* <*sem pl*> ciências *f/pl* históricas; história *f*

G

Ge'schick [gə'ʃik] *n* <-(*e*)*s*; -*e*> **a)** destino *m*, sorte *f*; (*Fatum*) fado *m*; **b)** = **~lichkeit** *f* <*sem pl*> habilidade *f*; jeito *m*

ge'schickt *adj* hábil, jeitoso; ***sich ~ anstellen bei*** ter jeito para

ge'schieden [gə'ʃi:dən] **1.** *p/p von* ***scheiden***; **2.** *adj Ehe*: divorciado

Ge'schirr [gə'ʃir] *n* <-(*e*)*s*; -*e*> (*Tisch2*) baixela *f*; loiça *f*; (*Pferde2*) arreios *m/pl*; *Küche*: trem *m* de cozinha; **~schrank** *m* <-(*e*)*s*; ⸚*e*> guarda-loiça *m*; **~spülmaschine** *f* máquina *f* de lavar loiça; **~spülmittel** *n* detergente *m* para a loiça; **~tuch** *n* <-(*e*)*s*; ⸚*er*> pano *m* da loiça

Ge'schlecht [gə'ʃlɛçt] *n* <-(*e*)*s*; -*er*> sexo *m*; *GRAM* género (*ê) *m*; (*Sippe*) família *f*, estirpe *f*, raça *f*, linhagem *f*; (*Generation*) geração *f*; **2lich** sexual; (*gattungsmäßig*) genérico; **~lichkeit** *f* <*sem pl*> sexualidade *f*

Ge'schlechts|akt *m* <-(*e*)*s*; -*e*> cópula *f*, coito *m*, *bras a* ato *m* sexual; **2krank**: ***~ sein*** ter uma doença venérea; **~krankheit** *f* doença *f* venérea; **~leben** *n* <-*s*; *sem pl*> vida *f* sexual; **2los** *ZO* neutro; *BOT* ágamo, assexuado; **~merkmal** *n* <-*s*; -*e*> carácter *m* sexual; **~organ** *n* <-*s*; -*e*> órgão *m* sexual; **~reife** *f* <*sem pl*> puberdade *f*; **~teile** *n/pl* orgãos *m/pl* genitais (*od* sexuais); **~trieb** *m* <-(*e*)*s*; *sem pl*> instinto *m* sexual; **~verkehr** *m* <-*s*; *sem pl*> cópula *f*; coito *m*; **~wort** *n* <-(*e*)*s*; ⸚*er*> *GRAM* artigo *m*

ge'schlossen [gə'ʃlɔsən] **1.** *p/p von* ***schließen***; **2.** *adj*: ***~e Gesellschaft*** reunião *f* (*od* festa *f*) particular; ***in sich ~*** coerente; **2heit** *f* <*sem pl*> unidade *f*; coesão *f*; coerência *f*

Ge'schluchze [gə'ʃluxtsə] *n* <-*s*; *sem pl*> soluços *m/pl*

Ge'schmack [gə'ʃmak] *m* <-(*e*)*s*; ⸚*e*> sabor *m*; (*a* ~*ssinn u fig*) gosto *m*; ***~ finden an*** (*dat*), (*dat*) ***~ abgewinnen*** tomar gosto em; **2los** insípido, sensabor, sem gosto; *fig* de mau gosto; **~losigkeit** [-lo:ziç-] *f* <*sem pl*> sensaboria *f*, falta *f* de gosto; *fig* mau gosto *m*; **~(s)sache** *f* <*sem pl*> questão *f* de gosto; **~ssinn** *m* <-(*e*)*s*; *sem pl*> gosto *m*; **2voll** de bom gosto

Ge'schmeid|e [gə'ʃmaɪdə] *n* jóias *f/pl*; adereço *m*; **2ig** flexível; elástico; dúctil; *fig* insinuante

Ge'schmeiß [gə'ʃmaɪs] *n* <-*es*; *sem pl*> bicharia *f*; canalha *f* (*a fig*)

Ge'schmier(e) [gə'ʃmi:r(ə)] *n* <-(*e*)*s*; *sem pl*> garatuja *f*; garafunhos *m/pl*

Ge'schnatter [gə'ʃnatər] *n* <-*s*; *sem pl*> grasnada *f*; *fig* palavreado *m*

ge'schniegelt [-'ʃni:gəlt] F janota; aperaltado

Ge'schöpf [gə'ʃœpf] *n* <-(*e*)*s*; -*e*> criatura *f*

Ge'schoss, *österr* **Ge'schoß** [gə'ʃɔs] *n* <-*sses*; -*sse*> projé(c)til *m*; bala *f*; *ARQUIT* andar *m*, piso *m*; **~bahn** *f* traje(c)tória *f*

ge'schraubt [gə'ʃraʊpt] **1.** *p/p von* ***schrauben***; **2.** *adj fig* afe(c)tado, amaneirado; retorcido

Ge'schrei [gə-] *n* <-(*e*)*s*; *sem pl*> gritos *m/pl*; gritaria *f*; ***ein ~ erheben*** (*od* ***machen***) fazer alarido

Ge'schütz [gə'ʃyts] *n* <-*es*; -*e*> canhão *m*; peça *f* de artilharia; **~feuer** *n* fogo *m* de artilharia; **~rohr** *n* <-(*e*)*s*; -*e*> tubo *m* de canhão; **~turm** *MIL u NAV m* <-(*e*)*s*; ⸚*e*> torre *f* couraçada

Ge'schwader [gə'ʃva:dər] *n NAV u MIL* esquadra *f*; *von kleinen Schiffen*: esquadrilha *f*

Ge'schwätz [gə'ʃvɛts] *n* <-*es*; *sem pl*> palavreado *m*, palavrório *m*; **2ig** falador, loquaz; **~igkeit** *f* <*sem pl*> verbosidade *f*; indiscrição *f*

ge'schweige [gə'ʃvaɪgə]: ***~ denn*** quanto menos, ainda menos, muito menos; para já não falar de

ge'schwind [gə'ʃvɪnt] veloz; rápido; *adv* depressa

Ge'schwindigkeit [gə'ʃvɪndɪçkaɪt] *f* velocidade *f*; rapidez *f*; ***mit einer ~ von*** à razão de; **~sbegrenzung** *f* limitação *f* de velocidade; **~süberschreitung** *f* excesso *m* de velocidade

Ge'schwister [gə'ʃvɪstər] *pl* irmãos *m/pl*, irmãs *f/pl*; irmão *m/sg* e irmã *f/sg*; **2lich** fraterno, fraternal

geschwollen [gə'ʃvɔlən] **1.** *p/p von* ***schwellen***; **2.** *adj* inchado; *fig* F empolado; presumido

ge'schworen [gə'ʃvo:rən] *p/p von* ***schwören***; **2e(r)** *m* <-n> jurado *m*; *pl* júri *m/sg*

Ge'schwulst [gə'ʃvʊlst] *f* <-; ¨e> tumor *m*; abscesso *m*; *bras a* calombo *m*

Ge'schwür [gə'ʃvy:r] *n* <-(e)s; -e> úlcera *f*; abscesso *m*

Ge'sell|e [gə'zɛlə] *m* <-n> (*Kamerad*) companheiro *m*; (*Handwerks2*) oficial *m*; **2en** <->: ***sich ~ zu*** juntar-se a, associar-se a; **~enprüfung** *f* exame *m* de oficial de artesanato; **2ig** *j-d*: sociável; bom companheiro; *et*: social; **~igkeit** *f* <*sem pl*> vida *f* da (*od* na) sociedade; *j-s*: sociabilidade *f*

Ge'sellschaft *f* companhia *f* (***leisten*** fazer); sociedade *f*; ***~ mit beschränkter Haftung*** sociedade *f* anónima (*ô) de responsabilidade limitada; (*Verband*) associação *f*; (*Fest2*) sarau *m*; banquete *m* (***geben*** oferecer); (*Verein*) clube *m*; círculo *m*; *gute, feine*: *a* alta roda *f*; **~er** *m* ECON sócio *m*; ***guter ~*** bom companheiro *m*; **~erin** *f* dama *f* de companhia; ECON sócia *f*; ***gute ~*** boa companheira *f*; **2lich** social; da sociedade; (*umgänglich*) sociável, tratável

Ge'sellschafts|abend *m* <-s; -e> sarau *m*; **~anzug** *m* <-(e)s; ¨e> fato *m* de cerimónia, *bras* terno *m* escuro; **~kritik** *f* crítica *f* social; **~ordnung** *f* ordem *f* (*od* regime *m*) social; **~reise** *f* viagem *f* cole(c)tiva; **~schicht** *f* camada (*od* classe) *f* social; **~spiel** *n* <-(e)s; -e> jogo *m* de roda; **~vermögen** *n* ECON capital *m* social; **~vertrag** *m* <-(e)s; ¨e> contrato *m* social

Ge'setz [gə'zɛts] *n* <-es; -e> lei *f*, (*Natur2*) *a* princípio *m*; ***zum ~ erheben*** (***werden***) dar (ter) força de lei; **~blatt** *n* <-(e)s; ¨er> Diário *m* do Governo; **~buch** *n* <-(e)s; ¨er> código *m*; **~entwurf** *m* <-(e)s; ¨e> proje(c)to *m* de lei; **~esbestimmung** *f* determinação (*od* disposição) *f* legal; **~eskraft** *f* <*sem pl*> força *f* de lei; **~esübertretung** *f* transgressão (*od* violação) *f* da lei; **~esvorlage** *f* proje(c)to *m* de lei; **2gebend** legislativo; **~geber** [-ge:bər] *m* legislador *m*; **~gebung** [-ge:bʊŋ] *f* legislação *f*; **2lich** legal; legítimo; ***~ geschützt*** registado; **~lichkeit** *f* <*sem pl*> legalidade *f*; legitimidade *f*; **2los** anárquico; **~losigkeit** [-lo:zɪç-] *f* <*sem pl*> anarquia *f*; **2mäßig** → ***2lich***; nos termos da lei; normal; regular; **~mäßigkeit** *f* (*in der Natur etc*) lei *f*, princípio *m*; <*sem pl*> JUR regularidade *f*; normalidade *f*

ge'setzt **1.** *p/p von* ***setzen***; ***~ den Fall, dass*** (suposto o) caso que (*subj*); **2.** *adj fig* sério, grave; ***~es Wesen*** seriedade *f*, gravidade *f*; formalismo *m*

ge'setzwidrig ilegal; (*unrechtmäßig*) ilegítimo; **2keit** *f* ilegalidade *f*; (*Unrechtmäßigkeit*) ilegitimidade *f*

Ge'sicht [gə'zɪçt] **1.** *n* <-(e)s; -er> cara *f*, face *f*, rosto *m*; (*~ssinn*, *~sfeld*) vista *f* (***aus dem*** de); (*Grimasse*) careta *f* (***schneiden*** fazer); ***zu ~ bekommen*** (chegar a) ver; **2.** *n* <-(e)s; -e> *poét u* ***zweites ~*** visão *f*; (*Erscheinung*) aparição *f*

Ge'sichts|ausdruck *m* <-(e)s; ¨e> expressão *f*; fisionomia *f*; **~farbe** *f* cor *f*; tez *f*; **~feld** *n* <-(e)s; -er> visão *f*, vista *f*; **~kreis** *m* <-es; -e> horizonte *m*; **~massage** *f* massagem *f* facial; **~muskel** *m* <-s; -n> músculo *m* facial; **~punkt** *m* <-(e)s; -e> ponto *m* de vista; aspe(c)to *m*; **~sinn** *m* <-(e)s; *sem pl*> sentido *m* da vista; **~wasser** *n* <-s; ¨> loção *f* facial; **~zug** *m* <-(e)s; ¨e> feição *f*

Ge'sims [gə'zɪms] *n* <-es; -e> frisc *m*; cornija *f*; moldura *f*

Ge'sindel *n* <-s; *sem pl*> corja *f*, canalha *f*, gentalha *f*

ge'sinnt [gə'zɪnt] intencionado; (*dat*) ***freundlich ~ sein*** simpatizar com

Ge'sinnung [gə'zinʊŋ] *f* modo *m* de pensar; mentalidade *f*; sentimentos *m/pl*; cará(c)ter *m*; atitude *f* moral; *POL* opinião *f*, credo *m*, atitude *f* política; ***niedrige*** **~** mesquinhez *f*; **~sgenosse** *m* <-*n*> correligionário *m*; **≈slos** sem cará(c)ter, sem dignidade; **≈streu** leal; **~swechsel** *m* mudança *f* de opinião

ge'sittet [gə'zitət] civilizado; urbano

Ge'söff P [gə'zœf] *n* <-(*e*)*s*; -*e*> droga *f*, beberagem *f*

ge'sonnen [gə'zɔnən] **1.** *p/p von* ***sinnen***; **2.** *adj* → ***gesinnt***; **~** ***sein zu*** (*inf*) estar disposto a (*inf*)

Ge'spann [gə'ʃpan] *n* <-(*e*)*s*; -*e*> *Pferde*: parelha *f*, *a fig*; *Ochsen*: junta *f*; **≈t** *adj Lage etc*: tenso, crítico; *Aufmerksamkeit*: vivo; *adv* com interesse; **~** ***auf*** (*ac*) ansioso por; curioso (*od* morto) por saber; **~theit** *f* <*sem pl*> tensão *f*; (*Neugier*) curiosidade *f*

Ge'spenst [gə'ʃpɛnst] *n* <-(*e*)*s*; -*er*> espe(c)tro *m*; fantasma *m*; **≈isch** fantástico

ge'sperrt *adj Straße*: impedido; *TIP* espacejado; *Konto*: bloqueado

Ge'spiel|e [gə'ʃpiːlə] *m* <-*n*> companheiro *m*; **~in** *f* companheira *f*

Ge'spinst [gə'ʃpinst] *n* <-(*e*)*s*; -*e*> teia *f*; tecido *m*

Ge'spött [gə'ʃpœt] *n* <-(*e*)*s*; *sem pl*> escárnio *m*, zombaria *f*; ***zum*** **~** ***machen*** (***werden***) meter a (cair no) ridículo

Ge'spräch [gə'ʃprɛːç] *n* <-(*e*)*s*; -*e*> conversa(ção) *f*, diálogo *m*; colóquio *m*; *TEL* telefonema *m*, chamada *f*; *Zeitung*: entrevista *f* (***führen*** ter); ***das*** **~** ***auf*** (*ac*) ***bringen*** levar a conversa para, começar (*od* chegar) a falar de; **≈ig** loquaz; falador; expansivo; **~igkeit** *f* <*sem pl*> loquacidade *f*; expansividade *f*; **~sform** *f*: ***in*** **~** dialogado, em forma *f* de diálogo; **~sgegenstand** *m* <-(*e*)*s*; ¨*e*> assunto *m* de (*od* da) conversa; **~spartner** *m* interlocutor *m*; **~sstoff** *m* <-(*e*)*s*; -*e*> assunto *m* de (*od* da) conversa; **≈sweise** em conversa

ge'sprenkelt [gə'ʃprɛŋkəlt] mosqueado, *bras* malhado, pintado

ge'spreizt [gə'ʃpraɪtst] *adj* afe(c)tado

gest. ***gestorben*** morto (m.), falecido

Ge'stalt [gə'ʃtalt] *f* forma *f*, feição *f*, figura *f*; vulto *m*; *LIT*, *TEA* personagem *f*; *Erde*: configuração *f*; **~** ***annehmen*** tomar forma, tomar corpo; **~** ***geben*** = **≈en** <-*e*-; -> formar; afeiçoar; dar forma a; *künstlerisch*: plasmar; *fig* realizar; ***sich*** *schwierig etc* **~** *fig* ser; **≈los** amorfo; **~ung** *f* formação *f*, realização *f*, configuração *f*; *künstlerische*: plasmação *f*; **~ungskraft** *f* <*sem pl*> força *f* criadora (*od* de realização)

Ge'stammel [gə'ʃtaməl] *n* <-*s*; *sem pl*> balbuciar *m*, balbuciações *f/pl*

ge'ständ|ig [gə'ʃtɛndiç] confesso; **≈nis** *n* <-*ses*; -*se*> confissão *f*, *JUR a* declaração *f* (***ablegen*** fazer)

Ge'stänge [gə'ʃtɛŋə] *n* hastes *f/pl*

Ge'stank [gə'ʃtaŋk] *m* <-(*e*)*s*; *sem pl*> fedor *m*; mau cheiro *m*; *bras* aca *m*

ge'statten [gə'ʃtatən] <-*e*-; -> permitir, dar licença

'Geste ['gɛstə] *f* gesto *m*

ge'steh|en [gə-] <-> confessar; declarar as próprias culpas; ***offen gestanden*** francamente, com franqueza; **≈ungskosten** *pl* custos *m/pl* de produção

Ge'stein [gə-] *n* <-(*e*)*s*; -*e*> pedra(s *pl*) *f*, rocha *f*; mineral *m*; **~skunde** *f* <*sem pl*> petrografia *f*, mineralogia *f*

Ge'stell [gə'ʃtɛl] *n* <-(*e*)*s*; -*e*> cavalete *m*; (*Bücher≈ etc*) estante *f*; *TÉCN* armação *f* (*a Brillen≈*); (*Wagen≈*) chassis *m*; **~ungsbefehl** *MIL m* <-(*e*)*s*; -*e*> chamada *f* às fileiras (*MIL a* ordem *f* de mobilização)

'gestern ['gɛstərn] ontem (***Morgen*** de manhã; ***Abend*** à tarde; ***Nacht*** à noite)

ge'stiefelt [gə'ʃtiːfəlt] calçado com botas; **~** ***und gespornt*** pronto para sair

ge'stielt [gə'ʃtiːlt] pedunculado, peciolado

gestiku'lieren [gɛstiku'liːrən] <-> gesticular; fazer gestos

Ge'stirn [gə'ʃtirn] *n* <-(*e*)*s*; -*e*> astro *m*; (*Sternbild*) constelação *f*; **≈t** estrelado

Ge'stöber [gə'ʃtøːbər] *n* turbilhão *m* (*od* tempestade *f*) de neve

Ge'stöhn(e) [gə'ʃtøːn(ə)] *n* <-(*e*)*s*; *sem pl*> gemer *m*, gemidos *m/pl*; *fig* queixas *f/pl*
Ge'stotter [-'ʃtɔtər] *n* <-*s*; *sem pl*> gaguejar *m*; tartamudear *m*
Ge'sträuch [gə'ʃtrɔyç] *n* <-(*e*)*s*; -*e*> arbustos *m/pl*; moita *f*
ge'streift [gə'ʃraɪft] *adj* (*streifig*) riscado, listrado, às riscas
'gestrig ['gɛstriç] de ontem
Ge'strüpp [gə'ʃtryp] *n* <-(*e*)*s*; -*e*> brenha(s *pl*) *f*
Ge'stühl [gə'ʃtyːl] *n* <-(*e*)*s*; -*e*> cadeirado *m*, cadeiral *m*; *ARQUIT* cruzeiro *m*
Ge'stüt [gə'ʃtyːt] *n* <-(*e*)*s*; -*e*> coudelaria *f*
Ge'such [gə'zuːx] *n* <-(*e*)*s*; -*e*> requerimento *m* (**um** de)
gesucht *adj* raro; *ECON a* precisa-se; *fig* afe(c)tado; rebuscado
ge'sund [gə'zunt] <*ᵘer*, *ᵘest*> são, de boa saúde; (*heilsam*) saudável, salubre; sadio; higiénico (*ê); (***wieder***) **~ *machen*** curar; restabelecer; (***wieder***) **~ *werden*** curar-se, restabelecer-se; **~en** [-dən] <-*e*-; -; *sn*> restabelecer-se, recobrar saúde; sarar; **2heit** *f* <*sem pl*> saúde *f*; higiene *f*; (*Heilsamkeit*) salubridade *f*; ***~!*** *beim Niesen*: F viva!; santinha!, *bras* saúde!; ***bei guter ~*** de boa saúde; **~heitlich** sanitário, higiénico (*ê); ***wie geht's Ihnen ~?*** como vai essa saúde?
Ge'sundheits|amt *n* <-(*e*)*s*; *ᵘer*> Dire(c)ção *f* Geral de Saúde; **~dienst** *m* <-(*e*)*s*; *sem pl*> serviço(s *pl*) higiénico(s) (*ê) *od* sanitário(s); **2gefährdend** nocivo; prejudicial à saúde; **~pflege** *f* <*sem pl*> higiene *f*; *öffentliche*: *a* serviço(s) *m* (*pl*) sanitário(s *od* de higiene); **~polizei** *f* <*sem pl*> junta *f* de saúde; polícia *f* sanitária; **2schädlich** nocivo; ***~ sein*** fazer mal à saúde; **~wesen** *n* <-*s*; *sem pl*> sanidade *f*; serviços *m/pl* sanitários *od* higiénicos (*ê); **~zeugnis** *n* <-*ses*; -*se*> atestado (*od* certificado) *m* de saúde; **~zustand** *m* <-(*e*)*s*; *ᵘe*> estado *m* de saúde; *der Gesamtheit*: estado *m* sanitário
ge'sund|schrumpfen F *ECON* sanear por redução (de dimensão) de custos; **2ung** [gə'zunduŋ] *f* <*sem pl*> convalescença *f*, restabelecimento *m*; (*Sanierung*) saneamento *m*
ge'täfelt [gə'tɛːfəlt] *Decke*: artesoado; *Wand*: apainelado; embutido
Ge'tändel [gə'tɛndəl] *n* <-*s*; *sem pl*> brindeira *f*
Ge'tier [gə-] *n* <-(*e*)*s*; *sem pl*> bichos *m/pl*; animais *m/pl*
Ge'töse [gə'tøːzə] *n* <-*s*; *sem pl*> estrondo *m*, bulha *f*
ge'tragen *Kleidung*: usado; *fig* solene; majestoso
Ge'trampel [gə'trampəl] *n* <-*s*; *sem pl*> pateada *f*, *bras* pisoteio *m*
Ge'tränk [gə'trɛŋk] *n* <-(*e*)*s*; -*e*> bebida *f*; **~eautomat** *m* <-*en*> distribuidora (*od* máquina) *f* automática de bebidas; **~esteuer** *f* <-; -*n*> imposto *m* sobre bebidas
ge'trauen [gə-] <->: ***sich ~ zu*** (*inf*) atrever-se a
Ge'treide [gə'traɪdə] *n* cereais *m/pl*; (*Korn*) grão(s *pl*) *m*; (*Weizen u allgemein*) trigo *m*; **~(an)bau** *m* <-(*e*)*s*; *sem pl*> cultura *f* de cereais; **~feld** *n* <-(*e*)*s*; -*er*> seara *f*, trigal *m*; **~händler** *m* negociante *m* de cereais; **~speicher** *m* celeiro *m*
ge'trennt [gə'trɛnt] *adj* separado; *adv* à parte; ***~ leben*** viver separado(s); ***~ zahlen*** pagar em separado
ge'treu [gə'trɔy], **~lich** fiel, leal; verídico; *adv* fielmente
Ge'triebe *TÉCN* [gə'triːbə] *n* mecanismo *m*, mola *f*; (*Räderwerk*) rodas *f/pl*; engrenagem *f*; *AUTO* caixa *f* de velocidades; (*Treibrad*) volante *m*, tambor *m*; *fig* movimento *m*, agitação *f*
ge'trieben 1. *p/p von* ***treiben***; **2.** *adj* **~(*e Arbeit*** obra *f*) lavrada (*od* de cinzel)
Ge'triebe|öl *n* <-*s*; -*e*> óleo *m* para caixa de velocidades; **~schaden** *m* <-*s*; *ᵘ*> avaria *f* na caixa de velocidades
ge'trocknet [gə'trɔknət] *adj* seco
ge'trost [gə'troːst] confiadamente, descansadamente
ge'trunken [gə'truŋkən] *p/p von* ***trinken***
'Getto ['gɛto] *n* <-*s*; -*s*> judiaria *f*
Ge'tue [gə'tuːə] *n* <-*s*; *sem pl*> afe(c)tação *f*; espalhafato *m*
ge'übt [gə'yːpt] *adj* hábil, destro; **2heit** *f* <*sem pl*> habilidade *f*, prática *f*

Ge'wächs [gə'vɛks] *n* <*-es*; *-e*> planta *f*; MED excrescência *f*, tumor *m*
ge'wachsen [gə-]: *adj fig* (*dat*) **~ sein** estar à altura de; *j-m*: *a* poder rivalizar com; *e-r Sache*: *a* ser capaz de fazer
Ge'wächshaus *n* <*-es*; *¨er*> estufa *f*
ge'wagt [gə'va:kt] *adj* arriscado, ousado
ge'wählt [-'vɛ:lt] *adj fig* selecto; distinto
ge'wahr [gə'va:r]: **~ werden** avistar; descobrir; (a)perceber(-se de)
Ge'währ [gə'vɛ:r] *f* <*sem pl*> garantia *f*; **ohne ~** *a* sem compromisso
ge'währ|en [gə-] *v/t* <-> conceder (*a* ECON), outorgar; *Bitte*: consentir em; *Gesuch*: deferir; (*bieten*) oferecer; **~ lassen** deixar fazer; **~leisten** *v/t* <*-e-*; *-*> garantir; **Ձleistung** *f* garantia *f*
Ge'wahrsam [gə'va:rza:m] *m* <*-s*; *sem pl*> (*Aufbewahrung*) custódia *f* (**in** sob); depósito *m*; (*Haft*) detenção *f*, prisão *f*; **in ~ nehmen** guardar; deter
Ge'währsmann *m* <*-(e)s*; *¨er od ~leute*> fiador *m*; abonador *m*; (*Quelle*, *Zeuge*) informador *m*
Ge'währung [gə'vɛ:ruŋ] *f Bitte*: aprovação *f*; *Gesuch*: deferimento *m*; *Gunst*, *Recht*: outorga *f*; *Kredit*: concessão *f*; (*Ermächtigung*) autorização *f*
Ge'walt [gə'valt] *f* (*Macht*) poder *m* (**ausübende** executivo, **gesetzgebende** legistativo); domínio *m*; *moralische*: autoridade *f*; (*Stärke*) força *f* (**höhere** maior; **mit** a, **anwenden**, **gebrauchen** recorrer a); potência *f*; *brutale*: violência *f* (**antun** fazer); **in seine ~ bringen** apoderar-se de; **in j-s ~ geraten** cair em poder de alg; **in der ~ haben** dominar; ter no seu poder; **mit aller ~** *fig* a toda a força; **die ~ verlieren über** perder o controle sobre; **rohe ~** brutalidade *f*
Ge'walt|akt *m* <*-(e)s*; *-e*> a(c)to *m* de violência; **~anwendung** *f* <*sem pl*> uso *m* da força; **~herrschaft** *f* despotismo *m*, tirania *f*; **~herrscher** *m* déspota *m*, tirano *m*; **Ձig** poderoso; (*stark*) forte; *bsd* TÉCN potente; (*groß*) imenso; *fig* enorme; *sich irren*: redondamente, completamente; **Ձlos** sem violência; **~losigkeit** *f* <*sem pl*> não-violência *f*; **Ձsam** violento; *adv* com violência, à força; **~streich** *m* <*-(e)s*; *-e*>, **~tat** *f* (a[c]to *m* de) violência *f*; **Ձtätig** violento, brutal; **~tätigkeit** *f* brutalidade *f*, violência *f*; **~verbrecher** *m* criminoso *m* violento; **~verzicht** *m* <*-(e)s*; *sem pl*> POL renúncia *f* à violência
Ge'wand [gə'vant] *n* <*-(e)s*; *¨er*> vestido *m*, hábito *m*, roupagem *f*
gewandt *adj* hábil, ágil; *Stil*: elegante; **Ձheit** *f* <*sem pl*> habilidade *f*, agilidade *f*; *Stil*: elegância *f*
ge'wärtig [gə'vɛrtiç]: **e-r Sache ~ sein** contar com a/c, estar preparado para a/c
Ge'wäsch [gə'wɛʃ] *n* <*-(e)s*; *sem pl*> F palavreado *m*
Ge'wässer [gə'vɛsər] *n* água *f* (**stehendes** estagnada); **~schutz** *m* <*-es*; *sem pl*> prote(c)ção *f* das águas
Ge'webe [gə've:bə] *n* tecido *m*; **~probe** *f* MED biópsia *f*
Ge'wehr [gə've:r] *n* <*-(e)s*; *-e*> espingarda *f*, carabina *f*; **~feuer** *n* fusilaria *f*; **~kolben** *m* coronha *f*; **~lauf** *m* <*-(e)s*; *¨e*> cano *m* (de espingarda)
Ge'weih [gə'vaɪ] *n* <*-(e)s*; *-e*> armação *f*, cornadura *f*
Ge'werbe [gə'vɛrbə] *n* indústria *f*; (*Handwerk*) ofício *m*; (*Geschäft*) profissão *f*, negócio *m* (**betreiben** exercer); **~aufsicht** *f* inspe(c)ção *f* profissional; **~betrieb** *m* <*-(e)s*; *-e*> empresa *f* industrial; **~gebiet** *n* <*-(e)s*; *-e*> polígono *m* industrial; **~ordnung** *f* regulamento *m* de trabalho; código *m* industrial; **~schein** *m* <*-(e)s*; *-e*> cartão *m* profissional; **~schule** *f* (**~schullehrer** *m* professor *m* de) escola *f* profissional; **~steuer** *f* <*-*; *-n*> imposto *m* profissional; **Ձtreibend** industrial, profissional
ge'werb|lich [gə'vɛrpliç] industrial; comercial; **~smäßig** profissional, de profissão
Ge'werkschaft [gə'vɛrkʃaft] *f* sindicato *m*; BGB sociedade *f* de exploração; **~(l)er** *m*, **Ձlich**, **~s...** sindicalista (*m*), sindical (*nur adj*); **~s-**

bund *m* <-(*e*)*s*; ¨*e*> federação *f* de sindicatos, associação *f* sindical; **~sführer** *m* dirigente *m* sindical

Ge'wicht [gə'viçt] *n* <-(*e*)*s*; -*e*> peso *m* (ECON ***nach*** ao); ***~ haben*** pesar (*a fig*); *fig* autoridade *f*; importância *f*; ***schwer ins ~ fallen*** ter grande importância; ***~ legen auf*** (*ac*) dar (*od* atribuir) importância a; **≗en** <-*e*-; -> atribuir a devida importância; **~heben** *n* <-*s*; *sem pl*> *Sport*: levantamento *m* de pesos; **≗ig** pesado; de peso; *fig* importante, grave

Ge'wichts|abnahme *f* → ***~verlust***; **~klasse** *f* classe *f* de peso; **~verlust** *m* <-(*e*)*s*; -*e*> perda *f* de peso; **~zunahme** *f* aumento *m* de peso

ge'wieft [-'vi:ft] F arguto; esperto, vivo

Ge'wieher [gə'vi:ər] *n* <-*s*; *sem pl*> relincho *m*, rincho *m*

ge'willt [gə'vilt] disposto, resolvido (***zu*** a)

Ge'wimm|el [gə'viməl] *n* <-*s*; *sem pl*> bulício *m*, formigueiro *m*; **~er** *n* <-*s*; *sem pl*> choradeira *f*, lamentações *f*/*pl*, lamúria(s *pl*) *f*

Ge'winde [gə'vində] *n* (*Schrauben≗*) rosca *f*, filete *m*; **~bohrer** *m* (macho *m* de) tarraxa *f*, macho *m* de abrir roscas

Ge'winn [gə'vin] *m* <-(*e*)*s*; -*e*> ganho *m*; ECON *a* lucro *m*; rendimento *m*; (*Vorteil*) proveito *m*; (*Lotterie≗*) prémio (*ê) *m*; ***~ bringend*** lucrativo, vantajoso; **~anteil** *m* <-(*e*)*s*; -*e*> lucro *m*, dividendo *m*; **~ausschüttung** *f* distribuição *f* de lucros; **~beteiligung** *f* participação *f* nos lucros; **~chance** *f* chance *f* (*od* possibilidade *f*) de ganhar

ge'winnen <-> ganhar (***an*** *dat*, ***bei*** em, com); *Sport*: *a* vencer (***2 zu 0*** por 2 a 0), ECON *a* lucrar; BGB extrair; QUÍM obter (***aus*** de); (*besser werden*) melhorar; ***j-n für sich ~*** conquistar alg; ***die Überzeugung ~*** (chegar a) convencer-se *od* persuadir-se; **~d** *adj fig* simpático

Ge'winn|er(in *f*) *m* vencedor(a *f*) *m*; o (*od* a) que ganha; *Lotto*: premiado *m*, -a *f*; **~liste** *f* lista *f* dos prémios (*ê); **~los** *n* <-*es*; -*e*> número *m* premiado; **~spanne** *f* margem *f* de lucro; **~sucht** *f* <*sem pl*> cobiça *f*, ganância *f*; **≗süchtig** cobiçoso, ganancioso; interesseiro; **~-und-Ver'lust-Rechnung** *f* cálculo *m* de ganhos e perdas; **~ung** *f* QUÍM obtenção *f*; BGB extra(c)ção *f*; **~zahl** *f* número *m* premiado

Ge'winsel [gə'vinzəl] *n* <-*s*; *sem pl*> ganidos *m*/*pl*

Ge'wirr [gə'vir] *n* <-(*e*)*s*; *sem pl*> enredo *m*, embrulhada *f*, confusão *f*

ge'wiss [gə'vis] **1.** *adj* <-*er*; -*est*> a) certo; (*sicher*) *a* seguro; b) ***ein gewisser ...*** um tal ...; ***ein gewisses Etwas*** um não sei quê; **2.** *adv* com certeza, certamente (***nicht*** que não)

Ge'wissen [gə'visən] *n* consciência *f*; ***ein schlechtes ~ haben*** ter remorsos; ***j-m ins ~ reden*** apelar à consciência de alg; **≗haft** escrupuloso, consciencioso; **~haftigkeit** *f* <*sem pl*> escrupulosidade *f*; **≗los** <-*est*> sem escrúpulos; **~losigkeit** [-lo:ziç-] *f* <*sem pl*> falta *f* de consciência, falta *f* de escrúpulos

Ge'wissens|biss *m* <-*es*; -*e*> remorso *m*; **~entscheidung** *f* decisão *f* moral; **~frage** *f* caso *m* de consciência; **~freiheit** *f* <*sem pl*> liberdade *f* de consciência; **~konflikt** *m* <-(*e*)*s*; -*e*> conflito *m* de consciência; **~zwang** *m* <-(*e*)*s*; *sem pl*> coa(c)ção *f* moral

gewisser'maßen [gəvisər'ma:sən] de certo modo

Ge'wissheit *f* certeza *f*; ***sich ~ verschaffen über*** (*ac*) certificar-se de

Ge'witter [gə'vitər] *n* trovoada *f*; **≗n** <-> *unpers* trovejar; **~neigung** *f* <*sem pl*> ameaça *f* de tempestade; **~regen**, **~schauer** *m* aguaceiro *m*; **~schwüle** *f* <*sem pl*> ar *m* abafado, ar *m* de trovoada; **~sturm** *m* <-(*e*)*s*; ¨*e*> temporal *m*; **~wolke** *f* nuvem *f* de trovoada

ge'witzt [gə'vitst] fino, finório

ge'wogen [gə'vo:gən] **1.** *p/p von* ***wägen***, ***wiegen***; **2.** *adj* (*dat*) afeiçoado, favorável; ***j-m ~ sein*** ser amigo de alg; **≗heit** *f* <*sem pl*> simpatia *f*, afe(c)to *m*, interesse *m*

ge'wöhnen [gə'vø:nən] <-> habituar, acostumar (***an*** *ac* a); ***sich ~*** *bras a* adomar-se

Ge'wohnheit [gə'vo:nhaɪt] *f* costume *m*, hábito *m*; (*Brauch*) uso *m*, prática *f*; ***aus ~*** por hábito; **≗smä-**

ßig habitual; rotineiro; **~smensch** *m* <*-en*> homem *m* de hábitos; rotineiro *m*; **~srecht** *n* <*-(e)s*; *-e*> direito *m* consuetudinário; **~stier** *n* <*-s*; *-e*> F pessoa *f* de hábitos arreigados; **~strinker** *m* alcoólico *m*

ge'wöhnlich ordinário; corrente (*a* ECON); banal; (*üblich*) usual; (*normal*) regular; (*gemein*) vulgar; *adv* (***für***) **~** em geral, geralmente; ***wie* ~** como sempre, como de costume

ge'wohnt [-'voːnt] *adj* habitual; de costume; (***et***) **~** (***sein*** estar) acostumado (a a/c)

Ge'wöhnung [gə'vøːnuŋ] *f* <*sem pl*> habituação *f*

Ge'wölbe [gə'vœlbə] *n* abóbada *f*; abobadilha *f*; (*Grab*⸺) cova *f*

Ge'wölk [gə'vœlk] *n* <*-(e)s*; *sem pl*> nuvens *f/pl*

ge'wollt [-'vɔlt] propositado; intencionado

Ge'wühl [gə'vyːl] *n* <*-(e)s*; *sem pl*> turba *f*, multidão *f*, tumulto *m*

ge'wunden [gə'vundən] **1.** *p/p von* ***winden***; **2.** *adj* sinuoso

ge'würfelt [gə'vyrfəlt] *adj* quadriculado

Ge'würz [gə'vyrts] *n* <*-es*; *-e*> condimento *m*; BOT especiaria *f*; **~gurke** *f* pepino *m* de conserva; **~händler** *m* especieiro *m*; **~nelke** *f* cravinho *m*; **~ware** *f* especiaria *f*

gez. ***gezeichnet*** assinado (ass.)

ge|'zackt [gə'tsakt], **~zahnt** [-'tsaːnt], **~'zähnt** [-'tsɛːnt] dentado

Ge'zänk [gə'tsɛŋk] *n* <*-(e)s*; *sem pl*> disputa *f*, discussão *f*

Ge'zeiten [gə'tsaɪtən] *pl* maré *f/sg*; **~kraftwerk** *n* <*-(e)s*; *-e*> central *f* elé(c)trica de aproveitamento das marés

Ge'zeter [gə'tseːtər] *n* <*-s*; *sem pl*> berreiro *m*; ***ein* ~ *erheben*** clamar

ge'ziemen [gə'tsiːmən] <*-*> (*dat*) ***sich* ~** convir; **~d** conveniente; decente; (*schuldig*) devido

Ge'ziere [gə'tsiːrə] *n* <*-s*; *sem pl*> afe(c)tação *f*, cerimónias (*ô) *f/pl*

ge'ziert **1.** *p/p von* ***zieren***; **2.** *adj j-d*: afe(c)tado; **⸺heit** *f* <*sem pl*> afe(c)tação *f*

Ge'zwitscher [gə'tsvitʃər] *n* <*-s*; *sem pl*> gorjeio *m*, trinado *m*

ge'zwungen [gə'tsvuŋən] **1.** *p/p von* ***zwingen***; **2.** *adj* afe(c)tado; *Lachen*: amarelo; **~er'maßen** [-'maːsən] sem querer; coa(c)to; sob pressão

Gicht [giçt] *f* **a)** *Hochofen*: carga *f*; boca *f*; **b)** MED <*sem pl*> gota *f*; **'~knoten** *m* nodosidade *f* gotosa; **'⸺krank** gotoso

'Giebel ['giːbəl] *m* frontão *m*; empena *f*, cumeeira *f*; **~dach** *n* <*-(e)s*; *¨er*> telhado *m* de duas águas; **~seite** *f* frontispício *m*, frente *f*

Gier [giːr] *f* <*sem pl*> cobiça *f*, avidez *f*; **'⸺ig** ávido, cobiçoso (***nach*** de)

'Gieß|bach ['giːs-] *m* <*-(e)s*; *¨e*> torrente *f*, enxurrada *f*; **⸺en** verter, deitar, vazar; TÉCN fundir, *in Form*: moldar; AGR regar; ***es gießt*** (***in Strömen***) F chove a cântaros; **~en** *n* <*-s*; *sem pl*> fundição *f*, AGR regadia *f*; **~er** *m* fundidor *m*; **~e'rei** *f* fundição *f*; **~form** *f* molde *m*; **~kanne** *f* regador *m*

Gift [gift] *n* <*-(e)s*; *-e*> veneno *m*; tóxico *m*; peçonha *f*; *fig* **~ *und Galle spucken*** F estar danado; ***darauf* ~ *nehmen können*, *dass*** poder ter a certeza absoluta de que; **'⸺en** <*-e-*> enfurecer; **'~gas** *n* <*-es*; *-e*> gás *m* asfixiante, gás *m* tóxico; **'⸺ig** venenoso; MED tóxico; *Hass*: envenenado; **'~igkeit** *f* <*sem pl*> toxicidade *f*; MED virulência *f*; *fig* <*sem pl*> malícia *f*; **'~mischer** ['-miʃər] *m* envenenador *m*; **'~mord** *m* <*-(e)s*; *-e*> envenenamento *m*; **'~müll** *m* <*-s*; *sem pl*> lixo *m* tóxico; **'~pflanze** *f* planta *f* venenosa; **'~pilz** *m* <*-es*; *-e*> cogumelo *m* venenoso; **'~schlange** *f* serpente *f* venenosa; *fig* víbora *m*; peste *f*; **'~stoff** *m* <*-(e)s*; *-e*> toxina *f*; **'~zahn** *m* <*-(e)s*; *¨e*> dente *m* venenoso

'Gigabyte ['giga-] *n* gigabyte *m*

Gi'gant [gi'gant] *m* <*-en*> gigante *m*; **⸺isch** gigantesco

'Gilde ['gildə] *f* corporação *f*

'Gimpel ['gimpəl] *m* ZO pisco *m*; *fig* simplório *m*, piegas *m*, *f*; tolo *m*

'Ginster ['ginstər] *m* giesta *f*; (*Stech*⸺) tojo *m*

'Gipfel ['gipfəl] *m* alto *m*; cume *m*, cimo *m*, cima *f*; píncaro *m*; (*höchster Berg*, *Spitze*) pico *m*; *fig* cume *m*, cúmulo *m*, auge *m*; POL cimeira *f*; ***das ist der* ~!** é o cúmulo!; **~kon-**

ferenz *f* conferência (*od* reunião) *f* cimeira; **Ձn** <*-le*> culminar; **~punkt** *m* <*-(e)s*; *-e*> ponto *m* culminante; **~treffen** *n* → ***~konferenz***

Gips [gips] *m* <*-es*; *-e*>, '**~abguss** *m* <*-es*; *¨e*> gesso *m*; '**Ձen** <*-t*> (en)gessar; '**~figur** *f* (figura *f* de) gesso *m*; '**~verband** *m* <*-(e)s*; *¨e*> (aparelho *m* de) gesso *m*

Gi'raffe [gi'rafə] *f* girafa *f*

Gi'r|ant [ʒi'rant] *m* <*-en*> endossante *m*; **~at** [-aːt] *m* <*-en*> endossatário *m*; **Ձieren** <*-*> endossar; lançar

Gir'lande [gir'landə] *f* grinalda *f*, *bras* guirlanda *f*; *ARQUIT* festão *m*

'Giro ['ʒiːro] *n* <*-s*; *-s*> giro *m*, endosso *m*; transferência *f* de fundos; ***mit dem ~ versehen*** endossar; **~konto** *n* <*-s*; *-konten*> conta *f* corrente, conta *f* de depósito à ordem; **~verkehr** *m* <*-s*; *sem pl*> operações *f/pl* de giro

'girren ['girən] arrul(h)ar

Gis *MÚS* [gis] *n* <*-*; *-*> sol-sustenido *m*

Gischt [giʃt] *m* <*-(e)s*; *-e*> espuma *f*, escuma *f*

Gi'tar|re [gi'tarə] *f* viola *f*; *portugiesische*: guitarra *f*; **~'rist** *m* <*-en*> guitarrista *m*

'Gitter ['gitər] *n* grade *f* (*a Elektronik*); (*EisenՁ*) gradeamento *m*; *EL* grelha *f*; **~fenster** *n* janela *f* de grades; **~spannung** *f Elektronik* tensão *f* de grade (*od* grelha); **~stab** *m* <*-(e)s*; *¨e*> barra *f* em treliça; **~tür** *f* porta *f* gradeada; **~zaun** *m* <*-(e)s*; *¨e*> caniçada *f*

Gla'céhandschuh [gla'seː-] *m* <*-(e)s*; *-e*> luva *f* de pelica

Gladi'ole [gladi'oːlə] *f* gladíolo *m*

Glanz [glants] *m* <*-es*; *sem pl*> brilho *m*, lustre *m* (***verleihen*** dar); *fig a* pompa *f*, esplendor *m*

'glänzen ['glɛntsən] <*-t*> brilhar; (*a fig*) (re)luzir, resplandecer; **~d** brilhante; reluzente; *Leder*: *etc* lustroso; *fig a* esplêndido; *adv* maravilhosamente, admiravelmente

'Glanz|leder *n* <*-s*; *sem pl*> pelica *f* de verniz, *bras* verniz *m*; **~leistung** *f* proeza *f*; a(c)ção *f* notável (*od* brilhante); **Ձlos** sem brilho; mate; **~papier** *n* <*-s*; *-e*> papel *m* de cetim (*od* acetinado); **~punkt** *m* <*-(e)s*; *-e*> apogeu *m*; cume *m*; **Ձvoll** brilhante, lustroso, faustoso; **~zeit** *f* época *f* áurea; século *m* de ouro; *j-s*: auge *m*

Glas [glaːs] *n* <*-es*; *¨er*; *als Maß im pl inv*> vidro *m*; (*~gefäß*) frasco *m*; (*TrinkՁ*) copo *m*; cálice *m*; ***zu tief ins ~ gucken*** F *fig* beber demais; '**~auge** *n* <*-s*; *-n*> olho *m* de vidro; '**~bläser** *m* vidreiro *m*; '**~dach** *n* <*-(e)s*; *¨er*> telhado *m* de vidro; '**~er** [-zər] *m* vidraceiro *m*; **~e'rei** [-zə'raɪ] *f* vidra(ça)ria *f*

'gläsern ['glɛːzərn] vítreo

'Glas|faser *f* <*-*; *-n*> fibra *f* de vidro; **~faserkabel** *n* cabo *m* de fibra ó(p)tica; **~haus** *n* <*-es*; *¨er*> estufa *f*; **~hütte** *f* fábrica *f* de vidros; **Ձ'ieren** [gla'ziːrən] <*-*> vidrar; envernizar; *Kuchen* cobrir com calda de açúcar; **Ձig** ['glaːziç] vítreo; vidroso; **~kasten** *m* <*-s*; *¨*> vitrina *f*; **~körper** *m* corpo *m* vítreo; **~malerei** *f* pintura *f* em vidros; **~perle** *f* vidrilho *m*, missanga *f*; **~scheibe** *f* vidraça *f*; **~scherbe** *f* caco *m* de vidro; **~schleifer** ['-ʃlaɪfər] *m* talhador *m* de vidro; **~schneider** *m* corta-vidro *m*; **~schrank** *m* <*-(e)s*; *¨e*> vitrina *f*; **~splitter** *m* → ***~scherbe***; **~tür** *f* porta *f* envidraçada, porta *f* de vidros; **~'ur** [gla'zuːr] *f* verniz *m*; esmalte *m*; vidrado *m*; *Kuchen*: cobertura *f* de açúcar em ponto; **~waren** *f/pl* cristais *m/pl*; **Ձweise** ao(s) copo(s); **~wolle** *f* <*sem pl*> lã *f* de vidro

glatt [glat] **1.** *adj* <*-er od ¨er*; *-est od ¨est*> liso; (*rutschig*) escorregadiço; (*eben*) plano, livre; (*gewandt*) diplomático; elegante, hábil; *See*: calmo; **2.** *adv* sem dificuldade; (*durchaus*) absolutamente; ***~ gehen*** correr bem; decorrer sem percalços; ***~ streichen*** alisar; ***~ rasiert*** de barba rapada; sem barba nem bigode

'Glätte ['glɛtə] *f* <*sem pl*> lisura *f*, lustro *m*, polimento *m*; (*EisՁ*) regelo *m*; *fig* elegância *f*

'Glatteis *n* <*-es*; *sem pl*> regelo *m*; ***j-n aufs ~ führen*** *fig* armar um laço (*bras* uma cilada) a alg, lograr alg

'glätten ['glɛtən] <*-e-*> alisar; raspar; (*ebnen*) apla(i)nar; *ARQUIT*, *TÉCN* afagar; (*polieren*) polir, brunir

'glattweg redondamente
'Glatz|e ['glatsə] *f*, **~kopf** *m* <*-(e)s*; *¨e*> calva *f*, careca *f*; ***e-e ~ bekommen*** ficar calvo; **≗köpfig** ['-kœpfiç] calvo, careca
'Glaub|e ['glaʊbə] <*-ns*; *sem pl*>, **~en** *m* <*-s*; *sem pl*> crença *f*; (*a Vertrauen*) fé *f* (***an*** *ac* em); (*dat*) ***~n schenken*** dar crédito a; ***in gutem ~*** de boa fé; **≗en** crer, acreditar (***an*** *ac* em; ***daran*** o); ***es ist kaum zu ~*** parece impossível, parece mentira; ***dran ~ müssen*** F ter de sofrer as consequências; (*sterben*) morrer
'Glaubens|artikel *m* artigo *m* de fé; **~bekenntnis** *n* <*-ses*; *-se*> credo *m* (*a* POL); **~freiheit** *f* <*sem pl*> liberdade *f* de cultos; **~genosse** *m* <*-n*> correligionário *m*; **~lehre** *f*, **~satz** *m* <*-es*; *¨e*> doutrina *f*, dogma *m*
'Glaubersalz ['glaʊbər-] *n* <*-es*; *sem pl*> sulfato *m* de sódio
'glaubhaft ['glaʊp-] crível; fidedigno; **≗igkeit** *f* <*sem pl*> credibilidade *f*
'gläubi|g ['glɔybiç], **≗ge(r** *m* <*-n*>) *su* [-gə(r)] crente *su*; *pl* REL *a* fiéis *m/pl*; **≗ger** [-gər] *m* ECON credor *m*
'glaubwürdig fidedigno; autêntico; **≗keit** *f* <*sem pl*> autenticidade *f*; ***j-s ~*** confiança *f* (*od* crédito *m*) que alg merece
gleich [glaɪç] **1.** *adj* igual (MAT *Zeichen*: [=] a); idêntico; uniforme; ***das ist mir ~*** é-me indiferente; ***sich ~ bleiben*** não mudar, não variar; *et*: *a* ser indiferente; ***der ≗e*** o mesmo; **2.** *adv vergleichend*: ***~ groß*** do mesmo tamanho, de igual volume; ***~ hoch*** da mesma altura; *zeitlich*: já, agora mesmo, logo; ***~ et tun*** fazer a/c de seguida; ***ich komme ~!*** já, vou! ***bis ~!*** até já; ***~ darauf*** logo depois, logo a seguir; ***~ heute*** hoje mesmo; ***~ anfangs*** desde o princípio; ***~ bleibend*** constante, invariável; ***~ gesinnt*** correligionário; ***~ gestellt*** (de categoria) igual; ***~ lautend*** idêntico; ECON conforme; **3.** *Partikel*: ***wie heißt er doch ~?*** qual é mesmo o nome dele?
'gleich|altrig ['-altriç] da mesma idade; **'~artig** idêntico, homogéneo (*ô); igual; **'≗artigkeit** *f* identidade *f*, homogeneidade *f*; igualdade *f*; **'~bedeutend** equivalente; sinónimo (*ô); **'~berechtigt**: ***~ sein*** (***mit***) ter os mesmos direitos (que); **'≗berechtigung** *f* <*sem pl*> igualdade *f* de direitos
'Gleiche(s) *n* mesmo *m*; ***~s mit ~m vergelten*** pagar na mesma moeda
'gleichen (*dat*) parecer-se com; igualar (*ac*); ***sich ~*** assemelhar-se
'gleich|ermaßen ['-maːsən], **~falls** também; igualmente; **~förmig** ['-fœrmiç] uniforme; monótono; **≗förmigkeit** *f* <*sem pl*> uniformidade *f*; monotonia *f*
'Gleichgewicht *n* <*-(e)s*; *sem pl*> equilíbrio *m*; balança *f*; NAV estiva *f*; ***im ~*** *Waage*: horizontal; *a fig* equilibrado; ***aus dem ~ bringen*** desequilibrar; ***aus dem ~ geraten*** perder o equilíbrio; **~sstörung** *f* MED perturbação *f* do equilíbrio
'gleichgültig indiferente; **≗keit** *f* <*sem pl*> indiferença *f*
'Gleichheit *f* <*sem pl*> igualdade *f*; equidade *f*; **~szeichen** *n* MAT igual *m*
'Gleich|klang *m* <*-(e)s*; *¨e*> acordo *m*; uníssono *m*; **≗kommen** <*sn*> (*dat*) igualar (*ac*); **≗laufend** paralelo
'gleichmach|en igualar; nivelar; **≗e'rei** [-maxə'raɪ] *f* (mania *f* da) uniformização *f*
'Gleich|maß *n* <*-es*; *sem pl*> simetria *f*; justa proporção *f*; **≗mäßig** bem proporcionado; simétrico; uniforme; constante; **~mäßigkeit** *f* <*sem pl*> uniformidade *f*; simetria *f*; **~mut** *m* <*-(e)s*; *sem pl*> serenidade *f*, equanimidade *f*; sangue-frio *m*; **≗mütig** ['-myːtiç] sereno, impassível; **≗namig** ['-naːmiç] homónimo; do mesmo nome; MAT do mesmo denominador
'Gleichnis *n* <*-ses*; *-se*> parábola *f*; alegoria *f*; símbolo *m*; metáfora *f*
'Gleich|richter EL *m Radio*: re(c)tificador *m*; **≗sam** como que; **≗schalten** <*-e-*> coordenar; TÉCN sincronizar; **≗schenk(e)lig** ['-ʃɛnk(ə)liç] MAT isósceles; **~schritt** *m* <*-(e)s*; *sem pl*> passo *m* militar; ***im ~*** a passo
'gleich|seitig ['-zaɪtiç] MAT equilátero; **~setzen** <*-t*> equiparar; **≗stand** *m* <*-(e)s*; *sem pl*> paridade *f*; empate *m*; **~stellen** equiparar;

2stellung *f* paridade *f*; equiparação *f*; **2strom** *EL m* <-(*e*)*s*; ¨*e*> corrente *f* contínua
'gleichtun: ***es j-m ~*** imitar alg; → ***gleichkommen***
'Gleichung *f* equação *f*
gleich|'viel outro tanto; o mesmo; *adv* tanto faz; **'~wertig** ['-veːrtiç] equivalente; **'~winklig** *MAT* equiângulo (*qü); **~'wohl** não obstante; **'~zeitig** simultâneo, contemporâneo; *adv a* ao mesmo tempo (***mit*** que); **'2zeitigkeit** *f* <*sem pl*> simultaneidade *f*
Gleis [glaɪs] *n* <-*es*; -*e*> carril *m* (*pl* carris), *bras* trilho *m*; *CAM. DE F* via *f* (férrea); ***aus dem ~ kommen*** descarrilar, *fig a* sair do bem caminho; ***wieder ins ~ bringen*** *fig* endireitar, repor; **'~anlage** *f* linha *f* ferroviária
'Gleit|bahn ['glaɪt-] *f* resvaladouro *m*; **2en** <*sn*> deslizar; (*aus~*) escorregar, resvalar; *AV* pairar; **2end** *adj* resvalante; móvel; variável; *Arbeitszeit*: flexível, flutuante; **~flug** *m* <-(*e*)*s*; ¨*e*> voo (*ô) *m* planado; **~klausel** *f* <-; -*n*> *ECON* cláusula *f* de escala móvel; **~schutz** *m* <-*es*; *sem pl*> antideslizante *m*; **~zeit** *f* horário *m* flexível (*od* flutuante)
'Gletscher ['glɛtʃər] *m* glaciar *m*, geleira *f*; **~brand** *m* <-(*e*)*s*; *sem pl*> insolação *f*; **~spalte** *f* fenda *f* de glaciar (*od* geleira)
Glied [gliːt] <-(*e*)*s*; -*er*> membro *m*; articulação *f*; *Kette*: elo *m*; *MIL* fil(eir)a *f*; *Stammbaum*: geração *f*
'glieder|n ['gliːdərn] <-*re*> dividir; classificar; dispor; coordenar; organizar; *a ANAT* articular; **2puppe** *f* bonifrate *m*; títere *m*, *bsd bras* fantoche *m*; marionete *m*; **2reißen** *n* <-*s*; *sem pl*> dores *f/pl* reumáticas; **2tier** *n* <-(*e*)*s*; -*e*> (animal *m*) articulado *m*; **2ung** *f* articulação *f*; estrutura(ção) *f*; disposição *f*; classificação *f*; organização *f*; *bras a* sumário *m*; (*Abteilung*) se(c)ção *f*; corpo *m*; *MIL* destacamento *m*
'Gliedmaßen ['gliːtmaːsən] *pl* membros *m/pl*; extremidades *f/pl*
'glimmen ['glimən] arder (sem chama)
'Glimmer *m MIN* mica *f*; **~schiefer** *m* <-*s*; *sem pl*> xisto *m* micáceo
'glimpflich ['glimpfliç] *Strafe*: leve; *adv behandeln*: com indulgência; *davonkommen*: sem grande prejuízo
'glitsch|en ['glitʃən] <*sn*> escorregar; **~ig** escorregadiço
'glitzern ['glitsərn] <-*re*> cintilar
glo'bal [glo'baːl] global; conjunto; **2isierung** *f* globalização *f*
'Globus ['gloːbus] *m* <- *od* -*ses*; *Globen od* -*se*> globo *m*
'Glocke ['glɔkə] *f* sino *m*; campainha *f* (***läuten*** tocar); (*Glas2*) redoma *f*; (*Kuh2*) chocalho *m*; (*Pferde2*) guizo(s *pl*) *m*; *a TÉCN*: campânula *f*; ***an die große ~ hängen*** *fig* espalhar por toda a parte
'Glocken|blume ['glɔkən-] *f* campainha *f*, campânula *f*; **~geläut(e)** *n* <-(*e*)*s*; -*e*> toque (*od* repique) *m* de sinos; **~gießer** *m* sineiro *m*; **2hell** <*sem pl*> *MÚS* argênteo; **~schlag** *m* <-(*e*)*s*; ¨*e*> badalada *f*; ***auf den ~, mit dem ~*** em ponto; **~spiel** *n* <-(*e*)*s*; -*e*> carrilhão *m*; **~stuhl** *m* <-(*e*)*s*; ¨*e*> armação *f* do sino; **~turm** *m* <-(*e*)*s*; ¨*e*> campanário *m*
'Glöckner ['glœknər] *m* sineiro *m*
'Glor|ie ['gloːriə] *f* glória *f*; **~ienschein** *m* <-(*e*)*s*; -*e*> auréola *f*, nimbo *m*; **2reich** glorioso
Glos's|ar [glɔ'saːr] *n* <-*s*; -*e*> glossário *m*; **'~e** *f* glosa *f*; **2'ieren** *v/t* <-> glosar (*ac*), comentar (*ac*), criticar (*ac*)
'Glotz|auge ['glɔts-] *n* <-*s*; -*n*> olho *m* arregalado; **~e** *f* F televisão *f*; **2en** <-*t*> arregalar os olhos; F ver (*bras* assistir à) televisão
Glück [glyk] *n* <-(*e*)*s*; *sem pl*> felicidade *f*; fortuna *f*; *zufälliges*: sorte *f*; ***ein ~, dass ...*** ainda bem que (*subj*); ***auf gut ~*** ao acaso; ***j-m ~ wünschen*** desejar boa sorte a alg; ***viel ~!*** boa sorte!; ***~ haben*** ter sorte; ***zum ~*** felizmente; ***sein ~ machen*** fazer fortuna; ***~ bringend sein*** dar sorte; ***~ verheißend*** de bom agouro
'Gluck|e ['glukə] *f* galinha *f* (choca); **2en** chocar
'glücken ['glykən] <*sn*> sair bem; ser bem sucedido
'gluck|ern, **~sen** ['glukərn, '-ksən] gorgolhar, gorgolejar, *bras* gargarejar

'glück|lich feliz; ditoso; propício; **~licher'weise** felizmente; afortunadamente; **~selig** bem-aventurado; **≈seligkeit** *f <sem pl>* bem-aventurança *f*

'Glücks|fall *m <-(e)s; ¨e>* sorte *f*; feliz acaso *m*; **~göttin** *f* Fortuna *f*; **~kind** *n <-(e)s; -er>*, **~pilz** *m <-es; -e>* felizão *m*, felizardo *m*; **~rad** *n <-(e)s; ¨er>* roda *f* da fortuna; **~sache** *f <sem pl>* (questão *f* de) sorte *f*; **~spiel** *n <-(e)s; -e>* jogo *m* (de azar); **~stern** *m <-(e)s; sem pl>* boa estrela *f* (***unter e-m*** em)

'Glückwunsch *m <-es; ¨e>* felicitação *f*; *pl a* felicidades *f/pl*; parabéns *m/pl* (***aussprechen*** apresentar); ***herzlichen ~!*** parabéns!

'Glüh|birne ['gly:-] *EL f* lâmpada *f* elé(c)trica; **≈en 1.** *v/t* pôr em brasa; **2.** *v/i* arder (*a fig* ***vor*** *dat* de); estar em brasa; **≈end** *adj* ardente; *fig a* fervoroso, apaixonado, entusiástico; *Metall*: candente; **~faden** *m <-s; ¨>* fio *m* incandescente; **~lampe** *f* lâmpada *f* incandescente; **~strumpf** *m <-(e)s; ¨e>* meia *f* incandescente; **~wein** *m <-(e)s; -e>* vinho *m* quente; ponche *m*; **~würmchen** ['-vyrmçən] *n* pirilampo *m*

Glut [glu:t] *f* (*Kohlen≈*) brasa *f*; (*Herd≈, Zigarren≈*) lume *m*; *fig* ardor *m*, fervor *m*, paixão *f*; **'~hitze** *f <sem pl>* calor *m* intenso

Glyze'rin [glytsə'ri:n] *n <-s; sem pl>* glicerina *f*

G.m.b.H. [ge:ˀɛmbe:'ha:] *f* ***Gesellschaft mit beschränkter Haftung*** Sociedade de Responsabilidade Limitada (L.[da])

'Gnade ['gna:də] *f* graça *f* (*a REL*); (*Barmherzigkeit*) misericórdia *f*; (*Gunst*) favor *m*, mercê *f*; (*Milde*) clemência *f*; ***um ~ bitten*** pedir perdão *od* clemência *od MIL* quartel; ***~ für Recht ergehen lassen*** deixar passar; ***auf ~ und 'Ungnade*** à mercê; ***Euer ~n*** Vossa Senhoria

'Gnaden|akt *m <-(e)s; -e>* a(c)to *m* de graça (*od* de clemência, *bras* de misercórdia); **~bild** *n <-(e)s; -er>* imagem *f* milagrosa; **~frist** *f* último prazo *m*; **≈gesuch** *n <-(e)s; -e>* pedido *m* de clemência; **≈los** impiedoso; **~stoß** *m <-es; ¨e>* golpe *m* de misericórdia (***versetzen*** dar)

'gnädig ['gnɛ:diç] clemente, misericordioso; magnânimo; ***~e Frau*** minha Senhora, Senhora Dona (+ *Vorname*); ***~er Herr*** Senhor

Gneis [gnaɪs] *m <-es; -e> MIN* gneisse *m*

Gnom [gno:m] *m <-en>* gnomo *m*

Gnu [gnu:] *n <-s; -s>* gnu *m*

Gobe'lin [gobə'lɛ̃] *m <-s; -s>* gobelim *m*

'Gockel ['gɔkəl] *m <-s; ->* F galo *m*

Gold [gɔlt] *n <-(e)s; sem pl>* ouro *m*; **'~ader** *f <-; -n> BGB* filão *m* de ouro; **'~barren** *m* barra *f* de ouro; **'~barsch** *m <-(e)s; -e>* perca *f*; **'~bestand** *m <-(e)s; ¨e>* reserva *f* de ouro; **'~brasse** *f* dourada *f*; **'~deckung** *f* → ***~bestand***

'golden ['-dən] dourado; de ouro (*a Hochzeit*); ***~er Schnitt*** *MAT* se(c)ção *f* áurea

'Gold|fasan *m <-(e)s; -e>* faisão *m* dourado; **'~fisch** *m <-(e)s; -e>* peixe *m* dourado; **'~füllung** *f* aurificação *f*, *bras* obturação *f* a ouro; **'~gehalt** *m <-(e)s; -e>* quilate *m*; **'≈gelb** áureo, amarelo, dourado, louro; **'~gräber** ['-grɛ:bər] *m* pesquisador *m* de ouro, *bras* garimpeiro *m*; **'~grube** *f* mina *f* de ouro; *fig* manancial *m* de riquezas; **'≈haltig** ['-haltiç] aurífero; **'~hamster** *m* hamster *m* dourado

'goldig ['-diç] dourado; *fig* rico, ***~ sein*** *a* ser um amor

'Gold|klumpen *m* pepita *f* de ouro; **'~krone** *f Zahn*: coroa *f* de ouro; **'~lack** *BOT m <-(e)s; -e>* goivo *m* amarelo; **'~medaille** *f* medalha *f* de ouro; **'~münze** *f* moeda *f* de ouro; **'~plombe** *f* → ***~füllung***; **'~regen** *BOT m* codesso-dos-alpes *m*; cítiso *m*, *bras* citiso *m*; **'~schmied** *m <-(e)s; -e>* ourives *m*; **'~schmiedearbeit** *f*, **'~schmiedekunst** *f <sem pl>* ourivesaria *f*; **'~schnitt** *m <-(e)s; sem pl>* corte *m* dourado; **'~staub** *m <-(e)s; sem pl>* ouro *m* em pó; **'~waage** *f* balança *f* de ouro; ***jedes Wort*** (*od* ***alles***) ***auf die ~ legen*** *fig* pesar todas as palavras; **'~währung** *f* padrão-ouro *m*; **'~wert** *m <-(e)s; sem pl>* valor *m* em ouro

Golf [gɔlf] *m <-(e)s; -e>* golfo *m*; *Sport*: *<-s; sem pl>* golfe *m*, golf *m*;

'**~er** *m* → **~*spieler***; '**~platz** *m* <*-es*; *¨e*> campo *m* de golf(e); '**~schläger** *m* taco *m* de golf(e)

'Gondel ['gɔndəl] *f* <-; *-n*> gôndola *f*; barca *f*; *AV* carlinga *f*; *Drahtseilbahn*: cabina *f*, *bras* cabine *f*; **~bahn** *f* teleférico *m*; **≈n** <*-le*; *sn*> ir na (*od* de) gôndola; F passar, ir

Gong [gɔŋ] *m* <*-s*; *-s*> tantã *m*, gongo *m*

'gönn|en ['gœnən] não invejar; ***nicht* ~** invejar; ***sich et* ~** permitir-se (*od* conceder) a/c a si próprio; ***ich gönne es dir*** desejo-to; merece-lo, *bras* você merece; **≈er(in** *f*) *m* prote(c)tor(a *f*) *m*; **~erhaft** altaneiro; **≈ermiene** *f* ar *m* prote(c)tor

'Göpel ['gø:pəl] *m NAV* cabrestante *m*; **~werk** *n* <-(*e*)*s*; *-e*> nora *f*

Gör [gø:r] *n* <-(*e*)*s*; *-en*> garoto *m*; '**~e** *f* F garota *f*

Go'rilla [go'rila] *m* <*-s*; *-s*> gorila *m*

'Gosse ['gɔsə] *f* cano *m* de esgoto; (*Abfluss*) sarjeta *f*

'Got|e ['go:tə] *m* <*-n*>, **~in** *f* godo *m*, -a *f*; **~ik** *ARQUIT f* <*sem pl*> (estilo *m*) gótico *m*; **≈isch** godo; *Sprache, Stil*: gótico, *ARQUIT a* ogival

Gott [gɔt] *m* <*-es*; *¨er*> deus *m*; Deus *m*; ***um ~es willen!*** por amor de Deus!; ***~ bewahre!*** Deus me livre!; ***~ sei Dank!*** graças a Deus!; ***so ~ will*** se Deus quiser

'Götterdämmerung ['gœtər-] *f* <*sem pl*> crepúsculo *m* dos deuses

'gottergeben religioso, devoto

'Götterspeise *f* ambrósia *f*; *Dessert*: gelatina *f*

'Gottes|dienst *m* <-(*e*)*s*; *-e*> culto *m*; serviço *m* religioso; missa *f*; **~furcht** *f* <*sem pl*> temor *m* de Deus; devoção *f*; **≈fürchtig** ['-fyrçtiç] devoto; **~haus** *n* <*-es*; *¨er*> igreja *f*; templo *m*; **~lästerer** *m* blasfemo *m*; **~lästerung** *f* blasfémia (*ê) *f*; **~urteil** *n* <*-s*; *-e*> juízo *m* de Deus

'gott|gefällig grato a Deus; *leben*: como Deus manda; **≈heit** *f* divindade *f*

'Gött|in ['gœtin] *f* deusa *f*; **≈lich** divino

gott|'lob graças a Deus, Deus seja louvado!, '**~los** ateu, ateísta; '**≈losigkeit** ['-lo:ziç-] *f* ateísmo; '**~verlassen** abandonado por Deus; *Ort*: desolado; longínquo; '**≈vertrauen** *n* <*-s*; *sem pl*> confiança *f* em Deus; '**~voll** *fig* F delicioso, impagável

'Götze ['gœtsə] *m* <*-n*>, **~nbild** *n* <-(*e*)*s*; *-er*> ídolo *m*; **~ndiener** *m* idólatra *m*; **~ndienst** *m* <-(*e*)*s*; *-e*> idolatria *f*

Gouver'n|ante [guvɛr'nantə] *f* professora *f*; preceptora *f*; **~eur** [-'nø:r] *m* <*-s*; *-e*> governador *m*

Grab [gra:p] *n* <-(*e*)*s*; *¨er*> túmulo *m*; sepultura *f*; campa *f*; cova *f*; ***das Heilige ~*** o Santo Sepulcro; ***zu ~e tragen*** sepultar; ***verschwiegen sein wie das* (*ein*) ~** ser mudo como um túmulo; ***mit e-m Bein im ~ stehen*** estar com os pés para a cova, *bras* estar com um pé na cova

'Grab|en ['gra:bən] *m* <*-s*; *¨*> fosso *m*; cova *f*; *a MIL* trincheira *f*; (*Bewässerungs≈*) canal *m*; (*Wasser≈*) vala *f*; **≈en** (es)cavar; abrir a terra; *TÉCN* gravar

'Grabesstimme *f* voz *f* sepulcral

'Grab|geläut(e) *n* toque *m* a finados; **~gewölbe** *n* cripta *f*; **~hügel** *m* túmulo *m*; **~inschrift** *f* epitáfio *m*; **~kapelle** *f* mausoléu *m*; **~mal** *n* <-(*e*)*s*; *¨er*> monumento *m* sepulcral; cenotáfio *m*; **~rede** *f* oração *f* fúnebre; necrológio *m*; **~schändung** ['-ʃɛnduŋ] *f* profanação *f* de sepulcro; **~stätte** *f* jazigo *m*; **~stein** *m* <-(*e*)*s*; *-e*> pedra *f* sepulcral; campa *f*; lousa *f*; **~stichel** *TÉCN m* buril *m*, cinzel *m*; **~ung** *f* escavação *f*

Grad [gra:t] *m* <-(*e*)*s*; *-e*; *als Maß im pl inv*> grau *m*; (*Dienst≈*) *a* categoria *f*; ***wir haben 2 ~*** estamos a 2 graus; ***5 ~ unter null*** cinco graus negativos; ***~ Celsius*** grau centígrado; *fig a* escala *f*; ordem *f*; intensidade *f* (***hoher*** grande); ***in solchem ~(e)*** a tal ponto; '**≈e** [-də] *etc* → ***gerade***; '**~einteilung** *f* graduação *f*; escala *f*; '**~messer** *m* escala *f*; **≈u'ieren** [gradu'i:rən] <-> graduar

Graf [gra:f] *m* <*-en*> conde *m*

'Grafi|k ['gra:fik] *f* <*sem pl*> (artes *f*/*pl*) gráfica(s) *f* (*pl*); <*pl -en*> (*Zeichnung*) desenho *m*; *INFORM* gráfico *m*; **~ker(in** *f*) *m* gravador(a *f*) *m*; ilustrador(a *f*) *m*; **≈sch** gráfico

'Gräf|in ['grɛ:fin] *f* condessa *f*; **≈lich** condal; de conde

Graf'fito [gra'fi:to] *n*, *m* <*-s*; *-ti*> grafito *m*

'Grafschaft *f* condado *m*
Gram [graːm] **1.** *m* <-(e)s; *sem pl*> desgosto *m*; tristeza *f*; aflição *f*; **2.** ♀: ***j-m ~ sein*** estar zangado com alg, ter rancor a alg
'gräm|en ['grɛːmən]: ***sich ~*** (***über*** *ac*) afligir-se (com); ***sich zu Tode ~*** morrer de desgosto; **~lich** rabugento
Gramm [gram] *n* <-s; -e, *als Maß im pl inv*> grama *m*
Gram'mat|ik [gra'matik] *f* gramática *f*; **~iker** *m* gramático *m*; **♀isch** gramático, *adj a* gramatical, de gramática
Grammo'phon [gramo'foːn] *n* <-s; -e> gramofone *m*
Gra'nat [gra'naːt] *m* <-(e)s; -e> *MIN* granada *f*; **~apfel** *m* <-s; ⸚> romã *f*; **~apfelbaum** *m* <-(e)s; ⸚e> romãzeira *f*; **~e** *MIL f* (*Hand*♀) granada *f*; (*Haubitz*♀) obus *m*; **~splitter** *m* estilhaço *m* de granada; **~trichter** *m* cratera *f* de granada; **~werfer** [-vɛrfər] *m* lança-granadas *m*
grandi'os [gran'dioːs] grandioso
Gra'nit [gra'niːt] *m* <-s; -e> granito *m*
'Granne ['granə] *f* aresta *f*; pragana *f*, barba *f*
Granu|'lat [granu'laːt] *n* <-(e)s; -e> granulado *m*; **♀'lieren** <-> granular
'Grapefruit ['greːpfruːt] *f* <-; -s> toranja *f*, *bras a* grapefruit *m*
'Graphik *etc* → ***Grafik***
Gra'phit [gra'fiːt] *m* <-(e)s; -e> grafite *f*
Grapho'log|e [grafo'loːgə] *m* <-n> grafólogo *m*; **~'ie** [-o'giː] *f* <*sem pl*> grafologia *f*
Gras [graːs] *n* <-es; ⸚er> erva *f*; **Gräser** *pl a* gramíneas *f/pl*; *bras* capim *m*; F (*Rauschgift*) erva *f*; *fig* ***das ~ wachsen hören*** ouvir tossir as moscas; ser muito finório; *bras* ouvir as moscas voando; ***ins ~ beißen*** (***müssen***) *fig* morder o pó; morrer; *bras* ver o capim nascer por baixo; **'♀en** ['graːzən] <-t> pastar; **'♀grün** verde-gaio; **'~halm** *m* <-(e)s; -e> vergôntea *f*; **'~hüpfer** ['-hypfər] *m* gafanhoto *m*; **'~land** *n* <-(e)s; *sem pl*> ervaçal *m*, *bras* pastagem *f*, pasto *m*; **'~mücke** *f* t(o)utinegra *f*; **'~narbe** *f* céspede *m*
gras'sieren [gra'siːrən] <-> reinar, grassar
'grässlich ['grɛsliç] horrível
Grat [graːt] *m* <-(e)s; -e> cumeada *f*; crista *f*; espinhaço *m*; *TÉCN* rebarba *f*
'Gräte ['grɛːtə] *f* espinha *f*
Gratifikati'on [gratifikatsi'oːn] *f* gratificação *f*
grati'nieren [grati'niːrən] <-> gratinar
'gratis ['graːtis] grátis, gratuito, de graça; **♀exemplar** *n* <-s; -e> exemplar *m* gratuito
'Grätsche ['grɛːtʃə] *f* salto *m* de pernas afastadas; **♀n**: ***die Beine ~*** afastar as pernas
Gratu|'lant [gratu'lant] *m* <-en> felicitante *m*, congratulante *m*; **~lati'on** [-latsi'oːn] *f* felicitação *f*; parabéns *m/pl*; **♀'lieren** [-'liːrən] <->: ***j-m ~*** felicitar alg; dar os parabéns a alg; *bras a* parabenizar
'Gratwanderung *f fig* situação *f* periclitante
grau [graʊ] **1.** *adj* (**2.** ♀ *n* <-s; *sem pl*>) cinzento (*m*); *bras* cinza (*m*); pardo (*m*); *Haar*: grisalho (*m*); ***~ werden***, ***~e Haare bekommen*** encanecer; ***~ meliert*** grisalho; **'~blau** azul acinzentado
'Gräu|el ['grɔyəl] *m* horror *m*; ***ein ~ sein*** causar horror; **~eltat** *f* atrocidade *f*; **♀lich** horrível, atroz
'grauen a) *Tag*: amanhecer, alvorecer; **b)** ***sich ~*** ter medo (***vor*** *dat* de); **c)** ♀ *n* <-s; *sem pl*> *Tag*: alvorada *f*; (*Schreck*) horror *m*, pavor *m*; ***~erregend*** = **♀haft**, **♀voll** horrível, medonho, pavoroso
'grau|grün cinzento *m* esverdeado; **~haarig** grisalho; **~len**: ***sich ~*** ter medo (***vor*** *dat* de)
'gräulich ['grɔyliç] (*Farbe*) grisalho
'Graupe ['graʊpə] *f* cevadinha *f*; **~ln** *f/pl* granizo *m/sg*; **♀ln** *unpers* granizar
'grausam ['graʊzaːm] cruel; atroz; bárbaro; **♀keit** *f* crueldade *f*; atrocidade *f*; barbaridade *f*
'grausig ['graʊziç] horrível, espantoso
'Grauzone *f* zona *f* cinzenta
Gra'v|eur [gra'vøːr] *m* <-s; -e> gravador *m*; **♀ieren** <-> gravar; *fig* agravar; **♀ierend** [-'viːrənt] grave, agravante; **~iernadel** *f* <-; -n> buril *m*; **~ierung** *f* gravação *f*; gravura *f*

Gravitati'on [-itatsi'o:n] *f* <*sem pl*> gravitação *f*
gravi'tätisch [-i'tɛ:tiʃ] grave, solene
'Grazi|e ['gra:tsiə] *f* <*sem pl*> graça *f*, donaire *m*; **ˇl** [gra'tsi:l], **ˇös** [-'ø:s] <*-est*> gracioso, donairoso
'greif|bar ['graɪf-] palpável; *fig a* concreto, evidente; *ECON* disponível; **'~en** *v/t* agarrar, apanhar; pegar em; *MÚS* tocar; ***in die*** *Saiten*: dedilhar; ***~ nach*** lançar (a) mão a; ***in die Tasche ~*** meter a mão no bolso; ***um sich ~*** propagar-se, propalar-se, espalhar-se; ***zu*** *e-m Mittel* ***~*** recorrer a; ***zu hoch ~*** exagerar; ***j-m unter die Arme ~*** *fig* ajudar alg; **ˇvogel** *m* <*-s*; *¨*> ave *f* de rapina
Greis [graɪs] **1.** *m* <*-es*; *-e*> ancião *m*; **2. ˇ** *adj* <*-est*> velho, encanecido
'Greis|enalter ['graɪzən-] *n* <*-s*; *sem pl*> velhice *f*; **ˇenhaft** senil; **~in** *f* anciã *f*
grell [grɛl] *Licht*: forte, deslumbrante, cru; *Farbe*: vivo, garrido; *Ton*: agudo, penetrante
'Gremium ['gre:mium] *n* <*-s*; *-ien*> grémio (*ê) *m*
Grena'dier [grena'di:r] *m* <*-s*; *-e*> granadeiro *m*, soldado *m* da infantaria
'Grenz|abfertigung ['grɛnts-] *f* despacho *m* de fronteira; **~ausgleich** *m* <*-(e)s*; *-e*> montante *m* compensatório; **~bereich** *m* <*-(e)s*; *-e*> zona *f* limite; *fig* região *f* (*od* domínio *m*) limítrofe
'Grenze ['grɛntsə] *f* limite *m* (*a fig*); (*Landes*ˇ) fronteira *f*, *pl a* confins *m/pl*
'grenzen <*-t*>: ***~ an*** (*ac*) confinar com; avizinhar-se de; (***hart***) ***~ an*** (*ac*) *fig* chegar a (ser), ser quase, aproximar-se de; **~los** ilimitado, imenso; infinitivo; *fig* excessivo, exagerado, desmedido
'Grenz|er *m* guarda-fiscal *m*; **~fall** *m* <*-(e)s*; *¨e*> caso *m* limite; **~formalitäten** *pl* formalidades *f/pl* aduaneiras; **~gänger** ['-gɛŋər] *m* trabalhador *m* fronteiriço; **~gebiet** *n* <*-(e)s*; *-e*> região (*od* zona) *f* fronteiriça; **~kontrolle** *f* controle *m* na fronteira; **~linie** *f* linha *f* divisória (*od* de demarcação); **~pfahl** *m* <*-(e)s*; *¨e*> marco *m*, baliza *f*; **~schutz** *m* <*-es*; *sem pl*> defesa *f* de fronteira; **~situation** *f* situação *f* limite; **~sperre** *f* encerramento *m* da fronteira; **~stadt** *f* <*-*; *¨e*> cidade *f* na fronteira; **~stein** *m* <*-(e)s*; *-e*> → ***~pfahl***; **~übergang** *m* <*-(e)s*; *¨e*> passagem *f* de fronteira; **ˇüberschreitend** ['-ʃraɪtənt] transfronteira; **~verkehr** *m* <*-s*; *sem pl*> trânsito *m* fronteiriço; **~verletzung** *f* violação *f* da fronteira; **~wert** *m* <*-(e)s*; *-e*> valor *m* limite; **~zwischenfall** *m* <*-(e)s*; *¨e*> incidente *m* na fronteira
'Greuel *etc* → ***Gräuel***
'Griebe ['gri:bə] *f* torresmo *m*
'Griech|e ['gri:çə] *m* <*-n*> grego *m*; **'~enland** *n* Grécia *f*; **~in** *f* grega *f*; **ˇisch** grego, da Grécia; **ˇisch-ka'tholisch** greco-ortodoxo; **ˇisch-'römisch** greco-romano
'Gries|gram ['gri:s-] *m* <*-(e)s*; *-e*> rabugice *f*; *j-d* = **ˇgrämig** ['-grɛ:miç] rabugento; macambúzio, carrancudo, taciturno
Grieß [gri:s] *m* <*-es*; *-e*> sêmola (*ê) *f*; *MED* areias *f/pl*
Griff [grif] *m* <*-(e)s*; *-e*> (*Greifen*) jeito *m*; (*Koffer*ˇ) pega *f*; (*Henkel*) asa *f*; (*Degen*ˇ, *Messer*ˇ, *Stock*ˇ) cabo *m*; punho *m*; (*Stiel*) pega *f*; *Tür*, *Schublade*: puxador *m*; *TÉCN* cabo *m*; *zum Drehen*: manivela *f*; *MÚS* (*Töne*) acordo *m*; ***e-n guten ~ tun*** *fig* ter sorte; ***et im ~ haben*** ter a/c sob controle; ***et in den ~ bekommen*** apanhar o jeito a (*bras* de) a/c; **'ˇbereit** à mão; **'~brett** *n* <*-(e)s*; *-er*> *MÚS* braço *m*; **'~el** *m* lápis *m* (de lousa); *TÉCN* buril *m*; *BOT* estilete *m*, pistilo *m*; **'ˇig** bom (*od* fácil) de manejar; (*geschickt*) habilidoso
Grill *m* <*-s*; *-s*> grelha *f* (*a AUTO*); assador *m*
'Grille ['grilə] *f* grilo *m*; *fig* capricho *m*, mania *f*
'grillen ['grilən] grelhar
Gri'masse [gri'masə] *f* careta *f*, trejeito *m* (***schneiden*** fazer)
Grimm [grim] *m* <*-(e)s*; *sem pl*> raiva *f*; ira *f*; **'ˇig** furioso; irado; feroz; *Kälte*: penetrante, de rachar; *Schmerz*: agudo
Grind [grint] *m* <*-(e)s*; *-e*> tinha *f*; **'ˇig** ['-diç] tinhoso
'grinsen ['grinzən] <*-t*> sorrir-se ironicamente; arreganhar os dentes

G

Grinsen *n* <*sem pl*> sorriso *m* irónico (*ô)
'**Grippe** ['gripə] *f* gripe *f*; **≈krank** gripado
Grips *m* <*-es*; *-e*> F miolos *m/pl*
grob [gro:p] <*¨er*; *¨st*> grosso; *fig* grosseiro, rude (***werden*** ser; ***gegen*** para com); (*in großen Zügen*) rudimentar; *Einstellung*: TÉCN aproximativo; *Fehler*: grave; *Lüge*: manifesto; '**≈heit** *f* grossaria *f*, grosseria *f*; rudez(a) *f*; brutalidade *f*
'**Grobian** ['gro:bia:n] *m* <*-(e)s*; *-e*> homem *m* grosseiro; labrego *m*
'**grobkörnig** grosso
'**gröblich** ['grø:pliç] grosseiramente; gravemente
'**grobschlächtig** ['-ʃlɛçtiç] grosseiro, *bras a* grosso
Grog [grɔk] *m* <*-s*; *-s*> grogue *m*
'**grölen** ['grø:lən] P berrar
Groll [grɔl] *m* <*-(e)s*; *sem pl*> rancor *m*; '**≈en** guardar (*od* ter) rancor (***gegen*** a); *Donner*: trovejar
'**Grönland** ['grø:nlant] *n* Gronelândia *f*
Gros *n* **1.** [gro:] <-; -> grosso *m*, maioria *f*; **2.** [grɔs] <*-ses*; *-se*> (*12 Dutzend*) grosa *f*
'**Groschen** ['grɔʃən] *m* moeda *f* austríaca; F moeda *f* alemã de 10 Pfennig; ***der ~ ist gefallen*** F percebeu finalmente!
groß [gro:s] <*¨er*; *¨t*> grande; (*hoch gewachsen*) *u Einsatz*: alto; *Buchstabe*: grande, maiúsculo; *Maßstab*: largo; (*erwachsen*) adulto; ***gleich ~*** de igual tamanho (*od* volume); ***so ~*** tamanho; ***wie ~?*** de que tamanho (*od* volume *od* capacidade)?; ***mein großer Bruder*** o meu irmão mais velho; ***im ≈en und Ganzen*** em geral; ***~*** (*od* ***größer***) ***werden*** crescer, aumentar
'**Groß|abnehmer** *m* comprador *m* por grosso, comprador *m* por (*bras* de) atacado; **≈artig** grandioso; F (*toll*) estupendo; **~aufnahme** *f* *Film*: primeiro plano *m*; **~betrieb** *m* <*-(e)s*; *-e*> exploração *f* em grande escala; grande fábrica *f*; '**~bri'tannien** *n* Grã-Bretanha *f*; **~buchstabe** *m* <*-n*> letra *f* maiúscula
'**Größe** ['grø:sə] *f* grandeza *f* (*a fig*); (*Umfang*) tamanho *m*; dimensão *f*; *Person*: estatura *f*; *Kleidung*: número *m*; FÍS (*Weite*) amplitude *f*; (*Rauminhalt*) volume *m*; magnitude *f* (*a Großartigkeit*); (*Ausdehnung*) extensão *f*; MAT (*Menge*) quantidade *f*; MIL calibre *m*; (*Berühmtheit*) celebridade *f*
'**Groß|einkauf** *m* <*-s*; *¨e*> compras *f/pl* em grande quantidade; **~eltern** *pl* avós *m/pl*; **~enkel(in** *f*) *m* bisneto *m*, -a *f*
'**Größenordnung** ['grø:sən-] *f* (*Ausmaß*) envergadura *f*, dimensão *f*; MAT ordem *f* de grandeza
'**großenteils** em grande parte
'**Größen|verhältnis** *n* <*-ses*; *-se*> proporção *f*; **~wahn** *m* <*-(e)s*; *sem pl*> megalomania *f*; **≈wahnsinnig** megalómano (*ô)
'**größer** ['grø:sər] *comp von* ***groß*** maior; superior
'**Groß|format** *n* <*-(e)s*; *-e*> grande-formato *m*; **≈geschrieben** *Wort*: com maiúscula; **~grundbesitz** *m* <*-es*; *sem pl*> grande propriedade *f*, latifúndio *m*; **~grundbesitzer** *m* grande proprietário *m*, latifundiário *m*, **~handel** *m* <*-s*; *sem pl*> comércio *m* por junto (*od* atacado, grosso); **~handelspreis** *m* <*-es*; *-e*> preço *m* no atacado; **~händler** *m* negociante *m* por grosso, grossista *m*, *bras* atacadista *m*; **≈herzig** magnânimo; **~herzog(in** *f*) *m* <*-(e)s*; *-e od ¨e*> grão-duque *m* (grã-duquesa *f*); **~hirn** *n* <*-(e)s*; *-e*> cérebro *m*; **~industrie** *f* grande indústria *f*; **~industrielle(r)** *m* grande industrial *m*
Grossist [grɔ'sist] *m* <*-en*> → ***Großhändler***
'**groß|jährig** ['-jɛ:riç] maior (de idade); **≈kapital** *n* <*-s*; *-ien*> grandes capitais *m/pl*; alta finança *f*; **≈küche** *f* cozinha *f* industrial; **≈macht** *f* <-; *¨e*> grande potência *f*; **≈mama** *f* <-; *-s*> avózinha *f*, *bras* vovó *f*; **≈maul** *n* <*-(e)s*; *¨er*>, **~mäulig** ['-mɔyliç] fanfarrão *m*, *bras* faroleiro *m*, garganta *m*; **≈mut** *f* <*sem pl*> generosidade *f*; **~mütig** ['-my:tiç] generoso; **≈mutter** *f* <-; *¨*> avó *f*; **≈neffe** *m* <*-n*> sobrinho-neto *m*; **≈nichte** *f* sobrinha-neta *f*; **≈onkel** *m* tio-avô *m*; **≈papa** *m* <*-s*; *-s*> avôzinho *m*, *bras* vovô *m*; **≈raumbüro** *n* <*-s*; *-s*> grande escritório *m*; **≈raumflug-**

zeug *n* <-(*e*)*s*; -*e*> avião *m* de grande capacidade; **Ƨrechner** *m* computador *m* de grande capacidade; **Ƨ'rein(e)machen** *n* <*sem pl*> limpeza *f* geral; **Ƨschreibung** *f* escrita *f* com letra maiúscula; **~spurig** ['-ʃpuːrɪç] de via larga; *fig* jactancioso; **Ƨstadt** *f* <-; ⸚*e*> grande cidade *f*; grande centro *m*, capital *f*; **Ƨstädter(in** *f*) *m* habitante *su* duma grande cidade; **~städtisch** das grandes cidades, urbano

'Groß|tante *f* tia-avó *f*; **~tat** *f* façanha *f*

'größtenteils ['grøːstəntaɪls] pela maior parte

'Groß|tuer ['-tuːər] *m* valentão *m*; gabarola *m*, *bras* faroleiro *m*; **~tue'rei** *f* <*sem pl*> gabarolice *f*, fanfarronada *f*, *bras* valentia *f*; **Ƨtun** gabar-se (***mit*** de); **~unternehmer** *m* grande industrial *m*; **~vater** *m* <-*s*; ⸚> avô *m*; **~wildjagd** *f* caça *f* maior; **Ƨziehen** criar; **Ƨzügig** ['-tsyːgɪç] generoso, liberal; **~zügigkeit** *f* <*sem pl*> generosidade *f*, liberalidade *f*

gro'tesk [gro'tɛsk] grotesco; **Ƨe** *f* farsa *f*

'Grotte ['grɔtə] *f* gruta *f*

'Grübchen ['gryːpçən] *n* covinha *f*

'Grube ['gruːbə] *f* cova *f*, fossa *f*; *BGB* mina *f*

Grübe|'lei [gryːbə'laɪ] *f* reflexão *f*, meditação *f*; **'Ƨln** <-*le*> cismar, meditar

'Gruben|arbeiter *m* mineiro *m*; **~gas** *n* <-*es*; -*e*> grisu *m*; **~lampe** *f*, **~licht** *n* <-(*e*)*s*; -*er*> lanterna *f* de mineiro; **~unglück** *n* <-*s*; -*e*> desastre (*od* acidente) *m* de mina

'Grübler ['gryːplər] *m* cismador *m*; **Ƨisch** pensativo

Gruft [gruft] *f* <-; ⸚*e*> sepultura *f*, cova *f*; túmulo *m*; jazigo *m*; cripta *f*

grün [gryːn] **1.** *adj* verde (*a fig* → ***unerfahren***); ***~er Junge*** fedelho *m*; ***~ werden*** verdejar; ***j-m nicht ~ sein*** não gostar de alg; não poder com alg; ***~es Licht geben*** dar sinal para avançar; ***dasselbe in*** Ƨ F isso vem dar ao mesmo; **2.** Ƨ *n* <-*s*; *sem pl*> (cor *f*) verde *m*; (*Pflanzen*Ƨ) verdura *f*

'Grünanlage *f* zona *f* verde; espaço *m* arborizado

Grund [grunt] *m* <-(*e*)*s*; ⸚*e*> (*tiefste Stelle*) fundo *m*; (*Erdboden*) solo *m*; terreno *m*; terra *f*; (*Tal*) vale *m*; (*Niederschlag*) sedimentos *m/pl*; precipitação *f*; (*~lage*) fundamento *m*, base *f*; (*Vernunft*Ƨ) razão *f*; argumento *m*; (*Beweg*Ƨ) motivo *m*; (*Ursache*) causa *f*; ***~ und Boden*** terras *f/pl*; bens *m/pl* de raiz; ***in ~ und Boden*** *fig* a fundo; profundamente; ***den ~ verlieren*** perder pé; ***den ~ legen für*** fundamentar (*ac*); ***auf ~*** → ***aufgrund***; ***e-r Sache auf den ~ gehen*** examinar a/c a fundo; *NAV* ***auf ~ geraten*** encalhar; ***in den ~ bohren*** meter a pique; ***von ~ aus*** radicalmente; desde o princípio; ***im ~e genommen*** no fundo; ***zu ~e*** → ***zugrunde***

'Grund|ausbildung *f* *MIL* instrução *f* militar básica; **'~bedeutung** *f* sentido (*od* significado) *m* primitivo; **'~bedingung** *f* condição *f* fundamental; **'~begriff** *m* <-(*e*)*s*; -*e*> noção *f* (*od* conceito *m*) fundamental; elemento *m*; **'~besitz** *m* <-*es*; *sem pl*> bens *m/pl* de raiz; *einzelner*: propriedade *f*, terreno *m*; **'~besitzer(in** *f*) *m* proprietário *m*, -a *f*; **'~buch** *n* <-(*e*)*s*; ⸚*er*> cadastro *m*; **Ƨ'ehrlich** <*sem pl*> absolutamente honesto; **'~eis** *n* <-*es*; *sem pl*> gelo *m* de fundo

'gründ|en ['gryndən] <-*e*-> fundar; (*einrichten*) *a* estabelecer, instituir; (***sich***) ***~ auf*** (*ac*) basear(-se) em; **Ƨer(in** *f*) *m* fundador(a *f*) *m*

'grund|'falsch <*sem pl*> completamente falso (*od* errado); **Ƨfarbe** *f* cor *f* primitiva, cor *f* fundamental; **Ƨfehler** *m* erro *m* fundamental; **Ƨfläche** *f* base *f*; **Ƨform** *f* forma *f* primitiva; *GRAM Verb*: infinit(iv)o *m*; *Substantiv*: nominativo *m*; **Ƨgebühr** *f* tarifa (*od* taxa) *f* base; **Ƨgedanke** *m* <-*ns*; -*n*> ideia (*é) *f* fundamental; **Ƨgehalt** *m* <-(*e*)*s*; -*e*> teor-base *m*, *bras* teor básico; **Ƨgesetz** *n* <-*es*; -*e*> lei *f* básica; estatuto *m*; (*Verfassung*) constituição *f*; **~'ieren** [-'diːrən] <-> *PINT* imprimar; **Ƨ'ierung** *f* imprimadura *f*; camada *f* de fundo; **Ƨkapital** *n* <-*s*; -*ien*> capital *m* nominal; **Ƨkenntnisse** *f/pl* conhecimentos *m/pl* básicos; **Ƨkurs** *m* <-*es*; -*e*> curso *m* básico (*od* ele-

mentar); **≈lage** *f* base *f*; fundamento *m*; **≈lagenforschung** *f* <*sem pl*> *MAT* axiomática *f*; **~legend** fundamental
'gründlich ['gryntliç] (*tief gehend*) profundo; sólido; metódico; (*eingehend*) pormenorizado; (*erschöpfend*) exaustivo; (*von Grund aus*) radical; *adv a* bom; a fundo, fundamentalmente; **≈keit** *f* <*sem pl*> solidez *f*; profundidade *f*; meticulosidade *f*
'Gründling ['gryntliŋ] *m* <*-s*; *-e*> *ZO* gobião *m*; *im Fluss*: cadoz *m*
'Grund|linie *f* base *f*, princípio *m*; linha *f* geral; *topographische*: distância *f*; *bras* caminhamento *m*; **~lohn** *m* <*-(e)s*; *⸚e*> salário *m* base; **≈los** (*tief*) sem fundo; *Weg*: intransitável; *fig* infundado, sem fundamento, sem razão; gratuito; **~mauer** *f* <*-*; *-n*> fundamento *m*, alicerce *m*, *bras* baldrame *m*; **~nahrungsmittel** *n* alimento *m* base
Grün'donnerstag *m* <*-(e)s*; *-e*> Quinta-feira *f* Santa
'Grund|pfeiler *m* pilar *m*; **~preis** *m* <*-es*; *-e*> preço *m* base; **~recht** *n* <*-(e)s*; *-e*> direito *m* fundamental; **~regel** *f* <*-*; *-n*> regra *f* fundamental; **~rente** *f* renda *f*, rendimento *m* de propriedades; **~riss** *m* <*-es*; *-e*> plano *m*; *ARQUIT* planta *f*; (*Buch*) compêndio *m*; **~satz** *m* <*-es*; *⸚e*> princípio *m*; *MAT* axioma *m*; **~satzentscheidung** *f* *JUR* acórdão *m* doutrinário; **≈sätzlich** ['-zɛtsliç] em (*od* por) princípio; **~satzurteil** *n* <*-s*; *-e*> *JUR* acórdão *m* doutrinário; **~schuld** *f* dívida *f* hipotecária; **~schule** *f* escola *f* primária; **~stein** *m* <*-(e)s*; *-e*>: ***den ~ legen*** lançar (*od* colocar) a primeira pedra; **~steinlegung** ['-le:guŋ] *f* lançamento *m* da primeira pedra; **~steuer** *f* <*-*; *-n*> contribuição *f* predial; **~stock** *m* <*-(e)s*; *sem pl*> base *f*; **~stoff** *m* <*-(e)s*; *-e*> matéria *f* prima; *QUÍM* corpo *m* simples, elemento *m*; **~stoffindustrie** *f* indústria *f* de matérias primas; **~strich** *m* <*-(e)s*; *-e*> perna *f* de letra; **~stück** *n* <*-(e)s*; *-e*> (lote *m* de) terreno *m*; (*Gebäude*) imóvel *m*, prédio *m*; **~stücksmakler** *m* mediador (*od* agente) *m* de compra e venda de imobiliários; **~stufe** *f* ensino *m* primário; **~ton** *MÚS* *m* <*-(e)s*; *⸚e*> (nota *f*) tónica (*ô) *f*; **~übel** *n* mal *m* fundamental, causa *f*; **~umsatz** *m* <*-es*; *⸚e*> metabolismo *m* basal
'Gründung ['gryndʊŋ] *f* fundação *f*, estabelecimento *m*, instituição *f*
'grund|ver'schieden: **~** (**von**) essencialmente diferente (de); inconfundível (com); **≈wasser** *n* <*-s*; *sem pl*> lençol *m* freático; **≈wasserspiegel** *m*, **≈wasserstand** *m* nível *m* do lençol *m* freático; **≈zahl** *f* número *m* cardinal; **≈zins** *m* <*-es*; *-en*> foro *m*; censo *m*; **≈zug** *m* <*-(e)s*; *⸚e*> rasgo *m* essencial; cara(c)terística *f*; ***Grundzüge*** *pl Wissenschaft*: elementos *m/pl*
'Grüne ['gryːnə] **1.** *n* <*-n*; *sem pl*> verde *m*; ***ins ~ fahren*** ir ao campo; ***im ~n*** ao ar livre; **2. ~(r** *m*) *su* *POL* verde *su*, ecologista *su*
'grün|en ['gryːnən] *unpers* verdejar; reverdescer; **≈fläche** *f* → **~anlage**; **≈futter** *n* <*-s*; *sem pl*> forragem *f*; **≈gürtel** *m* cintura (*od* zona) *f* verde; **≈kohl** *m* <*-(e)s*; *sem pl*> couve *f* verde (*od* galega); **~lich** esverdeado, verdoengo; **≈schnabel** F *m* <*-s*; *⸚*> fedelho *m*; **≈span** *m* <*-(e)s*; *sem pl*> verdete *m*; **≈specht** *m* <*-(e)s*; *-e*> pianço (*od* peto) *m* verde; **≈streifen** *m* faixa *f* verde
'grunzen ['grʊntsən] **1.** <*-t*> grunhir; **2. ≈** *n* grunhido *m*
'Grupp|e ['grʊpə] *f* grupo *m*; agrupamento *m*; conjunto *m* (*a MÚS*); turma *f*, turno *m*; *MIL* pelotão *m*; **~enarbeit** *f* trabalho *m* de grupo *m* (*od* equipe *f*); **~enaufnahme** *f*, **~enbild** *n* <*-(e)s*; *-er*> fotografia *f* de um grupo; **~enreise** *f* viagem *f* em grupo; **≈enweise** em grupos; **≈'ieren** [-'piːr-] <*-*> agrupar; **~'ierung** *f* agrupamento *m*
Grus [gruːs] *m* <*-es*; *-e*> cascalho *m*
'Grusel|film ['gruːzəl-] *m* <*-(e)s*; *-e*> F filme *m* de terror; **≈ig** medonho, pavoroso; **≈n** <*-le*>: ***j-n*** (*od* ***j-m***) ***gruselt vor et*** (*dat*) (*nom*) tem pavor a a/c; ***j-n ~ machen*** meter medo a alg
Gruß [gruːs] *m* <*-es*; *⸚e*> saudação *f*; cumprimento *m*, *MIL* continência *f*; ***Grüße*** *pl bsd im Brief*: lembranças *f/pl*, saudades *f/pl* (**bestellen** dar,

dizer); ***viele Grüße!*** muitos cumprimentos! abraços!; ***mit herzlichen Grüßen*** com os melhores cumprimentos, *bras* com um abraço afetuoso

'grüßen ['gry:sən] *v/t* <*-t*> saudar; cumprimentar; ***j-n ~ lassen*** mandar (dizer) saudades (*od* cumprimentos) a alg, *bras* mandar recomendações a alg

'Grütze ['grytsə] *f* papa *f*, *bras* mingau *m*; *fig* ***~ im Kopf*** miolos *m/pl*, jeito *m*

'guck|en ['gukən] F olhar; **≈fenster** *n* postigo *m*; **≈loch** *n* <*-(e)s*; *¨er*> postigo *m*; ralo *m*

Gue'rilla|kämpfer [gə'ril(j)a-] *m* guerrilheiro *m*; **~krieg** *m* <*-(e)s*; *-e*> guerrilha *f*

Gui'nea [gi'ne:a] *n* Guiné *f*

'Gulasch ['gu:laʃ] *n* <*-(e)s*; *sem pl*> guisado (*od* ensopado) *m* de carne de vaca e de porco; **~kanone** F *f* cozinha *f* ambulante; **~suppe** *f* sopa *f* de carne guisada

'Gulden ['guldən] *m* florim *m*

'Gully ['guli] *m* <*-s*; *-s*> bueiro *m*, sarjeta *f*

'gültig ['gyltiç] válido; *Gesetz*: em vigor, vigente; (*echt*) legítimo; **≈keit** *f* <*sem pl*> validade *f*, vigor *m*

'Gummi ['gumi] *n u m* <*-s*; *- od -s*> borracha *f*; goma *f*; F (*Kondom*) camisinha *f*; **~ball** *m* <*-(e)s*; *¨e*> bola *f* de borracha; **~band** *n* <*-(e)s*; *¨er*> elástico *m*; **~baum** *m* <*-(e)s*; *¨e*> árvore *f* gomífera (*od* da borracha); *bras a* cauchu *m*, seringueira *f*

gum'mieren [gu'mi:rən] <*-*> engomar; dar cola a

'Gummi|handschuh *m* <*-(e)s*; *-e*> luva *f* de borracha; **~knüppel** *m* cacete *m*, cacheira *f*; **~scheibe** *f* disco *m* de borracha; **~schlauch** *m* <*-(e)s*; *¨e*> tubo *m* de borracha; *Auto*: câmara *f* de ar; **~schuh** *m* <*-(e)s*; *-e*> galocha *f*; **~sohle** *f* sola *f* de borracha; **~stiefel** *m* bota *f* de borracha; **~strumpf** *m* <*-(e)s*; *¨e*> meia *f* elástica (*od* de borracha); **~zug** *m* <*-(e)s*; *¨e*> elástico *m*

Gunst [gunst] *f* <*sem pl*> favor *m*; graça *f*; ***bei j-m in ~ stehen***, ***in j-s ~ stehen*** ser grato a alg; ***zu j-s ~en*** a favor de alg

'günst|ig ['gynstiç] favorável, propício; oportuno; ***j-m ~ gesinnt sein*** ter simpatias para com alg; ser amigo de alg; **≈ling** *m* <*-s*; *-e*> favorito *m*; *e-s Fürsten*: *a* valido *m*; **≈lingswirtschaft** *f* <*sem pl*> favoritismo *m*

'Gurgel ['gurgəl] *f* <*-*; *-n*> garganta *f*; goela *f*; **≈n** <*-le*> gargarejar; **~wasser** *n* <*-s*; *¨*> gargarejo *m*

'Gurke ['gurkə] *f* pepino *m*

'gurren ['gurən] arrul(h)ar

Gurt [gurt] *m* <*-(e)s*; *-e*> cinto *m* (*a* AV *u* AUTO); (*Sattel≈*) cilha *f*; (*Patronen≈*) cartucheira *f*; **'~band** *n* <*-(e)s*; *¨er*> precinta *f*

'Gürtel ['gyrtəl] *m* cinto *m*; cinta *f*; *fig* zona *f*; **~rose** MED *f* zona *f*; cobrelo *m*; **~reifen** *m* pneu *m* radial; **~tier** *n* <*-(e)s*; *-e*> armadilho *m*, tatu *m*

'gürten ['gyrtən] <*-e-*> cingir; *Pferd*: cilhar

'Gurt|muffel ['-mufəl] *m* pessoa *f* que não usa o cinto de segurança; **~pflicht** *f* uso obrigatório do cinto de segurança

Guss [gus] <*-es*; *¨e*> TÉCN fusão *f*; fundição *f*; *Wasser*: bátega *f* de água; (*Regen≈*) aguaceiro *m*, *bras* pancada *f* de chuva; (*Zucker≈ etc*) cobertura *f*; ***aus e-m ~*** *fig* perfeito; **'~eisen** *n* <*-s*; *sem pl*> ferro *m* fundido; **'~form** *f* molde *m*; **'~stahl** *m* <*-(e)s*; *sem pl*> aço *m* fundido

gut [gu:t] <*besser*; *best*> *adj* bom, *f* boa; *adv* bem; ***es ist ~!***, (***schon***) ***~!*** está bem!; ***seien Sie so ~*** tenha a bondade, faça(-me) o favor *od* o obséquio (***zu*** *inf*, ***und*** de *inf*); ***zu et ~ sein*** servir para a/c, prestar para a/c; ***es ~ sein lassen*** deixar; não insistir; ***es ~ haben*** ter sorte; ***mach's ~!*** boa sorte!; ***es ~ meinen mit*** ser amigo de; ***Sie haben ~ reden*** bem pode falar; ***zu ~er Letzt*** por fim, por último; ***~, dass*** ainda bem que (*subj*); ***e-e ~e Stunde*** mais de uma hora; *~ 2 Monate* pelo menos ...; ***so ~ wie*** sicher quase; ***~ aussehend*** com bom aspe(c)to; bonito; ***es wird alles ~ gehen*** tudo vai correr bem; ***es sich ~ gehen lassen*** tratar-se bem; ***~ gehend*** próspero; florescente; ***~ gelaunt*** bem disposto; ***~ gemeint***, ***~ gesinnt*** bem intencionado; ***~ situiert*** afortunado; ***~ tun*** fazer bem

G

Gut *n* <-(*e*)*s*; ¨*er*> bem *m*; propriedade *f*; *ECON* mercadoria *f*; (*Land*Ձ) quinta *f*, herdade *f*; *bras* sítio *m*; fazenda *f*; **'~achten** *n* parecer *m*, juízo *m*; **'~achter** ['-axtər] *m* perito *m*; **'Ձartig** bom, de boa índole; *MED* benigno; **'~dünken** *n* ['-dyŋkən] <-*s*; *sem pl*> critério *m*, arbítrio *m*; ***nach ~*** à vontade; a bel-prazer

'Gute(s) *n* <-*n*; *sem pl*> bem *m*; ***~s tun*** fazer bem; ***des ~n zu viel tun*** exagerar; comer (*od* beber) demasiado; ***alles ~!*** boa sorte!; felicidades!; ***im ~n*** amigavelmente; em bons termos; → ***gutwillig***

'Güte ['gy:tə] *f* <*sem pl*> bondade *f*; (*Beschaffenheit*, *Wert*) qualidade *f*; ***in ~*** amigavelmente; ***du meine ~!*** F valha-me Deus!; (tenha) paciência!; **~klasse** *f* classe *f* de qualidade; **~kontrolle** *f* controle *m* de qualidade

'Güter *n/pl* bens *m/pl*; mercadorias *f/pl*; **~abfertigung** *f* expedição *f* de mercadorias (*od* de volumes); despacho *m*; **~bahnhof** *m* <-(*e*)*s*; ¨*e*> estação *f* de mercadorias; **~gemeinschaft** *f* comunhão *f* de bens; **~trennung** *f* separação *f* de bens; **~verkehr** *m* <-*s*; *sem pl*> tráfego *m* (de mercadorias, *bras* de carga); **~wagen** *m* carruagem *f* de mercadorias, *bras* vagão *m* de carga; **~zug** *m* <-(*e*)*s*; ¨*e*> comboio *m* de mercadorias, *bras* trem *m* de carga

'gut|gläubig de boa fé; **~haben** *ECON v/t* ser credor de, *bras* ter saldo (*od* crédito); **Ձhaben** *n* haver *m*; saldo *m* a(c)tivo; crédito *m*; **~heißen** aprovar; **~herzig** bondoso, benévolo

'gütig ['gy:tiç] bondoso; (*wohlwollend*) benévolo; **~lich** amigável, amistoso; ***sich ~ tun*** regalar-se (***an*** *dat* com)

'gut|machen remediar, emendar, reparar; ***nicht wieder gutzumachen(d)*** irreparável, irremediável; **~mütig** ['-my:tiç] bondoso, benévolo; bonacheirão, *bras* bonachão; **Ձmütigkeit** *f* <*sem pl*> bondade *f*, benevolência *f*; **~sagen**: ***für et ~*** garantir a/c; **Ձsbesitzer** *m* lavrador *m*; proprietário *m*; *bras* fazendeiro *m*; **Ձschein** *m* <-(*e*)*s*; -*e*> abono *m*, abonação *f*; **~schreiben** *ECON* abonar, levar a crédito; **Ձschrift(anzeige)** *f* (nota *f* de) crédito *m*; **Ձsherr** *m* <-*n*; -*en*> lavrador *m*; proprietário *m*; senhor *m*; **Ձshof** *m* <-(*e*)*s*; ¨*e*> herdade *f*; quinta *f*; fazenda *f*, *bras a* sítio *m*; **Ձsverwalter** *m* administrador *m*; **~willig** de boa (*od* de livre) vontade; *Schüler etc*: dócil, obediente; **Ձwilligkeit** *f* <*sem pl*> complacência *f*; boa vontade *f*

Gymnasi'al|bildung [gymnazi'a:l-] *f* <*sem pl*> curso *m* liceal (*bras* secundário); **~lehrer** *m* professor *m* de liceu (*bras* secundário)

Gymn|asi'ast(in *f*) [gymnazi'ast] *m* <-*en*> liceal *su*, estudante *su* do liceu (*bras* segundo ciclo *od* ginásio); **~asium** [-'na:zium] *n* <-*s*; *Gymnasien*> escola *f* secundária, liceu *m*, *bras* ginásio *m*

Gym'nast|ik [gym'nastik] *f* <*sem pl*> ginástica *f*; **Ձisch** ginástico

Gynäko|'loge [gynεko'lo:gə] *m* <-*n*> ginecólogo *m*, ginecologista *m*; **~lo'gie** [-lo'gi:] *f* <*sem pl*> ginecologia *f*

H

H, h [ha:] *n* <-; -> H, h *m*; *MÚS* si *m*

Haar [ha:r] *n* <-(*e*)*s*; -*e*> pêlo *m*; (*Kopf*Ձ) cabelo *m*; *bsd langes* (*kollektiv*) cabeleira *f*; ***weißes ~*** cãs *f/pl*; (*Ross*Ձ) crina *f*; ***sich die ~e schneiden lassen*** cortar o cabelo; ***um ein ~*** por um cabelo (*od* triz); ***kein gutes ~ an*** (*dat*) ***lassen*** dizer cobras e lagartos de; *pl* ***~e lassen müssen*** ficar depenado; ***~e auf den Zähnen haben*** ser de pêlo na venta; ***sich in die ~e geraten, sich***

in den ~en liegen pegar-se, zangar-se, *bras a* atracar-se; ***an den ~en herbeigezogen*** F forçado; ***mir stehen die ~e zu Berge*** arrepiam-se-me os cabelos, fico com os cabelos (*bras a* de cabelo) em pé

'Haar|ausfall *m* <-(*e*)*s*; *sem pl*> queda *f* dos cabelos; *MED* alopecia *f*; **~bürste** *f* escova *f* de cabelo; **~büschel** *n* madeixa *f* de cabelo; **²en** *v/t* (*v/i*) pelar(-se), mudar; **~entferner** *m* depilatório *m*; **~ersatz** *m* <-*es*; *sem pl*> cabelo *m* postiço; **~esbreite** *f*: ***um ~*** por um triz; **~färbemittel** *n* tinta (*bras* tintura) *f* para o cabelo; **²fein** delgado como um cabelo, capilar; *fig* subtil; **~festiger** ['-fɛstigər] *m* fixador *m* (para cabelos); **²genau** exactamente; **²ig** cabeludo, peludo; *fig* F difícil; delicado; **²klein** subtil; *adv* com todos os pormenores; **~knoten** *m* chinó *m*, monho *m*; carapito *m*; *bras* coque *m*; **²los** calvo; **~nadel(kurve)** *f* <-; -*n*> (curva *f* de) gancho *m*; grampo *m*; **~netz** *n* <-*es*; -*e*> rede *f* para o cabelo; **~pflege** *f* <*sem pl*> tratamento *m* do cabelo; **²scharf** afiadíssimo; *fig* muito certo; ***~ vorbei an*** (*dat*) passando pertíssimo; **~schneiden** *n* corte *m* de cabelo; **~schnitt** *m* <-(*e*)*s*; -*e*> → ***~schneiden***; (*Frisur*) penteado *m*; **~shampoo** *n* <-*s*; -*s*> champô *m*, *bras* xampu *m*; **~sieb** *n* <-(*e*)*s*; -*e*> tamis *m*; **~spalte'rei** [-ʃpaltə'raɪ] *f* *fig* subtilezas *f/pl*; **~spange** *f* travessão *m*; *bras* fivela *f*, presilha *f*; **~spray** *n* <-*s*; -*s*> laca *f*; **²sträubend** horripilante; **~teil** *m* <-(*e*)*s*; -*e*> partícula *f* capilar; **~tracht** *f* penteado *m*; **~trockner** *m* secador *m* elé(c)trico; **~waschmittel** → ***~shampoo***; **~wasser** *n* loção *f* capilar (*od* para o cabelo); **~wuchs** *m* <-*es*; *sem pl*> crescimento *m* do cabelo (*od* capilar); (*Haar*) cabeleira; **~wurzel** *f* <-; -*n*> raiz *f* do cabelo

Hab [haːp]: ***~ und Gut*** *n* <-(*e*)*s*; *sem pl*> = **~e** ['haːbə] *f* <*sem pl*> haveres *m/pl*, bens *m/pl*, *bras* pertencentes *m/pl*

'haben ['haːbən] **1.** ter; (*besitzen a*) possuir; ***et bei sich ~*** levar, trazer; ***was ~ wir davon?*** que ganhamos com isto?, para que nos serve isto?; ***nichts davon ~*** não ganhar nada com isto; ***da ~ wir's!*** ora aí está!; ***~ wollen*** querer; ***haben zu*** *inf* → ***müssen***; ***zu ~*** (*kaufen*) ***sein*** estar à venda; ***nicht mehr zu ~ sein*** estar esgotado; *Mädchen*: ***noch zu ~*** por casar; ***nichts auf sich ~***, ***nichts zu sagen ~*** não ser nada, não ter importância; ***sich ~*** F fazer-se esquisito (*bras* difícil), *bras* esnobar; ***wir ~ Winter*** estamos no inverno; **2. ²** *ECON n* haver *m*

'Habenichts *m* <-*es*; -*e*> pobretão *m*, pobre diabo *m*

'Haben|saldo *m* <-*s*; -*s*, *a* -*di*> *ECON* saldo *m* credor; **~seite** *f* haver *m*; crédito *m* a(c)tivo; **~zinsen** *pl* juros *m/pl* credores

'Hab|gier *f* <*sem pl*> avidez *f*, cobiça *f*; **²gierig** ávido (***nach*** de); **²haft**: ***~ werden*** (*gen*) (conseguir) apoderar-se de; ***j-s ~ werden*** apanhar alg

'Habicht ['haːbiçt] *m* <-(*e*)*s*; -*e*> açor *m*, *bras* ave *f* de rapina; **~snase** *f* nariz *m* aquilino

Habilit|ati'on [habilitatsi'oːn] *f* doutoramento *m*; concurso *m* para professor agregado (*bras* catedrático); **²'ieren** <->: ***sich ~*** doutorar-se, fazer o seu doutoramento; fazer concurso para professor agregado (*bras* catedrático)

'Hab|seligkeiten ['haːpzeːliçkaɪtən] *f/pl* haveres *m/pl*, coisas *f/pl*; **~sucht** *f* <*sem pl*>, **²süchtig** → ***~gier***, ***²gierig***

'Hack|beil ['hak-] *n* <-(*e*)*s*; -*e*> machadinha *f*; **~block** *m* <-(*e*)*s*; ¨*e*> cepo *m*; talho *m*; **~braten** *m* assado *m* de carne picada (*bras* moída); **~brett** *n* <-(*e*)*s*; -*er*> tábua *f* de picar (*bras* moer) carne; **~e** ['-ə] *f* **a)** *AGR* enxada *f*, picareta *f*, sacho *m*; **b)** (*Ferse*) = **~en** *m* calcanhar *m* (***zusammenschlagen*** *MIL* bater); *Schuh*: tacão *m*, salto *m*; **²en** picar, *bras* moer; *Holz*: partir, rachar; *AGR* cavar, sachar

'Hacker ['hɛkər] *m* <-*s*; -*s*> *INFORM* pirata *m* informático

Hack|fleisch *n* carne *f* picada (*bras* moída); **~messer** *n* cutelo *m* para picar carne; talhador *m*; *bras* facão *m* de trinchar; **~ordnung** *f* F ordem *f* de capoeira (*od* hierárquica)

'Häcksel ['hɛksəl] *m u n* palhiço *m*; **~maschine** *f* talhadeira *f*

'Hader ['ha:dər] *m* <*sem pl*> contenda *f*, briga *f*; querela *f*; zanga *f*; **⁀n** <*-re*>: **~ *mit*** estar zangado com; *mit j-m*: *a* querelar (*od* discutir) com

'Hafen ['ha:fən] *m* <*-s*; ¨> **a**) porto *m*; **b**) (*Gefäß*) pote *m*, jarro *m*; **~anlage** *f* instalação *f* (*bras* cais *m*) do porto; **~arbeiter** *m* estivador *m*; **~becken** *n* doca *f*; dique *m*; **~einfahrt** *f* entrada *f* do porto; **~gebühr** *f* taxa *f* portuária; **~polizei** *f* polícia *f* do porto, *bras* polícia *f* portuária; **~stadt** *f* <-; ¨*e*> cidade *f* marítima; **~viertel** *n* bairro *m* portuário

'Hafer ['ha:fər] *m* <*-s*; -> aveia *f*; **~flocke** *f* floco *m* de aveia; **~schleim** *m* <*-(e)s*; *-e*> sopa (*od* papa) *f* de flocos de aveia

Haff [haf] *n* <*-(e)s*; *-s*, *-e*> albufeira *f*, laguna *f*

Haft [haft] *f* <*sem pl*> prisão *f*; (*Polizei*⁀) *a* detenção *f*; ***in ~ nehmen*** prender, deter; ***aus der ~ entlassen*** pôr em liberdade; **'⁀bar** responsável; **'~befehl** *m* <*-(e)s*; *-e*> mandato *m* de captura, ordem *f* de prisão; **'⁀en** <*-e-*> estar preso; ***~ an*** (*dat*) estar pegado (*od* agarrado) a; *fig* ficar com; ***~ für*** ficar responsável por; responder por; **'~entlassung** *f* libertação *f*, *bras* soltura *f*

'Häftling ['hɛftlɪŋ] *m* <*-s*; *-e*> preso *m*, recluso *m*, detido *m*

'Haftpflicht *f* <*sem pl*> responsabilidade *f*; **⁀ig** responsável; **~versicherung** *f* seguro *m* de responsabilidade civil

'Haftschalen *f/pl* lentes *f/pl* de conta(c)to

'Haftung ['haftʊŋ] *f* → ***Haftpflicht***

'Haft|urlaub *m* <*-(e)s*; *-e*> JUR interrupção *f* da pena de prisão; **~vermögen** *n* <*sem pl*> aderência *f*

'Hagebutte ['ha:gəbʊtə] *f* fruto *m* da roseira brava; **~ntee** *m* <*-s*; *-s*> chá *m* de (baga de) roseira brava

'Hagel ['ha:gəl] *m* <*-s*; *sem pl*> saraiva *f*; granizo *m*; MONT: escumilha *f*; *fig* granizada *f*; **~korn** *n* <*-(e)s*; ¨*er*> (grão *m* de) granizo *m*; pedrisco *m*; MONT: grão *m* de escumilha; **⁀n** granizar; **~schaden** *m* <*-s*; ¨> prejuízo *m* causado pelo granizo; **~schauer** *m* granizada *f*; saraivada *f*; **~schlag** *m* <*-(e)s*; ¨*e*> granizo *m*; **~versicherung** *f* seguro *m* contra o granizo

'hager ['ha:gər] magro; seco

'Häher ['hɛ:ər] *m* ZO gaio *m*

Hahn [ha:n] *m* <*-(e)s*; ¨*e*> galo *m*; (*Wasser*⁀ *etc*) torneira *f*; MIL cão *m*, gatilho *m*; F ***~ im Korb(e)*** *fig* o menino bonito, *bras* gostosão *m*; ***es kräht kein ~ danach*** *fig* ninguém se importa com isto

'Hähnchen ['hɛ:nçən] *n* frango *m*

'Hahnen|fuß ['ha:nən-] BOT *m* <*-es*; *sem pl*> ra(i)núnculo *m*; **~kamm** *m* <*-(e)s*; ¨*e*> crista *f* de galo; **~kampf** *m* <*-(e)s*; ¨*e*> combate *m* de galos, *bras* briga *f* de galo; **~schrei** *m* <*-(e)s*; *-e*> canto *m* do galo; **~tritt** *m* <*-(e)s*; *-e*> galadura *f*

Hai [haɪ] <*-(e)s*; *-e*>, **'~fisch** *m* <*-(e)s*; *-e*> tubarão *m*

Hain [haɪn] *m* <*-(e)s*; *-e*> mata *f*; bosque *m*; **'~buche** *f* BOT choupo *m* branco

'Häkchen ['hɛ:kçən] *n* colchete *m*, ganchinho *m*; TIP apóstrofo *m*

'Häkel|arbeit ['hɛ:kəl-] *f* crochet *m*, croché *m* (*ê); **⁀n** <*-le*> fazer crochet; **~nadel** *f* <-; *-n*> agulha *f* de crochet

'Haken ['ha:kən] **1.** *m* gancho *m*; (*Nagel*) escápula *f*, (*Kleider*⁀) cabide *m*; *für Öse*: colchete *m*; *Häkelnadel*: barbela *f*; ***e-n ~ haben*** *fig* ter um defeito; trazer água no bico; **2.** ⁀ enganchar; **~kreuz** *n* <*-es*; *-e*> cruz *f* suástica; **~nase** *f* nariz *m* aquilino

halb [halp] meio, metade (de); ***ein ~es Kilo*** *n* meio quilo *m*; ***um ~ 3*** (*Uhr*) às duas (horas) e meia; ***~e Fahrt*** NAV meia força, meio vapor; ***~e Note*** MÚS mínima *f*; semítono *m*; ***auf ~er Höhe*** a meia altura; ***ein ~es Jahr*** seis meses, meio ano; ***zum ~en Preis*** por (*od* pela) metade do preço; ***das ist ~ so schlimm*** não é assim tão grave; ***nur ~ so viel*** só metade; ***er ist nicht ~ so fleißig wie ...*** não trabalha metade daquilo que ...; ***~ öffnen*** entreabrir; ***(erst) ~ fertig sein*** faltar ainda metade para acabar; estar ainda por acabar; ***schon ~ fertig sein*** estar semipronto (*od* meio-acabado); ***~ und ~***

meio por meio; **~ ..., ~ ...** entre ... e ..., *bras* meio ..., meio ...; **~ *gar*** mal cozido; **~ *offen*** entreaberto; **~ *tot*** meio-morto; **~ *voll*** cheio até metade

'halb|amtlich oficioso; **'~automatisch** semi-automático; **'≈bildung** *f* <*sem pl*> pseudo-cultura *f*; **'≈bruder** *m* <*-s*; ¨> meio-irmão *m*, *bras a* irmão *m* torto; **'≈dunkel** *n* <*-s*; *sem pl*> penumbra *f*, luso-fusco *m*; *PINT* claro-escuro *m*; meia-tinta *f*; **'≈edelstein** *m* <*-(e)s*; *-e*> pedra *f* semipreciosa; **'~er** ['-bər] *nachgestellte prp* (*gen*) por (causa de); para (efeitos de); **'≈fabrikat** *n* <*-(e)s*; *-e*> produto *m* semimanufa(c)turado; **'~fett** semidesnatado; meio-gordo; **'≈finale** *n* <*-s*; *sem pl*> *Sport*: meia-final *f*; *bras* semifinal *m*; **'~gebildet** pseudo-intele(c)tual; **'≈gefrorene(s)** *n* <*-n*> sorvete *m*; **'≈geschwister** *pl* meios-irmãos *m/pl*; **'≈gott** *m* <*-es*; ¨*er*>, **'≈göttin** *f* semideus(a *f*) *m*; **'≈heit** *f* imperfeição *f*, insuficiência *f*; medida *f* insuficiente; **~'ieren** [-'bi:rən] <-> dividir ao meio (*od* em duas partes iguais); **'≈insel** *f* península *f*; **'≈jahr** *n* <*-(e)s*; *-e*> semestre *m*; **'~jährig** ['-jɛ:riç] de seis meses; semestral; **'~jährlich** semestral; *adv a* de seis em seis meses; **'≈kreis** *m* <*-es*; *-e*> semicírculo *m*; **'≈kugel** *f* hemisfério *m*; **'~laut** a meia voz; **'≈leinen** *n* meio linho *m*; **'≈leiter** *m EL* semicondutor; **'~mast**: ***auf* ~** a meia haste (*od* adriça), *bras* a meio mastro; **'≈messer** *m* raio *m*; **'~monatlich** bimensal, quinzenal; **'≈mond** *m* <*-(e)s*; *-e*> meia-lua *f*; **'~part** ['-part] de (*od* a) meias (***machen*** dividir); **'≈pension** *f* meia-pensão *f*; **'~rund** semicircular; **'≈schatten** *m* penumbra *f*; **'≈schlaf** *m* <*-(e)s*; *sem pl*> sonolência *f*; **'≈schuh** *m* *f*; <*-(e)s*; *-e*> sapato *m*; **'≈schwergewicht** *n* <*-(e)s*; *sem pl*> *Sport*: peso *m* médio; **'≈schwester** *f* meia-irmã *f*; **'~seitig** ['-zaɪtiç] parcial; de um lado; **'≈starke(r)** *m* <*-n*> rufia *m*; **'≈stiefel** *m* botim *m*, *bras* botina *f*; **'~stündig** ['-ʃtyndiç] de meia hora; **'~stündlich** de meia em meia hora; **'≈stürmer** *m Sport*: meio-avançado *m*; **'≈tagsarbeit** *f* <*sem pl*> trabalho *m* de meio dia (*bras* período); **'≈ton** *m* <*-(e)s*; ¨*e*> meio-tom *m*; semítono *m*; **'~trocken** semi-seco; **'≈waise** *f* orfão *m* de pai (*od* de mãe); **'~wegs** ['-ve:ks] a meio caminho; *fig* sofrivelmente; **'≈welt** *f* <*sem pl*> demimonde *m*; meio-mundo *m*; **'~wüchsig** ['-vy:ksiç] *j-d*: adolescente; *m a* imberbe; **'≈zeit** *f Sport*: meio-tempo *m*

'Halde ['haldə] *f* ladeira *f*, encosta *f*; *BGB* vazadouro *m*; montão *m* de minerais; (*Schlacken≈*) escorial *m*

'Hälfte ['hɛlftə] *f* metade *f* (***zur*** por, a); ***meine bessere* ~** (*Ehefrau*) F minha cara metade

'Halfter ['halftər] **a)** *m od n* cabresto *m*; **b)** *f* <*-*; *-n*> *od n* (*Pistolen≈*) coldre *m*

'Halle ['halə] *f* átrio *m*, hall *m*; (*Vor≈*) vestíbulo *m*; (*Säulen≈*) pórtico *m*, galeria *f*; (*Ausstellungs≈*) pavilhão *m*; (*Markt≈*) mercado *m*; (*Turn≈*) ginásio *m*; *TÉCN* sala *f*; *AV* hangar *m*; *CAM. DE F* recolha *f*; **≈n** ressoar, retumbar; **~nbad** *n* <*-(e)s*; ¨*er*> piscina *f* coberta; **~nsport** *m* <*-s*; *-s*> desporto (*bras* esporte) *m* de salão; **~ntennis** *n* <*-*; *sem pl*> ténis *m* em pista coberta, *bras* tênis *m* em quadra coberta

hal'lo [ha'lo:] **1. *~!*** olá!; alto lá!; *TEL* está lá?, *bras* alô!; **2. ≈** *n* <*-s*; *-s*> gritaria *f*, alvoroço *m*

Halluzinati'on [halutsinatsi'o:n] *f* alucinação *f*

Halm [halm] *m* <*-(e)s*; *-e*> pé *m*, talo *m*, cálamo *m*

halo'gen [halo'ge:n] halógeno, halogéneo, *bras* halogênio; **≈scheinwerfer** *m* farol *m* halógeno *etc*

Hals [hals] *m* <*-es*; ¨*e*> colo *m*, pescoço *m*; (*Kehle*) garganta *f*; (*Flaschen≈*) gargalo *m*; (*Geigen≈*) braço *m*; ***j-m um den* ~ *fallen*** abraçar alg; **~ *über Kopf*** precipitadamente; ***auf dem* ~(*e*) *haben*** ter às costas; ***aus vollem* ~(*e*)** a toda a força; *lachen*: às gargalhadas; ***es hängt mir zum* ~ *heraus*** F estou farto até aos cabelos (*bras* até à raíz dos cabelos); ***sich*** (*dat*) ***vom* ~(*e*) *schaffen*** desembaraçar-se de

'Hals|abschneider *m fig* usurário *m*; **'~ausschnitt** *m* <*-(e)s*; *-e*> decote *m*; **'~band** *n* <*-(e)s*; ¨*er*> colar

H

m; (*Hunde*≈) coleira *f*; '**≈brecherisch** ['-brɛçəriʃ] arriscado; '**~entzündung** *f* inflamação *f* da garganta; '**~kette** *f* colar *m*; '**~krause** *f* gargantilha *f*; rufo *m*; '**~'-Nasen-'Ohren-Arzt** *m* <-*es*; ¨*e*> otorrinolaringologista *m*; '**~schlagader** *f* <-; -*n*> carótida *f*; '**~schmerzen** *m*/*pl* dores *f*/*pl* (*bras* dor *f*) de garganta; '**≈starrig** ['-ʃtariç] teimoso; '**~tuch** *n* <-(*e*)*s*; ¨*er*> lenço *m*; cachecol *m*; '**~weh** *n* <-(*e*)*s*; *sem pl*> → ***~schmerzen***; '**~weite** *f* medida *f* do colarinho; '**~wirbel** *m* *ANAT* vértebra *f* cervical

Halt [halt] **1.** *m* <-(*e*)*s*; -*e*> paragem *f*, *bras* parada *f*; *MIL* alto *m*; (*Stütze*) apoio *m* (*innerer* ~) consistência *f*; força *f* moral; ***~ machen*** parar; *MIL* fazer alto; **2.** ***≈!*** alto (lá); **3.** ≈ *adv sdd* pois; ***da kann man ~ nichts machen!*** paciência!

'**haltbar** sólido; *Stoff*: resistente; *Speise*: ***unbegrenzt ~*** imputrescível; ***~ sein*** conservar-se; **≈keit** *f* <*sem pl*> durabilidade *f*; **≈keitsdatum** *n* <-*s*; -*daten*> data *f* limite de conservação

'**halten 1.** *v*/*t* segurar; (*in der Hand*) *a* pegar; (*zurück*~) deter; (*stützen, aufrecht*~) manter; *Messe*: dizer; *MIL* defender; *Rede*: fazer, pronunciar; *Zeitung*: assinar; *Versprechen, Wort*: cumprir, ***nicht ~*** faltar a; ***sich*** (*dat*) *e-n Hund etc* ~ ter; ***zu j-m ~*** ser fiel a alg; ***gegeneinander ~*** comparar; ***gut ~*** tratar bem; ***Takt ~*** ir ao compasso; ***~ für*** crer, julgar, considerar; tomar por; ***~ von*** pensar de; ***viel von j-m ~, große Stücke auf j-n ~*** ter muita consideração por alg; ***~ Sie es, wie sie wollen*** faça como quiser; **2.** *v*/*i* parar; resistir; ~ (*dauerhaft sein*) durar, continuar; ***an sich ~*** *fig* conter-se; ***auf*** (*ac*) ~ dar importância a; preocupar-se com; **3.** *refl* ***sich ~*** manter-se; *Obst*: conservar-se; *MIL* resistir; ***sich ~ für*** julgar-se; ***das Wetter hält sich*** o tempo mantém-se; ***sich an*** (*ac*) ~ ater-se a

'**Halte|r** ['haltər] *m* suporte *m*; **~signal** *n* <-*s*; -*e*> sinal *m* de parar; **~stelle** *f* paragem *f*, *bras* parada *f*; **~tau** *n* <-(*e*)*s*; -*e*> *NAV, AV* amarra *f*; **~verbot** *n* <-(*e*)*s*; -*e*> paragem *f* proibida

'**halt|los** inconsistente: *fig* inconstante; *adv a* abandonadamente; *Behauptung*: infundado; '**≈losigkeit** ['-loːziç-] *f* <*sem pl*> inconsistência *f*; *fig* inconstância *f*; **~machen** → ***Halt***

Haltung *f* <*sem pl*> porte *m*; atitude *f*; ***aufrechte ~*** aprumo *m* (*a fig*); *MIL* continência *f*; ***~ bewahren*** manter-se firme; manter a compostura; ***die ~ verlieren*** perder a compostura

Ha'lunke [ha'luŋkə] *m* <-*n*> patife *m*; velhaco *m*; malandro *m*

'**Hamburger(in** *f*) *m* ['hamburgər] hamburguês *m*, -esa *f*; de Hamburgo; (*Speise, nur m*) hamburger *m*

'**hämisch** ['hɛːmiʃ] malicioso

'**Hammel** ['haməl] *m* <-*s*; - *od* ¨> (**~braten**) carneiro *m* (assado); **~fleisch** *n* <-(*e*)*s*; *sem pl*> (**~keule** *f*, **~kotelett** *n* <-(*e*)*s*; -*e od* –*s*>) carne *f* (perna *f*, costeleta *f*) de carneiro

'**Hammer** ['hamər] *m* <-*s*; ¨> martelo *m*; ***unter den ~ kommen*** ser posto em leilão, ser leiloado, ser arrematado em hasta pública

'**hämmer|bar** ['hɛmər-] maleável; **~n** <-*re*> martelar, bater

'**Hammer|schlag** *m* <-(*e*)*s*; ¨*e*> martelada *f*; **~werfen** *n* <-*s*; *sem pl*> *Sport*: lançamento *m* do martelo; **~werk** *n* <-(*e*)*s*; -*e*> forja *f*

Hämorrho'iden, Hämorriden [hɛːmɔro'iːdən] *MED pl* hemorróides *f*/*pl*

'**Hampelmann** ['hampəl-] *m* <-(*e*)*s*; ¨*er*> boneco *m* de engonços; marionete *m*; títere *m*; *fig* manequim *m*

'**Hamster** ['hamstər] *m* *ZO* hamster *m*; **~er** *m* a(çam)barcador *m*; **≈n** <-*re*> a(çam)barcar, *bras* monopolizar

Hand [hant] *f* <-; ¨*e*> mão *f* (***an der*** debaixo de; ***bei der, zur ~*** *haben, sein, führen, nehmen*, ***mit der ~*** *gestickt etc* à); (*Schrift*) letra *f*; ***flache ~*** palma *f*; ***weder ~ noch Fuß haben*** não ter pés nem cabeça; ***an ~*** → ***anhand***; ***aus zweiter ~*** em segunda mão; ***j-s rechte ~ sein*** ser o braço direito de alg; ***freie ~ lassen*** dar carta branca; ***j-m an die ~ ge-***

hen ajudar alg; ***mit ~ anlegen*** ajudar; ***~ an sich legen*** suicidar-se; ***auf der ~ liegen*** *fig* ser evidente; ***aus der ~ in den Mund leben*** viver ao Deus dará; ***aus der ~ geben*** largar; ***~ in ~*** de mãos dadas; ***unter der ~*** (*ver*)*kaufen* à socapa, às escondidas; ***von langer ~*** *fig* de há muito; ***et geht j-m leicht von der ~*** alg tem jeito para a/c; ***von der ~ weisen*** refutar, não admitir; ***nicht die ~ vor*** (***den***) ***Augen sehen*** não ver um palmo adiante do nariz, não ver absolutamente nada; ***zur ~ gehen*** ajudar; (***eine***) ***~ voll*** punhado *m*; mão cheia *f*; *pl* ***alle Hände voll zu tun haben*** não ter mãos a medir, estar muito ocupado; ***die Hände in den Schoß legen*** não fazer nada; não reagir; ***j-n auf Händen tragen*** *fig* trazer alg nas palmas da mão; ***mit leeren Händen dastehen*** ficar com as (*od* de) mãos a abanar (*bras* abanando); ***unter den Händen haben*** *fig* ter entre mãos; ***Hände hoch!*** mãos ao alto!; ***zu Händen von*** aos cuidados de

'Hand|arbeit *f* trabalho *m* manual; (*Nadelarbeit*) costura *f*; lavores *m/pl*; **'~ball**(**spiel** *n* <-(*e*)*s*; -*e*>) *m* <-(*e*)*s*; ¨*e*> handebol *m*; **'~bedienung** *f* <*sem pl*> comando *m* manual; **'~bewegung** *f* gesto *m* (de mão); **'~breit** *f* <*sem pl*> palmo *m*; ***e-e ~*** *a* da largura de uma mão; **'~bremse** *f* travão (*bras* freio) *m* de mão; **'~buch** *n* <-(*e*)*s*; ¨*er*> manual *m*; guia *m*

'Hände|druck ['hɛndə-] *m* <-(*e*)*s*; ¨*e*> aperto *m* de mãos; **~klatschen** *n* <-*s*; *sem pl*> palmas *f/pl*; aplauso(s *pl*) *m*

'Handel ['handəl] *m* <-*s*; *sem pl*> *ECON* comércio *m*; (*Verkehr*) movimento *m* comercial, tráfico *m*, tráfego *m*; (*Geschäft*) negócio *m*; *JUR* pleito *m*; (*Vereinbarung*) compromisso *m*; ***~ treiben*** → ***handeln***; ***~ treibend*** mercantil

'Händel ['hɛndəl] *m/pl* querela *f/sg*, contenda *f/sg*; briga *f/sg*; ***~ suchen*** andar de brigas

'handeln ['handəln] <-*le*> comerciar; fazer negócio(s *pl*) *m*; ***~ mit*** negociar em; (*feilschen*) ajustar; regatear; (*tun*) agir; ***~ von*** tratar de; ***sich ~ um*** tratar-se de; ***mit sich ~ lassen*** ser tratável (*od* flexível)

'Handels|abkommen *n* acordo *m* comercial; **~bank** *f* <-; -*en*> banco *m* comercial; **~beziehung** *f* relação *f* comercial; **~bilanz** *f* balanço *m*; **~flotte** *f* marinha *f* mercante; **≈gerichtlich**: ***~ eingetragen*** devidamente registado (*bras* registrado); **~gesellschaft** *f* sociedade *f* comercial; companhia *f*; **~gesetzbuch** *n* <-(*e*)*s*; ¨*er*> Código *m* Comercial; **~kammer** *f* <-; -*n*> Câmara *f* de Comércio; **~klasse** *f* categoria *f*; **~korrespondenz** *f* correspondência *f* comercial; **~marine** *f* → **~flotte**; **~minister**(**ium** *n* <-*s*; -*rien*>) *m* Ministro *m* (Ministério *m*) de Comércio; **~niederlassung** *f* feitoria *f*; sucursal *f*; **~recht** *n* <-(*e*)*s*; *sem pl*> direito *m* comercial; **~register** *n* registo (*bras* registro) *m* comercial; **~reisende**(**r**) *m* caixeiro *m* viajante; **~schiff** *n* <-(*e*)*s*; -*e*> navio *m* mercante; **~schule** *f* escola *f* comercial; **~spanne** *f* margem *f* comercial; **~sperre** *f* embargo *m*; bloqueio *m*; **~stadt** *f* <-; ¨*e*> cidade *f* mercantil; **≈üblich** corrente; **~unternehmen** *n* empresa *f* comercial; **~verbindung** *f*, **~verkehr** *m* <-*s*; *sem pl*> comércio *m*, relações *f/pl* comerciais; tráfico *m*, tráfego *m*; **~vertrag** *m* <-(*e*)*s*; ¨*e*> tratado *m* comercial; **~vertreter** *m* agente *m* comercial; **~vertretung** *f* agência (*od* representação) *f* comercial; **~ware** *f* artigo *m* de comércio; **~zweig** *m* <-(*e*)*s*; -*e*> ramo *m* do comércio

'händeringend ['hɛndə-] *fig* desesperado; suplicando

'Hand|feger ['-feːgər] *m* espanador *m*; **~fertigkeit** *f* destreza *f* manual, jeito *m* manual; **~fessel** *f* <-; -*n*> algema *f*; **≈fest** robusto; **~feuerwaffe** *f* arma *f* portátil; **~fläche** *f* palma *f* (da mão); **~geld** *n* <-(*e*)*s*; -*er*> sinal *m*; **~gelenk** *n* <-(*e*)*s*; -*e*> pulso *m*; **≈gemacht** feito à mão; **≈gemein**: ***~ werden*** agredir; atacar; **~gemenge** *n* peleja *f*; briga *f*; **~gepäck** *n* <-(*e*)*s*; *sem pl*> volumes *m/pl* de mão; **~granate** *f* granada *f* de mão; **≈greiflich** ['-graɪfliç] palpável; evidente; ***~ werden*** vir às

H

mãos; passar a vias de fa(c)to; **~griff** *m* <-(*e*)*s*; -*e*> *Bewegung*: manejo *m*; jeito *m*; *zum Anfassen*: cabo *m*; punho *m*; asa *f*; **~habe** *f fig* motivo *m*, pretexto *m*; **2haben** manejar, manipular; *Gesetz etc*: aplicar; **~habung** ['-habuŋ] *f* manejo *m*; *fig* administração *f*; JUR aplicação *f*; **~hebel** *m* manivela *f*; alavanca *f*

'**Handicap**, **Handikap** ['hɛndikɛp] *n* <-*s*; -*s*> handicap *m*

'**Hand|karre** *f* carrinho *m* de mão; **~koffer** *m* mala *f* de mão; **~kurbel** *f* <-; -*n*> manivela *f*; **~kuss** *m* <-*es*; ⸚*e*> beija-mão *m*; **~langer** ['-laŋər] *m* ajudante *m*; criado *m*; cúmplice *m*; ARQUIT servente *m*

'**Händler|(in** *f*) ['hɛndlər] *m* comerciante *su*; negociante *su*; (*Straßenhändler*) vendedor *m* (vendedeira *f*) ambulante; **~preis** *m* <-*es*; -*e*> preço *m* para revendedores; preço *m* por grosso

'**Hand|lesekunst** *f* <*sem pl*> quiromancia *f*; **2lich** manejável; portátil; **~lung** *f* (*Tat*) a(c)ção *f*; a(c)to *m*; feito *m*; ECON comércio *m*; loja *f*; negócio *m*; LIT argumento *m*

'**Handlungs|freiheit** *f* <*sem pl*> liberdade *f* de a(c)ção; **~gehilfe** ECON *m* <-*n*> empregado *m* de comércio; **~reisende(r)** *m* <-*n*> caixeiro *m* viajante; **~vollmacht** *f* procuração *f*; **~weise** *f* procedimento *m*, proceder *m*

'**Hand|pflege** *f* <*sem pl*> manicura *f*; tratamento *m* dos mãos; **~presse** *f* imprensa *f* manual; **~reichung** ['-raɪçuŋ] *f* auxílio *m*; serviço *m*; **~schelle** *f* algema *f*; **~schlag** *m* <-(*e*)*s*; *sem pl*> palmada *f*; aperto *m* de mão; **~schreiben** *n* carta *f* autógrafa (*od* manuscrita)

'**Handschrift** *f* letra *f*, escrita *f*; manuscrito *m*; **~endeuter** *m* grafólogo *m*; **~endeutung** *f* <*sem pl*> grafologia *f*; **2lich** manuscrito; por escrito; autógrafo

'**Handschuh** *m* <-(*e*)*s*; -*e*> luva *f* (***anziehen*** calçar); **~fach** *n* <-(*e*)*s*; ⸚*er*> porta-luvas *m*; **~nummer** *f* <-; -*n*> número *m* da luva

'**Hand|stand** *m* <-(*e*)*s*; ⸚*e*> *Turnen*: pino *m*; **~streich** *m* <-(*e*)*s*; -*e*> golpe *m* de mão; **~tasche** *f* malinha *f* de mão; bolsa *f*; carteira *f*; **~teller** *m* palma *f* da mão; **~tuch** *n* <-(*e*)*s*; ⸚*er*> toalha *f*; **~tuchhalter** *m* toalheiro *m*; **~umdrehen**: ***im ~*** num instante; mão-cheia *f*; **~wagen** *m* carrinho *m* de mão

'**Handwerk** *n* <-(*e*)*s*; -*e*> ofício *m*, artesanato *m*; (*Stand*) → ***die ~er***; ***j-m das ~ legen*** acabar com os manejos (*od* as manobras) de alg; ***j-m ins ~ pfuschen*** intrometer-se nos negócios de alg; **~er(in** *f*) *m* artífice *su*; artesão *m*, -ã *f*; **2lich** artesanal; **~sbetrieb** *m* <-(*e*)*s*; -*e*> empresa *f* artesanal; **~sgeselle** *m* <-*n*> oficial *m*; **~skammer** *f* <-; -*n*> câmara *f* de artes e ofícios; **~smeister** *m* mestre *m* artesão; **~szeug** *n* <-(*e*)*s*; *sem pl*> utensílios *m*/*pl*; *eisernes*: ferramentas *f*/*pl*

'**Hand|wörterbuch** *n* <-(*e*)*s*; ⸚*er*> dicionário *m* portátil

'**Handy** ['hɛndi] *n* <-(*s*); -*s*> *port* telemóvel *m*; *bras* (telefone *m*) celular

Hand|wurzel *f* <-; -*n*> carpo *m*; **~zeichen** *n* sinal *m* com a mão; ***Abstimmung durch ~*** votação *f* por braço levantado; **~zeichnung** *f* desenho *m* à mão; debuxo *m*; **~zettel** *m* folheto *m*, talão *m*

'**hanebüchen** ['ha:nəby:çən] inaudito; espantoso

Hanf [hanf] *m* <-(*e*)*s*; *sem pl*> cânhamo *m*

'**Hänfling** ['hɛnfliŋ] *m* <-(*e*)*s*; -*e*> pintarroxo *m*, milheiro *m*

Hang [haŋ] *m* <-(*e*)*s*; ⸚*e*> (*Ab2*) encosta *f*, declive *m*, talude *m*; *fig* inclinação *f*, tendência *f* (***zu*** a)

'**Hänge|boden** ['hɛŋə-] *m* <-*s*; ⸚> sótão *m*; **~brücke** *f* ponte *f* suspensa (*od* de suspensão); **~busen** *m* seios *m*/*pl* caídos; **~lampe** *f* candeeiro *m* de suspensão; **~matte** *f* rede *f* (de descanso); NAV maca *f* (de bordo)

'**hängen** ['hɛŋən] **1.** *v*/*i* pender; estar pendurado (***an*** *dat* em); *fig* ***an*** (*dat*) ~ ser afeiçoado a; ***an j-s Lippen ~*** estar suspenso das palavras de alg; ***~ bleiben*** ficar pendurado, *a fig* ficar preso; ***~ lassen*** deixar pendurado; esquecer; F ***j-n ~ lassen*** *fig* deixar alg pendurado; **2.** *v*/*t* pendurar, (sus)pender; (*henken*) enforcar; *fig* ***den Kopf ~ lassen*** andar cabisbaixo, estar desanimado; **3.** 2 F: ***mit ~ und Würgen*** a muito custo; **~d**

adj pendente, suspenso
'Hänger ['hɛŋər] *m* F *AUTO* reboque *m*
Han'nover *n* [ha'noːfər] Hanôver *su*
'Hans|a ['hanza], **~e** [-ə] *f* <*sem pl*> Hansa *f*; Liga *f* hanseática
Häns|e'lei [hɛnzə'laɪ] *f* troça *f*; **'Ձeln** *v/t* <*-le*> fazer troça de
'Hansestadt *f* <-; ᵘ*e*> cidade *f* hanseática
'Hans'wurst *m* <*-(e)s*; *-e*> palhaço *m*; arlequim *m*
'Hantel ['hantəl] *f* <-; *-n*> haltere *m*
han'tieren [han'tiːrən] <->: **~ *mit*** manejar (*ac*); **Ձ** *n* manejo *m* (***mit*** de)
'hapern ['haːpərn] <*-re*> haver dificuldades; ***es hapert mit et*** a/c não corre bem; ***da hapert es*** é ali que está a dificuldade
'Happ|en ['hapən] *m* bocado *m*
'happig F *j-d*: ávido; *et*: forte
'Hardware ['hartvɛːr] *f* <-; *-s*> componente *m* físico, hardware *m*
'Harem ['haːrəm] *m* <*-s*; *-s*> harém *m*
'Harfe ['harfə] *f* harpa *f*; **~'nist(in *f*)** *m* <*-en*> harpista *su*
'Hark|e ['harkə] *f* ancinho *m*; engaço *m*; **Ձen** engaçar; limpar com o ancinho
'Harlekin ['harləkiːn] *m* <*-s*; *-e*> arlequim *m*
'harmlos ['harm-] inofensivo; *j-d*: *a* inocente; **Ձigkeit** ['-loːziç-] *f* <*sem pl*> inocuidade *f*; *j-s*: inocência *f*; candura *f*
Harmo'n|ie [harmo'niː] *f* harmonia *f*; **~ielehre** *f* harmonia *f*; **Ձieren** <-> harmonizar; concordar; condizer
Har'moni|ka [har'moːnika] *f* <-; *-ken od -s*> acordeão *m*; **Ձsch** harmonioso; **~'sierung** [-moni'ziːruŋ] *f* harmonização *f*, uniformização *f*
Harn [harn] *m* <*-(e)s*; *sem pl*> urina *f*; **'~blase** *f* bexiga *f*; **'~drang** *m* <*-(e)s*; *sem pl*> necessidade *f* de urinar; → **~zwang**; **'Ձen** urinar; F mijar; **'~grieß** *MED* *m* <*-es*; *sem pl*> areias *f/pl*; **'~leiter** *m* *ANAT* uréter *m*; **'~röhre** *f* uretra *f*; **'~säure** *f* <*sem pl*> ácido *m* úrico; **'~stein** *m* <*-(e)s*; *-e*> *MED* cálculo *m* (*od* pedra *f*) da bexiga; **'~stoff** *m* <*-(e)s*; *-e*> ureia *f*; **'Ձtreibend** diurético; **'~untersuchung** *f* análise *f* da(s) urina(s); **'~wege** *m/pl* vias *f/pl* urinárias; **'~zwang** *m* <*-(e)s*; *sem pl*> estrangúria *f*
Har'pun|e [har'puːnə] *f* arpão *m*; **Ձ'ieren** [-pu'n-] <-> arp(o)ar
'harren ['harən]: *j-s* **~**, **~ *auf*** *j-n*: esperar (*ac*), *et*: aguardar (*ac*)
Harsch [harʃ] *m* <*-s*; *sem pl*> neve *f* gelada
hart [hart] duro; (*streng*) rigoroso; *Ei*: bem cozido; *Kampf*: cerrado; renhido; (*abgehärtet*) endurecido, insensível; *Währung*, *Drogen*: forte; ***e-n ~en Stand haben*** estar numa situação difícil; **~ *werden*** endurecer, *FÍS* solidificar-se; **~ *ankommen*** custar; **~ *gekocht*** *Ei*: bem cozido
'Härte ['hɛrtə] *f* dureza *f*; *Stahl*: têmpera *f*; (*Strenge*) rigor(ismo) *m*, severidade *f*; **~fall** *m* <*-(e)s*; ᵘ*e*> caso *m* extremo; **Ձn** <*-e-*> endurecer; *Stahl*: temperar; **~test** *m* <*-(e)s*; *-s*> teste *m* de dureza
'Hart|faserplatte *f* placa *f* de fibra dura; **Ձgesotten** ['-gəzɔtən] *fig* duro; **~geld** *n* <*-(e)s*; *sem pl*> moeda *f* metálica; miúdos *m/pl*, *bras* trocado *m*; **~gummi** *m u n* <*-s*; *sem pl*> ebonite *f*; **Ձherzig** ['-hɛrtsiç] desapiedado, impiedoso; **~herzigkeit** *f* <*sem pl*> dureza *f* (de coração); **Ձnäckig** ['-nɛkiç] tenaz, pertinaz, *j-d*: *a* obstinado, teimoso; **~ *darauf bestehen zu …*** teimar em; **~näckigkeit** *f* <*sem pl*> teim(osi)a *f*, afinco *m*; obstinação *f*; tenacidade *f*; **~schalenkoffer** *m* mala *f* de revestimento duro
Harz [haːrts] *n* <*-es*; *-e*> resina *f*; **'Ձig** resinoso
Ha'schee [ha'ʃeː] *n* <*-s*; *-s*> picado *m* de carne
'haschen 1. apanhar; ***nach et* ~** andar atrás de a/c, *fig* ambicionar a/c; F tomar haxixe; **2. Ձ** *n* ambição *f* (***nach*** de)
'Häscher ['hɛʃər] *m* *LIT* esbirro *m*
'Hase ['haːzə] *m* <*-n*> *allg* lebre *f*; *männlicher*: lebrão *m*; ***ein alter* ~** F raposa *f* matreira; ***da liegt der ~ im Pfeffer*** aí está o busílis
'Hasel ['haːzəl] *f* <-; *-n*> aveleira *f*; **~nuss** *f* <-; ᵘ*e*> avelã *f*; **~strauch** *m* <*-(e)s*; ᵘ*e*> (varinha *f* de) aveleira *f*
'Hasen|braten *m* lebre *f* assada;

~fuß *m* <*-es*; *⸚e*>, **~herz** *n* <*-ens*; *-en*> *fig* medrica(s) *su*, poltrão *m*; **~jagd** *f* caça *f* à lebre; **~klein** *n* <*-s*; *sem pl*> cabidela *f* (*bras* miúdos *m/pl*) (de lebre); **~panier** *n* <*-s*; *sem pl*>: ***das ~ ergreifen*** dar às de vila-diogo, *bras* bater em retirada; **~scharte** *MED f* lábio *m* leporino

'**Haspel** ['haspəl] *f* <*-*; *-n*> dobadoura *f*; **2n** <*-le*> dobar; guindar

Hass [has] *m* <*-es*; *sem pl*> ódio *m* (***gegen*** a); **2en** <*-t*> odiar; **2enswert** odioso

'**hässlich** ['hɛsliç] feio; *fig* indigno; **2keit** *f* <*sem pl*> fealdade *f*; <*pl* – *en*> indignidade *f*

Hast [hast] *f* <*sem pl*> pressa *f*; (***in*** de, ***in der*** na); *stärker*: precipitação *f* (***in*** com); '**2en** <*-e-*> apressar-se, precipitar-se; '**2ig** apressado, precipitado

'**hätscheln** ['hɛtʃəln] <*-le*> acariciar; (*ver~*) amimar

'**Haube** ['haʊbə] *f* touca *f*; *Auto*: capota *f*; ***unter die ~ bringen*** (***kommen***) casar(-se); **~nlerche** *f* cotovia *f* de poupa

Hauch [haʊx] *m* <*-(e)s*; *-e*> (*Atem*) hálito *m*; (*Wind2*) sopro *m*; *GRAM* aspiração *f*; '**2dünn** (muito) fininho; '**2en** soprar; '**~laut** *m* <*-(e)s*; *-e*> letra *f* aspirada

'**Hau|degen** ['haʊ-] *m* espadão *m*; **~e** [-ə] *f AGR* picareta *m*, enxadão *m*; F pancada *f*; **2en** *j-n*: bater; *Holz*: cortar; rachar; *Loch*: fazer; *Stein*: talhar; ***um sich ~*** dar golpes; F ***j-n übers Ohr ~*** lograr alg; **~er** *m ZO* presa *f*; *BGB* mineiro *m*

'**Hauf|e** [haʊfə] *m* <*-n*>, **~en** *m* montão *m*, monte *m*; *geschichteter*: *a* pilha *f*; (*Volk*) multidão *f*, turba *f*; ***ein ~ …*** F uma data (*od* um montão *od* monte) de …; ***über den ~en werfen*** (*od* ***rennen***) atropelar; *fig* deitar abaixo, desfazer; ***über den ~en schießen*** matar a tiros

'**häuf|eln** ['hɔyfəln] *AGR* <*-le*> amontoar; *Rebe*: abacelar; **~en** acumular; ***sich ~*** acumular-se

'**haufen|weise** em (*od* aos) montões; *a Leute*: em massa, em bandadas; **2wolke** *f* cúmulo *m*

'**häuf|ig** ['hɔyfiç] frequente; *adv* amiúde; muitas vezes; **2igkeit** *f* frequência *f*; **2ung** *f* frequência *f*

Haupt [haʊpt] *n* <*-(e)s*; *⸚er*> cabeça *f*, *fig a* chefe *m*; '**~aktionär** *m* <*-s*; *-e*> *ECON* a(c)cionista (*bras a* acionário) *m* principal; '**~altar** *m* <*-(e)s*; *⸚e*> altar-mor *m*; '**2amtlich** principal, oficial; '**2augenmerk** *n* <*-(e)s*; *-e*>: ***das*** (*od* ***sein***) ***~ auf*** (*ac*) ***richten*** olhar (*od* interessar-se) principalmente para (*od* por); '**~bahnhof** *m* <*-(e)s*; *⸚e*> estação *f* central; '**~bestandteil** *m* <*-(e)s*; *-e*> elemento *m* principal; '**~buch** *n* <*-(e)s*; *⸚er*> livro-razão *m*; livro-mestre *m*; '**~darsteller(in** *f*) *m* a(c)tor *m* (a[c]triz *f*) principal; protagonista *su*; '**~eingang** *m* <*-(e)s*; *⸚e*> entrada *f* principal; '**~fach** *n* <*-(e)s*; *⸚er*> *Studium*: cadeira (*od* disciplina) *f* principal (*od* nuclear); '**~gebäude** *n* edifício *m* principal; '**~gericht** *n* <*-(e)s*; *-e*> prato *m* principal; '**~geschäft** *n* <*-(e)s*; *-e*> sede *f*; '**~geschäftsstunden** *f/pl*, '**~geschäftszeit** *f* horas *f/pl* de serviço (*od ECON a* de comércio); '**~gewinn** *m* <*-(e)s*; *-e*> primeiro prémio (*ê) *m*; '**~gewinner(in** *f*) *m* totalista *su*; '**~haar** *n* <*-(e)s*; *-e*> cabelo(s *pl*) *m*; '**~hahn** *m* <*-(e)s*; *⸚e*> torneira *f* principal (*od* de segurança); '**~kasse** *f* caixa *f* central

'**Häuptling** ['hɔyptliŋ] *m* <*-s*; *-e*> chefe *m*; (*Anführer*) cabo *m*; cabecilha *m*; (*Stammes2*) soba *m*; (*Indianer2*) cacique *m*

'**Haupt|mahlzeit** *f* refeição *f* principal; **~mann** *MIL m* <*-(e)s*; *-leute*> capitão *m*; **~mast** *m* <*-(e)s*; *-en*> *NAV* mastro *m* grande; **~merkmal** *n* <*-s*; *-e*> cara(c)terística *f* principal; **~nenner** *MAT m* denominador *m* geral (*bras* comum); **~person** *f* personagem (*od* figura) *f* principal; **~post(amt** *n* <*-(e)s*; *⸚er*>) *f* estação *f* central dos correios, *bras* correio *m* central; **~quartier** *n* <*-s*; *-e*> quartel *m* general; **~rolle** *f* papel *m* principal; **~sache** *f* essencial *m*, principal *m*; **2sächlich** principal; *adv a* mormente; **~saison** *f* <*-*; *-s*> estação *f* alta; **~satz** *m* <*-es*; *⸚e*> oração *f* principal; **~schlagader** *f* <*-*; *-n*> aorta *f*; **~schlüssel** *m* chave-mestra *f*; chave *f* principal; **~schule** *f etwa*: escola *f* de ensino secundário de base; **~segel** *n* vela *f* maior; **~sitz** *m* <-*es*; -*e*> sede *f* (principal); **~stadt** *f* <-; ¨*e*> capital *f*; **≈städtisch** da capital; **~straße** *f* estrada *f* (*od* rua *f*) principal; **~treffer** *m* → **~*gewinn***; **~verfahren** *n* processo *m* principal; **~verhandlung** *f* JUR audiência *f* principal; **~verkehrsstraße** *f* estrada *f* principal; **~verkehrszeit** *f* horas *f/pl* do maior movimento; *CAM. DE F a* horas *f/pl* de ponta; **~versammlung** *f* assembleia (*é) *f* geral; **~wohnsitz** *m* <-(*e*)*s*; -*e*> domicílio *m* principal; **~wort** *n* <-(*e*)*s*; ¨*er*> substantivo *m*

Haus [haʊs] *n* <-*es*; ¨*er*> casa *f* (***nach*** a, para; ***zu*** em), *POL* câmara *f*; *fig* casa *f*; família *f*; linhagem *f*; dinastia *f*; ***ins ~*** *liefern ECON* ao (*bras* a) domicílio; ***zu ~e*** *österr*, *schweiz*: ***zuhause*** em casa; (*wohnhaft*) domiciliado, residente, (*stammend aus*) natural de; ***nach ~e*** *österr*, *schweiz*: ***nachhause*** para casa; ***außer ~*** fora de casa; ***das ~ hüten*** *fig* não sair de casa; ***von ~ aus*** *fig* por si, por natureza; **'~angestellte(r** *m*) *su* <-*n*> criado *m*, -a *f*; empregado *m*, -a *f* doméstico, -a; **'~apotheke** *f* pequena farmácia *f* (de família); farmácia *f* portátil; **'~arbeit** *f* trabalho *m* doméstico; → **~*aufgabe***; **'~arrest** *m* <-(*e*)*s*; -*e*> proibição *f* de sair de casa; **'~arzt** *m* <-*es*; ¨*e*> médico *m* de família; **'~aufgabe** *f* dever *m* (de casa), *bras a* lição *f* de casa; **'≈backen** *fig* caseiro, simples; trivial; **'~bar** *f* <-; -*s*> bar *m*, garrafeira *f*; **'~bedarf** *m* <-(*e*)*s*; *sem pl*> uso *m* da casa, consumo *m* doméstico; **'~besetzer** *m* ocupante *m* ilegal de casas (*od* selvagem); **'~besitzer(in** *f*) *m* proprietário *m*, -a *f*; **'~besuch** *m* <-(*e*)*s*; -*e*> visita *m* ao (*bras* a) domicílio; **'~bewohner(in** *f*) *m* inquilino *m*, -a *f*; **'~boot** *n* <-(*e*)*s*; -*e*> casa *f* flutuante

'Häuschen ['hɔysçən] *n* casinha *f*; *fig* ***aus dem ~ sein*** (***bringen***) estar (fazer sair) fora de si (***vor Freude*** de contente)

'Haus|dame *f* governanta *f*; **~diener** *m* criado *m*

'hausen ['haʊzən] <-*t*> morar, viver; ***übel ~*** devastar

'Häuser|block ['hɔyzər-] *m* <-(*e*)*s*; ¨*e*> quarteirão *m* (de casas); **~makler** *m* agente *m* predial; **~meer** *n* <-(*e*)*s*; -*e*> mar *m* de casas

'Haus|flur *m* <-(*e*)*s*; -*e*> vestíbulo *m*; entrada *f*; **~frau** *f* dona *f* de casa; **~freund** *m* <-(*e*)*s*; -*e*> íntimo *m*; **~friedensbruch** *m* <-(*e*)*s*; ¨*e*> violação *f* do lar (*od* de domicílio); **~gebrauch** *m* <-(*e*)*s*; *sem pl*> → **~*bedarf***; **~gehilfin** *f* empregada *f* doméstica; **≈gemacht** de confe(c)ção caseira

'Haushalt *m* <-(*e*)*s*; -*e*> governo *m* da casa; *bras* economia *f* doméstica; lar *m*; (*Staats*≈) orçamento *m*; ***den ~ führen*** governar a casa (***j-m*** de alg), *bras* cuidar da casa (***j-m*** de alg)

'Haushälter|in ['-hɛltər-] *f* governanta *f*; **≈isch** económico (*ô); ***~ umgehen mit*** economizar (*ac*)

'Haushalts|ausschuss *m* <-*es*; ¨*e*> comissão *f* orçamental (*od* de contas); **~defizit** *n* <-*s*; -*e*> défice *m* orçamental; **~gegenstand** *m* <-(*e*)*s*; ¨*e*> utensílio *m* doméstico; **~geld** *n* <-(*e*)*s*; *sem pl*> dinheiro *m* para o governo da casa; **~gerät(e** *pl*) *n* ele(c)trodoméstico(s *pl*) *m*; **~jahr** *n* <-(*e*)*s*; -*e*> ano *m* económico (*ô); **~plan** *m* <-(*e*)*s*; ¨*e*> orçamento *m*; **~vorstand** *m* <-(*e*)*s*; ¨*e*> chefe *m* de família

'Haus|herr(in *f*) *m* <-*en*> dono *m*, -a *f* da casa; **≈hoch** da altura de uma casa; *fig* enorme; **~hund** *m* <-(*e*)*s*; -*e*> cão *m* caseiro, cão *m* doméstico

hau'sier|en [haʊ'zi:rən] <-> vender pelas ruas, *bras* vender de porta em porta; **≈er** *m* vendedor *m* ambulante

'Haus|jacke *f*, **~joppe** *f* casaco *m* caseiro; **~kleid** *n* <-(*e*)*s*; -*er*> vestido *m* de (trazer em) casa; **~lehrer(in** *f*) *m* professor(a *f*) *m* particular; explicador *m*

'häuslich ['hɔys-] caseiro (*a j-d*), doméstico; ***sich ~ niederlassen*** instalar-se; **≈keit** *f* <*sem pl*> casa *f*; vida *f* doméstica; afeição *f* à vida caseira

'Haus|macher...: *in Zssgn* feito em casa; caseiro; **~macht** *f* <-; *sem pl*> domínios *m/pl* dinásticos; **~mädchen** *n* criada *f*, *bras* empregada *f* doméstica; **~mannskost** *f* <*sem pl*> comida *f* caseira; **~meister** *m* porteiro *m*; **~mittel** *n* remédio *m*

H

caseiro; **~musik** *f <sem pl>* música *f* caseira; **~nummer** *f <-; -n>* número *m* da casa; **~ordnung** *f* regulamento *m* da casa; **~putz** *m <-(e)s; sem pl>* limpeza *f* da casa; **~rat** *m <-(e)s; sem pl>* recheio *m* da casa; utensílios *m/pl* domésticos; mobiliário *m*; **~ratversicherung** *f* seguro *m* do recheio da casa, *bras* seguro *m* doméstico; **~recht** *n <-(e)s; sem pl>* direito *m* doméstico; autoridade *f* doméstica; **~schlüssel** *m* chave *f* da casa; **~schuh** *m* chinelo *m*, chinela *f*, pantufa *f*

'Hausse ['ho:s] *ECON f* alta *f*

'Haus|stand *m <-(e)s; ⸚e>* → ***~halt***; **~suchung** ['-zu:xuŋ] *f* busca *f* domiciliária; ***e-e ~ vornehmen*** passar revista *f* à casa; **~suchungsbefehl** *m <-(e)s; -e> JUR* ordem *f* de busca domiciliária; **~telefon** *n <-(e)s; -e>* telefone *m* interno (*od* privativo); **~tier** *n <-(e)s; -e>* animal *m* doméstico; **~tür** *f* porta *f* da rua; **~verwalter** *m* administrador *m* (da casa); **~wart** ['-vart] *m <-(e)s; -e>* porteiro *m*; *Schloss*: castelão *m*; **~wirt(in** *f*) *m <-(e)s; -e>* senhorio *m*, -a *f*; **~wirtschaft** *f <sem pl>* → ***~halt***; **~wirtschaftsschule** *f* escola *f* de economia doméstica; **~zelt** *n <-(e)s; -e>* tenda *f* de campismo (*bras* acampamento) para duas pessoas

Haut [haʊt] *f <-; ⸚e>* pele *f*; (*Ober*♀) *a* cútis *f*, epiderme *f*; *Milch*: nata *f*; ***ehrliche ~*** *fig* pessoa *f* honrada (*od* de bem); ***mit heiler ~ davonkommen*** escapar; ***aus der ~ fahren*** enfurecer-se; embirrar; ***sich seiner ~ wehren*** defender-se; ***auf der faulen ~ liegen*** F mandriar, não fazer nada; ***nur ~ und Knochen sein*** F ser só pele e osso; ***ich möchte nicht in seiner ~ stecken*** não queria estar na pele dele; ***mit ~ und Haar*** com toda a alma, completamente; **~abschürfung** *f* esfoladela *f*; **~arzt** *m <-(e)s; ⸚e>*, **~ärztin** *f* dermatologista *su*, dermatólogo *m*, -a *f*; **'~ausschlag** *m <-(e)s; ⸚e>* erupção *f* cutânea, eczema *m*

'Häutchen ['hɔytçən] *n* película *f*, membrana *f*, *MED a* túnica *f* (*a BOT*); *Ei*: vitelina *f*; *Zwiebel*: camisa *f*, *bras* casca *f*

'Hautcreme ['haʊtkre:m] *f <-; -s>* creme *m* para a pele

'häuten ['hɔytən] *<-e->* despelar, tirar a pele a (*od* de); ***sich ~*** mudar a pele; pelar-se

'haut|eng ['-ɛŋ] muito justo; **♀entzündung** inflamação *f* da pele; dermatite *f*; **♀farbe** *f* cor *f* da pele; tez *f*

'Haut|jucken *n <-s; sem pl>* comichão *f*; prurido *m*; **~krankheit** *f* dermatose *f*, doença *f* da pele; **♀nah** muito próximo; **~pflege** *f <sem pl>* higiene *f* da pele

Ha'vanna(zigarre) [ha'vana-] *f <-; -s>* havano *m*, *bras* (charuto *m*) havana *m*

Hava'rie [hava'ri:] *f* avaria *f*

Hbf ***Hauptbahnhof*** *m* Estação Central

'Headhunter ['hedhantər] *m <-s; ->* caçador *m* de cabeças

'Hebamme ['he:p-] *f* parteira *f*

'Hebe|baum ['he:bə-] *m <-(e)s; ⸚e>* alavanca *f*; **~bühne** *f TÉCN* plataforma *f* elevatória; *TEA* palco *m* elevatório; **~kran** *m <-(e)s; ⸚e>* guindaste *m*

'Hebel ['he:bəl] *m* alavanca *f*; ***alle ~ in Bewegung setzen*** empregar todos os meios

'heben ['he:bən] levantar; alçar; içar; *fig* elevar; (*vergrößern*) aumentar; *Schatz*: desenterrar; ***sich ~*** (*Vorhang*) subir; ***e-n ~*** F (*trinken*) matar o bicho; ***gehoben*** *adj fig Stil*: elevado, sublime; ***in gehobener Stimmung*** alegre, entusiasmado

'Heber *m* sifão *m*; (*Stech*♀) argal *m*; *AUTO* macaco *m*

'Hebe|vorrichtung *f*, **~werk** *n <-(e)s; -e>* elevador *m*, dispositivo *m* de elevação

He'brä|er(in *f*) [he'brɛ:ər-] *m* hebreu *m*, hebreia (*é) *f*; **♀isch** hebraico

'Hebung ['he:buŋ] *f* elevação *f*; levantamento *m*, aumento *m*; *Vers*: sílaba *f* tónica (*ô), ársis *f*

'hecheln ['hɛçəln] *<-le> Hund*: arfar

Hecht [hɛçt] *m <-(e)s; -e>* lúcio *m*; **'~sprung** *m <-s; ⸚e>* salto *m* de cabeça

Heck [hɛk] *NAV n <-(e)s; -e, -s>* popa *f*; *AUTO* retaguarda *f*; **'~e** *f* sebe *f*; **'~enrose** *f* rosa-do-chão *f*; **'~enschütze** *m* franco-atirador *m*; **'~fenster** *n* janela *f* traseira; **'~mo-**

tor *m* <-*s*; -*en*> motor *m* à retaguarda (*od* de popa); '**~scheibe** *f* vidro *m* traseiro

Heer [heːr] *n* <-(*e*)*s*; -*e*> exército *m*; tropa *f*; (*Menge*) multidão *f*; '**~esbericht** *m* <-(*e*)*s*; -*e*> comunicado (oficial de guerra); '**~esleitung** *f* Alto Comando *m*; '**~führer** *m* general(íssimo) *m*; comandante *m* supremo; '**~lager** *n* acampamento *m* militar; '**~schau** *f* revista *f*; '**~straße** *f* estrada *f* militar

'**Hefe** ['heːfə] *f* fermento *m*; (*Back*2) levedura *f*; *fig* fezes *f*/*pl*, escória *f*; ralé *f*; **~teig** *m* <-(*e*)*s*; -*e*> massa *f* levedada

Heft [hɛft] *n* <-(*e*)*s*; -*e*> **a)** (*Schreib*2) caderno *m*, caderneta *f*; (*Broschüre*) folheto *m*; *Zeitschrift*: fascículo *m*; (*Scheck*2, *Fahrschein*2) caderneta *f*; **b)** (*Griff*) punho *m*; (*Stiel*) cabo *m*; '**2en** <-*e*-> atar; (*nähen*) alinhavar; TIP brochar; ***den Blick auf*** (*ac*) **~** fitar (*ac*); '**~er** *m* classificador *m*; (*Klammer*2) agrafador *m*; '**~faden** *m* <-*s*; ¨> fio *m* para encadernar; linha *f* de alinhavar

'**heftig** ['hɛftiç] violento; (*stürmisch*) impetuoso; *et*: *a* veemente; *Wind etc*: *a* forte; **~ *werden*** irritar-se; **2keit** *f* violência *f*; veemência *f*

'**Heft|klammer** *f* <-; -*n*> clip *m*, gancho *m*, agrafo *m*; **~maschine** *f* (*Büro*2) agrafador *m*; *Bücher*: brochadeira *f*; **~naht** *f* <-; ¨*e*> costura *f* alinhavada; **~pflaster** *n* adesivo *m*; **~stich** *m* <-(*e*)*s*; -*e*> alinhavo *m*; **~zwecke** *f* percevejo *m*, punaise *f*

Hegemo'nie [hegemo'niː] *f* hegemonia *f*

'**hegen** ['heːgən] *v*/*t* cuidar de; guardar; criar; *fig* nutrir

Hehl [heːl] *n*: ***kein ~ aus et machen*** não dissimular a/c, não ocultar a/c; '**2en** ocultar, encobrir; '**~er(in** *f*) *m* receptador(a *f*) *m*; encobridor(a *f*) *m*, (encobrideira *f*); **~e'rei** [-ə'raɪ] *f* encobrimento *m*, dissimulação *f*

'**Heide** ['haɪdə] **1.** *m* <-*n*> pagão; *pl a* gentios *m*/*pl*; **2.** *f*, **~land** *n* <-(*e*)*s*; *sem pl*> charneca *f*; **~kraut** *n* <-(*e*)*s*; *sem pl*> urze *f*

'**Heidelbeere** *f* arando *m*

'**Heiden|angst** ['haɪdən-] *f* <-; ¨*e*> F medo *m* terrível, grande horror *m* (*vor dat* de); **~geld** *n* <-(*e*)*s*; *sem pl*> F dinheirão *m*; **~lärm** *m* <-(*e*)*s*; *sem pl*> F barulho *m* infernal; **~spaß** *m* F: ***e-n ~ haben*** divertir-se à grande; **~tum** ['-tuːm] *n* <-*s*; *sem pl*> paganismo *m*

'**Heid|in** ['haɪdin] *f* pagã *f*; **2nisch** ['-niʃ] pagão

'**heikel** ['haɪkəl] <-*kl*-> espinhoso, melindroso, delicado; F bicudo; *Lage etc*: precário

Heil [haɪl] **1.** *n* <*sem pl*> salvação *f*, felicidade *f*; bem *m*; **2.** 2 *adj* inteiro, inta(c)to; (*gesund*) são (e salvo); (*geheilt*) curado; '**~and** ['-ant] *m* <-*s*; *sem pl*> Salvador *m*; '**~anstalt** *f* sanatório *m*, casa *f* de saúde; '**~bad** *n* <-(*e*)*s*; ¨*er*> banhos *m*/*pl* medicinais; termas *f*/*pl*; estação *f* termal; '**2bar** curável; **~ *sein*** curar-se; '**~barkeit** *f* <*sem pl*> curabilidade *f*; '**~butt** *m* <-(*e*)*s*; -*e*> solha *f* nórdica; '**2en** curar; *v*/*i a* sarar; '**~erfolg** *m* <-(*e*)*s*; -*e*> efeito *m* terapêutico; '**~gymnastik** *f* <*sem pl*> ginástica *f* terapêutica

'**heilig** ['haɪliç] santo, sagrado; ***die 2e Schrift*** a Bíblia Sagrada; ***das 2e Land*** a Terra Santa; ***die 2en drei Könige*** os três reis magos; **~ *sprechen*** canonizar; **2'abend** *m* <-*s*; -*e*> Véspera *f* do Natal, noite *f* de Natal

'**heiligen** ['haɪligən] santificar; (con-)sagrar

'**Heiligen|bild** *n* <-(*e*)*s*; -*er*> imagem *f* (de um santo); **~schein** *m* <-(*e*)*s*; -*e*> nimbo *m*; auréola *f*; **~schrein** *m* <-(*e*)*s*; -*e*> relicário *m*

'**Heilig|keit** *f* santidade *f*; **~sprechung** ['-ʃprɛçuŋ] *f* canonização *f*; **~tum** ['-tuːm] *n* <-*s*; ¨*er*> santuário *m*; templo *m*; coisa *f* sagrada

'**Heil|kraft** *f* <-; ¨*e*> virtude *f* curativa; **2kräftig** curativo, salutar; **~kraut** *n* <-(*e*)*s*; ¨*er*> planta (*od* erva) *f* medicinal; **~kunde** *f* <*sem pl*> medicina *f*; **2los** *et*: desesperado, monstruoso; **~methode** *f* terapêutica *f*, terapia *f*; **~mittel** *n* remédio *m*; **~pflanze** *f* planta *f* medicinal; **~praktiker(in** *f*) *m* osteópata *su*; **~quelle** *f* fonte *f* de água medicinal; **2sam** salutar; **~sarmee** *f* <*sem pl*> Exército *m* de Salvação; **~stätte** *f* sanatório *m*; **~ung** *f* cura *f*; *Wunde*: cicatrização *f*; **~verfahren** *n* tratamento *m*; → **~methode**; **~wirkung** *f* efeito *m* terapêutico

Heim [haɪm] **1.** *n* <-(*e*)*s*; -*e*> lar *m*, casa *f*; asilo *m*; sede *f*; (*Herberge*) hospício *m*, pousada *f*; **2.** ≈ *adv* para casa; **'~arbeit** *f* <*sem pl*> indústria *f* caseira (*od* doméstica); trabalho *m* no domicílio

'Heimat ['haɪmaːt] *f* <*sem pl*> pátria *f*; país *m* natal, terra *f* natal; ***in die ~ entlassen*** MIL licenciar; **~anschrift** *f* morada *f* no país de origem; **~dichter** *m* (**~dichtung** *f* <*sem pl*>) poeta *m* (poesia *f*) regionalista; **~hafen** NAV *m* <-*s*; ⸚> porto *m* de matrícula; porto-sede (*od* -base) *m*; **~kunde** *f* <*sem pl*> geografia *f* local (*od* regional); **~land** *n* <-(*e*)*s*; ⸚*er*> terra *f* (natal); **≈lich** natal, pátrio; **≈los** sem pátria; apátrida; desterrado; vagabundo; **~staat** *m* <-(*e*)*s*; -*en*> país *m* de origem; **~stadt** *f* <-; ⸚*e*> cidade *f* natal; **~vertriebene(r** *m*) *su* <-*n*> refugiado *m*, -a *f*; expatriado *m*, -a *f*

'heim|begeben <->: ***sich ~*** regressar; **~bringen** levar a casa; **≈chen** ['-çən] *n* ZO grilo *m*; **≈computer** *m* computador *m* doméstico; **~elig** aconchegado; acolhedor; **≈fahrt** *f* regresso *m*, volta *f*; **~führen** *v/t* levar (*od* acompanhar *od* reconduzir) a casa; *Braut*: casar com; **≈gang** *m* <-(*e*)*s*; *sem pl*> REL falecimento *m*, óbito *m*; trespasse *m*; **~gehen** <*sn*> → **~kehren**; REL falecer

'heimisch domiciliado; (*eingeboren*) indígena (*a* BOT); natal; pátrio; local; *a* ECON nacional; *Gefühl*: à vontade, como em casa; aclimatado; ***~ in*** (*dat*) *fig* versado em; ***~ werden*** aclimatar-se

'Heimkehr *f* <*sem pl*> volta *f*; regresso *m* (***nach***, ***in*** *ac* a); **≈en** <*sn*> → ***heimkommen***

'heim|kommen <*sn*> voltar, regressar; **~leuchten** <-*e*->: ***j-m ~*** *fig* F dar uma ensinadela a alg, mandar alg passear; **~lich** secreto; clandestino; oculto; *a j-d*: dissimulado; íntimo, familiar; *adv* em segredo; à socapa; ***~ vor*** *j-m*: às escondidas de; **≈lichkeit** *f* segredo *m*, mistério *m*; **≈reise** *f* → **≈*fahrt***; **≈spiel** *n* <-(*e*)*s*; -*e*> *Sport*: jogo *m* em casa; **≈stätte** *f* casa *f*; domicílio *m*, lar *m*; **~suchen** visitar; castigar; **≈suchung** ['-zuːxʊŋ] *f* visitação *f*; prova *f*, tribulação *f*; **≈tücke** *f* <*sem pl*> perfídia *f*; **~tückisch** pérfido; **~wärts** ['-vɛrts] para casa; **≈weg** *m* <-(*e*)*s*; -*e*> regresso *m*; **≈weh** *n* <-*s*; *sem pl*> nostalgia *f*; saudades *f/pl* da terra; **≈werker** ['-vɛrkər] *m* pessoa *f* que faz bricolage, bricoleur *m*, *bras* artesão *m* doméstico; **~zahlen** *fig* pagar na mesma (moeda)

'Heinzelmännchen ['haɪntsəlmɛnçən] *n* duende *m*

'Heirat ['haɪraːt] *f* casamento *m*; (*Ehe*) matrimónio (*ô) *m*; **≈en** <-*e*-> casar(-se) (***j-n*** com alg)

'Heirats|antrag *m* <-(*e*)*s*; ⸚*e*> pedido *m* de casamento; **~anzeige** *f* participação *f* de casamento; (*Ehewunsch*) anúncio *m* (de casamento); **≈fähig** casadouro; núbil; **~kandidat** *m* <-*en*> pretendente *m*; **≈lustig** casadouro; **~schwindler** *m* burlão (*od* vigarista) *m* casamenteiro; **~urkunde** *f* certidão *f* de casamento; **~vermittler(in** *f*) *m* agente *su* de matrimónios (*ô); casamenteiro *m*, -a *f*; **~vermittlung** *f* agência *f* de matrimónios (*ô)

'heiser ['haɪzər] rouco; ***~ machen***, ***~ werden*** enrouquecer; **≈keit** *f* <*sem pl*> rouquidão *f*

heiß [haɪs] quente; (*kochend*) a ferver; *fig* ardente; ***es ist ~*** está calor, que calor!; ***mir ist ~*** estou com (*od* tenho) calor; **'~blütig** ['-blyːtɪç] ardente, fogoso

'heißen ['haɪsən] **1.** *v/t* chamar; (*befehlen*) mandar; NAV içar; ***j-n willkommen ~*** dar as boas vindas a alg; **2.** *v/i* chamar-se; (*bedeuten*) significar; querer dizer; ***das heißt*** isto é; ***es heißt*** dizem, diz-se, consta; ***wie heißt ... auf Deutsch?*** como se diz ... em alemão?; ***was soll das ~?*** o que quer isso dizer?

'Heiß|hunger *m* <-*s*; *sem pl*> apetite *m* irresistível (***auf*** *ac* de); **≈hungrig** com (grande) apetite; **≈laufen** <*sn*>: TÉCN ***sich ~*** aquecer; **~luftheizung** *f* aquecimento por ar quente; **~wasserbereiter** *m* esquentador *m* de água; **'~wasserspeicher** *m* termossifão *m*

'heiter ['haɪtər] sereno; (*lustig*) alegre; *irón* bonito; (*Himmel*) limpo; **≈keit** *f* <*sem pl*> serenidade *f*, alegria *f*; (*Gelächter*) hilaridade *f*; risos *m/pl*

'heiz|bar ['haɪts-] aquecível; que se pode aquecer; **~en** <*-t*> aquecer; (*Ofen*) acender; **≈er** *TÉCN* *m* fogueiro *m*; **≈gerät** *n* <*-(e)s*; *-e*> aparelho *m* para aquecer; **≈kissen** *EL* *n* almofada *f* elé(c)trica; **≈körper** *m* calorífero *m*; *EL* radiador *m*; **≈kraft** *f* <*sem pl*> potência *f* calorífica; **≈kraftwerk** *n* <*-(e)s*; *-e*> central *f* térmica; **≈material** *n* <*-s*; *-materialien*> combustível *m*, combustíveis *m/pl*; **≈öl** *n* <*-(e)s*; *-e*> óleo *m* combustível; **≈schlange** *f* serpentina *f* de aquecimento; **≈sonne** *EL* *f* radiador *m* parabólico; **≈ung** *f* aquecimento *m*; calefa(c)ção *m*; **≈wert** *m* <*-(e)s*; *-e*> poder *m* calorífero

'Hek|tar ['hɛktaːr] *m u n* <*-s*; *-e*> hectare *m*; **~tik** ['-tik] *f* <*-*; *sem pl*> pressa *f*; nervosismo *m*; **≈tisch** nervoso; estressado; **~toliter** ['-toː-] *m u n* hectolitro *m*

Held [hɛlt] *m* <*-en*> herói *m*; *LIT a* protagonista *m*

'Helden|dichtung ['hɛldən-] *f* <*sem pl*> poesia *f* épica; **~epos** ['-eːpɔs] *n* <*-*; *-epen*>, **~gedicht** *n* <*-(e)s*; *-e*> poema *m* épico; epopeia (*é) *f*; **≈haft**, **≈mütig** [-myːtiç] heróico; **~mut** *m* <*-(e)s*; *sem pl*> heroísmo *m*; **~sage** *f* lenda *f* heróica; **~tat** *f* a(c)ção *f* heróica; façanha *f*; proeza *f*; **~tenor** *m* <*-s*; *⸚e*> tenor *m* dramático; **~tod** *m* <*-(e)s*; *sem pl*> morte *f* heróica; ***den ~ sterben*** morrer pela pátria; **~tum** ['-tuːm] *n* <*-s*; *sem pl*> heroísmo *m*

'Heldin ['hɛldin] *f* heroína *f*; *LIT a* protagonista *f*

'helfen ['hɛlfən] ajudar, auxiliar, socorrer, assistir, valer; (***j-m*** a alg; ***j-m bei et*** alg em a/c *od* a *inf*); ***~ aus*** (*dat*) tirar de; ***~ gegen*** *MED* ser bom para; ***~ zu*** servir para; ***nichts ~*** não valer nada; ***es hilft*** (***alles***) ***nichts*** não adianta; ***sich nicht zu ~ wissen*** não saber que fazer; ***so wahr mir Gott helfe!*** valha-me Deus!

'Helfer|(in *f*) *m* ajudante *su*; assistente *su*; coadjutor(a *f*) *m*; acólito *m*, -a *f*; **~shelfer** *m* cúmplice *m* (***bei*** em)

'Helgoland ['hɛlgolant] *n* Heligolândia *f*

Heli'kopter [heːli'kɔptər] *m* helicóptero *m*

Helio'trop [helio'troːp] *BOT* *n* <*-s*; *-e*> heliotrópio *m*

'Helium ['heːlium] *n* <*-s*; *sem pl*> hélio *m*

hell [hɛl] claro; (*erleuchtet*) alumiado; iluminado; ***~ sein*** haver luz; ser dia; *j-d*: (*aufgeweckt*) esperto; *Freude etc*: grande; ***~(er) werden*** aclarar-se; desanuviar-se; ***~ werden*** (*morgens*) amanhecer, alvorecer; ***am ~en*** (*od* ***helllichten***) ***Tage*** em pleno dia; ***in ~er Verzweiflung*** desesperado; **'~blau** azul claro; **'~blond** louro; **'≈dunkel** *n* <*sem pl*> penumbra *f*, *PINT* claro-escuro *m*; **'≈e** ['-ə] *f* <*sem pl*> claridade *f*

'Heller ['hɛlər] *m* óbulo *m*, real *m*; ***auf ~ und Pfennig*** até ao último tostão

'hell|hörig ['-høːriç]: ***~ sein*** *j-d*: ter o ouvido apurado; ***~ werden*** aguçar o ouvido; ***diese Wohnung ist sehr ~*** nesta casa ouve-se tudo; **≈igkeit** *f* <*sem pl*> claridade *f*; *TV* luminosidade *f*; **≈sehen** *n* visão *f* sobrenatural; **≈seher(in** *f*) *m* vidente *su*; **~seherisch**: ***~e Fähigkeiten*** faculdade *f* de visão sobrenatural; **~sichtig** [-ziçtiç] clarividente; *bras* vidente; (*scharfblickend*) lúcido; **≈sichtigkeit** *f* <*sem pl*> clarividência *f*; lucidez *f*; **'~'wach** bem desperto

Helm [hɛlm] *m* <*-(e)s*; *-e*> elmo *m*; (*Stahl≈*) capacete *m*; *ARQUIT* zimbório *m*; → ***Schutzhelm***

Hemd [hɛmt] *n* <*-(e)s*; *-en*> camisa *f*; **'~bluse** *f* camisola *f*

'Hemden|geschäft *n* <*-(e)s*; *-e*> camisaria *f*; **~knopf** *m* <*-(e)s*; *⸚e*> botão *m* da camisa

'Hemd|kragen *m* colarinho *m*; **~särmel** *m* manga *f* de camisa; **≈särmelig** em mangas de camisa; F *fig* à vontade; desenvolto

Hemi'sphäre [hemi'sfɛːrə] *f* hemisfério *m*

'hemm|en ['hɛmən] impedir, deter; obstruir; (*bremsen*) travar; (*lähmen*) tolher; **~end** *adj* inibitivo; obstrutivo; **≈nis** *n* <*-ses*; *-se*> obstáculo *m*; estorvo (*ô) *m*; entrave *m*;

H

2**schuh** *TÉCN m* <-(*e*)*s*; -*e*> travão *m*; *a fig* peia *f*, empecilho *m*; 2**schwelle** *f* inibição *f*; 2**ung** *f* bloqueamento *m*; *MIL* travanca *f*; *TÉCN Uhr etc*: escapo *m*; *PSIC* inibição; complexo *m*; *pl* ~***en haben*** sentir-se embaraçado; ter escrúpulos; *PSIC* ter inibições (*od* complexos); ~**ungslos** desenfreado

Hengst [hɛŋst] *m* <-(*e*)*s*; -*e*> garanhão *m*

'Henkel ['hɛŋkəl] *m* asa *f*; ~...: *in Zssgn* com asa(s); asado

'henk|en ['hɛŋkən] enforcar; 2**er** *m* carrasco *m*; verdugo *m*; 2**ersmahl**(**zeit** *f*) *n* <-(*e*)*s*; ~*er*, -*e*> última refeição *f*

'Henne ['hɛnə] *f* galinha *f*; ***junge*** ~ franga *f*

her [he:r] cá; aqui; ~ ***mit ...***, ~ ***damit!*** que venha(m)!; ***von ...*** ~ de; ***von da*** ~ daí, dali; ***Hin und*** 2 *n* vaivém *m*; ***hinter et*** *od* ***j-m*** ~ ***sein*** andar atrás de *ac od* alg; *ein Jahr etc* ~ *sein* fazer; ***es ist lange*** ~ há muito tempo; *fig* ***nicht weit*** ~ ***sein*** não ser grande coisa

he'rab [hɛ'rap] para baixo; abaixo; ***von oben*** ~ de cima; *fig* sobranceiro; ~**fallen** <*sn*> cair; ~**hängen** pender, estar pendurado; (***bis***) ***auf den Boden*** ~ bater no chão; ~***d*** *adj* suspenso; *Ohr*: caído; ~**klettern** <-*re*; *sn*> descer (a trepar); ~**lassen** baixar; ***sich*** ~ descer; *fig* condescender; dignar-se (***zu*** *inf* a); abaixar-se; ~**lassend** condescendente; (*geringschätzig*) desdenhoso; com ar de desprezo; 2**lassung** [-lasuŋ] *f* condescendência *f*; ~**mindern** <-*re*> diminuir, reduzir; ~**schweben** <*sn*> (vir a) descer lentamente; ~**sehen** olhar para baixo, olhar de cima; *fig* ***auf*** (*ac*) ~ olhar com desprezo para; ~**setzen** <-*t*> baixar, reduzir; *ECON a* abater; *Geschwindigkeit*: diminuir; *fig* desfazer; *j-n*: *a* desacreditar, difamar; 2**setzung** [-zɛtsuŋ] *f* redução *f*, abatimento *m*, abate *m*; abaixamento *m* (*a fig*); *Wert*: depreciação *f*; ~**sinken** <*sn*> (vir a) descer vagarosamente; ~**springen** <*sn*> saltar para baixo; ~**steigen** <*sn*> descer; ~**stoßen** *v/i* <*sn*> *Vogel*: cair, precipitar-se (***auf*** *ac* sobre); *AV* descer em voo (*ô) picado; ~**stürzen** <-*t*; *sn*> cair; precipitar-se; (*abstürzen AV*) despenhar-se; ~**würdigen** degradar; 2**würdigung** *f* degradação *f*; abaixamento *m*

he'ran [hɛ'ran] para cá; ***an*** (*ac*) ~ para junto de; ***nur*** ~***!*** venha(m) cá!; chegue(m)-se! ~**arbeiten** <-*e*->: ***sich an*** (*ac*) ~ *MIL* conseguir aproximar-se de; ~**bilden** <-*e*-> criar; formar; ~**drängen**: ***sich an*** (*ac*) ~ acercar-se (aos empurrões) de, *an j-n*: empurrar alg; ~**gehen** <*sn*>: ***an*** (*ac*) ~ aproximar-se de; abeirar-se de; *fig* meter-se a; ~**holen** apanhar; ~**kommen** <*sn*> aproximar-se; ***an sich*** ~ ***lassen*** ficar na espe(c)tativa; ~**machen**: ***sich an*** (*ac*) ~ → ~***gehen***; ***sich an j-n*** ~ *fig* insinuar-se na confiança de alg; ~**nahen** <*sn*> aproximar-se; 2**nahen** *n* <*sem pl*> aproximação *f*, chegada *f*; ~**reichen**: ***an*** (*ac*) ~ alcançar (*ac*); ~**rücken** *v/t* (*v/i*; *sn*) aproximar(-se), abeirar(-se) (***an*** *ac* de); ~**schaffen** arranjar, trazer; ~**schleichen** <*sn*>: (***sich***) ~ aproximar-se cautelosamente (***an*** *ac* de); ~**tragen** = ~***bringen***; ~**treten** <*sn*> → ~***gehen***; ***an j-n*** ~ dirigir-se a alg; ~**wachsen** <*sn*> crescer; ir crescendo; ***das*** ~***de Geschlecht*** a nova geração; ~**wagen**: ***sich an*** (*ac*) ~ ousar aproximar-se de; *fig* ter coragem para; ~**winken**: ***j-n*** ~ fazer sinal para que alg se aproxime; ~**ziehen 1.** *v/t* atrair; *fig* recorrer a; ~ ***zu*** chamar para, empregar em; fazer contribuir para; *MIL* ***zum Heeresdienst*** ~ chamar, alistar; **2.** *v/i* aproximar-se (***an*** *ac* de)

he'rauf [hɛ'rauf] acima, (cá) para cima; ~**beschwören** <-> evocar; *Gefahr*, *Unheil*, *Streit*: provocar; ~**bringen** trazer (*od* levar) para cima; ~**führen** acompanhar para cima; ~**helfen** ajudar a subir; ~**holen** fazer subir; ~**kommen** <*sn*> (vir a) subir; ~**schrauben**, ~**setzen** <-*t*> *Preis*: aumentar, fazer subir; 2**setzung** ['-zɛtsuŋ] *f* aumento *m*; ~**steigen** <*sn*> → ~***kommen***; ~**ziehen 1.** *v/t* içar, alçar; **2.** *v/i* <*sn*> *Gewitter*: aproximar-se

he'raus [hɛ'raus] (para) fora; (*meist* ***raus!***) *a* rua!; *MIL* às armas!; ***aus et***

~ de dentro de a/c; ***frei ~, offen ~*** francamente, com franqueza; ***~ damit!*** diga lá!; **~bekommen** *v/t* <-> conseguir arrancar (*od* tirar) (***aus*** *dat* de; ***aus j-m*** a alg); *Geld*: ter que receber; *Geheimnis* (chegar a) descobrir; *Rätsel*: adivinhar; *MAT* resolver; *Wort*: dizer, proferir; **~bringen** levar para fora; *Buch*: publicar; *Produkt*: lançar; *Wort*: dizer, proferir; *TEA* estrear; **~drehen** des(a)parafusar, desatarraxar; **~finden** distinguir (***aus*** *dat*, ***zwischen*** *dat* entre); descobrir; (*klären*) apurar; (***sich***) ~ encontrar a saída

he'rausforder|n <*-re*> provocar; *zum Duell*: desafiar; **2er** [-fɔrdərər] *m* desafiador *m*; **2ung** *f* provocação *f*, desafio *m*

He'rausgabe *f* entrega *f*; *JUR* restituição *f*; *Buch*: publicação *f*; edição *f*

he'raus|geben devolver, restituir; *Buch*: publicar, editar, organizar a edição de; ***können Sie mir ~?*** tem troco?; **2geber** *m* editor *m*; *e-s Textes* organizador *m*; *e-r Sammlung, e-r Zeitschrift*: dire(c)tor *m*; **~gehen** <*sn*> sair (***aus*** de); **~greifen** escolher; **~gucken** F olhar para fora; **~haben** *v/t* ter a solução de; **~hängen** pendurar para fora; **~heben** tirar; *fig* acentuar, salientar; **~holen**: ~ ***aus*** tirar de (*a fig*); ir buscar em; **~hören** *j-n*: distinguir a voz de (***aus*** entre); *et*: perceber (***aus*** de); **~kehren**: *fig* ***den*** (*bzw* ***die***) ***...*** ~ dar-se ares de ...; **~kennen** (***aus***) saber distinguir (de); reconhecer (entre); **~klauben** apanhar; ~ ***aus*** (es)colher de entre; **~klingeln** <*-le*>, **~klopfen**: ***j-n*** ~ chamar alg; **~kommen** <*sn*> sair, aparecer; *Geheimnis*: descobrir-se; vir à luz; vir a saber-se, *bras j-d*: ficar sabendo (***et*** de a/c); ***dabei kommt nichts heraus*** não dá (nenhum) resultado; não se lucra nada com isto; ***auf eins ~*** ser o mesmo; **~können** poder sair; **~kriechen** <*sn*> sair de rastos; **~kriegen** F → ***~bekommen***; **~lassen** deixar sair; *Auto*: ***die Luft aus den Reifen ~*** esvaziar os pneus; **~laufen** <*sn*> sair; **~locken** fazer sair; *Geheimnis*: fazer confessar; **~lügen**: ***sich ~*** safar-se com mentiras; **~nehmen** (re)tirar; extrair; ***sich*** (*dat*) ***et ~*** tomar liberdades, ser atrevido; permitir-se (***zu*** *inf*); **~platzen** <*-t*> <*sn*>: ***~ mit*** desatar a (*inf*); sair-se com; **~pressen** <*-t*> espremer; sacar; **~putzen** <*-t*> enfeitar; **~quellen** <*sn*> brotar, emanar; **~ragen**: ~ (***aus*** *dat*), ~ (***über*** *ac*) distinguir-se (de), destacar-se (de), sobressair (entre); **~reden** <*-e-*>: ***sich ~*** desculpar-se, arranjar pretextos; **~reißen** arrancar; ***sich ~*** tirar-se de apuros; **~rücken**: F ***das Geld*** (*od* ***mit dem Geld***) ~ dar o dinheiro; <*sn*> ***mit der Sprache ~*** falar, explicar-se; **~rufen** chamar (para fora); **~schaffen** tirar, levar para fora; **~schauen** olhar para fora; **~schlagen** *Geld*: lucrar (***aus*** com); **~schrauben** desatarraxar; **~springen** <*sn*> sair a saltar, saltar para fora; *fig* ganhar-se (***bei*** com); **~spritzen** <*-t*> <*sn*> espirrar; **~sprudeln** <*-le*> <*sn*> borbotar; **~stecken** mostrar; ostentar; ***den Kopf zum Fenster ~*** assomar à janela, debruçar-se à janela; **~stellen** *Stiefel*: pôr à porta; (*hervorheben*) salientar; focar; pôr em relevo, destacar; ***sich ~*** (***als***) (*sich erweisen*) provar-se, evidenciar-se, verificar-se; dar-se o caso (de); **~strecken** mostrar; **~streichen** riscar; *fig* salientar, focar; **~stürmen** <*sn*> sair arrebatado (*od* precipitadamente); **~stürzen** <*-t*; *sn*> precipitar(-se) para fora; **~suchen** escolher; sele(c)cionar; **~treten** <*sn*>: ~ (***aus***) sair (de); sobressair (entre); **~wachsen** <*sn*> brotar, sair; (***aus*** *e-m Kleid*) ~ já não caber (em); **~winden**: ***sich ~*** *fig* (conseguir) desembaraçar-se; **~wollen** querer sair; ***nicht mit der Sprache ~*** não querer falar; teimar em calar-se; **~ziehen**: ~ (***aus***) sacar (de); extrair (de); → ***~reißen***

herb [hɛrp] acerbo, acre, áspero; *Wein*: seco

her'bei [hɛr'baɪ] para aqui; ***~!*** *a* venham!; **~eilen** <*sn*> acorrer, acudir; vir de abalada; **~führen** trazer; *fig* causar, produzir, levar a; **~holen** trazer; ir buscar; **~rufen** chamar; **~schaffen** trazer; arranjar; **~seh-**

nen ansiar (a chegada de); **~strömen** <*sn*> afluir; **~winken**: ***j-n ~*** fazer sinal a alg para vir

'her|bekommen ['he:r-] <-> conseguir trazer; **~bemühen**: ***j-n ~*** pedir que alg venha; mandar vir alg; ***sich ~*** dar-se ao incómodo (*ô) de vir

'Herberge ['hɛrbɛrgə] *f* albergue *m*; hospedaria *f*, pousada *f*; (*Zuflucht*) abrigo *m*

'her|bestellen ['he:r-] mandar vir; chamar; **~beten** <-*e*-> rezar; *fig* recitar maquinalmente

'Herbheit ['hɛrphaɪt] *f* <*sem pl*> acrimónia (*ô) *f*, aspereza *f*

'her|bitten convidar; chamar; **~bringen** trazer; *a* → ***~gebracht***

Herbst ['hɛrpst] *m* <-(*e*)*s*; -*e*> outono *m*; **'2lich** outonal, do outono; **'~zeitlose** BOT *f* cólquico *m*, lírio-verde *m*

Herd [he:rt] *m* <-(*e*)*s*; -*e*> fogão *m*; *offener*: lareira *f*, fornalha *f*; *Krankheit, Seuche, Erdbeben*: foco *m*

'Herde ['he:rdə] *f* rebanho *m*, tropel *m*; *fig* grei *f*; **~ntrieb** *m* <-(*e*)*s*; *sem pl*> instinto *m* gregário

he'rein [hɛ'raɪn] para (aqui) dentro; cá para dentro; **~!** entre! **~...**: *in Zssgn oft übersetzt durch* entrar (a *inf*); **~bekommen** <-> ECON receber; *Sender*: apanhar; **~bemühen**: ***sich ~*** ter o incómodo (*ô) de entrar; **~bitten**: ***j-n*** mandar entrar alg; **~brechen** <*sn*> irromper; sobrevir; *Nacht*: ***~ über*** (*ac*) *a* cair; **~bringen** *et*: trazer (para dentro); *j-n*: fazer entrar; **~fallen** <*sn*> F (*sich täuschen lassen*) deixar-se apanhar, deixar-se enganar; ***auf et ~*** F cair em a/c; **~führen** introduzir; trazer (para dentro); *j-n*: *a* acompanhar para dentro; **~gehen** <*sn*> entrar; (*Platz haben*) caber; **~holen** *j-n*: fazer entrar; *et*: → ***~bringen***; **~kommen** <*sn*> entrar; **~lassen** deixar entrar; **~legen** *fig* enganar; apanhar; **~platzen** F <-*t*; *sn*> aparecer (de repente); irromper; **~regnen** <-*e*-> chover para dentro; **~rufen** chamar (para dentro); **~schleichen**: ***sich ~*** entrar (*od* introduzir-se) furtivamente; *fig* insinuar-se; **~schneien 1.** <*h*> nevar para dentro; **2.** <*sn*> *fig* F aparecer; **~stürmen** <*sn*> **~stürzen** <-*t*; *sn*> irromper, entrar de arremesso (*od* precipitadamente)

'her|fahren ['he:r-] **1.** *v/t* <*h*> trazer (no carro); *et*: *a* acarretar; **2.** *v/i* <*sn*> vir de carro; ***vor*** *etc j-m* **~** → ***~gehen***; **~fallen** <*sn*>: ***über*** (*ac*) **~** cair sobre, lançar-se sobre; **~finden** encontrar o caminho (para cá); **~führen** trazer; levar para aqui; **2gang** *m* <-(*e*)*s*; *sem pl*> acontecimento *m*; desenrolar *m*; (*Verlauf*) marcha *f*; TÉCN *u* QUÍM processo *m*; **~geben** dar (cá); *fig a* render; ***sich ~ zu*** prestar-se a; **~gebracht** ['-gəbraxt] **1.** *p/p von* ***~bringen***; **2.** *adj* tradicional; F da praxe

'hergehen <*sn*>: ***hinter*** (*dat*) **~** seguir (*ac*); ir atrás de; ***neben*** (*dat*) **~** acompanhar (*ac*), ir ao lado de; ***vor*** (*dat*) **~** preceder (*ac*), ir diante de; *fig* ***hoch ~*** haver grande alvoroço; ***es geht im Kampf scharf*** (*od* ***hart***) ***her*** há renhido combate

'her|haben: ***wo hast du das ~?*** onde arranjaste isso?; *Nachricht*: onde ouviste essa?; **~halten** apresentar; ***~ müssen*** ter que sofrer; ter que servir (***als*** de); **~holen** *v/t* ir buscar; ***weit hergeholt*** *fig* rebuscado; pouco convincente; **~hören** ouvir, escutar

'Hering ['he:rɪŋ] *m* <-*s*; -*e*> arenque *m*; (*Zelt*) estaca *f*; ***wie die ~e*** *fig* (apinhados) como as sardinhas na lata

'her|kommen <*sn*> vir (cá); *fig* derivar, provir; **~kömmlich** ['-kœmlɪç] tradicional

'Herkunft ['he:rkunft] *f* <*sem pl*> origem *f*, proveniência (*a* ECON); (*Abstammung*) filiação *f*, ascendência *f*; linhagem *f*

'her|laufen <*sn*> correr (***hinter*** *dat* atrás de); ***hergelaufener Kerl*** *fig* vagabundo *m*; **~leiten** <-*e*-> aduzir; *fig* derivar; deduzir; **~machen**: ***sich über*** (*ac*) **~** lançar-se sobre; *Arbeit*: meter-se a; *Speise*: pôr-se a comer

Herme'lin [hɛrmə'li:n] <-*s*; -*e*> ZO *n*, *Pelz m* arminho *m*

her'metisch [hɛr'me:tɪʃ] hermético

her'nach [hɛr'-] depois, a seguir; mais tarde

'hernehmen ['he:r-] tomar, tirar

Hero'in [hero'i:n] *n* <-*s*; *sem pl*> heroína *f*; **2süchtig** heroinómano (*ô)

he'ro|isch [he'ro:iʃ] heróico; **2'ismus** *m* heroísmo *m*

'Herpes ['hɛrpɛs] *m inv MED* herpes *m*

Herr [hɛr] *m* <-n; -en> senhor *m*; cavalheiro *m*; (*Besitzer*) dono *m*; patrão *m*; *des Dieners*: *a* amo *m*; **~ (und Frau) X** o(s) senhor(es) X, (*Anrede o art*; *MIL* **~** *Oberst*: meu ...); (*Gott*) **der ~** Nosso Senhor *m*; **mein ~** Senhor; *Brief*: **sehr geehrter ~, (an) ~n X** Excelentíssimo (*Abk* Ex.mo; *bras* Ilustríssimo, Il.mo *od* Prezado) Senhor X; **sein eigener ~ sein** ser independente; **~ der Lage sein** ter o controle da situação; **den großen ~en spielen** dar-se ares de grande senhor; **~ über sich** senhor de si; *pl* **aus aller '~en Länder** de todo o mundo; de toda a parte

'Herren|artikel *m* artigo *m* para homens; **~doppel(spiel** *n* <-(e)s; -e>) *n* <-s; -> *Tennis*: quadrado *m* de cavalheiros, *bras* duplo *m* masculino; **~einzel** *n* <-s; -> *Tennis*: single *m* de cavalheiros (*bras* masculino); **~haus** *n* <-es; ‿er> solar *m*; casa *f* senhorial; **~kleidung** *f* <sem pl> vestuário *m* para homens, *bras* roupa *f* masculina; **2los** sem dono; abandonado; *Tier*: vadio; *JUR* jacente; **~mode** *f* moda *f* masculina; **~sitz** *m* <-es; -e> solar; **~toilette** *f* casa *f* de banho para homens; **~zimmer** *n* escritório *m*

'Herrgott *m* <-(e)s; sem pl>: **der ~** Deus *m* Nosso Senhor

'herrichten ['he:r-] <-e-> preparar, arranjar

'Herr|in *f* senhora *f*; ama *f*; *des Hauses*: dona *f*; (*Besitzerin*) *a* patroa *f*; **2isch** imperioso, autoritário; **2'je(mine)!** [-'je:(mine:)] F meu Deus!; **2lich** magnífico; esplêndido; **~ und in Freuden leben** viver de grande, viver à grande, viver à larga; **~lichkeit** *f* magnificência *f*; *REL* glória *f*

'Herrschaft *f* <sem pl> domínio *m* (*a Gebiet*), dominação *f*; poder *m*; *POL* governo *m*; (*Brotherren*) amos *m/pl*; **meine ~en!** minhas senhoras e meus senhores!; **die ~ verlieren über** (*ac*) perder o domínio (de); **2lich** senhoril; **~s...**: *in Zssgn* senhorial; *stärker*: imperial(ista)

'herrsch|en mandar; *Monarch*: reinar (*a fig*); **über** (*ac*) **~** *a* dominar (*ac*); **~end** *adj* reinante (*a fig*); **2er(in** *f*) *m* soberano *m*, -a *f*; regente *su*; **2erhaus** *n* <-(e)s; ‿er> casa *f* reinante, dinastia *f*; **2sucht** *f* <sem pl> despotismo *m*; ambição *f* do poder; **~süchtig** despótico

'her|rufen ['he:r-] chamar; **~rühren** (pro)vir, derivar, emanar; **~sagen** recitar; enunciar

'her|schaffen trazer; arranjar; **~stammen** *j-d*: descender; **aus** *e-m Ort*: ser natural de; *et*: → **~rühren**

'herstell|en ['he:r-] fazer; fabricar; produzir; *Verbindung*: estabelecer; **2er(in** *f*) *m* fabricante *su*; *ECON* produtor(a *f*) *m*; **2ung** *f* <sem pl> fabrico *m*; fabricação *f*; produção *f*; preparação *f*; **2ungskosten** *pl* custos *m/pl* de produção

he'rüber [hɛ'ry:bər] para este lado; para aqui, para cá; *a in Zssgn* (→ **hinüber...**); **~geben, ~reichen** passar

he'rum [hɛ'rum]: em redor, em volta; **um ... ~** em volta de; **dort ~** por ali; **hier ~** por aqui; **um j-n ~ sein** estar com alg, acompanhar alg; **~albern** brincar; gracejar; **~ärgern**: **sich ~ mit** aborrecer-se (*od* maçar-se) com; **~bummeln** <-le; sn> passear; **~drehen** virar, voltar; **sich ~** girar; volver-se

he'rumfahren 1. *v/t* <h> andar às voltas (de carro); **2.** *v/i* <sn>: **~ in** (*dat*) remexer (*ac*); **~ um** dar a volta de (*bras* em); *Ecke*, *Kap*: dobrar (*ac*)

he'rum|fuchteln <-le>: **~ mit** agitar (*ac*); **~führen**: **in** (*dat*) **~** levar por, *bras* servir de cicerone em; **~geben** → **~reichen**; **~gehen** <sn> *et*: circular; *a j-d*: **~ um** dar a volta de (*bras* em); **in** (*dat*) **~** andar por; **~horchen** procurar informar-se; **~irren** <sn> errar, vadiar (**in** *dat* por); **~d** *adj* vadio; **~kommen** <sn> **nicht ~ um** não poder evitar (*ac*); **weit herumgekommen sein** ser muito viajado, ter corrido mundo; **~kramen**: **in** (*dat*) **~** remexer (*od* andar a revolver) (*ac*); **~kriegen** F

H

convencer; *Zeit*: passar; matar; **~laufen** <*sn*> dar voltas (**um** a); F andar a abanar moscas, *bras* andar às moscas; ***frei*** **~** andar à solta; **~liegen** *et*: estar espalhado; **~lungern** <*-re*> fazer cera; **~reichen** fazer circular; *bei Tisch*: passar; **~reisen** <*-t*; *sn*> viajar, andar (viajando) (***in*** *dat* por); **~reiten** <*sn*>: *fig* ***auf*** (*dat*) **~** não largar (*ac*); **~schleppen**: ***mit sich*** **~** arrastar consigo; **~schnüffeln** <*-le*> *fig* andar a espiar (*bras* espionar); **~sprechen**: ***sich*** **~** divulgar-se; espalhar-se; **~springen** <*sn*> *Kind*: andar aos saltos, andar aos pulos; **~stehen** <*h u sn*> estar em volta (***um*** de); *j-d*: (***müßig***) **~** estar a mandriar, *bras* estar à toa; *et*: estar em desordem; **~stöbern** <*-re*>: ***in*** (*dat*) **~** andar a remexer (*ac*); **~streichen, ~streifen** <*sn*>: **~** ***in*** (*dat*), **~** ***durch*** andar a vag(ue)ar por; **~streiten**: (***sich***) **~** andar a discutir (*od* a disputar), *bras* andar discutindo; **~tanzen** <*-t*> (andar a) dançar; *fig* F ***j-m auf der Nase*** **~** fazer pouco de alg; **~treiben**: ***sich*** **~** (andar a) vag(ue)ar; andar a estroinar, vagabund(e)ar; **℞treiber** *m* vagabundo *m*; pândego *m*; estróina *m*; **~wälzen** <*-t*>: ***sich*** **~** revolver-se; **~werfen** (fazer) virar; **~wühlen** → ***~kramen***; **~zanken** → ***~streiten***; andar às turras (*bras* brigas); **~ziehen 1.** *v/t*: <*h*> *e-n Graben etc* ***um et*** **~** rodear (*od* cercar) a/c de ...; **2.** *v/i* <*sn*>: ***in*** (*dat*) **~** andar por; ***~d*** *adj* ambulante

he'runter [hɛ'runtər] (cá) para baixo; ***die Treppen*** **~** as escadas abaixo; **~bringen** trazer para baixo; *fig* reduzir; *j-n*: arruinar; **~fallen** <*sn*> cair; **~handeln** <*-le*> ECON regatear; conseguir mais barato; **~hauen**: ***j-m e-e*** **~** F chegar a alg, *bras* dar uma bofetada em alg; **~holen** ir buscar em cima; *Flagge*: arrear; AV derrubar; **~klappen** fechar; *v/i a* vir abaixo; **~kommen** <*sn*> descer; vir para baixo; *a fig* vir (*od* ir-se) abaixo; *fig* abaixar; arruinar-se; *moralisch*: envilecer, *bras* decair; **~lassen** baixar; ***sich mit dem Fallschirm*** **~** descer em (*od* saltar de) pára-quedas; **~leiern** <*-re*> dizer a sua lengalenga; **~machen** *fig* falar mal de; *j-n*: *a* descompor; **~nehmen** tirar; **~purzeln** <*-le*> dar cambalhotas cá para baixo, *bras* descer às cambalhotas; **~putzen** <*-t*> F descompor; **~reißen** arrancar; ARQUIT demolir; *fig* criticar; **~schlucken** engolir; **~schrauben** baixar; *fig* reduzir; **~werfen** deitar abaixo, *bras a* derrubar; **~ziehen** puxar para baixo

her'vor [hɛr'foːr] para fora; para diante; ***hinter ...*** **~** (por) detrás de; ***zwischen ...*** **~** de entre; **~blicken** aparecer, ver-se (***aus*** em); **~brechen** <*sn*> rebentar, irromper; **~bringen** produzir; *Worte*: proferir; **~drängen**: ***sich*** **~** aflorar, brotar; *fig* pôr-se à frente; **~gehen** <*sn*> sair, nascer, provir; *fig a* **~** ***aus*** (*dat*) resultar de; depreender-se de; ***als Sieger*** **~** ***aus*** sair vencedor de; **~heben** acentuar; salientar; **~locken** chamar (para fora); fazer sair; **~quellen** <*sn*> brotar; **~ragen** (*a fig*) sobressair, distinguir-se (***aus*** entre); ***~d*** *adj* saliente; *fig* eminente; excelente, distinto; **~rufen** chamar; *fig* provocar, causar; **~schauen, ~stechen, ~stehen** sobressair; destacar-se; salientar-se; **~treten** <*sn*> adiantar-se; *fig* ressaltar; *j-d*: distinguir-se; pôr-se em evidência; **~tun**: ***sich*** **~** distinguir-se; **~zaubern** <*-re*> fazer surgir como que por encanto; **~ziehen** tirar

'herwagen ['heːr-]: ***sich*** **~** ousar vir

'Herweg ['heːrweːk] *m* <*-(e)s*; *-e*> ida *f*, *bras* vinda *f*; caminho *m* para cá

Herz [hɛrts] *n* <*-ens*; *-en*> coração *m*; (***gebrochenes*** destroçado); (*Mut*) *a* ânimo *m*; *Kartenspiel*: copas *f/pl*: ***von ~en gern*** com todo o gosto; ***am ~en liegen*** importar-se com; ***ein*** **~** ***haben für*** gostar de; ser amigo de; ***sich zu ~en nehmen*** afligir-se com; ***ein*** **~** ***und e-e Seele sein*** ser unha com carne; ***das*** **~** ***auf der Zunge haben*** ter o coração nas mãos; ***et übers*** **~** ***bringen*** ser capaz de; ***es tut mir von ~en Leid*** sinto muito; ***sich ein*** **~** ***fassen*** cobrar ânimo; F fazer das tripas coração; ***mir fällt ein Stein vom ~en*** sinto um grande alívio

'**Herz|anfall** *m* <-(*e*)*s*; ¨*e*> ataque *m* cardíaco; **~ass** *n* <-; -*e*> ás *m* de copas; **~beklemmung** *f* angústia *f*; **~beschwerden** *f/pl* perturbações *f/pl* cardíacas; **~beutel** *m* pericárdio *m*; **~'bube** *m* <-*n*> (*Karte*) valete *m* de copas; **~'dame** *f* (*Karte*) dama *f* de copas

'**herzeigen** ['heːr-] mostrar

'**Herzens|angst** *f* <-; ¨*e*> angústia *f*; **~brecher** ['-brɛçər] destruidor *m* de corações; **~freude** *f* satisfação *f* sincera; **2gut** muito bondoso; ***ein ~er Kerl*** muito bom rapaz; **~lust** *f* <*sem pl*>: ***nach ~*** à vontade; **~wunsch** *m* <-(*e*)*s*; ¨*e*> desejo *m* ardente

'**herz|ergreifend** comovente; **2fehler** *m* afe(c)ção *f* cardíaca; **~förmig** cordiforme, em forma de coração; **~haft** corajoso; resoluto; *Schluck*: grande; *Kuss*: efusivo

'**herziehen** ['heːr-] mudar para cá; ***über*** (*ac*) **~** *MIL Land*: invadir (*ac*); *fig* falar mal de

'**herz|ig** ['hɛrtsiç] caro; **2infarkt** *m* <-(*e*)*s*; -*e*> enfarte *m* cardíaco (*od* do miocárdio); **2kammer** *f* <-; -*n*> ventrículo *m*; **2kirsche** *f* cereja *f* garrafal; **2klappe** *f* válvula *f* cardíaca; **2klappenfehler** *m MED* lesão *f* valvular; **2klopfen** *n* <-*s*; *sem pl*> palpitações *f/pl* (do coração); **~krank, ~leidend** doente de coração, cardíaco; **2kranzgefäß** *n* <-*es*; -*e*> vaso *m* coronário; **~-'Kreislauf-Erkrankungen** *pl* doenças *f/pl* cardiovasculares; **2leiden** *n* doença *f* do coração, afe(c)ção *f* cardíaca; **~lich** cordial, efusivo, afe(c)tuoso; *adv a* do coração; ***~ gern*** com muito gosto; **~los** desalmado; insensível; sem coração; desumano; **2losigkeit** ['-loːziç-] *f* <*sem pl*> crueldade *f*; falta *f* de sensibilidade; desumanidade *f*; **2-'Lungen-Maschine** *f* coraçãopulmão *m* artificial; **2muskel** *m* <-*s*; -*n*> miocárdio *m*

'**Herzog|(in** *f*) ['hɛrtsoːk, -gin] *m* <-(*e*)*s*; -*e*, ¨*e*> duque(sa *f*) *m*; **2lich** ducal; **~tum** [-tuːm] *n* <-*s*; ¨*er*> ducado *m*

'**Herz|schlag** *m* <-(*e*)*s*; ¨*e*> palpitação *f*; *rhythmischer*: palpitações *f/pl*; *MED* (*Todesursache*) ataque *m* cardíaco, apoplexia *f*; **~schrittmacher** *m* estimulador *m* cardíaco; pace-maker *m*; **~spezialist** *m* <-*en*> cardiólogo *m*, cardiologista *m*; **2stärkend** cordial; *fig* reconfortante; ***~es Mittel*** tónico *m* cardíaco; **~stillstand** *m* <-(*e*)*s*; *sem pl*> *MED* paragem *f* cardíaca; **~transplantation** → ***~verpflanzung*** *f*

her'zu [hɛr'tsuː] → ***herbei***, ***heran***

'**Herz|verpflanzung** *f* transplantação *f* cardíaca, enxerto *m* cardíaco; **2zerreißend** lacerante, pungente

'**Hess|en** ['hɛsən] *n* Hesse *m*; **2isch** de Hesse

hetero|'gen [hetero'geːn] heterogéneo (*ê); **~sexu'ell** heterossexual

'**Hetz|artikel** ['hɛts-] *m* artigo *m* provocador (*od* demagógico); **~blatt** *n* <-(*e*)*s*; ¨*er*> panfleto *m*; **~e** ['-ə] *f* (*Eile*) pressa *f*; (*Jagd*) caçada *f*; (*Verfolgung*) perseguição *f*; *fig* campanha *f* difamatória; *POL* demagogia *f*; **2en** <-*t*> **1.** *v/t* <*h*> acossar; dar caça a; *Hunde*: açular; **2.** *v/i* <*h*> **a**) agitar; fazer propaganda (subversiva); provocar; ***gegen j-n ~*** difamar alg; intrigar contra alg **b**) <*sn*> (*sehr eilen*) precipitar-se, andar (*od* correr) depressa; **~er** *m fig* agitador *m*; arruaceiro *m*; provocador *m*; demagogo *m*; **~jagd** *f* caçada *f*; **~rede** *f* discurso *m* demagógico

Heu [hɔy] *n* <-*s*; *sem pl*> feno *m*; ***Geld wie ~ haben*** ser podre de rico; '**~boden** *m* <-*s*; ¨> palheiro *m*

Heuch|e'lei [hɔyçə'laɪ] *f* hipocrisia *f*; (*Verstellung*) dissimulação *f*; '**2eln** <-*le*> ser hipócrita; fingir

'**Heuchler** ['hɔyçlər] *m*, **~in** *f*, **2isch** hipócrita (*su*)

'**heuer** ['hɔyər] *sdd* este ano

'**Heuer** *NAV f* <-; -*n*> paga *f* (dos marinheiros), *bras* soldo *m*; **2n** <-*re*> alistar; *Schiff*: fretar

'**Heu|ernte** *f* sega *f* do feno, ceifa *f* do feno; *bras* fenação *f*; **~gabel** *f* <-; -*n*> forcado *m*; **~haufen** *m* meda *f* de feno

'**heulen** ['hɔylən] **1.** uivar; *Hund*: ganir, *bras* ganicar; F chorar; **2.** **2** *n* uivo *m*

'**heurig** ['hɔyriç] *sdd Wein*: novo; deste ano

'**Heu|schnupfen** *MED m* <-*s*; *sem*

pl> febre *f* dos fenos (*bras* de feno); **~schober** *m* meda *f* de feno; **~schrecke** *f* locusta *f*, gafanhoto *m*

heut F, **'heute** ['hɔyt(ə)] hoje; **~ Morgen** esta manhã; **noch ~** hoje mesmo; **von ~ auf morgen** de repente; **~ vor 8 Tagen** (**ist**) faz (*od* há) oito dias (que ...); **~ in 8 Tagen** de hoje a oito dias, aqui a oita dias, *bras* daqui a oito dias; **~ig** de hoje; a(c)tual; **~zutage** hoje em dia

'Hex|e ['hɛksə] *f* bruxa *f*; feiticeira *f*; **♀en** <-*t*> fazer bruxarias; **~enjagd** *f fig* perseguição *f*; **~enkessel** *m fig* pandemónio (*ô) *m*; **~enmeister** *m* bruxo *m*; feiticeiro *m*; **~ensabbat** *m* <-(*e*)*s*; -*e*> festa *f* das bruxas; *fig* barulho *m* terrível; **~enschuss** MED *m* <-*es*; *sem pl*> lumbago *m*; **~e'rei** [-ə'raɪ] *f* bruxaria *f*, bruxedo *m*

Hieb [hiːp] *m* <-(*e*)*s*; -*e*> golpe *m*; pancada *f*; *pl* **es setzt ~e** apanha(s); apanham; **'♀- und 'stichfest** invulnerável; **'~waffe** *f* arma *f* branca

hier [hiːr] aqui, cá; (*am Ort*) nesta; **~!** (*anwesend*) presente!; **'der ~** este; **~ ist**, **~ sind** eis (aqui); **~ ist er!** ei-lo!, *bras* aqui está ele!; **von ~ ab**, **von ~ an** de aqui em diante; **~ und da** *örtl* aqui e ali; *zeitl* às vezes; **~ (nimm)!** toma!; **~ bleiben** ficar aqui; **~ sein** estar presente

'hieran (para) aqui; *bei Verb*, nisto, disto; **~ kann man sehen** daí pode concluir-se

Hierar'ch|ie [hierar'çiː] *f* hierarquia *f*; **♀isch** [-'rarçiʃ] hierárquico

'hier|auf *örtl* nisto, em cima; *zeitl* em seguida; **~aus** disto; daqui; **~bei** com isto, nisto; (*anbei*) aqui junto; **~durch** por aqui; *fig* por este meio; assim; deste modo; ECON *Brief*: pela presente; → **~mit**; **~für** para isso; em compensação, em troca; **~gegen** contra isto; ao contrário

'hier'her ['hiːr'heːr] (para) cá; **bis ~** até aqui; **~ gehören** pertencer a isto; fazer parte disto; *fig* vir a propósito

'hier|her'um por aqui; aqui em volta; **~hin** (para) cá; **~ und dorthin** de um lado para o outro; **~in** aqui dentro; nisto; **~mit** com isto; *Brief*: por este meio; **~nach** *zeitl* depois (disto); logo, (*demnach*) *a* segundo isto; (*folglich*) portanto

Hiero'glyphe [hiero'glyːfə] *f* hieróglifo *m*

'hier|über sobre isto; a este respeito; *Richtung*: para este lado; **~unter** *örtl* cá abaixo; (*unter diesen*) entre estes; *verstehen*: sob isto; **~von** disto; daqui; **~zu** a(lém d)isto; **~zulande** neste país

'hiesig ['hiːziç] deste país, nacional; de aqui, *bras* daqui; local

'Hi-Fi-Anlage ['haɪfi, 'haɪfaɪ-] *f* aparelhagem *f* hi fi, *bras* aparelho *m* de alta fidelidade

'Hilfe ['hilfə] *f* ajuda *f*; auxílio *m* (**zu** em, para; **leisten** prestar); socorro *m* (*a* [**zu**] **~!**); → **~leistung**; **um** (*od* **zu**) **~ rufen** pedir socorro (**j-n** a alg); **erste ~** *f* primeiros socorros *m/pl*; **mit ~ von** com o auxílio de; **um ~ bitten** pedir auxílio; **zu ~ nehmen** recorrer a; **♀flehend** suplicante; **~leistung** *f* assistência *f*; **~ruf** *m* <-(*e*)*s*; -*e*> grito *m* de socorro

'hilf|los ['hilf-] desamparado; abandonado; sem forças; **♀losigkeit** [-loːziç-] *f* <*sem pl*> desamparo *m*; abandono; fraqueza *f*; **~reich** solícito; prestimoso

'Hilfs|arbeiter *m* auxiliar *m*; servente *m*; **♀bedürftig** necessitado, indigente; **♀bereit** solícito; **~bereitschaft** *f* <*sem pl*> solicitude *f*; REL caridade *f*; **~kraft** *f* <-; ⁼*e*> *j-d*: auxiliar *su*; assistente *su*; **~linie** MAT *f* linha *f* auxiliar; **~mittel** *n* remédio *m*, expediente *m*; meio *m*, recurso *m*; **~motor** *m* <-*s*; -*en*> motor *m* auxiliar; **~quelle** *f* recurso(*s pl*) *m*; **~verb** *n* <-*s*; -*en*> (verbo) auxiliar *m*; **~werk** *n* <-(*e*)*s*; -*e*> obra *f* de assistência; **~zeitwort** *n* <-(*e*)*s*; ⁼*er*> → **~verb**

'Himbeer|e ['himbeːrə] *f* framboesa *f*; **~saft** *m* <-(*e*)*s*; ⁼*e*> sumo (*bras* suco) *m* de framboesas; **~strauch** *m* <-(*e*)*s*; ⁼*e*> framboeseiro *m*

'Himmel ['himəl] *m* <-*s*; *sem pl*> céu *m*; (*Bett♀*) sobrecéu *m*; (*Thron♀*) dossel *m*; **unter freiem ~** ao ar livre; **um ~s willen!** por amor de Deus!; *fig* **in den ~ heben** enaltecer; **am ~** no céu, no firmamento; **das schreit zum ~** isso brada aos céus

'himmel|'angst: ***mir ist ~*** F tenho um medo louco; **2bett** *n* <-(*e*)*s*; -*en*> cama *f* com sobrecéu, *bras* cama *f* de dossel; **~blau** azul celeste; **2fahrt** *f Christi*: Ascenção *f*; *Mariä*: Assunção *f*; **2reich** *n* <-(*e*)*s*; *sem pl*> reino *m* dos céus; paraíso *m*; **~schreiend** que clama ao céu, inaudito, incrível

'Himmels|erscheinung *f* meteoro *m*; *REL* visão *f* celeste; **~gewölbe** *n* <-*s*; *sem pl*> abóbada *f* celeste; **~körper** *m ASTR* corpo *m* celeste; **~richtung** *f* ponto *m* cardial; **~schlüssel** *BOT m* primavera *f*, prímula *f*; **~zelt** *n* <-(*e*)*s*; *sem pl*> firmamento *m*

'himmelweit enorme, *adv* longe

'himmlisch ['himliʃ] celeste; do céu; divino (*a fig*); *fig* encantador

hin [hin] (para) lá, ali; ***~ und her*** para cá e para lá; de trás para diante; ***das 2 und Her*** o vaivém; ***~ und zurück*** *CAM. DE F* ida e volta; ***~ und wieder*** de vez em quando; de quando em quando; uma vez por outra; ***auf die Gefahr ~*** com risco de; ***~ sein*** (*verloren*) *estar* (*od ser*) *perdido*; (*kaputt*) *estar* (*od ser*) *estragado od avariado*; ***alles ist ~*** tudo lá vai; (*hingerissen*) estar entusiasmado; *zeitl*: ***lange ~ bis*** faltar muito para

hi'nab [hi'nap] para baixo; **~gehen** <*sn*>, **~steigen** <*sn*> descer; **~rutschen** <-*t*; *sn*> resvalar; **~stürzen** <-*t*; *sn*> despenhar-se

'hinarbeiten <-*e*->: ***auf*** (*ac*) **~** procurar conseguir; ***darauf ~ zu*** (*inf*) propor-se (*inf*)

hi'nauf [hi'nauf] (lá) para cima; a subir; ***den Fluss*** *etc* **~** rio acima; **~arbeiten** <-*e*->: ***sich ~*** fazer o seu caminho, fazer carreira; **~bringen** levar (*od* trazer) para cima; fazer subir; **~fahren** *v/t* (*v/i*; *sn*) subir; *v/t a* levar (no carro); **~gehen** <*sn*> subir; **~klettern** <-*re*; *sn*> subir a trepar; escalar; **~lassen** deixar subir; **~laufen** <*sn*> correr para cima; subir a correr; **~reichen** *v/i* chegar; alcançar; *v/t* passar para cima; **~schrauben** *fig Preise*: fazer subir; **~setzen** *fig Preis*: aumentar; **~steigen** <*sn*> subir (***auf*** *ac* a); **~tragen** → ***~bringen***

hi'naus [hi'naus] para fora; ***über ... ~*** mais além de ...; ***zu ... ~*** por; ***auf Jahre ~*** por alguns anos; ***über*** (*ac*) ***~ sein*** *zeitl* ter (ultra)passado (*ac*); *fig* ser superior a; estar acima de; **~begleiten** <-*e*-; -> acompanhar até à porta; **~bringen** levar para fora; *j-n*: acompanhar até à saída; **~fahren 1.** *v/i* <*sn*> sair; **2.** *v/t* levar (ao campo *od* para fora); **~fliegen** <*sn*> sair (a voar); *fig* ser despedido, ser posto na rua; **~gehen** <*sn*> sair; ***auf*** (*ac*) **~** *Fenster*: dar para; *fig* → ***~laufen auf***; ***über*** (*ac*) **~** ultrapassar (*ac*); exceder (*ac*); **~jagen** expulsar; **~können** poder sair; **~laufen** <*sn*> sair a correr (*bras* correndo); ***auf*** (*ac*) **~** acabar em, chegar a ser; ***auf eins ~, auf dasselbe ~*** dar no mesmo; **~lehnen**: ***sich ~*** debruçar-se (***zu*** por); **~schaffen** tirar, levar para fora; **~scheren**: ***sich ~*** sair; ***scher dich hinaus!*** tira-te (*bras* suma) daqui!; **~schicken** mandar sair; **~schieben** puxar para fora; *fig* adiar, protelar; demorar; **~schleichen** <*sn*> sair furtivamente, sair às furtadelas; **~schmeißen** F → ***~werfen***; **~sehen** olhar para fora; **~stürzen** <-*t*; *sn*> precipitar(-se) para fora (***zum Fenster*** pela janela); **~tragen** → ***~schaffen***; **~wagen**: ***sich ~*** ousar sair; **~werfen** lançar para fora; ***aus dem Fenster ~*** atirar pela janela; *fig* ***j-n ~*** pôr alg na rua; **~wollen** querer sair; *fig* → ***hinarbeiten***; ***hoch ~*** querer ir longe; **~ziehen 1.** *v/i* <*sn*> sair; **2.** *v/t* puxar para fora; *fig* = **~zögern** <-*re*> demorar; protelar; contemporizar

'hin|begeben <->: ***sich ~*** dirigir-se, deslocar-se (***nach*** [par]a); **~bestellen** chamar; **2blick** *m* <-(*e*)*s*; *sem pl*>: ***im ~ auf*** (*ac*) considerando (*ac*); com vista a; **~bringen** levar; ***die Zeit ~*** passar o tempo (***mit*** a)

'hinder|lich ['hindər-] embaraçoso; impeditivo, contrário; **~n** <-*re*> impedir; estorvar, obstar a; **2nis** *n* <-*ses*; -*se*> obstáculo *m*; impedimento *m*; entrave *m*; estorvo *m*; **2nisrennen** *n* corrida *f* de obstáculos; **2ungsgrund** *m* <-(*e*)*s*; *¨e*> (motivo *m* de) impedimento *m*

'hindeuten <-*e*->: ***auf*** (*ac*) **~** indicar

H

(*ac*), assinalar (*ac*), apontar (*ac*); aludir a; referir-se a

hin'durch (*prp mit ac, nachgestellt*): *örtl* **durch ... ~** através de; *zeitl* por, durante; ao longo de; **~...**: *in Zssgn* → **durch...**; **~gehen** <*sn*> passar (por), atravessar

'hineilen <*sn*> acudir; acorrer

hi'nein [hi'naın] (para) dentro; em; ***bis in die Nacht ~*** até às tantas da noite; **~begeben**: ***sich ~*** entrar; **~denken**: ***sich in et*** (*ac*) **~** imaginar a/c; ***sich in j-n ~*** pôr-se na situação de alg; **~drängen** empurrar para dentro; **~fahren** *v/i* <*sn*> entrar; **~fallen** <*sn*> cair; *fig* deixar-se apanhar, deixar-se enganar; **~finden**: ***sich in*** (*ac*) **~** (*abfinden*) conformar-se com; resignar-se com; (*vertraut werden*) (chegar a) compreender; **~führen** acompanhar para dentro; **~gehen** <*sn*> entrar; → ***~passen***; **~geraten** <*sn*> cair (***in*** em); **~gießen** deitar, pôr; **~greifen** meter as mãos; **~knien**: ***sich ~ in*** (*ac*) *fig* F dedicar-se afincadamente a; meter mãos a; **~kommen** <*sn*> entrar, penetrar; **~können** poder entrar; **~kriechen** <*sn*> entrar de rastos; **~lassen** deixar entrar; **~legen** meter, colocar, *bras a* botar; *fig j-n* enganar; intrujar; **~passen** <*-t*> caber; **~reden** <*-e-*> interromper; intrometer-se; **~schlüpfen** <*-t; sn*>: ***in et ~*** deslizar para dentro de a/c; ***in*** *ein Kleidungsstück* **~** enfiar (*ac*); **~springen** <*sn*>: ***in*** (*ac*) **~** entrar a saltar, saltar para dentro de; **~stecken** introduzir, meter, colocar, pôr; *Kapital*: investir; **~stoßen**: ***in*** (*ac*) **~** empurrar para dentro; **~tun** meter; *e-n Blick*: deitar; **~wagen**: ***sich ~*** ousar entrar; **~ziehen 1.** *v/t* <*h*> puxar para dentro; *fig* comprometer, envolver; **2.** *v/i* <*sn*> ***in*** *e-e Wohnung*: mudar para; entrar; (v)ir habitar (*ac*); **~zwängen** introduzir à força; encaixar

'hin|fahren 1. *v/t* <*h*> levar (no carro); **2.** *v/i* <*sn*> ir (lá); ir-se; **℞fahrt** *f* ida *f*; **~fallen** <*sn*> cair (ao chão); **~fällig** caduco (*a* JUR); débil; (*zwecklos*) ilusório; nulo; **~ *werden*** caducar; **℞fälligkeit** *f* <*sem pl*> debilidade *f*; caducidade *f*; **~finden** encontrar o caminho; **~fliegen** <*sn*> voar para lá; F (*fallen*) cair; escorregar; **~führen** levar (para) lá; ***wo soll das ~?*** *fig* onde é que isso vai levar?

'Hingabe *f* <*sem pl*> (*Preisgabe*) abandono *m*; *körperliche a* entrega *f*; (*Selbstverleugnung*) abnegação *f*; (*Eifer*) dedicação *f*; fervor *m* (***an*** *ac* por)

'hingeb|en dar, entregar; (*preisgeben*) abandonar; (*widmen*) dedicar; **~end** *adj* fervoroso, abnegado; **℞ung** ['-ge:buŋ] *f* <*sem pl*> → ***~gabe***; **~ungsvoll** dedicado; abnegado

hin'gegen pelo contrário; porém; em contrapartida

'hin|gehen <*sn*> ir (lá); *Zeit*: passar, correr; (*ac*) **~ *lassen*** deixar passar; não reparar (em); **~gehören** estar no seu lugar; *fig* vir ao acaso, vir a propósito; **~gelangen** <*sn*>, **~geraten** <*sn*>: **~** (***nach***) chegar (a); ir parar (a); **~gerissen** encantado; enlevado; **~halten** *v/t* estender; apresentar; oferecer; *fig* demorar; fazer esperar; *mit Versprechungen*: entreter; ***~d*** *adj* dilatório; moratório; **~hören** escutar, ouvir, prestar atenção

'hinken ['hiŋkən] coxear; andar coxo; claudicar; **~d** *adj* coxo

'hin|knien <*sn*> ajoelhar; **~kommen** <*sn*> → ***~gelangen***; (*zutreffen*) estar certo; bater certo; ***wo kämen wir denn hin?*** onde é que íamos parar?; **~länglich** suficiente; *a adv* bastante; **~legen** pôr, deitar; pousar; ***flach ~*** espalmar; ***~!*** MIL depor!; **~nehmen** tomar, aceitar; *fig* aguentar, suportar; *Beleidigung*: engolir; **~neigen**: **~ *zu*** propender a; *fig a* tender a; ***sich ~ zu*** inclinar(-se) para; **~raffen** arrebatar

'hinreichen 1. *v/t* passar; oferecer; *Hand*: estender; **2.** *v/i* alcançar; chegar; **~d** *adj* bastante

'Hinreise *f* ida *f*; **℞n** <*-t; sn*> ir lá

'hinreißen arrebatar; enlevar, abalançar; entusiasmar; ***sich ~ lassen*** deixar-se levar (***von*** por; ***zu*** a); **~d** *adj* irresistível; arrebatador

'hinricht|en <*-e-*> executar; **℞ung** *f* execução *f*

'hin|schaffen levar (para lá); **~schauen** → ***~sehen***; **~scheiden**

<*sn*> falecer; **2scheiden** *n* falecimento *m*; desenlace *m*; **~schicken** enviar, delegar; **~schlachten** degolar; assassinar; **~schlagen** <*sn*> cair; **~schleppen** arrastar; *fig* (*dauern, verzögern*) demorar; **~schmieren** escrevinhar; escrever à pressa; **~schreiben** escrever; assentar; **~schwinden** <*sn*> desvanecer-se; **~sehen** olhar (***nach*** para); ***genau ~*** fixar bem

'hinsetzen <*-t*> pôr, colocar; ***sich ~*** sentar-se

'Hinsicht *f* respeito *m*; ***in ~ auf*** (*ac*) = **2lich** (*gen*) a respeito de, com respeito a

'hin|sinken <*sn*> desfalecer; *tot*: cair; **2spiel** *n* <*-(e)s*; *-e*> *Sport*: jogo *m* de ida; **~stellen** colocar; ***~ als*** apresentar como; **~strecken** estender; (*niederwerfen*) derrubar; **~stürzen** <*-t*; *sn*> (*fallen*) cair; (*eilen*) precipitar-se (para ali)

hint'an|setzen <*-t*>, **~stellen** pôr de lado; *zeitl* postergar; (*vernachlässigen*) descuidar

'hinten ['hintən] atrás; detrás; (*im Hintergrund*) no fundo; ***nach ~*** para atrás (***legen*** dar, deitar); ***weiter ~*** mais atrás; **~'an** atrás, no fim; **~herum** por detrás; *fig* pelas costas (de); **~'über** de costas, às avessas

'hinter ['hintər] **1.** *prp* (*Lage dat, Richtung ac*) detrás; atrás de; ***~ et*** (*ac*) ***kommen*** *fig* descobrir a/c; ***2 Jahre Dienst ~ sich haben*** ter passdo por dois anos de serviço; ***~ sich*** (*dat*) ***lassen*** ultrapassar, adiantar-se a; ***~ j-m stehen*** *fig* apoiar alg; proteger alg; **2.** *adj* posterior; traseiro; derradeiro

'Hinter|achse *f* eixo *m* traseiro; **~backe** *f* nádega *f*; **~bein** *n* <*-(e)s*; *-e*> pé *m* traseiro; ***sich auf die ~e stellen*** levantar-se; *Pferd*: empoleirar-se; empinar; *fig* ser teimoso; **~'bliebenen** [-'bliːbənən] *pl*: ***die ~*** a família do falecido; **2'bringen** <-> denunciar; **~deck** *n* <*-(e)s*; *-s*, *-e*> tombadilho *m*; convés *m* da popa; **2ei'nander** um atrás do outro; em linha; em fila indiana; *drei Tage ~* seguidos; **~gedanke** *m* intenção *f* reservada; ***e-n ~n haben*** levar água *f* no bico, *bras* estar com segundas intenções; **2'gehen** enganar, iludir; **~grund** *m* <*-(e)s*; *¨e*> fundo *m*; ***in den ~ treten*** *fig* passar para o segundo plano; **2gründig** enigmático; **~halt** *m* <*-(e)s*; *¨e*> cilada *f*, emboscada *f*; ***aus dem ~*** *fig* nas costas; **2hältig** ['-hɛltiç] pérfido; manhoso; **~hand** *f* <*-*; *¨e*> *des Pferdes*: pata *f* traseira; *Spiel*: ***in ~ sein*** ser o último a jogar; **~haus** *n* <*-es*; *¨er*> traseiras *f/pl* da casa

hinter'her [hintər'heːr] depois; a seguir; *räuml*: atrás; **~laufen** <*sn*> correr atrás; seguir

'Hinter|hof *m* <*-(e)s*; *¨e*> saguão *m*; **~kopf** *m* <*-(e)s*; *¨e*> occipício *m*; occipital *m*; **~land** *n* <*-(e)s*; *sem pl*> hinterland *m*; interior *m* do país; **2'lassen 1.** deixar, (*vererben*) *a* legar; ***~, dass*** deixar o recado de que ...; **2.** *adj*: ***~e Werke*** *n/pl* obras *f/pl* póstumas; **~'lassenschaft** *f* herança *f*; sucessão *f*; espólio *m*; **~lauf** *m* <*-(e)s*; *¨e*> pata *f* traseira; **2'legen** depositar; *JUR* consignar; **~'legung** [-'leːguŋ] *f* depósito *m*; consignação *f*; **~list** *f* perfídia *f*, insídia *f*; **2listig** pérfido; insidioso; **~mann** *MIL m* <*-(e)s*; *¨er*> soldado *m* (da fila) posterior; *ECON* endossante *m* subsequente (*od* prévio); (*Auftraggeber*) comitente *m*; *fig* responsável *m*

'Hintern *m* F traseiro *m*, ânus *m*; V cu *m*

'Hinterrad *n* <*-(e)s*; *¨er*> roda *f* traseira; **~antrieb** *m* <*-(e)s*; *-e*> *TÉCN* tra(c)ção *f* às rodas traseiras

'hinter|rücks ['-ryks] por detrás; pelas costas; *fig a* traiçoeiramente; **2seite** *f* (re)verso *m*; costas *f/pl*; **2teil** *n* <*-(e)s*; *-e*> parte *f* posterior; *NAV* popa *f*; F → ***Hintern***; **2treffen**: ***ins ~ geraten*** *fig* perder terreno *m*; ficar atrás; **~'treiben** <-> impedir; contra-minar; frustrar; **2treppe** *f* escada *f* traseira (*od* de serviço); **2tür** *f* porta *f* traseira; *fig* saída *f*, escapatória *f*; ***sich e-e ~ offen halten*** manter uma saída (*od* solução) de emergência; **2wäldler** ['-vɛltlər] *m* homem *m* primitivo; **~'ziehen** <-> defraudar; *Steuern*: subtrair; **2'ziehung** *f* defraudação *f*; **2zimmer** *n* quarto *m* traseiro

'hin|tragen levar (para lá); **~treten** <*sn*>: ***vor j-n ~*** apresentar-se a alg; **~tun** pôr, meter

hi'nüber [hi'nyːbər] para lá; para aquele lado; para o outro lado, para a outra banda; ***über ...*** (*ac*) ~ por cima de; **~bringen** levar para o outro lado; **~fahren 1.** *v/t* <*h*> → ***~bringen***; **2.** *v/i* <*sn*>, **~gehen** <*sn*> passar para o outro lado; ***über*** (*ac*) ~ atravessar

'hin- und 'her|bewegen agitar; **~gehen** <*sn*>, **~laufen** <*sn*> andar de trás para diante

'Hin- und 'Rückfahrt *f* ida *f* e volta *f*

hi'nunter [hi'nuntər] para baixo; ***den Fluss*** (***die Treppe***) ~ rio (as escadas) abaixo; **~...** *in Zssgn* para baixo; → ***herab..., herunter...***; **~bringen** *et*: levar para baixo; *j-n*: acompanhar para baixo (*od* até à porta); **~fahren 1.** *v/t* <*h*> → ***~bringen***; **2.** *v/i* <*sn*> descer; **~fallen** <*sn*> cair (*e-n Abhang etc* por); **~führen** conduzir parar baixo; → ***~bringen***; **~schaffen** → ***~bringen***; **~schlingen**, **~schlucken** tragar; engolir (*a fig*); **~steigen** <*sn*> descer; **~tragen** levar para baixo; **~werfen** deitar abaixo, arremessar (*od* lançar) para baixo; **~würgen** tragar

'Hinweg ['-veːk] m <-(*e*)*s*; -*e*> ida *f*

hin'weg [-'vɛk]: ***~!*** vamos!; ~ (***damit***)***!*** fora!; tire(m) isto daqui!; ***über*** (*ac*) ~ por cima de; **~...**: *in Zssgn a* → ***weg...***; **~gehen** <*sn*>: ***über*** (*ac*) ~ passar por cima de; **~kommen** <*sn*>: ~ ***über et*** (*ac*) conformar-se (*od* consolar-se) com a/c; **~sehen**: ***über*** (*ac*) ~ não fazer caso de; **~setzen** <-*t*>: ***sich über*** (*ac*) ~ não se importar com; **~täuschen**: ***j-n über et*** (*ac*) ~ enganar alg acerca de a/c; ocultar a/c a alg

'Hinweis ['-vaɪs] *m* <-*es*; -*e*> indicação *f*; (***unter***) ~ ***auf*** (*ac*) (com) referência *f* a; **2en**: ***auf*** (*ac*) ~ indicar (*ac*); apontar para; referir-se a; (*anspielen*) aludir a; ***j-n auf*** (*ac*) ~ chamar a atenção de alg para; remeter alg para; **2end** *adj* GRAM demonstrativo; **~schild** *n* <-(*e*)*s*; -*er*> placa (*od* tabuleta) *f* indicadora

'hinwerfen deitar *od* atirar (ao chão); (*skizzieren*) esboçar

Hinz [hints] *m* <-; *sem pl*>: ~ ***und Kunz*** *m* Fulano *m* e Sicrano *m*

'hin|zeigen: ***auf*** (*ac*) ~ apontar para; **~ziehen 1.** *v/t* <*h*> puxar (***zu*** para); *fig* (*erstrecken*) estender; *zeitlich*: demorar; **2.** *v/i* <*sn*> ir-se; passar; **3.** *v/r* <*h*> ***sich*** ~ estender-se, alongar-se; (*dauern*) demorar; ***sich über 2 km*** ~ ter dois quilómetros (*ô) de extensão; **~zielen**: ***auf*** (*ac*) ~ ter em vista; *mit Worten*: aludir a; **~zögern** *v/t* <-*re*> demorar

hin'zu para além de; a isso, a mais; além disso; **~fügen** acrescentar; **~kommen** <*sn*> acrescer; (*erscheinen*) aparecer; **~rechnen** <-*e*-> MAT acrescentar; *fig* ter em conta; **~setzen** <-*t*>, **~tun** acrescentar; **~treten** <*sn*> juntar-se (***zu*** a); **~ziehen** chamar; *Arzt*: *a* consultar

'Hiobsbotschaft ['hiːɔps-] *f* má notícia *f*

Hirn [hirn] *n* <-(*e*)*s*; *sem pl*> cérebro *m*; **'~gespinst** *n* <-(*e*)*s*; -*e*> quimera *f*, fantasma *m*, alucinação *f*; **'~haut** *f* <-; ¨*e*> meninge *f*; **'~hautentzündung** *f* meningite *f*; **'~schädel** *m*, **'~schale** *f* crânio *m*; F cachola *f*; **'2verbrannt** ['-fɛrbrant] louco, doido, absurdo, paradoxo

Hirsch [hirʃ] *m* <-(*e*)*s*; -*e*> veado *m*; **'~fänger** ['-fɛŋər] *m* faca *f* de caça; **'~käfer** *m* vaca-loura *f*; **'~kalb** *n* <-(*e*)*s*; ¨*er*> enho *m*; **'~kuh** *f* <-; ¨*e*> cerva *f*

'Hirse ['hirzə] *f* <*sem pl*> milho-miúdo *m*, painço *m*; **~brei** *m* <-(*e*)*s*; -*e*> papas *f/pl* de milho-miúdo

Hirt [hirt] *m* <-*en*> pastor *m*; (*Rinder*2) vaqueiro *m*

'Hirten|brief *m* <-(*e*)*s*; -*e*> pastoral *f*; **~flöte** *f* charamela *f*; gaita *f*; **~stab** *m* <-(*e*)*s*; ¨*e*> cajado *m*; REL báculo *m*; **~tasche** *f* surrão *m*; **~volk** *n* <-(*e*)*s*; ¨*er*> povo *m* nómada (*bras* nômade) *od* de pastores

'Hirtin ['hirtin] *f* pastora *f*

His [his] MÚS *n* <-; *sem pl*> *inv* si *m* sustenido

'hissen ['hisən] <-*t*> NAV içar; arvorar

His'tor|ie [his'toːriə] *f* história *f*; **~iker** [-ikər] *m* historiador *m*; historiógrafo *m*; **2isch** histórico

Hit [hit] *m* <-*s*; -*s*> MÚS, NAV êxito; sucesso *m*; **'~parade** *f* hit-parade *f*

'Hitz|e ['hitsə] *f* <*sem pl*> calor *m* (***vor*** *dat* de); (*Glut*) *a fig* ardor *m*;

fig ímpeto *m*; ***in ~ geraten*** *fig* alterar-se; **Ձebeständig** resistente ao calor; **Ձeempfindlich** sensível ao calor; **~ewelle** *f* onda (*od* vaga) *f* de calor; **Ձig** *fig* fogoso, veemente; **~kopf** *m* <-(*e*)*s*; ¨*e*> homem *m* colérico; F bota-fogo *m*; espirra-canivetes *m*; **~schlag** MED *m* <-(*e*)*s*; ¨*e*> insolação *f*; congestão *f* (por excesso de calor)

HIV-|'negativ [ha:i:faʊ-] seronegativo; **~'positiv** seropositivo

'H-Milch ['ha:milç] *f* <*sem pl*> leite *m* UHT

'Hobby ['hɔbi] *n* <-*s*; -*s*> hobby *m*

'Hobel ['ho:bəl] *m* plaina *f*; cepilho *m*; **~bank** *f* <-; ¨*e*> banco *m* de carpinteiro; **~maschine** *f* aplainador *m*; **Ձn** <-*le*> aplainar, acepilhar; **~span** *m* <-(*e*)*s*; ¨*e*> apara *f*; *pl* ***~späne*** *a* acepilhadura *f*/*sg*

hoch [ho:x] <*höher*; ¨*st*; *ch vor e* = *h*: *hohe*, *hoher*, *hohes*>; **1.** alto (*a adv*); *Alter*: avançado; *Preis*, *Rang*: elevado; *Ehre*, *Spiel*: grande; (*erhaben*) sublime; ***~ oben*** muito alto; ***~ oben in*** (*dat*), ***~ oben auf*** (*dat*) muito em cima de; ***~ über*** muito por cima de; *fig* muito superior a; ***3 Meter ~*** de (*od Lage*: a) três metros de altura; ***3 Treppen ~*** no terceiro andar; MAT ***3 ~ 5*** três (elevado) à quinta (potência); (***er lebe***) ***~!*** viva!; ***wie ~ ist ...?*** que altura tem ...?; *fig* ***~ hinauswollen*** ter planos ambiciosos; ***wenn es ~ kommt*** quando muito; ***das ist mir zu ~*** F não compreendo; ***~ und heilig*** solenemente; ***~ achten***, ***~ schätzen*** ter em grande estima; apreciar muito; ***~ begabt*** extremamente prendado (*od* talentoso); de grandes qualidades; ***~ empfindlich*** ultra-sensível; ***~ erfreut*** encantado; ***~ gelehrt*** douto; ***~ gestellt*** de (alta) categoria; ***~ gewachsen*** erescido, alto; ***~ stehend*** elevado, de categoria, grado; **2. Ձ** *n* **a)** viva *m*; brinde *m*; ***ein ~ auf*** (*ac*) ***ausbringen*** dar vivas a; brindar por; **b)** → ***Hochdruckgebiet***

'Hochacht|ung *f* <*sem pl*> grande estima *f*; alta consideração *f*; ***mit*** (*od* ***in***) ***vorzüglicher ~*** = **Ձungsvoll** *im Brief*: com a maior consideração

'Hoch|altar *m* <-(*e*)*s*; ¨*e*> altar-mor *m*; **~amt** *n* <-(*e*)*s*; ¨*er*> missa *f* solene; **~antenne** *f* antena *f* exterior (*od* aérea); **Ձarbeiten** <-*e*->: ***sich ~*** *fig* vencer pelo seu trabalho; **~bahn** *f* metropolitano *m* aéreo; **~bau** *m* <-(*e*)*s*; *sem pl*> construção *f* alta; (*Oberbau*) superstrutura *f*; <*pl* -*ten*> → ***~haus***; → ***~- und Tiefbau***

'hoch|berühmt muito ilustre, celebérrimo; **~betagt** muito idoso, de muita idade

'Hochbetrieb *m* <-(*e*)*s*; *sem pl*> grande a(c)tividade *f*, grande movimento *m*; (*Andrang*) grande afluência *f*; ***Zeiten des ~s*** CAM. DE F horas *f*/*pl* de ponta

'hoch|bringen *fig* desenvolver, fazer prosperar; *j-n*: elevar; (*reizen*) irritar; **Ձburg** *f fig* centro *m*, foco *m*; **~deutsch** alto alemão

'Hochdruck *m* <-(*e*)*s*; *sem pl*> alta pressão *f* (***mit*** a); TIP <*pl* -*e*> impressão *f* em relevo; **~gebiet** *n* <-(*e*)*s*; -*e*> anticiclone *m*

'Hochebene *f* planalto *m*

'hoch|fahren <*sn*>: ***aus dem Schlaf ~*** acordar de sobressalto; **~fahrend** altivo; arrogante; **Ձfinanz** *f* alta finança *f*; **Ձfläche** *f* planalto *m*; **~fliegend** altaneiro; *fig a* ambicioso; *Plan*: grande; **Ձfrequenz** EL *f* <*sem pl*> alta frequência *f*; **Ձgebirge** *n* altas montanhas *f*/*pl*; **Ձgefühl** *n* <-(*e*)*s*; *sem pl*> entusiasmo *m*, exaltação *f*; **~gehen** <*sn*> subir; explodir; *See*: estar encapelado, estar agitado; *fig* irritar-se; indignar-se; abespinhar-se; **~gelegen** elevado; **Ձgenuss** *m* <-*es*; *sem pl*> delícia *f*, alto prazer *m*; **~geschlossen** *Kleid*: de decote subido; **Ձgeschwindigkeitszug** *m* <-(*e*)*s*; ¨*e*> comboio (*bras* trem) *m* de alta velocidade; **~gespannt** EL de alta tensão; TÉCN *Dampf*: de alta pressão; *fig* alto; exagerado; **~gestochen** ['-gəʃtɔxən] empolado; **Ձglanz** *m* <-*es*; *sem pl*> lustre *m*; **~gradig** ['-gra:diç] altamente, em alto grau; **~halten** levantar; *fig* → ***~ achten***; **Ձhaus** *n* <-*es*; ¨*er*> arranha-céus *m*; **~heben** levantar; **~herrschaftlich**: *Familie*: ilustre; *Wohnung*: de luxo; **~herzig** magnânimo; **~klappen** levantar

hoch|kommen <*sn*> subir; *fig a* prosperar; **♀konjunktur** *f* período *m* de grande prosperidade; **♀land** *n* <*-(e)s*; *¨er*> país *m* montanhoso; **~leben**: **~ *lassen*** dar vivas a, brindar por; ... ***lebe hoch!*** viva ...! **♀leistungssport** *m* <*-(e)s*; *sem pl*> desporto *m* de alta competição

'hoch|modern moderníssimo; **♀mut** *m* <*-(e)s*; *sem pl*> altivez *f*; soberba *f*; **~mütig** ['-myːtiç] altivo; soberbo; **~näsig** ['-nɛːziç] arrogante, sobranceiro; **♀ofen** *TÉCN m* <*-s*; *¨*> alto-forno; **♀parterre** *n* <*-s*; *-s*> sobreloja *f*; **~prozentig** de alta percentagem; **~ragend** elevado, alto; **♀rechnung** *f* sondagem *f*; **♀relief** *n* <*-s*; *-s*, *-e*> alto-relevo *m*; **~rot** rubro; **♀ruf** *m* <*-(e)s*; *-e*> viva *m*; **♀saison** *f* estação *f* alta; **~schlagen** *Kragen*: levantar; **~schnellen** <*sn*> subir de repente; **~schrauben** fazer subir

'Hochschul|abschluss *m* <*-es*; *¨e*> diploma *m* de formatura; **~e** *f* escola *f* superior; universidade *f*; academia *f*; **~reife** *f* <*sem pl*> aptidão *f* universitária; **~studium** *n* <*-s*; *sem pl*> estudo *m* universitário

'hoch|schwanger em estado avançado de gravidez; **~ *sein*** estar no fim da gravidez; **♀seefischer(ei** *f* <*sem pl*>) *m* pescador *m* (pesca *f*) do alto mar; **♀seeflotte** *f* esquadra *f* do alto (mar); **♀sitz** *m* <*-es*; *-e*> posto *m* alto (de caça); **♀sommer** *m* alto verão *m*; pino *m* do verão; estio *m*; **♀spannung** *f* alta tensão *f*; *fig a* ânsia *f*; **♀spannungsleitung** *f* linha *f* (*od* fio *m*) de alta tensão; **♀sprung** *m* <*-(e)s*; *sem pl*> salto *m* em altura

höchst [høːçst] *sup von* ***hoch***; (o) mais alto; *fig* supremo; sumo; magno; (*größt*) maior; *FÍS*, *TÉCN u ECON* máximo; (*vornehmst*) da mais alta categoria; (*äußerst*) extremo; ***am ~en*** (o) mais alto; ***es ist ~e Zeit*** são horas; não há tempo a perder

'hoch|stämmig de alto tronco; **♀stape'lei** ['-ʃtaːpə'laɪ] *f* intrujice *f*; vigarice *f*; aldrabice *f*; **♀stapler** ['-ʃtaːplər] *m* vigarista *m*; aldrabão *m*

'Höchst|belastung *f* carga *f* máxima; **~betrag** *m* <*-(e)s*; *¨e*> máximo *m*; **~dauer** *f* <*sem pl*> duração *f* máxima

'höchst|ens ['høːçstəns] quando muito; no máximo; **♀gehalt 1.** *m* <*-(e)s*; *-e*> percentagem *f* máxima; **2.** *n* <*-(e)s*; *¨er*> ordenado *m* máximo; **♀geschwindigkeit** *f* velocidade *f* máxima; **♀grenze** *f* limite *m* máximo; **♀leistung** *f* record(e) *m*; **♀maß** *n* <*-es*; *-e*> máximo *m*; **~persönlich** em pessoa; **♀preis** *m* <*-es*; *-e*> preço *m* máximo; **♀stand** *m* <*-(e)s*; *sem pl*> nível *m* máximo; **~wahrscheinlich** com certeza, muito provavelmente

'hoch|tönend altissonante; **♀touren** *pl*: ***auf ~*** *fig* a toda a marcha; **~trabend** *fig* patético; **~treiben** impelir para cima; fazer subir; **♀- und Tiefbau** *m* engenharia *f* civil; **~verehrt** ['-fɛreːrt] muito venerado; **♀verrat** *m* <*-(e)s*; *sem pl*> alta traição *f*; **♀verräter** *m* réu *m* de alta traição; **~verzinslich** de altos juros; **♀wald** *m* <*-(e)s*; *¨er*> floresta *f*; **♀wasser** *n* enchente *f*; crescente *f*; cheia *f*; **~wertig** ['-veːrtiç] de alto valor; *BGB* rico; **♀wild** *n* <*-(e)s*; *sem pl*> caça *f* grossa; **♀würden** ['-vyrdən] <*sem pl*>: ***Euer*** (***Seine***) **~** Vossa (Sua) Reverendíssima *f*

'Hochzeit ['hɔxtsaɪt] *f* casamento *m*; núpcias *f/pl*; ***silberne ~*** bodas *f/pl* de prata; ***goldene ~*** bodas *f/pl* de ouro; ***~ halten*** celebrar as bodas; **♀lich** nupcial; **~sfeier** *f* <*-*; *-n*> núpcias *f/pl*; **~sgast** *m* <*-es*; *¨e*> convidado *m* ao casamento; **~smarsch** *m* <*-(e)s*; *¨e*> marcha *f* nupcial; **~sreise** *f* viagem *f* de núpcias; **~stag** *m* <*-(e)s*; *-e*> dia *m* do casamento; aniversário *m* de casamento

'hochziehen levantar; *NAV* içar

'Hock|e ['hɔkə] *f* cócoras *f/pl*; (*Getreide♀*) gavela *f* de trigo; *Turnen*: salto *m* de pernas encolhidas; **♀en** estar (*od* pôr-se) de cócoras; acocorar-se; **~er** *m* banquinho *m*

'Höcker ['hœkər] *m* corcunda *f*, carcunda *f*, corcova *f*; *MED* bossa *f*, protuberância *f*; (*Erd♀*) eminência *f*; **♀ig** corcovado, corcunda

'Hockey ['hɔke] *n* <*-s*; *sem pl*> hóquei *m*; **~spieler** *m* hoquista *m*, *bras* jogador *m* de hoquei

'Hod|e ['hoːdə] *f od m*, **~en** *m* testículo *m*; **~ensack** *m* <-(*e*)*s*; *¨e*> escroto *m*

Hof [hoːf] *m* <-(*e*)*s*; *¨e*> (*Innen*♀) pátio *m*; (*Hühner*♀) capoeira; (*Kuh*♀) curral *m*; (*Gut*) quinta *f*, casal *m*; *e-s Fürsten*: corte *f* (***bei, zu*** na, à); (*Mond*♀) aréola *f*, halo *m*; ***j-m den ~ machen*** cortejar alg; **'~amt** *n* <-(*e*)*s*; *¨er*> cargo *m* áulico *od* palaciano; **'~dame** *f* dama *f* de honor (*od* honra); **'♀fähig** admitido à corte

'hoffen ['hɔfən] esperar (***auf*** *ac* ***j-n, et*** alg, a/c; ***dass*** que + *subj*); **~tlich** oxalá que, espero que

'Hoffnung ['hɔfnuŋ] *f* esperança *f* (***aufgeben*** perder; ***machen*** dar); ***sich ~en machen auf*** (*ac*) ter esperanças em, estar esperançado em; ***guter ~ sein*** *fig* estar no seu estado interessante; **♀slos** desesperado; sem esperança; **~slosigkeit** ['-loːziç-] *f* <*sem pl*> desesperança *f*; **♀svoll** esperançoso; cheio de esperança; o(p)timista

'Hof|haltung *f* corte *f*; **~hund** *m* <-(*e*)*s*; *-e*> mastim *m*; **♀'ieren** [ho'fiːrən] <-> cortejar

'höf|isch ['høːfiʃ] cortesão, palaciano, áulico; **~lich** cortês, delicado; **♀lichkeit** *f* <*sem pl*> cortesia *f*, delicadeza *f*

'Hoflieferant *m* <-*en*> fornecedor *m* da casa real

'Höfling ['høːfliŋ] *m* <-*s*; *-e*> cortesão *m*

'Hof|marschall *m* <-*s*; *¨e*> mordomo-mor *m*; **~narr** *m* <-*en*> bobo *m*; **~rat** *m* <-(*e*)*s*; *¨e*> conselho *m* áulico; *j-d*: conselheiro *m* áulico; **~staat** *m* <-(*e*)*s*; *sem pl*> corte *f*

'Höhe ['høːə] *f* altura *f* (*a* NAV *u fig*; ***in, auf der*** à); (*Erhebung*) elevação *f*; *über dem Meer*: altitude *f*; ***in gleicher ~*** no mesmo nível, ao nível; ***in die ~*** ao alto, para o ar; *bei Verb* → ***hoch...***; ***in ~ von*** ECON no valor de, que monta a; *fig* ***das ist die ~!*** é o cúmulo!; ***nicht auf der ~ sein*** *fig* não estar em forma

'Hoheit ['hoːhaɪt] *f* grandeza *f*, nobreza *f*; (*Ober*♀) soberania *f*; *Titel*: Alteza *f*; **~sgebiet** *n* <-(*e*)*s*; *-e*> território *m* (de soberania); **~sgewässer** *n*/*pl* águas *f*/*pl* territoriais; **~szeichen** *n* emblema *m*, insígnia *f*

Hohe'lied *n* <-(*e*)*s*; *sem pl*>: ***das ~*** o Cântico dos Cânticos

'Höhen|flosse *f* AV estabilizador *m*; **~flug** AV *m* <-(*e*)*s*; *¨e*> voo (*ô) *m* de grandes alturas (*a fig*); **~krankheit** *f* mal *m* das alturas; **~lage** *f* GEOGR altitude *f*; nível *m*; altura *f*; **~linie** *f* curva *f* de nível; **~luft** *f* <*sem pl*> ar *m* das montanhas; **~messer** *m* altímetro *m*; **~rekord** *m* <-(*e*)*s*; *-e*> recorde *m* de altura; **~ruder** *n* AV leme *m* de profundidade; **~sonne** *f* <*sem pl*> sol *m* de altitude; MED lâmpada *f* de raios ultravioletas; **~steuer** AV *n* leme *m* de profundidade; **~unterschied** *m* <-(*e*)*s*; *-e*> diferença *f* de altura (*od* nível); **~zug** *m* <-(*e*)*s*; *¨e*> cumeada *f*

Hohe'priester *m* pontífice *m*

'Höhepunkt *m* <-(*e*)*s*; *-e*> ponto *m* culminante, cume *m*, cúmulo *m*, auge *m*; *fig a* apogeu *m*

'höher ['høːər] (*comp von* ***hoch***) mais alto *etc*, *fig* superior; *Gewalt*: maior; ***~e Schule*** escola *f* secundária; instituto *m* de ensino secundário; *bei Verb* → ***hoch...***; ***~ machen*** altear

hohl [hoːl] oco (*a fig*); côncavo; *Auge, Wange*: encovado; *Schall*: surdo; *Zahn*: furado; ***aus der ~en Hand trinken*** beber da mão; ***~ gehen*** NAV estar cavado; **'~äugig** ['-ɔygiç] de olhos cavados, com olheiras

'Höhle ['høːlə] *f* caverna *f* (*a* MED), cova *f*, covil *m*, gruta *f*; **~nbewohner** *m* troglodita *m*; **~nforscher** *m* espeleólogo *m*; **~nforschung** *f* espeleologia *f*; **~nmensch** *m* <-*en*> homem *m* das cavernas

'Hohl|fläche *f* concavidade *f*; **♀geschliffen** côncavo; **~heit** *f* cavidade *f*; *fig* nulidade *f*; insignificância *f*; **~kopf** *m* <-(*e*)*s*; *¨e*> *fig* cabeça *f* oca; imbecil *m*; **~maß** *n* <-*es*; *-e*> medida *f* de capacidade; **~raum** *m* <-(*e*)*s*; *¨e*> cavidade *f*; **~saum** *m* <-(*e*)*s*; *¨e*> bainha *f* aberta; **~spiegel** *m* espelho *m* côncavo

'Höhlung ['høːluŋ] *f* (con)cavidade *f*

'Hohlweg *m* <-(*e*)*s*; *-e*> desfiladeiro *m*; azinhaga *f*

Hohn [hoːn] *m* <-(*e*)*s*; *sem pl*> escárnio *m*; ironia *f*; (*dat*) ***zum ~*** em desprezo de

H

'höhnen ['hø:nən] *v/t* escarnecer, fazer troça de
'Hohngelächter *n* riso *m* sardónico (*ô), riso *m* de mofa
'höhnisch ['hø:niʃ] irónico (*ô), sardónico (*ô)
'Hohn|lächeln *n* <*sem pl*> sorriso *m* irónico (*ô); **ᘔlachend** com riso irónico (*ô); **ᘔsprechen** (*dat*) ser incompatível com, desmentir (*ac*)
Hokus'pokus [ho:kus'po:kus] *m* <-; *sem pl*> *inv* charlatanaria *f*, pelotiças *f/pl*
'Holdinggesellschaft ['ho:ldiŋ-] *f* sociedade *f* holding
'holen ['ho:lən] *v/t* (v)ir buscar; (v)ir procurar; **~ *lassen*** mandar buscar; ***sich*** (*dat*) ***e-e Krankheit etc ~*** apanhar; ***Atem ~*** tomar ar; respirar; ***da ist nichts zu ~*** não há nada a ganhar; ***der Teufel*** (*od* ***Kuckuck***) ***soll ihn ~!*** diabos o levem!; raios o partam!
'Holland ['hɔlant] *n* Holanda *f*
'Holländ|er(in *f*) ['hɔlɛndər-] *m*, **ᘔisch** holandês *m*, -esa *f*, da Holanda
'Hölle ['hœlə] *f* <*sem pl*> inferno *m*; ***j-m die ~ heiß machen*** dar que fazer a alg; apertar alg; ***j-m das Leben zur ~ machen*** fazer a vida num inferno a alg; ***da ist die ~ los*** F está num inferno
'Höllen...: *in Zssgn meist* infernal; **~'lärm** *m* <-*s*; *sem pl*> F barulho *m* infernal; **~qual** *f* suplício *m*; **~stein** *m* <-(*e*)*s*; -*e*> QUÍM nitrato *m* de prata; pedra *f* infernal
'höllisch ['hœliʃ] infernal
Holm [hɔlm] *m* <-(*e*)*s*; -*e*> *Leiter*: banzo *m*; *Turnen*: barra *f*; *poét* ilha *f*
'holp|(e)rig ['hɔlp(ə)riç] escabroso, desigual; acidentado; **~ern** <-*re*; *sn*> dar solavancos
Ho'lunder [ho'lundər] *m* sabugueiro *m*
Holz [hɔlts] *n* <-(*e*)*s*; ¨*er*> madeira *f*; pau *m*; (*Brenn*ᘔ) lenha *f*; (*Gehölz*) mata *f*, bosque *m*; ***Stück ~*** cavaca *f*, *bras* tora *f*, lasca *f*; **~ *verarbeitende Industrie*** indústria *f* de transformação de madeiras; **'~apfel** *m* <-*s*; ¨> maçã *f* silvestre; **'~bein** *n* <-(*e*)*s*; -*e*> perna *f* de pau; **'~block** *m* <-(*e*)*s*; ¨*e*> talho *m*, cepo *m*; *bras* tora *f*; **'~bock** *m* cavalete *m*; *Käfer*: carrapato *m*; **'ᘔen** *v/i* <-*t*> cortar lenha no bosque; F sovar; **~e'rei** [-ə'raɪ] F *f* pancadaria *f*
'hölzern ['hœltsərn] de madeira; de pau; *fig* desajeitado
'Holz|fäller ['-fɛlər] *m* lenhador *m*; **~faserplatte** *f* placa *f* de fibra lenhosa, *bras* compensado *m*; **ᘔfrei** *Papier*: sem celulose; **~feuerung** *f* combustão *f* de lenha; **~hacker** *m* → **~*fäller***; **~hammer** *m* maço *m*; **~handel** *m* <-*s*; *sem pl*> negócio (*od* comércio) *m* de madeiras; **~händler** *m* negociante (*od* comerciante) *m* de madeiras; **~handlung** *f* estância *f* (de madeiras); **~haus** *n* <-*es*; ¨*er*> isbá *f*; **ᘔig** lenhoso; **~industrie** *f* indústria *f* de madeiras; **~kitt** *m* massa *f* de colar madeiras; **~klotz** *m* <-*es*; ¨*e*> → **~*block***; **~kohle** *f* sobro *m*; carvão *m* vegetal; **~pflock** *m* <-(*e*)*s*; ¨*e*> estaca *f*; tarugo *m*; **~scheit** *n* <-(*e*)*s*; -*e*> cavaca *f*, *bras* tora *f*, lenha *f*; **~schlag** *m* <-(*e*)*s*; ¨*e*> corte *m* de mato; **~schnitt** *m* <-(*e*)*s*; -*e*> gravura *f* em madeira; **~schnitzerei** *f* obra *f* de talha; escultura *f* em madeira; **~schuh** *m* <-(*e*)*s*; -*e*> tamanco *m*, soco *m*; **~schutzmittel** *n* produto *m* para a prote(c)ção de madeiras; **~span** <-(*e*)*s*; ¨*e*>, **~splitter** *m* cavaco *m*, lasca *f*; **~stoß** *m* <-*es*; ¨*e*> pilha *f* de lenha; (*Scheiterhaufen*) fogueira *f*; **~taube** *m* pombo *m* bravo; torcaz *m*; **~verkleidung** *f* revestimento *m* de madeira; **~weg**: ***auf dem ~ sein*** *fig* estar enganado; **~wolle** *f* <*sem pl*> maravalhas *f/pl*; **~wurm** *m* <-(*e*)*s*; ¨*er*> bicho-carpinteiro *m*; caruncho *m*
'Homepage ['ho:mpe:tʃ] *f* <-; -*s*> homepage *f*
homo'gen [homo'ge:n] homogéneo (*ê); **ᘔi'tät** [-geni'tɛ:t] *f* <*sem pl*> homogeneidade *f*
Homöo'path [homœo'pa:t] *m* <-*en*> homeopata *m*; **~'ie** [-pa'ti:] *f* homeopatia *f*; **ᘔisch** [-'pa:tiʃ] homeopático
Homosexu|ali'tät [homozɛksuali'tɛ:t] *f* <*sem pl*> homossexualidade *f*; **ᘔ'ell** homossexual; F maricas, panasco, *bras* fresco
'Honig ['ho:niç] *m* <-*s*; *sem pl*> mel *m*; ***j-m ~ um den Bart schmieren***

dar manteiga *f* a alg; **~biene** *f* abelha *f*; **~kuchen** *m* bolo (*ô) *m* de mel; **Ձsüß** muito doce; *fig* melado; melífluo; **~wabe** *f* favo *m*

Hono'r|ar [hono'ra:r] *n* <-s; -e> honorário *m*; **~a'tioren** [-rats'jo:rən] *pl* notabilidades *f/pl*; **Ձieren** <-> pagar; *fig* recompensar

'Hopfen ['hɔpfən] *m* <-s; sem pl> lúpulo *m*; *fig* ***an j-m ist ~ und Malz verloren*** alg é incorrigível; **~stange** *f* estaca *f* de lúpulo; *fig* pau *m* de virar tripas

'hop|sen ['hɔpsən] <-t; sn> → ***hüpfen***; **Ձser** ['-sər] *m* pulo *m*

'Hör|apparat ['hø:r-] *m* <-(e)s; -e> aparelho *m* acústico (*bras* de surdez); *MED* fonendoscópio *m*; **Ձbar** audível, perceptível

'horch|en ['hɔrçən] escutar; ***auf et*** (*ac*) **~** estar à escuta de a/c; **Ձer(in** *f*) *m* escutador(a *f*) *m*; curioso *m*, -a *f*; espia *su*; **Ձgerät** *MIL* *n* <-(e)s; -e> aparelho *m* de escuta; **Ձposten** *MIL* *m* esculca *m*; guarda *f* avançada

'Horde ['hɔrdə] *f* horda *f*; bando *f*

'hör|en ['hø:rən] **1.** ouvir (***von et*** falar de); ***auf*** (*ac*) **~** escutar (*ac*); (***sagen***) **~** ouvir dizer; *ein Kolleg* **~** assistir a; ***sich ~ lassen*** fazer-se ouvir, (*annehmbar sein*) poder ser; ***et von sich ~ lassen*** dar notícias suas; ***auf den Namen … ~*** dar (*bras* atender) pelo nome de …; **2. Ձen** *n* audição *f*; ***j-m vergeht ~ und Sehen*** alg está tonto; **Ձensagen** *n*: ***vom ~*** de ouvir dizer

'Hörer ['hø:rər] *m* **a)** *TEL* auscultador *m*; **b) ~, ~in** *f* ouvinte *su*; *e-s Professors*: aluno *m*, -a *f*, estudante *su*; **~schaft** *f* auditório *m*

'Hör|fehler *m* erro *m* de audição; *MED* defeito *m* do ouvido; ***e-n ~ haben*** ouvir mal; **~folge** *f* programa *m* de audições; **~funk** *m* <-s; sem pl> radiodifusão *f*; **~gerät** *n* <-(e)s; -e> → ***~apparat***; **Ձig** (*dat*) sujeito a; dependente de; servo de; **~igkeit** *f* <sem pl> servidão *f*

Hori'zont [hori'tsɔnt] *m* <-(e)s; -e> horizonte *m*; **Ձ'al** [-'ta:l] horizontal

Hor'mon [hɔr'mo:n] *n* <-s; -e> hormona *f*, *bras* hormônio *m*

'Hörmuschel *f* <-; -n> *TEL* auscultador *m*

Horn [hɔrn] *n* <-(e)s; ¨er> corno *m* (*a Stoff*), *Tiere*: *a* chifre *m*, ponta *f*; *MED u MÚS*, *bsd MIL* corneta *f*; (*JagdՁ*) trompa *f*; (*Bergspitze*) pico *m*

'Hörn|chen ['hœrnçən] *n* pequeno chifre *m*; *Gebäck*: croissant *m*; **Ձen** **1.** *adj* córneo; cornífero; **2.** *v/i* estar na muda do chifre; **3.** *v/t* F cornear

'Hörnerv *m* <-s; -en> nervo *m* auditivo

'Hornhaut *f* <sem pl> calo(sidade *f*) *m*; *im Auge*: córnea *f*

Hor'nisse [-'nisə] *f* vespão *m*, moscardo *m*

Horn|ist(in *f*) *m* <-en> corneta *su*, corneteiro *m*, -a *f*; **~signal** *n* <-s; -e> sinal *m* de corneta; **~vieh** *n* <-(e)s; sem pl> gado *m* cornífero; *fig* F (grande) burro *m*

'Hörorgan *n* <-s; -e> ouvido *m*, órgão *m* auditivo

Horo'skop [horo'sko:p] *n* <-s; -e> horoscópio *m*, horóscopo *m*

hor'rend [hɔ'rɛnt] horroroso; exorbitante

'Hör|rohr *MED* *n* <-(e)s; -e> estetoscópio *m*; *für Schwerhörige*: corneta *f* acústica; **~saal** *m* <-(e)s; -säle> sala *f* de aula; auditório *m*; *großer*: anfiteatro *m*; **~schärfe** *f* <sem pl> sensibilidade *f* auditiva; **~spiel** *n* <-s; -e> peça *f* radiofónica (*ô)

Horst [hɔrst] *m* <-(e)s; -e> ninho *m*; *GEOL* horst *m*

'Hörsturz *m* derrame *m* no canal auditivo

Hort [hɔrt] *m* <-(e)s; -e> (*Schatz*) tesouro *m*; (*Schutz*) refúgio *m*; (*KinderՁ*) infantário *m*, *bras* creche *f*; **'Ձen** <-e-> açambarcar, acumular;

Hor'tensie [hɔr'tɛnzjə] *f* *BOT* hortênsia *f*

'Hörweite *f* <sem pl> alcance *m* da voz; ***in*** (***außer***) **~** ao (fora do) alcance da voz

'Höschen ['hø:sçən] *n* <-s; -> calcinha *f*; cueca *f*, *meist*: cuecas *pl*

'Hose ['ho:zə] *f* (*meist* ***~n*** *pl*) calças *f/pl*, *bras* calça *f*; (*KnieՁ*) calções *m/pl*

'Hosen|anzug *m* <-s; ¨e> fato *m*, terno *m*; **~bein** *n* <-(e)s; -e> perna *f*, cano *m* das calças; **~boden** *m* <-s; ¨> fundilho(s *pl*) *m*; **~rock** *m* <-s; ¨e> saia-calça *f*; **~schlitz** *m* <-es; -e> barguilha *f*, braguilha *f*; **~ta-**

sche *f* bolso *m*; **~träger** *m* (*meist pl*) suspensórios *m/pl*, alças *f/pl*

Hospi'tal [hɔspi'taːl] *n* <*-s*; *-e a* ¨*er*> hospital *m*; **~ant(in** *f*) *m* [-'tant-] ouvinte *su*; voluntário *m*, -a *f*; **2ieren** <-> assistir (como ouvinte *od* como voluntário)

Hos'piz [hɔs'piːts] *n* <*-es*; *-e*> hospício *m*

Hos'tess [hɔs'tɛs] *f* <*-*; *-en*> hospedeira *f*

'Hostie ['hɔstiə] *f* hóstia *f*

'Hotdog ['hɔtdɔk] *m od n* <*-s*; *-s*> cachorro *m* quente

Ho'tel [ho'tɛl] *n* <*-s*; *-s*> hotel *m*; **~besitzer** *m* hoteleiro *m*; **~fachschule** *f* escola *f* de hotelaria; **~gewerbe** *n* <*-s*; *sem pl*> indústria *f* hoteleira; **~halle** *f* hall *m* do hotel; **~zimmer** *n* quarto *m* de hotel

'Hotline ['hɔtlain] *f* <*-s*; *-s*> hotline *f*

hott! [hɔt] arre!

hü! [hyː] arre!

Hub [huːp] *m* <*-(e)s*; ¨*e*> elevação *f*; levantamento *m*; TÉCN curso *m*; carreira *f*

'Hubraum *m* <*-(e)s*; ¨*e*> cilindrada *f*

hübsch [hypʃ] bonito, lindo, gentil; *adv* F bem, muito; *oft übersetzt durch Diminutiv* -inho

'Hubschrauber ['-ʃraʊbər] *m* helicóptero *m*; **~landeplatz** *m* <*-es*; ¨*e*> heliporto *m*

'huckepack ['hukəpak] às cavalitas, *bras* a cavalo

Huf [huːf] *m* <*-(e)s*; *-e*> casco *m*; **'~beschlag** *m* <*-(e)s*; ¨*e*>, **'~eisen** *n* ferradura *f*; **'~lattich** ['-latiç] *m* <*-(e)s*; *sem pl*> tussilagem *f*; F unha-de-cavalo *f*; **'~nagel** *m* <*-s*; ¨> cravo *m* de ferradura; **'~schlag** *m* <*-(e)s*; ¨*e*> tropel *m*; coice *m*; **'~schmied** *m* <*-(e)s*; *-e*> ferrador *m*

'Hüft|bein ['hyft-] *n* <*-(e)s*; *-e*> osso *m* ilíaco, osso *m* da anca; **~e** [-ə] *f* anca *f*; quadril *m*; **~gelenk** *n* <*-(e)s*; *-e*> articulação *f* coxo-femural; **~gürtel** *m*, **~halter** *m* cinta *f*

'Huftier *n* <*-(e)s*; *-e*> ungulado *m*

'Hüftknochen *m* → ***~bein***

'Hügel ['hyːgəl] *m* colina *f*; outeiro *m*; cabeço *m*; (*Grab*2) túmulo *m*; **2ig** acidentado, ondulado; **~land** *n* <*-(e)s*; ¨*er*> terreno *m* acidentado (*od* ondulado)

Huhn [huːn] *n* <*-(e)s*; ¨*er*> galinha *f*; *junges*: franga *f*

'Hühnchen ['hyːnçən] *n* frango *m*, -a *f*; ***mit j-m ein ~ zu rupfen haben*** *fig* ter que ajustar contas com alg

'Hühner|auge ['hyːnər-] *n* calo *m*; **~augenoperateur** *m* <*-s*; *-e*> calista *m*; **~augenpflaster** *n* <*-s*; *-*> penso *m* para os calos; **~brühe** *f* canja *f*; **~ei** *n* <*-(e)s*; *-er*> ovo *m* de galinha; **~farm** *f* aviário *m*; criação *f* de galinhas; **~hof** *m* <*-(e)s*; ¨*e*> capoeira *f*; galinheiro *m*; **~hund** *m* <*-(e)s*; *-e*> perdigueiro *m*, podengo *m*; **~leiter** *f* <*-*; *-n*> poleiro *m*; **~pest** *f* <*sem pl*> peste *f* aviária (*od* de galinhas); **~stall** *m* <*-(e)s*; ¨*e*> → ***~hof***; **~stange** *f*, **~stiege** *f* poleiro *m*; **~suppe** *f* canja *f*; **~zucht** *f* criação *f* de galinhas

'huldig|en ['huldigən] prestar homenagem; *e-r Ansicht*: ser de; *e-m Brauch*: cultivar (*ac*), ter o culto de; *e-r Sache*: ser afeiçoado a; **2ung** *f* homenagem *f*

'huldvoll clemente, afável, benévolo

'Hüll|e ['hylə] *f* invólucro *m* (*a* BOT); envoltório *m*; (*Schutz*2) capa *f*; ***sterbliche ~*** restos *m/pl* mortais, despojos *m/pl* mortais; ***in ~ und Fülle*** em grande abundância; à farta; **2en** envolver; (en)cobrir; ***sich in Schweigen ~*** guardar silêncio

'Hüls|e ['hylzə] *f* estojo *m*, caixa *f*; BOT vagem *f*, folhelho *m*, casca *f*; MIL cartucho *m*; **~enfrucht** *f* <*-*; ¨*e*> leguminosa *f*

hu'man [hu'maːn] humano; **2'ismus** [-ma'nis-] *m* <*-*; *sem pl*> humanismo *m*; **2'ist(in** *f*) *m* <*-en*> humanista *su*; **~'istisch** humanístico; *Schule*, *Studium*: *a* clássico; **~i'tär** [-mani'tɛːr] humanitário; **2i'tät** [humani'tɛːt] *f* <*sem pl*> humanidade *f*

'Humbug ['humbuk] *m* <*-s*; *sem pl*> disparate(s) *m* (*pl*)

'Hummel ['huməl] *f* <*-*; *-n*> abelhão *m*, zangão *m*

'Hummer ['humər] *m* lavagante *m*, *bras* lagostim *m*

Hu'mor [hu'moːr] *m* <*-s*; *sem pl*> humor *m*; graça *f*; LIT humorismo *m*; **~'eske** [-mo'rɛskə] *f* peça *f* humorística, farça *f*; **~'ist** *m* <*-en*> humorista *m*; **2'istisch** → ***~voll***; **2los**

sem (*od* com falta de) humor; **Ձvoll** humorístico

'humpeln ['humpəln] *<-le, h u sn>* coxear

'Humpen ['humpən] *m* caneca *f*

'Humus ['hu:mus] *m <-; sem pl>* humo *m*

Hund [hunt] *m <-(e)s; -e>* cão *m*; *bras* cachorro *m*; *BGB* vagonete *m*, vagoneta *f*; *fig* ***auf den ~ kommen*** cair na miséria; ***vor die ~e gehen*** F ir abaixo; arruinar-se; ***wie ~ und Katze leben*** F ser como cão e gato; ***ein dicker ~!*** F essa é forte!

'Hunde|ausstellung *f* exposição *f* canina; **Ձelend** F miserável; **~futter** *n <-s; sem pl>* comida *f* para cães; **~hütte** *f* casota *m*; **~kälte** *f <sem pl>* frio *m* de rachar (pedras); **~leben** *n <-s; sem pl>* vida *f* miserável (*od* de cão); **~leine** *f* trela *f*, *bras* coleira *f*; **~marke** *f* chapa *f* (de cão); **Ձmüde** estafado; **~rasse** *f* raça *f* canina

'hundert ['hundərt] (Ձ *n u f*) cem; ~ + *Zahl*: cento (*m*); ***etwa ~ …*** uma centena de …; *pl* **Ձe** centenas; ***zu Ձen*** às centenas; **Ձer** *m* número *m* centenário; F nota *f* de cem; **~erlei** ['-ərlaɪ] centenas de; **~fach**, **~fältig** ['-fɛltiç] cêntuplo; **Ձ'jahrfeier** *f* centenário *m*; **~jährig** ['-jɛ:riç] centenário; *fig* secular; **~mal** cem vezes; **~prozentig** ['-protsɛntiç] cem por cento; *fig* perfeito, *adv* absolutamente; **~st** (**Ձstel** *n*) centésimo (*m*); **~tausend** cem mil

'Hunde|steuer *f <-; -n>* imposto *m* sobre os cães; **~wetter** *n <-s; sem pl>* tempo *m* dos diabos; **~zwinger** *m* canil *m*

'Hünd|in ['hyndin] *f* cadela *f*; **Ձisch** canino; *fig* servil

'hunds|ge'mein infame; **Ջstern** *m <-(e)s; sem pl> ASTR* Sírio *m*; Canícula *f*; **Ձtage** *m/pl* canícula(s *pl*) *f*

'Hün|e ['hy:nə] *m <-n>* gigante *m*; **~engrab** *n <-(e)s; ¨er>* dólmen *m*, anta *f*; **Ձenhaft** gigantesco

'Hunger ['huŋər] *m <-s; sem pl>* fome *f* (**Ձs**, ***vor*** de, com; ***bekommen*** ficar com; ***stillen*** matar); **~kur** *f* dieta *f* absoluta; **~leider** ['-laɪdər] *m* pobre diabo *m*; pobretão *m*; **~lohn** *m <-(e)s; ¨e>* salário *m* miserável, *bras* salário de forme; **Ձn** *<-re>* ter (*od* passar) fome; (*fasten*) jejuar; *MED* fazer dieta; **~snot** *f <-; ¨e>* fome *f*; **~streik** *m <-(e)s; -s>* greve *f* de fome; **~tod** *m <-(e)s; sem pl>*: ***den ~ sterben*** morrer de fome; **~tuch** *n <-(e)s; ¨er>*: ***am ~(e) nagen*** *fig* viver na miséria

'hungrig ['huŋriç] faminto; ***~ sein*** estar com fome, ter fome

'Hunne ['hunə] *m <-n>* huno *m*

'Hup|e ['hu:pə] *f* buzina *f*; **Ձen** buzinar, tocar a buzina

'hüpfen ['hypfən] *<h u sn>* saltar, dar pulos

'Hürde ['hyrdə] *f* barreira *f*; sebe *f*; obstáculo *m*; **~nlauf** *m <-(e)s; ¨e>* corrida *f* de barreiras (*bras* obstáculos)

'Hure ['hu:rə] *f* prostituta *f*; puta *f*; meretriz *f*

hur'ra! [hu'ra:] hurra!, viva!; **Ձpatriotismus** *m <-; sem pl>* patrioteirismo *m*

'hurtig ['hurtiç] *adj* ágil, ligeiro; *adv* depressa

'huschen ['huʃən] *<sn>* deslizar

'hüsteln ['hy:stəln] *<-le>* tossicar

'husten ['hu:stən] **1.** *<-e->* tossir; **2.** Ձ *m <-s; sem pl>* tosse *f*; **Ձmittel** *n* peitoral *m*; **Ձsaft** *m <-(e)s; ¨e>* xarope *m* para a tosse

Hut[1] [hu:t] *m <-(e)s; ¨e>* chapéu *m*; ***unter e-n ~ bringen*** conjugar; conciliar; ***~ ab!*** *fig* respeito!

Hut[2] *f <sem pl>* (*Schutz*) prote(c)ção *f*; (*Aufsicht*) custódia *f*; (*Wache*) guarda *f*; ***auf der ~ sein*** estar com cautela; estar de vigilância; abarreirar-se

'hüt|en ['hy:tən] *<-e->* guardar, vigiar; ***das Bett ~*** estar de cama; ***sich vor*** (*dat*) ~ ter cautela com; **Ձer(in** *f*) *m* guarda *su*; (*Hirt*[*in*]) pastor(a *f*) *m*

'Hut|geschäft *n <-(e)s; -e>*, **~laden** *m <-s; ¨>* chapelaria *f*; **~krempe** *f*, **~rand** *m <-(e)s; ¨er>* aba *f*; **~macher(in** *f*) *m* chapeleiro *m* (modista *f* de chapéus); **~schachtel** *f <-; -n>* chapeleira *f*; **~schnur** *f <sem pl>*: ***über die ~ gehen*** *fig* F ser demais

'Hütt|e ['hytə] *f* cabana *f*; *TÉCN* fundição *f*; *BGB* mina *f*; **~enindustrie** *f <sem pl>* indústria *f* metalúrgica (*od* siderúrgica); **~enkäse** *m <-s; ->* requeijão *m*; **~enkunde** *f <sem pl>* metalurgia *f*; (*Eisen*Ձ) siderur-

gia *f*; **~enwerk** *n* <-(*e*)*s*; -*e*> ferraria *f*; fundição *f*; **~enwesen** *n* <-*s*; *sem pl*> metalurgia *f*; siderurgia *f*
'hutz(e)lig ['huts(ə)liç] giboso
Hy'äne [hy'ɛːnə] *f* hiena *f*
Hya'zinthe [hya'tsintə] *f* jacinto *m*
hy'brid [hy'briːt], **Ձe** [-'briːdə] *f* híbrido (*m*)
Hy'drant [hy'drant] *m* <-*en*> boca *f* deincêndio, *bras* hidrante *m*
Hy'draul|ik [hy'draʊlik] *f* <*sem pl*> hidráulica *f*; **Ձisch** hidráulico
Hygi'en|e [hygi'eːnə] *f* <*sem pl*> higiene *f*; **Ձisch** higiénico (*ê)
'Hymn|e ['hymnə] *f* hino *m*; **Ձisch** hínico
Hy'perbel [hy'pɛrbəl] *f* <-; -*n*> hipérbole *f*
'Hyperlink ['haipəliŋk] *m* <-*s*; -*s*> hyperlink *m*
Hyp'nose [hyp'noːzə] *f* hipnose *f*
Hypnoti's|eur [hypnoti'zøːr] *m* <-*s*; -*e*> hipnotizador *m*; **Ձieren** <-> hipnotizar
Hypo'chond|er [hypo'xɔndər] *m*, **Ձrisch** hipocondríaco *m*
Hypote'nuse [hypote'nuːzə] *f* hipotenusa *f*
Hypo'thek [hypo'teːk] *f* hipoteca *f*; ***mit e-r ~ belasten, e-e ~ auf*** (*ac*) ***aufnehmen*** hipotecar (*ac*); **Ձ'arisch** [-te'kaːriʃ] hipotecário; **~enzinsen** *m/pl* juros *m/pl* hipotecários
Hypo'the|se [hypo'teːzə] *f* hipótese *f*; **Ձtisch** [-tiʃ] hipotético
Hyste'rie [hyste'riː] *f* histerismo *m*
hy'sterisch [hy'steːriʃ] histérico

I

I

I, i [iː] *n inv* I, i *m*
i. A. ***im Auftrag*** por poder (p/p), por ordem (p. o.), por, pelo, pela
I'ber|er [i'beːrər] *m* ibero *m*; **Ձisch** ibérico; ***~e Halbinsel*** *f* Península *f* Iberica; **Ձoamerikanisch** iberoamericano
ich [iç] **1.** eu; **'*~ bin es*** sou eu; ***hier 'bin ~*** aqui estou, eis-me; **2.** **Ձ** *n* <-*s*; -*s*> eu *m*; **Ձform** *f*: ***in der ~*** na primeira pessoa
Ide'al [ide'aːl] **1.** *n* <-*s*; -*e*> ideal *m*; **2.** **Ձ** *adj* ideal; **~fall** *m* <-(*e*)*s*; ⸚*e*> caso *m* ideal; **Ձi'sieren** [-ali'ziːrən] <-> idealizar; **~'ismus** *m* <-; *sem pl*> idealismo *m*; **~'ist(in** *f*) *m* <-*en*>, **Ձ'istisch** idealista *m*, *f*
I'dee [i'deː] *f* ideia (*é) *f*
ide'ell [ide'ɛl] ideado, ideal
'Ideen|gut [i'deːən-] *n* <-(*e*)*s*; *sem pl*> ideário *m*, ideologia *f*; **Ձreich** [-raɪç] rico em ideias (*é); fantasioso; **~verbindung** *f* associação *f* de ideias (*é)
identi|fi'zieren [idɛntifi'tsiːrən] <-> identificar; **Ձfi'zierung** *f* identificação *f*; **~sch** [i'dɛntiʃ] idêntico; **Ձ'tät** [-'tɛːt] *f* identidade *f*
Ideo|lo'gie [ideolo'giː] *f* ideologia *f*; **Ձ'logisch** [-'loːgiʃ] ideológico
Idi'om [idi'oːm] *n* <-*s*; -*e*> idioma *m*; **Ձ'atisch** [-o'maːtiʃ] idiomático
Idi'ot [idi'oːt] *m* <-*en*>, **Ձisch** idiota *m*; **~'ie** [-o'tiː] *f* idiotia *f*
I'dol [i'doːl] *n* <-*s*; -*e*> ídolo *m*
I'dyll [i'dyl] *n* <-*s*; -*e*>, **~e** [-ə] *f* idílio *m*; **Ձisch** idílico
'Igel ['iːgəl] *m* ouriço *m*
Igno'r|ant [igno'rant] *m* <-*en*> ignorante *su*; **~anz** [-'rants] *f* <*sem pl*> ignorância *f*; **Ձieren** [-'riːrən] <-> ignorar; ***j-n ~*** não fazer caso de alg, não se importar com alg
ihm [iːm] (*dat von* **er**, **es**) a ele; *unbetont*: lhe; ***ich gebe es ~*** dou-lho
ihn [iːn] (*ac von* **er**) *j-n*: a ele, *unbetont u et*: o; ***ich sehe ~*** vejo-o; ***sie sehen ~*** vêem-no
'ihnen **1.** (*dat pl von* **er**, **sie**, **es**) a eles, a elas; *unbetont*: lhes, os (as), **2.** **Ձ** (*dat von* **Sie**) a V.[a(s)] Ex.[a(s)] = a Vossa(s) Excelência(s), a Você(s); ao(s) Senhor(es), à(s) Senhora(s); *unbetont*: lhe(s), o(s), a(s)
ihr [iːr] **1.** (*dat von* **sie** *sg*) a ela; *unbetont*: a, lhe; **2.** (*nom pl von* **du**, *in*

Briefen ≈) vós, vocês; **3.** *besitzanzeigend*: (o) seu, (a) sua; dela(s), dele(s)

Ihr (= *Höflichkeitsform*) (o) seu, (a) sua; do(s) Senhor(es), da(s) Senhora(s); de Você(s); de V.a(s) Ex.a(s) = de Vossa(s) Excelência(s)

'ihre ['-ə] os seus, as suas; dela(s), dele(s)

'Ihre (= *Höflichkeitsform*) *f/sg*: (o) seu, (a) sua; *pl* os seus, as suas; *für f/sg u pl*: do(s) Senhor(es), da(s) Senhora(s); de você(s); de V.as Ex.as = de Vossa(s) Excelência(s)

'ihrer (*gen von* ***sie***, *gen u dat von* ***ihre***) *sg* dela(s *pl*)

'Ihrer (*gen von* ***Sie***, *gen u dat von* ***Ihre***) de *od* do(s) seu(s), de *od* da(s) sua(s); do(s) Senhor(es), da(s) Senhora(s); de Você(s); de V.a(s) Ex.a(s) = de Vossa(s) Excelência(s)

'ihrerseits ['-zaɪts] da parte dele(s) *od* dela(s), da sua parte, por sua vez

'Ihrerseits da sua parte; da parte de Você(s); da parte do(s) Senhor(es) *od* da(s) Senhora(s); da parte de V.a(s) Ex.a(s) = de Vossa(s) Excelência(s)

'ihresgleichen, ≈ seu *od* sua igual, seus *od* suas iguais

'ihret|halben [-halbən], **'∼wegen**, (***um***) **'∼willen** por sua causa, por amor *od* por causa dela(s) (*od* dele[s])

'Ihret|halben, **∼wegen**, **∼willen** por causa de Você(s); por causa do(s) Senhor(es) *od* da(s) Senhora(s); por causa de V.a(s) Ex.a(s) = de Vossa(s) Excelência(s)

'illegal ['ilega:l] ilegal

'illegitim ['ilegiti:m] ilegítimo

Illumin|ati'on [iluminatsi'o:n] *f* iluminação *f*; **≈'ieren** <-> iluminar

Illus|i'on [iluzi'o:n] *f* ilusão *f*; **≈'orisch** [-'zo:riʃ] ilusório

Illustr|ati'on [ilustratsi'o:n] *f* ilustração *f*; **≈'ieren** <-> ilustrar; **∼'ierte** *f* revista *f* (ilustrada)

'Iltis ['iltis] *m* <-ses; -se> tourão *m*

im [im] = ***in dem***

'Image ['imitʃ] *n* <-s; -s> reputação *f*; imagem *f*; aparência *f*

imagi'när [imagi'nɛ:r] imaginário

'Imbiss ['imbis] *m* <-es; -e> pequena refeição *f*, merenda *f*; **∼bude** *f* botequim *m*, roulote *m*; **∼stube** *f* pronto-a-comer *m*

Imi|tati'on [imitatsi'o:n] *f* imitação *f*; **≈'tieren** [-'ti:rən] <-> imitar, copiar

'Imker ['imkər] *m* abelheiro *m*, apicultor *m*; **∼'ei** [-'raɪ] *f* apicultura *f*

Immatrikul|ati'on [imatrikulatsi'o:n] *f* inscrição *f*; matrícula *f*; **≈'ieren** <->: (***sich***) **∼** (***lassen***) inscrever(-se), matricular(-se)

'immer ['imər] sempre (***auf***, ***für*** para; ***wenn*** que); *vor comp* cada vez; **∼ *noch***, ***noch* ∼** ainda; continuar (a); ***wer auch* ∼** quem quer que seja que; **∼ *wieder*** sempre de novo; **∼ *während*** contínuo, perpétuo; **∼fort** → **∼*zu***; **∼grün** sempre-verde; **≈grün** *BOT n* <-s; sem pl> perevince *f*, congrossa *f*; **∼'hin** sempre, todavia, ainda assim; **∼*!*** embora!; (*wenigstens*) pelo menos; ***mag er* ∼** que (*subj*); **∼'zu** continuadamente, sempre

Immissi'on [imisi'o:n] *f* imissão *f*; **∼sschutz** *m* <-es; sem pl> prote(c)ção *f* contra imissões

Immo'bilien [imo'bi:liən] *f/pl inv* imóveis *m/pl*; bens *m/pl* de raiz (*od* imobiliários); **∼händler** *m* (**∼makler** *m*) agente *m* (corretor *m*) imobiliário; **∼markt** *m* <-(e)s; ∸e> mercado *m* imobiliário

im'mun [i'mu:n] imune; *POL a* inviolável; **∼i'sieren** [imuni'zi:rən] <-> imunizar; **≈i'tät** [imuni'tɛ:t] *f* imunidade *f*; *POL a* inviolabilidade *f*; **≈schwäche** *f MED* imunodeficiência *f*; **≈system** *n* <-s; -e> *MED* sistema *m* imunológico (*od* imunitário)

'Imperativ ['imperati:f] *m* <-s; -e> imperativo *m*

'Imperfekt ['impɛrfɛkt] *n* <-s; -e> imperfeito *m*

Imperia'lis|mus [imperia'lismus] *m* <-; sem pl> imperialismo *m*; **∼t** *m* <-en> , **≈tisch** imperialista *m*

'impf|en ['impfən] vacinar; **≈pass** *m* <-es; -pässe> boletim *m* sanitário, *bras* caderneta *f* de saúde; **≈schein** *m* <-(e)s; -e> certificado *m* de vacina(ção); **≈stoff** *m* <-(e)s; -e> vacina *f*; **≈ung** *f* vacina(ção) *f*; **≈zwang** *m* <-(e)s; sem pl> vacinação *f* obrigatória

impo'nieren [impo'ni:rən] <-> impressionar (***j-m*** alg); **∼d** *adj* impressionante, imponente

Im'port [im'pɔrt] *m* <-(e)s; -e> im-

portação *f*; **~beschränkung** *f* restri(c)ção *f* da importação; **~'eur** [-'tø:r] *m* <-s; -e> importador *m*; **≈'ieren** <-> importar
impo'sant [impo'zant] imponente
'impotent ['impotɛnt] impotente
imprägˈnier|en [imprɛg'ni:rən] <-> impregnar, impermeabilizar; **~t** *adj* impermeável
Impressio'nismus [imprɛsio'nismus] *m* <-; *sem pl*> impressionismo *m*
Improvi|sati'on [improvizatsi'o:n] *f* improvisação *f*; **≈'sieren** <-> improvisar
Im'puls [im'puls] *m* <-es; -e> impulso *m*; **≈'iv** [impul'zi:f] impulsivo
im'stande [im'ʃtandə]: **~ *sein zu*** ser capaz de
in[1] [in]: **a)** *dat* (*Lage, wo?, Zeit wann?*; *fig*) em, *unbestimmter a*: por; (*innerhalb, binnen*) dentro de, daqui a; ***im*** *Norden etc*, **~** *der Sonne*, ***im*** *Schatten*, a (*od* ao, à), no, na; ***~ der Nacht*** de noite; ***im Winter*** no (*od* de) inverno; ***~ diesen Tagen*** por estes dias; **b)** *ac* (*Richtung, wohin?*): (*nach ... hin*) para, a; (***~ ... hinein***) a, em, para dentro de
in[2] F *adj*: ***~ sein*** estar em voga (*od* na moda)
'inaktiv ina(c)tivo; *MIL* reformado
In'an|griffnahme [-na:mə] *f* <*sem pl*> começo *m*; ***bei ~*** (*gen*) ao começar (*ac*); **~spruchnahme** *f* <*sem pl*> *TÉCN* desgaste *m*; (*Benutzung*) uso *m*, emprego *m*; ***starke ~*** *j-s*: muitos afazeres *m/pl*
'Inbegriff *m* <-(*e*)*s*; -*e*> suma *f*, essência *f*, mais alta representação *f*; ***mit ~*** *gen* = **≈en** incluído, inclusive, incluso
Inbe'triebnahme [-na:mə] *f* <*sem pl*> começo *m* da exploração; entrada *f* (*od* colocação *f*) em funcionamento
'Inbrunst *f* <*sem pl*> fervor *m*, ardor *m*
'inbrünstig fervoroso
in'dem *cj*: *übersetzt durch ger*; (*während*) *a* ao + *inf*, enquanto (que); quando; ao mesmo tempo que
'Inder(in *f*) *m* ['indər] indiano *m*, -a *f*
in'des(sen) **1.** *adv* (no) entretanto; (*jedoch*) todavia, porém, contudo, ainda assim; **2.** *cj* enquanto que

'Index ['indɛks] *m* <-; *Indizes*>, **~zahl** *f* índice *m*
Indi'an|er(in *f*) *m* [indi'a:nər], **≈isch** índio *m*, -a *f*
'Indien ['indiən] *n* Índia *f*
'indifferent ['indifərɛnt] indiferente
indi'gniert [-'gni:rt] indignado
'Indigo ['indigo] *m* <-s; *sem pl*> índigo *m*, anil *m*
'Indikativ ['indikati:f] *m* <-s; -e> indicativo *m*
Indikati'on [indikatsi'o:n] *f* *MED* prescrição *f*
'indirekt ['indirɛkt] indire(c)to
'indisch ['indiʃ] indiano; hindu
'indiskret ['indiskre:t] indiscreto; **≈i'on** [-kretsi'o:n] *f* indiscrição *f*
'indiskutabel ['indiskuta:bəl] inadmissível, inaceitável
Individua|'lismus [individua'lismus] *m* <-; *sem pl*> individualismo *m*; **~'list** *m* <-en> individualista *m*; **~li'tät** [-'te:t] *f* individualidade *f*
individu|'ell [individu'ɛl] individual; **≈um** [-'vi:duum] *n* <-s; *Individuen*> indivíduo *m*
In'diz [in'di:ts] *n* <-es; -ien> indício *m*; **~ienbeweis** [-tsiən-] *JUR* *m* <-es; -e> prova *f* indiciária
'Indoger'man|e ['indo:-] *m* <-n>, **≈isch** indo-europeu
Indoss|a'ment [indɔsa'mɛnt] *n* <-s; -e> endosso *m*, endosse *m*, endossamento *m*; **~'ant** [-'ant] *m* <-en> endossante *m*; **~'at** [-'a:t] *m* <-en> endossatário *m*, endossado *m*; **~'ierung** [-'si:ruŋ] *f* → ***~ament***
Indukti'on [induktsi'o:n] *f* indução *f*
industriali'sier|en [industriali'zi:rən] <-> industrializar; **≈ung** *f* industrialização *f*
Indus'trie [indus'tri:] *f* indústria *f*; **~...**: *in Zssgn* industrial; **~gebiet** *n* <-(*e*)*s*; -*e*> zona *f* industrial
industri'ell [industri'ɛl], **≈e(r)** *m* <-en> industrial *m*
Indus'triestaat *m* <-(*e*)*s*; -*en*> país *m* industrial
inein'ander *m*(*pl*) um (uns) no(s) outro(s); *f*(*pl*) uma(s) na(s) outra(s); ***~ fügen*** juntar; ***~ greifen*** engrenar
in'fam [in'fa:m] infame; **≈'ie** [-fa'mi:] *f* infâmia *f*
'Infanter|ie ['infantəri:] *f* infantaria

f; **~ist** *m* <*-en*> soldado *m* de infantaria
In'farkt [in'farkt] *m* <*-(e)s*; *-e*> enfarte *m*
Infekti'on [infɛktsi'oːn] *f* infe(c)ção *f*; **~skrankheit** *f* doença *f* infe(c)ciosa
'Infinitiv ['infinitiːf] *m* <*-s*; *-e*> infinitivo *m*
infi'zieren [infi'tsiːrən] <*-*> infe(c)tar, contagiar
Inflati'on [inflatsi'oːn] *f* inflação *f*; **~srate** *f* taxa *f* de inflação
in'folge (*gen*) em consequência de, devido a; **~'dessen** por conseguinte
Infor'm|atik [infɔr'maːtik] *f* <*sem pl*> informática; **~atiker** *m* informático *m*; **~ati'on** [-matsi'oːn] *f* informação *f*; **~ati'onsblatt** *n* <*-(e)s*; *⸚es*> folheto *m* informativo; **ᴤ'ieren** <*-*> informar
infrage: **~** ***stehend*** em questão; **~** ***gestellt sein*** ser duvidoso
'infra|rot infravermelho; **ᴤstruktur** *f* infra-estrutura *f*
Infu'sorien [infu'zoːriən] *pl* infusórios *m/pl*
Ingeni'eur [inʒeni'øːr] *m* <*-s*; *-e*> engenheiro *m*; **~wesen** *n* <*-s*; *sem pl*>, **~wissenschaft** *f* engenharia *f*
Ingredi'enz [ingredi'ɛnts] *f* ingrediente *m*
'Ingwer ['iŋvər] *m* <*-s*; *sem pl*> gengibre *f*
'Inhaber(in *f*) ['inhaːbər] *m* proprietário *m*, -a *f*; dono *m*, -a *f*; *e-s Papiers*: portador(a *f*) *m*; *e-s Ordens*: condecorado *m*, -a *f* (*gen* com); *e-s Regiments*: chefe *m*; JUR, *Macht*, *Titel*: detentor(a *f*) *m*; **~aktie** *f*, **~papier** *n* <*-s*; *-e*> ECON título *m od* a(c)ção *f* ao portador
inhaf'tier|en [inhaf'tiːrən] <*-*> prender, deter; **ᴤung** *f* prisão *f*, detenção *f*
Inhal|ati'on [inhalatsi'oːn] *f* inalação *f*; **~ati'onsapparat** *m* <*-(e)s*; *-e*> inalador *m*; **ᴤ'ieren** <*-*> inalar
'Inhalt ['inhalt] *m* <*-(e)s*; *-e*> conteúdo *m*; *Brief*: teor *m*; (*Raum*ᴤ) capacidade *f*; MAT volume *m*; **~sangabe** *f* resumo *m*, sumário *m*; **ᴤ(s)leer**, **ᴤ(s)los** vazio; *fig* fútil; **ᴤ(s)reich** substancial, substancioso, interessante; **~sverzeichnis** *n* <*-ses*; *-se*> índice *m*

Initi'ale [initsi'aːlə] *f* inicial *f*
Initia'tive [initsia'tiːvə] *f* iniciativa *f* (***ergreifen*** tomar)
In|jekti'on [injɛktsi'oːn] *f* inje(c)ção *f*; **ᴤji'zieren** [-ji'tsiːrən] <*-*> inje(c)tar
In'kasso [in'kaso] *n* <*-s*; *-s*> cobrança *f* (***besorgen*** efe[c]tuar)
inklu'sive [inklu'ziːvə] inclusive; incluido, incluso
In'kognito [in'kɔgnito] *n* <*-s*; *-s*> incógnito *m*
'inkonsequent ['in-] inconsequente
'inkorrekt ['inkorɛkt] incorre(c)to; **ᴤheit** *f* incorre(c)ção *f*
In-Kraft-Treten *n* <*sem pl*> entrada *f* em vigor
'Inland *n* <*-(e)s*; *sem pl*> país *m*; interior *m* (do país); **~flug** *m* <*-(e)s*; *⸚e*> voo (*ô) *m* doméstico
'inländisch ['inlɛnd-] nacional; interno
'Inlaut *m* <*-(e)s*; *-e*> letra *f* medial; ***im*** **~** no interior da palavra
'Inlett ['inlɛt] *n* <*-(e)s*; *-e*> travesseiro *m*; saco *m* (da cama)
'inliegend ['inliːgənt] incluso, junto
'Inlineskate ['inlainskeːt] *m* <*-s*; *-s*> patim *m* em linha
in'mitten (*gen*) no meio (de)
'inne|haben ['inə-] ter, possuir; *Amt*: ocupar; *Macht*: deter; **~halten** *v/i* parar, deter-se
'innen ['inən] (por) dentro, no interior; ***nach*** **~** (***hinein***, ***zu***) para dentro; adentro; ***von*** **~** ***her***(***aus***) de dentro
'Innen|architekt *m* <*-en*> decorador *m*; **~aufnahme** *f* (tomada *f* de) interior *m*; **~dienst** *m* <*-(e)s*; *sem pl*> serviço *m* interno; **~leben** *n* <*sem pl*> vida *f* íntima, vida *f* (senti)mental; **~minister(ium** *n* <*-s*; *-ministerien*>) *m* Ministro (Ministério) *m* do Interior; **~politik** *f* <*sem pl*> política *f* interna; **ᴤpolitisch** respeitante à política interna; **~raum** *m* <*-(e)s*; *⸚e*> interior *m*; **~spiegel** *m* *Auto*: espelho *m* retrovisor (interior); **~stadt** *f* <*-*; *⸚e*> centro *m*; *in Lissabon a*: Baixa *f*
'inner ['inər] interior; *Dienst*, MED interno; *Wert etc*: intrínseco; MED **~*e Krankheiten*** *f/pl* doenças *f/pl* internas; **~betrieblich** interno (da empresa); **ᴤ'eien** [inə'raɪən] *f/pl* en-

tranhas *f/pl*; (*Geflügel*) miudezas *f/pl*, *bras* miúdos *m/pl*; **∼halb 1.** *adv* (por) dentro; **2.** *prp* (*gen*) dentro de; **∼lich** interno; (*geistig, seelisch*) mental; *Gemüt*: contemplativo; **∼st** (mais) íntimo; **≈ste(s)** *n* íntimo *m*; âmago *m*, centro *m*, fundo *m*
'innewohnen (*dat*) ser inerente (a), ser próprio (de)
'innig ['iniç] íntimo; efusivo; profundo; (*herzlich*) afe(c)tuoso; **≈keit** *f* <*sem pl*> intimidade *f*, cordialidade *f*, afe(c)to *m*
Innovati'on [inovatsi'o:n] *f* inovação *f*
'Innung ['inuŋ] *f* corporação *f*; grémio *m*
'inoffiziell ['inˀɔfitsjɛl] não oficial
Inquisiti'on [inkvizitsi'o:n] *f* inquisação *f*
ins [ins] = ***in das***
'Insass|e ['inzasə] *m* <*-n*>, **∼in** *f* habitante *su*; *Haus*: *a* morador, -a *f m*, ocupante *su*; *Anstalt*: internado *m*, -a *f*; *Fahrzeug*: passageiro *m*, -a *f*
insbe'sondere especialmente, particularmente, nomeadamente
'Inschrift *f* inscrição *f*; *Gebäude*: *a* epígrafe *f*; *Grab*: epitáfio *m*
In'sekt [in'zɛkt] *n* <*-(e)s*; *-en*> inse(c)to *m*; ***∼en fressend***, **∼enfresser** *m* inse(c)tívoro *m*; **∼enkunde** *f* <*sem pl*> entomologia *f*; **∼enstich** *m* <*-(e)s*; *-e*> picada *f* de inse(c)to; **∼i'zid** [-ti'tsi:t] *n* <*-s*; *-e*> inse(c)ticida *m*
'Insel ['inzəl] *f* <*-n*> ilha *f*; *kleine*: ilhota *f*; (*Verkehrs≈*) placa *f*, *bras* ilha *f*; **∼bewohner** *m* ilhéu *m*, insular *m*, insulano *m*; **∼gruppe** *f* arquipélago *m*; **∼volk** *n* <*-(e)s*; *∸er*> povo *m* insular
Inse'r|at [inze'ra:t] *n* <*-(e)s*; *-e*> anúncio *m*; **≈ieren** <-> inserir, anunciar
ins|ge'heim em segredo; **∼ge'samt** em soma; no total; em globo
'Insider ['insaidər] *m* <*-s*; *-*> insider *m*
in'sofern [in'zo:fɛrn] **1.** *adv* neste ponto; nisso; até aqui; **2.** *cj* **∼** (***als***) contanto que
'insolvent ['inzɔlvɛnt] insolvente
in'soweit → ***insofern***
Inspekt|i'on [inspɛktsi'o:n] *f* inspe(c)ção *f*; vistoria *f*; **∼or** [-'spɛktor] *m* <*-s*; *-en* [-'to:rən]> inspe(c)tor *m*; *AGR* administrador *m*
Inspir|ati'on [inspiratsi'o:n] *f* inspiração *f*; **≈'ieren** <-> inspirar
Inspiz|i'ent [inspitsi'ɛnt] *m* <*-en*> inspe(c)tor *m*; *TEA* contra-regra *m*; **≈'ieren** <-> inspe(c)cionar
'instabil instável
Install|a'teur [instala'tø:r] *m* <*-s*; *-e*> instalador *m*; *EL* ele(c)tricista *m*; *Wasser*: canalizador *m*; **∼ati'on** [-atsi'o:n] *f* instalação *f*; **∼ati'onsgeschäft** *n* <*-(e)s*; *-e*> casa *f* de instalações; **≈'ieren** <-> instalar
in'stand: **∼ *halten*** conservar (em bom estado); **∼ *setzen*** arranjar, consertar; ***wieder* ∼ *setzen*** restaurar, *TÉCN* consertar, reparar; **≈haltung** *f* manutenção *f*
'inständig ['inʃtɛndiç] instante; *adv* com insistência; encarecidamente; ***∼e Bitte*** instância *f*
'Instandsetzung *f* arranjo *m*; restauração *f*; conserto *m*, reparação *f*
'Instantgetränk ['instənt-] *n* <*-(e)s*; *-e*> bebida *f* instantânea
In'stanz [in'stants] *JUR* *f* instância *f*; **∼enweg** *m* <*-(e)s*; *-e*> instâncias *f/pl*
In'stinkt [in'stiŋkt] *m* <*-(e)s*; *-e*> instinto *m*; **≈'iv** [-'ti:f], **≈mäßig** instintivo
Insti'tut [insti'tu:t] *n* <*-(e)s*; *-e*> instituto *m*; **∼i'on** [-tutsi'o:n] *f* instituição *f*
Instrukt|i'on [instruktsi'o:n] *f* instrução *f*; **≈'iv** instrutivo
Instru'ment [instru'mɛnt] *n* <*-(e)s*; *-e*> instrumento *m*; **≈'al** [-'ta:l] instrumental; **≈'ieren** <-> orquestrar
Insu'lin [inzu'li:n] *n* <*-s*; *sem pl*> insulina *f*
insze'nier|en [instse'ni:rən] <-> ensaiar; encenar; **≈ung** *f* encenação *f*
in'takt [in'takt] inta(c)to; *fig* íntegro
Inte|'gralrechnung [inte'gra:l-] *f* <*sem pl*> *MAT* cálculo *m* integral; **∼grati'on** [-gratsi'o:n] *f* integração *f*; **≈'grieren** <-> integrar
Integri'tät [integri'tɛ:t] *f* <*sem pl*> integridade *f*
Intel|'lekt [intɛ'lɛkt] *m* <*-(e)s*; *sem pl*> intele(c)to *m*; **≈lektu'ell** [-tu'ɛl], **∼lektu'elle(r** *m*) *su* intele(c)tual (*su*); **≈li'gent** [-li'gɛnt] inteligente; **∼li'genz** [-li'gɛnts] *f* inteligência *f*

Inten'dant [intɛn'dant] *m* <-*en*> intendente *m*, *bras* supervisor *m* geral, diretor *m*; **~'ur** [-'tuːr] *f* intendência *f*

Intensi'tät [intɛnzi'tɛːt] *f* intensidade *f*

inten'siv [intɛn'ziːf] intenso; *AGR* intensivo; **~'ieren** [-i'viːrən] <-> intensificar; **≈kurs** *m* <-*es*; -*e*> curso *m* intensivo; **≈station** *f MED* sala *f* de observações

interak'tiv interactivo

Inter'city [intər'siti] *m* <-*s*; -*s*>, **~zug** *m* <-(*e*)*s*; ⸚*e*> intercidades *m*

interes's|ant [interɛ'sant] interessante; **≈e** [-'rɛsə] *n* <-*s*; -*n*> interesse *m* (**an** *dat* em); **~elos** desinteressado; **≈engebiet** *n* <-(*e*)*s*; -*e*> esfera *f* de interesses; **≈engruppe** *f* grupo *m* de interesses; **≈'ent** [-'sɛnt] *m* <-*en*> interessado *m*; **≈envertretung** *f* representação *f* de interesses; **~'ieren** <-> interessar (**j-n** alg **an** *dat*, **für** por)

interi'm|istisch [interi'mistiʃ], **'≈s...** ['interims-]: *in Zssgn* interino, provisório

Inter|jekti'on [interjɛktsi'oːn] *f* interjeição *f*; **~kontinen'talrakete** *f MIL* foguetão (*bras* foguete) *m* intercontinental; **~'mezzo** [-'mɛtso] *n* <-*s*; -*s*, -*zzi*> intermédio *m*, entremez *m*; *fig* incidente *m*, episódio *m*; **≈n** [in'tɛrn] interno; **~'nat** [-'naːt] *n* lar *m* estudantil, internato *m*; **'≈natio'nal** internacional

'Internet ['intərnɛt] *n* <-*s*> internet *f*; **~-Shop** *m* loja *f* virtual

inter'nier|en [-'niːrən] <-> internar; **≈ung** [-'niːruŋ] *f* internamento *m*, internação *f*; **≈ungslager** *n* campo *m* de concentração

Inter|nist *m* <-*en*> *MED* médico *m* internista; **~'pret** [-'preːt] *m* <-*en*> intérprete *m*; **~pretati'on** [-pretatsi'oːn] *f* interpretação *f*; **≈pre'tieren** [-pre'tiːrən] <-> interpretar; **~punkti'on** *f* pontuação *f*; **~'vall** [-'val] *n* <-*s*; -*e*> intervalo *m*; **≈ve'nieren** [-ve'niːrən] <-> intervir; **~venti'on** [-vɛntsi'oːn] *f* intervenção *f*; **'~view** ['-vjuː] *n* <-*s*; -*s*> entrevista *f*; **≈'viewen** [-'vjuːən] <-> entrevistar

in'tim [in'tiːm] íntimo; **≈i'tät** [-i'tɛːt] *f* intimidade *f*

'intole|rant ['intolərant] intolerante; **≈ranz** *f* <*sem pl*> intolerância *f*

Intonati'on [intonatsi'oːn] *f* entoação *f*

'intra|nsitiv ['intranzitiːf] intransitivo; **~ve'nös** [-ve'nøːs] intravenoso, endovenoso

Intri|'gant(in *f*) [intri'gant] *m* <-*en*> intrigante *su*; **~ge** [-'triːgə] *f* intriga *f*, trama *f*; **≈'gieren** [-tri'giːrən] <-> intrigar, tramar

introver'tiert [introvɛr'tiːrt] introvertido

'intus ['intus]: ***et ~ haben*** F ter compreendido (*od* topado) a/c; ***e-n ~ haben*** F estar com um grão na asa; *bras* estar com a cara cheia

Inva'lid|e [inva'liːdə] *m* <-*n*> inválido *m*; *MIL* mutilado *m*; **~enrente** *f* pensão *f* de invalidez; **~i'tät** [-i'tɛːt] *f* <*sem pl*> invalidez *f*

Invasi'on [invazi'oːn] *f* invasão *f*

Inven'tar [invɛn'taːr] *n* <-*s*; -*e*> inventário *m*; ***~ aufnehmen*** inventariar; **≈i'sieren** [-tari'ziːrən] <-> inventariar

Inven'tur [invɛn'tuːr] *f* inventariação *f*

inve'stieren [invɛ'stiːrən] <-> colocar, investir

Investiti'on [invɛstitsi'oːn] *f* investimento *m*; **~shilfe** *f* ajuda *f* de investimento

'inwendig interior; *adv a* por dentro

inwie|'fern, **~'weit** até que ponto; (*wieso*) como

In'zest [in'tsɛst] *m* <-(*e*)*s*; -*e*> incesto *m*

'Inzucht *f* <*sem pl*> cruzamento *m* consanguíneo

in'zwischen entretanto

I'on [i'oːn] *n* <-*s*; -*en*> ião *m*; **≈i'sieren** [ioni'ziːrən] <-> ionizar

'i-Punkt *m* <-(*e*)*s*; -*e*> ponto *m* sobre o i

I'rak [i'raːk] *m* Iraque *m*

I'ran [i'raːn] *m* Irão *m*

'ird|en ['irdən] de barro; **~isch** terreno; terrestre; (*weltlich*) temporal; mundano; (*sterblich*) mortal

'Ire ['iːrə] *m* <-*n*> irlandês *m*

'irgend ['irgənt]: ***wenn ~ möglich*** se (porventura) for possível; **~ein(e)** algum(a); qualquer; seja qual for; **~einer** alguém, uma pessoa qualquer, seja quem for; **~ein-**

I

mal alguma vez; **~etwas** qualquer coisa, algo; **~jemand** qualquer pessoa; alguém; **~wann** qualquer dia, em qualquer altura; **~was** qualquer coisa; **~welche** *f*/(*pl*) alguma(s); *m*/*pl* alguns; **~wer** qualquer pessoa, alguém; **~wie** de qualquer maneira, de qualquer modo; **~wo(her)**, **~wo'hin** (de) algures; em (de) qualquer ponto; **~wo'mit** com qualquer coisa; **~wo'zu** para qualquer coisa

'Ir|in ['i:rin] *f* irlandesa *f*; **2isch** irlandês, da Irlândia; **~land** *n* Irlanda *f*

Iro'n|ie [iro'ni:] *f* ironia *f*; **2isch** [i'ro:niʃ] irónico (*ô)

'irre ['irə] **1.** *adj* (*verirrt*) perdido, desviado; extraviado; *a fig* desorientado; (*wirr*) confuso; *MED a su* alienado, demente, louco; **~ *werden*** *MED* enlouquecer, endoidecer; perder o juízo; ***an*** (*dat*) **~** perder a confiança em, desconfiar de; **2. 2** *f*: ***in die ~ führen*** enganar; induzir em erro; ***in die ~ gehen*** perder-se; *fig* enganar-se; **~führen** enganar; desorientar; conduzir em erro; **~*d*** *adj fig* enganador, falso

'irrelevant ['irelevant] sem importância

'irremachen desconcertar, confundir

'irren (*herum~*) errar, ***sich ~*** *a* enganar-se; (*sündigen*) pecar; **2anstalt** *f* → **2*haus***; **2arzt** *m* <-*es*; **~e**> alienista *m*; psiquiatra *m*; **2haus** *n* <-*es*; **~*er***> manicómio (*ô) *m*

'irrereden <-*e*-> delirar, desatinar

'Irr|fahrt ['ir-] *f* odisseia (*é) *f*; **~garten** *m* <-*s*; **~**> labirinto *m*; **~glaube** *m* <-*ns*; -*n*> heresia *f*; **2ig** equivocado, erróneo (*ô); **2i'tieren** [iri'ti:rən] <-> (*ärgern*) irritar; (*verwirren*) desconcertar; **~licht** *n* <-(*e*)*s*; -*er*> fogo *m* fátuo; **~sinn** *m* <-(*e*)*s*; *sem pl*> loucura *f*; **2sinnig** louco, doido; **~tum** ['-tu:m] *m* <-*s*; **~*er***> erro *m*, equívoco *m*; ***im ~*** errado, equivocado, enganado; **2tümlich** ['-ty:mliç] *adv* por equívoco, por engano; **~weg** *m* <-(*e*)*s*; -*e*> caminho *m* errado; ***auf ~e geraten*** desviar-se, extraviar-se

'Ischias ['iʃias] *f* <*sem pl*> (dor *f*) ciática *f*; **~nerv** *m* <-*s*; -*en*> nervo *m* ciático

Is'lam [is'la:m] *m* <-*s*; *sem pl*> islame *m*, islamismo *m*; **2isch** islâmico

'Island ['i:slant] *n* Islândia *f*

'Isländ|er(in *f*) ['i:slɛndər] *m* islandês *m*, -esa *f*; **2isch** islandês, da Islândia

Isol|ati'on [izolatsi'o:n] *f* isolação *f*, isolamento *m*; **~'ier...**: *in Zssgn* isolador; **~'ierband** *n* <-(*e*)*s*; **~*er***> fita *f* isoladora; **2'ieren** <-> isolar; **~'ierung** [-'li:ruŋ] *f* isolamento *m*, isolação *f*

'Isomatte ['i:zomatə] *f* colchão *m* isolador; colchonete *m*

Iso'top [izo'to:p] *n* <-*s*; -*e*> isótopo *m*

Isra'el|i [isra'e:li] *m* <-(*s*); -*s*>, **2isch** israelense, israelita

'Ist-Bestand ['ist-] *m* <-(*e*)*s*; **~e**> existência *f* efe(c)tiva (*od* real)

'Isthmus ['istmus] *m* <-; *Isthmen*> istmo *m*

Itali'en|er(in *f*) [itali'e:nər] *m* italiano *m*, -a *f*; **2isch** italiano, da Itália

'i-Tüpfelchen *n fig* último retoque *m*

i. V. ***in Vertretung*** pelo, pela; em exercício, em substituição (de)

IWF [i:ve:'ʔɛf] *m* <-> ***Internationaler Währungsfonds*** FMI *m* (Fundo Monetário Internacional)

J

J, j [jɔt] *n inv* J, j *m*

ja [ja:] **1.** *adv* sim; ***o ~!***, ***~ doch!*** sim pois!, *bras* sim!; ***~ sagen*** dizer que sim; ***das ist ~ zum*** (*inf*) (pois) é de ...; ***ich habe ~ schon ...*** (+ *part*) mas eu já ... (+ *Verb in Vergangenheit*); **~** (*sogar*) até mesmo, e até; ***sei ~ vorsichtig!*** (não deixes de ter) cautela!; ***geh ~ nicht!*** não vás!; **2.** ≈ *n inv* sim *m*

Jacht [jaxt] *f* iate *m*; **'~klub** *m* <-s; -s> clube *m* naval

'Jack|e ['jakə] *f* casaco *m*; blusão *m*; *a* = **~'ett** [ja'kɛt] *n* <-s; -s, -e> jaqueta *f*, *bras* paletó *m*

Jagd [ja:kt] *f* caça *f*, caçada *f*; (***auf der*** na, ***auf die*** à); ***~ machen auf*** (*ac*) dar caça a; ***~ nach*** caça *f* a, perseguição *f* de; **'~aufseher** *m* monteiro *m*; couteiro *m*; **'~beute** *f* caça(da) *f*; **'~bomber** *m* MIL caçador-bombardeiro *m*; **'~flieger** *m* aviador *m* de caça; **'~flinte** *f* espingarda *f* caçadeira (*od* de caça); **'~flugzeug** *n* <-(e)s; -e> (avião *m* de) caça *m*; **'~frevel** *m* caça *f* ilegal (*od* criminosa); delito *m* de caça; **'~geschwader** *n* esquadra *f* de caças; **~gewehr** *n* <-(e)s; -e> → ***~flinte***; **'~horn** *n* <-(e)s; -hörner> buzina (*od* corneta) *f* (de caça); **'~hund** *m* <-(e)s; -e> cão *m* de caça; **'~revier** *n* <-s; -e> tapada *f*, coutada *f*; **'~schein** *m* <-(e)s; -e> licença *f* de caça; **'~zeit** *f* temporada *f* de caça

'jagen ['ja:gən] **1.** *v/t* caçar; correr, (*ver~*) varrer (***aus*** de); **2.** *v/i* <sn> correr; ir a galope; ***nach*** *Ruhm, Geld etc* ~ andar a busca de

'Jäger ['jɛ:gər] *m* caçador *m*; AV caça *m*; **~latein** *n* <-s; sem pl> patranhas *f/pl*, *bras* histórias *f/pl* de caçador

'Jaguar ['ja:gua:r] *m* <-s; -e> jaguar *m*

jäh [jɛ:] repentino; súbito; brusco; (*heftig*) precipitado; (*steil*) íngreme; **'~lings** ['-liŋs] de repente; precipitadamente

Jahr [ja:r] *n* <-(e)s; -e> ano *m* (***übers*** para o, daqui a um); ***im ~e ...*** em ..., no ano de ...; ***ein halbes ~*** meio ano, seis meses; *pl* ... ***~e alt*** com ... anos de idade; ... ***~e alt sein*** ter ... anos; ***nach ~en*** anos depois; ***in die ~e kommen*** entrar na idade, estar em idade avançada; ***in den besten ~en*** na flor da idade; ***~ für ~*** todos os anos, ano por ano

jahr'aus: ***~, jahr'ein*** todos os anos, ano por ano

'Jahr|buch *n* <-(e)s; ¨er> anuário *m*; ***~bücher*** *pl* anais *m/pl*

'jahrelang de muitos anos; *adv* durante (muitos) anos

'jähren ['jɛ:rən] *unpers*: ***sich ~*** fazer anos; ***sich zum ersten Mal*** (***zweiten Mal*** *etc*) ~ fazer um ano (dois *etc* anos)

'Jahres...: ['ja:rəs-] *in Zssgn oft* anual; **~abonnement** *n* <-s; -s> assinatura *f* anual; **~abschluss** *m* <-es; ¨e> ECON balanço *m* anual; **~bericht** *m* <-(e)s; -e> relatório *m* anual; **~einkommen** *n* receita *f* anual; **~frist** *f*: ***in ~, nach ~*** no prazo de um ano, dentro de um ano; **~gehalt** *n* <-(e)s; ¨er> ordenado *m* anual; **~mittel** *n* média *f* anual; **~rate** *f* anu(al)idade *f*; **~ring** *m* <-(e)s; -e> cerne *m*; **~tag** *m* <-(e)s; -e> aniversário *m*; **~wechsel** *m*, **~wende** *f* passagem *f* do ano; Ano *m* Novo; **~zahl** *f* data *f*; ano *m*; **~zeit** *f* estação *f* (do ano)

'Jahrgang *m* <-(e)s; ¨e>: ***der ~ ...*** *Wein*: do ano de ...; MIL classe *f* de ...

Jahr'hundert *n* <-s; -e> século *m*; **~feier** *f* <-; -n> (festa *f* do) centenário *m*; **~wende** *f* passagem *f* do século

'jähr|ig ['jɛ:riç] de um ano; ***drei~*** (*etc*) de três (*etc*) anos; **~lich** anual; *adv a* por ano

'Jahr|markt *m* <-(e)s; ¨e> feira *f*; **~'tausend** *n* <-s; -e> milénio (*ê) *m*, mil anos *m/pl*; **~'zehnt** [-'tse:nt] *n* <-(e)s; -e> decénio (*ê) *m*; década *f*; dez anos *m/pl*

'Jähzorn <-(e)s; sem pl> cólera *f*; *Eigenschaft*: irascibilidade *f*; **≈ig** irascível, colérico

jako'binisch [jako'bi:niʃ] jacobino

Jalou'sie [ʒalu'zi:] *f* persiana *f*

'Jambus *m* <-; Jamben> iambo *m*

'Jammer ['jamər] *m* <-s; sem pl> (*Klage*) lamento *m*, lamentação *f*; (*Kummer*) dor *f*; (*Elend*) miséria *f*; ***es ist ein ~*** é uma lástima; **~gestalt** *f* mísero *m*, desgraçado *m*

'jämmerlich ['jɛmərliç] lastimoso, lastimável; (*minderwertig*) miserável

'jammer|n <-re> lamentar-se; **~schade**: ***~ sein*** ser uma grande pena

'Januar ['janua:r] *m* <-s; -e> Janeiro *m*

'Japan [ja:pan] *n* Japão *m*; **'~er(in *f*)** *m* [-'pa:nər-], **≈isch** japonês *m*, -esa *f*, do Japão

J

'japsen ['japsən] <-t> F (estar a) ofegar; ***nicht ~ können*** não poder respirar
Jar'gon [ʒar'gõː] *m* <-s; -s> calão *m*; gíria *f*; *bras a* jargão *m*
Jas'min [jas'miːn] *m* <-s; -e> jasmim *m*
'Jaspis ['jaspis] *m* <-, -ses; -se> jaspe *m*
'Jastimme ['jaːʃtimə] *f* voto *m* favorável
'jäten ['jɛːtən] <-e-> mondar, sachar
'Jauche ['jauxə] *f* estrume *m*
'jauchzen ['jauxtsən] <-t> **1.** jubilar; **2.** ≗ *n* júbilo *m*, clamor *m*
'jaulen ['jaulən] uivar; berrar, ganir
ja'wohl pois sim; sim senhor
'Jawort *n* <-(e)s; -e> sim *m*; consentimento *m*; ***sein ~ geben*** *a* concordar, consentir, estar de acordo
Jazz [dʒɛz, jats] *m* <-; *sem pl*>, **~musik** *f* <*sem pl*> jazz *m*, música *f* de jazz
je [jeː] nunca, jamais; ***von ~*** desde sempre; *~ ein(er), ~ 10 Wörter kosten* cada; ***~ zwei*** de dois em dois; ***~ zwei*** (***und zwei***) dois a dois; ***~ drei auf einmal*** a três e três, *bras* de três em três; *~ + comp, ... ~ (od* ***desto***) quanto mais ... tanto mais ...; ***~ nach*** conforme a, segundo; de acordo com; ***~ nachdem*** conforme
Jeans [dʒiːns] *pl* jeans *m/pl*, calças *f/pl* de ganga, *bras* calça *f* jeans
'jede ['jeːdə] cada, toda(s) a(s); ***~ Einzelne, e-e ~*** cada uma
'jedenfalls ['jeːdən-] em todo o caso, em qualquer caso
'jeder cada, todo(s) o(s); ***jeden Tag*** todos os dias; ~ (***beliebige***) qualquer; ***~ Einzelne, ein ~*** cada um; **~, ~mann** todo o mundo, qualquer, cada qual; **~zeit** a qualquer hora; sempre
'jedes ['jeːdəs] → ***jede(r)***; **~mal** → ***Mal***
je'doch todavia, contudo, no entanto
'jegliche ['jeːkliçə], **~r, ~s** → ***jeder***
'jeher: ***von ~*** desde sempre
'jemals ['jeːmaːls] jamais
'jemand ['jeːmant] alguém; *verneint*: ninguém
'Jemen [jeːmən] *m* Iémen *m*
'jene ['jeːnə] aquela(s), aqueles; essa(s), esses; **~r, ~s** aquele, esse
'jenseit|ig ['jɛnzaɪtiç] do outro lado, oposto, de além; **~s** *adv u prp (gen)* do outro lado de, oposto a, além de; **≗s** *n* <-; *sem pl*> outro mundo *m*, Além *m*
Jesu'it|(in *f*) [jezu'iːt] *m* <-en> jesuita *su*; **~enorden** *m* Companhia *f* de Jesus
'Jetlag ['dʒɛtlɛːk] *m* jet lag *m*
'jetzig ['jɛtsiç] a(c)tual, presente
jetzt [jɛtst] agora; ***bis ~*** *a* até aqui; ***von ~ an*** a partir de agora
'jeweilig ['jeːvaɪliç] respe(c)tivo
'jeweils ['jeːvaɪls] respe(c)tivamente, cada vez
Job [dʒɔb] *m* <-s; -s> emprego *m* (ocasional); **'~sharing** ['-ʃɛriŋ] *n* <-(s); *sem pl*> meação *f* do lugar de trabalho
Joch [jɔx] *n* <-(e)s; -e> jugo *m*; canga *f*; *Maß*: jugada *f*, jeira *f*; (*Berg≗*) cume *m*; (*Brücken≗*) estacada *f*; ***~ Ochsen*** junta *f* de bois; **'~bein** *n* <-(e)s; -e> osso *m* malar, osso *m* zigomático, *bras* F maçâo *f* do rosto
'Jockei, Jockey ['dʒɔki] *m* <-s; -s> joquei *m*
Jod [joːt] *n* <-s; *sem pl*> iodo *m*
'jodeln ['joːdəln] <-le> cantar à tirolesa
'joggen ['dʒɔgən] fazer jogging
'Jogging ['dʒɔgiŋ] *n* <-s; *sem pl*> jogging *m*; **~anzug** *m* <-(e)s; ⸚e> jogging *m*
'Joghurt, 'Jogurt ['joːgurt] *m od n* <-s; -s> iogurte *m*
Jo'hannis [jo'hanis] *n* → ***~tag***; **~beere** *f*, **~beersaft** *m* <-(e)s; ⸚e> groselha *f*; **~beerstrauch** *m* <-(e)s; ⸚er> groselheira *f*; **~brot** *n* <-(e)s; *sem pl*> alfarroba *f*; **~brotbaum** *m* alfarrobeira *f*; **~tag** *m* <-(e)s; -e> dia *m* (*od* festa *f*) de São João
'johlen ['joːlən] berrar, uivar
Joint [dʒɔynt] F *m* <-s; -s> joint *m*, charro *m*
'Joker ['joːkər, 'dʒoː-] *m* joker *m*, *bras* coringa *m*
'Jolle ['jɔlə] *f* iole *f*
Jong'l|eur [ʒɔŋ'løːr] *m* <-s; -e> equilibrista *m*, *bras* malabarista *m*; **≗ieren** <-> fazer jogo de equilibrista, *bras* fazer malabarismo
'Joppe ['jɔpə] *f* jaquetão *m*, gibão *m*
Jor'danien [jɔr'daniən] *n* Jordânia *f*

Jour'nal [ʒur'naːl] *n* <-*s*; -*e*> jornal *m*
Journa|'lismus [ʒurna'lismus] *m* <-; *sem pl*> jornalismo *m*; **~'list(in** *f*) *m* <-*en*> jornalista *su*; **≈'listisch** jornalístico
jovi'al [jovi'aːl] condescendente
'Joystick ['dʒɔystik] *m* <-*s*; -*s*> *INFORM* alavanca *f* de controlo; aparelho *m* de comando
'Jubel ['juːbəl] *m* <-*s*; *sem pl*> júbilo *m*; **~jahr** *n* <-(*e*)*s*; -*e*>: ***alle ~e einmal*** F raríssimas vezes; **≈n** <-*le*> (re)jubilar
Jubi'l|ar [jubi'laːr] *m* <-*s*; -*e*> festejado *m*; **~äum** [-'lɛːum] *n* <-*s*; *Jubiläen*> jubileu *m*
'Juchten ['juxtən] *n*, **~leder** *n* <-*s*; *sem pl*> coiro (*od* couro) *m* da Rússia
'juck|en ['jukən] **1.** fazer comichão, *bras* coçar; ***sich ~en*** coçar-se; **2. ≈en** *n*, **≈reiz** *m* comichão *f*, prurido *m*
'Jude ['juːdə] *m* <-*n*> judeu *m*
'Juden|tum *n* <-*s*; *sem pl*> judaísmo *m*; **~verfolgung** *f* perseguição *f* aos judeus; **~viertel** *n* judiaria *f*, *bras* bairro *m* juden
'Jüd|in ['jyːdin] *f* judia *f*; **≈isch** judaico; judeu
'Judo ['juːdo] *n* <-(*s*); *sem pl*> judo *m*
'Jugend ['juːgənt] *f* <*sem pl*> juventude *f*, mocidade *f*; (*Kindesalter*) infância *f*; ***von ~ an*** desde pequeno; **~alter** *n* <-*s*; *sem pl*> idade *f* juvenil; **~amt** *n* <-(*e*)*s*; ¨*er*> serviços *m/pl* de assistência a menores; tutoria *f*; **~arbeitslosigkeit** *f* <*sem pl*> desemprego *m* juvenil; **~buch** *n* <-(*e*)*s*; ¨*er*> livro *m* juvenil; **~erinnerung** *f* recordação *f* de juventude; **≈frei** *Film*: (livre) para menores (*od* todos); **~freund(in** *f*) *m* <-(*e*)*s*; -*e*> amigo *m*, -a *f* de infância; **~fürsorge** *f* <*sem pl*> assistência *f* a menores; **~gericht** *n* <-(*e*)*s*; -*e*> tribunal *m* para menores; **~herberge** *f* albergue *m* da (*od* pousada *f* de) juventude; **~jahre** *n/pl* (anos *m/pl* da) juventude *f*; **~klub** *m* <-*s*; -*s*> clube *m* juvenil; **~kriminalität** *f* delinquência *f* juvenil; **≈lich** juvenil; jovem (*a su*); ***die Jugendlichen*** os menores, os adolescentes; **~liebe** *f* <*sem pl*> primeiros amores *m/pl*; **~schutz(gesetz** *n* <-*es*; -*e*>) *m* <-*es*; *sem pl*> lei *f* (legislação *f*) de prote(c)ção de menores; **~stil** *m* <-*s*; *sem pl*> Arte *f* Nova; **~sünde** *f* pecado *m* da juventude; **~zentrum** *n* <-*s*; -*zentren*> centro *m* para a juventude
Jugo'slaw|e [jugo'slaːvə] *m*, **~in** *f*, **~ien** *n* Jugoslávia *f*; **≈isch** jugoslavo *m*, -a *f* (*iu)
'Juli ['juːli] *m* <-; -*s*> Julho *m*
jung [juŋ] jovem, novo (*a Wein*); *Gemüse*: verde; ***Alt und ≈*** velhos e novos *m/pl*; ***~er Mann*** menino *m*, rapaz *m*; ***~es Mädchen*** menina *f*; ***wieder ~ machen*** (*od* ***werden***) rejuvenescer; → ***jünger, jüngst***
'Jungbrunnen *m* fonte *f* de juventude
'Junge ['juŋə] <-*n*> **a)** *m* rapaz *m*; ***kleiner ~*** menino *m*; ***schwerer ~*** *fig* criminoso *m*; **b) ~(s)** *n* cria *f*; filhote *m*; ***~ werfen*** (*od* ***bekommen***) parir; **≈nhaft** pueril, arrapazado; **~nstreich** *m*: ***dummer ~*** estroinice *f*
'jünger ['jyŋər] **1.** *comp von* ***jung*** mais jovem, mais novo; **2. ≈** *m* discípulo *m*
'Jungfer ['juŋfər] *f* <-; -*n*>: ***alte ~*** solteirona *f*; ***noch ~ sein*** ser virgem
'Jungfern|fahrt *f* viagem *f* inaugural; **~häutchen** *n* hímen *m*
'Jung|frau *f* donzela *f*; menina *f*; *poét* virgem *f*; ***die Heilige ~*** a Virgem; **≈fräulich** ['-frɔyliç] virginal; **~geselle** *m* <-*n*> solteiro *m*, celibatário *m*; ***alter ~*** solteirão *m*
'Jüngling ['jyŋliŋ] *m* <-*s*; -*e*> adolescente *m*, jovem *m*, rapaz *m*; **~salter** *n* <-*s*; *sem pl*> adolescência *f*
jüngst [jyŋst] **1.** *adj sup von* ***jung*** mais jovem, mais novo; *zeitl* recente, último; ***das ≈e Gericht, der ≈e Tag*** o dia do Juízo, o Juízo Final; **2.** *adv* recentemente, há pouco
'Jung|stier *m* <-(*e*)*s*; -*e*> novilho *m*; **~wähler** *m* eleitor *m* jovem
'Juni ['juːni] *m* <-, -*s*; -*s*> Junho *m*
'junior ['juːniɔr] júnior, filho; **≈chef** *m* <-*s*; -*s*> chefe *m* júnior
'Jura ['juːra] *n/pl inv JUR* Direito *m/sg*
Ju'rist [ju'rist] *m* <-*en*> jurista *m*; (*Student*) estudante *m* de Direito; **≈isch** jurídico; *Fakultät*: de Direito

'Jury ['ʒy:ri, ʒy'ri:] *f* <-; -s> júri *m*
just [just] F justamente; **~'ieren** <-> *TÉCN* ajustar
Justiti'ar [justitsi'a:r] *m* <-s; -e> consultor *m* jurídico de uma empresa
Jus'tiz [jus'ti:ts] *f* <*sem pl*> justiça *f*; **~iar** → ***Justitiar***; **~irrtum** *m* <-(*e*)*s*; ¨*er*> erro *m* judiciário; **~minister(ium** *n* <-*s*; -*ministerien*>) *m* Ministro (Ministério) *m* da Justiça; **~mord** *m* <-(*e*)*s*; -*e*> assassínio *m* jurídico; **~palast** *m* <-(*e*)*s*; ¨*e*> palácio *m* da Justiça
'Jute ['ju:tə] *f* <*sem pl*> juta *f*
Ju'wel [ju've:l] *n* <-*s*; -*en*> jóia *f*; **~'ier** [-ə'li:r] *m* joalheiro *m*, ourives *m*; **~'iergeschäft** *n* <-(*e*)*s*; -*e*> joalharia *f*, ourivesaria *f*, *bras a* joalheria *f*
Jux [juks] F *m* <-*es*; -*e*> piada *f*, brincadeira *f*

K

K, k [ka:] *n inv* K, k *m*
Kaba'rett [kaba'rɛt] *n* <-*s*; -*e*> revista *f*, *bras* teatro *m* de revista; **~'ist(in** *f*) [-rɛ'tist] *m* artista *su* de revista
'Kabel ['ka:bəl] *n* cabo *m*; **~fernsehen** *n* <-*s*; *sem pl*> televisão *f* por cabo; **~jau** [-jaʊ] *m* <-*s*; -*e*, -*s*> bacalhau *m* fresco; **~netz** *n* <-*es*; -*e*> rede *f* de cabo
Ka'bine [ka'bi:nə] *f* *NAV* camarote *m*, beliche *m*; *AV*, (*Ankleide*≈), *TEL*: cabine *f*
Kabi'nett [kabi'nɛt] *n* <-*s*; -*e*> gabinete *m*; *POL a*: conselho *m* de ministros; **~sumbildung** *f* *POL* remodelação *f* do governo
Kabrio'lett [kabrio'lɛt] *n* <-*s*; -*s*> cabriolé *m*, *bras* automóvel *m* conversível
'Kachel ['kaxəl] *f* <-; -*n*> azulejo *m*; ladrilho *m*; **≈n** <-*le*> pôr azulejos, pôr ladrilhos (em); **~ofen** *m* <-*s*; ¨> fogão *m* de azulejos
Ka'daver [ka'da:vər] *m* cadáver *m*; **~gehorsam** *m* <-*s*; *sem pl*> obediência *f* cega
Ka'denz [ka'dɛnts] *f* cadência *f*
'Kader ['ka:dər] *m* quadro *m*
'Käfer ['kɛ:fər] *m* escaravelho *m*; coleóptero *m*, *bras a* besouro *m*
Kaff [kaf] *n* <-*s*; -*s*> F aldeola *f*, lugarejo *m*
Kaffee ['kafe] *m* <-*s*; -*s*> café *m* (***ungemahlener*** em grão; ***löslicher*** instantâneo; ***kochen*** fazer; ***trinken*** tomar); ***schwarzer ~*** café sem leite; ***~ mit Milch*** café com leite; **~baum** *m* <-(*e*)*s*; ¨*e*> cafézeiro *m*, *bras* cafeeiro *m*; **~bohne** *f* grão *m* de café; **~geschirr** *n* <-(*e*)*s*; -*e*> serviço *m* de café; **~haus** [ka'fe:-] <-*es*; ¨*er*> café *m*; **~kanne** *f* cafeteira *f*; **~klatsch** F *m* <-(*e*)*s*; -*e*> mexericos *m*/*pl*; **~löffel** *m* colher *f* de café; **~maschine** *f* máquina *f* para fazer café; **~mühle** *f* moinho *m* de café; **~pflanzung** *f* cafezal *m*; **~satz** *m* <-*es*; *sem pl*> depósito *m*; borras *f*/*pl*; **~tasse** *f* chávena *f* de café, chícara *f* de café; **~wärmer** *m* abafador *m*
'Käfig ['kɛ:fiç] *m* <-*s*; -*e*> gaiola *f*; jaula *f*; ***in den ~ sperren*** meter na jaula, enjaular
kahl [ka:l] *j-d*: calvo; *BOT* desfolhado; *Tier*: pelado; *Gegend*: escalvado; *a fig*: nu, despido, raso; **'≈heit** *f* <*sem pl*> nudez *f*, pobreza *f* (*a fig*); *Kopf*: calvície *f*; **'≈kopf** *m* <-(*e*)*s*; ¨*e*> calva *f*; *j-d*: calvo *m*, F careca *f*; **'~köpfig** ['-kœpfiç] calvo; F careca; **'≈schlag** *m* <-(*e*)*s*; ¨*e*> corte *m* parcial; *fig* destruição *f*, derrocada *f*
Kahn [ka:n] *m* <-(*e*)*s*; ¨*e*> barco *m*, bote *m*, batel *m*; ***~ fahren*** andar de barco (*od* bote); (*Fischer*≈) barca *f*; (*Last*≈) batelão *m*; **'~fahrt** *f* passeio *m* de barco
Kai [kaɪ, *a* ke:] *m* <-*s*; -*s*> cais *m*, molhe *m*; **'~gebühr** *f*, **'~geld** *n* direitos *m*/*pl* de cais; **'~mauer** *f* <-; -*n*>

muro-cais *m*, paredão *m* (de cais)

'Kaiser ['kaɪzər] *m* imperador *m*; **~in** *f* imperatriz *f*; **≈lich** imperial; **~reich** *n* <-(*e*)*s*; *-e*> império *m*; **~schnitt** *MED m* <-(*e*)*s*; *-e*> cesariana *f*

'Kajak ['ka:jak] *m*, *n* <-*s*; *-s*> barco *m* de pesca dos esquimós; *Sport*: canoa *f*

Ka'jüt|boot [ka'jy:t-] *n* <-(*e*)*s*; *-e*> barco *m* com camarote; **~e** *f* camarote *m*

'Kakadu ['kakadu] *m* <-*s*; *-s*> cacatua *f*, catatua *f*

Ka'kao [ka'ka:o] *m* <-*s*; *sem pl*> cacau *m*; **~baum** *m* cacaueiro *m*

'Kakerlak ['ka:kərlak] *m* <-*s od -en*; *-en*> barata *f*

'Kaktus ['kaktus] *m* <-; *Kak'teen*> cacto *m*

'Kalauer ['kalaʊər] *m* F calembur *m*, *bras* jogo *m* de palavras, trocadilho *m*

Kalb [kalp] *n* <-(*e*)*s*; *¨er*> vitela *f*, *bras* vitelo *m*; (*Milch≈*) bezerro *m*; **'≈en** ['kalbən] parir; **'~fleisch** *n* <-(*e*)*s*; *sem pl*> (carne *f* de) vitela *f*

'Kalbs|braten *m* vitela *f* assada; **~hachse** ['-haksə] *f* pernil *m* de vitela; **~leder** *n* <-*s*; *sem pl*> (pele *f* de) vitela *f*; bezerro *m*; **~nierenbraten** *m* assado *m* de lombo e rins de vitela; **~schnitzel** *n* bife *m* de vitela (*bras* escalope *m*) à milanesa

Kal'daunen [kal'daʊnən] *f/pl* tripas *f/pl*

Ka'lender [ka'lɛndər] *m* calendário *m*; almanaque *m*, *bras* folhinha *f*; **~jahr** *n* <-(*e*)*s*; *-e*> ano *m* civil, **~tag** *m* <-(*e*)*s*; *-e*> dia *m*

kal'fatern [kal'fa:tərn] <*-re*> calafetar

'Kali ['ka:li] *n* <-*s*; *sem pl*> potassa *f*

Ka'liber [ka'li:bər] *n* calibre *m*

Ka'lif [ka'li:f] *m* <*-en*> califa *m*

'Kali|salz *n* <*-es*; *-e*> potassa *f*; **~um** ['ka:lium] *n* <-*s*; *sem pl*> potássio *m*

Kalk [kalk] *m* <-(*e*)*s*; *-e*> cal *f* (***gelöschter*** extinta, apagada; ***ungelöschter*** virgem, viva); *MED* cálcio *m*; **'~anstrich** *m* <-(*e*)*s*; *-e*> caiadura *f*; **'~brennerei** *f* caieira *f*, forno *m* de cal; fábrica *f* de cal; **'~bruch** *m* <-(*e*)*s*; *¨e*> caleira *f*; **'≈en** caiar; **'~grube** *f* cova (*od* fossa) *f* para a cal; **'≈(halt)ig** calcário; **'~hütte** *f*, **'~ofen** *m* <-*s*; *¨*> caieira *f*, forno *m* de cal; **'~mangel** *m* <-*s*; *sem pl*> falta *f* de cálcio; **'~spat** *m* <-(*e*)*s*; *sem pl*> espato *m* calcário; **'~stein** *m* <-(*e*)*s*; *sem pl*> calcário *m*; pedra *f* de cal

Kalku|lati'on [kalkulatsi'o:n] *f* cálculo *m*; **≈'lieren** [-'li:rən] <-> calcular

Kalo'rie [kalo'ri:] *f* caloria *f*; **≈narm** [kalo'riənʔarm] que contém poucas calorias; **≈nreich** que contém muitas calorias

kalt [kalt] <*¨er*; *¨est*> frio; ***mir ist ~*** tenho frio, estou com frio; ***es ist ~*** está frio; ***das lässt mich ~*** não me afe(c)ta; ***~ werden*** arrefecer; ***~e Küche*** pratos *m/pl* frios; ***~ stellen*** pôr ao fresco; ***~es Büffet*** buffet *m* frio; ***j-m die ~e Schulter zeigen*** ignorar alg; **'~blütig** ['-bly:tɪç] de (*adv* com) sangue frio; *fig a* sereno; **'≈blütigkeit** *f* <*sem pl*> sangue-frio *m*

'Kälte ['kɛltə] *f* <*sem pl*> frio *m*; *fig* frieza *f*; ***~ erzeugend*** *TÉCN* frigorífero, frigorífico; **~einbruch** *m* <-(*e*)*s*; *¨e*> onda (*od* vaga) *f* súbita de frio; **~technik** *f* técnica *f* de refrigeração; **~welle** *f* vaga (*od* onda) *f* de frio

'Kalt|front *f* frente *f* de (ar) frio; **≈herzig** frio, indiferente; **~luft** *f* <*sem pl*> ar *m* frio; **≈machen** P *fig* matar; **~miete** *f* renda *f* sem aquecimento; **~schale** *f* sopa *f* fria; **≈schnäuzig** frio; indiferente; **≈stellen** *fig* afastar; **~'wasser(heil)...**: *MED in Zssgn* hidroterápico

'Kalzium ['kaltsium] *n* <-*s*; *sem pl*> cálcio *m*

Ka'mel [ka'me:l] *n* <-(*e*)*s*; *-e*> camelo *m*; *einhöckriges*: dromedário *m*; *Schimpfwort*: burro *m*; **~haar** *n* <-(*e*)*s*; *sem pl*> lã *f* de camelo; **~ie** [-iə] *f* camélia *f*; *Strauch*: cameleira *f*; **~treiber** *m* cameleiro *m*

'Kamera ['kamera] *f* <-; *-s*> *allg* câmara *f*; *FOT* câmara *f* fotográfica, máquina *f* fotográfica; (*Film≈*) máquina *f* de filmar

Kame'rad [kame'ra:t] *m* <*-en*>, **~in** [-din] *f* camarada *su*, companheiro *m*, -a *f*; **~schaft** *f* camaradagem *f*; *MIL* (*Gruppe*) esquadra *f*, *bras* tro-

K

pa *f*; **Ձschaftlich** de camarada(gem); **~schaftsgeist** *m* <-(*e*)*s*; *sem pl*> espírito *m* de companheirismo *m*; solidariedade *f*

'Kameramann *m* <-(*e*)*s*; ¨*er*, -*leute*> operador *m*

'Kamerun ['kaməru:n] *n* Camarões *m*/*pl*

Ka'mille [ka'milə] *f* macela *f*, camomila *f*; **~ntee** *m* <-*s*; *sem pl*> chá *m* de camomila

Ka'min [ka'mi:n] *m* <-*s*; -*e*> chaminé *f*; fogão *m*; lareira *f*; **~feger** *m* limpa-chaminés *m*; **~(ge)sims** *n* <-*es*; -*e*> frontal *m* de fogão; **~kehrer** [-ke:rər] *m* → ***~feger***

Kamm [kam] *m* <-(*e*)*s*; ¨*e*> pente *m*; *runder*: travessa *f*; TÉCN carda *f*; (*Hahnen*Ձ) crista *f*; (*Gebirgs*Ձ) cumeada *f*; ***alles über e-n ~ scheren*** *fig* passar tudo pela mesma fieira (*bras* peneira), medir tudo pelo mesmo rasoiro

'kämmen ['kɛmən] pentear; TÉCN cardar

'Kammer ['kamər] *f* <-; -*n*> câmara *f* (*a* TÉCN); quarto *m*

'Kämmerer ['kɛmərər] *m* tesoureiro

'Kammer|jäger *m* exterminador *m* de inse(c)tos caseiros; **~musik** *f* <*sem pl*> música *f* de câmara; **~ton** MÚS *m* <-(*e*)*s*; *sem pl*> diapasão *m* normal

'Kammgarn *n* <-(*e*)*s*; -*e*> (fio *m* de) estambre *m*

Kampf [kampf] *m* <-*es*; ¨*e*> combate *m*; MIL *a* a(c)ção *f*; campanha *f*; (*Nah*Ձ) peleja *f*; (*Ringen*, *a fig*) luta *f*; *Sport*: desafio *m*; ***im ~ stehen*** (***gegen***) combater (*ac*), lutar (contra); **~...** *in Zssgn* MIL *oft* de combate; *fig* combativo; **'~ansage** *f* desafio *m* para a luta; *fig* campanha (***gegen*** contra); **'~bahn** *f* estádio *m*; pista *f*, arena *f*; **'Ձbereit** pronto para o combate; **'~einheit** *f* unidade *f* de combate

'kämpfen ['kɛmpfən] combater (***gegen*** *ac*), lutar (***für***, ***um*** por); ***um*** *e-n Preis*: disputar-se (*ac*)

'Kampfer ['kampfər] *m* <-*s*; *sem pl*> cânfora *f*

'Kämpfer(in *f*) *m* combatente *su* (***für*** por)

'Kampf|flugzeug *n* <-(*e*)*s*; -*e*> avião *m* de combate; **~gefährte** *m*, **~genosse** *m* <-*n*> camarada *m*, companheiro *m* de armas; **~handlung** *f* operação *f* (militar); **Ձlustig** belicoso; **~platz** *m* <-*es*; ¨*e*> arena *f*; MIL campo *m* de batalha; **~richter** *m* árbitro *m*; **~sport** *m* <-(*e*)*s*; *sem pl*> desporto *m* de luta; **~sportarten** *pl* artes *f*/*pl* marciais; **~stoff** *m* <-(*e*)*s*; -*e*> MIL substância *f* (quimica) de combate; **Ձunfähig** incapaz de combater; **~** (***machen*** pôr) fora de combate; **~verband** *m* <-(*e*)*s*; ¨*e*> unidade *f* de combate

kam'pieren [kam'pi:rən] *v*/*i* <-> acampar

'Kanad|a ['kanada] *n* Canadá *m*; **~ier(in** *f*) [ka'na:diər] *m*, **Ձisch** canadiano *m*, -a *f*, canadense *su*, do Canadá

Ka'nal [ka'na:l] *m* <-*s*; ¨*e*> canal *m*; (*Rinne*) via *f*; (*Röhre*) tubo *m*; GEOGR (*Ärmel*Ձ) Mancha *f*, Canal *m* da Mancha

Kanali|sati'on [kanalizatsi'o:n] *f* canalização *f*; *städtische*: saneamento *m*; **Ձ'sieren** [-'zi:rən] <-> canalizar

Ka'narienvogel [ka'na:riən-] *m* <-*s*; ¨> canário *m*

Ka'narisch [ka'na:riʃ] *adj* ***die ~en Inseln*** Canárias *f*/*pl*

Kandi'd|at(in *f*) [kandi'da:t] *m* <-*en*> candidato *m*, -a *f*; (*Lehramts*Ձ) estagiário *m*, -a *f*; **~atenliste** *f* lista *f* de candidatos; **~a'tur** [-da'tu:r] *f* candidatura *f*; **Ձieren** <-> apresentar a sua candidatura, candidatar-se

kan|'dieren [kan'di:rən] <-> cristalizar (com açúcar); **'Ձdis(zucker)** ['-dis-] *m* <-; *sem pl*> açúcar *m* cândi (*od* cande)

'Känguru ['kɛŋguru] *n* <-*s*; -*s*> canguru *m*

Ka'ninchen [ka'ni:nçən] *n* coelho *m*; **~bau** *m* <-(*e*)*s*; -*e*> toca *f*; **~jagd** *f* caça *f* ao coelho; **~stall** *m* <-(*e*)*s*; ¨*e*> coelheira *f*

Ka'nister [ka'nistər] *m* lata *f*; bidão *m*

'Kännchen ['kɛnçən] *n* caneca *f*

'Kanne ['kanə] *f* jarro *m*; caneca *f*; (*Gieß*Ձ) regador *m*; (*Kaffee*Ձ) cafeteira *f*; (*Milch*Ձ) leiteira *f*; (*Tee*Ձ) bule *m*

Kanni'bal|e [kani'ba:lə] *m* <-*n*> canibal *m*; **Ձisch** canibalesco

'Kanon ['ka:nɔn] *m* <-s; -s> cânon(e) *m*, regra *f*, norma *f*

Kano'nade [kano'na:də] *f* canhoneio *m*, *bras* descarga (*od* salva) *f* de canhões

Ka'none [ka'no:nə] *f* canhão *m*; F *Sport j-d*: ás *m*; ***unter aller ~*** F detestável

Ka'nonen|boot *n* <-(e)s; -e> canhoneira *f*; **~donner** *m* canhonada *f*; **~futter** *n* MIL *fig* carne *f* de canhão; **~kugel** *f* <-; -n> bala *f* de canhão; **~rohr** *n* <-(e)s; -e> tubo *m* de canhão; **~schuss** *m* <-es; ¨e> canhonaço *m*, tiro *m* de canhão

ka'nonisch [ka'no:niʃ] canónico (*ô)

Kan'tate [kan'ta:tə] *f* cantata *f*

'Kant|e ['kantə] *f* canto *m*, bordo *m*, borda *f*; MAT aresta *f*; (*Tuch≈*) orla *f*, ourela *f*; ***auf die hohe ~ legen*** economizar; **~en** *m* canto *m*; **≈en** <-e-> pôr de canto; **≈ig** anguloso; esquinado; **~'ine** [-'ti:nə] *f* cantina *f*

Kan'ton [kan'to:n] *m* <-s; -e> cantão *m*

'Kantor ['kantɔr] *m* <-s; -e> cantor *m*, chantre *m*; organista *m*

'Kanu ['ka:nu, ka'nu:] *n* <-s; -s> canoa *f*; **~fahrer** *m* canoeiro *m*

Ka'nüle [ka'ny:lə] *f* cânula *f*; MED agulha *f*

'Kanzel ['kantsəl] *f* <-; -n> REL púlpito *m*; AV carlinga *f*

Kanz'lei [kants'laɪ] *f* chancelaria *f*

'Kanzler ['kantslər] *m* chanceler *m*

Kap [kap] *n* <-s; -s> cabo *m*, promontório *m*

Kapazi'tät [kapatsi'tɛ:t] *f* capacidade *f*; *fig* sumidade *f*; **~sauslastung** *f* <*sem pl*> aproveitação *f* de capacidade

Ka'paun [ka'paʊn] *m* <-s; -e> capão *m*

Ka'pell|e [ka'pɛlə] *f* capela *f*; *im Freien*: ermida *f*; MÚS banda *f* (de música), orquestra *f*; **~meister** *m* mestre (*od* regente) *m* de orquestra; MIL chefe *m* de banda

'Kaper ['ka:pər] BOT *f* <-; -n> alcaparra *f*

'kapern <-re> capturar

ka'pieren [ka'pi:rən] <-> F compreender, topar

Kapil'largefäß [kapi'la:r-] *n* <-es; -e> MED vaso *m* capilar

Kapi'tal [kapi'ta:l] *n* <-s; -e, -ien> capital *m*; *pl a* fundos *m/pl*; **~abwanderung** *f* emigração *f* de capitais; **~anlage** *f* colocação (*od* aplicação) *f* de capitais; **~aufwand** *m* <-(e)s; *sem pl*> dispêndio *m* de capital; **~besitz** *m* capitais *m/pl*; **~ertragssteuer** *f* <-; -n> ECON imposto *m* de rendimento do capital; **~flucht** *f* evasão (*od* fuga) *f* de capitais; **~gesellschaft** *f* ECON sociedade *f* por capitais; **≈i'sieren** <-> capitalizar; **~'ismus** [-ta'l-] *m* <-; *sem pl*> capitalismo *m*; **~'ist** [-ta'l-] *m* <-en> capitalista *m*; **≈'istisch** capitalista; **≈kräftig**: ***~ sein*** ter fortuna; dispor de meios; **~markt** *m* <-(e)s; ¨e> mercado *m* de capitais; **≈schwach** sem recursos suficientes; **~verbrechen** *n* crime *m* capital; **~zins** *m* <-es; -en> ECON juro *m* de capital

Kapi'tän [kapi'tɛ:n] *m* <-s; -e> capitão *m* (***zur See*** de mar e guerra); **~leutnant** *m* <-s; -s> capitão-tenente *m*

Ka'pitel [ka'pitəl] *n* capítulo *m*; REL *a* cabido *m*; ***das ist ein ~ für sich*** isso é um caso à parte

Kapi'tell [kapi'tɛl] ARQUIT *n* <-s; -e> capitel *m*

Kapitu|lati'on [kapitulatsi'o:n] *f* capitulação *f*, rendição *f*; **≈'lieren** <-> capitular, render-se

Ka'plan [ka'pla:n] *m* <-s; ¨e> capelão *m*

'Kapp|e ['kapə] *f* boné *m*; (*Priester≈*) barrete *m*; casquete *m*; (*Bauern≈, Fischer≈*) carapuça *f*; capuz *m*, capota *f*; gorra *f* (*bras* gorro *m*); ARQUIT cúpula *f*, TÉCN contraforte *m*, (*Schuh≈*) biqueira *f*; ***et auf seine ~ nehmen*** *fig* F tomar a responsabilidade de a/c; **≈en** cortar; *Baum*: podar; *Hahn*: capar; ***den Anker ~*** NAV picar a amarra

Kapri|'ole [kapri'o:lə] *f* cabriola *f*, *bras* cambalhota *f*; **≈zi'ös** [-tsi'ø:s] caprichoso

'Kapsel ['kapsəl] *f* <-; -n> cápsula *f*; caixa *f*, (*Etui*) *a* estojo *m*

'Kapstadt ['kapʃtat] *n* Cidade *f* do Cabo

ka'putt [ka'put] F (*zerbrochen*) partido, quebrado; (*zerrissen*) roto; (*müde*) estafado; (*bankrott*) arruinado; **~gehen** partir-se; estragar-se; quebrar-se; **~machen** partir; estragar; arruinar, quebrar

Ka'pu|ze [ka'puːtsə] *f* capuz *m*; **~'ziner** [-u'tsiːnər] *m* (frade *m*) capuchinho *m*

Kara'biner [kara'biːnər] *m* carabina *f*; **~haken** *m* mosquetão *m*, gancho *m* de pressão

Ka'raffe [ka'rafə] *f* garrafa *f*

Karambo'lage [karambo'laːʒə] *f* colisão *f*, *bras* capotagem *f*

Kara'mell [kara'mɛl] *m*, *n* <*-s; sem pl*> caramelo *m*

Ka'rat [ka'raːt] *n* <*-(e)s; -e*> quilate *m*

Karate [ka'ratə] *n inv* karate *m*, caratê *m*

karätig [-'rɛːtiç]: ***10-~*** de dez quilates; ***24-~es Gold*** ouro *m* de lei

Kara'wane [kara'vaːnə] *f* caravana *f*

Kar'bid [kar'biːt] *n* <*-(e)s; -e*> carboneto *m*; **~lampe** *f* lâmpada *f* de acetileno

Kar'bol [kar'boːl] *n* <*-s; sem pl*> fenol *m*; **~säure** *f* <*sem pl*> ácido *m* fénico (*ê)

Kar'bunkel [kar'buŋkəl] *m* carbúnculo *m*

'Kar'dan|gelenk [kar'daːn-, *a* 'kardaːn-] *n* <*-(e)s; -e*> *TÉCN* junta *f* cardânica; **~welle** *f TÉCN* eixo *m* cardânico

Kardi'nal [kardi'naːl] *m* <*-s; ⸚e*> cardeal *m*; **~fehler** *m* defeito *m* principal; **~shut** *m* <*-(e)s; ⸚e*> barrete *m* cardinalício; **~zahl** *f* número *m* cardinal

Ka'renzzeit [ka'rɛntstsaɪt] *f* prazo *m*

Kar'freitag [kaːr-] *m* <*-s; -e*> Sexta-feira *f* Santa (*od* da Paixão)

karg [kark] escasso, pobre, parco; (*geizig*) mesquinho; **'2heit** *f* <*sem pl*> escassez *f*, parcimónia (*ô) *f*

'kärglich ['kɛrkliç] escasso

ka'riert [ka'riːrt] aos quadrados; quadriculado

'Karies ['kaːriɛs] *f* <*sem pl*> cárie *f*

Karik|a'tur [karika'tuːr] *f* caricatura *f*; **~atu'rist** [-tu'rist] *m* <*-en*> caricaturista *m*; **2'ieren** <*-*> caricaturar

kari'ös [kari'øːs] *MED* cariado

Karm|e'sin [karmə'ziːn] *n* <*-s; sem pl*> carmesim *m*; **~'in** [-'miːn] *n* <*-s; sem pl*> carmim *m*; **2'inrot** carmim

'Karneval ['karnəval] *m* <*-s; -e, -s*> carnaval *m*, entrudo *m*

Kar'nickel [kar'nikəl] F *n* coelho *m*

'Karo ['kaːro] *n* <*-s; -s*> quadrado *m*; *Kartenspiel*: ouros *m/pl*

Ka'rosse [ka'rɔsə] *f* coche *m*; **~'rie** [-'riː] *f* carroçaria *f*, *bras* carroceria *f*

Ka'rotte [ka'rɔtə] *f* cenoura *f*

'Karpfen ['karpfən] *m* carpa *f*; **~teich** *m* <*-(e)s; -e*> viveiro *m* de carpas

'Karre ['karə] *f* carroça *f*; carro *m*; carreta *f*; F (*altes Auto*) carripana *f*

Kar'ree [ka'reː] *n* <*-s; -s*> quadr(ad)o *m*

'karren ['karən] acarretar

Karri'ere [kari'ɛːrə] *f* carreira *f*

Kar'samstag [kaːr-] *m* <*-(e)s; -e*> sábado *m* de aleluia

Karst [karst] *m* <*-(e)s; -e*> *GEOGR* carso *m*

'Karte ['kartə] *f* (*Visiten2*) cartão *m* (de visita); (*Lebensmittel2*) senha *f*; (*Anzeige*) participação *f*; (*Einladungs2*) convite *m*; (*Fahr2*) bilhete *m*, passagem *f*; (*Eintritts2*) bilhete *m*, entrada *f*; (*Land2*) carta *f* (geográfica), mapa *m*; (*Post2*) bilhete *m* postal; (*Speise2*) lista *f* (***nach der*** à), ementa *f*, *bras* cardápio *m*; (*Spiel2*) carta *f* (***legen*** deitar); ***~n spielen*** jogar às (*bras* jogar) cartas; ***mit offenen ~n spielen*** *fig* fazer jogo franco; ***alles auf e-e ~ setzen*** apostar tudo numa carta

Kar'tei [kar'taɪ] *f* ficheiro *m*, *bras* fichário *m*; **~karte** *f* ficha *f*, verbete *m*

Kar'tell [kar'tɛl] *n* <*-s; -e*> cartel *m*, sindicato *m* industrial; **~amt** *n* <*-(e)s; -ämter*> repartição *f* anti-trust; **~gesetz** *n* <*-es; -e*> lei *f* anti-trust

'Karten|haus *n*: ***wie ein ~ zusammenstürzen*** desmoronar-se como um baralho de cartas; **~kunststück** *n* <*-(e)s; -e*> passe-passe *m*, *bras* truque *m* de cartas; **~leger(in** *f*) [-leːgər-] *m* cartomante *su*; **~spiel** *n* <*-(e)s; -e*> jogo *m* de cartas; (*Spielkarten*) baralho *m*; **~telefon** *n* <*-s; -e*> credifone *m*; **~(vor)verkauf** *m* <*-s; ⸚e*> venda *f* (antecipada) de bilhetes; **~werk** *n* <*-(e)s; -e*> obra *f* cartográfica; **~zeichner** *m* cartógrafo *m*

Kar'toffel [kar'tɔfəl] *f* <*-; -n*> batata *f*; **~brei** *m* <*-(e)s; -e*> puré *m* de batatas; **~chips** [-tʃips] *m/pl* batatas *f/pl* fritas de pacote; **~feld** *n* <-(*e*)*s*; -*er*> batat(eir)al *m*; **~käfer** *m* escaravelho *m* da batateira, *bras* caruncho *m*; **~mehl** *n* <-(*e*)*s*; *sem pl*> farinha *f* de batata; **~puffer** *m* bolo *m* de batata; **~salat** *m* <-(*e*)*s*; -*e*> salada *f* de batatas; **~schäler** *m* faca *f* de descascar batatas; **~suppe** *f* sopa *f* de batata

Kartogra'phie [kartogra'fi:] *f* cartografia *f*

Kar'ton [kar'toŋ; -'to:n] *m* <-*s*; -*s*> cartolina *f*, cartão *m* (*a Schachtel*); **≈'ieren** [-to'ni:rən] <-> cartonar

Karus'sell [karu'sɛl] *n* <-*s*; -*e*, -*s*> carrocel *m*

'Karwoche ['ka:r-] *f* Semana *f* Santa

Karzi'nom [kartsi'no:m] *n* <-*s*; -*e*> *MED* carcinoma *m*

Ka'schemme [ka'ʃɛmə] *f* F tasca *f*, taberna *f*

'Kaschmir ['kaʃmi:r] *m* <-*s*; -*e*> casimira *f*

'Käse ['kɛ:zə] *m* <-*s*; -> queijo *m*; **~blatt** *n* <-(*e*)*s*; ¨*er*> F jornaleco *m*; **~gebäck** *n* <-*s*; -*e*> bolinhos *m/pl* de queijo; **~glocke** *f* queijeira *f*

Kase'matte [ka:zə'matə] *f* casamata *f*

Käse'rei *f* queijaria *f*

Ka'sern|e [ka'zɛrnə] *f* quartel *m*; aquartelamento *m*; **≈'ieren** <-> aquartelar

'käsig ['kɛ:ziç] pálido

Kas'kade [kas'ka:də] *f* cascata *f*

'Kaskoversicherung *f* seguro *m* contra todos os riscos, *bras* seguro completo

'Kasper(le) ['kaspər(lə)] *m* (*a n*) polichinelo *m* (*a fig*); **~theater** *n* robertos *m/pl*, teatro *m* de fantoches

'Kaspisch ['kaspiʃ] *adj* ***das ~e Meer*** Mar *m* Cáspio

'Kasse ['kasə] *f* caixa *f*; *TEA etc* bilheteira *f*, *bras* bilheteria *f*; (*Bargeld*) dinheiro *m* de contado; ***bei ~ sein*** F ter dinheiro

'Kassen|abschluss *m* <-*es*; ¨*e*> balanço *m*; **~anweisung** *f* cheque *m*; vale *m*; letra *f*; nota *f*; **~arzt** *m* <-*es*; ¨*e*> médico *m* da Caixa; **~bericht** *m* <-(*e*)*s*; -*e*> prestação *f* de contas; **~bestand** *m* <-(*e*)*s*; ¨*e*> dinheiro *m* em caixa; ***den ~ aufnehmen*** dar balanço; **~bon** *m* <-*s*; -*s*> talão *m* de caixa; **~buch** *n* <-(*e*)*s*; ¨*er*> livro *m* de caixa; **~erfolg** *m* <-(*e*)*s*; -*e*> êxito *m* de bilheteira (*bras* bilheteria); **~patient** *m* <-*en*> doente *m* da caixa, *bras* paciente *m* (as)segurado; **~revision** *f* balanço *m*; **~schlager** *m Film*: êxito *m* de bilheteira (*bras* bilheteria); **~stunden** *f/pl* horas *f/pl* de serviço (*od* de despacho), *bras* horário *m* de atendimento; **~sturz** *m* <-*es*; ¨*e*> balanço *m*; **~zettel** *m* vale *m*

Kasse'rolle [kasə'rɔlə] *f* caçarola *f*; tacho *m*

Kas'sette [ka'sɛtə] *f* (*Behältnis*) cofre *m*; estojo *m*; (*Film≈*, *Tonband≈*) cassete *m*, cassette *f*; **~ndeck** *n* <-*s*; -*s*> tape-deck *m*, *bras* toca-fitas *m*; **~nrekorder** *m* <-*s*; -> leitor (*od* gravador) *m* de cassetes, *bras a* cassete *m*

kas'sier|en [ka'si:rən] <-> *ECON* cobrar; *JUR* anular, cassar; **≈er(in** *f*) *m* caixa *su*

Kas'tani|e [kas'ta:niə] *f* castanha *f*; = **~enbaum** *m* castanheiro *m* (***wilder*** bravo; *a* castinceira *f*), *bras* castanheira *f*; **≈enbraun** castanho

'Kästchen ['kɛstçən] *n* caixinha *f*, cofrezinho *m*

'Kaste ['kastə] *f* casta *f*, classe *f*, raça *f*

kas'tei|en [kas'taɪən] <-> mortificar, macerar; **≈ung** *f* mortificação *f*; maceração *f*

Kas'tell [kas'tɛl] *n* <-*s*; -*e*> castelo *m*

'Kasten ['kastən] *m* <-*s*; ¨> caixa *f*; F (*Brief≈*) marco *m*, *häuslicher*: caixa *f* do correio; ***alter ~*** F (*Haus*) velho pardieiro *m*; *NAV* xaveco *m*; ***et auf dem ~ haben*** *fig* F ser inteligente (*od* esperto); **~geist** *m* <-(*e*)*s*; *sem pl*> espírito *m* de classe; exclusivismo *m*; **~wagen** *m* <-*s*; -, *a* ¨> vagão *m*; furgoneta *f*

Kas'til|ier(in *f*) *m* [kas'ti:liər], **≈isch** castelhano *m*, -a *f*, de Castela

Kas'tr|at [ka'stra:t] *m* <-*en*> castrado *m*, eunuco *m*; **≈ieren** <-> castrar, capar

'Kasus *m inv GRAM* caso *m*

Kat *m* <-*s*; -*s*> *Kurzwort für* ***Katalysator***

Kata'lan|e [kata'la:nə] *m* <-*n*> catalão *m*; **~in** *f* catalã *f*; **≈isch** catalão

Kata'log [kata'lo:k] *m* <-(*e*)*s*; -*e*> ca-

K

tálogo *m*; **~i'sieren** [-logi'ziːrən] <-> catalogar
Kataly'sator [kataly'zaːtɔr] *m* <-s; -en [-sa'toːrən]> *QUÍM u AUTO* catalisador *m*
Kata'pult [kata'pult] *m u n* <-(e)s; -e> catapulta *f*
Ka'tarr, Ka'tarrh [ka'tar] *m* catarro *m*
Ka'taster [ka'tastər] *m u n* cadastro *m*
katastro'phal [katastro'faːl] catastrófico
Katas'trophe [-s'troːfə] *f* catástrofe *f*; **~ngebiet** *n* <-(e)s; -e> zona *f* de catástrofe; **~nschutz** *m* <-es; sem pl> prote(c)ção *f* contra catástrofes
Kate'chismus [kate'ç-] *m* <-; Katechismen> catecismo *m*
Katego'r|ie [-go'riː] *f* categoria *f*; **~isch** [-'goːriʃ] categórico
'Kater ['kaːtər] *m* gato *m*; *fig* **e-n ~ haben** estar com uma ressaca
Ka'theder [ka'teːdər] *m u n* cátedra *f*
Kathe'drale [kate'draːlə] *f* catedral *f*, sé *f*
Ka'thete [ka'teːtə] *f* cateto *m*
Ka'theter *m MED* cateter *m*
Ka'thode [ka'toːdə] *f* cátodo *m*; **~n...**: *in Zssgn* catódico
Katho'l|ik(in *f*) [kato'liːk-] *m* <-en> católico *m*, -a *f*; **~isch** [-'toːliʃ] católico; **~i'zismus** [-i'tsismus] *m* <-; sem pl> catolicismo *m*
Kat'tun [ka'tuːn] *m* <-s; -e> chita *f*
'katzbuckeln ['katsbukəln] <-le>: **vor j-m ~** *fig* dar manteiga a alg
'Kätzchen ['kɛtsçən] *n* gatinho *m*; *BOT* amentilho *m*, candeia *f*
'Katze ['katsə] *f* gato *m*, gata *f*
'Katzen|auge *TÉCN n* refle(c)tor *m*; **~haft** felino; **~jammer** *m* <-s; sem pl> enjoo (*ô) *m*; *a* → **Kater** *fig*; *moralischer*: abatimento *m*; **~kopf** *m* <-(e)s; ⸚e> *fig* bofetada *f*; **~musik** *f* <sem pl> miadura *f*; pandorga *f*; **~sprung** *m* <-(e)s; ⸚e> *Entfernung*: **nur ein ~** *fig* (a) dois passos
'Kauderwelsch ['kaʊdərvɛlʃ] *n* <-(s); sem pl> algarvia *f*, geringonça *f*, gíria *f*
'kau|en ['kaʊən] mastigar, mascar; **~ern** <-re>: **sich ~** acocorar-se, pôr-se de cócoras
Kauf [kaʊf] *m* <-(e)s; ⸚e> compra *f* (**abschließen**, **tätigen** fazer, efe(c)tuar, realizar); *a* (*Gekauftes*) aquisição *f*; **vorteilhafter ~** F pechincha *f*; (**mit**) **in ~ nehmen** aceitar; **'~anreiz** *m* <-es; -e> estímulo *m* de compra; **'~auftrag** *m* <-(e)s; ⸚e> ordem *f* de compra(r); **'~brief** *m* <-(e)s; -e> contrato *m* de compra e venda
'kaufen comprar
'Käufer ['kɔyfər] *m* comprador *m*; freguês *m*; **~in** *f* compradora *f*; freguesa *f*
'Kauf|frau *f* comerciante *f*, negociante *f*; **~haus** *n* <-es; ⸚er> armazém *m*, armazéns *m/pl*; **~kraft** *f* <sem pl> poder *m* de compra; **~kräftig** com poder de compra; **~leute** *pl* → **~mann**
'käuflich ['kɔyfliç] comprável; **~ sein** *a* estar à venda; (*bestechlich*) venal, compradiço; **~ erwerben** adquirir por compra; **~keit** *f* <sem pl> venalidade *f*
'Kauf|lust *f* <sem pl> interesse *m*; (*Nachfrage*) demanda *f*; **~mann** *m* <-(e)s; -leute> comerciante *m*, negociante *m*; mercador *m*; **~männisch** [-mɛniʃ], **~manns...**: *in Zssgn* comercial, mercantil; **~preis** *m* <-es; -e> , **~summe** *f* preço *m* (de compra); **~vertrag** *m* <-(e)s; ⸚e> contrato *m* de compra; **~zwang** *m* obrigação *f* de comprar
'Kaugummi ['kaʊgumi] *m* <-s; -s> pastilha *f* elástica, *bras* chiclete *m*, goma *f* de mascar
'Kaulquappe ['kaʊlkvapə] *f* girino *m*
kaum [kaʊm] apenas, mal (**als** que); **~ glauben können** custar (a alg) crer; **wohl ~!** não me parece!
kau'sal [kaʊ'zaːl] causal; **~zusammenhang** *m* <-(e)s; ⸚e> nexo *m* causal
'Kautabak *m* <-s; -e> tabaco (*bras* fumo) *m* de mascar
Kauti'on [kaʊtsi'oːn] *f* caução *f*, fiança *f* (**stellen** depositar)
'Kautschuk ['kaʊtʃuk] *m* <-s; -e> cauchu *m*, borracha *f* (**künstlicher** sintético, -a)
Kauz [kaʊts] *m* <-es; ⸚e> *ZO* coruja *f*; **komischer ~** *fig* tipo *m* esquisito
Kava'lier [kava'liːr] *m* <-s; -e> cavalheiro *m*; **~sdelikt** *n* <-(e)s; -e> crime *m* de colarinho branco

'Kavaller|ie ['kavaləri:] *f* cavalaria *f*; **~ist** *m* <-*en*> soldado *m* de cavalaria

'Kaviar ['ka:via:r] *m* <-*s*; -*e*> caviar *m*

KB [ka:'be:] *n* → ***Kilobyte***

keck [kɛk] atrevido, destemido; ousado; **'≈heit** *f* atrevimento *m*, ousadia *f*

'Kegel ['ke:gəl] *m* <-; -> *MAT* cone *m*; (*Spiel≈*) pau *m* de jogar; bola *f*; ***mit Kind und ~*** *fig* com todos os seus, *bras* de mala e cuia; **~bahn** *f* pista *f* de bowling (*bras* boliche); **≈förmig** cónico (*ô); **~klub** *m* <-*s*; -*s*> clube *m* de bowling; **~kugel** *f* <-; -*n*> bola *f* de bowling (*bras* boliche); **≈n** <-*le*> jogar os paus, jogar bowling (*bras* boliche); **~schnitt** *MAT m* <-(*e*)*s*; -*e*> se(c)ção *f* cónica (*ô); **~spiel** *n* <-(*e*)*s*; -*e*> jogo *m* de bowling (*bras* boliche); **~stumpf** *m* <-(*e*)*s*; ¨*e*> *MAT* tronco *m* de cone

'Kehle ['ke:lə] *f* garganta *f*; (*Gurgel*) *a* goela *f*; (*Schlund*) *a* fauce *f*; *TÉCN* entalha *f*, chanfradura *f*; *ARQUIT* canelura *f*, estria *f*; ***aus voller ~*** a plenos pulmões *m/pl*; F ***et in die falsche ~ bekommen*** engasgar-se; *fig* melindrar-se

'Kehlkopf *m* <-(*e*)*s*; ¨*e*> laringe *f*; **~entzündung** *f*, **~katarr(h)** *m* <-*s*; -*e*> laringite *f*; **~krebs** *m* <-*es*; -*e*> cancro (*bras* câncer) *m* de laringe; **~spiegel** *m* laringoscópio *m*

'Kehllaut *m* <-(*e*)*s*; -*e*> som *m* gutural

'Kehre ['ke:rə] *f* volta *f*, curva *f*

'kehren (*fegen*) varrer; *Kamin*: limpar; (*wenden*) volver; *gegen*: dirigir; ***sich nicht ~ an*** (*ac*) não fazer caso de; ***in sich gekehrt*** ensimesmado; ***das Oberste zuunterst ~*** revolver tudo; *a* → ***kehrtmachen***

'Kehr|icht ['-çt] *m u n* <-(*e*)*s*; *sem pl*> lixo *m*; **~reim** *m* <-(*e*)*s*; -*e*> estribilho *m*, refrão *m*; **~seite** *f* reverso *m*

'kehrt|machen ['ke:rt-] voltar atrás; *MIL* dar meia volta; **≈wendung** *f* volta *f* atrás

'keifen ['kaɪfən] berrar

Keil [kaɪl] *m* <-(*e*)*s*; -*e*> cunha *f*; *im Stoff*: nesga *f*; **'≈en** apertar (*od* segurar) com uma cunha; *fig* F (*werben*) angariar; apanhar; ***sich ~*** brigar; **'~er** *m ZO* javali *m*; **~e'rei** [-ə'raɪ] F *f* pancadaria *f*; **'≈förmig** ['-fœrmiç] em forma de cunha; cuneiforme; **'~riemen** *m TÉCN* correia *f* trapezoidal; **'~schrift** *f* <*sem pl*> caracteres *m/pl* cuneiformes

Keim [kaɪm] *m* <-(*e*)*s*; -*e*> germe *m*, gérmen *m*; embrião *m*; **'~blatt** *n* <-(*e*)*s*; ¨*er*> ectoderme *f*; **'~drüse** *f* glândula *f* generativa; **'≈en** <*h u sn*> germinar; brotar; **'≈fähig** germinativo; **'≈frei** esterilizado; **'~ling** *m* <-*s*; -*e*> germe *m*; embrião *m*; **'≈tötend** bactericida; **'~träger** *m* porta-bacilos *m*; **'~zelle** *f* célula *f* germinativa, embrião *m*

kein [kaɪn] *m u n*, **~e** *f u pl pron indef attributiv*: não; não ... nenhum(a, -as, -uns); não ... algum(a, -as, -uns); ***ich habe ~e Zeit*** não tenho tempo (nenhum); ***ich habe ~ Geld*** não tenho dinheiro (nenhum *od* algum); ***es ist noch ~e Woche her*** ainda não há uma semana

kein|er *m*, **~e** *f*, **~(e)s** *n pron indef substantivisch*: (*niemand*) ninguém, nenhum(a, -as, -uns); ***~er von beiden*** nenhum dos dois, nem um nem outro; ***~e, ~er weiß es*** ninguém o sabe

'kein|erlei ['-ərlaɪ] nenhum; **~esfalls**, **~eswegs** ['-ve:ks] em caso algum; (não ...) de modo nenhum; nada!; **~mal** (não ...) nem uma vez; nunca

Keks [ke:ks] *m* <-*es*; -*e*> bolacha *f*

Kelch [kɛlç] *m* <-(*e*)*s*; -*e*> cálice *m*; **'~blatt** *n* <-(*e*)*s*; ¨*er*> sépala *f*; **'~glas** *n* <-*es*; ¨*er*> taça *f*

'Kelle ['kɛlə] *f* colher(ão *m*) *f*; (*Suppen≈*) concha *f*; caço *m*; *ARQUIT* trolha *f*

'Keller ['kɛlər] *m* cave *f*, *bras* porão *m*; (*Luftschutz≈*) abrigo *m*; (*Wein≈*) adega *f*, *bras* cave *f*; **~assel** *f* <-; -*n*> bicho-de-contas *m*; **~'ei** [-'raɪ] *f* adegas *f/pl*; **~geschoss** *n* <-*es*; -*e*> cave *f*, subterrâneo *m*; **~meister** *m* despenseiro *m*, botelheiro *m*; **~wechsel** *ECON m* giro *m* fictício

'Kellner ['kɛlnər] *m* criado *m*; empregado *m*, *bras* garçom *m*; **~in** *f* criada *f*; empregada *f*, garçonete *f*

'Kelte ['kɛltə] *m* <-*n*> celta *m*

'Kelter ['kɛltər] *f* <-; -*n*> lagar *m*, lagariça *f*; **≈n** <-*re*> espremer

'Kelt|in *f*, **♀isch** celta *f*
'Kenia ['ke:nia] *n* Quénia *n*
'kenn|en ['kɛnən] conhecer; (*wissen*) saber; ***nicht ∼ a*** desconhecer; ***∼en lernen*** (chegar a) conhecer; **♀er** *m* conhecedor *m*, perito *m*, versado *m*; **♀karte** *f* bilhete *m* (*bras* carteira *f*) de identidade; **∼tlich** conhecível, identificável
'Kenntnis ['kɛntnis] *f* <-; -*se*> conhecimento *m*; *pl a* noções *f/pl*; ***∼ nehmen*** tomar nota (*od* conhecimento); ***j-n von et in ∼ setzen*** informar alg de a/c; *amtlich*: notificar a/c a alg, oficiar a/c a alg; **∼nahme** ['-na:mə] *f*: ***zur ∼*** para a sua informação
'Kenn|wort *n* <-(*e*)*s*; ¨*er*> lema *m*; *MIL* contra-senha *f*, *bras* senha *f*; **∼zeichen** *n* distintivo *m*, sinal *m*, marca *f*; *AUTO* matrícula *f*, *bras* chapa *f* (de matrícula); ***besondere ∼ pl*** sinais *m/pl* particulares; **♀zeichnen** <-*e*-> assinalar, marcar; *j-n*: cara(c)terizar; **∼zeichnung** *f* cara(c)terização *f* (***als*** de); marcação *f*; **∼ziffer** *f* <-; -*n*> código *m*; *Inserat*: referência *f*
'kentern ['kɛntərn] <-*re*; *sn*> soçobrar, virar-se, *bras* virar
Ke'ramik [ke'ra:mik] *f* cerâmica *f*; **∼er(in** *f*) *m* ceramista *su*
'Kerb|e ['kɛrbə] *f* entalho *m*, mossa *f*, corte *m*; **∼el** *m* cerefólio *m*, cerefolho *m*; **♀en** entalhar, cortar; **∼holz** *n* <-*es*; ¨*er*> talha *f*, marca *f*; ***et auf dem ∼ haben*** *fig* ter culpas no cartório; **∼tier** *n* <-(*e*)*s*; -*e*> insecto *m*
'Kerker ['kɛrkər] *m* cárcere *m*; (*Verlies*) calabouço *m*; **∼meister** *m* carcereiro *m*
Kerl [kɛrl] *m* <-(*e*)*s*; -*e*> homem *m*; sujeito *m*; F gajo *m*, *bras* cara *m*; ***großer ∼*** homenzarrão *m*; ***guter ∼*** tipo *m* simpático (***sonderbarer*** esquisito; ***übler*** antipático)
Kern [kɛrn] *m* <-(*e*)*s*; -*e*> núcleo *m*; (*Kirsch♀, etc*) caroço *m*; (*Apfel♀ etc*) pevide *f*; *Weintraube*: grão *m*; (*Nuss♀*) miolo *m*; *Holz*: coração; *fig* núcleo *m*; âmago *m*; (*Gehalt*) substância *f*, essência *f*; **'∼brennstab** *m* <-(*e*)*s*; ¨*e*> barra *f* nuclear; **'∼brennstoff** *m* <-(*e*)*s*; -*e*> combustível *m* nuclear; **'∼chemie** *f* quimica *f* nuclear; **'∼energie** *f* energia *f* nuclear; **'∼fach** *n* <-(*e*)*s*; ¨*er*> disciplina *f* nuclear; **'∼forschung** *f* <*sem pl*> investigação *f* nuclear; **'∼frage** *f* questão *f* principal; **'∼fusion** *f* fusão *f* nuclear; **'∼gehäuse** *n* coração *m*; **'♀gesund** são como um pero, *bras* vendendo saúde; **'∼holz** *n* <-*es*; ¨*er*> coração *m* da madeira; **'♀ig** *fig* vigoroso, enérgico; (*stämmig*) robusto; **'∼kraftwerk** *n* <-(*e*)*s*; -*e*> central *f* atómica (*ô) (*od* nuclear), *bras* usina *f* termonuclear; **'∼leder** *n* <-*s*; *sem pl*> couro *m* forte; **'♀los** sem caroço; **'∼obst** *n* <-(*e*)*s*; *sem pl*> fruta *f* de caroço principal; **'∼physik** *f* <*sem pl*> física *f* nuclear; **'∼punkt** *m* <-(*e*)*s*; -*e*> ponto *m* essencial; **'∼reaktor** *m* <-*s*; -*en*> rea(c)tor *m* nuclear; **'∼seife** *f* sabão *m* (doméstico); **'∼spaltung** *f* cisão *f* nuclear; **'∼spruch** *m* <-(*e*)*s*; ¨*e*> sentença *f*; **'∼technik** *f* <*sem pl*> técnica *f* nuclear; **'∼waffe** *f* arma *f* nuclear; **'♀waffenfrei** livre de armas nucleares, desnuclearizado
Kero'sin [kero'zi:n] *n* <-*s*; *sem pl*> *QUÍM* querosene *m*
'Kerze ['kɛrtsə] *f* vela *f*; *REL* círio *m*
'kerzen|gerade aprumado; **'♀leuchter** *m* candelabro *m*; **'♀licht** *n* <-(*e*)*s*; -*er*>, **'♀schein** *m* <-(*e*)*s*; -*e*> luz *f* de vela
kess [kɛs] <-*er*; -*est*> F fresco; pimpão; *bras* faceiro; viçoso
'Kessel ['kɛsəl] *m* caldeira *f*; (*Tee♀*) chaleira *f*; *MIL* bolsa *f*; (*Tal♀*) barranco *m*; **∼haus** *n* <-*es*; ¨*er*> casa *f* das caldeiras; **∼pauke** *f* timbale *m*; **∼raum** *m* <-(*e*)*s*; ¨*e*> casa *f* das caldeiras; **∼stein** *m* <-(*e*)*s*; *sem pl*> incrustação *f*; pedra *f*; **∼treiben** *n* *Jagd*: batida *f* (***veranstalten*** dar, ***gegen*** a)
'Ket(s)chup ['kɛtʃap] *m od n* <-(*s*); -*s*> ketchup *m*
'Kette ['kɛtə] *f* cadeia *f*, corrente *f*; (*Hals♀*) colar *m*; (*Berg♀*) serra *f*; (*Reihe*) enfiada *f*; *fig* série *f*
'ketten ['kɛtən] <-*e*-> encadear
'Ketten|antrieb *m* <-(*e*)*s*; -*e*> transmissão *f* por cadeia; **∼brief** *m* <-(*e*)*s*; -*e*> carta *f* de cadeia (*bras* corrente); **∼bruch** *MAT* *m* <-(*e*)*s*; ¨*e*> fra(c)ção *f* contínua; **∼gebirge** *n* cordilheira *f*; **∼glied** *n* <-(*e*)*s*; -*er*>

K

elo *m* (*od* argola *f*) da cadeia; **~hund** *m* <-(*e*)*s*; *-e*> mastim *m*; **~raucher** *m* fumador (*bras* fumante) *m* inveterado; **~reaktion** *f* rea(c)ção *f* em cadeia; **~regel** *f* <-; *-n*> regra *f* de três; **~säge** *f* serra *f* de cadeia

'**Ketzer** ['kɛtsər] *m* herege *m*, herético *m*; **~'ei** [-'raɪ] *f* heresia *f*; **≈isch** herético; **~verbrennung** *f* auto-de-fé *m*

'**keuch|en** ['kɔyçən] ofegar, arquejar, arfar; **≈husten** *m* <-*s*; *sem pl*> coqueluche *f*, tosse *f* convulsa

'**Keule** ['kɔylə] *f* clava *f*; maça *f*; moca *f*; (*Mörser≈*) pilão *m*; CUL perna *f*; **~nschlag** *m* <-(*e*)*s*; *¨e*> cacetada *f*

keusch [kɔyʃ] casto; '**≈heit** *f* <*sem pl*> castidade *f*

'**Keyboard** ['kiːbɔrt] *n* <-*s*; *-s*> MUS, INFORM teclado *m*

Kf'z... [kaːˀɛf'tsɛt-] *in Zssgn* → ***Kraftfahrzeug...***

kg ***Kilogramm*** *n* quilograma

KG [kaː'geː] <-*s*; *-s*> → ***Kommanditgesellschaft***

'**Kicher|erbse** ['kiçər-] *f* grão-de--bico *m*; **≈n** <-*re*> rir-se à socapa

'**Kiebitz** ['kiːbits] *m* <-*es*; *-e*> abibe *m*, galispo *m*; *fig* F mirão *m*

'**Kiefer** ['kiːfər] **1.** *m* ANAT queixada *f*, maxila *f*, maxilar *m*; **2.** *f* <-; *-n*> BOT pinheiro *m* bravo; **~höhle** *f* seio *m* maxilar; **~nadel** *f* <-; *-n*> caruma *f*; **~nholz** *n* <-*es*; *¨er*> (madeira *f* de) pinheiro *m*; **~nwald** *m* <-(*e*)*s*; *¨er*> pinhal *m*; **~orthopädie** *f* <*sem pl*> ortodontia *f*

Kiel [kiːl] *m* <-(*e*)*s*; *-e*> (*Feder≈*) cano *m* da pena; NAV quilha *f*; ***auf ~ legen*** assentar a quilha; querenar; **≈'oben** com a quilha no ar; '**~raum** *m* <-(*e*)*s*; *¨e*> sentina *f*; (*Lade≈*) porão *m*; '**~wasser** *n* <-*s*; *sem pl*> esteira *f*

'**Kieme** ['kiːmə] *f* guelra *f*; brânquia *f*; **~n...**: *in Zssgn* branquial

'**Kiepe** ['kiːpə] *f* poceiro *m*

Kies [kiːs] *m* <-*es*; *-e*> saibro *m*, cascalho *m*

'**Kiesel** ['kiːsəl] *m* seixo *m*, calhau *m*; QUÍM sílex *m*, sílice *m*; **~erde** *f* silício *m*; **~säure** *f* <*sem pl*> ácido *m* silício; **~stein** *m* <-(*e*)*s*; *-e*> → ***Kiesel***

'**Kiesgrube** *f* cascalheira *f*

'**Kilo** ['kiːlo] (**~gramm** <-*s*; *-e*, *->*) *n* <-*s*; -, *-s*> quilo(grama) *m*; **~byte** [-bait] *n* kilobyte *m*; **~hertz** *n inv* quilociclo *m*, quilohertz *m*

Kilo'meter *m* quilómetro (*ô) *m*; **~geld** *n* <-(*e*)*s*; *-er*> despesas *f/pl* por quilómetro (*ô); **~leistung** *f* quilometragem *f*; **~stand** *m* <-(*e*)*s*; *¨e*> quilometragem *f*; **~stein** *m* <-(*e*)*s*; *-e*> marco *m* quilométrico; **~zähler** *m* conta-quilómetros *m*

Kilo'watt *n* quilovátio *m*, quilowatt; **~stunde** *f* quilovátio-hora *m*, quilowatt-hora *m*

'**Kimme** ['kimə] *f* javre *m*, entalho *m*, mira *f* (*a* MIL); NAV horizonte *m*

Kind [kint] *n* <-(*e*)*s*; *-er*> *allg* criança *f*; menino *m*, -a *f*; *j-s*: filho *m*, -a *f*; ***ein ~ erwarten*** (***bekommen***) estar à espera de (ter um) bebé, *bras* esperando nenê; ***sich bei j-m lieb ~ machen*** insinuar-se nas graças de alg

'**Kindbett** *n* <-(*e*)*s*; *sem pl*> parto *m*; **~fieber** *n* <-*s*; *sem pl*> febre *f* puerperal

'**Kinder|arbeit** *f* trabalho *m* infantil; **~arzt** *m* <-*es*; *¨e*>, **~ärztin** *f* medico *m*, -a *f* de crianças, pediatra *su*; **~betreuung** *f* <*sem pl*> assistência *f* a crianças; **~'ei** [-'raɪ] *f* criancice *f*; **~ermäßigung** *f* desconto *m* para crianças; **~frau** *f* ama *f* seca; **~freibetrag** *m* abatimento *m* nos impostos para cada filho; **~garten** *m* <-*s*; *¨*> jardim *m* de infância, jardim-escola *m*; **~gärtnerin** *f* educadora *f* de crianças, professora *f* de jardim (de infância); **~geld** *n* <-(*e*)*s*; *sem pl*> abono *m* de família; **~heilkunde** *f* pediatria *f*; **~heim** *n* <-(*e*)*s*; *-e*> lar *m* (*od* colónia *f*) infantil; **~hort** *m* <-(*e*)*s*; *-e*> infantário *m*; **~krankheit** *f* doença *f* infantil; **~krippe** *f* creche *f*, infantário *m*; **~lähmung** *f* <*sem pl*> paralisia *f* infantil; poliomielite *f*; **≈leicht** facílimo; **≈lieb**: ***~ sein*** ser amigo de crianças; **~lied** *n* <-(*e*)*s*; *-er*> canção *f* infantil; **≈los** sem filhos; **~mädchen** *n* criada *f* (*od* empregada *f*) para as crianças, *bras* babá *f*; **~märchen** *n* conto *m* infantil; **~pflege** *f* puericultura *f*; **≈reich**: ***~ sein*** ter muitos filhos; **~schar** *f* rancho (*bras* bando) *m* de crianças; **~schuh** *m*: ***noch in den ~en stecken*** *fig*: estar ainda nos seus princípios; **~sitz** *m* assento *m* para criança; **~spiel** *n* <-(*e*)*s*; -*e*> jogo *m* infantil; *fig* bagatela *f*; **~spielplatz** *m* <-*es*; ⸚*e*> parque *m* infantil; **~sterblichkeit** *f* <*sem pl*> mortalidade (*od* mortandade) *f* infantil; **~stube** *f* (***k***)***eine gute ~ gehabt haben*** *fig* (não) ter tido uma boa educação; **~tagesstätte** *f* → ***~garten***; **~wagen** *m* carrinho *m* de bebé (*ê); **~zimmer** *n* quarto *m* das crianças; **~zulage** *f* → ***~geld***

'Kindes|alter ['kindəs-] *n* <-*s*; *sem pl*> meninice *f*, infância *f*; **~beine** *n/pl*: ***von ~n an*** desde pequeno; **~entführung** *f* rapto *m* de menores; **~misshandlung** *f* violência *f* contra crianças; **~mord** *m* <-(*e*)*s*; -*e*> *JUR* infanticídio *m*; **~mörder(in** *f*) *m* infanticida *su*

'Kind|heit *f* <*sem pl*> meninice *f*, infância *f*; **⁲isch** ['-diʃ] pueril; ***~ sein*** *a* ser muito criança; **⁲lich** infantil, ingénuo (*ê); de criança; *Liebe*: filial

'Kindskopf *m* <-*s*; ⸚*e*> F criançola *m*

'Kind(s)taufe *f* ba(p)tismo *m*, ba(p)tizado *m*

'Kinkerlitzchen ['kinkərlitsçən] F *n/pl* bugigangas *f/pl*

Kinn [kin] *n* <-(*e*)*s*; -*e*> queixo *m*; **'~backe(n** *m*) *f* maxila *f*, queixada *f*; **'~haken** *m* *Boxkampf*: direito *m* ao queixo, gancho *m*

'Kino ['kiːno] *n* <-*s*; -*s*> cinema *m*; **~besucher(in** *f*) *m* espectador(a *f*) de cinema; **~vorstellung** *f* sessão *f* cinematográfica

'Kiosk ['kiːɔsk] *m* <-(*e*)*s*; -*e*> quiosque *m*

'Kipp|e ['kipə] *f* *Turnen*: dominação *f*; F (*Zigaretten⁲ etc*) beata *f*; ponta *f* de cigarro *m*; ***auf der ~ stehen*** estar a pique, estar para cair, *ECON* estar para falir; **⁲en 1.** *v/t* voltar, virar; **2.** *v/i* <*h u sn*> perder o equilíbrio; cair; virar-se; **~er** *m* camião *m* basculante; **~fenster** *n* janela *f* basculante; **~karren** *m* carro *m* de taipais; **~schalter** *m* comutador *m* basculante

'Kirche ['kirçə] *f* igreja *f*; (*Gottesdienst*) serviço *m* religioso; missa *f*, *bras a* culto *m*

'Kirchen|älteste(r) *m* decano *m*; deão *m*; **~bann** *m* <-(*e*)*s*; *sem pl*> excomunhão *f*; ***in den ~ tun*** excomungar; **~buch** *n* <-(*e*)*s*; ⸚*er*> registo (*bras* registro) *m* parroquial; **~chor** *m* <-*s*; ⸚*e*> coro *m* de igreja; **~diener** *m* sacristão *m*; **~fenster** *n* vitral *m*; **~fürst** *m* <-*en*> *REL* príncipe *m* da Igreja; **~gemeinde** *f* paróquia *f*; **~geschichte** *f* <*sem pl*> história *f* eclesiástica (*od* da Igreja); **~jahr** *n* <-(*e*)*s*; -*e*> ano *m* eclesiástico; **~lied** *n* <-(*e*)*s*; -*er*> hino *m* religioso, canção *f* religiosa; cântico *m*; coral *m*; **~musik** *f* música *f* sacra; **~rat** *m* <-(*e*)*s*; ⸚*e*> consistório *m*; sínodo *m*; conselho *m* paroquial; *Titel*: conselheiro *m* consistorial; **~recht** *n* <-(*e*)*s*; *sem pl*> direito *m* canónico (*ô); **~register** *n* → ***~buch***; **~spaltung** *f* <*sem pl*> cisma *m*; **~staat** *m* <-(*e*)*s*; *sem pl*> Estado *m* do Vaticano; *HIST* Património *m* de São Pedro; **~steuer** *f* <-; -*n*> imposto *m* paroquial; **~tag** *m* <-(*e*)*s*; -*e*> *katholisch*: congresso *m* eucarístico; *protestantisch*: congresso *m* evangélico; **~vater** *m* <-*s*; ⸚> Padre *m* da Igreja; **~vorsteher** *m* deão *m*; mordomo *m*; fabriqueiro *m*

'Kirch|gänger(in *f*) ['kirçgɛŋər-] *m* praticante *su*; *eifrige*(*r*): papa-cantos *su*, papa-missas *su*; **~hof** *m* cemitério *m*; **⁲lich** eclesiástico; da Igreja; religioso; (*fromm a*) devoto; *JUR* canónico (*ô); **~turm** *m* <-(*e*)*s*; ⸚*e*> campanário *m*; **~weihe** *f* consagração da igreja; *a* = **~weih(fest** *n* <-(*e*)*s*; -*e*>) *f* = **'Kirmes** ['kirmɛs] *f* <-; -*messen*> quermesse *f*, romaria *f*

Kirsch [kirʃ] *m* *Kurzwort für* ***~wasser***; **'~baum** *m* <-(*e*)*s*; ⸚*e*> cerejeira *f*; **'~e** ['-ə] *f* cereja *f*; *saure*: ginja *f*; ***mit j-m ist nicht gut ~n essen*** alg não está para brincadeiras; **'~kern** *m* <-(*e*)*s*; -*e*> caroço *m*; **'~kuchen** *m* torta *f* de cerejas; **'⁲rot** acerejado, cor de cereja; **'~wasser** *n* <-*s*; *sem pl*> aguardente *f* de cereja

'Kissen ['kisən] *n* almofada *f*; *länglich rund*: travesseiro *m*; **~bezug** *m* <-(*e*)*s*; ⸚*e*> fronha *f*

'Kiste ['kistə] *f* caixa *f*; *groß*: caixote *m*

Kitsch [kitʃ] *m* <-*es*; *sem pl*> kitsch *m*; bugiganga *f*; **'⁲ig** pires

Kitt [kit] *m* <*-(e)s; -e*> betume *m*, argamassa *f*, almocega *f*; **'~chen** F *n* cadeia *f*, prisão *f*; **'~el** ['-əl] *m* bata *f*, guarda-pó *m*; *für Kinder a*: bibe *m*, *bras* babador *m*

'kitten <*-e-*> betumar; argamassar

Kitz [kits] *n* <*-es; -e*> cabrito *m*; cria *f* da corça

'Kitz|el ['kitsəl] *m* <*-s; sem pl*> cócegas *f/pl*; MED comichão *f*, pruridade *f*; (*Gelüst*) desejo *m*; **♀(e)lig** comichoso; **~ *sein*** ter cócegas; *fig* melindroso; **♀eln** <*-le*> fazer cócegas, fazer (*bras* dar) comichão; *fig* lisonjear

'Kiwi ['ki:vi] *f* <*-; -s*> kiwi *f*

'Kladde ['kladə] *f* rascunho *m*

'klaffen ['klafən] <*h u sn*> estar (entre)aberto; ter uma fenda; (*sich öffnen*) abrir-se; (*schlecht schließen*) não encaixar bem; **~d** *adj* aberto

'kläff|en ['klɛfən] ladrar, latir, ganir; **♀er** *m* ladrador *m*

'Klage ['kla:gə] *f* queixa *f*, lamentação *f*; JUR querela *f*, demanda *f*, a(c)ção *f* (***anstrengen, einreichen, erheben, führen*** intentar); **~lied** *n* <*-(e)s; -er*> canto *m* fúnebre; lamentação *f*; **♀n** queixar-se (***j-m et*** de a/c a alg; ***über*** *ac* de); **~ (*gegen*)** JUR dar queixa (de), instaurar processo (contra)

'Kläger ['klɛ:gər] *m* queixoso *m*; acusador *m*; **~in** *f* queixosa *f*; acusadora *f*; **~partei** *f* parte *f* queixosa

'Klage|ruf *m* <*-(e)s; -e*> gemido *m*; *pl* lamúrias *f/pl*; **~schrift** *f* libelo *m*

'kläglich ['klɛ:kliç] (*weinerlich*) lastimoso; (*elend*) lastimável; (*kümmerlich*) triste, ridículo

Kla'mauk [kla'maʊk] *m* <*-s; sem pl*> barulho *m*; algazarra *f*

klamm [klam] **1.** *adj* apertado; **~ *vor Kälte*** inteiriçado; **2. ♀** *f* garganta *f*, desfiladeiro *m*

'Klammer ['klamər] *f* <*-; -n*> (*Metall♀*) gancho *m*; gato *m*; MED *a* érina *f*; (*Wäsche♀*) mola *f*; TIP parêntese *m* (***in*** entre; ***runde*** curvo; ***eckige*** re[c]to)

'klammern <*-re*> enganchar, engatar, segurar com ganchos *etc*; ***sich an*** (*ac*) **~** agarrar-se a

Kla'motten [kla'mɔtən] *f/pl* F trapos *m/pl*; roupa *f*

Klang [klaŋ] *m* <*-(e)s; ¨e*> som *m*; *in Worten*: acento *m*; ***mit Sang und ~*** com grande aparato; **'~farbe** *f* timbre *m*; tonalidade *f*; **'~lehre** *f* <*sem pl*> acústica *f*; **'♀los** afónico (*ô); áfono; surdo; *fig* ***sang- und ~*** sem dizer ai nem ui, sem uma palavra; **'~regler** *m* regulador *m* de som; **'♀rein** nítido; **'~reinheit** *f* <*sem pl*> nitidez *f*; **'♀voll** sonoro

'Klappbett ['klap-] *n* <*-(e)s; -en*> cama *f* articulada (*bras* desdobrável)

'Klappe ['klapə] *f* portinhola *f*; válvula *f* (*a* MED); batente *f*; MÚS lingueta *f* chave; (*Tisch♀*) aba *f*; F (*Bett*) cama *f*; F (*Mund*) boca *f*; ***die ~ halten*** calar o bico; **♀n** *v/t u v/i* bater; *auseinander*: abrir; *fig* dar certo, bater certo; ***nicht ~*** não andar, não dar certo

'Klapper ['klapər] *f* <*-; -n*> matraca *f*; **♀'dürr** magríssimo, *bras* magérrimo; **♀ig** fraco; **~kasten** F *m* <*-s; ¨*> carripana *f*; chocolateira *f*; **♀n** <*-re*> bater (***mit*** *ac*); matraquear; dar estalos (*a Storch*); *Mühle u fig* taramelar; **~schlange** *f* (cobra *f*) cascavel *f*; **~storch** F *m* <*-(e)s; ¨e*> cegonha *f*

'Klapp|fahrrad *n* <*-(e)s; -räder*> bicicleta *f* dobradiça; **~fenster** *n* janela *f* de bandeira; **~messer** *n* faca *f* (*od* navalha *f*) de ponta e mola; **~sitz** *m* <*-(e)s; -e*> assento *m* de dobradiça (*od* desdobrável *od* articulado); **~stuhl** *m* <*-(e)s; ¨e*> cadeira *f* articulada (*od* dobradiça); **~tisch** *m* <*-(e)s; -e*> mesa *f* articulada (*od* dobradiça *od* desdobrável); **~verdeck** *n* <*-(e)s; -e*> capota *f* dobrável

Klaps [klaps] *m* <*-es; -e*> pancada *f*, palmada *f*; **'~mühle** *f* F manicómio (*ô) *m*

klar [kla:r] claro, *fig a* evidente; (*rein*) nítido; **~ *zu*** NAV, MIL pronto a; **~ *werden*** aclarar-se; *fig* evidenciar-se; ***sich über*** (*ac*) **~ *werden*** comprender; **~ blickend** inteligente, perspicaz; ***alles ~?*** tudo bem?; ***sich über*** (*ac*) ***im ♀en sein*** não ter dúvidas sobre

'Kläranlage ['klɛ:r-] *f* estação *f* de tratamento de águas residuais, clarificador *m*

'klären clarificar; QUÍM filtrar; *fig* esclarecer; ***sich ~*** aclarar-se

K

'Klarheit *f* claridade *f*, clareza *f*; **~ *in et bringen*** esclarecer a/c
Klari'nett|e [klari'nɛtə] *f*, **~'ist** *m* <-*en*> clarinete *m*
'klar|kommen F arranjar-se com a/c; **~legen, ~machen, ~stellen** esclarecer; ***j-m et*** **~** explicar a/c a alg; **≗sichtfolie** *f* folha *f* plástica transparente; **≗stellung** *f* esclarecimento *m*; **≗text** *m* <-(*e*)*s*; -*e*>: ***im*** **~** em termos claros; falando claro
'Klärung ['klɛ:ruŋ] *f* clarificação *f*, purificação *f*; *fig* esclarecimento *m*
'Klasse ['klasə] *f* classe *f*; *höhere Schule*: ano *m*; **≗** *adj* F bestial, *bras* ótimo
'Klassen|arbeit *f* exercício *m*; **~buch** *n* <-(*e*)*s*; ¨*er*> sumários *m/pl* da aula, *bras* livro *m* escolar; **~geist** *m* <-(*e*)*s*; *sem pl*> exclusivismo *m*; **~hass** *m* <-*es*; *sem pl*> ódio *m* de classes; **~kamerad** *m* <-*en*> condiscípulo *m*, colega *m*; **~kampf** *m* <-(*e*)*s*; ¨*e*> luta *f* de classes; **~unterschied** *m* <-(*e*)*s*; -*e*> diferença *f* de classes; **~zimmer** *n* sala *f* de aula
klassifi'zier|en [klasifi'tsi:rən] <-> classificar; **≗ung** *f* classificação *f*
'Klassi|k ['klasik] *f* <*sem pl*> classicismo *m*; **~ker** ['-kər] *m* clássico *m*; **≗sch** clássico; **~'zismus** [-'tsismus] *m* <-; *sem pl*> classicismo *m*
Klatsch [klatʃ] *m* <-(*e*)*s*; -*e*> bisbilhotice *f*; **'~base** *f* mexeriqueira *f*; **'~e** ['-ə] *f* (*Fliegen≗*) moscadeiro *m*; **'≗en** *Peitsche*: estalar, dar estalos; *Hände*: bater (*a Regen*), dar palmas; ***Beifall*** **~** *a* aplaudir; (*schwatzen*) ser indiscreto, mexericar; **'~maul** *n* <-(*e*)*s*; ¨*er*> indiscreto *m*, mexeriqueiro *m*; **'~mohn** *m* <-(*e*)*s*; *sem pl*> papoila *f*, *bras* papoula *f*; **'≗'nass** ['-'nas] F ensopado; molhado até aos ossos; **'≗süchtig** mexeriqueiro
'klauben ['klaubən] F escolher
'Klau|e ['klauə] *f* unha *f*; *Raubtier*, *Raubvogel*: garra *f*; *Spalthufer a* casco *m*; pata *f*, F *Schrift*: letra *f* horrível; **≗en** P rapinar, roubar, furtar
'Klause ['klauzə] *f* cela *f*; ermida *f*; (*Engpass*) desfiladeiro *m*
'Klausel ['-zəl] *f* <-; -*n*> cláusula *f*
Klau'sur [-'zu:r] *f* REL clausura *f*; (*Universität*) = **~arbeit** *f* prova *f* escrita; **~tagung** *f* congresso *m* (*od* jornadas *f/pl*) em regime de clausura
Klavia'tur [klavia'tu:r] *f* teclado *m*
Kla'vier [kla'vi:r] *n* <-(*e*)*s*; -*e*> piano *m* (***spielen*** tocar); **~auszug** *m* <-(*e*)*s*; ¨*e*> partitura *f* para piano; **~lehrer(in *f*)** *m* professor(a *f*) *m* de piano; **~schule** *f* método *m* de piano; **~spieler(in *f*)** *m* pianista *su*; **~stimmer** [-ʃtimər] *m* afinador *m* de pianos; **~unterricht** *m* <-(*e*)*s*; *sem pl*> lições *f/pl* de piano
'Klebe|band ['kle:bə-] *n* <-(*e*)*s*; ¨*er*> fita *f* adesiva (*bras a* durex); **~folie** *f* folha *f* plástica adesiva; **~mittel** *n* cola *f*; MED aglutinante *m*
'kleben colar, pegar (*v/i a* estar pegado); ***j-m e-e*** **~** P chegar a alg, dar uma bofetada (*od* um bofetão) em alg
'Kleber *m* (*Klebstoff*) cola *f*, goma *f*; (*Eiweißstoffe*) glúten *m*, glute *m*
'kleb|rig ['kle:priç] pegajoso; (*schleimig*) viscoso; **≗stoff** *m* <-(*e*)*s*; -*e*> cola *f*; **≗streifen** *m* fita *f* adesiva (*bras a* durex)
'kleckern ['klɛkərn] <-*re*> sujar-se; pingar, manchar
Klecks [klɛks] *m* <-*es*; -*e*> borrão *m*; nódoa *f*; mancha *f*; **'≗en** <-*t*> pôr nódoas; borrar; manchar
Klee [kle:] *m* <-*s*; *sem pl*> trevo *m*; **'~blatt** *n* <-*es*; ¨*er*> folha *f* de trevo
Kleid [klaɪt] *n* <-(*e*)*s*; -*er*> vestido *m*; traje *m*
'kleiden ['klaɪdən] <-*e*-> vestir; ***j-n gut*** **~** ficar bem a alg
'Kleider|ablage ['klaɪdər-] *f* vestuário *m*, guarda-roupa *f*; **~bügel** *m* cruzeta *f*, cabide *m*; **~bürste** *f* escova *f* (para fatos); **~haken** *m* cabide *m*; **~schrank** *m* <-(*e*)*s*; ¨*e*> guarda-roupa *m*, guarda-fato *m*; **~ständer** *m* cabide *m*; **~stoff** *m* <-(*e*)*s*; -*e*> tecido *m* (para vestuário)
'kleidsam ['klaɪtza:m] bonito; **~ *sein*** *a* ficar bem, vestir bem
'Kleidung ['klaɪduŋ] *f* vestuário *m*; roupa *f*; traje *m*; vestidos *m/pl*; indumentária *f*; ***warme*** **~** abafo *m*, agasalho *m*; **~sstück** *n* <-(*e*)*s*; -*e*> peça *f* de vestuário
'Kleie ['klaɪə] *f* farelo(s *pl*) *m*; sêmea *f*
klein [klaɪn] pequeno; *j-d*: *Gestalt*: baixo; (*winzig*), *Geld*: miúdo; ***der***

~e Mann *fig* o homem do povo; **~ anfangen** partir do nada; **~ beigeben** ceder; deixar de resistir; **~ machen** (*zerkleinern*) esmiuçar; **Holz ~ machen** partir lenha; **Steine ~ machen** britar pedra; *fig* F *Geld etc* gastar; **sich ~ machen** baixar-se; **von ~ auf** desde pequeno; **ein ~ wenig, ein ~ bisschen** (um) poucochinho, (um) bocadinho, *bras* (um) pouquinho; *pl* **die ᴤen** (*Kinder*) os petizes, os pequenos, os miúdos; (*Leute*) a gente miúda, os pequenos burgueses; **~er machen, ~er werden** diminuir; **bis ins ᴤste** até ao mais pequeno detalhe, *bras* até nos mínimos detalhes

'Klein|anzeige *f* pequeno anúncio *m*; **~bauer** *m* <-*n*; -*n*> pequeno lavrador *m*; **~betrieb** *m* <-(*e*)*s*; -*e*> pequena empresa *f*; **~bildkamera** *f* <-; -*s*> máquina *f* fotográfica para pequena imagem; **~buchstabe** *m* <-*n*> letra *f* minúscula; **~bürger** *m* pequeno burguês *m*; **~bus** *m* <-*ses*; -*se*> pequeno autocarro *m*, *bras* caminhonete *f*, perua *f*; **~flugzeug** *n* <-(*e*)*s*; -*e*> avioneta *f*; **~gedruckte(s)** *n* <-*n*; *sem pl*> impresso *m* em letra pequena; **~geld** *n* <-(*e*)*s*; *sem pl*> (dinheiro *m*) miúdo *m*, troco *m*; **~handel** *m* <-*s*; *sem pl*> comércio *m* a retalho (*od* por miúdo), *bras* comércio *m* varejista, varejo *m*; **~händler** *m* retalhista *m*, retalheiro *m*, *bras* varejista *m*; **~heit** *f* <*sem pl*> pequenez(a) *f*; **~hirn** *n* <-(*e*)*s*; -*e*> cerebelo *m*; **~holz** *n* <-*es*; *sem pl*> lenha *f*

'Kleinigkeit ['klaɪnɪçkaɪt] *f* bagatela *f*, insignificância *f*; F **e-e ganze ~** uma coisa de nada

'Klein|kalibergewehr *n* <-*es*; -*e*> espingarda *f* de pequeno calibre; **~kind** *n* <-(*e*)*s*; -*er*> criança *f* pequena; **~kram** *m* <-(*e*)*s*; *sem pl*> bagatelas *f/pl*; ninharias *f/pl*; **~krieg** *m* <-(*e*)*s*; -*e*> (guerra *f* de) guerrilhas, *bras* escaramuça *f*; **ᴤkriegen** *et*: partir; esmiuçar; F **j-n ~** dar cabo de alg, amarfanhar; *bras* acabar com alg; **ᴤlaut** desanimado, modesto; **ᴤlich** mesquinho; **~lichkeit** *f* mesquinhez *f*; **~mut** *m* <-(*e*)*s*; *sem pl*> pusilanimidade *f*, desalento *m*; **~od** ['-oːt] *n* <-*es*; -*odien*> jóia *f*; **~staat** *m* <-(*e*)*s*; -*en*> pequeno Estado *m*; **~staate'rei** ['-ʃtaːtə'raɪ] *f* particularismo *m*; **~stadt** *f* <-; ¨*e*> vila *f*, cidade *f* na província; **~städter(in** *f*) *m* provinciano *m*, -a *f*; **ᴤstädtisch** provinciano; **~transporter** *m* camioneta *f*; **~vieh** *n* <-(*e*)*s*; *sem pl*> gado *m* miúdo; **~wagen** *m* carro *m* (*od* automóvel *m*) pequeno

'Kleister ['klaɪstər] *m* cola *f*; grude *m*; pegamasso *m*; **ᴤn** <-*re*> grudar, colar

'Klemm|e ['klɛmə] *f* aperto *m*; *TÉCN* pinça *f*; *EL* borne *m*; (*Mund*ᴤ) trismo *m*; *fig* apuro *m*, embaraço *m*; **ᴤen** *TÉCN* estar entalado; **sich** [*dat*] **~** apertar, entalar; **~schraube** *f* parafuso *m* de aperto

'Klempner ['klɛmpnər] *m* latoeiro *m*; funileiro *m*; canalizador *m*, *bras* encanador *m*; **~'ei** [-'raɪ] *f* latoaria *f*

'Klepper ['klɛpər] *m* rocim *m*

kler|i'kal [kleri'kaːl] clerical; **'ᴤiker** ['kleː-] *m* clérigo *m*; sacerdote *m*; **'ᴤus** *m* <-; *sem pl*> clero *m*

'Klette ['klɛtə] *f* bardana *f*; pegamassa *f*; *fig j-d*: chato *m*

'Kletter|er ['klɛtərər] *m* trepador *m*, alpinista *m*; **guter ~** *a* bom alpinista *m*; **ᴤn** <-*re*, *sn*> trepar, subir (**auf** *ac* a); **~pflanze** *f* (planta *f*) trepadeira *f*; **~seil** *n* <-(*e*)*s*; -*e*> corda *f*; **~stange** *f* vara *f* vertical

'Klettverschluss *m* <-*es*; ¨*e*> fecho *m* de fita

Kli'ent [kli'ɛnt] *m* <-*en*> cliente *m*; freguês *m*; **~'el** [-'teːl] *f* clientela *f*; **~in** *f* cliente *f*; freguesa *f*

'Klima ['kliːma] *n* <-*s*; -*s*, *Klimate*> clima *m*; **~anlage** *f* ar *m* condicionado; **~katastrophe** *f* catástrofe *f* climatérica; **ᴤtisch** [-'maːtiʃ] climático, climatérico; **ᴤti'sieren** [klimati'z-] aclimatar; **~veränderung** *f* alteração *f* climatérica; **~wechsel** *m* mudança *f* de clima

Klim'bim [klim'bim] *m inv* F alarido *m*

'klimm|en ['klimən] <*h u sn*> → **klettern**; **'ᴤzug** *m* <-(*e*)*s*; ¨*e*> elevação *f*

'klimpern ['klimpərn] F <-*re*> arranhar; **mit (dem) Geld ~** fazer tilintar (*ac*)

'Klinge ['kliŋə] *f* lâmina *f*; folha *f*;

K

(*Schwert*) espada *f*; ***j-n über die ~ springen lassen*** passar alg pelas armas; matar alg

'Klingel ['kliŋəl] *f* <-; -*n*> campainha *f*; **~beutel** *m* saquinho *m* de peditório (*bras* esmolas); **~knopf** *m* <-(*e*)*s*; ¨*e*> botão *m* da campainha; **2n** <-*le*> tocar (a campainha)

'kling|en ['kliŋən] soar; **~end** sonante; sonoro; *Vers*: feminino

'Klin|ik ['kli:nik] *f* clínica *f*, casa *f* de saúde; **2isch** clínico

'Klinke ['kliŋkə] *f* tranqueta *f*, puxador *m*

'Klinker ARQUIT *m* tijolo *m* holandês; ladrilho *m*

klipp [klip]: F ***~ und klar*** redondamente, claramente

'Klipp|e ['klipə] *f* escolho *m*, recife *m* (*a fig*); *bras* rochedo *m*; **~fisch** *m* <-(*e*)*s*; -*e*> bacalhau *m*

'klirren ['klirən] soar; bater; *Gläser etc*: tinir, tilintar

Kli'schee [kli'ʃe:] *n* <-*s*; -*s*> cliché *m*; **~vorstellung** *f* ideia *f* estereotipada, *bras* estereótipo *m*, chavão *m*

Klis'tier [klis'ti:r] *n* <-*s*; -*e*> clister *m*; irrigador *m*; **~spritze** *f* seringa *f*

'klitschig ['klitʃiç] pastoso; viscoso, pegadiço

Klo [klo:] *n* <-*s*; -*s*> F retrete *f*, *bras* privada *f*, latrina *f*; → *a* ***Klosett***

Klo'ake [klo'a:kə] *f* cloaca *f*

'klobig ['klo:biç] maciço; *fig* grosseiro, bruto

'klonen *v/t* clonar

Klopapier *n* F <-*s*; *sem pl*> papel *m* higiénico (*ê)

'klopf|en ['klɔpfən] bater (***auf*** *ac* em); ***es klopft*** estão a bater à porta; ***auf den Busch ~*** *fig* estudar o terreno; sondar (***bei*** *ac*); **2er** *m* (*Tür2*) ferrolho *m*; (*Teppich2*) batedor *m*; **~fest** AUTO antidetonante

'Klöppel ['klœpəl] *m* (*Spitzen2*) bilro *m*; (*Glocken2*) badalo *m*; **2n** <-*le*> fazer rendas de bilro

Klops [klɔps] *m* <-*es*; -*e*> almôndega *f*

Klo'sett [klo'zɛt] *n* <-*s*; -*e*, -*s*> retrete *f*, casa *f* de banho, *bras* banheiro *m*, toalete *f*; = **~becken** *n* sanita *f*, vaso *m* sanitário; **~bürste** *f* escova *f* (*od* pincel *m*) de retrete, *bras* escova *f* sanitária; **~spülung** *f* autoclismo *m*

Kloß [klo:s] *m* <-*es*; ¨*e*> (*Erd2*) torrão *m*; (*Fleisch2*) almôndega *f*; bolinho *m*

'Kloster ['klo:stər] *n* <-*s*; ¨> mosteiro *m*, (*Nonnen2*) *a* convento *m*; ***ins ~ gehen*** tomar o hábito, *Nonne*: tomar o véu, *a* ir para o convento; **~bruder** *m* <-*s*; ¨> freire *m*, frade *m*; irmão *m*; **~frau** *f* freira *f*; **~kirche** *f* igreja *f* conventual; **~leben** *n* vida *f* monástica

'klösterlich ['klø:stərliç] monástico, conventual

'Kloster|regel *f* <-; -*n*> regra *f* monástica; **~schule** *f* colégio *m* conventual; **~zelle** *f* cela *f*

Klotz [klɔts] *m* <-*es*; ¨*e*> tronco *m*, cepo *m*, talho *m*; *fig j-d*: bruto *m*; **'2ig** maciço; *fig* bronco

Klub [klup] *m* <-*s*; -*s*> clube *m*; (*Gesellschafts2*) *a* círculo *m*; LIT: centro *m*; **'~mitglied** *n* <-(*e*)*s*; -*er*> sócio *m* de clube; **'~sessel** *m* maple *m*, poltrona *f*

Kluft [kluft] *f* abismo *m* (*a fig*), precipício *m*; F (*Kleidung*) traje *m*

klug [klu:k] <¨*er*; ¨*st*> inteligente; esperto; prudente; ***~ werden aus*** compreender (*ac*); ***durch Schaden ~ werden*** aprender com

'Klugheit *f* <*sem pl*> inteligência *f*; prudência *f*

'Klump|en ['klumpən] *m* torrão *m*; montão *m*; *runder*: pilha *f*; *durch Gerinnen*: grumo *m*, coágulo *m*; **~fuß** *m* <-*es*; ¨*e*> pé *m* equino, pé *m* aleijado; **2ig** grumoso, granuloso

'Klüngel ['klyŋəl] *m* camarilha *f*; clique *f*; conventículo *m*; *bras a* bando *m*

'Klüver ['kly:vər] NAV *m*, **~baum** *m* <-(*e*)*s*; ¨*e*> bujarrona *f*

'knabbern ['knabərn] <-*re*>: (***an*** *dat*) **~** roer (*ac*), debicar (*ac*), mordiscar (*ac*)

'Knabe ['kna:bə] *m* <-*n*> rapaz *m*, menino *m*

'Knaben|chor *m* <-(*e*)*s*; ¨*e*> coro *m* de meninos; **2haft** como um rapaz; **~kraut** BOT *n* <-*es*; *sem pl*> satirião *m*

'Knäckebrot ['knɛkə-] *n* <-(*e*)*s*; *sem pl*> pão *m* sueco

'knack|en ['knakən] **1.** *v/t* quebrar; **2.** *v/i* estalar; crepitar; **~ig** rijo; estaladiço; F *fig* viçoso; fresco; **2mandel** *f* <-; -*n*> amêndoa *f* com casca;

K

Ձpunkt *m* <-(*e*)*s*; -*e*> *fig* busílis *m*; **Ձs** *m* <-*es*; -*e*> estalo *m*; *fig* ***e-n ~ haben*** não estar bom; **'Ձwurst** *f* salchicha *f*

Knall [knal] *m* <-(*e*)*s*; -*e*> estalo *m*; estampido *m*; (*Krachen*) estrondo *m*, detonação *f*; (*PeitschenՁ*) estalido *m*; ***~ und Fall*** de repente; ***e-n ~ haben*** F não regular bem; **'~bonbon** *m u n* <-*s*; -*s*> rebuçado (*bras* bombom) *m* de estalo; **'~effekt** *m* <-(*e*)*s*; *sem pl*> efeito *m* teatral, efeito *m* espe(c)tacular; **'Ձen 1.** *v/i* estalar, dar estalos; **2.** *v/t* (*mit Wucht werfen*) lançar (*od* pôr) com ímpeto; ***j-m e-e ~*** F dar uma bofetada a alg; **'~erbse** *f* estalinho *m*; **'~frosch** *m* <-*es*; ⸚*e*> bicha *f* de rabiar, *bras* traque *m*; bombinha *f*; **'~gas** *n* <-*es*; -*e*> gás *m* detonante; **'Ձig** (*Farbe*, *Ton*) gritante, berrante; (*sehr*) F muitíssimo; **'Ձ'rot** muito encarnado

knapp [knap] escasso, raro; (*eng*) estreito; *Stil*: conciso, sucinto, lacónico (*ô); *adv* apenas, mal; ***mit ~er Not*** a muito custo; ***~ an*** (*Zeit*, *Geld*) com falta de; ***~ 10 Minuten*** não chega a dez minutos; ***~ werden*** faltar; escassear; ***j-n ~ halten*** apertar alg

'Knapp|heit *f* escassez *f*; (*Enge*) estreiteza *f*; *Stil*: concisão *f*, laconismo *m*; **Ձschaft** *BGB* *f* corpo *m* de mineiros

'Knarr|e ['knarə] *f* matraca *f*; F (*Gewehr*) espingarda *f*; **Ձen** chiar, ranger

Knast [knast] *m* <-(*e*)*s*; -*e*> **a)** (*Astansatz*) nó *m* na madeira; **b)** F (*Gefängnis*) prisão *f*; (*Haftstrafe*) pena *f* de prisão, *bras* xadrez *m*

'knattern ['knatərn] **1.** <-*re*> crepitar, estalar; (*Gewehr*) mosquetear; **2.** Ձ *n* mosquetaria *f*; estalos *m/pl*; crepitar *m*

'Knäuel ['knɔyəl] *n u m* novelo *m*; *Menschen*: aglomeração *f*

Knauf [knauf] *m* <-(*e*)*s*; ⸚*e*> (*DegenՁ*) maçã *f* (do punho); maçaneta *f*; *ARQUIT* capitel *m*, remate *m*

'Knauser ['knausər] *m* forreta *m*, sovina *m*, *bras* pão-duro *m*; **~'ei** [-'raɪ] *f* mesquinhez *f*, sovinice *f*; **Ձig** avaro, mesquinho; **Ձn** ser forreta (*od* pão-duro)

'knautsch|en ['knautʃən] F amarrotar, amachucar, amassar; **Ձzone** *f* *AUTO* zona *f* deformável

'Knebel ['kne:bəl] *m* (*HolzՁ*) garrote *m*; (*MundՁ*) mordaça *f*; **Ձn** <-*le*> pôr garrote a, pôr mordaça a, amordaçar; *fig* oprimir

'Knechtschaft ['knɛçt-] <*sem pl*> servidão *f*

'kneif|en ['knaɪfən] beliscar; *fig* fugir, ser cobarde; **Ձer** *m* lunetas *f/pl*; **Ձzange** *f* tenaz *f*, alicate *m*, turquês *m*

'Kneipe ['knaɪpə] *f* taberna *f*

'Kneippkur ['knaɪp-] *f* tratamento *m* hidroterápico kneippista (*bras* de Kneipp)

'knet|en ['kne:tən] <-*e*-> amassar; **Ձe** *f*, **Ձmasse** *f* plasticina *f*; F (*Geld*) massa *f*

Knick [knik] *m* <-(*e*)*s*; -*e*, -*s*> prega *f*; dobra *f*; quebra *f*; *BOT* mata *f*; **'Ձen** quebrar, rachar, vergar; **'Ձerig** → ***knauserig***

'Knicks *m* <-*es*; -*e*> cortesia *f*, mesura *f*

Knie [kni:] *n* joelho *m*; *Fluss*, *Weg*: curva *f*; *TÉCN* *Rohr*: sifão *m*; ***auf (den) ~n liegen*** estar de joelhos; *et*: ***übers ~ brechen*** *fig* precipitar(-se); **'~beuge** *f* flexão *f*; **'~fall** *m* <-(*e*)*s*; ⸚*e*> genuflexão *f*; *fig* prostração *f*; **'Ձfällig** (*devot*) humilde; **'~gelenk** *n* <-(*e*)*s*; -*e*> articulação *f* do joelho; **'~hosen** *f/pl* calções *m/pl*; **'~kehle** *f* jarrete *m*; **'Ձn** estar de joelhos, ajoelhar; prostrar-se; **'~scheibe** *f* rótula *f*; **'~schützer** *m* joelheira *f*; **'~strumpf** *m* <-(*e*)*s*; ⸚*e*> meia *f* pelo joelho; **'Ձtief** (que chega) até aos joelhos

Kniff [knif] *m* <-(*e*)*s*; -*e*> (*Kneifen*) beliscão *m*; (*Falte*) prega *f*; vinco *m*; *fig* manha *f*, jeito *m*; **'Ձen** dobrar; vincar; **'Ձlig** ['-liç] complicado; (*heikel*) bicudo

'knipsen ['knipsən] <-*t*> *Fahrkarten*: furar; *FOT* tirar (uma fotografia); *EL* (*an~*) acender; dar uma volta (a); *mit den Fingern*: dar estalos com

Knirps [knirps] *m* <-*es*; -*e*> homenzinho *m*; anão *m*; *Kind*: petiz *m*, *bras* guri *m*

'knirschen ['knirʃən] ranger (***mit den Zähnen*** os dentes)

'knistern ['knistərn] <-*re*> crepitar, estalar; (*Papier*) resmalhar

K

'knitter|frei ['knitər-] anti-rugas; **~ *sein*** não enrugar; **~n** engelhar, amarrotar
'knobeln ['kno:bəln] <-le> F jogar aos dados, *bras* jogar dados
'Knoblauch ['kno:plaʊx] *m* <-(e)s; sem pl> alho *m*; **~zehe** *f* dente *m* de alho
'Knöchel ['knœçəl] *m* nó *m*; (*Fuß♀*) maléolo *m*, tornozelo *m*; **~bruch** *m* <-s; ⸗e> fra(c)tura *f* do tornozelo
'Knochen ['knɔxən] *m* osso *m*; **~bruch** *m* <-(e)s; ⸗e> fra(c)tura *f*; **~gerüst** *n* <-(e)s; -e> esqueleto *m*, ossamenta *f*, *bras* ossatura *f*; **~haut** *f* <sem pl> periósteo *m*; **~mark** *n* <-es; sem pl> medula *f*; tutano *m*; **~splitter** *m* esquírola *f*, *bras* lasca *f*, fragmento *m*
'knöchern ['knœçərn] ósseo
'knochig ['knɔxiç] ossudo
'Knödel ['knø:dəl] *m* almôndega *f* (de pão *od* batata)
'Knoll|e ['knɔlə] *f* BOT bolbo *m*, tubérculo *m*; **~en...**: *in Zssgn* tuberculoso, tuberculado; abatatado; **♀ig** tuber(cul)oso; abatatado; nodular
Knopf [knɔpf] *m* <-(e)s; ⸗e> botão *m*; (*Stock♀*) castão *m*; (*Deckel♀*) meão *m*
'knöpfen ['knœpfən] abotoar
'Knopfloch *n* <-(e)s; ⸗er> casa *f* (de botão)
'Knorpel ['knɔrpəl] *m* cartilagem *f*; CUL tendão *m*; **♀ig** cartilagíneo, cartilaginoso
'Knorr|en ['knɔrən] *m* nó *m*; **♀ig** nodoso
'Knosp|e ['knɔspə] *f* rebento *m*, botão *m*; olho *m*; **♀en** brotar; abotoar
'Knot|en ['kno:tən] *m* nó *m*; (*Nerven♀*) gânglio *m*; (*Geschwulst*) caroço *m*; **♀en** <-e-> fazer um nó; **~enpunkt** *m* entroncamento *m*; **♀ig** nodoso
Know-'how [no:'haʊ] *n* <-(s)> know-how *m*
Knuff [knuf] *m* <-(e)s; -e> murro *m*; empurrão *m*; **'♀en** *v/t* dar um murro a (*bras* em)
'knüllen ['knylən] enrugar; amarrotar
'knüpfen ['knypfən] ligar, atar; *Beziehungen*: travar
'Knüppel ['knypəl] *m* cacete *m*, (vara)pau *m*; cachamorra *f*, moca *f*; **~schaltung** *f* AUTO mudanças *f/pl* de alavanca
'knurr|en ['knurən] rosnar; *j-d*: resmungar; **~ig** resmungão
'knusp(e)rig ['knusp(ə)riç] tostado; *Brot*: estaladiço
'knutschen P ['knu:tʃən] (*drücken*) amarrotar; (*küssen*) beijocar, *bras* dar beijoca
k.o. [ka'o:]: ***j-n ~ schlagen*** pôr alg fora de combate
koa'l|ieren [koʔa'li:rən] <-> coligar-se; **♀iti'on** [-litsi'o:n] *f* coligação *f*, *bras a* coalizão *f*
'Kobalt ['ko:balt] *n* <-s; sem pl> cobalto *m*
'Koben ['ko:bən] *m* pocilga *f*
'Kobold ['ko:bɔlt] *m* <-(e)s; -e> duende *m*; *fig* brincalhão *m*
Koch [kɔx] *m* <-(e)s; ⸗e> cozinheiro *m*; **'~buch** *n* <-(e)s; ⸗er> livro *m* de cozinha (*od* de receitas); **'♀en 1.** *v/t* cozer, cozinhar; *Milch, Wasser*: ferver; *Kaffee, Tee*: fazer; **2.** *v/i* (estar a) ferver; **'~en** *n* QUÍM cocção *f*; (*Sieden*) ebulição *f*; ***das ~ besorgen*** tratar da cozinha; **'♀end** a ferver; **'~er** *m* fervedor *m*
'Köcher ['kœçər] *m* aljava *f*, carcás *m*
'kochfest resistente à fervura
'Koch|gerät *n* <-(e)s; -e>, **~geschirr** *n* <-(e)s; -e> trem *m* de cozinha; MIL marmita *f*; **~herd** *m* <-(e)s; -e> fogão *m*
'Köchin ['kœçin] *f* cozinheira *f*
'Koch|kessel *m* marmita *f*; **~kiste** *f* estufa *f*; **~kunst** *f* arte *f* culinária; **~löffel** *m* colher *f* de pau; **~nische** *f* kitchenette *f*; **~platte** *f* boca *f* (de fogão); *Elektroherd*: disco *m* de aquecimento; **~salz** *n* <-es; sem pl> sal *m* (comum *od* das cozinhas); QUÍM cloreto *m* de sódio; **~salzlösung** *f* QUÍM solução *f* salina (de cloreto de sódio); MED ***physiologische ~*** *a* soro *m* fisiológico; **~topf** *m* <-(e)s; ⸗e> *hoher*: panela *f*; *niedriger*: tacho *m*; *mit Stiel*: caçarola *f*; *für Milch*: fervedor *m*; (*Dampf♀*) panela *f* de pressão; *bras für Wasser*: chaleira *f*
'Kode [ko:t, 'ko:də] *m* <-s; -s> código *m*
'Köder ['kø:dər] *m* isca *f*, engodo *m* (*a fig*); **♀n** <-re> iscar, engodar (*a fig*)

K

'Kodex ['ko:dɛks] *m* <*-es, -; -e, Kodizes*> códice *m*; *JUR* código *m*
ko'dieren [ko'di:rən] <-> escrever em código, codificar
Koffe'in [kɔfe'i:n] *n* <*-s; sem pl*> cafeína *f*; **Ձfrei** sem cafeína, descafeinado
'Koffer ['kɔfər] *m* mala *f*; (*Hand*Ձ) mala *f* de mão; **~kuli** *m* <*-s; -s*> carrinho *m* de bagagem; **~radio** *n* <*-s; -s*> rádio *m* portátil; **~raum** *m* <*-(e)s; ¨e*> *AUTO* porta-malas (*od* -bagagem) *m*, mala *f*
'Kognak ['kɔnjak] *m* <*-s; -s*> conhaque *m*
Kohl [ko:l] *BOT m* <*-(e)s; -e*> couve *f*; *fig* F disparates *f/pl*; **'~dampf** F *m* <*-(e)s; sem pl*> fome *f* (***schieben*** passar)
'Kohle ['ko:lə] *f* carvão *m*; *pl* ***glühende ~n*** brasa *f/sg*; (*Holz*Ձ) carvão *m* vegetal; (*Stein*Ձ) carvão *m* de pedra; hulha *f*; ***weiße ~*** hulha *f* branca; (***wie***) ***auf ~n sitzen*** estar sobre brasas; **~hydrat** *n* <*-(e)s; -e*> hidrato *m* de carvão; **~kraftwerk** *n* <*-(e)s; -e*> central *f* elé(c)trica de carvão (*od* hulha); **Ձn** *v/i* carbonizar-se; arder mal; *NAV* abastecer-se de carvão; *fig* dizer disparates
'Kohlen|becken *n* braseira *f*; *BGB* bacia *f* (carbonífera), jazigo *m* (hulhífero); **~bergwerk** *n* <*-(e)s; -e*> mina *f* de carvão; **~bunker** *m* carvoeira *f*; **~dioxyd** ['-di:ˀɔksy:t] *n* <*-s; -e*> dióxido *m* de carbono; **~flöz** *n* <*-es; -e*> filão *m* de hulha; **~grube** *f* mina *f* de carvão; **~händler** *m* carvoeiro *m*; **~(mon)oxyd** *n* <*-(e)s; sem pl*> óxido *m* de carvão; **~revier** *n* <*-s; -e*> região (*od* bacia) *f* carbonífera; **Ձsauer** carbónico (*ô); **~säure** *f* <*sem pl*> ácido *m* carbónico (*ô); anidrido *m* carbónico (*ô); *Getränk*: ***ohne ~*** sem gas; **~staub** *m* <*-(e)s; sem pl*> cisco *m*; **~stoff** *QUÍM m* <*-(e)s; sem pl*> carbono *m*; **~wagen** *CAM. DE F m* tênder *m*; **~wasserstoff** *m* <*-(e)s; -e*> hidrocarboneto *m*; hidrogénio (*ê) *m* carburado
'Kohlepapier *n* <*-s; sem pl*> papel *m* quimico
'Köhler ['kø:lər] *m* carvoeiro *m*
'Kohle|stift *m* <*-(e)s; -e*> carvão *m*; **~tablette** *f* pastilha *f* de carvão; **~zeichnung** *f* desenho *m* a carvão
'Kohl|kopf *m* <*-(e)s; ¨e*> repolho *m*; cabeça *f* de couve; **~meise** *f* mejengra *f*; **Ձ(raben)'schwarz** preto como o carvão; **~'rabi** [-'ra:bi] *m* <*-, -s; -, -s*> couve-rábano *f*; **~rübe** *f* nabo *m*; **~weißling** *m* <*-s; -e*> borboleta *f* da couve
'Koitus ['ko:itus] *m inv* coito *m*
'Koje ['ko:jə] *f NAV* beliche *m*; F cama *f*
Koka'in [koka'i:n] *n* <*-s; sem pl*> cocaína *f*; **Ձsüchtig** cocainómano (*ô)
Koke'rei [kokə'raı] *f* fábrica *f* de coque
ko'kett [ko'kɛt] janota, garrido; **~'ieren** <->: ***~ mit*** namor(isc)ar (*ac*), brincar com
Ko'kon [ko'kõ:] *m* <*-s; -s*> casulo *m*
'Kokos|nuss ['ko:kɔs-] *f* coco *m*; **~öl** *n* óleo *m* de coco (*od* copra); **~palme** *f* coqueiro *m*; **~raspel** *pl* raspas *f/pl* de coco
Koks [ko:ks] *m* <*-es; -e*> coque *m*
'Kolben ['kɔlbən] *m QUÍM* alambique *m*, balão *m*; *TÉCN* êmbolo *m*, pistão *m*, *bras* pistom *m*; (*Gewehr*Ձ) coronha *f*; *BOT* (*Mais*Ձ) espiga *f* (de milho), maçaroca *f*; **~hub** *m TÉCN* curso *m* de êmbolo; **~stange** *f AUTO* haste *f* do êmbolo
'Ko'lik ['ko:lik, ko'li:k] *f* cólica *f*
Kollabora'teur [kɔlabora'tø:r] *m* <*-s; -e*> colaborador *m*
'Kollaps ['kɔlaps] *m* <*-es; -e*> *MED* colapso *m*
Kol'leg [kɔ'le:k] *n* <*-s; -s*> curso *m*; *einzelnes*: aula *f*; **~e** [-gə] *m* colega *m*, companheiro *m*; **Ձi'al** [-legi'a:l] de colega; **~ium** [-gium] *n* <*-s; Kollegien*> colégio *m*; (*Lehrerschaft*) corpo *m* docente
Kol'lekte [ko'lɛktə] *f* colheita *f*; peditório *m*; cole(c)ta *f*
Kollekti'on [kɔlɛktsi'o:n] *f* cole(c)ção *f*
Kollek'tiv [kɔlɛk'ti:f] *n* <*-s; -e*> cole(c)tivo *m*; **~...**: *in Zssgn* cole(c)tivo; **~'ierung** [-ti'vi:ruŋ] *f* cole(c)tivização *f*
'Koller ['kɔlər] *MED VET* vertigem *f*; *fig* doidice *f*, telha *f*; **Ձn** <*-re*> *Truthahn*: gorgolejar; *Eingeweide*: roncar
kolli|'dieren [kɔli'di:rən] <-> colidir;

K

zeitl coincidir; **~ *mit*** haver incompatibilidade com; **≗sion** [-zi'o:n] *f* colisão *f*

Kol'loquium [kɔ'lo:kvium] *n* <-*s*; *Kolloquien*> colóquio *m*

Köln ['kœln] *n* Colónia *f*

'Kölnischwasser ['kœlniʃvasər] *n* <-*s*; -> água *f* de colónia (*ô)

koloni'al [koloni'a:l], **≗...**: *in Zssgn* colonial; **≗'ismus** [-a'lismus] *m* <-; *sem pl*> colonialismo *m*; **≗warenhandlung** *f* mercearia *f*

Kolo'n|ie [kolo'ni:] *f* colónia (*ô) *f*; **≗i'sieren** [-i'zi:rən] <-> colonizar; **~ist** *m* <-*en*> colono *m*

Kolon'nade [kolɔ'na:də] *f* arcada *f*

Ko'lonne [ko'lɔnə] *f* coluna *f*

Kolo|'phonium [kolo'fo:nium] *n* <-*s*; *sem pl*> colofónia *f*, *bras* colofônio *m*; **~ra'tur** [-a'tu:r] *MÚS* *f* trinado *m*; **≗'rieren** [-'ri:rən] <-> colorir; **~'rit** [-'ri:t] *n* <-(*e*)*s*; -*e*> colorido *m*

Ko'loss [ko'lɔs] *m* <-*es*; -*e*> colosso *m*

kolos'sal [kolɔ'sa:l] colossal

Ko'lumb|ien [ko'lumbiən] *n* Colúmbia *f*; **~ier(in** *f*) *m* colombino *m*, -a *f*, colombiano *m*, -a *f*; **≗isch** colombino, colombiano, da Colômbia *f*

Ko'lum|ne [ko'lumnə] *f* coluna *f*; **~'nist** *m* <-*en*> colunista *m*

'Kombi ['kɔmbi] *m* <-*s*; -*s*> → ***Kombiwagen***

Kombi|nati'on [kɔmbinatsi'o:n] *f* combinação *f*; **~na'tionsgabe** *f* <*sem pl*> espírito *m* de combinação; **≗'nieren** [-'ni:rən] combinar

'Kombi|wagen *m* carrinha *f* (station), combi *m*; **~zange** *f* alicate *m* universal

Ko'met [ko'me:t] *m* <-*en*> cometa *m*; **~enbahn** *f* órbita *f* do cometa

Kom'fort [kom'fo:r] *m* <-*s*; *sem pl*> conforto *m*; comodidades *f/pl*; **≗'abel** [-fɔr'ta:bəl] confortável, cómodo (*ô)

'Komi|k ['ko:mik] *f* <*sem pl*>, **~ker** [-kər] *m* cómico (*ô) *m*; **≗sch** cómico (*ô), ridículo; esquisito; *TEA*: burlesco; *Oper*: bufa

Komi'tee [komi'te:] *n* <-*s*; -*s*> comissão *f*; junta *f*

'Komma ['kɔma] *n* <-*s*; -*s*, *Kommata*> vírgula *f*

Komman|'dant [kɔman'dant] *m* <-*en*> comandante *m*; **~dan'tur** [-'tu:r] *f* governo *m* militar; **~'deur** [-'dø:r] *m* <-*s*; -*e*> comandante *m*; chefe *m*; **≗'dieren** [-'di:rən] <-> comandar; **~'ditgesellschaft** [-'di:t-] *f* sociedade *f* em comandita, comandita *f*

Kom'mando [kɔ'mando] *n* <-*s*; -*s*> *MIL* comando *m*; (*Abteilung*) destacamento *m*; ***das ~ führen*** chefiar; **~brücke** *NAV* *f* ponte *f* de comando; **~ruf** *m* <-(*e*)*s*; -*e*> voz *f* de comando

'kommen ['kɔmən] **1.** <*sn*>: **a)** vir, (*an~*) chegar (**[an]*gelaufen*** *etc* a correr); *vom Sprechenden weg*: ir; *nach Hause*: voltar; ***ich komme schon*** já vou; **~ *lassen*** mandar vir; **b)** *teuer* (***zu stehen***) **~** custar, resultar, *fig a* sair; ***wie es gerade kommt*** como calha(r); ***woher*** (*od* ***wie***) ***kommt es, dass ...?*** como se explica que ...?; ***es musste so ~*** tinha de acontecer; **c)** *mit prp*: ***an den Tag ~*** vir à luz; ***auf*** (*ac*) **~** (*erreichen*) alcançar; (*sich belaufen auf*) montar a; *Anteil*: ***auf ihn kommt ...*** cabe(m)-lhe, ele fica com ...; (*sich entsinnen*) lembrar-se de; *Kosten*: vir a custar (*ac*); ***auf seine Kosten ~*** *ECON* não ficar prejudicado; *fig* ficar satisfeito; ***~ durch*** passar por; ***hinter et*** (*ac*) **~** (chegar a) descobrir; ***ins*** *Laufen etc* **~** começar *a*; ***um et ~*** ficar sem; ***das kommt davon*** eis as consequências; ***zu et ~*** conseguir a/c; ***wieder zu sich ~*** tornar a si; ***wie kommst du dazu, ...?*** quem te deu o direito (de ...)?; como te lembras(te) (de ...)?; para que fazes isto?; *bras* como você chegou a essa conclusão? ***hinzu kommt, dass ...*** acresce que ...; além disso, ...; **2. ≗** *n* chegada *f*; ***~ und Gehen*** vaivém *m*

'kommend *adj* vindouro, futuro; *Monat etc*: que vem

Kommen't|ar [kɔmɛn'ta:r] *m* <-*s*; -*e*> comentário *m*; **~ator** [-'ta:tɔr] *m* <-*s*; -*en*>, **~a'torin** [-a'to:rin] *f* comentador(a *f*) *m*; **≗ieren** comentar

Kom'merz [kɔ'mɛrts] *m* <-*es*; *sem pl*> comércio *m*; **≗iali'sieren** [-iali'si:rən] <-> comercializar; **≗i'ell** [-i'ɛl] comercial

Kommili'ton|e *m* <*-n*>, **~in** *f* colega *su*; companheiro *m*, -a *f* de estudos

Kommis'sar [kɔmi'saːr] *m* <*-s*; *-e*> comissário *m*; delegado *m*; **~i'at** [-sari'aːt] *n* <*-(e)s*; *-e*> comissariado *m*; **⁓isch** provisório; em exercício

Kommissi'on [kɔmisi'oːn] *f* comissão *f*; **~'är** [-'nɛːr] *m* <*-s*; *-e*> comissionário *m*; **~sgeschäft** *n* <*-(e)s*; *-e*> (contrato *m* de) comissão *f*

Kom'mode [kɔ'moːdə] *f* cómoda (*ô) *f*

kommu'nal [kɔmu'naːl] comunal, municipal; **⁓politik** *f* <*sem pl*> política *f* autárquica (*od* municipal *od* comunal); **⁓wahl** *f* eleições *f/pl* municipais (*od* autárquicas)

Kom'mun|e [kɔ'muːnə] *f* município *m*; **~ikati'on** [-munikatsi'oːn] *f* comunicação *f*; **~ika'tionsmittel** *n* meio *m* de comunicação; **~i'on** [-i'oːn] *f* comunhão *f*; **~'ismus** *m* <*-*; *sem pl*> comunismo *m*; **~'ist(in** *f*) *m* <*-en*> comunista *su*; **⁓'istisch** comunista; **⁓i'zieren** [-ni'tsiːrən] <*-*> comunicar; *REL* comungar

Komödi'ant [komøːdi'ant] *m* <*-en*>, **~in** *f* comediante *su*; a(c)tor *m* cómico (*ô), a(c)triz *f* cómica (*ô)

Ko'mödie [ko'møːdiə] *f* comédia *f*

'Kompagnon ['kɔmpaniõ] *m* <*-s*; *-s*> sócio *m*

kom'pakt [kɔm'pakt] compa(c)to; espesso

Kompa'nie [kɔmpa'niː] *f* companhia *f*

'Komparativ ['kɔmparatiːf] *m* <*-s*; *-e*> comparativo *m*

'Kompass ['kɔmpas] *m* <*-es*; *-e*> bússola *f*; **~nadel** *f* <*-*; *-n*> agulha *f* de marear (*od* magnética)

kompa'tib|el [kɔmpa'tiːbəl] compatível; **⁓ili'tät** [-tibili'tɛːt] *f* compatibilidade *f*

Kompens|ati'on [kɔmpɛnsati'oːn] *f* (*Ausgleich*) compensação *f*; (*Erstattung*) *a* inde(m)nização *f*; **~ati'onsgeschäft** *n* <*-(e)s*; *-e*> *Börse*: mercado *m* de aplicação; **⁓'ieren** <*-*> compensar

kompe'tent [kɔmpe'tɛnt] competente; autorizado; categorizado

Kompe'tenz *f* competência *f*, autoridade *f*; **~bereich** *m* <*-(e)s*; *-e*> âmbito *m* de competência

komplemen'tär [-plemɛn'tɛːr] complementar

kom'plett [kɔm'plɛt] completo

Kom'plex [kɔm'plɛks] *m* <*-es*; *-e*> complexo *m* (*a PSIC*); conjunto *m*; **⁓** complexo

Kompli|kati'on [kɔmplikatsi'oːn] *f* complicação *f*; **~'ment** [-'mɛnt] *n* <*-(e)s*; *-e*> cumprimento *m*; elogio *m*; **~ze** [-'pliːtsə] *m* <*-n*> cúmplice *m*; **⁓'zieren** [-'tsiːrən] <*-*> complicar

Kom'plott [kɔm'plɔt] *n* <*-(e)s*; *-e*> conspiração *f*, trama *f*, intriga *f*

Kompo|'nente [kɔmpo'nɛntə] *f* componente *f*; **⁓'nieren** [-'niːrən] <*-*> compor; **~'nist(in** *f*) *m* <*-en*> compositor(a *f*) *m*; **~siti'on** [-zitsi'oːn] *f* composição *f*

Kom'post [kɔm'pɔst] *m* <*-(e)s*; *-e*> estrume *m*

Kom'pott [kɔm'pɔt] *n* <*-(e)s*; *-e*> compota *f*, doce *m* de frutas cozidas

Kom'press|e [kɔm'prɛsə] *f* compressa *f*; **~or** *m* <*-s*; *-en* [-'soːrən]> compressor *m*

kompri'mieren [kɔmpri'miːrn] <*-*> comprimir

Kompro'miss [kɔmpro'mis] *m* <*-es*; *-e*> compromisso *m*, acordo *m*; **⁓los** intransigente; **~lösung** *f* compromisso *m*

kompromit'tieren [kɔmpromi'tiːrən] <*-*> comprometer

Konden's|at [kɔndɛn'zaːt] *n* <*-(e)s*; *-e*> *QUÍM* produto *m* de condensação; **~ator** [-tɔr] *m* <*-s*; *-en* [-sa'toːrən]> condensador *m*; **⁓ieren** <*-*> condensar

Kon'dens|milch [kɔn'dɛns-] *f* <*sem pl*> leite *m* condensado; **~streifen** *m AV* rasto (*bras* rastro) *m* de condensação; **~wasser** *n* <*-s*; *sem pl*> *QUÍM* água *f* condensada

Konditi'on [kɔnditsi'oːn] *f* condição *f* (*a körperlich*); **~straining** *n* <*-s*; *-s*> *Sport*: treino *m* de condição física

Kon'ditor [kɔn'diːtɔr] *m* <*-s*; *-en*> confeiteiro *m*; pasteleiro *m*; **~'ei** [-ditɔ'raɪ] *f* confeitaria *f*; pastelaria *f*

Kondo'l|enz [kɔndo'lɛnts] *f* pêsame(s *pl*) *m*; condolência(s *pl*) *f*; **⁓ieren** <*-*> dar os pêsames

Kon'dom [kɔn'doːm] *n od m* <*-s*; *-e*> preservativo *m*

Kon'fekt [kɔn'fɛkt] *n* <*-(e)s*; *-e*> doces *m/pl*; confeitos *m/pl*; **~i'on**

K

[-tsi'oːn] *f* <*sem pl*> confe(c)ção *f* pronto-a-vestir

Konfe'renz [kɔnfe'rɛnts] *f* conferência *f*; reunião *f*; **~tisch** *m* <-(*e*)*s*; -*e*> mesa *f* de conferências; **~zimmer** *n* sala *f* de conferências

konfe'rieren <-> conferenciar; estar em conselho; reunir-se em conselho

Konfessi'on [kɔnfɛsi'oːn] *f* religião *f*, confissão *f*; **Ƨslos** sem confissão

Kon'fetti [kɔn'fɛti] *pl inv* papelinhos *m/pl*, *bras* confete *m*

Konfigura'tion [kɔnfiguratsi'oːn] *f* <-; -*en*> configuração *f*

Konfir'mand(in *f*) [kɔnfir'mant, -din] *m* <-*en*> *protestantisch*: *jovem que se prepara para a confirmação ou já a recebeu*

Konfirm|ati'on [kɔnfirmatsi'oːn] *f* *protestantisch*: confirmação *f*; **Ƨ'ieren** <-> confirmar

konfis'zieren [kɔnfis'tsiːrən] <-> confiscar

Konfi'türe [kɔnfi'tyːrə] *f* compota *f*, doce *m*

Kon'flikt [kɔn'flikt] *m* <-(*e*)*s*; -*e*> conflito *m*; *innerer*: dilema *m*

kon'form [kɔn'fɔrm] conforme; idêntico

Konfron|tati'on [kɔnfrɔntatsi'oːn] *f* confrontação *f*; **Ƨ'tieren** [-'tiːrən] <-> confrontar

kon'fus [kɔn'fuːs] confuso

Kon'gress [kɔn'grɛs] *m* <-*es*; -*e*> congresso *m*; **~teilnehmer(in** *f*) *m* congressista *su*

'König ['køːniç] *m* <-*s*; -*e*> rei *m*; **~in(mutter** <-; **ᵘe**>) *f* [-gin-] rainha(-mãe) *f*

'könig|lich ['kœnik-] real; régio; **Ƨreich** *n* <-(*e*)*s*; -*e*> reino *m*

'Königs...: *in Zssgn oft*: real, régio; **~haus** *n* <-*es*; **ᵘer**> casa *f* real; **~kerze** BOT *f* verbasco *m*; **~paar** *n* <-(*e*)*s*; -*e*> reis *m/pl*; **Ƨtreu** legitimista, monárquico

'konisch ['koːniʃ] cónico (*ô)

Konju|gati'on [kɔnjugatsi'oːn] *f* conjugação *f*; **Ƨ'gieren** <-> conjugar

Konjunk|ti'on [-juŋktsi'oːn] *f* conjunção *f*; **'~tiv** ['-tiːf] *m* <-*s*; -*e*> subjuntivo *m*, conjuntivo *m*

Konjunk'tur [kɔnjuŋk'tuːr] *f* conjuntura *f*; *bsd* ECON ***steigende ~*** alta *f*; ***fallende ~*** baixa *f*; **~schwankungen** *f/pl* flutuação *f/sg* dos mercados (*od* conjuntural), *bras* flutuações *f/pl* do mercado

kon'kav [kɔn'kaːf] côncavo

Konkor'dat [kɔnkɔr'daːt] *n* <-(*e*)*s*; -*e*> concordata *f*

kon'kret [kɔn'kreːt] concreto

Konkur'r|ent [kɔnku'rɛnt] *m* <-*en*> concorrente *m*; competidor *m*; **~enz** [-'rɛnts] *f* concorrência *f*, competição *f*; **Ƨenzfähig** capaz de concorrer; **~enzkampf** *m* <-(*e*)*s*; **ᵘe**> luta *f* de concorrência; **Ƨenzlos** único; **Ƨieren** <-> concorrer, competir

Kon'kurs [kɔn'kurs] *m* <-*es*; -*e*> falência *f*, quebra *f*; ***~ machen*** abrir falência; ***~ anmelden*** apresentar-se à falência; **~eröffnung** *f* abertura *f* da falência; **~masse** *f* massa *f* falida; **~verfahren** *n* processo *m* de falência; **~verwalter** *m* administrador *m* da massa falida

'können ['kœnən] poder; (*gelernt haben*) saber; ***ich kann nichts dafür*** a culpa não é minha; ***e-e Sprache ~*** (saber) falar uma língua; ***es kann sein, dass*** pode ser que

'Könn|en *n* saber *m*; capacidade *f*; talento *m*; virtuosidade *f*; **~er** *m* virtuoso *m*

Kon'sens [kɔn'zɛns] *m* <-*es*; -*e*> senso *m* comum

konse'quen|t [kɔnzə'kvɛnt] consequente; **Ƨz** [-ts] *f* consequência *f*

konserva|'tiv [kɔnzɛrva'tiːf] conservador; **Ƨ'torium** [-'toːrium] *n* <-*s*; *Konservatorien*> instituto *m* (*staatlich*: conservatório *m*) de música

Kon'serv|e [kɔn'zɛrvə] *f* conserva *f*; **~enbüchse** *f* lata *f* de conservas; **Ƨ'ieren** <-> conservar; **~'ierungsmittel** *n* conservante *m*

Konsis|'tenz [kɔnzis'tɛnts] *f* <*sem pl*> consistência *f*; **~'torium** [-'toːrium] *n* <-*s*; *Konsistorien*> consistório *m*

Kon'sole [kɔn'zoːlə] *f* consola *f*, *bras* console *m*

konsoli'dieren [kɔnzoli'diːrən] <-> consolidar

Kon|so'nant [kɔnzo'nant] *m* <-*en*> consoante *f*; **~'sortium** [-'zɔrtsium] *n* <-*s*; *Konsortien*> consórcio *m*; **Ƨsta'tieren** [-sta'tiːrən] <-> verificar; afirmar

konstitu|'ieren [-stitu'i:rən] <-> constituir; **Ձti'on** [-tsi'o:n] *f* constituição *f*; **~tio'nell** [-tsio'nɛl] constitucional
konstru'ieren [-stru'i:rən] <-> construir
Konstruk|'teur [-struk'tø:r] *m* <-*s*; -*e*> construtor *m*; **~ti'on(s...)** [-tsi'o:n(s...)] *f* (de) construção *f*; **Ձ'tiv** construtivo
'Konsul ['kɔnzul] *m* <-*s*; -*n*> cônsul *m*; **Ձ'arisch** [-'la:riʃ] consular; **~'at** [-'la:t] *n* <-(*e*)*s*; -*e*> consulado *m*; **~'ats...**: *in Zssgn* consular; do consulado
konsul|'tieren [kɔnzul'ti:rən] <-> consultar; **Ձtati'on** [-tatsi'o:n] *f* consulta *f*
Kon'sum [kɔn'zu:m] *m* <-*s*; *sem pl*> consumo *m*; **~'ent** [-su'mɛnt] *m* <-*en*> consumidor *m*; **~gesellschaft** *f* sociedade *f* de consumo; **~güter** *n*/*pl* bens *m*/*pl* de consumo; **Ձ'ieren** <-> consumir, gastar; **~verhalten** *n* <-*s*; *sem pl*> atitude *f* (*od* comportamento *m*) de consumo
Kon'takt [kɔn'takt] *m* <-(*e*)*s*; -*e*> conta(c)to *m*; **~ *aufnehmen mit*** entrar en conta(c)to com; **~anzeige** *f* anúncio *m* de conhecimentos; **~linse** *f* lente *f* de conta(c)to; **~person** *f* conta(c)to *m*
'Konter|admiral ['kɔntər-] *m* <-*s*; ¨*e*> contra-almirante *m*; **~fei** ['-faɪ] *n* <-*s*; -*e*> retrato *m*; **Ձn** ['kɔntərn] responder; defender-se; **~revolution** *f* contra-revolução *f*
Konti'nent [kɔnti'nɛnt] *m* continente *m*; **Ձ'al** [-'ta:l] continental
Kontin'gent [kɔntiŋ'gɛnt] *n* <-(*e*)*s*; -*e*> contingente *m*; **Ձ'ieren** <-> limitar
kontinu|'ierlich [kɔntinu'i:rliç] contínuo; **Ձi'tät** [-i'tɛ:t] *f* <*sem pl*> continuidade *f*
'Konto ['kɔnto] *n* <-*s*; *Konten*> conta *f* (corrente); **~auszug** *m* <-(*e*)*s*; ¨*e*> extra(c)to *m* da conta; **~inhaber** *m* titular *m* da (*od* de uma) conta; **~kor'rent** [kɔntokɔ'rɛnt] *n* <-*s*; -*e*> *ECON* contacorrente *f*
Kon'tor [kɔn'to:r] *n* <-*s*; -*e*> escritório *m*; **~'ist(in *f*)** *m* <-*en*> [-to'rist-] empregado *m*, -a *f* de escritório
'Kontostand *m* <-(*e*)*s*; ¨*e*> saldo *m* (da conta corrente)
'kontra ['kɔntra] contra; **Ձbass** *m* <-*es*; ¨*e*> contrabaixo *m*; **Ձ'hent** [-'hɛnt] *m* <-*en*> contraente *m*; parte *f* contratante; *Duell*: adversário *m*
Kon'trakt [kɔn'trakt] *m* <-(*e*)*s*; -*e*> contrato *m*
Kon'trast [kɔn'trast] *m* <-*es*; -*e*> contraste *m*; **Ձ'ieren** [-'ti:rən] <-> contrastar; **~mittel** *n MED* meio *m* de contraste
Kon'troll|abschnitt [kɔn'trɔl-] *m* <-(*e*)*s*; -*e*> senha *f*, talão *f*; **~e** [-ə] *f* controle *m*; fiscalização *f*; revisão *f*; inspe(c)ção *f*; regist(r)o *m*; vistoria *f*; ronda *f*; **~'eur** [-'lø:r] *m* <-*s*; -*e*> revisor *m*; **Ձ'ieren** [-'li:rən] <-> controlar; fiscalizar; revisar; examinar; fazer a revisão de; **~kasse** *f* caixa *f* regist(r)adora; **~lampe** *f* lâmpada-piloto *f*; **~marke** *f* senha *f* (de saída); **~turm** *m* <-*s*; ¨*e*> *AV* torre *m* de controlo (*bras* controle)
Kontro'verse [kɔntro'vɛrzə] *f* controvérsia *f*
Kon'tur [kɔn'tu:r] *f* contorno *m*
Konventi'on [kɔnvɛntsi'o:n] *f* convénio (*ê) *m*; convenção *f*; **~'alstrafe** [-'na:l-] *f* multa *f* convencional; **Ձ'ell** [-'nɛl] convencional
Konversati'on [kɔnvɛrzatsi'o:n] *f* conversa(ção) *f*; **~slexikon** *n* <-*s*; -*lexika*> enciclopédia *f*
konver'tier|bar [-'ti:rba:r] conversível, convertível; **~en** <-> converter
kon'vex [kɔn'vɛks] convexo
Kon'voi [kɔn'vɔy] *m* <-*s*; -*s*> comboio *m*
Konzen'tr|at [kɔntsɛn'tra:t] *n* <-(*e*)*s*; -*e*> (produto) *m* concentrado *m*; **~a'tionslager** *n* campo *m* de concentração; **Ձieren** <-> concentrar
kon'zentrisch [-'tsɛntriʃ] concêntrico
Kon'zept [kɔn'tsɛpt] *n* <-(*e*)*s*; -*e*> rascunho *m*, *bras* esboço *m*; minuta *f*, borrão *m*; ***aus dem ~ kommen*** (***bringen*** fazer) perder o fio; **~i'on** [-tsi'o:n] *f* conce(p)ção *f*
Kon'zern [kɔn'tsɛrn] *m* <-(*e*)*s*; -*e*> união *f*, companhias (*od* empresas) *f*/*pl* reunidas
Kon'zert [kɔn'tsɛrt] *n* <-(*e*)*s*; -*e*> concerto *m*; **~sänger(in *f*)** *m* concertista *m*, *f*; cantor(a *f*) *m* de concerto

K

Konzessi'on [kɔntsɛsi'oːn] *f* alvará *m*, concessão *f*; **&'ieren** *v/t* <-> conceder

Kon'zil [kɔn'tsiːl] *n* <-s; -e, *Konzilien*> concílio *m*

Kooper|ati'on [koˀoperatsi'oːn] *f* <*sem pl*> cooperação *f*; **&a'tiv** [-'tiːf] cooperativo; **&'ieren** <-> cooperar

Koordi'n|ate [koɔrdi'naːtə] *f* coordenada *f*; **~ati'on** *f* coordenação *f*; **&ieren** <-> coordenar

Kopen'hagen [kopən'haːgən] Copenhaga

Kopf [kɔpf] *m* <-(*e*)*s*; ¨*e*> cabeça *f*; *fig* inteligência *f*; ***den ~ hängen lassen*** andar cabisbaixo, andar desanimado; ***~ hoch!*** ânimo!; ***sich den ~ zerbrechen*** quebrar a cabeça; ***~ an ~*** ombro a ombro; ***j-m den ~ waschen*** *fig* dar uma ensaboadela a alg, *bras* passar o sabão em alg; ***nicht auf den ~ gefallen sein*** F não ser tolo; ***auf den ~ zusagen*** dizer na cara; ***auf den ~ hauen*** F *fig* gastar; ***auf den ~ stellen*** remexer, revolver, pôr às avessas; ***sich*** (*dat*) ***aus dem ~ schlagen*** desistir de; ***sich*** (*dat*) ***in den ~ setzen*** meter-se na cabeça; ***j-m über den ~ wachsen*** *fig* exceder as forças de alg, emancipar-se (da autoridade) de alg; ***von ~ bis Fuß*** dos pés à cabeça; ***j-n vor den ~ stoßen*** *fig* ofender alg; escandalizar alg

'Kopf|arbeit *f* trabalho *m* intele(c)tual; **'~ball** *m* <-s; ¨*e*> bola *f* (*od* remate *m*) de cabeça; **'~bedeckung** *f* resguardo *m* da cabeça

'köpfen ['kœpfən] *j-n*: decapitar (*a fig*), degolar; cortar a cabeça a

'Kopf|ende *n* <-s; -n> cabeceira *f*; **~hörer** *m* auscultador *m*, *bras* fone *m*; **~kissen** *n* travesseiro *m*; **&los** sem cabeça; *fig a* desnorteado; **~rechnen** *n* cálculo *m* mental; **~salat** *m* <-(*e*)*s*; -*e*> alface *m*; **&scheu** espantado, medroso; desconfiado; **~schmerz** *m* <-*es*; -*en*> dor *f* de cabeça; **~schuppen** *f/pl* MED caspa *f/sg*; **~schütteln** *n* abanar *m* da cabeça, gesto *m* negativo da cabeça; **~sprung** *m* <-(*e*)*s*; ¨*e*> salto *m* de cabeça (***machen*** dar); **~stand** *m* <-(*e*)*s*; ¨*e*> pino *m*; **~steuer** *f* <-; -*n*> capitação *f*; imposto *m* pessoal (*bras* per cápita); **~stimme** *f* (voz *f* de) falsete *m*; **~stütze** *f* apoio *m* para a cabeça, AUTO encosto *m*; **~tuch** *n* <-(*e*)*s*; ¨*er*> lenço *m* (para a cabeça), *bras* lenço *m* de cabeça; **&'über** de cabeça (para baixo); **~zerbrechen** *n* <-s; *sem pl*> preocupação *f*; ***j-m ~ machen*** causar preocupações a alg; pôr a cabeça de alg em água

Ko'pie [ko'piː] *f* cópia *f*; **&ren** <-> copiar

Ko'pier|er [kɔ'piːrər] *m*, **~gerät** *n* (*Kurzwort für* **Fotokopiergerät**) fotocopiadora *f*, fotocopiador *m*, *bras* xérox *m*; **~papier** *n* <-s; -*e*> papel *m* de fotocópia (*bras* de xérox); **~stift** *m* <-(*e*)*s*; -*e*> lápis *m* de copiar

'Kopilot ['koːpiloːt] *m* <-*en*> co-piloto *m*

'Koppel ['kɔpəl] **a)** *f* <-; -*n*> *Hunde*: matilha *f*; *Pferde*: récua *f*; (*Weide*) campo *m*, couto *m*; **b)** *n* MIL cinturão *m*; **&n** <-*le*> ligar; TÉCN *u* EL *a* ajoujar; enganchar; acoplar (*a Radio*); *Tiere*: aparelhar, atrelar

'Kopplung ['kɔpluŋ] *f* acoplamento *m*; copulação *f*

'Koproduktion ['koː-] *f* *Film*: co-produção *f*

Ko'rall|e [ko'ralə] *f* coral *m*; **~en...**: *in Zssgn meist* de coral, de corais; **~enfischer** *m* coraleiro *m*; **~enriff** *m* <-(*e*)*s*; -*e*> recife *m* de corais

Ko'ran [ko'raːn] *m* Alcorão *m*

Korb [kɔrp] *m* <-(*e*)*s*; ¨*e*> cesto *m*, cesta *f*, canastra *f*, (*Markt&*) cesto *m* de compras; (*geschlossener Henkel&*) cabaz *m*; *henkelloser*, *offener*, *flacher*, *runder*: açafate *m*; *fig*: ***e-n ~ geben*** recusar; rejeitar; **'~flasche** *f* garrafão *m*; **'~flechter** ['-flɛçtər] *m* cesteiro *m*, vimeiro *m*; **'~möbel** *n/pl* móveis *m/pl* de vime; **'~waren** *f/pl* artigos *m/pl* de vime; **'~weide** BOT *f* vimeiro *m*

Kord [kɔrt] *m* <-(*e*)*s*; -*e*> veludo *m* cotelê, bombazina *f*

'Kordel ['kɔrdəl] *f* <-; -*n*> cordão *m*, cordel *m*

Ko'rea [ko'reːa] *n* Coreia *f*

Ko'rinthe [ko'rintə] *f* passa *f*, corinto *m*

Kork [kɔrk] *m* <-(*e*)*s*; -*e*> cortiça *f*; **'~eiche** *f* sobreiro *m*; **'~en** *m*

(*Propfen*) rolha *f*; **'Ƨen 1.** *v/t* rolhar; **2.** *adj* de cortiça; **'~enzieher** ['-tsiːər] *m* saca-rolhas *m*

Korn [kɔrn] *n* <-(*e*)*s*; *¨er*, *Getreide*: *~arten*> grão *m*; (*Getreide*) cereais *m/pl*; (*Weizen*) trigo *m*; (*Roggen*) centeio *m*; (*Mais*) milho *m*; (*SamenƧ*) semente *f*; *Schnaps*: aguardente *f* de trigo; *MIL* (ponto *m* de) mira *f*; ***aufs ~ nehmen*** (*ac*) visar; ter em mira; **'~blume** *f* escovinha *f*; **'~boden** *m* <-*s*; *¨*> celeiro *m*

'körnen ['kœrnən] granular

'Kornfeld *n* <-(*e*)*s*; *-er*> campo *m* de trigo, trigal *m*, seara *f*; *Roggen*: centeal *m*; *Mais*: milh(eir)al *m*

'körnig ['kœrniç] granuloso, granulado

'Korn|kammer *f* <-; *-n*> celeiro *m* (*a fig*); **~speicher** *m* celeiro *m*, silo *m*

'Körper ['kœrpər] *m* corpo *m*; **~bau** *m* <-(*e*)*s*; *sem pl*> estatura *f*; **Ƨbehindert** deficiente, alienado; **~behinderte(r** *m*) *su* diminuído *m*, -a *f* físco, -a; **~fülle** *f* <*sem pl*> corpulência *f*; **~geruch** *m* <-(*e*)*s*; *¨e*> cheiro *m* corporal (*bras* de corpo), *bras* ce-cê *m*; **~gewicht** *n* <-(*e*)*s*; *-e*> peso *m* corporal; **~größe** *f* estatura *f*; **~haltung** *f* atitude *f*; porte *m*; **~kraft** *f* <-; *¨e*> força *f* física; **Ƨlich** corpóreo; físico; **Ƨlos** sem corpo; imaterial; **~pflege** *f* <*sem pl*> cultura *f* física; higiene *f* do corpo; (*Reinlichkeit*) asseio *m* pessoal; **~schaft** *f* entidade *f*; corporação *f*; **~teil** *m* <-(*e*)*s*; *-e*> parte *f* do corpo; **~verletzung** *f* lesão *f* corporal; ferida *f*

Korpo'ral [kɔrpo'raːl] *m* <-*s*; *-e*> cabo *m* (de esquadra)

Korps [koːr] *n* <-; -> corpo *m* (*MIL* do exército)

korpu'len|t [kɔrpu'lɛnt] corpulento; **Ƨz** [-ts] *f* <*sem pl*> corpulência *f*

kor'rekt [kɔ'rɛkt] corre(c)to; **Ƨheit** *f* <*sem pl*> corre(c)ção *f*

Korrek'tur [kɔrɛk'tuːr] *f* emenda *f*, corre(c)ção *f*; *TIP* revisão *f*; **~abzug** *m* <-(*e*)*s*; *¨e*> → **~bogen**; **~band** *n* <-(*e*)*s*; *-bänder*> fita *f* de corre(c)ção; **~bogen** *m* <-*s*; - *u* *¨*> prova *f* (tipográfica) (***lesen*** rever); **~fahne** *f* prova *f* de granel; **~lesen** *n* *TIP* corre(c)ção *f* de provas, *bras* revisão *f* de manuscrito; **~zeichen** *n* *Typ* sinal *m* de revisão

Korrespon'd|ent(in *f*) *m* [kɔrɛspɔn'dɛnt-] <-*en*> correspondente *su*; (*ZeitungsƧ*) *inländisch a* delegado *m*, -a *f*; **~enz** [-'dɛnts] *f* correspondência *f*; **Ƨieren** <-> corresponder-se

'Korridor ['kɔridoːr] *m* <-*s*; *-e*> corredor *m*

korri'gieren [kɔri'giːrən] <-> corrigir, emendar

Korrosi'on [kɔrozi'oːn] *f* corrosão *f*; **~sschutzmittel** *n* anticorrosivo *m*

kor'rupt [kɔ'rupt] corru(p)to; **Ƨi'on** [-tsi'oːn] *f* corru(p)ção *f*

'Korse ['kɔrzə] *m* <-*n*> corso *m*

Kor'sett [kɔr'zɛt] *n* <-(*e*)*s*; *-e*, *-s*> espartilho *m*; colete *m*

'Korsi|ka ['kɔrzika] *n* Córsega *f*; **~in** *f* corsa *f*; **Ƨsch** corso, da Córsega

Ko'sak [ko'zak] *m* <-*en*> cossaco *m*

'koscher ['koːʃər] puro, limpo

'kose|n ['koːzən] <-*t*> acariciar; fazer festas a; **Ƨname** *m* <-*ns*; *-n*> nome *m* familiar (*od* de carinho); alcunha *f*

'Kosinus ['koːzinus] *m* <-; -, *-se*> co-seno *m*

Kos'meti|k [kɔs'meːtik] *f* <*sem pl*> cosmética *f*; **~kerin** *f* maquilhadora *f*; **Ƨsch** cosmético

'kosmisch ['kɔsmiʃ] cósmico

Kosmo'naut(in *f*) [kɔsmo'naʊt] *m* <-*en*> cosmonauta *su*

Kosmopo'lit [kɔsmopo'liːt] *m* <-*en*> cosmopolita *m*

'Kosmos ['kɔsmos] *m inv* cosmos *m*

Kost [kɔst] *f* <*sem pl*> comida *f*, alimento *m*; (*Unterhalt*) sustento *m*; ***in ~*** hospedado; ***auf schmale ~ setzen*** pôr de dieta; **'Ƨbar** precioso; (*teuer*) caro; **'~barkeit** *f* preciosidade *f*

'kosten ['kɔstən] <-*e*-> **1.** *v/i* custar (***was?*** quanto?); ***koste es, was es wolle*** custe o que custar; a todo o transe; **2.** *v/t* (*ver~*) provar; saborear; gozar de

'Kosten *pl inv* custo *m*; despesas *f/pl*; gastos *m/pl*; ***auf ~*** *gen*, ***auf ~ von*** à custa de; a expensas de; ***auf meine ~*** por minha conta; ***auf seine ~ kommen*** satisfazer-se; **~aufwand** *m* <-(*e*)*s*; *sem pl*> dispêndio *m*; gastos *pl*; despesas *f/pl*; **~dämpfung** *f* <*sem pl*> redução *f* de despesas;

K

≈deckend que cobre as despesas (*od* os custos); **~frage** *f* questão *f* de (*od* do) preço; **≈frei, ≈los** sem despesas, livre de despesas; gratuito; **≈günstig** de custos favoráveis; **≈pflichtig** ['-pfliçtiç]: **~ *sein*** pagar, ser sujeito a taxa; **~punkt** *m* <-(*e*)*s*; -*e*> preço *m*; **~rechnung** *f* cálculo *m* de custos; **~voranschlag** *m* <-(*e*)*s*; ⸚*e*> orçamento *m* (dos custos)

'Kost|gänger ['-gɛŋər] *m* hóspede *m*; pensionista *m*; **~geld** *n* pensão *f*

'köstlich ['kœstliç] delicioso

'Kost|probe *f* bocadinho *m*; *fig* amostra *f*; **≈spielig** ['-ʃpi:liç] dispendioso, caro

Kos'tüm [kɔs'ty:m] *n* <-*s*; -*e*> traje *m*; (*Schneider≈*) saia *f* e casaco *m*; (*Verkleidung*) disfarce *m*, *bras* fantasia *f*; **~ball** *m* <-*s*; ⸚*e*>, **~fest** *n* <-(*e*)*s*; -*e*> baile *m* de máscaras (*bras a* a fantasia); **≈'ieren** [-ty'mi:rən] <-> disfarçar, *bras* fantasiar-se (***als*** de)

Kot [ko:t] *m* <-(*e*)*s*; *sem pl*> lodo *m*, lama *f*; imundície *f*; *MED* excrementos *m/pl*

Kote'lett [kot(ə)'lɛt] *n* <-(*e*)*s*; -*e*, -*s*> costeleta *f*

'Köter ['kø:tər] *m* cão *m*, mastim *m*

'Kot|flügel *m* guarda-lama *m*; **≈ig** sujo de lama, enlameado

'kotzen ['kɔtsən] P <-*t*> vomitar; ***zum*** ≈ nojento; ***zum* ≈ *sein*** *a* meter nojo

'Krabb|e ['krabə] *f* crustáceo *m*; *fig* mocinha *f*; **≈eln** <-*le*> formigar, mexer; *Kind*: gatinhar; F (*kriechen*) arrastar-se

Krach [krax] *m* <-(*e*)*s*; *sem pl*> ruído *m*; barulho *m*; fracasso *m*; <*pl* ⸚*e*> (*Streit*) arrelia *f*, *bras* bagunça *f*; *ECON* quebra *f*, catástrofe *f* financeira; **~ *schlagen*** fazer barulho; **'≈en** estalar; rebentar; **'~en** *n* estalido *m*, estampido *m*; **'~mandel** *f* <-; -*n*> amêndoa *f* com casca

'krächzen ['krɛçtsən] <-*t*> grasnar

Kraft [kraft] <-; ⸚*e*> **1.** *f* força *f*, vigor *m a JUR*; *TÉCN* potência *f*; *EL a* energia *f*; *moralische*: virtude *f*; *geistige*: faculdade *f*; ***mit voller* ~** *NAV* a toda a força, a todo o vapor; ***in* ~** em vigor; ***außer* ~** *JUR* nulo; sem efeito; ***außer* ~ *setzen*** anular; *pl* ***nach Kräften*** tanto quanto possível; **2.** ≈ *prp* (*gen*) em virtude de

'Kraft|anstrengung *f*, **'~aufwand** *m* <-(*e*)*s*; *sem pl*> esforço *m*; **'~ausdruck** *m* <-(*e*)*s*; ⸚*e*> termo *m* expressivo; expressão *f* enérgica, expressão *f* violenta, *bras* calão *m*; **'~brühe** *f* caldo *m*; **'~fahrer** *m* automobilista *m*; motorista *m*; *bras* volante *m*

'Kraftfahrzeug *n* <-(*e*)*s*; -*e*> automóvel *m*; **~brief** *m* <-(*e*)*s*; -*e*> certificado *m* de registo (*bras* registro) de propriedade; **~schein** *m* <-(*e*)*s*; -*e*> livrete *m* de circulação do veículo; **'~steuer** *f* <-; -*n*> imposto *m* sobre veículos

'Kraft|feld *n* <-(*e*)*s*; -*er*> *FÍS* campo *m* elé(c)trico; **'~futter** *n* <-*s*; *sem pl*> forragem *f* concentrada

'kräftig ['krɛftiç] forte; vigoroso; robusto; (*wirksam*) eficaz; (*nahrhaft*) substancioso; *fig a* enérgico

'kräftig|en ['krɛftigən] *v/t* fortalecer; vigor(iz)ar; corroborar; *MED* tonificar; **≈ung** *f* fortalecimento *m*; *MED* tonificação *f*; **≈ungsmittel** *MED n* tónico (*ô) *m*

'kraft|los fraco; sem forças; **≈probe** *f* prova *f* (de forças); **≈sport** *m* culturismo *m*, musculação *f*; **≈stoff** *m* <-(*e*)*s*; -*e*> combustível *m*, gasolina *f*; **≈stoffverbrauch** *m* <-*s*; *sem pl*> consumo *m* de combustível; **~strotzend** pujante, robusto; **~voll** vigoroso; **≈wagen** *m* auto(móvel) *m*; **≈werk** *EL n* <-(*e*)*s*; -*e*> central *f* (de energia) elé(c)trica; casa *f* de dínamos

'Kragen ['kra:gən] *m* colarinho *m*; gola *f*; ***es geht j-m an den* ~** alg está perdido; ***ihm platzt der* ~** F está furioso; **~weite** *f* <-; -*n*> medida *f* do colarinho

'Kräh|e ['krɛ:ə] *f* gralha *f*; **≈en** *Hahn*: cantar; **~enfüße** ['-fy:sə] *m/pl Schrift*: rabiscos *m/pl*; gatafunhos *m/pl*; (*Runzeln*) pés-de-galinha *m/pl*

'Krake ['kra:kə] *f* polvo *m*

kra'keel|en [kra'ke:lən] fazer barulho; **≈er** *m* brigão *m*

'Krall|e ['kralə] *f* unha *f*, garra *f*; **≈en**: ***sich an*** (*ac*) ~ agarrar-se a

Kram [kra:m] *m* <-(*e*)*s*; *sem pl*> tralha *f*; ***nicht in den* ~ *passen*** F não dar (jeito); **'≈en**: ***in*** (*dat*) ~ remexer (*ac*), revolver (*ac*)

K

'Kramladen *m* <-*s*; ¨*e*> mercearia *f*
'Krampe ['krampə] TÉCN *f* gancho *m*, gato *m* (de ferro), grampo *m*
Krampf [krampf] *m* <-(*e*)*s*; ¨*e*> cãibra *f*; breca *f*; convulsão *f*, espasmo *m*; **'~ader** *f* <-; -*n*> variz *f*; **'≈haft** convulsivo, espasmódico; *fig* forçado; **≈lösend** MED antiespasmódico
Kran [kraːn] TÉCN *m* <-(*e*)*s*; ¨*e*> guindaste *m*, grua *f*; **'~führer** *m* condutor *m* (*od* maquinista *m*) de guindaste
'Kranich ['kraːniç] *m* <-(*e*)*s*; -*e*> grou *m*
krank [kraŋk] <¨*er*; ¨*est*> doente; enfermo; **~ *werden*** adoecer
'kränkeln ['krɛŋkəln] <-*le*> estar doente, estar adoentado, ser doentio
'kranken ['kraŋkən]: ***an*** (*dat*) **~** sofrer de; *fig* ter o defeito de
'kränken ['krɛŋkən] ofender, magoar, melindrar
'Kranken|bericht *m* <-(*e*)*s*; -*e*> boletim *m* médico; **~besuch** *m* <-(*e*)*s*; -*e*> visita *f* a um doente; ***e-n* ~ *machen*** visitar um doente; **~bett** *n* <-(*e*)*s*; -*en*>: ***auf dem* ~ *liegen*** estar de cama, *bras a* estar acamado; **~geld** *n* <-(*e*)*s*; -*er*> diária *f* paga pelas Caixas de Previdência em caso de doença; **~gymnastik** *f* fisioterapia *f*, cinesoterapia *f*; **~haus** *n* <-*es*; ¨*er*> hospital *m*, casa *f* de saúde (***ins* ~ *kommen*** dar entrada no *od* na ...); **~kasse** *f* Caixa *f* de Previdência; **~kost** *f* <*sem pl*> dieta *f*; regime *m*; **~pflege** *f* <*sem pl*> assistência *f* aos enfermos; enfermagem *f*; **~pfleger(in** *f*) *m* enfermeiro *m*, -a *f*; **~schein** *m* <-(*e*)*s*; -*e*> atestado *m* de doença, *bras* atestado *m* médico; **~schwester** *f* <-; -*n*> enfermeira *f*; **~versicherung** *f* seguro *m* contra a enfermidade, *bras* seguro *m* de saúde; **~wagen** *m* ambulância *f*; **~wärter(in** *f*) *m* enfermeiro *m*, -a *f*; **~zimmer** *n* quarto *m* de doente(s); enfermaria *f*
'krank|feiern <-*re*> F estar de baixa por doença, *bras* receber licença de saúde; **~haft** patológico, doentio; **≈heit** *f* doença *f*, mal *m*
'Krankheits|bild *n* <-(*e*)*s*; -*er*> MED nosografia *f*; diagrama *f*; **~erreger** *m* micróbio *m* patogénico (*ê); **~erscheinung** *f* sintoma *m*
'kranklachen: F ***sich* ~** escangalhar-se a rir, *bras* morrer de rir
'kränklich ['krɛŋkliç] doentio, achacado
'krankmelden: ***sich* ~** dar parte de doente; *fig* justificar a ausência
'Krankmeldung *f* baixa *f* por (motivo de) doença
'Kränkung ['krɛŋkuŋ] *f* ofensa *f*, agravo *m*
Kranz [krants] *m* <-*es*; ¨*e*> coroa *f*, grinalda *f*; ARQUIT cornija *f*
'Krapfen ['krapfən] *m* bola *f* de Berlim; *bras* sonho *m*
krass [kras] <-*er*; -*est*> crasso; flagrante
'Krater ['kraːtər] *m* cratera *f*
'kratz|bürstig ['kratsbyrstiç] *fig* rabugento; **≈e** ['-ə] *f* raspador *m*, carda *f*
'Krätze ['krɛtsə] MED *f* <*sem pl*> sarna *f*, morrinha *f*
'kratzen ['kratsən] <-*t*> raspar; coçar; arranhar; (*ritzen*) esgravatar (***an*** *dat* em); TÉCN *Wolle*: cardar; ***sich* ~** coçar-se
'Kratzer ['kratsər] *m* arranhão *m*
'kraulen ['kraʊlən] nadar ao crawl
'Krause ['kraʊzə] *f* (*Hals*≈) colar *m*, golilha *f*, cabeção *m*; *Haar*: cachos *m/pl*
'kräuseln ['krɔyzəln] <-*le*> enrugar, encrespar, franzir; *Haar*: frisar, ondular; fazer cachos *m/pl*
Kraut [kraʊt] *n* <-(*e*)*s*; ¨*er*> erva *f*; (*sdd Kohl*) couve *f*; ***wie* ~ *und Rüben*** numa grande desordem
'Kräuter|handlung ['krɔytər-] *f* ervanário *m*; **~käse** *m* <*sem pl*> queijo *m* de ervas; **~likör** *m* <-*s*; -*e*> licor *m* de ervas; **~tee** *m* <-*s*; -*s*> chá *m* de ervas medicinais; tisana *f*
Kra'wall [kra'val] *m* <-*s*; -*e*> tumulto *m*, desordem *f*
Kra'watte [kra'vatə] *f* gravata *f*
krea|'tiv [krea'tiːf] creativo; **≈tivi'tät** *f* <*sem pl*> creatividade *f*; **≈tur** [-'tuːr] *f* criatura *f*
Krebs [kreːps] *m* <-*es*; -*e*> caranguejo *m*; MED cancro *m*, *bras* câncer *m*; ASTR Câncer *m*; **~ *erregend*** cancerígeno; **'≈artig** canceroso; **'~forschung** *f* cancerologia *f*; **'~geschwulst** *f* <-; ¨*e*> carcinoma *m*; tumor *m* canceroso; **'≈krank** cance-

K

roso; '**~vorsorge** *f* prevenção *f* do cancro (*bras* câncer); '**~zelle** *f* célula *f* cancerosa

'**Kredit**[1] ['kre:dit] *ECON n* <-s; -s> haver *m*

Kre'dit[2] [kre'di:t] *m* <-(e)s; -e> crédito *m* (***auf*** a; ***laufender*** aberto; ***eröffnen, geben*** dar); **~bank** *f* banco *m* de crédito; **~brief** *m* <-(e)s; -e> carta *f* de crédito; **♀fähig** solvente; **~geschäft** *n* <-(e)s; -e> negócio *m* a crédito; **~hai** *m* <-(e)s; -e> *fig* agiota *m*; **♀'ieren** <-> creditar, lançar em crédito de; dar a crédito; **~karte** *f* cartão *m* de crédito; **♀würdig** solvente

'**Kreide** ['kraɪdə] *f* cré *m*, greda *f* (branca); (*Schreib♀*) giz *m*; **♀bleich** branco como a parede (*bras* como cal); **~felsen** *m* rocha *f* cretácea; **~zeichnung** *f* desenho *m* a giz

Kreis [kraɪs] *m* <-es; -e> círculo *m*; *EL* circuito *m*; *LIT a* cenáculo *m*, *fig a* esfera *f*; (*Bezirk*) concelho *m*, distrito *m*, comarca *f*; (*Gesellschafts♀*) roda *f*; *pl* ***die höheren*** (*od* ***besseren***) ***~e*** a alta roda; ***im engsten ~e*** na maior intimidade

'**Kreis|abschnitt** *MAT m* <-(e)s; -e> segmento *m*; **~ausschnitt** *MAT m* <-(e)s; -e> sector *m*; **~bahn** *f ASTR* órbita *f*; **~bewegung** *f* rotação *f*; **~bogen** *m* arco *m*

'**kreischen** ['kraɪʃən] gritar; *Räder etc*: guinchar, chiar

'**Kreisdrehung** *f* rotação *f*

'**Kreisel** ['kraɪzəl] *m* pião *m*; **~kompass** *m* <-es; -e> bússola *f* giroscópica; **♀n** rodopiar; **~pumpe** *f* bomba *f* centrífuga

'**kreis|en** ['kraɪzən] <-t> *Blut, Geld*: circular; *FÍS* gravitar; **♀fläche** *f* círculo *m*; **~förmig** ['-fœrmiç] circular; **♀lauf** *m* <-(e)s; *sem pl*> circulação *f*; **♀laufstörung** *f* perturbação *f* circulatória; **♀linie** *f* linha *f* circular; **~rund** circular; orbicular; **♀säge** *f* serra *f* circular

'**kreiß|en** ['kraɪsən] <-t> estar de parto, *bras* estar em trabalho de parto; **♀saal** *m* <-(e)s; ⸚e> sala *f* de partos

'**Kreisstadt** *f* <-; ⸚e> capital *f* de distrito (*od* concelho)

'**Kreis|umfang** *m* <-(e)s; ⸚e> circunferência *f*; **~verkehr** *m* <-s; *sem pl*> sentido *m* giratório, tráfego *m* circular

Krema'torium [krema'to:rium] *n* <-s; *Krematorien*> crematório *m*

Kreml ['krɛml] *m* Cremlim *m*

'**Krempe** ['krɛmpə] *f* aba *f*; rebordo *m*

'**Krempel a**) F *m* trastes *m/pl*; farraparia *f*; **b**) *TÉCN f* carda *f*

Kre'ol|e [kre'o:lə] *m* <-n> crioulo *m*; **~in** *f* crioula *f*

kre'pieren [kre'pi:rən] <-; sn> (*platzen*) rebentar; F (*sterben*) esticar o pernil

Krepp [krɛp] *m* <-s; -e, -s> crepe *m*, fumo *m*; '**~papier** *n* <-s; -e> papel *m* de crepe

'**Kresse** ['krɛsə] *f* mastruço *m*; (*Brunnen~*) agrião *m*

Kreuz [krɔʏts] *n* <-es; -e> cruz *f* (*a fig*); *ANAT* espinha *f*, cruzes *f/pl*; (*Kruppe*) garupa *f*; *MÚS* (sinal *m* de) sustenido *m*; *Kartenspiel*: paus *m/pl*; *ASTR* cruzeiro *m*; ***über ~*** cruzado; ***j-n aufs ~ legen*** F enganar alg; ***♀ und quer*** em todos os sentidos; '**~abnahme** *f* <*sem pl*> descimento (*bras* descida *f*) *m* da cruz; '**~blütler** ['-bly:tlər] *m* crucífera *f*; '**♀en** <-t> cruzar (*a NAV*); (***gegen den Wind***) **~** barlaventear; pôr-se a barlavento; '**~er** *m NAV* cruzador *m*; *Münze*: cruzado *m*; '**~fahrt** *f NAV* cruzeiro *m*; *REL* cruzada *f*; '**~feuer** *n* <-s; *sem pl*> fogo *m* cruzado; **♀fi'del** folgazão; muito alegre; '**♀förmig** ['-fœrmiç] cruciforme; '**~gang** *m* <-(e)s; ⸚e> claustro *m*; '**♀igen** ['-igən] crucificar; '**~igung** ['-iguŋ] *f* crucificação *f*; '**♀lahm** derreado; '**~otter** *f* <-; -n> víbora *f* cruzeira; '**~schmerzen** *m/pl* dores *f/pl* lombares; '**~spinne** *f* aranhão *m*, aranha *f* cruzeira; '**~stich** *m* <-(e)s; -e> ponto *m* de cruz; '**~ung** *f* cruzamento *m*; *MAT* intersecção *f*; '**~verhör** *n* <-(e)s; -e> interrogatório *m* contraditório, *bras* acareação *f*; '**~weg** *m* <-(e)s; -e> encruzilhada *f*; '**♀weise** *adv* em cruz; *adj* cruzado; atravessado; '**~worträtsel** *n* palavras *f/pl* cruzadas; '**~zug** *m* <-(e)s; ⸚e> cruzada *f*

'**kribbel|ig** ['kribəliç] F nervoso; **~n** <-le> F formigar; (*jucken*) irritar; *fig* apetecer

'kriech|en ['kriːçən] *<h u sn>* arrastar-se; rastejar; ***aus dem Ei ~*** sair do ovo; **≈er** *m fig* homem *m* servil, adulador *m*; **≈e'rei** [-ə'raɪ] *f fig* servilismo *m*; **~erisch** ['-əriʃ] servil; **≈spur** *f AUTO* faixa *f* para viaturas lentas; **≈tempo** *n <-s; -s>* passo *m* de boi; **≈tier** *n <-(e)s; -e>* reptil *m*

Krieg [kriːk] *m <-(e)s; -e>* guerra *f*; ***~ führen*** (***gegen***) fazer guerra (a), guerrear (*ac*); ***~ führend*** beligerante

'kriegen ['kriːgən] apanhar; (*erhalten*) receber, obter; ***sich ~*** F casar

'Krieger|denkmal *n* monumento *m* aos mortos da guerra; **≈isch** guerreiro, belicoso; *Aussehen*: marcial; *Handlung*: bélico

'Kriegs|anleihe *f* empréstimo *m* de guerra; **~ausbruch** *f <-(e)s; ¨e>* eclosão *f* da guerra; início *m* das hostilidades; **'~berichterstatter** *m* correspondente *m* de guerra; **~beschädigte(r)** ['-bəʃɛːdiçtə(r)] *m* mutilado *m* de guerra; **~dienst** *m <-es; -e>* serviço *m* militar; **~dienstverweigerer** ['-fɛrvaɪgərər] *m* obje(c)tor *m* de (armas por motivos de) consciência; **~erklärung** *f* declaração *f* de guerra; **~fall** *m <-(e)s; ¨e>* caso *m* de guerra; **~flotte** *f* armada *f*, marinha *f* de guerra; **~fuß** *m <-es; sem pl>*: ***auf ~*** em pé de guerra; **~gebiet** *n <-(e)s; -e>* zona *f* de guerra; **~gefangene(r)** *m* prisioneiro *m* de guerra; **~gefangenschaft** *f <sem pl>* cativeiro *m*; ***in ~ geraten*** ser feito prisioneiro; **~gericht** *n <-(e)s; -e>* conselho *m* de guerra; **~geschädigte(r)** ['-gəʃɛː-diçte(r)] *m* sinistrado (*bras* ferido) *m* da guerra; **~gott** *m <-es; ¨er>* deus *m* da guerra; **~hafen** *m <-s; ¨>* porto *m* militar; **~hetzer** *m* belicista *m*; **~kamerad** *m <-en>* companheiro *m* de armas; **~list** *f* estratagema *m*; **~macht** *f <-; ¨e>* força *f* militar; **~marine** *f* → ***~flotte***; **~minister(ium** *n <-s; -ministerien>*) *m* Ministro (Ministério) *m* da Guerra; **~opfer** *n* vítima *f* da guerra; **~rat**: ***~ halten*** F reunir o conselho de guerra; **~recht** *n <-(e)s; sem pl>* lei *f* marcial; **~schaden** *m <-s; ¨>* estrago *m* de guerra; **~schauplatz** *m <-es; ¨e>* cenário *m* de guerra; **~schiff** *n <-(e)s; -e>* vaso *m* de guerra, navio *m* de guerra; **~schuld** *f <sem pl>* responsabilidade *f* da guerra; (*Geld*) dívida *f* de guerra; **~teilnehmer** *m* (antigo) combatente *m*; **~verbrecher** *m* criminoso *m* de guerra; **~zug** *m <-(e)s; ¨e>* expedição *f* militar; **~zustand** *m <-(e)s; sem pl>* estado *m* de guerra

Krim ['krim] *f* ***die ~*** a Crimeia *f*

'Krimi ['krimi] *m <-s; -s>* F (*Roman*) romance *m* policial; (*Film*) filme *m* policial

Krimi'nal|beamte(r) [krimi'naːl-] *m* agente *m* da polícia judiciária; **≈i'sieren** [-nali's-] criminalizar; **~i'tät** [-nali'tɛːt] *f <sem pl>* criminalidade *f*, delinquência *f*; **~polizei** *f <sem pl>* polícia *f* judiciária; **~roman** *m <-s; -e>* romance *m* policial

krimi'nell [krimi'nɛl], **≈e(r** *m*) *su* criminoso *m*, -a *f*, criminal *su*

'Kripo ['kriːpo] *f <->* ***Kriminalpolizei*** F judite *f*

'Krippe ['kripə] *f* manjedoura *f*; (*Kinder≈*) infantário *m*; creche *f*; (*Weihnachts≈*) presépio *m*

'Kris|e ['kriːzə] *f* crise *f*; **≈eln** *<-le>* estar em crise; **~ensituation** *f* situação *f* de crise; **~enstab** *m <-(e)s; ¨e>* gabinete *m* de crise

Kris'tall [kris'tal] *m u n <-s; -e>* cristal *m*; **~glas** *n <-es; ¨er>* cristal *m* (fino, talhado), bacará *m*; **≈i'sieren** [-li'ziːrən] *<-; sn>* cristalizar; **≈klar** cristalino; **~zucker** *m* (açúcar *m*) pilé *m*, açúcar *m* cristalizado

Kri'terium [kri'teːrium] *n <-s; Kriterien>* critério *m*

Kri'tik [kri'tiːk] *f* crítica *f*, reparo *m* (***üben*** fazer)

'Krit|iker ['kriːtikər] *m* crítico *m*; **≈isch** crítico; **≈i'sieren** [-i'ziːrən] *<->* criticar

Kritt|e'lei [kritə'laɪ] *f* critiquice *f*; **'≈eln** *<-le>* fazer crítica mesquinha

Kritze|'lei [kritsə'laɪ] *f* garatujas *f/pl*, *bras* rabiscos *m/pl*; **'≈ln** *<-le>* rabiscar

Kro'at|e [kro'aːtə] *m <-n>*, **~in** *f* croata *m*, *f*; **~ien** [kro'aːtsiən] *n* Croácia *f*; **≈isch** croata; da Croácia

Kro'kette [kro'kɛtə] *f* croquete *m*

Kroko'dil [kroko'diːl] *n <-s; -e>* crocodilo *m*; **~stränen** *f/pl*: ***~ weinen***

a chorar por um olho azeite e por outro vinagre

'Krokus ['kro:kus] *m* <-; *-se*, -> croco *m*

'Krone ['kro:nə] *f* coroa *f*; (*Baum*≗) copa *f*; (*Blüten*≗) corola *f*; ***e-r Sache*** (*dat*) ***die ~ aufsetzen*** *fig* ser o cúmulo de a/c; ***e-n in der ~ haben*** F ter um grão na asa, *bras* estar de pileque

'krönen ['krø:nən] coroar; *ARQUIT* rematar

'Kron|korken *m* cápsula *f*; **~leuchter** *m* lustre *m*; **~prinz** *m* <*-en*> príncipe *m* herdeiro (*od* real); **~prinzessin** *f* princesa *f* real; esposa *f* do príncipe herdeiro

'Krönung ['krø:nuŋ] *f* coroação *f*; *ARQUIT a* remate *m*; *fig* cúmulo *m*

'Kronzeuge *JUR m* <*-n*> testemunha *f* principal

Kropf [krɔpf] *m* <-(*e*)*s*; ⸚*e*> papo *m*; *MED* bócio *m*, P papeira *f*

'Kröte ['krø:tə] *f* sapo *m*

'Krück|e ['krykə] *f*, **~stock** *m* <-(*e*)*s*; ⸚*e*> muleta *f*

Krug [kru:k] *m* <-(*e*)*s*; ⸚*e*> cântaro *m*; *kleiner Schöpf*≗: púcaro *m*; *einhenkliger*: jarro *m*; (*Bier*~) caneca *f*, *bras* canecão *m*

'Krume ['kru:mə] *f* migalha *f*; miolo *m* de pão

'Krümel ['kry:məl] *n u m* migalha *f*; **≗ig** esmigalhado; **≗n** <*-le*> esmigalhar(-se)

krumm [krum] curvo; (en)curvado; torto; (*verbogen*) torcido; (*gewunden*) sinuoso, tortuoso (*a fig*); ***~ nehmen*** *fig* levar a mal; **'~beinig** ['-baıniç] de pernas tortas, cambado, cambeta

'krümmen ['krymən] (en)curvar; torcer, dobrar; arquear; *a* ***sich ~*** vergar; *Holz a*: empenar; ***gekrümmt*** *adj*: *a MAT* curvo

'Krümmung ['krymuŋ] *f* curva *f*, curvatura *f*, sinuosidade *f*

'Kruppe ['krupə] *f* garupa *f*

'Krüppel ['krypəl] *m* aleijado *m*, mutilado *m*; **≗haft** aleijado, mutilado

'Kruste ['krustə] *f* crusta *f*, crosta *f*; (*a Brot*≗) côdea *f*, *bras* casca *f*; **~ntiere** *n/pl* crustáceos *m/pl*

'Kruzifix ['kru:tsifiks] *n* <*-es*; *-e*> crucifixo *m*

'Krypta ['krypta] *f* <-; *-ten*> *ARQUIT* cripta *f*

Kto. ***Konto*** *f* conta

'Kübel ['ky:bəl] *m* cuba *f*; tina *f*

Ku'bik|meter [ku'bi:k-] *m*, *a n* metro *m* cúbico; **~wurzel** *MAT f* <-; *-n*> raíz *f* cúbica

'kubisch ['ku:biʃ] cúbico

'Kubus ['ku:bus] *m* <-; -, *Kuben*> cubo *m*

'Küche ['kyçə] *f* cozinha *f*; ***die ~ besorgen*** cozinhar; tratar da comida; ***kalte ~*** pratos *m/pl* frios

'Kuchen ['ku:xən] *m* bolo *m*, pastel *m*, *bras a* torta *f* (***backen*** fazer); **~blech** *n* <-(*e*)*s*; *-e*> tabuleiro *m*; **~form** *f* forma *f* (para bolos)

'Küchen|gerät *n* <-(*e*)*s*; *-e*> utensílio *m* de cozinha; **~geschirr** *n* <-(*e*)*s*; *-e*> trem *m* de cozinha; **~herd** *m* <-(*e*)*s*; *-e*> fogão *m* de cozinha; **~kräuter** *n/pl* ervas *f/pl*; temperos *m/pl*; **~maschine** *f* máquina *f* de cozinha; **~meister** *m* cozinheiro-chefe *m*, *bras* mestre-cuca *m*, chefe *m* de cozinha; **~zettel** *m* lista *f*; ementa *f*, *bras* cardápio *m*

'Kuckuck ['kukuk] *m* <*-s*; *-e*> cuco *m*; F ***zum ~!*** com mil diabos!; F ***der ~ soll ihn holen!*** diabos o levem!, raios o partam!

'Kufe ['ku:fə] *f* *Schlittschuh*: patim *m*; **~n** *am Schlitten u AV* varais *m/pl*

'Kugel ['ku:gəl] *f* <-; *-n*> *MAT* esfera *f*; (*Erd*≗) globo *m* terrestre; (*Geschoss*) bala *f*; (*Spiel*≗) bola *f*; ***sich*** (*dat*) ***e-e ~ durch den Kopf jagen*** (*od* ***schießen***) dar-se um tiro na cabeça; **~abschnitt** *MAT m* <-(*e*)*s*; *-e*> segmento *m*; **≗förmig** ['-fœrmiç] esférico; globular; **~gelenk** *n* <-(*e*)*s*; *-e*> articulação *f* esférica (*od* móvel); **~kopfmaschine** *f* máquina *f* de escrever com cabeça esférica; **~lager** *n* rolamento *m* de esferas

'kugeln *v/i* <*-le*>: **a)** <*sn*> rolar; **b)** <*h*> rotar por esferas; ***sich ~*** rebolar-se, rolar-se; *fig* ***sich vor Lachen ~*** fartar-se de rir

'kugel|rund redondo como uma bola; **≗schreiber** *m* esferográfica *f*; **~sicher** à prova de bala; **≗stoßen** *n Sport*: lançamento *m* de peso

Kuh [ku:] *f* <-; ⸚*e*> vaca *f*; **'~fladen** *m* bosta *f*; **'~glocke** *f* chocalho *m*;

'**~handel** *m fig* regateio *m*; '**~hirt** *m* <*-en*> vaqueiro *m*

kühl [ky:l] fresco; *fig* frio; *adv* com frieza; *Getränk*: bem gelado; ***~ werden*** arrefecer; '**2anlage** *f* frigorífico *m*

'**Kuhle** ['ku:lə] *f* cova *f*, *bsd bras* concavidade *f*

'**Kühl|e** ['ky:lə] *f* <*sem pl*> frescura *f*; fresco *m* (***in der*** ao); *fig j-s*: reserva; **2en** arrefecer; (*erfrischen*) refrescar, esfriar; *TÉCN u QUÍM* refrigerar; **~er** *m AUTO*: radiador *m*; **~erhaube** *f* tampa *f* do radiador; **~flüssigkeit** *f AUTO* refrigerante *m*; líquido *m* de refrigeração; **~haus** *n* <*-es*; *¨er*> armazém *m* frigorífero; **~raum** *m* <*-(e)s*; *¨e*> câmara *f* fria; **~schiff** *n* <*-(e)s*; *-e*> barco *m* frigorífero; **~schlange** *f* radiador *m*; **~schrank** *m* <*-(e)s*; *¨e*> frigorífico *m*; *bras* geladeira *f*; **~tasche** *f* mala *f* (*bras* bolsa *f*, sacola *f*) térmica; **~truhe** *f* arca *f* frigorífica, congelador *m*; **~ung** *TÉCN f* refrigeração *f*, refrigério *m*; **~wagen** *m* <*-s*; *-*, *¨*> camião (*bras* caminhão) *m* frigorífico; **~wasser** *n* <*-s*; *sem pl*> água *f* de arrefecimento (*bras* refrigeração)

'**Kuh|milch** *f* <*sem pl*> leite *m* (de vaca); **~mist** *m* <*-es*; *-e*> bosta *f*

kühn [ky:n] temerário, ousado, audaz; '**2heit** *f* <*sem pl*> audácia *f*; ousadia *f*; arrojo *m*

'**Kuhstall** *m* <*-(e)s*; *¨e*> curral *m*; vacaria *f*

'**Küken** ['ky:kən] *n* pintainho *m*, *bras* pintinho *m*

ku'lant [ku'lant] amável; atencioso

'**Kuli** ['ku:li] *m* <*-s*; *-s*> → ***Kugelschreiber***

kuli'narisch [kuli'na:riʃ] culinário

Ku'liss|e [ku'lisə] *f* bastidor *m*; **~enschieber** *m* operário *m* do palco

Kulminati'on [kulminatsi'o:n] *f* culminação *f*; **~spunkt** *m* <*-(e)s*; *-e*> ponto *m* culminante

kulmi'nieren <*-*> culminar

Kult [kult] *m* <*-(e)s*; *-e*> culto *m*; **2i'vieren** [-ti'vi:rən] <*-*> cultivar

Kul'tur [kul'tu:r] *f* cultura *f*; *a AGR* cultivo *m*; (*Gesittung*) civilização *f*; **~abkommen** *n* acordo *m* cultural; **~angebot** *n* <*-(e)s*; *-e*> programa *f* de a(c)tividades culturais; **~austausch** *m* <*-(e)s*; *-e*> intercâmbio *m* cultural; **2'ell** [-tu'rɛl] cultural; **~geschichte** *f* história *f* da cultura (*od* da civilização); **~pflanze** *f* planta *f* cultivada; **~programm** *n* <*-s*; *-e*> programa *m* cultural; **~stufe** *f* grau *m* de cultura (*od* de civilização); **~volk** *n* povo *m* civilizado

'**Kultus** ['kultus] *m* <*-*; *sem pl*> culto *m*; **~minister(ium** *n* <*-s*; *-ministerien*>) *m* Ministro *m* (Ministério *m*) da Educação (Nacional *od* de Instrução Pública)

'**Kümmel** ['kyməl] *m* <*-s*; *sem pl*> alcaravia *f*; *Schnaps*: kumel *m*

'**Kummer** ['kumər] *m* <*-s*; *sem pl*> aflição *f*, desgosto *m*, pena *f* (***bereiten*** causar)

'**kümmer|lich** ['kymərliç] pobre, miserável; **~n** <*-re*> preocupar, afligir; *verneint od fragend*: importar, interessar; ***sich ~ um*** tratar de, cuidar de, interessar-se por

'**kummervoll** aflito, muito preocupado

Kum'pan [kum'pa:n] *m* <*-s*; *-e*> companheiro *m*, compadre *m*; *JUR* cúmplice *m*

'**Kumpel** ['kumpəl] *m* companheiro *m*; *BGB* mineiro *m*

'**kündbar** ['kynt-] revogável, rescindível

'**Kunde** ['kundə] **a)** *m* <*-n*> freguês *m*; cliente *m*; **b)** *f* <*sem pl*> (*Kenntnis*) conhecimento *m*; (*Nachricht*) notícia *f*, nova *f*

'**Kunden|dienst** *m* <*-(e)s*; *sem pl*> serviço *m* à clientela; *TÉCN* serviço *m* pós-venda, assistência *f* técnica; **~nummer** *f* <*-*; *-n*> número *m* de cliente; **~stamm** *m* <*-(e)s*; *¨e*> clientela *f*

'**kundgeb|en** ['kunt-] manifestar; *mit Worten a*: exprimir; **2ung** *f* manifestação *f*, demonstração *f*, (*Ausdruck*) expressão *f*; (*Erklärung*) manifesto *m*

'**kundig** ['kundiç] conhecedor; perito; versado (*gen* em)

'**kündigen** ['kyndigən]: ***j-m ~*** despedir alg; mandar alg embora; (*aufgeben*) *Stellung*: despedir-se; *Wohnung*: sair, mudar de; *Vertrag*: denunciar; rescindir

'**Kündigung** *f j-s*: despedida *f*; *Vertrag*: denúncia *f*; rescisão *f*; *Woh-*

K

nung: aviso *m* de mudança (*od* de saída, *bras* de despejo); **~sfrist** *f* prazo *m* (para o aviso) de denúncia, prazo *m* de rescisão; **~sschutz** *m* <*-es*; *sem pl*> prote(c)ção *f* contra despedimento

'Kund|in ['kundin] *f* freguesa *f*; **~schaft** ['kuntʃaft] *f* clientela *f*; freguesia *f*; *poét* (*Nachricht*) nova *f*

'Kundschafter(in *f*) *m* emissário *m*, -a *f*; espia *su*; explorador(a *f*) *m*

'kundtun manifestar, exprimir

'künftig ['kynftiç] futuro

Kunst [kunst] *f* <-; ¨e> arte *f* (***bildende*** plástica; gráfica); ***das ist keine ~!*** F isso não é nada; **'~akademie** *f* (Academia das) Belas Artes; **'~ausstellung** *f* exposição *f* de (obras de) arte; salão *m*; **'~druck** *m* <*-s*; *-e*> impressão *f* artística; **'~dünger** *m* adubo *m* (químico); **'~eisbahn** *f Sport*: pista *f* de gelo artificial

'Kunst|erziehung *f* <*sem pl*> educação *f* estética; **~faser** *f* <-; *-n*> fibra *f* artificial; **~fehler** *m* erro *m* médico; **≈fertig** hábil, destro; **~fertigkeit** *f* habilidade *f*; destreza *f*; **~flieger** *m* aviador *m* acrobático; **~flug** *m* <*-(e)s*; ¨e> voo (*ô) *m* acrobático; **~gegenstand** *m* <*-es*; ¨e> obje(c)to *m* de arte; **~genuss** *m* <*-es*; ¨e> prazer *m* estético; **≈gerecht** impecável; conforme às regras da arte; **~geschichte** *f* <*sem pl*> história *f* de arte; **~gewerbe** *n* <*-s*; *sem pl*> arte *f* aplicada; artesanato *m*; **≈gewerblich** decorativo, artesanal; **~griff** *m* <*-(e)s*; *-e*> artifício *m*, jeito *m*; F truque *m*; **~handel** *m* <*-s*; *sem pl*> comércio *m* (de obje[c]tos) de arte; **~händler** *m* negociante *m* (de obje[c]tos) de arte; **~handwerk** *n* <*-(e)s*; *sem pl*> artesanato *m*; **~harz** *n* <*-es*; *-e*> resina *f* sintética; **~historiker** *m* historiador *m* de arte; **~kenner** *m* conhecedor *m* de arte, versado *m* em matéria de arte; **~kritik** *f* crítica *f* de arte; **~kritiker** *m* crítico *m* de arte; **~leder** *n* <*-s*; *sem pl*> couro *m* artificial

'Künstler ['kynstlər] *m* artista *m* (***bildender*** plástico; gráfico); *TEA*: a(c)tor *m*; **~in** *f* artista *f*; *TEA*: a(c)triz *f*; **≈isch** artístico, estético; **~name** *m* <*-ns*; *-n*> nome *m* artístico

'künstlich ['kynstliç] artificial; *Gebiss, Haar*: postiço; *QUÍM* sintético; plástico; (*unecht*) falso

'kunst|los sem arte; simples, natural; **≈maler** *m* pintor *m* (artista); **≈reiter** *m* picador *m*; (*Zirkus*) cavaleiro *m* artístico; **≈richtung** *f* estilo *m*; **≈sammlung** *f* cole(c)ção *f* (de obje[c]tos) de arte; **≈schätze** *m/pl* tesouros *m/pl* artísticos; **≈seide** *f* seda *f* vegetal, seda *f* artificial; **≈sinn** *m* <*-(e)s*; *sem pl*> sensibilidade *f* estética; **≈stoff** *m* <*-(e)s*; *-e*> (material *m*) plástico *m*; **≈stück** *n* <*-(e)s*; *-e*> habilidade *f*; **≈tischler** *m* ebanista *m*, marceneiro *m*; **≈tischlerei** *f* marcenaria *f*; **≈turnen** *n* <*-s*; *sem pl*> ginástica *f* artística; **~verständig**: ***~ sein*** entender de arte; **~voll** artístico, engenhoso; **≈werk** *n* <*-(e)s*; *-e*> obra *f* de arte; **≈wolle** *f* <*sem pl*> lã *f* artificial

'kunterbunt ['kuntər-]: ***~ durcheinander*** baralhado, *bras* embaralhado

'Kupfer ['kupfər] *n* <*-s*; *sem pl*> cobre *m*; → ***~stich***; **~blech** *n* <*-(e)s*; *-e*> cobre *m* laminado; **~draht** *m* <*-(e)s*; ¨e> fio *m* de cobre; **~druck** *m* <*-(e)s*; *-e*> → ***~stich***; **≈farben**, **≈farbig** cor-de-cobre; acobreado; **≈haltig** ['-haltiç] cuprífero; **~münze** *f* moeda *f* de cobre; **≈n** de cobre; **~stich** *m* <*-(e)s*; *-e*> gravura *f* em cobre; estampa *f*; **~vitriol** *n* <*-s*; *sem pl*> sulfato *m* de cobre

'Kuppe ['kupə] *f* cimo *m*; cume *m*; (*Nagel≈*, *Nadel≈*) cabeça *f*

'Kuppel ['kupəl] *f* <-; *-n*> cúpula *f*; abóbada *f*; zimbório *m*

'kuppeln <*-le*> alcovitar; *TÉCN* acoplar, ligar; *AUTO* embraiar, *bras* embrear; *CAM. DE F* engatar

'Kuppler(in *f*) ['kuplər] *m* alcoviteiro *m*, -a *f*, casamenteiro *m*, -a *f*

'Kupplung *f* ligação *f*; *TÉCN* acoplamento *m*; engate *m*; *AUTO* embraiagem *f*; *bras* embreagem *f*

Kur [kuːr] *f* tratamento *m*, cura *f* (***machen*** fazer)

Kür [kyːr] *f Sport*: exercício *m* (de ginástica) livre

Ku'rator [ku'raːtoːr] *m* <*-s*; *-en* [-'toːrən]> curador *m*, administrador *m*; **~ium** [-ra'toːrium] *n* <*-s*; *Kuratorien*> conselho *m* administrativo

'Kuraufenthalt *m* <-(*e*)*s*; -*e*> cura *f*; (*Sommerfrische*) vilegiatura *f*
'Kurbel ['kurbəl] *f* <-; -*n*> manivela *f*; **⁀n** <-*le*> **1.** *v/i* dar à manivela; *Film*: filmar; **2.** *v/t* (*aufziehen*) dar corda a; **~welle** *f* cambota *f*
'Kürbis ['kyrbis] *m* <-*ses*; -*se*> abóbora *f*
'küren ['ky:rən] eleger
'Kurfürst *m* <-*en*> Príncipe *m* Eleitor; **⁀lich** eleitoral
'Kur|gast *m* <-*es*; ⸚*e*> banhista *m*, aquista *m*; **~haus** *n* <-*es*; ⸚*er*> estabelecimento *m* balnear; sanatório *m*; **~hotel** *n* (grande) hotel *m* das termas
'Kurie ['ku:riə] *f* <*sem pl*> *katholisch*: cúria *f*
Ku'rier [ku'ri:r] *m* <-*s*; -*e*> correio *m* oficial (*od* diplomático); **⁀en** <-> curar
kuri'os [kuri'o:s] curioso, estranho; **⁀i'tät** [-ozi'tɛ:t] *f* curiosidade *f*
'Kürlauf *m* <-(*e*)*s*; ⸚*e*> *Sport*: corrida *f* livre
'Kur|ort *m* <-(*e*)*s*; -*e*> estação *f/pl* termal, termas *f/pl*, águas *f/pl*, *bras* estação *f* de águas; (*Luft⁀*) estação *f* climática; **~pfuscher** *m* curandeiro *m*, charlatão *m*; **~pfusche'rei** *f* curandice *f*, charlatanaria *f*
Kurs [kurs] *m* <-*es*; -*e*> (*Fahrtrichtung*) rumo *m*, rota *f*, curso *m* (***wechseln*** mudar de); (*Lehrgang*) curso *m*; *ECON* câmbio *m*; **'~abfall** *m* <-(*e*)*s*; ⸚*e*> queda *f* de câmbio (*od* curso); **~anstieg** *m* <-(*e*)*s*; -*e*> *ECON* subida *f* de curso (*od* câmbio); **'~bericht** *m* <-(*e*)*s*; -*e*> *ECON* boletim *m* da bolsa; cotações *f/pl*; **'~buch** *CAM. DE F* *n* <-(*e*)*s*; ⸚*er*> horário *m*; guia *m* (dos caminhos de ferro), *bras* guia *m* ferroviário
'Kürschner ['kyrʃnər] *m* peleiro *m*; **~'ei** [-'raı] *f* pelaria *f*
'Kursgewinn *m* <-(*e*)*s*; -*e*> lucro *m* de bolsa
kur'sieren [kur'zi:rən] <-> circular
kur'siv [kur'zi:f] em itálicos; **⁀druck** *m* <-(*e*)*s*; -*e*>, **⁀schrift** *f* itálico *m*
'Kurs|notierung *f* cotação *f*; **⁀'orisch** [-'zo:riʃ] *Lektüre*: corrente; seguida; **~rückgang** *m* <-(*e*)*s*; ⸚*e*> *ECON* baixa *f* de curso (*od* câmbio); **~schwankung** *f* *ECON* flutuação *f* de câmbio
'Kursus ['kurzus] *m* curso *m*
'Kurs|verlust *m* <-(*e*)*s*; -*e*> perda *f* ao câmbio; **~wagen** *m* <-*s*; -*a*, ⸚> *CAM. DE F* carruagem *f* dire(c)ta, *bras* vagão *m* direto; **~wechsel** *m* mudança *f* de rumo (*a fig*); **~wert** *m* <-(*e*)*s*; -*e*> valor *m* cotizado; **~zettel** *m* boletim *m* de cotação; lista *f* de câmbios
'Kurtaxe *f* taxa *f* de turismo
'Kürübung *f* → ***Kür***
'Kurve ['kurvə] *f* curva *f*; *Temperatur*: gráfico *m*; ***e-e ~ fahren***, ***in die ~ gehen*** entrar na curva; **⁀nreich** sinuoso
kurz [kurts] <⸚*er*; ⸚*est*> curto; *zeitl*, *fig u adv* breve; (*vergänglich*) efémero (*ê); ***sich ~ fassen*** ser breve; ***~ und bündig*** conciso; *adv a* em poucas palavras; ***~*** (***und gut***) numa palavra, enfim; em resumo; ***~*** (***e Zeit***) pouco (tempo); ***in ~em***, ***binnen ~em*** (dentro) em breve, dentro de pouco; ***nach ~er Zeit*** pouco depois, passado pouco tempo; ***vor ~em*** há pouco; recentemente; ***über ~ oder lang*** mais dia menos dia; ***~ nachdem*** (+ *pron*) pouco depois (de *inf*); ***zu ~ kommen*** ficar atrás; ***~ angebunden*** *fig* lacónico (*ô), de poucas palavras; ***~ entschlossen*** *adv* de resolução repentina; ***~ gefasst*** breve, sucinto, resumido; conciso; ***~ und klein schlagen*** espancar, escangalhar, surrar; ***es ~ machen*** ser breve; ***kürzer machen*** encurtar; abreviar; ***den Kürzeren ziehen*** perder, ficar atrás
'Kurz|arbeit *f* trabalho *m* reduzido; **⁀atmig** ['-a:tmiç] ofegante, asmático
'Kürze ['kyrtsə] *f* <*sem pl*> curteza *f*; *zeitl* brevidade *f*; *Ausdruck*: concisão *f*; ***in ~*** (dentro) em breve
'Kürzel ['kyrtsəl] *n* abreviatura *f*
'kürzen ['kyrtsən] <-*t*> abreviar; *räumlich a*: encurtar; *Text*: cortar; *MAT u* (*mindern*) reduzir
'kurz|erhand sem rodeios, sem mais nada; **⁀fassung** *f* versão *f* abreviada (*od* resumida); **⁀film** *m* <-(*e*)*s*; -*e*> filme *m* de curta metragem; **~fristig** ['-fristiç] a curto prazo; **⁀geschichte** *f* história *f* breve; short story *f*; *bras* conto *m*; **~lebig** ['-le:biç] efémero (*ê); de curta duração

K

'kürzlich ['kyrtsliç] recentemente, há pouco; *vor p/p* recém-...; ***er ist ~ angekommen*** acaba de chegar
'Kurz|nachrichten *f/pl* noticiário *m* breve; **~schluss** *m <-es; ¨e>* curto-circuito *m*; **~schrift** *f* estenografia *f*, taquigrafia *f*; **≈sichtig** ['-ziçtiç] míope; **~sichtigkeit** *f <sem pl>* miopia *f*; **~strecke(nläufer** *m*) *f* (corredor *m* de) pouca distância *f*; **~streckenrakete** *f* foguete *m* de curto alcance
'kurzum numa palavra; enfim
'Kürzung ['kyrtsuŋ] *f* (*Minderung*) corte *m*, redução *f* (*a* MAT); (*Ab≈*) abreviação *f*
'Kurzwaren *f/pl* artigos *m/pl* de costura; **~geschäft** *n <-(e)s; -e>* retrosaria *f*, *bras* loja *f* de retroses; **~händler** *m* retroseiro *m*
'Kurzweil *f <sem pl>* passatempo *m*, divertimento *m*, distra(c)ção *f*; **≈ig** divertido, agradável, interessante
'Kurzwelle *f* onda *f* curta; **~nsender** *m* emissora *f* de ondas curtas
'kurzzeitig temporário
'kuscheln ['kuʃəln] *<-le>*: (***sich***) **~** aninhar(-se), aconchegar(-se)
Ku'sine [ku'ziːnə] *f* prima *f*
Kuss [kus] *m <-es; ¨e>* beijo *m*; *Brief*: ***viele Küsse!*** beijinhos!
'küssen ['kysən] *<-t>* beijar
'kuss|fest à prova de beijo; **≈hand** *f <-; ¨e>* beijos *m/pl* (atirados com a mão); ***mit ~!*** com todo o prazer!
'Küste ['kystə] *f* costa *f*; litoral *m*; ***an der ~ von*** ao largo de
'Küsten|bewohner *m* habitante *m* do litoral; **~fischerei** *f* pesca *f* costeira; **~gewässer** *n/pl* águas *f/pl* litorais; **~schifffahrt** *f <sem pl>* navegação *f* costeira, cabotagem *f*; **~wachschiff** *n <-(e)s; -e>* patrulha-costeiro *m*; **~schutz** *m <-es; sem pl>* prote(c)ção *f* costeira
'Küster ['kystər] *m* sacristão *m*
'Kustos ['kustɔs] *m <-; Kus'toden>* conservador *m*
'Kutsch|bock ['kutʃ-] *m <-(e)s; ¨e>* boleia (*é) *f*; **~e** ['-ə] *f* coche *m*; carro *m*; **~er** *m* cocheiro *m*; **≈'ieren** *<->* conduzir num coche, ir de coche
'Kutte ['kutə] *f* hábito *m*
Kutteln *f/pl* tripas *f/pl*, *bras* dobradinha *f*
Kutter *NAV m* balandra *f*, chalupa *f*
Ku'vert [ku'vɛrt] *n <-s; -s>* (*Gedeck*) talher *m*; (*Brief≈*) sobrescrito *m*, envelope *m*
Kyber'netik [kybɛr'neːtik] *f <sem pl>* cibernética *f*

L

L, l [ɛl] *n inv* L, l *m*
la'bil [la'biːl] instável; **≈i'tät** [-bili'tɛːt] *f <sem pl>* instabilidade *f*
La'bor [la'boːr] *n <-s; -s, a -e>* laboratório *m*; **~'ant(in** *f*) [labo'rant] *m <-en>* praticante *su* de laboratório; assistente *su* de analista; **~a'torium** [-ra'toːrium] *n <-s; -torien>* laboratório *m*; **~versuch** *m <-(e)s; -e>* ensaio *m* laboratorial
Laby'rinth [laby'rint] *n <-(e)s; -e>* labirinto *m*
'Lache¹ ['laxə] *f* gargalhada *f*
'Lache² ['laːxə] *f* poça *f*, charco *m*
'lächeln ['lɛçəln] **1.** *<-le>* sorrir (***über*** *ac* de); **2.** **≈** *n* sorriso *m*; **~d** *adj* sorridente
'lachen ['laxən] **1.** rir(-se) (***über*** *ac* de); ***laut ~*** soltar uma gargalhada; ***dass ich nicht lache!*** F não me faças rir!; **2.** **≈** *n* riso *m*; ***zum ~*** ridículo; ***mir ist nicht zum ~*** não estou para brincadeiras
'lächerlich ['lɛçərliç] ridículo; irisório; ***~ machen*** ridicul(ar)izar, tornar ridículo; ***sich ~ machen*** ser ridículo
'Lach|gas *n <-es; -e>* gás *m* hilariante; **≈haft** ridículo, caricato, irisório; **~krampf** *m <-(e)s; ¨e>* riso *m* convulso
Lachs [laks] *m <-es; -e>* salmão *m*

'Lachsalve ['lax-] *f* gargalhada *f*
'Lachs|fang *m* <-(e)s; sem pl> pesca *f* de salmão; **≗farben** cor-de-salmão, assalmonado; **~forelle** *f* truta *f* assalmoada; **~schinken** *m* presunto *m* (em febra) cor-de-salmão
Lack [lak] *m* <-(e)s; -e> (*~farbe*) verniz *m*, laca *f*; charão *m* (*a Glanz≗*); **'~affe** ['-ˀafə] *m* <-n> F janota *m*; **≗'ieren** <-> envernizar; acharoar; **'~leder** *n* <-s; sem pl> cabedal *m* envernizado; polimento *m*; **'~mus** *m* <-; sem pl> tornassol *m*; **'~schuh** *m* <-(e)s; -e> sapato *m* de polimento (*od* de verniz)
'Lade ['la:də] *f* (*Schub≗*) gaveta *f*; **~fähigkeit** *f* capacidade *f*; *NAV* tonelagem *f*; **~fläche** *f* área *f* de carga; **~gerät** *n* <-(e)s; -e> máquina *f* para carregar; **~gewicht** *n* <-(e)s; -e> tonelagem *f*; **~hemmung** *MIL f* encravamento *m*
'laden ['la:dən] carregar (*a EL*); *JUR* citar; *INFORM* a(c)tivar; (*ein~*) convidar
'Laden a) *m* <-s; ¨> *ECON* loja *f*; (*Fenster≗*) porta(da) *f* de janela; **b)** *n* <sem pl> *INFORM* a(c)tivação *f*; **~diebstahl** *m* <-(e)s; -stähle> furto *m* em estabelecimento; **~hüter** *m* mono *m*, *bras* mercadoria *f* encalhada; **~inhaber(in** *f*) *m* lojista *su*, comerciante *su*; **~preis** *m* <-es; -e> preço *m* de venda (*Buch*: de capa); **~schluss** *m* <-es; sem pl> encerramento *m*, hora *f* de fechar; **~tisch** *m* <-(e)s; -e> balcão *m*
'Lade|platz *m* <-es; ¨e> embarcadouro *m*; **~rampe** *f* rampa *f* de carga; **~raum** *NAV m* <-(e)s; ¨e> porão *m*; *MIL* câmara *f*; **~schein** *NAV m* <-(e)s; -e> conhecimento *m* (de carga)
lä'dieren [lɛ'di:rən] <-> lesar
'Ladung ['la:dʊŋ] *f* carga *f* (*a MIL u EL*); carregamento *m*; *JUR* citação *f*
'Lage ['la:gə] *f* situação *f*; (*Stellung*) posição *f*; *NAV* bordada *f*; (*Ort*) *a* sítio *m*; (*Zustand*) estado *m*; *fig a* condições *f/pl* (***bei*** em); (*Schicht*) camada *f*; **~** (***Wolle***) meada *f* (de lã); ***in der ~ sein zu ...*** estar em condições de ...; ***sich in j-s ~ versetzen*** pôr-se na situação de alg; **~beziehung** *f* posição *f* recíproca
'Lager ['la:gər] *n* jazigo *m* (*a GEOL u BGB*); (*Bett*) cama *f*, leito *m*; *Tier*: cova *f*; *ECON* armazém *m*; depósito *m*; abastecedouro *m*; (*Vorrat*) sortido *m*; stock *m*, *bras* sortimento *m*, estoque *m*; *TÉCN* caixa *f*; mancal *m*; chumaceira *f*; *MIL* acampamento *m*, *a POL* campo *m*; arraial *m*; **~aufseher** *m* guarda *m*; **~bestand** *m* <-(e)s; ¨e> stock *m*, estoque *m*; **≗fähig** conservável; **~feuer** *n* fogueira *f* de acampamento; **~gebühr** *f*, **~geld** *n* <-(e)s; -er> *ECON* direitos *m/pl* (*od* taxa *f*) de armazenagem; **~halter** *m* armazenista *m*; **~haltung** *f* <sem pl> armazenamento *m*; **~haus** *n* <-es; ¨er> armazém *m*
lagern <-re> **1.** *v/i* <h, sn> (***sich***) **~** acampar, *MIL a* bivacar; (*ausruhen*) descansar; *ECON* estar armazenado; *Wein*: estar na adega; **2.** *v/t ECON* armazenar; *Wein*: pôr na adega
'Lager|platz *m* <-es; ¨e> acampamento *m*; **~raum** *m* <-(e)s; ¨e> depósito *m*, armazém *m*; **~stätte** *f* depósito *m*; jazigo *m*; **~ung** *f* armazenagem *f*; *GEOL* estratificação *f*; *TÉCN* → ***Lager***; **~verwalter** *m* armazenista *m*
'Lagune [la'gu:nə] *f* lagoa *f*
lahm [la:m] *teilweise*: aleijado (***auf***, ***in*** *dat* de); *ganz*: paralítico; (*hinkend*) coxo; *fig j-d*: sem forças; *et*: sem efeito; **~ *legen*** paralisar; **'~en** coxear
'lähm|en ['lɛ:mən] paralisar; tolher; **≗ung** ['lɛ:mʊŋ] *f MED* paralisia *f*; *fig* paralisação *f*
Laib [laɪp] *m* <-(e)s; -e>: **~ *Brot*** pão *m* (grande)
Laich [laɪç] *m* <-(e)s; -e> desova *f*, ovas *f/pl*; **'≗en¹** desovar; **'~en²** *n*, **'~zeit** *f* desova *f*
'Laie ['laɪə] *m* <-n> leigo *m*; *REL a* profano *m*; *fig* amador *m*; não-versado *m*
'Laien|bruder *m* <-s; ¨> irmão *m* leigo (*od* converso); **≗haft** leigo; *REL a* profano; *fig* estranho ao assunto; ignorante; **~priester** *m* padre *m* secular; **~spiel** *n* <-(e)s; -e> teatro *m* de amadores
La'kai [la'kaɪ] *m* <-en> lacaio *m*
'Lake ['la:kə] *f* salmoura *f*
'Laken ['la:kən] *n* lençol *m*
la'konisch [la'ko:nɪʃ] lacónico (*ô)
La'kritze [la'krɪtsə] *f* alcaçuz *m*

L

'lallen ['lalən] balbuciar; gaguejar
'Lama ['la:ma] *n* <-(*s*); -*s*> lama *m*
La'melle [la'mɛlə] *f* lamela *f*
lamen'tieren [lamɛn'ti:rən] <-> lamentar-se
La'metta [la'mɛta] *n* <-*s*; *sem pl*> fios *m/pl* de prata
Lamm [lam] *n* <-(*e*)*s*; ⁼*er*> cordeiro *m*, *nicht älter als 1 Jahr*: borrego *m*
'Lamm|fell *n* <-(*e*)*s*; -*e*> agnelina *f*; **②fromm** manso como um borrego; **~wolle** *f* <*sem pl*> lã *f* agnelina; aninho *m*
'Lampe ['lampə] *f* candeeiro *m*, lâmpada *f*
'Lampen|fieber *n* <-*s*; *sem pl*> hora *f* de burro; *allg* nervosidade *f*, nervosismo *m*; **~schirm** *m* <-(*e*)*s*; -*e*> abaju(r) *m*; abaixa-luz *m*; (*a Reflektor*) pantalha *f*
Lampi'on [lampi'õ:, lam'piɔŋ] *m* <-*s*; -*s*> lampião *m*
lan'cieren [la'si:rən] <-> lançar (*a fig*)
Land [lant] *n* <-(*e*)*s*; ⁼*er*> terra *f* (**zu** por); ***hier zu ~e*** → ***hierzulande***; ***bei uns zu ~e*** no nosso país, na nossa terra; *Art*: *a* terreno *m*; **Stück ~** terra *f*, fazenda *f*; (*Ggs zu Stadt*) mpo *m* (**auf dem** no, **aufs** ao); *POL* país; ***an ~ gehen*** desembarcar; ***außer ~es gehen*** emigrar, sair; ***des ~es verweisen*** expulsar; **'~arbeit** *f* lavoura *f*; **'~arbeiter** *m* trabalhador *m* agrícola, *bras* peão *m*; **'~arzt** *m* <-*es*; ⁼*e*> médico *m* de aldeia; **'~aufenthalt** *m* <-(*e*)*s*; -*e*> estância (*bras* permanência) *f* no campo; **'~bau** *m* <-(*e*)*s*; *sem pl*> agricultura *f*, lavoura *f*; **'~besitz** *m* <-*es*; -*e*> propriedade(s *pl*) *f*; quinta *f*; *bras* terras *f/pl*, sítio *m*; *großer*: latifúndio *m*, *bras* fazenda *f*; **'~besitzer** *m* proprietário *m*, *bras a* dono *m*; **'~bevölkerung** *f* população *f* rural; **'~bewohner(in *f*)** *m* camponês *m*, -esa *f*
'Landebahn *f* pista *f* de aterragem *m*, *bras* pista *f* de aterrissagem (*od* pouso *m*)
land'einwärts terra adentro
'landen ['landən] <-*e*-> **1.** *v/t* desembarcar; **2.** *v/i NAV Schiff*: abicar, *bras a* aportar; *Passagier*: desembarcar; *AV* aterrar, *bras* aterissar, pousar; *Boxhieb*: F chegar
'Landenge *f* istmo *m*
'Landeplatz ['landə-] *m* <-*es*; ⁼*e*> desembarcadouro *m*; *AV* campo *m* de aterr(iss)agem; aeroporto *m*
Länder|'eien [lɛndə'raɪən] *f/pl* bens *m/pl* de raiz; terrenos *m/pl*; **'~kampf** *m* <-(*e*)*s*; ⁼*e*> *Sport*: campeonato *m* internacional; **'~spiel** *n* <-(*e*)*s*; -*e*> jogo (*od* desafio) *m* internacional
'Landes|beschreibung *f* topografia *f*; **~farben** *f/pl* cores *f/pl* nacionais; **~grenze** *f* fronteira *f*; **~herr** *m* <-*en*> soberano *m*; **~innere** *n* <*sem pl*> interior *m* do país; **~kirche** *f* Igreja *f* nacional (*od* regional); **~regierung** *f* governo *m*; **~sprache** *f* lingua *f* (*od* idioma *m*) nacional; **②üblich** usual; ***~ sein*** ser costume nacional, ser uso nacional; **~verrat** *m* <-(*e*)*s*; *sem pl*> crime *m* de lesa-pátria; **~verräter** *m* traidor *m* à pátria; **~verteidigung** *f* <*sem pl*> defesa *f* nacional; **②weit** em todo o país
'Land|flucht *f* <*sem pl*> êxodo *m* rural; **~gericht** *n* <-(*e*)*s*; -*e*> juízo *m* de primeira instância, juízo *m* de comarca; **②gestützt** *Rakete*: com base terrestre; **~gut** *n* <-(*e*)*s*, -*güter*> quinta *f*; *bras* propriedade *f* rural, sítio *m*; **~haus** *n* <-*es*; ⁼*er*> casa *f* de campo; *bras* chácara *f*; **~karte** *f* mapa *m*, carta *f* geográfica; **~kreis** *m* <-*es*; -*e*> distrito *m*; comarca *f*; **②läufig** usual, corrente; **~leben** *n* <-*s*; *sem pl*> vida *f* rústica; **~leute** *pl* camponeses *m/pl*; gente *f/sg* do campo; lavradores *m/pl*
'ländlich ['lɛntliç] campestre, rústico, aldeão; *a POL* rural
'Land|mann *m* <-(*e*)*s*; -*leute*> camponês *m*; lavrador *m*; **~maschine** *f* máquina *f* agrícola; **~partie** *f* excursão *f*, passeio *m* ao campo; pique-nique *m*; **~plage** *f* calamidade *f*, praga *f*, flagelo *m*; **~rat** *m* <-(*e*)*s*; ⁼*e*> administrador *m* do concelho; **~regen** *m* chuva *f* geral; **~rücken** *m* alto *m*
'Landschaft *f* paisagem *f*; *POL* província *f*, região *f*; **②lich** regional; *Anblick*, *Bild*: da paisagem; paisagístico; **~sarchitekt(in *f*)** *m* <-*en*> paisagista *su*; **~sbild** *n* <-(*e*)*s*; -*er*> panorama *m*; paisagem *f*; **~sgärtner(in *f*)** *m* arquite(c)to *m*, -a *f* paisagista; **~smaler** *m* paisagista *m*;

~sschutz *m* <*-es; sem pl*> prote(c)ção *f* da paisagem
'Land|schildkröte *f* tartaruga *f*; **~schule** *f* escola *f* rural; **~schulheim** *n* <*-(e)s; -e*> colónia (*ô) *f* escolar; **~sitz** *m* <*-es; -e*> quinta *f*
'Landsmann *m* <*-(e)s; -leute*>, **~männin** ['-mɛnin] *f* compatriota *su*, patrício *m*, -a *f*
'Land|spitze *f* cabo *m*; **~straße** *f* estrada *f* (nacional); **~streicher**('ei *f*) *m* vagabundo *m* (vagabundagem *f*); **~streitkräfte** *MIL pl* forças *f/pl* terrestres; **~strich** *m* <*-(e)s; -e*> região *f*; **~tag** *m* <*-(e)s; -e*> *POL* dieta *f*, *bras* câmara *f* dos deputados; **~tier** *n* <*-(e)s; -e*> animal *m* terrestre
'Landung ['landuŋ] *f NAV* arribação *f*; *j-s*: desembarque *m*; *AV* aterragem *f*, *bras* aterrissagem *f*; **~sbrücke** *f* ponte *f* de desembarque; **~ssteg** *m* <*-(e)s; -e*> prancha *f*, ponte *f* de atracar
'Land|vermesser *m* agrimensor *m*; **~vermessung** *f* geodesia *f*; **~weg** *m* <*-(e)s; -e*> via *f* terrestre (***auf dem*** por); **~wein** *m* <*-(e)s; -e*> vinho *m* da região; **~wirt** *m* <*-(e)s; -e*> agricultor *m*, lavrador *m*; ***Diplom≈*** engenheiro *m* agrónomo
'Landwirtschaft *f* <*sem pl*> agricultura *f*, lavoura *f*; **≈lich** agrícola; agronómico (*ô); **~sminister(ium** *n* <*-s; -ministerien*>) *m* Ministro (Ministério) *m* da Agricultura
'Landzunge *f* língua *f* de terra
lang [laŋ] <*¨er; ¨st*> **a)** *räuml* comprido; ***1 Meter ~ sein*** ter um metro de comprimento; (***des***) ***≈***(***en***) ***und Breit***(***en***) com todos os pormenores; **b)** *zeitl* longo, largo; ***ein Jahr ~*** durante um ano; ***seit ~em*** desde (*od* há *od* faz) muito tempo; ***von ~er Hand*** *fig* de antemão; ***die Zeit wird mir ~*** estou aborrecido, *bras* é enfadonho; → ***lange***, ***länger***, ***längst***
'langatmig ['-aːtmiç] *fig* prolixo; circunstanciado; (*langweilig*) enfadonho
'lange *adv* (há) muito tempo; ***~ brauchen*** demorar; ***nicht ~*** pouco (tempo); ***es ist ~ her, dass*** faz muito tempo que; ***noch ~ nicht*** falta ainda muito; ***so ~*** tanto tempo; ***so ~, bis*** até que, até (*pron u inf pers*); ***wie ~?*** (há) quanto tempo?; ***wie ~*** (***noch***)***?*** até quando?
'Länge ['lɛŋə] *f* comprimento *m*; extensão *f*; longura *f*; *Zeit*: duração *f*; *GEOGR u MAT* longitude *f*; ***der ~ nach***, ***in die ~*** ao longo, ao comprido; (***sich***) ***in die ~ ziehen*** prolongar(-se); demorar; *Stoff*: esticar
'langen ['laŋən] **1.** *v/i* (*genügen*) chegar, bastar; ***~ nach*** estender a mão para; ***jetzt langt's mir!*** F basta!; **2.** *v/t* (*greifen nach*) F apanhar; (*geben*) passar; ***j-m e-e*** (***Ohrfeige***) ***~*** chegar a alg, *bras* dar um bofetão *m* (*od* bofetada) em alg
'Längen|grad *m* (grau *m* de) longitude *f*; **~kreis** *m* <*-es; -e*> meridiano *m*; **~maß** *n* <*-es; -e*> comprimento *m*
'länger ['lɛŋər] (*comp von* ***lang***) mais comprido, mais longo, mais extenso; *zeitl* mais (tempo); ***~e Zeit*** (durante) algum tempo; ***~ machen*** alongar, esticar
'Langeweile *f* <*sem pl*> aborrecimento *m*, tédio *m* (***aus***, ***vor*** *dat* de); ***~ haben***, ***~ bekommen*** aborrecer-se, ficar aborrecido
'Lang|finger F *m* ladrão *m*, gatuno *m*; **≈fristig** ['-fristiç] a longo prazo; **≈haarig** de cabelo comprido; **≈jährig** de muitos anos; antigo; **~lauf** *m* <*-(e)s; ¨e*> corrida *f* de fundo; **~laufski** *m* esqui *m* de fundo; **≈lebig** longevo, de longa vida, durável; *BOT* vivaz; **~lebigkeit** *f* <*sem pl*> longevidade *f*
'länglich ['lɛŋliç] oblongo; alongado
'Lang|mut *f* <*sem pl*> paciência *f*, longanimidade *f*; **≈mütig** ['-myːtiç] paciente
längs [lɛŋs] (*gen*, *dat*) ao longo de
'langsam lento; *adv* devagar; ***~er werden*** (*od* ***fahren***) diminuir (*od* baixar) o ritmo (*od* a velocidade); **≈keit** *f* <*sem pl*> vagar *m*; lentidão *f*
'Lang|schläfer *m* dorminhão *m*, dorminhoco *m*; **~spielplatte** *f* (disco *m* de) microgravação *f*, *bras* elepê *m*, long-play *m*
'Längsschnitt *m* <*-(e)s; -e*> corte *m* longitudinal
längst [lɛŋst] (*sup von* ***lang***) o mais comprido, o mais longo; *adv* há muito (tempo); ***~ nicht*** nem por sombras; **'~ens** o mais tardar

'lang|stielig ['-ʃtiːliç] com pé alto; com cabo longo; **≈streckenlauf** *m* <-(*e*)*s*; ¨*e*> *Sport*: corrida *f* de longa (*od* grande) distância; **≈strecken-rakete** *f* foguetão (*bras* foguete) *m* de longo alcance

Lan'guste [laŋ'gustə] *f* lagosta *f*

'lang|weilen aborrecer, maçar, *bras* enfadar; **~weilig** [-vaɪliç] aborrecido, maçador; **≈welle** *f* onda *f* comprida (*bras* longa); **~wierig** ['-viːriç] moroso; *MED* crónico (*ô)

'Langzeitwirkung *f* efeito *m* de longa duração, efeito *m* prolongado

'Lanze ['lantsə] *f* lança *f*; ***e-e ~ brechen für*** defender

Lan'zette [lan'tsɛtə] *MED* *f* lanceta *f*

lapi'dar [lapi'daːr] lapidar

Lap'palie [la'paːliə] *f* bagatela *f*; insignificância *f*

'Lappe ['lapə] *m* <-*n*> lapão *m*, lapónio (*ô) *m*

'Lapp|en *m* trapo *m*; farrapo *m*; *ANAT* lobo *m*; lóbulo *m*; ***durch die ~ gehen*** escapar(-se); **≈ig** trapento, *BOT u ZO* lobado

'Lappin *f* lapoa *f*, lapónia (*ô) *f*

'läppisch ['lɛpiʃ] parvo, pueril; trivial

Laptop ['lɛptɔp] *m* <-*s*; -*s*> computador *m* portátil

'Lärche ['lɛrçə] *BOT* *f* larício *m*

Lärm [lɛrm] *m* <-(*e*)*s*; *sem pl*> ruído *m*, barulho *m*; ***~ schlagen*** tocar a rebate; → ***~ machen*** (*a fig*) = **'≈en** fazer barulho; **'≈end** *adj* ruidoso, barulhento; **'~pegel** *m* intensidade *f* de ruído; **'~schutz** *m* <-*es*; *sem pl*> prote(c)ção *f* contra ruídos; **'~schutzwall** *m* <-(*e*)*s*; ¨*e*> barreira *f* de prote(c)ção contra ruídos, barreira anti-ruído

'Larve ['larfə] *f* máscara *f*; *ZO* larva *f*

lasch [laʃ] frouxo; lasso; F mole; **'≈e** *f* *TÉCN* encaixe *m*; (*Schuh≈*) pala *f*, presilha *f*; *CAM. DE F* eclisa *f*; **'≈heit** *f* <*sem pl*> frouxidão *f*; lassidão *f*; *fig a* inércia *f*

'Laser ['leːzər] *m* <-*s*; -> laser *m*; **~drucker** *m* *INFORM* impressora *f* laser; **~strahl** *m* <-(*e*)*s*; -*en*> raio *m* laser

'lassen ['lasən] (*zu~*) deixar; (*aufgeben, unter~*) deixar (***das Rauchen*** de fumar), deixar ficar, deixar-se de; (*veran~*) mandar, fazer; ***~ von*** desistir de, renunciar a; ***sein Leben ~*** sacrificar a vida; ***j-m Zeit ~*** dar tempo a alg; ***sich*** (*dat*) ***Zeit ~*** não ter pressa; *Möglichkeit*: ***sich*** *auswechseln etc* ***~*** poder-se, deixar-se; ***sich sehen ~*** aparecer; ***sich sehen ~ können*** *fig* apresentar-se bem; ***lass das sein!*** deixa isso!; ***sich ein Kleid machen ~*** mandar fazer um vestido; ***niemanden zu sich ~*** não receber ninguém; ***lass nur!*** deixa estar!

'lässig ['lɛsiç] negligente, indiferente; descuidado; **≈keit** *f* <*sem pl*> à-vontade *m*; (*Nach≈*) indiferença *f*

'Lasso ['laso] *n* <-*s*; -*s*> laço *m*

Last [last] *f* carga *f*; (*Gewicht, Bürde*) peso *m*, fardo *m*; *JUR* agravo *m*, acusação *f*; responsabilidade *f*; ónus (*ô) *m*; ***j-m zur ~ fallen*** ser uma carga para alg; ***j-m et zur ~ legen*** imputar a/c a alg; atribuir a alg a responsabilidade de a/c; incriminar alg de (*od* por) a/c; *ECON* ***zu ~en*** → ***zulasten***; **'~auto** *n* <-*s*; -*s*> camião *m*, *bras* caminhão *m*

'lasten ['lastən] <-*e*-> pesar, carregar (***auf*** *dat* sobre); **≈aufzug** *m* <-(*e*)*s*; ¨*e*> monta-cargas *m*, elevador *m* de cargas; **≈ausgleich** *m* <-(*e*)*s*; *sem pl*> perequação (*bras* adequação) *f* de encargos

'Laster ['lastər] **1.** *n* vício *m*; **2.** *m* F camião *m*, *bras* caminhão *m*

'Lästerer ['lɛstərər] *m* difamador *m*; detra(c)tor *m*, *REL* blasfemo *m*

'lasterhaft vicioso; perverso, corru(p)to

'Läster|maul *n* ['lɛstər-] <-(*e*)*s*; ¨*er*> má-língua *su*, *bras* fofoqueiro *m*, língua-de-trapo *m*; **≈n** <-*re*> *REL* blasfemar (***über j-n*** contra alg), renegar; (*schmähen*) ofender, difamar; **~ung** *f* blasfémia (*ê) *f*

'lästig ['lɛstiç] importuno, enfadonho, maçador, *bras a* chato; *j-m* ***~ fallen*** molestar, maçar, *bras* chatear, importunar

'Last|kahn *m* <-(*e*)*s*; ¨*e*> batelão *m* de carga, barcaça *f*; **~kraftwagen** *m* camião *m*, *bras* caminhão *m*

Last-Minute-Flug [laːst'minit-] *m* last minute *m*

Lastschrift *f* *ECON* débito *m*

Last|wagen *m* → ***~kraftwagen***; **~wagenfahrer** *m* camionista *m*, *bras* caminhoneiro *m*, chofer *m* de um caminhão; **~zug** *m* <-(*e*)*s*; ¨*e*> camião (*bras* caminhão) *m* com reboque

La'sur [la'zu:r] *f* (camada *f* de) verniz *m*

La'tein [la'taɪn] *n* <-*s*; *sem pl*> latim *m*; ***mit seinem ~ am Ende sein*** *fig* chegar ao fim da sua ciência; **~amerika** *n* América *f* Latina; **≈amerikanisch** latino-americano; **≈isch** latino; *Buchstabe*: romano

La'terne [la'tɛrnə] *f* lanterna *f*; candeeiro *m*; *NAV u CAM. DE F* farol *m*

'latschen ['la:tʃən] <*sn*> F arrastar os pés

'Latte ['latə] *f* ripa *f*, fasquia *f*, sarrafo *m*, *bras a* pau *m*; estaca *f*

'Latten|rost *m* <-(*e*)*s*; -*e*> grade *f* de ripas; **~zaun** *m* <-(*e*)*s*; ¨*e*> taipa *f*, estacada *f*

Latz [lats] *m* <-*es*; ¨*e*> (*Brust*≈) peitilho *m*; (*Hosen*≈) braguilha *f*

'Lätzchen ['lɛtsçən] *n* babete *m*, babadouro *m*, *bras* babador *m*

'Latzhose ['lats-] *f* calças *m/pl* de peitilho

lau [laʊ] tépido, morno; *fig* tíbio

Laub [laʊp] *n* <-(*e*)*s*; *sem pl*> folhagem *f*; ***dürres ~*** folhas *f/pl* secas; **'~baum** *m* <-(*e*)*s*; ¨*e*> árvore *f* de folha caduca

'Laube ['laʊbə] *f* caramanchão *m*; **~nkolonie** *f* colónia *f* (*bras* agrupamento *m*) de hortas pequenas com chalés; jardins *m/pl* de operários

'Laub|frosch *m* <-(*e*)*s*; ¨*e*> rela *f*, reineta *f*, *bras* perereca *f*; **~säge** *f* serra *f* mecânica; **~wald** *m* <-(*e*)*s*; ¨*er*> floresta *f* de folha (*bras* folhagem) caduca; **~werk** *n* <-(*e*)*s*; -*e*> folhagem *f*, ramagem *f*

Lauch [laʊx] *m* <-(*e*)*s*; -*e*> alho-porro *m*, *bras a* alho-poró *m*

'Lauer ['laʊər] *f* <*sem pl*>: ***auf der ~ liegen*** estar à espreita; ***sich auf die ~ legen*** emboscar-se, pôr-se de emboscada; **≈n** <-*re*>: ***auf*** (*ac*) ***~*** estar à espreita de; (*warten*) aguardar, esperar (*ac*); **≈nd** à espera; à espreita

Lauf [laʊf] *m* <-(*e*)*s*; ¨*e*> carreira *f*; curso *m*; *Sport*: corrida *f*; *Wasser*: corrente *f*; *TÉCN*, (*Ver*≈) marcha *f*; *fig* decurso *m*, decorrer *m*; evolução *f*; (*Rohr*, *Gewehr*≈) cano *m*; *MÚS* passagem *f*; *ZO* pata *f*; ***seinen ~ nehmen*** seguir o seu curso; ***freien ~ lassen*** dar livre curso; ***im ~e des Lebens*** pela vida fora; ***im ~e der Zeit*** com o tempo; **'~bahn** *f fig* carreira *f*; **'~bursche** *m* <-*n*> moço *m* de recados; contínuo *m*

'laufen <*sn*> correr (*a fließen*); (*gehen*) andar; marchar, *TÉCN a* funcionar; *Film*: exibir-se, proje(c)tar-se; *Gefäß*: deitar, *bras* pôr; ***die Dinge ~ lassen*** deixar correr as coisas; **~d** *adj* corrente; *Nummer*: corrido; *adv* permanentemente; ***auf dem ≈en*** ao corrente (***halten*** pôr, ***sein*** estar)

'Läufer ['lɔyfər] **1.** *m* (*Flur*≈, *Treppen*≈) passadeira *f*; *Schach*: bispo *m*; *TÉCN* cursor; *EL* induzido *m*; **2. ~** *m*, **~in** *f Sport*: corredor(a *f*) *m*

Lauf|e'rei [laʊfə'raɪ] *f* correria *f*; **'~feuer** *n*: ***sich wie ein ~ verbreiten*** espalhar-se como um rastilho (*bras* fio de pólvora); **'~gitter** *n* → **~stall**; **'~graben** *m* <-*s*; ¨> trincheira *f*

'läufig ['lɔyfiç] *ZO*: ***~ sein*** estar no cio

'Lauf|käfer *m* cárabo *m*; **~katze** *TÉCN f* carrinho *m* (*bras* carreta *f*) para talha; **~kran** *m* <-(*e*)*s*; ¨*e*> guindaste *m* rolante; **~kundschaft** *f* <*sem pl*> clientela *f* ocasional; **~masche** *f* malha *f* caída; **~schritt** *m* <-(*e*)*s*; -*e*> passo *m* acelerado; **~stall** *m* <-(*e*)*s*; ¨*e*> parque *m* de bébé, *bras* chiqueirinho *m*; **~steg** *m* <-(*e*)*s*; -*e*> passadouro *m*, *bras* passarela *f*; **~werk** *n* <-(*e*)*s*; -*e*> *Uhr*: mecanismo *m* de relógio; *TÉCN* mecanismo *m* de movimento; *INFORM* drive *m*, a(c)cionador *m* (de ...); **~zeit** *f Sport*: tempo *m* de corrida; *ECON* prazo *m* de circulação; **~zettel** *m* circular *f*; guia *f*

'Lauge ['laʊgə] *f* barrela *f*, lixívia *f*

'Laun|e ['laʊnə] *f* humor *m*; (*Grille*) capricho *m*; ***gute ~ haben, guter ~ sein*** estar bem disposto; ***bei guter ~*** bem disposto; **≈enhaft** caprichoso, esquisito; **~enhaftigkeit** *f* <*sem pl*> esquisitice *f*, casmurrice *f*; **≈ig** alegre, jovial, humorístico; **≈isch** → **≈enhaft**

Laus [laʊs] *f* <-; ¨*e*> (*Kopf*≈) piolho *m*; (*Filz*≈) chato *m*; **'~bub** *m* <-*en*> maroto *m*

'lausch|en ['laʊʃən] escutar; *heimlich*: estar à escuta, espreitar; **~ig** conchegado, sossegado, agradável
'laus|en <*-t*> catar; **~ig** piolhento; *fig* P pelintra; miserável
laut [laʊt] **1.** *adj Stimme*: alto, sonoro; (*lärmend*) ruidoso; *adv* em voz alta; *fig* **~ werden** *Stimmen*: correr; **2.** *prp* (*gen*) segundo (*ac*), conforme a; (*Kraft*) em virtude de; **3.** **♀** *m* <*-(e)s*; *-e*> som *m*; ***keinen ~ von sich geben*** ficar calado
Laute *MÚS f* alaúde *m*
lauten <*-e-*> *Text*: dizer; rezar; ***auf*** (*ac*) **~** *ECON* ir em nome de; *JUR Urteil*: ***auf*** *3 Jahre Gefängnis etc* **~** determinar (*ac*)
'läuten ['lɔytən] <*-e-*> **1.** *v/t* tocar; *Kirchenglocken*: *a* repicar, *zu Grabe*: dobrar; *v/i* (*ertönen*) soar; ***es läutet*** estão a tocar; **2.** **♀** *n* toque *m*, repique *m*
'lauter ['laʊtər] **1.** (*comp von* ***laut***) mais alto; **2.** (*rein*) puro; *fig* sincero; **3.** *inv* (*nichts als*) não ... senão; só; mero; (*viel*) uma data de, *bras* um monte de; ***aus*** (*od* ***vor***) **~ *Angst*** de tanto medo; **♀keit** *f* <*sem pl*> pureza *f*, sinceridade *f*, lealdade *f*, integridade *f* (moral)
'läuter|n ['lɔytərn] <*-re*> purificar, apurar; *fig* sublimar; **♀ung** *f* purificação *f*; sublimação *f*
'Laut|gesetz *n* <*-es*; *-e*> *GRAM* lei *f* fonética; **~lehre** *f* <*sem pl*> fonética *f*; **♀los** silencioso; **~malerei** *f* onomatopeia (*é) *f*; **~schrift** *f* transcrição *f* fonética; **~sprecher** *m* alto-falante *m*; **♀sprecheranlage** *f* aparelhagem *f* de som; **~sprecherbox** *f* altifalante *m*, coluna *f*, *bras* caixa *f* de som, alto-falante *m*; **♀stark** potente; intenso; **~stärke** *f* volume *m* do som, intensidade *f* do som; *Radio*: *a* potência *f* sonora (*od* do som); **~verschiebung** *f GRAM* mutação *f* consonântica
'Läutwerk ['lɔytvɛrk] *n* <*-(e)s*; *-e*> alarme *m*
'lauwarm <*sem pl*> morno
'Lava ['laːva] *f* <*sem pl*> lava *f*
La'vendel [la'vɛndəl] *m* <*-s*; *sem pl*> alfazema *f*, *bras a* lavanda *f*
la'vieren [la'viːrən] *NAV* <*-*; *h u sn*> bordejar; *fig* oscilar, manobrar
La'wine [la'viːnə] *f* alude *m*, avalancha *f* (*a fig*), *bras a* avalanche *f*
lax [laks] desleixado, frouxo, lasso; **'♀heit** *f* <*sem pl*> lassidão *f*
Lay'out [leɪaʊt] *n* <*-s*; *-s*> lay-out *m*, *bras* leiaute *m*
Laza'rett [latsa'rɛt] *n* <*-(e)s*; *-e*> hospital *m* (militar)
LC'D-Bildschirm [ɛltseː'deː-] *m* <*-(e)s*; *-e*> *INFORM* tela *f* de cristal líquido
'Leasing ['liːziŋ] *n* <*-s*; *-s*> leasing *m*
'Lebemann *m* <*-(e)s*; *⸚er*> pândego *m*; homem *m* galante
'leben ['leːbən] viver; ***zu ~ haben*** ter de que viver; ***gut ~*** levar boa vida; **~ *Sie wohl!*** adeus!; (***hoch***)**~ *lassen*** beber à saúde de; dar vivas a; ***es lebe ...!*** viva ...!
'Leben *n* vida *f* (***führen*** levar); ***am ~ sein*** ser (*bras* estar) vivo, estar com vida; ***am ~ bleiben*** sobreviver; ***ums ~ bringen*** matar, assassinar; ***ums ~ kommen*** perder a vida, perecer, morrer; ***et für sein ~ gern tun*** adorar fazer a/c; ***ins ~ rufen*** fundar, criar; ***sich*** (*dat*) ***das ~ nehmen*** suicidar-se; ***mein ~ lang*** (em) toda a minha vida
'lebend *adj* vivo, vivente; **♀gewicht** *n* <*-(e)s*; *-e*> peso *m* vivo
le'bendig [le'bɛndiç] vivo; **♀keit** *f* <*sem pl*> vida *f*, vitalidade *f*, vivacidade *f*
'Lebens|abend *m* <*-s*; *sem pl*> velhice *f*; **~ader** *f* <*-*; *-n*> artéria *f* (*a fig*); **~alter** *n* <*sem pl*> idade *f*; **~art** *f* modo *m* de vida; (*Umgangsformen*) maneiras *f/pl*; **~aufgabe** *f* tarefa *f* de (toda) uma vida; ***sich*** (*dat*) ***et zur ~ machen*** consagrar-se (*od* consagrar a vida inteira) a a/c; **~baum** *m* <*-(e)s*; *⸚e*> tuia *f*; **~bedingungen** *f/pl* condições *f/pl* de vida; **~beschreibung** *f* biografia *f*; **~dauer** *f* <*sem pl*> (tempo *m* da) vida *f*; (*Haltbarkeit*) durabilidade *f*; **~ende** *n* <*-s*; *sem pl*> fim *m* da vida; morte *f*; **~erfahrung** *f* experiência *f* da vida; **~erwartung** *f* <*sem pl*> esperança *f* de vida; expe(c)tativa *f* (média) de vida; **♀fähig** em condições de viver, robusto, resistente; **~fähigkeit** *f* <*sem pl*> vitalidade *f*; **~frage** *f* questão *f* vital; **~freude** *f* <*sem pl*> → ***~lust***; **~gefahr** *f* <*sem pl*> perigo *m* de morte; **♀gefähr-**

lich muito perigoso, muito grave; **~gefährte** *m*, **~gefährtin** *f* consorte *su*, companheiro *m*, -a *f*; **~geister** *m/pl* espíritos *m/pl* vitais; vitalidade *f/sg*; **~gemeinschaft** *f* comunidade *f*; vida *f* (em) comum; **~geschichte** *f* biografia *f*; **2groß**, ***in ~größe*** *f* <*sem pl*> de tamanho natural; *Bild*: em corpo inteiro; **~haltung(skosten** *pl*) *f* (custo *m/sg* da) vida *f*; **~kraft** *f* <-; ¨e> vitalidade *f*; força *f* vital; **2länglich** perpétuo; *Rente, Stellung etc*: vitalício; **~lauf** *m* <-(*e*)*s*; ¨e> vida *f*; carreira *f*; *Schrift*: curriculum *m* vitae; **~lust** *f* alegria *f* de viver; **2lustig** vivo, alegre, folgazão

'Lebensmittel *n/pl* víveres *m/pl*; géneros (*ê) *m/pl* alimentícios; **~abteilung** *f* se(c)ção *f* alimentar; **~geschäft** *n* <-(*e*)*s*; -*e*> mercearia *f*; loja *f* de produtos alimentares; **~vergiftung** *f* envenenamento *m* alimentar

'lebens|müde cansado da vida; farto de viver; **2mut** *m* <-(*e*)*s*; *sem pl*> energia *f* vital, vitalidade *f*; **~nah** realista; **~notwendig** vital; indispensável à vida

'Lebens|qualität *f* <-; *sem pl*> qualidade *f* de vida; **~raum** *m* <-(*e*)*s*; ¨e> espaço *m* vital; **~regel** *f* <-; -*n*> regra (*od* norma) *f* de conduta, máxima *f*; **~retter** *m*: (***mein***) ~ salvador *m* da (minha) vida; **~standard** *m* <-*s*; *sem pl*> nível *m* da vida; **~stellung** *f* posição *f* (social); (*Posten*) lugar *m* da vida, *bras* cargo *m* vitalício; **~stil** *m* <-*s*; -*e*> estilo *m* de vida; **2überdrüssig** desgostoso da vida; **~unterhalt** *m* <-(*e*)*s*; *sem pl*> subsistência *f*; sustento *m*; ***sich*** (*dat*) ***den ~ verdienen*** ganhar a (sua *etc*) vida; **~versicherung** *f* seguro *m* de vida; **~wandel** *m* <-*s*; *sem pl*> vida *f* (***j-s*** que alg leva), estilo *m* de vida; **~weg** *m* <-(*e*)*s*; -*e*> vida *f*; carreira *f*; **~weise** *f* hábito *m*; MED regime *m*; **~weisheit** *f* filosofia *f* prática; **~werk** *n* <-(*e*)*s*; -*e*>; ***sein ~*** a obra da sua vida; **2wichtig** (de interesse) vital; **~zeichen** *n* sinal *m* de vida; **~zeit** *f*: ***auf ~*** por toda a vida; vitalício

'Leber ['le:bər] *f* fígado *m*; ***frisch von der ~ weg*** *fig* sem rodeios, F sem papas na língua; **~fleck** *m* <-(*e*)*s*; -*e*> sinal *m*, *bras a* pinta *f*; **2krank** doente do fígado; ***~ sein*** *a* sofrer do fígado, ser hepático; **~leiden** *n* doença *f* do fígado; hepatismo *m*; **~tran** *m* <-(*e*)*s*; *sem pl*> óleo *m* de fígado de bacalhau; **~wurst** *f* <-; ¨e> chouriço *m* de fígado (picado), *bras* patê *m* de fígado; **~zirrhose** *f* MED cirrose *f* do fígado

'Lebe|wesen *n* ser *m* vivo; **~'wohl** *n* <-*s*; *sem pl*> adeus *m*

'lebhaft ['le:phaft] vivo; animado; caloroso; *Verkehr*: intenso; **2igkeit** *f* <*sem pl*> vivacidade *f*; animação *f*; *Verkehr*: intensidade *f*

'Leb|kuchen ['le:p-] *m* broa *f* de mel; **2los** sem vida, inânime; **~zeiten** *f/pl*: ***bei*** (*od* ***zu***) ***j-s ~*** em vida de alg

leck [lɛk] **1.** *adj* roto, *bras* furado; ***~ sein*** escorrer; estar com água aberta, *bras* estar furado (*od* vazando); ***~ werden*** meter (*bras* fazer) água; **2.** 2 *n* <-(*e*)*s*; -*e*> furo *m*; NAV rombo *m*; **'~en 1.** *v/i* → ***leck sein***; deitar (água), vazar; **2.** *v/t* lamber; ***sich die Finger nach et ~*** *fig* F lamber-se todo por a/c

'lecker ['lɛkər] delicioso, apetitoso; **2bissen** *m* petisco *m*

'Leder ['le:dər] *n* couro *m*; (*feines ~*) cabedal *m*, napa *f*; pele *f*, pelica *f*; ***vom ~ ziehen*** desembainhar (a espada); **~(ein)band** *m* <-(*e*)*s*; ¨e> encadernação *f* em couro; **~händler** *m* coureiro *m*; **~haut** MED *f* <-; ¨e> derme *f* esclerótica; **~hose** *f* calças *m/pl* de cabedal (*od* de couro); **~jacke** *f* casaco *m* de cabedal (*od* de couro); **2n** *adj* de couro, de pelica; encorreado; *fig* insípido; **~waren** *f/pl* artigos *m/pl* de cabedal (*od* couro)

'ledig ['le:diç] livre; (*unverheiratet*) solteiro; celibatário; **~lich** ['-dig-] meramente; pura e simplesmente

Lee [le:] NAV *f od n* <-*s*; *sem pl*> sotavento *m*

leer [le:r] vazio; oco (*a fig*); *Drohung, Versprechen, Gerede*: vão; *Stelle*: vago; (*unbewohnt*) desocupado (***stehen*** estar); (*unbeschrieben*) em branco; *fig* vão, fútil, insignificante; ***mit leeren Händen*** com as mãos a abanar, *bras* com as mãos vazias; *TÉCN* **~ laufen** *TÉCN* correr em vazio, andar em ponto morto; **~ stehend** desocupado; sem mobília; devoluto; *TÉCN* **~ machen** → **~en**; **~ werden** esvaziar-se, ficar vazio

'Leere *f* <*sem pl*> vazio *m*; *FÍS* vácuo *m*; *fig* vaidade *f*

'leer|en esvaziar; *Briefkasten etc* (*ausräumen*) tirar ... de; **≈gewicht** *n* <-(*e*)*s*; *sem pl*> peso *m* em vazio; *ECON* tara *f*; **≈gut** *n* <*sem pl*> vasilhame *m*; embalagens *f/pl* vazias; **≈lauf** *TÉCN m* <-(*e*)*s*; ¨*e*> funcionamento *m* (*od* marcha *f*) em vazio; *Motor*: ponto *m* morto (***auf*** em); **≈taste** *f* tecla *f* de espaço; **≈ung** *f* tiragem *f*; esvaziamento *m*; **≈zeile** *f* linha *f* em branco

'Lefze ['lɛftsə] *f* beiço *m*

le'gal [le'ga:l] legal; **~i'sieren** [legali'z-] <-> legalizar; **≈i'tät** [-li'tɛ:t] *f* <*sem pl*> legalidade *f*

Lega|sthe'nie [legaste'ni:] *f* dislexia *f*; **~s'theniker(in** *f*) [-'te:nikər] *m* dislexico *m*, -a *f*

Le'gat [le'ga:t] **1.** *m* <-*en*> legado *m*, núncio *m*; **2.** *n* <-(*e*)*s*; -*e*> legado *m*

'Legehenne ['le:gə-] *f* galinha *f* de pôr, galinha *f* poedeira

'legen ['le:gən] pôr (*a Eier*), *bras a* botar; *in* (*ac*) *hinein a*: meter; *Grund*(*stein*) lançar; *Kartoffeln*: semear; *Schienen*: assentar, colocar; ***zur Last ~*** atribuir, imputar; ***sich ~*** (*nachlassen*) acalmar-se, abrandar, passar; ***sich*** (***lang hin***)***~*** deitar-se; estender-se

legend'är [legɛn'dɛ:r] legendário

Le'gende [le'gɛndə] *f* lenda *f*, legenda *f*

le'ger [le'ʒɛ:r] descuidado; à vontade, desportivo

le'gier|en [le'gi:rən] <-> ligar; **≈ung** *f* liga *f*

Legisla|'tive [legisla'ti:və] *f* poder *m* legislativo; **~'tur** [-'tu:r] *f* legislação *f*; legislatura *f*; **~'turperiode** *f* período *m* legislativo

legi'tim [legi'ti:m] legítimo; **≈ati'on** [-timatsi'o:n] *f* documento (*od* bilhete) *m* de identidade; **~'ieren** [-ti'mi:rən] <-> legitimar; ***sich ~*** provar a sua identidade

'Lehen ['le:ən] *n* feudo *m*

Lehm [le:m] *m* <-(*e*)*s*; -*e*> barro *m*; argila *f*; **'~boden** *m* <-*s*; ¨> terreno *m* argiloso; **'~grube** *f* barreiro *m*; **'≈ig** argiloso; **'~wand** *f* <-; ¨*e*> taipa *f*; **'~ziegel** *m* adobe *m*

'Lehne ['le:nə] *f* (*Arm≈*) braço *m*; (*Rücken≈*) espaldar *m*, costas *f/pl*; (*Stütze*) apoio *m*; (*Abhang*) pendor *m*, encosta *f*; **≈n**: (***sich***) **~ *an*** (*ac*) *od* ***gegen*** apoiar(-se) em, encostar(-se) a; ***sich ~ aus*** debruçar-se de

'Lehn|stuhl ['le:n-] *m* <-(*e*)*s*; ¨*e*> cadeira *f* de braços, cadeirão *m*, poltrona *f*; **~swesen** *n* <*sem pl*> feudalismo *m*, sistema *m* feudal; **~wort** *n* <-(*e*)*s*; ¨*er*> palavra *f* de origem estrangeira

'Lehr|anstalt ['le:r-] *f* estabelecimento *m* de ensino (***höhere*** secundário); **~auftrag** *m* <-(*e*)*s*; ¨*e*>: ***e-n ~ haben*** ser encarregado da regência de um curso; **~buch** *n* <-(*e*)*s*; ¨*er*> livro *m* escolar; manual *m*, método *m*, compêndio *m*

'Lehr|e ['le:rə] *f* ensin(ament)o *m*; doutrina *f*; *CIENC* teoria *f*; ciência *f*; *gewerblich*: aprendizagem *f*; *einzelne*: lição *f*; *TÉCN* calibre *m*; modelo *m*; ***lass dir das e-e ~ sein!*** não te esqueças desta lição!; ***in der ~ sein*** ser aprendiz, (estar a) aprender; ***in die ~ kommen*** ir de aprendiz; **≈en** ensinar; le(c)cionar; **~er(in** *f*) *m* professor(a *f*) *m*; **~erschaft** *f* professorado *m*, corpo *m* docente; **~fach** *n* <-(*e*)*s*; ¨*er*> disciplina *f*; **~film** *m* <-(*e*)*s*; -*e*> filme *m* didá(c)tico; **~gang** *m* <-(*e*)*s*; ¨*e*> curso *m*; ***praktischer ~*** tirocínio *m*; **~geld** *n*: *fig* ***~ zahlen müssen*** pagar cara a lição; **~herr** *m* <-*en*> patrão *m*; **~jahr** *n* <-(*e*)*s*; -*e*> ano *m* (*gewerblich*: de aprendizagem, *Schule*: escolar); **~körper** *m* corpo *m* docente; **~kraft** *f* professor *m*; **~ling** *m* <-*s*; -*e*> aprendiz *m*, *weiblich*: aprendiza *f* (**Schuster≈** *etc* de sapateiro), praticante *m*; *ECON a* marçano *m*; **~mädchen** *n* aprendiza *f*, praticante *f*, *bras a* aprendiz *f*; **~meister** *m* patrão *m*; mestre *m*; **~methode** *f* método *m* de ensino; **~mittel** *n/pl* material *m/sg* didá(c)tico; **~plan** *m* <-(*e*)*s*; ¨*e*> programa *m*; **≈reich** instrutivo; **~satz** *m* <-*es*; ¨*e*> tese *f*; *REL* dogma *m*; *MAT* teorema *m*; **~stelle** *f* lugar *m* de aprendiz(agem); **~stoff** *m* <-(*e*)*s*; -*e*> matéria *f* (de ensino); programa *m*; **~stuhl** *m* <-(*e*)*s*; ¨*e*> cátedra *f*, cadeira *f* (***innehaben*** reger; ***für*** de); **~tätigkeit** *f* ensino *m*; **~vertrag** *m* <-(*e*)*s*; ¨*e*> contrato *m* de aprendizagem; **~werkstatt** *f* <-; ¨*en*> oficina *f* de aprendizagem; **~zeit** *f* (tempo *m* de) aprendizagem *f*

Leib [laɪp] *m* <-(*e*)*s*; -*er*> corpo *m*; (*Bauch*) ventre *m*; barriga *f*; (*Unter*≈) abdómen (*ô) *m*; ***am eigenen ~*** no próprio corpo; ***mit ~ und Seele*** de corpo e alma; (*dat*) ***auf den ~ rücken*** atacar (*ac*); ***sich vom ~e halten*** manter afastado; ***bleib mir vom ~e*** deixa-me em paz; ***bei lebendigem ~e*** vivo; **'~eigene(r** *m*) *su* <-*n*> servo *m*, -a *f*; **'~eigenschaft** *f* <*sem pl*> servidão *f*

'Leibes|frucht ['laɪbəs-] *f* <-; ¨*e*> fruto *m*; *ungeborene*: feto *m*; **~fülle** *f* corpulência *f*; obesidade *f*; **~kraft** *f* <-; ¨*e*>: *pl* ***aus ~kräften*** a mais não poder; **~übung** *f* exercício *m* físico; *pl a* educação *f*/*sg* física; **~visitation** *f* revista *f*

'Leib|garde *f* → ***~wache***; **~gericht** *n* <-(*e*)*s*; -*e*> prato *m* favorito (*od* predileto); **≈haftig** mesmo, em pessoa; ***der ≈e*** o demónio (*ô); **≈lich** corporal, carnal; *Verwandter*: consanguíneo; **~rente** *f* renda *f* vitalícia; **~schmerzen** *m*/*pl* dores *f*/*pl* de barriga; **~speise** *f* → ***~gericht***; **~wache** *f* guarda *f* privativa (*od* pessoal); **~wächter** *m* guarda-costas *m*, *bras a* capanga *m*; **~wäsche** *f* roupa *f* branca, roupa *f* de interior (*bras* de baixo)

'Leiche ['laɪçə] *f* cadáver *m*; corpo *m*; ***über ~n gehen*** F não recuar perante nenhum meio

'leichenblass <*sem pl*> lívido

'Leichen|gift *n* <-(*e*)*s*; -*e*> toxina *f*; **~halle** *f* capela *f* mortuária; **~hemd** *n* <-(*e*)*s*; -*en*> mortalha *f*; **~öffnung** *f* autópsia *f*; **~rede** *f* oração *f* fúnebre; **~schändung** *f* profanação *f* do(s) morto(s); **~schau** *f* <*sem pl*> autópsia *f*; **~schauhaus** *n* <-*es*; ¨*er*> necrotério *m*, morgue *f*; **~starre** *f* <*sem pl*> rigidez *f* cadavérica; **~verbrennung** *f* cremação *f*; **~wagen** *m* carro *m* fúnebre; **~zug** *m* <-(*e*)*s*; ¨*e*> cortejo *m* fúnebre, préstito *m*

'Leichnam ['laɪçnaːm] *m* <-(*e*)*s*; -*e*> cadáver *m*, corpo *m*

leicht [laɪçt] ligeiro; leve; *zu tun*: fácil (***zu*** de); *adv a* à vontade; ***zu ~ sein*** *Gewicht*: não ter o peso; ***es ist ~ möglich*** é bem possível; ***es war ihm ein ≈es*** não lhe foi difícil; ***~ fallen*** dar pouco trabalho; ***j-m et ~ machen*** facilitar a/c a alg; ***~ nehmen*** não se importar; ***~ verdaulich*** ligeiro, *bras a* leve; fácil de digerir; ***~ verwundet*** levemente ferido

'Leicht|athlet(in *f*) *m* <-*en*> atleta *su*; **~athletik** *f* <*sem pl*> atletismo *m* (ligeiro); **~bauweise** *f* TÉCN (modo *m* de) construção *f* ligeira; **~er** NAV *m* lancha *f*, lanchão *m*

'leichtfertig leviano; frívolo; **≈keit** *f* leviandade *f*; frivolidade *f*

'leicht|füßig ['-fyːsɪç] ágil, ligeiro; **≈gewicht** *n* <-(*e*)*s*; -*e*> *Sport*: leve *m*; **~gläubig** crédulo; **≈gläubigkeit** *f* <*sem pl*> credulidade *f*; **'~hin** ao de leve; ligeiramente; sem pensar, à toa; **≈igkeit** *f* <*sem pl*> facilidade *f*; (*Behändigkeit*) ligeireza *f*; agilidade *f*; *a fig* desenvoltura *f*, desembaraço *m*; **~lebig** ['-leːbɪç] leviano, descuidado; **≈matrose** *m* <-*n*> grumete *m*; **≈metall** *n* <-(*e*)*s*; -*e*> metal *m* ligeiro (*bras* leve); **≈sinn** *m* <-(*e*)*s*; *sem pl*> leviandade *f*, descuido *m*; **~sinnig** leviano, descuidado

leid [laɪt] **1.** *adj inv*: ***es tut mir ≈*** tenho pena (***um*** de), lamento, sinto (muito); ***ich bin es ~*** estou farto; **2.** **≈** *n* <-(*e*)*s*; *sem pl*> (*Übel*) mal *m*; (*Schmerz*) pena *f*, dor *f*, mágoa *f*; ***j-m sein ~ klagen*** desabafar com alg; ***zu ~e*** → ***zuleide***

'leiden ['laɪdən] **1.** *v*/*i* sofrer, padecer (***an*** *dat* de); ***unter*** (*dat*) ***~*** ressentir-se de; **2.** *v*/*t* tolerar, sofrer, admitir, suportar; ***nicht ~ können*** detestar, não suportar; ***gut ~ können*** gostar de; simpatizar com; **3.** **≈** *n* sofrimento *m*, dor *f*, MED doença *f*; padecimentos *m*/*pl*; achaques *m*/*pl*; REL paixão *f*; **~d** MED doente

'Leidenschaft *f* paixão *f* (***für*** por); afe(c)to *m*; **≈lich** apaixonado; **≈slos** impassível, frio, obje(c)tivo

'Leidens|gefährte *m* <-*n*>, **~ge-**

L

nosse *m* <-n> companheiro *m* de infortúnio; **~geschichte** *f* <*sem pl*> história *f* trágica, *REL* paixão *f*; **~weg** *m* <-(e)s; -e> calvário *m*

'**leid|er** ['laɪdər] infelizmente, por desgraça; sinto que ...; **~ig** triste, maçador, enfadonho; **~lich** razoável, sofrível; ***es geht mir ~*** vou andando; **~tragend** enlutado; ***der** ²**e sein*** *fig* ser o prejudicado; ²**wesen** *n* <-s; *sem pl*>: ***zu meinem ~*** com grande pena minha (*od* desgosto meu), *bras* para minha infelizidade

'**Leier** ['laɪər] *f* <-; -n> lira *f*; ***immer die alte ~*** *fig* sempre a mesma cantiga (*bras* lengalenga); **~kasten** *m* realejo *m*; **~kastenmann** *m* <-(e)s; ⸚er> tocador *m* de realejo; ²**n** <-re> tocar o realejo; *fig* salmodiar

'**Leih|amt** ['laɪ-] *n* <-(e)s; ⸚er> casa *f* de penhores; **~arbeit** *f* trabalho *m* temporário; **~bibliothek** *f*, **~bücherei** *f* biblioteca *f* pública; ²**en**: ***j-m et ~*** emprestar a/c a alg; *Gehör, Hilfe*: prestar; ***et von j-m ~*** pedir a/c emprestada a alg; **~gabe** *f* empréstimo *m*; obje(c)to *m* emprestado gratuitamente a um museu; **~gebühr** *f* (propina *f*, *bras* taxa *f* de) empréstimo *m*; **~haus** *n* <-es; ⸚er> → ***~amt***; **~schein** *m* <-(e)s; -e> cautela *f* de penhor; **~wagen** *m* carro *m* de aluguer (*od* aluguel); ²**weise** emprestado

Leim [laɪm] *m* <-(e)s; -e> cola *f*; (*dat*) ***auf den ~ gehen*** *fig* deixar-se apanhar (por); deixar-se intrujar (por); ***aus dem ~ gehen*** desfazer-se; '²**en** colar, *bras a* grudar

'**Lein|e** [laɪnə] *f* <-; -n> corda *f*; (*Angel*²) linha *f*; (*Hunde*²) trela *f*; (*Pferde*²) guia *f*, *bras* rédeas *f/pl*; *NAV* sirga *f*; ***an der ~ führen*** levar preso por uma corda; '**~en** *n* linho *m*; tela *f*; '²**en** de linho; '**~öl** *n* <-(e)s; *sem pl*> óleo *m* de linhaça; '**~same(n)** *m* linhaça *f*; '**~tuch** *n* <-(e)s; ⸚er> lençol *m*; '**~wand** *f* <*sem pl*> tela

'**Leipzig** ['laɪptsɪç] *n* Lípsia *f*

'**leise** ['laɪzə] baixo; *fig* leve, suave, manso; *adv a* em voz baixa; sem ruído; *Radio etc*: ***~(r) stellen*** baixar o som de; ²**treter** ['-tre:tər] *m* pisa-mansinho *m*, *bras* sonso *m*

'**Leiste** ['laɪstə] *f* régua *f*; remate *m*, limite *m*; (*Borte*) orla *f*, borda *f*; *Stoff*: ourela *f*; *ANAT* virilha *f*

'**leisten** <-e-> fazer (*a Gesellschaft*), realizar; *Zahlung a*: efe(c)tuar; *Dienst, Eid, Hilfe*: prestar; *TÉCN* render, produzir; *Versprochenes*: cumprir; (*dat*) ***Folge ~*** aceitar; ***Widerstand ~*** resistir; ***sich*** (*dat*) ***~*** permitir-se; ***das kann ich mir nicht ~*** não me posso permitir esse luxo

'**Leisten** *m* encospas *f/pl*, encóspias *f/pl*; ***alles über e-n ~ schlagen*** *fig* medir tudo pelo mesmo rasoiro

'**Leisten|bruch** *MED m* <-(e)s; ⸚e> hérnia *f* inguinal; **~gegend** *f* região *f* inguinal

'**Leistung** ['laɪstʊŋ] *f* (*Arbeit*) trabalho *m*, obra *f*; realização *f*; (*Aufgabe*) função *f*; (*Erfolg*) resultado *m*, êxito *m*; (*Dienst*²), *Eid*: prestação *f*; *TÉCN* força *f*, potência *f*, poder *m*; rendimento *m*; *Schule*: aproveitamento *m*; (*Zahlung*) pagamento *m*, débito *m*

'**Leistungs|bilanz** *f* balanço *m* de transa(c)ções; **~druck** *m* <-(e)s; *sem pl*> competição *f*; ²**fähig** capaz, produtivo; eficiente; *ECON* solvente, de crédito; *MIL Truppe*: forte; *TÉCN* potente, eficiente; **~fähigkeit** *f* força *f*, capacidade *f*, *TÉCN a* potência *f*, eficiência *f*; *ECON* solvência *f*; **~gesellschaft** *f* sociedade *f* de rendimento; **~prinzip** *n* <-s; *sem pl*> princípio *m* de competição; princípio *m* de distribuição segundo o rendimento do trabalho; **~prüfung** *f* prova *f* de resistência; ²**schwach** que produz pouco; de baixa capacidade; **~sport** *m* <-(e)s; *sem pl*> desporto (*bras* esporte) *m* de competição; ²**stark** que produz muito; de alta capacidade; **~steigerung** *f* valorização *f*; **~zulage** *f* prémio (*ê) *m* de rendimento

'**Leitartikel** ['laɪt-] *m* editorial *m*, artigo *m* de fundo

'**leiten** ['laɪtən] <-e-> conduzir (*a EL*), guiar; *fig* dirigir; *Orchester*: reger; ***in die Wege ~*** preparar; iniciar; encaminhar; ***sich von et ~ lassen*** guiar-se por a/c; **~d** *adj* dirigente; *EL* condutor; *Gedanke*: fundamental

'**Leiter** ['laɪtər] **1. a)** ~ *m*, **~in** *f* dire(c)tor(a *f*) *m*, chefe *su*, ECON *a* gerente *su*; presidente *m*, -a *f*; (*Schul*Ձ) reitor(a *f*) *m*; **b)** *m* EL condutor *m*; **2.** *f* <-; -*n*> escada *f* de mão (*od* móvel); escadote *m*; **~sprosse** *f* degrau *m*, escalão *m*; **~wagen** *m* carro *m* com xalmas

'Leit|faden *m* <-*s*; ¨> (*Lehrbuch*) método *m*, guia *m*; **Ձfähig** EL condutivo; **~fähigkeit** *f* <*sem pl*> condutibilidade *f*; **~gedanke** *m* <-*ns*; -*n*> ideia (*é) *f* fundamental; **~hammel** *m* carneiro-mestre *m*; **~motiv** MÚS *n* <-*s*; -*e*> motivo *m* condutor (*od* principal); **~planke** *f* barra *f* de segurança (*od* de delimitação); **~satz** *m* <-*es*; ¨*e*> dire(c)triz *f*; máxima *f*; **~schiene** *f* TÉCN barra *f* de guia, trilho *m*; **~spruch** *m* <-(*e*)*s*; ¨*e*> lema *m*; divisa *f*; **~stern** *m* <-(*e*)*s*; -*e*> (estrela *f* do) norte *m*

'Leitung ['laɪtʊŋ] *f* *Funktion, Amt*: dire(c)ção *f*, ECON gerência *f*; EL *u* TÉCN instalação *f* (elé[c]trica *etc*), EL *a* fio *m*, linha *f*; TÉCN *a* condução *f*; (*Rohr*Ձ) canalização *f*; ***unter seiner ~*** sob a sua dire(c)ção; *fig* F ***e-e lange ~ haben*** ser muito lento

'Leitungs|draht *m* <-(*e*)*s*; ¨*e*> fio *m* elé(c)trico; **~netz** *n* <-*es*; -*e*> EL rede *f* elé(c)trica; *Gas, Wasser etc* canalização *f*; tubulação *f*; **~rohr** *n* <-(*e*)*s*; -*e*> tubo (*bras* cano) *m* (de gás *etc*); **~wasser** *n* <-*s*; *sem pl*> água *f* da torneira, água *f* encanada

'Leit|vermögen *n* <-*s*; *sem pl*> condutibilidade *f*; **~währung** *f* moeda-patrão *f*; **~zins** *m* <-*es*; -*en*> taxa *f* de desconto

Lekti'on [lɛktsi'oːn] *f* lição *f*; ***e-e ~ erteilen*** dar uma lição (*a fig*)

'Lekt|or ['lɛktɔr] *m* <-*s*; -'*toren*> leitor *m*; **~o'rat** [-to'raːt] *n* <-(*e*)*s*; -*e*> leitorado *m*; **~üre** [-'tyːrə] *f* leitura *f*

'Lende ['lɛndə] *f* (*Hüfte*) anca *f*, coxa *f*; ***~n*** *pl* rins *m/pl*; *Tier*: lombo *m*

'Lenden|braten *m* lombo *m* assado; **~gegend** *f* região *f* lombar; **~schurz** *m* <-(*e*)*s*; -*e*> tanga *f*

'lenk|bar dirigível; (*folgsam*) dócil; **~en** *Wagen*: guiar, conduzir, *a fig* dirigir; governar; AV *u* NAV pilotar; *Blick*: virar, fitar; **Ձer** *m* *Zweirad*: guidor *m*; *j-d*: condutor *m*; AV piloto *m*; **Ձrad** *n* <-(*e*)*s*; ¨*er*> volante *m*, *bras a* direção *f*; **Ձradschloss** *n* <-*es*; ¨*er*> fechadura *f* de dire(c)ção; **Ձsäule** *f* TÉCN coluna *f* da dire(c)ção; **Ձstange** *f* guiador *m*, *bras* guidom *m*; **Ձung** *f* condução *f*, dire(c)ção *f*, governo *m*

'Lepra ['leːpraː] *f* <*sem pl*> lepra *f*; **Ձkrank** leproso; **~kranke(r** *m*) *su* <-*en*> leproso *m*, -a *f*

'Lerche ['lɛrçə] *f* cotovia *f*

'Lern|begier(de) ['lɛrn-] *f* <*sem pl*> interesse *m*, curiosidade *f*; **Ձbegierig** estudioso; **~eifer** *m* <-*s*; *sem pl*> aplicação *f*, zelo *m*; **Ձen** aprender; estudar; **~hilfe** *f* (meio *m*) auxiliar *m* de ensino; **~spiel** *n* <-(*e*)*s*; -*e*> jogo *m* didá(c)tico

'Les|art ['leːs-] *f* lição *f*; variante *f*; versão *f*; **Ձbar** legível

'Lesb|e *f neg!*, **~ierin** ['lɛsbjərin] *f*, **Ձisch** lésbica *f*

'Lese ['leːzə] *f* colheita *f*; (*Wein*Ձ) vindima *f*; **~buch** *n* <-(*e*)*s*; ¨*er*> livro *m* de leitura; antologia *f*

'lesen 1. ler; (*aussuchen*) escolher; (*entziffern*) decifrar; *Ähren*: apanhar; *Früchte*: colher; *Messe*: dizer; *Professor*: dar aula; ***über*** (*ac*) **~** prele(c)cionar sobre, reger um curso de; *Korrektur*: rever; ***nicht zu ~*** ilegível; **2.** Ձ *n* leitura *f*; **~swert** digno de ser lido, interessante

'Lese|probe *f* ensaio *m* de leitura; *aus e-m Buch*: trecho *m*; **~pult** *n* <-(*e*)*s*; -*e*> estante *f*, púlpito *m*; **~r(in** *f*) *m* leitor(a *f*) *m*; TÉCN leitor *m*; **~ratte** F *f* leitor *m* apaixonado

'Leser|brief *m* <-(*e*)*s*; -*e*> carta *f* de leitor; **~kreis** *m* <-*es*; -*e*> (círculo *m* de) leitores *m/pl*, público *m*; **Ձlich** legível; **~schaft** *f* → **~kreis**

'Lese|saal *m* <-(*e*)*s*; -*säle*> sala *f* de leitura; **~stoff** *m* <-(*e*)*s*; -*e*> leitura *f*; **~stück** *n* <-(*e*)*s*; -*e*> trecho *m*; **~zeichen** *n* marca *f*, sinal *m*; fita *f*

'Lesung ['leːzʊŋ] *f* leitura *f*; versão *f*

Lethar|'gie [letar'giː] *f* <*sem pl*> letargia *f*; **Ձgisch** [-'targiʃ] letárgico

'Lett|e ['lɛtə] *m* <-*n*>, **~in** *f*, **Ձisch** letão *m*, letã *f*

'Letter ['lɛtər] *f* letra *f*, cará(c)ter *m*

letzt... [lɛtst] **1.** último, derradeiro; (*äußerst, höchst*) *a* extremo, supremo; (*vorig*) passado, ECON próximo passado (*Abk* pp.); ***zum ~en Mal*** pela última vez; ***in ~er Zeit*** nos últi-

L

mos tempos; **2.** Ձ <*sem pl*>: ***zu guter ~*** por último; ***das ist das ~e!*** é o cúmulo!; **'~ens** ['-əns] em último lugar, finalmente; → ***~hin***; **'~ere** ['-ərə]: ***der*** Ձ, ***das*** Ձ o último, este; ***die*** Ձ a última, esta; **'Ձerer, 'Ձeres** o último, este; **'~hin** ultimamente; **'~lich** ao fim e ao cabo; **'~willig** testamentário; ***~e Verfügung*** testamento *m*

'Leucht|boje ['lɔyçt-] *f NAV* bóia *f* luminosa; **~diode** *f EL* diodo *m* luminoso; **~e** ['lɔyçtə] *f* candeeiro *m*, lâmpada *f*; lanterna *f*; *fig* génio (*ê) *m*; **Ձen** <*-e-*> luzir; (*glänzen*) brilhar; (*be~*) aluminar; **Ձend** *adj* luminoso; *fig* brilhante; **~er** *m* castiçal *m*; (*Hand*Ձ) palmatória *f*; (*Kron*Ձ) lustre *m*; **~farbe** *f* tinta *f* luminosa; **~feuer** *n* fanal *m*; *NAV* farol *m*; **~gas** *n* <*-es*; *-e*> gás *m* de iluminação; **~käfer** *m* pirilampo *m*; **~kraft** *f* <*sem pl*> intensidade *f* de luz; luminiscência *f*; **~kugel** *f* <*-*; *-n*> bala *f* luminosa; **~rakete** *f* foguete *m* luminoso; **~reklame** *f* reclamo (*bras* reclame) *m* luminoso; **~spurgeschoss** *MIL n* <*-es*; *-e*> bala *f* traçante (*bras* de trajeto); **~stoffröhre** *f* tubo *m* fluorescente; **~tafel** *f* <*-*; *-n*> tabuleta *f* luminosa; **~turm** *m* <*-(e)s*; *¨e*> farol *m*; **~turmwärter** *m* faroleiro *m*; **~zeichen** *n* sinal *m* luminoso; **~zifferblatt** *n* <*-(e)s*; *¨er*> mostrador *m* luminoso

'leugnen ['lɔygnən] <*-e-*> negar; ***nicht zu ~*** incontestável; inegável

Leukä'mie [lɔykɛ'miː] *f* leucemia *f*

Leuko'zyt [lɔyko'tsyːt] *m* <*-en*> leucócito *m*

'Leumund ['lɔymunt] *m* <*-(e)s*; *sem pl*> reputação *f*, fama *f*; **~szeugnis** *n JUR* <*-ses*; *-se*> certificado *m* criminal, *bras* atestado *m* de boa conduta

'Leute ['lɔytə] *pl* gente *f/sg*; pessoas *f/pl*; populares *m/pl*; (*Angestellte*) pessoal *m/sg*; soldados *m/pl*; ***die jungen ~*** os jovens, a gente *f* nova; ***die kleinen ~*** o povo (miúdo); ***unter die ~ bringen*** divulgar

'Leutnant ['lɔytnant] *m* <*-s*; *-s*, *a -e*> (segundo-)tenente *m*

'leutselig ['lɔytzeːliç] afável, urbano; **Ձkeit** *f* <*sem pl*> afabilidade *f*, urbanidade *f*

Lev'koje [lɛf'koːjə] *f* goivo *m*

lexi|'kalisch [lɛksi'kaːliʃ] lexical; **Ձkogra'fie, Ձkogra'phie** [-kogra'fiː] *f* lexicografia *f*; **Ձkon** ['lɛksikɔn] *n* <*-s*; *Lexika*> dicionário *m*; (*Konversations*Ձ) enciclopédia *f*

lfd. ***laufend*** corrente (c.te)

Li'ane [li'aːnə] *f* cipó *m*

Li'belle [li'bɛlə] *f* libélula *f*, libelinha *f*; *TÉCN* nível *m* de bolha de ar

libe'ral [libe'raːl] liberal; **Ձe(r** *m*) *su* liberal *su*; **~i'sieren** [-rali'ziːrən] <*-*> liberalizar; **Ձ'ismus** *m* <*-*; *sem pl*> liberalismo *m*

Li'beria [li'beːria] *n* Libéria *f*

'Libyen ['liːbyən] *n* Líbia *f*

Licht [liçt] **1.** *n* <*-(e)s*; *-er*> luz *f* (*a Beleuchtung*) (***bei*** à); (*Kerze*) vela *f*, *bras* lume *m*; ***~ machen*** abrir (*od* acender) a luz; ***bei ~ besehen*** visto à luz; ***das ~ der Welt erblicken*** nascer; ***ans ~ kommen*** vir à luz, vir a lume; ***ans ~ bringen*** trazer à luz; ***jetzt geht mir ein ~ auf*** agora percebo; ***gegen das ~*** a contra-luz; ***j-n hinters ~ führen*** *fig* enganar alg, intrujar alg; ***ins rechte ~ rücken*** (*od* ***setzen***) *fig* pôr os pontos nos ii; pôr em relevo; **2.** Ձ claro, luminoso; *Haar*, *Wald*: raro, ralo; ***~er Augenblick*** momento *m* lúcido; ***~e Weite*** *TÉCN* diâmetro *m* interior

'Licht|anlage *f* instalação *f* da luz; luzes *f/pl*; iluminação *f*; **'~bild** *n* <*-(e)s*; *-er*> diapositivo *m*; **'~bildervortrag** *m* <*-(e)s*; *¨e*> conferência *f* acompanhada por proje(c)cões luminosas, *bras* apresentação (*od* sessão) *f* audio-visual; **'~blick** *m* <*-(e)s*; *-e*> *fig* rasgo *m* de esperança, *bras* raio *m* de luz; **'~bogen** *EL m* <*-s*; *¨*> arco *m* voltaico; **'~brechung** *f* refra(c)ção *f*; **'~druck** *m* <*-(e)s*; *-e*> fototipia *f*; heliogravura *f*; **'Ձdurchlässig** translúcido, diáfano; **'Ձecht** insensível à luz; ***~ sein*** *Stoff*, *Tapete*: não desbotar; **'Ձempfindlich** sensível à luz; **'Ձen** <*-e-*> *Baum*: podar; *Wald*: aclarar, desbastar; *Haare* (***sich ~***) rarear; ***die Anker ~*** levantar ferro, *bras* sarpar; ***sich ~*** aclarar-se; **'Ձer'loh** ['-ər'loː]: ***~ brennen*** estar em chamas; **'~erscheinung** *f* fenómeno (*ô) *m* luminoso; **'~geschwindigkeit** *f* velocidade *f* da luz; **'~hof** *m* <*-(e)s*; *¨e*>

clarabóia *f*; *Mond etc*, *FOT* halo *m*; '**~hupe** *f* sinal *m* de luzes, *bras* sinal *m* luminoso; '**~jahr** *n* <-(*e*)*s*; *-e*> ano-luz *m*; '**~kegel** *m* cone *m* de luz; '**~maschine** *f AUTO* dínamo *m*; '**~mess** ['-mɛs] *f* Candelária *f*, festa *f* das candeias; '**~pause** *TÉCN f* calco *m* heliográfico, calcografia *f*; '**~quelle** *f* fonte *f* luminosa (*od* de luz); '**~schacht** *m* <-(*e*)*s*; *¨e*> clarabóia *f*; '**~schalter** *m* interruptor *m* (*od* comutador *m*) de luz; '**~schein** *m* <-(*e*)*s*; *sem pl*> clarão *m*; '**2scheu** lucífugo; **~ sein** *a* temer a luz (do dia); **~schutzfaktor** *m* <-*s*; *-en*> fa(c)tor *m* de prote(c)ção solar; '**2schwach** pouco luminoso, de pouca luz; '**~signal** *n* <-*s*; *-e*> sinal *m* luminoso; '**2stark** muito luminoso, de luz intensa; '**~stärke** *f* intensidade *f* luminosa (*od* de luz); '**~strahl** *m* <-(*e*)*s*; *-en*> raio *m* de luz; '**2undurchlässig** opaco; '**~ung** *f Wald*: aberta *f*, clareira *f*; *Anker*: leva *f*

Lid [li:t] *n* <-(*e*)*s*; *-er*> pálpebra *f*; '**~schatten** *m* sombra *f* para os olhos

lieb [li:p] caro, querido, amado; (*angenehm*) agradável, *j-d a*: amável, simpático, *Gott*: bom; ***es wäre mir ~, wenn ...*** convinha-me que ..., prefiro que ...; ***sei so ~ und ...*** faz-me o favor de ...; ***es ist mir ~*** estimo; convém-me (muito); ***den ~en langen Tag*** todo o dia; ***um des ~en Friedens willen*** por amor da paz; → ***~er***, ***~st***; ***~ gewinnen*** afeiçoar-se a; ***~ haben*** querer a; '**~äugeln** <-*le*>: ***~ mit*** namorar (*ac*); ***mit e-m Gedanken ~*** acariciar (*ac*), nutrir (*ac*)

'**Liebe** ['li:bə] *f* amor *m* (**zu** de, a, por); (*Eltern2*) amor *m* paternal; (*Kindes2*) amor *m* filial; (*Mutter2*) amor *m* maternal; (*Nächsten2*) caridade *f*, *bras a* amor *m* do próximo; **~'lei** [-'laɪ] *f* namorico *m*

'**lieben** ['li:bən] amar; (*gern haben*) gostar de; ser amigo de; ***sich ~*** (*körperlich*) fazer amor; **2de(r** *m*) *su* <-*n*> amante *su*; **~swert** encantador; **~swürdig** amável, gentil; **2swürdigkeit** *f* amabilidade *f*, gentileza *f*

'**lieber** ['li:bər] (*comp von* **lieb**, **gern**) antes; ***~ haben***, ***~ mögen***, ***~ wollen*** gostar mais de, preferir

'**Liebes|abenteuer** ['li:bəs-] *n* aventura *f* amorosa; **~brief** *m* <-(*e*)*s*; *-e*> carta *f* de amor; **~erklärung** *f* declaração *f* (de amor); **~gabe** *f* oferta *f*, dádiva *f* (de caridade); **~gedicht** *n* <-(*e*)*s*; *-e*> poema *m* de amor; **~geschichte** *f* história *f* de amor(es), história *f* amorosa; **~heirat** *f* casamento *m* de amor; **~kummer** *m* desgosto *m* amoroso; **~lied** *n* <-(*e*)*s*; *-er*> canção (*od* cantiga) *f* de amor; **~paar** *n* <-(*e*)*s*; *-e*> (casal *m* de) namorados *m/pl*; **~roman** *m* <-*s*; *-e*> romance *m* de amor

'**liebevoll** afe(c)tuoso

'**Lieb|haber(in** *f*) *m* ['-ha:bər-] amante *su*; namorado *m*, -a *f*; *TEA* galante *m*, dama *f*; *Kunst*, *Sport*: amador(a *f*) *m*, aficionado *m*, -a *f*; **~haberwert** *m* <-(*e*)*s*; *-e*> valor *m* de estimação; **2'kosen** acariciar; F fazer festas a; **~'kosung** [-'ko:zuŋ] *f* carícia *f*; F festa *f*; **2lich** lindo; ameno; **~lichkeit** *f* <*sem pl*> graça *f*; amenidade *f*; **~ling** *m* <-*s*; *-e*> favorito *m*; amor *m*; **~lings...** *in Zssgn* favorito, predile(c)to, preferido; **2los** insensível, sem carinho, duro, seco, rude; egoísta; **~losigkeit** ['-lo:ziç-] *f* <*sem pl*> falta *f* de carinho; rudeza *f*; egoísmo *m*; **~reiz** *m* <-*es*; *sem pl*> encanto *m*, graça *f*; **~schaft** *f* namoro *m*

liebst [li:pst] (*sup von* **lieb**, **gern**) preferido, favorito; ***am ~en haben*** preferir a todos, *bras* preferir sobretudo; ***am ~en würde ich ...*** o que mais gostaria era ...

'**Liebste(r** *m*) *su* <-*en*> amor *m*, querido *m*, -a *f*

Lied [li:t] *n* <-(*e*)*s*; *-er*> canção *f*, cantiga *f*; canto *m*, *REL a* cântico *m*; *fig* ***immer das alte ~*** sempre a mesma cantiga; ***davon kann ich ein ~ singen*** F sei-o de sobra

'**Lieder|abend** ['li:dər-] *m* <-*s*; *-e*> recital *m* de canto; **~buch** *n* <-(*e*)*s*; *¨er*> cancioneiro *m*; **2lich** desmazelado; descuidado; devasso; desregrado; **~lichkeit** *f* <*sem pl*> descuido *m*, desleixo *m*; devassidão *f*; **~macher(in** *f*) ['-maxər] *m* poeta-cantor *m*, poetisa-cantora *f*, cançonetista *su*

Liefe'rant [li:fə'rant] *m* <*-en*> fornecedor *m*; abastecedor *m*; **~eingang** *m* <*-(e)s*; *¨e*> entrada *f* de serviço

'liefer|bar à venda; em estoque; *ECON* ***in 3 Tagen ~*** a entregar no prazo de três dias; **≈bedingungen** *f/pl* condições *f/pl* de entrega; **≈firma** *f* <*-; -firmen*> casa *f* fornecedora; **≈frist** *f* prazo *m* de entrega

'liefern <*-re*> fornecer; (*ab~*) entregar; *Ertrag u MIL Schlacht*: dar (*od art*); ***ich bin geliefert*** F estou arrumado, *bras* estou frito (*od* perdido)

'Liefer|schein *m* <*-(e)s*; *-e*> guia *f*, recibo *m*; **~termin** *m* <*-s*; *-e*>; (data *f od* dia *m* de) fornecimento *m* (*od* entrega *f*); **~ung** *f* fornecimento *m*; (*Ab~*) entrega *f*; *Buch*: fascículo *m*; **~ungsgeschäft** *n* negócio *m* a prazo; **~wagen** *m* furgoneta *f*, *bras* furgão *m*; **~zeit** *f* → ***~frist***

'Liege|geld ['li:gə-] *n* <*-(e)s*; *-er*> *NAV* direito *m* (*bras* taxa *f*) de ancoragem; **~kur** *f* cura *f* de repouso

'liegen ['li:gən] *waagerecht*: estar deitado; (*sich befinden*) encontrar-se; ficar; (*danieder~, krank sein*) estar de cama; *im Grabe*: jazer; *GEOGR* estar situado; ficar; *fig* residir; *Zimmer, Fenster etc* ***nach ... zu ~*** dar a (*od* para); ***10 km von ... entfernt ~*** ficar a 10 km de ...; *fig* ***woran liegt es?*** qual é a causa?; ***es liegt mir daran, dass ...*** tenho empenho em que ...; ***das liegt mir*** (***nicht***) isso agrada-me (não me agrada); ***es liegt an*** (*od* ***bei***) ***ihm, zu ...*** é com ele ...; ***~ bleiben*** ficar (*im Bett*: deitado, *AUTO etc* imobilizado); ***~ lassen*** deixar; *Arbeit*: suspender, abandonar; (*vergessen*) esquecer-se de; **~d** *adj* deitado; **≈schaften** *f/pl* bens *m/pl* de raiz, imóveis *m/pl*

'Liege|platz *m* <*-es*; *¨e*> *NAV* ancoradouro *m*; **~sitz** *m* <*-es*; *-e*>, **~stuhl** *m* <*-(e)s*; *¨e*> cadeira *f* articulada; cadeira *f* de repouso; *bras* cadeira *f* desdobrável (*od* de armar); **~stütz** *m* <*-es*; *-e*> flexão *f*; **~wagen** *m* <*-s*; *-¨*> *CAM. DE F* carruagem-beliche *f*, *bras* vagão-leito *m*; **~zeit** *f* *NAV* estadia *f*

Lift [lift] *m* <*-(e)s*; *-e, -s*> elevador *m*, ascensor *m*

'Liga ['li:ga] *f* <*-; -en*> liga *f*

Li'guster [li'gustər] *m* <*-s*; *-*> *BOT* ligustro *m*, alfena *f*

Li'kör [li'kø:r] *m* <*-s*; *-e*> licor *m*; **~glas** *n* <*-es*; *¨er*> cálice *m*

'lila ['li:la:] *inv* lilás

'Lilie ['li:liə] *f* lírio *m*; *weiße*: açucena *f*; lis *m*, flor-de-lis *f*

Limo ['limo:] *f* <*-; -(s)*> *Kurzwort für* **Limo'nade** [limo'na:də] *f* limonada *f* (gasosa), gasosa *f*

Limou'sine [limu'zi:nə] *f* limusine *f*

'Lind|e ['lində] *f* tília *f*; **~enblüte(ntee** *m* <*-s*; *sem pl*>) *f* (chá *m* de) tília *f*

'linder|n ['lindərn] <*-re*> mitigar, atenuar, aliviar; ***den Reiz ~*** abirritar; **~nd** *adj* calmante, lenitivo, mitigante, atenuante, paliativo; **≈ung** *f* alívio *m*; **≈ungsmittel** *n* calmante *m*; paliativo *m*

Line'al [line'a:l] *n* <*-s*; *-e*> régua *f*

Lingu'ist(in *f*) [liŋgu'ist] *m* <*-en*> linguista *su*; **~ik** *f* linguística *f*; **≈isch** linguístico

'Linie ['li:niə] *f* linha *f*; ***in erster ~*** *fig* em primeiro lugar; ***auf die ~ achten*** F ter cuidado com a linha

'Linien|blatt *n* <*-(e)s*; *¨er*> pauta *f*; **~bus** *m* <*-ses*; *-se*> autocarro *m* de carreira; **~flug** *m* <*-(e)s*; *¨e*> voo *m* de carreira, *bras* vôo *m* regular; **~maschine** *f* avião *m* de carreira; **~papier** *n* <*-s*; *-e*> papel *m* pautado; **~richter** *m* *Sport*: juiz (*od* fiscal) *m* de linha

li'n(i)ieren <*-*> pautar

link [liŋk] esquerdo; ***~e Seite*** *e-s Tuches etc* avesso *m*; **'≈e** *f* esquerda *f* (*a POL*); ***zur '~n*** à esquerda; **'~isch** acanhado; desajeitado

links [liŋks] à esquerda; ***von ~*** da esquerda; F *fig* ***~ liegen lassen*** não se importar com; **'≈außen(stürmer)** *m* *Sport*: (dianteiro *od* avançado) extremo-esquerdo *m*; ponta-esquerda *m*; **'~extrem** de extrema esquerda; **'≈extremismus** *m* <*-; sem pl*> extremismo *m* de esquerda; **'~gerichtet** *POL* esquerdista, das esquerdas; **'≈händer** ['-hɛndər] *m*, **'~händig** canhoto *m*; **'~radikal** de extrema esquerda; **≈verkehr** *m* <*sem pl*> circulação *f* pela esquerda

Li'noleum [li'no:leum] *n* <*-s*; *sem pl*> linóleo *m*, oleado *m*

'Linse ['linzə] *f BOT* lentilha *f*; *optische*: lente *f*; *im Auge*: cristalino *m*; **≈nförmig** ['-fœrmiç] lenticular

'Lippe ['lipə] *f* lábio *m*; (*Unter≈*) beiço *m*; ***an j-s ~n hängen*** *fig* estar suspenso nas palavras de alg; **~nstift** *m* bâton *m*, *bras* batom *m*

Liquid|ati'on [likvidatsi'o:n] *f* liquidação *f*; **≈'ieren** <-> liquidar; pagar

'lispeln ['lispəln] <-*le*> sibilar, ciciar

'Lissabon ['lisabɔn] *n* Lisboa *f*; **'~ner** *adj*, **'~ner(in** *f*) *m* lisboeta *m*, lisbonense *f*; *su* F alfacinha *m*, *f*

List [list] *f* astúcia *f*, manha *f*

'Liste *f* lista *f* (***aufstellen*** organizar); **~nwahl** *f* escrutínio *m* por listas

'listig astuto; *adv* com manha, com astúcia

Lita'nei [lita'naı] *f* ladainha *f*; lenga-lenga *f*, *bras* lengalenga *f*

'Litau|er(in *f*) *m* ['litauər-], **≈isch** lituano *m*, -a *f*, da Lituânia

'Liter ['li:tər] *m*, *a n* litro *m*

lite'ra|risch [litə'ra:riʃ] literário; **≈t** *m* <-*en*> literato *m*, homem *m* de letras

Litera'tur [litera'tu:r] *f* literatura *f*; ***schöne ~*** belas-letras *f/pl*; **~angaben** *f/pl* bibliografia *f/sg*; **~geschichte** *f* história *f* da literatura; **~wissenschaft** *f* ciência *f* da literatura, *bras* ciência *f* literária

'Litfaßsäule ['litfas-] *f* coluna *f* para (colar) cartazes

Lito'graph [lito'gra:f] *m* <-*en*> litógrafo *m*; **~'ie** [-gra'fi:] *f* litografia *f*; **≈'ieren** <-> litografar

Litur|'gie [litur'gi:] *f* liturgia *f*; **≈gisch** [li'turgiʃ] litúrgico

'Litze ['litsə] *f* cordão *m*, sutache *m*, *bras* trancinha *f*; *MIL* galão *m*

'Livesendung ['laıf-] *f* transmissão *f* ao vivo

Li'zenz [li'tsɛnts] *f* licença *f*, autorização *f*; alvará *m*; **~geber** *m* proprietário *m* da patente; **~inhaber** *m*, **~nehmer** *m* concessionário *m*; **~spieler** *m* jogador *m* profissional

Lkw, LKW [ɛlka:'ve:] *f* <-*s*; -*s*> ***Lastkraftwagen*** camião

Lob [lo:p] *n* <-(*e*)*s*; -*e*> elogio *m*; louvor *m*

Lobby *f* <-; -*s*> *POL* lobby *m*

'loben ['lo:bən] louvar, elogiar; **~d** *adj* elogioso; **~swert** louvável, digno de louvor

'Lobhudelei ['-hudəlaı] *f* adulação *f*, lisonja *f*

'löblich ['lø:pliç] louvável

'Lob|lied *n* <-(*e*)*s*; -*er*> hino *m*; **~rede** *f* elogio *m*, panegírico *m*

Loch [lɔx] *n* <-(*e*)*s*; ¨*er*> buraco *m*; (*Bohr≈*) furo *m*; (*Luft≈*) vácuo *m*; (*Öffnung*) abertura *f*; F (*Kerker*) cárcere *m*; *Kleidung etc*: rasgão *m*; ***elendes ~*** cubículo *m*; ***auf*** (*od* ***aus***) ***dem letzten ~ pfeifen*** F estar nas últimas

'loch|en furar; *Fahrkarte*: picar; **≈er** *TÉCN m* (per)furador *m*, vazador *m*

'löch(e)rig ['lœç(ə)riç] (per)furado, poroso

'Loch|karte *f*, **~streifen** *m* ficha *f* perfurada; **~ung** *f* perfuração *f*; **~zange** *f* alicate *m* vazador (*od* saca-bocados *m*)

'Locke ['lɔkə] *f* caracol *m*, *bras* cacho *m*

'locken 1. *v/t* (*an~*) atrair; engodar; chamar; **2.** *v/r Haare*: encaracolar, frisar, *bras* fazer cachos; **~d** *adj* sedutor, atra(c)tivo; **≈kopf** *m* <-(*e*)*s*; ¨*e*> cabelo *m* encaracolado (*bras* cacheado); **≈wickler** *m* rolo *m* para o cabelo

'locker ['lɔkər] frouxo; fofo; abalofado; (*beweglich*) movediço; *fig* relaxado; desarticulado; *moralisch*: pouco sério; ***~ sitzen*** abanar

'lockern <-*re*> afrouxar, afofar, alargar, soltar; *Erde*: cavar; *fig* relaxar; desarticular; desvincular

'locker|lassen ceder; ***nicht ~*** *fig* não desistir; **~machen** *Geld*: arranjar, dar; F largar

'lockig encaracolado, anelado, *bras* cacheado

'Lock|mittel *n* engodo, *bras* chamariz *m*; **≈spitzel** *m* agente *m* provocador; **≈vogel** *m* <-*s*; -*vögel*> chamariz *m*, reclamo *m*

'Loden ['lo:dən] *m* pano *m* bruto, pano *m* não pisoado

'lodern ['lo:dərn] <-*re*> chamejar; arder em (*bras* soltar) labaredas

'Löffel ['lœfəl] *m* colher *f*; ***j-n über den ~ barbieren*** (*od* ***balbieren***) F intrujar alg, *bras* burlar alg; **≈n** <-*le*> comer com a colher; **≈weise** às colheradas

Loga'rithm|entafel [loga'ritmən-] *f* <-, -*n*> tábua *f* de logaritmos; **~us**

[-mus] *m* <-; *Logarithmen*> logaritmo *m*

'Logbuch ['lɔk-] NAV *n* <-(*e*)*s*; ⁓*er*> diário *m* de bordo

'Loge ['lo:ʒə] *f* camarote *m*; (*Freimaurer*≈) loja *f*

lo'gieren [lo'ʒi:rən] *v/t* <-> hospedar; *v/i* estar hospedado

'Logik ['lo:gik] *f* <*sem pl*> lógica *f*

Lo'gis [lo'ʒi:] *n* <-; -> alojamento *m*

logisch ['lo:giʃ] lógico

Lo'gist|ik [lo'gistik] *f* <*sem pl*> logística *f*; **≈isch** que diz respeito à logística

'Logo ['lo:go] *m od n* <-*s*; -> logotipo *m*

Logopä'die [logopɛ'di:] *f* <-> logopedia *f*

Lohn [lo:n] *m* <-(*e*)*s*; ⁓*e*> salário *m*; (*Tage*≈) diária *f*; *fig* recompensa *f*, prémio (*ê) *m*; **'⁓arbeit** *f* trabalho *m* assalariado; **'⁓arbeiter** *m* jornaleiro *m*, *bras* diarista *m*, bóia-fria *m*; **'⁓ausfall** *m* <-(*e*)*s*; ⁓*e*> perda *f* de salário; **'⁓buchhalter** *m* contabilista (*bras* contador) *m* de salário; **'⁓empfänger** *m* assalariado *m*; **'≈en** (re)compensar, pagar; ***sich* ⁓** valer a pena; **'≈end** *adj* lucrativo, vantajoso

'Lohn|erhöhung *f* aumento *m* de salário; **⁓forderung** *f* reivindicação *f* salarial; **⁓gruppe** *f* grupo *m* salarial; **⁓kürzung** *f*, **⁓senkung** *f* redução *f* dos salários; **⁓liste** *f* lista *f* de salários; **⁓steuer** *f* <-; -*n*> imposto *m* de trabalho, *bras* imposto *m* salarial; **⁓steuerkarte** *f* cartão *m* de contribuinte fiscal; **⁓stopp** *m* <-*s*; -*s*> bloqueio *m* de salários; **⁓tag** *m* <-(*e*)*s*; -*e*> dia *m* de paga(mento) dos salários

'Löhnung ['lø:nuŋ] *f* paga(mento *m*) *f*

'Lohnzahlung *f* pagamento *m* do salário

'Loipe ['lɔypə] *f Sport*: pista *f* de fundo

Lo'kal [lo'ka:l] **1.** *n* <-(*e*)*s*; -*e*> restaurante *m*, café *m*; **2.** ≈ local; **≈i'sieren** [lokali'zi:rən] <-> localizar; **⁓i'tät** [-i'tɛ:t] *f* localidade *f*, lugar *m*; **⁓patriotismus** *m* <-; *sem pl*> regionalismo *m*; bairrismo *m*; **⁓presse** *f* imprensa *f* (*od* jornal *m*) regional; **⁓termin** JUR *m* <-*s*; -*e*> reconstituição *f* do crime *etc*

Lokomo'tiv|e [lokomo'ti:və] *f* locomotiva *f*, máquina *f*; **⁓führer** *m* maquinista *m*

Lom'bard|geschäft [lɔm'bart-] *n* <-(*e*)*s*; -*e*> negócio *m* de empréstimos; **⁓kredit** *m* <-(*e*)*s*; -*e*> ECON crédito *m* sob penhor; **⁓satz** *m* <-*es*; ⁓*e*> ECON taxa *f* de juro de empréstimo à garantia

'London ['lɔndɔn] *n* Londres *f*

'Lorbeer ['lɔrbe:r] *m* <-*s*; -*en*> lour(eir)o *m*; *fig* **⁓*en*** *pl* lauréis; ***sich auf seinen ⁓en ausruhen*** F dormir sobre os louros

'Lore CAM. DE F ['lo:rə] *f* vagoneta *f*, *bras* vagonete *m*

Los [lo:s] *n* <-*es*; -*e*> sorte *f*, (*Schicksal*) *a* destino *m*; (*Anteil*) lote *m*; (*Lotterie*≈) bilhete *m* (de lotaria, *bras* loteria), (*Teil*≈) cautela *f*; ***das große* ⁓** a sorte grande; o prémio (*ê) grande; F a taluda

los (→ ***lose***) solto; (*frei*) livre; **⁓!** vamos!; ***was ist ⁓?*** que é?; que há?; ***mit … ist nichts ⁓ …*** não presta para nada, … não serve para nada; ***et*** (*od* ***j-n***) **⁓ *sein*** ver-se livre de a/c (*od* alg)

'lösbar ['lø:sbar] solúvel; solucionável; *Aufgabe*: resolúvel

'los|binden desatar, desligar; soltar; **⁓brechen** *v/t* (*v/i*; *sn*) desprender(-se), romper, brotar; *fig* rebentar; estalar

'Lösch|blatt ['lœʃ-] *n* <-(*e*)*s*; ⁓*er*> mata-borrão *m*; **≈en** apagar; *Brand a*: extinguir (*a fig*: *Schuld*); *Durst*: matar; ECON *Firma*, *Hypothek*: liquidar; *Ladung*: desembarcar; NAV descargar; *Tinte*: chupar; INFORM cancelar; **⁓er** *m*, **⁓gerät** *n* <-(*e*)*s*; -*e*> extintor *m* (de incêndios); **⁓kalk** *m* <-*s*; -*e*> cal *f* apagada; **⁓kopf** *m* <-(*e*)*s*; ⁓*e*> cabeça *f* de apagamento; **⁓mannschaft** *f* bombeiros *m/pl*; **⁓papier** *n* <-*s*; -*e*> → ***⁓blatt***; **⁓taste** *f* tecla *f* de apagar (INFORM cancelamento)

'lose ['lo:zə] solto, desapertado; (*locker*) frouxo, movediço; desarticulado; (*beweglich*) móvel; *Ware*: avulso; a granel; **⁓ *Zunge*** *fig* má língua

'Lösegeld ['lø:zə-] *n* <-(*e*)*s*; -*er*> resgate *m*

'losen ['lo:zən] <-*t*> deitar sortes; sortear

'lösen ['lø:zən] <*-t*> soltar, desligar (*a fig*); *QUÍM* dissolver; *Aufgabe, Zweifel*: resolver; *Problem*: solucionar; *Eintrittskarte, Fahrkarte*: tomar, comprar; *Rätsel*: adivinhar; *Schuss*: disparar; *TEA Konflikt*: desenlaçar; *Vertrag*: anular; rescindir; ***sich vom Erdboden ~*** *AV* descolar, *bras* decolar

'los|fahren <*sn*> pôr-se em marcha, partir; arrancar; **~gehen** <*sn*> pôr-se em marcha, partir; ir andando; (*sich lösen*) desligar-se; *Feuerwaffe*: descarregar-se; (*beginnen*) começar; ***auf*** (*ac*) **~** investir contra; ***auf j-n ~*** (*fig*) F ir direito a alg; arrojar-se sobre alg; **~haken** *Ösen*: desenganchar; *Wagen*: desengatar, desajoujar; **~kaufen** resgatar; **~ketten** <*-e-*> desencadear, soltar; **~kommen** <*sn*> conseguir livrar-se, conseguir desembaraçar-se; **~lassen** largar (*a fig*); soltar; **~legen** F começar; (*antworten*) desfechar

'löslich ['lø:sliç] solúvel; **ᘔkeit** *f* <*sem pl*> solubilidade *f*

'los|lösen, ~machen desprender, despegar; tirar; → ***~binden***; **~reißen** arrancar; **~sagen: *sich ~ von*** separar-se de; renunciar a; *REL* renegar (*ac*); abjurar (*ac*); **~schießen** *MIL* disparar; *fig* F começar a falar; ***schießen Sie (mal) los!*** (então) diga lá!; ***auf*** (*ac*) **~** <*sn*> lançar-se sobre; **~schlagen 1.** *v/i MIL* atacar; ***auf*** (*ac*) **~** bater em, golpear (*ac*); **2.** *v/t* tirar com golpes; *Ware*: vender a qualquer preço; **~schnallen** desafivelar; **~schrauben** desatarraxar, desaparafusar; **~sprechen** absolver; **~stürmen** <*sn*>, **~stürzen** <*-t; sn*> arremessar-se (***auf*** *ac* a, contra, sobre); **~trennen** separar; → ***~lösen***

'Losung ['lo:zuŋ] *f* sorteio *m*; *des Wildes*: frago *m*; *MIL* (contra-)senha *f*

'Lösung ['lø:zuŋ] *f* solução *f* (*a MAT u QUÍM*); (*Ausgang*) desenlace *m*; desfecho *m*; (*Trennung*) separação *f*; descolamento *m*; *Fahrkarten etc*: compra *f*; *Vertrag*: rescisão *f*; *TÉCN* desengate *m*; **~smittel** *n* solvente *m*

'los|werden <*sn*> livrar-se de; desembaraçar-se de; ficar sem; *Geld a*: gastar; **~ziehen** <*sn*> pôr-se em marcha, partir; abalar

Lot [lo:t] *n* <*-(e)s; -e*> *MAT* perpendicular *m*; vertical *f* (***fällen*** baixar); (*Senkblei*) prumo *m*; *NAV* sonda *f*; (***wieder***) ***ins ~ bringen*** pôr em ordem; arranjar; **'ᘔen** <*-e-*> tomar o prumo; *NAV* sondar

'löten ['lø:tən] <*-e-*> soldar

Loti'on [lotsi'o:n, 'loʊʃən] *f* <*-; -en, -s*> loção *f*

'Löt|kolben ['lø:t-] *m* soldador *m*, ferro *m* de soldar; **~lampe** *f* maçarico *m*; **~mittel** *n* solda *f*

'Lotos ['lo:tɔs] *m* <*-; -*>, **~blume** *f* nenúfar *m*

'lotrecht perpendicular, vertical

'Lots|e ['lo:tsə] *m* <*-n*> piloto *m*; **ᘔen** <*-t*> pilotar; F arrastar; **~endienst** *m* <*-(e)s; -e*> pilotagem *f*

'Lötstelle *f* soldadura *f*

Lotte'rie [lɔtə'ri:] *f* lotaria *f*, *bras* loteria *f*; (*Verlosung*) rifa *f*; **~los** *n* <*-es; -e*> bilhete *m* de lotaria (*bras* loteria); (*Teillos*) cautela *f*

'Lotterleben *n* boémia *f*, estroinice *f*

'Lotto ['lɔto] *n* <*-s; -s*> loto *m*

'Lotung ['lo:tuŋ] *NAV f* sondagem *f*

'Lötung ['lø:tuŋ] *f* soldagem *f*

'Löw|e ['lø:və] *m* <*-n*> leão *m*; **~enanteil** *m* <*-(e)s; -e*> *fig* major parte *f*; **~enmaul** *BOT n* <*-(e)s; sem pl*> antirrino *m*, pé-de-bezerro *m*, ***gelbes ~*** linária *f*; **~enzahn** *m* <*-(e)s; sem pl*> dente-de-leão *m*; **~in** *f* leoa *f*

lo'yal [loa'ja:l] leal; **ᘔi'tät** [-ali'tɛ:t] *f* <*sem pl*> lealdade *f*

lt. ***laut*** segundo, conforme

Luchs [luks] *m* <*-es; -e*> lince *m*

'Lück|e ['lykə] *f* lacuna *f*; *Öffnung*: abertura *f*; fenda *f*; *fig* vácuo *m*; defeito *m*; ***e-e ~ reißen*** (***füllen***) *fig* deixar (preencher) um vazio; **~enbüßer** *m* suplente *m*; substituto *m*; *ARQUIT* rípio *m*; **ᘔenhaft** cheio de lacunas; deficiente (*a fig*); **ᘔenlos** contínuo, completo

'Luder ['lu:dər] *n fig* malandro *m*; P ***faules ~*** (grande) preguiçoso *m*; ***dummes ~*** (grande) burro *m*

Luft [luft] *f* <*-; ⸚e*> ar *m*; *umgebende*: atmosfera *f*, ambiente *m*; ***in frischer ~*** ao ar livre; (***frische***) **~** ***schöpfen*** respirar, tomar ar; ***nach ~ schnappen, keine ~ bekommen***

(*od* **kriegen**) não poder respirar; ter falta de ar; **sich** (*od* **seinem Herzen**) **~ machen** desabafar; **in der ~ hängen** estar no ar; **~ herauslassen aus** (*dat*) *TÉCN* esvaziar (*ac*), deixar escapar o ar de; **aus der ~ gegriffen** sem fundamento; **in der ~ liegen** andar no ar; *fig a* palpitar (*a* alg); **an die ~ setzen** pôr na rua; **in die ~ gehen** explodir; **in die ~ sprengen** fazer explodir; dinamitar

'Luft|abwehr *f* <*sem pl*> defesa *f* antiaérea; **~angriff** *m* <-(*e*)*s*; -*e*> ataque *m* aéreo; **~aufnahme** *f* aerofotografia *f*; **~ballon** *m* <-*s*; -*s*> balão *m* aerostático, aeróstato *m*; **~bild** *n* <-(*e*)*s*; -*er*> aerofotografia *f*; **~blase** *f* bolha *f* de ar; *Fisch*: bexiga *f* de peixe; **~brücke** *f* ponte *f* aérea; **2dicht** hermético; **~druck** *m* <-(*e*)*s*; *sem pl*> *atmosphärischer*: pressão *f* atmosférica; *TÉCN* pressão *f* do ar; **~druckbremse** *f* freio *m* pneumático; **2durchlässig** permeável ao ar

'lüften ['lyftən] <-*e*-> arejar, ventilar; *Schleier*: erguer; **schlecht gelüftet** abafado

'Lüfter *m* ventilador *m*, ventoinha *f*

'Luftfahrt *f* aviação *f*, transportes *m*/*pl* aéreos; **~gesellschaft** *f* companhia *f* de transportes aéreos, companhia *f* de aviação

'Luftfeuchtigkeit *f* <*sem pl*> humidade (*bras* umidade) *f* atmosférica

'Luft|flotte *f* aviação *f*, frota *f* de aviões; **~fracht** *f* <*sem pl*> frete *m* aéreo; **2gekühlt** ['-gəky:lt] refrigerado por ar; **~gewehr** *n* <-(*e*)*s*; -*e*> espingarda *f* de pressão de ar; **~hauch** *m* <-(*e*)*s*; *sem pl*> sopro *m* (de vento); **~hoheit** *f* <*sem pl*> soberania *f* aérea; **2ig** aéreo, (*windig*) ventoso; *Zimmer*: arejado; *Kleid*: ligeiro; **~kampf** *m* <-(*e*)*s*; ‥*e*> combate *m* aéreo; **~kissen** *n* almofada *f* pneumática (*od* de ar); **~kissenfahrzeug** *m* <-(*e*)*s*; -*e*> aerodeslizador *m*; hovercraft *m*; **~klappe** *f* válvula *f*; **~korridor** *m* <-*s*; -*e*> corredor *m* aéreo; **2krank** enjoado; **~ werden** enjoar; **~krieg** *m* <-(*e*)*s*; -*e*> guerra *f* aérea; **~kühlung** *f* refrigeração *f* por ar; **~kurort** *m* <-(*e*)*s*; -*e*> estação *f* climática; **~landetruppen** *MIL f*/*pl* tropas *f*/*pl* de aterragem (*od* de desembarque aéreo); **2leer**: **~(er Raum**) vácuo (*m*); **~linie** *f* linha *f* re(c)ta; *AV* linha *f* aérea; **~loch** *n* <-(*e*)*s*; ‥*er*> *ARQUIT* respiradouro *m*; *AV* vácuo *m*, poço *m* de ar; **~matratze** *f* colchão *m* pneumático; **~pirat** *m* <-*en*> pirata *m* do ar; **~post** *f* <*sem pl*> correio *m* aéreo; **durch ~**, **mit ~** por avião, via aérea; **~pumpe** *f* bomba *f* pneumática; *Auto*, *Rad*: bomba *f* de ar; **~raum** *m* <-(*e*)*s*; *sem pl*> *FÍS* atmosfera *f*; *AV* espaço *m* aéreo; **~reifen** *m* pneu(mático) *m*; **~röhre** *f* traqueia (*é) *f*; **~schacht** *m* <-(*e*)*s*; ‥*e*> *BGB* poço *m* de ventilação; *ARQUIT* clarabóia *f*; **~schifffahrt** *f* <*sem pl*> aeronáutica *f*; **~schlauch** *m* <-(*e*)*s*; ‥*e*> *des Reifens*: câmara-de-ar *f*; **~schloss** *n* <-*es*; ‥*er*> castelo *m* no ar (**bauen** levantar); **~schraube** *f* hélice *f*; **~schutz** *m* <-*es*; *sem pl*> defesa *f* civil; defesa *f* do espaço aéreo; **~schutzkeller** *m*, **~schutzraum** *m* <-(*e*)*s*; ‥*e*> abrigo *m* antiaéreo; **~spiegelung** *f* miragem *f*; **~sprung** *m* <-(*e*)*s*; ‥*e*> salto *m*, pulo *m*; **~streitkräfte** *f*/*pl* forças *f*/*pl* aéreas; aviação *f* militar; **~strom** *m* <-(*e*)*s*; ‥*e*> corrente *f* de ar; **~strömung** *f* corrente *f* atmosférica; **~stützpunkt** *m* <-(*e*)*s*; -*e*> base *f* aérea; **~temperatur** *f* temperatura *f* ambiente

'Lüftung ['lyftuŋ] *f* arejamento *m*; ventilação *f*; **~s...**: *in Zssgn* de ventilação

'Luft|veränderung *f* mudança *f* de ar(es); **~verkehr** *m* <-*s*; *sem pl*> serviço(s *pl*) *m* aéreo(s); tráfego *m* aéreo; **~verkehrslinie** *f* linha *f* aérea, carreira *f* aérea; **~verschmutzung** *f* <*sem pl*> poluição *f* do ar; **~waffe** *f* arma *f* aérea; aviação *f* (militar); **~weg** *m* <-(*e*)*s*; -*e*> via *f* aérea (**auf dem** por); **~widerstand** *m* <-(*e*)*s*; *sem pl*> resistência *f* do ar; **~ziegel** *ARQUIT m* adobe *m*; **~zufuhr** *f* ventilação *f*; **~zug** *m* <-(*e*)*s*; *sem pl*> corrente *f* de ar

'Lüge ['ly:gə] *f* mentira *f*; *pl* **j-n ~n strafen** desmentir alg

'lugen ['lu:gən] mirar, espiar (**aus** *dat* por)

'lügen ['ly:gən] mentir; **2detektor**

['-detɛktɔr] *m* <-*s*; -*en*> dete(c)tor *m* de mentiras; **~haft** mentiroso

'Lügner ['ly:gnər] *m*, **~in** *f*, **&isch** mentiroso *m*, -a *f*

'Luke ['lu:kə] *f* gateira *f*; (*Dach&*) clarabóia *f*; NAV escotilha *f*

lukra'tiv [lukra'ti:f] lucrativo

'lullen ['lulən]: ***in den Schlaf ~*** embalar, arrulhar, ninar

'Lümmel ['lyməl] *m*, **&haft** malcriado *m*, maroto *m*, patife *m*

Lump [lump] *m* <-*en*> velhaco *m*; ***armer ~*** pobretão *m*

'Lumpen ['lumpən] *m* farrapo *m*, trapo *m*; **~gesindel** *n* canalha *f*; **~sammler** *m* trapeiro *m*

Lumpe'rei [lumpə'raɪ] *f* patifaria *f*, velhacaria *f*; (*Kleinigkeit*) bagatela *f*

'lumpig ['lumpiç] esfarrapado; *fig* miserável, malvado

'Lunge ['luŋə] *f* pulmão *m*

'Lungen|entzündung *f* pneumonia *f*; **~flügel** *m* pulmão *m*; **&krank** tuberculoso; **~krankheit** *f*, **~leiden** *n* doença *f* dos pulmões; tuberculose *f*; **~krebs** *m* <-*es*; -*e*> cancro (*bras* câncer) *m* de pulmão; **~spitze** *f* ponta *f* do pulmão

'Lunte ['luntə] *f* morrão *m*, mecha *f*; ***~ riechen*** *fig* cheirar a caça

'Lupe ['lu:pə] *f* lupa *f*, *bras a* lente *f* de aumento; ***unter die ~ nehmen*** *fig* examinar bem (*od* de perto)

Lu'pin|e [lu'pi:nə] *f* tremoceiro *m*, = **~enkern** *m* <-(*e*)*s*; -*e*> tremoço *m*

Lust [lust] *f* <-; ¨*e*> (*Genuss*) prazer *m*, gozo *m*; (*Verlangen*) vontade *f*, gosto *m*, desejo *m*; ***~ auf*** (*ac*) apetite *m* de; ***ich habe keine ~*** não me apetece; ***hättest du ~ zu ...?*** apetece-te ...?, *bras* está com vontade de ...?, não gostaria de ...?; **'~barkeit** *f* festa *f*; folia *f*

'Lüsterklemme ['lystər-] *f* EL borne *m* de lustre

'lüstern cobiçoso (***nach*** de); (*geil*) lascivo, concupiscente; **&heit** *f* <*sem pl*> concupiscência *f*

'lustig ['lustiç] alegre, divertido; jovial, jocoso; ***~e Person*** TEA gracioso *m*; ***sich ~ machen*** fazer troça, fazer pouco (***über*** *ac* de); **&keit** *f* <*sem pl*> jovialidade *f*

'Lüstling ['lystliŋ] *m* <-*s*; -*e*> (homem *m*) lascivo *m*; libertino *m*

'lustlos desanimado, pouco animado

'Lust|mord *m* <-(*e*)*s*; -*e*> assassínio *m* com estupro; **~objekt** *n* <-(*e*)*s*; -*e*> obje(c)to *m* sexual; **~prinzip** *n* <-*s*; *sem pl*> princípio *m* do prazer; **~schloss** *n* <-*es*; ¨*er*> palácio (*od* palacete) *m* de recreio; **~spiel** *n* <-(*e*)*s*; -*e*> comédia *f*

'lutsch|en ['lutʃən] chupar; ***am Daumen ~*** chuchar no dedo; **&er** *m* chucha *f*, *bras* chupeta *f*; **&tablette** *f* pastilha *f*

Luv NAV [lu:f] *f* <*sem pl*> barlavento *m*; **'&en** ['-vən] orçar

luxuri'ös [luksuri'ø:s] luxuoso, sumptuoso

'Luxus ['luksus] *m* <-; *sem pl*> luxo *m*; **~artikel** *m* artigo *m* de luxo; **~steuer** *f* <-; -*n*> imposto *m* de luxo

Lu'zerne [lu'tsɛrnə] BOT *f* alfafa *f*, luzerna *f*

'Lymph|drüse ['lymf-] *f* glândula *f* linfática; **~drüsenschwellung** *f* linfatismo *m*; íngua *f*; **~e** *f* linfa *f*; **~gefäß** *n* <-*es*; -*e*> vaso *m* linfático; **~knoten** *m* gânglio *m* linfático

'lynch|en ['lynçən] linchar; **&justiz** *f* <*sem pl*> linchamento *m*

'Lyr|ik ['ly:rik] *f* <*sem pl*> (poesia *f*) lírica *f*; **~iker** *m* poeta *m* lírico; **&isch** lírico

M

M, m [ɛm] *n inv* M, m *m*

Maas [ma:s] *f* Mosa *m*

Maat [ma:t] NAV *m* <-(*e*)*s*; -*e od* -*en*> marinheiro-cabo *m*

'Mach|art ['max-] *f* feitio *m*; forma *f*; **&bar** praticável; possível

'Mache F *f <sem pl>* dissimulação *f*; *fig* afe(c)tação *f*
'machen ['maxən] **1.** *v/t* fazer; **~** + *adj oft*: tornar; **~** + *su oft*: dar; ***was macht ...?*** que é feito de ...?; ***was machst du*** (***da***)***?*** que estás a fazer?, *bras* o que você está fazendo?; ***was*** (*od* ***wie viel***) ***macht es?*** quanto é?; ***das macht nichts*** não faz mal, não tem importância; ***was ist da zu ~?*** que quer que se faça?; ***da*** (*od* ***es***) ***ist nichts zu ~*** não há nada que fazer; ***schnell ~*** despachar-se, fazer depressa; **2.** *v/r*: ***sich*** (***gut***) **~** *et*: ir (bem); *j-d*: fazer boa figura; ***sich ~ lassen*** *unpers* arranjar-se; ***sich*** (*dat*) ***et ~ lassen*** mandar fazer a/c; ***sich auf den Weg ~*** pôr-se a caminho; ***sich*** (*dat*) ***die Arbeit*** (*od* ***Mühe***) **~** dar-se ao trabalho (***zu*** de); ***sich*** (*dat*) ***et ~ aus*** *fig* fazer caso de, importar-se com; ***gemacht*** *adj Mann*: feito, de fortuna, *bras a* bem sucedido; (*gespielt*) afe(c)tado; **2schaft** *f* intriga *f*, manobra *f*
'Macher *m* homem *m* de a(c)ção; **~lohn** *m <-(e)s; ⸚e>* preço *m* de feitio
'Macho ['matʃoː] *m* F machista *m*
Macht [maxt] *f <-; ⸚e>* poder *m*; (*Staat*) potência *f*; (*Kraft*) força *f*; (*Einfluss*) ascendente *m*, autoridade *f*; **~apparat** *m <-(e)s; -e>* aparelho *m* de poder; **'~befugnis** *f <-; -se>* autoridade *f*; poder *m*; **'~bereich** *m <-(e)s; -e>* alcance *m*; esfera *f* de poder; competência *f*; **'~haber** ['-haːbər] *m* detentor *m* do poder; governante *m*; potentado *m*
'mächtig ['mɛçtiç] poderoso, forte; (*imponierend a*) imponente, impressionante; *TÉCN* potente; (*groß*) imenso; ***des Deutschen*** *etc* ***~ sein*** saber alemão *etc*; dominar o alemão *etc*; ***seiner nicht ~ sein*** não ser senhor de si
'Macht|kampf ['maxt-] *m <-(e)s; ⸚e>* luta *f* pelo poder; **2los** *<-est>* impotente; ***~ sein gegen*** não se poder fazer nada contra; **~losigkeit** ['-loːziç-] *f <sem pl>* impotência *f*; **~politik** *f <sem pl>* imperialismo *m*; **~spruch** *m <-(e)s; ⸚e>* decisão *f* autoritária; a(c)to *m* autoritário; **~übernahme** *f* advento *m* (*od* subida *f*) ao poder (***durch*** de); **~vollkommenheit** *f <sem pl>* autoridade *f* absoluta; **~wort** *n <-(e)s; -e>* → **~spruch**; ***ein ~ sprechen*** intervir com autoridade (***bei*** em); pôr termo (***bei*** a)
'Machwerk *n <-(e)s; -e>* obra *f* mal feita
'Mädchen ['mɛːtçən] *n* moça *f*, *port* rapariga *f*; ***junges*** *od* ***kleines ~*** menina *f*; (*Dienst~*) empregada *f*, criada *f*; ***~ für alles*** F empregada (*od* criada) *f* para todo o serviço; **2haft** de menina; juvenil; **~handel** *m <-s; sem pl>* escravatura *f* branca; **~name** *m <-ns; -n>* apelido (*bras* sobrenome) *m* de solteira; **~schule** *f* escola *f* feminina
'Mad|e ['maːdə] *f* bicho *m*, verme *m*, gusano *m*; **2ig** bichoso, cheio de vermes
Ma'donna [ma'dɔna] *f <-; Madonnen>* Virgem *f*; Nossa Senhora *f*
'Mafi|a ['mafia] *f <-; -s>* máfia *f*; **~'oso** [-'oːzo] *m <-(s); -si>* mafioso *m*
Maga'zin [maga'tsiːn] *n <-s; -e>* armazém *m*; depósito *m*, *MIL a* arsenal *m*, (*Bibliothek a*) arquivo *m*; *Zeitschrift*: revista *f*
Magd [maːkt] *f <-; ⸚e>* criada *f*, servente *f*
'Magen ['maːgən] *m <-s; ⸚>* estômago *m*; (*Geflügel*) moela *f*; ***schwer im ~ liegen*** ser indigesto; ***j-m im ~ liegen*** *fig* F afligir alg; ***auf den ~ schlagen*** *fig* fazer mal ao estômago; **~beschwerden** *f/pl* dores *f/pl* de estômago; indigestão *f/sg*; **~'-Darm-Kanal** *m <-s; -kanäle>* tubo *m* digestivo; **~drücken** *n <-s; sem pl>* peso *m* no estômago; **~geschwür** *n <-(e)s; -e>* úlcera *f* no estômago; **~krampf** *m <-(e)s; ⸚e>* convulsão *f* estomacal; **2krank** doente do estômago; **~krebs** *m <-es; sem pl>* cancro (*bras* câncer) *m* de estômago; **~leiden** *n* doença *f* de estômago; **~saft** *m <-(e)s; ⸚e>* suco *m* gástrico; **~säure** *f* ácido *m* gástrico; **~schmerzen** *m/pl* dores *f/pl* de estômago; **2stärkend** estomacal; digestivo; **~verstimmung** *f* indisposição *f* gástrica (*od* do estômago), indigestão *f*
'mager ['maːgər] magro; *fig* insufici-

ente, pouco satisfatório; ~ ***werden*** emagrecer; **≈keit** *f* <*sem pl*> magreza *f*; **≈milch** *f* <*sem pl*> leite *m* desnatado
Ma'gie [ma'giː] *f* <*sem pl*> magia *f*
'Mag|ier ['maːgiər] *m* mago *m*; **≈isch** mágico
Magis'trat [magis'traːt] *m* <-(*e*)*s*; -*e*> conselho *m* municipal; município *m*
Ma'gnesi|a [ma'gneːzia] *f* <*sem pl*> magnésia *f*; **~um** *n* <-*s*; *sem pl*> magnésio *m*
Ma'gnet [ma'gneːt] *m* <-(*e*)*s od -en*; -*e od -en*> magnete *m*; íman (*od* ímã) *m*; *EL* electroíman (*od* -ímã) *m*; **~band** *n* <-(*e*)*s*; ⸚*er*> fita *f* magnética; **~feld** *n* <-(*e*)*s*; -*er*> campo *m* magnético; **≈isch** magnético; **≈i'sieren** [-i'ziːrən] <-> magnetizar; **~'ismus** *m* <-; *sem pl*> magnetismo *m*; **~karte** *f* cartão *m* magnético; **~nadel** *f* <-; -*n*> agulha *f* magnética; **~platte** *f* disco *m* magnético; **~plattenspeicher** *m* memória *f* em discos; **~spule** *f* bobina *f* do ele(c)troíman (*od* -imã); **~streifen** *m* tala *f* magnética; **~zündung** *TÉCN f* ignição *f* de (*od* por) magneto
Ma'gnolie [ma'gnoːliə] *f BOT* magnólia *f*
Maha'goni [maha'goːni] *n* <-*s*; *sem pl*>, **~holz** *n* <-*es*; *sem pl*> mogno *m*
'Mäh|drescher ['mɛːdrɛʃər] *m* ceifeira-debulhadora *f*; **≈en** ['mɛːən] ceifar; segar; **~er(in** *f*) *m* ceifeiro *m*, -a *f*, segador(a *f*) *m*
Mahl [maːl] *n* <-(*e*)*s*; ⸚*er od* -*e*> refeição *f*, comida *f*; (*Fest*≈) banquete *m*; **'≈en** moer; **'~zahn** *m* <-(*e*)*s*; ⸚*e*> (dente *m*) molar *m*; **'~zeit** *f* refeição *f*; (***gesegnete***) **~*!*** bom proveito!
'Mähmaschine ['mɛː-] *f* ceifeira *f*; gadanheira *f*
'Mahn|bescheid ['maːn-] *m* <-(*e*)*s*; -*e*> intimação *f* judicial de pagamento; **~brief** *m* <-(*e*)*s*; -*e*> carta *f* de reclamação *f*
'Mähne ['mɛːnə] *f* crina *f*; (*Löwen*≈) juba *f*
'mahn|en ['maːnən] advertir, admoestar; ***j-n an*** (*ac*) ~ lembrar (*ac*) a alg; (*er*~) exortar (***zu*** a); ~ ***wegen*** reclamar (*ac*); **≈mal** ['-maːl] *n* <-(*e*)*s*; -*e*> monumento *m*; **≈ung** *f* advertência *f*; admoestação *f*; exortação *f*; *ECON* reclamação *f*
'Mähren ['mɛːrən] *n* Morávia *f*
Mai [maɪ] *m* <-(*e*)*s od* -; -*e*> Maio *m*; **~glöckchen** ['-glœkçən] *n* lírio *m* do vale; **~käfer** *m* besouro *m*
Main [maɪn] *m* Meno *m*
'Mailbox ['meːlbɔks] *f INFORM* caixa *f* do correio electrónico
Mainz [maɪnts] *n* Mogúncia *f*
Mais [maɪs] *m* <-*es*; -*e*> milho *m*; **~brot** *n* <-(*e*)*s*; -*e*> broa *f* (de milho)
'Maische ['maɪʃə] *f* mosto *m* de malte; **≈n** molhar o malte
'Mais|feld *n* <-(*e*)*s*; -*er*> milheiral *m*, *bras* milharal *m*; **~kolben** *m* maçaroca *f*, espiga *f* de milho
Majes'tät [majɛs'tɛːt] *f* majestade *f*; *Titel*: Majestade *f*; **≈isch** majestoso
'Majonäse → ***Mayonnaise***
Ma'jor [ma'joːr] *m* <-*s*; -*e*> major *m*
'Majo'ran [majo'raːn, 'maːjoran] *BOT m* <-*s*; -*e*> manjerona *f*
Majori'tät [majori'tɛːt] *f* maioria *f*
ma'kaber [ma'kaːbər] macabro
'Makel ['maːkəl] *m* mácula *f*, mancha *f*
Mäke'lei [mɛːkə'laɪ] *f* critiquice *f*, *bras* mania *f* de criticar
'makellos <-*est*> imaculado, impecável
'mäkeln ['mɛːkəln] <-*le*>: ***an*** (*dat*) ~ criticar *ac*, censurar *ac*
Make-'up [meɪk'ap] *n* <-*s*; -*s*> maquillage *f*, *bras* maquiagem *f*
Makka'roni [maka'roːni] *pl inv* macarrão *m/sg*; massa *f/sg*
'Mäkler ['mɛːklər] *m* critiqueiro *m*, rabugento *m*, impertinente *m*
'Makler ['maːklər] *m* corretor *m*, agente *m*; *beeideter*: solicitador *m*; **~gebühr** *f* corretagem *f*, comissão *f*; **~geschäft** *n* <-(*e*)*s*; -*e*> agência *f*, corretagem *f*
Ma'krele [ma'kreːlə] *f* cavala *f*
Ma'krone [ma'kroːnə] *f* bolinho *m* de amêndoa (*od* de avelã *od* de coco)
Makula'tur [makula'tuːr] *f* maculatura *f*
Mal [maːl] *n* <-(*e*)*s*; -*e*> **a**) <*pl a* ⸚*er*> (*Fleck*, *Zeichen*) sinal *m*, marca *f*; (*Mutter*≈) *a* lunar *m*; (*Denk*≈, *Mahn*≈) monumento *m*; *Sport*: meta *f*; **b**) vez *f* (***zum*** pela); ***mit e-m*** **~(e)**

de repente; ***jedes*** **~** (de) todas as vezes, (de) cada vez; ***ein für alle*** **~** de uma vez para sempre (*bras* por todas); de vez
mal *adv* F uma vez; ***sagen Sie*** **~** ora diga lá; ***nicht*** **~** nem sequer
Ma'lai|e [ma'laɪə] *m* <-*n*>, **~in** *f*, **2isch** malaio *m*, -a *f*, da Malásia
Ma'laria [ma'la:ria] *f* <*sem pl*> malária *f*; paludismo *m*; sezonismo *m*; **~anfall** *m* <-(*e*)*s*; **⁻̈e**> sezões *f/pl*; **~bekämpfung** *f* <*sem pl*> campanha *f* anti-sezonática (*od* contra a malária)
'malen ['ma:lən] **1.** pintar (*a fig*); (*porträtieren*) retratar; **2. 2** *n* pintura *f*
'Maler ['ma:lər] *m*, **~in** *f* pintor(a *f*) *m*; **~'ei** [-'raɪ] *f* pintura *f*; **2isch** pitoresco; (*gemalt*) pitórico; **~meister** *m* mestre *m* pintor (*bras* de pintura)
'Malkasten *m* <-*s*; **⁻̈**> caixa *f* de cores (*bras* de tintas)
'malnehmen multiplicar (***mit*** por)
'Malve ['malvə] *f* malva *f*
Malz [malts] *n* <-*es*; *sem pl*> malte *m*; **'~bier** *n* <-(*e*)*s*; *sem pl*> cerveja *f* de malte; **'~bonbon** *m* <-*s*; -*s*> rebuçado *m* (*bras* bala *f*) de malte; **'~extrakt** *m* <-(*e*)*s*; -*e*> maltina *f*; **'~kaffee** *m* <-*s*; *sem pl*> (café *m* de) cevada *f*, (café *m* de) malte *m*
'Ma'ma [ma'ma, 'mama] *f* <-; -*s*> mamã *f*, *bras* mamãe *f*
'Mammon ['mamɔn] F *m* <-*s*; *sem pl*> ouro *m*, riquezas *f/pl*
'Mammut ['mamu:t] *n* <-*s*; -*e od* -*s*> mamute *m*; **~baum** *m* <-(*e*)*s*; **⁻̈e**> *BOT* sequóia *f*
man [man] (*dat m* ***einem***, *f* ***einer***; *ac m* ***einen***, *f* ***eine***) a gente, se; *a übers durch 3. Person pl*; **~** ***sagt*** diz-se, dizem, consta; **~** ***muss*** é preciso (*inf od* que *subj*)
'Manag|ement ['mɛnidʒmənt] *n* <-*s*; -*s*> dire(c)toria *f*; **2en** gerir, dirigir; F organizar; arranjar; **~er** *m* gestor *m*, dire(c)tor *m*, *bras* executivo *m*; **~erkrankheit** *f* <*sem pl*> esgotamento *m* nervoso provocado por stress
manch [manç]: **'~er** *m*, **'~es** *n*, (**'~e** *f*) muitos *m/pl* (-as *f/pl*), mais que um(a *f*) *m*; **'~e** (***Leute***) *pl* alguns *m/pl*, algumas *f/pl*, muitos *m/pl*, -as *f/pl*; muita gente, há quem (*subj*); **'~es** ***Mal*** muitas (*od* algumas) vezes; ***so*** **'~es** ***Mal*** tanta(s) vez(es); ***wie*** **'~es** ***Mal!*** quantas vezes!; **~er'lei** [-ər'laɪ] *inv adj* vários, muitos; *su* várias coisas; **'~mal** às vezes, por vezes, de vez em quando
Man'dant(in *f*) [man'dant] *m* <-*en*> constituinte *su*, cliente *su*
Manda'rine [manda'ri:nə] *BOT f* tangerina *f*
Man'dat [-'da:t] *n* <-(*e*)*s*; -*e*> mandato *m*; (*Befehl*) ordem *f*; **~sgebiet** *n* <-(*e*)*s*; -*e*> território *m* sob administração estrangeira
'Mandel ['mandəl] <-; -*n*> *BOT* amêndoa *f* (***gebrannte*** torrada); *MED* amígdala *f*; (*15 Stück*) quinzena *f*; **~baum** *m* <-(*e*)*s*; **⁻̈e**> amendoeira *f*; **~entzündung** *f* angina *f*; amigdalite *f*; **~öl** *n* <-(*e*)*s*; *sem pl*> óleo *m* de amêndoas
Mando'line [mando'li:nə] *f* bandolim *m*
Ma'nege [ma'ne:ʒə] *f* picadeiro *m*; *Zirkus*: arena *f*
Man'gan [maŋ'ga:n] *n* <-*s*; *sem pl*> manganésio *m*, manganês *m*; **~eisen** *n* <-*s*; *sem pl*> ferro *m* manganífero
'Mangel ['maŋəl] **1.** *m* <-*s*; **⁻̈**> falta *f* (***aus*** por, ***an*** *dat* de); (*Fehler*) defeito *m*; (*Not*) penúria *f*; *MED* carência *f*; **~** ***an Anstand*** indecoro *m*; **~** ***leiden an*** (*dat*) carecer de, ter falta de; **2.** *TÉCN f* <-; -*n*> calandra *f*, *bras* máquina *f* de passar; **~erscheinung** *f* *MED* sintoma *m* carencial; **2haft** defeituoso, imperfeito, deficiente; insuficiente; *adv* mal; **~krankheit** *f* doença *f* de carência
'mangeln **1.** <-*le*> (*fehlen*) (vir a) faltar, fazer falta; **~** ***an*** (*dat*) carecer de; *TÉCN* calandrar, *bras* passar; **2. 2** *n* *TÉCN* calandragem *f*; (*Fehlen*) falta *f*
'mangel|s (*gen*) por falta de; **2ware** *f* mercadoria *f* escassa
'Mango ['maŋgo] *f* <-; -*s*> manga *f*
'Mangold ['maŋgɔlt] *BOT m* <-(*e*)*s*; -*e*> acelga *f*
Ma'nie [ma'ni:] *f* mania *f*
Ma'nier [ma'ni:r] *f* <-; -*en*> **a)** *Art und Weise*: modo *m*; *Kunst*: estilo *m*; **b)** **~en** *pl* maneiras *f/pl*; **2'iert** [-ni'ri:rt] afe(c)tado, amaneirado;

M

Ձlich bem educado, de boas maneiras

Mani'fest [mani'fɛst] *n* <-(e)s; -e> manifesto *m*; **Ձ'ieren** <-> manifestar; exprimir

Mani'küre [mani'ky:rə] *f* manicura *f*

Manipu|lati'on [manipulatsi'o:n] *f* manipulação *f*; **Ձ'lieren** <-> manipular

'manisch ['ma:niʃ] maníaco

'Manko ['maŋko] *n* <-s; -s> defeito *m*; *ECON* défice *m*, *bras* déficit *m*

Mann [man] *m* <-(e)s; ¨er, *poét* -en, *MIL u NAV pl inv*> homem *m*; (*männliches Wesen*) varão *m*; (*Ehe*Ձ) marido *m*; F **~!** pá!, rapaz!; ***an den ~ bringen*** *Ware*: vender; *Tochter*: casar; ***~s genug sein, um ...*** F ser homem para ..; ***~ für ~*** um atrás do outro; todos sem excepção; ***~ gegen ~*** *MIL* corpo a corpo; ***mit ~ und Maus*** *NAV* com toda a carga; ***wenn Not am ~ ist*** em caso de necessidade; ***seinen ~ stehen*** cumprir; fazer boa figura

'Männchen ['mɛnçən] *n* homenzinho *m*; *ZO* macho *m*; ***~ machen*** pôr-se nas patas traseiras, ficar em pé

'Mannequin ['manəkɛ̃] *n* <-s; -s> manequim *m*

'Männer|chor ['mɛnər-] *m* <-(e)s; ¨e> coro *m* masculino; **~gesangverein** *m* <-(e)s; -e> orfeão *m*

'Mannes|alter ['manəs-] *n* <-s; *sem pl*> virilidade *f*; idade *f* viril; **~kraft** *f* <-; ¨e> virilidade *f*, força *f* viril

'mannhaft viril, varonil; (*tapfer*) valente

'mannig|fach, **~faltig** ['maniç-] vário, diferente, variado, diverso, múltiplo; **Ձfaltigkeit** *f* <*sem pl*> variedade *f*

'männlich ['mɛnliç] másculo; varonil (*a fig*); (*tapfer*) valente; (*Tier*) macho; *GRAM* masculino; ***Kind ~en Geschlechts*** *a* filho *m* varão; **Ձkeit** *f* <*sem pl*> virilidade *f*

'Mannschaft *f* *MIL* homens *m/pl*, praças *f/pl*, tropas *f/pl*; *NAV u AV* tripulação *f*; *Sport*: grupo *m*, equipa *f*, *bras* equipe *f*; **~sführer** *m*, **~skapitän** *m* *Sport*: chefe *m* (do grupo)

Ma'növ|er [ma'nø:vər] *n* manobra(s) *f/pl*; **Ձ'rieren** [-'vri:rən] <-> manobrar; **Ձ'rierfähig** *NAV* governável

Man'sarde [man'zardə] *f*, **~nzimmer** *n* águas-furtadas *f/pl*

'manschen ['manʃən] F remexer

Man'schette [man'ʃɛtə] *f* punho *m*; *TÉCN* gaxeta *f*; ***vor*** (*dat*) ***~n haben*** F ter medo de; **~nknopf** *m* <-(e)s; ¨e> botão *m* de punho, *bras* abotoadura *f*

'Mantel ['mantəl] *m* <-s; ¨> sobretudo *m*, casaco *m*; (*Umhang*) capa *f*, manto *m*; *langer*: *MIL* capote *m*; *TÉCN* invólucro *m*, (*Hülle*), *Geschoss*, *Ofen*: camisa *f*; *MAT* superfície *f* (lateral); ***den ~ nach dem Winde hängen*** *fig* mudar facilmente de opinião, ser catavento; **~tarif** *m* <-s; -e> contrato *m* cole(c)tivo de trabalho

manu'ell [manu'ɛl] manual, à mão

Manufak'tur [manufak'tu:r] *f* manufa(c)tura *f*

Manu'skript [manu'skript] *n* <-(e)s; -e> manuscrito *m*; *TIP*: *a* original *m*

'Mappe ['mapə] *f* pasta *f*

'Marathonlauf ['ma:ratɔn-] *m* <-(e)s; ¨e> maratona *f*

'Märchen ['mɛ:rçən] *n* conto *m* (de fadas); história *f* (*a fig*); lenda *f*; **~buch** *n* <-(e)s; ¨er> livro *m* de contos; **Ձhaft** fabuloso, fantástico; **~prinz** *m* <-en> príncipe *m* encantado (*a fig*)

'Marder ['mardər] *m* marta *f*, (*Stein*Ձ) fuinha *f*

Marga'rine [marga'ri:nə] *f* <*sem pl*> margarina *f*

Ma'rien|bild [ma'ri:ən-] *n* <-(e)s; -er> imagem *f* da Virgem, imagem *f* de Nossa Senhora; **~käfer** *m* joaninha *f*; **~kult** *m* <-(e)s; *sem pl*> culto *m* mariano

Marihu'ana [marihu'a:na] *n* <-s; *sem pl*> marijuana *f*, *bras* maconha *f*

Mari'nade [mari'na:də] *f* escabeche *m*, *bras* marinada *f*

Ma'rine [ma'ri:nə] *f* (*Handels*Ձ) marinha *f* (mercante); *MIL* armada *f*, *bras* marinha *f* de guerra; **~attaché** *m* <-s; -s> adido *m* naval; **Ձblau** azul-marinho; **~offizier** *m* <-s; -e> oficial *m* da Armada *od* Marinha; **~stützpunkt** *m* <-(e)s; -e> base *f* naval

mari'nieren [mari'ni:rən] <-> pôr de escabeche, *bras* marinar

Mario'nette [mario'nɛtə] *f* títere *m*,

M

boneco *m*, marionete *m*; **~ntheater** *n* teatro *m* de títeres (*od* marionetes)
Mark [mark] **a)** *ECON f* <-; -> marco *m*; **b)** *n* <-(*e*)*s*; *sem pl*> medula *f*; miolo *m*; (*Knochen*≈) tutano *m*; ***j-m durch ~ und Bein gehen*** *fig* fazer estremecer alg
mar'kant [mar'kant] marcado, marcante, cara(c)terístico; *j-d*: de relevo
'Marke ['markə] *f* marca *f* (*a ECON*); sinal *m*; *CORR* selo *m*, estampilha *f*; (*Erkennungs*≈) placa *f* de identidade; (*Kontroll*≈) senha *f*; (*Spiel*≈) ficha *f*; *Wein*: qualidade *f*; **~nartikel** *ECON m* artigo *m* registado (*od* de marca); **~image** [-'imitʃ] *n* imagem *f* de marca; **~nschutz** *ECON m* <-*es*; *sem pl*> prote(c)ção *f* legal das marcas registadas; **~nzeichen** *n ECON* logomarca *f*; símbolo-marca *m*
'Marker ['maːkər] *m* <-*s*; -> (*Stift*) marcador *m*
'markerschütternd horripilante
'Marketing ['-tiŋ] *n* <-*s*; *sem pl*> marketing *m*
mar'kier|en [mar'kiːrən] <-> marcar; *Ton*: acentuar; (*vortäuschen*) simular (*a MIL*); **≈ung** *f* marcação *f*, sinalização *f*; sinais *m/pl*
'markig ['markiç] *fig* meduloso; vigoroso
Mar'kise [mar'kiːzə] *f* toldo *m*
'Mark|knochen *m* osso *m* com tutano; **~stein** *m* <-(*e*)*s*; -*e*> marco *m*; ***ein ~ sein***, ***e-n ~ bilden*** marcar; **~stück** *n* <-(*e*)*s*; -*e*> moeda *f* de um marco
Markt [markt] *m* <-(*e*)*s*; ⸚*e*> mercado *m*, praça *f*; *monatlicher u Jahr*≈: feira *f*; ***auf den ~ bringen*** lançar no mercado; ***Gemeinsamer ~*** Mercado *m* Comum; **'~analyse** *f* análise *f* de mercado; **'~anteil** *m* <-(*e*)*s*; -*e*> cota *f* de mercado; **'~bericht** *m* <-(*e*)*s*; -*e*> boletim *m* (do mercado); **'~bude** *f* barraca *f*; **'~flecken** *m* vila *f*; **'~forschung** *f* sondagem *f* do mercado; **'~halle** *f* praça *f* (coberta); mercado *m*; **'~lücke** *f* lacuna *f* da oferta; falta *f* de um produto no mercado; **~nische** *f* nicho *m* de mercado; **'~platz** *m* <-*es*; ⸚*e*> praça *f* (do mercado); **'~preis** *m* <-*es*; -*e*> preço *m* corrente; **'~stand** *m* <-(*e*)*s*; -*stände*> lugar *m* de venda; **'~tag** *m* <-(*e*)*s*; -*e*> dia *m* da feira (*od* do mercado); **'~weib** *n* <-(*e*)*s*; -*er*> regateira *f*, vendedora *f*; **'~wert** *m* <-(*e*)*s*; *sem pl*> valor *m* de mercado; **'~wirtschaft** *f* economia *f* mercantil
Marme'lade [marmə'laːdə] *f* doce *f*, compota *f*, *bras* geléia *f*; (*Quitten*≈) marmelada *f*
'Marmor ['marmɔr] *m* <-*s*; -*e*> mármore *m*; **~bruch** *m* <-(*e*)*s*; ⸚*e*> canteira (*bras a* pedreira) *f* de mármore; **≈'ieren** <-> marmorizar; **~platte** *f* lousa *f* de mármore; *auf Möbeln etc*: tampo *m* de mármore
ma'rode [ma'roːdə] cansado; fatigado
Marok'kan|er(in *f*) *m* [marɔ'kaːnər-], **≈isch** marroquino *m*, -a *f*, de Marrocos
Ma'rokko [ma'rɔko] *n* Marrocos *m/pl*
Ma'rone [ma'roːnə] *f* castanha *f* comestível
Ma'rotte [ma'rɔtə] *f* capricho *m*, mania *f*
Mars [mars] *m* **a)** *ASTR* Marte *m*; **b)** *NAV* <-; -*e*> (cesto *m* da) gávea *f*
Marsch [marʃ] **1.** *m* <-(*e*)*s*; ⸚*e*> marcha *f* (***auf dem*** em); **2. ≈!** *MIL* marche!; F embora!; ***j-m den ~ blasen*** F meter alg na ordem; **3.** *f* lezíria *f*
'Marschall ['marʃal] *m* <-*s*; ⸚*e*> marechal *m*
'Marsch|befehl *m* <-(*e*)*s*; -*e*> ordem *f* de partir; **≈'ieren** <-; *sn*> marchar; **~land** *n* <-(*e*)*s*; ⸚*er*> lezíria *f*; **~route** *f* itinerário *m*; **~verpflegung** *f* ração *f* de marcha
'Marssegel *n NAV* vela *f* de gávea
'Marter ['martər] *f* <-; -*n*> martírio *m*, tortura *f*; suplício *m*; **≈n** <-*re*> torturar
'Märtyrer|(in *f*) ['mɛrtyrər] *m* mártir *su*; **~tod** *m* <-*es*; *sem pl*> morte *f* por martírio; **~tum** *n* <-*s*; *sem pl*> martírio *m*
Mar'xis|mus [mar'ksismus] *m* <-; *sem pl*> marxismo *m*; **~t** *m* <-*en*>, **≈tisch** marxista *m*
März [mɛrts] *m* <- *od* -*es*; -*e*> Março *m*
Marzi'pan [martsi'paːn] *n* <-*s*; -*e*> maçapão *m*, *bras* marzipã *m*
'Masche ['maʃə] *f* malha *f* (***aufheben*** apanhar); *fig* truque *m*; **~n-**

draht *m* <-(*e*)*s*; *sem pl*> rede *f* de arame

Ma'schine [ma'ʃiːnə] *f* máquina *f*; *AV* aparelho *m*; avião *m*; ***mit der ~ schreiben*** escrever à máquina, da(c)tilografar

maschinell [maʃi'nɛl] mecânico; *adv a* à máquina

Ma'schinen|bau *m* <-(*e*)*s*; *sem pl*> construção *f* de máquinas; **~bauingenieur** *m* <-*s*; -*e*> engenheiro *m* mecânico; **~fabrik** *f* fábrica *f* de construções mecânicas; **²geschrieben** da(c)tilografado; **~gewehr** *n* <-(*e*)*s*; -*e*> metralhadora *f*; **~kode** *m* <-*s*; -*s*> *INFORM* código *m* de máquinas; **~öl** *n* <-(*e*)*s*; -*e*> óleo *m* lubrificante; **~pistole** *f* pistola *f* automática; **~raum** *m* <-(*e*)*s*; ¨*e*> casa (*od* secção) *f* das máquinas; **~schaden** *m* <-*s*; ¨> avaria *f*; **~schlosser** *m* mecânico *m*; **~schreiben** *n* <-*s*; *sem pl*> da(c)tilografia *f*; **~schreiber(in** *f*) *m* da(c)tilógrafo *m*, -a *f*; **~schrift** *f* da(c)tilografia *f*; ***in ~*** da(c)tilografado; **~sprache** *f INFORM* linguagem *f* máquina

Maschin|e'rie [maʃinə'riː] *f* mecanismo *m*, maquinaria *f*, *bras* maquinário *m*; **~'ist** *m* <-*en*> maquinista *m*

'Maser ['maːzər] *f* <-; -*n*> veia *f*; nó *m*; **~holz** *n* <-*es*; ¨*er*> madeira *f* betada, madeira *f* listrada; **~n** *pl MED* sarampo *m*/*sg*; **²n** <-*re*> veiar; **~ung** *f* veio *m*, list(r)a *f*, beta *f*, veias *f*/*pl*

'Mask|e ['maskə] *f* máscara *f*; *TEA* cara(c)terização *f*; (*Verkleidung*) *a* disfarce *m*; **~enball** *m* <-(*e*)*s*; ¨*e*> baile *m* de máscaras; **~enbildner** *m* cara(c)terizador *m*; **~e'rade** [-'raːdə] *f* mascarada *f*; disfarce *m*; **²'ieren** <-> mascarar, disfarçar; **~'ottchen** [-'kɔtçən] *n* mascote *f*

masku'lin [masku'liːn] masculino; **'²um** ['-linum] *n* <-*s*; -*lina*> masculino *m*

Maso'chismus [mazɔ'xismus] *m* <-; -*men*> masoquismo *m*

Maß [maːs] **a**) *n* <-*es*; -*e*> medida *f* (***nach*** à; ***nehmen*** tomar a); (*Aus²*) proporção *f*; extensão *f*, (*Grad*) grau *m*; escala *f*; *fig* moderação *f*; ***in vollem ~e*** plenamente; ***in dem ~e wie*** na (*od* à) medida que, conforme; ***in hohem ~e*** em alto grau; ***~ halten*** moderar-se, conter-se; **b**) *f* <-; -*e*, *nach Zahlen inv*> caneca *f* de litro

Mas'sage [ma'saːʒə] *f* massagem *f*

massa'krieren [masa'kriːrən] <-> massacrar

'Maß|anzug *m* <-(*e*)*s*; ¨*e*> fato *m* por medida, *bras* terno *m* sob medida; **~arbeit** *f* confe(c)ção *f* por (*bras* sob) medida

'Masse ['masə] *f* massa *f*; (*Menschenmenge*) *a* multidão *f*, vulgo *m*; (*Anzahl*) quantidade *f*; (*Umfang*) volume *m*, *FÍS a* mole *f*; *MIL des Heeres*: grosso *m*

'Maßein|heit *f* unidade *f* métrica; **~teilung** *f* graduação *f*; ***mit ~*** graduado

'Massen|abfertigung *f* <*sem pl*> despacho *m* (*od* expedição *f*) em massa; **~absatz** *m* <-*es*; *sem pl*> venda *f* em grande escala; **~arbeitslosigkeit** *f* <*sem pl*> desemprego *m* em massa; **~artikel** *m* artigo *m* de grande consumo; **~entlassung** *f* despedimento *m* cole(c)tivo (*od* em massa), *bras* demissão *f* coletiva; **~grab** *n* <-(*e*)*s*; ¨*er*> vala *f* comum; **²haft** em grande quantidade; enorme; **~karambolage** *f* colisão *f* em cadeia; **~kundgebung** *f* manifestação *f* popular; **~medien** *n*/*pl* meios *m*/*pl* de comunicação social, mass-média *m*/*pl*; **~mord** *m* <-(*e*)*s*; -*e*> morticínio *m*; matança *f*; **~psychose** *f* psicose *f* geral (*bras* coletiva); **~tourismus** *m* <-; *sem pl*> turismo *m* de massas; **~verkehrsmittel** *n* meio *m* de transporte em massas; **²weise** em massa(s)

Mas'seu|r [ma'søːr] *m* <-*s*; -*e*>, **~se** [-zə] *f* massagista *su*

'Maß|gabe *f* <*sem pl*>: ***nach ~*** (*gen*) conforme a; na medida que, à razão de; **²gebend**, **²geblich** [-geːpliç] *j-d*: competente, abalizado; *et*: normativo; ***~ an*** (*dat*) ***beteiligt sein*** contribuir em larga escala para; ter intervenção decisiva em; **²halten** → ***Maß***

mas'sieren [ma'siːrən] <-> *MED* dar (*bras* fazer) massagem a; *MIL Truppen*: concentrar

'massig ['masiç] maciço

'mäßig ['mɛːsiç] módico, moderado;

frugal, sóbrio; (*mittel*~) medíocre, regular; **~en** ['-igən] moderar; reprimir; temperar; ***sich*** ~ conter-se; **≗keit** *f* <*sem pl*> moderação *f*, frugalidade *f*, sobriedade *f*, temperança *f*; **≗ung** ['-iguŋ] *f* moderação *f*
mas'siv [ma'si:f] **1.** maciço, sólido; **2.** ≗ *n* <*-s*; *-e*> maciço *m*
'Maß|krug *m* <*-(e)s*; *⸚e*> caneca *f* de litro, *bras a* canecão *m*; **~liebchen** *BOT n* bem-me-quer *m*; **≗los** <*-est*> desmedido; imenso, enorme; *fig* imoderado, excessivo; **~losigkeit** ['-lo:ziç-] *f* imoderação *f*, excesso *m*; **~nahme** ['-na:mə] *f*, **~regel** *f* <*-*; *-n*> medida *f*, (*Vorkehrung*) prevenção *f*, providência *f* (***treffen*** tomar); **≗regeln** <*-le*> repreender, castigar; **~regelung** *f* castigo *m* disciplinário; **~schneider** *m* alfaiate *m* (que trabalha por medida); **~stab** *m* <*-(e)s*; *⸚e*> metro *m*; bitola *f*, craveira *f*, *Karten*: escala *f*, *fig* critério *m*, norma *f* (***anlegen*** seguir); **≗voll** moderado
Mast [mast]: **a)** *f* engorda *f*, ceva *f*; **b)** *m* <*-(e)s*; *-e od -en*> *NAV*, *a* **'~baum** *m* <*-es*; *⸚e*> mastro *m*; (*Leitungs*≗) poste *m*; **'~darm** *m* <*-(e)s*; *⸚e*> (intestino *m*) re(c)to *m*
'mästen ['mɛstən] <*-e-*> engordar, cevar
'Mast|futter *n* <*-s*; *sem pl*> cevadura *f*, ceva *f*; **~korb** *NAV m* <*-(e)s*; *⸚e*> (cesto *m* da) gávea *f*; **~kur** *MED f* cura *f* (*bras* tratamento *m*) de engorda, *bras a* dieta *f* para engordar
Masturb|ati'on [masturbatsi'o:n] *f* masturbação *f*; **≗'ieren** [-'bi:rən] <*-*> masturbar(-se)
'Mastvieh *n* <*-(e)s*; *sem pl*> gado *m* cevado (*od* para cevar)
Materi'al [materi'a:l] *n* <*-s*; *-ien*> material *m*; **~ermüdung** *f* <*sem pl*> fadiga *f* do material; **~'ismus** [-ia'l-] *m* <*-*; *sem pl*> materialismo *m*; **~'ist** *m* <*-en*>, **≗'istisch** materialista *m*; **~kosten** *pl* preço *m/sg* do material; **~schaden** *m* <*-s*; *⸚*> prejuízo(s *pl*) *m* material (materiais)
Ma'teri|e [ma'te:riə] *f* matéria *f*; **≗'ell** [materi'ɛl] material
Mathema't|ik [matema'ti:k] *f* <*sem pl*> matemática(s *pl*) *f*; **~iker** [-'ma:tikər] *m*, **≗isch** [-'ma:tiʃ] matemático *m*
Mati'nee [mati'ne:] *f* <*-*; *-n*> matinée *f*, *bras* matinê *f*, vesperal *f*
Ma'tratze [ma'tratsə] *f* colchão *m*; enxergão *m*
Ma'trikel [ma'tri:kəl] *f* <*-*; *-n*> matrícula *f*
'Matrixdrucker ['ma:triks-] *m INFORM* impressora *f* matricial
Ma'trize [ma'tritsə] *TIP* matriz *f*
Ma'trose [ma'tro:zə] *m* <*-n*> marinheiro *m*, marujo *m*
Matsch [matʃ] *m* <*-(e)s*; *sem pl*> lama *f*, lodo *m*; **'≗ig** lamacento, lodoso
matt [mat] <*-est*> fraco, débil, *j-d*: *a* abatido, extenuado; *Farbe*: apagado; baço; *Glas*: fosco, *Licht*: *a* mortiço; *FOT*, *Papier*, *Schach*: mate, *Metall*: *a* embaciado; ~ ***setzen*** (*ac*) dar mate a, pôr em xeque, *bras a* dar xeque-mate em
'Matt|e ['matə] *f* esteira *f*; **~heit**, **~igkeit** *f* <*sem pl*> fraqueza *f*, abatimento *m*; astenia *f*; **~scheibe** *f* vidro *m* fosco; F (*TV*) ecrã *m*, *bras* tela *f* de *TV*; ~ ***haben*** *fig* F estar tonto
'Mauer ['maʊər] *f* <*-*; *-n*> muro *m*; (*Stadt*≗) muralha *f*; (*Wand*) parede *f*; **~blümchen** [-bly:mçən] *n fig* F: ~ ***sein*** ficar sem par; *fig* ser pouco requestado; **≗n** <*-re*> fazer obra de pedreiro; *v/t* murar; *Wand*: levantar; **~segler** *m* guincho *m*, andorinhão *m*; **~stein** *m* <*-(e)s*; *-e*> tijolo *m*, ladrilho *m*; **~werk** *n* <*-(e)s*; *-e*> muros *m/pl*; alvenaria *f*
Maul [maʊl] *n* <*-(e)s*; *⸚er*> boca *f*; (*Schnauze*) focinho *m*; *fig* P ***ein großes ~ haben***, ***das ~ weit aufreißen*** falar muito; ser gabarola, *bras* ser muito prosa; P ***das ~ halten*** calar o bico; **'~beerbaum** *m* <*-(e)s*; *⸚e*> amoreira *f*; **'~beere** *f* amora *f*; **'≗en** F (estar a) amuar; **'~esel(in** *f*) *m* mulo *m*, -a *f*, macho *m*; **'≗faul** de poucas palavras; **'~held** *m* <*-en*> fanfarrão *m*; **'~korb** *m* <*-(e)s*; *⸚e*> açamo *m*, focinheira *f*, mordaça *f*; (*dat*) ***e-n ~ anlegen*** abarbilhar (*ac*); **'~schelle** *f* bofetada *f*; F pastilha *f*; **'~sperre** *f* trismo *m*; **'~tier** *n* <*-(e)s*; *-e*> muar *m*; → ***~esel***; **'~trommel** *f* <*-*; *-n*> berimbau *m* (*bras* de boca); **'~ und Klauenseuche** *f* febre *f* aftosa,

epizootia *f*; **'~wurf** *m* <-(*e*)*s*; ¨*e*> toupeira *f*

'Maure ['maʊrə] *m* <-*n*> mouro *m*

'Maurer ['maʊrər] *m* pedreiro *m*; trolha *m*; **~kelle** *f* trolha *f*; **~meister** *m* mestre-pedreiro *m*; **~polier** *m* <-*s*; -*e*> (pedreiro *m*) contra-mestre *m*

'Maur|in ['maʊrin] *f* moura *f*; **≈isch** mourisco

Maus [maʊs] *f* <-; ¨*e*> rato *m* (*a* INFORM), *bras a* camundongo *m*

'Mäuschen ['mɔysçən] *n* ratinho *m*; *fig* F amor *m*; **≈'still** <*sem pl*> caladinho

'Mause|falle (*od* **Mäusefalle**) ['maʊzə-, 'mɔyzə-] *f* ratoeira *f*; **~loch** *n* <-(*e*)*s*; ¨*er*> buraco *m* de rato

'maus|en ['maʊzən] *v/i* <-*t*> *Katze*: apanhar ratos; *v/t fig* F roubar; **≈er** *f* <*sem pl*> muda *f*; ***in der ~ sein*** → (***sich***) **~ern** <-*re*> mudar, estar de muda; **~etot** <*sem pl*> F morto; bem morto; **≈pad** *m* → ***Mousepad***

Maut [maʊt] *f*, **~gebühr** *f* portagem *f*, *bras* pedágio *m*

maxi'mal [maksi'maːl], **≈...**: *in Zssgn* máximo

Ma'xime [ma'ksiːmə] *f* máxima *f*; axioma *m*; norma *f*

maxi'mier|en [maksi'miːrən] <-> tirar o aproveitamento máximo de; **≈ung** *f* aproveitamento *m* máximo

'Maximum ['maksimum] *n* <-*s*; *Maxima*> máximo *m*; ***Auditorium*** **≈** aula *f* máxima

Mayon'naise [majo'nɛːzə] *f* maionese *f*

Mä'zen [mɛ'tseːn] *m* <-*s*; -*e*> mecenas *m*

MB [ˀɛm'beː] *n* → ***Megabyte***

Me'chan|ik [me'çaːnik] *f* mecânica *f*; **~iker** *m*, **≈isch** mecânico *m*; **≈i'sieren** [-ani'ziːrən] <-> mecanizar; **~i'sierung** *f* mecanização *f*; **~'ismus** *m* <-; *Mechanismen*> mecanismo *m*

'Mecker|er ['mɛkərər] *m fig* critiqueiro *m*; **≈n** <-*re*> berrar; *fig* criticar; fazer critiquice (*od* críticas)

'Mecklenburg-'Vorpommern ['meːklənburk 'foːrpɔmərn] *n* Meclemburgo-Pomerânia *m*

Me'daill|e [me'daljə] *f* medalha *f*; **~on** [-'ljɔŋ] *n* <-*s*; -*s*> medalhão *m*

'Medien ['meːdiən] *n*/*pl* media *m*/*pl*, *bras* mídia *f*; **~konzern** *m* companhia *f* no ramo dos media; **~landschaft** *f* panorama *m* dos media; **~spektakel** *n* espe(c)táculo *m* de médio; **≈wirksam** mediático

Medika'ment [medika'mɛnt] *n* <-(*e*)*s*; -*e*> medicamento *m*, remédio *m*; **≈'ös** [-mɛn'tøːs] medicamentoso

Medit|a'tion [medita'tsioːn] *f* meditação *f*; **≈'ieren** <-> meditar

'Medium ['meːdium] *n* <-*s*; *Medien*> médio *m*; médium *m*; meio *m*

Medi'zin [medi'tsiːn] *f* <*sem pl*> medicina *f*; <*pl* -*en*> (*Arznei*) remédio *m*; **~er(in** *f*) *m* estudante *su* de medicina; professor(a *f*) *m* de medicina; *Arzt*: médico *m*, -a *f*; **≈isch** medicinal, médico; ***~e Fakultät*** Faculdade *f* de Medicina

Meer [meːr] *n* <-(*e*)*s*; -*e*> mar *m*; ***am ~(e) gelegen*** marítimo; **'~aal** *m* <-(*e*)*s*; -*e*> congro *m*; **'~busen** *m* golfo *m*, baía *f*; **'~enge** *f* estreito *m*

'Meeres|biologie *f* biologia *f* marítima; **~boden** *m* <-*s*; ¨> fundo *m* do mar; **~früchte** *f*/*pl* mariscos *m*/*pl*; **~grund** *m* <-(*e*)*s*; *sem pl*> → ***~boden***; **~kunde** *f* <*sem pl*> oceanografia *f*; **~spiegel** *m* <-*s*; *sem pl*> nível *m* do mar; **~strömung** *f* corrente *f* (marítima); **~ungeheuer** *n* monstro *m* marítimo

'meer|grün verde-mar, glauco; **≈katze** *f* cercopiteco *m*; **≈rettich** *m* <-*s*; -*e*> rábano *m*; **≈salz** *n* <-*es*; *sem pl*> sal *m* marinho; **≈schaum** *m* <-(*e*)*s*; *sem pl*> escuma (*od* espuma) *f* do mar; **≈schweinchen** *n* cobaia *f*, porquinho-da-índia *m*; **≈wasser** *n* <-*s*; *sem pl*> água *f* do mar

Mega|byte [-bait] *n* <-*s*; -> megabyte *m*; **~fon** → ***Megaphon***; **~'hertz** [mega'hɛrts] *n inv* megahertz *m*; **~'phon** [-'foːn] *n* <-*s*; -*e*> megafone *m*; **~'tonne** *f* megaton *m*

Mehl [meːl] *n* <-(*e*)*s*; *sem pl*> farinha *f*, *sehr feines*: flor *f* de farinha; **'~brei** *m* <-(*e*)*s*; -*e*> papa(s *pl*) *f*; **'≈ig** farinhoso; farinhento; **'~speise** *f österr* pudim *m*, creme *m*; **'~tau** *m* <-(*e*)*s*; *sem pl*> AGR alforra *f*, míldio *m*; **'~wurm** *m* <-(*e*)*s*; ¨*er*> bicho (*bras* caruncho) *m* da farinha

mehr [meːr] (*comp von* ***viel***) mais

M

(**als** do que); ***nicht*** **~** já não; ***nicht*** **~ *als*** apenas; não ... senão; ***nicht*** **~** (*inf*) deixar de (*inf*); ***nicht*** **~** (*wieder*) não voltar a (*inf*); **Mehr** *n* <-*od* -*s*; *sem pl*> excedente *m*

'Mehr|arbeit *f* <*sem pl*> trabalho *m* adicional; **~aufwand** *m* <-(*e*)*s*; *sem pl*>, **~ausgabe** *f* aumento *m* de gastos; gastos *m*/*pl* adicionais; **~betrag** *m* <-(*e*)*s*; *sem pl*> excedente *m*; **♀deutig** ['-dɔytiç] ambíguo, equívoco; **~einnahme(n)** *f* (*pl*) aumento *m* de receitas (*od* da renda); *Überschuss*: excedente *m* de receitas

'mehr|en aumentar; **~ere** ['meːrərə] *pl* vários; **~eres** várias coisas; **~fach** reiterado; *adv* várias vezes; *adv a* muito

'Mehrfarb|endruck *m* <-(*e*)*s*; -*e*> impressão *f* policroma; **♀ig** em cores, de várias cores; policromo, multicolor

'Mehrheit *f* maioria *f*; pluralidade *f*; **~sbeschluss** *m* <-*es*; **⸚***e*> decisão *f* por maioria; **~sentscheidung** *f* decisão *f* maioritária; **~swahlrecht** *n* <-(*e*)*s*; *sem pl*> sistema *m* maioritário

'mehr|jährig de vários anos; **'♀kosten** *pl* excesso *m*/*sg*; gastos *m*/*pl* adicionais (*od* suplementares); **'~malig** ['-maːliç] reiterado, repetido; **'~mals** ['-maːls] várias vezes; **'♀parteiensystem** *n* <-*s*; -*e*> multipartidarismo *m*; **'~phasig** *EL* ['-faːziç] polifásico; **'~silbig** ['-zilbiç] polissílabo; **'~sprachig** ['-ʃpraːxiç] poligloto, poliglótico, *bras* poliglota (*m*, *f*); **'~stimmig** ['-ʃtimiç] polifónico (*ô); a várias vozes

'Mehr|verbrauch *m* <-(*e*)*s*; *sem pl*> consumo *m* adicional, excedente *m* de consumo; **~wegflasche** *f* garrafa *f* com depósito; **~wert** *m* <-(*e*)*s*; *sem pl*> excedente *m*, aumento *m* de valor; **~wertsteuer** *f* imposto *m* de valor acrescentado (IVA); **~zahl** *f* maioria *f*; *GRAM* plural *m*; **~zweck...** *in Zssgn* para fins múltiplos

'meiden ['maɪdən] evitar, fugir (a)

'Meil|e ['maɪlə] *f* légua *f*, (*deutsche u See♀*) milha *f*; **~enstein** *m* <-(*e*)*s*; -*e*> pedra *f* miliária; **♀enweit** <*sem pl*>: **~ *entfernt*** muito longe; **~er** *m* carvoaria *f*

mein [maɪn] meu; **'~e** (as) minha(s), (os) meus; ***der, das*** **~e** o meu; ***die*** **~e** a minha

'Meineid *m* <-(*e*)*s*; -*e*> perjúrio *m*; juramento *m* falso; ***e-n*** **~ *schwören*** perjurar; **♀ig** ['-diç] perjuro

'meinen ['maɪnən] pensar, achar, julgar, considerar, ser de opinião, opinar; ***ich meine*** *a* parece-me; (*verstehen unter*, *beabsichtigen*) querer dizer, entender; (*sagen*) dizer; ***j-n*** **~** referir-se a alg; ***damit bin ich gemeint*** isto é comigo; ***das will ich*** **~*!*** pois é claro!; ***es gut*** **~** ter as melhores intenções; ***es gut mit j-m*** **~** ser amigo de alg, querer bem a alg; ***was*** **~ *Sie?*** que lhe parece?

'mein|er ['maɪnər] **1.** meu; **2.** (*gen von* ***ich***) de mim; **3.** (*gen u dat von* ***meine***) da(s) minha(s), à(s) minha(s); **~erseits** [-'zaɪts] da (*od* por) minha parte; **~es'gleichen** meu igual, meus ignais; **~et'halben** ['-ət'halbən], **~etwegen** por (amor de) mim; **~*!*** cá por mim!; seja!; **~ige** ['-igə]: ***der, das*** **~** o meu; ***die*** **~** a minha

'Meinung ['maɪnuŋ] *f* opinião *f*, parecer *m* (***sagen*** dar); (*Absicht*) intenção *f*; ***vorgefasste*** **~** preconceito *m*; ***e-r*** **~ *sein*** (***mit***) ser da mesma opinião (como); ***j-m*** (***gehörig***) ***die*** **~ *sagen*** F dizer as verdades a alg; ***meiner*** **~ *nach*** no meu entender; **~saustausch** *m* <-(*e*)*s*; *sem pl*> troca *f* de impressões; **~sforschung** *f* <*sem pl*> sondagem *f* de opinião (pública); **~sumfrage** *f* inquérito *m* à opinião pública; **~sverschiedenheit** *f* divergência *f* (de opinião)

'Meise ['maɪzə] *f* abelheiro *m*; ***e-e*** **~ *haben*** *fig* F não regular bem

'Meißel ['maɪsəl] *m* cinzel *m*, escopro *m*

'meißeln <-*le*> cinzelar

meist [maɪst] (*sup von* ***viel***): ***die*** **~*en*** (*Fälle etc*) a maioria (de), *a* ***das*** **~*e*** a maior parte (de); ***am*** **~*en*** (o) mais; **'♀begünstigung** *f* preferência *f*, **♀begünstigungsklausel** *f* <-; -*n*> cláusula *f* de nação mais favorecida; **'~bietend**: **~ *verkaufen*** vender em leilão; **'~ens**, **'~enteils**

na maior parte (das vezes); em geral, geralmente

'Meister ['maɪstər] *m* mestre *m*; *Sport*: campeão *m*, F ás *m*; **≈haft, ≈lich** magistral; **~in** *f* mestra *f*; **≈n** *v/t* <-re> dominar; vencer; **~schaft** *f* mestrado *m*; mestria *f*; *Sport*: campeonato *m*; **~singer** *m* mestre-cantor *m*; **~stück** *n* <-(e)s; -e> obra-prima *f*; **~titel** *m Sport*: título *m* de campeão; **~werk** *n* <-(e)s; -e> obra-prima *f*, obra-mestra *f*

Melanchol|ie [melaŋko'liː] *f* melancolia *f*; **~iker** [-'koːlikər] *m*, **≈isch** [-'koːliʃ] melancólico *m*

Me'lasse [me'lasə] *f* melaço *m*

'Melde|amt ['mɛldə-] *n* <-(e)s; ¨er> repartição *f* de registo (*od* de recenseamento); (*polizeiliches*) arquivo *m* de identificação; **~frist** *f* prazo *m* para a apresentação (*od* inscrição), prazo *m* para a participação (da presença de ...)

'melden <-e-> anunciar; *TÉCN* sinalizar; (*mitteilen*) informar, notificar, participar, comunicar; *polizeilich*: denunciar, (*an~*) participar à polícia; ***sich krank ~*** apresentar-se (***bei*** a); *Schule*: pedir (*od* oferecer-se) para ser chamado; dar parte de doente; ***sich zu et ~*** oferecer-se para a/c, *zum Examen*: requerer (*ac*); ***sich zu Wort ~*** pedir a palavra

'Melde|pflicht *f* participação *f* obrigatória; **~schluss** *m* <-es; *sem pl*> fim *m* do prazo para a participação; **~zettel** *m* boletim *m* de alojamento

'Meldung ['mɛlduŋ] *f* participação *f*, informe *m*, relatório *m*; (*Zeitungs≈*) informação *f*; notícia *f*; *amtliche*: comunicado *m*; (*Vorstellung*) apresentação *f*

Me'lisse [me'lisə] *BOT f* melissa *f*, erva-cidreira *f*

'melk|en ['mɛlkən] mungir, ordenhar; **≈maschine** *f* máquina *f* de ordenhar

Melo|'die [melo'diː] *f* melodia *f*; **≈disch** [-'loːdiʃ], **≈di'ös** [-di'øːs] melodioso

Me'lone [me'loːnə] *f* melão *m*; (*Honig≈*) meloa *f*; (*Wasser≈*) melancia *f*; F (*Hut*) coco *m*, *bras* chapéu-coco *m*

Mem'bran [mem'braːn] *f*, **~e** *f* membrana *f*; *EL* diafragma *m*

'Memme ['mɛmə] *f* F cobarde *m*, poltrão *m*, *bras* covarde *m*, medroso *m*

Memoiren [memo'aːrən] *pl* memórias *f/pl*

Memo'randum [memo'randum] *n* <-s; -randen> memorando *m*

'Meng|e ['mɛŋə] *f* quantidade *f*; *MAT* conjunto *m*; (*Menschen≈*) multidão *f*; **e-e ~** + *su* grande número *m* de, uma data de; ***e-e ~ Wasser*** uma abada de água, *bras* água *f* em quantidade; **≈en** misturar; **~enlehre** *f MAT* teoria *f* dos conjuntos; **~enrabatt** *m* <-s; -e> desconto *m* por a(d)quisição em grandes quantidades, *bras* desconto *m* de atacado

Me'niskus [me'niskus] *m* <-; -ken> menisco *m*

'Mennige ['mɛnigə] *f* <*sem pl*> *QUÍM* mínio *m*, vermelhão *m*

'Mensa ['mɛnza] *f* <-; -s, *a Mensen*> cantina *f* universitária

Mensch [mɛnʃ] *m* <-en> homem *m*; ser *m* humano; pessoa *f*; *pl* (*Leute*) *a* gente *f/sg*; **kein ~** ninguém

'Menschen|affe *m* <-n> antropóide *m*; **~alter** *n* idade *f* humana; geração *f*; **~feind** *m* <-(e)s; -e> misantropo *m*; **~fresser** [-frɛsər] *m* antropófago *m*; canibal *m*; **~freund** *m* <-(e)s; -e> filantropo *m*; **≈freundlich** filantrópico; humano; humanitário; **~gedenken** *n*: ***seit ~*** desde tempos imemoráveis; **~geschlecht** *n* <-(e)s; *sem pl*> género (*ê) *m* humano, geração *f* humana; humanidade *f*; **~handel** *m* <-s; *sem pl*> tráfico *m* de escravos, prostitutas ou outras pessoas; **~hass** *m* <-es; *sem pl*> misantropia *f*; **~kenner** *m* conhecedor *m* dos homens; **~kenntnis** *f* <*sem pl*> conhecimento *m* da natureza humana; ***gute ~ haben*** *a* ser bom psicólogo; **~leben** *n* vida *f* humana; **≈leer** despovoado; (*öde*) deserto; **~liebe** *f* <*sem pl*> filantropia *f*; amor *m* dos homens; caridade *f*; **~menge** *f* multidão *f*; **≈möglich** humanamente possível; **~rechte** *n/pl* direitos *m/pl* humanos (*od* do homem); **~schlag** *m* <-(e)s; *sem pl*> raça *f*; **~seele** *f*: ***keine ~*** nem vivalma *f*; **~skind!** F caramba!; **~verstand** *m* <-(e)s; *sem pl*>: ***gesunder ~*** senso *m* comum, bom-senso *m*; tino *m*; **~würde** *f* <*sem pl*> dignidade *f* humana; **≈würdig** digno dum homem; humano, civilizado

'**Mensch|heit** *f* <*sem pl*> humanidade *f*; **≈lich** humano; humanitário; **~lichkeit** *f* <*sem pl*> humanidade *f*; condição *f* humana; caridade *f*, humanitarismo *m*; **~werdung** ['-vɛrduŋ] *f* <*sem pl*> *REL* encarnação *f*

Menstruati'on [mɛnstruatsi'oːn] *f* menstruação *f*

Mentali'tät [mɛntali'tɛːt] *f* mentalidade *f*

Me'nü [me'nyː] *n* <-*s*; -*s*> *Speisenfolge*: ementa *f*, *bras* cardápio *m*; *INFORM* menu *m*

Menu'ett [menu'ɛt] *n* <-(*e*)*s*; -*e*> minuete *m*

'**Mergel** ['mɛrgəl] *m* marga *f*

Meridi'an [meridi'aːn] *m* <-*s*; -*e*> meridiano *m*

'**merk|bar** ['mɛrk-] perceptível; sensível; **≈blatt** *n* <-(*e*)*s*; ¨*er*> aviso *m*; (folha *f* de) instruções *f*/*pl*; **~en** *v*/*t* notar; perceber; sentir; ***sich*** (*dat*) ***et ~*** tomar nota de a/c; ficar sabendo a/c; ***~ lassen*** dar a perceber; ***nichts ~ lassen*** dissimular; deixar impenetrável; **~lich** → **~*bar***; visível; **≈mal** *n* <-(*e*)*s*; -*e*> indício *m*, marca *f*, sinal *m* cara(c)terístico; cara(c)terística *f*

'**merkwürdig** notável, estranho, esquisito; **~er'weise** ['-vyrdigər-] é estranho que (*subj*); **≈keit** *f* coisa *f* notável, curiosidade *f*

'**Merkzettel** *m* lembrete *m*

me'schugge [mɛ'ʃugə] F chalado, louco, *bras* amalucado; tonto

'**Mesner** → ***Messner***

'**Mess|band** ['mɛs-] *n* <-(*e*)*s*; ¨*er*> fita *f* métrica; **≈bar** mensurável; **~becher** *m* copo *m* graduado; **~bereich** *m* <-(*e*)*s*; -*e*> alcance *m* de medição; **~buch** *n* <-(*e*)*s*; ¨*er*> livro *m* de missa; missal *m*; **~daten** *pl* dados *m*/*pl* medidos (*od* de medição); **~diener** *m* acólito *m*

'**Messe** ['mɛsə] *f REL* missa *f* (***lesen*** dizer); *ECON* feira *f* (industrial); *NAV*, *MIL* messe *f*, sala *f* dos oficiais; **~gelände** *n* recinto *m* da feira, *bras* terreno *m* das feiras industriais; **~halle** *f* pavilhão *m*

'**messen** ['mɛsən] medir; *Temperatur*: tirar; ***sich ~ mit*** medir as forças com

'**Messer** ['mɛsər]: **a)** *m j-d*: medidor *m*; *et*: contador *m*; **b)** *n* faca *f*; (*Klapp≈*) navalha *f*, (*Taschen≈*) canivete *m*; *MED* escalpelo *m*; **~rücken** *m* costas *f*/*pl* (*bras* dorso *m*) da faca; **~spitze** *f* ponta *f* da faca; **e-e ~** (***voll***) uma pitada; **~steche'rei** *f* (briga *f* de) facadas *f*/*pl*; **~stich** *m* <-(*e*)*s*; -*e*> facada *f*

'**Messgerät** *n* <-(*e*)*s*; -*e*> *TÉCN* medidor *m*, instrumento *m* de medição

Messgewand *n* <-(*e*)*s*; ¨*er*> casula *f*

'**Messing** ['mɛsiŋ] *n* <-*s*; *sem pl*> latão *m*; **~blech** *n* <-(*e*)*s*; -*e*> folha *f* de latão; **~draht** *m* <-(*e*)*s*; ¨*e*> fio *m* de latão

'**Mess|instrument** *n* <-(*e*)*s*; -*e*> instrumento *m* de medição; **~latte** *f* vara *f* de medição

'**Messner** ['mɛsnər] *m* sacristão *m*

'**Mess|platte** *f* placa *f* graduada; **~tisch** *m* <-(*e*)*s*; -*e*> prancheta *f*

'**Messung** ['mɛsuŋ] *f* medição *f*; ***e-e ~ vornehmen*** medir

Mes'tiz|e [mes'tiːtsə] *m* <-*n*>, **~in** *f* mestiço *m*, -a *f*

Met [meːt] *m* <-(*e*)*s*; *sem pl*> hidromel *m*, água-mel *f*

Me'tall [me'tal] *n* <-*s*; -*e*> metal *m*; ***~ verarbeitende Industrie*** indústria *f* transformadora de metais; **~arbeiter** *m* operário *m* metalúrgico; **≈en** de metal, metálico; metalúrgico; **~gehalt** *m* <-(*e*)*s*; -*e*> teor *m* metálico; **~geld** *n* <-(*e*)*s*; *sem pl*> dinheiro *m* metálico; moedas *f*/*pl*; **≈haltig** [-haltiç] metalífero; **~industrie** *f* indústria *f* metalúrgica; **≈isch** metálico; **~säge** *f* serrote *m* (para metal), *bras* serra *f*; **~ur'gie** [-lur'giː] *f* metalurgia *f*

Metamor'phose [metamɔr'foːzə] *f* metamorfose *f*

Me'tapher [me'tafər] *f* <-; -*n*> metáfora *f*

Meta|phy'sik [meta-] *f* <*sem pl*> metafísica *f*; **≈'physisch** metafísico

Meta'stase [meta'staːzə] *f MED* metástase *f*

Mete'or [mete'oːr] *m* <-*s*; -*e*> meteoro *m*; **~'it** [-o'riːt] *m* <-*en*> meteorito *m*; **~o'loge** [-oro'loːgə] *m* <-*n*> meteorologista *m*; **~olo'gie** [-rolo'giː] *f* <*sem pl*> meteorologia *f*;

~stein *m* <-(*e*)*s*; -*e*> aerólito *m*
'**Meter** ['meːtər] *m*, *a n* metro *m*; **~maß** *n* <-*es*; -*e*> *Band*: fita *f* métrica; *Zollstock*: metro *m*; **≈weise** ao metro
Me'thod|e [me'toːdə] *f* método *m*; **~ik** *f* metodologia *f*; **≈isch** metódico
Me'thylalkohol [me'tyːl-] *m* <-*s*; *sem pl*> álcool *m* metílico
'**Metr|ik** ['meːtrik] *f* métrica *f*; **≈isch** métrico
Metro|'nom [metro'noːm] *n* <-*s*; -*e*> MÚS metrónomo (*ô); **~'pole** [-'poːlə] *f* metrópole *f*
'**Mette** ['mɛtə] *f* matinas *f/pl*; (*Christ≈*) missa-do-galo *f*
'**Mettwurst** ['mɛt-] *f* <-; ⸚*e*> salsicha *f* defumada
Metzger [mɛtsgər] *m* carniceiro *m*; talhante *m*, cortador *m*; açougueiro *m*; **~'ei** [-gə'raɪ] *f* talho *m*, *bras* açougue *m*
'**Meute** ['mɔytə] *f* matilha *f*; **~'rei** *f* motim *m*; revolta *f*; **~rer** *m* revoltoso *m*; sublevado *m*; amotinado *m*; **≈rn** <-*re*> amotinar-se, revoltar-se, sublevar-se
Mexi'kan|er(in *f*) *m* [meksi'kaːnər-], **≈isch** mexicano *m*, -a *f*, do México
'**Mexiko** ['mɛksiko] *n* México *m*
MEZ [ɛmˀeː'tsɛt] ***Mitteleuropäische Zeit*** Hora da Europa Central
mi'auen [mi'aʊən] <-> miar
mich [miç] (*ac von* **ich**) (a) mim; *tonlos*: me
'**Mieder** ['miːdər] *n* corpete *m*; **~waren** *f/pl* roupa *f* interior para senhoras
Mief [miːf] *m* <-(*e*)*s*; *sem pl*> F cheirete *m*
'**Mien|e** ['miːnə] *f* cara *f* (***aufsetzen*** fazer); ar *m*; ***gute ~ zum bösen Spiel machen*** fazer das tripas coração; ***ohne e-e ~ zu verziehen*** sem pestanejar; **~enspiel** *n* <-(*e*)*s*; *sem pl*> mímica *f*; fisionomia *f*
mies [miːs] <-*est*> F mau; '**≈macher** *m* pessimista *m*, detra(c)tor *m*; desmancha-prazeres *m*; '**≈muschel** *f* <-; -*n*> mexilhão *m*
'**Miet|e** ['miːtə] *f* **a)** (*Vermietung*) arrendamento *m*, *bras* locação *f*; (*a* **~*preis***) aluguer *m*, aluguel *m*; ***zur ~ wohnen*** ter alugado (um andar etc); (*Haus≈*) renda *f* (da casa); (*Schiffs≈*) frete *m*; **b)** AGR meda *f*
'**mieten** <-*e*-> alugar, arrendar; *Schiff*: fretar
'**Miet|er(in** *f*) *m* inquilino *m*, -a *f*; NAV fretador *m*; **~erschutz** *m* <-*es*; *sem pl*> prote(c)ção *f* dos inquilinos; **~shaus** *n* <-*es*; ⸚*er*> prédio *m* de andares (*bras* apartamentos), casa *f* arrendada; **~vertrag** *m* <-(*e*)*s*; ⸚*e*> contrato *m* de arrendamento, *bras* contrato *m* de locação de imóveis; **~wagen** *m* carro *m* de aluguer (*od* aluguel); **~wohnung** *f* andar *m*, apartamento *m* (de aluguer)
Mi'gräne [mi'grɛːnə] *f* <*sem pl*> enxaqueca *f*; hemicrania *f*
Mi'krobe [mi'kroːbə] *f* micróbio *m*
'**Mikro|chip** ['mikrotʃip] *m* <-*s*; -*s*> microchip *m*; **~computer** *m* microcomputador *m*; '**~elektronik** *f* <*sem pl*> microele(c)trónica (*ô) *f*; '**~film** *m* <-(*e*)*s*; -*e*> microfilme *m*; **~'fon** [-o'foːn] *n* <-*s*; -*e*> microfone *m*; '**~organismus** *m* <-; -*men*> micro-organismo *m*; **~'phon** → **~'*fon***; '**~prozessor** *m* <-*s*; -*en*> microprocessador *m*; **~'skop** [-o'skoːp] *n* <-*s*; -*e*> microscópio *m*; **≈'skopisch** microscópico; '**~wellenherd** *m* <-(*e*)*s*; -*e*> (forno *m*) de micro-onda *f*
'**Milbe** ['milbə] *f* ácaro *m*
Milch [milç] *f* <*sem pl*> leite *m* (***dicke ~*** coalhado); (*Fisch≈*) ovas *f/pl*; '**~bar** *f* <-; -*s*> leitaria *f*, *bras* leiteria *f*; '**~bart** *m* <-(*e*)*s*; ⸚*e*> *fig* imberbe *m*; '**~brei** *m* <-(*e*)*s*; -*e*> papas *f/pl*, *bras* mingau *m*, papinha *f*; '**~brötchen** *n* pãozinho *m* de leite; '**~drüse** *f* ANAT glândula *f* mamária; '**~flasche** *f* garrafa *f* de leite; *Säugling*: biberão *m*, *bras* mamadeira *f*; '**~geschäft** *n* <-(*e*)*s*; -*e*> leitaria *f*, *bras* leiteria *f*; '**~glas** *n* <-*es*; ⸚*er*> copo *m* de leite; *Glasart*: vidro *m* fosco; '**~händler** *m* leiteiro *m*; '**≈ig** lá(c)teo, leitoso; '**~kaffee** *m* <-*s*; -*s*> café *m* com leite; '**~kanne** *f* leiteira *f*; '**~kuh** *f* <-; ⸚*e*> vaca *f* leiteira; '**~mixgetränk** ['-miks-] *n* <-(*e*)*s*; -*e*> batido *m* de leite; '**~produkt** *n* <-(*e*)*s*; -*e*> la(c)ticínio *m*; '**~pulver** *n* leite *m* em pó; '**~reis** *m* <-*es*; *sem pl*> arroz *m* doce; '**~säure** *f* <*sem*

M

pl> ácido *m* lá(c)tico; **'~straße** *f* <*sem pl*> ASTR via *f* lá(c)tea; **'~wirtschaft** *f* <*sem pl*> indústria *f* leiteira; **'~zahn** *m* <-(*e*)*s*; *¨e*> dente *m* de leite; **'~zucker** *m* <-*s*; *sem pl*> açúcar *m* de leite; QUÍM la(c)tose *f*, la(c)tina *f*

mild [milt] <-*est*>, **'~e** ['-də] suave, doce; ameno: *Klima etc*: moderado; *j-d*: indulgente, clemente; benévolo; meigo; *Strafe*: ligeiro; ***milde Gabe*** esmola *f*

'Milde *f* <*sem pl*> suavidade *f*, doçura *f*; amenidade *f*; *j-s*: benevolência *f*, indulgência *f*, clemência *f*

'mild|ern <-*re*> suavizar; amenizar; (*abschwächen*) atenuar; *Schmerz*: mitigar, aliviar; JUR comutar; ***~der Umstand*** atenuante *m*; **≈erung** ['-dəruŋ] *f* suavização *f*; amenização *f*; atenuação *f*; JUR comutação *f*; **~herzig**, **~tätig** caritativo, caridoso; **≈tätigkeit** *f* <*sem pl*> caridade *f*

Mili'eu [mi'ljøː] *n* <-*s*; -*s*> meio *m*, ambiente *m*

Mili'tär [mili'tɛːr] **a)** *m* <-*s*; -*s*> militar *m*; **b)** *n* <-*s*; *sem pl*> tropa *f*; exército *m*; **c)** *in Zssgn* **~ ...** militar; **~attaché** [-ataʃeː] *m* <-*s*; -*s*> adido *m* militar; **~dienst** *m* <-*es*; *sem pl*> serviço *m* militar (obrigatório); **~diktatur** *f* ditadura *f* militar; **~geistliche(r)** *m* capelão *m*; **~gericht(sbarkeit** *f* <*sem pl*>) *n* <-(*e*)*s*; -*e*> tribunal *m* (jurisdição *f*) militar; **≈isch** militar

Milita'ris|mus [milita'rismus] *m* <-; *sem pl*> militarismo *m*; **≈tisch** militarista

Mili'tär|putsch *m* <-(*e*)*s*; -*e*> golpe *m* militar; **~regierung** *f* governo *m* militar

Mi'liz [mi'liːts] *f* milícia *f*; **~soldat** *m* <-*en*> miliciano *m*

Milliar'där [miliar'dɛːr] *m* <-*s*; -*e*> multimilionário *m*

Milli'arde [mili'ardə] *f* mil milhões *m/pl*, *bras* bilião *m*

Milli|'gramm [mili-] *n* <-*s*; -*e u* -> miligrama *m*; **~'meter** *m*, *a n* milímetro *m*; **~'on** [-'oːn] *f* milhão *m*; **~o'när** [-o'nɛːr] *m* <-*s*; -*e*> milionário *m*

Milz [milts] *f* baço *m*; **'~brand** *m* <-(*e*)*s*; *sem pl*> *Tier*: baceira *f*; MED esplenite *f*

'Mim|e ['miːmə] *m* <-*n*> mimo *m*; **~ik** *f* <*sem pl*> mímica *f*; **~ikry** ['mimikriː] *f* <*sem pl*> mimetismo *m*; **≈isch** mímico; **~'ose** [mi'moːzə] *f* BOT mimosa *f* (*a fig*)

'minder ['mindər] (*geringer*, *weniger*) menor, inferior; *adv* menos; **~bemittelt** modesto; menos abastado; *geistig*: estúpido; **≈heit** *f* minoria *f*; **≈heitsregierung** *f* governo *m* minoritário; **~jährig** menor; **≈jährigkeit** *f* <*sem pl*> menoridade *f*; **~n** <-*re*> diminuir; reduzir; **~wertig** ['-veːrtiç] inferior; **≈wertigkeit** *f* inferioridade *f*; **≈zahl** *f* <*sem pl*> minoria *f*

'mindest ['mindəst] (*sup von* ***minder***): ***das ≈e*** *a* o menos, ***nicht das ≈e*** nem a mínima parte; nada; ***nicht im ≈en*** de modo nenhum; **≈abstand** *m* distância *f* mínima; **~ens** pelo menos, ao menos; no mínimo; **≈gebot** *n* <-(*e*)*s*; -*e*> oferta *f* mínima; **≈lohn** *m* <-(*e*)*s*; *¨e*> ordenado (*od* salário) *m* mínimo; **≈maß** *n* <-*es*; -*e*> mínimo *m*; **≈preis** *m* <-*es*; -*e*> preço *m* mínimo

'Mine ['miːnə] *f* mina *f* (***legen*** colocar; ***laufen auf*** *ac* chocar com); *Kugelschreiber*: carga *f*

'Minen|feld *n* <-(*e*)*s*; -*er*> campo *m* minado (*od* de minas); **~leger** NAV ['-leːgər] *m* lança-minas *m*; **~suchboot** ['-zuːx-] *n* <-(*e*)*s*; -*e*> draga-minas *m*

Mine'ral [mine'raːl] *n* <-*s*; -*e od* -*ien*> mineral *m*; **≈isch** mineral; **~'oge** [-'loːgə] *m* <-*n*> mineralogista *m*; **~o'gie** [-lo'giː] *f* <*sem pl*> mineralogia *f*; **~öl** *n* <-*e*; *sem pl*> óleo *m* mineral; **~ölsteuer** *f* imposto *m* sobre o óleo mineral; **~quelle** *f* fonte *f* de águas minerais; **~wasser** *n* <-*s*; *¨*> água *f* mineral

Minia'tur [minia'tuːr] *f* miniatura *f*; **~...**: *in Zssgn* em miniatura; **~maler** *m* miniaturista *m*

'Mini|bar ['minibaːr] *f* <-; -*s*> minibar *m*; **~bus** *m* <-*ses*; -*se*> minibus *m*; **~golf** ['-gɔlf] *n* mini-golfe *m*

mini'm|al [mini'maːl] mínimo; **≈um** ['-mum] *n* <-*s*; *Minima*> mínimo *m*

Mi'nister(in *f*) [mi'nistər] *m* ministro *m*, -a *f* (***für*** de *od* de + *art*)

Ministeri'al|direktor [-ri'aːl-] *m* <-*s*; -*en*> dire(c)tor-geral *m*; **~erlass** *m*

<-es; ⸚e> despacho *m* ministerial
ministeri'ell [ministeri'ɛl] ministerial
Minis'terium [minis'teːrium] *n* <-s; *Ministerien*> ministério *m* (**für** de *od* de + *art*)
Mi'nister|präsident *m* <-en> Presidente *m* do Conselho (de Ministros); Primeiro Ministro *m*; **~rat** *m* <-(e)s; ⸚e> Conselho *m* de Ministros; ***der ~ trat zusammen*** os ministros reuniram-se em conselho
Minis'tr|ant(in *f*) [minis'trant] *m* <-en> *REL* acólito *m*, -a *f*; **≗ieren** <-> acolitar
'minus ['miːnus] **1.** menos; **2.** ≗ *n* <-; -> *ECON* défice *m*; *MAT* menos *m*; **≗pol** *EL m* <-(e)s; -e> pólo *m* negativo; **≗punkt** *m* <-(e)s; -e> ponto *m* negativo; **≗zeichen** *n* sinal *m* de menos
Mi'nut|e [mi'nuːtə] *f* minuto *m*; ***auf die ~*** em ponto; **~enzeiger** *m* ponteiro *m* de minutos
minuzi'ös [minutsi'øːs] minucioso
'Minze ['mintsə] *f* hortelã *f*
mir [miːr] (*dat von* **ich**) a mim; *tonlos*: me; ***mit ~*** comigo; *ein Freund* ***von ~ ...*** meu; ***es gehört ~*** é meu
Mira'belle [mira'bɛlə] *f* abrunho *m* amarelo, ameixa *f* amarela
'mischbar misturável; *FÍS* miscível
'Misch|batterie *f* torneira *f* de mistura; **~brot** *n* <-es; -e> pão *m* misto de trigo e centeio; **~ehe** *f* casamento *m* misto
'mischen misturar; *Karten*: baralhar, *bras* embaralhar; ***sich in*** (*ac*) **~** intrometer-se em, imiscuir-se em; ***gemischt*** misto; variado
'Misch|ling *m* <-s; -e> mestiço *m*; **~masch** ['-maʃ] *m* <-(e)s; -e> miscelânea *f*; **~maschine** *f* misturador *m*; (*Beton*≗) betoneira *f*; **~pult** *n* <-(e)s; -s> consola *f* de mistura; **~ung** *f* mistura *f*, misto *m*, *bras a* mescla *f*; (*Metall*≗) liga *f*, *bras a* amálgama *f*; **~ungsverhältnis** *n* <-ses; -se> dosagem *f*; **~wald** *m* <-(e)s; ⸚er> bosque *m* misto, floresta *f* mista
'Mispel ['mispəl] *f* <-; -n> nêspera *f*
miss|'achten <-e-; -> desprezar, menosprezar; **≗'achtung** *f* <*sem pl*> desprezo *m*, desdém *m*; **'≗behagen** *n* <-s; *sem pl*> desgosto *m*, aborrecimento *m*, desagrado *m* (**zu** com); *körperlich*: mal-estar *m*; **'≗bildung** *f* deformação *f*, deformidade *f*; **'~billigen** <-> desaprovar; **'≗billigung** *f* desaprovação *f*, reprovação *f*; **'≗brauch** *m* <-(e)s; ⸚e> abuso *m*; **~'brauchen** <-> abusar de; **'~bräuchlich** ['-brɔyçliç] abusivo; **~'deuten** <-e-; -> interpretar mal; **'≗deutung** *f* interpretação *f* falsa (*od* errada)
'missen ['misən] *v/t* <-t> prescindir de, passar sem; (*vermissen*) sentir a falta de
'Misserfolg *m* <-(e)s; -e> fracasso *m*, insucesso *m*; ***e-n ~ haben*** falhar
'Missernte *f* má colheita *f*
miss|'fallen <-> desagradar, não gostar; **'≗fallen** *n* <-s; *sem pl*> desagrado *m*, desgosto *m*; **'≗geburt** *f* criatura *f* deforme (*bras* disforme); monstro *m* (*a fig*); **'≗geschick** *n* <-(e)s; -e> má sorte *f*, infortúnio *m*; contratempo *m*; *dauerndes*: *a* adversidade *f*; **'~gestaltet** disforme, deformado; **'~gestimmt** de mau humor; **~'glücken** <-; *sn*> falhar, fracassar, malograr-se, frustrar-se; **~'gönnen** <-> invejar; **'≗griff** *m* <-(e)s; -e> erro *m*; **'≗gunst** *f* <*sem pl*> inveja *f*; **'~günstig** invejoso; **~'handeln** <-le; -> maltratar; **≗'handlung** *f* mau trato *m*; sevícia *f*
Missi'on [misi'oːn] *f* missão *f*; **~'ar** [-o'naːr] *m* <-s; -e> missionário *m*
'Miss|klang *m* <-(e)s; ⸚e> *MÚS* dissonância *f* (*a fig*); cacofonia *f*; **~kredit** *m* <-(e)s; *sem pl*> descrédito *m*; ***in*** (*ac*) ***~ geraten*** cair em descrédito; ***in ~ bringen*** desacreditar; **≗lich** precário; (*heikel*) melindroso; (*unangenehm*) desagradável
miss'lingen [-'liŋən] **1.** <-; *sn*> falhar; **2.** ≗ *n* <-s; *sem pl*> fracasso *m*
'Miss|mut *m* <-(e)s; *sem pl*> mau humor *m*; **≗mutig** de mau humor, mal-humorado; **≗'raten 1.** <-; *sn*> sair mal, falhar; **2.** *adj Kind*: mal-educado, ruim; **~stand** *m* <-(e)s; ⸚e> mal *m*, inconveniente *m*; **~stimmung** *f* mau humor *m*; (*Verstimmung*) desavença *f*; **~ton** *m* <-(e)s; ⸚e> nota *f* falsa; dissonância *f* (*a fig*)
miss'trauen <-> (*dat*) desconfiar de, suspeitar de

M

'**Misstrauen** *n* <-*s*; *sem pl*> desconfiança *f*; suspeita *f*; **~santrag** *m* <-(*e*)*s*; *⸚e*> moção *f* de desconfiança; **~svotum** *n* <-*s*; -*voten*> voto *m* de desconfiança

'**misstrauisch** ['-traʊiʃ] desconfiado (***gegen*** de); **~ *sein*** estar de pé atrás

'**Miss|verhältnis** *n* <-*ses*; -*se*> desproporção *f*; **≈verständlich** equívoco; **~verständnis** *n* <-*ses*; -*se*> mal-entendido *m*, equívoco *m*; **≈verstehen** <-> entender mal; **~wirtschaft** *f* <*sem pl*> desgoverno *m*; má administração *f*

Mist [mist] *m* <-*es*; -*e*> esterco *m*; lixo *m*; (*Dünger*) estrume *m*; *NAV* nevoeiro *m*; *fig* disparate *m*; '**~el** *f* <-; -*n*> visco *m*; '**≈en** <-*e*-> estercar (*a v/i Tier*), estrumar, adubar com esterco; (*säubern*) limpar; '**~fink** F *m* <-*en*> porcalhão *m*; '**~gabel** *f* <-; -*n*> forcado *m*; '**~grube** *f*, '**~haufen** *m* esterqueira *f*, estrumeira *f*; '**~käfer** *m* estercoreiro *m*; escaravelho *m*

mit [mit] **1.** *prp* (*dat*) *Begleitung*: com; **~ *mir*, *dir*, *sich*, *ihm*** *etc* comigo, contigo, consigo, com ele, com ela, con(n)osco, convosco, com eles, com elas; *Mittel*: com, a, por; *Ergänzung oft*: de; em; **~ *blauen Augen*** de olhos azuis; **~ *der Post*** pelo correio; **~ *dem Zug*** de comboio, *bras* de trem; **~ *20 Jahren*** com (*od* aos) 20 anos; **~ *e-m Wort*** numa palavra, em resumo; *Art u Weise oft*: a; **~ *Gewalt*** à força; **2.** *adv* **~** (***dabei***) também

'**Mit|angeklagte(r** *m*) *su* co-acusado *m*, -a *f*; co-réu *m*, co-ré *f*; **~arbeit** *f* colaboração *f*, cooperação *f*; **~arbeiter(in** *f*) *m* colaborador(a *f*) *m*; colega *su*; **≈bekommen** <-> receber (***als Mitgift*** em dote); (*verstehen*) compreender; **~benutzung** *f* uso *m* comum; *JUR* participação *f* no usufruto; ***unter* ~ *von*** servindo-se também de; **~besitzer(in** *f*) *m* co-proprietário *m*, -a *f*; **~bestimmung** *f* <*sem pl*> co-gestão *f*; co-determinação *f*; **~bewerber(in** *f*) *m* concorrente *su*, competidor(a *f*) *m*; **~bewohner(in** *f*) *m* companheiro *m*, -a *f* de casa; *pl* ***die* ~** *a* os outros inquilinos; **≈bringen** trazer (consigo); (*beisteuern*) contribuir com; **~bringsel** ['-briŋzel] *n* F lembrança *f*; **~bürger(in** *f*) *m* concidadão *m*, -ã *f*, compatriota *su*; **~eigentümer** *m* → ***~besitzer***; **≈einander** junto; um com o outro; **~empfinden** *n* <-*s*; *sem pl*> simpatia *f*; **≈empfinden** <-> simpatizar; **~erbe** *m*, **~erbin** *f* co-herdeiro *m*, -a *f*; **≈erleben** *v/t* <-> assistir a; **~esser** *MED m* espinha *f*; cravo *m*; **≈fahren** <*sn*> acompanhar (*ac*); (v)ir também; **~fahrer** *m* companheiro *m* (de viagem), *pl* os outros passageiros; **~fahrgelegenheit** *f* boleia (*é) (***bieten*** dar); **≈fühlen** simpatizar; **≈führen** levar (consigo); **≈geben** entregar (para levar; *e-r Braut*: em dote); **~gefühl** *n* <-(*e*)*s*; -*e*> simpatia *f*; → ***~leid***; **≈gehen** <*sn*> ir também; acompanhar, **~ *mit*** *a* ir com; **~gift** *f* dote *m*

'**Mitglied** *n* <-(*e*)*s*; -*er*> membro *m*; componente *m*; *Verein etc*: sócio *m*; **~sbeitrag** *m* <-(*e*)*s*; *⸚e*> quota *f*, cota *f*, *bras a* taxa *f*; **~schaft** *f* <*sem pl*> qualidade *f* de sócio (*od* de membro); **~skarte** *f* cartão *m* de sócio; **~sstaat** *m* <-(*e*)*s*; -*en*> Estado-membro *m*

'**mit|halten** *v/t* segurar também; *v/i* acompanhar; **~helfen** coadjuvar; colaborar; ajudar; **≈herausgeber** *m* co-editor *m*; **≈hilfe** *f* colaboração *f*, cooperação *f*; concurso *m*; *JUR* cumplicidade *f* (***unter*** *dat* com + *art*); **~'hin** pois, portanto; **~hören** *TEL* escutar; **≈inhaber** *m* (con)sócio *m*; co-proprietário *m*; **~kommen** <*sn*>: **~ *mit*** (v)ir com; acompanhar, *a fig* = ***~können*** poder seguir (*od* concorrer); **~kriegen**: F → ***~bekommen***; **≈läufer** *m fig* sequaz *m*; partidário m irrefle(c)tido; *POL* oportunista *m*; **≈laut** *m* <-(*e*)*s*; -*e*> *GRAM* consoante *f*; **≈leid** *n* <-(*e*)*s*; *sem pl*> compaixão *f*; comiseração *f*; pena *f* (***erwecken*** fazer); **≈leidenschaft** *f* <*sem pl*>: ***in* ~ *ziehen*** afe(c)tar; **~leidig** compassivo, piedoso; **~leid(s)los** despiedoso, impassível; **~machen** acompanhar; tomar parte (***bei*** em), assistir (***bei*** a); **≈mensch** *m* <-*en*> próximo *m*; **~nehmen** levar (consigo); *Gelegenheit*: aproveitar; (***hart*, *sehr***) **~**

fig tratar mal; afe(c)tar; *Gebiet a*: devastar; *MED* enfraquecer; *seelisch*: abalar, deprimir; **~'nichten** [-'niçtən] de modo nenhum; nada; **~rechnen** <-e-> **1.** *v/t* acompanhar a contar, *bras* contar junto; incluir (no cálculo *etc*); **2.** *v/i et*: contar; **~reden** <-e-> tomar parte na discussão; (***ein Wort** od **Wörtchen***) ***mitzureden haben bei*** ter voz em; **2reisende(r** *m*) *su* → **2*fahrer***; **~reißen** arrastar (consigo); arrebatar, *fig a* entusiasmar; **~'samt** (*dat*) (junto) com; **~schicken** juntar, incluir; mandar também, mandar acompanhado por; **~schleppen** arrastar consigo, arrastar atrás de si; **~schneiden** (*auf Band*) gravar dire(c)tamente; **~schreiben** tomar apontamentos de; **2schuld** *f* <*sem pl*> cumplicidade *f*; **~schuldig** cúmplice (***an** dat* de); **2schüler(in** *f*) *m* condiscípulo *m*, -a *f*, companheiro *m*, -a *f*, colega *su*; **~singen** cantar também (*od* junto), acompanhar (a cantar); **~spielen** tomar parte no jogo; *Sport*, *TEA*: entrar (também); ***j-m übel ~*** fazer uma partida a alg; **2spieler** *m* companheiro *m*, par(ceiro) *m*; **2spracherecht** *n* <-(e)s; *sem pl*> voto *m*; **~sprechen** → ***~reden***; *alle*: falar em coro; *Gründe*: entrar em conta; acrescer

'Mittag ['mita:k] *m* <-(e)s; -e> meio-dia *m* (***am, des*** ao); ***zu ~ essen*** almoçar; **~essen** *n* almoço *m*; **2s** ao meio-dia; **~spause** *f* hora *f* do almoço; **~sruhe** *f* <*sem pl*>, **~sschlaf** *m* <-(e)s; *sem pl*> sesta *f* (***halten*** dormir); **~stisch** *m* <-(e)s; -e> almoço *m*; **~szeit** *f* <*sem pl*> meio-dia *m*; → ***~spause***

'Mittäter ['mit-tɛ:tər] *m JUR* cúmplice *m*; **~schaft** *f* <*sem pl*> cumplicidade *f*

'Mitte ['mitə] *f* meio *m* (***in der*** a, ***von*** de), (*Mittelpunkt*) centro *m* (***in der*** no, ao); ***~ Mai*** *etc* em meados *m/pl* de Maio *etc*; ***in unsre(r) ~*** entre nós, ***aus unsrer ~*** de (entre) nós

'mitteil|en comunicar, participar, notificar; *schriftlich auf dem Dienstweg*: *a* oficiar; **~sam** expansivo; **2ung** *f* comunicação *f*, participação *f*; informação *f*; *amtliche*: *a* ofício *m*

'Mittel ['mitəl] *n* meio *m*; (*Geld2*) *pl a* recursos *m/pl*; (*Ausweg*) *u MED* remédio *m*; *MAT u* (*Durchschnitt*) média *f*; ***mit allen ~n*** por todos os meios; **~alter** *n* <-s; *sem pl*> idade *f* média; **2alterlich** medieval; **~amerika** *f* (**2amerikanisch** da) América *f* Central; **2bar** indire(c)to; **~ding** *n* <-(e)s; -e> meio termo *m*; coisa *f* intermédia (*od* intermediária); **~europa** *n* (**2europäisch** da) Europa *f* Central (***Zeit*** hora); **~feld** *n Fußball*: meio-campo; **~feldspieler** *m* médio(-centro) *m*; **~finger** *m* dedo *m* médio; **2fristig** a médio prazo; **~gebirge** *n* montanha *f* média; montanha *f* central; **~gewicht** *n* <-(e)s; *sem pl*> *Sport*: peso *m* médio; **2groß** <*sem pl*> mediano; meão; de tamanho médio; *j-d*: de estatura média; **2hochdeutsch** médio alto alemão; **~klasse** *f* classe *f* média; **~linie** *f MAT* mediana *f*; *Sport*: linha *f* do meio; **2los** sem meios, sem recursos; **2mäßig** medíocre; regular; **~mäßigkeit** *f* <*sem pl*> mediocridade *f*; **~meer** *n* <-(e)s; *sem pl*> o (mar) Mediterrâneo; **~meer** *n* o (mar) Mediterrâneo; **~ohr** *n* <-(e)s; *sem pl*> ouvido *m* médio; **~ohrentzündung** *f* otite *f* média; **~punkt** *m* <-(e)s; -e> centro *m*; **2s** *gen* por meio de, mediante; **~schule** *f* escola *f* secundária de ensino médio; **~smann** *m* <-(e)s; ¨er *od* -leute> medianeiro *m*; intermediário *m*, *bras a* mediador *m*; **~stand** *m* <-(e)s; *sem pl*> classe *f* média; **~streckenläufer** *m Sport*: corredor *m* de distâncias médias; **~streckenrakete** *f MIL* foguetão (*bras* foguete) *m* de médio alcance; **~streifen** *m* faixa *f* central; **~stufe** *f* grau *m* médio dos liceus, *bras* curso *m* médio; **~stürmer** *m Sport*: avançado-centro *m*, *bras* centroavante *m*; **~weg** *m* <-(e)s; -e>: ***der goldene ~*** meio-termo *m*; **~welle** *f* onda *f* média; **~wort** *n* <-(e)s; ¨er> *GRAM* particípio *m*

'mitten ['mitən]: ***~ in, ~ auf, ~ unter, ~ hinein*** no meio de, em pleno; ***~ durch*** através de; **~'drin** mesmo no meio; **~'durch** de permeio, pelo meio, de meio a meio

'Mitter|nacht ['mitər-] *f* <-; *sem pl*> meia-noite *f* (***um*** à); **≈nächtlich** no(c)turno

'Mittler|(in *f*) ['mitlər] *m* medianeiro *m*, -a *f*, intermediário *m*, -a *f*; **≈e(r)** *adj* meio; *Größe*: meão; (*durchschnittlich*) mediano; *Lage*: central, do meio, médio; **≈'weile** (no) entretanto

'Mittwoch ['mitvɔx] *m* <-(*e*)*s*; -*e*> quarta-feira *f*; **≈s** às quartas-feiras

mit|'unter às vezes, por vezes, de vez em quando; **'~unterzeichnen** <-*e*-; -> assinar também; **'~verantwortlich** co-responsável; **'≈welt** *f* <*sem pl*> contemporâneos *m/pl*; **'~wirken** cooperar, colaborar, concorrer (***bei*** em); ***bei et mitgewirkt haben*** *a* não ser estranho a a/c; **'≈wirkung** *f* <*sem pl*> colaboração *f*; **'≈wissen** *n* <-*s*; *sem pl*> conhecimento *m* (***unter*** *dat* com + *art*); ***ohne mein ~*** sem eu saber; **'≈wisser** ['-visər] *m* consabedor *m*; confidente *m*; cúmplice *m*, *bras* conivente *m*

Mix [miks] *m* <-; *sem pl*> misturada *f*; *depr* mixórdia *f*; **'≈en** <-*t*> misturar, *bras* mesclar; **'~er** *m* barman *m*; (*Gerät*) batedeira *f*; **'~getränk** *n* <-(*e*)*s*; -*e*> batido *m*, coquetel *m*; **~'tur** [-'tuːr] *f* mistura *f*; poção *f*

Mob [mɔp] *m* <-*s*; *sem pl*> populaça *f*, plebe *f*

'Möbel ['møːbəl] *n* móvel *m*; *pl a* mobiliário *m/sg*; **~fabrik** *f* fábrica *f* de móveis; **~geschäft** *n* <-(*e*)*s*; -*e*> armazém *m* (*od* loja *f*) de móveis; **~tischler** *m* marceneiro *m*; **~transport** *m* <-(*e*)*s*; -*e*> mudança *f*; transporte *m* (de mobília); **~wagen** *m* carro *m* (*port* camioneta *f*) de mudanças, carro *m* de transporte

mo'bil [mo'biːl] móvel, *ECON a* líquido; F (*rüstig*) bem disposto; ***~ machen*** *MIL* mobilizar; **≈funk** *m* rede *f* móvel; **≈i'ar** [-i'aːr] *n* <-*s*; -*e*> mobília *f*; recheio *m* de casa; **~i'sieren** [-i'ziːrən] <-> mobilizar; **≈machung** [-maxuŋ] *f* mobilização *f*; **≈telefon** *n* telemóvel *m*, *bras* telefone *m* celular

mö'blieren [mœ'bliːrən] <-> mobilar

'Mode ['moːdə] *f* moda *f* (***nach*** à; ***neuste*** última); ***~ sein*** *a* estar na moda; ***aus der ~ kommen*** passar (*od* sair) da moda; ***in ~*** em voga, na moda; **~artikel** *m* artigo *m* de moda; novidade *f*; **~farbe** *f* cor *f* da moda; **~geschäft** *n* <-(*e*)*s*; -*e*> boutique *f*

'Model ['mɔdəl] *n* <-*s*; -*s*> modelo *m*, *f*

Mo'dell [mo'dɛl] *n* <-*s*; -*e*> modelo *m*; *ARQUIT* maqueta *f*; (*Guss≈*) molde *m*; (*Muster*) padrão *m*; ***~ stehen*** servir de modelo; *PINT* posar; **~flugzeug** *n* <-(*e*)*s*; -*e*> avião-modelo *m*; **≈'ieren** <-> modelar; *TÉCN* moldar; **~kleid** *n* <-(*e*)*s*; -*er*> modelo *m*

'Modem [moːdɛm] *n* <-*s*; -*s*> modem *m*

'Modenschau *f* exposição *f* de modas; passagem *f* (*bras* desfile *m*) de modelos

'Moder ['moːdər] *m* <-*s*; *sem pl*> mofo *m*

Mode'r|ator(in *f*) [modə'raːtor, -ra'toːrin] *m* moderador(a *f*) *m*; apresentador(a *f*) *m*; animador(a *f*) *m*; **≈'ieren** <-> moderar

'mod|(e)rig ['moːd(ə)riç] podre, mofento; **~ern** <-*re*> apodrecer, criar mofo

mo'dern [mo'dɛrn] moderno; **~i'sieren** [-i'ziːrən] <-> modernizar

'Mode|schmuck *m* <-(*e*)*s*; *sem pl*> bijutaria *f*; **~schöpfer** *m* figurinista *m*; costureiro *m*; **~zeitschrift** *f* revista *f* de moda; figurino *m*

'modisch ['moːdiʃ] de moda; *adv* à moda

Mo'dul [mo'duːl] *n* <-*s*; -*s*> módulo *m*; **≈ieren** [-'liːrən] <-> modular

'Modus ['moːdus] *m* <-; *Modi*> modo *m*

'Mofa ['moːfa] *n* <-*s*; -*s*> ciclomotor *m*, mobylette *f*

Moge'lei [moːgə'laɪ] *f* batota *f*

'mogeln ['moːgəln] <-*le*> fazer batota

'mögen ['møːgən] (*wahrscheinlich sein, können, dürfen*) poder; (*wollen*) gostar de; ***j-n gern*** (*od* ***leiden***) ***~*** *a* achar alg simpático; ***lieber ~*** gostar mais de, preferir; ***man möchte meinen*** dir-se-ia; ***was er auch sagen mag*** (*od* ***möge***) diga o que disser; ***mag er auch noch so reich sein*** por mais rico que seja

'möglich ['møːkliç] possível; ***nicht für ~ halten*** custar (a alg) acredi-

M

tar; ***alle ~en ...*** todos os (todas as) ... imagináveis; ***das ist gut*** (*od* ***leicht***) **~** é bem possível; ***et ~ machen*** tornar possível a/c; **~er'weise** possivelmente, talvez
'Möglichkeit *f* possibilidade *f*; eventualidade *f*; contingência *f*; ***nach ~*** na medida do possível; **~sform** *f* subjuntivo *m*; modo *m* conjuntivo
'möglichst ***sein ⌒es tun*** fazer todos os possíveis; **~ *groß*** *etc* o maior possível; **~ *bald*, ~ *früh*** *a* quanto antes
Mo'hair, Mo'här [mo'hɛːr] *m* <-s; -e> mohair *m*
Mohn [moːn] *m* <-(e)s; -e> papoila *f*, papoula *f*
'Möhre ['møːrə] *f*, **'Mohrrübe** ['moːr-] *f* cenoura *f*
mo'k|ant [mo'kant] malicioso; **~ieren** <->: ***sich ~ über*** (*ac*) fazer troça de
'Mokka ['mɔka] *m* <-s; -s> café *m* de Moca, moca *m*
Molch [mɔlç] *m* <-(e)s; -e> salamandra *f*
'Mole [moːlə] *f* molhe *m*
Mole|'kül [molə'kyːl] *n* <-s; -e> molécula; **~ku'lar** ... *in Zssgn*, **⌒ku'lar** [-ku'laːr] molecular
'Molke ['mɔlkə] *f* soro *m* de leite; **~'rei** [-'raɪ] *f* leitaria *f*, vacaria *f*
Moll *MÚS* [mɔl] *n* <-; *sem pl*> bemol *m*
'mollig ['mɔliç] (*weich*) mole; *Wärme*: agradável; F bem quentinho; (*rundlich*) roliço
'Mollton(art *f*) *m* <-(e)s; *-töne*> tom *m* menor
Mol'luske [mɔ'luskə] *f* molusco *m*
Mo'ment [mo'mɛnt] **1.** *m* <-(e)s; -e> momento *m*, instante *m*; **2.** *n* <-(e)s; -e> fa(c)tor *m*, elemento *m*; *FÍS* momento *m*; **⌒'an** [-'taːn] momentâneo; pelo momento; por agora; **~aufnahme** *f* instantâneo *m*
Mo'narch [mo'narç] *m* <-en> monarca *m*; **~'ie** [-'çiː] *f* monarquia *f*; **⌒isch**, **~'ist(in** *f*) *m* <-en> monárquico *m*, -a *f*
'Monat ['moːnat] *m* <-(e)s; -e> mês *m*; *am 5.* ***dieses ~s*** *ECON* corrente (*Abk* cte); ***des vorigen ~s*** *ECON* próximo passado (*Abk* pp.); **⌒elang** de alguns meses; *adv* durante (*od* por) meses inteiros; **⌒lich** mensal; *adv a* por mês; todos os meses
'Monats|beitrag *m* <-(e)s; ⁼e> mensalidade *f*; **~gehalt** *n* <-(e)s; ⁼er> ordenado *m* mensal; mesada *f*; **~karte** *f* bilhete *m* (*bras a* carteira *f*) mensal, passe *m* mensal; **~rate** *f* mensalidade *f*; mesada *f*; **~schrift** *f* revista *f* mensal
Mönch [mœnç] *m* <-(e)s; -e> monge *m*, frade *m*; religioso *m*; **'⌒isch** monástico, monacal; de frade
'Mönchs|kloster *n* <-s; ⁼> mosteiro *m*; **~kutte** *f* hábito *m*, capelo *m*; **~orden** *m* ordem *f* religiosa; **~tum** ['-tuːm] *n* <-s; *sem pl*> monacato *m*, monaquismo *m*
Mond [moːnt] *m* <-(e)s; -e> lua *f*; *poét* (*Monat*) mês *m*; **'~finsternis** *f* <-; -se> eclipse *m* da lua; **'⌒hell** lua clara; iluminado pela lua; **~e *Nacht*** noite *f* de luar; **'~landung** *f* alunagem *f*; **'~schein** *m* <-(e)s; *sem pl*> luar *m*; **'~sichel** *f* quarto *m* (da lua) crescente (*od* minguante); **'~stein** *m* <-(e)s; -e> pedra-lunar *f*, adulária *f*; **'⌒süchtig** lunático; sonâmbulo; **'~wechsel** *m* lunação *f*, fases *f/pl* da lua
Mo'neten [mo'neːtən] F *pl inv* massa *f/sg*
Mon'gol|e [mɔŋ'goːlə] *m* <-n>, **~'ei** *f* Mongólia *f*; [gol-] **~in** *f* mongol *su*; da Mongólia; **⌒isch** mongol, da Mongólia; *bsd Rasse und Sprache*: mongólico; **~'ismus** [-go'l-] *m* <-; *sem pl*> mongolismo *m*
mo'nieren [mo'niːrən] <-> criticar, censurar
'Monitor ['moːnitoːr] *m* <-s; -e, -en> monitor *m*, vídeo *m*
Mono|ga'mie [monoga'miː] *f* <*sem pl*> monogamia *f*; **~'gramm** [-'gram] *n* <-s; -e> monograma *m*; **~kel** [-'nɔkəl] *n* monóculo *m*; **'~kultur** *f* monocultura *f*; **~'log** [-'loːk] *m* <-s; -e> monólogo *m*; solilóquio *m*; **~'pol** [-'poːl] *n* <-s; -e> monopólio *m*; **⌒poli'sieren** [-poli'ziːrən] <-> monopolizar; **⌒'ton** [-'toːn] monótono; **~to'nie** [-to'niː] *f* monotonia *f*
Mon'stranz [mɔn'strants] *f* custódia *f*
mon'strös [mɔn'strøːs] monstruoso
'Monstrum ['mɔnstrum] *n* <-s; *Monstren od Monstra*> monstro *m*

M

Mon'sun [mɔn'zuːn] *m* <-*s*; -*e*> monção *f*
'Montag ['moːntaːk] *m* <-(*e*)*s*; -*e*> segunda-feira *f* (***am*** na)
Mon'tage [mɔn'taːʒə] *f* montagem *f*; **~halle** *f* oficina *f* de montagem
'montags às segundas-feiras
Mon'tanindustrie [mɔn'taːn-] indústria *f* mineira e metalúrgica
Mon't|eur [mɔn'tøːr] *m* <-*s*; -*e*> *Auto u AV* mecânico *m*; *EL* ele(c)tricista *m*; *Gas*, *Wasser*: canalizador *m*; *TÉCN* montador *m*; **~euranzug** *m* <-(*e*)*s*; ≃*e*> (fato *m*) macaco *m*; **≗ieren** <-> montar; **~ur** [-'tuːr] *f* farda *f*
Monu'ment [monu'mɛnt] *n* <-(*e*)*s*; -*e*> monumento *m*; **≗'al** [-'taːl] monumental
Moor [moːr] *n* <-(*e*)*s*; -*e*> pântano *m*, paúl *m*; **'~bad** *n* <-(*e*)*s*; ≃*er*> banho *m* de lodo; **'≗ig** pantanoso
Moos [moːs] *n* <-*es*; -*e*> *BOT* musgo *m*; F (*Geld*) massa *f*; **'≗ig** [-ziç] musgoso
'Moped ['moːpet] *n* <-*s*; -*s*> motorizada *f*
'mopsen ['mɔpsən] <-*t*> F (*stehlen*) rapinar; ***sich*** ~ F aborrecer-se
Mo'ral [mo'raːl] *f* moral *f*; (*geistige*, *seelische Verfassung*) moral *m*; **~apostel** *m* F moralizador *m*; **≗isch** moral; **~predigt** *f* F sermão *m*
Mo'räne [mo'rɛːnə] *f* morena *f*, moreia (*é) *f*
Mo'rast [mo'rast] *m* <-(*e*)*s*; -*e od* ≃*e*> pântano *m* (*a fig*); lamaçal *m*; lameiro *m*; lodaçal *m*; **≗ig** pantanoso
Mora'torium [mora'toːrium] *n* <-*s*; *Moratorien*> moratória *f*
'Morchel ['mɔrçəl] *f* <-; -*n*> míscaro *m*
Mord [mɔrt] *m* <-(*e*)*s*; -*e*> assassínio *m*; (*Totschlag*) homicídio *m*; **'~anschlag** *m* <-(*e*)*s*; ≃*e*> atentado *m* (à vida); **'≗en** ['-dən] <-*e*-> assassinar, matar; *v/i a* cometer homicídio
'Mörder ['mœrdər] *m* assassino *m*, homicida *m*; **~grube** *f* <*sem pl*> *fig*: ***aus seinem Herzen keine ~ machen*** ser franco; **~in** *f* homicida *f*, assassina *f*; **≗isch** homicida, sangrento, mortal; *fig* F danado
'Mord|gier *f* <*sem pl*> instintos *m/pl* sanguinários, sede *f* de sangue; **≗gierig** sanguinário; **~kommission** *f* brigada *f* de homicídios; **~skerl** *m* <-(*e*)*s*; -*e*> F tipo *m* formidável; **≗smäßig** formidável; F danado; **~tat** *f* → ***Mord***; **~versuch** *m* <-(*e*)*s*; -*e*> tentativa *f* de assassínio
'Morgen ['mɔrgən] **1.** *m* manhã *f*; (*Osten*) oriente *m*; *AGR Feldmaß*: jugada *f*, jeira *f*; ***am*** ~ de manhã, pela manhã; ***am anderen*** ~ na manhã seguinte; ***um 8 Uhr*** **≗*s***: às 8 da manhã; ***frühe***(***r***) ~ → ***~frühe***; ***guten ~!*** bom dia!; ***heute*** (***gestern***) ~ hoje (ontem) de manhã; **2.** ≗ *adv* amanhã (***früh*** cedo, de manhã; ***Mittag*** ao meio dia; ***Abend*** à tarde, à noitinha)
'Morgen|ausgabe *f* edição *f* de manhã; **~dämmerung** *f* alvorada *f*; **≗dlich** matutino; da manhã; **~frühe** *f* <*sem pl*> madrugada *f* (***in der*** de); **~grauen** *n* <-*s*; *sem pl*> alvorada *f*; **~gymnastik** *f* <*sem pl*> ginástica *f* matinal; **~land** *n* <-(*e*)*s*; *sem pl*> Oriente *m*, Levante *m*; **~rock** *m* <-(*e*)*s*; ≃*e*> roupão *m*, robe *m*; **~rot** *n* <-(*e*)*s*; *sem pl*>, **~röte** *f* <*sem pl*> aurora *f*, alva *f*; **≗s** de manhã, pela manhã; **~stern** *m* <-(*e*)*s*; *sem pl*> estrela *f* da manhã, Vénus (*ê) *f*; **~stunde** *f* hora *f* matutina; **~zeitung** *f* jornal *m* da manhã, diário *m* da manhã; matutino *m*
'morgig ['mɔrgiç] de amanhã
Morph|i'nist(in *f*) *m* <-*en*> [mɔrfi'nist-] morfinómano (*ô) *m*, -a *f*; **'~ium** *n* <-*s*; *sem pl*> morfina *f*
morsch [mɔrʃ] podre
'Morse|alphabet ['mɔrzə-] *n* <-(*e*)*s*; *sem pl*> alfabeto *m* Morse; **≗n** <-*t*> transmitir sinais telegráficos
'Mörser ['mœrzər] *m* morteiro *m* (*a MIL*); almofariz *m*
'Morsezeichen *n* sinal *m* de Morse
'Mörtel ['mœrtəl] *m* argamassa *f*
Mosa'ik [moza'iːk] *n* <-*s*; -*en*> mosaico *m*
Mo'schee [mɔ'ʃeː] *f* mesquita *f*
'Moschus ['mɔʃus] *m* <-; *sem pl*> almíscar *m*
'Mosel ['moːzəl] *f* Mosela *m*
'Moskau *n* ['mɔskau] Moscovo *su*
Mos'kito [mɔs'kiːto] *m* <-*s*; -*s*> mosquito *m*; **~netz** *n* <-*es*; -*e*> mosquiteiro *m*
'Moslem ['mɔslɛm] *m* <-*s*; -*s*> muçulmano *m*

Most [mɔst] *m* <-(*e*)*s*; -*e*> mosto *m*; (*Apfel*≈) cidra *f*

'Mostrich ['mɔstriç] *m* <-(*e*)*s*; *sem pl*> mostarda *f*

'Motel ['mo:tɛl] *n* <-*s*; -*s*> motel *m*

Mo'tiv [mo'ti:f] *n* <-*s*; -*e*> motivo *m*; **≈'ieren** [-ti'v-] <-> motivar

'Motor ['mo:tɔr, *a* mo'to:r] *m* <-*s*; -*en*> motor *m*; **~boot** *n* <-(*e*)*s*; -*e*> barco *m* (*od* lancha *f*) a motor; **~fahrzeug** *n* <-(*e*)*s*; -*e*> veículo *m* motorizado; **~haube** *f* capota *f*, capot *m*, *bras* tampo *m* do motor; **≈i'sieren** [motori'zi:rən] <-> motorizar; **~rad** *n* <-(*e*)*s*; ¨*er*> moto(cicleta) *f*; **~radfahrer** *m* motociclista *m*; **~roller** *m* scooter *m*, motoneta *f*, *bras* lambreta *f*; **~säge** *f* moto-serra *f*; **~schaden** *m* <-*s*; ¨> avaria *f* no motor; **~sport** *m* <-(*e*)*s*; *sem pl*> motorismo *m*

'Mott|e ['mɔtə] *f* traça *f*; ***von ~n zerfressen werden*** ser corroído pela traça; traçar-se; **~enfraß** *m* <-*es*; *sem pl*> roedura *f* de traça; **~enkugel** *f* <-; -*n*> bola *f* de naftalina

'Motto ['mɔto] *n* <-*s*; -*s*> lema *m*, divisa *f*; *Text*: mote *m*, epígrafo *m*

'Mountainbike ['mauntənbaɪk] *n* <-*s*; -*s*> bicicleta *f* todo-o-terreno (BTT)

'Mousepad ['mauspɛt] *m* <-*s*; -*s*> almofada *f* do rato

mous'sieren [mu'si:rən] <-> espumar

'Möwe ['mø:və] *f* gaivota *f*

mtl. ***monatlich*** mensal, por mês

'Mücke ['mykə] *f* mosquito *m*

'Mucken ['mukən] **1.** F *pl inv* caprichos *m/pl*; ***~ haben*** = **2.** ≈ estar com manha; → ***mucksen***

'Mückenstich *m* <-(*e*)*s*; -*e*> picada *f* de mosquito

'mucksen ['muksən] <-*t*> mexer-se; ***ohne*** (***sich***) ***zu ~*** F sem dar um pio

'müd|e ['my:də] cansado, fatigado; ***~ sein*** *a* estar com sono; ***~ machen*** cansar; ***~ werden*** cansar-se; **≈igkeit** *f* <*sem pl*> cansaço *m*, fadiga *f* (***umfallen vor*** já não poder mais de)

Muff [muf] *m* <-(*e*)*s*; -*e*> *für Hände*: regalo *m*; **'~e** TÉCN *f* manga *f*; **~el** *m* F rabugento *m*; **'≈ig** mofoso; *Luft*: abafado; ***~ riechen*** cheirar a mofo

'Mühe ['my:ə] *f* trabalho *m*, incómodo (*ô) *m* (***sich*** *dat* ***die ~ machen*** dar-se ao ...); fadiga *f*; pena *f*; ***der ~ wert sein*** valer a pena; ***sich ~ geben*** ter cuidado; esforçar-se; ***geben Sie sich keine ~!*** não se incomode!; **≈los** <-*est*> fácil; *adv a* com facilidade; **≈n**: ***sich ~*** esforçar-se (***zu*** por), afadigar-se; **≈voll** penoso

'Mühl|bach ['my:l-] *m* <-(*e*)*s*; ¨*e*> levada *f*, ribeiro *m*, arroio *m*; **~e** *f* moinho *m*, (*Wasser*≈) azenha *f*; **~en ...** *in Zssgn*: moleiro; **~rad** *n* <-(*e*)*s*; ¨*er*> roda *f* de moinho; **~stein** *m* <-(*e*)*s*; -*e*> mó *f*, *Ölmühle*: galga *f*

'Müh|sal ['my:za:l] *f* <-; -*e*> labuta *f*, fadiga *f*, estafa *f*; **≈sam, ≈selig** penoso, dificultoso; *adv* com muito trabalho

Mu'latt|e [mu'latə] *m* <-*n*>, **~in** *f* mulato *m*, -a *f*

'Mulde ['muldə] *f* tigela *f*, gamela *f*, escudela *f*; (*Erd*≈) vale *m*, depressão *f*; **~nkipper** *m* camião (*bras* caminhão) *m* de caçamba

Mull [mul] *m* <-(*e*)*s*; -*e*> musselina *f*, etamine *f*, cassa *f*; gaza *f*

Müll [myl] *m* <-(*e*)*s*; *sem pl*> lixo *m*; **'~abfuhr** *f*: ***städtische ~*** Serviço *m* Municipal de Limpeza (*bras* Limpeza Pública); **'~deponie** *f* depósito *m* de lixo; **'~eimer** *m* balde *m* (*od* caixote *m*) do lixo

'Müller ['mylər] *m* moleiro *m*

'Müll|fahrer *m* condutor *m* (*od* motorista *m*) de carro de lixo; **~haufen** *m* (montão *m* de) lixo *m*; **~kippe** *f* lixeira *f*; **~schlucker** ['-ʃlukər] *m* conduta *f* de lixo; **~tonne** *f* contentor *m* de lixo; **~verbrennungsanlage** *f* instalação *f* de incineração de lixo; **~verwertung** *f* <*sem pl*> industrialização *f* do lixo; **~wagen** *m* carro *m* de lixo

'mulmig ['mulmiç] abafado; *fig* F crítico, suspeito

'multi|kulturell ['multi-] multicultural; **~lateral** ['-lateral] multilateral; **≈media...** *in Zssgn* ... multimédia; **~national** multinacional

Multipli|'kand [multipli'kant] *m* <-*en*> multiplicando *m*; **~kati'on** [-katsi'o:n] *f* multiplicação *f*; **~'kator** [-'ka:tor] *m* <-*s*; -*en*> multiplicador *m*; **≈'zieren** <-> multiplicar

'Mumi|e ['mu:miə] *f* múmia *f*; **≈fi'zieren** [mumifi'tsi:rən] <-> mumificar

M

Mumm [mum] F *m* <*-s; sem pl*>: ***~ haben*** ter fígado, ter coragem
Mumps [mumps] *MED m* <*-; sem pl*> parotidite *f*; papeira *f*, *bras* cachumba *f*
'München *n* ['mynçən] Munique *su*
Mund [munt] *m* <*-(e)s;* ¨*er*> boca *f* (***halten*** calar); ***nicht auf den ~ gefallen sein, kein Blatt vor den ~ nehmen*** não ter papas na língua; ***~ voll*** bocado *m*; ***den ~ voll nehmen*** fanfarrear; ***j-m nach dem ~(e) reden*** dar manteiga a alg; falar ao gosto de alg; **'~art** *f* diale(c)to *m*, idioma *m*; **'2artlich** diale(c)tal, idiomático
'Mündel ['myndəl] *n, a m* pupilo *m*, pupila *f*; **2sicher** pupilar, absolutamente seguro
'munden ['mundən] <*-e-*> saber bem; ***sich ~ lassen*** gozar, saborear
'münden ['myndən] <*-e-;* ***sein*** *u h*> desaguar, desembocar
'mund|faul F de poucas palavras; muito lacónico (*ô); **2fäule** *f* <*sem pl*> estomatite *f*; **2geruch** *m* <*-s;* ¨*e*> mau hálito *m*; **2harmonika** *f* <*-; -s*> gaita *f*; **2höhle** *f* cavidade *f* bucal
'mündig ['myndiç] maior; **2keit** *f* <*sem pl*> maioridade *f*
'mündlich ['myntliç] *Examen, Überlieferung*: oral; *Erklärung etc*: verbal; *adv* de viva voz
'Mund|pflege *f* <*sem pl*> higiene *f* da boca; **~stück** *n* <*-(e)s; -e*> *Instrument*: bocal *m*, embocadura *f*; *Pfeife etc*: bocadilha *f*; *Pferd*: bocado *m*
M- und 'S-Reifen [ɛmʔuntʔɛs-] *m/pl* pneus *m/pl* para a neve
'Mündung ['mynduŋ] *f* (*Fluss2*) foz *f*; *Gefäß, Instrument* (*a MIL*) boca *f*
'Mund|vorrat *m* <*-(e)s;* ¨*e*> víveres *m/pl*; provisão *f*; **~wasser** *n* <*-s;* ¨> água *f* dentífrica; **~werk** *n* <*-(e)s; -e*>: ***ein großes ~ haben*** F não ter papas na língua; **~winkel** *m* canto *m* da boca, comissura *f* dos lábios; **'~-zu-'Mund-Beatmung** *f* respiração *f* boca a boca; **'~-zu-'Mund--Propaganda** *f* propaganda *f* oral
Muniti'on [munitsi'oːn] *f* munição *f*; **~sdepot** [-sdepoː] *n* <*-s; -s*> *MIL* paiol *m*
'munkeln ['munkəln] <*-le*> murmurar; ***man munkelt*** consta, corre
'Münster ['mynstər] *n u m* catedral *f*, sé *f*
'munter ['muntər] alegre, vivo; (*wach*) acordado; ***gesund und ~*** são e salvo; ***~ werden*** acordar; **2keit** *f* <*sem pl*> alegria *f*, saúde *f*, vivacidade *f*
'Münz|amt ['mynts-] *n* <*-(e)s;* ¨*er*>, **~anstalt** *f* Casa *f* da Moeda; **~e** *f* moeda *f*, peça *f*; (*Gedenk2*) medalha *f*; → **~amt**; ***für bare ~ nehmen*** acreditar piamente; ***j-m mit gleicher ~ heimzahlen*** pagar a alg na mesma moeda; **~einheit** *f* unidade *f* monetária; **2en** <*-t*> cunhar; ***auf j-n gemünzt sein*** ser com alg; **~(en)sammlung** *f* cole(c)ção *f* numismática (*od* de moedas); **~fernsprecher** *m* telefone *m* público; cabine *f* telefónica (*ô); **~kunde** *f* <*sem pl*> numismática *f*; **~recht** *n* <*-(e)s; -e*> direito *m* de cunhar moeda; **~stempel** *m* cunho *m*; **~tankstelle** *f* posto *m* de gasolina self-service; **~zeichen** *n* marca *f*
'mürbe ['myrbə] mole; bem cozido; *j-d*: *fig* cansado; ***~ machen*** *fig* domar; ***~ werden*** *fig* acabar por ceder; **2teig** *m* <*-(e)s; -e*> massa *f* tenra
'Murmel ['murməl] *f* <*-; -n*> berlinde *m*, *bras* bola *f* de gude; **2n** <*-le*> murmurar; *bras* bisbilhar; *Spiel*: jogar aos berlindes (*bras* às bolas de gude); **~n** *n* murmúrio *m*; **~tier** *n* <*-(e)s; -e*> marmota *f*; ***schlafen wie ein ~*** dormir como uma pedra
'murren ['murən] **1.** resmungar; **2. 2** *n* queixas *f/pl*
'mürrisch ['myriʃ] rabugento; *Miene*: de poucos amigos
Mus [muːs] *n, a m* <*-es; -e*> puré *m*; *von Früchten*: *a* doce *m*
'Muschel ['muʃel] *f* <*-; -n*> amêijoa *f*; *allg* marisco *m*, (*Ohr2*) *a* pavilhão *m*; (*Mies2*) mexilhão *m*; (*Hör2*) auscultador *m*; **~bank** *f* <*-;* ¨*e*> burgalhão *m*; **~kalk** *m* <*-(e)s; sem pl*> calcário *m* conchífero; **~schale** *f* concha *f*, *halbe*: valva *f*
'Muse ['muːzə] *f* <*-; -n*> musa *f*
Museum [mu'zeːum] *n* <*-s; Museen*> museu *m*
'Musical ['mjuːzikəl] *n* <*-s; -s*> musical *m*
Mu'sik [mu'ziːk] *f* <*sem pl*> música

f; **~abend** *m* <-*s*; -*e*> concerto *m*; sarau *m* musical; **~'alienhandlung** [-zi'ka:liən-] *f* casa *f* de músicas; **Ϩ'alisch** [-zi'ka:liʃ] musical; *j-d*: músico; **~ *sein*** *a* ter sensibilidade musical; gostar de música; **~'ant** [-'kant] *m* <-*en*> músico *m*; **~begleitung** *f* acompanhamento *m* musical; **~box** [-bɔks] *f* <-; -*en*> caixa *f* de música; **'~er(in** *f*) *m* ['mu:zikər-] músico *m*, -a *f*; **~freund** *m* <-(*e*)*s*; -*e*> amador (*od* apaixonado) *m* da música; *bras* musicista *m*; **~hochschule** *f* conservatório *m* de música; **~kapelle** *f*, **~korps** MIL *n* <-; -> banda *f* de música; **~kritiker** *m* crítico *m* musical; **~lehrer(in** *f*) *m* professor(a *f*) *m* de música; **~stück** *n* <-(*e*)*s*; -*e*> peça *f* de música; **~unterricht** *m* <-(*e*)*s*; *sem pl*> ensino *m* da música; lições *f*/*pl* de música; **~wissenschaft** *f* musicologia *f*

'musisch ['mu:ziʃ] amante das artes; artista

musi'zieren [muzi'tsi:rən] <-> tocar música

Mus'kat [mus'ka:t] *m* <-(*e*)*s*; -*e*>, **~nuss** *f* <-; ¨*e*> noz-moscada *f*

'Muskel ['muskəl] *m* <-*s*; -*n*> músculo *m*; **~kater** F *m* dores *f*/*pl* musculares; **~kraft** *f* <-; ¨*e*> força *f* muscular; **~krampf** *m* <-(*e*)*s*; ¨*e*> cãibra *f*; **~protz** *m* <-*es*; -*e*> F valentão *m*; **~riss** *m* <-*es*; -*e*> MED rotura *f* muscular; **~schwäche** *f* <*sem pl*> debilidade *f* muscular; **~schwund** *m* <-(*e*)*s*; *sem pl*> atrofia *f* muscular; **~zerrung** MED *f* distensão *f* muscular

Muskul|a'tur [muskula'tu:r] *f* musculatura *f*; **Ϩ'ös** [-'lø:s] <-*est*> musculoso

Muss *n inv* obrigação *f*; dever *m*; necessidade *f*

'Muße ['mu:sə] *f* <*sem pl*> vagar *m*, ócio *m*

Musse'lin [musə'li:n] *m* <-*s*; -*e*> musselina *f*

'müssen ['mysən] dever; *innerer Zusammenhang*: *a* haver de; *Notwendigkeit*: precisar de; carecer de; *Zwang*: ter que, ter de, ser obrigado a; ser preciso que (*subj*)

'müßig ['my:siç] ocioso; **Ϩgang** *m* <-(*e*)*s*; *sem pl*> ociosidade *f*

'Muster ['mustər] *n* modelo *m*; (*Stoff*Ϩ, *~ung*) padrão *m*, (*Zeichnung*) desenho *m*; (*Waren*Ϩ) amostra *f*; **~beispiel** *n* <-*s*; -*e*> exemplo *m* modelar; **~bild** *n* <-(*e*)*s*; -*er*> protótipo *m*; ideal *m*; **~exemplar** *n* <-*s*; -*e*> exemplar *m* modelo; **Ϩgültig**, **Ϩhaft** <-*est*> exemplar, modelar, perfeito; **~kollektion** *f* cole(c)ção *f* de amostras; **~messe** *f* feira *f* (de amostras)

'mustern *v/t* <-*re*> examinar; MIL passar revista a, inspe(c)cionar; *Stoff*: desenhar; modelar; ***gemustert*** *a* de fantasia

'Muster|prozess *m* <-*es*; -*e*> JUR processo-modelo *m*; **~schüler** *m* aluno *m* exemplar; **~schutz** *m* <-*es*; *sem pl*> prote(c)ção *f* legal (das marcas registadas); **~ung** *f* inspe(c)ções *f*/*pl*; MIL revista *f*; recrutamento *m*; **~zeichner(in** *f*) *m* desenhador(a *f*) *m*, *bras* desenhista *su*

Mut [mu:t] *m* <-(*e*)*s*; *sem pl*> coragem *f*; ânimo *m* (***fassen***, ***schöpfen*** cobrar); ***j-m ~ machen*** animar alg; ***den ~ sinken lassen*** (*od* ***verlieren***) desanimar; perder o ânimo; ***guten ~es*** optimista; ***zu ~e*** → ***zumute***

Mutati'on [mutatsi'o:n] *f* mutação *f*

'mut|ig corajoso, valente; **~los** <-*est*> desanimado, desalentado; **Ϩlosigkeit** ['-lo:ziç-] *f* <*sem pl*> desânimo *m*, desalento *m*

'mutmaß|en ['-ma:sən] <-*t*; -> presumir; *Böses*: suspeitar; **~lich** presuntivo; **Ϩung** *f* conje(c)tura *f*, presunção *f*

'Mutter ['mutər] *f* **a)** <-; ¨> mãe *f*; ANAT madre *f*; útero *m*; matriz *f*; **b)** TÉCN <-; -*n*> (*Schrauben*Ϩ) porca *f*; **~boden** *m* <-*s*; *sem pl*> solo *m* nativo; humo *m*; **~brust** *f* <*sem pl*> seio *m* maternal; **~'gottesbild** *n* <-(*e*)*s*; -*er*> imagem *f* da Nossa Senhora; **~haus** *n* <-*es*; ¨*er*> casa-mãe *f*; central *f*; sede *f*; **~korn** BOT *n* <-(*e*)*s*; -*e*> cravagem *f*; fungão *m*; **~kuchen** MED *m* placenta *f*, secundinas *f*/*pl*; **~land** *n* <-(*e*)*s*; ¨*er*> país *m* natal; **~leib** *m* <-(*e*)*s*; *sem pl*> ventre *m* materno

'mütterlich ['mytərliç] materno; maternal; **~erseits** ['-ərzaɪts] (pelo lado) materno

'Mutter|liebe *f* <*sem pl*> amor *m* maternal; **~mal** *n* <-(*e*)*s*; -*e*> sinal *m*; nevo *m* (materno), *bras* pinta *f*; **~milch** *f* <*sem pl*> leite *m* materno; **~mund** *m* <-(*e*)*s*; *sem pl*> ANAT colo *m* do útero; **~schaft** *f* <*sem pl*> maternidade *f*; **~schaftsurlaub** *m* <-*s*; -*e*> férias *f*/*pl* de maternidade; **~schiff** *n* <-(*e*)*s*; -*e*> navio-mãe *m*; **~schutz** *m* <-*es*; *sem pl*> prote(c)ção *f* da maternidade (*od* das mães); **~seelenal'lein** completamente sozinho; **~söhnchen** ['-zø:nçən] *n* menino *m* amimado, *bras* filhinho *m* de papai; **~sprache** *f* língua *f* materna; **~sprachler(in** *f*) *m* falante *m u f* nativo (-a); **~stelle** *f* <*sem pl*>: **~ *vertreten*** fazer de mãe, fazer as vezes da mãe; **~tag** *m* <-(*e*)*s*; -*e*> Dia da Mãe; **~witz** *m* <-*es*; *sem pl*> senso *m* comum; graça *f* natural; **~ *haben*** ter graça

'Mutti ['muti:] F *f* <-; -*s*> mãezinha *f*

'Mut|wille *m* <-*ns*; *sem pl*> maldade *f*, malícia *f*, petulância *f*; *Unart*: diabrura *f*, travessura *f*; **~willig** traquinas; travesso; maligno; *adv* de propósito, intencionalmente

'Mütz|e ['mytsə] *f* boné *m*; barrete *m*; (*Zipfel~*) gorro *m*; **~enschirm** *m* <-(*e*)*s*; -*e*> pala *f*

My'om [my'o:m] *n* <-*s*; -*e*> MED mioma *m*

Myri'ade [myri'a:də] *f* miríade *f*

'Myrte ['myrtə] *f* murta *f*, mirto *m*

myst|eri'ös [mysteri'ø:s] <-*est*> misterioso; **~'erium** [-'te:rium] *n* <-*s*; *Mysterien*> mistério *m*; **~ifikati'on** [mystifikatsi'o:n] *f* mistificação *f*, burla *f*; **~ifi'zieren** [-ifi'tsi:rən] <-> mistificar, burlar; **'~ik** *f* <*sem pl*> mística *f*; misticismo *m*; **'~iker** *m*, **'~isch** místico *m*

Mytho|lo'gie [mytolo'gi:] *f* mitologia *f*; **~'logisch** [-'lo:giʃ] mitológico

'Myth|os ['my:tɔs], **~us** ['-us] *m* <-; *Mythen*> mito *m*

N

N

N, n [ɛn] *n inv* N, n *m*

na! F [na] ora!; **~ (*also*)!** então!; **~ *so was!*** ora essa!

'Nabe ['na:bə] TÉCN *f* meão *m*; cubo *m*

'Nabel ['na:bəl] *m* umbigo *m*; **~bruch** *m* <-(*e*)*s*; ⸚*e*> hérnia *f* umbilical; **~schnur** *f* <-; -*schnüre*> cordão *m* umbilical

nach [na:x] **1.** *prp* (*dat*): **a)** *räuml*: (*für vorübergehenden Aufenthalt*) a, (*für dauernden Aufenthalt*) para; *Reihenfolge*: após; depois; **~ ... (*zu*)** do lado de; **b)** *zeitl*: depois de; passado; **~** (*Ablauf von*) ao cabo de; ***5 Minuten* ~ *eins*** uma e cinco; **c)** (*gemäß*) **(*je*) ~** segundo, conforme a, de acordo com; por; **~ *meiner Meinung*** na minha opinião; **~ *meinem Geschmack*** a meu gosto; **d)** (*wie*) *riechen*, *schmecken*: a; **2.** *adv* ***mir* ~!** siga(m)-me!; **~ *und* ~** sucessivamente, pouco a pouco; **~ *wie vor*** (depois) como dantes; como de costume

'nachäffen ['-ɛfən] (*dat od ac*) arremedar (*ac*), macaquear (*ac*); → ***nachahmen***

'nachahm|en ['-a:mən] imitar; **~enswert** digno de imitação; **~er** *m* imitador *m*; **~ung** *f* imitação *f*

'Nachbar|(in *f*) ['naxba:r] *m* <-*s od* -*n*; -*n*> vizinho *m*, -a *f*; **~land** *n* <-(*e*)*s*; ⸚*er*> país *m* vizinho; **~lich** vizinho; **~schaft** *f* vizinhança *f* **(*in der*** na)

'Nach|behandlung *f* (*Verbesserung*) retoque *m*; MED tratamento *m* após a doença; **~bestellen** *v/t* <-> mandar vir mais; fazer outra encomenda; **~bestellung** *f* encomenda *f* suplementar; nova encomenda *f*; **~beten** <-*e*-> repetir (maquinalmente); **~bezahlen** <-> pagar o resto (mais tarde); **~bilden** <-*e*-> copiar, imitar; **~bildung** *f* cópia *f*, imitação *f*, reprodução *f*; (***unerlaubte***) ~ contrafa(c)ção *f*; **2blicken** (*dat*) seguir (*ac*) com a vista; **2datieren** <-> pós-datar

nach'dem 1. *cj* depois que (*ind*); depois de (*inf*); **2.** *adv*: ***je ~*** conforme (*subj futur*)

'nach|denken meditar, cismar; considerar; (***über*** *ac*) ~ refle(c)tir (sobre), ponderar (*ac*); **2denken** *n* reflexão *f*, consideração *f*, ponderação *f*; **~denklich** pensativo, meditativo; **2dichtung** *f* versão *f* poética; adaptação *f*; **~drängen** empurrar; furar; *MIL* perseguir; **2druck** *m* <-(e)s; sem pl> ênfase *f*; insistência *f*; ***~ auf*** (*ac*) ***legen*** insistir em; (*Tatkraft*) energia *f*; *TIP* <*pl -e*> reprodução *f*; reimpressão *f* (***unerlaubter*** pirata); **~drucken** reimprimir; *ungesetzlich*: contrafazer; **~drücklich** ['-drykliç] enérgico, expresso; enfático; **~dunkeln** <*-le*; *sn*> ficar (mais) escuro; **~eifern** <*-re*> (*dat*) procurar imitar (*ac*); emular (*ac*); pôr os olhos em; **~eilen** <*sn*> (*dat*) correr atrás de; **~ei'nander** um atrás do outro; sucessivamente; **~empfinden** <-> → ***~fühlen***

'nacherzähl|en <-> narrar, contar; **2ung** *f* narração *f*

'Nachfahr ['-fa:r] *m* <*-en*> descendente *m*, *pl a* posteriores *m/pl*; **2en** <*sn*> (*dat*) seguir (*ac*), ir atrás de

'Nachfolg|e *f* <*sem pl*> sucessão *f*; **~ ...**: *in Zssgn* sucessor; **2en** <*sn*> (*dat*) seguir(-se) a; suceder a; **2end** seguinte; **~er(in** *f*) *m* sucessor(a *f*) *m*

'nach|fordern *v/t* <*-re*> pedir a mais (***von*** *et*: de, ***von*** *j-m*: a); **2forderung** *f* exigência *f* suplementar (*od* a mais); **~forschen** (*dat*) indagar, investigar; informar-se sobre; **2forschung** *f* investigação *f*; indagação *f*; *ECON* busca *f*; *polizeiliche*: *a* pesquisa *f* (***anstellen*** fazer, realizar)

'Nachfrage *f*: ~ (***nach***) informação *f* (sobre); interesse *m* (por); *ECON* procura *f* (de), demanda *f* (de), pedido *m* (de); **2n** perguntar, informar-se

'nach|fühlen: ***es j-m ~ können*** compreender os sentimentos de alg; **~füllen** deitar mais, reabastecer; **2füllpack** *n* (embalagem *f* de) recarga *f*; **~geben 1.** *v/i* ceder; *Boden*: abater(-se); *Preise*: baixar; **2.** *v/t* dar mais; **2geben** *n* ceder *m*; *Preise*: baixa *f*; *ARQUIT* assentamento *m*; **2gebühr** *f* sobretaxa *f*; **2geburt** *MED f* páreas *f/pl*, secundinas *f/pl*

'nachgehen <*sn*> (*dat*) *j-m*: seguir (*ac*); *Geschäft*: ocupar-se de; *Vergnügen*: entregar-se a; (*untersuchen*) examinar, estudar; *v/i Uhr*: estar (*od* andar) atrasado

'nach|geordnet subordinado; **~gerade** pouco a pouco; ir + *ger*; acabar por; **2geschmack** *m* <*-(e)s*; *sem pl*> ressaibo *m*; *a fig* travo *m*; **~gewiesenermaßen** ['-gəvi:zənərma:sən] como está provado; **~giebig** ['-gi:biç] flexível; *fig* transigente (***gegenüber*** para com); **2giebigkeit** *f* flexibilidade *f*; *fig* transigência *f* (***gegenüber*** para com); **~gießen** deitar mais; voltar a encher; *TÉCN* reabastecer; **~grübeln** <*-le*> (*dat*, ***über*** *ac*) meditar ([sobre] *ac*), ruminar (*ac*), matutar (*ac*); **2hall** *m* <*-(e)s*; *-e*> ressonância *f*; eco *m*; **~hallen** ressoar, retumbar, ecoar; **~haltig** ['-haltiç] eficaz, duradouro, persistente; **~hängen** *e-m Gedanken*: entregar-se (a); acariciar (*ac*); **~hause** → ***Haus***; **2'hauseweg** [-'haʊzəve:k] *m* <*-(e)s*; *-e*> caminho *m* para casa; regresso *m*; **~helfen** (*dat*) auxiliar (*ac*)

nach'her depois; em seguida; ***bis ~!*** até logo!

'Nachhilfe *f* ajuda *f*, auxílio *m*; = **~stunde** *f* explicação *f*; lição (*bras* aula) *f* particular

'nach|hinken <*sn*> (*dat*) *fig* ficar atrás, vir atrás; vir tarde; **2holbedarf** *m* <*-(e)s*; *sem pl*> necessidade *f* de recuperar; **~holen** recobrar; reparar; *Zeit*: recuperar; **2hut** *f* retaguarda *f*; **~jagen** <*sn*> (*dat*) perseguir (*ac*), correr atrás (de); **2klang** *m* <*-(e)s*; *⁓e*> → ***2hall***; *fig* reminiscência *f*; **~klingen** → ***~hallen***

'Nachkomme *m* <*-n*> descendente *m*; **2n** <*sn*> (*dat*) seguir (*ac*); *später*: vir (*od* chegar) mais tarde; *Bitte*: aceder a, satisfazer; *Pflicht*: cumprir; **~nschaft** *f* descendência *f*; *bsd zahlreiche*: prole *f*

N

'**Nach|kriegszeit** *f* após-guerra *m*; **~kur** *f* cura *f* complementar; **~lass** ['-las] *m* <-*es*; ¨*e*> ECON redução *f*, abatimento *m*; JUR herança *f*; espólio *m*, *literarischer*: *a* obras *f/pl* póstumas

'**nachlassen** **1.** *v/t Seil*: alargar, relaxar; *Preis*: reduzir (*ac*), abater (em); **2.** *v/i* diminuir, abater, esmorecer; *Spannung*, *Druck*: *a* afrouxar; *Regen*, *Wind*: *a* abrandar; acalmar; *Widerstand*: *a* enfraquecer; ***nicht ~*** *j-d*: não desistir (***in*** *dat* de); **~d** MED remitente

'**nachlässig** negligente, desleixado, descuidado, desmazelado; **≈keit** *f* negligência *f*, descuido *m*, desleixo *m*; incúria *f* (***aus*** por)

'**nach|laufen** <*sn*> (*dat*) correr atrás (de); **~legen** *Feuerung*: deitar mais, pôr mais; **≈lese** *f* respiga(dura) *f*; *Buch*: suplemento *m*; **~lesen** respigar; *in e-m Buch*: ler em, ver em; consultar (*ac*)

'**nachliefer|n** <-*re*> entregar mais tarde; suprir; mandar ainda (o que falta); **≈ung** *f* remessa *f* suplementar

'**nach|lösen** <-*t*> *Fahrkarte*: comprar no comboio (*bras* trem); **~machen** imitar (***j-m et*** a/c de alg *od* a alg); copiar; contrafazer; falsificar; **~malen** copiar; repintar, (*restaurieren a*) retocar (*a* FOT); **~messen** remedir, medir outra vez; verificar

'**Nachmittag** *m* <-(*e*)*s*; -*e*> tarde *f*; ***am ~***, ***des ~s*** = **≈s** de tarde, à tarde, pela tarde; **~s...**: *in Zssgn* da tarde; **~svorstellung** *f* matiné (*ê) *f*

'**Nach|nahme** CORR ['-na:mə] *f* reembolso *m*; cobrança *f* (***gegen***, ***per*** à); **~name** *m* <-*ns*; -*n*> apelido *m*; **≈plappern** <-*re*> repetir apenas; **~porto** *n* <-*s*; -*s*> sobretaxa *f*; **≈prüfen** examinar, averiguar; conferir; **~prüfung** *f* revisão *f*; **≈rechnen** <-*e*-> verificar (uma conta); conferir; **~rede** *f* epílogo *m*; ***üble ~*** má língua *f*, difamação *f*; **≈reifen** <*sn*> (a)madurecer depois de colhido; **≈reisen** <-*t*; *sn*> (*dat*) seguir (*ac*), viajar atrás de

'**Nachricht** ['na:xriçt] *f* notícia *f*; nova *f*; informação *f*; (*Mitteilung*) aviso *m*, recado *m*; *bsd* INFORM mensagem *f*

'**Nachrichten** *f/pl Radio*, TV: notícias *f/pl*, noticiário *m*; **~agentur** *f* agência *f* noticiosa; **~dienst** *m* <-(*e*)*s*; -*e*> serviço *m* de informações, MIL serviço *m* de comunicações; *Zeitung*: serviço *m* informativo; POL *geheimer*: serviço *m* secreto; **~satellit** *m* <-*en*> satélite *m* de comunicações; **~sendung** *f* noticiário *m*; **~sperre** *f* bloqueio *m* de comunicações

'**nach|rücken** <*sn*> seguir; avançar, *im Amt*: *a* ser promovido; **≈ruf** *m* <-(*e*)*s*; -*e*> necrológio *m*; **≈ruhm** *m* <-(*e*)*s*; *sem pl*> fama *f* (póstuma); **~rühmen** dizer em louvor (***j-m*** de alg, ***ihm*** seu); **≈rüstung** *f* rearmamento *m*; **~sagen** dizer (***j-m*** de alg); **≈saison** *f* <-; -*s*> fim *m* da estação, pós-temporada *f*; **≈satz** *m* <-*es*; ¨*e*> GRAM segunda parte *f*; FIL consequente *m*, menor *f*; *Brief*: pós-escrito *m*; **~schauen** → ***~blicken***; **~schicken** fazer seguir, remeter (***nach*** para); **~schlagen** consultar (*ac*); **~** (***in*** *dat*) procurar (em); **≈schlagewerk** *n* <-(*e*)*s*; -*e*> obra *f* de consulta; **~schleichen** <*sn*> (*dat*) seguir (*ac*) furtivamente; **~schleppen** arrastar (atrás de si); **≈schlüssel** *m* gazua *f*; **≈schrift** *f* *Brief*: pós-escrito *m*; (*Diktat*) ditado *m*; **≈schub** MIL *m* <-(*e*)*s*; ¨*e*> *Material*: (re)abastecimento *m*, aprovisionamento *m*; *Truppen*: reforços *m/pl*

'**nachsehen** **1.**: ***j-m ~*** seguir alg com os olhos; ***et ~*** (*suchen*) procurar a/c; (*prüfen*) examinar a/c; *Hefte*: corrigir; ***in e-m Buch ~*** consultar um livro, ver num livro; **~**, ***ob*** verificar, se; ir ver, se; ***j-m et ~*** deixar passar a/c; fazer vista grossa a alg; **2.** **≈** *n*: ***das ~ haben*** ficar a ver navios, ficar a chuchar no dedo

'**nach|senden** fazer seguir, remeter (***nach*** para); **~setzen** <-*t*> **1.** *v/t* pospor; **2.** *v/i* <*sn*>: ***j-m ~*** perseguir alg

'**Nachsicht** *f* <*sem pl*> tolerância *f*, indulgência *f*; ***~ üben***, ***~ haben*** ser tolerante (*od* indulgente); **≈ig** indulgente (***mit*** para com)

'**Nach|silbe** *f* sufixo *m*; **≈sinnen** meditar; **~** ***über*** (*ac*) cogitar em; **≈sitzen**: **~** (***müssen***) ficar retido;

~sommer *m* verão *m* de São Martinho; **~sorge** *f* <-; *sem pl*> MED cuidados *m/pl* pós-operatórios; **~speise** *f* sobremesa *f*; **~spiel** *n* <-(*e*)*s*; *-e*> epílogo *m*; *fig* consequências *f/pl*; **2sprechen** repetir (***j-m et*** as palavras de alg); **2spüren** (*dat*) seguir o rasto (*bras* rastro) de, *bras a* seguir as pegadas de

nächst [nɛːçst] **1.** *adj* (*sup von* ***nahe***) mais perto, mais chegado, mais próximo (*a zeitl*), *Weg*: *a* mais curto; ***in ~er Nähe*** (*gen*) nas imediações de; ***in ~er Zeit*** em breve; brevemente; **2.** *prp* (*dat*) perto de, ao pé de; (*nach*) depois de; (logo) a seguir a; **'~best** o primeiro que se apresente; (*zweitbest*) segundo em qualidade

'Nächste **1.** *m* (*f*) próximo *m*, -a *f*; *an der Reihe*: seguinte *su*; ***der ~, bitte!*** o próximo!; **2.** *n* o mais próximo; ***das ~*** (***zu tun***) a primeira coisa (a fazer)

'nachstehen ficar atrás (*dat* de); *fig a* ser inferior (*dat* a); **~d** *adj* seguinte; que segue; *adv* a seguir

'nachstell|en GRAM pôr detrás (de); *Uhr*: atrasar; TÉCN reajustar; ***j-m ~*** perseguir alg, armar ciladas a alg; **2ung** *f* perseguição *f*; cilada *f*; GRAM inversão *f*

'Nächst|enliebe ['nɛːçstən-] *f* <*sem pl*> amor *m* ao próximo; caridade *f*; **2ens** em breve, dentro em pouco; **2folgend** seguinte, subsequente, a seguir; **2liegend** mais perto; ***das 2e*** *fig* o mais indicado

nachsuchen procurar; ***um et ~*** solicitar a/c, requerer a/c

Nacht [naxt] *f* <-; *"e*> noite *f* (***bei*** de; ***zur*** à; ***über*** durante a); ***über ~*** (*plötzlich*) de um dia para outro; ***über ~ bleiben*** passar a noite; ***gute ~! ...*** boa(s) noite(s) (***wünschen*** dar as); ***heute ~*** hoje à noite; ***in der ~ arbeiten*** fazer serão; ***~ werden*** anoitecer; ***bei Einbruch der ~*** ao anoitecer; **'~arbeit** *f* trabalho *m* no(c)turno; serão *m*, vigília *f*; **'2blind** hemeralópico, hemeralope; **'~blindheit** *f* <*sem pl*> hemeralopia *f*; **'~creme** *f* <-; *-s*> creme *m* para a noite; **'~dienst** *m* <-*es*; *sem pl*> serviço *m* no(c)turno (*od* de noite)

'Nachteil ['naːx-] *m* <-(*e*)*s*; *-e*> desvantagem *f*, defeito *m*, inconveniente *m*; (*Schaden*) prejuízo *m*; ***zum ~ für*** em detrimento de; **2ig** desvantajoso; prejudicial

'nächtelang ['nɛçtəlaŋ] noites inteiras

'Nacht|essen *n* ceia *f*; **~eule** *f* F noctívago *m*; noctâmbulo *m*; **~fahrverbot** *n* <-(*e*)*s*; *-e*> proibição *f* de circular de noite; **~falter** *m* falena *f*; **~flug** *m* <-(*e*)*s*; *"e*> voo (*ô) *m* no(c)turno; **~frost** *m* <-(*e*)*s*; *"e*> geada *f*; **~hemd** *n* <-(*e*)*s*; *-en*> camisa *f* de noite (*od* de dormir)

'Nachtigall ['naxtigal] *f* rouxinol *m*

'nächtigen ['nɛçtigən] pernoitar

'Nachtisch ['naːx-] *m* <-(*e*)*s*; *sem pl*> sobremesa *f*

'Nacht|klub ['naxt-] *m* <-*s*; *-s*> clube *m* no(c)turno; **~lager** *n* cama *f*; pousada *f*; acampamento *m* no(c)turno

'nächtlich ['nɛçtliç] no(c)turno

'Nacht|lokal *n* <-*s*; *-e*> bar *m*, boate *f*; **~portier** *m* <-*s*; *-s*> porteiro *m* no(c)turno; **~quartier** *n* <-*s*; *-e*> alojamento *m* (para a noite)

'Nach|trag ['naːxtraːk] *m* <-(*e*)*s*; *"e*> suplemento *m*, aditamento *m*; **2tragen** levar atrás (*dat* de); *fig* (*hinzufügen*) acrescentar; (***j-m et***) ***~*** *fig* guardar rancor (a alg por a/c); **~d** rancoroso; **2träglich** ['-trɛːkliç] ulterior; posterior; = ***~trags...***: *in Zssgn* suplementar, adicional; **2trauern** <-*re*>: ***j-m ~*** chorar a perda de alg; ter saudades de alg; ***e-r Sache*** (*dat*) ***~*** lamentar a perda de a/c

'Nacht|ruhe ['naxt-] *f* <*sem pl*> sono *m*; **2s** de noite; **~schatten** BOT *m* erva-moura *f*; **~schattengewächs** *n* <-*es*; *-e*> solanácea *f*; **~schicht** *f* turno *m* da noite; **~schwärmer** *m* ZO falena *f*, noitibó *m* (*a fig*), *bras* notívago *m* (*a fig*); **~schwester** *f* enfermeira *f* de noite; **~tarif** *m* <-*s*; *-e*> tarifa *f* no(c)turna; **~tisch** *m* <-(*e*)*s*; *-e*> mesinha *f* de cabeceira; **~topf** *m* <-(*e*)*s*; *"e*> bacio *m*; P penico *m*, *bras a* urinol *m*; **~wache** *f* velada *f*; vigília *f*; MIL vigia *f*; ***~ halten*** (***bei***) velar (*ac*); **~wächter** *m* guarda-no(c)turno *m*; **2wandeln** <-*le*; *sn*> ser sonâmbulo; **~zug** *m* <-(*e*)*s*; *"e*> comboio (*bras* trem) *m* da noite

'nach|wachsen <*sn*> voltar (a cres-

N

cer); deitar rebentos; **≈wahl** *f* segunda eleição *f*; eleição *f* complementar; **≈wehen** *MED f/pl* dores *f/pl* puerperais; *fig* consequências *f/pl*; **~weinen** (*dat*) ter saudades de

'Nachweis *m* <-*es*; -*e*> prova *f*; atestado *m*, documento *m* comprovativo (***erbringen*** trazer, apresentar); documentação *f*; índice *m*; **≈bar** → ***≈lich***; **≈en** (com)provar, demonstrar; apontar; indicar; *Arbeit*: arranjar, procurar, proporcionar; **≈lich** demonstrável; que se pode provar (*od* demonstrar); declarado; *adv* segundo se pode provar

'Nach|welt *f* <*sem pl*> posteridade *f*; **≈wirken** fazer sentir-se; continuar a a(c)tuar, continuar a produzir efeito; **~wirkung** *f* consequência *f*, repercussão *f*; **~wort** *n* <-(*e*)*s*; -*e*> epílogo *m*; posfácio *m*; **~wuchs** *m* <-*es*; *sem pl*> (*Baby*) bebé (*ê) *m*; *fig* nova geração *f*; os jovens *m/pl*; **≈zahlen** pagar a diferença; pagar depois; **≈zählen** contar; verificar; **~zahlung** *f* (pagamento *m* da) diferença *f*, (pagamento *m* do) suplemento *m*; **≈zeichnen** <-*e*-> copiar; tirar (de um modelo); **≈ziehen** arrastar atrás de si; *Linie*: destacar; *Schraube*: apertar mais; **~zügler** ['-tsy:klər] *m* atrasado *m*; *MIL* retardatário *m*

N

'Nacken ['nakən] *m* nuca *f*, pescoço *m*; *Tier*: cachaço *m*; ***den Kopf in den ~ werfen*** empertigar-se; **~schlag** *m* <-(*e*)*s*; ⸚*e*> pancada *f* na nuca; *fig* revés *m*; **~stütze** *f AUTO* encosto *m* da cabeça

nackt [nakt] nu *m*, nua *f*; despido; ***ganz ~*** em pêlo; *fig* ***die ~e Wahrheit*** a verdade nua e crua; **≈badestrand** *m* <-(*e*)*s*; ⸚*e*> praia *f* de nudismo; **'≈heit** *f* <*sem pl*> nudez *f*

'Nadel ['na:dəl] *f* <-; -*n*> agulha *f* (*a BOT*); (*Steck≈*) alfinete *m*; **~baum** *m* <-(*e*)*s*; ⸚*e*> conífera *f*; (árvores *f/pl*) coníferas *f/pl*; **~drucker** *m* impressora *f* de agulhas; **~öhr** *n* <-(*e*)*s*; -*e*> olho *m* (da agulha), fundo *m*; **~stich** *m* <-(*e*)*s*; -*e*> picad(el)a *f*; **~wald** *m* <-(*e*)*s*; ⸚*er*> floresta *f* de coníferas; pinhal *m*

'Nagel ['na:gəl] *m* <-*s*; ⸚> *ANAT* unha *f* (***eingewachsen*** encravada); *TÉCN* prego *m*; (*Holz≈*) cavilha *f*; *fig* ***den ~ auf den Kopf treffen*** acertar em cheio; ***an den ~ hängen*** deixar, abandonar; desistir (de); ***auf den Nägeln brennen*** ser urgente; **~feile** *f* lima *f* (para unhas); **~lack** *m* <-(*e*)*s*; -*e*> verniz *m* para unhas, *bras* esmalte *m* de unhas; **~lackentferner** *m* acetona *f*; **≈n** <-*le*> pregar, cravar; **≈neu** <*sem pl*> novo em folha; **~pflege** *f* <*sem pl*> higiene *f* das unhas; **~schere** *f* tesoura *f* para unhas

'nage|n ['na:gən] roer; **≈tier** *n* <-(*e*)*s*; -*e*> roedor *m*

nah [na:], **'nahe** ['na:ə] <⸚*er*; *nächst*> perto; *a zeitl* próximo, (*bevorstehend*) iminente; *adv*: **~ (bei)** perto de, ao pé de, próximo de; ***ganz ~*** muito perto; ***~ daran sein zu*** (*inf*) estar para; ***j-m zu ~ treten*** ofender alg, magoar alg, melindrar alg; ***von ~ und fern*** de todas as partes

'Nahaufnahme *f FOT* foto(grafia) *f* a pouca distância

'Nähe ['nɛ:ə] *f* <*sem pl*> proximidade *f*, vizinhança *f*; ***aus der ~*** de muito perto; ***in der ~*** muito perto

'nahe → ***nah***; ***j-m ~ bringen*** fazer compreender a alg, familiarizar alg (com); *j-n*: aproximar de alg; ***j-m ~ gehen*** sensibilizar alg; (*bekümmern*) afligir alg; ***~ kommen*** (*dat*) aproximar-se (de); ***j-m ~ kommen*** *fig* chegar a conhecer alg bem; entrar na intimidade de alg; ***~ legen*** sugerir, dar a entender; ***~ liegen*** *fig* ser de supor, ser natural; ***~ liegend*** perto; *fig* fácil de compreender, natural, evidente; ***~ stehen*** (*dat*) *fig* simpatizar (com); *j-m*: *a* ser (amigo) íntimo de; ***~ stehend*** *fig* íntimo; **'~'bei** muito perto, ao pé, próximo

'nahen ['na:ən] <*sn*> aproximar-se

'nähen ['nɛ:ən] **1.** coser; (*schneidern*) costurar; **2. ≈** *n* costura *f*

'näher ['nɛ:ər] (*comp von* ***nahe***) mais perto; *adv* mais de perto; ***~ bringen*** explicar; ***j-m ~ bringen*** fazer compreender melhor a alg; ***~ kommen*** aproximar-se; *fig* ***~ ausführen*** pormenorizar; ***~ kennen*** conhecer de perto; ***~ kommen*** *fig* aproximar-se (de); compreender (melhor); começar a compreender;

treten Sie ~! entre!, pode entrar!; ***die ~en Umstände*** os pormenores
'Nähere(s) *n* (mais) permenores *m/pl*
Nähe'rei [nɛːə'raɪ] *f* costura *f*
'Näherin ['nɛːərin] *f* costureira *f*
'nähern <*-re*>: (***sich***) **~** aproximar(-se); chegar(-se); avizinhar(-se); abeirar(-se de)
'nahezu quase
'Nähgarn ['nɛː-] *n* <*-(e)s*; *-e*> linha *f*, fio *m* para coser
'Nahkampf *m* <*-(e)s*; *¨e*> luta *f* corpo a corpo; combate *m* a pouca distância
'Näh|korb *m* <*-(e)s*; *¨e*> cestinha *f* de costura; **~maschine** *f* máquina *f* de costura; **~nadel** *f* <*-*; *-n*> agulha *f*
'Nähr|boden ['nɛːr-] *m* <*-s*; *¨*> solo *m* alimentício (*bras* frutífero); *fig* foco *m*; **Ձen** nutrir, alimentar (*a fig*); *Kind*: amamentar
'nahrhaft ['naːr-] nutritivo; *AGR* produtivo
'Nähr|salz *n* <*-es*; *-e*> sal *m* alimentício (*od* nutritivo); **~stoff** *m* <*-(e)s*; *-e*> substância *f* nutritiva
'Nahrung ['naːruŋ] *f* alimento *m*, alimentação *f*, comida *f*; *für Tiere*: pasto *m*
'Nahrungs|aufnahme *f* <*sem pl*> alimentação *f*; **~mangel** *m* <*-s*; *sem pl*> falta *f* de víveres; **~mittel** *n* alimento *m*; *pl* géneros (*ê) *m/pl* alimentícios; víveres *m/pl*
'Nährwert ['nɛːr-] *m* <*-(e)s*; *-e*> valor *m* nutritivo
'Nähseide *f* retrós *m*
Naht [naːt] *f* <*-*; *¨e*> costura *f*; *MED* sutura *f*; **'Ձlos** sem costura
'Nahverkehr ['naː-] *CAM. DE F m* <*-s*; *sem pl*> tráfego *m* suburbano, transportes *m/pl* suburbanos; **~szug** *m* <*-(e)s*; *-züge*> comboio (*bras* trem) *m* suburbano
'Nähzeug ['nɛː-] *n* <*-(e)s*; *-e*> (estojo *m* de) costura *f*
'Nahziel ['naː-] *n* <*-(e)s*; *-e*> obje(c)tivo *m* imediato
na'iv [na'iːf] ingénuo (*ê); **Ձi'tät** [-ivi'tɛːt] *f* <*sem pl*> ingenuidade *f*
'Name ['naːmə] *m* <*-ns*; *-n*> nome *m*; (*Familien*Ձ) apelido *m*; (*Ruf*Ձ) primeiro nome *m*; ***dem ~n nach*** de nome; pelo nome; ***im ~n von*** em nome de; ***die Dinge beim ~n nennen*** chamar as coisas pelo seu nome, dizer as coisas como são
'namenlos sem nome, anónimo (*ô); *fig* imenso, indizível
'namens chamado; de nome; *prp* (*gen*) em nome de; **Ձaktie** *f* a(c)ção *f* pessoal, a(c)ção *f* nominativa; **Ձtag** *m* <*-(e)s*; *-e*> dia *m* onomástico, dia *m* do santo; **Ձvetter** *m* <*-s*; *-n*> homónimo (*ô) *m*, *bras* tocaio *m*, xará *m*; **Ձzug** *m* <*-(e)s*; *¨e*> rubrica *f*, monograma *m*
'nam|entlich ['naːməntliç] nominal; *adv* por nomes; (*besonders*) nomeadamente, sobretudo, especialmente, particularmente; **~haft** considerável, notável; ilustre; **~ *machen*** nomear, denominar
'nämlich ['nɛːmliç] **1.** *adj* mesmo; **2.** *adv* a saber; *begründend*: é que ..
na'nu! [na'nuː] essa agora!
Napf [napf] *m* <*-(e)s*; *¨e*> tigela *f*; (*Ess*Ձ) gamela *f*; **~kuchen** *m* bolo *m* de forma
'Nappaleder ['napa-] *n* napa *f*
'Narb|e ['narbə] *f* cicatriz *f*; *Leder*: grão *m*; *BOT* estigma *m*; *AGR* camada *f* vegetal; céspedo *m*; **Ձig** cheio de cicatrizes, *Leder*: granoso
Nar'ko|se [nar'koːzə] *f* narcose *f*; anestesia *f*; **~searzt** *m* <*-es*; *¨e*>, **~seärztin** *f* anestesista *su*; **~tikum** [-tikum] *n* <*-s*; *-tika*> narcótico *m*; **Ձti'sieren** [-oti'ziːrən] <*-*> narcotizar; anestesiar
Narr [nar] *m* <*-en*> louco *m*; bobo *m*, tolo *m*; *TEA HIST* gracioso *m*; *fig* ***an j-m e-n ~en gefressen haben*** estar doido por alg; ***j-n zum ~en haben*** (*od* ***halten***) → ***j-n*** **Ձen** fazer troça de alg, fazer pouco de alg
'narrensicher absolutamente seguro
'närrisch ['nɛriʃ] doido, louco
Nar'zisse [nar'tsisə] *f* narciso *m*, junquilho *m*
Na'sal [na'zaːl] *m* <*-s*; *-e*> som *m* nasal
'nasch|en ['naʃən] petiscar; **Ձe'rei** *f*, **Näsche'rei** [nɛʃə'raɪ] *f* gulodice *f*; **~haft** ['naʃ-] guloso
'Nase ['naːzə] *f* nariz *m* (***putzen*** assoar; ***rümpfen*** torcer; ***stecken in*** *ac* meter em); *fig* olfa(c)to *m*; ***e-e gute ~ haben*** ter bom nariz; ***pro ~*** por pessoa; ***auf die ~ fallen*** F espalhar-se; falhar; ***die ~ voll haben***

von F estar farto de; ***an der ~ herumführen*** fazer troça de; fazer gato-sapato de; ***j-m auf der ~ herumtanzen*** não se importar nada com alg; fazer pouco de alg; ***j-m unter die ~ reiben*** F atirar à cara de alg; ***j-m die Tür vor der ~ zuschlagen*** F dar com a porta na cara de alg; ***immer der ~ nach*** F sempre a direito; **≈lang** F: ***alle ~*** a cada passo

'näseln ['nɛːzəln] *<-le>* falar pelo nariz; ser fanhoso; **~d** fanhoso

'Nasen|bein *n <-(e)s; -e>* vómer *m*; **~bluten** *n* hemorragia *f* nasal, epistaxe *f*; ***~ haben*** deitar sangue pelo nariz; **~flügel** *m* asa *f* do nariz; **~höhle** *f* fossa *f* nasal; **~loch** *n <-(e)s; ¨er>* narina *f*, narícula *f*, venta *f*; **~spitze** *f* ponta *f* do nariz; **~tropfen** *pl* gotas *f/pl* para o nariz

'naseweis [-vaɪs] (**≈** *m <-es; -e>*) indiscreto (*m*); espevitado (*m*)

'Nashorn ['naːs-] *n <-(e)s; ¨er>* rinoceronte *m*

nass [nas] *<¨er od -er; ¨est od -est>* molhado; (*feucht*) húmido, *bras* úmido; ***~ machen*** (***werden***) molhar(-se)

'Nässe ['nɛsə] *f <sem pl>* humidade *f*, *bras* umidade *f*; **≈n** *<-t>* molhar, humedecer, *bras* umedecer; *v/i* transpirar *a* MED; *ins Bett*: urinar

'nasskalt frio e húmido (*bras* úmido)

Nati'on [natsi'oːn] *f* nação *f*

natio'nal [natsio'naːl] nacional

Natio'nal|feiertag *m <-(e)s; -e>* feriado *m* nacional, dia *m* de festa nacional; **~gericht** *n <-(e)s; -e>* prato *m* típico; **~hymne** *f* hino *m* nacional; **~'ismus** [-na'lismus] *m <-; sem pl>* nacionalismo *m*; **~'ist(in** *f*) *m <-en>*, **≈'istisch** nacionalista *m*, *f*; **~i'tät** [-i'tɛːt] *f* nacionalidade *f*; **~mannschaft** *f Sport*: equipa (*bras* equipe) *f* nacional; **~ökonomie** *f <sem pl>* ciências *f/pl* económicas (*ô); economia *f* política; **~park** *m <-s; -s>* parque *m* nacional; **~sozialist** *m <-en>* nacionalsocialista *m*; **~versammlung** *f* assembleia (*é) *f* nacional

NATO, **Nato** ['naːto] *f* ***Nordatlantikpakt-Organisation*** Organização *f* do Tratado do Atlántico Norte (OTAN)

'Natr|ium ['naːtrium] *n <-s; sem pl>* sódio *m*; **~on** ['-ɔn] *n <-s; sem pl>* bicarbonato *m* de sódio

'Natter ['natər] *f <-; -n>* víbora *f*, cobra *f*

Na'tur [na'tuːr] *f* natureza *f*; (*Körper*) físico *m*; (*Körperbeschaffenheit*) constituição *f*, compleição *f*; (*Geistesart, Gemütsart*) → **~ell**; ***in*** (*gen*) ***~ liegen*** ser próprio de; ***freie ~*** campo *m*

Natu'ral|ien [natu'raːliən] *pl inv* produtos *m/pl* do solo; obje(c)tos *m/pl* de história natural; ***in ~*** em géneros (*é); **≈i'sieren** [-rali'ziːrən] *<->* naturalizar; **~'ismus** *m <-; sem pl>* naturalismo *m*; **~'ist** *m <-en>* naturalista *m*; **≈'istisch** naturalista

Natu'rell [-'rɛl] *n <-s; -e>* índole *f*; génio (*ê) *m*; feitio *m*

Na'tur|ereignis *n <-sses; -sse>*, **~erscheinung** *f* fenómeno (*ô) *m* natural; **~forscher(in** *f*) *m* naturalista *su*; **~forschung** *f <sem pl>* (estudo *m* das) ciências *f/pl* naturais; **~freund** *m <-(e)s; -e>* amigo *m* da natureza; **≈gemäß** natural; normal; **~geschichte** *f <sem pl>* história *f* natural; **~gesetz** *n <-es; -e>* lei *f* natural, lei *f* da natureza; **≈getreu** (ao) natural; **~heilkunde** *f <sem pl>* medicina *f* naturalista; **~heilverfahren** *n* terapêutica *f* naturalista; **~katastrophe** *f* catástrofe *f* natural; **~kunde** *f <sem pl>* ciências *f/pl* naturais

na'türlich [na'tyːrliç] natural; *adv a* evidentemente, claro; F ***aber ~!*** pois é claro!; **≈keit** *f* naturalidade *f*

Na'tur|produkt *n <-(e)s; -e>* produto *m* natural; **~recht** *n <-(e)s; sem pl>* direito *m* natural; **≈rein** natural; **~reservat** *n <-(e)s; -e>* reserva *f* (natural); **~schätze** [-ʃɛtsə] *m/pl* riquezas *f/pl* naturais; **~schutz** *m <-es; sem pl>* prote(c)ção *f* da natureza; **~schützer(in** *f*) ecologista *su*, defensor(a *f*) *m* da natureza; **~schutzgebiet** *n <-(e)s; -e>* reserva *f* ecológica; **~trieb** *m <-(e)s; -e>* instinto *m*; **~volk** *n <-(e)s; ¨er>* povo *m* primitivo; **~wissenschaften** *f/pl* ciências *f/pl* (físicas e naturais); **~zustand** *m <-(e)s; sem pl>* estado *m* natural, estado *m* primitivo

'Nau|tik ['nautik] *f* <*sem pl*> náutica *f*; **~tisch** náutico

Navigati'on [navigatsi'o:n] *f* <*sem pl*> navegação *f*; **~s...**: *in Zssgn* náutico

'Nazi ['na:tsi] *su* <-*s*; -*s*> nazi(sta) *su*

'Nebel ['ne:bəl] *m* nevoeiro *m*, névoa *f*; *dichter*: neblina *f*; *NAV* bruma *f*; *ASTR* nebulosas *f/pl*; **≈haft** <-*est*> nebuloso, vago; **~horn** *NAV* *n* <-(*e*)*s*; ⸗*er*> sereia (*é) *f*; **≈ig** nebuloso; nevoento; brumoso; ***es ist ~*** está (*od* há) nevoeiro; **~scheinwerfer** *m* farol *m* de (*od* para) nevoeiro; **~schlussleuchte** *f* farolim *m* de nevoeiro; **~schwaden** *m/pl* tufos *m/pl* de nevoeiro

'neben ['ne:bən] (*Lage wo?*: *dat*, *Richtung wohin?*: *ac*) junto de, ao pé de, ao lado de; (*außer*) (*dat*) fora de, a par de, além de; → ***nebst***; **≈absicht** *f* segunda intenção *f*; **~'an** ao lado; **≈anschluss** *m* <-*es*; ⸗*e*> *TEL* extensão *f*; *CAM. DE F* → ***≈linie***; **≈ausgang** *m* <-(*e*)*s*; ⸗*e*> saída *f* lateral; **≈bedeutung** *f* significado *m* secundário; **~'bei** *fig* de passagem; (*außerdem*) além disso; **~beruflich** como ocupação secundária; **≈beschäftigung** *f* ocupação *f* acessória; **≈buhler(in** *f*) *m* rival *su*; **~ei'nander** um ao lado do outro; **~ *stellen*** pôr junto; justapor; *fig* confrontar, comparar; **≈eingang** *m* <-(*e*)*s*; ⸗*e*> entrada *f* lateral (*od* de serviço); **≈einkünfte** *f/pl*, **≈einnahme(n** *pl*) *f* emolumentos *m/pl*; acumulações *f/pl*, receitas *f/pl* acessórias (*od* eventuais); **≈fach** *n* <-(*e*)*s*; ⸗*er*> disciplina *f* complementar (*od* secundária); **≈figur** *f* figura (*od* personagem) *f* secundária; **≈fluss** *m* <-*es*; ⸗*e*> afluente *m*; tributário *m*; **≈gebäude** *n* dependência *f*; (*Anbau*) (edifício *m*) anexo *m*; **≈gedanke** *m* <-*ns*; -*n*> segunda intenção *f*; **≈gleis** *n* <-*es*; -*e*> contra-carril *m*, *bras* contratrilho *m*; **≈geräusch** *n* <-(*e*)*s*; -*e*> *Radio*: ruído *m* parasita, interferência *f*; **≈handlung** *f* episódio *m*; **≈haus** *n* <-*es*; ⸗*er*> casa *f* ao lado; casa *f* vizinha; **~'her**, **~'hin** → ***~bei***; acessoriamente; **≈höhle** *f* *MED* seio *m* da face, *bras* seio paranasal; **≈kläger** *JUR* *m* co-autor *m*; assistente *m*, litisconsorte *m*; **≈kosten** *f/pl* gastos *m/pl* acessórios (*od* suplementares); **≈mann** *m* vizinho *m*; companheiro *m* (***rechter*** do lado direito); **≈niere** *f* *MED* cápsula *f* supra-renal; **≈person** *f* personagem *f* secundária; **≈produkt** *n* <-(*e*)*s*; -*e*> subproduto *m*; *QUÍM* derivado *m*; **≈raum** *m* <-(*e*)*s*; ⸗*e*> → ***≈zimmer***; **≈rolle** *f* *TEA* papel *m* secundário; **≈sache** *f* coisa *f* secundária; ***~ sein*** não importar, não interessar; **~sächlich** secundário; de pouca importância; **≈satz** *m* <-*es*; ⸗*e*> oração (*od* proposição) *f* subordinada; **~stehend** ao lado; à margem; **≈stelle** *f* filial *f*; sucursal *f*; **≈straße** *f* travessa *f*; *Kreuzung*: estrada *f* secundária; **≈tisch** *m* <-*es*; -*e*> mesa *f* ao lado; **≈verdienst** *m* <-(*e*)*s*; -*e*> ganhos *m/pl* casuais (*od* adicionais); **≈winkel** *MAT* *m* ângulo *m* adjacente; **≈zimmer** *n* quarto *m* contíguo

'neblig ['ne:bliç] → ***nebelig***

nebst [ne:pst] *dat* (juntamente) com; acompanhado por; mais

'neck|en ['nɛkən] *v/t* troçar, fazer troça de; brincar; (*reizen*) provocar; **~isch** engraçado

'Neffe ['nɛfə] *m* <-*n*> sobrinho *m*

'negativ (≈ *n* <-*s*; -*e*>) ['ne:gati:f] negativo (*m*)

'Neger ['ne:gər] *m* *neg!* negro *m*, preto *m*; **~in** *f* negra *f*, preta *f*

'nehmen ['ne:mən] (*greifen*) pegar (em); tomar (***als***, ***für***, ***zum*** por; ***bei*** por; ***Platz*** lugar); (***an~***) aceitar; (*mit~*) levar; (*weg~*) tirar; *Hindernis*: vencer; ***an sich*** (*ac*) ***~*** ficar com; ***auf sich*** (*ac*) ***~*** tomar a seu cargo; ***in Empfang ~*** receber; ***zu sich*** (*dat*) ***~*** *j-n*: *a* acolher, *et*: tomar, comer; ingerir; *j-n* ***beim Wort ~*** lembrar; ***wie man's nimmt*** conforme; ***im Ganzen genommen*** afinal, depois de tudo

Neid [naɪt] *m* <-(*e*)*s*; *sem pl*> inveja *f* (***erregen*** causar); **'≈en** ['-dən] <-*e*-> invejar; **'~er** ['-dər] *m* invejoso *m*; **'≈isch** ['-dɪʃ] invejoso (***auf*** de)

'Neig|e ['naɪgə] *f* resto *m*; fundagem *f*; (*Bodensatz*) borra *f*, pé *m*; ***bis zur ~ trinken*** beber até à última gota; **≈en**: (***sich***) inclinar(-se); *fig a* tender (***zu*** para); ***geneigt sein*** *a* estar

N

disposto (**zu** a); *j-m*: ser afeiçoado a; **sich** (**zum Ende**) **~** *Tag*: declinar; **~ung** *f* inclinação *f* (**zu** para) (*a* MAT); *fig a* tendência *f*; (*Zuneigung*) afeição *f*, simpatia *f*; (*Abhang*) declívio *m*, pendor *m*

nein [naɪn] não; **~ sagen** dizer que não; **mit** (**e-m**) **2 antworten** responder que não; **~ so was!** parece impossível!; vejam lá!; **'2stimme** *f* voto *m* negativo

Nekta'rine [nɛkta'riːnə] *f* nectarina *f*, F pêssego *m* careca

'Nelke ['nɛlkə] *f* cravo *m*; (*Gewürz2*) cravo-da-índia *m*

'nenn|en ['nɛnən] nomear; dizer *od* indicar *od* (*als Kandidaten*) indigitar (o nome de); chamar; *mit Spitznamen*: alcunhar (de); (*benennen, betiteln*) designar de, qualificar de; (*erwähnen*) mencionar; referir; **das nenne ich** *Glück etc* isto é que é ...; que grande ...; **~enswert** digno de menção; **2er** MAT *m* denominador *m*; **2form** *f* infinitivo *m*; **2ung** *f* denominação *f*; **2wert** ECON *m* <-(*e*)*s*; -*e*> valor *m* nominal

'Neo|faschismus ['neo-] *m* <-; *sem pl*> neo-fascismo *m*; **~lo'gismus** [neolo'g-] *m* <-; -*gismen*> neologismo *m*

'Neon ['neːon] *n* <-*s*; *sem pl*> néon *m*, neónio (*ô) *m*; **~röhre** *f* tubo *m* de néon

Nepp [nɛp] *m* <-*s*; *sem pl*> F burla *f*; **2en** intrujar

Nerv [nɛrf] *m* <-*s*; -*en*> nervo *m*; BOT nervura *f*; **auf die ~en fallen** (*od* **gehen**) enervar; **die ~ verlieren** perder a cabeça

'Nerven|arzt *m* <-*es*; ¨*e*>, **~ärztin** *f* especialista *su* de doenças nervosas, neurologista *su*; **~bündel** *n* feixe *m* de nervos; *fig* pilha *f* de nervos; **~entzündung** *f* nevrite *f*, neurite *f*; **~gas** *n* <-*es*; -*e*> gás *m* neurotóxico; **~gift** *n* <-(*e*)*s*; -*e*> neurotoxina *f*; **~heilanstalt** *f* casa *f* de saúde (para doenças nervosas); clínica *f* psiquiátrica; **~heilkunde** *f* neurologia *f*; **~kitzel** *m* sensação *f*; **~knoten** *m* gânglio *m*; **2krank** nervoso; **~krankheit** *f*, **~leiden** *n* doença *f* nervosa; **~säge** *f* F chato *m*; **~schmerzen** *m/pl* neuralgia *f*, nevralgia *f*; **~schock** *m* <-(*e*)*s*; -*s*> ataque *m* nervoso; abalo *m*; **2schwach** neurasténico (*é); **~schwäche** *f* <*sem pl*> neurastenia *f*; **~system** *n* <-*s*; -*e*> sistema *m* nervoso; **~zusammenbruch** *m* <-(*e*)*s*; ¨*e*> crise *f* nervosa (*od* de nervos)

'nerv|ig ['nɛrviç] nervudo; **~'ös** [-'vøːs] nervoso; **~ machen** irritar; **2osi'tät** [-ozi'tɛːt] *f* <*sem pl*> nervosismo *m*

Nerz [nɛrts] *m* <-*es*; -*e*>, **~fell** *n* <-(*e*)*s*; -*e*> marta *f* do Canadá

'Nessel ['nɛsəl] BOT *f* <-; -*n*> urtiga *f*; **sich in die ~n setzen** F *fig* meter-se em sarilhos (*od* encrencas); **~fieber** *n* MED urticária *f*

Nest [nɛst] *n* <-(*e*)*s*; -*er*> ninho *m*; *kleiner Ort*: aldeiazinha *f*; *fig* **elendes ~** lugarejo *m*, aldeola *f*; **'2eln** <-*le*> (**auf~** des)atar; ligar; **~ an** (*dat*) (estar a) mexer em; **'~häkchen** ['-hɛːkçən] *n* F tilho *m*, -a *f* mais novo, -a; benjamim *m*; *bras* caçula *su*

nett [nɛt] simpático; (*freundlich*) *a* gentil; (*hübsch*) engraçado, bonito; *et*: *oft übersetzt durch Diminutiv*: **das ist ~ von dir** és (*bras* é) muito amável; **'2igkeit** *f* gentileza *f*

'netto ['nɛto] **2...**: *in Zssgn* líquido; **2einkommen** *n* rendimento *m* líquido

Netz [nɛts] *n* <-*es*; -*e*> rede *f*; *großes Fang2*: arrastão *m*; ANAT redenho *m*; **ins ~ gehen** cair no laço; **'~anschluss** EL *m* <-*es*; ¨*e*> ligação *f* à corrente (*od* à rede); **'2förmig** ['-fœrmiç] reticular, reticulado; **'~gerät** *n* (fonte *f* de) alimentação *f*; **'~haut** *f* <-; ¨*e*> retina *f*; **'~karte** *f* passe *m* (para os transportes públicos); **~spannung** *f* EL tensão *f* da rede; **2unabhängig** autónomo (*ô) da rede; **'~werk** *n* <-(*e*)*s*; -*e*> rede *f* (*a fig*); entrelaçamento *m*; ARQUIT entrelaçado *m*

neu [nɔy] novo; (*kürzlich*) recente; moderno; **fast ~**, **wie ~** em estado de novo; **~este Mode** última moda *f*; **nichts 2es** nada de novo; **das ist mir ~** não sabia; para mim é novidade; **~** (*adv*), **aufs 2e**, **von ~em** de novo, voltar a (*inf*), outra vez; **~ gestalten** reorganizar; **~ vermählt** recém-casado

'Neu|ankömmling ['-ankœmlıŋ] *m* <*-s; -e*> recém-chegado *m*; **'~anschaffung** *f*: **~ *von ...*** aquisição *f* de novos (-as) ...; **'Ձartig** moderno; **'~auflage** *f* → ***~druck***; **'~bau** *m* <*-(e)s; -ten*> **a)** casa *f* nova, casa *f* recém-construída; casa *f* em construção; **b)** reconstrução *f*; **'~bearbeitung** *f* edição *f* refundida; **'~bildung** *f* reprodução *f*; *sprachliche*: neologismo *m*; *MED* neoplasma *m*; **'~druck** *m* <*-(e)s; -e*> reimpressão *f*
'Neue(s) *n* novo *m* (***et*** algo de)
'Neueinteilung *f* nova classificação *f*
'neuer|dings ['nɔyərdıŋs] recentemente, agora; novamente; **Ձer** *m* inovador *m*
'Neu|erscheinung *f* novidade *f* (literária); **~erung** ['-əruŋ] *f* inovação *f*; reforma *f*; **~este** ['-əstə] *n* a(c)tualidades *f/pl*, novidades *f/pl*; **Ձgeboren** recém-nascido; ***sich wie ~ fühlen*** sentir-se como rejuvenescido; **~geborene(s)** *n* <*-en*> recém-nascido *m*; **~gestaltung** *f* reorganização *f*; **~gier(de)** *f* <*sem pl*> curiosidade *f*; **Ձgierig** curioso (***auf** ac* por); indiscreto; **~heit** *f* novidade *f*; **~igkeit** *f* notícia *f*; novidade *f*; F nova *f*; **~inszenierung** *f* reposição *f*; **~jahr(stag** *m* <*-(e)s; -e*>) *n* <*-(e)s; sem pl*> (dia *m* do) Ano-Novo *m*; **~jahrswunsch** *m* <*-(e)s; ⸚e*> votos *m/pl* de feliz Ano-Novo; **~land** *n* <*-(e)s; sem pl*> terra *f* virgem; *fig* novos horizontes; **Ձlich** *adj* recente; *adv a* o outro dia, há pouco; **~ling** *m* <*-s; -e*> principiante *m*, novato *m*; **Ձmodisch** à última moda; **~mond** *m* <*-(e)s; sem pl*> lua *f* nova
neun [nɔyn] (**Ձ** *f*) nove (*m*); **'Ձauge** *n* <*-s; -n*> *ZO* lampreia *f*; **'~erlei** ['-ərlaı] nove espécies de; **'~fach** nónuplo (*ô), nove vezes tanto; **'~hundert** novecentos; **'~jährig** de nove anos (de idade); **'~mal** nove vezes (repetido); **'~malklug** F sabichão; espevitado; **'~tausend** nove mil; **'Ձtel** *n*, **'~te(r)** nono *m*; **'~tens** (em) nono (lugar); **'~zehn** dezanove, *bras* dezenove; **'~zehnte** décimo nono; **'~zig** ['-tsıç] noventa; **'~ziger** ['-tsigər]: ***in den ~ Jahren*** na década de noventa; *j-d*: ***in den Ձn*** (***sein*** andar) na casa dos noventa (anos); **'~zigste** nonagésimo
'Neuphilolog|e *m* <*-n*>, **~in** *f* professor(a *f*) *m* de línguas vivas; filólogo *m*, -a *f* de línguas modernas
Neural|'gie [nɔyral'giː] *f* neuralgia *f*; **Ձgisch** [-'ralgiʃ] neurálgico
'Neuregelung *f* reorganização *f*
'neureich novo-rico
Neuro|'loge [nɔyro'loːgə] *m* <*-n; -n*> neurólogo *m*, neurologista *m*; **~se** [-'roːzə] *f* neurose *f*; **Ձtisch** [-'roːtiʃ] neurótico
'Neu|schnee *m* <*-s; sem pl*> neve *f* recém-caída; **~silber** *n* <*-s; sem pl*> cristofle *m*
Neu'seeland [nɔy'zeːlant] *n* Nova-Zelândia *f*
neu'tral [nɔy'traːl] neutral (*bsd POL*), neutro; **~i'sieren** [-ali'ziːrn] <*-*> neutralizar; **Ձi'tät** *f* <*sem pl*> [-i'tɛːt] *f* neutralidade *f*
'Neutron ['nɔytrɔn, *pl* nɔy'troːnən] *n* <*-s; -en*> neutrão *m*, *bras* nêutron *m*; **~enbombe** *f* bomba *f* de neutrões
'Neutrum ['nɔytrum] *n* <*-s; -tra od -tren*> género (*ê) *m* neutro
Neuvermählte *pl*: ***die ~n*** os noivos *m/pl*
'Neu|wahl *f* novas eleições *f/pl*; **Ձwertig** como novo; **~zeit** *f* <*sem pl*> tempos *m/pl* modernos; idade *f* moderna; **Ձzeitlich** moderno
New 'York [njuː'jɔrk] *n* Nova Iorque *f*
nicht [niçt] não; ***~ wahr?*** não é verdade?; ***auch ~*** nem, também não; tão-pouco; ***gar ~*** nada, de modo algum; ***~ einmal*** nem sequer; ***~ mehr*** já não; ***~ öffentlich*** privado, particular; ***~ rostend*** inoxidável
'Nicht|achtung *f* <*sem pl*> irreverência *f*; falta *f* de respeito; **~'angriffspakt** *m* <*-(e)s; -e*> pa(c)to *m* de não-agressão; **~annahme** *ECON* *f* recusa *f*; não-aceitação *f*; **~beachtung**, **~befolgung** *f* inobservância *f*; desrespeito *m*; **~bezahlung** *f* não-pagamento *m*, falta *f* de pagamento
'Nichte ['niçtə] *f* sobrinha *f*
'Nicht|einhaltung *f* <*sem pl*> inobservância *f*; **~einmischung** *f* <*sem pl*> não-ingerência *f*; não-intervenção *f*; **~erfüllung** *f* <*sem pl*> falta *f* ao compromisso; não-execução *f*;

N

~erscheinen *n* <-s; *sem pl*> falta *f*, ausência *f*, não-comparência *f*, *bras* não-comparecimento *m*; *JUR* contumácia *f*; *Zeitung*: suspensão *f*

'**nichtig** ['niçtiç] fútil, vão; (***null und***) ~ nulo; **≗keit** *f* futilidade *f*, nulidade *f*; **≗keitserklärung** *f* anulação *f*

'**Nichtpaktgebundenheit** *f* <*sem pl*> não-alinhamento *m*

'**Nichtraucher|(in** *f*) *m* não-fumador(a *f*) *m*, *bras* não-fumante *su*; **~abteil** *n* compartimento *m* para não-fumadores (*bras* não-fumantes); **~zone** *f* zona *f* de não-fumadores (*bras* não-fumantes)

nichts [niçts] **1.** (não ...) nada; ~ ***Neues*** nada de novo; ***für*** (*od* ***um***) ~ ***und wieder*** ~ por nada; ***mir*** ~, ***dir*** ~ sem mais nem menos; ***das macht*** ~ não faz mal; ~ ***ahnend*** sem saber de (*od* suspeitar) nada; ~ ***sagend*** insignificante; **2.** ≗ *n inv* nada *m*, vácuo *m*

'**Nichtschwimmer** *m* aquele que não sabe nadar; **~becken** *n* piscina *f* para não-nadadores

'**nichts|desto'weniger** nem por isso, não obstante, contudo; '**≗nutz** *m* <-*es*; -*e*> mandrião *m*; abana-moscas *m*, *bras* preguiçoso *m*, indolente *m*; '**~nutzig** ruim, sem préstimo; '**≗tun** *n* <-*s*; *sem pl*> ócio (*od* descanso) *m* completo

'**Nichtzutreffende(s)** *n* <*sem pl*>: ***~s streichen*** riscar o que não diz respeito

'**Nickel** ['nikəl] *m* <-*s*; *sem pl*> níquel *m*

'**nick|en** ['nikən] inclinar a cabeça, acenar com a cabeça; *zustimmend*: abanar a cabeça, fazer que sim; F (*schlafen*) dormitar; **≗erchen** ['-ərçən] *n* F soneca *f*

nie [niː]: ~ (***und nimmer***) nunca, jamais

'**nieder** ['niːdər] **1.** *adj* baixo; *Rang*, *Wert*: inferior; *fig a* ignóbil; **2.** *adv* abaixo; ~ ***mit ...!*** abaixo (*ac*) ...!, morra (*nom*) ...!, fora (*nom*) ...!; **~beugen** inclinar; dobrar; *fig* abater, humilhar; **~brennen** queimar, destruir pelo fogo; **~deutsch** baixo-alemão; **~drücken** abaixar; oprimir; *fig a* deprimir; ***~d*** *adj* abatedor; deprimente; **~fallen** <*sn*> cair para o chão; precipitar-se; ***vor*** (*dat*) ~ lançar-se aos pés de; prostrar-se (*od* prosternar-se) diante de; **≗frequenz** *EL f* baixa frequência *f*; **≗gang** *m* <-(*e*)*s*; ⸚*e*> decadência *f*; **~gehen** <*sn*> descer; *AV a* aterrar, baixar; *aufs Wasser*: amarar; **~geschlagen** deprimido, abatido; **≗geschlagenheit** *f* <*sem pl*> depressão *f*, abatimento *m*, desânimo *m*; **~holen** *NAV*, *a Flagge*: arrear (*od art*); **~kauern** <-*re*; *sn*>: ***sich*** ~ acocorar-se; **~knallen** abater (por tiro); **~knien** <*sn*> ajoelhar; **~kommen** <*sn*> parir; ~ ***mit*** dar à luz (*ac*); **≗kunft** *f* <-; ⸚*e*> parto *m*

'**Niederlage** *f* derrota *f* (*a MIL*), fracasso *m*; *ECON* armazém *m*; ***j-m e-e*** ~ ***beibringen*** derrotar alg

'**Niederlande** ['niːdərlandə] *n/pl* ***die*** ~ Neerlândia *f/sg*, Países-Baixos *m/pl*;

'**Niederländ|er(in** *f*) *m* [-lɛndər-], **≗isch** neerlandês *m*, -esa *f*, holandês *m*, -esa *f*, dos Países-Baixos

'**niederlass|en** abaixar; ***sich*** ~ (*sich setzen*) sentar-se; (*seinen Wohnsitz nehmen*, *sich festsetzen*) estabelecer-se, instalar-se; ***sich als Rechtsanwalt*** ~ abrir cartório de advogado, *bras* abrir escritório de advocacia; **≗ung** ['-lasuŋ] *f* colónia (*ô) *f*; *ECON* estabelecimento *m*; (*Zweig≗*) sucursal *f*, filial *f*

'**niederlegen** pôr no chão; deitar; *ARQUIT* → ***~reißen***; *Amt*: renunciar a; demitir-se de; *Arbeit*: abandonar; *Kranz*, *Waffen*: depor; *schriftlich*: assentar; expor; ***sich*** ~ deitar-se

'**nieder|machen** abater; = **~metzeln** <-*le*> assassinar; massacrar; **~reißen** abater; derrubar; *ARQUIT a* demolir; deitar abaixo;

Niedersachsen ['niːdərzaksən] *n* Baixa-Saxônia *f*

'**niederschießen** matar (a tiros)

'**Niederschlag** *m* <-(*e*)*s*; ⸚*e*> *QUÍM* precipitado *m*, sedimento *m*; *pl* (*Regen*) chuvas *f/pl*; *fig* ***seinen*** ~ ***finden*** manifestar-se; **≗en** *v/t* abater, derribar, derrubar; *Augen*, *Temperatur*: baixar; *fig* abater, abafar, *JUR a* arquivar; ***sich*** ~ *QUÍM* precipitar-se; **≗sarm** (**≗sreich**) com poucas (muitas) precipitações

'**nieder|schmettern** <-*re*> derrubar,

N

fulminar; *fig* aterrar, esmagar; **~d** *adj* fulminante; *fig* desolador, esmagador; **~schreiben** assentar; **2schrift** *f* minuta *f*; escrito *m*; relação *f*; manuscrito *m*; **~setzen** <-*t*> pôr no chão; posar; ***sich*** **~** sentar-se; **~sinken** <*sn*> ir descendo; deixar-se cair; sumir-se; **2spannung** *EL f* baixa tensão *f*; **~stechen** matar a punhaladas; **~stoßen**, **~strecken** derrubar; abater; **2tracht** *f* infâmia *f*; **~trächtig** infame; abje(c)to; **~treten** calcar aos pés; acalcanhar

'Niederung *f* terreno *m* baixo; chã *f*

'niederwerf|en derrubar; *Aufstand*: reprimir; (***sich***) **~** prostrar(-se); **2ung** ['-vɛrfuŋ] *f* repressão *f*

'niedlich ['niːtliç] engraçado

'niedrig ['niːdriç] baixo; *Preis*: moderado; ***~er machen, hängen, schrauben*** abaixar; **2keit** *f* baixeza *f*; *der Herkunft*: humildade *f*; **2wasser** *n* baixa-mar *f*

'nie|mals ['-maːls] (não ...) nunca, jamais; **~mand** ['-mant] (não ...) ninguém; **2mandsland** *MIL n* <-(*e*)*s*; *sem pl*> terra *f* de ninguém

'Niere ['niːrə] *f* rim *m*; **~nentzündung** nefrite *f*; **2nkrank**, **2nleidend** nefrítico, doente dos rins; **~** ***sein*** sofrer dos rins; **~nstein** *m* <-(*e*)*s*; -*e*> cálculo *m* renal

'niesel|n ['niːzəln] <-*le*> chuviscar; *bras* garoar; **2regen** *m* chuvisco *m*; *bras* garoa *f*

'niesen ['niːzən] <-*t*> espirrar

'Nießbrauch ['niːs-] *m* <-(*e*)*s*; *sem pl*> *JUR* usufruto *m*

Niet [niːt] *m*, *a n* <-(*e*)*s*; -*e*> *TÉCN* rebite *m*; **'~e** *f* **a)** *TÉCN* rebite *m*; **b)** sorte *f* em branco; **'2en** <-*e*-> rebitar; **'2 und 'nagelfest** absolutamente seguro

Nihi'lis|mus [nihi'lismus] *m* <-; *sem pl*> niilismo *m*; **~t** *m* <-*en*>, **2tisch** niilista *m*

Niko'tin [niko'tiːn] <-*s*; *sem pl*> nicotina *f*; **2frei** sem nicotina; **2haltig** [-haltiç] com nicotina; **~vergiftung** *f* intoxicação *f* de nicotina

'Nilpferd ['niːl-] *n* <-(*e*)*s*; -*e*> hipopótamo *m*

'Nimbus ['nimbus] *m* <-; -*se*> nimbo *m*; *a fig* auréola *f*

'nimmer ['nimər], **~mehr** nunca mais; jamais; **2satt** *m* <-(*e*)*s*; -*e*> comilão *m*; **2'wiedersehen** *n*: ***auf*** **~** para (todo o) sempre; para nunca mais voltar

'Nippel ['nipəl] *m* bocal *m*, niple *m*

'nipp|en ['nipən]: **~** (***an*** *dat*) provar (*ac*); F beberricar (*ac*); **2sachen** *f/pl* nicas *f/pl*, quinquilharias *f/pl*

'nirgend|s, **~wo** ['nirgənts, '-tvoː] em parte alguma; nenhures

'Nische ['niːʃe] *f* nicho *m*

'nisten ['nistən] <-*e*-> aninhar; nidificar

Ni'trat [ni'traːt] *n* <-(*e*)*s*; -*e*> nitrato *m*

Nitroglyze'rin [niːtro-] *n* <-*s*; -*e*> nitroglicerina *f*

Ni'veau [ni'voː] *n* <-*s*; -*s*> nível *m*

nivel'lier|en [nivɛ'liːrən] <-> nivelar; aplanar; **2ung** *f* nivelamento *m*

'Nixe ['niksə] *f* ninfa *f*

'nobel ['noːbəl] <-*bl*-> generoso; distinto; **2hotel** *n* <-*s*; -*s*> hotel *m* de luxo

No'belpreis [no'bɛl-] *m* <-*es*; -*e*> prémio (*ê) *m* Nobel; **~träger** *m* titular *m* de prémio (*ê) Nobel

noch [nɔx] ainda; outro, -a; mais um, -a; **~** ***einmal*** outra vez (***so viel*** tanto, ***so breit*** a largura); **~** ***immer*** ainda, sempre; ***immer*** **~** (*inf*) continuar a; **~** ***zu*** (*inf*) ***sein*** *etc* ficar por (*inf*); ***heute*** **~** hoje mesmo; **~** ***et?*** mais alguma coisa?; ***auch das*** **~*!*** era o que faltava!; ***weder ...*** **~** ***...*** (não) nem ... nem ...

'nochmal|ig ['-maːliç] repetido, reiterado; **~(s)** outra vez, mais uma vez

'Nocken *TÉCN* ['nɔkən] *m* came *f*, excêntrico *m*; **~welle** *f* árvore *f* de cames

No'mad|e [no'maːdə] *m* <-*n*>, **~in** *f* nómada *su*, *bras* nômade *su*

nomi'nal [nomi'naːl], **2...** *in Zssgn* nominal; **2einkommen** *n* receita *f* nominal; **2wert** *m* <-(*e*)*s*; -*e*> valor *m* nominal

'Nominativ ['nominatiːf] *m* <-*s*; -*e*> nominativo *m*

nomi'n|ell nominal; **~ieren** <-> nomear

No-'Name-Produkt [noː-'nɛːm-] *n* <-(*e*)*s*; -*e*> produto *m* sem marca

'Nonne ['nɔnə] *f* freira *f*

Non'stopflug [nɔn'ʃtɔp-] *m* <-(*e*)*s*; -*flüge*> voo (*ô) *m* non stop

N

Nord ['nɔrt] *m* <-(*e*)*s*; *sem pl*> *poét* = **~en**; **~wind**; '**~...**: *in Zssgn mit Länder- und Völkerbezeichnungen* do Norte, setentrional; '**~ameri'kaner(in** *f*) *m*, '**Ϩameri'kanisch** norte-americano *m*, -a *f*; **~at'lantik(pakt** <-(*e*)*s*; *sem pl*>) *m* <-*s*; *sem pl*> (tratado *m* do) Atlântico *m* Norte; '**~en** ['-dən] *m* <-*s*; *sem pl*> norte *m* (**im** no; **nach** ao); '**Ϩisch** ['-diʃ] do Norte; nórdico

'**nördlich** ['nœrtliç] setentrional; do (*adv* ao) norte; *Breite*: norte; *Erdhälfte*: *a* boreal; *Polarkreis*: ár(c)tico; **~ von** ao norte de

'**Nord|licht** *n* <-(*e*)*s*; -*er*> aurora *f* boreal; **~'ost(en)** *m* <-*ens*; *sem pl*> (**Ϩ'östlich** do, *adv* ao) nordeste *m*; **~pol** *m* <-*s*; *sem pl*> pólo *m* norte, pólo *m* ár(c)tico, pólo *m* boreal; **~rhein-Westfalen** *n* Renânia *f* do Norte- (*od* Reno *m* Setentrional-)Vestefália; **~see** *f* <*sem pl*> Mar *m* do Norte; **~'west(en)** *m* <-*ens*; *sem pl*> (**Ϩ'westlich** do, *adv* ao) noroeste *m*; **~wind** *m* <-(*e*)*s*; -*e*> vento *m* norte, nortada *f*

Nörg|e'lei [nœrgə'laɪ] *f* critiquice *f*, *bras* críticas *f/pl*; '**Ϩeln** <-*le*> fazer critiquice; estar descontente (*od* insatisfeito); *bras a* ficar criticando (*od* reclamando); '**~ler** *m* critiqueiro *m*; sempre descontente *m*, *bras* sempre insatisfeito *m*

N

Norm [nɔrm] *f* norma *f*; padrão *m*

nor'mal [nɔr'maːl] normal; **Ϩbenzin** *n* <-*s*; *sem pl*> (gasolina *f*) normal *m*; **bleifreies ~** gasolina *f* verde; **~i'sieren** [-ali'z-] <-> normalizar; **Ϩi'sierung** *f* normalização *f*; **Ϩspur** via *f* normal; **Ϩverbraucher** *m* F consumidor *m* médio; **Ϩzeit** *f* hora *f* oficial

'**norm|en** ['nɔrmən] normalizar; **Ϩung** *f* normalização *f*

'**Norweg|en** ['nɔrveːgən] *n* Noruega *f*; **~er(in** *f*) *m* ['nɔrveːgər-], **Ϩisch** norueguês *m*, -esa *f*, da Noruega

Not [noːt] *f* <-; ¨*e*> necessidade *f*; (*Mangel*) *a* falta *f*; (*Elend*) miséria *f*; (*Eile*) urgência *f*, precisão *f*; (*Gefahr*) perigo *m*; (*Kummer*) pena *f*, aflição *f*; **~ leiden** estar na miséria; **~ leidend** necessitado; **seine (liebe) ~ haben mit** ver-se a braços com; ter dificuldades com; ver-se aflito com; **zur ~** no pior dos casos; **wenn ~ am Mann ist** em caso de urgência

No'tar [no'taːr] *m* <-*s*; -*e*> notário *m*, tabelião *m*; **~i'at** [-ari'aːt] *n* <-(*e*)*s*; -*e*> (*Amt*) notariado *m*; (*Büro*) cartório *m* de notário; **Ϩi'ell** [-i'ɛl] notarial

'**Not|arzt** *m* <-*es*; ¨*e*>, **~ärztin** *f* médico *m*, -a *f* de urgência

'**Not|aufnahme** *f* banco *m* (de urgências); **~ausgang** *m* <-(*e*)*s*; ¨*e*> saída *f* de emergência; **~behelf** *m* <-(*e*)*s*; -*e*> provisório *m*, expediente *m*, recurso *m*; **~bremse** *CAM. DE F* *f* travão *m* (*bras* freio) *m* de emergência; **~dienst** *m* <-(*e*)*s*; *sem pl*> serviço *m* de urgência; **~durft** *f* <*sem pl*> necessidade *f* (**verrichten** fazer + *pl*); **Ϩdürftig** necessitado; provisório; *adv a* mal

'**Note** ['noːtə] *f* nota *f*; *MÚS pl a* música *f/sg*, *bras a* cédula *f*

'**Notebook** ['noːtbuk] *n*, **~-Computer** *m* bloco *m* de notas

'**Noten|austausch** *m* <-(*e*)*s*; *sem pl*> troca *f* de notas; **~bank** *f* banco *m* emissor; **~blatt** *MÚS n* <-(*e*)*s*; ¨*er*> folha *f* de música; **~heft** *MÚS n* <-(*e*)*s*; -*e*> caderno *m* de música; **~pult** *n* <-(*e*)*s*; -*e*>, **~ständer** *m* estante *f* de música; **~umlauf** *m* <-(*e*)*s*; ¨*e*> circulação *f* de notas

'**Not|fall** *m* <-(*e*)*s*; ¨*e*> caso *m* de necessidade (*od* urgência); **Ϩfalls** a caso; casualmente; **Ϩgedrungen** forçoso; *adv a* à força; **~groschen** *m* mealheiro *m*; pecúlio *m*; **~hafen** *m* porto *m* de salvação (*od* de abrigo); **~hilfe** *f* serviço *m* de emergência

no'tier|en [no'tiːrən] <-> notar; tomar nota (de); anotar; *ECON* cotizar; **Ϩung** *f* apontamento *m*, anotação *f*; *ECON* cotação *f*

'**nötig** ['nøːtiç] preciso, necessário; **~ haben** precisar de, necessitar; ter necessidade de; **~en** ['-gən] obrigar; coagir; (*drängen*) urgir; **sich ~ lassen** fazer-se rogar, fazer cerimónias (*ô); **~enfalls** em caso de necessidade; se for preciso; **Ϩung** ['-guŋ] *f* intimação *f*; (*Dringlichkeit*) urgência *f*, (*Zwang*) coa(c)ção *f*, obrigação *f*

No'tiz [no'tiːts] *f* nota *f*, apontamento *m*, anotação *f*; (*Zeitungs*Ϩ) notícia *f*; **~ nehmen von** (*bemerken*) dar por, reparar em; **sich** (*dat*) **~en machen** tomar apontamentos; **~block** *m* <-(*e*)*s*; ⸚*e*> bloco *m* de notas; **~buch** *n* <-(*e*)*s*; ⸚*er*> livro *m* de notas; agenda *f*

'Not|lage *f* situação *f* de emergência; calamidade *f*; apuros *m*/*pl*; **²landen** AV <-*e*-; *sn u h*> fazer uma aterragem (*bras a* aterrissagem) forçada; **~landung** AV *f* aterragem (*bras a* aterrissagem) *f* forçada (*od* de emergência); **~lösung** *f* solução *f* provisória (*od* de emergência); **~lüge** *f* mentira *f* forçada (*od* oficiosa); **~maßnahme** *f* medida *f* urgente

no'torisch [no'toːriʃ] notório, público

'Not|ruf *m* <-(*e*)*s*; -*e*> grito *m* de socorro; TEL chamada *f* de urgência; **~rufsäule** *f* poste *m* de socorro; telefone *m* de urgência; **~schlachtung** *f* abate *m* de urgência; **~signal** *n* <-*s*; -*e*> sinal *m* de alarme; **~sitz** *m* <-*es*; -*e*> *Auto*: lugar *m* sobresselente; **~stand** *m* <-(*e*)*s*; ⸚*e*> estado *m* de necessidade (*od* de emergência); crise *f*; calamidade *f* pública; **~standsgebiet** *n* <-(*e*)*s*; -*e*> território *m* em estado de emergência; **~stromaggregat** *n* <-(*e*)*s*; -*e*> grupo *m* gerador de emergência; **~verband** MED *m* <-(*e*)*s*; ⸚*e*> ligadura *f* provisória; **~verordnung** *f* decreto-lei *m* de emergência; **~wehr** *f* <*sem pl*> legítima defesa *f* (***aus*** em); **²wendig** preciso, necessário; **~wendigkeit** *f* necessidade *f*

'N(o)ugat ['nuːgat] *m u n* <-*s*; -*s*> nogado *m*, *bras a* nugá *m*

No'velle [no'vɛlə] *f* novela *f*

No'vember [no'vɛmbər] *m* Novembro *m*

Novi'tät [novi'tɛːt] *f* novidade *f*

No'vize [no'viːtsə] *su* <-*n*> noviço *m*, -a *f*

Nr., No. *Nummer* número (n.º)

'Novum ['noːvum] *n* <-*s*; *Nova*> caso *m* novo; situação *f* sem precedente

Nu [nuː]: ***im ~*** num ai, num instante, num ápice

Nu'anc|e [ny'ɑ̃ːsə] *f* grau *m*, matiz *f*; cambiante *f*; ***e-e ~*** + *comp* F uma coisa de nada mais ..., um nadinha mais ...; **²'ieren** [-'siː-] <-> graduar, matizar, variar

'nüchtern ['nyçtərn] *j-d*: em jejum; não alcoolizado; *a et*: sóbrio; (*a fade*) insípido; *fig a* prosaico; (*besonnen*) sensato; (*sachlich*) obje(c)tivo; *j-d*: ***wieder ~*** de novo sóbrio; **²heit** *f* <*sem pl*> sobriedade *f*, *fig a* prosaísmo *m*

'nuckeln ['nukəln] <-*le*> chuchar; chupar

'Nudel ['nuːdəl] *f* <-; -*n*> (*meist* **~n** *pl*) massa(s *pl*) *f*; (*Faden²*) aletria *f*; *italienische*: macarrão *m*; talharim *m*; **²n** <-*le*> cevar, engordar; ***sich ~*** F enrolar-se

Nu'dist(in *f*) [nu'dist-] *m* <-*en*> nudista *su*

nukle'ar [nukle'aːr] nuclear

null [nul] **1.** zero; **~ (*und nichtig*)** nulo; ***~ Bock*** F nula vontade *f*; **2. ²** *f* zero *m*; ***drei Grad unter (über) ²*** três graus negativos (positivos); *fig* nulidade *f*; **'²punkt** *m* <-(*e*)*s*; -*e*> zero *m*; *Achsenkreuz*: origem *f*; **'²tarif** *m* <-*s*; -*e*>: ***zum ~*** sem custos; gratuito; **'²wachstum** *n* <*sem pl*> crescimento *m* zero

nume'rieren → ***nummerieren***

'Nummer ['numər] *f* <-; -*n*> número *m*; *Bibliothek*: cota *f*; **²ieren** [numə'riːrən] <-> numerar; **~ierung** *f* numeração *f*; **~nkonto** *n* <-*s*; -*konten*> conta *f* numerada; **~nschild** *n* <-(*e*)*s*; -*er*> AUTO *etc*: placa (*od* chapa) *f* de matrícula, matrícula *f*

nun [nuːn] agora; então; **~** *überleitend*: ora; ***~ ja!, ~ gut!*** ora bem!, pois bem!; seja!, ***von ~ an*** de agora em diante; **'~mehr** de ora avante; agora; daqui em diante

'Nuntius ['nuntsius] *m* <-; *Nuntien*> núncio *m*

nur [nuːr] só, apenas, somente, não ... senão; **~ (*noch*)** não ... mais que; ***nicht ~ ..., sondern auch ...*** não só ... mas (*od* como) também ...; ***~ zu!*** vamos!

'nuscheln ['nuʃəln] <-*le*> F falar de forma indistinta

Nuss [nus] *f* <-; ⸚*e*> noz *f*; (*Hasel²*) avelã *f*; *fig* ***harte ~*** bico-de-obra *m*; **'~baum(holz** *n*) *m* nogueira *f*; **'~knacker** *m* quebra-nozes *m*; **'~schale** *f* casca *f* (da noz); NAV casquinha-de-noz *f*

'Nüstern ['nystərn] *f*/*pl* ventas *f*/*pl*, narinas *f*/*pl*

N

'Nut(e) ['nu:t(ə)] *TÉCN f* ranhura *f*, entalho *m*; **≗en** <-e-> entalhar
'Nutte ['nutə] *f* P puta *f*
nutz [nuts] (*nur pred*) útil (***zu*** para); ***zu nichts ~e sein*** não prestar para nada; **'≗anwendung** *f* aplicação *f*; *Lehre*: lição *f*; **'~bar** útil, proveitoso; ***~ machen*** *AGR* cultivar; **'~bringend** útil; **'≗effekt** *m* <-(*e*)*s*; -*e*> rendimento *m*
'nutzen ['nutsən], **'nützen** ['nytsən] <-*t*> **a)** *v/i* servir, prestar, ser útil (***zu*** para); ***j-m ~*** valer a alg; ***nichts ~*** ser inútil; não adiantar (nada); **b)** *v/t* aproveitar, utilizar, tirar proveito de
'Nutzen *m* <*sem pl*> utilidade *f*; proveito *m*, vantagem *f*, *ECON a* benefício *m* (***zum*** em)
'Nutzer|(in *f*) *m* utente *su*, usuário *m*, -a *f bsd INFORM* utilizador *m*, -a *f*
≗freundlich de fácil manejo (*a INFORM*)
'Nutz|fahrzeug *n* <-(*e*)*s*; -*e*> veículo *m* utilitário; **~garten** *m* <-*s*; ⸚> horta *f*; **~holz** *n* madeira *f* aproveitável; **~last** *f* carga *f* útil
'nützlich ['nytsliç] útil; ***sich ~ machen*** tornar-se útil; **≗keit** *f* <*sem pl*> utilidade *f*; proveito *m*
'nutzlos inútil; **≗igkeit** ['-lo:ziç-] *f* <*sem pl*> inutilidade *f*
'Nutz|nießer ['-ni:sər] *m* beneficiário *m*, usufrutuário *m*; **~pflanze** *f* planta *f* útil; **~ung** *f* us(ufrut)o *m*, gozo *m*; *ECON u AGR* exploração *f*; **~ungsrecht** *n* <-(*e*)*s*; -*e*> direito *m* de usufruto
'Nylon® ['naɪlɔn] *n* <-*s*; -*s*> nylon® *m*
'Nymphe ['nymfə] *f* ninfa *f*
nympho'man [nymfo'ma:n] ninfomaníaca, *bras* ninfômana

O

O, o [o:] *n* O, o *m*
O'ase [o'a:zə] *f* oásis *m* (*a fig*)
o. B. ***ohne Befund*** *MED* negativo
OB [o:'be:] *m* <-*s*; -*s*> → ***Oberbürgermeister***
ob [ɔp] **1.** *cj* se; ***als ~*** como se (*subj*); ***und ~ (...)!*** se ...!; pois (é claro que ...)!; **2.** + *prp* (*gen*) por causa de; (*dat*) por cima de
'Obacht ['o:baxt] *f* <*sem pl*>: ***~ (geben*** ter *od* tomar) cuidado *m*, (prestar) atenção *f*
'Obdach ['ɔpdax] *n* <-(*e*)*s*; *sem pl*> casa *f*; abrigo *m*; asilo *m* (***gewähren*** dar); **≗los** sem casa, desabrigado, **~losenasyl** *n* <-*s*; -*e*> albergue *m*; asilo *m* de mendicidade (*bras* mendigos); **~losigkeit** ['-lo:ziç-] *f* <*sem pl*> desabrigo *m*, *bras* mendicância *f*
Obdu|kti'on [ɔpduktsi'o:n] *f* autópsia *f*; **≗'zieren** [-'tsi:rən] <-> fazer a autópsia
'O-|Beine ['o:baɪnə] *n/pl* pernas *f/pl* curvas, pernas *f/pl* arqueadas; **~beinig** ['-baɪniç] cambado
Obe'lisk [obe'lisk] *m* <-*en*> obelisco *m*
'oben ['o:bən] em cima, por cima; (*in der Höhe*) no cimo; ***da ~, dort ~*** lá em cima; ***hier ~*** cá em cima; ***nach ~*** para cima; ***von ~ bis unten*** de cima para baixo; ***von ~ herab*** *fig* sobranceiro, *bras* orgulhoso; ***~ ohne*** F topless; ***~ erwähnt, ~ genannt*** supracitado, mencionado atrás
oben|'an em cima; à frente; em primeiro lugar; **~'(dr)auf** → ***oben***; ***~ sein*** *fig* ser alegre e optimista; F estar no poleiro, *bras* estar por cima; predominar, prevalecer; **~'drein** de mais a mais; além disso, por cima; **~'hin** ao de leve, superficialmente
'ober ['o:bər] **1. ~e(*r*)** (*nur atr*) superior; **2. ≗** *m* empregado *m* (de mesa); F (***Herr***) **~** chefe *m*
'Ober|arm *m* <-(*e*)*s*; -*e*> braço *m*; **~arzt** *m* <-*es*; ⸚*e*>, **~ärztin** *f* médico-chefe *m*, médica-chefe *f*; chefe *su* de serviço; **~aufsicht** *f* <*sem pl*> inspe(c)ção *f* geral; superintendên-

cia *f*; **~bau** *m* <-(*e*)*s*; -*ten*> superestrutura *f*; construção *f* superior; **~befehl** *m* <-(*e*)*s*; *sem pl*> comando *m* supremo; **~befehlshaber** *m* comandante-em-chefe *m*; **~bekleidung** *f* <*sem pl*> vestuário *m*; **~bett** *n* <-(*e*)*s*; -*en*> edredão *m*, *bras* edredom *m*; **~bürgermeister** *m* presidente *m* da câmara (municipal); primeiro-burgomestre *m*, *bras* prefeito *m*; **~deck** *NAV n* <-(*e*)*s*; -*e*> tolda *f*, tombadilho *m*

'Oberfläch|e *f* superfície *f*; *Wasser*: *a* tona *f*; ***an der ~*** (*gen*) à flor de, à superfície de; **Ձlich** ['-flɛxliç] superficial; sumário

'Ober|geschoss *n* <-*es*; -*e*> andar *m* superior; **Ձhalb** (*gen*) na parte de cima de; acima de; *am Fluss*: o rio acima; **~hand** *f* <*sem pl*>: ***die ~ gewinnen*** sobrepor-se, impor-se (***über*** *ac* a); ***die ~ haben*** predominar, prevalecer; **~haupt** *n* <-(*e*)*s*; ¨*er*> chefe *m*; **~haus** *n* <-*es*; ¨*er*> Câmara *f* Alta, Câmara *f* dos Pares; **~haut** *f* <*sem pl*> epiderme *f*; cútis *f*; **~hemd** *n* <-(*e*)*s*; -*en*> camisa *f*; **~herrschaft** *f* soberania *f*; supremacia *f*, hegemonia *f*; **~hoheit** *f* suserania *f*; supremo poder *m*

'Oberin *f* *REL* madre-superiora *f*; *MED* enfermeira-dire(c)tora *f*, *bras* enfermeira-chefe *f*

'oberirdisch aéreo

'Ober|kellner *m* chefe *m* de mesa (*od* dos empregados), *bras* maître *m*; **~kiefer** *m* maxila *f* (*bras* maxilar *m*) superior; **~kommando** *n* <-*s*; -*s*> alto-comando *m*; **~körper** *m* busto *m*, meio-corpo *m*, tronco *m*; **~'landesgericht** *n* <-(*e*)*s*; -*e*> tribunal *m* de relação; **~lauf** *m* <-(*e*)*s*; ¨*e*> curso *m* superior; **~leder** *n* cabedal *m*, *bras* couro *m* para calçados; **~leitung** *f* dire(c)ção *f* geral; linha *f* aérea; *TÉCN* catenária *f*, *EL* rede *f* (elé[c]trica) aérea; **~leutnant** *m* <-*s*; -*s*> primeiro-tenente *m*; **~licht** *n* <-(*e*)*s*; -*er*, *a* -*e*> luz *f* de cima; *Fenster*: clarabóia *f*; **~lippe** *f* lábio *m* superior; **~postdirektion** *f* administração *f* geral dos correios; **~schenkel** *m* coxa *f*; **~schicht** *f* *POL* classes *f*/*pl* superiores; **~schwester** *MED f* primeira-enfermeira *f*; **~seite** *f* face *f* superior

'oberst ['oːbərst] **1.** *sup von* ***ober*** o mais alto; supremo; sumo; **2.** **Ձ** *MIL m* <-*en*> coronel *m*

'Ober'staatsanwalt *m* <-(*e*)*s*; ¨*e*> procurador *m* geral da República

'Oberst'leutnant *m* <-*s*; -*s*> tenente-coronel *m*

'Ober|stufe *f* curso *m* complementar dos liceus (*bras* do segundo grau); **~teil** *n*, *m* <-(*e*)*s*; -*e*> parte *f* superior, parte *f* de cima; *Bekleidung*: corpo *m*; **~wasser** *n* <-*s*; *sem pl*>: ***~ bekommen*** *fig* conseguir sobrepor-se (*od* impor-se)

ob'gleich [ɔp'glaɪç] ainda que, se bem que, embora (*subj*)

'Obhut ['ɔphuːt] *f* <*sem pl*> guarda *f*; prote(c)ção *f*; ***in j-s ~*** aos cuidados de alg, sob a custódia de alg

'obig ['oːbiç] sobredito, supradito

Ob'jekt [ɔp'jɛkt] *n* <-(*e*)*s*; -*e*> obje(c)to *m*; *GRAM* complemento *m*; **~'iv** [-'tiːf] *n* <-(*e*)*s*; -*e*> obje(c)tiva *f*; **Ձ'iv** obje(c)tivo; **~ivi'tät** [-ivi'tɛːt] *f* <*sem pl*> obje(c)tividade *f*; **~träger** *m* porta-obje(c)to *m*

O'blate [o'blaːtə] *f* obreia *f*; *REL* hóstia *f*

'obliegen <*sn u h*> (*dat*): ***j-m ~*** cumprir a alg, caber a alg

obli'gat [obli'gaːt] de rigor; **Ձi'on** [-gatsi'oːn] *f* *ECON* obrigação *f*; **~'orisch** [-ga'toːriʃ] obrigatório

'Ob|mann *m* <-(*e*)*s*; ¨*er*>, **~männin** *f* chefe *su*, representante *su*; *Schiedsgericht*: chefe *su* dos árbitros

O'boe [o'boːə] *f* oboé *m*

'Obrigkeit ['oːbriçkaɪt] *f* autoridade(s *pl*) *f*

ob'schon ainda que, se bem que, embora (*subj*)

Observa'torium [ɔpzɛrva'toːrium] *n* <-*s*; -*torien*> observatório *m*

obs'kur [ɔps'kuːr] obscuro

Obst [oːpst] *n* <-*es*; -*sorten*> fruta *f*; **'~bau** *m* <-(*e*)*s*; *sem pl*> fruticultura *f*; **'~baum** *m* <-(*e*)*s*; ¨*e*> árvore *f* de fruto, árvore *f* frutífera; **'~ernte** *f* colheita *f* de fruta; **'~garten** *m* <-*s*; ¨> pomar *m*; **'~händler(in** *f*) *m* vendedor(a *f*) *m* de fruta; fruteiro *m*, -a *f*, *bras a* quitandeiro *m*, -a *f*; **'~kuchen** *m* bolo *m* de frutas; **'~messer** *n* faca *f* de fruta; **'~plantage** *f* pomar *m*; **'~saft** *m* <-(*e*)*s*; ¨*e*> sumo *m* de fruta; **'~salat** *m* <-(*e*)*s*; -*e*>

O

salada *f* de frutas; **'~schale** *f* pele *f* da fruta, casca *f* da fruta; (*Schüssel*) fruteira *f*; **'~wein** *m* <-(*e*)*s*; -*e*> vinho *m* de frutas; (*Apfelwein*) sidra *f*

obs'zön [ɔps'tsøːn] obsceno

ob'wohl → ***obgleich***

'Ochse ['ɔksə] *m* <-*n*> boi *m*; *fig* burro *m*; **≗n** F <-*t*> estudar; marrar

'Ochsenschwanzsuppe *f* sopa *f* de rabo de boi

'Ocker ['ɔkər] *m od n* ocra *f*; (*Rötel*) almagre *m*

'Ode ['oːdə] *f* ode *f*

'öde ['øːdə] **1.** *adj* deserto, despovoado, ermo; *fig* aborrecido, desolador; **2.** ≗ *f* deserto *m*, ermo *m*; solidão *f*

'oder ['oːdər] ou; **~ *aber***, **~ *auch*** ou então

Odys'see [ody'se] *f* odisseia (*é) *f* (*a fig*)

'Ofen ['oːfən] *m* <-*s*; ⸚> fogão *m*, *bras* estufa *f*; (*Back*≗) *u* TÉCN forno *m*; ***der* ~ *ist aus*** *fig* acabou-se; **~rohr** *n* <-(*e*)*s*; -*e*> cano *m* do fogão (*bras* da estufa); chaminé *f* do fogão; **~setzer** *m* estufeiro *m*

'offen ['ɔfən] aberto descoberto; (*unbesetzt*) vago, livre; (*unausgefüllt*) em branco; *Betrag*: por liquidar; *Frage*: em suspenso; *Kredit*: ilimitado; *See*: alto; *fig* franco, sincero; **~ *gesagt***, **~ *gestanden*** com franqueza; ***auf* ~*er Straße*** em plena rua; **~ *bleiben*** ficar em aberto; **~ *halten*** deixar aberto; *fig* reservar; **~*lassen*** deixar (em) aberto; **~ *stehen*** estar aberto; **~ *stehend*** aberto; *Geschäft*: pendente; *Stelle*: vago, vacante

O

'offen'bar evidente, manifesto, patente; *adv a* pelos vistos; **~ *werden*** evidenciar-se, revelar-se; **~en** [-'baːrən] <-> manifestar; (*aufdecken*) revelar; **≗ung** [-'baːruŋ] *f* revelação *f*; **~ (*Johannis*)** Apocalipse *m*; **≗ungseid** *m* <-(*e*)*s*; -*e*> declaração *f* ajuramentada de insolvência; **≗heit** *f* <*sem pl*> franqueza *f*, sinceridade *f*; **~herzig** franco, sincero; **~kundig** notório; evidente; **~sichtlich** evidente, óbvio; *adv* pelos vistos; **~ *sein*** *a* saltar aos olhos; **≗'sive** [-'ziːvə] *f* ofensiva *f* (***ergreifen*** tomar)

'öffentlich ['œfəntliç] público, notório; *adv* em público; **~*e Hand*** fisco *m*; **~ *bekannt machen*** publicar; **≗keit** *f* <*sem pl*> público *m* (***in der*** em); publicidade *f*; ***an die* ~ *bringen*** fazer público, dar publicidade a; ***unter Ausschluss der* ~** à porta fechada; **≗keitsarbeit** *f* relações *f/pl* públicas; comunicação *f*; **~'rechtlich** de direito público

offe'rieren [ɔfə'riːrən] ECON <-> oferecer

Of'ferte [ɔ'fɛrtə] *f* oferta *f*

offizi'ell [-'ɛl] oficial; *adv a* de ofício

Offi'zier [ɔfi'tsiːr] *m* <-*s*; -*e*> oficial *m*; ***Erster* ~** NAV imediato *m*; **~(s)korps** *n* <-; -> oficialidade *f*; **~spatent** *n* <-(*e*)*s*; -*e*> MIL despacho *m* de oficial

offizi'ös [ɔfitsi'øːs] oficioso

'öffn|en ['œfnən] <-*e*-> abrir; *Gefäß*: destapar; **≗er** *m* abridor *m*; **≗ung** *f* abertura *f*; aberta *f*; (*Ausgang*) saída *f*; (*Loch*) buraco *m*, orifício *m*; (*Spalt*) fenda *f*; **≗ungszeiten** *f/pl* horário *m* de abertura, horas *f/pl* de serviço

'Offsetdruck ['ɔfsɛt-] *m* <-(*e*)*s*; -*e*> offset *m*, *bras* ofsete *m*

oft [ɔft] frequentemente; a miúdo; muitas vezes; ***so* ~** tantas vezes (***wie*** que *subj*); ***wie* ~** quantas vezes

'öfter ['œftər] (*comp von* ***oft***) mais vezes; com mais frequência; **~(s)** às vezes

'oftmal|ig ['-maːliç] frequente; **~s** → ***oft***

Ohm EL [oːm] *n* <-*s*; -> FÍS ómio *m*

'ohne ['oːnə] *prp* (*ac*), **~ *zu*** (*inf*) sem; *cj* **~ *dass*** sem que (*subj*); sem (*nom* + *inf*); **~ *weiteres*** sem mais nada; sem detenças; **~'dies** sem isso; → **~*hin***; **~'gleichen** sem igual, sem par; **~'hin** mesmo assim, além disso

'Ohn|macht ['oːn-] *f* impotência *f*, fraqueza *f*; MED desmaio *m*, desfalecimento *m*; ***in* ~ *fallen*** desmaiar; **≗mächtig** impotente; MED desmaiado; **~ *werden*** desmaiar; perder os sentidos

Ohr [oːr] *n* <-(*e*)*s*; -*en*> orelha *f*, ouvido *m*; ***die* ~*en steif halten*** *fig* não desanimar; ***sich aufs* ~ *legen*** deitar-se; ***bis über die*** (*od* ***beide***) **~*en verliebt in*** (*ac*) doido por;

ganz ~ sein ser todo ouvidos; ***j-m et ins ~ sagen*** segredar a/c ao ouvido de alg; ***mir ist zu ~en gekommen, dass ...*** ouvi dizer que ...; *fig* ***sich*** (*dat*) ***hinter die ~en schreiben können*** ficar sabendo; ***j-m in den ~en liegen*** maçar alg; ***j-n übers ~ hauen, j-m das Fell über die ~en ziehen*** intrujar alg; explorar alg, *bras* enganar alg

Öhr [ø:r] *n* <-(*e*)*s*; *-e*> olho *m* (da agulha), fundo *m*; asa *f*

'Ohren|arzt *m* <*-es*; *⸚e*>, **~ärztin** *f* otologista *su*, médico *m*, -a *f* especializado, -a em doenças do ouvido; **≈betäubend** estrondoso; **~entzündung** *f* otite *f*; **~heilkunde** *f* <*sem pl*> otologia *f*; **~sausen** *n* <*-s*; *sem pl*> zunido (*od* zumbido) *m* dos ouvidos; **~schmalz** *n* <*-es*; *sem pl*> cerume *m*, cera *f* dos ouvidos; **~schmaus** *m* <*-es*; *sem pl*> encanto *m* para os ouvidos; **~schmerz** *m* <*-es*; *-en*> dor *f* nos ouvidos; **~schützer** *pl* abafadores *m/pl*; **~spiegel** *MED m* otoscópio *m*; **~zeuge** *m* <*-n*> testemunha *f* auricular

'Ohr|feige *f* bofetada *f*; **≈feigen** ['-faɪgən] esbofetear; dar bofetada(s) em; **~läppchen** ['-lɛpçən] *n* lóbulo *m*; **~muschel** *f* <-; *-n*> concha *f* do ouvido; **~ring** *m* <-(*e*)*s*; *-e*> brinco *m*; **~wurm** *m* <-(*e*)*s*; *⸚er*> *fig* melodia *f* contagiante

o. k., okay [o'ke:] F *int* okay; *bras* legal, tá!

Okkul'tismus [ɔkul'tismus] *m* <-; *-en*> ocultismo *m*

Okku'p|ati'on [ɔkupatsi'o:n] *f* ocupação *f*; **≈ieren** <-> ocupar

Öko|aktivist(in *f*) *m* [ø:ko-] ecologista *m*, *f* militante, ecomilitante *m*, *f*; **~'loge** [œko'lo:gə] *m* <*-n*>, **~'login** *f* ecologista *su*; **~lo'gie** [-lo'gi:] *f* ecologia *f*; **≈'logisch** ecológico

Öko'nom(in *f*) [œko'no:m] *m* <*-en*> economista *su*; **~ie** [-no'mi:] *f* economia *f*; (*Verwaltung*) administração *f*; **≈isch** [-'no:miʃ] económico (*ô)

Ok'tanzahl [ɔk'ta:ntsa:l] *f* índice *m* de octanas, octanagem *f*

Ok'tave [ɔk'ta:və] *f* oitava *f*

Ok'tober [ɔk'to:bər] *m* Outubro *m*

Oku|'lar [oku'la:r] *n* <*-s*; *-e*> ocular *f*; **≈lieren** [oku'li:rən] <-> *AGR* enxertar

Öl [ø:l] *n* <-(*e*)*s*; *-e*> (*Oliven≈*) azeite *m*; (*Erdnuss≈ etc*), *REL*, *PINT u* (*Schmier≈*) óleo *m* (**in** a); **'~baum** *m* <-(*e*)*s*; *⸚e*> oliveira *f*; **'~berg** *m* <-(*e*)*s*; *sem pl*> *REL* Horto *m* das Oliveiras; **'~bild** *n* <-(*e*)*s*; *-er*> pintura *f* a óleo, quadro *m* a óleo; **'~druck** *m* <-(*e*)*s*; *-e*> *TÉCN* pressão *f* do óleo; *TIP* oleografia *f*

Ole'ander [ole'andər] *m* (a)loendro *m*

'ölen ['ø:lən] **1.** *TÉCN* untar (*a salben*), lubrificar; olear; **2. ≈** *n* lubrificação *f*

'Öl|farbe *f* tinta *f* de óleo; **~feld** *n* <-(*e*)*s*; *-er*> campo *m* petrolífero; **~frucht** *f* fruto *m* oleaginoso; **~gemälde** *n* = **~bild**; **~götze** *m* <*-n*> *fig* F pateta *m*; **~heizung** *f* aquecimento *m* a óleo

'ölig oleoso, gorduroso; ***~ sein*** *a* ter óleo

Oligar'chie [oligar'çi:] *f* oligarquia *f*

O'live [o'li:və] *f* azeitona *f*

O'liven|baum *m* <-(*e*)*s*; *⸚e*> oliveira *f*; **~hain** *m* <-(*e*)*s*; *-e*> olival *m*; **~öl** *n* azeite *m*

o'livgrün cor-de-azeitona

'Öl|kanne *f* azeiteira *f*; (*Kanister*) lata *f*; **~lampe** *f* candeeiro *m* de azeite; **~leitung** *f* oleoduto *m*; **~malerei** *f* → **~bild**; **~mühle, ~presse** *f* lagar *m*; **~pest** *f* <*sem pl*> maré *f* negra; **~pflanze** *f* planta *f* oleaginosa; **~quelle** *f* poço *m* de petróleo; **~sardine** *f* sardinha *f* em azeite (*od* em lata); **~stand** *m* <-(*e*)*s*; *⸚e*> nível *m* de óleo; **~standanzeiger** *m* indicador *m* do nível de óleo; **~tanker** *m* (navio-)petroleiro *m*; **~teppich** *m* <*-s*; *-e*> manto *m* de petróleo

'Ölung *f REL* unção *f* (**Letzte** extrema); *TÉCN* lubrificação *f*

'Ölwechsel *m* mudança *f* de óleo

Olymp|i'ade [olympi'a:də] *f* Olimpíada *f*; **≈isch** [o'lymp-] olímpico; ***Olympische Spiele*** jogos *m/pl* olímpicos

'Ölzeug *NAV n* <-(*e*)*s*; *sem pl*> oleado *m*

'Oma ['o:ma] *f* <-; *-s*> F avó(zinha) *f*, *bras* vovó *f*

Ome'lett [om(ə)'lɛt] *n* <-(*e*)*s*; *-e*> omeleta *f*, *bras* omelete *m*

'Om|en ['oːmən] *n* <*-s; Omina*> agouro *m*, augúrio *m*; **≈i'nös** [omi'nøːs] <*-est*> ominoso, de mau augúrio

'Omnibus ['ɔmnibus] *m* <*-ses; -se*> ómnibus *m*; autocarro *m*, *bras* ônibus *m*

Ona'nie [ona'niː] *f* <*sem pl*> masturbação *f*; **≈ren** <-> masturbar-se

'Onkel ['ɔŋkəl] *m* tio *m*

'online, **'Online...** ['ɔnlain] INFORM online

'Opa ['oːpa] *m* <*-s; -s*> F avô *m*, *bras* vovô *m*

'Open-Air-... ['oːpən'ʔɛːr...] ... ao ar livre

O'pal [o'paːl] *m* <*-s; -e*> ópalo *m*, opala *f*

'Oper ['oːpər] *f* <*-; -n*> ópera *f* (***komische*** bufa)

Opera|'teur [opəra'tøːr] *m* <*-s; -e*> operador *m*; **~ti'on** [-tsi'oːn] *f* operação *f*; **~ti'onssaal** *m* <*-(e)s; -säle*> sala *f* de operações; **~ti'onsschwester** *f* enfermeira *f* instrumentista (*bras* de cirurgia); **≈'tiv** [-'tiːv] cirúrgico, operatório

Ope'rette [opə'rɛtə] *f* opereta *f*

ope'rieren [opə'riːrən] <-> operar; ***sich ~ lassen*** fazer uma operação

'Opern|glas *n* <*-es; ~̈er*> binóculo *m*; **~haus** *n* <*-es; ~̈er*> (teatro *m* da) ópera *f*; **~sänger(in** *f*) *m* cantor(a *f*) *m* de ópera

'Opfer ['ɔpfər] *n* sacrifício *m* (*a fig*) (***bringen*** fazer); *Lebewesen*: vítima *f* (*a fig*); *e-s Raubtiers*: presa *f*; **~bereitschaft** *f* <*sem pl*> espírito *m* de sacrifício, abnegação *f*; **~gabe** *f* oferenda *f*; **~lamm** *n* <*-(e)s; ~̈er*> vítima *f* (*fig* inocente); **≈n** <*-re*> sacrificar (*a fig*); (*schlachten*) imolar; *Gabe*: oferecer; **~stock** *m* <*-(e)s; ~̈e*> cepo *m* (de esmolas); **~ung** *f* sacrifício *m*; imolação *f*; **~wille** *m* <*-ns; sem pl*> abnegação *f*

Opi'at [opi'aːt] *n* <*-s; -e*> opiato *m*

'Opium ['oːpium] *n* <*-s; sem pl*> ópio *m*

Oppo|'nent [ɔpo'nɛnt] *m* <*-en*> oponente *m*, opositor *m*; **≈'nieren** <-> opor-se

Opportu'nis|mus [ɔpɔrtu'n-] *m* <*-; sem pl*> oportunismo *m*; **~t(in** *f*) *m* <*-en*> oportunista *su*

Oppositi'on [-zitsi'oːn] *f* oposição *f*; **~sführer** *m* chefe *m* da oposição

oppositio'nell [-zitsio'nɛl] oposicionista

op'tieren [ɔp'tiːrən] <-> optar

'Optik ['ɔptik] <*sem pl*> ó(p)tica *f*; **~er** *m* ó(p)tico *m*, oculista *m*

opti'mal [ɔpti'maːl] ó(p)timo

Opti'mis|mus [ɔpti'mismus] *m* <*-; sem pl*> o(p)timismo *m*; **~t(in** *f*) *m* <*-en*> o(p)timista *su*; **≈tisch** o(p)timista

Opti'on [ɔptsi'oːn] *f* opção *f*

'optisch ['ɔptiʃ] ó(p)tico

O'rakel [o'raːkəl] *n*, **~spruch** *m* <*-(e)s; ~̈e*> oráculo *m*

O'rang|e [o'raŋʒə] **1.** *f* laranja *f*; **2. ≈** *adj* cor-de-laranja; **~'eade** [-'ʒaːdə] *f* laranjada *f*; **~enbaum** *m* <*-(e)s; ~̈e*> laranjeira *f*; **≈enfarben**, **≈efarbig** cor-de-laranja; **~ensaft** *m* <*-(e)s; ~̈e*> sumo *m* (*bras* suco *m*) de laranja

'Orang-'Utan ['oːraŋ-'uːtan] *m* <*-s; -s*> orangotango *m*

Ora'torium [oːra'toːrium] *m* <*-s; Oratorien*> oratório *m*

Or'chest|er [ɔr'kɛstər] *n* orquestra *f*; **≈'rieren** [ɔrkɛst'riːrən] <-> orquestrar

Orchi'dee [ɔrçi'deː] *f* orquídea *f*

'Orden ['ɔrdən] *m* ordem *f*; (*Ehrenzeichen*) condecoração *f*; ***j-m e-n ~ verleihen*** condecorar alg

'Ordens|bruder *m* <*-s; ~̈*> confrade *m*; (*Mönch*) frade *m*, religioso *m*; **~schwester** *f* <*-; -n*> freira *f*, religiosa *f*

'ordentlich ['ɔrdəntliç] *adj* ordeiro, regular; metódico; *Mitglied*: efe(c)tivo; *Professor*: catedrático, ordinário; *adv a* devidamente; *fig* bastante, (*kräftig*) a valer

'Order ['ɔrdər] *f* <*-; -n*> ordem *f*

Ordi'n|alzahl [ɔrdi'naːl-] *f* número *m* ordinal; **≈är** [-'nɛːr] ordinário; indecente; **~arius** [-'naːrius] *m* <*-; Ordinarien*> (professor *m*) catedrático *m*; **~ate** [-'naːtə] MAT *f* ordenada *f*; **~ati'on** [-atsi'oːn] *f* ordenação *f*; **≈ieren** <-> REL ordenar; MED receitar

'ordn|en ['ɔrdnən] <*-e-*> ordenar; pôr em ordem; **≈er** *m j-d*: ordenador *m*; organizador *m*; *für Akten*: classificador *m*; **≈ung** *f* <*sem pl*> ordem *f*; disciplina *f*; ***in ~ sein*** *et*: *a* estar arrumado, estar arranjado; ***in ~ bringen*** pôr em ordem; arranjar, *TÉCN a* compor

'ordnungs|gemäß *adv* devidamente; regularmente; **≈liebe** *f* <*sem pl*> amor *m* da ordem; **~liebend** ordeiro; **≈sinn** *m* <-(*e*)*s*; *sem pl*> espírito *m* ordeiro, espírito da ordem; **≈strafe** *f* multa *f*; pena *f* disciplinar; **~widrig** contrário à ordem; irregular; **≈zahl** *f* número *m* ordinal

Or'gan [ɔr'ga:n] *n* <-*s*; -*e*> órgão *m*; (*Stimme*) voz *f*; **~isati'on** [ɔrganizatsi'o:n] *f* organização *f*; **~i'sator** [-i'za:tɔr, *pl* -za'to:rən] *m* <-*s*; -*en*> organizador *m*; **≈isa'torisch** [-za'to:r-] organizador; de organização; **≈isch** [ɔr'ga:niʃ] orgânico; **≈i'sieren** [-gani'zi:rən] <-> organizar; **~'ismus** [-'nismus] *m* <-; -*ismen*> organismo *m*; **~'ist(in** *f*) *m* <-*en*> organista *su*; **~spender(in** *f*) *m* doador(a *f*) *m* de órgão; **~transplantation** *f* transplantação *f* de órgãos

Or'gasmus [ɔr'gasmus] *m* <-; -*men*> orgasmo *m*

'Orgel ['ɔrgəl] *f* <-; -*n*> órgão *m*; (*Dreh≈*) realejo *m*; **~bauer** *m* organeiro *m*; **≈n** <-*le*> tocar o órgão; **~konzert** *n* <-(*e*)*s*; -*e*> recital *m* de órgão; **~pfeife** *f* tubo *m* de órgão; **~spieler** *m* organista *m*

'Orgie ['ɔrgiə] *f* orgia *f*

'Orient ['o:riɛnt, *a* o'riɛnt] *m* <-*s*; *sem pl*> oriente *m*; **~'ale** [oriɛn'ta:lə] *m* <-*n*>, **~'alin** *f*, **≈'alisch** oriental *su*

orien'tier|en [-'ti:rən] <-> orientar, informar; ***sich ~ an*** (*ac*) orientar-se por; **≈ung** *f* orientação *f*; ***die ~ verlieren*** ficar desorientado

Origi'nal *n* <-*s*; -*e*> original *m*; *a j-d* F tipo esquisito; **≈**, **~...** *in Zssgn*: original; **~fassung** *f* versão *f* original

origi'nell [-'nɛl] original; interessante

Or'kan [ɔr'ka:n] *m* <-(*e*)*s*; -*e*> furacão *m*

Orna'ment [ɔrna'mɛnt] *n* <-(*e*)*s*; -*e*> ornamento *m*, adorno *m*

Or'nat [ɔr'na:t] *m* <-(*e*)*s*; -*e*> hábito-talar *m*; toga *f*

Ort [ɔrt] *m* <-(*e*)*s*; -*e u Örter*> lugar *m*, sítio *m*; local *m*; → ***~schaft***; ***an ~ und Stelle*** no próprio lugar; **'≈en** *NAV u AV* <-*e*-> tomar a situação de; localizar

ortho'dox [ɔrto'dɔks] <-*est*> ortodoxo

Orthogra'f|ie, **Orthogra'ph|ie** *f* [ɔrtogra'fi:] *f* <*sem pl*> ortografia *f*; **≈isch** [-'gra:fiʃ] ortográfico

Ortho'päd|e [ɔrto'pɛ:də] *m* <-*n*>, **~in** *f* ortopedista *su*; **≈isch** ortopédico

'örtlich ['œrtliç] local; **≈keit** *f* localidade *f*

'Orts|angabe *f* indicação *f* do lugar; **≈ansässig** domiciliado; local; habitante; **~bestimmung** *f* orientação *f*; localização *f*

'Ortschaft ['ɔrtʃaft] *f* lugar(ejo) *m*; povoação *f*

'orts|fest *TÉCN* fixo; preso; **~fremd** forasteiro; **≈gespräch** *n* <-(*e*)*s*; -*e*> *TEL* chamada (*od* ligação) *f* local; **≈gruppe** *f* se(c)ção *f* local; **≈kenntnis** *f* <-; -*se*> conhecimentos *m*/*pl* locais; **~kundig**: ***~ sein*** ter conhecimentos locais; conhecer o(s) sítio(s, *od* local *od* lugar); **≈name** *m* <-*ns*; -*n*> nome *m* de (*od* do) lugar; **≈netz** *n* <-*es*; -*e*> rede *f* local; **≈schild** *n* <-(*e*)*s*; -*er*> placa *f* indicativa de localidade; **~üblich** local; *Preise etc*: da praça; **≈veränderung** *f* mudança *f* de lugar; locomoção *f*; **≈verkehr** *m* <-*s*; *sem pl*> movimento *m* local, tráfego *m* local; *CORR* serviços *m*/*pl* locais; *TEL* comunicações *f*/*pl* locais; **≈zeit** *f* hora *f* local

'Ortung ['ɔrtuŋ] *f* localização *f*

'Öse ['ø:zə] *f* olhal *m*, ilhó *m*, colcheta *f*, *bras* colchete *m*; ***Haken und ~n*** colchetes *m*/*pl*; macho *m* e fêmea *f*

Ost [ɔst] *m* <-(*e*)*s*; *sem pl*> *poét* → ***~en***; = ***~wind***; **'~...**: *in Zssg*(*n*) oriental; *mit Ländernamen* Oriental; **'~block** *m* <-*s*; *sem pl*> *HIST neg!* Europa *f* oriental; **'~en** *m* <-*s*; *sem pl*> leste *m*, oriente *m*; ***der Ferne ~*** o Extremo Oriente; ***der Nahe ~*** o Próximo Oriente; ***der Mittlere ~*** o Médio Oriente

ostenta'tiv [ɔstɛnta'ti:f] ostentativo, ostensivo

'Oster|ei ['o:stər-] *n* <-(*e*)*s*; -*er*> ovo *m* da (*bras* de) Páscoa; **~lamm** *n* <-(*e*)*s*; **¨*er*> cordeiro *m* pasc(o)al;

~'montag *m* <*-s*; *-e*> segunda-feira *f* de Páscoa
'Ostern ['o:stərn] *n* <*-*; *sem pl*> Páscoa *f/sg*; ***fröhliche ~!*** uma Páscoa feliz!
'Österreich ['ø:stəraɪç] *n* Áustria *f*; **~er(in** *f*) *m* ['ø:stəraɪçər-], **ꝏisch** austríaco *m*, -a *f*, da Áustria
'Oster|'sonntag *m* <*-s*; *-e*> Domingo *m* de Páscoa; **~woche, ~zeit** *f* Semana *f* Santa
'östlich ['œstlıç] oriental, de leste; *adv* ***~ von*** a leste de
'Ost|see *f* <*sem pl*> (mar *m*) Báltico *m*; **~wind** *m* <*-(e)s*; *-e*> vento *m* leste
'Otter ['ɔtər] **a)** *m* (*Fischꝏ*) lontra *f*; **b)** *f* <*-*; *-n*> víbora *f*
out [aʊt]: F ***~ sein*** estar out
'outsourcen ['aʊtsɔ:sən] *v/t* terceirizar
Ouver'türe [uvɛr'ty:rə] *f* abertura *f*
o'val [o'va:l] oval; *adv* em oval
Ovati'on [ovatsi'o:n] *f* ovação *f*; ***j-m e-e ~ darbringen*** ovacionar alg, aclamar alg
'Overall ['o:vəral] *m* <*-s*; *-s*> fato-macaco *m*, macacão *m*
O'xid, O'xyd [ɔk'sy:t] *n* <*-(e)s*; *-e*> óxido *m*; **ꝏ'ieren** [-'di:rən] <*v/t* (*h*); *v/i* (*sn*); -> oxidar
'Ozean ['o:tsea:n] *m* <*-s*; *-e*> oceano *m*; **~dampfer** *m* transatlântico *m*; **ꝏisch** [-'a:nıʃ] oceânico
'Ozelot ['o:tsəlɔt] *m* <*-s*; *-s*> ocelote *m*
O'zon [o'tso:n] *n* <*-s*; *sem pl*> ozono *m*, ozónio (*ô); **~alarm** *m* alarme *m* do ozono; **~loch** *n* <*-(e)s*; *¨er*> buraco *m* de ozono; **~schicht** *f* camada *f* de ozónio (*ô)

P

P, p [pe:] *n inv* P, p *m*
Paar [pa:r] **1.** *n* <*-(e)s*; *-e*> par *m* (de); (*Brautꝏ*) noivos *m/pl*; (*Eheꝏ*) casal *m* (*a Tiere*); *bsd Pferde*: parelha *f*; **2.** ꝏ: ***ein ~ ...*** alguns, algumas, uns poucos; ***in ein ~ Tagen*** dentro de poucos dias; ***ein ~ Mal*** algumas vezes, umas (poucas) vezes, várias vezes; **'ꝏen** emparelhar; juntar (*a fig*); *Tiere*: copular, acasalar; **'~lauf** *m* <*-s*; *¨e*> *Sport*: patinagem *f* artística a dois; **'~ung** *f* cópula *f*; **'ꝏweise** aos pares; dois a dois, em fila de dois
Pacht [paxt] *f* renda *f*, arrendamento *m*; **'ꝏen** <*-e-*> arrendar; tomar de renda (*od* arrendamento)
'Pächter(in *f*) ['pɛxtər] *m* arrendatário *m*, -a *f*, caseiro *m*, -a *f*
'Pacht|grundstück *n* <*-(e)s*; *-e*> terra *f* arrendada, terreno *m* (*od* prédio *m*) arrendado; **~vertrag** *m* <*-(e)s*; *¨e*> contrato *m* de arrendamento; **~zins** *m* <*-es*; *-en*> → ***Pacht***
Pack [pak] **a)** *m* <*-(e)s*; *-e*, *a ¨e*> pacote *m*, *großer*: fardo *m*; *Papier*: maço *m*; *Wäsche*: trouxa *f*; **b)** *fig n* <*-(e)s*; *sem pl*> canalha *f*, gentalha *f*, corja *f*
'Päckchen ['pɛkçən] *n* pacote *m*; CORR encomenda *f*; *Tabak*, *Zigaretten*: maço *m*
'Packeis *n* <*-es*; *sem pl*> gelos *m/pl* movediços
'packen 1. (*ein~*) embrulhar, empacotar; ECON embalar; encaixar; *Koffer*: fazer; (*fassen*) agarrar; filar; *fig* impressionar, arrebatar; **2.** ꝏ *m* = ***Pack a***); **~d** *adj fig* impressionante, empolgante
'Pack|er *m* empacotador *m*; embrulhador *m*, enfardador *m*; **~esel** *m* burro *m* de carga (*a fig*); **~papier** *n* <*-s*; *sem pl*> papel *m* de embrulho; **~sattel** *m* albarda *f*; **~ung** *f* embalagem *f*; (*Schachtel*) caixa *f*; MED cataplasma *m*
Päda'gog|e [pɛda'go:gə] *m* <*-n*> pedagogo *m*; **~ik** *f* <*sem pl*> pedagogia *f*; **~in** *f* pedagoga *f*; **ꝏisch** pedagógico
'Padd|el ['padəl] *n* pangaia *f*; remo

P

m; **~elboot** *n* <-(*e*)*s*; -*e*> canoa *f*; **≈eln** <-*le*> andar de canoa, remar, pangaiar; **~ler** *m* remador *m*; canoeiro *m*

paffen ['pafən] fumar a grandes fumaças, *bras* soltar baforadas

'Page ['paːʒə] *m* <-*n*> paje(m) *m*

Pa'ket [pa'keːt] *n* <-(*e*)*s*; -*e*> pacote *m*; embrulho *m*; (*Post*≈) encomenda *f* (postal); **~annahme** *f* expedição *f* de encomendas; **~ausgabe** *f* entrega *f* de encomendas; **~karte** *f* guia *f* de encomenda postal; **~post** *f* <*sem pl*> serviço *m* de encomendas postais

Pakt [pakt] *m* <-(*e*)*s*; -*e*> pacto *m*; convénio (*ê) *m*; acordo *m*; **≈'ieren** <-> pactuar

Pa'last [pa'last] *m* <-(*e*)*s*; ¨*e*> palácio *m*

Paläs'tin|a [palɛs'tiːna] *n* Palestina *f*; **'~enser(in** *f*) [-ti'nɛnzər] *m* palestino *m*, -a *f*

Pa'laver [pa'laːvər] *n* F palavreado *m*

Pa'lette [pa'lɛtə] *f* paleta *f*, palete *m*

Pali'sade [pali'zaːdə] *f* paliçada *f*

Pali'sander [pali'zandər] *m* <-*s*; *sem pl*>, **~holz** *n* <-*es*; *sem pl*> palissandro *m*, *bras* palissandra *f*

'Palm|e ['palmə] *f* palm(ei)ra *f*; ***j-n auf die ~ bringen*** F fazer alg ir aos arames; **~enhain** *m* <-(*e*)*s*; -*e*> palmar *m*; **~öl** *n* <-(*e*)*s*; *sem pl*> óleo *m* de palma; **~sonntag** *m* <-(*e*)*s*; -*e*> Domingo *m* de Ramos

Pampel'muse [pampəl'muːzə] *f* toranja *f*, grapefruit *m*

Pam'phlet [pam'fleːt] *n* <-(*e*)*s*; -*e*> panfleto *m*

Pa'neel [pa'neːl] ARQUIT *n* <-*s*; -*e*> painel *m*

pa'nier|en [pa'niːrən] *n* <-> panar, passar em farinha; **≈mehl** *n* <-*s*; -*e*> pão *m* ralado, *bras* farinha *f* de rosca

'Pan|ik ['paːnik] *f* <*sem pl*> pânico *m*; **~ikmache** *f* <*sem pl*> F alarmismo *m*; **≈isch** pânico

'Panne ['panə] *f* avaria *f*, *bras* pane *f*; ***e-e ~ haben*** estar avariado; **~ndienst** *m* <-(*e*)*s*; -*e*> serviço *m* de desempanagem, *bras* oficina *f* mecânica de plantão

Pano'rama [pano'raːma] *n* <-*s*; -*men*> panorama *m*

'panschen ['panʃən] aguar, *Wein a*: ba(p)tizar, adulterar

'Pansen ['-zən] *m* bucho *m* (dos ruminantes)

'Panter, **'Panther** ['pantər] *m* pantera *f*

Pan'toffel [pan'tɔfəl] *m* <-*s*; -*n*> chinela *f*, pantufo *m*; *mit Absätzen*: chinelo *m*; (*Holz*≈) tamanco *m*; *fig* ***unter dem ~ stehen***, ***ein ~held sein*** estar debaixo da férula da mulher, *bras* quem manda é a mulher, ser um marido banana

Panto'mime [panto'miːmə] **a)** *f Kunst*: pantomima *f* (*od* -mina), mímica *f*; **b)** *su* <-*n*> *Darsteller*: pantomimeiro *m* (*od* -mineiro), -a *f*, mímico *m*, -a *f*

'Panzer ['pantsər] *m* couraça *f*; → ***~ung***; = ***~wagen***; **~abwehr** *f* defesa *f* anti-carro; **~faust** *f* <-; ¨*e*> MIL bazuca *f* anti-tanque; **~kreuzer** *m* (cruzador *m*) couraçado *m*; **≈n** <-*re*> blindar; couraçar; ***sich ~ gegen*** *fig* defender-se de; **~platte** *f* chapa *f* de blindagem; **~schrank** *m* <-(*e*)*s*; ¨*e*> cofre *m* forte; **~truppen** *f/pl* unidades *f/pl* blindadas; **~ung** *f* blindagem *f*; couraça *f*; **~wagen** *m* tanque *m*, (carro *m*) blindado *m*, *bras* tanque *m* de guerra

Papa [pa'paː, F 'papa] *m* <-*s*; -*s*> papá *m*, papai *m*

Papa'gei [papa'gaɪ] *m* <-*en*, *a* -*s*; -*en*> papagaio *m*; **~enkrankheit** *f* <*sem pl*> psitacose *f*

Pa'paya [pa'paːja] *f* <*s*-; -*s*> papaia *f*, *bras* mamão *m*

'Paperback ['peɪpəbɛk] *n* <-*s*; -*s*> brochura *f*

Pa'pier [pa'piːr] *n* <-*s*; -*e*> papel *m* (***Fetzen*** bocado *m* de, pedaço *m* de); JUR *u* ECON *a* documento *m*, *pl a* documentação *f/sg*; (*Wert*≈) título *m*; valor *m*; ***zu ~ bringen*** assentar, escrever; **~einzug** *m* <-(*e*)*s*; ¨*e*>: *Drucker*, *Kopierer*: alimentação *f* automática de papel; **~fabrik** *f* fábrica *f* de papel; **~geld** *n* <-(*e*)*s*; *sem pl*> papel-moeda *m*; **~geschäft** *n* <-(*e*)*s*; -*e*>, **~industrie** *f* indústria *f* papeleira; **~korb** *m* <-(*e*)*s*; ¨*e*> cesto *m* dos (*bras* de) papéis; **~krieg** *m* <-(*e*)*s*; *sem pl*> *fig* burocracia *f*, guerra *f* burocrática; **~messer** *n* corta-papel *m*; **~ta-**

schentuch *n* <-(*e*)*s*; ¨*er*> lenço-papel *m*, lenço *m* de papel; **~tiger** *m* pessoa (*od* coisa) *f* só aparentemente perigosa
'**Papp|band** *m* <-(*e*)*s*; *-bände*> encadernação *f* em cartão; livro *m* cartonado; **~deckel** *m* cartão *m*; **~e** *f* cartão *m*, papelão *m*, *bras a* cartolina *f*
'**Pappel** *BOT* ['papəl] *f* <-; *-n*> choupo *m*
'**pappen** ['papən] F (*kleben*) pegar; **2heimer** [-haımər] *m/pl*: ***seine ~ kennen*** F conhecer a sua gente; **2stiel** F *m* bagatela *f*
'**papp|ig** ['papiç] pastoso; **2karton** *m* <-*s*; *-s*> cartão *m*, caixa *f* de papelão; **2maché, 2maschee** ['-maʃeː] *n* <-*s*; *-s*> papel *m* maché; **2schnee** *m* <-*s*; *sem pl*> neve *f* pegajosa
'**Paprika** ['paprika] *m* <-*s*; -(*s*)> *Frucht*: pimento *m*; *Gewürz*: colorau *m*; **~schote** *f* pimento *m*, pimentão *m*
Papst [paːpst] *m* <-(*e*)*s*; ¨*e*> Papa *m*, Sumo Pontífice *m*
'**päpstlich** ['pɛːpstliç] papal, pontifical; ***~er als der Papst*** mais papista do que o papa
'**Papsttum** *n* <-(*e*)*s*; *sem pl*> papado *m*; pontificado *m*; papismo *m*
'**Papua-Neuguinea** ['paːpua nɔygi'neːa] *n* Papuásia-Nova Guiné *f*
Pa'rabel [pa'raːbəl] *f* <-; *-n*> parábola *f*
Para'bol|antenne [para'boːl-] *f* antena *f* parabólica; **~spiegel** *m* refle(c)tor *m* parabólico
Pa'rade [pa'raːdə] *f* parada *f* (*a Fechtkunst*), *MIL a* desfile *m*, revista *f*; ***die ~ abnehmen*** passar em revista
Para'dies [para'diːs] *n* <-*es*; *-e*> paraíso *m*; **2isch** [-iʃ] paradisíaco
para'dox [para'dɔks] paradoxo, paradoxal
Paraf'fin [para'fiːn] *n* <-*s*; *-e*> parafina *f*
Para'graph [para'graːf] *f* <-*en*> parágrafo *m*; (*Gesetzes2*) artigo *m*
paral'lel [para'leːl] paralelo (***zu*** a); **2e** *f* paralela *f*; *fig u* **2o'gramm** [-lo'gram] *n* <-*s*; *-e*> paralelograma *m*; **2schaltung** *EL f* ligação *f* em paralelo
Para'lyse [para'lyːzə] *f* paralisia *f*

parano'id [parano'iːt] *MED* paranóico
'**Paranuss** ['para-] *f* <-; ¨*e*> nozdo-pará *f*
para'phier|en [para'fiːrən] <-> rubricar; **2ung** *f* rubrica *f*
Para|'sit [-'ziːt] *m* <-*en*> parasita *m*; '**~typhus** ['paratyfus] *m inv MED* paratifo *m*
'**Pärchen** ['pɛːrçən] *n* casalinho *m*, parzinho *m*, *bras* casalzinho *m*
Par'don [par'dɔŋ] *m* <-*s*; *sem pl*> perdão *m*
Paren'these [parɛn'teːzə] *f* parêntese *m*; ***in ~*** entre parênteses
Par'füm [par'fyːm] *n* <-*s*; *-e od -s*> perfume *m*; **~e'rie** [-ə'riː] *f* perfumaria *f*; **2'ieren** <-> perfumar
pa'rieren [pa'riːrən] <-> (*gehorchen*) obedecer
Pa'riser(in *f*) [pa'riːzər] *m* parisiense *su*; (*Kondom*) F camisa *f* de vénus, camisinha *f*
Pari'tät [pari'tɛːt] *f* igualdade *f* de direitos; paridade *f*; **2isch** igual
Park [park] *m* <-*s*; *-s*> parque *m*; '**~anlage** *f* jardim *m* público; '**2en** *Auto*: estacionar; '**~en** *n* estacionamento *m*
Par'kett [par'kɛt] *n* <-(*e*)*s*; *-e*> *TEA* plateia (*é) *f*; = **~(*fuß*)*boden*** *m* <-*s*; ¨> parquete *m*
'**Park|haus** *n* <-*es*; ¨*er*> edifício *m* para estacionamento de automóveis, auto-silo *m*, *bras* edifício-garagem *m*; **~kralle** *f* garra *f* de bloqueio das rodas; **~lücke** *f* lugar *m* livre para estacionamento; **~platz** *m* <-*es*; ¨*e*> (parque *m* de) estacionamento *m*, *Taxis*: praça *f*; **~scheibe** *f* disco *m* de estacionamento; **~uhr** *f* parquímetro *m*; **~verbot** *n* <-(*e*)*s*; *-e*> estacionamento *m* proibido; proibição *f* de estacionar
Parla'ment [parla'mɛnt] *n* <-(*e*)*s*; *-e*> parlamento *m*, Câmara *f* dos Deputados; *in Portugal*: Assembleia *f* Nacional; **~'arier(in** *f*) [-'taːriər] *m* deputado *m*, -a *f*, parlamentar *su*; **2'arisch** [-'taːriʃ] parlamentar
Parme'san(käse) [parme'zaːn-] *m* <-*s*; *sem pl*> parmesão *m*
Paro'd|ie [paro'diː] *f* paródia *f*; **2ieren** <-> parodiar; **2istisch** paródico

Parodon'tose [parodɔn'toːzə] *f* *MED* parodontose *f*
Pa'role [pa'roːlə] *MIL* *f* santo-e-senha *f* (***ausgeben*** dar); slogan *m*
Par'tei [par'taɪ] *f* partido *m* (***ergreifen*** tomar; ***eintreten in*** *ac* filiar-se em); fra(c)ção *f*; *JUR* parte *f*; ***~ ergreifen für*** tomar o partido de
Par'tei|apparat *m* <-(*e*)*s*; -*e*> aparelho *m* partidário; **~buch** *n* <-(*e*)*s*; ⍨*er*> caderneta *f* de membro do partido; **~führer** *m* (**~führung** *f*) chefe *m* (dire[c]ção *f*) do partido; **~gänger** [-gɛŋər] *m* partidário *m*; adepto *m*; **≈isch, ≈lich** fa(c)cioso, parcial; **≈los** independente; neutro; **~mitglied** *n* <-(*e*)*s*; -*er*> membro *m* do partido; partidário *m*; **~nahme** [-naːmə] *f* parcialidade *f*; ***~ für*** adesão *f* a; **~tag** *m* <-(*e*)*s*; -*e*> Congresso *m* do Partido; **~zugehörigkeit** *f* filiação *f* partidária
Par'terre [par'tɛr(ə)] *n* <-*s*; -*s*> rés-do-chão *m*; *bras* andar *m* térreo
Par'tie [par'tiː] *f* (*Ausflug*) excursão *f*; (*Heirat*) partido *m*; (*Spiel*) partida *f*; *Teil* (*a MÚS*) parte *f*; *ECON* lote *m*; ***von der ~ sein*** tomar parte
parti'ell [partsi'ɛl] parcial
Par'tikel [par'tikəl] *n* <-*s*; -> (*Teilchen*) *u GRAM* *f* <-; -*n*> partícula *f*
Parti'san [parti'zaːn] *m* <-*s od* -*en*; -*en*> guerrilha *m*, guerrilheiro *m*
Parti'tur [parti'tuːr] *f* partitura *f*
Parti'zip [parti'tsiːp] *n* <-*s*; -*ien*> particípio *m* (***erstes*** do presente; ***zweites*** passado)
'Partner|(in *f*) *m* companheiro *m*, -a *f*; *ECON* sócio *m*, -a *f*; *Gespräch*: interlocutor(a *f*) *m*; *Spiel*: parceiro *m*, -a *f*; *Tanz*: par *su*; *TEA* ***j-s ~ sein*** contracenar com alg; **~schaft** *f* associação *f*, parceria *f a ECON*; *e-s Paares*: relacionamento *m*, relação *f*; **~stadt** *f* <-; ⍨*e*> cidade *f* geminada, *bras* cidade-irmã *f*
'Party ['paːrti] *f* <-; -*s*> festa *f*; **~service** *m* catering *m*, party service *m*
Par'zell|e [par'tsɛlə] *f* parcela *f*; lote *m*; **≈'ieren** <-> parcelar; lotar
'Paspel ['paspəl] *f* <-; -*n*> galão *m*
Pass [pas] *m* <-*es*; ⍨*e*> (*Reise≈*) passaporte *m*; *GEOGR*: desfiladeiro *m*; *Sport*: passe *m*; → ***~gang***
pas'sabel [pa'saːbəl] aceitável, admissível

Pas'sage [pa'saːʒə] *f* passagem *f*; (*a NAV*) travessa *f*; (*Stück, Teil*) passo *m*
Passa'gier [pasa'ʒiːr] *m* <-*s*; -*e*> passageiro *m* (***blinder*** clandestino); **~flugzeug** *n* <-(*e*)*s*; -*e*> avião *m* de passageiros; **~schiff** *n* <-(*e*)*s*; -*e*> navio *m* de passageiros, paquete *m*
'Passamt *n* <-(*e*)*s*; ⍨*er*> repartição (*od* se[c]ção) *f* de passaportes
Pas'sant [pa'sant] *m* <-*en*>, **~in** *f* transeunte *su*
'Passbild *n* <-(*e*)*s*; -*er*> fotografia *f* de passaporte
'passen ['pasən] <-*t*> servir, caber; *TÉCN* ajustar; *Kleidung*: assentar; (*genehm sein*) convir; não fazer diferença; *Spiel*: passar; ***zu et ~*** dizer bem com a/c, fazer jogo com a/c, prestar-se a a/c, *bras* combinar com a/c; *j-d*: ***in et ~*** caber em; ***das passt mir nicht*** *fig* isso não me convém; ***zu j-m ~*** ser próprio de alg; ***zueinander ~*** condizer; quadrar; adaptar-se; convir; **~d** *adj* justo; próprio; conveniente; (*günstig*) oportuno
'Passgang *m* <-(*e*)*s*; ⍨*e*> andadura *f*
pas'sier|bar [pa'siːrbar] transitável; praticável; **~en** < *v/i*; *sn*; - > passar (*a v/t*); suceder, acontecer; **≈schein** *m* <-(*e*)*s*; -*e*> passe *m*, bilhete *m* de livre trânsito
Passi'on [pasi'oːn] *f* paixão *f*; *REL* Paixão *f*; **≈'iert** [-o'niːrt] apaixonado; **~sspiel** *n* <-(*e*)*s*; -*e*> Mistério *m* da Paixão; **~szeit** *f* quaresma *f*
'passiv ['pasiːf] **1.** *adj* passivo; **2. ≈** *n* <-*s*; *sem pl*> *GRAM* voz *f* passiva; **≈a** [pa'siːva] *n/pl* passivo *m*; **≈i'tät** [-sivi'tɛːt] *f* passividade *f*
'Pass|kontrolle *f* controlo (*bras* controle) *m* de passaportes; **~stelle** *f* repartição *f* de passaportes
'Past|e ['pastə] *f* pasta *f*; **~'ell** [-s'tɛl] *n* <-(*e*)*s*; -*e*> pastel *m*; **~'ellfarbe** *f* cor *f* pastel; **~'ellmalerei** *f* <sem pl> pintura *f* a pastel; **~'ete** [-s'teːtə] *f* pastel *m*; empada *f*, *kleine*: rissol *m*; **≈euri'sieren** [-tœri'ziːrən] <-> pasteurizar
'Pastor ['pastɔr] *m* <-*s*; -*en* [-'toːrən]>, **~in** [-'toːrin] *f* pastor(a *f*) *m*; sacerdote *su* (protestante)
'Pat|e ['paːtə] *m* <-*n*> padrinho *m*; ***~ stehen bei*** apadrinhar (*ac*); **~engeschenk** *n* <-(*e*)*s*; -*e*> prenda *f* de ba(p)tizado, *bras* presente *m* de ba-

P

tismo; **~enkind** *n* <-(*e*)*s*; *-er*> afilhado *m*, -a *f*; **~enschaft** *f* patrocínio *m*; **~enstelle** *f*: **~ vertreten bei** apadrinhar (*ac*)
Pa'tent [pa'tɛnt] **1.** *n* <-(*e*)*s*; *-e*> patente *f*; diploma *m*; **2. ♀** F *adj* prático; *j-d*: *a* jeitoso; **~amt** *n* <-(*e*)*s*; *‥er*> registo *m* de patentes; **~anwalt** *m* <-(*e*)*s*; *‥e*> agente *m* de patentes; **♀'ieren** <-> patentear; ***sich*** (*dat*) ***et ~ lassen*** tirar patente de a/c; **~inhaber** *m* detentor *m* de uma patente; **~rezept** *n*: ***kein ~ haben für et*** não ter receita para a/c; **~schutz** *m* <*-es*; *sem pl*> prote(c)ção *f* da patente
'Pater ['pa:tər] *m* <*-s*; *- od Patres*> Padre *m*; **~'noster** [-'nɔstər] **a)** *n inv* padre-nosso *m*, rosário *m*; **b)** *TÉCN m* (*Aufzug*) elevador *m* contínuo
pa'thetisch [pa'te:tiʃ] patético
Patho'log|e [pato'lo:gə] *m* <*-en*>, **~in** *f* patologista *su*; **~'ie** [-lo'gi:] *f* <*sem pl*> patologia *f*; **♀isch** patológico
'Pathos ['pa:tɔs] *n* <-; *sem pl*> patético *m*; *Stil*: ênfase *f*; patetismo *m*
Pati'ent(in *f*) [patsi'ɛnt] *m* <*-en*> doente *su*
'Patin ['pa:tin] *f* madrinha *f*
Patri'arch [patri'arç] *m* <*-en*> patriarca *m*; **♀'alisch** [-'ça:liʃ] patriarcal
Patri'ot [patri'o:t] *m* <*-en*>, **~in** *f* patriota *su*; **~'ismus** [-'tis-] *m* patriotismo *m*
Pa'tron [pa'tro:n] *m* <*-s*; *-e*> patrão *m*; (*Schutz♀*) padroeiro *m*; *übler etc* ~ tipo ..; **~'at** [-o'na:t] *n* <-(*e*)*s*; *-e*> *REL* padroado *m*, *bras* patronato *m*; *Fest etc*: patrocínio *m*
Pa'trone [pa'tro:nə] *f* cartucho *m*; **~ngurt** *m* <-(*e*)*s*; *-e*> canana *f*, cartucheira *f*; **~nhülse** *f* cápsula *f*; cartucho *m* vazio; **~nmagazin** *n* <*-s*; *-e*> carregador *m*
Pa'trouill|e [pa'truljə] *f* patrulha *f*; (*Stadt♀*) ronda *f*; **~enboot** *n* <-(*e*)*s*; *-e*> patrulha *m*; **♀'ieren** <-; *sn*> patrulhar; fazer ronda
'Patsche ['patʃə] *f* F (*Hand*) mão *f*; (*Pfütze*) charco *m*; atoleiro *m*; *fig* ***in der ~ sein*** (*od* ***sitzen***) estar num autêntico atoleiro; ***j-m aus der ~ helfen*** F tirar alg de apuros; **♀'nass** F molhado até aos ossos

'Patz|er ['patsər] *m* gafe *f*; **♀ig** arrogante, impertinente, rabugento
'Pauk|e ['paʊkə] *f* timbale *m*; ***auf die ~ hauen*** F (*feiern*) festejar ruidosamente; (*angeben*) armar aos cucos; **♀en** F (*lernen*) meter na cabeça, marrar; **~er** F *m* (*Lehrer*) professor *m*
'pausbäckig ['paʊsbɛkiç] bochechudo
Pau'schal... [paʊ'ʃa:l] *in Zssgn* global; **~e** *f* soma *f* global; **~reise** *f* viagem *f* com tudo incluído
'Pause ['paʊzə] *f* **a)** pausa *f*; intervalo *m*; aberta *f*; **b)** (*Durchzeichnung*) calco *m*, cópia *f*
'pausenlos *adv* ininterruptamente
'Paus|enzeichen *n MÚS* pausa *f*; *Radio*: sinal *m* (da rádio); **♀'ieren** <-> pausar, parar; interromper (o trabalho)
'Pauspapier *n* <*-s*; *-e*> papel *m* transparente; papel *m* químico
'Pavian ['pa:via:n] *m* <*-s*; *-e*> babuíno *m*
'Pavillon ['paviljõ, -o:n] *m* <*-s*; *-s*> pavilhão *m*
Pazi'fis|mus [patsi'fismus] *m* <-; *sem pl*> pacifismo *m*; **~t** *m* <*-en*>, **~tin** *f* pacifista *su*; **♀tisch** pacifista
PC® [pe:'tse:] *m* <*-s*; *-s*> ***Personalcomputer*** computador *m* pessoal
Pech [pɛç] *n* <-(*e*)*s*; *sem pl*> pez *m*, breu *m*; *fig* azar *m*, má sorte *f*; F macaca *f*; **♀schwarz** <*sem pl*> negro como azeviche *m*; *Nacht*: escuro; **'~strähne** *f fig* mavé *f* de azar; **'~vogel** *m* <*-s*; *‥*> azarento *m*, pessoa *f* de pouca sorte, *bras* pé *m* frio
Pe'dal [pe'da:l] *n* <*-s*; *-e*> pedal *m*
Pe'dant [pe'dant] *m* <*-en*> pessoa *f* miúda (*od* mesquinha); **~e'rie** [-ə'ri:] *f* miudeza *f*; mesquinharia *f*; **♀isch** miúdo, mesquinho
Pedi'küre [pedi'ky:rə] *f* tratamento *m* dos pés; *j-d*: pedicura *f*
'Pegel ['pe:gəl] *m* fluviómetro (*ô) *m*; marégrafo *m*; **~stand** *m* <-(*e*)*s*; *‥e*> nível *m* da água
'Peil|antenne ['paɪl-] *f* antena *f* radiogoniométrica; **♀en** *NAV u* (*AV*) orientar-se (por [radio]goniometria); **~funk** *m* <-(*e*)*s*; *sem pl*> radiogoniometria *f*; **~station** *f* radiofarol *m*; **~ung** *f NAV u* (*AV*) orientação *f* ([radio]goniométrica)

Pein [paɪn] *f <sem pl>* tormento *m*; sofrimento *m*; tortura *f*; **'⁓igen** ['-igən] atormentar, torturar; **'⁓iger** ['-igər] torturador *m*; **'⁓lich** penoso; *j-d a*: meticuloso; *j-m*: desagradável; **⁓ *sein*** ser embaraçoso; **⁓ *berührt*** mal impressionado, melindrado

'Peitsch|e ['paɪtʃə] *f* chicote *m*; açoite *m u f*; **⁓en** chicotear, fustigar, vergastar; *j-n*: *a* açoitar; **⁓enhieb** *m <-(e)s; -e>* chicotada *f*

pekuni'är [pekuni'ɛːr] pecuniário, financeiro

Pele'rine [pelə'riːnə] *f* capa *f*; manto *m*, *bras a* pelerine *f*

'Pelikan ['peːlikaːn] *m <-s; -e>* pelicano *m*

'Pell|e ['pɛlə] *f nd* casca *f*; pele *f*; **⁓en** descascar; **⁓kartoffeln** *f/pl* batatas *f/pl* cozidas com a casca

Pelz [pɛlts] *m <-es; -e>* pele *f*; peliça *f*; **'⁓geschäft** *n <-(e)s; -e>* pelaria *f*; **'⁓händler** *m* peleiro *m*; **'⁓jacke** *f* casaco *m* (curto) de peles; **'⁓mantel** *m <-s; ⸚>* casaco *m* de peles; peliça *f*; **'⁓stiefel** *m* bota *f* forrada de peles; **'⁓waren** *f/pl* peles *f/pl*

Pen'dant [pɑ̃'dɑ̃ː] *n <-s; -s>* correspondente *m*; ***ein ⁓ bilden*** fazer jogo (***zu*** com)

'Pendel ['pɛndəl] *n* pêndulo *m*; (*Uhr⁓*) *a* pêndula *f*; **⁓ausschlag** *m <-(e)s; ⸚e>* amplitude *f* das oscilações do pêndulo; **⁓n** *<v/t (h)*; *v/i (sn)*; *-le>* oscilar; **⁓tür** *f* porta *f* de vaivém; **⁓verkehr** *m <-s; sem pl>* serviço *m* (*od* tráfego *m*) de ida e volta

'Pendler ['pɛndlər] *m* trabalhador *m* que viaja diariamente entre a casa e o local de trabalho; (*Grenzgänger*) trabalhador *m* fronteiriço

pene'trant [pene'trant] *Geruch*: penetrante; *Mensch*: maçante

pe'nibel [pe'niːbəl] meticuloso, minucioso

Penicil'lin, **Penizil'lin** [penitsi'liːn] *n <-s; sem pl>* penicilina *f*

'Penis ['peːnis] *m <-; -se a Penes>* pénis (*ê) *m*

Pen'n|äler [pɛ'nɛːlər] F *m* estudante *m* (do liceu, *bras* do ginásio); **'⁓bruder** *m <-s; ⸚>* F vagabundo *m*; **'⁓e** F *f* escola *f*; **'⁓en** F dormir

Pensi'on [pɑ̃zi'oːn, pɛnzi'oːn] *f* pensão *f* (***volle*** completa); casa *f* de hóspedes; (*Alters⁓*) reforma *f* (*a MIL*), *bras a* aposentadoria *f*; (*Hinterbliebenen⁓*) pensão *f*; **⁓'är** [-o'nɛːr] *m <-s; -e>*, **⁓'ärin** *f* pensionista *su*; *Schüler*: interno *m*; **⁓'ieren** *<->* reformar, aposentar; ***sich ⁓ lassen*** pedir a reforma, *bras* aposentar-se, *MIL* reformar-se; **⁓'iert** [-'niːrt] reformado, aposentado, jubilado; **⁓'ierung** [-'niːruŋ] *f* reforma *f*, aposentação *f*, *bras* aposentadoria *f*; **⁓sberechtigt** com direito à reforma (*bras* aposentadoria); **⁓spreis** *m <-es; -e>* diária *f*

'Pensum ['pɛnzum] *n <-s; Pensa od Pensen>* matéria *f*, programa *m*

per [pɛr] por; **⁓ *Adresse*** ao cuidado de (*Abk* a/c)

per'fekt [-'fɛkt] **1.** *adj* perfeito; **⁓ *machen*** concluir; **2.** **'⁓** *n <-(e)s; -e>* pretérito *m* (perfeito *od* definitivo), perfeito *m*; **⁓i'on** [-tsi'oːn] *f <sem pl>* perfeição *f*

perfo'rieren [-fo'riːrən] *<->* perfurar

Perga'ment [pɛrga'mɛnt] *n <-(e)s; -e>* pergaminho *m*

Peri'od|e [peri'oːdə] *f* período *m*; **⁓isch** periódico

Periphe'rie [perife'riː] *f* periferia *f*; circunferência *f*; **⁓gerät** *n <-(e)s; -e> INFORM* periférico *m*

Peri'skop [peris'koːp] *n <-s; -e>* periscópio *m*

'Perl|e ['pɛrle] *f* pérola *f* (*a fig*); **⁓en** brilhar, borbulhar; **⁓en...**: *in Zssgn* de pérolas; **⁓grau** aperolado; **⁓huhn** *n <-(e)s; ⸚er>* galinha-de-angola *f*, galinha-da-índia *f*; **⁓muschel** *f <-; -n>* ostra *f* perolífera; **⁓mutt(er)** *f <sem pl>* madrepérola *f*, nácar *m*

perma'nen|t [pɛrma'nɛnt] permanente; **⁓z** *f <sem pl>* permanência *f*

per'plex [pɛr'plɛks] perplexo; consternado

Per'senning [pɛr'zɛniŋ] *f <-; -s>* lona *f* impermeável

'Pers|er(in *f*) ['pɛrzər] *m* persa *su*; **⁓erteppich** *m <-s; -e>* tapete *m* persa; **⁓i'aner** [-zi'aːnər] *m* astracã *f*; **⁓ien** ['perziən] *n* Pérsia *f*; **⁓isch** pérsio, persa; *Golf*: Pérsico

Per'son [pɛr'zoːn] *f* pessoa *f* (***in eigener*** em); *TEA* personagem *f*; ***ich für meine ⁓*** cá por mim

P

Perso'nal [pɛrzo'naːl] *n* <*-s; sem pl*> pessoal *m*; **~abbau** *m* <*-s; sem pl*> redução *f* de pessoal; **~abteilung** *f* serviço *m* do pessoal (*od* dos recursos humanos); **~akte** *f* folha *f* de serviços; processo *m*; **~ausweis** *m* <*-es; -e*> bilhete *m* (*bras* carteira *f*) de identidade; cédula *f* pessoal (*bras* de identidade); **~chef** *m* <*-s; -s*>, **~chefin** *f* chefe *su* do pessoal, dire(c)tor(a *f*) *m* dos recursos humanos; **~computer** *m* computador *m* pessoal; **~ien** [-iən] *pl* dados *m/pl* pessoais; papéis *m/pl* de identidade; documentação *f/sg*; **~union** *f* POL dualismo *m*; união *f*

Per'sonen|aufzug *m* <*-(e)s; ¨e*> elevador *m*; **~beförderung** *f* transporte *m* de passageiros; transporte *m* cole(c)tivo; **~kraftwagen** *m* automóvel (*od* carro) *m* particular (*od* ligeiro); **~kult** *m* <*-(e)s; -e*> culto *m* pessoal; **~schaden** *m* <*-s; sem pl*> dano *m* pessoal; danos *m/pl* físicos; **~stand** *m* <*-(e)s; sem pl*> estado *m* civil; **~verkehr** *m* <*-s; sem pl*> tráfego *m* de passageiros; **~zug** *m* <*-(e)s; ¨e*> comboio *m*, *bras* trem *m*

per'sönlich [pɛr'zøːnliç] pessoal; *adv a* em pessoa; **~ werden** (**nehmen**) ofender(-se); **Ձkeit** *f* personalidade *f*; (***hohe***) **~** (alta) individualidade *f*; (***offizielle***) **~** entidade *f* (oficial)

Perspek'tiv|e [pɛrspɛk'tiːvə] *f* perspe(c)tiva *f*; **Ձisch** perspe(c)tívico

Pe'ru [pe'ru] *n* Peru *m*

Peru'an|er(in *f*) [peru'aːnər] *m*, **Ձisch** peruano *m*, -a *f*, do Peru

Pe'rücke [pɛ'rykə] *f* cabeleira *f*; chinó *m*

per'vers [pɛr'vɛrs] perverso, depravado

Pes'sar [pɛ'saːr] *n* <*-s; -e*> pessário *m*

Pessi'mis|mus [pɛsi'mismus] *m* <*-; sem pl*> pessimismo *m*; **~t(in** *f*) *m* <*-en*> pessimista *su*; **Ձtisch** pessimista

Pest [pɛst] MED *f* <*sem pl*> peste *f*; ***Beulen*Ձ** peste *f* bubónica (*ô); **'~beule** *f* bubão *m*; **~i'zid** [pɛsti'tsiːt] *n* <*-s; -e*> pesticida *m*

Peter'silie [petər'ziːliə] *f* salsa *f*

Petiti'on [petitsi'oːn] *f* petição *f*

Pe'trolchem|ie [pe'troːl-] *f* <*sem pl*> petroquímica *f*; **Ձisch** petroquímico

Pe'troleum [pe'troːleum] *n* <*-s; sem pl*> petróleo *m*; **~kocher** *m* fogareiro *m* a petróleo; **~lampe** *f* candeeiro *m* de petróleo, *bras* lampião *m* de querosene

'petto ['pɛto]: ***et in ~ haben*** ter um trunfo na manga

'petzen ['pɛtsən] <*-t*> F dar com a língua nos dentes

Pf. ***Pfennig*** moeda alemã 0,01 DM

Pfad [pfaːt] *m* <*-(e)s; -e*> atalho *m*; senda *f*; trilho *m*; **'~finder** *m* escoteiro *m*

'Pfaffe ['pfafə] <*-n*> P padreco *m*

Pfahl [pfaːl] *m* <*-(e)s; ¨e*> estaca *f*; (*Mast*) poste *m*; (*Baum*Ձ, *Wein*Ձ) tanchão *m*, mourão *m*; **'~bau** *m* <*-(e)s; -ten*> habitação *f* lacustre (*bras a* pala fita); **'~werk** *n* <*-(e)s; -e*> estacaria *f*; MIL paliçada *f*; **'~wurzel** *f* <*-; -n*> raiz *f* mestra

Pfalz [pfalts] *f* Palatinado *m*

Pfand [pfant] *n* <*-(e)s; ¨er*> penhor *m*; fiança *f*; prenda *f*; (*Flaschen*Ձ *etc*) depósito *m*; **'~brief** *m* <*-(e)s; -e*> (título *m* de) hipoteca *f*

'pfänd|en ['pfɛndən] <*-e-*> penhorar, *j-n*: *a* executar; **Ձerspiel** *n* <*-(e)s; -e*> jogo *m* de prendas

'Pfand|flasche *f* garrafa *f* com depósito; **~haus** *n* <*-es; ¨er*> casa *f* de penhores; P prego *m*; **~schein** *m* <*-(e)s; -e*> cautela *f* de penhor

'Pfändung ['pfɛnduŋ] *f* penhora *f*

'Pfann|e ['pfanə] *f groß*: sertã *f*; *normal*: frigideira *f*; ANAT (*Gelenk*Ձ) cótilo *m*; **~kuchen** *m* crepe *m*; (***Berliner***) **~** bola *f* (*bras* bolinho *m*) de Berlim, *bras* panqueca *f*

'Pfarr|amt ['pfar-] *n* <*-(e)s; ¨er*> curato *m*; *Funktion*: *a* sacerdócio *m*; **~bezirk** *m* <*-(e)s; -e*>, **~e** *f* paróquia *f*; **~er** *m katholisch*: cura *m*, pároco *m*; *protestantisch*: pastor *m*; **~erin** *f nur protestantisch*: pastora *f*; **~haus** *n* <*-es; ¨er*>; presbitério *m*; **~kirche** *f* igreja *f* paroquial

Pfau [pfaʊ] *m* <*-(e)s; -en*> pavão *m*

'Pfeffer ['pfɛfər] *m* pimenta *f*; F ***da liegt der Hase im ~*** aí está o caso; **~kuchen** *m* pão *m* de especie; broa *f* de Natal; **~minze** *f* BOT hortelã-pimenta *f*; **~minztee** *m* <*-s; -s*> chá *m* de hortelã(-pimenta); **~müh-**

le *f* moinho *m* de pimenta; **℥n** <-*re*> apimentar; ***gepfeffert*** *fig* picante; *Preis*: exorbitante; **~strauch** *m* <-(*e*)*s*; ⸚*er*> pimenteiro *m*

'Pfeife ['pfaɪfə] *f für Schiedsrichter, Polizist etc*: apito *m*, assobio *m*; (*Dampf℥*) sereia *f*, *bras* sirene *f*; MÚS pífaro *m*; flautim *m*; (*Orgel℥*) tubo *m*; (*Tabaks℥*) cachimbo *m*; **℥n** apitar; *j-d*: assobiar; tocar o pífaro; ***auf*** (*ac*) **~** *fig* rir-se de, fazer pouco de

Pfeil [pfaɪl] *m* <-(*e*)*s*; -*e*> frecha *f*, seta *f*, *bras* flecha *f*; **'~er** *m* pilar *m*, pilastre *f*; **'~gift** *n* <-(*e*)*s*; -*e*> curare *m*; **'℥schnell** <*sem pl*> como um raio; **'~schuss** *m* <-*es*; ⸚*e*> setada *f*, *bras* flechada *f*

'Pfennig ['pfɛnɪç] *m* <-*s*; -*e*; *als Maß im pl inv*> (centésima parte do marco) pfennig *m*; **~fuchser** ['-fuksər] F *m* sovina *m*

Pferch [pfɛrç] *m* <-(*e*)*s*; -*e*> redil *m*, aprisco *m*, curral *m*; **'℥en** encurralar

Pferd [pfeːrt] *n* <-(*e*)*s*; -*e*> cavalo *m*; *Turngerät*: cavalo *m* de pau; ***mit ihm kann man ~e stehlen*** *fig* ele é um excelente companheiro

'Pferde|apfel ['pfeːrdə-] *m* <-*s*; ⸚> esterco *m* de cavalo; **~fuß** *m* <-*es*; ⸚*e*> *fig* senão *m*; **~händler** *m* contratador *m* de cavalos; **~rennbahn** *f* hipódromo *m*; **~rennen** *n* corrida *f* (de cavalos); concurso *m* hípico; **~schwanz** *m* <-*es*; ⸚*e*> cauda *f* de cavalo; *Frisur*: rabo *m* de cavalo; **~sport** *m* <-(*e*)*s*; *sem pl*> hipismo *m*; **~stall** *m* <-(*e*)*s*; ⸚*e*> cavalariça *f*; **~stärke** TÉCN *f* (*Abk* **PS**) cavalo-vapor *m* (*Abk* CV), cavalo-força *m*; **~zucht** *f* <*sem pl*> criação *f* de gado cavalar (*bras* equino); coudelaria *f*

Pfiff [pfɪf] *m* <-(*e*)*s*; -*e*> assobio *m*, apito *m*; *fig* jeito *m*, manha *f*; **'~erling** ['-ərlɪŋ] BOT *m* <-*s*; -*e*> cantarelo *m*; fungo *m*; *fig* ***keinen ~ wert sein*** não valer um figo (*bras* vintém); **'℥ig** esperto; finório, manhoso; **'~igkeit** *f* <*sem pl*> esperteza *f*, manha *f*; finura *f*; **'~ikus** ['-ikus] *m* <-; -*se*> espertalhão *m*

'Pfingst|en ['pfɪŋstən] *n*, *a pl* <-; *sem pl*> Espírito *m* Santo; Pentecostes *m*; **~rose** BOT *f* peónia (*ô) *f*

'Pfirsich ['pfɪrzɪç] *m* <-(*e*)*s*; -*e*> pêssego *m*; **~baum** *m* <-(*e*)*s*; ⸚*e*> pessegueiro *m*

'Pflanz|e ['pflantsə] *f* planta *f*; ***~en fressend*** herbívoro; **℥en** <-*t*> plantar

'Pflanzen|fett *n* <-(*e*)*s*; -*e*> gordura *f* vegetal; **~kunde** *f* <*sem pl*> botânica *f*; **~reich** *n* <-(*e*)*s*; *sem pl*> reino *m* vegetal; **~schutzmittel** *n* inse(c)ticida *m*

'Pflanz|er ['pflantsər] *j-d*: colono *m*; *a et*: plantador *m*; **℥lich** vegetal; **~ung** *f* plantação *f*

'Pflaster ['pflastər] *n* (*Heft℥*) adesivo *m*, esparadrapo *m* (***auflegen*** aplicar); (*Straßen℥*) calçada *f*, pavimento *m*; pavimentação *f*; **℥n** <-*re*> *Straßen*: calçar; calcetar, empedrar; *mit Fliesen*: ladrilhar, lajear; **~stein** *m* <-(*e*)*s*; -*e*> pedra *f* de calçada

'Pflaume ['pflaʊmə] *f* ameixa *f* (***getrocknete*** seca); *fig* nabo *m*, palerma *m*; **~nbaum** *m* <-(*e*)*s*; ⸚*e*> ameix(o)eira *f*; **~nmus** *n* <-*es*; -*e*> doce *m* de ameixas

'Pflege ['pfleːgə] *f* tratamento *m*, cuidado(s) *m* (*pl*); assistência *f*; *Garten*: cultura *f*; *geistige*: cultivo *m*; (*Förderung*) prote(c)ção *f*; TÉCN manutenção *f*; **℥bedürftig**: ***~ sein*** precisar de assistência (*od* de tratamento, *od* de cuidados); **~eltern** *pl* pais *m*/*pl* de criação; **℥leicht** de lavagem facil; *fig* de bom (*od* fácil) trato

'pflegen *v*/*t* cuidar de, tratar (de) (*beide a refl*); atender a; *Freundschaft, Künste*: cultivar; *Umgang*: ter; ***~ zu*** (*inf*) costumar (*inf*)

'Pflege|personal *n* <-*s*; *sem pl*> pessoal *m* sanitário; **~r(in** *f*) *m* MED enfermeiro *m*, -a *f*; JUR curador(a *f*) *m*; (*Vormund*) tutor(a *f*) *m*

'pfleglich ['pfleːklɪç] *adv* cuidadosamente

Pflicht [pflɪçt] *f* dever *m*, obrigação *f*; obrigatoriedade *f*; **'℥bewusst** consciente do(s) dever(es); cumpridor; **'~bewusstsein** *n* <-*s*; *sem pl*> consciência *f* do(s) seu(s) dever(es); **'℥eifrig** zeloso; **'~erfüllung** *f* cumprimento *m* do dever; **'~fach** *n* <-(*e*)*s*; ⸚*er*> disciplina *f* obrigatória; cadeira *f* obrigatória; **'~gefühl** *n* <-*s*; *sem pl*> sentimento *m* do dever; **'℥gemäß** devido; **'~teil** JUR *m od n*

<-(*e*)*s*; -*e*> legítima *f*; '**2vergessen** descuidado (dos seus deveres); negligente; prevaricado; '**~verletzung** *f* falta *f* (ao dever); negligência *f*; prevaricação *f*; '**~versicherung** *f* seguro *m* obrigatório; '**~verteidiger** *m* JUR defensor *m* oficioso (*bras* público); '**2widrig** contrário ao dever; desleal
Pflock [pflɔk] *m* <-(*e*)*s*; ~*e*> cavilha *f*, estaca *f*, calço *m*
'**pflücken** ['pflykən] colher, apanhar
Pflug [pflu:k] *m* <-(*e*)*s*; ~*e*> arado *m*; charrua *f*
'**pflüg|en** ['pfly:gən] arar, lavrar; **2er** *m* arador *m*; lavrador *m*
'**Pflugschar** *f* selha *f*
'**Pforte** ['pfɔrtə] *f* porta *f*; portão *m*
'**Pförtner** ['pfœrtnər] *m* **a)** **~**, **~in** *f* porteiro *m*, -a *f*; **b)** ANAT piloro *m*
'**Pfosten** ['pfɔstən] *m* poste *m*; (*Tür2*) ombreira *f*
'**Pfote** ['pfo:tə] *f* pata *f*
Pfriem [pfri:m] *m* <-(*e*)*s*; -*e*> sovela *f*
'**Propf|en** ['prɔpfən] *m* (*Kork2*) rolha *f*; *dicker*: batoque *m*; '**2en** (ar)rolhar; tapar (*od* fechar) com rolha; BOT enxertar; '**~reis** BOT *n* <-*es*; -*er*> enxerto *m*
Pfuhl [pfu:l] *m* <-(*e*)*s*; -*e*> charco *m*, paul *m*
pfui! [pfui] que feio!, que vergonha!
Pfund *n* [pfunt] <-(*e*)*s*; -*e*; *als Maß im pl inv*> arrátel *m*, meio quilo *m*; **~ *Sterling*** libra *f* esterlina; '**2ig** [-diç], **~s...**: *in Zssgn* P formidável
'**pfusch|en** ['pfuʃən] trabalhar mal; charlatanear; aldrabar; **2er(in** *f*) *m* charlatão *m*, -ona *f*; aldrabão *m*, -ona *f*; **2e'rei** [-ə'raɪ] *f* charlatanice *f*; trabalho *m* mal feito
'**Pfütze** ['pfytsə] *f* poça *f* (de água), charco *m*, atoleiro *m*
Phäno'men [fɛno'me:n] *n* <-*s*; -*e*> fenómeno (*ô) *m*; **2'al** [-me'na:l] fenomenal
Phanta'sie *etc* → ***Fantasie*** *etc*
Phan'tast *etc* → ***Fantast*** *etc*
Phan'tom [fan'to:m] *n* <-*s*; -*e*> fantasma *m*; **~bild** *n* <-(*e*)*s*; -*er*> retrato-robot *m*
'**Pharma|industrie** ['farma-] indústria *f* farmacêutica; **~'zeut(in** *f*) *m* <-*en*> [-'tsɔyt], **2'zeutisch** farmacêutico *m*, -a *f*; **~'zie** [-'tsi:] *f* <*sem pl*> farmácia *f*
'**Phase** ['fa:zə] *f* fase *f*
Philan'trop [filan'tro:p] *m* <-*en*> filantropo *m*
Philate'lie [filate'li:] *f* <*sem pl*> filatelia *f*
philhar'monisch [fil-] filarmónico (*ô)
Phillip'pinen [fili'pi:nən] *pl* Filipinas *f*/*pl*
Philo'log|e [filo'lo:gə] *m* <-*n*> filólogo *m*; **~ie** [-lo'gi:] *f* <*sem pl*> filologia *f*; **2isch** filológico
Philo'soph [filo'zo:f] *m* <-*en*> filósofo *m*; **~'ie** [-zo'fi:] *f* <*sem pl*> filosofia *f*; **2'ieren** <-> filosofar, fazer filosofia; raciocinar; **2isch** [-'zo:fiʃ] filosófico
Phi'ole [fi'o:lə] *f* frasquinho *m*
'**Phlegma** ['flɛgma] *n* <-*s*; *sem pl*> fleuma *m*
Phleg'mat|iker [flɛg'ma:tikər] *m*, **2isch** fleumático *m*
pH-|neutral [pe:'ha:nɔy'tra:l] pH neutro; **~Wert** [-ve:rt] *m* valor pH *m*
Pho'net|ik [fo'ne:tik] *f* <*sem pl*> fonética *f*; **2isch** fonético
Phonoty'pistin [fonoty'pistin] *f* fonotipista *f*
Phos'phat [fɔs'fa:t] *n* <-*s*; -*e*> fosfato *m*
'**Phosphor** ['fɔsfɔr] *m* <-*s*; *sem pl*> fósforo *m*; **2es'zieren** [-forɛs'tsi:rən] <-> fosforescer; **~säure** *f* <*sem pl*> ácido *m* fosfórico
'**Photo...** → ***Foto...***
'**Phras|e** ['fra:zə] *f* frase *f*; *pl* ***~en!*** palavras *f*/*pl*!; palavrório *m*/*sg*!; **~endrescher** *m* palavreiro *m*, tagarela *m*, *bras* prosa *m*; **2enhaft** palavroso, verboso
Phy'sik [fy'zi:k] *f* <*sem pl*> física *f*; **2'alisch** [-i'ka:liʃ] físico
'**Physiker** ['fy:zikər] *m* físico *m*
Physio|gno'mie [fyziɔgno'mi:] *f* fisionomia *f*; **~'loge** [-'lo:gə] *m* <-*n*>, **~'login** *f* fisiologista *su*; fisiólogo *m*, -a *f*; **~lo'gie** [-lo'gi:] *f* <*sem pl*> fisiologia *f*; **2'logisch** [-'lo:giʃ] fisiológico; **~thera'peut(in** *f*) *m* <-*en*> fisioterapeuta *su*; **~thera'pie** *f* fisioterapia *f*
'**physisch** ['fy:siʃ] físico
Pia'n|ist(in *f*) [pia'nist-] *m* <-*en*> pianista *su*; **~o** [pi'a:no] *n* <-*s*; -*s*> piano *m*

'picheln ['piçəln] <*-le*> F beberricar

'Picke ['pikə] *f* picareta *f*

'Pickel ['pikəl] *m* picareta *f*; *MED* borbulha *f*; **≗ig** cheio de nódoas (*od* de borbulhas)

'picken ['pikən] picar; debicar

'Picknick ['piknik] *n* <*-s*; *-e od -s*> piquenique *m*; **≗en** fazer um piquenique

'piek|en ['piːkən] F *nd* picar; **~fein** F muito elegante; *j-d*: muito janota

'piep|en ['piːpən] piar, chiar; ***bei dir piept's wohl!*** F não regulas bem!; **≗matz** ['-mats] P *m* <*-es*; *⸚e*> passaroco *m*; **~sen** ['-sən] → ***~en***; **~sig** ['-ziç] fraquinho

Pier [piːr] *m* <*-s*; *-e*> molhe *m*; desembarcadouro *m*

'Piercing ['pirsiŋ] *n* piercing *m*

Pie'tät [pie'tɛːt] *f* <*sem pl*> piedade *f*; respeito *m*; ***aus ~ für*** em memória de; **≗voll** piedoso; discreto

Pig'ment [pig'mɛnt] *n* <*-(e)s*; *-e*> pigmento *m*

Pik [piːk] *n* <*-s*; *-s*> (*Berg*) pico *m*; *Kartenspiel*: espadas *f/pl*

pi'kant [pi'kant] picante; interessante

'Pike *f* lança; ***von der ~ auf*** desde o início

Pi'kee [pi'keː] *m* <*-s*; *-s*> piqué *m*

pi'kiert [pi'kiːrt] melindrado

'Pikkoloflöte ['pikolo-] *f* flautim *m*

Pikto'gramm [pikto'gram] *n* pictograma *m*

'Pilger|(in *f*) *m* ['pilgər-] peregrino *m*, -a *f*; romeiro *m*, -a *f*; **~fahrt** *f* peregrinação *f*; romaria *f*, romagem *f*; **≗n** <*-re*, *sn*> peregrinar, ir em romaria (***nach*** a); **~stab** *m* <*-(e)s*; *⸚e*> bordão *m*

'Pille ['pilə] *f* pílula *f* (*a* F *Antibaby≗*), grajeia *f*

Pi'lot [pi'loːt] *m* <*-en*> piloto *m*; **~enschein** *m AV* brevet *m*; **~projekt** *n* <*-(e)s*; *-e*> proje(c)to *m* piloto

Pilz [pilts] *m* <*-es*; *-e*> fungo *m*, cogumelo *m*; **~krankheit** *f* fungosidade *f*

'pingelig ['piŋəliç] F meticuloso, miudinho

PIN [pin] ***personal identification number*** pin *m*, código *m*

'Pinguin ['piŋguiːn] *m* <*-s*; *-e*> pinguim (*ü) *m*

'Pinie ['piːniə] *f* pinheiro *m*; **~nhain** *m* <*-(e)s*; *-e*> pinhal *m*; **~nkern** *m* <*-(e)s*; *-e*> pinhão *m*

'pinkeln ['piŋkəln] <*-le*> P mijar

'Pinscher ['pinʃər] *m* cão *m* fraldiqueiro (*od* fraldeiro)

'Pinsel ['pinzəl] *m* pincel *m*; *grober*: brocha *f*; *fig j-d*: simplório *m*; **~'ei** [-'laɪ] *f* borradura *f*; **≗n** <*-le*> pincelar; (*schmieren*) borrar; *j-n*: *MED* dar uma tintura a; **~strich** *m* <*-(e)s*; *-e*> pincelada *f*

Pin'zette [pin'tsɛtə] *f* pinça *f*

Pio'nier [pio'niːr] *m* <*-s*; *-e*> pioneiro *m*; *fig a* iniciador *m*; *MIL* sapador *m*, soldado *m* de engenharia; **~...**: *in Zssgn MIL* de engenharia, de sapadores

'Pipeline ['paɪplaɪn] *f* <*-*; *-s*> oleoduto *m*, pipeline *m*

Pi'pette [pi'pɛtə] *f* pipeta *f*

Pi'pi [pi'piː] *n* F: ***~ machen*** fazer chichi

Pi'rat [pi'raːt] *m* <*-en*> pirata *m*; **~ensender** *m* emissora *f* pirata

Pirsch [pirʃ] *f* caça *f*; **'≗en** <*h u sn*> caçar; aproximar-se (*od* ir) sorrateiramente

'pissen ['pisən] P <*-t*> mijar

Pis'tazie [pis'taːtsiə] *f port Pflanze u Frucht*: pistácia *f*; *bras Frucht*: pistácio *m*, *Baum*: pistácia *f*

'Piste ['pistə] *f* pista *f*

Pis'tol|e [pis'toːlə] *f* pistola *f*; **~enschuss** *m* <*-es*; *⸚e*> pistolada *f*

pitto'resk [pito'rɛsk] pitoresco

'Pixel ['piksel] *INFORM* ponto *m*, *bras a* pixel *m*

'Pizza ['pitsa] *f* <*-*; *-s a Pizzen*> pizza *f*

Pkw, PKW ['peːkaːveː] *m* <*-*; *-*, *a -s*> ***Personenkraftwagen*** automóvel

pla'cieren [pla'tsiːrən] <*-*> → ***platzieren***

'placke|n ['plakən] F: ***sich ~*** esfalfar-se, maçar-se; **≗'rei** [-'raɪ] F *f* vexação *f*; maçada *f*

plä|'dieren [plɛ'diːrən] <*-*>: ***~*** (***für***) defender, advogar (a causa de); **≗do'yer** [-doa'jeː] *n* <*-s*; *-s*> *JUR* defesa *f*; discurso *m* final

'Plage ['plaːgə] *f* mal *m*, calamidade *f*; (*Land≗*) praga *f*; flagelo *m*; (*Last*) maçada *f*; (*Qual*) dor *f*, tormento *m*; **~geist** *m* <*-(e)s*; *-er*> demónio (*ô) *m*; *j-d*: maçador *m*, *bras* maçante *m*; **≗n** atormentar; maçar; ***sich ~*** esfalfar-se, maçar-se

Plagi'at [plagi'a:t] *n* <-(*e*)*s*; -*e*> plágio *m*; **~or** [-ɔr] *m* <-*en*> plagiário *m*
Pla'kat [pla'ka:t] *n* <-(*e*)*s*; -*e*> cartaz *m*, pôster *m*
Pla'kette [pla'kɛtə] *f* distintivo *m*, medalha *f*; (*Wand*≗) placa *f* (comemorativa)
Plan [pla:n] **1.** *m* <-(*e*)*s*; ⸚*e*> plano *m*; proje(c)to *m*; (*Grundriss, Stadt*≗) planta *f*; desenho *m* (***entwerfen*** esboçar, traçar); ***nach ~*** CAM. DE F à tabela; ***auf den ~ rufen*** provocar a rea(c)ção de; **2.** ≗ plano, liso
'Plane ['pla:nə] *f* lona *f*
'plan|en ['pla:nən] proje(c)tar, planear; planificar; **≗er** *m* planeador *m*
Pla'net [pla'ne:t] *m* <-*en*> planeta *m*; **≗'arisch** [-e'ta:riʃ], **~en...**: *in Zssgn* planetário, dos planetas; **~'arium** [-ne'ta:rium] *n* <-*s*; -*rien*> planetário *m*
pla'nier|en [pla'ni:rən] <-> aplanar; nivelar; **≗raupe** *f* nivelador *m* de esteiras; **≗ung** *f* nivelação *f*, terraplenagem *f*
'Planke ['plaŋkə] *f* prancha *f*; tábua *f*
Plänk|e'lei [plɛŋkə'laɪ] *f* tiroteio *m*, escaramuça *f*; **'≗eln** <-*le*> escaramuçar
'Plankton ['plaŋktɔn] *n* <-*s*; *sem pl*> plâncton *m*
'plan|los sem plano, sem método; desorientado; **≗losigkeit** ['-lo:ziç-] *f* <*sem pl*> falta *f* de método; **~mäßig** segundo o plano; metódico, sistemático
'planschen → ***plantschen***
'Planstelle ['pla:n-] *f* lugar *m* do quadro, *bras* função *f* prevista no quadro de funcionários
Plan'tage [plan'ta:ʒə] *f* plantação *f*, *bras* fazenda *f*
'plantschen ['planʃən] patinhar, chapinhar, *bras a* patinar
'Plan|ung ['pla:nuŋ] *f* planificação *f*; (*städtebauliche ~*) urbanização *f*; **≗voll** → ***≗mäßig***; **~wirtschaft** *f* economia *f* dirigida (*od* planificada); dirigismo *m*
'Plapper|maul ['plapər-] *n* <-(*e*)*s*; ⸚*er> palreiro m, bras a mexeriqueiro m, linguarudo m*; **≗n** <-*re*> palrar; não ter freio na língua; *Kind*: galrar, *bras* balbuciar
'plärren ['plɛrən] chorami(n)gar

P

'Plastik ['plastik] **1.** *f* (arte *f*) plástica *f*; escultura *f*; (*Anschaulichkeit*) plasticidade *f*; **2.** *n* <*sem pl*> (*Kunststoff*) plástico *m*; **~tüte** *f* saco *m* plástico
'plastisch plástico; *Chirurgie*: estética, *bras a* plástica
Pla'tane [pla'ta:nə] *f* plátano *m*
Pla'teau [pla'to:] *n* <-*s*; -*s*> planalto *m*
'Platin ['pla:ti:n] *n* <-*s*; *sem pl*> platina *f*
pla'tonisch [pla'to:niʃ] platónico (*ô)
'plätschern ['plɛtʃərn] <-*re*> patinhar; *Bach*: murmurar
platt [plat] plano; chato; *Nase*: achatado; *fig* trivial; F (*erstaunt*) pasmado, espantado; ***~ gedrückt*** achatado
'Plattdeutsch(e) *n* baixo-alemão *m*
'Platte ['platə] *f* chapa *f*; lâmina *f*; (*Stein*≗) laje *f*; (*Schall*≗) disco *m*; (*Speise*≗) prato *m*; (*Schüssel*) travessa *f*; lousa *f*; (*Tisch*≗) tampo *m*; F (*Glatze*) careca *f*
'Plätt|eisen, **≗en** *etc* → ***Bügeleisen***, ***bügeln*** *etc*
'Platten|sammlung *f* cole(c)ção *f* de discos; **~spieler** *m* gira-discos *m*, *bras* toca-discos *m*
'Platt|form *f* plataforma *f*; **~fuß** *m* <-*es*; ⸚*e*> pé *m* chato; F *Auto*: furo *m*, pneu *m* furado; **~heit** *f* achatadura *f*; achatado *m*; *fig* trivialidade *f*; **≗'ieren** TÉCN <-> chapear
Platz [plats] *m* <-*es*; ⸚*e*> *öffentlicher*: praça *f*; (*Ort*) sítio *m*, *bras* local *m*; (*a Sitz*≗ *u* ECON) lugar *m*; (*Gelände, Raum*) recinto *m*; AV *u Sport*: campo *m*; (*Anzahl der Plätze*) lotação *f*; ***~ finden*** caber; ***~ machen*** abrir caminho; dar lugar; ***~ nehmen*** sentar-se; ***am ~(e)*** ECON *a* local; ***am ~e sein*** *fig* ser oportuno, estar indicado; ***nicht*** (*od* ***fehl***) ***am ~(e)*** *fig* estar fora do seu lugar, ser inoportuno, ser despropositado; ***es ist ~ für zwei ...*** cabem dois (*od* duas) ...; **'~angst** *f* MED <*sem pl*> claustrofobia *f*; **'~anweiser(in** *f*) *m* ['-anvaɪzər-] arrumador(a *f*) *m*, *bras* lanterninha *su*
'Plätzchen ['plɛtsçən] *n* (*Keks*) bolachinha *f*; (*kleiner od schöner Platz*) lugarzinho *m*, lugarejo *m*

'platzen ['platsən] *<-t, sn>* (ar)rebentar; estalar

pla'tzier|en [pla'tsi:rən] *<->* colocar; *Sport*: classificar (***an*** *dat* em); **Ջung** *f* colocação *f*; classificação *f*

'Platz|karte *f* CAM. DE F (bilhete *m* de) marcação *f* de lugar, *bras* bilhete *m* numerado; **~mangel** *m <-s; sem pl>* falta *f* de espaço; **~patrone** *f* cartucho *m* de pólvora seca; **~regen** *m* aguaceiro *m*; **~verweis** *m <-es; -e> Sport*: expulsão *f* do campo; **~wechsel** *m* mudança *f* de lugar; **~wunde** *f* escoriação *f*

Plaud|e'rei [plaudə'raı] *f* palestra *f*, cavaco *m*; conversa(ção) *f*, *bras* papo *m*, bate-papo *m*; **'Ջern** *<-re>* cavaquear; conversar; bater papo; *fig* (***aus der Schule***) **~** ser indiscreto

plau'sibel [plau'zi:bəl] plausível, razoável

pla'zieren → ***platzieren*** *etc*

Plebis'zit [plebis'tsi:t] *n <-(e)s; -e>* plebiscito *m*

'Pleite ['plaıtə] F **1.** *f* bancarrota *f*; falência *f*; fracasso *m*; **~ *machen*** falir; **2.** Ջ falido; **~ *gehen*** falir; **~ *sein*** estar falido

Ple'nar|saal [ple'na:r-] *m <-(e)s; -säle>* sala *f* plenária; **~sitzung** *f* sessão *f* plenária

'Pleuelstange ['plɔyəl-] *f* biela *f*

Plis'seerock [pli'se:-] *m <-(e)s; ¨e>* saia *f* plissada *od* pregueada

'Plomb|e ['plɔmbə] *f* chumbo *m*; **Ջ'ieren** chumbar; obturar; *mit Gold*: aurificar

'plötzlich ['plœtsliç] súbito, repentino; *adv a* de repente

plump [plump] (*schwer*) pesado; maciço; (*grob, ungeschickt*) grosseiro, deselegante; **'Ջheit** *f* peso *m*; informidade *f*; *fig* grosseria *f*, deselegância *f*; **'~sen** ['-sən] *<-t; sn>* cair pesadamente

'Plunder ['plundər] *m <-s; sem pl>* farraparia *f*; tarecos *m/pl*, *bras* quinquilharia *f*, bugiganga *f*

'Plünder|er ['plyndərər] *m* saqueador *m*; pilhador *m*; **Ջn** *<-re>* saquear; **~ung** *f* saque *m*, pilha(gem) *f*

'Plural ['plu:ra:l] *m <-s; -e>* plural *m*

plus [plus] **1.** MAT mais; **2.** Ջ *n <sem pl>* vantagem *f*; ***3 Grad*** **~** 3 (três) graus positivos; ECON superavit *m*

Plüsch [ply:ʃ] *m <-(e)s; -e>* pelúcia *f*; **~tier** *n <-(e)s; -e>* boneco *m* de peluche

'Plus|punkt *m <-(e)s; -e>* ponto *m* a favor; **~quamperfekt** ['pluskvamperfɛkt] *n <-(e)s; -e>* mais-que-perfeito *m*; **~zeichen** *n* sinal *m* de mais

Plu'tonium [plu'to:nium] *n <-s; sem pl>* plutónio (*ô) *m*

PLZ → ***Postleitzahl***

Pneu'mat|ik [pnɔy'ma:tik] *f <sem pl>* pneumático *m*; **Ջisch** pneumático

Po [po:] *m <-s; -s>* F traseiro *m*, rabete *m*

'Pöbel ['pø:bəl] *m <-s; sem pl>* plebe *f*, populaça *f*; **Ջhaft** plebeu, ordinário; indecente

'pochen ['pɔxən] bater, *Herz a*: palpitar; TÉCN *Erz*: moer; *fig* ***auf*** (*ac*) **~** prevalecer-se de; (*fordern*) reclamar (*ac*)

'Pocken ['pɔkən] *pl* varíola *f/sg*; bexigas *f/pl*; **~impfung** *f* vacinação *f* antivariólica; **Ջnarbig** bexigoso

Po'dest [po'dɛst] *n <-(e)s; -e>* estrado *m*; (*Treppen*) patamar *m*

'Podium ['po:dium] *n <-s; Podien>* estrado *m*

Poe'sie [poe'zi:] *f* poesia *f*

Po'et|(in *f*) [po'e:t] *m <-en>* poeta *m*, poetisa *f*; **~ik** *f* poética *f*; **Ջisch** poético

Po'inte [po'ɛ̃:tə] *f* graça *f*

Po'kal [po'ka:l] *m <-s; -e>* taça *f*

'Pökel|fleisch ['pø:kəl-] *n <-(e)s; sem pl>* carne *f* salgada; P salé *f*; **Ջn** *<-le>* salgar, pôr de salmoura

'Poker ['po:kər] *n <-s; sem pl>* pôquer *m*, poker *m*; **Ջn** *<-re>* jogar ao poker, *bras* jogar poker

Pol [po:l] *m <-(e)s; -e>* pólo *m*

po'lar [po'la:r] polar; **Ջforscher** *m* explorador *m* das regiões polares; **~i'sieren** [-ari'zi:rən] *<->* polarizar; **Ջi'tät** [-i'tɛ:t] *f* polaridade *f*; **Ջkreis** *m <-es; -e>* círculo *m* polar (*od* ár[c]tico); **~meer** *n* Oceano *m* Glacial, (Mar *m*) Árctico *m*; **Ջstern** *m <-(e)s; -e>* estrela *f* polar

'Pole ['po:lə] *m <-n>* polaco *m*, polonês *m*; **~n** *n* Polónia *f*

Po'lem|ik [po'le:mik] *f* polémica (*ê) *f*, controvérsia *f*; **~iker** [-ikər] *m* polemista *m*; **Ջisch** polémico

P

(*ê); **2i'sieren** [-i'ziːrən] <-> fazer polémica (*ê), polemicar, polemizar
'polen *EL* polarizar
Po'lice [po'liːsə] *f* apólice *f*
Po'lier [po'liːr] *ARQUIT* *m* <-s; -e> (pedreiro *m*) contra-mestre *m*; **2en** <-> polir, brunir, dar polimento a, dar lustro a; **~mittel** *n* produto *m* de polimento
'Poliklinik ['poːli-] *f* policlínica *f*; banco *m* (de hospital)
'Polin ['poːlin] *f* polaca *f*, polonesa *f*
Poli'tesse [poli'tɛsə] *f* mulher-polícia *f* (auxiliar), *bras* polícia *f* feminina (auxiliar)
Poli'tik [poli'tiːk] *f* política *f*
Po'lit|iker(in *f*) [po'liːtikər] *m*, **2isch** político *m*, -a *f*; **2i'sieren** [-'ziːrən] *v/i* <-> fazer política; discutir política
Politolo'gie [politolo'giː] *f* politologia *f*
Poli'tur [poli'tuːr] *f* polimento *m*; lustre *m*
Poli'zei [poli'tsaɪ] *f* polícia *f*; **~aufsicht** *f* <*sem pl*> policiamento *m*; vigilância *f* da polícia; **~beamte(r)** *m* <-n> agente *m* da polícia; **~behörde** *f* polícia *f* (de segurança pública); **~dienststelle** *f* → **~revier**; **~gewalt** *f* <*sem pl*> autoridade *f* (policial); **~hund** *m* <-(e)s; -e> cão *m* de polícia; **~kommissar** *m* <-s; -e> comissário (*od* delegado) *m* de polícia; **2lich** policial; de polícia, da polícia; *adv* pela polícia; **~präsident** *m* <-en> chefe *m* da polícia; **~präsidium** *n* <-s; -dien> → **~behörde**; **~revier** *n* <-s; -e> esquadra *f* de polícia, *bras* delegacia *f*; **~spitzel** *m* agente *m* (secreto) da polícia; **~staat** *m* <-(e)s; -en> estado *m* policial; **~streife** *f* patrulha *f* de polícia; (*Razzia*) rusga *f*; **~stunde** *f* hora *f* de encerramento (*od* recolha); **~wache** *f* → **~revier**
Poli'zist [poli'tsist] *m* <-en> polícia *m*, guarda *m*, *bras* policial *m*; **~in** *f* agente *f* da polícia, mulher-polícia *f*, *bras* policial *f*
'Polka ['pɔlka] *f* <-; -s> polca *f*
'Pollen ['pɔlən] *m* pólen *m*
'polnisch ['pɔlniʃ] polaco, polonês, da Polónia (*ô)
'Polo ['poːlo] *n* <-s; *sem pl*> pólo *m*; **~hemd** *n* <-es; -en> camisa *f* de manga curta, camiseta *f*; **~'naise** [polo'nɛːzə] *f* polaca *f*, polonaise *f*
'Polster ['pɔlstər] *n* estofo *m*; (*Kissen*) almofada *f*, coxim *m*; **~möbel** *n/pl* móveis *m/pl* estofados; **2n** <-re> estofar; almofadar; **~ung** *f* estofo *m*
'Polter|abend ['pɔltər-] *m* <-s; -e> véspera *f* de núpcias; **~geist** *m* <-(e)s; -er> duende *m*, diabrete *m*, *bras a* diabrinho *m*; **2n** <-re> fazer barulho; raivar
Poly|äthy'len [polyˀɛty'leːn] *n* <-s; -e> polietileno *m*; **~'eder** [-'eːdər] *n* poliedro *m*; **~ga'mie** [-ga'miː] *f* poligamia *f*; **~'gon** [-'goːn] *n* <-s; -e> polígono *m*
Po'lyp [po'lyːp] *m* <-en> *MED* pólipo *m*; *ZO* polvo *m*; (*Polizist*) F chui *m*
Poly'technikum [poly'-] *n* <-s; -ken> escola *f* politécnica
Po'mad|e [po'maːdə] *f* pomada *f*; **2ig** *fig* F fleumático
Pommes frites [pɔm'frit] *pl* batatas *f/pl* fritas
Pomp [pɔmp] *m* <-(e)s; *sem pl*> pompa *f*; fausto *m*; **2'ös** [-'pøːs] pomposo, faustoso
Pon'ton [pɔn'tõː, *a* 'pɔ̃tɔ̃ː] *m* <-s; -s>, **~brücke** *f* pontão *m*
'Pony ['pɔni] **1.** *n* <-s; -s> pónei (*ô) *m*; **2.** *m* <-s; -s> franja *f*
'Popanz ['poːpants] *m* <-es; -e> espantalho *m*; estafermo *m*
'Popmusik ['pɔp-] *f* <*sem pl*> música *f* pop
Po'po [po'poː] *m* <-s; -s> rabete *m*; *Kind*: fofo *m*, tutu *m*, *bras* bumbum *m*
popu|lär [popu'lɛːr] popular; **2lari'tät** [-lari'tɛːt] *f* <*sem pl*> popularidade *f*
'Pore ['poːrə] *f* poro *m*
'Porno ['pɔrno] *m* <-s; -s> F porno *m*, *bras* pornô *m* (*a adj*); **~film** *m* <-s; -e> filme *m* pornográfico; **~gra'phie** [-gra'fiː] *f* pornografia *f*
po'rös [po'røːs] poroso
'Porree ['pɔre] *m* <-s; -s> alho-porro *m*
Por'tal [pɔr'taːl] *n* <-s; -e> portal *m*
Portemon'naie [pɔrtmɔ'neː] *n* <-s; -s> porta-moedas *m*, *bras* porta-níqueis *m*
Porti'er [porti'eː] *m* <-s; -s> porteiro

P

m; **~(s)loge** *f* cubículo *m* do porteiro, *bras* portaria *f*
Porti'on [pɔrtsi'oːn] *f* porção *f*; ração *f*; *Restaurant a*: dose *f*
Portmonee → ***Portemonnaie***
'Porto ['pɔrto] *n* <*-s*; *-s od Porti*> porte *m*; franquia *f*; **≈frei** isento de porte, franco de porte; **≈pflichtig** sujeito a porte; **~zuschlag** *m* <*-(e)s*; *⁼e*> porte *m* adicional
Por'trät [pɔr'trɛː] *n* <*-s*; *-s*> retrato *m*; **≈'ieren** <-> retratar; **~maler(in** *f*) *m* retratista *su*
'Portugal ['pɔrtugal] *n* Portugal *m*
Portu'gies|e [pɔrtu'giːzə] *m* <*-n*>, **~in** *f*, **≈isch** português *m*, -esa *f*, de Portugal
'Portwein ['pɔrt-] *m* <*-(e)s*; *-e*> vinho *m* do Porto
Porzel'lan [pɔrtsə'laːn] *n* <*-s*; *-e*> porcelana *f*; **~...**: *in Zssg(n)* de porcelana
Po'saun|e [po'zaʊnə] *f* trombone *m*; *fig* trombeta *f*; **≈en** <-> tocar trombone; *fig* vociferar
'Pose ['poːzə] *f* pose *f*; afe(c)tação *f*; postura *f*
po'sieren [po'ziːrən] <-> posar
Positi'on [pozitsi'oːn] *f* posição *f*; situação *f*; **~slichter** *n/pl* luzes *f/pl* de posição
'positiv ['poziti:f] **1.** positivo; **2.** **≈** *n* <*-s*; *-e*> *FOT* prova *f* positiva; **≈'ismus** [-'vismus] *m* <*-*; *sem pl*> positivismo *m*
Posi'tur [pozi'tuːr] *f* postura *f*; ***in ~*** perfilado; ***sich in ~ setzen*** compor-se
'Posse ['pɔsə] *f* farsa *f*; **≈nhaft** burlesco; **~nreißer** *m* charlatão *m*; farsista *m*
'Possessivpronomen ['pɔsəsiːf-] *n* <*-s*; *- od -pronomina*> pronome *m* possessivo
pos'sierlich [pɔ'siːrliç] engraçado
Post [pɔst] *f* correio *m* (***mit der, per*** por); (*Brief≈*) *a* correspondência *f*; ***auf die ~ bringen*** pôr no correio; *bras* postar; ***mit getrennter ~*** *ECON* separado; **≈'alisch** [-'taːliʃ] postal; **~amt** *n* <*-(e)s*; *⁼er*> (estação *f* de) correio(s) *m* (*pl*); **~anweisung** *f* vale *m* postal (*od* do correio); **~auto** *n* carro *m* dos correios; **~beamte(r)** *m* <*-n*>, **~beamtin** *f* empregado *m*, -a *f* do correio; **~bote** *m* <*-n*>, **~botin** *f* carteiro *m*; distribuidor(a *f*) *m* dos correios; **~direktion** *f* administração *f* dos correios; **~eingang** *ECON m* <*-(e)s*; *⁼e*> correio *m* do dia, correspondência *f* do dia
'Posten ['pɔstən] *m* posto *m*; (*Amt*) *a* cargo *m*; emprego *m*; (*Wach≈*) sentinela *f* (***stehen*** estar de); *MAT* parte *f*; *Buchung*: entrada *f*; *Rechnung*: verba *f*; *Ware*: lote *m*, partida *f*, remessa *f*; *fig* ***nicht auf dem ~ sein*** não se sentir bem; estar indisposto; **~kette** *MIL f* linha *f* de sentinelas
'Poster ['poːstər] *n*, *m* <*-s*; *->* pôster *m*
'Post|fach *n* <*-(e)s*; *⁼er*> apartado *m*, caixa *f* postal; **~flugzeug** *n* <*-(e)s*; *-e*> avião *m* de correio; **~gebühren** *f/pl* taxas *f/pl* postais; **~geheimnis** *n* <*-ses*; *-se*> segredo *m* postal; **≈'ieren** <-> colocar; **~karte** *f* bilhete (*bras* cartão) *m* postal; **~kutsche** *f* diligência *f*; **≈lagernd** posta restante; **~leitzahl** *f* código *m* postal; **~paket** *n* <*-(e)s*; *-e*> encomenda *f* postal; **~sack** *m* <*-(e)s*; *⁼e*> saco *m* postal (*od* de correspondência); **~scheck** *m* <*-s*; *-s*> cheque *m* postal; **~scheckamt** *n* <*-(e)s*; *⁼er*> repartição *f* de cheques postais; **~scheckkonto** *n* <*-s*; *konten*> conta *f* de cheques postais; **~schließfach** *n* <*-(e)s*; *⁼er*> → ***~fach***; **~sparbuch** *n* <*-(e)s*; *⁼er*> caderneta *f* de poupança; **~sparkasse** *f* caixa *f* económica postal (*ô); **~stempel** *m* carimbo *m* postal
postu'lieren [pɔstu'liːrən] <-> postular
pos'tum [pɔs'tuːm] póstumo
'Post|vermerk *m* <*-(e)s*; *-e*> nota *f* postal; **~wagen** *m* mala-postal; *CAM. DE F* vagão *m* postal; **≈wendend** na volta do correio; imediatamente; **~wertzeichen** *n* selo *m* postal; **~wurfsendung** *f* avença *f*, *bras* anúncio *m* postal; **~zug** *CAM. DE F m* <*-(e)s*; *⁼e*> comboio-correio *m*
Potenti'al *etc* → ***Potenzial*** *etc*
Po'tenz [po'tɛnts] *f* potência *f*; **~ial** [potɛntsi'aːl] *n* <*-s*; *-e*>; **≈'iell** [-tsi'ɛl] potencial (*m*); **≈'ieren** <-> elevar a uma potência

P

'Pott|asche ['pɔt-] *f* <*sem pl*> potassa *f*; ***reine ~*** carbonato *m* de potássio; **~wal** <-(*e*)*s*; *-e*> cachalote *m*

Pou'larde [pu'lardə] *f* frango *m*, -a *f*, galinha *f*

Prä'ambel [prɛ'ambəl] *f* <-; *-n*> preâmbulo *m*

Pracht [praxt] *f* <*sem pl*> fausto *m*, luxo *m*, esplendor *m*, magnificência *f*; pompa *f*

'prächtig ['prɛçtiç] magnífico, vistoso, faustoso, sumptuoso; *j-d*: excelente

'Pracht|kerl *m* <*-s*; *-e*> jóia *f* de rapaz, *bras* rapagão *m*; **~stück** *n* exemplar *m* primoroso; **≗voll** → ***prächtig***

Prädi'kat [prɛdi'ka:t] *n* <-(*e*)*s*; *-e*> (*Adels≗ etc*) título *m*; *GRAM* predicado *m*; (*Zensur*) nota *f*

'Prä'fix ['prɛ:fiks, *a* prɛ'fiks] *n* <*-es*; *-e*> *GRAM* prefixo *m*

Prag [pra:k] *n* Praga *f*

'präg|en ['prɛ:gən] estampar; *Münze*: cunhar; **≗estempel** *m* cunho *m*

prag'matisch [prag'ma:tiʃ] pragmático

präg|'nant [-'nant] expressivo; conciso; *bras a* sucinto; **≗'nanz** [-'nants] *f* <*sem pl*> expressividade *f*; concisão *f*; **'≗ung** *f* cunho *m*

'prahl|en ['pra:lən] gabar-se, vangloriar-se (***mit*** de); **≗er** *m* fanfarrão *m*; **≗e'rei** [-ə'raɪ] *f* bazófia *f*, fanfarronice *f*, jactância *f*; **~erisch** ['-əriʃ] (**≗hans** *m* <*-en*; *⸚e*>) fanfarrão (*m*)

Prakti'kant(in *f*) [prakti'kant] *m* <*-en*> praticante *su*; estagiário *m*, -a *f*

'Prakti|ken ['praktikən] *pl inv* manobras *f/pl*, maquinações *f/pl*; **~ker** *m* homem *m* prático; **~kum** ['-kum] *n* <*-s*; *-ka*> estágio *m*; ***~ absolvieren*** estagiar; **≗sch** prático; *Arzt*: de clínica geral; **≗'zieren** <-> praticar; exercer; *MED* fazer clínica

Prä'lat [prɛ'la:t] *m* <*-en*> prelado *m*

Pra'lin|e [pra'li:nə] *f*, **~'é**, **~ee** [-'ne:] *n* <*-s*; *-s*> bombom *m* (de chocolate)

prall [pral] *adj* apertado, justo; (*straff*) te(n)so; (*voll u rund*) repleto; *Backe etc*: gordo, cheio; *Muskel*: marcado; *Sonne*: pleno; **'~en** *v/i u v/t* ressaltar; ricochetear; ***~ gegen*** embater em

Prä'ludium [prɛ'lu:dium] *n* <*-s*; *-dien*> prelúdio *m*

'Prämie ['prɛ:miə] *f* prémio (*ê) *m*

präm(i)'ier|en [prɛm(i)'i:rən] <-> premiar; **≗ung** *f* distinção *f*; (*Preisverteilung*) distribuição *f* de prémios (*ê)

'Pranke ['praŋkə] *f* garra *f*

Präpa'r|at [prɛpa'ra:t] *n* <-(*e*)*s*; *-e*> preparado *m*; **≗ieren** <-> preparar; *MED* dissecar

Prápositi'on [prɛpozitsi'o:n] preposição *f*

'Präsens ['prɛ:zɛns] *n* <-; *Präsentia*> presente *m*

Prä'sen|t [prɛ'zɛnt] *n* <-(*e*)*s*; *-e*> presente *m*; **≗'tieren** [-'ti:rən] <-> apresentar (***das Gewehr*** armas); **~z** [-ts] <*sem pl*> assistência *f*, frequência *f*; **~zbibliothek** *f* biblioteca *f* de consulta

Präserva'tiv [prɛzɛrva'ti:f] *n* <*-s*; *-e*> preservativo *m*

Präsi'dent|(in *f*) [prezi'dɛnt] *m* <*-en*> presidente *m*, presidenta *f*; **~schaft** *f* presidência *f*

präsi'dieren [prɛzi'di:rən] <-> presidir

Prä'sidium [prɛ'zi:dium] *n* <*-s*; *-dien*> dire(c)ção *f*, presidência *f*; mesa *f*

'prasseln ['prasəln] <*-le*> crepitar; *Regen*: bater

'prassen <*-t*> dissipar; banquetear-se

Prä'teritum [prɛ'te:ritum] *n* <*-s*; *-ta*> pretérito *m*

präven'tiv [prɛvɛn'ti:f], **≗...**: *in Zssgn* preventivo

'Praxis ['praksis] *f* <-; *Praxen*> prática *f*; *JUR*, *MED* consultório *m*, *MED a* clínica; *JUR a* escritório *m*

Präze'denzfall [prɛtse'dɛnts-] *m* <-(*e*)*s*; *⸚e*> precedente *m*, antecedente *m*

prä'zis(e) [prɛ'tsi:s, -zə] preciso, exa(c)to

präzi's|ieren [prɛtsi'zi:rən] <-> precisar, especificar; **≗i'on(s...**: *TÉCN*) *f* (de) precisão *f*

'predig|en ['pre:digən] pregar; **≗er** *m* pregador *m*; capelão *m*; **≗t** ['-çt] *f* sermão *m* (***halten*** fazer, proferir); homilia *f*

Preis [praɪs] *m* <*-es*; *-e*> preço *m* (***im***, ***zum*** ao); (*Gewinn*) prémio

P

(*ê) *m*; ***e-n ~ ansetzen für*** cotizar; ***e-n ~ ausschreiben*** abrir concurso; ***im ~ steigen*** subir de preço; ***um jeden ~*** custe o que custar; ***um keinen ~*** de modo algum; **'~angabe** *f* indicação *f* do preço; **'~anstieg** *m* <-(*e*)*s*; -*e*> subida *f* de preços; **'~aufschlag** *m* <-(*e*)*s*; ⸚*e*> sobretaxa *f*; aumento *m*; **'~ausschreiben** *n* concurso *m*, *künstlerisches a* certame *m*; **'~bindung** *f* acordo *m* sobre preços, *bras* tabelamento *m*

'Preiselbeere ['praɪzəl-] *f* murtinho *m*

'Preisempfehlung *f* recomendação *f* sobre preços

'preisen ['praɪzən] <-*t*> elogiar, exaltar

'Preis|erhöhung *f* alta *f*; aumento *m* de (*od* dos) preços; **~ermäßigung** *f* abatimento *m* (do preço), desconto *m*; **~frage** *f* questão *f* de preço; problema *m*; **♀gekrönt** ['-gəkrøːnt] premiado; **~gericht** *n* <-(*e*)*s*; -*e*> júri *m*; **~gestaltung** *f* formação *f* dos preços; **♀günstig** barato, em conta; **~lage** *f* preço *m* (***in*** a, por); **~liste** *f* tabela *f*; **~nachlass** *m* <-*es*; ⸚*e*> → ***~ermäßigung***; **~richter** *m* juiz *m*; membro *m* do júri; **~schwankung** *f* flutuação *f* dos preços; **~senkung** *f* baixa *f* de preço; abate *m* (*od* redução *f*) dos preços; **~steigerung** *f* → ***~erhöhung***; **~stopp** *m* <-*s*; -*s*> congelamento *m* de preços; **~sturz** *m* <-*es*; ⸚*e*> queda (*od* baixa) *f* súbita dos preços; **~träger** *m* premiado *m*; **~treibe'rei** [-traɪbə'raɪ] *f* alta *f* forçada; especulação *f*; **~verteilung** *f* distribuição *f* de (*od* dos) prémios (*ê); **~verzeichnis** *n* <-*ses*; -*se*> tabela *f*; **♀wert** barato, em conta

pre'kär [pre'kɛːr] precário

'Prell|bock ['prɛl-] CAM. DE F *m* <-(*e*)*s*; ⸚*e*> pára-choque *m*; **♀en** mantear; (*verletzen*) contusionar; (*betrügen*) lograr; **~ung** MED *f* contusão *f*

Premi'er|e [premi'ɛːrə] *f* estreia (*é) *f*; **~minister(in** *f*) [prəm'ieː-] *m* Primeiro, -a Ministro *m*, -a *f*

'Presse ['prɛsə] *f* prensa *f*; TIP *a* prelo *m*; *Zeitungswesen*: imprensa *f*; (*Öl♀*, *Wein♀*) lagar *m*; (*Schule*) colégio *m*; **~bericht** *m* <-(*e*)*s*; -*e*> relatório *m* de imprensa; **~fotograf** *m* <-*en*> repórter *m* fotográfico; **~freiheit** *f* <*sem pl*> liberdade *f* da imprensa; **~konferenz** *f* conferência *f* de imprensa (***abhalten*** realizar)

'pressen <-*t*> apertar, prensar, comprimir; *Früchte*: espremer

'Presse|referent *m* <-*en*> chefe *m* de imprensa; **~stimmen** *f*/*pl* vozes *f*/*pl* da imprensa; **~zensur** *f* <*sem pl*> censura *f* da imprensa

'Pressluft *f* <*sem pl*> ar *m* comprimido; **~hammer** *m* <-*s*; ⸚> martelo *m* pneumático

Pres'tige [prɛs'tiːʒə] *n* <-*s*; *sem pl*> prestígio *m*

'Preuß|e ['prɔysə] *m* <-*n*>, **~in** *f*, **♀isch** prussiano *m*, -a *f*, da Prússia

'prickeln ['prikəln] **1.** <-*le*> picar; arder, fazer comichão; *Wein*: espumar; **2.** ♀ *n* comichão *f*; **~d** *adj* picante; *Sekt*: espumoso

'Priester ['priːstər] *m* sacerdote *m*; **~amt** *n* <-(*e*)*s*; ⸚*er*> sacerdócio *m*; **~gewand** *n* <-(*e*)*s*; ⸚*er*> sota(i)na *f*, batina *f*; **♀lich** sacerdotal; **~seminar** *n* <-*s*; -*e*> seminário *m*; **~weihe** *f* ordenação *f*

'prima ['priːma] primeira qualidade; primoroso; F *a* esplêndido; **♀balle'rina** *f* <-; -*rinen*> primeira bailarina *f*

pri'mär [pri'mɛːr] primário

Pri'mat [pri'maːt] *m u n* <-(*e*)*s*; -*e*> primazia *f*; primado *m*; **♀en** *m*/*pl* primates *m*/*pl*

'Primel ['priːməl] *f* <-; -*n*> primavera *f*; prímula *f*

primi'tiv [primi'tiːf] primitivo

'Primzahl ['priːm-] *f* número *m* primo

Prinz [prints] *m* <-*en*> príncipe *m*; **~'essin** [-'tsɛsin] *f* princesa *f*

Prin'zip [prin'tsiːp] *n* <-*s*; -*ien*> princípio *m*; ***aus ~*** por princípio; **♀i'ell** [-ipi'ɛl] em princípio, de princípio

'Priori'tät [priori'tɛːt] *f* prioridade *f*

'Prise ['priːzə] *f* NAV presa *f*; *Tabak*: pitada *f*

'Prism|a ['prisma] *n* <-*s*; *Prismen*> prisma *m*; **~englas** *n* <-*es*; ⸚*er*> binóculo *m* prismático

'Pritsche ['pritʃə] *f* catre *m*; MIL tarimba *f*; **~nwagen** *m* AUTO camião *m* de caixa aberta

pri'vat [pri'va:t] particular; privado, pessoal; **~ wohnen** estar alojado em casa particular
'Privat|adresse *f* morada *f* particular, *bras* residência *f*; **~angelegenheit** *f* assunto *m* particular; ***j-s* ~ *sein*** ser (só) com alg; **~audienz** *f* audiência *f* particular; **~auto** *n* <-*s*; -*s*> automóvel *m* particular; **~besitz** *m* <-*es*; *sem pl*> propriedade *f* particular (*od* pessoal); **~detektiv** *m* <-*s*; -*e*> dete(c)tive *m* particular; **~dozent** *m* <-*en*> professor *m* livre; **~eigentum** *n* <-(*e*)*s*; *sem pl*> → ***~besitz***; **~fernsehen** *n* <*sem pl*> televisão *f* privada; **~interesse** *n* interesse *m* pessoal (*od* particular); **~leben** *n* <-*s*; *sem pl*> vida *f* privada; intimidade *f*; **~lehrer(in *f*)** *m* professor(a *f*) *m* particular; **~mann** *m* <-(*e*)*s*; -*leute*>, **~person** *f* particular *m*; **~quartier** *n* <-*s*; -*e*> alojamento *m* particular; **~recht** *n* <-(*e*)*s*; *sem pl*> direito *m* privado (*od* civil); **~sache** *f* negócio *m* particular; **~schule** *f* colégio *m*, *bras* escola *f* particular; **~stunde** *f* lição *f* particular; **~unterricht** *m* <-(*e*)*s*; *sem pl*> ensino *m* particular; **~wagen** *m* carro *m* particular; **~weg** *m* <-(*e*)*s*; -*e*> caminho *m* privado; **~wirtschaft** *f* <*sem pl*> economia *f* privada
Privi'le|g [privi'le:k] *n* <-(*e*)*s*; -*ien*> privilégio *m*; **ꝰ'gieren** [-le'gi:rən] <-> privilegiar
pro [pro:] por; **~ *Kopf*** (*od* ***Person***) por pessoa; **~ *Stück*** por unidade
'Probe ['pro:bə] *f* prova *f*; *ECON* amostra *f* (***auf***, ***zur***, de, para, como); *TEA*: ensaio *m*; *Versuch a* experiência *f*; ***auf die ~ stellen*** pôr à prova; **~abzug** *m* <-(*e*)*s*; ⸚*e*> prova *f*; **~betrieb** *m* <-(*e*)*s*; *sem pl*> *TÉCN* ensaio *m* de funcionamento; **~fahrt** *f* (viagem *f* de) experiência *f* (***auf*** em); **ꝰn** provar, experimentar; *TEA* ensaiar; **~nummer** *f* <-; -*n*> espécime(n) *m*; **~sendung** *f*, **~stück** *n* <-(*e*)*s*; -*e*> amostra *f*; **ꝰweise** a título de experiência; **~zeit** *f* aprendizado *m*, *bras* fase *f* provisória
pro'bieren [pro'bi:rən] <-> provar, experimentar
Pro'blem [pro'ble:m] *n* <-*s*; -*e*> problema *m*
Proble'mat|ik [proble'ma:tik] *f* <*sem pl*> problemática *f*; **ꝰisch** problemático
Pro'dukt [pro'dukt] *n* <-(*e*)*s*; -*e*> produto *m*; **~i'on** [-tsi'o:n] *f* produção *f*; **~i'ons...**: *in Zssgn* de produção; **ꝰ'iv** [-'ti:f] produtivo; **~ivi'tät** [-tivi'tɛ:t] *f* <*sem pl*> produtividade *f*; **~piraterie** *f* <*sem pl*> piratagem *f*
Produ'z|ent [produ'tsɛnt] *m* <-*en*>, **~entin** *f* produtor *m*, produtriz *f*; *TÉCN* fabricante *su*; **ꝰieren** <-> produzir, fabricar
pro'fan [pro'fa:n] profano
professio'nell [-fɛsio'nɛl] profissional
Pro'fes|sor [pro'fɛsɔr] *m* <-*s*; -*en* [-'so:rən]>, **~sorin** *f* professor *m*, -a *f*; (*Universitäts*ꝰ) *a* lente *m*; ***ordentlicher Professor*** *a* catedrático *m*; **~'sur** [-'su:r] *f* cadeira *f*; cátedra *f* (***für*** de)
'Profi ['pro:fi] *m* <-*s*; -*s*> F profissional *m*
Pro'fil [pro'fi:l] <-*s*; -*e*> perfil *m*; **~gummi** *m* <*sem pl*> borracha *f* perfilada
Pro'fit [pro'fi:t] *m* <-(*e*)*s*; -*e*> proveito *m*; lucro *m*; **ꝰ'ieren** [-fi'ti:rən] <-> lucrar, aproveitar (***bei***, ***von*** com)
Pro'gnose [pro'gno:zə] *f* prognóstico *m* (***stellen*** fazer)
Pro'gramm [pro'gram] *n* <-*s*; -*e*> programa *m*; **ꝰ'atisch** [-'ma:tiʃ] programático; **~gestaltung** *f* organização *f* do programa; **ꝰ'ieren** <-> programar; **~'ierer** *m* programador *m*; **~'iersprache** *f* linguagem *f* de programação; **~paket** *n* <-(*e*)*s*; -*e*> *INFORM* cartucho *m*, package *m*; **~vorschau** *f* programação *f*; destaque *m*
progres'siv [progrɛ'si:f] progressivo
Pro'jekt [pro'jɛkt] *n* <-(*e*)*s*; -*e*> proje(c)to *m*
Projek't|ant(in *f*) *m* <-*en*> proje(c)tista *su*; **~i'on** *f* [projɛktsi'o:n] proje(c)ção *f*; **~i'onsapparat** *m* <-(*e*)*s*; -*e*>, **~or** [pro'jɛktɔr] *m* <-*s*; -*en*> aparelho *m* (*od* máquina *f*) de proje(c)ções; proje(c)tor *m*
proji'zieren [proji'tsi:rən] <-> proje(c)tar
Proklam|ati'on [proklamatsi'o:n] *f*

proclamação *f*; **≈'ieren** <-> proclamar
Pro'kur|a [pro'kuːra] *f* <*sem pl*> procuração *f*; **~'ist** [-u'rist] *m* <*-en*> procurador *m*; *ECON* gerente *m*
Pro'let [pro'leːt] *m* <*-en*> proletário *m*; F grosseirão *m*; **~ari'at** [-letari'aːt] *n* <*-(e)s*; *-e*> proletariado *m*; **~'arier** [-le'taːriər] *m*, **≈'arisch** proletário (*m*)
Pro'log [pro'loːk] *m* <*-(e)s*; *-e*> prólogo *m*
Prome'nade [promə'naːdə] *f* passeio *m*
Pro'mille [pro'milə] *n* <*-(s)*; *-*> proporção *f* por mil
promi'n|ent [promi'nɛnt] proeminente, ilustre; **≈enz** [-'nɛnts] *f* <*sem pl*> celebridade *f*; notabilidade *f*
Promo|ti'on [promotsi'oːn] *f* doutoramento *m*; *ECON* [prə'moʊʃən] promoção *f*, publicidade *f*; **≈'vieren** [-'viːrən] <-> **1.** *v/t* promover; doutorar; **2.** *v/i* <*h*> formar-se; doutorar-se
prompt [prɔmpt] pronto; rápido
Pro'nomen [pro'noːmən] *n* <*-s*; *-*, *-a* *-mina*> pronome *m*
Propa'g|anda [propa'ganda] *f* <*sem pl*> (*in Zssgn* de) propaganda *f*; **~an'dist** *m* <*-en*> propagandista *m*; **≈ieren** <-> propagar; divulgar
Pro'pangas [pro'paːn-] <*-es*; *sem pl*> gas *m* propano
Pro'peller [pro'pɛlər] *m* hélice *m*, *f*
Pro'phet|(in *f*) [pro'feːt] *m* <*-en*> profeta *m*, profetisa *f*; **≈isch** profético
prophe'zei|en [profe'tsaɪən] <-> profetizar; *bsd Wetter*: prognosticar; prever; **≈ung** *f* profecia *f*; vaticínio *m*
prophy'laktisch [profy'laktiʃ] profilá(c)tico
Proporti'on [propɔrtsi'oːn] *f* proporção *f*; **≈'al** [-o'naːl] proporcional; *MAT* **~ sein** *a* estar na razão dire(c)ta (*od* **umgekehrt** inversa *od* indire[c]ta; **zu** de)
Propst [proːpst] *m* <*-(e)s*; *⸚e*> prior *m*; (padre *m*) prepósito *m*; *protestantischer*: primeiro-pastor *m*
'Prosa ['proːza] *f* <*sem pl*> prosa *f*
pro'saisch [pro'zaːiʃ] prosaico; em prosa
'prosit! ['proːzit] à sua saúde!; **~ Neujahr!** Feliz Ano Novo!
Pros'pekt [pro'spɛkt] *m* <*-(e)s*; *-e*> prospe(c)to *m*, folheto *m*
prost! [proːst] → ***prosit!***
'Prostata ['prɔstata] *f* <*-*; *-tae*> *ANAT* próstata *f*
prostitu|'ieren [prostitu'iːrən] <-> prostituir; **≈'ierte** [-'iːrtə] *f* prostituta *f*; **≈ti'on** [-tsi'oːn] *f* <*sem pl*> prostituição *f*
prote'gieren [prote'ʒiːrən] <-> proteger
Protekt|i'on [protɛktsi'oːn] *f* prote(c)ção *f*; **~or** [-'tɛktɔr] *m* <*-s*; *-en*> prote(c)tor *m*; **~o'rat** [-o'raːt] *n* <*-(e)s*; *-e*> prote(c)torado *m*; patrocínio *m*
Pro'test [pro'tɛst] *m* <*-(e)s*; *-e*> protesto *m*; **~ erheben** protestar
Protes'tant [protɛs'tant] *m* <*-en*>, **~in** *f*, **≈isch** protestante *su*; **~'ismus** *m* <*-*; *sem pl*> protestantismo *m*
protes'tieren [protɛs'tiːrən] <-> protestar
Pro'these [pro'teːzə] *f* prótese *f*
Proto'koll [proto'kɔl] *n* <*-s*; *-e*> a(c)ta *f*, auto *m* (**aufnehmen** lavrar); protocolo *m*; **~ führen** secretariar, ser o secretário; **zu ~ nehmen** registar; **≈arisch** [-'laːriʃ] protocolar; **~führer** *m* secretário *m*; **mit j-m als ~** secretariado por alg; **≈'ieren** <-> registar
'Proton ['proːtɔn] *n* <*-s*; *-en* [-'toːnən]> protão *m*, *bras* próton *m*
'Prototyp ['prototyːp] *m* <*-s*; *-en*> protótipo *m*
Protz [prɔts] *m* <*-en*> ricaço *m*; **'≈en** <*-t*> F **~ mit** ostentar (*ac*), gabar-se de; **'≈ig** empolado, ostentoso
Provi'ant [provi'ant] *m* <*-(e)s*; *-e*> provisões *f/pl*, víveres *m/pl*; abastecimento *m*
Pro'vider [pro'vaidə] (*Internet≈*) servidor *m*
Pro'vinz [pro'vints] *f* província *f*; **~...**: *in Zssgn*, **≈'ell** [-i'ɛl], **~ler** *m* provincial (*m*), provinciano (*m*), da província
Provis|i'on [provizi'oːn] *f* comissão *f*; **≈'orisch** [-'zoːriʃ] provisório, interino; **~'orium** [-'zoːrium] *n* <*-s*; *-rien*> provisório *m*
Provo|kati'on [provokatsi'oːn] *f* provocação *f*; **≈'zieren** [-'tsiːrən] <-> provocar

Proze'dur [protse'du:r] *f* procedimento *m*, processo *m*
Pro'zent [pro'tsɛnt] *n* <-(*e*)*s*; -*e*> por cento *m*; **~e** *pl* juros *m/pl*, interesses *m/pl*; **~satz** *m* <-*es*; ⸚*e*> percentagem *f* (**hoch** grande); **≗u'al** [-tu'a:l] proporcional, a tanto por cento
Pro'zess [pro'tsɛs] *m* <-*es*; -*e*> processo *m* (**kurzer** sumário; **anstrengen** intentar *od* instaurar); **j-m den ~ machen** processar alg; proceder contra alg; **e-n ~ führen** conduzir um processo; **kurzen ~ machen mit** *fig* dar despacho rápido a; acabar com; **~akte** *f* auto *m*; **~gegner** *m* parte *f* contrária
prozes'sieren [protsɛ'si:rən] <-> pleitear, litigar, processar
Prozessi'on [protsɛsi'o:n] *f* procissão *f*
Pro'zesskosten *pl* custas *f/pl* de processo
Pro'zessor [pro'tsɛso:r] *m* <-*s*; -*en* [-'so:rən]> INFORM processador *m*
Pro'zess|ordnung *f* procedimento *m* judicial; **~recht** *n* <-(*e*)*s*; *sem pl*> direito *m* processual (*od* judicial)
'prüde ['pry:də] pudico, pudibundo; **≗'rie** [prydə'ri:] *f* <*sem pl*> pudor *m* afe(c)tado
'prüf|en ['pry:fən] examinar; (*nachprüfen*) verificar, conferir; (*erproben*) experimentar, provar; **≗er** *m* examinador *m*, ECON revisor *m*; **≗ling** *m* <-*s*; -*e*> candidato *m*, examinando *m*; **≗stand** *m* <-(*e*)*s*; ⸚*e*> banco *m* de ensaio; **≗stein** *m* <-(*e*)*s*; -*e*> pedra-de-toque *f*
'Prüfung *f* exame *m* (**ablegen** fazer); prova *f* (**mündliche** oral; **schriftliche** escrita); (*Heimsuchung*) provação *f*, tribulação *f*; ECON revisão *f*; TÉCN ensaio *m*; **die ~ bestehen** passar, ficar (*bras* a ser) aprovado; **in der ~ durchfallen** não passar, ficar reprovado
'Prüfungs|aufgabe *f* ponto *m*; **~ausschuss** *m* <-*es*; ⸚*e*>, **~kommission** *f* júri *m*; **~gebühren** *f/pl* propinas *f/pl* (*bras* taxa *f*) de exame; **~zeugnis** *n* <-*ses*; -*se*> diploma *m*
'Prügel ['pry:gəl] *m* pau *m*, cacete *m*; *pl* pancada *f/sg*; **~'ei** [-'laɪ] *f* pancadaria *f*, briga *f*; **~knabe** *m* <-*n*> malhadeiro *m*; **≗n** <-*le*> bater; dar pancada a; **sich ~** pegar-se; andar à pancada; **~strafe** *f* corre(c)ção *f* (*od* castigo *m*) corporal
Prunk [pruŋk] *m* <-(*e*)*s*; *sem pl*> pompa *f*, fausto *m*; **'~...**: *in Zssgn oft* de luxo, de gala; **'≗en** brilhar; **'~sucht** *f* <*sem pl*> ostentação *f*; **'≗süchtig** ostentoso; **'≗voll** sumptuoso, luxuoso, faustoso
PS [pe:'ʔɛs] *n* **Pferdestärke** cavalo-vapor (CV)
Psalm [psalm] *m* <-(*e*)*s*; -*en*> salmo *m*
Pseudo'nym [psɔydo'ny:m] *n* <-*s*; -*e*> pseudónimo (*ô) *m*
'Psych|e ['psy:çə] *f* alma *f*, psique *f*; **~i'ater** [psyçi'a:tər] *m* psiquiatra *m*; **≗isch** psíquico, mental
Psycho|ana'lyse [psy:ço-] *f* <*sem pl*> psicanálise *f*; **~ana'lytiker** *m* psicanalista *m*; **~'loge** [psyço'lo:gə] *m* <-*n*>, **~'login** *f* psicólogo *m*, -a *f*; **~lo'gie** [-lo'gi:] *f* <*sem pl*> psicologia *f*; **≗'logisch** psicológico; **~'path(in** *f*) [-'pa:t] *m* <-*en*> psicopata *su*; **≗'pathisch** psicopático; **~se** [psy'ço:zə] *f* psicose *f*; **~terror** *m* coa(c)ção *f* psicológica; **~ ausüben** exercer terror psicológico; **~thera'pie** *f* <*sem pl*> psicoterapia *f*, psicoterapêutica *f*
Puber'tät [pubər'tɛ:t] *f* <*sem pl*> puberdade *f*
pu'blik [pu'bli:k]: **~ machen** tornar público; **≗a'tion** [publikatsi'o:n] *f* publicação *f*; **≗um** ['pu:blikum] *n* <-*s*; *sem pl*> público *m*, audiência *f*
publi'z|ieren [publi'tsi:rən] <-> publicar; **≗ist(in** *f*) *m* <-*en*> publicista *su*; **≗istik** *f* <*sem pl*> publicismo *m*; jornalismo *m*
'Pudding ['pudiŋ] *m* <-*s*; -*s*> pudim *m*
'Pudel ['pu:dəl] *m* cão-de-água *m*, *bras* pudel *m*; **~mütze** *f* carapuça *f*; **≗nass** <*sem pl*> F molhado até aos ossos; **≗wohl**: **sich ~ fühlen** F sentir-se ó(p)timamente bem
'Puder ['pu:dər] *m*, F *a n* pó *m*; *Kosmetik*: pó(-de-arroz) *m*; talco *m*; **~dose** *f* caixa *f* de pó(-de-arroz); **≗n** <-*re*> pôr pó (em); empoar; **~zucker** *m* <-*s*; *sem pl*> açúcar *m* em pó
Puff [puf] *m* <-(*e*)*s*; ⸚*e*> murro *m*; safanão *m*; *Spiel*: ganha-perde *m*; <*pl* -*s*> P bordel *m*; **'≗en** empurrar, dar

um murro a; (*bauschen*) afofar; **'~er** *m* CUL bolinho *m* de batata ralada; *INFORM* memória-tampão *f*, buffer *m*; *CAM. DE F* para-choque *m*, tampão *m* de choque; **'~erstaat** *m* <-(*e*)*s*; -*en*> estado-tampão *m*; **'~reis** *m* <-*es*; *sem pl*> arroz *m* tofado

'Pulle ['pulə] F *f* garrafa *f*

'Pull|i ['puli] *m* <-*s*; -*s*> F, **~'over** [pu'lo:vər] *m* camisola *f*, pulóver (*ô) *m*, *bras* suéter *m*

Puls [puls] *m* <-*es*; -*e*> pulso *m* (***fühlen*** tomar); **'~ader** *f* <-; -*n*> artéria *f*; **'≈en** [-'zən] <-*t*>, **≈'ieren** [-'zi:rən] <-> pulsar, latejar, palpitar; *Blut*: circular; ***~des Leben*** vida *f* intensa; **'~schlag** *m* <-(*e*)*s*; *¨e*> pulsação *f*

Pult [pult] *n* <-(*e*)*s*; -*e*> (*Redner≈*) púlpito *m*; (*Schreib≈*) escrivaninha *f*; (*Notenständer*) estante *f*; (*Schalt≈*) painel *m*

'Pulver ['pulvər] *n* pólvora *f*; pó *m*; *MED* pós *m*/*pl*; **~fass** *n* <-*es*; -*fässer*> *fig* barril *m* de pólvora; **≈förmig** ['-fœrmiç] em pó; **≈i'sieren** [-i'zi:rən] <-> pulverizar; **~kaffee** *m* <-*s*; -*s*> café *m* solúvel; **~schnee** *m* <-*s*; *sem pl*> neve *f* solta

'pummelig ['puməliç] F rechonchudo, gorducho

Pump [pump] F *m* <-*s*; *sem pl*> crédito *m*; empréstimo *m*; **'~e** *f* bomba *f*; **'≈en** dar à bomba, *bras a* bombear; *fig* F: ***j-m ~*** emprestar a alg; ***von j-m ~*** pedir emprestado a alg; **'~werk** *n* <-(*e*)*s*; -*e*> máquina *f* hidráulica, central *f* hidráulica

Punkt [puŋkt] *m* <-(*e*)*s*; -*e*> ponto *m* (***für, nach, um*** por); *pl* **~e** *für Auslassungen* (...) reticências *f*/*pl*; ***~ 3 Uhr*** às três em ponto; ***der springende ~*** *fig* o que interessa; o busílis; ***~ für ~*** ponto por ponto; ***nach ~en*** *Sport*: por pontos; **≈'ieren** <-> pontear, pontilhar; *MED* puncionar; **~i'on** [-tsi'o:n] *f MED* punção *f*

'pünktlich ['pynktliç] pontual, exa(c)to; *adv a* em ponto; *CAM. DE F* à tabela; **≈keit** *f* <*sem pl*> pontualidade *f*; exa(c)tidão *f*

'Punkt|sieg *m* <-(*e*)*s*; -*e*> *Sport*: vitória *f* por pontos; **~wertung** *f* marcação *f* (*od* avaliação *f*) por pontos

Punsch [punʃ] *m* <-(*e*)*s*; -*e*> ponche *m*

Pu'pille [pu'pilə] *f* pupila *f*, menina-do-olho *f*

'Pupp|e ['pupə] *f* boneca *f*; *TEA* títere *m*; (*Schneider≈*) figurino *m*, manequim *m*; *ZO* ninfa *f*; crisálida *f*; **~enspiel** <-(*e*)*s*; -*e*>, **~entheater** *n* teatro *m* de títeres (*od* marionetes); **~enwagen** *m* carrinho *m* de bonecas

pur [pu:r] puro; *ECON a* incondicional; ***~er Unsinn*** autêntico disparate *m*

Pü'ree [py're:] *n* <-*s*; -*s*> puré *m*

Puri'taner [puri'ta:nər] *m* puritano *m*

'Purpur ['purpur] *m* <-*s*; *sem pl*> púrpura *f*; **≈farbig**, **≈n**, **≈rot** purpúreo, purpurino

'Purzel|baum ['purtsəl-] *m* <-(*e*)*s*; *¨e*> cabriola *f*, trambolhão *m*, cambalhota *f* (***schlagen*** dar); **≈n** <-*le*; *sn*> cair; dar um trambolhão *etc*

'Pust|e ['pu:stə] F *f* <*sem pl*>: ***aus der ~ kommen, keine ~ mehr haben*** perder o fôlego; **~el** ['pustəl] *MED f* <-; -*n*> pústula *f*; **≈en** <-*e*-> soprar

'Put|e ['pu:tə] *f* perua *f*; **~er** *m* peru *m*; **≈er'rot** <*sem pl*> vermelho como um peru

Putsch [putʃ] *m* <-(*e*)*s*; -*e*> revolta *f*, golpe *m* (de Estado); **~'ist** *m* <-*en*> reviralhista *m*, *bras* golpista *m*; **'~versuch** *m* <-(*e*)*s*; -*e*> intentona *f*

'Putte ['putə] *f PINT* anjinho *m*

Putz [puts] *m* <-*es*; *sem pl*> *ARQUIT* reboco *m*

'putzen <-*t*> limpar; (*blank machen*) polir; *Metalle*: *a* arrear; *Schuhe*: *a* engraxar; *ARQUIT* rebocar; *Zähne*: lavar, *bras* escovar; ***sich ~*** enfeitar-se; ***sich*** (*dat*) ***die Nase ~*** assoar-se

'Putz|frau *f* mulher *f* a dias (*od* de limpeza), *bras* faxineira *f*, arrumadeira *f*; **'≈ig** engraçado; **'~lappen** *m* pano (*od* trapo *od* farrapo) *m* para limpar; **'~mittel** *n* detergente *m*; **'≈'munter** <*sem pl*> F vivíssimo; cheio de energia

'Puzzle ['pazl] *n* <-*s*; -*s*> puzzle *m*, quebra-cabeças *m*

Py'jama [py'dʒa:ma] *m*, *a n* <-*s*; -*s*> pijama *m*

Pyra'mide [pyra'mi:də] *f* pirâmide *f*

Pyre'näen [pyrə'nɛːən] *pl* Pirenéus *m/pl*

Pyro'technik [pyro'-] *f* <*sem pl*> pirotécnica *f*

'Python(schlange *f*) ['pyːtɔn] *m* <*-s*; *-s*> pitão *m*, *bras* píton *m*

Q

Q, q [kuː] *n inv* Q, q *m*

'quabb(e)lig ['kvab(ə)liç] mole, balofo, gelatinoso

'Quacksalber ['kvakzalbər] *m* curandeiro *m*; charlatão *m*

'Quaddel ['kvadəl] *f* <-; *-n*> MED pápula *f*

'Quader ['kvaːdər] *m* MAT paralelepípedo *m*; = **~stein** *m* <-(*e*)*s*; *-e*> (pedra *f* de) cantaria *f*

Qua'drant [kva'drant] *m* <*-en*> quadrante *m*

Qua'drat [kva'draːt] *n* <-(*e*)*s*; *-e*> quadrado *m*; **⁀isch** quadrado; *Gleichung*: do segundo grau; **~kilometer** *m* quilómetro (*ô) *m* quadrado; **~meter** *m*, *a n* metro *m* quadrado; **~meterpreis** *m* <*-es*; *-e*> preço *m* por metro quadrado; **~'ur** [-dra'tuːr] *f* quadratura *f*; **~wurzel** *f* <-; *-n*> raiz *f* quadrada; **~zahl** *f* número *m* quadrado

qua'drieren [kva'driːrən] <-> elevar ao quadrado

'quaken ['kvaːkən] grasnar, coaxar

'quäken ['kvɛːkən] *Kind*: vagir

'Quäker REL *m* quacre *m*

Qual [kvaːl] *f* dor *f*, pena *f*, tormento *m*, tortura *f*, martírio *m*

'quäl|en ['kvɛːlən] atormentar, torturar; (*belästigen*) importunar; (*beunruhigen*) afligir, preocupar; (*plagen*) maçar, *bras* aborrecer, chatear; **⁀e'rei** [-ə'raɪ] *f* tormento *m*, tortura *f*; (*Plackerei*) maçada *f*; **⁀geist** *m* <-(*e*)*s*; *-er*> F importuno *m*

Qualifi|kati'on [kvalifikatsi'oːn] *f* qualificação *f*; aptidão *f*; **⁀'zieren** [-'tsiːrən] <-> qualificar; ***sich*** **~** (*fortbilden*) aperfeiçoar-se

Quali|'tät [kvali'tɛːt] *f* qualidade *f*; **⁀ta'tiv** [-ta'tiːf] qualitativo

'Qualle ['kvalə] *f* medusa *f*

Qualm ['kvalm] *m* <-(*e*)*s*; *sem pl*> fumo *m*, fumaça *f*; fumaceira *f*; **'⁀en** fum(eg)ar; **'⁀ig** cheio de fumo

'qualvoll doloroso; torturoso

'Quan|tentheorie ['kvantən-] *f* teoria *f* dos quantas; **~ti'tät** [-ti'tɛːt] *f* quantidade *f*; **⁀tita'tiv** [-tita'tiːf] quantitativo; **~tum** ['-tum] *n* <*-s*; *Quanten*> quantidade *f*, porção *f*

Quaran'täne [karan'tɛːnə] *f* quarentena *f*

Quark [kvark] *m* <-(*e*)*s*; *sem pl*> queijo *m* mole; requeijão *m*; *fig* F disparate *m*

Quart [kvart] *f* MÚS *u Fechten*:: quarta *f*; **~'al** [-'taːl] *n* <*-s*; *-e*> trimestre *m*; **⁀'al(s)weise** trimestral; de três em três meses; **~'ett** [-'tɛt] *n* <-(*e*)*s*; *-e*> quarteto *m*

Quar'tier [kvar'tiːr] *n* <*-s*; *-e*> alojamento *m*; MIL quartel *m*; aquartelamento *m*

Quarz [kvarts] *m* <*-es*; *-e*> quarço *m*; quartzo *m*; **'~uhr** *f* relógio *m* de quartzo

'quasi ['kvaːzi] quase; por assim dizer

'quasseln ['kvasəln] F <*-le*> cavaquear

Quatsch [kvatʃ] F *m* <-(*e*)*s*; *sem pl*> F parvoíce *f*, disparate(s *pl*) *m*; **'⁀en** dar à língua, palrar, *bras* tagarelar; **'~kopf** *m* <-(*e*)*s*; *⁀e*> pateta *m*

'Quecke ['kvɛkə] *f* grama *f*

'Quecksilber ['kvɛk-] *n* <*-s*; *sem pl*> mercúrio *m*; **~...**: *in Zssgn* MED mercurial, de mercúrio; QUÍM mercúrico

'Quell|e ['kvɛlə] *f* fonte *f* (*a fig*), manancial *m*, nascente *f*; mina *f*; ***aus sicherer*** **~** de fonte fidedigna; **⁀en** *v/i* <*sn*> brotar, saltar, nascer; *Erbsen etc*: inchar; **~enangabe** *f*, **~ennachweis** *m* <*-es*; *-e*> indicação *f* das fontes; **~ensteuer** *f* <-; *-n*> imposto *m* de retenção na fonte; **~gebiet** *n* <-(*e*)*s*; -*e*> terreno *m* para captação de águas; **~wasser** *n* água *f* de mina (*od* de fonte)

Queng|e'lei [kvɛŋə'laɪ] F *f* quezília *f*, *bras* birra *f*; **'2elig** quezilento, *bras* birrento; **'2eln** <-*le*> quezilar, embirrar, *bras a* fazer manha

quer [kveːr] transversal; *adv* de través; **~ *durch*, ~ *über*** (*ac*) através de; ***sich* ~ *stellen*** atravessar-se; **~ *gestreift*** à riscas transversais; **'2balken** *m* travessão *m*; **'2e** *f* <*sem pl*>: ***j-m in die* ~ *kommen*** contrariar (os proje[c]tos de) alg; **~feld'ein** (a) corta-mato; **'2flöte** *f* flauta *f* travessa; **'2schiff** *n* <-(*e*)*s*; -*e*> ARQUIT nave *f* transversal; **'2schnitt** *m* <-(*e*)*s*; -*e*> corte *m* (*od* secção *f*) transversal; *fig* panorama *m*, visão *f* geral; **~schnitt(s)gelähmt** hemiplégico; **'2straße** *f* travessa *f*; **'2strich** *m* <-(*e*)*s*; -*e*> risco *m* (*od* linha *f*) transversal *m*; TIP barra *f* transversal; *fig* contratempo *m*; **'2summe** *f* soma *f* dos algarismos dum número; **'2treiber** *m* intrigante *m*; **2treibe'rei** [-traɪbə'raɪ] *f* intriga *f*; **2u'lant** [kveru'lant] *m* <-*en*> querelante *m*; **'2verbindung** *f* ligação *f* transversal

'Quetsch|e ['kvɛtʃə] *f* prensa *f*; **2en** esmagar; pisar; **~ung** *f*, **~wunde** *f* contusão *f*; pisadura *f*

'quickle'bendig ['kvik-] <*sem pl*> F vivíssimo

'quieken ['kviːkən] *Schwein etc*: grunhir; *j-d*: guinchar; *Tür*: chiar

'quietsch|en ['kviːtʃən] chiar; **'~'vergnügt** F divertidíssimo

Quint [kvint], **'~e** MÚS *f* quinta *f*; **'~essenz** *f* quinta-essência *f*; **~'ett** [-'tɛt] *n* <-(*e*)*s*; -*e*> quinteto *m*

Quirl [kvirl] *m* <-(*e*)*s*; -*e*> batedor *m*; *fig Kind*: traquina *su*; **'2en** remexer (com o batedor)

quitt [kvit] livre; quite; ***wir sind* ~** estamos pagos

'Quitte *f* marmelo *m*; **~nmarmelade** *f* marmelada *f*

quit't|ieren *v/t* <-> passar recibo; **'2ung** *f* recibo *m*; **'2ungsblock** *m* <-*s*; ¨*e*> livro *m* de recibos

Quiz [kvis] *n inv* concurso *m*; **'~master** ['-maːstər] *m* animador *m*

'Quote ['kvoːtə] *f* quota *f*, cota *f*; **~nregelung** *f* regulamentação *f* (*od* regime *m*) por quotas

Quot|i'ent [kvotsi'ɛnt] *m* <-*en*> quociente *m*; **2'ieren** [kvo'tiːrən] <-> ECON quotizar

R

R, r [ɛr] *n inv* R, r *m*

Ra'batt [ra'bat] *m* <-(*e*)*s*; -*e*> desconto *m*, abate *m*, abatimento *m*

Ra'batte AGR *f* alegrete *m*

Rab'biner [ra'biːnər] *m* rabino *m*

'Rab|e ['raːbə] *m* <-*n*> corvo *m*; **~eneltern** *pl* pais *m/pl* desnaturados; **2en'schwarz** <*sem pl*> muito preto; *Nacht*: escuro como breu

rabi'at [rabi'aːt] raivoso

'Rache ['raxə] *f* <*sem pl*> vingança *f*; **~ *nehmen für*** vingar-se de; **~akt** *m* <-(*e*)*s*; -*e*> a(c)to *m* de vingança

'Rachen ['raxən] *m* goela *f*; *Tier*: fauces *f/pl*; MED garganta *f*, faringe *f*

'rächen ['rɛçən]: (***sich* ~**) vingar(-se) (***an*** *dat*, ***für***, ***wegen*** de)

'Rachen|höhle *f* faringe *f*; **~katarr(h)** *m* <-*s*; -*e*> faringite *f*

'Rächer ['rɛçər] *m* vingador *m*

'Rach|gier <*sem pl*>, **~sucht** ['rax-] *f* <*sem pl*> sede *f* de vingança; rancor *m*; **2gierig**, **2süchtig** vingativo, rancoroso

Ra'chiti|s [ra'xiːtis] *f* <*sem pl*> raquitismo *m*; **2sch** raquítico

'Racker ['rakər] F *m* maroto *m*

Rad [raːt] *n* <-(*e*)*s*; ¨*er*> roda *f*; *Bewegung*: *a* pirueta *f* (***schlagen*** fazer); (*Fahr*2) bicicleta *f*; *a* → ***Rädchen***; **~ *fahren*** andar de bicicleta

R

'Ra'dar ['ra:da:r, *a* ra'da:r] *m od n* <*-s; -e*> radar *m*; → **~gerät**; **~falle** *f* armadilha *f* de radar; **~gerät** *n* <*-(e)s; -e*> aparelho *m* de radar; **~kontrolle** *f* controlo *m* (*bras* controle *f*) por radar; **~schirm** *m* <*-(e)s; -e*> écran *m* de radar
Ra'dau [ra'daʊ] F *m* <*-s; sem pl*> barulho *m*; gritaria *f*
'Rädchen ['rɛ:tçən] *n* rodinha *f*; (*Schneider*Ձ) recartilha (*od* roseta) *f* de alfaiate
'Raddampfer *m* vapor *m* de rodas
'radebrechen ['ra:də-] arranhar
'radeln ['ra:dəln] <*-le; sn*> F andar de bicicleta; pedalar
'Rädelsführer ['rɛ:dəls-] *m* chefe (*od* cabeça) *m* (dum bando), cabecilha *m*
'Räderwerk ['rɛ:dər-] *n* <*-(e)s; -e*> trem *m* de engrenagens; *fig* engrenagem *f*
'Radfahr|er(in *f*) ciclista *su*; **~weg** *m* <*-(e)s; -e*> → ***Radweg***
'Radi ['ra:di:] *m sdd* rábano *m*
Radi'alreifen [radi'a:l-] *m* pneu *m* radial
ra'dier|en [ra'di:rən] <*-*> raspar, *bras* apagar; *TÉCN* gravar; **Ձgummi** *m* <*-s; -s*> borracha *f*; **Ձung** *f* raspadura *f*; água-forte *f*
Ra'dieschen [ra'di:sçən] *n* rabanete *m*
radi'kal [radi'ka:l] radical; *POL a* extremista; **~i'sieren** [-kali's-] <*-*> radicalizar; **Ձkur** *f MED* cura *f* (*od* terapia *f*) radical, *bras* dieta *f* (*od* regime *m*) radical
'Radio ['ra:dio] *n* <*-s; -s*> rádio *f* (*Gerät*: *m*); **~ *hören*** ouvir a rádio; **Ձaktiv** radioa(c)tivo; **~aktivi'tät** *f* <*sem pl*> radioa(c)tividade *f*; **~(apparat)** *m* <*-(e)s; -e*> (aparelho *m* de) rádio *m*; **~hörer(in** *f*) *m* rádio-ouvinte *su*, ouvinte *su*; **~lo'gie** *f* <*sem pl*> radiologia *f*; **~rekorder** *m* radiogravador *m*; **~sender** *m* emissora *f*; **~sendung** *f* emissão *f* (radiofónica); **~teleskop** *n* <*-s; -e*> radiotelescópio *m*; **~übertragung** *f* transmissão *f* radiofónica (*ô); radiodifusão *f*; **~wecker** *m* rádio-despertador *m*
'Radium ['ra:dium] *n* <*-s; sem pl*> rádio *m*; **~therapie** *f* <*sem pl*> radioterapia *f*

'Radius ['ra:dius] *m* <*-; Radien*> raio *m*
'Rad|kappe *f* tampa *f* do cubo, *bras* capota *f*; **~ler(in** *f*) *m* ciclista *su*; **~mantel** *m* <*-s; ¨*> capa *f*; **~nabe** *f* cubo *m* da roda; **~rennbahn** *f* velódromo *m*; **~rennen** *n* corrida *f* de bicicletas; **~sport** *m* <*-(e)s; sem pl*> ciclismo *m*; **~spur** *f* sulco *m* das rodas; rodeira *f*; (*Geleise*) via *f*; **~stand** *m* <*-s; ¨e*> *TÉCN* distância *f* entre eixos; **~tour** *f* passeio *m* de bicicleta; **~weg** *m* <*-(e)s; -e*> pista *f* de velocípedes; faixa (*od* via) *f* para ciclistas
'raff|en ['rafən] apanhar; arrebatar; **Ձgier** *f* <*sem pl*> rapacidade *f*; **~gierig** ávido, rapace
Raffi'n|ade [rafi'na:də] *f* açúcar *m* refinado; **~e'rie** [-ə'ri:] *f* refinaria *f*; **Ձieren** <*-*> refinar; **Ձiert** [-'ni:rt] *fig* finório
'ragen ['ra:gən] erguer-se
Ra'gout [ra'gu:] *n* <*-s; -s*> guisado *m*, *bras* ragu *m*
'Rahe ['ra:ə] *f* verga *f*
Rahm [ra:m] *m* <*-s; sem pl*> nata *f*; creme *m*
'Rahmen ['ra:mən] **1.** *m* (*Bilder*Ձ) moldura *f*, (*a Fenster*Ձ, *Tür*Ձ) caixilho *m*; *TÉCN* armação *f*; *AUTO* chassi *m*, (*Stick*Ձ) bastidor *m*; *fig* quadro *m*; ambiente *m*; **2.** Ձ emoldurar; encaixilhar; **~abkommen** *n POL* acordo *m* básico; **~antenne** *f* antena *f* de quadro; **~bedingungen** *f/pl* condições *f/pl* gerais (*od* básicas)
'Rahmkäse *m* queijo *m* amanteigado
Rain [raɪn] *m* <*-(e)s; -e*> ourela *f*, linda *f*
Ra'ket|e [ra'ke:tə] *f* foguete *m* (***steigen lassen*** fazer subir); *bras* rojão *m*; *MIL*, *AV* foguetão *m*, míssil *m*, *bras* foguete *m*; **~enantrieb** *m* <*-(e)s; -e*> propulsão *f* por foguete (*od* a ja(c)to); **~enbasis** *f* <*-; -basen*> base *f* de foguetões (*bras* foguetes); **~enflugzeug** *n* <*-(e)s; -e*> avião *m* a ja(c)to; **~entriebwerk** *n* <*-(e)s; -e*> → ***~enantrieb***; **~enwerfer** *m MIL* lança-foguetes *m*
'Rallye ['rali] *f* <*-; -s*> rali *m*
RAM-Speicher ['ram-] *m INFORM* memória *f* volátil (RAM)
'Ramm|e ['ram-] *f* bate-estacas *m*;

R

maço *m* de calceteiro, malho *m*; **≗eln** <*-le*> *Hase etc*: estar com cio, rolar; **≗en** *TÉCN* cravar, bater estacas; (*anstoßen*) abalroar; **~ler** *m* macho *m* de lebre

'Ramp|e ['rampə] *CAM. DE F f* plataforma *f*, *a TEA*: rampa *f*; **~enlicht** *n* <-(*e*)*s*; *-er*> ribalta *f*

rampo'nieren [rampo'ni:rən] <-> estragar, avariar

Ramsch [ramʃ] *m* <-(*e*)*s*; *sem pl*> refugo *m*; rebotalho *m*; ***im ~*** (*ver*)*kaufen*: em globo, a saldo, por junto; **'~laden** *m* <*-s*; *⸚*> barateiro *m*

ran [ran] F → ***heran***

Rand [rant] *m* <-(*e*)*s*; *⸚er*> margem *f*; borda *f*; bordo *m*; *Fluss*: *a* beira *f* (*a Grab*); *Besatz*: cairel *m*; *Gebirge*, *Hut*: aba *f*; (*Kante*) canto *m*; *Münze*: serrilha *f*; (*Saum*) orla *f*; *pl* ***Ränder unter den Augen*** olheiras *f/pl*; (***äußerster***) **~** extremidade *f*; ***außer ~ und Band sein*** andar fora dos eixos; ***bis an den ~ füllen*** (***bis an den ~ voll*** a) abarrotar; ***zu ~e*** → ***zurande***

Ran'dal|e [ran'da:lə] *f* <*sem pl*> F zaragata *f*; **≗'ieren** [-da'l-] <-> brigar, zaragatear, *a* fazer desordem

'Rand|bemerkung *f* nota *f* marginal; **~erscheinung** *f* fenómeno (*ô) *m* marginal (*od* secundário); **~gebiet** *n* <-(*e*)*s*; *-e*> periferia *f*; **~gruppe** *f* (grupo *m* de) marginais *m/pl*; **~leiste** *f* bordo *m* (*od* crista *f*) marginal

Rang [raŋ] *m* <-(*e*)*s*; *⸚e*> categoria *f*; dignidade *f*; posição *f*; (*~stufe*) grau *m*; *MIL* posto *m*, patente *f*; *TEA* balcão *m*; ***j-m den ~ ablaufen*** levar as lampas a alg, deixar alg para trás; **'~abzeichen** *n* distintivo *m*; **'≗ältest** mais velho; **'~älteste**(**r**) *m* decano *m*

Ran'gier|bahnhof [raŋ'ʒi:r-] *m* <-(*e*)*s*; *⸚e*> estação *f* de manobras; **≗en** *v/t* <-> *CAM. DE F* manobrar; *v/i* ocupar um lugar, ter uma categoria; **~gleis** *n* <*-es*; *-e*> via *f* (*bras* trilho) de manobras

'Rang|liste *f MIL* anuário *m* militar; **~ordnung** *f* hierarquia *f*, jerarquia *f*; precedência *f*; **~stufe** *f* grau *m*

'Ranke ['raŋkə] *f* gavinha *f*; abraço *m*; (*Kletter≗*) trepadeira *f*; (*Erdbeer≗*) estolho *m*

'Ränke ['rɛnkə] *m/pl* intrigas *f/pl*; ***~ schmieden*** intrigar

'ranken ['raŋkən]: ***sich ~ um*** trepar por, *bras* subir por

'Ranzen ['rantsən] *m* (*Schul≗*) pasta *f* (escolar); (*Tornister*) mochila *f*

'ranzig ['rantsiç] rançoso

ra'pid(e) [ra'pi:d(ə)] rápido

'Rappe ['rapə] *m* <*-n*> (cavalo *m*) morzelo *m*; ***auf Schusters ~n*** a pé

'Rappel ['rapəl] F *m*: ***e-n ~ haben*** não regular bem; ter manias *f/pl*; **≗n** <*-le*> fazer ruído

Raps [raps] *BOT m* <*-es*; *-e*> colza *f*

Ra'punzel [ra'puntsəl] *f* <-; *-n*> raponço *m*, rapôncio *m*

rar [ra:r] raro, escasso; **≗i'tät** [rari'tɛ:t] *f* raridade *f*, curiosidade *f*

ra'sant [ra'zant] rasante, *fig* rapidíssimo

rasch [raʃ] rápido; *adv a* depressa

'rascheln ['raʃəln] <*-le*> sussurrar; fazer ruído

'rasen ['ra:zən] <*sn*> andar (*od* correr) a toda a pressa; <*h*> raivar; enfurecer-se; estar furioso; (*stürmen*) tempestear; **~d** *adj* furioso, raivoso; (*schnell*) a toda a pressa

'Rasen *m*, **~fläche** *f* relva *f*, relvado *m*, *bras* grama *f*, gramado *m*; **~mäher** *m* cortador *m* de relva, máquina *f* de cortar relva (*bras* grama); **~sprenger** *m* repuxo *m* de rega, borrifador *m*, *bras* irrigador *m*

Rase'rei [ra:zə'raɪ] *f* raiva *f*, fúria; *MED* delírio *m*; (*Fahrt*) correria *f* louca

Ra'sier|apparat [ra'zi:r-] *m* <-(*e*)*s*; *-e*> máquina *f* (*bras* aparelho *m*) de barbear; aparelho *m* para fazer a barba; **≗en** <->: ***sich ~*** (***lassen*** mandar) fazer a barba; **~klinge** *f* lâmina *f* de barbear; **~messer** *n* navalha *f* de barba; **~pinsel** *m* pincel *m* de barba; **~schaum** *m* espuma *f* de barbear; **~seife** *f* sabão *m* de barbear; **~wasser** *n* <*-s*; *⸚*> água (*od* loção) *f* de barbear; **~zeug** *n* <-(*e*)*s*; *sem pl*> utensílios *m/pl* de barbear

'Raspel ['raspəl] *f* <-; *-n*> lima *f* grossa, limatão *m*; *Küche*: ralador *m*; **≗n** <*-le*> raspear, limar; ralar; ***Süßholz ~*** *fig* namorar; galantear

'Rasse ['rasə] *f* raça *f*

'Rassel ['rasəl] *f* <-; *-n*> matraca *f*;

R

≈n matraquear; fazer ruído; ***durchs Examen ~*** F chumbar, reprovar (*bsd bras*)

'**Rassen|frage** *f* <*sem pl*> questão *f* (*od* problema *m*) racial; **~hass** *m* <*-es*; *sem pl*> ódio *m* racial; **~trennung** *f* <*sem pl*> segregação *f* racial; **~unruhen** *f/pl* distúrbios *m/pl* raciais

'**Rass|epferd** *n* <*-(e)s*; *-e*> cavalo *m* de raça; **≈ig** de raça pura, castiço; **≈isch** racial

Rast [rast] *f* descanso *m*; repouso *m*; *MIL* alta *f*; '**≈en** <*-e-*> descansar; *MIL* fazer alta; '**~er** *m TIP* retículo *m*; '**~haus** *n* <*-es*; *⸚er*> pousada *f*; '**≈los** infatigável, sem descanso; '**~losigkeit** ['-lo:ziç-] *f* <*sem pl*> a(c)tividade *f* infatigável; '**~platz** *m* <*-es*; *⸚e*> área *f* de descanço; '**~stätte** *f* área *f* de serviço

Ra'sur [ra'zu:r] *f* raspagem *f*, raspadura *f*

Rat [ra:t] *m* <*-(e)s*; *⸚e*> conselho *m*; (*Berater*) conselheiro *m*; (*Mittel*) remédio *m*; ***sich bei j-m ~ holen***, ***j-n um ~ fragen*** pedir conselho a alg, consultar alg, aconselhar-se com alg; ***sich*** (*dat*) ***keinen ~ mehr wissen*** já não saber que fazer; ***da ist guter ~ teuer*** é difícil encontrar uma solução; ***zu ~e → zurate***

'**Rate** ['ra:tə] *f* prestação *f*; (*Quote*) quota *f*; cota *f*; ***in ~n*** em prestações

'**raten** ['ra:tən] (*be~*) aconselhar; (*er~*) adivinhar, acertar; ***zu et ~*** recomendar a/c

'**raten|weise** a prestações; **≈zahlung** *f* pagamento *m* a prestações

'**Rat|geber** *m* conselheiro *m*; *Buch*: prontuário *m*; **~haus** *n* <*-es*; *⸚er*> Câmara *f* Municipal

ratifi'zieren [ratifi'tsi:rən] <-> ratificar

Rati'on [ratsi'o:n] *f* ração *f*, porção *f*; **≈'al** [ratsio'na:l] racional; **≈ali'sieren** [-nali'zi:rən] <-> racionalizar; **≈'ell** [-'nɛl] racional, razoável; **≈'ieren** <-> racionar; **~'ierung** [-'ni:ruŋ] *f* racionamento *m*

'**rat|los** perplexo; **≈losigkeit** ['-lo:ziç-] *f* <*sem pl*> perplexidade *f*; desespero *m*; **~sam** conveniente, oportuno, de aconselhar; **≈schlag** *m* <*-(e)s*; *⸚e*> conselho *m*

'**Rätsel** ['rɛ:tsəl] *n* enigma *m*, problema *m* (*a fig*); *Spiel*: adivinha *f*, *bras* adivinhação *f*; **≈haft** enigmático; misterioso

'**Rats|herr** ['ra:ts-] *m* <*-n*; *-en*> vereador *m*; **~keller** *m* restaurante *m* da Câmara

'**Ratte** ['ratə] *f* ratazana *f*, *bras a* rato *m*; **~ngift** *n* <*-(e)s*; *-e*> veneno *m* para ratos; mata-ratos *m*

'**rattern** ['ratərn] **1.** <*-re*> fazer barulho; estalar; crepitar; **2.** **≈** *n* estalos *m/pl*; crepitação *f*

rau [raʊ] áspero; *Klima*: agreste; (*heiser*) rouco

Raub [raʊp] *m* <*-(e)s*; *-e*> roubo *m*; (*Beute*) *a* presa *f*; (*Entführung*) rapto *m*; '**~bau** *m* <*-(e)s*; *sem pl*> cultura *f* exaustiva; *a fig* abuso *m*; ***~ treiben*** abusar (***an*** *dat*, ***mit*** de); '**~druck** *m* <*-(e)s*; *-e*> *TIP* edição *f* pirata (*od* clandestina)

raubeinig ['raʊbaɪniç] rude, brusco, grosseiro

'**rauben** ['raʊbən] *et*: roubar; *j-n*: raptar

'**Räuber** ['rɔybər] *m* ladrão *m*; (*Straßen≈*) salteador *m*, bandido *m*; **~bande** *f* quadrilha *f*; **~geschichte** *f* F *fig* façanha *f*; **≈isch** de ladrão; rapace; **≈n** <*-re*> roubar, saquear

'**Raub|fisch** *m* <*-(e)s*; *-e*> peixe *m* predador; **~gier** *f* <*sem pl*> rapacidade *f*; **≈gierig** rapace, carniceiro; **~kopie** *f* cópia *f* pirata; **~mord** *m* <*-(e)s*; *-e*> assassínio *m* (seguido de roubo); **~ritter** *m* salteador *m*; **~tier** *n* <*-(e)s*; *-e*> animal *m* de presa, *bras* animal *m* carnívoro; *großes*: fera *f*; **~überfall** *m* <*-(e)s*; *⸚e*> assalto *m* (à mão armada) com arrombamento; **~vogel** *m* <*-s*; *⸚*> ave *f* de rapina; **~zug** *m* <*-(e)s*; *⸚e*> saque *m*

Rauch [raʊx] *m* <*-(e)s*; *sem pl*> fumo *m*; *dichter*: fumaça *f*; '**≈en** *j-d*: fumar; *bras* pitar; *et*: fumegar, deitar fumo, *bras* soltar fumaça; ***~ verboten!*** proibido fumar!; '**~er(in** *f*) *m* fumador(a *f*) *m*; *bras* fumante *su*; '**~erabteil** *n* <*-(e)s*; *-e*> compartimento *m* de fumadores (*bras* para fumantes)

'**Räucher|hering** ['rɔyçər-] *m* <*-s*; *-e*> arenque *m* fumado (*bras* defumado); **~kammer** *f* <*-*; *-n*> fumeiro *m*, fumigatório *m*; **~kerze** *f* pivete *m*, *bras* incenso *m*; **≈n** <*-re*> defumar; fumigar; *REL* incensar

'Rauch|fahne *f* fumaça *f*; **~fang** *m* <-(*e*)*s*; ¨-*e*> fumeiro *m*; **~fleisch** *n* <-(*e*)*s*; *sem pl*> carne *f* fumada; **~gas** *n* <-*es*; -*e*> gás *m* de combustão; **≈ig** fumarento; cheio de fumo; **≈los** sem fumo; **~säule** *f* coluna *f* de fumo; **~schwaden** *m* fumaçada *f*, fumarada *f*; **~verbot** *n* <-(*e*)*s*; -*e*> proibição *f* de fumar; **~verzehrer** ['-fɛrtse:rər] fumívoro *m*; **~waren** *f/pl* (*Pelze*) pelicaria *f/sg*; **~wolke** *f* (nuvem *f* de) fumaça *f*, fumarada *f*; *Vulkan*: fumarola *f*

'Räud|e ['rɔydə] *f Hunde*: rabugem *f*; *Pferde*, *Schafe*: ronha *f*; **≈ig** sarnoso; rabugento; ronhoso

rauf [raʊf] F → ***herauf***

'Rauf|bold ['-bɔlt] *m* <-(*e*)*s*; -*e*> brigão *m*; arruaceiro *m*; **~e** *f* grade *f* de manjedoura; **≈en** *Haare*: arrancar (*a refl*); **(*sich*) ~** brigar; **~e'rei** [-ə'raɪ] *f* briga *f*, rixa *f*; **≈lustig** brigão, rixoso

rauh → ***rau***; **~beinig** → ***raubeinig***

'Rauheit ['raʊhaɪt] *f* <*sem pl*> aspereza *f*, rudeza *f*; (*Heiserkeit*) rouquidão *f*

'rauh|en → ***aufrauen***; **≈reif** → ***Raureif***

Raum [raʊm] *m* <-(*e*)*s*; ¨-*e*> espaço *m*; lugar *m*, (*Platz*) *a* sítio *m*; (*Ausdehnung*, *Gegend*) área *f*; *abgegrenzt*: recinto *m*; zona *f* (*a fig*); (*Zimmer*) quarto *m*; *e-r Wohnung*: divisão *f*; **'~anzug** *m* <-(*e*)*s*; ¨-*e*> *AV* fato *m* espacial

'räumen ['rɔymən] *Gebiet*: evacuar; *Wohnung*: desocupar; sair de; (*freimachen*) despejar; (*säubern*) limpar; ***aus dem Weg*(*e*) ~** tirar do caminho, *Schutt*: desentulhar; (*ermorden*) assassinar

'Raum|ersparnis *f* <-; *sem pl*> aproveitamento *m* de espaço; ***aus ~*** para ganhar espaço; **~fähre** *f* vaivém *m* espacial; **~fahrer(in** *f*) *m* astronauta *su*; cosmonauta *su*; **~fahrt** *f* <*sem pl*> astronautica *f*; **~inhalt** *m* <-(*e*)*s*; -*e*> capacidade *f*, volume *m*; **~lehre** *f* <*sem pl*> geometria *f*

'räumlich ['rɔymliç] espacial; **≈keit** *f* quarto *m*; sala *f*, divisão *f*

'Raum|mangel *m* <-*s*; *sem pl*> falta *f* de espaço (***aus*** por); **~meter** *n Holzmaß*: estere *m*; **~schiff** *n* <-(*e*)*s*; -*e*> nave *f* espacial; **~sonde** *f* sonda *f* interplanetária; **~station** *f* estação *f* espacial

'Räumung ['rɔymuŋ] *f* evacuação *f* (*a MIL*); *Wohnung*: desocupação *f*; *JUR* despejo *m* (***gerichtliche*** judicial); *ECON* = **~sausverkauf** *m* <-(*e*)*s*; ¨-*e*> saldo *m*; **~sklage** *f* a(c)ção *f* de despejo

'raunen ['raʊnən] segredar; murmurar; *fig* sussurar

'Raupe ['raʊpə] *f* lagarta *f*; **~nschlepper** *TÉCN m* tra(c)tor *m* de lagarta

'Raureif *m* <-*s*; *sem pl*> geada *f*

raus [raʊs] F → ***heraus***, ***hinaus***

Rausch [raʊʃ] *m* <-*es*; ¨-*e*> bebedeira *f*; embriaguês *f*, *bras a* pileque *m*; *fig* êxtase *m*; ***e-n ~ haben*** estar ébrio, estar embriagado; ***seinen ~ ausschlafen*** cozer a mona; **'≈en** rumorejar; *sanft*: murmurar; *Laub*: ciciar, sussurrar, ramalhar; *heftig*, *Meer*: marulhar; *Stoffe*: fazer frufru; **'~en** *n* rumor *m*, murmúrio *m*; sussurro *m*; marulhada *f*; *Stoffe*: frufru *m*; **'≈end** *adj* ruidoso; rumoroso, rumorejante; sussurrante

'Rauschgift *n* <-(*e*)*s*; -*e*> estupefaciente *m*; droga *f*, *bras a* entorpecente *m*; **~handel** *m* <*sem pl*> narcotráfico *m*, tráfico *m* de estupefacientes (*bras* entorpecentes); **~händler** *m* narcotraficante *m*, traficante *m* de estupefacientes (*bras* entorpecentes); **≈süchtig** toxicómano (*ô), toxico-dependente, viciado (em entorpecentes), drogado; **~süchtige(r** *m*) *su* toxicómano (*ô) *m*, -a *f*, viciado *m*, -a *f*

'räuspern ['rɔyspərn] <-*re*>: ***sich ~*** tossir levemente; pigarr(e)ar

'rausschmeiß|en ['raʊs-] F expulsar, pôr na rua; **≈er** *m* F gorila *m*, segurança *m*, *bras* leão *m* de chácara

'Raute ['raʊtə] *f BOT* arruda *f*; *MAT* rombo *m*, losango *m*

'Razzia ['ratsia] *f* <-; -*s*, *Razzien*> busca *f*, rusga *f*, *bras* batida *f*

Rea'g|ens [rea'gɛns] *QUÍM n* <-*s*; *Reagenzien*> reagente *m*; **~enzglas** *n* <-*es*; ¨-*er*> proveta *f*; **≈ieren** <-> reagir

Reakti'on [reaktsi'o:n] *f* rea(c)ção *f*; **≈är** [-o'nɛ:r] rea(c)cionário; **~svermögen** *n* faculdade *f* de rea(c)ção

Re'aktor [re'aktɔr] *m* <-*s*; -*en*> rea(c)tor *m*

re'al [re'a:l] real, efe(c)tivo; **2ien** [-liən] *pl inv* coisas *f/pl* reais; **~i'sieren** [-ali'zi:rən] <-> realizar, efe(c)tuar; **2'ismus** *m* realismo *m*; **2'ist** *m* <-*en*>, **~'istisch** realista (*m*); **2i'tät** [-li'tɛ:t] *f* realidade *f*; **2lohn** *m* <-(*e*)*s*; ⸚*e*> salário *m* efe(c)tivo; **2politik** *f* <-> política *f* realista; **2schule** *f* escola *f* secundária de ensino médio

'Rebe ['re:bə] *f* vide *f*, videira *f*; *Ranke*: sarmento *m*

Re'bell [re'bɛl] *m* <-*en*> rebelde *m*; **2'ieren** <-> rebelar; insurgir-se; **~i'on** [-li'o:n] *f* rebelião *f*, sublevação *f*; **2isch** rebelde

'Reb|huhn ['rɛp-] *n* <-(*e*)*s*; ⸚*er*> perdiz *f*; **~stock** ['re:p-] *m* <-(*e*)*s*; ⸚*e*> vide *f*, videira *f*

'Rechen ['rɛçən] *AGR m* ancinho *m*

'Rechen|aufgabe *f* problema *m* de aritmética; **~buch** *n* <-(*e*)*s*; ⸚*er*> livro *m* de aritmética; **~fehler** *m* erro *m* de cálculo; **~maschine** *f* máquina *f* de calcular (*od* de cálculo)

'Rechenschaft *f* conta *f* (***ablegen*** dar, prestar + *pl*); ***j-n zur ~ ziehen*** pedir contas *f/pl* a alg; **~sbericht** *m* <-(*e*)*s*; -*e*> relatório *m*; **~slegung** ['-le:guŋ] *f* apresentação *f* de contas

'Rechenzentrum *n* <-*s*; -*zentren*> centro *m* de processamento de dados

Re'cher|chen [rə'ʃɛrʃən] *f/pl inv* pesquisas *f/pl*; **2'chieren** <-> pesquisar

'rechn|en ['rɛçnən] <-*e*-> **1.** calcular; fazer a conta; **~ *auf*** (*ac*), **~ *mit*** contar com; **~ *zu*** **a)** *v/t* incluir em, acrescentar a; **b)** *v/i* pertencer a, fazer parte de; **2.** **2en** *n* cálculo *m*, aritmética *f*

'Rechner *m* computador *m*, ordenador *m*; *klein*: calculadora *f*; **2isch** ['-əriʃ] aritmético, calculador

'Rechnung ['rɛçnuŋ] *f* cálculo *m*, operação *f* aritmética; *ECON* conta *f* (***auf*** na, ***für*** por); (*Waren2*) fa(c)tura *f*; (*dat*) ***~ tragen*** ter em conta (*ac*); ***auf eigene ~*** por conta própria; **~sabschluss** *m* <-*es*; ⸚*e*> balanço *m*; saldo *m*; **~sart** *MAT f* conta *f*, regra *f* fundamental aritmética, operação *f* aritmética; **~sauszug** *m* <-(*e*)*s*; ⸚*e*> extra(c)to *m* de contas; **~sbetrag** *m* <-(*e*)*s*; ⸚*e*> *ECON* quantia *f*, importância *f*; **~sführung** *f* contabilidade *f*; **~shof** *m* <-(*e*)*s*; *sem pl*> Tribunal *m* de Contas; **~sjahr** *n* <-(*e*)*s*; -*e*> ano *m* económico (*bras* financeiro); **~sprüfer** *m* fiscal *m* de contabilidade; **~swesen** *n* <-*s*; *sem pl*> contabilidade *f*

recht [rɛçt] direito; *MAT* re(c)to; (*passend*) conveniente; (*echt*) verdadeiro, autêntico; *adv* bem; ***zur ~en Zeit, gerade ~*** a tempo, (mesmo) a propósito; (*sehr*) muito, bastante; ***ganz ~*** exa(c)tamente; ***2 haben*** ter razão; ***j-m 2 geben*** dar razão a alg; ***erst ~*** com maior razão; ***nun erst ~ (nicht)!*** agora mais (menos) do que nunca!; ***j-m 2 sein*** parecer bem a alg, convir a alg; ***keiner kann es ihm ~ machen*** (ele) nunca está satisfeito; ***das geschieht ihm ~*** bem (o) merece; ***~ so!*** bem feito!

Recht *n* <-(*e*)*s*; -*e*> direito *m* (***auf*** *ac* a); (*Gerechtigkeit*) justiça *f*; ***Doktor der ~e*** Doutor em Direito; ***Student der ~e*** estudante de Direito; ***~ sprechen*** julgar, sentenciar, pronunciar sentença; ***mit (vollem) ~*** com (toda a) razão; ***von ~s wegen*** de direito, *JUR* segundo a lei; ***j-m ~ widerfahren lassen*** fazer justiça a alg; ***j-m zu seinem ~ verhelfen*** cuidar de que seja feita justiça a alg; ***ein ~ haben auf*** ter direito a

'Recht|e **1.** *f* (mão *f*) direita *f* (***zur*** à); *POL* direita *f*; **2.** *n* bem *m*; ***nach dem ~n sehen*** ver o que se passa; **'~eck** *n* <-(*e*)*s*; -*e*> re(c)tângulo *m*; **'2eckig** re(c)tangular; **'2ens** legal; **'2fertigen** justificar; explicar; **'~fertigung** *f* justificação *f*; explicação *f*; **'2gläubig** ortodoxo; **~habe'rei** [-ha:bə'raɪ] *f* mania *f* de ter sempre razão; teimosia *f*; **'2haberisch** ['-ha:bəriʃ] teimoso; **'2lich** *JUR* jurídico; **'~lichkeit** *f* <*sem pl*> legalidade *f*; **'2los** destituído de direitos; sem direitos; ilegal; **'2mäßig** legítimo, legal; **'~mäßigkeit** *f* legitimidade *f*; legalidade *f*

rechts [rɛçts] do lado direito; à direita; ***~ stehen*** *POL* ser das direitas

'Rechts|abbieger *m* veículo *m* que pretende virar (*od* tem virado) à direita; **~abteilung** *f* serviço *m* jurídico; **~anspruch** *m* <-(*e*)*s*; ¨*e*> direito (***auf*** *ac* a); **~anwalt** *m* <-(*e*)*s*; ¨*e*>, **~anwältin** *f* advogado *m*, -a *f*; **~auskunft** *f* <-; ¨*e*> informação *f* jurídica, consulta *f* jurídica; **~'außen** *m* *Sport*: extremo-direito *m*; **~beistand** *m* <-(*e*)*s*; ¨*e*> consultor *m* jurídico; solicitador *m*; **~berater** *m* jurisconsulto *m*; **~beugung** *f* JUR prevaricação *f*; **~bruch** *m* <-(*e*)*s*; ¨*e*> violação (*od* transgressão) *f* da lei

'rechtschaffen honrado, honesto, re(c)to, íntegro; **≈heit** *f* <*sem pl*> honradez *f*, lealdade *f*, re(c)tidão *f*; integridade *f*

'Rechtschreibung *f* <*sem pl*> ortografia *f*

'Rechts|drall ['rɛçtsdral] *m* <-(*e*)*s*; -*e*> torção *f* para a direita (*a* POL); **~fähigkeit** *f* <*sem pl*> capacidade *f* jurídica; **~fall** *m* <-(*e*)*s*; ¨*e*> caso *m*, causa *f*; **~frage** *f* questão *f* jurídica, questão *f* de direito; **~gelehrte(r** *m*) *su* jurista *su*, jurisconsulto *m*, -a *f*; **~grundlage** *f* fundamento *m* jurídico (*od* legal); **≈gültig** legal; autêntico; **~gültigkeit** *f* validez *f*; autenticidade *f*; **~händer(in** *f*) *m* dextrímano *m*, -a *f*, manidestro *m*, -a *f*; **~hilfe** *f* assistência *f* jurídica; **~kraft** *f* <*sem pl*> força *f* de lei; **≈kräftig** válido; em vigor; ***~ machen*** validar; ***~ sein*** vigorar; ***~ werden*** entrar em vigor; **~lage** *f* situação *f* jurídica; **~mittel** *n* meio *m* legal; recurso *m*; ***ein ~ einlegen*** recorrer; **~nachfolge** *f* <*sem pl*> sucessão *f*; **~pflege** *f* <*sem pl*> justiça *f*

'Rechtsprechung ['-ʃprɛçuŋ] *f* jurisdi(c)ção *f*

'rechtsradikal da extrema direita

'Rechts|sache *f* processo *m*; causa *f*; **~satz** *m* <-(*e*)*s*; ¨*e*> norma (*od* disposição) *f* jurídica; **~schutz** *m* <-(*e*)*s*; *sem pl*> protecção *f* das leis, *bras* proteção *f* legal; **~schutzversicherung** *f* seguro *m* de assistência judiciária; **~spruch** *m* <-(*e*)*s*; ¨*e*> sentença *f*; **~staat** *m* <-(*e*)*s*; -*en*> Estado de Direito *m*; **~streit** *m* <-(*e*)*s*; -*e*> controversa *f* jurídica, litígio *m*; processo *m*; **~verdreher** ['-fɛrdreːər] *m* rábula *m*; **~verkehr** *m* <-*s*; *sem pl*> JUR justiça *f*; (*Verkehrswesen*) circulação *f* pela direita; **~vertreter** *m* procurador *m*; **~weg** *m* <-(*e*)*s*; -*e*> trâmites *m*/*pl* legais; via *f* judicial; ***den ~ beschreiten*** recorrer aos tribunais; **≈widrig** ilegal; **~widrigkeit** *f* <*sem pl*> ilegalidade *f*; **~wissenschaft** *f* <*sem pl*> jurisprudência *f*; *Student* ***der ~*** de Direito; *Doktor* ***der ~*** em Direito

'recht|wink(e)lig re(c)tangular; **~zeitig** oportuno; *adv* a tempo, CAM. DE F à tabela

Reck [rɛk] *n* <-(*e*)*s*; -*e*> barra *f* fixa; **'≈en** esticar; ***sich ~*** *a* espreguiçar-se

re'cyc|eln [ri'saɪkln] <-*e*-; -> reciclar; **≈ling** [-kliŋ] *n* <-*s*; *sem pl*> reciclagem *f*; **≈lingpapier** *n* <*sem pl*> papel *m* reciclado

Redak't|eur(in *f*) [redak'tøːr] *m* <-*s*; -*e*> reda(c)tor(a *f*) *m*; **~i'on** [-tsi'oːn] *f* reda(c)ção *f*

'Rede ['reːdə] *f* discurso *m* (*a* GRAM), *feierliche*: oração *f*, (*Ansprache*) alocução *f* (***halten*** fazer, pronunciar); (*Gerücht*) boato *m*; (*Unterhaltung*) conversa *f*; ***(in)direkte ~*** GRAM discurso (in)dire(c)to; ***wovon ist die ~?*** de que se trata?; ***j-m ~ (und Antwort) stehen*** dar contas *f*/*pl* *a* alg, responder a alg, ***j-n zur ~ stellen*** pedir explicações *f*/*pl* a alg; ***nicht die ~ sein können von*** nem se discutir sobre (*od* de); nem pensar em; ***nicht der ~ wert sein*** não ter importância; **~fluss** *m* <-*es*; *sem pl*> verbosidade *f*; loquacidade *f*; **~freiheit** *f* <*sem pl*> liberdade *f* de falar (*od* de expressão); **≈gewandt** eloquente; **~kunst** *f* <*sem pl*> retórica *f*

'reden <-*e*-> falar (***über*** *ac* de, sobre); ***mit sich ~ lassen*** não ser intransigente, ser flexível; ***wie ein Buch ~*** falar como um livro aberto, falar que nem um missal, *bras* falar pelos cotovelos

'Rede|nsart *f* modo *m* de falar, locução *f*; frase *f*; expressão *f* idiomática; (***das sind***) ***~n!*** palavrório *m*/*sg*!, palavras *f*/*pl*!; **~'rei** [-'raɪ] *f* palavrório *m*; (*Gerücht*) rumor *m*, boato *m*; **~schwall** *m* <-(*e*)*s*; *sem pl*> verbosidade *f*; verborreia (*é) *f*; **~weise** *f* modo *m* de falar; linguagem *f*; estilo *m*; **~wendung** *f* → ***~nsart***

redi'gieren [redi'giːrən] <-> redigir; *Zeitung*: dirigir

'redlich ['reːtliç] honrado, honesto; sério; **&keit** *f* <*sem pl*> honradez *f*; probidade *f*; seriedade *f*

'Redner|(in *f*) ['reːdnər] *m* orador(a *f*) *m*; **~bühne** *f* tribuna *f*

'redselig ['reːtzeːliç] falador; **&keit** *f* <*sem pl*> loquacidade *f*

Redu|kti'on [reduktsi'oːn] *f* redução *f*; **&'zieren** <-> reduzir (***auf*** *ac* a); *Erz*: beneficiar

'Reede ['reːdə] *f* ancoradouro *m*; ***auf der ~ liegen*** estar fundeado; **~r** *m* armador *m*; **~'rei** [-'raɪ] *f* companhia *f* de navegação

re'ell [re'ɛl] real (*a* MAT); *Wert a*: efe(c)tivo; *Ware*: bom; *Geschäft*: sério, de confiança; *Preis*: módico

Reep [reːp] NAV *n* <-(*e*)*s*; -*s*> cabo *m*

Refe|'rat [refe'raːt] *n* <-(*e*)*s*; -*e*> relatório *m*; exposição *f*; *Kongress*: comunicação *f* (***halten*** fazer); **~ren'dar(in** *f*) [-rɛn'daːr] *m* <-*s*; -*e*> estagiário *m*, -a *f*; **~'rendum** [-'rɛndum] *n* <-*s*; -*den*> referendo *m*; **~'rent(in** *f*) [-'rɛnt] *m* <-*en*> relator(a *f*) *m*; informador(a *f*) *m*; *Behörden, Institute etc*: *a* dire(c)tor(a *f*) *m* de uma se(c)ção (*od* repartição); *Prüfungen*: arguente *su*; **~'renz** [-'rents] *f* referência *f*; **~'renzen** *pl* (*bei Bewerbung*) referências *f*/*pl*; **&'rieren** [-'riːrən] <->: (***über*** *ac*) **~** referir (*ac*), relatar (*ac*); apresentar um relatório (sobre), informar (sobre)

'reffen ['rɛfən] NAV colher os rizes

reflek't|ieren [reflɛk'tiːrən] <-> FÍS refle(c)tir; **~ *auf*** (*ac*) ECON interessar-se por, ter em vista; **&or** [-'flɛktɔr] *m* <-*s*; -*en* [-'toːrən]> refle(c)tor *m*

Re'flex [re'flɛks] *m* <-*es*; -*e*>, **~bewegung** *f* reflexo *m*; **~i'on** [-ksi'oːn] *f* reflexão *f*; **&'iv** [-'ksiːf] reflexivo

Re'form [re'fɔrm] *f* reforma *f*; **~ati'on** [-atsi'oːn] *f* Reforma *f*; **~'ator** [-'maːtɔr] *m* <-*s*; -*en*> reformador *m*; **~haus** *n* <-*es*; *¨er*> loja *f* de produtos dietéticos; **&'ieren** [-'miːrən] <-> reformar; **~politik** *f* <*sem pl*> política *f* de reforma

Re'frain [rə'frɛ̃ː] *m* <-*s*; -*s*> estribilho *m*

Re'gal [re'gaːl] *n* <-*s*; -*e*> (*Gestell*) estante *f*; (*Küchen&*) prateleira *f*

Re'gatta [re'gata] *f* <-; *Regatten*> regata *f*

'rege ['reːgə] a(c)tivo; (*lebhaft*) vivo, *Verkehr*: animado

'Regel ['reːgəl] *f* <-; -*n*> regra *f*; norma *f*; MED menorreia *f*, menstruação *f*; ***in der ~*** em regra geral; **&los** desordenado, confuso, irregular; **~losigkeit** ['-loːziç-] *f* irregularidade *f*; desordem *f*; **&mäßig** regular; **~mäßigkeit** *f* regularidade *f*

'regel|n <-*le*> regular; *Angelegenheit*: arranjar; *gesetzlich*: regulamentar; **~recht** corre(c)to, normal; autêntico

'Regelung *f* regulamento *m*

'regelwidrig irregular, contra a regra

'regen ['reːgən] mover; mexer; ***sich ~*** *fig et*: fazer-se sentir; dar conta de si

'Regen *m* chuva *f*; *feiner*: chuvisco *m*; *bras* garoa *f*; ***saurer ~*** chuva *f* ácida

'Regenbogen *m* <-*s*; *¨*> arco-íris *m*; **~haut** *f* <-; *¨e*> íris *f*; **~presse** *f* <*sem pl*> imprensa *f* do coração, *bras* imprensa *f* marrom

'regendicht impermeável

Regene|rati'on [regenəratsi'oːn] *f* regeneração *f*; **&'rieren** <-> regenerar

'Regen|fälle *m*/*pl* chuvada *f*; chuvas *f*/*pl*; **~guss** *m* <-*es*; *¨e*> chuvada *f*, aguaceiro *m*; **~haut** *f* <-; *¨e*> capa *f* de borracha; **~mantel** *m* <-*s*; *¨*> impermeável *m*; gabardine *f*; **~menge** *f* (quantidade *f* de) chuva *f* caída, pluviosidade, *bras* volume *m* pluviométrico; **~messer** *m* pluviómetro (*ô) *m*, pluvímetro *m*; **&reich** chuvoso; **~rinne** *f* goteira *f*, caleira *f*, *bras a* calha *f*; **~schauer** *m* → ***~guss***; **~schirm** *m* <-(*e*)*s*; -*e*> guarda-chuva *m*; chapéu-de-chuva *m*

'Regensburg ['reːgənsburk] *n* Ratisbona *f*

Re'gent(in *f*) [re'gɛnt] *m* <-*en*> regente *su*

'Regentropfen *m* gota *f* de chuva

Re'gentschaft *f* regência *f* (***führen*** exercer)

'Regen|wald *m* mata *f* pluvial; **~wasser** *n* <-*s*; *sem pl*> águas *f*/*pl*

pluviais; **~wetter** *n* <-*s*; *sem pl*> tempo *m* de chuva; **~wolke** *f* nuvem *f* de chuva; **~wurm** *m* <-(*e*)*s*; *¨er*> minhoca *f*; **~zeit** *f* estação (*od* época) *f* das chuvas

'Reggae ['regei] *m* reggae *m*

Re'gie [re'ʒiː] *f* TEA dire(c)ção *f* artística; **~ *führen*** dirigir

re'gier|en [re'giːrən] *v/t* <-> *a* **~ *über*** (*ac*) governar (*ac*); GRAM reger (*ac*); *fig* dirigir (*ac*); (*König sein*) reinar (sobre); **≈ung** *f* governo *m*; *e-s Königs*: reinado *m*; ***zur ~ gelangen*** subir ao poder (*Herrscher*: ao trono)

Re'gierungs|antritt *m* <-(*e*)*s*; -*e*> advento *m* ao poder, subida *f* ao poder (*Herrscher*: ao trono); tomada *f* de posse, *bras a* empossamento *m*; **~bezirk** *m* <-(*e*)*s*; -*e*> distrito *m*; **≈feindlich** antigovernamental; **~form** *f* regime *m*; **≈freundlich** governamental, *bras* de apoio ao governo; **~krise** *f* crise *f* ministerial (*od* governamental); **~partei** *f* partido *m* governamental; **~sprecher(in** *f*) *m* porta-voz *su* do governo; **~zeit** *f* reinado *m*, *bras* período *m* governamental

Regi'me [re'ʒiːm] *n* <-*s*; -*s*> regime *m*

Regi'ment [regi'mɛnt] *n* **a**) <-(*e*)*s*; -*e*> POL regime *m*; ***das ~ führen*** mandar, chefiar; **b**) <*pl* -*er*> MIL regimento *m*

Regi'on [regi'oːn] *f* região *f*; **≈'al** [-gio'naːl] regional

Regis'seur(in *f*) [reʒi'søːr] *m* <-*s*; -*e*> dire(c)tor(a *f*) *m* artístico, -a, ensaiador(a *f*) *m*, encenador(a *f*) *m*; *Film*: realizador(a *f*) *m*

Re'gister [re'gistər] *n* registo *m*, *bras* registro (*a* MÚS *u fig*); *im Buch*: índice *m*; ***alle ~ ziehen*** *fig* tentar tudo; **~tonne** *f* NAV tonelada *f* de registo (*bras* registro)

Registr|a'tur [-a'tuːr] *f* registo *m*, arquivo *m*, *bras* registro *m*; **≈'ieren** <-> registar; arquivar, *bras* registrar; **~'ierkasse** [-'iːr-] *f* caixa *f* registadora (*bras* registradora); **~'ierung** *f* registo *m*; averbamento *m*, *bras* registro *m*

Regle'ment [reglə'mɑ̃] *n* <-*s*; -*s*> regulamento *m*

'Regler ['reːglər] *m* regulador *m*; EL reóstato *m*

'reglos ['reːklos] imóvel; inerte

'regne|n ['reːgnən] <-*e*-> chover; *fein*: choviscar; *bras* garoar; **≈r** *m* AGR aparelho *m* de irrigação; **~risch** ['-riʃ] chuvoso

Re'gress [re'grɛs] JUR *u* ECON *m* <-*es*; -*e*> recurso *m*; **≈pflichtig** responsável

'regsam ['reːkzaːm] a(c)tivo, mexido, vivo; **≈keit** *f* <*sem pl*> a(c)tividade *f*, vivacidade *f*; *geistige*: *a* curiosidade *f*

regu'l|är [regu'lɛːr] regular, normal; **~ieren** [-'liːrən] <-> regul(ament)ar; **≈ierung** *f* regulação *f*

'Regung ['reːguŋ] *f* movimento *m*; *fig* emoção *f*, sentimento *m*; *plötzliche*: acesso *m*; **≈slos** imóvel, inerte; *fig a* impassível; **~slosigkeit** ['-loːziç-] *f* <*sem pl*> imobilidade *f*, inércia *f*

Reh [reː] *n* <-(*e*)*s*; -*e*> *allg u Ricke* corça *f*

Rehabili|tati'on [rehabilitatsi'oːn] *f a* MED reabilitação *f*; **≈'tieren** <-> reabilitar; **~'tierung** *f* → ***~tation***

'Reh|bock *m* <-(*e*)*s*; *¨e*> corço *m*; **~kitz** *n* <-*es*; -*e*> cria *f* de corço

'Reib|e ['raɪbə] *f*, **~eisen** ['raɪp-] *n* ralo *m*, ralador *m*; **~elaut** *m* <-(*e*)*s*; -*e*> GRAM fricativa *f*; **≈en** esfregar; *leicht*: roçar; CUL ralar; (*ab~*) esfregar, MED fri(c)cionar; ***gerieben*** *adj fig* finório, sabido; **~e'reien** *f/pl* atritos *m/pl*; **~ung** *f* fri(c)ção *f*; atrito *m* (*a fig*); **≈ungslos** *fig* sem dificuldade(s), sem atritos

reich [raɪç] rico (***an*** *dat* em); ***~ machen***, ***~ werden*** enriquecer; *Land*: ***~ sein an*** (*dat*) abundar em

Reich *n* <-(*e*)*s*; -*e*> império *m* (*a Kaiser≈*); (*König≈*) reino *m* (*a fig*)

'reich|en **1.** *v/t* (*geben*) passar, *Hand*: estender; **2.** *v/i* (*sich erstrecken*) ir, estender-se; (*genügen*) chegar, bastar; **~haltig** ['-haltiç] abundante, rico; **≈haltigkeit** *f* <*sem pl*> abundância *f*, riqueza *f*; **~lich** → ***~haltig***; *adv* bastante; abastadamente; ***~ vorhanden sein*** abundar

'Reich|tum *m* <-*s*; *¨er*> riqueza *f*; **~weite** *f* alcance *m* (***in*** ao); proje(c)ção *f*; AV, NAV, AUTO autonomia *f*; ***außer ~*** fora de alcance

reif [raɪf] maduro; *fig* (*entwickelt*) *a* feito; ***~ werden*** → ***reifen***

R

Reif *m* <-(*e*)*s*; *sem pl*> (*Frost*) geada *f*
'**Reife** ['raɪfə] *f* <*sem pl*> maturidade *f*, madureza *f*; maturação *f*
'**reifen** ['raɪfən] <*sn*> (a)madurecer, madurar; maturar; *Oliven*, *Kartoffeln*: vingar; **~ *lassen*** *fig* aboborar
'**Reifen** *m* arco *m*; roda *f*; *Auto*: pneu(mático) *m*; **~druck** *m* <-*s*; ¨*e*> pressão *f* dos pneus; **~panne** *f* furo *m* do pneu; **~profil** *n* <-*s*; -*e*> perfil *m* dos pneus; **~wechsel** *m* mudança *f* de pneu
'**Reife|prüfung** *f* exame *m* final do liceu (*bras* de curso secundário); **~zeugnis** *n* <-*ses*; -*se*> carta *f* do curso liceal, *bras* certificado *m* de conclusão do curso secundário
'**reiflich** maduro, refle(c)tido
'**Reigen** ['raɪgən] *m* roda *f*
'**Reihe** ['raɪə] *f* fil(eir)a *f*; (*Folge*) enfiada *f*; série *f*; *Menschen*: bicha *f*; ***der ~ nach*** por ordem; ***ich bin an der ~*** é a minha vez; ***wer ist jetzt an der ~?*** quem segue?, *bras* quem é o próximo?; ***in Reih und Glied*** em fila
'**Reihen|folge** *f* ordem *f*; **~haus** *n* <-*es*; ¨*er*> casa *f* geminada; **~schaltung** *EL* *f* ligação *f* em série; **~untersuchung** *f* exame *m* em série; rastreio *m*; **≈weise** por filas; *ECON* em série
'**Reiher** ['raɪər] *m* garça *f*
reih'um [raɪ'um] por turno; por turmas
Reim [raɪm] *m* <-(*e*)*s*; -*e*> rima *f*; '**≈en**: (***sich***) **~** rimar; '**≈los** sem rima; *Vers*: *a* solto, *bras a* branco
rein[1] [raɪn] limpo; (*unvermischt*) *u fig* puro; (*nur*) *a* mero; *Gewicht*: líquido; *ECON Akzept*: incondicional; ***~ gar nichts*** absolutamente nada; ***mit et (j-m) ins ≈e kommen*** resolver a/c, arranjar a/c (arranjar-se com alg); ***ins ≈e bringen*** pôr em pratos limpos
rein[2] F → ***herein***, ***hinein***
'**Rein|ertrag** *m* <-(*e*)*s*; ¨*e*>, **~gewinn** *m* <-(*e*)*s*; -*e*> produto *m* líquido: **~fall** F *m* <-(*e*)*s*; ¨*e*> fracasso *m*; engano *m*; **≈fallen** F <*sn*> fracassar, enganar-se; **~heit** *f* <*sem pl*> limpeza *f*, pureza *f* (*a fig*); (*Klarheit*) nitidez *f*
'**reinig|en** ['raɪnigən] limpar; assear; *Flüssigkeit*: depurar; *Luft u fig*: purificar; *MED* abluir; **~end** *MED* abluente, ablutor; **≈ung** *f* limpeza *f*; depuração *f*; purificação *f*; *MED* ablução *f*; ***chemische ~*** limpeza *f* a seco; **≈ungsmittel** *n* detergente *m*
'**Rein|kultur** *f*: ***in ~*** puro; **≈legen**: F ***j-n ~*** lograr alg; meter uma peta a alg, *bras* passar uma peça em alg; **≈lich** limpo; asseado; **~lichkeit** *f* <*sem pl*> limpeza *f*; asseio *m*; **~machefrau** *f* mulher *f* de limpeza; **≈rassig** de raça pura; castiço, *bras a* puro-sangue; **~schrift** *f* cópia *f* a limpo
Reis [raɪs] **a)** *m* <-*es*; *sem pl*> arroz *m*; **b)** *n* <-*es*; -*er*> rebento *m*
'**Reise** ['raɪzə] *f* viagem *f*; *pl* ***auf ~n sein*** estar de viagem; ***auf ~n gehen*** partir para uma viagem; **~apotheke** *f* farmácia *f* portátil; **~büro** *n* <-*s*; -*s*> agência *f* de viagens (*od* de turismo); **~bus** *m* <-*ses*; -*se*> autocarro (*bras* ônibus) *m* de turismo; **≈fertig** pronto para partir; **~fieber** *n* <-*s*; *sem pl*> excitação *f* que antecede uma viagem; **~führer** *m* guia *m* turístico; **~gefährte** *m* <-*n*>, **~gefährtin** *f* companheiro *m*, -a *f* de viagem; **~gepäck(versicherung** *f*) *n* <-(*e*)*s*; *sem pl*> (seguro *m* de) bagagem *f*; **~gesellschaft** *f* grupo *m* de turistas; **~leiter(in** *f*) *m* guia *su*; **≈lustig**: ***~ sein*** gostar de viajar
'**reisen** ['raɪzən] <-*t*; *sn*> viajar; ***~ nach*** partir para; ir a; ***~ über*** (*ac*) passar por; ***~ durch*** atravessar; **≈de(r** *m*) *su* passageiro *m*, -a *f*; turista *su*; viajante *su*
'**Reise|pass** *m* <-*es*; ¨*e*> passaporte *m*; **~route** ['-ru:tə] *f* itinerário *m*; **~scheck** *m* <-*s*; -*s*> cheque *m* de viagem; **~schreibmaschine** *f* máquina *f* de escrever portátil; **~spesen** *pl* despesas *f*/*pl* de viagem; **~tasche** *f* mala *f*; **~veranstalter** *m* operador *m* turístico; **~verkehr** *m* <-*s*; *sem pl*> turismo *m*; tráfego *m* turístico; movimento *m* (de passageiros); **~ziel** *n* <-(*e*)*s*; -*e*> destino *m*
'**Reisfeld** *n* <-(*e*)*s*; -*er*> arrozal *m*
'**Reisig** ['raɪzɪç] *n* <-*s*; *sem pl*> chamiço *m*
'**Reißbrett** ['raɪs-] *n* <-(*e*)*s*; -*er*> estirador *m*, prancheta *f* de desenho

'reißen **1.** *v/t* (*ab~*, *weg~*) tirar, arrancar; (*zer~*) rasgar; *Witze*: dizer, fazer; ***an sich*** (*ac*) ~ apoderar-se de, usurpar; abarcar; ***sich um et*** ~ disputar-se a/c; ***mit sich*** (***fort***)~ arrastar consigo; **2.** *v/i* rasgar, romper-se; partir; ***in Stücke*** ~ fazer em pedaços; ***mir reißt die Geduld*** já não tenho paciência; *a* → ***gerissen***; **3.** ♀ *MED n* reumatismo *m*; dores *f/pl* reumáticas; (*Ab*♀) arrancamento *m*; (*Zer*♀) rotura *f*; **~d** *adj* rápido; *Schmerz*: agudo, reumático; *Strom*: caudaloso, torrencial; *ECON* ***~en Absatz finden*** vender-se num instante

'Reiß|er F *m* artigo *m* de moda; *TEA* êxito *m* teatral; **♀erisch** espampanante, *bras* espalhafatoso; **~feder** *f* <-; -*n*> tira-linhas *f*; **♀fest** resisitente ao rasgamento; **~nagel** *m* <-*s*; ¨> → ***~zwecke***; **~schiene** *f* régua *f*; **~verschluss** *m* <-*es*; ¨*e*> fecho *m* de correr, fecho *m* ecler, *bras a* zíper *m*; **~wolf**® *m* <-(*e*)*s*; ¨*e*> esfarrapadeira *f*, *bras* trituradora *f* de papel; **~zeug** *n* <-(*e*)*s*; *sem pl*> estojo *m* de desenho; **~zwecke** *f* percevejo *m*

'Reit|bahn ['raɪt-] *f* picadeiro *m*; **♀en** <*h u sn*> montar; andar a cavalo, ir a cavalo; **~en** *n* equitação *f*

'Reiter ['raɪtər] *m* cavaleiro *m*; *MIL a* soldado *m* de cavalaria; ***spanischer*** ~ cavalo *m* de frisa; **~'ei** [-'raɪ] *f* cavalaria *f*; **~in** *f* amazona *f*

'Reit|gerte *f* chibata *f*; **~hose** *f* calções *m/pl* de montar, *bras* culote *m*; **~kunst** *f* <*sem pl*> (**~lehrer** *m* professor *m* de) equitação *f*; **~peitsche** *f* chicote *m*; **~pferd** *n* <-(*e*)*s*; -*e*> cavalo *m* de sela (*od* de montar); **~schule** *f* escola *f* de equitação; picadeiro *m*; **~sport** *m* <-(*e*)*s*; *sem pl*> hipismo *m*; **~stall** *m* <-(*e*)*s*; ¨*e*> picadeiro *m*; **~stiefel** *m* bota *f* alta, bota *f* de montar; **~tier** *n* <-(*e*)*s*; -*e*> cavalgadura *f*, *bras* montaria *f*; **~weg** *m* caminho *m* para cavaleiros (*bras* para montaria)

Reiz [raɪts] *m* <-*es*; -*e*> (*Empfindung*) sensação *f*; (*An*♀) estímulo *m*; (*~ung*) irritação *f*, (*Juck*♀) comichão *f*; (*Schönheit*) encanto *m*, atra(c)tivo *m*; ***den ~ lindern*** abirritar, aliviar a dor, *bras a* sedar; **'♀bar** irritável; sensível; **'~barkeit** *f* <*sem pl*> irritabilidade *f*; sensibilidade *f*; **'♀en** <-*t*> estimular, excitar; irritar; provocar; (*locken*) atrair; interessar; **'♀end** *adj* excitante; (*hübsch*) encantador; **'♀lindernd** abirritante, *bras* sedativo; **'♀los** sem graça; (*fade*) insípido; **'~mittel** *MED n* estimulante *m*; excitante *m*; **'~ung** *f* *MED* irritação *f*; **'♀voll** encantador, interessante

rekapitu'lieren [rekapitu'liːrən] <-> recapitular

'rekeln ['reːkəln] F <-*le*->: ***sich*** ~ espreguiçar-se

Reklamati'on [reklamatsi'oːn] *f* reclamação *f*

Re'klame [re'klaːmə] *f* reclamo (*bras* reclame) *m*; propaganda *f*; publicidade *f* (***machen*** dar; ***für*** a); (*~teil*) anúncios *m/pl*

rekla'mieren [rekla'miːrən] <-> reclamar

rekonstr|u'ieren [rekɔnstru'iːrən] <-> reconstruir; **♀ukti'on** [-strukti'oːn] *f* reconstrução *f*

Rekonvales'zen|t(in *f*) [rekɔnvalɛs'tsɛnt] *m* <-*en*> convalescente *su*; **~z** *f* convalescença *f*

Re'kord [re'kɔrt] *m* <-(*e*)*s*; -*e*> recorde *m* (***aufstellen*** marcar, estabelecer; ***brechen***, ***schlagen*** bater); **~halter(in** *f*) *m* recordista *su*

Re'krut [re'kruːt] *m* <-*en*> recruta *m*; **♀'ieren** [-u'tiːrən] <-> recrutar; **~'ierung** *f* recrutamento *m*

'Rektor ['rɛktɔr] *m* <-*s*; -*en* [-'toːrən]> reitor *m*; **~'at** [-o'raːt] *n* <-(*e*)*s*; -*e*> reitoria *f*; (*Amtszeit*) *a* reitorado *m*; **~in** [-'toːrin] *f* reitora *f*

Re'lais [rə'lɛː] *n inv EL* relé *m*

rela'tiv [rela'tiːf] relativo; **♀i'tät** [-vi'tɛːt] *f* relatividade *f*; **♀pronomen** [-'tiːf-] *n* <-*s*; -*pronomina*> pronome *m* relativo; **♀satz** [-'tiːf-] *m* <-*es*; ¨*e*> oração *f* relativa

rele'vant [rele'vant] relevante

Reli'ef [reli'ɛf] *n* <-*s*; -*s*> relevo *m*

Religi'on [religi'oːn] *f* religião *f*

Religi'ons|freiheit *f* <*sem pl*> liberdade *f* de culto; **~gemeinschaft** *f* comunidade *f* religiosa; **~krieg** *m* <-(*e*)*s*; -*e*> guerra *f* religiosa; **~unterricht** *m* <-(*e*)*s*; -*e*> (ensino *m* da) doutrina *f*, catequese *f*

religi'ös [religi'øːs] <-*est*> religioso

'Reling *NAV* ['reːlɪŋ] *f* <-; -*s*> balustrada *f*
Re'liquie [re'liːkviə] *f* relíquia *f*; **~nschrein** *m* <-(*e*)*s*; -*e*> relicário *m*
Re'make [ri'meːk] *n* remake *m*, reposição *f*
Re'mis [rə'miː] *n inv Schach* remis *m*
Remit'tenden [remi'tɛndən] *f/pl Buchhandel*: devoluções *f/pl*
'rempeln ['rɛmpəln] F <-*le*> empurrar; atropelar
Ren [rɛn, reːn] *n* <-*s*; -*s*> *ZO* rena *f*, rangífer *m*
Renais'sance [renɛ'sɑ̃ːs] *f* renascimento *m*; (*Zeit*) <*sem pl*> Renascença *f*
Ren'dite [rɛn'diːtə] *f* rendimento *m*
'Renn|bahn ['rɛn-] *f* pista *f* de corridas; **~boot** *n* <-(*e*)*s*; -*e*> barco *m* de corrida; **≈en 1.** *v/i* <*sn*> correr; *gegen*: dar; **2.** *v/t zu Boden*: atropelar; **~en** *n* corrida *f*; **~fahrer** *m* corredor *m*; **~pferd** *n* <-(*e*)*s*; -*e*> cavalo *m* de corridas; **~sport** *m* <-(*e*)*s*; *sem pl*> (desporte *m* de) corridas *f/pl*; **~stall** *m* <-(*e*)*s*; *¨e*> cavalariça *f*; **~strecke** *f* percurso *m*; **~wagen** *m* carro *m* de corridas
Renom'm|ee [renɔ'meː] *n* <-*s*; -*s*> reputação *f*, fama *f*; **≈'iert** *adj* de boa reputação
reno'vier|en [reno'viːrən] <-> renovar; restaurar; **≈ung** *f* restauração *f*; renovação *f*
ren'tab|el [rɛn'taːbəl] <-*bl*-> rentável; lucrativo; **≈ili'tät** [-abili'tɛːt] *f* <*sem pl*> produtividade *f*; rendimento *m*
'Rente ['rɛntə] *f* reforma *f*, pensão *f*; ***in ~ gehen*** reformar-se, aposentar-se; **~nanspruch** *m* <-(*e*)*s*; *¨e*> direito *m* a uma pensão; **~nempfänger** *m* → ***Rentner***; **~nversicherung** *f* seguro-velhice *m* (*od* de reforma)
'Rentier ['reːn-] *n* <-(*e*)*s*; -*e*> → ***Ren***
ren'tieren [rɛn'tiːren] <->: ***sich ~*** render, ser lucrativo, dar lucro
'Rentner(in *f*) *m* ['rɛntnər] pensionista *su*, reformado *m*, -a *f*
Reorganisati'on [reɔrganizatsi'oːn] *f* reorganização *f*
Repar|ati'onen [reparatsi'oːnən] *f/pl* reparações *f/pl*; **~a'tur** [-a'tuːr] *f* reparação *f*; conserto *m*; **~a'turwerkstatt** *f* <-; *¨en*> oficina *f*; *Auto*: estação *f* de serviço; **≈'ieren** <-> reparar, consertar
repatri'ieren [repatri'iːrən] <-> repatriar
Reper'toire [reperto'aːr] *n* <-*s*; -*s*> repertório *m*
Repor'tage [repɔr'taːʒə] *f* reportagem *f*
Re'porter(in *f*) [re'pɔrtər] *m* repórter *su*
Repräsen't|ant(in *f*) [reprɛzən'tant] *m* <-*en*> representante *su*; **~ati'on** *f* representação *f*; **≈a'tiv** [-ta'tiːf] representativo; **≈ieren** <-> representar
Repres'salien [reprɛ'saːliən] *f/pl* represálias *f/pl*
reprivati'sier|en [reprivati'ziːrən] <-> reprivatizar; **≈ung** *f* reprivatização *f*
reprodu|'zieren [re-] <-> reproduzir; **≈kti'on** *f* reprodução *f*
Rep'til [rɛp'tiːl] *n* <-*s*; -*e*, *Reptilien*> réptil *m*
Repu'blik [repu'bliːk] *f* república *f*; **~'aner** [-i'kaːnər] *m* republicano *m*; **≈'anisch** republicano
Requi|em ['reːkviɛm] *n* <-*s*; -*s*> *a MÚS* (missa *f* de) réquie *m*, *bras* réquiem *m*; **≈'rieren** [rekvi'riːrən] <-> requisitar; **~'sit** [-'ziːt] *n* <-(*e*)*s*; -*en*> requisito *m*; *TEA pl* apetrechos *m*
Reser'vat [rezɛr'vaːt] *n* <-*s*; -*e*> reserva *f*
Re'serv|e [re'zɛrvə] *f* reserva *f*; **~e...**: *in Zssgn*: *MIL u ECON* de (*od* da) reserva; **~ekanister** *m* lata *f* (*od* bidão *m*) de reserva (de gasolina), *bras* galão *m* de reserva; **~erad** *n* <-(*e*)*s*; *¨er*> roda *f* sobresselente; **~espieler** *m Sport*: jogador *m* da reserva; **≈'ieren** <-> reservar, guardar; *Platz*: *a* marcar; **~'ierung** *f* reserva *f*; **~'ist** *m* <-*en*> reservista *m*; **~o'ir** [-o'aːr] *n* <-*s*; -*e*> depósito *m*, tanque *m*
Resi'd|enz [rezi'dɛnts] *f* residência *f*; **≈ieren** <-> residir
Resign|ati'on [rezignatsi'oːn] *f* resignação *f*; **≈'ieren** <-> resignar-se
reso'lut [rezo'luːt] resoluto; **≈i'on** [-tsi'oːn] *f* resolução *f*; deliberação *f*
Reso'nanz [rezo'nants] *f* (**~boden** *m* <-*s*; *¨*> caixa *f* de) ressonância *f*
Resoziali'sierung [rezotsiali'ziː-

ruŋ] *f* <*sem pl*> ressocialização *f*
Re'spekt [re'spɛkt] *m* <-(*e*)*s*; *sem pl*> respeito *m* (***vor*** *dat* por); **Ձ'abel** [-'ta:bəl] <-*bl*-> respeitável; **Ձ'ieren** <-> respeitar; **Ձ'ive** [-'ti:və] *adv* respe(c)tivamente; **Ձlos** irreverente; **~losigkeit** [-lo:ziç-] *f* falta *f* de respeito, irreverência *f*; **Ձvoll** respeitoso
Ressenti'ment [rɛsɑ̃ti'mɑ̃] *n* <-*s*; -*s*> ressentimento *m*
Res'sort [rɛ'so:r] *n* <-*s*; -*s*> repartição *f*; competência *f*
Rest [rɛst] *m* **a)** <-(*e*)*s*; -*e*> resto *m*; ***~ 3*** MAT três de resto; QUÍM resíduo *m*; **b)** <-(*e*)*s*; -*er*> (*Tuch*Ձ *etc*) retalho *m*; saldo *m*; ***j-m den ~ geben*** acabar com alg; **'~auflage** *f* resto *m* da edição
Restau'rant [rɛsto'rɑ̃:] *n* <-*s*; -*s*> restaurante *m*
Restau'r|ator(in *f*) [restaʊ'ra:to:r, -ra'to:rin] *m* <-*s*; -*en* [-ra'to:rən]> restaurador(a *f*) *m*; **Ձieren** <-> restaurar; **Ձierung** *f* restauro *m*, restauração *f*
'Rest|bestand ECON *m* <-(*e*)*s*; ¨*e*> saldo *m*; resto *m*; **~betrag** *m* <-(*e*)*s*; ¨*e*> resto *m*; troco *m*; **Ձlich** restante; **Ձlos** *adv* completamente, inteiramente; **~posten** *m* refugo *m*; **~schuld** *f* dívida *f* restante; **~urlaub** *m* <-*s*; *sem pl*> resto *m* de dias de férias
Resul|'tat [rezul'ta:t] *n* <-(*e*)*s*; -*e*> resultado *m*; **Ձ'tieren** <-> resultar (***aus*** de)
Resü'mee [rezy'me:] *n* <-*s*; -*s*> resumo *m*
Re'torte [re'tɔrtə] *f* retorta *f*; alambique *m*; **~nbaby** *n* <-*s*; -*s*> bebé-proveta *m*, *bras* nenê *m* de proveta
'rett|en ['rɛtən] <-*e*-> salvar; **Ձer** *m* salvador *m*; (*Befreier*) libertador *m*
'Rettich ['rɛtiç] *m* <-*s*; -*e*> rábano *m*
'Rettung ['rɛtuŋ] *f* salvação *f*; *a* NAV salvamento *m*; (*Befreiung*) libertação *f*
'Rettungs|aktion *f* a(c)ção *f* de salvação (*bras* salvamento); **~anker** *m* âncora *f* de salvação; **~boot** *n* <-(*e*)*s*; -*e*> (barco *m*) salva-vidas *m*; **Ձlos** sem remissão; irremediavelmente; **~mannschaft** *f* corpo *m* de socorros, *bras* equipe *f* de salvamento; **~ring** *m* <-(*e*)*s*; -*e*> salva-vidas *m*; **~schwimmer** *m* nadador-salvador *m*; **~station** *f* posto *m* de socorros; **~wagen** *m* pronto-socorro *m*; **~weste** *f* colete *m* salva-vidas
Re'tusch|e [re'tuʃə] *f* retoque *m*; **Ձ'ieren** *v/t* <-> retocar, dar um retoque a
'Reu|e ['rɔyə] *f* <*sem pl*> arrependimento *m*; **Ձen** fazer arrepender; ***es reut mich*** estou arrependido; **Ձevoll** arrependido
'Reuse ['rɔyzə] *f* nassa *f*
Re'van|che [re'vɑ̃:ʃə] *f* desforra *f*; desagravo *m*; **Ձ'chieren** [-vɑ̃'ʃi:rən] <->: ***sich ~*** pagar (*od* tirar) a desforra, desforrar-se; ***sich bei j-m für et ~*** retribuir a/c a alg; **~'chismus** [-'ʃismus] *m* <-; *sem pl*> revanchismo *m*
Re'vers [re've:r] *n* <-; -> *Kleidung*: virado *m*, *bras* avesso *m*
revi'dieren [revi'di:rən] <-> rever; corrigir; revistar; *Meinung*: reconsiderar
Re'vier [re'vi:r] *n* <-*s*; -*e*> distrito *m*, comarca *f*; (*Polizei*Ձ) esquadra *f*; (*Jagd*Ձ) coutada *f*
Revis|i'on [revizi'o:n] *f* revisão *f*; vistoria *f*; inspe(c)ção *f*; ***~ einlegen*** recorrer; **~or** [-'vi:zɔr] *m* <-*s*; -*en* [-'zo:rən]> revisor *m*; inspe(c)tor *m*
Re'volt|e [re'vɔltə] *f* revolta *f*; **Ձ'ieren** <-> revoltar-se
Revoluti'on [revolutsi'o:n] *f* revolução *f*; **Ձ'är** (**~'är** *m* <-*s*; -*e*>) [-o'nɛ:r] revolucionário (*m*)
Re'volver [re'vɔlvər] *m* revólver *m*; **~blatt** *n* <-*s*; ¨*er*> F jornal *m* sensacionalista de crimes e catástrofes, *bras* imprensa *f* marrom; **~held** *m* <-(*e*)*s*; -*en*> pistoleiro *m*
Re'vue [re'vy:] *f* revista *f* (*a* TEA)
Rezen's|ent [retsɛn'zɛnt] *m* <-*en*> crítico *m*; **Ձieren** <-> criticar; **~i'on** [-i'o:n] *f* recensão *f*; crítica *f*
Re'zept [re'tsɛpt] *n* <-(*e*)*s*; -*e*> receita *f* (***einlösen*** aviar); **Ձpflichtig** [-pfliçtiç] que só se vende com receita médica
Rezessi'on [retsɛsi'o:n] *f* recessão *f*
rezi'prok [retsi'pro:k] recíproco
Rezit|a'tiv [retsita'ti:f] *n* <-*s*; -*e*> recitativo *m*; **Ձ'ieren** <-> recitar
'R-Gespräch ['ɛrgəʃprɛ:ç] *n* <-(*e*)*s*;

-e> *TEL* chamada *f* paga pelo destinatário, *bras* ligação *f* a pagar pelo destinatário

Rha'barber [ra'barbər] *m* <-s; *sem pl*> ruibarbo *m*

Rhein [raɪn] *m* Reno *m*; **~land** ['-lant] *n* Renânia *f*; **≗isch**, **~länder(in** *f*) ['-lɛndər] *m* renano *m*, -a *f*, do Reno

Rhe'tor|ik [re'toːrik] *f* <*sem pl*> retórica *f*; **≗isch** retórico

'Rheuma ['rɔyma] *n* <-s; *sem pl*>, **~'tismus** *m* <-; *sem pl*> reumatismo *m*; **≗tisch** [-'maːtiʃ] reumático

Rhi'nozeros [ri'noːtsərɔs] *n* <-, -ses; -se> rinoceronte *m*

'Rhombus ['rɔmbus] *m* <-; *Rhomben*> rombo *m*, *bras* losango *m*

'Rhone ['roːnə] *f* Rôdano *m*

'Rhythm|ik ['rytmik] *f* <*sem pl*> rítmica *f*; **≗isch** rítmico; **~us** *m* <-; *Rhythmen*> ritmo *m*

'Richt|antenne ['riçt-] *f* antena *f* dire(c)cional; **≗en** <-e-> dirigir (***auf***, ***an*** *ac* a, para); *Brief*: *a* endereçar a; *TÉCN* ajustar; *Geschütz*: apontar; *JUR* julgar; pronunciar; condenar; (*her~*) arranjar; (***gerade***) **~** endireitar; acertar; ***sich nach*** *e-m Vorbild* **~** guiar-se por, regular-se por; orientar-se por; atender a

'Richter|(in *f*) ['riçtər] *m* juiz *m*, juíza *f*; *fig a* abalizador *m*; (*Schieds≗*) árbitro *m*; **~amt** *n* <-(*e*)*s*; ¨*er*> magistratura *f*; **≗lich** jurisdicional, judicial, judiciário, de juiz; **~spruch** *m* <-(*e*)*s*; ¨*e*> sentença *f*

'Richtfest *ARQUIT n* <-(*e*)*s*; -*e*> alboroque *m*

'richtig corre(c)to; justo; certo; (*echt*) autêntico, verdadeiro, típico; ***~!*** exa(c)tamente!; ***sehr ~!*** apoiado!; ***~ gehen*** *Uhr*: estar certo; ***~ singen*** afinar; ***das ≗e treffen*** acertar; ***für ~ halten*** ter por bem; aprovar; ***~ stellen*** re(c)tificar; corrigir

'Richtig|keit *f* <*sem pl*> corre(c)ção *f*; exa(c)tidão *f*; ***seine ~ haben*** estar certo, estar em ordem; **~stellung** *f* re(c)tificação *f*

'Richt|geschwindigkeit *f* velocidade *f* dire(c)triz; **~linie** *f* norma *f*, dire(c)tiva *f*, instrução *f*; **~preis** *m* <-es; -e> preço *m* de referência; **~scheit** *ARQUIT n* <-(*e*)*s*; -*e*> regra *f*; **~schnur** *ARQUIT f* fio *m* de alinhar; prumo *m*; *fig* norma *f*; **~strahler** *m* antena *f* dirigida; onda *f* dirigida

'Richtung ['riçtuŋ] *f* dire(c)ção *f* (***in*** em, com; ***auf*** *ac* a); sentido *m*; orientação *f*, *fig a* tendência *f*; *Kunst*: escola *f*, estilo *m*; ***nach allen ~en*** *a* em todos os sentidos; **~sanzeiger** *m* indicador *m* de dire(c)ção, → ***Blinkleuchte***; **≗weisend** determinador; orientador

'Richtzahl *f* índice *m*

'Ricke ['rikə] *f* corça *f*

'riech|en ['riːçən] cheirar (***nach*** a); *v/i a* ter cheiro; *v/t a* sentir; (*wittern*) farejar; F ***j-n nicht ~ können*** *fig* não poder ver alg; ***et*** (***doch***) ***nicht ~ können*** *fig* não poder adivinhar a/c; **≗er** F *m* nariz *m*; *fig*: ***e-n guten ~ haben*** F *fig* ter bom faro; **≗nerv** *m* <-s; -en> nervo *m* olfa(c)tivo

Ried [riːt] *n* <-(*e*)*s*; -*e*> cana *f*; canavial *m*; **'~gras** *n* <-es; ¨*er*> caniço *m*, esparto *m*

'Riege ['riːgə] *f* turma *f*

'Riegel ['riːgəl] *m* ferrolho *m*, tranca *f*, trinco *m* (***vorschieben*** fechar); *Kleidung*: meia-cinta *f*; *fig* barreira *f*

'Riemen ['riːmən] *m* *TÉCN* correia *f*, tira *f*; *NAV* remo *m*; **~antrieb** *m* <-(*e*)*s*; -*e*> transmissão *f* por correia; **~scheibe** *f* polé *m*

'Riese ['riːzə] *m* <-n> gigante *m*

'Riesel|feld ['riːzel-] *n* <-(*e*)*s*; -*er*> campo *m* de regadio, campo *m* de irrigação; **≗n** <-le> correr; *Sand*: escorregar; *Wasser*: manar, murmurar

'Riesen|erfolg *m* <-(*e*)*s*; -*e*> F êxito *m* retumbante; **≗groß**, **≗haft** gigantesco, enorme; **~kraft** *f* <-; ¨*e*> força *f* hercúlea; **~rad** *n* <-(*e*)*s*; ¨*er*> roda *f* gigante; **~schlange** *f* boa *f*, gibóia *f*; **~schritt** *m* <-(*e*)*s*; -*e*>: ***mit ~en*** a passos *m/pl* de gigante; **~slalom** *m* <-s; -s> slalom *m* gigante

'ries|ig ['riːziç] gigantesco; enorme; ***es hat mich ~ gefreut*** tive grande prazer; **≗in** *f* gigante *f*

Riff [rif] *n* <-(*e*)*s*; -*e*> recife *m*

'riffeln <-le> *TÉCN* esbaganhar; *ARQUIT* canelar

rigo'ros [rigo'roːs] rigoroso

'Rille ['rilə] *f* canela *f*, encaixe *m*, estria *f*; *Schallplatte*: sulco *m*

Rind [rint] *n* <-(*e*)*s*; -*er*> bezerro *m*, *bras* boi *m*; *pl a* gado *m/sg* bovino

R

'Rinde ['rındə] *f* casca *f*; (*Baum*Ձ) córtice *f*; (*Brot*Ձ) côdea *f*; *ANAT* córtex *f*

'Rinder|braten *m* carne *f* de vaca assada; **~herde** *f* manada *f* de bois; *bras* boiada *f*; **~pest** *f* <*sem pl*> peste *f* bovina; **~zucht** *f* <*sem pl*> criação *f* de gado bovino

'Rind|fleisch *n* <-(*e*)*s*; *sem pl*> carne *f* de vaca; **~(s)leder** *n* bezerro *m*; **~vieh** *n* <-(*e*)*s*; *sem pl*> gado *m* bovino; *fig* F burro *m*, estúpido *m*

Ring [rıŋ] *m* <-(*e*)*s*; -*e*> anel *m*; (*Ehe*Ձ) aliança *f*; (*Reifen*) aro *m*; *Kette*: elo *m*; (*Kreis*) ciclo *m*; círculo *m*; *POL a* grémio (*ê), *a ECON* sindicato *m*; (*Turn*Ձ, *Servietten*Ձ) *u an Vorhängen*: argola *f*; *Boxsport*: ringue *m*; *pl* ***~e um die Augen*** olheiras *f*/*pl*; **'~bahn** *f* ferrovia *f* de circunvalação; **'~buch** *m* <-*s*; ¨*er*> dossier *m*, *bras* fichário *m*

'ringel|n ['rıŋəln] <-*le*> encaracolar, anelar; ***sich ~*** contorcer-se; **Ձnatter** *f* <-; -*n*> cobra-de-água *f*, *bras* cobra *f* d'água; **Ձtaube** *f* rola *f*

'ringen ['rıŋən] **1.** *v/t* ***die Hände ~*** torcer as mãos; **2.** *v/i* lutar (*a fig* ***nach, um*** por); ***mit dem Tode ~*** *a* agonizar; ***nach Atem ~*** respirar com dificuldade

'Ring|en *n* <*sem pl*> luta *f*; **~er** *m* → ***~kämpfer***

'Ring|finger *m* dedo *m* anular; **Ձförmig** ['-fœrmıç] em anel; circular; **~kampf** *m* <-(*e*)*s*; ¨*e*> luta *f* greco-romana; **~kämpfer** *m* lutador *m*; **~mauer** *f* <-; -*n*> cerca *f*; **~richter** *m Sport*: árbitro *m*; **Ձs, Ձs(her)'um** ao redor, em redor, em volta, em torno (***um*** de); **~straße** *f* estrada *f* de circunvalação (*bras* circular)

'Rinn|e ['rınə] *f* rego *m*; calha *f*; (*Dach*Ձ) caleira *f*; *ARQUIT* canelura *f*; **Ձen** <*sn*> correr; <*h*> *Topf*: deitar (água); **~sal** ['-za:l] *n* <-(*e*)*s*; -*e*> regato *m*, arroio *m*; regueira *f*

'Rippe ['rıpə] *f* costela *f*; *kurze*: costeleta *f*; *BOT* nervo *m*, *a ARQUIT* nervura *f*; *TÉCN* alheta *f*; *NAV* entre-costado *m*; **Ձn** estriar; acanelar; **~nfell** *n* <-(*e*)*s*; -*e*> pleura *f*; **~nfellentzündung** *f* pleurisia *f*; **~nstoß** *m* <-(*e*)*s*; ¨*e*> pancada *f* nas costelas; **~nstück** *n* <-(*e*)*s*; -*e*> entrecosto *m*

Rips [rıps] *m* <-*es*; -*e*> gorgorão *m*

'Risiko ['ri:ziko] *n* <-*s*; -*s*, *Risiken*> risco *m*; ***auf eigenes ~*** por risco próprio

ris'k|ant [rıs'kant] arriscado, perigoso; **~ieren** <-> arriscar(-se a); ousar

Ri'sotto [ri'sɔtɔ] *m a n* <-(*s*); -*s*> risoto *m*

'Rispe ['rıspə] *f* panícula *f*

Riss [rıs] *m* <-*es*; -*e*> rotura *f*; *Stoff*: rasgão *m*, rasgadela *f*, rasgadura *f*; *Mauer*: fenda *f*, racha *f*; *Haut*: arranhadura *f*; (*Plan*) planta *f*, plano *m*, desenho *m*; (*Spaltung*) cisão *f*; ***e-n ~ bekommen*** *ARQUIT* gretar, fender-se; **Ձig** rachado, fendilhado, com fendas

Rist [rıst] *m* <-*es*; -*e*> (*Fuß*Ձ) metatarso *m*; (*Hand*Ձ) metacarpo *m*

Ritt [rıt] *m* <-(*e*)*s*; -*e*> corrida *f* a cavalo; (*Spazier*Ձ) passeio *m* a cavalo

'Ritter ['rıtər] *m* cavaleiro *m* (***fahrender*** andante); ***zum ~ schlagen*** armar cavaleiro; ***arme ~*** *pl CUL* fatias *f*/*pl* douradas; **~burg** *f* castelo *m* feudal; **~gut** *n* <-(*e*)*s*; ¨*er*> solar *m*, morgado *m*; **Ձlich** cavalheiresco; **~sporn** *BOT m* <-(*e*)*s*; -*e*> espor(eir)a *f*; **~tum** *n* <-(*e*)*s*; *sem pl*> cavalaria *f*

'rittlings ['-lıŋs] às cavaleiras, *bras* a cavalo

Ritu|'al [ritu'a:l] *n* <-*s*; -*e*, *Ritualien*> ritual *m*; **Ձ'ell** [-'ɛl] ritual

'Ritus ['ri:tus] *m* <-; *Riten*> rito *m*

'Ritz|e ['rıtsə] *f* fenda *f*, racha *f*; *Fenster*: frincha *f*; **Ձen** <-*t*> rachar, arranhar

Ri'val|e [ri'va:lə] *m* <-*n*>, **~in** *f* rival *su*, concorrente *su*; **Ձi'sieren** [-vali'zi:rən] <-> rivalizar, concorrer; **~i'tät** [-i'tɛ:t] *f* rivalidade *f*, concorrência *f*

'Rizinusöl ['ri:tsinusˀø:l] *n* <-(*e*)*s*; *sem pl*> óleo *m* de rícino

'Roastbeef ['ro:stbi:f] *n* <-*s*; -*s*> rosbife *m*

'Robbe ['rɔbə] *f* foca *f*

'Robe ['ro:bə] *f* vestido *m*, *JUR* toga *f*

'Roboter ['rɔbɔtər] *m* robot *m*, *bras* robô *m*

ro'bust [ro'bust] robusto

'röcheln ['rœçəln] <-*le*> **1.** estertorar, agonizar; **2.** Ձ *n* estertor *m*

'Rochen ['rɔxən] *m* raia *f*

R

Rock[1] [rɔk] *m* <-(*e*)*s*; ¨*e*> (*Frauen*2) saia *f*; *reg a* casaco *m*
'**Rock**[2] *m* <-(*s*); *sem pl*>, **~musik** *f* <*sem pl*> música *f* rock; **~sänger(in** *f*) *m* roqueiro *m*, -a *f*
'**Rodel|bahn** ['ro:dəl-] *f* pista *f* de trenós; **2n** <-*le*> andar de trenó; **~schlitten** *m* trenó *m*; **~sport** *m* <-(*e*)*s*; *sem pl*> desporte *m* (*bras* esporte) *m* de trenó
'**rod|en** ['ro:dən] <-*e*-> arrotear, desbravar; desmoitar; **2ung** *f* desmoita *f*; derrubada *f*
'**Rogen** ['ro:gən] *m* <-*s*; *sem pl*> ovas *f/pl* de peixe; ovário *m* do peixe
'**Roggen** ['rɔgən] *m* <-*s*; *sem pl*> centeio *m*; **~brot** *n* <-(*e*)*s*; -*e*> pão *m* de centeio
roh [ro:] cru; não cozido; (*unbearbeitet*) tosco, bruto; *fig* rude, brutal; (*unvollkommen*) rudimentar; '**2bau** *ARQUIT m* <-(*e*)*s*; -*bauten*> prédio *m* em construção; construção *f* em bruto; '**2baumwolle** *f* <*sem pl*> algodão *m* em rama; '**2diamant** *m* <-*en*> diamante *m* em bruto; '**2eisen** *n* <-*s*; *sem pl*> ferro *m* em bruto
'**Roheit** → ***Rohheit***
'**Roh|ertrag** *m* <-(*e*)*s*; ¨*e*> *ECON* receita *f* bruta; **~fabrikat** *n* <-(*e*)*s*; -*e*> produto *m* em bruto (*od* não manufa[c]turado); **~fassung** *f* primeira reda(c)ção *f*; **~heit** ['ro:haɪt] *f* crueza *f*; *fig* rudeza *f*; brutalidade *f*; **~kost** *f* <*sem pl*> regime *m* vegetariano; comida *f* não cozida; **~ling** *m* <-*s*; -*e*> bruto *m*; **~material** *n* <-*s*; -*materialien*> matéria-prima *f*; **~öl** *n* <-(*e*)*s*; -*e*> petróleo *m* em rama, *bras* petróleo *m* bruto
Rohr [ro:r] *n BOT* <-(*e*)*s*; -*e*> cana *f*, junco *m* (***spanisches*** da India); *TÉCN* tubo *m*; *MIL* cano *m*; '**~bruch** *m* <-(*e*)*s*; ¨*e*> rotura *f* de tubo; tubo *m* roto
'**Röhre** ['rø:rə] *f* tubo *m*; *ANAT a* trompa *f*; cano *m*; *FÍS* vaso *m*; *Radio*: lâmpada *f*; **2n** *Hirsch*: bramar; **2nförmig** ['-fœrmiç] tubular
'**Rohrflöte** *f* charamela *f*
'**Röhricht** ['rø:riçt] *n* <-*s*; -*e*> canavial *m*, juncal *m*
'**Rohr|leger** ['-le:gər] *m* canalizador *m*; **~leitung** *f* conduta *f*; tubagem *f*, canalização *f*; **~post** *f* <*sem pl*> correio *m* pneumático; **~schelle** *f* *TÉCN* braçadeira *f* para tubos; **~spatz** *m* <-*en*>: ***wie ein ~ schimpfen*** F barafustar, rezingar, *bras* resmungar; **~stock** *m* <-(*e*)*s*; ¨*e*> cana *f*; **~stuhl** *m* <-(*e*)*s*; ¨*e*> cadeira *f* de palhinha; **~zange** *f TÉCN* chave *f* de tubos (*bras* de cano); **~zucker** *m* <-*s*; *sem pl*> açúcar *m* de cana
'**Roh|seide** *f* seda *f* crua; **~stoff** *m* <-(*e*)*s*; -*e*> matéria-prima *f*; **2stoffarm** (**2stoffreich**) pobre (rico) em matérias primas
'**Rokoko** ['rɔkoko] *n* <-*s*; *sem pl*> rococó *m*
'**Rolladen** → ***Rollladen***
'**Roll|bahn** ['rɔl-] *f AV* pista *f* de descolagem; **~e** *f* rolo *m*; *TÉCN* roldana *f*, (*Winde*) polé *f*; (*Garn*2) carrinho *m*; (*Spule*) bobina *f*; (*Walze*) cilindro *m*; (*Tuch*2) peça *f*; (*Wäsche*2) calandra *f*; *TEA* papel *m* (*a fig*; ***spielen*** fazer, desempenhar); ***keine ~ spielen*** *fig* não ter importância; ***aus der ~ fallen*** sair do seu papel; F perder a linha
'**rollen** **1.** *v/i* (*h*, *bei Ortsveränderungen*: *sn*); rodar; *NAV* balançar(-se); *Donner*: retumbar; *Geld*: correr; gastar-se; **2.** *v/t* rolar; (*ein~*) enrolar; *Wäsche*: calandrar
'**Rollen|besetzung** *f TEA* distribuição *f* (dos papéis); **2d** *adj* rolante; *Angriff*: *MIL* ininterrupto; *Material*: rodoviário; **~lager** *n TÉCN* mancal *m* de rolos; **~verhalten** *n* <-*s*; *sem pl*> comportamento *m* típico de um certo grupo social
'**Roll|er** *m Kinderspielzeug*: trotinete *f*, *bras* patinete *f*; **~feld** *AV n* <-(*e*)*s*; -*er*> pista *f* de aterragem; **~film** *m* <-(*e*)*s*; -*e*> película *f*; **~kragen(pullover)** *m* (camisola *f* de) gola *f* alta, *bras* (pulôver *m* de) gola *f* olímpica; **~laden** ['rɔla:dən] *m* <-*s*; ¨> gelosia *f*, *bras* persiana *f* (***herunterlassen*** correr); **~mops** *m* <-*es*; ¨*e*> arenque de escabeche enrolado; **~schinken** *m* paio *m*; **~schuh** *m* <-(*e*)*s*; -*e*> patim *m* (de rodas); ***~ laufen*** (*sein*) patinar (sobre rodas); **~splitt** *m* <-(*e*)*s*; -*e*> gravilha (*bras* lasca) *f* solta; **~stuhl** *m* <-(*e*)*s*; ¨*e*> cadeira *f* de rodas; **~stuhlfahrer(in** *f*) *m* deficiente *su*

R

em cadeira de rodas; **~treppe** *f* escada *f* rolante
Rom [roːm] *n* Roma *f*
Ro'man [ro'maːn] *m* <-s; -e> romance *m*; **~ik** *f* <sem pl> estilo *m* românico; **2isch** românico; **~'ist(in** *f*) [-a'nist] *m* <-en> romanista *su*; **~'istik** [-a'nistik] *f* <sem pl> filologia *f* românica; **~schriftsteller(in** *f*) *m* romancista *su*
Ro'mant|ik [ro'mantik] *f* <sem pl> romant(ic)ismo *m*; **~iker** *m*, **2isch** romântico (*m*)
Ro'manze [ro'mantsə] *f* romance *m*, romança *f*; balada *f*
'Röm|er ['røːmər] **a)** *m Glas*: copo *m* (verde para vinho branco); **b)** **~** *m*, **~erin** *f*, **2isch** romano, -a, de Roma
'röntgen ['rœntgən] *v/t* tirar uma radiografia de, radiografar; **2aufnahme** *f* radiografia *f*; **2behandlung** *f* radioterapia *f*; **2bild** *n* <-(e)s; -er> radiografia *f*; **2strahlen** *m/pl* raios-X *m/pl*, raios *m/pl* de Röntgen; **2untersuchung** *f* radioscopia *f*
'rosa ['roːza] *inv*, **~farben** cor-de--rosa
'Rose ['roːzə] *f* rosa *f*; MED erisipela *f*
Rosé [ro'zeː] *m* <-s; -s> vinho *m* rosé
'Rosen|kohl *m* <-(e)s; sem pl> couve *f* de Bruxelas; **~kranz** *m* <-es; ⸚e> REL rosário *m*; **~montag** *m* <-(e)s; -e> segunda-feira *f* de Carnaval; **~öl** *n* <-(e)s; sem pl> essência *f* de rosas; **~stock** *m* <-(e)s; ⸚e>, **~strauch** *m* <-(e)s; ⸚er> rosal *m*, roseira *f* (***wilder*** brava); **~wasser** *n* <-s; sem pl> água *f* de rosas; **~züchter** *m* roseirista *m*
Ro's|ette [ro'zɛtə] *f* roseta *f*; ARQUIT rosetão *m*; **'2ig** ['roːziç] rosado, róseo; ***die Lage ist nicht gerade ~*** a situação não é das melhores
Ro'sine [ro'ziːnə] *f* passa *f* de uva
Rosma'rin [rosma'riːn] *m* <-s; sem pl> alecrim *m*; rosmaninho *m*
Ross [rɔs] *n* <-es; ⸚er> cavalo *m*; **'~kur** *f* F cura *f* de cavalo, *bras* tratamento (*od* regime) *m* rigoroso
'Rösselsprung ['rœsəl-] *m* <-(e)s; ⸚e> salto *m* de cavalo
Rost [rɔst] *m* <-(e)s; sem pl> ferrugem *f*; (*Brat2*) grelha *f*; **'~braten** *m* carne *f* grelhada, carne *f* assada na grelha
'Röstbrot ['rœst-] *n* <-(e)s; -e> torrada *f*, pão *m* torrado
'rosten ['rɔstən] <-e-; h u sn> enferrujar
'rösten ['rœstən] <-e-> grelhar; tostar; *Brot*, *Kaffee*: torrar; *Flachs*: curtir
'rost|frei inoxidável; **~ig** ferrugento, enferrujado; **2schutzanstrich** *m* <-(e)s; -e> pintura *f* anti-corrosiva; **2schutzmittel** *n* anticorrosivo *m*, agente *m* antiferruginoso
rot [roːt] <⸚er; ⸚est> **1.** vermelho, encarnado; *Haar*: ruivo; *Wein*: tinto; ***~ werden*** *j-d*: corar, enrubescer; ***~ glühend*** candente, em brasa; ***~e Zahlen*** *fig* números *m/pl* negativos; **2.** **2** *n* vermelho *m*, encarnado *m*
Rotati'ons|druck [rotatsi'oːns-] *m* <-(e)s; -e> TIP impressão *f* rotativa; **~presse** *f* (máquina *f*) rotativa *f*
'Rot|barsch *m* <-(e)s; -e> ZO perca *f*; **2blond** ruivo; **2braun** moreno; castanho; **~buche** *f* faia *f* vermelha
'Röte ['røːtə] *f* <sem pl> rubor *m*; vermelhidão *f*
'Röt|el ['røːtəl] *m* <-s; sem pl> PINT almagra *f*; **~eln** *pl* MED rubéola *f*; **2en** <-e-> avermelhar; corar
Rotes 'Kreuz *n* <-es; sem pl> Cruz Vermelha *f*
'rot|haarig ruivo; **2haut** *f* <-; ⸚e> pele-vermelha *m*
ro'tieren [ro'tiːrən] <-> girar; **~d** *adj* giratório, rotativo
'Rot|käppchen *n* <-s; sem pl> Capuchinho (*bras* Chapeuzinho) *m* Vermelho; **~kehlchen** ['-keːlçən] *n* pintarroxo *m*, pisco *m*; **~kohl** *m* <-(e)s; sem pl> repolho *m* roxo
'rötlich ['røːtliç] avermelhado
'Rotor ['roːtoːr] *m* <-s; -en ['-'toːrən]> rotor *m*
Rotstift *m* <-(e)s; -e> lápis *m* vermelho
'Rotte ['rɔtə] *f* bando *m*, quadrilha *f*; assuada *f*; turma *f*; MIL fila *f*; pelotão *m*
'rot|wangig ['-vaŋiç] de faces vermelhas (*bras* rosadas); **2wein** *m* <-(e)s; -e> vinho *m* tinto; **2wild** *n* <-(e)s; sem pl> veado *m*, caça *f* de veação
Rotz [rɔts] *m* <-es; -e> ranho *m*, muco *m*; **'~nase** *f* nariz *m* mucoso; *fig* fedelho *m*

R

Rouge [ruːʒ] *n <-s; -s>* rouge *m*
Rou'l|ade [ru'laːdə] *f* rolinho *m* de carne; bife *m* enrolado; **~ett(e)** [-'lɛt] *n <-(e)s; -e, -s>* roleta *f*
'Route ['ruːtə] *f* rumo *f*, rota *f*; itinerário *m*
Rou'tine [ru'tiːnə] *f* rotina *f* (*a* INFORM); prática *f*, experiência *f*; **~kontrolle** *f* controle *m* de rotina; **2mäßig** rotineiro
routi'niert [ruti'niːrt] experimentado
'Rowdy ['raʊdi] *m <-s; -s a -dies>* brigão *m*, vândalo *m*
'Rübe ['ryːbə] *f weiße*: nabo *m*; *gelbe*: cenoura *f*; *rote*: beterraba *f*
'Rubel ['ruːbəl] *m* rublo *m*
'Rübenzucker *m <-s; sem pl>* açúcar *m* de beterraba
Ru'bin [ru'biːn] *m <-s; -e>* rubi(m) *m*
Ru'brik [ru'briːk] *f* rubrica *f*; coluna *f*; quadro *m*
Ruck [ruk] *m <-(e)s; -e>* empurrão *m*, arranque *m*, solavanco *m*, aban(ã)o *m*; ***mit e-m ~*** de um golpe, num pulo; ***sich e-n ~ geben*** *fig* esforçar-se
'Rück|ansicht *f* (re)verso *m*; **~antwort** *f* resposta *f*; ***mit ~*** CORR com resposta paga; **2bezüglich** GRAM relativo; reflexivo; **~bildung** *f* involução *f*; regressão *f*; **~blende** *f* flashback *m*; **~blick** *m <-(e)s; -e>* olhar *m* retrospe(c)tivo, retrospe(c)tiva *f*
'rücken ['rykən] **1.** *v/t* (*v/i* ***an*** [*dat*] **~**) mover (*ac*), (*schieben*) empurrar (*ac*), (*beiseite* **~**) afastar (*ac*); tirar (*ac*) do seu lugar; (*zurecht*~) assestar (*ac*); **2.** *v/i <sn>* sair do sítio; (*Platz machen*) mudar para lá (*od* para cá); ***an j-s Stelle ~*** substituir alg
'Rücken *m* costas *f/pl* (***hinter*** *j-s*, ***auf dem*** às; ***auf den*** nas; ***in den*** pelas); dorso *m*; *Berg*: espinhaço *m*; *Buch*: lombada *f*; CUL lombo *m*; ***auf den ~ fallen*** cair de costas; ***j-m in den ~ fallen*** *fig* atacar alg pelas costas; ***j-m den ~ stärken*** *fig* apoiar alg; ***auf dem ~ tragen*** trazer às costas; **~deckung** MIL *f* prote(c)ção *f* da retaguarda; *fig* apoio *m*; **~lehne** *f* costas *f/pl* da cadeira; espaldar *m*; → ***~stütze***; **~mark** *n <-(e)s; sem pl>* medula *f* espinhal; **~schmerzen** *m/pl* dores *f/pl* de costas; **~schwimmen** *n* natação *f* (*bras* nado *m*) de costas; **~stütze** *f* encosto *m*; **~wind** *m <-(e)s; -e>* vento *m* em popa; **~wirbel** *m* vértebra *f* espinhal
'rück|erstatten *<->* restituir; reembolsar; **2erstattung** *f* restituição *f*; *Geld*: reembolso *m*; **2fahrkarte** *f* bilhete *m* (*bras* passagem *f*) de ida e volta; **2fahrscheinwerfer** *m* AUTO luz *f* (*od* farol *m*) de marcha atrás; **2fahrt** *f* volta *f*; regresso *m*; **2fall** *m <-(e)s; ¨e>* recaída *f*, MED, JUR *a* recidiva *f*, reincidência *f*; **~fällig** recidivo, reincidente; **2flug** *m <-(e)s; ¨e>* (voo de) regresso; **2fluss** *m <-es; ¨e>* refluxo *m*; **2fracht** *f* carga *f* (*od* frete *m*) de retorno; **2frage** *f*: ***~ halten*** pedir instruções; **2führung** *f* POL repatriação *f*; TÉCN retrocesso *m*; **2gabe** *f* restituição *f*, devolução *f*; retorno *m*; **2gang** *m <-(e)s; sem pl>* retrocesso *m*; *Temperatur*: descida *f*; *fig* diminuição *f*; ECON *a* baixa *f*, quebra *f*; **~gängig** retrógrado; ***~ machen*** anular; **2gewinnung** *f <sem pl>* recuperação *f*; **2grat** *n <-(e)s; -e>* espinha *f* dorsal; *fig* aprumo *m*; dignidade *f*; **2halt** *m <-(e)s; sem pl>* reserva *f*; (*Stütze*) apoio *m*; **~haltlos** *adv* sem reserva; abandonadamente; **2hand(schlag** *m*) *f Sport*: golpe *m* de revés; **2kauf** *m <-(e)s; ¨e>* rea(d)quisição *f* resgate *m*; **2kehr** ['-keːr] *f* volta *f*; regresso *m*; **2kopp(e)lung** *f* rea(c)ção *f* (*a* EL); **2lage** *f* reserva *f* (***machen*** acumular); **2lauf** *m <-(e)s; ¨e>* retrocesso *m*; *Tonband etc*: rebobinagem *f*; **~läufig** retrógrado; **2licht** *n <-(e)s; -er>* AUTO farolim *m* traseiro, (luz *f* do) retrovisor *m*; **2lieferung** *f* restituição *f*; retorno *m*; **~lings** ['-liŋs] para trás; (**von**) **~** pelas costas; **2marsch** *m <-es; ¨e>* volta *f*; regresso *m*; **2porto** *n <-s; -s, -porti>* CORR franquia *f* de volta; **2prall** *m <-(e)s; sem pl>* recuo *m*, rechaço *m*; **2reise** *f* viagem *f* de regresso
'Rucksack ['ruk-] *m <-(e)s; ¨e>* saco *m* alpino, mochila *f*; **~tourist(in** *f*) *m* turista *su* pé-descalço (*od* de mochila)
'Rück|schau *f <sem pl>* retros-

R

pe(c)ção *f*; vista *f* retrospe(c)tiva; ***~ halten*** olhar para trás; **~schlag** *m* recuo *m*, contragolpe *m*; *fig* revés *m*; **~schluss** *m* <-es; ¨e> conclusão *f*; **~schritt** *m* <-(e)s; -e> retrocesso *m*; *POL* rea(c)ção *f*; **≗schrittlich** retrógrado; rea(c)cionário; atrasado; **~seite** *f* (re)verso *m*; costas *f/pl*; *Gebäude*: traseiras *f/pl*; **≗seitig** ['-zaɪtiç] no verso; **~sendung** *f* remessa *f*

'Rücksicht *f* consideração *f*; ***auf et*** (*ac*) ***~ nehmen*** tomar a/c em consideração; ***auf j-n ~ nehmen*** respeitar alg, atender alg; ***mit ~ auf*** (*ac*) tendo presente; atendendo a; considerando que; **≗slos** desconsiderado; pouco delicado; brutal; **~slosigkeit** ['-loːziç-] *f* falta *f* de consideração (*od* de delicadeza *od* de atenção); desrespeito *m*; brutalidade *f*; **≗svoll** atencioso, delicado

'Rück|sitz *m* <-es; -e> assento *m* de trás, banco *m* traseiro; **~spiegel** *m* espelho *m* retrovisor (*od* de retrovisão); **~spiel** *n* <-(e)s; -e> jogo *m* de segunda mão; **~sprache** *f*: ***~ nehmen*** (***nach ~ mit*** depois de) conferenciar com; **~stand** *m* <-(e)s; ¨e> resto *m*; *QUÍM* resíduo *m*; refugo *m*; *MED* reliquat *m*; *ECON* atraso *m* (*meist pl*); ***im ~ sein*** estar atrasado; **≗ständig** atrasado; *mit Zahlungen*: *a* (ainda) devedor (de); **~ständigkeit** *f* atraso *m*; **~stau** *m* <-(e)s; -s> refluxo *m*; *Verkehr*: longa fila de engarrafamento; **~stoß** *m* <-es; ¨e> *MIL* retrocesso *m*; rechaço *m*, recuo *m*; **~strahler** *m* refle(c)tor *m*; (*Schlusslicht*) farolim *m* (da retaguarda); **~tausch** *m* *ECON* recâmbio *m*; **~tritt** *m* <-(e)s; -e> demissão *f* (***einreichen*** pedir); **~trittbremse** *f* *Fahrrad*: travão *m* de pé, *bras* freio *m* contra-pedal; **~trittsklausel** *f* <-; -n> *ECON* cláusula *f* de rescisão; **~übersetzung** *f* retroversão *f*; **≗vergüten** <-> reembolsar; **~vergütung** *f* reembolso *m*; **~versicherung** *f* resseguro *m*; **~wand** *f* <-; ¨e> parede *f* traseira; **~wanderung** *f* remigração *f*; **≗wärtig** ['-vɛrtiç] *Bewegung*: retrógrado; de retirada; *Verbindung*, *Gelände*: *MIL* da retaguarda; **≗wärts** ['-vɛrts] para trás; **~wärtsgang** *TÉCN* *m* <-(e)s; ¨e> marcha *f* atrás, *bras* marcha-ré *f*; (***einlegen*** meter); **~wechsel** *ECON* *m* recâmbio *m*; **~weg** *m* <-(e)s; -e>: ***auf dem ~*** de (*od* na) volta

'ruckweise aos arrancos; por intervalos

'rück|wirkend rea(c)tivo; *JUR* retroa(c)tivo; **≗wirkung** *f* rea(c)ção *f*; *fig a* repercussão *f*; *JUR* retroa(c)tividade *f*; **~zahlbar** reembolsável; **≗zahlung** *f* reembolso *m*; **≗zieher** *m* F *fig*: ***e-n ~ machen*** recuar; **≗zug** *m* <-(e)s; ¨e> retirada *f*

'Rüde ['ryːdə] *m* <-n> mastim *m*, cão (lobo, raposa *etc*) macho

'Rudel ['ruːdəl] *n* bando *m*; tropel *m*; *Hunde*: matilha *f*; *Hirsche*: manada *f*; *Wölfe*: alcateia (*é) *f*

'Ruder ['ruːdər] *n* remo *m*; *fig u* (*Steuer≗*) leme *m*, timão *m*; ***ans ~ kommen*** *fig* subir ao poder; **~bank** *f* <-; ¨e> banco *m* de remar; **~blatt** *n* <-(e)s; ¨er> pá *f* do remo; leme *m*; **~boot** *n* <-(e)s; -e> barco *m* a remo; **~er** *m*, **~in** *f* remador(a *f*) *m*

'rudern **1.** <-re; h u sn> remar; *NAV a* vogar; **2.** **≗** *n* remo *m*

'Ruder|regatta *f* <-; -regatten> regata *f* de barcos a remo; **~schlag** *m* <-(e)s; ¨e> remada *f*

Ruf [ruːf] *m* <-(e)s; -e> grito *m*; (*An≗*) chamada *f*; (*Ansehen*) reputação *f*, fama *f*; *ECON* crédito *m*; (*Berufung*) convite *m*; nomeação *f*; *fig* vocação *f*; ***im ~ stehen zu ...*** ter fama de ..; ***e-n ~*** (*als Professor*, *auf e-n Lehrstuhl*) ***erhalten*** ser convidado para reger a cadeira de; ***in üblen ~ bringen*** desacreditar, difamar; ***besser als sein ~*** melhor do que se diz dele

'rufen chamar (***nach*** por); (*schreien*) gritar; ***j-n ~ lassen*** mandar chamar alg; ***um Hilfe ~*** pedir socorro; ***wie gerufen kommen*** *fig* vir (mesmo) a propósito

'Rüffel ['ryfəl] F *m* ensaboadela *f*, *bras* pito *m* (***bekommen*** ter); **≗n** *v/t* <-le> F dar uma ensaboadela a, *bras* passar um pito em alg

'Ruf|name *m* <-ns; -n> primeiro nome *m*; nome *m* próprio; **~nummer** *f* <-; -n> *TEL* número *m* de telefone; **~weite** *f* <sem pl> alcance *m* da voz

R

'Rugby ['ragbi] *n <-s; sem pl>* rugby *m*

'Rüge ['ry:gə] *f* repreensão *f*; descompostura *f*; ***j-m e-e ~ erteilen*** → ***j-n*** **2n** censurar alg, repreender alg

'Ruhe ['ru:ə] *f <sem pl> (Ausruhen)* descanso *m*, repouso *m (a MED)*; *(Stille)* silêncio *m*; ***~!*** silêncio!; *NAV* calma *f*, *a Gemüt*: tranquilidade *f*, sossego *m*; *(Friede)* paz *f*; ***in ~ lassen*** deixar em paz, deixar em sossego; ***(sich) aus der ~ bringen (lassen)*** abalar(-se); ***sich zur ~ begeben*** ir deitar-se; ***sich zur ~ setzen*** retirar-se dos negócios, *Beamter*: aposentar-se; **2bedürftig**: ***~ sein*** precisar de descansar; **~gehalt** *n <-(e)s; ⸚er>* reforma *f*; pensão *f*; aposentadoria *f*; **~lage** *f* descanso *m*; *(Gleichgewicht)* equilíbrio *m*; **2los** agitado, irrequieto; **~losigkeit** ['-lo:ziç-] *f <sem pl>* agitação *f*, desassossego *m*, irrequietude *f*

'ruhen descansar, repousar; *Arbeit, Verkehr*: suspender-se; *(liegen)* jazer; ***~ lassen*** deixar (em paz); **~d** *j-d*: a descansar, a repousar; *et*: inerte; *(unterbrochen)* suspenso

'Ruhe|pause *f* pausa *f*, intervalo *m*; ***e-e ~ machen*** descansar; **~stand** *m <-(e)s; sem pl>*: ***im ~*** jubilado, aposentado, reformado; ***in den ~ versetzen*** jubilar, aposentar, reformar; **~stätte** *f*: ***letzte ~*** jazigo *m*; **~störer** [-ʃtø:rər] *m* perturbador *m*; **~störung** *f* alteração *f* da ordem, perturbação *f* da ordem; **~tag** *m <-(e)s; -e>* dia *m* de repouso *(od* de descanso); dia *m* de folga; **~zustand** *m* → **~lage**

'ruhig ['ru:iç] quieto; tranquilo; calmo *(a NAV)*; *(beruhigt)* descansado, sossegado ***(sich verhalten*** estar, ***sein*** *a* ficar); *(sanft)* suave *(a TÉCN)*; *Tier*: manso

Ruhm [ru:m] *m <-(e)s; sem pl>* glória *f*; fama *f*; renome *m*

'rühmen ['ry:mən] *j-n*: elogiar; *et*: enaltecer; *Gott*: glorificar; ***sich ~*** gabar-se

'ruhm|los sem glória, inglório, obscuro; **~reich** glorioso; **~süchtig** ambicioso

Ruhr [ru:r] *MED f <sem pl>* disenteria *f*

'Rühr|ei ['ry:rˀaɪ] *n <-(e)s; -er>* ovos *m/pl* mexidos; **2en** (re)mover; (re)mexer; *Trommel, MÚS*, **an** *(ac)* **~** tocar *(ac)*; *fig* comover, enternecer; ***zu Tränen ~*** abalar; *MIL* descansar; ***sich ~*** mexer-se; abelhar-se; **2end** *adj* emocionante, enternecedor, comovedor, comovente; **~gerät** *n <-(e)s; -e>* batedor *m*; **2ig** a(c)tivo; mexido; **~igkeit** *f <sem pl>* a(c)tividade *f*; **2selig** sentimental; **~ung** *f* comoção *f*; **~werk** *n <-(e)s; -e>* batedor-misturador *m*

Ru'in [ru'i:n] *m <-s; sem pl>*, **~e** *f* ruína *f*; **2'ieren** [-i'ni:rən] *<->* arruinar; F estragar; **2'ös** [rui'nø:s] ruinoso

'rülpse|n ['rylpsən] *<-t>* arrotar; **2r** *m* arroto *m*

rum [rum] F → ***herum***

Rum *m <-s; sem pl>* rum *m*

Ru'män|e [ru'mɛ:nə] *m <-n>* romeno *m*; **~ien** *n* Roménia *f*; **~in** *f* romena *f*, **2isch** romeno *m*, -a *f*, da Roménia (*ê)

'Rummel ['ruməl] *m* barulho *m*, sarilho *m*; = **~*platz*** *m <-(e)s; ⸚e>* feira *f* popular

ru'moren [ru'mo:rən] *<->* rumorejar

'Rumpel|kammer ['rumpəl-] *f <-; -n>* arrecadação *f*, casa *f* de despejo; **2n** *<-le>* dar solavancos

Rumpf [rumpf] *m <-(e)s; ⸚e>* tronco *m*; *NAV* casco *m*; *AV* fuselagem *f*; *Kunst*: busto *m*, torso *m*

'rümpfen ['rympfən] torcer *(a Nase)*

rund [runt] **1.** *adj* redondo; curvo; *(kreisförmig)* circular; **2.** *adv (ungefähr)* aproximadamente; à volta de

'Rund|bau *m <-(e)s; -ten>* rotunda *f*; **~blick** *m <-(e)s; -e>* panorama *m*; **~bogen** *m <-s; ⸚>* arco *m* redondo, cimbre *m*; cambota *f*, *bras* cambalhota *f*

'Rund|e ['rundə] *f* volta *f* ***(machen*** dar); *Boxen*: round *m*; *MIL* ronda *f*; *(Gesellschaft)* grupo *m*; círculo *m*; *(Rundheit, Umkreis)* redondeza *f*; circuito *m*; ***die ~ machen*** correr; **2en** *<-e->* arredondar; bolear

'runderneuern *<-e-; ->* *AUTO* recauchutar *(a fig)*

'Rund|fahrt *f* circuito *m*; volta *f*; **~flug** *m <-(e)s; ⸚e>* circuito *m* aéreo; **~frage** *f* inquérito *m*

'Rundfunk *m <-s; sem pl>* rádio *f*, radiodifusão *f*; *Sender*: emissora *f*;

~gebühr *f* taxa *f* radiofónica (*ô); **~gerät** *n* <-(*e*)*s*; *-e*> aparelho *m* de rádio; **~hörer** *m* radiouvinte *m*; **~meldung** *f* notícia *f* radiofónica (*ô); **~sender** *m* (estação *f*) emissora *f*; **~sendung** *f* emissão *f* pela rádio; radiodifusão *f*; **~sprecher** *m* locutor *m* (da rádio); **~station** *f* → ***~sender***; **~übertragung** *f* radiodifusão *f*, transmissão *f* radiofónica (*ô)

'Rund|gang *m* <-(*e*)*s*; *⸚e*> volta *f*; *MIL* ronda *f*; **≈heraus** francamente; rendondamente; **≈herum** ao redor, em torno, em volta; **~holz** *n* <*-es*; *⸚er*> madeira *f* redonda; **~lauf** *m* <-(*e*)*s*; *⸚e*> passos *m/pl* de gigante; **≈lich** redondinho; **~reise** *f* circuito *m*; volta *f*; **~reisekarte** *f* bilhete *m* circular, *bras* passagem *f* de ponto a ponto; **~schau** *f* panorama *m*; *LIT* revista *f*; **~schreiben** *n* circular *f*; **≈'um** ao redor; **~'tischgespräch** *n* <-(*e*)*s*; *-e*> mesa *f* redonda; **~ung** ['-duŋ] *f* redondeza *f*; rotundidade *f*; curva *f*, curvatura *f*; **≈weg** ['-vɛk] redondamente

'Rune ['ruːnə] *f* runa *f*

'Runkelrübe ['ruŋkəl-] *f* beterraba *f* de forragem

'runter ['runtər] F → ***herunter***, ***hinunter***

'Runz|el ['runtsəl] *f* <-; *-n*> ruga *f*; **≈(e)lig** rugoso, enrugado; **~ *werden*** enrugar-se; **≈eln** <*-le*> enrugar; *Stirn*: franzir

'Rüpel ['ryːpəl] *m*, **≈haft** malcriado *m*

'rupfen ['rupfən] *Gras*: arrancar, tirar; *Federn u fig*: depenar

'ruppig ['rupiç] (*frech*) malcriado; (*barsch*) desabrido; (*struppig*) desgrenhado, andrajoso

'Rüsche ['ryːʃə] *f* rufo *m*, folho *m*, *bras* babado *m*; jabô *m*

'Rushhour ['raʃʔaʊr] *f* <-; *-s*> hora *f* de ponta

Ruß [ruːs] *m* <*-es*; *sem pl*> ferrugem *f*; fuligem *f*

'Russe ['rusə] *m* <*-n*> russo *m*

'Rüssel ['rysəl] *m* tromba *f*; *Schwein*: focinho *m*

'ruß|en ['ruːsən] <*-t*> causar fuligem; fumegar; **~ig** fuliginoso

'Russ|in ['rusin] *f* russa *f*; **≈isch** russo, da Rússia; **~land** *n* Rússia *f*

'rüst|en ['rystən] <*-e-*> preparar; *MIL* armar; **~ig** robusto, forte, vigoroso; **≈igkeit** *f* <*sem pl*> robustez *f*, força *f*, vigor *m*; **≈ung** *f* *MIL* armamento *m*; (*Harnisch*) armação *f*, armadura *f*; **≈ungsindustrie** *f* indústria *f* de armamento; **≈ungswettlauf** *m* <*-s*; *⸚e*> corrida *f* ao armamento; **≈zeug** *TÉCN* *n* <-(*e*)*s*; *sem pl*> ferramenta *f*; *fig* conhecimentos *m/pl*

'Rute ['ruːtə] *f* vara *f*; *zum Schlagen*: verga(sta) *f*, açoute *m*; *MONT* membro *m* viril; (*Schwanz*) cauda *f*; **~ngänger** *m* vedor *m*

Rutsch [rutʃ] *m*: ***guten ~*** (***ins neue Jahr***)***!*** boa passagem de ano!; **'~bahn** *f* resvaladouro *m* (*a TÉCN*); escorregadoiro *m*; **'~e** *f* escorrega *m*, escorregão *m*, *bras a* escorregador *m*; → ***~bahn***; **'≈en** <*h u sn*> resvalar, escorregar; *AUTO* derrapar; **'≈fest** antiderrapante; **'~gefahr** *f* *Verkehr*: perigo *m* de derrapagem; **'≈ig** escorregadio

'rütteln ['rytəln] <*-le*>: ***an*** (*dat*) **~** sacudir (*ac*); abalar (*ac*); abanar (*ac*); *Wagen*: dar solavancos

S

S, s [ɛs] *n inv* S, s *m*

S. ***Seite*** página (pág., p., *pl* págs., pp.)

s. ***siehe*** ver, veja(-se)

Saal [zaːl] *m* <-(*e*)*s*; *Säle*> sala *f*

'Saar [zaːr] *f*, **'~land** *n* Sarre *m*

Saat [zaːt] *f* (*Säen*) sementeira *f*; (*Samen*) semente(s) *f*(*/pl*); **'~getreide** *n* <*-s*; *sem pl*> grãos *m/pl*, = **'~gut** *n* <-(*e*)*s*; *sem pl*> semente(s) *f* (*pl*); '**~korn** *n* <-(*e*)*s*; *¨er*> grão *m*; semente *f*; '**~krähe** *f* gralha *f* calva; '**~zeit** *f* (tempo *m* de) semeação *f*, *bras* semeadura *f*

'**Sabbat** ['zabat] *m* <-*s*; -*e*> sábado *m*

'**sabbern** ['zabərn] F babar-se

'**Säbel** ['zɛːbɛl] *m* sabre *m*; espada *f*; **~hieb** *m* <-(*e*)*s*; -*e*> espadadeira *f*, *bras a* espadada *f*; **2n** <-*le*> acutilar; **~rasseln** *n* <-*s*; *sem pl*> *fig* ameaças *f/pl* de guerra

Sabo'tage [zabo'taːʒə] *f* <*sem pl*> sabotagem *f*; **~eur** [-'tøːr] *m* <-*s*; -*e*> sabotador *m*; **2ieren** <-> sabotar

Saccha'rin [zaxa'riːn] *n* <-*s*; *sem pl*> sacarina *f*

'**Sach|bearbeiter(in** *f*) ['zax-] *m* relator(a *f*) *m*; encarregado *m*, -a *f*; **~beschädigung** *f* danos *m/pl* materiais; **~buch** *n* <-(*e*)*s*; *¨er*> livro *m* técnico; **2dienlich** útil; **~ *sein*** *a* ter utilidade, vir a propósito

'**Sache** *f* coisa *f*; (*Gegenstand*) obje(c)to *m*; (*Angelegenheit*) assunto *m*; negócio *m*; *JUR u POL* causa *f*, questão *f*; (*Fall*) caso *m*; (*Stoff*) matéria *f*; ***alte ~*** velharia *f*; ***zur ~ gehören***, ***zur ~ kommen*** vir ao caso; ***nichts zur ~ tun*** nada fazer ao caso; ***bei der ~ bleiben*** cingir-se (*bras* ater-se) ao assunto, não fugir do assunto; ***nicht bei der ~ sein*** estar distraído; ***in ~n*** (*gen*) en matéria de ...; *JUR* na causa; ***j-s ~ sein*** caber a alg; ***nicht j-s ~ sein*** *a* não ser com alg; ***~n*** *pl* (*Habe*) *a* bens *m/pl* haveres *m/pl*; (*Wäsche*) roupa *f*

'**Sach|gebiet** *n* <-(*e*)*s*; -*e*> matéria *f*, domínio *m*; **2gemäß** apropriado, próprio, específico; obje(c)tivo; **~katalog** *m* <-(*e*)*s*; -*e*> catálogo *m* de assuntos; **~kenner** *m* experto *m*, perito *m*, versado *m*; **~kenntnis** *f* <-; -*se*> experiência *f*, conhecimento *m* da matéria; perícia *f*; **2kundig** experto, versado na matéria; **~lage** *f* situação *f*; estado *m* de coisas; circunstâncias *f/pl*; condições *f/pl*; **~leistung** *f* pagamento *m* em géneros (*ê); **2lich** obje(c)tivo; pragmático; *j-d*: *a* prático, realista

'**sächlich** ['zɛçliç] *GRAM* neutro

'**Sach|lichkeit** *f* <*sem pl*> obje(c)tividade *f*; realismo *m*; imparcialidade *f*; pragmatismo *m*; **~lieferung** *f* fornecimento *m* (*od* entrega *f*) de géneros (*ê); **~register** *n* índice *m* de matérias; **~schaden** *m* <-*s*; *¨*> dano *m* material

'**Sachse** ['zaksə] *m* <-*n*> saxão *m*

'**Sachsen** ['zaksən] *n* Saxónia *f*; **~-Anhalt** [-'anhalt] *n* Saxonia-Anhalt *f*

'**Sächs|in** ['zɛksin] *f* saxónia (*ô) *f*; **2isch** saxónio (*ô), da Saxónia (*ô)

'**sacht(e)** ['zaxt(ə)] lento, *adv a* de mansinho, ao de leve, pouco a pouco

'**Sach|verhalt** ['-fɛrhalt] *m* <-(*e*)*s*; -*e*> fa(c)tos *m/pl*; circunstâncias *f/pl*; constelação *f*; *JUR* tipo *m* legal; **2verständig** perito, técnico (*a su*); **~walter** ['-valtər] *m* administrador *m*; **~wert** *m* <-(*e*)*s*; -*e*> valor *m* real, valor *m* efe(c)tivo; **~wörterbuch** *n* <-(*e*)*s*; *¨e*> enciclopédia *f*

Sack [zak] *m* <-(*e*)*s*; *¨e*> saco *m*, saca *f*; F ***mit ~ und Pack*** com armas e bagagens

'**Sack|bahnhof** *m* <-*s*; -*höfe*> estação *f* terminal; **~gasse** *f* beco *m* sem saída; *fig* ímpasse *m*; **~leinen** *n* <-*s*; *sem pl*> linhagem *f*

Sa'dis|mus [za'dismus] *m* <-; -*men*> sadismo *m*; **2tisch** sádico, sadista

'**säen** ['zɛːən] **1.** semear; **2. 2** *n* sémea (*ê) *f*

Sa'fari [za'faːri] *f* <-; -*s*> safári *m*

'**Safe** [seɪf] *m* <-*s*; -*s*> cofre(-forte) *m*

'**Saffian** ['zafiaːn] *m* <-*s*; *sem pl*> marroquim *m*

'**Safran** ['zafraːn] *m* <-*s*; *sem pl*> açafrão *m*

Saft [zaft] *m* <-(*e*)*s*; *¨e*> sumo *m*, suco *m*; (*Frucht2*) sumo *m*; *BOT* seiva *f*; ***Säfte*** *pl* humores *m/pl*; *fig* (*Kraft*) força *f*; '**2ig** suculento; sumarento; *fig* F (*derb*) forte; '**2los** seco; *fig a* mole; sem vitalidade; '**~presse** *f* espremedor *m*

'**Sage** ['zaːgə] *f* lenda *f* (heróica); mito *m*; tradição *f*

'**Säge** ['zɛːgə] *f* serra *f*; **~blatt** *n* <-(*e*)*s*; *¨er*> lâmina *f* de serra, folha *f* de serra; **~bock** *m* <-(*e*)*s*; *¨e*> cavalete *m* de serrador; **~fisch** *m* <-(*e*)*s*; -*e*> peixe-serra *m*; **~mehl** *n* <-(*e*)*s*; *sem pl*> serradura *f*

'**sagen** ['zaːgən] dizer (***zu*** a; ***über*** *ac* sobre, acerca de); ***ja*** (***nein***) **~** dizer

S

que sim (não); *fig* **nichts zu ~ haben** *et*: não querer dizer nada; não ter importância; *j-d*: não mandar; **was Sie (nicht) ~!** não me diga!; **sich** (*dat*) **gesagt sein lassen** ficar sabendo; **sich nichts ~ lassen (wollen)** não ouvir ninguém; **damit ist nicht gesagt** isto não quer dizer; **wie man sagt** como se costuma dizer; **was ~ Sie dazu?** o que diz a isso?; **wenn man so ~ darf** por assim dizer

'sägen ['zɛːgən] serrar

'sagenhaft lendário, F espantoso

'Säge|späne ['-ʃpɛːnə] *m/pl* serradura *f/sg*, *bras a* serragem *f*; **~werk** *n* <-(*e*)*s*; -*e*> serração *f*, serraria *f*

'Sago ['zaːgo] *m* <-*s*; *sem pl*> sagu *m*; (*Maniok*♀) tapioca *f*

'Sahne ['zaːnə] *f* <*sem pl*> nata *f*; creme *m*; (*Schlag*♀) nata *f* batida; chantilly *f*; **~torte** *f* torta *f* de chantilly

'sahnig ['zaːnig] cremoso

Sai'son [zɛ'zɔ̃ː] *f* <-; -*s*> estação *f*; (*Bade*♀ *etc*) época *f* (de ...); **♀abhängig** dependente da estação do ano; **~arbeit** *f* trabalho *m* de estação, trabalho *m* durante a época de ...; **♀bedingt** → **~abhängig**; **~schlussverkauf** *m* <-(*e*)*s*; ⁼*e*> saldos *m/pl*

'Sait|e ['zaɪtə] *f* corda *f*; *fig* **andere ~en aufziehen** mudar de tom, ser mais rigoroso; **~eninstrument** *n* <-(*e*)*s*; -*e*> instrumento *m* de cordas

'Sakko ['zako] *m*, *a n* <-*s*; -*s*> casaco *m*

Sakra'ment [zakra'mənt] *n* <-*s*; -*e*> sacramento *m*

Sakris'tei [zakris'taɪ] *f* sacristia *f*

Sala'mander [zala'mandər] *m* salamandra *f*

Sa'lami [za'laːmi] *f* <-; -*s*> salame *m*

Sa'lat [za'laːt] *m* <-(*e*)*s*; -*e*> salada *f*; (*Kopf*♀) alface *f*; *fig* confusão *f*; disparates *m/pl*; **da haben wir den ~!** F estamos arranjados!; **~schüssel** *f* <-; -*n*> saladeira *f*

'Salbe ['zalbə] *f* pomada *f*; bálsamo *m*

Salbei ['zalbai] BOT *m* <-*s*; *sem pl*> salva *f*, *bras* sálvia *f*

salb|en ungir, untar; **♀ungsvoll** untuoso; cheio de salamaleques

'Saldo ['zaldo] *m* <-*s*; -*den od Saldi*> saldo *m*

Sa'line [za'liːnə] *f* salina *f*

Sali'zylsäure [zali'tsyːl-] *f* <*sem pl*> ácido *m* salicílico

'Salmiak ['zalmiak] *m* <-*s*; *sem pl*> sal *m* amoníaco; **~geist** *m* <-(*e*)*s*; *sem pl*> amoníaco *m*

Salmo'nellen [zalmo'nɛlən] *f/pl* salmonelas *f/pl*

Sa'lon [za'lɔ̃ː] *m* <-*s*; -*s*> salão *m*; sala *f* (de visitas); **♀fähig**: **~ sein** *j-d*: ser (*od* estar) apresentável; ter boas maneiras

sa'lopp [za'lɔp] à vontade; desenvolto; descuidado, relaxado

Sal'peter [zal'peːtər] *m* <-*s*; *sem pl*> salitre *m*; nitro *m*; nitrato *m* de potássio; **~säure** *f* <*sem pl*> ácido *m* nítrico (*od* azótico)

'Salsa ['zalsa] *m* (música *f*) salsa *f*

Sa'lut [za'luːt] *m* <-(*e*)*s*; -*e*> salva *f*; **~ schießen** MIL salvar; **♀ieren** [-u'tiːrən] <-> saudar; MIL fazer (a) continência

'Salve MIL ['zalvə] *f* salva *f*; descarga *f*

Salz [zalts] *n* <-*es*; -*e*> sal *m*; **'♀arm** com pouco sal; **'~bergwerk** *n* <-(*e*)*s*; -*e*> mina *f* de sal, salina *f*; **'♀en** <-*t*> salgar, pôr sal em; **'~gehalt** *m* <-(*e*)*s*; *sem pl*> salinidade *f*; **'~gurke** *f* pepino *m* de conserva; **'♀haltig** ['-haltiç] salino; = **'♀ig** salgado; **'~kartoffeln** *f/pl* batatas *f/pl* cozidas; **'~säure** *f* <*sem pl*> ácido *m* clorídrico (*od* muriático); **'~see** *m* <-*s*; -*n*> marinha *f* de sal; **'~streuer** ['-ʃtrɔyər] *m* saleiro *m*; **'~wasser** *n* <-*s*; *sem pl*> água *f* salgada

'Sämaschine ['-zɛː-] *f* semeador *m*

'Sambaschule ['zamba-] *f* escola *f* de samba

'Sam|e ['zaːmə] <-*ns*; -*n*>, **~en** *m* semente *f*; grão *m*; pevide *f*; **männlicher ~** esperma *m*, sémen *m*

'Samen|bank *f* <-; -*en*> MED banco *m* de esperma; **~erguss** *m* <-*es*; ⁼*e*> ejaculação *f*; polução *f*; **~handlung** *f* loja *f* de sementes; **~kapsel** *f* <-; -*n*> cápsula *f*; **~korn** *n* <-(*e*)*s*; ⁼*er*> grão *m*; **~leiter** *m* canal *m* seminífero; **~zucht** *f* AGR cultura *f* de sementes

Säme'reien [zɛːmə'raɪən] *f/pl* sementes *f/pl*

'sämig ['zɛːmiç] espesso; ligado

S

'Sämling *m* <*-s*; *-e*> *AGR* planta *f* de viveiro

'Sammel|anschluss ['zaməl-] *m* <*-es*; *¨e*> *TEL* linha *f* cole(c)tiva; **~band** *m* <*-(e)s*; *¨e*> miscelânea *f*, colectânea *f*; **~becken** *n* reservatório *m*, depósito *m*; *fig* ponto *m* de convergência; **~bestellung** *f ECON* encomenda *f* cole(c)tiva; **~büchse** *f* mealheiro *m*, *bras* caixinha *f*; **~gut** *n* <*-(e)s*; *¨er*>, **~ladung** *f CAM. DE F* carga *f* agrupada (*od* cole[c]tiva); *ECON* mercadorias *f/pl* de grupagem; **~lager** *m* campo *m* (de concentração); acampamento *m*; *ECON* depósito *m* geral; armazém *m* central; **~linse** *f* lente *f* convergente; **~mappe** *f* álbum *m*

'sammeln <*-le*> **1.** *v/t* reunir, juntar (*a refl*); (*ein2*) recolher; *Früchte*: colher; *Bilder etc*: cole(c)cionar; fazer cole(c)ção (**et** de a/c); ***sich ~*** *fig* concentrar-se; recolher-se consigo; **2.** *v/i* fazer um peditório (*bras* uma coleta)

'Sammel|name *m* <*-ns*; *-n*> nome *m* cole(c)tivo; **~platz** *m* <*-(e)s*; *-e*>, **~punkt** *m* <*-(e)s*; *-e*> lugar *m* (*od* ponto *m*) de concentração; ponto *m* de encontro (*od* de reunião); **~stelle** *f* depósito *m* central, depósito *m* geral; **~'surium** [-'zu:rium] F *n* <*-s*; *-surien*> grande mistura *f*; mixórdia *f*; **~transport** *m* <*-(e)s*; *-e*> transporte *m* cole(c)tivo

'Samml|er(in *f*) *m* ['zamlər-] cole(c)cionador(a *f*) *m*; cole(c)cionista *su*; (*Straßen2*) cole(c)tor(a *f*) *m*; **~ung** *f* cole(c)ção *f*; cole(c)tânea *f*; *Daten*: recolha *f*; (*Auswahl*) sele(c)ta *f*; (*Straßen2*) peditório *m*, *bras* coleta *f*; *fig* recolhimento *m*, concentração *f* espiritual

'Samstag ['zamsta:k] *m* <*-(e)s*; *-e*> sábado *m*; **2s** aos sábados

samt [zamt] (*dat*) com; mais; ***~ und sonders*** todos juntos; sem exce(p)ção

Samt *m* <*-(e)s*; *-e*> veludo *m*; **'2artig** aveludado; = **'2en** de veludo; **'~handschuh** *m fig*: ***j-n mit ~en anfassen*** tratar alg com luvas de seda

'sämtlich ['zɛmtliç] todos, todas; ***~e Werke*** Obras *f/pl* Completas

Sana'torium [zana'to:rium] *n* <*-s*; *-torien*> (*Heilstätte*) sanatório *m*; (*Erholungsheim*) casa *f* de repouso

Sand [zant] *m* <*-(e)s*; *-e*> areia *f* (***bestreuen mit*** deitar *ac*); ***j-m ~ in die Augen streuen*** *fig* deitar poeira nos olhos de alg, intrujar (*bras* enganar) alg, deslumbrar alg; ***den Kopf in den ~ stecken*** *fig* meter a cabeça debaixo da asa; ***sich im ~ verlaufen*** *fig* ir por água abaixo, ficar em nada

San'dale [zan'da:lə] *f* sandália *f*

'Sand|bank *ECON f* <*-*; *¨e*> banco *m* (de areia), alfaque *m*; restinga *f*; ***auf e-e ~ geraten*** encalhar; **~boden** *m* <*-s*; *¨*> terreno *m* arenoso; **~floh** *m* nígua *f*, *bras* pulga-do-mar *f*; **~grube** *f* areal *m*; **2ig** ['-diç] arenoso; **~kasten** *m* <*-s*; *¨*> caixote *m* de areia; (*Spielplatz*) canteiro *m* com areia; **~korn** *n* <*-(e)s*; *¨er*> grão *m* de areia; **~mann** *m* <*-es*; *sem pl*> *fig* João Pestana *m*; **~papier** *n* <*-s*; *-e*> papel *m* de lixa; **~stein** *m* <*-(e)s*; *sem pl*> arenito *m*, grés *m*; **~strahlgebläse** *n* aparelho *m* de ja(c)to de areia; **~uhr** *f* ampulheta *f*

'Sandwich ['sɛntvitʃ] *m u n* <*-(e)s*; *-(e)s*> sanduíche *f*, sande *f*

sanft [zanft] suave, brando; *fig* afável; → **~mütig**; *adv a* docemente, suavemente; levemente, (ao) de leve

'Sänfte ['zɛnftə] *f* liteira *f*

'Sanft|heit *f* <*sem pl*> suavidade *f*, brandura *f*; **~mut** *f* <*sem pl*> mansidão *f*; **2mütig** ['-my:tiç] manso; meigo

sanglos *adv* F: ***sang- und klanglos*** sem dizer ai nem ui, *bras* sem uma palavra

'Sänger(in *f*) ['zɛŋər] *m* cantor(a *f*) *m*; P cantadeiro *m*, -a *f*; (*Singende*[*r*]) cantador(a *f*) *m*, cantante *su*

sa'nier|en [za'ni:rən] <*-*> sanear; **2ung** *f* saneamento *m*; *ARQUIT* restauro *m*

sani'tär [zani'tɛ:r] sanitário; **2anlagen** *f/pl* instalações *f/pl* sanitárias; **2keramik** *f* <*sem pl*> cerâmica *f* sanitária

Sani'tät|er [zani'tɛ:tər] *m* enfermeiro *m*; socorrista *m*; **~sauto** *n* F, **~swagen** *m* ambulância *f*

Sankt [zaŋkt]: *vor Namen mit vokalischem* (*konsonantischem*) *Anlaut*: Santo (São) *m*, Santa (*a* Sã) *f*

S

Sankti'on [zaŋktsi'oːn] *f* sanção *f*; **♀'ieren** [-o'niːrən] <-> sancionar

'Saphir ['zaːfir] *m* <-s; -e> safira *f*

Sar'delle [zar'dɛlə] *f* anchova *f*

Sar'dine [zar'diːnə] *f* sardinha *f* (***in Öl*** em azeite)

Sarg [zark] *m* <-(e)s; ⸚e> caixão *m*; ataúde *m*, féretro *m*

Sar'kas|mus [zar'kasmus] *m* <-; -men> sarcasmo *m*; **♀tisch** [-tiʃ] sarcástico

Sarko'phag [zarko'faːk] *m* <-s; -e> sarcófago *m*

'Satan ['zaːtan] *m* <-s; -e> Satanás *m*; **♀isch** [za'taːniʃ] satânico

Satel'lit [zatɛ'liːt] *m* <-en> satélite *m*; **~enbild** *n* <-(e)s; -er> = ***~enfoto***; **~enfernsehen** *n* <sem pl> televisão *f* via satélite; **~enfoto** *n* <-s; -s> imagem-satélite *f*; **~enstadt** *f* <-; -städte> cidade-satélite *f*

Sa'tin [za'tɛ̃ː] *m* <-s; -s> cetim *m*

Sa'tir|e [za'tiːrə] *f* sátira *f*; (**~iker** [-ikər] *m*) **♀isch** satírico (*m*)

satt [zat] farto, satisfeito; *Farbe*: vivo, intenso; ***sich ~ essen*** (***trinken***) saciar-se; fartar-se de comer (de beber); ***~ sein*** estar farto; (*ac*) ***~ haben*** ficar (*od* estar) farto de

'Sattel ['zatəl] *m* <-s; ⸚> sela *f*; *Fahrrad*: selim *m*; (*Berg♀*) cumeeira *f* em forma de sela; (*Saum♀*) albarda *f*; ***ohne ~ reiten*** montar em pelo; ***aus dem ~ heben*** *fig* derribar; superar; **~decke** *f* manta *f*; xairel *m*; **♀fest** firme na sela; *fig* seguro; versado; **~gurt** *m* <-(e)s; -e> cilha *f*; **♀n** <-le> selar; **~schlepper** *m* tra(c)tor *m* de semi-reboque, tra(c)tor-camião *m*; **~zeug** *n* <-(e)s; sem pl> arreios *m/pl*

'sättig|en ['zɛtigən] saciar (***mit*** de), fartar; *QUÍM* saturar; **~end** substancioso; nutritivo; **♀ung** *f* saciedade *f*; *QUÍM* saturação *f*

'Sattler ['zatlər] *m* seleiro *m*; **~'ei** [-'raɪ] *f* selaria *f*

'sattsam *adv* abundantemente; amplamente

Satz [zats] *m* <-es; ⸚e> *GRAM* frase *f*, oração *f*; *Logik u MAT* teorema *m*; proposição *f*; axioma *m*; (*Behauptung*) tese *f*; (*Bestimmung*) norma *f*; (*Sprung*) salto *m* (***mit*** de); (*Boden♀*) borra *f*, pé *m*; *Spiel*: série *f*; *Menge*: jogo *m*, conjunto *m*; *TIP* composição *f*; *MÚS a* andamento *m*; (*Zins♀*) percentagem *f*; *ECON* (taxa *f* de) juros *m/pl*; **'~aussage** *f GRAM* predicado *m*; verbo *m*; **'~bau** *m* <-(e)s; sem pl> construção *f* (da frase), fraseologia *f*; **'~gefüge** *n* período *m*; **'~gegenstand** *m* <-(e)s; ⸚e> sujeito *m*; **'~lehre** *f* <sem pl> sintaxe *f*; **'~teil** *m* <-(e)s; -e> parte *f* da oração; elemento *m* sintá(c)tico; **'~ung** *f* estatuto *m*; regulamento *m*; norma *f*; *REL* dogma *m*; **'♀ungsgemäß** consoante o estatuto (*od* regulamento); **'~zeichen** *n* sinal *m* de pontuação

Sau [zaʊ] *f* <-; ⸚e *od* -en> porca *f*, *fig a* porcalhona *f*; (*Wild♀*) javalina *f*

'sauber ['zaʊbər] limpo (*a fig*), *j-d*: *a* asseado; (*blank*) polido; (*hübsch*) bonito (*a irón*); **♀keit** *f* <sem pl> limpeza *f*; *j-s*: *a* asseio *m*

'säuber|lich ['zɔybərliç] limpo; *Trennung*: nítido; *adv a* com limpeza; bem; **~n** <-re> limpar; *MED* lavar; desinfe(c)tar; *fig* depurar; (*befreien*) livrar, *POL a* sanear; **♀ung** *f* limpeza *f*; *fig* depuração *f*

'sau'dumm F estúpido como um burro

'sauer ['zaʊər] (*saurer*; *sauerst*) azedo; acre; *QUÍM* ácido; *fig* (*mühsam*) penoso, árduo; (*verdrießlich*) tristonho, aborrecido, carrancudo; ***~ werden*** azedar; ficar azedo; *Milch*: estragar-se; *fig* ficar aborrecido; ***auf j-n ~ sein*** estar zangado com alg; *fig* ***j-m ~ werden*** custar a alg

'Sauer|ampfer *m* <-s; sem pl> azedas *f/pl*; **~braten** *m* assado *m* de carne posta de molho em vinagre; *bras* assado *m* azedo; **~'ei** [-'raɪ] *f* P porcaria *f*; **~kirsche** *f* ginja *f*; **~kohl** *m* <-(e)s; sem pl>, **~kraut** *n* <-(e)s; sem pl> choucroute *m*, couve *f* fermentada e picada, *bras* repolho *m* azedo

'säuerlich ['zɔyərliç] azedo; acídulo

'Sauermilch *f* <sem pl> leite *m* coalhado

'säuern ['zɔyərn] <-re> azedar; avinagrar; *QUÍM* acidificar, oxidar; *Teig*: meter levedura em; (fazer) fermentar

'Sauerstoff *m* <-(e)s; sem pl> oxigénio (*ê) *m*; **~flasche** *f* garrafa *f* de

S

oxigénio (*ê); **~zelt** *n* <-(*e*)*s*; *-e*> *MED* tenda *f* de oxigénio (*ê)

'Sauerteig *m* <-(*e*)*s*; *sem pl*> massa *f* azeda, fermento *m*

'saufen ['zaufən] *Tier*: beber; P *Mensch*: embriagar-se, beber muito

'Säufer ['zɔyfər] P *m* alcoólico *m*; F beberrão *m*, borrachão *m*

Sauf|e'rei [zaufə'raɪ] *f* P, **'~gelage** *n* bebedeira *f*; patuscada *f*; borracheira *f*

'saugen ['zaugən] chupar; *Kind*: mamar; *TÉCN* aspirar

'säugen ['zɔygən] **1.** *v/t* amamentar; *bsd Tier*: criar; **2.** ℒ *n* la(c)tação *f*

'Sauger ['zaugər] *m Flasche*: tetina *f*, *bras* bico *m* (da mamadeira); (*Schnuller*) chupeta *f*; *TÉCN* aspirador *m*

'Säugetier ['zɔygə-] *n* <-(*e*)*s*; *-e*> mamífero *m*

'saug|fähig absorvedor, absorvente; **ℒflasche** *f* biberão *m*, *bras a* mamadeira *f*

'Säugling ['zɔyklɪŋ] *m* <-*s*; *-e*> bébé *m*; criança *f* de peito (*od* de mama), *bras* bebê *m*, nenê *m*; *MED* lactante *m*; **~spflege** *f* <*sem pl*> puericultura *f*; **~ssterblichkeit** *f* <*sem pl*> mortalidade *f* infantil

'Saug|napf *m* <-(*e*)*s*; *⸚e*> ventosa *f*; **~pumpe** *f* bomba *f* aspirante (*od* de su[c]ção); **~rohr** *n* <-(*e*)*s*; *-e*> tubo *m* de aspiração; **~rüssel** *m* chupador *m*, *bras* sugadouro *m*; **~ und Hebepumpe** *f* bomba *f* aspirante e premente; **~ventil** *n* <-*s*; *-e*> válvula *f* de aspiração

'Sauhaufen *m* F *fig* cambada *f*, corja *f*

'Säul|e ['zɔylə] *f* coluna *f*; (*Pfeiler*) pilar *m*; **~engang** *m* <-(*e*)*s*; *⸚e*> arcada *f*; colunata *f*; claustro *m*; **~enhalle** *f* pórtico *m*; alpendre *m*

Saum [zaum] *m* <-(*e*)*s*; *⸚e*> (*Rand*) orla *f*; *Gebirge*: aba *f*, sopé *m*; *Kleid*: bainha *f*, debrum *m*

'säum|en ['zɔymən] **1.** *v/t* debruar, abainhar; *zum Schmuck*: orlar; **2.** *v/i* tardar; hesitar; **~ig** demorado, tardio, lento; *ECON* moroso; ***~ sein*** demorar(-se); tardar

'Saum|pfad *m* <-(*e*)*s*; *-e*> senda *f*; vereda *f*; **~tier** *n* <-(*e*)*s*; *-e*> besta *f* de carga

'Sauna ['zauna] *f* <-; *-s*, *a Saunen*> sauna *f*

'Säure ['zɔyrə] *f* ácido *m*; **~bildung** *f* acidificação *f*; **ℒfest** à prova de ácidos; ***~ sein*** resistir aos ácidos; **~gehalt** *m* <-(*e*)*s*; *sem pl*> (grau *m* de) acidez *f*

Saure'gurkenzeit [zaurə-] *f* F estação *f* morta

'Saurier ['zauriər] *m* sáurio *m*

Saus [zaus]: ***in ~ und Braus leben*** viver à farta; ser estróina

'säuseln ['zɔyzəln] <-(*e*)*le*> (*Wind*) soprar levemente; *fig* sussurrar, murmurar

'sausen ['zauzən] <-*t*> sibilar; zunir; (*eilen*) correr

'Sau|stall *m* <-*s*; *⸚e*> F *fig* pocilga; **~wetter** *n* <-*s*; *sem pl*> F tempo *m* horrível

'S-Bahn ['ɛs-] *f* comboio *m* suburbano (*od* linha *f* rápida); **~hof** *m* estação *f* de comboio suburbano

'Scanner ['skɛnər] *m* leitor *m*, scanner *m*

'Schabe ['ʃaːbə] *f* barata *f*; **~fleisch** *n* <-(*e*)*s*; *sem pl*> carne *f* raspada; **ℒn** ra(s)par

'Schabernack ['ʃaːbərnak] *m* <-(*e*)*s*; *-e*> travessuras *f/pl* (***treiben*** fazer); partidas *f/pl* (***spielen*** pregar)

'schäbig ['ʃɛːbɪç] pelintra, mesquinho (*a fig*)

Scha'blone [ʃa'bloːnə] *f* padrão *m*; molde *m*; *TÉCN* matriz *f*; escantilhão *m*; gabari *m*, *bras* gabarito *m*; *fig* rotina *f*; **ℒnhaft** mecânico; *fig* rotineiro

Schach [ʃax] *n* <-*s*; *sem pl*> xadrez *m*; **~!** xeque! (***bieten*** dar; ***stehen*** estar); ***in ~ halten*** *fig* manter em xeque; meter respeito a; **'~brett** *n* <-(*e*)*s*; *-er*> tabuleiro *m* de xadrez

'Schacher ['ʃaxər] *m* regateio *m*; ***übler ~*** *a* baldroca *f*, negócio *m* usurário, *bras* trapaça *f*; **ℒn** <-*re*> regatear, *bras* pechinchar; traficar, baldrocar

'Schach|figur *f* peça *f* de xadrez; **ℒ'matt** <*sem pl*> xamate; xeque-mate; *fig* alquebrado; vencido; **~meister(schaft** *f*) *m* campeão (campeonato) *m* de xadrez; **~spiel** *n* <-(*e*)*s*; *-e*> (jogo) *m* de xadrez *m*; **~spieler** *m* jogador *m* de xadrez

Schacht [ʃaxt] *m* <-(*e*)*s*; *⸚e*> *ARQUIT* clarabóia *f*; *BGB a* poço *m*

S

'Schachtel ['ʃaxtəl] *f* <-; -n> caixinha *f*; *länglich*: cartucho *m*; (*Zigaretten*≈) maço *m*; ***alte ~*** *fig* F carcassa *f*; **~halm** BOT *m* <-(e)s; -e> cavalinha *f*, equiseto *m*; **~satz** *m* <-es; ¨e> frase *f* longa e complicada

'Schach|turnier *n* <-s; -e> concurso *m* de xadrez; **~zug** *m* <-(e)s; ¨e> lance *m*; *fig* estratagema *m*

'schade ['ʃaːdə]: ***es ist ~*** é (uma) pena; ***~ um ...*** mal empregado (*nom*); (***wie***) ***~!*** que pena!

'Schädel ['ʃɛːdəl] *m* crânio *m*; (*Toten*≈) caveira *f*; *fig* cabeça *f*; **~bruch** *m* <-(e)s; ¨e> fra(c)tura *f* do crânio; **~decke** *f* abóbada *f* craniana

'schaden ['ʃaːdən] <-e-> (*dat*) prejudicar (*ac*); fazer mal a; ***es schadet nichts*** não faz mal nenhum; ***das schadet ihm gar nichts*** não lhe faz mal nenhum

'Schaden *m* <-s; ¨> dano *m*, estrago *m*, (*a Nachteil*) prejuízo *m*, detrimento *m* (***zum*** em; ***anrichten*** causar); NAV *u* TÉCN avaria *f*; ***~ nehmen***, ***zu ~ kommen*** *et*: estragar-se, *j-d*: ferir-se, ficar prejudicado; ***den ~ haben*** não levar a melhor; ***durch ~ klug werden*** escarmentar; receber uma lição

'Schaden|ersatz *m* <-es; sem pl> inde(m)nização *f*; reparação *f*; ***j-m ~ leisten*** inde(m)nizar alg; **~ersatzpflicht** *f* <sem pl> responsabilidade *f* por danos e perdas; **~freude** *f* <sem pl> alegria (*od* satisfação) *f* maliciosa; **≈froh** malicioso; **~sfall** *m* <-(e)s; -fälle> caso *m* de dano; **~sregulierung** *f* <sem pl> regularização *f* de danos

'schadhaft ['ʃathaft] deteriorado; defeituoso; MED lesado; *Zahn*: cariado; ***~ sein*** *a* ter um defeito; estar estragado

'schädig|en ['ʃɛːdigən] prejudicar; lesar (***um*** em) **≈ung** *f* danificação *f*; lesão *f*; prejuízo *m*

'schäd|lich ['ʃɛːtliç] nocivo, pernicioso; JUR prejudicial; BOT *u* ZO daninho; **≈lichkeit** *f* <sem pl> nocividade *f*; **≈ling** *m* <-s; -e> parasita *m* (*a fig*); BOT *a* planta *f* daninha; ZO *a* bicho *m* daninho; *j-d*: perigo *m*, elemento *m* anti-social; **≈lingsbekämpfungsmittel** *n* pesticida *m*; insecticida *m*

'schadlos ['ʃaːtloːs]: (***sich***) ***~ halten*** compensar(-se) (***für*** de)

'Schadstoff ['ʃaːtʃtɔf] *m* <-(e)s; -e> substância *f* nociva; (*Luft*) substância poluente; emissão *f*; **~emission** *f* emissões *f/pl* nocivas; **≈frei** sem substâncias poluentes

Schaf [ʃaːf] *n* <-(e)s; -e> ovelha *f*; *fig* F pateta *m*; simplório *m*; ***schwarzes ~*** *fig* ovelha *f* ranhosa (*bras* negra); **'~bock** *m* <-(e)s; ¨e> carneiro *m*

'Schäfchen ['ʃɛːfçən] *n* cordeiro *m*, anho *m*; *pl Wolken*: cirros *m/pl*; *fig* ***sein ~ ins Trock(e)ne bringen*** pôr-se no seguro; prevenir-se

'Schäfer ['ʃɛːfər] *m* pastor *m*; **~hund** *m* <-(e)s; -e> pastor *m* alemão; cão-de-pastor *m*; **~in** *f* pastora *f*

'Schaffell *n* <-(e)s; -e> tosão *m*

'schaffen ['ʃafən] **1.** (*arbeiten*) trabalhar; (*bewirken*) criar, (*hin~*) levar; (*ver~*) arranjar; conseguir; ***es ~*** conseguir; levar a cabo; ***sich zu ~ machen mit*** ver-se em trabalhos com; F ver-se à nova com; ***j-m zu ~ machen*** dar que fazer a alg; ***aus der Welt ~*** acabar com; **2.** criar; produzir; **~d** *adj* criador; trabalhador; produtivo; **≈skraft** *f* <-; sem pl> força *f* criadora (*od* produtiva)

'Schaffner(in *f*) ['ʃafnər] *m* CAM. DE F revisor(a *f*) *m*; *Straßenbahn, Autobus*: condutor(a *f*)

'Schaffung *f* <sem pl> criação *f*; produção *f*; organização *f*

'Schaf|garbe *f* milefólio *m*, *bras* mil-folhas *f*; **~leder** *n* carneira *f*

Scha'fott [ʃa'fɔt] *n* <-(e)s; -e> cadafalso *m*

'Schaf|pelz *m* <-es; -e> pele *f* de carneiro; **~schur** *f* tosquia *f*; **~skäse** *m* queijo *m* de ovelha; **~skopf** *m* <-(e)s; ¨e> *fig* parvo *m*; idiota *m*; imbecil *m*; **~stall** *m* <-(e)s; ¨e> redil *m*

Schaft [ʃaft] *m* <-(e)s; ¨e> cabo *m*; (*Blüten*≈) escapo *m*; (*Gewehr*≈) coronha *f*; TÉCN haste *m*, *a* (*Säulen*≈) fuste *m*; (*Stiefel*≈) cano *m*; **'~stiefel** *m* bota *f* alta

'Schaf|zucht *f* (**~züchter** *m*) criação *f* (criador *m*) de gado ovino

Schah [ʃaː] *m* <-s; -s> Xá *m*

Scha'kal [ʃa'kaːl] *m* <-s; -e> chacal *m*

'**schäkern** ['ʃɛːkərn] <-re> gracejar, brincar; namoricar

schal [ʃaːl] sensabor, insípido; *fig* sem graça

Schal *m* <-s; -e od -s> chaile *m*, xaile *m*; manta *f*; *bras* chale *m*; (*Halstuch*) cachecol *m*

'**Schale** ['ʃaːlə] *f* BOT casca *f*; *dünne*: pele *f*; (*Tier*2) concha *f*; (*Waage*) prato *m*; (*Umhüllung*) invólucro *m*; *Gefäß*: taça *f*; ***sich in ~ werfen*** F apinocar-se; arranjar-se, *bras* arrumar-se

'**schälen** ['ʃɛːlən] descascar; tirar a casca de; pelar; *Baum*: descortiçar; ***sich ~*** *a* perder a casca

'**Schalentier** *n* <-es; -e> crustáceo *m*

Schalk [ʃalk] *m* <-(e)s; -e od ¨e> maganão *m*, *bras* pândego *m*; '**2haft** maganão, travesso; chistoso; '**~haftigkeit** *f* maganice *f*, brejeirice *f*

Schall [ʃal] *m* <-(e)s; ¨e> som *m*; (*Widerhall*) ressonância *f*; ***~ und Rauch*** *fig* insignificante; oco; '**~brechung** *f* refra(c)ção *f* do som; '**~dämmung** *f* isolamento *m* acústico; '**~dämpfer** *m* abafador *m*; *Motor*: amortecedor *m* de som; AUTO silenciador *m*; MÚS *u Radio*: surdina *f*; '**2dicht** à prova de som; '**2en** ressoar; '**2end** *adj* sonoro, retumbante; ***~es Gelächter*** gargalhada *f*; '**~geschwindigkeit** *f* velocidade *f* do som; '**~isolierung** *f* → ***~dämmung***; '**~mauer** *f* <-; -n> barreira *f* do som; '**~messer** *m* fonómetro (*ô) *m*; '**~platte** *f* disco *m*; '**~plattensammlung** *f* cole(c)ção *f* de discos; '**2schluckend** que absorve o som; '**~trichter** *m* MÚS pavilhão *m*; '**~welle** *f* onda *f* sonora

Schal'mei [ʃal'maɪ] *f* charamela *f*

'**Schalt|anlage** ['ʃalt-] *f* EL instalação *f* (*bras* sistema *m*) de distribuição elé(c)trica; **~bild** *n* esquema *m* de circuitos (*od* ligações); **~brett** EL *n* <-(e)s; -er> → ***~tafel***

'**schalten** EL <-e-> comutar; ligar; AUTO meter uma mudança, mudar de marcha; *fig* (*verstehen*) perceber; *fig* ***~ und walten*** mandar; pôr e dispor

'**Schalter** *m* CAM. DE F, *Kino etc* bilheteira *f*, *bras* bilheteria *f*; *allg* guiché (*ê) *m*; EL interruptor *m*; comutador *m*; **~beamte(r)** *m* empregado *m* de serviço (*od* de guiché [*ê]); **~stunden** *f/pl* horas *f/pl* de despacho (*od* de serviço)

'**Schalt|getriebe** *n* AUTO caixa *f* de velocidades; **~hebel** *m* EL alavanca *f* de comutação (*od* manobra); AUTO alavanca *f* de mudança de velocidade; **~jahr** *n* <-(e)s; -e> ano *m* bissexto; **~kreis** *m* <-es; -e> circuito *m* (***integrierter*** integrado); **~plan** *m* EL → ***~bild***; **~platte** *f* placa *f* de circuito impresso; **~pult** *n* <-s; -e> EL consola *f* (*od* terminal *m*, *bras* console *m*) de comando; **~tafel** EL *f* <-; -n> painel *m* de distribuição; quadro *m* de comando; **~tag** *m* <-(e)s; -e> dia *m* intercalar; **~ung** *f* ligação *f*; conta(c)to *m*; EL circuito *m*; AUTO caixa *f* de velocidades; embraiagem *f*, *bras* embreagem *f*; *Radio*: montagem *f*

Scha'luppe [ʃa'lupə] *f* chalupa *f*, lancha *f*

Scham [ʃaːm] *f* <sem pl> vergonha *f*; pejo *m*; pudor *m*; ANAT órgãos *m/pl* genitais; vergonhas *f/pl*; '**~bein** *n* <-(e)s; -e> pubes *m*, púbis *m*

'**schämen** ['ʃɛːmən]: ***sich ~*** ter vergonha, envergonhar-se, estar envergonhado (*gen*, ***über*** *ac* de); ***ich schäme mich, zu ...*** tenho vergonha de ...

'**Scham|gefühl** *n* <-(e)s; -e> → ***Scham***; **~haar** *n* <-s; -e> púbis *m*; **2haft** púdico; (*beschämt*) envergonhado; **2los** desavergonhado, impudente; indecente; *bras* sem-vergonha *inv*; (*frech*) descarado; **~losigkeit** ['-loːziç-] *f* falta *f* de vergonha, descaramento *m*

'**scham|rot** corado de vergonha (*od* de pejo); **2röte** *f* <sem pl> pudor *m*, rubor *m*; **2teile** *pl* vergonhas *f/pl*, partes *f/pl*

'**Schande** ['ʃandə] *f* <sem pl> vergonha *f*; desonra *f*; ignomínia *f*; ***zur ~ von*** para vergonha de; ***j-m ~ machen*** deixar alg ficar mal; ***zu ~n*** → ***zuschanden***

'**schänden** ['ʃɛndən] <-e-> desonrar; violar; REL profanar

'**Schandfleck** *m* <-(e)s; -e> mácula *f*

'**schändlich** ['ʃɛntliç] vergonhoso, infame

'**Schand|maul** *n* <-s; ¨er> má-língua *su*; **~tat** *f* patifaria *f*; infâmia *f*

S

'Schändung ['ʃɛnduŋ] *f* violação *f*; *REL* profanação *f*

'Schank|betrieb ['ʃaŋk-] *m* <-(*e*)*s*; -*e*> venda *f* de bebidas (a retalho); **'~bier** *n* <-(*e*)*s*; -*e*> cerveja *f* de barril; **'~er** *MED m* cancro *m* venéreo, cavalo *m*; **'~wirt** *m* <-(*e*)*s*; -*e*> taberneiro *m*, *bras* dono *m* de bar; **'~wirtschaft** *f* taberna *f*, *bras* bar *m*, botequim *m*

'Schanz|e ['ʃantsə] *f MIL* trincheira *f*; reduto *m*; *Sport*: pista *f* de salto; *NAV* castelo *m* de popa; **2en** <-*t*> entrincheirar

Schar [ʃaːr] *f* grupo *m*, bando *m*; *Kinder*: rancho *m*; *große*: multidão *f*; *AGR* (*Pflug2*) relha *f*; *pl* ***in*** (***hellen***) ***~en*** em bandos, em massa

Scha'rade [ʃa'raːdə] *f* charada *f*

'scharen ['ʃaːrən] reunir, juntar; **~weise** em bandos, em massa

scharf [ʃarf] **1.** *adj* cortante, afiado; (*spitz*) *u fig Stimme*, *Geist*: agudo; penetrante (*a Blick*, *Kälte*); *QUÍM* ácido; *Brille*: nítido; *Gehör*: fino; apurado, afinado; *Geruch*: acre; *Hund*: feroz; mau; *Wind*: frio; cortante; *FOT* focado; *Speise*: picante, *bras a* apimentado; *Zunge*: *fig* mordaz; (*deutlich*) claro, nítido; (*genau*) preciso; (*streng*) rigoroso, severo; **2.** *adv*: ***~ ansehen*** fitar; ***~ einstellen*** *FOT* focar bem; *fahren*: rapidamente; *schießen*: *MIL* com bala(s); ***~ bewachen*** vigiar severamente; ***~ bremsen*** meter os travões a fundo, *bras* dar uma freiada (*od* brecada) brusca; ***~ sein auf*** (*ac*) F cobiçar; desejar, *bras* estar ansioso por; **'2blick** *m* <-(*e*)*s*; *sem pl*> perspicácia *f*

'Schärfe ['ʃɛrfə] *f* corte *m*, fio *m*; agudeza *f*; *QUÍM* acidez *f*; *fig* acrimónia (*ô) *f*; (*Deutlichkeit*) nitidez *f*; (*Geistes2*) agudeza *f*; (*Genauigkeit*) precisão *f*; (*Strenge*) rigor *m*; → ***Scharfsinn***

'Scharfeinstellung *f FOT* focagem *f*

'schärfen afiar, aguçar; **2tiefe** *f* <*sem pl*> *FOT* profundidade (*bras* nitidez) *f* de campo

'scharf|kantig anguloso; **2macher** *m fig* agitador *m*, instigador *m*; **2richter** *m* verdugo *m*, carrasco *m*; **2schütze** *m* <-*n*> bom atirador *m*, caçador *m* destro; **~sichtig** ['-ziçtiç] *fig* perspicaz; **2sinn** *m* <-(*e*)*s*; *sem pl*> penetração *f*, sagacidade *f*, perspicácia *f*; **~sinnig** fino, sagaz

'Scharlach ['ʃarlax] **1.** *m* <-*s*; -*e*> (*Farbe*) escarlate *m*; **2.** *m* <-*s*; *sem pl*> escarlatina *f*; **2rot** <*sem pl*> escarlate

'Scharlatan ['ʃarlataːn] *m* <-*s*; -*e*> charlatão *m*

Schar'mützel [ʃar'mytsəl] *n* escaramuça *f*

Schar'nier [ʃar'niːr] *n* <-*s*; -*e*> charneira *f*, dobradiça *f*

'Schärpe ['ʃɛrpə] *f* faixa *f*, cinto *m*, banda *f*

'scharren ['ʃarən] *v/t u v/i* esgravatar; patear; raspar

'Schart|e ['ʃartə] *f Messer*: mossa *f*, falha *f*; *Mauer*: brecha *f*; ***die ~ auswetzen*** *fig* tirar a desforra

'Schaschlik ['ʃaʃlik] *m*, *a n* <-*s*; -*s*> espetada *f*

'Schatten ['ʃatən] *m* sombra *f* (***im*** à); *PINT* sombras *f/pl*; *Augen*: olheira *f*; ***in den ~ stellen*** *fig* superar; sobrepujar; eclipsar; ***nicht über seinen ~ springen können*** *fig* não poder (*od* conseguir) proceder de outra forma; ***e-n ~ haben*** F *fig* não regular bem; **~bild** *n* <-(*e*)*s*; -*er*> silhueta *f*, perfil *m*; **2haft** vago; **~riss** *m* <-*es*; -*e*> silhueta *f*; **~seite** *f* sombra *f* (***auf der*** na); *fig* lado *m* fraco, reverso *m*, inconveniente *m*; **~spiel** *n* <-(*e*)*s*; -*e*> sombras *f/pl* chinesas, sombrinhas *f/pl*

schat't|ieren [ʃa'tiːrən] <-> sombrear; (*abtönen*) matizar; **2ierung** *f* matiz *m*, cambiante *f*; sombreado *m*; **'~ig** sombrio, sombroso

Scha'tulle [ʃa'tulə] *f* cofre *m*, caixa *f*

Schatz [ʃats] *m* <-*es*; ⸚*e*> tesouro *m*; património (*ô) *m*; F *j-d*: amor *m* (*a Anrede*: ***lieber*** meu, rico); **'~amt** *n* <-(*e*)*s*; ⸚*er*> Tesouraria *f*; **'~anweisung** *f* título *m* do Tesouro

'schätzen ['ʃɛtsən] <-*t*> (*ab2*) avaliar (***auf*** *ac* em); (*wert~*) apreciar, estimar (*a ECON*); ***wie alt ~ Sie ihn?*** que idade julga que tem?; ***sich glücklich ~*** congratular-se (***über*** *ac* com); **~swert** estimável

'Schatz|gräber ['-grɛːbər] *m* pesquisador (*bras* caçador) *m* de tesouros; **~kammer** *f* <-; -*n*> tesouro *m*; **~meister** *m* tesoureiro *m*

'Schätzung ['ʃɛtsuŋ] *f* avaliação *f*; cálculo *m*; taxação *f*; estima(ção) *f*; **ⵒsweise** aproximadamente

'Schätzwert *m* <-*es*; -*e*> valor *m* de estimação, valor *m* estimativo

Schau [ʃaʊ] *f* vista *f*, aspe(c)to *m*; FIL intuição *f*, *a* REL visão *f*; (*Ausstellung*) exposição *f*; (*Gewerbe*ⵒ) exibição *f*; (*Muster*ⵒ) *a* mostra *f*; (*Revue*) revista *f*; ***zur ~ stellen*** expor, exibir, pôr à mostra; ***zur ~ tragen*** ostentar; (*heucheln*) afe(c)tar; ***e-e ~ sein*** F ser o máximo; ***j-m die ~ stehlen*** F pôr alg na sombra; **'~bild** *n* diagrama *m*

'Schauder ['ʃaʊdər] *m* arrepio *m*; calafrio *m*; ***~ einflößen*** causar horror; horrorizar; **ⵒhaft** horrível, horripilante; **ⵒn** *v/i* <-*re*> estremecer; arrepiar-se, horripilar-se, *vor Kälte*: ter calafrios

'schauen ['ʃaʊən] ver, olhar, contemplar, mirar

'Schauer ['ʃaʊər] *m* (*Schauder*) arrepio *m*, horror *m*; (*Frösteln*) calafrio *m*; (*Regen*ⵒ) aguaceiro *m*, borrasca *f*; **~geschichte** *f* história *f* horripilante; **ⵒlich** horrível, horripilante; **~mann** *m* <-(*e*)*s*; -*leute*> NAV estivador *m*; **ⵒn** <-*re*> estremecer; arrepiar-se; *vor Kälte*: ter calafrios

'Schaufel ['ʃaʊfəl] *f* <-; -*n*> pá *f*; (*Rad*ⵒ) palheta *f*; **~bagger** *m* escavador *m* de pás; **ⵒn** <-*le*> trabalhar (*od* remexer) com a pá; *Korn*: aventar; *Grab*(*en*): abrir; **~rad** *n* <-(*e*)*s*; ⸚*er*> roda *f* de palhetas

'Schau|fenster *n* montra *f*, *bras* vitrina *f*; **~fensterdekorateur** *m* <-*s*; -*e*> decorador *m* de montras (*bras* vitrinas); **~kasten** *m* <-*s*; ⸚> vitrina *f*

'Schaukel ['ʃaʊkəl] *f* <-; -*n*> baloiço *m*, *bras* balanço *m*; **ⵒn** *v/t* <-*le*> (*v/i u **sich** ~*) baloiçar(-se), balançar, oscilar; **~pferd** *n* <-(*e*)*s*; -*e*> cavalo *m* de baloiço (*bras* balanço); **~stuhl** *m* <-(*e*)*s*; ⸚*e*> cadeira *f* de baloiço (*bras* balanço)

'Schaulust *f* <*sem pl*> curiosidade *f*; **ⵒig** curioso

Schaum ['ʃaʊm] *m* <-(*e*)*s*; ⸚*e*> espuma *f*, escuma *f*

'schäumen ['ʃɔymən] espumar; ***vor Wut ~*** espumejar de raiva; **~d** *adj* espumante, espumoso

'Schaum|löscher *m* extintor *m* de espuma; **~gummi** *m* <-*s*; *sem pl*> espuma *f* de borracha; **ⵒig** espumoso; **~löffel** *m* escumadeira *f*; **~schläger** *m fig* pantomineiro *m*; aldrabão *m*, *bras* trapaçeiro *m*; **~stoff** *m* <-*s*; -*e*> espuma *f*; **~wein** *m* <-(*e*)*s*; -*e*> vinho *m* espumante

'Schau|platz *f* <-*es*; ⸚*e*> cenário *m*, cena *f*, teatro *m*; **ⵒrig** ['-riç] horripilante; **~spiel** *n* <-(*e*)*s*; -*e*> espe(c)táculo *m*; TEA drama *m*, peça *f* (de teatro); **~spieler** *m* a(c)tor *m*; comediante *m*; **~spielerin** *f* a(c)triz *f*; comediante *f*; **ⵒspielern** <-*re*> ser a(c)tor (*od* a[c]triz); *fig* simular; **~spielhaus** *n* <-*es*; ⸚*er*> teatro *m*; **~steller** *m* expositor *m*; **~stellung** *f* exibição *f*; **~turnen** *n* exibição *f* de ginástica

Scheck [ʃɛk] *m* <-*s*; -*s*> cheque *m* (***ungedeckter*** careca); ***~ einlösen*** trocar um cheque; ***mit ~ bezahlen*** pagar em cheque; **'~buch** *n* <-(*e*)*s*; ⸚*er*> caderneta *f* (*od* livro *m*, *bras* talonário *m*) de cheques; **'~gebühr** *f* comissão *f* pelo pagamento de um cheque; **'~inhaber** *m* portador *m* de um cheque; **'~karte** *f* cartão *m* de cheque; **'~verkehr** ECON *m* <-*s*; *sem pl*> transa(c)ções *f/pl* por cheques

'Scheffel ['ʃɛfəl] *m*: ***sein Licht unter den ~ stellen*** *fig* não mostrar o que se sabe (*od* vale); **ⵒn** <-*le*> *Geld*: acumular; **ⵒweise** *fig* a granel, *bras* aos montes

'Scheibe ['ʃaɪbə] *f* disco *m*; *Brot, Käse etc*: fatia *f*; *Obst etc*: talhada *f*, rodela *f*; (*Dreh*ⵒ) torno *m*; (*Fenster*ⵒ) vidro *m*; (*Schieß*ⵒ) alvo *m*; AUTO ***getönte ~n*** vidros *m/pl* fumados

'Scheiben|bremse *f* travão (*bras* freio) *m* de disco; **~gardine** *f* (pequena) cortina *f*; **~rad** CAM. DE F *n* <-(*e*)*s*; ⸚*er*> roda *f* maciça; **~schießen** *n* tiro *m* ao alvo; **~waschanlage** *f* AUTO lava-pára-brisas *m*; **~wischer** *m* AUTO limpa-vidros *m*; limpa-pára-brisas *m*, *bras* limpador *m* de pára-brisa

Scheich [ʃaɪç] *m* <-*s*; -*s*> xeque *m*, *bras* xeique *m*

'Scheide ['ʃaɪdə] *f* bainha *f*; ANAT vagina *f*; *Waffe*: ***in die ~ stecken***

(***aus der ~ ziehen*** des)embainhar; **~linie** *f* linha *f* divisória

'**scheiden 1.** *v/t* separar; *QUÍM* decompor; ***sich ~ lassen*** divorciar-se; **2.** *v/i* <*sn*> despedir-se; ***aus dem Amt ~*** demitir-se; ser jubilado; (***freiwillig***) ***aus dem Leben ~*** falecer (suicidar-se); **~d** *adj* que parte; demissionário

'**Scheide|wand** *f* <-; ⸚*e*> parede *f* divisória, tabique *m*; *BOT, EL* diafragma *m*; *ANAT a* septo *m*; **~weg** *m* <-(*e*)*s*; -*e*> encruzilhada *f*, bifurcação *f*; *fig* dilema *m*

'**Scheidung** ['ʃaɪdʊŋ] *f* separação *f*; (*Ehe*≈) divórcio *m* (***einreichen*** pedir); *QUÍM* decomposição *f*; **~sgrund** *m* <-(*e*)*s*; ⸚*e*> causa *f* de divórcio; **~sklage** *f* a(c)ção *f* de divórcio

Schein [ʃaɪn] *m* <-(*e*)*s*; -*e*> luz *f*, brilho *m*; clarão *m*; (*An*≈) aparência(s) *f* (*pl*); ***wahren*** salvar; ***zum*** para salvar as); ***der ~ trügt*** as aparências iludem; ***nur zum ~*** para disfarçar; F para inglês ver; (*Bescheinigung*) certificado *m*; (*Geld*≈) nota *f*; (*Fahr*≈) bilhete; (*Gepäck*≈) senha *f*; (*Quittung*) recibo *m*; (*Gut*≈) abono *m*; (*Schuld*≈) título *m* de dívida; '**~angriff** *m* <-(*e*)*s*; -*e*> ataque *m* simulado (*od* fingido); '**≈bar** aparente; '**~ehe** *f* matrimónio (*ô) *m* fictício

'**scheinen** brilhar; *fig* parecer; ***die Sonne scheint*** *a* faz sol; ***auf, in*** (*ac*) *etwas ~* bater em a/c; ***in et hinein~*** entrar em a/c

'**Schein|firma** *f* <-; -*firmen*> *ECON* firma *f* fictícia; **≈heilig** hipócrita; **~heiligkeit** *f* <*sem pl*> hipocrisia *f*; **~lösung** *f* solução *f* aparente; **~tod** *m* <-(*e*)*s*; *sem pl*> catalepsia *f*; **≈tot** cataléptico; **~vertrag** *m* <-(*e*)*s*; ⸚*e*> contrato *m* fictício; **~werfer** ['-vɛrfər] *m* proje(c)tor *m*; *Auto*: farol *m*

'**Scheiß|e** ['ʃaɪsə] V *f* <*sem pl*> merda *f*; **≈'egal** F tanto se (me, lhe *etc*) dá como se (me, lhe *etc*) deu, *bras* estar pouco ligando; **≈en** V cagar (***auf*** *ac* para); **~e'rei** V *f* <*sem pl*> caganeira *f*; **~haus** *n* <-*es*; ⸚*er*> V cagatório *m*; **~kerl** V *m* <-*s*; -*e*> tipo *m* de merda, *bras* filho *m* da puta

Scheit [ʃaɪt] *n* <-(*e*)*s*; -*e*> cavaca *f*, acha *f*

'**Scheitel** ['ʃaɪtəl] *m* vértice *m* (*a MAT u fig*); *Berg*: cume *m*; *Haar*: risca *f*; ***vom ~ bis zur Sohle*** dos pés (até) à cabeça; **~linie** *f* linha *f* vertical; **≈n** <-*le*>: ***das Haar ~*** fazer a risca; **~punkt** *m* <-(*e*)*s*; -*e*> vértice *m*; *ASTR* zenite *m*; *fig a* auge *m*

'**Scheiterhaufen** ['ʃaɪtər-] *m* fogueira *f*

'**scheitern** ['ʃaɪtərn] **1.** <-*re*; *sn*> falhar, fracassar; **2.** ≈ *n* fracasso *m*

'**Schellack** ['ʃɛlak] *m* <-(*e*)*s*; -*e*> goma-laca *f*

'**Schelle** ['ʃɛlə] *f* cascavel *m*, guizo *m*; *TÉCN* braçadeira *f*; (*Klingel*) campainha *f*; (*Hand*≈) algema *f*; (*Maul*≈) bofetada *f*

'**schellen** tocar (a campainha)

'**Schellfisch** ['ʃɛl-] *m* <-(*e*)*s*; -*e*> bacalhau *m* fresco

Schelm [ʃɛlm] *m* <-(*e*)*s*; -*e*> maroto *m*, maganão *m*; *LIT* pícaro *m*; '**~enroman** *m* <-*s*; -*e*> romance *m* picaresco; '**~enstreich** *m* <-(*e*)*s*; -*e*> garotice *f*, *bras* marotice *f*; '**≈isch** maganão; chistoso, *bras* pândego

'**Schelt|e** ['ʃɛltə] *f* descompostura *f* (***bekommen*** apanhar uma); **≈en** ralhar

'**Schema** ['ʃeːma] *n* <-*s*; -*s od Schemata*> esquema *m*; **≈tisch** [ʃe'maːtiʃ] esquemático; **≈ti'sieren** [-ati'ziːrən] <-> esquematizar

'**Schemel** ['ʃeːməl] *m* escabelo *m*, banquinho *m*

'**Schemen** ['ʃeːmən] *m* sombra *f*, fantasma *m*; **≈haft** fantasmagórico

'**Schenke** ['ʃɛŋkə] *f* taberna *f*, bodega *f*

'**Schenkel** ['ʃɛŋkəl] *m* *ANAT* (*Ober*≈) coxa *f*, (*Unter*≈) perna *f* (*a Zirkel*); *MAT Winkel*: lado *m*; **~bruch** *m* <-(*e*)*s*; ⸚*e*> fra(c)tura *f* femoral

'**schenk|en** ['ʃɛŋkən] oferecer, dar de presente; ***j-m et ~*** *a* presentear alg com a/c; *JUR* legar; (*erlassen*) dispensar alg de a/c; perdoar; *Freiheit etc*: restituir à; **≈ung** *f* doação *f*; dotação *f*; **≈ungssteuer** *f* imposto *m* sobre doação

'**Scherbe** ['ʃɛrbə] *f* caco *m*; ***in ~n gehen*** fazer-se em cacos

'**Schere** ['ʃeːrə] *f* tesoura *f*; *ZO pl* tenazes *f/pl*; **≈n 1.** *Tiere*: tosquiar; *Tuch*: aparar, tosar; *Haare*: cortar;

S

Bart: fazer; **2.** *fig* (*kümmern*) importar a; ***sich ~ um*** fazer caso de; F dar cavaco de; ***was schert das dich?*** que tens tu com isso?, *bras* que você tem com isso?; ***scher dich zum Teufel!*** vai para o diabo!, vai à fava!

'Scheren|gitter *n* porta *f* de lagarta (*bras* sanfona); **~schnitt** *m* <-(*e*)*s*; *-e*> silhueta *f*

Schere'rei [ʃeːrəˈraɪ] *f* maçada *f*

Scherz [ʃɛrts] *m* <*-es*; *-e*> brincadeira *f*, gracejo *m*; *derber*: piada *f*; ***aus ~, im ~, zum ~*** por brincadeira; ***~ beiseite!*** deixemo-nos de brincadeiras!; **'~artikel** *m* artigo *m* humorístico; **'≗en** <*-t*> brincar, gracejar; **'≗haft** engraçado, jovial; **'~wort** *n* <-(*e*)*s*; *⸚er*> gracejo *m*

scheu [ʃɔy] **1.** tímido, envergonhado; *Pferd u fig*: medroso; ***~ machen*** espantar; ***~ werden*** espantar-se; **2.** ≗ *f* <*sem pl*> timidez *f*; medo *m*

'scheuchen [ˈʃɔyçən] *f* espantalho *m*; espantar, afugentar

'scheuen [ˈʃɔyən]: (***sich***) **~** ter medo de; ***keine Mühe ~*** não olhar a canseiras, *bras* não poupar esforços; ***keine Kosten ~*** não olhar (*bras* poupar) gastos; *Pferd*: espantar-se (***vor*** *dat* de)

'Scheuer|bürste *f* escova *f* de esfregar; **~lappen** *m* esfregão *m*; **≗n** <*-re*> esfregar, lavar; **~sand** *m* <*-es*; *sem pl*> areia *f* de limpar; **~tuch** *n* <-(*e*)*s*; *⸚er*> serapilheira *f*, *bras* estopa *f*

'Scheuklappen *f/pl* antolhos *m/pl*

'Scheune [ˈʃɔynə] *f* celeiro *m*, granja *f*

'Scheusal [ˈʃɔysaːl] *n* <*-s*; *-e*> monstro *m*

'scheußlich [ˈʃɔysliç] monstruoso, horrível; *Tat*: atroz; **≗keit** *f* monstruosidade *f*; atrocidade *f*

Schi... [ʃiː...] → ***Ski...***

Schicht [ʃiçt] *f* camada *f* (*a fig*); *a* GEOL estrato *m*; *Farbe*: demão *m*; *Holz*: pilha *f*; *Steine*: carreira *f*; *Luft*: região *f*; *Arbeiter*: turma *f*; (*Arbeits*≗) turno *m*; **'≗en** <*-e-*> acamar, empilhar, dispor em camadas; (***sich***) **~** estratificar(-se); **'~ung** *f* GEOL estratificação *f*, camadas *f/pl* (sedimentares); *Holz*: empilhamento *m*; **'~wechsel** *m* mudança *f* de turno; **'~wolke** *f* estrato *m*

schick [ʃik] **1.** chique, elegante; **2.** ≗ *m* elegância *f*

'schick|en [ˈʃikən] mandar, enviar (***nach*** por, buscar); remeter; ***sich ~ für*** convir a; ***sich ~ in*** (*ac*) conformar-se com; resignar-se a; **≗e'ria** [ʃikəˈriːa] *f* <*sem pl*> F gente *f* fina; **~lich** conveniente

'Schicksal [ˈʃikzaːl] *n* <*-s*; *-e*> destino *m*; (*Los*) sorte *f*; (*Fatum*) fado *m*; *launenhaftes*: fortuna *f*; **≗haft** fatal; **~sfrage** *f* questão *f* vital; **~sschlag** *m* <-(*e*)*s*; *⸚e*> revés *m*

'Schiebe|dach [ˈʃiːbə-] *n* <-(*e*)*s*; *⸚er*> te(c)to *m* de correr; AUTO tejadilho *m* de abrir; **~fenster** *n* janela *f* corrediça (*od* de correr)

'schieben empurrar, impelir; *Kegel*: jogar; *Schuld*: atribuir, imputar (***auf*** *ac* a); ***zur Seite ~*** afastar, tirar; *fig* F traficar

'Schiebe|r *m* (*Riegel*) ferrolho *m*, trinco *m*; tranca *f*; *Radio*: regist(r)ador *m*, *bras* sintonizador *m*, botão *m*; TÉCN corrediça *f*; *j-d*: *fig* traficante *m*; **~tür** *f* porta *f* de correr; porta *f* deslizante

'Schiebung [ˈʃiːbuŋ] *f* (*Schiebergeschäft*) tráfico *m*; traficância *f*; patifaria *f*; F batota *f*, *bras* marmelada *f*

'Schieds|gericht [ˈʃiːts-] *n* <-(*e*)*s*; *-e*> tribunal *m* arbitral (*od* de arbitragem); **~richter** *m* árbitro *m*, *bras* juíz *m*; **≗richterlich** arbitral; **~spruch** *m* <-(*e*)*s*; *⸚e*> sentença *f* arbitral, arbítrio *m*, arbitragem *f*

schief [ʃiːf] oblíquo; enviezado; (*geneigt*) inclinado; (*krumm*) torto; *fig* equívoco; *adv a* de través; de viés; *ansehen*: de soslaio, de esguelha; ***~ gehen, ~ laufen*** F correr mal; ***sich ~ lachen*** partir-se a rir, *bras* morrer de rir

'Schiefer [ˈʃiːfər] *m* ardósia *f* (*a* GEOL), lousa *f*; **~bruch** *m* <-(*e*)*s*; *⸚e*> louseira *f*; **~dach** *n* <-(*e*)*s*; *⸚er*> telhado *m* de lousa; **~tafel** *f* lousa *f*, pedra *f*

'schielen [ˈʃiːlən] **1.** MED ser vesgo, ser estrábico; F *verstohlen von der Seite*: olhar de soslaio (*od* de través); ***nach et ~*** *fig* cobiçar a/c; **2.** ≗ *n* MED estrabismo *m*; **~d** *adj* vesgo, estrábico

S

'Schienbein ['ʃiːn-] *n* <-(*e*)*s*; -*e*> canela *f*, tíbia *f*

'Schiene *f* CAM. DE F carril *m*, *bras* trilho *m*; MED tala *f*; TÉCN chapa *f*; **≈n** MED entalar, encanar; TÉCN chapear, calçar

'Schienen|bus *m* <-*ses*; -*se*> automotora *f*, *bras* automotriz *f*; **~fahrzeug** *n* <-(*e*)*s*; -*e*> veículo *m* ferroviário; **~netz** *n* <-*es*; -*e*> rede *f* ferroviária; **~strang** *m* <-(*e*)*s*; *¨e*> via *f* férrea, carris *m/pl*, *bras* trilhos *m/pl*; **~verkehr** *m* <*sem pl*> trânsito *m* ferroviário; **~weg** *m* <-(*e*)*s*; -*e*> via *f* (ferrea)

schier [ʃiːr] puro, mero; *Fleisch*: limpo; *adv* quase

'Schieß|baumwolle ['ʃiːs-] *f* <*sem pl*> algodão *m* explosivo, algodão-pólvora *m*; **~bude** *f* barraca *f* de tiro (*bras* ao alvo)

'schießen **1.** atirar, (*ab~*) disparar; *Fußball*: lançar, chutar, arrojar; *Tor*: marcar; *fig* <*sn*> (*stürzen*) precipitar-se; **~ *lassen*** largar; (*sprießen*) crescer; espigar, ***ins Kraut ~*** *a* grelar, atingir proporções inesperadas; ***in die Höhe ~*** medrar (*bras* crescer) a olhos vistos (*a Kind*); **2. ≈** *n* tiros *m/pl*; tiroteio *m*

Schieß|e'rei [ʃiːsə'raɪ] *f* tiroteio *m*; **'~gewehr** *n* <-(*e*)*s*; -*e*> espingarda *f*; **'~platz** *m* <-*es*; *¨e*> carreira *f* de tiro, *bras* clube *m* de tiro ao alvo; **'~pulver** *n* <-*s*; *sem pl*> pólvora *f*; **'~scheibe** *f* alvo *m*; **'~sport** *m* <-(*e*)*s*; *sem pl*> tiro *m*; **'~stand** *m* <-(*e*)*s*; *¨e*> carreira *f* de tiro, *bras* barraca *f* de tiro ao alvo; **'~übung** *f* exercício *m* de tiro

Schiff [ʃif] *n* <-(*e*)*s*; -*e*> navio *m*, (*Dampf≈*) vapor *m*; *kleines*: embarcação *f*; ARQUIT nave *f*; TÉCN → **~*chen***; TIP galé *f*; **'≈bar** navegável; **'~barkeit** *f* <*sem pl*> navigabilidade *f*; **'~bau** *m* <-(*e*)*s*; *sem pl*> construção *f* de navios; construção *f* naval; **'~bauingenieur** *m* <-*s*; -*e*> engenheiro *m* naval; **'~bruch** *m* <-(*e*)*s*; *¨e*> naufrágio *m*; **~ *erleiden*** naufragar; *fig* fracassar; **'≈brüchig** náufrago; **'~chen** ['-çən] *n* TÉCN (*Web≈*) lançadeira *f*; naveta *f*; **'≈en** *v/i* navegar; V mijar; **'~er** *m* marinheiro *m*; (*Kahn≈*) barqueiro *m*; **'~erknoten** *m* nó *m* de marinheiro; **'~erpatent** *n* <-(*e*)*s*; -*e*> carta *f* de piloto, *bras* patente *m* de navegação; **'~fahrt** *f* <*sem pl*> navegação *f*; **'~fahrtsgesellschaft** *f* companhia *f* de navegação

'Schiffs|agent ['ʃifs-] *m* <-*en*> agente *m* de navegação; **~arzt** *m* <-*es*; *¨e*> médico *m* de bordo; **~besatzung** *f* tripulação *f*; **~eigentümer**, **~eigner** *m* armador *m*; patrão *m*; **~hebewerk** *n* <-(*e*)*s*; -*e*> guindaste *m* para navios; **~junge** *m* <-*n*> grumete *m*; **~ladung** *f* carga *f*, frete *m*; **~modell** *n* <-*s*; -*e*> navio-miniatura *m*; **~papiere** *n/pl* papéis *m/pl* de bordo; **~raum** *m* <-(*e*)*s*; *¨e*> porão *m*; (*Tonnengehalt*) tonelagem *f*; **~reise** *f* viagem *f* de barco; **~rumpf** *m* <-(*e*)*s*; *¨e*> casco *m*; **~schraube** *f* hélice *f*; **~verkehr** *m* <-*s*; *sem pl*> tráfego *m* marítimo, movimento *m* marítimo; **~zwieback** *m* <-(*e*)*s*; -*e*> bolacha *f* de munição, *bras* biscoito *m* (*od* ração *f*) de reserva

Schi'kan|e [ʃi'kaːnə] *f* chicana *f*; **≈'ieren** [-ka'niːrən] *v/t* <-> fazer chicanas a, chicanar; **≈'ös** [-a'nøːs] chicaneiro

Schikoree → ***Chicorée***

Schild [ʃilt] **a)** *m* <-(*e*)*s*; -*e*> escudo *m*; *kleiner*: broquel *m*; *Planierraupe*: lâmina *f*; ***et im ~e führen*** *fig* levar água no bico, *bras* estar com segundas intenções; **b)** *n* <-(*e*)*s*; -*er*> letreiro *m*; (*Etikett*) rótulo *m*; (*Laden≈*) tabuleta *f*, *a* (*Nummern≈*) placa *f*; (*Verkehrs≈*) sinal *m* de trânsito; **'~bürgerstreich** *m* <-(*e*)*s*; -*e*> tolice *f*, disparate *m*; **'~drüse** *f* ANAT (glândula *f*) tireóide *f*

'schilder|n ['ʃildərn] <-*re*> descrever; **≈ung** *f* descrição *f*

'Schild|kröte *f* tartaruga *f*; **~laus** *f* <-; *¨e*> ZO cochinilha *f*; **~patt** *n* <-(*e*)*s*; *sem pl*> tartaruga *f*; **~wache** *f* sentinela *f*

Schilf [ʃilf] *n* <-(*e*)*s*; -*e*> canavial *m*; **'≈ig** caniçoso; **'~matte** *f* esteira *f*; **'~rohr** *n* <-(*e*)*s*; -*e*> cana *f*, junco *m*

'schillern ['ʃilərn] <-*re*> cintilar; reluzir; *Stoff*: ser de cores cambiantes, ser furta-cor; **~d** *adj Stoff*: furta-cor

'Schilling *m* <-*s*; -*e*> xelim *m*

'Schimmel ['ʃiməl] *m Pferd*: cavalo *m* branco; BOT bolor *m*, mofo *m*; **≈ig** bolorento; **~ *werden*** = **≈n**

S

<*-le*> criar bolor; **~pilz** *m* <*-es*; *-e*> penicilo *m*, *bras* penicilina *f*

'Schimmer ['ʃimər] *m* brilho *m*; *fig* vislumbre *m*; F ideia (*é) *f*, sombra *f*; ***keinen (blassen) ~ haben von*** F não fazer a mínima ideia de; não perceber patavina de; **≈n** <*-re*> brilhar, cintilar, vislumbrar

Schim'panse [ʃim'panzə] *m* <*-n*> chimpanzé *m*

Schimpf [ʃimpf]: ***mit ~ und Schande*** vergonhosamente; **'≈en** ralhar (***auf*** *ac* com); ***über j-n ~*** dizer mal de alg; ***auf j-n ~*** vociferar contra alg; **~e'rei** [-ə'raɪ] *f* invectivas *f/pl*; **'≈lich** vergonhoso; ignominioso; **'~name** *m* <*-ns*; *-n*> nome *m* injurioso; *pl* ***j-n mit ~n belegen*** chamar nomes a alg; **'~wort** *n* <*-(e)s*; *⸚er*> palavrão *m*; injúria *f*

'Schindel ['ʃindəl] *f* <*-*; *-n*> ripa *f*; **~dach** *n* <*-(e)s*; *⸚er*> telhado *m* de ripas

'schind|en ['ʃindən] esfolar; maltratar; *fig* vexar; *Pferd*: arruinar, *bras* desflorar; ***sich ~*** matar-se a trabalhar; **≈er** *m* esfolador *m*; algoz *m*; **≈e'rei** [-ə'raɪ] *f* (*Quälerei*) esfoladura *f*; *fig* vexame *m*, trabalho *m* de preto; **≈luder** *n*: ***~ treiben mit*** vexar (*ac*); **≈mähre** *f* rocim *m*

'Schinken ['ʃiŋkən] *m*: ***roher ~*** presunto *m*, *bras* presunto *m* cru; ***gekochter ~*** fiambre *m*, *bras* presunto cozido; **~brötchen** *n* sanduíche *f* de fiambre (*od* presunto); **~speck** *m* <*-(e)s*; *sem pl*> toucinho *m*

'Schipp|e ['ʃipə] *f* pá *f*; **≈en** trabalhar (*od* remexer) com a pá

Schirm [ʃirm] *m* <*-(e)s*; *-e*> (*Regen≈*) guarda-chuva *m*, chapéu-de-chuva *m*; (*Sonnen≈*) guarda-sol *m*, chapéu-de-sol *m*; (*Lampen≈*) abajur *m*, abaixa-luz *m*; pantalha *f* (*Mützen≈*) pala *f*; (*Ofen≈*) guarda-fogo *m*; (*Wand≈*) biombo *m*; *fig* abrigo *m*, amparo *m*; **'~herr** *m* <*-en*> prote(c)tor *m*; patrono *m*; padroeiro *m*; **'~herrschaft** *f* patrocínio *m*; *bsd* POL prote(c)torado *m*; **'~mütze** *f* boné *f* de pala; **'~ständer** *m* bengaleiro *m*

Schiss V [ʃis] *m* <*-es*; *sem pl*> *fig* cagaço *m*, medo *m* danado; ***~ haben*** (***vor***) F ter um medo danado de

Schlacht [ʃlaxt] *f* batalha *f* (***bei*** de; ***schlagen*** ferir; ***liefern*** dar); **'~bank** *f* matadouro *m*, *a fig* açougue *m*; **'≈en** <*-e-*> matar; (***Vieh***) ~ abater (reses); (*opfern*) imolar; **'~en** *n* matança *f*; **'~enbummler** *m* espe(c)tador *m* de torneios esportivos

'Schlachter *m*, **'Schlächter** ['ʃlɛçtər] *m* (*Fleischer*) carniceiro *m*; *bras* açougueiro *m*; abatedor *m*; *Verkäufer*: talhante *m*, cortador *m*; **~'ei** [-'raɪ] *f Laden*: talho *m*, *bras* açougue *m*; *fig* matança *f*; carnificina *f*

'Schlacht|feld *n* <*-(e)s*; *-er*> campo *m* de batalha; **~hof** *m* <*-(e)s*; *⸚e*> matadouro *m*; **~schiff** *n* <*-(e)s*; *-e*> navio *m* de linha (*od* de guerra); **~vieh** *n* <*-s*; *sem pl*> reses *f/pl*, *bras a* gado *m* de corte

'Schlacke ['ʃlakə] *f* escória *f*; BGB ganga *f*

'Schlackwurst *f* <*-*; *⸚e*> salsichão *m*

Schlaf [ʃlaːf] *m* <*-(e)s*; *sem pl*> sono *m*; **'~abteil** CAM. DE F *n* <*-(e)s*; *-e*> compartimento *m* de cama, *bras* cabine-leito *f*; **'~anzug** *m* <*-(e)s*; *⸚e*> pijama *m*

'Schläfchen ['ʃlɛːfçən] *n* soneca *f*

'Schlafcouch *f* <*-*; *-s*> sofá-cama *m*

'Schläfe ['ʃlɛːfə] *f* fonte *f*

'schlafen ['ʃlaːfən] dormir; ***~ gehen*** (ir) deitar-se; ***~ legen*** deitar; ***~ Sie gut!*** durma bem!; ***miteinander ~*** fazer amor (***mit j-m*** com alg)

'Schläfer(in *f*) ['ʃlɛːfər] *m* adormecido *m*, *-a f*; dorminhoco *m*, *-a f*

schlaff [ʃlaf] frouxo; brando; *j-d*: *a* indolente, mole; **'≈heit** *f* <*sem pl*> frouxidão *f*; *j-s*: indolência *f*

'Schlaf|krankheit *f* <*sem pl*> doença *f* do sono, pedra-escrófula *f*; **~lied** *n* <*-(e)s*; *-er*> canção *f* de embalar; **≈los** sem dormir; **'~losigkeit** [-loːziç-] *f* <*sem pl*> insónia *f*; **~matte** *f Camping*: colchonete *m*; **~mittel** *n* soporífero *m*; dormitivo *m*, *bras* sonífero *m*; **~mütze** *f* touca *f*; *fig* dorminhão *m*; pateta *m*; **~raum** *m* <*-(e)s*; *⸚e*> dormitório *m*

'schläfrig ['ʃlɛːfriç] sonolento; *fig* lento; ***~ sein*** *a* ter sono; ***~ machen*** provocar sonolência: ***~ werden*** ficar com sono; **≈keit** *f* <*sem pl*> sonolência *f*; *fig* indolência *f*

'Schlaf|rock *m* <*-(e)s*; *⸚e*> roupão *m*; **~saal** *m* <*-(e)s*; *-säle*> dormitório *m*; **~sack** *m* <-(*e*)*s*; **⸚e**> saco-cama *m*; **~sucht** *f* <*sem pl*> modorra *f*; sonolência *f*; **⁀trunken** sonolento; tonto de sono; **~trunkenheit** *f* <*sem pl*> sonolência *f*; **~wagen** *CAM. DE F m* carruagem-cama *f*, carruagem-leito *f*; **~wandeln** *n* sonambulismo *m*; **⁀wandeln** <*-le*> ser sonâmbulo; **~wandler(in** *f*) *m* ['-vantlər] sonâmbulo *m*, -a *f*; **~zimmer** *n* quarto *m* (de dormir); *bras* camarinha *f*

Schlag [ʃla:k] *m* <-(*e*)*s*; **⸚e**> golpe *m* (***mit e-m*** de um); pancada *f* (*a fig pl*); *Herz*: palpitação *f*; (*Puls⁀*) pulsação *f*; *MED* (*Herz⁀*) síncope *f*; apoplexia *f*; (*Hitz⁀*) insolação *f*; *EL* choque *m* (***bekommen*** apanhar); *e-s Vogels*: canto *m*; *Forst*: tala *f*; *AGR* folha *f*; (*Art*) espécie *f*, raça *f*; ***~ 2 Uhr*** às duas em ponto; ***harter ~, schwerer ~*** *fig* golpe rude, grande perda; ***~ auf ~*** *fig* sem cessar

'**Schlag|ader** *f* <-; *-n*> artéria *f*; **~anfall** *MED m* <-(*e*)*s*; **⸚e**> ataque *m* de apoplexia (*od* do coração); **⁀artig** repentino; **~ball** *m* <-(*e*)*s*; *-bälle*> péla *f*; **~baum** *m* <-(*e*)*s*; **⸚e**> barreira *f*; **~bohrer** *m* berbequim *m* de percussão

'**schlagen** ['ʃla:gən] **1.** *v/t* bater em (*a Ei, Rekord*), (*besiegen*) *a* vencer, *MIL a* derrotar; ***in die Flucht ~*** pôr em fuga; *Brücke, Wurzel*: lançar; ***Wurzeln ~*** *fig* pegar de estaca, *bras* criar raízes; *Falten, Feuer*: fazer; *Holz*: talar, *bras* derrubar; ***Kapital aus*** (*dat*) ***~*** explorar (*ac*); *zum Kapital*: juntar; *Kreis*: *MAT* descrever; *Schlacht*: ferir; ***sich auf j-s Seite ~*** *a* pôr-se do lado de alg; **2.** *v/i* **a)** <*h*> bater; *Herz*: *a* palpitar; *Gewissen*: acusar (*ac*); *Pferd*: dar coices; *Vogel*: cantar; *Uhr*: dar horas; ***es*** (*od* ***die Glocke***) ***schlägt drei*** estão a dar as três, *bras* estão ao bater das três; ***nun schlägt's dreizehn!*** F passa das marcas!, *bras* passa dos limites!; **b)** <*sn*>: ***an*** (*ac*) ***~, auf*** (*ac*) ***~*** dar contra; ***aus der Art ~*** degenerar, abastardar; ***in j-s Fach ~*** ser com alg, ser da especialidade de alg; interessar a alg; ***nach j-m ~*** (*arten*) sair a alg; ***e-e geschlagene Stunde*** uma hora inteira; **~d** *adj fig* concludente, convincente

'**Schlager** *m MÚS* canção *f* (que está na moda); modinha *f*; *ECON* êxito *m* da temporada

'**Schläger** ['ʃlɛ:gər] *m j-d*: brigão *m*, rixoso *m*; *Golf, Hockey*: club *m*, clava *f*; *Tennis*: raqueta *f*, *bras* raquete *f*; **~'ei** [-'raɪ] *f* briga *f*, pancadaria *f*, desordem *f*

'**Schlagersänger(in** *f*) *m* cantor(a *f*) *m* de música ligeira (*od* popular)

'**schlagfertig** *fig* de resposta pronta; ***~ sein*** *a* não ter papas na língua; ter boas saídas; **⁀keit** *f* <*sem pl*> *fig* prontidão *f* (na resposta); presença *f* de espírito

'**Schlag|holz** *n* <*-es*; **⸚er**> *Sport*: palheta *f*; **~instrument** *n* <-(*e*)*s*; *-e*> instrumento *m* de percussão; **~kraft** *f* <*sem pl*> força *f* (*MIL* combativa *od* ofensiva); **⁀kräftig** *MIL* de grande força combativa; *Grund*: concludente; **~licht** *n* <-(*e*)*s*; *-er*> golpe *m* de luz; **~loch** *n* <-(*e*)*s*; **⸚er**> buraco *m* na estrada, cova *f*; **~ring** *m* <-(*e*)*s*; *-e*> punho *m* de ferro; **~sahne** *f* <*sem pl*> nata *f* batida, (creme *m*) chantilly *f*; **~seite** *NAV f* balanço *m*; ***~ haben*** adernar; **~stock** *m* <-(*e*)*s*; **⸚e**> cacete *m*, moca *f*; **~werk** *n* <-(*e*)*s*; *-e*> mecanismo *m* de dar horas; **~wetter** *BGB n* grisu *m*; **~wort** *n* <-(*e*)*s*; **⸚er**> tópico *m*, divisa *f*; slogan *m*; **~zeile** *f* cabeçalho *m*; título *m*; **~zeug** *MÚS n* <-(*e*)*s*; *-e*> instrumentos *m/pl* de percussão, bateria *f*

'**schlaksig** ['ʃlaksiç] F magricela; desajeitado

'**Schlamassel** [ʃla'masəl] *m*, *a n* <*-s*; *sem pl*> F apuros *m/pl*, encrencas *f/pl*

Schlamm [ʃlam] *m* <-(*e*)*s*; *-e*, *a* **⸚e**> lodo *m*, lama *f* (*a MED*); '**⁀ig** lamacento

'**Schlämmkreide** ['ʃlɛm-] *f* <*sem pl*> cré-de-espanha *f*

'**Schlamp|e** ['ʃlampə] *f* F *depr* porcalhona *f*; **~e'rei** *f* F porcaria *f*; *Arbeit*: obra *f* mal feita; **⁀ig** mal feito; desmazelado

'**Schlange** ['ʃlaŋə] *f* serpente *f*, cobra *f*; *giftige*: víbora *f*; *TÉCN* serpentina *f*; *fig* víbora *f*; (*Reihe*) bicha *f*, *bras* fila (***stehen*** fazer; estar na)

'**schlängeln** ['ʃlɛŋəln] <*-le*>: ***sich ~*** serp(ent)ear; (*kriechen*) arrastar-se; *um et*: enroscar-se

'Schlangen|biss *m <-es; -e>* mordedura *f* de serpente; **~farm** *f* serpentário *m*; **~fraß** *m <-es; sem pl>* F porcaria *f*; comida *f* mal feita; **~gift** *n <-(e)s; sem pl>* veneno *m* de serpente; **~linie** *f* linha *f* sinuosa; **~mensch** *m <-en>* contorcionista *m*; **~rohr** TÉCN *n <-(e)s; -e>* serpentina *f*

schlank [ʃlaŋk] delgado; *Wuchs*: elegante, esbelto, esguio; **~ *werden*** emagrecer; ***~er machen*** adelgaçar; ***~e Linie*** = **'ℒheit** *f <sem pl>* elegância *f*; **'ℒheitskur** *f* cura *f* (*bras* regime *m*) de emagrecimento

schlapp [ʃlap] frouxo; *j-d*: mole; **'ℒe** *f* derrota *f*; ***e-e ~ erleiden*** ser derrotado, ficar escarmentado; **'ℒheit** *f <sem pl>* moleza *f*, frouxidão *f*; **'ℒhut** *m <-(e)s; ¨e>* chapéu *m* mole de aba caída; **~machen** F ir-se abaixo das pernas, *bras* ficar com os joelhos frouxos; **ℒschwanz** *m <-es; ¨e>* F *fig* cobardola *m*; molengão *m*, *bras* frouxo *m*

Schla'raffenland [ʃla'rafən-] *n <-(e)s; sem pl>* país *m* das delícias, *bras* país *m* de cucanha

schlau [ʃlaʊ] *<-est od -st>* esperto; astuto; **'ℒberger** ['-bɛrgər] F *m* espertalhão *m*

Schlauch [ʃlaʊx] *m <-(e)s; ¨e>* mangueira *f*; tubo *m* (de borracha); (*Reifen*) pneu(mático) *m*; *innerer*: câmara-de-ar *f*; (*Wein*ℒ) odre *m*; **'~boot** *n <-(e)s; -e>* barco *m* pneumático, *bras* barco *m* de borracha; **'ℒen** F (*ermüden*) cansar; esfalfar; (*schnorren*) cravar, *bras* filar; **'ℒlos** sem câmara-de-ar

'Schlaufe ['ʃlaʊfə] *f* laço *m*

'Schlau|heit *f <sem pl>* esperteza *f*; astúcia *f*; **~kopf** *m <-(e)s; ¨e>*, **~meier** F *m* espertalhão *m*

schlecht [ʃlɛçt] mau *m*, má *f*; ruim; *adv* mal; *Zahn*: podre; *Speise*: estragado; **~ *machen*** caluniar; falar mal de; **~ *werden*** *et*: estragar-se; deteriorar-se; *j-m*: sentir-se mal; ***~ auf j-n zu sprechen sein*** estar arreliado com alg; estar (de) mal com alg; ***~ gelaunt*** mal disposto; ***~ und recht*** sofrivelmente

'schlechter *comp* pior; ***~ als*** *a* inferior a; (***immer***) ***~ werden*** ir de mal em (*bras* a) pior; ficar (cada vez) pior; piorar (cada vez mais); **'~dings** ['-ərdiŋs] simplesmente

'schlecht|est ['-əst] *sup* pior; (mais) inferior; **~'hin** pura e simplesmente; **ℒigkeit** *f* maldade *f*; inferioridade *f*, *sittliche*: perversidade *f*

'schlecke|n ['ʃlɛkən] lamber; **ℒ'rei** *f* lambarice *f*, *bras* petisco *m*

'Schlegel ['ʃleːgəl] *m* malho *m*, maço *m*; MÚS baqueta *f*; (*Wild*ℒ) perna *f*

'Schleh|dorn ['ʃleː-] *m <-(e)s; -e>* abrunheiro *m* bravo; **~e** *f* abrunho *m* bravo

'schleich|en ['ʃlaɪçən] *<sn>* andar devagarinho, andar às furtadelas; (***sich***) ***in*** (*ac*) **~** coar(-se) em; entrar furtivamente em; **~end** *adj* furtivo; *Übel etc*: lento; insidioso; latente; *adv a* às furtadelas; **ℒer** *m fig* hipócrita *m*, surrateiro *m*; **ℒhandel** *m <-s; sem pl>* contrabando *m*; mercado *m* negro; **ℒweg** *m <-(e)s; -e>* atalho *m*; caminho *m* secreto; **ℒwerbung** *f* publicidade *f* indire(c)ta (*od* dolosa)

'Schleie ['ʃlaɪə] *f* tenca *f*, *bras* tainha *f* dos rios

'Schleier ['ʃlaɪər] *m* véu *m*; **~eule** *f* coruja-das-torres *f*; **ℒhaft** *fig* misterioso

'Schleife ['ʃlaɪfə] *f* laço *m*; nó *m* (*a Schlips*); (*Runde*) volta *f* (***machen***, ***ziehen*** dar); curva *f*

'schleifen a) (*glätten*) afiar, amolar; *spitz*: aguçar; *opt Glas*: graduar; *Stein etc*: polir; lavrar; *fig j-n*: vexar; fazer suar (sangue); **b**) *v/t <h, a sn>* (*mitschleppen*) arrastar, rojar; *Festung*: arrasar; *Mauer*: demolir; *v/i reibend*: arrastar, roçar (***am Boden*** pelo chão); resvalar, deslizar, rojar

'Schleif|lack *m <-(e)s; -e>* verniz *m* para polir; **~maschine** *f* máquina *f* de afiar (*od* de amolar); polideira *f*; **~mittel** *n* abrasivo *m*; **~papier** *n <-s; -e>* lixa *f*; **~ring** EL *m <-(e)s; -e>* anel *m* cole(c)tor; **~scheibe** *f* rebolo *m*; **~stein** *m <-(e)s; -e>* pedra *f* de afiar, amoladeira *f*

Schleim [ʃlaɪm] *m <-(e)s; -e>* muco *m*; escarro *m*; mucosidade *f*; viscosidade *f*; **'~absonderung** *f* secreção *f* mucosa; **'~beutel** *m* MED saco *m* anti-choque; **'ℒen** produzir mucosidade; *fig*: adular; lamber as botas a

S

alg, *bras* puxar saco de alg; **'~haut** *f* <-; ¨e> mucosa *f*; **'2ig** viscoso; *MED* mucoso; *fig* adulador, *bras* puxa-saco

'schlemm|en ['ʃlɛmən] regalar-se; patuscar; **2er** *m* patusco *m*; *bras* farrista *su*; **2e'rei** [-ə'raɪ] *f* patuscada *f*, comes e bebes *m/pl*

'schlend|ern ['ʃlɛndərn] <-re> vadiar, (andar a) passear; **2rian** ['-riaːn] *m* <-(e)s; sem pl> praxe *f*; (*Schlamperei*) desleixo *m*

'schlenkern ['ʃlɛŋkərn] *v/t* <-re> *u* **~ *mit*** agitar (*ac*), menear (*ac*); *v/i* gingar

'Schlepp|dampfer ['ʃlɛp-] *m* rebocador *m*; **~e** *f* cauda *f*; **2en** *v/t* arrastar; ir carregado de; *NAV* rebocar; **2end** *adj* lento; **~er** *m* rebocador *m*; **~kahn** *m* <-(e)s; ¨e> batelão *m* de carga; **~lift** *m* <-(e)s; -s> telesqui *m*, *bras* teleférico *m*; **~netz** *n* <-es; -e> arrastão *m*; **~tau** *n* <-(e)s; -e> reboque *m* (***ins ~ nehmen*** levar de)

'Schleswig-Holstein [ʃlesviːç'hɔlʃtaɪn] *n* Eslésvico-Holsácia *m*

'Schleuder ['ʃlɔydər] *f* <-; -n> funda *f*, *bras* estilingue *m*; centrifugadora *f* (*a Wäsche2*); *AV* catapulta *f*; **~gefahr** *f* <sem pl> perigo *m* de derrapagem; **~maschine** *f* *TÉCN* (máquina *f*) centrífuga *f*

'schleudern 1. <-re> (*werfen*) arrojar; lançar; arremessar; *Wäsche*: centrifugar; *v/i AUTO* derrapar; **2. 2** *n* lançamento *m*; *AUTO* derrapagem *f*; ***ins ~ geraten*** derrapar

'Schleuder|preis *m* <-es; -e> preço *m* muito baixo; **~sitz** *m* <-es; -e> assento *m* de eje(c)ção

'schleunig ['ʃlɔyniç] rápido; *adv* a depressa; **~st** *adv* quanto antes, o mais depressa possível

'Schleus|e ['ʃlɔyzə] *f* (re)presa *f*, açude *m*; = **~entor** *n* <-(e)s; -e> comporta *f*; **~enwärter** *m* guarda(-represa) *m*

Schliche ['ʃliçə] *m/pl* artimanhas *f/pl*; rodeios *m/pl*; ***j-m auf die ~ kommen*** descobrir os manejos (*bras* as artimanhas) de alg

schlicht [ʃliçt] <-est> simples; despretencioso; (*glatt*) liso; **'~en** <-e-> *TÉCN* aplanar, alisar; *fig* apaziguar; arranjar; **'2er** *m* árbitro *m*; **'2heit** *f* <sem pl> simplicidade *f*; **'2ung** *f* arbitragem *f*; acordo *m*; **'2ungsausschuss** *m* <-es; ¨e> comissão *f* de arbitragem

Schlick [ʃlik] *m* <-(e)s; -e> lama *f*, lodo *m*

'schließ|en ['ʃliːsən] fechar (*a v/i*); *v/i* (***gut, dicht***) **~** vedar (bem); ***in seine Arme ~*** abraçar; *Freundschaft*: travar; estreitar; ***Frieden ~*** fazer as pazes; *Geschäft, Veranstaltungen*: encerrar; *Kreis*: formar; (*beenden*) *u v/i* terminar, acabar; (*folgern*) deduzir, concluir (***aus*** de); *Vertrag*: concluir, fazer; ***in sich ~*** implicar, incluir, abranger; **2er** *m* *Gefängnis*: carcereiro *m*; **2fach** *n* <-(e)s; ¨er> *CORR* apartado *m*, caixa *f* postal, caixa *f* do correio; *Bank*: cofre *m*; (*Gepäck2*) cacife *m*; **~lich** definitivo; final; *adv* finalmente, por fim; ***~ et tun*** acabar por fazer a/c; **2muskel** *m* <-s; -n> esfíncter *m*; músculo *m* anal; **2ung** *f* encerramento *m*

Schliff [ʃlif] *m* <-(e)s; -e> gume *m*, fio *m*; (*Glätte*) polimento *m*; *MIL* F rigorosa instrução *f* militar; (*dat*) ***den letzten ~ geben*** *fig* dar o último retoque a

schlimm [ʃlim] mau *m*, má *f*; *Zustand, Folge*: grave; *Zahn*: doente; *adv* mal; **'~er** *comp* pior; ***~ werden*** piorar; **~st** *sup* pior; **'~stenfalls** na pior das hipóteses, no pior dos casos

'Schling|e ['ʃliŋə] *f* laço *m*, (*Falle*) *a* armadilha *f*; ***sich aus der ~ ziehen*** *fig* tirar-se de apuros; **~el** *m* maroto *m*; **2en** (*binden*) atar; *ineinander*: entrelaçar; (*schlucken*) engolir, tragar; ***sich ~ um*** enroscar-se a; **2ern** *NAV* <-re> balançar, balouçar, rolar; **~pflanze** *f* trepadeira *f*

Schlips [ʃlips] *m* <-es; -e> gravata *f*

'Schlitt|en ['ʃlitən] *m* trenó *m*; ***~ fahren*** andar de trenó; *TÉCN* carro *m*; **~enfahrt** *f* passeio *m* de (*od* em) trenó; **~erbahn** *f* resvaladouro *m*; **2ern** <-re> resvalar (sobre o gelo); **~schuh** *m* <-(e)s; -e> patim *m*; ***~ laufen*** (***fahren***) patinar (sobre o gelo); **~schuhlaufen** *n* patinagem *f*; **~schuhläufer** *m* patinador *m*

Schlitz [ʃlits] *m* <-es; -e> abertura *f*; *Hose*: braguilha *f*; *Rock*: racha *f*;

(*Riss*) rasgão *m*; (*Spalt*) fenda *f*; *für Münzen*: ranhura *f*; '**~augen** *n/pl* olhos *m/pl* oblíquos; '**≗en** *<-t>* abrir, fender, cortar, rachar; '**~ohr** *n* *<-s; -en>* F espertalhão *m*

Schloss [ʃlɔs] *n* *<-es; ¨er>* **a)** fechadura *f*; fecho *m*; (*Gewehr≗*) gatilho *m*, cão *m*; (*Vorhänge≗*) cadeado *m*; ***hinter ~ und Riegel*** na cadeia; **b)** ARQUIT palácio *m*, castelo *m*

'**Schlosser** ['ʃlɔsər] *m* serralheiro *m*; **~'ei** [-'raɪ] *f* serralharia *f*

'**Schloss|herr(in** *f*) *m* *<-en>* senhor(a *f*) *m* do castelo; castelão *m*, castelã *f*; **~park** *m* *<-s; -e>* parque *m* do palácio (*od* castelo)

Schlot [ʃloːt] *m* *<-(e)s; -e>* chaminé *f* (*a* GEOL); *fig* F malcriado *m*; ***rauchen wie ein ~*** fumar como uma chaminé

'**schlott|(e)rig** ['ʃlɔt(ə)rɪç] a tremer; tremulante; *Kleidung*: desleixado; **~ern** *<-re>* tremer; cambalear; *Anzug*: cair, estar muito largo

Schlucht [ʃluxt] *f* garganta *f*, barranco *m*

'**schluchzen** ['ʃluxtsən] **1.** *<-t>* soluçar; **2.** ≗ *n* soluços *m/pl*

Schluck [ʃluk] *m* *<-(e)s; -e>* gole *m*, trago *m*; '**~auf** *m* *<-s; sem pl>* soluços *m/pl*; '**≗en** engolir, tragar; deglutir; (*aufstoßen*) arrotar; '**~er** *m*: ***armer ~*** pobre diabo *m*; '**~impfung** *f* MED vacinação *f* oral

'**schlud|(e)rig** ['ʃluːd(ə)rɪç] F aldrabão; desleixado; **~ern** *<-re>* F desleixar; aldrabar

'**Schlummer** ['ʃlumər] *m* *<-s; sem pl>* sono *m* (ligeiro); soneca *f*; **≗n** *<-re>* dormitar

Schlund [ʃlunt] *m* *<-(e)s; ¨e>* goela *f*, fauce *f*; garganta *f*; (*Abgrund*) abismo *m*

'**schlüpf|en** ['ʃlypfən] *v/i* meter-se, enfiar-se; ***~ aus*** sair de; **≗er** *m* cuecas *f/pl* (de senhora), *bras* calcinha *f*

'**Schlupfloch** ['ʃlupf-] *n* *<-(e)s; ¨er>* esconderijo *m*

'**schlüpfrig** ['ʃlypfrɪç] escorregadiço, escorregadio; *fig* lascivo, obsceno

'**Schlupf|wespe** *f* icnêumon *m*; **~winkel** *m* esconderijo *m*

'**schlürfen** ['ʃlyrfən] sorver; → ***schlurfen***

'**schlurfen** ['ʃlurfən] arrastar os pés

Schluss [ʃlus] *m* *<-es; ¨e>* fim *m* (***zum*** por); termo *m*; *logischer*: conclusão *f*; (*~teil*) final *m*; ***~ machen mit*** pôr termo (*od* fim) a, pôr cobro a, acabar com; '**~bemerkung** *f* observação *f* final; '**~bilanz** *f* ECON balanço *m* de encerramento

'**Schlüssel** ['ʃlysəl] *m* chave *f*; MÚS clave *f*; INFORM código *m*; **~bein** *n* *<-(e)s; -e>* clavícula *f*; **~blume** *f* primavera *f*; **~bund** *n* *<-(e)s; -e>* molho *m* de chaves; **≗fertig** chave na não; pronto para habitar; **~figur** *f* *fig* personagem-chave *f*; **~industrie** *f* indústria-chave *f*; **~loch** *n* *<-(e)s; ¨er>* buraco *m* de fechadura; **~ring** *m* *<-(e)s; -e>* argola *f* de chaves; **~stellung** *f* posição-chave *f*; **~wort** *n* *<-(e)s; ¨er>* palavra-chave *f*

'**Schlussfolgerung** *f* conclusão *f*

'**schlüssig** ['ʃlysɪç] decidido; *Beweis*: concludente; ***sich ~ werden*** decidir-se, resolver-se

'**Schluss|kurs** *m* *<-es; -e>* cotização *f* de última hora; **~licht** *n* *<-(e)s; -er>* farolim *m* traseiro (*od* da retaguarda), *bras* farolete *m* traseiro; *fig* último *m*; **~pfiff** *m* *<-(e)s; -e>* *Sport*: apito *m* final; **~punkt** *m* *<-(e)s; -e>* ponto *m* final; **~rechnung** *f* balanço *m*; **~runde** *f* *Sport*: final *m*; **~satz** *m* *<-es; ¨e>* conclusão *f*; MÚS final *m*; **~sitzung** *f* sessão *f* de encerramento; **~stein** *m* *<-(e)s; -e>* chave *f* (*od* fecho *m*) da abóbada; **~strich** *m* *fig*: ***e-n ~ ziehen unter*** pôr um ponto final a; **~verkauf** *m* *<-s; ¨e>* saldos *m/pl*, *bras* queima *f*; **~wort** *n* *<-(e)s; -e>* epílogo *m*; JUR *u* POL última palavra *f*

Schmach [ʃmaːx] *f* *<sem pl>* vergonha *f*

'**schmachten** ['ʃmaxtən] *<-e->* languir; ***~ nach*** suspirar por; estar sequioso de

'**schmächtig** ['ʃmɛçtɪç] magro, franzino

'**schmachvoll** infame, ignominioso

'**schmackhaft** ['ʃmak-] saboroso, gostoso; **≗igkeit** *f* *<sem pl>* sabor *m*, bom gosto *m*, bom paladar *m*

'**schmäh|en** ['ʃmɛːən] injuriar, insultar; (*herabsetzen*) difamar; **~lich** ignominioso, vergonhoso; **≗schrift** *f* panfleto *m*; **≗ung** *f* insulto *m*, injúria *f*; difamação *f*

schmal [ʃmaːl] estreito; *j-d*: magro; definhado; *fig* escasso, pouco
'schmäler|n ['ʃmɛːlərn] *<-re>* reduzir, estreitar, minguar; **≈ung** ['-ruŋ] *f* redução *f*; míngua *f*
'Schmal|film *m <-(e)s; -e>* filme *m* de formato reduzido; **~seite** *f* lado *m* estreito; **~spur...**: *in Zssgn*, **≈spurig** ['-ʃpuːriç] de via reduzida, *bras* de bitola estreita
Schmalz [ʃmalts] *n <-es; -e>* pingue *m*; banha *f*; **'~brot** *n <-(e)s; -e>* pão *m* com banha; **'≈ig** *fig* sentimental
'Schmankerl ['ʃmaŋkərl] *n <-s; -n>* *sdd* petisco *m*
schma'rotz|en [ʃma'rɔtsən] *<-t>* parasitar; **≈er** *m* parasita *m*
'Schmarr|e ['ʃmarə] *f* gilvaz *m*; (*Narbe*) cicatriz *m*; **~en** *m* CUL filhó *m*
schmatzen ['ʃmatsən] *<-t>* mastigar alto
Schmaus [ʃmaus] *m <-es; ≃e>* regalo *m*, repasto *m*; festim *m*; **'≈en** ['-zən] *<-t>* regalar-se
'schmecken ['ʃmɛkən] (*kosten*) provar; **~** (***nach***) saber (a); ter gosto (de); ***gut ~*** ser saboroso; ***sich*** (*dat*) ***et ~ lassen*** gozar; ***es schmeckt ihm*** sabe-lhe bem
Schmeiche'l|ei [ʃmaiçə'lai] *f* lisonja *f*; adulação *f*; **'≈haft** lisonjeiro; **'≈n** *<-le>* (*dat*) lisonjear (*ac*), adular (*ac*); *Bild*: ser lisonjeiro; ***sich geschmeichelt fühlen*** sentir-se lisonjeado; **'≈nd** lisonjeiro
'Schmeichler ['ʃmaiçlər] *m*, **~in** *f* lisonjeador(a *f*) *m*; adulador(a *f*) *m*; **≈isch** lisonjeiro, adulador, bajulador
'schmeiß|en ['ʃmaisən] F atirar, arrojar, arremessar; **≈fliege** *f* varejeira *f*
Schmelz [ʃmɛlts] *m <-es; -e>* esmalte *m*; (*Glanz*) brilho *m*; *Stimme*: suavidade *f*; **'≈bar** fusível; **'~e** *f* fundição *f*; fusão *f*; (*Schnee≈*) degelo *m*; **'≈en** *<-t>* **1.** *v/t <h>* derreter; *Metall*: fundir; **2.** *v/i <sn>* derreter-se; *Metall*: fundir-se; **'≈end** *adj Eis*: fundente; *fig* MÚS melodioso; sentimental, *bras a* meloso; **'~käse** *m <-s; sem pl>* queijo *m* fundido; **'~ofen** *m <-s; ≃>* forno *m* de fundição; **'~punkt** *m <-(e)s; -e>* ponto *m* de fusão; **'~tiegel** *m* crisol *m*, cadinho *m* (*a fig*); **'~wasser** *n <-s; ≃>* água *f* de degelo
'Schmerbauch ['ʃmeːr-] *m <-(e)s; ≃e>* F pança *f*
Schmerz [ʃmɛrts] *m <-es; -en>* dor *f*; (*Kummer*) pena *f*, mágoa *f*, desgosto *m*; **'≈en** *<-t>* causar dor; (*wehtun*) doer; *fig* magoar, afligir; **'≈end** *adj* dorido; **'~ensgeld** *n <-(e)s; -er>* inde(m)nização *f*; **'≈haft**, **'≈lich** doloroso; *fig a* aflitivo; **'≈lindernd** calmante; lenitivo; **'≈los** sem dor; MED anestésico, análgico; **'~mittel** *n* analgésico *m*; **'≈stillend** analgésico; sedativo; paliativo; **'~tablette** *f* comprimido *m* para as dores; **'≈voll** doloroso
'Schmetter|ball ['ʃmɛtər-] *m <-(e)s; ≃e>* *Tennis*: smash *m*; **~ling** ['-liŋ] *m <-s; -e>* borboleta *f*; *bras* mariposa *f*; **~lingsstil** *m <-s; sem pl>* *Schwimmen*: estilo *m* mariposa (*bras* borboleta)
'schmettern ['ʃmɛtərn] *<-re>* **1.** *v/t* arrojar (*od* atirar) com força; *Lied*: cantar com brio; ***zu Boden ~*** derribar; *fig a* esmagar; **2.** *v/i* MÚS ressoar; **3.** **≈** *n* estrépito *m*; **~d** *adj* retumbante
Schmied [ʃmiːt] *m <-(e)s; -e>* ferreiro *m*
'Schmiede ['ʃmiːdə] *f* forja *f*, ferraria *f*; **≈eisern** de (*od* em) ferro forjado; **~hammer** *m <-s; ≃>* martelo *m*; **≈n** *<-e->* forjar; ***Ränke ~*** tramar (*od* urdir) intrigas
'schmieg|en ['ʃmiːgən]: ***sich an*** (*ac*) **~** ajustar-se a, adaptar-se a; *j-d*: estar com mimo; **~sam** flexível; *fig* dócil, insinuante; **≈samkeit** *f <sem pl>* flexibilidade *f*; *fig* docilidade *f*
'Schmier|e ['ʃmiːrə] *f* graxa *f*; (*Wagen≈*) unto *m*; TÉCN lubrificante *m*; TEA barraca *f*; ***~ stehen*** *P* estar à espreita, fazer de espia; **≈en a)** *v/t* untar; *Brot*: barrar; TÉCN lubrificar; engraxar; *fig* F ***j-n ~*** dar luvas a alg, peitar alg; **b)** *v/i* (*beschmutzen*) sujar; *Feder*: borrar; (*schreiben*) rabiscar, garatujar; **~e'rei** [-ə'rai] *f* porcaria *f*, borratada *f*; **~fink** *m <-s, -en; -en>* porcalhão *m*; **~geld** F *n <-(e)s; -er>* peita *f*; **≈ig** ensebado, engordurado; *fig* sórdido, ignóbil; **~mittel** *n* lubrificante *m*; **~öl** *n <-(e)s; -e>* óleo *m* (lubrificante); **~seife** *f* sabão *m* mole

S

'**Schmink|e** ['ʃmiŋkə] *f* maquilhagem *f*; **≈en** pintar; maquilhar; *TEA* cara(c)terizar

'**Schmirgel** ['ʃmirgəl] *m* esmeril *m*; **≈n** <*-le*> esmerilhar; **~papier** *n* <*-s*; *-e*> (papel *m* de) lixa *f*

Schmiss [ʃmis] *m* <*-es*; *-e*> (*Narbe*) cicatriz *f*; (*Schneid*) brio *m*; elegância *f*

'**Schmöker** ['ʃmøːkər] F *m* alfarrábio *m*, *bras* livro *m* de sebo

'**schmollen** ['ʃmɔlən] amuar; estar amuado

'**Schmor|braten** ['ʃmoːr-] *m* carne *f* estufada (*bras* refogada); **≈en** estufar, *bras* refogar; *fig* abafar de calor

Schmu [ʃmuː] F *m* <*-s*; *sem pl*> batota *f*

Schmuck [ʃmuk] **1.** *m* <*-(e)s*; *sem pl*> adorno *m*, enfeite *m*; ornamento *m*; (*~stücke*) jóias *f/pl*; **2.** ≈ bonito, lindo

'**schmücken** ['ʃmykən] enfeitar, adornar, ornamentar

'**Schmuck|kästchen** ['-kɛstçən] *n* cofre (*od* estojo) *m* de jóias; **≈los** simples; sem adorno; **~stück** *n* <*-(e)s*; *-e*> jóia; **~waren(industrie** *f*)/*pl* bijutaria *f*, *bras* bijuteria *f*

'**schmudd(e)lig** ['ʃmud(ə)liç] F sebento, sujo

'**Schmugg|el** ['ʃmugəl] *m* contrabando *m*; **≈eln** <*-le*> fazer contrabando, *bras* contrabandear; **~elware** *f* contrabando *m*; **~ler** *m* contrabandista *m*

'**schmunzeln** ['ʃmuntsəln] <*-le*> sorrir(-se) satisfeito

Schmus [ʃmuːs] F *m* <*-es*; *sem pl*> palavrório *m*; '**≈en** ['-zən] <*-t*> palavrear, gastar palavras; ***mit j-m ~*** trocar carícias com alg; beijocar-se, *bras* dar beijinhos

Schmutz [ʃmuts] *m* <*-es*; *sem pl*> sujeira *f*; sujidade *f*; porcaria *f*; (*Kehricht*) lixo *m*; ***durch den ~ ziehen*** *fig* infamar; poluir; '**≈en** <*-t*> sujar-se, manchar-se; '**~fink** *m* <*-en*> porcalhão *m*; '**~fleck** *m* <*-(e)s*; *-en*> nódoa *f*; '**≈ig** sujo; *fig* indecente; '**~literatur** *f* literatura *f* pornográfica

'**Schnabel** ['ʃnaːbəl] *m* <*-s*; ¨> bico *m* (*fig* F ***halten*** calar)

'**Schnake** ['ʃnaːkə] *f* mosquito *m*

'**Schnall|e** ['ʃnalə] *f* fivela *f*; **≈en** afivelar; ***enger ~***, ***fester ~*** apertar mais

'**schnalzen** ['ʃnaltsən] <*-t*> dar estalos com a língua (*od* com os dedos)

'**schnapp|en** ['ʃnapən] (*fassen*, *a Dieb*) apanhar (***nach et*** a/c com a boca), *mit dem Mund a* abocar; ***nach Luft ~*** respirar com dificuldade; ***ins Schloss ~*** estalar no fecho; **≈schloss** *n* <*-es*; ¨*er*> fechadura *f* com mola (*od* de salto); **≈schuss** *m* <*-es*; ¨*e*> *FOT* instantâneo *m*, flagrante *m*

Schnaps [ʃnaps] *m* <*-es*; ¨*e*> aguardente *f*, *bras* cachaça *f*; '**~brennerei** *f* destilaria *f*; '**~glas** *n* <*-es*; ¨*er*> copinho *m* de aguardente; '**~idee** *f* F disparate *m*

'**schnarchen** ['ʃnarçən] ressonar, roncar

'**schnarren** ['ʃnarən] ranger, roncar; chilr(e)ar

'**schnattern** ['ʃnatərn] <*-re*> grasnar; *fig* F palrar

'**schnauben** ['ʃnaʊbən] soprar; bufar, bafejar; *Pferd*: fungar; *vor Wut*: esbravejar; *Nase*: assoar(-se)

'**schnaufen** ['ʃnaʊfən] ofegar

'**Schnauz|bart** ['ʃnaʊts-] F *m* <*-(e)s*; ¨*e*> bigode *m*; **≈bärtig** F com bigode; **~e** *f* focinho *m*; *TÉCN* bica *f*, *fig* P tromba *f*, bico *m* (***halten*** calar); ***die ~ voll haben von*** V estar farto de; **≈en** F <*-t*> ralhar

'**schnäuzen** ['ʃnɔytsən] <*-t*>: ***sich ~*** assoar-se

'**Schnecke** ['ʃnɛkə] *f* *ZO* caracol *m* (*a ANAT*); *nackte*: lesma *f*; *ARQUIT* voluta *f*; *TÉCN* (parafuso *m*) sem-fim *m*

'**schnecken|förmig** ['-fœrmiç] espiral; *TÉCN* enroscado; helicoidal; **≈gang** *m* <*-(e)s*; *sem pl*> *fig*: ***im ~*** a passo de caracol; **≈getriebe** *n* engrenagem *f* helicoidal; **≈haus** *n* <*-es*; ¨*er*> cas(c)a *f* de caracol, concha *f* de caracol; **≈tempo** *n* <*-s*; *sem pl*> → ***≈gang***

Schnee [ʃneː] *m* <*-s*; *sem pl*> neve *f*; ***zu ~ schlagen*** *Eier*: bater a(s) clara(s) (*steif*: em castelo); '**~ball** *m* <*-(e)s*; ¨*e*> bola *f* de neve; '**≈bedeckt** coberto de neve; '**≈besen** *m* *Küche*: batedor *m* de claras; '**≈blind** cegado (*bras* ofuscado) pela neve; '**~decke** *f* lençol *m* de neve; '**~fall**

S

m <-(*e*)*s*; ⸚*e*> nevada *f*; '**~feld** *n* campo *m* de neve; '**~flocke** *f* floco *m* de neve; '**~gestöber** *n* nevão *m*, nevasca *f*; '**~glöckchen** *n* BOT campânula *f* branca; '**~grenze** *f* limite *m* de altitude das neves; '**~höhe** *f* espessura *f* de neve; '**~kette** *f Auto*: cadeia *f* anti-deslizante, *bras* corrente *f* anti-derrapante; '**~mann** *m* <-(*e*)*s*; ⸚*er*> boneco *m* de neve; '**~pflug** *m* <-(*e*)*s*; ⸚*e*> limpa-neve *m*; '**~regen** *m* neve *f* e chuva *f*; '**~schmelze** *f* degelo *m*; '**⁀sicher** à prova de neve; '**~sturm** *m* <-(*e*)*s*; ⸚*e*> temporal *m* de neve, nevão *m*; '**~treiben** *n* → ***~gestöber***; '**~wehe** *f* monte *m* (*od* acumulação *f*) de neve trazido, -a pelo vento; '**⁀weiß** branco como a neve; **~'wittchen** [-'vitçən] *n* <-*s*; *sem pl*> Branca *f* de Neve

Schneid [ʃnaɪt] *m* <-(*e*)*s*; *sem pl*> brio *m*

'**Schneid|brenner** *m* maçarico *m* de corte; **~e** ['ʃnaɪdə] *f* corte *m*; fio *m*, gume *m*

'**schneiden** **1.** cortar, partir; ***sich ~*** (***mit et***) cortar-se (com a/c); *Fleisch etc*: *a* talhar; AGR (*be~*) podar; (*mähen*) ceifar; TÉCN gravar; *Holz*: serrar; *Gewinde*: lavrar; *fig* ***j-n ~*** deixar de cumprimentar alg; ***Gesichter ~*** fazer caretas; ***ins Herz ~*** partir o coração; **2.** **⁀** *n* corte *m*; **~d** *adj* cortante; *fig* agudo

'**Schneider** ['ʃnaɪdər] *m* alfaiate *m*; **~'ei** [-'raɪ] *f* alfaiataria *f*; **~in** *f* modista *f*; (*Haus⁀*) costureira *f*; **⁀n** <-*re*> trabalhar de alfaiate, fazer fatos (*bras* ternos); *Schneiderin*: trabalhar na costura, fazer vestidos

'**Schneidezahn** *m* <-(*e*)*s*; ⸚*e*> (dente *m*) incisivo *m*

'**schneidig** ['ʃnaɪdiç] elegante, brioso

'**schneien** ['ʃnaɪən] *unpers* nevar; ***es schneit*** cai neve

'**Schneise** ['ʃnaɪzə] *f* (*Weg*) atalhada *f*

schnell [ʃnɛl] rápido; veloz; *Schritt*: acelerado; *adv* depressa; ***mach ~!*** despacha-te!, *bras* despache-se!; '**⁀bahn** *f* comboio (*bras* trem) *m* urbano; '**⁀boot** *n* <-(*e*)*s*; -*e*> vedeta (*bras* lancha) *f* rápida; '**~en** **1.** *v/t* arremessar, arrojar, lançar; **2.** *v/i* <*sn*>: ***in die Höhe ~*** dar um salto; *Preis*: subir rapidamente

'**Schnell|feuer** *n* fogo *m* rápido; **~gericht** *n* <-(*e*)*s*; -*e*> **a)** JUR tribunal *m* sumário; **b)** CUL prato *m* rápido (*od* pré-cozinhado); **~hefter** ['-hɛftər] *m* classificador *m*, *bras* fichário *m*; **~igkeit** *f* <*sem pl*> rapidez *f*; *a* FÍS *u* TÉCN velocidade *f*; **~imbiss** *m* <-*es*; -*e*> refeição *f* rápida, lanchonete *f*; **~kochtopf** *m* <-(*e*)*s*; ⸚*e*> panela *f* de pressão; **~kraft** *f* <*sem pl*> elasticidade *f*; **~kurs** *m* <-*es*; -*e*> curso *m* rápido (*od* intensivo); **⁀stmöglich** tão rápido quanto possível; **~straße** *f* via *f* rápida, *bras* pista *f* de velocidades; **~verfahren** JUR *n* processo *m* sumário; **~vorlauf** *m* <-(*e*)*s*; ⸚*e*> *Tonbandgerät etc*: avanço *m* rápido; **~waage** *f* (balança *f*) romana *f*; **~zug** *m* <-(*e*)*s*; ⸚*e*> rápido *m*

'**Schnepfe** ['ʃnɛpfə] *f* galinhola *f*

'**schneuzen** → ***schnäuzen***

'**Schnickschnack** ['ʃnikʃnak] *m* <-*s*; *sem pl*> F quinquilharia *f*; disparates *m/pl*

'**Schnipp|chen** ['ʃnipçən] *n*: ***j-m ein ~ schlagen*** fazer troça de alg, pregar uma partida a alg; **⁀eln** F <-*le*> retalhar com faca ou tesoura; **⁀isch** impertinente

'**Schnipsel** ['ʃnipzəl] *m u n* bocado *m*, retalho *m*; apara *f*

Schnitt [ʃnit] *m* <-(*e*)*s*; -*e*> corte *m*; TÉCN *a* talho *m*; MED *a* abcisão *f*; amputação *f*; ARQUIT *a* se(c)ção *f*; MAT (inter)se(c)ção *f*; *Bier*: meio quartilho *m*; *Buch*: borda *f*; (*Ein⁀*) incisão *f*; *Kleidung*: feitio *m*; talhe *m*; *Kunst*: gravura *f*; ***im ~*** na medida; '**~blumen** *f/pl* flores *f/pl* cortadas (*bras* ornamentais); '**~bohnen** *f/pl* feijão *m/sg* verde, *bras* vagem *f*; '**~e** *f* talhada *f*; *Brot etc*: fatia *f*; '**~fläche** *f* superfície *f* do corte; '**⁀ig** elegante, chique; '**~lauch** *m* <-(*e*)*s*; *sem pl*> cebolinha *f* francesa; '**~linie** *f* secante *f*; linha *f* de interse(c)ção; '**~muster** *n* molde *m*, risco *m*, padrão *m*; '**~punkt** *m* <-(*e*)*s*; -*e*> (ponto *m* de) interse(c)ção *f*; '**~stelle** *f* INFORM interface *f*; '**~wunde** *f* golpe *m*, cortadela *f*

'**Schnitz|el** ['ʃnitsəl] *n* → ***Schnipsel***; CUL escalope *m*; *mit Brot*: bifa-

S

na *f*; *bras* bife *m* à milanesa; ***Wiener ~*** escalope *m* de vitela (à moda de Viena); **~eljagd** *f* gincana *f*; **Ձen** *<-t>* entalhar, esculpir; **~er** *m* entalhador *m*; (*Fehler*) lapso *m*, gafe *f*; **~e'rei** [-ə'raɪ] *f*, **~werk** *n <-(e)s; sem pl>* escultura *f*; entalhe *m*; **~messer** *n* cinzel *m*, buril *m*

'schnodd(e)rig ['ʃnɔd(ə)riç] F irreverente, impertinente

'Schnorchel ['ʃnɔrçəl] tubo *m* respirador

'Schnörkel ['ʃnœrkəl] *m* floreado *m*; arabesco *m*; *ARQUIT a* voluta *f*; *Namenszug*: rubrica *f*

'schnorr|en ['ʃnɔrən] F cravar, *bras* filar; **Ձer** *m* pedinchão *m*; crava *m*, *bras* fila-bóia *m*

'schnüff|eln ['ʃnyfəln] *<-le>* tomar o faro, *bras* farejar; *fig* meter o nariz, ser indiscreto; **Ձler** *m* espia *m*; indiscreto *m*

'Schnuller ['ʃnulər] *m* chupeta *f*

'Schnulze ['ʃnultsə] *f Musik* (*Film*): F canção *f* (filme *m*) sentimental

'Schnupf|en ['ʃnupfən] *m* constipação *f*, defluxo *m*, *bras* resfriado *m*; ***e-n ~ kriegen, sich e-n ~ holen*** constipar-se, *bras* resfriar-se; ***den ~ haben*** estar constipado (*bras* resfriado); **Ձen** tomar rapé; **'~tabak** *m <-(e)s; -e>* rapé *m*

'schnuppe ['ʃnupə] F: ***das ist mir ~*** pouco me importa; quero lá saber!

'schnuppern *<-re>* tomar o faro

Schnur ['ʃnu:r] *f <-; ¨e>* cordão *m*, cordel *m*; (*Bindfaden*) guita *f*, fio *m*, *bras* barbante *m*; ***über die ~ hauen*** *fig* passar os (*bras* dos) limites

'Schnürchen ['ʃny:rçən] *n*: ***wie am ~ gehen*** F ir que é uma beleza

schnüren ['ʃny:rən] atar; apertar (*a v/i*); ***sein Bündel ~*** fazer (*od* emalar) a trouxa; ***sich ~*** espartilhar-se

'schnurge'rade direitinho

'Schnurr|bart ['ʃnur-] *m <-(e)s; ¨e>* bigode *m*; **Ձbärtig** de bigode, com bigode; **Ձen** fazer ronrom; ronronar

'Schnür|schuh *m <-(e)s; -e>* sapato *m* de atacadores (*bras* de cordão); (*Damen*Ձ) sapato *m* abotinado; **~senkel** *m* atacador *m*, *bras* cordão *m* de sapato; **~stiefel** *m* bot(in)a *f* de atacadores (*bras* cordão)

'schnurstracks ['-ʃtraks] F dire(c)tamente

'Schober ['ʃo:bər] *m* feneiro *m*

Schock [ʃɔk] *m <-(e)s; -s>* choque *m*; *MED a* abalo *m*; **'~behandlung** *f MED* terapia *f* de choque; **Ձ'ieren** *<->* chocar; **Ձ'ierend** chocante; **'~therapie** *f MED* → ***~behandlung***

'schofel ['ʃo:fəl] F miserável, pelintra, *bras* pilantra

Schöff|e ['ʃœfə] *m <-n>* jurado *m*; vereador *m*; **~engericht** *n <-(e)s; -e>* tribunal *m* de jurados; vereamento *m*

Schoko'lad|e [ʃoko'la:də] *f* chocolate *m* (*a Getränk*); **Ձenbraun** achocolatado; **~enfabrik** *f* chocolataria *f*, *bras* fábrica *f* de chocolate; **~enseite** *f fig* lado *m* bom (*od* agradável)

'Schokoriegel ['ʃo:ko:ri:gəl] *m* chocolate *m*

Scho'last|ik [ʃo'lastik] *f <sem pl>* Escolástica *f*, escolasticismo *m*; (**~iker** *m*) **Ձisch** escolástico (*m*)

'Scholle ['ʃɔlə] *f* (*Land*Ձ) gleba *f*; (*Eis*Ձ) pedaço *m* de gelo; (*Erd*Ձ) leiva *f*; (*Fisch*) solha *f*

schon [ʃo:n] já: ***~ jetzt*** agora mesmo; ***~ lange*** desde há muito; ***~ der Gedanke*** a própria ideia (*é); ***~ gut*** está bem; ***wenn ~ (!)*** embora (!); ***wenn er ~ geht*** *etc* ... uma vez que vai ...

schön [ʃø:n] **1.** *adj* belo, lindo; formoso; *Wetter*: bom; (*nett*) bonito (*a irón*), amável; ***~e Literatur*** belas-letras *f/pl*; ***die ~en Künste*** as belas-artes; ***das wäre noch ~er*** *irón* não faltava mais nada!, *bras* só falta isso!; **2.** *adv a* bem; ***bitte ~!*** à vontade!; (*Antwort auf Dank*) não há de quê!; ***danke ~!*** muito obrigado!

'Schonbezug *m <-(e)s; -bezüge> AUTO* forro *m* (dos assentos)

schon|en ['ʃo:nən] poupar; ***sich ~*** *a* cuidar de si (*od* da saúde); **~end** *adj* cuidadoso; *adv a* com cuidado; ***~ behandeln*** tratar bem, tratar com cuidado; **Ձer** *m* (*Schutzdecke*) capa *f* de prote(c)ção; *NAV* escuna *f*

'schön|färben pintar cor-de-rosa; **Ձfärbe'rei** *f* ilusionismo *m*; o(p)timismo *m*; **~geistig** estético; ***~e Literatur*** belas-letras *f/pl*; **Ձheit** *f* beleza *f*, formosura *f*

'Schönheits|fehler *m* defeito *m*;

~ideal *n* <*-s*; *-e*> ideal *m* de beleza; **~mittel** *n* cosmético *m*; **~operation** *f* operação *f* de estética, *bras* operação *f* plástica; **~pflege** *f* <*sem pl*> cosmética *f*

'Schonkost ['ʃoːnkɔst] *f* dieta *f*

'Schön|ling *m* <*-s*; *-e*> F bonitão *m*; **2machen**: ***sich ~*** arranjar-se, embelezar-se; **~schrift** *f* caligrafia *f*

'Schon|ung ['ʃoːnuŋ] *f* cuidado *m*; conservação *f*; (*Rücksicht*) consideração *f*, deferência *f*; (*Forst*) tapada *f*, vedação *f*, viveiro *m*; **2ungslos** sem piedade, impiedoso; cruel; **~zeit** *f* veda *f*, defeso *m*

Schopf [ʃɔpf] *m* <-(*e*)*s*; *¨e*> poupa *f*, topete *m*; ***die Gelegenheit beim ~ packen*** (*od* ***fassen***) aproveitar a ocasião

'Schöpf|brunnen ['ʃœpf-] *m* poço *m*; nora *f*; **~eimer** *m* alcatruz *m*, *bras* caçamba *f*; **2en** *mit e-m Gefäß*: tirar; ***leer ~*** vasar; ***Atem*** *etc* **~** tomar fôlego; *Hoffnung*, *Mut*: cobrar, ganhar; ***Verdacht ~*** suspeitar (***gegen*** de); **~er** *m* criador *m*; **2erisch** criador, produtivo; **~kelle** *f*, **~löffel** *m* concha *f*, colherão *m*; **~rad** *n* <-(*e*)*s*; *¨er*> nora *f*; **~ung** *f* criação *f*; **~ungsgeschichte** *f* <*sem pl*> Génese (*ê) *m*; **~werk** *n* <-(*e*)*s*; *-e*> → ***~rad***

'Schoppen ['ʃɔpən] *m* quartilho *m*; copo *m* (pequeno)

Schorf [ʃɔrf] *m* <-(*e*)*s*; *-e*> escara *f*, crosta *f*, *bras a* casca *f*; **'~bildung** *f* escarificação *f*; **'2ig** escarificado

'Schornstein ['ʃɔrn-] *m* <-(*e*)*s*; *-e*> chaminé *f*; **~feger** *m* limpa-chaminés *m*

Schoss [ʃɔs] BOT *m* <*-es*; *-e*> → ***Schössling***

Schoß [ʃoːs] *m* <*-es*; *¨e*> regaço *m*; *bsd fig* seio *m*, colo *m*; (*Rock2*) aba *f*; ***die Hände in den ~ legen*** *fig* cruzar os braços; ***ihm fällt alles in den ~*** *fig* vem-lhe tudo parar às mãos, *bras* tudo cai nas suas mãos; **'~hund** *m* <-(*e*)*s*; *-e*> cãozinho *m* fraldeiro; **'~kind** *n* <-(*e*)*s*; *-er*> mimalho *m*

'Schössling ['ʃœsliŋ] *m* <*-s*; *-e*> rebento *m*, pimpolho *m*

'Schot|e ['ʃoːtə] *f* **a)** BOT vagem *f*; *grüne*: ervilha *f*; **b)** **~(e)** NAV escota *f*

'Schott|e ['ʃɔtə] *m* <*-n*> escocês *m*; **'~er** *m* cascalho *m*; CAM. DE F balastro *m*; **'2ern** <*-re*> encher de cascalho; balastrar; **'~in** *f* escocesa *f*; **'2isch** escocês, da Escócia; **~land** [ʃɔtlant] *n* Escócia *f*

schraf'fier|en [ʃra'fiːrən] <-> tracejar; **2ung** *f* tracejado *m*

schräg [ʃrɛːk] oblíquo; MAT transversal, diagonal; (*geneigt*) inclinado; *adv a* de través, de esguelha; ***~ gegenüber*** (quase) em frente; **'2e** ['-gə] *f* obliquidade *f*; = **'*2lage***, **'2stellung** *f* inclinação *f*

'Schramm|e ['ʃramə] *f* arranhadura *f*, esfoladela *f*; beliscadura *f*; **2en** arranhar, roçar

Schrank [ʃraŋk] *m* <-(*e*)*s*; *¨e*> armário *m*; (*Kleider2*) guarda-vestidos *m*, *bras* guarda-roupa *m*; (*Küchen2*) guarda-louça *m*; **'~bett** *n* <-(*e*)*s*; *-en*> armário-cama *m*

'Schrank|e *f* barreira *f*, *bras* cancela *f*; *fig* limite *m*; *et*, *j-n* (***sich***) ***in ~n halten*** *fig* conter(-se); não passar das medidas; **2enlos** ilimitado; **~enwärter** *m* guarda-barreira *m*

'Schrank|fach *n* <-(*e*)*s*; *¨er*> prateleira *f*; **~koffer** *m* mala-armário *f*, mala-cabide *f*

'Schraubdeckel ['ʃraʊp-] *m* tampa *f* roscada

'Schraube ['ʃraʊbə] *f* parafuso *m*; NAV *u* AV hélice *m*, *f*; F *fig* ***bei j-m ist e-e ~ los*** alg não regula bem

'schrauben (a)parafusar; atarraxar; ***in die Höhe ~*** *Preis*: fazer subir; ***geschraubt*** *fig* torcido; amaneirado; afe(c)tado

'Schrauben|dampfer *m* vapor *m* de hélice; **~flügel** *m* pá *f* de hélice; **2förmig** ['-fœrmiç] em forma de parafuso, helicóide, helicoidal; **~gewinde** *n* rosca *f*; **~mutter** *f* <-; *-n*> porca *f* de parafuso; **~schlüssel** *m* desandador *m*, chave *f* inglesa; **~windung** *f* volta *f* de parafuso, espira *f*; **~zieher** ['-tsiːər] *m* chave *f* de fenda(s)

'Schraub|stock *m* <-(*e*)*s*; *¨e*> torno *m*, tornilho *m*; **~verschluss** *m* <*-es*; *¨e*> tampa *f* (*od* fecho *m*) de rosca; **~zwinge** *f* sargento *m*

'Schrebergarten ['ʃreːbər-] *m* <*-s*; *¨*> horta *f* pequena (independente)

Schreck [ʃrɛk] *m* <-(*e*)*s*; *-e*> susto

S

m, medo *m* (***einflößen*** meter); sobressalto *m*; espanto *m*; ***j-m e-n ~ einjagen*** pregar um susto a alg; ***e-n ~ bekommen*** apanhar um susto; **'~en** *m* → ***Schreck***; **'≈en** *v/t* (*v/i*; *sn*) assustar(-se); (*kühlen*) passar por água fria; esfriar; **'~ensherrschaft** *f* terrorismo *m*, *HIST a* Terror *m*; **'~gespenst** *n* <*-es*; *-er*> espe(c)tro *m*, fantasma *m*; **'≈haft** medroso, assustadiço; **'≈lich** terrível, horrível; espantoso, medonho, tremendo; **'~schuss** *m* <*-es*; *¨e*> tiro *m* de prevenção (***abgeben*** disparar); **'~sekunde** *f* momento *m* de susto (*od* de rea[c]ção)

Schrei [ʃraɪ] *m* <*-(e)s*; *-e*> grito *m*; berro *m* (***ausstoßen*** soltar)

'Schreib|arbeit ['ʃraɪp-] *f* <*sem pl*> trabalho *m* de escritório; **~bedarf** *m* <*-(e)s*; *sem pl*> artigos *m/pl* de escritório; **~block** *m* <*-(e)s*; *¨e*> bloco *m* de papel

'schreib|en ['ʃraɪbən] escrever; *auf Schreibmaschine*: bater à máquina; **≈en** *n* carta *f*; *amtliches*: ofício *m*; **≈er(in** *f*) *m* autor(a *f*) *m*; *ECON* escrevente *su*; escrivão *m* (*a JUR*), secretário *m*, -a *f*; **~faul**: ***~ sein*** não gostar muito de escrever

'Schreib|feder *f* <*-*; *-n*> aparo *m*, pena *f* de escrever; **~fehler** *m* erro *m* ortográfico; **~heft** *n* <*-(e)s*; *-e*> caderno *m*; **~kraft** *f* <*-*; *¨e*> empregado *m*, -a *f* de escritório; da(c)tilógrafo *m*, -a *f*; **~mappe** *f* pasta *f*; **~maschine** *f* máquina *f* de escrever; → ***Maschine*(*n*...)**; **~(maschinen)papier** *n* <*-s*; *-e*> papel *m* para (máquina de) escrever; **~pult** *n* <*-(e)s*; *-e*>, **~tisch** *m* <*-es*; *-e*> secretária *f*, escrivaninha *f* (*bsd bras*)

'Schreibung ['ʃraɪbʊŋ] *f* escrita *f*, ortografia *f*

'Schreib|unterlage *f* pasta *f*; **~waren** *f/pl* artigos *m/pl* de escritório; **~warengeschäft** *n* <*-(e)s*; *-e*> papelaria *f*; **~weise** *f* (orto)grafia *f*; *j-s*: estilo *m*; **~zeug** *n* <*-(e)s*; *sem pl*> utensílios *m/pl* para escrever

'schrei|en ['ʃraɪən] gritar; *Kind*: chorar; *laut*: berrar; *zornig*: vociferar, clamar; ***um Hilfe ~*** pedir socorro; **≈en** *n* gritos *m/pl*; **~end** *adj* a gritar, *bras* aos gritos; *a fig* (*grell*) berrante; *Unrecht*: que clama aos céus; **≈er** *m* clamador *m*, vociferador *m*; *POL* agitador *m*; = **≈hals** *m* <*-es*; *¨e*> *Kind*: chorami(n)gas *m*

Schrein [ʃraɪn] *m* <*-(e)s*; *-e*> armário *m*; cofre *m*; escrínio *m*

'Schreine|r *m* marceneiro *m*; **~'rei** *f* marcenaria *f*

'schreiten ['ʃraɪtən] <*sn*> andar, caminhar; ***~ zu*** *fig* proceder a

Schrift [ʃrɪft] *f* escrita *f*, (*Hand≈*) *a* letra *f*; *TIP* cara(c)teres *m/pl*, corpo *m*, tipo(s) *m*(*/pl*); *LIT* publicação *f*, escrito *m*; estudo *m*, dissertação *f*; (*Werk*) obra *f*; (***Heilige***) **~** Escritura *f* Sagrada; **'~auslegung** *f REL* exegese *f*; **'~bild** *n* <*-(e)s*; *-er*> *TIP* olho *m*; **'~deutsch** *n* alemão *m* literário; **'~führer** *m* secretário *m*; ***mit ... als ~*** secretariado por ...; **'~leitung** *f* reda(c)ção *f*; **'≈lich** (*adv* por) escrito; **'~sachverständige(r)** *m* grafólogo *m*; **'~satz** *m* <*-es*; *¨e*> *JUR* libelo *m*; *TIP* composição *f*; **'~setzer** *m* tipógrafo *m*, compositor *m*; **'~sprache** *f* <*sem pl*> linguagem *f* literária (*od* escrita)

'Schriftsteller|(in *f*) ['-ʃtɛlər] *m* escritor(a *f*) *m*, autor(a *f*) *m*; **≈isch** literário

'Schrift|stück *n* <*-(e)s*; *-e*> escrito *m*, documento *m*; **~tum** *n* <*-s*; *sem pl*> letras *f/pl*; literatura *f*; **~verkehr** *m* <*-s*; *sem pl*> correspondência *f*; **~wechsel** *m* (troca *f* de) correspondência *f*; **~zeichen** *n* cará(c)ter *m*; **~zug** *m* <*-(e)s*; *¨e*> assinatura *f*, rubrica *f*; *pl* **~züge** letra *f/sg*

schrill [ʃrɪl] estridente, agudo

Schritt [ʃrɪt] *m* <*-(e)s*; *-e*> passo *m* (***für***, ***im***, ***vor*** *ac* a); *fig* diligência *f* (***unternehmen*** fazer, efe[c]tuar); *Hose*: junta *f*; ***~ fahren*** conduzir a passo (de caracol); ***j-m auf ~ und Tritt folgen*** não largar alg, seguir os passos de alg; ***~ halten mit*** aguentar (*ac*); estar à altura de; **'~macher** *m* pioneiro *m*, precursor *m*; *MED* pace-maker *m*, estimulador *m* cardíaco, *bras* marca-passo *m*; **'≈weise** passo a passo

schroff [ʃrɔf] *Berg*: escarpado; *fig* brusco, rude; **'≈heit** *f* <*sem pl*> escarpado *m*; *fig* rudeza *f*, brusquidão *f*

'schröpfen ['ʃrœpfən] *v/t MED* aplicar ventosas a; *fig* esfolar, cardar, lograr

Schrot [ʃroːt] *m u n* <-(*e*)*s*; -*e*> trigo *m* triturado, centeio *m* mondado; *Jagd*: chumbo *m*, escumilha *f*; *fig* ***von echtem ~ und Korn*** da gema, às direitas; **'≈en** <-*e*-> triturar; **'~flinte** *f* espingarda *f* de caça; **'~mehl** *n* <-(*e*)*s*; *sem pl*> farinha *f* grossa (*od* de aveia mondada), rolão *m*; **'~mühle** *f* triturador *m*; **'~säge** *f* serra *f* grande

Schrott [ʃrɔt] *m* <-(*e*)*s*; -*e*> sucata *f*; ferros-velhos *m/pl*; **'~händler** *m* ferro-velho *m*; **'~platz** *m* <-*es*; ¨*e*> sucateiro *m*; *Autos*: cemitério *m* de automóveis; **'≈reif** bom (*od* pronto) para o ferro-velho

'schrubb|en ['ʃrubən] esfregar; **≈er** *m* escova *f* de esfregar

'Schrull|e ['ʃrulə] *f* capricho *m*, mania *f*; **≈enhaft, ≈ig** caprichoso, extravagante; esquisito

'schrump(e)lig ['ʃrump(ə)liç] F enrugado

'schrumpf|en ['ʃrumpfən] <*sn*> enrugar-se; engelhar; encolher; *MED* atrofiar, ficar atrofiado; **≈niere** *f* rim *m* atrofiado; **≈ung** *f* encolhimento *m*; *MED* atrofia *f*; *fig* diminuição *f*

Schub [ʃuːp] *m* <-(*e*)*s*; ¨*e*> empurrão *m*, surto *m*, puxada *f*; *TÉCN* impulso *m*; empuxo *m*; *MED* leva *f*; *CAM. DE F*, *CORR* transporte *m*; **'~fach** *n* <-(*e*)*s*; ¨*er*> gaveta *f*; **'~karren** *m* carrinho *m* de mão, carreta *f*; **'~kasten** *m*, **'~lade** *f* → ***~fach***; **'≈sen** ['ʃupsən] F empurrar; **'≈weise** aos empurrões; por surtos

'schüchtern ['ʃyçtərn] tímido, acanhado; **≈heit** *f* <*sem pl*> timidez *f*

Schuft [ʃuft] *m* <-(*e*)*s*; -*e*> patife *m*; **'≈en** F <-*e*-> labutar, trabalhar como um preto (*bras* condenado); **'≈ig** vil, infame

Schuh [ʃuː] *m* <-(*e*)*s*; -*e*> sapato *m*; *TÉCN* sapata *f*; (*Brems*≈) calço *m*; *fig pl* ***j-m et in die ~e schieben*** imputar a/c a alg; ***wo drückt der ~?*** onde é que está o mal?; **'~anzieher** ['-antsiːər] *m* calçador *m*, calçadeira *f*; **'~bürste** *f* escova *f* (para o calçado); **'~creme** *f* graxa *f* para calçado; **'~geschäft** *n* <-(*e*)*s*; -*e*>, **'~laden** *m* <-*s*; ¨> sapataria *f*; **'~größe** *f* número *m* de calçado; ***welche ~ haben Sie?*** que número calça?; **'~macher** *m* sapateiro *m*; **'~putzer** *m* engraxador *m*, *bras* engraxate *m*; **'~sohle** *f* (meia)sola *f*; **'~werk** *n* <-(*e*)*s*; *sem pl*>, **'~zeug** *n* <-(*e*)*s*; *sem pl*> calçado *m*

'Schukosteck|dose ['ʃuːko-] *f* tomada *f* de segurança; **~er** *m EL* ficha *f* de conta(c)to de segurança

'Schul|amt ['ʃuːl-] *n* <-(*e*)*s*; ¨*er*> → ***~behörde***; **~abschluss** *m* <-*es*; ¨*e*> curso *m* dos liceus; **~anfang** *m* <-(*e*)*s*; ¨*e*> abertura *f* das aulas; início *m* do ano escolar; **~arbeit** *f* dever *m* (*od* obrigação *f*, *bras* lição *f*) escolar; *pl* ***~en machen*** *a* preparar a lição, estudar; **~ausflug** *m* <-(*e*)*s*; ¨*e*> excursão *f* escolar; **~behörde** *f* inspe(c)ção *f* do ensino (primário *od* secundário); **~beispiel** *n* <-(*e*)*s*; -*e*> exemplo *m* clássico; **~besuch** *m* <-(*e*)*s*; -*e*> frequência *f* da escola; **~bildung** *f* instrução *f*; habilitações *f/pl* escolares; **~buch** *n* <-(*e*)*s*; ¨*er*> livro *m* escolar

Schuld [ʃult] *f* culpa *f*; (*Fehler*) falha *f*; *ECON* dívida *f*; (*Sünde*) pecado *m*; (*Vergehen*) delito *m*, crime *m*; ***in j-s ~ stehen*** estar em dívida com alg; *pl* ***in ~en geraten*** endividar-se; *bras* infusar; ***~en machen*** contrair dívidas; ***j-m ~ geben*** atribuir a culpa a alg; ***≈ sein*** ter culpa (***an*** *dat* de, em); ***zu ~en*** → ***zuschulden***; **'~bekenntnis** *n* <-*ses*; -*se*> confissão *f* de culpa; **'≈bewusst** consciente da sua culpa(bilidade); **'~bewusstsein** *n* <-*s*; *sem pl*> consciência *f* da (sua) culpa(bilidade)

'schulden ['ʃuldən] <-*e*-> dever; **~frei** sem dívidas; **≈last** *f* dívidas *f/pl*; cargos *m/pl*; **≈tilgung** *f* amortização *f*

'schuld|fähig *JUR* imputável; **≈forderung** *f* dívida *f* a(c)tiva, crédito *m*; **≈frage** *f* (questão *f* das) responsabilidades *f/pl*; **~haft** culposo; culpado

'Schuldienst *m*: ***im ~ tätig sein*** estar no serviço escolar (*bras* magistério)

'schuldig ['ʃuldiç] culpado; *ECON u REL* devedor; ***et ~ sein*** dever a/c; ***die Antwort ~ bleiben*** não responder; **≈e(r** *m*) ['-digə(r)] *m*, *f* culpado *m*, -a *f*; *JUR a* réu *m*, ré *f*; **≈keit** *f* <*sem pl*> obrigação *f*, dever *m*

S

'Schuld|komplex *m* <*-es; -e*> complexo *m* de culpa; **≈los** <*-est*> inocente, sem culpa; *bras* inculpe; ***~ angeklagt*** falso culpado; **~losigkeit** ['-lo:ziç-] *f* <*sem pl*> inocência *f*; **~ner(in** *f*) *m* devedor(a *f*) *m*; **~schein** *m* <*-(e)s; -e*> título *m* de dívida; **~verschreibung** *f* obrigação *f*, promissória *f*

'Schul|e ['ʃu:lə] *f* (*Grund≈*) escola *f*; (*Gymnasium*) liceu *m*, *bras* ginásio *m* (***besuchen*** frequentar); ***~ haben*** ter aula; ***keine ~ haben*** ter feriado; ***aus der ~ plaudern*** *fig* ser indiscreto; **≈en** instruir; formar; adestrar

'Schül|er(in *f*) ['ʃy:lər] *m* aluno *m*, -a *f*; *Wissenschaft*, *Kunst*: discípulo *m*, -a *f*; **~eraustausch** *m* <*-(e)s; -e*> intercâmbio *m* de alunos; **~erlotse** *m* <*-n*> pessoa *f* que auxilia alunos a atravessar a rua

'Schul|feier *f* <*-; -n*>, **~fest** *n* <*-(e)s; -e*> festa *f* escolar; **~ferien** *pl* férias *f/pl* escolares; **≈frei** feriado; **~freund** *m* <*-(e)s; -e*> companheiro *m* de escola (*od* de liceu *od* de colégio); **~garten** *m* <*-s; ¨*> horto *m* escolar; **~gebäude** *n* edifício *m* escolar (*od* da escola *od* do liceu); **~geld** *n* <*-(e)s; -er*> propina *f* escolar, *bras* taxa (*od* mensalidade) *f* escolar; **~hof** *m* <*-(e)s; ¨e*> pátio *m* de recreio; **≈isch** escolar; liceal; **~jahr** *n* <*-(e)s; -e*> ano *m* le(c)tivo, ano *m* escolar; **~kamerad** *m* <*-en*> colega *m*, condiscípulo *m*; → ***~freund***; **~kind** *n* <*-(e)s; -er*> aluno *m*; criança *f* em idade escolar; **~leiter(in** *f*) *m* dire(c)tor(a *f*) *m*; reitor(a *f*) *m*; **~mappe** *f* pasta *f*, carteira *f*, *bras a* mala *f*; **~medizin** *f* <*sem pl*> medicina *f* convencional; **~ordnung** *f* regulamento *m* escolar; **~pflicht** *f* <*sem pl*> (**≈pflichtig** sujeito ao) ensino *m* (*od* escolaridade *f*) obrigatório, -a; **~rat** *m* <*-(e)s; ¨e*> inspe(c)tor *m* do ensino; **~reform** *f* reforma *f* do ensino escolar; **~schiff** *n* <*-(e)s; -e*> navio-escola *m*; **~schluss** *m* <*-es; sem pl*> fim *m* das aulas; termo *m* do ensino escolar; **~stunde** *f* aula *f*; **~tag** *m* <*-(e)s; -e*> dia *m* de aula; **~tasche** *f* → ***~mappe***

'Schulter ['ʃultər] *f* <*-; -n*> ombro *m*; espádua *f*; ***~ an ~*** lado a lado; *fig* ***j-m die kalte ~ zeigen*** ignorar alg; ***et auf die leichte ~ nehmen*** não fazer caso de a/c; **~blatt** *n* <*-(e)s; ¨er*> omoplata *f*; **≈n** <*-re*> pôr ao ombro; *MIL* ***das Gewehr ~*** carregar armas; **~riemen** *m*: (***am***) ***~*** (em) bandoleira *f*; (a) tira-colo *m*; **~stück** *n* <*-(e)s; -e*> espaldeira *f*, ombreira *f*; (*Achselstück*) *MIL* dragona *f*, galão *m*

'Schul|ung ['ʃu:luŋ] *f* instrução *f*; **~unterricht** *m* <*-(e)s; sem pl*> ensino *m* escolar; **~versäumnis** *n* <*-ses; -se*> falta *f*; **~weg** *m* <*-(e)s; -e*> caminho *m* da escola; **~wesen** *n* <*-s; sem pl*> ensino *m*, instrução *f* pública; **~zeit** *f* horas *f/pl* de aula; anos *m/pl* de escola; **~zeugnis** *n* <*-ses; -se*> certidão *f*, certificado *m*, diploma *m* escolar; **~zimmer** *n* sala *f* de aula

Schumm|e'lei [ʃumə'laɪ] *f* batota *f*, *bras* tramóia *f*; **'≈eln** <*-le*> fazer batota

Schund [ʃunt] *m* <*-(e)s; sem pl*> refugo *m*; (*a fig*) porcaria *f*; coisa *f* sem valor; **'~literatur** *f* <*sem pl*> literatura *f* barata (*od* de cordel); literatura *f* pornográfica; **'~ware** *f* refugo *m*; rebotalho *m*; fancaria *f*

'Schupp|e ['ʃupə] *f* *Fisch*: escama *f*; (*Kopf≈*) caspa *f*; **≈en** escamar; ***sich ~*** escamar-se; **~en** *m* alpendre *m*; *ECON* armazém *m*; **~enflechte** *f* *MED* psoríase *f*; **≈ig** escamoso

Schur [ʃu:r] *f* tosquia *f*, tosadura *f*

'schüren ['ʃy:rən] atiçar

'schürf|en ['ʃyrfən] arranhar; *BGB* fazer sondagens (***nach*** de); **≈wunde** *f* escoriação *f*

'Schurk|e ['ʃurkə] *m* <*-n*> malandro *m*; patife *m*; **~enstreich** *m* <*-(e)s; -e*> malandrice *f*

'Schurwolle ['ʃu:rvɔlə] *f* lã *f* virgem

Schurz [ʃurts] *m* <*-es; -e*> mandil *m*; tanga *f*; avental *m*

'Schürz|e ['ʃyrtsə] *f* avental *m* (*a AUTO*); **~enjäger** *m* mulherengo *m*, Dom João *m*, *bras* Dom Juan *m*

Schuss [ʃus] *m* <*-es; ¨e*> *MIL* tiro *m* (***abgeben*** disparar); *Fußball*: pontapé *m*, chuto *m*; *Weberei*: trama *f*; *MED* ferida *f*; ***ein ~*** *Rum etc* uma pinguinha de; *fig* ***weit vom ~ sein*** estar longe, não correr perigo;

(***gut***) ***in ~ sein*** F estar em forma (*od* em condições); ***in ~ bringen*** compor, arranjar; ***ein ~ ins Schwarze*** *fig* um tiro em cheio; ***ein ~ in den Ofen*** F *fig* um tiro em falso; **'~bereich** *m* <-(*e*)*s*; -*e*>: ***im ~*** a alcance de tiro; **'ᴤbereit** pronto para disparar

'Schüssel ['ʃysəl] *f* <-; -*n*> prato *m* (*a Gericht*), travessa *f*; *tiefe*: tigela *f*; alguidar *m*; *mit Deckel*: terrina *f*; (*Wasch*ᴤ) bacia *f*

'schusselig ['ʃusəliç] F desajeitado

'Schuss|fahrt *f Ski*: descida *f* em linha re(c)ta; **~linie** *f* linha *f* de proje(c)ção; **~waffe** *f* arma *f* de fogo; **~weite** *f* → ***~bereich***; **~wunde** *f* tiro *m*, ferida *f* de bala

'Schuster ['ʃuːstər] *m* sapateiro *m*

Schutt [ʃut] *m* <-(*e*)*s*; *sem pl*> escombros *m/pl*, entulho *m*, lixo *m*; **~abladeplatz** *m* <-*es*; -*plätze*> lixeira *f*

'Schüttel|frost ['ʃytəl-] *m* <-(*e*)*s*; ⁼*e*> calafrios *m/pl*; **ᴤn** <-*le*> sacudir; *Gefäß*: agitar; *Kopf*: abanar; *Hand*: apertar; **~reim** *m* <-(*e*)*s*; -*e*> rima *f* trocada

'schütt|en ['ʃytən] <-*e*-> deitar, despejar, *bras a* derramar; ***es schüttet*** F chove a potes; **~er** ralo, raro; **ᴤgut** *n* <-(*e*)*s*; ⁼*er*> mercadoria *f* a granel

'Schutt|halde *f* escorial *m*, depósito *m* de escória; **~haufen** *m* montão *m* de entulho (*od* de lixo)

Schutz [ʃuts] *m* <-*es*; *sem pl*> prote(c)ção *f*; (*Obhut*) amparo *m*; (*Zuflucht*) refúgio *m*, abrigo *m*; (*Verteidigung*) defesa *f* (**vor** *dat* de, contra); ***in ~ nehmen*** defender; ***im ~(e)*** (*gen*) ao abrigo de; a coberto de; **'~anstrich** *m* <-(*e*)*s*; -*e*> pintura *f* prote(c)tora; *MIL* camuflagem *f*; **'~blech** *n* <-(*e*)*s*; -*e*> guarda-lamas *m*, *bras* pára-lamas *m*; **'~brief** *m* <-(*e*)*s*; -*e*> salvo-conduto *m*; **'~brille** *f* óculos *m/pl* prote(c)tores (*od* de resguardo); **'~bündnis** *n* <-*ses*; -*se*> aliança *f* defensiva (*bras* de defesa); **'~dach** *n* <-(*e*)*s*; ⁼*er*> telheiro *m*, abrigo *m*

Schütz [ʃyts] *n* <-*es*; -*e*> *TÉCN* comporta *f*, eclusa *f*; *EL* relé *m*, conta(c)tor *m*; **'~e** *m* <-*n*> atirador *m*; *MIL* fusileiro *m*; (*Jäger*) caçador *m*; *ASTR* Sagitário *m*

'schützen <-*t*>: ***~ vor*** (*dat*), ***~ gegen*** proteger de, proteger contra, amparar de, defender de, defender contra; (*schirmen*) abrigar, resguardar de; ***geschützt vor*** (*dat*) ao abrigo de

'Schutzengel *m* anjo *m* custódio, anjo *m* da guarda

'Schützengraben *m* <-*s*; ⁼> trincheira *f*

'Schutz|farbe *f* cor *f* de prote(c)ção; **~gebiet** *n* <-(*e*)*s*; -*e*> *ökologisch*: reserva *f*; *POL* prote(c)torado *m*; **~gitter** *n* grade *f* de prote(c)ção; *gegen Feuer*: guarda-fogo *m*; **~haft** *f* <*sem pl*> detenção (*bras* prisão) *f* preventiva; **~heilige(r** *m*) *su* padroeiro *m*, -a *f*; **~helm** *m* <-(*e*)*s*; -*e*> capacete *m* de prote(c)ção; **~herr(in** *f*) *m* <-*en*> prote(c)tor(a *f*) *m*; **~herrschaft** *f* <*sem pl*> prote(c)torado *m*; **~hülle** *f* capa *f*; **~hütte** *f* abrigo *m*; **~impfung** *f* vacinação *f* (preventiva); **~kontakt** *m* <-(*e*)*s*; -*e*> *EL* conta(c)to *m* de segurança

'Schützling ['ʃytsliŋ] *m* <-*s*; -*e*> protegido *m*, -a *f*

'schutz|los desamparado, desprotegido; *MIL* indefeso; **ᴤmacht** *f* <-; ⁼*e*> potência *f* prote(c)tora; **ᴤmann** *m* <-(*e*)*s*; ⁼*er od -leute*> polícia *m*, guarda *m*; **ᴤmarke** *ECON f* marca *f* registrada; **ᴤmaske** *f* máscara *f* prote(c)tora; **ᴤmaßnahme** *f* medida *f* preventiva; **ᴤpatron(in** *f*) *m* <-*s*; -*e*> padroeiro *m*, -a *f*; **ᴤpolizei** *f* <*sem pl*> polícia *f* de segurança pública, guarda *f*; **ᴤpolizist** *m* <-*en*> guarda *m*, polícia *m*; **ᴤraum** *MIL m* <-(*e*)*s*; ⁼*e*> abrigo *m* (*AV* antiaéreo); **ᴤschicht** *f* camada *f* prote(c)tora; **ᴤzoll** *m* <-(*e*)*s*; ⁼*e*> direitos *m/pl* alfandegários proibitivos; **ᴤzollpolitik** *f* <*sem pl*> prote(c)cionismo *m*

'schwabb(e)lig ['ʃvab(ə)liç] F balofo; gelatinoso

schwach [ʃvax] <⁼*er*; ⁼*st*> fraco; débil; *Stimme*: *a* sumido; ***~e Stunde*** momento *m* de fraqueza; ***~e Seite*** fraco *m*, ponto *m* fraco; ***~ werden*** enfraquecer; *fig* ceder

'Schwäche ['ʃvɛçə] *f* fraqueza *f*; *MED a* astenia *f*, abirritação *f*; *fig* defeito(s) *m*(*pl*); fraco *m* (**für** por); **~anfall** *m* <-(*e*)*s*; ⁼*e*> fraqueza *f*; *MED* astenia *f*; **~gefühl** *n* <-(*e*)*s*; -*e*> sensação *f* de fraqueza

'schwächen enfraquecer

'Schwach|heit *f* fraqueza *f*; **~kopf** *m* <-(*e*)*s*; ¨*e*>, **≈köpfig** ['-kœpfiç] imbecil (*m*)

'schwäch|lich ['ʃvɛçliç] fraquinho; *MED* doentio, delicado; *a fig* sem energia, fraco; **≈ling** *m* <-*s*; -*e*> homem *m* fraco (*od* sem energia); F fracote *m*; abóbora *m*, *bras* banana *m*

'schwach|sichtig ['-ziçtiç] míope; ***~ sein*** *a* não ver bem, ter a vista cansada; **≈sinn** *m* <-(*e*)*s*; *sem pl*> imbecilidade *f*; **~sinnig** imbecil; **≈strom** *m* <-(*e*)*s*; *sem pl*> corrente *f* de baixa tensão

'Schwächung ['ʃvɛçuŋ] *f* enfraquecimento *m*

'Schwaden ['ʃvaːdən] *m BGB* mofeta *f*, grisu *m*; *pl* (*Nebel≈*) nevoeiro *m/sg*, nuvens *f/pl*; (*Rauch≈*) fumaçada *f*

'schwafeln ['ʃvaːfəln] F <-*le*> tagarelar; disparatar

'Schwager ['ʃvaːgər] *m* <-*s*; ¨> cunhado *m*

'Schwägerin ['ʃvɛːgərin] *f* cunhada *f*

'Schwalbe ['ʃvalbə] *f* andorinha *f*; **~nschwanz** *m* <-*es*; ¨*e*> *ZO* papilião *m*; *TÉCN* cauda *f* de andorinha

Schwall [ʃval] *m* <-(*e*)*s*; -*e*> torrente *f*; *Menge*: multidão *f*, data *f*

Schwamm [ʃvam] *m* <-(*e*)*s*; ¨*e*> esponja *f*; *BOT* fungo *m*, cogumelo *m*; *fig* ***~ drüber!*** F já não se fala nisso!; o que lá vai, lá vai!; **'≈ig** esponjoso; abalofado; fungoso; *fig* mole

Schwan [ʃvaːn] *m* <-(*e*)*s*; ¨*e*> cisne *m*; **'≈en**: ***mir schwant*** palpita-me

Schwang [ʃvaŋ] *m*: ***im ~e sein*** estar em voga

'schwanger ['ʃvaŋər] grávida; prenhe (*a fig*); **≈e** *f* <-*n*; -*n*> grávida *f*

'schwängern ['ʃvɛŋərn] <-*re*> engravidar; F emprenhar; *fig* impregnar

'Schwangerschaft *f* gravidez *f*; **~sabbruch** *m* <-(*e*)*s*; ¨*e*> interrupção *f* de gravidez; aborto *m* (provocado); **~stest** *m* <-(*e*)*s*; -*s*> teste *m* de gravidez

Schwank [ʃvaŋk] *m* <-(*e*)*s*; ¨*e*> facécia *f*; *TEA* farsa *f*; *LIT* conto *m* burlesco; **'≈en** abanar; *a fig* vacilar, oscilar; *j-d*: *a* hesitar; **'≈end** *adj* oscilante, vacilante, indeciso; *Gesundheit*: precário *m*; **'~ung** *f* oscilação *f*

Schwanz [ʃvants] *m* <-*es*; ¨*e*> cauda *f* (*a ASTR*); rabo *m*; V (*Penis*) caralho *m*

'schwänz|eln ['ʃvɛntsəln] <-*le*> agitar (*od* mover) a cauda; *fig* saracotear-se; **~en** <-*t*>: F ***die Schule ~*** gazear, gazetear, cabular, *bras* matar aulas

'Schwanz|feder *f* <-; -*n*> pena *f* da cauda; **~flosse** *f* barbatana *f*; *AV* deriva *f* caudal

Schwarm [ʃvarm] *m* <-(*e*)*s*; ¨*e*> *Vögel*: bando *m*; *Bienen*: enxame *m*; *Fische*: cardume *m*; *Menschen*: tropel *m*, rancho *m*, multidão *f*; chusma *f*; *fig* paixão *f*, amor *m*, fraco *m*

'schwärm|en ['ʃvɛrmən] <*h u sn*> voltear; vaguear; *Bienen*: enxamear; (*verehren*) <*h*>: ***~ von*** delirar de, imaginar (*ac*); ***~ für*** entusiasmar-se com, apaixonar-se por, andar doido por; **≈er** *m j-d*: exaltado *m*, entusiasta *m*; *REL* visionário *m*; fanático *m*; *ZO* esfinge *f*; *Feuerwerk*: busca-pé *m*; **≈e'rei** [-ə'raɪ] *f* paixão *f*, entusiasmo *m*, exaltação *f*, fanatismo *m*; **~erisch** entusiástico; exaltado; *REL* fanático

'Schwarte ['ʃvartə] *f* pele *f* de porco, couro *m* de toucinho; (*altes Buch*) cartapácio *m*, calhamaço *m*

schwarz [ʃvarts] <¨*er*; ¨*est*> preto; negro (*a Meer*), *fig a* ilegal, ilícito; *ECON* ***~e Zahlen*** números *m/pl* positivos; ***~ tauschen*** cambiar no mercado negro; ***~ auf weiß*** por escrito; em letra redonda; ***~ machen***, ***~ werden*** enegrecer; ***~ spielen*** *Kartenspiel*: dar capote; ***j-m wird ~ vor den Augen*** foge a vista a alg; ***warten, bis man ~ wird*** esperar até ter barba, *bras* esperar uma tempão; ***ins ≈e treffen*** acertar, dar em cheio; *fig* dar no vinte

'Schwarzarbeit *f* trabalho *m* ilegal (*od* ilícito); **~er(in** *f*) *m* trabalhador(a *f*) clandestino, -a

'schwarz|äugig ['-ɔygiç] de olhos pretos; **~braun** moreno; *Pferd*: baio escuro; **≈brot** *n* <-(*e*)*s*; -*e*> pão *m* escuro (*od* de centeio); **≈dorn** *m* <-*s*; -*e*> abrunheiro *m* silvestre; **≈drossel** *f* <-; -*n*> melro *m*, toutinegra *f*

'**Schwärz|e** ['ʃvɛrtsə] *f* negridão *f*; (*Drucker*2) tinta *f*; **2en** *<-t>* enegrecer, pintar preto

'**Schwarz|e(r** *m*) *su <-n*; *-n>* preto *m*, -a *f*; **∼fahrer** *m* passageiro *m* sem bilhete (*od* de borla); *Auto*: motorista *m* sem licença (*bras* carteira); **2haarig** de cabelos pretos; **∼handel(s...)** *m* (do) mercado *m* negro; **∼händler** *m* traficante *m* do mercado negro; **∼hörer** *m* radiouvinte *m* clandestino

'**schwärzlich** ['ʃvɛrtsliç] negro, enegrecido

'**Schwarz|markt...**: *in Zssg(n)* do mercado negro; **2sehen** ser pessimista; **∼seher** *m* tele-espe(c)tador *m* clandestino; *fig* pessimista *m*; **∼sender** *m Radio*: emissora *f* clandestina; **∼'weißfilm** *m <-(e)s*; *-e>* filme *m* a (*bras* em) preto e branco; **∼wild** *n <-(e)s*; *sem pl>* javalis *m/pl*; **∼wurzel** *f <-*; *-n>* escorcioneira *f*

Schwatz [ʃvats] *m <-es*; *-e>* cavaco *m*, *bras* prosa *f*, papo *m*; '**2en** *<-t>* palrar, cavaquear, *bras* prosear, bater papo; ser indiscreto

'**schwätz|en** ['ʃvɛtsən] *<-t>* → ***schwatzen***; **2er(in** *f*) *m* falador(a *f*) *m*, indiscreto *m*, -a *f*; tagarela *su*

'**schwatzhaft** palrador; indiscreto

'**Schwebe** ['ʃveːbə] *f <sem pl>*: ***in der ∼*** → ***2nd***; **∼bahn** *f* teleférico *m*; **∼balken** *m* trave *f* olímpica; **2n** *<h u sn>* pairar; estar suspenso; *in Gefahr*: estar; **2nd** *adj* suspenso, *fig* a pendente, em suspensão; *Schuld*: *ECON* flutuante; **∼stoffe** *m/pl QUÍM* matérias *f/pl* em suspensão

'**Schwebung** ['ʃveːbuŋ] *f FÍS* interferência *f*

'**Schwed|e** ['ʃveːdə] *m <-n>* sueco *m*; **∼en** *n* Suécia *f*; **∼in** *f* sueca , -a *f*; **2isch** sueco, da Suécia

'**Schwefel** ['ʃveːfəl] *m <-s*; *sem pl>* enxofre *m*; **∼...**: *in Zssg(n) QUÍM* (*z.B.* ***∼eisen***) *a* sulfureto de ...; → ***2haltig***; **∼bad** *n <-(e)s*; *¨er>* banho *m* sulfuroso (*od* sulfúreo); *Ort*: → ***∼quellen***; **∼'dioxyd** [-'diɔksyd] *n <-s*; *sem pl> QUÍM* anidrido *m* sulfuroso; **2farbig**, **2gelb** sulfurino; **∼grube** *f* mina *f* de enxofre; **2haltig** ['-haltiç] sulfúreo, sulfuroso; **2ig** sulfuroso; **∼kies** *m <-es*; *sem pl>* pirite *f* sulfúrea; **2n** *<-le>* enxofrar, sulfurar; **∼quellen** *f/pl* águas *f/pl* sulfurosas; **2sauer** sulfato *m* de ...; **∼säure** *f <sem pl>* ácido *m* sulfúrico; **∼'wasserstoff** *m <-(e)s*; *sem pl>* ácido *m* sulfídrico

Schweif [ʃvaɪf] *m <-(e)s*; *-e>* cauda *f*; '**2en** *v/i <h u sn>* vaguear; errar; ***∼ lassen*** *Blick*: passar; *v/t TÉCN* chanfrar, abaular; ***geschweift*** *adj a* curvado; *Tier*: de cauda; '**∼stern** *m <-(e)s*; *-e>* cometa *m*

'**Schweige|geld** ['ʃvaɪgə-] *n <-(e)s*; *-er>* suborno *m* (para impor silêncio); **∼marsch** *m <-(e)s*; *¨e>* marcha *f* silenciosa

'**schweigen 1.** calar(-se); estar calado, ficar calado; ***∼ über*** (*ac*), ***∼ von*** calar (*ac*); **2.** 2 *n* silêncio *m*; ***zum ∼ bringen*** fazer calar; **∼d** *adj* calado, silencioso, tácito (***sich verhalten*** ficar)

'**Schweigepflicht** *f <sem pl>* segredo *m* profissional

'**schweigsam** ['ʃvaɪkzaːm] calado, silencioso, taciturno; **2keit** *f <sem pl>* taciturnidade *f*; mutismo *m*

Schwein [ʃvaɪn] *n <-(e)s*; *-e>* porco *m*, varrão *m*, suíno *m*; *fig* F (*Glück*) sorte *f*

'**Schweine|braten** *m* porco *m* assado; **∼fleisch** *n <-es*; *sem pl>* (carne *f* de) porco *m*; **∼hund** F *m <-(e)s*; *-e>* patife *m*, velhaco *m*; **∼'rei** [-'raɪ] *f* porcaria *f*; **∼schmalz** *n <-es*; *sem pl>* banha *f*; **∼stall** *m <-(e)s*; *¨e>* pocilga *f*; chiqueiro *m* (*a fig*); **∼zucht** *f <sem pl>* criação *f* de porcos

'**schweinisch** ['ʃvaɪniʃ] porco; obsceno; pornográfico

'**Schweins|borste** *f* cerda *f*; **∼kopf** *m <-(e)s*; *¨e>* cabeça *f* de porco (*od Wildschwein*: de javali); **∼leder** *n* couro *m* de porco; pergaminho *m*

Schweiß [ʃvaɪs] *m <-es*; *sem pl>* suor *m* (*a fig*); transpiração *f*; *Jägersprache*: sangue *f*; (*Angst*2, *kalter ∼*) suores *m/pl* frios; ***in ∼ geraten*** começar a suar; '**∼absonderung** *f* transpiração *f*; '**∼brenner** *m* maçarico *m* de soldar; '**∼drüse** *f* glândula *f* sudorífera; '**2en** *<-t>* **1.** *v/t TÉCN* soldar; **2.** *v/i Jägersprache*: deitar sangue; '**∼er** *m TÉCN* soldador *m*; '**∼füße** *m/pl* suor *m* dos pés; hiperidrose *f* dos pés; '**∼hund** *m <-(e)s*; *-e>* cão *m* de caça; '**2ig** em suor, a suar, suarento, suado; '**~naht** *f* <-; ¨-e> *TÉCN* soldadura *f*; '**≈treibend** sudorífico; '**≈triefend** suado, banhado em suor; '**~tropfen** *m* gota *f* de suor

Schweiz [ʃvaɪts] *f* ***die ~*** a Suíça *f*

'**Schweizer** ['ʃvaɪtsər] *m*, **~in** *f* suíço *m*, -a *f*; **~ *Käse*** gruyère *m*, queijo *m* suíço; **≈isch** suíço, helvético, da Suíça

'**Schwel|brand** ['ʃveːl-] *m* <-(*e*)*s*; ¨-e> fogo *m* de combustão lenta; **≈en** ['ʃveːlən] arder sem chama; **~en** *n* *TÉCN* carbonização *f* incompleta

'**schwelg|en** ['ʃvɛlgən] gozar; **~ *in*** (*dat*) regalar-se com; **≈er** *m* patusco *m*; **≈e'rei** [-ə'raɪ] *f* patuscada *f*, excesso *m*; **~erisch** luxuoso; *Mahl*: opíparo, *bras* suntuoso, pomposo

'**Schwelle** ['ʃvɛlə] *f* limiar *m* (*a fig*); soleira *f*, umbral *m*; *CAM. DE F* travessa *f*, chulipa *f*, dormente *f*

'**schwell|en** *v/t u v/i* inchar; entumecer, tumefazer; *v/i Wasser*: crescer; **≈ung** *f* inchaço *m*

'**Schwemm|e** ['ʃvɛmə] *f* vau *m*; bebedouro *m*; F cervejaria *f* popular; **≈en** levar; fazer flutuar; *Pferd*: banhar; **~land** *n* <-(*e*)*s*; *sem pl*> aluvião *m*

'**Schwengel** ['ʃvɛŋəl] *m* manivela *f*; braço *m* (da bomba), picota *f*; palança *f*; (*Glocken≈*) badalo *m*

'**schwenk|bar** ['ʃvɛŋk-] giratório; **~en 1.** *v/t* agitar; (*drehen*) virar, fazer girar; (*spülen*) lavar; **2.** *v/i* virar-se, *MIL* fazer uma evolução; **≈ung** *f* conversão *f*, evolução *f*; volta *f*

schwer [ʃvɛːr] **1.** *adj* pesado (*a MIL*); (*schwierig*) difícil; (*mühevoll*) penoso, duro; (*ernst*) grave; (*streng*) severo; *Getränk etc*: forte; **2.** *adv arbeiten, wiegen*: muito; *krank*: gravemente; *drei Kilo* **~ *sein*** pesar; ***ich habe es ~ mit ihm*** (ele) dá-me muito que fazer; **~ *fallen*** custar; **~ *krank*** gravemente doente (*bras* enfermo); ***es j-m ~ machen*** dificultar (*od* tornar difícil) a alg; ***j-m das Leben ~ machen*** tornar a vida negra a alg, *bras* dificultar a vida de alg; ***et ~ nehmen*** tomar a/c a peito; ***sich ~ tun mit*** ter dificuldades com; **~ *verdaulich*** indigesto; **~ *verletzt***, **~ *verwundet*** gravemente ferido; **~ *verständlich*** difícil de compreender

'**Schwer|arbeit** *f* <*sem pl*> trabalho *m* de indústrias pesadas; **~arbeiter** *m* operário *m* de indústrias pesadas; **~athletik** *f* <*sem pl*> atletismo *m* pesado; **~behinderte**(**r** *m*) *su* <-*n*; -*n*> pessoa *f* com deficiência grave; **~beschädigte**(**r**) *m* aleijado *m*, gravemente danificado *m*

'**Schwere** *f* <*sem pl*> peso *m*; *fig a* gravidade *f*; (*Schwierigkeit*) dificuldade *f*; **≈los** liberto de gravidade; **~losigkeit** *f* <*sem pl*> ausência *f* de gravidade

'**schwer|fällig** pesado(nho), lento, parado; '**≈fälligkeit** *f* <*sem pl*> lentidão *f*; '**≈gewicht** *n* <-(*e*)*s*; -*e*> peso *m* (*Sport*: pesado); '**~hörig** mouco; surdo; '**≈hörigkeit** *f* <*sem pl*> surdez *f*; '**≈industrie** *f* indústria *f* pesada; '**≈kraft** *f* <*sem pl*> gravitação *f*, força *f* da gravidade; '**≈lastzug** *m* <-(*e*)*s*; ¨-e> *AUTO* camião *m* de pesados; '**~lich** dificilmente; '**≈metall** *n* <-*s*; -*e*> metal *m* pesado; '**≈mut** *f* <*sem pl*> melancolia *f*, *MED* hipocondria *f*; '**~mütig** ['-myːtɪç] melancólico, triste; '**≈öl** *n* <-(*e*)*s*; -*e*> óleo *m* pesado; '**≈punkt** *m* <-(*e*)*s*; -*e*> centro *m* de gravidade; *fig* ponto *m* principal; acento *m*; '**~reich** muito rico

Schwert [ʃveːrt] *n* <-(*e*)*s*; -*er*> espada *f*; '**~fisch** *m* <-(*e*)*s*; -*e*> peixe-espada *m*; '**~lilie** *f* íris *f*

'**Schwer|verbrecher** *m* grande criminoso *m*; **≈wiegend** *fig* grave, transcendente

'**Schwester** ['ʃvɛstər] *f* <-; -*n*> irmã *f*; (*Kranken≈*) enfermeira *f*; **≈lich** de (*od* como) irmã; **~nhelferin** *f* ajudante *f* de enfermeira; **~nschule** *f* escola *f* de enfermagem; **~schiff** *n* <-(*e*)*s*; -*e*> navio *m* irmão, navio *m* gêmeo

'**Schwieger|eltern** ['ʃviːgər-] *pl* sogros *m/pl*; **~mutter** *f* <-; ¨-> sogra *f*; **~sohn** *m* <-(*e*)*s*; ¨-e> genro *m*; **~tochter** *f* <-; ¨-> nora *f*; **~vater** *m* <-*s*; ¨-> sogro *m*

'**Schwiel|e** ['ʃviːlə] *f* calo *m*, calosidade *f*; **≈ig** caloso

'**schwierig** ['ʃviːrɪç] difícil; **≈keit** *f* dificuldade *f*

'**Schwimm|bad** ['ʃvɪm-] *n* <-(*e*)*s*;

S

⁓er>, **⁓becken** *n* piscina *f*; **⁓blase** *f* bexiga *f* natatória; **⁓dock** *n* <-(*e*)*s*; -*s od* -*e*> doca *f* flutuante

'schwimmen 1. <*sn*> flutuar, boiar; *j-d*: nadar; *in Tränen*: desfazer-se; ***es schwimmt mir vor den Augen*** foge-me a vista; **2.** ≗ *n* natação *f*

'Schwimmer a) *m TÉCN* bóia *f*; flutuador *m* (*a Angel*); **b)** ⁓ *m*, **⁓in** *f* nadador(a *f*) *m*

'Schwimm|flosse *f* barbatana *f*; **⁓gurt** *m* <-(*e*)*s*; -*e*>, **⁓gürtel** *m* cinto *m* de natação; **⁓haut** *f* <-; ⁓*e*> membrana *f*; **⁓lehrer** *m* professor (*od* mestre) *m* de natação; **⁓meisterschaft** *f* campeonato *m* de natação; **⁓sport** *m* <-(*e*)*s*; *sem pl*> natação *f*; **⁓vogel** *m* <-*s*; ⁓> ave *f* aquática, ave *f* palmípede; **⁓weste** *f* (colete *m*) salva-vidas *m*

'Schwindel ['ʃvindəl] *m* ***⁓ erregend*** vertiginoso; **a)** = **⁓anfall** *m* <-(*e*)*s*; ⁓*e*> vertigem *f*, tonturas *f/pl*; **b)** = **⁓'ei** [-ə'laɪ] *f* mentira *f*, peta *f*; burla *f*, intrujice *f*, embuste *m*; **≗frei**: ***⁓ sein*** não ter vertigens; **⁓gefühl** *n* <-(*e*)*s*; -*e*> sensação *f* de vertigens; **≗haft** fraudulento, mentiroso; **≗ig** vertiginoso; ***⁓ sein*** ter vertigens, ter tonturas

'schwindeln <-*le*> **a)**: ***j-m schwindelt*** alg está com vertigens; **b)** (*lügen*) mentir, dizer petas, ser mentiroso

'schwinden ['ʃvindən] <*sn*> (*abnehmen*) diminuir; (*hin⁓*) desvanecer; fugir; (*ver⁓*) desaparecer; ***j-m ⁓ die Sinne*** alg perde os sentidos

'Schwind|ler ['ʃvindlər] *m* aldrabão *m*, embusteiro *m*; tratante *m*; burlador *m*; **⁓sucht** *f* <*sem pl*> tísica *f*; **≗süchtig** tísico

'Schwing|achse ['ʃviŋ-] *f AUTO* eixo *m* de suspensão independente; **⁓e** *f* asa *f*; **≗en 1.** *v/t* agitar; *Degen*: vibrar; *Lanze*: arrojar; *Korn*: cirandar, joeirar; *Flachs*: espadelar; ***sich ⁓*** lançar-se, arrojar-se; **2.** *v/i* vibrar; *Pendel*: oscilar; **⁓tür** *f* porta *f* de bater (*bras* de vaivém); **⁓ung** *f* vibração *f*; *Pendel*: oscilação *f*; **⁓ungskreis** *m* <-*es*; -*e*> circuito *m* oscilante; **⁓ungszahl** *f* frequência *f*

Schwips [ʃvips] *m* <-*es*; -*e*> F piela *f*, perua *f*, *bras* pileque *m*

'schwirren ['ʃvirən] <*h u sn*> vibrar; zunir; *pfeifend*: sibilar; *Gerücht*: circular

'Schwitz|bad ['ʃvits-] *n* <-(*e*)*s*; ⁓*er*> banho *m* de vapor; **⁓e** *f CUL* refogado *m*; **≗en** <-*t*> suar, transpirar

'schwören ['ʃvøːrən] jurar; ***⁓ bei*** jurar por; ***e-n Eid ⁓*** prestar juramento

schwul [ʃvuːl] F, **'≗e(r)** *m* <-*n*> *neg!* maricas *m*, bicha *f*, *bras* puto *m*

schwül [ʃvyːl] abafado; pesado; **'≗e** *f* <*sem pl*> calor *m* sufocante (*od* abafadiço); abafamento *m*

Schwulst [ʃvulst] *m* <-(*e*)*s*; ⁓*e*> estilo *m* empolado; *LIT* cultismo *m*, gongorismo *m*

'schwülstig ['ʃvylstiç] empolado, bombástico

Schwund [ʃvunt] *m* <-(*e*)*s*; *sem pl*> redução *f*, diminuição *f*, definhamento *m*; *MED* atrofia *f*

Schwung [ʃvuŋ] *m* <-(*e*)*s*; ⁓*e*> arranco *m*; (*Antrieb*) impulso *m*, ímpeto *m*, *fig a* brio *m*; *Höhe*: elevação *f*; ***in ⁓ bringen*** (*ac*) pôr em marcha; *fig* dar impulso a, a(c)tivar; **'⁓feder** *f* <-; -*n*> remígio *m*; **'≗haft** <-*est*> florescente, próspero, lucrativo; **'⁓kraft** *f* <-; ⁓*e*> força *f* motriz (*od* centrífuga); *fig* elasticidade *f*; brio *m*; **'≗los** <-*est*> monótono, aborrecido; **'⁓rad** *n* <-(*e*)*s*; ⁓*er*> volante *m*; **'≗voll** → ***≗haft***; enfático, dinâmico; brioso

Schwur [ʃvuːr] *m* <-(*e*)*s*; ⁓*e*> juramento *m*; **'⁓gericht** *n* <-(*e*)*s*; -*e*> (tribunal *m* de) jurados *m/pl*, júri *m*

'Sciencefiction ['saɪəns'fikʃən] *f* <*sem pl*> fi(c)ção *f* científica

sechs [zɛks] (≗ *f*) seis (*m*); **'≗eck** *n* hexágono *m*; **'⁓eckig** hexagonal; **'⁓fach** sêxtuplo; **≗erpack** *m* <-*s*; -*s*> *ECON* embalagem *f* de seis unidades; **'⁓hundert** seiscentos; **'⁓jährig** ['-jɛːriç] de seis anos (de idade); **'⁓mal(ig)** seis vezes (repetido); **≗'tagerennen** *n* corridas *f/pl* de seis dias; **'⁓tausend** seis mil; **'⁓te** sexto; **'≗tel** *n* sexto *m*; **'⁓tens** ['-təns] (em ...) sexto (lugar); **'⁓ter** sexto

'sechzehn ['zɛçtseːn] dezasseis, *bras a* dezesseis; **⁓te** décimo sexto; ***Ludwig XVI*** (***der*** ≗) Luís XVI (dezasseis); **≗tel** *n* décimo *m* sexto; **≗telnote** *MÚS f* semicolcheia *f*

S

'sechzig ['zɛçtsiç] sessenta; **2er(in** *f*) *m* ['-gər-] sexagenário *m*, -a *f*; ***in den ~n*** (***sein*** andar) na casa dos sessenta; **~jährig** ['-jɛːriç] sexagenário; **~ste** ['-stə] (**2stel** *n*) sexagésimo (*m*)

See [zeː] **a)** *f* <-; *sem pl*> mar *m* (***auf der*** no ***zur*** por); (*Sturz2*) vagalhão *m*; (*Woge*) onda *f*, vaga *f*; ***in ~ gehen, in ~ stechen*** fazer-se ao mar; embarcar; ***zur ~ fahren*** ser marinheiro; ***auf hoher ~*** em alto mar; ***zur ~*** *ECON* marítimo; *MIL* de mar e guerra; **b)** *m* <-*s*; -*n*> lago *m*; **'~aal** *m* <-(*e*)*s*; -*e*> congro *m*; **'~adler** *m* águia *f* marítima; **'~anemone** *f* anémona (*ê) *f* do mar; **'~bad** *n* <-(*e*)*s*; ¨*er*> banho *m* de mar; *Ort*: praia *f*; **'~bär** *m* <-*en*> *fig* velho marujo *m*; lobo *m* do mar; **'~beben** *n* maremoto *m*; **'~blick** *m* <-(*e*)*s*; *sem pl*> vista *f* para o mar; **'~fahrer** *m* marinheiro *m*; navegador *m*; **'~fahrt** *f* navegação *f*; (*Reise*) viagem *f* marítima; **'~fisch** *m* <-(*e*)*s*; -*e*> peixe *m* de água salgada; **'~frachtbrief** *m* <-(*e*)*s*; -*e*> conhecimento *m* de frete marítimo; **'~gang** *m* <-(*e*)*s*; *sem pl*> marulho *m*; **'~gras** *n* <-*es*; ¨*er*> sargaço *m*; algas *f/pl*; **'~hafen** *m* <-*s*; ¨> porto *m* marítimo; **'~hecht** *m* <-(*e*)*s*; -*e*> *ZO* pescada *f*; **'~hund** *m* <-(*e*)*s*; -*e*> foca *f*; **'~hundsfell** *n* <-(*e*)*s*; -*e*> lixa *f*; **'~igel** *ZO* ouriço *m* do mar; **'~jungfer** *f* <-; -*n*> sereia *f*; *ZO* libelinha *f*; **'~kabel** *n* cabo *m* submarino; **'~karte** *f* mapa *m* náutico; **'~klima** *n* <-*s*; *sem pl*> clima *m* marítimo; **'2krank** enjoado; ***~ sein, ~ werden*** *a* enjoar; **'~krankheit** *f* <*sem pl*> enjoo (*ô) *m*; **'~krieg** *m* <-(*e*)*s*; -*e*> guerra *f* naval; **'~lachs** *m* <-*es*; -*e*> *ZO* salmão-do-mar *m*

'Seele ['zeːlə] *f* alma *f*; ***e-e ~ von Mensch*** uma santa pessoa; ***j-m in der ~ wehtun*** afligir alg muito, *bras* magoar alg; ***j-m aus der ~ sprechen*** pensar como alg

'Seelen|amt *n* <-(*e*)*s*; ¨*er*> ofício *m* de defuntos; **~größe** *f* <*sem pl*> magnanimidade *f*; **~heil** *n* <-*s*; *sem pl*> salvação *f*; **~leben** *n* <-*s*; *sem pl*> vida *f* espiritual; **2los** desalmado; insensível; **~messe** *f* sufrágio *m*; **~ruhe** *f* <*sem pl*> serenidade *f*; **2ruhig** sereno; todo sossegado; **~verwandschaft** *f* (de) afinidades *f/pl* espirituais; **~wanderung** *f* metempsicose *f*

'Seeleute *m/pl* marinheiros *m/pl*

'seelisch ['zeːliʃ] psíquico, anímico; íntimo

'Seelöwe *m* <-*n*> *ZO* leão-marinho *m*

'Seel|sorge *f* <*sem pl*> cura *f* de almas, *bras* assistência *f* espiritual; **~sorger** *m* pastor *m* de almas

'See|luft *f* <*sem pl*> ar *m* marítimo; ares *m/pl* do mar; **~macht** *f* <-; ¨*e*> poder *m* naval; *Staat*: potência *f* naval, potência *f* marítima; *Flotte*: forças *f/pl* navais; **~mann** *m* <-(*e*)*s*; -*leute*> marinheiro *m*; **2männisch** ['-mɛniʃ] de marinheiro; náutico; **~meile** *f* milha (*od* légua) *f* marítima; **~not** *f* <*sem pl*> perigo *m* marítimo (*od* de naufrágio); **~pferdchen** *n* cavalo-marinho *m*; **~räuber** *m* pirata *m*; **~recht** *n* <-(*e*)*s*; *sem pl*> direito *m* marítimo; **~reise** *f* viagem *f* marítima (*od* por mar); **~rose** *f* *ZO* a(c)tínia *f*; *BOT* anémona (*ê) *f* do mar; nenúfar *m*; **~sack** *m* <-(*e*)*s*; ¨*e*> saco *m* de marinheiro; saco de lona; **~schlacht** *f* batalha *f* naval; **~stern** *m* <-(*e*)*s*; -*e*> estrela-do-mar *f*; **~straße** *f* via *f* marítima; **~streitkräfte** *f/pl* forças *f/pl* navais; **~tang** *m* <-*s*; *sem pl*> sargaço *m*; algas *f/pl*; **2tüchtig** em condições de navegar; **~ufer** *n* costa *f* marítima; **~warte** *f* observatório *m* marítimo; **2wärts** ao largo, para o mar, do lado do mar; **~wasser** *n* <-*s*; *sem pl*> água *f* salgada, água *f* do mar; **~weg** *m* <-(*e*)*s*; -*e*> via *f* marítima; ***auf dem ~*** por via marítima, por mar; **~zeichen** *n* bóia *f*; **~zunge** *f* *ZO* linguado *m*

'Segel ['zeːgəl] *n* vela *f*; *pl* ***mit vollen ~n*** a todo o pano; **~boot** *n* <-(*e*)*s*; -*e*> barco *m* à vela; **~flieger** *m* planador *m*; *j-d*: piloto *m* de planador; **~flug** *m* <-(*e*)*s*; ¨*e*> voo *m* (*ô) à vela (*od* de planador); **~flugzeug** *n* <-(*e*)*s*; -*e*> aeroveleiro *m*, planador *m*; **2n** *v/i u v/t* <-*le*> velejar, andar à vela; **~regatta** *f* <-; -*en*> regata *f* de barcos à vela; **~schiff** *n* <-(*e*)*s*; -*e*> (navio *m*) veleiro *m*; **~sport** *m* <-(*e*)*s*; *sem pl*>

desporto *m* de barco à vela, *bras* esporte *m* de vela; **~tuch** *n* <-(*e*)*s*; *-e*> lona *f*; brim *m*; **~werk** *n* <-(*e*)*s*; *sem pl*> velame *m*

'Segen ['ze:gən] *m* bênção *f* (***erteilen*** lançar); *fig a* prosperidade *f*, felicidade *f*; **♀sreich** abençoado; propício, benéfio; **~swunsch** *m* <-(*e*)*s*; *⸚e*> felicitação *f*; voto *m*

'Segment [zɛg'mɛnt] *n* <-(*e*)*s*; *-e*> segmento *m*

'segn|en ['ze:gnən] <*-e-*> abençoar, *REL a* benzer; ***gesegnet*** *a* bendito; **♀ung** *f* bênção *f*

'sehen ['ze:ən] **1.** ver; (*an~*, *hin~*) *a* olhar (***auf*** *ac* para; *sorgend*: por); ***zu ~ sein*** ver-se; ***sich ~ lassen*** aparecer; ***sich ~ lassen können*** apresentar-se bem; fazer boa figura; ***j-m ähnlich ~*** parecer-se com alg; ***gern ~*** gostar de ver, ver com agrado; ***siehe …!*** vide …!; **2.** ♀ *n* vista *f*; visão *f*; ***vom ~ kennen*** conhecer de vista; **~swert** <*-est*>, **~swürdig** notável, interessante; **♀swürdigkeit** *f* coisa *f* interessante; curiosidade *f*; *pl* ***~en*** monumentos *m/pl*

'Seh|fehler ['ze:-] *m* defeito *m* visual (*od* nos olhos); **~kraft** *f* <*sem pl*> vista *f*, força *f* visual

'Sehn|e ['ze:nə] *f* ANAT tendão *m*, nervo *m*; MAT *u* (*Bogen♀*) corda *f*; **♀en**: ***sich*** (***zurück***)***~ nach*** ter saudades de; ***sich nach et*** (*künftigem*) ***~*** ansiar (*ac*); **~enscheidenentzündung** *f* MED tendinite *f*; **~enzerrung** *f* distensão *f* do tendão

'Sehnerv *m* <*-s*; *-en*> nervo *m* ó(p)tico, nervo *m* visual

'sehnig ['ze:niç] *j-d*: musculoso, nervudo; *Fleisch*: tendinoso

'sehn|lich ['ze:nliç] ardente, veemente; **♀sucht** *f* <-; *⸚e*> *nach Vergangenem*: saudade *f*; *nach Künftigem*: ânsia *f* (***nach*** de); **~süchtig** saudoso; ansioso

sehr [ze:r]: **~** (***viel***) muito; ***so ~*** tanto; ***wie ~ auch*** por mais que (*subj*); ***wie ~*** quanto

'Seh|rohr NAV *n* <-(*e*)*s*; *-e*> periscópio *m*; **~schärfe** *f* <*sem pl*> → ***~kraft***; **~störung** *f* perturbação *f* visual; **~test** *m* <-(*e*)*s*; *-s*> teste *m* visual; **~vermögen** *n* <*-s*; *sem pl*> capacidade (*od* força) *f* visual; poder *m* ó(p)tico; **~weise** *f fig* modo *m* de ver a/c; **~weite** *f* alcance *m* da vista

seicht [zaɪçt] baixo, pouco profundo; *fig* superficial; fútil

'Seide ['zaɪdə] *f* seda *f*

'seiden de seda; **♀industrie** *f* indústria *f* de sedas; **♀papier** *n* <*-s*; *-e*> papel *m* de seda; **♀raupe** *f* bicho-da-seda *m*; *prov* sirgo *m*; **♀raupenzucht** *f* criação *f* de bichos-da-seda; **♀waren** *f/pl* sedas *f/pl*; **~weich** sedoso, macio como seda

'seidig ['zaɪdiç] sedoso

'Seife ['zaɪfə] *f* sabonete *m*; (*Wasch♀*) sabão *m*

'Seifen|dose *f* saboneteira *f*; **~blase** *f* bola *f* de sabão; **~fabrik** *f* saboaria *f*; **~flocken** *f/pl* flocos *m/pl* de sabão; **~lauge** *f* lixívia *f*; **~oper** F *depr* telenovela *f*, soap opera *f*; **~pulver** *n* sabão *m* em pó; **~schale** *f* → ***~dose***; **~schaum** *m* <-(*e*)*s*; *⸚e*> espuma *f* de sabão

'seifig ['zaɪfiç] saponáceo

'seihen ['zaɪən] coar, passar, filtrar

Seil [zaɪl] *n* <-(*e*)*s*; *-e*> corda *f*; cabo *m*; **'~bahn** *f* teleférico *m*; (*Stand♀*) funicular *m*; **'~schaft** *f* cordame *m*; **'♀springen** <*sn*> saltar à corda, *bras* pular corda; **'~tänzer** *m* saltimbanco *m*, funâmbulo *m*; **'~winde** *f* guincho; NAV cabrestante *m*; **'~zug** *m* <-(*e*)*s*; *⸚e*> tensão *m* do cabo

sein[1] [zaɪn] **1.** <*sn*> *Eigenschaft*: ser; *örtl u Zustand*: estar; *Ergebnis a* ficar; *im Perfekt der v/i*: ter; ***es ist … Jahr***(***e***) ***her*** há (*od* faz) … anos; ***es ist*** (*od* ***sind***) ***… vorhanden*** há …; ***es ist schönes Wetter*** está (*od* faz) bom tempo; ***es ist 3 Uhr*** são três horas; ***was ist*** (***los***)***?*** que se passa?; ***was ist mit dir?*** o que tens?, *bras* o que você tem?; ***wie wär's?*** que lhe (*od* te) parece?; ***nicht zu*** (*inf*) **~** não se poder …; ***ich bin dran***, ***ich bin an der Reihe*** é a minha vez; ***es sei denn***, ***dass*** a não ser que (*subj*); a menos que (*subj*); **~** ***lassen*** deixar; ***lass das sein!*** não faças isso!, *bras* não faça isso! **2.** ♀ *n* ser *m*, existência *f*; vida *f*

sein[2] **1.** *adjektivisch*: (o) seu, (a) sua; **~** ***Vater*** o seu pai; **2.** *gen von* ***er***

'seiner[1] dele
'seiner[2] do(s) seu(s), da(s) sua(s); **'~seits** ['-zaɪts] da sua parte, pela sua parte, da parte dele; **'~zeit** a seu tempo, em tempos, naquele tempo
'seinesgleichen (seu) igual; ***nicht ~ haben*** *a* não ter rival
'seinet|halben ['zaɪnəthalbən], **~wegen**, ***um ~willen*** por ele, por causa dele
'seinige ['zaɪnigə]: ***der ~***, ***das ~*** (o) seu; ***die ~*** (a) sua
Seismo'graf, **Seismo'graph** [zaɪsmo'graːf] *m* <-*en*> sismógrafo *m*
seit [zaɪt] **1.** *prp* (*dat*) *Zeitpunkt*: desde, a partir de; *Zeitdauer*: (desde) há, faz ... que; ***~ kurzem*** (***langem***) há pouco (muito) tempo ***~ e-r Woche*** há uma semana; **2.** *cj* desde que; **~'dem** desde então; *cj* desde que
'Seite ['zaɪtə] *f* lado *m*, *Körper*: *a* ilharga *f*, *MIL u NAV*: *a* flanco *m*, *NAV u Fluss*: *a* banda *f*; *Buch*, *Zeitung*: página *f*; *Münze*, *Stoff*: ***rechte ~*** face *f*; ***linke ~*** verso *m* (*a* avesso *m*, invés *m*); *fig* aspe(c)to *m*; ***von der ~*** *ansehen* de soslaio, de esguelha; ***auf die ~ gehen***, ***zur ~ gehen*** passar para o lado; ***~ an ~*** lado a lado; ***auf die ~ bringen*** pôr de lado; ***j-n auf seine ~ bringen*** convencer alg; ***j-s schwache ~*** o fraco *m* de alg; ***von ~n*** → ***vonseiten***; ***j-m zur ~ stehen*** assistir (a) alg; ***j-m an die ~ stellen*** comparar com alg; ***seine guten ~n haben*** *j-d*: ter (também) boas qualidades; *et*: ter as suas vantagens
'Seiten|ansicht *f* perfil *m*; **~blick** *m* <-(*e*)*s*; -*e*> relance *m*; **~eingang** *m* <-(*e*)*s*; *⸚e*> entrada *f* lateral (*od* do lado); **~flügel** *ARQUIT m* ala *f* (lateral); **~gebäude** *n* anexo *m*; **~gewehr** *n* <-(*e*)*s*; -*e*> baioneta *f*; **~hieb** *m* <-(*e*)*s*; -*e*> revés *m*; *fig* remoque *m*; **~linie** *f* linha *f* lateral (*od CAM. DE F* secundária *od Stammbaum*: colateral); **~ruder** *n* dire(c)ção *f* lateral, condução *f* lateral; **⁀s** (*gen*) da parte de; **~schiff** *ARQUIT n* <-(*e*)*s*; -*e*> nave *f* lateral; **~sprung** *m* <-(*e*)*s*; *⸚e*> salto *m* para o lado; *fig* escapadela *f*, escorregadela *f*; **~stechen** *MED n* pontada(s *pl*) *f* no lado; **~straße** *f* travessa *f*; **~streifen** *m* faixa *m* lateral; **⁀verkehrt** de imagem invertida; **~zahl** *f* número *m* de páginas
seit|'her desde então; **'~lich** lateral; ***~ zu*** de flanco para; = **'~wärts** ['-vɛrts] de lado, ao lado
Se'kante [ze'kantə] *f* secante *f*
Se'kret [ze'kreːt] *n* <-(*e*)*s*; -*e*> secreção *f*
Sekre|'tär(in *f*) *m* [zekre'tɛːr-] <-*s*; -*e*> secretário *m*, -a *f*; **~tari'at** [-tari'aːt] *n* <-(*e*)*s*; -*e*> secretaria(do *m*) *f*; **~ti'on** [-tsi'oːn] *f* secreção *f*
Sekt [zɛkt] *m* <-(*e*)*s*; -*e*> (vinho *m*) espumante *m*, champanhe *m*; **'~e** *f* seita *f*; **~'ierer** [-'tiːrər] *m* se(c)tário *m*; **~i'on** [-tsi'oːn] *f* se(c)ção *f*; *MED* autópsia *f*, disse(c)ção *f*; **'~kübel** *m*, **'~kühler** *m* balde *m* de gelo
'Sektor ['zɛktɔr] *m* <-*s*; -*en* [-'toːrən]> se(c)tor *m*
Sekun'dant [zekun'dant] *m* <-*s*; -*en*> padrinho *m*, testemunha *f*
sekun'där [zekun'dɛr] secundário; subsidiário
Se'kunde [ze'kundə] *f* segundo *m*; **~nzeiger** *m* ponteiro *m* de segundos
sekun'dieren [-'diːrən] <-> (*dat*) apadrinhar, servir de padrinho, servir de testemunha; *MÚS* acompanhar
selbe [zɛlbə] mesmo; ***zur ~n Zeit*** ao mesmo tempo
selbst [zɛlpst] **1.** *adj* mesmo, próprio; ***von ~*** por si (mesmo), espontâneamente; *TÉCN* automaticamente; **2.** *adv* mesmo, até; ***~ wenn*** ainda que (*subj*); ***~ gemacht*** feito por mim *etc*; feito em casa; ***~ verschuldet*** por sua (própria) culpa; **'⁀achtung** *f* <*sem pl*> dignidade *f*
'selbständig *etc* → ***selbstständig*** *etc*
'Selbst|aufopferung *f* <*sem pl*> abnegação *f*; **~auslöser** *m* disparador *m* automático; **~bedienung** *f* auto-serviço *m*, self-service *m*; **~befriedigung** *f* onanismo *m*, masturbação *f*; **~beherrschung** *f* <*sem pl*> auto-domínio *m*, sangue-frio *m*; **~bestätigung** *f PSIC* auto-afirmação *f*; **~bestimmung** *f* <*sem pl*> liberdade *f*, independência *f*, auto-determinação *f*; **~bestimmungsrecht** *n* <-(*e*)*s*; *sem pl*> di-

reito *m* à auto-determinação, direito *m* a autonomia; **~betrug** *m* <-(*e*)*s*; *sem pl*> ilusão *f*; **2bewusst** consciente de si; (*stolz*) presunçoso; **~bewusstsein** *n* <-*s*; *sem pl*> consciência *f* do seu valor (*od* da sua dignidade); (*Stolz*) presunção *f*; **~bildnis** *n* <-*ses*; -*se*> auto-retrato *m*; **~disziplin** *f* <*sem pl*> auto-disciplina *f*; **~einschätzung** *f* consciência *f* do valor próprio; **~erfahrungsgruppe** *f* <*sem pl*> PSIC grupo *m* de apoio; **~erhaltung(strieb** *m* <-(*e*)*s*; *sem pl*>) *f* <*sem pl*> (instinto *m* de) conservação *f*; **~erkenntnis** *f* <*sem pl*> conhecimento *m* de si próprio (*od* dos seus próprios defeitos), *bras* auto-conhecimento *m*; FIL: *a* introspe(c)ção *f*; **2erklärend** *Software*: autodecifrável; **~gebrauch** *m* <-(*e*)*s*; *sem pl*> uso *m* pessoal; **2gefällig** vaidoso, presunçoso; **~gefälligkeit** *f* <*sem pl*> vaidade *f*, presunção *f*; **~gefühl** *n* <-(*e*)*s*; *sem pl*> orgulho *m*; dignidade *f* própria; **2gerecht** presumido, presunçoso; **~gespräch** *n* <-(*e*)*s*; -*e*> monólogo *m*, solilóquio *m*; **2herrlich** autocrático; **~hilfe** *f* <*sem pl*> defesa *f* própria (*od* pessoal); **~ironie** *f* <*sem pl*> auto-ironia *f*; **~justiz** *f* <*sem pl*> JUR justiça *f* feita pelas próprias mãos; **~klebefolie** *f* folha *f* autocolante; **~kosten(preis** *m* <-*es*; -*e*>) *pl* custo (*bras* preço) *m/sg* da fábrica, preço *m* do custo

Selbst|kritik *f* auto-crítica *f*; **~ladepistole** *f* pistola *f* automática; **~laut** *m* <-(*e*)*s*; -*e*> vogal *f*; **2los** desinteressado; abnegado(r), altruísta; **~losigkeit** ['-loːziç-] *f* <*sem pl*> desinteresse *m*; abnegação *f*; altruísmo *m*; **~mitleid** *n* <-*s*; *sem pl*> auto-compaixão *f*; **~mord** *m* <-(*e*)*s*; -*e*> suicídio *m*; **~mörder(in** *f*) *m*, **2mörderisch** suicida *su*; **~mordversuch** *m* <-(*e*)*s*; -*e*> tentativa *f* de suicídio; **2redend** naturalmente, claro que ...; **2reinigend** de limpeza automática; **~reinigung** *f* <*sem pl*> *Biologie*: depuração *f* natural; **~schutz** *m* <-*es*; *sem pl*> auto-prote(c)ção *f*; defesa *f* legítima; **2sicher** seguro de si (próprio); aprumado; **~sicherheit** *f* <*sem pl*> aprumo *m*; **2ständig** ['zɛlpʃtɛndiç] independente, autónomo (*ô); ***sich ~ machen*** tornar-se (*od* fazer-se) independente; **~ständigkeit** *f* <*sem pl*> independência *f*, autonomia *f*; **~sucht** *f* <*sem pl*> egoísmo *m*; **2süchtig** egoísta; **2tätig** auto-a(c)tivo; espontâneo; automático; **~täuschung** *f* ilusão *f*; **~überwindung** *f* <*sem pl*> auto-domínio *m*; **~unterricht** *m* <-(*e*)*s*; *sem pl*> (instrução *f*) autodida(c)tica *f*, ensino *m* autodidá(c)tico; **~verleugnung** *f* abnegação *f*; **~versorgung** *f* auto-abastecimento *m*; **2verständlich** natural; indiscutível; *adv a* evidentemente; **~verständlichkeit** *f* naturalidade *f*; coisa *f* natural (*od* evidente); **~verstümmelung** *f* mutilação *f* voluntária; **~verteidigung** *f* auto-defesa *f*, legítima defesa *f*; **~vertrauen** *n* <-*s*; *sem pl*> confiança *f* (em si mesmo); **~verwaltung** *f* autonomia *f* administrativa; **~verwirklichung** *f* PSIC auto-realização *f*; **2zufrieden** vaidoso, presunçoso; **~zweck** *m* <-(*e*)*s*; *sem pl*>: ***~ sein*** ter o seu fim em si mesmo

selek'tiv [zelɛk'tiːf] sele(c)tivo

Se'len [ze'leːn] QUÍM *n* <-*s*; *sem pl*> selénio (*ê) *m*

'selig ['zeːliç] bem-aventurado; *fig* feliz; (*verstorben*) saudoso; que Deus haja; ***~ sprechen*** beatificar; **2keit** *f* bem-aventurança *f*, glória *f*; felicidade *f*; **2sprechung** ['-ʃprɛçuŋ] *f* beatificação *f*

'Sellerie ['zɛləri] *m* <-*s*; -*s*>, *f* <-; -> aipo *m*, *bras* salsão *m*

'selten ['zɛltən] raro; *adv a* raras vezes; ***nicht ~*** frequentemente; **2heit** *f* raridade *f*; coisa *f* rara

'Selterswasser ['zɛltərs-] *n* <-*s*; ⸚> água *f* gasosa, água *f* de seltz

'seltsam ['zɛltzaːm] estranho, esquisito, singular; **2keit** *f* singularidade *f*, estranheza *f*, esquisitice *f*

Se'mester [ze'mɛstər] *n* semestre *m*; **~ferien** *pl* férias *f/pl* de semestre

Semi'kolon [zemi'koːlɔn] *n* <-*s*; -*s*, *Semikola*> ponto *m* e vírgula

Semi'nar [zemi'naːr] *n* <-*s*; -*e*> seminário *m*, (*Universitäts2*) *a* instituto *m*

Se'mit|(in *f*) [ze'miːt] *m* <-*en*> semita *su*; **2isch** semita, semítico

S

'Semmel ['zɛməl] *f* <-; *-n*> pãozinho *m*; *pl* pãezinhos *m/pl*; ***weggehen wie warme ~n*** F *fig* vender-se muito bem; **~mehl** *n* <*sem pl*> pão *m* ralado
Se'nat [ze'naːt] *m* <-(*e*)*s*; *-e*> senado *m*; **~or** *m* <*-s*; *-en* [-'torən]> senador *m*
'Sendbote ['zɛnt-] *m* <*-n*> emissário *m*, enviado *m*
'Sende|anlage ['zɛndə-] *f* (instalação *f*) emissora *f*; **~bereich** *m* <-(*e*)*s*; *-e*>, **~gebiet** *n* <-(*e*)*s*; *-e*> raio *m* de alcance; zona *f* de emissão; **~leiter** *m* dire(c)tor *m* de emissão; **♀n** enviar, mandar, expedir; remeter; *Radio*, *TV*: emitir, transmitir; **~pause** *f* intervalo *m* de emissão; **~r** *m Radio*, *TV*: (estação *f*) emissora *f*; **~raum** *m* <-(*e*)*s*; *⸚e*> estúdio *m*; **~reihe** *f* série *f* de emissões, *bras* programa *m* em série; **~schluss** *m* <*-es*; *sem pl*> fim *m* de emissão; **~zeit** *f Radio*, *TV*: tempo *m* de antena
'Sendung ['zɛnduŋ] *f ECON* remessa *f*; *fig* missão *f*; *Radio*, *TV*: emissão *f*; transmissão *f*; programma *m*
Senf [zɛnf] *m* <-(*e*)*s*; *-e*> mostarda *f*; *fig* (*Unsinn*) disparates *m/pl*; **'~gurke** *f* pepino *m* de conserva; **'~korn** *n* <-(*e*)*s*; *⸚er*> semente *f* de mostardeira, mostarda *f* (*MED* branca); **'~topf** *m* <-(*e*)*s*; *⸚e*> mostardeira *f*
'sengen ['zɛŋən] chamuscar
se'nil [ze'niːl] senil
'senior ['zeːniɔr] **1.** sénior (*ê) *m*, pai *m*; **2.** ♀ *m* <*-s*; *-en*> decano *m*; *Sport*: ***die ♀en*** os veteranos; **♀enpass** [-ni'oː-] *m* <*-es*; *⸚e*> passe *m* (social) para reformados, cartão *m* dourado
'Senk|blei ['zɛŋk-] *n* <-(*e*)*s*; *-e*> prumo *m*, sonda *f*; **~e** *f* depressão *f* do terreno; **~el** *m* atacador *m*, *bras* cordão *m* de sapato; **♀en** (a)baixar; abater; diminuir; ***sich ~*** baixar; *in etwas hinein*: (***sich***) **~** mergulhar; **~fuß** *m* <*-es*; *⸚e*> pé *m* chato; **~grube** *f* desaguadouro *m*, escoadouro *m*; **♀recht** vertical, perpendicular; *adv a* a prumo; **~ *zu*** normal a; **~rechte** *f* vertical *f*, perpendicular *f* (***fällen*** baixar); **~rechtstarter** *m* êxito *m* fulgurante; *j-d*: pessoa *f* que faz uma carreira fulgurante (*od* brilhante); **~ung** *f* descida *f*; *ARQUIT u GEOL* abaixamento *m*; *ECON* baixa *f*, redução *f*, abatimento *m*; *Vers*: tésis *f*; *MED Blut*: sedimentação *f*; **~waage** *f* aerómetro (*ô) *m*
Senn [zɛn] *m* <-(*e*)*s*; *-e*>, **'~e(rin** *f*) *m* <*-n*> vaqueiro *m*, -a *f*; **'~hütte** *f* vacaria *f* alpina, *bras* curral *m* alpino
Sensati'on [zɛnzatsi'oːn] *f* sensação *f*, acontecimento *m* sensacional; **♀'ell** [-o'nɛl], **~s...**: *in Zssg(n)* sensacional; **~sprozess** *m* <*-es*; *-e*> causa *f* célebre
'Sense ['zɛnzə] *f* foice *f*, gadanha *f*
sen'si|bel [zɛn'ziːbəl] sensível; **♀bili'tät** [-zibili'tɛːt] *f* <*sem pl*> sensibilidade *f*
Sen'tenz [zɛn'tɛnts] *f* sentença *f*; (*Spruch*) adágio *m*
sentimen'tal [zɛntimɛn'taːl] sentimental; **♀i'tät** [-tali'tɛːt] *f* sentimentalismo *m*
sepa'rat [zepa'raːt] *adj* separado, particular, reservado; *Eingang etc*: independente; *adv* à parte; **♀'ismus** [-ra'tismus] *m* <-; *sem pl*> separatismo *m*; **♀'ist** *m* <*-en*>, **~'istisch** separatista *m*
Sep'tember [zɛp'tɛmbər] *m* setembro *m* (***im*** em)
'Serb|e ['zɛrbə] *m* <*-n*> sérvio *m*; **~ien** *n* Sérvia *f*; **~in** sérvia *f*, **♀isch** sérvio *m*, -a *f*, da Sérvia
Sere'nade [zere'naːdə] *f* serenata *f*
Ser'geant [sɛr'ʒant] *m* <*-en*> sargento *m*
'Serie ['zeːriə] *f* série *f*; **~nausstattung** *f* equipamento *m* de série; **~n(an)fertigung**, **~nherstellung** *f* produção *f* em série; **♀nmäßig**, **♀nweise** em (*od* de) série; **♀nreif** pronto a ser fabricado; **~nreife** *f* <*sem pl*> estado *m* industrial
seri'ös [zeri'øːs] sério
Serpen'tine [zɛrpen'tiːnə] *f* serpentina *f*
'Serum ['zeːrum] *n* <*-s*; *Sera od Seren*> soro *m*, linfa *f*; **~behandlung** *f* soroterapia *f*, seroterapia *f*
'Server ['zøːrvər] *m* <*-s*; -> *INFORM* servidor *m*
Ser'vice[1] [zɛr'viːs] *n* (*Tafel*♀) baixela *f*
'Service[2] ['zøːrvis, 'zœrvis] *m u n* assistência *f* técnica, serviço *m*

S

(pós-venda); **~netz** *n* <*-es*; *-e*> rede *f* serviço; **~werkstatt** *f* <-; *-stätten*> estação *f* de servico

servieren [zɛr'viːrən] <-> servir

Servi'ette [zɛrvi'ɛtə] *f* guardanapo *m*

'Servolenkung ['zɛrvo-] *f* dire(c)ção *f* assistida

'Sesam ['zeːzam] *m* <*-s*; *-s*> *BOT* sésamo *m*

'Sessel ['zɛsəl] *m* cadeira *f* (de braços), poltrona *f*, maple *m*; **~lift** *m* <*-(e)s*; *-e*, *-s*> cadeira *f* teleférica

'sesshaft ['zɛshaft] sedentário; (*wohnhaft*) domiciliado

Set [zɛt] *n od m* (*Satz*) conjunto *m*; jogo *m*; *TÉCN* kit *m*

'setzen ['zɛtsən] <*-t*> **1.** *v/t* pôr (*a fig*), meter, colocar, *bras a* botar; *Frist*: fixar, estabelecer; *Denkmal*: levantar, erguer; *MÚS u TIP* compor; (*pflanzen*) plantar; semear; *Schläge*: haver, dar; ***Segel ~*** içar vela; *Spiel*: entrar com; (*wetten*) apostar (***auf*** *ac* em); ***in Brand ~*** lançar fogo a, pôr fogo em; ***gesetzt den Fall, dass*** pressupondo que; **2.** *v/i* <*sn*> *über e-n Fluss*: transpor (*ac*); **3.** *v/r* ***sich ~*** sentar-se; *Flüssigkeit*: assentar; (***sich***) ***in Betrieb ~*** entrar em funcionamento

'Setz|er ['zɛtsər] *m* tipógrafo *m*, compositor *m*; **~e'rei** [-'raɪ] *f* tipografia *f*

'Setzling *m* <*-s*; *-e*> tanchão *m*, estaca *f*; (*Fisch*) peixinho *m*

'Seuche ['zɔyçə] *f* epidemia *f*; **≈nartig** epidémico (*ê); **~nbekämpfung** *f* luta *f* antiepidémica (*ê); **~ngefahr** *f* perigo *m* de epidemia; **~nherd** *m* <*-(e)s*; *-e*> foco *m* de contágio

'seufz|en ['zɔyftsən] <*-t*> suspirar; *stärker*: gemer; **≈er** *m* suspiro *m*; gemido *m*

Sex [zɛks] *m inv* pornografia *f*; coito *m*; sexualidade *f*; sexo *m*; **~ismus** *m* sexismo *m*

Sex'tett [zɛks'tɛt] *n* <*-(e)s*; *-e*> *MÚS* sexteto *m*

'Sex|tourismus ['zɛks-] turismo *m* sexual; **~uali'tät** [-uali'tɛːt] *f* <*sem pl*> sexualidade *f*; **≈u'ell** [zɛksu'ɛl] sexual

sexy ['zɛksi] sexy

se'zier|en [ze'tsiːrən] <-> dissecar; fazer a autópsia de, autopsiar; **≈messer** *n* bisturi *m*, escalpelo *m*

'Shampoo ['ʃampuː] *n* <*-s*; *-s*> champô *m*

'Sherry ['ʃɛri] *m* <*-s*; *-s*> xerez *m*

Shorts [ʃɔrts] *pl* calções *m/pl*

Show [ʃoː] *f* <-; *-s*> espe(c)táculo *m*; **'~master** ['-maːstər] *m* animador *m*

sich [ziç] se; *mit prp* si; ***an ~*** em si, de per si; propriamente; em princípio; ***für ~*** para si; ***von ~ aus*** por si; ***bei ~*** *denken* para consigo; ***nichts auf ~ haben*** não ter importância

'Sichel ['ziçəl] *f* <-; *-n*> foice *f*, foicinha *f*; (*Mond≈*) crescente *m* (da lua)

'sicher ['ziçər] seguro (***gehen*** andar; estar); (*gewiss*) certo; sem falta, sem dúvida; (***aber***) ***~!*** claro (que sim)!; com certeza!; (*treff~*) certeiro; ***~ vor*** (*dat*) ao abrigo de; **~gehen** <*sn*> ir pelo seguro

'Sicherheit *f* segurança *f*; certeza *f*; *ECON* garantia *f*, caução *f*; (*Treff≈*) acerto *m*; precisão *f*; *im Auftreten*: aprumo *m*; firmeza *f*; ***in ~ bringen*** pôr a salvo

'Sicherheits|... *in Zssg(n)* de segurança; *ECON a* de caução; **~gurt** *m* <*-(e)s*; *-e*> cinto *m* de segurança; **≈halber** por précaução; **~maßnahme** *f* medida *f* de segurança; **~nadel** *f* <-; *-n*> alfinete *m* de dama (*bras* seguranca); **~polizei** *f* polícia *f* de seguranca pública; **~rat** *m* <*-(e)s*; *sem pl*> *UNO*: Conselho *m* de Segurança; **~schloss** *n* <*-es*; *¨er*> fechadura *f* de segurança; **~vorkehrungen** *f/pl* medidas *f/pl* de precaução

'sicher|lich certamente, sem dúvida; **~n** *v/t* <*-re*>, **~stellen** assegurar; garantir; (as)segurar; *ECON* garantir; (*befestigen*) consolidar; (*schützen*) proteger, pôr a salvo, abrigar; (*beschlagnahmen*) confiscar

'Sicherung *f* segurança *f*; garantia *f*; (*Schutz*) prote(c)ção *f*; (*Befestigung*) consolidação *f*; *EL* fusível *m*; **~s...**: *in Zssg(n)* de segurança; **~skasten** *m* <*-s*; *¨*> *EL* caixa *f* de fusíveis

Sicht [ziçt] *f* vista *f* (*ECON* ***auf*** à); *Wetter*: *a* visibilidade *f*; *fig* aspecto *m*, perspectiva *f* (***aus*** sob); ***auf kur-***

S

ze (***lange***) **~** a curto (longo) prazo; ***in ~*** = **'2bar** visível; evidente; **'~barkeit** *f* <*sem pl*> visibilidade *f*; **'2en** <*-e-*> avistar (*a NAV*); (*ordnen*) ordenar; classificar, (*auswählen*) *a* eliminar; **'2lich** visível; manifesto; **'~ung** *f* exame *m*, classificação *f*; **'~vermerk** *m* <*-(e)s; -e*> visto *m*; **'~wechsel** *ECON m* letra *f* à vista; **'~weite** *f* horizonte *m*; alcance *m* visual (*od* da vista)

'sicker|n ['zikərn] <*-re; h u sn*> passar, infiltrar-se; **2wasser** *n* <*-s; sem pl*> água *f* de infiltração

sie [ziː] *pron* **a)** *3. Person f/sg* (*pl*) ela(s), *ac tonlos*: -a(s); **b)** *3. Person m/pl u n/pl* eles; *ac tonlos*: -os; **c)** *Anrede*: *sg* (*pl*) **2** o(s) Senhor(es) + (*Titel u*) *Familienname*; o(s) meu(s) amigo(s); a(s) Senhora(s) Dona(s) + *Vorname*(*n*); *sehr höflich, bsd gegen Höhergestellte*: Vossa(s) Excelência(s), *weniger förmlich*: *nur port* Você(s *pl*); *ac tonlos*: -o(s), -a(s); F **2** (***Esel***)**!** seu (burro)!

Sieb [ziːp] *n* <*-(e)s; -e*> crivo *m*; peneira *f*; (*Küchen2*) passador *m*, *bras* coador *m*; **'~druck** *m* <*-s; -e*> serigrafia *f*

'sieben ['ziːbən] **1.** *v/t* peneirar; *bsd Flüssigkeiten*: passar, *bras* coar; *fig* escolher; **2.** (*Zahl*) sete; **3. 2** *f* sete *m*; **2eck** *n* <*-(e)s; -e*> heptágono *m*; **~eckig** heptagonal; **~fach** séptuplo; sete vezes tanto; **2gestirn** *n* <*-(e)s; sem pl*> Plêiades *f/pl*; **~hundert** setecentos; **~jährig** de sete anos (de idade); **~mal(ig)** sete vezes (repetido); **'2'sachen** *f/pl* coisas *f/pl*; trouxa *f/sg* (***packen*** fazer); **2schläfer** *m ZO* arganaz *m*; **~te** sétimo; **2tel** *n* sétimo *m*; **~tens** (em) sétimo (lugar)

'siebte ['ziːptə], **2l**, **~ns**, **~r** → ***siebente*** *etc*

'siebzehn ['ziːptseːn] dezassete, *bras* dezessete; **~te** décimo sétimo; **2tel** *n* décimo sétimo *m*, *bras* um dezessete avos

'siebzig ['ziːptsiç] setenta; **2er(in** *f*) *m* ['-igər-] septuagenário *m*, -a *f*; ***in den ~n*** (***sein*** andar) na casa dos setenta; **~jährig** septuagenário; **~ste** (**2stel** *n*) septuagésimo (*m*)

'Siechtum ['ziːç-] *n* <*-s; sem pl*> enfermidade *f*

'siede|n ['ziːdən] <*-e-*> ferver; **2n** *n* ebulição *f*, fervor *m*, *bras* fervura *f*; **~nd** *adj* a ferver, *bras* fervendo, em ebulição; ***2nde Hitze*** calor *m* tropical; **2punkt** *m* <*-(e)s; -e*> ponto *m* de ebulição

'Siedl|er ['ziːdlər] *m* colono *m*; **~ung** *f* colónia (*ô) *f*; (*Wohnviertel*) bairro *m* económico (*bras* popular); **~ungspolitik** *f* <*sem pl*> política *f* de colonização interna (*bras* de povoamento)

Sieg [ziːk] *m* <*-(e)s; -e*> vitória *f*, triunfo *m*; (*dat*) ***zum ~ verhelfen*** fazer triunfar (*ac*)

'Siegel ['ziːgəl] *n* selo *m*; **~lack** *m* <*-(e)s; -e*> lacre *m*; **2n** <*-le*> selar; *mit Siegellack*: lacrar; **~ring** *m* <*-(e)s; -e*> anel *m* para selar

'sieg|en ['ziːgən]: **~** (***über*** *ac*) vencer (*ac*); triunfar (de); **2er(in** *f*) *m* vencedor(a *f*) *m*

'sieges|gewiss certo da vitória; **2zug** *m* <*-(e)s; ¨e*> marcha *f* triunfal (*a fig*)

'siegreich ['ziːk-] vitorioso, triunfal

'siezen ['ziːtsən] tratar por Vossa Excelência (*od* por Você), *bras* chamar de Senhor (*od* Senhora)

'Sigel ['ziːgəl] *n* sigla *f*, abreviatura *f*

Sig'nal [zig'naːl] *n* <*-s; -e*> sinal *m*; **~anlage** *f* sinalização *f*; **~feuer** *n* almenara *f*, *bras* facho *m*; **~flagge** *f* sinal *m*; bandeira *f* de sinalização; **~gast** *NAV m* <*-(e)s; -en*> sinaleiro *m*; **2i'sieren** [-ali'ziːrən] <*-*> dar sinal, assinalar, avisar; **~lampe** *f* lâmpada-piloto *f*; **~mast** *m* <*-es; -en*> semáforo *m*; **2rot** cor *f* vermelha de sinalização

Sign|a'tur [zigna'tuːr] *f* assinatura *f*; (*Zeichen*) marca *f*; sinal *m*; *auf Landkarten*: sinais *m/pl* topográficos; **2'ieren** <*-*> assinar; (*bezeichnen*) marcar; **~'ierstift** *m* <*-(e)s; -e*> marcador *m*

'Silbe ['zilbə] *f* sílaba *f*

'Silben|rätsel *n* charada *f*; **~trennung** *f* divisão *f* silábica

'Silber ['zilbər] *n* <*-s; sem pl*> prata *f*; **2farben**, **2farbig** prateado, argênteo; **~fischchen** *n ZO* lepisma *m*; **~fuchs** *m* <*-es; ¨e*> raposa *f* branca; **~gehalt** *m* <*-(e)s; -e*> lei *f*; **~geschirr** *n* <*-(e)s; -e*> pratas *f/pl*, *bras* baixelas *f/pl*; **2haltig** ['-haltiç]

S

argentífero; com prata; **~hochzeit** *f* bodas *f/pl* de prata; **≈n** de prata; argentino, argênteo; **~papier** *n* <*-s*; *-e*> papel *m* prateado (*od* de estanho); **~pappel** *f* <*-*; *-n*> álamo *m* branco; **~schmied** *m* <*-s*; *-e*> ourives *m* de prata; **~währung** *f* padrão-prata *m*

'silbrig prateado

Silhou'ette [zilu'ɛtə] *f* silhueta *f*

Si'lizium [zi'li:tsium] *n* <*-s*; *sem pl*> silício *m*

'Silo ['zi:lo] *m*, *a n* <*-s*; *-s*> silo *m*; **~futter** *n* <*-s*; *sem pl*> silagem *f*

Sil'vester [zil'vɛstər] *m*, *a n*, **~abend** *m* <*-s*; *-e*> véspera *f* do Ano Novo; noite *f* de São Silvestre

'simpel ['zimpəl] papalvo, simplório

Sims [zims] *m*, *n* <*-es*; *-e*> cornija *f*; friso *m*

Simu'l|ant(in *f*) [zimu'lant-] *m* <*-en*> simulador *m*, -a *f* **~ati'on** [-latsi'o:n] *f* simulação *f*; **~ator** [-'la:tɔr] *m* <*-s*; *-en* [-a'to:rən]> *TÉCN* simulador *m*; **≈ieren** <*-*> simular

simul'tan [zimul'ta:n] simultâneo; **≈anlage** *f* sistema *m* de tradução simultânea; **≈dolmetschen** *n* tradução *f* simultânea

Sinfo'nie [zinfo'ni:] *f* sinfonia *f*

'Singapur ['ziŋapu:r] *n* <*-s*> Singapura *f*

'sing|bar ['ziŋ-] cantável; de cantar; **~en** cantar; **≈en** *n* canto *m* coral

'Single [siŋl] **a)** *f* <*-*; *-(s)*> *Platte*: single *m*, disco *m* de 45 rotações; **b)** *n* <*-(s)*; *-(s)*> *Sport*: single *m*, *bras* individual *m*; **c)** *m* <*-(s)*; *-s*> *j-d*: single *m*, solteiro *m*, -a *f*

'Sing|sang *m* <*-(e)s*; *sem pl*> ladainha *f*; **~stimme** *f* voz *f*; parte *f* vocal; parte *f* do canto

'Singular ['ziŋgula:r] *m* <*-s*; *-e*> singular *m*

'Singvogel *m* <*-s*; *¨*> ave *f* cantora

'sinken ['ziŋkən] **1.** <*sn*> descer; baixar; abaixar(-se); ir(-se) abaixo; *NAV a* afundar-se, ir-se a pique; *fig* mergulhar; (*fallen*) cair, *j-d*: *a* deixar-se cair; (*abnehmen*) diminuir; **2.** **≈** *n* baixa *f*, descida *f*; afundamento *m*; diminuição *f*

Sinn [zin] *m* <*-(e)s*; *-e*> sentido *m*; (*Bedeutung*) *a* significado *m*, (*Geist*, *Verstand*) mente *f*, espírito *m*; ***~ für*** interesse *m* por, gosto *m* de; inclinação *f* para, disposição *f* para; ***keinen ~*** (*Zweck*) ***haben*** não fazer sentido; ***ohne ~*** (***und Verstand***) → **≈*los***; ***j-m in den ~ kommen*** dar na cabeça a alg, lembrar a alg, ocorrer a alg; ***das will mir nicht in den ~*** não (o) compreendo; ***das geht mir nicht aus dem ~*** não me posso esquecer disto; (isso) não me sai da cabeça; ***sich*** (*dat*) ***aus dem ~ schlagen*** deixar-se de, abandonar a ideia de; procurar esquecer-se de; ***~ für et haben*** ter o sentido de a/c; interessar-se por a/c; ***von ~en sein, nicht recht bei ~en sein*** estar maluco

'Sinnbild *n* <*-(e)s*; *-er*> símbolo *m*; emblema *m*; alegoria *f*; **≈lich** simbólico; alegórico; ***~ darstellen*** simbolizar

'sinnen ['zinən] **1.** meditar, refle(c)tir, cismar; ***~ auf*** (*ac*) pensar em; *a* → ***gesonnen***, ***gesinnt***; **2.** **≈** *n* pensamento *m*, meditação *f*, reflexão *f*; **~d** *adj* pensativo; meditativo; *adv a* a meditar, a refle(c)tir, a cismar; **≈lust** *f* <*sem pl*> sensualidade *f*, volúpia *f*; prazeres *m/pl* sensuais

'sinnentleert ['zinɛntle:rt] vazio de sentido, sem sentido

'Sinnes|änderung *f* mudança *f* de ideias (*é); **~organ** *n* <*-s*; *-e*> sentido *m*; **~täuschung** *f* alucinação *f*

'sinn|fällig manifesto, patente, evidente; **~gemäß** análogo; adequado; que corresponde (ao sentido); respe(c)tivo; **~lich** sensual, erótico; *FÍS* físico; **≈lichkeit** *f* <*sem pl*> sensualidade *f*; volúpia *f*; **~los** absurdo; sem sentido; *Handlung*: *a* insensato; ***~ sein*** não fazer sentido; **≈losigkeit** ['-lo:ziç-] *f* absurdo *m*, insensatez *f*; **≈spruch** *m* <*-(e)s*; *¨e*> sentença *f*, adágio *m*; **~verwandt** sinónimo (*ô); **~voll** razoável; conveniente; **~widrig** absurdo

'Sinter ['zintər] *m* concreção *f* calcária; **≈n** <*-re*; *sn*> ressum(br)ar

'Sintflut ['zint-] *f* <*sem pl*> dilúvio *m*

'Sinus ['zi:nus] *MAT* *m* <*-*; *-*, *-se*> seno *m*; **~kurve** *f* sinusóide *f*

Si'phon [zi'fɔ̃] *m* <*-s*; *-s*> sifão *m*

'Sipp|e ['zipə] *f*, **~schaft** *f* clã *f*, parentela *f*; *verächtlich*: malta *f*, *bras a* bando *m*

S

Si'rene [zi'reːnə] *f* sereia *f*, *bras* sirene *f*
'Sirup ['ziːrup] *m* <*-s*; *-e*> xarope *m*; *Rest*: melaço *m*
'Sisal(hanf *m* <*-(e)s*; *sem pl*>) ['ziːzal-] *m* <*-s*; *sem pl*> sisal *m*
'Sitte ['zitə] *f* costume *m*
'Sitten|lehre *f* <*sem pl*> moral *f*, ética *f*; **~polizei** *f* <*sem pl*> polícia *f* de costumes; **≗streng** austero; **~strenge** *f* <*sem pl*> austeridade *f*; **~verfall** *m* <*-(e)s*; *sem pl*> desmoralização *f*, corrupção *f*, decadência *f* moral (*od* de costumes)
'Sittich ['zitiç] *m* <*-s*; *-e*> periquito *m*
'sittlich ['zitliç] moral; ético
'Sittlichkeit *f* <*sem pl*> moralidade *f*; **~sverbrechen** *n* atentado *m* ao pudor (**an** *dat* na pessoa de)
'sittsam ['zitzaːm] honesto; decente
Situati'on [zituatsi'oːn] *f* situação *f*
Sitz [zits] *m* <*-es*; *-e*> lugar *m*; assento *m*; (*a fig* ECON *u* POL) sede *f*; (*Wohn*≗) domicílio *m*, residência *f*; *Reiter*: posição *f*; *Kleid*: feitio *m*; **'~bad** *n* <*-(e)s*; *¨er*> banho *m* de assento, semicúpio *m*
'sitzen ['zitsən] <*h u sn*> estar (sentado; *Vogel*: pousado, empoleirado); (**im Gefängnis**) **~** estar preso; *einem Maler*: pousar; *Hieb, Schuss, gut*: acertar bem; *Kleid*: assentar; ficar; **locker ~** abanar; BOT inserir-se; **~ lassen** abandonar; *e-e Beleidigung etc* **auf sich ~ lassen** engolir; **~ bleiben** ficar sentado; *Schule*: chumbar, *bras* repetir (de ano); *Mädchen*: ficar solteira; *beim Tanz*: não ter (*od* encontrar) par, *bras* não ser tirada para dançar; *fig* tomar chá de cadeira; **~d** *adj* sentado; **~e Tätigkeit** trabalho *m* sedentário
'Sitz|fleisch *n* <*-(e)s*; *sem pl*> F: **~ haben** ser sedentário; **kein ~ haben** não poder parar, ser irrequieto; **~gelegenheit** *f* assento *m*, lugar *m* (sentado *od* para se sentar); **~kissen** *n* almofada *f*; **~platz** *m* <*-es*; *¨e*> lugar *m* sentado; **~reihe** *f* bancada *f*, fila *f*; **~streik** *m* <*-s*; *-s*> greve *f* de braços caídos
'Sitzung ['zitsuŋ] *f* sessão *f*, JUR *a*: audiência *f*; **~sbericht** *m* <*-(e)s*; *-e*> a(c)ta *f*; **~speriode** *f* legislatura *f*; **~sprotokoll** *n* <*-s*; *-e*> → **~sbericht**; **~ssaal** *m* <*-(e)s*; *-säle*> sala *f* de sessões; JUR sala *f* de audiências
'Skala ['skaːla] *f* <*-*; *-s u Skalen*> escala *f* (**gleitende** variável), graduação *f*; MÚS, *Farbe*: gama *f*
Skalp [skalp] *m* <*-s*; *-e*> escalpo *m*; **~'ell** [-'pɛl] *n* <*-s*; *-e*> escalpelo *m*; **≗'ieren** <*-*> escalpar
Skan'dal [skan'daːl] *m* <*-s*; *-e*> escândalo *m*; (*Lärm*) alvoroço *m*; **≗'ös** [-'løːs] escandaloso; **~presse** *f* <*sem pl*> imprensa *f* de escândalos
skan'dieren [skan'diːrən] <*-*> escandir
Skandi'nav|ier(in *f*) *m* [skandi'naːviər-], **≗isch** escandinavo *m*, -a *f*, da Escandinávia
'Skateboard ['skeːtbɔːd] *n* <*-s*; *-s*> skateboard *m*, skate *m*
Ske'lett [ske'lɛt] *n* <*-(e)s*; *-e*> esqueleto *m*
'Skep|sis ['skɛpsis] *f* <*sem pl*> cepticismo *m*; **~tiker** ['-tikər] *m* céptico *m*; **≗tisch** ['-tiʃ] céptico
Ski [skiː, ʃiː] *m* <*-s*; *-er*, *a -*> esqui *m* (**laufen** andar); **~ laufen** andar de esqui, esquiar; **'~bindung** *f* fixação *f* de esqui; **'~bob** *m* <*-s*; *-s*> bobfleight *m*; **'~fahrer**, **'~läufer** *m* esquiador *m*; **'~gebiet** *n* <*-s*; *-e*> zona *f* de esqui; **'~gymnastik** *f* <*sem pl*> ginástica *f* de esqui; **'~langlauf** *m* <*-s*; *¨e*> esqui *m* de fundo; **'~lauf** *m* <*-s*; *sem pl*> corrida *f* de esqui; **~läufer(in** *f*) *m* esquiador(a *f*) *m*; **'~lehrer(in** *f*) *m* professor(a *f*) *m* de esqui; **'~lift** *m* <*-s*; *-e*, *-s*> cadeira *f* teleférica; **'~stock** *m* <*-s*; *¨e*> pau (*od* bastão) *m* de esqui
'Skinhead ['skɪnhɛd] *m* <*-s*; *-s*> cabeça-rapada *m*
'Skiurlaub *m* <*-s*; *-e*> férias *f/pl* para praticar esqui
'Skizz|e ['skitsə] *f* esboço *m*; rascunho *m*; MIL *a* croquis *m*; **≗enhaft** esboçado rapidamente; **≗'ieren** <*-*> esboçar
'Sklav|e ['sklaːvə] *m* <*-n*> escravo *m*; **~enhandel** *m* <*-s*; *sem pl*> tráfico de escravos; **~enhändler** *m* tanganhão *m*, negociante *m* de escravos; **~e'rei** [-ə'raɪ] *f* <*sem pl*> escravidão *f*; **~in** *f* escrava *f*
Skle'rose [skle'roːzə] *f* esclerose *f*; **multiple ~** MED esclerose *f* múltipla
skon|'tieren [skɔn'tiːrən] <*-*> des-

contar; **'2to** ['skɔnto] *ECON m, n* <*-s*; *-s*> desconto *m*
Skor'but [skor'buːt] *m* <*-(e)s*; *sem pl*> escorbuto *m*
Skorpi'on [skɔrpi'oːn] *m* <*-s*; *-e*> escorpião *m*; lacrau *m*
Skript [skript] *n* <*-s*; *-s*> argumento *m*
'Skrupel ['skruːpəl] *m* escrúpulo *m*; **2los** sem escrúpulos
Skulp'tur [skulp'tuːr] *f* escultura *f*
'Slalom ['slaːlɔm] *m* <*-s*; *-s*> slalom *m*
'Slaw|e ['slaːvə] *m* <*-n*>, **~in** *f*, **2isch** eslavo *m*, eslava *f*
Slip [slip] *m* <*-s*; *-s*> (*Unterhose*) cueca(s) *f*(*pl*), slip *m*; *NAV* resvalamento *m*; *AV* recuo *m* da hélice; **~einlage** *f* penso *m* higiénico
Slowa'kei [slova'kai] *f* Eslováquia *f*
Slo'wenien [slɔ'veniən] *n* Eslovénia *f*
Slum [slam] *m* <*-s*; *-s*> *port* bairro *m* da lata; *bras* favela *f*
Sma'ragd [sma'rakt] *m* <*-s*; *-e*> esmeralda *f*; **2en** esmeraldino
Smog [smɔk] *m* <*-s*; *-s*> smog *m*; **'~alarm** *m* <*-s*; *-e*> alarme *m* de smog
'Smoking ['smoːkiŋ] *m* <*-s*; *-s*> smoking *m*
Snob [snɔp] *m* <*-s*; *-s*> snobe *m*; **~'ismus** [sno'bismus] *m* <*-*; *-men*> snobismo *m*; **2'istisch** snobe
so [zoː] assim; *vor adj u adv* tão; ***~ groß***, ***~ hoch*** *a* tamanho; *im Nachsatz* (*dann*): então (*od unübersetzt*); ***~?*** é verdade?, será verdade?; (***ach***) ***~!*** já compreendo!; não sabia!; ***~*** (***sehr***) tanto; ***um ~*** → ***umso***; ***~ ein*** tal; ***~ ein ...!*** que ...!; ***~ etwas*** tal coisa, uma coisa assim; ***~ etwas!*** essa!, *bras* que coisa!; ***ganz ~*** *a* tal e qual; ***~ oder ~*** duma (*bras* de uma) maneira ou doutra (*bras* de outra); ***~ lange bis*** até que; ***~ groß*** *etc* ***wie möglich*** o maior possível, tão ... quanto possível; ***~ bald wie möglich*** quanto antes; ***~ viel ich weiß*** que eu saiba; ***noch einmal ~ viel*** outro tanto; ***~ viel ... auch*** (*inf*) ***mag*** por mais que (*subj*); ***wir sind ~ weit*** estamos prontos; ***~ wenig*** tão pouco; ***~ wie*** assim como; ***~ ziemlich*** quase; ***~ genannt*** assim chamado, pretenso; ***~ dass*** → ***sodass***; **~'bald**: ***~*** (***als***) logo que, assim que; mal
'Snowboard [snoːbɔrt] *n* <*-s*; *-s*> snowboard *m*
s. o. ***siehe oben*** ver atrás
'Socke ['zɔkə] *f* peúga *f*, *bras* meia *f*
Sockel ['zɔkəl] *m* pedestal *m*; base *f*, soco *m*
'Soda ['zoːda] *f* <*sem pl*> soda *f*
sodass de modo que, de maneira que, a modos que
'Sodawasser *n* <*-s*; *sem pl*> soda *f*, água *f* gasosa
'Sodbrennen ['zoːt-] *n* <*-s*; *sem pl*> azia *f*, azedume *m* do estômago, pirose *f*
so'eben agora mesmo; ***~ et getan haben*** acabar de fazer a/c
'Sofa ['zoːfa] *n* <*-s*; *-s*> sofá *m*
so'fern contanto que (*subj*); ***~ nicht*** a não ser que (*subj*)
so'fort imediatamente, logo a seguir; **2bildkamera** *f* <*-*; *-s*> *FOT* máquina *f* fotográfica de revelação instantânea; **~ig** imediato; **2maßnahme** *f* medida *f* imediata
'Software ['zɔftvɛːr] *f* <*-*; *-s*> software *m*
Sog [zoːk] *m* <*-(e)s*; *-e*> *NAV* esteira *f*; *Brandung*: ressaca *f*; *AV* su(c)ção *f*
so|'gar [zo'gaːr] até, mesmo; ***~ der*** *etc* ... o próprio ...; **'~genannt** → ***so***; **~'gleich** imediatamente, logo a seguir, de caminho
'Sogwirkung *f* aspiração *f*
'Sohle ['zoːlə] *f* (*Fuß2*) planta *f* (do pé); (*Schuh2 etc*) (meia-)sola *f*; (*Strumpf2*) palmilha *f*; (*Tal2*) *u BGB* fundo *m*; ***auf leisen ~n*** com pezinhos *m/pl* de lã, *bras* na ponta dos pés
Sohn [zoːn] *m* <*-(e)s*; *¨e*> filho *m* (***verloren*** pródigo)
Soi'ree [soa'reː] *f* <*-*; *-een*> sarau *m*
'Soja(bohne) ['zoːja-] *f* <*-*; *Sojen*> *BOT* (feijão *m* de) soja *f*
so'lange tanto tempo; enquanto
So'lar|batterie [zo'lar-] *f* bateria *f* solar; **~ium** [zo'laːrium] *n* <*-s*; *-rien*> solário *m*; **~zelle** *f* *EL* célula *f* solar
'Solbad ['zoːl-] *n* <*-(e)s*; *¨er*> banho *m* de águas salinas; *Ort*: caldas *f/pl*
solch [zɔlç]: ***~ ein***(***e***) tal, ... semelhante; ***~ ein***(***e***) ***...!*** que ...!; **'~er'lei** ['-ər'laɪ] tais, semelhantes

S

Sold [zɔlt] *m* <-(*e*)*s*; -*e*> pré *m*, soldo *m*, paga *f*
Sol'dat [zɔl'da:t] *m* <-*en*> soldado *m*; militar *m*; **≗isch** militar
'Söldner ['zœldnər] *m* mercenário *m*
'Sol|e ['zo:lə] *f* água *f* salina; QUÍM solução *f* salina; (*Salzlake*) salmoura *f*; **~ei** *n* <-(*e*)*s*; -*er*> ovo *m* cozido em água salgada (*bras* com sal)
soli'dar|isch [zoli'da:riʃ] solidário; **~i'sieren** [-dari'zi:rən] <->: ***sich ~ mit*** solidarizar-se com; **≗i'tät** [-ari'tɛ:t] *f* <*sem pl*> solidariedade *f*
so'lid|e [zo'li:də] sólido; *j-d*: sério; *Ware*: de boa qualidade; **≗i'tät** [-i'tɛ:t] *f* <*sem pl*> solidez *f*
So'list(in *f*) [zo'list] *m* <-*en*> solista *su*
Soll [zɔl] ECON *n* <-(*s*); -(*s*)> débito *m*; ***~ und Haben*** deve *m* e haver, *bras* débito e crédito; **'~bestand** ECON *m* <-(*e*)*s*; ¨*e*> existências *f/pl* teóricas
'sollen ['zɔlən] *v/t* dever; ser obrigado a; ***ich soll*** quer(em) que eu (*subj*) ***soll ich lesen*** *etc? a*: leio *etc?*; ***was soll ich*** (*inf*)? que quer(es) que eu (*subj*)?; ***was soll das?*** que significa isto?; ***was soll das heißen?*** que quer isto dizer?; ***man sollte meinen*** dir-se-ia; *Befehl: übersetzt durch subj*: ***er soll kommen*** que venha; ***du sollst nicht töten!*** não matarás!; *Behauptung*: ***es soll ...*** diz-se que ...; dizem que ..., consta que ...; ***er soll reich sein*** dizem que é rico; *Möglichkeit*: ***sollte er kommen***, ***falls*** (*od* ***wenn***) ***er kommen sollte*** se (ele) vier
'Soll|seite *f* se(c)ção *f* do débito; **~zinsen** *pl* juros *m/pl* devedores
'Solo ['zo:lo] *n* <-*s*; -*s u Soli*> solo *m*; **~instrument** *n* <-*s*; -*e*> instrumento *m* solo; **~stimme** *f* voz *f* solo
'Solquelle ['zo:l-] *f* fonte *f* de águas salinas
sol'ven|t [zɔl'vɛnt] ECON solvente; **≗z** [-ts] *f* ECON solvência *f*
'so'mit [zo'mit, 'zo:mit] assim, por consequência, por conseguinte, pois, portanto
'Sommer ['zɔmər] *m* verão *m*; estio *m*; **~anfang** *m* <-*s*; ¨*e*> princípio *m* do verão; **~fahrplan** *m* horário *m* de verão; **~ferien** *pl* férias *f/pl* de verão; **~frische** *f* vilegiatura *f*, veraneio *m*; **~frischler** [-friʃlər] *m*, **~gast** *m* <-*es*; ¨*e*> veraneante *m*, turista *m*; *bras* veranista *m*; *in Badeorten*: banhista *m*; **≗lich** estival; de verão; **~schlussverkauf** *m* <-*s*; ¨*e*> saldos *m/pl* de verão; **~sonnenwende** *f* solstício *m* de verão; **~sprosse** *f* sarda *f*; **~zeit** *f* verão *m*; (*Uhrzeit*) hora *f* de verão
So'nate [zo'na:tə] *f* sonata *f*
'Sonde ['zɔndə] *f* sonda *f*
'Sonder... ['zɔndər-] *in Zssgn*: especial; **~abdruck** *m* <-(*e*)*s*; -*e*> separata *f*; **~angebot** *n* <-(*e*)*s*; -*e*> oferta *f* especial; **~ausgabe** *f* edição *f* especial; **≗bar** estranho; esquisito; singular; **≗barerweise** o que estranha é que; coisa estranha, ...; **~fahrt** *f* viagem *f* especial (*od* extraordinária); **~fall** *m* <-(*e*)*s*; ¨*e*> caso *m* particular; **≗'gleichen** sem igual, sem par; **~interesse** *n* <-*s*; -*n*> interesse *m* particular; **~korrespondent** *m* <-*en*> correspondente *m* especial; **≗lich** → **≗bar**, ***nicht ~*** *a* regular; ***nicht ~*** *groß etc* não muito ...; **~ling** *m* <-*s*; -*e*> original *m*; homem *m* esquisito; F tipo *m* esquisito; **~maschine** *f* avião *m* especial; **~müll** *m* <-*s*; *sem pl*> lixo *m* tóxico; **≗n 1.** *cj* senão; mas sim; **2.** *v/t* <-*re*> apartar, separar; (*unterscheiden*) distinguir; ***gesondert*** à parte; **~nummer** *f* <-; -*n*> *Zeitschrift*: número *m* especial; **~preis** *m* <-*es*; -*e*> preço *m* especial (*od* reduzido); prémio *m* especial; **~recht** *n* <-(*e*)*s*; -*e*> privilégio *m*; **~schule** *f* escola *f* para deficientes mentais ou físicos; centro para educação especial; **~stellung** *f* posição *f* privilegiada, situação *f* privilegiada; **~vollmachten** *f/pl* poderes *m/pl* extraordinários; **~zug** CAM. DE F *m* <-(*e*)*s*; ¨*e*> comboio (*bras* trem) *m* especial
son'dier|en [zɔn'di:rən] <-> sondar; **≗ung** *f* sondagem *f*
So'nett [zo'nɛt] *n* <-(*e*)*s*; -*e*> soneto *m*
'Sonn|abend ['zɔn-] *m* <-*s*; -*e*> sábado *m*; **≗abends** aos sábados; **~e** *f* sol *m*; **≗en** pôr ao sol; expor ao sol; assoalhar; ***sich ~*** tomar um banho de sol, bronzear-se; *fig* gozar (***in*** de)
'Sonnen|aufgang *m* <-(*e*)*s*; ¨*e*> nas-

S

cer (*od* nascimento) *m* do sol; **~bad** *n* <-(*e*)*s*; *¨er*> banho *m* de sol; **~batterie** *f* bateria *f* solar; **~blende** FOT *f* pára-sol *m*; **~blume** *f* girassol *m*; **~brand** *m* <-(*e*)*s*; *¨e*> queimadura *f* do sol; **~brille** *f* óculos *m/pl* escuros; **~creme** *f* <-; *-s*> creme *m* de bronzear, creme *m* de prote(c)ção solar; **~dach** *n* <-(*e*)*s*; *¨er*> toldo *m*; **~energie** *f* FÍS energia *f* solar; **~finsternis** *f* <-; *-se*> eclipse *m* solar; **~fleck** *m* <-(*e*)*s*; *-e*> mancha *f* solar; **≈gebräunt** queimado, bronzeado; **≈klar** evidente; **~kollektor** *m* <*-s*; *-en*> EL cole(c)tor *m* solar; **~kraftwerk** *n* <-(*e*)*s*; *-e*> EL central *f* ele(c)trosolar; **~öl** *n* <-(*e*)*s*; *-e*> óleo *m* de bronzear; **~schein** *m* <-(*e*)*s*; *sem pl*> (luz *f* do) sol *m*; **~schirm** *m* <-(*e*)*s*; *-e*> guarda-sol *m*, sombrinha *f*; **~stich** MED *m* <-(*e*)*s*; *-e*> insolação *f*; **~strahl** *m* <-(*e*)*s*; *-en*> raio *m* solar; **~system** *n* <*-s*; *-e*> ASTR sistema *m* solar; **~uhr** *f* relógio-de-sol *m*; **~untergang** *m* <-(*e*)*s*; *¨e*> pôr-de-sol *m*; **~wende** *f* solstício *m*

'sonn|ig ['zɔniç] soalheiro, *bras* ensolarado; exposto ao sol; *fig* radiante; **≈tag** *m* <-(*e*)*s*; *-e*> domingo *m*; **~täglich** dominical; de domingo; **~tags** aos domingos; **≈tags...**: *in Zssg(n)* → ***~täglich***; **≈tagsausflügler** *m* passeante (*bras* passeador) *m* domingueiro; **≈tagsfahrer** *m* F condutor (*bras* motorista) *m* de domingo; **≈tagskind** *n* <-(*e*)*s*; *-er*> que nasceu num domgino; *fig* felizardo *m*

sonst [zɔnst] (*einst*) outrora, antes; (*oder aber*) senão; (*übrigens*) aliás; ~ (***noch***) mais; ***wie*** ~ como de costume; ~ ***nichts*** nada mais; ~ ***niemand*** mais ninguém; ~ ***nirgends*** em parte alguma; ***mehr als*** ~ mais do que de costume; ***was*** (***wer***) ~ ***als ...?*** que(m) senão ...? ***was*** (***wer***) ~ ***noch?*** que(m) mais?; ***wie ~?*** como, senão assim?; **'~ *wo*** noutra parte; **'~ig** outro

so'oft sempre que (*subj*)

So'pran [zo'praːn] *m* <*-s*; *-e*>, **~'istin** *f* soprano *m*, tiple *m*

'Sorge ['zɔrgə] *f* cuidado *m* (*a Für≈, Sorgfalt*), *stärker*: preocupação *f*, inquietação *f* (***machen*** dar, inspirar); ***keine ~!, seien Sie ohne ~!*** fique descansado, pode ficar descansado; *pl* ***sich keine ~n machen*** não se preocupar; ***lassen Sie das meine ~*** *sn!* deixe isto comigo!

'sorgen ['zɔrgən]: ~ ***für*** cuidar de, tratar de; providenciar; (*beschaffen*) arranjar, procurar; (*wachen über*) velar por; ***sich*** ~ preocupar-se, inquietar-se (***um*** com); **~frei** descansado, despreocupado; **≈kind** *n* <-(*e*)*s*; *-er*>: ***ein*** (*od* ***j-s***) ~ ***sein*** dar muito cuidado (a alg), *bras* causar muita preocupação (a alg); **~voll** cheio de cuidados; muito preocupado

'Sorgerecht *n* <-(*e*)*s*; *sem pl*> JUR pátrio poder *m*

'Sorg|falt ['zɔrkfalt] *f* <*sem pl*> cuidado *m*; **≈fältig** ['-fɛltiç] cuidadoso; esmerado; **≈los** despreocupado, sem cuidados; (*fahrlässig*) descuidado; **~losigkeit** ['-loːziç-] *f* <*sem pl*> sossego *m*, descanso *m*; descuido *m*; **≈sam** cuidadoso

'Sort|e ['zɔrtə] *f* qualidade *f*, espécie *f*; género *m*; **≈'ieren** <-> classificar; separar; **~'ierung** [-'tiːruŋ] *f* classificação *f*; separação *f*; INFORM triagem *f*; **~i'ment** [-i'mɛnt] *n* <-(*e*)*s*; *-e*> sortido *m*; sortimento *m*; **~i'mentsbuchhandlung** *f* livraria *f* (geral)

so'sehr por mais que

so'so [zo'zoː]: ***~!*** com que então!

'Soß|e ['zoːsə] *f* molho *m*; **~enschüssel** *f* <-; *-n*> molheira *f*

Souf'fl|eur *m* <*-s*; *-e*>, **~euse** *f* [zu'fløːr, -zə] ponto *m*; **≈ieren** <-> ser o ponto, servir de ponto; *fig* sugerir

'Sound|karte [zaʊnt-] *f* <-; *-n*> placa *f* de som; **~track** [-trɛk] *m* <*-s*; *-s*> banda *f* sonora

Sou'tane [zu'taːnə] *f* sotaina *f*, batina *f*

Souter'rain [zutɛ'rɛ̃ː] *n* <*-s*; *-s*> cave *f*, subsolo *m*, *bras a* porão *m*

Souve'nir [zuvə'niːr] *n* <*-s*; *-s*> lembrança *f*, recordação *f*, *bras a* suvenir *m*

souve'rän [zuvə'rɛːn] soberano; **≈i'tät** [-eni'tɛːt] *f* <*sem pl*> soberania *f*

so|'viel tanto; ~ + *Satz*: quanto; → ***so***; **~'weit** enquanto → ***so***; **~wenig**

S

→ ***so***; **~'wie** (*sobald*) logo que, assim que; → ***so***; **~wie'so** em todo o caso, duma maneira ou doutra, em qualquer das hipóteses

'Sowjet ['zɔvjɛt] *m* <-s; -s> *HIST* soviete *m*

so'wohl: ~ ***als auch*** tanto ... como; não só ..., como ainda ...

sozi'al [zotsi'a:l] social; **²abbau** *m* <-(e)s; *sem pl*> redução *f* das regalias sociais; **²abgabe** *f* contribuição *f* social; **²amt** *n* <-(e)s; -ämter> serviços *m/pl* de assistência social; **²arbeiter(in** *f*) *m* assistente *m*, *f* social; *f* visitadora *f*; **~arbeiter(in** *f*) *m* assistente *su* social; visitadora *f*

Sozi'aldemokrat|(in *f*) *m* <-en> social-democrata *su*; **~ie** *f* <*sem pl*> social-democracia *f*; **²isch** social-democrata, social-democrático

Sozi'al|fürsorge *f* <*sem pl*>, **~hilfe** *f* <*sem pl*> assistência *f* social

sozial|i'sieren [zotsiali'zi:rən] <-> nacionalizar; **²i'sierung** *f* nacionalização *f*; **²'ismus** *m* <*sem pl*> socialismo *m*; **²'ist(in** *f*) *m* <-en> socialista *su*; **~'istisch** socialista

Sozi'al|leistungen *f/pl* regalias *f/pl* sociais; **~pädagoge** *m* <-n>, **~pädagogin** *f* etwa assistente *su* social; **~partner** *m* parceiro *m* social; **~politik** *f* <*sem pl*> política *f* social; **~produkt** *n* <-(e)s; -e> *ECON* produto *m* nacional; **~reform** *f* reforma *f* social; **~rente** *f* renda *f* social; **~versicherung** *f* seguro *m* social; **²verträglich** política social; **~wohnung** *f* habitação *f* social

Sozio|'loge [zotsio'lo:gə] *m* <-n>, **~'login** *f* sociólogo *m*, -a *f*; **~lo'gie** [-lo'gi:] *f* <*sem pl*> sociologia *f*; **²'logisch** sociológico

'Sozius ['zo:tsius] *m* <-; -se> sócio *m*; **~sitz** *m* <-es; -e> *Motorrad*: assento *m* suplementar

'sozu'sagen ['zo:tsu'-] por assim dizer, como quem diz; quase

'Spachtel ['ʃpaxtəl] *m* espátula *f*; **~masse** *f* <*sem pl*> massa *f* de betume

Spa'getti, **Spa'ghetti** [ʃpa'gɛti] *pl* esparguete *m*

'späh|en ['ʃpɛ:ən]: ~ ***nach*** espreitar (*ac*); **²trupp** *m* <-s; -s> patrulha *f*

Spa'lier [ʃpa'li:r] *AGR n* <-s; -e> ramada *f*, latada *f*; (*Wein²*) parreira *f*; *fig* ~ ***stehen*** formar alas (*od* fileiras) *f/pl*

Spalt [ʃpalt] *m* <-(e)s; -e> fenda *f*, racha *f*; frincha *f*; abertura *f*; **'²bar** *QUÍM* fissível; *FÍS* cindível; **'~e** *f* → ***Spalt***; *TIP* coluna *f*; **'²en** <-e-> fender, rachar; ***Holz*** ~ *a* partir lenha; *Baum*: esgalhar; *QUÍM* dissociar, *a FÍS* cindir; *fig* dividir, separar; **'~material** *n* <-s; -ien> *FÍS* material *m* físsil; **'~pilz** *m* <-es; -e> micróbio *m*; **~produkt** *n* <-(e)s; -e> produto *m* de fissão (*od* cisão); **'~ung** *f* separação *f*, desdobramento *m*, fra(c)ção *f*; divisão *f*; *Atomphysik*: fissão *f*, cisão *f* (*a fig*); (*Kirchen²*) cisma *m*

Span [ʃpa:n] *m* <-(e)s; ¨e> falha *f*, apara *f*; (*Hobel²*) lasca *f*; *Metall*: limalha *f*; **'~ferkel** *n* leitão *m*

'Spange ['ʃpaŋə] *f* fivela *f*, gancho *m*, colchete *m*, broche *m*; (*Arm²*) bracelete *m*; (*Haar²*) travessão *m*

'Span|ien ['ʃpa:niən] *n* Espanha *f*; **~ier(in** *f*) *m* espanhol(a *f*) *m*; **²isch** espanhol, da Espanha; *fig* ***das kommt mir ~ vor*** acho muito esquisito

Spann [ʃpan] *m* <-(e)s; -e> peito *m* do pé; **'~beton** *m* <-s; -e> *ARQUIT* betão *m* pré-esforçado, *bras* (concreto *m*) protendido; **'~e** *f* palmo *m*; (*Zeit²*) espaço *m* (de tempo)

'spannen 1. *v/t* esticar, tender, estirar; ***weit ~*** estender; *Feder, Bogen etc, FOT*: armar; *in den Schraubstock*: pôr; ***auf die Folter ~*** *fig* excitar; *a* → ***gespannt***; **2.** *v/i* apertar; **~d** *fig* muito interessante, palpitante

'Spann|er *m TÉCN* esticador *m*; *Zeitungen*: suporte *m* (para jornais); **'~kraft** *f* <*sem pl*> elasticidade *f*; energia *f*

'Spannung *f* tensão *f*; *EL a* voltagem *f*; (*Erwartung*) interesse *m*; angústia *f*, aperto *m*; impaciência *f*; **~sherd** *m* <-(e)s; -e> *POL* centro *m* de conflitos; **~smesser** *m* voltímetro *m*; **~sprüfer** *m* polariscópio *m*

'Spannweite *f* envergadura *f* (*a fig*); *ARQUIT* vão *m*

'Spar|buch ['ʃpa:r-] *n* <-(e)s; ¨er> caderneta *f* de depósitos; **~büchse** *f* mealheiro *m*; **~einlage** *f* depósito *m* na caixa económica (*ô), depósito *m* bancário; **²en** poupar, fazer

S

economias; **~er** *m* economizador *m*; titular *m* da conta
'Spargel ['ʃpargəl] *m* espargo *m*
'Spar|gelder *n/pl* economias *f/pl*; pecúlio *m/sg*; **~guthaben** *n* depósito *m* na caixa económica (*ô); **~kasse** *f* caixa *f* económica (*ô) (*od* de depósitos); **~konto** *n* <-*s*; -*ten*> conta *f* de poupança; **~kurs** *m* <-*es*; -*e*> *POL* austeridade *f*
'spärlich ['ʃpɛːrliç] escasso, raro; parco; *Mahl*: frugal
'Sparmaßnahme *f* (medida *f* de) economia *f*
'Sparren ['ʃparən] *m* asna *f*; caibro *m*
'sparsam ['ʃpaːrzaːm] económico (*ô), poupado; **Ձkeit** *f* <*sem pl*> economia *f*; parcimónia (*ô) *f*
spar'tanisch [ʃpar'taːniʃ] espartano
'Sparte ['ʃpartə] *f* se(c)ção *f*, coluna *f*
Spaß [ʃpaːs] *m* <-*es*; ¨*e*> brincadeira *f* (**zum** por); (*Vergnügen*) prazer *m*; (*Witz*) graça *f*, gracejo *m*; ***j-m den ~ verderben*** *fig* estragar a festa a alg; ***~ beiseite!*** a sério!, fora de brincadeira!; ***~ verstehen*** gostar de brincadeiras; ***keinen ~ verstehen*** não estar para brincadeiras; **'Ձen** <-*t*> brincar, fazer brincadeira; **'Ձig** engraçado; **'~macher** *m*, **'~vogel** *m* <-*s*; ¨> brincalhão *m*, trocista *m*
Spat [ʃpaːt] *m* <-(*e*)*s*; -*e*; ¨*e*> *MIN* espato *m*
spät [ʃpɛːt] *adj* tardio, atrasado; *Stunde*: adiantado; *Alter*, *verspätet*: seródio; *Alterswerk*: da última fase; *adv* tarde; ***wie ~ ist es?*** que horas são?; ***bis ~ in die Nacht*** até alta noite
'Spatel ['ʃpaːtəl] *m*, *f* espátula *f*
'Spaten ['ʃpaːtən] *m* pá *f*
'spät|er ['ʃpɛːtər] *adj* posterior, (*weiter*) ulterior; *adv* mais tarde; **~est** último; **~estens** o mais tardar; **Ձherbst** *m* <-*es*; -*e*> fim *m* do outono (***im*** ao); **Ձsommer** *m* fim *m* do verão
Spatz [ʃpats] *m* <-*en*> pardal *m*
'Spätzündung *f* inflamação (*od* ignição) *f* retardada (*od* retardatária); atraso *m* da inflamação (*od* ignição)
spa'zieren [ʃpa'tsiːrən] <-; *sn*> passear; ***~ führen*** levar a dar um passeio; ***~ gehen*** (***~ fahren***, ***~ reiten***) dar um passeio (de carro, a cavalo)

Spa'zier|fahrt [ʃpa'tsiːr-] *f*, **~gang** *m* <-(*e*)*s*; ¨*e*> passeio *m*; **~gänger(in** *f*) [-gɛŋər] *m* passeante *su*; **~stock** *m* <-(*e*)*s*; ¨*e*> bengala *f*
Specht [ʃpɛçt] *m* <-(*e*)*s*; -*e*> picanço *m*, picapau *m*
Speck [ʃpɛk] *m* <-(*e*)*s*; -*e*> toucinho *m*, *bras a* toicinho *m*; **'Ձig** gordo, sebento; **'~schwarte** *f* pele *f* de toucinho; **'~seite** *f* tira (*od* banda) *f* de toucinho
Spedi't|eur [spedi'tøːr] *m* <-*s*; -*e*> despachante *m*, *bras* agente *m* de transportes; **~i'on** [-tsi'oːn] *f* expedição *f*, transporte *m*, despacho *m*; **~i'onsgeschäft** *n* <-(*e*)*s*; -*e*> agência *f* de transportes (*od* de despachos)
Speer [ʃpeːr] *m* <-(*e*)*s*; -*e*> lança *f*, dardo *m*; **'~werfen** *n Sport*: lançamento *m* de dardo
'Speiche ['ʃpaiçə] *f* raio *m*
'Speichel ['ʃpaiçəl] *m* <-*s*; *sem pl*> saliva *f*; *bras a* babo *m*, baba *f*; **~drüse** *f* glândula *f* salivar; **~fluss** *m* <-*es*; ¨*e*> salivação *f*; *MED* prialismo *m*; **~lecker** *m* bajulador *m*; manteigueiro *m*, sabujo *m*
'Speicher ['ʃpaiçər] *m* armazém *m*, depósito *m*; (*Korn*Ձ) celeiro *m*; *INFORM* memória *f*; **~chip** *m* pastilha *f* de memória; **~kapazität** *f INFORM* capacidade *f* da memória; **Ձn** <-*re*> armazenar; *INFORM* arquivar; **~ung** *f* armazenagem *f*; acumulação *f*
'speien ['ʃpaiən] cuspir, escarrar; *fig* vomitar; lançar
'Speise ['ʃpaizə] *f* comida *f*; (*Gericht*) prato *m*; **~eis** *n* <-*es*; *sem pl*> gelado *m*, sorvete *m*; **~kammer** *f* <-; -*n*> despensa *f*; **~karte** *f* carta *f*, lista *f*; ementa *f*, *bras* cardápio *m*; **Ձn** <-*t*> **1.** *v/t* alimentar (*a TÉCN*); dar de comer a; *TÉCN* encher; **2.** *v/i* comer; **~nfolge** *f* ementa *f*, *bras* menu *m*; **~öl** *n* <-(*e*)*s*; -*e*> óleo (*od* azeite) *m* de mesa; **~röhre** *f* esófago (*ô) *m*; **~saal** *m* <-(*e*)*s*; -*säle*> sala *f* de jantar; *Kloster*, *Kaserne*: refeitório *m*; **~wagen** *m* vagão-restaurante *m*
'Speisung ['ʃpaizuŋ] *f* alimentação *f*
Spek'takel [ʃpɛk'taːkəl] **1.** *m* (*Lärm*) ruído *m*, barulho *m*; **2.** *n* espe(c)táculo *m*; escândalo *m*

Spek|'tralanalyse [ʃpɛk'tra:l-] *f* análise *f* espectral; **'~trum** ['-trum] *n <-s; Spektren>* espectro *m*
Speku'l|ant [ʃpeku'lant] *m <-en>* especulador *m*; **~ati'on** [-atsi'o:n] *f* especulação *f*; **≗a'tiv** [-a'ti:f] especulativo; **≗'ieren** <-> especular
Spe'lunke [ʃpe'luŋkə] *f* espelunca *f*, taverna *f*, tasca *f*
spend|'abel [ʃpɛn'da:bəl] F generoso; **'≗e** *f* donativo *m*, dádiva *f*; **'~en** *<-e->* dar; (*gewähren*) dispensar; *Lob*: fazer; *Sakrament*: administrar; *Segen*: lançar; **'≗enkonto** *n <-s; -ten>* conta *f* de donativos; **'≗er(in** *f*) *m* doador(a *f*) *m*; **~'ieren** <->: ***et ~*** fazer regalo de a/c; oferecer a/c
'Sperber ['ʃpɛrbər] *m* gavião *m*
'Sperling ['ʃpɛrliŋ] *m <-s; -e>* pardal *m*
'Sperr|balken ['spɛr-] *m* tranca *f*; **~e** *f* barreira *f*, barricada *f*; *MIL, NAV* bloqueio *m*; *CAM. DE F* entrada *f* (do cais); (*Verbot*) interdição *f*, vedação *f*; **≗en** fechar; (*ver~*) obstruir, impedir, (*a ECON, NAV, CAM. DE F*) bloquear, travar; *Straße*: vedar ao trânsito; *Gas, Wasser, Verbindung*: cortar; *ins Gefängnis*: meter; (*verbieten*) proibir, vedar; *Urlaub*: cancelar, anular; *TIP* espaçar; ***sich ~*** opor-se (***gegen*** a); **~feuer** *MIL n* fogo *m* de barragem; **~holz** *n* contraplacado *m*, *bras* compensado *m*; **≗ig** esc(arr)anchado; perro, *bras* escarrapachado, emperrado; *Güter*: volumoso; **~kette** *f* tranca *f*, tranqueta *f*; *MIL* cordão *m*; **~klinke** *f* travinca *f*; lingueta *f*; **~konto** *ECON n <-s; -konten>* conta *f* bloqueada; **~sitz** *m <-es; -e>* *TEA* lugar (*od* assento) *m* reservado; **~ung** *f* encerramento *m*; *MIL, NAV, CAM. DE F* bloqueio *m*; *Straße*: impedimento *m*; **~zone** *f* zona *f* interdita
'Spesen ['ʃpe:zən] *pl inv* despesas *f/pl*; **~rechnung** *f* conta *f* de despesas
Spezi'al|gebiet [ʃpetsi'a:l-] *n <-(e)s; -e>* especialidade *f*; **≗i'sieren** [-ali'zi:rən] <-> especializar; **~'ist(in** *f*) *m <-en>* especialista *su* (*a MED*); **~i'tät** [-ali'tɛ:t] *f* especialidade *f*
spezi'ell [ʃpetsi'ɛl] especial, particular
'Spezies ['ʃpe:tsiɛs] *f <-; ->* espécie *f*
spe'zif|isch [ʃpe'tsi:fiʃ] específico; **~i'zieren** [-tsifi'tsi:rən] <-> especificar
'Sphär|e ['sfɛ:rə] *f* esfera *f*; *fig a* ambiente *m*; **≗isch** esférico
Sphinx [sfiŋks] *f <-; -e>* esfinge *f*
'spick|en ['ʃpikən] lardear; F *fig* untar as unhas; **≗nadel** *f <-; -n>* lardeadeira *f*; **≗zettel** *m* F cábula *f*, chicha *f*, *bras* cola *f*
'Spiegel ['ʃpi:gəl] *m* espelho *m*; *NAV* carro *m*; *Wasser*: nível *m*; *MED* espéculo *m*; (*Gehalt*) percentagem *f*, taxa *f*; *MIL Scheibe*: centro *m*; **~bild** *n <-(e)s; -er>* imagem *f*, reflexo *m*; (*Täuschung*) miragem *f*; **~ei** *n <-(e)s; -er>* ovo *m* estrelado (*bras* frito); **~fechte'rei** [-fɛçtə'raɪ] *f* espalhafato *m*; **~glas** *n <-es; ¨er>* cristal *m*; **≗glatt** liso, espelhado; ***~ sein*** *a* parecer um espelho; **≗n** *<-le>* refle(c)tir; ***sich*** *in der Sonne* ***~*** espelhar-se; brilhar; **~reflexkamera** *f <-; -s>* *FOT* câmara *f* de reflexão; **~schrift** *f* escrita *f* invertida; **~ung** *f* reflexo *m*; **≗verkehrt** inverso
Spiel [ʃpi:l] *n <-(e)s; -e>* jogo *m*; → **~erei**; ***~ Karten*** baralho *m*; *j-s*: *TEA* realização *f*, *e-r Gruppe*: representação *f*, interpretação *f*; *MÚS a* execução *f*; → **~art**; *TÉCN* folga *f*; ***aufs ~ setzen*** arriscar; ***auf dem ~ stehen*** estar em jogo; ***die Hand im ~ haben*** ter mão no jogo; ***aus dem ~ lassen*** deixar de fora; ***leichtes ~ haben*** (***mit***) não ter problemas (com)
'Spiel|art *f BOT* variedade *f*, *MÚS* maneira *f* de tocar; **~automat** *m <-en>* caça-níqueis *m*; **~ball** *m <-(e)s; ¨e>* péla *f*, pelota *f*, bola *f*; *fig* joguete *m*; **~bank** *f* casa *f* de jogo; **~dose** *MÚS f* caixa *f* de música
'spielen jogar (***Billard*** bilhar, ***Karten*** às cartas); *MÚS* tocar; *Kinderspiele etc*: brincar a; *TEA Rolle*: desempenhar; *Stück*: representar; *Handlung*: (*v/i*) passar-se; ***den Dummen ~*** fingir-se tolo; **~d** *fig* com facilidade
'Spiel|er(in *f*) *m* jogador(a *f*) *m*; *MÚS* tocador(a *f*) *m*; artista *su*; (*Klavier≗*) pianista *su*; (*Geigen≗*) violinista *su*; (*Gitarren≗*) guitarrista *su*;

S

TEA a(c)tor *m*, a(c)triz *f*; **~e'rei** [-ə'raɪ] *f* brincadeira *f*; **2erisch** ['-ərɪʃ] ligeiro, leve; de brincadeira; **~feld** *n* <-(*e*)*s*; -*er*> campo *m* de jogo(s); **~film** *m* <-(*e*)*s*; -*e*> filme *m* de longa metragem; **~führer** *m* *Sport*: capitão *m*; **~gefährte** *m* <-*n*>, **~kamerad** *m* <-*en*> *Kind*: companheiro *m* de brincadeira; parceiro *m* de jogo, *bras* baralho *m*; **~halle** *f* salão *m* de jogo; **~karte** *f* carta *f* de jogo; **~kasino** *n* <-*s*; -*s*> casino *m*; **~leiter** *m* dire(c)tor *m*; realizador *m*; **~mannszug** *m* <-(*e*)*s*; ¨*e*> *MÚS* banda *f* de música; **~marke** *f* ficha *f*; **~plan** *m* <-(*e*)*s*; ¨*e*> programa *m*; repertório *m*; **~platz** *m* <-*es*; ¨*e*> *Sport*: campo *m* de jogos (*od* de desportos, *bras* de esporte); (*Kinder*2) parque *m* infantil; **~raum** *m* <-(*e*)*s*; ¨*e*> *fig* margem *f*, espaço *m*; *TÉCN* folga *f*; **~regel** *f* <-; -*n*> regra *f* do jogo; **~sachen** *f*/*pl* brinquedos *m*/*pl*; **~salon** *m* <-*s*; -*s*> sala *f* de jogo; **~schuld** *f* dívida *f* de jogo; **~tisch** *m* <-(*e*)*s*; -*e*> mesa *f* de jogo; **~uhr** *f* → ***~dose***; **~verbot** *n* <-(*e*)*s*; -*e*> interdição *f*; **~verderber** *m* desmancha-prazeres *m*; **~waren** *f*/*pl* brinquedos *m*/*pl*; **~warengeschäft** *m* <-*s*; -*e*>, **~warenhandlung** *f* loja *f* de brinquedos; **~zeit** *f* *Sport*: período *m*; *TEA* estação *f*, época *f*; **~zeug** *n* <-(*e*)*s*; -*e*> → ***~sachen***

Spieß [ʃpiːs] *m* <-*es*; -*e*> pique *m*, alabarda *f*; (*Brat*2) espeto *m*; (*Speer*) lança *f*; (**'~bürger** *m*) **'2bürgerlich** *fig* pequeno-burguês (*m*); **'~er** *m* *Jagd*: cervato *m*; → ***~bürger***; **'2ig** → ***2bürgerlich***; **'~rute** *pl*: ***~n laufen*** *fig* correr as ruas, *bras* expor-se a a/c

'Spikes [ʃpaɪks] *m*/*pl* *Sport*: sapatos *m*/*pl* ferrados

Spill [ʃpɪl] *NAV* *n* <-(*e*)*s*; -*e*> cabrestante *m*

Spi'nat [ʃpi'naːt] *m* <-(*e*)*s*; -*e*> espinafre *m*

Spind [ʃpɪnt] *n*, *m* <-(*e*)*s*; -*e*> armário *m*

'Spindel ['ʃpɪndəl] *f* <-; -*n*> fuso *m*; *TÉCN* árvore *f* roscada; **'2'dürr** muito magro, magro como um espeto

'Spinn|e ['ʃpɪnə] *f* aranha *f*; **2en** fiar; *Katze*: fazer ronrom; *fig* tramar; F *v*/*i* não regular bem; **~er(in** *f*) *m* fiandeiro *m*, -a *f*; **~e'rei** [-ə'raɪ] *f* (fábrica *f* de) fiação *f*; **~(ge)webe** *n* teia *f* de aranha; **~maschine** *f* máquina *f* de fiar; **~rad** *n* <-(*e*)*s*; ¨*er*> roda *f* de fiar; **~rocken** *m* roca *f* (de fiar)

Spi'on [ʃpi'oːn] *m* <-*s*; -*e*> espião *m*; **~'age** [-o'naːʒə] *f* espionagem *f*; **~'ageabwehr** *f* <*sem pl*> contra-espionagem *f*; **~'agenetz** *n* <-*es*; -*e*>, **~'agering** *m* <-(*e*)*s*; -*e*> rede *f* de espionagem; **2'ieren** <-> espiar, fazer espionagem; **~in** *f* espia *f*

Spi'ral|bohrer [ʃpi'raːl-] *m* broca *f* helicoidal; **~e** *f* espiral *f*; **~feder** *f* <-; -*n*> mola *f* espiral; **2förmig** [-fœrmɪç] espiral, em hélice

Spiri't|ismus [ʃpiri'tɪsmus] *m* <-; *sem pl*> espiritismo *m*; (**~ist** *m*) **2istisch** espiritista (*m*); **~u'osen** [-tu'oːzən] *pl* bebidas *f*/*pl* alcoólicas

'Spiritus ['ʃpiːritus] *m* <-; -*se*> álcool *m*; **~kocher** *m* fogareiro *m* a álcool

Spi'tal [ʃpi'taːl] *n* <-*s*; ¨*er*> hospital *m*

spitz [ʃpɪts] **1.** *adj* <-*est*> pontiagudo; aguçado; *Nase*: *a* afilado; *fig* mordaz; **2.** 2 *m* <-*es*; -*e*> *Hund*: lulu *m*; **'2bart** *m* <-(*e*)*s*; ¨*e*> pera *f*; **'2bogen** *m* <-*s*; ¨> ogiva *f*; arco *m* ogival; **'2bohrer** *m* verruma *f*; **'2bube** *m* <-*n*> ladrão *m*, patife *m*; **'~bübisch** de gatuno, velhaco; (*verschmitzt*) gaiato; **~e** → ***klasse***

'Spitze *f* ponta *f*; (*Berg*2) pico *m*, cume *m*; (*Ende*) extremidade *f*; topo (*a* *NAV*) *m*; *Feder*: bico *m*; *Handarbeit*: renda *f*; *MIL* frente *f*, vanguarda *f*; (*Zigarren*2) boquilha *f*; *fig gegen j-n*: alusão *f*, remoque *m*; *bras* indireta *f*; ***an der ~*** à frente; ***die ~n*** *pl* ***der Behörden*** as altas autoridades *f*/*pl*; ***sich an die ~ setzen*** tomar a dianteira; ***auf die ~ treiben*** exagerar, abusar

'Spitzel ['ʃpɪtsəl] *m* espião *m*; denunciante *m*; F bufo *m*

'spitzen *v*/*t* <-*t*> aguçar, apontar; abicar; ***die Ohren ~*** arrebitar as orelhas

'Spitzen|belastung *f* *TÉCN* carga *f* máxima; **~einsatz** *m* <-*es*; ¨*e*> entremeio *m* de renda; **~gruppe** *f* *Sport*: sele(c)ta *f*; **~klasse** *f* primeira qualidade *f*; **~leistung** *f* recorde *m* (*a Sport*); *TÉCN* rendimento *m* máximo; **~reiter** *m* líder *m*; número *m* um; **~sportler(in** *f*) *m* recordista *su*; **~tanz** *m* <-*es*; *⸚e*> dança *f* em pontas; **~technologie** *f* tecnologia *f* de ponta

'spitz|findig subtil, sofístico; **≈findigkeit** *f* subtileza *f*, sofisma *m*; **≈hacke** *f* alvião *m*; **~kriegen**: **etwas ~** F topar a/c, dar conta de a/c; **≈maus** *f* <-; *⸚e*> musaranho *m*; **≈name** *m* <-*ns*; -*n*> alcunha *f*, *bras a* apalido *m*; **~wink(e)lig** acutângulo

Spleen [ʃpliːn] *m* <-*s*; -*e u* -*s*> mania *f*, spleen *m*; **'≈ig** excêntrico

Splint [ʃplint] *TÉCN m* <-(*e*)*s*; -*e*> alburno *m*; *TÉCN* pino *m* fendido

Splitt [ʃplit] *m* <-*s*; -*e*> brita *f*; **'~er** *m* estilha *f*; (*Glas≈*, *Granat≈*) estilhaço *m*; (*Holz≈*, *Stein≈*) lasca *f*; (*Knochen≈*) esquirola *f*; **'≈er('faser)'nackt** nu (em pêlo), em couro, despido; **'~ergruppe** *f* grupo *m* dissidente; **'≈ern** <-*re*; *h u sn*> lascar(-se); (*zer~*) estilh(aç)ar; (*sich spalten*) fender-se; **'~erpartei** *f* minoria *f* dissidente

'Spoiler ['ʃpɔylər] *m AUTO*, *AV* spoiler *m*, defle(c)tor *m*

'spons|ern ['ʃpɔnzərn, 'spɔnzərn] <-> patrocinar; **≈or** ['-zər] *m* <-*s*; -*en* [-'zoːrən]> patrocinador *m*

spon'tan [ʃpɔn'taːn] espontâneo; **≈ei'tät** [ʃpɔntanei'tɛːt] *f* espontaneidade *f*

spo'radisch [ʃpo'raːdiʃ] esporádico

'Spore ['ʃpoːrə] *f Biologie*: esporo *m*

Sporn [ʃpɔrn] *m* <-(*e*)*s*; *Sporen*, *a* -*e*> espora *f*; *Vögel*: esporão *m*

Sport [ʃpɔrt] *m* <-(*e*)*s*; -*e*> desporto *m*, *bras* esporte *m*; ***~ treiben*** fazer (*od* praticar) desporto (*bras* esporte); **'~abzeichen** *n* insígnia *f* desportiva; **'~anlage** *f* instalações *f/pl* desportivas; estádio *m*; **'~art** *f* modalidade *f* desportiva; **'~artikel** *m* artigo *m* de desporto(s, *bras* esporte); **'~fischen** *n* <-*s*; *sem pl*> pesca *f* desportiva; **'~flugzeug** *n* <-(*e*)*s*; -*e*> avião *m* de desporto (*bras* esporte); **'~geschäft** *n* <-(*e*)*s*; -*e*> loja *f* de artigos desportivos; **'~journalist** *m* <-*en*> jornalista *m* desportivo; **'~lehrer** *m* instrutor *m*, professor *m* de educação física; **'~ler(in** *f*) *m* desportista *m*, *bras* esportista *su*; **'≈lich** desportivo, *bras* esportivo; **'~mediziner** *m* médico *m* de desporto (*bras* esporte), **'~möglichkeiten** *f/pl* possibilidades *f/pl* de praticar desporto (*bras* esporte); **'~nachrichten** *f/pl* notícias *f/pl* desportivas; **'~platz** *m* <-*es*; *⸚e*> campo *m* de desportos (*bras* esporte); **'~taucher** *m* mergulhador *m* desportivo (*bras* amador); **'~unterricht** *m* <-*s*; *sem pl*> educação *f* física; **'~verein** *m* <-(*e*)*s*; -*e*> clube *m* desportivo; **'~verletzung** *f* lesão *f* desportiva; **'~wagen** *m AUTO* carro *m* de desporto, carro *m* esporte; *für Kinder*: carrinho *m* de crianças

Spott [ʃpɔt] *m* <-(*e*)*s*; *sem pl*> escárnio *m*, troça *f*; **'≈'billig** baratíssimo, ao desbarato; ***~ sein*** ser uma pechincha

'spotten ['ʃpɔtən] <-*e*-> fazer troça (*bras a* gozação) (***über*** *ac* de); escarnecer; ***jeder Beschreibung ~*** ultrapassar todos os limites, *bras* ultrapassar todas as espectativas

'Spötter ['ʃpœtər] *m* trocista *m*, *bras a* gozador; *REL* blasfemo *m*

'Spottgedicht *n* <-(*e*)*s*; -*e*> sátira *f*

'spöttisch ['ʃpœtiʃ] trocista, *bras a* de gozação

'Spott|lied *n* <-(*e*)*s*; -*er*> canção *f* satírica; **~preis** *m* <-*es*; -*e*>: ***zu e-m ~*** ao desbarato

'sprachbegabt ['ʃpraːx-] que tem jeito (*od* talento) *m* para línguas

'Sprache ['ʃpraːxə] *f* língua *f* (*a Sprachfähigkeit*); idioma *m*; (*Ausdrucksweise*) linguagem *f*; (*Sprechart*) fala *f*; ***zur ~ kommen*** ser tratado; ***zur ~ bringen*** trazer à discussão; ***heraus mit der ~!*** diz lá! desembucha!

'Sprach|fehler *m* erro *m* de gramática, solecismo *m*; *MED* defeito *m* de língua; **~forscher** *m* filólogo *m*, linguista *m*; **~führer** *m* manual *m* de conversação; **~gebiet** *n* <-(*e*)*s*; -*e*>: ***deutsches ~*** países *m/pl* de língua alemã; **~gebrauch** *m* <-(*e*)*s*; *sem pl*> uso *m*; ***~ sein*** *a* ser corrente; **~gefühl** *n* <-(*e*)*s*; *sem pl*> sensibilidade *f* estilística; **≈gewandt** eloquente, loquaz; **~grenze** *f* fronteira *f* linguística; **≈kundig** versado numa língua; *allgemein*: versado em filologia; **~kurs** *m <-es; -e>* curso *m* de línguas; **~labor** *n <-s; -s>* laboratório *m* de línguas; **~lehre** *f <sem pl>* gramática *f*; **~lehrer** *m* professor *m* de língua(s); **2lich** de língua, de linguagem, linguístico, idiomático; **2los** mudo, sem fala; ***~ sein, ~ dastehen*** *fig* ficar pasmado, ficar de boca aberta; **~regel** *f <-; -n>* regra *f* de gramática; **~regelung** *f* POL versão *f* oficial; **~reise** *f* viagem *f* a um país para aprender a língua; **~rohr** *n <-(e)s; -e>* porta-voz *m* (*a fig*); NAV trombeta *f* marinha (*od* falante); **~schatz** *m <-es; sem pl>* vocabulário *m*; **~störung** *f* disfasia *f*, dislalia *f*; **~unterricht** *m <-(e)s; sem pl>* ensino *m* de língua(s); ***deutscher*** *etc* **~** ensino de alemão *etc*; **~wissenschaft** *f* linguística *f*; **~wissenschaftler** *m* linguista *m*

'Spray(dose *f*) [ʃpreː, spreː] *m od n <-s; -s>* aerossol *m*, spray *m*

'Sprech|anlage ['ʃprɛç-] *f* interfone *m*; **~blase** *f* *Comics*: balão *m*; **~chor** *m <-(e)s; ¨e>* coro *m* falado

'sprechen falar (*j-n*: a, com; ***über*** *ac* de, sobre); *Gedicht*: recitar; *Worte*: dizer; *a Urteil*: pronunciar; proferir; ***schuldig ~*** condenar; *Anzeichen etc*: ***~ für*** denotar (*ac*), indicar (*ac*); ***zu ~ sein*** estar (em casa); ***für j-n zu ~ sein*** receber alg; ***auf*** (*ac*) ***nicht gut zu ~ sein*** não gostar de, não simpatizar com; estar zangado com

'Sprech|er(in *f*) *m* orador(a *f*) *m*; *Beauftragter*: porta-voz *su*; representante *su*; *Radio*: locutor(a *f*) *m*; **~funk** *m <-s; sem pl>* radiotelefonia *f*, radiofonia *f*; **~stunde** *f* JUR *u* MED horas *f/pl* de consulta; *Krankenhaus*: horas *f/pl* de visita; ***~ haben*** receber; dar consulta; **~übung** *f* exercício *m* de conversação; exercício *m* de fonética; **~weise** *f* modo *m* de falar; fala *f*; **~zimmer** *n* JUR *u* MED consultório *m*; *Kloster*: locutório *m*

'spreizen ['ʃpraɪtsən] *<-t>* estender; *Finger, Beine*: escarranchar, abrir; abduzir; ARQUIT especar; ***sich ~*** *fig* pavonear-se; *gegen et*: ser teimoso

'Spreng|bombe ['ʃprɛŋ-] *f* bomba *f* explosiva; **~el** *m* REL diocese *f*; (*Kirchspiel*) freguesia *f*; **2en 1.** *v/t* *Garten etc*: regar; *Weihwasser*: aspergir; *Ring*: romper; (***in die Luft***) **~** dinamitar; fazer saltar; fazer ir pelos ares; ***e-e Versammlung ~*** *fig* dissolver (*od* fazer dispersar) uma reunião; **~kapsel** *f <-; -n>* detonador *m*; **~kopf** *m <-(e)s; ¨e>* MIL ogiva *f*; **~körper** *m* corpo *m* explosivo; **~kraft** *f <sem pl>* força *f* explosiva; **~ladung** *f* carga *f* explosiva; **~loch** *n <-(e)s; ¨er>* buraco *m* para tiro de mina; **~meister** *m* operário *m* que deita fogo à mina (*bras* que trata da explosão da mina); **~satz** *m <-es; ¨e>* carga *f* explosiva; **~stoff** *m <-(e)s; -e>* explosivo *m*; **~stoffanschlag** *m <-(e)s; ¨e>* atentado *m* bombista; **~ung** *f* destruição *f* por meio de dinamite; *a fig* rotura *f*; **~wirkung** *f* → ***~kraft***; efeito *m* explosivo

Spreu [ʃprɔy] *f <sem pl>* debulho *m*; moinha *f*

'Sprich|wort ['ʃpriç-] *n <-(e)s; ¨er>* provérbio *m*, dito *m*, adágio *m*, *bras a* ditado *m*; **2wörtlich** proverbial

'sprießen ['ʃpriːsən] *<h u sn>* brotar, nascer

'Spring|brunnen ['ʃpriŋ-] *m* repuxo *m*, *bras a* chafariz *m*; **2en** *<sn u h>*: **~** (***über*** *ac*) saltar (por cima de); galgar (*ac*); (*hüpfen*) pular, dar pulos; (*zer~, bersten*) estalar; *Wasser*: brotar, jorrar; *fig* ***in die Augen ~*** saltar aos olhos; ser evidente; ***Geld ~ lassen*** gastar um dinheirão; ***der ~de Punkt*** o principal; o busílis; **~er** *m* saltador *m*; *Schach*: cavalo *m*; **~flut** *f* (maré *f* de) águas-vivas *f/pl*, *bras* ressaca *f*; **~maus** *f <-; ¨e>* gerbo *m*; **~reiten** *n <-s; sem pl>* salto *m* de obstáculos; **~seil** *n <-(e)s; -e>* corda *f* de saltar (*bras* pular)

Sprint [ʃprint] *m <-s; -s>* sprint *m*; **'2en** correr; **'~er(in** *f*) *m* corredor(a *f*) *m*

Sprit F [ʃprit] *m <-(e)s; -e>* álcool *m*; F gasolina *f*

'Spritz|e ['ʃpritsə] *f* F (*Feuer2*) bomba *f* de incêndios; (*Garten2*) mangueira *f*; MED seringa *f*; (*Einspritzung*) inje(c)ção *f*; ***e-e ~ geben*** dar uma inje(c)ção; **2en** *v/t <-t>* deitar água a; regar; esguichar; MED inje(c)tar; *<a v/i; h u sn>* esguichar; **~er** *m* salpico *m*, esguicho *m*, salpi-

S

cadura *f*; **~gebäck** *n* <-(*e*)*s*; *-e*>, **~kuchen** *m* fartura *f*; **~guss** *m* <-*es*; *-̈e*> moldagem *f* por inje(c)ção; **~pistole** *f* pistola *f* pulverizadora, pulverizador *m*; **~tour** *f* F volta *f*; giro *m*

'spröd|(e) ['ʃprøːd(ə)] frágil, quebradiço; *Haut*: áspero, gretado; *j-d*: reservado, arisco; frio; *Metall*: imaleável; (*rau*) áspero; **2igkeit** *f* <*sem pl*> fragilidade *f*; aspereza *f*; *Haut*: cieiro *m*; *j-s*: reserva *f*; esquivez *f*

'Spross|e ['ʃprɔsə] *f* degrau *m*; (*Sommer2*) sarda *f*; **2en** <-*t*> brotar, nascer

'Sprössling ['ʃprœslɪŋ] *m* <-*s*; *-e*> *fig* filho *m*

'Sprotte ['ʃprɔtə] *f* pequeno arenque *m*

Spruch [ʃprux] *m* <-(*e*)*s*; *-̈e*> sentença *f*; *JUR a* veredi(c)to *m*; (*Bibel2*) versículo *m*; (*Sinn2*) dito *m*, provérbio *m*, adágio *m*; (*Zauber2*) fórmula *f* (mágica); **'~band** *n* <-(*e*)*s*; *-̈er*> letreiro *m*, dístico *m*; **'2reif**: **~ sein** estar maduro; estar suficientemente esclarecido

'Sprudel ['ʃpruːdəl] *m* *Getränk*: água *f* gasosa (*bras* mineral); *MED* águas *f/pl* medicinais; **2n** <-*le*; *sn u h*> brotar, borbulhar; *Getränk*: espumar; *fig* falar muito depressa; *Witz*: ter muita graça, ter muito espírito; **2nd** *adj* espumoso, espumante; *fig j-d*, *Witz*: brilhante

'Sprüh|dose ['ʃpryː-] *f* pulverizador *m*; **2en** faiscar; saltar; (*regnen*) chuviscar; *bras* garoar; **2end** *adj* brilhante, cintilante; **~regen** *m* chuvisco *m*; *bras* garoa *f*

Sprung [ʃprʊŋ] *m* <-(*e*)*s*; *-̈e*> salto *m*, pulo *m* (**machen** dar; **im** de); (*Riss*) fenda *f*, racha *f*; **auf dem ~ stehen zu** (*inf*) estar para; **j-m auf die Sprünge helfen** dar uma ajuda a alg; **'~brett** *n* <-(*e*)*s*; *-er*> trampolim *m*; **'~feder** *f* <-; *-n*> mola *f* (helicoidal); **'~federmatratze** *f* colchão *m* de molas; **'~gelenk** *n* <-(*e*)*s*; *-e*> *ANAT* articulação *f* tibiotarsiana; *Tier*: jarrete *m*, curvejão *m*; **'2haft** saltitante; *fig* incoerente; **'~schanze** *f* pista *f* de saltos; **'~tuch** *n* <-(*e*)*s*; *-̈er*> pano *m* salva-vidas; **'~turm** *m* <-*s*; *-̈e*> torre *f* de saltos

'Spuck|e ['ʃpʊkə] *f* <*sem pl*> cuspo *m*, *bras* cuspe *m*; escarro *m*; esputo *m*; *bras a* babo *m*, baba *f*; **mir blieb die ~ weg** F *fig* fiquei pasmado, -a; **2en** cuspir, escarrar; *beim Sprechen*: perdigotar; *MED* expe(c)torar; **~napf** *m* <-(*e*)*s*; *-̈e*> escarrador *m*

Spuk [ʃpuːk] *m* <-(*e*)*s*; *-e*> (aparição *f* de) fantasmas *m/pl*; assombração *f*; **'2en**: **es spukt** andam fantasmas (pela casa); **'~geschichte** *f* conto *m* fantástico (*od* de fantasmas)

'Spülbecken ['ʃpyl-] *n* tina *f*

'Spul|e ['ʃpuːlə] *f* bobina *f*; fuso *m*; *FOT* rolo *m*; *Nähmaschine*: canilha *f*; **2en** dobar, bobinar

'spül|en ['ʃpyːlən] lavar; enxaguar; passar por água; **den Mund ~** bochechar; *an den Strand*: arrojar; (*be~*) banhar; **2maschine** *f* máquina *f* de lavar loiça (*bras* louça); **2mittel** *n* detergente *m* para a loiça (*bras* louça); **2ung** *f* lavagem *f*; *MED a* irrigação *f*; *des Mundes*: bochecho *m*; *WC*: autoclismo *m*, *bras* descarga *f*

'Spulwurm ['ʃpuːl-] *m* <-(*e*)*s*; *-̈er*> ascáride *f*; lombriga *f*; oxiúro *m*

Spund [ʃpʊnt] *m* <-(*e*)*s*; *-̈e*> batoque *m*; rolha *f*; **'~loch** *n* <-(*e*)*s*; *-̈er*> batoqueira *f*; orifício *m* da pipa

Spur [ʃpuːr] *f* vestígio *m* (*a fig*); *Straße*: faixa *f*, mão *f*; (*Fährte*) pista *f* (*a Tonband*); rasto *m*, *bras* rastro *m*; (*Fuß2*) pisada *f*, *bras* pegada *f*; (*Rad2*) carril *m*, *bras* sulco *m*; *CAM. DE F* (*~weite*) via *f*, *bras* bitola *f*; **keine ~** *fig* F nada, nem rasto; nem patavina; **e-r Sache auf die ~ kommen** descobrir a/c; **j-m auf der ~ sein** (**bleiben**) ir no encalço de alg

'spür|bar ['ʃpyːrbaːr] sensível, perce(p)tível; **~en** *v/t Jagd*: encontrar (*od* seguir) a pista de, (*wittern*) farejar; (*fühlen*, *merken*) sentir, notar; perceber

'Spurenelement *n* <-(*e*)*s*; *-e*> oligoelemento *m*

'Spürhund *m* <-(*e*)*s*; *-e*> cão *m* de busca

'spurlos sem deixar vestígios

'Spür|nase *f* farejador *m*; **~sinn** *m* <-(*e*)*s*; *sem pl*> faro *m*; *fig* sagacidade *f*

Spurt [ʃpʊrt] *m* <-(*e*)*s*; *-s*> corrida *f*, arranque *m*, sprint *m*

'Spurweite *f* CAM. DE F via *f*, *bras* bitola *f*; *Auto*: distância *f* entre as rodas

'sputen ['ʃpuːtən] *<-e->*: ***sich ~*** mexer-se, aviar-se, abelhar-se

Squash [skvɔʃ] *n <-s; sem pl> Saft*: sumo *f* fresco com polpa; *Sport*: squash *m*

St. ***Stück*** peça *f*; ***Sankt*** São (S.)

Staat [ʃtaːt] *m <-(e)s; -en>* Estado *m*; (*Prunk*) gala *f*, luxo *m*; aparato *m*; ***~ machen*** brilhar; ***in vollem ~*** F vestido de gala; ***~ machen mit*** fazer alarde de; **'~enbund** *m <-(e)s; ¨e>* confederação *f*; **'≈enlos** sem nacionalidade, apátrida; **'≈lich** público, do Estado, nacional; estatal, *bras* estadual; ***~ anerkannt*** oficializado; ***~ geprüft*** diplomado

'Staats|akt *m <-(e)s; -e>* cerimónia (*ô) *f*; **~angehörige** *f*, **~angehörige(r)** *m* cidadão *m*, cidadã *f*; súbdito *m*, -a *f*; *pl* nacionais *pl*; **~angehörigkeit** *f <sem pl>* nacionalidade *f*; ***e-e ~ erwerben*** naturalizar-se; **~anleihe** *f* obrigação *f* do Estado; **~anwalt** *m <-(e)s; ¨e>* procurador *m* da República; **~anwaltschaft** *f* ministério *m* público; **~beamte(r)** *m* funcionário *m* público; **~begräbnis** *n <-ses; -se>* funerais *m/pl* nacionais; **~bürger** *m* cidadão *m*; **≈bürgerlich** civil; cívico; **~bürgerschaft** *f* cidadania *f*; **~dienst** *m <-(e)s; sem pl>* serviço *m* público; **~eigentum** *n <-s; sem pl>* património *m* nacional; **~examen** *n <-s; -examina>* exame *m* do Estado; licenciatura *f*; **≈feindlich** hostil ao Estado; **~form** *f* forma *f* do (*bras* de) governo; **~gebiet** *n <-(e)s; -e>* território *m* nacional; **≈gefährdend** subversivo; **~geheimnis** *n <-ses; -se>* segredo *m* de Estado; **~gewalt** *f <sem pl>* autoridade *f* pública; **~haushalt** *m <-(e)s; -e>* orçamento *m* nacional; **~hoheit** *f <sem pl>* soberania *f* (nacional); **~kasse** *f* Tesouro *m* (do Estado); **~kirche** *f* Igreja *f* nacional; **~mann** *m <-(e)s; ¨er>* estadista *m*; **≈männisch** ['-mɛniʃ] político; de estadista; **~minister** *m* ministro *m* do Estado; **~oberhaupt** *n <-(e)s; ¨er>* chefe *m* do Estado; **~papier** *n <-s; -e>* documento *m*; *pl* ECON ***~e*** fundos (*od* valores) *m/pl* públicos; **~polizei** *f <sem pl>* Polícia *f* de Defesa do Estado; **~rat** *m <-(e)s; ¨e>* conselho *m* de Estado; *j-d*: conselheiro *m* de Estado; **~recht** *n <-(e)s; sem pl>* direito *m* público; **~rechtler** ['-rɛçtlər] *m* professor *m* de direito público; **~schatz** *m <-es; ¨e>* Tesouro *m* público; **~schuld** *f* dívida *f* pública; **~sekretär** *m <-s; -e>* secretário *m* de Estado; **~sicherheitsdienst** *m <-es; sem pl>* serviços *m/pl* de segurança pública (*od* do Estado); **~straße** *f* estrada *f* nacional; **~streich** *m <-(e)s; -e>* golpe *m* de estado; **~vertrag** *m <-(e)s; ¨e>* tratado *m* político; acordo *m* estatal; **~wissenschaft** *f* ciências *f/pl* políticas; **~wohl** *n <-(e)s; sem pl>* bem *m* público

Stab [ʃtaːp] *m <-(e)s; ¨e>* bastão *m*; haste *f*; (*Eisen≈*) barra *f*; *zum Springen*: vara *f*; MIL Estado-Maior *m*; ***den ~ über j-n brechen*** condenar alg

'Stäbchen ['ʃtɛpçən] *n* (*Ess≈*) pauzinho *m*

'Stabhochsprung *m <-(e)s; sem pl>* salto *m* à vara (em altura)

sta'bil [ʃta'biːl] estável; (*fest*) seguro, sólido; **~i'sieren** [-bili'ziːrən] *<->* estabilizar; **≈i'sierung** *f* estabilização *f* (ECON monetária); **≈i'tät** [-i'tɛːt] *f <sem pl>* estabilidade *f*

'Stab|reim *m <-(e)s; -e>* aliteração *f*; **~s...** *in Zssg(n)*: do Estado-Maior; **~schef** *m <-s; -s>* MIL chefe *m* do Estado-Maior; **~squartier** *n <-s; -e>* quartel *m* geral

'Stachel ['ʃtaxəl] *m* ponta *f*, pico *m*; aguilhão *m*, ZO *a* ferrão *m*; espinho *m*; BOT acúleo *m*; **~beere** *f* uva-espim *f*; **~draht(verhau** *m <-(e)s; -e>*) *m <-(e)s; ¨e>* (linha *f* de) arame *m* farpado; **≈ig** espinhoso, eriçado; BOT aculeado; **~schwein** *n <-(e)s; -e>* porco-espinho *m*

'Stadi|on ['ʃtaːdiɔn] *n <-s; Stadien>* estádio *m*; **~um** *n <-s; Stadien>* fase *f*, estado *m*

Stadt [ʃtat] *f <-; ¨e>* cidade *f*; *kleinere*: vila *f*, *bras* cidade *f* do interior; **'~autobahn** *f* via *f* rápida; via *f* de circunvalação; **'~bahn** *f* caminho *m* de ferro urbano; **'≈bekannt** notório; **'~bibliothek** *f* biblioteca *f* municipal; '**~bild** *n* <-(*e*)*s*; -*er*> vista *f* da cidade, panorama *m* da cidade; '**~bummel** *m* volta *f* (*od* passeio *m*) pela cidade

'Städtchen ['ʃtɛːtçən] *n* vila *f*, *bras* cidadezinha *f* do interior

'Städte|bau ['ʃtɛːtə-] *m* <-(*e*)*s*; *sem pl*> urbanização *f*; **~bauer** *m* urbanizador *m*; **≗baulich** urbanístico; **~partnerschaft** *f* geminação *f* de cidades, *bras* parceria *f* entre cidades; **~r(in** *f*) *m* habitante *su* da cidade; urbano *m*, -a *f*; **~tag** *m* <-(*e*)*s*; -*e*> congresso *m* de delegados municipais

'Stadt|gebiet *n* <-(*e*)*s*; -*e*> área *f* urbana, área *f* municipal; **~gemeinde** *f* município *m*; **~gespräch** *n* <-(*e*)*s*; -*e*> TEL chamada *f* local (*od* urbana); *fig* **~ sein** estar na boca de toda a gente

'städtisch ['ʃtɛːtiʃ] urbano; POL municipal

'Stadt|kern *m* <-(*e*)*s*; -*e*> centro *m* (histórico) da cidade; **~mauer** *f* <-; -*n*> muralha *f*; **~mitte** *f* centro *m*; **~park** *m* <-*s*; -*s*> parque *m* municipal (*od* da cidade); **~plan** *m* <-(*e*)*s*; ¨*e*> planta *f* da cidade; **~planung** *f* (plano *m* de) urbanização *f*; **~rand** *m* <-(*e*)*s*; ¨*er*> periferia *f* (*od* abas *f/pl*) da cidade; **~randsiedlung** *f* urbanização *f* na periferia da cidade; **~rat** *m* <-(*e*)*s*; ¨*e*> câmara *f* municipal; *j-d*: vereador *m*; **~rundfahrt** *f* passeio *m* (*od* volta *f*) pela cidade; **~teil** *m* <-(*e*)*s*; -*e*> bairro *m*; **~theater** *n* teatro *m* municipal; **~väter** *m/pl* edilidade *f/sg*; **~verordnete(r)** *m* vereador *m*; **~verwaltung** *f* serviços *m/pl* municipais; câmara *f*; *bras* administração *f* pública; **~viertel** *n* bairro *m*; **~wappen** *n* armas *f/pl* (*bras* emblema *m*) da cidade; **~zentrum** *n* <-*s*; -*zentren*> centro *m* da cidade

Sta'fette [ʃta'fɛtə] *f* estafeta *f*

Staf'fage [ʃta'faːʒə] *f* cenário *m*; enfeite *m*

'Staffel ['ʃtafəl] *f* <-; -*n*> degrau *m*; ECON escalão *m*, MIL *u* *Sport*: *a* turma *f*; AV esquadrilha *f*; **~'ei** [-ə'laɪ] *f* cavalete *m*; **~lauf** *m* <-(*e*)*s*; ¨*e*> corrida *f* de estafetas (*bras* de revezamento); **≗n** <-*le*> escal(on)ar; graduar; **~tarif** *m* <-*s*; -*e*> tarifa *f* escalonada; **~ung** *f* escalamento *m*; graduação *f*

Stagn|ati'on [stagnatsi'oːn] *f* estagnação *f*; paralização *f*; **≗'ieren** <-> estagnar; estar paralizado

Stahl [ʃtaːl] *m* <-(*e*)*s*; ¨*e*> aço *m*; '**~arbeiter** *m* metalúrgico *m*; '**~bau** *m* <-(*e*)*s*; *sem pl*> ARQUIT construção *f* de aço; '**~beton** *m* <-*s*; -*e*> ARQUIT betão (*bras* cimento) *m* armado; '**≗blau** azul ferrete, *bras* azul-aço; '**~blech** *n* <-(*e*)*s*; -*e*> chapa *f* de aço

'stähl|en ['ʃtɛːlən] ace(i)rar, temperar com aço; *fig* fortalecer; **~ern** de aço; *fig* de ferro

'stahl|hart *fig* duro como o aço; **≗helm** *m* <-(*e*)*s*; -*e*> capacete *m* de aço; **≗industrie** *f* indústria *f* do aço; **≗kammer** *f* <-; -*n*> casa-forte *f*; **≗rohrmöbel** *n/pl* móveis *m/pl* de tubos de aço; **≗stich** *m* <-(*e*)*s*; -*e*> gravura *f* em aço; **≗trosse** *f* cabo *m* de aço; **≗werk** *n* <-(*e*)*s*; -*e*> aceraria *f*; *bras* acearia *f*

'staken ['ʃtaːkən] levar (*bras* impulsionar) à vara

Stalag|'mit [ʃtalak'miːt] *m* <-*en*> estalagmite *f*; **~'tit** [-'tiːt] *m* <-*en*> estalactite *f*

Stall [ʃtal] *m* <-(*e*)*s*; ¨*e*> estábulo *m*, curral *m*; (*Pferde*≗) caval(h)ariça *f*; '**~ungen** *f/pl* estrebarias *f/pl*, cavalariças *f/pl*

Stamm [ʃtam] *m* <-(*e*)*s*; ¨*e*> BOT tronco *m*; (*Geschlecht*) estirpe *f*, linhagem *f*, raça *f*; (*Volks*≗) tribo *f*; GRAM raiz *f*; *Personal*: quadro *m*; '**~aktie** *f* a(c)ção *f* primitiva; '**~baum** *m* <-(*e*)*s*; ¨*e*> árvore *f* genealógica; '**~buch** *n* <-(*e*)*s*; ¨*er*> álbum *m*, *bras* crônica *f* genealógica; '**≗eln** <-*le*> balbuciar; '**≗en** <*sn*> *et*: (pro)vir; GRAM derivar; *j-d*: **~ aus** ser natural de; **~ von** descender de, ser descendente de; '**~gast** *m* <-*es*; ¨*e*> freguês (*od* cliente) *m* habitual, *bras* frequentador *m* assíduo; '**~halter** *m* (filho *m*) primogénito (*ê) *m*, morgado *m*; '**~haus** *n* <-*es*; ¨*er*> ECON casa-mãe *f*, central *f*; '**~holz** *n* <-*es*; ¨*er*> árvores *f/pl* de haste alta

'stämmig ['ʃtɛmiç] robusto

'Stamm|kapital *n* <-*s*; -*kapitalien*> fundos *m/pl*; **~kneipe** *f* F bar *m* habitualmente frequentado por alg;

S

~kunde *m* <*-n*> habituado *m*, *bras* habitué *m*, frequentador *m* assíduo; **~kundschaft** *f* clientela *f*; **~lokal** *n* <*-(e)s*; *-e*> → **~kneipe**; **~personal** *n* <*-s*; *sem pl*> pessoal *m* do quadro, *bras* pessoal *m* fixo; **~silbe** *f* radical *f*; **~tisch** *m* <*-(e)s*; *-e*> mesa *f* reservada para clientes habituais

'**stampfe|n** ['ʃtampfən] bater com o(s) pé(s); patear; calcar; *BGB* triturar; moer; *AGR Trauben*: pisar; *NAV* arfar; *TÉCN* machucar; **2r** *m* pilão *m*, calcador *m*

Stand [ʃtant] *m* <*-(e)s*; *⸚e*> posto *m*; (*Lage*) posição *f*, situação *f*; (*Höhe*) altura *f*; *ECON* câmbio *m*, cotização *f*; *Preis*, *Wasser*, *TÉCN* nível *m*; (*Zu2*) estado *m*; (*Klasse*) *a* classe *f*, condição *f*; (*Rang*) categoria *f*; (*Beruf*) profissão *f*; (*Zeitungs2*) quiosque *m*; (*Ausstellungs2*) stand *m*; ***e-n schweren ~ haben*** estar numa situação difícil; ***auf den neuesten ~ bringen*** a(c)tualizar, pôr em dia; ***außer ~e*** → ***außerstande***; ***im ~e*** → ***imstande***; ***in ~*** → ***instand***; ***zu ~e*** → ***zustande***

'**Standard** ['ʃtandart] *m* <*-s*; *-s*> norma *f*; modelo *m*; **2i'sieren** [-di'ziːrən] <*-*> normalizar, estandardizar; **~werk** *n* <*-(e)s*; *-e*> obra *f* modelo

Stan'darte [ʃtan'dartə] *f* estandarte *m*

'**Standbild** *n* <*-(e)s*; *-er*> estátua *f*; *FOT* foto *f* fixa, *TV* imagem *f* parada

'**Ständchen** ['ʃtɛntçən] *n* serenata *f* (***bringen*** fazer)

'**Ständer** ['ʃtɛndər] *m* suporte *m*; *Gestell*: cavalete *m*

'**Standes|amt** ['ʃtandəs-] *n* <*-(e)s*; *⸚er*> registo (*bras* registro) *m* civil; **2amtlich** (do registo, *bras* registro) civil; **~beamte(r)** *m* funcionário *m* do registo (*bras* registro) civil; **~dünkel** *m* <*-s*; *sem pl*> altivez *f*, arrogância *f*; **2gemäß** conforme à (sua) categoria; **~unterschied** *m* <*-(e)s*; *-e*> diferença *f* de classes

'**stand|fest** firme, inabalável; **2gericht** *n* <*-(e)s*; *-e*> conselho *m* de guerra; **~haft** constante, firme; **2haftigkeit** *f* <*sem pl*> constância *f*, firmeza *f*; **~halten** resistir (a)

'**ständig** ['ʃtɛndiç] permanente, contínuo

'**Stand|licht** *n* <*-(e)s*; *-er*> mínimos *m/pl*; **~ort** *m* <*-(e)s*; *-e*> posição *f*; posto *m*; *MIL* praça *f*, guarnição *f*; ***den ~ feststellen*** localizar; **~pauke** F *f* descompostura *f* ***j-m e-e ~ halten*** dar (*bras* passar) uma descompostura a alg, ler a cartilha a alg; **~platz** → ***~ort***; **~punkt** *m* <*-(e)s*; *-e*> ponto *m* de vista; ***auf dem ~ stehen, dass*** ser de opinião que, defender o ponto de vista de que; **2rechtlich**: ***~ erschießen*** fuzilar, (fazer) passar pelas armas; **~spur** *f* faixa *f* de paragem de emergência; **~uhr** *f* relógio *m* de pé alto (*bras* pêndulo)

'**Stange** ['ʃtaŋə] *f* (*Holz2*) estaca *f*; *kürzere*: vara *f*; (*Metall2*) barra *f*; (*Zigaretten2*) pacote *m*; *Siegellack*: pau *m*; *Hühnerstall*: poleiro *m*; (*Bohnen2*) vara *f*, rama *f*; ***j-m die ~ halten*** *fig* ajudar alg; ***bei der ~ bleiben*** *fig* não fugir (*od* desistir); ***von der ~ kaufen*** comprar já feito; ***e-e ~ Geld kosten*** F custar bom dinheiro

'**Stängel** ['ʃtɛŋəl] *m* caule *m*; haste *f*; (*Blüten2*) pedúnculo *m*

'**Stangen|bohne** *f* fava *f* estacada (*od* de estaca); **~spargel** *m* espargo *m* comprido

Stänker|er ['ʃtɛŋkərər] *m* F quezilento *m*; rezingão *m*, *bras* resmungão *m*; intrigante *m*; **2n** <*-re*> cheirar mal, feder; *fig* (andar a) intrigar (*od* de protestar)

Stanni'ol [ʃtani'oːl] *n* <*-s*; *-e*> folha *f* de estanho

'**Stanz|e** ['ʃtantsə] *f* *TÉCN* prensa *f* de estampar; máquina *f* de puncionar; **2en** <*-t*> (per)furar; estampar; **~maschine** *f* máquina *f* de puncionar

'**Stapel** ['ʃtaːpəl] *m* *ECON* depósito *m*; *Holz etc*: pilha *f* (*a INFORM*), montão *m*; *NAV* (***auf***) ***~*** (***legen*** colocar na) carreira *f*; ***vom ~ laufen*** ser lançado à água; ***vom ~*** (***laufen***) ***lassen*** lançar à água; *fig* apresentar, F *e-e Rede*: pronunciar; **~lauf** *m* <*-(e)s*; *⸚e*> lançamento *m* à água, bota-fora *m*; **2n** <*-le*> empilhar, amontoar; **~platz** *m* <*-es*; *⸚e*> depósito *m*

'**stapfen** ['ʃtapfən] andar com passo pesado

S

Star [ʃtaːr] *m* **a)** <-(*e*)*s*; -*e*> *ZO* estorninho *m*; **b)** *MED* <-(*e*)*s*; -*e*>: ***grauer ~*** catarata *f*; ***grüner ~*** glaucoma *m*; **c)** <-*s*; -*s*> *TEA* estrela *f*, vedeta *f*; **'~allüren** *f/pl* caprichos *m/pl* de diva, *bras* estrelismo *m*, vedatismo *m*; **'~besetzung** *f TEA* elenco *m* de primeira

stark [ʃtark] <"*er*; "*st*> robusto; *a fig* vigoroso, forte, enérgico; intenso; (*dick*) grosso, *j-d*: gordo; (*groß*) grande; (*heftig*) violento; (*zahlreich*) numeroso; *adv a* muito; ***~e Seite*** forte *m*; ***das ist ein ~es Stück!*** *fig* F é forte!, *bras* não é brincadeira!; *100 Mann* ***~ sein*** contar ...; ***~ werden***, ***stärker werden*** aumentar; robustecer, *j-d*: *a* engordar

'Stärke ['ʃtɛrkə] *f* **a)** robustez *f*, vigor *m*; *TÉCN* potência *f*, *a fig* força *f*, intensidade *f*; (*Anzahl*) quantidade *f*, número *m*, *MIL a* efe(c)tivo *m*; (*Dicke*) grossura *f*; *j-s* ***~ sein*** ser o forte de alg; **b)** *QUÍM* fécula *f*, amido *m*; *Wäsche*: goma *f*; **&haltig** ['-haltiç] feculento, feculoso, amidólico; **~mehl** *n* <-(*e*)*s*; *sem pl*> fécula *f*, amido *m*

'stärken fortificar, fortalecer; robustecer; vigorizar; (*be~*) corroborar; *MED a* tonificar; *Wäsche*: engomar; ***sich ~*** tomar a/c, comer a/c; **~d** *adj* tonificante; fortificante

'starkknochig ossudo, robusto

'Starkstrom *EL m* <-(*e*)*s*; *sem pl*> corrente *f* de alta tensão (*od* intensidade); **~leitung** *f EL* linha *f* de transporte de força motriz (*od* de alta tensão)

'Stärkung ['ʃtɛrkuŋ] *f* fortalecimento *m*; (*Imbiss*) refeição *f*; **~smittel** *n* tónico (*ô) *m*; fortificante *m*

starr [ʃtar] rígido (*a AV*); (*unbeweglich*) imóvel, teso, hir(su)to; (*unbeugsam*) inflexível; intransigente; (*~sinnig*) teimoso; *Blick*: fixo; ***~ ansehen*** fixar, fitar; *vor Kälte*: enteiriçado; ***~ vor Entsetzen*** *etc* atónito (*ô); **'~en**: ***~ auf*** (*ac*), fitar (*ac*), cravar os olhos em; ***~ von*** estar cheio de, estar repleto de; **'&heit** *f* <*sem pl*> rigidez *f*; (*Blick*) fixidez *f*; *fig* intransigência *f*; (**'&kopf** *m* <-(*e*)*s*; "*e*>) **'~köpfig** ['-kœpfiç] teimoso (*m*); **'&köpfigkeit** *f* <*sem pl*> teimosia *f*; **'&krampf** *m* <-(*e*)*s*; "*e*> tétano *m*; **'&sinn** *m* <-*es*; *sem pl*> teimosia *f*, obstinação *f*; **'~sinnig** teimoso

Start [ʃtart] *m* <-(*e*)*s*; -*s*, *a* -*e*> partida *f*, *AV a* descolagem *f*, *bras* decolagem *f*, *NAV a* largada *f*; *Auto*: arranque *m*; *Sport*: arrancada *f*; → ***~platz***; **'~automatik** *f* <*sem pl*> automatismo *m* de arranque; **'~bahn** *f AV* pista *f* de descolagem (*bras* decolagem); **'&bereit** pronto para a partida; **'&en** <-*e*-; *h u sn*> partir (***nach*** para), *AV a* descolar; *AUTO* arrancar; **'~er** *m AUTO* motor *m* de arranque; *Sport*: juiz *m* de partida; **'~hilfekabel** *n AUTO* cabo *m* de carga à bateria; **'~nummer** *f* <-; -*n*> *Sport*: número *m* (de ordem) de partida; **'~platz** *m* <-*es*; "*e*> ponto *m* de partida; *AV* → ***~bahn***; **'~schuss** *m* <-*es*; "*e*> sinal *m* de partida

'Statik ['ʃtaːtik] *f* <*sem pl*> estática *f*

Sta'tion [ʃtatsi'oːn] *f CAM. DE F* estação *f*; *MED* se(c)ção *f*, enfermaria *f*; *Polizei*: posto *m*; (*Halt*) apeadeiro *m*; ***~ machen*** parar, ficar; **&'är** [-o'nɛːr] estacionário; ***~e Behandlung*** tratamento *m* com internamento, *bras* tratamento *m* hospitalar; **&'ieren** <-> estacionar; **~svorsteher** *m* chefe *m* de estação

'statisch ['ʃtaːtiʃ] estático

Sta'tist [ʃta'tist] *m* <-*en*>, **~in** *f* figurante *su*, comparsa *su*; **~ik** *f* estatística *f*; (**~iker** *m*) **&isch** estatístico (*m*)

Sta'tiv [ʃta'tiːf] *n* tripé *m*

statt [ʃtat] **1.** *prp* (*gen*, ***zu*** + *inf*) em vez de, em lugar de, em substituição de; ***~ meiner*** em meu lugar; **2.** **&** *f* <*sem pl*>: ***an*** *Eides* **&** por ...; ***an*** *Zahlungs* **~** em lugar de; ***an Kindes & annehmen*** perfilhar, ado(p)tar

'Stätte ['ʃtɛtə] *f* lugar *m*, sítio *m*, local *m*

'statt|finden ter lugar, haver, realizar-se; **~geben** (*dat*) admitir (*ac*), permitir (*ac*), aceder a; dar seguimento a; **~haft** lícito, admissível; **~lich** imponente, *et*: *a* considerável

'Statue ['ʃtaːtuə] *f* estátua *f*

Statu'ette [ʃtatu'ɛtə] *f* estatueta *f*

statu'ieren [ʃtatu'iːrən] <->: ***ein Exempel ~*** estabelecer um exemplo (de aviso)

S

Sta'tur [ʃta'tuːr] *f* estatura *f*
'Status ['staːtus] *m inv* situação *f*; estado *m*; **~symbol** *n* <-s; -e> símbolo *m* (*od* sinal *m* externo) de posição social
Sta'tut [ʃta'tuːt] *n* <-(e)s; -en> estatuto *m*; regulamento *m*
Stau [ʃtaʊ] *m* <-(e)s; -s> *Wasser*: acumulação *f*, *bras* acúmulo *m*; *Verkehr*: engarrafamento *m*, congestionamento *m*
'Stauanlage ['ʃtaʊ-] *f* represa *f*, barragem *f*
Staub [ʃtaup] *m* <-(e)s; -e *u* ¨e> pó *m*; **~ aufwirbeln** fazer pó, espalhar pó; *fig* causar sensação *f*, ser um escândalo; ***sich aus dem ~ machen*** safar-se, *bras* sumir; **'~beutel** *BOT m* antera *f*
'Staubecken *n* represa *f*
'stauben ['ʃtaʊbən] <*h u sn*> fazer pó; ***es staubt*** *a* tem poeira
'stäuben ['ʃtɔybən] *v/t* (*ab~*) desempoeirar; (*be~*) empoeirar; *v/i* → ***stauben***
'Staub|faden *BOT m* <-s; ¨> estame *m*; **~fänger** ['-fɛŋər] *m* guarda-pó *m*; **℧frei** sem pó, limpo; *Luft*: puro; **~gefäß** *BOT n* <-es; -e> estame *m*; **℧ig** ['-biç] poeirento, cheio de pó; **~körnchen** ['-kœrnçən] *n* cisco *m*; **~lappen** *m* → ***~tuch***; **℧saugen** aspirar; **~sauger** *m* aspirador *m*; **~tuch** *n* <-(e)s; ¨er> pano *m* de pó; **~wedel** *m* espanador *m*; **~wolke** *f* poeirada *f*
'stauch|en ['ʃtaʊxən] comprimir; *TÉCN* recalcar; **℧ung** *f TÉCN* recalcamento *m*
'Staudamm *m* represa *f*, dique *m*, barragem *f*
'Staud|e ['ʃtaʊdə] *f*, **~engewächs** *n* <-es; -e> subarbusto *m*
'stauen ['ʃtaʊən] *Wasser*: estancar; represar; *NAV* estivar; ***sich ~*** *MED Blut*: congestionar-se; *Verkehr*: congestionar-se
'Stauer ['ʃtaʊər] *m NAV* estivador *m*
'staun|en ['ʃtaʊnən] admirar-se (***über*** *ac* de), ficar admirado; **℧en** *n* admiração *f*
'Staupe ['ʃtaʊpə] *f vet* mo(n)quilho *m*, P esgana *f*
'Stau|see *m* <-s; -n> represa *f*, albufeira *f*; **~stufe** *f* degrau *m* de barragem; **~ung** *f* estancação *f*, *bras* estancamento *m*; *MED* congestão *f*; **~wasser** *n* água *f* estancada, água *f* morta, *bras* água *f* parada; **~werk** *n* <-(e)s; -e> represa *f*, barragem *f*
Std. ***Stunde*** hora
Steak [steːk, ʃteːk] *n* <-s; -s> bife *m*; ***gut*** (***wenig***) ***durchgebratenes ~*** bife bem (mal) passado
Stea'rin [ʃtea'riːn] *n* <-s; -e> estearina *f*
'Stechapfel ['ʃtɛç-] *m* <-s; ¨> estramónio (*ô) *m*; figueira-do-inferno *f*
'stechen picar; *Biene*: ferrar; *Sonne*: queimar; ferir; *Karte*: cortar; *in Kupfer*: gravar; *Loch*: fazer; *Spargel*: cortar; *Torf*: tirar, cavar; ***in See ~*** *NAV* fazer-se ao mar; ***ins Auge ~*** dar na vista; ***ins Grüne ~*** atirar (*bras* sair) para o verde; ***ihn sticht der Hafer*** *fig* o êxito sobe-lhe à cabeça; **~d** *adj Blick*: penetrante; *Schmerz*: agudo
'Stech|fliege *f* moscardo *m*; **~ginster** *m* tojo *m*; **~heber** *m* pipeta *f*; **~mücke** *f* mosquito *m*; **~palme** *f* aquifólio *m*, azevinho *m*; **~uhr** *f* hodómetro *m*; relógio *m* de ponto; **~zirkel** *m MAT* compasso *m* de pontas
'Steck|brief ['ʃtɛk-] *m* <-(e)s; -e> (**℧brieflich** por) mandado *m* de captura; **~dose** *f* tomada *f*; **'℧en a)** *v/t*: ***an*** (*ac*) **~** pôr em; ***in*** (*ac*) **~** meter em (*a fig*); cravar em; *TÉCN* encaixar; *Pflanzen*: plantar; ***in Brand ~*** incendiar; deitar fogo a, *bras* botar (*od* atear) fogo em; *Geld in ein Unternehmen*: colocar; *fig* ***j-m et ~*** sugerir a/c a alg, *unfreundlich*: dar a entender a/c a alg; ***~ bleiben*** atolar-se, atascar-se; *beim Sprechen*: atrapalhar-se; *bras* afobar-se; ***~ lassen*** deixar (metido); **b)** *v/i* estar (metido), encontrar-se; ***dahinter steckt etwas*** ali há coisa; **~en** *m* bastão *m*, pau *m*
Steckenpferd *n* <-(e)s; -e> cavalo *m* de cana; *fig* mania *f*; passatempo *m*
'Steck|er *EL* ['ʃtɛkər] *m* ficha *f*, *bras* plugue *m*; **~kontakt** *EL m* <-(e)s; -e> tomada *f*; **~ling** *AGR m* <-s; -e> estaca *f*; **~nadel** *f* <-; -n> alfinete *m*; **~schlüssel** *m* chave *f* tubular
Steg [ʃteːk] *m* <-(e)s; -e> atalho *m*, vereda *f*; (*Brücke*) ponte *f* pequena;

S

prancha *f*, *NAV* ponte *f* de embarque; *MÚS u TIP* cavalete *m*; *Hose*: presilha *f*; '**~reif** *m* <-(*e*)*s*; -*e*>: **aus dem ~ sprechen** improvisar (um discurso)

'**Steh|auf(männchen** *n*) ['ʃte:-] *m* teimoso *m*; **~bierhalle** *f* quiosque *m* de cerveja; bar *m*

'**stehen** ['ʃte:ən] **1.** <*h u sn*> estar; *j-d*, (*aufrecht* ~) estar em pé; (*Uhr*) estar parado; *ECON* **~ auf** estar em, *Betrag*; *a* estar a; **auf** *dem Programm* **~** vir em, estar em, figurar em; *GRAM* empregar-se; *Kleid etc*: **gut ~** cair (*od* ficar) bem; **~ für** substituir (*ac*), (*ein*~) responder por; **bei j-m ~** *fig* depender de alg; **j-m teuer zu ~ kommen** sair caro a alg, vir a custar caro a alg; **es steht zu** *hoffen* é de; **auf** *Mord* **steht ...** *JUR* é punido com ..., *bras* a punição para ... é; **wie steht es mit** (*od* **um**) **...?** que tal vai ...?, *bras* como vai ...?; **sich gut ~** viver em boas condições, *mit j-m*: dar-se bem com; **seinen Mann ~** cumprir; **hinter j-m ~** *fig* apoiar alg; **über den Dingen ~** *fig* ser superior às circunstâncias; **~ bleiben** parar, ficar parado; **~ lassen** deixar (lá *od* ficar); (*vergessen*) esquecer; **sich** (*dat*) *den Bart* **~ lassen** deixar crescer; **2.** 2 *n*: **zum ~ bringen** deter; *Blut*: fazer estancar; **im ~** de passagem; **~d** *adj* em pé, de pé; *a et*: direito; *aufrecht*: ao alto; *Heer*: permanente; *Wasser*: estagnado, manente; *Ausdruck*: corrente; estereotipado; **~en Fußes** sem demora, imediatamente

'**Steh|kragen** *m* <-*s*; -, *a* ¨> colarinho *m* alto; **~lampe** *f* candeeiro *m*; **~leiter** *f* <-; -*n*> escada *f* de mão; escadote *m*

'**stehlen** ['ʃte:lən] roubar, furtar; **sich ~ aus** sair furtivamente de, sair às escondidas de; **sich in** (*ac*) **~** entrar furtivamente em, entrar às escondidas em; *fig* insinuar-se em; **du kannst mir gestohlen bleiben!** F vai passear!

'**Steh|platz** *m* <-*es*; ¨*e*> lugar *m* de pé; geral *f*; **~pult** *n* <-(*e*)*s*; -*e*> estante *f*

steif [ʃtaɪf] teso, rígido, rijo, inteiriçado; *Wäsche*: engomado; **~er Hals** torcicolo *m*; *fig Benehmen*: acanhado, constrangido; cerimonioso; *Grog*, *Wind*: forte; *Stil*: duro; **~ werden** enteiriçar-se; *Speise*: coalhar; **~ und fest behaupten** afirmar com toda a certeza; **sich** (*dat*) **~ und fest einbilden, dass** estar absolutamente persuadido de que; **~ gefroren** ultracongelado; **die Ohren ~ halten** não desanimar; '**2heit** *f* <*sem pl*> rigidez *f*; *fig a* formalidade *f*; constrangimento *m*

Steig|bügel *m* [ʃtaɪk-] *m* <-(*e*)*s*; -> estribo *m*; '**~eisen** *n* degrau *m* de ferro; *pl Sport* gancho *m* de trepador (*bras* de escalada)

'**steigen** [ʃtaɪgən] **1.** <*sn u h*> subir (**auf**, **in** *ac* a), *aufs Pferd*: montar (**auf** a); **vom** *Pferd*, **aus** *dem Wagen* descer de; **ins Fenster ~** entrar pela janela; **über et** (*ac*) **~** passar (*od* trepar) por cima de a/c; *Wasser*: crescer; (*zunehmen*) *a*: aumentar; **~ lassen** *Ballon*, *Rakete*: lançar, *bras* soltar; **zu Kopf ~** subir à cabeça; **2.** 2 *n* subida *f*, aumento *m*; **~d** *adj fig* crescente

'**Steiger** *BGB m* capataz *m* (de minas)

'**steigern** *v/t* <-*re*> fazer subir; aumentar; elevar; desenvolver; *fig a* intensificar; *GRAM* formar os graus de comparação de; **sich ~** intensificar-se; acentuar-se

'**Steigerung** *f* aumento *m*, subida *f*; desenvolvimento *m*; (*Ertrags*2) melhoramento *m*; *GRAM* comparação *f*; *MÚS u Rhetorik*: gradação *f*; intensificação *f*; **~srate** *f* taxa *f* de aumento (*od* crescimento)

'**Steig|höhe** *AV f* altura *f* alcançada; **~leitung** *EL f* cabo *m* vertical; **~ung** *f* subida *f*

steil [ʃtaɪl] íngreme, abrupto, escarpado, alcantilado; *adv* a pique; '**2hang** *m* <-(*e*)*s*; ¨*e*> escarpa *f*; '**2heit** *f* ingremidade *f*, escarpado *m*; '**2küste** *f* riba *f*; *a* '**2ufer** *n* ribanceira *f*; '**2wand** *f* <-; ¨*e*> escarpa *f*

Stein [ʃtaɪn] *m* <-(*e*)*s*; -*e*> pedra *f* (**des Anstoßes** de escândalo; **der Weisen** filosofal); (*Ziegel*2) tijolo *m*; *MED a* cálculo *m*; *Spiel*: peão *m*; *Obst*: caroço *m*; (*Gedenk*2) lápide *f*; *fig* **~** *u* **Bein** *schwören* por todos os santos; **bei j-m e-n ~ im Brett haben** ser muito estimado por alg;

j-m fällt ein ~ vom Herzen alg sente um grande alívio; **'~adler** *m* xofrango *m*; **'♀'alt** muito velho; **'~bock** *m* <-(*e*)*s*; *¨e*> bode *m*, cabrito *m* montês; *ASTR* Capricórnio *m*; **'~boden** *m* <-*s*; ¨> terreno *m* pedregoso; → ***~fußboden***; **'~bruch** *m* <-(*e*)*s*; *¨e*> pedreira *f*; **'~butt** ['-but] *m* <-(*e*)*s*; *-e*> *ZO* rodovalho *m*; **'~druck** *m* <-(*e*)*s*; *-e*> litografia *f*; **'♀ern** de pedra; **'~fußboden** *m* <-*s*; *-böden*> chão (*od* soalho) *m* de pedra; **'~garten** *m* <-*s*; ¨> rocheira *f*; **'~gut** *n* <-(*e*)*s*; *sem pl*> louça *f* (de pó de pedra), faiança; **'♀'hart** duro como pedra; **'♀ig** pedregoso; **'♀igen** ['-nigən] apedrejar; **'~igung** ['-niguŋ] *f* apedrejamento *m*, lapidação *f*; **'~kohle(n...)** *f* (de) carvão *m* de pedra; (de) hulha *f*; **'~kohlenbergbau** *m* <-*s*; *sem pl*> *BGB* indústria *f* mineira de carvão (*od* hulha); **'~marder** *m* fuínha *f*; **'~meißel** *m* cinzel *m*, escopro *m*; **'~metz** ['-mɛts] *m* <-*en*> canteiro *m*; **'~obst** *n* <-(*e*)*s*; *sem pl*> drupa *f*; **'~pilz** *m* <-*es*; *-e*> boleto *m* comestível; **'♀'reich** muito rico; **'~salz** *n* <-*es*; *sem pl*> sal *m* gema; **'~schlag** *m* <-(*e*)*s*; *¨e*> desabamento *m* de pedras; **'~schleuder** *f* <-; *-n*> funda *f*; catapulta *f*; (*Spielzeug*) fisga *f*, *bras* atiradeira *f*, estilingue *m*; **'~wurf** *m* <-(*e*)*s*; *¨e*> pedrada *f*; **'~zeit** *f* idade *f* da pedra lascada; ***ältere ~*** paleolítico *m*; ***jüngere ~*** neolítico *m*; ***mittlere ~*** mesolítico *m*

Steiß [ʃtaɪs] *m* <-*es*; *-e*> traseiro *m*; *Vögel*: uropígio *m*; *a* = **'~bein** *n* <-(*e*)*s*; *-e*> cóccix *m*

'Stelldichein *n* entrevista *f*

'Stelle ['ʃtɛlə] *f* lugar *m*, sítio *m*; local *m*; *bsd MIL* ponto *m*; (*Amt*) emprego *m*, colocação *f*; *Buch*: passo *m*, trecho *m*; *amtliche* (*Dienst♀*): repartição *f*; serviços *m/pl*; *Zahl*: casa *f*; ***freie ~*** vaga *f*; ***an ~ von*** (*od gen*) em lugar de, em substituição de; ***an j-s ~ treten*** substituir alg; ***auf der ~*** *fig* já, imediatamente, sem demora; ***auf der ~ treten*** marcar passo; ***nicht von der ~ kommen*** não avançar, não adiantar o trabalho; ***an Ort und ~ sein*** estar no seu lugar; ***ich an deiner ~*** eu no teu lugar; ***schwache ~*** *fig* ponto fraco

'stellen 1. *v/t* pôr, colocar, meter; *Antrag*: fazer; *POL*, *JUR* propor; *Bürgen*, *Zeugen*: trazer, apresentar; *Bürgschaft*: dar; *Falle*: armar; *Frage*: fazer, pôr, formular; *Frist*: marcar; *Uhr*: acertar; *Wild*: parar; (*liefern*) fornecer; *j-n*: apanhar; **2.** *refl*: ***sich ~*** (*erscheinen*) apresentar-se, *JUR* comparecer; ***sich*** *krank etc* **~** fingir-se ...; ***sich ~, als ob*** fingir + *inf*, *bras* fingir que + *konjugiertes Verb*; ***sich quer ~*** atravessar-se; *fig* opor-se

'Stellen|angebot *n* <-(*e*)*s*; *-e*> oferta *f* de empregos; **~gesuch** *n* <-(*e*)*s*; *-e*> procura *f* de empregos; **♀los** desempregado; **~nachweis** *m* <-*es*; *-e*>, **~vermittlung(sbüro** *n* <-*s*; *-s*>) *f* agência *f* de colocações; mediação *f* de emprego; **♀weise** parcialmente; aqui e acolá; por vezes; **~wert** *m* <-(*e*)*s*; *-e*> importância *f*

'Stell|platz *m AUTO* (local *m* de) estacionamento *m*; **~schraube** *f* parafuso *m* limitador (*od* de fixação)

'Stellung ['ʃtɛluŋ] *f* posição *f*; (*Haltung*) atitude *f*; (*Amt*) emprego *m*, colocação *f*; (*Lage*) situação *f*; ***~ nehmen*** tomar posição, definir a sua posição; (*sich äußern*) pronunciar-se (***zu*** sobre); **~nahme** ['-na:mə] *f* tomada *f* de posição; (*Erklärung*) declaração *f*; (*Urteil*) parecer *m*; **~skrieg** *m* <-(*e*)*s*; *-e*> guerra *f* das (*bras* de) trincheiras; **♀slos** desempregado; **~ssuchende(r** *m*) *su* <-*n*> pessoa *f* que procura emprego; **~swechsel** *m* mudança *f* de posição

'stellvertret|end vice-..., substituto; interino; adjunto; **♀er(in** *f*) *m* representante *su*, substituto *m*, -a *f*; lugar-tenente *m*

'Stellwerk *CAM. DE F n* <-(*e*)*s*; *-e*> guarita *f* de sinais

'Stelz|en ['ʃtɛltsən] *f/pl* andas *f/pl*, *bras* pernas *f/pl* de pau; **♀en** <-*t*; *h u sn*> andar sobre andas

'Stemm|eisen ['ʃtɛm-] *n* escopro *m*; (*Hebel*) alavanca *f* de ferro; **♀en** fincar; *Löcher*: abrir; *Gewichte*: levantar; ***sich ~ gegen*** encostar-se contra; *fig* opor-se a

'Stempel ['ʃtɛmpəl] *m* carimbo *m*; selo *m*; (*Münz♀*) *u fig* cunho *m*; (*Waren♀*) marca *f*; *ARQUIT u BGB*

S

pilão *m*, punção *m*; BOT estilete *m*; **~farbe** *f* tinta *f* para carimbos; **~gebühr** *f* taxa *f* de selo; **~kissen** *n* almofada *f* para carimbos; **≈n** <-le> carimbar; *Marke*: inutilizar; *bsd Wertpapiere*: selar; ***j-n ~ zu*** *fig* qualificar alg de; ***~ gehen*** F estar desempregado

'Stengel → ***Stängel***

'Steno|block ['ʃteno-] *m* <-(*e*)*s*; ¨*e*> bloco *m* de estenografia; **~'gramm** *n* <-(*e*)*s*; -*e*> taquigrama *m*, apontamentos *m*/*pl* estenográficos

Steno'graf, **Steno'graph** [-'graːf] *m* <-*en*> estenógrafo *m*, taquígrafo *m*; **~'ie** [-gra'fiː] estenografia *f*, taquigrafia *f*; **≈'ieren** <-> estenografar, taquigrafar; **~in** *f* estenógrafa *f*, taquígrafa *f*; **≈isch** estenográfico, taquigráfico

Stenoty'pist [-ty'pist] *m* <-*en*>, **~in** *f* esteno-dactilógrafo *m*, -a *f*

'Steppdecke ['ʃtɛp-] *f* colcha *f*; edredão *m*, *bras* edredom *m*

Steppe ['ʃtɛpə] *f* estepe *f*

steppen ['ʃtɛpən] *v/t* (*nähen*) pespontar

'Stepptanz ['ʃtɛp-] *m* <-*es*; ¨*e*> sapateado *m*

'Sterbe|bett ['ʃtɛrbə-] *n* <-(*e*)*s*; -*en*> leito *m* de morte; **~fall** *m* <-(*e*)*s*; ¨*e*> falecimento *m*; óbito *m*; **~geld** *n* <-(*e*)*s*; -*er*> lutuosa *f*; **~haus** *n* <-*es*; ¨*er*> casa *f* mortuária; **~hemd** *n* <-(*e*)*s*; -*en*> mortalha *f*

'sterben 1. <*sn*> morrer (***an*** *dat* de), falecer; **2.** ≈ *n* morte *f*, falecimento *m*; ***im ~ liegen*** estar moribundo, agonizar; **≈de(r** *m*) *su* moribundo *m*, -a *f*; **~skrank**: ***~ sein*** estar à morte; **~slangweilig** F chatíssimo, muito enfadonho; **≈swörtchen** *n*: ***kein ~*** nem palavrinha, nem (um) pio

'Sterbe|sakramente *n*/*pl* últimos sacramentos *m*/*pl*, extrema-unção *f*, viático *m*; **~stunde** *f* hora *f* da morte; **~urkunde** *f* certidão *f* de óbito

'sterblich ['ʃtɛrpliç] mortal; **≈keit** *f* mortalidade *f*, mortandade *f*; **≈keitsrate** *f* índice *m* de mortalidade

'Stereo|anlage ['ʃtereo-] *f* aparelhagem *f* estereofónica, *bras* aparelho *m* estereofônico; **~me'trie** [-me'triː] *f* <*sem pl*> estereometria *f*; **~pho'nie** [-fo'niː] *f* <*sem pl*> estereofonia *f*; **~platte** *f* disco *m* estereofónico (*ô); **~'skop** [-ɔ'skoːp] *n* <-*s*; -*e*> estereoscópio *m*; **~ton** *m* estereofonia *f*; **≈'typ** estereotípico; estereotipado; **~'typ** *n* <-*s*; -*e*> estereótipo *m*; **~ty'pie** [-ty'piː] *f* <*sem pl*> estereotipia *f*

ste'ril [ʃte'riːl] estéril; **≈isa'tion** [-lizatsi'oːn] *f* esterilização *f*; **~i'sieren** [-rili'ziːrən] <-> esterilizar; **≈i'tät** [-i'tɛːt] *f* <*sem pl*> esterilidade *f*

Stern [ʃtɛrn] *m* <-(*e*)*s*; -*e*> estrela *f*, ASTR *a*: astro *m*; **'~bild** *n* <-(*e*)*s*; -*er*> ASTR constelação *f*; **'~chen** ['-çən] *n* TIP asterisco *m*; *Film*: starlet *f*; **'~deuter** ['-dɔytər] *m* astrólogo *m*; **'~enbanner** *n* bandeira *f* estrelada, bandeira *f* dos Estados Unidos da América; **'~(en)himmel** *m* céu *m* estrelado; **'≈(en)klar** estrelado; **'~enzelt** *n* <-(*e*)*s*; *sem pl*> cúpula *f* celeste, esfera *f* celeste; **'~fahrt** *f* *Sport*: rally *m*; **'≈förmig** ['-fœrmiç] estrelado; **'~karte** *f* carta *f* (*od* mapa *m*) celeste; **'~kunde** *f* <*sem pl*> astronomia *f*; **'~schnuppe** *f* estrela *f* cadente; **'~stunde** *f* *fig* hora *f* decisiva; momento *m* glorioso; **'~warte** *f* observatório *m* astronómico (*ô)

stetig ['ʃteːtiç] contínuo; constante; **≈keit** *f* <*sem pl*> continuidade *f*; constância *f*

stets [ʃteːts] sempre

'Steuer ['ʃtɔyər] **a)** *f* <-; -*n*> imposto *m*; contribuição *f*; **b)** *n* NAV *u* AV leme *m*, timão *m*; AUTO volante *m*; **~abzug** *m* <-(*e*)*s*; ¨*e*> desconto *m* do imposto (sobre os salários); **~aufkommen** *n* total *m* de impostos; receita *f* fiscal; **≈bar** dirigível; **~berater** *m* consultor *m* fiscal; **~bord** NAV *n* <-(*e*)*s*; -*e*> estibordo *m*; *bras* boreste *m*; **~erhebung** *f* cobrança *f* de impostos, levantamento *m* de impostos; **~erhöhung** *f* aumento *m* de impostos; **~erklärung** *f* declaração *f* de rendimentos (*bras* de imposto de renda); **~ermäßigung** *f* redução *f* de impostos; **~fahndung** *f* TÉCN fiscalização *f* tributária; **~flucht** *f* <*sem pl*> sonegação *f* de impostos; **≈frei** isento de impostos; **~freibetrag** *m* <-(*e*)*s*; ¨*e*> montante *m* isento de impostos;

~freiheit *f* <*sem pl*> isenção *f* de impostos; **~gerät** *n* <-(*e*)*s*; *-e*> equipamento (*od* dispositivo) *m* de comando; **~gesetzgebung** *f* legislação *f* fiscal; **~hinterziehung** *f* fraude *f* fiscal; **~kasse** *f* caixa *f* de impostos; **~knüppel** *AV m* alavanca *f* (do leme); **~last** *f* impostos *m/pl*, contribuições *f/pl*; **2lich** tributário, fiscal; **2los** *Fahrzeug*: desarvorado, *bras* desgovernado; **~mann** *m* <*-es*; *⸚er*, *-leute*> piloto *m*, *NAV a* timoneiro *m*; **2n** *NAV* <*-re*> governar, estar ao leme, *a AV* dirigir, pilotar; *AUTO* guiar, conduzir; *INFORM* controlar; **2pflichtig** sujeito a impostos; *j-d*: contribuinte; **~ *sein*** *a* pagar impostos; **~prüfer** *m* funcionário *m* de fiscalização tributária, *bras* fiscal *m* do imposto de renda; **~rad** *n* <-(*e*)*s*; *⸚er*> *NAV* roda *f* do leme; *AUTO* volante *m*; **~recht** *n* <-(*e*)*s*; *sem pl*> *JUR* direito *m* fiscal; **~reform** *f* reforma *f* fiscal; **~rückvergütung** *f* reembolso *m* de impostos; **~ruder** *n* leme *m*, timão *m*; **~sache** *f* matéria *f* fiscal (*od* de impostos); **~satz** *m* <*-es*; *⸚e*> taxa *f* de impostos; **~schraube** *f*: ***die ~ anziehen*** *fig* aumentar os impostos; **~ung** *f NAV* manobra *f*; governo *m*; *TÉCN*, *AV*, *AUTO* comando *m*; (*Führung*) comando *m*; condução *f*; *AV* pilotagem *f*; → ***Steuer b***); **~vorauszahlung** *f* pagamento *m* adiantado de impostos; **~zahler** *m* contribuinte *m*; **~zeichen** *n INFORM* sinal *m* de comando

'Steven ['ʃteːvən] *NAV m* roda *f* de proa

'Steward ['stjuːərt] *m* <*-s*; *-s*> *NAV*, *AV* criado (*bras* comissário) *m* de bordo; **'~'ess** ['stjuːadɛs, ʃtjua'dɛs] *f* <-; *-en*> hospedeira *f*, *bras* comissária *f* de bordo, aeromoça *f*

sti'bitzen [ʃti'bitsən] F <*-t*> empalmar, bifar, ladripar, surripiar

Stich [ʃtiç] *m* <-(*e*)*s*; *-e*> picad(el)a *f*; *a MED* pontada *f*; (*Insekten2*) ferrada *f*; *Näherei*: ponto *m*; *Kartenspiel*: vaza *f*; *Kunstwerk*: gravura *f*; (*Säure*) acescência *f*; *fig* ***e-n ~ bekommen*** *Speise*: estragar-se; ***e-n ~ haben*** *Speise*: estar estragado; ***e-n ~ ins*** *Grüne etc* ***haben*** atirar a, *bras* dar para; ***im ~ lassen*** abandonar, *Gedächtnis*: falhar; **~el** *TÉCN m* buril *m*, cinzel *m*; **~e'lei** [-ə'laɪ] *f* picada *f*; *fig a* alusão *f*; quezília *f*; **'2eln** <*-le*> coser; *fig* picar; quezilar; **'~flamme** *f* dardo *m* de chama; língua *f* de fogo; **'2haltig** ['-haltiç] plausível, convincente; sólido; **'~ling** *m* <*-s*; *-e*> *ZO* gastrósteo *m*, carapau *m*; **'~probe** *f* prova *f* (feita ao acaso); **'~tag** *m* <-(*e*)*s*; *-e*> dia *m* marcado; **'~waffe** *f* arma *f* de ponta; **'~wahl** *f* escrutínio *m* decisivo; eleição *f* de desempate; **'~wort** *n* <-(*e*)*s*; *⸚er*, *-e*> (*Notiz*) apontamento *m*, nota *f*; *TEA* deixa *f*; *TIP* título *m*; **'~wunde** *f* ferida *f* perfurante (*od* profunda)

'stick|en ['ʃtikən] *v/t* bordar; **2e'rei** [-ə'raɪ] *f* bordado *m*; **2erin** ['-ərin] *f* bordadora *f*; **2garn** *n* <-(*e*)*s*; *-e*> linha *f* de bordar; **~ig** abafado, abafadiço; **'2muster** *n* padrão *m* para bordados; **2rahmen** *m* bastidor *m*; **2stoff** *QUÍM m* <-(*e*)*s*; *sem pl*> azoto *m*, azote *m*, nitrogéneo (*ê) *m*; **2stoffdünger** *m* adubos *m/pl* azotados; **~stoffhaltig** ['-haltiç] azotado; **2(stoff)oxyd** *n* <*-s*; *-e*> *QUÍM* óxido *m* de nitrogénio (*ê)

'Stiefbruder ['ʃtiːf-] *m* <*-s*; *⸚*> meio-irmão *m*

'Stiefel ['ʃtiːfəl] *m* bota *f*; **2n** *v/i* <*-le*> F andar (a grandes passos); **~schaft** *m* <-(*e*)*s*; *⸚e*> cano *m* da bota

'Stief|eltern *pl* padrastos *m/pl*; **~geschwister** *pl* meios-irmãos *m/pl*; **~kind** *n* <-(*e*)*s*; *-er*> → ***~sohn***, ***~tochter***; **~mutter** *f* <-; *⸚*> madrasta *f*; **~mütterchen** ['-mytərçən] *BOT n* amor-perfeito *m*; **2mütterlich** de (*od* como) madrasta; *adv fig* com indiferença; com desprezo; **~schwester** *f* <-; *-n*> meia-irmã *f*; **~sohn** *m* <-(*e*)*s*; *⸚e*> enteado *m*; **~tochter** *f* <-; *⸚*> enteada *f*; **~vater** *m* <*-s*; *⸚*> padrasto *m*

'Stiege ['ʃtiːgə] *f* (*Treppe*) escada *f*

Stiel [ʃtiːl] *m* <-(*e*)*s*; *-e*> cabo *m*; *BOT* talo *m*, haste *f*; *a ANAT* pedículo *m*; (*Blatt2*) pecíolo *m*; (*Blüten2*) pedúnculo *m*; (*Frucht2*) pé *m*

Stier [ʃtiːr] *m* <-(*e*)*s*; *-e*> touro *m*; ***den ~ bei den Hörnern packen*** *fig* fazer frente a; **'2en** fitar, olhar fixamente; **'~kampf** *m* <-(*e*)*s*; *⸚e*>

S

tourada *f*, corrida *f* de touros; **'~kampfarena** *f* <-; -arenen> praça *f* de touros; **'~kämpfer** *m* toureiro *m*

Stift [ʃtift] <-(*e*)*s*; -*e*> **a)** *m* ponta *f*, agulheta *f*; cavilha *f*; *TÉCN* pino *m*, (*Nagel*) prego *m*; (*Blei*≗) lápis *m*; *im Schloss*: broca *f*; (*Zahn*≗) arruela *f*; F (*Lehrling*) marçano *m*; **b)** *n* fundação *f*; asilo *m*, instituto *m*; (*Kloster*) convento *m*; (*Dom*≗) capítulo *m*; **'≗en** <-*e*-> fundar; instituir; (*schenken*) doar; (*hervorrufen*) causar, provocar; ***Frieden ~*** restabelecer a paz; ***~ gehen*** F raspar-se, fugir; **'~er(in** *f*) *m* fundador(a *f*) *m*

'Stiftung ['ʃtiftuŋ] *f* fundação *f*; instituição *f*; (*Schenkung*) doação *f*; donativo *m*

'Stiftzahn *m* <-(*e*)*s*; ¨*e*> pivô *m*

Stil [ʃtiːl, stiːl] *m* <-(*e*)*s*; -*e*> estilo *m*; ***im großen ~*** em grande estilo; **'~blüte** *f* deslize (*od* lapso) *m* estilístico; **'~bruch** *m* <-(*e*)*s*; ¨*e*> quebra *f* de estilo

Stil'ett [sti'lɛt] *n* <-(*e*)*s*; -*e*> estilete *m*

stil|gerecht estilizado, adequado (ao estilo); **~i'sieren** <-> [-i'ziːrən] estilizar; **≗'istik** [-'istik] *f* <*sem pl*> estilística *f*; **~'istisch** estilístico; **≗'kunde** *f* <*sem pl*> estilística *f*

still [ʃtil] (*ruhig*) quieto, sossegado; tranquilo; calmo, imóvel; (*lautlos*) silencioso; *fig Krieg*: frio; *Schmerz*: surdo; (*heimlich*) secreto; *ECON Geschäft*: parado; *Teilhaber*: comanditário; *Geber*: mental; ***der ≗e Ozean*** o Pacífico

'Still|e ['ʃtilə] *f* tranquilidade *f*; silêncio *m*; sossego *m*; *NAV u ECON* calma *f*; ***im ~en*** para si; em segredo; ***in aller ~*** na intimidade; em segredo; **≗en** *v/t* (a)calmar; sossegar; *Blut*: estancar; *Durst*, *Hunger*: matar; *nüchtern*: F matar o bicho; *Kind*: amamentar; **≗halteabkommen** *n* *ECON* convenção *f* de moratória; **≗halten** ficar quieto, estar quieto; não se mexer; parar; aguentar; *ECON* conceder uma moratória; **~leben** *n* idílio *m*; *PINT* natureza *f* morta; **≗legen** *v/t TÉCN* par(alis)ar; suspender, fechar; embargar; **~legung** ['-leːguŋ] *f* suspensão *f*; encerramento *m*; paralisação *f*; embargo *m*; **≗liegen** não se mexer; *ECON u TÉCN* estar para(lisa)do

'stillos sem estilo; sem gosto

'still|schweigen estar calado, ficar calado; **≗schweigen** *n* silêncio *m* (***bewahren*** guardar); **~schweigend** calado; *fig* tácito, implícito; **~sitzen** ficar quieto, não se mexer; **≗stand** *m* <-(*e*)*s*; *sem pl*> pausa *f*; *Arbeit*: suspensão *f*, paralisação *f* (*a ECON u TÉCN*); *Bewegung*: cessação *f*; **~stehen** *j-d*: parar; não se mexer; *TÉCN* estar parado; *ECON* ficar paralisado

'Stil|möbel *n/pl* móveis *m/pl* estilizados, móveis *m/pl* de estilo; **≗voll** estilizado; de (bom) estilo

'Stimm|abgabe ['ʃtim-] *f* voto *m*, votação *f*; **~bänder** *n/pl* cordas *f/pl* vocais; **≗berechtigt** com direito de votar (*bras* de voto); vogal, votante; **~bruch** *m* <-(*e*)*s*; *sem pl*> muda(nça) *f* de voz; ***im ~ sein*** estar na mudança de voz

'Stimme ['ʃtimə] *f* voz *f*; *MÚS* (*Part*) *a* parte *f*; *POL* voto *m*; ***seine ~ abgeben*** votar; ***die ~n zählen*** apurar o escrutínio (*od* a votação), *bras* fazer a apuração dos votos

'stimmen 1. *v/t MÚS* afinar; ***(un)günstig ~*** (in)dispor; ***milder ~*** apaziguar; **2.** *v/i MÚS* estar afinado, *mehrere*: ir de acordo; *fig* estar certo; *ECON* estar conforme; *POL **~ für*** votar em

'Stimmen|fang *m* <-*s*; *sem pl*> *POL* caça *f* aos votos; **~gewirr** *n* vozes *f/pl*; balbúrdia *f*, algaravia *f*; **~gleichheit** *f* <*sem pl*> empate *m*; **~mehrheit** *f* maioria *f* (de votos)

'Stimm|enthaltung *f* abstenção *f*; **~gabel** *f* <-; -*n*> diapasão *m*; **≗haft** sonoro; **~lage** *f* registo *m*, *bras* registro *m*; **≗los** áfono; afónico; mudo; **~recht** *n* direito *m* de votar; voto *m*, sufrágio *m* (***allgemeines*** universal); **~ritze** *f* glote *f*; **~ung** *f* *MÚS* afinação *f*; *fig* disposição *f*; *allgemeine*: ambiente *m*, atmosfera *f*; *PINT* efeito *m*; *ECON* tendência *f*; *MIL* moral *m*; ***in ~ kommen*** animar-se

'Stimmungs|bild *n* <-(*e*)*s*; -*er*> impressão *f*; **≗voll** impressionante; íntimo; expressivo

'Stimm|wechsel *m* muda(nça) *f* de voz; **~zettel** *m* voto *m*, lista *f*

S

stimu'lieren [ʃtimu'liːrən] <-> estimular

'Stink|bombe ['ʃtiŋk-] *f* bomba *f* de mau cheiro; **≈en** cheirar mal, feder; **≈end** *adj*, **≈ig** fedorento, fétido; **'~'faul**: ***~ sein*** F ser muito mandrião (*bras* preguiçoso); **'~'langweilig** F muito aborrecido; **~tier** *n* <-(*e*)*s*; -*e*> zorilha *f*, *bras* gambá *m*

Stipendi|'at(in *f*) [ʃtipɛndi'aːt-] *m* <-*en*> bolseiro *m*, -a *f*, *bras* bolsista *su*; **~um** [-'pɛndium] *n* <-*s*; *Stipendien*> bolsa *f* (de estudos)

'stippen ['ʃtipən] molhar

Stirn [ʃtirn] *f* testa *f*; (*Frechheit*) descaro *m*, descaramento *m*; ***die ~ bieten*** *fig* fazer frente a; **'~band** *n* <-(*e*)*s*; ¨*er*> testeira *f*; frontal *m*; *Schmuck*: diadema *m*; **'~höhle** *f* seio *m* frontal; **'~höhlenentzündung** *f* MED sinusite *f* frontal; **'~runzeln** *n* <-*s*; *sem pl*> enrugar *m* da testa; **'~seite** ARQUIT *f* fachada *f*, frontaria *f*, lado *m* frontal

'stöbern ['ʃtøːbərn] <-*re*> *Schnee*: cair miudinha; ***in*** (*dat*) ~ remexer (*ac*)

'stochern ['ʃtɔxərn] <-*re*>: ***~ in*** (*dat*) *Essen*: remexer (*ac*); *Feuer*: atiçar (*ac*); *Zähne*: esgaravatar, palitar (*ac*)

Stock [ʃtɔk] *m* <-(*e*)*s*; ¨*e*> **a**) bastão *m*; (*Berg*≈) varapau *m*; bordão *m*, GEOL maciço *m*; (*Bienen*≈) colmeia *f*; *Billard*: taco *m*, (*Knüppel*) pau *m*; (*Rohr*≈) cana *f*; junco *m*; (*Rosen*≈) pé *m*; (*Spazier*≈) bengala *f*; (*Wein*≈) cepa *f*; ***über ~ und Stein*** por paus e pedras, por montes e vales; **b**) ARQUIT andar *m*, piso *m* (***hoch sein*** ter); **c**) ECON capital *m*; **'≈'dumm** <*sem pl*> idiota, estúpido; **'≈'dunkel** <*sem pl*> escuro como breu

'Stöckelschuh ['ʃtœkəl-] *m* <-(*e*)*s*; -*e*> sapato *m* de salto alto

'stock|en ['ʃtɔkən] <*h u sn*> interromper-se; *beim Sprechen*: *a* hesitar; (*Halt machen*) parar; ECON ficar paralisado; *Verkehr*: *a* congestionar-se; **'~'finster** <*sem pl*> escuro como breu; **≈fisch** *m* <-(*e*)*s*; -*e*> bacalhau *m*; **≈fleck** *m* <-(*e*)*s*; -*e*> caruncho *m*; **'~'heiser** F rouquíssimo; **≈hieb** *m* <-(*e*)*s*; -*e*> paulada *f*; **~ig** carunchoso; **≈schnupfen** *m*: ***~ haben*** ter o (*bras* estar com) nariz entupido; **~'sauer** F muito zangado, furioso; **~'steif** F teso como um carapau; **~'taub** <*sem pl*> mouco de todo, surdo de todo; **≈ung** *f* interrupção *f*; paralisação *f*; congestionamento *m*; MED congestão *f*; **≈werk** *n* <-(*e*)*s*; -*e*> andar *m*, piso *m*

Stoff [ʃtɔf] *m* <-(*e*)*s*; -*e*> matéria *f*; material *m*; (*Kleider*≈) fazenda *f*, tecido *m*, estofo *m*; (*Grund*≈) elemento *m*; (*Thema*) assunto *m*; (*Rauschgift*) droga *f*; **'≈lich** material; **'~tier** *n* <-(*e*)*s*; -*e*> animal (*od* bicho) *m* de peluche, *bras* pelúcia *f*; **'~wechsel** *m* metabolismo *m*

'stöhnen ['ʃtøːnən] gemer; ***über*** (*ac*) **~** *fig* queixar-se de

'Sto|iker ['ʃtoːikər] *m* estóico *m*; **≈isch** estóico

'Stola ['ʃtoːla] *f* <-; -*len*> estola *f*

'Stollen ['ʃtɔlən] *m* BGB galeria *f*; (*Hufeisen*≈) calo *m*; (*Kuchen*) bolo *m* de Natal; (*Schuh*~) taco *m*, *bras* salto *m*

'stolpern ['ʃtɔlpərn] <-*re*; *sn*>: ***~ über*** (*ac*) tropeçar em, topar com

stolz [ʃtɔlts] **1.** <-*est*> orgulhoso, *a et*: soberbo; (*stattlich*) imponente; ***~ sein auf*** (*ac*) orgulhar-se de, ufanar-se de; **2.** ≈ *m* <-*es*; *sem pl*> orgulho *m*, soberba *f*; **~'ieren** <-> pavonear-se

'stopf|en ['ʃtɔpfən] meter (***in*** *ac* em); (*füllen*) encher (***mit*** de), *Gänse, Wurst*: *a* embuchar, cevar; *Loch*: tapar; *Pfeife*: carregar; *Strumpf*: passajar, pontear, *bras* cerzir; MED obstipar, produzir prisão de ventre; **≈garn** *n* <-(*e*)*s*; -*e*> algodão *m* de passajar, *bras* linha *f* de cerzir; **≈nadel** *f* <-; -*n*> agulha *f* de passajar (*bras* cerzir)

stopp! [ʃtɔp] alto!

'Stoppel ['ʃtɔpəl] *f* <-; -*n*> restolho *m*; **~bart** *m* <-(*e*)*s*; ¨*e*> barba *f* rala; **~feld** *n* <-(*e*)*s*; -*er*> restolhal *m*

'stopp|en ['ʃtɔpən] parar; *Zeit*: cronometrar; **≈schild** *n* <-(*e*)*s*; -*er*> sinal *m* de paragem; **'≈uhr** *f* cronómetro (*ô) *m*

'Stöpsel ['ʃtœpsəl] *m* (*Flaschen*≈) rolha *f*; TÉCN válvula *f*; EL ficha *f*; **≈n** <-*le*> arrolhar; tapar

Stör [ʃtøːr] *m* <-(*e*)*s*; -*e*> esturjão *m*

Storch [ʃtɔrç] *m* <-(*e*)*s*; ¨*e*> cegonha *f*; **'~schnabel** *m* <-*s*; ¨> bico *m* de

S

cegonha; *BOT* gerânio *m*; *TÉCN u PINT* pantógrafo *m*

'stören ['ʃtøːrən] estorvar, perturbar; *j-n*: incomodar, molestar, *bras a* amolar; *Ordnung*: alterar; *Plan*: causar transtorno a; *EL* interromper, interceptar; **~d** *adj* perturbador, incómodo (*ô); molesto; **≈fried** ['-friːt] *m* <-(*e*)*s*; -*e*> perturbador *m*; desmancha-prazeres *m*, *bras* estorvo *m*

'Störgeräusch *n* <-*es*; -*e*> interferências *f/pl*

stor'n|ieren [ʃtɔr'niːrən] <-> anular, estornar, *bras a* cancelar, **'≈ogebühr** *f* comissão (*bras* taxa) *f* de estorno

'störrisch ['ʃtœriʃ] teimoso, recalcitrante, obstinado, *j-d*: *a* cabeçudo

'Störsender *m* emissor *m* perturbador

'Störung ['ʃtøːrʊŋ] *f* perturbação *f* (*a MED*); desordem *f*, desarranjo *m*; (*Belästigung*) incómodo (*ô) *m*, (*Hindernis*) estorvo *m*; *FÍS* interferência *f*; *Radio*: parasita *m*; avaria *f*; (*Unannehmlichkeit*) transtorno *m*; *Verkehr u EL* interrupção *f*; **~sstelle** *f TEL* central *f* de avarias

Stoß [ʃtoːs] *m* <-*es*; ⸚*e*> golpe *m*; (*Anprall*) choque *m*, encontrão *m*; (*Erschütterung*) sacudid(el)a *f*, *a fig* abalo *m* (***versetzen*** causar); *Fechten*: estocada *f*; (*Stapel*) maço *m*, monte *m*; (*Schub*) empurrão *m*; (*Schwimm≈*) braçada *f*; *Wagen*: solavanco *m*; ***sich e-n ~ geben*** F *fig* fazer das tripas coração; **'~dämpfer** *m* amortecedor *m*

'Stößel ['ʃtøːsəl] *m* pilão *m*

'stoßen ['ʃtoːsən] **1.** *v/t* empurrar; impelir; (*klein ~*) moer, pilar, pisar; ***sich an*** (*dat*) ~ dar contra (*ac*); *fig* ofender-se com, escandalizar-se com; ***vor den Kopf ~*** *fig* ofender; escandalizar; ***von sich ~*** repelir; *fig* repudiar; **2.** *v/i* <*h u sn*> *Wagen*: dar solavancos; ***~ an*** (*ac*) bater em, dar contra; *stolpernd*: tropeçar em; (*grenzen*) confinar com; ***~ auf*** (*ac*) encontrar (*ac*), topar com; ***~ gegen*** bater contra; ***ins*** *Horn*: tocar (*ac*); ***mit den Hörnern ~*** dar cornada; ***zu j-m ~*** juntar-se a

'stoß|fest antichoque, à prova de choques; **≈kraft** *f* <*sem pl*> *TÉCN* força *f* de propulsão; *a fig* impulso *m*, energia *f*; *MIL* força *f* ofensiva; **≈seufzer** *m* suspiro *m* ardente, grito *m* de aflição; **≈stange** *f AUTO* pára-choque(s) *m*; **≈trupp** *m* <-*s*; -*s*> destacamento *m* de tropas de choque (*od* de assalto); **≈verkehr** *m* <-*s*; *sem pl*> trânsito *m* de hora de ponta; **~weise** aos empurrões; intermitente(-mente); **≈zeit** *f* hora *f* de ponta; **≈zahn** *m* <-(*e*)*s*; ⸚*e*> defesa *f*, *bras* presa *f*

'Stotter|er ['ʃtɔtərər] *m* gago *m*; **≈n** <-*re*> gaguejar, balbuciar, tartamudear; **~n** *n* gaguez *f*; ***auf ~*** *ECON* F a prestações

Str. ***Straße*** Rua (R.)

'Straf|anstalt ['ʃtraːf-] *f* prisão *f*, cadeira *f*; **~antrag** *m* <-(*e*)*s*; ⸚*e*> requisitório *m* (***stellen*** fazer), queixa-crime *f* (***stellen*** impetrar); **~anzeige** *f* denúncia *f* (***erstatten*** fazer uma); **~arbeit** *f JUR* trabalho *m* forçado; *Schule*: castigo *m*; **~aufschub** *m* <-(*e*)*s*; ⸚*e*> suspensão *f* de pena; **~aussetzung** *f JUR* suspensão *f* de execução da pena; **≈bar** punível; criminal; ***sich ~ machen*** cometer delito; ser sujeito a procedimento; **~befehl** *m* <-(*e*)*s*; -*e*> auto *m*; intimação *f*

'Strafe *f* castigo *m*; *JUR* pena(lidade) *f*, sanção *f* penal; (*Geld≈*) multa *f*; ***~ zahlen müssen*** ser multado; ***bei ~ von ...*** *JUR* sob pena de ...

'strafen punir; *Kind*: castigar; **~d** *Blick*: repreensivo

'Straferlass *m* <-*es*; -*e*> remissão *f* de uma pena; a(m)nistia *f*, *bras* indulto

straff [ʃtraf] teso; rígido; esticado; liso; *j-d*: rijo, *fig* enérgico, *et*: rigoroso; ***~ sitzen*** apertar; ***~ ziehen*** esticar

'straffällig: ***~ werden*** *JUR* tornar-se punível, incorrer numa pena

'straff|en tender; esticar; **≈heit** *f* <*sem pl*> tensão *f*, rigidez *f*; *j-s*: vigor *m*, *fig a* energia *f*, rigor *m*

'straffrei ['straːf-] → **~los**

'Straffung ['ʃtrafʊŋ] *f* rigor *m*; tensão *f*

'Straf|gefangene(r) *m* preso *m*, recluso *m*; **~gericht** *n* <-(*e*)*s*; -*e*> julgamento *m*; castigo *m*; punição *f*; *JUR* tribunal *m* corre(c)cional; **~gerichtsbarkeit** *f* jurisdição *f* criminal; **~gesetz(buch** *n* <*-s*; *⸚er*>) *n* <*-es*; *-e*> código *m* penal; **~kammer** *f* <*-*; *-n*> tribunal *m* corre(c)cional; **~lager** *n* campo *m* penitenciário (*od* prisional), *bras* penitenciária *f*

'sträf|lich ['ʃtrɛːfliç] imperdoável; **2ling** *m* <*-s*; *-e*> presidiário *m*; recluso *m*

'straf|los impune (***ausgehen*** ficar); **2mandat** *n* <*-(e)s*; *-e*> multa *f*; **2maß** *n* <*-es*; *-e*> *JUR* grau *m* de penalidade; **2maßnahme** *f* sanção *f*; **~mildernd** atenuante; **2milderung** *f* comutação *f* da pena; **~mündig**: ***~ sein*** estar na idade da responsabilidade criminal (*bras* civil); **2porto** *n* <*-s*; *-s*> sobretaxa *f* postal, multa *f*; **2predigt** *f* prédica *f*, descompostura *f* (***halten*** dar); **2prozess** *m* <*-es*; *-e*> processo *m* criminal; **2prozessordnung** *f* código *m* do processo criminal; **2recht** *n* <*-(e)s*; *sem pl*> direito *m* penal (*od* criminal); **2rechtler** ['-rɛçtlər] *m* criminalista *m*; **~rechtlich** penal; ***~ verfolgen*** autuar; **2register** *n* cadastro *m* judiciário; **2richter** *m* juiz *m* criminal; **2sache** *f* causa *f* criminal; **2stoß** *m* <*-es*; *⸚e*> *Fußball*: (pontapé de) penalty *m*, *bras* (chute *m* de) pênalti *m*; **2tat** *f* *JUR* delito *m*; **2verfahren** *n* processo *m* criminal; **~verschärfend** agravante; **2versetzung** *f* degradação *f*; transferência *f* disciplinar; **2verteidiger** *m* *JUR* defensor *m* em processo penal, *bras* advogado *m* de defesa; **2vollstreckung** *f* execução *f* da pena; **2vollzug** *m* <*-s*; *sem pl*> *JUR* execução *f* penal (*od* da pena); **2zettel** *m* F → ***2mandat***

Strahl [ʃtraːl] *m* <*-(e)s*; *-en*> raio *m*; (*Wasser2*) ja(c)to *m*; (*Blut2*) golfada *f*; **'2en** (ir)radiar; brilhar; *fig* estar radiante

'Strahlen|belastung *f* *FÍS* exposição *f* à radiação; **~brechung** *f* refra(c)ção *f*; **~bündel** *n* *FÍS* feixe *m* luminoso; **2d** *adj* radiante, radioso; **~dosis** *f* <*-*; *-dosen*> *FÍS* dose *f* de radiação; **2förmig** ['-fœrmiç] radiado; **~schutz** *m* <*-es*; *sem pl*> prote(c)ção *f* contra radiações; **~therapie** *f* *MED* radioterapia *f*

'Strahler ['ʃtraːlər] *m* *Lampe*: proje(c)tor *m*

'Strahltriebwerk *n* <*-(e)s*; *-e*> motor *m* a ja(c)to

'Strahlung ['ʃtraːluŋ] *f* radiação *f*; **~swärme** *f* <*sem pl*> calor *m* irradiado

'Strähn|e ['ʃtrɛːnə] *f* madeixa *f*; **2ig** liso; desgrenhado

stramm [ʃtram] → ***straff***; *fig* direito, robusto; **'~stehen** *MIL* estar em posição de sentido

'Strampel|anzug ['ʃtrampəl-] *m* <*-(e)s*; *⸚e*> baby-grow *m*, *bras* macacãozinho *m*; **2n** <*-le*> estrebuchar; espernear

Strand [ʃtrant] *m* <*-(e)s*; *-e*> praia *f*; beira-mar *f*; (*Fluss2*) ribeira *f*; **'~anzug** *m* <*-(e)s*; *⸚e*> fato *m* de praia; **'~bad** *n* <*-(e)s*; *⸚er*> balneário *m*; **'2en** ['-dən] <*-e-*; *h u sn*> encalhar, naufragar; **'~gut** *n* <*-(e)s*; *⸚er*> despojos *m/pl* do mar, bens *m/pl* naufragados; **'~korb** *m* <*-(e)s*; *⸚e*> cadeira *f* de praia; **'~promenade** *f* passeio *m* marítimo, *bras* avenida *f* beira-mar; **'~ung** ['-duŋ] *f* encalhe *m*, naufrágio *m*

Strang [ʃtraŋ] *m* <*-(e)s*; *⸚e*> corda *f*; cordão *m*; (*Zug2*) tirante *m*; *CAM. DE F* lance *m* de carril; *Wolle*: meada *f*; ***an e-m ~ ziehen*** *fig* lutar pela mesma causa; ***über die Stränge schlagen*** ultrapassar os limites; ***wenn alle Stränge reißen*** no pior dos casos; **2u'lieren** [-gu'l-] <*-*> estrangular

Stra'paz|e [ʃtra'paːtsə] *f* fadiga *f*; faina *f*, estafa(deira) *f*; **2'ieren** [-pa'tsiːrən] <*-*> cansar, estafar; *et*: gastar: **2'ierfähig** resistente; **2i'ös** [-atsi'øːs] cansativo; desgastante

'Straße ['ʃtraːsə] *f* rua *f*, (*Land2*) estrada *f*; (*Weg*) caminho *m*, via *f* pública (*od* *NAV* marítima); *GEOGR* estreito *m*; ***j-n auf die ~ setzen*** *fig* pôr alg na rua

'Straßen|anzug *m* <*-(e)s*; *⸚e*> traje *m* de passeio; **~arbeiten** *f/pl* trabalhos *m/pl* de estrada; **~arbeiter** *m* cantoneiro *m*; **~bahn** *f* eléctrico *m*, carro *m* eléctrico; *bras* bonde *m*; **~bahner(in** *f*) *m* ['-baːnər] condutor(a *f*) *m* de carro eléctrico (*bras* bonde); **~bahnhaltestelle** *f* paragem *f* de eléctrico (*bras* bonde)

S

'Straßen|bau *m* <-(e)s; *sem pl*> arruamento *m*; **~beleuchtung** *f* iluminação *f* das ruas; **~benutzungsgebühr** *f* portagem *f*, *bras* pedágio *m*; **~café** *n* <-s; -s> esplanada *f*, *bras* café *m* ao ar livre; **~decke** *f* pavimento *m*; **~ecke** *f* esquina *f*; **~glätte** *f* <*sem pl*> piso *m* escorregadio; **~graben** *m* <-s; ¨> valeta *f*; **~händler** *m* vendedor *m* ambulante; **~kampf** *m* <-(e)s; ¨e> combate *m* nas ruas; **~karte** *f* mapa *m* rodoviário; **~kehrer** ['-ke:rər] *m* varredor *m*; **~kehrmaschine** *f* varredouro *m* mecânico; **~kind** *n* menino *m*, -a *f* de rua; **~er** *n/pl* meninos *m/pl* de rua; F *iron* garotada *f*; **~kreuzung** *f* encruzilhada *f*, encruzamento *m* de ruas; **~lage** *f* <*sem pl*> AUTO estabilidade *f*; **~laterne** *f* candeeiro *m*, lampião *m* da rua; *bras* poste *m* de iluminação; **~netz** *n* <-es; -e> rede *f* de estradas; **~rand** *m* <-(e)s; ¨er> bordo *m* (*bras* beira *f*) da calçada; **~raub** *m* <-(e)s; *sem pl*> assalto *m*; **~reinigung** *f* serviços *m/pl* de limpeza pública; **~rennen** *n Sport*: corrida *f* em estrada; **~sammlung** *f* colheita *f*; **~sänger(in** *f*) *m* cantadeiro *m*, -a *f*, *bras* cantador(a *f*) *m*; **~schild** *n* <-(e)s; -er> placa (*bras* tabuleta) *f* indicativa dos nomes das ruas; **~seite** *f Haus*: frente *f* (da casa); **~sperre** *f* vedação *f* da rua; **~tunnel** *m* <-s; -s> túnel *m* sobre uma estrada, *bras* pontilhão *m*; **~verhältnisse** *n/pl* estado *m* de conservação das estradas; **~verkäufer** *m* vendedor *m* ambulante, vendilhão *m*; **~verkehr** *m* <-s; *sem pl*> trânsito *m*, circulação *f*; movimento *m* nas ruas; **~verkehrsordnung** *f* código *m* das estradas; **~verzeichnis** *n* <-ses; -se> índice *m* (*bras* lista *f*) das ruas (*od* estradas); **~walze** *f* rolo *m* compressor; **~zug** *m* <-(e)s; ¨e> ARQUIT arruamento *m*; **~zustandsbericht** *m* <-(e)s; -e> informação *f* sobre o estado do tráfego

Stra'teg|e [ʃtra'te:gə] *m* <-n> estrategista *m*; **~'ie** [-te'gi:] *f* estratégia *f*; **≈isch** estratégico

Strato'sphäre [ʃtratɔ-] *f* <*sem pl*> estratosfera *f*

'sträuben ['ʃtrɔybən] eriçar; ***sich ~*** arrepiar-se; *fig* opor-se, resistir (***gegen*** a); teimar em não (*inf*)

Strauch [ʃtraʊx] *m* <-(e)s; ¨er> arbusto *m*; **'~dieb** *m* <-(e)s; -e> bandido *m*; salteador *m*; **'≈eln** <-le; sn> tropeçar

Strauß [ʃtraʊs] *m* **a)** <-es; ¨e> ramo *m* (de flores), ramalhete *m*; **b)** <-es; -e> ZO avestruz *m*, *f*

'Strebe ['ʃtre:bə] *f* escora *f*, espeque *m*

'streben: ***~ nach*** aspirar a, ambicionar (*ac*), esforçar-se por alcançar (*ac*); **≈** *n* (***nach***) aspiração *f* (a), tendência *f* (para), ambição *f* (de)

Strebepfeiler *m* botaréu *m*, contraforte *m*

Streb|er *m* ambicioso *m*; *Schule*: marrão *m*, *bras* cu-de-ferro *m*; **≈erhaft** ambicioso, marrão; **≈sam** ['ʃtre:pza:m] aplicado; assíduo; ambicioso; **~samkeit** *f* <*sem pl*> aplicação *f*, assiduidade *f*, zelo *m*

'Streckbett ['ʃtrɛk-] *n* <-(e)s; -en> cama *f* ortopédica

'Strecke ['ʃtrɛkə] *f* espaço *m*; lanço *m*, *bras* lance *m*; (*Reise*) traje(c)to *m* (***zurücklegen*** percorrer); (*Weg≈*) pedaço *m* de caminho; troço *m*; distância *f*; CAM. DE F linha *f* (***nach*** de); (*Gleis*) via *f*; BGB galeria *f* (de avanço); (*Jagdbeute*) caça *f*; ***zur ~ bringen*** matar; ***auf der ~ bleiben*** *fig* não alcançar a meta; ir por água abaixo

'strecken **1.** estender, distender, alongar; (***sich***) **~** esticar(-se); espreguiçar(-se); *Waffen*: depor; *Vorräte*: racionar; ***zu Boden ~*** derribar (*bras* derrubar), derrotar; prostrar; ***in gestrecktem Galopp*** a rédea solta; **2. ≈** *n* repuxamento *m*

'Strecken|wärter CAM. DE F *m* guarda-linha *m*; **≈weise** aqui e acolá; de tempos a tempos

'Streck|er *m* extensor *m*; **~muskel** *m* <-s; -n> músculo *m* extensor; **~verband** *m* <-(e)s; ¨e> MED penso *m* extensor

Streich [ʃtraɪç] *m* <-(e)s; -e> golpe *m*, pancada *f*; *fig* partida *f* (***spielen*** fazer, pregar); ***dummer ~*** tolice *f*, disparate *m*; garotice *f*; ***lustiger ~*** travessura *f*

streicheln <-le> acariciar, afagar, *bras* F fazer cafuné

S

streichen 1. *v/i* <*sn u h*> passar (***über*** *ac* por, sobre; ***mit*** *der Hand* a); (*herum~*) vag(ue)ar; **2.** *v/t Brot*: pôr (*bras* passar) manteiga em; barrar (com manteiga); *Haar*: alisar; *Messer*: passar (***über*** *ac* por, sobre); *Wand*: pintar (***frisch*** de fresco); *MÚS Bass*: tocar; *NAV Flagge*: arrear, *Segel*: *a* amainar; (*aus~*) riscar; *ECON Betrag*: abater; *Auftrag*: anular, cancelar

Streich|er *m/pl* (tocadores *m/pl* de) instrumentos *m/pl* de corda; **'~holz** *n* <*-es*; *¨er*> fósforo *m*; **'~holzschachtel** *f* <*-*; *-n*> caixa *f* de fósforos; **'~instrument** *n* <*-(e)s*; *-e*> instrumento *m* de corda; **'~käse** *m* queijo-creme *m*, *bras* queijo *m* cremoso; **'~konzert** *n* <*-(e)s*; *-e*> (**'~orchester** *n*) concerto *m* (orquestra *f*) de instrumentos de corda; **'~quartett** *n* <*-(e)s*; *-e*> quarteto *m* de cordas; **'~ung** *f* abate *m*; cancelamento *m*, anulação *f*

Streif|band ['ʃtraɪf-] *n* <*-(e)s*; *¨er*> *CORR* cinta *f*; **'~e** *f MIL* patrulha *f*

'streifen a) *v/t* roçar; *vom Finger*: tirar; (*berühren*) *a fig* tocar (ao de leve); **b)** *v/i*: ***~ an*** (*ac*) tocar as raias de; *fig* chegar a ser; ***~ durch*** vag(ue)ar por

'Streif|en *m* tira *f*; risca *f*; estria *f*; ***schmaler ~*** filete *m*; *pl MIL* galões *m/pl*; **~enkarte** *f Bahn etc*: módulo *m*; **~enwagen** *m* <*-s*; *-*, *a ¨*> carro *m* de patrulha, *bras* radiopatrulha *f*; **Ձig** riscado, listrado, de riscas; **~licht** *n* <*-(e)s*; *-er*> reflexo *m* de luz, raio *m* de luz; **~schuss** *m* <*-es*; *¨e*>, arranhadura *f*, arranhadela *f*, ferida *f* de raspão; **~zug** *m* <*-(e)s*; *¨e*> correria *f*; *MIL* incursão *f*

Streik [ʃtraɪk] *m* <*-(e)s*; *-s*> greve *f* (***brechen*** furar); ***in ~ treten*** declarar-se em greve; → ***Ձen***; **'~brecher** ['-brɛçər] *m* anti-grevista *m*, não-grevista *m*; **'Ձen** estar em greve; fazer greve; *fig* não andar; **'~ende(r** *m*) [-də(r)] *su* grevista *su*; **'~posten** *m* sentinela *f* dos grevistas; **~recht** *n* <*-(e)s*; *sem pl*> direito *m* à greve

Streit [ʃtraɪt] *m* <*-(e)s*; *-e*> contenda *f*, conflito *m*; (*Kampf*) luta *f*; *JUR* litígio *m*, questão *f*; pleito *m*; (*Unstimmigkeit*) desavença *f*; (*WortՁ*) disputa *f*, discussão *f*, controvérsia *f*, polémica (*ê) *f*; (*Zank*) briga *f*, rixa *f*; ***~ suchen*** andar de brigas, *bras* procurar briga; **'Ձbar** *fig* militante, *bras* briguento; **'Ձen**: (***sich***) ***~ um***, ***über*** (*ac*) lutar por; brigar por; discutir (*ac*); disputar-se (*ac*); ***sich ~*** altercar; *JUR* pleitear, litigiar; ***die ~den Parteien*** as partes litigantes; ***~ für*** *a* defender (*ac*); **'~er** *m* combatente *m*, lutador *m*; **'~fall** *m* <*-(e)s*; *¨e*> litígio *m*; **'~frage** *f* questão *f*; diferendo *m*, *bras a* diferença *f*; **'Ձig** duvidoso, discutível; ***~ machen*** disputar; negar; **'~igkeit** *f* desavença *f*; contenda *f*; quizília *f*; **'~kräfte** *f/pl* forças *f/pl* (armadas); **'~objekt** *n* <*-(e)s*; *-e*> obje(c)to *m* do litígio; **'~punkt** *m* <*-(e)s*; *-e*> ponto *m* litigioso; **'~sache** *f* causa *f*; → ***~objekt***; **'~schrift** *f* polémica (*ê) *f*, escrito *m* polémico (*ê), libelo *m*; **'~sucht** *f* <*sem pl*> mania *f* das discussões (*od* das polémicas), *bras* mania *f* de discutir; **'Ձsüchtig** polémico (*ê); brigoso; quezilento

streng [ʃtrɛŋ] severo, rigoroso, *a Sitte*: austero; (*genau*) exa(c)to; *Geschmack*: acerbo, agro; *adv* ***~***, ***~stens***, ***aufs Ձste*** *a* à risca; ***~ genommen*** em rigor; **'Ձe** *f* <*sem pl*> severidade *f*; rigor *m*; (*Genauigkeit*) exa(c)tidão *f*; (*SittenՁ*) austeridade *f*; **'~gläubig** ortodoxo

Stress [ʃtrɛs] *m* <*-es*; *-e*> stress *m*, estresse *m*; **Ձen** <*-t*> F causar (*od* provocar) stress, estressar; **Ձfrei** relaxante; **Ձgeplagt** stressado, com stress

Streu [ʃtrɔy] *f* cama *f* (de gado, *bras* de palha); (*Stroh*) palha *f*; **'Ձen** espalhar, semear, deitar, polvilhar; disseminar

streunen F vadiar

'Streusand *m* <*-(e)s*; *sem pl*> areia *f*

Strich [ʃtrɪç] *m* <*-(e)s*; *-e*> traço *m*; risco *m*; linha *f* (*a MAT*); *am Kompass*: rumo *m*; (*LandՁ*) terreno *m*; região *f*; (*QuerՁ*) travessão *m*; (*Streifen*) estria *f*; *Vögel*: voo (*ô) *m*, passo *m*; *Stoff*: fio *m*; *MÚS mit dem Bogen*: arcada *f*; *mit der Bürste*: escovadela *f*; *mit dem Kamm*: penteadela *f*; *mit dem Pinsel*: pincelada *f*; ***gegen den ~*** a contrapelo; ***gegen den ~ gehen*** *fig* não convir;

S

fig ***j-m e-n ~ durch die Rechnung machen*** contrariar alg, frustrar os planos de alg; ***e-n ~ unter et machen*** (*od* ***ziehen***) *fig* dar a/c por terminada; ***auf den ~ gehen*** P andar no giro, *bras* fazer trottoir

'stricheln <-*le*> tracejar

'Strich|er *m* F, **~junge** *m* <-*n*> F prostituto *m* homossexual; **~kode** *m* <-*s*; -*s*> código *m* de barras; **~mädchen** *n* <-*s*; -> F prostituta *f*, meretriz *f*; **~punkt** *m* <-(*e*)*s*; -*e*> ponto *m* e vírgula; **~regen** *m* chuva *f* parcial, chuvas *f/pl* locais; **≈weise** local; regional; *adv* em alguns pontos; às riscas; **~zeichnung** *f* desenho *m* a traço

Strick [ʃtrik] *m* <-(*e*)*s*; -*e*> corda *f*, baraço *m*, *bras* laço *m*; *fig* maroto *m*; ***wenn alle ~e reißen*** F *fig* no pior dos casos; **'~arbeit** *f*, **~e'rei** *f* (trabalho *m* de) malha *f*; **'≈en** fazer malha (*bras* tricô), tricotar; *Strumpf*: fazer meia; *Netze*: fazer rede; ***gestrickt*** de malha; **'~garn** *n* <-(*e*)*s*; -*e*> estambre *m*, *bras* fio *m* de tecelagem; *baumwollenes*: algodão *m* para malha (*od* para meia), *bras* novelo *m* de algadão; *wollenes*: lã *f* para malha (*od* para meia), *bras* novelo *m* de lã; **'~jacke** *f* casaco *m* de malha; **'~leiter** *f* <-; -*n*> escada *f* de corda; **'~maschine** *f* máquina *f* de tricotar; **'~nadel** *f* <-; -*n*> agulha *f* de fazer malha (*od* meias), *bras* agulha *f* de tricô; **'~waren** *f/pl* malhas *f/pl*; **'~zeug** *n* <-(*e*)*s*; -*e*> → ***~arbeit***

'Striegel ['ʃtri:gəl] *m* brossa *f*, almofaça *f*; **≈n** <-*le*> almofaçar

'Striem|e ['ʃtri:mə] *f*, **~en** *m* vergão *m*, vinco *m*; estria *f*

strikt [ʃtrikt] estrito, rigoroso

'Strippe ['ʃtripə] *f* corda *f*

'Strip|per(in *f*) *m* ['ʃtrip- *a* 'st-] stripteaser *m*; **~tease** ['ʃtripti:s *a* 'st-] *m inv* striptease *m*

'strittig ['ʃtritiç] duvidoso, discutível, *JUR* litigioso

Stroh [ʃtro:] *n* <-(*e*)*s*; *sem pl*> palha *f*; **'≈blond** loiro claro; **'~blume** *f* perpétua *f*; **'~dach** *n* <-(*e*)*s*; ¨*er*> telhado *m* de colmo (*bras* palha); **'~feuer** *n* <-*s*; -> *fig* primeiro entusiasmo *m*; entusiasmo *m* passageiro; **'≈gedeckt** *Haus*: colmado, coberto de palha; **'~halm** *m* <-(*e*)*s*; -*e*> palhinha *f*, cálamo *m*; *bras* canudinho *m*; **'~mann** *m* <-(*e*)*s*; ¨*er*> *fig* *ECON* testa-de-ferro *m*; *Spiel*: morto *m*; **'~matte** *f* esteira *f* de palha

Strolch [ʃtrɔlç] *m* <-(*e*)*s*; -*e*> vadio *m*, vagabundo *m*; **'≈en** <*sn*> vadiar, vaguear, *bras a* vagabundar

Strom [ʃtro:m] *m* <-(*e*)*s*; ¨*e*> corrente *f*, rio *m*, (*Berg≈*) *u fig* torrente *f*; (*Strömung*) caudal *m*, *bras* correnteza *f*; *EL* corrente *f*; *Blut*: golfada *f*; *fig Menschen*: multidão *f*; ***in Strömen regnen*** chover a cântaros; ***mit dem*** (***gegen den***) ***~ schwimmen*** *fig* ir com (contra) a corrente (*bras* correnteza); **'~abnehmer** *m* *EL* cole(c)tor *m* de corrente; *j-d*: consumidor *m* (de corrente elé[c]trica); **≈'ab** <-*wärts*> rio abaixo; jusante; **'~anschluss** *m* <-*es*; ¨*e*> ligação *f* à corrente; **≈'auf(wärts)** rio acima, contra a corrente; (a) montante (do rio); **'~ausfall** *m* <-*s*; ¨*e*> *EL* falha (*bras* falta) *f* de ele(c)tricidade

'strömen ['ʃtrø:mən] <*sn*> correr; *Regen*: chover torrencialmente (*od* a cântaros); *fig* (*herbei~*): ***~ nach*** afluir a; ***~ aus*** sair em massa de; **~d** *adj Regen*: torrencial

'Stromer ['ʃtro:mər] *m* vagabundo *m*

'Strom|erzeuger *EL* *m* gerador *m*; dínamo *m*; **~kreis** *EL* *m* <-*es*; -*e*> circuito *m*; **~leiter** *EL* *m* fio *m* condutor; **~linie** *f* forma *f* aerodinámica; **≈linienförmig** aerodinâmico; **~messer** *EL* *m* amperímetro *m*, amperómetro (*ô) *m*; **~netz** *EL* *n* <-*es*; -*e*> rede *f* elé(c)trica; **~schiene** *f* *EL* carril (*bras* trilho) *m* condutor (*od* de conta[c]to); **~schnelle** *f* salto *m*, rápido *m*, *bras* corredeira *f*; **~stärke** *EL* *f* intensidade *f* da corrente; amperagem *f*; **~stoß** *m* <-*es*; ¨*e*> *EL* impulso *m* de corrente

'Strömung ['ʃtrø:muŋ] *f* corrente *f*, *bras a* correnteza; *FÍS* fluxo *m*

'Strom|verbrauch *EL* *m* <-(*e*)*s*; *sem pl*> consumo *m* de energia (elé[c]trica); **~verlust** *EL* *m* <-(*e*)*s*; -*e*> perda *f* de corrente; **~versorgung** *EL* *f* abastecimento *m* de energia (elé[c]trica); **~zähler** *EL* *m* contador (*bras* relógio) *m* de ele(c)tricidade

'Strontium ['ʃtrɔntsium] *n* estrôncio *m*
'Strophe ['ʃtro:fə] *f* estrofe *f*; estância *f*
'strotzen ['ʃtrɔtsən] *<-t>* regorgitar; **~d** *adj* regorgitante, pujante, cheio (***vor*** *dat*; ***von*** de)
'strubb(e)lig ['ʃtrub(ə)liç] F → ***struppig***
'Strudel ['ʃtru:dəl] *m* turbilhão *m* (*a fig*); re(de)moinho *m*; *bras* jupia *f*
Struk'tur [ʃtruk'tu:r] *f* estrutura *f*; **ᴤ'ell** [-tu'rɛl] estrutural; **ᴤschwach** de estrutura débil; **~wandel** *m* transformação *f* de estruturas
Strumpf [ʃtrumpf] *m <-(e)s; ¨e>* meia *f*; (*Herren*ᴤ) peúga *f*, *bras* meia *f*; **'~hose** *f* meia-calça *f*; collant *m*
Strunk [ʃtruŋk] *m <-(e)s; ¨e>* talo *m* (de couve), tronco *m*
'struppig ['ʃtrupiç] desgrenhado, esguedelhado, hirsuto; *Bart*: eriçado
'Stube [ʃtu:bə] *f* quarto *m*; ***gute ~*** sala *f*
'Stuben|älteste(r) *m* chefe *m* de turma; **~arrest** *m <-(e)s; -e>* proibição *f* de sair; **~fliege** *f* mosca *f*; **~hocker** *m*: ***ein ~ sein*** ser muito caseiro; **ᴤrein** limpo
Stuck [ʃtuk] *m <-(e)s; sem pl>* estuque *m*
Stück [ʃtyk] *n <-(e)s; -e; als Maß nach Zahlen inv> ganzes*: peça *f* (*a* TEA, MIL *u* MÚS); ***pro ~*** ECON a ... cada um; *Vieh*: cabeça *f*, *bras* rez; (*Gepäck*ᴤ) volume *m*; *Teil*: pedaço *m*; *Zucker*: torrão *m*; (*Land*) lote *m*; (*Bruch*ᴤ) fragmento *m*; (*Lese*ᴤ) trecho *m*; (*Strecke*) troço *m*; *e-r Anleihe*: título *m*; ***altes ~*** *a* velharia *f*; ***~ für ~*** peça por peça, um por um; ***das ist ein starkes ~!*** é forte!, parece impossível!, não há direito!, *bras* isso é demais!; ***große ~e auf j-n halten*** estimar alg muito, ter alg em muita consideração; ***aus freien ~en*** espontâneamente; mótu-próprio; ***in ~e schlagen*** partir, despedaçar
'Stück|arbeit(er *m*) *f* trabalho *m* (trabalhador *m*) de empreitada; **ᴤeln** *<-le>* despedaçar; dividir (ECON em títulos; AGR em parcelas); **~gut** *n <-(e)s; ¨er>* carga *f* geral; **~lohn** *m <-(e)s; ¨e>* salário *m* por peça; **ᴤweise** aos pedaços; por partes; ECON a retalho; avulso; **'~werk** *n <-(e)s; sem pl>* obra *f* mal feita; ***~ sein*** ser incompleto, ser fragmentário; **~zahl** *f* número *m* de peças
Stu'dent [ʃtu'dɛnt] *m <-en>* estudante *m* (da Universidade *od* universitário); **~enausweis** *m <-es; -e>* cartão *m* (*bras* carteira *f*) de estudante; **~enfutter** *n <-s; sem pl>* mistura *f* de avelãs, amêndoas e passas de uva; **~enschaft** *f* estudantes *m/pl*; (*Körperschaft*) Associação *f* Académica (*ê); **~en(wohn)heim** *n <-(e)s; -e>* residência *f* universitária; *bras* repúblicas *f* de estudantes; **~in** *f* estudante *f* (da Universidade *od* universitária)
'Studie ['ʃtu:diə] *f* estudo *m*
'Studien|abschluss *m <-es; ¨e>* fim *m* do curso; **~aufenthalt** *m <-(e)s; -e>* estadia *f* para fins de estudo; **~direktor(in** *f*) *m <-s; -en>* reitor(a *f*) *m* de liceu, *bras* diretor(a *f*) *m* de segundo grau (*od* ginásio); **~fach** *n <-(e)s; ¨er>* curso *m*; **~gang** *m <-(e)s; ¨e>* decorrer *m* do curso; **~rat** *m <-(e)s; ¨e>* (**~rätin** *f*) professor(a *f*) *m* efe(c)tivo, -a de liceu (*bras* de segundo grau *od* de ginásio); **~referendar(in** *f*) *m <-s; -e>* professor(a *f*) *m* estagiário, -a
stu'dier|en [ʃtu'di:rən] *<->* estudar; **ᴤte(r** *m*) *su* universitário *m*, -a *f*
'Studium ['ʃtu:dium] *n <-s; Studien>* estudo(s *pl*) *m*, *bras* curso *m* universitário
'Stufe ['ʃtu:fə] *f* degrau *m*; TÉCN andar *m*; velocidade *f*; nível *m*; *fig* grau *m*; fase *f*; (*Rang*ᴤ) categoria *f*
'Stufen|folge *f* graduação *f*, progressão *f*; **ᴤförmig** ['-fœrmiç] gradual; *Anordnung*: em escadaria; **~gang** *m <-(e)s; ¨e>* → ***~folge***; **~leiter** *f <-; -n>* escala *f*; *fig* hierarquia *f*; **ᴤlos** infinitamente variável (*od* graduável); contínuo; TÉCN não-escalonado; **ᴤweise** gradualmente
Stuhl [ʃtu:l] *m <-(e)s; ¨e>* cadeira *f*; ***der Heilige ~*** a Santa Sé *f*; **'~gang** MED *m <-(e)s; sem pl>* evacuação *f*; (*Kot*) fezes *f/pl*; excrementos *m/pl*; *flüssiger*: soltura *f*, diarreia (*é) *f*
'Stulle ['ʃtulə] *f* fatia *f* de pão (com manteiga)

S

'Stulpe ['ʃtulpə] *f* canhão *m* (de bota); (*Manschette*) punho *m*
'stülpen ['ʃtylpən] (*auf~*) tapar, (*um~*) virar
stumm [ʃtum] mudo; *fig* calado; **'²el** *m* (*Arm², Bein² etc*) coto *m*, (*Kerzen²*) *a* toco *m*, *a* (*Zahn²*) arnela *f*; (*Zigarren²*) ponta *f*; F beata *f*; **'²heit** *f* <*sem pl*> mudez *f*; mutismo *m*, *fig a* silêncio *m*
'Stümper ['ʃtympər] *m* ignorante *m*; remendão *m*; ***ein ~ sein*** *a* não ter jeito; **~'ei** [-'raɪ] *f* obra *f* mal feita; **²haft** remendão; **²n** <*-re*> fazer a/c sem jeito
stumpf [ʃtumpf] **1.** *adj* embotado, rombo; *Klinge*: *a* gasto, *bras a* cego; *MAT Kegel*: troncado; *Winkel*: obtuso; *fig* apático; ***~ machen*** embotar; ***~ werden*** embotar-se; **2. ²** *m* <*-(e)s*; *¨e*> *Baum*: cepo *m*; tronco *m*; (*Bein² etc*) coto *m*; ***mit ~ und Stiel ausrotten*** exterminar, extirpar; **'²heit** *f* <*sem pl*> embotamento *m*; *fig* apatia *f*; desinteresse *m*; toleima *m*, parvoice *f*; **'²sinn** *m* <*-(e)s*; *sem pl*> estupidez *f*; **'~sinnig** estúpido, parvo; **'~wink(e)lig** obtusângulo, obtusangulado; amblígono
'Stunde ['ʃtundə] *f* hora *f* (***festgesetzte*** certa, prefixa); (*Unterrichts²*) lição *f*, aula *f*
'stunden ['ʃtundən] *v/t* <*-e-*> adiar um prazo
Stunden|geschwindigkeit *f* velocidade *f* horária; **~kilometer** *m* quilómetro (*ô) *m* por hora (*od* horário); **²lang** por horas (inteiras); *adv* horas e horas; **~lohn** *m* <*-(e)s*; *¨e*> salário *m* por hora, *bras* salário-hora *m*; ***im ~*** a tanto por hora; **~plan** *m* <*-(e)s*; *¨e*> horário *m*; **²weise** por horas; *Unterricht*: por lições (*bras* aula); **~zeiger** *m* ponteiro *m* de horas
'stündlich ['ʃtynt-] de hora a hora; de uma hora para outra; *einmal ~* por hora
'Stundung ['ʃtunduŋ] *f* (*gen*) prorrogação *f*
Stunk [ʃtuŋk] *m* <*-s*; *sem pl*> F bronca *f*
Stunt [stant] *m*: ***e-n ~ machen*** fazer de duplo; **~man** [-mæn] *m*, **~woman** [-vumæn] *f* duplo *su*
stu'pid(e) [ʃtu'piːd(ə)] parvo; estúpido
'Stupsnase ['ʃtups-] *f* F nariz *m* arrebitado
stur [ʃtuːr] obstinado, cabeçudo
Sturm [ʃturm] *m* <*-(e)s*; *¨e*> tempestade *f*, tormenta *f* (*a fig*); (*Gewitter²*) trovoada *f*; (*Regen²*) temporal *m*; *NAV* procela *f*, borrasca *f*; *MIL* assalto *m* (***im*** de); *fig* tumulto *m*; ***~ laufen gegen*** assaltar (*ac*); *fig* fazer uma campanha contra; ***~ läuten*** tocar (a) rebate; **'~angriff** *m* <*-(e)s*; *-e*> assalto *m*
'stürm|en ['ʃtyrmən] **1.** *v/t* assaltar, tomar de assalto; forçar; **2.** *v/i MIL* dar assalto, assaltar; *gegen*: arremessar-se; *Wetter*: ***es stürmt*** há tempestade, há temporal; **²er** *m Sport*: avançado *m*, *bras* ponteiro *m*
'Sturm|flut *f* grande cheia *f*, inundação *f*; **²frei** *fig*: ***~e Bude*** F quarto *m* independente; **~glocke** *f* sino *m* de rebate
'stürmisch ['ʃtyrmiʃ] tempestuoso, *NAV* proceloso; *a fig* turbulento; *j-d*: impetuoso
'Sturm|schaden *m* <*-s*; *¨*> prejuízos *m/pl* causados pela tempestade; **~schritt** *m* <*-(e)s*; *-e*>: ***im ~*** à carga; **~warnung** *f* aviso *m* de tempestade
Sturz [ʃturts] *m* <*-es*; *¨e*> queda *f*; *ECON u Meteor* baixa *f* (repentina *od* súbita); *POL* derrube *m*; **'~bach** *m* <*-(e)s*; *¨e*> torrente *f*, enxurrada *f*
'stürzen ['ʃtyrtsən] <*-t*> **1.** *v/t* deitar abaixo; derribar, *bras* derrubar (*a fig*); (*kippen*) vazar; (*werfen*) precipitar, lançar, arrojar; ***ins Unglück ~*** arruinar; **2.** *refl*: ***sich ~*** atirar-se (***auf*** *ac* a; ***aus*** *dem Fenster* de); precipitar-se, lançar-se, arrojar-se (***auf*** *ac* sobre); ***sich ~ in*** (*ac*) *fig Gefahr*: expor-se a; ***sich*** *in Schulden* ~ fazer (*ac*); **3.** *v/i* <*sn*> cair; (*eilen*) correr, (*herbei~*) acorrer; (*ab~*) *AV* despenhar-se; (*zusammen~*) derribar, *bras* derrubar; vir (*od* ir-se) abaixo
'Sturz|flug *AV m* <*-(e)s*; *¨e*> voo (*ô) *m* picado; **~helm** *m* <*-(e)s*; *-e*> capacete *m*; **~see** *f*, **~welle** *f* vagalhão *m*
'Stute ['ʃtuːtə] *f* égua *f*, jumenta *f*
'Stuttgart ['ʃtutgart] *n* Estugarda *f*
'Stütz|balken ['ʃtyts-] *m* esteio *m*, escora *f*; **~e** *f* apoio *m*; *AGR* tutor *m*; estaca *f*; *TÉCN* suporte *m*; *ARQUIT* → **~balken**; *fig* amparo *m*, auxílio

m; F → ***Arbeitslosenunterstützung***

'stutzen ['ʃtutsən] <-*t*> **a)** *v/t* cortar; *Bart*: aparar; *AGR* podar; **b)** *v/i* ficar perplexo, ficar surpreendido; pasmar

'Stutzen *m TÉCN* bocal *m*

'stützen ['ʃtytsən] <-*t*> apoiar (*a refl*), suster; amparar; *fig Behauptung*: corroborar; ***sich ~ auf*** (*ac*) *a* encostar-se a; *fig a* fundar-se em, basear-se em

'stutzig ['ʃtutsiç] perplexo, surpreendido, admirado (***machen*** deixar, ***werden*** ficar)

'Stütz|mauer *f* <-; -*n*> muro *m* de apoio; **~pfahl** *AGR m* <-(*e*)*s*; ⸚*e*> estaca *f*; **~pfeiler** *m* esteio *m*, pilar *m*; **~punkt** *m* <-(*e*)*s*; -*e*> *TÉCN* ponto *m* de apoio; *POL*, *AV*, *MIL u NAV* base *f*; (*Schanze*) reduto *m*

'Styling ['stailiŋ] *n* <-*s*; -*s*> estilo *m*, visual *m*

Styro'por® [ʃtyro'po:r] *n* <-*s*> esferovite *f*

Sub'jekt [zup'jɛkt] *n* <-(*e*)*s*; -*e*> sujeito *m*; **⁀'iv** [-'ti:f] subje(c)tivo; **~ivi'tät** [-tivi'tɛ:t] *f* <*sem pl*> subje(c)tivismo *m*, *bras* subjetividade *f*

subli'mieren [zubli'-] sublimar

Subskripti'on [zupskriptsi'o:n] *f* subscrição *f*, assinatura *f*

substanti'ell → ***substanziell***

'Substantiv ['zupstanti:f] *n* <-*s*; -*e*> substantivo *m*; **⁀isch** ['-i:viʃ] substantivo

Sub'stanz [zup'stants] *f* substância *f*; **⁀iell** [zupstantsi'ɛl] substancial; substancioso

subtra|'hieren [zuptra'hi:rən] <-> subtrair; **⁀kti'on** [-ktsi'o:n] *f* subtra(c)ção *f*

'Subunternehmer *m* subempresário *m*

Subventi'on [zupvɛntsi'o:n] *f* subvenção *f*; **⁀'ieren** [-io'n-] <-> subvencionar

'Such|e ['zu:xə] *f* busca *f*, procura *f*; *INFORM* pesquisa *f*; *BGB* prospe(c)ção *f*; ***auf der ~ nach*** à procura de, em busca de, à cata de; **⁀en** procurar; ***~ zu*** *inf*: *a* tratar de; ***gesucht*** *adj* raro; *fig* afe(c)tado; rebuscado; *ECON* ***gesucht werden*** precisar-se (de); **~er** *m FOT* visor *m*; *BGB* prospe(c)tor *m*; = **~gerät** *n* <-(*e*)*s*; -*e*> *BGB* aparelho *m* de prospe(c)ção; **~maschine** *f INFORM* motor *m* de pesquisa (*od* busca)

Sucht [zuxt] *f* <-; ⸚*e*> vício *m*; mania *f* (***nach*** de)

'süchtig ['zyçtiç]: ***~ sein nach*** ter o vício de, *bras* ser viciado em

'Suchtkranke(r *m*) *su* tóxicodependente *m u f*

Süd'afrika [zy:t-] *n* África *f* do Sul; **~afrikaner** ['zy:t-] *m*, **'⁀afrikanisch** sul-africano (*m*); **'~amerikaner** *m*, **'⁀amerikanisch** sul-americano (*m*)

Su'dan [zu:'da:n] *m* Sudão *m*

'süddeutsch da Alemanha meridional, da Alemanha do Sul

Sude'lei [zudə'laɪ] *f* F porcaria *f*, coisa *f* mal feita

'Süden ['zy:dən] *m* <-*s*; *sem pl*> sul *m*

'Süd|frucht *f* <-; ⸚*e*> fruta *f* meridional (*od* tropical); **⁀ländisch** ['-lɛndiʃ] meridional; **⁀lich** meridional, do sul; *adv* ao sul; *ASTR Zone*: austral; ***~e Breite*** latitude *f* sul; **~'ost(en)** *m* <-(*e*)*s*; *sem pl*> sudeste *m*; **⁀'östlich** do sudeste; *adv* ao sudeste; **~pol** *m* <-*s*; *sem pl*> pólo *m* sul; **~'west(en)** *m* <-(*e*)*s*; *sem pl*> sudoeste *m*; **⁀'westlich** de sudoeste; *adv* ao sudoeste; **~wind** *m* <-(*e*)*s*; -*e*> vento *m* sul

Suff [zuf] P *m* <-(*e*)*s*; *sem pl*> bebedeira *f*; ***im ~*** borracho, *bras* bêbado

'süffig ['zyfiç]: F ***~ sein*** ter bom paladar

Suf'fix [zu'fiks] *n* <-*es*; -*e*> sufixo *m*

sugge|'rieren [zugə'ri:rən] <-> sugerir; **⁀sti'on** [-sti'o:n] *f* sugestão *f*

'Sühn|e ['zy:nə] *f* expiação *f*; *JUR a* desagravo *m*; *REL a* penitência *f*; (*Entschädigung*) reparação *f*; (*Maßnahme*) **⁀en** expiar; desagravar

Suite [svi:t(ə)] *f* <-; -*n*> suíte *f*

Sul'fat [zul'fa:t] *n* <-(*e*)*s*; -*e*> sulfato *m*

'Sultan ['zulta:n] *m* <-*s*; -*e*> sultão *m*

'Sülze ['zyltsə] *f* geleia *f* de carne, *bras* gelatina *f* natural

sum'marisch [zu'ma:riʃ] sumário

'Summ|e ['zumə] *f* soma *f*; (*Anzahl*) número *m*; (*Betrag*) quantia *f*; (*Gesamtbetrag*) total *m*; **~en** *n* sumido *m*; zumbido *m*; sussurro *m*; **⁀en** zumbir; **~er** *EL m* oscilador *m*; **⁀'ieren** <-> somar

Sumpf [zumpf] *m* <-(*e*)*s*; ¨*e*> pântano *m*; paúl *m*; abafeira *f*; *bras* brejo *m*; '**∼dotterblume** *f* malmequer-dos-brejos *m*; '**∼fieber** *n* febre *f* intermitente, malária *f*, sezões *f/pl*, (im)paludismo *m*; '**≈ig** pantanoso; '**∼pflanze** *f* planta *f* palustre (*bras* do brejo); '**∼vogel** *m* <-*s*; ¨> ave *f* palustre (*bras* do brejo)

'**Sünd|e** ['zyndə] *f* pecado *m*; **∼enbock** *m* <-(*e*)*s*; ¨*e*> bode *m* expiatório (*od* emissário); **∼enfall** *m* <-(*e*)*s*; *sem pl*> pecado *m* original (*od* de Adão); **∼er(in** *f*) *m* pecador(a *f*) *m*; **≈haft**, **≈ig** pecaminoso, vicioso, pecador; **≈igen** ['-igən] pecar (***an*** *dat* contra)

'**super** ['zu:pər] F porreiro, fixe, *bras* legal; **≈(benzin)** *n* gasolina *f* super; **≈intendent** *m* <-*en*> superintendente *m*; **≈markt** *m* <-(*e*)*s*; ¨*e*> supermercado *m*

'**Suppe** ['zupə] *f* sopa *f*; caldo *m*; ***j-m die ∼ versalzen*** *fig* estragar os planos de alg

'**Suppen|fleisch** *n* <-(*e*)*s*; *sem pl*> cozido *m*; *roh*: carne *f* para cozer (*bras* para ensopado); **∼grün** *n* <-*s*; *sem pl*> verdura *f*; **∼huhn** *n* <-*s*; ¨*er*> galinha *f* para cozer; **∼kelle** *f* concha *f*; **∼löffel** *m* colher *f* de sopa; **∼schüssel** *f* <-; -*n*> terrina *f*; *bras* ensopadeira *f*, sopeira *f*; **∼teller** *m* prato *m* de sopa

'**Surf|brett** ['sø:rfbrɛt] *n* <-(*e*)*s*; -*er*> prancha *f* de surf; **≈en** praticar surf; *INFORM* navegar na rede; **∼er(in** *f*) *m* praticante *su* de surf, surfista *su*

'**surren** ['zurən] vibrar, zunir, zumbir

Surro'gat [zuro'ga:t] *n* <-(*e*)*s*; -*e*> sucedâneo *m*, substituto *m*

suspen'dieren [zuspɛn'di:rən] <-> suspender (***vom Amt*** das suas funções)

süß [sy:s] doce; açucarado; *Wein*: abafado, *bras* doce; *fig* suave; (*reizend*) encantador; '**≈e** *f* <*sem pl*> doçura *f*; '**∼en** <-*t*> adoçar; açucarar, deitar açúcar em; '**≈holz** *n* <-*es*; *sem pl*>: ***∼ raspeln*** *fig* F galantear, fazer a corte; '**≈igkeit** *f* doçura *f*; **∼en** *pl* doces *m/pl*; '**≈kartoffel** *f* <-; -*n*> *BOT* batata *f* doce; '**∼lich** adocicado, *fig* a sentimental; '**∼sauer** agridoce; '**≈speise** *f* doce *m*; '**≈stoff** *m* <-(*e*)*s*; -*e*> sacarina *f*, *bras* adoçante *m* (artificial); '**≈wasser** *n* água *f* doce

'**Sweatshirt** ['swɛtʃø:t] *n* <-*s*; -*s*> camisola *f* de molton

'**Swimmingpool** ['sviminpu:l] *m* <-*s*; -*s*> piscina *f*

Sym'bol [zym'bo:l] *n* <-*s*; -*e*> símbolo *m*; emblema *m*; **≈isch** simbólico; **≈i'sieren** [-boli'zi:rən] <-> simbolizar

Sym|me'trie [zyme'tri:] *f* simetria *f*; **≈'metrisch** [zy'me:triʃ] simétrico; **∼pa'thie** [-pa'ti:] *f* simpatia *f*; **∼pathi'sant(in** *f*) [-pati'zant] *m* <-*en*> simpatizante *su*; **≈'pathisch** [-'pa:tiʃ] simpático; **≈pathi'sieren** [-pati'zi:rən] <-> simpatizar; **∼pho'nie** [-fo'ni:] *f* sinfonia *f*; **∼pho'nieorchester** *n* orquestra *f* sinfónica (*ô); **∼'posium** [-'po:zium] *n* <-*s*; -*sien*> simpósio *m*

Symp'tom [zymp'to:m] *n* <-*s*; -*e*> sintoma *m*; **≈'atisch** [-to'ma:tiʃ] sintomático

Syna'goge [zyna'go:gə] *f* sinagoga *f*

syn'chron [zyn'kro:n] sincrónico (*ô); **≈getriebe** *n* *AUTO* caixa *f* de velocidades sincronizada, *bras* câmbio *m* automático; **≈isa'tion** *f* sincronização *f*; *Film*: dobragem, *bras* dublagem *f*; **∼i'sieren** [-i'zi:rən] <-> sincronizar; *Film*: dobrar; **≈sprecher(in** *f*) *m* a(c)tor (a[c]triz *f*) de dobragem (*bras* dublagem)

Syndi'kat [zyndi'ka:t] *n* <-(*e*)*s*; -*e*> sindicato *m*

'**Syn|dikus** ['zyndikus] *m* <-; *Syndiken od Syndizi*> síndico *m*; **∼er'gie** [-ɛr'gi:] *f* <-; -*n*> sinergia *f*; **∼er'gieeffekt** *m* <-*s*; -*e*> efeito *m* sinérgico; **∼'kope** [-'ko:pə] *MÚS* *f* síncope *f*; **∼'ode** [-'no:də] *f* sínodo *m*; **≈o'nym** [-o'ny:m] sinónimo (*ô); **≈'taktisch** sintá(c)tico; **∼tax** [-taks] *f* <*sem pl*> sintaxe *f*; **∼'these** *f* síntese *f*; **∼thesizer** [-təsaizə] *m* <-*s*; -> sintetizador *m*; **≈'thetisch** [-'te:tiʃ] sintético

'**Syphilis** ['zy:filis] *f* <*sem pl*> sífilis *f*

'**Syr|er(in** *f*) *m* ['zy:rər-] sírio *m*, -a *f*; **∼ien** *n* Síria *f*; **≈isch** sírio, da Síria

Sys'tem [zys'te:m] *n* <-*s*; -*e*> sistema *m*; **≈'atisch** [-te'ma:tiʃ] sistemático

'**Szen|e** ['stse:nə] *f* cena *f*; ***in ∼ set-***

zen pôr em cena (*a refl*); levar ao palco; (*Streit*) *a*: disputa *f*; escândalo *m*; ***j-m e-e ~ machen*** F *fig* fazer uma cena a alg; **~enwechsel** *m* mudança *f* de cena; **~e'rie** [-ə'riː] *f* cenário *m*; **≗isch** cénico (*ê)

T

T, t [teː] *n inv* T, t *m*
'Tabak ['taːbak] *m* <-*s*; -*e*> tabaco *m*, *bras* fumo *m*; **~bau** *m* <-(*e*)*s*; *sem pl*> cultura *f* de tabaco; **~händler** *m* estanqueiro *m*, *bras* comerciante *m* de tabacos; **~laden** *m* <-*s*; ⸚> tabacaria *f*; estanco *m*; *bras* charutaria *f*; **~spfeife** *f* cachimbo *m*; **~steuer** *f* <-; -*n*> imposto *m* sobre o tabaco
tabel'l|arisch [tabɛ'laːriʃ] tabelar; em forma de tabela, sinóptico; **≗e** [-'bɛlə] *f* tabela *f*, lista *f*; quadro *m* sinóptico; **≗enkalkulationsprogramm** *n* <-*s*; -*e*> INFORM folha *f* de cálculo
Ta'blett [ta'blɛt] *n* <-(*e*)*s*; -*e*> bandeja *f*, tabuleiro *m*; **~e** *f* comprimido *m*; *zum Lutschen*: pastilha *f*
ta'bu [ta'buː] *adj*, **≗** *n* <-*s*; -*s*> tabu (*m*)
Tabu'lator [tabu'laːtoːr] *m* <-*s*; -*en* [-a'toːrən]> tabulador *m*
Tacho'meter [taxo'meːter] *m*, *a n* taquímetro *m*, *bras* tacômetro *m*
'Tadel ['taːdəl] *m* repreensão *f*; *Schule*: censura *f*, *scharfer*: descompostura *f*; **≗los** irrepreensível, perfeito, sem defeito; (*vorzüglich*) impecável; **≗n** <-*le*> censurar, criticar; *j-n*: *a* repreender; ***hart ~*** increpar, repreender severamente; **≗nswert** repreensível, de censurar
'Tafel ['taːfəl] *f* <-; -*n*> (*Holz≗*) tábua *f*; (*Metall≗*) placa *f*; (*Schalt≗*) painel *m*; (*Schild*) letreiro *m*, *bras a* tabuleta *f*; *Schokolade*: barra *f*, tablette *f*; (*Tabelle*) tabela *f*; (*Tisch*) mesa *f*; (*Wand≗*) quadro *m*; TIP (*Bild*) lâmina *f*; **~besteck** *n* <-(*e*)*s*; -*e*> faqueiro *m*; **~geschirr** *n* <-(*e*)*s*; -*e*> baixela *f*, louça *f*; **≗n** <-*le*> jantar, estar à mesa; banquetear
'täfeln ['tɛːfəln] <-*le*> forrar de madeira lavrada, assoalhar
'Tafel|obst *n* <-(*e*)*s*; *sem pl*> fruta *f* de mesa; **~service** *n* serviço *m* de mesa, baixela *f*; **~tuch** *n* <-(*e*)*s*; ⸚*er*> toalha *f* de mesa; **~wein** *m* <-(*e*)*s*; -*e*> vinho *m* de mesa
'Täfelung ['tɛːfəluŋ] *f* lambrim *m*, *bras* lambris *m*; *Wand*: *a* revestimento *m* de madeira; *Decke*, *Tür*: *a* paneis *m*/*pl*; apainelamento *m*; *Fußboden*: soalho *m* embutido
Taft [taft] *m* <-(*e*)*s*; -*e*> tafetá *m*
Tag [taːk] *m* <-(*e*)*s*; -*e*> dia *m*; (*Tagung*) congresso *m*; jornada *f*; ***der Jüngste ~*** o Dia do Juízo; ***am ~e, bei ~(e)*** de dia; ***am helllichten ~(e)*** em pleno dia; ***am ~(e) (da)nach*** no dia seguinte; ***am ~(e) vor*** (*dat*) na véspera de; ***dieser ~e*** um dia destes; ***über ~e*** BGB à superfície da terra; ***unter ~e*** BGB debaixo da terra, subterrâneo; ***e-n ~ um den ander(e)n*** dia sim, dia não; ***e-s (schönen) ~es*** qualquer dia, *Vergangenheit*: um dia; ***sich e-n vergnügten ~ machen*** ir à pândega, divertir-se; ***an den ~ bringen*** revelar, descobrir, trazer a lume; ***an den ~ kommen*** revelar-se, descobrir-se; ***an den ~ legen*** manifestar; ***~ werden*** amanhecer; ***guten ~!*** *vormittags*: bom dia!; *nachmittags*: boa tarde!; ***in den ~ hinein leben*** viver ao Deus dará; *pl* ***in … ~en*** daqui a (*od* hoje a *od* dentro de) … dias; ***vor … ~en*** faz … dias; ***seine Tage haben*** F estar com o período; *bras* estar de chico; ***zu ~e*** → ***zutage***; ***~ für ~*** = **≗'aus, ≗'ein** dia por dia, todos os dias
'Tage|bau ['taːgə-] BGB *m* <-*s*; -*e*> extra(c)ção *f* à superfície; **~buch** *n* <-(*e*)*s*; ⸚*er*> diário *m*; **~dieb** *m* <-(*e*)*s*; -*e*> mandrião *m*; **~geld** *n*

<-(e)s; -er> ajuda *f* de custos; diária *f*; **≈lang** por dias inteiros, dias *m/pl* a fio; **~lohn** *m* <-(e)s; ¨e> diária *f*; jornal *f*; **~löhner** ['-løːnər] *m* jornaleiro *m*, *bras* diarista *m*

'tagen **1.** (*beraten*) estar reunido em conselho (*od* em congresso); (estar a) deliberar; **2.** (*Tag werden*) amanhecer

'Tages|anbruch *m* <-(e)s; *sem pl*> romper *m* do dia (***bei*** ao); alvorada *f*, madrugada *f*; **~gericht** *n* <-(e)s; -e> prato *m* do dia; **~gespräch** *n* <-(e)s; -e> assunto *m* de todas as conversas; **~ *sein*** ser notório; **~karte** *f* bilhete *m* diário; *Restaurant*: ementa *f* (*bras* cardápio *m*) do dia; **~kasse** *f* TEA bilheteira *f* (aberta de dia); **~kurs** *m* <-es; -e> ECON câmbio *m* do dia; **~leistung** *f* (produção *f*) diária *f*; rendimento *m* por dia; **~licht** *n* <-(e)s; *sem pl*> luz *f* do dia *m*; **~mutter** *f* <-; ¨> ama (*bras* tia) *f* de dia; **~nachrichten** *f/pl* notícias *f/pl* do dia; noticiário *m/sg*; **~ordnung** *f* ordem *f* do dia (***an der*** na); **~presse** *f* <*sem pl*> imprensa *f* diária; **~schau** *f* <*sem pl*> TV telejornal *m*; **~zeit** *f* hora *f* do dia; **~zeitung** *f* (jornal *m*) diário *m*

'tage|weise por dia(s); **≈werk** *n* <-(e)s; *sem pl*> trabalho *m* diário

'Tag|falter *m* borboleta *f* diurna; **≈'hell**: **~ *sein*** ser (*od* estar) pleno dia; **~ *erleuchten*** acender todas as luzes

'täglich ['tɛːkliç] diário; quotidiano, cotidiano; ASTR, BOT, ZO diurno; (*all~*) *adv* a todos os dias; *zweimal* ~ duas vezes ao dia

tag|s [taːks] de dia, durante o dia; **~ *darauf*** no dia seguinte; **~ *zuvor*** na véspera; **'~süber** de dia, durante o dia; **~'täglich** dia por dia, todos os dias; *bras* dia a dia; **≈und'nachtgleiche** [-glaɪçə] *f* equinócio *m*

'Tagung ['taːgʊŋ] *f* congresso *m*; colóquio *m*; reunião *f*; **~steilnehmer(in** *f*) *m* congressista *su*

Tai'fun [taɪ'fuːn] *m* <-(e)s; -e> tufão *m*

'Taille ['taljə] *f* *Körper*: cintura *f*; *Kleidung*: corpinho *m*; cinta *f*

Take'l|age [takə'laːʒə] *f* cordame *m* (e) talha *f*; **'≈n** ['taːkəln] <-le> aparelhar

Takt [takt] *m* <-(e)s; -e> MÚS compasso *m* (***im*** ao; ***angeben*** marcar; ***halten*** observar; ***nicht halten*** ir fora de; ***schlagen*** bater); (*Rhythmus*) cadência *f*; *Motor*: tempo *m*; ***im*** $^3/_4$**-~** a três tempos; ***aus dem ~ bringen*** desconcertar; *fig* = **'~gefühl** *n* <-(e)s; *sem pl*> ta(c)to *m*, delicadeza *f*, discrição *f*

'Takt|ik ['taktik] *f* tá(c)tica *f*; (**'~iker** *m*) **'≈isch** tá(c)tico (*m*); **'≈los** indiscreto, grosseiro, pouco delicado; **'~losigkeit** ['-loːziç-] *f* falta *f* de ta(c)to; indiscrição *f*; **'~stock** *m* <-(e)s; ¨e> batuta *f*; **'~strich** *m* <-(e)s; -e> traço *m* de compasso; **'≈voll** discreto, delicado

Tal [taːl] *n* <-(e)s; ¨er> vale *m*

Ta'lar [ta'laːr] *m* <-s; -e> hábito *m* talar; JUR toga *f*

Ta'lent [ta'lɛnt] *n* <-(e)s; -e> talento *m*, jeito *m*; **≈'iert** [-'tiːrt] talentoso, com muito jeito

'Talfahrt *f* CAM. DE F descida *f* (*a fig*); NAV passagem *f* (*od* transporte *m*) rio abaixo

Talg [talk] *m* <-(e)s; -e> sebo *m*; **'~absonderung** *f* secreção *f* de sebo, *krankhaft*: seborreia (*é) *f*; **'~drüse** *f* glândula *f* sebácea; **'≈ig** ['-giç] seboso, sebento

'Talisman ['taːlisman] *m* <-s; -e> talismã *m*, amuleto *m*

Talk [talk] *m* <-(e)s; *sem pl*> MIN talco *m*

'Talkessel *m* barranco *m*

'Talkshow ['tɔːk-] *f* <-; -s> talk-show *m*

'Talmi ['talmi] *n* <-s; *sem pl*>, **~gold** *n* <-(e)s; *sem pl*> pechisbeque *m*

'Tal|mulde, ~sohle *f* fundo *m* do vale; **~sperre** *f* represa *f*, barragem *f*

Tambu'rin [tambu'riːn] *n* <-s; -e> pandeiro *m*, pandeireta *f*

'Tam'pon ['tampɔn, tɑ̃'pɔ̃ː, tam'poːn] *m* <-s; -s> MED tampão *m*; **≈ieren** [tampo'niːrən] <-> MED tapar, pensar

Tand [tant] *m* <-(e)s; *sem pl*> futilidades *f/pl*

'Tandem ['tandɛm] *n* <-s; -s> tandem *m*

Tang [taŋ] *m* <-(e)s; -e> sargaço *m*, algas *f/pl*

'Tanga ['taŋga] *m* <-s; -s> tanga *f*; *bras* F fio *m* dental

Tan'gente [taŋ'gɛntə] *f* tangente *f*
'Tango ['taŋgo] *m* <-*s*; -*s*> tango *m*
Tank [taŋk] *m* <-(*e*)*s*; -*s*> depósito *m*; *MIL* tanque *m*, carro *m* blindado; **'≈en** meter (*od* abastecer-se de, *bras* botar) gasolina; **'~er** *m*, **'~schiff** *n* <-(*e*)*s*; -*e*> navio-tanque *m*, petroleiro *m*; **'~stelle** *f* posto *m* de gasolina (*od* de abastecimento); *groß*: estação *f* de serviço; **'~verschluss** *m* <-*es*; ¨*e*> *AUTO* tampão *m* de gasolina (***abschließbar*** com chave); **'~wagen** *m* *AUTO* camião-cisterna *m*; **'~wart** *m* <-(*e*)*s*; -*s*> empregado *m* de posto de gasolina
'Tanne ['tanə] *f*, **'~nbaum** *m* <-(*e*)*s*; ¨*e*>, **'~nholz** *n* <-(*e*)*s*; ¨*er*> abeto *m*; (*Weihnachtsbaum*) árvore *f* de Natal; **'~nnadel** *f* <-; -*n*> agulha *f* de abeto, caruma *f*; **'~nzapfen** *m* pinha *f*
'Tante ['tantə] *f* tia *f*
Tanti'eme [tanti'ɛ:mə] *f* participação *f* nos lucros; *TEA* direitos *m/pl* de autor
Tanz [tants] *m* <-*es*; ¨*e*> dança *f*; baile *m*; (*Ballett*) bailado *m*, **'~abend** *m* <-*s*; -*e*> baile *m*, sarau *m* dançante
'tänzeln ['tɛntsəln] <-*le*; *h u sn*> dançar; saracotear-se
'tanzen ['tantsən] <-*t*; *h u sn*> dançar; bailar, *bras* baiar
'Tänzer(in *f*) *m* dançarino *m*, -a *f*; (*Berufs*≈) bailarino *m* -a *f*
'Tanz|fläche *f* pista *f* de dança; **~lehrer** *m* mestre (*od* professor) *m* de dança; **~lokal** *n* <-*s*; -*e*> salão *m* de baile; boate *f*; **~musik** *f* <*sem pl*> música *f* de dança; **~schule** *f* escola *f* de dança; **~stunde** *f* lição *f* de dança
Ta'pete [ta'pe:tə] *f* papel *m* de parede; *gewirkte*: tapeçaria *f*; **~nwechsel** *m* F *fig* mudança *f* (de ambiente)
tape'zier|en [tape'tsi:rən] <-> forrar a (parede com) papel; revestir de papel; **≈er** *m* estofador *m*, forrador *m*
'tapfer ['tapfər] valente, corajoso; **≈keit** *f* <*sem pl*> valentia *f*, coragem *f*
'tappen ['tapən] <*h u sn*> apalpar; tatear; ***im Dunkeln ~*** *fig* andar às apalpadelas
'Tara ['ta:ra] *ECON* *f* <-; *Taren*> tara *f*
Ta'rantel [ta'rantəl] *f* <-; -*n*> tarântula *f*
Ta'rif [ta'ri:f] *m* <-*s*; -*e*> tarifa *f*, tabela *f*, pauta *f* (***nach*** à); **~autonomie** *f* <*sem pl*> autonomia *f* tarifária; **~konflikt** *m* <-(*e*)*s*; -*e*> conflito *m* cole(c)tivo de trabalho; **≈lich** tarifário; **~lohn** *m* <-(*e*)*s*; ¨*e*> salário *m* tarifário; **~partner** *m* *ECON* parte *f* negociante de um contrato cole(c)tivo; **~verhandlungen** *f/pl* negociações *f/pl* cole(c)tivos; **~vertrag** *m* <-(*e*)*s*; ¨*e*> contrato *m* cole(c)tivo de trabalho
'tarn|en ['tarnən] disfarçar, dissimular; *MIL a* camuflar; **≈kappe** *f* carapuça *f* mágica; **≈ung** *f* disfarce *m*, *MIL a* camuflagem *f*
'Tasche ['taʃə] *f* bolso *m*, algibeira *f*; (*Beutel*, *Geld*≈) bolsa (*ô) *f*; (*Hand*≈, *Reise*≈) malinha *f*, *bras* sacola *f*; ***in die ~ stecken*** meter no bolso *etc*; *fig* ***j-m auf der ~ liegen*** viver à custa de alg; *fig* ***j-n in die ~ stecken*** ser superior a alg; ***et in der ~ haben*** *fig* ter a/c assegurada
'Taschen|buch *n* <-(*e*)*s*; ¨*er*> livro *m* de bolso; (*Notizbuch*) livro *m* de notas, agenda *f*; **~dieb** *m* <-(*e*)*s*; -*e*> carteirista *m*; **~geld** *n* <-(*e*)*s*; -*er*> semanada *f*; mesada *f*; dinheiro *m* para despesas miúdas; **~kalender** *m* agenda *f*; **~krebs** *m* <-*es*; -*e*> caranguejo *m*; **~lampe** *f* lâmpada *f* de mão; **~messer** *n* navalha *f*, canivete *m*; **~rechner** *m* calculadora *f* de bolso, *bras a* minicalculadora *f*; **~tuch** *n* <-(*e*)*s*; ¨*er*> lenço *m* (de bolso); **~uhr** *f* relógio *m* de bolso; **~wörterbuch** *n* <-(*e*)*s*; ¨*er*> dicionário *m* de bolso, dicionário *m* portátil
'Tasse ['tasə] *f* chávena *f*, xícara *f*; ***nicht alle ~n im Schrank haben*** F não regular bem
Tasta'tur *f* teclado *m*
'Tast|e *f* tecla *f*; **≈en** <-*e*-> apalpar, tocar; **~entelefon** *n* <-*s*; -*e*> telefone *m* de teclado (*od* de teclas); **~sinn** *m* <-(*e*)*s*; *sem pl*> ta(c)to *m*
Tat [ta:t] *f* feito *m*; (*Handlung*) a(c)ção *f*, a(c)to *m*; (*Helden*≈) *a*: façanha *f*, proeza *f*; (*Verbrechen*) crime *m*, delito *m*; ***auf frischer ~*** em

flagrante delito; ***in der ~*** de fa(c)to, com efeito; realmente; ***in die ~ umsetzen*** realizar, levar a cabo

'Tat|bestand *m* <-(*e*)*s*; *¨e*> (conjunto *m* dos) fa(c)tos *m/pl*; *JUR a* tipo *m* legal; ***den ~ aufnehmen*** registar os fa(c)tos; *JUR* proceder à instrução judiciária, instruir uma causa; **'~endrang** *m* <-(*e*)*s*; *sem pl*>, **'~endurst** *m* <-(*e*)*s*; *sem pl*> (espírito *m* de) iniciativa *f*; **'≈enlos** ina(c)tivo, passivo

'Täter|(in *f*) *m* ['tɛːtər] autor(a *f*) *m*; *JUR* agente *su* do crime; criminoso *m*, -a *f*, réu *m*, ré *f*; **~schaft** *f* <*sem pl*> autoria *f*

tätig ['tɛːtiç] a(c)tivo, etwas *a*: efe(c)tivo; *Vulkan*: em a(c)tividade; ***~ sein als*** exercer (*od* desempenhar) as funções de, fazer de; **~en** ['-igən] efe(c)tuar; **≈keit** *f* a(c)tividade *f*; a(c)ção *f*; (*Verrichtung*) a(c)tuação *f*; *MED* funções *f/pl*

'Tätigkeits|bereich *m* <-(*e*)*s*; -*e*> âmbito *m* (*od* esfera *f od* campo *m*) de a(c)tividade (*od* de a[c]ção); **~bericht** *m* <-(*e*)*s*; -*e*> relatório *m* de (*od* das) a(c)tividades

'Tat|kraft *f* <*sem pl*> energia *f*, a(c)tividade *f*; **≈kräftig** enérgico, a(c)tivo

'tätlich ['tɛːtliç]: ***~ werden*** vir às mãos; passar a vias de fa(c)to; praticar um a(c)to de violência; atracar; **≈keit** *f* a(c)to *m* de violência; *pl* ***~en*** vias *f/pl* de fa(c)to

'Tatort *m* <-(*e*)*s*; -*e*> local *m*; *e-s Verbrechens*: teatro *m*; **~besichtigung** *f* exame *m* ao local

täto'wier|en [tɛto'viːrən] <-> tatuar; **≈ung** *f* tatuagem *f*

'Tat|sache *f* fa(c)to *m*; ***j-n vor vollendete ~n stellen*** apresentar os fa(c)tos consumados a alg; **~sachenbericht** *m* <-(*e*)*s*; -*e*> relato *m* verídico; **≈'sächlich** real, positivo, efe(c)tivo; *adv a* de fa(c)to, com efeito

'tätscheln ['tɛtʃəln] *v/t* <-*le*> fazer festas a; acariciar

'Tatter|greis ['tatər-] *m* <-*es*; -*e*> F velhote decrépito; **≈ig** F tremeliquento

'Tatze ['tatsə] *f* pata *f*, garra *f*

Tau [taʊ] **a)** *n* <-(*e*)*s*; -*e*> corda *f*; cabo *m*, *NAV a* amarra *f*; **b)** *m* <-(*e*)*s*; *sem pl*> orvalho *m*

taub [taʊp] *j-d*: surdo; *et*: oco, vazio; *Gestein*: estéril; *MED u fig* insensível; ***~ machen, ~ werden*** ensurdecer; ***sich ~ stellen*** fazer ouvidos de mercador

'Taube ['taʊbə] *f* pomba *f*, pombo *m*

'Tauber ['taʊbər] *m*, **'Täuberich** ['tɔybəriç] *m* <-(*e*)*s*; -*e*> pombo *m*

'Taub|heit *f* <*sem pl*> surdez *f*; **~nessel** *f* <-; -*n*> ortiga *f* morta; **≈stumm** *adj*, **~stumme(r)** *m* surdo-mudo (*m*)

'tauch|en ['taʊxən] *v/i* <*h u sn*> mergulhar, *v/t a* embeber, molhar; *U-Boot*: submergir; **~er** *m* mergulhador *m*; homem-rã *m*; **~eranzug** *m* <-(*e*)*s*; *¨e*> fato *m* (*bras* roupa *f*) de mergulhador, escafandro *m*; **~erausrüstung** *f* equipamento *m* de mergulho; **~erbrille, ~ermaske** *f* máscara *f* de mergulhar; **≈fähig** submersível; **~sieder** ['-ziːdər] *m* aquecedor *m* de imersão

'tauen ['taʊən] <*h u sn*> descongelar; degelar; *Schnee*: derreter-se; ***es taut*** <*h*> degela

'Tauf|becken ['taʊf-] *n* pia *f* ba(p)tismal; **~e** *f* ba(p)tismo *m*; **≈en** ba(p)tizar

'Täufling ['tɔyf-] *m* <-*s*; -*e*> ba(p)tizando *m*, -a *f*; neófito *m*, -a *f*; afilhado *m*, -a *f*

'Tauf|name *m* <-*ns*; -*n*> nome *m* de ba(p)tismo; **~pate** *m* <-*n*> padrinho *m*; **~patin** *f* madrinha *f*; **~schein** *m* <-(*e*)*s*; -*e*> certidão *f* de ba(p)tismo

'taug|en ['taʊgən] prestar, valer, servir (***zu*** para); **≈enichts** *m* <-*es*; -*e*> maroto *m*; **~lich** útil; (*befähigt*) apto; *et*: próprio, bom (***zu*** para)

'Taumel ['taʊməl] *m* <-*s*; *sem pl*> cambaleio *m*, vertigem *f*, *fig* delírio *m*; **≈n** <-*le*; *h u sn*> cambalear; vacilar

Tausch [taʊʃ] *m* <-(*e*)*s*; -*e*> troca *f*; câmbio *m*; (*Aus≈*) permuta *f*, *MAT* permutação *f*; → ***~geschäft***; **'≈en** trocar; *ECON* cambiar; (*aus~*) permutar

'täuschen ['tɔyʃən] enganar, iludir; ***sich ~*** enganar-se; (*foppen*) mistificar; (*hintergehen*) abusar de; (*prellen*) burlar; lograr; *Hoffnung*: frustrar; **~d** *adj* ilusório; *adv* muito, *bras*

demais; ***sich ~ ähnlich sehen*** ser muito parecido
'Tausch|geschäft *n <-(e)s; -e>*, **~handel** *m <-s; sem pl>* (negócio *m* de) câmbio *m*
'Täuschung ['tɔyʃuŋ] *f* engano *m*; ilusão *f* (***optische*** de ó[p]tica)
'tausend ['taʊzənt] **1.** mil; **2.** ♀ *n <-s; -e>* milhar *m*; ***zu ~en*** aos milhares; **♀er** [-dər] *m* mil *m*; (*Banknote*) nota *f* de mil; **~er'lei** [-dər'laɪ] mil(hares de); **~fach** milenário; *adv* mil(hares de) vezes; **♀füß(l)er** ['-fy:s(l)ər] *m* centopeia (*é) *f*; **~jährig** de mil anos, milenário; **~mal** mil vezes; **♀schön** *BOT n <-s; -e>* margarida-dos-prados *f*, bonina *f*; **~ste** (**♀stel** *n*) milésimo (*m*; milésima parte *f*)
'Tau|tropfen *m* gota *f* de orvalho; **~wetter** *n* (tempo *m* de) degelo *m*; **~ziehen** *n Sport*: luta *f* de tra(c)ção à corda, *bras* luta *f* de puxar a corda
Taxa|'meter [taksa-] *n od m* taxímetro *m*; **~tor** [-'ksa:-] *m <-s; -en>* avaliador *m*, louvado *m*
'Taxe ['taksə] *f* taxa *f*, tarifa *f*, tabela *f*
'Taxi *n <-s; -s>* táxi *m*
ta'xieren [ta'ksi:rən] *<->* avaliar, estimar, taxar (***auf*** *ac* em)
'Taxi|fahrer(in *f*) *m* condutor(a *f*) *m* (*bras* motorista *su*) de táxi, taxista *su*; **~stand** *m <-(e)s; ¨e>* praça *f* (*bras* ponto *m*) de táxis
'Teakholz ['ti:khɔlts] *n <-es; ¨er>* madeira *f* de teca
Team [ti:m] *n <-s; -s>* equipa *f*, *bras* equipe *f*; **'~arbeit** *f*, **'~work** *n <-s; sem pl>* trabalho *m* de equipa (*bras* equipe)
'Technik ['tɛçnik] *f <sem pl>* técnica *f*; *MÚS a* execução *f*; **~er** *m* técnico *m*; **~um** *n <-s; -ka od -ken>* escola *f* técnica
'technisch ['tɛçniʃ] técnico
Technolo'gie [tɛçnolo'gi:] *f* tecnologia *f*; **~transfer** *m <-s; sem pl>* transferência *f* de tecnologia
techno'logisch [-'lo:giʃ] tecnológico
Techtel'mechtel *n <-s; ->* F namorico *m*
'Teddy(bär) ['tɛdi(bɛ:r)] *m <-s; -s>* ursinho *m* de peluche (*bras* pelúcia)
Tee [te:] *m <-s; -s>* chá *m*; *MED* infusão *f*, tisana *f*; **'~beutel** *m* saquinho *m* de chá; **'~kanne** *f* bule *m*; **'~kessel** *m* chaleira *f*; **'~löffel** *m* colher *f* de chá
Teer [te:r] *m <-(e)s; -e>* alcatrão *m*, breu *m*, *bras* piche *m*; **'♀en** alcatroar, brear; **'~farbe** *f* cor *f* de anilina
'Teerose *f* rosa-chá *f*
'Tee|sieb *n <-(e)s; -e>* passador (*od* coador) *m* de chá; **~strauch** *m <-(e)s; ¨er>* planta *f* de chá; **~tasse** *f* chávena *f* (de chá); **~wagen** *m* carrinho *m* de chá; **~wärmer** ['-vɛrmər] *m* abafador *m*
Tehe'ran [tehe'ra:n] *n* Teerão *m*
Teich [taɪç] *m <-(e)s; -e>* tanque *m*, lago *m*; (*Fisch♀*) viveiro *m*
Teig [taɪk] *m <-(e)s; -e>* massa *f*, pasta *f*; **'♀ig** ['-giç] pastoso; **'~waren** *f/pl* massas *f/pl* alimentícias
Teil [taɪl] **a)** *m u n <-(e)s; -e>* parte *f* (***zum*** em; ***ein großer*** grande); (*An♀*) *a* porção *f*, quota *f*, cota *f*; (*Bestand♀*) *a* elemento *m*; **b)** *n* (*Einzel♀*) peça *f*; ***ich für meinen ~*** pelo que me toca; **'♀bar** divisível; *FIS* cindível; **'~barkeit** *f <sem pl>* divisibilidade *f*; **'~betrag** *m <-(e)s; ¨e>* parte *f* (da quantia); **'~chen** ['-çən] *n* partícula *f*; **'♀en** dividir; (*auf~*) partir; (*ver~*) repartir; *in Einzelteile*: partir; *mit j-m*: compartilhar; (*Meinung*) partilhar; **'~er** *MAT m* divisor *m*; **'♀haben** tomar parte, participar, compartilhar (***an*** *dat* em); **'~haber** ['-ha:bər] *m* sócio *m* (***stiller*** comanditário); **'♀haftig** ['-haftiç] (*gen*) participante (de), partícipe (de); **'~kasko(versicherung)** *f* seguro *m* parcial do veículo
'Teilnahm|e ['-na:mə] *f <sem pl>*: **~** (***an*** *dat*) participação *f* (em); interesse *m* (por), simpatia *f* (por); (*Anwesenheit*) assistência *f* (a); (*Beileid*) condolência *f*, pêsames *m/pl*; **♀slos** ['-na:m-] indiferente, impassível, sem interesse; *MED* apático; **~slosigkeit** ['-lo:ziç-] *f <sem pl>* indiferença *f*, desinteresse *m*; *MED* apatia *f*
'teilnehm|en: ***~ an*** (*dat*) tomar parte em; (*mitwirken*) *a*: colaborar em; (*beiwohnen*) assistir a; *fig* interessar-se por; **~end** participante; *fig* compassivo, amigo; **♀er(in** *f*) *m* ['-ne:mər]: ***~ an*** (*dat*) participante

T

su em; elemento *m* de; *TEL* assinante *su*; (*Anwesender*) assistente *su*, ouvinte *su*; *pl a* assistência *f/sg*, auditório *m/sg*, público *m/sg*; *in Zssg(n) oft* ... ≈ -ista *z. B.* **Kongress≈** congressista *m*

teil|s em parte; **~ ..., ~ ...** já ..., já ...; meio ..., meio ...; **'≈strecke** *f* zona *f*

'Teilung ['taɪlʊŋ] *f* divisão *f*; *FÍS*, *QUÍM* partição *f*; (*Auf≈*, *Ver≈*) distribuição *f*; *Erbe*: partilha *f*; **~sartikel** *m GRAM* artigo *m* partitivo

'teil|weise parcial; *adv a* em parte; **≈zahlung** *f* prestação *f*; pagamento *m* em prestações *pl*; ***auf ~***, *pl* ***in ~en*** a prestações *pl*; **≈zeitarbeit** *f* trabalho *m* a tempo parcial

Teint [tɛ̃ː] *m* <-s; -s> tez *f*

'Tele ['teːlə] *n* <-(s); -(s)> *Abk für* ***Teleobjektiv***

'Telefax ['teːləfaks] *n* <-; *sem pl*> telefax *m*

Tele'fon [tele'foːn] *n* <-s; -e> telefone *m*; **~anruf** *m* <-(e)s; -e> chamada *f* telefónica; **~anschluss** *m* <-es; ¨e> ligação *f* telefónica (*ô); **~buch** *n* <-(e)s; ¨er> lista *f* telefónica (*ô); **~gespräch** *n* <-(e)s; -e> telefonema *m*, chamada *f* telefónica (*ô), chamada *f* ao telefone, *bras* telefonada *f*, ligada *f*; **≈'ieren** [-fo'niːrən] <-> telefonar; **≈isch** telefónico (*ô); *adv* por telefone; **~karte** *f* cartão *m* credifone; **~leitung** *f* linha *f* telefónica (*ô); **~marke** *f* ficha *f* para telefonar; **~netz** *n* <-es; -e> rede *f* telefónica (*ô); **~nummer** *f* <-; -n> número *m* de telefone; **~seelsorge** *f* serviço *m* de assistência telefónica (*ô) a pessoas em dificuldades; **~zelle** *f* cabine *f* telefónica (*ô); **~zentrale** *f* central *f* telefónica (*ô)

Telegra'f|ie [telegra'fiː] *f* <*sem pl*> telegrafia *f* (***drahtlose*** sem fios); **≈ieren** <-> telegrafar; mandar um telegrama; **≈isch** [-'graːfiʃ] telegráfico; *adv* por telegrama

Tele'gramm [tele'gram] *n* <-s; -e> telegrama *m*; **~adresse** *f* endereço *m* telegráfico; **~formular** *n* <-s; -e> impresso *m* para telegrama

'Telekommunikation ['teːle-] *f* <-; *sem pl*> telecomunicação *f*

'Teleobjektiv *n* <-s; -e> teleobje(c)tiva *f*

Telepa'thie [telepa'tiː] *f* <*sem pl*> telepatia *f*

Tele'skop [tele'skoːp] *n* <-s; -e> telescópio *m*; **≈isch** telscópico

'Telex ['teːlɛks] *n inv* telex *m*; **≈en** telexar

'Teller ['tɛlər] *m* prato *m* (***flacher*** raso; ***tiefer*** fundo); (*Hand≈*) palma *f*; **~wärmer** [-vɛrmər] *m* esquentador *m* de pratos; **~wäscher** *m* lavador *m* de pratos

Tel'lur [tɛ'luːr] *QUÍM n* <-s; *sem pl*> telúrio *m*; **≈isch** telúrico

'Tempel ['tɛmpəl] *m* templo *m*

'Tempera... ['tɛmpəra-]: *in Zssg(n) PINT* à têmpera, (de) guache

Tempera'ment [tɛmpəra'mɛnt] *n* <-(e)s; -e> temperamento *m*, índole *f*, feitio *m*; **≈los** frio; sossegado; **≈voll** vivo, fogoso

Tempera'tur [tɛmpəra'tuːr] *f* temperatura *f*; **~regler** [-reːglər] *m* termóstato *m*, *bras* termostato *m*; **~schwankung** *f* oscilação *f* de temperatura; **~sturz** *m* <-es; ¨e> queda *f* de temperatura

tempe'rieren [tɛmpə'riːrən] <-> temperar

'Tempo ['tɛmpo] *n* <-s; -s *od Tempi*> *MÚS* andamento *m*; *TÉCN* velocidade *f*; **~limit** *n* <-s; -s *u* -e> limite *m* de velocidade

Ten'denz [tɛn'dɛnts] *f* tendência *f*; **≈i'ös** [-i'øːs] tendencioso

'Tender ['tɛndər] *m CAM. DE F* tênder *m*; *NAV* aviso *m*

ten'dieren [tɛn'diːrən] <-> tender (***zu*** para)

'Tennis ['tɛnis] *n* <-; *sem pl*> ténis (*ê) *m*; **~ball** *m* <-s; ¨e> bola *f* de ténis (*ê); **~schläger** *m* raqueta *f*, *bras* raquete *f*; **~spieler(in** *f*) *m* tenista *su*; jogador(a *f*) *m* de ténis (*ê); **~turnier** *n* <-s; -e> campeonato *m* de ténis (*ê)

'Tenor[1] ['teːnɔr] *m* <-s; *sem pl*> teor *m*

Te'nor[2] [te'noːr] *m MÚS* <-s; ¨e> tenor *m*

'Teppich ['tɛpiç] *m* <-s; -e> tapete *m*; carpete *m*; **~boden** *m* <-s; ¨> alcatifa *f*

Ter'min [tɛr'miːn] *m* <-s; -e> prazo *m*; termo *m*; data *f*; *Arzt*: hora *f* marcada; consulta *f*; *JUR* citação *f*, **~ *haben*** ser chamado (a juízo)

'Terminal ['tøːrminəl] *m od n <-s; -s> INFORM, AV, CORR* terminal *m*

Ter'min|geschäft *ECON n <-(e)s; -e>* negócio *m* a prazo; **~kalender** *m* agenda *f*

Terminolo'gie [tɛrminolo'giː] *f* terminologia *f*

Terminplan *m* cronograma *m*

Ter'mite [tɛr'miːtə] *f* térmita *f*, térmite *f*, formiga *f* branca; **~nhügel** *m* formigueiro *m*

Terpen'tin [tɛrpɛn'tiːn] *n <-s; -e>* terebintina *f*; = **~öl** *n <-(e)s; -e>* aguarrás *f*

Ter'rain [tɛ'rɛ̃ː] *n <-s; -s>* terreno *m*; campo *m*

Terra'kotta [tɛra'kɔta] *f <-; -tten>* terracota *f*

Ter'rasse [tɛ'rasə] *f* terraço *m*

Ter'rine [tɛ'riːnə] *f* terrina *f*, sopeira *f*, ensopadeira *f*, *bras a* tigela *f*

territo|ri'al [tɛritori'aːl] territorial; **ˆrium** [-'toːrium] *n <-s; -ien>* território *m*

'Terror ['tɛrɔr] *m <-s; sem pl>* terror *m*; *POL* terrorismo *m*; **ˆi'sieren** [-i'ziːrən] *<->* terrorizar; **~'ismus** *m inv* terrorismo *m*; (**~'ist** *m <-en>*) **ˆ'istisch** terrorista (*m*)

ter'tiär [tɛr'tsiɛːr] **1.** *adj* terciário; **2.** **ˆ** *n <-s; sem pl> GEOL* terciário *m*

Terz [tɛrts] *f* terça *f*, *MÚS a* terceira *f* (***große*** maior, ***kleine*** menor); **~'ett** [-'tsɛt] *n <-(e)s; -e>* terceto *m*, *MÚS a* trio *m*

Test [tɛst] *m <-(e)s; -s>* teste *m*, prova *f*

Testa'ment [-a'mɛnt] *n <-(e)s; -e>* testamento *m*; **ˆ'arisch** [-'taːriʃ] testamentário; **~seröffnung** *f* abertura *f* do testamento; **~svollstrecker** *m* testamenteiro *m*

Tes'tat [tɛs'taːt] *n <-(e)s; -e>* certificado *m*

'Test|bild *n <-(e)s; -er>* mira *f*; **ˆen** ['tɛstən] *<-e->* testar; **~pilot** *m <-en> AV* piloto *m* de ensaio (*bras* teste)

'Tetanus ['tɛːtanus] *m inv MED* tétano *m*

'teuer ['tɔyər] caro; *im Betrieb, im Verbrauch*: gastar muito, não ser económico (*ô); ***j-m ~ zu stehen kommen*** custar caro a alg; ***wie ~ ist ...?*** quanto custa ...?; **ˆung** *f* carestia *f*; **ˆungsrate** *f* taxa *f* de inflação; **ˆungszulage** *f* subsídio *m* por custo de vida

'Teufel ['tɔyfəl] *m* diabo *m*; demónio (*ô) *m*; P diacho *m*; ***armer ~*** pobre diabo; ***zum ~!*** que diabo!, com mil diabos!; ***j-n zum ~ jagen*** F mandar alg ao diabo

'Teufels|kerl *m <-s; -e>* diabo *m* de homem, F levado *m* da breca; **~kreis** *m <-es; -e>* círculo *m* vicioso

'teuflisch ['tɔyfliʃ] diabólico, infernal

Text [tɛkst] *m <-(e)s; -e>* texto *m*; letra *f*, palavras *f/pl*; **'~buch** *n <-(e)s; ¨er>* livro *m* de textos; *MÚS* libreto *m*; *Film*: argumento *m*; **'~dichter** *m* autor *m* (*Film*: dos argumentos); *MÚS* libretista *m*; **'~er** *m MÚS* compositor *m* de textos

Tex'til|ien [tɛks'tiːliən] *pl* produtos *m/pl* têxteis, tecidos *m/pl*; **~industrie** *f* indústria *f* têxtil; **~waren** *f/pl* → ***~ien***

'Textverarbeitung *f INFORM* processamento *m* de texto(s)

TH [teː'haː] *f <-; -s>* ***Technische Hochschule*** Instituto *m* Superior Técnico

The'ater [te'aːtər] *n* teatro *m*; (*Vorstellung*) espe(c)táculo *m*; ***~ spielen*** representar; *fig* simular; fingir; **~abonnement** *n <-s; -s>* assinatura *f*; **~aufführung** *f* representação *f* de uma peça de teatro; **~besucher** *m* espe(c)tador *m*; *pl* público *m/sg*; **~karte** *f* bilhete *m* de teatro (*od* de entrada), *bras* entrada *f* para o teatro; **~kasse** *f* bilheteira *f*, *bras* bilheteria *f*; **~kritik** *f* crítica *f* teatral; **~probe** *f* ensaio *m*; **~stück** *n <-(e)s; -e>* peça *f* dramática (*od* de teatro)

thea'tralisch [tea'traːliʃ] teatral; dramático; *j-d*: *a* patético

'Theke ['teːkə] F *f* balcão *m*

'Thema ['teːma] *n <-s; Themen>* assunto *m*; *a MÚS* tema *m*; **~tik** [te'maːtik] *f* temática *f*; **ˆtisch** [te'maːtiʃ] temático

'Themse ['temzə] *f* Tamisa *m*

Theo'log|e [teo'loːgə] *m <-n>* teólogo *m*; **~'ie** [-'giː] *f* teologia *f*; **ˆisch** teológico

Theo'ret|iker [teo'reːtikər] *m* teórico *m*, teorista *m*; **ˆisch** teórico, teorista

T

Theo'rie [teo'riː] *f* teoria *f*
Thera'p|eut(in *f*) [tera'pɔyt] *m* <*-en*> terapeuta *su*; **~eutik** *f* <*sem pl*> terapêutica *f*; **≈eutisch** terapêutico; **~ie** [-'piː] *f* terapia *f*, terapêutica *f*
Ther'm|albad [tɛr'maːl-] *n* <*-(e)s*; *¨er*> banho *m* termal; **~alquelle** *f* águas *f/pl* termais, caldas *f/pl*; **~alschwimmbad** *n* <*-(e)s*; *¨er*> piscina *f* termal; **'~en** *f/pl* termas *f/pl*; caldas *f/pl*; **~ody'namik** [-ody'naːmik] *f* FÍS termodinâmica *f*; **~o'meter** [-mo'-] *n* termómetro (*ô) *m*; **~onukle'ar** termonuclear; **'~osflasche** ['tɛrmɔs-] *f* garrafa-termo *f*, termo *m*, *bras* garrafa *f* térmica; **~o'stat** [-os'taːt] *m* <*-en*> termostato *m*
'These ['teːzə] *f* tese *f*; dissertação *f*
Throm'bose [trɔm'boːzə] *f* MED trombose *f*
Thron [troːn] *m* <*-(e)s*; *-e*> trono *m*; **'~anwärter** *m* pretendente *m* (ao trono); **'~besteigung** *f* subida *f* ao trono; **'≈en** estar sentado no trono; (*herrschen*) dominar; **'~folge** *f* sucessão *f* (ao trono); **'~folger** *m* príncipe *m* herdeiro
'Thunfisch ['tuːn-] *m* <*-(e)s*; *-e*> atum *m*
'Thüringen ['tyːriŋən] *n* Turíngia *f*
'Thymian ['tyːmiaːn] *m* <*-s*; *-e*> tomilho *m*, serpão *m*, timo *m*
Tick [tik] *m* <*-(e)s*; *-s*> MED tique *m*, tara *f*; F mania *f*, telha *f*; ***e-n ~ haben*** *fig* F ter pancada na mola, *bras* ser meio pancada; **'≈en** fazer tique-taque
'Ticket *n* <*-s*; *-s*> bilhete *m*, passagem *f*
'Tide ['tiːdə] *f* NAV maré *f*
tief [tiːf] **1.** (pro)fundo; (*niedrig*) baixo; MÚS *Ton*: baixo, *Stimme*: a grave; *Farbe*: carregado; *Schlaf*: pesado, profundo; *Schnee*: espesso; *Trauer*: pesado; *Winter*: pleno; *2 Meter ~* ... de profundidade (*od nach hinten*: de fundo); ***~ in*** (*dat*) ***stecken*** estar metido em; ***~ blicken lassen*** ser muito significativo, dar que pensar; *comp* ***~er legen*** (*ac*) baixar o nível de; ***~ gehend*** NAV de grande calado; = ***~ greifend*** radical; ***~ schürfend*** profundo, penetrante; **2.** ≈ *n* <*-(e)s*; *-s*> depressão *f* atmosférica, baixa *f* de pressão; *moralisch*: depressão *f*; **'≈bau** *m* <*-(e)s*; *sem pl*> construção *f* subterrânea; **'~blau** azul-escuro; **'≈druck(gebiet** *n* <*-(e)s*; *-e*>) *m* <*-(e)s*; *sem pl*> (zona *f* de) baixa pressão *f*; **'≈druck(verfahren** *n*) *m* <*-(e)s*; *-e*> TIP ocogravura *f*
'Tiefe *f* profundidade *f*; profundeza *f*; (*Abgrund*) abismo *m*; (*Grund, Hintergrund*) fundo *m*
'Tiefebene *f* planície *f* baixa
'Tiefen|messer *m* batímetro *m*, batómetro (*ô) *m*; **~psychologie** *f* <*sem pl*> psicologia *f* analítica; **~schärfe** *f* FOT profundidade *f* de campo
'Tief|flug *m* <*-s*; *¨e*> AV voo (*ô) *m* rasante; **~gang** NAV *m* <*-(e)s*; *sem pl*> calado *m*; **~garage** *f* garagem *f* subterrânea; **≈gekühlt** congelado; **≈gründig** ['-gryndiç] profundo
'Tiefkühl|fach *n* <*-s*; *¨er*> congelador *m*; **~kost** *f* <*sem pl*> comida *f* congelada; **~truhe** *f* arca *f* congeladora
'Tief|lader *m* AUTO zorra *f*; **~land** *n* <*-(e)s*; *-e od ¨er*> país *m* baixo; planície *f* baixa; **~punkt** *m* <*-(e)s*; *-e*> ponto *m* mais baixo; *fig* crise *f*, desânimo *m*; **~schlag** *m* <*-(e)s*; *¨e*> *Sport*: golpe *m* baixo; **~see** *f* <*sem pl*> oceano *m*; **~seeforschung** *f* investigação *f* oceanográfica; **≈sinnig** profundo; **~stand** *m* <*-(e)s*; *sem pl*> baixo nível *m*; *Barometer u* ECON depressão *f*
'Tiegel ['tiːgəl] *m* caçarola *f*; (*Schmelz≈*) cadinho *m*
Tier [tiːr] *n* <*-(e)s*; *-e*> animal *m*; *vierbeiniges*: a besta *f*; *wildes*: fera *f*, *kleines u Insekt*: bicho *m*; *fig* bruto *m*; *fig* ***hohes ~*** F pessoa *f* importante; **'~arzt** *m* <*-es*; *¨e*> (médico *m*) veterinário *m*; **'≈ärztlich** veterinário; **'~bändiger** *m* domador *m* (de feras); **'~freund** *m* <*-(e)s*; *-e*> zoófilo *m*; **'~garten** *m* <*-s*; *¨*> jardim *m* zoológico; **'~heilkunde** *f* <*sem pl*> veterinária *f*; **'≈isch** animal; *fig* bestial, brutal; **'~kreiszeichen** *n* signo *m* zodiacal; **'~kunde** *f* zoologia *f*; **'≈lieb** que ama os animais; **'~medizin** *f* <*sem pl*> veterinária *f*; **'~park** <*-s*; *-s*> jardim *m* zoológico; **'~quälerei** *f* mau trato *m* dos animais;

'~reich *n* <-(*e*)*s*; *sem pl*> reino *m* animal; **'~schutzverein** *m* <*-s*; *-e*> Sociedade *f* Prote(c)tora dos Animais; **'~welt** *f* <*sem pl*> → ***~reich***; fauna *f*; **'~zeichner** *m* animalista *m*; **'~zucht** *f* <*sem pl*> criação *f*

'Tiger ['ti:gər] *m* tigre *m*; **~auge** *n* <*-s*; *-n*> MIN quartzo *m*; **~in** *f* tigra *f*

'Tilde ['tildə] *f* til *m*

'tilg|bar ['tilk-] apagável; ECON amortizável, extinguível; **~en** ['-gən] exterminar, extinguir, anular; (*streichen*) *a* riscar, apagar; ECON *Schuld*: pagar, amortizar; **&ung** ['-guŋ] *f* anulação *f*; ECON pagamento *m*, amortização *f*; **&ungsrate** *f* montante *m* de amortização

'Timing ['taimiŋ] *n* <*-s*; *sem pl*> timing *m*

Tink'tur [tink'tu:r] *f* tintura *f*

'Tinte ['tintə] *f* tinta *f*; ***in der ~ sitzen*** *fig* F ver-se em apuros; **~nfass** *n* <*-es*; *⸚er*> tinteiro *m*; **~nfisch** *m* <-(*e*)*s*; *-e*> lula *f*, calamar *m*; choco *m*, sépia *f*; **~nfleck** *m* <-(*e*)*s*; *-e*>, **~nklecks** *m* <*-es*; *-e*> borrão *m*, nódoa *f* de tinta

Tip → ***Tipp*** [tip] *m* <*-s*; *-s*> F *Sport*: prognóstico *m*; *a fig* bom conselho *m*; ***ein guter ~*** F um bom conselho

'tipp|eln ['tipəln] <*-le*; *sn*> F andar, caminhar; **~en**: ***~ auf*** (*ac*), ***~ an*** (*ac*) tocar (*ac*) levemente; ECON da(c)tilografar, escrever à máquina; **&fehler** *m* erro *m* de da(c)tilografia; **'~'topp** ['tip'tɔp] F impecável; **&zettel** *m*, **&schein** *n* <-(*e*)*s*; *-e*> *Lotto*: boletim *m* de aposta

Tisch [tiʃ] *m* <-(*e*)*s*; *-e*> mesa *f* (***am***, ***bei***, ***zu*** à; ***auf dem*** *a* na); ***vor ~*** antes da refeição; ***nach ~*** à sobremesa; depois da refeição; ***den ~ (ab)decken*** pôr (levantar, *bras* tirar) a mesa; ***sich zu ~ setzen*** sentar-se à mesa; ***zu ~ bitten*** convidar para o almoço (*od* para o jantar); **'~dame** *f* vizinha (*od* companheira) *f* de mesa; **'~decke** *f* toalha *f* de mesa; **'~gebet** *n* <-(*e*)*s*; *-e*> oração *f* de graças; **'~gespräch** *n* <-(*e*)*s*; *-e*> conversa *f* à mesa; **'~herr** *m* <-(*e*)*n*; *-en*> vizinho (*od* companheiro) *m* de mesa; **'~lampe** *f* candeeiro *m* de mesa

'Tischler ['tiʃlər] *m* carpinteiro *m*; (*Möbel&*) marceneiro *m*; (*Kunst&*) ebanista *m*; **~'ei** [-'raɪ] *f* carpintaria *f*; marcenaria *f*

'Tisch|nachbar *m* <*-s od -n*; *-n*> vizinho *m* de mesa; **~platte** *f* tampo *m* da mesa; **~rede** *f* discurso *m* à mesa; brinde *m*; **~tennis** *n* <*-*; *sem pl*> pingue-pongue *m*; **~tuch** *n* <-(*e*)*s*; *⸚er*> toalha *f* de mesa; **~wein** *m* <-(*e*)*s*; *-e*> vinho *m* de mesa

Ti'tan [ti'ta:n] *n* <*-s*; *sem pl*> QUÍM *Metall*: titânio *m*; **&isch** titânico

'Titel ['ti:təl] *m* título *m*; **~bild** *n* <-(*e*)*s*; *-er*> vinheta *f*; **~blatt** *n* <-(*e*)*s*; *⸚er*> frontispício *m*; **~geschichte** *f* história (*od* reportagem) *f* da primeira página; **~gestalt** *f* personagem-título *f*; **~rolle** *f* papel *m* titular; **~verteidiger** *m* *Sport*: defensor *m* do título

titu'lieren [titu'li:rən] <*-*>: ***~ als*** tratar de, chamar (*ac*)

Toast [to:st] *m* <-(*e*)*s*; *-e od -s*> CUL torrada *f*; (*Trinkspruch*) brinde *m*; ***e-n ~ auf j-n ausbringen*** brindar à saúde de alg; **'~brot** *n* <-(*e*)*s*; *-e*> pão *m* para torrada, pão *m* de forma; **'&en** <*-e-*> tostar; **'~er** *m* torradeira *f*

'toben ['to:bən] raivar; estar furioso; *gegen*: vociferar, bramar, clamar; *Meer*: estar bravo; *Sturm etc*: desencadear-se, bramir

'Tob|sucht ['to:p-] *f* <*sem pl*> raiva *f*; frenesi(m) *m*; *a fig* fúria *f*; **&süchtig** raivoso, frenético

'Tochter ['tɔxtər] *f* <*-*; *⸚*> filha *f*; **~gesellschaft** ECON *f* sucursal *f*, filial *f*

Tod [to:t] *m* <-(*e*)*s*; *sem pl*> morte *f* (***bis in den*** até à); falecimento *m*; ***auf Leben und ~*** de vida e morte; ***sich zu ~e ärgern*** arreliar-se muito

'Todes|angst ['to:dəs-] *f* <*-*; *⸚e*> angústia *f* mortal; *pl* ***~ ausstehen*** sofrer mil mortes; **~anzeige** *f* participação *f* de morte (*od* de óbito); **~fall** *m* <-(*e*)*s*; *⸚e*> morte *f*, falecimento *m* (***im*** em caso de); óbito *m*; **~gefahr** *f* perigo *m* de vida; **~kampf** *m* agonia *f*; **&mutig** desafiando a morte; **~stoß** *m* <*-es*; *⸚e*> golpe *m* mortal (***versetzen*** dar); **~strafe** *f* pena *f* capital; ***bei ~*** sob pena de morte; **~stunde** *f* hora *f* suprema (*od* da morte); **~tag** *m*

T

<-(*e*)*s*; -*e*> dia *m* da morte; aniversário *m* da morte; **~urteil** *n* <-(*e*)*s*; -*e*> sentença *f* de morte; **~verachtung** *f* <*sem pl*> desprezo *m* da morte

'Tod|feind *m* <-(*e*)*s*; -*e*> inimigo *m* figadal; **2krank** <*sem pl*>: **~ sein** estar à morte, estar doente de morte

'tödlich ['tøːtliç] mortal; *adv a* de morte; **~ verunglücken** sofrer um acidente mortal

'tod|'müde <*sem pl*> cansadíssimo; **~'sicher** <*sem pl*> absolutamente seguro; (*od* certo); **2sünde** *f* pecado *m* mortal

Toi'lette [toa'lɛtə] *f* retrete *f*; casa *f* de banho; *bras* toalete *f*, banheiro *m*; *im Restaurant*: lavabo *m*; **~nartikel** *m* <-*s*; -> artigo *m* de toilette; **~nbecken** *n* sanita *f*; **~npapier** *n* <-*s*; *sem pl*> papel *m* higiénico (*ê)

'Tokio ['toːkio] *n* Tóquio *su*

tole|'rant [tole'rant] tolerante; **2'ranz** *f* tolerância *f*; **~'rieren** <-> tolerar

toll [tɔl] louco; (*rasend*) frenético, furioso; *et*: extravagante, absurdo; F porreiro, bestial; *bras* F bacana; ***das ist ja ~!*** é fantástico!; **'~en** fazer algazarra, barulhar; **'2heit** *f* loucura *f*; maluqueira *f*; maluquice *f*; *fig* extravagância *f*; **'2kirsche** *f* beladona *f*; **'~kühn** <*sem pl*> audacioso, audaz, temerário; **'2kühnheit** *f* <*sem pl*> audácia *f*, temeridade *f*; **'2patsch** ['tɔlpatʃ] *m* <-(*e*)*s*; -*e*> desastrado *m*; → ***Tölpel***; **2ig** desastrado; → ***tölpelhaft***; **'2wut** *f* raiva *f*; **'~wütig** raivoso, danado

'Tolpatsch *etc* → ***Tollpatsch*** *etc*

'Tölpel ['tœlpəl] *m* pateta *m*; **2haft** pateta; grosseiro

To'mate [to'maːtə] *f* tomate *m*; **~nmark** *n* <-*s*; *sem pl*> concentrado *m* (*od* pasta *f*, *bras* massa *f*) de tomate; **~nsaft** *m* <-(*e*)*s*; ¨*e*> sumo (*bras* suco) *m* de tomate; **~nsoße** *f* molho *m* de tomate

'Tombola ['tɔmbola] *f* <-; *Tombolen*> tômbola *f*, rifa *f*

Ton [toːn] *m* **a)** <-(*e*)*s*; ¨*e*> som *m*, *a fig* tom *m*; GRAM acento *m* (tónico [*ô]); *der Tonleiter*: voz *f*; ***den ~ angeben*** *fig* mandar; ***zum guten ~ gehören*** ser de bom tom; **b)** <-(*e*)*s*; *sem pl*> *Erde*: barro *m*, argila *f*; **'~abnehmer** *m* pickup *m*; **'2angebend**: **~ *sein*** dar o tom, *fig a* mandar; **'~arm** *m* <-*s*; -*e*> *Plattenspieler*: braço *m* de pickup; **'~art** MÚS tom *m*, tonalidade *f*; **'~aufnahme** *f* gravação *f* do som; **'~band(aufnahme** *f*) *n* <-*es*; ¨*er*> (gravação *f* em) fita *f* magnética; **'~bandgerät** *n* <-(*e*)*s*; -*e*> gravador *m* de fita magnética

'tönen ['tøːnən] *v/i* soar; *laut*: ressoar; *v/t* PINT matizar

'Tonerde *f* <*sem pl*> argila *f*; QUÍM alumina *m*; ***essigsaure ~*** acetato *m* de alumina

'tönern ['tøːnərn] de barro

'Ton|fall *m* <-(*e*)*s*; *sem pl*> entoação *f*, intonação *f*, cadência *f*, tom *m*; **~film** *m* <-(*e*)*s*; -*e*> filme *m* sonoro; **~geschirr** *n* <-(*e*)*s*; -*e*> louça *f* de barro; **~grube** *f* barreira *f*; **2haltig** ['-haltiç] argiloso; **~ingenieur** *m* <-*s*; -*e*> engenheiro *m* de som; **~kopf** *m* <-(*e*)*s*; ¨*e*> *Tonband*: cabeça *f* sonora (de leitura); **~lage** MÚS *f* tonalidade *f*; **~leiter** *f* <-; -*n*> escala *f*; **2los** átono, atónico (*ô); MED afónico (*ô)

Ton'nage [tɔ'naːʒə] *f* tonelagem *f*

'Tonne ['tɔnə] *f* tonel *m*; (*Fass*) barril *m*; *für Trockenware*: barrica *f*; NAV bóia *f*; *Maß*: tonelada *f*; **~ngewölbe** *n* abóbada *f* cilíndrica (*od* de berço)

'Ton|pfeife *f* cachimbo *m* de barro; **~schiefer** *m* argilite *f*; **~silbe** *f* sílaba *f* tónica; **~spur** *f Film*: pista *f* sonora

Ton'sur [tɔn'zuːr] *f* tonsura *f*, coroa *f*

'Tontaubenschießen *n* <-*s*; *sem pl*> tiro *m* aos pratos

'Tönung ['tøːnuŋ] *f* tonalidade *f*; MÚS timbre *m*; PINT matização *f*

'Tonwaren *f/pl* louça *f/sg* (de barro)

Top [tɔp] *n* <-*s*; -*s*> (*Kleidungsstück*) top *m*

To'pas [to'paːs] *m* <-*es*; -*e*> topázio *m*

Topf [tɔpf] *m* <-(*e*)*s*; ¨*e*> pote *m*; (*Blechgefäß*) lata *f*; (*Blumen2*) vaso *m*; (*Koch2*) panela *f*, *flacher*: tacho *m*; ***alles in e-n ~ werfen*** F *fig* meter tudo no mesmo saco

'Töpfer ['tœpfər] *m* oleiro *m*; (*Ofensetzer*) estufeiro *m*; **~'ei** [-'raɪ] *f* ola-

ria *f*; **~scheibe** *f* torno *m* de oleiro; **~waren** *f/pl* artigos *m/pl* de barro
'top'fit ['tɔp'fit] em forma
'Topf|lappen *m* pega *f*; **~pflanze** *f* planta *f* de vaso
Topogra'ph|ie [topogra'fiː] *f* topografia *f*; **≗isch** [-'graːfiʃ] topográfico
Topp [tɔp] *NAV m <-s; -en od -s>* topo *m*, tope *m*; **'~segel** *n* sobrejoanete *f*
Tor [toːr] **1.** *m <-en>* tolo *m*, doido *m*, louco *m*; **2.** *n <-(e)s; -e>* portão *m*; (*Stadt≗*) porta *f*; *Sport*: golo *m* (***schießen*** meter), *bras* gol *m* (***schießen*** marcar)
Torf [tɔrf] *m <-(e)s; sem pl>* turfa *f*; **'~moor** *n <-(e)s; -e>* turfeira *f*
'Torheit *f* tolice *f*, loucura *f*; disparate *m*
'Torhüter *m* → ***Torwart***
'töricht ['tøːriçt] *j-d*: tolo; doido; *et*: disparatado, insensato
'torkeln ['tɔrkəln] F *<-le; **sein** u haben>* cambalear
'Tor|lauf *m <-s; ⸚e>* slalom *m*; **'~linie** *f Sport*: linha *f* (de golo, *bras* de gol)
Tor'nado [tɔr'naːdo] *m <-s; -s>* tornado *m*
torpe'dier|en [tɔrpe'diːrən] *<->* torpedear; **≗ung** *f* torpedeamento *m*
Tor'pedo [tɔr'peːdo] *m <-s; -s>* torpedo *m*; **~boot** *n <-(e)s; -e>* torpedeiro *m*
'Torschuss *m <-es; ⸚e>* remate *m*
'Tort|e ['tɔrtə] *f* torta *f*, bolo *m*; **~enboden** *m <-s; ⸚>* base *f* de torta; **~enheber** *m*, **~enschaufel** *f <-; -n>* pá *f* para bolos (*od* tortas)
Tor'tur [tɔr'tuːr] *f* tortura *f*
'Tor|wart ['toːrvart] *m <-(e)s; -e>* porteiro *m*; *Sport*: guarda-redes *m*, *bras* goleiro *m*
'tosen ['toːzən] *<-t; h u sn>* bramar, bramir, rugir; retumbar; **~d** *adj* retumbante
tot [toːt] *<sem pl>* morto (*a fig*), *j-d*: *a* falecido, defunto, finado; *fig* inânime; *Ort*: deserto; *Rennen*: empatado; ***~er Punkt*** *fig* ponto *m* morto; ***~ geboren*** nado-morto; nascido morto
to'tal [to'taːl] total; **≗ansicht** *f* vista *f* de conjunto; panorama *m*; **≗e** *f Film*: grande plano *m*; **~i'tär** [-i'tɛːr] totalitário; **≗schaden** *m <-s; ⸚> AUTO* dano *m* total
'tot|arbeiten: ***sich ~*** F matar-se a (*bras* morrer de) trabalhar; **~ärgern**: ***sich ~*** F arreliar-se (*bras* aborrecer-se) muito
'töten ['tøːtən] *<-e->* matar; (*ermorden*) assassinar; *Nerv*: cauterizar
'Toten|bahre *f* féretro *m*; **~bett** *n <-(e)s; -en>* leito *m* mortuário; **≗blass**, **≗bleich** lívido; **~blässe** *f <sem pl>* lividez *f* (cadavérica); palidez *f* mortal; **~feier** *f <-; -n>* funerais *m/pl*; **~glocke** *f* sino *m* de finados, dobre *m* de sinos; **~gräber** ['-grɛːbər] *m* coveiro *m*; *ZO* necróforo *m*; **~kopf** *m <-(e)s; ⸚e>* caveira *f*; *ZO* átropos *m*; **~messe** *f* missa *f* de corpo presente; **~schein** *m <-(e)s; -e>* certidão *f* de óbito; **~starre** *f <sem pl>* regidez *f* cadavérica; **~stille** *f <sem pl>* silêncio *m* sepulcral (*od* solene); **~wache** *f*: ***die ~ halten bei*** velar (*ac*)
'Tote(r *m*) *su <-n>* morto *m*, -a *f*
'tot|fahren atropelar mortalmente; esmagar; **≗geburt** *f* aborto *m*; **~lachen**: ***sich ~*** fartar-se (*bras* morrer) de rir; **~laufen**: F ***sich ~*** *fig* acabar em nada
'Toto ['toːto] *n, a m <-s; -s>* totobola *m*, *bras* toto *m*; **~schein** *m <-s; -e>* boletim *m* de totobola, *bras* bilhete *m* de toto
'tot|schießen matar a tiro; **≗schlag** *m <-(e)s; ⸚e>* homicídio *m*; **~schlagen** matar (a pancadas), abater; *fig* ***die Zeit ~*** fazer cera; **≗schläger** *m* *j-d*: homicida *m*; *et*: cacete *m*; **~schweigen** calar; passar em silêncio; *Fall*: abafar; **~stellen**: ***sich ~*** fingir-se morto
'Tötung ['tøːtuŋ] *f* morte *f*; homicídio *m* (***fahrlässige*** por imprudência, por negligência); (*Hinrichtung*) execução *f*
Tou|'pet [tu'peː] *n <-s; -s>* chinó *m*; **≗'pieren** *<->* ripar, riçar, *bras* eriçar
Tour [tuːr] *f TÉCN u* (*Rundfahrt*) volta *f*; (*Ausflug*) excursão *f*; (*Spazierfahrt*) passeio *m*; (*Weg*) itinerário *m*, rumo *m*; ***in e-r ~*** F sem cessar (*od* parar); ***auf vollen ~en*** a todo o vapor; ***krumme ~en*** F *fig* truques sujos; **'~enzahl** *f TÉCN* número *m* de rotações; **'~enzähler** *m* conta-rotações *m*
Tou'ris|mus [tu'rismus] *m inv* turis-

mo *m*; **~t(in** *f*) *m* <-*en*> turista *su*, excursionista *su*; **~tenklasse** *f* classe *f* turística
Tour'nee [tur'ne:] *f* <-; -*s*, *od* -*neen*> digressão *f* artística, *bras* turné *f* (**auf** em); (*Rundreise*) volta *f*
Trab [tra:p] *m* <-(*e*)*s*; *sem pl*> trote *m* (**im** ao); ***auf ~ bringen*** fazer andar
Tra'bant [tra'bant] *m* <-*en*> *ASTR u fig* satélite *m*; **~enstadt** *f* <-; ~*e*> cidade-satélite *f*
'trab|en ['tra:bən] <*sn*> trotar, ir ao trote; **Ser** *m* trotador *m*; **Srennen** *n* corridas *f/pl* a trote
Tracht [traxt] *f* traje *m*; andaina *f*; ***~ Prügel*** sova *f*; **'Sen** <-*e*->: ***~ nach*** ambicionar (*ac*); aspirar a; pretender (*ac*); ***j-m nach dem Leben ~*** atentar contra a vida de alg; **'~enanzug** *m* <-(*e*)*s*; ~*e*> fato *m* de traje; **'~engruppe** *f* grupo *m* folclórico
'trächtig ['trɛçtiç] prenhe; **Skeit** *f* <*sem pl*> gestação *f*
Traditi'on [traditsi'o:n] *f* tradição *f*; **S'ell** [-o'nɛl] tradicional
'Trag|bahre ['tra:k-] *f* maca *f*; *für Särge*: andas *f/pl*; *in Prozessionen*: andor *m*; **~balken** *m* travessa *f*; **Sbar** portátil; *fig* suportável; **~e** *f* → ***~bahre***
'träge ['trɛ:gə] preguiçoso; indolente; *et*: inerte
'tragen ['tra:gən] **1.** *v/t* trazer, levar; *Kleid*: vestir, usar; *Früchte*: produzir; *Zins*: render; (*er~, stützen*) suportar, aguentar; *Kosten*: pagar; carregar com; *Bedenken*, *Schuld*: ter (**an** *dat* de); ***sich mit*** *dem Gedanken etc* ***~ zu*** estar com ... de; *a* → ***getragen***; **2.** *v/i Eis*: estar sólido; ***~ bis*** (*reichen*) chegar até, alcançar; (*trächtig sein*) estar prenhe; **3. S** *n* *e-s Kleides*: uso *m*; **~d** *adj* prenhe; *fig* basilar, fundamental, principal; portador
'Träger ['trɛ:gər] *m j-d*: portador *m*; (*GepäckS*) moço *m* (de fretes); (*HosenS*) suspensório *m*; *fig* representante *m*, defensor *m*; (*Inhaber*) detentor *m*, *e-s Titels*: titular *m*; *TÉCN u ARQUIT* suporte *m*, esteio *m*; **~rakete** *f* foguete *m* de lançamento; **~rock** *m* <-*s*; ~*e*> saia *f* de alças
'Trage|tasche *f* saco *m*; sacola *f*; **~zeit** *f* *ZO* (tempo *m* da) gestação *f*
'trag|fähig capaz; resistente; *AGR* produtivo; fértil; ***~ sein*** *a* render; **Sfähigkeit** *f* <*sem pl*> capacidade *f* (*TÉCN* de carga, *AV* de suporte), resistência *f*, *AGR* produ(c)tividade *f*, rendimento *m*; **Sfläche** *AV* *f* asa *f*, superfície *f* de suporte; **Sgestell** *n* <-(*e*)*s*; -*e*> andaime *m*, suporte *m*; → ***Sbahre***
'Trägheit ['trɛ:khaɪt] *f* <*sem pl*> indolência *f*, preguiça *f*; *FÍS* inércia *f*
'Tragik ['tra:gik] *f* <*sem pl*>: ***die ~*** o (elemento *m*) trágico *m*; tragicidade *f*; **~er** *m* poeta *m* trágico
tragi|'komisch [tragi-] tragicómico (*ô); **Sko'mödie** *f* tragicomédia *f*
'tragisch trágico; ***et ~ nehmen*** levar a/c para o trágico
'Trag|korb *m* <-(*e*)*s*; ~*e*> alcofa *f*, canastra *f*, cesto *m*; **~last** *f* carga *f*
Tra'göd|e [tra'gø:də] *m* <-*n*> a(c)tor *m* trágico; **~ie** [-diə] *f* tragédia *f*; **~in** *f* a(c)triz *f* trágica
Trag|riemen *m* correão *m*, correia *f*; *MIL* bandoleira *f*; *Lasttier*: cilha *f*; **~sattel** *m* <-*s*; ~> albarda *f*; **~schrauber** ['-ʃraubər] *AV* *m* autogiro *m*; **~seil** *n* <-(*e*)*s*; -*e*> tirante *m*; **~sessel** *m* cadeirinha *f*; liteira *f*; **~weite** *f* alcance *m*; *fig a* transcendência *f*, envergadura *f*
'Train|er(in *f*) ['trɛ:nər] *m* treinador(a *f*) *m*, instrutor(a *f*) *m*; **S'ieren** [trɛ'ni:rən] <-> treinar(-se), exercitar(-se); fazer exercícios; **~ing** ['-iŋ] *n* <-*s*; -*s*> treino *m*, exercício *m*; **~ingsanzug** *m* <-(*e*)*s*; ~*e*> fato *m* (*bras* roupa *f*) de treino
Trakt [trakt] *m* <-(*e*)*s*; -*e*> *ARQUIT* ala *f*; **~'at** [-'ta:t] *m* <-(*e*)*s*; -*e*> tratado *m*; **S'ieren** <-> tratar
'Traktor ['trakto:r] *m* <-*s*; -*en* [-'to:rən]> tra(c)tor *m*
'trällern ['trɛlərn] <-*re*> cantarolar
'Tram(bahn) ['tram-] *f* <-; -*s*> (carro *m*) elé(c)trico *m*, *bras* bonde *m*
'trampel|n ['trampəln] <-*le*> patear, *bras* bater com os pés no chão; *Fahrrad*: pedalar; **Sn** *n* pateada *f*; **Spfad** *m* <-(*e*)*s*; -*e*> F caminho *m* (*od* vereda *f*) trilhada; **Stier** *n* <-(*e*)*s*; -*e*> camelo *m* (*a fig*)
'tramp|en ['trɛmpən] viajar à (*bras* na) boleia; **Ser(in** *f*) *m* pessoa *f* que viaja à (*bras* na) boleia

T

'Trampolin ['trampoli:n, *a* -'li:n] *n* <*-s*; *-e*> *Sport*: trampolim *m*
Tran [tra:n] *m* <*-(e)s*; *-e*> óleo *m* de fígado de bacalhau; *fig* ***im ~ sein*** estar a dormir
'Trance(zustand *m* <*-(e)s*; *¨e*>) ['trɑ̃s-] *f* (estado *m* de) transe *m*
Tran'chier|besteck [tran'ʃi:r-] *n* <*-(e)s*; *-e*> talher *m* de trinchar; **♀en** <-> talhar, trinchar; **~messer** *n* faca *f* de trinchar
'Trän|e ['trɛ:nə] *f* lágrima *f* (***ausbrechen in*** *ac* romper em); *pl* ***zu ~en gerührt*** comovido quase a chorar; **♀en** lagrimejar; chorar; **♀end** *adj* lacrimoso; a chorar
'Tränen|drüse *f* glândula *f* lacrimal; **~fluss** *m* <*-es*; *¨e*> choro *m*; *MED* lacrimação *f*, epífora *f*; **~gas** *n* <*-es*; *sem pl*> gás *m* lacrimogéneo (*ê); **~sack** *m* <*-(e)s*; *¨e*> saco *m* lacrimal; **♀überströmt** banhado em lágrimas
'tranig ['tra:niç] gordurento; *schmecken etc*: a óleo de fígado de bacalhau; *fig* lento
Trank [traŋk] *m* <*-(e)s*; *¨e*> bebida *f*; *MED* poção *f*; (*Zauber♀*) filtro *m*
'Tränk|e ['trɛŋkə] *f* bebedouro *m*; **♀en** dar de beber a; *Vieh*: abeberar; *et*: molhar; (*durch~*) impregnar
Trans|akti'on [trans-] *f* transa(c)ção *f*; **♀at'lantisch** transatlântico; **~'fer** [-'fe:r] *m* transferência *f*; **♀fe'rieren** [-fe'ri:rən] <-> transferir; **~for'mator** [-fɔr'ma:tɔr] *m* <*-s*; *-en* [-a'to:rən]> transformador *m*; **~fusi'on** *f* transfusão *f*
Tran'sistor [tran'zistor] *m* <*-s*; *-en* [-'to:rən]> *EL* transistor *m*; **~radio** *n* <*-s*; *-s*> transistor *m*, rádio *m* portátil
'Tran'sit [tran'zi(:)t, *a* 'tranzit] *ECON m* <*-s*; *-e*> trânsito *m*
'transitiv ['tranziti:f] *GRAM* transitivo
Tran'sit|strecke *f* zona *f* de tráfego de passagem por um país; **~verkehr** *m* <*-s*; *sem pl*> trânsito *m* (de passagem) por um país; **~visum** *n* <*-s*; *-visa*> visto *m* de trânsito
Transpa'rent [-pa'rɛnt] **1.** *n* <*-(e)s*; *-e*> transparente *m*; **2.** **♀** transparente
trans|pi'rieren [-pi'ri:rən] <-> transpirar; **♀plantati'on** [-plantatsi'o:n] *f MED* transplante *m*; transplantação *f*; **~po'nieren** [-po'ni:rən] <-> *MÚS* transportar
Trans'port [trans'pɔrt] *m* <*-(e)s*; *-e*> transporte *m*; (*Übertrag*) saldo *m*; **♀'abel** transportável; **~arbeiter** *m* operário *m* de transportes; **~band** *n* <*-(e)s*; *¨er*> cinta *f* transportadora; **~er** *m* → ***~schiff***; = ***~flugzeug***; → ***Lastkraftwagen***; **♀fähig** transportável; *MED* em estado de ser transportado; **~flugzeug** *n* <*-(e)s*; *-e*> avião *m* de transportes; **♀'ieren** <-> transportar; transferir; **~kosten** *pl* frete *m*; despesas *f/pl* (*od* custos *m/pl*) de transporte; **~mittel** *n* meio *m* de transporte; **~schiff** *n* <*-(e)s*; *-e*> navio-transporte *m*; **~unternehmen** *n* empresa *f* de transportes; **~versicherung** *f* seguro *m* de transporte; **~wesen** *n* <*-s*; *sem pl*> transportes *m/pl*
Transves'tit [-vɛs'ti:t] *m* <*-en*> travesti *m*
Tra'pez [tra'pe:ts] *n* <*-es*; *-e*> trapézio *m*; **~künstler(in** *f*) *m* trapezista *su*
'Trappe ['trapə] *f* abetarda *f*
'Trasse [tra'sə] *f* traçado *m*
Tratsch [tra:tʃ] *m* <*-(e)s*; *sem pl*> F bisbilhotice *f*, mexerico *m*; **'♀en** F mexericar, bisbilhotar
'Traualtar ['traʊ-] *m* <*-s*; *¨e*> altar *m*
'Traube ['traʊbə] *f* cacho *m* (de uvas); uva *f*; **~nlese** *f* vindima *f*; **~nsaft** *m* <*-(e)s*; *¨e*> sumo *m* de uvas; **~nzucker** *m* <*-s*; *sem pl*> glucose *f*, glicose *f*
'trauen ['traʊən] **1.** *v/i* (*dat*), ***auf*** (*ac*) **~** confiar em; acreditar em; *j-m*: *a* fiar-se em, ter confiança em; ***sich ~*** atrever-se (***zu*** a); ***dem Frieden nicht ~*** estar de pé atrás; ***seinen Augen*** (***Ohren***) ***nicht ~*** não acreditar no que se vê (ouve); **2.** *v/t* casar; ***sich ~ lassen*** casar-se
'Trauer ['traʊər] *f* <*sem pl*> tristeza *f*, aflição *f*; dó *m*; (*Toten♀*) luto *m* (***tiefe ~*** carregado, ***halbe ~*** aliviado); ***~ anlegen*** pôr luto; ***~ haben***, ***in ~ sein*** estar de luto; **~fall** *m* <*-(e)s*; *¨e*> caso *m* de morte; **~feier** *f* <-; *-n*> exéquias *f/pl*; **~flor** *m* <*-(e)s*; *-e*> crepe *m*; **~kleid** *n* <*-(e)s*; *-er*> vestido *m* de luto; **~kleidung** *f* luto *m* (***in*** de; ***anlegen*** pôr);

T

~marsch *m* <-(*e*)*s*; ⸚*e*> marcha *f* fúnebre; **2n** <-*re*> estar de luto; **~ *um et*** afligir-se por a/c; *a* ***um*** *j-n*: chorar (*ac*); **2nd** enlutado; **~spiel** *n* <-(*e*)*s*; -*e*> tragédia *f*; *fig* miséria *f*; **~weide** *f* chorão *m*; **~zeit** *f* luto *m*; **~zug** *m* <-(*e*)*s*; ⸚*e*> séquito *m* fúnebre, préstito *m* fúnebre

'Traufe ['traʊfə] *f* goteira *f*

'träufeln ['trɔyfəln] <-*le*> **1.** *v/t* MED instilar; **2.** *v/i* <*h u sn*> gotejar; pingar

Traum [traʊm] *m* <-(*e*)*s*; ⸚*e*> sonho *m*; ***das fällt mir nicht im ~ ein!*** nem por sombras penso em ..., *bras* nem em sonho penso em ...; **'~a** *n* <-*s*; -*en a* -*ta*> trauma *m*; **'~bild** *n* <-(*e*)*s*; -*er*> visão *f*; **'~deutung** *f* interpretação *f* dos sonhos

'träum|en ['trɔymən] sonhar (***von*** com); ***das hätte ich mir nie ~ lassen*** isso nem por sonhos; nunca teria imaginado tal coisa; **2er(in** *f*) *m* sonhador(a *f*) *m*; *fig* visionário *m*, -a *f*; **2e'rei** [-'raɪ] *f* sonho *m*, fantasia *f*; **~erisch** sonhador, distraído

'traum|haft visionário; fantástico; onírico; **2welt** *f* <*sem pl*> mundo *m* fantástico (*od* imaginado *od* visionário)

'traurig ['traʊrɪç] triste (*a irón*), *j-d*: *a* aflito; **~ *machen*** causar tristeza a, entristecer, afligir; **2keit** *f* tristeza *f*, aflição *f*

'Trau|ring *m* <-(*e*)*s*; -*e*> aliança *f*; **~schein** *m* <-(*e*)*s*; -*e*> certidão *f* de casamento; **~ung** *f* casamento *m* (***kirchliche*** religioso; ***standesamtliche*** civil); **~zeuge** *m* <-*n*> (**~zeugin** *f*) padrinho *m* (madrinha *f*) de casamento

'Treber ['treːbər] *pl* bagaço *m/sg*; bagulho *m/sg*, borras *f/pl*

'Trecker ['trɛkər] *m* tra(c)tor *m*

Treff [trɛf] **1.** *n* <-*s*; -*s*> *Karten*: paus *m/pl*; **2.** F *m* <-*s*; -*s*> → ***~en***; = ***~punkt***

'treffen ['trɛfən] **a**) *v/t u v/i* acertar (*a fig erraten*), *Schuss*, *Schlag*: *a* apanhar; ***nicht ~*** errar (o alvo); (*verwunden*) ferir; (*be~*), *Los*: tocar, atingir; ***j-n*** (***be***)**~** ser com alg, interessar a alg; (*an~*, *begegnen*) encontrar; *Maßnahme*: tomar; *Abkommen*, *Vorbereitungen*: fazer; ***auf*** (*ac*) **~** dar com, deparar com, encontrar (*ac*); *Licht*: cair em; *Verantwortung*: caber (***j-n*** a alg); ***es gut ~*** ter sorte; ***wie's*** (***gerade***) ***trifft*** como calha(r); ***gut getroffen*** *Bild*: bem apanhado, *bras* bem acertado; **b**) *refl*: ***sich ~*** encontrar-se, reunir-se; (*geschehen*) suceder; ***sich getroffen fühlen*** sentir-se atingido

'Treff|en *n* (*Begegnung*) encontro *m*, MIL *a* embate *m*; (*Zusammenkunft*) reunião *f*, congresso *m*; jornada *f*; **2end** *adj* acertado; exa(c)to; bem apanhado; *fig a* justo, oportuno; **~er** *m* MIL acerto *m*, bom tiro *m*; *Los*: sorte *f*, prémio (*ê) *m*; *Sport*: tento *m*; **~punkt** *m* <-(*e*)*s*; -*e*> ponto *m* de reunião; MAT ponto *m* de interse(c)ção; **2sicher** certeiro; **~sicherheit** *f* <*sem pl*> precisão *f*; pontaria *f*; acerto *m*

'Treibeis ['traɪb-] *n* <-*es*; *sem pl*> gelo *m* flutuante

'treiben ['traɪbən] **a**) *v/t* mover, fazer andar; (*an~*) impelir, *fig* estimular (*a* MED), dar impulso a; levar; *Metall*: amolgar; (*tun*), *Schmuggel*, *Studien*: fazer; (*be~*) praticar; *Sprachen*: estudar; *Künste*: cultivar + *art*; *Gewerbe*: dedicar-se a; *Handwerk*: exercer; TÉCN a(c)cionar; BOT *Blüten*, *Knospen*: fazer brotar; *Vieh*: conduzir; *Preis*: (***in die Höhe***) **~** fazer subir; ***Handel ~*** negociar; fazer negócios (***mit*** de); *Nagel*: pregar, cravar; ***in die Enge ~*** apertar; *bras* acuar; ***es zu weit ~*** abusar; ***et zu weit ~*** abusar de a/c; **b**) *v/i* <*h u sn*> NAV ir à deriva; (a)boiar; *a Ballon*: vogar; *vor Anker*: estar surto; BOT brotar, germinar; *Jagd*: <*h*> levantar a caça; ***~de Kraft*** força *f* motriz; *j-d*: responsável *m*, promotor *m* (***bei*** de)

'Treiben *n* (*Bewegung*, *Verkehr*) movimento *m*, vida *f*, tráfego *m*; (*Beschäftigung*) ocupação *f*; (*Tun*) a(c)tividade *f*; → ***Treibjagd***

'Treiber ['traɪbər] *m* (*Esel*2) arrieiro *m*, *bras* tropeiro *m*; (*Jagd*2) batedor *m*; (*Vieh*2) vaqueiro *m*

'Treib|gas *n* <-*es*; -*e*> gás *m* propulsor; **~haus** *n* <-*es*; ⸚*er*> estufa *f*; **~hauseffekt** *m* <-(*e*)*s*; *sem pl*> efeito *m* estufa; **~holz** *n* <-*er*; ⸚*er*> lenha (*od* madeira) *f* de arribação; **~jagd** *f* batida *f*, montaria *f*; **~rad** *n*

T

<-(*e*)*s*; ⁼*er*> roda *f* motriz; **~riemen** *m* correia *f* (de transmissão); **~sand** *m* <-(*e*)*s*; *sem pl*> areia *f* movediça; **~stoff** *m* <-(*e*)*s*; *-e*> combustível *m*

'Trema ['treːma] *n* <-*s*; *-s a -ta*> trema *m*

Trend [trɛnd] *m* <-*s*; *-s*> moda *f*; tendência *f*; **'~wende** *f* mudança (*od* viragem) *f* da moda

'trenn|bar ['trɛnbaːr] separável; **~en** separar; dividir; partir; (*loslösen*) desligar; dissociar; *Ehe*: dissolver; *Freunde*: desunir; *EL u TEL* cortar, interromper; ***sich ~*** *Gatten*: separar-se, *mit Scheidung*: divorciar-se; **~scharf** *Radio*: sele(c)tivo; **²schärfe** *f Radio*: sele(c)tividade *f*; **²schleifer** *m* cortador *m* por abrasão

'Trennung ['trɛnuŋ] *f* separação *f*; divisão *f*; dissolução *f*; **~slinie** *f* linha *f* divisória; **~sstrich** *m* <-(*e*)*s*; *-e*> traço *m* de separação

'Trense *f Zaumzeug*: bridão *m*

trepp|'ab [trɛp'ap] escada(s) abaixo; **~'auf** escada(s) acima

'Treppe ['trɛpə] *f* escada *f*; (*Stockwerk*) andar *m*; *GEOL* lanço *m*; ***e-e ~ hoch*** no primeiro andar

'Treppen|absatz *m* <-*es*; ⁼*e*> patamar *m*; **~geländer** *n* corrimão *m*; **~haus** *n* <-*es*; ⁼*er*> escadaria *f*; vão *m* da escada; **~stufe** *f* degrau *m*; **~witz** *m* <-*es*; *-e*> disparate *m*; ***ein ~ sein*** *a* não ter graça nenhuma

'Tresen ['treːzən] *m* balcão *m*

Tre'sor [tre'zoːr] *m* <-*s*; *-e*> tesouro *m*; (*Stahlkammer*) cofre *m*; **~raum** *m* <-(*e*)*s*; ⁼*e*> compartimento *m* do cofre-forte, casa-forte *f*

'Tresse ['trɛsə] *f* galão *m*

'Trester ['trɛstər] *m* → ***Treber***

'Tret|boot ['treːtboːt] *n* <-(*e*)*s*; *-e*> barco *m* a pedal; **²en** ['treːtən] **1.** *v/i* (*gehen*) ir, andar; *Fahrrad*: pedalar; (*sich stellen*) pôr-se, colocar-se; comparecer; ***auf*** (*ac*) **~** pisar (*ac*); *Bühne etc*: subir a; ***auf der Stelle ~*** *MIL* marcar o passo; ***aus*** (*dat*) **~** *Raum*: sair de; *Amt*, *Partei*: demitir-se de, abandonar (*ac*); ***in*** (*ac*) **~** pisar (*ac*), *Raum*, *Dienst*, *Verbindung*: entrar em; ***in j-s Fuß(s)tapfen ~*** seguir o exemplo de alg; ***über die Ufer ~*** trasbordar; ***j-m unter die Augen ~*** apresentar-se a alg; ***zu j-m ~*** dirigir-se a alg; **2.** *v/t* pisar; ***mit (den) Füßen ~*** carregar aos pés; *Pferd*: dar um coice; *fig j-n*: espezinhar, maltratar; **²mühle** *f fig* rotina *f*; maçada *f*; **²roller** *m* trotinete *m*

treu [trɔy] fiel, leal; ***auf ² und Glauben*** de boa fé; **'²e** *f* fidelidade *f*, (*a historische*) lealdade *f*; **'²eid** *m* <-(*e*)*s*; *-e*> juramento *m* de fidelidade (***schwören*** prestar); **'²händer** ['-hɛndər] *m* fiel depositário *m*; **'²handgesellschaft** *f ECON* sociedade *f* fiduciária; **'~herzig** franco, ingénuo, cândido; **'²herzigkeit** *f* <*sem pl*> franqueza *f*, ingenuidade *f*; candura *f*; **'~los** desleal, infiel; **'²losigkeit** ['-loːziç-] *f* <*sem pl*> deslealdade *f*, infidelidade *f*; traição *f*

'Triangel ['triːaŋəl] *m* triângulo *m*

Tri'bun [tri'buːn] *m* <-(*e*)*s*; *-e*> tribuno *m*; **~'al** [-bu'naːl] *n* <-*s*; *-e*> tribunal *m*

Tri'büne [tri'byːnə] *f* tribuna *f*

Tri'but [tri'buːt] *m* <-(*e*)*s*; *-e*> tributo *m*; **²pflichtig** [-pfliçtiç] tributário

Tri'chin|e [tri'çiːnə] *f* triquina *f*; **²ös** [-çi'nøːs] triquinado; **~'ose** [-çi'noːzə] *f* triquinose *f*

'Trichter ['triçtər] *m* funil *m*; *TÉCN* tremonha *f*; (*Schall²*) buzina *f*; megafone *m*; (*Vulkan²*, *Granat²*) cratera *f*; **²förmig** ['-fœrmiç] afunilado

Trick [trik] *m* <-*s*; *-s*> truque *m*; **'~aufnahme** *f* trucagem *f*; truque *m* fotográfico; **'~film** *m* <-(*e*)*s*; *-e*> (filme *m* de) desenhos *m/pl* animados

Trieb [triːp] *m* <-(*e*)*s*; *-e*> impulso *m* (*a fig*); (*Neigung*) inclinação *f*; *BOT* rebento *m*; *ZO* instinto *m*; **'~feder** *f* <-; *-n*> mola *f*; motor *m*; *fig* móbil *m*; motivo *m*; **'²haft** instintivo; **'~handlung** *f PSIC* a(c)ção *f* instintiva; **'~kraft** *f* <-; ⁼*e*> força *f* motriz; **'~rad** *n* <-(*e*)*s*; ⁼*er*> roda *f* motriz; **'~wagen** *m* automotora *f*; **'~werk** *n* <-(*e*)*s*; *-e*> mecanismo *m* de propulsão; *AV* rea(c)tor *m*

'triefen ['triːfən] pingar; estar molhado; ***~ von*** escorrer (*ac*); **~d: *~ nass sein*** estar a escorrer

'triezen ['triːtsən] <-*t*> F maçar, moer

T

Trift [trift] *f* pastagem *f*; várzea *f*; *NAV* corrente *f*; **'2ig** *Bemerkung*: justo, acertado; *Grund*: concluente, importante
Trigonome'tr|ie [trigonome'tri:] *f* <*sem pl*> trigonometria *f*; **2isch** [-'me:triʃ] trigonométrico
Tri'kot [tri'ko:] *m* (*n*) <*-s*; *-s*> malha *f*; tricot *m*, *bras* tricô *m*; **~'agen** [-o'ta:ʒən] *f/pl* artigos *m/pl* de malha
'Triller ['trilər] *m* trilo *m*; *Gesang*: trinado *m*; **~n** *n* trinados *m/pl*, gorjeio *m*; **~pfeife** *f* apito *m*
Trilo'gie [trilo'gi:] *f* trilogia *f*
Tri'mester [tri'mɛstər] *n* trimestre *m*
'Trimm-dich-Pfad *m* <*-(e)s*; *-e*> percurso *m* de treino desportivo; **2en** ['trimən] *AV* estabilizar; *Kohlen*: *NAV* carregar; *j-n*, (**sich**) **~** treinar(-se), exercitar(-se); **~er**, **~vorrichtung** *AV f* estabilizador *m*
'trink|bar ['triŋkba:r] potável; **~ *sein*** *a* beber-se; **2becher** *m* copo *m*; **~en** beber; *Kaffee*, *Tee*: tomar; ***~ aus et*** beber de a/c; ***auf j-n*** (***et***) **~** brindar a alg (a/c); **2er** *m* bebedor *m*; (*Säufer*) alcoólico *m*; F borrachão *m*; **~fest**: ***~ sein*** ser bom copo; **2gelage** *n* orgia *f*, bacanal *m*; **2geld** *n* <*-(e)s*; *-er*> gorjeta *f*; **2glas** *n* <*-es*; *⸚er*> copo *m*; **2kur** *f* cura *f* (*od* tratamento *m*) de águas (medicinais); **2lied** *n* <*-(e)s*; *-er*> canção *f* ao beber, *bras* canção *f* entoada; **2spruch** *m* <*-(e)s*; *⸚e*> brinde *m*; ***e-n ~ ausbringen auf*** (*ac*) brindar a; **2wasser** *n* água *f* potável; **2wasseraufbereitung**(**sanlage**) *f* (estação *f* de) tratamento *m* de água potável
'Trio ['tri:o] *n* <*-s*; *-s*> trio *m*
Tri'ole [tri'o:lə] *f* tresquiáltera *f*
Trip [trip] *m* <*-s*; *-s*> viagem *f* curta; volta *f*; (*Rauschgift*) trip *m*
'tripp|eln ['tripəln] <*-le*, ***sein*** *u haben*> andar a passos pequenos; estar a patear, *bras* dar passos curtos; **2er** *MED m* gonorreia *f*
'Triptyk ['triptyk] *n* <*-s*; *-s*> tríptico *m*
trist [trist] desconsolado; tristonho
Tritt [trit] *m* <*-(e)s*; *-e*> passo *m* (***im*** a); passada *f*; (*Fuß2*) pontapé *m*; (*Spur*) vestígio *m*; rasto *m*, *bras* rastro *m*; (*Stufe*) escalão *m*; *Tür*: pedra *f*, escadas *f/pl*; (*Fußbank*) banquinho *m*; *TÉCN* pedal *m*; *Webstuhl*: peanha *f*; ***~ fassen*** *MIL* marchar ao compasso; ***~ halten*** acompanhar; ***auf Schritt und ~*** a cada passo; **'~brett** *n* <*-(e)s*; *-er*> estribo *m*; **'~leiter** *f* <*-*; *-n*> escadote *m*
Tri'umph [tri'umf] *m* <*-(e)s*; *-e*> triunfo *m*; **~bogen** *m* arco *m* de triunfo; **2'ieren** <*-*> triunfar (***über*** *ac* de); **~zug** *m* <*-(e)s*; *⸚e*> cortejo *m* (*od* viagem *f*) triunfal
trivi'al [trivi'a:l] trivial
'trocken ['trɔkən] seco (*a fig*); enxuto; *AGR* árido; *Stil*: lacónico (*ô); ***~ werden*** secar; ***noch nicht ~ hinter den Ohren sein*** *fig* ser fedelho; ***auf dem 2en sitzen*** *fig* estar entalado, ficar em seco; ***im 2en sitzen*** estar ao abrigo; *fig* ter um pé de meia; **2batterie** *EL f* pilha *f* seca; **2boden** *m* <*-s*; *⸚*> estendedoiro *m*, *bras* lugar *m* de secar roupa; **2dock** *n* <*-(e)s*; *-s od -e*> doca *f* seca; **2eis** *n* <*-es*; *sem pl*> neve *f* carbónica; **2element** *EL n* <*-(e)s*; *-e*> pilha *f* seca; **2futter** *n* forragem *f* seca; **2gemüse** *n* legumes *m/pl* secos; **2gestell** *n* <*-(e)s*; *-e*> secadouro *m*; **2haube** *f* secador *m*; **2heit** *f* <*sem pl*> seca *f*, secura *f*; *AGR* aridez *f*; *Wetter*: estiagem *f*; **~legen** *v/t* pôr a secar, pôr a enxugar; *Land*: desaguar; *Kind*: mudar as fraldas a; *fig* F estabelecer a proibição em; **2legung** ['-le:guŋ] *f* desaguamento *m*; **2milch** *f* <*sem pl*> leite *m* em pó; **2obst** *n* <*-(e)s*; *sem pl*> frutos *m/pl* secos; **2rasierer** *m* máquina *f* de barbear elé(c)trica; **2raum** *m* <*-(e)s*; *⸚e*> casa *f* de secagem da roupa, *bras* lugar de secar roupa; **~reiben** esfregar (até secar); **2zeit** *f* (período *m* da) seca *f*; estiagem *f*
'trocknen ['trɔknən] <*-e-*> secar (*a v/i*); (*ab~*) enxugar
'Troddel ['trɔdəl] *f* <*-*; *-n*> borla *f*
'Trödel ['trø:dəl] *m* <*-s*; *sem pl*> trapalhada *f*, tralha *f*; *pl* coisas *f/pl* velhas; **~'ei** [-'laɪ] *f* demora *f*; **2ig** lento, demorado; **~laden** *m* <*-s*; *⸚*> ferro-velho *m*; **~markt** *m* <*-(e)s*; *⸚e*> feira *f* da ladra, feira *f* de trapos (*bras* pulgas); **2n** <*-le*> demorar(-se); ser lento

'Trödler ['trø:dlər] *m* ferro-velho *m*; trapeiro *m*

Trog [tro:k] *m* <-(*e*)*s*; *⁓e*> selha *f*, *bras* tina *f*; (*Back*2) amassadeira *f*; (*Fress*2) gamela *f*; comedouro *m*

'Trommel ['trɔməl] *f* <-; -*n*> tambor *m* (*a* TÉCN); **⁓fell** *n* <-(*e*)*s*; -*e*> pele *f* de tambor; ANAT (membrana *f* do) tímpano *m*; **⁓feuer** MIL *n* metralha *f*, canhoneio *m*; **2n** <-*le*> rufar o tambor; ***mit den Fingern ⁓*** tamborilar; **⁓schlag** *m* <-(*e*)*s*; *⁓e*> toque *m* de tambor; **⁓stock** *m* <-(*e*)*s*; *⁓e*> baqueta *f* de tambor; **⁓wirbel** *m* rufo *m*

'Trommler ['trɔmlər] *m* tambor *m*

Trom'pete [trɔm'pe:tə] *f* trombeta *f*; **2n** <-*e*-> tocar (a) trombeta; **⁓r** *m* trombeteiro *m*

'Trope ['tro:pə] *f* metáfora *f*, tropo *m*; **⁓n** *pl* trópicos *m/pl*, zonas *f/pl* tropicais; **⁓nhelm** *m* <-(*e*)*s*; -*e*> capacete *m* colonial; **⁓nhitze** *f* calor *m* tropical; **⁓nklima** *n* <-*s*; -*ta*> clima *m* tropical

Tropf [trɔpf] *m* <-(*e*)*s*; *⁓e*> pateta *m*, palerma *m*; ***armer ⁓*** pobre diabo *m*; MED soro *m* gota a gota; ***am ⁓ hängen*** F estar a soro

'tröpfeln ['trœpfəln] <-*le*, *h u sn*> → ***tropfen***

'tropfen ['trɔpfən] **1.** <*h u sn*> gotejar, pingar, deitar; **2.** 2 *m* gota *f*, pinga *f*; **⁓weise** às gotas

'Tropfstein *m* <-(*e*)*s*; -*e*> *Decke*: estala(c)tite *f*; *Boden*: estalagmite *f*; **⁓bildung** *f* concreção *f* estala(c)títica; **⁓höhle** *f* gruta *f* de estala(c)tites e estalagmites

Tro'phäe [tro'fɛ:ə] *f* troféu *m*

'tropisch ['tro:piʃ] tropical; *fig* trópico, metafórico

'Trosse ['trɔsə] *f* cabo *m*, amarra *f*

Trost [tro:st] *m* <-*es*; *sem pl*> consolação *f*, consolo *m*, conforto *m*; ***nicht recht bei ⁓ sein*** F ser doido; não regular bem

'tröst|en ['trø:stən] <-*e*-> consolar; **⁓end** *adj*, **2er(in** *f*) *m* consolador(a *f*) *m*; **⁓lich** consolador

'trost|los *Anblick*: desconsolador, aflitivo; *Lage*: desesperado; *j-d*: desconsolado, aflito; **2pflaster** *n* F *fig* consolação *f*; **2preis** *m* <-*es*; -*e*> prémio (*ê) *m* de consolação; **2wort** *n* <-(*e*)*s*; -*e*> palavra *f* de consolo (*od* reconforto)

Trott [trɔt] *m* <-(*e*)*s*; -*e*> trote *m* (***im*** ao); *fig* rotina *f*, ***täglicher ⁓*** dia-a-dia *m*

'Trottel *m* F pateta *m*, imbecil *m*

trotz [trɔts] **1.** *prp* (*gen u dat*) apesar de, não obstante (*ac*); **2.** 2 *m* <-*es*; *sem pl*> teimosia *f*, obstinação *f*; (*dat*) ***zum ⁓*** a despeito de; ***⁓ bieten*** (*dat*) → **2en**; **'⁓dem** apesar disso, a despeito disso, não obstante isso; F (*obwohl*) apesar de (que), embora; **'⁓en** <-*t*> (*dat*) opor-se (a), resistir (a), ***j-m ⁓*** *a* desafiar alg, *e-m Feind*, *e-r Gefahr*: enfrentar (*ac*), fazer frente a; → ***⁓ig sein***; **'⁓ig** teimoso; obstinado; *Blick*: altivo, arrogante; (**'2kopf** *m* <-(*e*)*s*; *⁓e*>) **'⁓köpfig** ['-kœpfiç] teimoso (*m*)

trüb [try:p], **'⁓e** ['-bə] *Flüssigkeit*: turvo; *optisch*: opaco, *Glas*(*beschlagen*): baço; *Himmel*: coberto, nublado; *fig* sombrio, triste; ***im '2en fischen*** pescar nas (*bras* em) águas turvas

'Trubel ['tru:bəl] *m* tumulto *m*, confusão *f*

'trüben ['try:bən] turvar (*a fig*); *Glas*: embaciar; *Freude*: estragar; perturbar; (*verdunkeln*) escurecer; ***sich ⁓*** *Himmel*: cobrir-se, anuviar-se

'Trüb|sal ['try:pza:l] *f* <-; -*e*> aflição *f*, tristeza *f*; melancolia *f*; (*Not*) miséria *f*; tribulação *f*; ***⁓ blasen*** F estar melancólico; **2selig** triste; melancólico; **⁓sinn** *m* <-(*e*)*s*; *sem pl*> tristeza *f*, melancolia *f*; **2sinnig** melancólico, triste, tristonho

'Trübung ['try:buŋ] *f* turvação *f*, opacidade *f*; *fig* perturbação *f* (***des Bewusstseins*** mental)

'trudeln ['tru:dəln] <-*le*> rebolar; AV entrar em parafuso

'Trüffel ['tryfəl] *f* <-; -*n*> trufa *f*

Trugbild [tru:k-] *n* <-(*e*)*s*; -*er*> ilusão *f*, miragem *f*, fantasma *m*

'trüge|n ['try:gən] iludir, enganar; **⁓risch** ['-riʃ] ilusório, fictício; enganador, mentiroso

'Trugschluss *m* <-*es*; *⁓e*> sofisma *m*; paralogismo *m*; MÚS cadência *f* enganadora

'Truhe ['tru:ə] *f* arca *f*, cofre *m*

'Trümmer ['trymər] *pl* destroços *m/pl*, ruínas *f/pl*, escombros *m/pl*; ***in***

~ fallen cair em ruínas, arruinar-se; **in ~ schlagen** destruir, arruinar; **~feld** *n* <-(e)s; -er> campo *m* de ruínas; **~haufen** *m* montão *m* de destroços

Trumpf [trumpf] *m* <-(e)s; ⸚e> trunfo *m*; **e-n ~ ausspielen** jogar um trunfo; **'≗en** cortar

Trunk [truŋk] *m* <-(e)s; ⸚e> bebida *f*; **'≗en** bêbedo, embriagado; *a fig* ébrio; **'~enbold** ['-bɔlt] *m* <-(e)s; -e> alcoólico *m*; beberrão *m*; borrachão *m*; **'~enheit** *f* <sem pl> bebedeira *f*, embriaguez *f*; *fig* ebriedade *f*, delírio *m*; **~ am Steuer** *JUR* condução *f* em estado de embriaguez; **'~sucht** *f* <sem pl> alcoolismo *m*; **'≗süchtig**: **~ sein** beber, ser um alcoólico

Trupp [trup] *m* <-s; -s> grupo *m*, bando *m*; *MIL* destacamento *m*; **'~e** *f MIL* tropa *f*; *TEA* companhia *f*; elenco *m*

'Truppen|bewegung *f* movimento *m* de tropas; **~gattung** *f* arma *f*; **~schau** *f* revista *f*; **~teil** *m* <-(e)s; -e> unidade *f*; **~übungsplatz** *m* <-es; ⸚e> campo *m* de treino; **~verschiebung** *f* deslocação *f* de tropas

'truppweise em grupos, por grupos

Trust [trast] *m* <-s; -e, *a* -s> *ECON* consórcio *m*; truste *m*

'Trut|hahn ['tru:t-] *m* <-(e)s; ⸚e> peru *m*; **~henne** *f* perua *f*

'Tschech|e ['tʃɛçə] *m* <-n>, **~in** *f*, **≗isch** checo *m*, -a *f*; **~ische Repu'blik** ['tʃɛçiʃə repu'blik] *f* República *f* Checa

tschüs, **tschüss** [tʃy:s, tʃys] F adeus

'T-Shirt ['ti:ʃø:t] *n* <-s; -s> t-shirt *m*

TU [te:'ʔu:] *f* <-; -s> ***Technische Universität*** Universidade *f* Técnica

'Tuba ['tu:ba] *f* <-; -ben> *MÚS* tuba *f*

'Tube ['tu:bə] *f* bisnaga *f*; tubo *m*

Tu'berku'lose [tubɛrku'lo:zə] *f* tuberculose *f*

Tuch [tu:x] *n* **a)** <-(e)s; -e> (*Stoff*) fazenda *f*, pano *m*, tecido *m* (*bsd bras*); **b)** <-(e)s; ⸚er> pano *m*; (*Hals≗*, *Kopf≗*, *Taschen≗*) lenço *m*; (*Hand≗*) toalha *f* de mão; **'~fühlung** *f* <sem pl> *MIL* conta(c)to *m* (***halten*** manter); *fig* estreito conta(c)to; **'~händler** *m* fanqueiro *m*, *bras* negociante *m* de tecidos

'tüchtig ['tyçtiç] hábil; capaz; a(c)tivo; *adv* muito; a valer; *irón* que é uma beleza; **≗keit** *f* <sem pl> habilidade *f*, capacidade *f*; a(c)tividade *f*

'Tück|e ['tykə] *f* perfídia *f*, insídia *f*, maldade *f*; **≗isch** pérfido, insidioso; traidor; *MED* maligno

Tuff [tuf] *m* <-(e)s; -e>, **'~stein** *m* <-(e)s; -e> tufo *m*

Tüft|e'lei [tyftə'laɪ] *f* subtileza *f*, subtilidade *f*; **'≗eln** <-le> subtilizar

'Tugend ['tu:gənt] *f* virtude *f*; **≗haft** virtuoso

Tüll [tyl] *m* <-s; -e> tule *m*

Tülle ['tylə] *f e-r Kanne* bico *m*

'Tulpe ['tulpə] *f* tulipa *f*, túlipa *f*; **~nzwiebel** *f* <-; -n> bolbo *m* de tulipa

'tummel|n ['tuməln] <-le>: **sich ~** mover-se (*a sich üben*); mexer-se; **≗platz** *m* <-es; ⸚e> (*Spielplatz*) campo *m* de jogos; parque *m* infantil; *für Pferde*: picadeiro *m*; *fig* arena *f*

'Tümmler ['tymlər] *m* toninha *f*

'Tu'mor ['tu:mo:r, tu'mo:r] *m* <-s; -en/> *MED* tumor *m*

'Tümpel ['tympəl] *m* charco *m*, poça *f*

Tu'mult [tu'mult] *m* <-(e)s; -e> tumulto *m*; alvoroço *m*; desordem *f*; **≗artig** tumultuário, tumultuoso

tun [tu:n] **1.** fazer; (*handeln*) agir; *Pflicht*: cumprir; *Schritt*: dar; *et*: **an** (*ac*) **~** pôr em; **in** (*ac*) **~** meter em, *bras* colocar em, *Blick*: deitar a, *bras* lançar a; ***alle Hände voll zu ~ haben*** não ter mãos a medir; ***zu ~ haben mit*** ter (que ver) com; ***es zu ~ haben mit*** ter de lidar com; ***das tut nichts*** (***zur Sache***) não importa, não tem importância; ***es ist mir sehr darum zu ~*** importa-me muito, tenho muito empenho (***dass*** em que *subj*); (***so***) **~**, ***als ob*** (***man nichts merkt***) fingir (não notar nada); ***nichts zu ~ haben*** não ter que fazer; ***damit ist es nicht getan*** isso não basta; **2.** ≗ *n*: ***j-s*** (***~ und Treiben***) (tudo) o que alg faz, os a(c)tos (*od* feitos) *m/pl* de alg, a a(c)tividade *f* de alg

'Tünch|e ['tynçə] *f* caio *m*, caiadura *f*; *fig* verniz *m*; **≗en** caiar

'Tuner ['tju:nər] *m* sintonizador *m*

Tu'nesien [tu'ne:ziən] *n* Tunísia *f*

'Tunfisch → ***Thunfisch***

'Tunichtgut ['tuː-] *m* <-(*e*)*s*; -*e*> patife *m*; maroto *m*, *bras* moleque *m*
'Tunke ['tuŋkə] *f* molho *m*; **≈n** ensopar; molhar
'tunlichst ['tuːnliçst] se as circunstâncias o permitirem
'Tunnel ['tunəl] *m* <-*s*; -*od* -*s*> túnel *m*
'Tunte ['tuntə] *f* P maricão *m*, *bras* veado *m*
'Tüpfel ['typfəl] *m od n*, **~chen** ['-çən] *n* ponto *m*; **≈n** <-*le*> pontear, salpicar
'tupf|en ['tupfən] tocar ao de leve; **≈en** *m* ponto *m*; pinta *f*; **≈er** *m* MED mecha *f*
Tür [tyːr] *f* porta *f*; (*Wagen≈*) *a* portinhola *f*; ***~ und Tor öffnen*** *fig* dar livre acesso (*od* entrada); ***j-n vor die ~ setzen*** pôr alg na rua; ***(j-m) mit der ~ ins Haus fallen*** dar de chofre (a alg); ***vor der ~ stehen*** estar à porta; *fig* estar iminente; ***zwischen ~ und Angel*** ao sair, no último momento; *pl* ***hinter verschlossenen ~en*** à porta fechada; **'~angel** *f* <-; -*n*> gonzo *m*; bisagra *f*
'Turban ['turbaːn] *m* <-*s*; -*e*> turbante *m*
Tur'bine [tur'biːnə] *f* turbina *f*; **~ntriebwerk** *n* <-(*e*)*s*; -*e*> turbo-rea(c)tor *m*
'Turbolader ['turbolaːdər] AUTO turbocompressor *m* de sobrealimentação
turbu'len|t [turbu'lɛnt] turbulento; **≈z** *f* AV turbulência *f*
'Tür|drücker *m* trinco *m*; **~flügel** *m* batente *m* (de porta), meia-porta *f*; **~füllung** *f* almofada *f* da porta
'Türk|e ['tyrkə] *m* <-*n*> turco *m*; **~'kei** *f*: ***die ~*** Turquia *f*; **~in** *f* turca *f*
Tür'kis [tyr'kiːs] *m* <-*es*; -*e*> turquesa *f*
'türkisch turco
'Tür|klinke *f* tranqueta *f*, *bras* maçaneta *f*, trinco *m*
Turm [turm] *m* <-(*e*)*s*; ⸚*e*> torre *f*, *Schach*: *a* roque *m*; (*Glocken≈*) campanário *m*; (*Wach≈*) atalaia *f*
'türm|en ['tyrmən] **1.** *v/t* acumular; ***sich ~*** *a* elevar-se; *Wolken*: acastelar-se; **2.** *v/i* <*sn*> F safar-se; **≈er** *m* atalaia *m*
'Turm|falke *m* <-*n*> milhafre *m*; **≈hoch** muito alto; gigantesco; **~schwalbe** *f*, **~segler** *m* andorinhão *m*, guincho *m*; **~spitze** *f* agulha (*od* flecha) *f* de torre; **~uhr** *f* relógio *m* de torre
'turn|en ['turnən] fazer (exercícios de) ginástica; **≈en** *n* ginástica *f* (aplicada); **≈er(in** *f*) *m* ginasta *su*; **~erisch** ['-əriʃ] ginástico; **≈gerät** *n* <-(*e*)*s*; -*e*> aparelho *m* de ginástica; **≈halle** *f* ginásio *m*, *bras* sala *f* de ginástica; **≈hose** *f* calções *m/pl* (*bras* calção *m*) de ginástica
Turnier [-'niːr] *n* <-*s*; -*e*> torneio *m*
Turn|lehrer(in *f*) *m* professor(a *f*) *m* de ginástica (*od* de educação física); **~schuhe** *m/pl* sapatos *m/pl* de ginástica; sapatilhas *f/pl*; **~stunde** *f* aula *f* de ginástica; **~unterricht** *m* <-(*e*)*s*; *sem pl*> educação *f* física
Turnus ['-us] *m* <-; -*se*> turno *m*
'turnusmäßig por turnos
Turnverein *m* <-(*e*)*s*; -*e*> clube *m* desportivo (*bras* esportivo)
'Tür|öffner *m*: ***automatischer ~*** trinco *m* automático; **~pfosten** *m* ombreira *f* (da porta), umbral *m*; **~rahmen** *m* almofada *f* (da porta), *bras* batente *m* (da porta); **~schließer** *m* *j-d*: porteiro *m*; *et*: fechadura *f* da porta; **~schloss** *n* <-*es*; ⸚*er*> fechadura *f* da porta; **~spalte** *f*: ***durch die ~*** pela porta encostada (*od* entreaberta); **~steher** ['-ʃteːər] *m* guarda-portão *m*
'Turteltaube ['turtəl-] *f* rola *f*
Tusch [tuʃ] *m* <-(*e*)*s*; -*e*> toque *m* de clarins; fanfarra *f*
'Tusche ['tuʃə] *f* tinta *f* da China, tinta *f* de aguarela (*bras* aquarela)
tuscheln ['tuʃəln] <-*le*> cochichar
tuschen ['tuʃən] lavar (com tinta da China), pintar a aguarela (*bras* aquarela)
'Tuschzeichnung ['tuʃ-] *f* aguarela *f* (*bras* aquarela)
'Tüte ['tyːtə] *f* cartucho *m*, saco *m* de papel; ***das kommt nicht in die ~!*** F está fora de questão!
'tuten ['tuːtən] <-*e*-> tocar a buzina, TÉCN *u* NAV tocar a sereia; buzinar; **≈**: ***keine Ahnung von ~ und Blasen haben*** F não saber (*od* perceber) patavina de
'Tutor ['tuːtor] *m* <-*s*; -*en* [-'toːrən]> tutor *m*
Twist [tvist] *m* <-*es*; -*e*> linha *f* de algodão

T

Typ [tyːp] *m* <-*s*; -*en*> tipo; *j-d*: F gajo *m*, *bras* cara *m*; ***toller ~*** F magano, '**~e** *f* tipo *m*; *TIP*: *a* corpo *m*; '**~enreiniger** *m* limpador *m* de tipo (*od* caracteres)

'**Typhus** ['tyːfus] *m* <-; *sem pl*> tifo *m*; (*Unterleibs*~) febre *f* tifóide

'**typ|isch** ['tyːpiʃ] típico; **~us** *m* <-; *Typen*> tipo *m*

Ty'rann [ty'ran] *m* <-*en*> tirano *m*; **~'ei** [-'naɪ] *f* tirania *f*; **~isch** tirânico; **~i'sieren** [-i'ziːrən] <-> tiranizar

U

U, **u** [uː] *n inv* U, u *m*

u. a. ***und anderes*** e outras coisas; ***unter anderem*** entre outros

'**U-Bahn** *f* metro (*ô) *m*; **~hof** *m* <-(*e*)*s*; ⸚*e*> estação *f* de metro (*ô); **~-Netz** *n* <-*es*; -*e*> rede *f* de metro (*ô)

'**übel** ['yːbəl] **1.** *adj* mau *m*, má *f* [*comp* **übler**, *sup* **~st** pior (*a adv*)]; *adv* mal; ***mir ist ~***, ***mir wird ~*** não me sinto bem; tenho náuseas; ***wohl oder ~*** quer queira quer não; ***nicht ~!*** não está mal!; nada mal!; ***~ gelaunt*** mal disposto, mal-humorado; ***~ gesinnt*** mal-intencionado; ***~ nehmen*** levar a mal; ***~ riechend*** fétido; ***~ sein*** *a* cheirar mal; ***j-m ~ wollen*** querer mal a alg; ***~ wollend*** mal-querente, malévolo; **2.** ~ *n* mal *m*; ***das kleinere ~*** o menor dos males; ***notwendiges ~*** mal necessário; **~keit** *f* <*sem pl*> náusea *f*; vómitos *m*/*pl*, enjoo (*ô) *m*, nojo *m*, ***~ erregend*** nauseabundo; **~tat** *f* má a(c)ção *f*, crime *m*, delito *m*; **~täter** *m* malfeitor *m*

'**üben** ['yːbən] exercitar, praticar (*a fig*); estudar; *Sport*: treinar-se

'**über** ['yːbər] **1.** *prp* (*Lage*, *wo?*: *dat*; *Richtung*, *wohin?*: *ac*) sobre, acima de; (*mehr als*) mais de; *Fehler ~ Fehler* ... sobre ...; ... e mais ...; *den Tag ~* durante; ***~ Ostern*** durante a Páscoa; *Scheck ~* de; *sprechen etc*: (acerca) de; sobre; ***~ die Straße gehen*** atravessar a rua; ***~*** *Berlin etc* ***reisen*** (*od* ***kommen***) passar por, *fliegen*: passar por cima de, sobrevoar; ***~ ...*** (***hin***) por, por cima de, por sobre; ***~ ...*** (***hinaus*** para) além de; ***~ ...*** (***hinweg***) por cima de; ***~ et*** (*ac*) ***hinausgehen*** passar (de) a/c, exceder a/c, *a j-n* ultrapassar (*ac*); ***~ 40*** (***Jahre alt***) ***sein*** ter passado os 40, estar na casa dos 40; ***~ und ~*** completamente; ***j-m ~ sein*** ser superior a alg; ***etwas ist mir ~*** (*zu viel*) estou farto de

über|'all por toda a parte; **~'altert** antiquado, envelhecido; **~angebot** *ECON n* <-(*e*)*s*; -*e*> oferta *f* superior à demanda; **~'anstrengen** <-> extenuar, cansar, fatigar; **~'anstrengung** *f* esforço *m*, excessivo; **~'antworten** <-*e*-; -> entregar; **~'arbeiten** <-*e*-; -> retocar, dar um retoque a; *LIT a* refundir; ***sich ~*** trabalhar excessivamente; cansar-se; **~'arbeitung** *f* retoque *m*; refundição *f*; *j-s*: excesso *m* de trabalho; **~aus** sumamente, extremamente, sobremaneira; **~'backen** <-> gratinar; **~bau** *m* <-(*e*)*s*; -*e u* -*ten*> superestrutura *f*; **~beanspruchung** *f* super-exigência *f*; desgaste *m* excessivo; **~bein** *MED n* <-(*e*)*s*; -*e*> sobreosso *m*, exostose *f*; **~belasten** <-*e*-; -> sobrecarregar; **~belastung** *f* sobrecarga *f*; **~belichten** *v/t* <-*e*-; -> *FOT* dar exposição demais a; **~belichtung** *f* <*sem pl*> sobreexposição *f*; **~bewerten** *v/t* <-*e*-; -> exagerar o valor de; superestimar; **~'bieten** *v/t* <-> oferecer mais, puxar; *Auktion*: ***j-n ~*** tirar o lanço a alg; *Spiel*: reenvidar, *bras* revidar; *fig* sobrepujar; **~bleibsel** ['-blaɪpzəl] *n* resto *m*, sobejo *m*; *pl QUÍM* resíduos *m*/*pl*; *Speisen*: sobras *f*/*pl*; **~blick** *m* <-(*e*)*s*; -*e*> vista *f* geral; vista *f* de conjunto, visão *f* de conjunto; panorama *m*, relance *m*; *fig* ideia *f* geral; (*Zusam-*

U

menfassung) resumo *m*, sumário *m*, exposição *f* sumária; **~'blicken** *v/t* <-> abranger com a vista; ***rasch ~*** lançar um olhar rápido a; *fig* dar-se conta de, ter presente; **~'bringen** <-> levar; (*her~*)trazer; (*liefern*) entregar; *Grüße*: transmitir; **°~'bringer(in** *f*) *m* [-'briŋər-] portador(a *f*) *m*; **~'brücken** *v/t* <-> lançar uma ponte sobre; *fig* vencer

Über'brückung [-'brykuŋ] *f* construção *f* de uma ponte; (*Überführung*) viaduto *m*: ***zur ~*** (*gen*) *fig* para vencer; **~shilfe** *f* ajuda *f* a curto prazo (*od* transitória); **~skredit** *m* <-(*e*)*s*; -*e*> ECON crédito *m* de emergência (*od* transitório)

über|'dachen [-'daxən] <-> telhar, cobrir; **~'dauern** *v/t* sobreviver a; **~'decken** <-> sobrepor a; **~'denken** *v/t* <-> refle(c)tir (sobre); **~'dies** de mais a mais, além disso; **'°~dosis** *f* <-; -*en*> dose *f* excessiva

über|'drehen <-> forçar; **°~druck** *m* <-(*e*)*s*; -*e*> TÉCN pressão *f* excessiva; **°~druss** ['-drus] *m* <-*es*; *sem pl*> tédio *m*; fastio *m*; ***bis zum ~*** até fartar; **~drüssig** ['-drysiç] farto, enfastiado; **~durchschnittlich** extraordinário, acima da média; **°~eifer** *m* <-*s*; *sem pl*> zelo *m* excessivo (*od* exagerado); **~eifrig** precipitado, zeloso; ***~ sein*** *a* ser uma abelha; **~'eignen** <-*e*-; -> transmitir, ceder; **°~'eignung** *f* transmissão *f*; **~'eilen** <-> precipitar; **~'eilt** precipitado; prematuro; **°~'eilung** [-'aɪluŋ] *f* <*sem pl*> precipitação *f*

überein'ander um por cima do outro, um sobre o outro; **~legen** sobrepor; *Beine* = **~schlagen** cruzar

über'ein|kommen <*sn*> pôr-se de acordo, acordar, combinar, convir (***über*** *ac* sobre; ***zu*** *inf*, ***dass*** de *inf*); **°~kommen** *n*, **°~kunft** [-kunft] *f* <-; ⸚*e*> acordo *m*, convénio (*ê) *m*, ajuste *m*; **~stimmen** concordar (*a* GRAM); estar conforme; conjugar-se; ***mit j-m ~*** estar de acordo com alg; **~d** *adj* conforme, análogo; consentâneo; *adv* de acordo; **°~stimmung** *f* concordância *f*, harmonia *f*; ***in ~*** de acordo

'über|empfindlich hipersensível; **~essen**: ***sich ~*** comer demais; ***sich*** (*dat*) ***etwas 'übergegessen haben*** já estar farto de comer a/c; **~'fahren 1.** <-> *j-n*: atropelar; **2.** *Meer*, *See*: atravessar; *Signal*: passar; **°~fahrt** *f* travessia *f*, passagem *f*, traje(c)to *m*; **°~fall** *m* <-(*e*)*s*; ⸚*e*> assalto *m*, MIL *a* investida *f*, ataque *m* de surpresa; **~'fallen** <-> assaltar, MIL *a* atacar de surpresa; **~fällig** AV *u* NAV atrasado; MED caduco; **°~fallkommando** *n* <-*s*; -*s*> esquadra *f*; **~'fliegen** *v/t* <-> voar sobre, voar por cima de; *fig* correr com os olhos; **~fließen** <*sn*> transbordar; **~'flügeln** [-'flyːgəln] *v/t* <-*le*> sobrepujar, exceder; **°~fluss** *m* <-*es*; *sem pl*> abastança *f*, (super)abundância *f*, profusão *f* (***an*** *dat* de); (*°~maß*) excesso *m*; ***im ~*** em demasia; ***zum ~*** demais, a mais; **°~flussgesellschaft** *f* <*sem pl*> sociedade *f* de fartura (*od* abastança); **~flüssig** supérfluo; ***~ sein*** *a* sobejar; *fig* ser escusado; **~'fluten** <-*e*-; -> inundar (***mit*** de); **°~'flutung** [-'fluːtuŋ] *f* inundação *f* (***mit*** de); **~'fordern** <-*re*; -> exigir demais a; **°~fracht** *f* <*sem pl*> excesso *m* de bagagem, excesso *m* de carga; **°~'fremdung** [-'frɛmduŋ] *f* invasão *f* de elementos estrangeiros (*gen* em); **'~führen**[1] transportar; **~'führen**[2] <-> trasladar; JUR provar a culpabilidade; **~'führt** [-'fyːrt] convi(c)to; **°~'führung** *f* trasla(da)ção *f*; *Verkehr*: passagem *f* aérea, viaduto *m*; *Leiche*: transferência *f*, trasladação *f*; **~'füllt** [-'fylt] repleto; apinhado; **°~'füllung** *f* <*sem pl*> superlotação *f*; ***wegen ~*** por estar cheio; por estar superlotado; **~'füttern** <-*re*; -> dar alimento demais a; ***sich ~*** abarrotar-se; **°~gabe** *f* entrega *f* (***schlüsselfertige*** chave na mão); *Amt*, *Geschäft*, (*Weitergabe*) transmissão *f*; MIL rendição *f*

'Übergang *m* <-(*e*)*s*; ⸚*e*> passagem *f*; *fig* transição *f*; *in anderen Besitz*: transferência *f*; **~sbestimmung** *f* JUR disposição *f* transitória; **~skleidung** *f* <*sem pl*> vestuário *m* de meia-estação; **~sstelle** *f* passagem *f*; **~szeit** *f* período *m* transitório

über|'geben <-> entregar; *Amt*: transmitir; ***sich ~*** MIL render-se; MED vomitar; **'~gehen**[1] *v/i* <*sn*> passar (***zu*** MIL para [o outro lado];

U

beginnen: a); **~ *in*** (*ac*) transformar-se em; tornar-se (*ac*); ficar (*ac*); ***in Fäulnis*** **~** apodrecer

über|'gehen[2] *v/t* <-> passar por cima de; passar por alto; passar em silêncio; omitir; ***j-n*** **~** passar por alg; não fazer caso de alg; *bei Beförderungen*: preterir alg; **~genug** de sobra; **~geordnet** superior; **≈gepäck** *n* <-*s*; *sem pl*> AV excesso *m* de bagagem; **≈gewicht** *n* <-(*e*)*s*; *sem pl*> sobrepeso *m*; excesso *m* de peso; *fig* preponderância *f*; ***das ~ bekommen*** perder o equilíbrio; *fig* ficar na maioria; (ficar a) preponderar; **~gießen**[1] deitar; verter; **~'gießen**[2] <->: ***mit et ~*** deitar (*od* verter) a/c sobre; **~glücklich** <*sem pl*> muito feliz; radiante; **~greifen** TÉCN sobrepor; *Übel*: **~ *auf*** (*ac*) estender-se a; alastrar para; propagar-se a; **~ *in*** *Rechte*: usurpar (*ac*); **≈griff** *m* <-(*e*)*s*; -*e*> abuso *m*; usurpação *f* (***auf*** *ac* de); JUR atropelo *m*; **~groß** <*sem pl*> enorme; desmedido; **≈größe** *f* AUTO sobreperfil *m*

'über|haben *Mantel*: trazer; (*übrig haben*) ficar com; *fig* ***etwas ~ für*** interessar-se por; estimar (*ac*); *etwas* **~** F estar farto de a/c; **~'hand**: **~ *nehmen*** aumentar; chegar a ser excessivo; **≈hang** *m* <-(*e*)*s*; -*e*> ARQUIT saliência *f*; *fig* excesso (***an*** *dat* de); **~hängen 1.** *v/i* sobressair; pender; *Wand*: estar inclinado; **2.** *v/t* pôr; **~'hasten** <->: ***sich ~*** precipitar-se; **~'häufen** <-> (a)cumular, sobrecarregar; cobrir (***mit*** de); ***j-n mit Vorwürfen ~*** increpar (*od* acusar) alg; **~'haupt** em geral, de todo; **~ *nicht*** nada, de modo algum (*od* nenhum); **~'heben** <-> dispensar; ***sich ~*** exceder-se (***mit et*** levantar a/c); **~'heblich** [-'heːpliç] presunçoso, petulante, arrogante; **≈'heblichkeit**, **≈'hebung** *f* presunção *f*, petulância *f*, arrogância *f*; **~'heizen** <-*t*; -> aquecer demasiado; TÉCN = **~'hitzen** [-'hitsən] <-*t*; -> sobreaquecer; **~'höhen** [-'høːən] <-> fazer sobressair, alçar; **~'höht** *a* exagerado; **≈'höhung** [-'høːuŋ] *f* sobrelevação *f*; alçamento *m*; altura *f* exagerada; **~holen**[1] (v)ir buscar (na outra banda)

über'hol|en[2] *v/t* <-> ultrapassar (*a fig*); passar além de, passar para diante de; (*prüfen*) TÉCN examinar, fazer a vistoria de, recondicionar; arranjar; **≈spur** *f* faixa *f* de ultrapassagem; **~t** *adj fig Ereignis*: consumado, ultrapassado; *Gegenstand*: antiquado; **≈ung** *f* TÉCN recondicionamento *m*; **≈verbot** *n* <-(*e*)*s*; -*e*> proibição *f* de ultrapassagem (*od* de ultrapassar)

über|'hören <-> não ouvir, não reparar; **'~irdisch** TÉCN *u* EL aéreo; REL celeste, sobrenatural; **'~kippen** <*h u sn*> virar(-se); perder o equilíbrio; **~'kleben** <-> colar por cima; **'~klug** sabichão; petulante; **'~kochen** <*h u sn*> deitar por fora; *fig* F explodir; **~'kommen** <-> **1.** *v/t* acometer; atacar; **2.** *adj* tradicional; **'~kriegen**: **etwas ~** F fartar-se de a/c; **~'laden** <-> sobrecarregar (*a fig*), abarrotar; **~'lagern** *v/t* <-*re*; -> sobrepor(-se) a; **≈'lagerung** *f* sobreposição *f*; EL interferência *f* heteródina; **'≈landbus** *m* <-*ses*; -*se*> camioneta *f* de carreira, *bras* ônibus *m* de viagem; **'≈landleitung** *f* EL linha *f* de transporte de energia a grandes distâncias; **~'lassen** <-> abandonar (*a refl*); (*abtreten*) ceder; (*anheim stellen*) deixar (com); ***sich ~*** (*dat*) entregar-se, abandonar-se (a); **≈'lassung** [-'lasuŋ] *f* cessão *f*, entrega *f*; **'≈last** *f* sobrecarga *f*, sobrepeso *m*; **~'lasten** sobrecarregar; **~'lastet** sobrecarregado de, estafado; **'≈lastschutz** *m* <-*es*; *sem pl*> TÉCN prote(c)ção *f* contra sobrecarga; **≈'lastung** [-'lastuŋ] *f* excesso *m* de carga; *fig* excesso *m* de trabalho; **'~laufen**[1] *v/i* <*sn*> deitar por fora, sair, *Wasser*: *a* transvazar, transbordar (*a See*); MIL desertar; **~'laufen**[2] <-> **a)** *v/t* importunar com visitas; *Furcht, Schauer etc*: arrepiar, dar calafrios a; **b)** *adj* muito concorrido; (*überfüllt*) estar superlotado; **'≈läufer** *m* desertor *m*; **~'leben** *v/t* <-> sobreviver a; ***sich ~*** passar de moda; **≈'lebende(r** *m*) *su* sobrevivente *su*; **'~lebensgroß** de (*od* em) tamanho sobrenatural

'überlegen[1] pôr em cima de, pôr por cima de

über'legen[2] **1.** *v/t* <->: (***es sich***) **~** refle(c)tir (sobre), pensar (em), (***noch einmal*** re)considerar (*ac*); **2.** *adj* superior; **≈heit** *f* <*sem pl*> superioridade *f*

Über'legung [-'le:guŋ] *f* reflexão *f*; consideração *f*, raciocínio *m*, discernimento *m*; (***vorherige***) **~** premeditação *f* (*bsd* JUR); ***ohne*** **~** à doida

'über|leiten <*-e-*>: **~** ***zu*** conduzir a, levar a; *LIT a* servir de transição para; *TÉCN* transmitir a; **≈leitung** *f* transmissão *f*; transição *f*; **~'lesen** <-> percorrer; **~'liefern** <*-re*; -> transmitir; (*ausliefern*) entregar; **≈'lieferung** *f* tradição *f*; **~'listen** [-'listən] <*-e-*; -> enganar, lograr, iludir

'überm F = ***über dem***

'Über|macht *f* <*sem pl*> superioridade *f* numérica; prepotência *f*; **≈mächtig** superior, prepotente; **≈'malen** <-> retocar; **≈'mannen** [-'manən] <-> vencer, dominar; **~maß** *n* <*-es*; *sem pl*> excesso *m* (***an*** *dat* de; ***im*** com); ***im*** **~** *a* em demasia; **≈mäßig** excessivo, desmedido; exorbitante; *adv* demais, em demasia; **~mensch** *m* <*-en*> super-homem *m*; **≈menschlich** sobre-humano

über'mitt|eln [-'mitəln] <*-le*; -> transmitir; (*senden*) remeter; **≈lung** [-'mitluŋ] *f* transmissão *f*

'über|morgen depois de amanhã; **~'müdet** [-'my:dət] estafado; **≈'müdung** [-'my:duŋ] *f* fadiga *f*, cansaço *m*; **≈mut** *m* <*-(e)s*; *sem pl*> alegria *f* doida; *kränkend*: petulância *f*, arrogância *f*; *Kind*: traquinice *f*; **~mütig** ['-my:tiç] doido de alegria; atrevido, petulante; *Kind*: travesso; **~nächst**: ***am*** **~*en Tag*** dois dias mais tarde; **~'nachten** [-'naxtən] <*-e-*; -> pernoitar; passar a noite; **~'nächtigt** [-'nɛçtiçt] tresnoitado; fatigado (de velar); **~** ***aussehen*** ter olheiras; **≈'nachtung** [-'naxtuŋ] hospedagem *f*, pernoita *f*, *bras* pernoite *m*; *auf Rechnungen*: quarto *m*; **≈nahme** ['-na:mə] *f* recepção *f*, aceitação *f*, tomada *f*; *e-s Amtes*, *Besitzes*: (a[c]to *m* da) posse *f*; **~** ***der Macht*** subida *f* ao poder; *NAV u Personen*: embarque *m*, *Waren*: carga *f*, carregamento *m*; **~national** supranacional; **~natürlich** sobrenatural; **~'nehmen** <-> *Amt*, *Besitz*, *Verantwortung*: assumir; (*annehmen*) aceitar; etwas *von j-m*: receber; ***e-e Verpflichtung*** **~** comprometer-se; ***sich*** **~** exceder-se; abarbar-se; abusar das suas forças; **~ordnen** <*-e-*> antepor, prepor; ***~geordnet*** *adj* superior; **~parteilich** imparcial; **≈produktion** *f* superprodução *f*; **~'prüfen** *v/t* <-> rever; examinar, inspe(c)cionar; **≈'prüfung** *f* revisão *f*; inspe(c)ção *f*; **~quellen** brotar; **~'queren** [-'kve:rən] <-> atravessar; **~'ragen** <-> sobressair, dominar; (*übertreffen*) exceder (***an*** *dat* em); (*vorherrschen*) predominar; ***~d*** *adj* predominante; *fig a* transcendente; **~'raschen** [-'raʃən] <-> surpreender; **~'raschend** surpreendente; **≈'raschung** [-'raʃuŋ] *f* surpresa *f*; **~'reden** <*-e-*; -> persuadir; **≈'redung** [-'re:duŋ] *f* persuasão *f*; **≈'redungskunst** *f* <-; *¨e*> dom *m* de persuação; **~regional** supraregional; **~reich** profuso; **~** ***sein an*** (*dat*) *a* abundar em; **~'reichen** <-> entregar, apresentar; **~reichlich** (super)abundante; **≈'reichung** [-'raıçuŋ] *f* entrega *f*; **~reif** <*sem pl*> demasiado maduro; **~'reizen** <*-t*; -> sobreexcitar; **~'reizt** *adj* nervoso; **≈'reizung** *f* sobreexcitação *f*; **~'rennen** <-> atropelar; *a MIL* derribar, esmagar, *bras* derrubar; **≈rest** *m* <*-(e)s*; *-e*> resto *m*; *QUÍM* resíduo *m*; *pl* ***~e*** *Speise*: sobras *f/pl*; ***sterbliche*** **~*e*** despojos *m/pl* mortais; **~'rumpeln** <*-le*; -> assaltar; surpreender; tomar de surpresa; **≈'rumpelung** [-'rumpəluŋ] *f* surpresa *f*, assalto *m* (imprevisto); **~'runden** <*-e-*; -> sobrepujar

'übers F = ***über das***

über|'säen <->: **~** ***mit*** semear de, salpicar com; cobrir de; **~satt** cheio, farto, saciado; **~'sättigen** <->: fartar, *bras* saciar; *QUÍM* sobressaturar

'Überschall *m* <*-(e)s*; *sem pl*> suprasom *m*; **~flugzeug** *n* <*-(e)s*; *-e*> avião *m* supersónico (*ô); **~geschwindigkeit** *f* velocidade *f* supersónica (*ô)

über|'schatten <*-e-*; -> (as)sombrear; **~'schätzen** *v/t* <*-t*; -> sobrestimar; exagerar o valor de; *fig* atribuir (*od* dar) demasiada importância a; **≈'schätzung** *f* sobrestimação *f*, avaliação *f* exagerada

über|'schauen <-> abranger com a vista; **'~schäumen** sair (escumando); *fig* **~ *vor*** (*dat*) *Freude*: rebentar de; *Wut*: espumar de; **~*d*** *adj* exuberante; **~'schlafen** <-> F: (**es**) **~** consultar a almofada (*od* o travesseiro); **'≈schlag** *m* <-(*e*)*s*; *⸚e*> cálculo *m* aproximativo; *Turnen*: cambalhota *f*; **'~schlagen**[1] *Beine*: cruzar; (*umlegen*) dobrar; *Funke*: saltar; **~'schlagen**[2] <-> (*auslassen*) omitir, passar por alto; (*berechnen*) calcular; ***sich* ~** voltar-se; dar voltas sobre si; *Auto*, *AV a* capotar; *Stimme*: esganiçar-se; **'≈schlaglaken** *n* lençol *m* de cima; **'~schnappen** <*sn*> *TÉCN* saltar; soltar-se; *Stimme*: dar um fífia; *j-d*: enlouquecer; *fig* ***~geschnappt sein*** F estar louco

über|'schneiden <->: ***sich* ~** cruzar-se; *FÍS Wellen*: interferir; *fig* ser incompatível (um com outro); **≈'schneidung** [-'ʃnaɪdʊŋ] *f* entrecruzamento *m*; *FÍS* interferência *f*; incompatibilidade *f*; **~'schreiben** <-> transcrever; *Text*: intitular; *JUR* transferir; *ECON* transportar, passar, averbar; **~'schreien** *v/t* <-> dominar com a voz, gritar mais alto que; ***sich* ~** esganiçar-se

über'schreit|en *v/t* <-> atravessar; *fig* (ultra)passar, exceder; transcender; *Befugnis*: abusar de; *JUR* transgedir; violar; **≈ung** [-'ʃraɪtʊŋ] *f* passagem *f* (*gen* de), *e-s Flusses*: *a* travessia *f*; *JUR* transgressão *f*, infra(c)ção *f*; *Amtsgewalt*: abuso *m*

'Über|schrift *f* título *m*; **~schuh** *m* <-(*e*)*s*; *-e*> galocha *f*; **~schuss** *m* <*-es*; *⸚e*> excesso *m*; excedente *m*; *ECON* saldo *m* (a[c]tivo); *staatlich*: *a* superavit *m*; **~schussproduktion** *f* produção *f* excedentária; **≈schüssig** [-ʃysiç] excedente, a mais; **≈'schütten** <-*e*-; -> : **~ *mit*** cobrir de, *fig a* (a)cumular de; **~schwang** *m* <-(*e*)*s*; *sem pl*> excesso *m*, transporte *m*; **~schwänglich** ['-ʃvɛŋliç] exaltado, efusivo

über'schwemm|en <-> inundar (***mit*** de); submergir; **≈ung** [-'ʃvɛmʊŋ] *f* inundação *f*; **≈ungsgebiet** *n* <-(*e*)*s*; *-e*> (terreno *m*) alagadiço *m*; região *f* inundada

'über|schwenglich → ***überschwänglich***

Übersee *f* <*sem pl*> Ultramar *m*, ultramar *m*; **~handel** *m* <*-s*; *sem pl*> *NAV* comércio *m* ultramarino

über|'sehen *v/t* <-> abranger com a vista; (*nicht sehen*) não ver, não reparar; não dar por; *fig* dar-se conta de; ter presente; **~'senden** <-> remeter, enviar; **≈'sendung** *f* envio *m*, remessa *f*

'übersetzen[1] *v/t* <-*t*> transportar (*od* levar) para a outra banda; *v/i* passar para a outra banda

über'setz|en[2] <-*t*; -> traduzir, verter (***ins*** para); **≈er(in** *f*) *m* tradutor(a *f*) *m*; **≈ung** *f*: *LIT* **~** (***ins***) tradução *f* (para *od* + *adj*), versão *f* (+ *adj*); *TÉCN* transmissão *f*; **≈ungsbüro** *n* <-*s*; -*s*> agência *f* de traduções

'Übersicht *f* vista *f* geral; (***tabellarische***) **~** quadro *m* (sinóptico); (*Zusammenfassung*) resumo *m*; **≈lich** claro, distinto; nítido; compreensível; **~lichkeit** *f* <*sem pl*> clareza *f*; boa disposição *f*; **~skarte** *f* mapa *f* geral

'über|siedeln <-*le*; *sn*> mudar (***nach*** para); **≈siedlung** *f* mudança *f*; (*Auswanderung*) emigração *f*; **~sinnlich** sobrenatural; transcendente; metafísico; **~'spannen** <-> **a)** **~ *mit*** cobrir de; **b)** (*zu sehr spannen*) esticar demasiado; *fig* exgerar; **~'spannt** [-'ʃpant] *adj fig et*: exagerado; *j-d*: exaltado, excêntrico; **≈'spanntheit** *f* exaltação *f*, extravagância *f*; excentricidade *f*; **~'spielen** <-> *Schallplatte etc*: gravar; *fig* dissimular; **~'spitzen** <-*t*; -> exagerar; **'~springen**[1] *v/i* <*sn*>: **~** (***auf*** *ac*) saltar (para); *fig* passar (para); **~'springen**[2] *v/t* <-> saltar por cima (de), passar por cima (de); *fig a* → ***~gehen***[2]; **~sprudeln** <-*le*; *sn*> jorrar, brotar, cachoar; *fig* **~ *von Witz*** ter imensa graça, ser muito engraçado; **'~stehen**[1] sobressair; **~'stehen**[2] *v/t* <-> passar; (acabar por) vencer; ***glücklich* ~** sair ileso de; **~'steigen** *v/t* <-> passar por cima de; *fig* ultrapassar, exceder; **~'steigern** <-*re*; -> encarecer; **~'steigert** excessivo, exagerado; **~'stimmen** <-> derrotar; vencer por maioria de votos; ***~stimmt werden*** ficar na minoria; **~'strahlen** <-> eclipsar, ofuscar; *fig* deslumbrar; **~'streichen** <->: ***mit Farbe ~*** pintar; **~strömen** *<sn>* transbordar; **~'strömt** inundado; **≈stunde** *f* hora *f* extraordinária (de serviço), serão *m*; **≈stundenzuschlag** *m* *<-(e)s; -zuschläge>* bonificação *f* por horas extraordinárias; **~'stürzen** *<-t; ->* precipitar; **≈'stürzung** [-'ʃtyrtsuŋ] *f* precipitação *f*; **~'teuert** excessivamente caro; **~'tölpeln** [-'tœlpəln] *<-le; ->* burlar; **~'tönen** <-> dominar

'Übertrag ['-tra:k] *m* *<-(e)s; ⸚e>* transporte *m* (*a ECON*)

über'trag|bar transmissível; *MED a* contagioso; ***nicht ~*** *ECON* não endossável; **~en** <-> *Amt*: confiar, ***j-m ~*** *a* encarregar alg de; *ECON* transferir; *Betrag*: *a* transportar; *TÉCN*, *Radio*, *MED* (*vererben*) transmitir; *Krankheit*: contagiar, F pegar; *MÚS*, *MAT u* (*abschreiben*) transcrever; (*übersetzen*) traduzir, verter (***ins*** para); ***in ~er Bedeutung*** em sentido figurado; **≈ung** [-'tra:guŋ] *f* transporte *m*, transferência *f*; *LIT*: ~ (***ins***) tradução *f* (para *od* + *adj*), versão *f* (+ *adj*); **≈ungswagen** *n Funk*, *TV*: carro *m* de exteriores (*od* de transmissão)

über|'treffen <-> exceder, ultrapassar, superar, ser superior a (***an*** *dat* em); **~'treiben** <-> exagerar; **≈'treibung** [-'traɪbuŋ] *f* exagero *m*

'übertreten¹ *v/i* *<sn>* *Fluss*: transbordar; *Sport*: pisar a linha; ***~ zu*** passar para (o outro lado); ***~ zu*** *REL* converter-se a

über'tret|en² *v/t* <-> transgredir, violar, infringir; **≈ung** [-'tre:tuŋ] *f* violação *f*, transgressão *f*, contravenção *f*, infra(c)ção *f*

über|'trieben [-'tri:bən] exagerado; **'≈tritt** *m* *<-(e)s; -e>* passagem *f* (***zu*** para); *REL* conversão *f* (***zu*** a); **~'trumpfen** <-> recortar; dar sota e ás; *fig* sobrepujar; **~'tünchen** <-> retocar; disfarçar; **~'völkert** superpovoado; **≈'völkerung** *f* superpovoamento *m*, superpopulação *f*; **'~voll** *<sem pl>* repleto; **~'vorteilen** [-'fɔrtaɪlən] <-> prejudicar, lograr; enganar; **~'wachen** <-> vigiar; fiscalizar; controlar; **≈'wachung** [-'vaxuŋ] *f* vigilância *f*, fiscalização *f*; ***polizeiliche ~*** policiamento *m*; **~'wältigen** [-'vɛltigən] <-> dominar, subjugar; **~d** *adj fig* imponente

über'weis|en <-> transferir; enviar, remeter; *ECON* lançar; **≈ung** *f* transferência *f*; envio *m*, remessa *f*; *ECON* lançamento *m* (***vornehmen*** fazer); **≈ungsschein** *m* *<-(e)s; -e>* impresso *m* de transferência

'überwerfen¹: (***sich***) ~ cobrir(-se) de, pôr

über|'werfen² <->: ***sich*** (***mit j-m***) ~ zangar-se (com alg), estar zangado (com alg); **~'wiegen** <-> preponderar, estar na maioria; prevalecer (*ac* sobre); **~d** *adj* preponderante; *Mehrheit*: grande; *adv* na sua maioria; **~'winden** <-> superar, vencer; *a Gefühle*: dominar; ***sich ~, etwas zu tun*** fazer das tripas coração; **≈'windung** *f* dominação *f*; *fig* ***~ kosten*** ser um grande sacrifício; custar; **~'wintern** [-'vintərn] *<-re; ->* (*v/t* fazer) invernar, hibernar; *j-d a* passar o inverno; **~'wölben** <-> abobadar; **~'wuchern** *<-re; ->* cobrir inteiramente, sufocar; **'≈wurf** *m* *<-(e)s; ⸚e>* capa *f*, manta *f*; **'≈zahl** *f* *<sem pl>* número *m* superior, maioria *f*; ***in der ~ sein*** estar na maioria; **'~zählig** ['-tsɛ:liç]: ~ (***sein*** estar) a mais, (ser) supernumerário; **~'zeichnen** *<-e-; ->* *ECON* exceder; *fig* pintar em cores demasiado carregadas; **~'zeugen** <-> convencer; **≈'zeugung** *f* convicção *f*; **≈'zeugungskraft** *f* *<sem pl>* força *f* convincente (*od* persuasiva); **'~ziehen¹** *v/t Mantel*; pôr, vestir; F (*dat*) ***eins ~*** dar uma chicotada a (*bras* em); **~'ziehen²** <-> cobrir (***mit*** de); *ECON Konto*: exceder (a cobertura de); ***ein Bett frisch ~*** mudar a roupa da cama; *Kissen*: enfronhar; **≈'ziehungskredit** *m* *<-(e)s; -e>* crédito *m* para sacar a descoberto; **'≈zug** *m* *<-(e)s; ⸚e>* cobertura *f*, revestimento *m*; (*Schicht*) capa *f*; *Kissen*: fronha *f*

'übler ['y:plər] (*comp von* ***übel***) pior

'üblich normal, habitual, de costume; ***~ werden*** generalizar-se; ***wie ~*** como de costume

'U-Boot *n* *<-(e)s; -e>* submarino *m*

'übrig ['y:briç] restante; ***das 2e*** o resto, o demais; *pl* ***die 2en*** os outros, os demais; ***im 2en*** → ***~ens***; ***ein 2es*** *tun* mais do que o necessário; ***~ sein*** = ***~ bleiben*** ficar, restar, sobrar, sobejar; ***was bleibt mir anderes ~?*** que remédio (tenho)?; ***~ haben*** = ***~ behalten***; ***nichts ~ haben für*** não se interessar por; não estimar; ***~ behalten*** ficar com; ***ich behalte ... ~*** *a* ficam-me ...; ***~ lassen*** deixar; ***viel zu wünschen ~ lassen*** deixar muito a desejar

'übrigens [-gəns] de resto; aliás; a propósito

'Übung ['y:buŋ] *f* exercício *m*; (*Aus2*) *a* prática *f*; *MIL* (*Ausbildung*) tirocínio *m*; (*Manöver*) manobras *f/pl*, (*Scheingefecht*) simulacro *m*; (*Kolleg*) aula *f* prática; (*Brauch*) uso *m*, hábito *m*; ***aus der ~*** destreinado (F *a fig*); ***aus der ~ kommen*** perder o hábito, perder a prática; ***~sbuch*** *n* <-(*e*)*s*; *¨er*> livro *m* de exercícios; ***~sflug*** *m* <-(*e*)*s*; *¨e*> voo (*ô) *m* de instrução (*od* de treino); ***~splatz*** *m* <-*es*; *¨e*> *MIL* polígono *m*; campo *m* de manobras

'Ufer ['u:fər] *n* margem *f*; borda *f*; (*Fluss2*) *a* ribeira *f*; *erhöhtes*: riba *f*; (*Meeres2*) costa *f*, beira-mar *f*, praia *f*; ***am ~*** (*gen*) *Lage*: na margem de; sobre; ***über die ~ treten*** transbordar; **2los** ilimitado, infinito, sem fim; **~promenade** *f* passeio *m* marítimo; **~straße** *f* estrada *f* marginal

'Ufo ['u:fo:] *n* <-*s*; -*s*> OVNI *m*

Uhr [u:r] *f* relógio *m*; *Zeit*: hora (***um*** à[s]); ***wie viel ~ ist es?*** que horas são?; ***es ist ein ~*** é uma hora; ***es ist zwei ~*** são duas horas; ***rund um die ~*** F *fig* noite e dia; **'~(arm)band** *n* <-(*e*)*s*; *¨er*> correia *f* de relógio; **'~engeschäft** *n* <-(*e*)*s*; -*e*> relojoaria *f*; **'~enindustrie** *f* indústria *f* relojoeira; **'~macher(ei** *f*) *m* relojoeiro *m* (relojoaria *f*); **'~werk** *n* <-(*e*)*s*; -*e*> mecanismo *m* de relógio; **'~zeiger** *m* ponteiro *m*; **'~zeigersinn** *m*: ***im ~*** no sentido dos ponteiros do relógio, *bras* no sentido horário; **'~zeit** *f* hora *f*

'Uhu ['u:hu] *m* <-*s*; -*s*> bufo *m*

UKW [u:ka:'ve:] → ***Ultrakurzwelle***

Ulk [ulk] *m* <-(*e*)*s*; -*e*> gracejo *m*, piada *f*, pilhéria *f*; **'2en** gracejar; **'2ig** engraçado; cómico (*ô); ***~ sein*** *a* ter piada

'Ulme ['ulmə] *f* olm(eir)o *m*

Ulti'matum [ulti'ma:tum] *n* <-*s*; -*ten*> ultimato *m* (***stellen*** apresentar)

'Ultimo ['ultimo] *m* <-*s*; -*s*> fim *m* do mês (***zum*** no)

'Ultra|kurzwelle *f* (*Abk* ***UKW***) onda *f* ultracurta; *Radio*: modulação *f* de frequência; **~schall** *m* <-(*e*)*s*; *sem pl*> ultra-som *m*; **2violett** ultravioleta

um [um] **1.** *prp* (*ac*) **a)** *örtl*: ***~*** (***... herum***) em volta de, ao (*od* em) redor de; **b)** *zeitl*, *Aufeinanderfolge*: a; *ungefähr*: ***~*** (***... herum***) cerca de, perto de, *Uhrzeit*: pela(s); *Jahr ~ Jahr* por; **c)** *Grund*: ***~*** (*gen*) ***willen*** por; por causa de, no interesse de; ***~*** (***Gottes***) ***willen*** por (*bras* pelo) amor de (Deus); **d)** *Maß*: *zunehmen etc* por; ***~ e-n Meter*** *höher* um metro; ***~ so besser*** → ***umso***; ***~ et kommen*** perder a/c; **e)** *Preis*: por, pelo preço de; ***~ keinen Preis*** *fig* (não) de nenhum modo; **2.** *cj*: ***~ zu*** (*inf*) para; **3.** *adv*: ***~ und ~*** por todos os lados; completamente; *a* → ***~ sein*** *zeitl*: ***das Jahr ist um*** o ano acabou od terminou; → a ***umhaben***

'um|ändern <-*re*> mudar, transformar, reorganizar; **~arbeiten** <-*e*-> refazer, modificar; *Buch*: refundir

um'arm|en [-'armən] *v/t* <-> abraçar, dar um abraço a; **2ung** *f* abraço *m*

'Um|bau *m* <-(*e*)*s*; -*ten*> reconstrução *f*; *Theater*: mudança *f* de decoração; *fig a* reforma *f*, reorganização *f*; **2bauen** reconstruir; reformar, reorganizar; **2besetzen** <-> *Theater*: alterar a distribuição dos papéis; **2betten** <-*e*-> mudar de cama; *Leiche*: trasladar; **2biegen** dobrar, torcer; **~biegung** *f* encurvamento *m*; **2bilden** <-*e*-> transformar; reformar; *POL a* remodelar; **~bildung** *f* transformação *f*, *fig* reorganização; *POL bsd Ministerium*: remodelação *f*, recomposição *f*; **2binden** ligar (em volta); (*a* ***sich*** *dat*) *Schlips*: pôr; **2blättern** <-*re*> virar a(s) folha(s); **2blicken**: ***sich ~*** olhar em volta, olhar para trás, virar a cabeça (***nach*** à procura de);

Ձbrechen[1] romper; *AGR* surribar; **Ձ'brechen**[2] *TIP* <-> compaginar, *Zeilen*: recorrer; **Ձbringen** matar, assassinar

'Um|bruch *m* <-(*e*)*s*; ¨*e*> *AGR* surriba *f*; *TIP* compaginação *f*; *POL* revolução *f*, mudança *f* radical; **Ձbuchen** passar para outra conta; *Reise*: alterar, transferir; **~buchung** *f ECON* transferência *f* conta a conta; *Reise*: alteração *f*; **Ձdatieren** <-> mudar a data; **Ձdisponieren** <-> alterar os planos; **Ձdrehen** *v/t* virar, dar uma volta a; ***zweimal*** **~** dar duas voltas a; (*dat*) *den Hals*: torcer; ***sich*** **~** virar-se, voltar-se, volver a cabeça; **~'drehung** *f* rotação *f*, volta *f*, giro *m*; **~'drehungszahl** *f TÉCN* número *m* de rotações; **~druck** *m* <-(*e*)*s*; *sem pl*> reprodução *f*; **Ձdrucken** reimprimir; **~erziehung** *f* reeducação *f*; **Ձfahren**[1] derribar; *j-n*: atropelar; **Ձ'fahren**[2] *v/t* <-> dar a volta de; *NAV* dobrar; rondar; **Ձfallen** <*sn*> cair; tombar; *Wagen*: virar-se; *fig* retratar-se, mudar de opinião, mudar de atitude; ***zum*** **Ձ** ***müde sein*** F estar a cair (*bras* estar caindo) de sono; **~fang** *m* <-(*e*)*s*; ¨*e*> circunferência *f*, circuito *m*; *MAT* perímetro *m*; (*Tragweite*) envergadura *f*; (*Ausdehnung*) extensão *f*, *MÚS a* diapasão *f*; *körperlich*: volume *m*; *fig* proporções *f/pl*, envergadura *f*; **Ձ'fangen** abraçar; **Ձfangreich** volumoso; *fig* extenso, de grande envergadura; **Ձfärben** retingir

um'fass|en <-*t*; -> abrangar, abarcar, compreender; *mit der Faust*: empunhar; *MIL* cercar, *a fig* envolver; **~end** *adj* extenso, amplo; abarcador; *MIL* de contorno; **Ձung** *f* cerca *f*, circuito *m*; *MIL* cerco *m*, envolvimento *m*, contorno *m*; **Ձungsmauer** *f* <-; -*n*> muralha *f* de circunvalação

'Um|feld *n* <-(*e*)*s*; -*er*> *PSIC* ambiente *m*; **Ձ'fliegen** *v/t* <-> voar em volta de; **Ձ'fließen** <->, **Ձ'fluten** *v/t* <-*e*-; -> correr ao redor de, banhar; **'Ձformen** transformar; **'~former** *m* transformador *m*; **'Ձformung** *f* transformação *f*; **'Ձfrage** *f* (sondagem-)inquérito *m* (***machen*** fazer); **~'friedung** [-'friːduŋ] *f* cerca *f*; **'Ձfüllen** transvasar; trasfegar; mudar (***in*** *ac* para); **'~gang** *m* <-(*e*)*s*; ¨*e*> (*Verkehr*) trato *m*, relações *f/pl*; ***schlechter*** **~** má companhia; *ARQUIT* galeria *f*; volta *f*; *REL* procissão *f*; **~** ***haben mit*** lidar com, ***mit j-m*** **~** ***haben*** *a* dar-se com alg; **'Ձgänglich** ['-gɛŋliç] tratável; sociável

'Umgangs|formen *f/pl* modos *m/pl*; maneiras *f/pl*, trato *m/sg*; **~sprache** *f* linguagem *f* corrente; **Ձsprachlich** *adj* da linguagem corrente; *adv* na linguagem corrente

um|'garnen [-'garnən] <-> enredar; *fig* iludir; seduzir; **~'geben** <-> rodear, cercar (***mit*** de); envolver; **Ձ'gebung** [-'geːbuŋ] *f j-s persönliche*: companhia *f*, intimidade *f*; *e-s Fürsten etc*: séquito *m*, corte *f*; = **'Ձgegend** *f* arredores *m/pl*, arrabaldes *m/pl*, *bras* arrebaldes *m/pl*; *nähere*: imediações *f/pl*, vizinhança *f*

'umgehen[1] *v/i* <*sn*> circular; *Geist*: andar; ***mit*** *j-m* **~** ter relações com, dar-se com; ***mit et*** **~** tratar de a/c, lidar com a/c; manejar a/c; *gut etc*: tratar a/c; ***mit*** *e-r Absicht etc* **~** ter (*ac*); **~d** *adj* imediato; *adv CORR* na volta do correio

um'geh|en[2] *v/t* <-> dar a volta de; *MIL* envolver; (*meiden*) evitar; iludir; **Ձung** [-'geːuŋ] *f j-s*: exclusão *f*; *MIL* envolvimento *m*; ***unter*** **~** (*gen od* ***von***) *a* evitando (*ac od* que ...); **Ձungsstraße** *f* desvio *m*

'um|gekehrt *adj* inverso; *adv* às avessas; ao contrário; ***und*** **~** e vice-versa; **'~gestalten** <-*e*-; -> transformar; remodelar; *fig* reorganizar; **'Ձgestaltung** *f* transformação *f*; remodelação *f*; *fig a* reorganização *f*; **'~gießen** (*umfüllen*) transvasar; trasfegar; mudar (***in*** *ac* para); (*umschütten*) verter; *LIT u TÉCN* refundir; **'~graben** escavar; **~'grenzen** <-*t*; -> limitar; demarcar; (*umzäunen*) cercar; *fig* delimitar, determinar

'umgruppieren *v/t* <-> mudar a disposição de, dar outra disposição a; reorganizar; recompor

'um|gucken: ***sich*** **~** F → ***sich umsehen***; **'~gürten** <-*e*-; -> cingir; **'~haben** ter posto; usar, trazer; *bras a* estar de ...; **~'halsen** [-'halzən]

<*-t*; -> abraçar; '≗**hang** *m* <*-(e)s*; *⁼e*> capa *f*; manta *f*; '**~hängen** *Bilder*: mudar (para outro lugar); (***sich*** *dat*) ~ pôr; '≗**hängetasche** *f* sacola *f* (*od* malinha, *bras* bolsa *f*) a tiracolo; '**~hauen** abater, derribar

um'her em volta, em redor, em roda; **~blicken** olhar em volta; **~fahren** <*sn*>, **~gehen** <*sn*> (andar a) passear; **~irren** <*sn*> (andar a) vaguear; errar; ***~d*** *adj* vadio; **~laufen** <*sn*> correr de um lado para o outro; **~schleichen** <*sn*> (andar a) rodar; **~ziehen** <*sn*>: ~ ***in*** (*dat*) andar por; ***~d*** *adj* ambulante

um'hinkönnen: ***nicht ~ zu*** não poder deixar de

'umhören: ***sich*** ~ informar-se (***nach*** de)

um'hüll|en <-> envolver, encapar, encobrir; ≗**ung** *f* capa *f*; invólucro *m*; *BOT*, *QUÍM* camisa *f*

um'jubeln <*-le*; -> acolher com júbilo, aplaudir freneticamente, ovacionar

um'kämpft disputado

'Umkehr ['-ke:r] *f* <*sem pl*> volta *f*; regresso *m*; *fig* conversão *f*; → ***~ung***; ≗**bar** reversível; ≗**en** **1.** *v/t* virar, mudar; *MAT*, *EL u GRAM* inverter; ***alles*** ~ revolver tudo, remexer tudo; *a* → ***umgekehrt***; **2.** *v/i* <*sn*> voltar (para trás), regressar (pelo mesmo caminho); **~film** *m* <*-(e)s*; *-e*> filme *m* reversível; ≗**ung** *f* inversão *f*

'umkippen **1.** *v/t* virar; **2.** *v/i* <*sn*> voltar-se, virar-se; *Gewässer*: morrer biologicamente; *fig* mudar de opinião, mudar de atitude

um'klammer|n *v/t* <*-re*; -> apertar, *a fig* agarrar-se a; ≗**ung** *f* aperto *m*; *MIL* cerco *m*

'umklappen dobrar; virar

'Um|kleidekabine *f* cabine *f*; ≗**kleiden**[1] <*-e-*> mudar a roupa a; ***sich*** ~ mudar de roupa (*od* de fato); ≗**'kleiden**[2] <*-e-*; -> revestir (***mit*** de); **~kleideraum** *m* <*-(e)s*; *⁼e*> vestiário *m*; *kleiner*: cabine *f*; ≗**knicken** **1.** *v/t* dobrar, quebrar; **2.** *v/i* <*sn*> cair; ***mit dem Fuß ~*** torcer o pé; ≗**kommen** <*sn*> perecer; morrer; *a etwas* perder-se; **~kreis** *m* <*-es*; *-e*> circuito *m*; circunferência *f*; periferia *f*; *Raum*: âmbito *m*; amplitude *f*; ***im ~ von ...*** numa área de ...; ≗**'kreisen** *v/t* <*-t*; -> girar à volta de; ≗**krempeln** <*-le*> (*fig* re)volver; *Hose*: arregaçar; ≗**laden** carregar doutra maneira; baldear, tra(n)sbordar; ≗**lage** *f* repartição *f*; quota (*od* cota) *f* extraordinária; ≗**'lagern** <*-re*; -> sitiar, cercar

'Umlauf *m* <*-(e)s*; *⁼e*> circulação *f*; *ASTR* revolução *f*; *TÉCN* rotação *f* completa; → ***Umschreiben***; ***in ~ bringen***, ***in ~ setzen*** fazer circular; ***im ~ sein*** circular; **~bahn** *f* *ASTR* órbita *f*; ≗**en** **1.** *v/i* <*sn*> circular; **2.** *v/t* atropelar; **~schreiben** *n* circular *f*

'Umlaut *m* <*-(e)s*; *-e*> metafonia *f*

'umlegen mudar; (*falten*) dobrar; (*hinlegen*) deitar; *ARQUIT* derribar, apear; abater; *Kragen*, *Mantel*: pôr; *MED Verband* aplicar; *NAV* querenar; (*verteilen*) repartir

'um|leiten <*-e-*> desviar; ≗**leitung** *f* (via *f* de) desvio *m*; ≗**leitungsschild** *n* <*-(e)s*; *-er*> placa *f* de desvio; **~lenken** fazer voltar; → ***~leiten***; **~lernen** mudar de método, mudar de hábito; seguir uma orientação diferente; **~liegend** (circun)vizinho; adjacente; circunjacente; **~'mauern** <*-re*; -> amuralhar; '**~melden**: ***sich*** ~ comunicar a mudança de residência; **~'nachtet** [-'naxtət]: (***geistig***) demente; ≗**'nachtung** [-'naxtuŋ] *f* demência *f*; **~'nebeln** [-'ne:bəln] <*-le*; -> ofuscar, enevoar; **~packen** reempacotar, reembalar; *Koffer*: fazer de novo; **~pflanzen** <*-t*> transplantar; **~pflügen** arar, lavrar, surribar; **~polen** *v/t* inverter a polaridade de; **~programmieren** <-> reprogramar; **~quartieren** ['-kvarti:rən] <-> dar outro alojamento a; **~'rahmen** <-> encaixilhar; emoldurar; ***~ mit*** enquadrar em; rodear de; **~'randen** [-'randən] <*-e-*; -> orlar (***mit*** de); ***schwarz ~*** *a* tarjar; **~'ranken** *v/t* <-> cobrir com ramagem; enroscar(-se); **~räumen** mudar (a disposição)

'umrechn|en <*-e-*>: ~ ***in*** (*ac*) passar para; converter em; *MAT* reduzir a; ≗**ung** *f* câmbio *m*; conversão *f*; redução *f*; ≗**ungskurs** *m* <*-es*; *-e*> câmbio *m*

U

'um|reißen[1] derribar, demolir, *bras* derrubar; **~'reißen**[2] <-> esboçar; **~rennen** *j-n*: atropelar; *et*: derribar, *bras* derrubar; **~'ringen** *v/t* <-> rodear; **≈riss** *m* <-es; -e> esboço *m*; perfil *m*, contorno *m*; ***in groben Umrissen*** em traços largos; **~rühren** mexer; revolver

ums F = ***um das***

'um|satteln *v/t* <-le> mudar de sela; *fig* mudar de profissão; **≈satz** *m* <-es; ⸚e> movimento *m*; volume *n* de vendas; **≈satzprovision** *f* comissão *f* de vendas; **≈satzrückgang** *m* <-(e)s; *sem pl*> baixa *f* de vendas; **≈satzsteuer** *f* <-; -n> imposto *m* sobre a venda; **~'säumen** <-> cercar, orlar (***mit*** de)

'umschalt|en <-e-> *EL* comutar; *AUTO* mudar a velocidade; **≈er** *m* comutador *m*; **≈taste** *f* comutador *m*; **≈ung** *f EL* comutação *f*; *Schreibmaschine*: tecla *f* de maiúsculas

'Umschau *f* <*sem pl*>(*Rundblick*) panorama *m*; *fig* revista *f* (***halten*** passar, ***in*** a); **≈en**: ***sich ~*** olhar em volta; olhar para trás, virar a cabeça; ***sich ~ nach*** *fig* procurar (*ac*); ***sich in der Welt ~*** ver (*od* correr) mundo

'um|schichten <-e-> *fig* reagrupar; reajustar; **~'schiffen** *v/t* <-> circum-navegar, *bras* circunavegar; *Kap*: dobrar; *fig* evitar; **≈'schiffung** [-'ʃifuŋ] *f* circum-navegação *f*, *bras* circunavegação *f*

'Umschlag *m* <-(e)s; ⸚e> embrulho *m*; (*Brief≈*) sobrescrito *m*, envelope *m*; (*Buch≈*) capa *f*; *ECON* transbordo *m*; *MED* cataplasma *m*; compressa *f*; (*Wechsel*) mudança *f*; **≈en 1.** *v/i* <*sn*> (*kippen*) virar-se; *Wetter*: mudar; ***~ in*** (*ac*) transformar-se em; **2.** *v/t Tuch*: pôr, (*falten*) dobrar; (*wenden*) virar; *Ärmel etc*: arregaçar; *ECON* transbordar, rotar; **~(e)tuch** *n* <-(e)s; ⸚er> xaile *m*, manto *m*, *bras* xale *m*; **~hafen** *m* <-s; ⸚> porto *m* de transbordo; **~platz** *m* <-es; ⸚e> ponto *m* de transbordo

um|'schleichen <-> espiar, rondar; **~'schließen** *v/t* <-> cercar, abarcar; *fig* abranger; ***~d*** *adj* abarcador; **~'schlingen** <-> abraçar, abarcar; **~'schmeicheln** <-> lisongear, bajular; *fig* acariciar; **'~schmeißen** F *v/t* deitar abaixo; **'~schmelzen** refundir; **'~schnallen** cingir; **'~schreiben**[1] transcrever; (*ändern*) refundir; *JUR u ECON* transferir; **~'schreiben**[2] <-> circunscrever; *fig* parafrasear; **'≈schreibung**[1] *f* transcrição *f*, transferência *f* (***vornehmen*** fazer); **≈'schreibung**[2] *f* circunscrição *f*; perífrase *f*; **'≈schrift** *f* transcrição *f*; **'~schulden** <-e-> converter dívidas; **'≈schuldung** *f* *ECON* conversão *f* de dívidas; **'~schulen** mudar de escola; *Beruf*: readaptar *POL*: reeducar; **'≈schulung** *f* mudança *f* de escola; *Beruf*: readaptação *f* (profissional); *POL*: reeducação *f*; **'~schütten** <-e-> verter; entornar; **~'schwärmen** *v/t* <-> esvoaçar em volta de; voar em volta de; *MIL* envolver; *Frau*: adorar; fazer a corte a; namorar; **'≈schweife** *m/pl*: ***ohne ~*** sem rodeios; **'~schwenken** virar; *fig* mudar de atitude; mudar de opinião; **'≈schwung** *m* <-(e)s; ⸚e> mudança *f*, revolução *f*, reviravolta *f*

um'segel|n <-le; -> circum-navegar, *bras* circunavegar; *Kap*: dobrar; **≈ung** [-'ze:gəluŋ] *f* circum-navegação *f*, *bras* circunavegação *f*

'um|sehen: ***sich ~*** olhar em volta, olhar para trás, virar a cabeça (***nach*** à procura de); ***sich ~ nach*** *fig* procurar; ***sich in der Welt ~*** *fig* ver (*od* correr) mundo; **~seitig** ['-zaıtiç] no verso; **~setzbar** ['-zɛtsba:r] convertível; *ECON* vendável; **~setzen** <-t> *ECON* vender, colocar; *MÚS* transpor; *AGR* transplantar; ***~ in*** (*ac*) transformar em, converter em; **≈sicht** *f* <*sem pl*> vista *f*, panorama *m*; *fig* cautela *f*, circunspe(c)ção *f*; **~sichtig** ['-ziç-tiç] cauteloso, prudente, circunspe(c)to; **~siedeln** trasladar; expatriar; **~sinken** <*sn*> (deixar-se) cair

umso *cj*: ***~ besser*** tanto melhor

um|'sonst (*unentgeldlich*) de graça, gratuito; F de borla; (*vergebens*) em vão, debalde, inutilmente; **~'sorgen** <-> cuidar de; **~spannen**[1] *EL* transformar; **~'spannen**[2] <-> abraçar; abarcar; *fig* abranger; **~'spinnen** <-> cobrir de fio, envolver em fio; **~springen** *Wind*: mudar;

(*übel*) **~ *mit*** tratar à vontade (*ac*), maltratar a; **~spulen** rebobinar

'Um|stand *m* <-(*e*)*s*; ¨*e*> circunstância *f*; (*Lage*) situação *f*; **~stände** *m*/*pl* circunstâncias *f*/*pl*, condições *f*/*pl*, situação *f*/*sg*; **~ *machen*** *j-d*: fazer cerimónias (*ô) *f*/*pl*; *j-m*: causar transtorno *m*/*sg* a; ***sich*** (*dat*) **~ *machen*** incomodar-se; ***in anderen* ~*n*** no seu (*bras* em) estado interessante; ***unter* ~*n*** *a* talvez; ***unter allen* ~*n*** a todo o custo, a todo o transe, em todo o caso; ***unter keinen* ~*n*** de modo algum; **≈ständehalber** circunstancialmente, por força das circunstâncias; **≈ständlich** ['-ʃtɛntlɪç] *et*: complicado; *Bericht*: circunstanciado, pormenorizado; *j-d*: cerimonioso; maçador

'Umstands|kleidung *f* <*sem pl*> vestuário *m* (*od* roupa *f*) para futuras mães *od* para grávidas; **~krämer** *m* formalista *m*; maçador *m*; P piegas *m*; **~wort** *n* <-(*e*)*s*; ¨*er*> advérbio *m*

um'stehen <-> rodear, cercar; **'~d** *adj* (*umseitig*) no verso; ***die* ≈*en*** *pl* as pessoas *f*/*pl* presentes, os circunstantes *m*/*pl*

'Umsteige|bahnhof *m* <-*s*; -*höfe*> (estação *f* de) correspondência; **~fahrschein** *m* <-(*e*)*s*; -*e*>, **~karte** *f* ['-ʃtaɪgə-] bilhete *m* de transbordo; **≈en** <*sn*> mudar de carro (*od* CAM. DE F de comboio), *bras* baldear

'um|stellen¹ *v*/*t* mudar; dispor de outra forma; ***sich*** **~** mudar de orientação; adaptar-se às circunstâncias; **~'stellen²** <-> cercar; **≈stellung** *f* GRAM inversão *f*; TÉCN conversão *f*; *fig* nova orientação *f*; adaptação *f* (***auf*** *ac* a)

'um|stimmen MÚS mudar (para outra tonalidade); *fig* demover; fazer mudar de parecer; **~stoßen** derrubar, deitar abaixo; *fig a* anular, revogar; **~'stricken** <-> *fig* iludir, seduzir; **~'stritten** [-'ʃtrɪtən] duvidoso, discutido; **~strukturieren** <-> reestruturar; **≈strukturierung** *f* reestruturação *f*; **~stülpen** emborcar; *Ärmel*: arregaçar; **≈sturz** *m* <-*es*; ¨*e*> subversão *f*; revolução *f*; **~stürzen** <-*t*> **1.** *v*/*t* virar, entornar; derrubar (*a fig*); **2.** *v*/*i* <*sn*> entornar-se, cair (*a fig*); **~stürzlerisch** subversivo; **~taufen** *v*/*t* mudar o nome de (*od* a); ***sich* ~ *lassen*** mudar de nome; REL converter-se; **≈tausch** *m* <-*es*; *sem pl*> troca *f*; **~tauschen** trocar (***gegen*** por); **≈tauschkurs** *m* <-*es*; -*e*> curso *m* de câmbio; **≈triebe** ['-triːbə] *pl* intrigas *f*/*pl*; maquinações *f*/*pl*, manejos *m*/*pl*; **~tun**: (***sich*** *dat*) *etwas* **~** pôr a/c; *fig* ***sich*** **~** ver, procurar; informar-se

'um|wälzen <-*t*> revolver; transformar; **≈wälzung** ['-vɛltsuŋ] *f* revolução *f*, reviravolta *f*; TÉCN circulação *f*; revolução *f*; **~wandeln** <-*le*> transformar (*a* EL), mudar; ECON converter; JUR comutar; **≈wandlung** *f* transformação *f*; comutação *f*; **~wechseln** <-*le*> trocar; (*abwechseln*) alternar(-se); **≈weg** *m* <-(*e*)*s*; -*e*> volta *f*, desvio *m*; *a fig* rodeio *m*; ***auf* ~*en*** *pl a* indire(c)tamente; **~wehen¹** derribar, *bras* derrubar; **~'wehen²** <-> rodear

'Umwelt *f* <*sem pl*> (meio) ambiente *m*; **≈bedingt** devido ao meio ambiente; **~belastung** *f* poluição *f* do meio ambiente; **≈bewusst** sensível aos problemas do meio ambiente; **~bewusstsein** *n* <*sem pl*> sensibilidade *f* aos problemas do meio ambiente; **~einflüsse** *m*/*pl* influências *f*/*pl* (meio) ambiente; **≈freundlich** que não contamina o meio ambiente; **~schäden** *m*/*pl* degradações *f*/*pl* do meio ambiente; **≈schädigend** nocivo ao meio ambiente; **~schutz** *m* <-*es*; *sem pl*> prote(c)ção *f* do meio ambiente; **~schützer(in** *f*) ecologista *su*; **~technologie** *f* tecnologia *f* do ambiente; **~verschmutzung** *f* poluição *f* do meio ambiente; **≈verträglich** não-poluente; **~zerstörung** *f* destruição *f* do meio ambiente

'um|wenden virar; ***sich* ~** *a* voltar-se, volver a cabeça; **~'werben** <-> *Frau*: namorar, cortejar; *et*: solicitar; **~werfen 1.** *v*/*t* derrubar, deitar abaixo; *Mantel*: pôr (aos ombros); **2.** *v*/*i Wagen*: virar, *bras* capotar; ECON falir, quebrar; **~werfend** *fig* espantoso; **~'wickeln** <-*le*; -> envolver; embrulhar; MED ligar; **~'wölken** [-'vœlkən] <-> cobrir de nuvens; anuviar (*a fig*); **~wühlen** revolver, remexer; **~'zäunen** [-'tsɔynən] <-> cercar; **≈'zäunung** [-'tsɔynuŋ] *f* (*Zaun*) grades *m/pl*; *Gebiet*: cercado *m*, tapada *f*; **~ziehen a**) *v/i* mudar (de casa); **b**) *v/t* mudar a roupa a; ***sich*** **~** mudar de roupa (*od* de fato); **~'zingeln** [-'tsiŋgəln] <*-le*; -> envolver, cercar; **≈zug** *m* <*-(e)s*; *ᵘe*> mudança *f* (de casa); (*Festzug*) cortejo *m*; *REL* procissão *f*

unab|'änderlich ['un-] inalterável, invariável; *Beschluss*: irrevogável; **~'dingbar** indispensável; essencial; imprescindível; **'~hängig** independente; **'≈hängigkeit** *f* <*sem pl*> independência *f*; **'~kömmlich** indispensável; não disponível; **~'lässig** contínuo, ininterrupto; **~'sehbar** imenso, ilimitado; interminável; *Folge*: incalculável; **~'setzbar** inamovível; *ECON* que não tem venda; **'~sichtlich** involuntário; *adv* sem querer; **~'weisbar** [-'vaɪsbaːr], **~'weislich** imperioso; irrecusável; **~ *sein*** *a* impor-se; **~'wendbar** inevitável, fatal

'un|achtsam distraído; descuidado; **≈achtsamkeit** *f* distra(c)ção , inadvertência *f*, descuido *m*; **~ähnlich** (*dat*) diferente; pouco (*od* nada) parecido (com); **~an'fechtbar** incontestável, indiscutível; **~angebracht** inoportuno, descabido, despropositado; **~angefochten** ['-angəfɔxtən] tranquilo, incólume, sem ser molestado; (*unbestritten*) incontestado; **~ *lassen*** *a* deixar em paz; **~angemeldet** sem ser anunciado; **~angemessen** inconveniente; → ***~angebracht***; **~angenehm** desagradável; *j-d*: antipático; **~angetastet** ['-angətastət] inta(c)to; **~angreifbar** inatacável; intangível; **~an'nehmbar** inaceitável; **≈annehmlichkeit** *f* desgosto *m*, transtorno *m*; **~ansehnlich** feio; *fig* insignificante, mesquinho; **~anständig** indecente, indecoroso; **≈anständigkeit** *f* indecência *f*; patifaria *f*; **~an'tastbar** [-an'tastbaːr] intocável, inviolável; **~appetitlich** repugnante; **≈art** *f* (*Fehler*) vício *m*, mau costume *m*; (*Unhöflichkeit*) descortesia *f*; *Kind*: maldade *f*; **~artig** mau, *bras* feio; mal-educado; **~ästhetisch** feio, de mau gosto; **~aufdringlich**, **~auffällig** discreto; **~auf'findbar** [-'fint-]: ***er ist*** **~** não há maneira de o encontrar; **~aufgefordert** [-gəfɔrdərt] espontâneo; **~aufgeklärt** ainda não esclarecido; misterioso; **~aufgeräumt** desarrumado; **~auf'haltsam** [-'haltzaːm] irresistível; imparável; **~auf'hörlich** [-'høːrliç] incessante, constante, contínuo; *adv a* sem cessar; **~auf'löslich** insolúvel; *fig* indissolúvel; **~aufmerksam** desatento, distraído; descuidado; **≈aufmerksamkeit** *f* falta *f* de atenção, distra(c)ção *f*, descuido *m*; **~aufrichtig** falso, pouco sincero; **≈aufrichtigkeit** *f* <*sem pl*> falta *f* de sinceridade; **~auf'schiebbar** urgente; impreterível

unaus|'bleiblich [-'blaɪpliç] inevitável, fatal; **~'führbar** irrealizável, impraticável, inexecutável, inexequível; **'~gebildet** não desenvolvido; *Organ*: rudimentar; *j-d*: sem instrução (*MIL* militar); **'~geführt** não realizado; *PINT* esboçado; **'~gefüllt** vago, em branco; **'~geglichen** desequilibrado; **'~gesetzt** → ***unaufhörlich***; **~'löschlich** [-'lœʃliç] indelével; **~'rottbar** [-'rɔtbaːr] inexterminável; *fig* incorrigível; **~'sprechlich** [-'ʃprɛçliç] indizível; inefável; **~'stehlich** [-'ʃteːliç] insuportável; **~'weichlich** inevitável

'un|bändig indómito (*ô), indomável; *Freude*: exuberante; F doido; **~barmherzig** despiedoso, desumano; **≈barmherzigkeit** *f* <*sem pl*> despiedade *f*, desumanidade *f*; **~beabsichtigt** ['-bəˀapziçtiçt] involuntário; despropositado; **~beachtet** despercebido (***bleiben*** passar); **~ *lassen*** (*ac*) não fazer caso de; **~beanstandet** sem oposição; sem reclamação; **~beantwortet** sem resposta, por responder; **~bearbeitet** tosco, não trabalhado; *AGR* inculto; **~bebaut** sem construções; *AGR* inculto, ermo; **~bedacht** inconsiderado, irrefle(c)tido

'un|bedarft ingénuo (*ê); desajeitado; **~bedeckt** descoberto; **~bedenklich** *adv* sem hesitar; **~ *sein*** *et*: não ter inconveniente

U

'un|bedeutend insignificante, sem importância; **~bedingt** incondicional, absoluto; *adv a* sem falta; ***~ nötig*** indispensável, imprescindível; **~beeinflusst** ['-bəˀaɪnflʊst] sem ser influenciado (***von*** por); independente (***durch*** de); *JUR* imparcial; **~befahrbar** impraticável, intransitável; *NAV* inavegável; **~befangen** desembaraçado, despreocupado; *JUR* imparcial; (*offen*) franco; (*arglos*) ingénuo (*ê), cândido; **&befangenheit** *f <sem pl>* desenvoltura *f*; ingenuidade *f*; *JUR* imparcialidade *f*; **~befleckt** sem mancha; *a REL* imaculado; **~befriedigend** pouco satisfatório, nada satisfatório; **~befriedigt** descontente, insatisfeito; **~befristet** sem prazo; ***~ sein*** *a* não ter prazo; **~befugt** não autorizado; *TÉCN* estranho ao serviço; *JUR* incompetente

'un|begabt sem talento; **~begreiflich** incompreensível, inconcebível; **~begrenzt** ilimitado; ***~ haltbar*** de duração (*od* resistência) ilimitada; **~begründet** infundido; sem fundamento; injustificado; ***~ sein*** *a* não ter fundamento (*od* base); **&behagen** *n <-s; sem pl>* mal-estar *m*; **~behaglich** desagradável; (*lästig*) incómodo (*ô); *Zimmer*: pouco confortável; *MED* indisposto; ***~es Gefühl*** → ***&behagen***; **~behelligt** sem ser molestado; **~beherrscht** descontrolado; imoderado; **~behindert** livre; desimpedido; *adv a* sem ser impedido, sem encontrar obstáculo; **~beholfen** ['-bəhɔlfən] acanhado, desajeitado; **&beholfenheit** *f <sem pl>* acanhamento *m*, falta *f* de jeito; **~beirrt** ['-bəˀɪrt] firme; **~bekannt** desconhecido; ***~ sein mit*** desconhecer (*ac*), ignorar (*ac*), não conhecer (*ac*); ***die &e*** *MAT f* a incógnita *f*; **~bekleidet** despido, nu

'unbekümmert indiferente; (*sorglos*) despreocupado (***um*** com); **&heit** *f <sem pl>* indiferença *f*, despreocupação *f*

'un|belastet sem carga; *Grundstück*: sem hipotecas; *fig* despreocupado; **~belebt** inanimado, sem vida, inânime; *Ort*: pouco frequentado; **~belehrbar** incorrigível; fanático; **~beliebt** impopular (***bei*** entre); malvisto, malquisto (***bei*** por); **&beliebtheit** *f <sem pl>* impopularidade *f*; falta *f* de simpatia; **~bemannt** não tripulado; sem tripulação; **~bemerkt** despercebido; *adv* sem ser notado, sem ser visto; **~bemittelt** sem meios; **~benannt** ['-bənant] anónimo (*ô), sem nome; *MAT* indefinido; **~benommen**: ***es bleibt j-m ~ zu*** alg está livre de; **~benutzbar** inutilizável; **~benutzt** sem proveito; ***noch ~*** novo; **~beobachtet** inobservado, despercebido, sem ser notado; **~bequem** incómodo (*ô); **&bequemlichkeit** *f* incomodidade *f*; **~be'rechenbar** incalculável (*a fig*); imprevisível (*a j-d*); **~berechtigt** *etwas* injustificado; *j-d*: não autorizado; **~berücksichtigt**: ***~ lassen*** não tomar em consideração, não fazer caso de

'un|berufen sem autorização; ***~!*** que o diabo seja surdo!; **~berührt** inta(c)to; **~beschadet** ['-bəʃaːdət] (*gen*) salvo (*ac*), sem prejuízo de; **~beschädigt** inta(c)to, indemne; *j-d*: ileso, são e salvo; *ECON* em boas condições; **~beschäftigt** desocupado; **~bescheiden** imodesto; indiscreto; impertinente; **&bescheidenheit** *f <sem pl>* imodéstia *f*; **~bescholten** ['-bəʃɔltən] íntegro, irrepreensível; *JUR* sem antecedências judiciárias; **&bescholtenheit** *f <sem pl>* integridade *f*, reputação *f* inta(c)ta; irrepreensibilidade *f*; **~beschrankt**: ***~er Bahnübergang*** passagem *f* de nível sem guarda; **~beschränkt** ilimitado; **~be'schreiblich** [-bə'ʃraɪpliç] indescritível; **~beschrieben** ['-bəʃriːbən] em branco; ***ein ~es Blatt*** *fig* uma folha em branco; **~beschwert** *fig et*: ligeiro; *j-d*: despreocupado; **~besehen** sem (o) ver, sem olhar (para ...); **~besetzt** livre, desocupado; *Amt*: vago; **~besiegbar** ['-bəsiːkbaːr] invencível, inexpugnável

'unbesonnen inconsiderado, irrefle(c)tido, *j-d*: *a* imprudente; **&heit** *f <sem pl>* imprudência *f*; desatino *m*

'un|besorgt descansado; ***seien Sie ~!*** esteja *od* fique descançado; **~beständig** inconstante, instável; variável; pouco seguro; **&beständig-**

U

keit *f* instabilidade *f*; inconstância *f*; vicissitude *f*

'un|bestätigt não confirmado; **~bestechlich** incorrupto, incorruptível; íntegro; *Urteil*: obje(c)tivo; **2bestechlichkeit** *f* integridade *f* (moral); obje(c)tividade *f*; **~bestellt** *AGR* inculto, baldio; **~bestimmbar** indeterminável; **~bestimmt** indeterminado; indefinido; vago; indeciso; incerto; **~be'streitbar** incontestável; **~bestritten** ['-bəʃritən] incontestado; incontroverso; **~beteiligt** desinteressado (*bei* em); **~betont** não acentuado, átono; **~beträchtlich** insignificante; **~beugsam** ['-bɔykza:m] inflexível; *fig a* inabalável; **2beugsamkeit** *f* firmeza *f*; inflexibilidade *f*; **~bevölkert** despovoado, deserto

'unbewacht não guardado; não vigiado; *Augenblick*: *a* de fraqueza

'un|bewaffnet desarmado; sem armas; inerme; **~bewandert** pouco versado; ignorante (*in dat* de); **~bewässert** *Land*: de sequeiro, não irrigado; **~beweglich** imóvel; *fig* impassível; ***~es Gut*** bens *m/pl* imóveis, bens *m/pl* de raiz; **2beweglichkeit** *f* <*sem pl*> imobilidade *f*; *fig* impassibilidade *f*; **~bewegt** imóvel; *fig* impassível; **~beweibt** F sem mulher; **~beweisbar** indemonstrável; ***~ sein*** *a* não se poder provar; **~bewiesen** ['-bəvi:sən] não provado; **~bewohnbar** inabitável; **~bewohnt** inabitado; despovoado; deserto; *vorübergehend*: desabitado; **~bewusst** inconsciente (*a MED*); instintivo, involuntário; *adv a* sem reparar; **2bewusste(s)** *n* <*-n; sem pl*> *PSIC* inconsciente *m*; **~be'zahlbar** impagável; **~bezahlt** não pago; por pagar; **~be'zähmbar** indomável; **~be'zwinglich** invencível, inexpugnável; **2bilden** *pl*: ***~ der Witterung*** intempérie *f/sg*, inclemências *f/pl* do tempo, *bras* intempéries *f/pl*; **2bildung** *f* falta *f* de educação (*od* de instrução *od* de cultura); **~blutig** não sangrento; incruento; sem derramação (*bras* derramamento) de sangue; **~botmäßig** ['-bo:tmɛ:siç] insubordinado, insubmisso; **2botmäßigkeit** *f* insubordinação *f*, rebeldia *f*; **~brauchbar** inútil; ***~ sein*** *a* não prestar; ***~ machen*** inutilizar; (*unfähig*) incapaz; **~bürokratisch** não burocrático; **~christlich** pouco cristão

und [unt] e; ***~ so weiter*** (***u. s. w.***) etcétera (etc.), e assim por diante; ***~ zwar*** e (precisamente), e (nomeadamente)

'Undank *m* <*-(e)s; sem pl*> ingratidão *f*; **2bar** ingrato; **~barkeit** *f* <*sem pl*> ingratidão *f*

'un|datiert ['-dati:rt] sem data; **~definierbar** indefinível; **~'denkbar** inconcebível, inimaginável; ***seit ~en Zeiten*** desde tempos imemoriais; **~deutlich** indistinto; confuso; ininteligível; *Schrift*: ilegível; **~dicht** permeável; ***~ sein*** *a* vedar mal; *Gefäß*: deitar, vazar; **2ding** *n* <*-(e)s; -e*> absurdo *m*, disparate *m*; **~diszipliniert** indisciplinado

'unduldsam intolerante; **2keit** *f* <*sem pl*> intolerância *f*

undurch|'dringlich impenetrável; *FÍS* impermeável; **~'führbar** inexequível, inexecutável; irrealizável; impossível; **'~lässig** impermeável; **'~sichtig** opaco; não transparente; *fig* enigmático, impenetrável; **'2sichtigkeit** *f* <*sem pl*> opacidade *f*

'uneben desigual, irregular; *Gelände, Weg*: acidentado; ***nicht ~ sein*** F *fig* não estar mal; **2heit** *f* desigualdade *f*, irregularidade *f*; sinuosidade *f*; desnível *m*; *stilistische*: deslize *m*

'un|echt falso; (*nachgemacht*) imitado, *bras* de imitação; (*gefälscht*) contrafeito; (*künstlich*) artificial; *Haar, Zahn*: postiço; *Farbe*: não fixo; **~ehelich** ilegítimo, natural; **2ehre** *f* <*sem pl*> desonra *f*; **~ehrenhaft** desonroso, indigno, indecoroso; **~ehrlich** desonesto, desleal; **2ehrlichkeit** *f* deslealdade *f*; má fé *f*; **~eigennützig** desinteressado, altruísta; **2eigennützigkeit** *f* desinteresse *m*, altruísmo *m*; **~eigentlich** impróprio

'unein|gelöst *ECON* sem cobertura; **~geschränkt** ilimitado; absoluto; **~ig** desunido; em desacordo; **2igkeit** *f* discórdia *f*, desacordo *m*, desunião *f*; **~'nehmbar** [-'ne:mba:r] *MIL* inexpugnável

'uneins → ***uneinig***

'unempfänglich: **~ *für*** insensível a, não susceptível de; *MED* imune contra; **Ձkeit** *f* <*sem pl*> insensibilidade *f*

'unempfindlich insensível (***gegen*** a); (*stumpf*) indiferente, apático; **~ *machen*** *MED* anestesiar; **Ձ*keit*** *f* <*sem pl*> insensibilidade *f*; apatia *f*

un'endlich infinito, imenso; **Ձ*keit*** *f* <*sem pl*> infinito *m*, infinidade *f*

'unent|behrlich indispensável, imprescindível; **~geltlich** gratuito; *adv a* de graça, grátis; **~rinnbar** ['-rinba:r] inevitável; **~schieden 1.** *adj* indeciso; pendente; *Spiel*: empatado; **2.** Ձ *n Ergebnis*: empate *m*; **~schlossen** indeciso, irresoluto; **Ձschlossenheit** *f* <*sem pl*> indecisão *f*, irresolução *f*; **~schuldbar** imperdoável, indesculpável; **~ *sein*** *a* não ter desculpa; **~wegt** constante, tenaz; *POL* intransigente; **~wickelt** pouco desenvolvido, rudimentar; *FOT* não revelado; **~'wirrbar** [-'virba:r] inextricável

'uner|bittlich ['-ɛrbitliç] inexorável; implacável; **~fahren** inexperiente; **Ձfahrenheit** *f* <*sem pl*> inexperiência *f*; **'~findlich** incompreensível; **'~forschlich** ['-ɛrfɔrʃliç] inescrutável, impenetrável; **~forscht** inexplorado; **~freulich** desagradável; **'~füllbar** irrealizável; **~giebig** improdutivo; **'~'gründlich** impenetrável, insondável *a fig*; **~heblich** insignificante; **'~'hört** inaudito; incrível; nunca visto; ***das ist ~!*** já se viu? **~kannt** ['-ɛrkant] incógnito, sem ser conhecido; **'~'klärlich** inexplicável; **'~'lässlich** ['-ɛrlɛsliç] indispensável, imprescindível; **~laubt** ilícito; proibido; não permitido; **~ledigt** por despachar; *Frage*: pendente; **'~messlich** ['-ɛrmɛsliç] imenso; **'~müdlich** incansável, infatigável; **~örtert**: **~ *bleiben*** não (chegar a) ser discutido; **~ *lassen*** não discutir; **~quicklich** pouco agradável; **'~reichbar** inacessível; fora do alcance; inigualável; **~reicht** sem igual, sem par; **'~'sättlich** ['-ɛr'zɛtliç] insaciável; **~schlossen** ['-ɛrʃlɔsən] virgem; inexplorado; **'~schöpflich** ['-ɛr'ʃœpfliç] inesgotável; **~schrocken** intrépido, destemido, intemerato, arrojado; **Ձschrockenheit** *f* <*sem pl*> intrepidez *f*, desassombro *m*, arrojo *m*, ousadia *f*; **'~'schütterlich** ['-ɛr'ʃytərliç] *j-d*: imperturbável; *Wille*: inabalável; **'~'schwinglich** exorbitante; *für j-n*: inacessível; **'~'setzbar**, **'~'setzlich** *et*: irreparável; *j-d*: insubstituível; **'~'träglich** insuportável; **~wähnt**: **~ *bleiben*** não ser mencionado; **~ *lassen*** não fazer menção de; **'~'wartet** inesperado, imprevisto; *adv a* de improviso, inopinadamente; **~widert** sem resposta; *Liebe*: não correspondido; **~wünscht** não desejado; inoportuno; *adv* fora de propósito; **~zogen** ['-ɛrtso:gən] mal-educado, malcriado

'unfähig incapaz (***zu*** de); **Ձkeit** *f* <*sem pl*> incapacidade *f*

'unfair ['unfɛ:r] desleal; injusto

'Unfall *m* <-(*e*)*s*; *⸚e*> acidente *m*, *stärker*: desastre *m*; **~flucht** *f* <*sem pl*> fuga *f* em caso de acidente; **~gefahr** *f* perigo *m* de acidente; **~hergang** *m* <-(*e*)*s*; *sem pl*> decorrer *m* do acidente; **~klinik** *f*, **~krankenhaus** *n* <-*es*; *⸚er*> hospital *m* cirúrgico para vítimas de acidentes, *bras* pronto-socorro *m*; **~opfer** *n* vítima *f* de acidente; **~ort** *m* <-(*e*)*s*; -*e*>, **~stelle** *f* local *m* do acidente; **~station** *f* posto *m* de socorros (urgentes), *bras* estação *f* de urgência, pronto-socorro *m*; **~tod** *m* <-(*e*)*s*; *sem pl*> morte *f* por acidente; **~versicherung** *f* seguro *m* contra acidentes; **~wagen** *m* <-*s*; -, *a* ⸚> **a)** ambulância *f*; **b)** viatura *f* que sofreu o acidente, *bras* veículo *m* acidentado

'un'fass|bar, **~lich** inconcebível

'un'fehlbar ['-'fe:lba:r] infalível; **Ձkeit** *f* <*sem pl*> infalibilidade *f*

'un|fein pouco delicado, deselegante; grosseiro; **~fern** → ***unweit***; **~fertig** incompleto, imperfeito, não acabado; **Ձflat** ['-fla:t] *m* <-(*e*)*s*; *sem pl*> porcaria *f*, imundície *f*; **~flätig** ['-flɛ:tiç] porco; obsceno, torpe; **~folgsam** desobediente; **~förmig** ['-fœrmiç] disforme; informe; **Ձförmigkeit** *f* <*sem pl*> deformidade *f*; informidade *f*; **~förmlich** informe; **~frankiert** sem franquia; **~frei** servo; sem liberdade; *Bewegung*: aca-

U

nhado; **~freiwillig** involuntário; forçado

'**unfreundlich** pouco amável; *Wetter*: pouco agradável; *j-d*: mal-humorado; *Gesicht*: carrancudo; F de poucos amigos; **≗keit** *f* falta *f* de delicadeza, pouca amabilidade *f*; *Wetter*: inclemência *f*, *bras* rigor *m*

'**Unfriede** *m* <-ns; sem pl> discórdia *f*

'**unfrisiert** despenteado

'**unfruchtbar** estéril (*a fig*); infecundo, árido; **≗keit** *f* <sem pl> esterilidade *f* (*a fig*); infertilidade *f*

'**Unfug** *m* <-(e)s; sem pl> abuso *m*; *e-s Kindes*: travessura *f*; *a Rede*: disparates *m/pl*; ***grober ~*** JUR desordem *f*; ***~ reden*** estar a disparatar; ***~ treiben*** *a* fazer disparates, *bras* bebagem

'**Ungar** ['uŋgar] *m* <-n>, **~in** *f*, **≗isch** húngaro *m*, -a *f*; **~n** ['uŋgarn] *n* Hungria *f*

'**ungastlich** pouco hospitaleiro; inóspito

'**unge|achtet** ['-gəˀaxtət] **1.** *adj* pouco estimado; **2.** *prp* (*gen*) não obstante (*ac*), apesar de, a despeito de; **~ahnt** ['-gəˀa:nt] imprevisto; **~bärdig** ['-gəbɛ:rdiç] rude; revoltoso; (*störrisch*) teimoso

'**unge|beten** não convidado, não rogado; espontâneo; ***~er Gast*** intruso *m*; **~beugt** direito; *fig* firme, inabalado; **~bildet** inculto; sem educação; iletrado; **~boren** por nascer; **~brannt** cru; **~bräuchlich** desusado, pouco usado; obsoleto; ***~ werden*** deixar de ser usado, cair em desuso; **~braucht** novo; *Geschirr etc*: limpo; **~brochen** ['-gəbrɔxən] *fig* forte, inquebrantável

'**Ungebühr** *f* <sem pl> inconveniência *f*; (*Ungerechtigkeit*) injustiça *f*; **≗lich** inconveniente, impertinente; irreverente; (*ungerecht*) injusto

'**ungebunden** *Buch*: não encadernado; (*lose*) solto; *fig* livre, independente; (*zügellos*) dissoluto; ***~e Rede*** prosa *f*; **≗heit** *f* <sem pl> liberdade *f*, independência *f*; (*Zwanglosigkeit*) à-vontade *m*

'**unge|deckt** descoberto; *Tisch*: não posto; **~druckt** ['-gədrukt] LIT inédito; **≗duld** *f* <sem pl> impaciência *f*; **~duldig** impaciente; ***~ machen*** impacientar; ***~ werden*** impacientar-se; **~eignet** impróprio, inadequado; pouco apropriado; *j-d*: incapaz; **~fähr** ['-gəfɛ:r] aproximativo; *adv* cerca de, pouco mais ou menos; aproximadamente; *vor Zahlen a* uns (umas); ***~ um ein Uhr*** pela uma (hora); ***von ~*** por acaso; **~fährdet** sem perigo; **~fährlich** não perigoso, sem perigo; (*harmlos*) inofensivo; **~fällig** pouco atencioso; pouco obsequioso, descortês; **~färbt** ['-gəfɛrpt] de cor natural, não pintado; **~fragt** sem ser perguntado; **~füge, ~fügig** volumoso; *j-d*: intratável; **~gerbt** ['-gəgɛrpt] não curtido; **~halten** descontente; indignado, irritado (***über*** *ac* com); ***~ werden*** zangar-se; **~hemmt** ['-gəhɛmt] livre; *adv a* sem entraves

'**Ungeheuer** ['ungəhɔyər] *n* monstro *m*; **≗(lich)** enorme; monstruoso, ingente; **~lichkeit** *f* monstruosidade *f*

'**unge|hindert** ['-gəhindərt] = ***~hemmt***; **~hobelt** ['-gəho:bəlt] não aplainado; *fig* grosseiro, rústico; **~hörig** impertinente; **≗hörigkeit** *f* impertinência *f*; **~horsam** *adj* desobediente; **≗horsam** *m* <-s; sem pl> desobediência *f*; **~kämmt** ['-gəkɛmt] despenteado, desgrenhado; **~klärt** ['-gəklɛ:rt] obscuro, inexplicado; **~kündigt** ['-gəkyndiçt] não despedido; **~künstelt** natural; **~kürzt** *Text*: integral; **~laden** não convidado; MIL não carregado; **~läufig** pouco familiar; **~legen** inoportuno; ***~ kommen*** não vir a jeito; **≗legenheit** *f* incómodo (*ô) *m*; maçada *f*; ***j-m ~en machen*** causar incómodo (*ô) a alg; **~lehrig** indócil; **~lenk(ig)** acanhado; mal jeitoso, *bras* desajeitado; **~lernt** ['-gəlɛrnt] sem preparação; *Arbeiter*: não qualificado; **~logen** F sem exagerar, de verdade; **~löscht** ['-gəlœʃt] não apagado; *Kalk*: viva; **~löst** *Problem*: pendente, por resolver

'**unge|mein** extraordinário; *adv a* extremamente; **~mütlich** pouco confortável, incómodo; *j-d*: desagradável; **~nannt** ['-gənant] anónimo (*ô)

'**ungenau** inexa(c)to, impreciso; **≗igkeit** *f* inexa(c)tidão *f*, imprecisão *f*

'unge|niert ['-ʒəniːrt] tranquilo; *j-d*: desembaraçado; sem cerimónia (*ô); (com) à-vontade; **~nießbar** péssimo, intragável; **~ *sein*** não se poder comer (*od* beber); *fig* ser insuportável; **~nügend** insuficiente; **~nützt**, **~nutzt** inaproveitado, inutilizado; **~ *lassen*** deixar passar; **~ordnet** ['-gəʔɔrtnət] em desordem; desorganizado; *Leben*: desregrado; **~pflastert** ['-gəpflastərt] não calçado; **~pflegt** ['-gəpfleːkt] descuidado, desleixado, descurado; **~prüft** ['-gəpryːft] não examinado; *adv* sem examinar; **~rade** torto; *Zahl*: ímpar; **~raten** *j-d*: ruim, malvado; **~rechnet** ['-gərɛçnət] sem contar, não contado

'ungerecht injusto; **~fertigt** injustificado; **≈igkeit** *f* injustiça *f*

'ungeregelt ['-gəreːgəlt] não regulado; irregular

'ungereimt ['-gəraɪmt] não rimado; *fig* absurdo, disparatado; **≈heit** *f* absurdo *m*, disparate *m*

'ungern de má vontade; ***ich tue es ~*** faço-o de mau grado; ***er sieht es (nicht) ~*** vê-o com maus (bons) olhos

'unge|rührt insensível, impassível; **~sagt** ['-gəzaːkt]: **~ *bleiben*** não ser mencionado; **~ *lassen*** não fazer menção de; **~salzen** sem sal, ensosso; **~sattelt** ['-gəzatəlt] sem sela; **~säuert** ['-gəzɔyərt] ázimo; **~schehen**: **~ *machen*** desfazer; anular; ***das lässt sich nicht ~ machen*** o que lá vai, lá vai, *bras* já que está, deixa ficar

'Ungeschick *n* <-(*e*)*s*; *sem pl*>, **~lichkeit** *f* falta *f* de jeito; **≈t** desajeitado

'unge|schlacht ['-gəʃlaxt] informe; *j-d*: rude, grosseiro; **~schlechtlich** *BIOL* assexuado, assexual; **~schliffen** ['-gəʃlifən] impolido; *fig* bruto, tosco; **~schmälert** ['-gəʃmɛːlərt] inteiro; **~schminkt** ['-gəʃmiŋkt] *fig* sem disfarce, franco; *Wahrheit*: puro; **~schoren** ['-gəʃoːrən] não tosquiado; *fig* **~ *lassen*** deixar em paz; **~schrieben** ['-gəʃriːbən] oral; ***~es Gesetz*** *fig* convenção *f*, tradição *f*; direito *m* consuetudinário; **~schützt** ['-gəʃytst] indefeso, desprotegido; desamparado; **~sehen** desapercebido, sem ser visto; **~sellig** insociável, intratável; selvagem; *ZO* solitário; **~setzlich** ilegal; **~sittet** inculto, incivilizado; bárbaro; (*wild*) selvagem; **~spritzt** *Obst etc*: não tratado; **~stalt(et)** informe; amorfo; **~stört** ['-gəʃtøːrt] imperturbado, tranquilo; *Besitz*: não perturbado; *Ruhe*: *a* absoluto; *adv a* em paz; **~straft** ['-gəʃtraːft] impune, impunido; **~stüm** ['-gəʃtyːm] *adj* impetuoso; **≈stüm** *n* <-(*e*)*s*; *sem pl*> ímpeto *m*, impetuosidade *f*; **~sund** *j-d*: doentio; achacoso; *Gewohnheit*, *Klima*: malsão; *Ort*: *a* insalubre, não higiénico (*ê); **~ *sein*** *Speise etc*: fazer mal (à saúde); **~tan** ['-gətaːn]: **~ *lassen*** não fazer, não executar; **~ *bleiben*** ficar por fazer; **~teilt** ['-gətaɪlt] indiviso; (*einstimmig*) unânime; (*rückhaltlos*) sem reserva

'unge|trübt ['-gətryːpt] claro, transparente; *fig a* puro, sereno; **≈tüm** ['-gətyːm] *n* <-(*e*)*s*; -*e*> monstro *m*; **~übt** sem prática; desajeitado; **~waschen** sujo; **~wiss** incerto; duvidoso; *Lage*: precário; ***im Ungewissen*** na incerteza, na dúvida; **≈wissheit** *f* incerteza *f*, dúvida *f*; **~wöhnlich** invulgar, extraordinário; insólito; (*seltsam*) estranho; **~wohnt** desacostumado; insólito; **~wollt** não intencional, involuntário; **~zählt** ['-gətsɛːlt] não contado, inúmero, inumerável; **~zähmt** ['-gətsɛːmt] indómito (*ô), indomado; **≈ziefer** ['-gətsiːfər] *n* bicharada *f*, bichos *m/pl*, bicharia *f*, *bras* bicharedo *m*; **≈zieferbekämpfung** *f* <*sem pl*> luta *f* anti-parasitária; **~zogen** ['-gətsoːgən] mal-educado; malcriado; *Kind*: *a* ruim; (*unhöflich*) descortês; **≈gezogenheit** *f* ruindade *f*; má-criação (*bras* malcriação) *f*; descortesia *f*; **~zügelt** ['-gətsyːgəlt] desenfreado; **~zwungen** *fig* desembaraçado, natural; sem constrangimento; **≈zwungenheit** *f* <*sem pl*> desembaraço *m*, naturalidade *f*; sem-cerimónia (*ô) *m*

'ungiftig atóxico, não venenoso

'Un|glaube *m* <-*ns*; *sem pl*> incredulidade *f*, descrença *f*; **≈gläubig** incrédulo; descrente; ateu; (*heidnisch*) infiel; **≈glaublich** incrível; **≈glaubwürdig** não fidedigno; pou-

U

co digno de fé (*od* de crédito); *et*: *a* invero(s)símil

'ungleich desigual; (*verschieden*) diferente (*dat* de); *adv* ~ + *comp* sem comparação, muito; **~artig** heterogéneo (*ê); **~förmig** ['-fœrmiç] desproporcionado; MAT assimétrico; **≈heit** *f* desigualdade *f*; diferença *f*, disparidade *f*; **~mäßig** desigual; irregular; *Dreieck*: escaleno

'Unglück *n* <-(*e*)*s*; -*e*> infelicidade *f*; desgraça *f*; desdita *f*; *dauerndes*: infortúnio *m*; (*Pech*) má sorte *f*, pouca sorte *f*; → ***~sfall***; ***ins ~ stürzen*** arruinar; **≈lich** infeliz; desgraçado; desditoso; **≈licherweise** infelizmente, por desgraça; **≈selig** desditoso; malfadado; *et*: funesto; **~sfall** *m* <-(*e*)*s*; ⸗*e*> acidente *m*, desastre *m*; sinistro *m*; **~srabe** *m* <-*n*> azarento *m*; **~stag** *m* <-(*e*)*s*; -*e*> dia *m* infausto, dia *m* aziago, *bras* dia *m* de azar

'Un|gnade *f* <*sem pl*> desgraça *f*; desfavor *m*; ***in ~ fallen*** cair em desgraça; **≈gnädig** pouco benévolo, de mau humor

'ungültig inválido, nulo, sem valor; ***~ machen***, ***für ~ erklären*** anular, invalidar; inutilizar, suprimir; **≈keit** *f* <*sem pl*> nulidade *f*, invalidade *f*, invalidez *f*; caducidade *f*; **≈keitserklärung** *f* declaração *f* de invalidade

'Un|gunst *f* <*sem pl*> desfavor *m*, prejuízo *m*; ***zu j-s ~en*** *a* em detrimento de alg, em desabono *m* de alg; ***zu meinen ~en*** *a* em meu desfavor; **≈günstig** desfavorável; pouco propício; NAV contrário; **≈gut**: ***nichts für ~!*** não (o) leve a mal!; sem desfazer!; **≈haltbar** insustentável; **≈handlich** difícil de manejar; **≈harmonisch** desarmonioso

'Unheil *n* <-(*e*)*s*; *sem pl*> desgraça *f*; calamidade *f*; ***~ bringend*** nefasto, funesto, fatal; **≈bar** incurável; irremediável; **≈voll** funesto, calamitoso

'un|heimlich inquietante; sinistro, lúgubre, medonho; numinoso; F *fig* enorme(mente); ***mir ist ~ zumute*** tenho medo; **~höflich** descortês; **≈höflichkeit** *f* descortesia *f*; **≈hold** *m* <-(*e*)*s*; -*e*> monstro *m*, malvado *m*; **~hörbar** imperceptível; *adv* sem ruído; **~hygienisch** não higiénico (*ê)

Uni ['uni] *f* <-; -*s*> F universidade *f*; **≈(farben)** ['yni] *Stoff*: unicolor; **~form** [uni'fɔrm] *f* uniforme *m*, farda *f*; **≈for'mieren** <-> uniformizar, fardar

'Unikum ['unikum] *n* <-*s*; -*s od* -*ka*> exemplar *m* único; *fig* coisa *f* única; F *j-d*: (tipo *m*) original *m*

'uninteress|ant sem interesse, pouco interessante; **~iert** [-iːrt] desinteressado; indiferente

Uni'on [uni'oːn] *f* união *f*; → ***EU***

univer'sal [univɛr'zaːl] universal; **≈erbe** *m* <-*n*>, **≈erbin** *f* herdeiro *m*, -a *f* universal

Universi'tät [univɛrzi'tɛːt] *f* universidade *f*

Universitäts|ausbildung *f* formação *f* universitária; **~bibliothek** *f* biblioteca *f* universitária; **~klinik** *f* clínica *f* universitária; **~professor(in *f*)** *m* <-*s*; -*en*> professor(a *f*) *m* universitário, -a (*od* da universidade); lente *su*; ***ordentlicher ~*** *a* (professor *m*) catedrático *m*; **~stadt** *f* <-; ⸗*e*> cidade *f* universitária

Uni'versum [uni'vɛrzum] *n* <-*s*; *sem pl*> universo *m*

'unkameradschaftlich nada camarada, pouco amigo; ***~ sein*** *a* não ser bom companheiro

'Unk|e ['uŋkə] *f* sapo *m* doméstico, rela *f*; **≈en** F (estar a) augurar mal

'un|kenntlich irreconhecível; desfigurado; ***~ machen*** desfigurar; disfarçar; **≈kenntnis** *f* <*sem pl*> ignorância *f*; desconhecimento *m*; **~kindlich** pouco infantil; pouco filial; (*frühreif*) precoce; **~klar** pouco claro; confuso; (*trübe*) turvo; ***über*** (*ac*) ***im ≈en sein*** não saber bem (*ac*); ***j-n im ≈en lassen*** não informar alg; **≈klarheit** *f* falta *f* de clareza; confusão *f*; *einzelne*: ponto *m* obscuro; **~klug** imprudente; tolo; **≈klugheit** *f* imprudência *f*; tolice *f*; **~kompliziert** simples, pouco complicado; **~kontrollierbar** incontrolável; difícil de comprovar (*od* de controlar *od* de fiscalizar); **~konventionell** não convencional; **~konzentriert** não concentrado, distraído; **≈kosten** *pl* despesas *f*/*pl*; ***sich in ~ stürzen*** meter-se em (*bras* fazer muitas) despesas;

U

≈kostenbeitrag *n* <-(e)s; ⸚e> contribuição *f* para as despesas; **≈kraut** *n* <-(e)s; ⸚er> erva *f* má (*od* daninha); **≈krautvertilgungsmittel** *n* herbicida *f*; **~kritisch** pouco crítico; **~kultiviert** inculto; bárbaro; **'~'kündbar** *ECON* irremível; inconvertível; *Stellung*: permanente; **~ *sein*** *j-d*: ser inamovível, *bras* ser irremovível; *Vertrag*: irrevogável; **~kundig** ignorante, sem conhecimentos; **~ *sein*** (*gen*) ignorar (*ac*); ser pouco versado em; não saber (*ac, inf*)

'un|längst há pouco; recentemente; **~lauter** impuro; ilícito, desleal (*a Charakter*); **~leidlich** ['-laɪtlɪç] insuportável, intolerável; **~leserlich** ilegível; **~leugbar** ['-lɔykbaːr] inegável, incontestável, insofismável

'un|lieb: ***j-m ~ sein*** desagradar a alg; **~liebenswürdig** pouco amável; **~liebsam** desagradável; **~logisch** ilógico; **~lösbar, ~löslich** insolúvel; **≈lust** *f* <*sem pl*> falta *f* de vontade; repugnância *f*; ***mit ~*** contrariado; **~lustig** mal-humorado; *adv* de mau humor

'un|manierlich pouco educado, de maneiras grosseiras; **~männlich** efeminado; pouco viril; (*feige*) cobarde, *bras* covarde; **≈masse** *f* F quantidade *f* enorme, sem-número *m*; **~maßgeblich** incompetente, não categorizado; (*bescheiden*) despretensioso; **~mäßig** imoderado, descomedido, excessivo; **≈mäßigkeit** *f* intemperança *f*, excesso *m*; **≈menge** *f* F quantidade *f* enorme; sem-número *m*

'Unmensch *m* <-*en*> monstro *m*; **≈lich** desumano; bárbaro; **~lichkeit** *f* desumanidade *f*, barbaridade *f*

'un|merklich imperceptível; **~militärisch** pouco militar, pouco garboso; paisano; **~missverständlich** inequívoco; categórico; **~mittelbar** imediato, dire(c)to; espontâneo; **~möbliert** vazio, sem mobília; **~modern** fora da moda, antiquado; **~möglich** impossível (***ich kann*** é-me); ***das ist ~*** *a* não pode ser; **≈möglichkeit** *f* <*sem pl*> impossibilidade *f*; **~moralisch** imoral; **~motiviert** inexplicável, sem razão; *JUR* fictício; **~mündig** menor; **≈mündigkeit** *f* <*sem pl*> menoridade *f*; **~musikalisch** sem sensibilidade musical; ***~ sein*** *a* não ter jeito para a música; **≈mut** *m* <-(e)s; *sem pl*> mau humor *m*; má disposição *f*

'un|nachahmlich ['-naxʔaːmlɪç] inimitável; **~nachgiebig** inflexível; *j-d*: *a* intransigente; **~nachsichtig** inconivente, severo; **'~'nahbar** ['-'naːbaːr] inacessível; **~natürlich** desnaturado, pouco natural; afe(c)tado; **'~'nennbar** ['-'nɛnbaːr] indizível, inexplicável; **~normal** anormal; **~notiert** *ECON* não cotizado

UNO ['uːno] ***Organisation der Vereinten Nationen*** Organização das Nações Unidas (ONU)

'unnötig inútil, desnecessário; (*überflüssig*) escusado; *Wort*: redundante; **'~er'weise** [-tigər-] sem necessidade; inutilmente

'unnütz ['-nyts] inútil; ***~ sein*** *a* não servir para nada; *adv* (*a* **~erweise**) → ***unnötigerweise***

'unord|entlich em desordem, desordenado, desarranjado; *Zimmer*: *a* desarrumado; *j-d*: desleixado; **≈nung** *f* desordem *f*, confusão *f*, desarranjo *m*, desalinho *m*; ***in ~ bringen*** desarranjar, pôr em desordem, desordenar

'unorganisch inorgânico

'un|paar(ig) ímpar; **~parteiisch** imparcial; **≈parteiische(r)** *m* árbitro *m*; **≈parteilichkeit** *f* imparcialidade *f*; **~passend** impróprio (***für*** de); inconveniente, descabido; *Betragen*: incorre(c)to; *Zeit*: inoportuno; ***zu ~er Zeit*** *a* a desoras, fora de tempo; **~passierbar** intransitável; **~pässlich** ['-pɛslɪç] indisposto; **≈pässlichkeit** *f* indisposição *f*; **~persönlich** impessoal; **~politisch** não político; impolítico; (*unklug*) *a* pouco diplomático; **~populär** impopular; **~praktisch** pouco prático; **~problematisch** simples, sem complicação (*od* problema); **~produktiv** improdutivo; **~pünktlich** impontual; (*verspätet*) atrasado; **≈pünktlichkeit** *f* <*sem pl*> impontualidade *f*; falta *f* de pontualidade; **~qualifiziert** não qualificado; ***~e Arbeit***

trabalho *m* não qualificado; **~e Bemerkung** observação *f* despropositada (*bras* sem procedência); **~rasiert** sem a barba feita, com a barba por fazer, não barbeado; **2rast** *f* <*sem pl*> desassossego *m*; irrequietude *f*; **2rat** *m* <-(*e*)*s*; *sem pl*> imundície *f*; lixo *m*; **~ wittern** *fig* ter as suas suspeitas; cheirar a caça; **~rationell** pouco racional; **~realistisch** irrealista

'unrecht 1. a) *adj* injusto; (*schlecht*) mau; *Zeit*: inoportuno; **zu ~er Zeit**: *a* fora de tempo; **b)** *adv* mal, sem razão; **~ haben** não ter razão; **2. 2** *n* <-(*e*)*s*; *sem pl*> injustiça *f*; *angetanes*: agravo *m*; **mit ~, zu ~** injustamente, sem razão; **im ~ sein** não ter razão; não estar no seu direito; **~ tun** fazer mal; *j-m*: ser injusto para com; **~mäßig** ilegítimo; ilegal; *adv* *a* sem direito; **sich ~ aneignen** usurpar; **2mäßigkeit** *f* ilegitimidade *f*; ilegalidade *f*

'un|redlich desleal, desonesto; *ECON* fraudulento; **~reell** desleal; de pouca confiança; pouco sério

'unregelmäßig irregular, anormal; anómalo (*ô); assimétrico; **2keit** *f* irregularidade *f*, anormalidade *f*; anomalia *f*; assimetria *f*

'unreif não maduro, verde; imaturo; **2e** *f* <*sem pl*> falta *f* de madureza; imaturidade *f*; *fig* falta *f* de experiência

'unrein impuro; (*schmutzig*) sujo; *MÚS* dissonante; **ins 2e schreiben** fazer um rascunho; **2lichkeit** *f* desasseio *m*, falta *f* de limpeza

'un|rentabel pouco lucrativo; **~ sein** *a* não render; **'~'rettbar** ['-'rɛtbaːr] perdido, fatal; *adv* sem remédio, irremediavelmente; **~ verloren** irremediavelmente perdido; **~richtig** inexa(c)to; errado, incorre(c)to

'Unruh|e *f* agitação *f*, desassossego *m*; (*Sorge*) inquietação *f*; (*Störung*) perturbação *f*; (*Gemurmel*) rumores *m/pl*; **~n** *pl* distúrbios *m/pl*; **j-n in ~ versetzen** inquietar alg; **~estifter** *m* perturbador *m* (da ordem pública); amotinador *m*; **2ig** inquieto, agitado; *j-d*: *a* irrequieto, desassossegado

'unrühmlich inglório

uns [uns] (*dat u ac von* **wir**) nos; *betont*: a nós; **ein Freund von ~** um amigo nosso

'un|sachgemäß impróprio; **~sachlich** sem obje(c)tividade; impertinente; **2sachlichkeit** *f* <*sem pl*> falta *f* de obje(c)tividade; impertinência *f*; **~'sagbar** [-'zaːkbaːr], **~'säglich** [-'zɛːkliç] indizível, indescritível; **~sanft** rude, duro, áspero; **~sauber** sujo; **~schädlich** inofensivo; **~ machen** neutralizar; **j-n ~ machen** reduzir alg à ina(c)tividade (*od* à ina[c]ção); **~scharf** *FOT* desfocado, pouco nítido; **~schätzbar** ['-ʃɛtsbaːr] inestimável, incalculável; **~scheinbar** de pouca aparência, pouco vistoso; (*zurückhaltend*) discreto; **~schicklich** indecoroso, indecente; **'~'schlagbar** invencível; F inimitável; **~schlüssig** irresoluto, indeciso; **2schlüssigkeit** *f* <*sem pl*> irresolução *f*, indecisão *f*; **~schön** feio; deselegante; **2schuld** *f* <*sem pl*> inocência *f*; **seine Hände in ~ waschen** lavar as mãos de a/c; **~schuldig** inocente; **~schwer** fácil

'unselbstständig *j-d*: dependente; sem personalidade, sem iniciativa; *Arbeit*: feito com auxílio alheio; **2keit** *f* <*sem pl*> falta *f* de independência; falta *f* de iniciativa; falta *f* de personalidade

'unselig funesto, fatal, desgraçado

'unser ['unzər] **1.** (*gen von* **wir**) de nós; **2.** (o) nosso, (a) nossa; : **3. ~e**: **das ~, der ~** o nosso; **die ~** a nossa; **~einer, ~eins** cá nós, a gente; **~(er)seits** da nossa parte; **~(e)sgleichen** o nosso igual; **~twegen** por (causa de) nós, por nossa causa

'unsicher inseguro; (*ungewiss*) incerto; (*zweifelhaft*) duvidoso; *Existenz*, *Gesundheit*: precário; (*riskant*) arriscado, perigoso; **~ machen** *Gegend*: infestar; *j-n*: confundir; **2heit** *f* incertitude *f*, incerteza *f*, insegurança *f*

'unsichtbar invisível; **2keit** *f* <*sem pl*> invisibilidade *f*

'Unsinn *m* <-(*e*)*s*; *sem pl*> absurdo *m*, disparate(s *pl*) *m*; **2ig** absurdo, disparatado; **~igkeit** *f* <*sem pl*> absurdidade *f*, loucura *f*

'Unsitt|e *f* mau hábito *m*, costume *m*,

vício *m*; **2lich** imoral; **~lichkeit** *f* <*sem pl*> imoralidade *f*

'un|solid(e) *ECON* de pouca confiança; *Arbeit*: mal feito; *j-d*: pouco sério; *a Leben*: desregrado, desordenado; **~sozial** anti-social, *j-d*: egoísta; **~sportlich** pouco desportivo (*bras* esportivo)

'unsr(ig)e ['unzr(ig)ə]: ***das ~, der ~*** o nosso; ***die ~*** a nossa

'un|statthaft ilícito, inadmissível, proibido; **~'sterblich** imortal; **2'sterblichkeit** *f* <*sem pl*> imortilidade *f*; **2stern** *m* <-(*e*)*s*; *sem pl*> má estrela *f*, má sorte *f*; **~stet(ig)** inconstante; *Charakter*: volúvel, irrequieto; *Leben*: agitado; (*schweifend*) errante; **'~'stillbar** insaciável; **2stimmigkeit** *f* desacordo *m*; discrepância *f*; (*Zwist*) desavença *f*

'un|streitig indiscutível, incontestável; *adv a* sem dúvida alguma; **~sühnbar** ['-zy:nba:r] inexpiável; **2summe** *f* quantia *f* enorme; ***e-e ~ (Geld)*** um dinheirão; **~symmetrisch** assimétrico; **~sympathisch** antipático; **~tadelig** irrepreensível, impecável; **2tat** *f* crime *m*; **~tätig** ina(c)tivo; **2tätigkeit** *f* <*sem pl*> ina(c)tividade *f*

'untauglich inútil; *geistig*: inepto; *a MIL* incapaz (***für*** de); (*unzulänglich*) insuficiente; ***~ sein*** *a* não prestar; **2keit** *f* <*sem pl*> inutilidade *f*; *geistige*: inépcia *f*; *a MIL* incapacidade *f*; (*Unzulänglichkeit*) insuficiência *f*

'un'teilbar indivisível; **2keit** *f* <*sem pl*> indivisibilidade *f*

'unten ['untən] em baixo, por baixo, abaixo; ***da ~, dort ~*** lá em baixo; ***hier ~*** cá em baixo; ***nach ~*** para baixo, abaixo; ***von oben bis ~*** de cima para baixo; ***von ~ herauf*** de baixo; a subir; ***weiter (nach) ~*** mais abaixo, mais para baixo; ***siehe ~!*** veja-se mais abaixo (*od* mais adiante)!; ***~ in*** (*dat*) no fundo de; ***~ genannt, ~ stehend*** abaixo mencionado, abaixo indicado

U

'unter ['untər] **1.** *prp* **a)** *örtlich*: (*Lage, wo?*: *dat*, *Richtung, wohin?*: *ac*) debaixo de, sob, por baixo de, abaixo de; ***~ freiem Himmel*** a céu aberto; (*zwischen, von*) entre; ***~ Tränen*** entre, com; ***~ uns*** entre nós; ***~ and(e)rem*** entre outras coisas; ***~*** (*dat*) ***hervor*** de debaixo de; ***~ vier Augen*** a sós; ***~ der Hand*** à socapa, sub-repticitamente, *bras* furtivamente, ilicitamente; **b)** *zeitlich*: sob; durante; ***~ dem heutigen Datum*** com a data de hoje; ***~ dem 2. Mai*** com a data de 2 de Maio; **c)** (*weniger als*): ***~ zehn Jahren*** a menos de dez anos; ***~ dem Preis*** abaixo do preço; ***nicht ~ …*** não menos do que …; ***~ aller Kritik*** inqualificável; **d)** *Abhängigkeit*: sob; ***~ seiner Leitung*** sob a sua dire(c)ção; **e)** *Art u Weise*: sob, com; ***~ diesen Umständen*** nestas condições; **2.** *adj*: inferior; (*unten gelegen*) de baixo; (*niedrig*) baixo; ***die ~e Stadt*** a (cidade) baixa

'Unter|abteilung *f*, **~abschnitt** *m* <-(*e*)*s*; -*e*> subdivisão *f*; *Text*: *a* alínea *f*; **~arm** *m* <-(*e*)*s*; -*e*> antebraço *m*; **~art** *f* sub-espécie *f*; **~ausschuss** *m* <-*es*; ⸚*e*> subcomissão *f*

'Unter|bau *m* <-(*e*)*s*; -*ten*> infra-estrutura *f*; substrução *f*; *TÉCN* pedestal *m*; *AUTO* chassi *m*; **2belichten** *v/t* <-*e*-; -> dar exposição insuficiente a, dar pouca exposição a; **~belichtung** *f* exposição *f* insuficiente, pouca exposição *f*; **~beschäftigung** *f* <*sem pl*> subemprego *m*; **2bewerten** <-*e*-; -> depreciar; não avaliar devidamente; desprezar; **2bewusst** subconsciente; **~bewusstsein** *n* <-*s*; *sem pl*> subconsciente *m*; **2'bieten** *v/t* <-> oferecer melhor preço que; *Sport*: bater um recorde (de tempo); **2'binden** <-> fazer ligadura; *fig* impedir, acabar com; **2'bleiben** <-> não ter lugar, não se realizar, não ser levado a cabo

unter'brech|en <-> interromper; quebrar; (*einstellen*) suspender; *EL* desligar; **2er** *m EL* interruptor *m*; *AUTO* platinado *m*; **2erkontakt** *m* <-(*e*)*s*; -*e*> *AUTO* conta(c)to *m* de interrupção; **2ung** *f* interrupção *f*; suspensão *f*

unter|'breiten <-*e*-; -> *fig* submeter, apresentar; **'~bringen** colocar; acomodar; *Gast*: alojar, hospedar; *MIL* acantonar, aquartelar; **'2bringung** ['-briŋuŋ] *f* acomodação *f*; (*Wohnung*) alojamento *m*; *MIL* aquartelamento *m*; *fig* colocação *f*; '**~buttern** F oprimir; **~'des(sen)** [-'dɛs(ən)] entretanto

'**Unterdruck** *m* <-(e)s; sem pl> depressão *f*

unter'drück|en <-> reprimir; *gänzlich*: suprimir; *Volk*: oprimir; submeter; (*vertuschen*) abafar; **≈er** *m* opressor *m*; **≈ung** [-'drykuŋ] *f* repressão *f*; supressão *f*; opressão *f*

'**unter|einander** entre eles (nós *etc*), uns com os outros; reciprocamente; **~entwickelt** subdesenvolvido; **~ernährt** subalimentado; **≈ernährung** *f* alimentação *f* deficiente, subalimentação *f*; **≈'fangen** *n* <sem pl> atrevimento *m*; empreendimento *m* (arriscado); **~fassen** *v/t* <-t> dar o braço a; ***sich ~*** ir de braços dados; **~'fertigen** <-> assinar; rubricar; ***der ≈fertigte*** o abaixo-assinado; **≈'führung** *f* passagem *f* subterrânea; **≈funktion** *f* MED hipofunção *f*; **~'füttern** <-re; -> forrar

'**Untergang** *m* <-(e)s; ¨e> NAV naufrágio *m*; (*Sinken*) afundamento *m*; ASTR pôr *m* (do sol), *a fig* ocaso *m*; *fig* queda *f*, declínio *m*

unter|'geben subordinado, inferior, subalterno; '**~gehen** <sn> NAV afundar-se, ir ao fundo, ir a pique; ASTR pôr-se; *fig* acabar, perecer, declinar; '**~geordnet** ['-gəʔɔrtnət] subordinado, subalterno; *an Bedeutung*: inferior, secundário; '**≈geschoss** *n* <-es; -e> rés-do-chão *m*; '**≈gewicht** *n* <-(e)s; sem pl> falta *f* de peso; **~'gliedern** <-re; -> subdividir; **~'graben** <-> sapar, *a fig* minar; *Gesundheit*: estragar, dar cabo de

'**Untergrund** *m* <-(e)s; sem pl> subsolo *m*; PINT fundo *m*; POL resistência *f* clandestina; **~bahn** *f* metro(politano) *m*, *bras* metrô *m*; **~bewegung** *f*, **~organisation** *f* movimento *m* (*od* organisação *f*) clandestino, -a

'**unterhalb** (*gen*) por baixo de; abaixo de; *adv* da parte de baixo

'**Unterhalt** *m* <-(e)s; sem pl> sustento *m*; subsistência *f*; manutenção *f*; ***~ zahlen*** JUR pagar alimentos, *bras* pagar pensão alimentícia

unter'halt|en <-> conservar; (*ernähren*) manter, suster; *Personal*: pagar; *finanziell*: subvencionar; *im Gespräch*: entreter; ***sich ~*** conversar; (*vergnügen*) divertir-se, distrair-se; **~end, ~sam** interessante; divertido; LIT ameno; '**~spflichtig** JUR que deve alimentos

Unter'haltung *f* conversa *f* (***anknüpfen*** meter); (*Vergnügen*) divertimento *m*, distra(c)ção *f*; → ***Unterhalt***; ARQUIT, TÉCN manutenção *f*, conservação *f*; **~sbeilage** *f Zeitung*: suplemento *m* literário; folhetim *m*; **~selektronik** *f* <sem pl> ele(c)trónica (*ô) *f* recreativa; **~skosten** *pl* despesas *f/pl* de manutenção; **~sliteratur** *f* <sem pl> literatura *f* amena (*od* ligeira); **~smusik** *f* <sem pl> música *f* ligeira

unter|'handeln <-le; ->: ***~ über*** (*ac*) negociar (*ac*); tratar de; '**≈händler** *m* negociador *m*; delegado *m*; ECON agente *m*; MIL parlamentário *m*; **≈'handlung** *f* negociação *f*; '**≈haus** *n* <-es; sem pl> Câmara *f* Baixa (*od* dos Comuns); '**≈hemd** *n* <-(e)s; -en> camisola *f*, *bras* camiseta *f*; **~'höhlen** [-'høːlən] <-> sapar, *a fig* minar; '**≈holz** *n* <-es; sem pl> mata *f* de corte; '**≈hose** *f kurze*: cuecas *f/pl*, *bras* cueca *f*; *lange*: ceroulas *f/pl*; '**~irdisch** subterrâneo; **~'jochen** [-'jɔxən] <-> subjugar; **~'kellern** <-re; ->: (***das Haus***) ~ construir uma cave (*bras* um porão) por baixo (da casa); '**≈kiefer** *m* maxila *f* inferior; mandíbula *f*; '**≈kleid** *n* <-(e)s; -er> combinação *f*; '**≈kleidung** *f* → ***Unterwäsche***; '**~kommen** <sn> encontrar alojamento; *im Beruf*: encontrar colocação; (*Raum haben*) caber; '**~kriegen** F vencer, dominar; ***sich nicht ~ lassen*** F não desanimar; **~'kühlt** *fig* frio, distante; '**≈kunft** [-kunft] *f* <-; ¨e> alojamento *m*, hospedagem *f*; MIL aquartelamento *m*; (*Schutz*) abrigo *m*; '**≈lage** *f* base *f* (*a fig*); fundo *m*; (*Schreib≈*) pasta *f*; MED borracha *f*; (*Beleg*) documento *m*; ***~n*** *pl* documentação *f/sg*; papéis *m/pl*; elementos *m/pl*; '**≈land** *n* <-(e)s; sem pl> país *m* baixo; '**≈lass** [-las] *m*: ***ohne ~*** sem cessar; **~'lassen** <-> deixar (***zu*** de); etwas ~ deixar-se de a/c, deixar de fazer a/c; **≈'lassung** [-'lasuŋ] *f* omissão *f*, fal-

U

ta *f*; '2**lauf** *m* <-(*e*)*s*; ¨*e*> curso *m* inferior

unter|'laufen 1. <-; *sn*>: *Fehler*: cometer um erro; deixar escapar um erro; **2.** *adj*: ***mit Blut ~*** inje(c)tado de sangue; pisado; '**~legen¹** pôr por baixo, colocar por baixo; *fig Sinn*: atribuir; *MÚS e-n Text **e-r Melodie** ~* adaptar à música; **~'legen²** <-> **a)** ***~ mit*** forrar de; **b)** *adj*: ***~ sein*** ficar vencido; *j-m*: ser inferior (***an*** *dat* em); '2**leib** *m* <-(*e*)*s*; -*er*> baixo-ventre *m*; abdómen *m*; 2**leibskrankheit** *f* doença *f* pélvica (*od* ginecológica); **~'liegen** <-; *sn*> sucumbir; *MIL a* ser vencido; *fig* estar sujeito a, ser susceptível de; ***keinem Zweifel ~*** não admitir dúvida; '2**lippe** *f* beiço (*od* lábio) *m* inferior

'unterm F = ***unter dem***

unter|'malen <-> empastar; 2'**malung** *f*: ***musikalische ~*** fundo *m* musical; **~'mauern** <-*re*; -> alicerçar, cimentar; '**~mengen** misturar; '2**miete** *f* sublocação *f*, subarrendamento *m*; '2**mieter** *m* sublocatário *m*, subarrendatário *m*; **~mi'nieren** <-> minar *a fig*; '**~mischen** misturar

'untern F = ***unter den***

unter'nehmen <-> empreender

Unter'nehmen *n* empresa *f*; empreendimento *m*; *MIL* operação *f*; 2**d** empreendedor, de iniciativa; **~sberater** *m* consultor *m* de empresas; **~sberatung** *f* consultadoria *f* de empresas

Unter'nehmer(in *f*) *m* industrial *su*, patrão *m*, patroa *f*; *ARQUIT* empreiteiro *m*, -a *f*

Unter'nehmung *f* empreendimento *m*; empresa *f*; **~sgeist** *m* <-(*e*)*s*; *sem pl*> espírito *m* empreendedor, *a* = ***~slust*** *f* <*sem pl*> iniciativa *f*; 2**slustig** empreendedor, com espírito de iniciativa

'Unter|offizier *m* <-*s*; -*e*> sargento *m*; 2**ordnen** <-*e*-> subordinar; *a* → ***untergeordnet***; **~ordnung** *f* <*sem pl*> subordinação *f*; **~pfand** *n* <-(*e*)*s*; ¨*er*> penhor *m*; **~'redung** [-'re:duŋ] *f* conversa *f*, conferência *f*; entrevista *f*

'Unterricht ['-riçt] *m* <-(*e*)*s*; *sem pl*> ensino *m*; instrução *f*; *deutscher etc a* lições *f*/*pl* de ... (***nehmen*** ter, ***bei*** com); ***der ~ fällt aus*** não há aula; 2**en** [-'riçtən] <-*e*-; ->: (***j-n in et*** *dat*) ~ ensinar (a/c a alg), dar lições (de a/c a alg); ***j-n ~*** instruir alg; informar alg (***über*** *ac* de); **~sfach** *n* <-(*e*)*s*; ¨*er*> disciplina *f*; **~sgegenstand** *m* <-(*e*)*s*; ¨*e*> matéria *f* (de ensino); **~sminister(ium** *n* <-*s*; -*rien*>) *m* Ministro *m* (Ministério *m*) da Educação Nacional; **~sstunde** *f* aula *f*; **~swesen** *n* <-*s*; *sem pl*> ensino *m*; **~ung** [-'riçtuŋ] *f* <*sem pl*> informação *f*, instrução *f*

'Unterrock *m* <-(*e*)*s*; ¨*e*> saiote *m*, *bras* anágua *f*; (*Trägerkleid*) combinação *f*

'unters F = ***unter das***

unter|'sagen <-> proibir, interdizer, vedar; '2**satz** *m* <-*es*; ¨*e*> suporte *m*, esteio *m*; *Gefäß*: prat(inh)o *m*; *Sockel*: pedestal *m*; **~'schätzen** <-*t*; -> subestimar; menosprezar; ter em pouco, não estimar bem; **~'scheiden** <-> distinguir; ***sich voneinander ~*** diferir entre si; **~'scheidend** distintivo

Unter'scheidung *f* distinção *f*; **~smerkmal** *n* <-(*e*)*s*; -*e*> cara(c)terística *f*; **~svermögen** *n* <-*s*; *sem pl*> discernimento *m*

'Unter|schenkel *m* perna *f*, parte *f* inferior da coxa; **~schicht** *f* camada *f* inferior; 2**schieben** pôr de baixo, meter por baixo; *fig* substituir; ***j-m et ~*** imputar a/c a alg; **~schied** ['-ʃi:t] *m* <-(*e*)*s*; -*e*> diferença *f*; 2**schiedlich** ['-ʃi:tliç] distinto, diferente; diverso; 2**schiedslos** *adv* indistintamente; sem distinção, indiscriminadamente; 2**schlagen¹** *Arme*: cruzar; 2'**schlagen²** <-> defraudar, desfalcar; *Dokumente*: extraviar; *a Tatsache*: abafar; ocultar; **~'schlagung** [-'ʃla:guŋ] *f* fraude *f*, dolo *m*, desfalque *m*; **~schlupf** ['-ʃlupf] *m* <-(*e*)*s*; ¨*e*> abrigo *m*, refúgio *m*; 2'**schreiben** <-> assinar, subscrever (*a fig*); 2'**schreiten** <-> *Umfang etc*: não alcançar; **~schrift** *f* assinatura *f*; *e-s Bildes*: legenda *f*; **~schriftensammlung** *f* lista *od* recolha *f* de assinaturas; 2**schriftsberechtigt** que tem o direito de assinar; 2**schwellig** *adv* subconscientemente; **~seeboot** *n* <-(*e*)*s*; -*e*> submarino *m*; **~seite** *f* lado *m* inferior

U

(*od* de baixo); **~setzer** *m* suporte; (*Glas*) base *f*; *ARQUIT* soco *m*; **ℨ'setzt** [-'zɛtst] baixo(te); **ℨsinken** <*sn*> ir ao fundo, afundar-se; **ℨ'spülen** <-> minar, escavar, corroer

'unterst inferior, mais baixo, (*niedrigst*) *a* ínfimo

'Unter|stadt *f* <-; ¨*e*> (*bras* cidade *f*) Baixa *f*; **~stand** *m* <-(*e*)*s*; ¨*e*> abrigo *m*

'Unterste *n*: ***das ~ zuoberst kehren*** virar ao avesso, pôr de cabeça para baixo

unter|'stehen <-> depender (*dat* de); ***sich ~ zu*** (*inf*) atrever-se a; **~stellen**¹ pôr debaixo de; **~'stellen**² <-> (*unterordnen*) subordinar; *Absicht*: supor; atribuir; *Schuld*: imputar; ***als wahr ~*** dar como provado; **ℨ'stellung** *f* subordinação *f*; (*Behauptung*) imputação *f*; suposição *f*; **~'streichen** <-> sublinhar; *fig a* acentuar

'Unterstufe *f Schule*: grau *m* inferior de ensino

unter'stütz|en <-*t*; -> apoiar; *fig* proteger; (*helfen*) auxiliar; *ECON* subvencionar, subsidiar; **ℨung** *f* apoio *m*; *fig* prote(c)ção *f*; auxílio *m*, socorro *m*; *Geldmittel*: subvenção *f*, subsídio *m*; **ℨungsempfänger** *m* subvencionado *m*, subsidiado *m*

unter'such|en <-> examinar (*a MED*); investigar (*a forschen*); inquirir; *QUÍM* analisar; **ℨung** *f* exame *m*, *MED a* observação *f*; *QUÍM* análise *f*; *polizeiliche*, *wissenschaftliche*: investigação *f*, pesquisa *f*; *JUR* instrução *f* (judiciária *od* criminal); *disziplinarische*: sindicância *f*; ***e-e ~ einleiten gegen*** instaurar uma instrução (em processo penal) contra

Unter'suchungs|ausschuss *m* <-*es*; ¨*e*> comissão *f* de inquérito; **~gefängnis** *n* <-*ses*; -*se*>, **~haft** *f* <*sem pl*> detenção *f* preventiva, prisão *f* preventiva; **~kommission** *f* → ***~ausschuss***; **~richter** *m* juiz *m* de instrução criminal

Unter|'tagebau *m* <-(*e*)*s*; *sem pl*> *BGB* extra(c)ção *f* subterrânea; **ℨ'tags** F durante o dia; **'~tan** ['-ta:n] *m* <-*en*> súbdito *m*, *bras* súdito *m*; **'~tasse** *f* pires *m*; **'ℨtauchen** mergulhar; submergir; *fig* esconder-se; desaparecer; **'~teil** *m u n* <-(*e*)*s*; -*e*> suporte *m*; parte *f* de baixo; **ℨ'teilen** <-> subdividir; **~'teilung** *f* subdivisão *f*; **'~temperatur** *f MED* temperatura *f* inferior à normal; **'~titel** *m* subtítulo *m*; **'~ton** *m* <-(*e*)*s*; ¨*e*> *fig* tom *m* velado; matiz *m*; **ℨ'tunneln** [-'tunəln] *v/t* <-*le*; -> abrir um túnel por baixo de; **'ℨvermieten** <-*e*-; -> sublocar; **'ℨversichert** subsegurado; **'~versorgung** *f* subabastecimento *m*; **ℨ'wandern** <-> infiltrar-se; **~'wanderung** *f* infiltração *f*; **~wäsche** *f* <*sem pl*> roupa *f* interior, *bras* roupa *f* de baixo; **~'wassermassage** *f* massagem *f* subaquática; **~'wassersport** *m* <-*s*; *sem pl*> desporto (*bras* esporte) *m* subaquático; **ℨ'wegs** [-'ve:ks] de caminho, no caminho; ***~ nach*** a caminho de; **ℨ'weisen** <-> instruir, ensinar; **~'weisung** *f* instrução *f*; **'~welt** *f* <*sem pl*> inferno(s *pl*) *m*; reino *m* dos mortos; *sozial*: mundo *m* do crime; **ℨ'werfen** <->: (***sich***) **~** sujeitar(-se), submeter(-se); subjugar; **~'werfung** [-'vɛrfuŋ] *f* sujeição *f*, submissão *f* (***unter*** *ac* a); **ℨ'wühlen** <-> sapar, minar (*a fig*); **ℨ'würfig** [-'vyrfiç] submisso, servil; **'~würfigkeit** *f* submissão *f*, servilismo *m*

unter'zeichn|en <-*e*-; -> assinar; firmar; **ℨer(in** *f*) *m* signatário *m*, -a *f*; **ℨete(r)** [-ətə(r)] *m* (o) abaixo-assinado *m*; **ℨung** *f* assinatura *f*

'Unter|zeug *n* <-(*e*)*s*; *sem pl*> roupa *f* interior (*bras* de baixo); **ℨziehen**¹ pôr por baixo; **ℨ'ziehen**² <-> (***sich***) *dat* **~** submeter(-se) a; sujeitar(-se) a; ***sich*** *e-r Aufgabe* **~** encarregar-se de, tomar conta de

'Un|tiefe *f* baixio *m*; *fig* abismo *m*; **~tier** *n* <-(*e*)*s*; -*e*> monstro *m*; **'ℨ'tragbar** insuportável; **ℨtrainiert** destreinado, sem treino; **'ℨ'trennbar** inseparável; **ℨtreu** infiel, *ECON a* desleal; *dat* ***~ werden*** abandonar *od* renegar (a causa de); ***sich*** (*dat*) ***selbst ~ sein*** ser inconsequente, desmentir-se a si mesmo; **~treue** *f* <*sem pl*> infidelidade *f*, deslealdade *f*; **'ℨ'tröstlich** desconsolado, inconsolável; **'ℨ'trüglich** ['-'try:kliç] infalível, seguro; **~tugend** *f* vício *m*, defeito *m*; **ℨtypisch** atípico

'unüber|'brückbar ['-'brykba:r] *fig* insuperável; *Gegensatz*: irreconciliável; **~legt** ['-le:kt] inconsiderado, irrefle(c)tido; leviano; **²legtheit** *f* imprudência *f*, irreflexão *f*; leviandade *f*; **'~'sehbar** ['-'ze:ba:r] imenso, ilimitado; **'~'setzbar** ['-'zɛtsba:r] intraduzível; **~sichtlich** desordenado, confuso, difuso, intricado, complicado; *Gelände*: de orientação difícil; **'~'trefflich**, **'~'troffen** ['-'trɔfən] insuperável; **'~'windlich** invencível; *Festung*: inexpugnável

'unum|'gänglich inevitável, indispensável; **'~'schränkt** ['-'ʃrɛnkt] absoluto; **'~'stößlich** ['-'ʃtœslɪç] irrefutável; *Behauptung*: *a* peremptório; *Beschluss*: irrevogável; = **'~'stritten** incontestável; incontroverso; **'~'wunden** ['-'vundən] franco; *adv a* sem rodeios, sem reservas

'ununter'brochen ['-'brɔxən] ininterrupto, contínuo; *adv a* sem cessar, sem interrupção

'unver|'änderlich invariável, inalterável; imutável; **'~'ändert** inalterado; como sempre; **~ *sein*** *a* continuar na mesma; **'~'antwortlich** irresponsável; injustificável; (*unverzeihlich*) imperdoável; **'²'antwortlichkeit** *f* <*sem pl*> irresponsabilidade *f*; (*Unverzeihlichkeit*) imperdoável *m*; **'~'arbeitet** tosco, não lavrado, *bras* não trabalhado; *fig* mal assimilado; **'~'äußerlich** inalienável; **'~'besserlich** incorrigível; **'~'bindlich** sem compromisso; facultativo; **'~'blümt** nu e cru; *adv* sem rodeios; **~ *reden*** F não ter papas na língua; **'~braucht** *fig* bem conservado; **'~'brüchlich** ['-fɛr'bryçlɪç] inviolável; *Gehorsam*: cego; **'~'bürgt** não garantido, sem garantia; *Gerücht*: não confirmado; **'~'dächtig** insuspeito; **'~'daulich** indigesto; **'~'daut** mal digerido; **'~'derblich** não deteriorável; *fig* incorruptível; **'~'dient** imerecido, indevido; **~dorben** em bom estado; *a fig* inta(c)to, incorrupto; puro; *Kind*: inocente, ingénuo (*ê); **'~'drossen** infatigável; **~dünnt** não diluído; **~eidigt ~ *bleiben*** não prestar juramento; **'~'einbar** incompatível; **'~'fälscht** autêntico; (*rein*) puro; natural; **'~'fänglich** inofensivo; nada capcioso; **'~'froren** descarado; **'²'frorenheit** *f* descaramento *m*; **'~'gänglich** imorredouro, imperecível; eterno; **~gessen**, **'~'gesslich** inolvidável, inesquecível; **'~'gleichlich** incomparável, sem igual; **'~'hältnismäßig** desproporcionado; *adv* excessivamente; **~heiratet** solteiro; celibatário; **'~'hofft** ['-fɛr'hɔft] inesperado; **'~'hohlen** ['-fɛr'ho:lən] franco, sincero; → ***unverblümt***; *adv a* redondamente, *bras* declaradamente; **'~'käuflich** invendível, *bras a* invendável; **~ *sein*** não se vender, não estar à venda; **'~'kennbar** evidente, inconfundível; **~langt** não solicitado; espontâneo; **'~'letzlich** invulnerável; inviolável; *parlamentarisch*: imune; **'²'letzlichkeit** *f* <*sem pl*> invulnerabilidade *f*, inviolabilidade *f*; *parlamentarische*: imunidade *f*; *Gebiet*: integridade *f*

unver|letzt ileso; são e salvo; **'~'meidbar**, **'~'meidlich** inevitável; **~mindert** indiminuto, sem diminuição, *bras a* sem alteração; **~mischt** puro; **~mittelt** repentino, súbito; dire(c)to; *adv* de repente, de improviso; **²mögen** *n* <-*s*; *sem pl*> incapacidade *f*, impotência *f* (*a* MED); **~mögend** incapaz; (*arm*) sem fortuna, sem meios; **~mutet** inesperado; **²nunft** *f* <*sem pl*> desrazão *f*; insensatez *f*; imprudência *f*; **~nünftig** *j-d*: insensato; (*unklug*) imprudente; *et*: absurdo; **~öffentlicht** inédito; **~packt** ECON sem embalagem; **~richtet**: ***~er Dinge***, ***~er Sache*** sem ter feito nada, sem ter conseguido nada; **'~'rückbar** *fig* inalterável; **~schämt** descarado; desavergonhado; **²schämtheit** *f* descaro *m*, descaramento *m*; desvergonha *f*; **'~'schlossen** não fechado; **'~'schuldet** imerecido; ECON isento de dívidas; **'~'sehens** de repente, inopinadamente; de improviso; **~sehrt** ileso, incólume; a salvo; *et*: inta(c)to; **~sichert** sem seguro; **'~'siegbar** ['-fɛr'zi:kba:r] inesgotável; **~siegelt** sem selo; CORR **~ *sein*** *a* não estar lacrado; **'~'söhnlich** irreconciliável; implacável; *Haltung*: intransigente; **~sorgt** desamparado; **²stand** *m* <-(*e*)*s*; *sem pl*> insensatez *f*

U

'unver|standen incompreendido; **~ständig** insensato, desajuizado, irrefle(c)tido; **~ständlich** incompreensível; *Wort: a* ininteligível; **'~'steuert** isento de impostos; **'~'sucht** ['-fɛr'zu:xt]: ***nichts ~ lassen*** tentar todos os meios; **'~'träglich** *j-d*: intratável; *et*: nocivo, *MED* inassimilável; incompatível; **ℒträglichkeit** *f <sem pl> j-s*: mau génio (*ê) *m*; *e-r Sache*: nocividade, *MED* inassimilabilidade *f*, incompatibilidade *f*; **~wandt** fixo; ***~ anblicken*** fixar, fitar; **'~'wechselbar** inconfundível; incomparável; **'~'wundbar** invulnerável; **'~'wüstlich** ['-fɛr'vy:stliç] indestrutível; **~zagt** intrépido; ***~ sein*** *a* não desanimar; **'~'zeihlich** imperdoável

unver|zinslich: ***~ sein*** não vencer juros; **~zollt** *einführen*: sem pagar direitos; ***noch ~*** ainda não sujeito a direitos; **'~'züglich** ['-fɛr'tsy:kliç] imediato; *adv a* sem demora, a(c)to contínuo

'unvoll|endet incompleto; **~kommen** imperfeito; defeituoso; **ℒkommenheit** *f* imperfeição *f*; **~ständig** incompleto

'unvor|bereitet não preparado; *j-d*: *a* desprevenido; *et*: *a* improvisado; **~eingenommen** imparcial; **~hergesehen** ['-he:rgəze:ən] imprevisto; **~sichtig** imprudente, descuidado; ***~ sein*** *a* não ter cautela; **ℒsichtigkeit** *f* imprudência *f*, descuido *m*, incauto *m*, falta *f* de cautela; imprevidência *f*; **'~'stellbar** inimaginável; inconcebível; **~teilhaft** desvantajoso; *gekleidet*: com mau gosto; ***~ wirken*** *j-d*: fazer má figura; *et*: não fazer efeito

'un'wägbar imponderável

'unwahr falso; *j-d a* mentiroso; **ℒheit** *f* falsidade *f*; (*Lüge*) mentira *f*; ***eine ~ sagen*** faltar à verdade; **~scheinlich** improvável, inveros(s)ímil F *fig* incrível; **ℒscheinlichkeit** *f <sem pl>* improbabilidade *f*, inveros(s)imilhança *f*

'un|'wandelbar imutável, inalterável; constante; **~wegsam** ['-ve:kza:m] intransitável, impraticável; **~weiblich**: ***~ sein*** não ser próprio da mulher, ser pouco feminino; **'~'weigerlich** ['-'vaɪgərliç] necessário; forçoso; absoluto; *adv a* sem falta; **~weit** (*gen*) perto de, não longe de; **~wert** indigno; **ℒwesen** *n <-s; sem pl>* desordem *f*; ruindade *f*; ***sein ~ treiben*** fazer das suas; **~wesentlich** não essencial; secundário; (*zufällig*) acidental, acessório; → ***unwichtig***; **ℒwetter** *n* temporal *m*; *a fig* borrasca *f*; **~wichtig** insignificante, sem importância, de pouca importância; ***~ sein*** *a* não ter importância

'unwider|'legbar ['-'le:kba:r] irrefutável; **'~'ruflich** irrevogável; ***~ letzter Termin*** improrrogável; **'~'stehlich** ['-'ʃte:liç] irresistível

'unwieder'bringlich ['-'briŋliç] irreparável

'Unwill|e *m <-ns; sem pl>* indignação *f*; mau humor *m*; **ℒig** **1.** *adj* mal-humorado; ***~ über*** (*ac*) indignado com, irritado com; ***~ werden*** indignar-se, irritar-se; **2.** *adv* de mau humor; **ℒkommen** *j-d*: importuno, maçador; *et*: inoportuno; *adv a* não (*od* pouco) a propósito; **ℒkürlich** involuntário; *adv a* sem querer

'unwirk|lich irreal; **~sam** ineficaz

'unwirsch ['unvirʃ] mal-humorado, rude, áspero

'unwirt|lich inóspito (*a fig*), inospitaleiro; **~schaftlich** pouco económico (*ô); custoso; não rendível

'unwissen|d ignorante; **ℒheit** *f <sem pl>* ignorância *f*; **~schaftlich** sem valor científico, sem método científico, sem rigor científico; **~tlich** inconscientemente, sem saber, sem querer

'unwohl indisposto, mal (***mir ist*** sinto-me); **ℒsein** *n <-s; sem pl>* indisposição *f*; incómodo (*ô) *m*

'un|wohnlich pouco confortável; **~würdig** indigno; (*gen*) ***~ sein*** desmerecer de; **ℒzahl** *f <sem pl>* sem-número *m*, infinidade *f*; **'~'zählig** ['-'tsɛ:liç] inumerável, inúmero; **'~'zähmbar** indom(estic)ável

'Unze ['untsə] *f* onça *f* (*a ZO*)

'Unzeit *f*: ***zur ~*** fora de tempo; desa(c)tual; = **ℒgemäß** inoportuno; (*zu früh*) prematuro

'unzer|'brechlich inquebrável; **'~'reißbar** ilacerável; **'~'störbar** ['-tsɛr'ʃtø:r-] indestrutível

'unzer'trennlich ['-tsɛr'trɛnliç] inseparável
'un|zivilisiert não civilizado, inculto, bárbaro; **2zucht** *f* <*sem pl*> impudicícia *f*; luxúria *f*; **~züchtig** impúdico; obsceno, pornográfico
'unzu|frieden descontente; **2friedenheit** *f* <*sem pl*> descontentamento *m*; insatisfação *f*; **~gänglich** inacessível; **~länglich** insuficiente; **2länglichkeit** *f* insuficiência *f*; **~lässig** inadmissível; **~rechnungsfähig** irresponsável; imbecil; **2rechnungsfähigkeit** *f* <*sem pl*> irresponsabilidade *f*; imbecilidade *f*; **~reichend** insuficiente; **~sammenhängend** incoerente; desconexo; **~ständig** incompetente; **~treffend** inexa(c)to; errado; **2es streichen!** *Formular*: risque o que não diz respeito; **~verlässig** pouco seguro; pouco sério; de pouca confiança; **2verlässigkeit** *f* <*sem pl*> falta *f* de seriedade; ***j-s ~ a*** a pouca confiança que alg merece
'un|zweckmäßig inoportuno; inconveniente; (*schädlich*) contraproducente; **~zweideutig** inequívoco; **~zweifelhaft** indubitável; *adv a* sem dúvida
'Update ['apdɛit] *n* <*-s*; *-s*> *INFORM* actualização *f*
'üppig ['ypiç] *BOT* exuberante; *Wald*: frondoso; (*reich*) sumptuoso, opulento, *Mahl*: *a* opíparo, lauto; (*sinnlich*) voluptuoso; **2keit** *f* <*sem pl*> exuberância *f*; opulência *f*, sumptuosidade *f*; voluptuosidade *f*
Ur [uːr] *m* <*-(e)s*; *-e*> *ZO* uro *m*; **'~abstimmung** *f* primeira votação *f*; **'~ahn(e** *f*) *m* <*-(e)s*; *-en*> bisavô *m*, -ó *f*; antepassado *m*; (*Stammvater*) tronco *m*; **'2alt** velhíssimo; *et*: *a* antiquíssimo; *Zeit*: remoto
U'ran [u'raːn] *n* <*-s*; *sem pl*> urânio *m*; **2haltig** uranífero
'uraufführ|en estrear; **2ung** *f* estreia (*é) *f*
ur'ban [ur'baːn] urbano; **2i'sierung** *f* urbanização *f*
urbar lavradio, cultivável, arável; ***~ machen*** desbravar, arrotear, desmoitar; **2machung** ['-maxuŋ] *f* arroteamento *m*
Ur|bevölkerung *f* aborígenes *m/pl*; **~bild** *n* <*-(e)s*; *-er*> original *m*; protótipo *m*, modelo *m*; **2eigen** intrínseco; específico; **~einwohner** *m/pl* habitantes *m/pl* primitivos; aborígenes *m/pl*; **~enkel(in** *f*) *m* bisneto *m*, -a *f*; **~fassung** *f* versão *f* original; **2ge'mütlich** F *j-d*: muito jovial; *et*: muito aconchegado; **~geschichte** *f* história *f* primitiva, proto-história *f*; **~gestein** *n* <*-(e)s*; *-e*> rocha *f* primitiva; **~großeltern** *pl* bisavôs *m/pl*; **~großmutter** *f* <*-*; ¨> bisavó *f*; **~großvater** *m* <*-s*; ¨> bisavô *m*
'Urheber|(in *f*) *m* autor(a *f*) *m*; **~recht** *n* <*-(e)s*; *-e*> direito *m* de autor; *pl* ***~e*** *bras* direitos *m/pl* autorais; **~schaft** *f* <*sem pl*> autoria *f*; **~schutz** *m* <*-es*; *sem pl*> prote(c)ção *f* da propriedade intelectual, *bras* garantia *f* dos direitos autorais
'urig ['uːriç] original; estranho
U'rin [u'riːn] *m* <*-s*; *-e*> urina *f*; ***~ lassen*** = **2'ieren** [uri'niːrən] <*-*> urinar
'ur'komisch ['uːr'-] F engraçadíssimo
'Urkund|e *f* documento *m*; **~enfälschung** *f* falsificação *f* de documentos; **2lich** documental; *adv* com documentos; ***~ belegen*** documentar
'Urlaub ['uːrlaup] *m* <*-(e)s*; *-e*>: (***auf***) **~** (de) licença *f*, *a MIL* (***nehmen*** pedir uma), (em) férias *f/pl*; **~er(in** *f*) ['-bər] *m* veranista *su*, turista *su*; *MIL* soldado *m* de licença
'Urlaubs|anschrift *f* morada *f* de férias; **~geld** *n* <*-(e)s*; *-er*> subsídio *m* de férias; **~gesuch** *n* <*-(e)s*; *-e*> pedido (*od* requerimento) *m* de licença; **2reif**: ***~ sein*** F estar a precisar de férias; **~schein** *MIL m* <*-(e)s*; *-e*> licença *f*; **~vertretung** *f* substituinte *su* (*bras* substituto *m*, -a *f*) durante as férias; **~zeit** *f* férias *f/pl*; licença *f*
'Urmensch *m* <*-en*> primeiro homem *m*; homem *m* primitivo
'Urne ['urnə] *f* urna *f* (*a POL*); **~ngang** *m* <*-(e)s*; ¨*e*> *POL* ida *f* às urnas
Uro'log|e *m* <*-n*>, **~in** *f* [uro'loːg-] urologista *su*
'ur|'plötzlich ['uː'-] F todo de repente; **2sache** *f* causa *f*; (*Beweggrund*) motivo *m*; (*Grund*) razão *f*; ***keine***

~! não há de quê!, não tem de quê!, F de nada!; ***alle ~ haben zu ...*** ter toda a razão em ...; **~sächlich** causal; causativo; **&sprift** *f* original *m*; **&sprung** *m* origem *f*, procedência *f*; **~sprünglich** ['-ʃprʏŋlıç] primitivo, original; *fig* espontâneo; **&sprungsnachweis** *m* <-*es*; -*e*>, **&sprungszeugnis** *n* <-*sses*; -*sse*> *ECON* certificado *m* de origem; **&stoff** *m* <-(*e*)*s*; -*e*> *QUÍM* elemento *m*; *ECON* matéria *f* prima

'Urteil ['urtaıl] *n* <-(*e*)*s*; -*e*> juízo *m* (***haben*** fazer); *JUR* sentença *f* (***fällen*** proferir, pronunciar); (*Gutachten*) parecer *m*; **&en**: ***über*** (*ac*) **~** julgar (*ac*) (***nach*** por); *JUR a* sentenciar; **~sbegründung** *JUR f* considerandos *m/pl*; **&sfähig** capaz de julgar; em uso da razão; criterioso; **~skraft** *f* <*sem pl*> juízo *m*, razão *f* → ***~svermögen***; **~sspruch** *m* <-(*e*)*s*; ⸚*e*> sentença *f*; **~svermögen** *n* <-*s*; *sem pl*> discernimento *m*; critério *m*; **~svollstreckung** *f* *JUR* execução *f* da sentença

'Ur|text ['u:r-] *m* <-(*e*)*s*; -*e*> original *m*; **~tierchen** ['-ti:rçən] *n* protozoário *m*; **&tümlich** ['-ty:mlıç] originário; **~urgroßeltern** *pl* trisavôs *m/pl*; **~wald** *m* <-(*e*)*s*; ⸚*er*> floresta *f* virgem; selva *f*; **~welt** *f* mundo *m* antediluviano; **&wüchsig** ['-vyksıç] original; dos quatro costados; ***noch ~*** (ainda) natural; **~zeit** *f* tempos *m/pl* primitivos; **~zeugung** *f* geração *f* espontânea; **~zustand** *m* <-(*e*)*s*; ⸚*e*> estado *m* primitivo

U'S-Norm [u:'ɛs-] *f* norma *f* americana

'User ['ju:zə] *m* <-*s*; -> *INFORM* utilizador *m*

usur'pieren [uzur'pi:rən] <-> usurpar

u. s. w. ***und so weiter*** etcétera (etc.)

Uten'silien [utɛn'zi:liən] *pl* utensílios *m/pl*

Uto'p|ie [uto'pi:] *f* utopia *f*; **&isch** [u'to:piʃ] utópico; **~ist** [-'pist] *m* <-*en*> utopista *m*

U'V|-Filter [u:'faʊ-] *m* *FOT* filtro *m* ultravioleta; **~-Strahlung** *f* *FÍS* radiação *f* ultravioleta

V

V, v [faʊ] V, v *m*

Vaga'bun|d [vaga'bunt] *m* <-*en*> vagabundo *m*, vadio *m*; **&'dieren** [-'di:rən] <-> vadiar, vagabundear

'vag(e) ['va:g(ə)] vago, impreciso

'Va'gina ['va:gina, *a* va'gi:na] *f* <-; -*nen*> vagina *f*

va'kan|t [va'kant] vacante, vago; **&z** [-ts] *f* vaga *f*

'Vakuum ['va:kuum] *n* <-*s*; *Vakua*, *Vakuen*> vácuo *m*; **&verpackt** embalado com (*bras* a) vácuo

Va'luta [va'lu:ta] *f* <-; -*ten*> *Kurs*: (taxa *f* de) câmbio *m*, cotização *f*; (*Währung*) moeda *f* (estrangeira)

Vamp [vɛmp] *m* <-*s*; -*s*> vamp *f*, mulher *f* fatal

Vam'pir [vam'pi:r] *m* <-*s*; -*e*> vampiro *m*

Van'dal|e [van'da:lə] *m* <-*n*> vândalo *m* (*a fig*); **~'ismus** *m inv* vandalismo *m*

Va'nille [va'nil(j)ə] *f* <*sem pl*> baunilha *f*; **~geschmack** *m* <-(*e*)*s*; *sem pl*>: ***mit ~*** abaunilhado

Vari|'ante [vari'antə] *f* variante *f*; *ZO u BOT* variedade *f*; **~ati'on** *f* variação *f*; **~e'té, ~e'tee** [-e'te:] *n* <-*s*; -*s*> (teatro *m*) de variedades *f/pl*; **&'ieren** <-> variar

Va'sall [va'zal] *m* <-*en*> vassalo *m*

'Vase ['va:zə] *f* jarro *m*, floreira *f*

Vase'line [vazə'li:nə] *f* <*sem pl*> vaselina *f*

'Vater ['fa:tər] *m* <-*s*; ⸚> pai *m*; ***der Heilige ~*** o Santo Padre; **~haus** *n* <-*es*; ⸚*er*> casa *f* paterna; **~land** *n* <-(*e*)*s*; ⸚*er*> pátria *f*; **&ländisch** ['-lɛndiʃ] patriótico; *Boden*: pátrio, nacional; **~landsliebe** *f* <*sem pl*>

patriotismo *m*, amor *m* pátrio; **~landsverräter** *m* traidor *m* à pátria
'väterlich ['fɛːtərliç] paterno; *bsd Liebe*: paternal; **~erseits** ['-zaɪts] do lado paterno, do lado do pai
'vaterlos órfão de pai
'Vater|schaft *f* <*sem pl*> paternidade *f*; **~stadt** *f* <-; ¨e> cidade *f* natal; **~stelle** *f*: **~ *vertreten bei*** ser tutor *m* de; **~'unser** *n* padre-nosso *m*
Vege'tar|ier(in *f*) *m* [vege'taːriər-] vegetariano *m*, -a *f*; **≗isch** vegetariano
Vegetati'on [vegetatsi'oːn] *f* vegetação *f*
vegeta'tiv vegetativo; *MED* ***~es Nervensystem*** sistema neuro-vegetativo
vege'tieren <-> vegetar
Ve'hikel [ve'hiːkəl] *n* veículo *m*
'Veilchen ['faɪlçən] *n* violeta *f*; **≗blau** roxo
'Ven|e ['veːnə] *f* veia *f*; **~en...**: *in Zssg(n)* venoso
Ve'nedig [ve'neːdiç] *n* Veneza *f*
'Venenentzündung *f* flebite *f*
ve'nerisch [ve'neːriʃ] venéreo
Ven'til [vɛn'tiːl] *n* <-*s*; -*e*> válvula *f*; **~ati'on** [-tilatsi'oːn] *f* ventilação *f*; **~'ator** [-ti'laːtɔr] *m* <-*s*; -*en* [-a'toːrən]> ventilador *m*; ventoinha *f*; **≗'ieren** [-ti'liːrən] <-> ventilar *a fig*
ver'abred|en <-*e*-; -> combinar; ***sich mit j-m ~*** (combinar) encontrar-se com alg; (*vereinbaren*) *a* acordar, ajustar; **≗ung** *f* compromisso *m*; (*Treffen*) encontro *m*; (*Vereinbarung*) acordo *m*, ajuste *m*
ver'abreich|en <-> dar; ministrar; aplicar; **≗ung** *f* ministração *f*; aplicação *f*
ver'abscheu|en <-> detestar; **~enswert**, **~ungswürdig** detestável
ver'abschied|en [-ʃiːdən] *v/t* <-*e*-; -> despedir (*a refl*); *MIL* licenciar; *Beamte*: exonerar; *Gesetz*: votar; **≗ung** [-ʃiːduŋ] *f* despedida *f*; *MIL* licenciamento *m*; exoneração *f*
ver'|achten <-*e*-; -> desprezar, desdenhar; **~'ächtlich** [-'ɛçt-] desprezível; (*geringschätzig*) desdenhoso, *adv* com desdém; **≗achtung** *f* <*sem pl*> desdém *m*, desprezo *m*
ver'albern <-> F troçar de, fazer pouco de, ridicularizar
verallge'meiner|n <-*re*; -> generalizar; **≗ung** *f* generalização *f*
ver'alte|n <-*e*-; -; *sn*> passar da moda; **~t** antiquado
Ve'randa [ve'randa] *f* <-; -*den*> varanda *f*
ver'änderlich [-'ɛndərliç] variável (*a MAT*); mutável; (*unbeständig*) inconstante; **≗keit** *f* <*sem pl*> variabilidade *f*, mutabilidade *f*; *Gesinnung*: inconstância *f*
ver'änder|n <-*re*; -> transformar, mudar, alterar, modificar; ***sich ~*** mudar; **≗ung** *f* transformação *f*, mudança *f*, alteração *f*, modificação *f*; variação *f*
ver'ängstigt atemorizado; intimidado
ver'ankern <-*re*; -> *NAV* ancorar; *AV* amarrar; *ARQUIT* cimentar, *a fig* consolidar
ver'anlag|en <-> avaliar, fixar; ***j-n ~*** *Steuer*: cole(c)tar alg; **~t** dotado, prendado; talentoso; **≗ung** *f Steuer*: fixação *f* (***zu*** de), colecta *f*; *geistige*: disposição *f*, dom *m*; (*Fähigkeit*) aptidão *f*; *MED* predisposição *f*
ver'anlass|en <-*t*; -> *et*: causar, ocasionar, provocar, originar; ***j-n ~ zu*** levar alg a; ***das Nötige ~*** tomar as medidas necessárias; **≗ung** *f* ocasião *f*, causa *f*; motivo *m*, razão *f*; ***auf ~*** (*gen*) por iniciativa de, por incumbência de
ver'anschaulich|en *v/t* <-> ilustrar; concretizar, dar uma ideia (plástica) de; **≗ung** *f* ilustração *f*, concretização *f*, representação *f* plástica
ver'anschlagen <-> avaliar (***auf*** *ac* em)
ver'anstalt|en <-*e*-; -> organizar, promover; **≗er(in** *f*) *m* organizador(a *f*) *m*, promotor(a *f*) *m*; **≗ung** *f* organização *f*; (*Feier*) a(c)to *m*, cerimónia (*ô) *f*, festa *f*; *sportliche*: concurso *m*; desafio *m*; *gesellschaftliche*: reunião *f*; sarau *m*
ver'antwort|en *v/t* <-*e*-; -> responder por, tomar a responsabilidade de; ***nicht zu ~ sein*** não ter desculpa; ***sich ~*** justificar-se (***bei*** perante); **~lich** responsável (***für*** de); ***j-n für et ~ machen*** tornar alg responsável por a/c; **≗liche(r** *m*) *su* responsável *su*
Ver'antwortung *f* responsabilidade

V

f; ***j-n zur ~ ziehen*** pedir contas a alg, responsabilizar alg; ***die ~ übernehmen*** assumir a responsabilidade; ***auf eigene ~*** à própria responsabilidade; **2sbewusst** consciente da sua responsabilidade; responsável; **~sbewusstsein** *n <-s; sem pl>* consciência *f* da sua responsabilidade; **2slos** irresponsável; **2svoll** de grande (*od* alta) responsabilidade

ver'äppeln [fɛr'ɛpəln] F → ***veralbern***

ver'arbeit|en *v/t <-e-; ->* empregar; fabricar; *Computer*: processar; *MED u fig* digerir, assimilar; → ***bearbeiten***; **2ung** *f* emprego *m*; transformação *f*; fabricação *f*, manufa(c)tura *f*; *MED u fig* assimilação *f*

ver'ärgern *<-re; ->* desgostar, aborrecer, irritar

ver'arm|en *<-; sn>* empobrecer; **2ung** *f* empobrecimento *m*; *POL a* depauperação *f*

ver'ästel|n [-'ɛstəln] *<-le; ->*: ***sich ~*** ramificar-se; **2ung** *f* ramificação *f*

ver'aus|gaben *<->*: ***sich ~*** ficar sem recursos; *a fig* arruinar-se, esgotar-se

ver'äußer|n *<->* alienar, vender; **2ung** *f* venda *f*, alienação *f*

Verb [vɛrp] *n <-s; -en>* verbo *m*

ver'bal [vɛr'baːl] verbal

ver'ballhorn|en [-'balhɔrnən] F *<->* estropiar; **2ung** *f* abastardamento *m*

Ver'band *m <-(e)s; ¨e>* associação *f*, liga *f*; grémio (*ê) *m*, junta *f*; *MIL* unidade *f*, formação *f*; *MED* ligadura *f*, penso *m*; **~(s)kasten** *m <-s; ¨>* farmácia *f* portátil; estojo *m* de cirurgia; **~(s)päckchen** *n* material *m* de primeiros socorros; **~(s)zeug** *n <-(e)s; sem pl>* ligaduras *f/pl*; artigos *m/pl* de penso

ver'bann|en *<->* desterrar, exilar, degredar; **2ung** *f* desterro *m*, exílio *m*; degredo *m*

ver|barrika'dieren *v/t <->* obstruir; abarreirar; *MIL* entrincheirar; (*verrammeln*) atravancar; **~'bauen** *<->* obstruir; *Geld*: gastar em obras; (*schlecht bauen*) construir mal; ***die Aussicht ~*** roubar a vista; **~be'amten** *<->* admitir ao (*bras* no) serviço público; **~'beißen** *<->*: ***sich*** (*dat*) *etwas* **~** reprimir a/c, conter a/c; ***sich in*** (*ac*) **~** não largar (*ac*); *fig* aferrar-se a; **~'bergen** *<->* esconder, ocultar, dissimular

ver'besser|n *<-re; ->* melhorar; reformar; *Schrift*: corrigir, emendar; (*vervollkommnen*) aperfeiçoar; **2ung** *f* melhora(mento *m*) *f*; corre(c)ção *f*; emenda *f*; aperfeiçoamento *m*; **~ungsfähig** susceptível de melhoramento; corrigível

ver'beug|en *<->*: ***sich ~*** inclinar-se, abaixar a cabeça (***vor*** *dat* perante *ac*); cumprimentar (*ac*); **2ung** *f* reverência *f*, vénia (*ê) *f*, cumprimento *m*

ver|'beulen *<->* amolgar, amachucar; **~'biegen** *<->* torcer; **~'bieten** *<->* proibir, vedar, interdizer; **~'billigen** *<->* baixar, reduzir (o preço *od* os custos); **2'billigung** *f* redução *f* do preço

ver'bind|en *<->* juntar, unir; ligar (*a TEL*); ***falsch verbunden sein*** ser engano; *MED* pensar; *Augen*: vendar; *QUÍM* combinar, *Metalle*: amalgamar; (*verpflichten*) obrigar; vincular; ***sich ~*** *a* = ***sich verbünden***; ***mit*** *Schwierigkeiten etc* ***verbunden sein*** apresentar (*ac*), implicar (*ac*), trazer (*ac*); **~lich** obrigatório; (*gefällig*) solícito, amável; **2lichkeit** *f* amabilidade *f*; *JUR* cará(c)ter *m* obrigatório; obrigatoriedade *f*; *ECON* obrigação *f*; compromisso *m*; *pl* dívidas *f/pl*

Ver'bindung *f* união *f*; *POL a* liga *f*; relação *f*, *a persönliche*: conta(c)to *m*; *eheliche*: enlace *m*; *Verkehr*, *TEL einzelne*: ligação *f allgemeine*: comunicação *f*; (*Gesellschaft*) associação *f* (*a Ideen2*); *QUÍM* composição *f*, composto *m*; ***sich mit j-m in ~ setzen*** entrar em conta(c)to com alg; ***in ~ stehen*** estar em conta(c)to; **~smann** *m <-(e)s; ¨er od -leute>* intermediário *m*; **~sstück** *n <-(e)s; -e>* *TÉCN* peça *f* de junção (*od* ligação)

ver'bissen encarniçado; aferrado; → ***verbohrt***

ver'bitten *<->*: ***sich*** (*dat*) *etwas* **~** não admitir a/c, não consentir a/c

ver'bitter|n *<-re; ->* amargar; **~t** *adj* amargurado; acrimonioso; **2ung** *f* amargura *f*, azedume *m*

ver|'blassen [-'blasən] *<-t; -; sn>*

V

desbotar; *a fig* perder a cor, desvanecer-se; **≈'bleib** [-'blaɪp] *m* <-(*e*)*s*; *sem pl*> paradeiro *m*; **~'bleiben** <-; *sn*> ficar; permanecer; *Briefschluss*: ter a honra de ser; **~'bleit** [-'blaɪt] *Benzin*: com chumbo; **~'blenden** <-*e*-; -> cegar, deslumbrar; obcecar; ARQUIT revestir; **≈'blendung** *f* <*sem pl*> cegueira *f*; deslumbramento *m*, desvairamento *m*; obcecação *f*; ARQUIT revestimento *m*; **~'blichen** desbotado, descorado; *fig* falecido; **~'blöden** [-'blø:dən] <-*e*-; -; *sn*> embrutecer, imbecilizar, F emparvecer

ver'blüff|en [-'blyfən] <-> desconcertar, espantar; abananar; **~end** *adj* assombroso, estupendo; **~t** atónito (*ô), perplexo, estupefa(c)to; **≈ung** *f* perplexidade *f*, estupefa(c)ção *f*

ver|'blühen <-; *sn*> murchar, desflorecer; passar; **~'bluten** <-*e*-; -; *sn*> sangrar, perder o sangue; ficar exangue; **~'bogen** torto, deformado

ver'bohr|en <->: ***sich in*** (*ac*) **~** matutar a/c; aferrar-se a a/c; **~t** *adj* obstinado; doutrineiro; **≈theit** *f* <*sem pl*> obstinação *f*; aferro *m*

ver'borgen 1. *v/t* <-> emprestar; **2.** *adj* (*geheim*) secreto, clandestino, oculto; *Krankheit*: latente; ***im ≈en*** às escondidas; **≈heit** *f* <*sem pl*> segredo *m*; *j-s*: recolhimento *m*; ***in der ~ leben*** viver retirado, viver recolhido

Ver'bot [fɛr'bo:t] *n* <-(*e*)*s*; -*e*> proibição *f*; interdição *f*; **~sschild** *n* <-(*e*)*s*; -*er*> sinal *m* (*od* placa *f*) de proibição

ver'brämen [fɛr'brɛ:mən] <-> debruar, orlar; *fig* dissimular

Ver'brauch *m* <-(*e*)*s*; *sem pl*> consumo *m*; desgaste *m*; ***zum sofortigen ~*** de consumo imediato; **≈en** <-> gastar, consumir; **~er(in** *f*) *m* consumidor(a *f*) *m*; **~erpreis** *m* <-*es*; -*e*> preço *m* a retalho (*bras* no varejo); **~erschutz** *m* <-*es*; *sem pl*> prote(c)ção *f* do consumidor; **~sgüter** *n/pl* bens *m/pl* de consumo; **~(s)steuer** *f* <-; -*n*> imposto *m* sobre o consumo; **≈t** gasto; esgotado

ver'brech|en *v/t* <-> cometer; **≈en** *n* crime *m*

Ver'brecher|(in *f*) *m* [-'brɛçər], **≈isch** criminoso *m*, -a *f*; **~kartei** *f* registo (*bras* registro) *m* criminal, ficheiro *m* de criminosos; cadastro *m* criminal

ver'breit|en <-*e*-; -> divulgar; propagar, propalar; *Radio*: difundir; ***sich über*** (*ac*) **~** estender-se por, alargar-se sobre, *fig a* derramar-se; **~ern** <-*re*; -> alargar; **≈erung** [-ruŋ] *f* alargamento *m*; **~et** corrente, generalizado; **≈ung** *f* divulgação *f*, propagação *f*, propaganda *f*; difusão *f*, disseminação *f* (*a* BOT); ***~ durch den Rundfunk*** radiodifusão *f*

ver'brenn|en <-> **1.** *v/t* queimar; *Haut*: escaldar; *Tote*: incinerar, cremar; **2.** *v/i* <*sn*> queimar-se; consumir-se com o fogo; arder; (*umkommen*) morrer queimado; ***sich ~*** queimar-se; **≈ung** *f* combustão *f*; *Toter*: cremação *f*; incineração *f*; **≈ungsmotor** *m* <-*s*; -*en*> motor *m* de explosão; **≈ungsofen** *m* <-*s*; ¨> crematório *m*

ver|'briefen [-'bri:fən] <-> lavrar em termo notarial; atestar notarialmente; **~'bringen** <-> passar

ver'brüder|n <-*re*; ->: ***sich ~*** confraternizar; **≈ung** *f* confraternização *f*

ver|'brühen <->: (***sich***) **~** escaldar(-se); **~'buchen** <-> assentar, registar; **~'bummeln** <-*le*; -> F *v/t* perder; **≈'bund** *m* <-(*e*)*s*; -*e*> conexão *f*; **~'bunden** [-'bundən] *p/p von* ***verbinden***; ***j-m sehr ~ sein*** (*dankbar sein*) ser muito obrigado a alg; (*nah sein*) ter muita amizade por alg; **~'bünden** [-'byndən] <-*e*-; ->: ***sich ~*** aliar-se, unir-se, *Bundesstaat*: confederar-se; **≈'bundenheit** *f* <*sem pl*>(*Dankbarkeit*) gratidão *f*; (*Nähe*) amizade *f*; solidariedade *f*; **≈'bündete(r** *m*) *su* [-'byndətə(r)] aliado *m*, -a *f*; confederado *m*, -a *f*; **≈'bundglas** *n* <-*es*; *sem pl*> vidro *m* laminado; **~'bürgen** <-> garantir; ***sich ~ für*** responder por, responsabilizar-se por; **~'bürgerlichen** [-'byrgərliçən] <-> aburguesar(-se); **~'bürgt** [-'byrkt] *adj* autêntico; **~'büßen** <-*t*; -> expiar; **~'chromen** [-'kro:mən] <-> cromar

Ver'dacht [-'daxt] *m* <-(*e*)*s*; *sem pl*> suspeita *f* (***auf*** *ac* de); ***in ~ geraten***

cair em suspeita; ***j-n in ~ haben*** suspeitar de alg; ***~ erregen*** (***schöpfen***) levantar (cair em) suspeita

ver'dächtig [-'dɛçtiç] suspeito; **~en** [-tigən] *v/t* <-> suspeitar de, desconfiar de; **≗ung** *f* suspeição *f*, suspeita *f*

Verdachtsmoment *n* <-(*e*)*s*; -*e*> ponto *m* suspeito

ver'damm|en [-'damən] <-> condenar; **≗nis** *f* <-; -*se*> → **≗ung**; **~t!** F (raça de) diabo!; **≗ung** *f* condenação *f*

ver'dampf|en <-> evaporar; **≗er** *m* vaporizador *m*; **≗ung** *f* evaporação *f*

ver'danken <-> dever

ver'dattert [-'datərt] F boquiaberto

ver'dau|en [-'daʊən] <-> digerir; **~lich** digerível; ***leicht ~*** fácil de digerir, de fácil digestão; ***schwer ~*** indigesto; **≗ung** *f* <*sem pl*> digestão *f*; **≗ungsbeschwerden** *f/pl* indigestão *f/sg*; **≗ungsstörung** *f* indigestão *f*

Ver'deck *n* <-(*e*)*s*; -*e*> NAV convés *m*, coberta *f*; (*Klapp≗*) capota *f*; **≗en** <-> cobrir; *fig* encobrir, ocultar

ver'denken <->: ***ich kann es ihm nicht ~*** não lho posso levar a mal

ver'derben [fɛr'dɛrbən] **1.** *v/t* <-> estragar; arruinar (*a j-n*); (*schädigen*) corromper; viciar, perverter; *fig a* depravar; ***es mit j-m ~*** perder a(s) simpatia(s) de alg; ***sich*** (*dat*) ***den Magen ~*** apanhar uma indigestão; **2.** *v/i* <-; *sn*> (*verfaulen*) estragar-se; *sittlich*: corromper-se

Ver'derb|en *n* <-*s*; *sem pl*> ruína *f*, perdição *f*; ***ins ~ stürzen*** perder, arruinar; ***~ bringend*** funesto, desastroso; **≗lich** (*schädlich*) pernicioso; ***leicht ~ sein*** estragar-se facilmente

ver|'deutlichen [-'dɔytliçən] <-> elucidar; evidenciar; tornar explícito; **~'dichten** <-*e*-; -> comprimir, *a fig* condensar; **≗'dichtung** *f* condensação *f*, compressão *f*, concentração *f*; **~'dicken** <-> engrossar, espessar; **≗'dickung** [-'dikuŋ] *f* engrossamento *m*; espessura *f*; *am Körper*: caroço *m*; **~'dienen** <-> merecer; *Geld*: ganhar; ***sich sein Brot ~*** ganhar a vida; *a* → ***verdient***; **≗'diener** *m* pessoa *f* que ganha a vida

Ver'dienst <-(*e*)*s*; -*e*> **a)** *n* mérito *m*; *pl* ***~e um et*** serviços *m/pl* prestados a a/c; **b)** *m* ganho *m*; **~ausfall** *m* <-(*e*)*s*; ¨*e*> perda *f* de ganho; **~kreuz** *n* <-*es*; -*e*> cruz *f* de mérito(s); **~spanne** *f* ECON margem *f* de lucro; **≗voll** benemérito

ver'dient [-'di:nt] **1.** *p/p von* ***verdienen***; **2.** *adj* meritório; ***sich ~ machen um*** bem merecer de; ***seine ~e Strafe bekommen*** receber o merecido castigo

ver|'dingen <-> contratar; ***sich ~*** ir servir; **~'dolmetschen** <-> F traduzir; **~'donnern** <-*re*; -> F condenar

ver'dopp|eln <-*le*; -> dobrar, duplicar; redobrar (*a fig*); **≗(e)lung** *f* duplicação *f*, redobramento *m*

ver'dorben [-'dɔrbən] **1.** *pt von* ***verderben***; **2.** *adj* depravado, corrupto; ***~er Magen*** indigestão *f*; **≗heit** *f* <*sem pl*> perversidade *f*, depravação *f*

ver'dorren [-'dɔrən] <-; *sn*> secar, ressequir

ver'dräng|en <-> desalojar; *fig a* suplantar; PSIC reprimir; *Wasser*: deslocar; **≗ung** *f* desalojamento *m*; FÍS deslocamento *m*; PSIC recalcamento *m*

ver'dreh|en <-> torcer; *Augen*: virar, esgazear; *Worte*: deturpar; ***j-m den Kopf ~*** fazer perder a cabeça a alg; **~t** *adj j-d*: tarado, perturbado; *et*: absurdo; **≗ung** *f* MED contorção *f*; *fig* deturpação *f*

ver'dreifachen [-'draɪfaxən] <-> triplicar

ver'dreschen <-> F espancar, dar uma sova a

ver'drieß|en [-'dri:sən] <-> aborrecer; ***sich nicht ~ lassen*** não desanimar; **~lich** aborrecido; *j-d*: *a* rabugento; *Gesicht*: carrancudo

ver'drossen [-'drɔsən] **1.** *p/p von* ***verdrießen***; **2.** *adj* → ***verdrießlich***; **≗heit** *f* <*sem pl*> mau humor *m*

ver'drücken <-> F (*essen*) engolir, devorar; ***sich ~*** F safar-se, *bras* sumir(-se)

Ver'druss [-'drus] *m* <-*es*; -*e*> desgosto *m*; dissabor *m*

ver'duften <-*e*-; -; *sn*> evaporar(-se), perder-se; *fig* F sumir-se, safar-se

ver'dummen <*v/t* (*h*); *v/i* (*sn*); -> estupidificar
ver'dunkel|n <*-le*; -> escurecer; *a fig* obscurecer, ofuscar, eclipsar; *JUR* encobrir; *MIL* ocultar as luzes; **2ung** *f* obscurecimento *m*; *JUR* encobrimento *m*; *MIL* ocultação *f* das luzes
ver'dünn|en <-> adelgaçar; *Flüssigkeit*: diluir; *Luft*: rarefazer; **2ung** *f* diluição *f*; rarefa(c)ção *f*
ver'dunst|en <*-e-*; -; *sn*> evaporar(-se); **2ung** *f* <*sem pl*> evaporação *f*
ver'dursten <*-e-*; -; *sn*> morrer de sede
ver'düstern <*-re*; -> obscurecer, ensombrar
ver'dutzt [-'dutst] perplexo, aparvalhado
ver'edel|n <*-le*; -> enobrecer; (*verbessern*) melhorar; sublimar; *Rohstoffe*: refinar, afinar, acabar; *AGR* enxertar; **2ung** *f* refinação *f*, afinação *f*; acabamento *m*; *AGR* enxerto *m*
ver'ehr|en *v/t* <-> venerar, honrar, respeitar, *REL a* adorar; ***j-m et ~*** obsequiar alg com a/c; **2er(in** *f*) *m* venerador(a *f*) *m*; adorador(a *f*) *m*; **2ung** *f* respeito *m*; veneração *f*, adoração *f*; *REL a* culto *m*; **~ungswürdig** venerando, venerável
ver'eid(ig)|en [-'aɪd(ig)ən] <*-e-*; -> ajuramentar; **2ung** *f* ajuramentação *f*; juramento *m* (*MIL* de bandeira); *POL* compromisso *m* de honra
Ver'ein [-'aɪn] *m* <*-(e)s*; *-e*> associação *f*, sociedade *f*, união *f*; clube *m*; ***im ~ mit*** em colaboração com
ver'einbar compatível; **~en** [-ba:rən] *v/t* <-> combinar; acordar (*a Gehalt*); *Arbeit*, *Preis*: ajustar; ***sich*** (***nicht***) ***~ lassen*** ser (in)compatível; **2ung** [-ba:ruŋ] *f* acordo *m* (*a POL*); ajuste *m*
ver'ein|en <-> juntar (***mit*** a); (re)unir, concentrar; **~fachen** [-faxən] <-> simplificar; **2fachung** [-faxuŋ] *f* simplificação *f*; **~heitlichen** [-haɪtliçən] <-> unificar, uniformizar; **~igen** <-> (re)unir; juntar; conjugar; ***die 2igten Staaten*** os Estados Unidos *m/pl*; ***sich ~*** congregar-se; ligar-se; **2igung** *f* união *f*; associação *f*; cole(c)tividade *f*; (*Kreis*) cenáculo *m*; (*Zusammenfassung*) concentração *f*; conjugação *f*; **~nahmen** [-na:mən] <-> cobrar; **~samen** [-za:mən] *v/t* <-; *sn*> isolar; *v/i* ficar isolado, ficar só; **2samung** [-za:muŋ] *f* <*sem pl*> isolamento *m*; **2smitglied** *n* <*-(e)s*; *-er*> sócio *m*, membro *m*
ver'ein|t unido, reunido; aliado; ***mit ~en Kräften*** com esforços unidos; ***2e Nationen*** Nações *f/pl* Unidas; **~zelt**: ***~ auftretend*** esporádico
ver|'eisen <*-t*; -> cobrir-se de gelo; gelar, congelar; *GEOL* cobrir-se de geleiras; **2'eisung** [-'aɪzuŋ] *f* gelificação *f*; **~'eiteln** [-'aɪtəln] <*-le*; -> frustrar, fazer malograr, baldar; **~'eitern** <*-re*; -; *sn*> supurar; ab(s)ceder; **2'eiterung** *f* supuração *f*; ab(s)cesso *m*; **~'ekeln** <*-le*; ->: ***j-m et ~*** estragar a/c a alg, fazer perder o gosto de a/c a alg; **~'elenden** [-'e:lɛndən] <*-e-*; -; *sn*> empobrecer; ficar reduzido à miséria; **2'elendung** [-'e:lɛnduŋ] *f* <*sem pl*> depauperação *f*, depauperamento *m*; **~'enden** <*-e-*; -; *sn*> morrer
ver'eng|e(r)n [-'ɛŋə(r)n] (<*-re*; ->) estreitar; restringir; **2ung** *f* estreitamento *m*, restringimento *m*, restrição *f*
ver'erb|en <-> legar, deixar; (***sich***) ***~ auf*** (*ac*) transmitir(-se) a; **~t** *adj* hereditário; **2ung** *f* transmissão *f* hereditária; **2ungslehre** *f* <*sem pl*> teoria *f* da hereditariedade
ver'ewig|en [-'e:vigən] <-> eternizar, perpetuar; *Namen*: imortalizar; **~t** [-içt] *adj* saudoso; defunto
ver'fahren 1. *v/i* <*sn*; -> agir; proceder; ***mit j-m ... ~*** tratar alg ...; **2.** *v/t* <*h*> *Geld*: gastar (em viagens *etc*); ***sich ~*** enganar-se, perder-se (no caminho); **3.** *adj* confuso
Ver'fahren *n* procedimento *m*; método *m*; *TÉCN*, *QUÍM*, *JUR* processo *m* (***einleiten*** instaurar, ***einstellen*** arquivar)
Ver'fall *m* <*-(e)s*; *sem pl*> decadência *f*; declínio *m*; *a ARQUIT* ruína *f*; *Sitten*: corrupção *f*, *ECON* vencimento *m*; (*Verjährung*) prescrição *f*; ***in ~ geraten*** = **2en 1.** <-; *sn*> decair; *ARQUIT* desmoronar-se, ruir; *ECON* vencer-se; *JUR* caducar; *j-d*: ***auf*** (*ac*) ***~*** lembrar-se de; ***in*** (*ac*) ***~*** incorrer em; ***j-m ~*** caber a alg; **2.** *adj*

V

ARQUIT em ruínas; *Fahrschein, Ausweis etc*, *JUR* caduco; ***j-m ~ sein*** estar à mercê de alg; ***e-r Sache ~*** entregue a a/c; **~sdatum** *n* <*-s; -daten*> data *f* de perda de validade, *bras* limite *m* de validade; **~serscheinung** *f* sinal *m* de decadência (*od* degeneração)

ver'fälsch|en <-> falsificar, falsear; viciar, adulterar; abastardar; **≈ung** *f* falsificação *f*, adulteração *f*; abastardamento *m*

ver|'fangen *v/i* <-> valer, servir; fazer efeito; ***sich ~*** embrulhar-se, atrapalhar-se, prender-se; **~'fänglich** [-'fɛŋliç] capcioso; insidioso; melindroso; **~'färben** <->: ***sich ~*** mudar de cor; descorar

ver'fass|en <*-t*; -> compor, escrever, *Artikel*: *a* redigir; **≈er(in** *f*) *m* autor(a *f*) *m*

Ver'fassung *f* (*Zustand*) estado *m*, disposição *f* (*a MED*), situação *f*, condição *f* (*a pl*); (*Staats≈*) Constituição *f*; **≈gebend** *POL* constituinte; **~sbruch** *m* <*-(e)s; ⸚e*> violação *f* da Constituição; **≈sgemäß** conforme à Constituição; **~sgericht** *n* <*-(e)s; -e*> tribunal *m* constitucional; **≈smäßig** constitucional; **~smäßigkeit** *f* <*sem pl*> constitucionalidade *f*; **~srecht** *n* <*-(e)s; sem pl*> direito *m* constitucional; **≈swidrig** anticonstitucional, inconstitucional

ver'faulen <*-; sn*> apodrecer

ver'fechten *v/t* <-> defender

ver'fehl|en <-> falhar, errar; *Zug*: perder; *j-n*: não encontrar; ***einander ~*** desencontrar-se; ***nicht ~ zu*** (*inf*) não deixar de; **~t** *adj* errado; mal organizado; *Leben*: fracassado; **≈ung** *f* falta *f*; delito *m*

ver'feinden [-'faɪndən] <*-e-*; -> desavir; ***sich ~ mit*** desavir-se com

ver'feiner|n [-'faɪnərn] <*-re*; -> refinar, requintar (*a fig*); (*vervollkommnen*) aperfeiçoar; **≈ung** *f* requinte *m*; aperfeiçoamento *m*

ver'fett|et [-'fɛtət] adiposo; **≈ung** *f* <*sem pl*> adipose *f*; adiposidade *f*

ver'feuern <*-re*; -> F *Munition*: gastar

ver'film|en <-> filmar; *Buch*: tirar um filme de; **≈ung** *f* adaptação *f* cinematográfica

ver'filzen [-'filtsən] <*-t*; -> feltrar, *bras* estofar; *fig* ***sich ~*** enredar-se

ver'finster|n <*-re*; -> obscurecer; *ASTR* ***sich ~*** eclipsar-se; **≈ung** *f* eclipse *m*

ver|'flachen [-'flaxən] *v/i* <*-; sn*> *fig* trivializar-se; **~'flechten** <-> entrelaçar; *fig* implicar; **≈'flechtung** [-'flɛçtuŋ] *f* entrelaçamento *m*; *fig* interdependência *f*; **~'fliegen** <*-; sn*> evaporar-se; *a fig* dissipar-se; *Zeit*: passar, correr; **~'fluchen** *v/t* <-> amaldiçoar; *REL* anatemizar; **~'flucht** *adj* maldito; *fig* F *a* danado; **~!** F com mil raios!; *adv* terrivelmente; **~'flüchtigen** [-'flyçtigən] <->: ***sich ~*** volatilizar-se

ver'flüssig|en [-'flysigən] <-> liquefazer, derreter; *Luft*: condensar; **≈ung** *f* <*sem pl*> liquefação *f*, condensação *f*

ver'folg|en <-> perseguir; *JUR a* processar; etwas ***weiter ~*** prosseguir, continuar; *genau*: seguir de perto; **≈er** *m* perseguidor *m*; **≈ung** *f* perseguição *f*; *fig* prosseguimento *m*; **≈ungswahn** *m* <*-(e)s; sem pl*> mania *f* da perseguição

ver'formen <-> deformar

ver'frachten <*-e-*; -> fretar; embarcar

Ver'fremdung *f* alienação *f*; distanciação *f*, *bras* distanciamento *m*

ver|'fressen F comilão; **~'froren** [-'froːrən] F friorento; **~'früht** [-'fryːt] prematuro; *Nachricht etc*: antecipado

ver'fügbar [-'fyːkbaːr] disponível; **≈keit** *f* <*sem pl*> disponibilidade *f*

ver'füg|en <-> dispor (***über*** *ac* de); *amtlich*: ordenar, decretar; ***sich ~ nach*** dirigir-se a; **≈ung** *f* disposição *f*; decreto *m*; ***letztwillige ~*** testamento *m*; ***j-m zur ~ stehen*** estar à disposição de alg; **≈ungsrecht** *n* <*-(e)s; sem pl*> direito *m* de dispor (***über*** *ac* de); disponibilidade *f*

ver'führ|en <-> seduzir; ***~ zu*** levar a; **≈er(in** *f*) *m* sedutor(a *f*) *m*; **~erisch** [-riʃ] sedutor, tentador; **≈ung** *f* sedução *f*; tentação *f*

ver|'gaffen <->: ***sich ~ in*** (*ac*) perder a cabeça por; **~'gällen** [-'gɛlən] <-> amargar; *QUÍM* desnaturar; *fig* envenenar, estragar

ver'gammeln <-> F estragar-se, decair; *j-d*: abandalhar-se

ver'gangen [-'gaŋən] **1.** *p/p von* **vergehen**; **2.** *adj* ido; transa(c)to; **ᘐheit** *f* <*sem pl*> passado *m*; *GRAM* pretérito *m*; ***der ~ angehören*** *a* ter passado para a história

ver'gänglich [-'gɛŋliç] passageiro, transitório; efémero (*ê); **ᘐkeit** *f* <*sem pl*> transitoriedade *f*, inconstância *f*

ver'gas|en <-*t*; -> (*in Gas umwandeln*) gas(e)ificar; *Ungeziefer*: gasear; **ᘐer** *TÉCN m* carburador *m*; **ᘐung** *f* gas(e)ificação *f*; *Tötung*: gaseamento *m*, *bras* envenenamento *m* a gás; *TÉCN* carburação *f*

ver'geb|en <-> dar; *Amt*: conferir; *Auftrag*: *a* adjudicar; ***zu ~ haben*** dispor de; ***zu ~ sein*** estar vago, estar vacante; (*verzeihen*) perdoar; *Sünde*: absolver de; ***sich*** (*dat*) *etwas* **~** fazer um sacrifício; ***sich*** (*dat*) ***nichts ~*** não fazer nenhum sacrifício; **~ens** em vão, debalde; **~lich** inútil, frustrado, perdido; *adv* em vão; debalde; **ᘐlichkeit** *f* <*sem pl*> vaidade *f*, inutilidade *f*; **ᘐung** *f* perdão *m*; *REL a* absolvição *f*

vergegen'wärtigen [-'vɛrtigən] <-> apresentar; ***sich*** (*dat*) **~** ter presente

ver'gehen **1.** <-; *sn*> passar; (*dahinschwinden*) definhar; desvanecer-se; (*zugrunde gehen*) perecer; ***vor*** (*dat*) **~** morrer de; ***sich an*** (*dat*) **~** violar (*ac*); ***sich ~ gegen*** faltar ao respeito a; *JUR* transgredir (*ac*); **2.** ᘐ *n* falta *f*; *JUR* crime *m*, delito *m*

ver'geistigen [-'gaɪstigən] <-> espiritualizar

ver'gelt|en <-> pagar (***Gleiches mit Gleichem*** pela mesma moeda); retribuir; *Untat*: vingar-se de; **ᘐung** *f* paga *f*; (*Rache*) desforra *f*; (*Strafe*) retribuição *f*; **ᘐungsmaßnahmen** *f/pl* represálias *f/pl*

verge'sellschaft|en <-*e*-; -> socializar, nacionalizar; **ᘐung** *f* socialização *f*, nacionalização *f*

ver'gessen [-'gɛsən] **1.** <-> esquecer(-se de); olvidar; ***sich ~*** ser incorre(c)to; **2.** ᘐ *n* = ***ᘐheit*** *f* <*sem pl*> esquecimento *m*; ***in ~ geraten*** cair no esquecimento

ver'gesslich [-'gɛsliç] esquecido, distraído; **ᘐkeit** *f* <*sem pl*> falta *f* de memória; ***aus ~*** por distra(c)ção

ver'geud|en [-'gɔydən] <-*e*-; -> dissipar, desperdiçar; delapidar; *Zeit*: gastar; **ᘐung** *f* <*sem pl*> desperdício *m*

verge'waltig|en [-gə'valtigən] <-> violar, estuprar; **ᘐung** *f* violação *f*, estupro *m*

verge'wissern [-gə'visərn] <-*re*; ->: ***sich ~*** certificar-se

ver'gießen <-> verter; *a fig* derramar

ver'gift|en <-*e*-; -> envenenar; *MED* intoxicar; **ᘐung** *f* envenenamento *m*; intoxicação *f*

ver|'gilben [-'gilbən] <-> amarelecer, *bras a* amarelar; **~'gilbt** *adj* amarelado, *bras a* amarelecido; **~'gipsen** [-'gipsən] <-*t*; -> engessar; **ᘐ'gissmeinnicht** *BOT* [-'gis-] *n* <-(*e*)*s*; *sem pl*> miosótis *m*; **~'gittern** [-'gitərn] <-*re*; -> gradear; **~'glasen** [-'glaːzən] *v/t* <*v/i* (*sn*); -; -*t*> envidraçar(-se); *v/t Fenster*: pôr vidros em

Ver'gleich *m* <-(*e*)*s*; -*e*> confronto *m*, comparação *f* (***zu*** com); paralelo *m* (***ziehen*** estabelecer); (*Einigung*) compromisso *m*, acordo *m*; ***im ~ zu*** (***mit***) em comparação com; **ᘐbar** comparável; **ᘐe** (*Abk* **vgl.**) vide, ver, veja-se; **ᘐen** <-> comparar; (*gegenüberstellen*) confrontar; *Rechnungen etc*: conferir; ***sich ~*** *JUR u ECON* acordar(-se); **ᘐend** *adj* comparado, comparativo; **~smöglichkeit** *f* possibilidade *f* de comparação; **~sverfahren** *n* processo *m* de concordata; **ᘐsweise** relativamente, em comparação

ver|'glimmen, **~'glühen** <-> ir-se apagando

ver'gnüg|en [-'gnyːgən] <->: ***sich ~*** divertir-se (***an*** *dat* com); **ᘐen** *n* prazer *m* (***machen*** dar; ***es macht mir*** *a* tenho); *Unterhaltung*: divertimento *m*, recreio *m*; ***mit ~!*** com prazer; ***viel ~!*** divirta(m)-se; ***zum ~*** por divertimento (*od* prazer); **~t** *adj* alegre; contente, satisfeito; **ᘐung** *f* divertimento *m*

Ver'gnügungs|lokal *n* <-(*e*)*s*; -*e*> estabelecimento *m* de recreio(s); **~park** *m* <-*s*; -*s*> parque *m* de diversões; **ᘐsüchtig** pândego, *bras* farrista; **~viertel** *n* bairro *m* no(c)turno (*od* de diversões)

V

ver'gold|en <-e-; -> dourar; **2ung** *f* dourado *m*, douradura *f*
ver|'gönnen <-> permitir, conceder; **~'göttern** [-'gœtərn] <-re; -> deificar; *fig* adorar, idolatrar; **~'graben** <-> enterrar; *fig* ***sich ~ in*** (*ac*) enfronhar-se em; **~'grämt** [-'grɛːmt] azedado; **~'greifen** <->: ***sich ~*** enganar-se (na tecla *etc*); *fig a* equivocar-se; ***sich an j-m ~*** *a* maltratar alg, ***sich an et*** (*dat*) ***~*** *a* profanar a/c; **~'griffen** [-'grifən] **1.** *p/p von* ***vergreifen***; **2.** *adj* esgotado
ver'größer|n [-'grøːsərn] <-re; -> aumentar (*a optisch u fig*); (*weiter od breiter machen*) amplificar, alargar; *FOT* ampliar; **2ung** *f* aumento *m*; amplificação *f*; *FOT* ampliação *f*; **2ungsapparat** *m* <-(e)s; -e> ampliador *m*; **2ungsglas** *n* <-es; ⸚er> lupa *f*
Ver'günstigung [-'gynstiguŋ] *f* favor *m*, regalia *f*, facilidade(s *pl*) *f*; bónus (*ô) *m*
ver'güt|en [-'gyːtən] <-e-; -> *Arbeit*: remunerar; *Ausgaben*: reembolsar; *e-n Schaden*: reparar; ***j-m et ~*** inde(m)nizar alg por a/c; *TÉCN* afinar, *Stahl*: revenir; **2ung** *f* remuneração *f*, reembolso *m*; reparação *f*, inde(m)nização *f*
verh. ***verheiratet*** casado
ver'haft|en <-e-; -> prender, deter; **2ung** *f* prisão *f*, detenção *f*
ver'hallen <-; *sn*> perder-se
ver'halt|en <-> reter, reprimir; ***sich ~ et***: ser (***zu*** em relação a); *MAT* estar (***zu*** para); *j-d*: comportar-se, proceder (***zu*** para com); reagir (***zu*** contra, perante); ***sich ruhig ~*** ficar quieto; **2en** *n j-s*: atitude *f*; conduta *f*, comportamento *m*, procedimento *m*; *a e-r Sache*: rea(c)ção *f*; **2ensforschung** *f* <*sem pl*> etologia *f*; **~ensgestört** *PSIC* que sofre de perturbações; **2ensmaßregel** *f* <-; -n> regra *f* de conduta; instrução *f*, dire(c)tiva *f*
Ver'hältnis [-'hɛltnis] *n* <-ses; -se> relação *f*; *MAT* proporção *f*; ***im ~ zu*** em relação a; (*Liebes2*) ligação *f*, relação *f* (amorosa), relacionamento *m* (amoroso); *pl* **~se** situação *f/sg*, condições *f/pl*; circunstâncias *f/pl* (***unter*** *dat* em); **2mäßig** relativo; *MAT* proporcional; **~wahl** *f* eleição *f* (*od* sufrágio *m*) proporcional; **~wort** *n* <-(e)s; ⸚er> preposição *f*
Ver'haltung *MED f* retenção *f*
ver'hand|eln *v/t u v/i* <-le; -> negociar (a/c ***über et*** *ac*); tratar (de); discutir (*ac*); **2lung** *f* negociação *f*, discussão *f*, debate *m*; **2lungsweg**: ***auf dem ~*** *POL* mediante negociações
ver'hangen [-'haŋən] *Himmel*: encoberto
ver'hängen <-> cobrir; *Strafe*: impor, infligir (***über*** *ac* a); *Belagerungszustand*: declarar
Ver'hängnis *n* <-ses; -se> fatalidade *f*; (*Schicksal*) destino *m*; **2voll** fatídico, funesto
ver'harmlosen <-> minimizar
ver|'härmt [-'hɛrmt] acabrunhado; **~'harren** <-> permanecer, ficar, continuar; (*beharren*) persistir; **~'harschen** [-'harʃən] <-; *sn*> cicatrizar; *Schnee*: regelar; **~'härten** <-e-; -> endurecer; ***verhärtet*** *fig a* obstinado; **2'härtung** *f* endurecimento *m*; *MED a* calosidade *f*, esclerose *f*; (*harte Stelle*) calo *m*; **~'haspeln** <-le; ->: ***sich ~*** atrapalhar-se, embaraçar-se; **~'hasst** [-'hast] odioso; ***~ bei*** odiado de; **~'hätscheln** <-le; -> amimar, *bras* mimar
Ver'hau [-'hau] *m* <-(e)s; -e> estacada *f*; *MIL* abatis *m* (*Draht2*) arame *m* farpado; **2en** F <-> espancar, dar pancada a; ***sich ~*** enganar-se; ***~ werden*** apanhar
ver'heddern [-'hɛdərn] <-> F ***sich ~*** *et*: emaranhar-se; *j-d*: enganar-se; atrapalhar-se
ver'heer|en [-'heːrən] <-> devastar, assolar; **~end** *adj* devastador, assolador (***wirken*** ter efeito); **2ung** *f* devastação *f*; (*Schaden*) estrago *m*
ver|'hehlen <-> encobrir, dissimular, ocultar; **~'heilen** <-; *sn*> sarar, cicatrizar; **~'heimlichen** <-> dissimular, ocultar
ver'heirat|en <-e-; ->: (***sich***) ***~*** casar(-se); ***~et sein*** ser casado; **2ung** *f* casamento *m*
ver'heiß|en <-> prometer; **2ung** *f* promessa *f*; *REL* promissão *f*; **~ungsvoll** prometedor
ver'helfen <->: ***j-m zu et ~*** proporcionar a/c a alg, arranjar a/c para alg

ver'herrlich|en <-> glorificar, enaltecer; **≈ung** *f* glorificação *f*
ver'hetzen <-*t*; -> incitar
ver'hexen <-*t*; -> enfeitiçar, embruxar
ver'hinder|n <-*re*; -> impedir; evitar; ***~t sein*** *a* ter já um compromisso; **≈ung** *f* impedimento *m*
ver'höhn|en *v/t* <-> escarnecer, troçar de; **≈ung** *f* escárnio *m*, troça *f*
Ver'hör [-'hø:r] *n* <-(*e*)*s*; -*e*> interrogatório *m*; ***ins ~ nehmen*** = **≈en** *v/t* <-> interrogar; ***sich ~*** entender mal
ver|'hüllen <-> (en)cobrir, velar; *fig a* ocultar; **~'hungern** <-*re*; -; *sn*> morrer de fome; ***~hungert aussehen*** ter ar de esfomeado; ***~ lassen*** deixar morrer (*od* matar) à fome; **~'hunzen** [-'huntsən] <-*t*; -> F estropiar; **~'hüten** <-*e*-; -> impedir, evitar; preservar; ***~d*** *adj* impeditivo; preservativo, *MED a* profilá(c)tico; **~'hütten** [-'hytən] <-*e*-; -> fundir; **≈'hüttung** *f* fundição *f*
Ver'hütung [-'hy:tuŋ] *f* prevenção *f*, preservação *f*; *MED* profilaxia *f*; **~smittel** *n allgemein* método *m* contraceptivo; *männlich* preservativo *m*; preventivo *m*; *weiblich* contraceptivo *m*
ver'hutzelt [-'hutsəlt] enrugado, engelhado; corcovado
ver'innerlichen <-> interiorizar
ver'irr|en <->: ***sich ~*** perder-se; **≈ung** *f fig* aberração *f*; *leichte*: deslize *m*
ver'jagen <-> afugentar, expulsar
ver'jähr|en <-; *sn*> prescrever, caducar; **≈ung** *f* prescrição *f*; **≈ungsfrist** *f JUR* prazo *m* de prescrição
ver'jubeln <-*le*; -> gastar na pândega, *bras* gastar à toa
ver'jüng|en [-'jyŋən] <-> rejuvenescer; *Maßstab*: reduzir; *ARQUIT* diminuir; **≈ung** *f* rejuvenescimento *m*; redução *f*, diminuição *f*
ver'kabel|n <-*le*; -> cablar; **≈ung** *f* cablagem *f*
ver'kalk|en <-> **1.** *v/t TÉCN* calcinar; **2.** *v/i* <*sn*> calcificar-se; endurecer; *MED* esclerotizar; ***~t*** *adj MED* esclerótico; *fig* F senil; **≈ung** *f* calcinação *f*, calcificação *f*; endurecimento *m*; *MED* esclerose *f*
ver|'kannt [-'kant] **1.** *p/p von* ***verkennen***; **2.** *adj* incompreendido; **~'kappt** [-'kapt] *fig* disfarçado (***als*** de); **~'kapseln** [-'kapsəln] <-*le*; ->: ***sich ~*** enquistar-se
ver'katert ***~ sein*** F estar com (*bras* de) uma ressaca
Ver'kauf *m* <-(*e*)*s*; ¨*e*> venda *f*; **≈en** <-> vender; ***zu ~*** à venda
Ver'käufer(in *f*) *m* vendedor *m*, vendedeira *f*, *bras* vendedora *f*; **≈lich** vendável, vendível; ***~ sein*** *a* estar para vender; vender-se (***leicht*** com facilidade)
Ver'kaufs|leiter(in *f*) *m* chefe *su* de vendas; **~preis** *m* <-*es*; -*e*> preço *m* de venda; **~stand** *m* <-(*e*)*s*; ¨*e*> posto *m* (*od* pavilhão *m*, *bras* barraca *f*) de venda
Ver'kehr [-'ke:r] *m* <-(*e*)*s*; *sem pl*> trânsito *m*, circulação *f*; *a ECON* movimento *m*, tráfego *m*; (*Straßen≈*) viação *f*; *regelmäßiger*: *CAM. DE F*, *CORR* serviço *m*, comunicações *f/pl*, *NAV*, *AV a* carreiras *f/pl*; *brieflicher*: correspondência *f*; ***in ~ bringen*** fazer circular; ***aus dem ~ ziehen*** retirar da circulação; ***für den ~ freigeben*** *Straße*: abrir ao tráfego
ver'kehren <-> **1.** *v/i* circular; efe(c)tuar-se, *bras* trafegar; ***in e-m*** *Hause* ***~*** frequentar (*ac*); ***mit j-m ~*** lidar com alg, dar-se com alg; ***geschlechtlich ~ mit*** ter relações sexuais com; **2.** *v/t* transtornar; invertir
Ver'kehrs|ader *f* <-; -*n*> artéria *f*; **~ampel** *f* <-; -*n*> semáforo *m*, *bras* sinaleira *f*; **~aufkommen** *n* <*sem pl*> trânsito *m*: **≈beruhigt** com circulação reduzida; **~betriebe** *m/pl* transportes *m/pl* públicos; **~büro** *n* <-*s*; -*s*> (agência *f* de) Turismo *m*; **~chaos** *n inv* caos *m* (*od* grande confusão) de trânsito; **~flugzeug** *n* <-(*e*)*s*; -*e*> avião *m* de carreira; avião *m* de transporte; **~hindernis** *n* <-*ses*; -*se*> obstáculo *m* para a circulação; **~insel** *f* <-; -*n*> ilha *f* para peões; **~knotenpunkt** *m* <-(*e*)*s*; -*e*> entroncamento *m*; **~meldung** *f Radio*: informação *f* sobre o estado do trânsito; **~minister(ium** *n* <-*s*; -*ministerien*>) *m* Ministro *m* (Ministério *m*) de Comunicações; **~mittel** *n* meio *m* de transporte; ***öffentliche ~*** transportes *m/pl* públicos; **~netz** *n* <-*es*; -*e*> rede *f* de transportes; **~ordnung** *f* código *m* da es-

V

trada, *bras* regulamento *m* do trânsito; **~polizei** *f* <*sem pl*> polícia *f* de trânsito; *bras* polícia *f* rodoviária; **~polizist** *m* <*-en*> polícia (*bras a* guarda) *m* de trânsito; **~regelung** *f* regulamento *m* de trânsito, *bras* organização *f* do trânsito; **≈reich** movimentado; **~schild** *n* <*-(e)s; -er*> sinal *m* de trânsito; **~sicherheit** *f* <*sem pl*> segurança *f* nas estradas; **~stauung** *f*, **~stockung** *f* congestão *f* (*od* congestionamento *m*) do trânsito; **~störung** *f* interrupção *f* do trânsito; **~sünder** *m* condutor *m* que infringe as regras de trânsito, *bras a* infra(c)tor *m* das regras de trânsito; **~unfall** *m* <*-(e)s; ¨e*> acidente *m* de viação (*bras* trânsito); **~verbindung** *f* comunicação *f*, ligação *f*; **~verbund** *m* <*-(e)s; -e*> associação *f* dos transportes públicos; **~weg** *m* <*-(e)s; -e*> via *f* (pública); **~wesen** *n* <*-s; sem pl*> viação *f*; **≈widrig** contrário às regras de trânsito; **~zeichen** *n* sinal *m* de trânsito

ver'kehrt [-'ke:rt] *adj* invertido; *a adv* às avessas; *fig* errado; *adv* mal

ver'keilen <-> *TÉCN* chavetar; F → ***verprügeln***

ver'kennen <-> desconhecer; não compreender; ***nicht ~*** *a* não negar

ver'kett|en <*-e-*; -> encadear; *a fig* concatenar; **≈ung** *f* encadeamento *m*, concatenação *f*

ver|'kitten <*-e-*; -> (a)betumar; **~'klagen** <->: **~** (***bei***) acusar (perante); *JUR* denunciar (a); pôr demanda (***j-n*** contra alg); **~'klammern** <*-re*; -> enganchar; **≈klappung** *f* descarregamento *m* (*bras* alijamento *m*) (de resíduos) no mar; **~'klären** <-> transfigurar; **≈'klärung** *f* transfiguração *f*; apoteose *f*; **~klausu'lieren** [-klaυzu'li:rən] <-> clausular, estabelecer cláusulas; **~'kleben** <-> tapar; colar; (a)betumar; **~'kleiden** <*-e-*; -> disfarçar; *ARQUIT*, *TÉCN* revestir; *Holz*: forrar (***mit*** de); **≈'kleidung** *f* disfarce *m*; *ARQUIT*, *TÉCN* revestimento *m*; (*Holz*≈) forro *m*

ver'kleiner|n [-'klaınərn] <*-re*; -> reduzir (*a MAT*), *a fig*: diminuir, apoucar; **≈ung** *f* redução *f*, diminuição *f*; **≈ungswort** *n* <*-(e)s; ¨er*> diminutivo *m*

ver'klemmt entalado; *fig* complexado

ver|'klingen <*sn*> ir-se perdendo; **~'knallen** <->: ***sich in j-n ~*** F apaixonar-se por alg; **≈'knappung** [-'knapuŋ] *f* <*sem pl*> escassez *f*; **~'kneifen** F <->: ***sich et ~*** desistir de a/c; *das Lachen*: conter; **~'knöchern** <*-re*; -; *sn*> ossificar(-se); **~'knöchert** *adj fig* F burocrático; **~'knüpfen** <-> ligar, juntar; *fig a* associar, combinar; **≈'knüpfung** [-'knypfuŋ] *f* enlace *m*; *fig* combinação *f*, associação *f*; **~'kohlen** <-; *v/t* (*h*); *v/i* (*sn*)> carbonizar(-se); reduzir(-se) a carvão; *fig* F *v/t*: ***j-n ~*** contar petas (*bras* mentiras) a alg; **~'koken** [-'ko:kən] <-> calcinar

ver'kommen 1. *v/i* <-; *sn*> ir-se arruinando, ir-se degenerando, decair; *j-d*: ir-se depravando; **~ *lassen*** abandalhar, deixar estragar; **2.** *adj* arruinado; decadente, depravado; **≈heit** *f* <*sem pl*> decadência *f*, depravação *f*

ver'korken <-> arrolhar

ver'körper|n <*-re*; -> personificar; encarnar; *Rolle*: representar, interpretar; **≈ung** *f* encarnação *f*, personificação *f*; representação *f*

ver|'krachen F *v/i* <-; *sn*>: ***sich ~*** zangar-se; **~'kraften** <-> poder com; suportar, aguentar; **~'kramen** <-> extraviar; **~'krampfen** <->: ***sich ~*** contrair-se, crispar-se; **~'krampft** *adj* contraído; tenso; *fig* pouco natural; **~'kriechen** <->: ***sich ~*** esconder-se; **~'krümeln** <*-le*; -> esmigalhar; ***sich ~*** F *fig* sumir-se; **≈'krümmung** *f MED* deformação *f*

ver'krüppelt aleijado, deformado

ver|'krusten [-'krustən] <*-e-*; -> incrustar; **~'kühlen** <->: ***sich ~*** constipar-se; **~'kümmern** *v/i* <*-re*; -; *sn*> enfezar, estiolar(-se); definhar-se; *BOT*, *MED* atrofiar-se; **~'kümmert** *adj* raquítico

ver'künd|en <*-e-*; -> anunciar, preconizar; *laut*: proclamar; *Gesetz*: promulgar, publicar; *Urteil*: pronunciar; **~igen** *REL* (*predigen*) pregoar; (*weissagen*) profetizar; **≈ung** *f* publicação *f*, proclamação *f*, promulgação *f*; *REL* Anunciação *f*

ver'kupfern <*-re*; -> (a)cobrear

ver'kuppeln <*-le*; -> *TÉCN* engatar; *j-n*: alcovitar

V

ver'kürz|en <-*t*; -> reduzir, encurtar, abreviar; *PINT* escorçar; **2ung** *f* redução *f*, abreviação *f*, abreviamento *m*; *PINT* escorço *m*; *MED* encurtamento *m*
ver'lad|en <-> carregar; embarcar; **2eplatz** *m* <-*es*; *⸚e*> cais *m* de embarque; **2erampe** *f* rampa *f* de carga e descarga; **2ung** *f* carga *f*, carregamento *m*; embarque *m*
Ver'lag [fɛr'la:k] *m* <-(*e*)*s*; -*e*> (casa *f*) editora *f*
ver'lager|n <-*re*; -> deslocar; transferir; **2ung** *f* deslocação *f*
Ver'lags|buchhändler *m* livreiro *m* editor; **~buchhandlung** *f* livraria *f* editora; **~recht** *n* <-(*e*)*s*; -*e*> direitos *m*/*pl* editoriais
ver'langen 1. <->: **~** (**von**) pedir (a), exigir (de); **nach et ~** ansiar a/c; (*a* **nach j-m**) ter saudades de *a ac* (alg); **2. 2** *n* desejo *m*; (*Forderung*) exigência *f*, reclamação *f*; (*Sehnsucht*) ânsia *f*, saudade *f* (**nach** de); **auf ~** quando for exigido
ver'länger|n [-'lɛŋərn] <-*re*; -> alongar, prolongar; *Frist*: prorrogar; **2ung** *f* alongamento *m*; prolongamento *m*, prorrogação *f*; **2ungsschnur** *f* *EL* extensão *f*
ver'langsamen <-> retardar
Ver'lass [-'las] *m* <-*es*; *sem pl*>: **es ist kein ~ auf** (*ac*) não se pode ter confiança *f* em
ver'lassen 1. *v*/*t* <-> deixar, abandonar; *Ort*: *a* sair de; **sich auf** (*ac*) **~** fiar-se em, confiar em, contar com; **2.** *adj* abandonado; *j-d*: *a* desamparado; *Haus*: *a* desabitado; **2heit** *f* <*sem pl*> abandono *m*, solidão *f*
ver'lässlich [-'lɛsliç] seguro, de confiança; *j-d*: sério; (*treu*) fiel; (*sicher*) certo; *Nachricht*: *a* fidedigno
Ver'lauf *m* <-(*e*)*s*; *sem pl*> decurso *m*, decorrer *m*; *Handlung*: *a* marcha *f*, progresso *m*, evolução *f*; **im ~ des Jahres** pelo ano fora, no decorrer do ano; **nach ~ von** ao cabo de; **2en** *v*/*i* <-> decorrer; passar(-se); evolucionar; **gut** (**schlecht**) **~** tomar rumo (des)favorável; **sich ~** (*auseinander gehen*) dispersar-se; *Wasser*: espalhar-se, *nach Überschwemmungen*: descer, baixar; (*sich verirren*) perder-se
ver'laust [-'laʊst] piolhento
ver'lautbar|en <->: **~ lassen** comunicar; **2ung** *f* publicação *f*, comunicado *m*
ver'lauten <-*e*-; -> constar; **~ lassen** manifestar, mandar dizer, mandar publicar, mandar divulgar; **nichts ~ lassen** calar-se
ver'leb|en <-> passar; **~t** *adj* gasto
ver'legen 1. *v*/*t* <-> transferir, trasladar, mudar (**auf** *ac* para); *Gegenstand*: não pôr no sítio; *Handlung*: situar; localizar; (*einbauen, legen*) assentar, colocar; (*aufschieben*) adiar; pôr no sítio; (*veröffentlichen*) publicar, editar; (*versperren*) trancar, cortar; **sich ~ auf** dedicar-se a; **2.** *adj* embaraçado; **nie um e-e Antwort ~ sein** estar sempre pronto a ripostar *od* responder; **~ werden** embaraçar-se; **2heit** *f* embaraço *m*; (*Geld2*) apuros *m*/*pl*; **j-n in ~ bringen** meter alg em apuros; **aus der ~ helfen** tirar de apuros
Ver'leg|er [-'le:gər] *m* editor *m*; **~ung** *f* transferência *f*; *zeitl a* adiamento *m*
ver'leiden <-*e*-; ->: **j-m et ~** estragar a/c a alg, fazer perder o gosto de a/c a alg
Ver'leih [-'laɪ] *m* <-(*e*)*s*; -*e*> aluguer *m*, aluguel *m*; **2en** *v*/*t* <-> emprestar; (*vermieten*) alugar; *Form, Glanz*: dar; *Titel*: *a* conferir; *Orden*: *a* agraciar com, condecorar com; *Insignien*: impor; *Recht*: outorgar, conceder; (*angedeihen lassen*) proporcionar; **~er**(**in** *f*) *m* emprestador(a *f*) *m*; (*Vermieter*[*in*]) alugador(a *f*) *m*; **~ung** *f* *Insignien*: imposição *f*; (*Ordens2*) condecoração *f*; *Recht*: concessão *f*; *Würde*: investidura *f*
ver'leiten <-*e*-; -> induzir; *stärker*: tentar (**zu** a)
ver'lernen <-> desaprender, esquecer
ver'lesen *v*/*t* <-> *Gemüse etc*: limpar; escolher; (*vorlesen*) ler; fazer a leitura de; **sich ~** enganar-se (na leitura)
ver'letz|bar [-'lɛtsba:r] vulnerável; *fig j-d*: melindroso (**leicht** muito); **~en** <-*t*; -> ferir; lesar; *fig* faltar; *Interesse*: prejudicar; *j-n*: melindrar, ofender; **~end** *fig* ofensivo; **~lich** → **~bar**; **2te**(**r**) *m* ferido *m*; **2ung** *f* ferida *f*, lesão *f*; *Gesetz*: violação *f*; *fig* ofensa *f*

V

ver'leugnen <-e-; -> renegar (*a REL*); (***sich nicht*** não se) desmentir; ***sich ~ lassen*** negar-se
ver'leumd|en [-'lɔymdən] <-e-; -> caluniar, difamar; **⁀er(in** *f*) *m* caluniador(a *f*) *m*, difamador(a *f*) *m*; **~erisch** [-riʃ] caluniador, difamador, difamante; **⁀ung** *f* calúnia *f*, difamação *f*
ver'lieb|en <->: ***sich in*** (*ac*) **~** enamorar-se de, apaixonar-se por; **~t** apaixonado; **⁀theit** *f* paixão *f*; amor *m*; namoro *m*
ver'lier|en [-'liːrən] <-> perder; *a* → ***verloren***; **⁀er** *m* quem perde, vencido *m*
Ver'lies [-'liːs] *n* <-es; -e> calabouço *m*
ver|'loben <->: ***sich ~*** noivar-se, ficar noivo; ***~lobt sein*** ser noivo; **⁀'löbnis** [-'løːpnis] *n* <-ses; -se> noivado *m*; **⁀'lobte(r** *m*) *su* noivo *m*, -a *f*
Ver'lobung [-'loːbuŋ] *f* noivado *m*; **~sring** *m* <-(e)s; -e> anel *m* de noivado
ver'lock|en <-> atrair; **~end** *adj* atra(c)tivo; **⁀ung** *f* atra(c)ção *f*, sedução *f*
ver'logen [-'loːgən] mentiroso; **⁀heit** *f* <sem pl> mentira *f*
ver'loren [-'loːrən] **1.** *p/p von* ***verlieren***; ***~ geben*** considerar perdido; ***~ gehen*** perder-se; **2.** *adj*: ***der ~e Sohn*** o filho pródigo
ver|'löschen *v/i* <-; sn> extinguir-se; **~'losen** <-t; -> sortear, rifar; **⁀'losung** *f* sorteio *m*, rifa *f*; **~'löten** <-e-; -> soldar; **~'lottern** [-'lɔtərn] <-re; -> degradar-se; *j-d*: estroinar; ***~ lassen*** abandalhar; **~'ludern** [-'luːdərn] <-re; -> → ***~lottern***
Ver'lust [-'lust] *m* <-(e)s; -e> perda *f*; (*Schaden*) prejuízo *m*; *MIL* baixa *f*; **~geschäft** *n* <-(e)s; -e> operação *f* deficitária; **⁀ig**: ***~ gehen*** (*gen*) perder (*ac*); **~liste** *f* lista *f* das baixas; **⁀reich** *MIL* sangrento
ver|'machen <-> legar; **⁀'mächtnis** *n* <-ses; -se> legado *m*, património (*ô) *m*; testamento *m*
ver'mähl|en [-'mɛːlən] <->: (***sich***) **~** casar(-se); **⁀te(n)** [-tə(n)] *pl* esposos *m/pl*, casal *m/sg*; **⁀ung** *f* enlace *m*, casamento *m*
ver|'markten <-> *ECON* comercializar; **⁀'marktung** *f* <sem pl> comercialização *f*; **~'masseln** [-'masəln] F deitar a perder, estragar
ver'mehr|en <-> aumentar (*a refl*); ***sich ~*** *ZO* multiplicar-se; **⁀ung** *f* aumento *m*; multiplicação *f*, *ZO a* reprodução *f*
ver'meid|bar [-'maɪt-] evitável; **~en** <-> evitar; **⁀ung** *f* evitação *f*
ver'meintlich suposto, pretenso, fictício
ver'mengen <-> misturar; *fig a* confundir
Ver'merk [-'mɛrk] *m* <-(e)s; -e> nota *f*; **⁀en** <-> notar; ***übel ~*** levar a mal
ver'messen <-> **1.** *v/t* medir; *Land*: agrimensar; levantar o plano topográfico de; ***sich ~ zu*** (*inf*) atrever-se a; **2.** *adj* atrevido; **⁀heit** *f* <sem pl> atrevimento *m*
Ver'messung *f* medição *f*, levantamento *m* topográfico; **~singenieur(in** *f*) *m* <-s; -e> geodesista *su*; **~skunde** *f* <sem pl> geodesia *f*
ver'miet|en <-e-; -> alugar, arrendar; ***zu ~*** aluga-se; **⁀er(in** *f*) *m* senhorio *m*, alugador(a *f*) *m*; **⁀ung** *f* aluguer *m*, aluguel *m*, arrendamento *m*
ver'minder|n <-re; -> diminuir, reduzir; **⁀ung** *f* diminuição *f*, redução *f*
ver'minen [fɛr'miːnən] <-> *MIL* minar
ver'misch|en <-> misturar; *ZO* cruzar; **~t** *adj* misto; *pl a* vários; **⁀ung** *f* mistura *f*, mescla *f*; cruzamento *m*
ver'miss|en *v/t* <-t; -> dar pela (*od* sentir a) falta de; fazer falta a; **~t** [-'mist], **⁀te(r** *m*) *su* desaparecido (*m*, -a *f*)
ver'mitt|eln [-'mitəln] <-le; -> **1.** *v/i* intervir; *zwischen Streitenden*: servir de medianeiro; *zwischen Meinungen etc*: conciliar (*ac*); **2.** *v/t* (*zustande bringen*) facilitar, arranjar; **~elnd** *adj* medianeiro, conciliatório; **⁀ler(in** *f*) *m* medianeiro *m*, -a *f*, mediador(a *f*) *m*, agente *su*; **⁀lung** [-luŋ] *f* mediação *f*; *TEL* central *f*; **⁀lungsgebühr** *f* comissão *f*
ver'modern <-re; -; sn> apodrecer
Ver'mögen [-'møːgən] *n* (*Besitz*) fortuna *f*, bens *m/pl*; (*Macht*) poder *m*; **⁀d** *adj* abastado; ***~ sein*** *a* ter for-

tuna; **~ssteuer** *f* <-; -n> imposto *m* sobre o património (*ô); **~sverhältnisse** *n/pl* situação *f/sg* financeira; recursos *m/pl*; **~sverwaltung** *f* administração *f* de bens

ver'mumm|en [-'mumən] <-> disfarçar; **≗te(r** *m*) *su* encapuzado *m*, -a *f*; **≗ung** *f* disfarce *m*

ver'mut|en <-e-; -> supor, presumir; suspeitar; **~lich** provável, presumível; *adv a* parece que, é de supor que; **≗ung** *f* suposição *f*, conje(c)tura *f*; (*Verdacht*) suspeita *f*; ***gegen alle ~*** contra toda a expectativa

ver'nachlässig|en [-lɛsigən] <-> descurar, descuidar, desleixar, desprezar; **≗ung** *f* descuido *m*; desleixo *m*

ver|'nageln encravar; **~'narben** [-'narbən] <-; *sn*> cicatrizar; **~'narrt** [-'nart]: ***in*** (*ac*) ***~ sein*** estar doido por; **~'naschen** <-> *Geld*: gastar em gulosices, *bras* papar; **~'nebeln** <-*le*; -> enevoar

ver'nehm|bar [-'neːmbaːr] perceptível; **~en** <-> perceber, sentir; ouvir (dizer); (*erfahren*) *a* saber; *JUR* (*verhören*) interrogar; ***dem ≗ nach*** segundo consta; **~lich** distinto, claro, inteligível; **≗ung** *JUR f* interrogatório *m*; **~ungsfähig** em estado de depor

ver'neig|en <->: ***sich ~*** inclinar-se; cumprimentar (*ac*); **≗ung** *f* reverência *f*, vénia (*ê) *f*, cumprimento *m*

ver'nein|en <-> negar; dizer que não; **~end**, **~t** *adj* negativo; **≗ung** *f* negação *f*

ver'netz|en <-> *INFORM* entrelaçar; **≗ung** *f* reticulação *f* (*a INFORM*), entrelaçamento *m*

ver'nicht|en <-e-; -> aniquilar; (*ausrotten*) exterminar; **≗ung** *f* aniquilamento *m*; extermínio *m*

ver'nickeln <-*le*; -> niquelar

ver'nieten <-e-; -> rebitar

Ver'nunft [-'nunft] *f* <*sem pl*> razão *f*, juízo *m*; ***zur ~ bringen*** chamar à razão; ***zur ~ kommen***, ***~ annehmen*** vir à razão, tomar juízo; **~ehe** *f* casamento *m* de conveniência; **≗gemäß** razoável, sensato, lógico; **~gründe** [-gryndə] *m/pl* argumentos *m/pl*; razões *f/pl*

ver'nünftig [-'nynftiç] razoável, sensato

ver'öd|en [-'øːdən] <-e-; -; *sn*> ficar deserto, ficar despovoado; **≗ung** *f* despovoação *f*, despovoamento *m*

ver'öffentlich|en <-> publicar; *Gesetz*: promulgar; **≗ung** *f* publicação *f*; *Gesetz*: promulgação *f*

ver'ordn|en <-e-; -> ordenar, decretar; *MED* receitar, prescrever; **≗ung** *f* decreto *m*, portaria *f*, ordem *f*; *MED* receita *f*, prescrição *f*

ver|'pachten <-e-; -> arrendar, dar em arrendamento; **≗'pächter** *m* arrendador *m*; **≗'pachtung** *f* arrendamento *m*

ver'pack|en <-> empacotar, embrulhar; *ECON* enfardar, embalar; **≗ung** *f* embalagem *f*

Verpackungs|material *n* <-s; -ien> material *m* de embalagem; **≗müll** *m* embalagens *f/pl* não reutilizáveis

ver|'passen <-t; -> perder; ***j-n ~*** desencontrar-se com alg; **~'patzen** [-'patsən] <-t; -> F estragar; deitar a perder; **~'pesten** [-'pɛstən] <-e-; -> infestar; **~'petzen** F <-t; -> denunciar; **~'pfänden** <-e-; -> empenhar, penhorar; *JUR* hipotecar; **≗'pfändung** *f* empenho *m*; *JUR* hipoteca *f*; **~'pfeifen** <-> F denunciar; **~'pflanzen** <-t; -> transplantar; **≗'pflanzung** *f* transplantação *f*, transplante *m*

ver'pfleg|en <-> alimentar; (*unterhalten*) suster; ***j-n ~*** *a* dar pensão a alg; *Heer*: abastecer; **≗ung** *f* alimentação *f*; víveres *m/pl*; *Hotel*: comida *f*; refeições *f/pl*; *MIL* abastecimento *m*; aprovisionamento *f*

ver'pflicht|en <-e-; -> obrigar; ***sich ~*** (***zu***) comprometer-se (a); **~end** *adj* obrigatório, penhorante; **≗ung** *f* obrigação *f*, dever *m*; compromisso *m*

ver|'pfuschen <-> estragar; **~'plappern** <-*re*; ->: F ***sich ~*** dar com a língua nos dentes; **~'plempern** [-'plɛmpərn] <-*re*; -> F mal-gastar; desperdiçar; **~'plomben** <-> selar; **~'pönt** [-'pøːnt] mal visto; **~'prassen** <-t; -> desperdiçar; dissipar; **~'prügeln** *v/t* <-*le*; -> desancar, dar pancada em, bater *m*; **~'puffen** <-; *sn*> *fig* não dar nada; **~'pulvern** [-'pulvərn] <-*re*; -> malbaratar; **~'pumpen** <-> F emprestar; **~'puppen** [-'pupən] <->: ***sich ~*** transformar-se em crisálida; **~'pusten** <*-e-*; -> F: **(*sich*) ~** descansar; **~'putzen** *ARQUIT* <*-t*; -> rebocar; **~'qualmt** cheio de fumo; **~'quer** oblíquo; **~'quicken** [-'kvikən] confundir; **~'quollen** [-'kvɔlən] inchado; **~'rammeln** <*-le*; -> trancar, atravancar; **~'ramschen** [-'ramʃən] <-> F vender por nada; **~'rannt** [-'rant] *fig* obstinado, ***in*** (*ac*) ***~ sein*** ter a mania de

Ver'rat [-'ra:t] *m* <*-(e)s*; *sem pl*> traição *f*; **≈en** <-> atraiçoar; *a et*: denunciar; *Geheimnis*: *a* revelar; *Glauben*: quebrantar; *fig a* deixar ver; ***sich ~*** trair-se

Ver'räter [-'rɛ:tər] *m* traidor *m*; **~in** *f* traidora *f*; **≈isch** traiçoeiro

ver|'rauchen *v/i* <-; *sn*> *fig* dissipar-se; **~'räuchern** <*-re*; -> defumar; **~'rechnen** <*-e-*; -> descontar; ***sich ~*** enganar-se na conta; **≈'rechnung** *f* compensação *f*, clearing *m*; **≈'rechnungsscheck** *m* <*-s*; *-s*> cheque *m* cruzado; **~'recken** <-; *sn*> F espichar; **~'regnen** <*-e-*; -> ficar estragado com a chuva; **~'reisen** *v/i* <*-t*; -> (ir) viajar; partir para uma viagem; ***verreist sein*** *a* estar em viagem, estar para fora, *bras* estar fora; **~'reißen** <-> F *Kritik*: criticar duramente; **~'renken** [-'rɛŋkən] <-> deslocar; **(*sich*** *dat*) **~** torcer; **≈'renkung** [-'rɛŋkuŋ] *f* deslocação *f*, torcedura *f*, luxação *f*; **~'rennen** <->: ***sich ~ in*** (*ac*) aferrar-se a; obstinar-se em; **~'richten** <*-e-*; -> fazer; *Gebet*: rezar; **≈'richtung** *f* execução *f*; *pl* funções *f/pl*; *häusliche*: afazeres *m/pl*; **~'riegeln** [-'ri:gəln] *v/t* <*-le*; -> aferrolhar, trancar

ver'ringer|n [-'riŋərn] <*-re*; -> diminuir, reduzir; **≈ung** *f* diminuição *f*, redução *f*

ver'rinnen <-; *sn*> passar, correr, escorrer

ver'roh|en <*v/t* (*h*); *v/i* (*sn*); -> embrutecer; **≈ung** *f* embrutecimento *m*

ver'rosten <*-e-*; -; *sn*> enferrujar

ver'rotte|n <*-e-*; -; *sn*> apodrecer; *a fig* corromper-se; **~t** *adj fig* corru(p)to

ver'rucht [-'ru:xt] infame; *j-d*: *a* malvado

ver'rück|en <-> remover; **~t** *adj* louco, doido (***nach*** por); alienado, demente; ***wie ~*** à doida, loucamente; ***~ werden*** enlouquecer, endoidecer; ***~ machen*** *fig* pôr louco; **≈theit** *f* loucura *f*, doidice *f*, demência *f*; **≈twerden** *n*: ***es ist zum ~!*** é de enlouquecer

Ver'ruf *m* <*-(e)s*; *sem pl*> má fama *f*; ***in ~ sein*** ter má fama; ***in ~ bringen*** difamar; **≈en** *adj* de má fama, de má reputação

ver'rühren <-> mexer; misturar

Vers [fɛrs] *m* <*-es*; *-e*> verso *m*; (*Bibel≈*) versículo *m*; (*Strophe*) estrofe *f*; ***sich*** (*dat*) ***keinen ~ auf et machen können*** F não saber explicar a/c

ver'sag|en <-> **a)** *v/t* negar, recusar; ***sich*** (*dat*) *etwas* **~** privar-se de a/c, desistir de a/c; ***sich*** (*dat*) ***nicht ~ können zu*** não poder deixar de; **b)** *v/i* falhar, ir(-se) abaixo; *TÉCN a* não funcionar; *Knie*: fraquejar; *Kräfte etc*: faltar; *Stimme*: ficar preso; **≈en** *n* falha *f*, insuficiência *f*; ***menschliches ~*** falha *f* humana; **≈er** *m* falhado *m*; *et*: falha *f*

ver'salzen <*-t*; -> salgar em excesso; *fig* desmanchar

ver'samm|eln <*-le*; -> reunir; **≈lung** *f* reunião *f*, assembleia (*é) *f*; (*Volks≈*) comício *m*

Ver'sand [-'zant] *m* <*-(e)s*; *sem pl*> expedição *f*, envio *m*; (*Auslands≈*) exportação *f*; **~abteilung** *f ECON* departamento *m* de expedição; **≈bereit** pronto (a ser expedido); **≈en** [-dən] <*-e-*; -; *sn*> assorear; **~handel** *m* <*-s*; *sem pl*> comércio *m* por correspondência; **~haus** *n* <*-es*; *⸚er*> casa *f* de venda por correspondência; casa *f* de expedição

ver'sauen <-> [-'zauən] F sujar; estragar

ver'sauern <*-re*; -> *fig* levar uma vida monótona, vegetar

ver'säum|en [-'zɔymən] *v/t* <-> *Arbeit, Pflicht, Schule*: faltar a; *Gelegenheit, Zeit, Zug*: perder; ***~ zu*** (*inf*) deixar de; **≈nis** *n* <*-ses*; *-se*> falta *f*; descuido *m*

ver|'schachern <*-re*; -> vender ao desbarato; **~'schaffen** <-> arranjar, conseguir, proporcionar

ver'schal|en [-'ʃa:lən] <-> forrar, *BGB, ARQUIT* (en)cofrar; **≈ung** *f*

V

forramento *m*, forro *m*; *BGB* cofragem *f*
ver'schämt [-'ʃɛːmt] envergonhado
ver'schandeln [-'ʃandəln] <*-le*; -> desfigurar; estragar
ver'schanz|en <*-t*; -> entrincheirar; ***sich*** ~ *fig* excusar-se (***hinter*** *dat* com); **²ung** *f* trincheiras *f/pl*
ver'schärf|en <-> agravar; *Tempo*: acelerar; **²ung** *f* agravamento *m*; *Tempo*: aceleração *f*
ver|'scharren <-> soterrar; *Leiche*: enterrar; **~'scheiden** *v/i* <-; *sn*> expirar, falecer; **~'schenken** dar, fazer presente de; **~'scherzen** <*-t*; -> perder por sua falta; **~'scheuchen** <-> afugentar; *fig* dissipar; **~'schicken** <-> expedir, enviar; *JUR* deportar; **²'schickung** *f* expedição *f*, envio *m*; transporte *m*; **~'schiebbar** [-'ʃiːpbaːr] móvel; **²'schiebebahnhof** *m* <-(*e*)*s*; ⸚*e*> estação *f* de manobras; **~'schieben** <-> *örtl* deslocar, remover; *zeitl*: adiar; protelar; F, *ECON* traficar; ***sich*** ~ sair do sítio (*bras* lugar); *zeitl*: ficar adiado; **²'schiebung** *f* modificação *f*, transposição *f*; *zeitl*: adiamento *m*; *ECON* traficância *f*
ver'schieden [-'ʃiːdən] **1.** *p/p von* ***verscheiden***; **2.** *adj* diferente, distinto, diverso, *pl a* vários; ~ ***sein*** *a* diferir; **~artig** diverso, heterogéneo (*ê); **²e(s)** *n* diversos *m/pl*; *Zeitung*: ocorrências *f/pl* diversas; **~farbig** variegado, de várias cores, polícromo; **²heit** *f* diversidade *f*, variedade *f*; heterogeneidade *f*; **~tlich** *adv* diversas vezes
ver'schießen <-> **1.** *v/t*: (***sich***) ~ esgotar (a munição); *TIP* transpor; **2.** *v/i* desbotar, perder a cor; *fig* ***sich in*** (*ac*) ~ apaixonar-se por
ver'schiff|en <-> embarcar; enviar por navio; **²ung** *f* embarque *m*, transporte *m* (*Flussweg*: fluvial, *Seeweg*: marítimo)
ver'schimmeln <*-le*; -; *sn*> criar bolor
ver'schlacken [-'ʃlakən] <-; *sn*> ficar cheio de escória
ver'schlafen **1.** *v/t* <->: acordar tarde; ***die Zeit*** ~ passar o tempo a dormir; *fig* perder oportunidades; *v/i* não acordar a horas; **2.** *adj* sonolento
Ver'schlag *m* <-(*e*)*s*; ⸚*e*> tabique *m*, *bras* tapume *m*
ver'schlagen **1.** *v/t* <-> revestir de tábuas; *Buchseite*, *Ball*: perder; *NAV* desnortear, arrastar; ~ ***werden*** *NAV* derivar; ~ ***werden nach*** desviar-se para; *fig* F vir parar em; ***es verschlägt mir die Sprache*** fico sem fala; **2.** *adj j-d*: astuto, manhoso; abispado; **²heit** *f* <*sem pl*> astúcia *f*, manha *f*
ver|'schlammen [-'ʃlamən] *v/t* <-> (*v/i sn*) encharcar(-se); **~'schlampen** [-'ʃlampən] <-> F (*verlieren*) perder
ver'schlechter|n [-'ʃlɛçtərn] <*-re*; ->: (***sich***) ~ piorar; *et*: *a* deteriorar; *Zustand*: *a* agravar(-se); **²ung** *f* piora(mento *m*) *f*; agravamento *m*, deterioração *f*
ver'schleier|n <*-re*; -> disfarçar, velar; *ECON*, *JUR* encobrir, falsificar; **²ung** *f* encobrimento *m*
ver'schleim|en <-; *sn*> ficar cheio de muco; **²ung** *f* mucosidade *f*; catarro *m*
Ver'schleiß [-'ʃlaɪs] *m* <*-es*; *-e*> *TÉCN* desgaste *m*, *bras* usura *f*; **²en** <-> *TÉCN* (des)gastar; *Stoff*: puir; estragar
ver'schlepp|en <-> *j-n*: raptar, sequestrar; *et*: desviar, roubar; *zeitl* demorar; *MED*, (*vernachlässigen*) descurar, descuidar; **²ung** *f j-s*: rapto *m*; *e-r Sache*: roubo *m*; *zeitl*: demora *f*, (*Vernachlässigung*) descuido *m*
ver'schleudern <*-re*; -> *Geld*: dissipar, malbaratar
ver'schließ|bar [-'ʃliːsbaːr] com fechadura; ~ ***sein*** *a* fechar(-se); **~en** <-> fechar à chave; (*verstopfen*) tapar; ***sich*** ~ ***gegen***, ***sich*** (*dat*) ~ fechar-se a; *a* → ***verschlossen***
ver'schlimmer|n [-'ʃlimərn] <*-re*; ->: (***sich***) ~ piorar; *Zustand*, *a fig* (***sich***) ~ agravar(-se); **²ung** *f* agravação *f*, agravamento *m*
ver'schlingen <-> devorar, tragar; ***hastig*** ~ engolir; ***viel Geld*** ~ custar um dinheirão
ver'schlissen [-'ʃlisən] *adj* gasto; *Kleidung*: puído
ver'schlossen [-'ʃlɔsən] **1.** *p/p von* ***verschließen***; **2.** *adj fig* reservado,

pouco comunicativo; **≗heit** *f <sem pl>* reserva *f*
ver'schlucken *<->* engolir (*a Buchstaben*); ingerir; ***sich*** ~ engasgar-se (***an*** *dat* com)
Ver'schluss *m <-es; ⁼e>* fecho *m*, fechadura *f*; *Flasche*: rolha *f* de pressão; *TÉCN u FOT* obturador *m*; ***unter*** ~ (***halten*** guardar) fechado
ver'schlüssel|n *<-le; ->* cifrar; **≗ung** *f* cifra *f*
Ver'schluss|kappe *f* tampa *f*; **~laut** *m <-(e)s; -e>* oclusiva *f*
ver|'schmähen *<->* desdenhar, desprezar; **~'schmälern** *<-re; ->* estreitar; **~'schmelzen** *<->* **1.** *v/t* fundir, amalgamar; **2.** *v/i* fundir-se; **≗'schmelzung** [-'ʃmɛltsuŋ] *f* fusão *f*; **~'schmerzen** *v/t <-t; ->* aguentar, consolar-se de, esquecer; **~'schmieren** *<->* tapar (com barro *etc*); *Papier*: borrar; **~'schmitzt** [-'ʃmitst] manhoso; (*schalkhaft*) de maroto; **~'schmutzen** *v/t <-t; ->* (*v/i; sn*) sujar(-se); *Umwelt*: poluir; **≗'schmutzung** *f* poluição *f*; **~'schnaufen** *<->*: ***sich*** ~ descansar; **≗'schnaufpause** *f* pausa *f* para relaxar (*od* tomar alento); **~'schneiden** *v/t <->* estragar; *Wein*: adulterar; (*kastrieren*) castrar, capar; **~'schneit** coberto do neve, nevado; **≗'schnitt** *m <-(e)s; -e>* corte *m*; desperdícios *m/pl*; *Alkohol*: loteamento *m*, *bras* mistura *f*; **~'schnörkelt** [-'ʃnœrkəlt] com arabescos, florido; **~'schnupft** [-'ʃnupft] constipado, *bras* resfriado; *fig* amuado; **~'schnüren** *<->* atar; **~'schollen** [-'ʃɔlən] desaparecido (*sein* ter); **~'schonen** *<->* poupar, deixar em paz; ***j-n mit et*** ~ *a* dispensar alg de a/c; **~'schönern** [-'ʃœnərn] *<-re; ->* embelezar, aformosear; **≗'schönerung** [-'ʃø:nəruŋ] *f* embelezamento *m*, aformoseamento *m*; **~'schossen** [-'ʃɔsən] *p/p von* ***verschießen***; **~'schränken** [-'ʃrɛŋkən] *<->* cruzar; **~'schrauben** *<->* aparafusar; **~'schreiben** *<->* *Tinte*: gastar; *MED* receitar; *JUR* legar; ***sich*** ~ enganar-se (a escrever), escrever errado; ***sich et*** (*dat*) ~ dedicar-se a a/c; **≗'schreibungspflichtig** *MED* que só se vende com receita médica; **~'schrie(e)n** [-'ʃri:ən] mal-afamado; **~'schroben** [-'ʃro:bən] excêntrico; *j-d*: *a* maluco; **≗'schrobenheit** *f* excentricidade *f*; *j-s*: *a* maluquice *f*; **~'schrotten** [-'ʃrɔtən] *<-e-; ->* desmantelar para sucata, transformar em sucata; **~'schrumpeln** [-'ʃrumpəln] *<-le; ->* F enrugar-se; **~'schüchtert** intimidado
ver'schuld|en *<-e-; ->* **a)** *v/t* causar, ter a culpa de, ser a causa de; **b)** *v/i <sn>* endividar-se; **≗en** *n* culpa *f*, falta *f*; **~et** endividado; **≗ung** *f* dívidas *f/pl*; hipoteca *f*
ver|'schütten *<-e-; ->* (*ausschütten*) verter; (*zuschütten*) entulhar; *j-n*: enterrar; **~'schwägert** aparentado; **~'schweigen** *<->* calar, ocultar
ver'schwend|en [-'ʃvɛndən] *<-e-; ->* dissipar, esbanjar; *Zeit*: perder; **≗er(in** *f*) *m* esbanjador(a *f*) *m*, pródigo *m*, -a *f*, dissipador(a *f*) *m*; mãos rotas *su*; **~erisch** [-əriʃ] *j-d*: → **≗er**; *et*: profuso; **≗ung** *f* desperdício *m*, esbanjamento *m*, dissipação *f*; (*Überfluss*) profusão *f*; **≗ungssucht** *f <sem pl>* prodigalidade *f*
ver'schwiegen [-'ʃvi:gən] calado; discreto; reservado; **≗heit** *f <sem pl>* discrição *f*; reserva *f*
ver'schwimmen *<->* confundir-se; desvanecer-se
ver'schwinden **1.** *<-; sn>* desaparecer; F safar-se; ~ ***lassen*** escamot(e)ar; **2.** ≗ *n* desaparecimento *m*; **~end**: ~ ***klein*** ínfimo, mínimo
ver'schwitz|en *<-t; ->* F esquecer(-se de); **~t** suado
ver'schwommen [-'ʃvɔmən] vago, difuso; *Farbe*: esfumado; *FOT* indistinto, pouco nítido
ver'schwör|en *<->*: ***sich*** ~ conjurar-se, conspirar; **≗er(in** *f*) *m* conjurado *m*, -a *f*, conspirador(a *f*) *m*; **≗ung** *f* conjura *f*, conspiração *f*
ver'sehen **1.** *v/t <->* *Amt*: exercer, desempenhar; ***mit*** *Bildern etc*: guarnecer de; ***mit Bänken*** ~ abancar; (***sich***) ~ ***mit*** abastecer(-se) de, abastar(-se) de, munir(-se) de; equipar(-se) com; ***sich*** ~ (*irren*) enganar-se; equivocar-se; ***ehe man sich's versieht*** sem se dar por isso; **2.** ≗ *n* engano *m* (***aus*** por); erro *m*; **~tlich** por engano
Ver'sehrte(r *m*) *su <-n>* inválido *m*, -a *f*, mutilado *m*, -a *f*

V

ver'send|en <-> enviar; (*absenden*) expedir, despachar; **≈ung** *f* expedição *f*, envio *m*
ver'sengen *v/t* <-> (*v/i*; *sn*) chamuscar(-se)
ver'senk|bar [-'zɛŋkbaːr] submergível; *TÉCN* de (re)baixar (*od* enterrar); **~en** <-> afundar, *NAV a* meter a pique; (*untertauchen*) submergir; ***ins Meer*** **~** lançar ao mar; *TÉCN* (re)baixar (*od* enterrar); *Nagel*: rebater; embeber, mergulhar; ***sich*** **~** *fig* mergulhar(-se), abismar-se; **≈ung** *f* submersão *f*; *MIL u NAV* afundamento *m*; *TEA* alçapão *m*
ver'sessen [-'zɛsən]: **~** ***auf*** (*ac*) aferrado a; louco por
ver'setz|en *v/t* <-t; -> *örtl* mudar, deslocar; *in Ruhe*(*lage*): pôr; *AGR* transplantar; *Beamte*: transferir; ***in den Ruhestand*** **~** aposentar; *Schüler* (*a* **~t** ***werden***): passar de classe; *Schlag*, *Stoß*: aplicar; *Tritt*: dar; (*erwidern*) replicar, acudir; *als Pfand*: empenhar; ***j-n in*** *Angst etc* **~** causar (*ac*) a alg; ***sich in*** *e-e Lage* **~** imaginar-se; **≈ung** *f* transferência *f*; *AGR* transplantação *f*; *Schule*: passagem *f* de classe; **~** ***in den Ruhestand*** aposentação *f*, *bras* aposentadoria *f*
ver'seuch|en <-> contaminar; infestar; inquinar; **~t** infestado; **≈ung** *f* infestação *f*; inquinação *f*
'Versfuß *m* <*-es*; *¨e*> pé *m* de verso
Ver'sicher|er *m* segurador *m*; **≈n** <*-re*; ->(as)segurar; *ECON* **~** (***lassen***) *a* pôr no seguro; (*behaupten*) afirmar, asseverar; **~te**(**r** *m*) *su* <*-n*> segurado *m*, -a *f*; **~ung** *f* afirmação *f*, garantia *f*; *ECON* seguro *m*
Ver'sicherungs|agent *m* <*-en*> agente *m* de seguros; **~gesellschaft** *f* companhia *f* de seguros; *bras* seguradora *f*; **~karte** *f* cartão *m* de seguro; ***grüne*** **~** carta verde; **~nehmer**(**in** *f*) *m* segurado *m*, -a *f*; **~pflicht** *f* <*sem pl*> obrigatoriedade *f* de seguro; **~police** *f* apólice *f*; **~prämie** *f* prémio *m* de seguro; **~summe** *f* valor *m* segurado
ver|'sickern <*-re*; -> infiltrar-se; perder-se; **~'siegeln** <*-le*; -> selar, lacrar; *Parkett*: envernizar; **~'siegen** <-; *sn*> secar; *a fig* esgotar-se; **~'siert** [vɛr'ziːrt] versado; **~'silbern** <*-re*; -> pratear; *fig* F vender; **~'sinken** <-> afundar-se, ir a pique; *fig* perder-se, abismar-se; ***in Gedanken*** **~** ensimesmar-se, ficar pensativo; **~'sinnbildlichen** <-> simbolizar
Versi'on [vɛrzi'oːn] *f* versão *f*
ver'sklaven [fɛr'sklaːvən] <-> escravizar
'Vers|lehre *f* <*sem pl*> (arte *f*) métrica *f*; **~maß** *n* <*-es*; *-e*> metro *m*
ver'söhn|en [-'zøːnən] <-> reconciliar; ***sich*** **~** *a* fazer as pazes; **~lich** conciliador, conciliante; *Ausgang*: satisfatório; **≈ung** *f* reconciliação *f*
ver'sonnen [-'zɔnən] pensativo, sonhador
ver'sorg|en <-> prover, fornecer a; *im Großen*: abastecer, abastar, aprovisionar (***mit*** de); *Kranke*: cuidar de; *j-n* (*unterbringen*): colocar; **≈er** *m* sustentador *m*; **≈ung** *f* abastecimento *m*; (*Lebensstellung*) futuro *m* garantido (*od* assegurado); **~ungsberechtigt** com direito a colocação (nos serviços públicos); **≈ungsengpass** *m* <*-es*; *¨e*> dificultade *f* de abastecimento
ver'spät|en <*-e-*; ->: ***sich*** **~** atrasar-se; ***sich*** (***um 5 Minuten***) **~** *CAM. DE F* chegar com (5 minutos de) atraso; **≈ung** *f* atraso *m* (***haben*** trazer)
ver|'speisen <*-t*; -> comer, consumir; **~'sperren** <-> trancar; *Aussicht*: tapar, impedir; *Weg*: obstruir; vedar; *a fig* abarreirar; **~'spielen** <-> perder no jogo; *Zeit*: passar a brincar (*bras* brincando), passar a jogar (*bras* jogando); **~'spielt** brincalhão; **~'spotten** <*-e-*; -> escarnecer, fazer troça de, zombar de; **≈'spottung** [-'ʃpɔtuŋ)] *f* escárnio *m*; troça *f*; zombaria *f*; **~'sprechen** <-> prometer; ***sich*** **~** enganar-se, dizer mal; ***sich viel*** **~** ***von*** esperar muito de; **≈'sprechen** *n* promessa *f*; **~'spritzen** <*-t*; -> derramar, salpicar; **~'sprühen** <-> borrifar, pulverizar; espalhar; **~'spüren** *v/t* <-> sentir; *Folgen*: ressentir-se de
ver'staatlich|en <-> nacionalizar; *Kirchengut*: secularizar; *bras* estatizar; **≈ung** *f* nacionalização *f*; secularização *f*
Ver'städterung [-'ʃte(ː)təruŋ] *f* <*sem pl*> urbanização *f*; urbanismo *m*

Ver'stand *m* <-(*e*)*s*; *sem pl*> entendimento *m*, inteligência *f*, intele(c)to *m*; (*Vernunft*) razão *f*; (*Urteilskraft*) juízo *m*; ***den ~ verlieren*** perder o juízo; ***nicht recht bei ~ sein*** não estar em seu perfeito juízo; ***das geht über meinen ~*** isso ultrapassa a minha compreensão

ver'standes|mäßig intele(c)tual; racional; **~mensch** *m* <-*en*> intele(c)tual *m*, racionalista *m*; **~schärfe** *f* <*sem pl*> inteligência *f*, perspicácia *f*; penetração *f*

ver'ständ|ig sensato, razoável; **~igen** [-igən] <-> informar; ***sich ~*** entender-se; **~igung** [-iguŋ] *f* entendimento *m*; *TEL* ligação *f*, comunicação *f*; **~lich** compreensível; inteligível; ***leicht ~*** fácil de entender; ***allgemein ~*** ao alcance de todos; ***sich ~ machen*** fazer-se compreender

Ver'ständnis [-'ʃtɛntnis] *n* <-*ses*; *sem pl*> compreensão *f*, inteligência *f*; ***~ haben für*** compreender (*ac*); **~los** insensato; *a adv* incompreensivo; **~losigkeit** [-loːziç-] *f* <*sem pl*> incompreensão *f*; **~voll** compreensivo

ver'stärk|en <-> reforçar; *a* ***sich ~*** aumentar; *Eindruck*: acentuar-se; *Radio*: amplificar; **~er** *m FOT* reforçador *m*; *Radio*: amplificador *m*; **~ung** *f* reforço(s *MIL*) *m* (*pl*); aumento *m*; amplifição *f*

ver'stauben <-; *sn*> ficar empoeirado, ficar cheio de pó

ver'stauch|en [-'ʃtaʊxən] <->: ***sich*** (*dat*) ***den Fuß ~*** torcer o pé; **~ung** *f* luxação *f*; ***e-e ...-~ haben*** ter um ... torcido

ver'stauen <-> arrumar; *NAV* estivar

Ver'steck [-'ʃtɛk] *n* <-(*e*)*s*; -*e*> esconderijo *m*; (*Hinterhalt*) emboscada *f*; ***~ spielen*** jogar às escondidas; **~en** <-> esconder, ocultar (***vor*** *dat* de); ***sich ~*** esconder-se; **~spiel** *n* <-(*e*)*s*; -*e*> escondidas *f*/*pl*; **~t** *adj Anspielung*, *Vorwurf*: indire(c)to

ver'stehen <-> entender (***unter*** *dat* por), compreender, perceber; (*können*) saber; ***sich ~*** dar-se bem, entender-se; ***zu ~ geben*** dar a entender; ***zu ~ sein*** entender-se; compreender-se, perceber-se; ***sich auf*** (*ac*) ***~*** entender de; ***sich ~ zu*** consentir em, prestar-se a; ***das versteht sich von selbst*** isso é claro, isso subentende-se

ver'steifen *TÉCN* <-> reforçar; endurecer; *ARQUIT* apontoar; ***sich ~*** *MED* ficar teso; *fig* ***sich ~*** *Beziehung*, *Meinung*: manter-se intransigente; *j-d*: ***sich auf*** (*ac*) ***~*** teimar em (*inf*)

Versteifung *f* reforço *m*, endurecimento *m*; *MED* anquilose *f*

ver'steigen <->: ***sich ~*** perder-se (nas montanhas); *fig* ***sich ~ zu*** atrever-se a

ver'steiger|n <-*re*; -> leiloar, arrematar; ***öffentlich ~*** vender em hasta pública; **~ung** *f* leilão *m*; arrematação *f*

ver'steiner|n [-'ʃtaɪnərn] <-*re*; -; *sn*> petrificar(-se); **~ung** *f* petrificação *f*; (*Körper*) fóssil *m*

ver'stell|bar [-'ʃtɛlbaːr] móvel; **~en** <-> deslocar, remover, *TÉCN* mudar; regular; (*versperren*) obstruir, *bras* barrar, (*Aussicht*) vedar; *Schrift etc*: disfarçar; ***sich ~*** fingir, ser dissimulado; **~ung** *f* fingimento *m*, (dis)simulação *f*

ver'steuern *v*/*t* <-*re*; -> pagar o imposto para, tributar

ver'stiegen [-'ʃtiːgən] **1.** *p*/*p von* ***versteigen***; **2.** *adj* extravagante, quimérico; **~heit** *f* extravagância *f*

ver'stimm|en <-> *MÚS* desafinar; *fig* desgostar; contrariar; indispor; **~t** *adj fig* amuado, melindrado, aborrecido; **~ung** *f* desgosto *m*, arrufo *m*, amuo *m*; *gegenseitige*: desavença *f*

ver'stockt [-'ʃtɔkt] obstinado, teimoso; **~heit** *f* <*sem pl*> obstinação *f*, teima *f*

ver'stohlen [-'ʃtoːlən] furtivo, clandestino

ver'stopf|en <-> obstruir; *Loch*: tapar; *Rohr*: entupir; **~ung** *f* obstrução *f*; *MED* prisão *f* de ventre; *Verkehr*: engarrafamento *m*

ver'storben [-'ʃtɔrbən] falecido, defunto

ver'stört [-'ʃtøːrt] perturbado, transtornado

Ver'stoß *m* <-*es*; ⸚*e*> falta *f* (***gegen*** a), *JUR* infra(c)ção *f* (***gegen*** de); violação *f* (***gegen*** de); **~en** <-*t*; -> **1.** *v*/*t j-n*: repudiar; **2.** *v*/*i*: ***~ gegen*** fal-

tar a; *JUR* infringir (*ac*); **~ung** *f* repúdio *m*, expulsão *f*
ver|strahlt atingido por radioactividade; **~'streben** <-> reforçar; *ARQUIT* apontoar; **≈'strebung** *f* reforço *m*; escoramento *m*; pontões *m/pl*; **~'streichen** <-> **1.** *v/t* tapar; *Butter*: pôr, barrar, *bras* passar; **2.** *v/i* <*sn*> passar; *Frist*: vencer-se; **~'streuen** <-> espalhar, dispersar; **~'stricken** <-> envolver, enredar; **~'strömen** <-> escorrer
ver'stümmel|n [-'ʃtyməln] <-*le*; -> mutilar; *fig a* estropear; **≈ung** *f* mutilação *f*
ver'stummen **1.** <-; *sn*> emudecer; **2.** **≈** *n* emudecimento *m*
Ver'such [-'zu:x] *m* <-(*e*)*s*; -*e*> ensaio *m*, tentativa *f*; teste *m*; *FÍS etc*: experiência *f*; **≈en** *v/t* <-> experimentar; (*probieren*) *a* provar; ensaiar (*a* **~ zu** *inf*); **~er**(**in** *f*) *m* tentador(a *f*) *m*; **~sballon** *m* <-*s*; -*e*, -*s*> balão *m* de ensaio; **~skaninchen** *n*, **~sperson** *f* cobaia *f*; **~sreaktor** *m* <-*s*; -*en*> rea(c)tor *m* de ensaio; **~sreihe** *f* série *f* de experiências; **~stier** *n* <-(*e*)*s*; -*e*> cobaia *f*; **≈sweise** a título de experiência (*od* de ensaio), em regime experimental; **~ung** *f* tentação *f*; ***in ~ führen*** tentar
ver'sumpfen [-'zumpfən] <-; *sn*> atolar-se; F *j-d*: corromper-se
ver'sündig|en <->: ***sich ~*** (**an** *dat*) pecar (contra); ofender (*ac*); **≈ung** *f* pecado *m*, ofensa *f*
ver'sunken [-'zuŋkən] *p/p von* ***versinken***; *fig*: ***in et ~*** absorto em a/c; **≈heit** *f* <*sem pl*> *fig* meditação *f*
ver'süßen <-> adoçar, adocicar; *fig a* atenuar; dourar
ver'tag|en <-> adiar, transferir, protelar (**auf** *ac* para); ***sich ~*** interromper as sessões; **≈ung** *f* adiamento *m*
ver'täuen [-'tɔyən] <-> amarrar, abitar
ver'tauschen <-> trocar; (*verwechseln*) confundir
ver'teidig|en [-'taɪdigən] <-> defender; **≈er** *m* defensor *m*; *JUR* advogado *m* da defesa; *Sport*: = **≈ung** *f* defesa *f*; ***in der ~*** *MIL* na defensiva
Ver'teidigungs|bündnis *n* <-*ses*; -*se*> aliança *f* defensiva; **~minister**(**ium** *n* <-*s*; -*ministerien*>) *m* ministro (ministério) *m* da Defesa
ver'teil|en distribuir, difundir; (*austeilen*) repartir; ***sich ~*** dispersar-se; **≈er** *m* distribuidor *m*; *Computer*: chave *f*; **≈erkasten** *m* <-*s*; ¨> caixa *f* de distribuição; **≈ung** *f* distribuição *f* (*a EL*); repartição *f*
ver'teuer|n <-*re*; -> encarecer; **≈ung** *f* encarecimento *m*, subida *f* dos preços
ver'teufelt [-'tɔyfəlt] endiabrado
ver'tief|en [-'ti:fən] <-> (a)profundar; ***sich ~*** abismar-se, enfronhar-se; **≈ung** *f* aprofundamento *m*; (*Höhlung*) cavidade *f*; *im Gelände*: depressão *f*; (*Aushöhlung*) escavação *f*
verti'kal [vɛrti'ka:l] vertical
ver'tilg|en <-> exterminar; (*essen*) consumir; **≈ung** *f* extermínio *m*
ver'ton|en <-> pôr em música; **≈ung** *f* música *f*, composição *f*
ver'trackt [-'trakt] F bicudo, *bras* árduo
Ver'trag *m* <-(*e*)*s*; ¨*e*> contrato *m*; *POL* tratado *m*, pa(c)to *m*; (*Abkommen*) acordo *m*; **≈en** <-> suportar, aguentar; ***gut ~***, ***sich*** (***gut***) ***~ mit*** dar-se bem com; ***sich wieder ~*** fazer as pazes; **≈lich** por contrato, contratual, convencional
ver'träglich [-'trɛ:kliç] *j-d*: tratável, pacífico; *et*: *MED* assimilável; *a fig* **~** (**mit**) compatível (com)
Ver'trags|abschluss *m* <-*es*; ¨*e*> conclusão *f* do contrato (*od* do tratado); **≈brüchig**: ***~ werden*** faltar ao contrato, violar o tratado
ver'trag|schließend contratante; **~sgemäß** → ***~skonform***; **≈shändler** *m* concessionário *m*; **~skonform** conforme o contrato, nos termos do contrato; **≈spartner** *m* *ECON* parte *f* de um contrato, contratante *m*; **≈sstrafe** *f* multa *f* convencional; **≈swerkstatt** *f* <-; ¨*en*> garagem *f* concessionária, oficina *f* convencionada; **~swidrig** contrário ao contrato (*od* ao tratado)
ver'trauen *v/i*: ***j-m ~***, **auf** (*ac*) **~** confiar em alg, a/c, ter confiança em alg, a/c
Ver'trauen *n* confiança *f* (**auf** *ac*, **zu** em, ***schenken*** dar); ***im ~*** confiden-

cialmente; ***im ~ auf*** (*ac*) confia(n)do em; ***j-n ins ~ ziehen*** meter alg no segredo, *bras* confiar um segredo a alg; ***~ erweckend*** sério, de confiança, que inspira confiança

Ver'trauens|bruch *m* <-(*e*)*s*; ¨*e*> abuso *m* de confiança; **~frage** *f* questão *f* de (*od* da) confiança; **~mann** *m* <-(*e*)*s*; ¨*er*, *-leute*> delegado *m*; ***j-s ~*** *a* homem *m* da (*od* pessoa da) confiança de alg; **~sache** *f* caso *m* de confiança; **≈selig** crédulo; **≈voll** confiado, confiante; **~votum** *n* <-*s*; *-voten od -vota*> voto *m* de confiança; **≈würdig** (digno) de confiança, sério

ver'traulich confidencial; *mit j-m*: familiar, íntimo; **≈keit** *f* cará(c)ter *m* confidencial; *mit j-m*: intimidade *f*

ver'träum|en <-> passar ... a sonhar; **~t** *adj* sonhador, absorto, enlevado

ver'traut **1.** *p/p von* ***vertrauen***; **2.** *adj j-d*: íntimo; *a et*: familiar; ***~ sein mit*** conhecer (*ac*) a fundo; ***~ werden mit, sich ~ machen mit*** familiarizar-se com; **≈e(r** *m*) *su*, íntimo *m*, -a *f*, confidente *su*; **≈heit** *f* intimidade *f*; *a mit et*: familiaridade *f*

ver'treib|en <-> expulsar, desalojar; *Schmerzen etc*: eliminar, tirar; *MED a* curar; *ECON* vender; *Nachrichten*: divulgar; ***sich*** (*dat*) *die Zeit ~* passar; **≈ung** *f* expulsão *f*

ver'tret|bar justificável; **~en** *v/t* <-> *j-n*: substituir; *a POL u ECON* representar; *Meinung*, *Sache*: defender; ***sich*** (*dat*) ***die Beine ~*** F estender as pernas; ***sich*** (*dat*) ***den Fuß ~*** deslocar o pé; **≈er(in** *f*) *m* substituto *m*, -a *f*, suplente *su*; (*Beauftragter*) representante *su*, delegado *m*, -a *f*, *ECON a* agente *su*; **≈ung** *f* substituição *f*; *beauftragte*, *ständige*: representação *f*, delegação *f*; ***in ~*** (*gen*) *Unterschrift*: pelo

Ver'trieb *m* <-(*e*)*s*; *-e*> venda *f*; **≈en** [-'triːbən] **1.** *p/p von* ***vertreiben***; **2.** *adj* expulso, desterrado, deslocado; **~ene(r** *m*) *su* <-*n*> expulso *m*, -a *f*, desalojado *m*, -a *f*

ver|'trinken <-> gastar nas bebidas; **~'trocknen** <-*e*; -; *sn*> secar; **~'trödeln** <-*le*; -> perder, desperdiçar; **~'trösten** <-*e*-; -> fazer esperar; **~'tun** <-> malgastar, desperdiçar; ***sich ~*** enganar-se; **~'tuschen** <-> encobrir, paliar; **~'übeln** [-'yːbəln] <-*le*; -> levar a mal; **~'üben** <-> cometer; perpetrar; **~'ulken** <-> F *v/t* fazer troça de, zombar de

ver'un|glimpfen [-glimpfən] <-> difamar; **~glücken** <-> *j-d*: ser vítima de um acidente; ***tödlich ~*** morrer num acidente; *et*: malograr-se; *NAV* naufragar; **≈glückte(r** *m*) *su* sinistrado *m*, -a *f*; **~reinigen** <-> sujar; *MED* infe(c)tar; *Luft*, *Wasser*: contaminar; **≈reinigung** *f* impureza *f*; contaminação *f*; **~sichern** <-> fazer ficar (*od* tornar) inseguro; **~stalten** [-ʃtaltən] <-*e*; -> desfigurar, deformar, afear; **~treuen** [-trɔyən] <-> desfalcar, defraudar; *POL* malversar; **≈treuung** [-trɔyuŋ] *f* desfalque *m*, fraude *f*; malversação *f*

ver'ur|sachen [-'uːrzaxən] <-> causar, produzir; **≈sacher** *m* causador *m*; **~teilen** <-> condenar (***wegen*** por); *JUR a* sentenciar; **≈teilung** *f* condenação *f* (***zu*** a)

ver'vielfältig|en [-fɛltigən] <-> multiplicar; *Bild*: reproduzir; *FOT* tirar (mais) provas; **≈ung** *f* multiplicação *f*; reprodução *f*; **≈ungsapparat** *m* <-(*e*)*s*; *-e*> multiplicador *m*

ver'vollkommn|en [-kɔmnən] <-*e*-; -> aperfeiçoar; **≈ung** *f* aperfeiçoamento *m*, perfeição *f*

ver'vollständigen [-ʃtɛndigən] <-> completar

verw. ***verwitwet*** viúvo

ver'wachs|en **1.** *v/i* <-; *sn*> *Wunde*: cicatrizar; *Knochen*: soldar; ***miteinander ~*** confundir-se; ***sich mit der Zeit ~*** ir desaparecendo; **2.** *adj* aleijado; (*buckelig*) corcovado, corcunda (*a su*); *Wald*: emaranhado; ***~ mit*** *MED u BOT* aderente a; ***miteinander ~*** muito juntos; *fig* unidos; **≈ung** *f Gelenke*: sinartrose *f*; *Knochen*: soldadura *f*

ver'wackelt [-'vakəlt] *FOT* tremido

ver'wahr|en <-> guardar; ***gut, sorgfältig ~*** acautelar; ***sich ~*** protestar; **~losen** *v/t* <-*t*; -> descuidar; *v/i* <*sn*> ficar descuidado, ficar ao abandono; **~lost** [-loːst] desleixado, descuidado; **≈losung** *f* abandono *m*; abandalhamento *m*; **≈ung** *f* custódia *f*; *gegen*: protesto *m*; ***~ einlegen*** (***gegen***) protestar (contra), *JUR* recorrer (de); ***in ~ geben*** pôr

em depósito *m*, depositar; *j-m*: entregar aos cuidados de
ver'waist [-'vaɪst] órfão; *fig* abandonado
ver'walt|en <-*e*-; -> administrar; gerenciar (*a INFORM*); *Amt*: exercer; **2er(in** *f*) *m* administrador(a *f*) *m*; gerente *su*; (*Guts2*) abegão *m*, *bras* administrador(a *f*) *m* de granja; **2ung** *f* administração *f*; gerência *f*
Ver'waltungs|angestellte(r *m*) *su* <-*n*> funcionário *m*, -a *f* administrativo, -a; **~apparat** *m* <-(*e*)*s*; -*e*> aparelho *m* administrativo; burocracia *f*; **~bezirk** *m* <-(*e*)*s*; -*e*> distrito *m*; **~gericht** *n* <-(*e*)*s*; -*e*> tribunal *m* administrativo; **~kosten** *pl* despesas *f/pl* de administração; **~rat** *m* <-(*e*)*s*; *¨e*> conselho *m* de administração; **~recht** *n* direito *m* administrativo; **~reform** *f* reforma *f* administrativa
ver'wand|eln <-*le*; -> transformar, *Element*: transmutar; *a JUR* converter, comutar; *MAT* reduzir; ***sich ~ in*** (*ac*) tornar-se (*od* transformar-se) em; **2lung** *f* transformação *f*; transmutação *f*, metamorfose *f*; *Strafe*: comutação *f*; *TEA* mudança *f* de cena (*od* de cenário)
ver'wandt [-'vant] parente (***mit*** de); aparentado; ***er ist mit mir ~*** é meu parente; *fig* (*ähnlich*) afim; (*entsprechend*) análogo (***mit*** a); **2e(r** *m*) *su* parente *su*; **2schaft** *f* parentesco *m*; (*Verwandte*) parentes *m/pl*, parentela *f*; *QUÍM u fig* afinidade *f*; **~schaftlich** de parente; *adv* como parente; **2schaftsgrad** *m* <-(*e*)*s*; -*e*> parentesco *m*
ver'wanzt [-'vantst] infestado de percevejos
ver'warn|en <-> advertir, admoestar; **2ung** *f* repreensão *f*, admoestação *f*
ver|'waschen <-> **1.** *v/t* gastar (na lavagem); **2.** *adj* pouco nítido; impreciso; *fig* vago; **~'wässern** <-*re*; -> aguar; diluir; *fig* trivializar; **~'weben** <-> entretecer; entrelaçar
ver'wechs|eln <-*le*; -> confundir; trocar; **2(e)lung** *f* engano *m*, equívoco *m*, confusão *f*
ver'wegen temerário, ousado, audaz; **2heit** *f* <*sem pl*> temeridade *f*, audácia *f*, ousadia *f*
ver'wehen *v/t* <-> (*v/i*; *sn*) dispersar(-se), dissipar(-se); *Spur*: apagar(-se)
ver'wehren <-> vedar; impedir, proibir
ver'weichlich|en <-> amimalhar, efeminar; **2ung** *f* <*sem pl*> amolecimento *m*; enervação *f*, efeminação *f*
ver|'weigern <-*re*; -> recusar; (de)negar; **2'weigerung** *f* recusa *f*; (de)negação *f*; **~'weilen** <-> demorar(-se); ficar; **~'weint** [-'vaɪnt] inchado de chorar
Ver'weis [-'vaɪs] *m* <-*es*; -*e*> repreensão *f*, censura *f* (***erteilen*** dar); **2en** <-> remeter (***an*** *ac* para, ***auf*** *ac* a), referir-se (***auf*** *ac* a); ***des Landes ~*** expulsar, desterrar; **~ung** *f* referência *f*; expulsão *f*, desterro *m*
ver'welken <-; *sn*> murchar
ver'weltlichen <-; *h u sn*> secularizar
ver'wendbar [-'vɛntbaːr] utilizável; **2keit** *f* <*sem pl*> utilidade *f*
ver'wend|en <-*e*-; -> empregar (***auf*** *ac*, ***für***, ***zu*** em), usar, utilizar; (*anwenden*) aplicar; ***j-n ~*** *a* servir-se de alg (para); *Geld*, *Zeit*: gastar (em); aplicar; ***sich ~ für*** interessar-se por, intervir a favor de; **2ung** *f* emprego *m*, uso *m*; *fig* intervenção *f*; **2ungszweck** *m* <-(*e*)*s*; -*e*> fim *m* (*od* finalidade *f*) de aplicação
ver'werf|en <-> rejeitar, repudiar; *REL* condenar; *JUR* indeferir; ***sich ~*** *Holz*: empenar; *GEOL* deslocar-se; **~lich** rejeitável, reprovável; condenável; **2ung** *f* rejeição *f*, repúdio *m*, condenação *f*; *GEOL* falha *f*
ver'wert|bar aproveitável, utilizável; **~en** <-*e*-; -> aproveitar, utilizar; *ECON* valorizar; **2ung** *f* aproveitamento *m*, utilização *f*; valorização *f*
ver'wes|en <-*t*; -> **1.** *v/i* <*sn*> apodrecer, decompor-se; **2.** *v/t* administrar; **2ung(sprozess** *m*) *f* <*sem pl*> putrefa(c)ção *f*, decomposição *f*
ver'wetten <-*e*-; -> perder em apostas
ver'wick|eln <-*le*; -> embrulhar; *fig a* complicar; ***in*** (*ac*) **~** implicar em; ***sich in*** *Widersprüche* **~** incorrer em; **~elt** *adj fig* complicado; **2lung** [-luŋ] *f* complicação *f*, confusão *f*; *a LIT* enredo *m*, entrecho *m*

V

ver'wilder|n <*-re*; -; *sn*> voltar à selvajaria, asselvajar-se; *Garten*: não ser cuidado; *fig j-d*: embrutecer-se; *Zustände*: anarquizar; **~t** *adj* bárbaro, inculto; *BOT* subespontâneo; *j-d*: indisciplinado; *Zustand*: anárquico

ver|'winden *v/t* <-> consolar-se de; **~'wirken** *v/t* <-> incorrer em; *Gunst*: perder; ***sein Leben verwirkt haben*** merecer a morte

ver'wirklich|en <-> realizar; **2ung** *f* realização *f*

ver'wirr|en <-> emaranhar; *a j-n*: confundir, perturbar; *fig a*: ***j-n ~*** desconcertar alg; *etwas* **~** complicar a/c; **~end** *adj* desconcertante; **~t** *adj Haar*: despenteado; *j-d*: embaraçado; desnorteado; **2ung** *f* confusão *f*

ver|'wirtschaften <*-e-*; -> gastar, dissipar; **~'wischen** <-> sujar, confundir; **~'wittern** <*-re*; -; *sn*> decompor-se; aluir; **2'witterung** *f* decomposição *f*; **~'witwet** [-'vitvət] enviuvado, viúvo; **~'wöhnen** [-'vøːnən] <-> amimalhar; estragar com mimos, *bras* mimar

ver'worfen [-'vɔrfən] **1.** *p/p von* ***verwerfen***; **2.** *adj* abje(c)to; *REL* réprobo; **2heit** *f* abje(c)ção *f*

ver'worren [-'vɔrən] **1.** *p/p von* ***verwirren***; **2.** *adj* confuso; **2heit** *f* <*sem pl*> confusão *f*

ver'wund|bar vulnerável; **~en** [-'vundən] <*-e-*; -> ferir; *a fig* magoar

ver'wunder|lich estranho; **~n** *v/t* <*-re*; -> causar surpresa a; ***sich ~*** **(*über*** *ac*) admirar(-se com *od* de); **~t** admirado; **~ *sein*** *a* → ***sich ~n***; **2ung** *f* admiração *f*, surpresa *f*

Ver'wund|ete(r *m*) [-'vundətə(r)] *su* ferido *m*, -a *f*, mutilado *m*, -a *f*; **~ung** *f* ferida *f*, ferimento *m*

ver'wünsch|en <-> amaldiçoar; (*verzaubern*) encantar, enfeitiçar; **~t!** maldito!; **2ung** *f* maldição *f*; imprecação *f*

ver'wurzeln <*-le*; -; *sn*> enraizar, arraigar

ver'wüst|en <*-e-*; -> devastar; **2ung** *f* devastação *f*

ver'zag|en <-> desanimar; **2theit** *f* <*sem pl*> desalento *m*

ver'zählen <->: ***sich ~*** enganar-se na conta (***um*** por), contar mal

ver'zahn|en <-> engrenar, dentar; **2ung** *f* engrenagem *f*

ver'zapfen <-> *Getränke*: servir da pipa (*bras* do barril); *ARQUIT* ensamblar; F ***Unsinn ~*** dizer disparates

ver'zärtel|n [-'tsɛrtəln] <*-le*; -> amimalhar, *bras* mimar; **2ung** *f* mimo *m*

ver'zauber|n <*-re*; -> encantar, enfeitiçar; ***in*** (*ac*) **~** transformar em; **2ung** *f* encantamento *m*

Ver'zehr [-'tseːr] *m* <*-(e)s*; *sem pl*> consumo *m*; **2en** <-> consumir, comer; **2end** *adj fig* ardente, consumptivo, *bras* consumidor

ver'zeich|nen <*-e-*; -> registar, assinalar, *bras* registrar; *PINT* desenhar mal, desfigurar; **2nis** *n* <*-ses*; *-se*> lista *f*, rol *m*; catálogo *m*; índice *m*

ver'zeih|en <-> perdoar; **~ *Sie!*** → ***2ung!***; **~lich** perdoável; **2ung** *f* perdão *m*, desculpa *f* (***bitten um*** pedir); **~!** *a* desculpe!

ver'zerr|en <-> desfigurar, deformar; *Gesicht etc*: torcer; **2ung** *f* desfiguração *f*; *MED* contorção *f*; distorção *f*; *Radio*: vibração *f*

ver'zetteln [-'tsɛtəln] <*-le*; -> **a**) dispersar; ***sich ~*** dispersar-se; **b**) *Wörter etc*: pôr em verbetes, organizar um ficheiro (*bras* fichário), fazer fichas

Ver'zicht [-'tsiçt] *m* <*-(e)s*; *-e*>: **~ *auf*** (*ac*) renúncia *f* a; desistência *f* de; (*Thron2*) abdicação *f*; **~ *leisten*** = **2en** <*-e-*; ->: **~ *auf*** (*ac*) renunciar a, desistir de; abdicar de; abnegar; prescindir de

ver'ziehen <-> **1.** *v/t Kind*: estragar com mimos; *Mund etc*: (dis)torcer; ***das Gesicht ~*** *a* fazer caretas; ***keine Miene ~*** nem pestanejar; **2.** *v/r*: ***sich ~*** deformar-se; *Holz*: empenar; *Tuch*: encolher; *Wolken*: dissipar-se; *fig Gefahr*: desaparecer; *Feind*: retirar(-se); F *j-d*: safar-se; **3.** *v/i* (*zögern*) demorar; (*umziehen*) <*sn*> mudar, deslocar-se (***nach*** para); **4.** *p/p von* ***verzeihen***

ver'zier|en <-> (ad)ornar, enfeitar, guarnecer; **2ung** *f* adorno *m*, ornamento *m*

ver'zinken [-'tsiŋkən] <-> zincar, galvanizar

ver'zinnen [-'tsinən] <-> estanhar

ver'zins|en <-t; -> pagar juro (***mit*** de); ***sich*** (***gut***) ~ render (bom) juro; ***mit 5%*** ~ pagar 5% de juros; **~lich** a juro; **2ung** [-'tsinzuŋ] *f* (*Ertrag*) rendimento *m*; (*Zinsen*) juros *m/pl*; (*Zinsfuß*) taxa *f* de juro, percentagem *f*

ver'zöger|n <-re; -> retardar; (***sich***) ~ demorar(-se); **2ung** *f* demora *f*, retardação *f*; *bras* retarde *m*, retardamento *m*

ver'zoll|bar sujeito aos direitos (de alfândega), *bras* sujeito à alfândega; ~ ***sein***, **~en** *v/t* <-> pagar direitos (*bras* taxa *f* de alfândega); etwas ***zu*** ~ ***haben*** ter a/c a declarar; **2ung** *f* despacho *m*, pagamento *m* de direitos (*bras* taxa) de alfândega

ver'zücken <-> arrebatar, extasiar

ver'zuckern <-re; -> açucarar

Ver'zückung *f* arrebatamento *m*, êxtase *m*

Ver'zug *m* <-(*e*)*s*; *sem pl*> demora *f*, atraso *m*; (***bei***) ***Gefahr im*** ~ (com o) perigo iminente; (na) iminência do perigo; **~szinsen** *m/pl* juros *m/pl* de mora

ver'zweif|eln <-le; -> desesperar (***an*** *dat* de); **2lung** [-luŋ] *f* <*sem pl*> desespero *m*; ***zur*** ~ ***bringen*** fazer desesperar

ver'zweig|en [-'tsvaɪgən] <->: ***sich*** ~ ramificar-se; **2ung** *f* ramificação *f*

ver'zwickt [-'tsvikt] intri(n)cado, bicudo

'Vesper ['fɛspər] *f* <-; -*n*> véspera(s *pl*) *f*; **~brot** *n* <-(*e*)*s*; *sem pl*> merenda *f*, lanche *m*; **2n** lanchar, merendar

Vete'ran [vete'ra:n] *m* <-*en*> veterano *m*

Veteri'när(in *f*) [-ri'nɛ:r] *m* <-*s*; -*e*> (médico *m*, -a *f*) veterinário *m*, -a *f*

'Veto ['ve:to] *n* <-*s*; -*s*> veto *m* (***einlegen*** opor); **~recht** *n* <-(*e*)*s*; *sem pl*> direito *m* ao veto

'Vetter ['fɛtər] primo *m*; **~nwirtschaft** *f* <*sem pl*> nepotismo *m*, amiguismo *m*

vgl. ***vergleiche*** comparar, conferir (cf.)

v. H. ***vom Hundert***, **%** por cento

Via'dukt [via'dukt] *m* <-(*e*)*s*; -*e*> viaduto *m*

Vibra'fon, **Vibra'phon** [vibra'fo:n] *n* <-*s*; -*e*> *MÚS* vibrafone *m*

vi'brieren [vi'bri:rən] <-> vibrar

'Video ['vi:deo] *n* <-*s*; -*s*> vídeo *m*; *Kurzwort für* → ***Videoclip***, ***Videofilm***, ***Videokassette***; **~clip** *m* <-*s*; -*s*> vídeoclip *m*; **~film** *m* <-(*e*)*s*; -*e*> vídeofilme *m*; **~gerät** *n* <-(*e*)*s*; -*e*>, gravador *m* de vídeo; **~kamera** *f* <-; -*s*> vídeocâmara *f*, câmara *f* de vídeo; **~kassette** *f* vídeocassete *f*, cassete *f* de vídeo; **~rekorder** *m* → ***~gerät***; **~spiel** *n* <-(*e*)*s*; -*e*> vídeo game *m*, vídeojogo *m*, jogo *m* de vídeo; **~text** *m* <-(*e*)*s*; *sem pl*> vídeotexto *m*; **~'thek** [-'te:k] *f* vídeoteca *f*

Vieh [fi:] *n* <-(*e*)*s*; *sem pl*> gado *m*; ***Stück*** ~ cabeça *f* de gado, rês *f*; *fig j-d*: besta *f*; bruto *m*; **'~bestand** *m* <-(*e*)*s*; ⸚*e*> número *m* de reses; **'~dieb** *m* <-(*e*)*s*; -*e*> <-*s*; -*e*> ladrão *m* de gado; **'~futter** *n* <-*s*; *sem pl*> forragem *f*, pasto *m*; **'~handel** *m* <-*s*; *sem pl*> negócio *m* pecuário (*od* de gado), comércio *m* pecuário (*od* de gado); **'~händler** *m* marchante *m*, negociante *m* de gado; **'2isch** bestial; **'~markt** *m* <-(*e*)*s*; ⸚*e*> feira *f* de gado; **'~seuche** *f* epizootia *f*; **'~treiber** *m* vaqueiro *m*; **'~wagen** *CAM. DE F* *m* vagão-jaula *m*; **'~wirtschaft** *f* <*sem pl*> → ***~zucht***; **'~zählung** *f* recenseamento *m* pecuário; **'~zucht** *f* criação *f* de gado, pecuária *f*; **'~züchter** *m* pecuário *m*, criador *m* de gado, *bras* pecuarista *m*

viel [fi:l] (*comp* ***mehr***, *sup* ***meist***) muito; ***sehr*** ~ muitíssimo; ***ziemlich*** ~ bastante; ~ ***Glück!*** muitas felicidades!, boa sorte!; ~ ***beschäftigt*** atarefado; ~ ***genannt*** famoso; ~ ***gereist*** muito viajado; ~ ***sagend*** significativo; ~ ***versprechend*** prometedor; **'~deutig** ['-dɔytiç] ambíguo; **'2eck** *n* <-(*e*)*s*; ⸚*e*> poligono *m*; **'~eckig** polígono; **'~erlei** ['-ərlaɪ] *inv* toda a espécie de; muitos; **'~fach** múltiplo; (*häufig*) frequente; (*wiederholt*) reiterado; *adv* muitas vezes; **'2falt** *f* <*sem pl*> multiplicidade *f*, variedade *f*; **'~fältig** [-'fɛltiç] → ***~fach***; **'~farbig** policromo, multic(ol)or; **'2fraß** *m* <-*es*; -*e*> comilão *m*; **'~gestaltig** ['-gəʃtaltiç] multiforme; **'2heit** *f* pluralidade *f*; (*Buntheit*) variedade *f*; (*Menge*) grande quantidade *f*; **'~köpfig**

['-kœpfiç] de várias cabeças; *fig* numeroso
viel'leicht talvez (*subj*), (*etwa*) por acaso, porventura
'viel|mals ['-ma:ls] muitas vezes; ***danke ~*** muit(íssim)o obrigado; ***er lässt dich ~ grüßen*** manda-te muitos cumprimentos, *bras* manda recomendações; **~'mehr** antes (pelo contrário); **'~seitig** ['-zaɪtiç] polígono; *fig* vário, vasto; *j-d*: de muitas facetas, versátil; *Geist*: universal; *Wissen*: enciclopédico; **'&seitigkeit** *f <sem pl>* variedade *f*; *geistige*: universalidade *f*; **'~sprachig** ['-ʃpra:xiç] poliglota, poliglótico; **'~stimmig** ['-ʃtimiç] a várias vozes; **&'völkerstaat** [-'fœlkər-] *m <-(e)s; -en>* Estado *m* multinacional; **'&zahl** *f <sem pl>* multiplicidade *f*; sem-número *m*
vier [fi:r] **1.** quatro; ***auf allen ~en*** de gatinhas; ***unter ~ Augen*** a sós, cara a cara; **2.** & *f* quatro *m*; **'~beinig** ['-baɪniç] de quatro pés; *ZO a* quadrúpede; **'~blättrig** ['-blɛtriç] de quatro folhas; *BOT a* quadrifoliado; **'&eck** *n <-(e)s; -e>* quadrângulo *m*; **'~eckig** quadrado, quadrangular; **'&er** *m Sport*, *NAV* barco *m* de quatro remadores; **'~er'lei** ['-ər'laɪ] *inv* quatro espécies de; **'~fach** quádruplo; ***~en*** *Lohn etc*: quatro vezes o ...; **'&füß(l)er** ['-fy:s(l)ər] *m* quadrúpede *m*; **'&ganggetriebe** *n <-s; -e> AUTO* caixa *f* de quatro velocidades; **'~händig** ['-hɛndiç] *MÚS* a quatro mãos; **'~hundert** quatrocentos; **~'jahres...**: *in Zssg(n)* quadrienal; **'~jährig** ['-jɛriç] de quatro anos; **'&kanteisen** *m* ferro *m* quadrado; **'&linge** *m/pl* quadrigémeos (*ê) *m/pl*; **'~mal(ig** de) quatro vezes; **'~motorig** ['-moto:riç] a quatro motores; quadrimotor; **'~rädrig** de quatro rodas; **'~schrötig** ['-ʃrø:tiç] *fig* robusto; **'~seitig** ['-zaɪtiç] de quatro lados, quadrilateral; **'~spurig** ['-ʃpu:riç] de quatro pistas; **'~stellig** ['-ʃtɛliç] de quatro algarismos; **'~stimmig** ['-ʃtimiç] a quatro vozes
viert: ***zu ~*** aos quatro, *bras* a quatro
'Vier|taktmotor *m <-s; -en>* motor *m* a quatro tempos; **&tausend** quatro mil; **&te** quarto; **&teilen** (es)quartejar, dividir-se em quatro partes
'Viertel ['firtəl] *n* quarto *m*; (*Stadt&*) bairro *m*; ***~ nach drei*** três e um quarto; ***~ vor drei*** três menos um quarto, um quarto para as três; **~'jahr** *n <-(e)s; -e>* trimestre *m*, três meses *m/pl*; **&jährlich** trimestral; **~note** *f* semínima *f*; **~'stunde** *f* (**&stündig** ['-ʃtyndiç] de um) quarto *m* de hora; **&stündlich** todos os quartos de hora, *bras* a cada quarto de hora
'vier|tens ['-tɛns] (em) quarto (lugar); **&'vierteltakt** *m <-(e)s; -e>* compasso *m* quaternário
'vierzehn ['firtse:n] catorze, quatorze; ***~ Tage*** quinze dias; **~tägig** ['-tɛgiç] quinzenal; **~te** décimo quarto; ***Ludwig XIV*** Luís-Quatorze
'Vierzeiler ['-tsaɪlər] *m* quadra *f*
'vierzig ['firtsiç] quarenta; **&er(in** *f*) *m* [-igər-] quadragenário *m*, -a *f*; de quarenta anos *m/pl*; ***in den ~n*** (***sein*** andar) na casa dos quarenta
Vi'gnette [vin'jɛtə] *f* vinheta *f*
Vi'kar [vi'ka:r] *m <-s; -e>* vigário *m*
'Vill|a ['vila] *f <-; Villen>* vivenda *f*, moradia *f*; **~enviertel** *n* bairro *m* de vivendas *od* moradias
Vi'ola [vi'o:la] *f <-; Violen> MÚS* viola *f*
vio'lett [vio'lɛt] roxo
Vio'lin|e [vio'li:nə] *f* violino *m*; **~'ist(in** *f*) *m* violinista *su*; **~schlüssel** *m* clave *f* de sol
Violon'cello [violɔn'tʃɛlo] *n <-s; -celli> MÚS* violoncelo *m*
'Viper ['vi:pər] *f <-; -n>* víbora *f*
virtu'os [virtu'o:s] (**&e** [-zə] *m <-n>*) virtuoso (*m*); **&i'tät** [-zi'tɛ:t] *f <sem pl>* virtuosidade *f*
'Virus ['vi:rus] *n*, *a m <-; Viren> MED*, *INFORM* vírus *m*; **~infektion** *f* virose *f*
Vi'sier [vi'zi:r] *n <-s; -e> am Sturzhelm etc*: viseira *f*; *am Gewehr*: mira *f*
Visi'on [vizi'o:n] *f* visão *f*; **&'är** [-o'nɛ:r] visionário
Vi'site [vi'zi:tə] *f* visita *f*; **~nkarte** *f* cartão *m* de visitas
'Visum ['vi:zum] *n <-; Visa>* visto *m*; **~antrag** *m <-(e)s; ¨e>* pedido *m* de visto; **~zwang** *m <-(e)s; sem pl>* visto *m* obrigatório

vi'tal [vi'ta:l] vital; **≈i'tät** *f* <*sem pl*> vitalidade *f*
Vita'min [vita'mi:n] *n* <*-s*; *-e*> vitamina *f*; **~mangel** *m* <*-s*; *sem pl*> falta *f* de vitaminas; **~präparat** *n* <*-(e)s*; *-e*> preparado *m* de vitaminas; **≈reich** rico em vitaminas
Vi'trine [vi'tri:nə] *f* vitrina *f*, montra *f*
Vitri'ol [vitri'o:l] *n* <*-s*; *-e*> vitríolo *m*; **~...**: *in Zssg(n)* vitriolado
'Vize... ['fi:tsə] *in Zssg(n) meist* vice-, ... substituto; **~kanzler** *m* vice-chanceler *m*; **~meister** *m Sport*: vice-campeão *m*
Vlies [fli:s] *n* <*-es*; *-e*> tosão *m*
'V-Mann *m* <*-(e)s*; *¨er*> agente *m* infiltrado; informador *m*, *bras* informante *m*
'Vogel ['fo:gəl] *m* <*-s*; *¨*> pássaro *m*; ave *f*, (**Sing≈ ...** canora); *kleiner*: pássaro *m*, *bras* passarinho *m*; ***den ~ abschießen*** *fig* levar a palma (*bras a* melhor); ***e-n ~ haben*** F não regular bem; **~bauer** *n u m* gaiola *f*; **~beere** *f* sorva *f*; **~fänger** ['-fɛŋər] → ***~händler***; **≈frei** fora da lei (***erklären*** pôr); **~futter** *n* <*-s*; *sem pl*> alpista *f*, alpiste *m*; **~händler** *m* passar(inh)eiro *m*; **~haus** *n* <*-es*; *¨er*> passareira *f*, aviário *m*; **~kunde** *f* <*sem pl*> ornitologia *f*; **~nest** *n* <*-(e)s*; *-er*> ninho *m* de pássaros; **~perspektive** *f* → ***~schau***; **~schar** *f* bando *m* de pássaros; passar(inh)ada *f*; **~schau** *f* <*sem pl*>: ***aus der ~*** visto do ar; **~scheuche** *f* espantalho *m*; **~schwarm** *m* <*-(e)s*; *¨e*> → ***~schar***; **~-'Strauß-Politik** *f* <*sem pl*> ilusionismo *m* político; **~warte** *f* estação *f* ornitológica; **~zucht** *f* <*sem pl*> criação *f* de pássaros; **~zug** *m* <*-(e)s*; *¨e*> migração *f* das aves
'vögeln ['fø:gəln] <*-le*> V foder; *bras* trepar; *iron* afogar o ganso
Vo'kab|el [vo'ka:bəl] *f* <*-*; *-n*> vocábulo *m*; **~elheft** *n* <*-(e)s*; *-e*> caderno *m* de significados (*bras* de vocabulário); **~u'lar** [-u'la:r] *n* <*-s*; *-e*> vocabulário *m*
Vo'kal [vo'ka:l] *m* vogal *f*; **≈isch** vocálico
Vo'lant [vo'lã] *m*, *a n* <*-s*; *-s*> volante *m*
Volk [fɔlk] *n* <*-(e)s*; *¨er*> povo *m*; nação *f*; *MIL* tropa *f*; ***das gemeine ~*** o vulgo *m*, a plebe *f*; (*Leute*) gente *f*
'Völker|kunde ['fœlkər-] *f* <*sem pl*> etnologia *f*, etnografia *f*; **≈kundlich** ['-kuntliç] etnológico, etnográfico; **~mord** *m* <*-(e)s*; *-e*> genocídio *m*; **~recht** *n* <*-(e)s*; *sem pl*> (**≈rechtlich** do) direito *m* internacional público; **~schaft** *f* povo *m*; *wilde*: tribo *f*; **~verständigung** *f* <*sem pl*> entendimento *m* entre os povos; **~wanderung** *f* migração *f*
'volkreich populoso
'Volks|abstimung *f* plebiscito *m*; **~auflauf** *m* <*-(e)s*; *¨e*> motim *m*; **~aufstand** *m* <*-(e)s*; *-stände*> insurreição *f* popular; **~befragung** *f*, **~begehren** *n* plebiscito *m*, referendo *m*; **~bildung** *f* <*sem pl*> educação *f* popular, ensino *m* público; **~dichtung** *f* poesia *f* popular; **≈eigen** nacional(izado); **~entscheid** *m* <*-(e)s*; *-e*> referendo *m*; **~fest** *n* <*-(e)s*; *-e*> festa *f* popular (*od* nacional); **~front** *f* frente *f* popular; **~herrschaft** *f* <*sem pl*> democracia *f*; **~hochschule** *f* estabelecimento *m* municipal que oferece cursos de formação pós-profissional; **~kunde** *f* folclore *m*; **≈kundlich** folclorístico; **~lied** *n* <*-(e)s*; *-er*> canção *f* popular; **~meinung** *f* opininão *f* pública; **~menge** *f* multidão *f*; **~mund** *m* <*-(e)s*; *sem pl*> voz *f* do povo; *fig* linguagem *f* popular; ***im ~*** na voz do povo; **~republik** *f* república *f* popular; **~schicht** *f* classe *f*; **~schule** *f* escola *f* primária; **~schullehrer(in *f*)** *m* professor(a *f*) *m* (de instrução) primária; **~schulunterricht** *m* <*-(e)s*; *sem pl*> ensino *m* primário; **~sprache** *f* linguagem *f* vulgar; **~stamm** *m* <*-(e)s*; *¨e*> tribo *f*; grupo *m* étnico; **~tanz** *m* <*-es*; *¨e*> dança *f* folclórica; **~tracht** *f* traje *m* nacional (*od* regional); **≈tümlich** ['-ty:mliç] popular; **~tümlichkeit** *f* <*sem pl*> popularidade *f*; **~vertreter** *m* deputado *m*; **~vertretung** *f* representação *f* de povo; deputados *m/pl*; *in Portugal*: Assembleia *f* Nacional, *in Brasilien*: Câmara *f* dos Deputados; **~wirt** *m* <*-(e)s*; *-e*> economista *m*; **~wirtschaft** *f* <*sem pl*> economia *f* política; **~wirtschaftler** *m* econo-

mista *m*; **≈wirtschaftlich** político-económico (*ô); **~zählung** *f* censo *m*; recenseamento *m*

voll [fɔl] <+ *inv su* (*a* **~er**) *od* **von** *od gen* (*bsd mit adj*)> cheio (de), *fig a* pleno (de), repleto (de); (*üppig*) opulento; P (*betrunken*) bêbado, borracho; (*gänzlich, völlig*) completo, inteiro; (*~ständig*, *~ besetzt*) completo; → **~ gepfropft**; **~ bis an den Rand** a abarrotar; **aus dem ≈en schöpfen** ter muito para gastar; **mit ~er Kraft, aus ~em Halse** a toda a força; **~ und ganz** inteiramente; **aus ~em Herzen** de todo o coração; **in ~em Lauf** em plena corrida; **mit ~en Segeln** a todo o pano; **für ~ nehmen** tomar a sério; **~ füllen** encher; **~ gießen** encher; *j-n*: molhar; **~ laufen** encher-se (de água *etc*); **~ laufen lassen** encher (**mit** de); **~ machen** encher; *Summe*: completar; (**sich**) **~ machen** fazer nas calças; **das Maß ~ machen** *fig* ser o cúmulo; **~ packen** encher; **~ gepfropft** repleto, à cunha; **~ pfropfen** apinhar; **sich ~ saugen mit** abeberar-se de; **~ schenken** encher (**mit** de); **~ stopfen** abarrotar; **~ tanken** encher o depósito; **~ tönend** sonoro

'voll|auf completamente; **~ genug** *a* em abundância; **~automatisch** inteiramente automático; **≈bad** *n* <-(*e*)*s*; ¨*er*> banho *m* de imersão; **≈bart** *m* <-(*e*)*s*; ¨*e*> barba *f* inteira; barba *f* cerrada; **≈beschäftigung** *f* <*sem pl*> *ECON* pleno emprego *m*; **≈besitz** *m* <-*es*; *sem pl*> plenitude *f*; **im ~ seiner Kräfte** em plena posse das suas forças; **≈blut** (...: *in Zssgn*) puro sangue *m*; **~blütig** ['-bly:tiç] pletórico; *fig* exuberante; **≈bremsung** *f* travagem *f* brusca; **~'bringen** <-> realizar; **≈dampf** *m* <-(*e*)*s*; *sem pl*>: **mit ~** a todo o vapor; **~'enden** <-*e*-; -> terminar, concluir, ultimar; *Jahr*: completar; **~'endet** *adj* perfeito; *Tatsache, Kunst*: consumado; **~ends** ['-ɛnts] de todo; **≈'endung** *f* conclusão *f*; perfeição *f*; **bei ~ des ersten** (**zweiten**) *etc* **Jahres** ao completar um (dois *etc*) ano(s)

'Volleyball ['vɔlibal] *m* <-(*e*)*s*; ¨*e*>, *Sportart*: <*sem pl*> voleibol *m*

voll|'führen <-> realizar; **'≈gas** *n* <-*es*; *sem pl*> toda a velocidade (**mit** a); **~ geben** acelerar tudo; **'~gültig** válido; *Beweis*: concludente; **'≈gummi** *n* <-*s*; *sem pl*> borracha *f* maciça; **'≈idiot** *m* <-*en*> F idiota *m* chapado, *bras* perfeito idiota *m*

'völlig ['fœliç] completo, inteiro

'voll|jährig ['-jɛ:riç] maior; **≈jährigkeit** *f* <*sem pl*> maioridade *f*; **≈kasko**(**versicherung** *f*) *n* <-*s*; *sem pl*> seguro *m* contra todos os riscos; **~'kommen** perfeito; **≈'kommenheit** *f* <*sem pl*> perfeição *f*; **≈kornbrot** *n* <-(*e*)*s*; -*e*> pão *m* integral; **≈kraft** *f* <*sem pl*> vigor *m*, plenitude *f*, pujança *f*; **≈macht** *f* pleno poder *m*; *ECON, JUR* procuração *f*; **≈milch** *f* <*sem pl*> leite *m* inteiro; **≈mond** *m* <-(*e*)*s*; *sem pl*> lua *f* cheia; **≈narkose** *f MED* anestesia *f* geral; **≈pension** *f* <*sem pl*> pensão *f* completa; **~schlank** F cheio; **~ständig** completo; integral; *adv a* de todo; **≈ständigkeit** *f* <*sem pl*> integridade *f*; **der ~ halber** para completar

voll'streck|bar [-'ʃtrɛk-] executável, exequível; **~en** <-> executar; **~d** *adj* executivo, executor; **≈ung** *f* execução *f*; **≈ungsbefehl** *m* <-(*e*)*s*; -*e*> *JUR* mandato *m* executório

'Voll|treffer *m* golpe *m* dire(c)to (*od* certeiro); (*Bomben≈*) bomba *f* em cheio; **~versammlung** *f* assembleia (*é) *f* magna; sessão *f* plenária; **~waise** *f* órfão *m*, -ã *f* de pai e mãe; **≈wertig** (de valor) integral; valioso, válido; **≈zählig** ['-tsɛ:liç] completo; **≈'ziehen** <-> executar; *Ehe*: consumar; *Vertrag*: ratificar; **≈d** *adj* executivo; **~'ziehung** *f*, **~'zug** *m* <-(*e*)*s*; *sem pl*> execução *f*, ratificação *f*; *Ehe*: consumpção *f*, *bras* consunção *f*; **~'zugsmeldung** *f* participação *f* da execução

Volon'tär(**in** *f*) [volɔn'tɛ:r] *m* <-*s*; -*e*> voluntário *m*, -a *f*

Volt [vɔlt] *n* vóltio *m*, volt *m*; **'~meter** *n* voltómetro (*ô) *m*, *bras a* voltímetro *m*; **'~zahl** *f* voltagem *f*

Vo'lumen [vo'lu:mən] *n* <-*s*; *Volumina*> volume *m*

volumi'nös [volumi'nø:s] voluminoso

vom [fɔm] F = **von dem**

V

von [fɔn] *prp* (*dat*) de; *beim Passiv meist* por; **~ ... ab, ~ ... an** desde ... em diante, de ... em diante; **~ ... bis** de ... a(té); **ein Freund ~ mir** um amigo meu; *nett* **~ ihm** da parte dele; **nichts ~ et haben** não lucrar nada com a/c; **~ mir aus** por mim; **~ein'ander** um do outro, uns dos outros, uma(s) da(s) outra(s); **~'nöten** [-'nøːtən] necessário, preciso; **~'statten** [-'ʃtatən]: **~** (*dat*) **gehen** realizar-se; **gut ~ gehen** andar bem

vonseiten (*gen*) da parte de

vor [foːr] **1.** *prp* **a)** *örtl* (*Lage, wo?: dat; Richtung, wohin?: ac*): diante de, perante (*a fig*); **~ dem Wind(e)** *NAV* de vento em popa; **b)** *zeitl* (*dat*) antes de; (**schon ~** + *Zeitmaß*) há, faz; **~ 5 Minuten** há 5 minutos; **5 Minuten ~ drei** três (horas) menos cinco (minutos), cinco para as três; **~ allen Dingen** antes de mais nada; *fig a* **~ allem** sobretudo; **c)** *kausal* (*dat*) de, por; **~ Schmerz** de dor; **2.** *adv* antes; **nach wie ~** (depois) como dantes, como de costume

vor'ab em primeiro lugar

'Vor|abdruck *m* <-(*e*)*s*; *-e*> pré-publicação *f*; **~abend** *m* <*-s*; *-e*> véspera *f*; **am ~** (*gen*) em vésperas (de); **~ahnung** *f* pressentimento *m*

vo'ran [fo'ran] à frente, adiante; **~gehen** <*sn*> ir à frente; ir adiante; *zeitl* preceder (*ac*); **~kommen** <*-en*> avançar; *a fig* fazer progressos

'Voranmeldung *f* pré-aviso *m*

vo'ranschicken mandar adiante; (*bemerken*) dizer antes de mais nada

'Voranschlag *m* <-(*e*)*s*; *⸗e*> orçamento *m*

vo'ran|stellen antepor; → **~schicken**; (*vorwegnehmen*) antecipar; **~treiben** levar por diante

'Vor|anzeige *f* anúncio *m*; **~arbeit** *f* trabalho *m* preparatório; *LIT* trabalho *m* anterior; trabalho *m* preliminar; **2arbeiten** <*-e-*> adiantar o seu trabalho; *j-m*: facilitar o trabalho a, preparar o caminho para; **sich ~** *MIL* ir avançando; **~arbeiter** *m* capataz *m*

vo'raus [fo'raus] para diante; → **voran**; **im '2** de antemão, adiantado, antecipadamente; **e-n Monat im '2 zahlen** pagar com um mês de antecedência; **j-m ~ sein** *fig* levar vantagem sobre alg; **~ahnen** pressentir; **~bezahlen** <-> adiantar, pagar adiantado; **~datieren** <-> antedatar, *bras* predatar; **~eilen** <*sn*> correr adiante; *fig* antecipar-se a, preceder; **~fahren** <*sn*>, **~gehen** <*sn*> → **vorangehen**; **~gesetzt** *p/p von* **~setzen**; **~, dass** contanto que (*subj*); **~haben**: *etwas* **vor j-m ~** exceder alg em a/c; **2sage** *f* vaticínio *m*; *a MED* prognóstico *m*; **~sagen** predizer; prognosticar; vaticinar; **~schauen** prever; **~d** *adj* prospe(c)tivo; **~schicken** *v/t* mandar adiante; *fig* (*bemerken*) dizer antes de mais nada; → **~setzen**; **~sehen** prever, antever; **~setzen** <*-t*> (pres)supor, presumir; **2setzung** *f* (pres)suposto *m*; *a MAT* hipótese *f*; condição *f* prévia; **2sicht** *f* <*sem pl*> previsão *f*; **~sichtlich** presumível, presuntivo; *adv* provavelmente; **2zahlung** *f* pagamento *m* antecipado

'Vor|bau *m* <-(*e*)*s*; *-ten*> sacada *f*; **2bauen** construir uma sacada; *v/i fig*: (*dat*) **~** prevenir (*ac*); evitar (*ac*); **~bedacht** *m*: **mit ~** premeditado; de propósito; **~bedeutung** *f* presságio *m*, agouro *m*; **~bedingung** *f* condição *f* prévia

'Vorbehalt *m* <-(*e*)*s*; *-e*> reserva *f* (**unter** com); **2en** <-> reservar; **Irrtum ~** *ECON* salvo erro ou omissão; **2lich** (*gen*) salvo (*ac*); com a reserva de; **2los** sem reservas

vor'bei **a)** *örtl* por diante (**an** *dat* de); junto de; **b)** *zeitl*: **~ sein** passar de; **es ist drei Uhr ~** passa das três; (*vergangen*) ter passado, ter acabado; **es ist ~** já passou, já acabou; **~fahren** <*sn*>, **~gehen** <*sn*>, **~kommen** <*sn*> passar (**an** *dat* por, ao lado de, junto de); **bei j-m ~** (*besuchen*) fazer uma visita a alg; **~lassen** deixar passar; **2marsch** *m* <-(*e*)*s*; *⸗e*> desfile *m*; **den ~** (*gen*) **abnehmen** passar revista a; **~marschieren** <-; *sn*> desfilar (**vor** *dat* diante de); **~reden** <*-e-*>: **aneinander ~** falar sem se entender; **~schießen** errar o alvo; **~ziehen** <*sn*> passar; desfilar

'Vorbemerkung ['voːr-] *f* nota *f* prévia (*od* preliminar); *Gesetz*: preâmbulo *m*
'vorbereit|en <*-e-*; -> preparar; **~end** *adj* preparatório; **°ung** *f* preparação *f*; *pl* preparativos *m/pl*; **°ungszeit** *f* estágio *m*
'Vor|bericht *m* <*-(e)s*; *-e*> relatório *m* preliminar; *Presse, Radio*: reportagem *f* preliminar; **~besprechung** *f* conferência *f* preliminar; **°bestellen** <-> mandar reservar; *Platz*: marcar; **~bestellung** *f* reserva *f*; *Platz*: marcação *f*; **°bestraft** cadastrado, **~ sein** *a* ter cadastro; **~beten** <*-e-*> recitar (uma oração)
'vorbeug|en **1.** *v/t* (***sich***) **~** debruçar(-se), inclinar(-se) para a frente; **2.** *v/i* (*dat*) prevenir, evitar (*ac*); **~end** *adj* preventivo; preservativo; *MED a* profilá(c)tico; **°ung** *f* prevenção *f*; **°ungsmaßnahme** *f* medida *f* preventiva (*od MED* profilá[c]tica); **°ungsmittel** *n* preservativo *m*; *MED* remédio *m* profilá(c)tico
'Vorbild *n* <*-(e)s*; *-er*> modelo *m*; exemplo *m*; **°lich** modelar, exemplar; **~ung** *f* preparação *f*; instrução *f* preparatória; preparatórios *m/pl*
'vor|binden: (***sich*** *dat*) **~** pôr; **°bote** *m* <*-n*> precursor *m*; arauto *m*; *fig* indício *m*; sintoma *m*; **~bringen** trazer (para a frente); *Beweise, Gründe etc*: apresentar, alegar, aduzir; **~christlich** anterior à era cristã; **°dach** *n* <*-(e)s*; *⸗er*> alpendre *m*, telheiro *m*; **~datieren** <-> antedatar, *bras* predatar
'Vorder|achse ['fɔrdər-] *f* eixo *m* da frente, eixo *m* dianteiro; **~ansicht** *f* vista *f* de frente; fachada *f*; **~bein** *n* <*-(e)s*; *-e*> mão *f*; pata *f* dianteira; **~deck** *n* <*-s*; *-s*> proa *f*, antepopa *f*
'vordere de diante, dianteiro; anterior; ***die ~n Reihen*** as primeiras filas; ***der ° Orient*** o Próximo Oriente
'Vorder|fuß *m* <*-es*; *⸗e*> pata *f* dianteira; **~grund** *m* <*-(e)s*; *⸗e*> primeiro plano *m*
'vorder'hand por enquanto
'Vorder|haus *n* <*-es*; *⸗er*> parte *f* dianteira da casa; **°lastig** *AV, NAV* pesado na frente; **~mann** *m* <*-(e)s*; *⸗er*> homem *m* da frente; *MIL a* cabo *m* de fila; ***auf ~ bringen*** F *fig* pôr em ordem; **~rad** *n* <*-(e)s*; *⸗er*> roda *f* da frente; **~radantrieb** *m* tra(c)ção *f* à frente; **~reihe** *f* primeira fila *f*; **~schiff** *n* <*-(e)s*; *-e*> proa *f*; **~seite** *f* parte *f* anterior; frente *f*; *ARQUIT* frontaria *f*, fachada *f*; **~sitz** *m* <*-es*; *-e*> lugar *m* da frente; **°st**: ***der ~e*** o primeiro, o da frente; **~steven** *NAV m* roda *f* de proa; **~teil** *n* <*-(e)s*; *-e*> dianteira *f*, *NAV* proa *f*; **~tür** *f* porta *f* da frente; **~zahn** *m* <*-(e)s*; *⸗e*> (dente *m*) incisivo *m*
'vor|drängen empurrar; ***sich ~*** pôr-se à frente; **~dringen** <*sn*> avançar; **°dringen** *n* avanço *m*; **~dringlich** mais urgente; de primeira necessidade; **°druck** *m* <*-(e)s*; *-e*> impresso *m*; **~ehelich** antenupcial, *bras* prenupcial
'voreilig precipitado, arrebatado; **°keit** *f* <*sem pl*> precipitação *f*
vorein'ander um diante do outro
'voreingenommen ['-gənɔmən] parcial; prevenido; ***~ gegen*** *a* desconfiado de; **°heit** *f* <*sem pl*> parcialidade *f*; preconceito *m*; *gegen*: animosidade *f*
'vor|enthalten <-> reter; *JUR* deter; ***j-m et ~*** privar alg de a/c; *Wahrheit*: ocultar; **°enthaltung** *f* retenção *f*; *JUR* detenção *f*; **°entscheidung** *f* decisão *f* prévia; *Sport*: semi-final *f*; **~erst** em primeiro lugar; (*einstweilen*) por agora; **~erwähnt** mencionado atrás; **°fahr** ['-faːr] *m* <*-en*> antepassado *m*; **~en** *pl a* avós *m/pl*; **~fahren** <*sn*> *vor dem Haus*: parar; ***vorgefahren sein*** estar à porta; (*voranfahren*) passar para a frente
'Vorfahrt *f* <*sem pl*> prioridade *f*, *bras* preferencial *f*; ***~ beachten*** (***gewähren***)***!*** respeite (ceda) a prioridade (*bras* preferencial); **~sschild** *n* <*-(e)s*; *-er*> sinal *m* (*od* placa *f*) de prioridade (*bras* de preferencial); **~sstraße** *f* estrada (*od* rua) *f* com prioridade (*bras* preferencial)
'Vor|fall *m* <*-(e)s*; *⸗e*> acontecimento *m*; caso *m*; *ärgerlicher*: incidente *m*; *MED* prolapso *m*, descenso *m*; **°fallen** <*sn*> acontecer, suceder, dar-se; **~film** *m* <*-(e)s*; *-e*> programa *m* que antecede o filme, *bras*

V

curta metragem *m*; **≗finanzieren** <-> pré-financiar; **≗finden** encontrar; **~freude** *f* alegria *f* antecipada; **≗fristig** ['-fristiç] antes do prazo; **~frühling** *m* <-*s*; -*e*> princípios *m*/*pl* da primavera; **≗fühlen** *fig* sondar

'vorführ|en (*zeigen*) apresentar; *Lichtbild*: *a* mostrar, proje(c)tar; *Film*: *a* exibir; *TEA* representar; *Zeugen*: produzir; **≗er** *m Film*: operador *m*; **≗raum** *m* <-(*e*)*s*; ⸚*e*> cabine *f*; **≗ung** *f* representação *f*; *Film*: apresentação *f*, exibição *f*, proje(c)ção *f*

'Vor|gabe *f Sport*: partido *m*, *bras* vantagem *f*; (*Behauptung*) afirmação *f*; **~gang** *m* <-(*e*)*s*; ⸚*e*> sucesso *m*; caso *m*; (*Natur*≗) fenómeno (*ô) *m*; (*Akte*), *TÉCN*, *QUÍM*, *MED* processo *m*; *Beispiel*: exemplo *m* precedente; **~gänger(in** *f*) *m* ['-gɛŋər-] predecessor(a *f*) *m*; antecessor(a *f*) *m*; **~garten** *m* <-*s*; ⸚> jardim *m* da frente; *Café*: terraço *m*; **≗gaukeln** <-*le*> simular, fingir; **≗geben** (*behaupten*) pretender, afirmar; *Punkte im Spiel*: dar de partido; **~gebirge** *n* cabo *m*, promontório *m*; **≗gefasst** preconcebido; **~*e Meinung*** preconceito *m*; **≗gefertigt** pré-fabricado; *bras* pré-moldado; **~gefühl** *n* <-(*e*)*s*; -*e*> pressentimento *m*

'vorgehen 1. *v*/*i* <*sn*> passar para diante, passar para a frente, ir à frente; *Uhr*: estar (*od* ir) adiantado; *gegen*: proceder; *MIL* avançar; *im Rang*: preceder (*ac*); (*geschehen*) suceder, passar-se; **2.** ≗ *n* procedimento *m*; *MIL* avanço *m*

'vor|genannt ['-gənant] atrás mencionado; **~gerückt** ['-gərykt] *Alter*: avançado (***in*** *dat* de); *Stunde*: adiantado (***zu*** a)

'Vorgeschicht|e *f* <*sem pl*> pré-história *f*; *JUR* antecedentes *m*/*pl*; **≗lich** pré-histórico

'Vor|geschmack *m* <-(*e*)*s*; *sem pl*> prova *f*, antegosto *m*; **~gesetzte(r)** *m* superior *m*; **≗gestern** anteontem (***Abend*** à noite, ***Morgen*** de manhã); **≗gestrig** de anteontem; **≗greifen** antecipar-se (***j-m*** a alg); **~griff** *m* <-(*e*)*s*; -*e*> antecipação *f*

'vorhaben 1. *v*/*t fig* ocupar-se de; tencionar fazer; propor-se; *für den Abend etwas* **~** ter um compromisso; **2.** ≗ *n* proje(c)to *m*, propósito *m*, intenções *f*/*pl*

'Vor|halle *f* vestíbulo *m*; (*Säulen*≗) pórtico *m*, átrio *m*; **≗halten** *v*/*t* pôr em frente; (*zeigen*) mostrar, apresentar; *fig* ***j-m et ~*** repreender alg por a/c; *v*/*i* chegar; **~haltung** *f* repreensão *f*; **~hand** *f* <*sem pl*> *Pferd*: antebraço *m*; (*Vorkaufsrecht*) prioridade *f*, preferência *f*; ***die ~ haben*** *Spiel*: ser mão *f*; **≗'handen** [-'handən] existente; ***~ sein*** existir, haver; **~'handensein** *n* existência *f*; **~hang** *m* <-(*e*)*s*; ⸚*e*> cortinado *m*, cortina *f*; *TEA* pano *m* (***Eiserner*** de ferro); (*Tür*≗) reposteiro *m*; **≗hängen** colgar, pendurar; *Schloss*: pôr; **~hängeschloss** *n* <-*es*; ⸚*er*> cadeado *m*; **~haut** *f* <-; ⸚*e*> prepúcio *m*

'vorher ['foːr-] antes (***kurz*** pouco); (*im Voraus*) de antemão, adiantado; ***am Abend ~*** na véspera

vor'herbestimm|en [foːr'heːr-] <-> predeterminar; predestinar; **≗ung** *f* predeterminação *f*; predestinação *f*

vor'her|gehend, ~ig *adj* precedente, anterior; prévio; antigo

'Vorherr|schaft *f* predomínio *m*; supremacia *f*, hegemonia *f*; **≗schen** predominar; *fig a* prevalecer; **~*d*** *adj* predominante

Vor'hersage *f* previsão *f*; **≗sagen, ≗sehen** prever, antever

'vor|hin há pouco, há um bocado; **≗hof** *m* <-(*e*)*s*; ⸚*e*> átrio *m*; *REL* adro *m*; *ANAT des Herzens*: aurícula *f*; **≗hut** *f* vanguarda *f*; **~ig** precedente, anterior; *Mal*: última; *Zeit*: transa(c)to; **≗jahr** *n* <-(*e*)*s*; -*e*> ano *m* passado; **~jährig** ['-jɛːriç] do ano passado; **≗kämpfer** *m* defensor *m*, propugnador *m*, campeão *m*; **~kauen** mastigar; F *fig* explicar; **≗kauf** *JUR m* <-(*e*)*s*; ⸚*e*> preempção *f*; **≗kaufsrecht** *n* <-(*e*)*s*; *sem pl*> prioridade *f* de compra, preferência *f* na compra; **≗kehrung** ['-keːruŋ] *f* medida *f*, disposição *f*; precaução *f* (***treffen*** tomar); **≗kenntnis** *f* <-; -*se*> conhecimento *m* prévio; preparação *f*

'vorkomm|en *v*/*i* <*sn*> (*auftreten*) aparecer, haver, encontrar-se; (*geschehen*) acontecer, suceder; (*scheinen*) parecer; ***sich*** (*dat*) ***~ wie*** sen-

tir-se como (*od ac*); **≗en** *n* presença *f*; *BGB* jazigos *m/pl*; **≗nis** *n* <-ses; -se> acontecimento *m*, caso *m*
'Vor|kriegs...: *in Zssg(n)* de antes da guerra; **≗laden** *JUR* citar; **~ladung** *f* citação *f*, contrafé *f*; **~lage** *f POL* proje(c)to *m* de lei, moção *f*; (*Muster*) modelo *m*; (*Schablone*) padrão *m*; **≗lassen** deixar passar (para a frente); *zu sich*: atender, receber; **~läufer** *m* precursor *m*; **≗läufig** ['-lɔyfiç] provisório, interino; *adv* por enquanto, por agora; **≗laut** indiscreto, petulante, abelhudo; **~leben** *n* antecedentes *m/pl*
'Vorleg|ebesteck ['-leːgə-] *n* <-(e)s; -e> talher *m* de trinchar; **≗en** apresentar; *Frage, Schloss*: pôr; *Speisen*: servir; (*unterbreiten*) submeter; *Tempo*: acelerar a marcha, ir mais depressa; **~er** *m* tapete *m*; (*Tür≗*) capacho *m*; **~eschloss** *n* <-es; ⸚er> cadeado *m*
'vorles|en ler; **≗ung** *f* leitura *f* (em voz alta); *Universität*: aula *f*, curso *m* (***über*** *ac* de), prele(c)ção *f*, lição *f* (***halten*** fazer); **≗ungsverzeichnis** *n* <-ses; -se> programa *m* de cursos *od* aulas
'vor|letzt penúltimo; **~'lieb**: ***~ nehmen*** contentar-se; **≗liebe** *f* predile(c)ção *f* (***für*** por); **~liegen** haver, existir; ***fertig ~*** estar pronto; ***was liegt gegen ihn vor?*** *JUR* que lhe é imputado?; que provas há contra ele?; ***mir liegt et vor*** estou de posse de a/c; **~liegend** *adj* presente, em questão; *Nachricht*: recebido; **~lügen**: ***j-m etwas ~*** enganar alg, iludir alg; fazer crer a/c a alg; **~machen** demonstrar; ensinar; → ***vorlügen***; ***sich*** (*dat*) ***nichts*** (*od* ***kein X für ein U***) ***~ lassen*** não se deixar enganar; **≗macht** *f* <sem pl> hegemonia *f*, supremacia *f*; **~malig** ['-maːliç] antigo, anterior; **~mals** ['-maːls] antigamente, anteriormente; **≗marsch** *m* <-(e)s; ⸚e> avanço *m*, ofensiva *f*; **~merken** *v/t* tomar (*ECON* boa) nota de; marcar; ***sich ~ lassen*** inscrever-se; **≗mittag** *m* <-s; -e> manhã *f*; (***morgen***) ***~, am ~, des ~s*** = **~mittags** de manhã, antes do meio dia
'Vormund *m* <-(e)s; ⸚er> tutor *m*; **~schaft** *f* tutela *f*, tutoria *f*; **~schaftsgericht** *n* <-(e)s; -e> tutoria *f*
vorn [fɔrn] à frente, em frente; (por *od* em) diante; ***von ~*** *örtl* de frente; de topo; *zeitl* de novo; (*von Beginn an*) de início; ***nach ~ hinaus liegen*** dar para a rua
'Vornahme ['-naːmə] *f* → ***Durchführung***
'Vorname *m* <-ns; -n> prenome *m*; nome *m* de baptismo
'vornehm ['-neːm] distinto; nobre; *Welt*: elegante, aristocrático; ***~ tun*** dar-se ares de grande senhor; fazer-se de distinto, (*bras a* de grã-fino); **~en** *v/t* (*anlegen*) pôr; (*tun*) fazer, efe(c)tuar; *Untersuchung*: proceder a; ***sich*** (*dat*) *etwas* ***~*** propor-se a/c, estudar a/c, ocupar-se de a/c; ***sich j-n ~*** chamar alg, examinar alg; **≗heit** *f* <sem pl> distinção *f*; nobreza *f*; fidalguia *f*; elegância *f*; **~lich** principalmente, nomeadamente
'vorn|he'rein: ***von ~*** desde o princípio; de antemão; **~'über** para a frente; *fallen*: *a* de bruços
'Vorort *m* <-(e)s; -e> subúrbio *m*; **~(s)verkehr** *m* <-s; sem pl> tráfego *m* suburbano; **~zug** *m* <-(e)s; ⸚e> comboio *m* suburbano, *bras* trem *m* de subúrbio
'Vor|platz *m* <-es; ⸚e> átrio *m*; vestíbulo *m*; *Treppe*: patamar *m*; **~posten** *m* posto *m* avançado; **≗programmiert** pré-programado (*a fig*); **~prüfung** *f* prova *f* eliminatória; **~rang** *m* <-(e)s; sem pl> precedência *f*, primazia *f* (***vor*** *dat* em, ***vor j-m*** sobre alg); **≗rangig** prioritário; **~rat** *m* <-(e)s; ⸚e> provisão *f*; reserva *f*, estoque *m*; existências *f/pl*; sortido *m*; ***auf ~*** para armazenar; **≗rätig** ['-rɛːtiç] no armazém, em reserva; ***~ sein*** *a* haver
'Vorrats|kammer *f* <-; -n>, **~schrank** *m* <-(e)s; ⸚e>, **~raum** *m* <-(e)s; ⸚e> dispensa *f*
'Vor|raum *m* <-(e)s; ⸚e> vestíbulo *m*; antecâmara *f*; **≗rechnen** <-e->: ***j-m ~*** fazer o cálculo a (*od* diante de) alg; **~recht** *n* <-(e)s; -e> privilégio *m*, prerrogativa *f*; **~rede** *f* prefácio *m*, prólogo *m*; **~redner** *m* preopinante *m*
'vorricht|en <-e-> dispor, aprestar,

preparar; **≈ung** *f* dispositivo *m*, mecanismo *m*

vorrücken a) *v/i* <*sn*> *MIL* avançar; **b)** *v/t* adiantar

'Vor|ruhestand *m* pré-reforma *f*; **~runde** *f* eliminatória *f*; **~saal** *m* <-(*e*)*s*; -*säle*> antessala *f*; sala *f* de espera; **≈sagen** dizer, ditar; *Schule*: segredar; *TEA* fazer de ponto; **~saison** *f* <-; -*s*> princípio *m* da época; **~sänger** *m* chantre *m*, antifoneiro *m*; **~satz** *m* <-*es*; *¨e*> propósito *m* (***mit*** de); *TÉCN* accessório *m*, aparelho *m* complementar; **≈sätzlich** ['-zɛtsliç] de propósito, premeditado; **~schein** *m*: ***zum ~ bringen*** trazer à luz; revelar; ***zum ~ kommen*** aparecer; manifestar-se; **≈schicken** mandar adiante; *MIL* fazer avançar; **≈schieben** empurrar (*od* impelir) para a frente; *Riegel*: fechar; *fig* escusar-se com; **≈schießen** F adiantar; **~schiff** *n* <-(*e*)*s*; -*e*> proa *f*

'Vorschlag *m* <-(*e*)*s*; *¨e*> proposta *f* (***auf*** de); *MÚS* appoggiatura *f*; ***auf ~ von*** (*bras* segundo) a proposta de; **≈en** propor; **~sliste** *f* lista *f* de candidatos; **~srecht** *n* <-(*e*)*s*; *sem pl*> direito *m* de proposta

'vor|schneiden trinchar; **~schnell** precipitado; **~schreiben** escrever; *fig* prescrever; *Bedingung, Norm, Preis*: fixar

'Vorschrift *f* prescrição *f*; *amtliche*: regulamento *m*; instrução *f*; ***~ sein*** ser de rigor; ***Dienst nach ~*** greve *f* do zelo; **≈smäßig** corre(c)to, regular; **≈swidrig** incorre(c)to, irregular

'Vor|schub *m*: ***~ leisten*** favorecer; **~schule** *f* curso *m* elementar; (infantário *m* com) curso *m* preparatório à escola primaria; *bras* curso *m* pré-primário; **~schulkind** *n* <-(*e*)*s*; -*er*> pré-escolar *su*; **~schuss** *m* <-*es*; *¨e*> adiantamento *m*; empréstimo *m*; **≈schützen** <-*t*> tomar por pretexto; **≈schweben**: ***mir schwebt etwas vor*** tenho uma vaga ideia de a/c; ***es schwebt mir vor, zu*** (*inf*) penso em; **≈schwindeln** <-*le*>: ***j-m etwas ~*** enganar alg; iludir alg; fazer crer a/c a alg; **≈sehen** prever; proje(c)tar; ***sich ~ (vor*** *dat*) ter cuidado (com), ter cautela (com), precaver-se (contra); **~sehung** ['-zeːuŋ] *f* Providência *f*; **≈setzen** <-*t*> pôr à frente (de), *j-m*: *a* antepor (a); (*anbieten*) oferecer, servir

'Vorsicht *f* <*sem pl*> cautela *f*, cuidado *m*; **≈ig** caut(elos)o, cuidadoso, prudente; ***~ sein*** *a* ter cautela, ter cuidado; **~smaßregel** *f* <-; -*n*> precaução *f*, providência *f* (***treffen*** tomar)

'Vor|silbe *f* prefixo *m*; **≈singen** cantar; entoar; **≈sintflutlich** antediluviano (*a fig*); **~sitz** *m* <-*es*; -*e*> presidência *f* (***übernehmen*** assumir); ***den ~ führen*** presidir (***bei*** a); **~sitzende(r** *m*) *su* presidente *su*; *bei Berufsverbänden*: bastonário *m*

'Vorsorg|e *f* precaução *f*; ***~ treffen*** tomar providências (***dass*** para que *subj*); **≈en** providenciar; **~euntersuchung** *f MED* exame *m* preventivo; **≈lich** provídente; *adv* por precaução

'Vor|spann *m* <-(*e*)*s*; -*e*> *TV* prefixo *m*; **~speise** *f warm* entrada *f*; *kalt* acepipes *m/pl*; **≈spiegeln** <-*le*> simular, fingir; **~spiegelung** *f* miragem *f*, ilusão *f*; ***~ falscher Tatsachen*** mentira *f*, impostura *f*, falsidade *f* (***unter*** com); **~spiel** *n* <-(*e*)*s*; -*e*> prelúdio *m* (*a fig*); *Oper*: abertura *f*; *TEA* prólogo *m*; **≈spielen** preludiar; ***j-m et ~*** tocar a/c a (*bras* para) alg; *fig* simular a/c a alg; **≈sprechen**: ***j-m et ~*** dizer (*od* pronunciar) a/c para que alg o repita; ***bei j-m ~*** passar por casa de alg; **≈springen** <*sn*> dar um salto para a frente; (v)ir a saltar; *ARQUIT* saltar, sobressair; **~springend** *adj* saliente; **~sprung** *m* <-(*e*)*s*; *¨e*> *ARQUIT* saliência *f*; *Dach*: algeroz *m*; *TÉCN* ressalto *m*; *Küste*: ponta *f*; (*Abstand*) vantagem *f*, dianteira *f*; ***e-n ~ haben vor*** (***von***) levar vantagem a; **~stadt** *f* arrabalde *m*, subúrbio *m*; **≈städtisch** suburbano

'Vorstand *m* <-(*e*)*s*; *¨e*> dire(c)ção *f*; **~svorsitzende(r** *m*) *su* <-*n*> *ECON* presidente *su* do conselho de administração

'vorsteh|en *ARQUIT* sobressair; (*dat, leiten*) dirigir (*ac*); **~end** *adj* saliente; (*obig*) dito, mencionado; **≈er(in** *f*) *m* dire(c)tor(a *f*) *m*; chefe *su*; *REL* superior(a *f*) *m*; (*Gemeinde≈*) regedor *m*, presidente *m* da junta da freguesia; **≈erdrüse** *f* próstata *f*; **≈hund** *m* <-(*e*)*s*; -*e*> cão *m* perdigueiro

'vorstell|en pôr (mais) à frente; *Uhr*: adiantar; *Bild*, *TEA*: representar; (*bedeuten*) *a* significar; (*bekannt machen*) apresentar (*a refl*); (*klarmachen*) fazer observar (*od* ver); ***sich*** (*dat*) **~** imaginar; ***sich* ~ *können*** fazer ideia de; calcular; **~ig**: ***~ werden bei*** manifestar-se junto de, fazer uma representação a, apresentar um protesto a; **≈ung** *f j-s*: apresentação *f*; (*Begriff*) ideia (*é) *f*, noção *f*; *TEA* representação *f*, espe(c)táculo *m*, récita *f*; (*Kritik*) repreensão *f*; (*Ermahnung*) advertência *f*; **≈ungsgespräch** *n* <-(*e*)*s*; -*e*> entrevista *f*; **≈ungskraft** *f* <-; *sem pl*>, **~vermögen** *n* <-*s*; *sem pl*> imaginação *f*

'Vor|stopper *m Sport*: centro-defesa *m*; **~stoß** *m* <-*es*; ¨*e*> investida *f*, ataque *m*; *MIL a* avanço *m*; *Schneiderei*: pestana *f*; **≈stoßen** *v/i* <*sn*> avançar; **~strafe** *f* pena *f* anterior; *j-s* ***~n*** antecedências *f/pl* judiciárias; **~strafenregister** *n* cadastro *m*; **≈strecken** estender; *Geld*: adiantar; **~studie** *f* estudo *m* preliminar, estudo *m* preparatório; **~stufe** *f* primeiro grau *m*; curso *m* elementar; **≈tanzen** <-*t*> (*beginnen*) iniciar a dança; (*zeigen*) exibir uma dança; **≈täuschen** simular; fingir; ***j-m* ~** fazer crer a alg

'Vorteil ['fɔrtaɪl] *m* <-(*e*)*s*; -*e*> vantagem *f*; (*Gewinn*) proveito *m*; ***im ~ sein*** levar vantagem; ***auf seinen ~ bedacht sein*** defender os seus interesses; ***seine Vor- und Nachteile haben*** ter vantagens e desvantagens; **≈haft** vantajoso, proveitoso

'Vortrag ['-traːk] *m* <-(*e*)*s*; ¨*e*> conferência (*bras* palestra) *f* (***halten*** fazer, proferir); (*Bericht*) relato *m*, exposição *f*; *Dichtung*: declamação *f*, recitação *f*; *MÚS* interpretação *f*, execução *f*; *ECON* transporte *m*; **≈en** expor, recitar; *MÚS* tocar; *Lied*: cantar; *ECON Saldo*: transportar; **~ende(r** *m*) *su* conferente *su*, conferencista *su*; **~sabend** *m* <-*s*; -*e*> *MÚS* recital *m*; **~sart** *f* di(c)ção *f*, interpretação *f* (*a MÚS*); **~sreihe** *f* ciclo *m* de conferências

vor'trefflich excelente, primoroso; *Arbeit*: *a* esmerado; **≈keit** *f* <*sem pl*> excelência *f*, primor *m*, *bras* esmero *m*

'vor|treiben impelir; *BGB* abrir; **~treten** <*sn*> avançar; *MIL* sair da fila; ***~!*** apresentar-se!, um passo em frente!; **≈tritt** *m* <-(*e*)*s*; *sem pl*> precedência *f* (***vor*** *dat* sobre); ***j-m den ~ lassen*** ceder o passo a alg; **≈trupp** *m* <-*s*; -*s*> guarda *f* avançada

vo'rüber [fo'ryːbər] passado; ***es ist ~!*** já passou!; **~gehen** <*sn*> passar (***an*** *dat* por, junto de); ***im ≈*** de passagem; **~gehend** *adj* passageiro; (*zeitweilig*) interino, temporário; ***nur ~ da sein*** estar de passagem; **~ziehen** <*sn*> passar

'Vor|übung *f* exercício *m* preliminar; **~untersuchung** *f JUR* inquérito *m*

'Vorurteil *n* <-*s*; -*e*> preconceito *m*; **≈sfrei**, **≈slos** sem preconceitos, independente, imparcial

'Vor|väter ['-fɛːtər] *m/pl* antepassados *m/pl*; **~verfahren** *n*, **~verhandlung** *f* preliminares *m/pl*; **~verkauf(sstelle** *f*) *m* <-(*e*)*s*; *sem pl*> (local *m* de) venda *f* antecipada; **≈verlegen** <-> adiantar; *MIL Front*: avançar; **~verstärker** *m EL* pré-amplificador *m*; **~vertrag** *m* <-(*e*)*s*; ¨*e*> *ECON* contrato *m* preliminar; **≈vorgestern** há três dias; **≈wagen**: ***sich ~*** atrever-se a avançar; *fig* arriscar-se; **~wahl** *f* eleição *f* preliminar; *TEL* indicativo *m*; **~wand** *m* <-(*e*)*s*; ¨*e*> pretexto *m*; subterfúgio *m*; **≈wärmen** aquecer; **~warnung** *f* pré-aviso *m*

'vorwärts ['fɔrvɛrts] avante; ***~ bringen*** levar para diante; ***j-n ~ bringen*** *fig* proteger alg; ***~ kommen*** avançar; *fig a* progredir, fazer progressos, *j-d*: *a* fazer fortuna; **≈bewegung** *f* marcha *f* para diante; *MIL* avanço *m*

vor'weg [-'vɛk] antecipadamente, primeiro; **≈nahme** [-naːmə] *f* antecipação *f*; **~nehmen** antecipar

'vor|weisen apresentar, mostrar; **~werfen** lançar à frente; *fig* censurar, repreender (***j-m et*** alguém por a/c; **~wiegen** preponderar; predominar; **~wiegend** *adj* preponderante, predominante; *adv a* principalmente; **²wissen** *n* conhecimento *m* prévio; ***ohne j-s ~*** *a* sem alg saber; **~witzig** indiscreto; abelhudo

Vor|woche *f* semana *f* passada; **²wort** *n* <-(e)s; -e> prefácio *m*; **~wurf** *m* <-(e)s; ¨e> censura *f*; repreensão *f*; responsabilidade *f* atribuída; ***zum ~ machen*** repreender; **²wurfsvoll** repreensivo

'vor|zählen contar; (*aufzählen*) enumerar; **²zeichen** *n* augúrio *m*, presságio *m*, *a MAT u MÚS* sinal *m*; **~zeichnen** <-e-> desenhar; *fig* traçar, indicar

'vorzeigen apresentar, mostrar

'Vorzeit *f* passado *m*; tempos *m/pl* remotos; **²en** [-'tsaɪtən] antigamente, outrora; **²ig** prematuro; *adv a* antes do tempo

'Vor|zensur *f* censura *f* prévia; **²ziehen** tirar; *Vorhang*: correr; *fig* preferir; ***vorzuziehen*** preferível; **~zimmer** *n* antecâmara *f*, antessala *f*; sala *f* de espera; **~zug** *m* <-(e)s; ¨e> **a)** preferência *f*; (*Recht*) prioridade *f*; (*Vorteil*) vantagem *f*; (*gute Eigenschaft*) mérito *m*, qualidade *f*; (*Vorrecht*) prerrogativa *f*; **b)** *CAM. DE F* desdobramento *m*; **²'züglich** [-'tsyːkliç] ó(p)timo, primoroso, sumo; *adv a* principalmente

'Vorzugs|aktie *f ECON* a(c)ção *f* preferencial; **~preis** *m* <-es; -e> preço *m* especial (*od* de amigo); **²weise** de preferência

vo'tieren [vo'tiːrən] *v/i* <-> votar

Vo'tivbild [vo'tiːf-] *n* <-(e)s; -er> ex-voto *m*

'Votum ['voːtum] *n* <-s; *Vota, Voten*> voto *m*; (*Gutachten*) parecer *m*

'Voucher ['vaʊtʃər] *n od m* <-s; -(s)> *Tourismus*: vale *m* turístico, voucher *m*

Voy'eur [voa'jøːr] *m* <-s; -e> voyeur *m*

vul'gär [vul'gɛːr] vulgar

Vul'kan [vul'kaːn] *m* <-s; -e> vulcão *m*; **²isch** vulcânico; **²i'sieren** [-ani'ziːrən] <-> vulcanizar

W

W, w [veː] *n inv* W, w *m* (v dobrado, *bras* v dáblio)

'Waage ['vaːgə] *f* balança *f*; *ASTR a* Libra *f*; (*Dezimal²*) báscula *f*; ***sich die ~ halten*** equilibrar-se, estar em equilíbrio *m*; **~balken** *m* travessão *m*

'waagerecht horizontal

'Waagschale *f* prato *m*; ***in die ~ werfen*** *fig* fazer valer

'wabb(e)lig ['vab(ə)liç] molenga

'Wabe ['vaːbə] *f* favo *m*

wach [vax] acordado, desperto; ***~ machen***, ***~ werden*** acordar, despertar; ***~ halten*** desvelar, não deixar dormir; *fig* manter vivo

'Wach|boot *n* <-(e)s; -e> vedeta *f*; (*Küsten²*) guarda-costa *m*, *bras* lancha *f* das autoridades costeiras; **~dienst** *m* <-(e)s; -e> serviço *m* de vigilância; **~e** *f* guarda *f*, (*Schild²*) sentinela *f*; *Lokal*: esquadra *f*, posto *m* policial, *bras* delegacia *f* de polícia; *Dienst NAV u MIL*: vigia *f*, quarto *m*; ***auf ~ ziehen*** montar a guarda; ***~ stehen*** estar de sentinela; **²en** estar acordado, estar desperto; ***~ bei*** velar (*ac*); ***~ über*** (*ac*) vigiar (*ac*); velar sobre, velar por, zelar por; **²habend** de guarda; de quarto; **~hund** *m* <-(e)s; -e> cão *m* (*bras a* cachorro *m*) de guarda; **~mannschaft** *f* esquadra *f*, (homens *m/pl* da) guarda *f*

Wa'cholder [va'xɔldər] *m* zimbro *m*; **~beere** *f* bago *m* de zimbro; **~schnaps** *m* <-es; ¨e> genebra *f*; **~strauch** *m* <-(e)s; ¨er> zimbro *m*

'Wachposten *m* sentinela *f*

'wach|rufen despertar; *fig* evocar; **~rütteln** <-le> (fazer) despertar

Wachs [vaks] *n* <-es; -e> cera *f*;

'**~abdruck** *m* <-(*e*)*s*; ¨*e*> molde *m* de cera
'**wachsam** ['vaxza:m] vigilante; **Ƨkeit** *f* <*sem pl*> vigilância *f*
'**Wachschiff** *n* <-(*e*)*s*; -*e*> vedeta *f*; (*Küsten*Ƨ) guarda-costa *m*, *bras* lancha *f* das autoridades costeiras
'**wachsen** ['vaksən] **a)** *v/i* <*sn*> crescer; *fig* aumentar; (*steigen*) subir; ***gut ge~ sein*** ter boa figura; (*dat*) ***ge~ sein*** estar à altura de; *e-r Sache*: *a* dar (conta do) recado de a/c; ***~d*** *adj* crescente, cada vez maior; **b)** *v/t* <-*t*> encerar
'**wächsern** ['vɛksərn] de cera
'**Wachs|figurenkabinett** *n* <-(*e*)*s*; -*e*> museu *m* de figuras de cera; **~kerze** *f* círio *m*, vela *f*; **~stift** *m* <-(*e*)*s*; -*e*> giz *m* de cera; **~tuch** *n* <-(*e*)*s*; ¨*er*> oleado *m*; **~tum** *n* <-*s*; *sem pl*> crescimento *m*; vegetação *f*; **~tumsrate** *f* ECON taxa *f* de crescimento
'**Wachtel** ['vaxtəl] *f* <-; -*n*> codorniz *f*; *bras* codorna *f*
'**Wächter** ['vɛçtər] *m* guarda *m*; (*Leuchtturm*Ƨ) faroleiro *m*
'**Wacht|meister** *m* F (*Schutzmann*) guarda *m*; **~posten** *m* sentinela *f*; **~turm** *m* <-(*e*)*s*; ¨*e*> torre *f* de observação; atalaia *f*
'**wack|(e)lig** ['vak(ə)liç] abalado; ***~ sein*** → ***wackeln***; **Ƨelkontakt** *m* <-(*e*)*s*; -*e*> EL conta(c)to *m* intermitente (*od* frouxo); **~eln** <-*le*> (estar a) abanar, (estar a) dançar; *a fig* estar pouco seguro
'**Wad|e** ['va:də] *f* barriga *f od* batata *f* da perna; **~enbein** *n* <-(*e*)*s*; -*e*> peróneo (*ô) *m*; **~enkrampf** *m* <-(*e*)*s*; ¨*e*> breca *f*, cãibra *f* da barriga (*od* batata) da perna
'**Waffe** ['vafə] *f* arma *f* (***in***, ***unter ~n*** *pl* em); ***zu den ~n greifen*** pegar nas armas; ***die ~n strecken*** render-se
'**Waffel** ['vafəl] *f* <-; -*n*> barquilho *m*, *bras* waffle *m*, wafer *m*; **~eisen** *n* forma *f* de barquilhos
'**Waffen|besitz** *m* <-*es*; *sem pl*> (***unerlaubter***) posse *f* (ilícita) de armas; **~gattung** *f* arma *f*; **~gewalt** *f* <*sem pl*>: ***mit ~*** à mão armada; **~händler** *m* armeiro *m*; **Ƨlos** sem armas; **~ruhe** *f* <*sem pl*> trégua(s *pl*) *f*; **~schein** *m* <-(*e*)*s*; -*e*> licença *f* de porte de armas; **~schmied** *m* <-(*e*)*s*; -*e*> alfageme *m*, *bras a* armeiro *m*; **~schmuggel** *m* <-*s*; *sem pl*> contrabando *m* de armas; **~stillstand** *m* <-(*e*)*s*; *sem pl*> armistício *m*
'**Wagemut** *m* <-(*e*)*s*; *sem pl*> ousadia *f*, audácia *f*; **Ƨig** ousado, audaz; empreendedor
'**wagen** ['va:gən] *v/t* ousar; atrever-se a; arriscar(-se); venturar; ***sich an*** (*ac*) ~ abalançar-se a
'**Wagen** *m* carro *m*; CAM. DE F carruagem *f*, vagão *m*; (*Hand*Ƨ) carroça *f*; (*Lastauto*) camião *m*, *bras* caminhão *m*; ASTR ***der Große*** (***Kleine***) ~ a Ursa *f* Maior (Menor)
'**Wagen|heber** *m* macaco *m* (de automóvel); **~ladung** *f* carretada *f*; CAM. DE F carga *f* de vagão; ECON vagão *m* (de); **~park** CAM. DE F *m* <-*s*; -*s*> material *m* rodoviário, material *m* rolante; AUTO parque *m* automóvel; **~papiere** *pl* documentos (*od* papéis) *m/pl* do carro; **~spur** *f* rodado *m*; **~tür** *f* portinhola *f*, porta *f* (do carro)
Wag'gon [va'gɔŋ] *m* <-*s*; -*s*> vagão *m*, carruagem *f*
'**wag|halsig** ['va:khalziç] arrojado; arriscado; **Ƨnis** *n* <-*sses*; -*se*> risco *m*, façanha *f*
Wa'gon → ***Waggon***
Wahl [va:l] *f* escolha *f*; *zwischen et*: alternativa *f*; *a* JUR opção *f*; POL eleição *f*; (*Abstimmung*) votação *f*; TEL discagem *f*; ***erste ~*** ECON primeira qualidade; ***nach ~*** à escolha; ***die ~ haben*** ter a escolha; ***zur ~ gehen*** ir votar
'**wählbar** ['vɛ:l-] elegível; **Ƨkeit** *f* elegibilidade *f*
'**wahl|berechtigt** com direito a voto; ***~ sein*** ter voto; *pl* ***die Ƨen*** os eleitores; **Ƨberechtigung** *f* <*sem pl*> direito *m* ao voto; **Ƨbeteiligung** *f* afluência *f* às urnas; *statistisch*: votação *f*; **Ƨbezirk** *m* <-(*e*)*s*; -*e*> círculo (*bras* distrito) *m* eleitoral
'**wählen** ['vɛ:lən] escolher; POL eleger; (*stimmen*) votar; TEL marcar (o número); ***gewählt*** *adj Sprache*: culto; *stärker*: rebuscado
'**Wahl|enthaltung** *f* abstenção *f*; **~ergebnis** *n* <-*ses*; -*se*> resultado *m* das eleições (*od* do escrutínio)

'Wähler ['vɛːlər] *m* eleitor *m*; *EL* sele(c)tor *m*; **~in** *f* eleitora *f*; **²isch** difícil, exigente; ***im Essen ~ sein*** *a* ter má boca; **~liste** *f* cadernos *m/pl* eleitorais; **~schaft** *f* eleitorado *m*, eleitores *m/pl*; **~scheibe** *f* disco *m* (do telefone)

'Wahl|fach *n* <-(*e*)*s*; *⸚er*> disciplina *f* facultativa; cadeira *f* de opção, *bras* matéria *f* optativa; **²frei** facultativo; **~gang** *m* <-(*e*)*s*; *⸚e*> escrutínio *m*; **~heimat** *f* <*sem pl*> pátria *f* ado(p)tiva; **~kampf** *m* <-(*e*)*s*; *⸚e*> campanha *f* eleitoral; **~kreis** *m* <-*es*; -*e*> círculo *m* eleitoral; **~liste** *f* lista *f* dos candidatos; *bras* cédula *f*; **~lokal** *n* <-*s*; -*e*> assembleia *f* de voto, *bras* posto *m* eleitoral; **²los** indistinto, indiscriminado; **~mann** *m* <-*es*; *⸚er*> delegado *m*; **~recht** *n* <-(*e*)*s*; *sem pl*> direito *m* de sufrágio (*bras* de voto); ***allgemeines ~*** sufrágio *m* universal; ***passives ~*** eligibilidade *f*; **~schwindel** *m* fraude *f* eleitoral; **~spruch** *m* <-(*e*)*s*; *⸚e*> divisa *f*, lema *m*; **~tag** *m* <-(*e*)*s*; -*e*> dia *m* das eleições; **~urne** *f* urna *f* eleitoral; **~versammlung** *f* sessão *f* de propaganda eleitoral, *bras* comício *m* eleitoral; **~vorschlag** *m* <-(*e*)*s*; *⸚e*> → ***~liste***; **~vorstand** *m* <-(*e*)*s*; *⸚e*> mesa *f* eleitoral; **²weise** facultativo; à escolha; **~zettel** *m* (boletim *m* de) voto *m*, lista *f*

Wahn [vaːn] *m* <-(*e*)*s*; *sem pl*> ilusão *f*, → ***~sinn***

'wähnen ['vɛːnən] julgar, presumir

'Wahn|sinn *m* <-(*e*)*s*; *sem pl*> loucura *f*, demência *f*; *MED a* alienação *f* mental; **²sinnig** louco; demente, alienado; **~vorstellung** *f* alucinação *f*; **²witzig** louco; absurdo

wahr [vaːr] verdadeiro, verídico; (*richtig*) *a* certo; ***~ sein*** *a* ser verdade; (*echt*) autêntico; ***nicht ~?*** não é (verdade)?; ***~ machen*** cumprir, realizar; ***so ~ mir Gott helfe!*** se Deus quiser; **'~en** *v/t* cuidar de; *Rechte*: defender; *Schein*: salvar; *Würde*: guardar; ***Anstand ~*** manter a compostura

'währen ['vɛːrən] *v/t* durar; continuar

'während *prp* (*gen*) durante, a quando de; *cj* enquanto (*Gegensatz*: que), ao passo que

'wahr|haben: *etwas* ***nicht ~ wollen*** não admitir (a possibilidade de) a/c; negar a/c; **~haft**, **~'haftig** [-'haftiç] verdadeiro, verídico, sincero; *adv a* deveras, realmente

'Wahrheit *f* verdade *f*; ***j-m*** (***gehörig***) ***die ~ sagen*** dizer as verdades a alg; **²sgemäß** verídico, conforme a verdade; **~sliebe** *f* amor *m* da verdade; **²sliebend** verídico, amigo da verdade

'wahrlich realmente, deveras

'wahrnehm|bar ['vaːrneːmbaːr] perceptível; **~en** perceber, distinguir, notar; *Gelegenheit*: aproveitar; *Interessen*, *Rechte*: defender; **²ung** *f* percepção *f*, observação *f*; *Interessen*, *Rechte*: defesa *f*; **²ungsvermögen** *n* <-; *sem pl*> percepção *f*

'wahrsag|en adivinhar; **²er**(**in** *f*) *m* quiromante *su*, adivinho *m*, -a *f*; **²e'rei** [-'raɪ] *f* quiromancia *f*, adivinhação *f*

wahr'scheinlich provável, veros(s)ímil; **²keit** *f* probabilidade *f*, veros(s)imilhança *f*

'Wahrung ['vaːrʊŋ] *f* defesa *f* (***zur*** em); ***unter ~*** sem prejuízo *m* (*gen* de)

'Währung ['vɛːrʊŋ] *f* valor *m* da moeda; câmbio *m*; ***Gold²*** padrão-ouro *m*; **~spolitik** *f* <*sem pl*> política *f* monetária; **~sreform** *f* reforma *f* monetária; **~ssystem** *n* <-*s*; -*e*> sistema *m* monetário; **~sverfall** *m* <-(*e*)*s*; *sem pl*> depreciação (*od* desvalorização) *f* monetária

'Wahrzeichen *n* símbolo *m*

'Waise ['vaɪzə] *f* órfã *f*, órfão *m*; **~nkind** *n* <-(*e*)*s*; -*er*> órfão *m*; **~nrente** *f* subsídio *m* (*bras* pensão *f*) para órfãos

Wal [vaːl] *m* <-(*e*)*s*; -*e*> baleia *f*

Wald [valt] *m* <-(*e*)*s*; *⸚er*> floresta *f*; mata *f*; *klein* bosque *m*; ***er sieht den ~ vor lauter Bäumen nicht*** F perdeu a visão geral; **'²arm** desarborizado; **'~brand** *m* <-(*e*)*s*; *⸚e*> fogo *m od* incêndio *m* de floresta (*bras* da mata); **'~erdbeere** *f* morango *m* silvestre; **'~frevel** *m* delito *m* florestal; **'~horn** *n* <-(*e*)*s*; *⸚er*> trompa (*od* trombeta) *f* de caça; **'²ig** ['-diç] selvoso; **'~land** *n* <-(*e*)*s*; *⸚er*> terreno *m* selvoso, selva(s) *f* (*pl*), *bras a* mata *f*; **'~lauf** *m* <-(*e*)*s*;

-e> corrida *f* na floresta; **'~meister** *BOT m* aspérula *f*; **'~rand** *m* <*-(e)s*; *¨er*> orla *f* da floresta *od* do bosque; **'ϩreich** selvoso, rico em florestas; **'~schrat** ['-ʃraːt] *m* <*-(e)s*; *-e*> *MIT* sátiro *m*; **~sterben** *n* <*-s*; *sem pl*> morte *f* lenta da floresta, degradação *f* de florestas; **'~ung** *f* mata *f*; **~weg** *m* <*-(e)s*; *-e*> vereda *f* (*od* caminho, *bras* picada *f*) de floresta; **'~wirtschaft** *f* <*sem pl*> exploração *f* florestal

'Wal(fisch) ['vaːl-] *m* <*-(e)s*; *-e*> baleia *f*; **~fang** *m* <*-(e)s*; *¨e*> pesca *f* da baleia; **~fänger** [-fɛŋər] *m* baleeiro *m*

'walken (a)pisoar, calcar; F socar

'Walkman® ['wɔːkmæn] *m* <*-s*; *-men*> walkman *m*

Wall [val] *m* <*-(e)s*; *¨e*> terrapleno *m*; valado *m*; talude *m*; (*Schutz*ϩ) dique *m*; *MIL* trincheira *f*; (*Stadt*ϩ) circunvalação *f*

'Wallach ['valax] *m* <*-(e)s*; *-e*> cavalo *m* capado, *bras* capão *m*

'wall|en ['valən] <*sn u h*> flutuar, ondear; (*sieden*) ferver, efervescer; **ϩfahrer(in** *f*) *m* peregrino *m*, -a *f*, romeiro *m*, -a *f*; **ϩfahrt** *f* peregrinação *f*, romaria *f*; **~fahr(t)en** <*sn*> peregrinar, ir em romaria; **ϩfahrtsort** *m* <*-(e)s*; *-e*> lugar *m* de peregrinação (*od* romaria); **ϩung** *f* ondulação *f*; (*Sieden*) ebulição *f*, fervura *f*; *fig* fervor *m*, efervescência *f*; ***in ~ bringen*** excitar; ***in ~ geraten*** excitar-se

'Wal|nuss ['val-] *f* <*-*; *¨e*> noz *f*; **~nussbaum** *m* <*-(e)s*; *¨e*> nogueira *f*; **~ross** *n* <*-es*; *-e*> morsa *f*, *bras* foca *f*

'walten ['valtən] <*-e-*>: ***seines Amtes ~*** cumprir o seu dever; *Milde* ***~ lassen*** usar de; ***das walte Gott!*** assim seja!

'Walz|blech ['valts-] *n* <*-(e)s*; *-e*> folha *f* laminada; **~e** *f* rolo *m*; *TÉCN* cilindro *m*; **ϩen** <*-t*> *TÉCN* laminar, cilindrar; *Boden*: aplanar

'wälz|en ['vɛltsən] <*-t*> rolar, revolver (*a refl*); ***sich ~*** *a* dar voltas; *am Boden*: ir rolando por; **ϩer** *m* F calhamaço *m*

'walzenförmig ['-fœrmiç] cilíndrico

'Walzer ['valtsər] *m* valsa *f*

'Walz|stahl *m* <*-s*; *-e*> aço *m* laminado; **~straße** *f* trem *m* de laminação; **~werk** *n* <*-(e)s*; *-e*> laminador *m*; fábrica *f* de laminagem

'Wamme ['vamə] *f* papada *f*

Wand [vant] *f* <*-*; *¨e*> parede *f*; (*Mauer*) muro *m*, muralha *f*; (*Fels*ϩ) escarpa *f*; *hölzerne*: tabique *m*; ***spanische ~*** biombo *m*, paravento *m*; ***~ an ~*** de paredes meias; ***mit dem Kopf durch die ~ wollen*** ser muito teimoso, ser cabeçudo; ***an die ~ stellen*** fuzilar; ***an die ~ drücken*** *fig* afastar do seu caminho, *bras* não dar colher de sopa; **'~behang** *m* <*-(e)s*; *¨e*> tapeçaria *f*; **'~bild** *n* <*-(e)s*; *-er*> pintura *f* mural

'Wandel ['vandəl] *m* mudança *f*; (*Lebens*ϩ) vida *f*; **ϩbar** variável; *a j-d*: inconstante; **~gang** *m* <*-(e)s*; *¨e*>, **~halle** *f* sala *f* dos passos perdidos, *bras* saguão *m*; *TEA* vestíbulo *m*; **ϩn** <*-le*> **1.** *v/i* <*sn*> pass(e)ar, andar, caminhar; **2.** *v/t* <*h*> transformar

'Wander|ameise ['vandər-] *f ZO* marabunta *f*, *bras* correição *f*; formiga *f* guerreira; **~arbeiter** *m* trabalhador *m* migratório; **~ausstellung** *f* exposição *f* ambulante; **~düne** *f* médão *m* movediço, duna *f* movediça; **~er** *m* caminheiro *m*, romeiro *m*, viandante *m*; excursionista *m*; **~falke** *m* <*-n*> falcão *m* peregrino; **~heuschrecke** *f ZO* gafanhoto *m* migratório; **~karte** *f* mapa *m* turístico; **~leben** *n* <*-*; *sem pl*> vida *f* nómada (*bras* nômade)

'wandern **1.** *v/i* <*-re*; *sn*> andar a pé, marchar; **2.** ϩ *n* pedestrianismo *m*, excursionismo *m*; (*Verschiebung*) deslocamento *m*

'Wander|niere *f* rim *m* flutuante; **~pokal** *m* <*-s*; *-e*> taça *f* ambulante; **~ratte** *f ZO* ratazana *f*; **~schaft** *f* peregrinação *f*; **~schuh** *m* <*-(e)s*; *-e*> sapato *m* de marcha; **~stab** *m* <*-(e)s*; *¨e*> bordão *m*, *bras* cajado *m*; **~trieb** *m* <*-(e)s*; *sem pl*> sangue *m* andarilho; nomadismo *m*; *ZO* instinto *m* migratório; **~ung** *f* viagem *f* (a pé); excursão *f* (a pé); *HIST* migração *f*; **~weg** *m* <*-(e)s*; *-e*> senda *f*, vereda *f*; **~zirkus** *m* <*-ses*; *-se*> circo *m* ambulante

'Wand|gemälde *n* pintura *f* mural (*od* parietal); **~haken** *m* escápula *f*;

~lampe *f*, **~leuchter** *m* aplique *m*, candelabro *m* de parede; **~lung** *f* mudança *f*, transformação *f*, metamorfose *f*; **♀lungsfähig** protéico, mutável; **~malerei** *f* pintura *f* mural (*od* a fresco), fresco *m*, *bras* afresco *m*; **~schirm** *m* <-(*e*)*s*; -*e*> biombo *m*; **~schrank** *m* <-(*e*)*s*; ¨*e*> armário *m* de parede; **~tafel** *f* <-; -*n*> quadro *m* preto (*bras* negro), pedra *f* lousa; **~teppich** *m* <-(*e*)*s*; -*e*> tapeçaria *f*; **~uhr** *f* relógio *m* de parede; **~zeitung** *f* jornal *m* de parede

'Wange ['vaŋə] *f* face *f*

'Wankel|mut ['vaŋkəl-] *m* <-(*e*)*s*; *sem pl*> irresolução *f*, inconstância *f*, veleidade *f*; **♀mütig** ['-myːtiç] inconstante, vacilante

'wanken ['vaŋkən] vacilar; claudicar; titubear; ***ins ♀ bringen*** fazer vacilar; MIL desmoralizar; ***ins ♀ kommen***, ***ins ♀ geraten*** começar a vacilar; *fig* perder o moral

wann [van] quando

'Wanne *f runde*: tina *f*, alguidar *m*, *bras* bacia *f*; (*Bade♀*) tina *f*, *bras* banheira *f*; **~nbad** *n* <-(*e*)*s*; ¨*er*> banho *m* de imersão, *bras* F banho *m* de banheira

Wanst [vanst] *m* <-*es*; ¨*e*> F pança *f*

Want [vant] *f* ovém *m*

'Wanze ['vantsə] *f* percevejo *m*; F *fig* aparelho *m* de escuta (escondido), *bras* microfone *m* oculto

'Wappen ['vapən] *n* brasão *m*, armas *f*/*pl*; **~kunde** *f* <*sem pl*> heráldica *f*; **~schild** *m* <-(*e*)*s*; -*e*> escudo *m*, brasão *m*

'wappnen ['vapnən] <-*e*-> armar (***mit*** de); ***sich ~ gegen*** armar-se contra

'Ware [vaːrə] *f* mercadoria *f*; **~*n*** *pl a* géneros (*ê) *m*/*pl*

'Waren|automat *m* <-*en*> distribuidor *m* automático; **~bestand** *m* <-(*e*)*s*; ¨*e*> existências *f*/*pl*, estoque *m*; **~börse** *f* bolsa *f* de mercadorias; **~einfuhr** *f* importação *f*; **~haus** *n* <-*es*; ¨*er*> armazém *m*; **~korb** *m* <-(*e*)*s*; ¨*e*> *Statistik*: cesta *f* da compra, *bras* cestão *m*; **~kunde** *f* <*sem pl*> merceologia *f*; **~lager** *n* depósito *m*; armazém *m*; **~probe** *f* amostra *f*; **~sendung** *f* remessa *f*; **~zeichen** *n* marca *f* de fábrica (*od* registada, *bras* registrada)

warm [varm] <¨*er*; ¨*st*> quente; ***~e Kleidung*** abafo *m*, abafamento *m*, *bras* agasalho *m*; *fig* caloroso; ***es ist ~*** está *od* faz calor; ***mir ist ~*** estou com calor, tenho calor; ***~ machen*** aquecer; ***~ werden*** aquecer; *fig j-d*: sentir-se à vontade; ***~ anziehen*** agasalhar; ***~ halten*** conservar quente; *fig* F ***sich*** (*dat*) ***j-n ~ halten*** conservar as simpatias de alg; ***sich ~ laufen*** aquecer(-se); **'~blütig** ['-blyːtiç] de sangue quente

'Wärme ['vɛrmə] *f* <*sem pl*> calor *m*; **♀beständig** resistente ao calor; **~dämmung** *f* isolamento *m* térmico; **~einheit** *f* unidade *f* térmica; caloria *f*; **~entwicklung** *f* geração *f* de calor *f*; **♀erzeugend** calorífico, calorígero, termogénico (*ê); **♀isolierend** calorífugo; **~kraftwerk** *n* <-(*e*)*s*; -*e*> EL central *f* térmica, central (*bras* usina) *f* termoelé(c)trica; **~lehre** *f* <*sem pl*> termologia *f*; FÍS termodinâmica *f*; **♀leitend** (**~leiter** *m*) condutor (*m*) do calor; **~messer** *m* termómetro (*ô) *m*; calorímetro *m*

'wärm|en aquecer; **♀epumpe** *f* TÉCN bomba *f* térmica; **♀eregler** ['-reːklər] *m* termostato *m*; **♀flasche** *f* botija *f*

'Warm|front *f* METEO frente *f* quente; **~luft** *f* <*sem pl*> ar *m* quente

Warm'wasser|bereiter *m* esquentador *m*, *bras* aquecedor *m*; **~heizung** *f* aquecimento *m* (*bras* calefação *f*) central (a água quente); **~speicher** *m* termoacumulador *m*; **~versorgung** *f* (instalação *f* *od* abastecimento *m* de) água quente *f*

'Warn|blinkanlage *f* AUTO sistema *m* de pisca-pisca de emergência; **~dreieck** *n* <-*s*; -*e*> AUTO triângulo *m* de sinalização

'warn|en ['varnən] advertir, prevenir, avisar; **♀signal** *n* <-*s*; -*e*> sinal *m* de aviso; CAM. DE F sinal *m* de passagem de nível; **♀streik** *m* <-*s*; -*s*> greve *f* de aviso, *bras* greve *f* preventiva; **♀ung** *f* advertência *f*, aviso *m*, prevenção *f*; MIL alarme *m*, rebate *m*

'Warschau ['varʃaʊ] *n* Varsóvia *f*

'Warte ['vartə] *f* atalaia *f*, vigia *f*, mirante *m*, observatório *m*; **~halle** *f* sala *f* de espera; **~liste** *f* lista *f* de

W

espera; **2n** <-*e*-> **1.** *v/i*: **⁓ *auf*** (*ac*) aguardar (*ac*), esperar (*ac od* por; ***bis*** *cj* que *subj*); ***auf sich ⁓ lassen*** fazer-se esperar, demorar(-se); **2.** *v/t* cuidar de

'Wärter ['vɛrtər] *m* guarda *m*, *MED* enfermeiro *m*

'Warteraum *m* <-(*e*)*s*; ¨*e*> sala *f* de espera

'Wärterin *f* guarda *f*

'Warte|saal *m* <-(*e*)*s*; -*säle*> → ***⁓zimmer***; **⁓schleife** *f AV* stand by *m*; *TEL* linha *f* de espera; **⁓zimmer** *n* sala *f* de espera; **⁓zeit** *f* tempo *m* de espera

'Wartung ['vartuŋ] *f* cuidados *m/pl*, tratamento *m*; *TÉCN* manutenção *f*; **⁓sdienst** *m* <-(*e*)*s*; -*e*> serviço *m* de manutenção; **2sfrei** *TÉCN* que não precisa de manutenção

wa'rum [va'rum] porque; ***⁓?*** porquê?

'Warze ['vartsə] *f* verruga *f*, *bras a* F berruga *f*; (*Brust2*) bico *m* do peito, mamilo *m*

was [vas]: ***⁓?*** o quê?; ***⁓ sagt man?*** que se diz?; ***⁓ kostet ...?*** quanto custa ...?; *relativ*: (o) que, o qual; F (*et*) alguma coisa; ***⁓ für*** (***ein***) ***...*** que ...; ***ach ⁓!*** qual (+ *subst*)!

'Wasch|anlage ['vaʃ-] *f AUTO* lavagem *f* automática; **2bar** lavável; **⁓bär** *m* <-*en*> coati-lavadeiro *m*; **⁓becken** *n* lavabo *m*, lavatório *m*; **⁓benzin** *n* <-*s*; -*e*> benzina *f* (para limpeza)

'Wäsche ['vɛʃə] *f* <*sem pl*> roupa *f* (branca); <*pl* –*n*> (*Waschung*) lavagem *f*; ***in die ⁓ geben*** dar para lavar; ***⁓ zum Wechseln*** muda *f* de roupa; **⁓bündel** *n* trouxa *f*

'waschecht lavável; *Farbe*: de cor fixa; *fig* autêntico, da gema

'Wäsche|geschäft *n* <-(*e*)*s*; -*e*> *für Unterwäsche*: camisaria *f*; *für Bett2 etc*: loja *f* de artigos de cama e mesa; **⁓klammer** *f* <-; -*n*> mola *f*, *bras* pregador *m* de roupa; **⁓korb** *m* <-(*e*)*s*; ¨*e*> cesto *m* de roupa, roupeiro *m*; **⁓leine** *f* corda *f* (para estender a roupa)

'waschen ['vaʃən] (***sich***) lavar(-se); *MED* abluir

Wäsche'rei [vɛʃə'raɪ] *f* lavandaria *f*, *bras* lavanderia *f*

'Wäsche|schleuder *f* <-; -*n*> centrifugadora *f* de roupa; **⁓schrank** *m* <-(*e*)*s*; ¨*e*> (armário-)roupeiro *m*; **⁓trockner** *m Maschine*: máquina *f* de secar roupa; *Ständer*: estendal (*bras* estendedor) *m* de roupa

'Wasch|frau *f* lava(n)deira *f*; **⁓haus** *n* <-*es*; ¨*er*>, **⁓küche** *f* lavadouro *m*, *bras* lavanderia *f*; **⁓lappen** *m* pano *m* de lavar, *bras* esfregão *m* de banho; *fig* poltrão *m*, F maricas *m*; **⁓maschine** *f* máquina *f* de lavar roupa; **⁓mittel**, **⁓pulver** *n* detergente *m* para lavar roupa; **⁓raum** *m* <-(*e*)*s*; ¨*e*> lavatório(s *pl*) *m*, lavabo(s *pl*) *m*; **⁓salon** *m* <-*s*; -*s*> lavandaria *f* self-service; **⁓schüssel** *f* <-; -*n*> lavatório *m*, bacia *f*; **⁓straße** *f AUTO* lavagem *f* automática de carros; **⁓ung** *f* lavação *f*, *a MED* lavagem *f*, *a REL* ablução *f*; **⁓zettel** *m* rol *m* (da roupa); *fig* cinta *f*; **⁓zeug** *n* <-*s*; *sem pl*> utensílios *m/pl* de toilette (*bras* toalete)

'Wasser ['vasər] *n* água (***auf dem*** na) *f*; ***stilles ⁓*** *fig* mosquinha *f* morta; ***sich über ⁓ halten*** (manter-se a) flutuar; *fig* aguentar-se; ***unter ⁓ setzen*** inundar; ***unter ⁓ stehen*** estar inundado; ***zu ⁓ und zu Lande*** por mar e terra; ***⁓ lassen*** urinar; ***ins ⁓ fallen*** *fig* ir por água abaixo; ***mit allen ⁓n gewaschen sein*** *fig* ser um finório (*od* espertalhão); ***j-m nicht das ⁓ reichen können*** *fig* não chegar aos calcanhares de alg; ***das ⁓ läuft j-m bei et im Munde zusammen*** a/c faz crescer a água na boca de alg; ***⁓ abstoßend*** hidrófobo, hidrófugo; **⁓abfluss** *m* <-*es*; ¨*e*> desaguamento *m*, desaguadouro *m*, *bras* ralo *m*; **⁓arm** *m* <-(*e*)*s*; -*e*> braço *m*; **2arm** <-(*e*)*r*; ¨*st*> árido; ***⁓ sein*** *a* ter falta de água (*bras* d'água); **⁓bad** *n* banho-maria *m*; **⁓ball**(**spiel** *n*) *m* water-polo *m*, polo *m* aquático; **⁓becken** *n* bacia *f*, tanque *m*; **⁓behälter** *m* depósito *m* de água; **⁓bett** *n* <-(*e*)*s*; -*en*> cama *f* de água; **⁓blase** *f* bolha *f*; **⁓bombe** *f* bomba *f* de profundidade

'Wässerchen ['vɛsərçən]: ***er sieht aus, als ob er kein ⁓ trüben könnte*** parece que não faz mal a uma mosca

'Wasser|dampf *m* <-(*e*)*s*; ¨*e*> vapor *m*; **2dicht** impermeável; **⁓fall** *m*

W

<-(*e*)*s*; ¨*e*> cascata *f*, catarata *f*, queda *f* de água, *bras a* cachoeira *f*; **~farbe** *f* aguarela *f*, *bras* aquarela *f*; **~fläche** *f* toalha-de-água *f*; **~flasche** *f* garrafa *f* de água; **~flugzeug** *n* <-(*e*)*s*; -*e*> hidr(o)avião *m*; **ᒿgekühlt** ['-gəky:lt] arrefecido por água; hidroarrefecido; **~glas** *n* <-*es*; ¨*er*> copo *m* para água; *QUÍM* silicato *m* de potassa; **~graben** *m* <-*s*; ¨> rego *m*, fosso *m*; **~hahn** *m* <-(*e*)*s*; ¨*e*> torneira *f*; **ᒿhaltig** ['-haltıç] aquífero; **~heilkunde** *f* <*sem pl*> hidroterapia *f*; **~hose** *f* tromba *f* (de água), *bras* tromba-d'água *f*

'wässerig ['vɛsərıç] cheio de água (*bras* d'água), aguado, aquoso; *a fig* insípido; *(j-m)* ***den Mund ~ machen*** fazer crescer a (*bras* dar) água na boca (a alg)

'Wasser|jungfer *f* <-; -*n*> *ZO* libelinha *f*; **~kanister** *m* lata *f* (*od* bidão *m*, *bras* galão *m*) de água; **~kessel** *m* chaleira *f*; *TÉCN* caldeira *f*; **~kopf** *m* <-(*e*)*s*; ¨*e*> hidrocéfalo *m*; **~kraft** *f* <*sem pl*> força *f* hidráulica; **~kraftwerk** *n* <-(*e*)*s*; -*e*> central *f* hidr(o)elé(c)trica; **~krug** *m* <-(*e*)*s*; ¨*e*> bilha *f*, cântaro *m*, *bras* moringa *f*; **~kühlung** *f* refrigeração *f* por água, hidroarrefecimento *m*; **~kur** *f* tratamento *m* hidroterápico; **~lache** ['-la:xə] *f* poça *f* de água; **~landung** *f* amaragem *f*, *bras* amerrissagem *f*; **~lauf** *m* <-(*e*)*s*; ¨*e*> corrente *f* de água; **~leitung** *f* canalização *f*; *HIST* aqueduto *m*; **~linie** *f* linha *f* de flutução; **ᒿlöslich** hidrossolúvel; **~mangel** *m* <-*s*; *sem pl*> falta *f* de água (*bras* d'água), seca *f*; **~mann** *m* <-(*e*)*s*; ¨*er*> *ASTR* Aquário *m*; (*Nix*) espírito *m* das águas; **~melone** *f* melancia *f*; **~mühle** *f* azenha *f*, *bras* moinho *m* d'água; **ᒿn** *v/i* <-*re*> amarar

'wässern ['vɛsərn] <-*re*> (*gießen*) regar; (*einweichen*) pôr de molho; (*verdünnen*) aguar; *FOT* lavar

'Wasser|pfeife *f* narguilé *m*; **~pflanze** *f* planta *f* aquática; **~rad** *n* <-(*e*)*s*; ¨*er*> roda *f* hidráulica; *AGR* nora *f*; **~ratte** *f* ratazana *f* de água; *fig NAV* lobo *m* do mar; *Sport*: nadador *m* entusiástico; entusiasta *m* dos desportos náuticos (*bras* esportes aquáticos); **~recht** *n* <-(*e*)*s*; *sem pl*> domínio *m* (*od* direito de tomada) de águas; **ᒿreich** abundante em água; *Fluss*: caudaloso; **~rohr** *n* <-(*e*)*s*; -*e*> cano *m* de água; **~rose** *f* nenúfar *m*; **~schaden** *m* <-*s*; ¨> estrago (*od* prejuízo) *m* causado pela água; *ECON* avaria *f*

'Wasser|scheide *f* linha *f* divisória das águas, *bras* divisor *m* de águas; **ᒿscheu** hidrófobo; ***~ sein*** *a* ter horror à água; **~schi** *m* <-*s*; -*er*> → ***~ski***; **~schlange** *f* serpente *f* aquática; **~schlauch** *m* mangueira *f*; **~ski** *m* <-*s*; -*er*> esqui *m* aquático (*od* náutico); **~speicher** *m* reservatório *m* de água; **~spiegel** *m* espelho *m* da água, nível *m* da água; **~spiele** *n/pl* jogos *m/pl* aquáticos; **~sport** *m* <-(*e*)*s*; *sem pl*> desporto (*bras* esporte) *m* aquático; **~spülung** *f* autoclismo *m*, *bras* descarga *f*; **~stand** *m* <-(*e*)*s*; ¨*e*> nível *m*, altura *f* da água; **~standsanzeiger** *m* nível *m*, indicador *m* da altura de água; **~stelle** *f* aguada *f*; **~stoff(bombe** *f*) *m* <-(*e*)*s*; *sem pl*> (bomba *f* de) hidrogénio (*ê) *m*; **~stoffsuperoxyd** *n* <-(*e*)*s*; *sem pl*> água *f* oxigenada; **~strahl** *m* <-(*e*)*s*; -*en*> ja(c)to *m* de água, jorro *m*; **~straße** *f* via *f* fluvial; **~sucht** *f* <*sem pl*> hidropisia *f*; **~suppe** *f* sopa *f* de jejum; **~turbine** *f* turbina *f* hidráulica; **~turm** *m* depósito *m* de água, castelo *m* de água; **~verdrängung** *f* deslocação *f* de água; **~verschmutzung** *f* poluição *f* aquática; **~versorgung** *f* <*sem pl*> abastecimento *m* de água; serviço *m* das águas; **~vogel** *m* <-*s*; ¨> ave *f* aquática; **~waage** *f* nível *m* de bolha (de ar); **~weg** *m* <-(*e*)*s*; -*e*>: ***auf dem ~*** por via *f* fluvial; *zur See*: por via *f* marítima; **~wellen** *f/pl fig* mise(-en-plis) *f*; **~werfer** *m* canhão *m* de água; **~werk** *n* <-(*e*)*s*; -*e*> mãe-de-água *f*, central *f* hidráulica; ***~ mit Filteranlage*** instalação *f* de tratamento de água; ***~e*** *pl* serviços *m/pl* hidráulicos; **~zähler** *m* contador (*bras* relógio) *m* de água; **~zeichen** *n* filigrana *f*

'wässrig ['vɛsrıç] → ***wässerig***

'waten ['va:tən] <-*e*-; *h u sn*> passar a vau; ***durch*** *Schmutz etc*: caminhar por

'watschel|ig ['va:tʃəliç] bamboleante; **~n** <-le; h u sn> gingar, ter andar de pato
Watt [vat] *n* **a)** <-(e)s; -en> *GEOGR* baixio *m*, *bras* baixada *f*; **b)** *EL* watt *m*
'Watt|e ['vatə] *f* algodão *m* (em rama); **~ebausch** *m* <-(e)s; ⸚e> tampão (*bras* chumaço) *m* de algodão; **~enmeer** *n* <-(e)s; -e> estuário *m*; **2'ieren** <-> enchumaçar, acolchoar
WC ['ve:tse:] *n* <-s; -s> retrete *m*; *bras* banheiro *m*, toalete *f*
'web|en ['ve:bən] tecer; **2er** ['ve:bər] *m* tecelão *m*, tecedor *m*; **2er'ei** [-'raɪ] *f* tecelagem *f*; **2erin** *f* tecedeira *f*; **2stuhl** ['ve:p-] *m* <-(e)s; ⸚e> tear *m*
'Wechsel ['vɛksəl] *m* mudança *f*; (*Änderung*) *a* modificação *f*; (*Umschwung*) reviravolta *f*; *a ASTR* revolução *f*; *regelmäßiger*: alternação *f*; *ECON* letra *f* de câmbio (***ziehen auf*** sacar sobre, ***gezogen*** *a* girada); (*Monats2*) mensalidade *f*; (*Tausch*) troca *f*; *Devisen*: câmbio *m*; **~aussteller** *m* sacador *m*; **~bank** *f* casa *f* de câmbio; banco *m* de desconto; **~beziehung** *f* correlação *f*; **~bürge** *m* <-n> *ECON* avalista *m*; **~bürgschaft** *f ECON* aval *m*; **~fälle** ['-fɛlə] *m/pl* vicissitudes *f/pl*, peripécias *f/pl*; **~fieber** *n* febre *f* intermitente; sezão *f*; **~geld** *n* <-(e)s; -er> troco *m*; **~gesang** *m* <-(e)s; ⸚e> canto *m* alternado, desafio *m*; **~getriebe** *n* caixa *f* de velocidades; **2haft** instável (*a Wetter*); **~jahre** *n/pl* climatério *m/sg*, menopausa *f/sg*; **~kurs** *m* <-es; -e> câmbio *m*, cotação *f*
'wechseln <-le> **1.** *v/t* (*aus~*) *u ECON*, *Worte*: trocar; *Platz*, *Stellung*, *Kleidung*, *Stimme*, *Wohnung* mudar de; *Geld*: cambiar; ***können Sie ~?*** tem troco?; **2.** *v/i* (*ab~*) alternar; **~d** *adj* alternante; diverso
'Wechsel|nehmer ['-ne:mər] *m* cobrador *m*, portador *m* (endossado); **~plattenspeicher** *m INFORM* memória *f* de intermutável; **~protest** *m* <-(e)s; -e> protesto *m* de letra; **~schalter** *EL m* sele(c)tor *m*; interruptor *m* de três vias; **2seitig** ['-zaɪtiç] mútuo, recíproco; ***~e Durchdringung*** interpenetração *f*; **~seitigkeit** *f* <sem pl> reciprocidade *f*; **~sprechanlage** *f* interfone *m*; **~strom** *m* <-(e)s; ⸚e> corrente *f* alternada; **~stube** *f* casa *f* de câmbio; agência *f* de câmbio; **2voll** cheio de vicissitudes; vari(eg)ado; **2weise** reciprocamente, alternativamente; **~wirkung** *f* a(c)ção *f* recíproca; **~wirtschaft** *f* <sem pl> *AGR* cultura *f* alterna(da)
'Wechsler ['vɛkslər] *m* cambista *m*
'Weck|auftrag *m* <-(e)s; ⸚e> pedido *m* de despertar; **~dienst** *m* <-(e)s; -e> *TEL* serviço *m* de despertar; **2en** acordar, despertar; *a fig* chamar; **~er** *m* (relógio *m*) despertador *m*; ***j-m auf den ~ fallen*** *fig* F enervar alg, *bras* amolar alg
'Wedel ['ve:dəl] *m* abanador *m*, abano *m*; (*Fliegen2*) enxota-moscas *m* (*Staub2*) espanador *m*; (*Weih2*) hissope *m*; **2n** <-le> abanar; ***mit dem Schwanz ~*** dar ao rabo, *bras* balançar o rabo
'weder ['ve:dər]: ***~ ... noch*** nem ... nem
Weg [ve:k] *m* <-(e)s; -e> caminho *m* (*a fig*, ***auf dem*** em, ***auf halbem*** a meio); (*Durchgang*) travessa *f*; (*Straße*) estrada *f*, rua *f*, via *f*; (*Strecke*) traje(c)to *m*; *TÉCN u NAV a* carreira *f*; *fig* (*Aus2*) remédio *m*; (*Mittel2*) meio *m*; ***auf dem richtigen*** (***falschen***) ***~ sein*** estar no caminho certo (errado) (*a fig*); ***auf mechanischem ~e*** por via mecânica; ***auf dem ~e*** (*gen*) ***sein*** *fig* estar em vias *f/pl* de; ***sich auf den ~ machen*** pôr-se a caminho; (*dat*) ***aus dem ~(e) gehen*** afastar-se (de); *fig* evitar (*ac*); ***aus dem ~(e) räumen*** tirar; *a fig* afastar; ***im ~(e) sein*** (*od* ***stehen***) estorvar (*ac*); (*dat*) ***in den ~ treten*** impedir o caminho a; *a fig* fazer frente a; etwas ***in die ~e leiten*** encaminhar a/c; ***zu ~e*** → ***zuwege***
weg [vɛk]: F ***~ sein*** não estar; *j-d*: *a* estar fora, estar ausente, ter-se ido; *fig* F estar fora de si, estar pasmado (***vor*** *dat* de); ***~!*** vamos!; ***~*** (***damit***)***!*** fora!, embora!; ***~ mit*** *j-m*! *a stärker*: morra!; ***ganz ~ sein*** F *fig* não caber em si (***vor*** de)
'Weg|bereiter ['ve:k-] *m fig* precursor *m*, pioneiro *m*; **2bleiben** ['vɛk-]

<*sn*> não vir; ***nicht lange ~*** não se demorar; **≈blicken** desviar o olhar; **≈bringen** levar; **≈denken** *v/t* prescindir de, abstrair de; **≈drängen** repelir, afastar

'Wegebau *m* <-(*e*)*s*; *sem pl*> construção *f* das estradas, *bras* abertura *f* de ruas

'wegeilen ['vɛk-] <*sn*> partir depressa

'Wege|karte ['veːgə-] *f* itinerário *m*; **~lagerer** ['-laːgərər] *m* salteador *m*

'wegen ['veːgən] (*gen*, *dat*) por (causa de); ***von Amts ~*** de ofício; ***von Rechts ~*** de direito, F (*eigentlich*) a bem dizer

'Wege|netz *n* <-*es*; -*e*> rede de estradas, *bras* rede *f* de vias públicas; **~rich** ['-riç] *BOT m* <-*s*; -*e*> tanchagem *f*

'weg|essen ['vɛk-]: ***j-m et ~*** comer a/c a alg, comer o que era de outro; **~fahren** <*sn*> sair, partir; **≈fall** *m* <-(*e*)*s*; *sem pl*> supressão *f*; ausência *f*; **~fallen** <*sn*> cair; ficar suprimido; (*ausfallen*) não se realizar; **~fegen** varrer; **~fliegen** <*sn*> levantar voo (*ô), *Vogel*: *a* fugir, *j-d*: *a* partir por avião; *et*: ser levado pelo vento; **~fließen** <*sn*> ser levado pela corrente; **~führen** levar (consigo); **≈gang** *m* <-(*e*)*s*; *sem pl*> saída *f*; **~geben** *v/t* dar; desfazer-se de; **~gehen** <*sn*> ir-se embora, sair; ***beim ≈*** ao partir; **~gießen** despejar; **~haben** ter (recebido); F *etwas* *~* ser inteligente; **~hängen** pendurar no guarda-fato (*bras* guarda-roupa); (*umhängen*) *Bild*: mudar; **~holen** (vir) levar; **~jagen** despedir; afugentar; **~kommen** <*sn*> (conseguir) sair (*fig* ***bei*** de); (*abhanden kommen*) perder-se; ***machen Sie, dass Sie ~!*** vá-se embora!, saia daí!; ***gut*** (***schlecht***) ***bei et ~*** sair bem servido de a/c; **~können** poder sair

'Wegkreuzung ['veːk-] *f* cruzamento *m*

'weg|lassen ['vɛk-] *et*: suprimir; *j-n*: deixar (sa)ir; **~laufen** <*sn*> fugir, sair a correr; **~legen** pôr de parte, guardar; **~machen** F tirar; **~müssen** ter que ir-se embora *od* (*ausgehen*) sair; **≈nahme** ['-naːmə] *f* <*sem pl*> tomada *f* (*a MIL*); roubo *m*; *JUR* confiscação *f*; **~nehmen** tirar; levar; roubar; **~packen** pôr no seu lugar, arrumar, guardar; **~radieren** <-> apagar

'Wegrand ['veːk-]: ***am ~*** à beira do caminho

'weg|räumen ['vɛkrɔymən] arrumar; remover; **~reißen** arrancar; **~rennen** <*sn*> fugir; sair a correr; **~rücken** tirar, afastar; **~rufen** chamar; **~schaffen** levar (para fora), *MAT* eliminar; **~schenken** dar; **~scheren**: ***sich ~*** F ir à fava; **~scheuchen** afugentar; **~schicken** mandar; *j-n*: mandar embora; **~schieben** tirar, afastar; empurrar; **~schleichen** <*sn*>: (***sich***) ***~*** escapulir(-se); **~schleppen** arrastar (consigo); **~schließen** fechar; **~schmeißen** deitar fora; **~schnappen** apanhar; **~schneiden** cortar; *MED* extirpar; **~schütten** <-*e*-> despejar; **~schwemmen** → ***~spülen***; **~schwimmen** <*sn*> *et*: ser arrastado pela corrente; *j-d*: partir a nadar; **~sehen** desviar o olhar; *fig* ***über et ~*** não fazer caso de a/c; **~setzen** <-*t*> **1.** *v/t* pôr de lado; **2.** *v/i*: ***~ über*** (*ac*) saltar por cima de; *fig* ***sich über*** (*ac*) ***~*** não se importar com; **~spülen** lavar; *Wellen*: arrastar; **~stecken** esconder; **~stellen** pôr de lado, guardar; **~sterben** <*sn*> morrer (***über*** *dat* antes de acabar *ac*); **~stoßen** repelir, empurrar

'Wegstrecke ['veːk-] *f* traje(c)to *m*

'weg|streichen ['vɛk-] riscar; **~tragen** levar (embora); **~treten** *MIL* <*sn*> retirar; ***~getreten!*** retirar!; **~tun** → ***~legen***, ***~stecken***, ***~werfen***; **~wehen** levar; *v/i* <*sn*> ser levado pelo vento

'Wegweiser ['veːk-] *m* sinal *m* itinerário; *fig* guia *m*

'Wegwerf... ['vɛkwɛrf-] *in Zssg*(*n*) de desperdício, descartável; **≈en** deitar (*bras* jogar) fora; ***sich ~*** rebaixar-se, aviltar-se, prostituir-se; **~d** *adj* desdenhoso; *adv*: *a* com desdém; **~gesellschaft** *f* <*sem pl*> sociedade *f* de desperdício

'weg|wischen limpar; **~wollen** querer ir-se embora

'Wegzehrung ['veːk-] farnel *m*

'weg|ziehen ['vɛk-] **1.** *v/t* retirar;

Vorhang: correr; **2.** *v/i* <*sn*> ir-se (embora); (*ausziehen*) mudar (de casa); *Vögel*: ir de passagem; **ᘔzug** *m* <-(*e*)*s*; ¨*e*> partida *f*; (*Umzug*) mudança *f* (***nach*** para)

weh [veː] **1.** *adj* F magoado, doente; *adv*: ***~tun*** doer; ***j-m ~tun*** magoar alg; ***sich*** (*dat*) ***~tun*** magoar-se; ***o ~!, au ~!*** minha Nossa Senhora!, ai!; **2.** ᘔ *n* dor *f*

'Wehe *f* **a)** (*Schneeᘔ, Sandᘔ*) acumulação *f* de neve ou areia trazida pelo vento; **b)** *MED* ***~n*** *pl* contra(c)ções *f/pl od* dores *f/pl* de parto

'weh|en ['veːən] soprar; *Fahne*: flutuar; ***~ lassen*** desfraldar; **ᘔgeschrei** *n* <-(*e*)*s*; *sem pl*> lamúrias *f/pl*; queixumes *m/pl*; **ᘔklage** *f* lamento *m*, pranto *m*; **~klagen**: ***~ über*** (*ac*) lamentar(-se de); **~leidig** dolorido, plangente; **ᘔmut** *f* <*sem pl*> melancolia *f*; saudade *f*; **~mütig** ['-myːtiç] melancólico, triste; ***~e Erinnerung*** saudade *f*

Wehr [veːr] **a)** *f*: ***sich zur ~ setzen*** defender-se; **b)** *n* <-(*e*)*s*; -*e*> açude *m*; barragem *f*; **'~bezirk** *m* <-(*e*)*s*; -*e*> distrito *m* militar; **'~dienst** *m* <-(*e*)*s*; *sem pl*> serviço *m* militar; **'~dienstverweigerer** *m* obje(c)tor *m* de consciência; **'~dienstverweigerung** *f* obje(c)ção *f* de consciência; **'ᘔen** (*dat*) vedar; ***sich*** (***seiner Haut***) ***~*** defender-se (***gegen*** de, contra); **'ᘔfähig** apto para o serviço militar; **'~kraft** *f* <*sem pl*> força *f* defensiva; **'ᘔlos** indefeso; ***~ machen*** desarmar; **~pass** *m* <-*es*; ¨*e*> *MIL* caderneta *f* militar; **'~pficht** *f* <*sem pl*> (**'ᘔpflichtig** sujeito ao) serviço *m* militar obrigatório

Weib [vaɪp] *n* <-(*e*)*s*; -*er*> mulher *f*; *poét* (*Ehefrau*) esposa *f*; F *depr* gaja *f*; **'~chen** ['-çən] *n* *ZO* fêmea *f*; **'~erfeind** *m* <-(*e*)*s*; -*e*> misógino *m*; **'~erheld** *m* <-*en*; -*en*> Don Juan *m*

'weib|isch ['vaɪbiʃ] efeminado, mulherengo; **~lich** feminino; *BOT u ZO* fêmea; **ᘔlichkeit** *f* <*sem pl*> feminilidade *f*; F belo sexo *m*

'Weibsbild *n* <-(*e*)*s*; -*er*> mulher *f*, criatura *f*; *derbe*(*s*): mulherão *m*

weich [vaɪç] mole, brando; *j-d*: *a* meigo, sensível; *Ei*: quente; *Haut*, *Stoff*: macio; *Metall*: meleável; *fig* doce, suave; ***~ machen*** abrandar, amolecer; *fig* suavizar; ***~ werden*** abrandar, amolecer-se; *fig* suavizar, *j-d*: enternecer-se; ***~ gekocht*** *Ei*: cozido durante três minutos; **'ᘔbild** *n* <-(*e*)*s*; -*er*> arredores *m/pl*; **'ᘔe** *f* *ANAT* flanco *m*, ilharga *f*; *CAM. DE F* agulha *f* (***stellen*** manejar); **'~en** <*sn*> ceder, retirar(-se), retroceder; *Preise*: descer; ***nicht von der Stelle*** não se mexer; **ᘔensteller** ['-ʃtɛlər] *m* agulheiro *m*; **'ᘔenstellung** *f* mudança *f* de via; **'ᘔheit** *f* <*sem pl*> moleza *f*, brandura *f*, *Haut*: maciez *f*; **'~herzig** meigo; **'~lich** mole; *j-d*: *a* molenga; **'ᘔling** *m* <-*s*; -*e*> maricas *m*, molengão *m*

'Weichsel|(kirsche) ['vaɪksəl-] *f* ginja *f*; **~baum** *m* <-(*e*)*s*; ¨*e*> ginjeira *f*

'Weich|spüler *m* amaciador *m*; **~teile** *pl* entranhas *f/pl*; **~tier** *n* <-(*e*)*s*; -*e*> molusco *m*

'Weide ['vaɪdə] *f* **1.** *BOT* salgueiro *m*; (*Korbᘔ*) vime(iro) *m*; **2.** *AGR* = **~land** *n* <-(*e*)*s*; ¨*er*> pastagem *f*, pasto *m*, ervaçal *m*; **ᘔn 1.** *v/t u v/i* <-*e*-> pastar, pascer; *a fig* apascentar; ***sich ~*** deleitar-se, regalar-se (***an*** *dat* com): **2.** *adj* vimoso, vimíneo; **~nkätzchen** *n* amentilho *m* (*bras* espiga *f*) do salgueiro; **~nkorb** *m* <-(*e*)*s*; ¨*e*> cesto *m* de vime, cabaz *m*; **~nrute** *f* vime *m*; **~platz** *m* <-*es*; ¨*e*> pasto *m*; **~recht** *n* <-(*e*)*s*; -*e*> direito *m* de pastagem

'weid|gerecht ['vaɪt-] de (*adv* como) caçador consumado; **~lich** a valer; **~männisch** ['-mɛniʃ] → ***~gerecht***

'weiger|n ['vaɪgərn] <-*re*>: ***sich ~ zu*** recusar-se a, negar-se a; **ᘔung** *f* recusa *f*

'Weih|bischof *m* <-*s*; ¨*e*> bispo *m* sufragâneo; bispo *m* coadjutor; **~e** *f* **a)** *REL* consagração *f*; ***~n*** *pl* ordenação *f/sg*; (*Segen*) bênção *f*; *fig* solenidade *f*; **b)** *ZO a m* milhafre *m*; **ᘔen**: (***sich***) ***~*** consagrar(-se), (*widmen*) *a* dedicar(-se); *Priester*: ordenar; *Wasser*: benzer; ***geweiht*** *Ort*: sagrado *m*; **~nacht(en** *pl*) *f* Natal *m/sg*; ***frohe ~!*** feliz Natal!; **ᘔnachtlich** natalício

'Weihnachts|abend *m* <-*s*; -*e*> véspera *f* de Natal, consoada *f*; **~baum** *m* <-(*e*)*s*; ¨*e*> árvore *f* de Natal;

W

~feier *f* <-; *-n*>, **~fest** *n* <-(*e*)*s*; *-e*> festa *f* de Natal; **~ferien** *pl* férias *f*/*pl* de Natal; **~geld** *n* <-(*e*)*s*; *¨er*> subsídio *m* de Natal; **~lied** *n* <-(*e*)*s*; *-er*> canção *f* de Natal; **~mann** *m* <-(*e*)*s*; *¨er*> Pai *m* Natal, *bras* Papai *m* Noel; **~stern** *m* <-(*e*)*s*; *-e*> BOT eufórbio *m* escarlate; **~zeit** *f* <*sem pl*> época *f* de Natal

'**Weih|rauch** *m* <*-s*; *sem pl*> incenso *m*; **~rauchfass** *n* <*-es*; *¨er*> incensário *m*, turíbulo *m*; **~wasser(becken** *n*) *n* <*-s*; *sem pl*> (pia *f* de) água *f* benta; **~wedel** *m* hissope *m*, aspersório *m*

weil [vaɪl] porque; como; visto que; '**2chen** ['-çən] *n* bocado *m*; '**2e** *f* (algum) tempo *m*, momento *m*; ***e-e ganze ~*** um bom bocado; ***vor e-r ~*** há pouco (tempo); ***Eile mit ~*** devagar se vai ao longe; '**~en** encontrar-se, demorar-se; '**2er** *m* aldeola *f*, povoado *m*

Wein [vaɪn] *m* <-(*e*)*s*; *-e*> vinho *m* (***roter*** tinto; ***edler*** generoso; ***süßer*** abafado); *a* → ***~rebe***, ***~traube***; ***wilder ~*** vinha *f* virgem; ***j-m reinen ~ einschenken*** *fig* dizer a verdade a alg; '**~bau** *m* <-(*e*)*s*; *sem pl*> viticultura *f*; '**~bauer** *m* <*-n*> vinheiro *m*, viticultor *m*; '**~beere** *f* bago *m* de uva; '**~berg** *m* <-(*e*)*s*; *-e*> vinha *f*; '**~bergschnecke** *f* ZO caracol *m* de Borgonha; '**~blatt** *n* <-(*e*)*s*; *¨er*> folha *f* de parra (*bras* parreira); '**~brand** *m* <*-s*; *¨e*> conhaque *m*

'**wein|en** ['vaɪnən] chorar; **2en** *n* choro *m*; ***zum ~ bringen*** fazer chorar; **~erlich** choroso

'**Wein|ernte** *f* vindima *f*; **~essig** *m* <*-s*; *sem pl*> vinagre *m*; **~fass** *n* <*-es*; *¨er*> pipa *f*, barril *m*; *großes*: tonel *m*; (*Gär2*) dorna *f*; **~flasche** *f* garrafa *f* de vinho; **~garten** *m* <*-s*; *¨*> vinha *f*; **~gegend** *f* região *f* vinícola; **~geist** *m* <-(*e*)*s*; *sem pl*> espírito *m* de vinho; álcool *m* (do comércio); **~glas** *n* <*-es*; *¨er*> copo *m* de vinho; cálice *m*; **~händler** *m* negociante *m* de vinhos; **~handlung** *f* loja *f* de vinhos; casa *f* vinícola; **~jahr** *n* <-(*e*)*s*; *-e*> ano *m* vinícola; **~karte** *f* lista *f* dos vinhos; **~keller** *m* adega *f*; **~kelter** *f* lagar *m*; **~krampf** *m* <-(*e*)*s*; *¨e*> choro *m* convulsivo; **~kühler** *m* balde *m* de gelo para vinho; **~land** *n* <-(*e*)*s*; *¨er*> país *m* vinícola; **~laub** *n* <-(*e*)*s*; *sem pl*> parra *f*; **~laube** *f* parreira *f*, latada *f*; **~lese** *f* vindima *f*; **~lokal** *n* <*-s*; *-e*> taberna *f*; bar *m*, *bras* adega *f*; **~probe** *f* prova *f* de vinhos; **~ranke** *f* sarmento *m*, pâmpano *m*; **~rebe** *f* videira *f*, vide *f*, cepa *f*; **~schaumcreme** *f* <-; *-s*> *doce de ovos e vinho*, zabaione *m*; **~schlauch** *m* <-(*e*)*s*; *¨e*> odre *m*; **~stein** *m* <-(*e*)*s*; *sem pl*> tártaro *m*; **~stock** *m* <-(*e*)*s*; *¨e*> → ***~rebe***; **~stube** *f* bar *m*; **~traube** *f* (*Obst*) uva *f*; (*Traube*) cacho *m* de uvas

'**weise** ['vaɪzə] sábio

'**Weise** *f* maneira *f*, modo *m* (***auf*** *ac* de, nach a); MÚS melodia *f*; **2n** mostrar, indicar; ***j-n an*** (*ac*) ***~*** remeter alg para; ***j-m die Tür ~*** pôr alg na rua; ***von sich*** (*dat*) ***~***, ***von der Hand ~*** não querer saber de

'**Weise(r)** *m* sábio *m*; *pl* ***die ~n aus dem Morgenlande*** os Reis *m*/*pl* Magos; ***der Stein der ~n*** a pedra filosofal

'**Weis|heit** ['vaɪshaɪt] *f* sabedoria *f*; **~heitszahn** *m* <-(*e*)*s*; *¨e*> dente *m* do siso; **2machen** fazer crer

weiß [vaɪs] branco; ***~e Haare*** cãs *f*/*pl*; ***~ gekleidet*** vestido de branco; ***~ glühend*** candente, incandescente

'**weissag|en** <-> predizer, vaticinar, profetizar; **2ung** *f* profecia *f*, vaticínio *m*

'**Weiß|bier** *n* <-(*e*)*s*; *sem pl*> cerveja *f* branca; **~blech** *n* <-(*e*)*s*; *-e*> folha-de-flandres *f*, lata *f*; **~brot** *n* <-(*e*)*s*; *-e*> pão *m* alvo; pão *m* de trigo; **~buch** *n* <-(*e*)*s*; *¨er*> POL livro *m* branco; **~buche** *f* faia *f* branca; **~dorn** *m* <-(*e*)*s*; *sem pl*> espinheiro *m* alvar

'**Weiß|e** **1.** *f* brancura *f*; **2.** *n* branco *m*; *im Ei*: clara *f*; **2en** <*-t*> branquear; *Wand*: caiar; *Felle*: surrar; **~fisch** *m* <-(*e*)*s*; *-e*> mugem *f*, boga *f*; **~gerber** *m* surrador *m*, peliqueiro *m*; **~gerberei** *f* pelicaria *f*; **~glut** *f* <*sem pl*> incandescência *f*; ***j-n zur ~ bringen*** F *fig* fazer alg ir aos arames, *bras* fazer alg subir a serra; **~gold** *n* <-(*e*)*s*; *sem pl*> ouro *m* branco; **2haarig** de cabelos brancos, de cãs; **~kohl** *m* <-(*e*)*s*; *sem pl*> repolho *m*; **2lich** esbranquiçado;

W

~mehl *n* <-(*e*)*s*; *sem pl*> farinha-flor *f*; **~tanne** *f* abeto *m*; **~wein** *m* <-(*e*)*s*; -*e*> vinho *m* branco

'Weisung *f* ordem *f*; instrução *f*; dire(c)tiva *f*; **≈sberechtigt** que tem direito a dar ordens

weit [vaɪt] (*ausgedehnt*) extenso, vasto; (*geräumig*) espaçoso; *a fig* amplo; *Kleid*: largo; *Entfernung, Weg*: grande; ***~ entfernt*** distante, longe (***von*** de); *Reise*: longo; *Tür*: ***~ offen*** de par em par; *2 km* ***~ von*** a ... de; ***wie ~?*** até onde?; ***wie ~ ist es bis ...?*** que distância é até?; ***es ~ bringen***, ***~ kommen*** *fig* chegar longe; ***~ sein*** *fig a* estar adiantado; *~ + comp*, ***bei ~em*** *+ comp* muito; ***bei ~em*** (***nicht*** nem) de longe; ***nicht ~ her sein*** *fig* não ser grande coisa; ***so ~*** *fig* até este ponto; *fig* ***zu ~ gehen*** exagerar; *a* ***es zu ~ treiben*** abusar; ***~ und breit*** por toda a parte; ***von ~em*** de longe *a fig*; ***~ gereist*** muito viajado; ***~ reichend*** extenso; ***~ tragend*** de grande alcance; *fig* transcendente; ***~ verbreitet*** muito frequente, muito divulgado; popular; ***~ verzweigt*** de vasta ramificação

'weit|'ab (muito) longe, (muito) distante; **'~'aus** de longe; muito; **'≈blick** *m* <-(*e*)*s*; *sem pl*> vistas *f/pl* largas, perspicácia *f*, *bras* ampla visão *f*; **'~blickend** de vistas largas, de grande perspicácia *f*, *bras* de ampla visão

'Weite 1. *f* largura *f*, amplidão *f*; *a fig* amplitude *f*; *MIL* calibre *m*; (*Ausdehnung*) extensão *f*; (*Entfernung*) distância *f*; ***lichte ~*** *ARQUIT* vão *m*, *TÉCN* diâmetro *m* interior; **2.** *n*: ***das ~ suchen*** pôr-se ao largo, fugir; **≈n** <-*e*-> alargar

'weiter 1. *comp von* **weit**; **2.** *zeitl* ulterior; *a* (*mehr*) outro, *pl* ***~e*** *a* demais; *adv* de mais a mais; (*dann*) a seguir; depois; *~ vorn etc* mais para ...; ***~ nichts*** nada mais; ***ohne ~es*** sem mais nada; ***bis auf ~es*** por agora; *ECON* até nova ordem; ***und so ~*** etcétera, ***~!*** adiante!; ***~*** (*+ Verb*) continuar (a + *inf*); ***~ machen*** *Kleid*: alargar; ***das bringt mich nicht ~*** isso não me adianta nada; ***das ~e*** o resto *m*; **~befördern** <-*re*; -> reexpedir; **~bilden** <-*e*-> aperfeiçoar; ***sich ~*** estudar, aperfeiçoar os seus conhecimentos; **≈bildung** *f* <*sem pl*> formação *f* pós-profissional; reciclagem *f*; **~fahren** <*sn*> seguir, continuar; **~führen** continuar; **~geben** transmitir; **~gehen** <*sn*> passar, seguir; *a fig* continuar (o seu caminho); **~helfen** ajudar; **~hin** mais (para lá); **~kommen** <*sn*> avançar, progredir, fazer progressos; **~leiten** <-*e*-> transmitir, fazer seguir; **~machen** continuar; (pros)seguir; **≈reise** *f* continuação *f* da viagem; **~reisen** <-*t*> prosseguir, continuar a viagem; **~sagen** dizer a(os) outros, divulgar; **~vermieten** <-*e*-> sublocar

'weit|gehend extenso, amplo, considerável, vasto; **~'her** de (muito) longe; **~herzig** generoso; **~'hin** (muito) ao longe; **~läufig** vasto, (*adv* por) extenso; (*ausführlich*) pormenorizado; *Verwandter*: afastado; → ***~schweifig***; **~maschig** ['-maʃɪç] de grandes malhas; **~schweifig** ['-ʃvaɪfɪç] prolixo, verboso; **≈schweifigkeit** *f* prolixidade *f*, verbosidade *f*; **~sichtig** ['-zɪçtɪç] *MED* presbita; *fig* previdente; **≈sichtigkeit** *f* <*sem pl*> *MED* presbitia *f*; *fig* perspicácia *f*; **≈sprung** *m* <-(*e*)*s*; ≈*e*> salto *m* em comprimento; **≈winkelobjektiv** *n* <-*s*; -*e*> lente *f* (*bras* objetiva *f*) grande-angular

'Weizen ['vaɪtsən] *m* <-*s*; *sem pl*> trigo *m*; **~brot** *n* <-(*e*)*s*; -*e*> pão *m* de trigo; **~feld** *n* <-(*e*)*s*; -*er*> trigal *m*; **~keim** *m* <-(*e*)*s*; -*e*> gérmen *m* de trigo; **~mehl** *n* <-(*e*)*s*; *sem pl*> farinha *f* de trigo

welch [vɛlç] **a)** ***~*** (***ein*** *od* ***eine***) ***...!*** que ...!; **b)** **'~e(r)**, **'~es** *fragend*: que ...?; ***~ von ...?*** qual de ...?; *relativ*: que, o qual, a qual, os quais, as quais; ***ich habe ~e*** *pl* tenho alguns, tenho algumas; ***ich habe ~es*** tenho; **'~erlei** ['-ərlaɪ] de que espécie, de que género (*ê); ***in ~ Form es auch sei*** em qualquer forma

welk [vɛlk] murcho, fanado, *bras a* mirrado; (*faltig*) enrugado; ***~ werden*** = **'~en** <*sn*> murchar

'Wellblech ['vɛl-] *n* <-(*e*)*s*; *sem pl*> chapa *f* ondulada

W

'Welle ['vɛlə] *f* onda *f* (*a* FÍS); (*Kälte*≗) *u fig* vaga *f* (de); (*Erd*≗) elevação *f*; (*Haar*≗) ondulação *f*; **~n legen** ondular; TÉCN árvore *f*; eixo *m*, rolo *m*; EL onda *f*; *Turnen*: volta *f*, molinete *m*; **≗n** ondular; **(sich) ~** ondear(-se)

'Wellen|bereich *m* <-(*e*)*s*; -*e*> gama *f* de ondas; banda *f*; **~berg** *m* <-(*e*)*s*; -*e*> FÍS bojo *m*; **~bewegung** *f* ondulação *f*; **~brecher** ['-brɛçər] *m* quebra-mar *m*, paredão *m*; **≗förmig** ['-fœrmiç] ondulado; **~gang** *m* <-(*e*)*s*; *sem pl*> ondulação *f*; **~kamm** *m* <-(*e*)*s*; ¨-*e*> crista *f* (da vaga); **~lager** TÉCN *n* cossinete *m*, *bras* coiceira *f*; **~länge** *f* comprimento *m* de onda; **~linie** *f* ondulação *f*; **~reiten** *n* <-*s*; *sem pl*> surf *m*; **~schlag** *m* <-(*e*)*s*; ¨-*e*> ressaca *f*; golpe *m* de mar; **~sittich** *m* <-(*e*)*s*; -*e*> periquito *m*; **~tal** *n* <-(*e*)*s*; ¨-*er*> côncavo *m*, *bras* depressão *f*

'Well|fleisch *n* <-(*e*)*s*; *sem pl*> carne *f* de porco cozida; **≗ig** ondeado, ondulado; *Landschaft*: acidentado; **~pappe** *f* papelão *m* canelado

'Welpe ['vɛlpə] *m* <-*n*> cachorro *m*, *bras* filhote *m* de cachorro

Wels [vɛls] *m* <-*es*; -*e*> siluro *m*

Welt [vɛlt] *f* mundo *m*; universo *m*; ***Dritte ~*** terceiro mundo; ***auf der ~*** no mundo; ***nicht um alles in der ~*** nem por nada deste mundo; ***zur ~ bringen*** dar à luz; ***aus der ~ schaffen*** *fig* acabar com, resolver; **'~all** *n* <-*s*; *sem pl*> universo *m*; **'≗anschaulich** ideológico; **'~anschauung** *f* concepção *f* (*od* visão *f*) do mundo; mundividência *f*, *bras a* cosmovisão *f*; filosofia *f*; **'~ausstellung** *f* exposição *f* mundial; **'≗bekannt**, **'≗berühmt** de fama universal; notório; **'≗bewegend** → ***≗erschütternd***; **'~bild** *n* <-(*e*)*s*; -*er*> imagem *f* (*od* visão *f*) do mundo; **'~bürger** *m* cosmopolita *m*; **'~enbummler** *m* vagamundo *m*; **'≗erfahren** conhecedor do mundo; **'~ergewicht** *n* <-(*e*)*s*; -*e*> *Sport*: peso *m* welter; **'≗erschütternd** de repercussão universal, de transcendência universal; sensacional; **'~firma** *f* <-; -*firmen*> casa *f* de renome mundial; **'≗fremd** ingénuo (*ê); desconhecedor do mundo; **'~friede(n)** *m* paz *f* universal; **~geschichte** *f* <*sem pl*> história *f* universal; **~gesundheitsorganisation** → ***WHO***; **'≗gewandt**: ***~ sein*** ter mundo; **'~handel** *m* <-*s*; *sem pl*> comércio *m* internacional

'Welt|handelsorganisation → ***WTO***; **'~herrschaft** *f* <*sem pl*> domínio *m* do mundo, hegemonia *f* mundial; **'~karte** *f* mapa-mundi *m*; **'~kenntnis** *f* <*sem pl*> experiência *f* do mundo; **'~kirchenrat** *m* <-(*e*)*s*; *sem pl*> conselho *m* ecuménico (*ê) das Igrejas; **'~krieg** *m* <-(*e*)*s*; -*e*> Grande Guerra *f*, guerra *f* mundial; **'~kugel** *f* <-; -*n*> globo *m* (terrestre); **'~lage** *f* <*sem pl*> situação *f* internacional; **'≗lich** mundano; frívolo; REL profano; secular; temporal; leigo; **'~literatur** *f* <*sem pl*> literatura *f* universal; **'~macht** *f* Grande Potência *f*, potência *f* mundial; **'~mann** *m* <-(*e*)*s*; ¨-*er*> homem *m* do mundo; **'≗männisch** ['-mɛniʃ] distinto, elegante; **'~markt** *m* <-(*e*)*s*; ¨-*e*> mercado *m* mundial; **'~meer** *n* <-(*e*)*s*; -*e*> oceano *m*; **'~meister** *m* campeão *m* internacional (*od* do mundo); **'~meisterschaft** *f* campeonato *m* internacional (*od* do mundo); **'~raum** *m* <-(*e*)*s*; *sem pl*> universo *m*; **'~raumforschung** *f* investigação *f* espacial; **'~reich** *n* <-(*e*)*s*; -*e*> Império *m* (universal); Monarquia *f* universal; **'~reise** *f* volta *f* do (*od* ao) mundo; **'~rekord** *m* <-(*e*)*s*; -*e*> recorde *m* mundial; **'~ruf** *m* <-(*e*)*s*; *sem pl*>, **'~ruhm** *m* <-*es*; *sem pl*> fama *f* mundial; **'~schmerz** *m* <-*es*; *sem pl*> tédio *m* da vida; **'~sprache** *f* língua *f* universal; **'~stadt** *f* <-; ¨-*e*> metrópole *f*; **'~umseg(e)lung** *f* circu(m)navegação *f*, volta *f* ao mundo; **'~untergang** *m* <-(*e*)*s*; *sem pl*> fim *m* do mundo; **'~verbesserer** *m* reformador *m* do mundo; **'≗weit** universal; **'~wirtschaft** *f* <*sem pl*> economia *f* mundial; **'~wunder** *n* maravilha *f*, prodígio *m*

wem [veːm] (*dat von* ***wer***); ***~?*** a quem?; ***von ~?*** de quem?

wen [veːn] (*ac von* ***wer***); ***~?*** (a) quem? (*a* → ***an ~?***)

'Wende ['vɛndə] *f* volta *f*; viragem *f*; (*Übergang*) transição *f*; POL revira-

W

lho *m*; reviravolta *f*; (*Wechsel*) mudança *f*; → **~punkt**; **~boje** *f* baliza *f*; **~hals** *m* <-es; ¨e> *ZO* torcicolo *m*, papa-formigas *m*; **~kreis** *m* <-es; -e> *GEOGR* trópico *m*; *AUTO* raio *m* de viragem

'Wendeltreppe ['vɛndəl-] *f* escada *f* de caracol

'wenden ['vɛndən] virar; *Geld etc* **an** (*ac*) **~** gastar com; **sich ~ an** (*ac*) dirigir-se a, recorrer (par)a; ***bitte wenden!*** *Formular*: vire por favor

'Wend|epunkt *m* <-(e)s; -e> *fig* momento *m* crítico, momento *m* de transição; **Ձig** ['vɛndiç] ágil, hábil; *AUTO* maneável; **~igkeit** *f* <sem pl> jeito *m*, agilidade *f*; **~ung** *f* volta *f*; *Auto etc* viragem *f*; *Weg*: curva *f*; *a fig* rumo *m*; *sprachliche*: locução *f*; (*Wechsel*) mudança *f*

'wenig ['ve:niç] pouco; ***ein*** (***klein***) **~** ***...*** um bocad(inh)o de; ***eins zu ~*** um a menos; **~er** ['-igər] menos; ***in ~ als*** *zwei Tagen* em menos de ...; **~ *werden*** diminuir; **~st**: ***das ~e*** o menos, o mínimo; ***die ~en*** muito poucos; ***am ~en*** menos; **~stens** ['-stɛns] pelo menos, ao menos

wenn [vɛn] se; (*falls*) caso que; *zeitl* quando; **~ *es*** (*od* ***dem***) ***so ist*** assim sendo; ***als ~, wie ~*** (*subj*) como se (*subj*); ***selbst ~, ~ auch, ~schon*** → **~gleich**; ***~ er auch noch so ...*** por mais ... que (*subj*); **~ *nur*** contanto que (*subj*); **~'gleich** se bem que (*subj*), ainda que (*subj*), embora (*subj*)

wer [ve:r] **1.** *fragend*: quem?; ***~ da?*** *MIL* quem vive?; ***~ von ...?*** *a* qual de ...?; **2.** *relativ*: aquele que, quem; ***~ es auch sei*** quem quer que seja, seja quem for

'Werbe|abteilung ['vɛrbə-] *f* serviço *m od* se(c)ção *f* de publicidade; **~agentur** *f* agência *f* de publicidade; **~antwort** *f* *CORR* resposta *f* comercial; **~fachmann** *m* <-(e)s; ¨er, -leute> publicitário *m*; **~fernsehen** *n* <-s; sem pl> publicidade *f* televisiva (*od* na TV); **~film** *m* <-(e)s; -e> filme *m* publicitário; **~funk** *m* <-s; sem pl> propaganda *f* radiofónica (*ô); **~grafiker(in** *f*) *m* artista *su* publicitário; **~kampagne** *f* <-; -n> campanha *f* publicitária; **~leiter** *m* dire(c)tor *m* da publicidade; **~material** *n* <-s; sem pl> material *m* publicitário

'werbe|n ['vɛrbən] **1.** *v/t* angariar; (*an~*) engajar; *MIL a* alistar; **2.** *v/i* **~ *für*** fazer propaganda de; ***um j-s Gunst ~*** cortejar alg; **Ձspot** *m* <-s; -s> spot *m* publicitário; **Ձspruch** *m* <-(e)s; ¨e> slogan *m* publicitário; **Ձzeichner(in** *f*) *m* → **~grafiker(in)**

Werbung *f* (*An*Ձ) recrutamento *m*; *ECON* publicidade *f*, reclamo *m*, propaganda *f* (**für** de); **~skosten** *pl* *ECON* despesas *f/pl* publicitárias

'Werdegang ['ve:rdə-] *m* <-(e)s; ¨e> desenvolvimento *m*, evolução *f*, *j-s*: *a äußerer*: carreira *f*; *innerer*: formação *f*; génese (*ê) *f*; *TÉCN* processo *m*

'werden ['ve:rdən] <sn> *Hilfsverb* **a**) *fut*: ***sie ~ tun*** farão, vão fazer; hão-de fazer; passam a fazer; ***sie ~ es tun*** fazê-lo-ão, vão fazer isso (*bsd bras*); ***sie würden tun*** fariam; **b**) *passiv*: ser; ficar; *a übersetzt durch refl od Verb 3. Person pl*; **c**) *mit su od adj*: ficar, chegar a ser, resultar, sair, tornar-se, *bras a* virar; *oft übersetzt durch Verb auf* -ecer, *z. B.* ***groß ~*** engrandecer; **d**) **~ *aus*** *oft* resultar de; **e**) (***zum***) *su* **~** chegar a; **f**) **~ *wollen*** querer ser; ***was ist aus ... geworden?*** que é feito de ...?; ***was soll daraus ~?*** onde vai isto parar?; ***es wird nichts aus*** (*dat*) *et*: a/c fracassa, a/c não se realiza, *bras* não vai dar certo; ***aus j-m wird nichts*** alg nunca será alguém; ***nun, wird's bald?*** F então, nunca mais?, *bras* então, como é?; ***es wird schon ~*** F há-de arranjar-se

'Werden *n* desenvolvimento *m* (***im*** em); evolução *f*; génese (*ê) *f*; processo *m* evolutivo; gestação *f*; *FIL* devir *m*

'werdend: ***~e Mutter*** futura mamã (*od* mãe), gestante *f*

'werfen ['vɛrfən] atirar, lançar (*a ECON*); (*gebären*) parir; *optisch*: proje(c)tar; ***sich ~*** *Holz*: empenar; ***sich auf*** (*ac*) **~** *fig* dedicar-se a

Werft [vɛrft] *f* estaleiro *m*

Werg [vɛrk] *n* <-(e)s; sem pl> estopa *f*

Werk [vɛrk] *n* <-(e)s; -e> obra *f*; ***ans ~ gehen*** pôr mãos à obra; ***ins ~ setzen*** realizar; (*Arbeit*) *a* labor *m*, trabalho *m*; (*Aufgabe*) tarefa *f*; *TÉCN* mecanismo *m*; (*Fabrik*) fábrica *f*; *EL* central *f*; estação *f* (elé[c]trica); *MIL* fortificação *f*; *adv* ***am ~e sein*** *j-d*: estar a trabalhar, *bras* estar trabalhando; ***zu ~e gehen*** proceder; '**~bank** *f* <-; ¨e> bancada *f* (*od* banco *m*, *bras* banca *f*) de trabalho; '**♀en** trabalhar; '**~meister** *m* capataz *m*, contra-mestre *m*, *ARQUIT* mestre *m* de obras; '**~sarzt** *m* <-es; ¨e> médico *m* de empresa; '**~spionage** *f* <sem pl> espionagem *f* industrial; '**~statt** *f* <-; ¨en> oficina *f*; *Kunst*: estúdio *m*; *AUTO* garagem *f*; '**~stattwagen** *m* camião-oficina *m*; '**~stoff** *m* <-(e)s; -e> material *m*; (*Ersatz♀*) substituto *m*; (*Kunst♀*) plástico *m*; '**~stoffprüfung** *f* *TÉCN* teste *m* de material; '**~stück** *n* <-(e)s; -e> peça *f*; '**~tag** *m* <-(e)s; -e> dia *m* útil, dia *m* de trabalho; ***an ~en*** = '**♀tags** nos dias úteis; '**♀tätig** trabalhador (*a su*); **~ *sein*** trabalhar, ter uma profissão; '**~unterricht** *m* <-(e)s; sem pl> ensino *m* de trabalhos manuais; educação *f* estética; '**~vertrag** *m* <-(e)s; ¨e> contrato *m* de empreitada

'**Werkzeug** *n* <-(e)s; -e> instrumento *m* (*a fig*); ferramenta(s *pl*) *f*; **~macher** *m* ferramenteiro *m*; **~maschine** *f* máquina-ferramenta *f*; **~tasche** *f* saco *m* de ferramentas

'**Wermut** ['veːrmuːt] *m* <-(e)s; sem pl> *BOT* absíntio *m*; *fig* amargura *f*; **~wein** *m* <-(e)s; -e> vermute *m*

wert [veːrt] (*würdig*) (*geehrt*) estimado, prezado; **~ *sein*** valer; *j-d*: merecer; ***das ist der Mühe*** (***nicht***) **~** (não) valhe a pena; ***nicht der Rede ~ sein*** não ser nada

'**Wert** *m* <-(e)s; -e> valor *m*; (*Verdienst*) mérito *m*; **~ *legen auf*** (*ac*) ligar importância a; '**~angabe** *f* declaração *f* de valor; ***unter ~*** com valor *m* declarado; '**♀beständig** estável; *Börse*: consolidado; *Währung*: estabilizado, sólido; '**~brief** *m* <-(e)s; -e> carta *f* com valor declarado; '**♀en** <-e-> avaliar, estimar; *Sport*: qualificar (***nach*** por); '**~gegenstand** *m* <-(e)s; ¨e> obje(c)tivo *m* de valor; '**♀ig** *QUÍM* valente; ***zwei~*** bivalente; ***drei~*** trivalente; '**~igkeit** *QUÍM* *f* <sem pl> valência *f*; '**♀los**: (***ganz***) **~** sem valor (algum); '**~losigkeit** ['-loːziç-] *f* <sem pl> desvalor *m*; '**~messer** *m* medida *f* (***sein*** dar; ***für*** de); '**~minderung** *f* depreciação *f*; desvalorização *f*; '**~paket** *n* <-(e)s; -e> encomenda *f* com valor declarado; '**~papier** *n* <-s; -e> papel *m* de crédito, título *m*; ***~e*** *pl a* valores *m/pl*; '**~sache** *f* → ***~gegenstand***; *CORR* valor *m* declarado; '**♀schätzen** <-t> estimar; '**~schätzung** *f* <sem pl> estima *f*; '**~sendung** *f* *CORR* encomenda *f* com valor declarado; '**~steigerung** *f* valorização *f*; '**~ung** *f* valoração *f*; valorização *f*; *Sport*: qualificação *f*; '**~urteil** *n* <-s; -e> apreciação *f*; juízo *m* valorativo; '**♀voll** valioso, precioso; '**~zuwachs** *m* <-es; sem pl> acréscimo *m* de valor

'**Wesen** ['veːzən] *n* ser *m*, ente *m*; (*Geschöpf*) *a* criatura *f*; (*Art*) *j-s*: índole *f*, carácter *m*, génio (*ê) *m*; feitio *m*; (*Benehmen*) modos *m/pl*; *e-r Sache*: natureza *f*; (*Kern*) essência *f*, substância *f*; ***viel ~s machen von*** fazer muito caso de; **~sart** *f* índole *f*, modo *m* de ser; **♀sgleich** idêntico; **~szug** *m* <-(e)s; ¨e> traço *m* de cará(c)ter; **♀tlich** essencial, substancial; *Teil*: integrante; *adv* sensivelmente; *vor comp a* muit(íssim)o; ***im ♀en*** em substância

'**weshalb**: ***~?*** porquê?; *relativ*: pelo qual, razão essa por que

'**Wespe** ['vɛspə] *f* vespa *f*; *große*: abelhão *m*; **~nnest** *n* <-(e)s; -er> vespeiro *m*

'**wessen** ['vɛsən] **1.** ***~?*** **a)** (*gen von* ***wer***) de quem?; cujo, -a?; **b)** (*gen von* ***was***) de que?; **2.** *relativ*: cujo, -a

West [vɛst] *m* <-(e)s; sem pl>, '**~en** *m* <-s; sem pl> oeste *m*, ocidente *m*; *poét* poente *m*; '**~afrika** *n* <-s; sem pl> África *f* Ocidental; '**♀deutsch** da Alemanha *f* Ocidental

'**Weste** ['vɛstə] *f* colete *m*; ***e-e weiße ~ haben*** *fig* ter as mãos limpas

West|'**fale** [-'faːlə] *m* <-en>, **~'fälin** [-'fɛːlin] *f*, **♀'fälisch** [-'fɛːliʃ] da Vestefália; '**~gote** *m* <-en>, '**♀gotisch** visigodo *m*; '**♀lich** ocidental, do oeste; '**~mächte** ['-mɛçtə] *f/pl* potências *f/pl* ocidentais; '**~seite** *f* lado *m* oeste; '**♀wärts** ['-vɛrts] (par)a oeste; **'~wind** <-(*e*)*s*; *-e*> vento *m* oeste

wes'wegen → ***weshalb***

'Wettbewerb ['vɛt-] *m* <-(*e*)*s*; *-e*> concurso *m*; *Sport*: competição *f*, provas *f/pl*; campeonato *m*; *ECON* concorrência *f* (***unlauterer*** desleal); **~sfähigkeit** *f* competitividade *f*

Wettbüro *n* <*-s*; *-s*> agência *f* de apostas

'Wette *f* aposta *f*; ***was gilt die ~?*** quanto aposta?; ***um die ~*** à porfia, ao desafio, à compita

'Wetteifer *m* <*-s*; *sem pl*> rivalidade *f*, emulação *f*; **2n** *v/i* <*-re*> rivalizar (***an*** *dat* em), competir, emular

'wetten <*-e-*> apostar; ***~, dass ich Recht habe?*** quanto aposta(s) que tenho razão?

'Wetter ['vɛtər] *n* tempo *m*; (*Un2*) temporal *m*; *pl BGB* ventilação *f/sg*, *schlagende*: grisu *m/sg*; ***alle ~!*** caramba!; ***es ist schönes*** (***schlechtes***) ***~*** está bom (mau) tempo; **~aussichten** *f/pl* previsões *f/pl* do tempo; **~bericht** *m* <-(*e*)*s*; *-e*> boletim *m* meteorológico; **~dienst** *m* <*-es*; *sem pl*> serviço(s *pl*) *m* meteorológico(s); **~fahne** *f* catavento *m*; *a fig* veleta *f*; **2fest** resistente, impermeável; **2fühlig** sensível às mudanças de tempo; **~karte** *f* mapa *m* meteorológico; **~kunde** *f* <*sem pl*> meteorologia *f*; **~lage** *f* estado *m* do tempo, condições *f/pl* atmosféricas; **~leuchten** *n* corisco *m*; **~mantel** *m* <*-s*; *¨*> impermeável *m*; **~meldung** *f* notícia *f* meteorológica; **2n** <*-re*> *fig* praguejar; **~satellit** *m* <*-en*> satélite *m* meteorológico; **~schacht** *BGB m* <-(*e*)*s*; *¨e*> clarabóia *f*; **~scheide** *f* limite *m* meteorológico; **~seite** *f* lado *m* do oeste; lado *m* de onde vem o mau tempo; **~station** *f* posto *m* meteorológico; **~sturz** *m* <*-es*; *¨e*> brusca depressão *f* atmosférica; **~umschlag** *m* <-(*e*)*s*; *¨e*> mudança *f* do tempo; **~vorhersage** *f* previsão *f* do tempo; **~warte** *f* observatório *m* meteorológico; **2wendisch** ['-vɛndiʃ] inconsistente, versátil, volúvel

'Wett|fahrt *f* corrida(s *pl*) *f*, *NAV* regata(s *pl*) *f*; **~kampf** *m* <-(*e*)*s*; *¨e*> desafio *m*, luta *f*, → ***~bewerb***; **~kämpfer(in** *f*) *m* concorrente *su*; **~lauf** *m* <-(*e*)*s*; *¨e*> corrida *f*; **~läufer** *m* concorrente *m*; **2machen** *v/t* reparar, compensar; **~rennen** *n* corrida(s *pl*) *f*; **~rüsten** *n* <*-s*; *sem pl*> corrida *f* ao armamento; **~schwimmen** *n* concurso *m* de natação; **~spiel** *n* <-(*e*)*s*; *-e*> encontro *m*, desafio *m*; **~streit** *m* <-(*e*)*s*; *-e*> concurso *m*, desafio *m*, *fig* rivalidade *f*

'wetz|en ['vɛtsən] <*-t*> amolar, aguçar, afiar; **2stahl** *m* <-(*e*)*s*; *¨e*> fuzil *m*; *bras* chaira *f*; **2stein** *m* <-(*e*)*s*; *-e*> pedra *f* de amolar, pedra *f* de afiar

'Whisky ['viski] *m* <*-s*; *-s*> uísque *m*, whisky *m*

WHO [veːhaːˈʔoː] *f* <*-*> ***Weltgesundheitsorganisation*** Organização *f* Mundial da Saúde (OMS)

'Wichse ['viksə] *f* graxa *f*; F (*Prügel*) pancada(s *pl*) *f*; **'2n** <*-t*> engraxar; *Fußboden*: pôr cera (em), encerar

Wicht [viçt] *m* <-(*e*)*s*; *-e*> sujeito *m*; joão-ninguém *m*; ***armer ~*** desgraçado *m*; ***erbärmlicher ~*** miserável *m*; **'~elmännchen** ['-əl-] *n* duende *m*

'wichtig ['viçtiç] importante; ***~ sein*** *a* importar; ***~ tun, sich ~ machen*** dar-se ares de importância *f*; **2keit** *f* importância *f*; *stärker*: transcendência *f*; **2tuer** ['-tuːər] *m* presumido *m*, *bras* convencido *m*; ***ein ~ sein*** *a* dar-se ares de importância; **2tue'rei** *f* presunção *f*; ares *m/pl* de importância

'Wicke ['vikə] *f* ervilha-de-cheiro *f*; (*Futter2*) ervilhaca *f*

'Wickel ['vikəl] *m* novelo *m*; (*Locken2*) rolo *m*, *bras a* bob *m*; *MED* compressa *f* de ligaduras; F ***beim ~ kriegen*** apanhar, prender; **~kind** *n* <-(*e*)*s*; *-er*> bébé *m*, *bras* nenê *m*, bebê *m*; **2n** <*-le*> enrolar; (*ein~*) *a* embrulhar, envolver, *EL* bobinar; *Garn*: enovelar; *Kind*: pôr (*od* mudar) a fralda; **~rock** *m* <-(*e*)*s*; *¨e*> saia *f* cruzada, *bras* saia-envelope *f*

'Wicklung *f EL* enrolamento *m*, bobinagem *f*

'Widder ['vidər] *m* carneiro *m*, bode *m*; *ASTR* Carneiro *m*, Áries *m*

'wider ['viːdər] *prp* (*ac*) contra; **~'fahren** <*sn*> acontecer, suceder; **2haken** *m* farpa *f*, barbela *f*; **2hall**

m <-(*e*)*s*; -*e*> eco *m*, ressonância *f*; *fig a* repercussão *f*; **~hallen** ecoar, ressoar; *dröhnend*: retumbar; *fig* repercutir; **≈lager** *n* contraforte *m*; **~'legbar** [-'le:kba:r] refutável; **~'legen** refutar, desmentir; **≈'legung** [-'le:guŋ] *f* refutação *f*, desmentido *m*; **~lich** repugnante, nojento; *adv* ***~ süß*** de um doce enjoativo; doce de enjoar; **~natürlich** contrário à natureza, perverso; **~rechtlich** ilegal, contrário à lei; **≈rede** *f* réplica *f*; ***ohne ~*** sem protestar; → ***≈spruch***; **≈ruf** *m* <-(*e*)*s*; -*e*> revogação *f*; desmentido *m*; retra(c)tação *f*; abjuração *f*; palinódia *f*; ECON contra-ordem *f*; ***bis auf ~*** até nova ordem; **~'rufen** <-> revogar; abjurar; desmentir(-se); retra(c)tar(-se); **~ruflich** ['-ru:fliç] revogável; **≈sacher** ['-zaxər] *m* adversário *m*, rival *m*, émulo *m*; **≈schein** *m* <-(*e*)*s*; -*e*> reflexo *m*; **~'setzen** <-*t*; ->: ***sich ~*** (*dat*) opor-se (a), resistir (a); **~'setzlich** [-'zɛtsliç] insubordinado, recalcitrante; **≈'setzlichkeit** *f* <*sem pl*> insubordinação *f*; **≈sinn** *m* <-(*e*)*s*; *sem pl*> contra-senso *m*, absurdo *m*; **~sinnig** absurdo, paradoxo; **~spenstig** ['-ʃpɛnstiç] renitente, rebelde, recalcitrante; **≈spenstigkeit** *f* <*sem pl*> renitência *f*, obstinação *f*, rebeldia *f*; **~spiegeln** <-*le*> refle(c)tir; **~'sprechen** (*dat*) contradizer (*ac*), contrariar (*ac*), protestar contra, opor-se a; ***~d*** *adj* contraditório; **≈spruch** *m* <-(*e*)*s*; ¨*e*> contradição *f*, protesto *m*; antinomia *f*; ***im ~ stehen zu*** estar em desacordo com; **~sprüchlich** contraditório

'Widerstand *m* <-(*e*)*s*; ¨*e*> resistência *f*, oposição *f* (***leisten*** fazer); ***~ leisten*** *a* resistir; **≈sfähig** resistente; **~skraft** *f* <-; ¨*e*> (força *f* de) resistência *f*; **≈los** sem resistência

wider|'stehen, **~'streben** resistir (a), contrariar (*ac*); *Speise*: repugnar (a); ***es widerstrebt mir*** repugna-me; **'≈streit** *m* <-(*e*)*s*; -*e*> conflito *m*; antagonismo *m*; colisão *f*; **'~wärtig** (*hinderlich*) adverso; (*abstoßend*) antipático; *stärker*: repugnante; **'≈wärtigkeit** *f* (*Hindernis*) adversidade *f*, contrariedade *f*; (*Widerlichkeit*) cará(c)ter *m* repugnante; **'≈wille** *m* <-*ns*; *sem pl*> relutância *f*, repugnância *f*, má vontade *f*; **'~willig** relutante, contrariado; *adv a* de má vontade

'widm|en ['vitmən] <-*e*->: (***sich***) **~** dedicar(-se); *a Zeit*: consagrar; **≈ung** *f* dedicatória *f*

'widrig ['vi:driç] contrário; *Schicksal*: adverso; **~enfalls** ['-igən-] em caso contrário; **≈keit** *f* adversidade *f*; contrariedade *f*

wie [vi:] como (*a ~?*); F *nach comp* (= ***als***) do que; ***~ man sagt*** segundo, conforme; *Ausruf*: que + *adj!*, quão + *adj!*; ***aussehen ~*** (*j-d*) parecer(-se com alg), ter o aspe(c)to de; ***~ breit*** *etc* ***ist ...?*** que largura *etc* tem?; ***~ lange?*** quanto tempo?, até quando?; ***~ oft?*** quantas vezes?; ***~ spät ist es?*** que horas são?; ***~ teuer ist ...?*** quanto custa ...?; ***~ weit geht ...?*** até onde chega ...?; ***ich sah, ~ er aufstand*** vi-o levantar-se; ***~ weit ist es bis ...?*** que distância é até ...?; ***~ sehr, ~ viel*** (***e***, ***~ mancher***) quanto(s); *zeitl* (***so***) ***~*** quando, assim que; ***ich denke ~ du*** penso como tu; ***~ dem auch sei*** seja como for

'Wiedehopf ['vi:dəhɔpf] *m* <-(*e*)*s*; -*e*> poupa *f*

'wieder ['vi:dər] de novo, novamente, outra vez; → ***~um***; ***hin und ~*** uma vez por outra; ***nie ~*** nunca mais; ***immer ~*** sempre de novo; ***ich bin gleich ~ da*** volto já; ***~ anfangen*** recomeçar; ***~ anknüpfen*** reatar; ***~ aufbauen*** reconstruir; ***~ aufbereiten*** reprocessar; ***~ auferstehen*** ressurgir; ressuscitar; ***~ aufführen*** repetir; ***~ aufleben*** renascer; ***~ aufnehmen*** ressumir; *Arbeit*: retomar, JUR rever; ***~ aufrichten*** repor, reedificar; ***~ aufrüsten*** rearmar(-se); ***~ beleben*** reanimar; ***~ einführen*** restabelecer, reintroduzir; ECON importar novamente; ***~ erkennen*** reconhecer; ***~ eröffnen*** reabrir; ***~ erscheinen*** reaparecer; ***~ finden*** (re)encontrar; ***~ gutmachen*** reparar, remediar; ***~ sagen*** F repetir; ***~ sehen*** tornar a ver; ***~ in'stand setzen*** → ***wiederherstellen***; ***~ vereinigen*** reunir, reunificar; ***sich ~ verheiraten*** voltar a casar; ***~ verkaufen*** (re)vender; ***~ ver-***

W

wendbar reutilizável; ~ ***wählbar*** reelegível; ~ ***wählen*** reeleger; **≈'aufbau** *m* <-(*e*)*s*; *sem pl*> reconstrução *f*

'Wieder'aufbereitung *f* <*sem pl*> reprocessamento

'Wieder'aufbereitungsanlage *f* instalação *f* de reprocessamento *m*

'Wieder|'aufführung *f* repetição *f*; reposição *f*; **≈'aufladbar** recarregável; **~'aufnahme** *f* reassunção *f*, regresso *m* a; *JUR* revisão *f*; *Mitglied*: readmissão *f*; **~'aufnahmeverfahren** *n JUR* revisão *f* do processo; *Arbeit*: retomar; *JUR* rever; **~'aufrüstung** *f* rearmamento *m*; **~'aufstieg** *m* <-(*e*)*s*; -*e*> ressurgimento *m*; **~beginn** *m* <-(*e*)*s*; *sem pl*> recomeço *m*; **≈bekommen** <*sn*> tornar a receber, reaver, recuperar; (*Wechselgeld*) receber de troco; ***ich habe*** ~ devolveram-me; **~belebungsversuche** *m/pl MED* tentativas *f/pl* de reanimação; **~bewaffnung** *f* rearmamento *m*; **≈bringen** devolver; **≈'einsetzung** *f* <*sem pl*> restabelecimento *m*; *Staatsform*: restauração *f*; *j-s*: reinstalação *f*, reintegração *f*; **~'einstellung** *f von Arbeitern*: readmissão *f*; **~eintritt** *m* <-(*e*)*s*; *sem pl*> nova entrada *f*; regresso *m*; **≈erhalten** <-> → ***≈bekommen***; **≈erobern** <-*re*; -> reconquistar; **~eroberung** *f* <*sem pl*> reconquista *f*; **~eröffnung** *f* reabertura *f*; **≈erstatten** <-*e*-; -> restituir; *Geld*: reembolsar; **≈erzählen** <-> repetir, narrar

'Wiedergabe *f* restituição *f*; *LIT*, *PINT*, *Ton*: reprodução *f*; ***kurze*** ~ resumo *m*; *TEA* representação *f*; (*Übersetzung*) versão *f*; *MÚS* interpretação *f*; *Radio*: transmissão *f*

'wieder|geben devolver, restituir; *Text*: reproduzir (*a PINT*); (*übersetzen*), *a Gedanken*: traduzir, interpretar (*a MÚS*); *Radio*: transmitir; ***kurz*** ~ resumir; **≈geburt** *f* <*sem pl*> renascimento *m*; *REL* regeneração *f*; **~gewinnen** <-> recuperar; reconquistar; **≈'gutmachung** [-maxuŋ] *f* reparação *f*; **~haben** reaver; **~'herstellen** reparar, restabelecer, restaurar, reconstituir; **≈'herstellung** *f* reparação *f*, restabelecimento *m* (*a MED*); restauração *f*; reconstituição *f*

'wiederholen[1] ir buscar novamente

wieder'hol|en[2] <-> repetir; *bsd Dank etc*: reiterar; **~t** [-'hoːlt] *adv* repetidas vezes; amiúde; **≈ung** [-'hoːluŋ] *f* repetição *f*; ***kurze*** ~ recapitulação *f*, revisão *f*; **≈ungsfall** *m* <-(*e*)*s*; *sem pl*>: ***im ~e*** *JUR* em caso de reincidência

Wiederin'standsetzung *f* → ***Wiederherstellung***

'wieder|käuen ['-kɔyən] ruminar; **≈käuer** ['-kɔyər] *m* ruminante *m*; **≈kehr** ['-keːr] *f* <*sem pl*> regresso *m*; *Jahrestag*: aniversário *m*; → ***≈holung***; **~kehren, ~kommen** <*sn*> voltar, regressar; *Gelegenheit*: *a* repetir-se (*a Jahrestag*); *adj* ***regelmäßig ~d*** periódico; ***nie ~d*** único; **≈sehen** *n* reencontro *m*, novo encontro *m*; ***auf ~!*** até à vista!; até logo!, F adeus!; **≈täufer** *m* anaba(p)tista *m*

'wiederum ['wiːdərum] *adv* → ***wieder***; *cj* por outro lado, em compensação, em contrapartida; por sua vez

'Wieder|vereinigung *f* <*sem pl*> reunião *f*, reunificação *f*; **~verkauf** *m* <-(*e*)*s*; *-̈e*> revenda *f*; **~verkäufer** *m* revendedor *m*; **~verwertung** *f* recuperação *f*, reciclagem *f*; **~vorlage** *f* nova apresentação *f*; **~wahl** *f* reeleição *f*; **~'zulassung** *f* readmissão *f*

'Wiege ['viːgə] *f* berço *m*; **≈n 1.** *v/t u v/i* pesar; **2.** *v/t Petersilie*: picar; *Kind*: embalar; **~messer** *n* faca *f* para picar; **~nfest** *n* <-(*e*)*s*; -*e*> aniversário *m*, dia *m* dos anos; **~nlied** *n* <-(*e*)*s*; -*er*> canção *f* de berço, canção *f* de embalar (*bras* ninar)

'wiehern ['viːərn] **1.** <-*re*> rinchar, relinchar; ***~des Gelächter*** *n* gargalhada(s *pl*) *f*; **2. ≈** *n* rincho *m*

Wien [viːn] *n* Viena *f* (de Austria); **'~er** *m*, **'~erin** *f*, **'≈erisch** vienense *su*, de Viena; → ***Schnitzel***

'Wiese ['viːzə] *f* prado *m*

'Wiesel *n* doninha *f*

'Wiesenblume *f* flor *f* do prado

wie|'so porque, como; ***~?*** porquê?; **~'vielte** [-tə]: ***der ≈?*** qual?; *direkt vor dem su* que?; ***den ≈n haben wir heute?*** que dia é hoje?, a quantos estamos?; **~'weit**: ~ **(...)?** até que ponto (...)?; **~'wohl** se bem que (*subj*), ainda que (*subj*)

W

wild [vilt] <-*est*> selvagem, selvático; *AGR* inculto; agreste; bravio; *NAV u ZO* bravo, *BOT a* silvestre; *Raubtier u fig* feroz; *Flucht*: precipitado; *Gerücht*: fantástico; *ECON* ilícito; *Kind*: vivo, traquina; *Lauf*: desenfreado; *MED Fleisch*: morto; *Streik*: espontâneo; *fig* (*irregulär*) irregular; (*wütend*) furioso, raivoso; **~ machen** enfurecer, enraivecer; **~ werden** ficar furioso, enfurecer(-se), enraivecer; **~ sein auf et** F estar (*od* ser) maluco por a/c; **es ist halb so ~** F não é tão grave como parece; **~es Durcheinander** caos *m*, grande desordem *f*; **~es Tier** fera *f*; **~ wachsend** silvestre, agreste

Wild *n* <-(*e*)*s*; *sem pl*> caça *f*, veação *f*; **'~bach** *m* <-(*e*)*s*; ⸚*e*> torrente *f*; **'~bret** ['-brɛt] *n* <-*s*; *sem pl*> → ***Wild***; **'~dieb** *m* <-(*e*)*s*; -*e*> caçador *m* furtivo, caçador *m* ilícito; **~diebe'rei** *f* caça *f* furtiva, caça *f* ilícita; **'~ente** *f* pato *m* bravo, *bras* pato *m* selvagem

'Wilde(r *m*) ['vildə(r)] *su* selvagem *su*; **~rer** [-rər] *m* caçador *m* furtivo, caçador *m* ilícito

wildern <-*re*> andar à caça ilícita

'Wild|fang *m* <-(*e*)*s*; ⸚*e*> traquina(s) *su*; **≗fremd** absolutamente desconhecido (*od* estranho); **~gehege** *n* → ***~park***; **~heit** *f* <*sem pl*> selvajaria *f*; braveza *f*; ferocidade *f*; selvagismo *m*; **~hüter** *m* couteiro *m*; **~katze** *f* gato *m* montês (*bras* do mato); **~leder** *n* camurça *f*; **~nis** *f* <-; -*se*> deserto *m*; ermo *m*; selvas *f/pl*; sertão *m*; **~park** *m* <-(*e*)*s*; -*s*> tapada *f*, coutada *f*; **≗reich** abundante em caça; **≗romantisch** acìdentado; **~sau** *f* javalina *f*; **~schaden** *m* <-*s*; ⸚> estrago *m* causado pela caça; **~schwein** *n* <-(*e*)*s*; -*e*> javali *m*; **~'westfilm** *m* <-(*e*)*s*; -*e*> filme *f* de cow-boys (*bras* de faroeste)

'Wille(n) *m* ['vilə(n)] <(-*s*); -*n*> vontade *f*; (*Zustimmung*) consentimento *m*; **böser ~** malquerença *f*, má fé *f*; **freier ~** livre-arbítrio *m*; **aus freiem ~n** espontaneamente, mótu-próprio; **letzter ~** *a* testamento *m*; **j-m zu ~n sein** fazer as vontades a alg; **mit ~n** de propósito; **wider ~n** contrariado; **seinen ~n durchsetzen** impor-se; **um** (*gen*) **≗n** por causa de; **um** (**Gottes**) **≗n** por amor de (Deus); **ich kann es beim besten ~n nicht** (**tun**) é-me de todo impossível

'willen|los indolente, sem vontade; *MED* abúlico; **≗losigkeit** ['-loːziç-] <*sem pl*> falta *f* de vontade, inércia *f*; *MED* abulia *f*; **~s** disposto

'Willens|äußerung *f* expressão *f* da vontade; **~entscheidung** *f* decisão *f*; **~freiheit** *f* <*sem pl*> livre-arbítrio *m*; **~kraft** *f* <*sem pl*> energia *f*, força *f* de vontade; **≗schwach** → ***willenlos***; **~schwäche** *f* <*sem pl*> → ***Willenlosigkeit***; **≗stark** com força de vontade

'will|entlich propositadamente, voluntariamente; **~ig** dócil, (*bereit~*) solícito; *adv* de boa vontade, de boa mente;

Will'kommen *n* boas-vindas *f/pl*; **≗** *adj j-d*: bem-vindo; *et*: oportuno; **j-n ~ heißen** dar as boas-vindas a alg

'Willkür ['-kyːr] *f* <*sem pl*> arbitrariedade *f*; **nach ~** ao arbítrio *m*; **~herrschaft** *f* tirania *f*, despotismo *m*; **~lich** [-'kyːr-] arbitrário, despótico

'wimmeln ['viməln] <-*le*> formigar; pulular; **von Menschen ~** *a* parecer um formigueiro

'wimmern ['vimərn] <-*re*> gemer, choramingar

'Wimpel ['vimpəl] *m NAV* galhardete *m*, flâmula *f*; *MIL* bandeirola *f*

'Wimper ['vimpər] *f* <-; -*n*> pestana *f*; **ohne mit der ~ zu zucken** *fig* sem pestanejar; **~ntusche** *f* rímel *m*

Wind [vint] *m* <-(*e*)*s*; -*e*> vento *m*; *MED* flato *m*; *NAV* **am** (**beim**) **~**(**e**) **fahren** bolinar; **mit** (*od* **vor**) **dem ~**(**e**) de vento em popa; **mit halbem ~**(**e**) com vento oblíquo; **bei ~ und Wetter** com qualquer tempo; **in den ~ reden** *fig* falar para o boneco, *bras* falar para as paredes; **j-m den ~ aus den Segeln nehmen** *fig* fazer perder a bazófia a alg; *fig* **~ bekommen von** (chegar a) ter conhecimento de; **in den ~ schlagen** *fig* não querer saber de, desprezar; **'~beutel** *m* (*Gebäck*) sonho *m*; *fig j-d*: cabeça-de-alhos *su*; **'~bruch** *m* <-(*e*)*s*; ⸚*e*> árvores *f/pl* derribadas (*bras* derrubadas) pelo vento

'Winde ['vində] *f TÉCN* cabrestante *m*; guincho *m*; sarilho *m*; *BOT* convólvulo *m*

'Windei *n* <-(*e*)*s*; -*er*> ovo *m* sem casca; *fig* coisa (*od* ideia [*é]) *f* maluca (*od* no ar)

'Windel ['vindəl] *f* <-; -*n*> fralda *f*; cueiro *m*; **~hose** *f* calcinhas *f/pl* de plástico (para crianças), cueiro *m* descartável; **≗weich**: **~ *schlagen*** espancar

'winden ['vindən] torcer; *Garn*: dobar; *Kranz*: tecer, fazer; **(*sich*) ~** *et*: *TÉCN* enroscar(-se) (*a BOT*); *Weg*: serpear; ***sich* ~** *j-d*: *vor Schmerz* torcer-se; *fig* (*unentschlossen sein*) retorcer-se; ***j-m et aus der Hand* ~** arrancar a/c das mãos de alg; ***in die Höhe* ~** guindar, içar

'Wind|fahne *f* catavento *m*; **~fang** *m* <-(*e*)*s*; *⸚e*> guarda-vento *m*; **≗geschützt** ['-gəʃytst] ao abrigo do vento; **~hose** *f* tromba *f*; **~hund** *m* <-(*e*)*s*; -*e*> galgo *m*; *fig j-d*: cabeça-de-alhos *su*, *bras* cabeça *f* oca; *stärker*: estróina *m*

'windig ['vindiç] ventoso; **~ *sein*** *a* fazer (*od* estar) vento; *fig* leviano

'Wind|jacke *f* blusão *m* impermeável; **~kanal** *AV m* <-*s*; *⸚e*> → ***~tunnel***; **~licht** *n* <-(*e*)*s*; -*er*> lanterna *f*; **~messer** *m* anemómetro (*ô) *m*; **~mühle** *f* moinho *m* de vento; **~pocken** *f/pl* bexigas *f/pl* doidas, varicela *f/sg*, *bras* F cataporas *f/pl*; **~rad** *n* <-*s*; *⸚er*> roda *f* eólica; **~rose** *NAV f* rosa-náutica *f*, rosa-dos-ventos *f*; **~schatten** *m* <-*s*; *sem pl*> abrigo *m* do vento; **≗schief** torto; **≗schlüpfrig** aerodinâmico; **~schutzscheibe** *f* pára-brisas *m*; **~seite** *f* lado *m* do vento; *NAV* barlavento *m*; **~spiel** *n* <-(*e*)*s*; -*e*> galgo *m*; **~stärke** *f* intensidade *f* do vento, força *f* e velocidade *f* do vento; **≗still** calmo; **~stille** *f* <*sem pl*> calma(ria) *f*; *NAV a* bonança *f*; **~stoß** *m* <-*es*; *⸚e*> pé-de-vento *m*; rajada *f*; **~surfing** ['-sø:fiŋ] *n* <-*s*; *sem pl*> windsurfing *m*

'Windung ['vinduŋ] *f* volta *f*; *ANAT* circunvolução *f*, *TÉCN* enrolamento *m*; *Schraube*: rosca *f*; *Weg*: curva *f*, *a fig* sinuosidade *f*

Wink [viŋk] *m* <-(*e*)*s*; -*e*> aceno *m*; sinal *m*; *fig* aviso *m*, advertência *f*; (*Hinweis*) indicação *f*; ***j-m e-n* ~ *geben*** *fig* avisar alg

'Winkel ['viŋkəl] *m* ângulo *m*; (*Ecke*) canto *m* (*a fig*); ***entlegener* ~** recanto *m*; *GEOL* rincão *m*; → ***~maß***; **~advokat** *m* <-*en*> advogado *m* pouco sério; **~eisen** *n* esquadro *m*; ferro *m* angular; **≗förmig** ['-fœrmiç] (de forma) angular; **~haken** *m* componedor *m*; **~halbierende** *f* bisse(c)triz *f*; **≗ig** angular, anguloso; *Gasse*: tortuoso; **...≗ig**: *in Zssg*(*n*) *wie* ***acht~*** *etc* de oito ângulos, octangular; **~maß** *n* <-*es*; -*e*> angulário *m*; **~messer** *m* transferidor *m*; *NAV u AV* goniómetro (*ô) *m*; *Landmessung*: grafómetro (*ô) *m*; **~messung** *f* goniometria *f*; **~zug** *m* <-(*e*)*s*; *⸚e*> subterfúgio *m*; sofisma *m*, rodeio *m*

'wink|en ['viŋkən] acenar; fazer sinal; *NAV*, *MIL* fazer sinais semafóricos; ***mit et* ~** acenar a/c; ***ihm winkt ...*** espera-o ...; **≗er** *m j-d*: sinaleiro *m*

'winseln ['vinzəln] <-*le*> gemer, gemir, chorami(n)gar

'Winter ['vintər] *m* inverno *m*; ***es wird* ~** começa o inverno; **~anfang** *m* <-*s*; *⸚e*> início (*od* começo) *m* do inverno; **~einbruch** *m* <-(*e*)*s*; *sem pl*> chegada *f* súbita do inverno; **~fahrplan** *m* <-(*e*)*s*; *⸚e*> horário *m* de inverno; **~garten** *m* <-*s*; *⸚*> estufa *f*; **~getreide** *n* <-*s*; *sem pl*> cereais *m/pl* de inverno; **~kurort** *m* <-(*e*)*s*; -*e*> estação *f* de inverno; **≗lich** de inverno, invernal; **~olympiade** *f* olimpíada *f* de inverno; **~reifen** *m* pneu *m* de inverno; **~schlaf** *m* <-(*e*)*s*; *sem pl*> hibernação *f*; **~ *halten*** hibernar; **~schlussverkauf** *m* <-*s*; *⸚e*> saldos *m/pl* de inverno; **~semester** *n* semestre *m* de inverno; **~sonnenwende** *f* solstício *m* de inverno; **~sportzentrum** *n* <-*s*; *zentren*> centro *m* de desportos (*bras* esportes) de inverno; **~szeit** *f* tempo(rada *f*) *m* do inverno; ***zur* ~** no inverno; **~wetter** *n* invernia *f*

'Winzer ['vintsər] *m* vinhateiro *m*; vinicultor *m*

'winzig ['vintsiç] diminuto, minúsculo; *a j-d*: miúdo; *Gabe*: mesquinho

'Winzling *m* <-s; -e> F pessoa (*od* coisa) *f* pequenina

'Wipfel ['vipfəl] *m* copa *f*, cume *m*

'Wippe ['vipə] *f* arreburinho *m*, gangorra *f*; **℞n** jogar ao arreburrinho, *bras* brincar de gangorra

wir [vi:r] nós, F a gente; **~** + *su* nós, os...

'Wirbel ['virbəl] *m* ANAT vértebra *f*; (*Haar℞*) remoinho *m*; *Tier*: rodopelo *m*; (*Wasser℞*, *Wind℞*) re(de)moinho *m*, turbilhão *m*; MÚS (*Geigen℞*) cravelha *f*; (*Trommel℞*) rufo *m*; **~bogen** *m* <-s; ⸚> arco *m* vertebral; **℞n** <-le> **1.** *v/t* agitar; ***die Trommel ~*** rufar; **2.** *v/i* girar, rodopiar, re(de)moinhar; **~säule** *f* coluna *f* vertebral, espinha *f* dorsal; **~sturm** *m* <-(e)s; ⸚e> ciclone *m*; **~tier** *n* <-(e)s; -e> vertebrado *m*; **~wind** *m* <-(e)s; -e> remoinho *m*, turbilhão *m*, tufão *m*

'wirk|en ['virkən] **1.** *v/i* a(c)tuar (***als*** de); TÉCN (QUÍM re)agir; (***gut***) **~** fazer (bom) efeito (*a* MED); *j-d*: fazer (boa) figura; ***schädlich ~*** ser nocivo; **2.** *v/t* produzir, operar; (*stricken*) fazer malha; (*weben*) tecer; **℞en** *n* <-s; *sem pl*> a(c)tividade *f*; a(c)tuação *f*

'wirklich ['virkliç] real, efe(c)tivo; verdadeiro; *adv a* de fa(c)to, deveras; **℞keit** *f* realidade *f*; **~keitsfremd** pouco realista; **~keitsnah** positivo, realista; **℞keitssinn** *m* <-(e)s; *sem pl*> realismo *m*

'wirksam ['virkza:m] eficaz, eficiente, a(c)tivo; **~ *sein*** *a* dar efeito; **℞keit** *f* a(c)ção *f*, eficácia *f*, eficiência *f*

'Wirkstoff ['virk-] *m* <-(e)s; -e> substância *f* a(c)tiva; QUÍM aditivo

'Wirkung ['virkuŋ] *f* efeito *m*; (QUÍM re)a(c)ção *f*; resultado *m*; (*Eindruck*) impressão *f*; **~sbereich** *m* <-(e)s; -e> âmbito *m*; MIL alcance *m*; **~sfeld** *n* <-(e)s; -er> campo *m* de a(c)ção; **~sgrad** *m* <-(e)s; -e> MIL eficiência *f*; rendimento *m*; **~skraft** *f* <-; ⸚e> eficácia *f*, eficiência *f*; **~skreis** *m* <-es; -e> esfera *f* de a(c)tividade; → ***~sfeld***; **℞slos** ineficaz, sem efeito, **~slosigkeit** ['-lo:ziç-] *f* <*sem pl*> ineficácia *f*; **℞svoll** eficaz; LIT, *Kunst*: impressionante

'Wirkwaren *f/pl* malhas *f/pl*

wirr [vir] confuso; *Haar*: desordenado, despenteado; ***~es Durcheinander*** grande confusão *f*, caos *m*, *bras a* bagunça *f*; **'℞en** *f/pl* desordens *f/pl*, distúrbios *m/pl*, motins *m/pl*; **'℞kopf** *m* <-(e)s; ⸚e> cabeça *f* de alho chôcho, *bras* cabeça *f* oca; **'℞nis** *f* <-; -se>, **'℞warr** ['-var] *m* <-s; *sem pl*> confusão *f*, trapalhada *f*

'Wirsing(kohl) ['virziŋ-] *m* <-s; *sem pl*> couve *f* lombarda

Wirt [virt] *m* <-(e)s; -e>, **'~in** *f* dono *m*, -a *f* da casa (*od* do cafe, do restaurante *etc*); patrão *m*, patroa *f*; (*Gast℞*) gastrónomo (*ô) *m*, taberneiro *m*, -a *f*; *Herberge*: estalajadeiro *m*, -a *f*, hospedeiro *m*, -a *f*; *Hotel*: hoteleiro *m*, -a *f*

'Wirtschaft ['virtʃaft] *f* economia *f*; (*Haushalt*) governo *m* da casa, *bras* administração *f* doméstica (*od* do lar); → ***Wirtshaus***; *irón* (***schöne***) **~** (grande) desordem *f*; **℞en** <-e-> *Haushalt u* POL: governar; AGR explorar; ECON administrar; (*arbeiten*) trabalhar; **~er** *m* administrador *m*, gerente *m*, ecónomo *m*; **~erin** ['-ərin] *f* governanta *f*; **~ler** ['-lər] *m* economista *m*; **℞lich** económico (*ô); **~lichkeit** *f* <*sem pl*> economia *f*, rentabilidade *f*

'Wirtschafts|abkommen *n* acordo *m* comercial; **~aufschwung** *m* <-(e)s; ⸚e> surto *m* económico (*ô); **~berater** *m* conselheiro *m* económico (*ô); **~beziehungen** *f/pl* relações *f/pl* económicas; **~flüchtling** *m neg!* emigrante *su*; **~gebäude** *n/pl* anexos *m/pl*, dependências *f/pl*, abegoaria *f*, depósito *m*; **~geld** *n* <-(e)s; -er> dinheiro *m* para governo da casa, *bras* mesada *f* doméstica; **~geographie** *f* <*sem pl*> geografia *f* económica (*ô); **~hilfe** *f* assistência *f* económica, auxílio *m* económico; **~jahr** *n* <-(e)s; -e> ano (*od* exercício) *m* económico; **~krise** *f* crise *f* económica; **~lage** *f* situação *f* económica; **~lenkung** *f* dirigismo *m* económico; **~minister(ium** *n* <-s; -*ministerien*>) *m* Ministro (Ministério) *m* de Economia; **~politik** *f* <*sem pl*> política *f* económica;

~politiker *m* economista *m*; **≈political** político-económico, económico-político; **~prüfer** *m* revisor *m* de contas; **~standort** *m* ECON localização *f*; **~wachstum** *n* <*sem pl*> crescimento *m* económico; **~wissenschaft** *f* ciências *f/pl* económicas e financeiras; **~wissenschaftler** *m* economista *m*; **~wunder** *n* milagre *m* económico
'Wirts|haus *n* <*-es*; *⁼er*> restaurante *m*; taberna *f*; (*Rasthaus*) pousada *f*; **~leute** *pl* patrões *m/pl*, senhorio *m/sg*
Wisch [viʃ] *m* <*-es*; *-e*> F papelucho *m*; **'≈en** esfregar; (*säubern*) limpar; *Staub*: *a* tirar; PINT esfumar; **'~er** *m* esfregão *m*; PINT esfumonho *m*; (*Scheiben≈*) limpa-vidros *m*; AUTO limpa-pára-brisas *m*, *bras* limpador *m* de pára-brisas; *fig* F descompostura *f*; **'~lappen** *m*, **'~tuch** *n* <*-(e)s*; *⁼er*> rodilha *f*, esfregão *m*
'Wisent ['viːzɛnt] *m* <*-(e)s*; *-e*> bisonte *m*
'Wismut ['vismuːt] *n* (*m*) <*-(e)s*; *sem pl*> bismuto *m*
'wispern ['vispərn] <*-re*> cochichar
'Wissbegier|(de) ['vis-] *f* <*sem pl*> curiosidade *f*; **≈ig** curioso, interessado, ávido de saber
'wissen saber (**um** de); ***nicht ~*** *a* ignorar; ***soviel ich weiß*** que eu saiba; ***was weiß ich!*** sei lá!; ***nicht, dass ich wüsste*** que eu saiba, não; ***man kann nie ~*** nunca se sabe
'Wissen *n* saber *m*; (*Gelehrsamkeit*) erudição *f*; (*Kenntnisse*) conhecimentos *m/pl*; ***meines ~s*** que eu saiba; ***ohne mein ~*** sem eu saber, *bras* sem meu conhecimento; ***wider besseres ~*** contra a sua própria convicção; ***nach bestem ~ und Gewissen*** em toda a consciência
'Wissenschaft *f* ciência *f*; **~ler(in** *f*) ['-lər-] *m* cientista *su*; erudito *m*, -a *f*; **≈lich** científico
'Wissens|drang *m* <*-(e)s*; *sem pl*>, **~durst** *m* <*-(e)s*; *sem pl*> curiosidade *f*; **≈wert** interessante
'wissentlich ['visəntliç] consciente; *adv a* de propósito, de caso pensado
'witter|n ['vitərn] <*-re*> farejar; (*sichern*) tomar o vento; *fig* ***j-d wittert Gefahr*** palpita a alg que haverá perigo, alg pressente o perigo; **≈ung** *f* tempo *m*; *Jagd*: *a* faro *m*
'Witterungs|einfluss *m* <*-es*; *⁼e*> influência *f* atmosférica; **~umschlag** *m* <*-(e)s*; *⁼e*> mudança *f* de temperatura, mudança *f* de tempo; **~verhältnisse** *n/pl* condições *f/pl* atmosféricas
'Witw|e ['vitvə] *f* viúva *f*; **~enrente** *f* pensão *f* de viuvez; **~er** *m* viúvo *m*
Witz [vits] *m* <*-es*; *-e*> graça *f*, espírito *m*; (*~wort*) gracejo *m*, piada *f*, pilhéria *f* (***reißen*** dizer); *fig* ***der ~ bei et*** o essencial de a/c; **'~blatt** *n* <*-(e)s*; *⁼er*> jornal *m* humorístico; **'~bold** ['-bɔlt] *m* <*-(e)s*; *-e*> bom ponto *m*, *bras* brincalhão *m*; **'≈eln** <*-le*> gracejar; ***~ über*** (*ac*) *a* troçar de; **'≈ig** engraçado; ***~ sein*** *a* ter graça; **≈los** sem graça; F *fig* sem interesse; inútil
wo [voː] onde; ***~ auch*** (***immer***) onde quer que (*subj*); ***i ~!*** qual!; **~'anders** em outra parte; em outro lugar; **~'bei** *oft übersetzt durch ger*; em que, no qual, na qual, pelo qual, pela qual; *örtl* perto de que, perto do qual, perto da qual; ***~?*** *a örtl* onde?; *zeitl* quando?
'Woche ['vɔxə] *f* semana *f*; *pl* **~n**, MED → **~nbett**; ***heute in zwei ~n*** de hoje a duas semanas; ***unter der ~*** F durante a semana
'Wochen|arbeitszeit *f* tempo *m* semanal de trabalho; **~bett** *n* <*-(e)s*; *-en*> (sobre)parto *m* (***im*** de); MED puerpério *m*; **~blatt** *n* <*-(e)s*; *⁼er*> semanário *m*; **~end...**: *in Zssg(n)* do fim da semana, para o fim da semana; **~ende** *n* fim-de-semana *m*; fim *m* da semana; **~karte** *f* passe *m* semanal; **≈lang** (por *od* durante) semanas inteiras; **~lohn** *m* <*-(e)s*; *-e*> salário *m* semanal; **~markt** *m* <*-(e)s*; *⁼e*> feira *f* semanal; **~tag** *m* <*-(e)s*; *-e*> dia *m* de semana; (*Werktag*) dia *m* útil; *pl* ***an ~en*** = **≈tags** nos dias úteis
'wöchentlich ['vœçəntliç] semanal; *adv a* todas as semanas; ***dreimal*** *etc* ***~*** três vezes por semana
'wochenweise por semana, semanal
'Wöchnerin ['vœçnərin] *f* parturiente *f*
wo'durch *relativ*: pelo que, pelo qual, pela qual; ***~?*** como?; de que modo?; *örtl* por onde?

W

wo'für *relativ*: para o que, pelo qual, pela qual; **~?** para que?; a favor de que?
'Woge ['vo:gə] *f* vaga *f*, onda *f*
wo'gegen em troca de que?; *relativ*: contra que, contra o qual, contra a qual, em troca de que, em troca do qual, em troca da qual; **~?** contra que(m)?; → ***wohingegen***
'wogen ondear, flutuar; *Meer*: encapelar-se; *Menschen*: agitar-se
wo|'her donde; **~'hin** para onde, aonde; **~hin'gegen** enquanto que, ao passo que
wohl [vo:l] *adv* bem (*comp* **~er** melhor; *sup* **am ~sten** ['wolsten] melhor); **~ aber** mas, porém; (*vielleicht*) talvez, *fragend*: *a* porventura; *vermutend*: **er hat ~** deve ter; **~ oder übel** quer queira, quer não; **~ dem, der** feliz aquele que, ditoso aquele que; **ob er ~ kommt?** (será que) ele virá?; **es sich ~ sein lassen** gozar; **sich ~ fühlen**: sentir-se bem; **~ gemeint** bem-intencionado, amigável; **~ tun** fazer bem; *REL a* bem-fazer; **~ überlegt** bem refle(c)tido
Wohl *n* <-(*e*)*s*; *sem pl*> bem *m*; *a* → ***~befinden***; **zum ~e** (*gen*) por bem *m* de, a bem *m* de, em prol *m* de, benefício *m* de; (**auf**) **Ihr ~!** (à sua) saúde; *bras* à saúde!, tintim!
wohl|'auf bem de saúde, de boa saúde; **'≈befinden** *n* <-*s*; *sem pl*> bem-estar *m*, boa saúde *f*; **'≈behagen** *n* <-*s*; *sem pl*> agrado *m*, prazer *m*; → ***≈befinden***; **'~behalten** são e salvo; *et*: inta(c)to, *ECON* em boas condições; **'≈ergehen** *n* → ***≈befinden***; prosperidade *f*; **'~erzogen** bem educado
'Wohlfahrt *f* <*sem pl*> bem(-estar) *m*; → (***Sozial***)***Fürsorge***; **~sstaat** *m* <-(*e*)*s*; -*en*> *abwertend*: estado-previdência *m*
'Wohl|gefallen *n* agrado *m*; prazer *m*; **sich in ~ auflösen** F desvanecer-se, resolver-se a contentamento de todos; **≈gefällig** agradável, aprazível; *adv a* com agrado, com prazer; **≈gemerkt!** bem entendido!; **≈genährt** ['-gənɛ:rt] bem nutrido; **≈geraten** *j-d*: bem-educado; *et*: bem feito; **~geruch** *m* <-(*e*)*s*; ⸚*e*> bom cheiro *m*, fragrância *f*, perfume *m*; **~geschmack** *m* <-(*e*)*s*; *sem pl*> gosto *m* agradável; sabor *m* agradável; bom paladar *m*; **≈gesinnt** bem-intencionado; ***j-m ~ sein*** ser amigo de alg; **≈gestaltet** bem proporcionado; **≈habend** abastado; **≈ig** agradável; *Gefühl*: de bem-estar; **~klang** *m* <-(*e*)*s*; *sem pl*> harmonia *f*; **≈klingend** harmonioso, eufónico; **≈meinend** → ***≈ gemeint***; **≈riechend** aromático; perfumado; **≈schmeckend** saboroso, gostoso; **~sein** *n* <-*s*; *sem pl*> bem-estar *m*; saúde *f*; **~stand** *m* <-(*e*)*s*; *sem pl*> abastança *f*, prosperidade *f*; **~standsgesellschaft** *f* sociedade *f* de abundância; **~tat** *f* benefício *m*, favor *m*; *MED* alívio *m*; **~täter(in** *f*) *m* benfeitor(a *f*) *m*; **≈tätig** benéfico, caritativo; **~tätigkeit** *f* <*sem pl*> beneficência *f*, caridade *f*; **≈tuend** ['-tu:ɛnt] reconfortante, benéfico; **≈verdient** bem merecido; *j-d*: benemérito (**um** de); **'≈'weislich** prudentemente; **~wollen** *n* benevolência *f*, simpatia *f*; **≈wollend** → ***≈ gemeint***; benévolo; *adv* com simpatia, com benevolência
'Wohn|block ['vo:n-] *m* <-(*e*)*s*; ⸚*e*> bloco *m* residencial; **≈en** viver, habitar, morar, residir; *im Hotel*: estar alojado; **~fläche** *f* superfície *f* habitável; **~gemeinschaft** *f* residência *f* comunitária; **~haus** *n* <-*es*; ⸚*er*> casa *f* de habitação; **≈haft** domiciliado, residente; **~heim** *m* <-(*e*)*s*; -*e*> lar *m*; **~küche** *f* cozinha *f* grande onde se tomam as refeições; **≈lich** confortável, cómodo (*ô); **~mobil** *n* <-*s*; -*e*> roulote *f*; **~ort** *m* <-(*e*)*s*; -*e*> domicílio *m*, morada *f*; **~raum** *m* <-(*e*)*s*; ⸚*e*> sala *f*; assoalhada *f*; **~siedlung** *f* bairro *m* residencial; **~sitz** *m* <-*es*; -*e*> domicílio *m*, residência *f*; **~ung** *f* (*Unterkunft*) casa *f*, morada *f*; (*Etagen≈*) andar *m*, apartamento *m*; (*Wohnsitz*) domicílio *m*
'Wohnungs|amt *n* <-(*e*)*s*; ⸚*er*> repartição *f* de alojamento; serviços *m*/*pl* de alojamento; *bras* serviço *m* de habitação e casa própria; **~bau** *m* <-(*e*)*s*; *sem pl*> construção *f* de habitações; **~eigentum** *n* <-*s*; *sem pl*> propriedade *f* horizontal; **~geld** *n* <-(*e*)*s*; -*er*> subsídio *m* de habita-

W

ção; **~mangel** *m* <-*s*; *sem pl*> falta *f* de habitações; **~not** *f* <*sem pl*> crise *f* habitacional; **~suche** *f* procura *f* de alojamento; **~tausch** *m* <-(*e*)*s*; *sem pl*> troca *f* de habitação; **~wechsel** *m* mudança *f* de domicílio

'Wohn|viertel *n* bairro *m* habitacional (*bras* residencial); **~wagen** *m* roulote *f*, *bras* trailer *m*; **~zimmer** *n* sala *f* de estar

Wok ['vɔk] *m* <-*s*; -*s*> wok *f*

'wölb|en ['vœlbən] ARQUIT arquear, abobadar; *a* ***sich*** **~** abaular; *Holz*: empenar; **ᴤung** *f* curva *f*; abaulamento *m*; ARQUIT arqueação *f*; (*Gewölbe*) abóbada *f*

Wolf [vɔlf] *m* <-(*e*)*s*; ¨*e*> lobo *m*; TÉCN *Küche*: máquina *f* para (passar a) carne; *bras* máquina *f* de moer carne; → ***Reißwolf***

'Wölfin ['vœlfin] *f* loba *f*

'Wolfram ['vɔlfram] *n* <-*s*; *sem pl*> tungsténio (*ê) *m*, volfrâmio *m*

'Wolfs|hund *m* <-(*e*)*s*; -*e*> lobecão *m*; **~hunger** *m* <-*s*; *sem pl*> fome *f* canina; **~milch** BOT *f* <*sem pl*> ésula *f*, maleiteira *f*, eufóbio *m*

'Wolk|e ['vɔlkə] *f* nuvem *f*; ***aus allen ~n fallen*** *fig* cair das nuvens; **~enbruch** *m* <-(*e*)*s*; ¨*e*> chuva *f* torrencial; *kurzer*: aguaceiro *m*; **~enkratzer** ['-kratsər] *m* arranha-céus *m*; **ᴤenlos** sem nuvens, límpido, desanuviado; **~enwand** *f* <-; ¨*e*> faixa *f* de nuvens; **ᴤig** nublado

'Woll|decke ['vɔl-] *f* coberta *f* (*od* cobertor *m*) de lã; **~e** *f* lã *f*; BOT cotão *m*, lanugem *f*; ***sich*** (***einander***) ***in die ~ geraten*** F altercar; **ᴤen**[1] *adj* de lã

'wollen[2] **1.** querer; (*wünschen*) desejar; (*beabsichtigen*, *behaupten*) pretender; ***wie Sie ~*** como quiser (*od* queira), como entender; ***lieber ~*** preferir; ***wir ~*** *essen etc a* vamos ...; **~ *Sie bitte*** (*inf*) tenha a bondade de; ***hier*** (*od* ***da***) ***ist nichts zu ~!*** F não se pode fazer nada!; Paciência!; ***gewollt*** *adj* propositado; **2. ᴤ** *n* querer *m*; FIL volição *f*

'woll|ig lanoso; *Haar*: crespo; **ᴤindustrie** *f* indústria *f* de lanifícios; **ᴤkamm** *m* <-(*e*)*s*; ¨*e*> carda *f*; **ᴤstoff** *m* <-(*e*)*s*; -*e*> (tecido *m* de) lã *f*

'Wol|lust ['vɔlust] *f* <-; ¨*e*> voluptuosidade *f*; *stärker*: luxúria *f*; **ᴤlüstig** ['-lystiç] voluptuoso; *stärker*: lascivo

'Wollwaren *f/pl* artigos *m/pl* de lã, lanifícios *m/pl*

wo|'mit com o qual, com a qual; **~?** com que?, **~ *kann ich Ihnen dienen?*** em que posso servi-lo?; **~'möglich** porventura; **~'nach** *verknüpfend*: segundo o qual, segundo a qual; *örtl* atrás de que, atrás do qual, atrás da qual; *zeitl* depois de que, depois do qual, depois da qual; **~?** *örtl* atrás de que?; *zeitl*: depois de que?; **~ *fragt er?*** que pergunta ele?; **~ *riecht er?*** a que cheira ele?

'Wonne ['vɔnə] *f* delícia *f*, encanto *m*; *ewige*: REL glória *f*; *a* = **~gefühl** *n* <-(*e*)*s*; -*e*> (sensação *f* de) enlevo *m*, deleite *m*; **ᴤvoll** → ***wonnig***

'wonnig ['vɔniç] delicioso

wo'ran [voː'ran] no qual, na qual; ao qual, à qual; **~?** a que?, em que?, onde(?); **~ *leidet er?*** de que sofre?; ***nicht wissen***, **~ *man ist*** não saber a que ater-se; **~auf** depois do qual, depois da qual, sobre o qual, sobre a qual; **~?** sobre que?; onde?, aonde?; *zeitl* depois de que?; **~ *wartest du?*** por que esperas?

wo'raus do qual, da qual; **~?** de que?, donde?

wo'rin [voː'rin] no qual, na qual; **~?** em que?, onde?

'Workshop [w'œːrkʃɔp] *m* <-*s*; -*s*> workshop *m*

Wort [vɔrt] *n* <-(*e*)*s*; -*e*, ¨*er*> palavra *f* (*a Versprechen*; ***mit e-m ~*** numa); (*Ausdruck*) termo *m*; (*Ausspruch*) frase *f*; dito *m* (***geflügeltes*** célebre, histórico); sentença *f*; REL Verbo *m*; ***aufs ~*** *gehorchen* cegamente; **~ *für ~*** palavra por palavra; ***mit anderen Worten*** por outras palavras; (***nicht***) ***zu ~e kommen lassen*** (não) deixar falar; ***das ~ ergreifen*** tomar a (*od* usar da) palavra; ***das ~ führen*** falar, ser o orador; *irón* ser fanfarrão, ostentar-se; **~ *halten*** ter palavra; ***beim ~ nehmen*** pegar na palavra; tomar ao pé da letra; ***ein ~ mitreden können*** ter competência; ***ein ~ mitzureden haben*** ter que ser ouvido; *pl* ***schöne ~e*** palavrinhas *f/pl*; ***viele ~e machen*** falar muito, ser prolixo; ***in ~en*** por extenso; **'~akzent** *m* <-(*e*)*s*; *-e*> acento *m* tónico (*ô); **'⁀arm** <-(*e*)*s*; *⁼st*> lacónico (*ô); **'~art** *f* espécie *f* de palavra; **'~bildung** *f* formação *f* de palavras; **'~bruch** *m* <-(*e*)*s*; *⁼e*> falta *f* de palavra, quebra *f* de palavra; **'⁀brüchig: *~ sein*** faltar à palavra

'Wörter|buch *n* <-(*e*)*s*; *⁼er*> dicionário *m*; **~verzeichnis** *n* <*-ses*; *-se*> vocabulário *m*, léxico *m*, glossário *m*

'Wort|folge *f* ordem *f* das palavras; **~führer** *m* orador *m*; porta-voz *m*; *fig* representante *m*; **⁀getreu** → **⁀*wörtlich***; **⁀gewandt** eloquente; **⁀karg** lacónico (*ô), de poucas palavras; **~klauber** ['-klaubər] *m* subtilizador *m*; **~klaube'rei** *f* logomaquia *f*, verbalismo *m*; **~laut** *m* íntegra *f*; teor *m*; ***im ~*** no original, textualmente; ... ***hat folgenden ~: ...*** reza assim, *bras* ... é o seguinte

'wörtlich ['vœrtliç] literal, textual; *adv a* à letra, ao pé da letra

'wort|los silencioso; *adv* sem dizer nada; **~reich** de rico vocabulário; *Stil*: abundante; (*phrasenhaft*) verboso; **⁀schatz** *m* <*-es*; *sem pl*> vocabulário *m*; **⁀schwall** *m* <-(*e*)*s*; *sem pl*> verbosidade *f*; **⁀sinn** *m* <-(*e*)*s*; *sem pl*> sentido *m* literal, significado *m* literal, acepção *f* literal; **⁀spiel** *n* <-(*e*)*s*; *-e*> jogo *m* de palavras, trocadilho *m*; **⁀stellung** *f* → **⁀*folge***; **⁀wechsel** *m* discussão *f*, disputa *f*; altercação *f*; **~'wörtlich** palavra por palavra

wo'rüber [vo:'ry:bər] *relativ*: sobre o qual, sobre a qual; do qual, da qual; no qual, na qual; ***~?*** sobre que?; de que?; em que?

wo'rum em volta do qual, em volta da qual; ***~?*** em volta de que?; *fig* de que?

wo'runter debaixo do qual, debaixo da qual; entre os quais, entre as quais; ***~?*** debaixo de que?; entre quem?, entre quais pessoas?

wo'von do qual, da qual; ***~?*** de que?

'wovor diante do qual, diante da qual; ***~?*** diante de que?; ***~ fürchtest du dich?*** que temes?

'wozu[1] para que?; para que fim?; para que efeito?

wo'zu[2] *relativ*: para o que, para o qual, para a qual

Wrack [vrak] *n* <-(*e*)*s*; *-e*, *-s*> destroços *m/pl* de um navio (*od* avião); carcaça *f*

'wringen ['vriŋən] torcer (a roupa)

WTO [ve:te:'ʔo:] *f* <-> ***Welthandelsorganisation*** Organização *f* Mundial do Comércio (OMC)

'Wucher ['vu:xər] *m* usura *f*; ***~ mit Waren*** açambarcamento de; ***~ treiben*** usurar; (**~er** *m*) **⁀isch** usurário (*m*); onzenário (*m*); **⁀n** <*-re*> BOT, *a fig* pulular; ECON usurar; **~preis** *m* <*-es*; *-e*> preço *m* de usurário; **~ung** *f* MED excrescência *f*, tumor *m*

Wuchs [vuks] *m* <*-es*; *sem pl*> crescimento *m*; (*Gestalt*) estatura *f* (***schlank*** elegante), tamanho *m*, forma *f*

Wucht [vuxt] *f* ímpeto *m*; (*Gewicht*) peso *m*; ***mit voller ~*** com toda a força; **'⁀en** F (*heben*) levantar com grande esforço; (*schlagen*) bater com toda a força; **'⁀ig** impetuoso, pesado; *fig* impressionante

'Wühl|arbeit ['vy:l-] *f fig* agitação *f* clandestina; **⁀en** POL agitar os espíritos, fazer propaganda subversiva; ***in*** (*dat*) **~** revolver (*ac*), remexer (*ac*); ***in der*** *Erde*: escavar, esgaravatar (*ac*); **~er** *m* (agente *m*) agitador *m*, intriguista *m*; **~maus** *f* <-; *⁼e*> arvícola *f*

Wulst [vulst] *m* <*-es*; *⁼e*> chumaço *m*; MED protuberância *f*; ARQUIT bocel *m*; **'⁀ig** balofo; *Lippe*: grosso

wund [vunt] ferido; (*~ gescheuert*) esfolado, escoriado; ***sich ~ liegen*** ulcerar-se, chagar-se; ***sich*** (*dat*) ***die Füße ~ laufen*** esfolar os pés; ***~e Stelle*** esfoladela *f*; ***~er Punkt*** *fig* ponto *m* delicado; ponto *m* fraco

'Wunde ['vundə] *f* ferida *f*; *offene*: *a* chaga *f*

'Wunder ['vundər] *n* milagre *m* (*bsd* REL); (*~werk*) maravilha *f*; (*~ding*) prodígio *m*, portento *m*; ***es ist kein ~*** não é de admirar, não é de estranhar; ***glauben, ~ was getan zu haben*** julgar ter feito maravilhas; ***sich ~ was auf ...*** (*ac*) ***einbilden*** julgar sabe-se lá o quê de ...; ***sein blaues ~ erleben*** ver as do diabo, *bras* ter uma surpresa daquelas; **⁀bar** maravilhoso, prodigioso; *bsd* REL milagroso; (*herrlich*) admirável; (*seltsam*) estranho; *adv* (**ganz**)

~ à(s mil) maravilha(s); **~ding** *n* <-(*e*)*s*; -*e*> prodígio *m*; **~doktor** *m* <-*s*; -*en*> curandeiro *m*, charlatão *m*; **~glaube** *m* <-*ns*; *sem pl*> crença *f* em milagres; **'≈'hübsch** muito lindo, lindíssimo; **~kind** *n* <-(*e*)*s*; -*er*> menino-prodígio *m*; **~land** *n* <-(*e*)*s*; ¨*er*> país *m* das maravilhas; **≈lich** esquisito, estranho; **≈n** <-*re*>: (**sich**) ~ admirar(-se, ***über*** *ac* de); **≈sam** estranho; **'≈'schön** muito formoso, magnífico; *adv* com rara perfeição, às mil maravilhas; (**~täter** *m*) **≈tätig** *REL* taumaturgo (*m*), milagreiro (*m*); **≈voll** maravilhoso, admirável, magnífico; *adv a* → **≈schön**; **~welt** *f* mundo *m* das maravilhas; **~werk** *n* <-(*e*)*s*; -*e*> maravilha *f*

'Wund|fieber *n* <-*s*; *sem pl*> febre *f* traumática; **~mal** *n* <-(*e*)*s*; -*e*> (*Narbe*) cicatriz *f*; *REL* chaga *f*; **~starrkrampf** *m* <-(*e*)*s*; *sem pl*> tétano *m*

Wunsch [vunʃ] *m* <-(*e*)*s*; ¨*e*> desejo *m* (**nach** de); ***auf*** **~** (*gen*) a pedido (de); ***nach*** **~** à vontade *f*; (*Glück*≈) voto *m* (***aussprechen*** formular); ***haben Sie noch e-n ~?*** deseja mais alguma coisa?; **'~bild** *n* <-(*e*)*s*; -*er*> ideal *m*; **'~denken** *n* <-*s*; *sem pl*> quimeras *f*/*pl*

'Wünschelrute ['vynʃəl-] *f* vara *f* (bifurcada) de vedor

'wünschen ['vynʃən] desejar; ***sehnsüchtig ~*** ansiar, anelar; ***j-m Glück ~*** felicitar alg; ***guten Tag ~*** dar os bons dias; ***ganz wie Sie ~*** como quiser; ***gewünscht werden*** *j-d*: ser chamado; etwas *ECON*: ser pedido; **~swert** desejável, de desejar

'wunsch|gemäß conforme desejado; **≈konzert** *n* <-(*e*)*s*; -*e*> programa *m* de música pedida pelos ouvintes; **~los** sem desejos; **~ *glücklich*** F completamente feliz (*od* satisfeito); **≈traum** *m* <-(*e*)*s*; ¨*e*> ideal *m*, ilusão *f*; **≈zettel** *m* lista *f* de prendas pedidas, *bras* lista *f* de pedidos

'Würde ['vyrdə] *f* dignidade *f*; (*Ernst*) gravidade *f*; *akademische*: grau *m*; ***ich halte es für unter meiner ~ ...*** parece-me indigno ...; **≈los** indigno, indecoroso; **~nträger** *m* dignitário *m*; **≈voll** grave; decoroso; solene

'würdig ['vyrdiç] digno; → ***würdevoll***; ***sich*** (*gen*) **~ *erweisen*** saber corresponder a; **~en** [-gən] apreciar; julgar digno; ***j-n keiner Antwort ~*** não se dignar a responder a alg; **≈ung** *f* apreciação *f*; (*Ehrung*) homenagem *f*; *LIT* crítica *f*

Wurf [vurf] *m* <-(*e*)*s*; ¨*e*> lançamento *m*; arremesso *m*; *a Spiel*: lance *m*; *Würfel*: *a* jogada *f*; *ZO* ninhada *f*; cria *f*; *fig* realização *f*; êxito *m*

'Würfel ['vyrfəl] *m* (*Spiel*≈) dado *m*; (*Suppen*≈) *u MAT* cubo *m*; (*Zucker*≈) quadradinho (*bras* cubinho) *m* de açúcar; *auf Stoffen*: quadrado *m*; ***die ~ sind gefallen*** *fig* os dados estão lançados; **~becher** *m* copo *m*; **≈förmig** ['-fœrmiç] cúbico; **≈n** <-*le*> jogar (a)os dados, *bras* jogas dados; ***gewürfelt*** *adj* quadriculado; **~spiel** *n* <-(*e*)*s*; -*e*> jogo *m* de dados; **~zucker** *m* <-*s*; *sem pl*> açúcar *m* em quadradinhos (*bras* em cubinhos)

'Wurf|geschoss *n* <-*es*; -*e*> arma *f* de arremesso, projé(c)til *m*; **~leine** *f NAV* espia *f*; **~sendung** *f CORR* (remessa *f* por) avença *f*, *bras* circular *f* de correio; **~speer** *m* <-(*e*)*s*; -*e*> venábulo *m*, dardo *m*

'würg|en ['vyrgən] **1.** *v*/*t* sufocar, estrangular; **2.** *v*/*i* reprimir os vómitos (*ô); **~ *an*** (*dat*) ter dificuldade em tragar (*od* em engolir) a/c; **≈er** *m ZO* esmerilhão *m*

Wurm [vurm] <-(*e*)*s*; ¨*er*> **a)** *m* verme *m*; (*Holz*≈) caruncho *m*; (*Regen*≈) minhoca *f*; *MED* bicha *f*, lombriga *f*; oxiuro *m*; ***da ist der ~ drin!*** F aí há gato, *bras* isso não está cheirando bem; **b)** *n* F: ***das arme ~*** coitad(inh)o *m*, -a *f*; **'≈en** *v*/*t* mortificar, fazer embirrar a; **'≈förmig** ['-fœrmiç] vermiforme; **'~fortsatz** *m* <-*es*; ¨*e*> apêndice *m*; **'~fraß** *m* <-*es*; *sem pl*> carcoma *f*; **'~mittel** *MED n* vermicida *m*, vermífugo *m*; **'≈stichig** ['-ʃtiçiç] carunchoso; *Obst*: bichoso, *bras* bichado

Wurst [vurst] *f* <-; ¨*e*> *allg* salsicharia *f*; enchido *m*; carnes *f*/*pl* frias; *geräuchert*: chouriço *m*, *bras* lingüiça *f*; (*Brat*≈, *Knack*≈) salsicha *f*; (*Blut*≈) morcela *f*; ***das ist mir ~*** F isso não me interessa

'Würstchen ['vyrstçən] *n* salsicha *f*;

W

F *fig* pobre diabo; **~bude** *f* F tenda *f* de salsichas
'wurst|eln ['vurstəln] *<-le>* F trabalhar sem entusiasmo, trabalhar sem interesse; **~ig** F indiferente, desinteressado; **2waren** *f/pl* salsicharia *f*; carnes *f/pl* frias
'Würze ['vyrtsə] *f* tempero *m*, condimento *m*; (*Bier2*) mosto *m*; (*Geschmack etc*) aroma *m*; *a fig* sabor *m*
'Wurzel ['vurtsəl] *f <-; -n>* raiz *f* (*MAT* ***zweite*** quadrada, ***dritte*** cúbica), *GRAM a* radical *m*; (*Fuß2*) tarso *m*; (*Hand2*) carpo *m*; ***~n schlagen*** lançar raízes, arraigar, pegar de estaca; *MAT, MED* ***die ~ ziehen*** extrair a raiz; **~behandlung** *MED f* tratamento *m* da raiz; **~bildung** *f* radicação *f*; **~faser** *f <-; -n>* radícula *f*; **~hautentzündung** *f* periosteíte *f*, periostite *f*; **~knollen** *m* tubérculo *m*; **2los** *fig* desarraigado; **2n** *<-le>* radicar; **~schössling** *m <-s; -e>* pimpolho *m*, rebento *m* (junto ao tronco), *bras* broto *m*; **~stock** *m <-(e)s; ⸚e>* rizoma *m*; **~werk** *n <-(e)s; sem pl>* raízes *f/pl*; **~zeichen** *MAT n* radical *m*
'würz|en ['vyrtsən] *<-t>* condimentar, temperar; *a fig* sazonar; **~ig** aromático, bem temperado; *fig* forte, vigoroso
'wuschel|ig ['vuʃəliç] *Haar*: aos caracóis; **2kopf** *m <-(e)s; ⸚e>* F cabelo *m* aos caracóis
Wust [vuːst] *m <-(e)s; sem pl>* trapalhada *f*
wüst [vyːst] (*öde*) deserto, ermo; (*unbebaut*) inculto; (*ohne Ordnung*) desordenado; (*lärmend*) tumultuoso; *j-d*: brutal; *a Leben*: desregrado
'Wüste *f* deserto *m*; ***zur ~ machen*** devastar; **'2ling** *m <-s; -e>* estróina *m*, perdulário *m*
Wut [vuːt] *f <sem pl>* raiva *f*, fúria *f*, furor *m*; sanha *f*; mania *f*; ***in ~ bringen, in ~ geraten*** enfurecer; **'~anfall** *m <-(e)s; ⸚e>* ataque *m* de cólera
'wüten ['vyːtən] *<-e>* enfurecer, raivar, estar furioso, estar zangado; *Sturm*: desencadear-se com fúria; ***~ in*** (*dat*) *a* causar estragos em; (*verwüsten*) devastar; **~d** *adj* furioso, zangado, raivoso (***werden*** ficar); ***~ machen*** enfurecer, zangar; ***~ werden*** enfurecer, enraivecer, zangar-se; ***auf j-n ~*** estar furioso com alg
'wutentbrannt ['-ɛntbrant] furibundo
WWW *n <-; ->* ***World Wide Web*** w.w.w. *m*

X

X, x [iks] *n inv* X, x *m*; ***Herr X*** Fulano; ***j-m ein X für ein U vormachen*** vender gato por lebre
'X|-Achse *f MAT* eixo *m* das abscissas; **~-Beine** *n/pl*: ***~ haben*** ser cambaio, *bras* ser um perna-de-xis; **2-beinig** ['-baɪniç] cambaio; **2-beliebig** qualquer
Xero|gra'phie [kseːrogra'fiː] *f* xerografia *f*; **~ko'pie** *f* xerocópia *f*
'x-mal não sei quantas vezes; imensas (*od* mil) vezes
x-te ['-tə]: ***~ Potenz*** potência *f* x; ***zum x-ten Mal*** pela milhésima vez
Xylo'graph [ksylo'graːf] *m <-en>* xilógrafo *m*
Xylo'phon [ksylo'foːn] *n <-s; -e>* xilofone *m*

Y

Y, y ['ypsilɔn] *n inv* Y, y *m*
'**y-Achse** *f MAT* eixo *m* das ordenadas
Yacht [jaxt] *f* → ***Jacht***
'**Yankee** ['jɛŋki] *m* <-s; -s> ianque *m*
Yard [jaːrt] *n* <-s; -s> jarda *m*
'**Yoga** ['joːga] *m od n* <-s; *sem pl*> ioga *m*
'**Ysop** ['iːzɔp] *m* <-s; -e> *BOT* hissope *m*

Z

Z, z [tsɛt] *n inv* Z, z *m*; ***von A bis ~*** de cabo a rabo, de ponta a ponta
'**Zack|e** ['tsakə] *f*, **~en** *m* ponta *f*, (*Spitze*) pua *f*; *TÉCN* dente *m*; (*Zinne*) merlão *m*; **2en** recortar, dent(e)ar; **2ig** dent(e)ado; com puas; *fig* F *j-d*: bizarro
'**zaghaft** ['tsaːk-] tímido, medroso; **2igkeit** *f* <*sem pl*> timidez *f*, medo *m*
zäh [tsɛː] tenaz, *j-d*: *a* teimoso; *et*: *a* resistente, *Fleisch*: duro; '**~flüssig** espesso; (*klebrig*) viscoso; *Verkehr*: congestionado; *adv a* com tenacidade; '**2igkeit** *f* <*sem pl*> tenacidade *f*, viscosidade *f*
Zahl [tsaːl] *f* número *m*; (*Ziffer*) algarismo *m*
'**zahlbar** pagável; ***~ werden*** vencer
'**zählbar** contável, numerável
'**zahlen** pagar; *ECON* saldar; ***~!*** a conta, se faz favor!; ***was habe ich zu ~?*** quanto é?; **~d** *adj Mitglied*: contribuinte
'**zählen** ['tsɛːlən] contar (***auf*** *ac* com; ***zu*** *seinen Kunden etc* entre); *Bevölkerung*: recensear; ***nicht bis 3 ~ können*** F ser ignorante
'**Zahlen|angabe** *f/pl* elementos *m/pl* estatísticos, dados *m/pl* estatísticos; **~folge** *f* série *f* de números; **2mäßig** numérico; **~material** *n* <-s; *sem pl*> → ***~angabe***; **~reihe** *f* → ***~folge***
'**Zahler(in** *f*) *m* ['tsaːlər-] pagador(a *f*) *m*
'**Zähler** ['tsɛːlər] *m EL u TÉCN* contador *m*; *MAT* numerador *m*; **~ablesung** *f* leitura *f* do contador
'**Zahl|grenze** *f* zona *f*; **~karte** *f* vale *m* postal (*od* de correio); **2los** inumerável; ***~e*** *pl* um sem-número de; **~meister** *m* tesoureiro *m*; *MIL* quartel-mestre *m*; *NAV* comissário *m*; **2reich** numeroso; ***~e*** *pl a* grande número de; **~stelle** *f* caixa *f*; **~tag** *m* <-(e)s; -e> dia *m* de pagamento; *e-s Wechsels*: vencimento *m*; **~ung** *f* paga *f*; pagamento *m*; ***in ~ geben*** (***nehmen***) *ECON* dar (aceitar) em pagamento
'**Zählung** ['tsɛːluŋ] *f* numeração *f*; contagem *f*; *Statistik*: recenseamento *m*
'**Zahlungs|anweisung** *f*, **~auftrag** *m* <-(e)s; ¨e> ordem *f* de pagamento; **~aufforderung** *f* aviso *m* de pagamento; **~aufschub** *m* <-(e)s; ¨e> prórroga *f*, moratória *f*; **~bedingungen** *f/pl* condições *f/pl* de pagamento; **~befehl** *m* <-(e)s; -e> mandado *m* (*bras* ordem *f*) de pagamento; **~bilanz** *f* balanço *m* de pagamento; **~einstellung** *f* suspensão *f* de pagamentos; **~empfänger** *m* recebedor *m*; destinatário *m*; **~erleichterungen** *f/pl* facilidades *f/pl* de pagamento; **2fähig** solvente; **~fähigkeit** *f* <*sem pl*> solvência *f*; **~frist** *f* (prazo *m* de) vencimento *m*; **~mittel** *n* moeda *f*; meio *m* de pagamento; **~ort** *m* <-(e)s; -e> local *m* de pagamento; **~termin** *m* <-s; -e> (dia *m* do) vencimento *m*; **2unfähig** insolvente; **~unfähigkeit** *f* <*sem pl*> insolvência *f*; **~verkehr** *m* <-s; *sem pl*> (serviço *m* de) paga-

mentos *m/pl*; **~weise** *f* modo *m* de pagamentos

'Zählwerk *n* <-(*e*)*s*; -*e*> contador *m*

'Zahlwort *n* <-(*e*)*s*; ¨*er*> (adjectivo *m*) numeral *m*

zahm [tsa:m] manso; (*gezähmt*) domesticado; doméstico; **~** ***werden*** amansar, domesticar-se

'zähm|bar ['tsɛ:m-] domável; **~en** amansar, *a* (*bändigen*) domar; *fig* dominar

'Zahmheit ['tsa:mhaɪt] *f* <*sem pl*> mansidão *f*

'Zähmung ['tsɛ:muŋ] *f* domesticação *f*

Zahn [tsa:n] *m* <-(*e*)*s*; ¨*e*> dente *m* (***putzen*** lavar); ***der ~ der Zeit*** *fig* a lima do tempo; ***j-m auf den ~ fühlen*** *fig* tomar o pulso a alg; ***Zähne bekommen*** → **2en**; ***mit den Zähnen klappern*** bater os dentes; ***die Zähne zeigen*** *fig* mostrar os dentes; **'~arzt** *m* <-*es*; ¨*e*>, **'~ärztin** *f* dentista *su*; **'2ärztlich** dentário; *Studium*: odontológico; **'~belag** *m* <-(*e*)*s*; ¨*e*> sarro *m*; **'~bürste** *f* escova *f* de dentes

'Zähne|fletschen ['tsɛ:nə-] *n* arreganho *m*; **~klappern** *n* bater *m* de dentes; **~knirschen** *n* ranger *m*

'zahn|en ['tsa:nən] dentar; *v/i a* ter os dentes a nascer, estar com os dentes a nascer (*bras* nascendo); **2en** *n* dentição *f*

'Zahn|ersatz *m* <-*es*; *sem pl*> dentadura *f* postiça; prótese *f*; **~fäule** *f* <*sem pl*> cárie *f* (dos dentes); **~fleisch** *n* <-*es*; *sem pl*> gengiva *f*; **~fleischentzündung** *f* MED gengivite *f*; **~füllung** *f* MED material *m* de obturação; **~heilkunde** *f* <*sem pl*> medicina *f* dentária, odontologia *f*; estomatologia *f*; **~klinik** *f* clínica *f* odontológica (*od* estomatológica); **2los** desdentado; **~lücke** *f* falta *f* (de um dente); **~medizin** *f* <*sem pl*> odontologia *f*; **~nerv** *m* <-*s*; -*en*> nervo *m* dentário; **~pasta** *f* pasta *f* dentifrícia, pasta *f* dentífrica (*bras* de dente); **~pflege** *f* <*sem pl*> higiene *f* dos dentes; **~prothese** *f* prótese *f* dentária; **~rad** *n* <-(*e*)*s*; ¨*er*> roda *f* dentada; **~radbahn** *f* elevador *m* de cremalheira; **~radgetriebe** *n* engrenagem *f*; **~schmelz** *m* <-*es*; *sem pl*> ANAT esmalte *m*; **~schmerz** *m* <-*es*; -*en*> dor *f* de dentes; **~seide** *f* fio *m* dental; **~spange** *f* MED aparelho *m* de dentes; **~stange** *f* TÉCN cremalheira; **~stein** *m* <-(*e*)*s*; -*e*> tártaro *m*; P sarro *m*; **~stocher** ['-ʃtɔxər] *m* palito *m*; **~stumpf** *m* <-(*e*)*s*; ¨*e*> arnela *f*; **~techniker** *m* mecânico *m* dentista, *bras* protético *m*; **~wurzel** *f* <-; -*n*> raiz *f* do dente

'Zander ['tsandər] *m* lúcio *m*

'Zang|e ['tsaŋə] *f* tenaz *f*; (*Greif2*) alicate *m*; MED pinça *f*; (*Geburts2*) fórceps *m*, fórcipe *m*; (*Zahn2*) boticão *m*; *pl* **~n** ZO pinças *f/pl*; **~engeburt** *f* parto *m* com fórceps

Zank [tsaŋk] *m* <-(*e*)*s*; *sem pl*> questão *f*, disputa *f*; briga *f*, rixa *f*; **'~apfel** *m* <-*s*; *sem pl*> pomo *m* de discórdia; **'2en**: (***sich***) **~** andar às bulhas (*od* às turras, *bras* de briga); brigar; querelar; ***sich mit j-m ~*** zangar-se com alg; ***sich ~ um*** (*od* ***über*** *ac*) disputar sobre, disputar-se (*ac*), *bras* brigar por a/c

'zänkisch ['tsɛŋkiʃ] embirrento, implicante, bulhento, quezilento

'Zäpfchen ['tsɛpfçən] *n* ANAT úvula *f*, campainha *f*; MED supositório *m*

'zapfen ['tsapfən] *v/t* tirar

'Zapfen *m am Gefäß*: espiche *m*, batoque *m*, torneira *f*; TÉCN espiga *f*, clavija *f*; (*Bolzen*) perno *m*; (*Eis2*) caramelo *m*; (*Holz2*) tarugo *m*, dente *m*; BOT cone *m*, estróbilo *m*; (*Tannen2*) pinha *f*; **~streich** *m* <-(*e*)*s*; -*e*> toque *m* de recolher

'Zapf|hahn ['tsapf-] *m* <-(*e*)*s*; ¨*e*> torneira *f* de bico curvo; **~säule** *f* bomba *f* (de gasolina)

'zapp|(e)lig ['tsap(ə)liç] irrequieto; *Kind*: *a* rabino; **~eln** <-*le*>: (***mit den*** *Armen etc*) **~** estrebuchar; agitar (*ac*)

'zappen ['tsapən] *v/i* F fazer zap

Zar [tsa:r] *m* <-*en*> czar *m*; **'~in** *f* czarina *f*

'Zarge ['tsargə] *f* borda *f*; caixilho *m*; encaixe *m*

zart [tsart] (*zartfühlend*) terno; (*leicht zu kauen*) tenro; (*fein, empfindlich*) delicado; frágil; mimoso; (*dünn*) delgado, ténue; *adv behandeln*: com delicadeza; (*zärtlich*) com ternura; **'~besaitet** ['-bəzaɪtət] melindroso, sensível; mimoso; **~**

sein ser uma mimosa; **'~fühlend** delicado; **'♀gefühl** *n <-(e)s; sem pl>* delicadeza *f*; **'♀heit** *f <sem pl>* fragilidade *f*; delicadeza *f*, *fig a* ternura *f*

'zärtlich ['tsɛrtliç] terno, afe(c)tuoso (***zu*** para com); **♀keit** *f* carinho *m*, ternura *f*

'Zaster ['tsastər] *m <-s; sem pl>* F massa *f*, patacos *m/pl*, *bras* tutu *m*

Zä'sur [tsɛ'zuːr] *f* cesura *f*; *MÚS* pausa *f*

'Zauber ['tsaʊbər] *m* encanto *m*, magia *f*, feitiço *m*; *fig a* fascinação *f*; → ***~ei***; fauler **~** F intrujice *f*; **~'ei** [-'raɪ] *f* feitiçaria *f*, encantamento *m*, magia *f*, bruxaria *f*; **~er** *m* feiticeiro *m*; mágico *m*; bruxo *m*; → ***~künstler***; **~formel** *f <-; -n>* → ***~spruch***; **♀haft** encantador; feiticeiro; mágico; fantasmagórico; **~in** *f* feiticeira *f*, maga *f*; bruxa *f*; **~kraft** *f <-; ¨e>* feitiço *m*; poder *m* mágico; **~kunst** *f <-; ¨e>* magia *f*; ilusionismo *m*; **~künstler** *m* ilusionista *m*; prestidigitador *m*; **~kunststück** *n <-(e)s; -e>* truque *m* de magia; **~lehrling** *m <-s; -e>* aprendiz *m* de feiticeiro; **♀n** *<-re>* fazer habilidades (de prestidigitador); **~spruch** *m <-(e)s; ¨e>* fórmula *f* mágica (*od* de encantamento); conjuro *m*; **~stab** *m <-(e)s; ¨e>* var(inh)a *f* mágica; **~trank** *m <-(e)s; ¨e>* filtro *m*, feitiço *m*; **~wort** *n <-(e)s; -e>* palavra *f* mágica

'zauder|n *<-re>* hesitar, temporizar; vacilar; **♀n** *n* irresolução *f*, hesitação *f*

Zaum [tsaʊm] *m <-(e)s; ¨e>* freio *m*, rédea *f*; ***im ~e halten*** refrear, *fig a* conter

'zäumen ['tsɔymən] pôr a brida (*od* rédea)

'Zaumzeug *n <-(e)s; sem pl>* brida *f*, arreios *m/pl*

Zaun [tsaʊn] *m <-(e)s; ¨e>* sebe *f*; cerca *f*; *bras* gradil *m*; (*Draht♀*) rede *f*; (*Holz♀*)etacada *f*; ***vom ~e brechen*** *fig* provocar; **'~gast** *m <-(e)s; ¨e>* borlista *m*, *bras* penetra *m*; **'~könig** *m <-s; -e>* carriça *f*; **'~pfahl** *m <-(e)s; ¨e>* estaca *f*; ***Wink*** *m* ***mit dem ~*** *fig* F lembrança *f* (pouco discreta); aviso *m*

'zausen ['tsaʊzən] *<-t>* puxar, arrepelar; *Haar*: desgrenhar

z. B. ***zum Beispiel*** por exemplo (p. ex.)

'Zebra ['tseːbra] *n <-s; -s>* zebra *f*; **~streifen** *m* risca *f* de zebra, passadeira *f*

'Zech|e ['tsɛçə] *f* despesas *f/pl*, *bras* consumação *f*; *BGB* mina *f*; ***die ~ bezahlen müssen*** *fig* (ficar a) pagar o pato; **♀en** (fartar-se de) beber; **~preller** ['-prɛlər] *m* burlador *m*, caloteiro *m*

'Zecke ['tsɛkə] *f* carraça *f*, *bras* carrapato *m*

'Zeder ['tseːdər] *f <-; -n>* cedro *m*

Zeh [tseː] *m <-s; -en>*, **'~e** *f* dedo *m* do pé; ***große Zeh, große Zehe*** polegar (*bras* dedão) *m* do pé; *BOT* dente *m*; **'~en(spitzen)** *f/pl*: ***auf den ~*** nas pontas *f/pl* dos pés

zehn [tseːn] **1.** (P *a* **~e**) dez; ***etwa ~ Stück*** uma dezena; **2.** **♀** *f* dez *m*; **'♀er** *MAT m* dezena *f*; → ***♀pfennigstück***; **'♀er...**: *in Zssg(n)* decimal; de dez; **'♀erkarte** *f* bilhete *m* válido por dez vezes; **'~fach** dez vezes tanto; décuplo; **'~jährig** de dez anos; **'♀kampf** *m <-(e)s; ¨e>* decatlo *m*; **♀'pfennigstück** *n <-(e)s; -e>* moeda *f* de dez pfennig; **~'tausend** dez mil; **'~te** décimo; ***am ~n Mai*** no dia dez de Maio; em dez de Maio; **'♀te** *m* décimo *m*; *REL* dízimo *m*; **'♀tel** ['-təl] *n* décimo *m*, décima parte *f*; **'~tens** ['-təns] décimo, em décimo lugar

'zehren ['tseːrən]: ***an*** (*dat*) **~** enfraquecer (*ac*), *a fig* consumir (*ac*); **~ *von*** viver de (*a fig*), alimentar-se de

'Zeichen ['tsaɪçən] *n* sinal *m*; (*Ab♀*) distintivo *m*, insígnia *f*; (*An♀*) indício *m*, *MED a* sintoma *m*; *Astronomie*: *a* signo *m*; (*Merk♀*) *u ECON* marca *f*; *REL* milagre *m*; símbolo *m* (*a QUÍM*); (*Vor♀*) augúrio *m*; (*Ton♀*) acento *m*; (*Wink*, *~sprache*) senha *f*; *fig* símbolo *m*; ***seines ~s*** de ofício; ***j-m ein ~ geben*** fazer sinal a alg; ***zum ~*** (*gen*), ***zum ~, dass*** em sinal de (*su*); ***Ihr ~*** *ECON* a sua referência; **~brett** *n <-(e)s; -er>* estirador *m*, prancheta *f*; **~dreieck** *n <-s; -e>* *MAT* esquadro *m* (de desenho); **~erklärung** *f* explicação *f* de sinais e abreviaturas; legenda *f*; **~feder** *f <-; -n>* pena *f* de desenhar; **~kohle** *f* carvão *m*; **~kunst** *f <sem pl>* arte *f* de desenhar; desenho *m*; **~lehrer(in** *f*) *m* professor(a *f*) *m* de desenho; **~papier** *n* <-s; *sem pl*> papel *m* para desenhar; **~saal** *m* <-s; *-säle*> sala *f* de desenho; **~satz** *m* <-es; ⁻e> INFORM caracteres *m/pl*; **~setzung** ['-zɛtsuŋ] *f* GRAM pontuação *f*; **~sprache** *f* linguagem *f* por senhas; **~stift** *m* <-(e)s; -e> lápis *m*; **~tisch** *m* <-(e)s; -e> mesa *f* de desenho; **~trickfilm** *m* <-(e)s; -e> filme *m* de desenhos animados, *bras* desenho *m/sg* animado; **~unterricht** *m* <-(e)s; *sem pl*> (aulas *f/pl* de) desenho *m*

'zeichn|en ['tsaɪçnən] <-e-> desenhar; *mit Kohle*: esfumar; *Plan*: delinear, traçar, riscar; *Skizze*: esboçar; *Wäsche etc*: marcar; (*unter~*) assinar; *e-n Betrag*: subscrever-se com; **ℒen** *n* desenho *m*; **ℒer(in** *f*) *m* desenhador(a *f*) *m*, *bras* desenhista *su*; ECON subscritor(a *f*) *m*; **~erisch** ['-əriʃ] gráfico; **ℒung** *f* desenho *m*; ECON subscrição *f*; TÉCN traçado *m*; **~ungsberechtigt** com direito de assinar

'Zeigefinger ['tsaɪgə-] *m* indicador *m*

'zeigen mostrar (*a refl*); (*angeben*) indicar, ensinar; (*ausstellen*) exibir, expor, patentear; (*erklären*) fazer ver; *Flagge*: desfraldar; *Veränderung etc*: assinalar, acusar; ***auf*** (*ac*) ~ apontar para; ***sich am Fenster ~*** assomar à janela; ***das wird sich ~*** ver-se-á

'Zeige|r *m* indicador *m*; (*Waage*) fiel *m*; (*Uhr*ℒ) *u* **~stock** *m* <-(e)s; ⁻e> ponteiro *m*

'Zeile *f* linha *f*; (*Reihe*) fil(eir)a *f*; ***neue ~*** alínea *f*; ***zwischen den ~n*** *pl* nas entrelinhas *f/pl*; **~nabstand** *m* <-(e)s; ⁻e> entrelinha *f*; **~nschalter** *m* ajustador *m* de entrelinhas

'Zeisig ['tsaɪzig] *m* <-(e)s; -e> pintassilgo *m*

Zeit [tsaɪt] *f* tempo *m* (***finden*** ter; ***lassen*** dar); (*~abschnitt*) época *f*, HIST *a* idade *f*, REL século *m*; (*Uhr*ℒ) hora *f*; *begrenzte*: prazo *m*; (*~raum*) período *m*; ***vor langer ~*** há muito tempo; ***seit einiger ~*** de algum tempo para cá; ***das hat ~*** isso tem tempo; ***~ meines Lebens*** → ℒ***lebens***; ***du liebe ~!*** meu Deus!; ***es ist*** (***höchste***) ~ é tempo, são horas; ***auf ~*** a prazo; ***für alle ~*** para (todo o) sempre; ***von ~ zu ~*** *a* de vez em quando; de tempo(s) a tempo(s); ***zur ~*** → ***zurzeit***; ***zur rechten ~*** a tempo; ***e-e ~ lang*** por (*od* durante) algum tempo; ***sich*** (*dat*) ***~ lassen, sich ~ nehmen*** não precipitar nada

'Zeit|abschnitt *m* <-(e)s; -e> período *m*, época *f*; → ***~alter***; **~alter** *n a* idade *f*; era *f*; **~angabe** *f* data *f*; (indicação *f* da) hora *f*; **~ansage** *f* informação *f* horária; **~arbeit** *f* trabalho *m* a prazo; **~aufwand** *m* <-(e)s; *sem pl*> gasto *m* de tempo; **~bombe** *f* bomba *f* de retardador, bomba-relógio *f*; **~dauer** *f* <*sem pl*> duração *f*, período *m*; **~differenz** *f* fuso *m* horário; **~druck** *m* <-(e)s; *sem pl*> aperto *m* (*od* falta *f*) de tempo

'Zeit|enfolge *f* concordância *f* dos tempos; **~ersparnis** *f* <*sem pl*> economia *f* de tempo; **~fahren** *n* *Sport*: contra *m* relógio; **~geist** *m* <-(e)s; *sem pl*> espírito (*od* génio [*ê]) *m* da época; **ℒgemäß** moderno, a(c)tual; oportuno; (**~genosse** *m* <-n>) **ℒgenössisch** ['-gənœsiʃ] contemporâneo (*m*), coevo (*m*); **~geschäft** ECON *n* <-(e)s; -e> operação *f* a prazo; **~geschichte** *f* <*sem pl*> história *f* contemporânea; **~gewinn** *m* <-(e)s; -e> ganho *m* de tempo; **ℒig** oportuno; *adv a* cedo, a tempo; (*reif*) maduro; **ℒigen** ['-igən] madurar, sazonar; *fig* produzir; *Folgen*: trazer, acarretar; **~karte** *f* assinatura *f*, passe *m*; **ℒ'lebens** durante toda a (minha *etc*) vida; **ℒlich** temporal; ***das ℒe segnen*** dar a alma a Deus

'Zeit|lohn *m* <-(e)s; ⁻e> salário *m* por hora; **ℒlos** independente da moda; de todos os tempos; **~lupe** *f* retardador *m*, *bras* câmera *f* lenta; **~lupenaufnahme** *f* filmagem *f* com retardador, *bras* tomada *f* em câmera lenta; **~mangel** *m* <-s; *sem pl*>: ***aus ~*** por falta de tempo; **~maß** MÚS *n* <-es; -e> compasso *m*, tempo *m*; **~messer** *m* cronómetro (*ô) *m*; **~messung** *f* cronometria *f*; **ℒnah** moderno, de a(c)tualidade; **~nehmer** ['-ne:mər] *m* apontador *n*; cronometrista *m*; **~plan** *m* <-(*e*)*s*; ¨*e*> plano *m* de emprego do tempo; **~punkt** *m* <-(*e*)*s*; -*e*> momento *m*; altura *f*; (*Datum*) data *f*

'Zeit|raffer ['-rafər] *m* acelerador *m*; **2raubend** demorado, (de)moroso; **~raum** *m* <-(*e*)*s*; ¨*e*> período *m*; lapso *m*; **~rechnung** *f* cronologia *f*; *christliche etc*: era *f*; **~schaltuhr** *f* comutador *m* de relógio; **~schrift** *f* revista *f*; **~spanne** *f* → ***~raum***

'Zeit|tafel *f* <-; -*n*> quadro *m* cronológico; **~takt** *m* <-(*e*)*s*; -*e*> *TEL* impulso *m*; **~umstände** *m*/*pl* circunstâncias *f*/*pl*, conjuntura *f*/*sg*

'Zeitung ['tsaɪtʊŋ] *f* jornal *m*; periódico *m*, diário *m*

'Zeitungs|abonnement *n* <-*s*; -*s*> assinatura *f* de um jornal; **~anzeige** *f* anúncio *m*; **~artikel** *m* artigo *m* de jornal; **~ausschnitt** *m* <-(*e*)*s*; -*e*> recorte *m*; **~austräger** *m* distribuidor *m* de jornais, *bras* jornaleiro *m*; **~beilage** *f* suplemento *m*; **~ente** *f* peta *f*; **~kiosk** *m* <-(*e*)*s*; -*e*> quiosque *m* (*bras* banca *f*) de jornais; **~notiz** *f* notícia *f* de jornal; **~papier** *n* <-*s*; *sem pl*> papel *m* de jornal; **~verkäufer(in** *f*) *m* vendedor *m* (vendedeira *f*) de jornais, *bras* jornaleiro *m*, -a *f*; **~wesen** *n* <-*s*; *sem pl*> imprensa *f*, periodismo *m*; **~wissenschaft** *f* <*sem pl*> jornalismo *m*

'Zeit|unterschied *m* <-(*e*)*s*; -*e*> diferença *f* de tempo; **~verlust** *m* <-(*e*)*s*; -*e*> perda *f* de tempo; **~vertrag** *m* <-(*e*)*s*; ¨*e*> contrato *m* a tempo; **~vertreib** *m* <*sem pl*> passatempo *m*; **2weilig** ['-vaɪlɪç] temporário; **2weise** de vez em quando; por momentos; **~wort** *n* <-(*e*)*s*; ¨*er*> verbo *m*; **~zeichen** *n* sinal *m* horário; **~zone** *f* fuso *m* horário; **~zünder** *m* espoleta *f* automática; ***mit ~*** de relógio *m*

zele'brieren [tsele'briːrən] <-> celebrar

'Zell|e ['tsɛlə] *f* célula *f*; (*Bienen*2) *a* alvéolo *m*; *ARQUIT* cela *f*; *MIL* calabouço *m*; (*Bade*2, *Telefon*2) cabine *f*; **2enförmig** ['-fœrmɪç] celular; **~gewebe** *n BIOL* tecido *m* celular; **~o'phan** [-o'faːn] *n* <-*s*; *sem pl*> celofane *m*; **~stoff** *m* <-(*e*)*s*; *sem pl*> celulose *f*; **~stofftaschentuch** *n* <-(*e*)*s*; ¨*er*> lenço-papel *m*; **~teilung** *f BIOL* divisão *f* celular; **~u'loid** [-u'lɔyt] *n* <-*s*; *sem pl*> celulóide *f*; **~u'lose** [-u'loːzə] *f* celulose *f*; **~wand** *f* <-; ¨*e*> *BIOL* membrana *f* celular

Zelt [tsɛlt] *n* <-(*e*)*s*; -*e*> tenda *f*, *großes*: pavilhão *m*; (*Strand*2) barraca *f*; **'~bahn** *f* lona *f*; **'~dach** *n* <-(*e*)*s*; ¨*er*> toldo *m*; **'2en 1.** <-*e*-> fazer campismo, acampar; **2. 2en** *n* campismo *m*; **'~er** *m* palafrém *m*; **'~lager** *n* acampamento *m*; **'~platz** *m* <-*es*; ¨*e*> parque *m* de campismo; **'~stange** *f* pau *m* de fileira

Ze'ment [tse'mɛnt] *m* <-(*e*)*s*; -*e*> cimento *m*; **2'ieren** <-> cimentar

Ze'nit [tse'niːt] *m* <-(*e*)*s*; *sem pl*> zénite (*ê) *m*

zen|'sieren [tsɛn'ziːrən] <-> censurar, submeter à censura; *Schule*: classificar; **'2sor** ['-zɔr] *m* <-*s*; -*en*> censor *m*; **2'sur** [-'zuːr] *f* censura *f*; *Schule*: nota *f*, classificação *f*

Zenti'meter *n u m* centímetro *m*; **~maß** *n* <-*es*; -*e*> fita *f* métrica

'Zentner ['tsɛntnər] *m* quintal *m*; cinquenta quilogramas (*od* quilos); **2schwer** muito pesado; **2weise** aos quintais

zen'tral [tsɛn'traːl], ***~ gelegen*** central; **2e** *f* central *f*; **2heizung** *f* aquecimento *m* (calefação *f*) central; **~i'sieren** [-i'ziːrən] <-> centralizar; **2i'sierung** *f* centralização *f*; **2'ismus** *m* <-; *sem pl*> centralismo *m*; **2stelle** *f*: ***~ für*** centro *m* de; **2verriegelung** *f AUTO* tranca *f* (*od* fecho *m*) central das portas

zen'trieren [tsɛn'triːrən] <-> centralizar (*a INFORM*)

Zentri|fu'galkraft [tsɛntrifu'gaːl-] *f* <-; ¨*e*> força *f* centrífuga; **~'fuge** *f* centrifugador *m*; (*Milch*2) desnatadeira *f*

'Zentrum ['tsɛntrum] *n* <-*s*; *Zentren*> centro *m*; *Scheibe*: *a* mouche *f*, *bras* mosca *f*

'Zeppelin ['tsɛpəliːn] *m* <-*s*; -*e*> zepelim *m*, dirigível *m*

'Zepter ['tsɛptər] *n* ce(p)tro *m*

zer|'beißen [tsɛr-] <-> partir com os dentes, trincar; **~'bersten** <*sem -ge-*; *sn*> rebentar, rachar, estalar; **~'brechen** *v*/*t* <-> (*v*/*i*; *sn*) partir(-se), quebrar(-se), despeda-

Z

çar(-se); **~'brechlich** [-'brɛçlıç] frágil (*a* **~!**), quebradiço; **≗'brechlichkeit** *f* <*sem pl*> fragilidade *f*; **~'bröckeln** <*v/t* (*h*); -; *v/i* (*sn*); *-le* > esmigalhar(-se); desmoronar(-se); **~'drücken** <-> esmagar; *bras* amassar; *Stoff*: amarrotar; amachurar; F esborrachar

Zeremo|'nie [tseremo'niː] *f* cerimónia (*ô) *f*; **~ni'ell** [-ni'ɛl] *n* ceremonial *m*; **≗ni'ell** ceremonioso

zer'fahren [tsɛr-] confuso; distraído

Zer'fall *m* <-(*e*)*s*; *sem pl*> ruína *f*, desmoronamento *m*, desagregação *f*; *QUÍM* decomposição *f*; *fig* decadência *f*; desintegração *f*; **≗en** <-; *sn*> desmoronar-se; cair em ruínas; (*sich auflösen*) desfazer-se; desintegrar-se; *Stoffe*: decompor-se; (*sich gliedern*) (*ac*) dividir-se (***in*** *ac* em), compor-se (***in*** *ac* de); *fig* decair, estar em (plena) decadência; **~sprodukt** *n* <-(*e*)*s*; *-e*> produto *m* de desintegração

zer|'fetzen <-*t*; -> esfarrapar; = **~'fleischen** [-'flaıʃən] <-> dilacerar; **~'fließen** <-; *sn*> derreter-se, diluir-se, desfazer-se; **~'fressen** <-> roer, *a QUÍM* corroer, *a Würmer*: carcomer; *adj* corroído, carcomido; **~'gehen** <*sn*> desfazer-se; ***auf der Zunge ~*** *fig* desfazer-se na língua; **~'gliedern** <-*re*; -> desmembrar; *ANAT* dissecar; *fig* dividir; analisar; **≗'gliederung** *f* desmembramento *m*; dissecação *f*; análise *f*; **~'hacken** <->, **~'hauen** <-> partir; despedaçar; rachar; **~'kauen** <-> esmoer, mastigar; **~'kleinern** [-'klaınərn] <-*re*; -> esmiuçar; *Steine*: britar; ***Holz ~*** partir (*bras* cortar) lenha, fazer falhas; **~'klüftet** [-'klyftət] alcantilado, escabroso, *bras* escarpado; **~'knirscht** [-'knirʃt] contrito, *bras* pesaroso; **~'knittern** <-*re*; ->, **~'knüllen** <-> amarrotar, amachucar; **~'kochen** <*sn*> desfazer(-se); **~'kratzen** <-*t*; -> riscar; arranhar, esgadanhar; **~'krümeln** <-*le*; -> esmigalhar; **~'lassen** <-> derreter; *adj* derretido; **~'laufen** <-; *sn*> desfazer-se; diluir-se

zer'leg|bar [-'leːkbaːr] desmontável; **~en** <-> decompor; *ANAT* dissecar; *Braten*: trinchar; *Vieh*: retalhar; *TÉCN* desmontar; desmanchar; **≗ung** [-'leːguŋ] *f* decomposição *f*; dissecação *f*; desmonte *m*

zer|'lesen *adj* muito usado, muito lido; **~'lumpt** esfarrapado; **~'mahlen** <-> triturar; *adj* triturado, em pó; **~'malmen** [-'malmən] <-> triturar, esmoer; *a fig* esmagar; **~'martern** <-*re*; ->: ***sich das Hirn ~*** quebrar a cabeça, moer os miolos; **~'mürben** <-> roer, triturar; *fig a* cansar; *MIL* desmoralizar; **~'nagen** <-> roer; **~'pflücken** <-> (d)esfolhar; *a fig* desfiar; **~'platzen** <-*t*; -; *sn*> (ar)rebentar, estoirar; **~'quetschen** <-> esmagar, machucar

'Zerrbild ['tsɛr-] *n* <-(*e*)*s*; *~er*> caricatura *f*

zer|'reiben <-> triturar; **~'reißbar** [-'raısbaːr]: ***leicht ~*** fácil de rasgar; **~'reißen** *v/t* (*v/i*; *sn*) rasgar(-se); *Faden*: partir; *in Stücke*: dilacerar, despedaçar; *Raubtier*: devorar; *Vertrag*: violar; **≗'reißprobe** *f fig* prova *f* decisiva; prova dura

'zerr|en ['tsɛrən] puxar; (*dehnen*) estirar; *MED* distender; (*schleppen*) arrastar; **≗ung** *f MED* distensão *f*

zer|'rinnen <-; *sn*> desfazer-se, derreter-se, diluir-se; **≗'rissenheit** [-'risənhaıt] *f* <*sem pl*> desunião *f*; ***j-s innere ~*** desequilíbrio *m*; **~'rütten** [-'rytən] <-> desconcertar; *Ordnung*: desorganizar; *MED u ECON* arruinar; ***Nerven ~*** transtornar; **~'rüttet** *Ehe*: destruído; **≗'rüttung** [-'rytuŋ] *f* desordem *f*, desorganização *f*; ruína *f*; transtorno *m*; *geistige*: perturbação *f*

zer|'sägen <-> serrar; **~'schlagen** <-> destroçar; ***sich ~*** *fig* malograr-se, falhar; ***wie ~*** *adj j-d*: F moído; **~'schlissen** [-'ʃlisən] puído; **~'schmettern** <-*re*> esbarrar; *Glieder*: esmagar; *a fig* fulminar, *a MIL* destroçar; **~'schneiden** <-> cortar (em pedaços), (re)talhar; despedaçar; *Braten*: trinchar

zer|'setzen <-*t*; -> decompor; *QUÍM a* desagregar; *fig* corromper; desmoralizar; **~*d*** *adj* dissolvente; *fig* destrutivo; **≗'setzung** [-'zɛtsuŋ] *f* decomposição *f*; desagregação *f*; *fig* corrupção *f*; desmoralização *f*; **~'splittern** <-*re*; -> **1.** *v/t* estilh(aç)ar; *fig* (***sich***) **~** dissipar(-se);

Z

MIL dispersar; *POL* desunir; **2.** *v/i* <*sn*> partir-se em estilhaços, despedaçar-se; **ƻ'splitterung** *f fig* desunião *f*, dispersão *f*; estilhaçamento *m*

zer|'sprengen <-> quebrar, partir; *MIL* dispersar; **~'springen** <-; *sn*> romper-se, *Glas*, (*platzen*) estalar; **~'stampfen** <-> triturar, pisar, quebrantar; **~'stäuben** <-> pulverizar; **ƻ'stäuber** [-'ʃtɔybər] *m* pulverizador *m*; **~'stechen** <-> picar; encher de picadas; esburacar; **~'stochen** [-'ʃtɔxən] *p/p von* ***zerstechen***; *adj a* cheio de picadas

zer'stör|en <-> destruir; *ARQUIT a* deitar abaixo, demolir; *fig a* fazer fracassar; **~d** *adj* destrutivo; **ƻer** [-'ʃtøːrər] *m* destruidor *m*; *NAV a* contratorpedeiro *m*; **ƻung** *f* destruição *f*; demolição *f*; **~en** *pl a* estragos *m/pl*; **ƻungswut** *f* selvajaria *f*, vandalismo *m*, *bras* salvajeria *f*

zer'stoßen <-> pisar, triturar, pulverizar

zer'streu|en <-> dispersar; dissipar; *j-n*: distrair, divertir (*a refl*); **~t** [-'ʃtrɔyt] *adj* disperso; *j-d*: distraído; **ƻtheit** *f* <*sem pl*> distra(c)ção *f*; **ƻung** [-'ʃtrɔyuŋ] dispersão *f*; *j-s*: distra(c)ção *f*; **ƻungslinse** *f* lente *f* divergente

zer|'stückeln [-'ʃtykəln] <*-le*; -> despedaçar; fragmentar; *Gebiet*: parcelar; *Körper*: esquartejar; *Reich*: desmembrar; **ƻ'stückelung** *f* despedaçamento *m*; *a fig* desmembramento *m*; **~'teilen** <-> dividir; → ***zerlegen***, ***zerstückeln***; *Nebel*: dissipar

Zertifi'kat [tsɛrtifi'kaːt] *n* <-(*e*)*s*; -*e*> certificado *m*

zer|'trampeln <*-le*; -> pisar; espezinhar; **~'treten** <-> calcar aos pés; pisar; *fig* aniquilar; **~'trümmern** [-'trymərn] <*-re*; -> destroçar; destruir; *FÍS* desintegrar; **ƻ'trümmerung** *f* destroço *m*, destruição *f*; *a FÍS* desintegração *f*

Zerve'latwurst [tsɛrvə'laːt-] *f* <-; *¨e*> salsichão *m*

Zer'würfnis [-'vyrfnis] *n* <*-ses*; *-se*> desavença *f*

zer'zausen <*-t*; -> sacudir; *Haar*: desgranhar; emaranhar; *a fig* amarrotar

'Zettel ['tsɛtəl] *m* papelinho *m*, *bras* bilhete *m*; (*Blatt*) folha *f*; (*Etikett*) rótulo *m*; *e-r Kartei*: ficha *f*; *e-s Katalogs*, *mit Notizen*: verbete *m*; *zum Anschlagen*: cartaz *m*; *zum Ausfüllen*: boletim *m*, (*Stimmƻ*) *a* lista *f*, voto *m*; *TÉCN* corrente *f*; **~kasten** *m* <*-s*; *¨*> ficheiro *m*, *bras* fichário *m*

Zeug [tsɔyk] *n* <-(*e*)*s*; -*e*> coisas *f/pl*; matéria *f*; utensílios *m/pl*; ***warmes ~*** agasalho *m*, abafo *m*; (***unnützes***) **~** trastes *m/pl* inúteis; *fig* ***dummes ~*** disparates *m/pl*; ***das ~ haben zu*** ter estofo (*bras* fibra) para; ***was das ~ hält*** F até mais não poder; ***sich ins ~ legen*** meter-se a fundo em a/c, *bras* dar duro

'Zeuge ['tsɔygə] *m* <-*n*> testemunha *m*; ***~ sein von*** assistir a, presenciar (*ac*); **ƻn 1.** *v/i* testemunhar, depor (***für*** em favor de); ***~ von*** mostrar, revelar; **2.** *v/t* gerar, procriar; engendrar; **~naussage** *f* testemunho *m*, depoimento *m*; **~nbeweis** *m* <*-es*; *-e*> prova *f* testemunhal; **~nstand** *m* <-(*e*)*s*; *sem pl*> *JUR* banco *m* das testemunhas; **~nvernehmung** *f* audição *f* (*bras* interrogatório *m*) das testemunhas

'Zeugin ['tsɔygin] *f* testemunha *f*

'Zeugnis ['tsɔyknis] *n* <*-ses*; *-se*> testemunho *m*; (*Bescheinigung*) certificado *m*; atestado *m*; (*Prüfungsƻ*) diploma *m*, carta *f* (de curso); **~abschrift** *f* pública-forma *f* do diploma *etc*

'Zeugung ['tsɔyguŋ] *f* geração *f*; procriação *f*; **~sakt** *m* <-(*e*)*s*; -*e*> a(c)to *m* genésico, a(c)to *m* de procriação; (*Beischlaf*) coito *m*; **ƻsfähig** prolífico; potente; **~skraft** *f* <-; *¨e*> potência *f*; força *f* de procriação, capacidade *f* genésica; **ƻsunfähig** impotente; **~sunfähigkeit** *f* <*sem pl*> impotência *f*

z. H(d). ***zu Händen*** ao cuidado de

Zi'chorie [tsi'çoːriə] *f* chicória *f*

'Zick|e ['tsikə] F *f* cabra *f*; *pl* **~n** *fig* tolices *f/pl*; **~lein** ['-laın] *n* cabrito *m*

'Zickzack ['tsiktsak] *m* <-(*e*)*s*; -*e*> ziguezague *m*; ***im ~ gehen*** *a* ziguezaguear; **~linie** *f* linha *f* em ziguezague

'Ziege ['tsiːgə] *f* cabra *f*; *CUL* (*Zicklein*) cabrito *m*; F ***alte ~*** (seu) estafermo *m*; ***dumme*** **~** (sua) palerma *f*

'Ziegel ['tsi:gəl] *m* tijolo *m*; (*Dach*2) telha *f*; **~bau** *m* <-(*e*)*s*; *-bauten*> construção *f* em tijolos; *bras* casa *f* de alvenaria; **~dach** *n* <-(*e*)*s*; *-̈er*> telhado *m*; **~'ei** [-'laɪ] *f* fábrica *f* de tijolos; telhas *m*, telheira *f*; **~erde** *f* <*sem pl*> barro *m*, terra *f* argilosa; **~stein** *m* <-(*e*)*s*; *-e*> → ***Ziegel***

'Ziegen|bart *m* <-(*e*)*s*; *-̈e*> pera *f*, *bras* cavanhaque *m*; **~bock** *m* <-(*e*)*s*; *-̈e*> bode *m*, cabrão *m*; *junger*: chibo *m*; **~hirt** *m* <-*en*> cabreiro *m*; **~käse** *m* queijo *m* (de leite) de cabra; **~leder** *n* pelica *f*; **~peter** *m* F → ***Mumps***

'ziehen ['tsi:ən] **1.** *v/t* puxar (***an*** *dat* por); (*heran~*, *hervor~*), *Hut*, *Los*: tirar (*a fig Schlüsse etc*); *Degen*: desembainhar; *Zahn*: arrancar, *Wurzel*, *a* MAT: extrair; MED *Blasen*: levantar; *Bilanz*, *Falten*, *Fratzen*, *Furchen*: fazer; *Draht*: estirar; estender; *Damm*: construir; ***Faden*** **~** estar em ponto de fio; *Graben*: abrir; *Linie*: traçar; *Spielfigur*: jogar; *Wechsel*: sacar (***auf*** *ac* sobre); AGR, ZO criar, BOT *a* cultivar; ***durch*** *e-e Öffnung*: passar por; ***sich*** **~** *Holz*: empenar; ***an sich*** (*ac*) **~**, ***auf sich*** (*ac*) **~** atrair, *Aufmerksamkeit*: *a* chamar; (***nach sich***) **~** arrastar, NAV rebocar; ***nach sich*** **~** *fig* trazer consigo, arrastar; ***ins Lächerliche*** **~** meter a ridículo; ***j-n ins Vertrauen*** **~** confiar-se a alg; *in Zweifel*: pôr em; ***vor*** *Gericht etc*: levar a; **2.** *v/i* **a)** (*zugig sein*) haver corrente de ar; *Ofen*, *Zigarre*: ter tiragem; *Tee*: abrir; *an der Zigarre*: chupar; *fig* F (*Eindruck*) pegar; *Grund*: convencer; *Ware*: vender-se; ***das zieht bei mir nicht*** F comigo isso não pega; **b)** <*sn*> ir (***nach*** a; *dauernd*: para); MIL *a* marchar (***auf*** *ac* sobre); *a Wellen*: passar; **~** ***durch*** *a* atravessar (*ac*); (*um~*) mudar (***nach*** para); ***gezogen kommen*** vir

'Zieh|en *n* pontada *f*; **~harmonika** *f* <-; *-s*> acordeão *m*, *bras* acordeom *m*; **~ung** *f* sorteio *m*; ***heute ist*** **~** hoje anda a roda, *bras* hoje tem sorteio

Ziel [tsi:l] *n* <-(*e*)*s*; *-e*> alvo *m* (*a* MIL); (*Ende*) fim *m*; (*Endpunkte*) termo *m*; *Sport*: meta *f*; *e-s Wunsches*: obje(c)tivo *m*, (*Absicht*) *a* finalidade *f*; ECON prazo *m* (***auf drei Monate*** a três meses de); ***das*** **~** ***treffen*** (***verfehlen***) acertar no (falhar o) alvo; (***als Erster***) ***durchs*** **~** ***gehen*** chegar (como primeiro) à meta; ***ans*** **~** ***gelangen*** *fig* alcançar a meta; ***sich et zum*** **~** ***setzen*** propor-se (a fazer) a/c; **'~band** *n* <-(*e*)*s*; *-̈er*> meta *f*; **'2bewusst** consequente, enérgico

'zielen apontar (***auf*** *ac* a), visar (*ac*); *fig* tender para; *j-d*: aspirar a

'Ziel|fernrohr *n* <-(*e*)*s*; *-e*> alça *f* telescópica; **~gerade** *f Sport*: re(c)ta *f* final; **~hafen** *m* <-*s*; *-̈*> porto *m* de destinação; **~linie** NAV *f* linha *f* de chegada; **2los** desnorteado; desorientado, *j-d*: *a* indeciso; **~richter** *m Sport*: juiz *m* de chegada; **~scheibe** *f* alvo *m*; **2strebig** ['-ʃtre:biç] → ***2bewusst***; **~strebigkeit** *f* <*sem pl*> consequência *f*; iniciativa *f*

'ziemlich ['tsi:mliç] bastante grande; **~** ***viel*** bastante; **~** ***gut*** bastante bem; ***so*** **~** quase, pouco mais ou menos

Zier [tsi:r] *f* <*sem pl*> *poét*, **~de** *f* <-; *-n*> ornamento *m*, adorno *m*; *fig* honra *f*, glória *f*; **'2en** ornar, enfeitar; decorar; *fig* honrar; ***sich*** **~** fazer cerimónias (*ô); fazer-se rogado; ***geziert*** *adj fig* afe(c)tado; **'~garten** *m* <-*s*; *-̈*> jardim *m*; **'~leiste** ARQUIT *f* moldura *f*, friso *m*; **'2lich** gracioso; fino; elegante; **'~lichkeit** *f* <*sem pl*> graça *f*; elegância *f*; **'~pflanze** *f* planta *f* decorativa; **'~puppe** *f* sécia *f*, casquilha *f*; **~rat** (*fig*) honra *f*, gloria *f*

'Ziffer ['tsifər] *f* <-; *-n*> algarismo *m*; cifra *f*; **~blatt** *n* <-(*e*)*s*; *-̈er*> mostrador *m*

zig [tsiç] F (*sehr viele*) inúmeros, uma infinidade (de)

Ziga'rette [tsiga'rɛtə] *f* cigarro *m*

Ziga'retten|automat *m* <-*en*> máquina *f* automática de cigarros; **~etui** *n* <-*s*; *-s*> cigarreira *f*; **~päckchen** *n* maço *m* de cigarros; **~papier** *n* <-*s*; *-e*> papel *m* de fumar (*bras* de cigarro), mortalha *f* (***Päckchen*** livro *m* de); **~schachtel** *f* <-; *-n*> caixa *f* de cigarros; **~spitze** *f* boquilha *f*; **~stummel** *m* ponta *f* de cigarro; F beata *f*

Ziga'rillo [tsiga'ril(j)o] *m*, *a n*, F *a f* <-; -*s*> cigarilha *f*
Zi'garre [tsi'garə] *f* charuto *m*; **~nabschneider** *m* corta-charutos *m*; **~nkiste** *f* caixa *f* de charutos; **~nspitze** *f* boquilha *f*; **~nstummel** *m* ponta *f* de charuto; F beata *f*
Zi'geuner [tsi'gɔynər] *m*, **~in** *f neg!* cigano *m*, -a *f*
Zi'kade [tsi'kaːdə] *f* cigarra *f*
'Zimmer ['tsimər] *n* casa *f*; *bras* peça *f*; (*Arbeits*♀) escritório *m*, gabinete *m*; (*Ess*♀) sala *f* de jantar; (*Schlaf*♀) quarto *m* (de dormir); (*Wohn*♀) sala *f* (de estar); ***das ~ hüten*** (***müssen***) não (poder) sair; **~antenne** *f* antena *f* interior; **~decke** *f* te(c)to *m*; **~einrichtung** *f* mobília *f*; **~flucht** *f* enfiada (*bras* série) *f* de quartos (*od* de salas); **~handwerk** *n* <-(*e*)*s*; *sem pl*> carpintaria *f*; **~kellner** *m* empregado *m* do serviço dos quartos; **~lautstärke** *f* <*sem pl*>: ***auf ~ stellen*** baixar o som; **~mädchen** *n* criada *f* de quarto, *bras* arrumadeira *f*; **~mann** *m* <-(*e*)*s*; -*leute*> carpinteiro *m*; **~meister** *m* mestre *m* carpinteiro; ♀**n** <-*re*> carpintejar; *et*: construir; **~pflanze** *f* planta *f* decorativa; **~service** *m inv* serviço *m* de quartos, room-service *m*; **~temperatur** *f* temperatura *f* ambiente; **~vermieter(in** *f*) *m* alugador(a *f*) *m* de quartos
'zimperlich ['tsimpərliç] melindroso, mimoso; ***~ tun*** afe(c)tar melindres
Zimt [tsimt] *m* <-(*e*)*s*; -*e*> canela *f*; ***der ganze ~*** F tudo aquilo; **'~stange** *f* pau *m* de canela
Zink [tsiŋk] *n* <-(*e*)*s*; *sem pl*> zinco *m*; **'~blech** *n* <-(*e*)*s*; -*e*> chapa *f* de zinco; **'~blende** *f* blenda *f*; **'~e** ['tsiŋkə] *f* dente *m*, pua *f*; (*Holz*♀) rabo-de-andorinha *m*; **'~en 1.** *m* → **~e**; F (*Nase*) nariz *m*; **2.** ♀**en** *v/t Karten*: marcar
Zinn ['tsin] *n* <-(*e*)*s*; *sem pl*> estanho *m*; **'~e** *f* ameia *f*; **'♀e(r)n** de estanho; *legiert*: de peltre; **'~geschirr** *n* <-(*e*)*s*; -*e*> baixela *f* de estanho; **'~gießer** *m* picheleiro *m*; **'~soldat** *m* <-*en*> soldado *m* de chumbo
Zins ['tsins] *m* <-*es*; -*en* (*Erträge*), -*e* (*Mieten*)> juro *m*, interesse *m*; (*Miet*♀) renda *f*; aluguer *m*, *bras a* alugel *m*; **3% ~en** 3% de juro(s) (*od* interesse); ***auf ~en*** a juros
'Zins|erhöhung *f* aumento *m* da taxa de juros; **~eszins** *m* <-*es*; -*en*> juro *m* composto; **~fuß** *m* <-*es*; *¨e*> taxa *f* de juros; percentagem *f*; ♀**günstig** de juros favoráveis; ♀**los** isento de juros; **~rechnung** *f* cálculo *m* de juros; **~satz** *m* <-*es*; *¨e*> → **~*fuß***; **~senkung** *f* redução *f* da taxa de juros; ♀**tragend** lucrativo, produtivo, rendoso
Zio'nis|mus [tsio'nismus] *m inv* sionismo *m*; ♀**tisch** sionista
'Zipfel ['tsipfəl] *m* ponta *f*; (*Rock*♀) cauda *f*; **~mütze** *f* carapuça *f*
'Zipperlein ['tsipərlaɪn] MED F *n* gota *f*
'Zirbeldrüse ['tsirbəl-] *f* glândula *f* pineal
'zirka ['tsirka] cerca de, mais ou menos, à volta de
'Zirkel ['tsirkəl] *m* compasso *m*; (*Kreis*) círculo *m*; *fig a* grupo *m*; ♀**n** <-*le*> compassar, medir a compasso; **~schluss** *m* <-*es*; *¨e*> círculo *m* vicioso
zirku'lieren [tsirku'liːrən] <-> circular; CAM. DE F *a* afe(c)tuar-se
'Zirkumflex ['tsirkumfleks] *m* <-*es*; -*e*> acento *m* circunflexo
'Zirkus ['tsirkus] *m* <-; -*se*> circo *m*; **~reiter** *m* cavaleiro *m* de circo
'zirpen ['tsirpən] estridular, cantar
'zisch|eln ['tsiʃəln] <-*le*> cochichar; **~en** sibilar; silvar; ♀**en** *n* sibilo(s *pl*) *m*, assobios *m/pl*; ♀**laut** *m* <-(*e*)*s*; -*e*> letra *f* sibilante
zise'lieren [tsizə'liːrən] <-> cinzelar
Zis'terne [tsis'tɛrnə] *f* cisterna *f*
Zita'delle [tsita'dɛlə] *f* cidadela *f*
Zi'tat [tsi'taːt] *n* <-(*e*)*s*; -*e*> citação *f*
'Zither ['tsitər] *f* <-; -*n*> cítara *f*; **~spieler(in** *f*) *m* citarista *su*
zi'tieren [tsi'tiːrən] <-> citar
Zitro'nat [tsitro'naːt] *n* <-(*e*)*s*; -*e*> cidrão *m*
Zi'trone [tsi'troːnə] *f* limão *m*; **~nbaum** *m* <-(*e*)*s*; *¨e*> limoeiro *m*; ♀**ngelb** amarelo-limão; **~nlimonade** *f* limonada *f*; **~npresse** *f* espremedor *m*; **~nsaft** *m* <-(*e*)*s*; *¨e*> sumo *m* de limão; **~nsäure** *f* <*sem pl*> ácido *m* cítrico; **~nschale** *f* casca *f* de limão

'Zitrusfrüchte ['tsiːtrus-] *f/pl* citrinos *m/pl*, *bras* cítricos *m/pl*

'Zitter|aal ['tsitər-] *m* <-(*e*)*s*; -*e*> gimnoto *m*, *bras* peixe-elétrico *m*; **∼gras** *n* <-*es*; ¨*er*> bole-bole *m*

zittern[1] <-*re*> tremer; (*er*∼) estremecer; ***vor Kälte*** **∼** tremer de frio; **∼d** *adj* trémulo (*ê); vibrante

zittern[2] *n* tremor *m*; vibração *f*; **∼pappel** *f* <-; -*n*> choupo *m* tremedor; **∼rochen** *m* ZO torpedo *m*, *bras* treme-treme *m*

'Zitze ['tsitsə] *f* teta *f*

zi'vil [tsi'viːl] **1.** civil; *Preis*: módico; **2.** Ձ *n* <-*s*; *sem pl*> civis *m/pl*; ***in*** **∼** (***gehen***, **∼** ***tragen*** vestir) à paisana; **Ձbevölkerung** *f* população *f* civil; civis *m/pl*; **Ձcourage** *f* <*sem pl*> coragem *f* cívica; **Ձdienst** *m* <-(*e*)*s*; *sem pl*> serviço *m* cívico; **Ձehe** *f* casamento *m* civil; **Ձisati'on** [tsivilizatsi'oːn] *f* <*sem pl*> civilização *f*; **∼i'sieren** <-> civilizar; **Ձ'ist** *m* <-*en*> civil *m*; **Ձklage** *f* a(c)ção *f* civil; **Ձkleidung** *f*: ***in*** **∼** à paisana; **Ձprozess** *m* <-*es*; -*e*> processo *m* civil, pleito *m*; **Ձprozessordnung** *f* código *m* do processo civil; **Ձrecht** *n* <-(*e*)*s*; *sem pl*> direito *m* civil; **Ձschutz** *m* <-*es*; *sem pl*> prote(c)ção *f* civil

'Zobel ['tsoːbəl] *m* zibelina *f*

Zoff [tsɔf] *m* <-*s*; *sem pl*> F bronca *f*

'zögern ['tsøːgərn] **1.** <-*re*> hesitar (***mit***, ***zu*** em); **2.** Ձ *n* hesitação *f*

'Zögling ['tsøːkliŋ] *m* <-*s*; -*e*> educando *m*; aluno *m*; pupilo *m*

Zöli'bat [tsœli'baːt] *n a m* <-(*e*)*s*; *sem pl*> celibato *m*

Zoll [tsɔl] *m* <-(*e*)*s*; ¨*e*, *als Maß im pl nach Zahlen inv*> polegada *f*; (*Abgabe*) direitos *m/pl* (*bras* taxa *f*) de alfândega; (*Brücken*Ձ, *Wege*Ձ) portagem *f*; → **∼amt**, = **∼tarif**, → **∼wesen**; *fig* tributo *m*; **'∼abfertigung** *f* despacho *m* aduaneiro (*od* da alfândega); **'∼abkommen** *n* acordo *m* aduaneiro; **'∼amt** *n* <-(*e*)*s*; ¨*er*> alfândega *f*; **'Ձamtlich** aduaneiro, alfandegário; **∼** ***untersuchen*** examinar, rever; **'∼beamte(r)** *m* empregado (*bras* encarregado) *m* da alfândega; **'∼begleitschreiben** *m* guia *f* de trânsito; **'∼behörde** *f* administração *f* de alfândegas; **'∼bescheinigung** *f* atestado *m* aduaneiro; **'∼einnahmen** *f/pl* receitas *f/pl* alfandegárias; **'Ձen** tributar, *fig a* prestar; **'∼erklärung** *f* declaração *f* para a alfândega; **'Ձfrei** isento de direitos aduaneiros (*bras a* taxas de alfândega); **'∼freiheit** *f* <*sem pl*> isenção *f* de direitos aduaneiros (*bras a* taxas de alfândega); **'∼gebiet** *n* <-(*e*)*s*; -*e*> zona *f* alfandegária; **'∼gebühren** *f/pl* direitos *m/pl* aduaneiros *od* alfandegários, *bras a* taxa *f* de alfândega; **'∼grenze** *f* barreira *f* aduaneira; **'∼kontrolle** *f* (serviços *m/pl* de) alfândega *f*, *bras* controle *m* alfandegário

'Zöllner ['tsœlnər] *m* empregado (*bras* encarregado) *m* da alfândega, alfandegário *m*

'zoll|pflichtig ['-pfliçtiç] sujeito a direitos aduaneiros (*bras* taxas de alfândega); **Ձschranke** *f* barreira *f* aduaneira; **Ձstab** *m* <-(*e*)*s*; ¨*e*>, **Ձstock** *m* <-(*e*)*s*; ¨*e*> duplo metro *m* articulado; **Ձtarif** *m* <-(*e*)*s*; -*e*> tarifa *f*, pauta *f* das alfândegas; **Ձverschluss** *m* <-*es*; *sem pl*>: ***unter*** **∼** selado; depositado na alfândega

'Zon|e ['tsoːnə] *f* zona; **∼en...**: *in Zssg*(*n*) da zona; de zona(s), em zonas, por zonas

Zoo [tsoː] F *m* <-, -*s*; -*s*> *Abk für* ***zoologischer Garten*** *m* jardim *m* zoológico

Zoom [zuːm] *n* <-*s*; -*s*> *FOT* zum *m*

Zoo'log|e [tsoo'loːgə] *m* zoólogo *m*; **∼'ie** [-lo'giː] *f* <*sem pl*> zoologia *f*; **Ձisch** zoológico

Zopf [tsɔpf] *m* <-(*e*)*s*; -*e*> trança *f* (de cabelo); rabicho *m*; ***alter*** **∼** *fig* atraso *m*, costume *m* atrasado (*od* antiquado)

Zorn [tsɔrn] *m* <-(*e*)*s*; *sem pl*> cólera *f*, ira *f*; ***im*** **∼** → **Ձig**; ***in*** **∼** ***bringen*** encolerizar, irritar; ***in*** **∼** ***geraten*** → **Ձ*ig werden***; **'Ձig** irado, colérico, encolerizado; **∼** ***werden*** encolerizar-se, irritar-se

'Zot|e ['tsoːtə] *f* obscenidade *f* (***reißen*** dizer); **Ձig** obsceno

'Zott|e ['tsɔtə] *f* *Haare*: melena *f*; *ANAT* vilosidade *f*; **Ձig** hirsuto, cabeludo, guedelhudo; *ANAT* viloso

z. T. ***zum Teil*** em parte

zu [tsuː] **1.** *prp* (*dat*) *a* → ***entsprechende*** *su u Verb*; **a)** *örtl* (*Lage*) em; (*Richtung*) (par)a; *der Weg* ~ de; ~ ***Hause*** em casa; ~ ***j-m*** (par)a casa de alg; ~ ***e-m Arzt gehen*** ir a um médico; ~***r Seite*** (*gen*) ao lado de, junto a; ~ ***... hinaus*** por; ***von*** ~ ***...*** de ... a, desde ... até; **b**) *zeitl* em; *Stunde*: a; ~***m Frühstück*** ao pequeno almoço, *bras* no café da manhã; ~***m ersten Mal*** pela primeira vez; ~ ***jener Zeit*** nesse (*od* naquele) tempo; nessa (*od* naquela) altura; **c**) *Mittel*: ~ *Fuß* a; ~ *Wagen, Schiff*: de; ~ *Lande*, ~*r See* por; **d**) *Preis*: a; **e**) *Ziel, Zweck*: para, a; ~ ***j-s Gunsten*** a favor de alg; **f**) *Anlass*: por (motivo de); quanto a, com respeito a; ***zum Geburtstag*** pelo aniversário; **g**) *Art u Weise*: *freundlich etc* (para) com; ~ *dritt*, ~ *Hunderten etc* às, aos; ~ ***m-r großen Freude*** com grande alegria minha, *bras* para minha grande alegria; **h**) *Verhältnis*: a; (mal) por; ***2*** ~ ***0*** *siegen* por dois a zero; **i**) *mit inf*: a; para; de; que; **2.** *adv* ***ab und*** ~ uma vez por outra; (*geschlossen*) fechado; ~ *sehr*, ~ ***viel*** demais, demasiado, ~ *groß etc* demasdo ..., muito ..., ... demais; ~ ***wenig*** de menos; ~ ***wenig sein*** não chegar; ***Tür*** ~***!*** fechar a porta!; ***nur*** ~***!*** vamos!

zu'aller|'erst [tsu'-] o primeiro de todos; em primeiro lugar; antes de mais nada; ~**'letzt** o último de todos; em último lugar; por fim

'zu|bauen ['tsuː-] tapar; emparedar; ≈**behör** ['-bəhøːr] *n* <-(*e*)*s*; -*e*> equipamento *m*; acessórios *m/pl*; pertença(s *pl*) *f*; ~**beißen** morder; ~**bekommen** <-> conseguir fechar

'Zuber ['tsuːbər] *m* cuba *f*, tina *f*

'zubereit|en <-*e*-; -> preparar; ≈**ung** *f* preparação *f*; apresentação *f*

'zu|billigen conceder; ~**binden** atar; ligar; *Augen*: vendar; ~**bleiben** <*sn*> F ficar fechado; ~**blinzeln** <-*le*> piscar um olho

'Zubringer ['tsuːbriŋər] *m* → ~***bus***; = ~***straße***; ~**bus** *m* <-*ses*; -*se*> autocarro *m* de ligação; ~**dienst** *m* <-(*e*)*s*; -*e*> serviço *m* de ligação; ~**straße** *f* estrada *f* de ligação; *zur Autobahn*: acesso *m* rodoviário

Zucht [tsuxt] *f* AGR criação *f*; *a* BOT cultura *f*; (*Rasse*) raça *f*; **'~bulle** *m* <-*n*> marel *m*; **'~eber** *m* varrão *m*

'zücht|en ['tsyçtən] <-*e*-> criar; BOT *u* MED cultivar; ≈**er** *m* criador *m*; cult(ivad)or *m*

'Zucht|haus *n* <-*es*; ¨*er*> HIST penitenciária *f*; pena *f* de reclusão; ***lebenslängliches*** ~ pena *f* maior, prisão *f* perpétua; ~**hengst** *m* <-(*e*)*s*; -*e*> garanhão *m*; ~**henne** *f* galinha *f* de criação

'züchtig|en ['tsyçtigən] açoutar; *fig* castigar; ≈**ung** ['-iguŋ] *f* castigo *m*

'Zucht|perle *f* pérola *f* de cultura (*bras* cultivada); ~**sau** *f* <-; ¨*e*> porca *f* de criação (*bras* reprodutriz); ~**stier** *m* <-(*e*)*s*; -*e*> marel *m*; ~**stute** *f* égua *f* de criação (*bras* reprodutriz); ~**tier** *n* <-(*e*)*s*; -*e*> animal *m* semental (*bras* reprodutor)

'Züchtung ['tsyçtuŋ] *f* criação *f*; BOT *u* MED cultura *f*

'Zucht|vieh *n* <-(*e*)*s*; *sem pl*> gado *m* de criação (*bras* reprodutor); ~**wahl** *f* sele(c)ção *f*

'zucken ['tsukən] palpitar; *ganze Körper*: contrair-se convulsivamente; (*schaudern*) estremecer; *Blitz*: fulminar; *Flamme*: oscilar; ***mit den Achseln*** ~ encolher os ombros; ***mit den Wimpern*** ~ pestanejar

'zücken ['tsykən] tirar; puxar por; *Degen*: *a* desembainhar

'Zucker ['tsukər] *m* <-*s*; *sem pl*> açúcar *m*; ~ ***haben*** MED F ter diabetes; ~**dose** *f* açucareiro *m*; ~**fabrik** *f* refinaria *f* de açúcar; ~**guss** *m* <-*es*; ¨*e*> cobertura *f* de açúcar; ***mit*** ~ (*kandiert*) confeitado, *bras* caramelado; ≈**haltig** ['-haltiç] açucarado; ~**hut** *m* <-(*e*)*s*; ¨*e*> pão-de-açúcar *m*; pilão *m*; ≈**ig** açucarado; ~**industrie** *f* indústria *f* de açúcar; ≈**krank** (~**kranke[r]** *m*) diabético (*m*); ~**krankheit** *f* <*sem pl*> diabete(s) *f*; ~**mandel** *f* <-; -*n*> amêndoa *f* doce; ≈**n** <-*re*> açucarar; ~**rohr** *n* <-(*e*)*s*; -*e*> cana *f* de açúcar; ~**rohrpflanzung** *f* canavial *m* de açúcar; ~**rübe** *f* beterraba *f*; ≈**süß** açucarado; muito doce; *fig* melífluo; ~**wasser** *n* <-*s*; *sem pl*> água *f* açucarada; ~**watte** *f* algodão *m* doce; ~**zange** *f* pinça *f* para açúcar

'Zuckung ['tsukuŋ] *f* MED contra(c)ção *f*, convulsão *f*, palpitação *f*

'zu|decken ['tsuː-]: (***sich***) cobrir(-se); abafar(-se); *Öffnung*: ta-

Z

par; **~'dem** além disso, de mais a mais; **~denken** destinar; (*hin~*) imaginar; **~drehen** fechar; ***j-m den Rücken ~*** virar as costas a alg; **~dringlich** importuno; impertinente; abelhudo; **≈dringlichkeit** *f* importunidade *f*; impertinência *f*; **~drücken** fechar; ***ein Auge ~*** *fig* fechar os olhos a, *bras* tapar um olho para; **~eignen** <*-e-*> dedicar; JUR adjudicar; ***sich*** (*dat*) **~** apropiar-se; **≈eignung** *f* LIT dedicatória *f*; **~eilen** <*sn*>: ***auf*** (*ac*) **~** correr para; **~ein'ander** um ao outro, uns aos outros, uma(s) à(s) outra(s); **~ *passen*** quadrar; adaptar-se; *fig* dar bem juntos; **~erkennen** <*-*> adjudicar; conceder; *Strafe*: infligir

zu'erst [zu'-] (em) primeiro (lugar); etwas **~ *tun*** começar com a/c; começar por fazer a/c

'zu|fächeln <*-le*>: ***sich*** (*dat*) ***Kühlung ~*** abanar-se; **~fahren** <*sn*> *schon voraus*: ir andando; *weiter*: seguir; *schneller*: ir mais depressa; **~ *auf*** (*ac*) dirigir-se para, *hastig*: precipitar-se sobre

'Zufahrt *f* acesso *m*; **~sstraße** *f* rua *f* de acesso

'Zufall *m* <*-(e)s*; *¨e*> acaso *m*; **≈en** <*sn*> fechar-se; *fig* ***j-m ~*** tocar a alg; *Los, Pflicht*, JUR caber a alg; (*leicht fallen*) não custar nada a alg

'zufällig casual, acidental; fortuito; aleatório, *adv a* por acaso; **≈keit** *f* casualidade *f*

'Zufalls...: *in Zssg(n)* casual, acidental; **~treffer** *m* golpe *m* de acaso

'zu|fassen <*-t*> deitar a mão (a); **~fliegen** <*sn*>: **~ *auf*** (*ac*) voar para; *fig* ***j-m ~*** não custar nada a alg; **~fließen** <*sn*> afluir (*a fig*); **≈flucht** *f* <*sem pl*> abrigo *m*, refúgio *m*, asilo *m*; (*Ausweg*) recurso *m*; ***seine ~ nehmen zu*** recorrer a; **≈fluchtsort** *m* <*-(e)s*; *-e*> refúgio *m*, asilo *m*; **≈fluss** *m* <*-es*; *¨e*> afluência *f* (*a fig*); GEOGR afluente *f*; **~flüstern** <*-re*> segredar

zu'folge [tsu'-]: (*dat*) **~** segundo (*ac*); em consequência de

zu'frieden contente, satisfeito; **~ *lassen*** deixar em paz: ***sich ~ geben*** dar-se por satisfeito; ***sich mit et ~ geben*** contentar-se com a/c; **~ *stellend*** satisfazer, contentar; **~ *stellend*** *adj* satisfatório; **≈heit** *f* <*sem pl*> contentamento *m*, satisfação *f*; *des Gemütes*: sossego *m*; ***zu j-s ~*** a contento de alg

'zu|frieren <*sn*> gelar, cobrir-se de gelo; **~fügen** acrescentar; *Schaden etc*: causar, infligir; **≈fuhr** ['-fu:r] *f* transporte *m* (*a* TÉCN); (*Versorgung*) abastecimento *m*; TÉCN alimentação *f*; *Wasser*: adução *f*; **~führen** levar (a); (*dat*) ***Nahrung ~*** alimentar (*ac*); *Kunden*: arranjar

Zug [tsu:k] *m* <*-(e)s*; *¨e*> tirada *f*, puxada *f*; *heftiger*: puxão *m*; tra(c)ção *f*; CAM. DE F comboio *m*, *bras* trem (***mit dem*** de); MIL pelotão *m*; *Lasttiere*: récua *f*; *Ofen*: tiragem *f*; *Rauchen*: chupada *f*, tragada *f*; *Reiter*: grupo *m*, cavalgada *f*; *Spiel*: lance *m*, muda *f*; *Trinken*: trago *m* (***auf e-n, in e-m, mit e-m*** de um; ***tun*** dar); *Vögel*: bandada *f*, *bras* bando *m*; (*Atem≈*) folgo *m*; fôlego *m*; (*Charakter≈, Feder≈*) rasgo *m*, *a* (*Gesichts≈*) traço *m*; (*Fang*) lanço *m*, F (*Fest≈*) cortejo *m*; redada *f*; (*Gespann*) tiro *m*; (*Griff*) puxador *m*, maçaneta *f*, trinco *m*; (*Leichen≈*) préstito *m*; (*Luft≈*) corrente *f* de ar; (*Marsch*) marcha *f*; (*Trieb*) impulso *m*; (*Weg*) expedição *f*; ***im ~e*** *der Maßnahmen etc* em virtude *f* de; ***in groben Zügen*** *fig* a traços largos, *bras* grosso modo; ***zum ~e kommen*** entrar em a(c)ção; ***in den letzten Zügen liegen*** agonizar

'Zugabe *f* suplemento *m*; acréscimo(s *pl*) *m*; *Konzert*: número *m* extraprograma, *bras* bis *m*; F *Getreide, Flüssigkeiten*: semichas *f/pl*

'Zugabteil *n* <*-s*; *-e*> compartimento *m* de comboio (*bras* trem)

'Zu|gang *m* <*-(e)s*; *¨e*> acesso *m*; entrada *f*; **≈gänglich** ['-gɛŋliç] acessível; **~gangsberechtigung** *f* autorização *f* de acesso

'Zuganschluss *m* <*-es*; *¨e*> ligação *f* de comboio (*bras* trem)

'Zugbrücke *f* ponte *f* levadiça

'zu|geben dar a mais; *Konzert*: tocar extraprograma, *bras* bisar; *fig* admitir; reconhecer; (*bekennen*) confessar; (*erlauben*) permitir, deixar; **~'gegen** presente; **~ *sein bei*** *a* assistir a, presenciar (*ac*)

'zugehen <*sn*> (*geschehen*) acontecer; ser possível; ***nicht mit rechten Dingen ~*** haver (*od* ter) gato; (*schließen*) fechar; (*schon vorangehen*) ir andando; (*schneller gehen*) ir mais depressa, acelerar o passo; (*weitergehen*) seguir (já para a frente); **~ *auf*** (*ac*) aproximar-se de; ***dem Ende ~*** aproximar-se do fim; ***j-m ~*** ser enviado a alg, chegar às mãos de alg; **~ *lassen*** enviar, mandar

'zugehör|en <-> pertencer; **~ig** correspondente; afim; *Teil*: acessório; *ARQUIT* anexo; *j-m*: pertencente; **≈igkeit** *f* pertença *f*; *POL* filiação *f*; *zu e-m Staat*: nacionalidade *f*

'Zügel ['tsy:gəl] *m* freio *m*, *a fig* rédea(s *pl*) *f* (***anziehen*** apertar; ***halten*** ter; ***lockern, schießen lassen*** soltar, abandonar); **≈los** desenfreado; abandonado; **~losigkeit** ['-lo:ziç-] *f* <*sem pl*> desenfreamento *m*, *fig a* libertinagem *f*, devassidão *f*; **≈n** <*-le*> refrear, enfre(n)ar; *fig a* reprimir

'zu|gesellen <-> (a)juntar; *j-m*: associar, ***sich ~*** *a* acompanhar (*ac*); **≈geständnis** *n* <*-ses*; *-se*> concessão *f*; **~gestehen** <-> conceder; (*eingestehen*) confessar; **~getan** ['-gəta:n] (*dat*) dedicado a, afeiçoado a

'Zug|festigkeit *f* <*sem pl*> *TÉCN* resistência *f* à extensão; **~führer** *m* *CAM. DE F* condutor *m* de (*od* do) comboio (*bras* trem); maquinista *m*; *MIL* comandante *m* de (*od* do) pelotão

'zugießen (*schließen*) chumbar; (*hinzufügen*) deitar (*od* pôr) mais

'zugig ['tsu:giç] exposto à corrente de ar; ***es ist ~*** há corrente de ar

'zügig ['tsy:giç] fluente; rápido; *adv* rapidamente; sem interrupção

'Zug|kraft *f* <-; *¨e*> (força *f* de) tra(c)ção *f*; *fig* atra(c)ção *f*; **≈kräftig** *ECON* de boa venda; *TEA* de êxito; **~ *sein*** atrair o público

zu'gleich ao mesmo tempo (***mit mir*** que eu); simultaneamente

'Zug|leine *f* tirante *m*; *NAV* cabo *m* de reboque; **~luft** *f* <*sem pl*> corrente *f* de ar; ar *m* coado; **~maschine** *f* tra(c)tor *m*; **~mittel** *n* reclamo *m*; **~nummer** *f* <-; *-n*> número *m* do comboio (*bras* trem); *fig* atra(c)ção *f*; **~ochse** *m* <*-n*> boi *m* de lavoura; **~personal** *n* <*-s*; *sem pl*> pessoal *m* ferroviário; **~pferd** *n* <*-(e)s*; *-e*> cavalo *m* de tiro; **~pflaster** *n* *MED* emplastro *m* vesicatório

'zugreifen deitar a mão (a); apanhar, pegar; *bei Tisch*: servir-se; *fig* aproveitar a oportunidade

'Zugriff *m* <*-(e)s*; *-e*> tomada *f*; captura *f*; *INFORM* acesso *m*; **~sgeschwindigkeit** *f* *INFORM* rapidez *f* de acesso

zu'grunde [-'grundə]: **~ *gehen*** perecer; arruinar-se; **~ *legen*** tomar por base, partir de; **~ *liegen*** (*dat*) servir de base a, ser o motivo de, estar na base de, estar na origem de; **~ *richten*** arruinar

'Zug|schaffner *m* revisor *m*; **~tier** *n* <*-(e)s*; *-e*> animal *m* de tiro; **~unglück** *n* <*-(e)s*; *-e*> desastre *m* ferroviário

zu|'gunsten [-'gunstən] a favor de; em defesa de; **~'gute** [-'gu:tə]: **~ *halten*** não levar a mal; ter em conta; (*entschuldigen*) desculpar; (*dat*) **~ *kommen*** ser favorável a, trazer proveito para; beneficiar (*ac*); reverter em favor de

'Zug|verbindung *f* ligação *f*; **~verkehr** *m* <*-s*; *sem pl*> circulação *f* de comboios (*bras* trens); **~vogel** *m* <*-s*; *¨*> ave *f* (*bras a* pássaro *m*) de arribação

'zu|haben F *v/t* (*v/i*) ter (estar) fechado; **~haken** acolchetar; fechar com gancho; **~halten 1.** *v/t* guardar fechado; cobrir com as mãos; (***sich*** *dat*) **~** tapar (*ac*); **2.** *v/i* **~ *auf*** (*ac*) dirigir-se para; **≈hälter** ['-hɛltər] *m* chulo *m*, rufião *m*, *bras* cáften *m*; **~hängen** encobrir, velar; **~hauen** F → ***zuschlagen***; **≈'hause** *n inv* em casa; **~heilen** <*sn*> sarar, cicatrizar; **≈'hilfenahme** [-na:mə]: ***unter ~*** (*gen*) com (o) auxílio de, servindo-se de, valendo-se de

'zuhör|en escutar; ouvir; **≈er(in** *f*) *m* ouvinte *su*; **≈erschaft** *f* auditório *m*

'zu|jubeln <*-le*> (*dat*) aclamar, vitorear, ovacionar (*ac*); **~kaufen** comprar ainda, comprar mais; *Spielkarte*: tirar; **~kehren** virar para; ***j-m den Rücken ~*** virar as costas a alg; **~klappen** fechar; **~kleben** colar

'zu|klinken ['-klɪŋkən] *v/t* fechar; **~knallen** F bater (com); **~knöpfen** abotoar; ***zugeknöpft*** *adj fig* reservado; **~kommen** <*sn*>: ***~ auf*** (*ac*) vir para, vir ao encontro de; ***j-m ~*** competir a alg, caber a alg, pertencer a alg; *etwas* ***auf sich ~ lassen*** *fig* aguardar os acontecimentos; ***j-m et ~ lassen*** proporcionar a/c a alg; fazer chegar a/c às mãos de alg, deixar a/c (par)a alg; (*schicken*) mandar a/c a alg; **~korken** (ar)rolhar

'Zukunft ['tsuːkunft] *f* <*sem pl*> futuro *m* (*a* GRAM), porvir *m*; ***in ~*** de (*od* no) futuro, daqui em diante

'zukünftig futuro, vindouro; **≈e** *f*: ***meine ~*** a minha futura mulher

'Zukunfts|forschung *f* futurologia *f*; **~musik** *f* <*sem pl*> *fig* quimeras *f/pl*

'zu|lächeln <*-le*> (*dat*) sorrir(-se par)a; **≈lage** *f* aumento *m*; suplemento *m*; **~'lande** → ***Land***; **~langen** (*tüchtig arbeiten*) trabalhar com afinco; *bei Tisch*: servir-se; ***kräftig ~*** servir-se abundantemente; **~länglich** suficiente

'zulassen admitir; (*erlauben*) permitir; F *Tür*: deixar fechado

'zulässig admissível; (*erlaubt*) permitido; lícito; **≈keit** *f* <*sem pl*> legitimidade *f*

'Zulassung *f* admissão *f*; autorização *f*; **~sbescheinigung** *f* carteira *f* profissional; AUTO livrete *m*, *bras* liçenca *f*; **~sprüfung** *f* exame *m* de admissão (*od* aptidão)

zu'lasten: ***~ von*** a cargo de; à (*bras* por) conta de; *Bank*: a débito de

'Zulauf *m* <*-(e)s; sem pl*> afluência *f*, concorrência *f*; frequência *f*; ***großen ~ haben*** *a* ser muito concorrido, TEA ser muito frequentado, *j-d*: ter grande clientela *f*; **≈en** <*sn*>: ***j-m ~*** vir para alg; ***~ auf*** (*ac*) correr para; ***spitz ~*** terminar em ponta

'zulegen F (*draufgeben*) acrescentar; *Gehalt*: dar mais; (*Tempo steigern*) fazer (mais) depressa; ***sich*** (*dat*) *etwas* ***~*** adquirir, F arranjar

zu'leide [-'laɪdə]: ***j-m et ~ tun*** fazer mal a alg, ofender alg (***nichts*** não)

'zuleit|en <*-e-*> dirigir; (*verteilen*) distribuir (entre); TÉCN levar, *Wasser*: *a* aduzir; **≈ung** TÉCN *f* conduta *f*; canalização *f*

zu|'letzt em último lugar; por fim; ***~ kommen*** ser o último (a chegar); **~'liebe**: (*dat*) ~ por amor de

zum [tsum] = ***zu dem***, → ***zu***

'Zuliefer|er *m* fornecedor *m*; **~industrie** *f* indústria *f* fornecedora

'zu|machen **1.** *v/t* fechar; (*zuknöpfen*) abotoar; **2.** *v/i* fechar; F (*sich beeilen*) fazer depressa, aviar-se; **~'mal** sobretudo; **~ (*da*)** tanto mais (quanto é certo) que; **~mauern** <*-re*> emparedar; **~'meist** na maior parte; em geral, geralmente; **~messen** medir; ***j-m sein Teil ~*** dar a ração a alg; **~'mindest** pelo (*od* ao) menos

'zumut|bar razoável; exigível; **~e** [-'muːtə]: ***mir ist nicht wohl ~*** não me sinto bem (***bei*** com); **~en** <*-e-*> exigir (***j-m*** de alg); ***sich*** (*dat*) ***zu viel ~*** abarbar-se, exagerar; **≈ung** ['-muːtuŋ] *f* exigência *f*; impertinência *f*

zu|'nächst **1.** *adv* (em) primeiro (lugar); (*vorläufig*) por agora; **2.** *prp* (*dat*) muito perto de

'zu|nageln <*-le*> pregar; **~nähen** coser; consertar; **≈nahme** ['-naːmə] *f* aumento *m*, incremento *m*; *Mond*: crescer *m*; **≈name** *m* <*-ns*; *-n*> apelido *m*

'zünden ['tsyndən] <*-e-*> acender; pegar (*a fig*); *Motor*: fazer explosão; *fig* ele(c)trizar, arrebatar; **~d** *adj* vibrante

'Zunder ['tsundər] *m* isca *f*

'Zünder ['tsyndər] *m* MIL espoleta *f*

'Zünd|holz ['tsynt-] *n* <*-es*; *⸚er*> fósforo *m*; **~holzschachtel** *f* <*-*; *-n*> caixa *f* de fósforos; **~hütchen** ['-hyːtçən] *n*, **~kapsel** *f* <*-*; *-n*> fulminante *m*; **~kerze** *f* vela *f* (de ignição); **~schloss** *n* <*-es*; *⸚er*> ignição *f*; **~schlüssel** *m* chave *f* de ignição; **~schnur** *f* <*-*; *⸚e*> mecha *f*; **~stoff** *m* <*-(e)s*; *-e*> matéria *f* inflamável; **~ung** ['-duŋ] *f* inflamação *f*; AUTO ignição *f*

'zunehmen aumentar (***an*** *dat* de, em); crescer (*a Tage, Wasser*), *Mond*: estar no crescente; *Fieber*: subir; *an Wissen*: fazer progressos; *j-d*: engordar; **~d** *adj* crescente, progressivo

'zuneig|en: (***sich***) *dat* **~** inclinar-se para; simpatizar com; ***sich dem***

Z

Ende **~** ir-se acabando; **&ung** *f* inclinação *f* (para), simpatia *f* (para com); *stärker*: afeição *f*

Zunft [tsunft] *f* <-; ⸚e> corporação *f*

'zünftig ['tsynftiç] F em forma

'Zunge ['tsuŋə] *f* língua *f* (*Wort* ***auf der*** debaixo da); *Fisch*: linguado *m*; *TÉCN* lingueta *f*, *MÚS a* palheta *f*; *Waage*: fiel *m*; *Weiche*: agulheta *f*; ***es liegt mir auf der ~*** *fig* está-me na ponta da língua; ***e-e böse ~ haben*** ser (*bras* ter) má língua

'züngeln ['tsyŋəln] <-*le*> *Feuer*: levantar-se em labaredas, *bras* lançar labaredas; *Schlange*: sibilar

'zungen|fertig linguareiro; verboso, *bras* falador, de língua solta; **&fertigkeit** *f* <*sem pl*> verbosidade *f*; F lábia *f*; **&spitze** *f* ponta *f* da língua

'Zünglein ['tsyŋlaɪn] *n*: *fig* ***das ~ an der Waage sein*** decidir

zu|'nichte [-'niçtə]: **~** ***machen*** (***werden***) aniquilar(-se); *Hoffnung*: frustrar(-se); *Plan*: malograr(-se); **'~nicken**: ***j-m ~*** fazer sinal da cabeça a alg, saudar alg inclinando a cabeça; **~'nutze** [-'nutsə]: ***sich*** (*dat*) **~** ***machen*** aproveitar-se de; utilizar (*ac*); **~'oberst** por cima, em cima; ***das Unterste ~ kehren*** transtornar tudo; **'~ordnen** <-*e*-> agregar; coordenar; **'~packen** deitar a mão; **~'pass** [-'pas]: **~** ***kommen*** vir a propósito, convir, fazer jeito

'zupf|en ['tsupfən] puxar (***an*** *dat* por); *Haar*: arrepalar; *MÚS* debilhar; **&instrument** *n* <-*s*; -*e*> *MÚS* instrumento *m* de debilhação

'zu|pfropfen ['tsu:-] (ar)rolhar; tapar; **~prosten** ['-pro:stən] <-*e*-> → ***zutrinken***

zur [tsu:r] = ***zu der***, → ***zu***

'zurande: ***mit et ~ kommen*** levar a/c a cabo, (conseguir) acabar a/c

'zurate: ***j-n ~ ziehen*** pedir conselho a alg, consultar alg, aconselhar-se com alg; **&ziehung** *f*: ***unter ~*** (*gen*) consultando (*ac*)

'zuraten recomendar, aconselhar; **&** *n* conselho *m*

'zurechn|en <-*e*-> acrescentar, juntar (na conta); **~ungsfähig** responsável, imputável; **&ungsfähigkeit** *f* <*sem pl*> responsabilidade *f* pessoal, imputabilidade *f*

zu'recht|biegen endireitar, destorcer; *fig* arranjar; **~finden**: ***sich ~*** poder orientar-se; encontrar saída; *fig im Leben*: arranjar-se; ***sich nicht ~*** *fig* não entender nada; **~kommen** <*sn*> *rechtzeitig*: chegar a tempo; ***mit j-m ~*** entender-se com alg; ***mit et ~*** arranjar-se com a/c; **~legen** preparar, dispor, pôr em ordem; ***sich*** (*dat*) *etwas* **~** *fig* explicar-se a/c; **~machen** arranjar, preparar; ***sich ~*** cara(c)terizar-se; **~rücken**, **~setzen** <-*t*> pôr em ordem; regular; **~weisen**: ***j-n ~*** *fig* pôr alg no seu lugar, pôr alg a direito, repreender alg; **&weisung** *f* repreensão *f*, reprimenda *f* (***bekommen*** ter)

'zu|reden *v/i* <-*e*->: ***j-m*** (***gut***) **~** procurar persuadir alg, animar alg; **&reden** *n* instâncias *f/pl*, conselho(s *pl*) *m*; **~reichen** bastar, chegar; ***j-m et ~*** passar a/c a alg; **~reiten 1.** *v/t* adestrar; **2.** *v/i* <*sn*>: ***auf*** (*ac*) **~** cavalgar para; ***schnell ~*** não poupar o cavalo; **&reiter** *m* picador *m*; **~richten** <-*e*-> preparar; arranjar; *TIP* ajustar; ***übel ~*** maltratar, *et*: *a* estragar; **~riegeln** <-*le*> aferrolhar

'Zürich ['tsyri:ç] *n* Zurique *f*

'zürnen ['tsyrnən] estar zangado (***j-m*** com alg)

Zur'schaustellung *f* ostentação *f*, exibição *f*

zu'rück [tsu:'ryk] atrás, para trás; (*~geblieben*) atrasado; (*~gekehrt*) de regresso; **~ *sein*** *a* estar de volta; *Wechselgeld*: de troco; ***hin und ~*** ida e volta; ***es gibt kein & mehr*** já não se pode voltar atrás

zu'rück|begeben <->: ***sich ~*** regressar, voltar; **~behalten** <-> guardar, reter; ficar com; **~bekommen** <-> tornar a receber; recuperar; *Wechselgeld*: receber de troco; ***ich habe et ~*** devolveram-me a/c; **~beordern** <-*e*-; -> chamar; **~beugen** inclinar para trás; **~bleiben** <*sn*> ficar (atrás *od* retido); ***hinter den Erwartungen ~*** não corresponder a; ***~geblieben*** *fig* atrasado; **~blicken** olhar atrás; **~ *auf*** (*ac*) lançar um olhar retrospe(c)tivo (par)a; *fig* **~ *können auf*** (*ac*) ter; **~bringen** *j-n*: acompanhar (para casa); reconduzir; (*holen*) ir buscar; *et*: trazer; levar; repor no seu lugar;

Z

(*geben*) devolver; *fig* (*zurückwerfen*) atrasar; *j-n*: *a* fazer perder tempo a; *MED* enfraquecer; **~datieren** <-> antedatar, *bras* predatar; **~denken**: **~ *an*** (*ac*) recordar(-se de); **~drängen** repelir; fazer recuar; *fig* reprimir; **~drehen** virar para trás; baixar; **~dürfen** ter licença *od* direito para voltar; **~eilen** <*sn*> regressar depressa; correr para trás; **~erbitten** *v/t* reclamar; pedir a devolução de, pedir a restituição de; **~erhalten** <-> → ***~bekommen***; **~erinnern** <*-re*>: ***sich*** **~** → ***~denken***; **~erobern** <*-re*; -> reconquistar; **~erstatten** <*-e-*; -> → ***~geben***; **~erwarten** *v/t* <*-e-*; -> esperar o regresso de; **~fahren 1.** *v/t* reconduzir (no carro), levar para casa (no carro), *bras* levar de volta (no carro); **2.** *v/i* <*sn*> voltar (de carro); *fig* recuar assustado; **~fallen** <*sn*> cair para trás; *fig* **~ *an*, *in*** (*ac*) recair em; **~ *auf*** (*ac*) recair sobre; **~finden**: (***sich***) **~** encontrar o caminho para trás (*od* para voltar); **~fliegen** <*sn*>: **~ *nach*** regressar a, voar novamente para; **~fließen** <*sn*> refluir; **~fordern** <*-re*> reclamar, reivindicar; **~führen** reconduzir; **~ *auf*** (*ac*) reduzir a; ***auf*** *ein Versehen* **~** atribuir a; **~geben** devolver; restituir, *Geld*: reembolsar; **~gehen** <*sn*> voltar atrás; recuar, retroceder, *MIL a* retirar-se; *Fieber*, *Preise*: descer; *fig* **~ *auf*** (*ac*) remontar a; partir de; **~ *lassen*** devolver; **~gewinnen** recuperar, reconquistar; **~gezogen** [-gətsoːgən] retirado, recolhido; **≈gezogenheit** *f* <*sem pl*> retiro *m*, recolhimento *m*; **~greifen**: **~ *auf*** (*ac*) recorrer a; remontar a, partir de; **~haben**: **~ *wollen*** reclamar, pedir a devolução de

zu'rückhalt|en deter; reter; conter; *fig* impedir; ***sich*** **~** conter-se, observar certa reserva; ***mit et*** **~** abster-se de a/c; **~d** *adj* reservado, discreto; **≈ung** *f* reserva *f*, discrição *f*

zu'rück|holen ir buscar; **~kehren** <*sn*> regressar, voltar; **~klappen** abrir, desdobrar; (*hoch~*) levantar; **~kommen** <*sn*> voltar; regressar; *fig* ficar atrás; **~ *auf*** (*ac*) voltar a falar de; **~können** poder voltar (atrás); **~lassen** deixar (atrás *od* ficar); **≈lassung** [-lasuŋ] *f*: ***unter*** **~** (*gen*) abandonando (*ac*), deixando (ficar) (*ac*); **~laufen** <*sn*> correr para trás; retroceder; → ***~fließen***; **~legen** pôr de parte, pôr de lado; *Weg*: vencer, percorrer; ***an seinen Platz*** **~** repor no seu lugar, tornar a pôr no seu lugar; **~lehnen** encostar; **~liegen** ter passado; datar de; *Rückstand haben*, *bsd Sport*: estar atrás; **~melden** <*-e-*> responder; ***sich*** **~** participar o seu regresso; ***sich bei j-m*** **~** apresentar-se a alg; **~müssen** ter de voltar; ter de recuar; **≈nahme** [-naːmə] *f* retirada *f*; *fig a Äußerung*: retra(c)tação *f*; *ECON* anulação *f*; *MIL* recuo *m*; **~nehmen** *v/t* retirar; *MIL* recuar; *Ware*: aceitar (quando devolvido), admitir a devolução; *fig* revogar; ***seine Aussage*** **~** retra(c)tar-se; ***sein Wort*** **~** desdizer-se; **~prallen** <*sn*> ressaltar; *j-d*: recuar espantado; **~rechnen** <*-e-*> fazer remontar o seu cálculo; **~reichen**: **~ *bis*** remontar a, ter a sua origem em; **~reisen** <*-t*; *sn*> voltar; regressar; **~rufen** chamar; ***ins Gedächtnis*** **~** fazer recordar, fazer lembrar, evocar; ***ins Leben*** **~** reanimar, ressuscitar; **~schalten** <*-e-*> *AUTO*: ***e-n Gang*** **~** passar para a velocidade inferior; **~schauen** → ***~blicken***; **~schicken** devolver; reenviar; *j-n*: mandar voltar; **~schieben** empurrar para trás; (*weg~*) retirar; **~schlagen** repelir (*a MIL*); *Ball*: devolver; *Decke*: tirar (*a Schleier*), dobrar (para trás); *Verdeck*: abrir; **~schnellen** *v/i* <*sn*> ressaltar; **~schrauben** *fig* reduzir; **~schrecken 1.** *v/t* intimidar; fazer recuar; **2.** *v/i* <*sn*>: **~** (***vor*** *dat*) assustar-se (com); horrorizar-se (com), recuar (perante); **~sehnen**: ***sich*** **~ *nach*** ter saudades de; **~setzen** <*-t*> pôr atrás, *a fig* pôr de parte; ***j-n*** **~** *fig* tratar alg injustamente, *im Rang*: preterir alg; **≈setzung** [-zɛtsuŋ] *f* injustiça *f*; preterição *f*, postergação *f*; **~sinken** <*sn*> cair para trás; **~ *in*** (*ac*) *fig* recair em; **~springen** <*sn*> dar um salto para trás; *Ball etc*: ressaltar; **~spulen** rebobinar; **~stehen** estar atrás; *fig* **~ *hinter*** (*dat*) ser inferior a; ~ ***müssen*** ter de renunciar, ter de desistir; **~stellen** → ***~setzen***; *Uhr*: atrasar; *fig zeitl* deixar para mais tarde; pospor; **~stoßen** repelir; **~strahlen** *v/t* (*v/i*) refle(c)tir(-se); **~streifen** arregaçar; **~taumeln** <*-le*> recuar estonteado; **~tragen** levar, voltar a trazer; repor no seu lugar; **~treiben** *v/t* repelir; *Vieh*: recolher; *v/i* flutuar para trás; **~treten** <*sn*> dar um passo para trás; recuar; retroceder; *fig* desistir; *Amt*: demitir-se; abdicar; ~ ***hinter*** (*dat*) ficar atrás de; **~verfolgen** <->: etwas ~ ***bis*** regressar na história de a/c até; **~verlangen** *v/t* <-> reclamar, pedir a devolução de, pedir a restituição de; **~versetzen** <*-e-*> *Schüler*: obrigar a repetir o ano; *fig* ***sich*** ~ ***in*** (*ac*) transportar-se para; **~verweisen**: ~ ***auf*** remeter a (*od* para); **~weichen** recuar; retirar-se; *fig* ceder; **~weisen** <*sn*> repelir; (*ablehnen*) recusar; rejeitar, não aceitar; ~ ***auf*** (*ac*) referir-se a, indicar; *j-n*: remeter a; **≈weisung** *f* repulsão *f*; (*Ablehnung*) recusa *f*; rejeição *f*; **~werfen** repelir (*a* MIL); *Ball*: devolver; *Licht*: refle(c)tir; **~wirken** reagir; exercer rea(c)ção; **~wollen** querer voltar; **~zahlen** reembolsar, devolver, pagar; **≈zahlung** *f* reembolso *m*, devolução *f*, pagamento *m*; **~ziehen** retirar; recolher

'Zuruf ['tsu:-] *m* <*-(e)s*; *-e*> grito *m*, voz *f*; ***durch*** ~ por aclamação *f*; **≈en** gritar

'zurzeit (*derzeit*) a(c)tualmente

'Zusag|e *f* resposta *f* afirmativa; (*Versprechen*) promessa *f*, palavra *f*; **≈en 1.** *v/t* prometer; ***j-m auf den Kopf*** ~ dizer na cara de alg; **2.** *v/i* aceitar; (*gefallen*) agradar

zu'sammen [tsu'zamən] junto (***sein*** estar); justamente; em conjunto; (*im Ganzen*) ao todo, em soma, em globo; *bsd* MAT *u* ECON no total; ***mit j-m*** ~ *a* em colaboração com alg

Zu'sammenarbeit *f* <*sem pl*> colaboração *f*, cooperação *f*; **≈en** <*-e-*> colaborar, cooperar (***an*** *dat* em)

zu'sammen|ballen: (***sich***) ~ conglobar(-se), *a fig* aglomerar(-se); *Gewitter, Wolken*: acumular-se, acastelar-se; **~bauen** TÉCN montar; **~beißen** *Zähne*: cerrar; **~bekommen** <-> conseguir juntar; *fig* F recordar; **~binden** atar, ligar; **~bleiben** <*sn*> ficar reunido, ficar junto; **~brauen** misturar; *fig* tramar; ***sich*** ~ *Wolken*: acastelar-se, acumular-se; **~brechen** <*sn*> sucumbir; ir(-se) abaixo, vir abaixo; *Firma*: *a* quebrar; *Haus*: *a* abater-se; *Unternehmen*: *a* fracassar; **~bringen** amontoar; (conseguir) juntar; *fig* ***wieder*** ~ conseguir reconciliar; **≈bruch** *m* <*-(e)s*; *¨e*> desmoronamento *m*, ruína *f*; *fig* colapso *m* (*a* MED), fracasso *m*, malogro *m*; ECON bancarrota *f*; POL *u* MIL derrota *f*; **~drängen** apertar, *bras* empurrar; → ***~ballen***; concentrar; *fig* resumir; **~drücken** comprimir; *flach*: achatar; **~fahren** <*sn*> CAM. DE F *etc* chocar, embater; *fig j-d*: estremecer; **~fallen** <*sn*> cair, *et*: *a* abater(-se), desmoronar(-se), *j-d*: *a* sucumbir; *zeitl* coincidir (*a* MAT); **~faltbar** dobradiço, de dobrar; *Möbel*: articulado; **~falten** <*-e-*> dobrar

zu'sammenfass|en <*-t*> (*vereinigen*) reunir; concentrar, centralizar; coordenar; (***kurz***) ~ resumir; **~end** *adj* resumido; *adv* em resumo; ***~e Darstellung*** resumo *m*; **≈ung** *f* resumo *m*; *Kräfte*: concentração *f*; coordenação *f*

zu'sammen|fegen varrer, juntar (o lixo); **~finden**: ***sich*** ~ encontrar-se, reunir-se, juntar-se; **~fließen** <*sn*> confluir; *a fig* confundir-se; **≈fluss** *m* <*-es*; *¨e*> confluência *f*; **~fügen** juntar, ligar, *Holz*: *a* ensamblar, *bras* encaixar; *fig* reunir; **~führen** reunir; **~gehen** <*sn*> ir junto, andar junto; *fig* ir conforme, andar conforme; **~gehören** <-> pertencer ao mesmo grupo *etc*; (*zueinander gehören*) estar relacionado; *Personen*: ser companheiros; *Dinge*: fazer jogo; **~gehörig** correspondente; par; do mesmo grupo; **≈gehörigkeit(sgefühl** *n* <*-(e)s*; *sem pl*>) *f* <*sem pl*> (sentimento *m* de) solidariedade *f*; **~gesetzt** composto; **~gewachsen** [-gəvaksən] *Augenbrauen*: unido; *Knochen*: soldado; **≈halt** *m* <*-(e)s*; *sem pl*> consistência *f*; coesão *f*; *fig* união *f*, solidariedade *f*; **~halten 1.** *v/t* guardar junto(s); conservar intacto; (*vergleichen*) confrontar; *Geld*: poupar; **2.** *v/i* ter consistência; segurar; *Gruppe*: estar unido, estar solidário

Zu'sammen|hang *m* <-(*e*)*s*; *"e*> (co)nexo *m*, conexão *f*; coesão *f*; *a* FÍS coerência *f*; (*Beziehung*) relação *f*; (*Verknüpfung*) concatenação *f*; *fortlaufender*: continuidade *f*; *höherer*: ordem *f*; *Text*: contexto *m*; ***in ~ bringen*** concatenar; ***im ~ stehen*** = **≈hängen**: **~ *mit*** estar ligado a, relacionar-se com, prender-se com; *Zimmer*: comunicar; **~*d*** *adj* coerente; contínuo; **≈hanglos** incoerente, desconexo

zu'sammen|hauen F despedaçar, destruir; ***j-n ~*** dar cabo de alg, dar tareia a alg, *bras* bater em alg; **~heften** <-*e*-> alinhavar; *Buch*: brochar; *Papierblätter*: agrafar; **~holen** ir buscar por toda a parte, juntar; recolher; **~kauern** <-*re*>: ***sich ~*** acocorar-se, pôr-se de cócoras; **≈klang** *m* <-(*e*)*s*; *"e*> consonância *f*; MÚS acordo *m*; *a fig* harmonia *f*; **~klappbar** [-klapba:r] → ***~faltbar***; **~klappen 1.** *v/t* dobrar; *Buch*, *Messer*: fechar; **2.** *v/i* <*sn*> cair; MED ter um colapso; **~kleben** pegar; *v/i a* estar pegado; **~kneifen** apertar; *Augen*: piscar; **~knüllen** amarrotar, amachucar, *bras* amassar; **~kommen** <*sn*> reunir-se (***zu*** em), ***mit j-m ~*** *a* encontrar-se com alg; *Umstände*: concorrer, coincidir; **~krampfen** [-krampfən]: ***sich ~*** contrair-se; contorcer-se; **~kratzen** <-*t*> juntar; F *fig Geld*: arrebanhar; **≈kunft** [-kunft] *f* <-; *"e*> encontro *m*; *a* (*Besprechung*) reunião *f*; **~läppern** [-'lɛpərn]: F ***sich ~*** ir-se juntando; **~lassen** deixar junto, deixar juntar-se; **~laufen** <*sn*> concorrer, acorrer em massa; *lärmend*: amotinar-se; (*~fließen*) confluir, *Farben*: confundir-se; *Linien*: convergir; *Milch*: coagular; *Stoff*: encolher; **~leben** conviver, coabitar; **≈leben** *n* convívio *m*; vida *f* em comum; ***eheliches ~*** vida *f* conjugal; **~legbar** [-le:kba:r] → ***~faltbar***; **~legen** juntar; ECON reunir; *Aktien*: consolidar; ***Geld ~*** cotizar-se; (*falten*) dobrar; **~leimen** colar; **~liegen** estar junto; *Räume*: confinar; **~löten** <-*e*-> soldar; **~nageln** <-*le*> encravar; **~nähen**: (***wieder***) **~** (re)coser; **~nehmen** tomar em conjunto; (*vereinigen*) juntar, reunir; *Gedanken*: recolher; ***sich ~*** conter-se; fazer um esforço; controlar-se; ***alles ~genommen*** em soma; **~packen** embrulhar, empacotar; **~passen** <-*t*> **1.** *v/t* ajustar, adaptar; **2.** *v/i* condizer; fazer jogo; TÉCN ajustar; dar-se; *Farbe*: dizer bem, casar-se; *Töne*: harmonizar; **~pferchen** amontoar, encerrar

Zu'sammenprall *m* <-(*e*)*s*; -*e*> choque *m*, embate *m*; **≈en** <*sn*> chocar, embater, esbarrar

zu'sammen|pressen <-*t*> comprimir; apertar; **~raffen** apanhar (a toda a pressa); *Reichtum*: acumular; ***sich ~*** aprumar-se; fazer um (grande) esforço; **~rechnen** <-*e*-> somar; fazer a adição; **~reimen**: ***sich ~*** explicar-se; *mit*: concordar; **~reißen** → ***~raffen***; **~rollen** enrolar; **~rotten** [-rɔtən] <-*e*->: ***sich ~*** reunir-se; abandoar-se; *Menge*: amotinar-se; **~rücken** *v/t* (*v/i*; *sn*) juntar(-se), chegar(-se) (***näher*** mais); **~rufen** convocar; chamar; **~scheißen** V descompar, dar uma ensaboadela a; *bras* esculhambar; **~schieben** juntar; **~schlagen 1.** *v/t* (*vereinigen*) juntar; (*vernichten*) dar cabo de, partir com pancadas; *Hände*: bater; ***die Hände*** (***über dem Kopf***) **~** *fig* ficar pasmado; F ***j-n ~*** dar cabo de alg, dar uma surra em alg; **2.** *v/i* <*sn*> fechar-se; ***über*** *j-m*: sepultar (alg); **~schließen** juntar, encadear; ***sich ~*** unir-se; **≈schluss** *m* <-*es*; *"e*> união *f*; ECON *u* POL *a* fusão *f*; **~schmelzen** *v/t* (*v/i*; *sn*) derreter(-se); *Metalle*: amalgamar(-se); *v/i fig* ir-se diminuindo; **~schnüren** atar; *fig Herz*: confranger, apertar; **~schrauben** juntar por parafusos, aparafusar; **~schrecken** <*sn*> estremecer; **~schreiben** escrever numa palavra; *Text*: compilar; **~schrumpfen** <*sn*> enrugar(-se), encolher; MED atrofiar; *fig* diminuir; **~schütten** <-*e*-> misturar; **~schweißen** <-*t*> soldar; **≈sein** *n* <-*s*; *sem pl*> assembleia (*é) *f*, reunião *f*

zu'sammensetz|en <-t>: (***sich***) ~ (***aus***) compor(-se de); *TÉCN* montar, armar; ***sich*** ~ *j-d*: sentar-se juntos, reunir-se; ***sich mit j-m*** ~ reunir-se com alg; **2ung** *f* [-zɛtsuŋ] *f* composição *f*

zu'sammen|sinken <*sn*> sucumbir; ir abaixo; desmoronar-se; **~sitzen**: ***mit j-m*** ~ estar (sentado) junto de alg; estar (reunido) com alg; **~sparen** ir economizando; **2spiel** *n* <-(*e*)*s*; -*e*> conjunto *m*; *fig Farben*: combinação *f*; *Kräfte*: concurso *m*; **~spielen** *MÚS* tocar ao mesmo tempo, concertar; *Sport*: ***gut*** ~ formar um bom conjunto; *TEA*: contracenar; *fig* corresponder-se, combinar-se, entrar em combinação; **~stauchen**: ***j-n*** ~ F dar uma descompostura a alg; **~stecken 1.** *v/t* segurar com alfinetes; ***die Köpfe*** ~ mexericar; **2.** *v/i* estar junto; F ***immer*** ~ *j-d*: estar sempre pegado; **~stehen** estar junto, formar grupo(s); *fig* fazer causa comum, ajudar-se mutuamente

zu'sammenstell|en reunir; combinar; conjugar; *TÉCN* montar, armar; *schriftlich*: compilar; *Liste*: organizar; *Ergebnisse*: classificar; (*vergleichen*) comparar; **2ung** *f* combinação *f*; composição *f*; lista *f*; compilação *f*; (*Tabelle*) quadro *m* sinóptico

zu'sammen|stimmen concordar; conjugar-se; → ***~passen 2.***; **~stoppeln** [-ʃtɔpəln] F <-*le*> compilar (sem método)

Zu'sammenstoß *m* <-*es*; ¨*e*> choque *m*, embate *m*; *Kräfte*: *a* colisão *f*; *MIL* encontro *m*; *fig* conflito *m*; **2en 1.** *v/i* <*sn*> chocar, embater, bater, colidir; *NAV* abalroar; (*sich berühren*) tocar-se, encontrar-se; confinar; **2.** *v/t* <*h*> fazer chocar, fazer embater, fazer colidir

zu'sammen|streichen cortar parte de, reduzir; **~strömen** <*sn*> confluir; *j-d*: afluir, acorrer em massa; **2sturz** *m* <-*es*; ¨*e*> desmoronamento *m*; derrocada *f*; ruína *f*; **~stürzen** <-*t*; *sn*> desmoronar-se; *j-d*: cair, sucumbir; **~suchen** rebuscar (*a fig*), ir buscar por toda a parte; **~tragen** reunir; juntar; *LIT a* compilar; **~treffen** *v/i* <*sn*> encontrar-se; reunir-se; **2treffen** *n* encontro *m*; *zeitl u Umstände*: coincidência *f*; **~treten** <*sn*> reunir-se; **~trommeln** <-*le*> reunir, convocar; **~tun** juntar; ***sich*** ~ *a* unir-se, fazer causa comum; associar-se; *Interessenverbände*: mancomunar-se; **~wachsen** <*sn*> concrescer; crescer junto; *MED* soldar-se; **~werfen** juntar, amontoar; *fig* confundir; **~wirken** *v/i* cooperar; *Umstände*: concorrer; **2wirken** *n* cooperação *f*; concurso *m*; **~wohnen** coabitar; morar na mesma casa (***mit*** que); **~würfeln** <-*le*> confundir, misturar; ***bunt zusammengewürfelt*** misturado, variegado; **~zählen** somar

zu'sammenzieh|en 1. *v/t* contrair; *Augenbrauen*: franzir; (*verengen*) estreitar, apertar; *MED* adstringir; *MIL* concentrar; *MAT* somar, (*kürzen*) reduzir; ***sich*** ~ apertar-se, constranger-se; *Stoff*: encolher; *Gewitter*: acumular-se; **2.** *v/i* <*sn*> ir viver junto; **~end** *adj MED* adstringente; **2ung** *f* contra(c)ção *f*; concentração *f*

zu'sammenzucken <*sn*> sobressaltar-se

'Zusatz ['tsuː-] *m* <-*es*; ¨*e*> aditamento *m*; *JUR* codicilo *m*; (*Beimischung*) ingrediente *m*; *QUÍM* aditivo *m*; **~...**: *in Zssg*(*n*) = **zusätzlich** ['-zɛtsliç] adicional; suplementar; acessório

Zusatzstoff *m* <-(*e*)*s*; -*e*> aditivo *m*

zu'schanden [tsu'ʃandən]: ~ ***machen*** *Pläne*: frustar

'zuschanzen ['tsuːʃantsən] <-*t*> arranjar, (fazer) passar para

'zuschau|en: (*dat od* ***bei et*** *dat*) ver (*ac*), olhar (*ac*), assistir (a), observar (*ac*); ~, ***dass*** tratar de (*inf*); **2er(in** *f*) *m* espe(c)tador(a *f*) *m*; **2erraum** *m* <-(*e*)*s*; ¨*e*> sala *f* (de espe[c]táculo)

'zu|schaufeln <-*le*> entulhar; (*nachschütten*) deitar (mais); **~schicken** enviar, mandar remeter; **~schieben** fechar; *Riegel*: correr; *fig* ***j-m et*** ~ fazer passar a/c a alg; *Eid*: deferir a; *Schuld*: atribuir a, imputar a; **~schießen** *fig* F ***Geld*** ~ subsidiar, subvencionar

'Zuschlag *m* <-(*e*)*s*; ¨*e*> *Auktion*: adjudicação *f*, arrematação *f*; (*~sgebühr*) suplemento *m*; sobretaxa *f*;

aumento *m*; **≈en 1.** *v/t* fechar (a bater); *Buch*: fechar; *Auktion*: adjudicar; (*zurechnen*) acrescentar; ***j-m die Tür vor der Nase ~*** dar com a porta na cara de alg; **2.** *v/i* <*h*> (*zuhauen*) bater em, dar um golpe; <*sn*> *Tür*: fechar-se (de golpe); **~(s)gebühr** *f* suplemento *m*, sobretaxa *f*; **~(s)karte** *f* bilhete *m* de sobretaxa; **≈spflichtig** sujeito à sobretaxa

'zu|schließen fechar (à chave); **~schmeißen** F fechar com estrondo; ***j-m et ~*** atirar a/c a alg; **~schnappen** abocar, *bras* abocanhar; *Tür* <*sn*>: fechar-se de repente; **~schneiden** talhar; **≈schneider** *m* talhador *m*; **~schneien** <*sn*> cobrir-se de neve; **≈schnitt** *m* <-(*e*)*s*; -*e*> corte *m*; feitio *m*; *fig* cará(c)ter *m*, estilo *m*; *j-s*: talhe *m*; **~schnüren** a(per)tar; *Stiefel*: abotinar; ***j-m die Kehle ~*** estrangular alg; **~schrauben** aparafusar; **~schreiben** conferir (por escrito); assentar (na conta de); (*hinzufügen*) acrescentar; *fig* atribuir, *Schuld*: *a* imputar; **'*zuzuschreiben sein*** dever-se; ***er hat es sich selbst zuzuschreiben*** a culpa é dele; **≈schrift** *f* carta *f*, participação *f*; *amtliche*: ofício *m*; **~'schulden**: ***sich*** (*dat*) *etwas* ***~ kommen lassen*** cometer qualquer falta; cometer a falta de (*inf*) a/c; **≈schuss** *n* <-*es*; *¨e*> subsídio *m*, subvenção *f*; **≈schussbetrieb** *m* <-(*e*)*s*; -*e*> *ECON* empresa *f* mantida por subvenção; **~schütten** <-*e*-> entulhar; (*nachschütten*) deitar (mais); **~sehen**: (***bei et*** *dat*) ver (*ac*), olhar (*ac*), assistir (a), observar (*ac*); ***~, dass*** tratar de (*inf*); **~sehends** a olhos vistos; **~senden** mandar; remeter; **~setzen** <-*t*> acrescentar; (*verlieren*) perder, sacrificar (*ECON* dinheiro); pôr do seu (bolso *od* dinheiro); ***j-m*** (***hart***) ***~*** apertar alg, importunar alg; F abarrancar alg; *etwas* ***zu~ haben*** *MED* dispor de saúde; **~sichern** <-*re*> assegurar, asseverar; prometer; **≈sicherung** *f* asseveração *f*, promessa *f*; **~spielen** *Ball*: passar a; *fig* proporcionar a; **~spitzen** <-*t*> apontar, aguçar; ***sich ~*** terminar em ponta, adelgaçar; *fig* agravar-se; **~sprechen** adjudicar; ***j-m Mut ~*** animar alg; ***j-m Trost ~***, ***j-m gut ~*** consolar alg, sossegar alg; ***dem Alkohol ~*** gostar da pinga, *bras* gostar de beber; **≈spruch** *m* <-(*e*)*s*; *sem pl*> conselhos *m/pl*; (*Trost*) consolações *f/pl*, *bras* consolo *m*; *REL* assistência *f*; (*Zulauf*) afluência *f*; ***viel ~ haben*** *j-d*: ter muita clientela; **≈stand** *m* <-(*e*)*s*; *¨e*> estado *m*; (*Beschaffenheit*) condição *f*, condições *f/pl* (*a pl*: *Lage*); situação *f/sg*

zu'stande [-'ʃtandə]: ***~ bringen*** realizar; ***~ kommen*** dar-se, realizar-se; **≈kommen** *n* realização *f*

'zuständig competente; **≈keit** *f* <*sem pl*> competência *f*

zu|'statten [-'ʃtatən]: ***~ kommen*** vir a propósito; (*dat*) reverter em favor de; **'~stecken** segurar com alfinete; *fig* ***j-m et ~*** dar *od* passar a/c furtivamente a alg; **'~stehen** pertencer; caber, (*obliegen*) *a* competir; **'~steigen** <*sn*> entrar, subir

'Zustell|bezirk ['-ʃtɛl-] *m* <-(*e*)*s*; -*e*> zona *f* de distribuição; **≈en** *Tür*: tapar; *j-m*: (*schicken*) remeter, entregar (ao domicílio), *CORR* distribuir, *JUR* notificar; **~ung** *f* entrega *f*, envio *m*; distribuição *f*, notificação *f*; **~ungsgebühr** *f* *CORR* porte *m*, taxa *f* de entrega

'zusteuern <-*re*> **1.** *v/t* contribuir com; **2.** *v/i* <*sn*>: ***auf*** (*ac*) ***~*** dirigir-se (par)a; seguir o rumo de

'zustimm|en concordar (com), anuir (a); estar de acordo (com); ***j-m ~*** *a* aprovar a opinião *etc* de alg, aderir à opinião *etc* de alg; **~end** *adj* afirmativo; **≈ung** *f* assentimento *m*, consentimento *m*; adesão *f*

'zu|stopfen tapar; vedar; entupir; **~stoßen 1.** *v/t* fechar a empurrar; **2.** *v/i* **a)** <*h*> *beim Fechten*: dar uma estocada, dar um golpe; **b)** <*sn*> (*geschehen*) acontecer, suceder; **~streben** dirigir-se (par)a; tender para; *geistig*: aspirar a, ambicionar (*ac*); **≈strom** *m* <-(*e*)*s*; *sem pl*> afluência *f*; **~strömen** <*sn*> afluir; **~stürzen** <-*t*; *sn*>: ***auf*** (*ac*) ***~*** arremessar-se para, precipitar-se sobre; **~'tage**: ***~ fördern*** trazer à luz, pôr a descoberto; *BGB* estrair; *fig* revelar; ***~ treten*** *BGB* aflorar; *fig* ser evidente; **≈tat** *f* QUÍM *u Speisen*: ingrediente *m*; *Schneiderei*: preparo *m*; **~'teil**: **~ *werden*** cair em sorte; caber; **~ *werden lassen*** fazer; **~teilen** distribuir; repartir; adjudicar; *j-n*: agregar; **≈teilung** *f* partilha *f*; adjudicação *f*; (*Bewirtschaftung*) racionamento *m*; (*Ration*) ração *f*, capitação *f*; **~'tiefst** profundamente, de uma maneira muito profunda; **~tragen** trazer; *fig* contar, denunciar; ***sich* ~** acontecer, suceder, ocorrer

'Zuträg|er *m* indiscreto *m*, mexeriqueiro *m*; denunciador *m*; **≈lich** ['-trɛːkliç] (*dat*) propício, salutar

'zutrau|en: ***j-m et* ~** julgar alg capaz de a/c (*od* de + *inf*); ***sich*** (*dat*) ***zu viel* ~** exceder-se; **≈en** *n* confiança *f* (***zu*** em); **~lich** confiado; familiar; *Kind*: meigo; *Tier*: manso

'zu|treffen ser exa(c)to, ser justo, ser verdade; estar certo; ***auf*** (*ac*) **~** acontecer com, ser o caso de; **~treffend** justo, exa(c)to; certo; **≈es *unterstreichen*** sublinhar o que interessa; ***Nicht~es streichen*** riscar o que não interessa; **~trinken**: ***j-m* ~** beber à saúde de alg; **≈tritt** *m* <-(*e*)*s*; *sem pl*> entrada *f*, *a fig* acesso *m*; **~tun** *v/t* juntar; ***kein Auge* ~** não fechar os olhos; **≈tun** *n* intervenção *f*; ***ohne mein* ~** sem eu intervir; **~'ungunsten** [-'ʊngʊnstən] (*gen*) em prejuízo de, com prejuízo de; **~'unterst** ao fundo (***in*** *dat* de)

'zuverlässig ['-fɛrlɛsiç] seguro, de confiança; *j-d*: *a* sério; (*treu*) fiel, *Freund*: *a* certo; *Nachricht*: autêntico, fidedigno; TÉCN fiável; **≈keit** *f* <*sem pl*> confiança *f*, certeza *f*; autenticidade *f*; *j-s*: seriedade *f*; **≈keitsprüfung** *f* TÉCN prova *f* de resistência (*od* de precisão)

'Zuversicht ['-fɛrziçt] *f* <*sem pl*> confiança *f*, esperança *f*; **≈lich** confiado; *Hoffnung*: firme; *adv a* com toda a certeza

zu'vor antes, previamente, (em) primeiro (lugar)

zu'vorkommen <*sn*> antecipar-se a; *e-r Gefahr*: *a* prevenir (*ac*); **~d** *adj* obsequioso, atencioso, solícito (***gegen*** para com); **≈heit** *f* <*sem pl*> gentileza *f*, atenção *f*, deferência *f*

'Zuwachs ['-vaks] *m* <-*es*; *sem pl*> aumento *m*, incremento *m*; acréscimo *m*; ***auf* ~** *berechnet* largo; **≈en** <*sn*> fechar-se; *Wunde*: sarar; *Knochen*: soldar(-se); **~rate** *f* ECON taxa *f* de crescimento

'zuwander|n <-*re*; *sn*> (*einwandern*) imigrar; ***auf*** (*ac*) **~** caminhar para; **≈ung** *f* afluência *f*; (*Einwanderung*) imigração *f*

zu|'wege: **~ *bringen*** (*ac*) conseguir fazer, chegar a fazer; **~'weilen** às vezes, de vez em quando, de quando em quando; **'~weisen** destinar; **'~wenden** (*dat*) virar para, voltar para; *fig* (*widmen*) dedicar a, dispensar a; ***j-m et* ~** *a* proporcionar a/c a alg, (*schenken*) contemplar alg com a/c; ***sich* ~** (*dat*) dirigir-se a; **'≈wendung** *f* donativo *m*; JUR doação *f*; **'~werfen** atirar (*a Tür*); *Blick*: lançar; (*zuschütten*) entulhar; ***j-m et* ~** atirar (*od* lançar) a/c a alg

zu'wider **1.** *prp* (*dat*, *nachgestellt*) contra (*ac*), contrário a; **2.** *adv* antipático, repugnante; ***j-m* ~ *sein*** *a* repugnar a alg; **~handeln** <-*le*> (*dat*) contrariar (*ac*); JUR transgredir (*ac*), violar (*ac*), infringir (*ac*); **≈handlung** *f* contravenção *f*; transgressão *f*, violação *f*; **~laufen** <*sn*> (*dat*) contrariar (*ac*); **~*laufend*** *adj* contrário a

'zu|winken fazer sinal a; **~zahlen** pagar mais, pagar (... de) sobretaxa; **~zählen** (*hinzufügen*) acrescentar, juntar (na conta)

'zuzieh|en **1.** *v/t* fechar; *Vorhang*: correr; (*fest* ~) apertar; *Arzt etc*: chamar, consultar; *zu*: convidar; ***sich*** (*dat*) **~** apanhar, contrair, *Unannehmlichkeiten*: ter; **2.** *v/i* <*sn*>: **~** (***nach***) chegar (a); vir (residir em); *in e-e Wohnung*: mudar(-se) para, ir instalar-se em; **≈ung** *f* <*sem pl*>: ***unter* ~** (*gen*) consultando (*ac*), com a assistência de

'Zu|zug *m* <-(*e*)*s*; ⸚*e*>: **~** (***nach***) fixação *f* de residência (em); imigração *f* (em); MIL reforços *m/pl* (para); (*Zustrom*) afluxo (a), afluência *f* (a); **≈züglich** ['-tsyːkliç] (*gen*) com acréscimo de; inclusive; **≈zwinkern** <-*re*> piscar um olho

Zwang [tsvaŋ] *m* <-(*e*)*s*; *Zwänge*> obrigação *f*; (*Druck*) pressão *f*, JUR coa(c)ção *f*; (*Gewalt*) violência *f*; **~**

sein *a* ser obrigatório, ser de rigor; ***j-m ~ antun*** exercer pressão sobre alg; ***sich*** (*dat*) ***keinen ~ antun*** *a* estar à vontade

'zwängen ['tsvɛŋən] apertar; etwas ***in*** (*ac*) **~** fazer força para a/c entrar em

'zwanglos sem violência; *fig* desembaraçado, íntimo; *adv* à vontade, com à-vontade, sem cerimónia (*ô); sem ordem prefixa; **²igkeit** ['-loːziç-] *f* <*sem pl*> à-vontade *m*, desembaraço *m*

'Zwangs|anleihe *f* empréstimo *m* forçado; **~arbeit** *f* trabalhos *m/pl* forçados; **~handlung** *f* PSIC a(c)to *m* obsessivo; **~jacke** *f* camisa-de-força *f*, colete-de-força *m*; **~lage** *f* posição *f* forçada; dilema *m*, apuros *m/pl*; ***in e-r ~*** *a* entre a espada e a parede; **²läufig** forçoso; TÉCN automático; **~maßnahme** *f*, **~mittel** *n* medida *f* coerciva; **~räumung** *f* despejo *m* forçado; **~umtausch** *m* <-(*e*)*s*; *sem pl*> câmbio *m* obrigatório; **~versteigerung** *f* leilão *m* judicial; **~vollstreckung** *f* execução *f*; **~vorstellung** *f* alucinação *f*; obsessão *f*; **²weise** forçosamente, por força, à força; **~wirtschaft** *f* <*sem pl*> economia *f* dirigida; dirigismo *m* económico (*ô)

'zwanzig ['tsvantsiç] vinte; ***etwa ~*** *a* uma vintena; **~ste** ['-stə] vigésimo; *Datum*, *Jahrhundert*: vinte; **²stel** *n* vigésimo *m*, vigésima parte *f*

zwar [tsvaːr] na verdade; é verdade que; ***~ ..., doch***, ***~ ... aber*** embora ... (*subj*), não deixa de; ***und ~*** e (precisamente), e (nomeadamente); *vor Aufzählungen*: a saber

Zweck [tsvɛk] *m* <-(*e*)*s*; -*e*> fim *m* (***zu*** com); (*Absicht*) intenção *f*, desígnio *m*; (*Ziel*) obje(c)tivo *m*, finalidade *f*; efeito *m*; ***keinen ~ haben*** ser inútil; não ter sentido; **'~bau** *m* <-(*e*)*s*; -*ten*> construção *f* funcional; **'²dienlich** útil; oportuno; ***~ sein*** *a* vir a propósito; **'~e** *f* pino *m*, preguinho *m*; (*Heft²*, *Reiß²*) percevejo *m*; punaise *f*; **'²entfremden** <-*e*-; -> usar para fins estranhos (*od* para outros fins); **'²entsprechend** adequado, oportuno; **'²los** inútil; **'~losigkeit** ['-loːziç-] *f* <*sem pl*> inutilidade *f*; **'²mäßig** conveniente, oportuno, prático, útil; metódico; **'~mäßigkeit** *f* <*sem pl*> conveniência *f*, utilidade *f*; oportunidade *f*; **²s** (*gen*) com o fim de, com o obje(c)tivo de, com vista a, para (*ac od inf*); **'²widrig** contraproducente, inoportuno

zwei [tsvaɪ] **1.** (*gen* **~er**, *dat* **~en**) dois *m/pl*, duas *f/pl*; ***um ~*** (***Uhr***) às duas; **2. ²** *f* dois *m*; **'~armig** ['-armiç], **'~beinig** ['-baɪniç] de dois pés, de duas pernas; ZO bípede; **'²bettzimmer** *n* quarto *m* de duas camas, *bras* quarto *m* para duas pessoas; **'~deutig** ['-dɔytiç] ambíguo, equívoco; **'²deutigkeit** *f* ambiguidade *f*; equívoco *m*; **²'drittelmehrheit** *f* POL maioria *f* de dois terços; **'~eiig**: ***~e Zwillinge***: dizigóticos *m/pl*, biovulares *m/pl*; **'²er** NAV *m* barco *m* de dois remos; **'~erlei** ['-ərlaɪ] duas espécies de, de dois (*od* de duas) ... diferentes; duas coisas distintas; **'~fach** duplo; ***in ~er Ausfertigung*** em duplicado, *bras* com uma duplicata; **'~farbig** de duas cores, bicolor

'Zweifel ['tsvaɪfəl] *m* dúvida *f* (***im*** na; ***bestehen*** haver, ***hegen*** ter); ***in ~ ziehen*** pôr em dúvida, duvidar de; ***ohne ~*** sem dúvida; **²haft** duvidoso; (*ungewiss*) incerto, indeciso; (*verdächtig*) suspeito; **²los** indubitável; *adv a* sem dúvida; **²n** <-*le*> duvidar, desconfiar (***an*** *dat* de); **~sfall** *m*: ***im ~*** na dúvida *f*, em caso *m* de dúvida; **²s'ohne** sem dúvida

'Zweifler ['tsaɪvlər] *m* céptico *m*

Zweig [tsvaɪk] *m* <-(*e*)*s*; -*e*> ramo *m*; *fig* ***auf keinen grünen ~ kommen*** não ter sorte; não conseguir nada

'zweigeschlechtig bissexual

'Zweiggeschäft *n* <-(*e*)*s*; -*e*> sucursal *f*, filial *f*

'zweigleisig ['-glaɪziç] de via dupla

'Zweig|linie *f* CAM. DE F ramal *m*; **~niederlassung** *f* → ***~geschäft***; **~stelle** *f* delegação *f*; → ***~geschäft***; **~stellenleiter**(**in** *f*) *m* chefe *su* de delegação (*od* filial *od* sucursal)

'zwei|händig ['-hɛndiç] bímano; MÚS a duas mãos; **~'hundert** duzentos; **~'hundertste**(**r**) (**²'hundertstel** *n*) ducentésimo (*m*); **~jäh-**

Z

rig ['-jɛːriç] (*Alter*) de dois anos (de idade); (*alle 2 Jahre*) bienal; bisanual; **~jährlich** bienal; bisanual; **2'kammersystem** *n* <-s; -e> *POL* sistema *m* de duas câmaras; **2kampf** *m* <-(e)s; ¨e> duelo *m*; **~mal** duas vezes; **~ monatlich erscheinend** bimensal; **~ wöchentlich erscheinend** bissemanal; **~malig** ['-maːliç] duplo; **2master** ['-mastər] *m* barco *m* de dois mastros; **~motorig** ['-motoːriç] bimotor; **2phasen…** [-'faːzən..]: *in Zssg(n)* bifásico; **~polig** ['-poːliç] bipolar; **2rad** *n* <-(e)s; ¨er> bicicleta *f*; **~rädrig** ['-rɛːdriç] de duas rodas; **~reihig** ['-raɪiç] de duas filas; **~schneidig** ['-ʃnaɪdiç] de dois gumes, *fig a* perigoso, ambíguo; **~seitig** ['-zaɪtiç] bilateral; *adv* dos dois lados; **~silbig** ['-zilbiç] de duas sílabas, dissílabo, dissilábico; **2sitzer** ['-zitsər] *m* carro (*NAV* barco, *AV* avião) *m* de dois lugares; *Fahrrad*: tandem *m*; **~spaltig** ['-ʃpaltiç] de duas colunas; **~sprachig** ['-ʃpraːxiç] bilingue; **~spurig** ['-ʃpuːriç] de via dupla; **~stellig** ['-ʃtɛliç] de dois algarismos; **~stimmig** ['-ʃtimiç] a duas vozes; **~stöckig** ['-ʃtœkiç] de dois andares, de dois pisos, *bras Haus*: sobrado *m*; **~stündig** ['-ʃtyndiç] de duas horas; **~stündlich** de duas em duas horas

zweit [tsvaɪt] segundo; *Datum*: dois; ***zu ~*** os dois; aos pares; ***wir sind zu ~*** somos dois; ***jeden ~en Tag*** dia sim, dia não

'zwei|tägig ['-tɛːgiç] de dois dias; **2taktmotor** *m* <-s; -en> motor *m* a dois tempos

'zweitältest ['-ɛltəst] segundo em idade

'zweitausend dois mil; **~ste** [-stə] segundo milésimo (*m*)

'zweitbest ['-bɛst] segundo em qualidade

'zwei|te ['-tə] segundo; *Datum*: dois; ***ein ~r*** *Mozart etc* outro; **~teilig** ['-taɪliç] dividido em duas partes, de duas partes; *Tür*: de dois batentes; **~tens** ['-təns] (em) segundo (lugar)

'zweit|größt segundo em tamanho; **~jüngst** penúltimo; **~klassig** ['-klasiç] de segunda ordem; de categoria inferior, de qualidade inferior; **~letzt** ['-lɛtst] penúltimo; **~rangig** de importância secundária, secundário; **2schrift** *f* segunda via *f*; **2wagen** *m* segundo automóvel *m*; **2wohnung** *f* segunda residência *f*; **2stimme** *f POL* segundo voto *m*

'Zwerchfell ['tsvɛrç-] *n* <-(e)s; -e> diafragma *m*; ***das ~ erschüttern*** F desopilar o fígado

Zwerg [tsvɛrk] *m* <-(e)s; -e> anão *m*; **'2enhaft** ['-gən-] anão; **'~in** ['-gin] *f* anã *f*; **'~wuchs** *m* <-es; *sem pl*> nanismo *m*

'Zwetsch(g)e ['tsvɛtʃ(g)ə] *f* ameixa *f*; **~nbaum** *m* <-(e)s; ¨e> ameixeira *f*; **~nwasser** *n* <-s; ¨> aguardente *f* de ameixa

'Zwick|el ['tsvikəl] *m* nesga *f*, *bras* reforço *m*; *Hose*: entrepernas *m*; (*Strumpf2*) pinha *f*, *bras* risca *f*; *ARQUIT* canto *m*; **2en** beliscar; *fig* importunar; **~er** *m* luneta *f* de mola; **~mühle** *f* moinho *m* duplo; *fig* dilema *m*

'Zwieback ['tsviːbak] *m* <-(e)s; ¨e> tosta *f*; biscoito *m*, *bras* torrada *f*

'Zwiebel ['tsviːbəl] *f* <-; -n> cebola *f*; (*Blumen2*) bolbo *m*; **2förmig** ['-fœrmiç] bulbiforme; **~gewächs** *n* <-es; -e> planta *f* bolbosa; **2n** <-le> F apertar; **~suppe** *f* sopa *f* de cebola; **~turm** *m* <-(e)s; ¨e> *ARQUIT* torre *f* bulbiforme

'Zwie|gespräch *n* <-(e)s; -e> diálogo *m*; conversa *f*; colóquio *m*; **~licht** *n* <-(e)s; *sem pl*> lusco-fusco *m*, meia luz *f*; **~spalt** *m* <-(e)s; -e> discórdia *f*; discrepância *f*; *j-s* ***innerer ~*** dilema *m*; **2spältig** ['-ʃpɛltiç] discrepante, discordante; **~sprache** *f* conversa *f*; ***~ halten mit*** falar a sós com; **~tracht** *f* <*sem pl*> discórdia *f*; ***~ stiften*** (*od* ***säen***) semear discórdia

'Zwilling ['tsviliŋ] *m* <-s; -e> gémeo (*ê) *m*; **~sbruder** *m* <-s; ¨> irmão *m* gémeo; **~sgeburt** *f* parto (*od* nascimento) *m* de gémeos; **~spaar** *n* <-(e)s; -e> irmãos *m/pl* gémeos, irmãs *f/pl* gémeas; **~sschwester** *f* <-; -n> irmã *f* gémea

'Zwing|e ['tsviŋə] *f* virola *f*; (*Schrauben2*) barrilete *m*; sargento *m*; **2en** obrigar, forçar; levar; coagir; (*erreichen*) conseguir; (*be~*) dominar;

sich ~ fazer força (***zu*** para *inf*); ***sich gezwungen sehen zu*** ver-se obrigado a; **≈end** *adj* grave, urgente; *Beweis*: concludente; **~er** *m* (*Tier≈*) jaula *f*; (*Hunde≈*) canil *m*

'zwinkern ['tsvɪŋkərn] <*-re*>: ***mit den Augen ~*** piscar os olhos, pestanejar

'zwirbeln ['tsvɪrbəln] <*-le*> retorcer

Zwirn [tsvɪrn] *m* <*-(e)s; -e*> linha *f*; (*Seiden≈*) retrós *m*; **'≈en** torcer; **'~(s)faden** *m* <*-s;* ¨*e*> linha *f*; fio *m* linha; **'~(s)rolle** *f* carrinho *m*

'zwischen ['tsvɪʃən] *prp* (*Lage, wo?*: *dat*; *Richtung, wohin?*: *ac*) entre; *gehen, sitzen*: ladeado por

'Zwischen|akt *m* <*-(e)s; -e*> entrea(c)to *m*; **~aufenthalt** *m* <*-(e)s; -e*> estadia (*od* permanência) *f* provisória; **~bemerkung** *f* obje(c)ção *f*; ***eine ~ machen*** *a* dizer entre parênteses *m/pl*; **~bilanz** *f* balancete *m*; **~deck** *n* <*-(e)s; -s*> entrecobertas *f/pl*; entreponte(s *pl*) *f*; **~ding** *n* <*-(e)s; -e*> intermediário *m*; coisa *f* entre ... e ...; **≈'durch** entrementes; ***etwas ~ essen*** comer a/c entre as refeições; **~ergebnis** *n* <*-ses; -se*> resultado *m* provisório; **~fall** *m* <*-(e)s;* ¨*e*> incidente *m*; **~gericht** *n* <*-(e)s; -e*> prato *m* do meio, *bras* prato *m* intermediário; **~geschoss** *ARQUIT n* <*-es; -e*> sobreloja *f*; **~handel** *m* <*-s; sem pl*> comércio *m* intermediário; **~händler** *m* intermediário *m*, corretor *m*; **~lager** *n* depósito *m* intermediário; **≈lagern** depositar resíduos em local provisório; **≈landen** *AV* fazer escala; **~landung** *f NAV u AV* escala *f*; **~lösung** *f* solução *f* provisória; **~raum** *m* <*-(e)s;* ¨*e*> intervalo *m*; entremeio *m*; espaço *m*; **~ruf** *m* <*-(e)s; -e*> voz *f*; interrupção *f*; exclamação *f*; **~runde** *f Sport*: semifinal *f*; **≈schalten** <*-e-*> intercalar, interpor; interpolar; **~spiel** *n* <*-(e)s; -e*> *TEA* intermédio *m*; *lustiges*: entremez *m*; **≈staatlich** internacional; **~stadium** *n* <*-s; -stadien*> grau *m* intermédio; **~station** *f* estação *f* intermédia (*bras* intermediária); *NAV u AV* escala *f*; **~stock** *ARQUIT m* <*-(e)s;* ¨*e*> sobreloja *f*; **~stufe** *f* → ***~stadium***; **~summe** *f* subtotal *m*; **~wand** *f* <*-;* ¨*e*> parede *m* de tabique; **~zeit** *f* intervalo *m*; ***in der ~*** = **≈zeitlich** entrementes, entretanto

Zwist [tsvɪst] *m* <*-es; -e*>, **'~igkeit** *f* dissenção *f*, desavença *f*; (*Feindschaft*) inimizade *f*; (*Streit*) discórdia *f*, contenda *f*, questão *f*

'zwitschern ['tsvɪtʃərn] <*-re*> gorjear, trinar

'Zwitter ['tsvɪtər] *m* ser *m* híbrido; hermafrodita *m*; **~bildung** *f Biologie*: hermafroditismo *m*; **≈haft** híbrido; hermafrodita

zwölf [tsvœlf] **1.** doze; ***~ Stück*** uma dúzia; **2.** **≈** *f* doze *m*; **≈'fingerdarm** *m* <*-(e)s;* ¨*e*> duodeno *m*; **'~te** ['-tə] duodécimo; *Datum, Jahrhundert*: doze; **≈tel** *n* duodécimo *m*, duodécima parte *f*; *bras* décimo segundo, décima segunda parte; **'~tens** (em) duodécimo (lugar); **'≈tonmusik** *f* <*sem pl*> dodecafonia *f*, música *f* dodecafônica

Zy'an [tsy'a:n] *n* <*-s; sem pl*> cianogénio (*ê) *m*; **~'kali** *n* <*-s; sem pl*> cianeto *m* de potássio

'zyklisch ['tsy:klɪʃ] cíclico

Zy'klon [tsy'klo:n] *m* <*-s; -e*> ciclone *m*

Zy'klop [tsy'klo:p] *m* <*-en*> ciclope *m*

Zyklo'tron [tsyklo'tro:n] *n* <*-s; -s, a -e*> *FÍS* ciclotrão *m*, *bras* ciclotron *m*

'Zyklus ['tsy:klʊs] *m* <*-; Zyklen*> ciclo *m*; *TEA* série *f*

Zy'lind|er [tsy'lɪndər] *m* cilindro *m*; (*Hut*) chapéu *m* alto; **~erkopf** *m* <*-(e)s;* ¨*e*> *AUTO* cabeça *f* do cilindro, culatra *f*; **~erschloss** *n* <*-es;* ¨*er*> fechadura *f* cilíndrica; **≈risch** [-rɪʃ] cilíndrico

'Zyni|ker ['tsy:nɪkər] *m* cínico *m*; **≈sch** cínico; **~smus** [-'nɪs-] *m* <*-; -men*> cinismo *m*

'Zypern ['tsy:pərn] *n* Chipre *su*

Zy'press|e [tsy'prɛsə] *f* cipreste *m*; **~enhain** *m* <*-(e)s; -e*> ciprestal *m*

'Zyste ['tsystə] *f* cisto *m*

zz(t). ***zurzeit*** actualmente

Bemerkungen zur Pluralform der portugiesischen Substantive und Adjektive

Die portugiesischen Substantive und Adjektive bilden den Plural generell auf **-s**, Wörter auf **-r**, **-s** und **-z** erhalten im Plural **-es**.

Ausnahmen:

Die Wörter auf **-x** und einige Wörter auf **-s** bleiben im Plural unverändert (*cais – cais*). Hinweis im Wörterverzeichnis: *pl inv*.

Die Wörter auf **-m** enden im Plural auf **-ns** (*som – sons*).

Die Wörter auf **-l** enden im Plural auf **-is** (*postal – postais*). Einige Wörter behalten jedoch das **-l** und bekommen die Endung **-es** (*cônsul – cônsules*). Hinweis im Wörterverzeichnis: **cônsul(-es)**.

In betonter Endsilbe erhalten **e** und **o** den Akzent Akut (*hotel – hotéis*).

In unbetonter Endsilbe wird **-il** zu **-eis** (*fácil – fáceis*).

Die weitaus größte Zahl der Wörter auf **-ão** bildet den Plural auf **-ões** (*limão – limões*). Einige Ausnahmen:

mão – mãos Hinweis im Wörterverzeichnis **mão(s)**;
cão – cães Hinweis im Wörterverzeichnis **cão(-ães)**;
Wörter mit zwei Pluralformen: *guardião – guardiães, guardiões* erhalten im Wörterverzeichnis den Hinweis **guardião(-ães, -ões)**.

Einsilbige Wörter mit Akzentzeichen im Singular werden im Plural ohne dieses Zeichen geschrieben: *mês – meses*.

Bei einigen Wörtern verschiebt sich der Akzent: *carácter – caractéres*. Hinweis im Wörterverzeichnis: **carácter(-actéres)**.

Die Qualität vom geschlossenen [o] und offenen [ɔ] bleibt im Plural für alle weiblichen Substantive erhalten. Verändert sich die Qualität des **o** von geschlossen im Singular [o] zu offen im Plural [ɔ], so findet man im Wörterverzeichnis den Hinweis (-ɔ-): **porto** ['portu (-ɔ-)].

Zusammengesetzte Wörter ohne Bindestrich werden wie einfache Wörter behandelt: *planaltos*.

Von den mit Bindestrich zusammengesetzten Wörtern erhalten das Pluralzeichen

- beide Bestandteile, wenn beide flektierbar sind: *quintas-feiras*
- nur der erste Bestandteil in Zusammensetzungen mit der Präposition *de*: *pães-de-ló*
- nur der erste Bestandteil in Zusammensetzungen des Typs: *escolas-modelo, navios-escola*
- nur der letzte Bestandteil, wenn nur dieser veränderlich ist: *anglo-saxões*.

Die Konjugation der portugiesischen Verben

Anweisung für die Bildung der Zeiten

Aus den nachstehenden Stammformen lassen sich folgende Ableitungen[1] bilden:

Stammformen	Ableitungen
I. Aus dem **Presente do Indicativo** 3. Pers. *sg* (louva, vende, admite)	der **Imperativo** 2. Pers. *sg* (louva!, vende!, admite!)
2. Pers. *pl* (louvais, vendeis, admitis)	der **Imperativo** 2. Pers. *pl* durch Abtrennung des **-s** (louvai, vendei, admiti)
1. Pers. *sg* (louvo, vendo, admito)	der **Presente do Conjuntivo** durch Verwandlung des **o** in **e** oder **a** (louve, venda, admita)
II. Aus dem **Presente do Conjuntivo** 2. u. 3. Pers. *sg* und 1.–3. Pers. *pl* (louves, louve, louvemos, louveis, louvem – vendas, venda, vendamos, vendais, vendam – admitas, admita, admitamos usw.)	der **Imperativo** 1. Pers. *pl* und 3. Pers. *sg* und *pl*, sowie die **verneinte** 2. Pers. *sg* und *pl* (não louves, louve, louvemos, não louveis, louvem – não vendas, venda, vendamos, não vendais, vendam – não admitas usw.)
III. Aus dem **Préterito Perfeito 3. Pers.** *pl* (louvaram, venderam, admitiram)	a) der **Futuro do Conjuntivo** durch Abtrennung der Endsilbe **-am** (louvar, vender, admitir)[2] b) der **Mais-que-perfeito** durch Abtrennung des auslautendem **-m** (louvara, vendera, admitira) c) der **Pretérito Imperfeito do Conjuntivo** durch Verwandlung der Endung **-ram** in **-sse** (louvasse, vendesse, admitisse)
IV. Aus dem **Infinitivo** (louvar, vender, admitir)	a) der **Gerúndio** durch Verwandlung des **-r** in **-ndo** (louvando, vendendo, admitindo) b) der **Particípio** durch Verwandlung von **-ar** in **-ado**, **-er** und **-ir** in **-ido** (louvado, vendido, admitido) c) der **Futuro do Indicativo** durch Anhängen der Präsensendung von **haver** (louvarei, venderei, admitirei) d) der **Conditional** durch Anhängen der Imperfektendung von **haver** (louvaria, venderia, admitiria)
V. Aus dem **Particípio** (louvado, vendido, admitido)	Alle **zusammengesetzten Zeiten**

---

[1] Diese Ableitungen sind als praktische Hinweise für die Bildung der Zeiten zu verstehen.

[2] Die Endungen des **Futuro do Conjuntivo** sind die gleichen wie die des **Infinito Pessoal**. Beide Formen unterscheiden sich also nur, wenn sich der Perfektstamm des betreffenden Verbs von dem des Infinitivs unterscheidet, z.B.: **fazer** (Infinitivo) – **fizer** (Futuro do Conjuntivo).

In den folgenden Konjugationsmustern sind die Stämme mit gewöhnlicher, die Endungen mit *kursiver* Schrift gedruckt. Unregelmäßigkeiten sind durch **fette** Schrift kenntlich gemacht.

Erste Konjugation

[1a] louvar Der Stamm bleibt unverändert

Einfache Zeiten

Indicativo

Presente	*Pretérito Imperfeito*	*Pret. Perfeito Simples*
sg louv*o*	*sg* louv*ava*	*sg* louv*ei*
louv*as*	louv*avas*	louv*aste*
louv*a*	louv*ava*	louv*ou*
pl louv*amos*	*pl* louv*ávamos*	*pl* louv*ámos*
louv*ais*	louv*áveis*	louv*astes*
louv*am*	louv*avam*	louv*aram*

Futuro Imperfeito	*Condicional Simples*	*Pret. Mais-que-perfeito Simples*
sg louv*arei*	*sg* louv*aria*	*sg* louv*ara*
louv*arás*	louv*arias*	louv*aras*
louv*ará*	louv*aria*	louv*ara*
pl louv*aremos*	*pl* louv*aríamos*	*pl* louv*áramos*
louv*areis*	louv*aríeis*	louv*áreis*
louv*arão*	louv*ariam*	louv*aram*

Conjuntivo

Presente	*Pretérito Imperfeito*	*Futuro Imperfeito*
sg louv*e*	*sg* louv*asse*	*sg* louv*ar*
louv*es*	louv*asses*	louv*ares*
louv*e*	louv*asse*	louv*ar*
pl louv*emos*	*pl* louv*ássemos*	*pl* louv*armos*
louv*eis*	louv*ásseis*	louv*ardes*
louv*em*	louv*assem*	louv*arem*

Imperativo	**Infinitivo**	**Infinitivo Pessoal**
sg –	louv*ar*	*sg* louv*ar*
louv*a* (não louv*es*)	**Particípio**	louv*ares*
louv*e*	louv*ado*	louv*ar*
pl louv*emos*	**Gerúndio**	*pl* louv*armos*
louv*ai* (não louv*eis*)	louv*ando*	louv*ardes*
louv*em*		louv*arem*

Zusammengesetzte Zeiten

1. Im Aktiv

(Hilfsverb **ter**, selten **haver** vor unveränderlichem Partizip)

Infinitivo

Perfeito: ter (haver) louv*ado*

Gerúndio

Perfeito: tendo (havendo) louv*ado*

Indicativo

Pret. Perf. Composto: tenho (hei) louv*ado*
Mais-que-perf. Composto: tinha (havia) louv*ado*
Fut. Perf. terei (haverei) louv*ado*
Condicional Composto: teria (haveria) louv*ado*

Conjuntivo

Perf. Comp.: tenha (haja) louv*ado*
Mais-que-perf.: tivesse (houvesse) louv*ado*
Fut. Perf.: tiver (houver) louv*ado*

2. Im Passiv

(Hilfsverb **ser** [und **ter** oder selten **haver**] vor veränderlichem Partizip)

Infinitivo

Pres.: ser louv*ado*
Perf.: ter (haver) sido louv*ado*

Gerúndio

Pres.: sendo louv*ado*
Perf.: tendo (havendo) sido louv*ado*

Indicativo

Pres.: sou louv*ado*
Imperf.: era louv*ado*
Perf.: fui louv*ado*
Perf. Comp.: tenho (hei) sido louv*ado*
Mais-que-perf. Simples: fora louv*ado*
Mais-que-perf. Composto: tinha (havia) sido louv*ado*
Futuro Imperf.: serei louv*ado*
Fut. Perf.: terei (haverei) sido louv*ado*
Condicional Simples: seria louv*ado*
Cond. Composto: teria (haveria) sido louv*ado*

Conjuntivo

Pres.: seja lov*ado*
Imperf.: fosse louv*ado*
Perf. Comp.: tenha (haja) sido louv*ado*
Mais-que-perf. Comp.: tivesse (houvesse) sido louv*ado*
Futuro Imperf.: for louv*ado*
Fut. Perf.: tiver (houver) sido lov*ado*

		Presente do Indicativo	Presente do Conjuntivo	Pret. Perfeito do Indicat.
1b	Unbetontes *a* [ɐ], dem kein *m*, *n* oder *nh* folgt, wird in den stammbetonten Formen zu betontem offenen *a* [a]. Entsprechend öffnet sich der Diphthong [ɐi] in diesen Formen zu [ai]: *lavar* [lɐ'var]	**la**v*o* ['a] **la**v*as* **la**v*a* lav*amos* lav*ais* **la**v*am*	**la**v*e* **la**v*es* **la**v*e* lav*emos* lav*eis* **la**v*em*	lav*ei* usw.
1c	Tonloses *e* [ə] wird mit Ausnahme der in 1d genannten Fälle in den stammbetonten Formen zu offenem *e* [ɛ]: *levar* [lə'var]	**le**v*o* ['ɛ] **le**v*as* **le**v*a* lev*amos* lev*ais* **le**v*am*	**le**v*e* **le**v*es* **le**v*e* lev*emos* lev*eis* **le**v*em*	lev*ei* usw.
1d	Tonloses *e* [ə] vor *m*, *n*, *nh*, *ch*, *lh* oder *j* wird mit einigen Ausnahmen, die wie *levar* (1c) gehen, in den stammbetonten Formen zu geschlossenem *e* [e]: *desejar* [dəzə'ʒar]	des**e**j*o* ['e] des**e**j*as* des**e**j*a* desej*amos* desej*ais* des**e**j*am*	des**e**j*e* des**e**j*es* des**e**j*e* des**e**j*emos* des**e**j*eis* des**e**j*em*	desej*ei* usw.

		Presente do Indicativo	Presente do Conjuntivo	Pret. Perfeito do Indicat.
1e	Tonloses und geschlossenes *o* [u oder o] werden außer den in 1f genannten Fällen in den stammbetonten Formen zu offenem *o* [ɔ]: *aprovar* [ɐpru'var]	aprovo ['ɔ] aprovas aprova aprovamos aprovais aprovam	aprove aproves aprove aprovemos aproveis aprovem	aprovei usw.
1f	Tonloses o vor *n* oder *nh* oder im Stammauslaut, mit wenigen Ausnahmen auch vor *m*, wird in den stammbetonten Formen zu geschlossenem *o* [o]: *perdoar* [pər'dwar]	perdoo ['o] perdoas perdoa perdoamos perdoais perdoam	perdoe perdoes perdoe perdoemos perdoeis perdoem	perdoei usw.
1g	Verben auf *-iar*[1] und *-uar*. In den stammbetonten Formen wird das *i* (oder *u*) betont: *adiar* [ɐ'djar]	adio ['i] adias adia adiamos adiais adiam	adie adies adie adiemos adieis adiem	adiei usw.
1h	Verben auf *-iar*[2]. In den stammbetonten Formen verwandelt sich das *i* in betontes *ei* [ei]: *odiar* [u'djar]	odeio ['ei] odeias odeia odiamos odiais odeiam	odeie odeies odeie odiemos odieis odeiem	odiei usw.
1i	Verben auf *-iar*[3]. Das *i* bildet mit dem vorangehenden Vokal einen Diphthong; in den stammbetonten Formen bleibt deshalb das *i* unbetont: *conluiar* [kõlu'jar]	conluio ['uj] conluias conluia conluiamos conluiais conluiam	conluie conluies conluie conluiemos conluieis conluiem	conluiei usw.
1k	Verben auf *-oiar*. Das *o* erhält, sofern es ursprünglich offen ist, in den stammbetonten Formen den Akut. Die übrigen gehen wie *conluiar* [1i]: *boiar* [bɔ'jar]	bóio ['ɔj] bóias bóia boiamos boiais bóiam	bóie bóies bóie boiemos boieis bóiem	boiei usw.
1l	Verben auf *-ear*. In den stammbetonten Formen verwandelt sich das *e* in betontes *ei*: *recear* [ʀə'sjar]	receio ['ej] receias receia receamos receais receiam	receie receies receie receemos receeis receiem	receei usw.
1m	Verben auf *-guar* und *-quar*. In den stammbetonten Formen wird das *u* betont und erhält in einigen Fällen den Akzent: *averiguar* [ɐvəri'gwar]	averiguo ['u] averiguas averigua averiguamos averiguais averiguam	averigúe averigúes averigúe averiguemos averigueis averigúem	averiguei usw.

		Presente do Indicativo	Presente do Conjuntivo	Pret. Perfeito do Indicat.
1n	Verben auf *-car*. Der Stammauslaut *c* wird zu *qu* vor *e*: *ficar* [fi'kar]	fic*o* fic*as* fic*a* fic*amos* fic*ais* fic*am*	fi**qu***e* [k] fi**qu***es* fi**qu***e* fi**qu***emos* fi**qu***eis* fi**qu***em*	fi**qu***ei* fic*aste* fic*ou* fic*amos* fic*astes* fic*aram*
1o	Verben auf *-gar*. Der Stammauslaut *g* wird zu *gu* vor *e*: *ligar* [li'gar]	lig*o* lig*as* lig*a* lig*amos* lig*ais* lig*am*	li**gu***e* [g] li**gu***es* li**gu***e* li**gu***emos* li**gu***eis* li**gu***em*	li**gu***ei* lig*aste* lig*ou* lig*ámos* lig*astes* lig*aram*
1p	Verben auf *-çar*. Der Stammauslaut *ç* wird zu *c* vor *e*: *dançar* [dɐ̃'sar]	danç*o* danç*as* danç*a* danç*amos* danç*ais* danç*am*	dan**c***e* [s] dan**c***es* dan**c***e* dan**c***emos* dan**c***eis* dan**c***em*	dan**c***ei* danç*aste* danç*ou* danç*ámos* danç*astes* danç*aram*
1q	Die Stammvokale *i* oder *u*, denen ein anderer Vokal vorangeht, ohne mit jenen einen Diphthong zu bilden, erhalten in den stammbetonten Formen den Akzent: *saudar* [sɐu'dar]	sa**ú**d*o* ['u] sa**ú**d*as* sa**ú**d*a* saud*amos* saud*ais* sa**ú**d*am*	sa**ú**d*e* sa**ú**d*es* sa**ú**d*e* saud*emos* saud*eis* sa**ú**d*em*	saud*ei* usw.
1r	**dar.** Unregelmäßigkeiten im *Pres. do Ind.* und *Pres. do Conj.*, insbesondere durch den Akzentgebrauch; *Pret. Perf.* außer 1. Pers. *sg* nach der zweiten regelmäßigen Konjugation. Sonst regelmäßig	d**ou** d**ás** d**á** d*amos* d*ais* d**ão**	dê dê*s* dê dê*mos* d*eis* dê*em*	d*ei* d**este** d**eu** d**emos** d**estes** d**eram**
1s	**estar.** Unregelmäßig einige Formen des *Pres. do Ind.* und der ganze *Pres. do Conj.*; ferner *Pret. Perf.* (vgl. 2v). Sonst regelmäßig	est**ou** est**ás** est**á** est*amos* est*ais* est**ão**	este**j***a* este**j***as* este**j***a* este**j***amos* este**j***ais* este**j***am*	esti**v***e* esti**v***este* esti**v***e* esti**v***emos* esti**v***estes* esti**v***eram*
1t	Zu den Verben auf *-guar*, *-quar* (vgl. 1m). Bei einigen dieser Verben Betonungsänderung in Brasilien, zusätzlich Trema auf *u* vor *e*: *enxaguar* [ĩʃɐ'gwar]	enx**á**gu*o* enx**á**gu*as* enx**á**gu*a* enxagu*amos* enxagu*ais* enx**á**gu*am*	enx**á**g**ü**e enx**á**g**ü**es enx**á**g**ü**e enxag**ü**emos enxag**ü**eis enx**á**g**ü**em	enxag**ü***ei* usw.

Zweite Konjugation

[2a] vender Der Stamm bleibt unverändert

Einfache Zeiten

Indicativo

Presente	*Pretérito Imperfeito*	*Pret. Perfeito Simples*
sg vend*o*	*sg* vend*ia*	*sg* vend*i*
vend*es*	vend*ias*	vend*este*
vend*e*	vend*ia*	vend*eu*
pl vend*emos*	*pl* vend*íamos*	*pl* vend*emos*
vend*eis*	vend*íeis*	vend*estes*
vend*em*	vend*iam*	vend*eram*

Futuro Imperfeito	*Condicional Simples*	*Pret. Mais-que-perfeito Simples*
sg vender*ei*	*sg* vender*ia*	*sg* vend*era*
vender*ás*	vender*ias*	vend*eras*
vender*á*	vender*ia*	vend*era*
pl vender*emos*	*pl* vender*íamos*	*pl* vend*êramos*
vender*eis*	vender*íeis*	vend*êreis*
vender*ão*	vender*iam*	vend*eram*

Conjuntivo

Presente	*Pretérito Imperfeito*	*Futuro Imperfeito*
sg vend*a*	*sg* vend*esse*	*sg* vend*er*
vend*as*	vend*esses*	vend*eres*
vend*a*	vend*esse*	vend*er*
pl vend*amos*	*pl* vend*êssemos*	*pl* vend*ermos*
vend*ais*	vend*êsseis*	vend*erdes*
vend*am*	vend*essem*	vend*erem*

Imperativo	**Infinitivo**	**Infinitivo Pessoal**
	vend*er*	
sg –		*sg* vend*er*
vend*e* (não vend*as*)	**Particípio**	vend*eres*
vend*a*	vend*ido*	vend*er*
pl vend*amos*		*pl* vend*ermos*
vend*ei* (não vend*ais*)	**Gerúndio**	vend*erdes*
vend*am*	vend*endo*	vend*erem*

Zusammengesetzte Zeiten: wie 1. Konjugation

	Presente do Indicativo	Presente do Conjuntivo	Pret. Perfeito do Indicat.
2b Geschlossenes *a* [ɐ] wird in den stammbetonten Formen zu offenem *a* [a]: *abater* [ɐbɐ'ter]	ab**a**t*o* ['a] ab**a**t*es* ab**a**t*e* abat*emos* abat*eis* ab**a**t*em*	ab**a**t*a* ab**a**t*as* ab**a**t*a* abat*amos* abat*ais* ab**a**t*am*	abat*i* usw.

		Presente do Indicativo	Presente do Conjuntivo	Pret. Perfeito do Indicat.
2c	Tonloses *e* [ə] wird zu offenem *e* [ɛ] in der 2. und 3. Pers. *sg* und der 3. Pers. *pl* des *Pres. do Indicativo*, zu geschlossenem *e* [e] in den anderen stammbetonten Formen: *beber* [bə'ber]	beb*o* ['e] beb*es* ['ɛ] beb*e* ['ɛ] beb*emos* beb*eis* beb*em* ['ɛ]	beb*a* ['e] beb*as* beb*a* beb*amos* beb*ais* beb*am*	beb*i* usw.
2d	Tonloses *o* [u] wird zu offenem *o* [ɔ] in der 2. und 3. Pers. *sg* und der 3. Pers. *pl* des *Pres. do Indic.*, zu geschlossenem *o* [o] in den übrigen stammbetonten Formen: *comer* [ku'mer]	com*o* ['o] com*es* ['ɔ] com*e* ['ɔ] com*emos* com*eis* com*em* ['ɔ]	com*a* ['o] com*as* com*a* com*amos* com*ais* com*am*	com*i* usw.
2e	Geschlossenes *o* [o] wird zu offenem *o* [ɔ] in der 2. und 3. Pers. *sg* und der 3. Pers. *pl* des *Pres. do Indic.*: *volver* [voł'ver]	volv*o* volv*es* ['ɔ] volv*e* volv*emos* volv*eis* volv*em*	volv*a* volv*as* volv*a* volv*amos* volv*ais* volv*am*	volv*i* usw.
2f	Verben mit stammauslautendem, tonlosem *o* [u] haben in der 2. und 3. Pers. *sg* des *Pres. do Indic. oi* [ɔi], in den übrigen stammbetonten Formen geschlossenes *o* [o] und verlangen in mehreren anderen Formen den Akut: *moer* ['mwer]	mo*o* ['o] mó*is* [ɔi] mó*i* [ɔi] mo*emos* mo*eis* mo*em* ['o]	mo*a* ['o] mo*as* mo*a* mo*amos* mo*ais* mo*am*	moí mo*este* mo*eu* mo*emos* mo*estes* mo*eram*
	Pret. Imperf.: moí*a*, moí*as*, moí*a*, moí*amos*, moí*eis*, moí*am* Particípio: moí*do*			
2g	Verben auf *-cer*. Der Stammauslaut *c* wird *ç* vor *o* und *a* (Stamm wie 2c, falls nicht anders angegeben): *tecer* [tə'ser]	teç*o* [s] tec*es* tec*e* tec*emos* tec*eis* tec*em*	teç*a* teç*as* teç*a* teç*amos* teç*ais* teç*am*	tec*i* usw.
2h	Verben auf *-ger*. Der Stammauslaut *g* wird zu *j* vor *a* und *o* (Stamm wie 2c, falls nicht anders angegeben): *reger* [ʀə'ʒer]	rej*o* [ʒ] reg*es* reg*e* reg*emos* reg*eis* reg*em*	rej*a* rej*as* rej*a* rej*amos* rej*ais* rej*am*	reg*i* usw.
2i	Verben auf *-guer*. Der Stammauslaut *gu* wird zu *g* vor *a* und *o* (Stamm wie 2c, falls nicht anders angegeben): *erguer* [ir'ger]	erg*o* [g] ergu*es* ergu*e* ergu*emos* ergu*eis* ergu*em*	erg*a* erg*as* erg*a* erg*amos* erg*ais* erg*am*	ergu*i* usw.

		Presente do Indicativo	Presente do Conjuntivo	Pret. Perfeito do Indicat.
2k	**crer.** Unregelmäßigkeiten durch Einschub von *i* oder Anwendung des Zirkumflex im Präsens; 2. Pers. *pl* des *Pres. do Ind.* auf *-edes.* Sonst regelmäßig	cre**i***o* cr**ê***s* cr**ê** cre*mos* cre**des** cr**ê***em*	cre**i***a* cre**i***as* cre**i***a* cre**i***amos* cre**i***ais* cre**i***am*	cr*i* usw.
2l	**ler.** Die gleichen Unregelmäßigkeiten wie *crer* (2k)	le**i***o* l**ê***s* l**ê** le*mos* le**des** l**ê***em*	le**i***a* le**i***as* le**i***a* le**i***amos* le**i***ais* le**i***am*	l*i* usw.
2m	**ver.** Die gleichen Unregelmäßigkeiten wie *crer* (2k), nur Einschub von *j* statt *i.* Ferner *Pret. Perfeito* nach der 3. Konjugation und unregelmäßiges Partizip	ve**j***o* v**ê***s* v**ê** ve*mos* ve**des** v**ê***em*	ve**j***a* ve**j***as* ve**j***a* ve**j***amos* ve**j***ais* ve**j***am*	**vi** **vi***ste* **vi***u* **vi***mos* **vi***stes* **vi***ram*
	Particípio: **visto**			
2n	**prover.** Wie *ver* (2m), jedoch sind zum Unterschied zu den übrigen Komposita von *ver Pret. Perfeito* und die davon abgeleiteten Formen sowie das Partizip regelmäßig	provej*o* prov**ê***s* prov**ê** prove*mos* prove**des** prov**ê***em*	provej*a* provej*as* provej*a* provej*amos* provej*ais* provej*am*	prov*i* prov*este* prov*eu* prov*emos* prov*estes* prov*eram*
	Particípio: **provido**			
2o	**perder.** Verwandelt in der 1. Pers. *sg* des *Pres. do Ind.* und im ganzen *Pres. do Conj.* das *d* in *c*; sonst regelmäßig	per**c***o* perd*es* perd*e* perd*emos* perd*eis* perd*em*	per**c***a* per**c***as* per**c***a* per**c***amos* per**c***ais* per**c***am*	perd*i* usw.
2p	**valer.** Verwandelt in denselben Formen wie *perder* (2o): *l* in *lh*; sonst regelmäßig	va**lh***o* val*es* val*e* val*emos* val*eis* val*em*	va**lh***a* va**lh***as* va**lh***a* va**lh***amos* va**lh***ais* va**lh***am*	val*i* usw.
2q	**caber.** Unregelmäßiger Stammvokal im Präsens und *Pret. Perfeito*	**cai**b*o* cab*es* cab*e* cab*emos* cab*eis* cab*em*	**cai**b*a* **cai**b*as* **cai**b*a* **cai**b*amos* **cai**b*ais* **cai**b*am*	**cou**b*e* **cou**b*este* **cou**b*e* **cou**b*emos* **cou**b*estes* **cou**b*eram*

		Presente do Indicativo	Presente do Conjuntivo	Pret. Perfeito do Indicat.
2r	**saber.** Wie *caber* (2q) mit Ausnahme der unterschiedlichen 1. Pers. *sg* im *Pres. do Indicativo*	sei sabes sabe sabemos sabeis sabem	saiba saibas saiba saibamos saibais saibam	soube soubeste soube soubemos soubestes souberam
2s	**aprazer.** *3. Pers. sg* des *Pres. do Ind.* ohne *e*, unregelmäßiges *Pret. Perfeito*	aprazo aprazes apraz aprazemos aprazeis aprazem	apraza usw.	aprouve aprouveste aprouve aprouvemos aprouvestes aprouveram
2t	**querer.** Ausfall des *-e* in der 3. Pers. *sg do Pres. do Ind.*; Konjunktivstamm: *queir-*; unregelmäßiges *Pret. Perfeito*	quero queres quer queremos quereis querem	queira queiras queira queiramos queirais queiram	quis quiseste quis quisemos quisestes quiseram
2u	**requerer.** Stamm der 1. Pers. *sg do Pres. do Indic.* und des *Pres. do Conj. requeir-*, aber im Unterschied zu *querer* (2t) regelmäßiges *Pres. Perfeito*	requeiro requeres requer requeremos requereis requerem	requeira requeiras requeira requeiramos requeirais requeiram	requeri usw.
2v	**fazer.** Ersetzt *z* vor *a* und *o* durch ç; unregelmäßiges *Pret. Perfeito.* Ausfall von *ze* in *Fut.* und *Cond.* und des *e* in 3. Pers. *sg* des *Pres. do Ind.*	faço fazes faz fazemos fazeis fazem	faça faças faça façamos façais façam	fiz fizeste fez fizemos fizestes fizeram

Futuro: farei, farás, fará, faremos, fareis, farão
Particípio: feito

		Presente do Indicativo	Presente do Conjuntivo	Pret. Perfeito do Indicat.
2w	**trazer.** Ähnliche Unregelmäßigkeiten wie *fazer* (2v). Partizip regelmäßig	trago trazes traz trazemos trazeis trazem	traga tragas traga tragamos tragais tragam	trouxe trouxeste trouxe trouxemos trouxestes trouxeram

Futuro: trarei, trarás, trará, traremos, trareis, trarão

		Presente do Indicativo	Presente do Conjuntivo	Pret. Perfeito do Indicat.
2x	**dizer.** Ähnliche Unregelmäßigkeiten wie *fazer* (2v)	digo dizes diz dizemos dizeis dizem	diga digas diga digamos digais digam	disse disseste disse dissemos dissestes disseram

Futuro: direi, dirás, dirá, diremos, direis, dirão
Particípio: dito

		Presente do Indicativo	Presente do Conjuntivo	Pret. Perfeito do Indicat.
2y	**poder.** Ersetzt in 1. Pers. *sg* des *Pres. do Ind.* und im ganzen *Pres. do Conj. d* durch *ss*; regelmmäßiges *Pret. Perfeito*	po**ss***o*	po**ss***a*	**pu**d*e*
		pode*s*	po**ss***as*	**pu**d*este*
		pod*e*	po**ss***a*	**pô**d*e*
		pod*emos*	po**ss***amos*	**pu**d*emos*
		pod*eis*	po**ss***ais*	**pu**d*estes*
		pod*em*	po**ss***am*	**pu**d*eram*
2z	**haver.** Unregelmäßigkeiten im *Presente* und *Pret. Perfeito*	**hei**	h**aj***a*	h**ou**v*e*
		hás	h**aj***as*	h**ou**v*este*
		há	h**aj***a*	h**ou**v*e*
		hav*emos*	h**aj***amos*	h**ou**v*emos*
		hav*eis*	h**aj***ais*	h**ou**v*estes*
		hão	h**aj***am*	h**ou**v*eram*
2za	**ter.** Unregelmäßigkeiten im *Presente* und *Pret. Perfeito*	**tenh***o*	**tenh***a*	**tiv***e*
		tens	**tenh***as*	**tiv***este*
		tem	**tenh***a*	**tev***e*
		temos	**tenh***amos*	**tiv***emos*
		tendes	**tenh***ais*	**tiv***estes*
		têm	**tenh***am*	**tiv***eram*

Pret. Imperf.: **tinh***a*, **tinh***as*, **tinh***a*, **tính***amos*, **tính***eis*, **tinh***am*

		Presente do Indicativo	Presente do Conjuntivo	Pret. Perfeito do Indicat.
2zb	**reter.** Die Komposita von *ter* haben außer den Unregelmäßigkeiten dieses Verbs (2za) den Akut in 2. und 3. Pers. *sg* des *Pres. do Indic.* und 2. Pers. *sg* des *Imperativo*	ret**enh***o*	rete**nh***a*	ret**iv***e*
		ret**éns**	usw.	usw.
		ret**ém**		
		ret*emos*		
		ret**endes**		
		ret**êm**		

Pret. Imperf.: ret**inh***a*, ret**inh***as*, ret**inh***a*, ret**ính***amos*, ret**ính***eis*, ret**inh***am*

		Presente do Indicativo	Presente do Conjuntivo	Pret. Perfeito do Indicat.
2zc	**ser.** Unregelmäßig in den meisten Formen	s**ou**	s**ej***a*	**fui**
		és	s**ej***as*	**foste**
		é	s**ej***a*	**foi**
		s**omos**	s**ej***amos*	**fomos**
		s**ois**	s**ej***ais*	**fostes**
		s**ão**	s**ej***am*	**foram**

Pret. Imperf.: **er***a*, **er***as*, **er***a*, **ér***amos*, **ér***eis*, **er***am*
Imperativo: 2. Pers. *sg* **sê**; 2. Pers. *pl* **sede**

		Presente do Indicativo	Presente do Conjuntivo	Pret. Perfeito do Indicat.
2zd	**pôr.** Unregelmäßig in den meisten Formen	po**nh***o*	po**nh***a*	p**us**
		p**ões**	po**nh***as*	p**us***este*
		p**õe**	po**nh***a*	p**ôs**
		po**mos**	po**nh***amos*	p**us***emos*
		po**ndes**	po**nh***ais*	p**us***estes*
		p**õem**	po**nh***am*	p**us***eram*

Pret. Imperf.: p**unh***a*, p**unh***as*, p**unh***a*, p**únh***amos*, p**únh***eis*, p**unh***am*
Particípio: **posto**

Dritte Konjugation

[3a] admitir Der Stamm bleibt unverändert

Einfache Zeiten

Indicativo

	Presente		*Pretérito Imperfeito*		*Pret. Perfeito Simples*
sg	admit*o*	*sg*	admit*ia*	*sg*	admit*i*
	admit*es*		admit*ias*		admit*iste*
	admit*e*		admit*ia*		admit*iu*
pl	admit*imos*	*pl*	admit*íamos*	*pl*	admit*imos*
	admit*is*		admit*íeis*		admit*istes*
	admit*em*		admit*iam*		admit*iram*

	Futuro Imperfeito		*Condicional Simples*		*Pret. Mais-que-perfeito Simples*
sg	admit*irei*	*sg*	admit*iria*	*sg*	admit*ira*
	admit*irás*		admit*irias*		admit*iras*
	admit*irá*		admit*iria*		admit*ira*
pl	admit*iremos*	*pl*	admit*iríamos*	*pl*	admit*íramos*
	admit*ireis*		admit*iríeis*		admit*íreis*
	admit*irão*		admit*iriam*		admit*iram*

Conjuntivo

	Presente		*Pretérito Imperfeito*		*Futuro Imperfeito*
sg	admit*a*	*sg*	admit*isse*	*sg*	admit*ir*
	admit*as*		admit*isses*		admit*ires*
	admit*a*		admit*isse*		admit*ir*
pl	admit*amos*	*pl*	admit*íssemos*	*pl*	admit*irmos*
	admit*ais*		admit*ísseis*		admit*irdes*
	admit*am*		admit*issem*		admit*irem*

Imperativo

sg –
admit*e* (não admit*as*)
admit*a*
pl admit*amos*
admit*i* (não admit*ais*)
admit*am*

Infinitivo
admit*ir*

Particípio
admit*ido*

Gerúndio
admit*indo*

Infinitivo Pessoal

sg admit*ir*
admit*ires*
admit*ir*
pl admit*irmos*
admit*irdes*
admit*irem*

Zusammengesetzte Zeiten: wie 1. Konjugation

		Presente do Indicativo	Presente do Conjuntivo	Pret. Perfeito do Indicat.
3b	Geschlossenes *a* [ɐ], dem kein *m*, *n* oder *nh* folgt, wird in den stammbetonten Formen zu offenem *a* [a]: *invadir* [ĩvɐ'dir]	inv**a**d*o* ['a] inv**a**d*es* inv**a**d*e* invad*imos* invad*is* inv**a**d*em*	inv**a**d*a* inv**a**d*as* inv**a**d*a* invad*amos* invad*ais* inv**a**d*am*	invad*i* usw.

		Presente do Indicativo	Presente do Conjuntivo	Pret. Perfeito do Indicat.
3c	Tonloses *e* [ə] wird zu offenem *e* [ɛ] in der 2. und 3. Pers. *sg* sowie 3. Pers. *pl* des *Pres. do Ind.*, aber zu *i* [i] in der 1. Pers. *sg* und im ganzen *Pres. do Conj.*: *despir* [dəʃ'pir]	disp*o* ['i] desp*es* ['ɛ] desp*e* ['ɛ] desp*imos* desp*is* desp*em* ['ɛ]	disp*a* disp*as* disp*a* disp*amos* disp*ais* disp*am*	desp*i* usw.
3d	In einigen Verben wird tonloses *e* [ə] zu *i* in allen stammbetonten Formen des *Pres. do Ind.* und ganzen *Pres. do Conj.*: *agredir* [ɐgrə'dir]	agrid*o* ['i] agrid*es* agrid*e* agred*imos* agred*is* agrid*em*	agrid*a* agrid*as* agrid*a* agrid*amos* agrid*ais* agrid*am*	agred*i* usw.
3e	Nasaliertes *e* [ẽ] wird zu nasaliertem *i* [ĩ] in der 1. Pers. *sg* des *Pres. do Ind.* und im ganzen *Pres. do Conj.*: *sentir* [sẽn'tir]	sint*o* ['ĩ] sent*es* sent*e* sent*imos* sent*is* sent*em*	sint*a* sint*as* sint*a* sint*amos* sint*ais* sint*am*	sent*i* usw.
3f	Tonloses *o* [u] wird zu offenem *o* [ɔ] in der 2. und 3. Pers. *sg* sowie 3. Pers. des *Pres. do Ind.*, aber zu *u* [u] in der 1. Pers. *sg* und im ganzen *Pres. do Conj.*: *dormir* [dur'mir]	durm*o* ['u] dorm*es* ['ɔ] dorm*e* ['ɔ] dorm*imos* dorm*is* dorm*em* ['ɔ]	durm*a* ['u] durm*as* durm*a* durm*amos* durm*ais* durm*am*	dorm*i* usw.
3g	**polir.** Das tonlose *o* wird in den stammbetonten Formen des *Pres. do Ind.* und im ganzen *Pres. do Conj.* zu *u*	pul*o* pul*es* pul*e* pol*imos* pol*is* pul*em*	pul*a* pul*as* pul*a* pul*amos* pul*ais* pul*am*	pol*i* usw.
3h	Der Stammvokal *u* wird zu offenem *o* [ɔ] in der 2. und 3. Pers. *sg* sowie 3. Pers. *pl* des *Pres. do Ind.*: *subir* [su'bir]	sub*o* sob*es* ['ɔ] sob*e* ['ɔ] sub*imos* sub*is* sob*em* ['ɔ]	sub*a* usw.	sub*i* usw.
3i	Verben mit stammauslautendem *u* haben in der 2. und 3. Pers. *sg* des *Pres. do Ind.* *i* statt *e* und verwenden den Akut in einer Anzahl von Formen: *fruir* [fruir]	fru*o* **fruis** [ui] **frui** [ui] fru**í***mos* fru**í***s* fru*em*	fru*a* usw.	**fruí** fru**í***ste* frui*u* fru**í***mos* fru**í***stes* fru**í***ram*

Pret. Imperf.: fru**í***a*, fru**í***as*, fru**í***a*, fru**í***amos*, fru**í***eis*, fru**í***am*
Futuro do Conj. und Infinito Pess.: 2. Pers. *sg* fru**í***res*, 3. Pers. *pl* fru**í***rem*
Imperativo: 2. Pers. *pl* **fruí**
Akut auch im ganzen Mais-que-perfeito, im Pret. Imperf. do Conj. sowie im Particípio

		Presente do Indicativo	Presente do Conjuntivo	Pret. Perfeito do Indicat.
3k	Einige Verben mit stammauslautendem *u* bilden neben *-uis*, *-ui* und *-uem* im *Pres. do Ind.*: *-óis*, *-ói* und *-oem*; im Übrigen wie 3i. *destruir* [diʃ'trwir]	destru*o* destr**ói***s* (oder **-ui***s*) destr**ói** (oder **-ui**) destru*ímos* destru*ís* destr**oe***m* (oder **-ue***m*)	destru*a* usw.	destru**í** vgl. *fruir*, 3i
	(Akzentgebrauch in anderen Formen wie *fruir*, 3i)			
3l	Verben mit stammauslautendem *a* konjugieren wie *fruir* (3i). Eine weitere Unregelmäßigkeit ist der Einschub des *i* in 1. Pers. *sg* des *Pres. do Ind.* und im ganzen *Pres. do Conj.*: *cair* [kɐ'ir]	ca**i***o* ['kaju] ca**i***s* ['kaiʃ] ca**i** ['kai] ca*ímos* ca*ís* ca*em*	ca**i***a* ['kajɐ] ca**i***as* ca**i***a* ca**i***amos* ca**i***ais* ca**i***am*	ca**í** vgl. *fruir*, 3i
	(Akzentgebrauch in anderen Formen wie *fruir*, 3i)			
3m	Verben mit dem Stammauslaut *z*, dem ein Vokal vorausgeht, haben kein *e* in der 3. Pers. *sg* des *Pres. do Ind.*: *aduzir* [ɐdu'zir]	aduz*o* aduz*es* adu**z** aduz*imos* aduz*is* aduz*em*	aduz*a* usw.	aduz*i* usw.
3n	Verben auf *-gir*. Der Stammauslaut *g* wird vor *a* und *o* zu *j*: *surgir* [sur'ʒir]	sur**j***o* [ʒ] surg*es* surg*e* surg*imos* surg*is* surg*em*	sur**j***a* sur**j***as* sur**j***a* sur**j***amos* sur**j***ais* sur**j***am*	surg*i* usw.
3na	Verben auf *-cir* verwandeln vor *a* und *o* das *c* in *ç*: *ressarcir* [ʀəsɐr'sir]	ressar**ç***o* [s] ressarc*es* ressarc*e* usw.	ressar**ç***a* ressar**ç***as* usw.	ressarc*i* usw.
3o	Verben auf *-guir* und *-quir* (das *u* wird nicht gesprochen). Der Stammauslaut *gu*, *qu* wird vor *a* und *o* zu *g*, *q*: *distinguir* [diʃtĩŋ'gir]	distin**g***o* [g] distingu*es* distingu*e* distingu*imos* distingu*is* distingu*em*	distin**g***a* distin**g***as* distin**g***a* distin**g***amos* distin**g***ais* distin**g***am*	distingu*i* usw.
3p	Verben auf *-guir* und *-quir* (das *u* wird in allen Formen gesprochen). In den stammbetonten Formen wird das *u* betont und erhält in einigen den Akut: *arguir* [ɐr'gwir]	arg**u***o* ['gu] arg**ú***is* arg**ú***i* argu*imos* argu*is* arg**ú***em*	arg**u***a* arg**u***as* arg**u***a* argua*mos* argua*is* arg**u***am*	argu*i* usw.

(Anmerkung: In Brasilien erhält in den endungsbetonten Formen das **u** das Trema: **argüir, argüimos, argüi** usw.)

		Presente do Indicativo	Presente do Conjuntivo	Pret. Perfeito do Indicat.
3q	**frigir.** Verwandlung des *g* in *j* vor *a* und *o*, und des *i* in *e* in der 2. und 3. Pers. *sg* sowie 3. Pers. *pl* des *Pres. do Ind.*	fri**j***o* fr**e**g*es* fr**e**g*e* frig*imos* frig*is* fr**e**g*em*	fri**j***a* fri**j***as* fri**j***a* fri**j***amos* fri**j***ais* fri**j***am*	frig*i* usw.

Particípio: meist unregelmäßig fr**it***o*

3r	**pedir.** Verwandlung des *d* in *ç* in der 1. Pers. *sg* des *Pres. do Ind.* und im ganzen *Pres. do Conj.* Öffnung des tonlosen *e* [ə] in den stammbetonten Formen. Ebenso: *medir*	pe**ç***o* ['ɛs] p**e**d*es* ['ɛ] p**e**d*e* ['ɛ] ped*imos* ped*is* p**e**d*em* ['ɛ]	pe**ç***a* ['ɛ] pe**ç***as* pe**ç***a* pe**ç***amos* pe**ç***ais* pe**ç***am*	ped*i* usw.
3s	**proibir.** In den stammbetonten Formen erhält *i* den Akut. Ebenso: *coibir*	pro**í**b*o* pro**í**b*es* pro**í**b*e* proib*imos* proib*is* pro**í**b*em*	pro**í**b*a* pro**í**b*as* pro**í**b*a* proib*amos* proib*ais* pro**í**b*am*	proib*i* usw.
3t	**reunir.** In den stammbetonten Formen erhält *u* den Akut	re**ú**n*o* re**ú**n*es* re**ú**n*e* reun*imos* reun*is* re**ú**n*em*	re**ú**n*a* re**ú**n*as* re**ú**n*a* reun*amos* reun*ais* re**ú**n*am*	reun*i* usw.
3u	**ouvir.** In der 1. Pers *sg* des *Pres. do Ind.* und im ganzen *Pres. do Conj.* wird der Stamm *ouv-* zu *oiç-* ['ois] oder *ouç-* ['os]	**oiç***o*, **ouç***o* ouv*es* ouv*e* ouv*imos* ouv*is* ouv*em*	**oiç***a*, **ouç***a* usw.	ouv*i* usw.
3v	**rir.** Kontraktionsformen im *Pres. do Ind.*; sonst regelmäßig	ri*o* **ri***s* **ri** ri*mos* **rides** ri*em*	ri*a* ri*as* ri*a* ri*amos* ri*ais* ri*am*	ri ri*ste* ri*u* ri*mos* ri*stes* ri*ram*
3w	**vir.** Unregelmäßig in den meisten Formen	**venh***o* **ven***s* **vem** vi*mos* v**indes** **vêm**	**venh***a* **venh***as* **venh***a* **venh***amos* **venh***ais* **venh***am*	v**im** **vie***ste* **veio** **vie***mos* **vie***stes* **vie***ram*

Pret. Imperf.: v**inh***a*, v**inh***as*, v**inh***a*, v**ính***amos*, v**ính***ais*, v**inh***am*
Particípio = Gerúndio: v**ind***o*

		Presente do Indicativo	Presente do Conjuntivo	Pret. Perfeito do Indicat.
3x	**provir** usw.	Die Komposita von *vir* haben in der 2. und 3. Pers. *sg* den Akut (*provéns*, *provém*); im Übrigen gehen sie wie *vir*		
3y	**ir.** Fast ganz unregelmäßig, da von verschiedenen Stämmen abgeleitet	**vou** **vais** **vai** **vamos** **ides** **vão**	**vá** **vás** **vá** **vamos** **vades** **vão**	**fui** **fo***ste* **foi** **fo***mos* **fo***stes* **fo***ram*
	Pret. Imperf.: *ia*, *ias*, usw. Futuro: ir*ei*, ir*ás* usw. Particípio: *ido*			
3z	**parir** = 3b; 1. und 3. Pers. *sg Pres. do Conj.*: *pára*; *bras* nach nebenstehenden Paradigma	**pairo** **par***es* **par***e* par*imos* par*is* **par***em*	**paira** usw.	par*i* usw.

Lista dos Verbos fortes e irregulares alemães

A lista não indica os paradigmas completos, mas menciona geralmente a 1ª (= 3ª) pessoa do singular do Imperfeito, às vezes também a 1ª (= 3ª) pessoa do plural, e o Particípio. No caso de haver formas irregulares no Presente, em primeiro lugar são enumeradas as formas do singular e, raramente, um ou mais do plural.

Para saber as formas dos verbos derivados (p. ex. **er**fahren, **auf**treten, **ver**schweigen) é preciso consultar àquelas dos respectivos verbos simples.

backen *prs* backe, bäckst, bäckt; *impf* backte (buk); *p/p* gebacken
befehlen *prs* befehle, befiehlst, befiehlt; *impf* befahl; *p/p* befohlen
beginnen *impf* begann; *p/p* begonnen
beißen *prs* beiße, beißt, beißt; *impf* biss, bissen; *p/p* gebissen
bergen *prs* berge, birgst, birgt; *impf* barg; *p/p* geborgen
betrügen *impf* betrog; *p/p* betrogen
bewegen *impf* bewegte (*fig* bewog); *p/p* bewegt (*fig* bewogen)
biegen *impf* bog; *p/p* gebogen
bieten *impf* bot; *p/p* geboten
binden *impf* band; *p/p* gebunden
bitten *impf* bat; *p/p* gebeten
blasen *prs* blase, bläst, bläst; *impf* blies; *p/p* geblasen
bleiben *impf* blieb; *p/p* geblieben
braten *prs* brate, brätst, brät; *impf* briet; *p/p* gebraten
brechen *prs* breche, brichst, bricht; *impf* brach; *p/p* gebrochen
brennen *impf* brannte; *p/p* gebrannt
bringen *impf* brachte; *p/p* gebracht
denken *impf* dachte; *p/p* gedacht
dringen *impf* drang; *p/p* gedrungen
dürfen *prs* darf, darfst, darf; dürfen; *impf* durfte; *p/p* gedurft
empfehlen *prs* empfehle, empfiehlst, empfiehlt; *impf* empfahl; *p/p* empfohlen
erlöschen *prs* erlösche, erlischst, erlischt; *impf* erlosch; *p/p* erloschen
erschrecken *prs* erschrecke, erschrickst, erschrickt; *impf* erschrak; *p/p* erschrocken
essen *prs* esse, isst, isst; *impf* aß; *p/p* gegessen
fahren *prs* fahre, fährst, fährt; *impf* fuhr; *p/p* gefahren
fallen *prs* falle, fällst, fällt; *impf* fiel; *p/p* gefallen
fangen *prs* fange, fängst, fängt; *impf* fing; *p/p* gefangen
fechten *prs* fechte, fichtst, *impf* focht; *p/p* gefochten
finden *impf* fand; *p/p* gefunden
flechten *prs* flechte, flichtst, flicht; *impf* flocht; *p/p* geflochten
fliegen *impf* flog; *p/p* geflogen
fliehen *impf* floh; *p/p* geflohen
fließen *impf* floss, flossen; *p/p* geflossen
fressen *prs* fresse, frisst, frisst; *impf* fraß; *p/p* gefressen
frieren *impf* fror; *p/p* gefroren
gebären *impf* gebar; *p/p* geboren
geben *prs* gebe, gibst, gibt; *impf* gab; *p/p* gegeben
gedeihen *impf* gedieh; *p/p* gediehen
gehen *impf* ging; *p/p* gegangen
gelingen *prs* es gelingt; *impf* es gelang; *p/p* gelungen
gelten *prs* gelte, giltst, gilt; *impf* galt; *p/p* gegolten
genesen *impf* genas; *p/p* genesen
genießen *impf* genoss, genossen; *p/p* genossen
geschehen *prs* es geschieht; *impf* es geschah; *p/p* geschehen
gewinnen *impf* gewann; *p/p* gewonnen
gießen *impf* goss, gossen; *p/p* gegossen
gleichen *impf* glich; *p/p* geglichen
gleiten *impf* glitt; *p/p* geglitten
graben *prs* grabe, gräbst, gräbt; *impf* grub; *p/p* gegraben
greifen *impf* griff; *p/p* gegriffen
haben *prs* habe, hast, hat; *impf* hatte; *p/p* gehabt
halten *prs* halte, hältst, hält; *impf* hielt; *p/p* gehalten
hängen *v/i*: *prs* hänge, hängst, hängt; *impf* hing; *p/p* gehangen
hauen *impf* haute (hieb); *p/p* gehauen

heben *impf* hob; *p/p* gehoben
heißen *impf* hieß; *p/p* geheißen
helfen *prs* helfe, hilfst, hilft; *impf* half; *p/p* geholfen
kennen *impf* kannte; *p/p* gekannt
klingen *impf* klang; *p/p* geklungen
kneifen *impf* kniff; *p/p* gekniffen
kommen *impf* kam; *p/p* gekommen
können *prs* kann, kannst, kann; können; *impf* konnte; *p/p* gekonnt
kriechen *impf* kroch; *p/p* gekrochen
laden *prs* lade, lädst, lädt; *impf* lud; *p/p* geladen
lassen *prs* lasse, lässt, lässt; *impf* ließ; *p/p* gelassen
laufen *prs* laufe, läufst, läuft; *impf* lief; *p/p* gelaufen
leiden *impf* litt; *p/p* gelitten
leihen *impf* lieh; *p/p* geliehen
lesen *prs* lese, liest, liest; *impf* las; *p/p* gelesen
liegen *impf* lag; *p/p* gelegen
lügen *impf* log; *p/p* gelogen
mahlen *impf* mahlte; *p/p* gemahlen
meiden *impf* mied; *p/p* gemieden
messen *prs* messe, misst, misst; *impf* maß; *p/p* gemessen
misslingen *impf* misslang; *p/p* misslungen
mögen *prs* mag, magst, mag; mögen; *impf* mochte; *p/p* gemocht
müssen *prs* muss, musst, muss; müssen, müsst, müssen; *impf* musste; *p/p* gemusst
nehmen *prs* nehme, nimmst, nimmt; *impf* nahm; *p/p* genommen
nennen *impf* nannte; *p/p* genannt
pfeifen *impf* pfiff; *p/p* gepfiffen
quellen (*v/i*) *prs* quelle, quillst, quillt; *impf* quoll; *p/p* gequollen
raten *prs* rate, rätst, rät; *impf* riet; *p/p* geraten
reiben *impf* rieb; *p/p* gerieben
reißen *prs* reiße, reißt, reißt; *impf* riss, rissen; *p/p* gerissen
reiten *impf* ritt; *p/p* geritten
rennen *impf* rannte; *p/p* gerannt
riechen *impf* roch; *p/p* gerochen
ringen *impf* rang; *p/p* gerungen
rufen *impf* rief; *p/p* gerufen
salzen *impf* salzte; *p/p* gesalzen
saufen *prs* saufe; säufst; säuft; *impf* soff; *p/p* gesoffen
saugen *impf* sog (saugte); *p/p* gesogen (gesaugt)
schaffen *impf* schuf; *p/p* geschaffen
scheiden *impf* schied; *p/p* geschieden
scheinen *impf* schien; *p/p* geschienen
schieben *impf* schob; *p/p* geschoben
schießen *impf* schoss, schossen; *p/p* geschossen
schinden *impf* schindete (schund); *p/p* geschunden
schlafen *prs* schlafe, schläfst, schläft; *impf* schlief; *p/p* geschlafen
schlagen *prs* schlage, schlägst, schlägt; *impf* schlug; *p/p* geschlagen
schleichen *impf* schlich; *p/p* geschlichen
schleifen *impf* schliff; *p/p* geschliffen
schließen *impf* schloss, schlossen; *p/p* geschlossen
schlingen *impf* schlang; *p/p* geschlungen
schmelzen *prs* schmelze, schmilzt, schmilzt; *impf* schmolz; *p/p* geschmolzen
schneiden *impf* schnitt; *p/p* geschnitten
schreiben *impf* schrieb; *p/p* geschrieben
schreien *impf* schrie; *p/p* geschrie(e)n
schweigen *impf* schwieg; *p/p* geschwiegen
schwellen *prs* schwelle, schwillst, schwillt; *impf* schwoll; *p/p* geschwollen
schwimmen *impf* schwamm; *p/p* geschwommen
schwingen *impf* schwang; *p/p* geschwungen
schwören *impf* schwor; *p/p* geschworen
sehen *prs* sehe, siehst, sieht; *impf* sah; *p/p* gesehen
sein *prs* bin, bist, ist; sind, seid, sind; *impf* war; *p/p* gewesen
senden *impf* sandte, sendete*); *p/p* gesandt, gesendet*)
singen *impf* sang; *p/p* gesungen
sinken *impf* sank; *p/p* gesunken
sinnen *impf* sann; *p/p* gesonnen
sitzen *impf* saß; *p/p* gesessen
sollen *prs* soll, sollst, soll; *impf* sollte; *p/p* gesollt
sprechen *prs* spreche, sprichst, spricht; *impf* sprach; *p/p* gesprochen
springen *impf* sprang; *p/p* gesprungen
stechen *prs* steche, stichst, sticht; *impf* stach; *p/p* gestochen

stehen *impf* stand; *p/p* gestanden
stehlen *prs* stehle, stiehlst, stiehlt; *impf* stahl; *p/p* gestohlen
steigen *impf* stieg; *p/p* gestiegen
sterben *prs* sterbe, stirbst, stirbt; *impf* starb; *p/p* gestorben
stinken *impf* stank; *p/p* gestunken
stoßen *prs* stoße, stößt, stößt; *impf* stieß; *p/p* gestoßen
streichen *impf* strich; *p/p* gestrichen
streiten *impf* stritt; *p/p* gestritten
tragen *prs* trage, trägst, trägt; *impf* trug; *p/p* getragen
treffen *prs* treffe, triffst, trifft; *impf* traf; *p/p* getroffen
treiben *impf* trieb; *p/p* getrieben
treten *prs* trete, trittst, tritt; *impf* trat; *p/p* getreten
trinken *impf* trank; *p/p* getrunken
tun *prs* tue, tust, tut; tun; *impf* tat; *p/p* getan
verderben *prs* verderbe, verdirbst, verdirbt; *impf* verdarb; *p/p* verdorben
vergessen *prs* vergesse, vergisst, vergisst; *impf* vergaß; *p/p* vergessen
verlieren *impf* verlor; *p/p* verloren
verschwinden *impf* verschwand; *p/p* verschwunden
verzeihen *impf* verzieh; *p/p* verziehen
wachsen *prs* wachse, wächst, wächst; *impf* wuchs; *p/p* gewachsen
wägen *impf* wog; *p/p* gewogen
waschen *prs* wasche, wäschst, wäscht; *impf* wusch; *p/p* gewaschen
weichen *impf* wich; *p/p* gewichen
weisen *impf* wies; *p/p* gewiesen
wenden *impf* wandte (wendete); *p/p* gewandt (gewendet)
werben *prs* werbe, wirbst, wirbt; *impf* warb; *p/p* geworben
werden *prs* werde, wirst, wird; *impf* wurde; *p/p* geworden (worden**)
werfen *prs* werfe, wirfst, wirft; *impf* warf; *p/p* geworfen
wiegen *impf* wog; *p/p* gewogen
wissen *prs* weiß, weißt, weiß; wissen, wisst, wissen; *impf* wusste; *p/p* gewusst
wollen *prs* will, willst, will; wollen; *impf* wollte; *p/p* gewollt
ziehen *impf* zog; *p/p* gezogen
zwingen *impf* zwang; *p/p* gezwungen

*) emissão radiofónica
**) quando acompanhado pelo *p/p* de outros verbos

Zahlwörter – Numerais

Grundzahlen – Numerais cardinais

0 zero *null*
1 um, uma *eins*
2 dois, duas *zwei*
3 três *drei*
4 quatro *vier*
5 cinco *fünf*
6 seis *sechs*
7 sete *sieben*
8 oito *acht*
9 nove *neun*
10 dez *zehn*
11 onze *elf*
12 doze *zwölf*
13 treze *dreizehn*
14 catorze *vierzehn*
15 quinze *fünfzehn*
16 dezasseis *sechzehn*
17 dezassete *siebzehn*
18 dezoito *achtzehn*
19 dezanove *neunzehn*
20 vinte *zwanzig*
21 vinte e um *einundzwanzig*
22 vinte e dois *zweiundzwanzig*
30 trinta *dreißig*
31 trinta e um *einunddreißig*
40 quarenta *vierzig*
50 cinquenta *fünfzig*
60 sessenta *sechzig*
70 setenta *siebzig*
80 oitenta *achtzig*
90 noventa *neunzig*
100 cem, cento *hundert*
101 cento e um (uma) *hunderteins*
200 duzentos, -as *zweihundert*
300 trezentos, -as *dreihundert*
400 quatrocentos, -as *vierhundert*
500 quinhentos, -as *fünfhundert*
600 seiscentos, -as *sechshundert*
700 setecentos, -as *siebenhundert*
800 oitocentos, -as *achthundert*
900 novecentos, -as *neunhundert*
1000 mil *tausend*
1875 mil oitocentos e setenta e cinco *eintausendachthundertfünfundsiebzig; als Jahreszahl: achtzehnhundertfünfundsiebzig*
2000 dois mil *zweitausend*
2300 dois mit e trezentos, -as *zweitausenddreihundert*
3000 três mil *dreitausend*
100 000 cem mil *hunderttausend*
500 000 quinhentos mil *fünfhunderttausend*
1 000 000 um milhão (de) *eine Million*
2 000 000 dois milhões (de) *zwei Millionen*
1 000 000 000 mil milhões, *bras* um bilhão (de) *eine Milliarde*
2 000 000 000 dois mil milhões, *bras* dois bilhões (de) *zwei Milliarden*
1 000 000 000 000 um bilião, *bras* mil bilhões (de) *eine Billion*

Ordnungszahlen – Numerais ordinais

1.°, **1.ª** primeiro, -a *erste*
2.°, **2.ª** segundo, -a *zweite*
3.°, **3.ª** terceiro, -a *dritte*
4.°, **4.ª** quarto, -a *vierte*
5.°, **5.ª** quinto, -a *fünfte*
6.°, **6.ª** sexto, -a *sechste*
7.°, **7.ª** sétimo, -a *sieb(en)te*
8.°, **8.ª** oitavo, -a *achte*
9.°, **9.ª** nono, -a *neunte*
10.°, **10.ª** décimo, -a *zehnte*
11.° undécimo, décimo primeiro *elfte*
12.° duodécimo, décimo segundo *zwölfte*
13.° décimo terceiro *dreizehnte*
14.° décimo quarto *vierzehnte*
15.° décimo quinto *fünfzehnte*
16.° décimo sexto *sechzehnte*
17.° décimo sétimo *siebzehnte*
18.° décimo oitavo *achtzehnte*
19.° décimo nono *neunzehnte*
20.° vigésimo *zwanzigste*
21.° vigésimo primeiro *einundzwanzigste*
22.° vigésimo segundo *zweiundzwanzigste*
30.° trigésimo *dreißigste*
31.° trigésimo primeiro *einunddreißigste*
40.° quadragésimo *vierzigste*
50.° quinquagésimo *fünfzigste*
60.° sexagésimo *sechzigste*
70.° septuagésimo *siebzigste*
80.° octogésimo *achtzigste*
90.° nonogésimo *neunzigste*

100.° centésimo *hundertste*
101.° centésimo primeiro *hundert-erste*
200.° ducentésimo *zweihundertste*
300.° trecentésimo *dreihundertste*
400.° quadringentésimo *vierhundert-ste*
500.° quingentésimo *fünfhundertste*
600.° sexcentésimo *sechshundertste*
700.° septingentésimo *siebenhun-dertste*
800.° octingentésimo *achthundertste*
900.° non(in)gentésimo *neunhundert-ste*
1000.° milésimo *tausendste*
1875.° milésimo octingésimo septua-gésimo quinto *eintausendacht-hundertfünfundziebzigste*
3000.° trimilésimo *dreitausendste*
10 000.° décimo milésimo *zehntau-sendste*
100 000.° centésimo milésimo *hun-derttausendste*
500 000.° quingentésimo milésimo *fünfhunderttausendste*
1 000 000.° milionésimo *einmillionste*
2 000 000.° segundo milionésimo *zweimillionste*

Bruchzahlen – Números fraccionários

$^1/_2$ meio, meia *ein halb*
$1^1/_2$ um e meio, uma e meia *eineinhalb, anderthalb*
$^1/_3$ um terço *ein Drittel*
$^2/_3$ dois terços *zwei Drittel*
$^1/_4$ um quarto *ein Viertel*
$^3/_4$ três quartos *drei Viertel*
$^1/_5$ um quinto *ein Fünftel*
$^2/_{11}$ dois undécimos, dois onze avos *zwei Elftel*

Vervielfältigungszahlen – Multiplicadores

simples *einfach*
duplo *zweifach, doppelt*
triplo *dreifach*
quádruplo *vierfach*
quíntuplo *fünfach*
sêxtuplo *sechsfach*
séptuplo *siebenfach*
óctuplo *achtfach*
nónuplo *neunfach*
décuplo *zehnfach*
cêntuplo *hundertfach*
mílimo *tausendfach*

Wiederholung:

uma vez *einmal*
duas vezes *zweimal*
três vezes *dreimal*
quatro vezes *viermal*
dez vezes *zehnmal*
duas vezes tanto *zweimal soviel*
outra vez *noch einmal*

Die vier Rechnungsarten:

7+8=15 sete e oito são quinze *sieben und* (oder *plus*) *acht ist fünfzehn*
10−3=7 dez menos três são sete *zehn weniger* (oder *minus*) *drei ist sieben*
4×3=12 quatro vezes três são doze *vier mal drei ist zwölf*
20 : 4 = 5 vinte a dividir por quatro são cinco *zwanzig* (*geteilt*) *durch vier ist fünf*

Portugiesische Maße und Gewichte
Medidas e pesos portugueses

a) Längenmaße

1 mm. milímetro *Millimeter*
1 cm. centímetro *Zentimeter*
1 dm. decímetro *Dezimeter*
1 m. metro *Meter*
1 km. quilómetro *Kilometer*
1 polegada *Zoll* (= *25,5 mm*)
1 palmo *Spanne* (= *22 cm*)
1 pé *Fuß* (= *30,5 cm*)
1 vara *Elle* (= *1,10 m*)
1 lég. légua *Wegstunde* (= *5 km*)
1 ml. milha marítima *Seemeile* (*1852 m*)

b) Hohlmaße

1 dl. decilitro *Deziliter*
1 l. litro *Liter*
1 hl. hectolitro *Hektoliter*
1 quartilho *0,5 l*
1 almude *20 oder 25 l*
1 alqueire *jetzt meist 20 l*
1 rasa = alqueire
1 pipa *Fass* (= *500–600 l*)

c) Flächenmaße

1 mm.² milímetro quadrado *Quadratmillimeter*
1 cm.² centímetro quadrado *Quadratzentimeter*
1 dm.² decímetro quadrado *Quadratdezimeter*
1 m.² metro quadrado *Quadratmeter*
1 are *Ar*
1 ha. hectare *Hektar*
1 km.² quilómetro quadrado *Quadratkilometer*
1 jeira *Joch, Morgen*
1 alqueire *in Brasilien=etwa 2,5 oder 4,8 ha*

d) Raummaße

1 mm.³ milímetro cúbico *Kubikmillimeter*
1 cm.³ centímetro cúbico *Kubikzentimeter*
1 dm.³ decímetro cúbico *Kubikdezimeter*
1 m.³ metro cúbico *Kubikmeter, Raummeter*
1 estere *Festmeter, ster*

e) Gewichte

1 mg. milligrama *Milligramm*
1 g. grama *Gramm*
1 kg. quilo(grama) *Kilo(gramm)*
1 t. tonelada *Tonne*
1 quilate *Karat* (= *0,200 g*)
1 onça *Unze* (= *28,35 g*)
1 arroba *15 kg*
1 q. quintal = 4 arrobas
1 qm. quintal métrico *Doppelzentner*
1 arrátel *Pfund* (*429 g*)

f) Mengenbezeichnungen

1 dz. dúzia *Dutzend*
1 quart. quarteirão (*25 Stück*)
1 gr. grosa *Gros*
1 mão *Buch* (*25 Bogen*)
1 resma $^1/_2$ *Ries* (*500 Bogen*)

Blaues Hauptstichwort in halbfetter Schrift

Internationale Lautschrift

Übersetzung in Grundschrift

Trennung von stark unterschiedlichen Bedeutungen durch Buchstaben

Angabe der korrekten Präposition

Typische Wortverbindungen

Brasilianismen

Die Tilde ersetzt den Teil des Stichwortes vor dem senkrechten Strich

... oder ein Stichwort, das selbst schon mithilfe der Tilde gebildet wurde ...

... oder das ganze Stichwort

Wortbildungselement

Übersetzungsvariante

Bonn ['bɔn] *n* Bona *f*
'Bonus ['bo:nus] *m* <-; *-se*> bónus *m*
'Bonze ['bɔntsə] *m* <*-n*> bonzo *m*
Boot [bo:t] *n* <-(*e*)*s*; *-e*> barco *m*; embarcação *f*; batel *m*; (*Motor≈*) barco *m* a gasolina; ***im gleichen ~ sitzen*** *fig* estar na mesma situação
'Boots|anhänger *m* reboque *m* para transportar barcos; **~haus** *n* <*-es*; *¨er*> barraca *f* para guardar barcos; **~rennen** *n* regata *f*; **~verleih** *m* <-(*e*)*s*; *-e*> aluguer (*bras* aluguel) *m* de barcos
Bor [bo:r] *n* <*-s*; *sem pl*> boro *m*
'Borax ['bo:raks] *m* <*-es*; *sem pl*> borato *m* de sódio, bórax *m*
Bord [bɔrt] **a)** *m* <-(*e*)*s*; *-e*> NAV bordo *m* (**an** a); (*Reling*) balaustrada *f*; ***an ~ gehen*** embarcar; ***von ~ gehen*** desembarcar; ***Mann über ~!*** homem à água!; *fig* ***über ~ werfen*** desembaraçar-se de; **b)** *n* <-(*e*)*s*; *-e*> (*Bücherbrett*) estante *f*; (*Küchenbrett*) prateleira *f*
'Bord|computer *m* computador *m* de bordo; **~elektronik** *f* <*sem pl*> electrónica (*ô) *f* de bordo
Bor'dell [bɔr'dɛl] *n* <*-s*; *-e*> bordel *m*, lupanar *m*, *bras* casa *f* de tolerância
'Bord|funker *m* (radio)telegrafista *m*; **~karte** *f* cartão *m* de embarque; **~monteur** *m* <*-s*; *-e*> mecânico *m*; **~stein** *m* <-(*e*)*s*; *-e*> borda *f* do passeio; **~wand** *f* <-; *¨e*> costado *m*
Borg [bɔrk] *m* <-(*e*)*s*; *sem pl*>: ***auf ~*** a crédito; emprestado *m*; **'≈en** ['-gən] emprestar (***j-m*** a alg); ***sich*** (*dat*) ***et ~*** pedir a/c emprestada a
'Borke ['bɔrkə] *f* cortiça *f*, casca *f*
bor'niert [bɔr'ni:rt] tapado; **≈heit** *f* <*sem pl*> pouca inteligência *f*
'Borretsch ['bɔrɛtʃ] *m* <*-es*; *sem pl*> borragem *f*
'Bor|salbe ['bo:r-] *f* <*sem pl*> pomada *f* bórica; **~säure** *f* <*sem pl*> ácido *m* bórico
'Börs|e ['bœrsə] *f* bolsa *f*; **~en...**: *in Zssg(n)* *meist* de bolsa, da bolsa; **~enbericht** *m* <-(*e*)*s*; *-e*> boletim *m* da Bolsa; notícias *f/pl* financeiras; **≈enfähig**, **≈engängig** cotizável; **~engeschäft** *n* <-(*e*)*s*; *-e*> operação *f* de bolsa; **~enkrise** *f* crise *f* financeira (*od* bolsista); **~enkurs** *m* <*-es*; *-e*> cotação *f* da bolsa; **~en-**